Stahlhacke · Preis · Vossen
Kündigung und Kündigungsschutz im Arbeitsverhältnis

Kündigung und Kündigungsschutz im Arbeitsverhältnis

von

Prof. Dr. Dr. h. c. Eugen Stahlhacke
Präsident des Landesarbeitsgerichts a. D., Köln

Prof. Dr. Ulrich Preis
o. Professor an der Universität zu Köln

Dr. Reinhard Vossen
Vorsitzender Richter am Landesarbeitsgericht Düsseldorf

8., völlig neu bearbeitete Auflage

Verlag C. H. Beck München 2002

Zitiervorschlag:
Stahlhacke/*Bearbeiter*
8. Auflage 2002, Rn. 13

Die Deutsche Bibliothek – CIP-Einheitsaufnahme

Stahlhacke, Eugen:
Kündigung und Kündigungsschutz im Arbeitsverhältnis / von Eugen Stahlhacke und Ulrich Preis und Reinhard Vossen. – 8., völlig neubearb. Aufl. – München : Beck, 2002
ISBN 3 406 48851 X

ISBN 3 406 48851 X

Wilhelmstraße 9, 80801 München
Druck: fgb · freiburger graphische Betriebe,
Bebelstr. 11, 79108 Freiburg

Satz: Druckerei C. H. Beck, Nördlingen

Gedruckt auf säurefreiem, alterungsbeständigem Papier
(hergestellt aus chlorfrei gebleichtem Zellstoff)

Vorwort

Die achte Auflage erscheint im neuen Gewand, aber mit einem alten Anliegen: das unübersichtlich erscheinende Bestandsschutzrecht im Arbeitsverhältnis klar zu strukturieren, um insbesondere der arbeitsrechtlichen Praxis eine Hilfestellung zu geben.

Der Gesetzgeber war äußerst aktiv, so dass auch für das Bestandsschutzrecht zahlreiche gesetzliche Neuerungen seit der Vorauflage einzuarbeiten waren (u. a. Teilzeit- und Befristungsgesetz, Formvorschriften, Betriebsverfassungsreform 2001, Schuldrechtsmodernisierung, Reform des Behindertenrechts und des Rechts der Elternzeit, Reform des Arbeitsgerichtsverfahrens).

Auch innerhalb des Werkes sind einige Umstrukturierungen erfolgt. Neu sind:

- umfassende Darstellung des Befristungsrechts nach dem TzBfG in materieller und prozessualer Hinsicht
- Konzentration und Systematisierung der verhaltensbedingten Kündigungsgründe bei den Fallgruppen der außerordentlichen Kündigung
- neuer Abschnitt zur außerordentlichen Kündigung ordentlich unkündbarer Arbeitnehmer
- Neufassung der Darstellung zur betriebsbedingten Kündigung
- Neugestaltung der Abschnitte zum Sonderkündigungsschutz im Bereich der Elternzeit, des Schwerbehindertenrechts und der Betriebsverfassung.

Wir haben uns bemüht, die Rechtsprechung des Bundesarbeitsgerichts und des Europäischen Gerichtshofs vollständig und die Instanzrechtsprechung in wesentlichen Fragen zu erfassen. Bei der Literatur konnten wir keine Vollständigkeit anstreben. Darum bitten wir um Verständnis.

Der neuen Struktur folgend mussten wir eine vollständig neue Durchzählung der Randnummern vornehmen. Die Zitierweise haben wir dadurch erleichtert, dass die jeweils verantwortlichen Bearbeiter in der Titelzeile genannt sind.

Für Anregungen und Kritik sind wir stets dankbar.

Köln/Düsseldorf, im Juni 2002

Eugen Stahlhacke
Ulrich Preis
Reinhard Vossen

Vorwort zur 1. Auflage

Das erste Arbeitsrechtsbereinigungsgesetz hat mit Wirkung vom 1. 9. 1969 das Kündigungs- und Kündigungsschutzrecht wesentlich verändert. Während bisher die Vorschriften über die Kündigung des Arbeitsverhältnisses für die einzelnen Arbeitnehmergruppen in zahlreichen Gesetzen verstreut waren, hat der Gesetzgeber nun dieses für die Praxis wichtige Rechtsgebiet einheitlich für alle Arbeitnehmer im Bürgerlichen Gesetzbuch geregelt. Die Neuregelung wird aber nicht nur durch die Vereinheitlichung charakterisiert, sondern wesentlich durch eine Neugestaltung geprägt. Jetzt haben alle Arbeitnehmer, einschließlich der Arbeiter, gesetzliche Mindestkündigungsfristen. Auch für länger beschäftigte Arbeiter bestimmt das Gesetz nun längere Kündigungsfristen. Das Recht zur fristlosen Entlassung ist für sämtliche Arbeitsverhältnisse gleich und setzt einheitlich einen wichtigen Grund voraus. Alle Sondertatbestände für gewerbliche Arbeitnehmer sind weggefallen. Charakteristisch für die Neuregelung des Kündigungsrechts ist ferner die Anerkennung des Primats der Tarifautonomie. Die Tarifvertragsparteien können nämlich abweichend vom Gesetz für die tarifunterworfenen Arbeitsverhältnisse kürzere Kündigungsfristen vereinbaren. Sie sind an die gesetzlichen Mindestkündigungsfristen nicht gebunden. Im Geltungsbereich solcher Tarifverträge gelten die abweichenden tarifvertraglichen Bestimmungen zwischen nichttarifgebundenen Arbeitgebern und Arbeitnehmern, wenn ihre Anwendung zwischen ihnen vereinbart ist.

Der allgemeine Kündigungsschutz hat wesentliche Veränderungen erfahren. Es wurden die Voraussetzungen modifiziert, der Geltungsbereich durch die Einbeziehung der leitenden Angestellten erweitert und der Schutz des Arbeitnehmers gegen Änderungskündigungen gesetzlich anerkannt.

Diese grundlegenden Veränderungen auf dem wohl bedeutendsten Teilrechtsgebiet des Arbeitsrechts darzustellen, sie in das bestehende System des Kündigungs- und Kündigungsschutzrechts einzuordnen, hat sich die vorliegende Schrift zur Aufgabe gestellt. Sie will damit der Praxis ein Hilfsmittel in die Hand geben, die zahlreichen Probleme, die sich schon bald nach dem Inkrafttreten des Gesetzes gezeigt haben, lösen zu helfen. Einbezogen in die Darstellung wurde der besondere Kündigungsschutz (Mutterschutz, Schwerbeschädigtenschutz, Kündigungsschutz der Betriebsratsmitglieder, Schutz vor Massenentlassungen). Die Probleme der für das BGB neuen Zulassungsnorm des § 622 Abs. 3 sind erörtert. Natürlich verbot es der der Schrift vorgegebene Umfang, jedes Randproblem darzustellen. Aber auch hier wurde versucht, durch Rechtsprechungs- und Literaturhinweise Lösungsmöglichkeiten aufzuzeigen. Die Grundfragen des Kündigungs- und Kündigungsschutzrechts aber sowie die durch die Neuregelung aufgetauchten Probleme sind an Hand der höchstrichterlichen Rechtsprechung eingehend in einer der Praxis dienenden Weise dargestellt. Auf diese Weise ist versucht worden, das wichtige Rechtsgebiet, das vor allem den Rechtsanwalt, den Verbandsvertreter und den Syndikus täglich beschäftigt, so darzustellen, dass der Benutzer auf alle wesentlichen Fragen eine Antwort finden kann.

Köln, im Februar 1970 *Eugen Stahlhacke*

Inhaltsübersicht

Inhaltsverzeichnis

Abkürzungsverzeichnis

(abgekürzt zitierte Literatur eingeschlossen)

a. A.	anderer Ansicht
a. F.	alte Fassung
a. a. O.	am angegebenen Ort
abl.	ablehnend
ABl.	Amtsblatt
Abs.	Absatz
abw.	abweichend
AFG	Arbeitsförderungsgesetz
AfP	Archiv für Presserecht
AGB	Arbeitsgesetzbuch der DDR
AiB	Arbeitsrecht im Betrieb
allg.	allgemein
AngKSchG	Gesetz über die Fristen für die Kündigung von Angestellten
Anh.	Anhang
Anm.	Anmerkung
AnwBl.	Anwaltsblatt
AP	Arbeitsrechtliche Praxis. Nachschlagewerk des Bundesarbeitsgerichts
APS/Bearbeiter	Großkommentar zum Kündigungsrecht, hrsg. von Ascheid/Preis/Schmidt, 2000, mit Nachtrag, 2001
AR-Blattei	Arbeitsrecht-Blattei
ArbG	Arbeitsgericht
ArbGG	Arbeitsgerichtsgesetz
ArbPlSchG	Arbeitsplatzschutzgesetz
ArbR BGB/Bearbeiter	Schliemann (Hrsg). Das Arbeitsrecht im BGB, Kommentar, 2. Aufl. 2002
ArbuR	Arbeit und Recht, Zeitschrift
ArbZG	Arbeitszeitgesetz
ARS	Arbeitsrechtssammlung, Entscheidungen des Reichsarbeitsgerichts und der Landesarbeitsgerichte
ARSt	Arbeitsrecht in Stichworten, Zeitschrift
Art.	Artikel
Ascheid	Kündigungsschutzrecht, 1993
ASiG	Arbeitssicherheitsgesetz
AuA	Arbeit und Arbeitsrecht, Zeitschrift
Aufl.	Auflage
AÜG	Arbeitnehmerüberlassungsgesetz
AVG	Angestelltenversicherungsgesetz
AVO	Ausführungsverordnung
AVR	Arbeitsvertragsrichtlinien des Diakonischen Werkes der EKD
Backmeister/Trittin	Kündigungsschutz mit Nebengesetzen, Kommentar, 2000
BAG	Bundesarbeitsgericht
BAGE	Entscheidungen des Bundesarbeitsgerichts, Amtliche Sammlung
BAnz	Bundesanzeiger
BAT	Bundesangestelltentarifvertrag
Bauer/Röder	Taschenbuch der Kündigung, 2. Aufl. 2000
Baumbach/Lauterbach	Baumbach/Lauterbach/Albers/Hartmann, ZPO, Kurzkommentar, 59. Aufl. 2001, 60. Aufl. 2002
BayGO	Bayerische Gemeindeordnung

BB	Betriebs-Berater, Zeitschrift
BBDW/Bearbeiter	Bader/Bram/Dörner/Wenzel, Kommentar zum Kündigungsschutzgesetz, Loseblattausgabe
BBiG	Berufsbildungsgesetz
BDA	Bundesvereinigung der Deutschen Arbeitgeberverbände
BehinR	Behindertenrecht, Zeitschrift
Berkowsky I	Die betriebsbedingte Kündigung, 4. Aufl. 1997
Berkowsky II	Die personen- und verhaltensbedingte Kündigung, 3. Aufl. 1997
BErzGG	Bundeserziehungsgeldgesetz
BeschFG	Beschäftigungsförderungsgesetz
best.	bestätigt
BetrVG	Betriebsverfassungsgesetz
BFH	Bundesfinanzhof
BGB	Bürgerliches Gesetzbuch
BGBl.	Bundesgesetzblatt
BGH	Bundesgerichtshof
BGHZ	Entscheidungen des Bundesgerichtshofes in Zivilsachen (Amtliche Sammlung)
BKGG	Bundeskindergeldgesetz
BlStSozArbR	Blätter für Steuerrecht, Sozialversicherung und Arbeitsrecht
BMT-G	Bundesmanteltarifvertrag für Arbeiter der Gemeinden
BPersVG	Bundespersonalvertretungsgesetz
BR-Drucks.	Drucksache des Deutschen Bundesrates
BRTV	Bundesrahmentarifvertrag
BSeuchG	Bundesseuchengesetz
BSG	Bundessozialgericht
BT-Drucks.	Drucksachen des Deutschen Bundestages
Buchner/Becker	Mutterschutzgesetz und Bundeserziehungsgeldgesetz, Kommentar, 6. Aufl. 1998
Bütefisch	Die Sozialauswahl, 2000
BUrlG	Bundesurlaubsgesetz
BuW	Betrieb und Wirtschaft, Zeitschrift
BVerfG	Bundesverfassungsgericht
BVerfGE	Entscheidungen des Bundesverfassungsgerichts (Amtl. Sammlung)
BVerwG	Bundesverwaltungsgericht
bzw.	beziehungsweise
Cramer	Schwerbehindertengesetz, Kommentar, 5. Auflage 1998
d. h.	das heißt
DB	Der Betrieb, Zeitschrift
Dersch/Neumann	Kommentar zum Bundesurlaubsgesetz, 8. Aufl. 1997
Dietz/Richardi	Bundespersonalvertretungsgesetz, Kommentar, 2. Aufl. 1978
DKK/Bearbeiter	Däubler/Kittner/Klebe (Hrsg.), Betriebsverfassungsgesetz mit Wahlordnung, Kommentar, 8. Aufl. 2002
Drucks.	Drucksache
DStR	Deutsches Steuerrecht, Zeitschrift
DuD	Datenschutz und Datensicherung
DZWiR	Deutsche Zeitschrift für Wirtschaftsrecht
EAS	Oetker/Preis (Hrsg.), Europäisches Arbeits- und Sozialrecht
EGBGB	Einführungsgesetz zum BGB
EFZG	Entgeltfortzahlungsgesetz
ErfK/Bearbeiter	Erfurter Kommentar zum Arbeitsrecht, 2. Aufl. 2001; 3. Aufl. 2002 (bei Drucklegung noch nicht erschienen), hrsg. von Dieterich/Hanau/Schaub
Erman/Bearbeiter	Handkommentar zum BGB, 10. Auflage 2000

EStG	Einkommensteuergesetz
EuGH	Europäischer Gerichtshof
EuroAS	Informationsdienst Europäisches Arbeits- und Sozialrecht, Zeitschrift
evtl.	eventuell
EWiR	Entscheidungen zum Wirtschaftsrecht, Zeitschrift
EzA	Entscheidungssammlung zum Arbeitsrecht, herausgegeben und bearbeitet von Stahlhacke
f.	folgende
FA	Fachanwalt für Arbeitsrecht, Zeitschrift
ff.	fortfolgende
Fitting	Betriebsverfassungsgesetz, Kommentar, 21. Aufl. 2002; bearbeitet von Kaiser/Heither/Engels/Schmidt
FK/Bearbeiter	Frankfurter Kommentar zur Insolvenzordnung, Wimmer (Hrsg.), 3. Aufl. 2002
Fn.	Fußnote
Fuchs/Stähler	Schwerbehindertengesetz 2. Aufl. 1994
Gagel/Vogt	Beendigung von Arbeitsverhältnissen, 5. Aufl. 1996
Galperin/Löwisch	BetrVG, 6. Aufl. 1982
Gamillscheg	Arbeitsrecht, Prüfe Dein Wissen I, Arbeitsvertrags- und Arbeitsschutzrecht, 8. Aufl. 2000 mit Nachtrag 2001, Prüfe Dein Wissen, Arbeitsrecht II 6. Aufl. 1984
GBl.	Gesetzblatt der DDR
GefahrstoffVO	Gefahrstoffverordnung
Gentges	Prognoseprobleme im Kündigungsschutzrecht, 1995
GewO	Gewerbeordnung
GG	Grundgesetz für die Bundesrepublik Deutschland
ggf.	gegebenenfalls
GK-ArbGG	Gemeinschaftskommentar zum Arbeitsgerichtsgesetz, bearbeitet von Ascheid/Bader/Dörner/Leinemann/Schütz/Vossen/Wenzel, Loseblattausgabe
GK-BetrVG	Betriebsverfassungsgesetz, Gemeinschaftskommentar, 6. Aufl. 1998; 7. Aufl. 2002
GK-BUrlG	Gemeinschaftskommentar zum Bundesurlaubsgesetz, bearbeitet von Stahlhacke, Bachmann, Bleistein, 5. Aufl. 1992
GK-SchwbG	Gemeinschaftskommentar zum Schwerbehindertengesetz, bearbeitet von Großmann u. a., 2. Aufl. 2002
GK-TzA	Gemeinschaftskommentar zum Teilzeitarbeitsrecht, bearbeitet von Becker u. a., 1987
GKG	Gerichtskostengesetz
GmbHR	GmbH-Rundschau, Zeitschrift
GMP/Bearbeiter	Germelmann/Matthes/Prütting/Müller-Glöge, Arbeitsgerichtsgesetz, Kommentar, 4. Aufl. 2002
GO NW	Gemeindeordnung Nordrhein-Westfalen
Gröninger/Thomas	Kommentar zum Mutterschutzgesetz, Loseblattausgabe
Gruchot	Beiträge zur Erläuterung des Deutschen Rechts
Grunsky	Arbeitsgerichtsgesetz, Kommentar, 7. Aufl. 1995
GS	Großer Senat
GVBl.	Gesetz- und Verordnungsblatt
GVG	Gerichtsverfassungsgesetz
h. L.	herrschende Lehre
Hanau/Adomeit	Arbeitsrecht, 12. Aufl. 2000
HAS	Weiss/Gagel (Hrsg.), Handbuch des Arbeits- und Sozialrechts, Loseblattausgabe
Hauck	Arbeitsgerichtsgesetz, 1996

Hauer	Die Abmahnung im Arbeitsverhältnis, 1990
Henssler/Moll	Kündigung und Kündigungschutz in der betrieblichen Praxis, 2000
Herschel/Löwisch	Kommentar zum Kündigungsschutzgesetz, 6. Aufl. 1984; s. a. Löwisch
Heß/Schlochauer/ Glaubitz	Betriebsverfassungsgesetz, Kommentar, 5. Aufl. 1997
HFSt.	Hauptfürsorgestelle
HGB	Handelsgesetzbuch
HK – KSchG	Dorndorf/Weller/Hauck – Heidelberger Kommentar zum Kündigungsschutzgesetz, 4. Aufl. 2001
v. Hoyningen-Huene/Linck	Kündigungsschutzgesetz, Kommentar, 13. Aufl. 2002
Hromadka SprAuG	Sprecherausschussgesetz, 1991
Hueck/Nipperdey	Lehrbuch des Arbeitsrechts, Bd. 1 und 2, 7. Aufl. 1963
Hueck/Nipperdey/ Stahlhacke	Tarifvertragsgesetz, Kommentar, 4. Aufl. 1964
HwB AR	Handwörterbuch zum Arbeitsrecht, Loseblatt
HzA	Handbuch zum Arbeitsrecht, Loseblattausgabe
i. S.	im Sinne
InsO	Insolvenzordnung
InVo	Insolvenz & Vollstreckung, Zeitschrift
JArbSchG	Jugendarbeitsschutzgesetz
Jung	Schwerbehindertengesetz, Kommentar, 5. Aufl. 1998
JurBüro	Juristisches Büro, Zeitschrift
JuS	Juristische Schulung
JW	Juristische Wochenschrift, Zeitschrift
JZ	Juristenzeitung
Kasseler Handbuch/ Bearbeiter	Kasseler Handbuch zum Arbeitsrecht, 2. Auflage 2000
KG	Kammergericht
KDZ/Bearbeiter	Kündigungsschutzrecht, Kommentar, 5. Aufl. 2001
Kiel/Koch	Die betriebsbedingte Kündigung, 2000
Klebe/Schumann	Das Recht auf Beschäftigung im Kündigungsschutzprozess, 1981
KO	Konkursordnung
KPK/Bearbeiter	Sowka (Hrsg.), Kündigungsschutzgesetz, Kölner Praxis-Kommentar unter Berücksichtigung sozialrechtlicher Bezüge, 2. Aufl. 2000
Kramer	Kündigungsvereinbarungen im Arbeitsvertrag, 1994
KR/Bearbeiter	Gemeinschaftskommentar zum Kündigungsrecht, 5. Aufl. 1998; 6. Aufl. 2002
krit.	kritisch
KSchG	Kündigungsschutzgesetz
KTS	Zeitschrift für Insolvenzrecht
Kübler/Prütting/Moll	Kommentar zur Insolvenzordnung, Loseblatt
Küttner	Personalbuch 8. Aufl. 2001, bearbeitet von Bauer u. a.
L	Leitsatz
LAG	Landesarbeitsgericht
LAGE	Entscheidungen der Landesarbeitsgerichte, hrsg. von Lipke
Larenz	Allgemeiner Teil des deutschen Bürgerlichen Rechts, 7. Aufl. 1989
Lepke	Kündigung bei Krankheit, 10. Aufl. 2000
Lieb	Arbeitsrecht, 7. Aufl. 2000
Linck	Die soziale Auswahl bei betriebsbedingter Kündigung, 1990
Löwisch	Kommentar zum Kündigungsschutzgesetz, 8. Aufl. 2000
Löwisch/Kaiser BetrVG	Taschenkommentar zum Betriebsverfassungsgesetz, 5. Aufl. 2002

Löwisch SprAuG	Kommentar zum Sprecherausschußgesetz, 2. Aufl. 1994
LohnFG	Lohnfortzahlungsgesetz
LPVG	Landespersonalvertretungsgesetz
LSG	Landessozialgericht
Lück	Probleme der Sozialauswahl nach § 1 Abs. 3 KSchG
Lutter/Bearbeiter	Umwandlungsgesetz, Kommentar, 2. Aufl. 2000
MDR	Monatsschrift für Deutsches Recht
Meisel	Die Mitwirkung und Mitbestimmung des Betriebsrates in personellen Angelegenheiten, 4. Aufl. 1974
Meisel/Sowka	Mutterschutz und Erziehungsurlaub, Kommentar, 5. Aufl. 1999
Molitor	Die Kündigung, 2. Aufl. 1951
Moll/Grunsky	Arbeitsrecht und Insolvenz, 1997
MTB	Manteltarifvertrag für Arbeiter des Bundes
MTL	Manteltarifvertrag für Arbeiter der Länder
MünchArbR/ Bearbeiter	Münchener Handbuch zum Arbeitsrecht, 3 Bde., 2. Aufl. 2000, mit Ergänzungsband 2001
MünchKomm.	Münchener Kommentar zum BGB, Band 1, §§ 1–240, 3. Aufl. 1993, 4. Aufl. 2001, Band 3, §§ 433–606, 3. Aufl. 1995, Band 4, §§ 607–704, 3. Aufl. 1997
MünchKommInsO/ Bearbeiter	Münchener Kommentar zur Insolvenzordnung, Band 1, §§ 1–102, 2001; Band 2, §§ 103–169, 2002
MünchKommZPO/ Bearbeiter	Münchener Kommentar zur ZPO 1992
MuSchG	Mutterschutzgesetz
m.w.N.	mit weiteren Nachweisen
Nachw.	Nachweis
Natzel	Berufsbildungsrecht, 3. Aufl. 1982
Neumann/Biebl	Arbeitszeitgesetz, 13. Aufl. 2001
Neumann/Pahlen	Schwerbehindertengesetz, Kommentar, 9. Aufl. 1999
n. F.	neue Fassung
n. v.	nicht veröffentlicht
Nikisch	Lehrbuch des Arbeitsrechts, Bd. 1, 3. Aufl. 1963
NJ	Neu Justiz, Zeitschrift
NJW	Neue Juristische Wochenschrift
NJW-Cor	NJW-Computerreport
Nr.	Nummer
NW	Nordrhein-Westfalen
NZA	Neue Zeitschrift für Arbeitsrecht
NZA-RR	NZA-Rechtsprechungsreport
NZI	Neue Zeitschrift für das Recht der Insolvenz und Sanierung
OHG	Offene Handelsgesellschaft
OLG	Oberlandesgericht
Otto	Personale Freiheit und soziale Bindung, 1978
OVG	Oberverwaltungsgericht
OWiG	Ordnungswidrigkeitengesetz
Palandt	Bürgerliches Gesetzbuch, 61. Aufl. 2002
Preis	Prinzipien des Kündigungsrechts bei Arbeitsverhältnissen, 1987
Preis/Bearbeiter	Der Arbeitsvertrag, Handbuch der Vertragspraxis und -gestaltung, 2002
Preis, Vertragsgestaltung ..	Grundfragen der Vertragsgestaltung im Arbeitsrecht, 1993
Prot.	Protokolle

RAG	Reichsarbeitsgericht
RGRK	Das Bürgerliche Gesetzbuch, Kommentar, herausgegeben von den Mitgliedern des Bundesgerichtshofes, §§ 611–630, 12. Aufl. 1991/1994/1997
RdA	Recht der Arbeit, Zeitschrift
RDV	Recht der Datenverarbeitung
RG	Reichsgericht
RGBl.	Reichsgesetzblatt
RGZ	Entscheidungen des Reichsgerichts in Zivilsachen
Richardi	Betriebsverfassungsgesetz, 8. Aufl. 2002
Rn.	Randnummer
Rosenberg/Schwab	Zivilprozessrecht, 15. Aufl. 1993
Rspr.	Rechtsprechung
RVO	Reichsversicherungsordnung
RzK	Rechtsprechung zum Kündigungsrecht, Loseblatt
SAE	Sammlung arbeitsrechtlicher Entscheidungen, Zeitschrift
Schaub	Arbeitsrechts-Handbuch, 9. Aufl. 2000
Schmitt	Entgeltfortzahlungsgesetz, Kommentar, 4. Aufl. 1999
SchwbG	Schwerbehindertengesetz
Schwedes	Einstellung und Entlassung des Arbeitnehmers, 7. Aufl. 1993
SeemG	Seemannsgesetz
SGB	Sozialgesetzbuch
Soergel/Bearbeiter	Kommentar zum BGB 12. Aufl. 1987 ff.
sog.	sogenannte
Söllner	Arbeitsrecht, 12. Aufl. 1998
SprAuG	Sprecherausschussgesetz
ständ. Rspr.	ständige Rechtsprechung
Staudinger	J. v. Staudingers Kommentar zum BGB, §§ 611–615, 12. Aufl. 1989 (Richardi), §§ 616–619, 12. Aufl. 1993 (Oetker), Vorbemerkung § 620, 13. Bearbeitung 1995 (Neumann), §§ 620–630, 13. Bearbeitung 1995 (Preis)
Stege/Weinspach/Schiefer	Betriebsverfassungsgesetz, Handkommentar, 9. Aufl. 2002
Stein/Jonas	Zivilprozessordnung, 20. Aufl. 1977 ff.
StGB	Strafgesetzbuch
StPO	Strafprozessordnung
teilw.	teilweise
Thomas/Putzo	Zivilprozessordnung, 24. Aufl. 2002
TVAL II	Tarifvertrag für die Arbeitnehmer bei den Stationierungsstreitkräften im Gebiet der Bundesrepublik Deutschland
TVG	Tarifvertragsgesetz
TzBfG	Teilzeit- und Befristungsgesetz
u. a.	unter anderem
u. U.	unter Umständen
VersR	Versicherungsrecht, Zeitschrift
VerwG	Verwaltungsgericht
vgl.	vergleiche
VglO	Vergleichsordnung
Vollstädt	Die Beendigung von Arbeitsverhältnissen durch Vereinbarung einer Altersgrenze, 1997
WahlO	Wahlordnung
Wenzel	Kündigung und Kündigungsschutz, 6. Aufl. 1994

Wiedemann	Tarifvertragsgesetz, Kommentar, 6. Aufl. 1999
WM	Wertpapiermitteilung, Zeitschrift
Wohlgemuth	Berufsbildungsgesetz-Kommentar, 2. Aufl. 1995
WRV	Weimarer Reichsverfassung
z. B.	zum Beispiel
z. T.	zum Teil
ZDG	Zivildienstgesetz
ZfA	Zeitschrift für Arbeitsrecht
ZInsO	Zeitschrift für das gesamte Insolvenzrecht
ZIP	Zeitschrift für Wirtschaftsrecht und Insolvenzpraxis
Zmarzlik/Zipperer/ Viethen	Mutterschutzgesetz u. a., 7. Aufl. 1994
Zöller/Bearbeiter	Kommentar zur ZPO 23. Auflage, 2002
Zöllner/Loritz	Arbeitsrecht, 5. Aufl. 1998
ZPO	Zivilprozessordnung
ZSchG	Zivilschutzgesetz
ZTR	Zeitschrift für Tarifrecht
zust.	zustimmend
Zwanziger	Das Arbeitsrecht der Insolvenzordnung, 2. Aufl. 2002

Erster Abschnitt: Die Kündigung

§ 1 Begriff und Wesen der Kündigung

Die Kündigung ist eine **einseitige empfangsbedürftige Willenserklärung,** durch die das Arbeitsverhältnis nach dem Willen des Kündigenden für die Zukunft sofort oder nach Ablauf der Kündigungsfrist unmittelbar beendet wird. Es ist also zu unterscheiden zwischen der ordentlichen Kündigung, die grundsätzlich als befristete Kündigung ausgestaltet ist und damit den Parteien des Arbeitsverhältnisses einen zeitlich befristeten Kündigungsschutz gewährt, und der außerordentlichen Kündigung, die nach § 626 Abs. 1 BGB dann mit sofortiger Wirkung zulässig ist, wenn eine Fortsetzung des Dauerschuldverhältnisses unzumutbar geworden ist (dazu unten Rn. 584ff.). 1

Die Kündigung bedarf nach § 623 BGB zwingend der Schriftform. Sie muss ferner zweifelsfrei von der zur Kündigung berechtigten Vertragspartei oder einer bevollmächtigten Person gegenüber dem am Vertrag Beteiligten oder dessen Vertreter erklärt werden. Die Beendigungswirkung tritt ein, wenn die Kündigung wirksam ist. Im Arbeitsverhältnis besteht das freie ordentliche Kündigungsrecht im Grundsatz nur noch für den Arbeitnehmer. Das ordentliche Kündigungsrecht des Arbeitgebers ist weitgehend durch das Kündigungsschutzgesetz (vgl. dazu unten Rn. 866ff.) oder den besonderen Kündigungsschutz bestimmter Arbeitnehmergruppen (z.B. werdende Mütter, dazu unten Rn. 1283ff.; Eltern im Erziehungsurlaub, dazu unten Rn. 1419ff.; Schwerbehinderte, dazu unten Rn. 1454ff.; Mitglieder des Betriebs- oder Personalrats, dazu unten Rn. 1594ff.) eingeschränkt. Die Kündigung darf schließlich nicht gegen ein gesetzliches Verbot verstoßen (§ 134 BGB). Vor Ablauf der Wartefrist des § 1 Abs. 1 KSchG von sechs Monaten kann auch der Arbeitgeber das Arbeitsverhältnis ohne Angabe von Kündigungsgründen kündigen. 2

Die Kündigung ist ein **Gestaltungsrecht.** Es steht grundsätzlich jeder Vertragspartei zu. Das Kündigungsrecht ist verfassungsrechtlich gewährleistet als Ausfluss der Privatautonomie (Art. 2 Abs. 1 GG), unterliegt aber auch verfassungsimmanenten Ausübungsschranken zum Schutz der Grundrechte des Gestaltungsgegners, insbesondere des Arbeitnehmers, über die Generalklauseln der §§ 138, 242 BGB.[1] Die Kündigung verändert unmittelbar die Rechtslage, ohne dass eine Zustimmung oder sonstige Mitwirkung des Erklärungsempfängers erforderlich ist. Die Kündigung ist ein einseitiges **Rechtsgeschäft,** so dass die allgemeinen Vorschriften über die Willenserklärungen, Geschäftsfähigkeit, Nichtigkeit usw. Anwendung finden. Eine Verjährung des Rechts tritt nicht ein, wohl kann es verwirken. Das Gesetz bestimmt zur Rechtsausübung in einigen Fällen (vgl. z.B. § 626 Abs. 2 BGB) bestimmte Fristen. Die nach Fristablauf erklärte Kündigung ist unwirksam, so dass insoweit von einer Ausschlussfrist zu sprechen ist. Die Kündigung ist schließlich **Verfügung,** weil der Bestand des Rechtsverhältnisses unmittelbar betroffen wird. 3

[1] Hierzu BAG 24. 4. 1997 EzA § 611 BGB Kirchliche Arbeitnehmer Nr. 43; BVerfG 27. 1. 1998 NZA 1988, 470, 472; hierzu Rn. 272.

Dieser rechtsvernichtende Charakter der Kündigung ist der innere Grund für die zahlreichen Kündigungsschutznormen zugunsten der Arbeitnehmer.

4 Eine isolierte **Übertragung** des Kündigungsrechts scheidet angesichts der Rechtsnatur als unselbständiges Gestaltungsrecht praktisch aus. Ein selbständiger Verkehrswert kommt dem Kündigungsrecht nicht zu. Mit der Übertragung des Rechtsverhältnisses – vgl. z. B. § 613 a BGB – geht auch das Kündigungsrecht über.

5 Geht das Kündigungsrecht nach Abgabe der Kündigungserklärung, aber noch vor deren Zugang beim Kündigungsempfänger über, fragt sich, ob überhaupt eine wirksame Kündigung erklärt ist. Das LAG Berlin[2] verneint dies unter Hinweis darauf, dass – von den Ausnahmen des § 130 Abs. 2 BGB abgesehen – die Kündigungsbefugnis zum Zeitpunkt des Zugangs bestehen müsse. In Unternehmensgruppen geschieht es bisweilen, dass formal der falsche Arbeitgeber kündigt. Hier ist es eine Frage der Auslegung des Kündigungsschreibens, ob der Arbeitnehmer dieses als Kündigung seines Arbeitgebers auffassen durfte.[3]

§ 2 Abgrenzung der Kündigung zu verwandten Maßnahmen

6 Die wirksame Kündigung beendet das Arbeitsverhältnis. Sie ist von folgenden verwandten Maßnahmen zu unterscheiden.

I. Abmahnung

7 Bei der Abmahnung handelt es sich um eine tatsächliche individualrechtliche Erklärung des Gläubigers, durch die er dem Vertragspartner verdeutlicht, dass ein vertragswidriges Verhalten nicht weiter hingenommen wird. Sie kann sich auf alle vertraglichen Pflichten erstrecken, einschließlich der Nebenpflichten.[1] Die Abmahnung ist selbstverständliches **Gläubigerrecht.** Sie bedarf keiner Wiederholungsgefahr. Sie erlangt im Vorfeld verhaltensbedingter Kündigungen immer größere praktische Bedeutung.[2]

8 Soweit die Abmahnung als notwendige **Vorstufe** zu einer verhaltensbedingten Kündigung dienen soll (hierzu Rn. 618, 1172 ff.), muss sie mit dem **eindeutigen**

---

[2] LAG Berlin 6. 8. 1991 LAGE § 130 BGB Nr. 15.

[3] Hierzu LAG Köln 10. 6. 1994 LAGE § 626 BGB Nr. 78; zur Zurechnung der Kündigung eines Bevollmächtigten bei fehlendem Hinweis auf das Vertretungsverhältnis: BAG 31. 1. 1996 NZA 1996, 649 = EzA § 102 BetrVG 1972 Nr. 90.

[1] Zum Erfordernis der Vertragswidrigkeit des Verhaltens LAG München 23. 3. 1988 LAGE § 611 BGB Abmahnung Nr. 13 = BB 1988, 2175; LAG Rheinland-Pfalz 5. 11. 1982 DB 1983, 1554; LAG Düsseldorf 6. 3. 1986 NZA 1986, 431 zur Unzulässigkeit der Abmahnung wegen krankheitsbedingter Fehlzeiten.

[2] Ausführlich *Beckerle,* Die Abmahnung, 1999; *Kammerer,* Personalakte und Abmahnung, 1989; *ders.,* Die Abmahnung, AR-Blattei SD 20; *Pflaum,* Die Abmahnung im Arbeitsrecht als Vorstufe zur Kündigung, 1992; *Hauer,* Die Abmahnung im Arbeitsverhältnis, 1990; siehe ferner *Schmid,* NZA 1985, 409 ff.; *Becker-Schaffner,* DB 1985, 650 ff.; *Bock,* ArbuR 1987, 217 ff.; *Falkenberg,* NZA 1988, 489 ff.; *Fromm,* DB 1989, 1409 ff.; *Heinze,* in: Festschrift für Söllner, 1990, S. 63 ff.; *Hoß,* MDR 1999, 333; *Schaub,* NJW 1990, 872 ff.; *Ascheid,* Personalführung 1990, 296 ff.; *v. Hoyningen-Huene,* RdA 1990, 193 ff.; *Burger,* DB 1992, 836 ff.; *Walker,* NZA 1995, 601 ff.

und unmissverständlichen Hinweis verbunden sein, dass bei künftigen gleichartigen Vertragsverletzungen Inhalt oder **Bestand des Arbeitsverhältnisses gefährdet** sind (Warnfunktion).[3] Hiervon zu unterscheiden ist die **bloße Vertragsrüge** (auch Verwarnung oder Ermahnung), die zwar ebenfalls vertragswidriges Verhalten rügt, mangels deutlicher Warnung aber keine Vorstufe zur Kündigung darstellt. In beiden Fällen **verzichtet** der Arbeitgeber konkludent auf ein Kündigungsrecht wegen der Gründe, die Gegenstand der Abmahnung bzw. der Vertragsrüge waren.[4] Eine spätere Kündigung kann – auch unter Heranziehung der abgemahnten Gründe – nur durchgreifen, wenn **weitere erhebliche Umstände** eintreten oder bekannt werden. Andererseits darf ein Arbeitgeber **nach erfolgloser Kündigung** wegen desselben (für eine Kündigung aber allein nicht ausreichenden) Sachverhalts **abmahnen.**[5] Aber auch eine frühere Kündigung kann die Funktion einer Abmahnung erfüllen, wenn der Kündigungssachverhalt feststeht und die Kündigung aus anderen Gründen, auch z. B. wegen fehlender Abmahnung, für sozialwidrig erachtet worden ist.[6] Abmahnungen können mündlich oder schriftlich ausgesprochen werden;[7] sie sind **nicht formbedürftig.** Schriftform ist jedoch aus Beweisgründen zweckmäßig.

Die Abmahnung ist – wie die Vertragsrüge auch – als Gläubigerrecht nach dem **9**
BetrVG **nicht mitbestimmungspflichtig,** selbst wenn sie sich auf eine die betriebliche Ordnung berührende Vertragspflicht erstreckt. Darüber hinausgehende Sanktionen für Verstöße gegen vertragliche Verpflichtungen, die über die individualrechtlichen Möglichkeiten hinausgehen, sind nur als Betriebsbußen möglich.[8] Solche Sanktionen tragen Strafcharakter und können – unbeschadet anderer rechtlicher Grenzen – auf der Basis einer mitbestimmungspflichtigen Betriebsbußenordnung verhängt werden. Ob noch eine Abmahnung oder schon eine mitbestimmungspflichtige Betriebsbuße vorliegt, ist im Zweifel unter Berücksichtigung des Wortlauts, des Gesamtzusammenhangs der Erklärung sowie der Begleitumstände zu klären. Dabei kommt es darauf an, wie der Arbeitnehmer die Erklärung verstehen musste.[9] Die Abmahnung darf keinen über den Warnzweck hinausgehenden Sanktionscharakter tragen. Eine Abmahnung sollte zur Klarstellung als solche bezeichnet werden, auch wenn dies nicht zwingend erforderlich ist.

---

[3] Hierzu BAG 18. 1. 1980 EzA § 1 KSchG Verhaltensbedingte Kündigung Nr. 7 mit Anm. *Peterek* = DB 1980, 1351; 11. 3. 1998 NZA 1998, 997.

[4] Vgl. BAG 10. 11. 1988 EzA § 611 BGB Abmahnung Nr. 18 = AP § 611 BGB Abmahnung Nr. 3, wo allerdings missverständlich beide Gläubigerrechte als Abmahnung bezeichnet werden; klarstellend auch APS/*Dörner,* § 1 KSchG Rn. 392; vgl. ferner LAG Köln 6. 11. 1987 LAGE § 611 BGB Abmahnung Nr. 14.

[5] BAG 7. 9. 1988 EzA § 611 BGB Abmahnung Nr. 17 = AP § 611 BGB Abmahnung Nr. 2; LAG Baden-Württemberg 25. 6. 1987 LAGE § 611 BGB Abmahnung Nr. 17.

[6] BAG 31. 8. 1989 DB 1990, 790 = NZA 1990, 433; für den Fall einer einvernehmlich zurückgenommenen Kündigung bei feststehendem Sachverhalt ebenso LAG Frankfurt 11. 6. 1993 RzK I 1 Nr. 83.

[7] BAG 13. 11. 1991 EzA § 611 BGB Abmahnung Nr. 24 = AP § 611 BGB Abmahnung Nr. 7.

[8] BAG 17. 10. 1989 NZA 1990, 193; dazu *Heinze,* NZA 1990, 169 ff.; ferner BAG 23. 10. 1984 EzA § 94 BetrVG Nr. 1 = BB 1984, 2002.

[9] BAG 30. 1. 1979 EzA § 87 BetrVG 1972 Betriebsbuße Nr. 3 = AP § 87 BetrVG 1972 Betriebsbuße Nr. 2 unter Aufgabe von BAG 5. 12. 1975 EzA § 87 BetrVG 1972 Betriebliche Ordnung Nr. 1 mit krit. Anm. *Wiese;* vgl. ferner BAG 7. 11. 1979 EzA § 87 BetrVG 1972 Betriebsbuße Nr. 4 = AP § 87 BetrVG 1972 Betriebsbuße Nr. 3.

10 Die Berechtigung einer individualrechtlichen Abmahnung kann Gegenstand eines **gerichtlichen Verfahrens** sein, wenn sie geeignet ist, nach Form und Inhalt den Arbeitnehmer in seiner Rechtsstellung zu beeinträchtigen, was etwa der Fall ist, wenn sie als Vorstufe zur Kündigung dient und/oder zu den Personalakten genommen wird oder Persönlichkeitsrechte verletzt werden.[10] Der Arbeitnehmer kann in solchen Fällen mit einer Leistungsklage auf **Widerruf der unberechtigten Abmahnung** und **Entfernung aus den Personalakten** klagen. Anspruchsgrundlage kann bei Eingriffen in das Persönlichkeitsrecht § 242 BGB bzw. §§ 1004, 862, 12 BGB analog sein.[11] Der Arbeitnehmer kann stets die Entfernung unrichtiger, missbilligender Äußerungen aus den Personalakten verlangen. Auch die Entfernung einer unberechtigten Androhung einer Abmahnung kann verlangt werden.[12] Es kommt für den Entfernungsanspruch nicht darauf an, ob der Verbleib der objektiv zu Unrecht erteilten Abmahnung konkrete Beeinträchtigungen für das berufliche Fortkommen erwarten lässt.[13] Allgemein erkennt das BAG eine Fürsorgepflicht des Arbeitgebers an, auch soweit er Rechte ausübt, auf das Wohl des Arbeitnehmers Rücksicht zu nehmen und Maßnahmen zu vermeiden, die den Arbeitnehmer fortdauernd in seiner beruflichen Entwicklung beeinträchtigen können.[14] Es besteht aber nur dann ein Anspruch auf Entfernung ursprünglich berechtigter Abmahnungen, wenn die weitere Aufbewahrung zu unzumutbaren beruflichen Nachteilen für den Arbeitnehmer führt und die Abmahnung für das Arbeitsverhältnis rechtlich bedeutungslos geworden ist.[15] Der Anspruch auf Entfernung einer Abmahnung unterliegt in der Regel nicht **tariflichen Ausschlussfristen.**[16]

11 Auch nach Entfernung einer Abmahnung aus der Personalakte kann noch ein Anspruch auf Widerruf der in der Abmahnung abgegebenen Erklärung gerichtlich

---

[10] BAG 22. 2. 1978, AP § 611 BGB Fürsorgepflicht Nr. 84; 15. 1. 1986 EzA § 611 BGB Fürsorgepflicht Nr. 39 = NZA 1986, 421; für die bloße Vertragsrüge ohne weitergehende Rechtsbeeinträchtigung dürfte die gerichtliche Überprüfung ausscheiden. Vgl. ArbG Freiburg 27. 1. 1987 DB 1987, 748.

[11] BAG 27. 11. 1985 NZA 1986, 227 und 13. 4. 1988 EzA § 611 BGB Fürsorgepflicht Nr. 38 und 47 = AP § 611 BGB Fürsorgepflicht Nr. 93 und 100 mit Anm. *Conze;* BAG 12. 6. 1986 NZA 1987, 153; 5. 8. 1992 AP § 611 BGB Abmahnung Nr. 8 unter Aufhebung der gegenteiligen Entscheidung des LAG Hamm 13. 6. 1991 LAGE § 611 BGB Abmahnung Nr. 30; für einstweilige Verfügungen gegen drohende Abmahnungen fehlt es regelmäßig an einem Verfügungsgrund (LAG Köln 19. 6. 1996 NZA-RR 1996, 470); zu vorbeugenden Unterlassungsklagen wegen möglicher weiterer ungerechtfertigter Abmahnungen ArbG Bochum 17. 5. 1996 NZA-RR 1997, 82.

[12] BAG 30. 1. 1996 EzA § 242 BGB Auskunftspflicht Nr. 5 = NZA 1997, 41.

[13] So BAG 5. 8. 1992 AP § 611 BGB Abmahnung Nr. 8; ArbG Köln 17. 12. 1993 RzK I 1 Nr. 86; a. A. LAG Niedersachsen 6. 4. 1993 LAGE § 611 BGB Abmahnung Nr. 34.

[14] BAG 13. 4. 1988 EzA § 611 BGB Fürsorgepflicht Nr. 47 erkennt u. U. sogar einen Anspruch auf Entfernung einer wahren Sachverhaltsdarstellung an, sehr weitgehend; das Feststellungsinteresse auf Entfernung einer Abmahnung nach Beendigung des Arbeitsverhältnisses hat das BAG im Regelfall verneint BAG 14. 9. 1994 NZA 1995, 220 = EzA § 611 BGB Abmahnung Nr. 32; vgl. hierzu ferner LAG Frankfurt 28. 8. 1987 und 23. 9. 1988 RzK I 1 Nr. 33 und 43; ArbG Münster 14. 12. 1989 BB 1990, 492; ArbG Wetzlar 16. 5. 1989 BB 1989, 1979; LAG Hamm 26. 11. 1998 ZInsO 1999, 363.

[15] BAG 9. 2. 1977 AP § 611 BGB Fürsorgepflicht Nr. 83; 15. 7. 1987 DB 1987, 2571; 13. 4. 1988 DB 1988, 1702; 8. 2. 1989 RzK I 1 Nr. 47; LAG Frankfurt 23. 10. 1987 BB 1988, 1255.

[16] Zu § 70 BAT: BAG 14. 12. 1994 EzA § 4 TVG Ausschlussfristen Nr. 109 unter Aufgabe von BAG 8. 2. 1989 RzK I 1 Nr. 48.

geltend gemacht werden. Für eine entsprechende Leistungsklage wegen Nichterfüllung des materiell-rechtlichen Anspruchs besteht ein Rechtsschutzbedürfnis.[17] Wegen § 13 Abs. 2 Satz 1 BAT hat der Angestellte im öffentlichen Dienst einen Anspruch auf Entfernung der Abmahnung aus den Personalakten, wenn er nicht vorher zu den Vorwürfen **angehört** worden ist.[18] Zweifelhaft ist, ob dies entsprechend auch für den Bereich der Privatwirtschaft nach § 82 Abs. 1 BetrVG gilt.[19] Muss der Arbeitgeber die Abmahnung aus formalen Gründen aus der Personalakte beseitigen, folgt hieraus nicht zwingend, dass die Abmahnung nicht mehr verwertet werden kann.[20] Auch eine wegen Nichtanhörung des Arbeitnehmers nach § 13 Abs. 2 Satz 1 BAT formell unwirksame Abmahnung entfaltet die regelmäßig vor Ausspruch einer verhaltensbedingten Kündigung erforderliche Warnfunktion.[21] Das ist schon deshalb richtig, weil unstreitig Abmahnungen auch mündlich ausgesprochen werden können. Deshalb kann auch die kündigungsrechtliche Warnfunktion der Abmahnung nicht von deren Aufnahme in die Personalakte abhängen. Kündigungsrechtlich entscheidend ist, ob die Abmahnung in der Sache berechtigt ist.[22] Ist die erteilte schriftliche Abmahnung *materiell* unwirksam, so kann sie selbstverständlich auch nicht als mündliche Abmahnung ihre Wirkung entfalten.[23]

Für die Frage, ob der Anspruch auf Entfernung einer Abmahnung aus den Per- **12**
sonalakten begründet ist, kommt es allein darauf an, ob der erhobene Vorwurf **objektiv gerechtfertigt** ist, nicht aber, ob das beanstandete Verhalten dem Arbeitnehmer auch subjektiv vorgeworfen werden kann.[24] Ob und inwieweit es für die Berechtigung einer Abmahnung auch auf die Qualität und Quantität der Verletzung der vertraglichen Pflichten ankommt, ist umstritten (vgl. Einzelfälle Rn. 15f.).[25] Das BAG meint nunmehr, dass auch bei der Erteilung von Abmahnungen im Arbeitsverhältnis der Grundsatz der Verhältnismäßigkeit zu berücksich-

---

[17] BAG 15. 4. 1999 AP § 611 BGB Abmahnung Nr. 22.

[18] BAG 16. 11. 1989 EzA § 611 BGB Abmahnung Nr. 19 = BB 1990, 708 = NZA 1990, 477.

[19] Hierzu *Schaub,* NJW 1990, 876.

[20] *Schaub,* NJW 1990, 877.

[21] BAG 21. 5. 1992 EzA § 1 KSchG Verhaltensbedingte Kündigung Nr. 42; klarstellend *Schunck,* NZA 1993, 828.

[22] Anders LAG Köln 5. 2. 1999 ARST 1999, 282 = MDR 1999, 877, das meint, auch eine sachlich nicht berechtigte Abmahnung könne die kündigungsrechtliche Warnfunktion erfüllen.

[23] BAG 5. 8. 1992 EzA § 611 BGB Abmahnung Nr. 25 = AP § 611 BGB Abmahnung Nr. 8.

[24] BAG 12. 1. 1988 EzA Art. 9 GG Arbeitskampf Nr. 73 = NZA 1988, 474; 21. 4. 1993 EzA § 543 ZPO Nr. 8; 27. 4. 1994 RzK I 1 Nr. 88.

[25] Vgl. hierzu LAG Schleswig-Holstein 31. 7. 1986 LAGE § 611 BGB Abmahnung Nr. 6 = DB 1987, 236; siehe auch APS/*Dörner,* § 1 KSchG Rn. 394; ArbG Mainz 7. 11. 1988 EzA § 611 BGB Abmahnung Nr. 6; LAG Düsseldorf 15. 10. 1981 DB 1982, 1730; siehe aber LAG Berlin 22. 10. 1984 BB 1985, 271 für den Fall eines eklatanten Missverhältnisses zwischen Inhalt der Abmahnung und Gewicht der Pflichtverletzung. Anders dagegen LAG Frankfurt 19. 9. 1989 LAGE § 611 BGB Abmahnung Nr. 21, das die Beachtung des Grundsatzes der Verhältnismäßigkeit und ein „vertretbares Verhältnis" zwischen Abmahnung und Fehlverhalten verlangt; ähnlich *Fromm,* DB 1989, 1415; anders LAG Düsseldorf 24. 1. 1990 LAGE § 611 BGB Abmahnung Nr. 27 mit Anm. *Kohte* und LAG Hamm 16. 4. 1992 § 611 BGB Abmahnung Nr. 32: auch objektiv geringfügige Pflichtverletzungen dürfen abgemahnt werden.

tigen sei.[26] Das BAG versteht dies aber im Sinne eines **Übermaßverbots** zur „Vermeidung von schwerwiegenden Rechtsfolgen bei nur geringfügigen Pflichtverstößen". Hieraus kann nicht abgeleitet werden, dass der Arbeitgeber auch bei der Erteilung von Abmahnungen eine Stufenfolge im Sinne des kündigungsrechtlichen ultima-ratio-Prinzips einzuhalten habe.[27] Es ist weder so, dass einer mündlichen vor einer schriftlichen Abmahnung der Vorrang gebührt,[28] noch muss vor einer Abmahnung das Instrument der Betriebsbuße bemüht werden,[29] noch müssen vorrangig zivilrechtliche Ansprüche gegen den Arbeitnehmer geltend gemacht werden.[30] Sachgerecht wird das Institut der Abmahnung nur angewandt, wenn bedacht wird, dass dieses seinerseits Ausdruck des kündigungsrechtlichen Verhältnismäßigkeitsprinzips zur Begrenzung des schärferen Mittels der Änderungs- oder Beendigungskündigung (vgl. Rn. 1172 ff.) ist. Jedenfalls ist eine dezidierte Interessenabwägung zur Beurteilung der Rechtfertigung einer Abmahnung nicht erforderlich.[31] Doch darf auch bei einer im Kern gerechtfertigten Abmahnung kein falscher Eindruck über das Ausmaß der Pflichtverletzung durch **unrichtige Tatsachendarstellung oder -bewertung** erzeugt werden.[32] Nur in Ausnahmefällen kann deshalb bei einer objektiv gerechtfertigten Abmahnung deren Entfernung wegen Geringfügigkeit verlangt werden. Werden **in einer Abmahnung mehrere Pflichtverletzungen** gerügt, müssen alle Vorwürfe berechtigt sein. Ist nur ein Vorwurf unberechtigt, ist die Abmahnung insgesamt aus der Personalakte zu entfernen und kann auch nicht teilweise aufrechterhalten bleiben.[33] Der Arbeitgeber kann stattdessen eine auf die zutreffenden Pflichtverletzungen beschränkte Abmahnung aussprechen.[34] Wirksamkeitserfordernis der Abmahnung ist auch die **inhaltliche Bestimmtheit,** weil dem Arbeitnehmer aufgegeben werden muss, ein genau bezeichnetes Fehlverhalten zu ändern.[35] Der erhobene Vorwurf muss dem Beweis

---

[26] BAG 13. 11. 1991 EzA § 611 BGB Abmahnung Nr. 24 = AP § 611 BGB Abmahnung Nr. 7; BAG 30. 5. 1996 NZA 1997, 145 = EzA § 611 BGB Abmahnung Nr. 34.

[27] Verfehlt insoweit *Kammerer,* AR-Blattei SD 20 Rn. 38.

[28] So ausdrücklich BAG 13. 11. 1991 a. a. O.

[29] Zutreffend BAG 17. 1. 1991 AP § 1 KSchG 1969 Verhaltensbedingte Kündigung Nr. 25; LAG Köln 12. 5. 1995 NZA-RR 1996, 204.

[30] Verfehlt *Kammerer,* AR-Blattei, Abmahnung SD 20 Rn. 29, 40.

[31] LAG Köln 14. 3. 1990 LAGE § 611 BGB Abmahnung Nr. 22.

[32] BAG 11. 6. 1997 ZTR 1997, 524; LAG Köln 24. 1. 1996 ARST 1996, 161; BAG 30. 5. 1996 NZA 1997, 145.

[33] BAG 13. 3. 1991 EzA § 611 BGB Abmahnung Nr. 20 = AP § 611 BGB Abmahnung Nr. 5; LAG Hamm 18. 3. 1986 LAGE § 611 BGB Fürsorgepflicht Nr. 10 und 3. 11. 1987 LAGE § 611 BGB Abmahnung Nr. 9; LAG Köln 12. 3. 1986 LAGE § 611 BGB Abmahnung Nr. 3; LAG Düsseldorf 18. 11. 1986 LAGE § 611 BGB Abmahnung Nr. 7 = NZA 1987, 354; zur Möglichkeit des Nachschiebens von Abmahnungsgründen LAG Berlin 21. 8. 1989 LAGE § 611 BGB Abmahnung Nr. 19 = NZA 1989, 964; zu Recht ablehnend *Schaub,* NJW 1990, 874: Mit der Warn- und Androhungsfunktion der Abmahnung ist ein Nachschieben von Abmahnungsgründen unvereinbar (ebenso *Kammerer,* AR-Blattei SD 20 Rn. 49; *Leisten,* ArbuR 1991, 206 ff.).

[34] Nach LAG Hamm 17. 6. 1993 RzK I 1 Nr. 81 ist der Arbeitgeber zugleich durch Urteil für berechtigt zu erklären, eine berichtigte, auf die verbliebenen Vorwürfe beschränkte Abmahnung auszusprechen und zu den Personalakten zu nehmen (im Anschluss an *Kammerer,* BB 1991, 1926 ff.).

[35] Vgl. LAG Hamm 1. 2. 1983 EzA § 611 BGB Fürsorgepflicht Nr. 33; LAG Baden-Württemberg 17. 10. 1990 LAGE § 611 BGB Abmahnung Nr. 25; LAG Düsseldorf 27. 2.

zugänglich sein und im Prozess schlüssig dargelegt und/oder bewiesen werden.[36] Der Arbeitnehmer braucht aber nicht gegen die Richtigkeit einer Abmahnung vorzugehen; er kann sich auch darauf beschränken, die Richtigkeit im möglichen späteren Kündigungsschutzprozess zu bestreiten, in dem zu prüfen ist, ob die in einer Abmahnung enthaltenen Vorwürfe berechtigt waren oder nicht.[37]

Es gibt **keine Regelausschlussfrist,** innerhalb derer die Abmahnung ausgesprochen werden muss.[38] Als abmahnungsberechtigte Personen kommen nicht nur kündigungsberechtigte Vorgesetzte in Betracht.[39] Eine ausgesprochene Abmahnung kann durch **Zeitablauf wirkungslos** werden; doch auch dies kann nicht anhand einer Regelfrist, sondern nur auf der Basis des Einzelfalls beurteilt werden.[40] Wird im Wege des Vergleichs eine Abmahnung nach einer bestimmten Frist aus der Personalakte entfernt, liegt darin noch keine Anerkennung der Begründetheit der Abmahnung.[41] Zur Wirksamkeit der Abmahnung bedarf es der Kenntnis des Arbeitnehmers von ihrem Inhalt.[42] Der Arbeitgeber trägt die **Beweislast** für das tatsächliche Vorliegen der in der Abmahnung beanstandeten Vorfälle.[43] Eine Abmahnung ist in aller Regel vor Ausspruch einer verhaltensbedingten ordentlichen oder außerordentlichen Änderungs- oder Beendigungskündigung[44] notwendig (Einzelheiten Rn. 1172ff.). Die Abmahnung erleichtert allerdings dem Arbeitgeber nicht den Beweis für eine vorgeworfene Verfehlung im Kündigungsschutzprozess.[45] 13

Zu der Frage, ob und inwieweit eine Abmahnung im Einzelfall begründet ist, gibt es eine reichhaltige Kasuistik. Abmahnungen sind stets dann berechtigt, wenn eine Vertragsverletzung vorliegt, die auch eine verhaltensbedingte ordentliche oder au- 14

1991 LAGE § 611 BGB Abmahnung Nr. 29; LAG Köln 25. 8. 1993 LAGE § 611 BGB Abmahnung Nr. 36; LAG Hamm 30. 5. 1996 NZA 1997, 1056; ArbG Wetzlar 17. 8. 1993 EzA § 611 BGB Abmahnung Nr. 27.

[36] LAG Düsseldorf 23. 2. 1996 LAGE § 611 BGB Abmahnung Nr. 45 = NZA-RR 1997, 81; ArbG Hamburg 14. 8. 1995 NZA-RR 1996, 206.

[37] BAG 13. 3. 1987 EzA § 611 BGB Abmahnung Nr. 5 = NZA 1987, 518; 13. 11. 1991 EzA § 611 BGB Abmahnung Nr. 24; dies gilt auch, wenn nach einem gerichtlichen Vergleich die Abmahnung für eine gewisse Zeit in der Personalakte verbleiben darf, vgl. LAG Hamm 5. 2. 1990 LAGE § 611 BGB Abmahnung Nr. 20.

[38] BAG 15. 1. 1986 AP § 611 BGB Fürsorgepflicht Nr. 96 = EzA § 611 BGB Fürsorgepflicht Nr. 39 = NZA 1986, 421; das Recht zur Abmahnung unterfällt regelmäßig auch nicht tariflichen Ausschlussfristen (BAG 14. 12. 1994 NZA 1995, 676).

[39] BAG 18. 1. 1980 EzA § 1 KSchG Verhaltensbedingte Kündigung Nr. 7 mit zust. Anm. *Peterek* = BB 1980, 1269; kritisch *Schaub,* NJW 1990, 873f.; *Adam,* DB 1996, 476.

[40] BAG 18. 11. 1986 EzA § 611 BGB Abmahnung Nr. 4 mit zust. Anm. *Peterek* = AP § 1 KSchG 1969 Verhaltensbedingte Kündigung Nr. 17 = NZA 1987, 418; a. A. LAG Hamm 14. 5. 1986 LAGE § 611 BGB Abmahnung Nr. 2 = DB 1986, 1628; BVerfG 16. 10. 1998, NZA 1999, 77, 78; siehe aber LAG Köln 28. 3. 1988 LAGE § 611 BGB Abmahnung Nr. 10 = DB 1988, 1170: Verwirkung nach einem Jahr; zum ganzen *Eich,* NZA 1988, 759ff.; *Walker,* NZA 1995, 601, 607; zu datenschutzrechtlichen Aspekten: *Gola,* DuD 1993, 447ff.

[41] LAG Hamm 5. 2. 1990 LAGE § 611 BGB Abmahnung Nr. 20.

[42] BAG 9. 8. 1984 EzA § 1 KSchG Verhaltensbedingte Kündigung Nr. 11 = DB 1984, 2703.

[43] LAG Frankfurt 31. 10. 1986 LAGE § 611 BGB Abmahnung Nr. 5; LAG Rheinland-Pfalz 5. 11. 1982 DB 1983, 1554; auf die Grundsätze der abgestuften Darlegungs- und Beweislast hinweisend LAG Bremen 6. 3. 1992 LAGE § 611 BGB Abmahnung Nr. 31.

[44] Siehe zuletzt BAG 17. 2. 1994 EzA § 611 BGB Abmahnung Nr. 30 = AP § 626 BGB Nr. 115; ferner BAG 30. 10. 1985 EzA § 611 BGB Fürsorgepflicht Nr. 40 = BB 1986, 1918.

[45] Hierzu *Reinecke,* NZA 1989, 585f.

ßerordentliche Kündigung rechtfertigen würde (Einzelfälle hierzu Rn. 1187ff. und 630ff.). Umgekehrt gilt dies freilich nicht, weil prinzipiell mindestens eine einschlägige Abmahnung Voraussetzung für eine verhaltensbedingte Kündigung ist (zu den Ausnahmen Rn. 1178ff.). Nach den obigen Ausführungen kann der Arbeitgeber auch wegen solcher Pflichtverletzungen Abmahnungen aussprechen, die im Ergebnis wohl noch keine Kündigung rechtfertigen würden; ferner steht es ihm frei, auf Kündigung durch Ausspruch einer Abmahnung zu verzichten. Mit dieser Maßgabe sind die nachfolgend aufgelisteten Einzelfälle berechtigter und unberechtigter Abmahnungsgründe zu sehen.

15 Einzelfälle **berechtigter Abmahnungsgründe:**
- Betätigung eines angestellten Lehrers für die **DKP;**[46]
- Verteilung **gewerkschaftlichen Werbematerials** während der Arbeitszeit;[47]
- Verletzung der Pflicht zur **Abmeldung** eines freigestellten Betriebsratsmitgliedes zur Abmeldung vor Beginn der seiner unter § 37 Abs. 2 BetrVG fallenden Betriebsratstätigkeit;[48]
- Teilnahme eines Betriebsratsmitgliedes an einer erkennbar nach § 37 Abs. 6 BetrVG **nicht erforderlichen Schulungsteilnahme;**[49]
- Teilnahme an politischer **Demonstration** während der Arbeitszeit;[50]
- Arbeitsverweigerung aus **Gewissensgründen;**[51]
- Erhebung einer **Dienstaufsichtsbeschwerde** gegen Mitarbeiter einer staatlichen Institution ohne Einschaltung oder Absprache mit der Geschäftsleitung;[52]
- Verletzung von **Anzeigepflichten;**[53]
- unwahre und **ehrenrührige Behauptungen** über Vorgesetzte;[54]
- Ausübung einer **Nebentätigkeit,** ohne tarifvertraglich erforderliche Genehmigung im öffentlichen Dienst;[55]
- Verweigerung von Auskünften über **Nebentätigkeit;**[56]
- Straftat eines Mitarbeiters im öffentlichen Dienst im Rahmen einer genehmigten Nebentätigkeit;[57]
- Anwendung kirchenrechtlich **unzulässiger Behandlungsmethoden** eines Chefarztes in kirchlicher Klinik;[58]

---

[46] BAG 13. 10. 1988 AP § 611 BGB Abmahnung Nr. 4.

[47] BAG 13. 11. 1991 EzA § 611 BGB Abmahnung Nr. 24 = AP § 611 BGB Abmahnung Nr. 7; BAG 23. 9. 1986 EzA Art. 9 GG Nr. 40; einschränkend hierzu im Hinblick auf Art. 9 Abs. 3 GG: BVerfG 14. 11. 1995 EzA Art. 9 GG Nr. 60 mit Anm. *Thüsing* = NZA 1996, 381.

[48] BAG 15. 7. 1992 AP § 611 BGB Abmahnung Nr. 9; a. A. LAG Berlin 6. 9. 1991 LAGE § 611 BGB Abmahnung Nr. 11; einschränkend auch LAG Bremen 6. 1. 1995 LAGE § 611 BGB Abmahnung Nr. 38; LAG Köln 11. 4. 1995 LAGE § 611 BGB Abmahnung Nr. 40.

[49] BAG 10. 11. 1993 EzA § 611 BGB Abmahnung Nr. 28 = AP § 78 BetrVG 1972 Nr. 4.

[50] LAG Hamm 17. 4. 1985 RzK I 1 Nr. 6; LAG Schleswig-Holstein 18. 1. 1995 LAGE § 611 BGB Abmahnung Nr. 39 = NZA 1995, 842.

[51] LAG Frankfurt 20. 12. 1994 LAGE § 611 BGB Abmahnung Nr. 41.

[52] LAG Bremen 6. 3. 1992 LAGE § 611 BGB Abmahnung Nr. 31.

[53] LAG Köln 1. 6. 1995 LAGE § 611 BGB Abmahnung Nr. 42 = NZA 1996, 596.

[54] BAG 11. 8. 1982 EzA § 611 BGB Fürsorgepflicht Nr. 31.

[55] BAG 30. 5. 1996 NZA 1997, 145.

[56] BAG 18. 1. 1996 NZA 1997, 41.

[57] LAG Nürnberg 10. 7. 2000 NZA-RR 2001, 27.

[58] BAG 7. 10. 1993 EzA § 611 BGB Kirchliche Arbeitnehmer Nr. 40.

- **Androhung einer Erkrankung;**[59]
- **schlechtes Benehmen** im öffentlichen Dienst;[60]
- **sexuelle Belästigung;**[61]
- Weigerung, sich gem. § 7 Abs. 2 BAT **amtsärztlich untersuchen** zu lassen;[62]
- Verstoß gegen **Unfallverhütungsvorschriften;**[63]
- **Nichterscheinen bei Schulungsveranstaltungen;**[64]
- **mangelnde Eignung und Fähigkeiten.**[65]

Einzelfälle unberechtigter Abmahnungsgründe: 16

- Ausschließliche Verletzung **betriebsverfassungsrechtlicher Pflichten;**[66]
- Wahrnehmung **betriebsverfassungsrechtlicher Rechte;**[67]
- Verkennung einer schwierigen und **ungeklärten Rechtsfrage** durch Betriebsratsmitglied;[68]
- Kundgabe eigener **Gewerkschaftszugehörigkeit** (ArbG Frankfurt 31. 7. 1991 AiB 1992, 158);
- Berechtigte Teilnahme an Warnstreik;[69]
- **Meinungsäußerung in der Öffentlichkeit;**[70]
- Nichterbringung der erwarteten, aber vertraglich nicht geschuldeten **Verkaufserfolge** eines Außendienstmitarbeiters;[71]
- politische Meinungsäußerung;[72]
- Vorwurf des Betrugs, wenn Vermögensschädigung nicht dargetan werden kann.[73]

II. Betriebsbuße

Die Betriebsbuße ahndet Verstöße gegen die betriebliche Ordnung mit der Mahnung, der Verwarnung oder dem Verweis, einer Geldstrafe oder der Entlassung als Betriebsstrafe.[74] Die Beendigung des Arbeitsverhältnisses im Rahmen einer sonst 17

[59] ArbG Wetzlar 9. 5. 1988 RzK I 1 Nr. 38.
[60] LAG Düsseldorf 22. 3. 1988 RzK I 1 Nr. 36.
[61] LAG Hamm 13. 2. 1997 NZA-RR 1997, 250.
[62] LAG Rheinland-Pfalz 7. 6. 1993 EzBAT § 7 BAT Nr. 3.
[63] LAG Schleswig-Holstein 26. 10. 1995 LAGE § 611 BGB Abmahnung Nr. 44.
[64] LAG Baden-Württemberg 24. 11. 1993 – 12 Sa 51/93 – n. v.
[65] LAG Köln 16. 5. 1997 ARSt 1997, 262.
[66] BAG 16. 9. 1987 RzK I 1 Nr. 21; LAG Düsseldorf 31. 8. 1988 RzK I 1 Nr. 42 und 23. 2. 1993 LAGE § 23 BetrVG 1972 Nr. 31; LAG Berlin 23. 2. 1988 RzK I 1 Nr. 28; LAG Hamm 17. 4. 1985 und 3. 11. 1987 LAGE § 611 BGB Abmahnung Nr. 1 und 9.
[67] BAG 6. 8. 1981 EzA § 37 BetrVG 1972 Nr. 74.
[68] BAG 31. 8. 1994 NZA 1995, 225.
[69] BAG 30. 3. 1982 EzA Art. 9 GG Arbeitskampf Nr. 46; LAG Rheinland-Pfalz 20. 3. 1981 EzA § 611 BGB Fürsorgepflicht Nr. 28.
[70] ArbG Berlin 20. 12. 1996 NZA-RR 1997, 281; BVerfG 16. 10. 1998 NZA 1999, 77.
[71] LAG Düsseldorf 19. 12. 1990 LAGE § 611 BGB Abmahnung Nr. 24.
[72] BAG 12. 6. 1986 RzK I 1 Nr. 11.
[73] LAG Rheinland-Pfalz 13. 4. 1989 LAGE § 611 BGB Abmahnung Nr. 18; a. A. ArbG Mainz 7. 11. 1988 EzA § 611 BGB Abmahnung Nr. 6.
[74] Hierzu MünchArbR/*Matthes,* § 333 Rn. 19 ff.; ferner *Herschel,* Die Betriebsbuße, 1967; *Kaiser/Metzger-Pregizer,* Betriebsjustiz, 1976; ablehnend *Schumann,* Festschrift für Dietz, 1973, S. 323 ff.; vgl. auch BAG 5. 2. 1986 EzA § 339 BGB Nr. 2.

zulässigen kollektiven Bußordnung ist nicht möglich, da dies dem zwingenden Kündigungs- und Kündigungsschutzrecht widerspricht. Will der Arbeitgeber wegen eines Verstoßes gegen die betriebliche Ordnung das Arbeitsverhältnis lösen, so kann dies je nach Lage des Falles sozial gerechtfertigt sein bzw. einen wichtigen Grund im Sinne des § 626 BGB darstellen. Der Arbeitnehmer hat nach allgemeinen Grundsätzen die Möglichkeit, die Wirksamkeit der aus diesem Grunde ausgesprochenen Kündigung gerichtlich überprüfen zu lassen.[75]

18 Betriebsbußen können nur auf Grund einer zwischen den Betriebspartnern vereinbarten Betriebsbußenordnung und nur für Verstöße gegen die Regeln über das Ordnungsverhalten im Betrieb verhängt werden. Die **einseitig** vom Arbeitgeber verhängte Betriebsbuße ist **unwirksam.**[76] Gegen das Instrument der Betriebsbuße sind wiederholt Bedenken erhoben worden, die allerdings von der Rechtsprechung durchweg nicht geteilt wurden.[77] Die Betriebsbuße ist von den individualarbeitsrechtlichen Maßnahmen (Abmahnung, Versetzung, Vertragsstrafe, Kündigung) strikt zu unterscheiden. Eine schriftliche Rüge mit Kündigungsandrohung ist im Zweifel als Abmahnung und nicht als Betriebsbuße auszulegen.[78] Verstöße gegen die kollektive Ordnung können auf der Basis einer gültigen Rechtsgrundlage mit einer Betriebsbuße geahndet werden, aber auch individualarbeitsrechtliche Konsequenzen zur Folge haben. Letztere unterliegen ggf. einer Beteiligung des Betriebsrats nach §§ 99, 102 BetrVG, die Betriebsbußen hingegen unterliegen der Mitbestimmung des Betriebsrats nach § 87 Abs. 1 Nr. 1 BetrVG. Beide Rechtsebenen sollten strikt voneinander getrennt werden. Die zwischenzeitlich seitens des BAG erwogene Auffassung, die Betriebsbuße könne ein vorrangiges milderes Mittel vor Ausspruch einer verhaltensbedingten Kündigung sein, hat der 2. Senat zu Recht aufgegeben.[79] Die Vorschaltung einer derartigen kollektivrechtlichen Maßnahme würde zu einer systemwidrigen Kündigungserschwerung führen, insbesondere würden Sinn und Zweck der Abmahnung (Warnfunktion) relativiert, weil vor der Kündigung weitere Vorstufen in Form kollektivrechtlicher Maßnahmen ergriffen werden müssten.

III. Direktionsrecht

19 Während durch das Kündigungsrecht auf den Leistungsumfang insgesamt Einfluss genommen und insoweit ggf. die vertraglich vereinbarten gegenseitigen Leistungspflichten aufgehoben werden, geht es beim Direktionsrecht lediglich um die

---

[75] BAG 28. 4. 1982 EzA § 87 BetrVG 1972 Betriebsbuße Nr. 5 = AP § 87 BetrVG 1972 Betriebsbuße Nr. 4; MünchArbR/*Matthes,* § 333 Rn. 27; *Kraft,* NZA 1989, 783; jeweils m. w. N. Für Dienstordnungs-Angestellte gelten andere Grundsätze, BAG 3. 2. 1972 und 25. 2. 1998 AP § 611 BGB Dienstordnungs-Angestellte Nr. 32 und Nr. 69.

[76] BAG 17. 10. 1989 EzA § 87 BetrVG Betriebsbuße Nr. 8 = NZA 1990, 193.

[77] Vgl. BAG 28. 4. 1982 EzA § 87 BetrVG 1972 Betriebsbuße Nr. 5 = AP § 87 BetrVG 1972 Betriebsbuße Nr. 4; 22. 10. 1985 AP § 87 BetrVG 1972 Lohngestaltung Nr. 18 = EzA § 87 BetrVG Lohngestaltung Nr. 10; MünchArbR/*Matthes,* § 333 Rn. 26 m. w. N.

[78] LAG Köln 12. 5. 1995 NZA-RR 1996, 204; LAG Frankfurt 18. 10. 1988 NZA 1989, 273.

[79] Vgl. BAG 17. 1. 1991 EzA § 1 KSchG verhaltensbedingte Kündigung mit insoweit zust. Anm. *Rüthers/Franke* unter Aufgabe von BAG 17. 3. 1988 EzA § 626 BGB n. F. Nr. 116 mit ablehnender Anm. *Willemsen* und abl. Anm. *Börgmann,* SAE 1989, 192 f.; ablehnend *Preis,* DB 1990, 686 f.

offengebliebene Konkretisierung der vertraglichen Leistungspflicht. Aufgrund des Direktionsrechts kann der Arbeitgeber die nur rahmenmäßig umschriebene Leistungspflicht nach Zeit, Ort und Art der Leistung näher bestimmen. Seine **Grenzen** findet das Direktionsrecht im **Gesetz,** in **Kollektivverträgen** und den **vertraglichen Vereinbarungen.** Der Vertragsinhalt kann durch das Direktionsrecht nicht geändert werden.[80]

Dazu ist eine Kündigung oder eine Änderungskündigung notwendig (zur Änderungskündigung unten Rn. 1258). In der jüngeren Rspr. findet eine gewisse Überlagerung von Änderungskündigung und Direktionsrecht dergestalt statt, dass die Ausübung eines (vertraglich erweiterten) Direktionsrechts auch (vorsichtshalber) im Wege der Änderungskündigung zugelassen wird.[81] Durch das Direktionsrecht kann im Rahmen des Vertrages auch auf die Arbeitsleistung und den Ort der Arbeit Einfluss genommen werden (Versetzung). Wird die Direktionsanordnung durch den Vertragsinhalt nicht gedeckt, ist eine Änderungskündigung notwendig.[82] Auch wenn der Arbeitgeber kraft Direktionsrecht befugt ist, den Arbeitsbereich des Arbeitnehmers zu verkleinern, muss seine Maßnahme billigem Ermessen entsprechen.[83] Fraglich ist, ob der Arbeitgeber bei Ausübung eines erweiterten Direktionsrechts aus betriebsbedingten Gründen die Grundsätze der Sozialauswahl (§ 1 Abs. 3 KSchG) beachten muss.[84] Generell unterliegt der Umfang der beiderseitigen Hauptleistungspflichten nicht dem Direktionsrecht. Auf dessen Basis können keine quantitativen Veränderungen der Arbeitszeit vorgenommen werden, die sich unmittelbar auf die Vergütung auswirken.[85] Die neuere Rechtsprechung wirft die Frage auf, ob die frühere Auffassung, die auf der Basis von kollektiv- oder einzelvertraglicher Ermächtigung das Direktionsrecht auch auf die Befugnis zur Versetzung des Arbeitnehmers auf einen Arbeitsplatz mit geringerer Entlohnung erstreckte,[86] auf Dauer haltbar ist. Denn auch bei der Versetzung auf einen Arbeitsplatz mit geringerer Entlohnung wird in die Hauptleistungspflichten einseitig eingegriffen.[87] In Grenzen billigen kann man derartige Vereinbarungen, wenn die Vergütung unverändert bleibt.[88]

Der Arbeitnehmer kann sich gegen eine Direktionsanordnung, namentlich auch **20**
gegen eine Versetzung, mit einer Feststellungsklage wehren. Die Einhaltung der Frist des § 4 KSchG ist nicht erforderlich, denn es liegt keine Kündigung vor.[89]

---

[80] BAG 27. 3. 1980 EzA § 611 BGB Direktionsrecht Nr. 2 = AP § 611 BGB Direktionsrecht Nr. 26; 25. 10. 1989 NZA 1990, 561.

[81] BAG 15. 11. 1995 NZA 1996, 603; s. a. BAG 16. 1. 1997 – 2 AZR 240/96 – n. v.; krit. hierzu *Preis* NZA 1997, 1076, 1088.

[82] Einzelheiten bei *Preis,* Der Arbeitsvertrag, II D 30 Rn. 15 ff.; *Friedhofen,* NZA 1986, 145 ff.; *Weber/Ehrich,* BB 1996, 2246.

[83] BAG 23. 6. 1993 EzA § 611 BGB Direktionsrecht Nr. 13; Einzelheiten zum Direktionsrecht vgl. ErfK/*Preis,* § 611 BGB Rn. 289 ff., 929 ff; *Hromadka,* DB 1995, 2601.

[84] So LAG Hamm 12. 2. 1996 EzA § 611 BGB Direktionsrecht Nr. 25.

[85] BAG 12. 12. 1984 EzA § 315 BGB Nr. 29 = AP § 2 KSchG 1969 Nr. 6.

[86] BAG 11. 6. 1958 AP § 611 BGB Direktionsrecht Nr. 2; ausführlich.

[87] Siehe aber zur tarifvertraglich zulässigen Verkürzung und Verlängerung der regelmäßigen wöchentlichen Arbeitszeit BAG 26. 6. 1985 AP § 9 TVAL II Nr. 4 = EzA § 1 TVG Nr. 19 = DB 1986, 132; eine Umgehung des Kündigungsschutzes bejahend LAG Düsseldorf 17. 3. 1995 LAGE § 2 KSchG Nr. 16 = DB 1995, 2224; LAG München 20. 9. 1985 BB 1986, 1577.

[88] Ausführlich *Preis,* Der Arbeitsvertrag, II D 30 Rn. 154.

[89] BAG 20. 1. 1960 AP 3611 BGB Direktionsrecht Nr. 8 = BB 1960, 445.

Die **Ausübung des Direktionsrechts** unterliegt der **gerichtlichen Kontrolle.** Es darf gem. § 315 Abs. 1 BGB nur nach billigem Ermessen ausgeübt werden. In diesem Rahmen darf der Arbeitgeber dem Arbeitnehmer keine Arbeit zuweisen, die diesen in vermeidbare Interessenkonflikte bringt.[90]

21 Die unwirksame Versetzung kann nicht in eine Änderungskündigung umgedeutet werden. Das scheitert schon am erklärten Willen, denn die Änderungskündigung setzt für den Fall der Nichtannahme des Angebots den Lösungswillen voraus, der dem fehlt, der im Rahmen des bestehenden Vertrages einseitig Bedingungen ändern will.[91]

22 Zum Widerruf von Arbeitsbedingungen vgl. unten Rn. 255ff.

IV. Die „Nichtfortsetzungserklärung" nach § 12 Satz 1 KSchG

23 Besteht nach der Entscheidung des Arbeitsgerichts das Arbeitsverhältnis fort, ist jedoch der Arbeitnehmer ein neues Arbeitsverhältnis eingegangen, so kann er binnen einer Woche nach Rechtskraft des Urteils durch eine Erklärung gegenüber dem alten Arbeitgeber die Fortsetzung des Arbeitsverhältnisses bei diesem verweigern.[92] Mit dem Zugang der Erklärung erlischt das Arbeitsverhältnis (§ 12 Satz 3 KSchG). Die „Nichtfortsetzungserklärung" des § 12 Satz 1 KSchG soll den Arbeitnehmer vor den Folgen bewahren, die ihn aus der Existenz zweier Arbeitsverhältnisse treffen könnten. Bei der einwöchigen Frist handelt es sich um eine materiellrechtliche Ausschlussfrist, deren Versäumung zum Erlöschen dieses Rechts führt.[93] Praktisch handelt es sich um den Fall eines gesetzlichen außerordentlichen Kündigungsrechts; § 626 BGB bleibt allerdings von der Regelung unberührt. Eine nicht rechtzeitig abgegebene Fortsetzungsverweigerungserklärung kann gemäß § 140 BGB regelmäßig in eine ordentliche Kündigung umgedeutet werden.[94] Die Entscheidung des Arbeitnehmers, weder von der Möglichkeit des § 12 Abs. 1 KSchG Gebrauch zu machen noch das Arbeitsverhältnis mit dem Arbeitgeber fortzusetzen, rechtfertigt noch nicht ohne weiteres die fristlose Kündigung durch den Arbeitgeber.[95] Prinzipiell ist der Arbeitgeber auch in diesen Fällen auf die ordentliche Beendigungsmöglichkeit zu verweisen. Hat der Arbeitnehmer einen Kündigungsschutzprozess gewonnen und inzwischen ein neues Arbeitsverhältnis begründet, so ist er auch nach Ablauf der einwöchigen Erklärungsfrist des § 12 KSchG nicht verpflichtet, einer Arbeitsaufforderung des alten Arbeitgebers sofort nachzukommen. Es liegt keine die fristlose Kündigung rechtfertigende Arbeitsverweigerung vor, wenn er zunächst das neue eingegangene Arbeitsverhältnis unter Einhaltung der ordentlichen Kündigungsfrist löst.[96]

---

[90] BAG 20. 12. 1984 AP § 611 BGB Direktionsrecht Nr. 27 = EzA § 1 KSchG Verhaltensbedingte Kündigung Nr. 16; 24. 5. 1989 EzA § 611 BGB Direktionsrecht Nr. 3 = NZA 1990, 144; kritisch *Reuter,* BB 1986, 385.

[91] Ebenso KR/*Rost,* § 2 KSchG Rn. 44.

[92] Hierzu *Brill,* DB 1983, 2519; *Bauer,* BB 1993, 2445; KR/*Rost,* § 12 KSchG Rn. 1ff.

[93] BAG 6. 11. 1986 RzK I 13b Nr. 4.

[94] LAG Berlin 15. 10. 1999 MDR 2000, 281.

[95] Vgl. LAG Köln 13. 2. 1991 LAGE § 626 BGB Nr. 57.

[96] LAG Köln 23. 11. 1994 LAGE § 12 KSchG Nr. 2 = NZA 1995, 992.

Der Arbeitnehmer kann die Erklärung nach § 12 KSchG, dass er im Falle seines Obsiegens im Kündigungsschutzprozess das bisherige Arbeitsverhältnis nicht fortsetzen wolle, auch schon vor der Rechtskraft des Urteils abgeben und zugleich den Antrag auf Auflösung des Arbeitsverhältnisses nach § 9 KSchG verfolgen.[97] Daneben kann der Arbeitnehmer, der im Kündigungsschutzprozess obsiegt hat, auch sein Arbeitsverhältnis unter Einhaltung der ordentlichen Kündigungsfrist aufkündigen. Dann bleiben die gegenseitigen Rechte und Pflichten bis zum Ablauf der Kündigungsfrist bestehen, und der Arbeitnehmer macht sich schadensersatzpflichtig, wenn er nach Aufforderung durch den Arbeitgeber die Dienste nicht wiederaufnimmt.[98] Die ordentliche Kündigung kann nicht in eine „Nichtfortsetzungserklärung" umgedeutet werden. Die Folgen des § 12 Satz 4 KSchG sollen nur den Arbeitnehmer treffen, der das gesetzliche Wahlrecht ausübt und sich ohne Einhaltung der ordentlichen Kündigungsfrist aus dem Arbeitsverhältnis lösen will. Die Vorschrift kann nicht analog auf den Fall angewendet werden, dass der Arbeitnehmer von § 12 Satz 1 KSchG keinen Gebrauch macht, sondern sich nach Ablauf der Einwochenfrist von dem bisherigen Arbeitsverhältnis durch ordentliche Kündigung oder Aufhebungsvertrag löst. Eine Gesetzeslücke besteht insoweit nicht.[99] Eine ordentliche Kündigung kann der Arbeitnehmer immer ohne irgendwelche negativen Folgen aussprechen. Daran hat § 12 KSchG nichts geändert. Macht der Arbeitnehmer von seinem Recht zur ordentlichen Kündigung Gebrauch, was wegen der Rechtsfolge des § 12 Satz 4 KSchG vorteilhaft sein kann, handelt er grundsätzlich nicht rechtsmissbräuchlich.[100] 24

V. Suspendierung

Unter Suspendierung wird das vollständige oder teilweise Ruhen der Rechte und Pflichten aus dem Arbeitsverhältnis verstanden, ohne dass das rechtliche Band des Vertrages aufgelöst wird. Die Suspendierung hat regelmäßig die Freistellung von der Arbeitspflicht zur Folge. Sie kann eintreten auf Grund einer Vereinbarung, kraft einseitiger Anordnung durch den Arbeitgeber, den Arbeitnehmer (z.B. nach § 15 BErzGG) oder kraft Gesetzes (z.B. Ruhen des Arbeitsverhältnisses während des Wehrdienstes nach dem Arbeitsplatzschutzgesetz).[101] Wird das Arbeitsverhältnis wegen Pflichtverletzung während der Ruhensphase gekündigt, ist im Einzelfall zu entscheiden, ob der Umstand des Ruhens Auswirkungen auf das Gewicht des Kündigungsgrundes hat. Es kommt auf die jeweilige Pflichtverletzung an, um entscheiden zu können, ob eine fristlose Kündigung in Betracht kommt oder – wegen des Ruhens – eine ordentliche Kündigung die Interessen des Arbeitgebers ausreichend wahrt.[102] 25

---

[97] BAG 19. 10. 1972 AP § 12 KSchG 1969 Nr. 1 = EzA § 12 KSchG Nr. 1; LAG Frankfurt 15. 4. 1983, ArbuR 1984, 52.

[98] Vgl. dazu LAG Düsseldorf 13. 6. 1979 EzA § 12 KSchG Nr. 2 = AP § 12 KSchG 1969 Nr. 2 mit Anm. *Herschel,* das eine Nichtfortsetzungserklärung auch dann annimmt, wenn der Arbeitnehmer das Arbeitsverhältnis ordentlich kündigt.

[99] Überzeugend BAG 6. 11. 1986 RzK I 13b Nr. 4.

[100] BAG 6. 11. 1986 RzK I 13b Nr. 4; *Herschel,* Anm. zu BAG AP § 12 KSchG Nr. 2; teilweise a. A. *Bauer,* BB 1993, 2445.

[101] Ausführlich *Dikomey,* Das ruhende Arbeitsverhältnis, 1991.

[102] BAG 5. 4. 2001 NZA 2001, 837; vgl. auch BAG 17. 2. 1982 – 7 AZR 663/79 – nv.; ErfK/*Müller-Glöge,* § 626 BGB Rn. 209.

1. Ruhendes Arbeitsverhältnis kraft Vereinbarung

26 Grundsätzlich steht es den Arbeitsvertragsparteien frei, das Ruhen der Hauptpflichten im Arbeitsverhältnis zu vereinbaren. In der Praxis geschieht dies häufig in der Form der Vereinbarung eines unbezahlten Urlaubs oder der vereinbarten Freistellung von der Arbeit nach dem Ausspruch einer ordentlichen Kündigung. Bei der einvernehmlichen Suspendierung kann ein Wegfall der Vergütung vereinbart werden. Wurde aber keine Regelung getroffen, ist davon auszugehen, dass der Arbeitnehmer nicht auf den Vergütungsanspruch aus dem weiter bestehenden Arbeitsvertrag verzichten wollte.[103] Die aus einem konkreten Anlass heraus getroffene individuelle Vereinbarung einer Suspendierung des Arbeitnehmers ist in den Grenzen des § 138 BGB zu respektieren.[104] Zu berücksichtigen ist, dass der Arbeitnehmer im bestehenden Arbeitsverhältnis grundsätzlich einen Beschäftigungsanspruch hat.[105] Jedenfalls dürfte die formularmäßige Abdingung des Beschäftigungsanspruches nur aus besonderen Gründen zulässig sein.[106] Auch können durch Formularvertragsgestaltung nicht die zwingenden Voraussetzungen des Großen Senats für einen vorläufigen Weiterbeschäftigungsanspruch unterlaufen werden (hierzu Rn. 2117 ff.). Bei offensichtlich unwirksamer Kündigung oder Obsiegen des Arbeitnehmers in der ersten Instanz ist davon auszugehen, dass sich die Rechtsprechungsgrundsätze gegenüber einer allgemeinen Freistellungsklausel in einem vorformulierten Arbeitsvertrag durchsetzen.[107] Es dürfte auch mit der Verteilung des Wirtschaftsrisikos im Arbeitsverhältnis unvereinbar sein, wenn unbezahlter Urlaub vereinbart worden ist und es allein beim Arbeitgeber liegt, wann dieser endet.[108]

2. Ruhen des Arbeitsverhältnisses auf Grund einseitiger Erklärung des Arbeitgebers

27 Fraglich ist, ob der Arbeitgeber die Suspendierung einseitig vornehmen, d. h. den Beschäftigungsanspruch des Arbeitnehmers (dazu Einzelheiten unten Rn. 2117 ff.) ohne Vereinbarung mit ihm zeitweise aussetzen kann. Das BAG hat dies in einer jüngeren Entscheidung vor dem Hintergrund des zwingenden Beschäftigungsanspruchs prinzipiell verneint.[109] Früher hat die Rechtsprechung die

---

[103] Erman/*Hanau,* § 611 BGB Rn. 319; *Becker-Schaffner,* BlStSozArbR 1985, 357; a. A. *Dikomey,* a. a. O., S. 9 f.

[104] Erman/*Hanau,* § 611 BGB Rn. 319; Küttner/*Kania,* Beschäftigungsanspruch, Rn. 5; *Preis,* Der Arbeitsvertrag, II F 10 Rn. 7.

[105] BAG GS 27. 2. 1985 EzA § 611 BGB Beschäftigungspflicht Nr. 9 = NZA 1985, 702; BAG 21. 9. 1993 EzA § 7 AWbG Nr. 14.

[106] Vgl. *Preis,* Vertragsgestaltung, S. 452; ausf. *Preis,* Der Arbeitsvertrag, II F 10 Rn. 8 ff; s. auch Erman/*Hanau,* § 611 BGB Rn. 353; *Leßmann* RdA 1988, 149; für den Fall des gekündigten Arbeitsverhältnisses bejahend: ArbG Köln 9. 5. 1996 NZA-RR 1997, 18; siehe zur Vereinbarung eines unbezahlten Urlaubs in einem vorformulierten Arbeitsvertrag BAG 6. 4. 1982 EzA § 1 Feiertagslohnzahlungsgesetz Nr. 21 = BB 1982, 2049.

[107] ErfK/*Preis,* § 611 BGB Rn. 831; *Ruhl/Kassebohm* NZA 1995, 497; *Preis,* Der Arbeitsvertrag II F 10 Rn. 20.

[108] BAG 13. 8. 1980 EzA § 9 BUrlG Nr. 11 = DB 1981, 479.

[109] BAG 21. 9. 1993 EzA § 7 AWbG Nr. 14; vgl. auch MünchKomm/*Schwerdtner,* Vor § 620 BGB Rn. 5; ausf. *Dikomey,* a. a. O., S. 11 ff.

einseitige Suspendierung des Arbeitgebers, an dessen Voraussetzungen **strenge Anforderungen** zu stellen sind, anerkannt.[110] Als billigenswerte Gründe können nicht ohne weiteres die Gründe herangezogen werden, die eine ordentliche Kündigung rechtfertigen. Vielmehr muss eine solche Interessenbeeinträchtigung vorliegen, die eine sofortige Reaktion erforderlich machen.[111] In aller Regel werden die Voraussetzungen nur dann vorliegen, wenn der Arbeitnehmer in den Verdacht einer schweren strafbaren Handlung oder einer anderen schweren Vertragsverletzung geraten ist, z.B. des Verrats von Geschäftsgeheimnissen oder von Verstößen gegen ein Wettbewerbsverbot.[112] Hier berührt die Weiterarbeit gerade die Interessen des Arbeitgebers, wenn ein wirklich begründeter schwerer Verdacht besteht. Die Suspendierung kann bei der Verdachtskündigung ein vorübergehendes milderes Mittel gegenüber der Beendigungskündigung sein,[113] wenn und soweit es um die möglich erscheinende Aufklärung des Verdachts geht. Die Suspendierung ist aber gegenüber der fristlosen Kündigung kein generell zu ergreifendes milderes Mittel dar.[114]

Überwiegend wird vertreten, dass **bei gekündigtem Arbeitsverhältnis** grds. **28**
ein berechtigtes Interesse des Arbeitgebers zur sofortigen Freistellung des Arbeitnehmers bis zum Ablauf der Kündigungsfrist besteht.[115] Dabei wird verkannt, dass während des Laufs der Kündigungsfrist das reguläre Arbeitsverhältnis und damit auch noch der allgemeine Beschäftigungsanspruch besteht.[116] Es kann daher nicht davon ausgegangen werden, dass sofort nach Ausspruch der Kündigung ein Beschäftigungsanspruch und ein Beschäftigungsinteresse des Arbeitnehmers entfällt.[117]

Umstritten ist, ob der Arbeitnehmer im Falle einer begründeten einseitigen Sus- **29**
pendierung den **Vergütungsanspruch** behält. Das BAG erkennt den Wegfall des Vergütungsanspruchs nicht an und lässt dem Arbeitgeber in Fällen dieser Art nur die Wahl zwischen der vollen Lohnzahlung und der Kündigung.[118] Richtig ist zu-

---

[110] BAG 15. 6. 1972 NJW 1972, 2279 = AP § 628 BGB Nr. 7 = EzA § 626 BGB n.F. Nr. 14; *Becker-Schaffner,* BlStSozArbR 1985, 357f.; allerdings lässt BAG 19. 8. 1976 EzA § 611 BGB Beschäftigungspflicht Nr. 4 = NJW 1977, 215 bereits überwiegende und schutzwürdige Interessen des Arbeitgebers genügen; restriktiv *Salje,* Festschrift für Kissel, 1994, S. 983ff.

[111] Erman/*Hanau,* § 611 BGB Rn. 318; *Preis,* Der Arbeitsvertrag II F 10 Rn. 4 unter Bezugnahme auf BAG 27. 2. 1985 AP § 611 BGB Beschäftigungspflicht Nr. 14.

[112] Vgl. zur Suspendierung nach Eigenkündigung und künftiger Tätigkeit bei Konkurrenz-Unternehmen LAG Hamm 3. 11. 1993 LAGE § 611 BGB Beschäftigungspflicht Nr. 36.

[113] *Preis,* S. 462f.; Staudinger/*Preis,* § 626 BGB Rn. 15; generell a.A. MünchKomm/*Schwerdtner,* Vor § 620 BGB Rn. 5.

[114] BAG 11. 3. 1999 AP § 626 BGB Nr. 149 = EzA § 626 BGB n.F. Nr. 176; BAG 5. 4. 2001 NZA 2001, 837; LAG Köln 20. 3. 2001 ArbuR 2001, 237.

[115] ArbG Düsseldorf 3. 6. 1993 NZA 1994, 559; *Schaub* § 95 III 1b; wohl auch *Buchner,* Die Beschäftigungspflicht, 1989, S. 23; *Leßmann* RdA 1988, 149, 151.

[116] LAG München 19. 8. 1992 LAGE BGB § 611 Beschäftigungspflicht Nr. 32; ArbG Leipzig 8. 8. 1996 BB 1997, 366; ArbG Frankfurt 29. 7. 1993 AiB 1993, 741; ErfK/*Preis,* § 611 BGB Rn. 832; *Preis,* Der Arbeitsvertrag II F 10 Rn. 4.

[117] So aber Küttner/*Kreitner,* Freistellung von der Arbeit, Rn. 18.

[118] BAG 4. 6. 1964 EzA § 626 BGB Nr. 5 = BB 1964, 1045; 10. 11. 1955 EzA § 611 BGB Nr. 1 = AP § 611 BGB Beschäftigungspflicht Nr. 2; LAG Hamm 18. 7. 1991 LAGE § 615 BGB Nr. 29; *Schaub,* § 95 III; LAG Hamm 5. 5. 1975 DB 1975, 1131; MünchKomm/*Schwerdtner,* Vor § 620 BGB Rn. 7; *Becker-Schaffner,* BlStSozArbR 1985, 358; *Dikomey,* a.a.O., S. 17f.; a.A. *Hueck/Nipperdey,* Bd. 1, S. 386.

nächst, dass die unberechtigte Suspendierung die Folge des § 615 BGB auslöst. Bei der berechtigten Suspendierung, d.h. bei Vorlage eines besonders schutzwürdigen Interesses, das in aller Regel nur für einen kurzen Zeitraum anerkannt werden kann,[119] besteht ebenfalls im Grundsatz der Vergütungsanspruch des Arbeitnehmers fort.[120] Andererseits kann es sicher auch Einzelfälle geben, in denen das vertragswidrige Verhalten des Arbeitnehmers so schwerwiegend ist, dass dem Arbeitgeber die Annahme der Arbeitsleistung schlechthin unzumutbar ist (seltene Ausnahmefälle). Dann handelt es sich nicht mehr um ein ordnungsgemäßes Angebot. Der Arbeitgeber gerät nicht in Annahmeverzug.[121] Das BAG hat dies in einer wohl bisher einmalig gebliebenen Entscheidung angenommen, wenn bei der Annahme der angebotenen Leistung Leib und Leben, Freiheit, Gesundheit, Ehre, andere Persönlichkeitsrechte oder Eigentum des Arbeitgebers unmittelbar und nachhaltig gefährdet werden.

30 Eine Suspendierung kann nicht in eine Kündigung umgedeutet werden, weil die Suspendierung gerade zum Ausdruck bringt, dass das Arbeitsverhältnis zunächst noch fortbestehen soll.[122]

31 Eine Beteiligung des Betriebsrats (§§ 99, 102 BetrVG) bei der bloßen Suspendierung ist nicht erforderlich, da es sich weder um eine Versetzung noch um eine Kündigung handelt, der Bestand des Arbeitsverhältnisses also nicht beeinträchtigt wird.[123]

VI. Beendigung einer personellen Maßnahme nach den §§ 100 Abs. 3, 101 BetrVG

32 Durch die Notwendigkeit der Zustimmung des Betriebsrats zur Einstellung eines Arbeitnehmers nach § 99 BetrVG bestand Unsicherheit über die Frage, ob der Vertrag auch ohne Zustimmung des Betriebsrats zivilrechtlich gültig ist oder nicht. Die sehr umstrittene Frage ist durch zwei Entscheidungen des BAG 2. 7. 1980[124] dahin entschieden, dass ein ohne Zustimmung des Betriebsrats abgeschlossener Arbeitsvertrag voll wirksam ist.[125] Allerdings darf der Arbeitgeber den Arbeitnehmer nicht beschäftigen, solange die Zustimmung des Betriebsrats nicht vorliegt (§ 101 BetrVG). Auf diese Weise wird mittelbar Druck auf den Arbeitgeber ausgeübt, das

---

[119] Vgl. BAG 10. 11. 1955 EzA § 611 BGB Nr. 1 = NJW 1956, 359; zum Fall der Leistungsverweigerung wegen Ableistung eines ausländischen Wehrdienstes: BAG 22. 12. 1982 EzA § 123 BGB Nr. 20 = AP § 123 BGB Nr. 23.

[120] Vgl. auch LAG Hamm 5. 5. 1975 DB 1975, 1131.

[121] BAG 29. 10. 1987 EzA § 615 BGB Nr. 54 = NZA 1988, 465 unter Hinweis auf BAG GS 26. 4. 1956 EzA § 615 Nr. 1 = NJW 1956, 359.

[122] Erman/*Hanau,* § 611 BGB Rn. 319.

[123] DKZ/*Kittner,* § 102 BetrVG Rn. 20; Zur Versetzung wie hier ArbG Minden 10. 12. 1996 NZA-RR 1997, 437 = AiB 1997, 472 mit Anm. *Kittner;* a.A. ArbG Minden 14. 8. 1996 AiB 1997, 231 mit Anm. *Dornieden;* DKK/*Kittner,* § 99 Rn. 107.

[124] AP § 101 BetrVG 1972 Nr. 5 mit Anm. *Misera* und AP Art. 33 Abs. 2 GG Nr. 9 = EzA § 99 BetrVG 1972 Nr. 28 mit Anm. *Löwisch/Röder;* bestätigt durch BAG 28. 4. 1992 EzA § 99 BetrVG 1972 Nr. 106 = NZA 1991, 1141.

[125] So schon früher *Schlüter,* DB 1972, 96; vgl. auch *Stahlhacke,* BlStSozArbR 1972, 55 und die weiteren Hinweise in der Entscheidung des BAG; MünchKomm/*Schwerdtner,* Vor § 620 BGB Rn. 12; a.A. noch *Fitting,* § 99 BetrVG Rn. 227.

Mitbestimmungsrecht des Betriebsrats zu beachten. Andererseits kann der Arbeitnehmer seinen Beschäftigungsanspruch wegen der betriebsverfassungswidrigen Einstellung nicht verwirklichen. Damit stellt sich die weitere Frage nach dem Schicksal des Arbeitsvertrages, wenn der Arbeitgeber die Zustimmung des Betriebsrats überhaupt nicht beantragt oder eine solche zwar beantragt, die vom Betriebsrat verweigerte Zustimmung aber hinnimmt und kein Verfahren nach § 99 Abs. 4 BetrVG einleitet oder wenn er das Verfahren der vorläufigen Einstellung nicht ordnungsgemäß durchgeführt hat. Auf das Rechtsverhältnis des eingestellten Arbeitnehmers sollte dies nur dann Einfluss haben, wenn der Betriebsrat ein Recht auf Verweigerung der Zustimmung zur Einstellung hatte. Anderenfalls könnte sich der Arbeitgeber von einem rechtswirksam geschlossenen Arbeitsvertrag wieder lösen, indem er einfach nicht um die Zustimmung des Betriebsrats ersucht oder dessen Weigerung hinnimmt bzw. den Betriebsrat bei einer vorläufigen Einstellung nicht ordnungsgemäß beteiligt. Das führt dazu, dass in diesen Fällen der eingestellte Arbeitnehmer vom Arbeitgeber gekündigt werden muss und sich auch ggf. auf den Kündigungsschutz nach dem KSchG berufen kann.[126] Wird also der mitbestimmungswidrig eingestellte Arbeitnehmer mehr als 6 Monate beschäftigt, kann eine Kündigung nur nach § 1 KSchG gerechtfertigt sein. Sofern ein Personalüberhang besteht, kann u. U. ein betriebsbedingter Kündigungsgrund vorliegen.[127]

VII. Beendigung eines fehlerhaft begründeten Arbeitsverhältnisses

Ein sog. fehlerhaftes (auch faktisches) Arbeitsverhältnis kann sofort beendet werden und zwar durch einseitige Erklärung. Diese einseitige Erklärung ist keine Kündigung im Rechtssinne. Der allgemeine Kündigungsschutz oder Sonderkündigungsschutz greift nicht ein, ebenso wenig bedarf es einer Betriebsratsanhörung nach § 102 BetrVG. Grundlage der Lehre zum fehlerhaften Arbeitsverhältnis ist ein **geschlossener und in Vollzug gesetzter Arbeitsvertrag,** der von **Anfang an wegen Rechtsverstoß** (§§ 134, 138) **nichtig** oder **rückwirkend wegen Anfechtung** (§ 142 I) vernichtet worden ist.[128] Anwendbar sind die Grundsätze über das fehlerhafte Arbeitsverhältnis prinzipiell bei allen Nichtigkeitsgründen (z. B. **Geschäftsunfähigkeit** des Arbeitnehmers; **Formmangel; gesetzliche Verbote** i. S. d. § 134, **Nichtvorliegen öffentlich rechtlicher Erlaubnisse,** z. B. Arbeitserlaubnisse).[129] Bei bewusstem Verstoß beider Vertragsparteien gegen Strafgesetze[130] und krasser Sittenwidrigkeit (§ 138) des Arbeitsvertragsinhalts[131] hat die Rspr. die Anwendung der Grundsätze über das fehlerhafte Arbeitsverhältnis **verneint.** In den zuletzt genannten Fällen bedarf es auch keiner Erklärung zur Beendigung des un- 33

[126] *Richardi/Thüsing,* § 99 BetrVG Rn. 295 f.; *v. Hoyningen-Huene,* RdA 1982, 205; *Misera,* Anm. zu AP § 101 BetrVG 1972 Nr. 5.

[127] Hierzu *Rixecker,* ArbuR 1983, 238 (241).

[128] BAG 14. 1. 1987 EzA BGB § 611 Faktisches Arbeitsverhältnis Nr. 1; näher ErfK/*Preis,* § 611 BGB Rn. 170 ff.

[129] BAG 26. 11. 1971 AP AFG § 19 Nr. 1; LAG Berlin 24. 1. 1974 DB 1974, 1440; LAG Hamm 29. 3. 1972 DB 1972, 1171; 23. 11. 1971 DB 1972, 293; hierzu *Eckert,* AR-Blattei SD 1620 Rn. 54 f.; *McHardy,* RdA 1994, 93, 98.

[130] BAG 25. 4. 1963 AP BGB § 611 Faktisches Arbeitsverhältnis Nr. 2.

[131] BAG 1. 4. 1976 AP BGB § 138 Nr. 34.

wirksamen Arbeitsverhältnisses. Es verbleibt bei der schlichten Nichtigkeit (vgl. auch Rn. 146).

§ 3 Sonstige Beendigungstatbestände

I. Aufhebungsvertrag

34 Arbeitgeber und Arbeitnehmer können ihr Vertragsverhältnis nach dem Grundsatz der Privatautonomie (§§ 241 Abs. 1, 311 Abs. 1 BGB) grundsätzlich jederzeit durch einen Aufhebungsvertrag beenden.[1] Das Arbeitsverhältnis kann durch Aufhebungsvertrag auch rückwirkend aufgelöst werden, wenn es bereits außer Vollzug gesetzt worden war.[2] Der Aufhebungsvertrag entbindet von der Einhaltung der Kündigungsfristen, es greift weder der allgemeine noch ein besonderer Kündigungsschutz ein. Ein Mitwirkungsrecht des Betriebsrats oder Sprecherausschusses nach §§ 102 BetrVG, 31 SprAuG besteht nicht. Eine Umgehung gesetzlicher Vorschriften, etwa der §§ 9, 10 KSchG, ist auch nicht darin zu erblicken, dass ein Aufhebungsvertrag ohne jede Abfindungsregelung vereinbart wurde.[3] Einen Aufhebungsvertrag, der nicht auf alsbaldige Beendigung, sondern auf befristete Fortsetzung des Arbeitsvertrages ausgelegt ist, unterzieht das BAG einer Kontrolle nach Maßstäben des Befristungsrechts (hierzu noch Rn. 99).[4] Im Zusammenhang mit einem Betriebsübergang ist ein Aufhebungsvertrag nur dann nicht zu beanstanden, wenn die Vereinbarung auf das endgültige Ausscheiden des Arbeitnehmers gerichtet ist. Bezweckt der Aufhebungsvertrag dagegen lediglich die Beseitigung der Kontinuität des Arbeitsverhältnisses bei gleichzeitigem Erhalt des Arbeitsplatzes, ist er wegen objektiver Gesetzesumgehung nichtig. Ein solcher Fall liegt vor, wenn im Zuge des Aufhebungsvertrages zugleich ein neues Arbeitsverhältnis zum Betriebsübernehmer vereinbart oder zumindest verbindlich in Aussicht gestellt wird.[5]

35 Der Arbeitgeber ist nach bisheriger Rechtsprechung nicht verpflichtet, dem Arbeitnehmer ein Rücktritts- oder Widerrufsrecht einzuräumen; das gilt selbst dann, wenn er ihm das Thema des beabsichtigten Gesprächs, in dessen Verlauf der Aufhebungsvertrag geschlossen wurde, zuvor nicht mitgeteilt hat.[6] In dem Umstand,

---

[1] BAG 14. 2. 1996 NZA 1996, 811; LAG Mecklenburg-Vorpommern 6. 7. 1995 NZA 1996, 535; ausführlich zu Aufhebungsverträgen *Bauer,* Arbeitsrechtliche Aufhebungsverträge, 6. Aufl. 1997; *Weber/Ehrich/Hoß,* Handbuch der arbeitsrechtlichen Aufhebungsverträge, 1996; *Germelmann,* NZA 1997, 236.

[2] BAG 10. 12. 1998 EzA § 613a BGB Nr. 175 = NZA 1999, 422.

[3] BAG 7. 5. 1987 EzA § 9 KSchG n. F. Nr. 21 = NZA 1988, 15; *Ernst,* Aufhebungsverträge zur Beendigung von Arbeitsverhältnissen, 1993, § 13 II 2a.

[4] BAG 12. 1. 2000 AP Nr. 16 zu § 620 BGB Aufhebungsvertrag.

[5] BAG 10. 12. 1998 EzA § 613a BGB Nr. 175 = NZA 1999, 422.

[6] BAG 30. 9. 1993 EzA § 611 BGB Aufhebungsvertrag Nr. 13 = AP § 123 BGB Nr. 37; hierzu *A. Wisskirchen/Worzalla,* DB 1994, 577 ff.; *Zwanziger,* DB 1994, 982; im Einzelfall bei strukturell ungleicher Verhandlungsstärke Sittenwidrigkeit bejahend: ArbG Hamburg 14. 10. 1994, ArbuR 1995, 29; LAG Hamm 24. 2. 1995 LAGE § 611 BGB Inhaltskontrolle Nr. 2; ausdrücklich ablehnend BAG 14. 2. 1996 NZA 1996, 811 = EzA § 611 BGB Aufhebungsvertrag mit Anm. *Wank.*

dass der Arbeitgeber dem Arbeitnehmer keine angemessene Bedenkzeit einräumt, wird keine unzulässige Rechtsausübung gesehen.[7] Eine Analogie zu den Widerrufstatbeständen des Haustürwiderrufsrechts und des Verbraucherkreditrechts (§§ 1 HaustürWG a. F., 7 VerbrKrG a. F.) hat das BAG abgelehnt. Diese Frage wird man vor dem Hintergrund des Schuldrechtsmodernisierungsgesetzes, mit dem das Verbraucherschutzrecht in das BGB integriert worden ist, nochmals überdenken müssen. Nach wohl richtiger Auffassung[8] dürfte auch der Arbeitnehmer „Verbraucher" i. S. des § 13 BGB sein, denn Verbraucher ist nach der Legaldefinition natürliche Person, die ein Rechtsgeschäft zu einem Zweck abschließt, der weder ihrer gewerblichen noch ihrer selbständigen beruflichen Tätigkeit zugerechnet werden kann. Damit dürfte das Verbraucherrecht des BGB im Grundsatz auch auf Arbeitsverträge zugunsten des Arbeitnehmers Anwendung finden. Obwohl nach dem Wortlaut des § 312 BGB die Voraussetzungen eines Haustürgeschäfts auch bei einem Aufhebungsvertrag gegeben sein können, wenn der Arbeitnehmer zu dessen Abschluss „durch mündliche Verhandlungen an seinem Arbeitsplatz" bestimmt worden ist, dürften Aufhebungsverträge von Arbeitsverträgen nach dem Zweck der Norm, die Widerrufsrechte bei Vertriebsgeschäften begründen will, in der Regel nicht anwendbar sein. Dies ergibt sich auch aus der Systematik des BGB. § 312 BGB befindet sich im Untertitel 2, der nur für „besondere Vertriebsformen" gilt.[9]

Anwendbar sind aber nach § 310 Abs. 4 BGB auf Aufhebungsverträge die Grundsätze der Inhaltskontrolle für allgemeine Geschäftsbedingungen, und damit insbesondere auf arbeitgeberseitig gestellte vorformulierte Verträge anerkannt werden.[10] Insoweit besteht auch ein Schutzbedürfnis des Arbeitnehmers. Unangemessen benachteiligende Klauseln, wie insbesondere Verzichtserklärungen, können so einer Angemessenheitskontrolle unterzogen werden.[11] **36**

Aufhebungsverträge stehen in der Regel unter der aufschiebenden Bedingung, dass das Arbeitsverhältnis bis zum vereinbarten Auflösungszeitpunkt fortgesetzt wird. Löst eine außerordentliche Kündigung das Arbeitsverhältnis vor dem vorgesehenen Auflösungszeitpunkt auf, wird der Aufhebungsvertrag – einschließlich einer darin vereinbarten Abfindung – gegenstandslos.[12] **37**

Bedingte Aufhebungsverträge sind nach bisheriger Rechtsprechung unter dem Gesichtspunkt der Umgehung zwingender Vorschriften des Kündigungsrechts in der Regel unwirksam. Da sie mit Eintritt der Bedingung das Arbeitsverhältnis ohne weiteres beenden, kommen sie in ihrer Wirkung dem unabdingbaren § 626 BGB gleich. Unzulässig ist z. B. die Vereinbarung, das Arbeitsverhältnis ende, wenn der Arbeitnehmer nicht nach dem Ende seines Urlaubs an dem vereinbarten Tage **38**

[7] *Bengelsdorf,* Anm. LAGE § 611 BGB Aufhebungsvertrag Nr. 6; *ders.,* NZA 1994, 193; a. A. LAG Hamburg 3. 7. 1991 LAGE § 611 BGB Aufhebungsvertrag Nr. 6.

[8] Hierzu *Gotthardt* Rn. 164 ff.

[9] Ebenso i. E. *Bauer* NZA 2002, 169, 171; a. A. *Hümmerich/Holthausen,* NZA 2002, 173, 178.

[10] Für eine analoge Anwendung des AGB-Gesetzes bereits: ArbG Hanau 26. 9. 1996 NZA-RR 1997, 333; generell das Erfordernis einer Inhaltskontrolle bejahend *Dieterich,* RdA 1995, 129, 136; *Zwanziger,* DB 1994, 982.

[11] Näher *Preis,* Der Arbeitsvertrag, II V 50 Rn. 16 ff.

[12] BAG 29. 1. 1997 NZA 1997, 813 = EzA § 611 BGB Aufhebungsvertrag Nr. 27.

seine Arbeit wieder aufnimmt.[13] Dasselbe gilt für den Fall, dass das Arbeitsverhältnis mit einem alkoholgefährdeten Arbeitnehmer bzw. häufig erkrankten Arbeitnehmer enden soll, wenn er Alkohol zu sich nimmt bzw. zukünftig mehr als 20 krankheitsbedingte Fehltage jährlich erreicht.[14] Ebenso ist ein Aufhebungsvertrag unwirksam, nach dem ein Berufsausbildungsverhältnis endet, wenn in bestimmten Fächern mit „mangelhaft" abgeschlossen wird.[15] Die Bedingung kann anders zu beurteilen sein, wenn für sie ein sachlich berechtigter Grund besteht, z. B. die Auflösung für den Fall vereinbart worden ist, dass der Arbeitnehmer für die vereinbarte Arbeitsleistung nach dem amtsärztlichen Zeugnis untauglich ist[16] oder der Eintritt der Bedingung ausschließlich vom Willen des Arbeitnehmers abhängt.[17] Bedingten Aufhebungsverträgen gleich stehen Vereinbarungen, die eine unbedingte Aufhebung des Arbeitsverhältnisses mit einer bedingten Wiedereinstellungsgarantie verknüpfen. Das gilt z. B. für den Fall, dass der Arbeitnehmer vor Urlaubsantritt vereinbarungsgemäß aus dem Beschäftigungsverhältnis ausscheidet und ihm die Wiedereinstellung unter Wahrung des Besitzstandes für den Fall versprochen wird, dass er diese spätestens am ersten Tag nach Ende des Urlaubs verlangt.[18]

39 Aufhebungsverträge haben zahlreiche **sozialrechtliche Konsequenzen.** Es können nachteilige Folgen für den Anspruch auf betriebliche Altersversorgung entstehen, ggf. Wartezeiten in der Renten- und Arbeitslosenversicherung nicht erreicht sowie der Krankenversicherungsschutz beeinträchtigt werden. Insbesondere kann gegen den Arbeitnehmer, der nach Beendigung des Arbeitsverhältnisses arbeitslos wird, eine Sperrzeit wegen Arbeitsaufgabe verhängt werden (§ 144 SGB III). Unter besonderen Umständen kann der Arbeitgeber verpflichtet sein, den Arbeitnehmer über diese Rechtsfolgen des Aufhebungsvertrages **aufzuklären.**[19] Ein zur Umgehung sozialrechtlicher Vorschriften rückdatierter Aufhebungsvertrag kann sittenwidrig sein, wenn mit ihm die Täuschung der Bundesanstalt für Arbeit beabsichtigt ist.[20] Eine Abfindung, die dem Arbeitnehmer im Aufhebungsvertrag gewährt wird,

---

[13] BAG 19. 12. 1974 EzA § 305 BGB Nr. 6 = AP § 620 BGB Bedingung Nr. 3; 13. 12. 1984 EzA § 620 BGB Bedingung Nr. 3; LAG Düsseldorf 24. 6. 1974 EzA § 305 BGB Nr. 4 und LAG Schleswig-Holstein 11. 4. 1974 EzA § 305 BGB Nr. 5 mit gemeinsamer Anm. *Reuter.*

[14] LAG München 29. 10. 1987 BB 1988, 348; LAG Baden-Württemberg 15. 10. 1990 BB 1991, 209.

[15] BAG 5. 12. 1985 EzA § 620 BGB Bedingung Nr. 5.

[16] LAG Berlin 16. 7. 1990 LAGE § 620 BGB Bedingung Nr. 2.

[17] Staudinger/*Preis,* § 620 BGB Rn. 205.

[18] BAG 25. 6. 1987 § 620 BGB Bedingung Nr. 8 = AP § 620 Bedingung Nr. 14; *Bengelsdorf,* AuA 1993, 49.

[19] Zur Frage der Sperre beim Arbeitslosengeld: BAG 10. 3. 1988 EzA § 611 BGB Aufhebungsvertrag Nr. 6 = NZA 1988, 837; zu Versorgungsschäden: BAG 13. 11. 1984, 18. 9. 1984, 13. 12. 1988 EzA § 611 BGB Fürsorgepflicht Nr. 36, 37 und 53 = AP § 1 BetrAVG Zusatzversorgungskassen Nr. 5, 6 und 22; 3. 7. 1990 EzA § 611 BGB Aufhebungsvertrag Nr. 7; BAG 17. 10. 2000 EzA § 611 BGB Fürsorgepflicht Nr. 59; gänzlich ablehnend LAG Frankfurt 21. 3. 1985 LAGE § 119 BGB Nr. 4; zu weitergehenden Aufklärungs- und Hinweispflichten *Nägele,* BB 1992, 1274 ff.; eine Aufklärungspflicht des Arbeitgebers über den Umstand, dass er weitere Entlassungen plant, die zu einer sozialplanpflichtigen Betriebseinschränkung führen könnten, hat das BAG abgelehnt, vgl. BAG 13. 11. 1996 NZA 1997, 390 = EzA § 112 BetrVG 1972 Nr. 90.

[20] LAG Baden-Württemberg 22. 5. 1991 LAGE § 611 BGB Aufhebungsvertrag Nr. 4; ArbG Mannheim 20. 7. 1990 EzA § 611 BGB Aufhebungsvertrag Nr. 8.

unterliegt nach Maßgabe arbeitsförderungsrechtlicher Bestimmungen einer Anrechnung auf das Arbeitslosengeld (hierzu Rn. 2025ff.). Der Arbeitgeber, der mit einem langjährig bei ihm beschäftigten älteren Arbeitnehmer einen Aufhebungsvertrag abschließt, ist unter den Voraussetzungen des § 128 AFG a. F. und seit 1.4. 1999 nach Maßgabe des § 147a SGB III verpflichtet, der Bundesanstalt für Arbeit das an den Arbeitnehmer gezahlte Arbeitslosengeld zu erstatten.[21]

1. Schriftformerfordernis für den Abschluss des Aufhebungsvertrages

Der Aufhebungsvertrag kann seit dem 1. 5. 2000 durch die Einführung des § 623 BGB nicht mehr formlos abgeschlossen werden. Dem Formerfordernis kommt wie bei der Kündigung (hierzu Rn. 152) Warn-, Klarstellungs- und Beweisfunktion zu. Es soll verhindert werden, dass die Arbeitsvertragsparteien das Arbeitsverhältnis unüberlegt einvernehmlich beenden. Nicht nur für den Arbeitnehmer, sondern auch für den Arbeitgeber ist das Schriftformerfordernis sinnvoll, weil er sich Klarheit über alle regelungsbedürftigen wesentlichen Punkte machen muss. 40

§ 623 BGB verwendet den Begriff des „Auflösungsvertrages". Das sind insbesondere Aufhebungsverträge. Von dem Begriff der Auflösungsverträge könnten auch bedingte Aufhebungsverträge erfasst werden. Fasst man diese als auflösende Bedingung auf, unterliegen sie dem wesensgleichen Formerfordernis nach § 21 i.V.m. § 14 Abs. 4 TzBfG. Von § 623 BGB nicht erfasst sind *Änderungsverträge.* Nicht formbedürftig sind auch sog. *Abwicklungsverträge* nach einer formwirksamen, vom Arbeitnehmer hingenommenen Kündigung. Es liegt dann kein Arbeitsverhältnis mehr vor, das i.S.v. § 623 BGB durch den Auflösungsvertrag beendet werden kann.[22] Wegen § 623 BGB bedarf nunmehr auch die einvernehmliche Aufhebung eines *Berufsausbildungsverhältnisses* entgegen der bisherigen Rechtslage[23] der Form, was wegen §§ 19, 3 II BBiG auch für das Rechtsverhältnis der Volontäre und Praktikanten i.S.v. § 19 BBiG gilt. Auch ein *dreiseitiger Vertrag,* mit dem zugleich das Ausscheiden bei einem alten Arbeitgeber und die Begründung des Arbeitsverhältnisses bei einem neuen Arbeitgeber, z.B. einer Beschäftigungsgesellschaft, geregelt wird,[24] bedarf der Form. Der Eingliederungsvertrag kann nach § 232 II SGB III formlos für gescheitert erklärt werden, weshalb sich die theoretische Frage der Formbedürftigkeit des Aufhebungsvertrages hier praktisch nicht stellt. 41

Hinsichtlich der allgemeinen **Anforderungen an die Schriftform** (§ 126 Abs. 1 BGB) gilt das Gleiche wie bei Kündigungen (vgl. dort Rn. 155ff.). Zu beachten ist jedoch, dass für zweiseitige Rechtsgeschäft die zusätzliche Regelung des § 126 Abs. 2 BGB gilt. Die **Unterzeichnung** der Parteien muss grundsätzlich **auf derselben Urkunde** erfolgen (§ 126 Abs. 1 Satz 1 BGB). Anders als bei § 127 BGB reicht der Austausch einseitiger Erklärungen nicht.[25] Der *gesamte Vertragsinhalt* 42

---

[21] Einzelheiten bei APS/*Ascheid,* § 147a SGB III Rn. 6ff.; *Bauer,* a.a.O., Rn. 1070ff.; *Holthöwer/Rolfs,* DB 1995, 1074ff.

[22] Wie hier APS/*Preis;* § 623 BGB Rn. 3; KR/*Spilger,* § 623 BGB Rn. 47; ErfK/*Müller-Glöge,* § 623 BGB Rn. 14; a.A. *Schaub,* NZA 2000, 344, 347.

[23] LAG München 2. 11. 1977 EzB BGB § 305 Nr. 3.

[24] Vgl. dazu BAG 10. 12. 1998 NZA 1999, 422.

[25] BAG 24. 10. 1972 AP HGB § 74 Nr. 31; 15. 11. 1957 AP BGB § 125 Nr. 2.

muss durch die Unterschrift beider Parteien gedeckt sein. Es genügt daher nicht, wenn die eine Partei das Angebot unterzeichnet und die andere Partei die Annahme.[26] Dies soll selbst dann gelten, wenn beide Erklärungen sich auf einem Blatt befinden.[27] Ferner ist der **Grundsatz der Urkundeneinheit** zu beachten. Die Schriftform des § 126 BGB verlangt dabei keine körperliche Verbindung der einzelnen Blätter der Urkunde, wenn sich deren Einheit aus fortlaufender Paginierung, fortlaufender Nummerierung der einzelnen Bestimmungen, einheitlicher graphischer Gestaltung, inhaltlichem Zusammenhang des Textes oder vergleichbaren Merkmalen zweifelsfrei ergibt.[28] Nehmen die Parteien Bestimmungen, die wesentliche Bestandteile des Vertrages sein sollen, nicht in den Vertrag selbst auf, sondern lagern sie diese in andere Schriftstücke, z.B. als Anlage, aus, so dass sich der Gesamtinhalt erst aus dem Zusammenspiel der Bestimmungen ergibt, müssen sie zur Wahrung der Urkundeneinheit die Zusammengehörigkeit dieser Schriftstücke in geeigneter Weise zweifelsfrei kenntlich machen. Dies kann durch eine körperliche Verbindung aber auch durch Verweisung im Vertrag sowie Unterzeichnung der Parteien auf jedem Blatt der Anlage geschehen.[29] Eine Abweichung von dieser Rspr. bei arbeitsrechtlichen Aufhebungsverträgen ist nicht angezeigt.

43 Werden über den Vertrag mehrere gleich lautende Urkunden aufgenommen, lässt es § 126 Abs. 2 BGB ausreichen, wenn jede Partei die für die andere Partei bestimmte Urkunde unterschreibt. Nicht erforderlich ist, dass die Urkunden gleichzeitig oder in Anwesenheit des Vertragspartners unterzeichnet werden.

44 Das Formerfordernis des § 623 BGB erstreckt sich auf den Aufhebungsvertrag als Ganzen. Die Vertragsurkunde muss deshalb **alle wesentlichen Bestandteile des formbedürftigen Vertrages** enthalten.[30] Die Parteien müssen genannt und etwaige Vertretungsverhältnisse in der Urkunde ausgedrückt sein.[31] Es müssen außerdem alle Nebenabreden in die Urkunde aufgenommen werden, ohne welche die Parteien den Vertrag nicht geschlossen hätten, d.h. diejenigen, die Vertragsinhalt werden sollen.[32] So dürfte auch eine Regelung im Aufhebungsvertrag, nach der der Arbeitnehmer für eine Versorgungszusage so behandelt wird, als wäre er nicht ausgeschieden,[33] formbedürftig sein. Hat eine formlose Nebenabrede wesentliche Bedeutung für den Aufhebungsvertrag, so ist nicht nur diese Nebenabrede, sondern der ganze Aufhebungsvertrag unwirksam.[34] Auch spätere Änderungen oder Ergän-

---

[26] BGH 28. 11. 1993 NJW-RR 1994, 280.

[27] RGZ 8. 12. 1925 RGZ 112, 199, 200; MünchKommBGB/*Förschler* § 126 Rn. 12f.

[28] BGH 24. 9. 1997 BGHZ 136, 357, 369f., BGH 21. 1. 1999 NJW 1999, 1104, 1105; BAG 7. 5. 1998 EzA KSchG § 1 Interessenausgleich Nr. 6.

[29] BGH 30. 6. 1999 NJW 1999, 2591, 2592; BGH 21. 1. 1999 NJW 1999, 1104, 1105; sogar eine bloße Paraphierung der Anlagen erwägend BGH 29. 9. 1999 NJW 2000, 354, 357.

[30] Vgl. BGH 27. 10. 1982 NJW 1983, 565; BGH 13. 11. 1963 BGHZ 40, 255, 262.

[31] RG 30. 9. 1919 RGZ 286, 289.

[32] BGH 10. 10. 1986 NJW 1987, 1069; 17. 3. 1988 NJW 988, 2880; MünchKommBGB/*Förschler,* § 125 Rn. 19.

[33] Vgl. LAG Köln 25. 8. 1998 DB 1999, 697, wo allerdings für die Frage des Wegfalls der Geschäftsgrundlage bzgl. der Versorgungszusage angenommen wird, dass die Beendigung des Arbeitsverhältnisses und die Behandlung der Versorgungszusage, als würde das Arbeitsverhältnis fortgesetzt, im Aufhebungsvertrag sich nicht im Sinne eines Austauschverhältnisses aufeinander beziehen.

[34] Vgl. BGH 26. 9. 1970 WM 1970, 1319, 1320; Staudinger/*Dilcher,* § 125 BGB Rn. 16.

zungen des Aufhebungsvertrages unterliegen grundsätzlich dem Formzwang.[35] Der formwirksam geschlossene Aufhebungsvertrag kann jedoch formlos wieder aufgehoben werden.[36]

Mit dem Schriftformerfordernis ist auch die Problematik von Aufhebungsverträgen durch schlüssiges Verhalten weitgehend erledigt.[37] In einer nur vom Arbeitnehmer unterschrieben **Ausgleichsquittung** (hierzu näher Rn. 1253ff.) kann schon deshalb kein wirksamer Aufhebungsvertrag mehr gesehen werden, weil die einseitige Unterzeichnung durch den Arbeitnehmer den Anforderungen des § 126 II BGB nicht genügt. **45**

Halten die Parteien bei einem Auflösungsvertrag die Form des § 623 BGB nicht ein, so ist er gemäß § 125 S. 1 BGB nichtig. Das Arbeitsverhältnis ist durch den Auflösungsvertrag nicht beendet worden und besteht mit allen Rechten und Pflichten fort. Die bereits zur Erfüllung des Aufhebungsvertrages erbrachten Leistungen, wie eine z.B. eine Abfindungssumme, sind nach bereicherungsrechtlichen Grundsätzen (§§ 812ff. BGB) rückabzuwickeln. **46**

Nur ausnahmsweise kann das Schriftformerfordernis in Anwendung des Grundsatzes von Treu und Glauben (§ 242 BGB) durchbrochen werden. Bei beidseitiger Kenntnis des Formmangels ist § 242 BGB nicht anwendbar, es sei denn, ein Vertragspartner nutzt seine Machtstellung dazu aus, die Formwahrung zu verhindern. Das BAG macht darüber hinaus eine Ausnahme für den Fall, dass beim Vertragspartner der Eindruck erweckt wird, die Zusage solle auch ohne Rücksicht auf die vorgeschriebene Form erfüllt werden.[38] Dies kann bei § 623 BGB dann relevant werden, wenn der Arbeitgeber den Arbeitnehmer zu einem Aufhebungsvertrag veranlasst, die volle Abfindungssumme nicht in den Vertrag aufgenommen wird, der Arbeitgeber dem Arbeitnehmer aber versichert, er werde die volle Summe gleichwohl erhalten. Eine solche Ausnahme ist jedoch bedenklich, denn der Arbeitnehmer weiß in einem solchen Fall, da er den Formverstoß kennt, auf welches Risiko er sich einlässt.[39] Es würden auch Abgrenzungsprobleme auftreten. Denn ein Erfüllungszwang ist dann ausgeschlossen, wenn beide Parteien die Formunwirksamkeit kannten und im Einvernehmen handelten,[40] z.B. schriftlich eine niedrigere Abfindungssumme als tatsächlich vereinbart festgelegt haben, um so der Steuerpflicht zu entgehen. Kennen beide Parteien den Formmangel nicht, bleibt es auch dann bei der Unwirksamkeit des Aufhebungsvertrages, wenn eine Partei die Vorstellung von der Formfreiheit hervorgerufen hat. Bei einseitiger Kenntnis muss derjenigen Partei die Berufung auf die Formunwirksamkeit versagt werden, welche die andere arglistig über die Formbedürftigkeit getäuscht hat. **47**

Ein nach § 242 BGB beachtlicher Fall des widersprüchlichen Verhaltens kann vorliegen, wenn eine Partei über längere Zeit aus einem nichtigen Vertrag die **48**

---

[35] Vgl. BGH 26. 10. 1973 NJW 1974, 271.

[36] BAG 8. 9. 1976 BB 1977, 94 für die Aufhebung eines Tarifvertrages.

[37] Vgl. dazu bisher LAG Sachsen-Anhalt 9. 3. 1995 LAGE Nr. 17 zu § 611 BGB Aufhebungsvertrag.

[38] BAG 10. 9. 1975 AP BAT § 23a Nr. 12 mit zust. Anm. *Crisolli;* 19. 8. 1987 EzBAT BAT § 4 Nebenabrede Nr. 12.

[39] *Kliemt* S. 555; MünchKommBGB/*Förschler* § 125 Rn. 60.

[40] BGH 21. 3. 1969 NJW 1969, 1167, 1169; Staudinger/*Dilcher,* § 125 BGB Rn. 47.

Vorteile gezogen hat und sich nunmehr grundlos ihren eigenen Verpflichtungen unter Berufung auf den Formmangel entziehen will.[41] Scheidet der Arbeitnehmer auf Grund eines mündlichen Aufhebungsvertrages aus, so hat er regelmäßig seine wesentliche Vertragsleistung erbracht. Akzeptiert der Arbeitgeber dies über längere Zeit, so kann er sich nicht unter Berufung auf den Formmangel weigern, die Abfindung zu zahlen. Dies wird dann relevant, wenn ein später Fälligkeitstermin oder eine länger gestreckte Ratenzahlung vereinbart ist. Ein Erfüllungszwang ist allerdings dann ausgeschlossen, wenn beide Parteien die Formunwirksamkeit kannten und im Einvernehmen handelten.

49 Der Arbeitgeber ist nicht verpflichtet, den Arbeitnehmer bei Abschluss eines Aufhebungsvertrages auf dessen Formbedürftigkeit hinzuweisen. Soweit bei einem Auflösungsvertrag eine Hinweispflicht des Arbeitgebers bejaht wird, ist dies nur ausnahmsweise, bei Vorliegen besonderer Umstände der Fall.[42] Eine generelle Hinweispflicht auf die allgemeine Formvorschrift des § 623 BGB ist jedoch abzulehnen.

50 Grundsätzlich führt das Erbringen von Leistungen in Erfüllung des formnichtigen Rechtsgeschäfts ohne das Hinzutreten weiterer Umstände nicht dazu, von der Nichtigkeitsfolge des Formmangels nach Treu und Glauben absehen zu können. Eine Heilung tritt nur in den vom Gesetz vorgesehenen Fällen ein. Selbst die langjährige praktische Durchführung einer formnichtigen Vereinbarung hindert die Parteien nicht, sich später auf die Formnichtigkeit zu berufen.[43] Rückforderungsansprüche aus ungerechtfertigter Bereicherung entfallen bei Kenntnis des Leistenden von der Formnichtigkeit, § 814 BGB. Die Rechtsprechung behandelt einen formfehlerhaften Vertrag jedoch dann nach § 242 BGB als wirksam, wenn durch die Erfüllung Verhältnisse eingetreten sind, die nicht mehr sachgerecht rückabgewickelt werden können oder wenn jedenfalls ein Teil unwiederbringlich Vorteile aus dem nichtigen Rechtsgeschäft gezogen hat.[44] Ist ein formunwirksamer Aufhebungsvertrag von beiden Parteien über längere Zeit, sogar über Jahre erfüllt worden, wird demzufolge die Formnichtigkeit dadurch nicht geheilt. In der Regel werden jedoch weitere Umstände hinzutreten, die eine Berufung auf den Formmangel als treuwidrig erscheinen lassen. Der Arbeitgeber hat die Stelle längst besetzt, sie kann in Folge einer Umorganisation weggefallen sein, der Arbeitnehmer hat eine neue Stelle oder er ist in eine weit entfernte Stadt umgezogen. Die Parteien haben sich dann auf die vereinbarte Aufhebung eingestellt und entsprechend disponiert.[45]

---

[41] BGH 14. 6. 1996 NJW 1996, 2503, 2504; Staudinger/*Dilcher,* § 125 BGB Rn. 44 m. w. N.

[42] Z. B. BAG 3. 7. 1990 AP BetrAVG § 1 Nr. 24, besonderer Vertrauenstatbestand bei drohenden Versorgungsschäden.

[43] BAG 9. 12. 1981 AP BAT § 4 Nr. 8; 9. 7. 1985 AP BPersVG § 75 Nr. 16; 19. 8. 1987 EzBAT § 4 BAT Nebenabrede; BGH 22. 6. 1973 NJW 1973, 1455.

[44] BGH 30. 10. 1961 WM 1962, 9; MünchKommBGB/*Förschler,* § 125 Rn. 64.

[45] Vgl. BAG 11. 12. 1996 EzA BGB § 242 BGB Rechtsmissbrauch Nr. 1, wo die Parteien sich zehn Jahre lang auf der Basis eines Aufhebungsvertrages verhalten hatten.

2. Anfechtung des Aufhebungsvertrages

Der Aufhebungsvertrag kann nach allgemeinen Rechtsgrundsätzen angefochten werden (§§ 119ff. BGB).[46] Als schlichter Rechtsfolgenirrtum unbeachtlich ist danach die Anfechtung eines Aufhebungsvertrages durch eine Arbeitnehmerin, die sich über die mutterschutzrechtlichen Folgen der Vereinbarung geirrt hat.[47] Droht ein Arbeitgeber mit der fristlosen Entlassung und wird zu ihrer Abwendung ein Aufhebungsvertrag geschlossen, so kommt eine Anfechtung nach § 123 BGB nur in Betracht, wenn diese Drohung widerrechtlich ist. Das ist zu verneinen, wenn ein verständiger Arbeitgeber eine außerordentliche Kündigung ernsthaft in Erwägung gezogen hätte; nicht erforderlich ist dagegen, dass tatsächlich ein wichtiger Grund im Sinne von § 626 BGB vorgelegen hat[48] bzw. die angekündigte Kündigung, wenn sie ausgesprochen worden wäre, sich in einem Kündigungsschutzprozess als rechtsbeständig erwiesen hätte.[49] Der bloße Zeitdruck auf Abschluss des Aufhebungsvertrages begründet noch keine Anfechtung nach § 123 BGB.[50] Besteht das Arbeitsverhältnis infolge der Anfechtung des Aufhebungsvertrages fort, so hat der Arbeitnehmer während der Dauer des Rechtsstreits bis zum Erlass des Revisionsurteils einen Anspruch auf Weiterbeschäftigung zu unveränderten Arbeitsbedingungen. Der Arbeitnehmer kann in einem derartigen Fall unmittelbar eine Leistungsklage auf Weiterbeschäftigung nach den Grundsätzen des allgemeinen Weiterbeschäftigungsanspruchs erheben (hierzu Rn. 2117ff.). Die Unwirksamkeit des Aufhebungsvertrages ist dann als Vorfrage zu prüfen.[51] **51**

3. Rechtspolitische Erwägung

Angesichts der einschneidenden Wirkung des Aufhebungsvertrages wird die Frage erörtert, den Bestandsschutz zu erweitern und den Arbeitnehmer vor den Folgen des Aufhebungsvertrages zu schützen. Ein Widerrufsrecht des Arbeitnehmers sehen sowohl § 110 des Entwurfs eines Arbeitsgesetzbuches – Allgemeiner Teil – als auch § 131 Abs. 2 des Gesetzesentwurfs zum Arbeitsvertragsgesetz des Arbeitskreises Deutscher Rechtseinheit vor.[52] Auch das Bundesarbeitsgericht erkennt an, **52**

---

[46] BAG 29. 1. 1997 NZA 1997, 485 = EzA § 611 BGB Aufhebungsvertrag Nr. 28 (zugleich zur Nichtigkeit eines Aufhebungsvertrages wegen kollusiven Zusammenwirkens); *Bauer,* NZA 1992, 1015ff.; *Ehrich,* DB 1992, 2239ff.

[47] BAG 16. 2. 1983 EzA § 123 BGB Nr. 21 = AP § 123 BGB Nr. 22; *Bulla/Buchner,* § 9 Rn. 65, 67; a.A. *Gamillscheg,* Festschrift Molitor, 1962, S. 80 und RdA 1968, 118.

[48] BAG 16. 11. 1979 EzA § 123 BGB Nr. 19, ständ. Rspr.; zuletzt BAG 30. 1. 1986 NZA 1987, 91 m.w.N. BAG 12. 8. 1999 AP Nr. 51 zu § 123 BGB; im Einzelfall widerrechtliche Drohung bejahend: BAG 21. 3. 1996 EzA § 123 BGB Nr. 42 = NZA 1996, 1030; LAG Köln 13. 11. 1998 NZA-RR 1999, 232 = LAGE § 105 BGB Nr. 1.

[49] Vgl. BAG 12. 8. 1999 AP Nr. 51 zu § 123 BGB; BAG 30. 9. 1993 AP Nr. 37 zu § 123 BGB.

[50] BAG 16. 2. 1983 EzA § 123 BGB Nr. 21 = AP § 123 BGB Nr. 22; 30. 9. 1993 EzA § 611 BGB Aufhebungsvertrag Nr. 13 = AP § 123 BGB Nr. 37.

[51] Vgl. BAG 21. 3. 1996 EzA § 123 BGB Nr. 42 = NZA 1996, 1030; s.a. BAG 13. 6. 1985 AP § 611 BGB Beschäftigungspflicht Nr. 19.

[52] Gutachten D zum 59. Deutschen Juristentag 1992; zu rechtspolitischen Erwägungen auch *Ernst,* Aufhebungsverträge zur Beendigung von Arbeitsverhältnissen, 1993, § 28 II.

dass für diese rechtspolitischen Forderungen beachtliche Argumente sprechen, sieht sich jedoch de lege lata an der Entwicklung eines solchen Widerrufsrechts durch die Grenzen richterlicher Rechtsfortbildung gehindert.[53]

II. Befristeter Arbeitsvertrag und auflösende Bedingung

53 Die Rechtsgrundlagen für die Befristung von Arbeitsverhältnissen sind seit dem 1. 1. 2001 im **Teilzeit- und Befristungsgesetz (TzBfG)** geregelt (vgl. § 620 Abs. 3 BGB).[54] Das Gesetz dient der Umsetzung der Richtlinie 99/70/EG[55] über befristete Arbeitsverträge, die auf einer EGB-UNICE-CEEP-Rahmenvereinbarung über befristete Arbeitsverträge beruht. Das TzBfG nimmt zahlreiche Ansätze aus der vormals nicht kodifizierten Rechtsprechung auf, schreibt die Prinzipien der begrenzten Befristung ohne Sachgrund und des Regelfalls der Befristung mit Sachgrund fort, ferner übernimmt das TzBfG mit gewissen Nuancen bewährte Regeln des BGB (zB §§ 624, 625).[56] Das TzBfG geht davon aus, dass das unbefristete Arbeitsverhältnis der Normalfall ist; gleichzeitig werden aber bewährte Befristungsformen fortgeschrieben.

54 Im Fall der Befristung (Zeit- oder Zweckbefristung) sowie der auflösenden Bedingung endet das Vertragsverhältnis, ohne dass es einer Kündigung bedarf. Da die Beendigung des Vertragsverhältnisses durch den Vertragsabschluss bereits determiniert ist, es damit keiner gesonderten Kündigung bedarf, **entfallen** auch alle an eine Kündigung anknüpfenden gesetzlichen Besonderheiten, vor allem **Kündigungsschutzvorschriften** (KSchG, BetrVG, BPersVG, MuSchG, BErzGG, SGB IX), einschließlich der Einhaltung einer bestimmten **Kündigungsfrist.**

55 Das Befristungsrecht des TzBfG findet **auf alle Arbeitsverhältnisse** Anwendung, also auch im öffentlichen Dienst, wenn auch dort besondere tarifliche Regelungen zu beachten sind (hierzu Rn. 276). Auch Einschränkungen des Anwendungsbereichs in personeller Hinsicht (z.B. für leitende Angestellte) sieht das Gesetz nicht vor. Das Gesetz findet auf alle Arbeitgeber Anwendung; es enthält keine Ausnahme für Kleinunternehmer.[57] In der Praxis hat die fehlende Ausnahmeregelung keine größere Bedeutung, solange Kleinunternehmen nicht dem Kündigungsschutzgesetz unterworfen sind und Arbeitnehmer jederzeit ohne Grund gekündigt werden können (§ 23 KSchG).

---

[53] BAG 30. 9. 1993 EzA § 611 BGB Aufhebungsvertrag Nr. 13 = AP § 123 BGB Nr. 37.

[54] Gesetz v. 21. 12. 2000 BGBl I S. 1966; Regierungsentwurf BT-Drucks 14/4374.

[55] ABl. EG v. 10. 7. 1999 Nr. L 175/43 = EAS A 3610.

[56] Literatur zum TzBfG: *Bauer,* NZA 2000, 1039; *ders.,* BB 2001, 2473; *Bezani/Müller,* DStR 2001, 87; *Däubler,* ZIP 2000, 1961 und ZIP 2001, 217; *Dassau,* ZTR 2001, 64; *Dörner,* ZTR 2001, 485ff.; *Hromadka,* NJW 2001, 400; *ders.,* BB 2001, 621, 674; *Kliemt,* NZA 2001, 296; *Lakies,* DZWiR 2001, 1; *Löwisch,* BB 2001, 254; *Plander,* ZTR 2001, 499; *Pöltl,* NZA 2001, 582; *Preis/Gotthardt,* DB 2000, 2065 und DB 2001, 145; *Richardi/Annuß,* BB 2000, 2201; *Schiefer,* DB 2000, 2118; *Sowka,* DB 2000, 2427.

[57] Wie hier *Dassau,* ZTR 2001, 64, 68; *Kliemt,* NZA 2001, 296, 301; *Lakies,* DZWIR 2001, 1, 8; *Preis/Gotthardt,* DB 2000, 2065, 2070; *Richardi/Annuß,* BB 2000, 2201, 2204; *Sowka,* DB 2000, 2427; *Dörner,* in: ArbR BGB, § 620 Rn. 68; KR/*Lipke/Bader,* § 620 BGB Rn. 118f.

Das TzBfG enthält **keine Übergangsregelung.** Die erstmalige Befristung von Arbeitsverträgen, die ab dem 1. Januar 2001 vereinbart wird, ist nur noch dann zulässig und rechtswirksam, wenn sie den Anforderungen des TzBfG genügt.[58] **56**

1. Arten der Befristung

Befristete Arbeitsverträge sind dadurch gekennzeichnet, dass sie auf bestimmte Zeit geschlossen sind. § 3 Abs. 1 TzBfG unterscheidet dabei zwischen dem **kalendermäßig befristeten Arbeitsvertrag** und dem **zweckbefristeten Arbeitsvertrag.** Bei ersterem muss die Dauer kalendermäßig bestimmt sein, d.h. die Vertragsdauer nach Tagen, Wochen, Monaten oder einem anderen fest begrenzten Kalenderzeitraum bemessen sein. In jedem Fall muss der Endzeitpunkt eindeutig **bestimmt** oder **bestimmbar** sein. Bei fehlender Bestimmtheit („ca drei Wochen" „etwa ein Jahr") ist eine Befristung nicht wirksam vorgenommen worden mit der Folge der Begründung eines unbefristeten Dienstvertrages.[59] **57**

Nach § 3 Abs. 1 Satz 2 TzBfG ist der zweckbefristete Arbeitsvertrag jetzt ausdrücklich als ein solcher definiert, dessen Beendigung sich aus „Art, Zweck oder Beschaffenheit der Arbeitsleistung ergibt". Eine sachliche Änderung gegenüber der bisherigen Rechtslage ist damit nicht verbunden. Für die Zweckbefristung ist kennzeichnend, dass das Vertragsverhältnis vielmehr mit Eintritt eines von den Parteien als gewiss (der Zeit nach aber als ungewiss) angesehenen Ereignisses enden soll. In der Praxis wird vor der Vereinbarung von Zweckbefristungen zu Recht gewarnt. Insbesondere die gegenüber der Kalenderbefristung starke Formalisierung der Beendigungsmöglichkeiten in § 15 Abs. 2 TzBfG im Zusammenspiel mit § 15 Abs. 5 TzBfG stellt eine „höchst fehlerträchtige Klippe" dar, die angesichts des Unverzüglichkeitskriteriums in § 15 Abs. 5 bei Ungenauigkeiten über die Unterrichtung des Vertragsendes, Formfehlern oder Verzögerungen leicht zur Begründung nicht gewollter unbefristeter Arbeitsverhältnisse führen kann.[60] Die Kalenderbefristung ist die eindeutig zu bevorzugende Befristungsform schon im Hinblick darauf, dass nur bei ihr auch die sachgrundlosen Befristungstatbestände nach § 14 Abs. 2 und 3 genutzt werden können. **58**

Nach dem Grundsatz der Vertragsfreiheit sind auch sogenannte **Doppelbefristungen** möglich, d.h. neben einer Zweckbefristung oder auflösenden Bedingung wird gleichzeitig eine kalendermäßig bestimmte Höchstbefristung vereinbart.[61] Im Falle der Doppelbefristung endet das Arbeitsverhältnis mit der zeitlich früher greifenden Befristung, es sei denn, diese ist unwirksam oder der Arbeitnehmer wird über diesen ersten Befristungstermin hinaus weiterbeschäftigt; dann kommt es auf die Wirksamkeit der Befristung zum zweiten Befristungstermin und damit allein auf das Vorliegen eines sachlichen Grundes für diese (zweite) Befristung an. Gegen die grundsätzliche Zulässigkeit der Doppelbefristung sind nach Inkrafttreten des neuen **59**

[58] Zu weiteren Fragen der Übergangsregelung Staudinger/*Preis,* § 620 BGB Rn. 21ff; *Sowka,* DB 2000, S. 2427, 2428; *Preis/Gotthardt,* DB 2001, 145, 152; BBDW/*Bader,* § 620 BGB Rn. 11, 72; APS/*Backhaus* Art 3, 4 TzBfG Rn. 1ff.

[59] Staudinger/*Preis,* § 620 BGB Rn. 24.

[60] APS/*Backhaus* § 3 TzBfG Rn 9.

[61] Zuletzt erneut BAG 27. 6. 2001 EzA § 620 BGB Nr. 179.

TzBfG Zweifel angemeldet worden.[62] Wenn auch diesen grundsätzlichen Bedenken nicht zu folgen ist, muss jedoch bedacht werden, dass Zweckbefristungen und auflösende Bedingungen in Ansehung des § 15 Abs. 2 und Abs. 5 TzBfG mit deutlich höheren formalen Risiken verbunden sind.

2. Befristete Arbeitsverträge aus sachlichem Grund

60 § 14 TzBfG ist die neue **Kernvorschrift zur Kontrolle befristeter Arbeitsverträge.** Ein Rückgriff auf die Umgehungsrechtsprechung des BAG ist nicht mehr möglich und notwendig.[63] Die Befristung eines Arbeitsvertrages ist, wenn kein Fall der – sachgrundlos zulässigen – kalendermäßigen **erstmaligen Befristung** für die Dauer von nicht mehr als zwei Jahren (§ 14 Abs. 2 TzBfG) oder der Befristung mit einem **älteren Arbeitnehmer** (§ 14 Abs. 3 TzBfG) gegeben ist, nur zulässig, wenn ein **sachlicher Grund** vorliegt (§ 14 Abs. 1 TzBfG). Das Gesetz definiert den Begriff des „sachlichen Grundes" nicht, stellt aber **acht nicht abschließende Grundtatbestände** sachlich gerechtfertigter Befristungstatbestände zur Verfügung. Nach der Begründung des Regierungsentwurfs (BT-Drucks. 14/4374, S. 13, 18) soll damit an die jahrzehntelange Rechtsprechung des BAG angeknüpft werden, wonach die Befristung eines Arbeitsvertrages durch einen sachlichen Grund gerechtfertigt sein musste.

61 Wie nach früherem Recht ist zwischen Befristungen, für die es eines sachlichen Grundes bedarf (§ 14 Abs. 1 TzBfG) und solchen, die sachgrundlos zulässig sind (§§ 14 Abs. 2 und 3 TzBfG, § 57b HRG), zu unterscheiden. Da es zwar ein Schriftformerfordernis für die Befristung (§ 14 Abs. 4), aber keine Notwendigkeit für die Angabe des Befristungsgrundes gibt, ist bei der Prüfung der Wirksamkeit befristeter Arbeitsverträge zunächst zu prüfen, ob (1) der Vertrag nicht schon kraft Sonderregelung ausnahmsweise – regelmäßig mit zeitlicher Obergrenze – ohne Sachgrund möglich ist (§ 14 Abs. 2 und 3, § 57b HRG), (2) ob ein enumerierter sachlicher Befristungsgrund vorliegt (§ 14 Abs. 1 Nr. 1 bis 8 TzBfG; § 21 Abs. 1 BErzGG) oder (3) ob ein sonstiger sachlicher Befristungsgrund auf der Basis der Generalklausel des § 14 Abs. 1 Satz 1 TzBfG anzuerkennen ist.[64]

a) Allgemeine Prüfungskriterien

62 Das BAG prüft **nur den zuletzt abgeschlossenen befristeten Arbeitsvertrag** auf seine sachliche Berechtigung.[65] Schließen die Parteien vorbehaltlos einen

[62] Siehe APS/*Backhaus,* § 3 TzBfG Rn. 10; dagegen Preis/*Rolfs,* Der Arbeitsvertrag, II B 10 Rn. 148; KR/*Bader,* § 15 TzBfG Rn. 48.

[63] Staudinger/*Preis,* § 620 BGB Rn. 9ff.; KR/*Lipke,* § 14 TzBfG Rn. 21ff.

[64] Vgl. MünchArbR/*Wank* § 116 Rn. 60; BBDW/*Bader,* § 620 BGB Rn. 34; Staudinger/*Preis,* § 620 BGB Rn. 40; abweichend nur KR/*Lipke,* § 14 TzBfG Rn. 24, 28ff.; 244, der meint, der Rückgriff auf die Generalklausel sei europarechtswidrig. Diese Position ist abzulehnen. Sie wirkt sich in der Praxis auch nach Auffassung von *Lipke* nur in den Fällen aus, in denen sich mögliche Sachgründe nicht unter den Katalog der Nr. 1 bis 8 des § 14 Abs. 1 S. 1 TzBfG fassen lassen.

[65] BAG 8. 5. 1985 AP Nr. 97 zu § 620 BGB Befristeter Arbeitsvertrag; BAG 30. 1. 1990 EzA § 620 BGB Nr. 108; BAG 20. 1. 1999 AP Nr. 138 zu § 611 BGB Lehrer, Dozenten Nr. 138)

weiteren befristeten Arbeitsvertrag ab, so bringen sie damit regelmäßig zum Ausdruck, dass der neue Vertrag fortan für ihre Rechtsbeziehung maßgeblich sein soll. Der Arbeitnehmer kann beim Abschluss des weiteren befristeten Vertrages allerdings den **Vorbehalt** erklären, dass der Vertrag nur für den Fall geschlossen werde, dass nicht bereits auf Grund des vorangegangenen Vertrages zwischen den Parteien ein unbefristetes Arbeitsverhältnis besteht.[66] Ist der letzte Vertrag **„unselbständiger Annex"**, kommt es auf den vorletzten an,[67] anders dagegen bei Änderung von Tätigkeit und Vergütung, auch wenn die Befristungsdauer gleich bleibt.[68] *Lipke*[69] meint, diese Rechtsprechung habe wegen der Fiktionswirkung des § 17 TzBfG und der zur inhaltsgleichen Norm des § 1 Abs. 5 BeschFG a. F. ergangenen Rechtsprechung des BAG[70] ihre Bedeutung verloren. Freilich hat das BAG seine Rechtsprechung zur Möglichkeit des Vorbehalts nicht ausdrücklich aufgegeben. Für die Beibehaltung der Rechtsprechung spricht auch, dass der Arbeitnehmer nicht gezwungen werden sollte, im bestehenden Arbeitsverhältnis zu klagen. Ferner ist eine dem Arbeitnehmer günstige vertragliche Abweichung von den Vorschriften des TzBfG möglich.

Die sachliche Rechtfertigung des befristeten Vertrages wird bezogen auf den **63**
Zeitpunkt des Vertragsabschlusses überprüft.[71] An dieser Sichtweise ist aus Gründen der Rechtssicherheit festzuhalten. Die nachträgliche Änderung der Prognosegrundlagen kann nicht zu einem Wiedereinstellungsanspruch führen,[72] der im Kündigungsrecht bei Prognosefehlern bis zum Ablauf der Kündigungsfrist anerkannt wird (hierzu Rn. 920 f.). **Nachträgliche Ereignisse,** wie die Wahl in den Betriebs- oder Personalrat oder der Eintritt einer Schwangerschaft lassen eine wirksame Befristungsabrede **nicht** unwirksam werden.[73] Hieran hat sich nach Inkrafttreten des TzBfG nichts geändert. Vielmehr bestätigt die Abkopplung vom Kündigungsschutz zusätzlich die Position, dass die Erlangung besonderer kündigungsrechtlicher Rechtspositionen nach Vertragsschluss die ursprünglich wirksame Befristung nicht mehr in Frage stellen kann.[74] Auch bei wirksamen Befristungsabreden sind die **Grundsätze des Rechtsmissbrauchs oder Vertrauensschutzes** zu prüfen.[75] So hat das BAG die Berufung auf den Ablauf der Probezeit, während der die Arbeit-

---

[66] BAG 31. 1. 1990 EzA § 620 BGB Nr. 108.

[67] BAG 21. 1. 1987 EzA § 620 BGB Nr. 89; 31. 1. 1990 EzA § 620 BGB Nr. 108.

[68] BAG 21. 3. 1990 EzA § 620 BGB Nr. 106.

[69] KR/*Lipke*, § 14 TzBfG Rn. 43 ff.

[70] BAG v. 22. 3. 2000 EzA § 1 BeschFG 1985 Klagefrist Nr. 4 mit Anm. *Gotthardt;* BAG 28. 6. 2000 EzA § 1 BeschFG 1985 Nr. 15.

[71] BAG 8. 9. 1983 AP Nr. 77 zu § 620 BGB Befristeter Arbeitsvertrag, 22. 3. 1985 AP Nr. 89 zu § 620 BGB Befristeter Arbeitsvertrag; APS/*Backhaus* § 620 BGB Rn. 108; BBDW/*Bader* § 620 BGB Rn. 138; ErfK/*Müller-Glöge* § 620 BGB Rn. 69 f; MünchKommBGB/*Schwerdtner* § 620 BGB Rn. 31; KR/*Lipke,* § 14 TzBfG Rn. 35 ff.

[72] BAG 20. 2. 2002 – 7 AZR 600/00 –; LAG Düsseldorf 19. 9. 1999 LAGE § 620 BGB Nr. 60; LAG Düsseldorf 15. 2. 2000 LAGE § 620 BGB Nr. 63; LAG Niedersachsen 17. 7. 2000 LAGE § 620 BGB Nr. 64.

[73] BAG 12. 10. 1960 AP Nr. 16 zu § 620 BGB Befristeter Arbeitsvertrag; 10. 6. 1992 EzA § 620 BGB Nr. 116; LAG Hamm 13. 3. 1992 LAGE § 620 BGB Nr. 29; *Dörner,* in: ArbR BGB, § 620 Rn. 86; *Koch* NZA 1985, 346; KR/*Lipke,* § 14 TzBfG Rn. 36.

[74] APS/*Backhaus* § 14 TzBfG Rn. 15.

[75] BAG 16. 3. 1989 AP Nr. 8 zu § 1 BeschFG 1985; LAG Köln 8. 11. 1989 LAGE § 620 BGB Nr. 17; LAG Hamm 21. 1. 1991 RzK I 9 a Nr. 64; KR/*Lipke,* § 14 TzBfG Rn. 7.

nehmerin sich voll bewährt hatte, als unzulässige Rechtsausübung gewertet, wenn die Berufung auf den Fristablauf nachweislich ausschließlich wegen einer im Laufe der Probezeit eingetretenen Schwangerschaft erfolgte.[76] Der **Arbeitnehmer** ist hierfür **darlegungs- und beweispflichtig.**

64 Die **Vertragsdauer** bedarf **keiner eigenständigen sachlichen Rechtfertigung.**[77] Die **Vertragsdauer** hat allerdings eine **Bedeutung im Rahmen der Prüfung des Sachgrundes.** Die gewählte Dauer des Vertrages muss sich am Sachgrund für die Befristung orientieren. **Entscheidend ist,** dass **nach** einer **objektiv nachprüfbaren Prognose des Arbeitgebers Befristungsgrund und Befristungsdauer miteinander in Einklang** stehen. Aus der vereinbarten Befristungsdauer lassen sich aber Rückschlüsse darauf ziehen, ob ein sachlicher Befristungsgrund überhaupt vorliegt oder ob ein solcher nur vorgeschoben ist. Bleibt die Dauer der arbeitsvertraglichen Befristung hinter dem Zeitraum zurück, für den der Sachgrund der Befristung aus der Sicht, wie er sich bei Abschluss des Arbeitsvertrags darstellt, bestehen wird, so ist zu prüfen, ob diese kürzere Dauer dem angegebenen Sachgrund der Befristung derart entgegensteht, dass hieraus zu schließen ist, der Sachgrund bestehe nicht oder sei nur vorgeschoben.[78] Dem vorsichtigen Arbeitgeber kann aber regelmäßig nicht entgegengehalten werden, die gewählte Befristungsdauer sei zu kurz, wenn nur ein objektiver Befristungsgrund vorlag. Rechtfertigt dieser Befristungsgrund eine längere Vertragsdauer, steht es den Parteien frei, eine Folgebefristung zu vereinbaren. Soweit nach dem Inhalt des Befristungsgrundes auch eine kürzere Beschäftigung Sinn macht (z.B. teilweise Abdeckung des Vertretungsbedarfs), ist dies nicht zu beanstanden.[79]

65 **Problematisch** ist allerdings eine **erkennbar längere Befristungsdauer,** wenn sie den Schluss zulässt, dass der angegebene **Befristungsgrund in tatsächlicher Hinsicht nicht tragend** war. Die gewählte Vertragsdauer muss sich am Befristungsgrund orientieren, eine völlige Übereinstimmung von Dauer des Sachgrundes und gewollter Vertragsdauer ist jedoch nicht erforderlich.[80] So ist es **unschädlich,** wenn die **Prognose** im Zeitpunkt des Vertragsschlusses **sich nicht vollkommen mit der Realität deckt,** zB der Vertretungsbedarf unwesentlich länger oder kürzer bestand oder Drittmittel nicht ganz ausreichen bzw noch Reste zur Verfügung stehen.[81]

66 Bei sog. **Kettenbefristungen** hat die Rechtsprechung gegenüber Einzelbefristungen bislang „höhere Anforderungen" an den sachlichen Grund gestellt.[82] Das

---

[76] BAG 28. 11. 1963 AP Nr. 26 zu § 620 BGB Befristeter Arbeitsvertrag; vgl. auch BAG 16. 3. 1989 AP Nr. 8 zu § 1 BeschFG 1985; LAG Hamm 13. 3. 1992 LAGE 620 BGB Nr. 29.

[77] BAG 26. 8. 1988 AP Nr. 124 zu § 620 BGB Befristeter Arbeitsvertrag; seither st. Rspr. zuletzt BAG 21. 2. 2001 NZA 2001, 1382; ausf. KR/*Lipke,* § 14 TzBfG Rn. 30ff.

[78] Zust. APS/*Backhaus* § 620 BGB Rn. 124; BBDW/*Bader* § 620 BGB Rn. 140ff.; ErfK/*Müller-Glöge* § 620 BGB Rn. 41.

[79] BAG 22. 11. 1995 AP Nr. 178 zu § 620 BGB Befristeter Arbeitsvertrag; 21. 2. 2001 DB 2001, 1509; BAG 28. 11. 1990 – 7 AZR 625/89 – n. v.).

[80] Vgl. BAG 15. 11. 1989 – 7 AZR 113/89 – und 28. 11. 1990 – 7 AZR 625/89 –, beide n. v.).

[81] BAG 26. 9. 1990 – 7 AZR 566/89 – n. v.; BAG 29. 5. 1991 RzK I 9 c Nr. 21.

[82] BAG 21. 1. 1987 AP Nr. 4 zu § 620 BGB Hochschule; 11. 12. 1991 EzA § 620 BGB Nr. 110; BAG 21. 4. 1993 AP Nr. 149 zu § 620 BGB Befristeter Arbeitsvertrag.

dürfte auch unter Geltung des neuen Rechts weiterhin Gültigkeit haben. Mit zunehmender Dauer der Beschäftigung in befristeten Arbeitsverhältnissen wächst das Spannungsverhältnis zu dem Grundprinzip des unbefristeten, dem Kündigungsschutz unterliegenden Arbeitsverhältnis. Freilich gibt es spezifische Fälle, die eine strengere Prognoseprüfung durch die Rechtsprechung nahelegen. Die Befristungsgründe des § 14 Abs. 1 Nr. 1 TzBfG (vorübergehender Bedarf), der Nr. 3 (Vertretung) sowie der Nr. 7 (Haushaltsgründe) sind besonders anfällig für Folgebefristungen. Bei Mehrfachbefristungen aus diesen Gründen wird die Rechtsprechung dem strengeren Maßstab dadurch gerecht, dass sie die Anforderungen an die Prognose erhöht.[83] Die Häufigkeit der Befristungen und die bisherige Gesamtbefristungsdauer können Indizien für das Fehlen eines Sachgrundes sein.[84] Wiederholte Befristungen in der Vergangenheit können Ausdruck davon sein, dass sich Prognosen der vorliegenden Art in der Vergangenheit als unzutreffend erwiesen haben. Dies wiederum kann Anlass dafür sein, vom Arbeitgeber bei der nochmaligen befristeten Verlängerung eines bereits langjährig befristet beschäftigten Arbeitnehmers eine genaue Darlegung der Tatsachen zu verlangen, auf Grund derer er davon ausgehen durfte, diesmal werde der Beschäftigungsbedarf tatsächlich sein Ende finden.[85]

Differenziert nach Kalenderbefristung, Zweckbefristung und auflösender Bedingung ist zu beurteilen, ob die (schriftliche) Fixierung eines Befristungsgrundes erforderlich ist bzw. welche Rechtsfolgen an die ausdrückliche Vereinbarung eines Befristungsgrundes geknüpft sind. Schon vor Inkrafttreten des TzBfG entsprach es der herrschenden Auffassung, dass bei **kalendermäßigen Befristungen** die Anerkennung eines tatsächlich bestehenden sachlichen Grundes nicht davon abhängt, ob er dem Arbeitnehmer bei Vertragsschluss mitgeteilt worden ist.[86] Prinzipiell gilt für die Befristung nichts anderes als für die Kündigung. Dort ist weder die Angabe des Grundes Wirksamkeitsvoraussetzung noch das Nachschieben von Gründen unzulässig. Entsprechend § 626 Abs. 2 Satz 3 BGB ist dem Arbeitnehmer aber ein Anspruch auf Mitteilung des Befristungsgrundes einzuräumen. Daran hat das für befristete Arbeitsverhältnisse geltende Schriftformerfordernis nach § 14 Abs. 4 TzBfG nichts geändert, weil das Formerfordernis nur die Willenserklärung selbst erfasst.[87] **67**

Die dennoch erfolgte **Angabe oder Nichtangabe von Befristungsgründen im Vertrag kann** ambivalente Wirkung haben. Zumindest bei einer erstmaligen Befristung innerhalb des Zwei-Jahres-Zeitraums des § 14 Abs. 2 TzBfG empfiehlt es sich, auf die Angabe eines Befristungsgrundes zu verzichten. Diese Empfehlung ist mit § 2 Abs. 1 Nr. 3 NachwG vereinbar, der nur verlangt, dass bei **68**

---

[83] Siehe auch *Plander* ZTR 2001, 499, 500f; hierzu auch APS/*Backhaus* § 620 BGB Rn. 138.

[84] BAG 11. 11. 1998 AP Nr. 204 zu § 620 BGB Befristeter Arbeitsvertrag; 3. 3. 1999 – 7 AZR 608/97 – n. v.

[85] BAG 22. 11. 1995 AP Nr. 178 zu § 620 BGB § 620 Befristeter Arbeitsvertrag; BAG 6. 12. 2000 NZA 2001, 721.

[86] BAG 31. 1. 1990 EzA § 620 BGB Nr. 108; BAG 24. 4. 1996 AP Nr. 9 zu § 57b HRG; LAG Frankfurt/Main 26. 8. 1980 AuR 1981, 218; LAG Niedersachsen 21. 2. 2001 § 1 BeschFG 1985/1996 Nr. 32.

[87] *Preis/Gotthardt,* NZA 2000, 348, 359; *Richardi/Annuß,* BB 2000, 2201, 2204; *Rolfs,* NJW 2000, 1227, 1228; KR/*Lipke,* § 14 TzBfG Rn. 58.

befristeten Arbeitsverhältnissen die vorhersehbare Dauer des Arbeitsverhältnisses schriftlich niederzulegen ist. Aus der Angabe eines konkreten Befristungsgrundes ist regelmäßig zu schließen, dass die Vertragsparteien zulässigerweise die zugunsten des Arbeitnehmers dispositive Norm des § 14 Abs. 2 TzBfG abbedungen haben (vgl § 22 Abs. 1 TzBfG) mit der Konsequenz, dass die sachliche Rechtfertigung nach Maßgabe des § 14 Abs. 1 TzBfG geprüft werden muss und die Berufung auf die sachgrundlose Befristung ausscheidet.[88] Zum anderen kann in der Angabe eines bestimmten sachlichen Grundes eine **Selbstbindung des Arbeitgebers** mit der Folge zu erblicken sein, dass nur der angegebene Grund Sachgrund sein kann und damit ein Nachschieben von Befristungsgründen ausgeschlossen ist, wenn der angegebene Grund die Befristung nicht trägt.[89] Bei **Mehrfachbefristungen** kann die fehlende Angabe des Befristungsgrundes jedoch unter dem Gesichtspunkt fehlender Transparenz ein Indiz für eine unzulässige Kettenbefristung sein. Wenn die Parteien zB über zwei Jahre das Instrument der sachgrundlosen Befristung genutzt haben, wird der erneute befristete Vertrag ohne Vereinbarung eines konkreten Sachgrundes die Rechtsprechung zu genauerer Prüfung veranlassen. Der Arbeitgeber hat die Darlegungs- und Beweislast für das Vorliegen eines Sachgrundes (Rn. 70). Die präzise Angabe eines Sachgrundes im Vertrag kann ihm diese Darlegungs- und Beweispflichten erleichtern.

69 Bei Zweckbefristungen und auflösenden Bedingungen ist dagegen die Angabe eines Befristungsgrundes systemimmanent und damit erforderlich. Die **Angabe des Zwecks bzw. der Bedingung ist der Befristungstatbestand.** Deshalb ist sowohl für das Wirksamkeitserfordernis des § 14 Abs. 4 TzBfG als auch im Blick auf § 2 Abs. 1 Nr. 3 NachwG die Grundangabe erforderlich. Dabei muss sowohl der Zweck als auch die Bedingung, mit deren Erreichung der Arbeitsvertrag enden soll, so **genau bezeichnet** werden, dass hieraus das Ereignis zweifelsfrei feststellbar ist, mit dessen Eintritt das Arbeitsverhältnis sein Ende findet. Denn sonst werden die Bestimmtheitsanforderungen nicht erfüllt.[90]

70 Nach allgemeinen Grundsätzen trägt diejenige Partei die Darlegungs- und Beweislast für das Vorliegen einer wirksamen Befristungsabrede, die sich auf die Beendigung des Vertrages beruft.[91] Bei Arbeitsverträgen ist dies in aller Regel der Arbeitgeber. Die Darlegungs- und Beweislast für die sachliche Rechtfertigung der Befristung trägt nach der Kodifikation des Grundprinzips der Rechtskontrolle auf einen sachlichen Grund im TzBfG der Arbeitgeber.[92]

---

[88] Vgl. LAG Hamm 6. 6. 1991 LAGE § 620 BGB Nr. 25; ArbG Berlin 16. 5. 1990 EzA § 1 BeschFG 1985 Nr. 12; BBDW/*Bader* § 620 BGB Rn. 37; aA *Sowka,* DB 2000, 2428.

[89] Vgl. BAG 16. 3. 1989 AP Nr. 8 zu § 1 BeschFG 1985; 26. 7. 2000 AP Nr. 5 zu § 1 BeschFG 1996; LAG Bremen 5. 9. 1990 LAGE § 620 BGB Nr. 23; unklar KR/*Lipke,* § 14 TzBfG Rn. 60 einerseits und Rn. 62 andererseits.

[90] *Hromadka,* BB 2001, 674, 674; ebenso zum früheren Recht BAG 17. 2. 1983 AP Nr. 14 zu § 15 KSchG 1969.

[91] BAG 12. 10. 1994 AP Nr. 165 zu § 620 BGB Befristeter Arbeitsvertrag; LAG Köln 23. 3. 1988 LAGE § 620 BGB Nr. 13; LAG Hamm 5. 3. 1990 LAGE § 620 BGB Nr. 19.

[92] *Dörner,* in: ArbR BGB, § 620 Rn. 97; KR/*Lipke/Bader* § 620 BGB Rn. 146ff.

b) Gesetzlich anerkannte Sachgründe (§ 14 Abs. 1 Satz 2 TzBfG)

aa) Vorübergehender betrieblicher Bedarf an der Arbeitsleistung (Nr. 1)

Der in Nr. 1 geregelte Befristungsgrund war auch schon bislang als Grundmuster sachlicher Rechtfertigung befristeter Arbeitsverträge anerkannt.[93] Die Unsicherheit der künftigen Entwicklung des Arbeitskräftebedarfs reicht für sich allein nicht aus, die Befristung zu rechtfertigen.[94] Danach muss der Arbeitgeber zum Zeitpunkt des Vertragsabschlusses auf Grund greifbarer Tatsachen mit hinreichender Sicherheit annehmen können, dass der Arbeitskräftebedarf in Zukunft wegfallen wird.[95] Besteht bei Ablauf der prognostizierten Zeit weiterer Arbeitskräftebedarf, muss der Arbeitgeber darlegen, aus welchen Gründen die tatsächliche Entwicklung hinsichtlich des Arbeitskräftebedarfs anders verlaufen ist als bei Vertragsschluss prognostiziert. Gelingt ihm dazu ein widerspruchsfreier Tatsachenvortrag, ist die Befristung trotz Auseinanderklaffen von Vertragsdauer und Mehrbedarf wirksam.[96] Ist dem Vortrag keine plausible Erklärung zu entnehmen, kann die Annahme gerechtfertigt sein, dass der Sachgrund nur vorgeschoben ist und bei Vertragsschluss in Wahrheit lediglich eine allgemeine Ungewissheit über den Arbeitskräftebedarf vorgelegen hat.[97] Geringfügige Über- oder Unterschreitungen der Befristungsdauer bezogen auf den Befristungsgrund sind nicht zu beanstanden. 71

Projektbedingter personeller Mehrbedarf stellt einen sachlichen Grund dar, die Arbeitsverhältnisse der projektbezogen, nicht mit Daueraufgaben beschäftigten Arbeitnehmer zu befristen.[98] Ein sog. **Auslauftatbestand** kann im betrieblichen Interesse die Befristung rechtfertigen, wenn eine in einem befristeten oder gekündigten Arbeitsverhältnis begonnene Aufgabe sinnvoll abgeschlossen werden soll.[99] Gleiches gilt für den Fall, dass **in absehbarer Zeit der Betrieb stillgelegt** wird und ein befristeter Arbeitskräftebedarf besteht, um den Betrieb bis zur Stilllegung aufrecht zu erhalten.[100] Die Insolvenzeröffnung allein rechtfertigt jedoch noch nicht die Befristung von Arbeitsverhältnissen; ebenso wenig der pauschale Hinweis des Insolvenzverwalters, er müsse bei der Abwicklung flexibel reagieren können und möglichst masseschonend handeln.[101] 72

---

[93] APS/*Backhaus* § 14 TzBfG Rn. 33; *Dörner,* in: ArbR BGB, § 620 Rn. 99; *Preis/Gotthardt,* DB 2000, 2065.

[94] BAG 3. 12. 1982 AP Nr. 110 zu § 620 BGB Befristeter Arbeitsvertrag; 12. 9. 1996 AP Nr. 182 zu § 620 BGB Befristeter Arbeitsvertrag; 22. 3. 2000 AP Nr. 221 zu § 620 BGB Befristeter Arbeitsvertrag.

[95] BT-Drucks 14/4374; BAG 10. 6. 1992 EzA Nr. 116 zu § 620 BGB; BAG 12. 9. 1996 DB 1997 S. 232.

[96] *Dörner,* in: ArbR BGB, § 620 Rn. 105.

[97] Vgl. zB BAG 28. 3. 2001 AP Nr. 227 zu § 620 BGB Befristeter Arbeitsvertrag; BAG 12. 9. 1996 AP Nr. 182 zu § 620 BGB Befristeter Arbeitsvertrag BAG 18.8.95 RzK I 9 a Nr. 94.

[98] BAG 11. 12. 1991 EzA § 620 BGB Nr. 111 im Anschluss an BAG 28. 5. 1986 BAGE 52, 122, 133 sowie BAG 24. 9. 1986 AP Nr. 12 zu § 72 ArbGG 1979; BAG 12. 9. 1996 AP Nr. 182 zu § 620 BGB Befristeter Arbeitsvertrag.

[99] BAG 29. 9. 1982 AP Nr. 70 zu § 620 BGB Befristeter Arbeitsvertrag.

[100] BAG 9. 9. 1992 RzK I 9 a Nr. 73; BAG 3. 12. 1997 AP Nr. 196 zu § 620 BGB Befristeter Arbeitsvertrag.

[101] LAG Saarland 29. 4. 1987 RzK I 9 a Nr. 22; LAG Düsseldorf 8. 3. 1994 LAGE § 620 BGB Nr. 33.

73 Als typisches Zeitarbeitsverhältnis sind die **Saisonarbeitsverträge** anerkannt. Bei ihnen lässt die Rechtsprechung sowohl Zweckbefristungen als auch Zeitbefristungen, auch soweit letztere wiederholt erfolgen, weitgehend zu.[102] Die sachliche Rechtfertigung soll sich hier aus der Betriebsstruktur des Saisonbetriebs ergeben, die darin liegt, dass nur während einer bestimmten Zeit des Jahres (Kampagne zB bei Zuckerrübenverarbeitungsbetrieben) oder nur während einer bestimmten Zeit mit mehr Mitarbeitern als der Stammbelegschaft (Saisonarbeit) gearbeitet wird. Typische Beispiele für Saisonbetriebe sind Fremdenverkehrsunternehmen (Hotels, Gaststätten). Es handelt sich jedoch bei dieser Fallgestaltung um eng begrenzte Ausnahmefälle. Auch in einem Saisonbetrieb sind nicht schlechterdings alle Arbeitsverhältnisse saisonbedingt.

bb) Befristung im Anschluss an eine Ausbildung oder ein Studium (Nr. 2)

74 Mit der Regelung in Nr. 2 knüpft das TzBfG an tarifliche, von der Rechtsprechung anerkannte Regelungen an[103] und erweitert diese Rechtsprechung auf den Fall, dass ein Arbeitnehmer, der als Werkstudent bei einem Arbeitgeber beschäftigt war, nach dem Studium bei diesem Arbeitgeber erneut befristet beschäftigt werden kann. Der geregelte Tatbestand ist freilich sehr unscharf und provoziert Auslegungsstreitigkeiten. Von ihm sollte nur zurückhaltend Gebrauch gemacht werden. Die Norm ist eine Reaktion auf die „Werkstudenten-Problematik", weil die Regelung des § 14 Abs. 2 TzBfG bei diesem Personenkreis dazu führt, dass nach einem Studium eine sachgrundlose Befristung nicht mehr möglich ist.[104] Die Vorschrift ermöglicht die befristete Beschäftigung eines zuvor befristet beschäftigten Studenten als Arbeitnehmer.

75 Ausbildung iS des § 14 Abs. 1 Nr. 2 TzBfG ist nicht notwendigerweise die Berufsausbildung i.S. des § 3 BBiG; die berufliche Fortbildung oder berufliche Umschulung reicht allerdings nicht aus.[105] Um den Tatbestand sinnvoll einzugrenzen, kann „Studium" nicht im weitesten Wortsinn verstanden werden, sondern nur die Teilnahme an einem staatlich genehmigten Studiengang, der idR zu einem staatlichen oder staatlich anerkannten Abschluss an einer Universität oder Fachhochschule führt.[106] Allerdings setzt das Gesetz keinen erfolgreichen Abschluss von Ausbildung und Studium voraus. Dies lässt sich mit der Erwägung rechtfertigen, dass der Ausbildungs- oder Studienabbrecher stärker noch als der erfolgreiche Absolvent die Chance benötigt, über einen zunächst befristeten Arbeitsvertrag einen Dauerarbeitsplatz zu erhalten.[107]

---

[102] BAG 20. 10. 1967 AP Nr. 30 zu § 620 BGB Befristeter Arbeitsvertrag; 29. 1. 1987 AP Nr. 1 zu § 620 BGB Saisonarbeit.

[103] BAG 14. 10. 1997 AP Nr. 154 und 155 zu § 1 TVG Tarifverträge Metallindustrie Nr. 154 und Nr. 155; vgl. auch *Kohte,* NZA 1997, 457.

[104] KDZ/*Däubler* § 14 TzBfG Rn. 53; *Lakies,* DZWIR 2000, 1, 10; *Preis/Gotthardt,* DB 2000, 2065, 2071.

[105] APS/*Backhaus* § 14 TzBfG Rn. 35 KDZ/*Däubler* § 14 TzBfG Rn. 55; *Dörner,* in: ArbR BGB, § 620 Rn. Rn. 112; KR/*Lipke,* § 14 TzBfG Rn. 89.

[106] Weitergehend APS/*Backhaus* § 14 TzBfG Rn. 36; KR/*Lipke,* § 14 TzBfG Rn. 90; wie hier *Dörner,* in: ArbR BGB, § 620 Rn. 112.

[107] *Dörner,* in: ArbR BGB, § 620 Rn. 113.

Fraglich ist, was unter dem Begriff „Anschluss" zu verstehen ist. Weitgehende Einigkeit besteht, dass nicht ein unmittelbares Anschließen vorausgesetzt ist, sondern ein naher zeitlicher Zusammenhang zwischen Ende der Ausbildung bzw. des Studiums und dem Arbeitsbeginn genügt.[108] Eine genaue Festlegung des zeitlichen Zusammenhangs ist nicht möglich; es bedarf einer Einzelfallbetrachtung. Eine Beschäftigung im Anschluss an ein Hochschulstudium liegt auch dann noch vor, wenn ein Promotionsstudium zu Ende geführt wird.[109] Zu weit geht es jedoch, wenn irgendwelche Zusatzausbildungen oder längere Auslandsaufenthalte zwischen Ausbildung/Studium und befristetem Vertrag liegen.[110] Auch ein normaler Urlaub nach Ausbildungsabschluss muss eine Anschlussbefristung nicht hindern, wobei hier ein großzügiger Maßstab angelegt werden kann. Erfolgt aber nach dem Studium eine Arbeitsaufnahme – in welcher Tätigkeit auch immer – kann von einer Anschlussbefristung iSd § 14 Abs. 1 Satz 1 Nr. 2 TzBfG nicht mehr die Rede sein.[111] Von einem Anschluss zu sprechen wird problematisch, wenn nach der Ausbildung bzw. dem Studium ein Zeitraum von vier Monaten verstrichen ist.[112] **76**

Fraglich ist ferner, wie lange ein befristeter Vertrag nach § 14 Abs. 1 Satz 2 Nr. 2 TzBfG bemessen sein darf. Zu eng ist die Sichtweise, der Sachgrund ließe nur Befristungen bis zur Dauer eines halben oder eines Jahres vor.[113] Der Übergangszweck („um ... zu") kann auch bei längerer Befristung gegeben sein, wenn der Sachgrund mit der Dauer korrespondiert.[114] Hier ist an sog. Traineeausbildungen für Hochschulabsolventen zu denken, die bisweilen zwei Jahre dauern. Über die Frist von zwei Jahren lässt sich allerdings eine Befristung nicht rechtfertigen. Dies folgt aus dem Rückschluss zu § 14 Abs. 2 TzBfG, weil der Befristungsgrund eingeführt wurde, um keine Nachteile bei der sachgrundlosen Befristung für Werkstudenten zu erzeugen. **77**

cc) Vertretung eines anderen Arbeitnehmers (Nr. 3)

Der sachliche Kern des Befristungsgrundes der Nr. 3 liegt – wie bei Nr. 1 in dem **vorübergehenden,** zeitlich durch die Rückkehr des zu vertretenden Mitarbeiters begrenzten **Beschäftigungsbedürfnis.** Der Arbeitgeber hat daher bei Vertragsschluss eine **Prognose über den Wegfall des Vertretungsbedarfs** anzustellen, die sich darauf zu beziehen hat, ob der zu vertretende Mitarbeiter seine Arbeit wieder aufnehmen wird.[115] Als sachlich gerechtfertigt anerkannt ist die Befristung **78**

---

[108] Vgl. hierzu auch die Entscheidungen zur Beschäftigungssicherung in der Metallindustrie BAG 17. 6. 1998 AP Nr. 158 zu § 1 TVG Tarifverträge Metallindustrie Nr. 158; BAG 14.10.97 AP § 1 TVG Tarifverträge Metallindustrie Nr. 154.

[109] *Dörner,* in: ArbR BGB, § 620 Rn. 115.

[110] So aber BBDW/*Bader* Rn. 159, der eine bis zu zweijährige „Anschlussfrist" für möglich hält.

[111] *Dörner,* in: ArbR BGB, § 620 Rn. 112; BBDW/*Bader,* § 620 BGB Rn. 159; zu großzügig *Hromadka* BB 2001, 621, 623.

[112] KDZ/*Däubler* § 14 TzBfG Rn. 54; KR/*Lipke,* § 14 TzBfG Rn. 92 hält unter Hinweis auf § 14 Abs. 3 S. 3 TzBfG eine Anschlussbeschäftigung bei einem Zeitraum von mehr als sechs Monaten für nicht mehr gegeben.

[113] So aber KDZ/*Däubler* § 14 TzBfG Rn. 56; *Nielebock* AiB 2001, 75, 78; wie hier *Dörner,* in: ArbR BGB, § 620 Rn. 116; *Lakies* DZWIR 2001, 10.

[114] BBDW/*Bader* § 620 BGB Rn. 161: ein bis eineinhalb Jahre.

[115] BAG 22. 11. 1995 AP Nr. 178 zu § 620 BGB Befristeter Arbeitsvertrag; BAG 24. 9. 1997 AP Nr. 192 zu § 620 BGB Befristeter Arbeitsvertrag; BAG 20. 1. 1999 AP Nr. 138 zu § 611 BGB Lehrer, Dozenten.

des Arbeitsverhältnisses wegen der Aushilfe bzw. Vertretung eines auf Zeit ausfallenden, ständig beschäftigten Mitarbeiters, wobei dieser Ausfall auf **Krankheit** oder **Urlaub,**[116] **Mutterschutz,**[117] **Wehrdienst**[118] oder ähnlichen Gründen[119] beruhen kann.

79 Eine **Dauervertretung** bzw Daueraushilfe, die allerdings nach der Rechtsprechung des BAG nur vorliegt, wenn bei Abschluss des Arbeitsvertrages eine über den Endtermin der Befristung hinausgehende Beschäftigung des Arbeitnehmers bereits vorgesehen war, rechtfertigt die Befristung nicht.[120] Mit **zunehmender Dauer** der Beschäftigung bei demselben Arbeitgeber steigen die **Anforderungen** an den Sachgrund. Es sind dann an die Prognose, der Vertretungsbedarf werde wegen Rückkehr des Vertretenen enden, höhere Anforderungen zu stellen.[121] In Vertretungsfällen muss sich die Prognose des Arbeitgebers aber nur auf die grundsätzlich zu erwartende Rückkehr des zu vertretenden Mitarbeiters, nicht dagegen auch auf deren Zeitpunkt beziehen. Die wiederholte Befristung wegen einer sich mehrfach verlängernden Arbeitsunfähigkeit der zu vertretenden Stammkraft kann der Prognose des künftigen Wegfalls des Vertretungsbedarfs nur dann entgegenstehen, wenn sich erhebliche Zweifel daran aufdrängen müssen, ob die Stammkraft ihre Tätigkeit überhaupt wieder aufnehmen wird.[122] Sofern nicht besondere Umstände vorliegen, kann der Arbeitgeber in Fällen der Krankheitsvertretung ebenso wie in Fällen der Urlaubsvertretung grundsätzlich davon ausgehen, dass die zu vertretende Stammkraft zurückkehren wird.

80 Nach der Rechtsprechung des BAG muss für die Rechtfertigung der Befristung eine **Kausalbeziehung** zwischen den Aufgaben, die der ausfallende Mitarbeiter wahrgenommen hat und den Aufgaben, die der befristet eingestellte Arbeitnehmer verrichtet, bestehen.[123] Danach genügt auch ein sog. mittelbarer Vertretungsbedarf. Der Sachgrund der Vertretung setzt nicht voraus, dass die Vertretungskraft dieselben Arbeiten verrichten soll, die der ausgefallene Mitarbeiter zu verrichten gehabt hätte.[124] Der vorübergehende Ausfall einer Stammkraft und die befristete Beschäftigung zur Vertretung lässt nämlich die Versetzungs- und Umsetzungsbefugnisse des Arbeitgebers unberührt. Der Arbeitgeber kann z.B. bestimmen, ob er den Arbeitsausfall überhaupt überbrücken will oder ob er im Wege der Umverteilung die von dem zeitweilig verhinderten Mitarbeiter zu erledigenden Aufgaben anderen Beschäftigten zuweist und deren Aufgaben ganz oder teilweise von einer Vertre-

---

[116] BAG 30. 9. 1981 AP Nr. 61 zu § 620 BGB Befristeter Arbeitsvertrag; 30. 9. 1981 AP Nr. 63 zu § 620 BGB Befristeter Arbeitsvertrag.

[117] BAG 17. 2. 1983 AP Nr. 74 zu § 620 BGB Befristeter Arbeitsvertrag.

[118] BAG 6. 6. 1984 AP Nr. 83 zu § 620 BGB Befristeter Arbeitsvertrag.

[119] Vgl. auch BAG 13. 4. 1983 AP Nr. 76 zu § 620 BGB Befristeter Arbeitsvertrag.

[120] BAG 6. 6. 1984 AP Nr. 83 zu § 620 BGB Befristeter Arbeitsvertrag; 3. 10. 1984 AP Nr. 88 zu § 620 BGB Befristeter Arbeitsvertrag.

[121] BAG 11. 12. 1991 EzA § 620 BGB Nr. 110 im Anschluss an BAG 3. 12. 1986 BAGE 54, 10.

[122] Vgl. BAG 21. 2. 2001 DB 2001, 1509; BAG 6. 12. 2001 NZA 2001, 721; BAG 23. 1. 2002 – 7 AZR 440/00 –; BAG 22. 11. 1995 AP Nr. 178 zu § 620 BGB Befristeter Arbeitsvertrag; 11. 11. 1998 AP Nr. 204 zu § 620 BGB Befristeter Arbeitsvertrag).

[123] BAG 13. 6. 1990 RzK I 9a Nr. 57; BAG 27. 9. 2000 AP Nr. 1 zu § 63 LPVG Brandenburg.

[124] Vgl. BAG 21. 2. 2001 NZA 2001, 1069; BAG 21. 3. 1990 AP Nr. 135 zu § 620 BGB Befristeter Arbeitsvertrag; 20. 1. 1999 AP Nr. 138 zu § 611 BGB Lehrer, Dozenten.

tungskraft erledigen lässt. Auch in diesen Fällen der **mittelbaren Vertretung** muss jedoch sichergestellt sein, dass die Vertretungskraft gerade wegen des durch den zeitweiligen Ausfall zu vertretenden Mitarbeiters entstandenen vorübergehenden Beschäftigungsbedarfs eingestellt worden ist. Dieser Zusammenhang ist vom Arbeitgeber im Einzelnen darzulegen. Im Schulbereich darf nach Ansicht des BAG auf den gesamten Vertretungsbedarf eines Schulaufsichtsbezirks abgestellt werden.[125] Denkbar ist schließlich, dass die Vertretungskraft auf Grund von Haushaltsmitteln befristet beschäftigt wird, die durch die zeitweise Beurlaubung anderer Arbeitskräfte freigeworden sind.[126]

dd) Eigenart der Arbeitsleistung (Nr. 4)

Unter den Tatbestand des § 14 Abs. 1 Nr. 4 TzBfG können insbesondere Be- **81** fristungen im Rundfunk- und Kunstbereich subsumiert werden, die vor Inkrafttreten des TzBfG unter dem Stichwort „Üblichkeit der Befristung" erörtert wurden.[127] In der Rechtsprechung zu Schauspielern, Musikern, Choreographen und Dramaturgen wurde schon bisher als Sachgrund die künstlerische Gestaltungsfreiheit des Intendanten und das Abwechslungsbedürfnis des Publikums herausgestellt.[128] An diesen Aspekt wollte auch der Gesetzgeber anknüpfen, in dem er das künstlerische Konzept des Intendanten als Ausfluss der Freiheit der Kunst erwähnt.[129] Zu beachten sind zahlreiche Tarifverträge mit Sonderregelungen im Bereich der Bühnen.[130]

Der durch Art. 5 Abs. 1 Satz 2 GG gewährleistete Schutz der Rundfunkfreiheit **82** garantiert den Rundfunkanstalten auch, mit den programmgestaltend tätigen Mitarbeitern nur befristete Arbeitsverträge abschließen zu können, um dem Gebot der Vielfalt bei der Programmgestaltung auch durch die Auswahl und Fluktuation der Mitarbeiter Rechnung tragen zu können.[131] Allerdings hält das BAG daran fest, dass die soziale Schutzbedürftigkeit des Arbeitnehmers insbesondere bei bereits langjähriger Beschäftigung einer nur befristeten Einstellung entgegenstehen kann. Nach der Entscheidung des BAG vom 11. 12. 1991[132] kann die den Rundfunk- und Fernsehanstalten zustehende Rundfunkfreiheit die Befristung des Arbeitsvertrages mit einem programmgestaltend tätigen Arbeitnehmer rechtfertigen, ohne dass weitere Gründe für die Befristung erforderlich sind. Die Belange der Rundfunkanstalt und des betroffenen Arbeitnehmers sind im Einzelfall abzuwägen.[133] Dabei setzt eine programmgestaltende Tätigkeit keine schöpferische Mitwirkung an

---

[125] BAG 3. 12. 1986 AP Nr. 110 zu § 620 Befristeter Arbeitsvertrag; vgl. ferner BAG 20. 1. 1999 AP Nr. 138 zu § 611 BGB Lehrer, Dozenten.

[126] BAG 27. 2. 1987 AO § 620 BGB Befristeter Arbeitsvertrag Nr. 112; BAG 15. 8. 2001 NZA 2002, 85.

[127] Hierzu Staudinger/*Preis* § 620 BGB Rn. 72.

[128] BAG 26. 8. 1998 AP Nr. 53 zu § 611 BGB Bühnenengagementsvertrag.

[129] BT-Drucks. 14/4374 S. 19.

[130] Hierzu ausführlich APS/*Backhaus* § 620 BGB Rn. 357 ff.

[131] BVerfG 13. 1. 1982 BVerfGE 59, 231; Einzelheiten Staudinger/*Preis* § 620 BGB Rn. 84.

[132] EzA § 620 BGB Nr. 112; bestätigt durch 24. 4. 1996 AP Nr. 180 zu § 620 BGB Befristeter Arbeitsvertrag; 22. 4. 1998 AP Nr. 26 zu § 611 BGB Rundfunk.

[133] Im Anschluss an BVerfG 13. 1. 1982 BVerfGE 59, 231; BAG 13. 1. 1983 AP Nr. 42 zu § 611 BGB Abhängigkeit; 13. 1. 1983 AP Nr. 43 zu § 611 BGB Abhängigkeit.

den einzelnen gesendeten Programmbeiträgen voraus. Die zur Erfüllung des Programmauftrags notwendige Freiheit und Flexibilität der Rundfunkanstalten wird durch ein unbefristetes Arbeitsverhältnis umso stärker berührt, je mehr der Arbeitnehmer seine eigenen Vorstellungen und seinen eigenen Stil einbringen kann.[134]

ee) Erprobung (Nr. 5)

83 Die Befristung zur Erprobung ist ein seit jeher anerkannter Grundfall der sachlichen Rechtfertigung einer Befristung.[135] Er wird auch nicht durch die Möglichkeit der sachgrundlosen Befristung nach § 14 Abs. 2 TzBfG obsolet. Er wird insbesondere dann zur Anwendung kommen, wenn bereits zuvor i.S.v. § 14 Abs. 2 Satz 2 TzBfG ein Arbeitsverhältnis mit demselben Arbeitgeber bestanden hat, er in diesem aber nicht für die vorgesehene Beschäftigung erprobt werden konnte. Im Anschluss an eine zweijährige sachgrundlose Befristung dürfte aber eine (erneute) Probebefristung sachlich nicht mehr gerechtfertigt sein.[136] Zur Abgrenzung des befristeten Arbeitsverhältnisses vom unbefristeten Arbeitsverhältnis mit vorgeschalteter Probezeit vgl. Rn. 549f.

84 **Erprobungszweck** und **Erprobungsdauer** müssen in einem angemessenen Verhältnis zueinander stehen. Die Rechtsprechung kontrolliert die zulässige Höchstdauer nach strengen Grundsätzen. Die Dauer der vereinbarten Probezeit muss dem Grundsatz der Verhältnismäßigkeit genügen, da der den Arbeitnehmer belastende Schwebezustand nicht über Gebühr ausgedehnt werden darf. Welche Zeitspanne angemessen und zur Erreichung des Probezweckes erforderlich ist, hängt von den Umständen des Einzelfalles ab.[137] In der Regel wird man eine Probezeit von bis zu sechs Monaten als rechtlich zulässig ansehen können. Dies folgt mittelbar auch aus der Wartezeit des § 1 KSchG.[138] Eine **Verlängerung der üblichen Probezeit** ist allerdings gerechtfertigt, wenn der Arbeitnehmer beispielsweise seit vielen Jahren nicht mehr in seinem erlernten Beruf tätig war und sich erst wieder einarbeiten und bewähren muss.[139] Auch bei Arbeitnehmern mit wissenschaftlichen oder künstlerischen Tätigkeiten kann eine längere Probezeit vereinbart werden. Eine über ein Jahr hinausgehende Probezeit zur fachlichen Eignung eines Musikers in einem Rundfunkorchester wurde als zu lang angesehen.[140] In einer jüngeren Entscheidung wurde jedoch die Einräumung einer über die nach allgemeinen Maßstäben zulässige Dauer hinausgehenden maximalen Probezeit von 18 Monaten für Chor- und Orchestermitglieder mit dem Argument gebilligt, dass die Beurteilung der Eignung in diesem künstlerischen Bereich schwierig, wenig objektivierbar und maßgeblich auch von der Einordnung in den übrigen Klangkörper

---

[134] Vgl. für Zeitschriftenredakteure LAG München 5. 12. 1990 LAGE § 620 BGB Nr. 24.

[135] BAG 31. 8. 1994 AP Nr. 163 zu § 620 BGB Befristeter Arbeitsvertrag.

[136] Ebenso KR/*Lipke*, § 14 TzBfG Rn. 171.

[137] BAG 15. 3. 1966 AP Nr. 28 zu § 620 BGB Befristeter Arbeitsvertrag; 15. 3. 1978 AP Nr. 45 zu § 620 BGB Befristeter Arbeitsvertrag; *Preis/Kliemt,* AR-Blattei Probearbeitsverhältnis unter B II 3a).

[138] BAG 15. 3. 1978 AP Nr. 45 zu § 620 BGB Befristeter Arbeitsvertrag; *Berger-Delhey,* BB 1989, 977, 978.

[139] BAG 13. 12. 1962 AP Nr. 24 zu § 620 BGB Befristeter Arbeitsvertrag; MünchArbR/*Wank* § 116 Rn. 133.

[140] BAG 7. 5. 1980 AP Nr. 36 zu § 611 BGB Abhängigkeit.

abhängig ist.[141] Dagegen ist der Abschluss von fünf aufeinander folgenden befristeten Arbeitsverträgen mit einer Gesamtdauer von über drei Jahren zur Erprobung eines Lehrers eindeutig zu lang.[142]

ff) In der Person des Arbeitnehmers liegende Gründe (Nr. 6)

§ 14 Abs. 1 Satz 2 Nr. 6 TzBfG lässt weitreichend personenbedingte Befristungsgründe zu. Die Rechtsprechung zu personenbedingten Befristungsgründen (Altersgrenze, Arbeits- und Aufenthaltserlaubnisse, Ausbildung und Fortbildung, Wunsch des Arbeitnehmers) lassen sich ebenso unter diesen Tatbestand fassen wie die besonderen Gründe einer vorübergehenden aus sozialen Gründen, z.B. zur Überbrückung bis zum Beginn einer feststehenden Beschäftigung. **85**

Das BAG hat seine bisherige Rechtsprechung zu **Altersgrenzen** auf eine neue dogmatische Grundlage gestellt. Die in der Literatur erhobenen Bedenken[143] hat das Gericht nicht für durchschlagend erachtet Nach der Entscheidung vom 11. 6. 1997[144] hat eine auf die Vollendung des 65. Lebensjahres abstellende Altersgrenze keine unverhältnismäßige Beschränkung der durch Art. 12 Abs. 1 GG geschützten Berufsfreiheit des Arbeitnehmers zur Folge. Das BAG verweist darauf, dass die Beendigung des Arbeitsverhältnisses bei Eintritt des Befristungstatbestandes auf einer privatautonomen Regelung beruht. Durch solche Regelungen beschränken sich die Vertragsparteien im Austausch mit der vereinbarten Gegenleistung wechselseitig in ihren beruflichen Handlungsfreiheiten. Seiner Schutzpflicht trägt der Staat durch die geltenden Kündigungsschutzvorschriften und jetzt – der gesetzlichen Regelung zur Kontrolle befristeter Arbeitsverhältnisse hinreichend Rechnung. Das BAG erkennt zwar die Interessen des Arbeitnehmers auf dauerhafte Fortsetzung seines Arbeitsverhältnisses über das 65. Lebensjahr hinaus als legitimes wirtschaftliches und ideelles Anliegen an. Bei der im Rahmen der Befristungskontrolle vorzunehmenden Abwägung der wechselseitigen berechtigten Bedürfnisse räumt das BAG dem Interesse des Arbeitgebers an einer kalkulierbaren Personalplanung den Vorrang vor dem Bestandsschutzinteresse des Arbeitnehmers jedenfalls dann ein, wenn der Arbeitnehmer durch den Bezug einer gesetzlichen Altersrente wegen Vollendung des 65. Lebensjahres wirtschaftlich abgesichert ist.[145] Diese Maßstäbe hat das BAG auch auf tariflich geregelte Altersgrenzen angewandt.[146] **86**

Aus dieser Rechtsprechung ist zu folgern, dass die Vereinbarung einer Altersgrenze, die die Beendigung des Arbeitsverhältnisse **ohne Rücksicht auf Rentenansprüche** des Arbeitnehmers vorsieht, **regelmäßig nicht zulässig** ist. Anzuerkennende **Ausnahmefälle** können bei besonderen Anforderungen des Berufs vorliegen, wenn die Beendigung zu einem früheren Zeitpunkt erforderlich ist. Ein derartiges Erfordernis ist bislang nur beim **Cockpit-Personal** anerkannt worden. Hier hat das BAG die tarifvertragliche Begrenzung des Arbeitsverhältnisses auf das **87**

---

[141] BAG 12. 9. 1996 AP Nr. 27 zu § 611 BGB Musiker.

[142] BAG 15. 3. 1966 AP Nr. 28 zu § 620 BGB Befristeter Arbeitsvertrag.

[143] *Gitter/Boerner,* RdA 1990, 129, 132; *Henssler,* DB 1993, 1669, 1673f.; *Joost,* Anm. zu AP Nr. 2 zu § 620 BGB Altersgrenze; *Stahlhacke,* DB 1989, 2329, 2332; *Steinmeyer,* RdA 1992, 6, 11; *Schlüter/Belling,* NZA 1988, 297f.; *Waltermann,* NZA 1994, 822f.; *ders.,* RdA 1993, 209f.

[144] AP Nr. 7 zu § 41 SGB VI.

[145] BAG 20. 11. 1987 AP Nr. 2 zu § 620 BGB Altersgrenze.

[146] BAG 25. 2. 1998 AP Nr. 11 zu § 1 TVG Tarifverträge: Luftfahrt.

55. bzw. 60. Lebensjahr bereits mehrfach als zulässig erachtet, wenn bei weiterer Eignung Verlängerungsverträge vorgesehen sind.[147] Diese Rechtsprechung beruht auf internationalen luftfahrtrechtlichen Bestimmungen sowie den besonderen physischen und psychischen Anforderungen des fliegenden Personals, das zudem mit einer besonderen Übergangsversorgung wirtschaftlich abgesichert ist. Sie kann kaum auf andere Arbeitsverhältnisse übertragen werden.[148]

88 Das **Rentenreformgesetz 1992** enthielt in § 41 Abs. 4 Satz 3 SGB VI aF eine arbeitsrechtliche Regelung betreffend Altersgrenzen. Wegen erwiesener Untauglichkeit ist mit Wirkung zum 1. 8. 1994 durch das SGB VI-Änderungsgesetz (vom 26. 7. 1994 BGBl. I S. 1797) die seit 1972 geltenden Rechtslage wiederhergestellt worden. Dadurch haben sich die meisten der seinerzeit diskutierten Fragen erledigt.[149] Die heute geltende Fassung des § 41 SGB VI betrifft die wichtigste Altersgrenze, nämlich diejenige, die auf die Vollendung des 65. Lebensjahres des Arbeitnehmers abhebt, nicht mehr. Satz 2 der genannten Vorschrift bestimmt lediglich, dass eine Vereinbarung, die die Beendigung des Arbeitsverhältnisses eines Arbeitnehmers ohne Kündigung zu einem Zeitpunkt vorsieht, in dem der Arbeitnehmer *vor Vollendung* des 65. Lebensjahres eine Rente wegen Alters beanspruchen kann, dem Arbeitnehmer gegenüber als auf die Vollendung des 65. Lebensjahres abgeschlossen gilt, wenn die Vereinbarung nicht innerhalb der Letzten drei Jahre vor diesem Zeitpunkt abgeschlossen oder vom Arbeitnehmer bestätigt worden ist. Für diese Beendigungsklauseln enthält die Vorschrift einen **Bestätigungsvorbehalt.** Die Altersgrenzenvereinbarung bewirkt die Beendigung des Arbeitsverhältnisses nur, wenn sie vom Arbeitnehmer innerhalb von drei Jahren vor Erreichen des maßgeblichen Alters bestätigt wird. Erklärt der Arbeitnehmer die Bestätigung nicht oder verweigert er sie, folgt aus § 41 Satz 2 SGB VI der Aufschub der Beendigung des Arbeitsverhältnisses auf das vollendete 65. Lebensjahr. Das Arbeitsverhältnis endet damit kraft gesetzlicher Fiktion durch die Altersgrenzenvereinbarung mit der Vollendung des 65. Lebensjahres. Insgesamt also wird durch § 41 Satz 2 SGB VI eine „Zwangspensionierung" vor Vollendung des 65. Lebensjahres verhindert.[150] Dieser Bestätigungsvorbehalt gilt allerdings nur für Arbeitsverträge mit gesetzlich rentenversicherten Arbeitnehmern. Die Norm erfasst nach ihrem Zweck keine Beendigungsregelungen, die nichts mit dem Anspruch auf Rente wegen Alters zu tun haben. Die Norm versucht einen Beitrag zur Konsolidierung der Rentenfinanzen zu leisten. Sie ist daher auf Arbeitnehmer, die (z. B. als geringfügig Beschäftigte) versicherungsfrei oder (z. B. als Mitglieder berufsständischer Versorgungseinrichtungen) von der Versicherungspflicht befreit sind, nicht anwendbar.[151]

---

[147] BAG 6. 3. 1986 AP Nr. 1 zu § 620 BGB Altersgrenze; 12. 2. 1992 AP Nr. 5 zu § 620 BGB Altersgrenze; 25. 2. 1998 AP Nr. 11 zu § 1 TVG Tarifverträge: Luftfahrt; 11. 3. 1998 AP Nr. 12 zu § 1 TVG Tarifverträge: Luftfahrt; LAG Hessen 25. 5. 2000 NZA-RR 2001, 24.

[148] Vgl. LAG Düsseldorf 31. 1. 2001 NZA-RR 2001, 259: eine dem Cockpit-Personal entsprechende Altersgrenze für sonstiges Bordpersonal, hier Stewardess, wurde nicht anerkannt; zu weiteren Berufsgruppen *Vollstädt* S. 298 ff.

[149] BAG 20. 10. 1993 AP Nr. 3 zu § 41 SGB VI; 1. 12. 1993 AP Nr. 4 zu § 41 SGB VI; zu Übergangsfragen: BVerfG 30. 3. 1999 NZA 1999, 816 f.; BAG 11. 6. 1997 AP Nr. 7 zu § 41 SGB VI; *Baeck/Diller,* NZA 1995, 360 ff.; *Boecken,* NZA 1995, 145 ff.).

[150] Zum ganzen Preis/*Rolfs,* Der Arbeitsvertrag II A 20 Rn. 11 ff.

[151] BAG 14. 10. 1997 AP Nr. 10 zu § 41 SGB VI.

Die Befristung der **Aufenthaltserlaubnis** des Arbeitnehmers kann einen sachlichen Grund für die Befristung des Arbeitsverhältnisses allenfalls dann darstellen, wenn im Zeitpunkt des Vertragsschlusses eine hinreichend zuverlässige Prognose erstellt werden kann, eine Verlängerung der Aufenthaltserlaubnis werde nicht erfolgen.[152] 89

Ob und inwieweit sog **Verschleißtatbestände** die Befristung rechtfertigen, ist zweifelhaft. Nach der Rechtsprechung[153] kann die Befristung des Arbeitsvertrags eines Sporttrainers sachlich gerechtfertigt sein, wenn mit der Betreuung von Spitzensportlern oder besonders talentierten Nachwuchssportlern die Gefahr verbunden ist, dass die Fähigkeit des Trainers zur weiteren Motivation der anvertrauten Sportler regelmäßig nachlässt (sog. Verschleißtatbestand). 90

Nach ständiger Rechtsprechung des BAG kann der ausdrückliche **Wunsch des Arbeitnehmers** die Befristung des Arbeitsverhältnisses rechtfertigen,[154] wobei allerdings vorausgesetzt wird, dass der Arbeitnehmer bei Vertragsabschluss in seiner Entscheidungsfreiheit nicht beeinträchtigt gewesen ist. Es müssen zum Zeitpunkt des Vertragsabschlusses **objektive Anhaltspunkte** vorliegen (etwa Gründe in der Person des Arbeitnehmers), aus denen gefolgert werden kann, dass der Arbeitnehmer gerade an einer Befristung des Vertrages interessiert ist.[155] Entscheidend ist, ob der Arbeitnehmer auch dann nur einen befristeten Vertrag abschließen wollte, wenn der Arbeitgeber ihm einen unbefristeten Vertrag angeboten hätte. 91

Ein Arbeitsvertrag kann auch aus **sozialen Gründen** befristet abgeschlossen werden, um dem Arbeitnehmer bei der Überwindung von **Übergangsschwierigkeiten,** etwa nach abgeschlossener Ausbildung, zu helfen.[156] Voraussetzung ist, dass die sozialen Belange des Arbeitnehmers und nicht die Interessen des Betriebes für den Abschluss des Arbeitsvertrages ausschlaggebend gewesen sind.[157] Das BAG lässt hier also Befristungen des Arbeitsverhältnisses im Interesse des Arbeitnehmers zu, auch wenn dessen eigener Wunsch eher ein unbefristetes Arbeitsverhältnis wäre. Das BAG wendet diesen Befristungstypus äußerst **restriktiv** an, weil es vermeiden will, dass „angeblich soziale Erwägungen des Arbeitgebers zum Vorwand für den Abschluss befristeter Arbeitsverträge genommen werden".[158] Deshalb muss geprüft werden, ob der soziale Zweck, dem Arbeitnehmer den Übergang in das Berufsleben zu erleichtern und ihn vor sofortiger Arbeitslosigkeit zu bewahren, der ausschlaggebende Beweggrund des Arbeitgebers für den Vertragsabschluss war und ob es ohne diesen sozialen Zweck nicht zur Einstellung des Arbeitnehmers gekommen wäre. 92

---

152 BAG 12. 1. 2000 AP Nr. 217 zu § 620 BGB Befristeter Arbeitsvertrag.

153 BAG 29. 10. 1998 DB 1999, 853; 15. 4. 1999 AP Nr. 1 zu § 13 AÜG.

154 BAG 22. 3. 1973 AP Nr. 38 zu § 620 BGB Befristeter Arbeitsvertrag; 12. 8. 1976 AP Nr. 42 zu § 620 BGB Befristeter Arbeitsvertrag; 13. 5. 1982 AP Nr. 68 zu § 620 BGB Befristeter Arbeitsvertrag.

155 BAG 26. 4. 1985 AP Nr. 91 zu § 620 BGB Befristeter Arbeitsvertrag.

156 BAG 2. 12. 1984 AP Nr. 85 zu § 620 BGB Befristeter Arbeitsvertrag; 3. 10. 1984 AP Nr. 88 zu § 620 BGB Befristeter Arbeitsvertrag; 26. 4. 1985 AP Nr. 91 zu § 620 BGB Befristeter Arbeitsvertrag; 12. 12. 1985, NZA 1986, 571.

157 BAG 7. 7. 1999 AP Nr. 211 zu § 620 BGB Befristeter Arbeitsvertrag.

158 BAG 12. 12. 1985 NZA 1986, 572.

gg) Haushaltsmittel (Nr. 7)

93 § 14 Abs. 1 Satz 2 Nr. 7 TzBfG knüpft an die Rspr. des BAG[159] an, wonach ein sachlicher Grund dann gegeben ist, wenn eine Haushaltsstelle von vornherein nur für eine genau bestimmte Zeit bewilligt ist und sie anschließend fortfallen soll. Bedenklich ist, dass dadurch ein Sonderbefristungsrecht für den öffentlichen Dienst geschaffen wird, wodurch der Haushaltsgesetzgeber die Zulässigkeit der Befristung herbeiführen kann. Die Regelung ist nach ihrer Fassung auch verfassungsrechtlich problematisch.[160] Das BVerfG hat schon zur wortgleichen Norm des § 57b Abs. 2 Nr. 2 HRG a.F. die Auffassung vertreten, dass dieser einer verfassungskonforme Auslegung bedürfe. Die Regelung würde über ihr Ziel hinausschießen, wenn ihr zu entnehmen wäre, dass auch eine pauschale Bestimmung von Mitteln ohne konkrete und nachvollziehbare Zweckbindung als sachlicher Grund für eine befristete Beschäftigung wissenschaftlicher Mitarbeiter ausreichen solle. Deshalb könnte eine Handhabung verfassungsrechtlich zu beanstanden sein, die Befristungen selbst dann zulässt, wenn der Haushaltsgesetzgeber oder die als Arbeitgeber handelnden Hochschulen und Forschungseinrichtungen die Mittel nicht für eine bestimmte zeitlich begrenzte Aufgabe gewidmet haben.[161] Vor diesem, auch verfassungsrechtlichen Hintergrund ist Ausgangspunkt der Interpretation des § 14 Abs. 1 Nr. 7 TzBfG die bislang restriktive Rechtsprechung des BAG. Nach der Rechtsprechung zu § 57b Abs. 2 Nr. 2 HRG a.F. reichte es aus, dass die Haushaltsmittel im Haushaltsplan summenmäßig oder in Form befristeter Personalstellen ausgewiesen sind. Das Haushaltsgesetz muss lediglich eine bestimmte Zwecksetzung erkennen lassen. Es genügt dabei, dass der Haushaltsgesetzgeber Haushaltsmittel mit einer Zweckbindung für befristete Arbeitsverhältnisse zur Verfügung stellt, der Arbeitnehmer entsprechend dieser Zweckbindung eingestellt und beschäftigt wird und seine Vergütung zu Lasten dieser Mittel erfolgt.[162]

94 Haushaltsrechtliche Erwägungen hat das BAG grundsätzlich nicht als sachlichen Grund für die Befristung anerkannt, weil das Haushaltsrecht keinen unmittelbaren Einfluss auf die Gestaltung der Arbeitsverhältnisse hat. Allgemeine Mittelkürzungen oder erwartete Einsparungen, auch die **Ungewissheit,** ob der kommende Haushalt Mittel für eine Stelle bereit hält, **reichen als Befristungsgrund nicht aus.**[163] Haushaltsrechtliche Gründe können die Befristung eines Arbeitsvertrages rechtfertigen, wenn der öffentliche Arbeitgeber im Zeitpunkt des Vertragsabschlusses auf Grund konkreter Tatsachen die Prognose erstellen kann, dass für die Beschäftigung des Arbeitnehmers Haushaltsmittel nur vorübergehend zur Verfügung stehen.[164]

---

[159] BAG 27. 1. 1988 AP Nr. 116 zu § 620 BGB Befristeter Arbeitsvertrag; BAG 24. 10. 2001 – 7 AZR 542/00 –.

[160] Vgl. auch *Preis/Gotthardt,* DB 2000, 2065, 2071; *Dieterich/Preis* S. 74ff.; *Dörner,* in ArbR BGB, § 620 Rn. 190, der gleichfalls europarechtliche Bedenken reklamiert; a.A. BBDW/*Bader* § 620 BGB Rn. 205; bei einschränkender Auslegung die Verfassungswidrigkeit verneinend KR/*Lipke,* § 14 TzBfG Rn. 227.

[161] BVerfG 24. 4. 1996 AP HRG § 57a Nr. 2 unter C II 2b der Gründe.

[162] BAG 24. 1. 1996 AP HRG § 57b Nr. 7 = NZA 1996, 1036; so auch KR/*Lipke,* § 14 TzBfG Rn. 223ff.

[163] BAG 14. 1. 1982 AP Nr. 64 zu § 620 BGB Befristeter Arbeitsvertrag; 3. 12. 1982 AP Nr. 72 zu § 620 BGB Befristeter Arbeitsvertrag; 16. 1. 1987 AP Nr. 111 zu § 620 BGB Befristeter Arbeitsvertrag; 27. 1. 1988 AP Nr. 116 zu § 620 BGB Befristeter Arbeitsvertrag.

[164] BAG 7. 7. 1999 AP Nr. 215 zu § 620 BGB Befristeter Arbeitsvertrag.

Etwas anderes gilt nur, wenn die Vergütung eines Arbeitnehmers aus einer **bestimmten Haushaltsstelle** erfolgt, die nur befristet bewilligt worden ist oder deren Streichung mit einiger Gewissheit zu erwarten ist.[165] Der Haushaltsgesetzgeber muss sich also konkret mit einer Stelle befasst und aus sachlichen Gründen festgelegt haben, dass dieser konkrete Arbeitsplatz nicht mehr bestehen soll. Es genügt nach Auffassung des BAG, wenn der Haushaltsplan die objektiven Voraussetzungen festlegt, bei deren Eintritt der Arbeitsplatz entfallen soll, ohne dass es dazu noch einer weiteren haushaltsrechtlichen Entscheidung bedarf.[166] Daraus wird hergeleitet, dass die Befristung des Arbeitsvertrages auch ohne Zuordnung zu einer bestimmten Planstelle bei Vertretungsbedarf möglich ist, wenn sichergestellt ist, dass die Vergütung des befristet Eingestellten ausschließlich aus durch Sonderurlaub vorübergehend freigewordenen Planstellenmitteln (sog. Pool-Lösung) erfolgt.[167] **95**

Diese Grundsätze gelten auch für sog kw-Vermerke. Diese Vermerke müssen auf einer konkreten Entscheidung des Haushaltsgesetzgebers beruhen, die Stelle am genannten Termin wegfallen zu lassen.[168] Wesentlich ist, dass nicht jeder kw-Vermerk bereits eine derart bindende Entscheidung darstellt, sondern lediglich einen Erinnerungsposten für den nächsten Haushalt. Ein solcher kw-Vermerk rechtfertigt die Befristung noch nicht.[169] **96**

hh) Gerichtlicher Vergleich (Nr. 8)

§ 14 Abs. 1 Satz 2 Nr. 8 TzBfG erkennt jetzt ausdrücklich den **gerichtlichen** Vergleich als sachlichen Befristungsgrund an. Dies entspricht der bisherigen Rechtsprechung.[170] Zu Recht hat die Rechtsprechung auch den **außergerichtlichen Vergleich** als sachlich gerechtfertigt angesehen.[171] Dem Vergleich liegt **in der Regel** ein **freier Willensentschluss** der Parteien zugrunde, so dass es einer Inhaltskontrolle nicht bedarf. Es stellt sich nunmehr die Frage, ob aus der ausdrücklichen Anerkennung des gerichtlichen Vergleichs im Umkehrschluss zu folgern ist, dass der außergerichtliche Vergleich nicht mehr anzuerkennen ist.[172] Eine so weitreichende Entscheidung wird man dem Gesetzgeber nicht unterstellen können. Denn befristete Arbeitsverträge können weiterhin aus allgemeinen sachli- **97**

---

[165] BAG 3. 12. 1982 AP Nr. 72 zu § 620 BGB Befristeter Arbeitsvertrag.

[166] BAG 27. 1. 1988 AP Nr. 116 zu § 620 BGB Befristeter Arbeitsvertrag; 27. 9. 1988 AP Nr. 125 zu § 620 BGB Befristeter Arbeitsvertrag; BAG 3. 11. 1999 RzK I 9a Nr. 166; BAG 24. 1. 1996 AP Nr. 179 zu § 620 BGB Befristeter Arbeitsvertrag; BAG 24. 9. 1997 RzK I 9a Nr. 121.

[167] BAG 27. 2. 1987 AP Nr. 112 zu § 620 BGB Befristeter Arbeitsvertrag; BAG 27. 9. 1988 AP Nr. 125 zu BGB § 620 Befristeter Arbeitsvertrag Nr. 125; BAG 12. 2. 1997 AP Nr. 187 zu § 620 BGB Befristeter Arbeitsvertrag Nr. 187; krit. *Lakies* NZA 1997, 745, 750.

[168] BAG 3. 11. 1999 AP Nr. 19 zu BAT § 2 SR 2y; BAG 16. 1. 1987 AP Nr. 111 zu § 620 BGB Befristeter Arbeitsvertrag; *Hantel* ZTR 98 145, 150.

[169] *Dörner,* in ArbR BGB, § 620 Rn. 188.

[170] BAG 3. 8. 1961 AP Nr. 19 zu § 620 BGB Befristeter Arbeitsvertrag; 18. 12. 1979 AP Nr. 51 zu § 620 BGB Befristeter Arbeitsvertrag; 2. 12. 1998 AP Nr. 4 zu § 57a HRG.

[171] BAG 4. 3. 1980 AP Nr. 53 zu § 620 BGB Befristeter Arbeitsvertrag; 22. 2. 1984 AP Nr. 80 zu § 620 BGB Befristeter Arbeitsvertrag.

[172] Insoweit zweifelnd *Preis/Gotthardt,* DB 2000, 2065, 2072; *Bezani/Müller* DStR 2001, 87, 91; ablehnend, weil der Gesetzgeber den außergerichtlichen Vergleich nicht als Sachgrund benannt habe KR/*Lipke,* § 14 TzBfG Rn. 241 ff.

chen Gründen gerechtfertigt sein (§ 14 Abs. 1 Satz 2 TzBfG). Freilich wird erkennbar, dass der Gesetzgeber den außergerichtlichen Vergleich nicht privilegiert behandeln will, so dass eine differenzierende Lösung nahe liegt.

98 Eine generelle Paritätsstörung bei außergerichtlichen Vergleichen kann nicht angenommen werden. § 779 BGB setzt für den Vergleich ein „gegenseitiges Nachgeben" voraus. In diesem Kompromiss zur Beilegung eines konkreten Rechtsstreits liegt ein sachlicher Grund.[173] Vereinbaren die Parteien jedoch in einem Vergleich nicht nur die Beilegung eines konkreten Rechtsstreits durch gegenseitiges Nachgeben, sondern wird darüber hinaus auch die Zulässigkeit künftig erst noch zu vereinbarender Befristungen geregelt, so hält das BAG diese Vereinbarung wegen des Verzichts auf eine gerichtliche Überprüfung des sachlichen Grundes künftiger Befristungen für unwirksam.[174] Dem ist auch für das neue Recht zuzustimmen, weil es der Vertragsdisposition entzogen ist, im Vorhinein auf die gerichtliche Kontrolle nach dem TzBfG zu verzichten.

99 Ähnlich sind die Fallgestaltungen einzuordnen, in denen das BAG die **nachträgliche Befristung eines ursprünglich unbefristeten Arbeitsvertrages**[175] bzw. den Abschluss eines mit langer Frist versehenen Aufhebungsvertrages[176] einer Überprüfung auf ihre sachliche Rechtfertigung zugeführt hat. Den entschiedenen Fällen ist gemein, dass die Arbeitnehmer auf Druck, jedenfalls ohne Erfüllung der Voraussetzungen des § 779 BGB der nachträglichen Befristung bzw. dem funktional gleichstehenden langfristigen Aufhebungsvertrag zugestimmt haben. Das BAG erkennt hier eine „funktionswidrige Verwendung" des befristeten Arbeitsvertrages, insbesondere wenn der von den Parteien gewählte Beendigungszeitpunkt die jeweilige Kündigungsfrist um ein Vielfaches überschreitet und es an weiteren Vereinbarungen im Zusammenhang mit der Beendigung des Arbeitsverhältnisses fehlt, wie sie im Aufhebungsvertrag regelmäßig getroffen werden (Freistellungen, Urlaubsregelungen, ggf. auch Abfindungen uä.). Ein „Nachgeben" war nur auf der Seite des Arbeitnehmers erkennbar. Bei „gegenseitigem Nachgeben" muss aber in die Würdigung auch einfließen, dass der Arbeitnehmer nicht gezwungen werden kann, in eine solche Vertragsabrede einzuwilligen. Solchen echten außergerichtlichen Vergleichen ist die Anerkennung nur zu versagen, wenn auf die freie Willensbildung oder -betätigung des Arbeitnehmers in rechtlich zu missbilligender Weise Einfluss genommen worden ist (vgl. §§ 119, 123 BGB).

100 Abzugrenzen sind diese Fälle von regulären, im Rahmen der Vertragsfreiheit geschlossenen **Aufhebungs- und Änderungsverträgen.** Eine Vereinbarung der Arbeitsvertragsparteien, das Arbeitsverhältnis zum Ablauf der ordentlichen Kündigungsfrist aus betrieblichen Gründen gegen Zahlung einer Abfindung zu beenden, ist keine „nachträgliche Befristung" des Arbeitsverhältnisses, die eines sachlichen Grundes bedarf. Das gilt auch dann, wenn die Parteien später den Beendigungs-

---

173 BAG 24. 1. 1996 AP Nr. 179 zu § 620 BGB Befristeter Arbeitsvertrag; 14. 10. 1997 – 7 AZR 599/96 – n.v.

174 BAG 4. 12. 1991 EzA § 620 BGB Nr. 113.

175 BAG 24. 1. 1996 AP Nr. 179 zu § 620 BGB Befristeter Arbeitsvertrag; 28. 1. 98 AP Nr. 1 zu § 48 HRG; 8. 7. 98 AP Nr. 201 zu § 620 BGB Befristeter Arbeitsvertrag; 26. 8. 98 AP Nr. 203 zu § 620 BGB Befristeter Arbeitsvertrag.

176 BAG 12. 1. 2000 AP Nr. 16 zu § 620 BGB Aufhebungsvertrag; zust. BBDW/*Bader* § 620 Rn. 28f.; ErfK/*Müller-Glöge,* § 620 BGB Rn. 47f.

termin auf das Ende der nächsten Kündigungsfrist hinausschieben.[177] Abzulehnen ist allerdings die Rechtsprechung des BAG, die selbst dann eine Befristungskontrolle bei nachträglicher Befristung eines unbefristeten Arbeitsverhältnisses vornimmt, wenn der neue befristete Arbeitsvertrag für den Arbeitnehmer günstigere Arbeitsbedingungen vorsieht und der Arbeitnehmer zwischen diesem neuen Arbeitsvertrag und der Fortsetzung seines bisherigen unbefristeten Arbeitsverhältnisses frei wählen konnte.[178]

c) Sonstige sachliche Gründe

aa) Ausbildung, Fortbildung und Weiterbildung

Soweit befristete Arbeitsverträge den Zweck der Ausbildung, Fortbildung und **101** Weiterbildung haben, können diese sachlich gerechtfertigt sein, da der spezifische Zweck und die zeitliche Begrenzung eine Befristung tragen können.[179] Die Rechtsprechung hat sich hier insbesondere mit befristeten Arbeitsverträgen im Bereich der Hochschulen und der wissenschaftlichen Forschungseinrichtungen befassen müssen.[180] Diese Rechtsprechung kann in ihren Grundsätzen unter Umständen auch auf andere Bereiche übertragen werden. Für den ganz im Mittelpunkt stehenden Hochschulbereich gelten für die nach dem 26. 6. 1986 abgeschlossenen Verträge jedoch die § 57 a bis 57 f HRG in ihrer neugestalten Fassung vom 16. 2. 2002 BGBl. I S. 693 (hierzu Rn. 138 ff.).

bb) Drittmittel

Ist der Bestand eines Arbeitsplatzes von der Gewährung von Drittmitteln abhän- **102** gig, so liegt hierin, wenn die Mittel für einen konkreten Arbeitsplatz nur für eine bestimmte Zeit bewilligt sind und dann wegfallen, ein sachlicher Befristungsgrund.[181] Die **Unsicherheit** über das Weiterlaufen von Drittmitteln gibt noch **keinen sachlichen Grund** her.[182]

Das BAG verlangt, dass sich Drittmittelgeber und Arbeitgeber gerade mit den **103** Verhältnissen dieser Stelle und der dort zu erledigenden Aufgabe befasst haben.[183] Bei mehrfacher Befristung in einem **jährlich neu aufgelegten, von Dritten fi-**

---

[177] BAG 13. 11. 1996 AP Nr. 4 zu § 620 BGB Aufhebungsvertrag.

[178] BAG 26. 8. 1998 AP Nr. 203 zu § 620 BGB Befristeter Arbeitsvertrag = EzA § 620 BGB Nr. 154 mit abl. Anm. *Gamillscheg.*

[179] *Koch,* NZA 1985, 345, 350; MünchArbR/*Wank* § 116 Rn. 115; *Dörner,* in: ArbR BGB § 620 Rn. 104; vgl. auch BAG 29. 9. 1982 AP Nr. 70 zu § 620 BGB Befristeter Arbeitsvertrag.

[180] BAG 31. 10. 1974, 16. 6. 1976, 2. 8. 1978, 7. 3. 1980, 19. 8. 1981 AP Nr. 39, 40, 46, 54, 60 zu § 620 BGB Befristeter Arbeitsvertrag.

[181] BAG 25. 1. 1980 AP Nr. 52 zu § 620 BGB Befristeter Arbeitsvertrag; 30. 9. 1981 AP Nr. 62 zu § 620 BGB Befristeter Arbeitsvertrag; 3. 12. 1982 AP Nr. 72 zu § 620 BGB Befristeter Arbeitsvertrag; 26. 8. 1988 AP Nr. 124 zu § 620 BGB Befristeter Arbeitsvertrag; BAG 24. 10. 2001 – 7 AZR 620/00 –.

[182] BAG 25. 1. 1980 AP Nr. 52 zu § 620 BGB Befristeter Arbeitsvertrag; 3. 12. 1982 AP Nr. 72 zu § 620 BGB Befristeter Arbeitsvertrag; 21. 1. 1987 AP Nr. 4 zu § 620 BGB Hochschule; BAG 8. 4. 1992 EzA § 620 BGB Nr. 115.

[183] BAG 8. 4. 1992 AP Nr. 146 zu § 620 BGB Befristeter Arbeitsvertrag; BAG 30. 9. 1981 AP Nr. 62 zu § 620 BGB Befristeter Arbeitsvertrag; BAG 25. 1. 1980 AP Nr. 52 zu § 620 BGB Befristeter Arbeitsvertrag; zust *Dörner,* in: ArbR BGB, § 620 Rn. 195.

nanzierten Projekt muss der Arbeitgeber zusätzlich erklären können, warum der Fortfall der Mittel zum Ende des Finanzierungszeitraums und nicht die erneute Vergabe der Mittel zu prognostizieren ist.[184] Das BAG prüft dabei mit zunehmender Dauer der Beschäftigung strenger die Anforderungen an den sachlichen Grund, weshalb bei langjähriger befristeter Beschäftigung ein Mitarbeiter nur noch dann nochmals befristet werden kann, wenn beim Abschluss des Vertrages hinreichend sichere konkrete Anhaltspunkte für einen **endgültigen** Wegfall der Drittmittel mit dem Auslaufen des Vertrages vorliegen.[185]

cc) Maßnahmen im Rahmen der Arbeitsförderung und Sozialhilfe

104 Die Befristung eines Arbeitsvertrages kann gerechtfertigt sein, wenn der Vertrag im Rahmen einer **Arbeitsbeschaffungsmaßnahme** nach Maßgabe des SGB III geschlossen worden ist und die Dauer der Befristung mit der Zuweisung korrespondiert.[186] Die Befristungsrechtsprechung beruht auf der Erwägung, dass der Arbeitgeber die Einstellung des ihm von der Arbeitsverwaltung zugewiesenen Arbeitnehmers im Vertrauen auf die zeitlich begrenzte Förderungszusage vorgenommen hat, ohne die er entweder keinen oder einen leistungsfähigeren Arbeitnehmer eingestellt hätte.[187]

105 Ein Arbeitsvertrag kann auch im Rahmen von Sozialhilfemaßnahmen wirksam befristet werden, wenn dadurch für den Hilfesuchenden Gelegenheit zu gemeinnütziger und zusätzlicher Arbeit i.S.v. § 19 Abs. 2 BSHG geschaffen werden soll.[188] Der Zweck dieser Maßnahme geht dahin, durch Sozialhilfe die Wiedereingliederung des Hilfesuchenden in das Arbeitsleben zu erleichtern. Die Sozialhilfe in Form der Hilfe zur Arbeit (§§ 18ff. BSHG) soll in aller Regel nicht auf Dauer geleistet werden. Dementsprechend bestimmt § 19 Abs. 1 Satz 3 BSHG ausdrücklich, dass die für den Hilfesuchenden zu schaffenden Arbeitsgelegenheiten in der Regel von vorübergehender Dauer sein sollen. Darin liegt der Kern des Befristungsgrundes. Dabei legt das BAG im Hinblick auf den Förderzweck sowohl an das Merkmal der „gemeinnützigen" als auch der „zusätzlichen" Arbeit großzügige Maßstäbe an.

3. Sachgrundlose befristete Arbeitsverträge (§ 14 Abs. 2 TzBfG)

106 § 14 Abs. 2 und 3 TzBfG verankern die bereits durch das BeschFG 1985 eingeführte sachgrundlose Befristungsmöglichkeit **zeitlich unbegrenzt** im deutschen

---

[184] Vgl. BAG 9. 6. 1999 RzK I 9a Nr. 152; BAG 3. 11. 1999 AP Nr. 19 zu § 2 BAT SR 2y.

[185] BAG 27. 1. 1987 AP Nr. 4 zu § 620 BGB Hochschulen Nr. 4; zust. *Dieterich/Preis* S. 73.

[186] Ausführlich BAG 3. 12. 1982 AP Nr. 72 zu § 620 BGB Befristeter Arbeitsvertrag; 12. 6. 1987 EzA § 620 BGB Nr. 95; 2. 12. 1998 AP Nr. 8 zu § 625 BGB; 20. 12. 95 AP Nr. 177 zu § 620 BGB Befristeter Arbeitsvertrag Nr. 177; *Dörner,* in: ArbR BGB, § 620 BGB, Rn. 197; *Berger-Delhey* NZA 1990, 47.

[187] BAG 11. 12. 1991 AP Nr. 145 zu § 620 BGB Befristeter Arbeitsvertrag; 26. 4. 1995 AP Nr. 4 zu § 91 AFG; 2. 12. 1998 AP Nr. 8 zu § 625 BGB.

[188] BAG 22. 3. 2000 AP Nr. 222 zu § 620 BGB Befristeter Arbeitsvertrag; 7. 7. 1999 AP Nr. 216 zu § 620 BGB Befristeter Arbeitsvertrag.

Arbeitsrecht. Abgesehen von der Ausnahme für ältere Arbeitnehmer, ist die erleichterte Befristung **auf echte Neueinstellungen begrenzt,** womit die **Möglichkeiten zu Kettenbefristungen** im Gegensatz zur bisherigen Rechtslage **eingeschränkt** werden.

a) Erstmalige Neueinstellung

§ 14 Abs. 1 Satz 1 TzBfG ermöglicht die Befristung eines Arbeitsvertrages, ohne dass es dazu eines sachlichen Grundes bedarf, für die Dauer von zwei Jahren. Bis zur **Gesamtdauer von zwei Jahren** ist auch die höchstens **dreimalige Verlängerung** des befristeten Arbeitsvertrages zulässig. Diese Möglichkeit der erleichterten Befristung ist ausdrücklich **auf die kalendermäßige Befristung beschränkt,** d. h. kann für zweckbefristete Arbeitsverträge nicht in Anspruch genommen werden. Sie gilt jedoch für alle Arbeitnehmer, d. h. auch für solche, denen Sonderkündigungsschutz zusteht, wie z. B. werdenden Müttern. **107**

Die wichtigste und zugleich sehr **restriktive Begrenzung** erfährt die Möglichkeit der erleichterten Befristung dadurch, dass sie unzulässig ist, wenn **mit demselben Arbeitgeber bereits zuvor ein** befristetes oder unbefristetes **Arbeitsverhältnis** bestanden hat (§ 14 Abs. 2 Satz 2 TzBfG). Zulässig ist die erleichterte Befristung damit nur noch in Fällen echter Neueinstellungen, d. h. dann, wenn bislang zu demselben Arbeitgeber noch kein Arbeitsverhältnis bestand. Es kommt allerdings nicht darauf an, ob das vorangegangene Arbeitsverhältnis befristet oder unbefristet war. Auch an eine Sachgrundbefristung kann sich deshalb keine erleichterte Befristung mehr anschließen. Umgekehrt ist dies dagegen zulässig. **108**

Die erleichterte Befristung ist unzulässig, wenn **„zuvor"** zu demselben Arbeitgeber bereits ein Arbeitsverhältnis bestanden hat. Dies bedeutet, dass es **keine zeitliche Begrenzung in die Vergangenheit** gibt. Bestand jemals, auch vor längerer Zeit, ein Arbeitsverhältnis zu demselben Arbeitgeber, ist eine Befristung gemäß § 14 Abs. 2 TzBfG nicht mehr zulässig. Das gilt selbst dann, wenn nur ein ganz kurzfristiges Arbeitsverhältnis bestanden hat.[189] Versuche, diesen Zeitraum im Wege der (verfassungskonformen) Auslegung auf zwei Jahre zu begrenzen,[190] vermögen nicht zu überzeugen. Die Regelung mag zwar überzogen sein. Angesichts der Möglichkeit, dass der Gesetzgeber auch ganz auf sachgrundlose Befristungen hätte verzichten können, kann diese Rechtslage aber noch nicht als verfassungswidrig bezeichnet werden.[191] Trotz berechtigter Einwände hat sich der Gesetzgeber bewusst dazu entschieden, die erleichterte Befristung nur bei der erstmaligen Befristung eines Arbeitnehmers durch einen Arbeitgeber zu eröffnen. Der Arbeitgeber darf den Arbeitnehmer allerdings nach Vorbeschäftigungen bei ihm fragen.[192] **109**

Die Befristung nach § 14 Abs. 2 TzBfG ist nur ausgeschlossen, wenn zuvor bereits ein **Arbeitsverhältnis** zu demselben Arbeitgeber bestanden hat. Das **Berufs-** **110**

---

[189] *Hromadka,* BB 2001, 621, 627; *Preis/Gotthardt,* DB 2001, 145, 152.

[190] *Löwisch,* BB 2001, 254 f.; ihm folgend *Bauer,* BB 2001, 2473, 2475.

[191] *Dörner,* in: ArbR BGB, § 620 BGB Rn. 230; KR/*Lipke,* § 14 TzBfG Rn. 298.

[192] *Däubler,* ZIP 2000, 1961, 1966; *Hromadka,* BB 2001, 622, 627; *Kliemt,* NZA 2001, 296, 300; *Lakies,* DZWir 2001, 1, 13; *Richardi/Annuß,* BB 2000, 2201, 2204; KR/*Lipke,* § 14 TzBfG Rn. 298; 307 ff.

ausbildungsverhältnis iSv § 3 BBiG ist **kein vorangegangenes Arbeitsverhältnis** iSv § 14 Abs. 2 Satz 2 TzBfG.[193] Beschäftigungen auf Grund eines **sonstigen Rechtsverhältnisses** – z. B. als freier Mitarbeiter, Leiharbeitnehmer oder auf Grund eines Werkvertrages sind unschädlich. Auch ein vorangehender **Eingliederungsvertrag** nach den §§ 229ff. SGB III a. F. ist unschädlich, weil es sich bei einem solchen Vertrag ausweislich des § 231 Abs. 2 SGB III a. F. gerade nicht um einen Arbeitsvertrag handelt und das Ziel der Eingliederung auch durch einen Zeitvertrag erreicht werden kann.[194]

111 Wesentlich ist ferner, dass das Arbeitsverhältnis zu demselben Arbeitgeber bestanden haben muss. Hierbei sind zwei Fallgestaltungen problematisch: auf Konzernverbindungen kann es nicht ankommen, denn die jeweiligen Konzernunternehmen sind rechtlich selbständig und eigenständige Arbeitgeber. Ein Konzernunternehmen muss sich im Hinblick auf § 14 Abs. 2 TzBfG nicht das mit dem Arbeitnehmer bereits einmal geschlossene Arbeitsverhältnis eines anderen Konzernunternehmens zurechnen lassen. „Arbeitgeber“ ist der Vertragsarbeitgeber, also die natürliche oder juristische Person, die mit dem Arbeitnehmer den Arbeitsvertrag geschlossen hat.[195] § 14 Abs. 2 TzBfG spricht vom „Arbeitsvertrag“ bzw „Arbeitsverhältnis“ mit demselben Arbeitgeber. Damit wird deutlich, dass der Arbeitgeber im arbeitsvertraglichen Sinn gemeint ist. Maßgeblich ist nicht die tatsächliche Eingliederung in den Betrieb, sondern die individualvertragliche Bindung. Auch eine analoge Anwendung des § 14 Abs. 2 TzBfG auf mehrere, einen Gemeinschaftsbetrieb führende Vertragsarbeitgeber ist nicht möglich. Rechtsmissbräuchlichen Vortäuschungen von „Neueinstellungen“ können im Einzelfall über die Anwendung des § 242 BGB verhindert werden.[196] Wenn ein Betrieb oder ein Betriebsteil auf einen anderen Arbeitgeber übergegangen ist, so kann sich ein Arbeitnehmer im Rahmen des § 14 Abs. 2 Satz TzBfG nicht darauf berufen, bei dem früheren Betriebsinhaber habe bereits ein Arbeitsverhältnis bestanden. Zwar gehen im Zeitpunkt des Betriebsüberganges nach § 613a BGB die bestehenden Arbeitsverhältnisse auf den anderen Arbeitgeber über. Der neue Betriebsinhaber ist aber immer noch ein anderer Arbeitgeber, so dass ihm vor Betriebsübergang eingegangene Arbeitsverhältnisse nicht als bereits „zuvor“ eingegangene Arbeitsverhältnisse zugerechnet werden.[197]

112 § 14 Abs. 2 S. 1 TzBfG eröffnet die **Möglichkeit,** ein zunächst für einen kürzeren Zeitraum abgeschlossenes, **erleichtert befristetes Arbeitsverhältnis zu verlängern.** Möglich ist also, z. B. nach einer Ausgangsbefristung von sechs Monaten die dreimalige Verlängerung um jeweils ein halbes Jahr. Abzugrenzen ist die Verlängerung der Befristung jedoch von dem Neuabschluss eines befristeten Arbeitsvertrages. Handelt es sich nämlich um einen **Neuabschluss,** ist wegen des

---

[193] BT-Drucks. 14/4374 S 20; *Kleinsorge,* MDR 2001, 181, 185; *Kliemt,* NZA 2001, 296, 300; *Preis/Gotthardt,* DB 2000, 2065, 2072; KR/*Lipke,* § 14 TzBfG Rn. 299; a. A. nur KDZ/*Däubler,* § 14 TzBfG Rn. 160.

[194] BAG 17. 5. 2001 – 2 AZR 10/00 –; Preis/*Rolfs,* Der Arbeitsvertrag II B 10 Rn. 91; zweifelnd APS/*Backhaus,* § 14 TzBfG Rn. 87.

[195] BAG 25. 4. 2001 ZIP 2001, 1511; so auch APS/*Backhaus,* § 1 BeschFG Rn. 45ff.; a. A. KDZ/*Däubler* § 14 TzBfG Rn. 31.

[196] BAG 25. 4. 2001 ZIP 2001, 1511.

[197] *Bauer* BB 2001, 2473, 2476; KR/*Lipke,* § 14 TzBfG Rn. 305.

vorangegangenen befristeten Arbeitsverhältnisses mit demselben Arbeitgeber eine erneute erleichterte Befristung unzulässig. Es bestand „zuvor" bereits ein Arbeitsverhältnis mit demselben Arbeitgeber.

Erforderlich ist zunächst, dass sich die **Anschlussbefristung ohne zeitliche Unterbrechung** an den zu verlängernden Vertrag anschließt. Auch für Verlängerungen gilt das Formerfordernis des § 14 Abs. 4 TzBfG. Bereits kurzfristige Unterbrechungen, auch von nur einem arbeitsfreien Tag, führen dazu, dass es sich nicht mehr um eine Verlängerung handelt. Danach muss die Verlängerung an dem auf den letzten Tag des vorangegangenen Arbeitsverhältnisses folgenden Tag beginnen. Die Zweijahresfrist kann nicht in der Weise genutzt werden, dass mehrere befristete Arbeitsverhältnisse geschlossen werden, die durch jeweils mehr oder minder lange Zwischenräume unterbrochen werden. Dementsprechend muss die **Verlängerung** bereits **vor Ablauf des zu verlängernden Vertrages** erfolgen.[198] Umstritten ist, ob eine Verlängerung auch dann noch gegeben ist, wenn sich die bisherigen Vertragsbedingungen ändern.[199] Verneint man dies, wird der Regelung ein Stück ihrer Flexibilität genommen, weil bereits durch eine angesichts der Vertragsverlängerung vorgenommene Gehaltserhöhung die Verlängerung unzulässig würde. Das **BAG** geht jedoch davon aus, dass **mit** dem **Begriff der Verlängerung eine inhaltliche Änderung der Vertragsbedingungen nicht vereinbar** sei. Eine Verlängerung beziehe sich lediglich auf die Vertragslaufzeit.[200] Die Auffassung ist nicht sonderlich überzeugend; sie kommt nur mit Ausnahmen z. B. für den Fall der Gehaltserhöhung oder dem arbeitnehmerseitigen Wunsch der Veränderung der Arbeitszeit zu sinnvollen Ergebnissen.[201] Es ist aber fraglich, ob es die Funktion des Merkmals „Verlängerung" darstellt, eine Bestandssicherung der ursprünglich vereinbarten Vertragsbedingungen zu gewährleisten. **113**

b) Ältere Arbeitnehmer

Um die **Beschäftigung älterer Arbeitnehmer** zu **erleichtern,** ist die Befristung von Arbeitsverträgen mit Arbeitnehmern, die bei Beginn des befristeten Arbeitsverhältnisses (nicht bei Abschluss des Vertrages) das 58. Lebensjahr vollendet haben, in § 14 Abs. 3 TzBfG nochmals erleichtert. Die Befristung ist insoweit ohne Sachgrund, ohne zeitliche Obergrenze und ohne eine Begrenzung der Anzahl der Verlängerungen zulässig. **Unzulässig** ist die Befristung dann, **wenn zu einem vorhergehenden unbefristeten Arbeitsvertrag** mit demselben Arbeitgeber ein **enger sachlicher Zusammenhang** besteht, der insbesondere dann anzunehmen ist, wenn zwischen den Arbeitsverträgen ein Zeitraum von weniger als sechs Monaten liegt. Damit soll verhindert werden, dass ein Arbeitgeber unbefristete Arbeitsverträge in befristete Arbeitsverhältnis umwandelt, wenn der Arbeitnehmer das 58. Lebensjahr vollendet. Die Vereinbarkeit des **114**

---

[198] BAG 26. 7. 2000 AP Nr. 4 zu § 1 BeschFG 1996; BAG 25. 10. 2000 AP Nr. 6 zu § 1 BeschFG 1996.

[199] Dafür APS/*Backhaus,* § 14 TzBfG Rn. 74; dagegen KR/*Lipke,* § 14 TzBfG Rn. 287 ff.

[200] BAG 26. 7. 2000 AP Nr. 4 zu § 1 BeschFG 1996; BAG 25. 10. 2000 AP Nr. 6 zu § 1 BeschFG 1996.

[201] Siehe die Bemühungen bei KR/*Lipke,* § 14 TzBfG Rn. 290 ff.

§ 14 Abs. 3 TzBfG mit den Vorgaben der Richtlinie 99/70/EG wird bezweifelt.[202]

4. Schriftformerfordernis

115 Zum 1. Mai 2001 hatte der Gesetzgeber bereits in § 623 für die Befristung die Schriftform vorgeschrieben. Dieses neue Formerfordernis hat er zum 1. Januar 2001 in § 623 BGB gestrichen und inhaltlich in § 14 Abs. 4 TzBfG übernommen.[203] Die Einhaltung der Schriftform ist **konstitutive Wirksamkeitsvoraussetzung** für die Befristung. Sie hat **Klarstellungs- und Beweisfunktion.**

116 Anwendung findet das Formerfordernis gleichfalls bei einer bloßen **Verlängerung** eines befristeten Arbeitsvertrages. Die Schriftform ist nämlich grundsätzlich auch bei einer Änderung des formbedürftigen Rechtsgeschäfts zu beachten,[204] d.h. hier bei einer Änderung der Befristungsabrede.

117 Die Anforderungen an die gesetzliche Schriftform richten sich nach § 126 BGB.[205] Erforderlich ist deshalb die **eigenhändige Unterschrift.** Nicht gewahrt wird die Schriftform durch die Verwendung von Telegramm oder Telefax, weil die neu geschaffene Textform des § 126b BGB auf § 14 TzBfG keine Anwendung findet. Nicht ausreichend ist auch eine einfache e-mail. Der Schriftform gleichgestellt ist jedoch in § 126 Abs. 3 BGB die **elektronische Form** (§ 126a BGB). Erforderlich ist dann aber, dass dem Dokument der Name des Ausstellers und eine besonders gesicherte qualifizierte elektronische Signatur hinzugefügt wird. Wichtig ist, dass es sich bei der **Befristung** um eine **vertragliche Abrede** handelt, weshalb die besondere Anforderungen des § 126 Abs. 2 BGB gewahrt werden, d.h. grundsätzlich beide Parteien den Vertrag auf derselben Urkunde unterzeichnen müssen. Bei der elektronischen Form müssen die Parteien jeweils ein gleich lautendes Dokument elektronisch signieren (§ 126a Abs. 2 BGB). Eine wirksame Verlängerung einer Befristung kann deshalb insbesondere nicht dadurch zustande kommen, dass der Arbeitgeber dem Arbeitnehmer die befristete Fortsetzung schriftlich oder in elektronischer Form anbietet und der Arbeitnehmer dieses Angebot konkludent durch Weiterarbeit annimmt.

118 Das Schriftformerfordernis bezieht sich **nur** auf die **Befristungsabrede** als solche, **nicht** auf den **gesamten befristeten Arbeitsvertrag.** Bei der **Kalenderbefristung** muss also nur deren Dauer z.B. durch Festlegung eines Anfangs- und Endtermins, schriftlich niedergelegt werden. Bei einer nur konkludenten Annahme durch den Arbeitnehmer ist die Schriftform für zweiseitige Rechtsgeschäfte gemäß

---

[202] APS/*Backhaus,* § 14 TzBfG Rn. 104; KDZ/*Däubler,* § 14 TzBfG Rn. 152; *Rolfs,* EAS B 3200 Rn. 38; KR/Lipke § 14 TzBfG Rn. 324; a.A. Staudinger/*Preis,* § 620 BGB Rn. 165f.; *Thüsing/Lambrich,* BB 2002, 829, 832.

[203] Näher zu Entstehung und Normzweck der Formvorschrift Staudinger/*Oetker* § 623 Rn. 1ff.; APS/*Preis,* § 623 BGB Rn. 1ff. ErfK/*Müller-Glöge,* § 623 BGB Rn. 1ff.; *Preis/Gotthardt,* NZA 2000, 348ff.; *Richardi/Annuß* NJW 2000, 1231.

[204] BGH 26. 10. 1973 NJW 1974, 271; MünchKommBGB/*Förschler* § 125 Rn. 125, vgl. a. RG 19. 6. 1922 RGZ 105, 60, 62; BGH 14. 4. 1999 NJW 1999, S. 2517, 2519 zu § 566 für Änderung und Verlängerung eines formbedürftigen Mietvertrages.

[205] Hierzu näher Staudinger/*Oetker,* § 623 BGB Rn. 1ff.; APS/*Preis,* § 623 BGB Rn. 21ff.

§ 126 Abs. 2 BGB nicht gewahrt. Gemäß § 127a BGB kann die Befristung in einem gerichtlichen Vergleich formwirksam vereinbart werden.

Auch für die Befristung gilt der Grundsatz der Urkundeneinheit.[206] Insoweit ist es fraglich, ob bei fehlender Tarifbindung für eine wirksame Befristung die **einzelvertragliche Bezugnahme auf einen Tarifvertrag** ausreicht. 119

Der **Befristungsgrund** selbst muss **nicht schriftlich** vereinbart werden, damit die Befristung formwirksam ist. Es bleibt bei dem allgemeinen Grundsatz, dass der Befristungsgrund bei Vertragsschluss weder mitgeteilt noch vereinbart werden muss. 120

Die **formunwirksame Befristungsabrede** ist ebenfalls gemäß § 125 S. 1 BGB nichtig und es kommt ein unbefristetes Arbeitsverhältnis zustande (§ 16 TzBfG). Anders als bei der Kündigung muss die Formunwirksamkeit einer Befristung innerhalb einer materiellen Ausschlussfrist von drei Wochen gerichtlich geltend gemacht werden (§ 17 TzBfG). 121

5. Rechtsfolgen unzulässiger Befristung

Ist eine Befristung rechtsunwirksam, so gilt der befristete Arbeitsvertrag als auf unbestimmte Zeit geschlossen (§ 16 Satz 1 TzBfG). Der Vertrag im Übrigen bleibt bestehen. Die Rechtsfolge des § 16 Satz 1 TzBfG tritt z.B. ein, wenn dem befristeten Arbeitsvertrag ein Sachgrund fehlt, die Voraussetzungen der erleichterten Befristung nicht gegeben sind oder ein Verstoß gegen das Formerfordernis für die Befristungsabrede vorliegt. 122

Die bisherige Rechtsprechung ging davon aus, dass bei einer sachlich nicht gerechtfertigten Befristung beide Parteien, nämlich Arbeitgeber und Arbeitnehmer an die vereinbarte Befristungsdauer als Mindestdauer gebunden waren. Vor deren Ablauf konnten beide Parteien das Arbeitsverhältnis grundsätzlich nicht durch ordentliche Kündigung beenden.[207] § 16 TzBfG hingegen verfolgt eine differenzierte Lösung. Grundsatz ist, dass bei Unwirksamkeit der Befristung nur der Arbeitgeber an die vereinbarte Mindestdauer gebunden ist, wenn nicht die Möglichkeit der vorherigen ordentlichen Kündigung vereinbart war (§ 15 Abs. 3 TzBfG). Er kann das Arbeitsverhältnis unter Einhaltung der allgemeinen Kündigungsvoraussetzungen, insbesondere des allgemeinen Kündigungsschutzes frühestens zum vereinbarten Ende ordentlich kündigen. Der Arbeitnehmer hingegen unterliegt bei unwirksamer Befristung keiner Mindestbindung, kann den Arbeitsvertrag also bereits vor dem vereinbarten Ende kündigen. Führt allein ein Verstoß gegen das Schriftformerfordernis des § 14 Abs. 4 TzBfG zur Unwirksamkeit der Befristung, besteht gemäß § 16 S. 2 TzBfG überhaupt keine Mindestbindung. Sowohl der Arbeitgeber als auch der Arbeitnehmer können das Arbeitsverhältnis auch ohne eine Vereinbarung einer Kündigungsmöglichkeit bereits vor dem vereinbarten Ende ordentlich kündigen. 123

[206] Hierzu näher Staudinger/*Oetker* § 623 Rn. 60ff.; APS/*Preis* § 623 Rn. 36ff.
[207] BAG 14. 1. 1982 AP Nr. 47 zu § 620 BGB Befristeter Arbeitsvertrag.

6. Beendigung, Fortsetzung und Kündbarkeit befristeter Arbeitsverträge

124 § 15 TzBfG kodifiziert, primär aus Gründen der Klarstellung, Grundlagen zur Beendigung des befristeten Arbeitsvertrages, so etwa in § 15 Abs. 1 TzBfG, dass der kalendermäßig befristete Arbeitsvertrag mit Ablauf der vereinbarten Zeit endet. § 15 Abs. 3 TzBfG regelt den bereits früher anerkannten Grundsatz, dass ein befristetes Arbeitsverhältnis grundsätzlich nicht ordentlich kündbar ist, es sei denn, die **ordentliche Kündbarkeit** ist einzelvertraglich oder im anwendbaren Tarifvertrag vereinbart. Wesentlich ist, das diese Vereinbarung hinreichend klar getroffen sein muss.[208] Die Kündigungsmöglichkeit kann auch nur einseitig eingeräumt werden, also nur für den Arbeitgeber oder nur für den Arbeitnehmer. Es gibt keine, § 622 Abs. 6 entsprechende Vorschrift, die eine unterschiedliche Kündigungsregelung für diesen Fall verbietet.[209]

125 Der **zweckbefristete Arbeitsvertrag** endet grundsätzlich mit Erreichen des Zwecks. § 15 Abs. 2 TzBfG regelt das schon zuvor durch die Rechtsprechung[210] anerkannte Erfordernis der Einhaltung einer Auslauffrist, modifziert diese jedoch dahingehend, dass der zweckbefristete Arbeitsvertrag **frühestens zwei Wochen nach Zugang der schriftlichen Unterrichtung** des Arbeitnehmers durch den Arbeitgeber über den Zeitpunkt der Zweckerreichung endet. § 15 Abs. 2 TzBfG enthält ein **gesetzliches Schriftformerfordernis,** es sind also die formalen Grundsätze des § 126 zu beachten. Der Gesetzgeber hat nämlich erkannt, dass die Zweckerreichung wie eine fristlose Kündigung wirkt. Um hier die hinreichende Klarstellung und Warnung des Arbeitnehmers sicherzustellen, hat er das Schriftformerfordernis vorgesehen. Es bedarf einer eigenhändigen Unterschrift. Telefax und e-mail genügen nicht.[211] Vor Zugang einer korrekten schriftlichen Unterrichtung endet das zweckbefristete Arbeitsverhältnis daher nicht.[212]

126 § 15 Abs. 4 TzBfG enthält eine inhaltlich deckungsgleiche Vorschrift zu § 624 BGB zur Kündbarkeit langfristig befristeter Verträge. § 15 Abs. 5 TzBfG übernimmt die Regelung des § 625 BGB (Fortsetzung des Arbeitsverhältnisses nach Vertragsende), ergänzt sie allerdings bei Zweckbefristungen um den Zusatz, dass bei Fortsetzung eines Arbeitsverhältnisses nach Zweckerreichung auch dann ein unbefristetes Arbeitsverhältnis eintritt, wenn dem Arbeitnehmer die Zweckerreichung nicht unverzüglich mitgeteilt wird. Die Vorschrift wird nur in Zusammenwirkung mit § 15 Abs. 2 TzBfG richtig gehandhabt, wonach die unverzügliche Mitteilung über die Zweckerreichung schriftlich erfolgen muss. Teilt der Arbeitgeber dem Arbeitnehmer die Zweckerreichung nur mündlich, aber nicht auch unverzüglich schriftlich mit, so kommt es nicht zur Beendigung des zweckbefristeten Arbeitsvertrages.

---

[208] BAG 25. 2. 1998 AP Nr. 195 zu § 620 BGB Befristeter Arbeitsvertrag.

[209] A. A. *Dörner,* in: ArbR BGB, § 620 BGB Rn. 278.

[210] BAG 26. 3. 1986 AP Nr. 103 zu § 620 BGB Befristeter Arbeitsvertrag; BAG 12. 6. 1987 AP Nr. 113 zu § 620 BGB befristeter Arbeitsvertrag.

[211] Ebenso *Kliemt,* NZA 2001, 296, 302.

[212] KDZ/*Däubler,* § 15 TzBfG Rn. 7.

7. Auflösende Bedingungen

Auflösend bedingte Arbeitsverträge sind nur zulässig, wenn ein Sachgrund gegeben ist. Dies folgt aus der Verweisung in § 21 TzBfG, die ausdrücklich die Vorschriften zur erleichterten Befristung nach § 14 Abs. 2, 3 TzBfG ausnimmt. Auch die Vereinbarung einer auflösenden Bedingung unterliegt der **Schriftform** (§ 21 i. V. m. § 14 Abs. 4 TzBfG). Für die **Beendigung** des auflösend bedingten Arbeitsverhältnisses verweist § 21 TzBfG auf § 15 Abs. 2, 3 TzBfG, womit der Arbeitgeber in jedem Fall eine zweiwöchige Auslauffrist beachten muss. Auch das auflösend bedingte Arbeitsverhältnis kann sich kraft **gesetzlicher Fiktion** auf unbestimmte Zeit verlängern (§ 21 i. V. m. § 15 Abs. 5 TzBfG). Die Rechtsfolge einer unwirksamen auflösenden Bedingung ergibt sich aus § 16 TzBfG. 127

Im Hinblick darauf, dass § 21 TzBfG die entsprechende Anwendung von § 14 Abs. 1 TzBfG anordnet, ist **unklar geworden, ob für das Sachgrunderfordernis** bei auflösend bedingten **Arbeitsverträgen jetzt die gleichen Maßstäbe** gelten wie bei kalendermäßig oder zweckbefristeten Arbeitsverträgen. In seiner bisherigen Rechtsprechung hat das BAG stets betont, dass an die Zulässigkeit auflösender Bedingungen besonders strenge Anforderungen zu stellen sind.[213] Aus der **Gesetzesbegründung** ergibt sich, dass die neue gesetzliche Regelung der bisherigen Rechtsprechung des BAG entsprechen soll. Deshalb werden an den auflösend bedingten Arbeitsvertrag auch künftig strenge Anforderungen gestellt werden müssen. Schließlich ist Voraussetzung, dass der Bedingungseintritt durch objektive Umstände bestimmt ist und nicht der willkürlichen Bestimmung durch den Arbeitgeber unterliegt.[214] Die Voraussetzungen für die Zulässigkeit auflösender Bedingungen gelten auch für Tarifverträge.[215] Dies folgt bereits daraus, dass das Sachgrunderfordernis des § 14 Abs. 1 TzBfG nicht zur Disposition der Tarifparteien steht. 128

Für die auflösende Bedingung ist bei dem Sachgrundkatalog des § 14 Abs. 1 TzBfG folgendes zu beachten: Bei dem Tatbestand des nur **vorübergehenden Bedarfs an Arbeitsleistung** (Nr. 1) ist zu beachten, dass der Eintritt der auflösenden Bedingung ungewiss ist, der Arbeitgeber dem Arbeitnehmer jedoch **nicht ein typisches Unternehmerrisiko aufbürden** darf, nämlich die allgemeine Ungewissheit der wirtschaftlichen Entwicklung.[216] Daran ist festzuhalten. Die witterungsbedingte Unmöglichkeit der Arbeitsleistung wurde als zulässige Bedingung anerkannt.[217] Bei dem **Übergang des Arbeitnehmers in eine Anschlussbeschäftigung** nach einer Ausbildung oder einem Studium (Nr. 2) kann die Tatsache, dass der Arbeitnehmer einen unbefristeten Arbeitsvertrag abschließt, auflösende Bedingung sein. Bei der **Erprobungsbefristung** (Nr. 5) hat es das BAG anerkannt, dass der Bestand des Arbeitsverhältnisses davon abhängig gemacht wurde, dass die Geigerin eines Rundfunkorchesters ein erfolgreiches Probespiel absol- 129

[213] BAG 9. 2. 1984 AP Nr. 7 zu § 620 BGB Bedingung; BAG 24. 9. 1997 AP Nr. 92 zu § 620 BGB Befristeter Arbeitsvertrag.

[214] BAG 27. 10. 1988 EzA § 620 BGB Bedingung Nr. 9.

[215] BAG 28. 6. 1995 AP Nr. 6 zu § 59 BAT; BAG 6. 12. 2000 NZA 2001, 792 = EzA § 620 BGB Bedingung Nr. 16.

[216] BAG 9. 7. 1981 AP Nr. 4 zu § 620 BGB Bedingung.

[217] BAG 28. 8. 1987 RzK I 9g Nr. 10.

vierte und die Zustimmung der Mehrheit der Orchestermitglieder fand. Es hat aber verlangt, dass die Arbeitnehmerin spätestens nach einem Jahr wissen müsse, ob das Arbeitsverhältnis Bestand hat.[218] Zu beachten ist allerdings, dass der Eintritt der Bedingung nicht der willkürlichen Festlegung durch den Arbeitgeber obliegen darf.

130 Als **sachlich gerechtfertigte auflösende Bedingungen** hat die Rechtsprechung einige Fallgestaltungen angesehen, die mit der **Eignung des Arbeitnehmers** in der Vertragsbegründungsphase zusammenhängen: Einstellung unter der auflösenden Bedingung der Verweigerung der Zustimmung des Betriebs- oder Personalrates;[219] Einstellung vorbehaltlich des Ergebnisses der amtsärztlichen Untersuchung[220] bzw. gesundheitlicher Eignung.[221]

131 Vorstehende Bedingungen sind im Kern durch **Gründe in der Person des Arbeitnehmers** (Nr. 6) gerechtfertigt. Sie stellen die wichtigste Fallgruppe zulässiger auflösender Bedingungen dar. So kann der **Entzug einer behördlichen Erlaubnis,** welche zur Arbeitsausübung erforderlich ist, auflösende Bedingung sein, wenn eine anderweitige Beschäftigung des Arbeitnehmers nicht möglich ist.[222] Ferner wurde die Feststellung der **Fluguntauglichkeit bei Flugzeugpersonal** anerkannt, unter der Voraussetzung, dass keine Weiterbeschäftigung beim Bodenpersonal möglich ist[223] sowie die **Feststellung der Berufs- oder Erwerbsunfähigkeit** mit einhergehender Rentenbewilligung durch Rentenversicherungsträger, soweit es an zumutbaren Weiterbeschäftigungsmöglichkeiten fehlt.[224]

132 Zahlreiche personenbedingte Gründe können die auflösende Bedingung allerdings **nicht rechtfertigen,** weil diese Bedingungen wie **absolute Kündigungsgründe** wirken, die auch nach der gesetzlichen Neuregelung unzulässig bleiben. Beispiele aus der Rechtsprechung sind: **Krankheit,**[225] **Alkoholgenuss,**[226] **schlechte Leistungen** im Berufsausbildungsverhältnis,[227] bloßer Eintritt einer **Erwerbsunfähigkeit** ohne Feststellungsbescheid,[228] **Eheschließung und Schwangerschaft,**[229] Beendigung des Arbeitsverhältnisses bei **Urlaubsüberschreitung,**[230] Austritt aus der Gewerkschaft,[231] Aufhebung des Arbeitsverhältnisses mit Ende des Tarifurlaubes und gleich-

---

[218] BAG 7. 5. 1980 AP Nr. 36 zu § 611 BGB Abhängigkeit.

[219] BAG 17. 2. 1983 AP Nr. 74 zu § 620 BGB Befristeter Arbeitsvertrag.

[220] LAG Niedersachsen 26. 2. 1980 DB 1980, 1799.

[221] LAG Köln 12. 3. 1991 LAGE § 620 BGB Bedingung Nr. 8; LAG Berlin 16. 7. 1990 LAGE § 620 BGB Bedingung Nr. 2; aA ArbG Hamburg 22. 10. 1990 NZA 1991, 94.

[222] BAG 25. 8. 1999 AP Nr. 24 zu § 620 BGB Bedingung.

[223] BAG 14. 5. 1987 EzA § 620 BGB Bedingung Nr. 7; BAG 11. 10. 1995 AP Nr. 20 zu § 620 BGB Bedingung.

[224] BAG 24. 6. 1987 AP Nr. 5 zu § 59 BAT; BAG 28. 6. 1995 AP Nr. 6 zu § 59 BAT; BAG 6. 12. 2000 NZA 2001, 792 = EzA § 620 BGB Bedingung Nr. 16; ausf hierzu *Dörner,* in: ArbR BGB, § 620 BGB Rn. 341 ff.

[225] LAG Berlin 8. 11. 1960 BB 1961, 95; LAG Baden-Württemberg 15. 10. 1990 DB 1991, 918.

[226] LAG München 29. 10. 1987 BB 1988, 348.

[227] BAG 5. 12. 1985 EzA § 620 BGB Bedingung Nr. 5.

[228] BAG 13. 6. 1985 AP Nr. 11 zu § 620 BGB Bedingung; 27. 10. 1988 EzA § 620 BGB Bedingung Nr. 9.

[229] BAG 10. 5. 1957 AP Nr. 1 zu Art 6 Abs. 1 GG Ehe und Familie; 28. 11. 1958 AP Nr. 3 zu Art 6 Abs. 1 GG Ehe und Familie.

[230] BAG 19. 12. 1974 AP Nr. 3 zu § 620 BGB Bedingung.

[231] BAG 2. 6. 1987 AP Nr. 49 zu Art 9 GG mit Anm. *Rüthers.*

zeitiger Wiedereinstellungszusage bei rechtzeitiger Rückkehr;[232] Beendigung eines Arbeitsverhältnisses bei Nichtbewilligung weiterer Beurlaubung eines Beamten.[233]

Bei der Befristung aus **haushaltsrechtlichen Gründen** (Nr. 7) ist zu beachten, dass die allgemeine Unsicherheit, ob in Zukunft Haushaltsmittel zur Verfügung stehen, weder eine Befristung noch eine auflösende Bedingung rechtfertigen.[234] Die Vereinbarung einer auflösenden Bedingung in einem **gerichtlichen Vergleich** (Nr. 8) als Kompromisslösung ist anerkannt.[235] 133

8. Tarifvertragliche Befristungsregelungen

Bei dem TzBfG handelt es sich grundsätzlich um eine einseitig zwingende gesetzliche Norm. Daraus folgt, dass das Gesetz **zugunsten des Arbeitnehmers abbedungen** werden kann, in nur wenigen Ausnahmen durch Tarfivertrag auch **zuungunsten der Arbeitnehmer** (§ 22 Abs. 1 TzBfG). Angesichts dieses eingeschränkten Gestaltungsspielraums der Tarifparteien ist die Rechtsprechung des BAG zur Tarifdispositivtät des Befristungsrechts, das unter den richterrechtlichen Grundsätzen entwickelt wurde,[236] obsolet. 134

Für die Praxis wichtig ist, dass im öffentlichen Dienst auf Grund der Protokollnotiz Nr. 1 zu Nr. 1 der Sonderregelung (SR) 2y zum BAT Sonderregelungen für die Befristung von Arbeitsverhältnissen gelten.[237] Die Sonderregelungen enthalten gegenüber dem TzBfG **deutliche Einschränkungen der Befristungsmöglichkeiten für Arbeitgeber des öffentlichen Dienstes,** doch sind auch hier nach dem 77. Änderungstarifvertrag Befristungen ohne Sachgrund nach § 14 Abs. 2 und 3 TzBfG möglich. Gleichlautende Bestimmungen sind in einigen weiteren Tarifverträgen des öffentlichen Dienstes enthalten. Entsprechende Sonderregelungen gibt es allerdings nicht für die Arbeitsverhältnisse der Arbeiter im öffentlichen Dienst.[238] Die tariflichen Regelungen des BAT sind in einigen Bereichen für den Arbeitnehmer **günstiger** als die gesetzlichen Regelungen des TzBfG und gehen diesem insoweit vor.[239] 135

---

[232] BAG 13. 12. 1984 AP Nr. 8 zu § 620 BGB Bedingung; 20. 12. 1984 AP Nr. 9 zu § 620 BGB Bedingung.

[233] BAG 4. 12. 1991 EzA § 620 BGB Bedingung Nr. 10.

[234] BAG 27. 1. 1988 AP Nr. 116 zu § 620 BGB Befristeter Arbeitsvertrag; zum Wegfall der staatlichen Förderung BAG 15. 3. 1991 EzA § 47 BBiG Nr. 1.

[235] BAG 4. 9. 1986 EzA § 611 BGB Beschäftigungspflicht Nr. 27; 21. 5. 1981 AP Nr. 32 zu § 615 BGB; 9. 2. 1984 AP Nr. 7 zu § 620 BGB Bedingung; LAG Baden-Württemberg 15. 12. 1981 AP Nr. 5 zu § 620 BGB Bedingung.

[236] BAG 4. 12. 1969 AP Nr. 32 zu § 620 BGB Befristeter Arbeitsvertrag; 30. 9. 1971 AP Nr. 36 zu § 620 BGB Befristeter Arbeitsvertrag mit Anm. *Richardi.*

[237] Einzelzeiten hierzu APS/*Schmidt* BAT SR 2y Rn. 1; Staudinger/*Preis,* § 620 BGB Rn. 213ff.; *Dörner,* in: ArbR BGB, § 620 BGB Rn. 261.

[238] APS/*Schmidt* BAT SR 2y Rn. 1.

[239] *Dörner,* in: ArbR BGB, § 620 BGB Rn. 261; Dassau ZTR 2001, 64, 69; zum alten Recht BAG 25. 9. 1987 AP Nr. 1 zu § 1 BeschFG 1985; 15. 3. 89 AP Nr. 126 zu § 620 BGB Befristeter Arbeitsvertrag; 28. 2. 1990 AP Nr. 14 zu § 1 BeschFG 1985; APS/*Schmidt* BAT SR 2y Rn. 14; a. A. *Pöltl,* NZA 2001, 582ff.

9. Gesetzliche Sonderregelungen

a) Bundeserziehungsgeldgesetz

136 § 21 Abs. 1 BErzGG bestimmt, dass ein sachlicher Grund, der die Befristung eines Arbeitsverhältnisses rechtfertigt, vorliegt, wenn ein Arbeitnehmer zur Vertretung eines anderen Arbeitnehmers für Zeiten eines **Beschäftigungsverbotes nach dem MuSchG,** einer **Elternzeit,** einer auf Tarifvertrag, Betriebsvereinbarung oder einzelvertraglicher Vereinbarung beruhenden **Arbeitsfreistellung zur Betreuung eines Kindes** oder für diese Zeiten zusammen oder für Teile davon eingestellt wird. Die Befristungsdauer bestimmt sich nach der Dauer der Beschäftigungsverbote und der verlangten Elternzeit sowie darüber hinaus für notwendige Zeiten der Einarbeitung (§ 21 Abs. 2 BErzGG), die **großzügig** bemessen werden darf.[240] Der Arbeitgeber ist nicht verpflichtet, die Laufzeit der Verträge mit der Dauer der beantragten Elternzeit oder anderer Freistellungstatbestände gleich zu schalten. Er kann auch für **kürzere Zeit** befristet beschäftigen.[241]

b) Arbeitnehmerüberlassungsgesetz

137 Bis zur Neuregelung des **Arbeitnehmerüberlassungsrechts** durch das Arbeitsförderungs-Reformgesetz vom 24. März 1997 (BGBl I S 594) bedurfte jedes befristete Arbeitsverhältnis zwischen Verleiher und Arbeitnehmer eines sachlichen Grundes, der sich aus der Person des Arbeitnehmers zu ergeben hatte. Durch die Neuregelung ist der Regelungsgehalt des § 9 Nr. 2 AÜG vollkommen verändert worden. Die Norm erfasst nämlich nur noch die **wiederholte Befristung.** Die Norm ist damit keine Regelung zur Einschränkung der Befristung, weil die Erstbefristung nicht erfasst wird und bestimmte Kettenbefristungen der gerichtlichen Kontrolle entzogen werden.[242] Streitig ist deshalb, ob die **Erstbefristung** eines Vertrages zwischen Verleiher und Leiharbeitnehmer überhaupt der Kontrolle unterliegt.[243] Das ist zu bejahen. § 9 Nr. 2 AÜG ist spätestens nach der Verabschiedung des TzBfG verfassungs- und gemeinschaftsrechtskonform so auszulegen, dass auch die Erstbefristung einer gerichtlichen Kontrolle unterliegt.[244] Daraus folgt, dass die Erstbefristung nach § 14 Abs. 2 TzBfG bis zur Dauer von zwei Jahren sachgrundlos vorgenommen werden kann.[245] Sie kann aber auch auf einen Sachgrund des **§ 14 Abs. 1 TzBfG** gestützt werden. Nach § 9 Nr. 2 1. Alternative AÜG sind **wiederholte** Befristungen des Arbeitsverhältnisses zwischen Verleiher und Leiharbeitnehmer unwirksam, es sei denn, für die Befristung ergibt sich aus der **Person des Leiharbeitnehmers** ein sachlicher Grund. Das bedeutet, dass die wiederholte Befristung nicht auf einen beliebigen Sachgrund gestützt werden kann. Nach dem Wortlaut des § 9 Nr. 2 AÜG ist die Befristung nicht unwirksam, wenn

---

[240] *Dörner,* in: ArbR BGB, § 620 BGB Rn. 444.

[241] BAG 9. 7. 1997 EzA Nr. 2 zu § 21 BErzGG.

[242] APS/*Biebl,* § 9 AÜG Rn. 3; *Dörner,* in: ArbR BGB, § 620 BGB Rn. 431.

[243] Dafür *Dörner,* in: ArbR BGB, § 620 BGB § 620 Rn. 432; APS/*Biebl* § 9 AÜG Rn. 5ff; KDZ/*Zwanziger* § 9 AÜG Nr. 4; a. A. *Düwell,* BB 1997, 48; *Postler,* NZA 1999, 179, ErfK/*Wank* § 9 AÜG Rn. 13.

[244] So *Dörner,* in: ArbR BGB, § 620 Rn. 432.

[245] A. A. BBDW/*Bader* § 620 Rn. 46.

die Befristung für einen Arbeitsvertrag vorgesehen ist, der unmittelbar an einen mit demselben Verleiher geschlossenen Arbeitsvertrag anschließt. Diese durch die Synchronbemühungen zu § 3 Abs. 1 Nr. 3 AÜG geprägte Bestimmung setzt die Kontrolle von **Kettenarbeitsverträgen** zwischen Leiharbeitnehmern und Verleihern der **Befristungskontrolle** außer Kraft. Es findet weder nach der Zahl der Arbeitsverträge noch hinsichtlich der Höchstdauer eine Beschränkung statt.[246] Dagegen bestehen nicht nur durchgreifende verfassungsrechtliche Bedenken (Art. 3, 12 GG), sondern es dürfte auch ein Verstoß gegen die Rahmenvereinbarung über befristete Arbeitsverträge (EG-Richtlinie 1999/70/EG ABl. EG v. 10. 7. 1999 Nr. L 175/43 = EAS A 3610) vorliegen.[247]

c) Hochschulrahmengesetz

Durch das Fünfte Gesetz zur Änderung des **Hochschulrahmengesetzes** vom[248] **138**
sind die §§ 57a ff HRG grundlegend umgestaltet worden. § 57a Abs. 1 S. 5 HRG erklärt die allgemeinen arbeitsrechtlichen Vorschriften und Grundsätze über befristete Arbeitsverträge und deren Kündigung für anwendbar, soweit sie den §§ 57b bis 57e HRG nicht widersprechen. Dies verdeutlich, dass die §§ 57a ff. HRG die allgemeinen arbeitsrechtlichen Regelungen nur insoweit verdrängen, als Sonderregelungen vorhanden sind. Praktisch besonders bedeutsam ist, dass das Schriftformgebot nach § 14 Abs. 4 TzBfG und die Klagefrist des § 17 TzBfG auch bei Befristungen nach §§ 57a ff. HRG zu beachten sind. Es bleibt den Dienststellen aber auch überlassen, sich nicht auf das HRG zu stützen, sondern Befristungen auf die (strengeren) Vorschriften des TzBfG zu stützen.

Die Vorschriften der § 57b ff. HRG stellen gemäß § 57a Abs. 1 S. 2 HRG **139**
zweiseitig zwingendes Recht dar.[249] Indes kann nach § 57a Abs. 1 S. 3 HRG für bestimmte Fachrichtungen und Forschungsbereiche durch Tarifvertrag von den Fristen des § 57b HRG abgewichen und die Anzahl der zulässigen Verlängerungen befristeter Arbeitsverträge festgelegt werden.

Eines **sachlichen Grundes** für die Befristung bedarf es im Rahmen der Neure- **140**
gelung der §§ 57a ff. HRG **zukünftig nicht mehr.** Einer Ausuferung der Verwendung befristeter Arbeitsverträge wird allein durch die **Festlegung von Höchstfristen** entgegengewirkt, die auch durch wiederholte Vertragsabschlüsse nicht überschritten werden können. Bei einem **Wechsel der Hochschule** werden **bisherige Zeiten einer Beschäftigung angerechnet.** Die Befristung nach dem HRG stellt sich insoweit zukünftig als ein **personenbezogener Sonderbefristungstatbestand** dar. Diese Neuorientierung hat wichtige praktische Konsequenzen: Den Personalverwaltungen wird innerhalb des HRG die Zuordnung von Befristungsgründen erspart. Es muss innerhalb der Befristungshöchstdauer nicht

---

[246] KasselerHandbuch/*Düwell* Gruppe 4.5 Rn. 358.

[247] KDZ/*Zwanziger* § 9 AÜG Nr. 4; KR/*Bader,* § 21 TzBfG Rn. 6.

[248] Gesetz vom 16. 2. 2002 BGBl. I S. 693; Gesetzesentwurf der Bundesregierung BT-Drucks. 14/6853; die Neuregelung geht auf einen Reformvoschlag von *Dieterich/Preis,* Befristete Arbeitsverhältnisse in Wissenschaft und Forschung, Konzept einer Neuregelung im HRG, 2001, zurück.

[249] Das BVerfG Beschl. v. 24. 4. 1996 AP Nr. 2 zu § 57a HRG hat die zweiseitig zwingende Tarifsperre im HRG a. F. im Hinblick auf die vom Gesetzgeber verfolgten Ziele gebilligt.

mehr geprüft werden, ob die befristete Beschäftigung zur Aus-, Fort- oder Weiterbildung, zum Wissenstransfer innerhalb und außerhalb der Hochschule oder zur Erprobung erfolgt. Innerhalb dieses Zeitraums hat die Hochschule auch jede Möglichkeit, zur Verfolgung dieser Zwecke Drittmittel oder haushaltsmäßig projektgebundene Mittel einzusetzen. Die Sicherstellung der zweckentsprechenden Verwendung der Drittmittel und der zweckgebundenen Haushaltsmittel erfolgt über das Haushaltsrecht und nicht über das Recht der befristeten Arbeitsverträge.[250]

141 Das neue Befristungsrecht der §§ 57a ff. HRG unterscheidet zwischen **zwei verschiedenen Zeitphasen:** der Phase vor Abschluss einer Promotion und der Phase nach deren Abschluss. In der **Phase vor Abschluss einer Promotion** ist nach § 57b Abs. 1 S. 1 i.V.m. § 57a Abs. 1 S. 1 HRG die Befristung von Arbeitsverträgen mit nicht promovierten wissenschaftlichen und künstlerischen Mitarbeiterinnen und Mitarbeitern bzw. Hilfskräften[251] **bis zu einer Dauer von sechs Jahren** ohne weiteren Sachgrund zulässig. Das Anstreben des Abschlusses einer Promotion durch den befristet Beschäftigten ist dabei keine Voraussetzung.[252] Innerhalb der zulässigen Befristungsdauer sind gemäß § 57b Abs. 1 S. 4 HRG auch Verlängerungen des befristeten Arbeitsvertrages möglich. Auf die Befristungsdauer von sechs Jahren sind nach § 57b Abs. 2 S. 1 HRG alle befristeten Arbeitsverhältnisse mit mehr als einem Viertel der regelmäßigen Arbeitszeit, die mit (irgend-)einer deutschen Hochschule oder einer Forschungseinrichtung i.S.d. § 57d HRG abgeschlossen wurden, sowie entsprechende Beamtenverhältnisse auf Zeit und Privatdienstverträge nach § 57c HRG anzurechnen. Bei Beschäftigungsverhältnissen mit einer geringeren Arbeitszeit ist nach der Gesetzesbegründung[253] demgegenüber davon auszugehen, dass diese realistischerweise nicht zur wissenschaftlichen oder künstlerischen Qualifizierung genutzt werden können.[254] Zeiten einer Beschäftigung als studentische Hilfskraft – gemäß § 57e S. 1 HRG ist hier eine Befristung bis zu einer Dauer von vier Jahren zulässig – werden gemäß § 57e S. 2 HRG ausdrücklich nicht auf die zulässige Befristungsdauer nach § 57b Abs. 1 HRG angerechnet. Angerechnet werden nach § 57b Abs. 2 S. 2 HRG allerdings auch befristete Arbeitsverträge, die nach anderen Rechtsvorschriften als den §§ 57a ff. HRG abgeschlossen wurden. Mit wenigen Änderungen beibehalten wurden die auch im bisherigen Recht vorhandenen **Verlängerungsmöglichkeiten** der Höchstbefristungsdauer nach § 57b Abs. 4 HRG (§ 57c Abs. 6 HRG a.F.) **aus besonderen sozialen Gründen** (Pflege eines Kindes oder Angehörigen, Mutterschutz und Elternzeit, Grundwehr- und Zivildienst, Personalvertretung und Beurlaubung für eine Tätigkeit im Ausland).[255]

---

[250] Hierzu *Dieterich/Preis,* a.a.O., S. 51ff.

[251] Als wissenschaftliche und künstlerische Hilfskraft kann eine Person von einer Hochschule nach § 57b Abs. 1 S. 3 HRG bis zu einer Dauer von insgesamt vier Jahren beschäftigt werden, wobei innerhalb dieser zulässigen Befristungsdauer gemäß § 57b Abs. 1 S. 4 HRG auch Verlängerungen des befristeten Arbeitsvertrages zulässig sind.

[252] So ausdrücklich in der Begründung zum 5. HRGÄnderG [BT-Drucks. 14/6853, S. 32].

[253] BT-Drucks. 14/6853, S. 30.

[254] Nach dem Grundprinzip des § 57b Abs. 1 S. 2 HRG ist aber auch diese Zeit auf die zulässige Befristungsdauer nach Abschluss einer Promotion anzurechnen, wenn die Beschäftigungsphase zum Zwecke der Anfertigung der Doktorschrift genutzt worden ist [so ausdrücklich in der Gesetzesbegründung (BT-Drucks. 14/6853, S. 30)].

[255] Vgl. die Begründung zum 5. HRGÄnderG [BT-Drucks. 14/6853, S. 34].

Nach Abschluss einer Promotion ist eine Befristung des Arbeitsvertrages gemäß § 57b Abs. 1 S. 2, 1. Hs. HRG wiederum **bis zu einer Dauer von sechs Jahren, im Bereich der Medizin bis zu einer Dauer von neun Jahren** zulässig. Nach § 57b Abs. 1 S. 2, 2. Hs. HRG verlängert sich die zulässige Befristungsdauer in dem Umfang, in dem Zeiten einer befristeten Beschäftigung nach § 57b Abs. 1 S. 1 HRG und Promotionszeiten[256] ohne eine solche – bzw. ohne eine anrechenbare[257] – Beschäftigung zusammen weniger als sechs Jahre betragen haben. Anders ausgedrückt: eine Befristung von Arbeitsverträgen ist nach abgeschlossener Promotion bis zu einer Dauer von 12 bzw. 15 Jahren zulässig, abzüglich der anrechenbaren Befristungsdauer, die schon vor Abschluss der Promotion in Anspruch genommen worden ist und der Zeiten einer Promotion ohne eine bzw. ohne eine anrechenbare Beschäftigung nach § 57 Abs. 1 S. 1 HRG, mindestens jedoch für sechs bzw. neun Jahre. Die Anrechungs- und Verlängerungsvorschriften in § 57b Abs. 2 und 4 HRG sind auch insoweit anzuwenden. **142**

In § 57b Abs. 2 S. 3 HRG ist ausdrücklich geregelt, dass nach Ausschöpfung der Höchstfristen des § 57b Abs. 1 HRG die weitere Befristung eines Arbeitsverhältnisses nach Maßgabe des TzBfG zulässig ist.[258] **143**

10. Klagefrist

Der Arbeitnehmer, der die Unwirksamkeit einer Befristungsvereinbarung geltend machen will, muss **innerhalb von drei Wochen nach dem vereinbarten Ende des Arbeitsverhältnisses Klage auf Feststellung** erheben, dass das Arbeitsverhältnis auf Grund der Befristung nicht beendet ist (§ 17 Satz 1 TzBfG). Der Arbeitnehmer muss nicht die Beendigung des Arbeitsverhältnisses abwarten. Er kann die Befristungsvereinbarung auch vor Ablauf des Vertrags überprüfen lassen. **144**

Diese Regelung gilt für alle Befristungstatbestände, unabhängig von der Rechtsgrundlage, also auch für Befristungen nach dem HRG, dem AÜG oder dem BErzGG. Aufgrund der Verweisung in § 21 TzBfG ist die Klagefrist auch bei auflösend bedingten Arbeitsverträgen einzuhalten. Die Klagefrist ist zudem bei der **Geltendmachung aller Unwirksamkeitsgründe** zu beachten. Dies gilt insbesondere auch für die Geltendmachung der Formunwirksamkeit der Befristung oder auflösenden Bedingung. Die Vorschriften über die nachträgliche Zulassung verspäteter Klagen etc. (§§ 5 bis 7 KSchG) gelten entsprechend (Einzelheiten zur Klagefrist vgl. Rn. 1801 ff.). **145**

---

[256] Erfasst werden auch Promotionszeiten, die vor dem Abschluss der Erstaubildung lagen [so ausdrücklich in der Gesetzesbegründung (BT-Drucks. 14/6853, S. 33)].

[257] Sind nach § 57b Abs. 1 S. 2, 2. Hs. HRG Promotionszeiten ohne Beschäftigung anzurechnen, kann für Promotionszeiten, in denen die Beschäftigung nach § 57b Abs. 2 S. 1 HRG nicht anzurechnen ist, nichts anderes gelten; siehe auch den ausdrücklichen Hinweis in der Gesetzesbegründung [BT-Drucks. 14/6853, S. 30].

[258] Hierzu und zugleich zu Übergangsproblemen *Preis/Hausch,* NJW 2002, 927. Es ist beabsichtigt, in einem 6. HRG-ÄndG in § 57f HRG eine ausdrückliche Übergangsregelung aufzunehmen.

III. Nichtigkeit und Anfechtung

146 Der Arbeitsvertrag kann wie jeder andere privatrechtliche Vertrag angefochten werden. Er kann ferner nichtig sein. Darauf kann sich jede Partei jederzeit berufen (zum fehlerhaften Arbeitsverhältnis vgl. Rn. 1316ff.). Das Arbeitsverhältnis wird in beiden Fällen mit Wirkung ex nunc aufgelöst.[259] Das BAG lässt aber eine beschränkte Rückwirkung der Anfechtung von dem Zeitpunkt an zu, in dem das vollzogene Arbeitsverhältnis wieder außer Funktion gesetzt worden ist und der Arbeitnehmer keine Arbeitsleistung mehr erbringt.[260] Damit sind die Rechtsinstitute der Anfechtung und Kündigung und die Berufung auf die Nichtigkeit des Vertrages in den Wirkungen einander angenähert, sie decken sich jedoch weder in den Voraussetzungen noch können die Beschränkungen der Kündigung auf sie einfach übertragen werden. Auch sind die Wirkungen nicht deckungsgleich, denn z. B. eine dem § 122 BGB entsprechende Regelung (Ersatz des Vertrauensschadens) gibt es für den Kündigenden nicht. Die Anfechtung setzt einen Grund voraus, der **vor oder bei Vertragsschluss** vorliegt, die Kündigung stützt sich dagegen auf Gründe, die in aller Regel während des Arbeitsverhältnisses entstehen. Haben die Anfechtungsgründe infolge **Zeitablaufs** keine Bedeutung mehr, versagt die Rechtsprechung nach § 242 BGB die Ausübung des Anfechtungsrechtes.[261] Im Falle eines Irrtums über verkehrswesentliche Eigenschaften ist die Anfechtung nach der Entscheidung des BAG vom 14. 12. 1979[262] nur dann unverzüglich im Sinne des § 121 Abs. 1 BGB erklärt, wenn sie **spätestens innerhalb von zwei Wochen nach Kenntnis** der für die Anfechtung maßgebenden Tatsachen erfolgt.[263] Die Ausschlussfrist des § 626 Abs. 2 BGB wird somit zur Konkretisierung des Begriffs „unverzüglich" entsprechend angewandt.[264] Begründet wird dies mit dem Hinweis, dass unter gegebenen Umständen je nach der Fortdauer der Wirkung des Anfechtungsgrundes der Anfechtende auch die Möglichkeit habe, das Arbeitsverhält-nis durch eine außerordentliche Kündigung aufzulösen, wenn dessen Fortsetzung unzumutbar geworden sei.[265] Deshalb sind die beiden Gestaltungsrechte in ihren „Ausübungsmodalitäten" weitgehend angeglichen worden. Allerdings gilt für die Anfechtung nach § 123 BGB die Jahresfrist des § 124 Abs. 1 BGB.[266]

147 Die Einhaltung der Klagefrist des § 4 KSchG durch den Arbeitnehmer ist weder erforderlich, wenn er sich gegen die Wirksamkeit einer Anfechtung wendet, noch

---

[259] BAG 5. 12. 1957 EzA § 123 BGB Nr. 1 = NJW 1958, 516.

[260] BAG 16. 9. 1982 und 29. 8. 1984 EzA § 123 BGB Nr. 22 und 25 = AP § 123 BGB Nr. 24 und 27.

[261] BAG 12. 2. 1970 EzA § 119 BGB Nr. 2 = NJW 1970, 1565; 18. 9. 1987 EzA § 123 BGB Nr. 28 = NZA 1988, 731; LAG Köln 13. 5. 1994 ARSt 1994, 177; *Wolf/Gangel,* ArbuR 1982, 273; a. A. *Picker,* ZfA 1981, 1, 65ff.

[262] BAG 14. 12. 1979 EzA § 119 BGB Nr. 11 = NJW 1980, 1302.

[263] Andere Anfechtungsgründe können nicht nachgeschoben werden, wenn eine selbständige Anfechtung mit diesen Gründen nach § 121 Abs. 1 BGB verspätet wäre, BAG 21. 1. 1981 EzA § 119 BGB Nr. 12 = DB 1981, 1196.

[264] Vgl. dazu *Herschel,* ArbuR 1980, 155 und kritisch mit beachtenswerten Gründen *Picker,* ZfA 1981, 1ff.

[265] BAG 17. 8. 1972 EzA § 626 BGB n. F. Nr. 22 = NJW 1972, 553.

[266] BAG 19. 5. 1983 EzA § 123 BGB Nr. 23 = SAE 1984, 173 mit Anm. *Misera.*

bei einer Berufung auf die Nichtigkeit des Vertrages.[267] Das entspricht der Rechtsprechung des Bundesarbeitsgerichts. Das BAG hat jedoch in seiner Entscheidung vom 14. 12. 1979[268] die Frage für den Geltungsbereich des Kündigungsschutzgesetzes ausdrücklich offengelassen. Eine Analogie verbietet sich, weil es keinen allgemeinen Rechtsgrundsatz gibt, jede Beendigung des Arbeitsverhältnisses innerhalb von drei Wochen anzugreifen, so zum Beispiel in dem Fall, in dem sich der Arbeitgeber auf das gesetzliche Verbot des § 3 ArbZG oder des § 7 Jugendarbeitsschutzgesetz beruft. Auch für den Fall der Geltendmachung der Unwirksamkeit einer Befristung nach deren Ablauf ist die entsprechende Anwendung des § 4 Satz 1 KSchG durch die Entscheidung vom 7. 3. 1980[269] abgelehnt worden. Die Klage kann jedoch nach Ablauf gewisser Fristen wegen Verwirkung unzulässig sein. Die Bestandsschutzinteressen des Arbeitnehmers und das Interesse des Arbeitgebers an einer baldigen Klarstellung, ob das Arbeitsverhältnis beendet ist oder nicht, sind im Einzelfall gegeneinander abzuwägen.

Im Falle einer Anfechtung bedarf es nicht der Anhörung des Betriebsrats nach **148** § 102 Abs. 1 BetrVG.[270]

IV. Wegfall der Geschäftsgrundlage, Rücktritt

Mit dem Institut des Wegfalls der Geschäftsgrundlage kann das Arbeitsverhältnis **149** nicht beendet werden. Da § 626 BGB eine positive Konkretisierung dieses Grundsatzes darstellt, regelt § 313 Abs. 3 Satz 2 BGB jetzt ausdrücklich, dass bei Dauerschuldverhältnissen die Kündigung dem Rücktrittsrecht vorgeht. Die Rechtsprechung hat früher unter außergewöhnlichen Umständen (Kriegsfolgen) anerkannt, dass auch ein Arbeitsverhältnis durch Wegfall der Geschäftsgrundlage ohne Kündigung enden kann, wenn der Zweck des Arbeitsverhältnisses erkennbar endgültig unerreichbar geworden ist.[271]

Das vereinbarte sowie das gesetzliche **Rücktrittsrecht** nach den §§ 323 BGB ist **150** durch den allgemeinen Kündigungsschutz bzw. die außerordentliche Kündigung im Arbeitsverhältnis ausgeschlossen. Auch wenn einem Arbeitnehmer die Erfüllung der vertraglichen Arbeitsleistung auf Dauer unmöglich geworden ist, endet das Arbeitsverhältnis nach §§ 275, 326 BGB nicht ohne weiteres; vielmehr bedarf es stets einer Kündigung,[272] Das gilt auch für die Zeit vor Dienstantritt, da auch hier bereits eine Kündigung möglich ist. Einzelheiten dazu unten Rn. 227 ff.

Die Erklärung des Rücktritts ist in eine außerordentliche Kündigung umzudeu- **151** ten.

---

[267] BAG 14. 12. 1979 EzA § 119 BGB Nr. 11 = NJW 1980, 1302; APS/*Preis,* Grundlagen Rn. 71.

[268] BAG 14. 12. 1979 EzA § 119 BGB Nr. 11 = NJW 1980, 1302.

[269] BAG 7. 3. 1980 EzA § 4 KSchG n. F. Nr. 17 mit zust. Anm. *Herschel* = DB 1980, 1498; bestätigt durch BAG 12. 6. 1987 EzA § 4 KSchG n. F. Nr. 32 unter Aufhebung von LAG Köln 16. 7. 1986 DB 1987, 52.

[270] Ebenso *Fitting,* § 102 BetrVG Rn. 15; krit. DKK-*Kittner,* § 102 BetrVG Rn. 21; KR/*Etzel,* § 102 BetrVG Rn. 42.

[271] BAG 21. 5. 1963 AP § 242 BGB Geschäftsgrundlage Nr. 6 = BB 1963, 1018; 24. 8. 1995 NZA 1996, 29 = AP § 242 BGB Geschäftsgrundlage Nr. 17.

[272] Zusammenfassend LAG Hamm 31. 1. 1990 LAGE § 1 KSchG Krankheit Nr. 14 m. w. N.

§ 4 Form und Inhalt der Kündigungserklärung

I. Die Form der Kündigungserklärung

1. Geltungsbereich des § 623 BGB

152 Die Kündigung bedarf seit 1. 5. 2000 nach § 623 BGB der Schriftform. Dem Formerfordernis kommt in erster Linie Warnfunktion sowohl für Arbeitgeber als auch Arbeitnehmer zu. Das Arbeitsverhältnis soll nicht unüberlegt durch Kündigung beendet werden. Ferner hat das Formerfordernis Klarstellungs- und Beweisfunktion. Primär schützt es den Arbeitnehmer vor der unüberlegten Beendigung des Arbeitsverhältnisses. Es schützt auch vor der mündlichen unüberlegten Eigenkündigung des Arbeitnehmers.

153 § 623 BGB gilt folglich für die arbeitgeber- und arbeitnehmerseitige Kündigung. Erfasst sind die ordentliche und die befristete und fristlose außerordentliche Kündigung.[1] Die *Teilkündigung* wird nicht von § 623 BGB erfasst, denn schon seinem Wortlaut nach findet die Vorschrift nur auf die Beendigung des Arbeitsverhältnisses Anwendung. Die *Änderungskündigung* dagegen unterliegt insgesamt (Kündigungserklärung und Änderungsangebot) dem Formerfordernis des § 623 BGB.[2] Bei der *Änderungskündigung* ist die Schriftform nicht nur für die Kündigung als solche, sondern auch für das Änderungsangebot zu beachten, denn es handelt sich um einen im tatsächlichen wie im rechtlichen Sinne einheitlichen Tatbestand, der lediglich aus zwei Willenserklärungen zusammengesetzt ist.[3] Nicht formbedürftig ist dagegen die Annahme durch den Arbeitnehmer, denn der Änderungsvertrag als solcher ist nicht formbedürftig und die Annahme durch den Arbeitnehmer auch nicht mehr Bestandteil der Änderungskündigung. In der vorbehaltslosen Weiterarbeit durch den Arbeitnehmer kann deshalb eine konkludente Annahme des Änderungsangebots liegen. § 623 BGB gilt auch für die Kündigung durch den Insolvenzverwalter gemäß § 113 InsO.[4] Gemäß § 623 BGB formbedürftig dürfte nunmehr auch das *Lossagungsrecht* gemäß § 12 S. 1 KSchG sein. Es handelt sich nämlich, wie § 12 S. 3 KSchG zeigt, um ein fristgebundenes Sonderkündigungsrecht,[5] bei der Ausübung des Rechts damit in der Sache um eine Kündigung. Auch wenn die Warnfunktion für den Arbeitnehmer hier praktisch entfällt, weil er bereits ein anderes Arbeitsverhältnis eingegangen sein muss, gebieten die Klarstellungs- und Beweisfunktion des § 623 BGB, die auch den Arbeitgeber

---

[1] Bislang schon im Zweifel bei nicht eindeutiger tariflicher Regelung LAG Frankfurt 26. 10. 1937 ARS 31, 101; *Kliemt,* S. 314f; BAG 10. 12. 1970 AP KSchG § 3 Nr. 39.

[2] So die h. M. APS/*Preis,* § 623 BGB Rn. 23; BBDW/*Bader,* § 623 BGB Rn. 9; ErfK/*Müller-Glöge,* § 623 BGB Rn. 26; KDZ/*Däubler,* § 623 BGB Rn. 11; KR/*Rost,* § 2 KSchG Rn. 28a; a. A. *Caspers,* RdA 2001, 28, 30ff.; KR/*Spilger,* § 623 BGB Rn. 136.

[3] BAG 7. 6. 1973 AP BGB § 626 Änderungskündigung Nr. 1; KR/*Rost,* § 2 KSchG Rn. 12.

[4] So für die eine vereinbarte Schriftform BAG 19. 10. 1977 EzA KO § 22 Nr. 2; LAG Düsseldorf 27. 2. 1976 DB 1976, 1726.

[5] KR/*Rost,* § 12 KSchG Rn. 22; ErfK/*Ascheid* § 12 KSchG Rn. 1.

schützen, eine Einbeziehung des Lossagungsrechts. § 12 S. 2 KSchG steht dem nicht entgegen, denn dieser regelt nur die Erklärungsfrist und nicht auch die Erklärungsform.[6]

Nicht formbedürftig bleibt weiterhin die *Anfechtung* des Arbeitsvertrages, unabhängig davon, ob sie der Arbeitgeber oder der Arbeitnehmer erklärt. Ausdrücklich nennt § 623 BGB die Anfechtung nicht. § 623 BGB ist insoweit auch nicht entsprechend anzuwenden.[7] Die Anfechtung ist nicht generell mit einer Kündigung vergleichbar. Anders als die Kündigung setzt sie einen Grund voraus, der schon vor oder bei Abschluss des Arbeitsvertrages vorlag.[8] Gegenüber der Kündigung dient die Anfechtung dem Interesse eines Vertragspartners, nicht an einem von Willensmängeln beeinflussten Rechtsgeschäft festgehalten zu werden und damit der Vertragsabschlussfreiheit. Auch ist die Anfechtung grundsätzlich darauf gerichtet, den Vertrag rückwirkend zu beseitigen (§ 142 Abs. 1 BGB).[9] Folgerichtig unterliegt damit auch die *Beendigung eines fehlerhaften Arbeitsverhältnisses* keinem Formerfordernis. Hierbei handelt es sich nicht um eine Kündigung, sondern um einen Beendigungstatbestand eigener Art, mit dem die Nichtigkeit des Arbeitsverhältnisses geltend gemacht wird. 154

2. Anforderungen an die Schriftform bei Kündigungen

Die Kündigung muss in der Form des § 126 Abs. 1 BGB erfolgen, d.h. das Kündigungsschreiben muss vom Aussteller eigenhändig durch Namensunterschrift oder mittels notariell beglaubigten Handzeichens (was in der Praxis nicht relevant ist) unterzeichnet sein. Durch notarielle Beurkundung kann die Schriftform ersetzt werden (§ 126 Abs. 3 BGB), diese wiederum nach § 127a BGB bei einem gerichtlichen Vergleich durch die Aufnahme der Erklärungen in ein nach den Vorschriften der ZPO errichtetes Protokoll. Es reicht jedoch nicht, die Kündigung in der mündlichen Verhandlung lediglich zu Protokoll zu erklären.[10] § 127a BGB gilt nur für den gerichtlichen Vergleich. 155

Das Kündigungsschreiben selbst muss im Gegensatz zur Unterschrift nicht eigenhändig geschrieben sein, sondern kann vorgedruckt, fotokopiert, oder von einem Dritten gefertigt sein. Die Angabe von Ort und Zeit der Erstellung der Erklärung ist nicht erforderlich.[11] Die Formvorschrift verlangt nicht, dass die Kündigung in der jeweiligen Landessprache des Kündigungsempfängers abgefasst oder eine Übersetzung beigefügt wird.[12] 156

---

[6] *Brill,* DB 1983, 2519, 2520.

[7] A.A. nur KDZ/*Däubler,* § 623 BGB Rn. 17.

[8] BAG 28. 3. 1974 AP BGB § 119 Nr. 3.

[9] Dies betonend BAG 3. 12. 1998 EzA BGB § 123 Nr. 51.

[10] Vgl. den Streitstand zu § 564a BGB; LG Berlin 5. 11. 1981 ZMR 1982, 238; *Deggau* ZMR 1982, 291, 293; *Nassal* MDR 1985, 893, 897; Staudinger/*Sonnenschein,* § 564a Rn. 19; a.A. *Spangenberg* MDR 1983, 807, 808.

[11] BAG 7. 5. 1998 EzA § 1 KSchG Interesenausgleich Nr. 6.

[12] BAG 9. 8. 1990 – 2 AZR 34/90 – n.v. für die Kündigung eines deutschen Zivilangestellten der amerikanischen Streitkräfte durch ein in englischer Sprache abgefasstes Schreiben; a.A. KR/*Weigand,* §§ 14, 15 BBiG Rn. 92 wegen der Fürsorgepflicht des ausbildenden Arbeitgebers.

157 Die **Unterschrift** muss die voranstehende Kündigungserklärung decken und deshalb unterhalb des Textes stehen, diesen also räumlich abschließen.[13] Dies ist nicht gewährleistet, wenn die Unterschrift an einer anderen Stelle der Urkunde oder nur auf dem die Urkunde enthaltenen Briefumschlag platziert wird. Die zeitliche Reihenfolge von Text und Unterschrift ist für die Formgültigkeit ohne Belang. Der Kündigende kann zunächst blanko unterschreiben; der später eingefügte Text muss aber auch hier vollständig über der Unterschrift stehen.[14] Die vom Gesetz geforderte Namensunterschrift soll die Person des Ausstellers erkennbar machen. Es genügt die Unterschrift mit dem Familiennamen ohne Hinzufügung eines Vornamens, bei einem Kaufmann auch die Unterzeichnung mit der Firma (§ 17 HGB). Steht die als Aussteller der Kündigung in Betracht kommende Person ohne Zweifel fest, reicht auch die Unterzeichnung mit einem Teil eines Doppelnamens oder eines tatsächlich geführten Namens (Pseudonym).[15] Keine Namensunterschrift ist aber die Unterzeichnung mit einer bloßen Funktionsbezeichnung („Der Arbeitgeber") oder eines Titels („Vorstand", „Direktor"). Auf die Lesbarkeit kommt es nicht an, der Schriftzug muss aber Andeutungen von Buchstaben erkennen lassen.[16] Die Unterzeichnung mit einem Handzeichen (Initialen) bedarf zur Wirksamkeit der notariellen Beglaubigung.[17] Die Unterschrift muss **eigenhändig** erfolgen. Unzulässig ist deshalb die Verwendung von Stempeln, Schreibmaschine, Faksimile oder anderen mechanischen Hilfsmitteln. Auch eine digital erstellte Signatur genügt nach der ausdrücklichen Klarstellung in § 623 BGB nicht. Die Kündigung als empfangsbedürftige Willenserklärung muss in der Form zugehen, die für ihre Abgabe erforderlich ist.[18] Ein Telegramm genügt daher trotz eigenhändiger Unterzeichnung des Aufgabetelegramms nicht.[19] Gleiches gilt für die Übermittlung durch Telefax, da die dem Empfänger zugehende Erklärung lediglich eine Kopie des beim Absender verbleibenden Originals ist.[20] Aus den gleichen Gründen genügt auch eine E-Mail nicht, selbst wenn sie durch Einfügen einer Unterschriftsdatei „unterschrieben" worden ist.[21]

158 Ein Vertreter kann mit dem Namen des Vollmachtgebers unterzeichnen.[22] Unterschreibt er mit seinem eigenen Namen, so muss die Stellvertretung in der Urkunde zum Ausdruck kommen.[23] Erforderlich ist jedoch die eigenhändige Unterzeichnung durch den Vertreter. Ein Formmangel der Kündigungserklärung wird

---

[13] Vgl. BGH 20. 11. 1990 NJW 1991, 487 für Überweisungsformulare.

[14] St. Rspr. BGH 31. 10. 1956 BGHZ 22, 128, 132; 20. 11. 1990 NJW 1991, 487, 488; für Formbedürftigkeit der Ermächtigung zur Ausfüllung des Blanketts bei Bürgschaft aber BGH 29. 2. 1996 BGHZ 132, 119, 125.

[15] BGH 18. 1. 1996 NJW 1996, 997; MünchKomm/*Förschler,* § 126 Rn. 25.

[16] BGH 29. 10. 1987 NJW 1987, 1333; BGH 22. 10. 1993 NJW 1994, 55.

[17] Palandt/*Heinrichs,* § 126 BGB Rn. 10.

[18] BGH 30. 5. 1962 NJW 1962, 1389; BGH 25. 3. 1970 DB 1970, 875; LAG Düsseldorf 23. 2. 1978 EzA § 125 BGB Nr. 4.

[19] BGH 27. 5. 1957 BGHZ 24, 297.

[20] BGH 28. 1. 1993 EzA § 126 BGB Nr. 1 zur Bürgschaft; BGH 30. 7. 1997 ZIP 1997, 1694; LAG Düsseldorf 23. 2. 1978 EzA § 125 BGB Nr. 4; ArbG Hannover 17. 1. 2001 NZA-RR 2002, 245 zur Kündigung.

[21] Staudinger/*Sonnenschein,* § 564a BGB Rn. 16; a. A. *Ebbing* CR 1996, 271.

[22] BGH 3. 3. 1966 BGHZ 45, 195.

[23] RG 30. 9. 1919 RGZ 96, 286, 289.

nicht dadurch ersetzt, dass eine schriftliche Vollmachtsurkunde beigefügt wird.[24] Die Vollmacht selbst kann gemäß § 167 Abs. 2 BGB formlos erteilt werden. Besteht der kündigende Teil aus mehreren Personen, so müssen alle unterschreiben. Eine Stellvertretung bei der Unterschrift ist zulässig. Aus der Sicht des Kündigungsempfängers darf kein Zweifel bestehen, dass der Unterzeichnende nicht nur für sich selbst tätig werden wollte.

Das Kündigungsschreibens muss nicht das Wort Kündigung enthalten. Entschei- **159**
dend ist, dass der Wille, das Arbeitsverhältnis durch einseitige Gestaltungserklärung für die Zukunft lösen zu wollen, eindeutig zum Ausdruck kommt. Auch zur *Angabe des Kündigungsgrundes* verpflichtet § 623 BGB nicht. Insoweit verbleibt es bei den allgemeinen Grundsätzen (Rn. 179ff.). Dafür spricht auch, dass der Gesetzgeber bei anderen Formvorschriften für Kündigungen die Frage der Angabe der Gründe ausdrücklich geregelt hat (vgl. § 15 Abs. 3 BBiG; § 9 Abs. 3 Satz 2 MuSchG). § 626 Abs. 2 Satz 3 BGB wäre zudem überflüssig.

Aus der schriftlichen Kündigungserklärung muss nicht hervorgehen, ob es sich **160**
um eine *ordentliche oder um eine außerordentliche Kündigung* handelt. Der Klarstellungs-, Beweis- und auch der Warnfunktion ist Genüge getan, wenn auf Grund des Formerfordernisses deutlich wird, dass eine Kündigung erklärt ist. Bleibt unklar, in welcher Art und zu welchem Zeitpunkt gekündigt ist, geht dies zu Lasten des Kündigenden[25] und die Kündigung wirkt als ordentliche, weil dies für den Gekündigten günstiger ist. Eine Kündigung des Inhalts, „Hiermit kündige ich den Arbeitsvertrag" ist damit formwirksam, wenn auch nicht zweckmäßig. Der Möglichkeit einer Kündigung durch schlüssiges Verhalten ist durch § 623 BGB weitgehend die Grundlage entzogen. Insbesondere die Frage, ob in mündlichen Äußerungen im Rahmen von emotionsgeladenen Auseinandersetzungen am Arbeitsplatz oder anschließendem Verhalten eine Kündigung liegt,[26] stellt sich nicht mehr. Eine konkludente Kündigung ist jedoch dann möglich, wenn das schlüssige Verhalten das Formerfordernis erfüllt. So kann prozessuales Vorbringen in einem Rechtsstreit eine Kündigung darstellen, wenn die andere Partei hieraus unmissverständlich auf einen Kündigungswillen schließen kann.[27] Um den Formzwang zu wahren, ist es jedoch erforderlich, dass der Kündigende oder dessen Bevollmächtigter die für den Kündigungsempfänger bestimmte Abschrift eigenhändig unterschreibt. Es genügt aber, wenn die für das Gericht bestimmte Urschrift eigenhändig unterzeichnet ist und der Kündigungsempfänger eine mit einem Beglaubigungsvermerk versehene Abschrift erhält. Erforderlich ist aber, dass der Beglaubigungsvermerk vom Verfasser des Schriftsatzes, der die Kündigung enthält, eigenhändig unterzeichnet ist.[28] Sind der Verfasser des Schriftsatzes und der Beglaubiger nicht personengleich, so ist die Schriftform nicht gewahrt.

---

[24] AG Bonn WuM 1989, 380 zu § 564a BGB.

[25] BAG 11. 6. 1959 AP BGB § 130 Nr. 1; *Kliemt,* S. 315.

[26] Vgl. dazu APS/*Preis,* Grundlagen D Rn. 34.

[27] BGH 19. 3. 1957 ZMR 264; BayObLG 14. 7. 1981 NJW 1981, 2197, 2198; OLG Hamm 26. 11. 1991 NJW-RR 1993, 273.

[28] BayObLG 14. 7. 1981 NJW 1981, 2197, 2198f; OLG Hamm 23. 11. 1981 NJW 1982, 452.

3. Rechtsfolge bei Formverstoß

161 Die Nichteinhaltung der gesetzlichen Form des § 623 BGB hat gemäß § 125 S. 1 BGB die Nichtigkeit der Kündigung zur Folge.[29] Eine Heilung ist nicht möglich. Die Kündigung muss unter Beachtung der anzuwendenden Kündigungsfristen wiederholt werden. Solange besteht das Arbeitsverhältnis unverändert fort. Will der Arbeitnehmer die Formunwirksamkeit geltend machen, ist er nicht an die Klagefrist des § 4 S. 1 KSchG gebunden, denn der Verstoß gegen eine gesetzliche Formvorschrift ist ein sonstiger Mangel i. S. v. § 13 Abs. 3 KSchG.

162 Die *Umdeutung* einer unwirksamen außerordentlichen Kündigung in eine ordentliche Kündigung bleibt gemäß § 140 BGB möglich. Dies gilt aber nur dann, wenn die außerordentliche Kündigung schriftlich gemäß § 623 BGB erklärt worden ist und nur aus einem anderen Grund unwirksam ist. Die Umdeutung scheitert dann nicht an der Form für die ordentliche Kündigung, denn die Kündigung an sich ist formwirksam erklärt. Die Angabe, ob es sich um eine außerordentliche oder eine ordentliche Kündigung handelt, ist zur Formwahrung nicht erforderlich. Die Umdeutung einer gegen § 623 BGB verstoßenden außerordentlichen Kündigung in eine ordentliche Kündigung scheitert jedoch daran, dass die ordentliche Kündigung als Ersatzgeschäft gegen § 623 BGB verstößt und damit gleichfalls formunwirksam ist, denn § 140 BGB setzt voraus, dass mit der Umdeutung der Wille der Parteien in rechtlich zulässiger Weise verwirklicht worden wäre.[30] Der Umdeutung einer formunwirksamen Kündigung in ein Angebot zum Abschluss eines Aufhebungsvertrag steht entgegen, dass auch der Aufhebungsvertrag der Schriftform bedarf. Der Umdeutung einer formunwirksamen außerordentlichen Kündigung in eine formfrei mögliche Anfechtung steht § 623 BGB jedoch nicht entgegen.

4. Durchbrechung der Formnichtigkeit

163 Die Nichtigkeitsfolge des § 125 BGB kann mit Hilfe des Grundsatzes von Treu und Glauben (§ 242 BGB) nur in Ausnahmefällen durchbrochen werden, weil Sinn und Zweck der Formvorschriften sonst ausgehöhlt würden. Die Berufung einer Partei auf die Formnichtigkeit eines Rechtsgeschäfts ist für sich genommen nicht treuwidrig.[31] Abweichungen von diesem Grundsatz sind nur zulässig, wenn es nach den Beziehungen der Parteien und den gesamten Umständen mit Treu und Glauben unvereinbar wäre, das Rechtsgeschäft am Formmangel scheitern zu lassen; das Ergebnis muss für die Parteien nicht nur hart, sondern schlechthin untragbar sein.[32] Die von der Rechtsprechung verwendete Formel vom „schlechthin untragbaren Ergebnis" bedarf im Interesse der Rechtssicherheit der Bildung von Fallgruppen.

---

[29] Vgl. BAG 25. 11. 1976 EzA § 15 BBiG Nr. 3 zu § 15 BBiG; LAG Düsseldorf 23. 2. 1978 EzA § 125 BGB Nr. 2 für tarifvertragliche Schriftform.

[30] BGH 30. 10. 1970 NJW 1971, 428, 429.

[31] BAG 7. 7. 1955 AP § 32 AOG Tarifordnung Nr. 1; BAG 19. 8. 1987 EzBAT § 4 Nebenabrede Nr. 12.

[32] BAG 26. 9. 1957 AP § 74 HGB Nr. 2; BAG 17. 11. 1957 AP § 125 BGB Nr. 2; BAG 22. 2. 1972 EzA § 15 BBiG Nr. 1; BAG 27. 3. 1987 AP § 242 BGB Betriebliche Übung Nr. 29.

a) Kenntnis von der Formbedürftigkeit

§ 242 BGB ist nicht anwendbar, wenn beide Parteien den Formmangel kannten.[33] Dies gilt auch dann, wenn ein Beteiligter die Einhaltung der Form nicht durchsetzt, weil er dies wegen der Rechtschaffenheit oder des Ansehens des Vertragspartners für überflüssig hält.[34] Zu Recht muss von diesem Grundsatz eine Ausnahme gemacht werden, wenn ein Vertragspartner seine Machtstellung dazu ausgenutzt hat, die Formwahrung zu verhindern.[35] Verhindert bei § 623 BGB der Arbeitgeber die Formwahrung, so kann jedoch nicht generell davon ausgegangen werden, dass er eine Machtstellung ausgenutzt hat, vielmehr bedarf es dazu deutlicher weiterer Anhaltspunkte im Einzelfall. **164**

Bei beidseitiger Unkenntnis verbleibt es bei der Rechtsfolge von § 125 S. 1 BGB.[36] Dies gilt auch dann, wenn eine Partei bei der anderen die irrige Vorstellung von der Formfreiheit veranlasst hat.[37] Bei § 623 BGB gilt insoweit nichts anderes, so z.B. wenn der Arbeitgeber bei dem Arbeitnehmer die Vorstellung hervorruft, er könne ohne Beachtung einer Form kündigen. **165**

Eine einseitige Kenntnis einer Partei von der Formbedürftigkeit des Rechtsgeschäfts begründet noch keine Anwendung des § 242 BGB, erst recht nicht, wenn die den Formmangel kennende Partei davon ausging, die andere kenne ihn auch.[38] Hat jedoch eine Partei die andere über die Formbedürftigkeit des Rechtsgeschäfts getäuscht, um sich später gegebenenfalls zu ihrem Vorteil auf die Unwirksamkeit des Rechtsgeschäfts berufen zu können, so ist die Geltendmachung des Formmangels arglistig und gemäß § 242 BGB verwehrt.[39] So kann der Kündigungsempfänger sich nicht später auf den Formmangel berufen, wenn er in Kenntnis der wahren Rechtslage den Kündigenden arglistig davon abgehalten hat, die schriftliche Form zu wahren.[40] Auch ein Arbeitnehmer, der dem Arbeitgeber arglistig vorspiegelt, dieser könne formlos kündigen, kann sich nicht später auf die Unwirksamkeit seiner Eigenkündigung berufen, wenn ein ihm in Aussicht gestelltes Arbeitsverhältnis bei einem anderen Arbeitgeber nicht zustande kommt. **166**

b) Verbot widersprüchlichen Verhaltens

Eine weitere Ausprägung des Gebotes von Treu und Glauben ist das Verbot widersprüchlichen Verhaltens.[41] Allein die Tatsache, dass der Kündigungsempfänger eine formwidrig erklärte Kündigung widerspruchslos entgegen nimmt, und sich erst später auf die Schriftform beruft, stellt noch keinen Verstoß gegen Treu und **167**

---

[33] BGH 22. 6. 1973 NJW 1973, 1455.

[34] RG 21. 5. 1927 RGZ 117, 121; MünchKomm/*Förschler,* § 125 Rn. 60.

[35] BGH 27. 10. 1967 BGHZ 48, 396 mit abl. Anm. *Reinicke* NJW 1968, 39.

[36] BAG 22. 8. 1979 AP § 4 BAT Nr. 6.

[37] BGH 10. 6. 1977 NJW 1977, 2072.

[38] MünchKomm/*Förschler,* § 125 BGB Rn. 62.

[39] BAG 26. 9. 1957 AP § 74 HGB Nr. 2 mit zust. Anm. *Larenz;* BAG 15. 11. 1957 AP § 125 BGB Nr. 2; BAG 7. 5. 1986 AP § 4 BAT Nr. 12.

[40] So zu § 564a BGB Staudinger/*Sonnenschein,* § 564a BGB Rn. 20.

[41] BAG 21. 3. 1980 AP § 17 SchwbG Nr. 1; BAG 11. 12. 1996 EzA § 242 BGB Rechtsmissbrauch Nr. 1; BAG 4. 12. 1997 AP § 626 BGB Nr. 141.

Glauben dar.[42] Sonst würde das Schriftformerfordernis des § 623 BGB bei Kündigungen weitgehend ins Leere laufen.[43] Vielmehr müssen besondere Umstände vorliegen, damit ein Rechtsmissbrauch angenommen werden kann. Wird z.B. dem Kündigenden im Gerichtstermin in Anwesenheit des Erklärenden eine einfache Fotokopie der Kündigung übergeben und ist eine sofortige Einsicht in das Original möglich, ist es treuwidrig, sich auf einen Formmangel zu berufen, wenn nicht der Erklärungsempfänger von Aufklärungsmöglichkeiten Gebrauch macht oder die Erklärung wegen Nichteinhaltung der Form unverzüglich zurückweist, sondern sich erst geraume Zeit später auf den Formmangel beruft.[44]

168 Ein widersprüchliches Verhaltens eines Arbeitnehmers hat das BAG – sehr weitgehend – schon darin gesehen, dass dieser eine Eigenkündigung mehrmals, auch auf Vorhaltungen der anderen Seite, ernsthaft und nicht nur einmalig spontan ausgesprochen hat, sich aber nachträglich auf die Formunwirksamkeit beruft.[45] Anders soll dies jedoch bei einer nur einmaligen spontan erklärten formwidrigen Kündigung sein. Ein widersprüchliches Verhalten liegt auch vor, wenn der Arbeitgeber formwidrig kündigt, der Arbeitnehmer die Kündigung hinnimmt, eine neue Stelle antritt und sich der Arbeitgeber dann auf den Formmangel beruft und den Arbeitnehmer zur Wiederaufnahme der Arbeit unter Unterlassung der neuen Beschäftigung auffordert.[46] Da § 623 BGB die Schriftform gleichermaßen für die arbeitgeberseitige als auch für die arbeitnehmerseitige Kündigung vorsieht, kann ein widersprüchliches Verhalten demzufolge auch gegeben sein, wenn der Arbeitnehmer formwidrig kündigt, der Arbeitgeber dies akzeptiert, die Stelle neu besetzt und der Arbeitnehmer sich dann auf den Formmangel berufen will. Um nicht den Zweck des § 623 BGB, vor Übereilung zu schützen, durch § 242 BGB ins Leere laufen zu lassen, müssen jedoch strenge Maßstäbe angelegt werden. So wird ein Arbeitgeber die Folge des § 623 BGB nicht dadurch umgehen können, dass er unmittelbar nach einer einmaligen spontanen Eigenkündigung des Arbeitnehmers dessen Stelle intern neu besetzt. Anders liegt es, wenn der Arbeitnehmer mehrfach ernsthaft mündlich zum Ausdruck bringt, er kündige und der Arbeitgeber nach einem längeren Auswahlverfahren einen neuen Arbeitnehmer eingestellt hat.

169 Wenn der Kündigungsempfänger die mündlich ausgesprochene Kündigung schriftlich bestätigt, er sich später aber auf den Formmangel beruft, so ist dies treuwidrig.[47] Anders liegt es jedoch, wenn sich nach der schriftlichen Bestätigung des Erklärungsempfängers der Kündigende auf den Formmangel beruft. Bei allen diesen Fallgestaltungen ist zudem zu bedenken, dass das Recht, sich auf die Unwirksamkeit der Kündigung zu berufen, verwirken kann, wobei allerdings keine starren

---

[42] BAG 19. 5. 1988 AP § 613a BGB Nr. 75; LAG Schleswig-Holstein 14. 2. 1991 LAGE § 125 BGB Nr. 4; LAG Düsseldorf 16. 1. 1962 BB 1962, 718; a. A. *Schaub,* § 123 IV 3.

[43] Vgl. LAG Hamm 14. 11. 1996 LAGE § 125 BGB Nr. 6 zu arbeitsvertraglicher Schriftformklausel.

[44] BAG 20. 8. 1998 AP § 127 BGB Nr. 5.

[45] BAG 4. 12. 1997 AP § 626 BGB Nr. 141 zu konstitutiver arbeitsvertraglicher Formvorschrift mit abl. Anm. *Singer* NZA 1998, 1309, 1313.

[46] BAG 4. 12. 1997 AP § 626 BGB Nr. 141.

[47] AG Gifthorn 6. 8. 1991 WuM 1992, 250; Staudinger/*Sonnenschein,* § 564a BGB Rn. 20.

Zeitgrenzen gelten, vielmehr im Einzelfall Umstands- und Zeitmoment gegeben sein müssen.[48]

c) Erreichung des Formzwecks

Auch wenn im Einzelfall der Formzweck, z. B. Schutz vor Übereilung, nicht 170
zum Tragen kommt, weil etwa nach der Persönlichkeit der Beteiligten eine derartige Warnung nicht erforderlich erscheint, ist die Geltendmachung der Formnichtigkeit nicht ausgeschlossen.[49] Vielmehr darf der Formmangel auch zum Anlass genommen werden, ein aus vom Formzweck unabhängigen Gründen lästiges Geschäft nicht mehr durchzuführen.[50] Liegen keine anderen Umstände vor, die einen Verstoß gegen § 242 BGB begründen, kann sich deshalb z. B. ein Arbeitgeber auf die Formunwirksamkeit einer Kündigung berufen, weil er plötzlich einen größeren Auftrag erhalten hat.

d) Fürsorgepflicht des Arbeitgebers

Umstritten ist, ob dem Arbeitgeber gegenüber dem Arbeitnehmer eine Fürsorge- 171
pflicht obliegt, ihn über Formerfordernisse zu belehren und auf eine formgerechte Durchführung des Rechtsgeschäfts hinzuwirken. Eine Ansicht bejaht dies mit dem pauschalen Hinweis auf die allgemeine Fürsorgepflicht des Arbeitgebers.[51] Sie übersieht jedoch, dass auf diese Weise bei fehlender Belehrung durch den Arbeitgeber über die Formbedürftigkeit eine formwidrige Erklärung über den Umweg von Treu und Glauben stets zur Wirksamkeit verholfen werden könnte. Dieses Ergebnis stünde aber im Gegensatz zu dem Grundsatz, dass eine Formdurchbrechung gemäß § 242 BGB im Interesse der Rechtssicherheit nur in krassen Ausnahmefällen durchgreifen kann. Eine Fürsorgepflicht, den Arbeitnehmer über das Bestehen von Formvorschriften zu belehren, besteht deshalb nicht.[52] Der Arbeitgeber ist deshalb nicht verpflichtet, den Arbeitnehmer auf die Formbedürftigkeit einer Kündigung, insbes. einer Eigenkündigung, hinzuweisen.[53]

5. Verhältnis des § 623 BGB zu sonstigen Formvorschriften

Ein **gesetzlicher Formzwang** besteht neben § 623 BGB nur auf Grund weni- 172
ger Ausnahmevorschriften. Hinzuweisen ist auf § 15 Abs. 3 BBiG[54] für Kündigungen im Berufsausbildungsverhältnis, der für beide Vertragspartner gilt.[55] Daneben besteht ein Schriftformerfordernis für die ordentliche Kündigung eines auf unbestimmte Zeit abgeschlossenen Heuerverhältnisses nach § 62 Abs. 1 SeemannsG

[48] S. dazu KR/*Friedrich,* § 13 KSchG Rn. 303 ff.

[49] BGH 18. 12. 1955 BGHZ 16, 334; 6. 2. 1970 BGHZ 53, 189; MünchKomm/*Förschler,* § 125 Rn. 68; Palandt/*Heinrichs,* § 125 Rn. 1.

[50] BGH 9. 3. 1965 WM 1965, 480.

[51] *Beer* ArbuR 1964, 174; *Tophoven,* Anm. zu LAG Kiel 23. 11. 1954 AP Nr. 1 zu § 4 TVG Ausschlussfristen; *Volmer/Gaul,* ArbNErfG, 2. Aufl. 1983, § 12 Rn. 65.

[52] RAG 18. 12. 1942, ARS 46, 81 mit Anm. *Hueck; Hueck/Nipperdey* Bd. 1, S. 41; so für tarifvertragliche Schriftformklausel BAG 14. 6. 1994 EzA § 123 BGB Nr. 11.

[53] Vgl. BAG 26. 8. 1993 EzA § 4 KSchG n. F. Nr. 47.

[54] Vom 14. 8. 1969, BGBl. I, S. 1112.

[55] BAG 22. 2. 1972 EzA § 15 BBiG Nr. 1 = AP § 15 BBiG Nr. 1.

vom 26. 7. 1957 (BGBl. II, S. 713).[56] Vielfach finden sich Schriftformerfordernisse in **Tarifverträgen,** seltener in (zulässigen) **Betriebsvereinbarungen.**

173 Unproblematisch sind die Fälle, in denen sich aus gesetzlichen oder kollektivvertraglichen Sonderregelungen ein gleichwertiges Formerfordernis ergibt. Sofern das nicht der Fall ist, geht § 623 BGB als zwingende, nicht dispositive Norm vor.[57] Vertragsparteien und Tarifparteien steht es jedoch frei, strengere Formvorschriften zu vereinbaren.[58] Freilich schließt § 309 Nr. 13 BGB in vorformulierten Arbeitsbedingungen aus, dass der Arbeitgeber Erklärungen an eine strengere Form als die Schriftform oder an besondere Zugangserfordernisse bindet. An dieser nach § 310 Abs. 4 BGB anwendbaren Norm dürften zumeist Vereinbarungen in Arbeitsverträgen scheitern, wonach die Kündigung des Arbeitsverhältnisses seitens des Arbeitnehmers durch eingeschriebenen Brief erfolgen müsse. Das BAG[59] hat entsprechende Klauseln jedoch so interpretiert, dass die Vereinbarung des Einschreibeerfordernisses nur dem Zweck dient, den Zugang der Kündigungserklärung zu sichern und deshalb bloß schriftliche Kündigungen, die dem Gekündigten auf andere Weise zugeht, für wirksam erklärt. Ob an dieser korrigierenden Auslegung festgehalten werden kann, ist zweifelhaft. Außerdem darf die Kündigung wegen des Rechtsgedankens des § 622 Abs. 6 BGB nicht einseitig zu lasten des Arbeitnehmers erschwert werden. Mit diesen Maßgaben können auch noch privat- oder kollektivautonom vereinbarte Formvorschriften Relevanz haben.

II. Der Inhalt der Kündigungserklärung

174 Die Kündigung muss **so hinreichend bestimmt und deutlich sein,** dass der Gekündigte Klarheit über die Auflösung des Arbeitsverhältnisses erhält. Die Kündigung muss also **zweifelsfrei** erklärt werden. Daraus folgt jedoch nicht, dass für die Kündigung die allgemeine Auslegungsvorschrift des § 133 BGB keine Anwendung findet. Der Kündigende ist in der Wahl des Ausdrucks frei; er braucht namentlich nicht das Wort „kündigen" zu benutzen. Es genügt nach § 623 BGB nicht mehr jedes Verhalten des Arbeitgebers, sondern nur noch eine dem Schriftformgebot genügende Erklärung, durch das er dem Arbeitnehmer eindeutig den Willen kundgibt, das Arbeitsverhältnis zu lösen. Dabei ist allerdings der Standpunkt des Kündigungsempfängers maßgebend, nicht der des Kündigenden. Es kommt darauf an, **wie der Kündigungsempfänger die Erklärung unter Würdigung der ihm bekannten Umstände nach Treu und Glauben und unter Berücksichtigung der Verkehrssitte verstehen musste.**[60] Droht der eine Teil lediglich mit der Kündigung, so liegt keine Kündigungserklärung vor.

---

[56] Hierzu und zu §§ 64 Abs. 2, 78 Abs. 3 SeemannsG *Kliemt,* a. a. O., S. 94 f.

[57] Hierzu auch KR/*Spilger,* § 623 BGB Rn. 247.

[58] APS/*Preis,* § 623 BGB Rn. 20; ErfK/*Müller-Glöge,* § 623 Rn. 24; KR/*Spilger,* § 623 BGB Rn. 249.

[59] BAG 20. 9. 1979 EzA § 125 BGB Nr. 5 = AP § 125 BGB Nr. 8; 25. 2. 1998 EzA § 620 BGB Kündigung Nr. 1. Ebenso: LAG Hamburg 19. 8. 1971 DB 1972, 980; MünchArbR/*Wank,* § 118 Rn. 11; MünchKomm/*Schwerdtner,* Vor § 620 Rn. 97, 100; *Schaub,* § 123 IV 4.

[60] BAG 19. 1. 1956 AP § 620 BGB Kündigungserklärung Nr. 1 = DB 1956, 212; 19. 6. 1980 EzA § 620 BGB Nr. 47 unter 3 b der Gründe; 15. 3. 1991 NZA 1992, 452, 453; siehe

Die Problematik der schriftlichen Bestätigung einer zuvor mündlich ausgesprochenen Kündigung (hierzu Vorauflage Rn. 65 a), stellt sich im Lichte des § 623 BGB nicht mehr. Bei einer an die Schriftform gebundenen Kündigung ist die Kündigung ohnehin erst mit Zugang der schriftlichen Kündigung wirksam erklärt.[61] Spricht allerdings eine Partei eine nach § 623 BGB unwirksame mündliche Kündigung aus und erfolgt eine schriftliche Bestätigung der – unwirksamen – Kündigung, kann zweifelhaft sein, ob die Bestätigung eine eigenständige Kündigungserklärung darstellt. Bei verständiger Auslegung ist regelmäßig davon auszugehen, dass nur **eine** – nach § 623 BGB wirksame – Kündigungserklärung vorliegt. Dies hat das BAG bereits für den Fall entschieden, dass der Arbeitgeber seine Kündigungsabsicht durch eine mündliche und eine weitere – zeitnah ausgesprochene – schriftliche Kündigung verwirklicht.[62] Sollte die schriftliche Bestätigung ausnahmsweise nicht als eigenständige Kündigungserklärung gewertet werden können, wäre aber eine Berufung auf die Formunwirksamkeit nach § 242 BGB unbeachtlich. 175

Fraglich ist, ob in der Mitteilung des Arbeitgebers, ein befristet abgeschlossener Vertrag solle nicht verlängert werden, eine Kündigung liegt, die der Arbeitnehmer dann innerhalb der Klagefrist des § 4 KSchG anfechten müsste. Das BAG hat dies in ständ. Rspr. verneint.[63] Das dürfte aber dann anders zu beurteilen sein, wenn der Wille des Arbeitgebers für den Arbeitnehmer erkennbar zum Ausdruck kommt, das Arbeitsverhältnis unabhängig von der Gültigkeit der Befristungsabrede zu kündigen. 176

Der Kündigende muss **deutlich machen,** ob das Arbeitsverhältnis sofort oder nach Ablauf einer Frist aufgelöst werden soll. Ist der Kündigungserklärung zu entnehmen, dass die Kündigung erst zu einem bestimmten Zeitpunkt die gewollte Rechtswirkung auslösen soll, so tritt die Kündigungswirkung nicht deshalb früher ein, weil das Kündigungsschreiben bereits vorher in den Besitz des Kündigungsempfängers gelangt.[64] Die Erklärung einer **außerordentlichen Kündigung** aus wichtigem Grund muss für den Kündigungsempfänger zweifelsfrei den Willen des Erklärenden erkennen lassen, von der besonderen Kündigungsbefugnis des § 626 Abs. 1 BGB Gebrauch zu machen. Dieser Wille kann sich neben der ausdrücklichen Bezeichnung als fristlose Kündigung auch aus den Umständen der Erklärung selbst, insbesondere der beigefügten Begründung ergeben.[65] Die Erklärung muss 177

---

auch LAG Frankfurt 19. 7. 1989 BB 1990, 856; LAG Rheinland-Pfalz 4. 6. 1992, LAG Nürnberg 8. 2. 1994 und LAG Hamm 7. 7. 1994 LAGE § 620 BGB Kündigungserklärung Nr. 1, 3 und 4; vgl. ferner MünchKomm/*Schwerdtner,* Vor § 620 BGB Rn. 86 ff.; *Frölich,* NZA 1997, 1273. Teilt der Arbeitgeber in einem Telefongespräch dem Arbeitnehmer mit, es sei eine schriftliche Kündigung abgesandt, so liegt darin keine selbständige Kündigung, vgl. BAG 18. 2. 1977 AP § 130 BGB Nr. 10. Wegen der einschneidenden Wirkungen des § 7 KSchG ist anzuraten, auch bereits in Zweifelsfällen Kündigungsschutzklage zu erheben. Zur Kündigung im Prozess vgl. unten Rn. 197 ff.

[61] BAG 25. 4. 1996 EzA § 130 BGB Nr. 27.

[62] BAG 14. 9. 1994 EzA § 4 KSchG n. F. Nr. 50.

[63] BAG 7. 3. 1980 EzA § 4 KSchG n. F. Nr. 17 = DB 1980, 1498; 26. 4. 1979 und 24. 10. 1979 EzA § 620 BGB Nr. 39 und Nr. 41 = DB 1979, 1991 und DB 1980, 455; so auch schon BAG 15. 3. 1978 EzA § 620 BGB Nr. 34 = NJW 1978, 2319.

[64] LAG Düsseldorf 5. 11. 1987 RzK I 2 a Nr. 5.

[65] BAG 13. 1. 1982 EzA § 626 BGB n. F. Nr. 81 = AP § 620 BGB Kündigungserklärung Nr. 2.

auch eindeutig als Kündigung und nicht etwa als Anfechtung oder Berufung auf die Nichtigkeit des Arbeitsvertrages erkennbar sein. Dabei ist die Angabe eines Datums erforderlich. Auch die Kündigung zum „nächstzulässigen Termin" ist möglich. Ist nicht klar zu erkennen, ob die Kündigung als fristlose oder fristgemäße gewollt ist, so hat das nicht die Unwirksamkeit der Kündigung zur Folge. Im Allgemeinen wird man die Kündigung mit der für den Gekündigten günstigeren Form aufrechterhalten. Es ist Sache des Kündigenden, deutlich zu machen, zu welchem Zeitpunkt gekündigt ist. Ist der Kündigungswille klar und eindeutig geäußert worden, bleibt aber der Zeitpunkt unklar, so gilt die Kündigung als ordentliche, weil sie für den Gekündigten günstiger ist.

178 Hat der Kündigende eine **ordentliche Kündigung** erklärt und ist diese wegen eines vertraglichen Kündigungsausschlusses unwirksam, so kann nicht deswegen angenommen werden, er habe gleichzeitig eine außerordentliche Kündigung mit Auslauffrist erklärt. Dies gilt auch dann, wenn er einen Grund zur außerordentlichen Kündigung hatte. Ob eine außerordentliche Kündigung erklärt worden ist, ist Tatfrage. Der Kündigende muss dem Kündigungsempfänger gegenüber erkennbar zum Ausdruck bringen, dass trotz der Einhaltung einer Kündigungsfrist eine außerordentliche Kündigung erklärt sein soll.[66]

1. Angabe des Kündigungsgrundes

179 Die Wirksamkeit der Kündigung ist unabhängig davon, ob der Arbeitgeber dem Arbeitnehmer die Gründe für die Kündigung mitteilt oder nicht. Das gilt sowohl für die Kündigung von Arbeitsverhältnissen, die im Zeitpunkt der Kündigung noch keine sechs Monate bestehen und auf die deshalb das Kündigungsschutzgesetz keine Anwendung findet, wie auch für die Kündigungen, deren Sozialwidrigkeit nach § 1 KSchG von den Gerichten für Arbeitssachen auf Antrag der Arbeitnehmer zu prüfen ist. Für außerordentliche Kündigungen gelten dieselben Grundsätze, d.h. auch ihre Rechtswirksamkeit wird nicht dadurch beeinflusst, dass der Arbeitgeber keine Kündigungsgründe nennt.[67]

180 Das Bundesarbeitsgericht hat in einer Leitentscheidung vom 21. 3. 1959[68] ausgeführt, aus § 1 KSchG folge nicht, dass die Kündigungsgründe dem Arbeitnehmer bereits bei Ausspruch der Kündigung mitgeteilt werden müssten. Die soziale Rechtfertigung der Kündigung sei im Rechtsstreit nachzuprüfen. Darin habe der Arbeitgeber die Gründe zu beweisen. Daraus folge, dass es auf das tatsächliche Bestehen der Kündigungsgründe und nicht auf ihre alsbaldige Bekanntgabe ankomme. Die Gegenmeinung, so führt das Bundesarbeitsgericht aus, laufe darauf hinaus, außerhalb der abschließenden Regelung des § 1 Abs. 2 KSchG weitere Tatbestände einer sozial ungerechtfertigten Kündigung aufzustellen. Das Erfordernis, die Kündigungsgründe vollständig oder zumindest – soweit bekannt – schon bei Ausspruch

---

[66] LAG Düsseldorf/Köln 30. 10. 1973 EzA § 626 BGB n.F. Nr. 32; BAG 19. 6. 1980 NJW 1981, 246 = EzA § 620 BGB Nr. 47 unter 3b der Gründe.

[67] Vgl. BAG 15. 12. 1955 AP § 67 HGB Nr. 1 = NJW 1956, 807; 21. 31959 AP § 1 KSchG Nr. 55; 30. 6. 1959 AP § 1 KSchG Nr. 56; 30. 1. 1963 AP § 626 BGB Nr. 50; 17. 8. 1972 EzA § 626 BGB n.F. Nr. 22 = NJW 1973, 553; BGH 5. 5. 1958 NJW 1958, 1136; *v. Hoyningen-Huene/Linck,* § 1 KSchG Rn. 159.

[68] BAG 21. 3. 1959 AP § 1 KSchG Nr. 55.

der Kündigung anzugeben, würde auch die Einführung einer formellen Kündigungsvoraussetzung bedeuten, die im geltenden Recht keine allgemeine Rechtsgrundlage habe, sondern nur in bestimmten Sonderfällen[69] vorgesehen sei. Das Bundesarbeitsgericht weist schließlich darauf hin, die von ihm abgelehnte Ansicht würde zahlreiche Zweifelsfragen aufwerfen, z.B. dahingehend, wie ausführlich die Begründung sein müsse. Auch im Interesse der Rechtssicherheit sei daher der Auffassung, nach der eine Kündigung mangels Abreden ohne Angabe von Kündigungsgründen nicht unwirksam und insbesondere auch nicht sozialwidrig sei, zuzustimmen. An dieser Rechtslage ist festzuhalten. (Zur Begründungspflicht gegenüber dem Betriebsrat vgl. unten Rn. 404ff.) § 102 Abs. 4 BetrVG hat dem Arbeitgeber lediglich die Pflicht auferlegt, der Kündigung im Falle des Widerspruchs des Betriebsrats (gegen eine ordentliche Kündigung) eine Abschrift der Stellungnahme beizufügen. Dabei handelt es sich jedoch nicht um eine Wirksamkeitsvoraussetzung für die Kündigung.[70] Nach der amtl. Begründung des RegEntw. (BR-Drucks. 715/70, S. 52) soll diese Bestimmung den Arbeitnehmer nur in die Lage versetzen, die Aussichten des Kündigungsschutzprozesses besser beurteilen zu können. Wäre die Bestimmung i.S. eines gesetzlichen Verbots zu verstehen, so wäre diese Zielrichtung nicht möglich, weil die Kündigung ohnehin nichtig wäre, wenn ihr die Stellungnahme des Betriebsrats nicht beigelegen hätte. (Zur Beteiligung des Betriebsrats vgl. unten Rn. 345ff.).

Die dargestellte Rechtslage wird für die außerordentliche Kündigung durch **181**
§ 626 Abs. 2 Satz 3 BGB bestätigt. Im Falle der fristlosen Kündigung besteht die Verpflichtung für den Kündigenden, dem anderen Teil auf Verlangen den Kündigungsgrund unverzüglich schriftlich mitzuteilen. Im Gesetzgebungsverfahren hatte der Bundesrat angeregt, genau festzulegen, welche Folgen die Verletzung dieser Pflicht habe. Im schriftlichen Bericht des Ausschusses für Arbeit vom 12. 6. 1969 (BT-Drucks. V/4376) wird dazu ausgeführt, es solle bei der bisherigen Rechtsprechung verbleiben, die in solchen Fällen nur Schadensersatzansprüche für begründet erachte. Damit wird die bisherige h.L. vom Gesetzgeber praktisch bestätigt.

a) Anspruch auf Begründung der Kündigung

Auch wenn die ohne Angabe von Gründen erklärte Kündigung nicht deshalb **182**
rechtsunwirksam ist, so sagt dies doch nichts darüber aus, ob der Arbeitgeber nicht einen Anspruch hat, vom Arbeitgeber (schriftlich) die Gründe für die Kündigung zu erfahren. Für die außerordentliche Kündigung folgt dies aus § 626 Abs. 2 Satz 3 BGB. Im Geltungsbereich des § 1 KSchG hat der Arbeitnehmer keinen gesetzlichen Anspruch auf Bekanntgabe der Kündigungsgründe; er folgt nach Treu und Glauben aus einer vertraglichen Nebenpflicht. Es wird auch von einer entsprechenden Anwendung des § 626 Abs. 2 Satz 3 BGB ausgegangen werden können, da auch der Arbeitnehmer im Geltungsbereich des Kündigungsschutzgesetzes ein erhebliches Interesse daran hat, die Kündigungsgründe zu erfahren, um die Chancen eines Prozesses abschätzen zu können.[71] Der Anspruch ist ebenso wie bei der

[69] Vgl. z.B. § 15 Abs. 3 BBiG und dazu BAG 22. 2. 1972 und 25. 11. 1976 EzA § 15 BBiG Nr. 1 und 3 = AP § 15 BBiG Nr. 1 und 4.

[70] Wie hier *Kliemt,* NZA 1993, 921ff.; a.A. *Düwell,* NZA 1988, 866.

[71] *Schwerdtner,* in: MünchKomm, Vor § 620 Rn. 150.

außerordentlichen Kündigung auf eine **schriftliche** Mitteilung der Kündigungsgründe gerichtet.

183 Die schuldhafte Verletzung der Mitteilungspflicht führt zu Schadensersatzfolgen. Das bedeutet nicht, dass die Kündigung etwa rückgängig zu machen ist. Der Gekündigte ist ggf. so zu stellen, als ob er die Kündigungsgründe rechtzeitig erfahren hätte. Der Schaden kann in den Kosten liegen, den ein unnötiger Kündigungsschutzprozess verursacht hat.[72]

b) Formvorschriften

184 Die Angabe der Kündigungsgründe ist Wirksamkeitsvoraussetzung, wenn im Arbeitsvertrag, im Tarifvertrag oder einer (zulässigen) Betriebsvereinbarung eine **qualifizierte Schriftformklausel** enthalten ist, die den Begründungszwang mitumfasst. Eine solche qualifizierte Schriftformklausel verstößt nicht gegen § 623 BGB, weil die Vorschrift die Vereinbarung strengerer Formvorschriften nicht ausschließt (Rn. 173). Ob dies der Fall ist, muss durch Auslegung des Tarifvertrages oder der Betriebsvereinbarung festgestellt werden. Sieht z.B. der Tarifvertrag auch für die Angabe der Kündigungsgründe Schriftform vor (vgl. § 54 BMT G II), so handelt es sich um ein zusätzliches Wirksamkeitserfordernis mit der Folge, dass die Kündigung nach § 125 Satz 1 BGB nichtig ist, wenn es an der schriftlichen Mitteilung der Gründe fehlt.[73] Für die arbeitsvertragliche Formvorschrift gilt § 125 Satz 2 BGB. Vereinzelt ist der Begründungszwang auch im Gesetz vorgeschrieben, so z.B. in § 15 Abs. 3 BBiG für die fristlose Kündigung aus wichtigem Grund sowie für die Aufgabe oder den Wechsel der Berufsausbildung.[74] In all diesen Fällen ist fraglich, in welchem Umfang die Kündigungsgründe im Kündigungsschreiben mitgeteilt werden müssen. Dieser Frage kommt deshalb in der Praxis besondere Bedeutung zu, weil die Kündigung, die ohne schriftliche Begründung ausgesprochen wird, gemäß § 125 BGB nichtig ist. In einem Rechtsstreit über die Wirksamkeit der Kündigung kann sich der Arbeitgeber grundsätzlich nur auf diejenigen Kündigungsgründe berufen, die er im Kündigungsschreiben aufgeführt hat. Ein Nachschieben anderer Kündigungsgründe oder gar ein Nachholen der Begründung ist unzulässig.[75] Die Angabe der Kündigungsgründe soll dem Arbeitnehmer die Prüfung ermöglichen und erleichtern, ob die Kündigung gerechtfertigt ist oder nicht und ob eine gerichtliche Überprüfungschance besteht.

185 In welchem Umfang die Kündigungsgründe anzuführen sind, kann nur im Einzelfall entschieden werden. Eine genaue Substantiierung wie im Prozess ist nicht zu fordern. Andererseits hat der Kündigende jedoch die der Kündigung zugrunde liegenden Vorwürfe in tatsächlicher Hinsicht so darzustellen, dass der Kündigungs-

---

[72] Vgl. BAG 21. 3. 1959 AP § 1 KSchG Nr. 55; *v. Hoyningen-Huene/Linck,* § 1 KSchG Rn. 162f.

[73] BAG 10. 2. 1999 AP § 54 BMT-G II Nr. 2 = EzA § 125 BGB Nr. 14; BAG 25. 8. 1977 AP § 54 BMT – G II Nr. 1 = DB 1978, 258. Vgl. hierzu auch BAG 25. 11. 1976 EzA § 15 BBiG Nr. 3 = DB 1977, 546.

[74] Einzelheiten: *Kliemt,* a.a.O., S. 103ff.

[75] BAG 22. 2. 1972, 25. 11. 1976 EzA § 15 BBiG Nrn. 1, 3; LAG Köln 21. 8. 1987 LAGE § 15 BBiG Nr. 5; LAG Baden-Württemberg 5. 1. 1990 LAGE § 15 BBiG Nr. 7; LAG Hamburg 30. 9. 1994 LAGE § 15 BBiG Nr. 9; LAG Nürnberg 21. 6. 1994 RzK IV 3a Nr. 25.

empfänger erkennen kann, um welche Vorwürfe es sich handelt. Schlagwortartige Umschreibungen oder Werturteile reichen nicht aus.[76] Enthält das Kündigungsschreiben allgemein gehaltene Hinweise auf frühere Verwarnungen, so reicht dies dann aus, wenn sie für den Kündigungsempfänger verständlich waren.[77] Allein die Bezugnahme im Kündigungsschreiben auf zuvor mündlich mitgeteilte Kündigungsgründe genügt nicht.[78] Wenn die für die Kündigung maßgebenden Tatsachen im Kündigungsschreiben angegeben sind, kann allerdings auf die zusätzliche Aufnahme von für die Bewertung des Kündigungsgrundes und die Interessenabwägung bedeutsamen Umständen im Kündigungsschreiben verzichtet werden, zumal wenn diese schon anderweitig gegenüber dem Arbeitnehmer dokumentiert sind.[79]

2. Nachschieben von Kündigungsgründen

Da die Angabe von Gründen nicht Voraussetzung für die Wirksamkeit der Kündigungserklärung ist, kann der Kündigende alle Gründe zur Stützung der Kündigung heranziehen, **die im Zeitpunkt der Abgabe der Kündigungserklärung bereits bestanden** haben ohne Rücksicht darauf, ob sie dem Kündigenden bekannt waren oder nicht. Ohne Bedeutung ist, ob die Kündigungsgründe, die den Kündigenden zur Kündigung veranlasst haben, ausreichen. Maßgebend ist allein die objektive Rechtslage, d.h. ob z.B. die Fortsetzung des Arbeitsverhältnisses auf Grund des tatsächlichen vorliegenden Sachverhalts zumutbar ist oder nicht[80] bzw. ob die Kündigung sozialwidrig ist. Das gilt in betriebsratslosen Betrieben uneingeschränkt (zur Frage des Nachschiebens von Kündigungsgründen im Rahmen des Anhörungsverfahrens nach § 102 BetrVG 1972 vgl. unten Rn. 419ff.). Ohne Bedeutung ist auch, ob ein sachlicher oder zeitlicher Zusammenhang mit den weiteren bereits früher mitgeteilten Kündigungsgründen besteht.[81] Zur Wahrung der Ausschlussfrist des § 626 Abs. 2 BGB in diesen Fällen vgl. Rn. 839ff. 186

---

[76] BAG 22. 2. 1972 und 25. 11. 1976 EzA § 15 BBiG Nr. 1 und 3 = BB 1972, 1191 und DB 1977, 868; 25. 8. 1977 AP § 54 BMT-G II Nr. 1; BAG 10. 2. 1999 AP § 54 BMT-G II Nr. 3 = EzA § 125 BGB Nr. 13. Vgl. ferner LAG Köln 26. 1. 1982 EzA § 15 BBiG Nr. 4.

[77] BAG 25. 8. 1977 AP § 54 BMT-G II Nr. 1 = DB 1978, 258.

[78] BAG 10. 2. 1999 AP § 54 BMT-G II Nr. 2 = EzA § 125 BGB Nr. 14; BAG 25. 11. 1976 EzA § 15 BBiG Nr. 3; LAG Köln 26. 1. 1982 EzA § 15 BBiG Nr. 5.

[79] BAG 10. 2. 1999 AP § 54 BMT-G II Nr. 3 = EzA § 125 BGB Nr. 13; BAG 17. 6. 1998 RzK IV 3a Nr. 30.

[80] BAG 18. 1. 1980 NJW 1980, 2486 = EzA § 626 BGB n.F. Nr. 71 mit Hinweisen; 11. 4. 1985 EzA § 102 BetrVG 1972 Nr. 62 mit Anm. *Kraft* = NZA 1986, 674; 4. 6. 1997 AP § 626 BGB Nachschieben von Kündigungsgründen Nr. 5 = EzA § 626 n. F. BGB Nr. 167; *Schwerdtner,* NZA 1988, 361ff.; *Winterstein,* NZA 1988, 729ff.; Gründe, die im Zeitpunkt der Abgabe der Kündigungserklärung noch nicht bestanden, können nur zur Rechtfertigung einer neuen Kündigung herangezogen werden. Der BGH will in der Regel im Nachschieben eines neuen Kündigungsgrundes eine neue Kündigung sehen, die dann vom Arbeitnehmer anzufechten wäre, vgl. BGH 28. 4. 1960 NJW 1961, 307. Dem wird man in dieser Allgemeinheit nicht zustimmen können. Dem Gekündigten muss eindeutig erkennbar sein, dass wegen des neuen Kündigungsgrundes eine neue Kündigung abgegeben wird.

[81] BAG 18. 1. 1980 NJW 1980, 2486 = EzA § 626 BGB n.F. Nr. 71; 4. 6. 1997 AP § 626 BGB Nachschieben von Kündigungsgründen Nr. 5 = EzA § 626 n.F. BGB Nr. 167; bejaht durch LAG Düsseldorf 15. 7. 1997 – 6 Sa 430/97 –.

187 Das BAG hat die Möglichkeit des Nachschiebens von Kündigungsgründen für den Fall in Frage gestellt, dass der Kündigende im Prozess die Kündigungsgründe völlig auswechselt.[82] Auch dem ist nicht zuzustimmen, da stets allein auf die Existenz der Kündigungsgründe im Zeitpunkt der Abgabe der Kündigungserklärung abzustellen und auf dieser Grundlage zu prüfen ist, ob der Sachverhalt die Kündigung nach der jeweils in Betracht kommenden Norm zu tragen in der Lage ist. Dass die Kündigung von einem ganz anderen Grund ausgelöst wurde, muss ohne Bedeutung bleiben.

§ 5 Kündigung und Vertretung

188 Die Kündigung muss im Grundsatz von dem einen Vertragspartner abgegeben und dem anderen gegenüber erklärt werden. Bei juristischen Personen ist sie vom Organ abzugeben bzw. muss sie diesem zugehen. Trotz des höchstpersönlichen Charakters des Kündigungsrechts ist eine Vertretung nicht ausgeschlossen. Vertraglich kann die Kündigungsbefugnis aber allein dem Arbeitgeber selbst vorbehalten sein.[1]

I. Kündigung kraft Vollmacht

189 Die Kündigung kann durch einen Bevollmächtigten erklärt werden, was auf Arbeitgeberseite die Regel sein dürfte. Deshalb ist die Kündigung durch einen Bevollmächtigten dem Arbeitgeber auch dann zuzurechnen, wenn bei Ausspruch der Kündigung auf das Vertretungsverhältnis nicht ausdrücklich hingewiesen wird. Willenserklärungen, die in einem Betrieb oder Unternehmen Dritten gegenüber abgegeben werden, sind, soweit nicht ausdrücklich etwas anderes gesagt wird oder sich aus den Umständen ergibt, im Namen dessen abgegeben, der den Betrieb oder das Unternehmen betreibt.[2] Die Vollmacht bedarf keiner Form. Sie kann gemäß § 167 BGB durch Erklärung gegenüber dem Kündigungsempfänger wie auch gegenüber dem Vertreter abgegeben werden. Vielfach liegt die Vollmacht zur Kündigung in einer umfassenden Vollmacht, z. B. der Prokura oder der Generalvollmacht. Auch die Handlungsvollmacht enthält für ihren Bereich die Vollmacht zur Kündigung, denn sie erstreckt sich auf alle Geschäfte, die der Betrieb eines derartigen Handelsgewerbes oder die Vornahme derartiger Geschäfte mit sich bringt (§ 54 Abs. 1 HGB). Regelmäßig besitzen eine Vollmacht zur Kündigung der Betriebs- oder der **Personalleiter.**[3] Die Vollmacht erlischt auch nicht durch Erlass eines Veräußerungs- und Verfügungsverbotes und die Anordnung der Sequestration.[4] Die Vollmacht zur Kündigung kann auch in einer Prozessvollmacht enthalten sein.[5]

---

[82] BAG 18. 1. 1980 NJW 1980, 2486 = EzA § 626 BGB n. F. Nr. 71.

[1] BAG 9. 10. 1975 AP § 626 BGB Ausschlussfrist Nr. 8 = EzA § 626 BGB n. F. Nr. 43.

[2] BAG 31. 1. 1996 NZA 1996, 649 = EzA § 102 BetrVG 1972 Nr. 90.

[3] Vgl. auch BAG 26. 2. 1997 EzA § 174 BGB Nr. 11 = NZA 1997, 655; LAG Berlin 27. 6. 1997 LAGE § 174 BGB Nr. 12.

[4] BAG 24. 10. 1996 NZA 1997, 373 = EzA § 102 BetrVG 1972 Nr. 92.

[5] RG 20. 12. 1902 RGZ 53, 212; *Molitor,* S. 80. Das muss für den Kündigungsempfänger aber erkennbar sein. Vgl. zum Umfang der Prozessvollmacht BAG 10. 8. 1977 EzA § 81 ZPO Nr. 1 = DB 1978, 167.

Wenn auch die Erteilung einer Vollmacht ohne Form gültig ist, so ist die Vollmachtsurkunde doch wegen § 174 BGB in der Praxis von Bedeutung. Legt nämlich der Bevollmächtigte die Vollmachtsurkunde bei der Kündigung nicht vor und weist der Kündigungsempfänger aus diesem Grunde die Kündigung **unverzüglich** zurück, so ist die Kündigung nach § 174 BGB unwirksam.[6] § 174 BGB, der auch für Kündigungen im öffentlichen Dienst gilt,[7] erfordert die Vorlage der Vollmachtsurkunde im Original; eine Fotokopie oder eine Faxkopie reichen nicht aus.[8] Die fehlende Vorlage der Vollmacht braucht nicht **ausdrücklich** gerügt zu werden, es reicht auch aus, dass sich der Grund der Zurückweisung **aus den Umständen eindeutig** ergibt und für den Vertragspartner **erkennbar** ist. Hieran fehlt es, wenn die Zurückweisung allein wegen fehlender Kündigungsbefugnis des Erklärenden erfolgt.[9] Die Zurückweisung, die im Belieben des Empfängers steht, macht also die Kündigung nichtig. Es ist eine Neuvornahme erforderlich. Der Nichtvorlage einer Vollmachtsurkunde i. S. des § 174 Satz 1 BGB steht es gleich, wenn der Bevollmächtigte zwar eine Vollmachtsurkunde vorlegt, diese aber nur zur Vornahme anderer Rechtsgeschäfte berechtigt. Im Interesse der Rechtssicherheit und Rechtsklarheit muss die Vollmachtsurkunde für den Erklärungsgegner eindeutig erkennen lassen, welche rechtsgeschäftlichen Erklärungen abgegeben werden dürfen. Ist dies nicht der Fall, so kann der Erklärungsempfänger das einseitige Rechtsgeschäft nach § 174 Satz 1 BGB zurückweisen. Dies hat **unverzüglich** zu erfolgen. Hier gelten die zu § 121 BGB entwickelten Rechtsgrundsätze entsprechend. Die Zurückweisung muss also grundsätzlich nicht sofort erfolgen.[10] Dem Erklärungsempfänger steht vielmehr eine gewisse Zeit zur Überlegung und zur Einholung eines Rates durch einen Rechtsanwalt zur Verfügung, ob er das einseitige Rechtsgeschäft wegen der fehlenden Vollmacht zurückweisen soll oder nicht. In welcher Zeitspanne dies zu erfolgen hat, richtet sich nach den Umständen des Einzelfalles. Der Zeitraum von einer Woche dürfte in aller Regel nicht zu lange sein.[11] Nicht mehr unverzüglich ist i. d. R. die Zurückweisung in einer nach drei Wochen erhobenen Kündigungsschutzklage.[12] **190**

---

[6] Ausführlich zur Zurückweisung nach § 174 BGB: *Hohmeister,* ArbuR 1992, 143 ff.; *Kliemt,* Formerfordernisse im Arbeitsverhältnis, 1995, S. 214 ff.

[7] BAG 29. 6. 1989 EzA § 174 BGB Nr. 6 = DB 1990, 635.

[8] LAG Düsseldorf 12. 12. 1994 BB 1995, 731; LAG Düsseldorf 22. 2. 1995 LAGE § 174 BGB Nr. 7 = NZA 1995, 994; OLG Hamm 26. 10. 1990 AnwBl. 1991, 340.

[9] BAG 18. 2. 1993 RzK I 2b Nr. 18.

[10] Anders für den Ausnahmefall, in der der Vertreter in Anwesenheit des Vertretenen dem Erklärungsempfängers die Kündigung erklärt hat. In einer solchen Situation, in der der Vertretene für eine Klärung unmittelbar zur Verfügung steht, muss die Zurückweisung im Sinne vom § 174 Satz 1 BGB sofort erfolgen, so LAG Köln 3. 8. 1999 ARST 2000, 93; MünchKomm/*Schramm,* § 174 BGB Rn. 4.

[11] BAG 30. 5. 1978 und vom 31. 8. 1979 EzA § 174 BGB Nr. 2 und 3 = AP § 174 BGB Nr. 2 und 3; LAG Nürnberg 10. 8. 1992 LAGE § 174 BGB Nr. 5; LAG Hamm 6. 9. 1996 LAGE § 613 a BGB Nr. 56 (längstens zwei Wochen); LAG Düsseldorf 22. 2. 1995 LAGE § 174 BGB Nr. 7 = NZA 1995, 994 (10 Tage sind zu lang). Enger OLG Hamm 26. 10. 1990 AnwBl. 1991, 340: Verspätet, wenn drei Tage keine Bearbeitung des Vorgangs.

[12] LAG Köln 20. 2. 1997 LAGE § 174 BGB Nr. 10; s. a. BAG 11. 3. 1999 AP § 626 BGB Nr. 150.

191 § 174 BGB findet auch Anwendung auf die interne Ermächtigung eines Gesamtvertreters durch den anderen.[13] Bei der Vorschrift einer Gemeindeordnung, nach der ein Kündigungsschreiben von bestimmten Personen zu unterzeichnen und mit einem Dienstsiegel zu versehen ist, handelt es sich nach BAG 29. 6. 1988[14] nicht um eine gesetzliche Formvorschrift, sondern um eine Vertretungsregelung. Das Dienstsiegel einer Behörde ist der Vorlage einer Vollmachtsurkunde nicht gleichzusetzen. Das Siegel besagt nichts darüber, ob derjenige, der es bei der Herstellung der Urkunde verwendet, auch berechtigt ist, die Urkunde zu fertigen.[15] Nach einer zutreffenden Entscheidung des BAG 18. 1. 1990[16] ist § 174 BGB auf einen sog. besonderen Vertreter (§ 30 BGB) eines rechtsfähigen Vereins nicht entsprechend anwendbar. Der Vorlage einer Vollmachtsurkunde bedarf es in diesem Fall ebenso wenig wie bei gesetzlichen oder ihnen gleichzustellenden organschaftlichen Vertretern.[17] Gleiches gilt wegen § 15 Abs. 2 Satz 1 HGB für **Prokuristen,** deren Prokura im Handelsregister eingetragen und vom Registergericht bekannt gemacht worden ist.[18]

192 Die Zurückweisung durch den Gekündigten ist nicht möglich, wenn der Vollmachtgeber den Vertragsgegner von der Vollmacht in Kenntnis gesetzt hat (§ 174 Satz 2 BGB). Das ist der Fall, wenn der Arbeitgeber anlässlich der Amtseinführung eines Angestellten, an der die Belegschaft teilnimmt, auf dessen Kündigungsbefugnis hinweist. Dies gilt selbst gegenüber solchen Arbeitnehmern, die bei der Amtseinführung nicht anwesend waren.[19] Ebenso liegt ein In-Kenntnis-Setzen vor, wenn die Kündigung in einem Unternehmen vom **Personalabteilungsleiter** ausgesprochen wird, der eine Stellung bekleidet, mit der das Kündigungsrecht üblicherweise verbunden ist. Eine Zurückweisung der Kündigung, bei der eine Vollmachtsurkunde nicht vorgelegt wird, ist hier nicht möglich. Der Arbeitgeber hat in diesem Fall seine Belegschaft nach § 174 Satz 2 BGB davon in Kenntnis gesetzt, dass der Personalleiter zur Abgabe von Kündigungserklärungen bevollmächtigt ist.[20] Das gilt auch dann, wenn der Gekündigte vom Arbeitgeber persönlich eingestellt worden ist oder wenn der Personalabteilungsleiter im Innenverhältnis Einschränkungen etwa dergestalt unterliegt, dass für die Kündigung die Einschaltung übergeordneter Gremien erforderlich

---

[13] BAG 18. 12. 1980 EzA § 174 BGB Nr. 4 = NJW 1981, 2374; s. LAG Rheinland-Pfalz 10. 12. 1996 DB 1997, 1723.

[14] EzA § 174 BGB Nr. 5 = AP § 174 BGB Nr. 6 mit krit. Anm. *Krückhans;* s.a. BAG 31. 1. 1996 AP § 123 BGB Nr. 41. Differenzierend: *Kliemt,* a. a. O., S. 29 ff.

[15] So überzeugend BAG 20. 8. 1997 NZA 1997, 1343; a. A. noch die Vorauflage.

[16] NZA 1990, 520 = EzA § 174 BGB Nr. 7 unter Aufhebung von LAG Frankfurt 23. 1. 1989 LAGE § 174 BGB Nr. 3.

[17] BAG 18. 1. 1990 a. a. O.; LAG Hamm 10. 7. 1991 LAGE § 174 BGB Nr. 4; MünchKomm/*Schramm,* § 174 BGB Rn. 7a; zum geschäftsführenden Gesellschafter einer GbR LAG Frankfurt 25. 3. 1997 ARST 1997 238; zur „Scheinsozietät" BAG 6. 2. 1997 EzA § 174 BGB Nr. 11 = NZA 1997, 655.

[18] Im Ergebnis ebenso: BAG 11. 7. 1991 AP § 174 BGB Nr. 9 = EzA § 174 BGB Nr. 9 mit abl. Anm. *Boecken.*

[19] LAG Köln 7. 7. 1993 LAGE § 174 BGB Nr. 6.

[20] BAG 30. 5. 1972 NJW 1972, 1877 = EzA § 174 BGB Nr. 1. Bestätigend: BAG 30. 5. 1978, 29. 6. 1989, 11. 7. 1991, 29. 10. 1992 AP § 174 BGB Nr. 2, 7, 9, 10; BAG 18. 5. 1994 EzA § 102 BetrVG 1972 Nr. 85; bejahend für einen Niederlassungsleiter Hessisches LAG 7. 7. 1997 LAGE § 626 BGB Nr. 115.

ist.[21] Eine Übertragung dieser Grundsätze auf Sachbearbeiter der Personalabteilung oder Referatsleiter in der Personalabteilung ist nicht möglich, da es diesen in aller Regel an der Bevollmächtigung zum Ausspruch von Kündigungen fehlt.[22] Bei einem Prokuristen reicht es aus, dass dessen Prokura im Handelsregister eingetragen und vom Registergericht bekannt gemacht wurde.[23] Im öffentlichen Dienst genügen nicht intern praktizierte Verwaltungsregelungen,[24] die nicht bekannt gegeben wurden. Eine öffentliche Bekanntmachung der Kündigungsbefugnis in Amtsblättern genügt aber in jedem Falle.[25]

Unabhängig von der jeweiligen Bezeichnung des Kündigenden ist stets einzel- 193
fallbezogen festzustellen, wie sich die Position des Erklärenden für einen objektiven Betrachter darstellt, ob also mit einer derartigen Stellung die Kündigungsbefugnis verbunden zu sein pflegt.[26] Der **Leiter einer Niederlassung** eines Unternehmens des Transportgewerbes ist regelmäßig nach der Verkehrsanschauung gegenüber den gewerblichen Arbeitnehmern als kündigungsberechtigt anzusehen.[27] Verneint wurde dies jedoch für den kaufmännischen Leiters der Niederlassung eines Automobilherstellers.[28] Eine als bekannt vorauszusetzende Bevollmächtigung im Sinne des § 174 S 2 BGB liegt dagegen nicht vor, wenn der Insolvenzverwalter als Partei kraft Amtes einem soziierten **Rechtsanwalt** im Einzelfall die Befugnis zum Ausspruch der Kündigung erteilt.[29]

Von dem vorstehend behandelten Fall ist derjenige zu unterscheiden, in dem der 194
Kündigende **keine Vertretungsmacht** hat. Die Kündigung durch einen Vertreter ohne Vertretungsmacht ist nach § 180 Satz 1 BGB grundsätzlich nichtig. Hat jedoch der Kündigende die Vertretungsmacht behauptet und der Kündigungsempfänger sie nicht beanstandet, ist die nachträgliche Genehmigung wie bei Verträgen zulässig (§ 180 Satz 2 BGB).[30] Die Kündigung wird in diesem Falle endgültig unwirksam, wenn die Genehmigung verweigert wird. Der Kündigungsempfänger kann nach § 177 Abs. 2 BGB eine Entscheidung des Vertragspartners innerhalb von zwei Wochen herbeiführen.

II. Vertretung beim Kündigungsempfang

Nach § 164 Abs. 3 BGB ist Vertretung auch beim Empfang einer Kündigungs- 195
erklärung möglich. Die Bevollmächtigung hierzu ist formlos gültig, sie kann und wird sich häufig in der Praxis aus den Umständen ergeben. So ist es zulässig, dass der Arbeitnehmer gegenüber dem Personalbüro eine Kündigung ausspricht. Trotz

---

21 BAG 29. 10. 1992 AP § 174 BGB Nr. 10; 18. 3. 1994 EZA § 102 BetrVG 1972 Nr. 8.
22 BAG 30. 5. 1978, 29. 6. 1989 AP § 174 BGB Nr. 2, 7; 20. 8. 1997 NZA 1997, 1343.
23 BAG 11. 7. 1991 AP § 174 BGB Nr. 9 = EzA BGB § 174 Nr. 9.
24 BAG 29. 6. 1989 AP § 174 BGB Nr. 7 = EzA § 174 BGB Nr. 6.
25 Für die Leiterin einer Standortverwaltung BAG 18. 10. 2000 EzA § 626 BGB Krankheit Nr. 3 = NZA 2001, 219.
26 S. a. BAG v. 6. 2. 1997 EzA § 174 BGB Nr. 11.
27 LAG Frankfurt 20. 6. 2000 NZA-RR 2000, 585 = LAGE § 174 BGB Nr. 11.
28 LAG Frankfurt 4. 9. 1997 NZA-RR 1998, 396.
29 LAG Köln 31. 8. 2000 LAGE § 174 BGB Nr. 12.
30 Hierzu BAG 11. 12. 1997 ArbuR 1998, 202; zur Rückwirkung nach § 184 BGB: *Lange,* Festgabe für Sandrock, 1995, S. 243ff.

Bevollmächtigung kann auch immer gegenüber dem Vertragsgegner selbst gekündigt werden. Dieser kann den Kündigenden nicht an seinen Bevollmächtigten verweisen. Besteht eine **Gesamtvertretung,** so ist jeder Gesamtvertreter allein berechtigt, die Willenserklärung entgegenzunehmen.[31]

196 Die Kündigung gegenüber einem Nichtberechtigten ist schlechthin unwirksam. Sie kann auch nicht genehmigt werden, da der Empfang einer Willenserklärung keine Verfügung darstellt. Es ist daher stets Neuvornahme erforderlich. Wirksamkeit kann die Kündigung nur dadurch erlangen, dass sie vom Nichtberechtigten an den Berechtigten weitergeleitet wird und auf diese Weise diesem zugeht. Ob die normale **Prozessvollmacht** den Vertreter berechtigt, eine zweite Kündigung während des Prozesses mit Wirkung für den Vertretenen entgegenzunehmen – Beginn der Klagefrist nach § 4 KSchG –, ist zweifelhaft (vgl. dazu unten Rn. 200f.). Wird aber der Schriftsatz, in dem die Kündigung enthalten ist, von dem Bevollmächtigten der Partei zugeleitet, so geht damit auch die Kündigung zu.

III. Kündigung während des Prozesses

197 Besondere Probleme entstehen, wenn ein Kündigungsschutzprozess oder ein sonstiges Verfahren zwischen Arbeitgeber und Arbeitnehmer anhängig ist und in einem Schriftsatz von der Partei selbst oder ihrem Prozessbevollmächtigten eine Kündigung bzw. eine zweite Kündigung ausgesprochen wird. Der Fall einer zweiten Kündigung während eines laufenden Kündigungsschutzverfahrens wird vor allem dann praktisch, wenn nach Ausspruch der Kündigung neue Kündigungsgründe entstanden sind. Diese können nach der Rechtsprechung grundsätzlich zur Rechtfertigung der ersten Kündigung nicht mehr herangezogen werden. Gegen die Zulässigkeit einer zweiten Kündigung bestehen keine durchgreifenden Bedenken. Es handelt sich nicht etwa um eine unzulässige bedingte Kündigung.

198 Eine derartige Kündigung kann jedoch bereits an dem Formerfordernis des § 623 BGB scheitern. Ist das Formerfordernis erfüllt, ist vielfach fraglich, ob und wann die Kündigungserklärung wirksam abgegeben worden ist. Das alles ist wegen der Klagefrist des § 4 KSchG in der Praxis von ganz entscheidender Bedeutung.[32]

199 Um den Formzwang nach § 623 BGB zu wahren, ist es jedoch erforderlich, dass der Kündigende oder dessen Bevollmächtigter die für den **Kündigungsempfänger bestimmte Abschrift eigenhändig unterschreibt.** Es genügt aber, wenn die für das Gericht bestimmte Urschrift eigenhändig unterzeichnet ist und der Kündigungsempfänger eine mit einem Beglaubigungsvermerk versehene Abschrift erhält. Erforderlich ist aber, dass der Beglaubigungsvermerk vom Verfasser des Schriftsatzes, der die Kündigung enthält, eigenhändig unterzeichnet ist.[33] Sind der

---

[31] BAG 12. 2. 1975 EzA § 78 BetrVG 1972 Nr. 4 = AP § 78 BetrVG 1972 Nr. 1.

[32] LAG Baden-Württemberg 31. 5. 1967 DB 1967, 2079; *Diller,* NZA 1994, 830ff.

[33] LAG Niedersachsen 30. 11. 2001 NZA-RR 2002, 242; BGH 4. 7. 1986 NJW-RR 1987, 395; BayObLG 14. 7. 1981 NJW 1981, 2197, 2198f; OLG Hamm 23. 11. 1981 NJW 1982, 452; KR/*Spilger,* § 623 BGB Rn. 142; ErfK/*Müller-Glöge,* § 623 BGB Rn. 26; APS/*Preis,* § 623 BGB Rn. 33.

Verfasser des Schriftsatzes und der Beglaubiger nicht personengleich, so ist die Schriftform nicht gewahrt.

Fraglich ist ferner, ob die normale **Prozessvollmacht** ausreicht, um die Kündigungserklärung wirksam abzugeben. Angesichts der herrschenden Streitgegenstandstheorie im Kündigungsschutzrechtsstreit – Streitgegenstand ist danach, ob die konkrete Kündigung das Arbeitsverhältnis beendet hat[34] und nicht der Bestand des Arbeitsverhältnisses generell im Zeitpunkt der letzten Tatsacheninstanz – erstreckt sich die Prozessvollmacht nur auf alle mit dem Streitgegenstand in Verbindung stehenden materiellen und prozessualen Erklärungen. Eine zweite Kündigung kann also ein Rechtsanwalt kraft seiner Prozessvollmacht aus dem ersten Kündigungsschutzverfahren nicht abgeben.[35] Er bedarf also zur Abgabe der zweiten Kündigung einer besonderen Vollmacht, die jedoch formlos erteilt werden kann. Gegen die Wirksamkeit der in einem Schriftsatz erklärten Kündigung könnte schon eingewandt werden, sie sei gar nicht in Richtung auf den Empfänger „in Bewegung gesetzt". Jede Willenserklärung muss vom Erklärenden „in Richtung auf den Erklärungsgegner" abgegeben worden sein. Geht die Willenserklärung ohne diesen „Übermittlungswillen" dem Erklärungsgegner zu, so liegt eine rechtswirksame Erklärung nicht vor. Eine in einem Schriftsatz enthaltene Erklärung wird zunächst gegenüber dem Gericht abgegeben. Ist der Erklärungsempfänger nicht durch einen Bevollmächtigten vertreten, so wird der Erklärende stets auch den Willen haben, die im Schriftsatz enthaltenen Erklärungen dem Prozessgegner gegenüber abzugeben. Geht der Schriftsatz also zu, so tritt der Zugang der zweiten Kündigung mit all seinen Wirkungen ein. Dasselbe wird man auch dann anzunehmen haben, wenn im Anwaltsprozess dem Prozessgegner zwei Schriftsatzkopien zugeleitet werden und eine davon der Partei zugesandt wird. Mit dem Zugang des Schriftsatzes beim Prozessbevollmächtigten geht die Kündigung noch nicht zu, denn die Prozessvollmacht berechtigt nicht zur Entgegennahme von Willenserklärungen, die über den Streitgegenstand des Prozesses hinausgehen.[36] Das ist aber bei einer zweiten Kündigung der Fall. Es handelt sich also um die Abgabe einer Kündigung gegenüber einem Nichtberechtigten, die keinerlei Rechtswirkungen hat, wenn die Erklärung von diesem nicht der Partei selbst weitergeleitet wird. **200**

Nach einer Entscheidung des BAG 21. 1. 1988[37] bevollmächtigt allerdings eine Prozessvollmacht, auf Grund derer eine Kündigung mit der **allgemeinen Feststellungsklage** nach § 256 ZPO angegriffen wird, den Prozessbevollmächtigten zur **Entgegennahme aller Kündigungen,** die den mit dem Feststellungsanspruch verbundenen weiteren Streitgegenstand betreffen. Es soll dann nicht da- **201**

---

[34] BAG 13. 11. 1958 AP § 3 KSchG Nr. 17 = NJW 1959, 1459; ständ. Rspr.; vgl. noch BAG 10. 8. 1977 EzA § 81 ZPO Nr. 1 = AP § 81 ZPO Nr. 2.

[35] *Güntner,* DB 1975, 1271. Das gilt nicht, wenn der Umfang der Prozessvollmacht für den Erklärungsempfänger erkennbar erweitert worden ist. Das wird in der Regel anzunehmen sein, wenn wegen desselben Sachverhalts die Kündigung wiederholt wird, weil z.B. die frühere Kündigung an einem Formfehler zu scheitern droht, vgl. BAG 10. 8. 1977 EzA § 81 ZPO Nr. 1 = AP § 81 ZPO Nr. 2.

[36] Vgl. ErfK/*Müller-Glöge,* § 620 BGB Rn. 179; KR/*Fischermeier,* § 626 BGB Rn. 194.

[37] AP § 4 KSchG 1969 Nr. 19 = EzA § 4 KSchG Nr. 33 mit Anm. *Vollkommer/Weinland* = NZA 1988, 651 = SAE 1990, 83 mit Anm. *Mummenhoff;* hierzu *Weidemann,* NZA 1989, 246ff.

rauf ankommen, ob und wann die Kündigung auch dem Arbeitnehmer selbst zugegangen ist. Dies ist deshalb bedenklich, weil Kündigungserklärungen in Schriftsätzen „versteckt" sein können. Doch kann weder dem Kläger noch dem Beklagten noch den beteiligten Anwälten das genaue Lesen der Schriftsätze erspart werden.[38] Die jüngste Rechtsprechung des BAG zur Kündigungsschutzklage und zur Theorie des punktuellen Streitgegenstandes[39] müsste jedoch eine andere Betrachtung insoweit zur Folge haben, als nach § 81 ZPO die Prozessvollmacht nicht weiter reicht als der Streitgegenstand. Deshalb dürfte – ohne besondere Vollmacht – im Rahmen der Prozessvollmacht weder der Beklagtenanwalt eine Erklärungsvollmacht zum Ausspruch von Schriftsatzkündigungen noch der Klägeranwalt eine Empfangsvollmacht innehaben.[40] Die Schriftsatzkündigung kann daher regelmäßig nur dann wirksam werden, wenn dem Mandanten der Schriftsatz zugeleitet wird. Das gilt aber nur, wenn die Prozessvollmacht auf den punktuellen Streitgegenstand nach § 4 KSchG beschränkt bleibt (vgl. hierzu noch Rn. 1872ff.).

202 Erfolgt die Weiterleitung des Schriftsatzes an die Partei selbst, so ist fraglich, wann die Kündigung zugegangen ist. Man wird nicht annehmen können, dass der Zugang immer schon dann eintritt, wenn der Schriftsatz in den Machtbereich der Partei gelangt ist. Das wäre nur dann möglich, wenn die Übermittlung von Kündigungen in Schriftsätzen üblich wäre. Es wird hier die Auffassung zu vertreten sein, dass man in vorbereitenden Schriftsätzen keine Erklärungen zu vermuten hat, die über den Streitgegenstand des Prozesses hinausgehen.[41] Deshalb geht die Kündigung in Fällen dieser Art erst dann zu, wenn die Partei selbst vom Inhalt des vorbereiteten Schriftsatzes Kenntnis erlangt hat. Wegen der Klagefrist des § 4 KSchG muss das im Einzelfall festgestellt werden. Die Parteivernehmung wird wohl dafür meist das einzige Mittel sein. Leitet der Prozessbevollmächtigte den Schriftsatz, in dem die Kündigung enthalten ist, seiner Partei nicht weiter, so ist die Kündigung nicht zugegangen. Sie muss wiederholt werden.

IV. Kündigung und gesetzliche Vertretung

203 Minderjährige bedürfen im Grundsatz zur Kündigung der Einwilligung des gesetzlichen Vertreters (§ 107 BGB). Ohne diese notwendige Einwilligung erklärte Kündigungen sind nach § 111 BGB unwirksam. Davon ist nur dann eine Ausnahme zu machen, wenn der Kündigungsempfänger mit der Vornahme des Rechtsgeschäfts durch den Minderjährigen einverstanden ist. Dann kann Genehmigung erfolgen (§§ 108, 109 BGB). Kündigt der Minderjährige mit Einwilligung des gesetzlichen Vertreters und legt er die Einwilligung nicht in schriftlicher Form vor, so ist sie unwirksam, wenn der Erklärungsempfänger sie aus diesem Grunde unverzüglich zurückweist (§ 174 BGB).

---

[38] Vgl. *Franzen,* Anm. EzA § 4 KSchG Nr. 48; *Ascheid,* Rn. 767.

[39] BAG 27. 1. 1994 und 16. 3. 1994 EzA § 4 KSchG Nr. 48 und 49 = NZA 1994, 812 und 860.

[40] *Diller,* NZA 1994, 830, 833; *Weidemann,* NZA 1989, 246, 247; *Franzen,* Anm. EzA § 4 KSchG Nr. 48; vgl. auch LAG Düsseldorf 13. 1. 1999 – 12 Sa 1810/98.

[41] Großzügiger KR/*Fischermeier,* § 626 BGB Rn. 194.

Bei der Kündigung durch einen Minderjährigen finden die §§ 112, 113 BGB Anwendung. Der Minderjährige muss die Kündigung selbst aussprechen. Kündigt der gesetzliche Vertreter, so kann darin je nach Lage des Falles eine Einschränkung der Ermächtigung liegen, so dass die Kündigung wirksam ist. **204**

Soll die Kündigung **gegenüber einem Geschäftsunfähigen** oder einer beschränkt geschäftsfähigen Person abgegeben werden, so wird sie nicht wirksam, bevor sie dem gesetzlichen Vertreter zugeht. Besteht ein **sog. qualifizierter Formzwang,** so müssen dem gesetzlichen Vertreter auch die Kündigungsgründe zugehen.[42] Nicht erforderlich ist, dass die Kündigung an den gesetzlichen Vertreter selbst gerichtet ist. War sie an den Minderjährigen adressiert, so wird sie wirksam, wenn sie dem gesetzlichen Vertreter zugeht, d.h. also dieser von ihr Kenntnis erlangt.[43] Geht die Kündigung nur einem Elternteil zu, so ist sie wirksam. Bei der Passivvertretung ist in allen Fällen der Gesamtvertretung ausreichend, wenn die Willenserklärung einem Vertreter zugeht.[44] **205**

Bei juristischen Personen ist die Kündigung durch das vertretungsberechtigte Organ abzugeben, wenn dieses nicht von der Möglichkeit der Bevollmächtigung Gebrauch macht. Ist der Gesellschafter einer GmbH zugleich deren Arbeitnehmer, so kann in seinem Arbeitsvertrag wirksam vereinbart werden, dass zu seiner fristgerechten Kündigung die vorherige Zustimmung der Gesellschafterversammlung erforderlich ist, ohne dass hierin eine unzulässige Beschränkung der Vertretungsbefugnis des GmbH-Geschäftsführers läge.[45] Besteht **Gesamtvertretung,** so müssen die Vertreter grundsätzlich zusammenwirken. Stillschweigende, auch formlose Zustimmung der Gesamtvertreter kann jedoch ausreichen.[46] Zur **Passivvertretung** ist jedes Organmitglied allein berufen. Das ergibt sich aus den einschlägigen gesetzlichen Bestimmungen. Dieselbe Regelung enthält das HGB auch für die OHG und die KG. Der allgemeine Rechtsgedanke ist auf alle Fälle der **Gesamtvertretung** auszudehnen. **206**

Im öffentlichen Dienst sind ggf. besondere gesetzliche Vorschriften über die Vertretungsmacht zu beachten, insbesondere kommunalverfassungsrechtliche Vorschriften.[47] Vorbehaltlich besonderer Bestimmungen[48] wird im Regelfall auch hier die Außenvertretungsmacht nicht durch die interne Willensbildung in gemeindlichen Gremien eingeschränkt. **207**

---

[42] BAG 25. 11. 1976 EzA § 15 BBiG Nr. 3 = AP § 15 BBiG Nr. 4; *Kliemt,* a.a.O., S. 105f.

[43] LAG Hamm 20. 12. 1974 DB 1975, 407. Vgl. auch LAG Düsseldorf 14. 5. 1970 DB 1970, 1135, das eine Vermutung für die Kenntniserlangung abgelehnt hat.

[44] BAG 12. 2. 1975 EzA § 78 BetrVG 1972 Nr. 4 = DB 1975, 1226; 25. 11. 1976 EzA § 15 BBiG Nr. 3 = AP § 15 BBiG Nr. 4.

[45] BAG 28. 4. 1993 RzK I 2b Nr. 20.

[46] LAG Hamm 9. 9. 1974 DB 1974, 2163; BAG 18. 12. 1980 EzA § 174 BGB Nr. 4 = NJW 1981, 2374, das in diesem Falle die Anwendbarkeit des § 174 BGB bejaht.

[47] Zur Einzelvertretungsmacht eines Landrates in Baden-Württemberg: BAG 14. 11. 1984 AP § 626 BGB Nr. 89 = NZA 1986, 95; zur bayerischen Gemeindeordnung: BAG 20. 4. 1977 AP § 54 BAT Nr. 1 = DB 1977, 1856; BAG 18. 5. 1994 RzK I 2b Nr. 21; zur Niedersächsischen Landkreisordnung: BAG 31. 1. 1996 AP § 123 BGB Nr. 41 = EzA § 178 BGB Nr. 1.

[48] Zur GO NW: BAG 4. 2. 1987 AP § 626 BGB Ausschlussfrist Nr. 24 zu = NZA 1987, 635; zu § 54 Abs. 3 Satz 2 GO NW: BAG 26. 3. 1986 AP § 180 BGB Nr. 2 = NJW 1987, 1038 und klarstellend LAG Düsseldorf 21. 12. 1987 LAGE § 164 BGB Nr. 1.

§ 6 Ort und Zeit der Kündigung

208 Die Kündigung kann, wenn nichts anderes im Arbeitsvertrag, im Tarifvertrag oder einer (zulässigen) Betriebsvereinbarung vereinbart worden ist, zu jeder Zeit und an jedem Ort erfolgen. Es ist also vor allem nicht notwendig, dass sie während der Arbeitszeit oder am Arbeitsplatz erfolgt. Die Kündigung kann auch am Sonntag oder einem gesetzlichen Feiertag erklärt werden.[1] (Zur sog. ungehörigen Kündigung vgl. Rn. 311ff.) Eine besondere Bereitschaft des Empfängers zur Entgegennahme der Kündigung ist nicht erforderlich. Das würde mit der Rechtsnatur der Kündigung (dazu oben Rn. 3) nicht vereinbar sein. Andererseits kann es Situationen geben, in denen der Gekündigte die Kündigung nach Treu und Glauben oder nach der Verkehrssitte zurückweisen kann. Wenn z. B. ein Arbeitgeber seinen Arbeitnehmer auf dem Kirmesfest trifft und ihm gegenüber dann eine Kündigung ausspricht, so kann dieser die Erklärung zurückweisen. Die Kündigung muss dann wiederholt werden. Weist der Arbeitnehmer die Kündigung nicht zurück, so ist sie aus diesem Grunde nicht unwirksam.

§ 7 Zugang der Kündigungserklärung

209 Die Kündigung als eine einseitige empfangsbedürftige Willenserklärung wird, wenn sie **in Abwesenheit des Erklärungsempfängers** abgegeben wird, in dem Zeitpunkt wirksam, in dem sie ihm **zugeht** (§ 130 Abs. 1 Satz 1 BGB). Das Wirksamwerden der Kündigungserklärung **unter Anwesenden** ist im Gesetz nicht geregelt. Auch sie wird wirksam, wenn sie in den Machtbereich des Erklärungsempfängers gekommen ist. Gegenüber einem Geschäftsunfähigen wird sie erst wirksam, wenn sie dem gesetzlichen Vertreter zugeht (§ 131 Abs. 1 BGB). Eine rückwirkende Wirksamkeit tritt nicht ein.[1]

I. Zugang der Kündigungserklärung gegenüber Anwesenden

210 Die Kündigung, die einem Anwesenden gegenüber abgegeben wird, geht dem Empfänger in aller Regel sofort zu und wird damit wirksam. Die hierzu früher diskutierten Problemstellungen zu fernmündlichen Kündigungserklärungen und zur sog. Vernehmungstheorie (vgl. Vorauflage Rn. 99) sind im Hinblick auf das zwingende Schriftformerfordernis nach § 623 BGB seit 1. 5. 2000 im Arbeitsrecht bedeutungslos. Die einem Anwesenden übergebene schriftliche Kündigungserklärung wird allerdings mit der erkennbaren Übergabe wirksam. Ob und wann der Empfänger das Schreiben liest, ist ohne Bedeutung.[2]

---

[1] BAG 14. 11. 1984 EzA § 242 BGB Nr. 38 = NZA 1986, 97 zum Zugang der Kündigung am 24. Dezember; a. A. ArbG Passau 13. 5. 1987 ARST 1988, 52f.

[1] ArbG Mannheim 5. 9. 1991 NZA 1992, 511.

[2] BAG 16. 2. 1983 EzA § 123 BGB Nr. 21 = AP § 123 BGB Nr. 22.

II. Zugang der Kündigungserklärung unter Abwesenden

Die schriftliche Kündigungserklärung wird unter Abwesenden nach § 130 Abs. 1 BGB wirksam, wenn sie dem Gekündigten zugeht. Das ist der Fall, wenn die Erklärung so in den Machtbereich des Empfängers gelangt ist, dass bei Annahme gewöhnlicher Verhältnisse damit zu rechnen war, dass er von ihr Kenntnis nehmen konnte.[3] Wenn für den Empfänger diese Möglichkeit unter gewöhnlichen Verhältnissen besteht, ist es unerheblich, wann er die Erklärung tatsächlich zur Kenntnis genommen hat oder ob er daran durch Krankheit, zeitweilige Abwesenheit oder andere Umstände zunächst gehindert war. Durch Abstellen auf die Möglichkeit der Kenntnisnahme unter verkehrsüblichen Umständen soll eine angemessene Verteilung des Übermittlungsrisikos erreicht werden. Der Erklärende trägt das Übermittlungsrisiko so lange, bis er das nach den Umständen Erforderliche getan hat, um dem Empfänger die hinreichend sichere Möglichkeit der Kenntnisnahme zu verschaffen.[4] Dies gilt aber nur insoweit, wie nicht ein Fall der sogenannten Zugangsvereitelung (dazu unten Rn. 223f.) vorliegt. Wird ein Brief in den Hausbriefkasten eingeworfen, so geht er in dem Zeitpunkt zu, in dem mit der Leerung gerechnet werden konnte. Erreicht ein Kündigungsschreiben die Empfangseinrichtungen des Adressaten (Briefkasten, Postschließfach, Telefaxgerät) zu einer Tageszeit, zu der nach den Gepflogenheiten des Verkehrs eine Entnahme oder Abholung durch den Adressaten nicht mehr erwartet werden kann, so geht die Willenserklärung erst am Folgetag zu.[5] Hier kommt es auch auf die Art des Empfanges an. Die Erklärung geht auch zu, wenn ein Brief unter der Wohnungstür des Empfängers durchgeschoben wird,[6] unter Umständen sogar bei Deponierung im Hausflur oder im Briefschlitz der Haustür eines Mehrparteienhauses, wenn der Empfänger keinen beschrifteten Briefkasten angebracht hat.[7] Wer unter seiner früheren Anschrift einen Hausbriefkasten belässt und von dem Briefkasten seinen Namen nicht entfernt, hat den dadurch bewirkten Zustellversuch des Postbediensteten veranlasst und muss sich so behandeln lassen, als sei der Zugang tatsächlich 211

---

[3] BAG 11. 6. 1959 AP § 130 BGB Nr. 1 = DB 1959, 892; 13. 11. 1972 EzA § 102 BetrVG 1972 Nr. 20; 16. 1. 1976 EzA § 130 BGB Nr. 5 = NJW 1976, 1284 (L.); 13. 10. 1976 EzA § 130 BGB Nr. 7; 18. 2. 1977 EzA § 130 BGB Nr. 8 mit Anm. *Klinkhammer* = AP § 130 BGB Nr. 10. Die abweichende Auffassung des 7. Senats, vgl. Urteil 16. 12. 1980 EzA § 130 BGB Nr. 10 = NJW 1981, 1470 (kritisch dazu *Olshausen,* JZ 1981, 632), ist inzwischen wieder aufgegeben worden, vgl. BAG 16. 3. 1988 und 2. 3. 1989 AP § 130 BGB Nr. 16 u. 17 = EzA § 130 BGB Nr. 16 u. 22; vgl. ferner BAG 25. 4. 1996 EzA § 130 BGB Nr. 27 mit Anm. *v. Hoyningen-Huene* = AP § 4 KSchG 1969 Nr. 35 mit Anm. *Ramrath;* Rechtsprechungsüberblick bei *Becker-Schaffner,* BB 1998, 422.

[4] Vgl. BAG 13. 10. 1976 AP § 130 BGB Nr. 8 = EzA § 130 BGB Nr. 7.

[5] BAG 8. 12. 1983 EzA § 130 BGB Nr. 13 = AP § 130 BGB Nr. 12 = NZA 1984, 103; BAG 14. 11. 1984 AP § 626 BGB Nr. 88 für Einwurf des Kündigungsschreibens um 19.30 Uhr; BAG 18. 2. 1983 AP BGB § 130 Nr. 12: schon bei Einwurf nach 16.30 Uhr, wenn Arbeitnehmer krankheitsbedingt zu Hause ist; für Zugang generell erst am Folgetag KR/*Friedrich* § 4 KSchG Rn. 103; LAG Berlin 22. 1. 1999 AuA 1999, 326: bei Einwurf im Hausbriefkasten um 14 Uhr geht Brief noch am gleichen Tag zu.

[6] LAG Düsseldorf 7. 12. 1995 LAGE § 130 BGB Nr. 20; ablehnend MünchKomm/*Schwerdtner,* Vor § 620 BGB Rn. 111.

[7] LAG Düsseldorf 12. 10. 1990 LAGE § 130 BGB Nr. 14; LAG Düsseldorf 19. 9. 2000 LAGE § 130 BGB Nr. 21; LAG Hamm 25. 2. 1993 NZA 1994, 32.

erfolgt.[8] Telegramme gehen mit der Zustellung zu. Werden sie vorab telefonisch durchgesagt, ist dieser Zeitpunkt maßgebend. Wird ein Brief wegen ungenügender Frankierung oder wegen fehlerhafter Anschrift gar nicht oder verspätet zugestellt, so geht das zu Lasten des Erklärenden. Er hat alles zu tun, damit der Empfänger in die Lage versetzt wird, Kenntnis zu nehmen. Wird die Annahme eines Briefes abgelehnt, weil er mit Nachporto belastet ist, so geht die in ihm enthaltene Erklärung nicht zu. Die Kosten der Übermittlung hat der Erklärende zu tragen. Andererseits ist auch dem Empfänger ein Risiko anzulasten. Liegen auf seiner Seite vom Normalverlauf abweichende Umstände vor, die den Zugang verhindern, mit denen der Erklärende aber nicht rechnen konnte, so sind sie der Risikosphäre des Empfängers zuzurechnen.[9] Der Erklärende muss die Zustellung unverzüglich wiederholen, wenn er von dem nicht erfolgten Zugang Kenntnis erlangt.

212 Die gegenüber einem Abwesenden abzugebende Kündigungserklärung wird schon dann wirksam, wenn der Empfänger nur die **abstrakte Möglichkeit der Kenntnisnahme** hat. Konkrete Umstände in der Sphäre des Empfängers fallen in dessen Risikosphäre und bleiben grundsätzlich unbeachtet. Dies gilt insbesondere für in der Person des Empfängers liegende Umstände wie Sprach-, Schreib- und Lesekenntnis.[10] Die gegenteilige Auffassung, die darauf abstellt, ob dem Erklärenden besondere, in der Person des Erklärungsempfängers liegende und die Kenntnisnahme von dem Erklärungsinhalt hindernde Umstände bekannt sind, dürfte durch die neuere Rechtsprechung des BAG überholt sein.[11]

213 Schwierigkeiten ergeben sich bei der Bewältigung des Zugangsproblems, wenn sich der Gekündigte infolge von Urlaub, Krankheit, Kur, Umzug oder Haft nicht bzw. nicht mehr an dem gewöhnlichen Aufenthaltsort aufhält. Auszugehen ist davon, dass § 130 BGB der Gedanke einer Risikoverteilung zwischen dem die Kündigung Erklärenden und dem Erklärungsempfänger zugrunde liegt. Danach ist entsprechend den Grundsätzen der sogenannten Empfangstheorie die Erklärung wirksam, wenn die Möglichkeit der Kenntnisnahme vom Inhalt der Erklärung für den Empfänger **unter gewöhnlichen Verhältnissen** besteht. Es ist unerheblich, ob dies tatsächlich auch der Fall ist.[12] Ohne Bedeutung ist ferner, aus welchen Gründen die tatsächliche Kenntnisnahme unterbleibt, z.B. wegen Krankheit oder einer vorübergehenden Abwesenheit. Entscheidend ist allein, dass die alleinige Ursache dafür in der Sphäre des Erklärungsempfängers liegt, d.h. das Zugangshinder-

---

[8] ArbG Gelsenkirchen 10. 8. 1994 EzA § 130 BGB Nr. 25.

[9] BAG 18. 2. 1977 EzA § 130 BGB Nr. 8 mit Anm. *Klinkhammer* = AP § 130 BGB Nr. 10.

[10] So LAG Köln 24. 3. 1988 NJW 1988, 1870; *Schlüter,* Anm. zu LAG Hamm EzA § 130 BGB Nr. 9; LAG Hamburg 6. 7. 1990 LAGE § 130 BGB Nr. 16; a. A. LAG Hamm 5. 1. 1979 und 24. 3. 1988 EzA § 130 BGB Nr. 9 = NJW 1979, 2488 und EzA § 5 KSchG Nr. 32; offengelassen in BAG 9. 8. 1984 AP § 1 KSchG 1969 Verhaltensbedingte Kündigung Nr. 12, wo allerdings für den Fall einer Abmahnung wie bei LAG Hamm eine Zeitspanne verlangt wird, die dem Arbeitnehmer es ermöglicht, eine Übersetzung zu erlangen; ebenso Palandt-*Heinrichs,* § 130 BGB Rn. 7.

[11] Vgl. hierzu BAG 16. 3. 1988 u. 2. 3. 1989 unter Aufgabe von BAG 16. 12. 1980 alle wie Fußnote 3.

[12] Vgl. BAG 16. 1. 1976 EzA § 130 BGB Nr. 5 mit Anm. *Herschel* = DB 1976, 1018; 18. 2. 1977 EzA § 130 BGB Nr. 8 mit Anm. *Klinkhammer* = AP § 130 BGB Nr. 10.

nis dem Empfänger zuzurechnen ist.[13] Die besonderen Umstände in der Sphäre des Empfängers, mit denen der Erklärende **nicht zu rechnen brauchte,** hindern den Zugang nicht. Der Erklärende braucht nur die abstrakte Möglichkeit der Kenntnisnahme unter normalen Umständen herzustellen, mit denen er rechnen muss. Auf ein schuldhaftes Verhalten des Empfängers kommt es nicht an, maßgebend ist die Zurechnung zu seinem Einflussbereich. Solange der Empfänger seine Wohnung nicht aufgibt, muss er sie als Ort gelten lassen, wo man ihn nach der Verkehrsanschauung auch erreichen kann. Selbst bei Kenntnis des Arbeitgebers von der Ortsabwesenheit des Arbeitnehmers kann diesem ein an die Wohnungsanschrift gerichtetes Kündigungsschreiben wirksam zugehen. Dies gilt etwa auch dann, wenn sich der Arbeitnehmer in Untersuchungshaft oder in Auslieferungshaft im Ausland befindet.[14]

Unter Abweichung von einer früheren Rechtsprechung[15] steht das Bundesar- **214**
beitsgericht auf dem Standpunkt, dass ein an die Heimatanschrift des Arbeitnehmers gerichtetes Kündigungsschreiben diesem grundsätzlich auch dann zugeht, wenn dem Arbeitgeber bekannt ist, dass der Arbeitnehmer während seines **Urlaubs** verreist ist.[16] Durch die neueren Entscheidungen des BAG zur Zugangsproblematik dürfte die Frage damit für die Praxis entschieden sein.[17] Nach dieser Auffassung ist die in der aufgegebenen Entscheidung vom 16. 12. 1980 für den Zugang zusätzlich geforderte konkrete Erwartung des Erklärenden von der Kenntnisnahme durch den Empfänger mit den Bedürfnissen des rechtsgeschäftlichen Verkehrs nur schwer zu vereinbaren. Dies gilt insbesondere im Hinblick auf die Möglichkeit einer späteren Veränderung der Umstände, im Falle des Urlaubs etwa bei kurzfristiger Änderung der Urlaubspläne, im Falle der Inhaftierung bei kurzfristiger Verlegung in eine andere Haftanstalt. Aus diesem Grunde hält das BAG die nicht aufgegebene Wohnungsanschrift grundsätzlich für die richtige Zustellungsanschrift. Im Übrigen verweist es auf die Möglichkeit der Zulassung einer verspäteten Klage nach § 5 KSchG.[18] Nur ausnahmsweise könne sich aus § 242 BGB eine andere Würdigung ergeben. Zur **Wiedereinsetzung in den vorigen Stand** bei Versäumung der Klagefrist des § 4 KSchG vgl. unten Rn. 1829ff.

Wechselt der Arbeitnehmer die Wohnung, ohne dies dem Arbeitgeber anzuzei- **215**
gen, so geht die Verlängerung der Postlaufzeit zu Lasten des Arbeitnehmers, da ihm die Zugangsverzögerung zuzurechnen ist. Das gilt nicht, wenn die Anschriftsände-

---

[13] BAG 18. 2. 1977 EzA § 130 BGB Nr. 8 mit Anm. *Klinkhammer* = AP § 130 BGB Nr. 10; zur Frage des Zugangs am Zweitwohnsitz des Arbeitnehmers während dessen Krankheit ArbG Stade 6. 8. 1990 RzK I 2c Nr. 18.

[14] BAG 2. 3. 1989 EzA § 130 BGB Nr. 22 = AP § 130 BGB Nr. 17; ebenso LAG Düsseldorf 15. 6. 1982 EzA § 130 BGB Nr. 12; LAG München 2. 3. 1988 LAGE § 130 BGB Nr. 12 = DB 1988, 1608.

[15] BAG 16. 12. 1980 AP § 130 BGB Nr. 11 = EzA § 130 BGB Nr. 10.

[16] BAG 16. 3. 1988 EzA § 130 BGB Nr. 16 mit zust. Anm. *Adam* = AP § 130 BGB Nr. 16; ebenso LAG Hamm 30. 7. 1981 EzA § 130 BGB Nr. 11 = DB 1981, 2132; LAG Berlin 16. 11. 1987 LAGE § 130 BGB Nr. 8 = BB 1988, 484; LAG Hamm 25. 2. 1988 LAGE § 130 BGB Nr. 11 = DB 1988, 1123; LAG Baden-Württemberg 14. 2. 1990 LAGE § 130 BGB Nr. 13; zur Problematik ferner *Nippe,* JuS 1991, 285.

[17] Kritisch allerdings *Klinkhammer,* Anm. zu BAG EzA § 130 BGB Nr. 22; *Klevemann,* Anm. zu LAG Hamm LAGE § 130 BGB Nr. 11.

[18] Hierzu LAG Frankfurt 15. 11. 1988 EzA § 5 KSchG Nr. 41 zur verspäteten Aushändigung eines Kündigungsschreibens durch ein Familienmitglied.

rung vorher auf einer Arbeitsunfähigkeitsbescheinigung vermerkt war, die vom Arbeitgeber aber nicht beachtet wurde.[19] Hat der Arbeitnehmer einen **Zweitwohnsitz** am Arbeitsort, kann der Arbeitgeber nicht ohne weiteres davon ausgehen, dass dem Arbeitnehmer auch an diesem Ort die Kündigungserklärung zeitnah zugeht.[20]

216 Für den Zugang ist es ausreichend, wenn z.B. ein Schriftstück, in dem die Erklärung enthalten ist, an eine Person ausgehändigt wird, die nach der Verkehrsauffassung als ermächtigt anzusehen ist, den Empfänger in der **Empfangnahme** zu vertreten. Eine besondere Vollmacht ist dazu nicht erforderlich. Entscheidend ist in solchen Fällen auf die **Verkehrssitte** abzustellen. Danach gehören zu den Personen, die zur Empfangnahme berechtigt sind, nicht nur die Familienangehörigen,[21] sondern auch der Vermieter,[22] die Hausangestellten[23] und die Lebensgefährten.[24] Für den **Zugang** einer an einen Empfangsboten abgegebenen schriftlichen Willenserklärung ist, sofern nicht ein früherer Zugang feststeht, der Zeitpunkt maßgebend, in dem nach dem regelmäßigen Verlauf der Dinge die Übermittlung der Erklärung an den Adressaten zu erwarten war.[25] Dasselbe gilt auch für Einschreibesendungen, wenn sie vom Postboten tatsächlich an diesen Personenkreis übergeben werden. Dann gehen sie ohne Rücksicht auf die tatsächliche Kenntnisnahme nach den oben ausgeführten Grundsätzen zu. Wird also eine Kündigung am letzten Tag der Frist dem Vermieter per Einschreiben zugestellt und der Brief tatsächlich übergeben, so geht der Brief zu, auch wenn der Gekündigte wegen Krankheit im Bett liegt und tatsächlich erst am folgenden Tag die Kündigung erhält. Ob der Postbote gegen die Vorschriften der Postordnung verstoßen hat, ist dabei ohne Bedeutung.[26] Dem angestellten Leiter eines Hotels geht eine schriftliche Erklärung zu, sobald sie einem im Hotel angestellten Buchhalter ausgehändigt wird. Ob der Leiter des Hotels anwesend ist, ist nicht von Bedeutung.[27]

217 Fraglich ist, ob und inwieweit die Arbeitsvertragsparteien über das Wirksamwerden einer Kündigungserklärung von § 130 Abs. 1 BGB abweichende Vereinbarungen treffen, und z.B. auf das Datum der Aufgabe zur Post abstellen können. § 130 BGB ist prinzipiell vertragsdispositiv,[28] so dass sowohl über den Zugangszeitpunkt (z.B. Abgabe der Erklärung oder tatsächliche Kenntnisnahme) und die Zugangsform disponiert werden kann. In vorformulierten Verträgen, die im Arbeitsrecht nach § 310 Abs. 4 BGB jedoch der Inhaltskontrolle unterfallen, gelten Restriktionen. Nach § 308 Nr. 6 BGB sind Vertragsklauseln, die vorsehen, dass eine

---

[19] BAG 18. 2. 1977 EzA § 130 BGB Nr. 8 = AP § 130 BGB Nr. 10; zur Frage, ob trotz Wohnungswechsels der Brief zugeht, wenn der Empfänger unter seiner früheren Anschrift einen Hausbriefkasten behält: ArbG Gelsenkirchen 10. 8. 1994 EzA § 130 BGB Nr. 25.

[20] LAG Düsseldorf 7. 12. 1995 LAGE § 130 BGB Nr. 20.

[21] BAG 11. 11. 1992 NZA 1993, 259 = EzA § 130 BGB Nr. 130 BGB Nr. 24 mit Anm. *Brehm;* LAG Bremen 17. 2. 1988 DB 1988, 814.

[22] BAG 16. 1. 1976 EzA § 130 BGB Nr. 5 = AP § 130 BGB Nr. 7.

[23] BAG 13. 10. 1976 AP § 130 BGB Nr. 8 = DB 1977, 546.

[24] LAG Bremen 17. 2. 1988 DB 1988, 814; OVG Hamburg 5. 6. 1987 NJW 1988, 1807.

[25] BGH 15. 3. 1989 EzA § 130 BGB Nr. 23.

[26] BAG 16. 1. 1976 EzA § 130 BGB Nr. 5 = NJW 1976, 1284.

[27] BAG 13. 10. 1976 EzA § 130 BGB Nr. 7 = AP § 130 BGB Nr. 8. Zur Frage des Zugangs einer Kündigungserklärung gegenüber einem Rechtsanwalt, der keine Empfangsvollmacht hat, dem aber der Auftrag erteilt worden war, gegen die Kündigung Klage zu erheben, vgl. BGH 13. 2. 1980 MDR 1980, 573.

[28] MünchKomm/*Eisele*, § 130 BGB Rn. 12; BGH 7. 6. 1995 NJW 1995, 2217.

Erklärung des Verwenders von besonderer Bedeutung dem anderen Vertragsteil als zugegangen gilt (Zugangsfiktionen), regelmäßig unwirksam. Dieses Klauselverbot greift insbesondere für Kündigungen.[29] Besondere Zugangsformen, wie das Erfordernis des Einschreibens, sind nach § 309 Nr. 13 BGB unwirksam. Darüber hinaus hat das BAG Dispositionen über den Zugang von Kündigungserklärungen (Vorverlegung auf den Erklärungszeitpunkt) aus arbeitsrechtlichen Gesichtspunkten für unzulässig erklärt, z.B. weil durch eine entsprechende Vereinbarung zwingende gesetzliche oder tarifliche Mindestkündigungsfristen umgegangen werden könnten.[30] Dieser Ansatz ist dogmatisch zweifelhaft, weil § 130 BGB grundsätzlich dispositiv ist. Der Schutz vor einer Veränderung des Zugangserfordernisses wird jetzt über § 308 Nr. 6 BGB gewährleistet. Im praktischen Ergebnis wird dieser Ansatz jedoch zu gleichen Ergebnissen wie die bisherige Auffassung des BAG führen.

Fraglich ist aber, ob der Erklärende über das Wirksamwerden der Kündigungser- **218**
klärung insoweit disponieren kann, dass er eine bereits zuvor zugegangene Erklärung (z.B. am 30. 12. 2001) erst mit dem 1. 1. 2002 als abgegeben gelten lassen möchte. Das LAG Düsseldorf meint, dass – falls aus dem Kündigungsschreiben hervorgehe, dass die Kündigung erst zu einem (späteren) Zeitpunkt die gewollte Rechtswirkung entfalten solle – die Kündigungswirkung nicht schon deshalb eintrete, weil das Kündigungsschreiben schon vorher in den Besitz des Empfängers gekommen ist.[31] Die Frage hat etwa Bedeutung für den Lauf der Klagefrist nach § 4 KSchG. Dem LAG Düsseldorf kann im Ergebnis gefolgt werden. Zum einen kann der Erklärende die Kündigung unter einer Bedingung abgeben, die hier unproblematisch ist, weil der Eintritt der Bedingung – durch Datum präzisiert – gewiss ist (hierzu Rn. 248). Kündigungsfrist und Klagefrist laufen dann erst ab dem späteren Zeitpunkt. Ferner können Erklärender und Empfänger einvernehmlich kraft Parteiautonomie über den Zugangszeitpunkt disponieren. Eine ihm günstige Verschiebung des Zugangszeitpunkts im Kündigungsschreiben wird der Empfänger regelmäßig konkludent annehmen (§ 151 BGB).[32]

1. Zugang von eingeschriebenen Sendungen

Unterschiedlich wird die Frage beurteilt, wann ein Einschreibebrief, dessen **219**
Empfänger vom Zustellungsbeamten nicht angetroffen wird, zugeht. Die in einer Einschreibesendung enthaltene Willenserklärung geht dem Empfänger nicht zu, wenn sie bei der Post niedergelegt wird und lediglich ein Benachrichtigungszettel in den Hausbriefkasten geworfen wird. Der Benachrichtigungszettel lässt weder den Absender noch den Inhalt des Schreibens erkennen.[33] Der Zugang tritt erst

[29] Ausf. *Preis,* Der Arbeitsvertrag, II Z 10 Rn. 12ff.

[30] BAG 13. 10. 1976 EzA § 130 BGB Nr. 6 = AP § 130 BGB Nr. 9.

[31] LAG Düsseldorf 5. 11. 1987 LAGE § 130 BGB Nr. 10; a.A. offenbar KR/*Friedrich,* § 4 KSchG Rn. 103.

[32] Für die Annahme eines lediglich vorteilhaften Angebots reicht es nach § 151 S. 1 BGB gewöhnlich aus, dass dieses zugeht und nicht durch eine nach außen erkennbare Willlensäußerung des Begünstigten abgelehnt wird, BGH 12. 10. 1999 NJW 2000, 276.

[33] BGH 26. 11. 1997 AP § 130 BGB Nr. 19 = EzA § 130 BGB Nr. 28; BAG 25. 4. 1996 AP § 4 KSchG 1969 Nr. 35 mit Anm. *Ramrath.*

dann ein, wenn der Empfänger den Brief abholt.[34] Der Einschreibebrief gelangt mit der Hinterlassung des Benachrichtigungszettels nicht in den Machtbereich des Empfängers, vielmehr wird der Empfänger lediglich in die Lage versetzt, das Einschreiben in seinen Machtbereich zu bringen.

220 Die verbreitete Ansicht, eine Einschreibesendung in Form des sog. **Übergabe-Einschreibens** sei eine besonders zuverlässige Art der Übermittlung, trifft somit nicht zu.[35] Der Zugang erfolgt erst mit der Aushändigung des Übergabe-Einschreibens. Von dieser Zustellungsart ist abzuraten, wenn es dem Arbeitgeber auf die Wahrung einer Frist (z. B. § 622 oder § 626 Abs. 2 BGB) ankommt. Es ist grds. nicht treuwidrig, wenn der Arbeitnehmer nicht alsbald, aber noch innerhalb der ihm von der Post mitgeteilten Aufbewahrungsfrist das hinterlegte Einschreiben abholt oder abholen lässt.[36] Es besteht auch keine Obliegenheit des Arbeitnehmers gegenüber dem Arbeitgeber, Einschreibebriefe abzuholen.[37] Wird die Sendung entgegen den Vorschriften der Post dem Vermieter ausgehändigt, so geht die Erklärung zu.[38] Die für die Einschreibesendung maßgebenden Grundsätze gelten auch für die Kündigung im Wege der Postzustellung. Zugang ist auch hier erst erfolgt, wenn die Sendung vom Empfänger abgeholt wird.[39]

221 Seit dem 1. 9. 1997 bietet die Deutsche Post AG das sog. **Einwurf-Einschreiben** an. Auch hier wird die Aufgabe des Einwurf-Einschreibens durch die Post durch Beleg bestätigt. Der Vorteil zum Übergabe-Einschreiben liegt jedoch darin, dass der Brief durch Einwurf in den Briefkasten oder das Postfach zugestellt wird. Dieser Zustellvorgang wird durch genaue Datums- und Uhrzeitangabe und Unterschrift des Zustellers dokumentiert. Diese Zustellart bietet damit den Vorteil, dass der genaue Zeitpunkt, zu dem das Schriftstück in den Machtbereich des Empfängers gelangt ist, dokumentiert wird. Ob die für die Praxis als sicherste Zustellungsform empfohlene Zustellung durch Boten durch das kostengünstigere Einwurf-Einschreiben verdrängt werden kann, hängt davon ab, ob die Rechtsprechung bei Vorlage von Ausgabebeleg und Datenauszug der Deutschen Post AG einen Anscheinsbeweis anerkennen wird. [40] Diese Unsicherheit lässt es nicht ratsam erscheinen, diese Übermittlungsform für fristgebundene Erklärungen wie die Kündigung zu wählen.[41]

---

[34] BAG 15. 11. 1962 EzA § 130 BGB Nr. 2 = NJW 1963, 544; 25. 4. 1996 AP § 4 KSchG 1969 Nr. 35; ebenso LAG Düsseldorf 28. 6. 1974 DB 1974, 1584; BAG 30. 5. 1978 EzA § 174 BGB Nr. 2 = DB 1978, 2082 unter Hinweis auf BGH 3. 11. 1976 NJW 1977, 194.

[35] Vgl. hierzu auch *Ramrath,* Anm. AP § 4 KSchG 1969 Nr. 35; *v. Hoyningen-Huene,* Anm. zu BAG EzA § 130 BGB Nr. 27.

[36] BAG 25. 4. 1996 AP § 4 KSchG 1969 Nr. 35 mit Anm. *Ramrath.*

[37] Unklar BAG 25. 4. 1996 a. a. O.; wie hier *Ramrath,* Anm. AP § 4 KSchG 1969 Nr. 35; abl. *Herbert,* NJW 1997, 1829f.

[38] BAG 16. 1. 1976 EzA § 130 BGB Nr. 5 = NJW 1976, 1284; LAG Berlin 16. 11. 1987 LAGE § 130 BGB Nr. 8 = DB 1988, 1070.

[39] BAG 30. 6. 1983 EzA § 12 SchwbG Nr. 13 = NJW 1984, 687; LAG Düsseldorf 8. 12. 1977 DB 1978, 752; LAG Düsseldorf 21. 10. 1994 ZTR 1995, 371; KR/*Friedrich,* § 4 KSchG Rn. 115.

[40] Einen Anscheinsbeweis bejahen AG Paderborn 27. 2. 2000 3722, 3723; R. Eichert NJW 2001, 2523; *Kim/Dübbers,* NJ 2001, 65, 67; *Neuvians/Mensler,* BB 1998, 206f.; verneinend LG Potsdam 27. 2. 2000 NJW 2000, 3722; *Hohmeister,* BB 1998, 1477; KR/*Friedrich,* § 4 KSchG Rn. 112.

[41] Ebenso Erman/*Palm,* § 130 BGB Rn. 8.

2. Zugang von Massenkündigungen

Massenkündigungen können, auch wenn sie auf Grund eines Tarifvertrages oder einer Betriebsvereinbarung durch Anschlag am schwarzen Brett im Betrieb erfolgen können, wegen der zwingenden Formvorschrift des § 623 BGB nicht mehr wirksam erfolgen.[42] **222**

3. Vereitelung des Zugangs

Kommt es nicht zur Kenntnisnahme der Kündigung auf Grund eines vom Erklärungsempfänger zu vertretenden Umstandes, so muss dieser sich dennoch nach Treu und Glauben so behandeln lassen, als ob ihm die Kündigung zum normalen Zeitpunkt zugegangen wäre, wenn der Kündigende die Erklärung unverzüglich wiederholt.[43] Es reicht aus, wenn die Verzögerung auf Umstände zurückzuführen ist, die zu seinem Einflussbereich gehören. Hauptfall ist der Zugang eines Benachrichtigungsscheins oder die zu vertretende Unkenntnis von dessen Zugang. Einzelheiten um den ausschlaggebenden Tag des Zugangs sind umstritten.[44] Maßgebend dürfte der Zeitpunkt sein, in dem etwa üblicherweise ein eingeschriebener Brief nach Hinterlassung des Benachrichtigungsscheins vom Empfänger abgeholt wird. Dies ist im Regelfall der Tag nach Zugang des Benachrichtigungszettels. **223**

Verweigert der Erklärungsempfänger die Annahme der Kündigung jedoch grundlos, obwohl er mit dem Eingang rechtserheblicher Mitteilungen seines Vertragspartners rechnen musste, so gilt die Erklärung wegen Zugangsvereitelung auch ohne Wiederholung als zugegangen.[45] Lehnt ein als Empfangsbote anzusehender Familienangehöriger die Annahme eines Kündigungsschreibens ab, so muss der Arbeitnehmer die Kündigung nur dann als zugegangen gegen sich gelten lassen, wenn er auf die Annahmeverweigerung, etwa durch vorherige Absprache mit dem Angehörigen, Einfluss genommen hat.[46] Die Rechtsprechung zur bewussten Verhinderung des Zugangs eines Telefaxes[47] ist obsolet, weil diese Zugangsform seit 1. 5. 2000 den Anforderungen des § 623 BGB nicht genügt, die den Zugang der eigenhändig unterzeichneten Kündigungserklärung voraussetzt. In der bloßen Ausschöpfung der Abholungsfrist bei Zustellung durch Übergabe-Einschreiben liegt **224**

---

[42] Vgl. auch KR/*Friedrich,* § 4 KSchG Rn. 132.

[43] BAG 3. 4. 1986 EzA § 18 SchwbG Nr. 7 = DB 1986, 2336; 18. 2. 1977 EzA § 130 BGB Nr. 8 = DB 1977, 1194; KR/*Friedrich,* § 4 KSchG Rn. 125.

[44] Vgl. KR/*Friedrich,* § 4 KSchG Rn. 125 ff.; BAG 3. 4. 1986 wie Fußnote 43; LAG Frankfurt 31. 7. 1986 u. 7. 5. 1987 LAGE § 130 BGB Nr. 5 und 7 = DB 1987, 492 und 2314.

[45] BAG 4. 3. 1965 AP § 130 BGB Nr. 5 = NJW 1965, 747; LAG Düsseldorf 28. 6. 1974 DB 1974, 1584; BGH 27. 10. 1982 DB 1983, 40 = BB 1983, 769; BGH 26. 11. 1997 AP § 130 BGB Nr. 19 = EzA § 130 BGB Nr. 28; LAG Hessen 6. 11. 2000 NZA-RR 2001, 637; KR/*Friedrich,* § 4 KSchG Rn. 120.

[46] BAG 11. 11. 1992 NZA 1993, 259 = EzA § 130 BGB Nr. 24 mit Anm. *Brehm* = AP § 130 BGB Nr. 18 mit kritischer Anm. *Bickel.* Kritisch auch *Herbert,* NZA 1994, 391; *Schwarz,* NJW 1994, 891 ff.

[47] Hierzu LAG Hamm 2. 10. 1992 LAGE § 130 BGB Nr. 17.

noch keine treuwidrige Zugangsvereitelung.[48] Ebensowenig kann dies angenommen werden, wenn der Empfänger nicht mit einer Kündigungserklärung rechnen musste oder er schlicht die Abholung vergisst oder den Benachrichtigungszettel verliert.[49]

4. Nachweis des Zugangs

225 Beweispflichtig für den Zugang ist derjenige, der sich darauf beruft, in der Regel also der Erklärende.[50] Es besteht kein **Anscheinsbeweis** in dem Sinne, dass ein gewöhnlicher Brief, der der Post zur Beförderung übergeben wird, tatsächlich zugeht.[51] Ebenso rechtfertigt bei der Kündigung durch Telefax – die seit 1. 5. 2000 ohnehin nach § 623 BGB nicht mehr wirksam ist – die Absendung keinen Anscheinsbeweis für den Zugang, selbst bei einem „OK-Vermerk" im Sendeprotokoll nicht. Der Sendebericht vermag allenfalls ein Indiz für den Zugang zu liefern.[52] Es gibt auch keinen Beweis des ersten Anscheins, dass eine vom Arbeitgeber als gewöhnlicher Brief abgesandte Kündigung im Stadtgebiet einer Großstadt den Empfänger binnen drei Tagen erreicht.[53] Durch das neue Einwurf-Einschreiben wird ein substantiell verbesserter Zugangsnachweis ebenfalls kaum erreicht (Rn. 224).

226 Als verhältnismäßig sichere Nachweise können daher die Beförderung per Einschreiben mit Rückschein, per Einwurf-Einschreiben, durch Boten oder in Ausnahmefällen durch Gerichtsvollzieher (§ 132 BGB) angesehen werden. In diesen Fällen stehen dem Erklärenden Beweismittel zur Verfügung. Für die Praxis ist bei Kündigungserklärungen vielfach neben dem Zugangsnachweis für den Erklärenden auch der rechtzeitige Zugang, und damit der Zeitpunkt des Zugangs wesentlich. Für diese Fälle ist die Zustellung per Boten, der den Inhalt des Kündigungsschreibens kennt, an die Heimat- oder Geschäftsadresse des Erklärungsempfängers die sicherste Zustellungsform. Eine sichere Zustellungsform ist auch die Zustellung unter Vermittlung eines Gerichtsvollziehers nach § 132 Abs. 1 BGB.[54] In diesem Fall greift die Fiktion des Zugangs der Willenserklärung. Freilich kostet diese Zustellungsform Zeit und sie verursacht Kosten. Im Falle der Verweigerung der Annahme ist sie aber eine sichere Zustellungsmöglichkeit. Ist der Aufenthalt des Erklärungsempfängers unbekannt, so kann ein Zugang der Kündigungserklärung über die Vorschriften zur öffentlichen Zustellung (§ 132 Abs. 2 BGB) bewirkt werden.

---

[48] BAG 25. 4. 1996 AP § 4 KSchG 1969 Nr. 35; a. A. ArbG Frankfurt 26. 5. 1999 RzK I 2c Nr. 26.

[49] BGH 26. 11. 1997 AP § 130 BGB Nr. 19 = EzA § 130 BGB Nr. 28.

[50] Hierzu *Reinecke,* NZA 1989, 582f.

[51] BGH 27. 5. 1957 BGHZ 24, 308; LAG Düsseldorf 4. 11. 1971 EzA § 130 BGB Nr. 4; BAG 14. 7. 1960 EzA § 130 BGB Nr. 1 = NJW 1961, 2132.

[52] BGH 7. 12. 1994 NJW 1995, 665 m. w. N.; LAG Hamm 13. 1. 1993 LAGE § 130 BGB Nr. 19.

[53] LAG Bremen 5. 9. 1986 LAGE § 130 BGB Nr. 6 = DB 1987, 996; ebenso *Reinecke,* NZA 1989, 583 m. w. N.

[54] KR/*Friedrich,* § 4 KSchG Rn. 116; Erman/*Palm,* § 132 BGB Rn. 1.

§ 8 Kündigung vor Dienstantritt

Fallen Vertragsschluss und Dienstantritt auseinander, so entsteht die Frage, ob das Arbeitsverhältnis schon vor Dienstantritt gekündigt werden kann. Ferner ist die weitere Frage, ob die Kündigungsfrist sofort oder erst vom Dienstantritt ab zu laufen beginnt. 227

Die Rechtsprechung des früheren Reichsarbeitsgerichts[1] vertrat die Ansicht, eine Kündigung vor Dienstantritt sei mit dem Wesen der Kündigung unvereinbar. Dagegen hat sich mit Recht *Hueck*[2] gewandt, der darauf hingewiesen hat, dass rein begriffliche Erwägungen nicht zu überzeugen vermögen. Die Frage könne nur aus der Interessenlage entschieden werden, die eine Kündigung auch vor Antritt der Arbeit rechtfertige. Das Bundesarbeitsgericht gab schon in seiner Entscheidung vom 22. 8. 1964[3] die Rechtsprechung des früheren Reichsarbeitsgerichts auf und erklärte sowohl die außerordentliche wie die ordentliche **Kündigung vor Dienstantritt** für **zulässig.** Das ergebe sich aus der Existenz des Vertragsverhältnisses, das mit Abschluss des Vertrages in Kraft trete, auch wenn seine Aktualisierung vereinbarungsgemäß hinausgeschoben sei. Dies entspricht heute der einhelligen Auffassung im Schrifttum.[4] Das gilt auch für das Berufsausbildungsverhältnis und für die ausdrücklich vereinbarte Kündigung im Rahmen eines befristeten Arbeitsvertrages.[5] 228

Zulässig ist eine Kündigung vor Dienstantritt aber nur, wenn **keine abweichende Vereinbarung** getroffen worden ist. Der vertragliche Ausschluss setzt nach der Entscheidung des BAG 2. 11. 1978[6] voraus, dass die Parteien dieses Kündigungsrecht entweder ausdrücklich ausgeschlossen haben oder ein dahingehender beiderseitiger Wille eindeutig erkennbar ist. Das ist anzunehmen, wenn die Parteien eine Vertragsstrafe für den Fall der Nichtaufnahme der Arbeit vereinbart haben.[7] Im Übrigen müssen nach Auffassung des BAG besondere Umstände vorliegen, die einen gesteigerten Vertrauensschutz für den Kündigungsempfänger erforderlich machen.[8] Solche besonderen Umstände sollen die Einstellung für einen Dauerarbeitsplatz oder die Abwerbung eines Arbeitnehmers durch ein günstiges Angebot aus einem bestehenden Arbeitsverhältnis sein. Andererseits soll aber nicht schon ausreichen, dass der Arbeitnehmer wegen der Verdienstmöglickeiten seine bisherige Arbeitsstelle aufgegeben und sich auf die Zusage eingestellt hat.[9] Der 229

---

[1] RAG 18, 157.

[2] *Hueck/Nipperdey,* Bd. 1, S. 555.

[3] BAG 22. 81964 EzA § 620 BGB Nr. 6 = NJW 1965, 171 = AP § 620 BGB Nr. 1.

[4] KR/*Spilger,* § 622 BGB Rn. 127; APS/*Preis,* Grundlagen E Rn. 21; APS/Linck, § 622 BGB Rn. 70; *Berger-Delhey,* DB 1989, 380f.; *Kramer,* S. 46; *M. Wolf,* Anm. zu BAG AP § 620 BGB Nr. 3.

[5] BAG 17. 9. 1987 EzA § 15 BBiG Nr. 6 sowie 19. 6. 1980 AP § 620 BGB Befristeter Arbeitsvertrag Nr. 55 = NJW 1981, 246; 9. 5. 1985 AP § 620 BGB Nr. 4 = EzA § 620 BGB Nr. 75.

[6] EzA § 620 BGB Nr. 38 = AP § 620 BGB Nr. 3 = NJW 1979, 1086.

[7] LAG Frankfurt 18. 6. 1980 DB 1981, 532; *Berger-Delhey,* DB 1989, 380.

[8] BAG 9. 5. 1985 AP § 620 BGB Nr. 4 = EzA § 620 BGB Nr. 75; 17. 9. 1987 EzA § 15 BBiG Nr. 6.

[9] BAG 9. 5. 1985 AP § 620 BGB Nr. 4 = EzA § 620 BGB Nr. 75.

Nachweis eines konkludenten Ausschlusses der Kündigung vor Dienstantritt dürfte damit besonders schwierig sein. Nach Auffassung des LAG Hamm[10] verstößt allerdings eine vertragliche Vereinbarung, die **einseitig** die arbeitnehmerseitige Kündigung vor Dienstantritt ausschließt, gegen § 622 Abs. 6 BGB und ist deshalb unwirksam.

230 Umstritten war und ist die Frage, von welchem Zeitpunkt ab die Kündigungsfrist bei einer an sich zulässigen Kündigung vor Dienstantritt zu laufen beginnt. Zunächst stand das BAG auf dem Standpunkt, die Kündigungsfrist könne erst in dem Zeitpunkt laufen, in dem die Arbeit vertragsgemäß aufgenommen wurde, es sei denn, die Parteien des Arbeitsvertrages vereinbarten eindeutig, die Kündigungsfrist solle schon vor Aktualisierung des Arbeitsvertrages laufen. Das wurde mit dem Grundsatz der Vertragsfreiheit begründet, der den Parteien hinsichtlich der Kündbarkeit des Arbeitsverhältnisses weitgehende Freiheit einräume. Machten die Parteien des Arbeitsvertrages hiervon keinen Gebrauch, so erfordere die Interessenlage, dass die Kündigungsfrist erst zurzeit des Dienstantritts zu laufen beginne. Das BAG hat diese Rechtsprechung jedoch aufgegeben und entscheidet nunmehr ohne Vermutung bzw. allgemeine Erfahrungsregeln nach der **konkreten Interessenlage im Einzelfall.**[11] Wenn die Parteien für den Fall einer vor Vertragsbeginn ausgesprochenen ordentlichen Kündigung keine Vereinbarung über den Beginn der Kündigungsfrist getroffen haben, so liegt nach BAG 9. 5. 1985[12] eine Vertragslücke vor, die im Wege der **ergänzenden Vertragsauslegung** zu schließen ist.[13] Für die Ermittlung des mutmaßlichen Parteiwillens und die hierfür maßgebende Würdigung der beiderseitigen Interessen ist grundsätzlich auf die konkreten Umstände des Falles abzustellen. Allgemeine Erfahrungsregeln werden seit der Entscheidung des BAG 6. 3. 1974[14] nicht mehr anerkannt. BAG 9. 5. 1985 steht auf dem Standpunkt, dass typische Vertragsgestaltungen jedoch für oder gegen die Annahme sprechen könnten, die Parteien hätten eine auf Dauer der vereinbarten Kündigungsfrist beschränkte Realisierung des Vertrages gewollt. Dies gilt insbesondere im Blick auf die Länge der Kündigungsfrist und den Zweck der vorgesehenen Beschäftigung (z.B. Probezeit). Hiermit trägt das BAG dem Bedenken Rechnung, dass man in der Zeit vor Realisierung des Arbeitsverhältnisses nicht zu einer stärkeren Bindung kommen sollte als nachher. Das spricht im Regelfall für den Beginn der Kündigungsfrist mit dem Zugang.[15] Gelten für das Arbeitsverhältnis auf Grund eines Tarifvertrages nach § 622 Abs. 4 BGB ganz kurze Kündigungsfristen von vielleicht nur einem oder zwei Tagen, was gelegentlich für gewerbliche Arbeitnehmer vorkommt, so ist nach der Interessenlage der Parteien keine Pflicht anzunehmen, das Arbeitsverhältnis zu aktualisieren. Das wird auch dann anzunehmen

[10] Urteil 15. 3. 1989 DB 1989, 1191 = LAGE § 622 BGB Nr. 14.

[11] BAG 6. 3. 1974 EzA § 620 BGB Nr. 19 mit kritischer Anm. *Herschel* = AP § 620 BGB Nr. 2 = NJW 1974, 1399.

[12] AP § 620 BGB Nr. 4 = EzA § 620 BGB Nr. 75.

[13] Hierzu *Caesar,* NZA 1989, 251 ff.

[14] EzA § 620 BGB Nr. 19 mit kritischer Anm. *Herschel* = AP § 620 BGB Nr. 2.

[15] Ebenso *Caesar,* NZA 1989, 253; *Kramer,* S. 52 ff.; KR/*Spilger,* § 622 BGB Rn. 128; MünchArbR/*Wank,* § 118 Rn. 42; siehe auch LAG Frankfurt 18. 6. 1980 DB 1981, 532. Vgl. dazu auch BGH 21. 2. 1979 NJW 1979, 1288 für den Fall der Kündigung eines Mietverhältnisses, das noch nicht vollzogen ist.

sein, wenn die Parteien eine Probezeit vereinbart haben.[16] In diesem Fall gilt auch bei Kündigung vor Dienstantritt die ggf. tariflich oder einzelvertraglich vereinbarte kürzere Kündigungsfrist während der Probezeit, weil nicht anzunehmen ist, dass sich die Vertragsparteien vor Dienstantritt stärker binden wollen als nach Dienstantritt.[17]

Davon sollte nur abgewichen werden, wenn ein beiderseitiger Wille der Parteien, eine gewisse Mindestbeschäftigung in jedem Falle sicherzustellen, eindeutig erkennbar ist.[18] BAG vom 9. 5. 1985[19] steht demgegenüber auf dem Standpunkt, dass bei vorzeitig erklärter Kündigung der Vertragszweck von vornherein nicht erreicht werden könne und damit viel dafür spreche, in einem solchen Fall an einer kurzfristigen Vertragserfüllung für beide Parteien kein Interesse zu sehen.[20] Das Gericht lehnt es jedoch ab, bei Fehlen einer eindeutigen Parteivereinbarung stets die Kündigungsfrist mit dem Zugang der Kündigung laufen zu lassen. Vielmehr könne ein beiderseitiges Interesse der Parteien an der Durchführung des Vertrages für die Dauer der festgelegten Kündigungsfrist bestehen. Dies gelte insbesondere bei Vereinbarung langer Kündigungsfristen. Das Gericht lehnt für die ergänzende Vertragsauslegung jede schematisierende Betrachtungsweise ab. Wenn die Parteien allerdings die kürzeste zulässige Kündigungsfrist vereinbart hätten, spräche dies gegen die mutmaßliche Vereinbarung einer Realisierung des Arbeitsverhältnisses für diesen Zeitraum.[21] 231

Beginnt die Kündigungsfrist nach diesen Grundsätzen ausnahmsweise mit der Aktualisierung des Arbeitsverhältnisses, so ist Fristbeginn der Tag, an dem vertragsgemäß die Arbeit aufgenommen werden sollte, d.h. der Erste vorgesehene Arbeitstag ist mitzurechnen (§ 187 Abs. 2 BGB).[22] 232

Die **außerordentliche Kündigung** vor Dienstantritt ist nach herrschender Lehre stets zulässig.[23] 233

§ 9 Rücknahme der Kündigung

Die Kündigungserklärung führt als einseitige Willenserklärung im Zeitpunkt des Wirksamwerdens die Rechtsgestaltung unmittelbar herbei. Ist sie dem Erklärungsempfänger zugegangen, so kann der Erklärende sie **einseitig nicht mehr zurücknehmen.**[1] Nach § 130 Abs. 1 Satz 2 BGB wird die Kündigung dann nicht 234

---

[16] Siehe bereits LAG Baden-Württemberg 14. 10. 1975 DB 1976, 105; vgl. auch LAG Frankfurt 18. 6. 1980 DB 1981, 532.

[17] *Preis/Kliemt/Ulrich,* AR-Blattei SD 1270 Rn. 214; KR/*Spilger,* § 622 BGB Rn. 128.

[18] Abweichend MünchKomm/*Schwerdtner,* Vor § 620 BGB Rn. 161.

[19] AP § 620 BGB Nr. 4 = EzA § 620 BGB Nr. 75.

[20] Das BAG lehnt ausdrücklich die Auffassung von *Wolf* ab, die ordentliche Kündigungsfrist bestimme den Mindestumfang der vertraglich versprochenen Leistung.

[21] BAG 9. 5. 1985 wie Fußnote 12; ebenso KR/*Spilger,* § 622 BGB Rn. 128; *Neumann,* DB 1966, 1607.

[22] BAG 2. 11. 1978 EzA § 620 BGB Nr. 38 = AP § 620 BGB Nr. 3.

[23] Vgl. MünchKomm/*Schwerdtner,* Vor § 620 BGB Rn. 154, und *Schaub,* § 123 VI 2.

[1] BAG 21. 2. 1957 AP § 1 KSchG Nr. 22 = DB 1957, 311; 29. 1. 1981 u. 19. 8. 1982 EzA § 9 KSchG n.F. Nr. 10 u. 14 = AP § 9 KSchG 1969 Nr. 6 u. 9; 6. 2. 1992 EzA § 119 BGB Nr. 16 = NZA 1992, 790; 20. 4. 1994 EzA § 613a BGB Nr. 118; *Schwerdtner,* ZIP

wirksam, wenn dem Erklärungsgegner vorher oder gleichzeitig ein Widerruf zugeht. Ist die Kündigung jedoch zugegangen, hat aber der Gekündigte von ihr noch keine Kenntnis erhalten, weil er z.B. einige Tage verreist ist, so ist die einseitige Rücknahme der Kündigung ebenfalls nicht mehr möglich.[2] Das folgt unmittelbar aus § 130 Abs. 1 BGB, der den Zugang als entscheidendes Moment herausstellt.

I. Rücknahme vor Klageerhebung

235 Kündigt der Arbeitgeber das Arbeitsverhältnis, nimmt er dann aber die Kündigungserklärung wieder zurück, weil z.B. ein wichtiger Grund in Wahrheit nicht vorlag oder die Kündigung nach seiner späteren Einschätzung doch nicht sozial gerechtfertigt war, so ist fraglich, ob sich der Arbeitgeber selbst auf die Unwirksamkeit der Kündigung berufen kann. Die Kündigung hat in diesen Fällen die mit ihr ursprünglich beabsichtigte Gestaltungswirkung wegen ihrer Unwirksamkeit nicht entfaltet und die „Rücknahme" ist damit praktisch die Berufung auf diese Unwirksamkeit durch den Erklärenden selbst. Dennoch ist die einseitige „Rücknahme" der Kündigung auch in diesen Fällen vor Ablauf der Klagefrist nach § 4 KSchG nicht möglich. Stets ist das Einverständnis des Arbeitnehmers erforderlich.[3] Der Arbeitnehmer kann auch die objektiv unwirksame Kündigung gegen sich gelten und wirksam werden lassen. Im Übrigen steht die objektive Unwirksamkeit der Kündigung im Zweifel erst mit der Rechtskraft des arbeitsgerichtlichen Urteils fest. Erhebt der Gekündigte keine Klage, so wird die Kündigung nach § 7 KSchG bzw. § 13 KSchG i.m. § 7 KSchG wirksam. Diese Möglichkeit, durch Verstreichenlassen der Klagefrist die wirksame Beendigung des Arbeitsverhältnisses herbeizuführen, kann dem Gekündigten nicht genommen werden.[4]

236 Das gilt im Grundsatz auch für die Kündigungen, deren Unwirksamkeit sich aus anderen Gründen (§§ 134, 138 BGB) ergibt (vgl. § 13 Abs. 2 u. 3 KSchG). Nimmt der Arbeitgeber eine z.B. wegen eines Verstoßes gegen § 9 MuSchG unwirksame Kündigung zurück und bringt er so zum Ausdruck, dass das Arbeitsverhältnis durch sie nicht beendet worden ist, so erklärt er sich damit konkludent zur Fortsetzung des Arbeitsverhältnisses zu den vereinbarten Bedingungen bereit. Der Arbeitnehmer kann das Angebot annehmen oder ablehnen. Bis zum Erklärungszeitpunkt sind die Bezüge in jedem Falle nach § 615 BGB fortzuzahlen.[5] Fordert der Arbeitgeber den Arbeitnehmer nach der „Rücknahme" der Kündigung zur Wiederaufnahme der Arbeit auf, endet allerdings der Annahmeverzug des Arbeitgebers.[6] Dem Arbeitnehmer steht es allerdings auch frei, innerhalb der Klagefrist des § 4 KSchG die Sozialwidrigkeit der Kündigung geltend zu machen und die Auflösung des Arbeits-

---

1982, 640; *v. Hoyningen-Huene/Linck,* § 4 KSchG Rn. 27; KR/*Friedrich,* § 4 KSchG Rn. 54; für den Fall der rechtsunwirksamen Kündigung LAG Düsseldorf 16. 1. 1975 DB 1975, 1081.

[2] *Schwerdtner,* ZIP 1982, 639ff.; RG 25. 10. 1917 RGZ 91, 60.

[3] BAG 21. 2. 1957 AP § 1 KSchG Nr. 22 = DB 1957, 311; 17. 4. 1986 EzA § 615 BGB Nr. 47 = AP § 615 BGB Nr. 40; MünchKomm/*Schwerdtner,* Vor § 620 BGB Rn. 163; a.A. für den Fall der unwirksamen Kündigung LAG Düsseldorf 16. 1. 1975 DB 1975, 1081.

[4] Ebenso *Schwerdtner,* ZIP 1982, 642.

[5] BAG 17. 4. 1986 EzA § 615 BGB Nr. 47 = AP § 615 BGB Nr. 40.

[6] LAG Düsseldorf 6. 8. 1968 DB 1968, 2136.

verhältnisses zu beantragen. Diese Möglichkeit kann ihm durch die „Rücknahme" der Kündigung nicht genommen werden.[7]

II. Rücknahme der Kündigung durch Vertrag

Nach Wirksamwerden der Kündigung – dies ist der Zeitpunkt des Zugangs – ist **237** die Rücknahme der Kündigung nur noch durch Vereinbarung möglich. Diese kann formlos erfolgen, d. h. also auch durch beiderseitiges konkludentes Verhalten. Hierzu zählt auch der Fall, dass der Arbeitnehmer nach Ablauf der Kündigungsfrist mit Wissen und Wollen des Arbeitgebers weiterarbeitet (§ 625 BGB).[8] Ein Angebot zur Fortsetzung des Arbeitsverhältnisses liegt regelmäßig in der Erklärung des Arbeitgebers, die Kündigung zurückzunehmen.[9] Ob es dann zu einer Vereinbarung über die Rücknahme kommt, hängt vom Verhalten des Arbeitnehmers ab. Äußert der Arbeitnehmer, dass eine Grundlage für eine weitere vertrauensvolle Zusammenarbeit nicht mehr gegeben sei, liegt erkennbar eine Ablehnung vor.[10] Allein die Erhebung der Kündigungsschutzklage kann nicht ohne weiteres als antezipiertes Einverständnis in die Rücknahme der Kündigung angesehen werden. Diese Bewertung kann im Einzelfall zutreffen, ist aber nicht regelmäßig anzunehmen. Der Arbeitnehmer, der eine Kündigungsschutzklage erhebt, hat grundsätzlich ein Interesse daran, die Rechtsunwirksamkeit der Kündigung festzustellen. Die Stellung des Auflösungsantrages nach § 9 KSchG bedeutet in jedem Falle eine Ablehnung des Angebots.

Leugnet der Gekündigte die Rechtswirksamkeit der Kündigung und wird aus **238** diesem Grunde die Fortsetzung des Arbeitsverhältnisses verlangt, so liegt darin regelmäßig zugleich die Zustimmung zur Rücknahme der Kündigung. Auch in der Ankündigung des Antrages, den Rechtsstreit nach Rücknahme der Kündigungserklärung in der Hauptsache für erledigt zu erklären, liegt eine konkludente Annahme des Angebotes auf Fortsetzung des alten Arbeitsverhältnisses.[11] Nach vereinbarter Rücknahme der Kündigung besteht das Arbeitsverhältnis mit dem alten Inhalt fort. Der Arbeitgeber hat die vereinbarten Bezüge nach § 615 BGB (rückwirkend) zu zahlen, ohne dass zu prüfen ist, ob die Kündigung rechtsunwirksam gewesen ist oder nicht. Auf diese Prüfung hat der Arbeitgeber gerade verzichtet, so dass er sich in Bezug auf den Annahmeverzug so behandeln lassen muss, als ob die Kündigung unwirksam gewesen wäre.[12] Bei der einvernehmlichen Rücknahme der Kündigung ist von der Unwirksamkeit der Kündigung und damit auch für die Frage des An-

---

[7] BAG 19. 8. 1982 AP § 9 KSchG 1969 Nr. 9 = EzA § 9 KSchG n. F. Nr. 14; LAG Düsseldorf 26. 5. 1975 EzA § 9 KSchG n. F. Nr. 2; MünchKomm/*Schwerdtner,* Vor § 620 BGB Rn. 164.

[8] Nach BAG 1. 12. 1960 AP § 625 BGB Nr. 1 = DB 1961, 575 ist die Norm ein Tatbestand schlüssiger Willenserklärung kraft gesetzlicher Fiktion; ebenso BAG 11. 8. 1988 AP § 625 BGB Nr. 5 = NZA 1989, 595, wonach im Regelfall von einer Fortsetzung des Arbeitsverhältnisses mit dem bisherigen Inhalt auch hinsichtlich der Kündigungsfristen ausgegangen werden kann.

[9] BAG 29. 1. 1981 u. 19. 8. 1982 AP § 9 KSchG 1969 Nr. 6 u. 9 = EzA § 9 KSchG n. F. Nr. 10 u. 14; 6. 2. 1992 EzA § 119 BGB Nr. 16 = NZA 1992, 790.

[10] LAG Nürnberg 23. 9. 1992 LAGE § 75 HGB Nr. 1.

[11] BAG 17. 4. 1986 EzA § 615 BGB Nr. 47 = AP § 615 BGB Nr. 40 = NZA 1987, 17.

[12] Vgl. dazu APS/*Preis,* Grundlagen D Rn. 142.

nahmeverzuges vom Fortbestand des Arbeitsverhältnisses auszugehen. Auch der sozialversicherungsrechtliche Leistungsträger tritt nach § 115 SGB X in die von den Arbeitsvertragsparteien bindend klargestellte Rechtslage ein.[13] Ist die Kündigungsfrist bereits abgelaufen und das Arbeitsverhältnis beendet, so liegt in der **vereinbarten Rücknahme** der Kündigung in aller Regel eine mit **rückwirkender Kraft** erfolgte Verlängerung des alten Arbeitsverhältnisses zu gleichen Bedingungen.[14] Die Parteien können die Rückwirkung durch **eindeutige** Vereinbarung ausschließen. In diesem Falle liegt die Neubegründung eines Arbeitsverhältnisses vor. Die Lohnzahlungspflicht für die Zwischenzeit hängt davon ab, ob die Kündigung berechtigt war oder nicht.

1. Verzicht auf Kündigungsgründe

239 Der Kündigende kann sich **nach** vertraglich erfolgter Rücknahme der Kündigung auf die zu ihrer Stützung herangezogenen Gründe für eine neue Kündigung im weiterbestehenden Arbeitsverhältnis nicht berufen. Als selbständige Kündigungsgründe scheiden sie aus.[15] Allerdings wird man im Allgemeinen nicht annehmen können, dass der Kündigende damit auch darauf verzichtet, auf diese Gründe zu einer möglichen späteren zweiten Kündigung unterstützend zurückzugreifen, wenn sie mit der ersten Kündigung in einem Zusammenhang stehen.

2. Bedeutung der Ablehnung der Rücknahme

240 Obwohl die Rücknahme der Kündigung ohne Einwilligung des Arbeitnehmers nicht möglich ist, kann die Verweigerung dennoch in Sonderfällen auf den Bestand des Arbeitsverhältnisses einwirken. Hat der Arbeitgeber das Arbeitsverhältnis wegen dringender betrieblicher Gründe gekündigt und nimmt er dann vor Ablauf der Kündigungsfrist die Kündigung wegen eines plötzlich eingegangenen Auftrages zurück und bietet die Weiterbeschäftigung zu den alten Bedingungen an, weigert sich der Arbeitnehmer jedoch, darauf einzugehen, weil ihm wegen der Lage des Unternehmens auf Dauer sein Arbeitsvertrag zu unsicher ist, so erklärt er damit seinerseits die Beendigung des Arbeitsvertrages, die allerdings im Hinblick auf § 623 BGB schriftlich erfolgen muss.[16] Das gilt jedenfalls dann, wenn der Arbeitnehmer in diesem Zeitpunkt bereits eine neue Stelle hatte und diese antreten möchte. Erhebt er dennoch Klage nach dem Kündigungsschutzgesetz, so fehlt es bereits am Rechtsschutzinteresse. Eine andere Beurteilung wäre nur dann möglich, wenn der Arbeitnehmer die Auflösung des Arbeitsverhältnisses durchsetzen will. Diesen Anspruch kann der Arbeitgeber durch einseitige Rücknahme der Kündigung nicht beeinträchtigen.

241 Im Regelfall allerdings bedeutet die Ablehnung der Rücknahme keine Kündigungserklärung durch den Arbeitnehmer.

---

[13] BAG 17. 4. 1986 EzA § 615 BGB Nr. 47 = AP § 615 BGB Nr. 40.
[14] BAG 21. 2. 1957 AP § 1 KSchG Nr. 22.
[15] BAG 21. 2. 1957 AP § 1 KSchG Nr. 22.
[16] LAG Düsseldorf 29. 7. 1975 EzA § 622 BGB n. F. Nr. 13.

III. Rücknahme nach Klageerhebung

Nach früher herrschender Auffassung konnte der Arbeitgeber im Laufe des Kündigungsschutzprozesses die Kündigung zurücknehmen, weil in der Klageerhebung bereits die antezipierte Zustimmung zur Rücknahme der Kündigung liege.[17] Das BAG teilt diese Auffassung nicht,[18] weil dem Arbeitnehmer nicht ohne weiteres unterstellt werden könne, dass er mit der Erhebung der Kündigungsschutzklage gleichzeitig auch sein Einverständnis zur Rücknahme der Kündigung und zur Fortsetzung des Arbeitsverhältnisses erteile. Dies möge zwar im Einzelfall, nicht aber in der Regel zutreffen. Dem Arbeitnehmer einen solchen Geschäftswillen zu unterstellen, sei lebensfremd. Der Arbeitnehmer denke nicht daran, sich von vorneherein in der Ausübung seiner Rechte, etwa aus § 9 oder § 12 KSchG, einzuengen. Durch diese Sichtweise ist in einem weiteren Punkt Rechtsunsicherheit in den Kündigungsschutzprozess hineingetragen worden. Anders als das BAG meint, muss im Regelfall von einem Willen zur Fortsetzung des Arbeitsverhältnisses ausgegangen werden. Dies gilt jedenfalls dann, wenn der Klageantrag dahingehend lautet, dass das Arbeitsverhältnis „über den Kündigungszeitpunkt hinaus unbefristet fortbesteht". Im Zweifel ist in der Praxis anzuraten, von dem richterlichen Fragerecht nach § 139 ZPO Gebrauch zu machen. 242

Der Arbeitgeber hat für die Zwischenzeit den Lohn bzw. das Gehalt aus dem Gesichtspunkt des Annahmeverzuges zu zahlen.[19] Mit der einverständlichen Rücknahme der Kündigung und der Aufforderung zum Wiederantritt der Arbeit endet der Annahmeverzug.[20] Nicht erforderlich ist, dass der Arbeitgeber in diesem Falle ausdrücklich anbietet, er sei bereit, den Lohn für die Zwischenzeit zu zahlen.[21] Die Beendigung des Annahmeverzugs tritt auch ohne eine derartige ausdrückliche Erklärung mit dem Zugang der Rücknahme der Kündigung ein. Allerdings muss der Arbeitgeber deutlich machen, dass er die Kündigung wegen der Unwirksamkeit der Kündigung zurücknimmt.[22] 243

Die Rücknahme der Kündigung führt in jedem Falle dann nicht zur Erledigung des Kündigungsschutzprozesses, wenn der Arbeitnehmer einen Auflösungsantrag nach § 9 KSchG gestellt hat oder nach der Erklärung der Kündigungsrücknahme durch den Arbeitgeber stellt.[23] Die Stellung des Antrages nach § 9 KSchG bedeutet 244

---

[17] KR/*Friedrich,* § 4 KSchG Rn. 58; LAG Hamm 3. 2. 1982, ZIP 1982, 486.

[18] BAG 19. 8. 1982 AP § 9 KSchG 1969 Nr. 9 = EzA § 9 KSchG n. F. Nr. 14; zustimmend APS/*Ascheid,* § 4 KSchG Rn. 133; *v. Hoyningen-Huene/Linck,* § 4 KSchG Rn. 27.

[19] KR/*Friedrich,* § 4 KSchG Rn. 65.

[20] LAG Hamm 22. 10. 1982 ZIP 1982, 94 ff.; KR/*Friedrich,* § 4 KSchG Rn. 65.

[21] So aber LAG Frankfurt 24. 4. 1957 DB 1957, 900.

[22] Vgl. hierzu BAG 21. 5. 1981 EzA § 615 BGB Nr. 40 = NJW 1982, 121; siehe auch *Ohlendorf,* ArbuR 1981, 109 sowie *Berkowsky,* DB 1981, 1569. Der Arbeitgeber kann den Arbeitnehmer nicht zwingen, für die Dauer des Prozesses weiter zu arbeiten. Lehnt der Arbeitnehmer ein derartiges Angebot ab, so hat das auf seinen Anspruch aus § 615 BGB keinen Einfluss. Die bloße Aufforderung, die Arbeit wieder aufzunehmen, stellt nicht unbedingt ein vorbehaltloses Angebot auf Fortsetzung des Arbeitsverhältnisses dar; durch eine derartige Aufforderung kann nicht einmal der Annahmeverzug beendet werden. Vgl. BAG 14. 11. 1985 EzA § 615 BGB Nr. 46 = NZA 1986, 637; KR/*Friedrich,* § 4 KSchG Rn. 66; *Berkowsky,* BB 1984, 218; *Bauer,* DB 1985, 1183.

[23] BAG 19. 8. 1982 AP § 9 KSchG 1969 Nr. 9 = EzA § 9 KSchG n. F. Nr. 14.

die Ablehnung des in der Rücknahmeerklärung liegenden Angebotes auf Fortsetzung des Arbeitsverhältnisses. Der Auflösungsantrag hat zur Voraussetzung, dass dem Arbeitnehmer die Fortsetzung des Arbeitsverhältnisses nicht mehr zuzumuten ist. Dann kann er die Beendigung gegen Zahlung einer Abfindung beantragen. Dieses Recht kann der Arbeitgeber nicht durch die Erklärung der Rücknahme der Kündigung beeinträchtigen. Anderenfalls könnte der Arbeitgeber den Arbeitnehmer zur Fortsetzung des Arbeitsverhältnisses zwingen, obwohl es dem Arbeitnehmer nicht mehr zugemutet werden kann und der Gesetzgeber gerade für diesen Fall dem Arbeitnehmer das Recht eingeräumt hat, im Kündigungsschutzprozess den Auflösungsantrag zu stellen. Das BAG hat es abgelehnt, im Falle der Klagerücknahme das Rechtsschutzinteresse für die erhobene Kündigungsschutzklage zu verneinen.[24] Nur „im Einzelfall auf Grund besonders gelagerter Umstände" sei dies nicht auszuschließen. Der Arbeitnehmer sei nicht gehalten, die Kündigungsschutzklage zurückzunehmen oder die Hauptsache für erledigt zu erklären, zumal bei Vorliegen der Voraussetzungen des § 307 ZPO auch ein Anspruch auf Erlass eines Anerkenntnisurteils besteht.[25]

245 Hat der Arbeitnehmer den Auflösungsantrag noch nicht gestellt, wenn der Arbeitgeber die Kündigung zurücknimmt, wird vom Arbeitnehmer eine **unverzügliche** Stellung des Antrages verlangt.[26] Zu weit geht allerdings die Auffassung, andernfalls das in der „Rücknahme" der Kündigung durch den Arbeitgeber zu sehende Vertragsangebot als angenommen anzusehen.[27] Der Entscheidung des BAG vom 19. 5. 1982 lässt sich nicht entnehmen, dass das Gericht eine Rechtspflicht zur unverzüglichen Erklärung bejaht; vielmehr wird allein auf die allgemeinen Regeln über den Vertragsschluss nach §§ 145ff. BGB verwiesen.[28] Allein die fehlende unverzügliche Erklärung des Arbeitnehmers lässt nicht bereits den Schluss zu, er habe das Angebot auf Vertragsfortsetzung angenommen. Ebensowenig wie in der Kündigungsschutzklage die vorweggenommene Annahmeerklärung zu sehen ist, liegt in der bloßen Fortführung des Kündigungsschutzprozesses nach Kündigungsrücknahme eine stillschweigende Annahmeerklärung.[29] Auch das BAG will dem Arbeitnehmer gerade die Fortsetzung des Kündigungsschutzprozesses ermöglichen. Im Zweifel ist zu raten, vom richterlichen Fragerecht nach § 139 ZPO Gebrauch zu machen. Auf eine Handlung des Arbeitnehmers, die den Schluss auf die Annahme des Vertragsangebotes zulässt, kann nicht verzichtet werden. Eine solche Handlung liegt in dem Antrag des Arbeitnehmers, die Hauptsache für erledigt zu erklären und dem Arbeitgeber die Kosten des Verfahrens aufzuerlegen.[30, 31]

---

[24] Ebenso jetzt APS/*Ascheid,* § 4 KSchG Rn. 133; *v. Hoyningen-Huene/Linck,* § 4 KSchG Rn. 30; *Löwisch,* § 4 KSchG, Rn. 86.

[25] BAG 19. 8. 1982 AP § 9 KSchG 1969 Nr. 9 = EzA § 9 KSchG n. F. Nr. 14.

[26] Vgl. LAG Düsseldorf 26. 5. 1975 EzA § 9 KSchG n. F. Nr. 2; KR/*Friedrich,* § 4 KSchG Rn. 72.

[27] So KR/*Friedrich,* § 4 KSchG Rn. 72; MünchKomm/*Schwerdtner,* Vor § 620 BGB Rn. 166f.

[28] BAG 19. 8. 1982 AP § 9 KSchG 1969 Nr. 9 = EzA § 9 KSchG n. F. Nr. 14.

[29] Wie hier APS/*Ascheid,* § 4 KSchG Rn. 133; *v. Hoyningen-Huene/Linck,* § 4 KSchG Rn. 31; a. A. KR/*Friedrich,* § 4 KSchG Rn. 64, 72.

[30] So aber KR/*Friedrich,* § 4 KSchG Rn. 64.

[31] BAG 17. 4. 1986 EzA § 615 BGB Nr. 47 = AP § 615 BGB Nr. 40.

Auch wenn der Arbeitgeber den Klageanspruch förmlich nach § 307 ZPO anerkennt und ein Angebot auf Vertragserneuerung abgibt, kann der Arbeitnehmer nach § 12 KSchG die Fortsetzung der Arbeit durch Erklärung gegenüber dem Arbeitgeber verweigern.[32] 246

§ 10 Die bedingte und vorsorgliche Kündigung

Die bedingte und die sogenannte vorsorgliche Kündigung werden in der Praxis häufig verwechselt. Tatsächlich handelt es sich um zwei völlig verschiedene Kündigungsformen. 247

I. Die bedingte Kündigung

Früher hat man verbreitet angenommen, die bedingte Kündigung vertrage sich nicht mit dem Grundsatz, dass die Kündigung klar und bestimmt sein muss. Das ist in dieser allgemeinen Form nicht zutreffend. Bedingungen sind zulässig, sofern der Grundsatz der Klarheit und Bestimmtheit nicht beeinträchtigt wird. So erklärt BAG 27. 6. 1968 eine bedingte Kündigung dann für wirksam, wenn der Eintritt der Bedingung **allein vom Willen des Kündigungsempfängers** abhängt, wenn also der Gekündigte sich im Zeitpunkt der Kündigung sofort entschließen kann, ob er die Bedingung erfüllen will oder nicht.[1] In diesem Falle entsteht für den Gekündigten keine Ungewissheit. Die Kündigung unter einer sogenannten **Potestativbedingung** wird allgemein für zulässig gehalten.[2] Der Kündigungsempfänger hat es dann je nach seinem Verhalten selbst in der Hand, ob die Kündigung wirksam wird oder nicht. Wichtigster Anwendungsfall in der Praxis ist die sogenannte **Änderungskündigung.** Dabei handelt es sich um eine echte Kündigung unter der aufschiebenden Bedingung, dass der Gekündigte die mit der Kündigung zugleich angebotene Änderung des Vertrages ablehnt.[3] Zur Änderungskündigung siehe noch Rn. 1258 ff. 248

Unzulässig sind jedoch bedingte Kündigungen dann, wenn der Eintritt der Bedingung ungewiss ist und der Kündigende durch die Bedingung in eine ungewisse Lage versetzt wird. Wenn der Eintritt der Bedingung von der Beurteilung des Kündigenden oder eines Dritten abhängt, ist die Kündigung nicht bestimmt und daher unwirksam.[4] Beispiel für eine unzulässige Ungewissheit ist die Kündigung unter der Bedingung, dass der Arbeitnehmer nicht innerhalb einer bestimmten Frist 249

---

[32] LAG Hamm vom 3. 3. 1982, ZIP 1982, 488; *Schwerdtner,* ZIP 1982, 644; KR/*Friedrich,* § 4 KSchG Rn. 73.

[1] BAG 27. 6. 1968 AP § 626 BGB Bedingung Nr. 1 = EzA § 626 BGB Nr. 9; siehe auch BAG 19. 12. 1974 EzA § 305 BGB Nr. 6 = NJW 1975, 1531; zum Erfordernis der Zustimmung eines Dritten zur Wirksamkeit der Kündigung vgl. BAG 10. 11. 1994 EzA § 620 BGB Bedingte Kündigung Nr. 1.

[2] Vgl. KR/*Rost,* § 2 KSchG Rn. 15; MünchArbR/*Wank,* § 118 Rn. 45; Staudinger/*Neumann,* Vorbem. zu § 620 BGB Rn. 58.

[3] BAG 8. 7. 1960 EzA § 305 BGB Nr. 1 = DB 1960, 1070.

[4] BAG 27. 6. 1968 AP § 626 BGB Bedingung Nr. 1 = EzA § 626 BGB Nr. 9; BAG 15. 3. 2001 NZA 2001, 1070.

seine Leistungen verbessert oder dass keine weiteren Aufträge eingehen.[5] In diesen Fällen kann der Arbeitnehmer nicht feststellen, ob und wann gekündigt ist. Unzulässig dürften alle bedingten Kündigungen sein, bei denen der Kündigungsempfänger Erkundigungen über den Bedingungseintritt einziehen muss. Es ist Sache des Kündigenden, die Voraussetzungen für die Wirksamkeit eindeutig klarzustellen. Dies gilt sowohl für die aufschiebende als auch für die auflösende Bedingung (zum bedingten Arbeitsverhältnis vgl. Rn. 127 ff.).

250 Wenn eine bedingte Kündigungserklärung zulässig ist, läuft die Kündigungsfrist grundsätzlich erst mit dem Eintritt der Bedingung, weil die Kündigung erst zu diesem Zeitpunkt wirksam wird und dem Kündigungsempfänger die gesamte Dauer der Kündigungsfrist zur Verfügung stehen soll. Problematisch ist der Lauf der Kündigungsfrist bei einer vom Willen des Kündigungsempfängers abhängigen Potestativbedingung, wenn dieser sich nicht erklärt. Ob es hier richtig ist, die Kündigungsfrist mit dem Zeitpunkt laufen zu lassen, in dem vom Kündigungsempfänger zumutbarerweise eine Entscheidung verlangt werden kann,[6] erscheint schon aus Gründen der Rechtssicherheit zweifelhaft. Dem Kündigenden steht es frei, wenn der Kündigungsempfänger sich nicht erklärt, eine neue unbedingte Kündigung auszusprechen.

II. Die vorsorgliche Kündigung

251 Die vorsorgliche Kündigung ist eine unbedingte Kündigung und daher unbedenklich zulässig.[7] Bei der vorsorglichen Kündigung behält sich der Kündigende vor, die Kündigung ggf. zurückzunehmen. Das ist jedoch unverbindlich. Für die Rücknahme der vorsorglichen Kündigung gelten die allgemeinen Grundsätze, da es sich um eine unbedingte Kündigung handelt (vgl. dazu oben Rn. 234 ff.). Der Arbeitnehmer muss auch die vorsorgliche Kündigung nach § 4 KSchG rechtzeitig durch Klage angreifen, da sonst die Wirkungen des § 7 KSchG eintreten. Daneben ist die vorsorgliche Kündigung für den Fall verbreitet, dass eine bereits erklärte Kündigung rechtsunwirksam sein sollte. Für den Fall, dass das Arbeitsverhältnis nicht bereits aus anderen Gründen aufgelöst sein sollte, ist sie jedoch nur dann nach § 1 KSchG zu überprüfen, wenn die zeitlich vorhergehenden Beendigungsgründe nicht bereits zu einer Auflösung des Arbeitsverhältnisses geführt haben.[8] Vorsorgliche Kündigungen können zum einen dann zweckmäßig sein, wenn nach Ausspruch der vorangehenden Kündigung neue kündigungsrelevante Tatsachen aufgetreten sind. Da Beurteilungszeitpunkt für die Rechtfertigung der Kündigung der Zeitpunkt des Zugangs der Kündigungserklärung ist (vgl. Rn. 920 f.), kann der Ausspruch einer vorsorglichen Kündigung bei neuen Tatsachen sinnvoll sein. Praktisch häufig erfolgt eine vorsorgliche Kündigung auch dann, wenn Zweifel darüber entstanden sind, ob der Betriebsrat in der gehörigen Form angehört wor-

---

[5] BAG 15. 3. 2001 NZA 2001, 1070.

[6] So MünchArbR/*Wank*, § 118 Rn. 45.

[7] Das ist der Standpunkt der ganz herrschenden Lehre, vgl. Staudinger/*Neumann*, Vorb. § 620 BGB Rn. 60; KR/*Etzel*, § 1 KSchG Rn. 169; KR/*Rost*, § 2 KSchG Rn. 54; BAG 12. 10. 1954 AP § 3 KSchG Nr. 5 = NJW 1955, 1052.

[8] KR/*Etzel*, § 1 KSchG Rn. 169.

den ist. Hier kann die vorsorgliche Kündigung für den Fall ausgesprochen werden, dass die erste Kündigung wegen Verletzung des § 102 BetrVG unwirksam sein sollte.

§ 11 Die Teilkündigung

Die Teilkündigung ist eine Willenserklärung, mit der der Kündigende einzelne 252 Vertragsbedingungen gegen den Willen der anderen Vertragspartner einseitig ändern will.[1] Sie will im Gegensatz zur Kündigung des Gesamtrechtsverhältnisses nur erreichen, dass ein bestimmter Teil des Rechtsverhältnisses beseitigt wird, das im Übrigen fortbestehen soll. Sie steht auch im Gegensatz zur Änderungskündigung, die unter dem Druck der Gesamtkündigung die Änderung von Teilen des Rechtsverhältnisses zu erreichen sucht. Kommt es darüber zu keiner Einigung, so endet das gesamte Rechtsverhältnis. Gerade das will aber die Teilkündigung nicht herbeiführen, weil die Teilkündigung unter Aufrechterhaltung des Arbeitsverhältnisses im Übrigen nur einzelne Rechte und Pflichten aus dem Arbeitsvertrag beseitigen soll. Die jeweilige Erklärung bedarf der Auslegung. In der Äußerung einer – möglicherweise falschen – Rechtsansicht liegt keine Teilkündigung.[2]

Im Individualarbeitsrecht ist der Satz, **Teilkündigungen sind grundsätzlich** 253 **ausgeschlossen,** fast allgemein anerkannt.[3] Ob die grundsätzliche Ablehnung der Teilkündigung allerdings gerechtfertigt ist, erscheint zunehmend zweifelhaft. Gerade die Teilkündigung könnte ein flexibles Instrument zur Anpassung der Arbeitsbedingungen sein, wenn nur hinreichend sichergestellt ist, dass der Kündigungsschutz nicht umgangen wird.[4] Bedenken gegen die Teilkündigung bestehen nur, wenn durch sie Kündigungsfristen, Kündigungsgrund und Beteiligung des Betriebsrats umgangen würden. Auch die Teilkündigung ist jedoch eine „Kündigung". Auf sie sind die Kündigungsschutznormen zumindest analog anwendbar. Die Ignorierung des Instituts der Teilkündigung ist aus drei Gründen nicht gerechtfertigt: Zum einen greift nicht jede Teilkündigung in das Ordnungs- und Äquivalenzgefüge des Vertrages ein. Zum zweiten kann gerade die Teilkündigung ein milderes Mittel sein als die auf Beendigung zielende Änderungskündigung, die durch die gesetzliche Regelung in § 2 KSchG im Ergebnis nichts anderes als eine Teilkündigung ist. Zum dritten erscheint der generelle Ausschluss der Teilkündigung auch deshalb nicht angemessen, weil auch eine Teilbefristung für zulässig gehalten wird.[5] Zudem kann die

---

[1] BAG 22. 1. 1997 AP § 620 BGB Teilkündigung Nr. 6 = NZA 1997, 711.

[2] BAG 22. 1. 1997 a. a. O.

[3] BAG 8. 11. 1957 AP § 242 BGB Betriebliche Übung Nr. 2 = DB 1957, 1131; 4. 2. 1958 u. 7. 10. 1982 AP § 620 BGB Teilkündigung Nr. 1 u. 5; 25. 2. 1988 EzA § 611 BGB Krankenhausarzt Nr. 1 = NZA 1988, 769; 23. 8. 1989 EzA § 565 b–e BGB Nr. 3 = NZA 1990, 191; ebenso BGH 5. 11. 1992 EzA § 622 BGB Teilkündigung Nr. 6; *Hueck/Nipperdey,* Bd. 1, S. 551; *Schaub,* § 123 III 6; KR/*Rost,* § 2 KSchG Rn. 51.

[4] Hierfür *Wolf,* Anm. zu BAG AP § 620 BGB Teilkündigung Nr. 5; *Wank,* in: Hromadka, Änderung von Arbeitsbedingungen, 1989, S. 35, 48 ff.; *Preis,* Vertragsgestaltung, S. 432 ff.; *Kießling/Becker,* WM 2002, 578 ff. zum ganzen auch *Hromadka,* RdA 1992, 234, 238 ff.

[5] BAG 13. 6. 1986 EzA § 620 BGB Nr. 85 = NZA 1987, 241.

Wertungsproblematik nicht dadurch verdrängt werden, dass man die vereinbarte Teilkündigung schlicht im Institut des Widerrufsvorbehalts aufgehen lässt.[6] Die weitere Entwicklung bleibt abzuwarten. Nach herrschender Auffassung ist jedoch weiterhin von einem Verbot der Teilkündigung auszugehen.[7]

I. Teilkündigung und zusammengesetztes Rechtsverhältnis

254 Die Aufkündigung eines Rechtsverhältnisses, das mit einem anderen verbunden ist, ist streng genommen keine Teilkündigung, weil ja das ganze Rechtsverhältnis aufgelöst werden soll. Auf diese Weise kann jedoch ein Teil eines nach dem Willen der Vertragspartner verbundenen Gesamtgeschäfts betroffen sein. Praktisches Beispiel ist die Verbindung von Arbeits- und Mietvertrag in einer Vertragsurkunde. Sind die verschiedenen Verträge nur zufällig und ohne einen inneren Zusammenhang miteinander in einer Urkunde verbunden, so kann jeder Vertrag für sich jederzeit gekündigt werden.[8] In der Praxis des Arbeitslebens ist dies aber selten, weil hier zwischen Arbeits- und Miet- oder Darlehensverträgen ein enger Zusammenhang besteht. Denn der eine Vertrag ist ohne den anderen nicht denkbar; es wäre ohne das die Parteien verbindende Band des Arbeitsverhältnisses nicht zu einem Miet- oder Darlehensvertrag gekommen. Hier ist nun sehr zweifelhaft, ob eine Kündigung des einen Vertrages allein zulässig ist oder ob sich nicht doch aus der von den Parteien gewollten Verbindung der Verträge Einschränkungen ergeben. Haben die Parteien die selbständige Kündbarkeit im Vertrag geregelt, so ergeben sich keine Schwierigkeiten, weil sie dann deutlich gemacht haben, dass ihrer Meinung nach die Verbindung beider Verträge nicht so eng sein soll, dass eine Kündigung ausgeschlossen ist. In den anderen Fällen wird man eine Kündigung des einen Vertrages allein ablehnen müssen. Diese Grundregel kann jedoch im Einzelfall dann keine Geltung beanspruchen, wenn Treu und Glauben bzw. die Fürsorge- oder Treuepflicht dem einen Teil gebietet, in eine Kündigung nur eines Vertrages einzuwilligen. Zu Unrecht hat das BAG[9] die Kündigung eines Mietverhältnisses über eine Werkdienstwohnung abgelehnt, die der Kläger damit begründet hat, er wolle aus der zu kleinen und mangelhaften Werkdienstwohnung ausziehen, weil er für seine fünfköpfige Familie ein Haus in der Nähe des Beschäftigungsortes mieten

---

[6] So aber BAG 7. 10. 1982 EzA § 315 BGB Nr. 28 = DB 1983, 1368.

[7] Zuletzt BAG 23. 8. 1989 EzA § 565 b–e BGB Nr. 3 = NZA 1990, 191, wo die selbständige Kündigung einer Werkdienstwohnung für unzulässig erklärt wurde.

[8] Vgl. *Herschel*, BB 1958, 161; *G. Hueck*, RdA 1968, 202.

[9] Urteil 23. 8. 1989 EzA § 565 b–e BGB Nr. 3 = NZA 1990, 191. Wie hier MünchArbR/*Wank*, § 118 Rn. 51. *Kießling/Becker*, WM 2002, 578, 586. Der 5. Senat half dem Kläger, Beschäftigter des Landes Hessen, durch eine eigene Ermessensentscheidung nach § 315 Abs. 3 Satz 2 BGB auf der Basis einer allgemeinen Verwaltungsvorschrift über Dienstwohnungen und billigte dem Kläger einen Anspruch auf Befreiung von der Verpflichtung zum Bewohnen der Dienstwohnung zu. Mag der Einzelfall im Ergebnis auch richtig entschieden sein, so stellt sich doch die Frage, was in entsprechenden Fällen privater Arbeitgeber zu gelten hat. Nach der hier vertretenen Auffassung muss, wenn das Äquivalenz- und Ordnungsgefüge des Vertrages nicht gefährdet wird, die selbständige Kündigung bzw. Teilkündigung des Mietverhältnisses möglich sein. Anders für die arbeitsvertragliche Pflicht zum Bewohnen einer Hausmeisterwohnung, die zum Kernbestand des Arbeitsverhältnisses gehört: LAG Rheinland-Pfalz 14. 7. 1992 EzBAT § 65 BAT Nr. 6.

könne. In einer solchen Situation erscheint es treuwidrig, dem Arbeitnehmer die Teilkündigung zu versagen.

II. Teilkündigung im Arbeitsverhältnis

In der Vergangenheit ist das Verbot der Teilkündigung mit unterschiedlichen Begründungen gerechtfertigt worden. Grundlegend war bereits die Entscheidung des Reichsarbeitsgerichts vom 19. 5. 1928.[10] Über die seinerzeitigen Gründe des Verbots der Teilkündigung ist allerdings die Zeit hinweggerollt, weil sowohl die Arbeitsrechtspraxis wie der Gesetzgeber (in § 2 KSchG) deutlich gemacht haben, dass ein Bedürfnis für die Kündigung einzelner Vertragsbestimmungen besteht, ohne dass das ganze Arbeitsverhältnis gefährdet wird. In der Vergangenheit ist das Verbot der Teilkündigung aus dem Grundsatz der Vertragsautonomie hergeleitet worden.[11] Die Parteien des Arbeitsvertrages hätten, so wird argumentiert, diesen in all seinen Schattierungen abgeschlossen und damit die einzelnen Abreden miteinander verknüpft. Jede einzelne Abrede stünde daher mit all den anderen in einer Beziehung und in Wechselwirkung. Aus diesem Grunde sei auch eine Unterscheidung zwischen wichtigen und weniger wichtigen Vertragsklauseln nicht möglich. Diese Begründung mag unter der Voraussetzung gerechtfertigt sein, dass ein gleichgewichtiges Aushandeln der Einzelbestimmungen stattfindet. Die Realität des Arbeitslebens stellt sich allerdings anders dar. Für Arbeiter, Angestellte und leitende Angestellte sind Standardarbeitsverträge weitgehend vorformuliert. Die gegenwärtige Arbeitsvertragspraxis entwickelt sich dahin, dass vermehrt Widerrufsvorbehalte, befristete Einzelarbeitsbedingungen, Bindungsklauseln, Öffnungsklauseln für Betriebsvereinbarungen sowie direktionsrechtserweiternde Klauseln eingearbeitet werden. Hierdurch sucht man Flexibilität zu erreichen, die man durch eine **begrenzte Zulassung der Teilkündigung** ebenso erreichen würde. Durch das strikte Verbot der Teilkündigung leistet die herrschende Meinung dieser Vertragspraxis Vorschub. Durch eine entsprechende Rechtsentwicklung werden nicht nur Arbeitnehmer benachteiligt, sondern auch solche klein- und mittelständige Unternehmer, die sich keine kautelarjuristische Betreuung in großem Umfang leisten können. **255**

Aus den Begründungen in der Vergangenheit ist als Hauptgrund für das Verbot der Teilkündigung übrig geblieben, dass die **Teilkündigung ein unzulässiger Eingriff in das Äquivalenz- und Ordnungsgefüge des Vertrages** sei. Es könne nicht hingenommen werden, dass eine Vertragspartei einseitig einzelne unwillkommene Teile des Vertrages aufkündige. Diese Begründung trifft aber nur dann zu, wenn durch eine Teilkündigung in die Hauptpflichten der Parteien eingegriffen würde. Ein derartiger Eingriff ist grundsätzlich unzulässig.[12] Sofern die Hauptleistungspflichten von der Teilkündigung nicht betroffen sind, sollte eine Teilkündigung für beide Teile zugelassen werden, wenn und soweit ein sachlicher Grund hierfür besteht. **256**

[10] RAG 19. 5. 1928 ARS 3, 24 ff.; s. ferner RAG 25. 3. 1933 ARS 19, 77.

[11] So G. *Hueck,* RdA 1968, 204.

[12] Vgl. zur entsprechenden Vertragsgestaltung BAG 12. 12. 1984 AP § 2 KSchG 1969 Nr. 6 = NZA 1985, 321; im Ergebnis ebenso BAG 14. 11. 1990 – 5 AZR 464/89 – n. v.; a. A. *Kießling/Becker,* WM 2002, 578, 584.

257 Teilkündigungen sind bisher überwiegend dann zugelassen worden, wenn sie **vertraglich vereinbart** worden sind oder wenn auf einen entsprechenden Willen auf Grund einer Auslegung des Vertrages nach § 157 BGB zu schließen ist.[13] Damit kann der Arbeitgeber einseitig auf die Bestimmung der vertraglichen Leistungen einwirken, so dass sich die Frage nach einer Umgehung des Kündigungsschutzgesetzes stellt, das auch den inhaltlichen Schutz des Arbeitsverhältnisses mitumfasst. Das BAG scheint das Problem dahin lösen zu wollen, dass es jedes vertragliche Recht, einseitig Vertragsbedingungen zu ändern, unabhängig von der gewählten Bezeichnung als einen Widerrufsvorbehalt deutet.[14] Dies ist allerdings unnötig, wenn sichergestellt ist, dass eine Teilkündigung nur bei Bestehen eines **sachlichen Grundes** wirksam sein kann. Hiermit werden auch die Bedenken gegen eine Umgehung des Kündigungsschutzes ausgeräumt.[15] Die Umdeutung in einen Widerrufsvorbehalt ist auch deshalb nicht sachgerecht, weil die an sachliche Gründe gebundene Teilkündigung schonender ist als der regelmäßig fristlos wirkende Widerruf.

258 Die Rechtsprechung hat den **Widerrufsvorbehalt bei zusätzlichen Leistungen** des Arbeitgebers, z. B. Gratifikationen, Leistungs- und sonstigen Zulagen anerkannt, nicht aber, wenn wesentliche Elemente des Arbeitsvertrages einer einseitigen Änderung unterliegen sollen, durch die das Gleichgewicht zwischen Leistung und Gegenleistung grundsätzlich gestört würde.[16] Das Gleiche gilt für die Teilkündigung.[17] Ist der **Kernbereich des Arbeitsverhältnisses** betroffen, bedarf es einer Änderungskündigung, falls der Arbeitgeber eine Änderung der Arbeitsbedingungen herbeiführen will. Der Arbeitgeber kann von dem vorbehaltenen **Widerruf** wie auch von der **Teilkündigung nicht nach freiem Belieben** Gebrauch machen. So kann eine Leistungszulage nicht nach freiem Ermessen widerrufen oder gekündigt werden, selbst wenn der Arbeitgeber sich das ausdrücklich vorbehalten hat. Jeder Widerruf, insbesondere der von Vergütungsbestandteilen, ist nur in den Grenzen billigen Ermessens zulässig.[18] Der Widerruf kann nur aus sachlichen Gründen erfolgen;[19] nichts anderes gilt für die zulässige Teilkündigung. Die Ausübung des Widerrufsvorbehalts durch den Arbeitgeber kann vom Arbeitnehmer im Wege der Feststellungsklage nach § 256 ZPO einer gerichtlichen Überprüfung zugeführt werden.[20]

---

[13] BAG 4. 2. 1958 AP § 620 BGB Teilkündigung Nr. 1; LAG Schleswig-Holstein 27. 1. 1983 BB 1984, 725; vgl. neuerdings zu Arztverträgen BAG 15. 2. 1990 EzA § 622 BGB Teilkündigung Nr. 1 = NZA 1990, 848; 14. 11. 1990 EzA § 622 BGB Teilkündigung Nr. 5 = NZA 1991, 377; 10. 12. 1992 EzA § 315 BGB Nr. 48 mit Anm. *Mayer-Maly; v. Hoyningen-Huene/Linck,* § 2 KSchG Rn. 30.

[14] BAG 7. 10. 1982 AP § 620 BGB Teilkündigung Nr. 5 = EzA § 315 BGB Nr. 28.

[15] Für eine analoge Anwendung des Kündigungsschutzgesetzes KR/*Wolf,* 3. Aufl. 1989, Grundsätze Rn. 147; *Kießling/Becker,* WM 2002, 578, 587.

[16] BAG 7. 10. 1982 AP § 620 BGB Teilkündigung Nr. 5 = EzA § 315 BGB Nr. 28; 16. 10. 1965 AP § 611 BGB Direktionsrecht Nr. 20; ausf. zur Inhaltskontrolle entsprechender Klauseln *Preis,* Der Arbeitsvertrag II V 70 Rn. 10 ff.

[17] Ausdrücklich BAG 14. 11. 1990 – 5 AzR 464/89 – n. v.

[18] BAG 13. 5. 1987 EzA § 315 BGB Nr. 34 = AP § 305 BGB Billigkeitskontrolle Nr. 4.

[19] So ausdrücklich BAG 13. 5. 1987 EzA § 315 BGB Nr. 34 = AP § 305 BGB Billigkeitskontrolle Nr. 4.

[20] BAG 7. 10. 1982 AP § 620 BGB Teilkündigung Nr. 5 = EzA § 315 BGB Nr. 34; 9. 6. 1965 AP § 315 BGB Nr. 10 mit Anm. *G. Hueck* = NJW 1965, 2074; 9. 6. 1967 AP

Die Klagefrist des § 4 KSchG findet keine Anwendung. Soweit Teilkündigungen zugelassen werden, sollte jedoch eine analoge Anwendung des § 4 Satz 2 KSchG erwogen werden. Der gebotene Schutz vor unbilligen Verschlechterungen der Arbeitsbedingungen ist damit für den Arbeitnehmer in jeder Hinsicht sichergestellt.

§ 12 Kündigung im Gruppenarbeitsverhältnis

Gelegentlich wird eine Arbeitsleistung nicht von einem Arbeitnehmer erbracht, 259 sondern von einer Arbeitsgruppe. Zu unterscheiden sind die Arbeitsgruppen, die auf Grund des Direktionsrechts des Arbeitgebers entstehen **(Betriebsgruppen)** und solche Arbeitsgruppen, die schon bestehen, bevor die Arbeitsleistung beginnt **(Eigengruppe).**[1] Während bei der Betriebsgruppe keine Besonderheiten im Hinblick auf die Lösung der Arbeitsverhältnisse durch Kündigung bestehen, bedingt die enge Verknüpfung der Einzelarbeitsverhältnisse bei der vor Vertragsbeginn gegründeten Eigengruppe, dass Kündigungen im Allgemeinen nur von und gegenüber der gesamten Gruppe ausgesprochen werden können.

Diese unterschiedlichen Folgen gebieten eine Einschränkung der Vertragsfreiheit 260 bei der Gruppenbildung. Der Arbeitgeber kann nicht ohne **sachlich berechtigten Grund** eine Betriebsgruppe kraft Vereinbarung als Eigengruppe behandeln. Die Eigengruppe verlangt eine nur gemeinschaftlich zu erbringende Arbeitsleistung. Bei ihr liegt die Gruppenbildung allein in der Sphäre der Arbeitnehmer; sie liegt in ihrem Risikobereich.[2] Typische Beispiele sind: Musikkapelle; Hausmeisterehepaar; Buffetehepaar; Heimleiterehepaar.

Eine vergleichbare Problematik besteht beim **Job-sharing-Vertrag.** Bei ihm ist 261 die Kündigung eines Arbeitsverhältnisses wegen des Ausscheidens eines anderen Arbeitnehmers aus der Arbeitsplatzteilung unwirksam (§ 13 Abs. 2 Satz 1 TzBfG). Dabei handelt es sich um einen selbständigen Unwirksamkeitsgrund, der auch dann Platz greift, wenn das KSchG nicht anwendbar ist.[3] Das Recht zur Änderungskündigung wegen des Ausscheidens eines anderen Arbeitnehmers aus der Arbeitsplatzteilung und zur Kündigung aus anderen Gründen bleibt für den Arbeitgeber unberührt.[4]

Kündigt ein Arbeitgeber einem einzelnen Mitglied einer **Eigengruppe,** so ist 262 diese Kündigung unwirksam, weil er das Lösungsrecht wegen der engen Verzahnung der Arbeitsverhältnisse nur einheitlich ausüben kann.[5] Allerdings kann in derartigen Fällen der Arbeitgeber der ganzen Gruppe das Arbeitsverhältnis ordentlich oder außerordentlich kündigen, wenn die gesetzlichen Voraussetzungen auch nur in der Person eines Gruppenmitglieds vorliegen. So ist es z. B. möglich, dass der

---

§ 611 BGB Lohnzuschläge Nr. 5 mit Anm. *Bötticher* = EzA § 315 BGB Nr. 2; 7. 1. 1971 EzA § 315 BGB Nr. 5 = DB 1971, 392; 30. 8. 1972 EzA § 315 BGB Nr. 9 = DB 1973, 480; 11. 1. 1978 EzA § 315 BGB Nr. 21 = BB 1978, 862.

[1] Ausf. zur Gruppenarbeit, *Elert,* Gruppenarbeit. Individual- und kollektivarbeitsrechtliche Fragen moderner Arbeitsformen, 2001.

[2] Vgl. KR/*Etzel,* § 1 KSchG Rn. 51.

[3] TzA/*Buschmann,* § 13 TzBfG Rn. 34.

[4] Vgl. GK-TzA/*Danne,* Art. 1 § 5 BeschFG Rn. 1242 mit Hinweisen.

[5] LAG Düsseldorf 18. 10. 1967 DB 1967, 2231.

Arbeitgeber wegen des schlechten Spiels eines Kapellenmitglieds und der dadurch hervorgerufenen minderwertigen Gesamtleistung der Kapelle gegenüber außerordentlich kündigen kann.[6] Dieses weitgehende Kündigungsrecht liegt darin begründet, dass der Arbeitgeber bei der Eigengruppe kein Direktionsrecht bzgl. der Arbeitsausführung gegenüber den Gruppenmitgliedern hat. Die Gruppe ist hier und vor allem in der personellen Zusammensetzung autonom. Die Auswechslung eines Gruppenmitglieds durch den Arbeitgeber ist ohne Zustimmung der übrigen Mitglieder der Eigengruppe nicht möglich. Ebenso wie das Kündigungsrecht des Arbeitgebers eingeschränkt ist, kann auch das einzelne Gruppenmitglied nur seine Mitgliedschaft in der Gruppe, nicht jedoch den Arbeitsvertrag der Gruppe mit dem Dritten kündigen. Auch diese Kündigung wäre wegen der besonderen Vertragsgestaltung der Eigengruppe und ihres Rechtsverhältnisses mit dem Arbeitgeber unwirksam. Bleibt ein einzelnes Gruppenmitglied nach einer Einzelkündigung der Arbeit fern, so kann dies u. U. für den Arbeitgeber Anlass sein, nun seinerseits das Arbeitsverhältnis der ganzen Gruppe zu kündigen, wenn er an der Leistung durch die Restgruppe nicht mehr interessiert ist, was je nach Lage des Falles z.B. bei einer Akkordkolonne wegen bestehender Termine durchaus der Fall sein kann. Richtigerweise ist in diesen Fällen nicht nur das störende Gruppenmitglied, sondern die ganze Gruppe abzumahnen, damit die Gruppenmitglieder Einfluss zur Wiederherstellung des vertragstreuen Verhaltens des Mitarbeiters ausüben können.[7]

263 In der Eigengruppe muss sich das Gruppenmitglied diejenigen Kündigungsgründe, die ein anderes Mitglied gesetzt hat, zurechnen lassen. Das gilt sowohl für die außerordentliche wie für die soziale Rechtfertigung der ordentlichen Kündigung. Eine Einzelkündigung gegenüber einem Gruppenmitglied ist nur zulässig, wenn dies vertraglich vereinbart worden ist oder wenn durch das Ausscheiden eines Gruppenmitglieds die nach dem Vertrag gemeinschaftlich zu erbringende Arbeitsleistung weder unmöglich noch wesentlich erschwert wird.[8]

264 Bei sog. **Ehegattenverträgen** wird in der Regel eine wechselseitige Abhängigkeit zu bejahen sein in dem Sinne, dass der Bestand des Arbeitsverhältnisses davon abhängt, dass der Vertrag mit dem anderen fortbesteht. So ist z.B. die Verzahnung der Arbeitsverträge bei einem Buffet-Ehepaar wegen des Vertrauensverhältnisses zwischen den Beteiligten so eng, dass eine Auswechselung der Partner unmöglich erscheint. Die Arbeitsverträge beider Ehegatten bilden eine Zweckgemeinschaft. Dies ist auch für ein Hausmeisterehepaar zu bejahen. Das hat zur Folge, dass bei Vorlage eines wichtigen Kündigungsgrundes das Arbeitsverhältnis mit der Ehefrau selbst dann aufgelöst wird, wenn sie im Zeitpunkt der Kündigung schwanger ist und daher an sich nach § 9 MuSchG unkündbar ist. Ihr Arbeitsverhältnis steht unter der zulässigen auflösenden Bedingung, dass der Vertrag mit ihrem Ehemann fortbesteht.[9] In dieser Entscheidung erkennt das BAG die wechselseitige Bindung

---

[6] BAG 9. 2. 1960 AP § 626 BGB Nr. 39; 21. 10. 1971 EzA § 1 KSchG Nr. 23; LAG Bremen 8. 9. 1964 AuR 1965, 151. Vgl. auch *Rüthers,* ZfA 1977, 1f.; KR/*Etzel,* § 1 KSchG Rn. 53.

[7] LAG Sachsen-Anhalt 8. 3. 2000 NZA-RR 2000, 528 = DB 2001, 931.

[8] BAG 21. 10. 1971 EzA § 1 KSchG Nr. 23 = AP § 611 BGB Gruppenarbeitsverhältnis Nr. 1 mit krit. Anm. *Hanau.*

[9] BAG 17. 5. 1962 AP § 620 BGB Bedingung Nr. 2 = EzA § 9 MuSchG Nr. 2; krit. dazu KR/*Etzel,* § 1 KSchG Rn. 53.

der Arbeitsverträge an. In einer späteren Entscheidung wird dagegen abschwächend ausgeführt, eine so weitgehende Abhängigkeit der Arbeitsverhältnisse sei nur angezeigt, wenn die Ehefrau unter Anleitung des Ehemannes unterstützende Hilfstätigkeiten ausführe.[10] Praktisch führt das zu einem „Mutterschutz für Väter".[11] Die Abhängigkeit der Verträge hängt nicht von der Tatsache ab, ob die Ehefrau eine Hilfstätigkeit ausführt, sondern im Gegensatz zum BAG von der Frage, ob nach der Vertragsgestaltung davon auszugehen ist, dass die beiden Tätigkeiten voneinander nicht trennbar sind, ohne dass dadurch der Vertrag verändert wird. Kann man die Parteien auf Arbeitnehmerseite nicht austauschen, so dürfte die Abhängigkeit zu bejahen sein.[12] Wird also z.B. im Arbeitsverhältnis eines Buffet-Ehepaares dem Ehegatten eine Untreue nachgewiesen, so führt die fristlose Kündigung des Mannes auch zur Auflösung des Arbeitsvertrages der Ehefrau, wenn diese im Zeitpunkt der Kündigung den Schutz des § 9 MuSchG genießt. Dies gilt auch dann, wenn beide Ehegatten die gleiche Tätigkeit ausüben und die Frau also nicht nur unterstützende Hilfstätigkeiten im Sinne der BAG-Entscheidung 21. 10. 1971 ausführt. Anderenfalls wäre der Arbeitgeber verpflichtet, den Ehemann weiter zu beschäftigen, obwohl er eine Unterschlagung begangen hat, nur weil seine mit ihm zusammenarbeitende Frau schwanger ist. Das ist mit dem zwingenden Charakter des § 626 BGB unvereinbar.[13]

Zur Kündigung eines einheitlichen Arbeitsverhältnisses mit **mehreren Arbeitgebern** vgl. BAG 27. 3. 1981 EzA § 611 BGB Nr. 25 = NJW 1984, 1703 und 21. 1. 1999 EzA § 1 KSchG Nr. 51. Zur Frage, wer Arbeitgeber eines Hausmeisters ist (Hauseigentümer oder Hausverwaltungsgesellschaft) vgl. BAG 9. 9. 1982 EzA § 611 BGB Arbeitgeberbegriff Nr. 1. 265

§ 13 Die unwirksame Kündigung

Die Kündigung unterliegt als Rechtsgeschäft den allgemeinen Regeln des BGB 266
über die Wirksamkeit von Willenserklärungen. Sie kann keine Wirkungen entfalten, wenn sie nach gesetzlichen, tariflichen oder vertraglichen Normen unwirksam ist. Nicht gedacht ist in diesem Zusammenhang an die nach einem Gesetz unter Umständen notwendigen Gründe für die Kündigung, z.B. für die außerordentliche Kündigung oder für die soziale Rechtfertigung der ordentlichen Kündigung nach dem KSchG (vgl. dazu unten Rn. 606ff. und 912ff.). Folgende Mängel der Kündigungserklärung kommen u.a. in Betracht:

---

[10] BAG 21. 10. 1971 EzA § 1 KSchG Nr. 23. Vgl. auch KR/*Etzel,* § 1 KSchG Rn. 54, der in diesen Fällen eine betriebsbedingte Kündigung für sozial gerechtfertigt ansieht oder von einem wichtigen Grund für eine außerordentliche Kündigung ausgeht.

[11] LAG Düsseldorf 15. 12. 1964 BB 1965, 495; hierzu KR/*Etzel,* § 1 KSchG Rn. 64.

[12] Ebenso im Ergebnis KR/*Etzel,* § 1 KSchG Rn. 54.

[13] Gegen eine „Drittwirkung" des Mutterschutzes auch KR/*Etzel,* § 1 KSchG Rn. 55ff.

I. Anfechtung

267 Die Kündigung unterliegt als Willenserklärung der Anfechtung nach den §§ 119, 123 BGB. Fälle der **Irrtumsanfechtung** sind selten. In der Person des Arbeitgebers dürften sie praktisch kaum vorkommen. Aber auch auf Arbeitnehmerseite spielen sie keine Rolle, wenn man einmal von dem **sog. Rechtsfolgenirrtum** bei der Eigenkündigung einer schwangeren Arbeitnehmerin absieht (vgl. dazu unten Rn. 1359ff.). Hauptanwendungsfälle der Anfechtung einer Arbeitnehmerkündigung sind solche Kündigungen, die durcheine **widerrechtliche Drohung des Arbeitgebers veranlasst worden sind.**[1] Nach § 123 BGB kann derjenige eine Willenserklärung anfechten, der zur Abgabe dieser Erklärung widerrechtlich durch Drohung bestimmt worden ist. Kündigt der Arbeitgeber für den Fall der Unterlassung einer Eigenkündigung die fristlose Entlassung an, so liegt eine Drohung vor, denn die Ankündigung einer Entlassung dürfte bereits ein Übel darstellen.[2] Es genügt zur Anfechtung aber nicht bereits jede Drohung. Die Drohung muss auch widerrechtlich sein.[3] Allgemein gesehen kann bei einer Drohung die Widerrechtlichkeit darin liegen, dass eine widerrechtliche Handlung angedroht wird oder darin, dass ein widerrechtlicher Erfolg angestrebt wird, schließlich aber auch darin, dass die Anwendung eines bestimmten Mittels zur Herbeiführung des gewollten Erfolgs nach Treu und Glauben als ein unangemessenes, insbesondere vertragsfremdes oder nicht verkehrsfähiges Mittel erscheint. Das BAG spricht von der „Inadäquanz von Mittel und Zweck",[4] wenn der Drohende an der Erreichung des verfolgten Zwecks kein berechtigtes Interesse hat oder die Drohung nach Treu und Glauben nicht mehr als angemessenes Mittel zur Erreichung des Zwecks anzusehen ist. Im Falle der Androhung einer fristlosen Entlassung können Mittel und Zweck wohl nicht dazu führen, die Widerrechtlichkeit immer schon dann anzunehmen, wenn ein Gericht die angedrohte fristlose Entlassung, wäre sie ausgesprochen worden, für unwirksam erklärt haben würde. Maßgebend ist, wie der Arbeitgeber zur Zeit der Verhandlung mit dem Arbeitnehmer die Sachlage angesehen hat und ansehen durfte. Die Drohung mit einer außerordentlichen Kündigung ist danach dann nicht widerrechtlich, wenn ein **verständiger Arbeitgeber in gleicher Lage eine Kündigung ausgesprochen hätte.**[5] Zu berücksichtigen ist aber, dass ein verständiger Arbeitgeber eine fristlose Entlassung nur dann ausspricht, wenn ein gesetzlicher Grund hierfür vorliegt. Praktisch kommt es also darauf an, ob ein Grund für die angedrohte fristlose Entlassung vorgelegen hat oder nicht, auch wenn nach der Rspr. nicht erforderlich ist, dass die angekündigte Kündigung, wenn sie ausgesprochen worden wäre, sich in einem Kündigungsschutzprozess als

---

[1] Einen Ausnahmefall (Täuschung eines geistig behinderten Arbeitnehmers durch Unterlassen) behandelt LAG Hamm 1. 3. 1985 BB 1985, 1920.

[2] BAG 14. 7. 1960 EzA § 123 BGB Nr. 3 = AP § 123 BGB Nr. 13.

[3] BAG 30. 3. 1960 EzA § 123 BGB Nr. 2 = AP § 123 BGB Nr. 8.

[4] BAG 21. 3. 1996 AP § 123 BGB Nr. 42.

[5] BAG 16. 11. 1979 EzA § 123 BGB Nr. 19; 9. 3. 1995 NZA 1996, 875; 30. 9. 1993 EzA § 611 BGB Aufhebungsvertrag Nr. 13 und 12. 8. 1999 AP § 123 BGB Nr. 51 zur gleichen Problemlage der Anfechtung eines Aufhebungsvertrages; a. A. LAG München 28. 1. 1988 LAGE § 123 BGB Nr. 10.

rechtsbeständig erwiesen hätte.[6] Allein der Umstand, dass der Arbeitgeber den Arbeitnehmer zu einer überstürzten Entscheidung zwingt, stellt nach Ansicht des BAG noch keine widerrechtliche Drohung dar.[7]

Die Androhung einer ordentlichen Kündigung ist gleichfalls ein Übel i.S. des 268
§ 123 BGB.[8] Die Beurteilung der Widerrechtlichkeit hat nach den oben dargelegten Grundsätzen zu erfolgen.

II. Gesetzliche Verbote

Die Kündigung, die gegen ein gesetzliches Verbot verstößt, ist nichtig, wenn 269
sich nicht aus dem Gesetz etwas anderes ergibt (§ 134 BGB). Aufschluss gibt hier häufig schon der Wortlaut der Gesetzesbestimmung, z.B. § 9 Abs. 1 MuSchG: „Die Kündigung ... ist unzulässig." In manchen Fällen wird die Nichtigkeit der gegen das Gesetz verstoßenden Kündigung sogar ausdrücklich im Verbotsgesetz festgestellt (so z.B. in § 102 Abs. 1 Satz 2 BetrVG: „Eine ohne Anhörung des Betriebsrats ausgesprochene Kündigung ist unwirksam"). Darüber hinaus können auch Sinn und Zweck der Gesetzesbestimmung die Nichtigkeitsfolge rechtfertigen.

In der Praxis stellt sich die Frage der **Darlegungs- und Beweislast.** In mehre- 270
ren Entscheidungen ist vom BAG erkannt worden, dass es in den Fällen, in denen der Arbeitnehmer sich nicht auf den Schutz des allgemeinen Kündigungsschutzes nach den §§ 1ff. KSchG berufen könne, nicht Sache des Arbeitgebers sei, die Kündigung zu rechtfertigen. Der Arbeitnehmer sei vielmehr darlegungs- und beweispflichtig dafür, dass die Kündigung auf Grund von Vorschriften rechtsunwirksam sei, die außerhalb des Kündigungsschutzgesetzes zur Unwirksamkeit der Kündigung führten.[9] Das gilt auch im Rahmen eines Kündigungsschutzprozesses, wenn sich der Arbeitnehmer auf sonstige Nichtigkeitsgründe im Sinne des § 13 Abs. 3 KSchG beruft. Der Arbeitgeber ist nicht etwa als verpflichtet anzusehen, sämtliche in Frage kommenden Verbotsbestimmungen durch geeigneten Sachvortrag auszuschließen. Allerdings kommen – je nach Unwirksamkeitsgrund – besondere Beweislastregelungen oder Beweiserleichterungen dem Arbeitnehmer zugute (hierzu Rn. 337).

Die Fälle der unwirksamen Kündigung werden durch das Kündigungsschutzge- 271
setz nicht berührt. Die Einhaltung der **Klagefrist** des § 4 KSchG ist nicht erforderlich (Einzelheiten unten 4. Abschnitt). Dagegen ist die gleichzeitige Geltendmachung der Sozialwidrigkeit der Kündigung nach dem Kündigungsschutzgesetz mit allen Voraussetzungen und Folgen (§ 9 KSchG) zulässig.

---

[6] BAG 21. 3. 1996 AP § 123 BGB Nr. 42; BAG 12. 8. 1999 AP § 123 BGB Nr. 51; vgl. auch BAG 5. 4. 1978 EzA § 123 BGB Nr. 18; 16. 11. 1979 wie vorige Fußnote.

[7] BAG 30. 9. 1993 EzA § 611 BGB Aufhebungsvertrag; 16. 2. 1983 EzA § 123 BGB Nr. 21 = AP § 123 BGB Nr. 22.

[8] BAG 16. 1. 1992 EzA § 123 BGB Nr. 36; 30. 9. 1993 EzA § 611 BGB Aufhebungsvertrag Nr. 13.

[9] BAG 21. 3. 1980 EzA § 17 SchwbG Nr. 2; 28. 9. 1972 EzA § 1 KSchG Nr. 25 = NJW 1973, 77 = AP § 134 BGB Nr. 2; 5. 12. 1985 EzA § 613a BGB Nr. 50; 21. 6. 1988 EzA § 4 TVG Bauindustrie Nr. 44 = NZA 1989, 559; 2. 4. 1987 EzA § 612a BGB Nr. 1 für den Fall des § 612a BGB; LAG Hamm 18. 12. 1987 LAGE § 612a BGB Nr. 1.

III. Grundrechtsverletzungen

272 Die Grundrechte haben im Kündigungsrecht wie im Arbeitsrecht allgemein eine hervorragende Bedeutung. Im Grundsatz ist zunächst davon auszugehen, dass das geltende Kündigungsschutzrecht insgesamt die kollidierenden Grundrechte von Arbeitgebern und Arbeitnehmern aus Art. 12 Abs. 1 und 2 Abs. 1 GG zu einem sachgerechten verfassungsgemäßen Ausgleich gebracht hat.[10] Dennoch können und müssen die Grundrechte bei der Interpretation kündigungsrechtlicher Generalklauseln oder allgemeiner Generalklauseln des Zivilrechts (§§ 138, 242, 315 BGB) zur Geltung gebracht werden, wenn keine spezielle grundrechtsschützende Norm vorliegt.[11] Die früher vom BAG vertretene unmittelbare Drittwirkung der Grundrechte, bei deren Verletzung Nichtigkeit eines Rechtsgeschäfts, z.B. der Kündigung, nach § 134 BGB eintreten sollte,[12] ist in dieser Form abzulehnen. Grundlage der neueren Erkenntnis zur Einwirkung der Grundrechte auf das Privatrecht ist die Lehre von der **Schutzfunktion der Grundrechte,** die der mittelbaren, über Generalklauseln in das Privatrecht einwirkenden Drittwirkungslehre nahekommt, aber besser zu erklären vermag, dass auch der Privatrechtsgesetzgeber im Hinblick auf den Grundrechtsschutz weder ein verfassungswidriges Untermaß unterschreiten noch ein verfassungswidriges Übermaß überschreiten darf.[13] Auch das BAG wendet sich dieser Lehre zu und berücksichtigt grundrechtliche Wertungen, soweit keine spezialgesetzliche Regelung vorliegt, nur noch im Wege der Abwägung im Rahmen arbeitsrechtlicher (insbes. § 1 KSchG, § 626 BGB) und allgemeiner zivilrechtlicher Generalklauseln (§§ 138, 242, 315 BGB).[14] Für Artikel 9 Abs. 3 GG ist diese Lehre ohne Bedeutung, da in Artikel 9 Abs. 3 Satz 2 GG die unmittelbare Wirkung der Koalitionsfreiheit auf das Privatrecht ausdrücklich angeordnet worden ist. Verletzt also die Kündigung des Arbeitgebers die positive oder negative Koalitionsfreiheit des Arbeitnehmers, so ist sie nichtig.[15]

273 Grundsätzlich können Verstöße gegen grundrechtliche Wertungen im Kündigungsrecht im Rahmen der Prüfung der Kündigungsgründe nach § 1 KSchG, § 626 BGB sanktioniert werden. Sollte bei einer ordentlichen Kündigung ein Schutz nach §§ 1, 23 KSchG nicht eingreifen, können **Grundrechtsverstöße über die zivilrechtlichen Generalklauseln der §§ 138, 242 BGB zur Unwirksamkeit**

[10] Vgl. BVerfG 24. 4. 1991 EzA Art. 13 Einigungsvertrag Nr. 1; *Preis,* NZA 1995, 251, 252f.; *Söllner,* ArbuR 1991, 52.

[11] Vgl. BVerfG 7. 2. 1990 AP Art. 12 GG Nr. 12 mit Anm. *Canaris* = JZ 1990, 691 mit Anm. *Wiedemann.*

[12] BAG 28. 9. 1972 EzA § 1 KSchG Nr. 25 = NJW 1973, 77; 26. 5. 1977 EzA § 611 BGB Beschäftigungspflicht Nr. 2 = NJW 1978, 239.

[13] Einzelheiten vgl. *Kühling,* ArbuR 1994, 128ff.; grundlegend *Canaris,* AcP 184 (1984), 201ff.; *ders.,* JuS 1989, 161ff.; vgl. ferner MünchArbR/*Richardi,* § 10 Rn. 13ff.; *Preis,* Vertragsgestaltung, S. 37ff.

[14] Vgl. BAG 23. 6. 1994 EzA § 242 BGB Nr. 39 = AP § 242 BGB Kündigung Nr. 9; BAG 21. 2. 2001 AP § 242 BGB Kündigung Nr. 12; grundlegend BAG 16. 3. 1994 AP § 611 BGB Ausbildungsbeihilfe zu § 626 BGB Nr. 18; 14. 9. 1994 DB 1995, 534.

[15] BAG 5. 3. 1987 RzK I 8l Nr. 6 und LAG Nürnberg 13. 3. 1990 ArbuR 1992, 26 zur Kündigung wegen Gewerkschaftszugehörigkeit; 2. 6. 1987 EzA Art. 9 GG Nr. 43 unter III 2 der Gründe; LAG Frankfurt 11. 4. 1997 LAGE Art. 9 GG Nr. 12 = ArbuR 1997, 418; KR/*Friedrich,* § 13 Rn. 198.

der Kündigung führen.[16] Hierbei muss zweierlei berücksichtigt werden: Eine Unwirksamkeit der Kündigung kann mangels spezialgesetzlicher Regelung nur bei krassen Grundrechtsverstößen eingreifen; ferner darf nicht über eine allgemeine Grundrechtsabwägung de facto ein Kündigungsschutz konstruiert werden, den der Gesetzgeber während der ersten sechs Monate und in Kleinbetrieben ausdrücklich nicht wollte. Es ist also stets zu prüfen, ob der Gesetzgeber nicht bereits eine einfach-rechtlich konkretisierte Grundrechtsabwägung vorgenommen hat. In Kleinbetrieben wird über § 242 BGB jetzt in Folge der verfassungsgerichtlichen Entscheidungen die Wahrung eines „Mindestmaßes an sozialer Rücksichtnahme" verlangt (hierzu Rn. 308f.).[17]

Eindeutig ist die unmittelbare Anwendbarkeit eines Verfassungsgebots, wenn dies **274**
ausdrücklich – wie in Art. 9 Abs. 3 Satz GG – oder einfachrechtlich bestimmt ist. Aus diesem Grunde ist ein Rückgriff auf das Verbot der Geschlechtsdiskriminierung in Art. 3 Abs. 2 und 3 GG unnötig, weil § 611a Abs. 1 BGB spezieller regelt, dass der Arbeitgeber einen Arbeitnehmer bei einer Kündigung nicht wegen seines Geschlechts benachteiligen darf. Damit liegt ein gesetzliches Verbot i. S. des § 134 BGB vor. Über § 611a BGB kann sowohl eine unmittelbar als auch mittelbar geschlechtsdiskriminierende Kündigung für unwirksam erklärt werden.[18] Zur Geltung des allgemeinen Gleichbehandlungsgrundsatzes bei Kündigungen vgl. Rn. 319ff.

Aus Art. 3 Abs. 3 Satz 1 GG wird abgeleitet, dass **diskriminierende Kündi-** **275**
gungen, die nur wegen der Abstammung, der Rasse, seiner Heimat und Herkunft, des Glaubens oder der religiösen und politischen Überzeugung erfolgen, unwirksam sind. Das Verbot diskriminierender Behandlungen ist auch Bestandteil der Betriebsverfassung (§ 75 Abs. 1 BetrVG). Mangels spezialgesetzlicher Regelungen wird eine Kündigung, die gerade wegen und nur wegen einer der in Artikel 3 Abs. 3 Satz 1 GG genannten Gründe erfolgt, als sittenwidrig nach § 138 BGB und deshalb unwirksam bezeichnet werden müssen.[19] Das jüngst in die Verfassung aufgenommene Diskriminierungsverbot von Behinderten (Art. 3 Abs. 3 Satz 2 GG) ist durch den Sonderkündigungsschutz des Schwerbehindertenrechts (hierzu Rn. 1454ff.) kündigungsrechtlich bereits so konkretisiert, dass Diskriminierungen aus diesem Grunde weitgehend ausgeschlossen sind.[20] Besonderheiten sind bei der Handhabung der Darlegungs- und Beweislast zu beachten (näher Rn. 337ff.).

Allein die **religiöse oder politische Anschauung** eines Arbeitnehmers berech- **276**
tigt – außerhalb von Tendenzbetrieben – nicht zur Kündigung eines Arbeitsverhältnisses. Wegen einer politischen Betätigung kann eine Kündigung nur in Betracht

[16] Vgl. grundlegend BVerfG 27. 1. 1998 NZA 1998, 470ff.; BAG 21. 2. 2001 AP § 242 BGB Kündigung Nr. 12 zum ganzen *Oetker,* ArbuR 1997, 41ff.; *Preis,* NZA 1997, 1256, 1264ff.; *Wank,* Festschrift für Hanau, 1999, S. 295; *Otto,* Festschrift für Wiese 1998, S. 353; *Hanau,* Festschrift für Dieterich, 1999, S. 201; *Löwisch* BB 1997, 782; *Gragert,* NZA 2000, 961; *Urban,* Der Kündigungsschutz außerhalb des Kündigungsschutzgesetzes, 2001; zur Kündigung innerhalb der Probezeit wegen Homosexualität BAG 23. 6. 1994 EzA § 242 BGB Nr. 39.

[17] BAG 21. 2. 2001 AP § 242 BGB Kündigung Nr. 12.

[18] Vgl. Erman/*Hanau,* § 611 BGB Rn. 6ff.

[19] BAG 28. 9. 1972 EzA § 1 KSchG Nr. 25 = AP § 134 BGB Nr. 2; KR/*Friedrich,* § 13 KSchG Rn. 184; LG Frankfurt 7. 3. 2001 NZA-RR 2001, 298ff.; ebenso *v. Hoyningen-Huene,* Anm. zu BAG EzA § 242 BGB Nr. 39.

[20] Siehe auch KDZ/*Zwanziger* Art. 3 GG Rn. 12f.

kommen, wenn eine konkrete Beeinträchtigung des Arbeitsverhältnisses vorliegt.[21] Erfolgt eine Kündigung nur wegen des Innehabens einer religiösen oder politischen Überzeugung, ist die Kündigung wegen Verstoßes gegen § 138 BGB i. V. m. Art. 3 Abs. 3, Art. 5 Abs. 1 GG für unwirksam zu erklären. Dies gilt auch für extreme Ansichten, solange die Schranken des Art. 5 Abs. 2 GG gewahrt bleiben.[22] Dies gilt für das private Arbeitsverhältnis. Anders kann nur in solchen Arbeitsverhältnissen entschieden werden, in denen eine bestimmte politische oder religiöse Anschauung Vertragsgrundlage ist, also bei Tätigkeiten im öffentlichen Dienst (näher Rn. 728ff.) und in sog. Tendenzbetrieben (näher Rn. 701f.). Eine durch Art. 3 Abs. 3 GG verbotene Benachteiligung wegen politischer Anschauung liegt bei einem Arbeitnehmer des öffentlichen Dienstes nicht vor, wenn er wegen seiner Mitgliedschaft und seines aktiven Einsatzes in einer verfassungsfeindlichen Organisation gekündigt wird.[23] Dies gilt aber nicht im privatrechtlichen Arbeitsverhältnis. Ob und inwieweit an der Rechtsprechung des BAG festgehalten werden kann, dass das Grundrecht der Meinungsfreiheit (Art. 5 Abs. 1 GG) nicht nur in Artikel 5 Abs. 2 GG, sondern auch in den „Grundregeln über das Arbeitsverhältnis" seine Grenze findet,[24] ist zweifelhaft. Richtig ist allerdings, dass der Arbeitnehmer als Vertragspartner auch insoweit Rücksichtnahmepflichten zu wahren hat. Er darf nicht den Unternehmensinteressen seines Vertragspartners durch geschäftsschädigende Meinungsäußerungen zuwiderhandeln oder diese beeinträchtigen.[25] Ein Arbeitgeber, der aus diesem Grunde ein Arbeitsverhältnis löst, kündigt nicht wegen der politischen Anschauung oder Meinungsäußerung, sondern zur Wahrung seiner Vertragsinteressen. Sittenwidrigkeit oder Willkür kann hier nicht angenommen werden. Ob eine aus diesem Grunde ausgesprochene Kündigung aber den Maßstäben des § 1 KSchG, § 626 BGB standhält, ist eine andere Frage (hierzu Rn. 726ff.).

277 Der Arbeitgeber hat die **Privatsphäre des Arbeitnehmers** zu respektieren. Das auf dem Prinzip der Privatautonomie eingeräumte freie Kündigungsrecht außerhalb des Anwendungsbereichs des KSchG wird nach Ansicht des BAG rechtsmissbräuchlich unter Eindringung in die nach Art. 2 Abs. 1 GG geschützte freie Entfaltung der Persönlichkeit genutzt, wenn allein wegen des persönlichen Sexualverhaltens (Homosexualität) das Arbeitsverhältnis gelöst wird. Eine derartige Kündigung verstößt nach Ansicht des BAG gegen den Grundsatz von Treu und Glauben (§ 242 BGB).[26]

278 In gleicher Weise hat der Arbeitgeber die **Freiheit des Glaubens, des Gewissens und die Freiheit des religiösen und weltanschaulichen Bekenntnisses**

---

[21] BAG 11. 12. 1975 AP § 15 KSchG 1969 Nr. 1 = EzA § 15 KSchG Nr. 6 mit Hinweisen.

[22] BVerfG 19. 5. 1992 BB 1992, 792; *Kühling,* ArbuR 1994, 126, 130.

[23] BAG 12. 3. 1986 RzK I 81 Nr. 4.

[24] Hierzu BAG 9. 12. 1982 EzA § 626 BGB n. F.: Nr. 86 = AP § 626 BGB Nr. 73; kritisch *Preis,* S. 469ff. m. w. N.; *Preis/Stoffels,* RdA 1996, 210ff.

[25] BAG 28. 9. 1972 EzA § 1 KSchG Nr. 25; 13. 10. 1977 EzA § 74 BetrVG 1972 Nr. 3 mit Anm. *Löwisch* = NJW 1978, 1872; 26. 5. 1977 EzA § 611 BGB Beschäftigungspflicht Nr. 2 mit Anm. *Dütz* = NJW 1978, 239. Zum Ganzen vgl. *Otto,* Personale Freiheit u. soziale Bindung, S. 83.

[26] BAG 23. 6. 1994 EzA § 242 BGB Nr. 39 mit abl. Anm. *von Hoyningen-Huene* = AP § 242 BGB Kündigung Nr. 9.

(Art. 4 Abs. 1 GG) zu respektieren. Virulent geworden sind die Fälle der Arbeitsverweigerung aus Gewissensgründen.[27] Der Arbeitnehmer kann nicht verlangen, dass seine persönliche Gewissensentscheidung zu Lasten des Arbeitgebers geht.[28] Der Arbeitgeber ist aber im Rahmen des § 315 BGB gehalten, dem Arbeitnehmer möglichst keine Arbeit zuzuweisen, die den Arbeitnehmer in einen vermeidbaren Gewissenskonflikt bringt.[29] Dabei kommt es darauf an, ob der Arbeitnehmer bei der Eingehung des Arbeitsverhältnisses mit dem Eintritt eines Gewissenskonfliktes rechnen musste, ob der Arbeitgeber überhaupt eine andere Arbeit zuweisen kann und ob mit weiteren Gewissenskonflikten zu rechnen ist (vgl. auch hier Rn. 1213).

Ehe und Familie stehen unter dem besonderen Schutz der staatlichen Ge- **279**
meinschaft (Art. 6 Abs. 1 GG). Mit dieser Wertordnung unvereinbar sind sog. Zölibatsklauseln, die die Beendigung des Arbeitsverhältnisses an den Umstand der Eheschließung oder einer Schwangerschaft anknüpfen.[30] Nach richtiger Auffassung ist ein derartiger Beendigungstatbestand sittenwidrig (§ 138 Abs. 1 BGB bzw. § 612a BGB).[31] Mit dieser Wertsetzung schwer vereinbar ist die von der Rechtsprechung anerkannte Kündigungsmöglichkeit kirchlicher Arbeitnehmer wegen einer Eheschließung, die unter Verstoß gegen das kirchliche Recht erfolgte.[32] Hier stellt sich die Frage, ob die Abwägung zwischen kirchlichem Selbstbestimmungsrecht und grundrechtlichem Schutz der Ehe richtig getroffen wurde. Die Frage ist sehr umstritten.[33]

Die Unwirksamkeit einer Kündigung kann nicht allein auf die Verletzung des **280**
Art. 12 GG gestützt werden. Das Grundrecht der freien Wahl des Arbeitsplatzes schließt nicht aus, dass der Arbeitgeber das Arbeitsverhältnis nach Maßgabe der einschlägigen gesetzlichen oder vertraglichen Bestimmungen kündigt. Das BVerfG hat herausgestellt, dass Art. 12 Abs. 1 GG keinen unmittelbaren Schutz gegen den Verlust des Arbeitsplatzes auf Grund privater Dispositionen verleiht. Der dem Staat insoweit obliegenden Schutzpflicht tragen die geltenden Kündigungsvorschriften hinreichend Rechnung.[34] Davon unberührt bleibt Art. 12 GG als Wertmaßstab zur Kontrolle zahlreicher kündigungsrelevanter Vertragsgestaltungen, durch die

---

[27] Hierzu *Konzen/Rupp,* Gewissenskonflikte im Arbeitsverhältnis, 1990; *Rüfner,* RdA 1992, 1ff.; *Derleder,* ArbuR 1991, 201ff.; *Reuter,* BB 1986, 385ff.

[28] Vgl. ArbG Reutlingen 5. 1. 1993 RzK I 5i Nr. 82 zur Kündigung einer Krankenschwester, die während der Arbeitszeit für ihre religiöse Auffassung wirbt; vgl. ähnlich zur fristlosen Kündigung bei Werbung im Betrieb für die Scientology-Bewegung ArbG Ludwigshafen 12. 5. 1993 AiB 1994, 754; kein Kündigungsgrund ist jedoch das Tragen eines Kopftuches bzw. Turbans aus religiösen Gründen, ArbG Frankfurt 24. 6. 1992 AiB 1993, 472 und ArbG Hamburg 13. 1. 1996 ArbuR 1996, 243f.; anders im Verkaufsbereich LAG Hessen 21. 6. 2001 NZA-RR 2001, 632ff.; hierzu auch Rn. 786f.

[29] BAG 20. 12. 1984 BB 1985, 1853; 24. 5. 1989 DB 1989, 2538.

[30] BAG 10. 5. 1957 und 28. 11. 1958 AP Art. 6 Abs. 1 GG Ehe und Familie Nr. 1 und 3.

[31] Vgl. *Preis,* Vertragsgestaltung, S. 173, 177; Erman/*Brox,* § 134 BGB Rn. 34.

[32] Vgl. grundlegend BVerfG 4. 6. 1985 BB 1985, 1600; ferner BAG 25. 4. 1978, 4. 3. 1980 und 14. 10. 1980 EzA § 1 KSchG Tendenzbetrieb Nr. 4, 8 und 10; 18. 11. 1986 und 25. 5. 1988 AP Art. 140 GG Nr. 35 und 36; im Einzelfall verneinend LAG Niedersachsen 9. 3. 1989 RzK I 8g Nr. 14; LAG Rheinland-Pfalz 12. 9. 1991 LAGE § 611 BGB Kirchliche Arbeitnehmer Nr. 6.

[33] Vgl. *Vogler,* RdA 1993, 257; *Rust,* BB 1992, 775; *Struck,* NZA 1991, 249ff.

[34] BVerfG 24. 4. 1991 EzA Art. 13 EinigungsV Nr. 1; 27. 1. 1998 NZA 1998, 470f.; vgl. bereits BAG vom 23. 9. 1976 EzA § 1 KSchG Nr. 35 = NJW 1977, 1311.

zumeist die Berufswahlfreiheit des Arbeitnehmers berührt wird (Nebentätigkeit, Rückzahlungsklauseln, Wettbewerbsverbote). Das BAG hat zudem die Notwendigkeit von Wiedereinstellungsansprüchen bei nachträglichem Wegfall des betriebsbedingten Kündigungsgrundes unter Hinweis auf Art. 12 GG begründet.[35]

IV. Systematik sonstiger besonderer Kündigungsschranken

281 Die Kündigung unterliegt als **Gestaltungsrecht, einseitiges Rechtsgeschäft** und **empfangsbedürftige Willenserklärung** zahlreichen formalen rechtstechnischen Schranken, insbesondere Zugangsfordernissen (§ 130 Abs. 1 Satz 1 BGB), Einschränkungen im Vertretungsrecht (§§ 174, 180 BGB), allgemeinen Bestimmtheitserfordernissen und Formerfordernissen wie insbes. § 623 BGB (hierzu Rn. 152ff.; 188ff.; 209ff.). Daneben lassen sich materielle Kündigungsschranken, die zur Unwirksamkeit der Kündigung führen können, wie folgt systematisieren:[36]

282 Besondere **vertragliche Kündigungsbeschränkungen** können in Arbeitsverträgen, Betriebsvereinbarungen und Tarifverträgen enthalten sein (hierzu Rn. 325ff.). Sie haben wachsende Bedeutung.

283 Hauptfall des **präventiven Kündigungsschutzes durch besondere Vertretungen,** insbesondere im Betriebs- und Personalvertretungsrecht, ist die Pflicht zur **Anhörung des Betriebsrats nach § 102 BetrVG** (hierzu ausführlich §§ 14 bis 16). Eine weitgehende materielle Bindung des Arbeitgebers kann durch die Beteiligungspflicht eintreten, wenn die Kündigung der Zustimmungspflicht des Betriebsrats unterliegt (§ 103 BetrVG, hierzu Rn. 1594ff.). Ein spezieller Anwendungsfall hierzu ist die Zustimmungspflicht zur **Abberufung des Sicherheitsbeauftragten** nach § 9 Abs. 1 ASiG.[37] Die fehlende Zustimmung führt nach der Auslegung des BAG jedenfalls dann zur Unwirksamkeit der Kündigung, wenn die Kündigung im Zusammenhang mit der Tätigkeit des Betriebsarztes oder Sicherheitsbeauftragten steht.

1. Statusbezogener Kündigungsschutz

284 Unter einem statusbezogenen Kündigungsschutz sind solche Regelungen zu verstehen, die personenbezogen, d.h. i.d.R. unabhängig von der Betriebsgröße eingreifen. **Betriebsverfassungs- und personalvertretungsrechtliche Funktionsträger sowie Parlamentarier** hält der Gesetzgeber für so schutzwürdig, dass er die Kündigungsmöglichkeit auf den unabdingbaren Kern einer Kündigung aus wichtigem Grund beschränkt und überdies eine Benachteiligung wegen der Amtsausübung für unzulässig erklärt. Das in der Praxis wichtigste Beispiel ist der **Sonderkündigungsschutz betriebsverfassungs- und personalvertretungsrechtlicher Funktionsträger nach § 15 KSchG,** der nur die Kündigung aus wichtigem Grund ohne Einhaltung einer Kündigungsfrist für zulässig erklärt (hierzu Rn. 1594ff.). Den gleichen Schutz verleiht § 29a HAG und § 96 Abs. 3 SGB IX für **Vertrauensleute der Schwerbehinderten.** Überdies enthält § 78 BetrVG ein spezifisches Benachteiligungsverbot, dessen Bedeutung angesichts der

[35] BAG 27. 2. 1997 AP § 1 KSchG 1969 Wiedereinstellung Nr. 1 = NZA 1997, 757.
[36] Hierzu *Preis,* NZA 1997, 1256ff.
[37] Hierzu BAG 24. 3. 1988 NZA 1989, 60.

Sondernorm des § 15 KSchG bezogen auf die Kündigung gering ist. Der Sonderkündigungsschutz der betriebsverfassungsrechtlichen und personalvertretungsrechtlichen Funktionsträger wird überdies verfahrensrechtlich dadurch flankiert, dass auch eine außerordentliche Kündigung nur nach vorheriger Zustimmung des Betriebsrats bzw. Personalrates zulässig ist (§ 103 BetrVG, § 108 BPersVG; § 9 Abs. 1 ASiG). Dieser betriebsverfassungsrechtliche präventive Kündigungsschutz ist vergleichbar dem öffentlich-rechtlichen Kündigungsschutz, da die rechtsgeschäftliche Kündigungserklärung nur nach rechtskräftiger Durchführung eines Zustimmungsersetzungsverfahrens zulässig ist. Diese Ausgestaltung des Kündigungsschutzes stellt die wohl auch aus verfassungsrechtlichen Gründen denkbar weitestgehende Beschränkung des Kündigungsrechts dar.[38] Auch **Abgeordnete** dürfen nur aus wichtigem Grund gekündigt werden, wobei diese Kündigungsmöglichkeit – im Unterschied zu § 15 KSchG – nicht ausdrücklich auf die fristlose Kündigung beschränkt ist (§ 2 AbgG). Der Kündigungsschutz Abgeordneter kann sich in aller Regel auf eine verfassungsrechtliche Legitimation im Grundgesetz (Art. 48 GG) und in Landesverfassungen stützten.[39]

Statusbezogen, aber im Unterschied zum kollektiv- und individualarbeitsrechtlichen Schutz betriebsverfassungsrechtlicher Funktionsträger öffentlich-rechtlicher Natur ist der Kündigungsschutz besonderer Personengruppen, die die ordentliche Kündigung **temporär vollständig ausschließen. Beispiel:** Kündigungsschutz bei Einberufung zu **Wehr- und Zivildienst** nach § 2 Abs. 1 ArbPlSchG (§ 78 ZDG, § 2 Abs. 1 Satz 1 EignungsÜG). Das Recht zur außerordentlichen Kündigung aus wichtigem Grund bleibt jedoch nach diesen Normen unberührt (§ 2 Abs. 3 Satz 1 ArbPlSchG, § 2 Abs. 1 Satz 2 EignungsÜG; vgl. hierzu Rn. 1704ff.). **285**

Andere statusbezogene Schutznormen sind systematisch durch ein **öffentlich-rechtliches Verbot mit Erlaubnisvorbehalt** gekennzeichnet. Die zuständigen Behörden erlassen einen privatrechtsgestaltenden Verwaltungsakt, von dem abhängt, ob die rechtsgeschäftliche Gestaltungserklärung der ordentlichen oder außerordentlichen Kündigung überhaupt zulässig ist oder nicht. **Beispiele: Mutterschutz- und Erziehungsgeldrecht** (§ 9 MuSchG, § 18 BErzGG) sowie das **Schwerbehindertenrecht** (§ 85ff. SGB IX); vgl. hierzu Rn. 1283ff.; 1419ff.; 1454ff.; zum **Bergmannversorgungsscheingesetz NRW** vgl. Rn. 1700ff. **286**

2. Statusbezogene Diskriminierungs- und Benachteiligungsverbote

Die Vorschriften des Mutterschutz-, Erziehungsurlaubs- und Schwerbehindertenrechts sind keineswegs die einzigen statusbezogenen Sonderkündigungsschutznormen im deutschen Arbeitsrecht. Für andere Personengruppen stellt der Gesetzgeber in unterschiedlichem Zusammenhang, zum größten Teil sprunghaft und unsystematisch, statusbezogene Diskriminierungs- und Benachteiligungsverbote auf. All diesen Vorschriften ist gemeinsam, dass – im Unterschied zum statusbezogenen öffentlich-rechtlichen Kündigungsschutz – nur die **Diskriminierung und** **287**

---

[38] Zu verfassungsrechtlichen Grenzen gesetzlicher Kündigungsverbote ausf. *Preis,* S. 59ff. m. w. N.

[39] Umfassender Überblick bei KR/*Weigand,* Kündigungsschutz für Parlamentarier; APS/*Preis,* Art. 48 GG Rn. 1ff.

Benachteiligung wegen des persönlichen Status ausgeschlossen werden soll. Zunächst ist dabei die Gruppe der Diskriminierungs- und Benachteiligungsverbote hervorzuheben, die **Bestandteil umfassender kündigungsbeschränkender Regelungen sind.** Hierzu zählen:

- **§ 78 BetrVG** (Betiebsratsmitglieder)
- **§ 2 Abs. 3 Satz 1** Abgeordnetengesetz (Abgeordnete)
- **§§ 58, 58 d BImSchG** (Immissionsschutzbeauftragter, Störfallbeauftragter)

288 Diese Regelungen verbindet, dass sie weitergehende Kündigungsbeschränkungen in Form des Ausschlusses der ordentlichen Kündigung (§ 15 KSchG, § 103 BetrVG; § 2 Abs. 3 Satz 2 Abgeordnetengesetz; § 58 Abs. 2 BImSchG)[40] lediglich flankieren. Die Benachteiligungs- und Diskriminierungsverbote haben im Rahmen der Prüfung eines wichtigen Kündigungsgrundes in der Regel eine unterstützende Funktion: Sie können als Argument dafür dienen, dass nicht die spezifische Konfliktsituation im Amt zu einer Erleichterung der außerordentlichen Kündigung führt.[41] Wenn aber der Verstoß gegen das Benachteiligungsverbot eine Maßregelung des Arbeitnehmers darstellt, kann auch ein unmittelbarer Verstoß zu bejahen sein.[42] Besondere Beweislastregelungen sind angesichts der Beschränkung der Kündigung aus wichtigem Grunde, die der Arbeitgeber ohnehin nachweisen muss, obsolet.

289 Unter **einfachen statusbezogenen Diskriminierungs- und Benachteiligungsverboten** sind solche zu verstehen, die sich in der Regelung des Verbotes erschöpfen, d. h. nicht durch einen zusätzlichen Kündigungsschutz ergänzt werden. Hierzu zählen:

- **§ 36 Abs. 3 BDSG** (Datenschutzbeauftragte)
- **§ 9 Abs. 2 ZivSchG** (Helfer im Zivilschutz)
- **§ 26 ArbGG, § 20 SGG** (ehrenamtliche Richter)[43]
- **§ 26 MitbestG, § 76 Abs. 2 Satz 5 BetrVG 1952 i. m. § 78 BetrVG 1972** (Arbeitnehmervertreter im Aufsichtsrat)
- **§ 22 Abs. 3 SGB VII** (Sicherheitsbeauftragter)
- **§ 2 Abs. 3 SprAuG** (Mitglieder des Sprecherausschusses).

Ansätze, für diese Fälle eine Umkehr der Beweislast zugunsten des Arbeitnehmers aufzustellen, haben sich nicht durchgesetzt.[44]

3. Allgemeine Diskriminierungs- und Benachteiligungsverbote

290 Einen besonderen Benachteiligungs- und Diskriminierungsschutz hält der Gesetzgeber punktuell für regelungsbedürftig, wo es um die Vermeidung allgemeiner Diskriminierungen und Benachteiligungen wegen eines bestimmten, zumeist verfassungsrechtlich geschützten Rechtsgutes geht. Die wichtigste Norm dieser Fallgruppe ist **§ 611 a BGB,** der ein Benachteiligungsverbot wegen des Geschlechts bei der Kündigung statuiert.

---

[40] Zur Reichweite des Kündigungsschutzes vgl. BAG 22. 7. 1992 EzA § 58 BImSchG Nr. 1.

[41] Hierzu BAG 4. 4. 1974 EzA § 15 KSchG n. F. Nr. 1 = AP § 626 BGB Arbeitnehmervertreter im Aufsichtsrat Nr. 1; KR/*Friedrich,* § 13 KSchG Rn. 209.

[42] Vgl. zu § 78 BetrVG: BAG 22. 2. 1979 EzA § 103 BetrVG 1972 Nr. 23.

[43] Zur Verfassungsmäßigkeit weitergehender Regelungen im Landesrecht BVerfG 11. 4. 2000 EzA § 26 ArbGG 1979 Nr. 2.

[44] APS/*Preis,* § 36 BDSG Rn. 16; näher zur Darlegungs- und Beweislast Rn. 337 ff.

In die gleiche Richtung weisen Benachteiligungsverbote bei der Kündigung, die Diskriminierungen wegen eines verfassungsrechtlich geschützten zulässigen Verhaltens aufstellen. Hierzu gehört **§ 612 a BGB** als Grundnorm, wonach der Arbeitgeber einen Arbeitnehmer bei einer Vereinbarung oder Maßnahme nicht benachteiligen darf, weil der Arbeitnehmer in zulässiger Weise seine Rechte ausgeübt hat (hierzu Rn. 298). Spezielle Konkretisierungen dieses allgemeinen Maßregelungsverbotes enthalten u.a. **§ 17 Abs. 2 Satz 2 ArbSchG, § 5 TzBfG, §§ 20, 84 Abs. 3 BetrVG, § 4 Abs. 4 Beschäftigtenschutzgesetz, § 21 Abs. 6 Gefahrstoffverordnung.** Auf der Basis der Verfassung kann zu dieser Gruppe auch Art. 9 Abs. 3 Satz 2 GG gezählt werden (hierzu Rn. 274). So tritt etwa die Unwirksamkeit der Kündigung nach § 20 BetrVG ein, wenn sie gerade dazu erfolgt, die Wahl eines Arbeitnehmers zum Betriebsrat zu verhindern oder ihn für seinen Einsatz bei der Betriebsratswahl zu maßregeln.[45] 291

4. Umstands- oder anlassbezogene gesetzliche Kündigungsschranken

Als umstands- oder anlaßbezogene gesetzliche Kündigungsschranken können solche Kündigungsschutznormen angesehen werden, die die Kündigung eines Arbeitsverhältnisses aus einem bestimmten objektiven Tatbestand oder Anlass heraus für unwirksam erklären. Hauptfall einer derartigen Kündigungsschranke ist **§ 613 a Abs. 4 BGB,** der die Kündigung des Arbeitsverhältnisses durch den Arbeitgeber „wegen des Übergangs eines Betriebs oder eines Betriebsteils" für unwirksam erklärt (hierzu Rn. 976f.). Das Recht zur Kündigung des Arbeitsverhältnisses aus anderen Gründen bleibt jedoch unberührt (§ 613a Abs. 4 Satz 2 BGB). Rechtssystematisch in die gleiche Kategorie gehört § 2 Abs. 2 Satz 1 ArbPlSchG (vgl. auch § 2 Abs. 2 EignungsÜG), wo es heißt, dass der Arbeitgeber das Arbeitsverhältnis nicht aus Anlass des **Wehrdienstes** kündigen darf (hierzu Rn. 1704). Als weitere umstands- oder anlaßbezogene Kündigungsschranken seien erwähnt: 292
- **§§ 4, 11 und 13 Abs. 2 BeschFG** (Verbot der Benachteiligung bei Teilzeitarbeit bzw. Kündigungsverbot wegen Ausscheiden des anderen Arbeitnehmers bei Job-Sharing)
- **§ 41 Satz 1 SGB VI** (Verbot der Kündigung wegen Anspruch auf Altersrente)
- **§ 8 Abs. 1 ATG** (Verbot der Kündigung wegen Inanspruchnahme von Altersteilzeit)
- **§ 17 KSchG** (Anzeigepflicht bei Massenentlassungen; hierzu Rn. 1569ff.).

5. Allgemeine privatrechtliche Kündigungsschranken

Sowohl hinsichtlich der materiellen Voraussetzungen als auch hinsichtlich der Verteilung der Darlegungs- und Beweislast werfen die allgemeinen privatrechtlichen Schranken (§§ 138, 242, 612a BGB), die auch zur Unwirksamkeit der Kündigung führen können, besondere Probleme auf (hierzu Rn. 294ff., 297f., 307ff.). 293

---

[45] Vgl. BAG 13. 10. 1977 EzA § 74 BetrVG 1972 Nr. 3; LAG Hamm 15. 1. 1985 LAGE § 20 BetrVG 1972 Nr. 5; 27. 8. 1987 LAGE § 20 BetrVG 1972 Nr. 6.

V. Sittenwidrigkeit

294 Die Kündigung, die gegen die guten Sitten verstößt, ist nichtig (§ 138 BGB). Die Geltendmachung der Nichtigkeit einer Kündigung ist nicht an Formen oder Fristen gebunden. Unter Umständen wird dem Arbeitnehmer durch eine sittenwidrige Kündigung die Fortsetzung des Arbeitsverhältnisses unzumutbar, so dass er seinerseits fristlos kündigen kann.

295 Eine Kündigung ist nach § 138 BGB dann nichtig, wenn in ihr ein dem Anstandsgefühl aller billig und gerecht Denkenden gröblich widersprechendes Gesamtverhalten zum Ausdruck gelangt, insbesondere, wenn sie auf einem ausgesprochen verwerflichen Motiv beruht.[46] Das ist etwa der Fall, wenn aus Rachsucht oder Vergeltung gekündigt wird. Diese – seltenen – Fälle sind in ihrer rechtsdogmatischen Einordnung unproblematisch. Schwierige Abgrenzungsfragen entstehen, wenn für einen Arbeitnehmer kein Kündigungsschutz besteht. Der Rechtsanwender darf hier nicht durch die Ausdehnung des Begriffs der Sittenwidrigkeit einen Kündigungsschutz schaffen. Der Begriff der sittenwidrigen Kündigung ist ein einheitlicher und ohne Rücksicht darauf festzustellen, ob der Arbeitnehmer unter das Kündigungsschutzgesetz fällt oder nicht.

296 Schwierigkeiten kann im Einzelfall die Abgrenzung der sittenwidrigen von der sozialwidrigen Kündigung bereiten (näher hierzu Rn. 310).[47] Zu beachten ist, dass eine Kündigung, wie die obige Definition ausweist, nur unter ganz besonderen Umständen sittenwidrig und daher nichtig ist. Sie ist es z.B. dann noch nicht, wenn sie unsozial ist,[48] ja nicht einmal dann, wenn sie willkürlich ist, d.h. keinen erkennbaren sinnvollen Grund hat. Die willkürliche oder aus nichtigen Gründen erfolgte Kündigung ist noch nicht sittenwidrig. Das Gesetz hat sie deshalb früher – § 7 Abs. 1 Satz 3 KSchG 1951 – noch zu den sozialwidrigen Kündigungen gerechnet. Der schwere Vorwurf der Sittenwidrigkeit einer Kündigung kommt nur in Ausnahmefällen in Betracht. Die ihn stützenden Tatsachen hat im Streitfall derjenige zu beweisen, der sich auf ihn beruft (näher zur Darlegungs- und Beweislast Rn. 337ff.).[49]

297 Allerdings ist zu berücksichtigen, dass nicht nur im Arbeitsrecht, sondern im Privatrecht allgemein eine **objektivierte Betrachtung** des Sittenwidrigkeitsbegriffs durchgreift, d.h. der Arbeitnehmer nicht die vorwerfbare Gesinnung des Arbeitgebers nachweisen muss.[50] Dafür hatte sich frühzeitig *Schwerdtner* ausgesprochen mit dem Hinweis, derjenige Arbeitgeber, der sich nicht in die Karten schauen lasse, dürfe nicht bevorzugt werden.[51]

---

[46] BAG 16. 2. 1989 EzA § 138 BGB Nr. 23 = NJW 1990, 141; 19. 7. 1973 EzA § 138 BGB Nr. 13 = AP § 138 BGB Nr. 32.

[47] Näher hierzu *v. Hoyningen-Huene/Linck,* § 13 KSchG Rn. 57ff.; *Preis,* S. 396f.

[48] BAG 16. 2. 1989 EzA § 138 BGB Nr. 23; LAG Köln 18. 10. 1995 NZA 1996, 596.

[49] BAG 16. 2. 1989 a. a. O.

[50] BGH 8. 5. 1985 BGHZ 94, 268, 272; Palandt/*Heinrichs,* § 138 BGB Rn. 7; BAG 10. 10. 1990 EzA § 138 BGB Nr. 24 = AP § 138 BGB Nr. 47; *Preis,* Vertragsgestaltung, S. 176ff.

[51] Vgl. *Schwerdtner,* Arbeitsrecht I, Individualarbeitsrecht, S. 128; *ders.,* in: MünchKomm, § 622 Anh. Rn. 18; KR/*Friedrich,* § 13 KSchG Rn. 129.

§ 138 BGB markiert das unumgängliche rechtsethische Minimum, das eine Privatrechtsordnung, die auf dem Prinzip der Vertragsfreiheit aufbaut, zu gewährleisten hat.[52] Dies impliziert, dass krasse Verstöße gegen die Grundrechte, die einen objektiven Wertgehalt der Gesamtrechtsordnung verkörpern, über § 138 BGB bzw. § 242 BGB sanktioniert werden können (hierzu bereits die Einzelfälle Rn. 275ff.). Keine Sittenwidrigkeit hat das BAG zu Recht im Falle der Kündigung eines HIV-infizierten Arbeitnehmers angenommen, der noch nicht die Voraussetzungen des KSchG erfüllte und nach einem Selbstmordversuch mit langer Arbeitsunfähigkeit entlassen wurde.[53] Anders – freilich unter Heranziehung von § 242 BGB – wurde entschieden, wenn eine Kündigung allein wegen des privaten Sexualverhaltens erfolgte.[54] Richtigerweise liegt – anders als das BAG annimmt – kein Fall des § 242 BGB vor, sondern der §§ 138 BGB bzw. 612a BGB i.m. Art. 2 Abs. 1 GG.[55] Zu Recht hat auch das LAG Berlin eine Kündigung wegen Stellens eines Ausreiseantrages aus der ehemaligen DDR für sittenwidrig erklärt.[56] Auch dort, wo der allgemeine Kündigungsschutz nicht greift, dürfen keine verfassungswidrigen Ziele verfolgt werden. Genausowenig wie ein Arbeitgeber allein wegen des persönlichen Sexualverhaltens jeder Art kündigen darf, wenn dieses keinen Bezug zum Arbeitsverhältnis hat, dürfen Kündigungen erklärt werden, weil der Arbeitnehmer Ausländer ist, einer Religionsgemeinschaft angehört oder eine Frau ist (Art. 3 Abs. 3 GG). Schon die Rechtsprechung zu den Zölibatsklauseln aus den fünfziger Jahren ist ein Anwendungsfall dieser Grundsätze (hierzu Rn. 279). **298**

VI. Maßnahmen bei zulässiger Rechtsausübung

Die Maßregelung eines Arbeitnehmers, weil er in zulässiger Weise seine Rechte ausübt, wurde seit langem als ein Sondertatbestand der Sittenwidrigkeit angesehen. So hat das BAG schon am 23. 11. 1961[57] eine Kündigung als sittenwidrig erachtet, mit der ein Arbeitnehmer gemaßregelt werden sollte, weil er sich für seine und die Interessen seiner Kollegen eingesetzt hatte. Jetzt regelt § 612a BGB diesen Sonderfall.[58] Danach darf ein Arbeitgeber einen Arbeitnehmer bei einer Vereinbarung oder einer Maßnahme nicht benachteiligen, weil der Arbeitnehmer in zulässiger Weise seine Rechte ausübt. Der Tatbestand des § 612a BGB ist nicht dahin gehend eingeschränkt, dass es sich um eine zulässige Rechtsausübung aus dem Arbeitsverhältnis oder um die Ausübung sonst zulässiger Rechte handeln muss. Vor diesem Hintergrund kann auch die Kündigung wegen Ausübung eines **299**

---

52 Vgl. auch BAG 24. 1. 1963 AP Art. 12 GG Nr. 29; BAG 21. 2. 2001 AP § 242 BGB Kündigung Nr. 12 = NZA 2001, 833.

53 BAG 16. 2. 1989 a.a.O.

54 BAG 23. 6. 1994 EzA § 242 BGB Nr. 39 mit abl. Anm. *Hoyningen-Huene.*

55 In diesem Sinne *Preis,* NZA 1997, 1256, 1266; ebenso *Löwisch,* BB 1997, 782, 785; unklar *Oetker,* ArbuR 1997, 41, 48, der die Lösung über § 242 BGB offenbar billigt, obwohl er die Problematik im Kern mit § 138 Abs. 1 BGB für vergleichbar hält.

56 LAG Berlin 5. 2. 1992 LAGE §§ 54 AGB (DDR) Nr. 4.

57 AP § 138 BGB Nr. 22.

58 Hierzu *Laux,* AiB 1993, 389ff.; *Thüsing,* NZA 1994, 728ff.; *Preis,* Vertragsgestaltung, S. 170ff.

grundrechtlich geschützten Verhaltens dem Tatbestand des § 612a BGB unterfallen.[59]

300 Eine „Maßnahme" i.S.d. § 612a BGB ist auch die Kündigung des Arbeitsverhältnisses.[60] Eine Kündigung wegen Rechtsausübung liegt dann vor, wenn die zulässige Rechtsausübung nicht nur Motiv, sondern der tragende Beweggrund, d.h. das wesentliche Motiv für die Kündigung war. Die Kündigung ist dann auch unwirksam, wenn objektiv ein anderer Grund zur Kündigung vorliegt, der sie aber nicht ausgelöst hat.[61] Fraglich ist, ob der Tatbestand des § 612a BGB („weil der Arbeitnehmer in zulässiger Weise seine Rechte ausübt"), schon dann erfüllt ist, wenn die Rechtsausübung (nur) – objektiv – äußerer Anlass für die Kündigung[62] war oder nur dann, wenn sie auch tragender Beweggrund (Motiv) des Arbeitgebers[63] gewesen ist. Von besonderem Interesse ist in diesem Zusammenhang die Frage der Darlegungs- und Beweislast.

301 Der Arbeitnehmer trägt für die tatbestandlichen Voraussetzungen des § 612a BGB die **Darlegungs- und Beweislast.** Dazu gehört vor allem der Kausalzusammenhang zwischen zulässiger Rechtsausübung und Kündigung.[64] Anders als § 611a Abs. 1 BGB hat der Gesetzgeber bei § 612a BGB, der zeitgleich mit § 611a BGB eingefügt wurde, keine Beweiserleichterung vorgesehen. Diese Regelung ist daher auf § 612a BGB nicht übertragbar.[65] Ob im Rahmen des § 612a BGB hinsichtlich der Kausalität und des Motivs des Kündigenden der Beweis des ersten Anscheins eingreifen kann, hat das BAG offen gelassen.[66] Hinsichtlich der subjektiven Willensmomente in der Person des Kündigenden dürfte das wohl zu verneinen sein, da es insoweit an Erfahrungssätzen mangelt. Dennoch werden Beweiserleichterungen nach den Grundsätzen des Anscheinsbeweises zugelassen, wenn der Arbeitnehmer Tatsachen darlegt, die einen Schluss auf die Benachteiligung wegen der Rechtsausübung als wahrscheinlich erscheinen lassen. Das ist z.B. der Fall, wenn der zeitliche Zusammenhang mit der Rechtsausübung evident ist.[67] Wegen der Beweisschwierigkeiten des Arbeitnehmers wird eine Herabsetzung des Beweisma-

---

[59] Ebenso Erman/*Hanau,* § 612a BGB Rn. 1; KDZ/*Däubler,* § 612a BGB Rn. 11; KR/*Pfeiffer,* § 612a BGB Rn. 5; grundlegend verkannt durch das ArbG Elmshorn 29. 1. 1997 EzA § 242 BGB Nr. 40 und LAG Schleswig-Holstein 17. 11. 1997 LAGE § 242 BGB Nr. 3; hierzu *Preis,* NZA 1997, 1256, 1265.

[60] BAG 2. 4. 1987 EzA § 612a BGB Nr. 1 = NZA 1988, 18; 21. 7. 1988 EzA § 4 TVG Bauindustrie Nr. 44 = NZA 1989, 559; ErfK/*Preis,* § 612a BGB Rn. 13.

[61] Vgl. BAG 2. 4. 1987 a.a.O.; ferner BAG 20. 4. 1989 RzK I 81 Nr. 15.

[62] LAG Köln 13. 10. 1993 LAGE § 612a BGB Nr. 5.

[63] LAG Nürnberg 7. 10. 1988 LAGE § 612a BGB Nr. 2; ErfK/*Preis,* § 612a BGB Rn. 11.

[64] BAG 2. 4. 1987 EzA § 612a BGB Nr. 1 = NZA 1988 und 21. 7. 1988 EzA § 4 TVG Bauindustrie Nr. 44 = NZA 1989, 559; 20. 4. 1989 RzK I 81 Nr. 15; LAG Nürnberg 7. 10. 1988 LAGE § 612a BGB Nr. 3; LAG Hamm 18. 12. 1987 LAGE § 612a BGB Nr. 1.

[65] BAG 2. 4. 1987 AP § 612a BGB Nr. 1 = NZA 1988, 18; 25. 11. 1993 AP § 612a BGB Nr. 6 = NZA 1994, 838; 20. 4. 1989 RzK I 81 Nr. 15; KR/*Pfeiffer,* § 612a BGB Rn. 12; *Preis,* NZA 1997, 1256, 1265; KDZ/*Däubler,* § 612a BGB Rn. 22.

[66] BAG 21. 7. 1988 EzA § 4 TVG Bauindustrie Nr. 44 = NZA 1989, 599; für eine Beweiserleichterung nach den Grundsätzen des Anscheinsbeweises LAG Schleswig-Holstein 25. 7. 1989 LAGE § 612a BGB Nr. 4; ArbG Hamburg 23. 7. 1990 DB 1991, 103.

[67] LAG Schleswig-Holstein 25. 7. 1989 LAGE § 612a BGB Nr. 4; Erman/*Hanau,* § 612a BGB Rn. 2; KDZ/*Däubler,* § 612a Rn. 23; näher *Preis,* NZA 1997, 1256, 1265.

ßes für gerechtfertigt erachtet: Danach muss der Arbeitnehmer Tatsachen beweisen, die es überwiegend wahrscheinlich machen, dass die Rechtsausübung für die Maßregelung kausal war.[68] Gleiche Grundsätze gelten für spezielle Maßregelungs- und Benachteiligungsverbote (§ 17 Abs. 2 Satz 2 ArbSchG, §§ 20, 84 Abs. 3 BetrVG, § 4 Abs. 3 Beschäftigtenschutzgesetz, § 21 VI Gefahrstoffverordnung). Systematisch wie § 612a BGB ist der Fall des Art. 9 Abs. 3 Satz 2 GG zu behandeln.[69]

Unklar ist, ob der Anwendungsbereich des § 612a BGB über den Rechtsgehalt **302**
der §§ 138 BGB, 242 BGB hinausgeht.[70] Richtig ist wohl die Auffassung, § 612a BGB als einen speziellen Anwendungsfall sittenwidrigen und rechtsmissbräuchlichen Verhaltens im Arbeitsrecht zu begreifen.[71] Zu Einzelfällen: Ist tragender Beweggrund für eine fristlose Kündigung des Arbeitgebers eine vorausgegangene Eigenkündigung des Arbeitnehmers, so ist die fristlose Kündigung wegen Verstoßes gegen § 612a BGB nichtig.[72] Dasselbe gilt, wenn tragender Beweggrund der Kündigung die Vollstreckung eines Weiterbeschäftigungsurteils ist.[73] Kündigt der Arbeitgeber, weil der Arbeitnehmer das Recht aus § 45 Abs. 3 Satz 1 SGB V (Freistellung von der Arbeit bei Erkrankung eines Kindes) in Anspruch nimmt, ist die Kündigung nach § 612a BGB nichtig.[74] Auch eine Kündigung, weil der Arbeitnehmer die schriftliche Niederlegung des abgeschlossenen Arbeitsvertrages verlangt, wozu die EG-Richtlinie 91/533 und § 2 NachwG den Arbeitgeber ohnehin anhält,[75] verstößt gegen § 612a BGB.[76] Eine unzulässige Maßregelung stellt es auch dar, wenn der Arbeitgeber kündigt, weil der Arbeitnehmer nicht in die angebotene Vertragsänderung einwilligt[77] oder eine Kündigung nach zulässiger gewerkschaftlicher Betätigung erfolgt.[78] Keinen Verstoß gegen § 612a stellt nach Ansicht des BAG dagegen die krankheitsbedingte Kündigung dar, die allein auf die Höhe der Lohnfortzahlungskosten gestützt wird.[79] Ebenso wenig verstößt die auf Krankheit

---

[68] Vgl. BAG 25. 11. 1993 NZA 1994, 837; 21. 7. 1988 EzA § 4 TVG Bauindustrie Nr. 44.

[69] Vgl. auch LAG Hamm 18. 12. 1987 LAGE § 612a BGB Nr. 1.

[70] Verneinend *Thüsing,* NZA 1994, 728, 732; *Preis,* Anm. AP § 1 KSchG 1969 Krankheit Nr. 20; bejahend Erman/*Hanau,* § 612a BGB Rn. 4.

[71] *Preis,* Vertragsgestaltung, S. 172; *Thüsing,* NZA 1994, 728, 732; KDZ/*Däubler,* § 612a BGB Rn. 6.

[72] LAG Nürnberg 7. 10. 1988 LAGE § 612a BGB Nr. 2.

[73] LAG Düsseldorf 13. 12. 1988 LAGE § 612a BGB Nr. 3. Zur Kündigung, weil der Arbeitnehmer einen Antrag auf Vorruhestand gestellt hat, vgl. BAG 2. 4. 1987 EzA § 612a BGB Nr. 1 = NZA 1988, 18 und 21. 7. 1988 EzA § 4 TVG Bauindustrie Nr. 44 = NZA 1989, 559. Kein Verstoß gegen § 612a BGB liegt vor, wenn der mit dem HIV–Virus infizierte Arbeitnehmer vor Beginn des allg. Kündigungsschutzes entlassen wird. Der Arbeitnehmer hat vor diesem Zeitpunkt kein Recht auf Fortführung des Arbeitsverhältnisses; BAG 16. 2. 1989 EzA § 138 Nr. 23 = NJW 1990, 141.

[74] LAG Köln 13. 10. 1993 LAGE § 612a BGB Nr. 5.

[75] Hierzu *Kliemt,* in: Oetker/Preis, Europäisches Arbeits- und Sozialrecht (EAS), unter B 3050.

[76] ArbG Düsseldorf 9. 9. 1992 BB 1992, 2364.

[77] LAG Hamm 18. 12. 1987 LAGE § 612a BGB Nr. 1 = DB 1988, 917.

[78] LAG Hamm 18. 12. 1987 EzBAT § 8 BAT Gleichbehandlung Nr. 8 = NZA 1988, 586.

[79] BAG 16. 2. 1989 AP § 1 KSchG 1969 Krankheit Nr. 20; a. A. *Preis,* DB 1988, 1144, 1145 und Anm. zu BAG AP § 1 KSchG 1969 Krankheit Nr. 20.

gestützte Kündigung innerhalb der Ersten sechs Monate des Arbeitsverhältnisses gegen § 612a BGB.[80]

VII. Treu und Glauben

303 Verstößt die Kündigung gegen Treu und Glauben, so ist sie unwirksam. Mit diesem Satz hat die Rechtsprechung vor Erlass des KSchG dem Arbeitnehmer einen gewissen Kündigungsschutz eingeräumt. Nachdem das KSchG den Schutz des Arbeitnehmers vor sozialwidrigen Kündigungen gewährleistet, ist fraglich, ob neben dieser abschließenden Regelung im Gesetz weiter die Berufung auf Treu und Glauben möglich oder ob dieser Grundsatz für den Bereich der Kündigungen im Gesetz abschließend konkretisiert worden ist. Das Problem gewinnt in der Praxis vor allem dann Bedeutung, wenn die Frist zur Erhebung der Kündigungsschutzklage nach § 4 KSchG verstrichen ist. Kann der Arbeitnehmer sich in bestimmten Fällen auch weiter auf Treu und Glauben berufen, so vermag er die Kündigung auch nach Fristablauf noch anzufechten, weil die Klagefrist nach § 4 KSchG in Verbindung mit § 13 KSchG nur für die sozialwidrige und die außerordentliche Kündigung gilt, nicht aber für die aus anderen Gründen unwirksame oder nichtige Kündigung. Fraglich ist, ob der Arbeitnehmer die gegen Treu und Glauben verstoßende Kündigung sofort zurückweisen muss oder ob ihm dafür eine angemessene Frist einzuräumen ist. Da es sich um einen Fall des § 13 KSchG handelt, gelten die in diesem Bereich anerkannten Grundsätze; d.h., bis zur Grenze der Verwirkung kann sich der Gekündigte auf die Unwirksamkeit der Kündigung wegen Verletzung des § 242 berufen.[81]

304 Die **Darlegungs- und Beweislast** für die außerhalb der Sozialwidrigkeit der Kündigung liegenden Umstände liegt grds. beim Arbeitnehmer (zur Erleichterung der konkreten Beweisführung vgl. Rn. 340ff.).[82]

1. Anwendungsbereich

305 Problematisch ist das Verhältnis der Generalklauseln des Privatrechts (§§ 138, 242 BGB) zum Kündigungsschutzgesetz. Die Abgrenzungsfrage wird im Kern jedoch nur bezüglich des Grundsatzes von Treu und Glauben (§ 242 BGB) akut, weil die bloß willkürlich, d.h. ohne erkennbaren sachlichen Grund erklärte Kündigung nach ganz herrschender Meinung zu Recht noch nicht als sittenwidrig erachtet wird.[83] Erschwerend für die trennscharfe Abgrenzung kommt hinzu, dass auch die Generalklauseln des allgemeinen Privatrechts überschneidende Funktionskreise haben. Dies zeigt sich daran, dass es keinesfalls abwegig ist, eine Kündigung,

---

[80] LAG Sachsen-Anhalt 27. 7. 1999 LAGE § 612a BGB Nr. 6.

[81] Ebenso KR/*Friedrich,* § 13 KSchG Rn. 257b; MünchArbR/*Wank,* § 116 Rn. 164; a.A. *Buchner,* Anm. zu LAG Bremen LAGE § 242 BGB Nr. 1, der eine analoge Anwendung des § 4 KSchG befürwortet; LAG Bremen 29. 10. 1985 LAGE § 242 BGB Nr. 1; *Röhsler,* DB 1969, 1150; *Hueck/Nipperdey,* Bd. 1, § 56 VIII 1.

[82] LAG Schleswig-Holstein 3. 3. 1983, DB 1983, 2260.

[83] BAG 14. 5. 1964 AP § 242 BGB Kündigung Nr. 5; 23. 11. 1961 AP § 138 BGB Nr. 22; KR/*Friedrich,* § 13 KSchG Rn. 121; *Preis,* S. 397 m.w.N.; *ders.,* NZA 1997, 1256, 1266.

die wegen eines verfassungsrechtlich geschützten Verhaltens (z.B. aus religiösen Gründen) erfolgt, aber anders als § 611a BGB keiner speziellen einfachrechtlichen Regelung unterliegt, sowohl als einen Fall des Maßregelungsverbots (§ 612a BGB), der Sittenwidrigkeit (§ 138 BGB) oder Treuwidrigkeit (§ 242 BGB) zu begreifen. Zweckrichtung der bisherigen Abgrenzungsversuche ist die Respektierung der gesetzgeberischen Grundentscheidung, nicht über das Instrument der Generalklauseln einen Kündigungsschutz zu konstruieren, den der Gesetzgeber außerhalb des Geltungsbereichs des Kündigungsschutzgesetzes nicht wollte. Die Problematik ist aus der Entstehungsgeschichte des KSchG erklärbar: Vor Inkrafttreten des Kündigungsschutzgesetzes wurde ein weitgehender Kündigungsschutz gerade aus den §§ 138, 242 BGB hergeleitet.[84]

Eine Kündigung kann niemals sittenwidrig oder treuwidrig sein, wenn sie auf **306** Tatsachen gestützt wird, die prinzipiell geeignet sind, eine Kündigung nach § 1 KSchG zu rechtfertigen.[85] Andere Formeln versuchen, die Abgrenzung aus dem allgemeinen Begriff der Sozialwidrigkeit zu ziehen, was im konkreten Fall wenig weiterhilft. Die negative Aussage, dass die Begründung einer Sittenwidrigkeit oder Treuwidrigkeit einer Kündigung allein mit solchen Umständen ausscheidet, die eine Kündigung allenfalls als sozialwidrig erscheinen lassen können, ist nicht sonderlich präzise. Das Gleiche gilt für die Aussage, dass § 138 BGB bzw. § 242 BGB nur anwendbar sind, wenn die Sitten- oder Treuwidrigkeit aus anderen Gründen als der Sozialwidrigkeit des § 1 KSchG hergeleitet werden kann.[86] Diese Formeln sind schon deshalb für eine präzise Abgrenzung ungeeignet, weil eine Kündigung, die sittenwidrig oder treuwidrig ist, sicher auch sozialwidrig im Sinne des § 1 KSchG ist. Fälle diskriminierender Kündigungen können sowohl unter § 138 BGB bzw. § 242 BGB subsumiert werden.[87] Dogmatisch eindeutiger ist dagegen die Aussage, dass die §§ 242, 138 BGB durch das KSchG insoweit abschließend konkretisiert sind, wie der Schutzbereich dieses Gesetzes reicht.[88]

Als wichtigste Konsequenz aus der Abgrenzung der §§ 242, 138 BGB zum all- **307** gemeinen Kündigungsschutz ist folglich abzuleiten, dass aus den Generalklauseln nicht die positive Rechtfertigung der Kündigung durch betriebs-, personen- oder verhaltensbedingte Gründe hergeleitet werden kann, die das Gesetz nur für einen bestimmten Geltungsbereich (nicht im Kleinbetrieb, länger als sechs Monate andauerndes Arbeitsverhältnis) vorgesehen hat.[89] Der Gesetzgeber hat nämlich bewusst die kollidierenden grundrechtlichen Interessen abgewogen und sich für die Nichtanwendung des KSchG und damit zugleich gegen die generelle Bindung der Kündigung an Sachgründe entschieden. Dem ist das BAG gefolgt. Es hebt insbesondere hervor, dass dies bei Kündigungen vor Ablauf der sechsmonatigen Wartezeit nach § 1 Abs. 1 KSchG das Kündigungsschutzgesetz gilt, weil sonst für diese

[84] Siehe zur Rechtslage in der Zeit von 1945 bis 1951 im Überblick: *Preis,* S. 21.
[85] BAG 13. 9. 1976 EzA § 1 KSchG Nr. 1; *Preis,* S. 397.
[86] Hierzu KR/*Friedrich,* § 13 KSchG Rn. 118 und 233 m. w. N.
[87] Vgl. BAG 23. 6. 1994 AP § 242 BGB Kündigung Nr. 9; hierzu *Preis,* NZA 1997, 1256, 1264f.; ebenso *Löwisch,* BB 1997, 782, 785.
[88] *Preis,* S. 398.
[89] Deshalb kann sowohl der Auffassung von *Oetker,* ArbuR 1997, 41, 47ff. als auch von *Lakies,* DB 1997, 1078, 1081ff. nicht gefolgt werden; vgl. auch BAG 12. 11. 1998 EzA § 23 KSchG Nr. 20.

Fälle über § 242 BGB der kraft Gesetzes ausgeschlossenen Kündigungsschutz doch gewährt werden und über Gebühr die Möglichkeit des Arbeitgebers eingeschränkt würde, die Eignung des Arbeitnehmers für die geschuldete Tätigkeit in seinem Betrieb während der gesetzlichen Probezeit zu überprüfen.[90] Während der Probezeit gibt es auch keine – wenn auch nur geminderte – Sozialauswahl.[91]

308 Freilich gilt dies nach der jüngsten Rechtsprechung des BAG nicht uneingeschränkt für Kleinbetriebe.[92] Soweit unter mehreren Arbeitnehmern eine Auswahl zu treffen ist, gebietet der verfassungsrechtliche Schutz des Arbeitsplatzes in Verbindung mit dem Sozialstaatsprinzip ein gewisses Maß an sozialer Rücksichtnahme und es darf auch ein durch langjährige Mitarbeit erdientes Vertrauen in den Fortbestand des Arbeitsverhältnisses nicht unberücksichtigt bleiben. Das BAG setzt damit die Anforderungen des BVerfG um.[93] Die Verpflichtung, ein gewisses Maß an sozialer Rücksichtnahme einzuhalten, ist nicht auf bestimmte Sonderkonstellationen beschränkt. Praktische Bedeutung hat dies insbesondere bei betrieblich veranlassten Kündigungen. Schon im Zusammenhang mit Kündigungen wegen mangelnden Bedarfs nach dem Einigungsvertrag hat das BAG ausgeführt, der Maßstab von Treu und Glauben bleibe bestehen, soweit es beim Kündigungsschutz an einer gesetzlichen Konkretisierung fehle.[94] Der Arbeitgeber müsse eine einseitige, einzelne Arbeitnehmer belastende Auswahlentscheidung nach vernünftigen, sachlichen, billiges Ermessen wahrenden Gesichtspunkten treffen, bei der Anwendung der Generalklauseln, etwa § 242 BGB, seien das Sozialstaatsprinzip des Art. 20 Abs. 1 GG und der Gleichheitssatz des Art. 3 Abs. 1 GG zur Geltung zu bringen. Diese Grundsätze sind jetzt auf Kündigungen im Kleinbetrieb übertragen worden. Freilich beschränken sie sich im Wesentlichen auf eine **nicht streng zu handhabende soziale Auswahl.** Die Übertragung weiterer kündigungsschutzrechtlicher Grundsätze, wie etwa das **Erfordernis der Abmahnung,** auf Kündigungen in Kleinbetrieben hat das BAG **abgelehnt.**[95]

309 Der Kleinunternehmer hat danach trotz fehlender Bindung an das KSchG die Auswahl des zu kündigenden Arbeitnehmers unter Beachtung eines „gewissen Maßes an sozialer Rücksichtnahme" zu treffen. Das bedeutet nicht, dass damit die Grundsätze des § 1 KSchG über die Sozialauswahl entsprechend anwendbar sind. Die Auswahlentscheidung kann nur darauf überprüft werden, ob sie unter Berücksichtigung der Belange des Arbeitnehmers am Erhalt seines Arbeitsplatzes und der dargelegten Interessen des Kleinunternehmers gegen Treu und Glauben verstößt. Ein solcher Treuverstoß bei der Kündigung des sozial schutzbedürftigeren Arbeitnehmers ist umso eher anzunehmen je weniger bei der Auswahlentscheidung eigene Interessen des Arbeitgebers eine Rolle gespielt haben. Hat der Arbeitgeber keine spezifischen eigenen Interessen, einem bestimmten Arbeitnehmer zu kündigen bzw. anderen vergleichbaren Arbeitnehmern nicht zu kündigen, und entlässt er gleichwohl den Arbeitnehmer mit der bei weitem längsten Betriebszugehörigkeit,

[90] BAG 21. 2. 2001 AP § 242 BGB Kündigung Nr. 12 = NZA 2001, 833.

[91] LAG Nürnberg 24. 4. 2001 LAGE § 242 BGB Nr. 5.

[92] BAG 21. 2. 2001 AP § 242 BGB Kündigung Nr. 12 = NZA 2001, 833.

[93] BVerfG 27. 1. 1998 BVerfGE 97, 169 unter Hinweis auf BVerfG 24. 4. 1991 BVerfG 84, 133.

[94] BAG 19. 1. 1995 BAGE 79, 128.

[95] BAG 21. 2. 2001 NZA 2001, 951.

dem höchsten Alter und den meisten Unterhaltspflichten, so spricht alles dafür, dass der Arbeitgeber bei seiner Entscheidung das verfassungsrechtlich gebotene Mindestmaß an sozialer Rücksichtnahme außer Acht gelassen hat. Bestehen andererseits derartige betriebliche, persönliche oder sonstige Interessen des Arbeitgebers, so ist der durch § 242 BGB vermittelte Grundrechtschutz des Arbeitnehmers umso schwächer, je stärker die mit der Kleinbetriebsklausel geschützten Grundrechtspositionen des Arbeitgebers im Einzelfall betroffen sind.[96] In sachlicher Hinsicht geht es vor allem darum, Arbeitnehmer vor willkürlichen oder auf sachfremden Motiven beruhenden Kündigungen zu schützen. Zur Darlegungs- und Beweislast gelten die unter Rn. 337 ff. dargelegten Kriterien.

Andererseits folgt aus der Schutzzweckbetrachtung, dass **alle nicht durch das KSchG konkretisierten Fallgruppen der zivilrechtlichen Generalklauseln** prinzipiell in gleicher Weise für alle Arbeitnehmer gelten, ob sie nun unter den Geltungsbereich des KSchG fallen oder nicht.[97] Insoweit ist ganz unbestritten, dass alle zu §§ 242, 138 BGB diskutierten Fallgruppen, die den Gegenstand des Kündigungsschutzrechts überhaupt nicht berühren, durch das KSchG nicht ausgeschlossen sind. Soweit § 242 BGB im Bereich der Kündigung Wirkungen äußert, die mit dem Bestandsschutzgedanken nichts zu tun haben, trifft das KSchG keine Spezialregelung, so dass § 242 BGB anwendbar bleibt. Nachdem der 2. Senat im Jahre 1964 die Ansicht geäußert hatte, das Kündigungschutzgesetz habe für seinen Geltungsbereich den Grundsatz von Treu und Glauben abschließend konkretisiert,[98] vertritt das BAG in neueren Entscheidungen wieder die Auffassung, dass sich der Anwendungsbereich des KSchG und der der unzulässigen Rechtsausübung nicht decken, so dass neben dem KSchG auch der Grundsatz von Treu und Glauben Wirksamkeit entfalten kann. Das ist der Fall, wenn die Kündigung aus Gründen, die durch § 1 KSchG nicht erfasst sind, die Gebote von Treu und Glauben verletzt. Erfahrungsgemäß werden Fälle der Unwirksamkeit von Kündigungen aus § 242 BGB im Geltungsbereich des KSchG nicht häufig vorkommen. Das BAG hat § 242 BGB für anwendbar erklärt, wenn sich der Arbeitgeber durch die Kündigung mit seinem früheren Verhalten in einen unvereinbaren Gegensatz setzt. Die Unzulässigkeit des „venire contra factum proprium" stelle eine von Amts wegen zu prüfende Schranke jeder Rechtsanwendung dar.[99] 310

2. Die ungehörige Kündigung

Als einen besonderen Fall des Verstoßes gegen Treu und Glauben ist die sogenannte ungehörige Kündigung anzusehen. Damit sollen die Fälle erfasst werden, in 311

[96] BAG 21. 2. 2001 AP § 242 BGB Kündigung Nr. 12 = NZA 2001, 833.

[97] Vgl. *Preis,* S. 398 m. w. N.; vgl. auch BAG 21. 2. 2001 AP § 242 BGB Kündigung Nr. 12 = NZA 2001, 833; BAG 5. 4. 2001 NZA 2001, 890; LAG Rheinland-Pfalz 24. 1. 1991 EzBAT § 53 BAT Nr. 13; BAG 30. 11. 1960 NJW 1961, 1085 = AP § 242 BGB Kündigung Nr. 2.

[98] BAG 14. 5. 1964 NJW 1964, 1542 = AP § 242 BGB Kündigung Nr. 5.

[99] BAG 8. 6. 1972 EzA § 626 BGB n. F. Nr. 12 = NJW 1972, 1878; 23. 9. 1976 EzA § 1 KSchG Nr. 35; 13. 7. 1978 EzA § 102 BetrVG 1972 Nr. 36 = NJW 1979, 1675; LAG Hamburg 24. 2. 1986 NZA 1986, 478; LAG Frankfurt 15. 12. 1995 NZA-RR 1996, 328. Zum Problem vgl. ferner KR/*Friedrich,* § 13 KSchG Rn. 229 f.; MünchKomm/*Schwerdtner,* § 622 Anh. Rn. 10 ff.; *Gamillscheg,* a. a. O., S. 502; *Löwisch,* Vor § 1 Rn. 80 ff.

denen das Kündigungsrecht wegen der Art und Weise seiner Ausübung gegen Treu und Glauben verstößt, z. B. der Ausspruch einer an sich gerechtfertigten ordentlichen Kündigung vor versammelter Belegschaft.[100]

312 In einer Grundsatzentscheidung hat das BAG jetzt entschieden, dass eine Unwirksamkeit der Kündigung bei einer Kündigung zur Unzeit ausscheidet. Im Regelfall könne allein der den Arbeitnehmer besonders belastende Zeitpunkt der Arbeitgeberkündigung (die „Unzeit" der Kündigung) nicht zur Unwirksamkeit der Kündigung führen, die Annahme einer Treuwidrigkeit nach § 242 BGB setze vielmehr weitere Umstände voraus.[101] Das BAG verweist zu Recht darauf, dass das BGB in mehreren Normen die Kündigung zur Unzeit erfasst (z. B. §§ 627 Abs. 2 § 671 Abs. 2 und 723 Abs. 2 BGB), allerdings an den Tatbestand nur eine Schadenersatzpflicht des Kündigenden, nicht jedoch die Unwirksamkeit der Kündigung geknüpft ist. Um die Rechtsfolge der Unwirksamkeit nach § 242 BGB rechtfertigen zu können, muss eine massive Beeinträchtigung berechtigter Interessen des Kündigungsgegners vorliegen. Dies kann der Fall sein, wenn der Erklärende absichtlich oder auf Grund einer auf Missachtung der persönlichen Belange des Empfängers beruhenden Gedankenlosigkeit einen Zugangszeitpunkt wählt, der den Empfänger besonders beeinträchtigt. Der bloße zeitliche Zusammenhang mit einer Fehlgeburt der Arbeitnehmerin ist dabei ebenso wenig als ausreichend angesehen worden[102] wie der Zugang der Kündigung am 24. Dezember („Heiliger Abend").[103] Die Kündigung, die einen Arbeitnehmer zusätzlich wegen eines noch nicht verarbeiteten Schicksalsschlages im privaten Bereich (z. B. Todes eines nahen Angehörigen, des Ehegatten oder Lebensgefährten) kann weder als „unzeitig" noch als ungehörig im Rechtssinne bezeichnet werden.[104] Im Hinblick auf die besonderen Umstände des Falles hat das Landesarbeitsgericht Bremen eine Kündigung für unwirksam erklärt, die dem Arbeitnehmer nach einem schweren Arbeitsunfall am gleichen Tage im Krankenhaus unmittelbar vor einer auf dem Unfall beruhenden Operation ausgehändigt worden ist.[105]

313 Kein Fall der ungehörigen Kündigung liegt vor, wenn der Arbeitgeber die Kündigung erklärt, **ohne dafür einen Grund anzugeben;** greift der Arbeitnehmer die Kündigung nach § 1 KSchG oder § 626 BGB an, so obliegt dem Arbeitgeber im Prozess die Darlegungs- und Beweislast für die Kündigungsgründe. Besteht kein Bestandsschutz, ist auch die ohne Begründung erklärte Kündigung nicht aus diesem Grunde unwirksam.

314 Kündigt der Arbeitgeber das Arbeitsverhältnis, ohne den Arbeitnehmer, namentlich im Falle einer verhaltensbedingten Kündigung, **vorher anzuhören,** so ist die Kündigung im Grundsatz nicht deshalb unwirksam. Ein so weit gehender allgemeiner Rechtssatz besteht nicht.[106] Nur im Einzelfall kann es geboten sein, eine Rechtspflicht des Arbeitgebers zur Anhörung des Arbeitnehmers vor Ausspruch der

---

[100] BAG 23. 9. 1976 EzA § 1 KSchG Nr. 35 und 30. 11. 1960 NJW 1961, 1085.
[101] BAG 5. 4. 2001 NZA 2001, 890.
[102] BAG 12. 7. 1990 AP § 613 a BGB Nr. 87.
[103] BAG 14. 11. 1984 EzA § 242 BGB Nr. 38 = NJW 1987, 94.
[104] BAG 5. 4. 2001 NZA 2001, 890.
[105] Vgl. LAG Bremen 29. 10. 1985 LAGE § 242 BGB Nr. 1 mit zust. Anm. *Buchner* und zust. Anm. *Kort* Anm. AR-Blattei Kündigungsschutz ES 268.
[106] BAG 18. 9. 1997 NZA 1998, 95.

Kündigung anzuerkennen. Das ist der Fall bei der **sog. Verdachtskündigung.** Die Erfüllung der Aufklärungspflicht ist Wirksamkeitsvoraussetzung für die Verdachtskündigung.[107] Nur wenn den Arbeitgeber kein Verschulden trifft, tritt die Folge der Rechtsunwirksamkeit nicht ein.[108]

Die Ausübung des Kündigungsrechts kann in (seltenen) Fällen rechtsmissbräuchlich sein, wenn die Kündigung kurz vor Eintritt der Wartefrist des § 1 KSchG erfolgt. Dabei muss beachtet werden, dass innerhalb der Wartefrist Kündigungsfreiheit besteht. Nur wenn die Kündigung allein erklärt wird, um dem Arbeitnehmer den Kündigungsschutz zu nehmen, kommt ein Rechtsmissbrauch in Betracht.[109] **315**

3. Die willkürliche Kündigung

In ganz besonders gelagerten Ausnahmefällen kann eine Kündigung, die nach dem KSchG noch nicht auf ihre Sozialwidrigkeit überprüft werden darf, **offenbar willkürlich** und damit nach § 242 BGB unwirksam sein.[110] Das kann z. B. der Fall sein, wenn der Arbeitgeber wegen eines Verdachts kündigt, aber keinerlei nähere Angaben über konkrete Umstände macht und damit dem Arbeitnehmer jede Möglichkeit nimmt, den Verdacht zu entkräften. Es ist aber hervorzuheben, dass dies stets Ausnahmefälle bleiben sollten, in denen trotz der bestehenden Kündigungsfreiheit sich das Verhalten des Arbeitgebers als grob rücksichtslos darstellt.[111] Das BAG hat dies in einem Fall bejaht, in dem ein Arbeitgeber einen Arbeitnehmer in der Probezeit allein wegen dessen persönlichen Sexualverhaltens gekündigt hat.[112] Entscheidend war für das BAG die missbräuchliche Nutzung der Privatautonomie unter Missachtung der grundrechtlich geschützten Privatsphäre des Arbeitnehmers (vgl. schon Rn. 277). Die Entscheidung ist jedoch nur unter dem Gesichtspunkt haltbar, dass auch das freie Kündigungsrecht einem Missbrauchsvorbehalt unterliegt[113] und der extreme Sachverhalt unter die Normen der §§ 138, 612a BGB hätte subsumiert werden können.[114] **316**

Die Unwirksamkeit der Kündigung kann vom Arbeitnehmer außerhalb der Klagefrist des § 4 KSchG geltend gemacht werden, soweit sie auf Treu und Glauben **317**

---

[107] BAG 11. 4. 1985 EzA § 102 BetrVG 1972 Nr. 62 = NJW 1986, 3159; 30. 4. 1987 EzA § 626 BGB Verdacht strafbarer Handlung Nr. 3 = NJW 1987, 2540.

[108] Das BAG hat eine vorherige Anhörungspflicht auch dann angenommen, wenn der Arbeitgeber auf Grund der nicht bestätigten Aussage vom Hörensagen unsubstantiierte Verdächtigungen von weitreichender Tragweite für das spätere berufliche Fortkommen des Arbeitnehmers (Verdacht des Haschischkonsums) zum Anlass einer Kündigung nimmt; 2. 11. 1983 EzA § 102 BetrVG 1972 Nr. 53 = AP § 102 BetrVG 1972 Nr. 29.

[109] Vgl. KR/*Friedrich,* § 13 KSchG Rn. 250; BAG 28. 9. 1978 EzA § 102 BetrVG 1972 Nr. 39 = NJW 1979, 2421. Vgl. hierzu auch BAG 12. 3. 1986 EzA Art. 33 GG Nr. 13 = NJW 1987, 100.

[110] BAG 30. 11. 1960 NJW 1961, 1085; 23. 9. 1976 EzA § 1 KSchG Nr. 35 unter II 3 der Gründe = NJW 1977, 1311; 24. 10. 1996 – 2 AZR 874/95 – n. v.

[111] LAG Düsseldorf/Kammer Köln 31. 5. 1978 BB 1978, 1266.

[112] BAG 23. 6. 1994 EzA § 242 BGB Nr. 39.

[113] *Preis,* S. 399.

[114] In diesem Sinne, jedoch § 138 BGB im konkreten Fall verneinend, *v. Hoyningen-Huene,* Anm. zu BAG EzA § 242 BGB Nr. 39.

gestützt wird. Es handelt sich um einen sonstigen Mangel der Kündigung im Sinne des § 13 Abs. 3 KSchG.[115]

318 Fraglich ist, ob der **Grundsatz der Verhältnismäßigkeit** außerhalb des Geltungsbereichs des KSchG zur Unwirksamkeit der Kündigung führen kann. Sicher ist, dass im Rahmen der Interessenabwägung bei der Entscheidung über die Sozialwidrigkeit oder den wichtigen Grund das Übermaßverbot eine wichtige Rolle spielt.[116] Es gilt hier das Prinzip der ultima ratio. Ob aber darüber hinaus die Missachtung des Grundsatzes der Verhältnismäßigkeit zur Unwirksamkeit der Kündigung führen kann,[117] muss bezweifelt werden. Wenn auch der Grundsatz der Verhältnismäßigkeit ein die Rechtsordnung durchdringender Grundsatz ist, so muss doch beachtet werden, dass in der Verfassung die privatrechtliche Gestaltungsfreiheit und die Vertragsfreiheit geschützt sind und sie nicht ungebührlich eingeschränkt werden dürfen. Im Falle der Kündigung außerhalb des Geltungsbereichs des Kündigungsschutzgesetzes besteht für den Arbeitgeber ein Recht zur ordentlichen Kündigung des Arbeitsverhältnisses. Ein Bestandsschutz kann daher hier nicht über die Verletzung des Grundsatzes der Verhältnismäßigkeit erreicht werden. Selbst wenn man der Einschätzung folgt, dass auch die nicht nach dem KSchG überprüfbare Kündigung einem allgemeinen Missbrauchsvorbehalt unterfällt,[118] geht die generelle Bindung des Kündigungsrechts an einen Sachgrund zu weit. Der Willkürvorwurf scheidet in jedem Falle aus, wenn ein „irgendwie einleuchtender Grund" für die Rechtsausübung vorliegt.[119] Das muss kein arbeitsvertragsbezogener Grund sein. Wenn jedoch ausschließlich ein diskriminierender, nicht mit dem Arbeitsverhältnis zusammenhängender Grund erkennbar ist, liegt ein Fall des § 138 BGB vor. Auch ein Missbrauchstatbestand (Kündigung langjähriger Vertragsbeziehung wegen minimaler Vertragsstörung ohne vorherige Abmahnung oder Vertragsrüge) kann in Ausnahmefällen zur Unwirksamkeit der Kündigung führen.

VIII. Kündigung und Gleichbehandlung

319 Das Prinzip der Gleichbehandlung wird auch im Kündigungsrecht diskutiert.[120] Im Bereich der **personenbedingten Kündigung** hat es kaum Bedeutung erlangt. Das ist verständlich, denn es werden wohl nur äußerst selten deckungsgleiche Kün-

---

[115] BAG 8. 6. 1972 AP § 13 KSchG Wartezeit Nr. 1 = EzA § 626 BGB n. F. Nr. 12 = NJW 1972, 1878.

[116] BAG 30. 5. 1978 EzA § 626 BGB n. F. = NJW 1979, 332.

[117] So *Oetker,* ArbuR 1997, 41, 52; a. A. *Preis,* S. 398 f.; *ders.,* NZA 1997, 1256, 1267.

[118] *Preis,* S. 399.

[119] So schon *Preis,* S. 400; APS/*Preis,* Grundlagen J Rn. 52; dem jetzt folgend BAG 25. 4. 2001 NZA 2002, 87, 89; zu weitgehend ArbG Reutlingen 21. 10. 1998 EzA § 242 BGB Vertrauensschutz Nr. 1.

[120] Die Anwendung des Gleichbehandlungsgrundsatzes ist mit dem Wesen des Gestaltungsrechts vereinbar; vgl. dazu *Preis,* S. 113; dem im Grundsatz folgend, jedoch hinsichtlich der personenbedingten Kündigung weitergehend MünchArbR/*Berkowsky,* § 130 Rn. 103 ff. und MünchArbR/*Wank,* § 120 Rn. 55 ff.; weitgehend auch LAG Thüringen 28. 9. 1993 LAGE § 620 BGB Gleichbehandlung Nr. 1 zur Anwendung des Art. 3 Abs. 1 GG auf Kündigungen von Funktionsträgern in der ehemaligen DDR; ablehnend bei verhaltensbedingten Gründen LAG Köln 12. 5. 1995 NZA-RR 1996, 204.

digungsgründe einschließlich der erforderlichen erheblichen Auswirkungen auf den Betrieb vorliegen; es fehlt am notwendigen kollektiven Tatbestand.

Eine gleiche Betroffenheit vergleichbarer Arbeitnehmer im Sinne des Gleichbehandlungsgrundsatzes kann allerdings bei **betriebsbedingten Kündigungen** vorliegen. Hier ist der Gleichbehandlungsgrundsatz durch § 1 Abs. 3 KSchG konkretisiert. Außerhalb des KSchG kann er allerdings Bedeutung gewinnen, wie die Rspr. des 8. Senats des BAG[121] zur Kündigung wegen mangelnden Bedarfs nach dem Einigungsvertrag zeigt. Dem kann insoweit gefolgt werden, als § 1 Abs. 3 KSchG nichts anderes als eine gesetzliche Konkretisierung des Gleichbehandlungsgrundsatzes ist.[122] Ist diese Norm nicht anwendbar, bleibt das überpositive Prinzip des Gleichbehandlungsgrundsatzes anwendbar. Schon in Anwendung dieses Grundsatzes darf der Arbeitgeber bei gleicher Ausgangslage vergleichbare Arbeitnehmer nicht willkürlich ungleich behandeln. Dies gilt innerhalb wie außerhalb des KSchG.[123] **320**

Im Bereich der **verhaltensbedingten Kündigung** können einschlägige Fälle häufiger vorkommen. Voraussetzung ist ein gleichgelagerter Kündigungssachverhalt in **sachlicher und in zeitlicher Hinsicht.** Handelt es sich um gleichgelagerte, aber zeitlich nacheinanderliegende Fälle, zwei Arbeitnehmer kommen 15 Minuten zu spät – im Wiederholungsfall mit Abmahnung –, so liegt schon tatbestandsmäßig kein Fall vor, auf den der Gleichbehandlungsgrundsatz angewandt werden könnte.[124] **321**

Die Rechtsprechung des BAG **verneint** die Anwendung des Gleichbehandlungsgrundsatzes. Das BAG schließt allerdings nicht aus, dass im Rahmen der **Interessenabwägung** zu berücksichtigen sei, ob die Nachsicht des Arbeitgebers in einem Falle **Auswirkungen auf die Zumutbarkeit einer Weiterbeschäftigung im anderen Falle haben kann** (sog. mittelbare Wirkung). Das Problem stellt sich meist bei der **sog. herausgreifenden Kündigung.** Liegen die Tatbestände völlig gleich, haben also mehrere Arbeitnehmer gleichartige Pflichtverletzungen – auch in zeitlicher Hinsicht – begangen und kündigt der Arbeitgeber dennoch nur das Arbeitsverhältnis eines Arbeitnehmers auf, so muss der Arbeitgeber darlegen, warum gerade in diesem Falle die vorgenommene Interessenabwägung dazu geführt hat, allein dieses Arbeitsverhältnis aufzulösen. Kann der Arbeitgeber das nicht, so ist die Kündigung unwirksam, da dann auch die Beschäftigung dieses Arbeitnehmers, wie die der anderen, zumutbar ist.[125] **322**

---

[121] Zuletzt BAG 29. 8. 1996 NZA 1997, 604f.

[122] Ausführlich *Preis,* S. 379f.; ebenso bereits *Buchner,* RdA 1970, 228; *Mayer-Maly,* AR-Blattei Gleichbehandlung unter G VI; *Auffarth/Müller,* Kündigungsschutzgesetz, 1960 § 1 Rn. 169.

[123] So jetzt auch BAG BAG 21. 2. 2001 AP § 242 BGB Kündigung Nr. 12 = NZA 2001, 833. Diese Konsequenz zeigt auch *v. Hoyningen-Huene,* Anm. AP Einigungsvertrag Anl. I Kap. XIX Nr. 4, auf, lehnt aber die Auffassung des BAG aus methodischen Gründen ab; siehe jetzt *v. Hoyningen-Huene/Linck,* § 13 KSchG Rn. 92e, krit. auch *Löwisch,* BB 1997, 782, 787ff.

[124] Vgl. *Preis,* S. 388 mit dem Hinweis, davon könne nur abgewichen werden, sofern der Arbeitgeber eine betrieblich-kollektive Regel aufgestellt habe, nach der solche Fälle gelöst werden.

[125] Vgl. BAG 14. 10. 1965 AP § 66 BetrVG 1952 Nr. 27 = EzA § 66 BetrVG 1952 Nr. 5; 13. 10. 1955 AP § 13 KSchG Nr. 13; 21. 10. 1969 EzA § 626 BGB n.F. Nr. 1 = AP Art. 9 GG Arbeitskampf Nr. 41 mit krit. Anm. *Rüthers;* 25. 3. 1976 AP § 103 BetrVG 1972 Nr. 6 = EzA § 103 BetrVG 1972 Nr. 12; 22. 2. 1979 EzA § 103 BetrVG 1972 Nr. 23 =

323 Die Ergebnisse der Rechtsprechung gewinnt man auch mit der unmittelbaren Anwendung des Gleichbehandlungsgrundsatzes. Der Arbeitgeber darf nicht **sachwidrig differenzieren,** andernfalls handelt er willkürlich. Liegen die tatbestandlichen Voraussetzungen der Anwendung des Gleichbehandlungsgrundsatzes vor, so ist zur Differenzierung ein **sachlicher Grund** notwendig. Dieser kann im Umfang der Tatbeteiligung liegen oder in der Tatsache, dass bei einem Arbeitnehmer ein Wiederholungstatbestand vorliegt, der eine negative Zukunftsprognose besonders nahelegt. Kein sachlicher Grund kann in einer Auswahl nach sozialen Gesichtspunkten gesehen werden. Hier fehlt es am Bezug zum Kündigungssachverhalt.[126]

324 Greift der Arbeitgeber einen Arbeitnehmer heraus, der Betriebsratsmitglied ist, dann spricht das dafür, dass der gekündigte Arbeitnehmer wegen seiner Betriebsratstätigkeit gekündigt worden ist.[127]

IX. Vertragliche Kündigungsbeschränkungen

1. Voraussetzungen und Wirkungen

325 Die Parteien des Einzelarbeitsvertrages können sich durch Vereinbarung zur Unterlassung einer ordentlichen Kündigung verpflichten (schuldrechtliche Kündigungsbeschränkung).[128] Dies kann ausdrücklich erfolgen oder aus den Umständen zu schließen sein. Der Vertrag ist dann nur durch eine außerordentliche Kündigung aufzulösen. Einseitig zu Lasten des Arbeitnehmers ist dies wegen § 622 Abs. 6 BGB freilich ausgeschlossen; im übrigen kann über § 624 Satz 1 BGB hinausgehend kein Ausschluss der ordentlichen Kündigung erfolgen.[129] Die Vereinbarung eines besonderen Kündigungsschutzes erfolgt in der Praxis bisweilen in den Fällen, in denen nach §§ 1, 23 KSchG ein Kündigungsschutz noch nicht greift, also in Kleinbetrieben oder während der Ersten sechs Monate des Arbeitsverhältnisses.[130] Freilich ist eine derartige Vereinbarung außergewöhnlich, so dass ein eindeutiger Vertragswille erkennbar sein muss.

326 Der Ausschluss der ordentlichen Kündigung liegt aber nicht schon allein in der Bezeichnung einer Stelle als **Dauer- oder Lebensstellung.** Liegt ausdrücklich eine Vereinbarung eines Dienstverhältnisses auf die Lebenszeit einer Person vor, ist

---

DB 1979, 1659; ArbG Regensburg 23. 4. 1990 BB 1990, 1418; zur herausgreifenden Kündigung eines Betriebsratsmitglieds: LAG Hamm 10. 4. 1996 RzK II 1b Nr. 17.

[126] Vgl. *Preis,* S. 389f.; abw. *Gamillscheg,* a. a. O. S. 53.

[127] BAG 22. 2. 1979 EzA § 103 BetrVG 1972 Nr. 23; LAG Hamm 10. 4. 1996 RzK II 1b Nr. 17.

[128] Einzelheiten *Preis,* Der Arbeitsvertrag, Kündigungsvereinbarungen, II K 10 Rn. 25ff.; *Kania/Kramer,* RdA 1995, 287; *Pauly,* ArbuR 1997, 94ff.; *Schwerdtner,* Festschrift für Kissel, 1994, 1077ff.; siehe hierzu auch BAG 22. 7. 1992 EzA § 626 BGB n. F. Nr. 141. Beschränkungen können auch in Gesellschaftsverträgen enthalten sein, vgl. BAG 28. 4. 1994 AP § 626 BGB Nr. 117 = NZA 1994, 934.

[129] *Preis,* Der Arbeitsvertrag, Kündigungsvereinbarungen, II K 10 Rn. 27; zu Sinn und Zweck des § 624 BGB: BAG 24. 10. 1996 EzA Art. 12 GG Nr. 29 = NZA 1997, 597.

[130] *Preis,* Der Arbeitsvertrag, Kündigungsvereinbarungen, II K 10 Rn. 31.

zunächst an die Folge des § 624 BGB zu denken. Im Zweifel entspricht es aber nicht dem Willen der Vertragsparteien, eine lebenslange Bindung einzugehen.[131] Die Zusage einer Lebens- oder Dauerstellung bedeutet in der Regel keine Anstellung auf Lebenszeit im Sinne des § 624 BGB, doch kann eine entsprechende Zusage unter Umständen Auswirkungen auf die Kündigungsmöglichkeiten des Arbeitgebers haben. Entscheidend dürfte der Umfang des erzeugten Vertrauensschutzes sein.[132] In aller Regel wird lediglich ein arbeitgeberseitiger Hinweis anzunehmen sein, dass der Arbeitnehmer von betrieblicher Seite her betrachtet mit einer Beschäftigung auf Lebenszeit rechnen kann, wenn die von ihm geforderten verhaltens- und leistungsbezogenen Voraussetzungen erfüllt werden. Entscheidend für die konkret zu ziehenden Folgerungen ist aber der Parteiwille.[133] Die Vereinbarung einer Dauerstellung kann Bedeutung für den Kündigungsschutz haben. Wird bei der Vertragsverhandlung hervorgehoben, dass es sich um eine Dauerstellung handeln soll, so kann hieraus zu folgern sein, dass der gesetzliche Kündigungsschutz, der erst nach 6 Monaten eingreift, schon zu Beginn der Beschäftigung einsetzen soll.[134] Dies kann jedoch nur bei hinreichend eindeutiger Vereinbarung angenommen werden. Einem Arbeitnehmer, der einen Arbeitsvertrag ohne entsprechende Sondervereinbarung unterschreibt, wird in der Regel nicht damit durchdringen können, der Arbeitgeber habe mit der mündlichen Zusage einer Dauerstellung einen vorzeitigen Kündigungsschutz einräumen wollen. Nur wenn im Arbeitsvertrag schriftlich die Zusage einer Dauer- oder Lebensstellung erfolgt, können hieraus kündigungsrechtliche Konsequenzen gezogen werden (Ausschluss der Kündigung vor Dienstantritt, sofortiges Eingreifen des KSchG).[135] Die – zum Teil ältere – Rechtsprechung ist hierzu nur noch bedingt aussagekräftig.[136]

Im Allgemeinen wird man nur bei Vorliegen besonderer Umstände annehmen **327**
können, dass bei einem auf Dauer angelegten Arbeitsverhältnis ein Ausschluss oder eine Beschränkung des Kündigungsrechts stillschweigend vereinbart ist. Zu verlangen ist von den Parteien, dass entsprechende Zusagen eindeutig getroffen werden. Prinzipiell ist der Arbeitnehmer nicht von dem Risiko befreit, das mit dem Neuantritt einer Stelle verbunden ist.[137] Viel spricht jedoch dafür, dass eine vertrauenserzeugende Zusage nicht sanktionslos bleibt, insbesondere wenn der Arbeitgeber das Arbeitsverhältnis während der Ersten sechs Monate trotz Bewährung grundlos kündigt. Im Anwendungsbereich materieller Kündigungsgründe (§ 1 KSchG, § 626 BGB) kann die Zusage unter Umständen bei der Gewichtung des Kündigungsgrundes Berücksichtigung finden.[138] Verletzt der Arbeitgeber durch eine Kündigung nach vorangegangener Zusage einer Dauerstellung schuldhaft das schutzwürdige Vertrauen des Arbeitnehmers, dass eine grundlose Kündigung unterbleibt, kann ein

---

[131] Erman/*Belling,* § 624 BGB Rn. 3; Staudinger/*Preis,* § 624 BGB Rn. 11 m.w.N.

[132] Staudinger/*Preis,* § 624 BGB Rn. 14.

[133] BAG 21. 10. 1971 EzA § 1 KSchG Nr. 23; 8. 6. 1972 EzA § 1 KSchG Nr. 24.

[134] BAG 18. 2. 1967 EzA § 1 KSchG Nr. 5 = NJW 1967, 1152; 8. 6. 1972 EzA § 1 KSchG Nr. 24 = AP § 1 KSchG 1969 Nr. 1.

[135] Hierzu *Preis,* Der Arbeitsvertrag, Kündigungsvereinbarungen, II K 10 Rn. 32ff.

[136] RAG 16. 12. 1936 ARS 28, 332; 15. 9. 1937 ARS 31, 78; BAG 12. 10. 1954 AP § 52 RegelungsG Nr. 1; 7. 11. 1968 EzA § 66 HGB Nr. 2; 26. 1. 1967 AP § 611 BGB Vertragsschluss Nr. 2.

[137] Näher Staudinger/*Preis,* § 624 BGB Rn. 16 m.w.N.

[138] Vgl. auch BAG 21. 10. 1971 AP § 611 BGB Gruppenarbeitsverhältnis Nr. 1.

Schadensersatzanspruch aus dem Gesichtspunkt der culpa in contrahendo (§ 311 i. V. m. § 280 BGB) gerechtfertigt sein.[139]

328 Haben die Parteien des Arbeitsvertrages ein **befristetes Arbeitsverhältnis** vereinbart, so ist damit die ordentliche Kündigung ausgeschlossen. Arbeitnehmer und Arbeitgeber können sich nur durch eine außerordentliche Kündigung wieder voneinander trennen. Etwas anderes gilt, wenn dies vereinbart worden ist (§ 15 Abs. 3 TzBfG). Die Befristung des Vertrages spricht grundsätzlich für den Ausschluss der ordentlichen Kündigung. Soll die Befristung im Sinne einer Höchstdauer verstanden werden, d. h. der Vertrag nach Zeitablauf ohne Kündigung enden und zwischenzeitlich wie jeder andere Arbeitsvertrag auch noch ordentlich gekündigt werden können, so muss der dahin gehende Wille der Parteien eindeutig erkennbar sein.[140]

329 Hat der Arbeitgeber in einem befristeten Vertrag eine ordentliche Kündigung ausgesprochen, so ist diese wegen der vertraglichen Beschränkung des Kündigungsrechts unwirksam. Der Arbeitnehmer braucht die entsprechende Klage nicht innerhalb der Drei-Wochen-Frist des § 4 KSchG zu erheben, denn nach § 13 Abs. 3 KSchG finden die Vorschriften des 1. Abschnitts des Kündigungsschutzgesetzes dann keine Anwendung, wenn die Kündigung aus anderen Gründen rechtsunwirksam ist. Das ist in derartigen Fällen gegeben, denn die Kündigung ist allein wegen der vertraglichen Kündigungsbeschränkung unwirksam. Vielfach wird nun versucht, die erklärte Kündigung in eine außerordentliche Kündigung umzudeuten, die ja auch im befristeten Vertrag zulässig bleibt und die auch mit einer Auslauffrist erklärt werden kann (sog. außerordentliche befristete Kündigung, dazu unten Rn. 588). Dies kann nicht zum Erfolg führen, denn ob eine ordentliche Kündigung erklärt worden ist oder eine außerordentliche, ist Tatfrage. Wer eine Kündigung mit der dem Vertrag entsprechenden ordentlichen Frist erklärt, muss dem Erklärungsempfänger gegenüber zum Ausdruck bringen, es handele sich um eine außerordentliche befristete Kündigung. Im späteren Auslegungsstreit dürfen nur solche Umstände berücksichtigt werden, die dem Kündigungsempfänger erkennbar waren. Die Tatsache, dass im Vertrag die ordentliche Kündigung ausgeschlossen worden ist, kann nicht zu der Annahme führen, der Arbeitgeber habe trotz der Einhaltung der üblichen Frist in Wirklichkeit eine außerordentliche Kündigung erklärt.[141] Die Umdeutung einer unwirksamen ordentlichen Kündigung in eine außerordentliche Kündigung ist nicht möglich, denn das Ersatzgeschäft darf keine weitergehenden Wirkungen haben als das ursprüngliche Rechtsgeschäft.[142]

330 Die Verpflichtung zur Unterlassung einer Kündigung hat nicht nur schuldrechtliche Wirkungen dergestalt, dass die Kündigung zwar wirksam, aber Schadensersatzfolgen auslösen kann,[143] sondern eine dennoch ausgesprochene Kündigung ist

---

[139] Vgl. KR/*Fischermeier* § 624 BGB Rn. 19 ff.; Staudinger/*Preis,* § 624 BGB Rn. 17; vgl. auch BAG 12. 12. 1957 EzA § 276 BGB Nr. 1; LAG Nürnberg 25. 7. 1994 LAGE § 276 BGB Verschulden bei Vertragsschluss Nr. 3.

[140] BAG 19. 6. 1980 EzA § 620 BGB Nr. 47 = NJW 1981, 246; 29. 6. 1989 EzA § 174 BGB Nr. 6 = NZA 1990, 6; MünchKomm/*Schwerdtner,* § 620 BGB Rn. 9.

[141] Vgl. hierzu LAG Düsseldorf/Köln 30. 10. 1973 EzA § 626 BGB n. F. Nr. 32 und auch BAG 12. 9. 1974 EzA § 1 TVG Auslegung Nr. 3; vgl. ferner BAG 19. 6. 1980 EzA § 620 BGB Nr. 47; KR/*Friedrich* § 13 KSchG Rn. 272.

[142] BAG 12. 9. 1974 EzA § 1 TVG Auslegung Nr. 3; KR/*Friedrich* § 13 KSchG Rn. 272.

[143] So offenbar BAG 8. 10. 1959 AP § 620 BGB Schuldrechtliche Kündigungsbeschränkung Nr. 1 = NJW 1960, 67.

auch unwirksam. Die Verpflichtung zur Unterlassung der Kündigung bedeutet eine Verfügung über das Gestaltungsrecht, sie hat also dingliche Wirkung. Der dennoch ausgesprochenen Kündigung bleibt der bezweckte Rechtserfolg versagt.[144] In diesem Zusammenhang ist die Frage zu beantworten, ob der vertragliche Ausschluss der Kündigung im Einzelarbeitsvertrag im Verhältnis zu den tariflichen Fristen über die Kündigung des Arbeitsvertrages gegen das Unabdingbarkeitsprinzip verstößt. Das ist zu verneinen.

2. Kündigungsbeschränkungen in Tarifverträgen

In Tarifverträgen werden vielfach Bestimmungen vereinbart, die das Kündi- 331
gungsrecht des Arbeitgebers für ordentliche Kündigungen beschränken. Vielfach tritt nach einer bestimmten Zeit (z.B. § 53 Abs. 3 BAT, Tarifverträge im Metallbereich) Unkündbarkeit ein.[145] In den sog. Rationalisierungsschutzabkommen finden sich ebenfalls Einschränkungen der Kündigungsbefugnis, sei es, dass die Zustimmung des Betriebsrats vereinbart worden ist oder Beschränkungen bei der Auswahl der zu Kündigenden statuiert worden sind. Tarifverträge können auch temporäre Verbote von Kündigungen aus dringenden betrieblichen Gründen enthalten (vgl. § 5 des Tarifvertrages für die Volkswagen AG 1. 1. 1994, NZA 1994, 111). Denkbar ist auch, dass die Tarifparteien besondere Diskriminierungsverbote oder anlaßbezogene Kündigungsverbote regeln.[146] Verstößt eine Kündigung gegen solche tariflichen Bestimmungen, so ist sie nach § 4 TVG in Verbindung mit § 134 BGB unwirksam. Die Klagefrist des § 4 KSchG gilt auch hier nach § 13 Abs. 3 KSchG nicht. Entscheidend ist der Zeitpunkt des Zugangs der Kündigung. In diesem Zeitpunkt müssen die Voraussetzungen für die Unkündbarkeitsregelung vorliegen (Lebensalter und notwendige Dauer der Betriebszugehörigkeit).[147] Eine objektive funktionswidrige Umgehung der tariflichen Normen über die Unkündbarkeit liegt dann vor, wenn kurz vor ihrem Eintritt ordentlich gekündigt wird, aber nicht zum nächstmöglichen, sondern zu einem späteren Termin. Diese Kündigung ist tarifwidrig und damit unwirksam.[148]

Besteht ein tarifliches Kündigungsverbot für ordentliche Kündigungen, so erfasst 332
es auch die ordentliche Änderungskündigung.[149] Tarifliche Kündigungsbeschränkungen sind jedoch auf Kündigungen, die vor Beginn des zeitlichen Geltungsbereichs des einschlägigen Tarifvertrages ausgesprochen worden sind, jedenfalls dann

---

[144] Zutreffend *Herschel,* DB 1960, 1215; KR/*Friedrich,* § 13 Rn. 270; BAG 6. 9. 1979 – 2 AZR 532/77 – n. v.

[145] Beispiele: BAG 21. 3. 1996 NZA 1996, 871 (Metall); 13. 3. 1997 NZA 1997, 842 (BAT); 5. 2. 1998 NZA 1998, 771 (Wohnungswirtschaft); 17. 9. 1998 – 2 AZR 419/97 (Lufthansa). Bei einzelvertraglicher Vereinbarung des BAT soll nach LAG Berlin 21. 4. 1997 ZTR 1997, 523 § 53 Abs. 3 BAT nicht gelten, zweifelhaft; ausf. *Löwisch,* DB 1998, 877.

[146] BAG 5. 2. 1998 NZA 1998, 644 (Kündigungsverbot aus Anlass der Arbeitsunfähigkeit).

[147] Hierzu BAG 26. 4. 1990 RzK I 3e Nr. 11.

[148] BAG 16. 10. 1987 EzA § 626 BGB n.F. Unkündbarkeit Nr. 1 = NZA 1988, 887; 20. 7. 1989 RzK I 8f Nr. 8; 20. 11. 1997 BB 1998, 429, 430; siehe hierzu auch BAG 12. 12. 1996 EzA § 1 KSchG Krankheit Nr. 41.

[149] BAG 10. 3. 1982 EzA § 2 KSchG Nr. 3 = NJW 1982, 2839; BAG 27. 9. 2001 EzA § 1 TVG Nr. 44; ArbG Osnabrück 5. 8. 1988 RzK I 8f Nr. 7.

nicht anwendbar, wenn sich aus dem Tarifvertrag nicht eindeutig der Wille der Tarifpartner ergibt, die Neuregelung auch rückwirkend eingreifen zu lassen.[150]

333 Tarifverträge sehen häufig vor, dass ältere Arbeitnehmer nach einer bestimmten Beschäftigungszeit nicht mehr gekündigt werden können. Grundsätzliche Bedenken hiergegen bestehen nicht.[151] Das BAG hat dies sogar für solche Mitarbeiter gebilligt, die im Kündigungszeitpunkt noch keine sechs Monate beschäftigt waren.[152] Soweit *Löwisch* erwägt, Tarifverträge könnten im Hinblick darauf rechtlichen Bedenken begegnen, dass Wartezeit und Kleinbetriebsklausel (§ 1 Abs. 1 KSchG, § 23 Abs. 1 Satz 2 KSchG) dem Arbeitgeber zwingend eine von der Geltendmachung von Kündigungsgründen unabhängige Kündigungsfreiheit gewährleisten wollen,[153] ist dem nicht zu folgen. Das KSchG stellt einseitig zwingendes Recht zugunsten des Arbeitnehmers dar, d.h. gewährt einen gesetzlichen Mindestschutz.[154] Wenn aber Einzelvertragsparteien eine entsprechende Vereinbarung auf der Basis der Vertragsfreiheit regeln dürfen,[155] wäre es eine verfassungswidrige Beschränkung der in Art. 9 Abs. 3 GG garantierten Tarifautonomie, den Tarifvertragsparteien eine derartige Regelungsmöglichkeit zu verweigern. Die Tarifnorm darf aber ihrerseits nicht gegen Grundrechte verstoßen, insbesondere nicht gegen den Gleichheitssatz des Art. 3 Abs. 1 GG.[156] Wird die Zulässigkeit tarifvertraglicher Kündigungsschutzregelungen als günstigere Regelung bejaht, hat dies zwingend zur Folge, dass die geschützten Arbeitnehmer im Falle betriebsbedingter Kündigung nicht dem Regelungsbereich des § 1 KSchG unterfallen; sie können dann auch nicht in die Sozialauswahl einbezogen werden (vgl. noch Rn. 1074ff.).[157]

334 Einschränkungen des Kündigungsrechts des Arbeitgebers über den gesetzlichen Kündigungsschutz hinaus sind im Bereich der ordentlichen Kündigung grundsätzlich anzuerkennen und heute in Rationalisierungsschutzabkommen verbreitete Praxis.[158] Zum Nachteil des Arbeitnehmers darf der Kündigungsschutz nach dem Kündigungsschutzgesetz jedoch nicht verändert werden. Es kommt nur die Konkretisierung von Gesichtspunkten in Betracht, die im Rahmen der Interessenabwägung zu berücksichtigen sind.[159]

335 Das Recht zur außerordentlichen Kündigung ist zwingendes Recht (Rn. 831). Es kann niemand veranlasst werden, ein Arbeitsverhältnis aufrechtzuerhalten, des-

---

[150] BAG 1. 12. 1977 DB 1978, 701; 21. 7. 1988 RzK I 8f Nr. 5.

[151] Vgl. BAG 9. 9. 1992 NZA 1993, 598 und 14. 2. 1993 EzA § 626 BGB n.F. Nr. 144; *v. Hoyningen-Huene/Linck,* § 1 KSchG Rn. 9, anders jedoch zu § 1 Abs. 3 KSchG, vgl. Rn. 456ff.; zu § 1 Abs. 3 KSchG noch hier unter Rn. 1074f.

[152] Vgl. BAG 13. 6. 1996 AP § 1 TVG Tarifverträge: Lufthansa Nr. 21.

[153] *Löwisch,* BB 1997, 782, 790; *ders.,* § 23 KSchG Rn. 22.

[154] Ausf. KR/*Etzel,* § 1 KSchG Rn. 34ff.; vgl. ferner *Preis,* NZA 1997, 1256, 1259.

[155] *Löwisch,* § 23 KSchG Rn. 22.

[156] Zur Diskriminierung Teilzeitbeschäftigter: BAG 13. 3. 1997 AP § 2 BeschFG 1985 Nr. 54 = NZA 1997, 842.

[157] KDZ/*Däubler,* Einleitung Rn. 365.

[158] Hierzu KDZ/*Däubler* Einleitung Rn. 361ff.; zu den Grenzen vgl. *Koller,* ZfA 1978, 45ff. und *Reuter,* ZfA 1978, 1ff. Ferner *Beck,* ArbuR 1981, 333ff.

[159] BAG 3. 5. 1978 EzA § 1 KSchG Betriebsbedingte Kündigung Nr. 8 = AP § 1 KSchG 1969 Betriebsbedingte Kündigung Nr. 5 = NJW 1978, 2525; 11. 3. 1976 EzA § 95 BetrVG Nr. 1 mit Anm. *Gamillscheg.* Gegen eine Erweiterung des Kündigungsschutzes durch freiwillige Betriebsvereinbarung bestehen keine Bedenken, vgl. auch KDZ/*Däubler,* Einleitung Rn. 384ff.

sen Fortsetzung für ihn unzumutbar geworden ist. Das gilt auch für Tarifverträge.[160] Im Falle der Betriebsstilllegung (Rn. 769) oder dauernder Arbeitsunfähigkeit des Arbeitnehmers[161] soll trotz des besonderen tariflichen Kündigungsschutzes eine außerordentliche Kündigung möglich sein, bei der aber dann die längste Kündigungsfrist einzuhalten ist, die gelten würde, wenn die ordentliche Kündigungsmöglichkeit nicht ausgeschlossen wäre. Einzelheiten unten Rn. 769f.

Umstritten ist, ob es zulässig ist, im Tarifvertrag einen besonderen Kündigungs- **336**
schutz für gewerkschaftliche Vertrauensleute zu vereinbaren. Instanzgerichtlich ist diese Frage bejaht worden. Die Frage ist literarisch umstritten.[162]

X. Darlegungs- und Beweislast

Für die rechtsvernichtende Einwendung der Nichtigkeit einer Kündigung trägt **337**
prinzipiell der Arbeitnehmer die Beweislast. Abweichende Regelungen bedürfen einer besonderen Norm. Problematisch ist die Beweislastverteilung insbesondere im Rahmen der zivilrechtlichen Generalklauseln (§§ 612a, 138 und 242 BGB). Selten wird ein Arbeitgeber seine (diskriminierende) Motivation offenbaren. Da der Grundrechtsschutz auch im Verfahrensrecht Bedeutung erlangen kann, hat die Verteilung der Darlegungs- und Beweislast besondere Bedeutung.[163] Auch wenn es keine allgemeinen Grundsätze gibt, lässt sich jedoch typisierend folgendes festhalten.

1. Vorrang gesetzlicher Beweislastregelungen

Hinsichtlich der Anforderungen an die (Darlegungs- und) Beweislast sind die vor- **338**
rangigen Grundentscheidungen des Gesetzgebers zu beachten. Das gilt einmal angesichts der bewussten Verteilung der Beweislast innerhalb des KSchG (vgl. § 1 Abs. 2 Satz 4, § 1 Abs. 3 Satz 3 KSchG). Auch außerhalb des KSchG hat der Gesetzgeber bisweilen Sonderregelungen geschaffen. Hinzuweisen ist insbesondere auf § 611a Abs. 1 Satz 3 BGB und § 2 Abs. 2 Satz 3 ArbPlSchG und § 2 Abs. 2 Satz 3 EignungsÜG. § 611a Abs. 1 Satz 3 BGB sieht ein System abgestufter Verteilung der Darlegungs- und Beweislast vor in Form einer Beweismaßsenkung und einer Beweislastumkehr zu Gunsten des Arbeitnehmers. Der Arbeitnehmer ist zunächst verpflichtet, die ungleiche Behandlung zu beweisen. Der Arbeitnehmer muss dabei solche Tatsachen darlegen und glaubhaft machen, die vermuten lassen, dass eine Diskriminierung vorliegt. Hierdurch wird die Darlegungslast abgesenkt („Vermu-

---

[160] *Zöllner,* Maßregelungsverbote und sonstige tarifliche Nebenfolgenklauseln nach Arbeitskämpfen, 1977, S. 32.

[161] BAG 4. 2. 1993 EzA § 626 BGB n.F. Nr. 144; 12. 7. 1995 EzA § 626 BGB n.F. Nr. 156.

[162] ArbG Kassel 5. 8. 1976 DB 1976, 1675 = EzA Art. 9 GG Nr. 16; LAG Düsseldorf 25. 8. 1995 LAGE Art. 9 GG Nr. 11; zustimmend *Zachert,* BB 1976, 517; ArbG Bamberg 12. 1. 1989 AiB 1989, 158 mit Anm. *Zachert; Wlotzke,* RdA 1976, 80; KR/*Wolf,* 3. Aufl. 1989, Grundsätze Rn. 440; *Herschel,* ArbuR 1977, 137; *Fitting,* § 2 Rn. 62; *Schaub,* RdA 1981, 373; a.A *Blomeyer* DB 1977, 101; *Bulla,* BB 1975, 889; *Kraft,* ZfA 1976, 243; *Bötticher,* RdA 1978, 133; *Dietz/Richardi,* BPersVG § 2 Rn. 144ff.; *Galperin/Löwisch,* § 2 Rn. 82; *Zöllner/Loritz,* § 44 VII 3a; *Söllner,* § 19 V.

[163] BVerfG 27. 1. 1998 NZA 1998, 470, 472 unter Bezugnahme auf *Preis,* NZA 1997, 1256, 1269.

tungstatsachen“). Es ist nicht erforderlich, dass die Tatsachen einen zwingenden Schluss auf eine Diskriminierung zulassen.[164] Ist die Glaubhaftmachung gelungen, trifft den Arbeitgeber die volle Darlegungs- und Beweislast für das Nichtvorliegen einer Diskriminierung. Die Beweislastumkehr nach § 611 a Abs. 1 Satz 3 BGB erfasst sowohl die objektive Feststellungslast als auch die subjektive Beweisführungslast.[165] Das Bundesverfassungsgericht sieht der Befugnis des Arbeitgebers zum Nachschieben von Rechtfertigungsgründen im Prozess Grenzen gesetzt.[166]

2. Analogiefähigkeit einzelner Beweislastregelungen

339 Beweislastregeln sind als materielle Rechtssätze prinzipiell der Analogie und der Rechtsfortbildung zugänglich. Dies setzt allerdings voraus, dass die allgemeinen methodischen Voraussetzungen für eine Analogie bzw. Rechtsfortbildung gegeben sind.[167] Ob hierfür ein Bedürfnis besteht, muss jedoch im Einzelfall nachgewiesen werden. Gegen die analoge Heranziehung des § 2 Abs. 2 Satz 3 ArbPlSchG, des § 2 Abs. 2 Satz 3 EignungsÜG und des § 611 a Abs. 1 Satz 3 BGB spricht, dass der Gesetzgeber mit diesen, ihm besonders wichtigen Diskriminierungsverboten Spezialnormen aufgestellt hat, deren Analogiefähigkeit schon aus diesem Grund fraglich ist. Den Normen liegt kein einheitliches Grundkonzept zugrunde. Sie werfen in ihrer konkreten Handhabung zahlreiche Fragen auf.[168] Überdies ist von einer bewussten Ausnahmeentscheidung des Gesetzgebers auszugehen. Dies gilt insbesondere im Hinblick auf § 612 a BGB, der zeitgleich mit § 611 a BGB eingefügt wurde. Erwägenswert ist jedoch, § 611 a Abs. 1 Satz 3 BGB für alle Fälle des Art. 3 Abs. 3 GG analog anzuwenden, weil aus der Sicht des Grundgesetzes schwerlich Gründe zu finden sind, dem einen absoluten Diskriminierungsverbot (Abstammung, Rasse, Sprache, Heimat, Herkunft, Glauben, religiöse oder politische Anschauung) verfahrensrechtlich einen geringeren Schutz zu gewähren als dem anderen (Geschlecht).[169]

3. Abgestufte Darlegungs- und Beweislast bei allgemeinen zivilrechtlichen Schranken sowie Diskriminierungs- und Benachteiligungsverboten

340 Nach der allgemeinen Rosenbergschen Normentheorie muss die Partei, die sich auf die für sie günstige Norm beruft, die tatsächlichen Voraussetzungen darlegen und beweisen.[170] Speziell für das Kündigungsschutzrecht kann daraus die allgemeine

---

[164] KR/*Pfeiffer,* § 611 a BGB Rn. 138.

[165] KR/*Pfeiffer,* § 611 a BGB Rn. 142; *Prütting,* Gegenwartsprobleme der Beweislast, 1983, S. 337; *Baumgärtel,* Handbuch der Beweislast im Privatrecht, 2. Aufl. 1991, § 611 a Rn. 10; ausf. *Hanau,* Festschrift für Gnade, 1992, S. 351 ff.

[166] BVerfG 16. 11. 1993 EzA Art. 3 GG Nr. 42; kritisch KR/*Pfeiffer,* § 611 a BGB Rn. 144.

[167] Hierzu MünchKommZPO/*Prütting,* § 286 Rn. 111, 114, 118 ff.; Zöller/*Greger,* Vor § 284 BGB Rn. 17.

[168] Hierzu *Prütting,* a. a. O. S. 334 ff.

[169] Hierzu *Preis,* NZA 1997, 1256, 1269.

[170] *Rosenberg,* Die Beweislast auf der Grundlage des BGB und der ZPO, 5. Aufl. 1965; zu ihrer (modifizierten) Anwendung im Arbeitsrecht: *Prütting,* a. a. O., S. 265 ff., 278 ff.

Grundaussage entnommen werden, dass es außerhalb des Geltungsbereichs des allgemeinen Kündigungsschutzes nicht Sache des Arbeitgebers ist, die Kündigung sachlich zu rechtfertigen. Vielmehr ist grundsätzlich der Arbeitnehmer darlegungs- und beweispflichtig dafür, dass die Kündigung auf Grund von Rechtsvorschriften rechtsunwirksam ist, die außerhalb des Kündigungsschutzgesetzes zur Unwirksamkeit der Kündigung führen.[171] Aus diesem Grunde ist der Arbeitgeber auch nicht etwa verpflichtet, sämtliche in Betracht kommende Verbotsbestimmungen durch geeigneten Sachvortrag im Prozess auszuräumen. Eine allgemeine Aufklärungspflicht der nicht darlegungs- und beweispflichtigen Partei ist allgemein, aber auch im arbeitsrechtlichen Kündigungsrecht, nicht anzuerkennen.[172] Nur dort, wo die Kündigung materiell an einen Grund gebunden ist, kennt das Gesetz ausnahmsweise einen Anspruch auf Bekanntgabe der Kündigungs- bzw. Auswahlgründe (vgl. § 626 Abs. 2 Satz 3 BGB; § 1 Abs. 3 Satz 1 2. HS KSchG). Dies kann allgemein als vertragliche Nebenpflicht auch im Bereich des KSchG angenommen werden.

Das schließt Erleichterungen in der Beweisführung nicht aus, die aus der Pflicht **341**
des Gegners zum substantiierten Bestreiten folgen. Auch wenn die subjektive Darlegungs- und Beweislast beim Arbeitnehmer verbleibt, ist anerkannt, dass sowohl der Schutzcharakter der Norm als auch verfassungsrechtliche Positionen sachliche Erwägungen für oder gegen eine konkrete Beweisführungslast darstellen können.[173] Angesichts der Vielzahl denkbarer Diskriminierungs- und Benachteiligungsverbote reicht es für einen schlüssigen Vortrag des Arbeitnehmers jedoch nicht aus, wenn er schlicht den Umstand einer Diskriminierung oder Benachteiligung behauptet. Nicht ausreichend sind bloße Behauptungen ins Blaue hinein. Vielmehr muss der Arbeitnehmer zumindest Tatsachen vortragen, die den objektiven Verstoß gegen ein Benachteiligungs- oder Diskriminierungsverbot als nicht ausgeschlossen erscheinen lassen. Andererseits muss ausgeschlossen werden, dass der Nachweis einer diskriminierenden Kündigung dem Arbeitnehmer unzumutbar erschwert wird.[174]

a) Anscheinsbeweis

Je nach Sachverhalt sind die Voraussetzungen eines prima-facie-Beweises (An- **342**
scheinsbeweises) zu bejahen, wenn ein typischer Geschehensablauf feststeht. Das kann insbesondere im Zusammenhang mit Maßregelungskündigungen der Fall sein (hierzu näher Rn. 301). Auch einfache Erfahrungssätze können – wenn sie nicht bloße Vorurteile sind – den Anscheinsbeweis begründen.[175] Der Arbeitgeber kann den Anschein jedoch durch einen vereinfachten Gegenbeweis erschüttern. Dabei darf die Rechtsprechung es dem Arbeitgeber allerdings nicht zu leicht machen, Gründe (nachträglich) vorzuschieben, wenn eine Diskriminierung wegen grund-

---

[171] *Preis,* NZA 1997, 1256, 1269.

[172] Hierzu BGH 11. 6. 1990 NJW 1990, 3151; zur Frage des Auskunftsanspruchs von Bewerbern beim Verdacht diskriminierender Einstellungspraxis: *Hanau,* Festschrift für Gnade, 1992, S. 351, 361 ff.

[173] *Prütting,* a. a. O., S. 241 f., 248 ff.; vgl. BVerfG 16. 11. 1993 AP § 611 a BGB Nr. 9 mit zust. Anm. *Schlachter.*

[174] Vgl. insb. BVerfG 16. 11. 1993 AP § 611 a BGB Nr. 9; insoweit weisen die Überlegungen *Oetkers,* ArbuR 1997, 41, 53 in die richtige Richtung.

[175] Hierzu MünchKommZPO/*Prütting,* § 286 Rn. 59 ff.; vgl. jetzt zu einem Fall der Maßregelungskündigung BAG 5. 2. 1998 NZA 1998, 644.

rechtlich geschützten Verhaltens in Rede steht.[176] Gelingt der Gegenbeweis nicht, führt der Anscheinsbeweis zur richterlichen Überzeugung i. S. des § 286 ZPO.[177]

b) Beweismaßsenkung und Erleichterung der konkreten Beweisführungslast

343 Sofern die Voraussetzungen für einen Anscheinsbeweis nicht vorliegen, ist die Darlegungs- und Beweislast nach § 138 Abs. 2 ZPO abzustufen: Soweit der Arbeitnehmer einen Verstoß gegen Diskriminierungs- und Benachteiligungsverbote (einschließlich § 138 BGB) geltend macht, trägt er die *subjektive Beweislast,*[178] d. h. er muss – mit Beweisantritt – einen Lebenssachverhalt vortragen, der den Vorwurf einer diskriminierenden Kündigung trägt bzw. bei Anerkennung einer gewissen Beweismaßsenkung in Anlehnung an § 611 a Abs. 1 Satz 3 BGB zumindest wahrscheinlich erscheinen lässt. Auch wenn § 611 a Abs. 1 Satz 3 BGB in der Rechtsfolge (Beweislastumkehr) schwerlich generell analog herangezogen werden kann, ist im Falle der Berührung grundrechtlicher Schutzpositionen nach der Rechtsprechung des Bundesverfassungsgerichts zu bedenken, dass die praktische Handhabung verfahrensrechtlicher Vorschriften, insbesondere auch hinsichtlich Beweisführungslast und Beweismaß, Grundrechtsrelevanz hat.[179] Jedenfalls darf das Verfahrensrecht nicht so gehandhabt werden, dass der Schutz der Grundrechte leerläuft.[180] Dies lässt es erwägenswert erscheinen, über eine Beweismaßsenkung nachzudenken, die im ersten Schritt dem Arbeitnehmer lediglich die Glaubhaftmachung von Tatsachen auferlegt, die den Schluss auf eine diskriminierende Kündigung zulassen. Dieser Vortrag muss substantiiert, also durch objektive Tatsachen belegt sein.

344 Auf dieser Basis kann dem Arbeitnehmer in einem zweiten Schritt die *konkrete Beweisführungslast*[181] erleichtert werden. Aus § 138 Abs. 2 ZPO folgt, dass sich jede Partei über die von dem Gegner behaupteten Tatsachen zu erklären hat. Insbesondere bei subjektiv motivierten Sachgründen ist es gerechtfertigt, dem Arbeitnehmer mangels Kenntnis nicht die volle Beweisführungslast für das („Nicht")-Vorliegen einer inneren Tatsache aufzuerlegen. So ist anerkannt, dem Prozessgegner im Rahmen seiner Erklärungslast nach § 138 Abs. 2 ZPO ausnahmsweise zuzumuten, dem Beweispflichtigen eine ordnungsgemäße Darlegung durch nähere Angaben über die zu seinem Wahrnehmungsbereich gehörenden Verhältnisse zu ermöglichen (sog. *sekundäre Behauptungslast*).[182] Dies ist etwa der Fall, wenn eine darlegungspflichtige Partei außerhalb des von ihr darzulegenden Geschehensablaufes steht und keine nähere Kenntnis der maßgebenden Tatsachen besitzt, während der Gegner sie hat und ihm nähere Angaben zumutbar sind.[183] Folge der Nichterfüllung der sekundären Behauptungslast ist, dass die Behauptung des primär Darle-

---

[176] BVerfG 16. 11. 1993 AP § 611 a BGB Nr. 9 mit zust. Anm. *Schlachter.*

[177] Zum ganzen Zöller/*Greger,* Vor § 284 ZPO Rn. 29.

[178] Hierzu MünchKommZPO/*Prütting,* § 286 Rn. 93.

[179] BVerfG 16. 11. 1993 AP § 611 a BGB Nr. 9.

[180] Siehe hierzu auch *Prütting,* a. a. O., S. 248 ff.

[181] Hierzu MünchKommZPO/*Prütting,* § 286 Rn. 98 m. w. N.

[182] Zöller/*Greger,* Vor § 284 ZPO Rn. 34.

[183] BGH 11. 6. 1990 NJW 1990, 3151 f.; auch die Rechtsprechung des BAG zur Sozialauswahl außerhalb des KSchG wendet im Kern diese Grundsätze an, vgl. BAG 29. 8. 1996 NZA 1997, 604, 605.

gungspflichtigen trotz mangelnder Substantiierung als zugestanden i. S. des § 138 Abs. 3 ZPO gilt.[184] So hat der BGH bei dem Verdacht einer diskriminierenden Einstellung die Darlegung durch den Arbeitgeber verlangt, wie eine Bewerbung bei Unterbleiben einer amtspflichtwidrigen Bevorzugung eines Mitbewerbers behandelt worden wäre.[185] Es wurde dem Arbeitgeber die Darlegung abverlangt, substantiiert darzulegen, „wie sich die Dinge bei pflichtgemäßem Verhalten entwickelt hätten, um dem Kläger die Chance zu geben, hierauf durch den Vortrag von Einzelheiten zu erwidern". Diese sekundäre Behauptungslast führt im Kündigungsrecht dazu, dass der Arbeitgeber bei einem glaubhaft gemachten Diskriminierungs- oder Benachteiligungstatbestand nach § 138 Abs. 2 ZPO gehalten ist, die von ihm angestellten Kündigungsüberlegungen vorzutragen, die in etwa auf vergleichbare Darlegungsanforderungen hinauslaufen werden, die die Rechtsprechung im Rahmen des § 102 Abs. 1 BetrVG anerkannt hat (sogenannte subjektive Determination).[186] Erst daraufhin ist der Arbeitnehmer verpflichtet, in Ansehung des – hinreichend substantiierten – Arbeitgebervortrags den Diskriminierungsvorwurf zu beweisen. Dies ist nicht nur sachgerecht bei allen Fällen sittenwidriger oder diskriminierender Kündigungen, bei denen der Arbeitnehmer an sich auch die subjektive Komponente des Tatbestandes vortragen müsste,[187] sondern bezogen auf alle Kündigungsentscheidungen, bezüglich derer der Arbeitnehmer die Auswahlentscheidung des Arbeitgebers als „innere Tatsache" nicht kennen kann.[188] Diese Handhabung der Darlegungs- und Beweislast bedeutet zwar keine Umkehr der Beweislast hinsichtlich der subjektiven Voraussetzungen,[189] gewährleistet aber bei sachgerechter Handhabung keine unzumutbaren Anforderungen an die Darlegungslast des Arbeitnehmers.

§ 14 Die Anhörung des Betriebsrats

§ 102 Abs. 1 BetrVG 1972 lautet: „Der Betriebsrat ist vor jeder Kündigung zu **345**
hören. Der Arbeitgeber hat ihm die Gründe für die Kündigung mitzuteilen. Eine ohne Anhörung des Betriebsrats ausgesprochene Kündigung ist unwirksam." Die Anhörung bedarf keiner Form,[1] wenn auch aus Beweisgründen eine Schriftform anzuraten ist. Diese Regelung bildet den Kern eines präventiven kollektivrechtlichen Kündigungsschutzes, der in Praxis, Rechtsprechung und Schrifttum zu Recht erhebliche Bedeutung beigemessen wird.[2]

---

184 Zöller/*Greger,* Vor § 284 ZPO Rn. 34.

185 BGH NJW 1995, 2344 f.

186 In diese Richtung auch *Hoyningen-Huene,* Anm. EzA § 242 BGB Nr. 39; vgl. auch in der praktischen Anwendung BAG 20. 4. 1989 RzK I 8 1 Nr. 15.

187 Ähnlich *Baumgärtel-Altrock,* a. a. O., § 611 Anh. Kündigungsschutzprozess Rn. 28.

188 Vgl. BAG 29. 8. 1996 NZA 1997, 605; hierzu auch *Lakies,* DB 1997, 1978, 1082.

189 In diese Richtung tendiert *Oetker,* ArbuR 1997, 41, 45, 53.

1 BAG 6. 2. 1997 EzA § 102 BetrVG 1972 Nr. 96.

2 Aus dem jüngeren Schrifttum: *Berkowsky,* Die Beteiligung des Betriebsrats bei Kündigungen, 1996; *ders.,* NZA 1996, 1065; *Feichtinger,* Die Betriebsratsanhörung bei Kündigung, 1994; *Bayer,* DB 1992, 782; *Bitter,* NZA Beilage 3/1991, S. 16; *Brill,* AuA 1993, 330; *Griese,* BB 1990, 1899; *Hohmeister,* NZA 1991, 209; *Bitter,* Festschrift für Stahlhacke 1995, 57 ff.; *Kraft,* Festschrift für Kissel, 1994, 611 ff.; *Hümmerich/Mauer,* DB 1997, 165; *Becker-Schaffner,* DB 1996, 426; *Stück,* MDR 2000, 1053; *Bader,* NZA-RR 2001, 57 ff.

I. Entstehungsgeschichte – Grundsätze

346 Das Betriebsverfassungsgesetz 1952 sah in § 66 Abs. 1 vor, dass der Betriebsrat vor jeder Kündigung zu hören sei, enthielt jedoch keine Regelung über die Folgen der Nichtbeachtung des Gebotes. Die h. L. und die Rechtsprechung nahmen an, dass die unterlassene Anhörung des Betriebsrats nicht die Unwirksamkeit der Kündigung zur Folge hatte, sondern dem Arbeitgeber, der rechtswidrig vorsätzlich und schuldhaft den Betriebsrat nicht angehört hatte, lediglich versagt blieb, sich im Kündigungsschutzprozess auf die soziale Rechtfertigung einer ordentlichen Kündigung zu berufen. Außerhalb des Anwendungsbereiches des Kündigungsschutzgesetzes blieb die Anhörungspflicht bei ordentlichen Kündigungen und ferner bei allen außerordentlichen Kündigungen ohne Sanktion.[3]

347 Das Betriebsverfassungsgesetz 1972 hat das Mitbestimmungsrecht des Betriebsrats erheblich gestärkt. **Die Nichtbeachtung des Anhörungsrechts hat die Unwirksamkeit der Kündigung zur Folge.** Der Sinn der Regelung liegt im Folgenden: Der Arbeitgeber soll veranlasst werden, bei der erst nach Abschluss des Anhörungsverfahrens auszusprechenden ordentlichen oder außerordentlichen Kündigung die Bedenken des Betriebsrats, die von ihm gegebenenfalls vorgetragen worden sind, zu beachten. Eine Bindungswirkung ist nicht vorgesehen, auch nicht für den Fall, dass der Betriebsrat gegenüber einer ordentlichen Kündigung **Widerspruch** erhebt. Der Arbeitgeber bleibt auch dann in seiner Entscheidung, ob er kündigen will oder nicht, frei. Die Erhebung eines Widerspruchs durch den Betriebsrat gegenüber einer ordentlichen Kündigung hat allerdings folgende Wirkungen:

- **Auslösung eines einstweiligen Beschäftigungsanspruchs** nach Maßgabe des § 102 Abs. 5 BetrVG 1972 (Einzelheiten unten Rn. 2080).
- **Absoluter Grund der Sozialwidrigkeit** nach § 1 Abs. 2 Satz 2 KSchG (Einzelheiten unten Rn. 1243).

348 § 102 BetrVG 1972 zählt durch seine Verzahnung mit den individuellen Kündigungsschutzvorschriften auch zu den kündigungsschutzrechtlichen Normen. Er hat **präventiven Charakter.** Zu den Auswirkungen auf Arbeitnehmer in betriebsratslosen Betrieben vgl. unten Rn. 361.

II. Geltungsbereich

349 Das Anhörungsrecht des Betriebsrats besteht für **alle Betriebe,** in denen ein Betriebsrat gewählt worden ist, ohne Rücksicht auf die Zahl der beschäftigten Arbeitnehmer. Im Gegensatz zu der Regelung des § 99 BetrVG (Mitbestimmung des Betriebsrats bei der Einstellung, Umgruppierung und Versetzung) ist eine Mindestbeschäftigtenzahl nicht erforderlich.

350 Das Betriebsverfassungsgesetz erfasst nach dem **Territorialitätsprinzip** alle selbständigen Betriebe, die im Geltungsbereich des Grundgesetzes der Bundesrepublik Deutschland liegen. Das gilt auch für Betriebe ausländischer Unternehmen ohne

---

[3] Vgl. BAG 15. 9. 1954 AP § 66 BetrVG 1952 Nr. 1 = EzA § 66 BetrVG 1952 Nr. 1; ständige Rechtsprechung; vgl. auch BAG vom 18. 11. 1968 AP § 66 BetrVG 1952 Nr. 28.

Rücksicht auf die Nationalität der Arbeitnehmer und die Frage, welches Arbeitsstatut von den Arbeitsvertragsparteien gewählt worden ist. Auf diese Weise kann das kollektive Recht nicht beeinflusst werden.[4]

Das Betriebsverfassungsgesetz findet auf Arbeitnehmer in Betrieben deutscher **351** Unternehmer im Ausland keine Anwendung.[5] Das gilt auch dann, wenn ein Arbeitnehmer ausschließlich für einen bestimmten Auslandseinsatz eingestellt worden ist.[6] Wird dagegen der Arbeitnehmer eines Betriebes im Inland zur Arbeitsleistung vorübergehend ins Ausland entsandt (Montagearbeiter), so ist der Betriebsrat vor dessen Kündigung zu hören.[7] Das Beteiligungsrecht des Betriebsrats kann auch bei einer dauernden Auslandstätigkeit in Betracht kommen, nämlich dann, wenn der Inlandsbezug des Arbeitsverhältnisses erhalten geblieben ist. Ob das anzunehmen ist, hängt von den Umständen des Einzelfalles ab.[8]

Das Anhörungsrecht des Betriebsrats in **Tendenzunternehmen** gegenüber so- **352** genannten Tendenzträgern, denen aus tendenzbezogenen Gründen gekündigt werden soll, war früher umstritten. Das BAG hat in der Grundsatzentscheidung vom 7. 11. 1975 erkannt, dass der Betriebsrat vor der Kündigung von Tendenzträgern anzuhören ist und ihm **alle Gründe,** auch tendenzbezogene, mitzuteilen sind.[9] Allerdings ist dem Betriebsrat verwehrt, gegen die tendenzbedingten Motive der beabsichtigten Kündigung Einwendungen zu erheben. Deshalb soll es zu einer Auseinandersetzung zwischen Betriebsrat und Arbeitgeber über die tendenzbedingten Kündigungsgründe gar nicht kommen können. Das könne nur geschehen, wenn sich der Betriebsrat rechtswidrig verhalte.[10] Angesichts des Sinns und Zwecks des verstärkten Mitbestimmungsrechts des Betriebsrats, die beabsichtigte Kündigung auf Grund der vom Betriebsrat geltend gemachten Bedenken zu überprüfen, ist dies nicht eben leicht einsehbar, da der Betriebsrat gegenüber den tendenzbezogenen Gründen – handelt er rechtens – irgendwelche Bedenken gar nicht erheben kann. Deshalb ist die Frage berechtigt, warum diese Gründe dem Betriebsrat erst

---

[4] Vgl. BAG 9. 11. 1977 EzA § 102 BetrVG 1972 Nr. 31. Dort wird allerdings die Entscheidung für den Fall offengelassen, dass mit allen Betriebsangehörigen die Geltung ausländischen Rechts vereinbart worden ist. Zutreffend wird in BAG 21. 10. 1980 EzA § 102 BetrVG 1972 Nr. 43 aber ausgeführt, die Anwendung des BetrVG sei vom sog. Arbeitsstatut unabhängig – unter II 3f der Gründe –. Vgl. ferner KR/*Etzel,* § 102 BetrVG 1972 Rn. 17; a. A. *Hess/Schlochauer/Glaubitz,* § 102 BetrVG 1972 Rn. 5.

[5] LAG Frankfurt 16. 12. 1985 LAGE § 102 BetrG 1972 Nr. 20.

[6] Vgl. BAG 21. 10. 1980, 1639 = EzA § 102 BetrVG 1972 Nr. 43 = NJW 1981, 1175.

[7] Vgl. dazu BAG 21. 10. 1980 EzA § 102 BetrVG 1972 Nr. 43 = DB 1981, 696 = NJW 1981, 1175. Das BAG setzt für das Fortbestehen betriebsverfassungsrechtlicher Wirkungen voraus, dass eine persönliche, tätigkeitsbezogene und rechtliche Bindung an den entsendenden Betrieb vorliegt. Ferner LAG Düsseldorf 14. 2. 1979 DB 1979, 2233 und *Steinmeyer,* DB 1980, 1541. Das ArbG Köln 29. 1. 1980 DB 1980, 885 verneint ein Mitbestimmungsrecht, falls eine Versetzung in einen ausländischen Betrieb des Unternehmens erfolgt. Zum Problem auch *Lorenz,* SAE 1979, 224 und *Birk,* SAE 1978, 242, sowie noch BAG 30. 1. 1990 EzA § 87 BetrVG 1972 Betriebliche Lohngestaltung Nr. 27 unter II 1a der Gründe.

[8] Vgl. BAG 7. 12. 1989 EzA § 102 BetrVG 1972 Nr. 74.

[9] BAG 7. 11. 1975 EzA § 118 BetrVG 1972 Nr. 9 mit krit. Anm. *Dütz* = AP § 118 BetrVG 1972 Nr. 4 mit krit. Anm. *Mayer-Maly;* bestätigt durch BVerfG 6. 11. 1979 EzA § 118 BetrVG 1972 Nr. 23. Zum Problemkreis vgl. *Dütz,* DB 1975, 1261; *ders.,* AfP 1988, 196; *Rüthers,* DB 1972, 2471; *ders.,* AfP 1974, 542 und AfP 1980, 4; *Mayer-Maly,* AfP 1976, 3ff.; *Hanau,* DB 1973, 901; *Plander,* ArbuR 1976, 289 und NJW 1980, 1084.

[10] BVerfG 6. 11. 1979 EzA § 118 BetrVG 1972 Nr. 23.

mitgeteilt werden sollen. Da es einen Widerspruch des Betriebsrats gegenüber der Kündigung eines Tendenzträgers aus tendenzbezogenen Gründen nicht gibt, kommt auch ein Weiterbeschäftigungsanspruch nach § 102 Abs. 5 BetrVG nicht in Betracht.[11]

353 Nach § 118 Abs. 2 BetrVG findet das BetrVG keine Anwendung auf **Religionsgemeinschaften und ihre karitativen und erzieherischen Einrichtungen** unbeschadet der Rechtsform. Soweit allerdings die Mitarbeitervertretungsgesetze der Kirchen Anhörungsrechte vorsehen, gelten im Wesentlichen die gleichen Rechtsprechungsgrundsätze wie zu § 102 BetrVG.[12]

354 **Leitende Angestellte.** Das Anhörungsrecht des Betriebsrats besteht nicht gegenüber beabsichtigten Kündigungen leitender Angestellter i. S. des § 5 Abs. 3 BetrVG, da diese nicht Arbeitnehmer i. S. des Betriebsverfassungsgesetzes sind. Eine beabsichtigte Kündigung ist dem Betriebsrat nach § 105 BetrVG rechtzeitig mitzuteilen. Die Verletzung des Mitteilungsrechtes hat auf die Rechtswirksamkeit der Kündigung keinen Einfluss. Zur Beteiligung des **Sprecherausschusses** unten Rn. 459 ff.

355 Im Rahmen eines Kündigungsschutzprozesses ist als Vorfrage zu prüfen, ob der gekündigte Angestellte ein leitender Angestellter gewesen ist oder nicht.[13] Stellt das Arbeitsgericht fest, der Angestellte war kein leitender Angestellter, wurde der Betriebsrat aber nicht gehört, so ist die Kündigung wegen Verletzung des § 102 Abs. 1 BetrVG i. mit § 134 BGB nichtig. Hierbei ist im Grundsatz unerheblich, ob die Parteien des Kündigungsschutzprozesses und auch der Betriebsrat davon ausgingen, der Angestellte sei ein leitender Angestellter. Der Angestellte ist deshalb nicht gehindert, im Kündigungsschutzprozess die Notwendigkeit der Anhörung des Betriebsrats geltend zu machen mit dem Hinweis, er sei kein leitender Angestellter i. S. des § 5 BetrVG.[14] Es empfiehlt sich daher, in Zweifelsfällen wegen der sonst eintretenden Nichtigkeitsfolge die Anhörung des Betriebsrats vorsorglich durchzuführen. Zu beachten ist aber, dass die Mitteilung der Kündigungsabsicht nach § 105 BetrVG selbst unter Angabe von Gründen nicht etwa ohne weiteres in eine Anhörung nach § 102 BetrVG umzudeuten ist. Es ist nach der Rechtsprechung des BAG notwendig, dass sich aus der Mitteilung an den Betriebsrat **eindeutig** ergibt, ob eine Unterrichtung nach § 105 BetrVG erfolgt oder die Anhörung nach § 102 Abs. 1 BetrVG. Eine wörtliche Aufforderung an den Betriebsrat ist allerdings nicht erforderlich. Die Erklärung des Arbeitgebers bedarf im einzelnen Fall der Auslegung.[15]

356 Die Berufung des gekündigten Angestellten im Kündigungsschutzprozess, er sei kein leitender Angestellter und der Betriebsrat habe deshalb angehört werden müssen, kann im Einzelfall rechtsmissbräuchlich sein. Zu beachten ist aber, dass das

---

[11] LAG Hamburg EzA § 102 BetrVG 1972 Nr. 2; *Fitting,* § 118 Rn. 35; KR/*Etzel,* § 102 Rn. 13; *Richardi/Thüsing,* § 118 Rn. 166; a. A. DKK/*Wedde,* § 118 Rn. 94.

[12] LAG Köln 18. 1. 1995 NZA 1995, 1200.

[13] Vgl. dazu die Entscheidungen des BAG vom 5. 7. 1974, 9. 12. 1975 und 29. 1. 1980 EzA § 5 BetrVG 1972 Nr. 7, 22 und 35 jeweils mit Anm. *Kraft.*

[14] BAG 19. 8. 1975 EzA § 102 BetrVG 1972 Nr. 15 und 16 mit Anm. *Meisel;* 26. 5. 1977 EzA § 102 BetrVG 1972 Nr. 29 mit Anm. *Klinkhammer* = NJW 1977, 2230; BAG 25. 10. 2001 – 2 AZR 358/00 –.

[15] BAG 7. 12. 1979 EzA § 102 BetrVG 1972 Nr. 42.

BAG die Grenzen offenbar sehr eng ziehen will.[16] Dies erscheint nicht gerechtfertigt. Bezeichnet sich ein Angestellter selbst im Kündigungsschutzverfahren noch als leitenden Angestellten, war er auch nicht in der Wählerliste aufgeführt, so sollte ihm im Berufungsverfahren jedenfalls verwehrt sein, den präventiven Kündigungsschutz des § 102 Abs. 1 BetrVG in Anspruch zu nehmen.[17]

Nach § 5 Abs. 1 Satz 2 BetrVG gilt das Gesetz auch für **Heimarbeiter,** die über- 357
wiegend für den Betrieb arbeiten. Verletzt der Arbeitgeber die Anhörungspflicht, ist die Kündigung des Heimarbeiters nach § 102 Abs. 1 Satz 3 BetrVG unwirksam.[18] **Leiharbeitnehmer** sind keine Arbeitnehmer im Entleiherbetrieb, so dass der Betriebsrat nicht anzuhören ist, falls sie ihren Einsatz in diesem Betrieb – gleich aus welchem Grund – beenden (§ 14 Abs. 1 AÜG). Daran hat sich, wie die Beibehaltung des § 14 AÜG zeigt, auch nichts dadurch geändert, dass Leiharbeitnehmer seit der BetrVG-Reform 2001 im Entleiherbetrieb wahlberechtigt sind, wenn sie länger als drei Monate im Entleiherbetrieb eingesetzt werden (§ 7 Satz 2 BetrVG). Leiharbeitnehmer sind Arbeitnehmer des Verleihers, so dass § 102 BetrVG nur bei Kündigungen durch den Verleiher zum Tragen kommt. Sind die Verträge wegen unerlaubter Arbeitnehmerüberlassung nach § 9 AÜG unwirksam, so gilt nach § 10 AÜG ein Arbeitsverhältnis zwischen Entleiher und Arbeitnehmer als zustande gekommen. Will sich der Entleiher davon einseitig durch Kündigung lösen, so bedarf es der Anhörung des Betriebsrats.[19]

III. Voraussetzungen des präventiven Kündigungsschutzes nach § 102 Abs. 1 BetrVG

1. Existenz und Funktionsfähigkeit des Betriebsrats

Das Mitwirkungsrecht des Betriebsrats setzt voraus, dass der Betrieb betriebsrats- 358
fähig und in ihm ein Betriebsrat gewählt worden ist. Der gewählte Betriebsrat wird funktionsfähig, wenn in der konstituierenden Sitzung (§ 29 BetrVG) der Vorsitzende und sein Stellvertreter gewählt worden sind. Handelt es sich um die erste Wahl eines Betriebsrats im Betrieb, so ist erst von diesem Zeitpunkt ab der Betriebsrat anzuhören, nicht schon vom Wahltag an.[20]

Bei Folgewahlen beginnt das Amt mit dem Ablauf der Amtsperiode des vorheri- 359
gen Betriebsrats. Die Amtsausführungsbefugnis des neugewählten Betriebsrats kann hier durch rechtzeitige Wahl des Vorsitzenden und seines Stellvertreters sichergestellt werden.[21]

---

[16] BAG 19. 8. 1975 EzA § 102 BetrVG 1972 Nr. 15 mit Anm. *Meisel* = NJW 1976, 310: Nur für den Fall, dass der Angestellte die Anhörung vereitelt; weitergehend aber KR/*Etzel,* § 105 BetrVG 1972 Rn. 36a.

[17] Vgl. dazu die abw. Entscheidung des BAG 30. 5. 1978 EzA § 105 BetrVG 1972 Nr. 3.

[18] BAG 7. 11. 1995 EzA 102 BetrVG 1972 Nr. 88 = NZA 1996, 380.

[19] KDZ/*Kittner,* § 102 BetrVG Rn. 8.

[20] BAG 23. 8. 1984 EzA § 102 BetrVG 1972 Nr. 59 mit krit. Anm. *Wiese* = NZA 1985, 566; *Richardi/Thüsing,* § 102 BetrVG 1972 Rn. 30; LAG Frankfurt 30. 7. 1982 ArbuR 1983, 284; a. A. GK-BetrVG/*Wiese,* § 26 Rn. 64.

[21] BAG 23. 8. 1984 EzA § 102 BetrVG 1972 Nr. 59 unter I 5b der Gründe.

360 Zweifelhaft ist, ob der Arbeitgeber gehalten ist, die Konstituierung des Betriebsrats abzuwarten und danach das Anhörungsverfahren einzuleiten. Das ist zu verneinen. Die Konstituierung liegt in der Sphäre des Betriebsrats, der es in der Hand hat, rechtzeitig für einen handlungsfähigen Betriebsrat Sorge zu tragen. Die Einhaltung von Fristen (§ 626 Abs. 2 BGB) zwingt den Arbeitgeber in manchen Fällen zum Handeln.[22]

361 Wählt die Belegschaft eines Betriebes keinen Betriebsrat, so können die Mitwirkungs- und Mitbestimmungsrechte nicht ausgeübt werden. Dasselbe gilt auch für den Fall einer nichtigen Betriebsratswahl. War die Wahl zum Betriebsrat nichtig (Ausnahmefall, wenn gegen die allgemeinen Grundsätze jeder ordnungsgemäßen Wahl in einem so hohen Maße verstoßen wird, dass auch der Anschein einer Wahl nicht mehr vorliegt), so kann sich jeder darauf berufen.[23] Das Arbeitsgericht hat auch im Kündigungsschutzprozess inzidenter festzustellen, ob die Wahl zum Betriebsrat nichtig war. Ist dies zu bejahen, so entfällt das Anhörungsrecht des Betriebsrats. Ohne Bedeutung ist, ob der Arbeitgeber dies kannte und den Betriebsrat dennoch in der Vergangenheit beteiligt hat. Über die zwingenden Organisationsrechte und die Nichtigkeitsvorschriften können sich die Beteiligten nicht hinwegsetzen. Ein Vertrauensschutz für den Betriebsrat, der aus einer nichtigen Betriebsratswahl hervorgegangen ist, besteht nicht.

362 Sinkt die Zahl der Mitglieder des Betriebsrats durch Rücktritt oder Beendigung des Arbeitsverhältnisses von Betriebsratsmitgliedern unter die gesetzliche Zahl und sind Ersatzmitglieder nicht oder nicht mehr vorhanden bzw. nicht bereit, das Amt zu übernehmen, so führt der Rumpfbetriebsrat die Geschäfte weiter, selbst wenn nur noch ein Betriebsratsmitglied vorhanden ist. Dieses Betriebsratsmitglied ist dann bei Kündigungen zu hören.[24] Findet eine Neuwahl in diesem Falle entgegen den gesetzlichen Bestimmungen nicht statt, so endet das Amt des gegebenenfalls letzten Betriebsratsmitglieds erst mit dem Ablauf der ordentlichen Amtsperiode. Streitet der Arbeitgeber mit dem letzten Betriebsratsmitglied um die Berechtigung einer Kündigung und schließen sie in diesem Rechtsstreit einen Vergleich, nachdem das Arbeitsverhältnis rückwirkend aufgelöst wird, so hat dieser Vergleich im Hinblick auf das bis zum Vergleichsabschluss noch bestehende Betriebsratsamt trotz § 24 Abs. 1 Ziff. 3 BetrVG nur ex-nunc-Wirkung.

363 Im Falle des **Betriebsübergangs** ist Zweck des § 613a BGB, die Kontinuität des Betriebsrats zu gewährleisten. Das setzt voraus, dass der Betrieb in seiner organisatorischen Einheit fortbesteht. Wird dagegen nur ein Betriebsteil übertragen und vom Erwerber als selbständiger Betrieb fortgeführt, endet die Zuständigkeit des Betriebsrats des Veräußererbetriebs. Widerspricht der Arbeitnehmer dem Übergang seines Arbeitsverhältnisses auf einen neuen Betriebsinhaber und kündigt daraufhin

---

[22] BAG 23. 8. 1984 EzA § 102 BetrVG 1972 Nr. 59 = NZA 1985, 566 mit krit. Anm. *Wiese;* 15. 11. 1984 EzA § 102 BetrVG 1972 Nr. 58 = NZA 1985, 367; MünchKomm/*Schwerdtner,* § 622 BGB Anh. Rn. 61; teilw. abweichend KR/*Etzel,* § 102 BetrVG 1972 Rn. 24c.

[23] BAG 28. 11. 1977 EzA § 19 BetrVG 1972 Nr. 14 = NJW 1978, 1992; 13. 9. 1984 EzA § 19 BetrVG 1972 Nr. 20 = NZA 1985, 293; LAG Köln 16. 9. 1987 LAGE § 19 BetrVG 1972 Nr. 26.

[24] BAG 18. 8. 1982 EzA § 102 BetrVG 1972 Nr. 48 mit zust. Anm. *Heinze* = NJW 1983, 2836; 14. 10. 1986 EzA § 626 BGB n.F. Nr. 105.

der bisherige Betriebsinhaber, ohne den Arbeitnehmer zuvor einem anderen Betrieb seines Unternehmens zuzuordnen, so ist zu dieser Kündigung nicht der Gesamtbetriebsrat des Unternehmens anzuhören, auch wenn keiner der im bisherigen Unternehmen verbliebenen Einzelbetriebsräte zuständig ist. Durch den Widerspruch verliert der Arbeitnehmer damit den Schutz des § 102 BetrVG.[25]

Um in den Fällen der **Spaltung und Zusammenlegung von Betrieben** einen Wegfall der Beteiligungsrechte zu verhindern, hat der Gesetzgeber im Jahre 2001 ein umfassendes **Übergangsmandat des Betriebsrats** geregelt (§ 21a BetrVG), das zuvor nur im Umwandlungsrecht nach § 321 UmwG bestand. Im Falle der Spaltung eines Betriebes bleibt dessen Betriebsrat im Amt und führt für die ihm bislang zugeordneten Betriebsteile die Geschäfte weiter. Das gilt aber dann nicht, wenn die Eingliederung in einen Betrieb erfolgt, in dem bereits ein Betriebsrat besteht (§ 21a Abs. 1 BetrVG). Bei der Zusammenlegung von Betrieben nimmt der Betriebsrat des nach der Zahl der wahlberechtigten größeren Betriebs oder Betriebsteils das Übergangsmandat wahr (§ 21a Abs. 2 BetrVG). Bei Untergang des Betriebes durch Stilllegung, Spaltung oder Zusammenlegung bleibt der Betriebsrat so lange im Amt, wie dies zur Wahrung der damit zusammenhängenden Mitbestimmungsrechte, also insbesondere auch des § 102 BetrVG, erforderlich ist (**Restmandat des Betriebsrats** § 21b BetrVG). 364

Ob der Betriebsrat während eines **Betriebsurlaubs** funktionsunfähig ist und deshalb vor einer in dieser Zeit ausgesprochenen Kündigung nicht angehört zu werden braucht, ist zweifelhaft.[26] Andererseits muss der Arbeitgeber wegen der Ausschlussfrist des § 626 Abs. 2 BGB gegebenenfalls handeln. Soweit diese Notwendigkeit besteht, kann der Arbeitgeber auch ohne Anhörung des Betriebsrats kündigen.[27] 365

Kündigt der Arbeitgeber im Rahmen eines Arbeitskampfes aus arbeitskampfbedingten Gründen, so entfällt die Anhörungspflicht des Betriebsrats.[28] Bei Kündigungen aus anderen Gründen bleibt § 102 Abs. 1 BetrVG voll wirksam.[29] Die Beweislast für das Vorliegen einer arbeitskampfbedingten Kündigung trägt der Arbeitgeber. 366

2. Kündigung des Arbeitsverhältnisses durch den Arbeitgeber

Das Anhörungsrecht des Betriebsrats besteht nur im Falle der Kündigung des Arbeitsverhältnisses durch den Arbeitgeber. Im Falle anderer Beendigungstatbestände greift es nicht ein. 367

Der Betriebsrat ist vor **jeder Kündigung** anzuhören. Das Anhörungsrecht erstreckt sich auf die beabsichtigte **ordentliche** wie auch auf die **außerordentliche Kündigung.** Für eine Kündigung innerhalb der Probezeit gelten keine Besonder- 368

[25] BAG 21. 3. 1996 EzA § 102 BetrVG 1972 Nr. 91.

[26] Vgl. GK/*Kraft,* § 102 BetrVG Rn. 12.

[27] Ebenso KR/*Etzel,* § 102 BetrVG 1972 Rn. 24d; a.A. *Fitting,* § 102 BetrVG 1972 Rn. 7.

[28] Vgl. BAG 14. 2. 1978 EzA Art. 9 GG Arbeitskampf Nr. 22.

[29] BAG 6. 3. 1979 EzA § 102 BetrVG 1972 Nr. 40 = NJW 1979, 2635. Zum Problemfeld vgl. *Herschel,* Anm. EzA Art. 9 GG Arbeitskampf Nr. 22; *Hanau,* AR-Blattei, Betriebsverfassung IX: Entsch. 37; *Konzen,* Anm. AP Art. 9 GG Arbeitskampf Nr. 58; GK/*Kraft,* § 102 BetrVG 1972 Rn. 50.

heiten. § 102 Abs. 1 BetrVG erfasst auch die Kündigung **vor Dienstantritt** (dazu oben Rn. 227) und die sogenannte **vorsorgliche Kündigung,** die erklärt wird, weil Zweifel über die Wirksamkeit einer früher erklärten Kündigung bestehen (dazu oben Rn. 251).[30] Auch die Kündigung durch den Insolvenzverwalter ist nur wirksam, wenn der Betriebsrat vorher angehört worden ist.

369 Das Betriebsverfassungsgesetz sieht für **Eilfälle** keine Sonderregelung vor. Eine Abkürzung der gesetzlichen Fristen scheidet aus.[31] Der Arbeitgeber hat allenfalls die Möglichkeit, den Arbeitnehmer bis zum Abschluss des Anhörungsverfahrens von der Arbeitsleistung bei Weiterzahlung seiner Bezüge freizustellen, wenn hierfür die Voraussetzungen gegeben sind (Einzelheiten zur Suspendierung oben Rn. 25 ff.).

370 Der Betriebsrat ist auch dann anzuhören, wenn die beabsichtigte Kündigung innerhalb der **ersten sechs Monate des Arbeitsverhältnisses** ausgesprochen werden soll. An die Mitteilungspflicht des Arbeitgebers gegenüber dem Betriebsrat sind in diesem Falle keine geringeren Anforderungen zu stellen als bei einer Kündigung, gegen die der Arbeitnehmer gem. § 1 KSchG geschützt ist.[32] Hat der Arbeitgeber also konkrete Gründe für die Kündigung, so muss er sie dem Betriebsrat mitteilen. Andererseits kann der Arbeitgeber dem Betriebsrat **Gründe für die Kündigung, die er nicht hat** und angesichts des grundsätzlich freien Kündigungsrechts innerhalb der ersten sechs Monate des Bestands des Arbeitsverhältnisses auch gar nicht zu haben braucht, nicht mitteilen. Hier reicht die Mitteilung eines Werturteils oder pauschaler Gründe aus (subjektive Determinierung). Anderenfalls würde man den Arbeitgeber geradezu verleiten, Gründe für die Kündigung zu erfinden.[33]

371 Der Betriebsrat ist auch vor jeder **Änderungskündigung** anzuhören, da nicht auszuschließen ist, dass sie zu einer Beendigung des Arbeitsverhältnisses führt.[34] Ist eine **Umgruppierung oder Versetzung** notwendig, um die beabsichtigte Änderung der Arbeitsbedingungen herbeizuführen, so hat der Arbeitgeber auch das Mitbestimmungsrecht des Betriebsrats nach § 99 BetrVG zu beachten. Bei einer Änderungskündigung, die auf eine Versetzung i. S. des § 95 Abs. 3 BetrVG zielt, finden die §§ 102 und 99 BetrVG nebeneinander Anwendung.[35] Die Änderungs-

---

[30] BAG 31. 1. 1996 EzA § 102 BetrVG 1972 Nr. 90 = NZA 1996, 649.

[31] BAG 13. 11. 1975 EzA § 102 BetrVG 1972 Nr. 20 = NJW 1976, 1766; KR/*Etzel,* § 102 BetrVG 1972 Rn. 35; krit. *Stege/Weinspach/Schiefer,* § 102 BetrVG 1972 Rn. 34.

[32] BAG 13. 7. 1978 EzA § 102 BetrVG 1972 Nr. 35 mit Anm. *Meisel* = NJW 1979, 1677; 13. 7. 1978 EzA § 102 BetrVG 1972 Nr. 36 mit Anm. *Otto* = NJW 1976, 1675; 28. 9. 1978 EzA § 102 BetrVG 1972 Nr. 39 = NJW 1979, 2421; LAG Sachsen-Anhalt 18. 1. 1995 NZA-RR 1996, 14.

[33] BAG 8. 9. 1988 EzA § 102 BetrVG 1972 Nr. 73 mit krit. Anm. *Schwerdtner* = NZA 1989, 852; 18. 5. 1994 EzA § 102 BetrVG 1972 Nr. 85 = NZA 1995, 24; 11. 7. 1991 EzA § 102 BetrVG 1972 Nr. 81 mit Anm. *Kraft* zur Kündigung wegen Minderleistung; 3. 12. 1998 EzA § 102 BetrVG 1972 Nr. 100. Vgl. auch LAG Berlin 19. 8. 1988 LAGE § 102 BetrVG 1972 Nr. 23, das die Mitteilung von Werturteilen an den Betriebsrat nicht für ausreichend hält; wie hier jedoch jetzt LAG Baden-Württemberg 23. 7. 1997 LAGE § 102 BetrVG 1972 Nr. 67; LAG Berlin 22. 1. 1998 LAGE § 102 BetrVG 1972 Nr. 68; bestätigt durch BAG 3. 12. 1998 EzA § 102 BetrVG 1972 Nr. 100.

[34] BAG 10. 3. 1982 EzA § 2 KSchG Nr. 3 = NJW 1982, 2839; 29. 3. 1990 EzA § 102 BetrVG 1972 Nr. 79; KR/*Etzel,* § 102 BetrVG Rn. 30; *Hohmeister,* BB 1994, 1777 ff.; Rn. 10; *Fitting,* § 102 BetrVG Rn. 9.

[35] BAG 30. 9. 1993 EzA § 99 BetrVG 1972 Nr. 118 = AP § 2 KSchG 1969 Nr. 33.

kündigung ist nach der Entscheidung des BAG vom 30. 9. 1993 aber nicht schon deshalb unwirksam, weil (noch) die Zustimmung des Betriebsrats zu einer Versetzung nach § 99 BetrVG fehlt. Der Arbeitgeber kann allerdings die – durch wirksame Kündigung – geänderten Vertragsbedingungen nicht durchsetzen, solange das Verfahren nach § 99 BetrVG nicht ordnungsgemäß durchgeführt ist. Der Arbeitnehmer ist dann nach Auffassung des BAG in dem alten Arbeitsbereich weiterzubeschäftigen, der ihm nicht wirksam entzogen worden ist.[36] Mit dieser Grundsatzentscheidung hat das BAG die in der Literatur bislang umstrittene Frage einer höchstrichterlichen Klärung zugeführt. Die Verfahren können miteinander verbunden und zusammen abgewickelt werden.[37] Der Arbeitgeber muss aber deutlich machen, dass er sowohl das Verfahren nach § 102 als auch das nach § 99 BetrVG betreibt.

Bei der sogenannten **Teilkündigung** besteht, soweit sie überhaupt zulässig ist **372**
(hierzu Rn. 252ff.), das Anhörungsrecht des Betriebsrats nicht, da der Bestand des Arbeitsverhältnisses nicht in Frage gestellt ist. Schließt man sich der hier Rn. 253 vertretenen Auffassung an, so müsste man eine analoge Anwendung des § 102 Abs. 1 BetrVG erwägen.[38] Auch der **Widerruf** einzelner Leistungen im Arbeitsverhältnis (Einzelheiten oben Rn. 258) unterliegt nicht der Anhörungspflicht des Betriebsrats.

War die Kündigung des Arbeitgebers wegen Verstoßes gegen § 102 Abs. 1 **373**
BetrVG unwirksam, weil sie ausgesprochen wurde, bevor die Fristen des § 102 Abs. 2 BetrVG abgelaufen waren oder eine abschließende Stellungnahme des Betriebsrats vorlag, so ist die erneute Übergabe des Kündigungsschreibens nach Fristablauf nur dann eine wirksame neue Kündigung, wenn die Voraussetzungen des § 141 BGB vorliegen.[39] Die **Bestätigung** eines nichtigen Rechtsgeschäfts setzt einen Bestätigungwillen voraus, d.h. Kenntnis von der Fehlerhaftigkeit oder zumindest das Bewusstsein der möglichen Fehlerhaftigkeit. Fehlt dieses Bewusstsein, so kann eine Handlung nicht als Bestätigung im Rechtssinne angesehen werden.

3. Beendigung des Arbeitsverhältnisses aus anderen Gründen

Kein Anhörungsrecht des Betriebsrats besteht, wenn das Arbeitsverhältnis aus **374**
anderen Gründen als durch Kündigung seitens des Arbeitgebers endet. Auch eine entsprechende Anwendung des § 102 Abs. 1 BetrVG kommt nicht in Betracht.[40]

Schließen die Parteien des Arbeitsvertrages einen **Aufhebungsvertrag,** so be- **375**
darf es der Anhörung des Betriebsrats nicht. Das Gleiche gilt im Falle einer Kündigung des Arbeitsverhältnisses **durch den Arbeitnehmer.** Das Mitwirkungsrecht des Betriebsrats besteht ferner auch dann nicht, wenn der Arbeitgeber sich auf die **Nichtigkeit des Arbeitsvertrages** beruft oder das Arbeitsverhältnis auf Grund

---

[36] BAG 30. 9. 1993 a.a.O.

[37] BAG 3. 11. 1977 AP § 75 BPersVG Nr. 1; *Fitting,* § 102 BetrVG Rn. 9; KR/*Etzel,* § 102 BetrVG Rn. 31; KR/*Rost,* § 2 KSchG Rn. 124ff.; BAG 3. 7. 1986 – 2 AZR 343/85 – n.v.; *Schwerdtner,* in: Festschrift BAG, 1979, S. 555ff.; *Stege,* DB 1975, 1510.

[38] Hierzu a.A. KR/*Etzel,* § 102 BetrVG Rn. 37; *Fitting,* § 102 BetrVG Rn. 5; analoge Anwendung bejahend KR/*Wolf,* 3. Aufl. 1989, Grundsätze Rn. 147.

[39] Vgl. BAG vom 13. 11. 1975 EzA § 102 BetrVG 1972 Nr. 20.

[40] Vgl. zutreffend KDZ/*Kittner,* § 102 BetrVG Rn. 19ff. KR/*Etzel,* § 102 BetrVG Rn. 39.

einer wirksamen Anfechtung des Arbeitsvertrages durch den Arbeitgeber endet.[41] Keiner vorherigen Anhörung bedarf es, wenn das Arbeitsverhältnis auf Antrag des Arbeitgebers durch das Arbeitsgericht aufgelöst wird.

376 Der Betriebsrat braucht schließlich auch dann nicht angehört zu werden, wenn das Arbeitsverhältnis durch **Zeitablauf** bzw. **Befristung** oder durch eine wirksam vereinbarte **auflösende Bedingung** endet (Einzelheiten dazu oben Rn. 34ff.). Ist die Befristung unwirksam, so liegt ein Arbeitsverhältnis auf unbestimmte Dauer vor, zu dessen Beendigung es einer Kündigung bedarf. Fraglich ist in diesen Fällen, ob und unter welchen Voraussetzungen die Mitteilung des Arbeitgebers, das Arbeitsverhältnis werde nicht verlängert, eine **vorsorgliche Kündigung** des Arbeitsverhältnisses darstellt. Im Einzelfall kann dies nur durch Auslegung geklärt werden. Bestand zwischen den Parteien des Arbeitsverhältnisses noch kein Streit über die Wirksamkeit der vereinbarten Befristung, so bringt der Arbeitgeber mit der genannten Mitteilung nur seine Rechtsauffassung zum Ausdruck. Für eine Kündigung besteht dann noch kein Anlass, und der Arbeitnehmer braucht diese Mitteilung auch nicht als vorsorgliche Kündigung zu verstehen. Besteht jedoch bereits Streit über die Zulässigkeit der vereinbarten Befristung, so kann sich aus einer Erklärung des Arbeitgebers, das Arbeitsverhältnis werde nicht verlängert, je nach den Umständen eine vorsorgliche Kündigung des Arbeitsverhältnisses ergeben, die für den Arbeitnehmer jedoch erkennbar gewesen sein muss.[42] Liegt nach diesen Grundsätzen eine vorsorgliche Kündigung des Arbeitsverhältnisses vor, so ist sie rechtsunwirksam, falls der Arbeitgeber den Betriebsrat nicht vorher angehört hat.

377 Die Beendigung des Arbeitsverhältnisses auf Grund der unter besonderen Umständen zulässigen lösenden Aussperrung fällt als Lösungstatbestand eigener Art nicht unter § 102 Abs. 1 BetrVG.

4. Darlegungs- und Beweislast

378 Die Anhörung des Betriebsrats ist Wirksamkeitsvoraussetzung für die Kündigung. Daraus schließt ein Teil der Lehre und früher auch das BAG, dass der Arbeitgeber stets die konkreten Behauptungen aufzustellen habe, aus denen sich die abstrakten Voraussetzungen des für ihn günstigen Rechtssatzes ergeben.[43] Richtig ist, dass den Arbeitgeber diese Darlegungs- und Beweislast nur dann trifft, wenn der Arbeitnehmer die ordnungsgemäße Anhörung des Betriebsrats bestritten hat. Regelmäßig dürfte ein Bestreiten mit Nichtwissen nach § 138 Abs. 4 ZPO genügen, weil die Betriebsratsanhörung nicht Gegenstand der Wahrnehmung des Arbeitnehmers ist. Nur dann hat das Gericht Veranlassung, sich mit dieser Frage zu

---

[41] Vgl. dazu BAG 14. 12. 1979 EzA § 119 BGB Nr. 11, das die Anwendung des § 4 KSchG auf Arbeitsverhältnisse, die dem KSchG unterliegen, in Erwägung zieht; dazu KR/*Etzel,* § 102 BetrVG Rn. 42. *Herschel,* ArbuR 1980, 255 hat jedoch eindringlich vor der Anwendung der Grundsätze des Kündigungsrechts auf Fälle der Anfechtung gewarnt, die dann auch zur entsprechenden Anwendung des § 102 BetrVG führen müsse; für die Anwendung auf Anfechtungen: KDZ/*Kittner,* § 102 BetrVG Rn. 21.

[42] BAG 26. 4. 1979 EzA § 620 BGB Nr. 39; 24. 10. 1979 EzA § 620 BGB Nr. 41; 5. 3. 1970 EzA § 620 BGB Nr. 13; 28. 10. 1986 EzA § 118 BetrVG 1972 Nr. 38 = NJW 1987, 531. Zum Ganzen vgl. KR/*Lipke,* § 620 BGB Rn. 210ff.

[43] BAG 19. 8. 1975 EzA § 102 BetrVG 1972 Nr. 15 = NJW 1976, 310; KR/*Etzel,* § 102 BetrVG Rn. 192.

befassen.[44] Eine Amtsermittlung ist unzulässig. Hat sich der Arbeitgeber substantiiert und vollständig zur Betriebsratsanhörung geäußert, kann der Arbeitnehmer sich nicht mehr mit einem bloßen „Bestreiten mit Nichtwissen" begnügen, sondern muss seinen Vortrag substantiieren. Nach den Grundsätzen der abgestuften Darlegungslast muss der Arbeitnehmer deutlich machen, welche der Angaben er aus welchem Grund weiterhin bestreiten will. Soweit es um Tatsachen außerhalb seiner eigenen Wahrnehmung geht, kann der Arbeitnehmer sich dabei gemäß § 138 Abs. 4 ZPO auf Nichtwissen berufen; ein pauschales Bestreiten des Arbeitnehmers ohne jede Begründung genügt dagegen nicht.[45]

IV. Das Anhörungsverfahren

Der Betriebsrat ist vor der Kündigung zu hören. Die Sanktion der Unwirksamkeit einer ohne Anhörung des Betriebsrats ausgesprochenen Kündigung nach § 102 Abs. 1 Satz 3 BetrVG gilt auf Grund einer teleologischen Auslegung dieser Norm auch bei nicht ordnungsgemäßer Anhörung.[46] Die Anhörung nach § 102 BetrVG unterscheidet sich von der bloßen Mitteilung nach § 105 BetrVG. Zweck der Anhörung ist, dem Betriebsrat Gelegenheit zu geben, seine Überlegungen zu der beabsichtigten Kündigung und den mitgeteilten Gründen vorzutragen, damit der Arbeitgeber die Möglichkeit hat, die vom Betriebsrat geäußerten Bedenken bzw. den gegenüber einer ordentlichen Kündigung erhobenen Widerspruch zu berücksichtigen. Diese umfassende Würdigung wird allein der kollektiven und individualrechtlichen Schutzfunktion des § 102 Abs. 1 BetrVG gerecht. Sie dürfte auch dem Gebot der vertrauensvollen Zusammenarbeit im Betrieb entsprechen. Aus diesem Grundsatz folgt auch, dass eine Beteiligung des Betriebsrats nach §§ 102, 103 BetrVG nicht mehr erforderlich ist, wenn der Betriebsrat die Kündigung eines Mitarbeiters ausdrücklich verlangt.[47] **379**

Zu beachten ist aber, dass die Anhörung des Betriebsrats nicht die Verpflichtung umfasst, die Kündigungsabsicht und die dafür mitgeteilten Gründe mit dem Betriebsrat **zu beraten.** Auch wenn dies nicht geschieht, genügt das Anhörungsverfahren dem Gesetz. Ohne Bedeutung ist ferner, ob der Kündigungswille des Arbeitgebers bei Einleitung des Anhörungsverfahrens bereits abschließend gebildet ist. Zum BetrVG 1952 hatte das BAG den gegenteiligen Standpunkt vertreten.[48] Bald nach dem Inkrafttreten des BetrVG 1972 kündigte das BAG die Aufgabe dieser Rechtsprechung an.[49] Mit der Entscheidung vom 13. 11. 1975 wurde dies realisiert **380**

---

[44] BAG 23. 6. 1983 EzA § 1 KSchG Krankheit Nr. 12 = NJW 1984, 1836; 16. 1. 1987 EzA § 1 KSchG Betriebsbedingte Kündigung Nr. 48; 11. 3. 1980 – 6 AZR 4/78 – n.v.; 20. 5. 1988 EzA § 1 KSchG Personenbedingte Kündigung Nr. 3 = NJW 1989, 1694; 11. 10. 1989 EzA § 1 KSchG Betriebsbedingte Kündigung Nr. 64; *Oetker,* BB 1989, 419.

[45] Vgl. BAG 16. 3. 2000 AP § 102 BetrVG 1972; LAG Köln 31. 1. 1994 LAGE § 102 BetrVG 1972 Nr. 38.

[46] BAG 16. 9. 1993 und 22. 9. 1994 EzA § 102 BetrVG 1972 Nr. 84 und 86; *Bitter,* NZA Beilage 3/91, S. 16, 20, 21; *ders.,* Festschrift für Stahlhacke, 1995, 57ff.; krit. *Oetker,* Festschrift für Kraft, 1998, S. 429ff; *Raab,* ZfA 1995, S. 479, 528, die nicht alle Fälle der nicht ordnungsgemäßen Anhörung der Unwirksamkeitsfolge unterwerfen wollen.

[47] BAG 15. 5. 1997 EzA § 102 BetrVG 1972 Nr. 99.

[48] BAG 18. 1. 1962 AP § 66 BetrVG 1952 Nr. 20.

[49] BAG 28. 2. 1974 EzA § 102 BetrVG 1972 Nr. 8 mit Anm. *Kraft* = NJW 1974, 1526 = AP § 102 BetrVG 1972 Nr. 2.

mit dem Hinweis, es sei nicht auszuschließen, dass es dem Betriebsrat gelingen könne, auf den Kündigungswillen des Arbeitgebers Einfluss zu nehmen, auch wenn von ihm erklärt worden sei, er wolle auf jeden Fall kündigen.[50] Fraglich dürfte die Ordnungsmäßigkeit des Anhörungsverfahrens allenfalls dann sein, wenn der Arbeitgeber erklärt, er werde von den Bedenken des Betriebsrats oder seinem Widerspruch überhaupt keine Kenntnis nehmen. Das würde in so eindeutiger Weise gegen den Sinn und Zweck des Anhörungsverfahrens verstoßen, dass dann § 102 Abs. 1 BetrVG verletzt wäre.

381 Das Anhörungsverfahren wird durch **Fristablauf** beendet (vgl. § 102 Abs. 2 Satz 1 und 3 BetrVG 1972)[51] oder durch eine **vorzeitige abschließende Stellungnahme des Betriebsrats.**[52] Dann kann der Arbeitgeber kündigen. Kündigt der Arbeitgeber vorher, so ist die Kündigung wegen Verstoßes gegen § 102 Abs. 1 BetrVG nichtig.

382 Die Beantwortung der Frage, wann eine abschließende Stellungnahme des Betriebsrats vorliegt, bereitet in der Praxis Schwierigkeiten. Erklärt der Betriebsrat, er wolle sich zur Kündigung nicht äußern, so liegt eine abschließende Erklärung vor.[53] Das gilt auch dann, wenn der Betriebsrat den Anhörungsbogen unterschreibt und ohne Kommentar zurückgibt.[54] Das BAG hat eine abschließende Stellungnahme auch angenommen in dem Fall, in dem der Betriebsrat erklärt hat, er nehme die Kündigung „zur Kenntnis", und damit nach der Übung des Betriebsrats das Anhörungsverfahren abgeschlossen ist.[55]

383 Zuständig für die Entgegennahme der Mitteilung nach § 102 Abs. 1 BetrVG, kündigen zu wollen, ist grundsätzlich der Betriebsratsvorsitzende. Erfolgt die Erklärung gegenüber einem unzuständigen Betriebsratsmitglied, ist die Anhörung unwirksam bzw. wird erst dann wirksam, wenn sie vom unzuständigen Mitglied als Erklärungsbote des Arbeitgebers an den Vorsitzenden oder ein zum Empfang ermächtigtes Mitglied des Betriebsrats oder eines zuständigen Ausschusses weitergeleitet wird.[56] Die abschließende Erklärung muss von dem dafür zuständigen Mitglied des Betriebsrats stammen, d.h. vom Vorsitzenden oder seinem Stellvertreter bzw. dem Vorsitzenden des zuständigen Ausschusses.

1. Zeitpunkt der Anhörung des Betriebsrats

384 Die Anhörung des Betriebsrats hat **vor der Kündigung zu erfolgen.** Entscheidend ist bei der schriftlichen Kündigung der Zeitpunkt, in dem das Kündigungsschreiben **den Machtbereich des Arbeitgebers verlässt,** d.h. z.B. das

---

[50] BAG 13. 11. 1975 EzA § 102 BetrVG 1972 Nr. 20 = AP § 102 BetrVG 1972 Nr. 7; bestätigt durch BAG 28. 9. 1978 EzA § 102 BetrVG 1972 Nr. 39 = NJW 1979, 2421; KDZ/*Kittner,* § 102 BetrVG Rn. 59.

[51] LAG Hamm 11. 2. 1992 LAGE § 102 BetrVG 1972 Nr. 33 zur Frage, ob die Wartefrist mit Dienstschluss der Personalabteilung endet.

[52] BAG 1. 4. 1976 EzA § 102 BetrVG 1972 Nr. 23 = NJW 1976, 1958; Hessisches LAG 18. 6. 1997 LAGE § 626 BGB Nr. 114.

[53] BAG 12. 3. 1987 EzA § 102 BetrVG 1972 Nr. 71 = NZA 1988, 137.

[54] LAG Baden-Württemberg 29. 4. 1986 LAGE § 1 KSchG Krankheit Nr. 6.

[55] BAG 12. 3. 1987 a. a. O.

[56] BAG 27. 6. 1985 EzA § 102 BetrVG 1972 Nr. 60 = AP § 102 BetrVG 1972 Nr. 37; 5. 4. 1990 RzK III 1a Nr. 44; 16. 10. 1991 EzA § 102 BetrVG 1972 Nr. 83.

Kündigungsschreiben zur Post gegeben wird. Auf den Zugang der Willenserklärung kommt es nach dem Zweck des Anhörungsverfahrens – Möglichkeit der Beeinflussung des Kündigungsentschlusses des Arbeitgebers – nicht an.[57] Im Falle der mündlichen Kündigung ist maßgebend der Zeitpunkt, in dem sie vom Empfänger vernommen werden kann. Lag im entscheidenden Zeitpunkt weder die abschließende Stellungnahme des Betriebsrats vor und waren noch die Fristen des § 102 Abs. 2 BetrVG abgelaufen, so ist die ausgesprochene Kündigung nichtig. Die später eingehende oder eingeholte Stellungnahme des Betriebsrats kann die Unwirksamkeit der vorher ausgesprochenen Kündigung nicht verhindern. Das gilt selbst dann, wenn der Betriebsrat (nachträglich) zustimmt.[58]

Händigt der Arbeitgeber dem Arbeitnehmer das alte Kündigungsschreiben erneut aus, so hat dies nur dann Bedeutung, wenn dieser Vorgang als **Bestätigung** der nichtigen ersten Kündigung angesehen werden kann. Das setzt Kenntnis von der Fehlerhaftigkeit oder zumindest das Bewusstsein der möglichen Fehlerhaftigkeit der ersten Kündigung voraus. Nur dann ist der für die Bestätigung notwendige **Bestätigungswille** anzunehmen.[59] **385**

Fraglich ist, ob eine nach Ausspruch der Kündigung erfolgte Anhörung des Betriebsrats die notwendige Anhörung für eine zweite Kündigung darstellen kann, die sich auf denselben Sachverhalt stützt. Das BAG verneint dies mit dem Hinweis, die Schutzfunktion des Gesetzes verlange stets eine Anhörung zu einer **beabsichtigten** Kündigung. Selbst wenn der Arbeitgeber dem Betriebsrat den gleichen Sachverhalt und die gleichen Kündigungsgründe vortrage, sei auch bei gleicher Besetzung des Betriebsrats nicht auszuschließen, dass sich der Betriebsrat auf Grund neuer Überlegungen im Ergebnis anders entscheide oder mindestens dafür eine andere Begründung gebe. Deshalb müsse der Betriebsrat wissen, dass er zu einer noch bevorstehenden Kündigung angehört werde.[60] **386**

Die Anhörung des Betriebsrats erfolgt im Zusammenhang mit einer vom Arbeitgeber konkret geäußerten Kündigungsabsicht. Nach Abschluss des Anhörungsverfahrens wird die Kündigung ausgesprochen oder der Arbeitgeber nimmt von ihr mit Rücksicht auf die Einwendungen des Betriebsrats Abstand. Eine Anhörung **„auf Vorrat"**, d.h. ohne eine wirkliche Kündigungsabsicht, ist grundsätzlich abzulehnen. Die vorsorgliche Mitteilung alternativ erwogener Kündigungsgründe ist keine ordnungsgemäße Anhörung.[61] Der Kündigungssachverhalt, von dem der Arbeitgeber seinen Kündigungsentschluss abhängig machen will, muss im Zeitpunkt der Anhö- **387**

---

[57] BAG 13. 11. 1975 EzA § 102 BetrVG 1972 Nr. 20 = NJW 1976, 1766; KR/*Etzel,* § 102 BetrVG Rn. 118.

[58] BAG 28. 2. 1974 EzA § 102 BetrVG 1972 Nr. 8 = NJW 1974, 1526 und 18. 9. 1975 EzA § 102 BetrVG 1972 Nr. 17 = NJW 1976, 536.

[59] BAG 13. 11. 1975 EzA § 102 BetrVG 1972 Nr. 20 = AP § 102 BetrVG 1972 Nr. 7.

[60] BAG 18. 9. 1975 EzA § 102 BetrVG 1972 Nr. 17 mit krit. Anm. *Schlüter* = NJW 1976, 536. Scheitert allerdings eine Kündigung, zu der der Betriebsrat ordnungsgemäß angehört worden ist und der er ausdrücklich und vorbehaltlos zugestimmt hat, an dem fehlenden Zugang an den Kündigungsgegner, so ist vor einer erneuten Kündigung eine nochmalige Anhörung des Betriebsrates dann entbehrlich, wenn sie in engem zeitlichen Zusammenhang ausgesprochen und auf denselben Sachverhalt gestützt wird; BAG 11. 10. 1989 EzA § 102 BetrVG 1972 Nr. 78.

[61] LAG Köln 28. 2. 1996 ARST 1996, 234.

rung bereits verwirklicht sein.[62] Fraglich ist, welchen Zeitraum der Arbeitgeber bis zum Ausspruch der Kündigung verstreichen lassen kann, ohne dass die Ordnungsmäßigkeit des Anhörungsverfahrens in Frage zu stellen ist. Das Problem besteht bei der Anhörung des Betriebsrats, weil das Gesetz anders als z. B. in § 88 Abs. 3 SGB IX oder § 18 KSchG keine Fristen für den Ausspruch der Kündigung bestimmt. Hat sich in der Zwischenzeit der dem Betriebsrat unterbreitete Kündigungssachverhalt nicht oder nicht wesentlich geändert, so ist eine erneute Anhörung entbehrlich.[63] Die erneute Anhörung ist notwendig, wenn sich der Kündigungssachverhalt ändert oder neue Kündigungsgründe hinzutreten.[64] Ob das auch der Fall ist, wenn der Arbeitgeber seine ursprüngliche Kündigungsabsicht **endgültig** aufgegeben hat, ist fraglich, dürfte aber zu bejahen sein.[65] Im Einzelfall problematisch zu entscheiden ist die Frage, ob und ggf. unter welchen Voraussetzungen bei Wiederholung einer Kündigung, zu der der Betriebsrat bereits ordnungsgemäß angehört worden ist, von einer erneuten Anhörung ausnahmsweise abgesehen werden darf.

388 Ausgangspunkt ist § 102 Abs. 1 Satz 1 BetrVG, wonach im Grundsatz eine Anhörungspflicht vor jeder Kündigung besteht. Nur ausnahmsweise kann die erneute Anhörung des Betriebsrats entbehrlich sein. Der Zweite Senat hat dies für den Fall bejaht, dass der Betriebsrat zu einer Kündigung ordnungsgemäß angehört worden war und er dieser ausdrücklich und vorbehaltlos zugestimmt hatte, die Kündigung aber nur wegen fehlenden Zugangs an den Kündigungsgegner unwirksam war. Eine nochmalige Anhörung des Betriebsrats wurde für entbehrlich erachtet, wenn sie in einem engen zeitlichen Zusammenhang ausgesprochen und auf denselben Sachverhalt gestützt wurde. In diesem Fall sei anzunehmen, dass der Betriebsrat auch der erneuten Kündigung zugestimmt hätte und die Berufung auf das Fehlen einer erneuten Anhörung deshalb rechtsmissbräuchlich sei (§ 242 BGB).[66] In jedem Fall muss der Betriebsrat erneut angehört werden, wenn die vorausgehende Kündigung eines Arbeitnehmers, der einen Sonderkündigungsschutz genießt, mangels vorheriger behördlicher Zustimmung (§§ 85, 88, 91 SGB IX, § 9 MuSchG, § 18 BErzGG) unwirksam war, auch wenn sich der (betriebsbedingte) Kündigungsgrund in der Sache nicht verändert hat.[67]

---

[62] LAG Schleswig-Holstein 28. 6. 1994 LAGE § 102 BetrVG 1972 Nr. 42.

[63] BAG 26. 5. 1977 EzA § 102 BetrVG 1972 Nr. 30 = NJW 1978, 603. Eine zeitliche Nähe zum Kündigungszeitpunkt verlangt ArbG Hamburg 11. 5. 1992 AiB 1993, 187.

[64] Vgl. KDZ/*Kittner,* § 102 BetrVG Rn. 55 f.

[65] Die Frage wurde im Urteil des BAG 26. 5. 1977 EzA § 102 BetrVG 1972 Nr. 30 mit Anm. *Käppler* = NJW 1978, 603 ausdrücklich offengelassen. Kündigt der Arbeitnehmer eine Fehlzeit an und hört der Arbeitgeber dazu den Betriebsrat, so ist § 102 BetrVG verletzt, wenn der Arbeitgeber nach der tatsächlichen Fehlzeit kündigt; BAG 19. 1. 1983 EzA § 102 BetrVG 1972 Nr. 50.

[66] BAG 11. 10. 1989 AP § 102 BetrVG 1972 Nr. 55 = EzA § 102 BetrVG 1972 Nr. 78 mit Anm. *Kraft;* 6. 2. 1997 EzA § 102 BetrVG 1972 Nr. 95; LAG Baden-Württemberg 3. 2. 1997 und 28. 4. 1997 LAGE § 102 BetrVG 1972 Nr. 57 und 59; vgl. ferner BAG 18. 9. 1975 AP § 102 BetrVG 1972 Nr. 6 = EzA § 102 BetrVG 1972 Nr. 17; 16. 3. 1978 AP § 102 BetrVG 1972 Nr. 15 = EzA § 102 BetrVG 1972 Nr. 32.

[67] BAG 16. 9. 1993 EzA § 102 BetrVG 1972 Nr. 84; LAG Hamm 13. 4. 1992 LAGE § 102 BetrVG 1972 Nr. 31; dies soll aber nicht gelten, wenn dem Arbeitgeber bei Kündigungsausspruch nicht bekannt war, dass der Arbeitnehmer einen Antrag auf Anerkennung als Schwerbehinderter gestellt hat, LAG Berlin 24. 6. 1991 NZA 1992, 79 = LAGE § 1 KSchG Personenbedingte Kündigung Nr. 8.

Die Ausschlussfrist des § 626 Abs. 2 BGB bei außerordentlichen Kündigungen – zwei Wochen – verlängert sich nicht um die Frist, die dem Betriebsrat in einem solchen Falle für die Mitteilung seiner Bedenken zur Verfügung steht.[68] **389**

Beabsichtigt der Arbeitgeber, einem schwerbehinderten Arbeitnehmer zu kündigen, so steht es ihm frei, den Betriebsrat vor dem Antrag an das Integrationsamt zu hören, während des Zustimmungsverfahrens oder nach dessen Abschluss. Eine erneute Anhörung des Betriebsrats ist selbst dann nicht erforderlich, wenn bis zum Abschluss des Zustimmungsverfahrens ein längerer Zeitraum vergangen ist, sofern sich der Kündigungssachverhalt nicht wesentlich verändert hat. Das gilt auch im Falle einer beabsichtigten fristlosen Kündigung. Leitet der Arbeitgeber in diesem Falle das Anhörungsverfahren erst nach Erteilung der Zustimmung durch das Integrationsamt ein, so muss er nach dessen Beendigung bzw. nach Ablauf der Frist des § 102 Abs. 2 Satz 3 BetrVG die Kündigung **sofort** erklären. Anderenfalls ist die Ausschlussfrist des § 91 Abs. 5 SGB IX nicht mehr gewahrt.[69] **390**

2. Adressat der Mitteilung

Der Arbeitgeber hat die Mitteilung über die Kündigungsabsicht und die dafür notwendigen Informationen **an den Betriebsrat** zu geben. Zuständig für die Entgegennahme ist der Vorsitzende des Betriebsrats oder im Verhinderungsfalle sein Stellvertreter. Hat der Betriebsrat für Personalangelegenheiten einen Ausschuss gebildet und ihm die Entscheidung über Kündigungen im Rahmen des § 102 BetrVG zur selbständigen Beratung und Entscheidung übertragen, so ist dessen Vorsitzender oder im Verhinderungsfalle sein Stellvertreter für die Entgegennahme der Mitteilung des Arbeitgebers berechtigt und verpflichtet. Mit dem Zugang der Mitteilung beim empfangsberechtigten Betriebsratsmitglied beginnen die Fristen des § 102 Abs. 2 BetrVG zu laufen. Sind weder der Vorsitzende des Betriebsrats/Ausschusses noch dessen Stellvertreter bereit oder in der Lage, die Mitteilung des Arbeitgebers in Empfang zu nehmen, so kann die Nachricht jedem anderen Mitglied des Betriebsrats übergeben werden.[70] Besteht auch dafür keine Möglichkeit, so kann der Arbeitgeber die Mitteilung an den Betriebsrat senden. Zugang tritt dann nach den allgemeinen Grundsätzen (§ 130 BGB – dazu oben Rn. 209ff.) ein. Diese Möglichkeit muss für den Arbeitgeber wegen der eventuell laufenden Ausschlussfrist bei der außerordentlichen Kündigung bestehen. **391**

Für das Anhörungsverfahren ist die Zuständigkeit des Betriebsrats gegeben. Der **Gesamtbetriebsrat** hat nur in Ausnahmefällen eine Zuständigkeit, nämlich dann, wenn ihn der Betriebsrat durch Beschluss beauftragt hat, in einer bestimmten Kün- **392**

[68] H. L.; vgl. KR/*Fischermeier*, § 626 BGB Rn. 332 mit Hinweisen; BAG 18. 8. 1977 EzA § 103 BetrVG 1972 Nr. 20 = NJW 1978, 661.

[69] BAG 5. 9. 1979 EzA § 12 SchwbG Nr. 8; 3. 7. 1980 EzA § 18 SchwbG Nr. 3; KR/*Etzel*, § 91 SGB IX Rn. 30c. Nach BAG 6. 11. 1986 – 2 AZR 753/85 – n. v. muss die Kündigung am ersten Arbeitstag nach Beendigung des Anhörungsverfahrens zugehen, sofern nicht unüberwindliche Hindernisse entgegenstehen.

[70] LAG Frankfurt 23. 3. 1976 BB 1977, 1048; 28. 11. 1989 LAGE § 26 BetrVG 1972 Nr. 2. Ist der Ausschuss (§§ 27, 28 BetrVG 1972) offensichtlich gesetzwidrig eingerichtet worden – der Betriebsrat hat weniger als neun Mitglieder –, so muss der Arbeitgeber den Betriebsratsvorsitzenden unterrichten; LAG Bremen 26. 10. 1982 ArbuR 1983, 123.

digungsangelegenheit tätig zu werden (§ 50 Abs. 1 BetrVG) oder wenn es sich um eine Kündigung handelt, die das Gesamtunternehmen oder mehrere Betriebe betrifft und die nicht durch den einzelnen Betriebsrat behandelt werden kann (§ 50 Abs. 1 BetrVG). Hat der Betriebsrat alle Personalangelegenheiten dem Gesamtbetriebsrat übertragen – offensichtlich gesetzwidrig –, so muss der Arbeitgeber dennoch den Betriebsrat anhören.[71]

393 Weder der Betriebsrat noch der einzelne Arbeitnehmer kann gegenüber dem Arbeitgeber auf die Anhörung nach § 102 Abs. 1 BetrVG **verzichten.** Fraglich ist, ob nicht im Falle eines Verzichts des Arbeitnehmers auf die Anhörung des Betriebsrats ein Fall der Arglist vorliegt, wenn sich eben dieser Arbeitnehmer dann später im Prozess auf die Unwirksamkeit der Kündigung wegen eines Verstoßes gegen § 102 BetrVG beruft. Das ist zu bejahen für den Fall, dass die unterbliebene Anhörung auf die ausdrückliche Bitte des Arbeitnehmers erfolgt.[72]

3. Form und Inhalt der Mitteilung

394 Eine Formvorschrift über die Mitteilung der beabsichtigten Kündigung an den Betriebsrat enthält das BetrVG nicht. Die Mitteilung kann also auch mündlich erfolgen. Damit die Ordnungsmäßigkeit der Anhörung im Streitfall dargelegt werden kann und die Fristen des § 102 Abs. 2 BetrVG geprüft und beachtet werden können, empfiehlt sich die Einhaltung der Schriftform.

395 Der Arbeitgeber hat dem Betriebsrat die Absicht mitzuteilen, einen bestimmten Arbeitnehmer oder gegebenenfalls mehrere zu kündigen. Der Betriebsrat muss erkennen können, dass er im Verfahren nach § 102 Abs. 1 BetrVG beteiligt wird (zu den Folgen einer Mitteilung nur nach § 105 BetrVG vgl. oben Rn. 355). Die Darstellung eines Fehlverhaltens des Arbeitnehmers ohne Bekanntgabe der Kündigungsabsicht reicht nicht aus, es sei denn, dem Betriebsrat ist die Kündigungsabsicht des Arbeitgebers ohnehin bekannt und er weiß, dass so nur noch die Begründung nachgeschoben werden soll.

396 Der Arbeitgeber hat dem Betriebsrat **den Namen des Arbeitnehmers** anzugeben, in Großbetrieben gegebenenfalls weitere Angaben zum Beschäftigungsort, damit der betroffene Arbeitnehmer vom Betriebsrat identifiziert werden kann. Die Anschrift des Arbeitnehmers gehört jedoch nicht zu den notwendigen Angaben; jedenfalls kann deren unrichtige Angabe nicht zur Unwirksamkeit der Anhörung führen.[73] Außerdem sind die **grundlegenden Sozialdaten** des Arbeitnehmers, d.h. u.a. Alter, Familienstand, Betriebszugehörigkeit grds. mitzuteilen.[74] Sie gewinnen bei der Interessenabwägung im Kündigungsfall Bedeutung. Dasselbe gilt auch für Umstände, die einen Sonderkündigungsschutz auslösen, es sei denn, dies ist dem Betriebsrat ohnehin bekannt. Die fehlende Mitteilung der Sozialdaten ist

---

[71] LAG Köln 20. 12. 1983 DB 1984, 937.

[72] Vgl. KR/*Etzel,* § 102 BetrVG Rn. 75 mit weiteren Hinweisen.

[73] LAG Hamm 27. 2. 1994 LAGE § 1 KSchG Personenbedingte Kündigung Nr. 10.

[74] Ausführlich *Oppertshäuser,* NZA 1997, 920. Dies gilt jedenfalls bei betriebsbedingten Kündigungen, ob auch sonst, ist zweifelhaft, vgl. LAG Köln 28. 1. 1994 LAGE § 1 KSchG Betriebsbedingte Kündigung Nr. 24; LAG Hamm 6. 4. 1995 LAGE § 102 BetrVG 1972 Nr. 52; ArbG Reutlingen 31. 1. 1995 BB 1995, 677; einschränkend bei verhaltensbedingten Gründen: LAG Köln 5. 10. 1994 LAGE § 102 BetrVG 1972 Nr. 44; zum BPersVG: BVerwG 9. 10. 1996 NZA-RR 1997, 197.

allerdings dann unschädlich, wenn es dem Arbeitgeber wegen der Schwere der Pflichtverletzung auf die Daten nicht ankommt und der Betriebsrat die ungefähren Daten kennt.[75] Ferner ist der Arbeitgeber nicht verpflichtet, ihm nicht bekannte Daten (z. B. die Frage, ob der Arbeitnehmer weitere Kinder hat) zu ermitteln.[76]

Der Arbeitgeber muss die Person des zu kündigenden Arbeitnehmers stets be- **397**
zeichnen. Nicht zulässig ist die Mitteilung an den Betriebsrat, aus einer Gruppe müsse einer aus dringenden betrieblichen Gründen gekündigt werden, der Betriebsrat möge ihn auswählen.

Außerdem ist die **Art der Kündigung** anzugeben, d. h. ob eine **ordentliche** **398**
oder eine **außerordentliche Kündigung** beabsichtigt ist.[77] Nicht ordnungsgemäß ist die Anhörung auch im Fall der beabsichtigten Kündigung eines ordentlich unkündbaren Mitarbeiters, wenn der Arbeitgeber ohne jede Erläuterung eine nur außerordentlich mögliche Kündigung unter Einhaltung einer sozialen Auslauffrist aussprechen will.[78] Schließlich soll der Zeitpunkt angegeben werden, zu dem die Kündigung voraussichtlich ausgesprochen werden soll.[79] In aller Regel reicht es jedoch aus, wenn dem Betriebsrat mitgeteilt wird, es sei eine ordentliche Kündigung beabsichtigt, die der Arbeitgeber alsbald nach Abschluss des Anhörungsverfahrens aussprechen will.[80]

Das BAG verlangt in der Regel die Angabe der **Kündigungsfristen;**[81] dies gilt **399**
jedenfalls dann, wenn sich erst daraus die Tragweite der geplanten personellen Maßnahmen ergibt.[82] Auf die Mitteilung der maßgeblichen Kündigungsfrist kann nur verzichtet werden, wenn die zu beachtenden Fristen dem Betriebsrat bekannt sind.[83] Das ist aber schon dann zweifelhaft, wenn es in einem Unternehmen vom

---

[75] BAG 15. 11. 1995 EzA § 102 BetrVG 1972 Nr. 88 = NZA 1996, 419.

[76] LAG Schleswig-Holstein 1. 4. 1999 LAGE § 1 KSchG Soziale Auswahl Nr. 30.

[77] BAG 29. 8. 1991 AP § 102 BetrVG 1972 Nr. 58 = EzA § 102 BetrVG 1972 Nr. 82 mit Anm. *Winterfeld.*

[78] BAG 29. 8. 1991 a. a. O.

[79] BAG 28. 2. 1974 EzA § 102 BetrVG 1972 Nr. 8 mit Anm. *Kraft;* KR/*Etzel,* § 102 BetrVG 1972 Rn. 59. Im Falle einer betriebsbedingten Änderungskündigung ist nach Auffassung des BAG zur ordnungsgemäßen Anhörung des Betriebsrates die Angabe der Kündigungsfristen der betroffenen Arbeitnehmer jedenfalls dann notwendig, wenn sich erst daraus die Tragweite der geplanten personellen Maßnahme ermitteln lässt; BAG 29. 3. 1990 EzA § 102 BetrVG 1972 Nr. 79.

[80] BAG 29. 1. 1986 EzA § 102 BetrVG 1972 Nr. 64 = NZA 1987, 32; LAG Schleswig-Holstein 23. 2. 1995 LAGE § 102 BetrVG 1972 Nr. 45; LAG Köln 15. 12. 1994 LAGE § 102 BetrVG 1972 Nr. 47; kritisch dazu KR/*Etzel,* § 102 BetrVG Rn. 108 a. Das BAG weist ferner darauf hin, der Arbeitgeber brauche dem Betriebsrat nur seine subjektiven Vorstellungen hinsichtlich der beabsichtigten Kündigungsmaßnahme mitzuteilen. Seien diese unrichtig, d. h. entsprechen sie nicht der objektiven Rechtslage, so führe das nicht zur Fehlerhaftigkeit des Anhörungsverfahrens.

[81] BAG 16. 9. 1993 EzA § 102 BetrVG 1972 Nr. 84 unter II. 4 der Gründe; einschränkend freilich BAG 15. 12. 1994 EzA § 1 KSchG Betriebsbedingte Kündigung Nr. 75.

[82] So BAG 29. 3. 1990 AP § 102 BetrVG 1972 Nr. 56 = EzA § 102 BetrVG 1972 Nr. 79 mit Anm. *Marhold* im Falle einer Änderungskündigung zur Reduzierung des Weihnachtsgeldes.

[83] BAG 24. 10. 1996 EzA § 17 KSchG Nr. 6; LAG Hamm 19. 5. 1995 LAGE § 102 BetrVG 1972 Nr. 49; 15. 7. 1993 ZTR 1994, 85; nach LAG Hamm 14. 3. 1995 LAGE § 102 BetrVG 1972 Nr. 51 müssen die einzelvertraglich verlängerten Kündigungsfristen nicht mitgeteilt werden; ebenso nicht bei Kündigung durch Insolvenzverwalter nach § 113 InsO zum nächst zulässigen Termin LAG Hamm 16. 8. 2000 BB 2000, 2472.

Gesetz oder einschlägigem Tarifvertrag abweichende vertragliche Kündigungsfristen gibt. Irgendwelche Unklarheiten, die die Stellungnahme des Betriebsrats beeinflussen könnten, ergeben sich nicht, selbst wenn der Termin, zu dem letztlich die Kündigung ausgesprochen werden soll, nicht bekannt ist.[84] Der Termin kann gar nicht angegeben werden, falls z.B. die Zustimmung der Hauptfürsorgestelle noch einzuholen ist. Dazu oben Rn. 390.

400 Der Arbeitgeber kann in der Mitteilung an den Betriebsrat nicht zwei mögliche Kündigungstermine nennen, ohne sich zu entscheiden.[85] Nennt der Arbeitgeber einen bestimmten Kündigungstermin und kündigt er dann tatsächlich zu einem früheren Zeitpunkt, so ist die ausgesprochene Kündigung schon wegen Verstoßes gegen § 102 BetrVG unwirksam.[86]

401 Beabsichtigt der Arbeitgeber, neben einer außerordentlichen Kündigung vorsorglich eine ordentliche Kündigung auszusprechen, so muss er das in der Mitteilung an den Betriebsrat deutlich machen, damit dieser die Absichten des Arbeitgebers erkennen kann. Die Anhörung zur außerordentlichen Kündigung ersetzt nämlich nicht die notwendige Anhörung des Betriebsrats zur ordentlichen Kündigung. Das ergibt sich bereits aus der unterschiedlichen Ausgestaltung des Anhörungsverfahrens in beiden Fällen.[87]

402 Zum Fall der Umdeutung der außerordentlichen Kündigung in eine ordentliche Kündigung vgl. unten Rn. 470 und 1941 ff.

a) Kündigungsgründe

403 Der Arbeitgeber hat dem Betriebsrat nach § 102 Abs. 1 Satz 2 BetrVG die Gründe für die Kündigung mitzuteilen. Eine ohne Anhörung des Betriebsrats ausgesprochene Kündigung ist **unwirksam.** Das gilt auch für die Kündigung, die der Arbeitgeber ausgesprochen hat, ohne dem Betriebsrat alle diejenigen Gründe mitzuteilen, auf die er die Kündigung stützen will. Die unzureichende Unterrichtung des Betriebsrats reicht nicht aus.[88]

404 Die Bestimmung des **Umfangs der Unterrichtungspflicht** bereitet in der Praxis nicht unerhebliche Schwierigkeiten. Wegen der evtl. eintretenden Folge der Unwirksamkeit der Kündigung allein aus diesem Grunde ohne Rücksicht auf den Kündigungssachverhalt als solchen hat das Problem erhebliche praktische Bedeutung. Auszugehen ist vom Sinn und Zweck des Anhörungsverfahrens. Dem Betriebsrat soll Gelegenheit gegeben werden, zu der beabsichtigten Kündigung aus der Sicht des Arbeitnehmers Stellung zu nehmen. Der Arbeitgeber wird so in die

---

[84] BAG 28. 3. 1974 EzA § 102 BetrVG 1972 Nr. 9 = NJW 1974, 1726; a. A. KR/*Etzel,* § 102 BetrVG Rn. 108, der bei einer Verschiebung um mehr als einen Monat die Ordnungsmäßigkeit des Verfahrens verneint, wozu aber bei gleichem Kündigungssachverhalt kein Anlass besteht.

[85] LAG Bremen 10. 6. 1986 LAGE § 102 BetrVG 1972 Nr. 19; a. A. *Feichtinger,* a. a. O. Rn. 89.

[86] ArbG Kassel 18. 10. 1990 RzK III 1 b Nr. 14.

[87] BAG 16. 3. 1978 EzA § 102 BetrVG 1972 Nr. 32 = NJW 1979, 76; 17. 12. 1976 EzA Art. 9 GG Arbeitskampf Nr. 19 unter Ziff. 9 der Gründe = NJW 1977, 1079; 12. 8. 1976 EzA § 102 BetrVG 1972 Nr. 25 mit Anm. *Löwisch; GK/Kraft,* § 102 BetrVG Rn. 29; *Richardi/Thüsing,* § 102 BetrVG Rn. 53.

[88] BAG 4. 8. 1975 EzA § 102 BetrVG 1972 Nr. 14. Zum Umfang der Begründungspflicht bei Massenentlassungen vgl. BAG 14. 2. 1978 EzA § 102 BetrVG 1972 Nr. 33 = NJW 1979, 233; 27. 6. 1985 EzA § 102 BetrVG 1972 Nr. 60 = NZA 1986, 426.

Lage versetzt, die Überlegungen des Betriebsrats in seine Entscheidung einfließen zu lassen. Sachgerecht vermag der Betriebsrat seine Aufgabe im Anhörungsverfahren nur zu erfüllen, wenn der Arbeitgeber seine Gründe für die Kündigung in der Substanz vollständig darlegt. Die Kennzeichnung des Sachverhalts muss so sein, dass der Betriebsrat ohne zusätzliche eigene Nachforschungen in der Lage ist, die Stichhaltigkeit der Kündigungsgründe zu prüfen und sich über seine Stellungnahme schlüssig zu werden.[89] Eine **pauschale, schlag- oder stichwortartige Bezeichnung des Kündigungsgrundes** reicht nicht aus. Da die Betriebsratsanhörung aber nicht darauf abzielt, die Wirksamkeit der beabsichtigten Kündigung zu überprüfen, sondern „nur" auf die Willensbildung des Arbeitgebers Einfluss nehmen soll, sind an die Mitteilungspflicht des Arbeitgebers nicht dieselben Anforderungen zu stellen wie an die Darlegungslast im Kündigungsschutzprozess.[90] Der Arbeitgeber muss die Einzeltatsachen, auf die er seine Bewertung stützt, mitteilen. Dasselbe gilt auch für die Angabe eines Werturteils. Der Arbeitgeber muss somit **alle Gründe, auf die er die Kündigung stützen will,** nicht nur die wesentlichen, dem Betriebsrat mitteilen. Vom Arbeitgeber her gesehen hat das Anhörungsverfahren also auch **eine subjektive Seite („subjektive Determination").** Teilt der Arbeitgeber objektiv kündigungsrechtlich erhebliche Tatsachen dem Betriebsrat deswegen nicht mit, weil er die Kündigung darauf zunächst nicht stützen will oder weil er der Ansicht ist, die mitgeteilten Gründe reichten zur Rechtfertigung der Kündigung bereits aus, so ist das Anhörungsverfahren korrekt. Die **objektiv unvollständige** Mitteilung ist unschädlich, denn nach dem Sinn und Zweck des Anhörungsverfahrens benötigt der Betriebsrat nicht die Kenntnis von Tatsachen, die für den Kündigungsentschluss des Arbeitgebers ohne Bedeutung gewesen sind.[91] Hat der Arbeitgeber jedoch **weitere** Tatsachen, die er dem Betriebsrat nicht mitgeteilt hat, gekannt und sind sie auch von ihm bedacht worden, so verstößt das Verfahren gegen § 102 Abs. 1 BetrVG und die Kündigung ist unwirksam.[92] Davon hat die Rechtsprechung dann eine Ausnahme gemacht, wenn diese weiteren Tatsachen nur **eine Ergänzung oder Konkretisierung des mitgeteilten Sachverhalts darstellen.** Diese Ausnahme wird jedoch eng gehandhabt, so dass aus Vorsorge eher anzuraten ist, auch solche Tatsachen dem Betriebsrat mitzuteilen.[93]

Diese Grundsätze hat das BAG auch auf solche Umstände angewandt, die zwar **405**
nicht das beanstandete Verhalten des Arbeitnehmers bzw. den Kündigungssachverhalt betreffen, aber im Rahmen der Interessenabwägung zugunsten des Arbeitneh-

---

[89] BAG 13. 7. 1978 EzA § 102 BetrVG 1972 Nr. 35 mit krit. Anm. *Meisel* = NJW 1979, 1677; 24. 11. 1983 EzA § 102 BetrVG 1972 Nr. 54 mit Anm. *Grunsky;* 2. 3. 1989 EzA § 626 BGB n.F. Nr. 118 = NZA 1989, 755; 22. 9. 1994 EzA § 102 BetrVG 1972 Nr. 86.

[90] Einhellige Auffassung, vgl. BAG 22. 9. 1994 EzA § 102 BetrVG 1972 Nr. 86; 8. 9. 1988 AP § 102 BetrVG 1972 Nr. 49; *Bitter,* NZA Beilage 3/1991, S. 16, 19f.; KR/*Etzel,* § 102 BetrVG Rn. 66.

[91] Vgl. BAG 24. 11. 1983 EzA § 102 BetrVG 1972 Nr. 54 = RdA 1984, 193; 8. 9. 1988 EzA § 102 BetrVG 1972 Nr. 73 mit krit. Anm. *Schwerdtner;* 11. 10. 1989 EzA § 1 KSchG Betriebsbedingte Kündigung Nr. 64; 11. 7. 1991 AP § 102 BetrVG 1972 Nr. 57; *Bitter,* NZA Beilage 3/1991, S. 16, 19f.; kritisch *Kraft,* Festschrift für Kissel, 1994, S. 611ff.

[92] BAG 8. 9. 1988 EzA § 102 BetrVG 1972 Nr. 73; 11. 10. 1989 EzA § 1 KSchG Betriebsbedingte Kündigung Nr. 64.

[93] Vgl. dazu *Moll,* Anm. EzA § 102 BetrVG 1972 Nr. 55.

mers zu berücksichtigen sind, z.B. Alter und Dauer der Betriebszugehörigkeit des Arbeitnehmers. Kennt der Arbeitgeber die Umstände und hat er sie bedacht, so muss er auch sie dem Betriebsrat mitteilen.[94]

406 Folge dieser **subjektiven Determination** des Anhörungsverfahrens ist, dass dieses § 102 Abs. 1 BetrVG entspricht, wenn der Arbeitgeber keine auf bestimmte Tatsachen gestützte Kündigungsgründe dem Betriebsrat mitteilt, entweder weil er keine hat oder weil sein Entschluss, das Arbeitsverhältnis zu kündigen, allein von subjektiven, durch Tatsachen nicht belegbare oder belegte Vorstellungen bestimmt wird. Der Fall wird selten vorkommen; das Anhörungsverfahren entspräche aber dem Gesetz.[95] Wer keine Gründe hat und nur wegen vorhandener subjektiver Werturteile ohne konkrete Anhaltspunkte kündigt, kann nicht der Wahrheit zuwider zur Angabe von Gründen gezwungen werden.[96] Bleiben die dem Betriebsrat mitgeteilten Gründe hinter dem zurück, was der Arbeitgeber in seinen Überlegungsprozess einbezogen hat, so führt dies zur Fehlerhaftigkeit des Anhörungsverfahrens. Die nur bei **objektiver** Würdigung unvollständige Mitteilung der Kündigungsgründe hat dagegen nicht die Unwirksamkeit der Kündigung nach § 102 Abs. 1 BetrVG zur Folge.

407 Das Vortragen und Mitteilen von **Scheingründen** sowie das Verschweigen der wahren Kündigungsgründe aber führen zur Verneinung der Ordnungsmäßigkeit des Anhörungsverfahrens. Teilt der Arbeitgeber dem Betriebsrat **bewusst wahrheitswidrig** unrichtige Kündigungsgründe mit, ist die Anhörung nach § 102 Abs. 1 Satz 3 BetrVG unwirksam.[97] Das gilt auch, wenn der Arbeitgeber dem Betriebsrat den Sachverhalt bewusst irreführend – z.B. auch durch Verschweigen wesentlicher Umstände – schildert. So ist das Anhörungsverfahren fehlerhaft, wenn der Arbeitgeber objektiv falsch informiert, der Betriebsrat dieses rügt und der Arbeitgeber gleichwohl keine weiteren Angaben innerhalb der Anhörungsfrist macht.[98] Der Arbeitgeber trägt die Beweislast für eine nicht bewusste Irreführung, wenn die objektiven Daten mit der dem Betriebsrat erteilten Information nicht übereinstimmen.[99] Dasselbe gilt, wenn bewusst unvollständige Sachdarstellungen mitgeteilt werden oder an Stelle des bekannten und darstellbaren sowie bedachten Kündigungssachverhalts nur pauschale Werturteile abgegeben werden.[100]

408 Die **objektiv unvollständige** Mitteilung der für die Kündigung wesentlichen Umstände an den Betriebsrat hat aber eine erhebliche Konsequenz auf ein evtl. nachfolgendes Kündigungsschutzverfahren. Tragen die dem Betriebsrat mitgeteilten

---

[94] Vgl. BAG 2. 3. 1989 EzA § 626 BGB n.F. Nr. 118 = NZA 1989, 755. Vorschriften des Datenschutzes stehen nicht entgegen; KR/*Etzel,* § 102 BetrVG Rn. 71.

[95] Zur Kündigung innerhalb der Probezeit „auf Wunsch des Chefarztes“ LAG Frankfurt 12. 6. 1995 LAGE § 102 BetrVG 1972 Nr. 50.

[96] BAG 8. 9. 1988 EzA § 102 BetrVG 1972 Nr. 73.

[97] BAG 23. 9. 1992 EzA § 1 KSchG Krankheit Nr. 37; 22. 9. 1994 EzA § 102 BetrVG 1972 Nr. 86 unter Aufhebung von LAG Köln 30. 9. 1993 LAGE § 102 BetrVG 1972 Nr. 36; vgl. auch BAG 9. 3. 1995 NZA 1995, 678; weitergehend *Kraft,* Festschrift für Kissel, 1994, S. 611, 617f., der auch die unbewusste Falschinformation genügen lassen will; dagegen *Bitter,* NZA-Beilage 3/1991, S. 16, 20; *Berkowsky,* NZA 1996, 1065ff.; zum ganzen *Oetker,* Festschrift für Kraft, 1998, S. 429ff.

[98] BAG 17. 2. 2000 BAGE 93, 366.

[99] BAG 22. 9. 1994 EzA § 102 BetrVG 1972 Nr. 86.

[100] LAG Köln 20. 12. 1993 LAGE § 102 BetrVG 1972 Nr. 37.

Gründe die soziale Rechtfertigung der Kündigung nach § 1 KSchG oder den wichtigen Grund nach § 626 BGB nicht, so ist es dem Arbeitgeber verwehrt, **im Kündigungsschutzverfahren Gründe nachzuschieben,** die über eine Erläuterung der (mitgeteilten) Gründe hinausgehen. Diese **mittelbare Folge** führt dann zu einem Prozessverlust des Arbeitgebers. **Das gilt nicht,** wenn der Arbeitgeber für die Rechtfertigung der Kündigung keine Gründe braucht (innerhalb der Wartezeit des § 1 Abs. 1 KSchG). Hier wirkt sich die nur objektiv unvollständige Unterrichtung des Betriebsrats auf die materiell-rechtliche Wirksamkeit der Kündigung nicht aus.[101] Bei einer Kündigung innerhalb der Wartezeit des § 1 KSchG sind also an den Umfang der Mitteilung der Kündigungsgründe keine geringeren Anforderungen zu stellen als in anderen Fällen.[102] **Zum Nachschieben von Kündigungsgründen** im Kündigungsschutzprozess vgl. unten Rn. 419ff.

Die Mitteilung der Kündigungsgründe hat sich – jedenfalls in Fällen schwerwie- **409**
gender Verfehlungen des Arbeitnehmers, die sich nachteilig auf das berufliche Fortkommen des Arbeitnehmers auswirken können – auch auf solche Tatsachen zu erstrecken, die gegen die beabsichtigte Kündigung sprechen.[103]

Problematisch ist, ob der Arbeitgeber auch fehlende Weiterbeschäftigungsmög- **410**
lichkeiten mitzuteilen hat. Besteht aus der Sicht des Arbeitgebers keine Möglichkeit, den zu kündigenden Arbeitnehmer auf einem anderen Arbeitsplatz weiterzubeschäftigen, so genügt der Arbeitgeber seiner Anhörungspflicht nach § 102 BetrVG in der Regel schon durch den ausdrücklichen oder konkludenten Hinweis auf fehlende Weiterbeschäftigungsmöglichkeiten.[104] Selbst im Kündigungsschutzprozess ist der Arbeitgeber zu weiteren Darlegungen nur verpflichtet, wenn der Arbeitnehmer angibt, wie er sich eine Weiterbeschäftigung vorstellt.[105] Die Darlegungspflicht im Rahmen der Betriebsratsanhörung geht regelmäßig nicht weiter als die Darlegungslast im späteren Prozess. Sehr viel weiter geht das BAG aber für den Fall, wenn der Betriebsrat den Arbeitgeber auf einen konkreten unbesetzten Arbeitsplatz aufmerksam macht. Dann muss der Arbeitgeber weitere konkrete Aus-

---

[101] BAG 8. 9. 1988 EzA § 102 BetrVG 1972 Nr. 73 mit krit. Anm. *Oetker* in SAE 1989, 302ff. Nicht richtig ist der Hinweis des BAG, der Arbeitgeber setze sich bei einer nicht an sachlichen Kriterien ausgerichteten Kündigungsentscheidung innerhalb der Wartezeit des § 1 KSchG der Gefahr aus, diese Kündigung könne sittenwidrig sein; dagegen zutreffend *Schwerdtner,* Anm. zu BAG a.a.O. Zur sittenwidrigen Kündigung oben Rn. 294.

[102] Entschließt sich der Arbeitgeber, allein aus pauschalen Werturteilen ein Arbeitsverhältnis zu kündigen, so scheitert er, sofern nur sie seinen Kündigungsentschluss bestimmt haben, nicht an § 102 Abs. 1 BetrVG. Hat der Arbeitnehmer noch keinen Kündigungsschutz, so ist die Kündigung wirksam. Findet § 1 KSchG Anwendung oder handelt es sich um eine außerordentliche Kündigung, so kann der Arbeitgeber im Kündigungsschutzverfahren keine Gründe nachschieben. Vgl. zum Problem *Schwerdtner,* ZIP 1981, 809 und Anm. EzA § 102 BetrVG 1972 Nr. 73, der auf die Schwierigkeiten der subjektiven Determination der Anhörungspflicht in der Praxis aufmerksam macht.

[103] Vgl. BAG 2. 11. 1983 EzA § 102 BetrVG 1972 Nr. 53 = AP § 102 BetrVG 1972 Nr. 29 mit der weiteren Einschränkung, das gelte dann, wenn der Arbeitgeber den Kündigungsvorwurf auf Hörensagen stützt. Das BAG hat diese Rechtsprechung erweitert und den Arbeitgeber für verpflichtet erklärt, dem Betriebsrat nicht nur eine erteilte Abmahnung mitzuteilen, sondern auch die dazu vom Arbeitnehmer vorgelegte Gegendarstellung; BAG 31. 8. 1989 EzA § 102 BetrVG 1972 Nr. 75.

[104] BAG 17. 2. 2000 BAGE 93, 366.

[105] BAG 29. 3. 1990 EzA KSchG § 1 Soziale Auswahl Nr. 29.

künfte bezogen auf diesen Arbeitsplatz erteilen. Tut er dies nicht innerhalb der Anhörungsfrist, ist die Kündigung nach § 102 BetrVG unwirksam.[106]

411 Die Kündigungsgründe brauchen dem Betriebsrat gegenüber **nicht unter Beweis** gestellt zu werden. Die Vorlage von Beweismitteln, schriftlichen Unterlagen oder die Benennung von Zeugen ist nicht erforderlich und kann vom Betriebsrat auch nicht verlangt werden.[107] Auch ist die Ordnungsmäßigkeit des Anhörungsverfahrens nicht davon abhängig, ob die mitgeteilten Kündigungsgründe in der Lage sind, die beabsichtigte Kündigung zu rechtfertigen. Das ist allein im Kündigungsschutzprozess zu entscheiden, sofern das Kündigungsschutzgesetz anwendbar ist, oder eine Frage des Vorliegens eines wichtigen Grundes, über den nachträglich im Kündigungsschutzprozess zu entscheiden ist.[108]

412 Die Verpflichtung des Arbeitgebers zur vollständigen Mitteilung der Gründe, auf die er seine Kündigung stützen will, entfällt dann, wenn der Betriebsrat bereits den aktuellen, erforderlichen Kenntnisstand hat, um sich über die Kündigungsgründe ein Bild zu machen. Den Arbeitgeber dennoch für verpflichtet zu halten, die Kündigungsgründe dem Betriebsrat detailliert vorzutragen, würde unverständliche „Förmelei" bedeuten.[109] Der Kenntnisstand des Betriebsrats muss in einem engen zeitlichen Zusammenhang mit der Einleitung des Anhörungsverfahrens stehen.[110] Der Arbeitgeber kann in diesem Fall das Anhörungsverfahren mit einem pauschalen Hinweis auf die bereits bekannten Gründe einleiten.[111] Das gilt in Klein- wie auch in Großbetrieben. Zu bemerken ist allerdings, dass das Risiko beim Arbeitgeber liegt. Bestätigt sich seine Annahme, der Betriebsrat habe den aktuellen und ausreichenden Kenntnisstand, nicht, so ist die Kündigung unwirksam.[112]

aa) Betriebsbedingte Kündigung

413 Der Arbeitgeber hat dem Betriebsrat bei einer beabsichtigten betriebsbedingten Kündigung neben den Tatsachen,[113] aus denen er die Betriebsbedingtheit der Kün-

---

[106] BAG 17. 2. 2000 BAGE 93, 366 unter Bezugnahme auf BAG 6. 7 .1979 BAGE 30, 370 im Ergebnis ebenso für den Fall, dass der Arbeitgeber einem derartigen berechtigten Verlangen des Betriebsrats nach Zusatzinformationen nicht nachkommt GK/*Kraft,* § 2 BetrVG Rn. 75; *Oetker,* Festschrift für Kraft, 1998, S. 429ff.; *Raab,* ZfA 1995, S. 479, 528.

[107] BAG 26. 1. 1995 EzA § 102 BetrVG Nr. 87 unter Aufhebung von LAG Hamm 6. 1. 1994 LAGE § 102 BetrVG 1972 Nr. 40; vgl. ferner BAG 6. 2. 1997 EzA § 102 BetrVG 1972 Nr. 96; KDZ/*Kittner,* § 102 BetrVG Rn. 47.

[108] BAG 24. 3. 1977 EzA § 102 BetrVG 1972 Nr. 28 = NJW 1978, 122; KR/*Etzel,* § 102 BetrVG Rn. 68.

[109] BAG 27. 6. 1985 EzA § 102 BetrVG 1972 Nr. 60 = NZA 1986, 426; kritisch *Hohmeister,* NZA 1991, 209, 212ff.

[110] Abzustellen für den Kenntnisstand ist auf die Person des Vorsitzenden oder seines Stellvertreters bzw. des Vorsitzenden des Personalausschusses. Einzelheiten BAG 27. 6. 1985 EzA § 102 BetrVG 1972 Nr. 60 = NJW 1986, 426.

[111] Vgl. dazu noch BAG 28. 9. 1978 EzA § 102 BetrVG 1972 Nr. 39 = NJW 1979, 2421; LAG Köln 16. 10. 1997 LAGE § 102 BetrVG 1972 Nr. 64.

[112] Von einem ausreichenden Kenntnisstand kann nicht ausgegangen werden, wenn der Betriebsrat nur die Möglichkeit hat, aktenmäßig erfasstes Informationsmaterial heranzuziehen, vgl. LAG Hamm 24. 10. 1991 LAGE § 102 BetrVG 1972 Nr. 32.

[113] Die Mitteilung bloßer wirtschaftlicher Motive reicht nicht aus LAG Hamm 30. 9. 1999 LAGE § 102 BetrVG 1972 Nr. 73. Andererseits bedarf es nicht der Mitteilung der Motive, wenn nur die kündigungsbegründenden Tatsachen mitgeteilt sind LAG Thüringen 16. 10. 2000 NZA-RR 2001, 643.

digung ableitet (dazu oben Rn. 404 und unten 930ff.), auch von vornherein die Gründe mitzuteilen, die ihn gerade zur Auswahl dieses Arbeitnehmers veranlasst haben.[114] Dazu zählen in der Regel die Sozialdaten des ausgewählten Arbeitnehmers und mit ihm vergleichbarer Arbeitnehmer.[115] Auch hier kommt die subjektive Seite des Anhörungsverfahrens in der Person des Arbeitgebers zum Tragen. Der Arbeitgeber braucht nur **seine Auswahlgründe** mitzuteilen.[116] Hat er z.B. überhaupt nicht nach sozialen Gesichtspunkten ausgewählt, sondern sich allein von Leistungsgesichtspunkten leiten lassen, so ist das Anhörungsverfahren ordnungsgemäß. So ist die Anhörung auch nicht fehlerhaft, wenn der Arbeitgeber Gründe zur Sozialauswahl nicht mitteilt, weil er der Auffassung ist, dass wegen der unmittelbaren Betroffenheit nur eines Arbeitnehmers, wegen Schließung eines ganzen Betriebs oder aus anderen Gründen eine Sozialauswahl gar nicht erforderlich ist.[117] Die Folgen für den Arbeitgeber zeigen sich ggf. erst im Kündigungsschutzprozess, in dem es ihm verwehrt ist, sich auf Gründe für die soziale Auswahl zu berufen, die er dem Betriebsrat nicht mitgeteilt hat.[118] Auswahlgründe, die der Arbeitgeber nicht gesehen oder die er für unbedeutend gehalten und deshalb bei seiner Abwägung nicht bedacht hat, braucht der Arbeitgeber nicht darzulegen. Der Betriebsrat hat allerdings nach § 80 Abs. 2 BetrVG das Recht, solche Daten zu erfragen. Das Anhörungsverfahren nach § 102 Abs. 1 BetrVG bleibt davon unberührt. Ob die Sozialauswahl von den Umständen, die dem Betriebsrat mitgeteilt worden sind, getragen wird, entscheidet sich im evtl. Kündigungsschutzverfahren.

Im Falle beabsichtigter Betriebsstilllegung gehört der Stilllegungstermin grds. zu **414**
den mitteilungsbedürftigen Umständen.[119] Keine anderen Grundsätze gelten für Massenentlassungen.[120] Bei **etappenweiser Betriebsstilllegung** muss – neben dem Termin der endgültigen Stilllegung – mitgeteilt werden, in welcher zeitlichen

[114] Die frühere Rechtsprechung, Mitteilung nur auf Verlangen des Betriebsrates – Urteil vom 6. 7. 1978 EzA § 102 BetrVG 1972 Nr. 37 mit Anm. *Hanau* = NJW 1979, 1672 – hat der 2. Senat mit Urteil vom 29. 3. 1984 EzA § 102 BetrVG 1972 Nr. 55 = NJW 1984, 2374 aufgegeben; bestätigt durch BAG 16. 1. 1987 EzA § 1 KSchG Betriebsbedingte Kündigung Nr. 48 und 2. 3. 1989 EzA § 626 BGB n.F. Nr. 118 = NZA 1989, 75.

[115] LAG Nürnberg 15. 3. 1994 LAGE § 102 BetrVG 1972 Nr. 39; fraglich ist, ob es zu Lasten des Arbeitgebers geht, wenn ihm prinzipiell auswahlrelevante Sozialdaten nicht bekannt sind und diese auch vom Arbeitnehmer nicht mitgeteilt werden, zu Recht dagegen ArbG Stuttgart 31. 10. 1991 AiB 1992, 360. Nach LAG Baden-Württemberg 9. 11. 1990 LAGE § 102 BetrVG 1972 Nr. 25 besteht im Rahmen des § 102 BetrVG keine Verpflichtung des Arbeitgebers, hinsichtlich der Kinderzahl über die Angabe in der Steuerkarte hinaus weitere Nachforschungen anzustellen.

[116] BAG 16. 1. 1987 EzA § 1 KSchG Betriebsbedingte Kündigung Nr. 48.

[117] BAG 24. 2. 2000 AP § 1 KSchG 1969 Soziale Auswahl Nr. 47; LAG Frankfurt 24. 1. 2000 NZA-RR 2001, 34; LAG Schleswig-Holstein 1. 4. 1999 LAGE § 1 KSchG Soziale Auswahl Nr. 30.

[118] Vgl. LAG Sachsen-Anhalt 20. 1. 1995 LAGE § 102 BetrVG 1972 Nr. 46; LAG Berlin 20. 8. 1996 LAGE § 1 KSchG Soziale Auswahl Nr. 19; *Moll,* Anm. EzA § 102 BetrVG 1972 Nr. 55; KR/*Etzel,* § 102 BetrVG 1972 Rn. 62f.; a.A. *Hanau,* Anm. EzA § 102 BetrVG 1972 Nr. 37, der das Anhörungsverfahren dann als nicht ordnungsgemäß ansieht, wenn der Betriebsrat nicht sämtliche dem Arbeitgeber zur Verfügung stehenden objektiven Informationen erhalte.

[119] Vgl. aber BAG 21. 6. 2001 EzA § 102 BetrVG 1972 Nr. 112.

[120] LAG Köln 13. 1. 1993 LAGE § 102 BetrVG 1972 Nr. 34.

Abfolge Bereiche eingeschränkt, welche Arbeitnehmer zunächst weiterbeschäftigt und zu welchem Zeitpunkt welche Arbeitnehmer entlassen werden.[121]

bb) Krankheitsbedingte Kündigung

415 Bei der krankheitsbedingten Kündigung hat der Arbeitgeber alle diejenigen Umstände darzulegen, die die soziale Rechtfertigung dieser Kündigung begründen können (dazu unten Rn. 1214). Das sind die einzelnen Fehlzeiten und darüber hinaus die Tatsachen, aus denen sich eine erhebliche Beeinträchtigung betrieblicher Interessen ergibt.[122] Auch muss ggf. unterschieden werden, ob die Kündigung auf der Basis einer negativen Gesundheitsprognose oder einer feststehenden dauernden Arbeitsunfähigkeit erfolgen soll.[123] Die Beeinträchtigung betrieblicher Interessen ist Teil des Kündigungsgrundes. Ist die Anhörung **objektiv unvollständig,** d.h. teilt der Arbeitgeber bestimmte Umstände dem Betriebsrat nicht mit, weil er seine Entscheidung darauf nicht stützt, so ist das Anhörungsverfahren ordnungsgemäß; der Arbeitgeber kann die weiteren Tatsachen im Kündigungsschutzprozess jedoch nicht nachschieben, so dass die Kündigung unter Umständen sozialwidrig ist.[124] Das ist der Fall, wenn der verwertbare Sachverhalt die soziale Rechtfertigung der Kündigung nicht trägt. Für die Praxis wichtig ist die Trennung von personenbedingten und verhaltensbedingten Gründen. Werden bei der Anhörung entschuldigte krankheitsbedingte sowie – unzutreffend – unentschuldigte Fehlzeiten miteinander **vermengt,** so kann die Anhörung allein deshalb fehlerhaft sein.[125] Entscheiden muss sich der Arbeitgeber, ob er den Betriebsrat nur zu einer krankheitsbedingten oder nur zu einer verhaltensbedingten Kündigung anhört. In Grenzfällen (alkoholbedingte Kündigung, Kündigung wegen Schlechtleistung oder krankheitsbedingter Leistungsminderung) empfiehlt es sich, den Betriebsrat zu beiden Kündigungsvarianten anzuhören, weil im Kündigungsschutzverfahren ansonsten ein Nachschieben des Kündigungsgrundes (Rn. 419ff.) ausgeschlossen ist.[126] Weniger brisant ist die Frage nur bei einer Kündigung, für die das KSchG nicht gilt, weil der Arbeitgeber hier nicht gezwungen ist, seinen subjektiv determinierten Kündigungsentschluss in einem Kündigungsschutzprozess zu objektivieren.[127]

cc) Verhaltensbedingte Kündigung

416 Bei der verhaltensbedingten Kündigung sind neben den aus der Sicht des Arbeitgebers rechtfertigenden Gründen auch diejenigen Umstände darzulegen, die – dem Arbeitgeber bekannt und von ihm bedacht – im Rahmen der Interessenabwägung von Bedeutung sind.[128] Die Darlegungspflichten sind aber nicht zu überspannen.

---

[121] LAG Hamm 17. 2. 1995 LAGE § 102 BetrVG 1972 Nr. 54.
[122] Vgl. BAG 8. 9. 1988 EzA § 102 BetrVG 1972 Nr. 73.
[123] Hierzu LAG Hamm 17. 11. 1997 LAGE § 102 BetrVG 1972 Nr. 63.
[124] BAG 9. 4. 1987 EzA § 1 KSchG Krankheit Nr. 18 = NJW 1987, 2956; 24. 11. 1983 EzA § 102 BetrVG 1972 Nr. 54.
[125] BAG 23. 9. 1992 EzA § 1 KSchG Krankheit Nr. 37.
[126] Vgl. LAG Hamburg 22. 2. 1991 LAGE § 102 BetrVG 1972 Nr. 28 mit abl. Anm. *Rüthers/Franke.*
[127] Hierzu BAG 11. 7. 1991 EzA § 102 BetrVG 1972 Nr. 81 = NZA 1992, 38.
[128] BAG 2. 3. 1989 EzA § 626 BGB n.F. Nr. 118 = NZA 1989, 755; 26. 1. 1995 NZA 1995, 517 = EzA § 1 KSchG Verhaltensbedingte Kündigung Nr. 46.

Bei wiederholtem Zuspätkommen muss der Arbeitgeber nicht die Betriebsstörungen mitteilen, da derartige Verspätungsfolgen bekannt sind.[129] Ebenso sind unter gewissen Voraussetzungen Umstände mitzuteilen, die gegen die Kündigung sprechen.[130] Auch eine vorangegangene **Abmahnung** und ihr Anlass sind dem Betriebsrat zur Kenntnis zu bringen, da sie für die Beurteilung des Kündigungssachverhalts von ausschlaggebender Bedeutung sind. Liegt eine Gegendarstellung des Arbeitnehmers vor, so hat der Arbeitgeber den Betriebsrat auch davon zu informieren.[131] Will der Arbeitgeber eine Kündigung allein auf Minderleistungen des Arbeitnehmers stützen, ohne Rücksicht auf deren Ursachen, ist die Anhörung nach § 102 Abs. 1 BetrVG auch dann nicht zu beanstanden, wenn der Arbeitnehmer schon vor der Kündigung die Minderleistung durch Attestvorlage krankheitsbedingt erklärt hat.[132] An dieser Entscheidung wird der Grundsatz der subjektiven Determination (Rn. 393) besonders deutlich. Ob eine derart motivierte Kündigung der Prüfung nach § 1 KSchG standhielte, steht auf einem anderen Blatt. In jedem Fall muss sich der Arbeitgeber klar entscheiden, ob er den Betriebsrat zu einer verhaltensbedingten oder einer personenbedingten Kündigung anhören will.[133]

dd) Verdachtskündigung

Nach der Rechtsprechung des BAG kann der Arbeitgeber im Falle einer Kündi- **417**
gung des Arbeitnehmers wegen erwiesener Straftat nach entsprechender Anhörung des Betriebsrats im Kündigungsschutzprozess die Kündigung **bei unverändert gebliebenem Sachverhalt** nicht mehr auf den Verdacht dieser Straftat stützen, wenn nicht der Betriebsrat vorsorglich auch zu diesem Kündigungsgrund gehört worden ist.[134] Da die Beweiswürdigung im Kündigungsschutzprozess nicht sicher prognostiziert werden kann, ist es in diesen Fällen dringend geboten, hilfsweise den Betriebsrat auch zur Verdachtskündigung zu hören.[135]

ee) Änderungskündigung

Der Arbeitgeber hat im Falle einer beabsichtigten Änderungskündigung dem **418**
Betriebsrat neben den Gründen zur Kündigung auch das Änderungsangebot (einschließlich der Vergütung) mitzuteilen. Nur bei Kenntnis dieses Angebots kann der Betriebsrat die Tragweite der Kündigung beurteilen und prüfen, ob er Wider-

---

[129] BAG 27. 2. 1997 EzA § 1 KSchG Verhaltensbedingte Kündigung Nr. 51.

[130] BAG 2. 11. 1983 EzA § 102 BetrVG 1972 Nr. 53; LAG Schleswig-Holstein 15. 4. 1997 LAGE § 102 BetrVG 1972 Nr. 58.

[131] BAG 31. 8. 1989 EzA § 102 BetrVG 1972 Nr. 75.

[132] BAG 11. 7. 1991 EzA § 102 BetrVG 1972 Nr. 81 = NZA 1992, 38 unter Aufhebung von LAG Hamm 5. 12. 1990 LAGE § 102 BetrVG 1972 Nr. 27; vgl. auch LAG Düsseldorf 2. 7. 1993 LAGE § 102 BetrVG 1972 Nr. 35 mit abl. Anm. *Schwerdtner;* ähnlich LAG Baden-Württemberg 9. 11. 1990 LAGE § 102 BetrVG 1972 Nr. 25.

[133] LAG Hamburg 22. 2. 1991 LAGE § 102 BetrVG 1972 Nr. 28 mit krit. Anm. *Rüthers/Franke.*

[134] BAG 3. 4. 1986 EzA § 102 BetrVG 1972 Nr. 63 mit teilw. krit. Anm. *Rüthers;* 2. 3. 1989 EzA § 626 BGB n. F. Nr. 118 = NZA 1989, 755.

[135] *Rüthers,* Anm. EzA § 102 BetrVG 1972 Nr. 63, weist richtig darauf hin, dass die Zulässigkeit des „Nachschiebens des Verdachts" durchaus gegeben sein kann. Der Verdacht sei dem Arbeitgeber, der die Tat als erwiesen betrachtet habe, erst nach Ausspruch der Kündigung bekannt geworden, so dass er – nach vorheriger Anhörung des Betriebsrates – den Grund im Kündigungsschutzprozess nachschieben könne.

spruch nach § 102 BetrVG Abs. 3 Nr. 3–5 erheben kann.[136] Darüber hinaus muss der Arbeitgeber, wenn er sich eine Beendigungskündigung vorbehalten und dazu eine erneute Anhörung ersparen will, dem Betriebsrat gegenüber verdeutlichen, dass er im Falle der **Ablehnung des Änderungsangebotes durch den Arbeitnehmer** die Beendigungskündigung beabsichtigt. Bleibt diese Frage für den Betriebsrat offen, so liegt keine ordnungsgemäße Anhörung des Betriebsrats vor.[137] Bei der betriebsbedingten Änderungskündigung sind dem Betriebsrat wie bei den sonstigen betriebsbedingten Kündigungen die Gründe für die Sozialauswahl mitzuteilen (dazu oben Rn. 413).[138]

b) Nachschieben von Kündigungsgründen

419 Das Nachschieben von **vor der Kündigung** entstandenen Kündigungsgründen, die der Arbeitgeber zunächst zur Begründung der Kündigung nicht angegeben hat, ist **materiellrechtlich** zulässig ohne Rücksicht darauf, wann sie dem Kündigenden bekannt geworden sind.[139]

420 Die Frage, ob Kündigungsgründe, die dem Betriebsrat im Anhörungsverfahren nicht mitgeteilt worden sind, im Kündigungsschutzverfahren nachgeschoben werden können, wird unterschiedlich beantwortet. Davon zu unterscheiden ist die bloße **Erläuterung und Konkretisierung** der dem Betriebsrat genannten Gründe. Sie bleiben zulässig, sofern sie nicht dem bisherigen Vortrag bzw. Sachverhalt erst das Gewicht eines kündigungsrechtlich erheblichen Grundes geben. Innerhalb des Anhörungsverfahrens und **vor Ausspruch der Kündigung** kann der Arbeitgeber weitere Tatsachen – ggf. auf Nachfrage des Betriebsrats – mitteilen, die im Kündigungsschutzprozess verwertbar sind. Dies gilt jedenfalls dann, wenn der Arbeitgeber vor der Kündigung die Frist des § 102 Abs. 2 BetrVG bzw. die abschließende Stellungnahme des Betriebsrats abwartet.[140]

421 Nach der Leitentscheidung des BAG vom 11. 4. 1985[141] gelten die folgenden Grundsätze, auf die sich die Praxis einzustellen hat:

422 Das **Nachschieben von solchen Kündigungsgründen,** die dem Arbeitgeber bei Ausspruch der Kündigung **bereits bekannt waren,** von denen er dem Betriebsrat aber keine Mitteilung gemacht hat, ist unzulässig mit der Folge, dass diese Gründe im Prozess nicht berücksichtigt werden können.[142]

423 Das **Nachschieben von Kündigungsgründen,** die dem Arbeitgeber bei Ausspruch der Kündigung **noch unbekannt waren,** mit denen sich also weder der Arbeitgeber noch der Betriebsrat im Anhörungsverfahren befasst haben, ist zulässig, sofern hinsichtlich dieser Gründe eine **weitere Anhörung des Betriebsrats erfolgt,** bevor sie im Prozess nachgeschoben werden. Damit wird das Nachschieben

---

[136] BAG 10. 3. 1982 EzA § 2 KSchG Nr. 3 = NJW 1982, 2839; 11. 10. 1989 EzA § 1 KSchG Betriebsbedingte Kündigung Nr. 64; LAG Hamm 15. 7. 1997 LAGE § 102 BetrVG 1972 Nr. 60.

[137] BAG 30. 11. 1989 EzA § 102 BetrVG 1972 Nr. 77; LAG Hamm 15. 7. 1977 LAGE § 102 BetrVG 1972 Nr. 60.

[138] Vgl. BAG Baden-Württemberg 15. 10. 1984 NZA 1985, 126.

[139] BAG 11. 4. 1985 EzA § 102 BetrVG 1972 Nr. 62 = NJW 1986, 3159.

[140] BAG 6. 2. 1997 EzA § 102 BetrVG 1972 Nr. 96.

[141] EzA § 102 BetrVG 1972 Nr. 62 = NJW 1986, 3159.

[142] Bestätigt durch BAG 2. 4. 1987 AP § 626 BGB Nr. 96; 26. 9. 1991 EzA § 1 KSchG Personenbedingte Kündigung Nr. 10 = NZA 1992, 1073.

von Kündigungsgründen der Erklärung der Kündigung gleichgesetzt[143] und sichergestellt, dass der Streit über die Kündigung in einem Verfahren erledigt werden kann. Voraussetzung ist, dass der Arbeitgeber darlegt und ggf. beweist, er habe von diesen Gründen erst nach Ausspruch der Kündigung Kenntnis – notwendig ist die positive Kenntnis – erlangt.

4. Beschluss des Betriebsrats

Die Stellungnahme des Betriebsrats zur beabsichtigten Kündigung erfolgt durch 424
Beschluss (§ 33 BetrVG). Das gilt auch für die Entscheidung eines Ausschusses nach § 28 Abs. 1 Satz 2 BetrVG. Es handelt sich angesichts der Bedeutung der Mitwirkung bei der Kündigung des Arbeitsverhältnisses nicht um ein laufendes Geschäft i. S. des § 27 Abs. 3 Satz 1 BetrVG. Der Betriebsrat kann sein Recht auch nicht allgemein kraft Ermächtigung auf den Vorsitzenden bzw. ein anderes Mitglied des Betriebsrats übertragen. Der darin liegende Verzicht auf die Beteiligungsrechte ist rechtsunwirksam.

Eine Aufforderung zur Stellungnahme ist nicht erforderlich.[144] Sie liegt in aller 425
Regel in der Mitteilung der Kündigungsgründe; dennoch dürfte sie zweckmäßig sein. Ein Hinweis auf die Fristen für eine evtl. Stellungnahme bzw. die Erhebung des Widerspruchs braucht der Arbeitgeber nicht anzubringen.

Das sogenannte **Umlaufverfahren** genügt für den Beschluss nach § 33 BetrVG 426
nicht. Notwendig ist die Beratung in einer Sitzung des Betriebsrats bzw. des zuständigen Ausschusses. Im Falle des § 35 BetrVG – Aussetzen der Entscheidung – verlängert sich die Frist zur Stellungnahme des Betriebsrats nicht, sofern nicht zwischen Arbeitgeber und Betriebsrat eine entsprechende Verlängerung vereinbart worden ist.[145]

Vor seiner Beschlussfassung soll der Betriebsrat, sofern dies erforderlich erscheint, 427
den betroffenen Arbeitnehmer hören. Die Ordnungsmäßigkeit des Anhörungsverfahrens wird selbst durch die pflichtwidrige Nichtanhörung des Arbeitnehmers durch den Betriebsrat nicht berührt.[146] Die Teilnahme des Arbeitgebers an der Betriebsratssitzung, in der dieser über die Stellungnahme zur beabsichtigten Kündigung eines Arbeitsverhältnisses beschließt, wirkt sich auf die Ordnungsmäßigkeit des Anhörungsverfahrens nicht aus.[147]

5. Mängel des Anhörungsverfahrens

Das Verfahren der Anhörung des Betriebsrats muss ordnungsgemäß durchgeführt 428
und abgeschlossen werden (dazu unten Rn. 449). Wird die Kündigung vorher aus-

[143] Das BAG hat seine Rechtsprechung wiederholt bestätigt; vgl. BAG 11. 10. 1989 EzA § 1 KSchG Betriebsbedingte Kündigung Nr. 64; 28. 2. 1990 EzA § 1 KSchG Personenbedingte Kündigung Nr. 5. Vgl. dazu *Gamillscheg,* Festschrift BAG, 1979, S. 117; *Otto,* Anm. EzA § 102 BetrVG 1972 Nr. 36; *Dütz,* Anm. zu BAG SAE 1973, 114.

[144] BAG 28. 2. 1974 EzA § 102 BetrVG 1972 Nr. 8 = NJW 1974, 1526.

[145] Vgl. KR/*Etzel,* § 102 Rn. 98.

[146] BAG 2. 4. 1976 EzA § 102 BetrVG 1972 Nr. 21 mit Anm. *Buchner* = NJW 1976, 1519.

[147] BAG 24. 3. 1977 EzA § 102 BetrVG 1972 Nr. 28 mit Anm. *Kittner* = NJW 1978, 122.

gesprochen, so ist sie unwirksam.[148] Mängel in der Einleitung des Verfahrens, z. B. nicht ausreichende Begründung, sind dem Arbeitgeber zuzurechnen und haben die Unwirksamkeit der Kündigung zur Folge.

429 Leidet das Verfahren an Mängeln, die in der **Sphäre des Betriebsrats** liegen, so berühren sie das Anhörungsverfahren nicht.[149] Davon gilt allerdings eine wichtige Ausnahme. Gibt ein einzelnes Betriebsratsmitglied, auch der Vorsitzende, zu einem Zeitpunkt innerhalb der Anhörungsfrist nach der Mitteilung durch den Arbeitgeber sofort eine Stellungnahme zu der beabsichtigten Kündigung ab und weiß der Arbeitgeber, dass sich der Betriebsrat noch gar nicht mit der Angelegenheit befasst hat, so ist das Anhörungsverfahren nach § 102 Abs. 1 BetrVG nicht vollzogen und die gleichwohl ausgesprochene Kündigung nichtig.[150]

430 Leidet das vom Betriebsrat angewandte Verfahren an Mängeln, z. B. fehlerhafte Besetzung bei der Beschlussfassung, Beschluss im sogenannten Umlaufverfahren, die im Verantwortungsbereich des Betriebsrats liegen, so hat dies alles grundsätzlich auf die Ordnungsmäßigkeit des Anhörungsverfahrens keinen Einfluss. Jeder andere Standpunkt würde eine Einmischung des Arbeitgebers in die Amtsführung des Betriebsrats bedeuten. Der Arbeitgeber hat also keine Erkundigungspflichten. Ebenso ist unerheblich, ob er von dem Mangel des Verfahrens in der Sphäre des Betriebsrats Kenntnis hat oder nicht.[151] Die Betriebsratsanhörung ist nicht fehlerhaft, wenn der Arbeitgeber zwar von Fehlern im Verantwortungsbereich des Betriebsrats weiß, aber mit einer fristlosen Kündigung wartet, bis die Frist von 3 Tagen gemäß § 102 Abs. 2 Satz 3 BetrVG verstrichen ist.[152]

431 Ob allerdings eine Ausnahme zu machen ist, falls der Arbeitgeber die Mängel im Verfahren des Betriebsrats veranlasst hat, ist zweifelhaft,[153] dürfte jedoch im Allgemeinen zu verneinen sein, da die Verantwortung des Betriebsrats für seinen Bereich so nicht aufgehoben wird. Bittet z. B. der Arbeitgeber den Betriebsrat, wegen der Eilbedürftigkeit im Umlaufverfahren zu beschließen und erfolgt dies, so beeinträchtigt dies die Ordnungsmäßigkeit des Anhörungsverfahrens nicht. Die Verantwortung dafür trägt allein der Betriebsrat.[154]

---

[148] BAG 28. 2. 1974 EzA § 102 BetrVG 1972 Nr. 8 = NJW 1974, 1526; LAG Hamm 11. 2. 1992 LAGE § 102 BetrVG 1972 Nr. 33.

[149] LAG Hamm 30. 6. 1994 LAGE § 102 BetrVG 1972 Nr. 43; 12. 12. 1996 LAGE § 102 BetrVG 1972 Nr. 56.

[150] BAG 28. 2. 1974 EzA § 102 BetrVG 1972 Nr. 8 = NJW 1974, 1526; 28. 3. 1974 EzA § 102 BetrVG 1972 Nr. 9 = NJW 1974, 1726 und 18. 9. 1975 EzA § 102 BetrVG 1972 Nr. 17 = NJW 1976, 536; LAG Hamm EzA § 102 BetrVG 1972 Nr. 11; vgl. aber LAG Düsseldorf EzA § 102 BetrVG 1972 Nr. 12.

[151] BAG 4. 8. 1975 EzA § 102 BetrVG 1972 Nr. 14 mit krit. Anm. *Nickel* = AP § 102 BetrVG 1972 Nr. 4. Vgl. dazu auch *Buchner,* DB 1976, 532ff. Bestätigt durch die Entscheidung des BAG vom 2. 4. 1976 EzA § 102 BetrVG 1972 Nr. 21 mit Anm. *Buchner* = AP § 102 BetrVG 1972 Nr. 9 = NJW 1976, 1519.

[152] LAG Köln 14. 12. 1995 LAGE § 102 BetrVG 1972 Nr. 53 = NZA-RR 1996, 376.

[153] Offengelassen in BAG 4. 8. 1975 EzA § 102 BetrVG 1972 Nr. 14.

[154] A. A. KR/*Etzel,* § 102 BetrVG Rn. 117; *Hess/Schlochauer/Glaubitz,* § 102 BetrVG Rn. 79.

6. Rechtsfolgen der Verletzung der Anhörungspflicht

Die Anhörung des Betriebsrats **vor jeder Kündigung** ist Wirksamkeitsvoraussetzung. Ist die Ordnungsmäßigkeit des Verfahrens nach den oben dargelegten Grundsätzen zu verneinen, so ist die Kündigung **nichtig.** Das gilt auch für die vor Abschluss des Anhörungsverfahrens ausgesprochene Kündigung.[155] Das Anhörungsverfahren endet mit der abschließenden Stellungnahme des Betriebsrats zu der beabsichtigten Kündigung bzw. mit dem Ablauf der im Gesetz genannten Fristen für die Stellungnahme des Betriebsrats (weitere Einzelheiten unten Rn. 449). **432**

Ohne Bedeutung ist, ob den Arbeitgeber ein Verschulden trifft, z.B. an der nicht ausreichenden Unterrichtung des Betriebsrats. **433**

V. Stellungnahme des Betriebsrats bei der ordentlichen Kündigung

Die Entscheidung des Betriebsrats, welche Stellungnahme er zu der beabsichtigten Kündigung durch den Arbeitgeber abgibt, liegt in seinem pflichtgemäßen Ermessen. In Betracht kommen die **Zustimmung, der Verzicht auf eine Stellungnahme, das Erheben von Bedenken und der Widerspruch.** **434**

Stimmt der Betriebsrat der beabsichtigten Kündigung zu – eine Form sieht das Gesetz für diesen Fall nicht vor –, so ist mit der Mitteilung des Beschlusses an den Arbeitgeber durch den Betriebsratsvorsitzenden oder im Verhinderungsfalle durch seinen Vertreter oder ein damit beauftragtes Mitglied des Betriebsrats das Anhörungsverfahren abgeschlossen. Der Arbeitgeber kann dann die beabsichtigte Kündigung aussprechen. Ein Widerruf des Beschlusses ist unzulässig und hat keine Rechtswirkung.[156] Auch eine Anfechtung des Beschlusses scheidet grundsätzlich aus. Beruht die Anfechtungserklärung auf einer arglistigen Täuschung durch den Arbeitgeber bzw. auf einer widerrechtlichen Drohung durch ihn, so ist die Ordnungsmäßigkeit des Anhörungsverfahrens zu verneinen mit der Folge, dass die dennoch ausgesprochene Kündigung wegen Verstoßes gegen § 102 Abs. 1 BetrVG in Verbindung mit § 134 BGB nichtig ist.[157] **435**

Gibt der Betriebsrat keine Stellungnahme zu der beabsichtigten Kündigung ab, so ist das Anhörungsverfahren mit Ablauf der Wochenfrist des § 102 Abs. 2 BetrVG abgeschlossen. Damit gilt die Zustimmung des Betriebsrats nach § 102 Abs. 2 Satz 2 BetrVG als erteilt. **436**

1. Bedenken

Hat der Betriebsrat gegen eine ordentliche Kündigung Bedenken, so hat er diese unter Angabe der Gründe dem Arbeitgeber spätestens innerhalb **einer Woche schriftlich** mitzuteilen. Nach Fristablauf gilt die Zustimmung als erteilt. Der Ar- **437**

---

[155] BAG vom 1. 4. 1976 EzA § 102 BetrVG 1972 Nr. 23 = AP § 102 BetrVG 1972 Nr. 8; LAG Köln 25. 8. 1995 NZA-RR 1996, 373.

[156] Vgl. KR/*Etzel,* § 102 BetrVG Rn. 126 mit Hinweisen; BAG 15. 11. 1995 EzA § 102 BetrVG 1972 Nr. 89 = NZA 1996, 419.

[157] Vgl. KR/*Etzel,* § 102 BetrVG Rn. 127 u. 114.

beitgeber kann nun kündigen. Der Betriebsrat kann Bedenken jeder Art erheben. Unmittelbare Auswirkungen auf einen eventuellen Kündigungsschutzprozess bestehen nicht. Auch der Weiterbeschäftigungsanspruch entsteht nicht, da er einen Widerspruch des Betriebsrats voraussetzt.

438 Die Bedenken sind spätestens innerhalb einer Frist von einer Woche schriftlich zu erheben. Die Frist kann durch Vereinbarung zwischen Arbeitgeber und Betriebsrat nicht verkürzt werden. Das würde auf einen Verzicht der Mitwirkungsrechte des Betriebsrats hinauslaufen. Das gilt auch für Regelungen in Tarifverträgen, die zwingendes Gesetzesrecht nicht ändern können.[158] Gegen eine Verlängerung der Frist durch eine Vereinbarung zwischen Arbeitgeber und Betriebsrat bestehen keine Bedenken, da der betroffene Arbeitnehmer keine Nachteile hat. Das dürfte auch der möglichen Erweiterung des Mitwirkungsrechtes durch Betriebsvereinbarung zwischen Betriebsrat und Arbeitgeber nach § 102 Abs. 6 BetrVG entsprechen.[159]

439 Fraglich ist, ob auch bei **Massenentlassungen** die Wochenfrist gilt. Das ist im Grundsatz zu bejahen, denn das Gesetz macht, obwohl das Problem der Massenentlassung bedacht und bekannt war, keine Ausnahme. Der Betriebsrat kann also durch eine einseitige Erklärung die Frist nicht beeinflussen. Auch besteht kein Anspruch auf eine vertragliche Verlängerung der Frist. Die Berufung des Arbeitgebers auf die Einhaltung der Anhörungsfrist kann allerdings im Einzelfall rechtsmissbräuchlich sein.[160]

440 Für die Fristberechnung gelten die §§ 187, 193 BGB. Die Frist beginnt an dem Tage, der auf den Tag folgt, an dem die Mitteilung des Arbeitgebers dem Betriebsrat zugeht. Dieser Tag ist nicht mitzurechnen. Bei der Bestimmung des Fristendes ist § 193 BGB zu beachten. Ist der letzte Tag (§ 188 BGB) ein Samstag, Sonntag oder gesetzlicher Feiertag, so endet die Frist mit Ablauf des nächsten Werktages. Der Betriebsrat kann die Wochenfrist stets ausschöpfen. Für Eilfälle sieht das Gesetz eine Sonderregelung nicht vor.[161]

---

[158] BAG 13. 11. 1975 EzA § 102 BetrVG Nr. 20; GK/*Kraft,* § 102 BetrVG Rn. 94 m. w. N.; a. A. *Hess/Schlochauer/Glaubitz,* § 102 BetrVG Rn. 22.

[159] BAG 14. 8. 1986 EzA § 102 BetrVG 1972 Nr. 69 = NZA 1987, 601; 18. 8. 1977 EzA § 102 BetrVG 1972 Nr. 20 = AP § 103 BetrVG 1972 Nr. 10 unter II 3c der Gründe; LAG Düsseldorf 30. 8. 1977 DB 1977, 2383; KR/*Etzel,* § 102 BetrVG Rn. 87; *Richardi/Thüsing,* § 102 BetrVG Rn. 102; GK/*Kraft,* § 102 BetrVG Rn. 97.

[160] BAG 14. 8. 1986 EzA § 102 BetrVG 1972 Nr. 69 = NZA 1987, 601. Das BAG stellt nicht auf objektive Umstände ab, d. h. auf die Zahl der Entlassungen, sondern darauf, ob der Betriebsrat innerhalb der Frist ihre Verlängerung verlangt hat und wie sich beide Betriebspartner bis zur formellen Einleitung des Anhörungsverfahrens verhalten haben. Angesichts der schwerwiegenden Folgen der evtl. fehlerhaften Anhörung wird es oft anzuraten sein, einer angemessenen Verlängerung zuzustimmen. Die Voraussehbarkeit des Rechts ist schwer einzuschätzen. Vom Missbrauchstatbestand sollte nur sehr zurückhaltend Gebrauch gemacht werden. Dazu vgl. auch LAG Hamburg 15. 3. 1985 LAGE § 102 BetrVG 1972 Nr. 15.

[161] BAG 14. 8. 1986 EzA § 102 BetrVG 1972 Nr. 69 = NZA 1987, 601; BAG 13. 11. 1975 EzA § 102 BetrVG 1972 Nr. 20 = AP § 102 BetrVG 1972 Nr. 7; 29. 3. 1977 EzA § 102 BetrVG 1972 Nr. 27 = AP § 102 BetrVG 1972 Nr. 11; KR/*Etzel,* § 102 BetrVG Rn. 88; a. A. *Hess/Schlochauer/Glaubitz,* § 102 BetrVG Rn. 22; *Galperin/Löwisch,* § 102 BetrVG Rn. 37; *Richardi/Thüsing,* § 102 BVVG Rn. 103, die aus dem Gebot der vertrauensvollen Zusammenarbeit eine schnellere Äußerungspflicht ableiten und gegebenenfalls unter entsprechender Anwendung des § 162 BGB die Erteilung der Zustimmung annehmen.

2. Widerspruch bei ordentlicher Kündigung

Der Betriebsrat kann innerhalb der Wochenfrist des § 102 Abs. 2 Satz 1 BetrVG einer ordentlichen Kündigung **schriftlich widersprechen.**[162] Der Widerspruch muss mit Gründen versehen sein. In Betracht kommen für die Begründung nur diejenigen Fälle, die in § 102 Abs. 3 BetrVG **abschließend aufgezählt worden sind.** Der Betriebsrat kann einen Widerspruch nicht auf andere Gründe stützen. Trotz des Widerspruchs kann der Arbeitgeber das Arbeitsverhältnis kündigen. Die Berechtigung der Kündigung entscheidet sich erst im Kündigungsschutzprozess. **441**

Die Wochenfrist des § 102 Abs. 2 Satz 1 BetrVG hat zur Konsequenz, dass der Betriebsrat nach Fristablauf keine neuen Widerspruchsgründe nachschieben kann. **442**

Der Betriebsrat muss zur Begründung des Widerspruchs konkrete Tatsachen angeben. Die Wiederholung des Gesetzestextes reicht nicht aus.[163] Die Widerspruchsgründe brauchen aber nicht stichhaltig bzw. schlüssig zu sein. Es ist jedoch dem Betriebsrat ein Mindestmaß an konkreter Argumentation abzuverlangen;[164] ein rein spekulativer Widerspruch etwa in dem Sinne, es sei im Betrieb irgendeine anderweitige Beschäftigungsmöglichkeit vorhanden, reicht nicht aus. So muss der Betriebsrat z.B. bei § 102 Abs. 3 Nr. 3 BetrVG konkret darlegen, auf welchem konkret zu bezeichnenden (freien) Arbeitsplatz eine Weiterbeschäftigung des Arbeitnehmers in Betracht kommt.[165] Ob der Widerspruch dann tatsächlich begründet ist, entscheidet erst das Gericht im Kündigungsschutzverfahren oder in einem Verfahren nach § 102 Abs. 5 Satz 2 BetrVG.[166] Leidet der Beschluss des Betriebsrats an so erheblichen Mängeln, dass seine Nichtigkeit festzustellen ist – der Beschluss hat z.B. einen gesetzwidrigen Inhalt oder ist nicht ordnungsgemäß zustande gekommen –, so kann der Arbeitnehmer aus ihm weder Rechte aus § 102 Abs. 5 BetrVG noch aus § 1 Abs. 2 KSchG ableiten. Anspruch auf Vertrauensschutz besteht nicht. **443**

Der Widerspruch des Betriebsrats setzt nicht voraus, dass eine **betriebsbedingte Kündigung** vorliegt. Ein Widerspruch des Betriebsrats ist auch zulässig bei **personen- und verhaltensbedingten Kündigungen,** wenngleich die Fälle, in denen der Betriebsrat die Voraussetzungen seines Widerspruchsrechts wird darlegen können (Einzelheiten dazu unten Rn. 1243ff.), sicher selten sind. **444**

Der ordnungsgemäß erhobene Widerspruch des Betriebsrats gegenüber einer ordentlichen Kündigung hat, sofern der Arbeitnehmer gegen die dennoch ausgespro- **445**

---

162 Die Schriftform wird in § 102 Abs. 3 BetrVG zwar nicht ausdrücklich angeordnet, sie folgt aber aus der Regelung für die Erhebung der Bedenken in § 102 Abs. 2 BetrVG und aus § 102 Abs. 4 BetrVG sowie aus § 1 Abs. 2 Ziffer 1 KSchG, die die Schriftform des Widerspruchs voraussetzen bzw. vorsehen; vgl. dazu KR/*Etzel,* § 102 BetrVG Rn. 142.

163 LAG Düsseldorf 21. 6. 1974 und 23. 5. 1975 EzA § 102 BetrVG 1972 Beschäftigungspflicht Nr. 3 und 4; LAG Hamburg 29. 10. 1975 DB 1976, 184; KR/*Etzel,* § 102 BetrVG Rn. 143.

164 BAG 17. 6. 1999 AP § 102 BetrVG 1972 Weiterbeschäftigung Nr. 11; BAG 24. 3. 1988 RzK I 5i Nr. 35.

165 BAG 11. 5. 2000 AP § 102 BetrVG 1972 Weiterbeschäftigung Nr. 13 = EzA § 102 BetrVG 1972 Beschäftigungspflicht Nr. 11.

166 LAG München 16. 8. 1995 LAGE § 102 BetrVG 1972 Beschäftigungspflicht Nr. 22; LAG Schleswig-Holstein 5. 3. 1996 LAGE § 102 BetrVG 1972 Beschäftigungspflicht Nr. 23; *Borrmann,* DB 1975, 882.

chene Kündigung Klage auf Feststellung erhebt, dass das Arbeitsverhältnis durch die Kündigung nicht aufgelöst worden ist, individualrechtlich die beiden folgenden Konsequenzen:

- Auf Verlangen Anspruch auf Weiterbeschäftigung nach § 102 Abs. 5 Satz 1 BetrVG. Dazu unten Rn. 2080 ff.
- Gegebenenfalls Sozialwidrigkeit der Kündigung nach § 1 Abs. 2 Satz 2 KSchG (absolute Gründe der Sozialwidrigkeit). Dazu unten Rn. 1243 ff.

VI. Stellungnahme des Betriebsrats bei der außerordentlichen Kündigung

446 Hat der Betriebsrat einer außerordentlichen Kündigung gegenüber Bedenken, so hat er sie unter Angabe von Gründen dem Arbeitgeber **unverzüglich, spätestens jedoch innerhalb von drei Tagen** schriftlich mitzuteilen. Für den Fristbeginn und den Fristablauf gelten auch hier die §§ 187, 188 sowie 193 BGB (dazu oben Rn. 440). Zu beachten ist, dass die Frist des § 626 Abs. 2 BGB nicht berührt wird.

447 Hat der Betriebsrat innerhalb der Frist keine Bedenken erhoben oder die gesetzliche Form hierfür nicht eingehalten, so gilt die Zustimmung als erteilt. Die vom Gesetz für den Fall der ordentlichen Kündigung angeordnete Vermutung ist hier entsprechend anwendbar. Der Arbeitgeber kann nach Fristablauf die Kündigung also aussprechen.

448 Fraglich ist, ob der Arbeitgeber stets die Drei-Tages-Frist einzuhalten hat, wenn sich der Betriebsrat nicht äußert, oder ob er je nach Lage des Einzelfalles erwarten darf, eine Erklärung auch früher zu erhalten. Das Gesetz verpflichtet den Betriebsrat, seine Bedenken **unverzüglich** anzugeben. Das kann nur unter Berücksichtigung der Umstände des Einzelfalles beurteilt werden. Im Regelfall wird der Arbeitgeber die Drei-Tages-Frist abwarten müssen, bevor er die außerordentliche Kündigung aussprechen kann.[167] Vorher kann der Arbeitgeber den Arbeitnehmer jedoch je nach Lage des Falles wegen Unzumutbarkeit der Weiterbeschäftigung bis zum Ausspruch der Kündigung beurlauben. Die Lohnzahlungspflicht besteht dann weiter (§ 615 BGB), sofern nicht die (seltenen) Voraussetzungen der Entscheidung des Großen Senates vom 26. 4. 1956[168] vorliegen.

VII. Kündigung durch den Arbeitgeber nach Abschluss des Anhörungsverfahrens

449 Der Arbeitgeber kann die Kündigung erst dann wirksam aussprechen (vgl. § 102 Abs. 1 Satz 3 BetrVG), wenn das Anhörungsverfahren abgeschlossen ist. Ausgesprochen ist die Kündigung, wenn sie dem Arbeitnehmer gegenüber mündlich erklärt wird oder wenn das Kündigungsschreiben den Machtbereich des Arbeitgebers

---

[167] BAG 18. 9. 1975 EzA § 102 BetrVG 1972 Nr. 17; *Richardi/Thüsing,* § 102 BetrVG Rn. 103.

[168] EzA § 615 BGB Nr. 1 = AP § 9 MuSchG Nr. 5; bestätigt durch BAG 29. 10. 1987 EzA § 615 BGB Nr. 54 = NZA 1988, 465; a. A. LAG Hamm 15. 1. 1987 LAGE § 615 BGB Nr. 9.

verlassen hat, d.h. wenn es z.B. zur Post gegeben worden ist.[169] Auf den Zugang der Kündigungserklärung kommt es nicht an.

Das Anhörungsverfahren ist abgeschlossen, wenn **die Fristen** des § 102 Abs. 2 BetrVG abgelaufen sind. Schweigt der Betriebsrat, so stehen der Kündigung nach Ablauf der Fristen betriebsverfassungsrechtliche Gründe nicht entgegen. **Vor Ablauf der Fristen** ist das Anhörungsverfahren nur dann abgeschlossen, wenn eine **erkennbar abschließende Stellungnahme** des Betriebsrats vorliegt. Diese kann auch darin liegen, dass der Betriebsrat ausdrücklich oder konkludent erklärt, er wolle sich zur Kündigung nicht äußern.[170] **450**

Kündigt der Arbeitgeber, obwohl der Betriebsrat nach § 102 Abs. 3 BetrVG der Kündigung widersprochen hat, so hat er dem Arbeitnehmer mit der Kündigung eine Abschrift der Stellungnahme des Betriebsrats zuzuleiten (§ 102 Abs. 4 BetrVG). Die Nichterfüllung dieser Pflicht kann zu Schadensersatzansprüchen führen. Die Rechtswirksamkeit der Kündigung wird aus betriebsverfassungsrechtlicher Sicht dadurch nicht tangiert.[171] **451**

Nach Abschluss des Anhörungsverfahrens kann der Arbeitgeber die Kündigung auch dann aussprechen, wenn ein evtl. notwendiges **Interessenausgleichsverfahren** nach § 112 BetrVG noch nicht abgeschlossen ist.[172] Die Rechtsfolgen der Verletzung der Rechte des Betriebsrats sind insoweit abschließend in § 113 BetrVG geregelt. **452**

1. Umdeutung einer außerordentlichen Kündigung in eine ordentliche Kündigung

Die unwirksame außerordentliche Kündigung kann nach § 140 BGB in eine ordentliche Kündigung umgedeutet werden (allgemein zur Umdeutung unten Rn. 470ff.). Grundsätzlich ersetzt die Anhörung des Betriebsrats zur außerordentlichen Kündigung nicht die notwendige Anhörung zur ordentlichen Kündigung. Deshalb hat der Arbeitgeber den Betriebsrat deutlich darauf hinzuweisen, dass die außerordentliche Kündigung vorsorglich als ordentliche Kündigung gelten soll. Für die außerordentliche und die ordentliche Kündigung gelten unterschiedliche Voraussetzungen und Folgen hinsichtlich des Beteiligungsverfahrens des Betriebsrats. Das rechtfertigt das gefundene Ergebnis.[173] Eine Ausnahme von dem Grundsatz hat **453**

[169] BAG 13. 11. 1975 § 102 BetrVG 1972 Nr. 20 = AP § 102 BetrVG 1972 Nr. 7; 1. 4. 1976 EzA § 102 BetrVG 1972 Nr. 23 = AP § 102 BetrVG 1972 Nr. 8; KR/*Etzel,* § 102 BetrVG Rn. 102.

[170] BAG 12. 3. 1987 EzA § 102 BetrVG 1972 Nr. 71 = 1988; 1. 4. 1976 EzA § 102 BetrVG 1972 Nr. 23 = RdA 1976, 338; LAG Berlin 12. 7. 1999 NZA-RR 1999, 485; LAG Schleswig-Holstein 1. 4. 1999 LAGE § 1 KSchG Soziale Auswahl Nr. 30.

[171] Im Gegensatz zur Auffassung von *Düwell,* NZA 1988, 866 handelt es sich nicht um eine Formvorschrift; so richtig KR/*Etzel,* § 102 BetrVG Rn. 180 mit Hinweisen über die h.L. § 102 Abs. 4 BetrVG betrifft nicht die Kündigungserklärung selbst, sondern begründet eine Pflicht des Arbeitgebers, gleichzeitig dem Arbeitnehmer die Stellungnahme des Betriebsrates zuzuleiten.

[172] LAG Baden-Württemberg 28. 8. 1985 DB 1986, 1015; LAG Düsseldorf 14. 11. 1983 DB 1984, 511; KR/*Etzel,* § 102 BetrVG Rn. 176; a.A. LAG Hamburg 13. 11. 1981 DB 1982, 1522.

[173] Vgl. BAG 12. 8. 1976 EzA § 102 BetrVG 1972 Nr. 25 mit Anm. *Löwisch;* 17. 12. 1976, EzA Art. 9 GG Arbeitskampf Nr. 19 = NJW 1977, 1079; LAG Düsseldorf DB 1975,

die Rechtsprechung für den Fall zugelassen, dass der Betriebsrat **vorbehaltlos und ausdrücklich der außerordentlichen Kündigung zugestimmt hat** und einer ordentlichen Kündigung erkennbar nicht entgegengetreten wäre. Für die ordentliche Kündigung muss der Arbeitgeber die Wochenfrist des § 102 Abs. 2 Satz 1 BetrVG beachten. Die Frist braucht der Arbeitgeber dann nicht abzuwarten, wenn der Betriebsrat innerhalb der für die außerordentliche Kündigung geltenden Frist von drei Tagen abschließend Stellung genommen hat, d. h. unter Einschluss auch der ordentlichen Kündigung.[174]

454 Hat der Arbeitgeber den Betriebsrat zu einer ordentlichen Kündigung gehört, dann aber eine außerordentliche ausgesprochen, so ist diese Kündigung wegen eines Verstoßes gegen § 102 Abs. 1 BetrVG in Verbindung mit § 134 BGB nichtig. Kann diese außerordentliche Kündigung jedoch in eine ordentliche Kündigung nach § 140 BGB umgedeutet werden, so bestehen gegen diese durch Umdeutung gewonnene ordentliche Kündigung aus betriebsverfassungsrechtlicher Hinsicht keinerlei Bedenken.[175]

2. Prozessuale Fragen

455 Die wegen Verletzung des § 102 Abs. 1 BetrVG unwirksame Kündigung ist „unwirksam aus anderen Gründen" i. S. des § 13 Abs. 3 KSchG. Der Arbeitnehmer braucht daher bei der Geltendmachung der Unwirksamkeit der Kündigung aus diesem Grunde die Klagefrist des § 4 KSchG **nicht einzuhalten.** Einzelheiten unten Rn. 1953 ff.

VIII. Erweiterung des Mitbestimmungsrechts des Betriebsrats

456 Der Betriebsrat ist zu hören. Seine Zustimmung ist nicht erforderlich. Arbeitgeber und Betriebsrat können aber in einer Betriebsvereinbarung vereinbaren, dass Kündigungen der **Zustimmung des Betriebsrats** bedürfen und dass bei Meinungsverschiedenheiten über die Berechtigung der Nichterteilung der Zustimmung die Einigungsstelle entscheidet (§ 102 Abs. 6 BetrVG).[176] Die so erfolgte **Erweiterung des Mitbestimmungsrechts** des Betriebsrats ist für die ordentliche

---

793; *Richardi/Thüsing,* § 102 BetrVG 1972 Rn. 53; *Hueck,* Festschrift BAG, 1979, S. 259; abw. *Meisel,* Anm. AP § 102 BetrVG 1972 Nr. 15. In einer Betriebsvereinbarung können Arbeitgeber und Betriebsrat festlegen, dass die Unterrichtung über eine beabsichtigte außerordentliche Kündigung stets auch die Unterrichtung zu einer ordentlichen Kündigung darstellen soll; vgl. *Löwisch,* EzA § 102 BetrVG 1972 Nr. 25. Die Wochenfrist des § 102 BetrVG ist in diesen Fällen zu beachten.

[174] BAG 20. 9. 1984 EzA § 626 BGB n. F. Nr. 91 = NJW 1985, 1854 = AP § 102 BetrVG 1972 Nr. 15 mit krit. Anm. *Meisel,* der zutreffend darauf hinweist, das BAG mache bei der Anwendung des § 140 BGB zu Unrecht Unterschiede zwischen einem Arbeitnehmer und dem Betriebsrat. Die Mitteilung an den Betriebsrat im Anhörungsverfahren ist eine Willenserklärung – BAG 2. 3. 1989 EzA § 626 BGB n. F. Nr. 118 –, auf die § 140 BGB anwendbar ist. Die Lösungen hat *Meisel,* a. a. O. aufgezeigt. Zum Problemfeld auch *Krampe,* Die Konversion des Rechtsgeschäfts, 1980, S. 261.

[175] Vgl. KR/*Etzel,* § 102 BetrVG Rn. 183.

[176] BAG 6. 2. 1997 EzA § 102 BetrVG 1972 Nr. 97.

und auch für die außerordentliche Kündigung möglich.[177] Soweit das BAG früher zur außerordentlichen Kündigung Bedenken geäußert hat, können diese heute angesichts der Vorschrift des § 102 Abs. 6 BetrVG nicht mehr aufrechterhalten werden.[178] Dem zwingenden Charakter des § 626 BGB wird Rechnung getragen durch die unabhängige Einigungsstelle, die im Streitfall entscheidet, gegebenenfalls mit der Möglichkeit der Anfechtung ihres Spruchs nach § 76 Abs. 5 BetrVG. Die Einigungsstelle entscheidet hier zwar als Schiedsgericht und entzieht damit den Streit zunächst den Gerichten, jedoch wird § 101 ArbGG nicht verletzt, da § 102 Abs. 6 BetrVG als lex specialis Vorrang hat. Bis zur Entscheidung der Einigungsstelle ist das besondere Beteiligungsverfahren nach § 102 Abs. 6 BetrVG, das durch die Betriebsvereinbarung geregelt wird, noch nicht abgeschlossen; das Mitbeurteilungsrecht des Betriebsrats ist durch die Beteiligung in der Einigungsstelle gewahrt. Das bedeutet, dass seitens des Arbeitgebers auch bis zu diesem Zeitpunkt noch Tatsachen nachgeschoben werden können.[179]

Ist durch eine Betriebsvereinbarung die Zustimmung des Betriebsrats zur Kündi- **457**
gung erforderlich, so gilt im Falle des § 626 BGB auch dessen Absatz 2 (Ausschlussfrist). Die Einhaltung der Ausschlussfrist setzt voraus, dass der Arbeitgeber innerhalb der Frist um die Zustimmung nachsuchen muss. Das Verfahren muss also in Gang gesetzt worden sein. Verweigert der Betriebsrat die Zustimmung, so ist die Kündigung unverzüglich nach Ersetzung der Zustimmung durch die Einigungsstelle bzw. einer danach in diesem Sinne ergehenden rechtskräftigen Entscheidung des Arbeitsgerichts auszusprechen. Es gelten die Grundsätze, die von der Rechtsprechung zu § 103 BetrVG entwickelt worden sind.[180]

Das Arbeitsgericht hat im vollen Umfang ein Prüfungsrecht darüber, ob der **458**
Begriff des „wichtigen Grundes“ verkannt wurde.

§ 15 Die Beteiligung des Sprecherausschusses bei Kündigungen

Der Sprecherausschuss der leitenden Angestellten, der nach § 25 Abs. 1 Spre- **459**
cherausschussgesetz – (SprAuG) – vom 20. 12. 1988 (BGBl. I, S. 2312) die Belange der leitenden Angestellten des Betriebes vertritt, ist vor **jeder Kündigung eines leitenden Angestellten** zu hören (§ 31 Abs. 2 SprAuG). Der Arbeitgeber hat ihm die Gründe für die Kündigung mitzuteilen. Eine ohne **Anhörung** des Sprecherausschusses ausgesprochene Kündigung ist **unwirksam.**

Die Fassung des Gesetzes entspricht dem des § 102 Abs. 1 BetrVG, so dass **460**
wegen des Anhörungsverfahrens auf die Ausführungen zu § 102 BetrVG (oben Rn. 358 ff.) verwiesen werden kann. Insbesondere gelten die Grundsätze über die

[177] Das Mitbestimmungsrecht des Betriebsrats kann auch durch Tarifvertrag erweitert werden; vgl. BAG 10. 2. 1988 EzA § 1 KSchG Nr. 34 = NZA 1988, 699; 6. 2. 1997 AP § 102 BetrVG 1972 Nr. 86 = NZA 1997, 877; BAG 21. 6. 2000 EzA § 1 TVG Betriebsverfassungsnorm Nr. 1.

[178] BAG 11. 7. 1958, AP § 626 BGB Nr. 27.

[179] BAG 7. 12. 2000 NZA 2001, 495 = EzA § 1 KSchG Betriebsbedingte Kündigung Nr. 108.

[180] BAG 24. 4. 1975 EzA § 103 BetrVG 1972 Nr. 8 = NJW 1975, 1752. Zum Problemkreis *Gamillscheg,* ZfA 1977, 255.

Mitteilung der Kündigungsgründe[1] und das **Nachschieben** von Kündigungsgründen im evtl. Kündigungsschutzverfahren.

461 Angesichts der Folgen einer unterbliebenen oder fehlerhaften Anhörung des Sprecherausschusses vor der Kündigung eines leitenden Angestellten haben in der Praxis die Zweifelsfälle in Abgrenzungsfragen große Bedeutung. Das in § 18a BetrVG vorgesehene **Zuordnungsverfahren** ist dabei wenig hilfreich, da es über die Wahlen hinaus keine Wirkungen hat. Beruft sich also ein Angestellter nach der Kündigung darauf, es hätte nicht der Sprecherausschuss, sondern der Betriebsrat gehört werden müssen, so hat das Arbeitsgericht im Kündigungsschutzverfahren incidenter festzustellen, ob der Angestellte leitender Angestellter i. S. des § 5 BetrVG war oder nicht.[2] Ist dies zu verneinen, so führt das zur Unwirksamkeit der Kündigung wegen Verstoßes gegen § 102 Abs. 1 BetrVG. Im Zweifelsfalle ist der Arbeitgeber gut beraten, wenn er sowohl den Sprecherausschuss als auch den Betriebsrat ordnungsgemäß anhört.[3]

462 Der Sprecherausschuss kann wie der Betriebsrat gegen eine ordentliche Kündigung spätestens innerhalb einer Woche, gegen eine außerordentliche Kündigung unverzüglich, spätestens jedoch innerhalb von drei Tagen unter Angabe der Gründe schriftlich Bedenken erheben. Äußert er sich innerhalb dieser Fristen nicht, so gilt dies als Einverständnis des Sprecherausschusses mit der Kündigung.[4] Nach Abschluss des Anhörungsverfahrens kann der Arbeitgeber die Kündigung aussprechen. Über ihre Wirksamkeit im Übrigen ist dann ggf. von den Arbeitsgerichten zu entscheiden.

§ 16 Die Beteiligung des Personalrats bei Kündigungen

463 Die Beteiligung der Personalvertretungen im Bereich des öffentlichen Dienstes nach dem BPersVG 1974 (BGBl. I, S. 639) ist für Kündigungen teilweise anders geregelt als im BetrVG. Unterschiedlich ist die Behandlung der ordentlichen und außerordentlichen Kündigung. Soweit allerdings die jeweiligen Gesetze das Erfordernis der Anhörung des Personalrats verlangen (insbesondere bei Kündigungen während der Probezeit und bei außerordentlichen Kündigungen) wendet das BAG die gleichen Grundsätze wie bei § 102 BetrVG zum Umfang der Mitteilung der Kündigungsgründe an.[1*]

I. Ordentliche Kündigung

464 Der Personalrat wirkt bei der ordentlichen Kündigung nach den §§ 72, 79 BPersVG mit, d. h., er kann auf diese Weise auf die Entscheidung der Dienststelle

---

[1] BHG 27. 9. 2001 EzA § 14 KSchG Nr. 6; BAG 19. 5. 1993 RzK I 5g Nr. 53; *Löwisch,* Kommentar zum SprAuG, § 31 Rn. 22

[2] *Löwisch,* Kommentar zum SprAuG, § 31 Rn. 17; *Hromadka,* SprAuG, § 18a BetrVG Rn. 23, § 31 Rn. 21; BAG 25. 10. 2001 – 2 AZR 358/00 –

[3] Dazu rät auch *Wlotzke,* DB 1989, 178; *Hromadka,* SprAuG, § 31 Rn. 21; vgl. ferner *Oetker,* ZfA 1990, 76

[4] Die Fiktion ist hier wie auch beim Betriebsrat rechtspolitisch „ärgerlich“ (so *Gamillscheg,* Arbeitsrecht II, S. 431)

[1*] Vgl. etwa BAG 1. 7. 1999 AP § 242 BGB Kündigung Nr. 10; BAG 16. 3. 2000 EzA § 108 BPersVG Nr. 2 = NZA 2000, 1337

Einfluss nehmen. Der Leiter der Dienststelle[2] hat die ordentliche Kündigung vor ihrer Durchführung rechtzeitig und eingehend mit dem Personalrat mit dem Ziel einer Verständigung zu erörtern. Der Personalrat hat also ein **Beratungsrecht.**[3] Äußert sich der Personalrat nicht innerhalb von 10 Arbeitstagen oder hält er bei der Erörterung seine Einwendungen und Vorschläge nicht aufrecht, so gilt die beabsichtigte Maßnahme als gebilligt. Das Verfahren der Mitwirkung ist im Einzelnen in § 72 BPersVG geregelt. Gegebenenfalls entscheidet die übergeordnete Dienststelle nach Verhandlungen mit der bei ihr gebildeten Stufenvertretung.[4] Dem Personalrat mögliche Einwendungen sind in § 79 Abs. 1 Satz 2 BPersVG aufgezählt und an die Regelung in § 102 Abs. 2 BetrVG angelehnt. Hat der Personalrat Einwendungen im Rahmen des § 79 Abs. 1 Satz 2 BPersVG erhoben und der Arbeitnehmer rechtzeitig nach § 4 KSchG Klage erhoben, so besteht für den Arbeitnehmer ein Weiterbeschäftigungsanspruch für die Dauer des Verfahrens ähnlich der Regelung in § 102 Abs. 5 BetrVG (vgl. dazu unten Rn. 2075).

Neben den Einwendungen des § 79 Abs. 1 Satz 2 BPersVG kann der Personalrat **465** nach der Rechtsprechung des BAG auch Einwendungen aus anderen Gründen erheben und bei Ablehnung durch die Dienststelle die Entscheidung der übergeordneten Dienststelle beantragen.[5]

Die Kündigung ist **unwirksam,** wenn der Personalrat nicht beteiligt worden ist **466** (§ 134 BGB). Dazu gehört auch die Einhaltung der Verfahrensbestimmungen des § 72 BPersVG.[6] Rügt der Personalrat die verfahrensrechtlich fehlerhafte Einleitung des Beteiligungsverfahrens nicht, sondern nimmt abschließend Stellung, führt der Verfahrensfehler nicht zur Unwirksamkeit der Kündigung.[7] Leidet das Mitwirkungsverfahren an Mängeln, die in den Verantwortungsbereich des Personalrats fallen, so berührt dies die Wirksamkeit der Kündigung nicht.

---

[2] Der Leiter der Dienststelle hat die Erörterung persönlich vorzunehmen, sonst ist die Anhörung fehlerhaft und folglich die Kündigung unwirksam, LAG Hamm 12. 3. 1992 PersR 1992, 520ff. § 7 BPersVG findet Anwendung. Für die Einleitung des Verfahrens durch den Dienststellenleiter vgl. BAG 10. 3. 1983 AP § 66 LPVG NW Nr. 1; zur Vertretung des Dienststellenleiters bei Verhinderung LAG Thüringen 15. 6. 1993 LAGE Art. 20 Einigungsvertrag Nr. 24 und zur Beweislast über Verhinderungsgründe BAG 31. 3. 1983 AP § 8 LPVG Hessen Nr. 1.

[3] Wünscht der Personalrat keine Erörterung, so hat der Mangel im Verfahren keine Wirkung auf die Wirksamkeit der Kündigung; BAG 3. 2. 1982 AP § 72 BPersVG Nr. 1. Zur Erörterung gehört die Mitteilung über die Person des zu Kündigenden, die Art der Kündigung und die Kündigungsgründe; vgl. BAG 4. 3. 1981 AP § 77 LPVG Baden-Württemberg Nr. 1. Es gelten hier dieselben Grundsätze wie bei der Anhörung des Betriebsrates (BAG 12. 3. 1986 EzA Art. 33 GG Nr. 13; vgl. auch LAG Brandenburg 16. 2. 1993 NJ 1993, 336). Stimmt der Personalrat der Kündigung zu, so liegt darin ein Verzicht auf die Erörterung; BAG 27. 2. 1987 EzA § 1 KSchG Betriebsbedingte Kündigung Nr. 46 = NZA 1987, 700.

[4] Vgl. BAG 14. 1. 1993 und 9. 2. 1993 AP Art. 56 ZA-Nato-Truppenstatut Nr. 15 und 18.

[5] BAG 23. 9. 1983 AP § 79 BPersVG Nr. 1.

[6] Die Mitbestimmungsrechte des Personalrats sind in Bund und Ländern nicht einheitlich geregelt. Teilweise haben die Personalräte in den Ländern bei der ordentlichen Kündigung ein echtes Mitbestimmungsrecht, d.h., es ist die Zustimmung des Personalrats für die ordentliche Kündigung notwendig; z.B. nach § 72 Abs. 1 Satz 1 Nr. 8 LPVG NW.

[7] BAG 25. 2. 1998 – 2 AZR 226/97 –, unter Aufgabe von BAG 10. 3. 1983 AP § 66 LPVG NW Nr. 1.

467 Beabsichtigt der Arbeitgeber zum Zwecke der Herabgruppierung eines Angestellten eine Änderungskündigung auszusprechen, so muss der Personalrat nach § 75 BPersVG in Verbindung mit § 69 BPersVG zustimmen und bei der Änderungskündigung nach § 79 in Verbindung mit § 72 BPersVG mitwirken.[8] Das Mitwirkungsverfahren im Falle der beabsichtigten Kündigung eines Schwerbehinderten kann vor dem Verfahren bei dem Integrationsamt, während dieses Verfahrens oder im Anschluss daran durchgeführt werden.[9]

II. Außerordentliche Kündigung, fristlose Entlassung

468 Vor fristlosen Entlassungen und außerordentlichen Kündigungen ist der Personalrat anzuhören. Der Dienststellenleiter hat die beabsichtigte Maßnahme zu begründen. Bedenken gegen die Maßnahme hat der Personalrat unverzüglich, spätestens innerhalb von 3 Arbeitstagen schriftlich mitzuteilen. Das Anhörungsverfahren im BPersVG ist kein Fall der Mitbestimmung (§ 69 BPersVG) oder der Mitwirkung (§ 72 BPersVG) des Personalrats. Dennoch handelt es sich um eine Beteiligung des Personalrats an der personellen Einzelmaßnahme der Dienststelle im Sinne des § 79 Abs. 4 BPersVG, so dass bei der Nichtanhörung die Kündigung wie im BetrVG nach § 134 BGB unwirksam ist.[10]

469 Der Personalrat ist nur anzuhören. Die Beteiligung der Stufenvertretung und eine Entscheidung durch die übergeordnete Dienststelle kann also nicht herbeigeführt werden.[11]

§ 17 Umdeutung der Kündigung (Konversion)

470 Die nichtige Kündigung kann nach § 140 BGB in ein anderes Rechtsgeschäft umzudeuten sein. § 140 BGB bestimmt: „Entspricht ein nichtiges Rechtsgeschäft den Erfordernissen eines anderen Rechtsgeschäfts, so gilt das letztere, wenn anzunehmen ist, dass dessen Geltung bei Kenntnis der Nichtigkeit gewollt sein würde."

471 Die Umdeutung ist auch vorzunehmen, wenn die tatbestandlichen Voraussetzungen für ein Rechtsgeschäft nicht vorliegen, z. B. im Falle einer außerordentlichen Kündigung ein wichtiger Grund im Sinne des § 626 BGB zu verneinen ist. Stets zu beachten ist jedoch, dass die Auslegung der Kündigungserklärung (hierzu Rn. 174 ff.) nach Maßgabe des § 133 BGB der Umdeutung vorgeht.[1]

---

[8] BAG 3. 11. 1977 SAE 1979, 201 mit Anm. *Dütz* = AP § 75 BPersVG Nr. 1.

[9] BAG 5. 9. 1979 DB 1980, 455; zu den Zeitabläufen vgl. LAG Hamm DB 1978, 259.

[10] Vgl. *Dietz/Richardi,* BPersVG, 2. Aufl. § 79 Rn. 165 ff.

[11] Die Personalvertretungsgesetze der Länder sehen für die Beteiligung des Personalrates bei außerordentlichen Kündigungen eigene Regelungen vor, die zum Teil voneinander abweichen. Nach § 74 LPVG NW ist der Personalrat anzuhören. Eine Sanktion für den Fall der Nichtanhörung sieht das Gesetz nicht vor. Dennoch hat das BAG in der Entscheidung vom 14. 3. 1979 AP § 74 LPVG NW Nr. 1 zutreffend erkannt, dass die ohne Anhörung des Personalrats ausgesprochene Kündigung nach § 134 BGB nichtig sei.

In NRW hat der Personalrat in der Probezeit bei allen Arbeitnehmern, d. h. bei Arbeitern und Angestellten, nur ein Anhörungsrecht, d. h. auch im Falle des Ausspruchs einer ordentlichen Kündigung.

[1] *v. Hoyningen-Huene/Linck,* § 13 KSchG Rn. 42 m. w. N.; *Schmidt,* NZA 1989, 661, 663.

Bei der Anwendung des § 140 BGB ist seinem Zweck Beachtung zu schenken. In der Praxis der Instanzgerichte vermisst man dies nicht selten. Der Normzweck des § 140 BGB geht dahin, dass der von den Parteien erstrebte wirtschaftliche Erfolg auch dann verwirklicht wird, wenn das Mittel, das sie zu dessen Verwirklichung gewählt haben, unzulässig ist, aber ein anderer gangbarer Weg zur Verfügung steht, der zu einem annähernd gleichen Ergebnis führt.[2] *Herschel* hat § 140 BGB als ein wichtiges Requisit der Parteiautonomie bezeichnet.[3] Im Falle einer missglückten Parteierklärung solle von dem, was die Partei will, so viel wie nur möglich in Wirksamkeit gehalten werden. Maßgebend ist auf den **hypothetischen Willen** der Parteien abzustellen. Das Gericht hat sich zu fragen, welchen Zweck die Parteien verwirklichen wollten, welche erkennbaren Interessenbewertungen gegeben sind. Alsdann ist zu prüfen, ob das andere Geschäft ein geeignetes Mittel darstellt, diesen Zweck zu verwirklichen, und ob seine Geltung der **erkennbaren Interessenbewertung** entspricht.[4] Das Rechtsinstitut der Umdeutung, das der Parteiautonomie dient, darf nicht dazu führen, sich über die Vorstellungen der Parteien hinwegzusetzen. Haben die Parteien der gewählten Rechtsform ein ganz besonderes Gewicht zugewiesen, so kann die Umdeutung unzulässig sein.[5] Die erkennbaren subjektiven Wertungsgrundlagen der Parteien bleiben maßgebend.[6] Da die Kündigung eine einseitige rechtsgeschäftliche Willenserklärung ist, kommt es für die Frage der Umdeutung bei ihr auf den vom Kündigenden gewollten wirtschaftlichen Erfolg an. Er muss jedoch dem Erklärungsempfänger erkennbar sein.[7] Bei der sogenannten vorsorglichen Kündigung – dazu oben Rn. 251 – liegt ein geäußerter Wille des Kündigenden vor. Eine Umdeutung kommt deshalb nicht in Frage. 472

Die Umdeutung nach § 140 BGB ist vorzunehmen, wenn der Kündigende Tatsachen vorgetragen hat, aus denen zu schließen ist, dass er das Arbeitsverhältnis 473

---

[2] Vgl. MünchKomm/*Mayer-Maly,* § 140 Rn. 1; BGH 21. 3. 1977 DB 1977, 995 im Anschluss an Prot. I S. 262ff.; vgl. ferner zum Normzweck des § 140 BGB RG 22. 5. 1930 RGZ 129, 122ff.; *Herschel,* Festschrift für Hubmann, 1985, S. 145ff.

[3] *Herschel,* Anm. zu BAG 14. 12. 1979 ArbuR 1980, 255ff. Nach ihm soll die Umdeutung großzügig gehandhabt werden.

[4] So treffend *Larenz,* Allgemeiner Teil, § 23 III.; LAG Köln 17. 9. 1993 LAGE § 140 BGB Nr. 10.

[5] BGH 15. 12. 1955 BGHZ 19, 269, 273; *Rüthers,* Allg. Teil, 8. Aufl. Rn. 426.

[6] Vgl. auch MünchKomm/*Mayer-Maly,* § 140 BGB Rn. 2, der mit Nachdruck darauf hinweist, dass eine Bevormundung der Parteien nicht eintreten dürfe.

[7] KR/*Friedrich,* § 13 KSchG Rn. 75ff.; BAG 13. 8. 1987 EzA § 140 BGB Nr. 12 = NJW 1988, 581; 31. 5. 1979 EzA § 4 KSchG n.F. Nr. 16; vgl. auch *Vollkommer,* Anm. zu BAG AP § 13 KSchG 1969 Nr. 3. Das BAG rückt damit die Konversion in die Nähe der Auslegung. Zu dieser umstrittenen Frage vgl. *Larenz,* Allg. Teil, 7. Aufl. § 23 III mit vielen Hinweisen, und MünchKomm/*Schwerdtner,* Vor § 620 Rn. 129. Erkennbarkeit bedeutet, dass der Gekündigte nach den Umständen des konkreten Falles davon ausgehen konnte, der Kündigende wähle auch das mildere Mittel der ordentlichen Kündigung, weil er sich in jedem Falle von ihm trennen wolle. Das wird in den häufigsten Fällen in der Praxis, denen der Kündigung aus verhaltensbedingten Gründen, zu bejahen sein, denn der Gekündigte muss annehmen, dass der Kündigende sich von ihm jedenfalls fristgemäß trennen will, würde er bedacht haben, dass ein wichtiger Grund nicht vorliegt. Das Kündigungsschreiben gibt häufig darüber Aufschluss. Nicht notwendig ist, dass dem Gekündigten die Absicht des Kündigenden eindeutig erkennbar sein muss; so KR/*Hillebrecht,* 1. Aufl., § 626 BGB Rn. 262. Vgl. dazu BAG 20. 9. 1984 EzA § 626 BGB n.F. Nr. 91 mit Anm. *Dütz.*

in jedem Fall auflösen will, d.h. auch dann, falls die erklärte außerordentliche Kündigung unwirksam sein sollte. Ist dies, bezogen auf den Zeitpunkt der Kündigungserklärung, erfolgt, so **hat das Gericht** die Umdeutung vorzunehmen, selbst wenn sich der Kündigende auf sie nicht ausdrücklich beruft.[8] Denn die Subsumtion des vorgetragenen Sachverhalts unter die anzuwendenden Rechtsnormen hat stets von Amts wegen zu erfolgen bzw. von Rechts wegen.[9] Nur wenn keinerlei Tatsachenvortrag erfolgt ist, aus dem auf die Umdeutung nach § 140 BGB geschlossen werden könnte, hat sie zu unterbleiben. Das Arbeitsgericht darf lediglich nicht die die Umdeutungslage begründenden Tatsachen von Amts wegen ermitteln.[10] Die für die Rechtsanwendung notwendigen Tatsachen haben die Parteien dem Gericht vorzutragen. Dem richterlichen Fragerecht nach § 139 ZPO kommt hier ein hoher Stellenwert zu.

474 Eine ganz andere Frage ist, ob die durch die Umdeutung gewonnene ordentliche Kündigung **wirksam** ist. Das ist jeweils im Einzelfall zu prüfen. Die Kündigung kann z.B. daran scheitern, dass der Betriebsrat nicht ordnungsgemäß angehört worden ist (dazu oben Rn. 345ff.). Hat der Arbeitgeber den Betriebsrat nicht vorsorglich zu der nach Maßgabe des § 140 BGB zulässig umgedeuteten Kündigung angehört, scheitert die ordentliche Kündigung schon an den Wirksamkeitsvoraussetzungen des § 102 BetrVG,[11] es sei denn, der Betriebsrat hat der außerordentlichen Kündigung ausdrücklich und vorbehaltlos zugestimmt (hierzu Rn. 453). Ferner kann die Kündigung sozialwidrig oder wegen Nichteinhaltung der vereinbarten Schriftform unwirksam sein. Beabsichtigt der Arbeitgeber, einem Schwerbehinderten außerordentlich zu kündigen, so ist die Zustimmung des Integrationsamtes auch zu einer gegebenenfalls durch Umdeutung gewonnenen ordentlichen Kündigung nach § 85 SGB IX notwendig. Liegt die Zustimmung nicht vor, scheitert die Umdeutung, weil die ordentliche Kündigung ohne Zustimmung des Integrationsamtes unwirksam ist.[12]

475 Die Unsicherheit in der Bewertung der Umdeutungslage durch die Gerichte können die Parteien dadurch beseitigen, dass sie im Arbeitsvertrag eine Klausel vereinbaren, nach der eine unwirksame außerordentliche Kündigung als fristgemäße gelten soll.[13] Mit einer entsprechenden Vertragsklausel wird der entsprechende Parteiwille ausdrücklich manifestiert; auf die Prüfung des mutmaßlichen Willens

---

[8] Vgl. BAG 13. 8. 1987 EzA § 140 BGB Nr. 12 = NJW 1988, 581; 31. 5. 1979 EzA § 4 KSchG n.F. Nr. 16 = RdA 1979, 319; LAG Köln 14. 7. 1987 LAGE § 140 BGB Nr. 5. Das gilt auch für eine vom Arbeitnehmer erklärte unwirksame außerordentliche Kündigung; LAG München 3. 8. 1988 LAGE § 140 BGB Nr. 8.

[9] Vgl. *Herschel,* Festschrift Hubmann, 1985, S. 150; KR/*Friedrich,* § 13 KSchG Rn. 83; *Schmidt,* NZA 1989, 664.

[10] *Schmidt,* NZA 1989, 661, 663f.; vgl. auch LAG Sachsen-Anhalt 25. 1. 2000 NZA 2000, 472: die Umdeutung ist im Prozess „von Amts wegen" zu beachten, wenn die dazu erheblichen Tatsachen vorgetragen sind. Es bedarf keiner ausdrücklichen Erhebung einer „Umdeutungseinwendung" (so auch ErfK/*Müller-Glöge* § 626 BGB Rn. 97; HK-KSchG-Dorndorf, § 13 Rn. 71ff.; *Vollkommer,* Anm. BAG 14. 8. 1974 AP § 13 KSchG 1969 Nr. 3

[11] *v. Hoyningen-Huene/Linck,* § 13 KSchG Rn. 54 m.w.N.; *Schmidt,* NZA 1989, 665.

[12] LAG Berlin 9. 7. 1984 NZA 1985, 95.

[13] Vgl. BAG 12. 8. 1976 EzA § 102 BetrVG 1972 Nr. 25 mit Anm. *Löwisch;* 22. 11. 1973 EzA § 626 BGB n.F. Nr. 33 = NJW 1974, 1155.

nach § 140 BGB kommt es nicht mehr an.[14] Eine derartige Klausel kann auch der Tarifvertrag enthalten.[15]

I. Umdeutung der unwirksamen außerordentlichen Kündigung in eine ordentliche Kündigung

Hauptanwendungsfall der Umdeutung in der Praxis ist der der Umdeutung einer außerordentlichen Kündigung in eine ordentliche Kündigung. Früher enthielt § 11 Abs. 2 KSchG 1951 eine Auslegungsregel, die bestimmte, dass die unwirksame außerordentliche Kündigung im Zweifel nicht als Kündigung zum nächsten zulässigen Termin galt. Diese gesetzliche Vermutung brach mit einer ständigen Rechtsprechung des RG und des RAG, die die Umdeutung im Zweifel stets bejaht hatten.[16] Das Erste Arbeitsrechtsbereinigungsgesetz übernahm die Vermutung nicht mehr. Seitdem gilt allein § 140 BGB und damit die oben Rn. 470 mitgeteilten Grundsätze. Es ist entscheidend, ob der **hypothetische, dem Arbeitnehmer erkennbare Wille** des Arbeitgebers darauf zielt, das Arbeitsverhältnis auf jeden Fall zum nächstzulässigen Termin aufzulösen, falls er die Unwirksamkeit der außerordentlichen Kündigung erkannt hätte. Das ist mit der Rechtsprechung vor Inkrafttreten der Auslegungsregel des § 11 Abs. 2 KSchG 1951 auch heute noch im Zweifel anzunehmen, wobei dieses Ergebnis ausschließlich aus der verständigen Anwendung des § 140 BGB folgt.[17] Es ist nicht notwendig, dass sich der Kündigende **ausdrücklich auf die Umdeutung beruft** – das war zur Zeit der Geltung des § 11 Abs. 2 KSchG 1951 notwendig –. Maßgebend ist allein, ob der **Sachvortrag des Kündigenden** genügend Tatsachen enthält, aus denen auf den hypothetischen Willen des Kündigenden geschlossen werden kann. Ist dies für den Kündigungsempfänger erkennbar, so hat das Gericht nach § 140 BGB umzudeuten und weiter zu prüfen, ob die ordentliche Kündigung rechtswirksam ist. Dem richterlichen Fragerecht nach § 139 ZPO sollte in diesem Zusammenhang breiter Raum eingeräumt werden. Das zeigt sich besonders an den Folgen, die gegebenenfalls durch den engeren Streitgegenstand der Klage und die dadurch bedingten Rechtskraftwirkungen eintreten (dazu unten Rn. 1941 ff.). Beruft sich der Arbeitgeber im Zusammenhang mit einer außerordentlichen Kündigung darauf, die Fortsetzung des Arbeitsverhältnisses **sei ihm unzumutbar,** so macht er geltend, es sei ihm nicht einmal mehr möglich, mit dem Arbeitnehmer noch für die Dauer der Kündigungszeit zusammenzuarbeiten. Daraus folgt für den hypothetischen Willen des 476

[14] *Preis,* Der Arbeitsvertrag, Kündigungsvereinbarungen, II K 10 Rn. 2 ff.

[15] Vgl. BAG 15. 11. 1984 EzA § 626 BGB n. F. Nr. 95 = NZA 1985, 661.

[16] RG 24. 6. 1922 RGZ 105, 132; 18. 9. 1928, 122, 38; RAG 14. 3. 1934 ARS 21, 42; 21. 7. 1937, 30, 283; 19. 4. 1939, 36, 49 und 14. 1. 1944, 47, 143.

[17] Vgl. *v. Hoyningen-Huene/Linck,* § 13 KSchG Rn. 42 ff.; *Dütz,* Anm. EzA § 626 BGB n. F. Nr. 91; *Vollkommer,* Anm. zu BAG AP § 13 KSchG 1969 Nr. 3; KR/*Friedrich,* § 13 KSchG Rn. 79; *Meisel,* Anm. AP § 102 BetrVG 1972 Nr. 15; MünchKomm/*Schwerdtner,* Vor § 620 BGB Rn. 129; *Zöllner/Loritz,* § 22 III 3 b; a. A., d. h. enger in den Voraussetzungen, *Löwisch,* § 13 KSchG Rn. 30 ff. Vgl. auch BAG 31. 5. 1979 EzA § 4 KSchG n. F. Nr. 16. Das BAG hat die Frage im Urteil 13. 8. 1987 EzA § 140 BGB Nr. 12 = NJW 1988, 581 ausdrücklich offengelassen, jedoch bereits aus der hilfsweise erfolgten Anhörung des Betriebsrates auf den hypothetischen Willen des Kündigenden geschlossen, das Arbeitsverhältnis in jedem Falle zu beenden.

Kündigenden, dass er an der **Beendigung** des Arbeitsverhältnisses auf jeden Fall festhalten will, wenn er erkannt hätte, dass der von ihm zur Stützung angegebene Grund nicht das Gewicht hat, um als „wichtiger Grund" die sofortige Beendigung des Arbeitsverhältnisses zu rechtfertigen.

477 Das gilt in den (seltenen) Fällen einer außerordentlichen Kündigung aus betrieblichen[18] oder aus personenbedingten Gründen, vor allem aber im Hauptanwendungsbereich der verhaltensbedingten Kündigung. Der kündigende Arbeitgeber vermag hier oft nur schwer abzuschätzen, ob der von ihm als gegeben angesehene wichtige Grund die ausgesprochene außerordentliche Kündigung auch nach Auffassung der Arbeitsgerichte rechtfertigt.[19] Beurteilt das Gericht den wichtigen Grund enger, so führt die Bewertung der erkennbaren Interessen des Arbeitgebers, der sich wegen des Verhaltens des Arbeitnehmers sogar fristlos vom Arbeitnehmer lösen will, dazu, dass er in jedem Fall unter Einhaltung der ordentlichen Kündigungsfrist das Arbeitsverhältnis beenden will. Jede andere Interessenbewertung wäre wohl lebensfremd.[20]

478 Von diesen Grundsätzen ist ausnahmsweise abzuweichen, wenn der Kündigungsgrund, auf den die außerordentliche Kündigung gestützt wird, gar nicht vorliegt. Dann kann der hypothetische Wille des Kündigenden, sich in jedem Falle vom Arbeitnehmer zu trennen, nicht ohne weiteres angenommen werden.[21] Kann der Kündigungsgrund nicht bewiesen werden, so ist dagegen die Annahme einer Ausnahme von der Regel nicht immer gerechtfertigt, weil nach den Grundsätzen der Verdachtskündigung der Erklärende durchaus an der Beendigung festhalten wird. Ob die ordentliche Kündigung auch wirksam ist, ist eine andere und hier, bei der Frage der Umdeutung, noch nicht interessierende Frage.

II. Umdeutung der ordentlichen Kündigung

479 Die Umdeutung einer ordentlichen Kündigung in eine außerordentliche Kündigung mit Auslauffrist ist nicht möglich. Das scheitert schon daran, dass die Wirkun-

---

[18] Richtig KR/*Friedrich,* § 13 KSchG Rn. 81, gegen die dort zitierte (unveröffentlichte) Entscheidung des BAG 16. 11. 1978 – 2 AZR 141/77 –.

[19] Das zeigen exemplarisch die Fälle BAG 17. 5. 1984 EzA § 626 BGB n.F. Nr. 90 = NJW 1985, 284 (Bienenstichfall) und 17. 3. 1988 EzA § 626 BGB n.F. Nr. 116 = NJW 1989, 547 (Bummelantenfall).

[20] Das BAG hat die Umdeutung vorgenommen, wenn im Kündigungsschreiben zum Ausdruck gekommen ist, es bestehe keine Möglichkeit weiterer Zusammenarbeit mehr; 31. 5. 1979 EzA § 4 KSchG n.F. Nr. 16; 31. 3. 1993 EzA § 626 BGB Ausschlussfrist Nr. 5. Auf das Kündigungsschreiben, das einen Hinweis auf die Unzumutbarkeit der Weiterbeschäftigung enthielt, stellt auch BAG 18. 9. 1975 EzA § 626 BGB Druckkündigung Nr. 1 = AP § 626 BGB Druckkündigung Nr. 10 ab. Vgl. auch LAG Köln 14. 7. 1987 LAGE § 140 BGB Nr. 5 und LAG München 14. 12. 1988 LAGE § 140 BGB Nr. 9 sowie 3. 8. 1988 LAGE § 140 BGB Nr. 8; LAG Köln 17. 9. 1993 und 16. 3. 1995 LAGE § 140 BGB Nr. 10 und Nr. 11. Die Begründung im Kündigungsschreiben: „Ihre Wiederverheiratung stellt einen schweren Verstoß gegen die Grundauffassung der Kath. Kirche über Ehe und Familie dar" hat das BAG zur Umdeutung veranlasst; 14. 10. 1980 AP Art. 140 GG Nr. 7 = EzA § 1 KSchG Tendenzbetrieb Nr. 10. Das BAG hatte in diesem Fall – zu Recht – auch keine Bedenken gegen die „Erkennbarkeit" in der Person des Gekündigten.

[21] Vgl. KR/*Friedrich,* § 13 KSchG Rn. 80; *Löwisch,* § 13 KSchG Rn. 32; *Zöllner/Loritz,* § 22 III 3b.

gen des Ersatzgeschäfts nicht über das ursprünglich beabsichtigte hinausgehen dürfen. Eine Umdeutung ist auch dann ausgeschlossen, wenn der Kündigende einen wichtigen Grund hatte.[22]

Das wäre auch der Fall, wenn die außerordentliche Kündigung mit einer der or- **480**
dentlichen Kündigung entsprechenden Auslauffrist erklärt wird. Denn diese Kündigung ist nicht als „Kündigung aus anderen Gründen" unwirksam, sondern sie könnte nach § 7 KSchG rechtswirksam werden, falls die Klage nicht rechtzeitig erhoben würde.[23]

III. Umdeutung der außerordentlichen Kündigung in einen Antrag zum Abschluss eines Aufhebungsvertrages

Die unwirksame außerordentliche Kündigung kann auch in ein Vertragsangebot **481**
zur sofortigen einverständlichen Beendigung des Arbeitsverhältnisses umgedeutet werden. Voraussetzung ist, dass es dem mutmaßlichen Willen des Kündigenden entspricht, das Arbeitsverhältnis auch beim Fehlen eines wichtigen Grundes mit sofortiger Wirkung zu beenden. Kann das bejaht werden, so muss jedoch zur Auflösung des Arbeitsverhältnisses kraft Vereinbarung die Annahmeerklärung des Gekündigten hinzutreten. Nur dann liegt der Auflösungsvertrag vor. Hier ist Vorsicht geboten. Das Schweigen des Arbeitnehmers bedeutet keinesfalls allein bereits die Annahme des Vertragsangebotes. Andererseits ist auch keine ausdrückliche Erklärung notwendig. Stets aber ist das Bewusstsein erforderlich, eine rechtsgeschäftliche Erklärung abgeben zu wollen, was in Fällen dieser Art voraussetzt, dass der Gekündigte die Unwirksamkeit der Kündigung erkannt hat und dennoch dem erkennbaren mutmaßlichen Willen des Kündigenden, das Arbeitsverhältnis durch Vertrag zu beenden, zu entsprechen bereit ist.[24] Die Umdeutung funktioniert aber nicht bei einem Verstoß gegen § 623 BGB, weil sowohl die außerordentliche als auch die ordentliche Kündigung formbedürftig sind.[25]

IV. Umdeutung der Kündigungserklärung in eine Anfechtungserklärung

Die ordentliche Kündigung, die wegen Verletzung eines gesetzlichen Verbotes **482**
nichtig ist, kann grundsätzlich nicht in eine Anfechtungserklärung umgedeutet werden. In der Praxis wird dies häufig versucht. Die Umdeutung scheitert schon daran, dass hier das Ersatzgeschäft wesentlich weitergehende Rechtsfolgen hat – die wirksame Anfechtung beendet das Arbeitsverhältnis mit sofortiger Wirkung –, als

---

[22] LAG Köln 4. 7. 1996 LAGE § 620 BGB Kündigungserklärung Nr. 6 = NZA-RR 1997, 277; LAG Köln 29. 4. 1994 LAGE § 620 BGB Kündigungserklärung Nr. 2.

[23] BAG 12. 9. 1974 EzA § 1 TVG Auslegung Nr. 3; 16. 11. 1979 EzA § 154 BGB Nr. 1.

[24] Vgl. dazu im einzelnen BAG 13. 4. 1972 EzA § 626 BGB n. F. Nr. 13 = AP § 626 BGB Nr. 64 und MünchKomm/*Schwerdtner,* Vor § 620 Rn. 138. Ferner LAG München 3. 8. 1988 LAGE § 140 BGB Nr. 8; LAG Hamm 17. 2. 1995 EzA-SD 14/1995, S. 7f.; LAG Düsseldorf 24. 11. 1995 LAGE § 140 BGB Nr. 12.

[25] *Preis/Gotthardt,* NZA 2000, 348, 351.

das nichtige Rechtsgeschäft.[26] Anders kann dagegen der Fall zu beurteilen sein, wenn eine fristlose Kündigung erklärt worden ist. Macht der Kündigende zur Rechtfertigung seiner Maßnahme Gründe geltend, die eine Anfechtung nach den §§ 119, 123 BGB rechtfertigen könnten, so ist schon kraft Auslegung der Erklärung von einer Anfechtung auszugehen. Das wird in der Regel so sein, so dass sich die Frage einer Konversion gar nicht stellt.[27]

V. Umdeutung von Änderungskündigung und Leistungsbestimmungsrechten

483 Die Abgrenzung des Direktionsrechts bzw. vertraglich erweiterter Leistungsbestimmungsrechte von der Änderungskündigung bereitet Schwierigkeiten (vgl. Rn. 19ff.; 258). Vielfach werden Leistungen des Arbeitgebers mit einem Widerrufsvorbehalt versehen. Dennoch muss die Ausübung vertraglicher Leistungsbestimmungsrechte von der Änderungskündigung klar getrennt werden. Die Änderungskündigung stellt das schärfere Mittel dar, das u. U. sogar zur Beendigung des Arbeitsverhältnisses führen kann. Eine unwirksame Versetzung kann daher nicht in eine Änderungskündigung umgedeutet werden.[28] Hat der Arbeitgeber einen Widerruf ausgeübt, so scheidet eine Umdeutung in eine Änderungskündigung, gegen die vom Arbeitnehmer innerhalb der Frist des § 4 KSchG Klage erhoben werden müsste, ebenfalls aus, weil der Arbeitgeber beim vorbehaltenen Widerruf das Arbeitsverhältnis als Ganzes gerade nicht auflösen will. Die Änderungskündigung kann dagegen die Auflösung des Arbeitsverhältnisses immer zur Folge haben, wenn der Arbeitnehmer die geänderten Bedingungen ablehnt und Kündigungsschutzklage nach § 1 KSchG erhebt.

484 Nach Auffassung des LAG Berlin[29] kann eine unwirksame Änderungskündigung in die Ausübung des Direktionsrechtes umgedeutet werden. Dieser Auffassung kann gefolgt werden. Auch die einseitige Leistungsbestimmung kann als Gestaltungsrecht verstanden werden, so dass eine unwirksame Änderungskündigung „den Erfordernissen eines anderen Rechtsgeschäfts", hier der Direktionsrechtsausübung, entspricht. Nach dem Grundsatz der Verhältnismäßigkeit kommt eine Änderungskündigung regelmäßig erst dann in Betracht, wenn für den Arbeitgeber keine Möglichkeit besteht, mit weniger einschneidenden Maßnahmen das mit der Änderungskündigung bezweckte Ziel zu erreichen.[30] Folglich ist eine Änderungskündigung immer dann unwirksam, wenn die vom Arbeitgeber beabsichtigte Änderung der Arbeitsbedingungen kraft Ausübung des Direktionsrechts herbeigeführt werden kann. Für den Arbeitgeber ist aber vielfach schwer zu beurteilen, ob schon eine Änderungskündigung erforderlich ist oder noch die bloße Ausübung des Di-

---

[26] BAG 14. 10. 1974 EzA § 140 BGB Nr. 3 = NJW 1976, 592.

[27] Das BAG hat die Umdeutung einer Anfechtungserklärung in eine außerordentliche Kündigung abgelehnt; vgl. BAG 14. 12. 1979 ArbuR 1980, 252 mit insoweit abl. Anm. *Herschel* = EzA § 119 BGB Nr. 11; LAG Sachsen-Anhalt 14. 3. 1995 – 8 Sa 712/94 – n. bejaht die Umdeutung einer wegen arglistiger Täuschung ausgesprochenen Kündigung in eine Anfechtung.

[28] LAG Düsseldorf 27. 11. 1978 LAGE § 140 BGB Nr. 1.

[29] LAG Berlin 29. 11. 1999 NZA-RR 2000, 131 = LAGE § 2 KSchG Nr. 36.

[30] BAG 28. 4. 1982 BB 1983, 1413; KR/Rost, § 2 KSchG Rn. 106aff.

rektionsrechts genügt. Es ist daher anzunehmen, dass die Ausübung des Direktionsrechts bei Kenntnis der Unwirksamkeit der Änderungskündigung, die lediglich darauf beruht, dass das falsche (schärfere) Gestaltungsrecht gewählt wurde, gewollt sein würde. Die Situation ist hier ähnlich wie bei der Umdeutung der außerordentlichen in eine ordentliche Kündigung. Die Entscheidung des LAG Berlin erweist sich als zutreffend. Unzutreffend ist dagegen – auch aus dem Gesichtspunkt der Umdeutung – die „verkehrte" Rspr. des BAG, wonach eine Änderungskündigung auch dann gerechtfertigt ist, wenn ein entsprechendes Leistungsbestimmungsrecht rechtswirksam wäre.[31] Diese Rspr. verstößt gerade gegen den Verhältnismäßigkeitsgrundsatz.

VI. Prozessuale Fragen

Zu den Problemen der Umdeutung im Kündigungsschutzprozess vgl. unten 4. Abschnitt Rn. 1941 ff. **485**

§ 18 Die ordentliche Kündigung

I. Grundsätze

Die ordentliche Kündigung ist das Gestaltungsrecht, durch das der Vertragspartner das auf unbestimmte Zeit eingegangene Arbeitsverhältnis beendet. Im Grundsatz bedarf es hierfür keines Kündigungsgrundes. Das gilt heute jedoch nur noch außerhalb des Geltungsbereiches des Kündigungsschutzgesetzes. Soweit dieses Gesetz anzuwenden ist (Einzelheiten unter Rn. 873 ff.), müssen Gründe vorhanden sein, die die Sozialwidrigkeit der Kündigung ausschließen.[1] **486**

Die ordentliche Kündigung des Arbeitsverhältnisses durch den Arbeitnehmer ist heute von gesetzlichen oder kollektivvertraglichen Beschränkungen grundsätzlich frei. Dagegen bestehen zu Lasten des Kündigungsrechts des Arbeitgebers vielfältige Beschränkungen, die meistens nur bestimmte Arbeitnehmergruppen betreffen, sofern vom allgemeinen Kündigungsschutz nach dem KSchG abgesehen wird. Zu erwähnen sind z.B. der Kündigungsschutz für werdende Mütter (dazu unten Rn. 1283 ff.) und Schwerbehinderte (dazu unten Rn. 1454 ff.) sowie der kollektivrechtliche Kündigungsschutz für ältere und länger beschäftigte Arbeitnehmer. **487**

II. Allgemeine Grundlagen der Kündigungsfristen

Durch das Kündigungsfristengesetz – **KündFG** – vom 7. 10. 1993 (BGBl. I, S. 1668) sind die bisher zwischen Arbeitern und Angestellten geltenden differen- **488**

---

[31] BAG 15. 11. 1995 NZA 1996, 603; zur Kritik unter Rn. 1278).

[1] Das Dienstverhältnis, das auf bestimmte Zeit eingegangen ist, endet ohne Kündigung. Ob während der Befristung eine Kündigung möglich ist, hängt von der Vereinbarung ab (§ 15 Abs. 3 TzBfG).

zierenden gesetzlichen Regelungen abgelöst worden.[2] Die Neuregelung war notwendig geworden, nachdem das BVerfG die differenzierenden Kündigungsfristen mit Art. 3 Abs. 1 GG für unvereinbar erklärt hatte.[3] § 622 Abs. 1 BGB sieht nunmehr eine **Grundkündigungsfrist von vier Wochen einheitlich für alle Arbeitnehmer** in den ersten beiden Beschäftigungsjahren vor, gekoppelt mit **zwei Kündigungsterminen zum 15. oder zum Ende des Kalendermonats.** Eine vom Arbeitgeber zum 15. eines Kalendermonats ausgesprochene Kündigung wirkt im Falle ihres verspäteten Zugangs zum nächst zulässigen Kündigungstermin, also zum Monatsende, wenn und soweit die Parteien keinen abweichenden Kündigungstermin vereinbart haben. § 622 Abs. 2 BGB regelt die vom Arbeitgeber einzuhaltenden Kündigungsfristen gegenüber länger beschäftigten Arbeitnehmern. Bei den **verlängerten Kündigungsfristen** nach § 622 Abs. 2 BGB wurde an **Monatskündigungsterminen** festgehalten. Die Neuregelung geht von dem Gedanken eines allmählichen stufenweisen Übergangs von kürzeren Fristen zu Beginn des Arbeitsverhältnisses zu längeren Fristen in Abhängigkeit von der Dauer der Betriebszugehörigkeit aus. Die für eine Kündigung durch den Arbeitgeber verlängerten Fristen gelten – abweichend vom alten Recht – bereits nach zweijähriger Betriebszugehörigkeit mit einer Frist von einem Monat zum Monatsende. Bei der Berechnung der Beschäftigungsdauer nach § 622 Abs. 2 BGB ist ein Berufsausbildungsverhältnis, aus dem der Auszubildende in ein Arbeitsverhältnis übernommen wurde, zu berücksichtigen, soweit die Ausbildung im Unternehmen nach der Vollendung des 25. Lebensjahres des Auszubildenden erfolgte.[4]

489 Über insgesamt sieben Stufen wird nach zwanzigjähriger Betriebszugehörigkeit die Höchstdauer von sieben Monaten zum Monatsende erreicht. Wie nach altem Recht werden bei der Berechnung der Betriebszugehörigkeit nur die **Zeiten nach der Vollendung des 25. Lebensjahres** des Arbeitnehmers berücksichtigt. Damit ergibt sich für Arbeiter im Vergleich zur früheren Regelung eine erhebliche Verbesserung. Eine weitere Verbesserung besteht für Angestellte darin, dass die gesetzliche Verlängerung nicht mehr an das Erfordernis der Beschäftigung durch einen Arbeitgeber von regelmäßig mehr als zwei Angestellten gebunden ist (so der frühere § 2 Abs. 1 Satz 1 AngKSchG).[5]

490 Übersicht zu § 622 Abs. 2 BGB

Betriebszugehörigkeit	Lebensalter (Jahre)	Kündigungsfrist (Monate zum Monatsende)
2 Jahre	27	1
5 Jahre	30	2

[2] Zu dieser Neuregelung vgl. *Adomeit/Thau,* NJW 1994, 11; *Bauer,* NZA 1993, 495; *Bauer/Rennpferdt,* Kündigungsfristen, AR-Blattei SD 1010.5; *Drüll/Schmitte,* NZA 1994, 398; *Hohmeister,* Der Personalrat 1994, 9; *Hromadka,* BB 1993, 2372; *Kehrmann,* AiB 1993, 746; *Knorr,* ZTR 1994, 267; *Kretz,* Kündigungsfristen, in: Handwörterbuch des Arbeitsrechts (HwB AR); *Preis/Kramer,* DB 1993, 2125; *Sieg,* AuA 1993, 165; *Voss,* NZA 1994, 57; *Wank,* NZA 1993, 961; *Widlak,* AuA 1993, 353; *Worzalla,* NZA 1994, 145.

[3] BVerfG 30. 5. 1990 EzA § 622 BGB n. F. Nr. 27.

[4] BAG 2. 12. 1999 AP § 622 BGB Nr. 57 = EzA § 622 BGB n. F. Nr. 60.

[5] Gegen die rückwirkende Änderung des § 2 AngKSchG bestehen nach BAG 17. 3. 1994 EzA § 622 BGB n. F. Nr. 49 keine verfassungsrechtlichen Bedenken.

Betriebszugehörigkeit	Lebensalter (Jahre)	Kündigungsfrist (Monate zum Monatsende)
8 Jahre	33	3
10 Jahre	35	4
12 Jahre	37	5
15 Jahre	40	6
20 Jahre	45	7

1. Geltungsbereich des § 622 BGB

491 § 622 BGB gilt für alle **ordentlichen Kündigungen.** Hierzu zählt nicht nur der Fall der Beendigungskündigung, sondern auch der Änderungskündigung.[6] Für außerordentliche Kündigungen nach § 626 BGB greift § 622 BGB nicht ein. Diese erfolgen in der Regel fristlos. Zur außerordentlichen Kündigung ordentlich Unkündbarer mit Auslauffrist vgl. Rn. 616f.

492 § 622 BGB gilt für **alle Arbeitnehmer,** sowohl hinsichtlich der Grundkündigungsfrist als auch für die verlängerten Kündigungsfristen. Die Regelung greift also auch für **Teilzeitbeschäftigte,** selbst für geringfügig Beschäftigte, aber nicht für Verträge mit arbeitnehmerähnlichen Personen.[7] Dies gilt ohne Rücksicht darauf, wieviele Arbeitnehmer im Unternehmen beschäftigt sind. Prinzipiell gilt § 622 BGB auch für Arbeitsverhältnisse in **Kleinunternehmen.** In den Beratungen des Vermittlungsausschusses wurde allerdings die Regelung des § 622 Abs. 5 Nr. 2 BGB eingefügt, wonach einzelvertraglich eine kürzere Grundkündigungsfrist vereinbart werden kann, wenn der Arbeitgeber in der Regel nicht mehr als 20 Arbeitnehmer ausschließlich der zu ihrer Berufsbildung Beschäftigten beschäftigt und die Kündigungsfrist vier Wochen nicht unterschreitet. Bei der Feststellung dieser Zahl der Beschäftigten sind teilzeitbeschäftigte Arbeitnehmer mit einer regelmäßigen wöchentlichen Arbeitszeit von nicht mehr als 20 Stunden mit 0,5 und von nicht mehr als 30 Stunden mit 0,75 zu berücksichtigen (nach der Neufassung durch ÄndG 19. 12. 1998 BGBl. I, 3843). Im Kern enthält diese Regelung lediglich den Vorteil für kleinere Arbeitgeber, eine vierwöchige Kündigungsfrist ohne festen Endtermin zu vereinbaren. Für das Eingreifen der Regelung des § 622 Abs. 5 Nr. 2 BGB ist entscheidend, wieviele Arbeitnehmer der Arbeitgeber zum Zeitpunkt des Zugangs der Kündigung in der Regel beschäftigt. Die maßgebliche Zahl ist durch einen Rückblick auf die Belegschaftszahl in der Vergangenheit und einer Einschätzung in der Zukunft zu ermitteln. Kurzfristige Schwankungen sind ohne Bedeutung. Auf die zu § 23 Abs. 1 KSchG geltenden Grundsätze kann verwiesen werden (vgl. hier Rn. 892ff.). Im Unterschied zu § 23 Abs. 1 KSchG stellt jedoch § 622 Abs. 5 Nr. 2 BGB nicht auf den Betrieb, sondern auf den Arbeitgeber ab, so dass sich die Problematik einer verfassungskonformen Auslegung hier nicht stellt.[8] Für

---

[6] BAG 12. 1. 1994 DB 1994, 1191 = EzA § 622 BGB n.F. Nr. 47. Dies gilt auch für Änderungskündigungen, bei denen nur um den Zeitpunkt des Wirksamwerdens der Vertragsänderung gestritten wird, wenn dieser Streit bei Inkrafttreten des Kündigungsfristengesetzes noch rechtshängig war und die Kündigungsfristbestimmungen alten Rechts für den Arbeitnehmer ungünstiger wären, vgl. Staudinger/*Preis,* § 622 BGB Rn. 92.

[7] ErfK/*Müller-Glöge,* § 622 BGB Rn. 10.

[8] Zu § 23 Abs. 1 Satz 2 KSchG vgl. BVerfG 27. 1. 1998 NZA 1998, 470, 474.

Hausangestellte und Hausgehilfen findet die Grundkündigungsfrist des § 622 Abs. 1 BGB Anwendung. Die verlängerten Kündigungsfristen des Absatz 2 gelten jedoch nicht, weil diese Regelung eine Beschäftigung in einem Betrieb oder einem Unternehmen von bestimmter Dauer voraussetzt. Der Haushalt ist jedoch kein Betrieb oder Unternehmen in diesem Sinne.[9]

493 Für **vertretungsberechtigte Organmitglieder,** die auf Grund ihrer Beteiligung eine Gesellschaft beherrschen, galt und gilt unstreitig die Frist des § 621 Nr. 3 BGB.[10] Im Übrigen ist jedoch wie bisher davon auszugehen, dass § 622 Abs. 1 BGB auf die Kündigung solcher vertretungsberechtigten Organmitglieder analog anzuwenden ist, die nicht in erheblichem Umfang am Kapital der Gesellschaft beteiligt sind.[11] Mangels anderer gesetzlicher Grundentscheidung ist nunmehr auch davon auszugehen, dass die verlängerten Kündigungsfristen des § 622 Abs. 2 BGB anwendbar sind. Für die früher gebotene Differenzierung auf der Basis des AngKSchG zwischen Geschäftsführern und Vorstandsmitgliedern ist nach Wegfall dieses Gesetzes kein Raum mehr.[12]

2. Sonderregelungen

494 Für den Fall der **Insolvenz** des Arbeitgebers greift nach § 113 InsO ein Sonderkündigungsrecht des Insolvenzverwalters (hierzu näher Rn. 2147ff.). Hiernach kann ein Dienstverhältnis mit einer Frist von drei Monaten zum Monatsende gekündigt werden, soweit nicht eine kürzere Frist maßgeblich ist. Arbeitsvertraglich oder tarifvertraglich vereinbarte längere Kündigungsfristen bleiben außer Betracht.[13] Das gilt aber dann nicht, wenn die einzel- oder tarifvertraglich verlängerte Kündigungsfrist noch kürzer ist als die Höchstfrist des § 113 Abs. 1 Satz 2 InsO (drei Monate zum Monatsende). Dann gilt die längere vereinbarte Frist.[14] Ob § 113 InsO in entsprechender Anwendung auch auf die Kündigung eines Ausbildungsverhältnisses Anwendung findet, ist streitig.[15]

495 § 622 BGB gilt prinzipiell auch für **Leiharbeitsverhältnisse.** Nach Art. 1 § 11 Abs. 1 Satz 2 Nr. 5 AÜG ist der Verleiher jedoch verpflichtet, die Fristen für die Kündigung des Arbeitsverhältnisses in einer besonderen Urkunde (regelmäßig, aber nicht zwingend der schriftliche Arbeitsvertrag) aufzunehmen. Hierfür genügt die Verweisung auf die einschlägige gesetzliche (§ 622 BGB) oder tarifliche Regelung.[16] § 11 Abs. 4 Satz 1 AÜG erklärt § 622 Abs. 5 Nr. 1 BGB auf Arbeitsverhält-

---

[9] *Bauer/Rennpferdt,* AR-Blattei SD 1010.5 Rn. 24; *Kretz,* HwB AR Kündigungsfristen Rn. 50; KR/*Spilger,* § 622 BGB Rn. 55.

[10] Staudinger/*Preis,* § 622 BGB Rn. 7.

[11] Staudinger/*Preis,* § 621 BGB Rn. 8; *Bauer-Rennpferdt,* AR-Blattei SD 1010.5 Rn. 30ff.

[12] Überzeugend *Bauer* BB 1994, 855, 856; LAG Köln 18. 11. 1998 ARST 1999, 187 = EWiR 1999, 493 mit Anm. *Müller; Lunk* ZIP 1999, 1777, 1780; a.A. *Hümmerich* NJW 1995, 1777, 1780, der allerdings die Regelungslücke für verfassungswidrig hält.

[13] BAG 17. 3. 1976 AP § 22 KO Nr. 2.

[14] BAG 3. 12. 1998 AP § 113 InsO Nr. 1 = EzA § 113 InsO Nr. 6.

[15] Vgl. zu § 22 KO BAG 27. 5. 1993 EzA § 22 KO Nr. 5; a.A. zu § 113 InsO *Zwanziger,* Das Arbeitsrecht der Insolvenzordnung, 1. Aufl. 1997, § 113 InsO Rn. 8.

[16] APS/*Linck* § 622 BGB Rn. 23; ErfK/*Wank* § 11 AÜG Rn. 11; a.A. LAG Hamm 1. 2. 1996 LAGE § 11 AÜG Nr. 1.

nisse zwischen Verleihern und Leiharbeitnehmern für unanwendbar.[17] Das bedeutet, dass kürzere als die in § 622 Abs. 1 BGB geregelten Kündigungsfristen für Aushilfskräfte in Leiharbeitsverhältnissen nur tarifvertraglich bzw. durch Bezugnahme auf einen einschlägigen Tarifvertrag festgelegt sein können. Erfolgt die Bezugnahme auf einen nicht einschlägigen Tarifvertrag, ist die Fristverkürzung unwirksam mit der Folge, dass die gesetzlichen Kündigungsfristen gelten.[18]

Durch das Kündigungsfristengesetz wurden auch die Kündigungsfristen für **Heimarbeiter** (vgl. § 29 Abs. 3 HAG) sowie für **Heuerverhältnisse** (Schiffsleute, Schiffsoffiziere und sonstige Angestellte, vgl. § 63 Abs. 1 SeemG) der Neuregelung des § 622 BGB angeglichen. Bei Heimarbeitsverhältnissen verlängert sich mit steigender Beschäftigungsdauer die Frist für die Kündigung des Auftraggebers oder des Zwischenmeisters in gleicher Weise wie für Arbeitsverhältnisse nach § 622 Abs. 2 BGB (vgl. § 29 Abs. 4 HAG). Auch die Kündigungsfrist während der vereinbarten Probezeit gilt entsprechend (§ 29 Abs. 3 Satz 2 HAG). Im Übrigen findet § 622 Abs. 4 bis 6 BGB Anwendung.[19] **496**

Auch für **Berufsausbildungsverhältnisse** (§ 15 Abs. 1 BBiG) sowie für **Schwerbehinderte** (§ 16 SchwbG) sind Sonderregelungen zu beachten (vgl. Rn. 573ff. und Rn. 1454ff. sowie Rn. 1494). § 19 BErzGG regelt eine besondere Kündigungsfrist für den erziehungsurlaubsberechtigten Arbeitnehmer, der das Arbeitsverhältnis zum Ende des **Erziehungsurlaubs** nur unter Einhaltung einer Kündigungsfrist von drei Monaten kündigen kann. **497**

3. Übergangsregelung

Die Übergangsregelung des Art. 222 EGBGB bezieht die Fälle ein, in denen vor Inkrafttreten der gesetzlichen Neuregelung die Kündigung dem Arbeitnehmer zugegangen ist, der kündigungsrechtliche Sachverhalt zum Zeitpunkt des Inkrafttretens der Neuregelung noch nicht abgeschlossen ist und zudem die Neuregelung für den Arbeitnehmer, dem gekündigt worden ist, günstiger ist als die alte gesetzliche Regelung. Dies betrifft insbesondere die arbeitsgerichtlichen Verfahren, die nach dem Beschluss des Bundesverfassungsgerichts vom 30. 5. 1990[20] auszusetzen waren. Die Übergangsvorschrift ist verfassungsgemäß.[21] **498**

4. Berechnung der Kündigungsfrist

Für die Berechnung der Kündigungsfristen gelten die §§ 186ff. BGB. Nach § 187 Abs. 1 BGB wird der Tag, an dem die Kündigung zugeht, nicht mitgerechnet; der Fristablauf beginnt erst am folgenden Tage. Unerheblich ist dabei, ob der **499**

---

[17] Vgl. ErfK/*Müller-Glöge,* § 622 BGB Rn. 12.

[18] Staudinger/*Preis,* § 622 BGB Rn. 19; *von Hoyningen-Huene,* Kündigungsvorschriften im Arbeitsrecht, 2. Aufl. 1994, § 11 AÜG Anm. 3.

[19] Einzelheiten zu diesen gesetzlichen Sonderregelungen vgl. Staudinger/*Preis,* § 622 BGB Rn. 20, 21.

[20] AP § 622 BGB Nr. 28.

[21] Vgl. Beschluss des BVerfG 25. 1. 1994 EzA § 622 BGB n.F. Nr. 46; ferner LAG Hamm 25. 1. 1994 LAGE § 622 BGB Nr. 27; *Preis/Kramer,* DB 1993, 2125, 2130f.; Staudinger/*Preis,* § 622 Rn. 91; a.A. *Wollgast,* ArbuR 1993, 325ff.

letzte Tag, an dem noch gekündigt werden kann, auf einen Samstag, Sonntag oder Feiertag fällt. § 193 BGB ist auf Kündigungsfristen nicht entsprechend anwendbar. Ohne Bedeutung für die Fristberechnung ist auch, dass der Tag, an dem das Arbeitsverhältnis durch Kündigung enden soll, ein Samstag, Sonntag oder Feiertag ist.[22] Die Frist endet nach § 188 Abs. 2 BGB mit dem Ablauf desjenigen Tages der letzten Woche oder des letzten Monats, welcher durch seine Benennung oder seine Zahl dem Tage entspricht, in den das Ereignis oder der Zeitpunkt fällt.

500 § 622 Abs. 1 BGB regelt die **Grundkündigungsfrist** – zugleich als Mindestkündigungsfrist – von vier Wochen. Vier Wochen bedeutet 28 Tage. Wesentlich ist dies auch für die Kündigungsfrist nach § 622 Abs. 5 Nr. 2 BGB, wonach in Kleinunternehmen eine vierwöchige Kündigungsfrist ohne festen Endtermin einzuhalten ist. Für den Regelfall des § 622 Abs. 1 BGB, bei dem eine Grundkündigungsfrist von vier Wochen zum 15. oder Monatsende besteht, sind – in Anwendung der §§ 187 Abs. 1, 188 Abs. 2 BGB – folgende spätestmöglichen Kündigungstage (Zugang der Kündigung) zu beachten:

Kündigung zum	15. des Monats Kündigungszugang bis	Monatsende Kündigungszugang bis
in Monaten mit 30 Tagen in Monaten mit 31 Tagen	17. des Vormonats 18. des Vormonats	2. des Monats 3. des Monats

501 **Im Februar ergeben sich folgende Abweichungen:** 31. 1. (Schaltjahr 1. 2.) für eine Kündigung zum 28. 2. (29. 2.) oder 15. 2. (Schaltjahr 16. 2.) für eine Kündigung zum 15. 3.

502 Die Kündigung muss an den vorstehenden Kündigungstagen zugehen, damit die Kündigungsfrist gewahrt wird. Eine Vereinbarung, dass der Tag der Absendung des Kündigungsschreibens als Tag der Erklärung gelten soll, ist unzulässig.[23] Geht die Kündigung **zu spät** zu oder wird sie mit einer zu kurzen Frist ausgesprochen, gilt sie **im Zweifel als zum nächst zulässigen Termin** erklärt.[24]

503 Der Kündigende kann freiwillig eine längere als die gesetzliche Kündigungsfrist einhalten. Er ist nicht verpflichtet, mit dem Ausspruch der Kündigung bis zum letzten Tage vor Beginn der Frist zum nächstmöglichen Termin zu warten.[25] Freilich muss sich der Arbeitgeber so behandeln lassen, als habe er mit der richtigen Frist gekündigt. Dies kann bei Überschreitung des Sechsmonatszeitraums nach § 1 KSchG dazu führen, dass der vor Ablauf dieses Zeitraums mit längerer Frist Gekündigte Kündigungsschutz genießt.[26] So kann eine Kündigung, die nicht zum nächstmöglichen Kündigungstermin, sondern erst zu einem späteren Termin wirken soll, eine Umgehung des Kündigungsschutzes darstellen, wenn die Kündi-

[22] BAG 5. 3. 1970 AP § 193 BGB Nr. 1; 28. 9. 1972 AP § 193 BGB Nr. 2; *Hromadka,* BB 1993, 2373.

[23] BAG 13. 10. 1976 EzA § 130 BGB Nr. 6; *Kliemt,* Formerfordernisse im Arbeitsverhältnis, 1995, S. 407.

[24] BAG 18. 4. 1985 AP § 622 BGB Nr. 20 = EzA § 622 BGB n. F. Nr. 21; *Hromadka,* BB 1993, 2373.

[25] KR/*Spilger,* § 622 BGB Rn. 135; LAG Berlin 11. 1. 1999 LAGE § 622 BGB Nr. 41 = NZA-RR 1999, 473.

[26] *Hromadka,* BB 1993, 2373.

gungserklärung nur zu dem Zweck erfolgte, sie noch vor Ablauf der Wartefrist des § 1 KSchG auszusprechen. Vergleichbares gilt, wenn eine vorzeitige Kündigung mit verlängerter Frist erfolgt, um den Eintritt einer tariflichen Unkündbarkeit zu verhindern.[27] Bei einer vertraglichen Verlängerung der gesetzlichen Kündigungsfrist gelten die üblichen gesetzlichen Kündigungstermine, soweit keine ausdrückliche Regelung über den Kündigungstermin getroffen wird oder sich ein anderer Parteiwille im Wege der Auslegung ergibt.

III. Unabdingbare Mindestkündigungsfristen

1. Grundsatz

Die gesetzliche Grundkündigungsfrist von vier Wochen stellt eine grundsätzlich **504** nicht abdingbare Mindestkündigungsfrist dar. Dies folgt aus § 622 Abs. 5 Satz 2 BGB, der Abweichungen von den Absätzen 1 bis 3 zu Lasten des Arbeitnehmers verbietet. Mit dieser gesetzlichen Neuregelung soll „klargestellt werden, dass einzelvertragliche Abkürzungen der Kündigungsfrist unzulässig sind" (BT-Drucks. 12/4902, S. 9). Etwas anderes gilt nur für die gesetzlichen Sonderfälle einer vereinbarten Probezeit, § 622 Abs. 3 BGB (vgl. hier Rn. 548ff.), der einzelvertraglichen Bezugnahme auf einen Tarifvertrag, § 622 Abs. 4 Satz 2 BGB (Rn. 513ff.), der vorübergehenden Aushilfstätigkeit, § 622 Abs. 5 Nr. 1 BGB (vgl. hier Rn. 560ff.), sowie bei Kleinunternehmen, § 622 Abs. 5 Nr. 2 BGB (vgl. hier Rn. 514, 892ff.).

Die nach § 622 Abs. 2 Satz 1 BGB vom Arbeitgeber einzuhaltenden verlänger- **505** ten Kündigungsfristen sind ebenfalls zwingend.[28] Auch über das Gesetz hinausgehende Kündigungstermine dürfen einzelvertraglich nicht vereinbart werden. Dabei ist richtigerweise ein „Ensemble-Vergleich" von Kündigungsfrist und Kündigungstermin vorzunehmen. Es dürfen nicht nur die Kündigungsfristen miteinander verglichen werden.[29] Dabei ist bei dem Günstigkeitsvergleich auf die Vertragsabrede (abstrakt) abzustellen und nicht auf den (konkreten) Zeitpunkt des Ausspruchs der Kündigung. Ist einzelvertraglich eine Mindestkündigungsfrist von sechs Wochen zum Quartal vereinbart worden, setzen sich jedenfalls ab achtjähriger Betriebszugehörigkeit die verlängerten gesetzlichen Kündigungsfristen durch, da die Frist von drei Monaten zum Monatsende bei abstrakter Betrachtung regelmäßig länger und damit günstiger ist, als die Frist von sechs Wochen zum Quartal.[30] Hauptstreitfall ist der Vergleich der (vereinbarten) Quartalskündigungsfrist mit der Kündigungsfrist des § 622 Abs. 2 Nr. 2 BGB nach fünfjähriger Beschäftigungsdauer (zwei Monate zum Monatsende). Während *Diller* meint, in den „meisten Fällen" gebe die Quartalskündigungsfrist einen besseren Schutz,[31] vertritt *Linck,* dass sich

---

[27] BAG 16. 10. 1987 EzA § 626 BGB Unkündbarkeit Nr. 1; KR/*Spilger,* § 622 BGB Rn. 136.

[28] Vgl. Staudinger/*Preis,* § 622 BGB Rn. 29 m. w. N.

[29] So aber LAG Hamm 1. 2. 1996 LAGE § 622 BGB Nr. 38; dagegen zu Recht *Diller,* NZA 2000, 293, 296f.; *Müller-Glöge,* FS für Schaub, 1998, S. 497, 501; jetzt BAG 4. 7. 2001 – 2 AZR 469/00 –.

[30] Zutr. *Diller,* NZA 2000, 293, 296f.; LAG Nürnberg 13. 4. 1999 NZA-RR 2000, 80.

[31] *Diller,* NZA 2000, 293, 297.

die gesetzliche Kündigungsfrist von zwei Monaten bei fristgerechter Kündigung gegenüber der Quartalskündigungsfrist durchsetze, weil bei der typischen Quartalskündigung die Kündigungsfrist deutlich kürzer sei als die zweimonatige Kündigungsfrist.[32] Der Auffassung von *Linck* sollte gefolgt werden, da sie dem Prinzip der abstrakten Vergleichsbetrachtung besser gerecht wird als die Betrachtung von *Diller,* die auf die konkrete Betrachtung je nach dem Zeitpunkt der Kündigungserklärung abstellt.

506 Werden unzulässig kurze Kündigungsfristen oder unzulässig viele Kündigungstermine vereinbart, so tritt an die Stelle dieser unwirksamen Vereinbarung die gesetzliche Regelung (§ 622 Abs. 1 BGB bzw. § 622 Abs. 2 BGB). Weil die früher vorhandene Unterscheidung zwischen gesetzlicher Mindest- und Regelkündigungsfrist nach der gesetzlichen Neuregelung nicht mehr existiert, ist auch die alte Streitfrage entfallen, ob bei Vereinbarung einer unzulässig kurzen Kündigungsfrist die gesetzliche Mindest- oder die Regelfrist eingreift.[33]

507 Denkbar ist, dass die Arbeitsvertragsgestaltung des Arbeitgebers zwischen Arbeitern und Angestellten typisierend differenziert (für Altfälle vgl. Rn. 534ff.). Auch derartige Kündigungsregelungen sind nach Maßgabe des allgemeinen Gleichbehandlungsgrundsatzes zu überprüfen. Insoweit ergibt sich im Kern keine Abweichung zur Zulässigkeit und zu den Grenzen der Differenzierung bei tarifvertraglichen Kündigungsregelungen, soweit eine konstitutive Fristvereinbarung vorliegt.[34] Erschwerend kommt hinzu, dass bei arbeitsvertraglichen Regelungen, insbes. soweit sie typisierend erfolgen, keine privilegierte Beurteilung hinsichtlich der Beurteilungskompetenz der Tarifpartner vorliegt. Eine typisierende Ungleichbehandlung auf der Basis arbeitsvertraglicher Regelung verstößt daher in aller Regel gegen den arbeitsrechtlichen Gleichbehandlungsgrundsatz.[35] Es treten dann die gleichen Rechtsfolgen ein wie bei der Unwirksamkeit tariflicher Kündigungsfristen (vgl. hierzu Rn. 523ff.).

2. Auswirkungen des KündFG auf bestehende Arbeitsverhältnisse

508 Sowohl das KündFG als auch die Übergangsregelung des Art. 222 EGBGB lässt Altverträge mit Angestellten unberührt. Verbreitete Vertragspraxis ist die Bezugnahme auf gesetzliche oder tarifliche Bestimmungen.[36] Es ist in jedem Einzelfall zu prüfen, ob die Arbeitsvertragsparteien vor dem 15. 10. 1993 eine konstitutive Regelung oder eine bloß deklaratorische Verweisung auf die gesetzlichen Vorschriften vorgenommen haben. Hierbei ist zu berücksichtigen, dass die Auslegungsgrundsätze für Tarifverträge und Arbeitsverträge unterschiedlich sind.[37] Freilich werden sich die unterschiedlichen Auslegungsgrundsätze bei der hier in Rede stehenden Problematik kaum auswirken.[38]

---

[32] APS/*Linck,* § 622 BGB Rn. 181.
[33] Vgl. Staudinger/*Preis,* § 622 BGB Rn. 30.
[34] Vgl. hier noch Rn. 534ff.; *Worzalla,* NZA 1994, 145, 150.
[35] Vgl. Staudinger/*Preis,* § 622 BGB Rn. 59.
[36] Vgl. *Preis,* Vertragsgestaltung, S. 68; *Preis/Kramer,* DB 1993, 2125, 2130.
[37] Zum ganzen *Hromadka,* BB 1993, 2372, 2375ff.; *Preis/Kramer,* DB 1993, 2125, 2130ff.
[38] *Bauer/Rennpferdt,* AR-Blattei SD 1010.5 Rn. 87.

In zahlreichen Altverträgen findet sich hinsichtlich der Kündigungsfristen lediglich eine Verweisung auf die „gesetzlichen Vorschriften". Bei der notwendigen Auslegung ist zunächst der Wortlaut der Erklärung zu beachten;[39] bei vorformulierten Verträgen ist auf die Verständnismöglichkeit des Durchschnittsvertragspartners, in der Regel also des Arbeitnehmers, abzustellen.[40] Danach ist davon auszugehen, dass in aller Regel das Gesetz in seiner jeweils gültigen Fassung in Bezug genommen wird. Der Durchschnittsarbeitnehmer wird die Vertragsabrede deshalb so verstehen, dass er die einschlägige Kündigungsfrist durch „einen Blick ins Gesetz" erfahren kann. Dies impliziert die vertraglich vereinbarte Geltung des jeweils gültigen Gesetzes.[41] Ein anderes Auslegungsergebnis, das auf die Geltung der zum Zeitpunkt des Vertragsschlusses in Kraft befindlichen gesetzlichen Kündigungsfristen hinausläuft, bedarf deutlicher Anhaltspunkte in der Vereinbarung.[42] Solche sind etwa darin zu erblicken, dass auf die „gesetzlichen Kündigungsfristen idF vom ..." verwiesen oder die einschlägige Kündigungsfrist konkret benannt wird. Wenn die Vertragsklausel eine konkrete Frist nennt, wird diese zugrunde zu legen sein, selbst wenn die genannte Frist mit einer früheren gesetzlichen übereinstimmt (z. B. „sechs Wochen zum Schluss des Kalendervierteljahres" oder „gesetzliche Kündigungsfrist von sechs Wochen zum Quartalsende").[43] Entscheidend für dieses Ergebnis ist, dass die Parteien nach § 622 BGB a. F. auch die Möglichkeit hatten, eine kürzere Frist (einen Monat zum Monatsende) zu vereinbaren. Insoweit ist der Angabe einer konkreten Fristdauer konstitutive Bedeutung beizumessen.[44] **509**

Sofern nach vorstehenden Grundsätzen ein Bestandsschutz für Altverträge greift, stellt sich die Frage, ob und inwieweit der Arbeitgeber von dieser konstitutiven vertraglichen Regelung abweichen kann. Dabei ist zu berücksichtigen, dass der Gesetzgeber die Ungleichbehandlung aus Gründen des Bestandsschutzes konkludent in Kauf genommen hat. Erst mit Inkrafttreten der gesetzlichen Neuregelung wird für die Zukunft eine vollständige Gleichbehandlung zwischen Arbeitern und Angestellten möglich. Die vorübergehende Ungleichbehandlung der Arbeitnehmer aus Gründen des Bestandsschutzes mag unbefriedigend sein, ist aber nicht sachwidrig.[45] Allenfalls bestünde die Möglichkeit, im Wege von Änderungskündigungen (hierzu Rn. 1258 ff.) eine Gleichbehandlung zwischen den Arbeitnehmergruppen herbeizuführen. Eine Änderungskündigung ist jedoch nach Maßgabe des § 2 i. m. § 1 KSchG nur aus dringenden betrieblichen Gründen möglich. Die Berufung des Arbeitgebers auf den Gleichbehandlungsgrundsatz stellt für sich allein jedoch kein **510**

---

[39] BGH 27. 2. 1992 NJW 1992, 1881, 1882; Erman/*Brox,* § 133 BGB Rn. 30; Palandt-*Heinrichs,* § 133 BGB Rn. 14; Soergel-*Hefermehl,* § 133 BGB Rn. 24.

[40] BGH 19. 1. 1990 NJW 1990, 1177, 1178; Staudinger/*Preis,* § 622 BGB Rn. 96.

[41] *Preis/Kramer,* DB 1993, 2125, 2130 f.; Staudinger/*Preis,* § 622 BGB Rn. 96; *Kretz,* HwB AR Kündigungsfristen Rn. 41.

[42] Zur entsprechenden Rechtsprechung zu einzelvertraglichen Verweisungsklauseln auf gesetzliche Altersruhegeldregelungen, wonach der Wille zu statischer Verweisung deutlich zum Ausdruck kommen muss, vgl. BAG 16. 8. 1988 AP § 1 BetrAVG Beamtenversorgung Nr. 8.

[43] *Preis/Kramer,* DB 1993, 2125, 2130 f.; *Kretz,* HwB AR Kündigungsfristen Rn. 41; vgl. auch LAG Hamm 1. 2. 1996 LAGE § 622 BGB Nr. 38.

[44] Vgl. auch Staudinger/*Preis,* § 622 BGB Rn. 98 f.; a. A. *Diller* NZA 2000, 293, 295; LAG Rheinland-Pfalz 14. 2. 1996 LAGE § 9 MuSchG Nr 21 = NZA 1996, 984.

[45] *Preis/Kramer,* DB 1993, 2125, 2131; krit. *Hromadka,* BB 1993, 2372, 2380.

dringendes betriebliches Erfordernis nach § 1 Abs. 2 KSchG für eine Änderungskündigung dar.[46] Im praktischen Ergebnis wird es daher kaum möglich sein, im Wege der Änderungskündigung von konstitutiv vereinbarten längeren Kündigungsfristen bei Angestellten abzukommen.[47]

IV. Einzelvertragliche Verkürzung von Kündigungsfristen

511 Nur in bestimmten, gesetzlich genau umrissenen Fällen ist eine einzelvertragliche Verkürzung der gesetzlichen Mindestkündigungsfristen möglich.

1. Probe- und Aushilfsarbeitsverhältnisse

512 Einzelheiten hierzu vgl. Rn. 548ff.

2. Einzelvertragliche Bezugnahme auf Tarifverträge

513 Einzelheiten hierzu vgl. Rn. 528ff.

3. Kleinunternehmen (§ 622 Abs. 5 Nr. 2 BGB)

514 In Kleinunternehmen besteht nach § 622 Abs. 5 Satz 1 Nr. 2 BGB eine weitere Möglichkeit zur Verkürzung der Kündigungsfrist, wenn der Arbeitgeber i.d.R. **nicht mehr als 20 Arbeitnehmer** ausschließlich der zu ihrer Berufsausbildung Beschäftigten beschäftigt. Jedoch sind nach dieser Regelung nur die **Kündigungstermine** der Grundkündigungsfrist nach Absatz 1 dispositiv. Die Grundkündigungsfrist beträgt auch bei Kleinunternehmen zwingend vier Wochen. Der Vorteil für die Kleinunternehmen ist daher marginal. Die Möglichkeit, von den Kündigungsterminen abzuweichen, erwähnt § 622 Abs. 5 Satz 1 Nr. 2 BGB zwar nicht ausdrücklich; sie ergibt sich jedoch aus verständiger Auslegung der Vorschrift, weil diese Regelung sonst gar keinen von § 622 Abs. 1 BGB abweichenden Regelungsinhalt mehr hätte.[48] Aus der Regelung des § 622 Abs. 5 Satz 1 Nr. 2 BGB ergibt sich jedoch konkludent nur die Möglichkeit, von der Grundkündigungsfrist des § 622 Abs. 1 BGB abzuweichen, obwohl sich auch dies nicht eindeutig aus dem Wortlaut ergibt. Die mangelhafte Präzision dieser Vorschrift ist offenbar darauf zurückzuführen, dass sie erst im Vermittlungsverfahren eingefügt wurde. § 622 Abs. 5 Satz 1 Nr. 2 BGB ermächtigt daher nicht dazu, auch von den verlängerten Kündigungsfristen nach § 622 Abs. 2 BGB abzuweichen.[49]

---

[46] BAG 28. 4. 1982 EzA § 2 KSchG Nr. 4.
[47] Staudinger/*Preis,* § 622 BGB Rn. 101; *Kretz,* HwB AR Kündigungsfristen Rn. 43.
[48] *Adomeit/Thau,* NJW 1994, 11, 13.
[49] Zutreffend *Adomeit/Thau,* NJW 1994, 11, 14; dem folgend Staudinger/*Preis,* § 622 BGB Rn. 48.

V. Einzelvertragliche Verlängerung von Kündigungsfristen

Eine einzelvertragliche Verlängerung der gesetzlichen Kündigungsfristen ist grundsätzlich möglich.[50] Dies stellt § 622 Abs. 5 Satz 2 BGB nunmehr ausdrücklich klar.[51] Es können jedoch nicht nur längere Kündigungsfristen vereinbart werden, sondern auch weniger Kündigungstermine.[52] 515

Eine gesetzlich verankerte Grenze der Verlängerung ergibt sich aus § 624 Sätze 1 und 2 BGB. Daraus folgt für den Arbeitnehmer eine **höchstzulässige Bindungsdauer** an den Arbeitsvertrag von fünfeinhalb Jahren.[53] Unter Berufung auf § 138 Abs. 1 BGB i. V. m. Art. 12 Abs. 1 GG wird für die Kündigung des Arbeitsverhältnisses durch den Arbeitnehmer teilweise als zulässige Höchstkündigungsfrist generell eine Jahresfrist zum Jahresende vorgeschlagen.[54] Dieser Vorschlag findet keine gesetzliche Stütze.[55] Bei einer einzelvertraglichen Kündigungsfrist, die zwar die nach § 624 BGB gesetzten Grenzen einhält, aber wesentlich länger als die gesetzliche Frist ist, hängt es von der Abwägung aller Umstände im Einzelfall ab, ob sie das Grundrecht des Arbeitnehmers auf freie Wahl des Arbeitsplatzes nach Art. 12 Abs. 1 GG verletzt oder sonst eine sittenwidrige Beschränkung (§ 138 Abs. 1 BGB) seiner beruflichen und wirtschaftlichen Bewegungsfreiheit darstellt.[56] Wegen der erforderlichen Einzelfallbetrachtung ist die Festlegung einer bestimmten Kündigungsfrist, die als zulässig oder unzulässig anzusehen ist, nicht möglich. Immerhin geht diese Ansicht implizit von folgender Faustformel aus: Je komplexer und komplizierter ein Arbeitsplatz ist bzw. die mit ihm verbundenen Aufgaben sind, desto größer ist hiernach der vertragliche Gestaltungsspielraum, das heißt, desto längere Kündigungsfristen dürfen vereinbart werden.[57] 516

Erwähnenswert ist, dass das BAG[58] ausdrücklich eine Vertragsgestaltung zulässt, wonach der Arbeitsvertrag für die Dauer von fünf Jahren abgeschlossen wird und sich danach jeweils um weitere fünf Jahre verlängert, falls er nicht von einem Vertragspartner unter Einhaltung einer Kündigungsfrist von einem Jahr gekündigt wird. Dies deutet – weil ein Jahr vor Auslauf des ersten Vertrages eine Gesamtbindungsdauer von sechs Jahren besteht – darauf hin, dass das BAG auch Kündigungsfristen von weit über einem Jahr anerkennen wird. Das BAG stellt ausdrücklich fest, dass die von den Parteien gewählte einjährige Kündigungsfrist zum Ablauf des Fünfjahrsvertrages nicht unangemessen erscheint. 517

---

[50] Vgl. zum alten Recht BAG 17. 10. 1969 AP § 611 BGB Treuepflicht Nr. 7; LAG Schleswig-Holstein 4. 9. 1986 DB 1987, 442; KR/*Spilger,* § 622 BGB Rn. 199f.; MünchKomm/*Schwerdtner,* § 622 BGB Rn. 77ff.; *Schaub,* § 124 IV 1.

[51] *Wank,* NZA 1993, 961, 965.

[52] Staudinger/*Preis,* § 622 BGB Rn. 49 m. w. N.

[53] Staudinger/*Preis,* § 624 BGB Rn. 22.

[54] *Gaul,* BB 1980, 1542, 1543.

[55] So auch KR/*Spilger,* § 622 BGB Rn. 175.

[56] BAG 17. 10. 1969 AP § 611 BGB Treuepflicht Nr. 7; KR/*Spilger,* § 622 BGB Rn. 175; Staudinger/*Preis,* § 622 BGB Rn. 50; *Schaub,* § 124 I 3; die Ausschöpfung des Rahmens des § 624 BGB hält *Kramer,* S. 110ff. stets für möglich; ausführlich zu § 624 BGB: BAG 24. 10. 1996 EzA Art. 12 GG Nr. 29 = NZA 1997, 597.

[57] So im Ansatz BAG 17. 10. 1969 AP § 611 Treuepflicht Nr. 7; vgl. auch Staudinger/*Preis,* § 622 BGB Rn. 50.

[58] 19. 12. 1991 EzA § 624 BGB Nr. 1.

518 Gemäß § 622 Abs. 6 BGB n. F. darf – wie nach dem nahezu gleich lautenden § 622 Abs. 5 BGB a. F. – für die Kündigung des Arbeitsverhältnisses durch den Arbeitnehmer keine längere Frist vereinbart werden als für die Kündigung durch den Arbeitgeber. Über den zu engen Wortlaut der Vorschrift hinaus werden auch die Kündigungstermine erfasst.[59] Wenn nach § 622 Abs. 6 BGB für die Kündigung durch den Arbeitgeber die Vereinbarung kürzerer Kündigungsfristen als für die Kündigung durch den Arbeitgeber unzulässig ist, müssen weniger Kündigungstermine für die Kündigung durch den Arbeitnehmer konsequenterweise ebenso ausgeschlossen sein.

519 § 622 Abs. 6 BGB enthält über die Regelung der Kündigungsfristen und -termine hinaus den allgemeinen Grundsatz, dass die ordentliche Kündigung durch den Arbeitnehmer gegenüber der des Arbeitgebers nicht erschwert werden darf.[60] Aus diesem Grunde sind auch faktische Kündigungsbeschränkungen, die zwar nicht unmittelbar auf die Wirksamkeit der Kündigung, wohl aber auf den Kündigungsentschluss des Kündigungsberechtigten Einfluss zu nehmen suchen, zu Lasten des Arbeitnehmers unzulässig.[61] Die Rechtsprechung hat in diesem Zusammenhang Kautionsklauseln[62] oder Abfindungsregelungen[63] sowie den einseitigen Ausschluss der Kündigung durch den Arbeitnehmer vor Dienstantritt[64] für unzulässig erklärt. Dieser Rechtsprechung ist im Ergebnis zuzustimmen, doch handelt es sich nicht um einen Verstoß gegen § 622 Abs. 6 BGB, sondern um eine Frage der Kontrolle vorformulierter Vereinbarungen.[65]

520 § 622 Abs. 6 BGB gebietet ausdrücklich keine zweiseitige Geltung des Grundsatzes der Gleichheit der Kündigungsfristen. Mittelbar – nämlich im Umkehrschluss – folgt aus dieser Vorschrift vielmehr, dass es zulässig ist, für die Kündigung durch den Arbeitgeber eine längere Kündigungsfrist zu vereinbaren als bei einer Kündigung durch den Arbeitnehmer.[66] Ebenso muss es zulässig sein, bei gleicher Fristlänge für die Kündigung durch den Arbeitgeber weniger Kündigungstermine vorzusehen.

521 Die gemäß § 622 Abs. 2 BGB **verlängerten Kündigungsfristen gelten nur für die Kündigung des Arbeitsverhältnisses durch den Arbeitgeber.** Aber auch der Arbeitgeber kann ein berechtigtes Interesse daran haben, im Falle der arbeitnehmerseitigen Kündigung eines langjährig beschäftigten Mitarbeiters genügend Zeit zu erhalten, um die Nachfolge zu regeln. Der gesetzlichen Konsequenz einer lediglich einseitigen Verlängerung der Kündigungsfristen kann der Arbeitgeber entgehen, wenn er mit dem betreffenden Arbeitnehmer eine sogenannte Gleichbehandlungsabrede trifft, durch die die verlängerte Frist auch auf die Kündigung des Arbeitsverhältnisses durch den Arbeitnehmer erstreckt wird. Solche Vertragsbestimmungen wurden nach altem Recht als wirksam erachtet.[67] Fraglich ist, ob dies

---

59 KR/*Spilger,* § 622 BGB Rn. 148; Staudinger/*Preis,* § 622 BGB Rn. 52.

60 KR/*Spilger,* § 622 BGB Rn. 146.

61 KR/*Spilger,* § 622 BGB Rn. 119.

62 BAG 11. 3. 1971 AP § 622 BGB Nr. 9.

63 BAG 6. 9. 1989 EzA § 622 BGB n. F. Nr. 26.

64 LAG Hamm 15. 3. 1989 LAGE § 622 BGB Nr. 14.

65 Hierzu *Preis,* Vertragsgestaltung, S. 159 ff.

66 Staudinger/*Preis,* § 622 BGB Rn. 54; so iE auch *Schaub,* § 124 I 4; vgl. auch BAG 25. 11. 1971 AP § 622 BGB Nr. 11.

67 LAG Hamm 7. 12. 1972 DB 1973, 928; KR/*Hillebrecht,* 3. Aufl. 1989, § 620 BGB Rn. 117; *Schwerdtner,* in: MünchKomm, 2. Aufl. 1988, § 620 BGB Rn. 45.

auch noch nach neuem Recht anzunehmen ist. Der im Laufe des Gesetzgebungsverfahrens eingefügte § 622 Abs. 5 Satz 2 BGB bestimmt, dass von den Absätzen 1 bis 3 einzelvertraglich nicht zuungunsten des Arbeitnehmers abgewichen werden darf. Eine ausschließlich am Wortlaut orientierte Auslegung muss in der Tat zu dem Ergebnis führen, dass die Verlängerung der Kündigungsfristen für ältere Arbeitnehmer einzelvertraglich nicht auf die arbeitnehmerseitige Kündigung erstreckt werden darf. Denn eine solche Abrede ist eine Abweichung von dem Gesetz (§ 622 Abs. 2 BGB) zuungunsten des Arbeitnehmers (vgl. § 622 Abs. 5 Satz 2 BGB). Die Systematik des Gesetzes bestätigt dies indes nicht. Satz 2 von Abs. 5 knüpft an Satz 1 an, der ausnahmsweise eine Verkürzung zulässt. Wenn nun Satz 2 „im Übrigen" abweichende Regelungen zuungunsten des Arbeitnehmers verbietet, wird hiermit auf die kürzeren als die gesetzlichen Kündigungsfristen Bezug genommen; es sollen also nur untergesetzliche Fristen ausgeschlossen werden.[68] Auch die Gesetzesbegründung (BT-Drucks. 12/4902) deutet an keiner Stelle auf einen Willen des Gesetzgebers hin, die Privatautonomie insoweit einzuschränken. Eine einzelvertragliche Anpassung der arbeitnehmerseitigen Kündigungsfrist an die an sich nur für den Arbeitgeber geltenden verlängerten Kündigungsfristen des § 622 Abs. 2 BGB verstößt also nicht gegen § 622 Abs. 5 Satz 2 BGB. Dahingehende Klauseln verstoßen auch nicht gegen § 622 Abs. 6 BGB, weil diese Vorschrift den Arbeitnehmer nur vor einer Schlechterstellung, nicht aber vor einer Gleichstellung mit dem Arbeitgeber schützt.[69]

Bei Vereinbarung längerer Kündigungsfristen zu Lasten des Arbeitnehmers wird **522**
überwiegend vertreten, dass an die Stelle dieser unwirksamen Kündigungsfristvereinbarung regelmäßig nicht die gesetzliche Frist tritt. Vielmehr sei im Zweifel davon auszugehen, dass die längere – an sich nur für die Kündigung durch den Arbeitnehmer gedachte – Kündigungsfrist dann für die Kündigung beider Parteien maßgebend ist.[70] Dem ist im Ergebnis zu folgen. Nach § 89 Abs. 2 Satz 2 HGB gilt bei Vereinbarung einer kürzeren Frist für den Unternehmer die für den Handelsvertreter vereinbarte Frist. Die dieser Vorschrift zugrunde liegende Wertung kann auf den Arbeitsvertrag übertragen werden.[71] Weil § 89 Abs. 2 Satz 2 HGB willensunabhängig greift, hat dessen Anwendung zur Konsequenz, dass beiderseits die längeren Kündigungsfristen nicht nur im Zweifel, sondern stets zur Anwendung gelangen.[72] Sind lediglich weniger Kündigungstermine zu Lasten des Arbeitnehmers vereinbart, so ist entsprechend zu verfahren. Es greift diejenige Kündigungsregelung, die weniger Kündigungstermine vorsieht.

VI. Tarifvertragliche Regelungen

Das Kündigungsfristengesetz hat nicht in bestehende Tarifverträge eingegriffen. **523**
Diese bleiben wirksam. Sofern Tarifverträge zwischen Arbeitern und Angestellten

[68] Staudinger/*Preis,* § 622 BGB Rn. 55.

[69] Ebenso jetzt BAG 29. 8. 2001 DB 2002, 538.

[70] KR/*Spilger,* § 622 BGB Rn. 202; *Nikisch* I, S. 715; *Schaub,* § 124 I 4.

[71] *Preis/Kramer,* DB 1993, 2125, 2128; Staudinger/*Preis,* § 622 BGB Rn. 57; *Knorr,* ZTR 1994, 267.

[72] Anders KR/*Spilger,* § 622 BGB Rn. 202; *Schaub,* § 124 I 4; HAS-*Popp,* § 19 B Rn. 80.

differenzieren, unterliegen sie jedoch – soweit eine konstitutive Regelung vorliegt – einer Überprüfung auf der Basis des Art. 3 Abs. 1 GG.

1. Tarifdispositivität

524 Nur durch Tarifvertrag, nicht aber durch Einzelarbeitsvertrag oder Betriebsvereinbarung können die gesetzlichen Mindestkündigungsfristen der Abs. 1 und 2 abgekürzt werden. § 622 Abs. 4 Satz 1 BGB n.F. gestaltet alle Kündigungsfristen (Grundkündigungsfrist, verlängerte Kündigungsfrist, Kündigungsfrist während der Probezeit) tarifdispositiv, damit die Besonderheiten einzelner Wirtschaftsbereiche oder Beschäftigungsgruppen berücksichtigt werden können (BT-Drucks. 12/4902, S. 7 und 9). Die Formulierung „abweichende Regelung" lässt sowohl eine Verkürzung als auch eine Verlängerung zu. Als Konsequenz aus der Vereinheitlichung der Kündigungsfristen für Arbeiter und Angestellte gilt die Tariföffnung auch für die verlängerten Kündigungsfristen der Angestellten, die früher nach dem AngKSchG nicht tarifdispositiv waren.

525 Im Vergleich zu § 622 Abs. 3 BGB a.F. bezieht sich die Formulierung der Tariföffnungsklausel nicht nur ausdrücklich auf die Kündigungsfristen, sondern umfasst auch Regelungen hinsichtlich der Kündigungstermine und der Voraussetzungen, unter denen der Anspruch auf verlängerte Kündigungsfristen entsteht (Dauer der Betriebszugehörigkeit, Berechnung der Betriebszugehörigkeit ab einem bestimmten Alter). Damit sind zahlreiche Streitfragen zur früheren Regelung entfallen.[73] Die Tarifpartner sind nach § 622 Abs. 6 BGB n.F. nunmehr ausdrücklich an das Benachteiligungsverbot zu Lasten der Arbeitnehmer gebunden, weil diese Vorschrift – im Unterschied zu § 622 Abs. 5 BGB a.F. – die Beschränkung auf einzelvertragliche Regelungen nicht mehr enthält.

2. Abkürzung

526 Die Abkürzung muss durch den Tarifvertrag ausdrücklich vorgenommen werden und die Kündigungsfrist genau regeln. Die Abkürzung kann uU bis zum Kündigungsfristausschluss führen und die sofortige ordentliche Kündigung zulassen.[74] Die verkürzte Kündigungsmöglichkeit kann auf eine bestimmte Dauer (z.B. für die Ersten drei Monate des Arbeitsverhältnisses) oder für bestimmte Arten von Arbeitsverhältnissen begrenzt sein.

3. Kündigungstermin

527 Die frühere Streitfrage, ob und inwieweit auch eine Abänderung des Kündigungstermins erfolgen kann,[75] ist durch die ausdrückliche Klarstellung in der Neuregelung des § 622 Abs. 4 Satz 1 BGB entfallen.

---

[73] *Wank,* NZA 1993, 961, 965.

[74] Vgl. KR/*Spilger,* § 622 BGB Rn. 211; ferner BAG 2. 8. 1978 AP § 55 MTL II Nr. 1; 4. 6. 1987 EzA § 1 KSchG Soziale Auswahl Nr. 25.

[75] Hierzu KR/*Hillebrecht,* 3. Aufl. 1989, § 622 BGB Rn. 125 m.w.N.

4. Bezugnahme auf tarifliche Kündigungsfristen

§ 622 Abs. 4 Satz 2 BGB n.F. regelt – ebenso wie § 622 Abs. 3 Satz 2 BGB a.F. –, dass die in Satz 1 genannten abweichenden tarifvertraglichen Regelungen auch zwischen nicht tarifgebundenen Arbeitgebern und Arbeitnehmern im Geltungsbereich eines entsprechenden Tarifvertrages gelten, wenn ihre Anwendung zwischen ihnen einzelvertraglich vereinbart ist. Grund dieser typischen arbeitsrechtlichen Regelung ist – wegen der vermuteten Richtigkeitsgewähr des Tarifvertrages –, den Arbeitsvertragsparteien im Geltungsbereich eines Tarifvertrages die Übernahme der tariflichen Regelung durch individualvertragliche Vereinbarung zu ermöglichen. Durch Bezugnahme auf den Tarifvertrag kann die tarifliche Regelung auch zwischen sonst nicht tarifgebundenen Vertragsparteien vereinbart werden. Zweck dieser Vorschrift ist es, Arbeitnehmer gleichstellen zu können und vor allem eine Bevorzugung nicht tarifgebundener Arbeitnehmer zu vermeiden, die eintreten könnte, wenn nur Tarifunterworfene die ggf. ungünstigere Tarifregelung gegen sich gelten lassen müssten. Die vereinbarte tarifliche Regelung hat gegenüber den gesetzlichen Mindestbedingungen dieselbe Wirkung wie der Tarifvertrag selbst. Sie nimmt also an dessen Vorrang teil und lässt die gegenüber den gesetzlichen Vorschriften verkürzten tariflichen Kündigungsfristen auch für den Arbeitsvertrag gelten. Im Übrigen bleiben die in Bezug genommenen Ansprüche vertragliche Ansprüche und werden nicht zu tariflichen. Dies hat vor allem Bedeutung für Fragen der Unabdingbarkeit, des Verzichts und der Verwirkung.[76] **528**

Soweit der Tarifvertrag gegen höherrangiges Recht verstößt (insbes. Art. 3 Abs. 1 GG), teilt der einzelvertraglich in Bezug genommene Tarifvertrag auch insoweit das Schicksal der gesamten Tarifregelung.[77] Insoweit tritt kein Unterschied in den Rechtsfolgen der Unwirksamkeit ein. **529**

Eine Bezugnahme auf den Tarifvertrag ist nur im Rahmen seines Geltungsbereiches zulässig. Zu beachten ist sowohl der räumliche als auch der sachliche und persönliche Geltungsbereich. Im Grundsatz ist damit die Einbeziehung „fremder" Tarifverträge ausgeschlossen, mögen sie auch günstiger als der einschlägige Tarifvertrag sein.[78] **530**

Die Bezugnahme kann sich sowohl auf den gesamten Tarifvertrag als auch lediglich auf die Vorschriften über die Kündigung erstrecken; ferner kann lediglich eine bestimmte Kündigungsfrist aus dem Tarifvertrag übernommen werden. Unzulässig ist es jedoch, nur einen Teil der Kündigungsfristenregelung ggf. unter Abänderung von Fristen und Terminen zu übernehmen.[79] Die Vereinbarung kann einen geltenden oder nachwirkenden Tarifvertrag betreffen.[80] Wird die tarifliche Regelung durch eine andere ersetzt, entfällt die Normenwirkung und damit auch ihr Vorrang. Es ist zulässig, die jeweils geltende Tarifbestimmung zu vereinbaren. Auch eine nur nachwirkende Tarifbestimmung hat noch Normenwirkung (§ 4 Abs. 5 TVG) und nimmt deshalb am Vorrang teil, solange sie nicht abbedungen oder durch eine **531**

[76] *Löwisch/Rieble,* TVG, § 3 Rn. 104.
[77] Staudinger/*Preis,* § 622 BGB Rn. 43; *Worzalla,* NZA 1994, 145, 150.
[78] Staudinger/*Preis,* § 622 BGB Rn. 44; KR/*Spilger,* § 622 BGB Rn. 181.
[79] *Bauer/Rennpferdt,* AR-Blattei SD 1010.5 Rn. 70; KR/*Spilger,* § 622 BGB Rn. 185; MünchArbR/*Wank,* § 116 Rn. 97.
[80] BAG 27. 6. 1978 AP § 13 BUrlG Nr. 12; KR/*Spilger,* § 622 BGB Rn. 188 m.w.N.

andere tarifliche Regelung ersetzt ist. Die nur nachwirkende Regelung kann auch im Nachwirkungszeitraum und mit Vorrangwirkung vereinbart werden. Das hat besonders dann Bedeutung, wenn an sich Tarifgebundene im Nachwirkungszeitraum einen Arbeitsvertrag schließen, da der Tarifvertrag andernfalls keine Tarifwirkungen hat. Nur so wird erreicht, dass einheitliche Vorschriften für vor und nach Tarifkündigung eintretende Arbeitnehmer gelten und im vorübergehenden tariflosen Zustand nicht andere Mindestkündigungsfristen gelten als zuvor.

532 Die Vereinbarung kann ausdrücklich, aber auch stillschweigend oder durch betriebliche Übung erfolgen.[81] Vor allem bei allgemeiner Anwendung eines Tarifwerkes für alle Arbeitnehmer eines Betriebes wird eine stillschweigende Vereinbarung bzw. eine einzelvertragliche Vereinbarung auf Grund betrieblicher Übung im Allgemeinen anzunehmen sein. Dagegen ist die Übernahme der tariflichen Vorschriften mit für den Arbeitnehmer zwingender Wirkung durch Betriebsvereinbarung unzulässig.[82] Nur wenn ein Tarifvertrag ausdrücklich für die Übernahme der Kündigungsbestimmungen durch Betriebsvereinbarung eine Öffnungsklausel enthält, ist eine entsprechende Betriebsvereinbarung zulässig (§ 77 Abs. 3 BetrVG).

5. Günstigkeitsvergleich

533 Kollidieren tarifliche und einzelvertragliche Regelungen über die Kündigungsfrist, kann – im Falle beiderseitiger Tarifgebundenheit – fraglich sein, welche Kündigungsfrist die maßgebliche ist. § 4 Abs. 1 Satz 1 TVG ordnet die unmittelbare und zwingende Wirkung des Tarifvertrages an. Gemäß § 4 Abs. 3 TVG sind jedoch abweichende einzelvertragliche Vereinbarungen zulässig, wenn sie für den Arbeitnehmer günstiger sind als die entsprechenden tariflichen Bestimmungen. Bei dem Günstigkeitsvergleich dürfen Kündigungsfristen und Kündigungstermine nicht isoliert einander gegenübergestellt werden. Vielmehr müssen im Wege eines sogenannten **Sachgruppenvergleichs** die Kündigungsfristvorschriften des Tarifvertrages und die vertragliche Regelung insgesamt miteinander verglichen werden,[83] so dass letztlich die sich aus den jeweiligen Vorschriften ergebende **Gesamtbindungsdauer** (Kündigungsfrist unter Berücksichtigung des Kündigungstermins) ausschlaggebend ist. Der für den Günstigkeitsvergleich maßgebende Zeitpunkt ist der Vertragsschluss.[84] Die Beantwortung der konkreten Frage, ob für den Arbeitnehmer eine kürzere oder längere Bindungsdauer günstiger ist,[85] ist davon abhängig, ob bei dem betreffenden Arbeitnehmer das Mobilitäts- oder das Bestandsschutzinteresse überwiegt. Bei dem Vergleich von Kündigungsfrist und Kündigungstermin ist ein sog. „Ensemble-Vergleich" vorzunehmen (vgl. hier Rn. 505). Typischerweise überwiegt das Bestandsschutzinteresse des Arbeitnehmers, so dass eine einzelvertraglich vereinbarte längere Kündigungsfrist sich im Lichte des § 4 Abs. 3 TVG

---

[81] Staudinger/*Preis,* § 622 BGB Rn. 47; KR/*Spilger,* § 622 BGB Rn. 189; ErfK/*Müller-Glöge,* § 622 BGB Rn. 88; betriebliche Übung ablehnend: BAG 3. 7. 1996 RzK I 3 e Nr. 62.

[82] Staudinger/*Preis,* § 622 BGB Rn. 47; KR/*Spilger,* § 622 BGB Rn. 191.

[83] Staudinger/*Preis,* § 622 BGB Rn. 87; KR/*Spilger,* § 622 BGB Rn. 242 will hingegen die gesamten Kündigungsvorschriften miteinander vergleichen.

[84] Einhellige Auffassung; BAG 12. 4. 1972 AP § 4 TVG Günstigkeitsprinzip Nr. 13; LAG München 4. 5. 1990 LAGE § 4 TVG Günstigkeitsprinzip Nr. 3.

[85] Vgl. LAG München 4. 5. 1990 LAGE § 4 TVG Günstigkeitsprinzip Nr. 3.

durchsetzt. Überwiegt ausnahmsweise das Mobilitätsinteresse des Arbeitnehmers, können die Parteien die tarifliche Kündigungsfrist einzelvertraglich bis zur gesetzlich zulässigen Grenze (§ 622 Abs. 1 BGB) abkürzen. Lässt sich ein überwiegendes Interesse nicht feststellen, liegt also eine sogenannte günstigkeitsneutrale vertragliche Regelung vor, setzt sich die tarifliche Regelung durch, da § 4 Abs. 3 TVG unzweideutig für die Wirksamkeit der arbeitsvertraglichen Regelung verlangt, dass diese günstiger sein muss als die entsprechende tarifvertragliche Bestimmung.[86]

6. Zulässigkeit der Differenzierung zwischen Arbeitern und Angestellten

a) Grundsätze

Nach der Rechtsprechung des BAG ist in Tarifverträgen unter bestimmten Voraussetzungen weiterhin eine Differenzierung bei der Regelung der Kündigungsfristen zwischen Arbeitern und Angestellten zulässig. Im Anschluss an die Entscheidung des BVerfG vom 30. 5. 1990[87] hat sich der 2. Senat des BAG in zahlreichen Entscheidungen mit der Zulässigkeit kürzerer Kündigungsfristen für Arbeiter in Tarifverträgen befasst.[88] Nach dieser Rechtsprechung haben die Gerichte für Arbeitssachen bei konstitutiven tariflichen Regelungen der Kündigungsfristen in eigener Kompetenz zu prüfen, ob die Kündigungsregelungen im Vergleich zu den für Angestellte geltenden Bestimmungen mit dem Gleichheitssatz des Art. 3 GG vereinbar sind. Wird die Verfassungswidrigkeit tariflicher Kündigungsfristen von einer Partei im Prozess angesprochen oder vom Gericht bezweifelt, so haben die Arbeitsgerichte nach den Grundsätzen des § 293 ZPO von Amts wegen die näheren für die unterschiedlichen Kündigungsfristen maßgeblichen Umstände, die für und gegen eine Verfassungswidrigkeit sprechen, zu ermitteln.[89] 534

Nach dieser Rechtsprechung ist eine schlechtere Rechtsstellung der Arbeiter auf der Basis einer pauschalen Differenzierung zwischen den Gruppen der Angestellten und der Arbeiter sachlich nicht gerechtfertigt. Sachlich gerechtfertigt seien hinreichend gruppenspezifisch ausgestaltete unterschiedliche Regelungen, die z.B. entweder nur eine verhältnismäßig kleine Gruppe nicht intensiv benachteiligen, oder funktions-, branchen- oder betriebsspezifischen Interessen im Geltungsbereich eines Tarifvertrages mit Hilfe verkürzter Kündigungsfristen für Arbeiter entsprächen (z.B. überwiegende Beschäftigung von Arbeitern in der Produktion), wobei andere sachliche Differenzierungsgründe nicht ausgeschlossen seien. Dieser Prüfungsmaßstab gelte sowohl für unterschiedliche Grundfristen als auch für ungleich verlängerte Fristen für Arbeiter und Angestellte mit längerer Betriebszugehörigkeit und höherem Lebensalter. Zunächst vielleicht erhebliche Unterschiede zwischen Ar- 535

[86] In diesem Sinne BAG 12. 4. 1972 AP § 4 TVG Günstigkeitsprinzip Nr. 13; abweichend *Joost,* ZfA 1984, 173, 183, der den Arbeitsvertragsparteien in diesem Falle eine Einschätzungsprärogative zugesteht.

[87] AP § 622 BGB Nr. 28.

[88] BAG 21. 3. 1991 EzA § 622 BGB n.F. Nr. 31 und Nr. 33; 29. 8. 1991 EzA § 622 BGB n.F. Nr. 35; 23. 1. 1992 EzA § 622 BGB n.F. Nr. 40 bis Nr. 42; 4. 3. 1993 EzA § 622 BGB n.F. Nr. 44; 16. 9. 1993 EzA § 622 BGB n.F. Nr. 45.

[89] BAG 4. 3. 1993 EzA § 622 BGB n.F. Nr. 44; 16. 9. 1993 EzA § 622 BGB n.F. Nr. 45.

beitern und Angestellten hinsichtlich ihrer Schutzbedürftigkeit oder einem betrieblichen Interesse an einer flexiblen Personalplanung und -anpassung verlieren allerdings bei längerer Betriebszugehörigkeit erheblich an Gewicht.[90]

b) Konstitutive oder deklaratorische Tarifregelung

536 Grundvoraussetzung der vorstehend wiedergegebenen Rechtskontrolle ist, dass die Tarifvertragsparteien die Kündigungsfrist überhaupt selbständig vereinbart haben (sog. konstitutive Regelung). Bei tariflichen Normen, die inhaltlich mit gesetzlichen Normen übereinstimmen oder auf sie verweisen, ist jeweils durch Auslegung zu ermitteln, ob die Tarifvertragsparteien hierdurch eine selbständige, das heißt in ihrer normativen Wirkung von der außertariflichen Norm unabhängige eigenständige Regelung treffen wollten. Dieser Wille muss im Tarifvertrag einen hinreichend erkennbaren Ausdruck gefunden haben. Das ist regelmäßig anzunehmen, wenn die Tarifvertragsparteien eine im Gesetz nicht oder anders enthaltene Regelung vereinbaren oder eine gesetzliche Regelung übernehmen, die sonst nicht für die betroffenen Arbeitsverhältnisse gelten würde. Für einen rein deklaratorischen Charakter der Übernahme spricht nach der Rechtsprechung des BAG, wenn einschlägige gesetzliche Vorschriften wörtlich oder inhaltlich übernommen werden oder nur auf sie verwiesen wird.[91] Die Auslegungsfragen sind erheblich umstritten. Nach einer beachtlichen Auffassung im Schrifttum haben auch wiederholende Tarifnormen konstitutiven Charakter.[92]

537 Die Rechtsprechungspraxis zeigt, dass in Tarifverträgen i. d. R. konstitutive Vereinbarungen getroffen werden.[93] Fraglich ist jedoch, ob tarifvertragliche Regelungen hinsichtlich der Kündigungsfristen in einen konstitutiven und in einen deklaratorischen Teil aufgespalten werden können.[94] Denkbar ist z. B., dass die Grundkündigungsfrist mit dem Gesetz übereinstimmt und nur die verlängerten Kündigungsfristen einer konstitutiven Regelung zugeführt werden.[95] Hiernach ergibt sich, dass die Grundkündigungsfristen sowie die verlängerten Kündigungsfristen sowie die noch fortbestehenden Kündigungsfristen von Arbeitern und Angestellten jeweils gesondert daraufhin zu überprüfen sind, ob und inwieweit eine konstitutive oder deklaratorische Regelung vorliegt. Die Abweichung bei einer Gruppe macht die Regelung der anderen nicht notwendigerweise konstitutiv.[96]

---

[90] BAG 29. 8. 1991 EzA § 622 BGB n. F. Nr. 35.

[91] BAG 29. 8. 1991 AP § 622 BGB Nr. 32; 21. 3. 1991 AP § 622 BGB Nr. 31; 4. 3. 1993 EzA § 622 BGB n. F. Nr. 44; 16. 9. 1993 EzA § 622 BGB n. F. Nr. 45; 5. 10. 1995 AP § 622 BGB Nr. 48 = NZA 1996, 539; 14. 2. 1996 EzA § 622 BGB n. F. Nr. 53 und 54 = NZA 1996, 1166 und NZA 1997, 97.

[92] *Bengelsdorf,* NZA 1991, 121, 126; *Creutzfeld,* AuA 1995, 87; *Löwisch/Rieble,* § 1 TVG Rn. 419; *K. Gamillscheg,* SAE 1996, 277, 279 f.; LAG Thüringen 20. 2. 1995 DB 1995, 1030.

[93] Vgl. zu § 12 a BauRTV BAG 26. 6. 1997 – 2 AZR 759/96 – n. v.; zur Textilindustrie BAG 29. 1. 1997 NZA 1997, 726; LAG Düsseldorf 29. 3. 1996 LAGE § 622 BGB Nr. 37.

[94] Hierzu BAG 23. 1. 1992 DB 1992, 1346; 29. 1. 1997 NZA 1997, 726.

[95] Vgl. bereits BAG 27. 8. 1982 DB 1983, 721, 722; hierzu *Kramer,* ZIP 1994, 929; bejaht durch BAG 14. 2. 1996 EzA § 622 BGB n. F. Nr. 54 = NZA 1997, 97; BAG 4. 7. 2001 – 2 AZR 469/00 –.

[96] *Bauer/Rennpferdt,* AR-Blattei SD 1010.5 Rn. 53.

Ist eine selbständige Regelung gegeben, so ist – weil die Tarifpartner an den Gleichheitssatz uneingeschränkt gebunden sind[97] – entscheidend, ob die Differenzierung auf einem die Ungleichbehandlung sachlich rechtfertigenden Grund beruht. 538

c) Sachliche Rechtfertigung konstitutiver tariflicher Kündigungsfristen

Eine sachliche Rechtfertigung hat das BAG angenommen, wenn es sich bei den betroffenen Unternehmen um solche handelt, bei denen im Produktionsbereich vorwiegend Arbeiter beschäftigt werden und die Auftragslage unmittelbaren Einfluss auf den Produktionssektor hat, so dass kurzfristiger Handlungsbedarf besteht. Kritisch ist hiergegen einzuwenden, dass das BAG im Ergebnis die verfassungswidrige Differenzierung zwischen Arbeitern und Angestellten teilweise perpetuieren könnte. Zwar hat das BVerfG die Frage, inwieweit die Tarifpartner weiterhin zwischen Arbeitern und Angestellten differenzieren dürfen, ausdrücklich offengelassen.[98] Dennoch zeichnet die Entscheidung auch für diese Frage Leitlinien vor. Soweit *Worzalla*[99] meint, das BVerfG billige geringfügige Benachteiligungen einer kleinen Gruppe im Zuge einer typisierten Handhabung, so ist zu erwidern, dass es sich nach den bisherigen Rechtsprechungsgrundsätzen des BAG weder um eine kleine Gruppe (bezogen auf den jeweiligen Tarifvertrag) noch um geringfügige Benachteiligungen handelte. 539

Die entscheidende Frage ist, ob und inwieweit den Tarifpartnern im Rahmen der ihnen gewährten Tarifautonomie (Art. 9 Abs. 3 GG) eine sachverständige Beurteilungskompetenz eingeräumt wird. Das BAG ist hier sehr großzügig.[100] Dabei bezieht es sich auf Sinn und Zweck der Tariföffnungsklausel des § 622 Abs. 4 BGB, der den Tarifpartnern die Möglichkeit geben solle, branchenspezifisch von der ggf. zu starren gesetzlichen Regelung abzuweichen. Der Gesetzgeber habe das Schutzbedürfnis der Arbeitnehmer bei tariflichen Regelungen als hinreichend gewahrt angesehen, weil die Tarifpraxis lehre, dass kürzere Fristen nur vereinbart würden, wenn die Besonderheiten des Wirtschaftszweiges oder der Beschäftigungsart das notwendig machten. Die Tarifpartner hätten hiernach Gestaltungsfreiheit, wobei es nicht Sache der Gerichte sei zu prüfen, ob dabei jeweils die „gerechteste" und zweckmäßigste Regelung gefunden wurde. Sie hätten lediglich die Überschreitung der Grenzen des Gestaltungsspielraums der Tarifparteien zu rügen, wenn Differenzierungen vorgenommen werden, für die sachlich einleuchtende Gründe nicht vorhanden sind.[101] Es bestehe insoweit eine materielle Richtigkeitsgewähr für die tariflichen Regelungen, die die Vermutung in sich tragen, dass sie den Interessen beider Seiten gerecht werden und keiner Seite ein unzumutbares Übergewicht vermitteln.[102] 540

Allerdings sind die Tarifparteien durch § 622 Abs. 4 BGB nicht zu Regelungen ermächtigt, die dem Gesetzgeber selbst durch die Verfassung verboten sind.[103] Ins- 541

---

[97] St. Rspr., BAG 23. 1. 1992 EzA § 622 BGB Nr. 40.

[98] BVerfG 30. 5. 1990 AP § 622 BGB Nr. 28.

[99] NZA 1994, 145, 148.

[100] Vgl. BAG 2. 4. 1993 EzA § 622 BGB n. F. Nr. 43; die Rspr. verteidigend *Müller-Glöge,* FS für Schaub, 1998, S. 497, 511.

[101] BAG 1. 6. 1983 AP § 611 BGB Deputat Nr. 5; für das staatliche Gesetzesrecht BVerfG 26. 3. 1980 BVerfGE 54, 11, 25 f.

[102] BAG 21. 3. 1991 EzA § 622 BGB n. F. Nr. 32.

[103] BAG 28. 1. 1988 AP § 622 BGB Nr. 24; dazu *Sachs,* RdA 1989, 25 ff.

besondere können zu ihren Gunsten keine weitergehenden Eingriffsbefugnisse aus Art. 9 Abs. 3 GG hergeleitet werden.[104] Insofern mache es aber einen Unterschied, ob der Gesetzgeber für die Großgruppen aller Arbeiter und Angestellten oder die Tarifpartner nur für die Arbeitnehmer einer bestimmten Branche Regelungen treffen.[105] Wegen der Gleichgewichtigkeit der Tarifparteien ist jedenfalls dann, wenn sich dafür konkrete Anhaltspunkte ergeben, davon auszugehen, dass bei einer Gesamtbetrachtung der tariflichen Regelungen die Arbeitnehmerinteressen angemessen berücksichtigt wurden. Allerdings geht das BAG nicht so weit, bei tariflichen Regelungen nur noch eine Willkürkontrolle vorzunehmen. Angesichts der Gleichgewichtigkeit der Grundrechte sei es verfehlt, Art. 9 Abs. 3 GG eine Präferenz vor Art. 3 Abs. 1 GG einzuräumen.[106]

542 Zwischen Arbeitern und Angestellten differenzierende Kündigungsfristen verstoßen grundsätzlich gegen Art. 3 Abs. 1 GG. Seit Inkrafttreten der neuen Kündigungsfristen gilt dies umso mehr: Dadurch, dass der Gesetzgeber in § 622 Abs. 1 BGB nunmehr Arbeiter und Angestellte ausdrücklich gleichbehandelt, wird der Rechtfertigungsdruck für eine tarifvertragliche Differenzierung noch stärker.[107] Im Jahre 2001 ist im Rahmen der Reform der Betriebsverfassung das Gruppenprinzip, das zwischen Arbeitern und Angestellten differenziert, ebenfalls aufgegeben worden. Die Tarifpraxis sollte von der überholten Differenzierung zwischen Arbeitern und Angestellten endlich Abstand nehmen.[108] Dies geschieht auch zunehmend. Sachgerecht gleichbehandelnde Regelungen sind durchaus möglich. So könnten einheitlich *für alle* Arbeitnehmer, die in der Produktion arbeiten, tariflich kürzere Kündigungsfristen festgelegt werden als für diejenigen, die im administrativen Bereich beschäftigt werden.[109] In diesem Falle beruht die Ungleichbehandlung auf einem sachlich rechtfertigenden Grund.[110]

543 Das BAG erkennt selbst, dass sich seine bisherige Auffassung auf der Grenze des verfassungsrechtlich Zulässigen bewegt. Es meint, Art. 3 Abs. 1 GG verlange keine „Gleichmacherei". Ungleichbehandlung und rechtfertigender Grund müssten (nur) in einem angemessenen Verhältnis zueinander stehen. Auch das Bundesverfassungsgericht habe in der Entscheidung vom 30. 5. 1990 geprüft, ob eine „beträchtliche" Ungleichbehandlung vorliege und habe diese für die gesetzliche Regelung im Einzelnen herausgestellt. Fortbestehende Differenzierungen wurden branchenbezogen als noch hinnehmbar bezeichnet.[111] Der jüngsten Rechtsprechung des BAG kann jedoch eine strengere Beurteilung entnommen werden. So wird der Differenzierungsgrund der personalwirtschaftlichen Flexibilität nicht nur von dem prozentualen Anteil der Arbeiter und Angestellten, sondern auch von der jeweiligen Branche abhängig gemacht. Dabei wird bei Tarifverträgen, die unterschiedliche Tarifzweige

---

[104] St. Rspr. seit BAG 15. 1. 1955 AP Art. 3 GG Nr. 4; *Buchner,* NZA 1991, 41, 47; *Marschollek,* DB 1991, 1069, 1071.

[105] BAG 16. 9. 1993 EzA § 622 BGB n. F. Nr. 45.

[106] BAG 16. 9. 1993 EzA § 622 BGB n. F. Nr. 45.

[107] *Preis/Kramer,* DB 1993, 2129, 2139; ebenso *Kretz,* HwB AR Kündigungsfristen Rn. 84; *Kehrmann,* AiB 1993, 746, 748.

[108] Vgl. auch *Hromadka,* BB 1993, 2372, 2378.

[109] Ähnlich *Hromadka,* BB 1993, 2372, 2378.

[110] Vgl. BVerfG 30. 5. 1990 AP § 622 BGB Nr. 28.

[111] BAG 2. 4. 1992 EzA § 622 BGB n. F. Nr. 43.

erfassen, auch danach gefragt, ob das Differenzierungsbedürfnis tatsächlich einheitlich ist.[112] Dabei wird ein Bedürfnis nach erhöhter personalwirtschaftlicher Flexibilität als Sachgrund für die Ungleichbehandlung von Arbeitern und Angestellten hinsichtlich der Grundkündigungsfristen nicht generell schon wegen des größeren Umfangs des Einsatzes von Arbeitern in der Produktion ohne Rücksicht auf Verhältnisse in der jeweiligen Branche anerkannt. Es wird darauf hingewiesen, dass Entscheidungen zum Bereich der Textilindustrie und zum Gartenbau sowie zum Bauhauptgewerbe nicht verallgemeinerungsfähig seien. Diese Betriebe seien aus branchenspezifischen Gründen besonders produkt-, mode-, und witterungs- oder saisonbedingten Auftragsschwankungen unterworfen. Ferner werde in einschlägigen Tarifverträgen dieses Bereichs ein gewisser Ausgleich für den geringeren Bestandsschutz der von kurzen Grundkündigungsfristen betroffenen Arbeiter dadurch erreicht, dass nach betriebsbedingter Entlassung im Fall der Einstellung innerhalb eines bestimmten Zeitraums die Anrechnung der früheren Betriebszugehörigkeit (Textilindustrie Nordrhein) oder sogar die Wiedereinstellung (Gartenbau, Bauhauptgewerbe) vorsähen. Diese besondere Situation müsse bedacht werden und könne nicht pauschal auf alle Produktionsbereiche erweitert werden. So hat es das BAG abgelehnt, pauschal diese branchenspezifischen Besonderheiten in der Metallindustrie anzuerkennen.[113] Ob auch in Zukunft angesichts des KündFG auch bei Vorliegen eines Flexibilitätsbedürfnisses große Unterschiede zwischen den Kündigungsfristen von Arbeitern und Angestellten noch hingenommen werden können, hat das BAG offengelassen.[114] Selbst wenn das Bedürfnis nach flexibler Personalplanung im produktiven Bereich eine kürzere tarifliche Grundkündigungsfrist für überwiegend in der Produktion tätige Arbeiter im Vergleich zu der für Angestellte günstigeren Regelung rechtfertigt, so gilt dies nicht ohne weiteres auch für die verlängerten Kündigungsfristen desselben Tarifvertrages. Die im gleichen Maße erbrachte Betriebstreue der Arbeiter erfordert dann zumindest gleiche Stufen der Wartezeiten auf Grund abgeleisteter Betriebszugehörigkeit wie bei den Angestellten (BAG 11. 8. 1994 EzA § 622 BGB n. F. Nr. 51).

Einzelfälle: Für die vorwiegende Beschäftigung von Arbeitern im Produk- 544
tionssektor hat das BAG in der **Textilindustrie** und in der **chemischen Industrie** einen Arbeiteranteil von 65% bzw. 75% bis 90% genügen lassen.[115] Den unmittelbaren Einfluss der Auftragslage auf den Produktionssektor hat das BAG für Betriebe mit saisonalen Schwankungen (Gärtnereien, Bau) sowie Betriebe mit produkt- und branchenspezifischen Schwankungen (Chemie, Textil) bejaht.[116] Im **Baugewerbe** erkennt das BAG angesichts der ganz überwiegenden Beschäftigung von Arbeitern in der Produktion ein besonderes Interesse der Arbeitgeberseite an, auf Konjunktureinbrüche und Auftragsrückgänge unmittelbar und ohne erhebliche

[112] BAG 16. 9. 1993 EzA § 622 BGB n. F. Nr. 45; 11. 8. 1994 EzA § 622 BGB n. F. Nr. 51.

[113] BAG 16. 9. 1993 EzA § 622 BGB n. F. Nr. 45.

[114] BAG 10. 3. 1994 EzA § 622 BGB n. F.

[115] BAG 23. 1. 1992 EzA § 622 BGB n. F. Nr. 42; 4. 3. 1993 EzA § 622 n. F. Nr. 44; 29. 1. 1997 EzA § 4 TVG Textilindustrie Nr. 9 = NZA 1997, 726.

[116] Gartenbau: BAG 23. 1. 1992 EzA § 622 BGB n. F. Nr. 40; Chemische Industrie: BAG 4. 3. 1993 NZA 1993, 995; Textilindustrie: BAG 23. 1. 1992 EzA § 622 BGB n. F. Nr. 42.

Zeitverzögerung reagieren zu können.[117] Wegen der bei Bauarbeiten im Vergleich zu Angestellten höheren Fluktuation, die den eigenen Wünschen und Bedürfnissen dieses Personenkreises entspricht, sei es sachlich gerechtfertigt, unterschiedliche Grundkündigungsfristen zu regeln. Besonders umstritten ist der Bereich in der **Metallindustrie.**[118]

545 Beispiele für **verfassungswidrige Differenzierungen:** Verfassungswidrig ist eine eintägige Kündigungsfrist bei Arbeitern gegenüber einer einmonatigen Frist bei Angestellten.[119] Im **Gaststätten- und Hotelgewerbe** und in der **Textilindustrie** ist die erhebliche Differenzierung bei verlängerten Kündigungsfristen verfassungswidrig.[120] § 13 Nr. 9a MTV für die Eisen-, Metall-, Elektro- und Zentralheizungsindustrie Nordrhein-Westfalen, der bei gewerblichen Arbeitnehmern bei der Berechnung der Betriebszugehörigkeit Zeiten nicht berücksichtigt, die vor Vollendung des 35. Lebensjahres liegen, während bei Angestellten auf die Vollendung des 25. Lebensjahres abgestellt wird, ist eindeutig verfassungswidrig.[121] Ferner wurden für verfassungswidrig erklärt: die zweiwöchige Kündigungsfrist des § 8 MTV Gewerbliche Arbeitnehmer der **bayerischen Metallindustrie;**[122] verfassungswidrig ist auch die Regelung des MTV **Kunststoffverarbeitende Industrie** im Kreis Lippe.[123]

546 In der instanzgerichtlichen Rechtsprechung wurden demgegenüber Differenzierungen in folgenden Tarifwerken als **verfassungsgemäß** bezeichnet: **Dachdeckerhandwerk;**[124] **Gebäudereinigerhandwerk;**[125] **Klempner** Handwerk Hamburg;[126] **Metallindustrie** Hamburg/Schleswig-Holstein;[127] **Gaststätten- und Hotelgewerbe NRW;**[128] **Maler- und Lackiererhandwerk;**[129] **Friseurhandwerk;**[130] **Wach- und Sicherheitsgewerbe.**[131]

---

[117] Vgl. BAG 23. 1. 1992 EzA § 622 BGB n.F. Nr. 42; 2. 4. 1992 EzA § 622 BGB n.F. Nr. 43; vgl. auch BAG 14. 2. 1996 EzA § 622 BGB n.F. Nr. 53 = NZA 1996, 1166.

[118] Vgl. BAG 29. 8. 1991 EzA § 622 BGB Nr. 35; 16. 9. 1993 NZA 1994, 221; 10. 3. 1994 EzA § 622 BGB Nr. 48.

[119] LAG Düsseldorf 4. 9. 1996 LAGE § 622 BGB Nr. 40.

[120] BAG 14. 2. 1996 RzK I 3e Nr. 60; nicht jedoch die Grundkündigungsfrist, LAG Köln 10. 3. 1995 LAGE § 622 BGB Nr. 30; BAG 29. 10. 1998 RzK I 3e Nr. 70; Textilindustrie: BAG 14. 2. 1996 – 2 AZR 548/95 – n. v.; ArbG Mönchengladbach 9. 6. 1999 RzK I 3e Nr 73; nicht jedoch unerhebliche Differenzierungen BAG 6. 11. 1997 RzK I 3e Nr. 69; nicht jedoch die Grundkündigungsfrist, LAG Hamm 3. 5. 1996 NZA-RR 1997, 143.

[121] BAG 21. 3. 1994 EzA § 622 BGB n.F. Nr. 33; 10. 3. 1994 EzA § 622 BGB Nr. 48.

[122] BAG 10. 3. 1994 – 2 AZR 220/91 n. v.; vgl. zu § 20 Nr. 1 MTV-Metall NRW vom 29. 2. 1988 BAG 10. 3. 1994 EzA § 622 BGB n.F. Nr. 50

[123] LAG Hamm 10. 3. 1992 – 6 (20) Sa 1493/91 – n.v.

[124] LAG Köln 29. 5. 1991 DB 1991, 2447.

[125] ArbG Karlsruhe 11. 9. 1992 DB 1993, 332.

[126] BAG 12. 11. 1998 RzK I 3e Nr. 72.

[127] LAG Schleswig-Holstein 2. 12. 1992 LAGE § 622 BGB Nr. 26.

[128] LAG Köln 29. 7. 1991 LAGE § 622 BGB Nr. 20.

[129] LAG Köln 10. 8. 1992 LAGE § 622 BGB Nr. 23; a.A. LAG Hamburg 3. 8. 1995 LAGE § 622 BGB Nr. 36.

[130] LAG Nürnberg 27. 7. 1994 LAGE § 622 BGB Nr. 29; LAG Frankfurt 23. 8. 1999 – 11 Sa 2559/98 –; a. A. LAG Düsseldorf 10. 7. 1995 NZA-RR 1996, 175.

[131] LAG Köln 26. 10. 1995 LAGE § 622 BGB Nr. 34.

7. Rechtsfolgen verfassungswidriger tariflicher Regelungen

Tariflücken, die durch verfassungswidrige tarifliche Kündigungsfristen entstanden sind, sind durch die verfassungsgemäße Neuregelung des § 622 BGB zu schließen.[132] Nach der Übergangsvorschrift des Art. 222 EGBGB gilt dies auch für solche Fälle, in denen noch ein Rechtsstreit über diese Fragen anhängig ist.[133] Eine richterliche Schließung von Tariflücken durch ergänzende Vertragsauslegung ist in aller Regel nicht möglich, weil keine hinreichend sicheren Anhaltspunkte dafür bestehen, wie die Tarifvertragsparteien im Falle der Kenntnis der Unwirksamkeit diese Lücke geschlossen hätten. Die Gerichte sind insoweit nicht befugt, in die Gestaltungsfreiheit der Tarifvertragsparteien korrigierend einzugreifen.[134] Die Tariflücke, die durch unwirksame tarifliche Kündigungsfristen entsteht, kann daher nur, soweit noch keine Neuregelung durch die Tarifvertragsparteien erfolgt ist, durch die gesetzlichen Kündigungsfristen geschlossen werden.[135] 547

§ 19 Die Kündigung im Probe- und Aushilfsarbeitsverhältnis

Nach § 622 Abs. 5 Satz 1 Nr. 1 BGB kann – wie gemäß § 622 Abs. 4 a.F. – die gesetzliche Kündigungsfrist im Rahmen eines Aushilfsarbeitsverhältnisses während der Ersten drei Monate verkürzt werden. § 622 Abs. 3 BGB trifft überdies erstmals eine ausdrückliche Regelung der Kündigungsfrist während einer vereinbarten Probezeit, soweit diese sechs Monate nicht übersteigt.[1] 548

I. Probearbeitsverhältnis

Das Probearbeitsverhältnis kann sowohl als echtes befristetes Arbeitsverhältnis, das nach Ablauf der Probezeit automatisch endet, als auch als unbefristetes Arbeitsverhältnis vereinbart werden, das nach Ablauf der vorgeschalteten Probezeit in ein normales Arbeitsverhältnis übergeht, wenn es nicht zuvor gekündigt wird.[2] 549

An die Vereinbarung eines befristeten Probearbeitsverhältnisses werden strenge Anforderungen gestellt: Die Parteien müssen bei der Festlegung der Probezeit *klar, eindeutig* und *zweifelsfrei* vereinbaren, dass ein befristetes Arbeitsverhältnis gewollt ist. Die Festlegung einer Probezeit allein genügt hierfür noch nicht. Aus dem Zweck der Erprobung ergibt sich, dass grundsätzlich das Arbeitsverhältnis fortge- 550

---

[132] Vgl. BAG 10. 3. 1994 EzA § 622 BGB n.F. Nr. 48; Staudinger/*Preis,* § 622 BGB Rn. 84; a.A. *Hromadka,* BB 1993, 2372, 2378; *Kehrmann,* AiB 1993, 746, 748.

[133] BAG 10. 3. 1994 EzA § 622 BGB n.F. Nr. 48.

[134] Vgl. BAG 23. 9. 1981 AP § 611 BGB Lehrer, Dozenten Nr. 19; *Müller-Glöge,* FS für Schaub, 1998, S. 497, 514.

[135] Vgl. BAG 10. 3. 1994 EzA § 622 BGB n.F.; Staudinger/*Preis,* § 622 BGB Rn. 85; *Worzalla,* NZA 1994, 145, 149; a.A. *Hromadka,* BB 1993, 2372, 2379.

[1] Ausführlich zu Aushilfs- und Probearbeitsverhältnissen: *Preis/Kliemt/Ulrich,* AR-Blattei, SD 310 und SD 1270.

[2] *Preis/Kliemt/Ulrich,* AR-Blattei, Probearbeitsverhältnis, SD 1270 Rn. 14ff.; *Schaub,* § 40 I 2.

setzt werden soll, wenn der Arbeitnehmer sich bewährt hat.[3] Die Beweislast für die Befristung trägt derjenige, der sich darauf beruft, in der Regel also der Arbeitgeber.[4] Die Vereinbarung eines befristeten Probearbeitsverhältnisses unterliegt prinzipiell den Grenzen, die an die Vereinbarung befristeter Arbeitsverhältnisse zu stellen sind. Der Gesetzgeber hat die Erprobung als sachlichen Befristungsgrund ausdrücklich in § 14 Abs. 1 S. 2 Nr. 5 TzBfG anerkannt (vgl. hierzu Rn. 83f.). Die praktische Bedeutung der Sachgrundbefristung ist aber angesichts der Möglichkeit einer Befristung ohne sachlichen Grund bis zur Gesamtdauer von zwei Jahren bei Neueinstellungen gemindert.[5]

551 Das befristete Probearbeitsverhältnis endet – auch im Falle der Bewährung – mit dem Ablauf der Probezeit ohne Kündigung,[6] es sei denn, die Parteien treffen eine Verlängerungsvereinbarung. Nur in Ausnahmefällen kann der Arbeitgeber unter dem Gesichtspunkt des Verschuldens bei Vertragsschluss als Schadensersatz zum Abschluss eines unbefristeten Arbeitsverhältnisses verpflichtet sein. Dies ist anzunehmen, wenn er bei einem Arbeitnehmer die Erwartung geweckt und bestätigt hat, er werde bei Eignung und Bewährung unbefristet weiterbeschäftigt, und wenn der Arbeitgeber sich mit einer Ablehnung in Widerspruch zu seinem früheren Verhalten und dem von ihm geschaffenen Vertrauenstatbestand setzen würde, etwa bei Berufung auf den Fristablauf nur wegen des zwischenzeitlichen Eintritts einer Schwangerschaft.[7]

552 Während der Dauer des befristeten Probearbeitsverhältnisses ist die Möglichkeit der ordentlichen Kündigung ausgeschlossen, es sei denn, die Parteien haben anderes vereinbart.[8] Dies folgt jetzt auch aus § 15 Abs. 3 TzBfG. Dagegen spricht auch nicht § 622 Abs. 3 BGB.[9] Zwar spricht das Gesetz nicht sonderlich präzise von der „vereinbarten Probezeit", worunter bei weiter Auslegung auch die befristeten Probearbeitsverhältnisse fallen könnten. Indes ließe eine solche Auslegung unberücksichtigt, dass von jeher zwischen zwei Varianten des Probearbeitsverhältnisses unterschieden wird (keine Kündigungsmöglichkeit beim echten befristeten Probearbeitsverhältnis; Kündigungsmöglichkeit beim unbefristeten Arbeitsverhältnis mit vorgeschalteter Probezeit). Dem Gesetzgeber dürfte diese Unterscheidung bekannt gewesen sein. Wenn er mit der Regelung des § 622 Abs. 3 BGB den Grundsatz, dass befristete Probearbeitsverhältnisse ohne besondere Kündigungsvereinbarungen nicht ordentlich kündbar sind, hätte aufgeben wollen, hätte dies einer ausdrückli-

[3] BAG 29. 7. 1958 AP § 620 BGB Probearbeitsverhältnis Nr. 3 = EzA § 620 BGB Nr. 1; 30. 9. 1981 AP § 620 BGB Befristeter Arbeitsvertrag Nr. 61 = EzA § 620 BGB Nr. 54; Preis/*Rolfs*, Der Arbeitsvertrag, II B 10 Rn. 60.

[4] BAG 29. 7. 1958 AP § 620 BGB Probearbeitsverhältnis Nr. 3 mit Anm. *G. Hueck* = EzA § 620 BGB Nr. 1.

[5] Hierzu Rn. 106ff.

[6] *Preis/Kliemt/Ulrich*, AR-Blattei, Probearbeitsverhältnis, SD 1270 Rn. 150ff. m. w. N.

[7] BAG 16. 3. 1989 AP § 1 BeschFG 1985 Nr. 8 = EzA § 1 BeschFG 1985 Nr. 7; zur Darlegungslast des Arbeitnehmers: LAG Hamm 6. 6. 1991 LAGE § 620 BGB Nr. 25 = BB 1991, 1865 mit Anm. *Mauer*. Ähnlich, allerdings unter Betonung des Aspektes Rechtsmissbrauch schon BAG 13. 12. 1962 AP § 620 BGB Befristeter Arbeitsvertrag Nr. 24; 28. 11. 1963 AP § 620 BGB Befristeter Arbeitsvertrag Nr. 26 mit Anm. *Gangloff* = EzA § 620 BGB Nr. 5.

[8] BAG 19. 6. 1980 AP § 620 BGB Befristeter Arbeitsvertrag Nr. 55 mit Anm. *Kraft* = EzA § 620 BGB Nr. 47.

[9] *Hromadka*, BB 1993, 2372, 2374; *Preis/Kramer*, DB 1993, 2125, 2127.

chen Klarstellung bedurft. Dahin gehende Anhaltspunkte finden sich in den Materialien jedoch nicht. Im Gegenteil legen sie nahe, dass der Gesetzgeber mit der ausdrücklichen Regelung einer kurzen Kündigungsfrist in der Probezeit „unbefristete Einstellungen" fördern wollte (vgl. BT-Drucks. 12/4902, S. 7, 9): Die verkürzte Mindestkündigungsfrist während der Probezeit soll nach der Gesetzesbegründung verhindern, „dass zur Vereinbarung der Probezeit in größerem Umfang als bisher auf befristete Arbeitsverträge zurückgegriffen wird, die den Arbeitnehmer in eine ungünstigere Rechtsposition gegenüber dem unbefristeten Arbeitsvertrag mit Probezeit bringen können". Diesem gesetzgeberischen Zweck liefe die Annahme einer Kündigungsmöglichkeit auch für befristete Probearbeitsverhältnisse zuwider.[10]

Ist das Probearbeitsverhältnis unbefristet abgeschlossen worden, bedarf es zu seiner Beendigung einer Kündigung. Für diese gilt nach § 622 Abs. 3 BGB ipso iure eine Kündigungsfrist von zwei Wochen, die jederzeit auslaufen kann. Ein besonderer Kündigungstermin gilt nicht. Missverständlich ist insoweit die Gesetzesbegründung, in der von der Zulässigkeit der „einzelvertraglichen Abkürzung der Kündigungsfrist" die Rede ist (vgl. BT-Drucks. 12/4902, S. 9). Denn bei der Vereinbarung einer Probezeit tritt die Abkürzung der Kündigungsfrist auf das gesetzliche Mindestmaß in Ermangelung einer gegenteiligen Vereinbarung automatisch ein.[11] Erforderlich ist demnach nur die Vereinbarung einer Probezeit.[12] **553**

Die gesetzliche Absenkung der Mindestkündigungsfristen während der Probezeit trägt den praktischen Bedürfnissen beider Arbeitsvertragsparteien Rechnung, in einer überschaubaren ersten Zeit der Beschäftigung, in der der Arbeitnehmer ohnehin noch keinen allgemeinen Kündigungsschutz genießt (§ 1 Abs. 1 KSchG), die Leistungsfähigkeit des Arbeitnehmers bzw. die Arbeitsbedingungen zu erproben und bei negativem Ausgang das Arbeitsverhältnis relativ kurzfristig beenden zu können. Nach Einschätzung des Gesetzgebers wird hierdurch der Abschluss unbefristeter Arbeitsverhältnisse erleichtert (BT-Drucks. 12/4902, S. 7). **554**

Wird eine über sechs Monate hinausgehende Probezeit vereinbart, gilt nach Ablauf des sechsten Beschäftigungsmonats die allgemeine vierwöchige Grundkündigungsfrist. Was die Einhaltung der Sechs-Monats-Frist betrifft, ist – wie bei der Drei-Monats-Frist im Rahmen eines Aushilfsarbeitsverhältnisses – auf den Zugang der Kündigungserklärung abzustellen. Die zweiwöchige Kündigungsfrist kann bis zum Ablauf von sechs Monaten ausgenutzt werden, auch wenn das Ende der Kündigungsfrist erst nach diesem Zeitpunkt liegt.[13] **555**

Eine Verkürzung der Kündigungsfristen kann nur durch die Tarifvertragsparteien erfolgen (§ 622 Abs. 4 BGB).[14] Tarifverträge – zumeist enthalten sie Bestimmungen über Probearbeitsverhältnisse – können demnach auch die Möglichkeit einer **556**

---

[10] Vgl. Staudinger/*Preis,* § 620 BGB Rn. 173.

[11] Heute wohl einhellige Auffassung, BAG 22. 7. 1971 AP § 620 BGB Probearbeitsverhältnis Nr. 11 = EzA § 622 BGB n. F. Nr. 3; 15. 8. 1984 AP § 1 KSchG 1969 Nr. 8 = EzA § 1 KSchG Nr. 40.

[12] *Preis/Kramer,* DB 1993, 2125, 2127; *Widlak,* AuA 1993, 353; LAG Düsseldorf 20. 10. 1995 NZA 1996, 1156.

[13] BAG 17. 2. 1966 AP § 133 BGB Nr. 30; 21. 4. 1966 AP § 53 BAT Nr. 1; *Gumpert,* BB 1969, 1278, 1280.

[14] Einzelheiten: *Preis/Kliemt/Ulrich,* AR-Blattei, Probearbeitsverhältnis, SD 1270 Rn. 200 ff.

völlig entfristeten Kündigung vorsehen.[15] Auch nichttarifgebundene Arbeitgeber und Arbeitnehmer können die tariflichen Regelungen durch Verweisung auf den Tarifvertrag einzelvertraglich vereinbaren, sofern sie zum Geltungsbereich des entsprechenden Tarifvertrags gehören, § 622 Abs. 4 Satz 2 BGB.

557 Ist tarifvertraglich eine Verkürzung der Kündigungsfrist nicht eröffnet, ist die einzelvertragliche Vereinbarung einer zwei Wochen unterschreitenden Kündigungsfrist gemäß § 622 Abs. 3 i.V.m. Abs. 5 Satz 2 BGB unwirksam. An deren Stelle tritt dann die gesetzliche bzw. tarifliche Mindestkündigungsfrist, also i.d.R. die zweiwöchige Kündigungsfrist des § 622 Abs. 3 BGB.[16]

558 Längere Kündigungsfristen oder besondere Kündigungstermine können – wie stets – einzelvertraglich vereinbart werden. Allerdings ist das Gleichbehandlungsgebot des § 622 Abs. 6 BGB zu beachten.

559 Muss das Probearbeitsverhältnis zu seiner Beendigung gekündigt werden, sind, selbst wenn der allgemeine Kündigungsschutz des § 1 KSchG noch nicht eingreifen sollte, die Beteiligungsrechte des Betriebsrats (§ 102 BetrVG)[17] und möglicherweise eingreifender Sonderkündigungsschutz zu beachten (z.B. § 9 MuSchG). Schwerbehinderte, deren Arbeitsverhältnis im Zeitpunkt des Zugangs der Kündigungserklärung noch nicht länger als sechs Monate ohne Unterbrechung besteht, sind nach § 90 Abs. 1 Nr. 1 SGB IX vom besonderen Kündigungsschutz des vierten Abschnitts des SchwbG ausgenommen, so dass es weder der Einhaltung der sonst geltenden vierwöchigen Mindestkündigungsfrist (§ 86 SGB IX) noch der Zustimmung der Integrationsamtes (§ 85 SGB IX) bedarf.[18] Erfolgt die Kündigung vor Ablauf der Sechs-Monats-Frist, ist eine soziale Rechtfertigung der Kündigung nach § 1 KSchG nicht notwendig. Die Kündigung unterliegt jedoch den allgemeinen Schranken der §§ 134, 138 BGB, für deren Tatumstände allerdings der Arbeitnehmer darlegungs- und beweispflichtig ist (Einzelheiten Rn. 337ff.). Während der gesetzlichen Wartezeit ist eine Kündigung nur in krassen Ausnahmefällen sittenwidrig.[19] Die fristlose Kündigung während der Probezeit kann angesichts der kurzen Kündigungsfrist nur in Ausnahmefällen durchgreifen. Insbesondere kann außerordentlich nicht wegen Schlechtleistung gekündigt werden, weil Einarbeitung und Erprobung ja gerade Sinn der Probezeit ist.[20]

---

[15] Haben die Tarifvertragsparteien eine Probezeit von vier Wochen vorgesehen und dafür eine eintägige Kündigungsfrist statuiert, soll diese verkürzte Kündigungsfrist selbst während einer einzelvertraglich vereinbarten verlängerten Probezeit gelten, vgl. BAG 28. 4. 1988 AP § 622 BGB Nr. 25 = EzA § 622 BGB n.F. Nr. 25; s.a. LAG Düsseldorf 20. 10. 1995 NZA 1996, 1156; entfristete Kündigung ablehnend LAG Düsseldorf 4. 9. 1996 LAGE § 622 BGB Nr. 40.

[16] Vgl. BAG 10. 7. 1973 AP § 622 BGB Nr. 13 = EzA § 622 n.F. BGB Nr. 9.

[17] Hierzu *Preis/Kliemt/Ulrich,* AR-Blattei, Probearbeitsverhältnis, SD 1270 Rn. 326ff.

[18] Zu den Besonderheiten der Probezeit bei Schwerbehinderten: *Preis/Kliemt/Ulrich,* AR-Blattei, Probearbeitsverhältnis, SD 1270 Rn. 280ff. m.w.N.

[19] Vgl. BAG 24. 10. 1996 – 2 AZR 874/95 – n. Zur Unwirksamkeit einer Kündigung während der Probezeit wegen Homosexualität: BAG 23. 6. 1994 EzA § 242 BGB Nr. 39.

[20] LAG München 15. 7. 1975 DB 1975, 1756; LAG Frankfurt a.M. 5. 2. 1987 LAGE § 626 BGB Nr. 29.

II. Aushilfsarbeitsverhältnis

Das Aushilfsarbeitsverhältnis kann als befristetes Arbeitsverhältnis ausgestaltet werden, (Sachgrund: vorübergehender betrieblicher Bedarf, § 14 Abs. 1 Satz 2 Nr. 1 TzBfG, vgl. Rn. 74ff.), das nach Ablauf einer bestimmten Zeit automatisch endet, ohne dass es einer Kündigung bedarf. Es kann aber auch ein unbefristetes Aushilfsarbeitsverhältnis mit abgekürzter Kündigungsfrist vereinbart werden, das nicht von selbst, sondern nur auf Grund einer Kündigung endet. **560**

§ 622 Abs. 1 Nr. 5 BGB eröffnet für die Ersten drei Monate die Möglichkeit der unbeschränkten Verkürzung der Grundkündigungsfrist des § 622 Abs. 1 BGB. Es kann sogar eine fristlose ordentliche Kündigung vereinbart werden, ohne dass die Voraussetzungen des § 626 BGB vorzuliegen brauchen.[21] Obgleich § 622 Abs. 5 Nr. 1 BGB seinem Wortlaut nach nur eine Verkürzung der Kündigungsfristen zulässt, ist auch eine von der gesetzlichen Festlegung abweichende Vereinbarung der Kündigungstermine möglich. Es widerspräche Sinn und Zweck der Regelung, eine Kündigung mit verkürzter Frist bei Aushilfskräften nur zum 15. oder zum Monatsende zuzulassen. Die Möglichkeit der entfristeten Kündigung entwertet den sonst durch die Kündigungstermine in Verbindung mit den Mindestfristen gewährten zeitlichen Bestandsschutz derart, dass die Kündigungstermine im Rahmen des § 622 Abs. 5 Nr. 1 BGB keine eigenständige Schutzfunktion haben.[22] **561**

Stets bedarf es sowohl für befristete als auch für unbefristete Aushilfsarbeitsverhältnisse einer entsprechenden arbeitsvertraglichen Vereinbarung, einer sog. Aushilfsklausel. Erforderlich ist ein ausdrücklicher arbeitsvertraglicher Hinweis darauf, dass nur ein vorübergehendes Beschäftigungsverhältnis zur Aushilfe begründet werden soll. Darüber hinaus muss der Tatbestand des vorübergehenden Personalbedarfs (§ 14 Abs. 1 Satz 2 Nr. 1 TzBfG) auch objektiv vorliegen.[23] **562**

Haben die Parteien ausdrücklich ein Aushilfsarbeitsverhältnis vereinbart, jedoch eine Regelung über die Kündigungsfrist nicht getroffen, ist umstritten, ob allein aus dem Zweck des Vertrages geschlossen werden kann, dass die Kündigungsfrist abgekürzt sein soll. Insoweit wurde die Auffassung vertreten, die Kündigungsfrist solle im Zweifel auf das zulässige Mindestmaß, d.h. die entfristete Kündigung, abgekürzt sein.[24] Gegen diese Auffassung bestehen jedoch Bedenken.[25] Zunächst ist die Vereinbarung eines Aushilfsarbeitsverhältnisses keineswegs sinnlos, wenn nicht gleichzeitig die Kündigungsfrist abgekürzt wird, zumal ein Aushilfsarbeitsverhältnis regelmäßig als befristetes vereinbart wird und damit für die Frage des Befristungsgrundes Bedeutung hat. Die Rechtsprechung des BAG zur vergleichbaren Streitfrage für Probearbeitsverhältnisse, wonach Probezeitklauseln im Zweifel als Abkürzung der Kündigungsfrist auf das zulässige Mindestmaß zu verstehen **563**

---

[21] Statt aller BAG 22. 5. 1986 AP § 622 BGB Nr. 23 = EzA § 622 BGB n.F. Nr. 24; Erman-*Belling,* § 622 BGB Rn. 40.

[22] Vgl. BAG 22. 5. 1986 AP § 622 BGB Nr. 23 = EzA § 622 BGB n.F. Nr. 24.

[23] BAG 22. 5. 1986 AP § 622 BGB Nr. 23 = EzA § 622 BGB n.F. Nr. 24; LAG Düsseldorf 13. 5. 1985 LAGE § 622 BGB Nr. 6; KR/*Spilger,* § 622 BGB Rn. 160ff.; Staudinger/*Preis,* § 622 BGB Rn. 32.

[24] *Hueck/Nipperdey* I, S. 575; *Nikisch* I, S. 717f.

[25] Ebenso Erman/*Belling,* § 622 BGB Rn. 9; Staudinger/*Preis,* § 622 BGB Rn. 33; KR/*Spilger,* § 622 BGB Rn. 165.

sind,[26] kann auf Aushilfsarbeitsverhältnisse nicht übertragen werden, weil sich Probe- und Aushilfszweck wesentlich unterscheiden und nur beim Aushilfsarbeitsverhältnis die Möglichkeit der völligen Entfristung der Kündigung besteht. Eine eindeutige Regelung ist auch aus Gründen der Rechtssicherheit notwendig. Die dispositiven Gesetzesvorschriften im Arbeitsrecht sollen nicht nur Vertragslücken schließen helfen, sondern haben regelmäßig auch eine Schutzfunktion zugunsten des Arbeitnehmers. Dies gilt in besonderem Maße für die Mindestkündigungsfristen des § 622 BGB. Will der Arbeitgeber nicht einmal diese Fristen einhalten, muss er dies beim Vertragsschluss wenigstens klar zum Ausdruck bringen. Wollen die Parteien im Rahmen des Aushilfsarbeitsverhältnisses die Mindestkündigungsfristen abkürzen, möglicherweise sogar eine entfristete Kündigung ermöglichen, ist daher eine entsprechende eindeutige Regelung erforderlich. Fehlt sie, bleibt es bei den gesetzlichen Regelfristen.

564 Beim schriftlichen, i. d. R. vom Arbeitgeber vorformulierten Aushilfsarbeitsvertrag tritt ein weiterer Aspekt hinzu: Fehlt hier eine eindeutige Kündigungsfristenregelung, gehen verbleibende Unklarheiten zu Lasten des Arbeitgebers (§ 305 c Abs. 2 BGB). Hier führt bereits die notwendigerweise typisierende objektive Vertragsauslegung dazu, dass keine Frist unterstellt wird, die gar nicht vereinbart wurde.[27]

565 Auch bei Aushilfsarbeitsverhältnissen ist die Gleichbehandlungsregelung des § 622 Abs. 6BGB zu beachten (vgl. oben Rn. 518f.). Für Leiharbeitsverhältnisse gilt § 622 Abs. 5 Nr. 1 BGB nach Art. 1 § 11 Abs. 4 AÜG nicht (vgl. oben Rn. 455).

566 Was die Einhaltung der in § 622 Abs. 5 Satz 1 Nr. 1 2. Halbs. BGB genannten Drei-Monats-Frist betrifft, ist auf den Zugang der Kündigung abzustellen.[28] Die zulässigerweise in einem Aushilfsarbeitsvertrag vereinbarte verkürzte Kündigungsfrist kann daher bis zum Ablauf von drei Monaten ausgenutzt werden, selbst wenn das Ende der Kündigungsfrist erst nach diesem Zeitpunkt liegen sollte.[29] Für die Zeit nach Ablauf des dritten Beschäftigungsmonats zwischen den Arbeitsvertragsparteien getroffene Vereinbarungen über Kündigungsfristen und -termine sind gem. § 134 BGB nichtig, soweit sie den gesetzlichen Mindestkündigungsfristen widersprechen. In diesem Falle treten bei einer nach Ablauf der Drei-Monats-Frist zugegangenen Kündigung an die Stelle der vereinbarten die ungekürzten gesetzlichen bzw. tarifvertraglichen Mindestkündigungsfristen.[30]

567 Bei der befristeten Einstellung einer Aushilfskraft wegen des Erziehungsurlaubs eines anderen Arbeitnehmers eröffnet § 21 Abs. 4 BErzGG dem Arbeitgeber gegenüber der Aushilfskraft – auch ohne entsprechende Vereinbarung – ein Sonderkündigungsrecht, wenn der Erziehungsurlaub ohne seine Zustimmung vorzeitig beendet werden kann und der Arbeitnehmer die vorzeitige Beendigung des Erziehungsurlaubs mitgeteilt hat. Der Arbeitgeber kann dann das befristete Arbeitsverhältnis mit der Aushilfskraft unter Einhaltung einer Frist von drei Wochen, frühestens jedoch zu dem Zeitpunkt der Beendigung des Erziehungsurlaubs kündigen.

---

[26] BAG 22. 7. 1971 AP § 620 BGB Probearbeitsverhältnis Nr. 11 = EzA § 622 BGB n. F. Nr. 3; 15. 8. 1984 AP § 1 KSchG 1969 Nr. 8 = EzA § 1 KSchG Nr. 40.

[27] Näher zur Unklarheitenregel bei vorformulierten Arbeitsvertragsbedingungen: *Preis,* Vertragsgestaltung, S. 152f., 263f., 324.

[28] *Gumpert,* BB 1956, 114, 115; KR/*Spilger,* § 622 BGB Rn. 167.

[29] MünchKomm/*Schwerdtner,* § 622 BGB Rn. 44.

[30] Staudinger/*Preis,* § 622 BGB Rn. 35; APS/*Linck,* § 622 BGB Rn. 183.

Auf diese Weise wird der Arbeitgeber des Risikos enthoben, über einen längeren Zeitraum Lohn für zwei Arbeitnehmer zahlen zu müssen.[31]

§ 20 Kündigung im befristeten Arbeitsverhältnis

Nach dem Grundsatz der Vertragsfreiheit steht es den Arbeitsvertragsparteien an sich frei, das Arbeitsverhältnis zu befristen mit der Folge, dass es nach Ablauf der vereinbarten Zeit oder nach Eintritt eines bestimmten Ereignisses oder der Zweckerreichung endet, ohne dass eine Kündigung notwendig ist. Die Kündigungsschutzbestimmungen – allgemeiner und besonderer Kündigungsschutz – finden deshalb keine Anwendung. Sie knüpfen sämtlich an den Tatbestand der Kündigung an, so dass sie ins Leere gehen, weil die Vertragsbeendigung kraft Parteivereinbarung eintritt. **568**

I. Ordentliche Kündigung

Im befristeten Arbeitsverhältnis ist die ordentliche Kündigung beiderseits grundsätzlich ausgeschlossen, es sei denn, die Parteien haben die Kündigungsmöglichkeit vereinbart (§ 15 Abs. 3 TzBfG). Wird dennoch eine ordentliche Kündigung ausgesprochen, so ist sie unwirksam.[1] Klagt der Arbeitnehmer auf Feststellung der Unwirksamkeit einer derartigen Kündigung, ist § 4 KSchG nicht anwendbar (§ 13 Abs. 3 KSchG). **569**

Je nach dem Willen der Parteien kann eine vertragliche Mindestdauer des Arbeitsverhältnisses vereinbart sein. Dann kann die Kündigung erstmals mit der gesetzlichen Frist auf diesen Zeitpunkt erfolgen. Wird die Kündigung nicht ausgesprochen, so verlängert sich das Arbeitsverhältnis und geht in ein normales kündbares Arbeitsverhältnis über. **570**

Die Einzelarbeitsvertragsparteien können die Befristung des Arbeitsverhältnisses auch in der Weise vereinbaren, dass es maximal bis zu einem bestimmten Termin andauert, vorher jedoch auch gekündigt werden kann (Höchstdauer). Das hat nach der Rechtsprechung durch eine ausdrückliche Vereinbarung zu erfolgen bzw. der beiderseitige Wille muss sich eindeutig aus den Umständen ergeben.[2] **571**

II. Außerordentliche Kündigung

Das befristete Arbeitsverhältnis kann unter den Voraussetzungen des § 626 BGB (dazu unten Rn. 584ff.) außerordentlich gekündigt werden. Wird das Arbeitsver- **572**

[31] *Preis/Kliemt/Ulrich,* AR-Blattei, Aushilfsarbeitsverhältnis, SD 310, Rn. 194ff. Vgl. auch die Begründung des Regierungsentwurfs, BR-Drucks. 350/85, S. 22.

[1] BAG 8. 6. 1972 EzA § 626 BGB n.F. Nr. 12 = NJW 1972, 1878; 19. 6. 1980 EzA § 620 BGB Nr. 47 = NJW 1981, 246.

[2] Vgl. BAG 19. 6. 1980 EzA § 620 BGB Nr. 47 = NJW 1981, 246. Zur Bedeutung einer arbeitsvertraglichen Verlängerungsklausel vgl. BAG 12. 10. 1979 EzA § 256 ZPO Nr. 20 unter I 3 der Gründe = AP § 620 BGB Befristeter Arbeitsvertrag Nr. 48. Sie setzt immer eine Kündigung zum vereinbarten Zeitpunkt voraus.

hältnis vom Arbeitgeber in dieser Form gekündigt, so muss der Arbeitnehmer, auf dessen Arbeitsverhältnis das KSchG anzuwenden ist, diese Kündigung innerhalb von drei Wochen durch Feststellungsklage beim Arbeitsgericht angreifen (Einzelheiten unten Rn. 1728 ff.).

§ 21 Die Kündigung des Berufsausbildungsverhältnisses

573 Das Berufsausbildungsverhältnis ist im Berufsbildungsgesetz (BBiG) vom 14. 8. 1969[1] geregelt. Auf das Berufsausbildungsverhältnis sind nach § 3 Abs. 2 BBiG die für den Arbeitsvertrag geltenden Rechtsvorschriften und Rechtsgrundsätze anzuwenden, soweit sich nichts Gegenteiliges aus dem BBiG sowie aus Wesen und Zweck des Berufsausbildungsverhältnisses ergibt. In § 15 BBiG sind zwingende Sonderregelungen für die Kündigung des Berufsausbildungsverhältnisses enthalten. Hiernach kann während der Probezeit jederzeit ohne Einhaltung der Kündigungsfrist und nach Ablauf der Probezeit von beiden Parteien aus einem wichtigen Grund und durch den Auszubildenden nach § 15 Abs. 2 Nr. 2 BBiG gekündigt werden.

574 Nach § 14 Abs. 2 BBiG ist das Berufsausbildungsverhältnis ex lege ein befristeter Vertrag, der mit Ablauf der Ausbildungszeit endet.[2] Deren Dauer richtet sich nach der jeweiligen Ausbildungsordnung.[3] Im Falle der erfolgreichen Prüfung vor Ablauf der Ausbildungszeit endet es mit diesem Zeitpunkt (§ 14 Abs. 2 BBiG). Wenn die Abschlussprüfung kurze Zeit nach Ablauf der Vertragsfrist endet, kann – obwohl dieser Fall nicht gesetzlich geregelt ist – von einer stillschweigenden Verlängerung der Vertragszeit bis zu diesem Zeitpunkt ausgegangen werden.[4] Darüber hinaus können die Parteien das Ausbildungsverhältnis jederzeit durch Aufhebungsvertrag beenden.

575 Eine während der Ausbildung eingetretene Schwangerschaft steht dem nicht entgegen. Im Übrigen gilt der Kündigungsschutz des § 9 MuSchG auch für die Dauer des Ausbildungsverhältnisses. Dasselbe gilt auch für den Schwerbehindertenschutz, denn das Berufsausbildungsverhältnis ist ein Arbeitsverhältnis i. S. des Schwerbehindertengesetzes.[5] Vor der Kündigung des Berufsausbildungsverhältnisses ist der Betriebsrat nach § 102 Abs. 1 BetrVG zu hören.

576 Das Berufsausbildungsverhältnis kann vor Beginn der Berufsausbildung von beiden Vertragsparteien ordentlich entfristet, d. h. ohne Einhaltung einer Kündigungsfrist gekündigt werden,[6] sofern keine abweichende Regelung vereinbart worden ist.

---

[1] BGBl. I, S. 1112, zuletzt geändert durch Gesetz 20. 12. 1993, BGBl. I, S. 2256.

[2] Nach LAG Nürnberg 4. 5. 1993 LAGE § 14 BBiG Nr. 2 ist dies der Zeitpunkt der Mitteilung des Prüfungsergebnisses.

[3] *Wohlgemuth,* Berufsbildungsgesetz-Kommentar, 2. Aufl. 1995, § 14 Rn. 2 ff. mit Erläuterung der Sonderfälle bei Unterbrechung, Verkürzung und Verlängerung des Ausbildungsverhältnisses.

[4] *Wohlgemuth,* § 14 BBiG Rn. 2.

[5] BAG 10. 12. 1987 EzA § 18 SchwbG Nr. 8 = NZA 1988, 428.

[6] BAG 17. 9. 1987 EzA § 15 BBiG Nr. 6 = NZA 1988, 735.

I. Kündigung während der Probezeit

577 Für Berufsausbildungsverhältnisse schreibt § 13 BBiG zwingend eine Probezeit von mindestens einem Monat bis zu höchstens drei Monaten vor. Ein Ausschluss oder Verzicht ist nicht möglich. Diese gesetzliche Probezeit dient dazu, beiden Vertragsparteien die Prüfung zu ermöglichen, ob der Auszubildende für den erwählten Beruf tatsächlich geeignet ist.[7] Das BAG geht davon aus, dass sich die in § 13 Satz 2 BBiG vorgeschriebene Probezeit nicht automatisch um die Dauer einer Unterbrechung der Ausbildung verlängert, gleich aus welchem Grunde diese eintritt. Für ein Abstellen allein auf den rechtlichen Bestand des Ausbildungsverhältnisses während eines kalendarisch bestimmten Zeitraums spricht, dass damit die Dauer der Probezeit mit den sich insbesondere für die Kündigung gem. § 15 Abs. 1 BBiG ergebenden Rechtsfolgen eindeutig bestimmt ist.[8] Eine ausdrückliche vertragliche Verlängerung der Probezeit ist jedoch möglich; es verlängert sich dadurch aber nicht die Ausbildungszeit insgesamt. Während der Probezeit ist nach § 15 Abs. 1 BBiG eine Kündigung jederzeit ohne Einhaltung einer Kündigungsfrist und ohne nähere Begründung möglich. Es handelt sich hierbei um eine entfristete ordentliche, nicht um eine außerordentliche Kündigung.[9] Sie trägt dem Zweck der Probezeit innerhalb des Berufsausbildungsverhältnisses Rechnung: Beide Parteien sollen das Ausbildungsverhältnis lösen können, sobald sie zu dem Schluss gelangt sind, dass eine Fortsetzung nicht sinnvoll ist. Die Kündigung bedarf zwar der Schriftform (Rn. 582), jedoch keines mit der Berufsausbildung zusammenhängenden Grundes.[10] Das Berufsausbildungsverhältnis kann auch unter Zubilligung einer Auslauffrist wirksam ordentlich gekündigt werden. Dem Wortlaut des § 15 Abs. 1 BBiG („kann … jederzeit ohne Einhaltung einer Kündigungsfrist gekündigt werden") ist nicht zu entnehmen, dass eine Kündigung stets völlig entfristet erfolgen muss. Die Auslauffrist muss allerdings so bemessen sein, dass sie nicht zu einer unangemessen langen Fortsetzung des Berufsausbildungsvertrages führt, der nach dem endgültigen Entschluss des Kündigenden nicht bis zur Beendigung der Ausbildung durchgeführt werden soll.[11] Ansonsten gelten für eine Kündigung innerhalb der Probezeit im Berufsausbildungsverhältnis keine Besonderheiten: Die Kündigung kann gegen Treu und Glauben oder gegen die guten Sitten (§§ 138, 242 BGB) verstoßen und damit unwirksam sein, etwa wenn sie offensichtlich willkürlich erfolgt ist.[12] Auch gilt der besondere Kündigungsschutz für werdende Mütter (§ 9 MuSchG) sowie die Pflicht zur Anhörung des Betriebsrats (§ 102 BetrVG). Kündigungsgründe sind ihm mitzuteilen, sofern sie den Kündigungsentschluss des Ausbildenden bestimmt haben (vgl. oben Rn. 403ff.). Ein Berufsausbildungsvertrag kann

---

[7] BAG 27. 11. 1991 EzA § 13 BBiG Nr. 2 = DB 1992, 1191; *Wohlgemuth,* § 13 BBiG Rn. 1; *Natzel,* Berufsbildungsrecht, 3. Aufl. 1982, S. 166.

[8] BAG 15. 1. 1981 AP § 13 BBiG Nr. 1 mit Anm. *Natzel* = EzA § 13 BBiG Nr. 1; s.a. ArbG Wiesbaden 17. 1. 1996 BB 1996, 700; KR/*Weigand,* §§ 14, 15 BBiG Rn. 43; *Preis/Kliemt/Ulrich,* AR-Blattei, Probearbeitsverhältnis, SD 1270 Rn. 351.

[9] BAG 17. 9. 1987 AP § 15 BBiG Nr. 7 = EzA § 15 BBiG Nr. 6; 10. 11. 1988 AP § 15 BBiG Nr. 8 mit Anm. *Natzel* = EzA § 15 BBiG Nr. 7; 27. 11. 1991 EzA § 13 BBiG Nr. 2 = DB 1992, 1191.

[10] BAG 8. 3. 1977 DB 1977, 1322 = BB 1977, 1705; 17. 9. 1987 EzA § 15 BBiG Nr. 6.

[11] BAG 19. 11. 1988 EzA § 15 BBiG Nr. 7.

[12] LAG Hamm 22. 8. 1985 DB 1986, 812; KR/*Weigand,* §§ 14, 15 BBiG Rn. 42.

grundsätzlich entsprechend § 15 Abs. 1 BBiG bereits vor Beginn der Berufsausbildung von beiden Vertragsparteien ordentlich entfristet gekündigt werden. Unzulässig ist die ordentliche Kündigung vor Antritt der Berufsausbildung ausnahmsweise dann, wenn sie von den Parteien ausdrücklich ausgeschlossen worden ist oder sich ein solcher Ausschluss aus den Abreden oder den für die Auslegung verwertbaren übrigen konkreten Umständen (z. B. der Abrede oder dem ersichtlichen gemeinsamen Interesse, die Ausbildung jedenfalls für einen bestimmten Teil der Probezeit tatsächlich durchzuführen) ergibt.[13]

II. Die Berufsaufgabekündigung (§ 15 Abs. 2 Nr. 2 BBiG)

578 Der Auszubildende kann das Berufsausbildungsverhältnis mit einer Kündigungsfrist von vier Wochen kündigen, wenn er die Berufsausbildung aufgeben oder sich für eine andere Berufstätigkeit ausbilden lassen will. Im Gegensatz zum früheren Recht (§ 127 e GewO) ist nicht mehr erforderlich, dass der Auszubildende zu einem anderen Beruf überwechseln will. Jetzt ist ausreichend, wenn der Auszubildende die Berufsausbildung aufgeben will. Der Maurerlehrling kann also mit vierwöchiger Frist kündigen, wenn er die Berufsausbildung aufgeben und künftig als Hilfsarbeiter im Baugewerbe tätig sein will. Nicht möglich ist aber die Kündigung nach § 15 Abs. 2 Nr. 2 BBiG, um die Maurerlehre bei einer anderen Firma fortzusetzen. Hier wäre nur die Kündigung möglich, wenn ein wichtiger Grund gem. § 15 Abs. 2 Nr. 1 BBiG vorliegt. Zulässig ist dagegen die Kündigung, wenn sich ein Maurerlehrling künftig als Schlosser ausbilden lassen will. Auch wer aus einem betrieblichen Ausbildungsverhältnis in eine schulische Ausbildung wechselt, will sich „für eine andere Berufstätigkeit" im Sinne des § 15 Abs. 2 Nr. 2 BBiG ausbilden lassen.[14]

579 Fraglich ist, ob die Erklärung, die Berufsausbildung aufzugeben oder sich für eine andere Berufstätigkeit ausbilden lassen zu wollen, der Wahrheit entsprechen muss oder nicht. *Hueck/Nipperdey*[15] vertraten zur bisherigen Rechtslage mit Rücksicht darauf, dass die wirkliche Absicht im Augenblick der Kündigung schwer festzustellen ist, die Auffassung, dass die abgegebene Erklärung nicht der Wahrheit zu entsprechen brauche.[16] Dieser Auffassung ist wohl nicht zuzustimmen.[17] Was zunächst den Wortlaut des Gesetzes anbetrifft, so ist zwar richtig, dass nur von einer schriftlichen Erklärung gesprochen wird, jedoch dürfte es kaum zutreffen, dass der Gesetzgeber auch davon ausging, die unzutreffende und sogar bewusst falsche Erklärung des gesetzlichen Vertreters löse das Ausbildungsverhältnis. Angesichts der grundsätzlich bestehenden Unkündbarkeit des Ausbildungsverhältnisses erscheint es kaum zweifelhaft, dass die Wirkungen des § 15 Abs. 2 BBiG dann nicht eintreten, wenn ein Berufswechsel oder eine Aufgabe der Berufsausbildung gar nicht beabsichtigt ist. Denn dann stände die Bindung der Vertragsparteien für die Dauer der

---

[13] BAG 17. 9. 1987 EzA § 15 BBiG Nr. 6. Anders – d. h. Ausschluss der Kündigung vor Ausbildungsbeginn – die Vorinstanz: LAG Berlin 4. 11. 1986 LAGE § 15 BBiG Nr. 3.

[14] LAG Düsseldorf 2. 2. 1972 EzB § 15 BBiG Abs. 2 Nr. 2 Nr. 1.

[15] Vgl. *Hueck/Nipperdey,* Bd. I, § 73 II 2b cc.

[16] Dem folgend KR/*Weigand,* §§ 14, 15 BBiG Rn. 88.

[17] Ebenso *KDZ/Däubler,* § 15 BBiG Rn. 40; LAG Bremen 7. 2. 1961 AR-Blattei, Lehrvertrag – Lehrverhältnis: Entscheidung 15.

Ausbildungszeit auf dem Papier, und die mit Recht erfolgte Erschwerung der Kündigung des Ausbildungsverhältnisses hätte keinen praktischen Wert, da man dem Auszubildenden dann nur raten könnte, den Weg über § 15 Abs. 2 BBiG zu wählen, wenn er sich von seinem Ausbilder trennen will. Die Auslegung des Gesetzes zwingt also keineswegs zu der Annahme, dass die Erklärung nicht der Wahrheit entsprechen muss. Auch der Hinweis auf die Beweisschwierigkeiten[18] vermag die hier abgelehnte Auffassung nicht zu rechtfertigen. Es sind durchaus Fälle denkbar, in denen der Nachweis gelingt, dass im Zeitpunkt der Abgabe der Erklärung gar keine Absicht bestanden hat, den Beruf zu wechseln oder die Berufsausbildung aufzugeben. Das ist z. B. möglich, wenn schon vorher ein entsprechender Vertrag geschlossen war. Hier ist es wünschenswert, dem Arbeitgeber die Möglichkeit des Nachweises zu geben, damit er die Folgen aus dem vorliegenden Vertragsbruch des Auszubildenden ziehen kann. Auch bleibt in allen Fällen die Möglichkeit des Beweises durch Parteivernehmung, die man dem Arbeitgeber nicht einfach abschneiden sollte. Liegt im Zeitpunkt der Abgabe der schriftlichen Erklärung gar nicht die ernstliche Absicht vor, zu einem anderen Gewerbe oder einem anderen Beruf überzugehen oder die Berufsausbildung aufzugeben, so tritt die Lösungswirkung des § 15 Abs. 2 BBiG nicht ein. Liegen die angegebenen objektiven und subjektiven Voraussetzungen vor, so endet das Lehrverhältnis nach Ablauf von vier Wochen. Die Frist beginnt mit dem Zugang der Erklärung zu laufen.

III. Kündigung aus wichtigem Grund

Nach der Probezeit kann das Berufsausbildungsverhältnis von beiden Seiten aus **580** wichtigem Grund fristlos gekündigt werden (§ 15 Abs. 2 Nr. 1 BBiG). Es gelten hier im Prinzip die allgemeinen Grundsätze zur außerordentlichen Kündigung aus wichtigem Grund, insbesondere auch die Ausschlussfrist von zwei Wochen für die Kenntnis der Kündigungsgründe (hierzu Rn. 836 ff.). Bei besonders schwerwiegenden Pflichtverletzungen, deren Rechtswidrigkeit auch einem Auszubildenden ohne weiteres erkennbar sind, bedarf es vor Ausspruch der Kündigung keiner Abmahnung.[19] Bei der notwendigen Gesamtwürdigung ist jedoch zu berücksichtigen, dass es sich um ein Berufsausbildungsverhältnis handelt, an dessen Fortsetzung der Auszubildende stets ein besonders großes Interesse hat. Dies gilt namentlich zum Ende der Ausbildungszeit.[20]

Das Ausbildungsverhältnis kann auch in der Insolvenz des Arbeitgebers im Re- **581** gelfall nicht außerordentlich, sondern nur unter Einhaltung einer ordentlichen Kündigungsfrist vom Insolvenzverwalter gekündigt werden (§ 113 InsO).[21]

---

[18] Hierzu *Wohlgemuth,* § 15 BBiG Rn. 19.

[19] BAG 1. 7. 1999 AP § 15 BBiG Nr. 11.

[20] BAG 10. 5. 1973 EzA § 15 BBiG Nr. 2 = AP § 15 BBiG Nr. 3; LAG Köln 25. 6. 1987 LAGE § 15 BBiG Nr. 4; LAG Berlin 9. 6. 1986 LAGE § 15 BBiG Nr. 2. Zur Rechtsprechung im Einzelnen vgl. die Übersicht bei KR/*Weigand,* §§ 14, 15 BBiG Rn. 50 ff.; *Wohlgemuth,* § 15 BBiG Rn. 12; ferner LAG Düsseldorf 15. 4. 1993 EzB § 15 BBiG Abs. 2 Nr. 1 Nr. 76; ArbG Wesel 14. 11. 1996 NZA-RR 1997, 291; LAG Baden-Württemberg 31. 10. 1996 NZA-RR 1997, 288; LAG Köln 11. 8. 1995 LAGE § 15 BBiG Nr. 10.

[21] BAG 27. 5. 1993 EzA § 22 KO Nr. 5 = NZA 1993, 845; nach *Zwanziger,* Das Arbeitsrecht der Insolvenzordnung, 2. Aufl. 2002, § 113 InsO Rn. 8, gehen die Regelungen des BBiG vor.

IV. Formvorschriften

582 Die Kündigung muss in allen Fällen schriftlich erfolgen. Erfolgt die Kündigung aus einem wichtigen Grund ohne Einhaltung einer Kündigungsfrist oder kündigt der Auszubildende, weil er den Beruf aufgeben oder sich für eine andere Berufstätigkeit ausbilden lassen will, so sind die Kündigungsgründe anzugeben (§ 15 Abs. 3 BBiG).[22] Die Formvorschrift des § 15 Abs. 3 BBiG gilt für beide Vertragspartner. Der Verstoß führt zur Nichtigkeit der Kündigung.[23] Der Begründungszwang soll den kündigenden Vertragsteil vor Übereilung bewahren; ferner soll der Kündigungsempfänger abwägen können, ob er die Kündigung akzeptieren kann oder ob es aussichtsreich ist, dagegen vorzugehen. Diesem Zweck des § 15 Abs. 3 BBiG entspricht es, die schriftliche Begründung der Kündigung als ihren notwendigen Bestandteil zu behandeln.[24] Der Kündigungsempfänger soll aus dem Kündigungsschreiben erkennen können, was ihm vorgeworfen wird. Volle Substantiierung ist nicht notwendig. Erläuterungen und Ergänzungen zu den bereits mitgeteilten Gründen im Kündigungsschreiben sind zulässig.[25] Die bei der außerordentlichen Kündigung eines Minderjährigen nach § 15 Abs. 3 BBiG erforderliche Grundangabe muss – ebenso wie die Kündigung selbst – gegenüber den gesetzlichen Vertretern des Minderjährigen erfolgen.[26] Im Übrigen können im Prozess Kündigungsgründe nicht nachgeschoben werden.[27] Nicht ausreichend ist auch der Hinweis im Kündigungsschreiben auf die bereits mündlich dargelegten Kündigungsgründe.[28] Das widerspricht dem Gebot der Rechtsklarheit.

583 Bevor die Wirksamkeit einer Kündigung des Berufsausbildungsverhältnisses gerichtlich überprüft werden kann, muss – sofern ein solcher gebildet ist – gem. § 111 Abs. 2 ArbGG ein Schlichtungsausschuss angerufen werden. Existiert ein solcher Schlichtungsausschuss zwar, weigert sich dieser aber das beantragte Schlichtungsverfahren durchzuführen, ist die Ablehnung des beantragten Verfahrensebenso zu behandeln wie das Fehlen eines entsprechenden Ausschusses, d.h. es kann unmittelbar Klage erhoben werden.[29] Die Vorschriften des Kündigungsschutzgesetzes über die fristgebundene Klageerhebung nach §§ 4, 13 Abs. 1 Satz 2 KSchG sind auch auf außerordentliche Kündigungen von Berufsausbildungsverhältnissen anzuwenden, sofern nicht gemäß § 111 Abs. 2 Satz 5 ArbGG eine Ver-

---

[22] Einzelheiten bei *Kliemt,* Formerfordernisse im Arbeitsverhältnis, 1995, S. 103ff.

[23] BAG 22. 2. 1972 EzA § 15 BBiG Nr. 1; LAG Hamburg 30. 9. 1994 LAGE § 15 BBiG Nr. 9.

[24] BAG 25. 11. 1976 EzA § 15 BBiG Nr. 3 = AP § 15 BBiG Nr. 4; LAG Baden-Württemberg 11. 7. 1989 LAGE § 15 BBiG Nr. 6.

[25] LAG Hamburg 28. 9. 1997 LAGE § 15 BBiG Nr. 11; vgl. auch BAG 10. 2. 1999 EzA § 125 BGB Nr. 14.

[26] LAG Nürnberg 21. 6. 1994 LAGE § 15 BBiG Nr. 8; BAG 25. 11. 1976 EzA § 15 BBiG Nr. 3 mit Anm. *Söllner.*

[27] LAG Köln 21. 8. 1987 LAGE § 15 BBiG Nr. 5; KR/*Weigand,* §§ 14, 15 BBiG Rn. 94; LAG Baden-Württemberg 5. 1. 1990 LAGE § 15 BBiG Nr. 7.

[28] Vgl. auch BAG 10. 2. 1999 EzA § 125 BGB Nr. 13 und 14.

[29] BAG 17. 9. 1987 EzA § 15 BBiG Nr. 6; LAG Nürnberg 25. 11. 1975 EzB § 15 Abs. 2 Nr. 1 BBiG Nr. 38; *Grunsky,* ArbGG, § 111 Rn. 3. Vgl. auch BAG 25. 11. 1976 AP § 15 BBiG Nr. 4.

handlung vor einem zur Beilegung von Streitigkeiten aus einem Berufsausbildungsverhältnis gebildeten Ausschuss stattfinden muss.[30]

§ 22 Die außerordentliche Kündigung

Die außerordentliche Kündigung ist in § 626 BGB im Grundsatz für alle Arbeitsverhältnisse einheitlich geregelt. Sondervorschriften gibt es nur noch für den Bereich der **Berufsausbildungsverhältnisse** (dazu oben Rn. 573ff.) und im Bereich der Seeschifffahrt (§§ 64–69, 78 Abs. 4 SeemG). Das Arbeitsverhältnis kann von jedem Vertragsteil **aus wichtigem Grund** ohne Einhaltung einer Kündigungsfrist gekündigt werden. Unterschiedliche Regeln für Arbeiter und Angestellte bestehen im Recht der außerordentlichen Kündigung seit der Neufassung des § 626 BGB durch das Erste Arbeitsrechtsbereinigungsgesetz vom 14. 8. 1969 (BGBl. I, S. 1106) nicht mehr. 584

Hinzuweisen ist auf das Sonderkündigungsrecht in § 113 Abs. 1 InsO. § 626 BGB bleibt von dieser Sondervorschrift unberührt. Die Kündigung aus wichtigem Grund ist auch im Insolvenzverfahren möglich. Dessen Eröffnung stellt jedoch für sich genommen noch keinen wichtigen Grund zur außerordentlichen Kündigung dar. 585

I. Begriff, Grundlagen

Das außerordentliche Kündigungsrecht nach § 626 BGB gibt **beiden** am Arbeitsverhältnis Beteiligten die Möglichkeit, sich beim Vorliegen eines **wichtigen Grundes** ohne Beachtung der gesetzlichen oder vereinbarten Kündigungsfristen bzw. der vereinbarten Befristung zu trennen. Die Lösung tritt nicht automatisch ein, mag der Grund hierfür auch noch so schwerwiegend sein. Die Wirkung der außerordentlichen Kündigung, die wie die Kündigung eine einseitige empfangsbedürftige Willenserklärung ist, tritt erst mit ihrem Zugang ein. Es gelten die oben Rn. 209ff. dargestellten Grundsätze. Auch für die **Schriftform (§ 623 BGB)** und den **Inhalt** der außerordentlichen Kündigung kann auf die oben Rn. 152ff. mitgeteilten allgemeinen Regeln verwiesen werden. 586

Kündigungsberechtigter ist der Arbeitgeber selbst oder die allgemein bzw. für den Einzelfall bevollmächtigte dritte Person. Durch Vereinbarung der Parteien kann aber das Recht, die außerordentliche Kündigung auszusprechen, allein auf die Person des Arbeitgebers beschränkt werden.[1] Zur **Vertretung bei der Kündigung** vgl. oben Rn. 188ff. 587

Die außerordentliche Kündigung wird in aller Regel in Form der **fristlosen Kündigung** ausgesprochen. Sie beendet das Arbeitsverhältnis mit sofortiger Wirkung. Daneben kennt die Praxis die sog. **außerordentliche befristete Kündigung** 588

---

[30] Hierzu BAG 5. 7. 1990 EzA § 4 KSchG n. F. Nr. 39; im Anschluss an BAG 13. 4. 1989 AP § 4 KSchG 1969 Nr. 21; bestätigt durch BAG 26. 1. 1999 EzA § 4 KSchG n.F. Nr. 58.

[1] BAG 9. 10. 1975 EzA § 626 BGB n.F. Nr. 43 = AP § 626 BGB Ausschlussfrist Nr. 8.

(außerordentliche Kündigung mit Auslauffrist). Der Kündigende, der bei Vorliegen eines wichtigen Grundes das Recht hat, das Arbeitsverhältnis fristlos zu lösen, kann die Beendigung auch zu einem späteren Zeitpunkt erklären. Die Gründe für die Gewährung der Auslauffrist sind ohne Bedeutung. Die Auslauffrist braucht der gesetzlichen, tariflichen oder vereinbarten Kündigungsfrist nicht zu entsprechen. Etwas anderes gilt bei der außerordentlichen Kündigung ordentlich unkündbarer Arbeitnehmer (Rn. 790 ff.). Der Kündigende muss bei dieser Form der Kündigung jedoch stets deutlich machen, dass eine außerordentliche Kündigung erklärt worden ist.[2] Ob eine außerordentliche Kündigung oder eine ordentliche Kündigung vorliegt, ist zunächst Tatfrage. Hat der Kündigende das Arbeitsverhältnis mit ordentlicher Frist gekündigt und ist diese Kündigung etwa wegen des Ausschlusses des ordentlichen Kündigungsrechts unwirksam, so kann in dieser Kündigung nicht ohne weiteres eine außerordentliche Kündigung gesehen werden, selbst wenn der Kündigende einen wichtigen Grund hatte. Der Kündigende muss die außerordentliche Kündigung erklären, d. h. der Gekündigte muss **erkennen können,** dass ihm trotz Einhaltung einer Frist, ggf. der ordentlichen Kündigungsfrist, außerordentlich gekündigt wird.[3] Grundsätzlich ist der Arbeitgeber nicht verpflichtet – mit Ausnahme der Fälle ordentlich unkündbarer Arbeitnehmer (Rn. 820 ff.) –, eine Auslauffrist einzuhalten. Ebenso wenig ist aber der Arbeitnehmer verpflichtet, die Auslauffrist zu akzeptieren. Er kann sie auch ablehnen. Dann endet das Arbeitsverhältnis bei Vorlage eines wichtigen Grundes mit sofortiger Wirkung.[4] Fraglich ist, ob der Arbeitgeber **außerordentlich** unter Beachtung der ordentlichen Kündigungsfrist kündigen kann, wenn der Arbeitnehmer in dieser Zeit tatsächlich beschäftigt wird. Dies wird man in den Fällen der verhaltensbedingten Kündigung, die zur fristlosen Kündigung berechtigen, bezweifeln können, weil aus der Weiterbeschäftigung der Schluss gezogen werden kann, dass die Fortsetzung des Arbeitsverhältnisses nicht unzumutbar geworden ist.[5] Handelt es sich um einen befristet abgeschlossenen Vertrag ohne die Möglichkeit der ordentlichen Kündigung, so ist dies ggf. anders zu beurteilen, weil es auf die Zumutbarkeit der Weiterbeschäftigung bis zum Ende der vereinbarten Befristung ankommt. Ist aus Gründen der Alterssicherung die **ordentliche Kündigung** einzel- oder tarifvertraglich **ausgeschlossen** und besteht keine Weiterbeschäftigungsmöglichkeit im Betrieb oder Unternehmen, hat das BAG in Ausnahmefällen eine außerordentliche Kündigungsmöglichkeit anerkannt, bei der die **gesetzliche oder tarifvertragliche Kündigungsfrist** einzuhalten ist, die gelten würde, wenn die ordentliche Kündigungsfrist nicht ausge-

---

[2] BAG 16. 7. 1959 AP § 626 BGB Nr. 31; LAG Köln 29. 4. 1994 LAGE § 620 BGB Kündigungserklärung Nr. 2.

[3] Vgl. LAG Düsseldorf 30. 10. 1973 EzA § 626 BGB n. F. Nr. 32 = DB 1973, 2456; BAG 9. 12. 1954 AP § 123 GewO Nr. 1; BAG 16. 11. 1979 EzA § 154 BGB Nr. 1 = AP § 154 BGB Nr. 1; LAG Frankfurt 16. 6. 1983 BB 1984, 786; KR/*Fischermeier,* § 626 BGB Rn. 30.

[4] Vgl. KR/*Fischermeier,* § 626 BGB Rn. 29; *Zöllner/Loritz,* § 22 III 6; im Ergebnis auch: MünchKomm/*Schwerdtner,* § 626 BGB Rn. 36; ArbG Freiburg 22. 10. 1985 NZA 1986, 295; ArbG Siegen 8. 4. 1986 NZA 1986, 683; zum ganzen *Pieper,* NZA 1986, 277 ff.

[5] Zutreffend MünchKomm/*Schwerdtner* § 626 BGB Rn. 36; KR/*Fischermeier,* § 626 BGB Rn. 29. Zur Frage der Beendigung des Annahmeverzuges, wenn der Arbeitgeber sich bereit erklärt, den Arbeitnehmer bis zur erstinstanzlichen Entscheidung weiterzubeschäftigen, vgl. BAG 21. 5. 1981 EzA § 615 BGB Nr. 40 = NJW 1982, 121.

schlossen wäre (näher Rn. 819ff.).[6] Der besonders geschützte Arbeitnehmer darf nicht schlechter gestellt werden, als er ohne besonderen Kündigungsschutz stünde.

Die in der Praxis häufig ausgesprochene rückwirkende fristlose Kündigung auf **589** den Zeitpunkt des Kündigungsgrundes, z.B. der unerlaubten Handlung, erreicht die gewünschte Wirkung nicht. Sie ist jedoch nicht unwirksam, sondern wird nach allgemeinen Grundsätzen mit ihrem Zugang wirksam, wenn ein wichtiger Grund vorliegt.[7]

II. Die außerordentliche Änderungskündigung

Die ordentliche Kündigung ist bei langjährig beschäftigten älteren Arbeitneh- **590** mern verbreitet auf Grund tarifrechtlicher Bestimmungen ausgeschlossen. Aber auch gesetzlich kann die ordentliche Kündigung ausgeschlossen sein (zum Kündigungsschutz im Rahmen der Betriebsverfassung Rn. 1594ff.). Damit scheidet grundsätzlich auch die Änderungskündigung aus, die üblicherweise unter Einhaltung der ordentlichen Kündigungsfrist ausgesprochen wird. Will der Arbeitgeber dennoch eine Änderung des Arbeitsvertrages herbeiführen und ist darüber eine Vereinbarung nicht zu erzielen, so kann dies nur über die außerordentliche Änderungskündigung erreicht werden. Sie setzt voraus, dass die Änderung der Arbeitsbedingungen **unabweisbar notwendig** ist und die neuen Arbeitsbedingungen für den Arbeitnehmer **zumutbar** sind.[8] Mit der zunehmenden Zahl der sog. unkündbaren Arbeitnehmer dürfte die Bedeutung des Rechtsinstituts der außerordentlichen Änderungskündigung steigen.[9] Maßstab für die Prüfung der Frage, ob die außerordentliche Änderungskündigung berechtigt ist oder nicht, ist das Angebot des Arbeitgebers, das Arbeitsverhältnis unter den neuen angebotenen Bedingungen fortzusetzen. Eine Interessenabwägung ist erforderlich.

Die außerordentliche Änderungskündigung ist nicht nur dann wirksam, wenn **591** auch eine Beendigungskündigung gerechtfertigt wäre.[10] Der Prüfungsmaßstab ist im Einzelnen umstritten.[11] Zu berücksichtigen ist, dass die Änderungskündigung ein milderer Eingriff gegenüber der Beendigungskündigung ist. Die Besonderheit der Änderungskündigung liegt darin, dass die Unzumutbarkeit der Weiterbeschäftigung zu bisherigen Bedingungen nicht ohne Prüfung der Zumutbarkeit der angebotenen Änderungen beurteilt werden kann. Wenn die Änderungen gerade das Ziel haben, sonst zulässige Beendigungskündigungen zu vermeiden, ist die Ände-

---

[6] BAG 7. 6. 1984 EzA § 22 KO Nr. 4 = NZA 1985, 121; 28. 3. 1985 EzA § 626 BGB n.F. Nr. 96 mit Anm. *Buchner* = NZA 1985, 559; 6. 3. 1986 EzA § 15 KSchG n.F. Nr. 34 = NZA 1987, 102; MünchKomm/*Schwerdtner,* § 626 BGB Rn. 147ff.; *ders.,* Festschrift für Kissel, 1994, 1077, 1091.

[7] Vgl. KR/*Fischermeier,* § 626 BGB Rn. 24.

[8] BAG 7. 6. 1973 EzA § 626 BGB n.F. Nr. 29 = AP § 626 BGB Änderungskündigung Nr. 1 = NJW 1973, 1212; 25. 3. 1976 EzA § 626 BGB Änderungskündigung Nr. 1 = AP § 626 BGB Ausschlussfrist Nr. 10; 6. 3. 1986 EzA § 15 KSchG Nr. 34 = AP § 15 KSchG 1969 Nr. 19 = DB 1986, 2607; KR/*Fischermeier,* § 626 BGB Rn. 201f.

[9] Ausführlich *Löwisch,* NZA 1988, 633, 640ff.

[10] BAG 6. 3. 1986 EzA § 15 KSchG Nr. 34 = AP § 15 KSchG 1969 Nr. 19; *Moll,* DB 1984, 1346.

[11] Ausführlich KR/*Fischermeier,* § 626 BGB Rn. 201ff.; MünchKomm/Schwerdtner § 622 BGB Anh. Rn. 553ff.; *Löwisch,* NZA 1988, 640.

rungskündigung berechtigt. Dies setzt freilich die logisch vorrangige Frage voraus, ob bei Hinwegdenken der Änderung die Beendigungskündigung gerechtfertigt wäre. Dieser Prüfungsansatz verhindert, dass über das Mittel der außerordentlichen Änderungskündigung die strengen Voraussetzungen der außerordentlichen Beendigungskündigung umgangen werden.

592 Der Prüfungsmaßstab ist nicht davon abhängig, wie sich der Arbeitnehmer auf das Änderungsangebot einlässt. Lehnt er es – vorbehaltlos – ab, ist aus den vorstehenden Gründen nicht der für eine Beendigungskündigung geltende Maßstab zugrunde zu legen.[12] Die – möglicherweise – unberechtigte Ausschlagung des Änderungsangebots geht zu seinen Lasten. Dem Gekündigten geschieht hierdurch nichts Unbilliges, weil er das Änderungsangebot nur unter dem Vorbehalt der sozialen Rechtfertigung anzunehmen braucht.

593 § 2 KSchG ist auf die außerordentliche Änderungskündigung entsprechend anwendbar.[13] Dies hat zur Folge, dass der Arbeitnehmer die Annahme des Änderungsangebots unter Vorbehalt unverzüglich, d.h. ohne schuldhaftes Zögern, erklären muss. Bis zum Abschluss des Kündigungsschutzverfahrens besteht auch bei der außerordentlichen Änderungskündigung kein Anspruch auf Beschäftigung zu den bisherigen Bedingungen, wenn der Arbeitnehmer die Kündigung unter Vorbehalt angenommen hat.[14] In der widerspruchslosen und vorbehaltlosen Weiterarbeit kann dann eine Annahme des Änderungsangebots gesehen werden, wenn sich die neuen Arbeitsbedingungen alsbald auf das Arbeitsverhältnis auswirken.[15] Diesen Rechtssatz hat das BAG in einer Folgeentscheidung freilich erheblich relativiert, weil es dem Arbeitnehmer eine Überlegungsfrist zubilligen will, innerhalb derer er sich Rechtsrat einholen könne.[16] Entscheidend ist auf die allgemeinen Grundsätze zum Begriff der Unverzüglichkeit nach § 121 Abs. 1 Satz 2 BGB abzustellen.

594 Auch bei der außerordentlichen Änderungskündigung ist die Ausschlussfrist des § 626 Abs. 2 BGB zu beachten.[17]

III. Beteiligungsrechte des Betriebsrates

595 Der Betriebsrat ist nach § 102 Abs. 1 BetrVG vor jeder Kündigung zu hören. Die ohne Anhörung des Betriebsrats ausgesprochene Kündigung ist unwirksam. § 102 Abs. 1 BetrVG erstreckt sich auch auf die außerordentliche Kündigung (Einzelheiten zur Anhörung des Betriebsrates oben Rn. 345ff. und zur Beteiligung des Personalrates oben Rn. 463ff.).

---

[12] So aber gegen BAG: *Löwisch/Knigge* und *Lieb,* Anm. BAG AP § 626 BGB Änderungskündigung Nr. 1; *Schwerdtner,* Festschrift BAG, 1979, S. 555, 566ff.

[13] BAG 19. 6. 1986 EzA § 2 KSchG Nr. 7 = NZA 1987, 94; siehe bereits BAG 17. 5. 1984 AP § 55 BAT Nr. 3 = NZA 1985, 62; ablehnend *Löwisch,* § 2 KSchG Rn. 68f.

[14] LAG Nürnberg 13. 3. 2001 NZA-RR 2001, 366.

[15] BAG 19. 6. 1986 EzA § 2 KSchG Nr. 7 = NZA 1987, 94.

[16] BAG 27. 3. 1987 EzA § 2 KSchG Nr. 10 mit abl. Anm. *Peterek* = NZA 1988, 737.

[17] BAG 25. 3. 1976 EzA § 626 BGB Änderungskündigung Nr. 1 = AP § 626 BGB Ausschlussfrist Nr. 10.

IV. Anhörung des Arbeitnehmers

596 Die Anhörung des Arbeitnehmers vor Ausspruch der außerordentlichen Kündigung ist keine Wirksamkeitsvoraussetzung der Kündigung. Unterlässt der Arbeitgeber die an sich gebotene Anhörung, so könnte nur der Fall eintreten, dass der Arbeitnehmer im Rechtsstreit ihn entlastende Umstände vorträgt, die dann bei der umfassenden Interessenabwägung zu einer Verneinung der Voraussetzung des wichtigen Grundes führen. Dafür entscheidend ist allein der objektive Sachverhalt, den das Gericht feststellt. Muss danach der wichtige Grund bejaht werden, so beendet die außerordentliche Kündigung das Arbeitsverhältnis auch dann, wenn der Arbeitnehmer vorher nicht angehört worden ist.[18]

597 In **Sonderfällen** kann allerdings die Nichtanhörung des Arbeitnehmers zur Unwirksamkeit der Kündigung nach § 242 BGB führen. So darf der Arbeitgeber nicht auf der Basis von Gerüchten, die unsubstantiierte Verdächtigungen mit weitreichender Bedeutung für das berufliche Fortkommen des Arbeitnehmers zum Inhalt haben, Kündigungen aussprechen, ohne dem Arbeitnehmer vor Ausspruch der Kündigung Gelegenheit zur Stellungnahme gegeben zu haben.[19] Der Arbeitgeber ist aber nicht verpflichtet, den Arbeitnehmer mit den ihn belastenden Zeugen gegenüberzustellen.[20] Für den Fall der **Verdachtskündigung** hat das BAG mit Urteil vom 11. 4. 1985 die **Anhörung zur Zulässigkeitsvoraussetzung** für die Kündigung erhoben.[21] Zur Verdachtskündigung im Einzelnen unten Rn. 755 ff.

V. Zur Begründung der außerordentlichen Kündigung

598 Nach § 626 Abs. 2 Satz 3 BGB hat der Kündigende auf Verlangen dem anderen Teil den Kündigungsgrund unverzüglich schriftlich mitzuteilen.

1. Begründungspflicht als Wirksamkeitsvoraussetzung?

599 Der Wortlaut des § 626 Abs. 2 Satz 3 BGB lässt mit hinreichender Deutlichkeit den Schluss zu, dass die Pflicht zur Begründung der Kündigung „auf Verlangen" des Gekündigten keine Wirksamkeitsvoraussetzung der Kündigung ist. Damit steht auch die Entstehungsgeschichte des Gesetzes in Einklang.[22] Wirksamkeitsvoraussetzung ist die Begründung der Kündigung nur nach § 15 Abs. 3 BBiG.

---

[18] BAG 23. 3. 1972 EzA § 626 BGB n. F. Nr. 11 = AP § 626 BGB Nr. 63; 10. 12. 1977 EzA § 103 BetrVG 1972 Nr. 18 = AP § 103 BetrVG 1972 Nr. 9.

[19] BAG 2. 11. 1983 EzA § 102 BetrVG 1972 Nr. 53 = AP § 102 BetrVG 1972 Nr. 29.

[20] BAG 18. 9. 1997 EzA § 626 BGB n. F. Nr. 169.

[21] BAG 11. 4. 1985 EzA § 102 BetrVG 1972 Nr. 62 = AP § 102 BetrVG 1972 Nr. 39; 30. 4. 1987 EzA § 626 BGB Verdacht strafbarer Handlung Nr. 3 = AP § 626 BGB Verdacht strafbarer Handlung Nr. 19; MünchKomm/*Schwerdtner,* § 626 BGB Rn. 171; kritisch *Preis,* DB 1988, 1449.

[22] Vgl. BT-Drucksache 5/4376, S. 3. Das entspricht einhelliger Auffassung in Literatur und Rechtsprechung; vgl. BAG 17. 8. 1972 AP § 626 BGB Nr. 65 = EzA § 626 BGB n. F. Nr. 22; KR/*Fischermeier,* § 626 BGB Rn. 35; MünchKomm/*Schwerdtner,* § 626 BGB Rn. 258.

600 Die Nichterfüllung der Pflicht, dem Gekündigten auf sein Verlangen die Kündigungsgründe mitzuteilen, kann für den Kündigenden Schadensersatzpflichten auslösen (vgl. dazu auch oben Rn. 182 f.). Der Schaden kann in den Kosten eines Prozesses liegen, wenn der Gekündigte die Gründe erst im Prozess erfährt und danach die Klage zurücknimmt.[23]

2. Nachschieben von Kündigungsgründen

601 Vielfach wird die Zulässigkeit des Nachschiebens von Kündigungsgründen im Prozess (hierzu bereits Rn. 186 f.) über die Wirksamkeit der Kündigung eingeschränkt, vor allem im Hinblick auf § 626 Abs. 2 BGB.[24]

a) Grundsätze

602 Maßgebend für die Frage, ob die außerordentliche Kündigung wegen eines wichtigen Grundes gerechtfertigt ist, ist allein der objektiv vorliegende Sachverhalt. Die Kenntnis des Kündigenden ist dafür ebenso ohne Bedeutung wie die Frage, welcher von mehreren vorliegenden Gründen die Kündigung veranlasst hat. Der Begriff des wichtigen Grundes enthält insoweit keine subjektiven Elemente.[25] Auch ist nicht notwendig, dass die nachgeschobenen Gründe mit den ursprünglichen Kündigungsgründen in einem zeitlichen und sachlichen Zusammenhang stehen.[26] Man muss zudem beachten, dass das Versagen des Nachschiebens von Kündigungsgründen, die dem Kündigenden bei Ausübung des Gestaltungsrechts unbekannt waren, denjenigen Vertragsteil bevorzugen, der es verstanden hat, einen wichtigen Kündigungsgrund vor seinem Vertragspartner geheim zu halten.[27] Das Nachschieben von Kündigungsgründen kann aber auch nicht in den Fällen ausgeschlossen werden, in denen dem Kündigenden der Kündigungsgrund bereits bei Ausübung des Gestaltungsrechts bekannt war, er aber die Kündigung überhaupt nicht begründet oder aber mit einem anderen Grund. Hält der Kündigende ihn bereits allein für tragfähig und sieht deshalb zunächst von der Mitteilung weiterer Kündigungsgründe ab, so können ihm dadurch keine Nachteile erwachsen, weil allein die objektive Sachlage entscheidet und die Kündigung ohne Konsequenzen für ihre Wirksamkeit

---

[23] Vgl. *Schwerdtner,* BlStSozArbR 1981, 147; BAG 21. 3. 1959 DB 1959, 892 = AP § 1 KSchG Nr. 55.

[24] Vgl. KR/*Fischermeier,* § 626 BGB Rn. 187 ff.; *Schwerdtner,* BlStSozArb 1981, 145 ff.; BAG 17. 8. 1972 AP § 626 BGB Nr. 65 = EzA § 626 BGB n. F. Nr. 22 = NJW 1973, 553; 18. 1. 1980 EzA § 626 BGB n. F. Nr. 71 = AP § 626 BGB Nachschieben von Kündigungsgründen Nr. 1; 4. 6. 1997 NZA 1997, 1158; 10. 4. 1975 EzA § 626 BGB n. F. Nr. 37 mit abl. Anm. *Herschel* = AP § 626 BGB Ausschlussfrist Nr. 7.

[25] Abweichend *Knütel,* NJW 1970, 122; wie hier BAG 18. 1. 1980 EzA § 626 BGB n. F. Nr. 71 = NJW 1980, 1350; KR/*Fischermeier,* § 626 BGB Rn. 181; MünchKomm/*Schwerdtner,* § 626 BGB Rn. 250.

[26] So *Neumann,* Arbeitsrecht der Gegenwart, Bd. 7 (1969), S. 40; *Birk,* Anm. AP § 626 BGB Nr. 65; dagegen zutreffend BAG 18. 1. 1980 u. 17. 8. 1972 wie Fußnote 24; 11. 4. 1985 EzA § 102 BetrVG 1972 Nr. 62 = AP § 102 BetrVG 1972 Nr. 39.

[27] Darauf weist zutreffend der BGH in seinem Urteil vom 18. 12. 1975 DB 1976, 386 hin und hebt ausdrücklich hervor, der Kündigende könne sich auf alle Gründe berufen, die im Zeitpunkt der Kündigung gegeben sind ohne Rücksicht darauf, ob sie dem Kündigenden bekannt waren oder nicht. Vgl. ferner BGH 5. 12. 1979 DB 1980, 968.

nicht begründet zu werden braucht, selbst wenn der Gekündigte dies verlangt. Das Verhalten kann unter Umständen nur eine Verpflichtung zum Schadensersatz begründen.

Voraussetzung des Nachschiebens von Kündigungsgründen ist jedoch stets, dass diese Gründe **vor der Ausübung** des Gestaltungsrechtes entstanden sind. Gründe, die erst nachher entstanden sind, können grundsätzlich nur zur Begründung einer neuen Kündigung herangezogen werden. Davon hat die Rechtsprechung Ausnahmen dann zugelassen, wenn die späteren Gründe nicht völlig neu, sondern Umstände sind, die die früheren Vorgänge weiter aufhellen und mit ihnen in engem Zusammenhang stehen.[28] **603**

Ein Nachschieben von Kündigungsgründen setzt allerdings voraus, dass der Betriebsrat zumindest nachträglich nach § 102 Abs. 1 BetrVG zu diesen Gründen angehört worden ist, vgl. oben Rn. 419ff. In der Praxis scheitert hieran oftmals das materiell-rechtlich zulässige Nachschieben von Kündigungsgründen.[29] **604**

b) Nachschieben verwirkter Kündigungsgründe

Die Zulässigkeit des Nachschiebens von Kündigungsgründen, die dem Kündigenden im Zeitpunkt der Ausübung des Gestaltungsrechts länger als zwei Wochen bekannt waren und die mit den **innerhalb** der Ausschlussfrist bekannt gewordenen Kündigungsgründen **nicht** in einem so engen sachlichen Zusammenhang stehen, dass die neuen Vorgänge ein weiteres und letztes Glied in der Kette der Ereignisse bilden, die zum Anlass der Kündigung genommen worden sind, wird in Rechtsprechung und Schrifttum überwiegend verneint.[30] Begründet wird dies mit dem Hinweis, anderenfalls würde im Ergebnis die Bestimmung des § 626 Abs. 2 BGB unterlaufen. Sachlich ist dies nicht zwingend. Die Ausschlussfrist des § 626 Abs. 2 BGB bezieht sich nicht auf den einzelnen Kündigungsgrund, sondern auf die Ausübung des Gestaltungsrechts.[31] Neu bekanntgewordene Kündigungsgründe brauchen deshalb auch nicht innerhalb der Ausschlussfrist nachgeschoben zu werden.[32] Die Handhabung des geforderten Zusammenhangs ist wenig praktikabel. Offen ist lediglich noch die Frage, ob ein Auswechseln der Kündigungsgründe im Prozess in dem Sinne, dass die Kündigung einen völlig anderen Charakter erhält (z.B. von einer verhaltensbedingten zu einer krankheits- oder betriebsbedingten Kündigung), möglich ist. Hier ist wegen dieser Unsicherheit der Praxis zu raten, eine weitere (neue) Kündigung auszusprechen. **605**

---

[28] BAG 28. 10. 1971 EzA § 626 BGB n.F. Nr. 9 = AP § 626 BGB Nr. 62.

[29] Zur Unwirksamkeit einer nachgeschobenen Verdachtskündigung BAG 3. 4. 1986 EzA § 102 BetrVG 1972 mit Anm. *Rüthers/Bakker* = NZA 1986, 677; siehe ferner *Schwerdtner,* NZA 1987, 361ff.

[30] BAG 10. 4. 1975 EzA § 626 BGB n.F. Nr. 37 mit abl. Anm. *Herschel* = AP § 626 BGB Ausschlussfrist Nr. 7; 16. 6. 1976 AP § 72 ArbGG 1953 Streitwertrevision Nr. 27 = EzA § 626 BGB n.F. Nr. 47; KR/*Fischermeier,* § 626 BGB Rn. 187; MünchKomm/*Schwerdtner,* § 626 BGB Rn. 238.

[31] Vgl. hierzu vor allem *Herschel,* Anm. zu BAG EzA § 626 BGB n.F. Nr. 37, der die als Zusammenhangstheorie bezeichnete Auffassung des BAG ablehnt. Ebenso Staudinger/*Preis,* § 626 BGB Rn. 69.

[32] Ebenso BAG 4. 6. 1997 NZA 1997, 1158 = EzA § 626 BGB n.F. Nr. 167 mit zust. Anm. *Bährle.*

VI. Der wichtige Grund

606 Ein wichtiger Grund, der Arbeitgeber und Arbeitnehmer zur außerordentlichen Kündigung berechtigt, ist gegeben, wenn Tatsachen vorliegen, auf Grund derer dem Kündigenden **unter Berücksichtigung aller Umstände des Einzelfalles** und unter Abwägung der Interessen beider Vertragsteile die Fortsetzung des Arbeitsverhältnisses zum Ablauf der Kündigungsfrist oder bis zur vereinbarten Beendigung des Arbeitsverhältnisses nicht zugemutet werden kann (§ 626 Abs. 1 BGB). Der Gesetzgeber hat mit dieser Definition des wichtigen Grundes im Ersten Arbeitsrechtsbereinigungsgesetz vom 14. 8. 1969 (BGBl. I, S. 1106) die in der Rechtsprechung entwickelten Grundsätze übernommen. Die Zumutbarkeitsprüfung verlangt eine Abwägung aller Umstände des Einzelfalles. Dabei ist hervorzuheben – das wird in der Praxis nicht selten verkannt –, dass es nicht entscheidend auf eine Weiterbeschäftigung auf Dauer ankommt, sondern diese zu prüfen ist im Hinblick auf die Länge der im Arbeitsverhältnis geltenden Kündigungsfrist. Bei kurzen Kündigungsfristen wird die Weiterbeschäftigung eher zuzumuten sein als bei langen Kündigungsfristen. Die Einhaltung der ordentlichen Beendigungsmöglichkeit kann umso eher unzumutbar werden, je länger die reguläre Vertragsbindung dauert.[33] Dies kann bei sogenannten unkündbaren Arbeitsverhältnissen zu der paradoxen Situation führen, dass die fristlose Kündigung gerade dann eher zugelassen werden müsste, wenn die Parteien durch die Vereinbarung langer Kündigungsfristen oder der ordentlichen Unkündbarkeit sich besonders eng binden wollen (Einzelheiten hierzu Rn. 616f.).

1. Grundsätze der Bestimmung des wichtigen Grundes

607 § 626 Abs. 1 BGB regelt in Form einer regulativen **Generalklausel** den wichtigen Grund für eine außerordentliche Kündigung. Im Gegensatz zu § 1 KSchG ist hier das Erfordernis einer umfassenden richterlichen **Interessenabwägung** ausdrücklich angeordnet. Der Begriff der Unzumutbarkeit in § 626 Abs. 1 BGB kennzeichnet nicht mehr als das Ergebnis der Abwägung. Der Norm selbst fehlt jeder begriffliche Kern. Die erforderliche umfassende Interessenabwägung verhindert eine vorhersehbare Rechtsprechung. Die rechtstechnische Ausgestaltung des § 626 Abs. 1 BGB verbietet die Anerkennung sogenannter absoluter Kündigungsgründe. Seit dem Ersten Arbeitsrechtsbereinigungsgesetz existieren solche absoluten Kündigungsgründe nur noch in § 64 SeemG, bei denen es weder auf eine Interessenabwägung noch auf die Zumutbarkeit der Weiterbeschäftigung ankommt.[34]

608 Der Hinweis auf typische Fallgruppen des wichtigen Grundes ist nur bedingt geeignet, der Praxis Anhaltspunkte für das Vorliegen eines wichtigen Grundes zu geben. Zu bedenken ist stets der Ausnahmecharakter des § 626 Abs. 1 BGB, der ein Sonderfall des Wegfalls der Geschäftsgrundlage ist.[35] Die Norm ist eng auszulegen,

---

[33] BAG 15. 12. 1955 AP § 626 BGB Nr. 6; BAG 13. 4. 2000 NZA 2001, 277 = EzA § 626 BGB n.F. Nr. 180; Staudinger/*Preis,* § 626 BGB Rn. 60.

[34] Hierzu BAG 30. 11. 1978 AP § 64 SeemG Nr. 1 = NJW 1980, 255.

[35] *Herschel,* Festschrift G. Müller, 1981, S. 199; *Preis,* S. 476; Erman/*Belling,* § 626 BGB Rn. 1.

weil mit ihr eine Durchbrechung des Grundsatzes der Vertragstreue einhergeht. Das Ordnungsprinzip der Vertragstreue darf nur ausnahmsweise dann durchbrochen werden, wenn eine derart starke Beeinträchtigung der Vertragsinteressen des Kündigenden vorliegt, dass dessen Interessen die Interessen des Kündigungsgegners, die für eine Fortsetzung bzw. reguläre Beendigung des Vertrages sprechen, deutlich überwiegen. Als Orientierungspunkt für die Praxis erscheint insbesondere die Beachtung des Stufenverhältnisses zur ordentlichen Kündigung hilfreich.[36] Zunächst ist zu beachten, dass bei § 626 Abs. 1 BGB dem Arbeitgeber die Fortsetzung des Arbeitsverhältnisses ab sofort unzumutbar sein muss, wohingegen sich bei § 1 KSchG diese Prüfung an dem Zeitpunkt nach Ablauf der Kündigungsfrist orientiert. Irreführend wäre es, eine soziale Rechtfertigung lediglich für die Kündigung nach § 1 KSchG, nicht aber für die außerordentliche Kündigung nach § 626 BGB zu fordern. Vielmehr folgt aus dem Stufenverhältnis zur ordentlichen Kündigung folgender einfacher Rechtssatz: Eine außerordentliche Kündigung ist jedenfalls dann unwirksam, wenn sie schon an den Rechtsschranken scheitern müsste, die für eine ordentliche Kündigung gelten. Die zu § 1 KSchG entwickelten Rechtsschranken (hierzu Rn. 912ff.) müssen mithin bei der Konkretisierung des § 626 Abs. 1 BGB mitgedacht werden.

Spricht der Arbeitgeber aus Gründen, die eine außerordentliche Kündigung **609** rechtfertigen könnten, vor Ablauf der Ausschlussfrist des § 626 Abs. 2 BGB eine ordentliche Kündigung aus, verzichtet er dadurch in schlüssiger Weise auf das außerordentliche Kündigungsrecht.[37]

a) Objektiver oder subjektiver Tatbestand des wichtigen Grundes; Beurteilungszeitpunkt

Ob ein wichtiger Grund vorliegt, haben die Gerichte nach einem objektiven **610** Maßstab zu beurteilen. Wenn das Gesetz die Abwägung der Interessen beider Vertragsteile verlangt, so schließt das zwar nicht aus, dass auch subjektive Umstände aus den Verhältnissen der Beteiligten berücksichtigt werden können. Die Schutzwürdigkeit dieser Umstände unterliegt jedoch einer objektiven rechtlichen Beurteilung. Das Motiv des Kündigenden für das Vorliegen eines wichtigen Grundes ist grundsätzlich unerheblich.[38] Weil der Kündigungsgrund ein **objektiver** ist, ist das Nachschieben von Kündigungsgründen zulässig und können solche Umstände mit berücksichtigt werden, die dem Kündigenden im Zeitpunkt der Ausübung des Gestaltungsrechts noch gar nicht bekannt waren, sofern sie nur vorgelegen haben. Entscheidend ist die Frage, ob die Unzumutbarkeit bei objektiver Beurteilung in Wahrheit gegeben ist und schon im Zeitpunkt der Kündigung gegeben war.[39] Dass sie auch den Ausspruch der Kündigung veranlasst haben, ist nicht erforderlich.[40]

Die Zumutbarkeitsprüfung ist bezogen auf den **Zeitpunkt des Zugangs der** **611** **Kündigungserklärung** vorzunehmen. Umstände, die erst später entstanden sind,

---

[36] Hierzu *Preis,* S. 480; *ders.,* DB 1990, 689.

[37] LAG Baden-Württemberg 2. 3. 1988 LAGE § 626 BGB Nr. 37; hier gilt insoweit das Gleiche wie im Verhältnis der Abmahnung zur ordentlichen Kündigung, hierzu Rn. 7.

[38] BAG 2. 6. 1960 AP § 626 BGB Nr. 42 = NJW 1960, 2023; *Herschel,* Festschrift G. Müller, 1981, S. 191; APS/*Dörner,* § 626 BGB Rn. 22.

[39] BAG 30. 1. 1963 EzA § 626 BGB n. F. Nr. 4 = DB 1963, 555.

[40] KR/*Fischermeier,* § 626 BGB Rn. 105 m. w. N.

können die bereits erklärte Kündigung nicht im Nachhinein rechtfertigen, sondern lediglich als Grundlage für eine weitere Kündigung dienen.[41] Mit diesem Grundsatz wird es für vereinbar gehalten, dass nachträgliche Gründe ausnahmsweise frühere Vorgänge aufhellen und dem Kündigungsgrund ein größeres Gewicht verleihen.[42] Freilich besteht hier die Gefahr, dass das Prinzip der ex-ante-Beurteilung ungerechtfertigt durchbrochen wird. Zum **Prognoseprinzip** allgemein Rn. 920f.

b) Systematisierung der Kündigungsgründe

612 Das BAG prüft in Anlehnung an den revisionsrechtlichen Prüfungsmaßstab § 626 Abs. 1 BGB zweistufig. Zunächst wird gefragt, ob ein bestimmter Sachverhalt ohne die besonderen Umstände des Einzelfalles **an sich geeignet** ist, einen Kündigungsgrund zu bilden. Erst nach Bejahung dieser Frage soll eine **umfassende Interessenabwägung** das Einzelfallurteil fällen.[43] Materiell-rechtlich führt diese Ansicht jedoch nicht weiter.[44] Zum Teil orientiert sich das BAG an aufgehobenen Kündigungsnormen.[45] Dieser Ansatz ist jedoch verfehlt.[46] Zur Vereinheitlichung der Beurteilung des wichtigen Grundes hat das BAG zudem eine Systematisierung der Kündigungsgründe versucht, bei der nach Störungen im Leistungsbereich, im Bereich der betrieblichen Verbundenheit aller Mitarbeiter, im persönlichen Vertrauensbereich und im Unternehmensbereich unterschieden wird.[47] Diese Typisierung erfasst sicher alle Kündigungssachverhalte, leistet aber nur bedingt eine normative Konkretisierung. Erfolgversprechender erscheint es, eine **Dreiteilung der Kündigungsgründe** nach dem Vorbild des § 1 KSchG vorzunehmen (hierzu im einzelnen Rn. 625ff.).[48] Auch bei der außerordentlichen Kündigung ist zwischen **verhaltens-, personen- und betriebsbedingten** Gründen zu unterscheiden. Verhaltensbedingte Kündigungsgründe stehen dabei ganz im Vordergrund des Interesses.[49]

c) Grundsatz der Verhältnismäßigkeit

613 Die außerordentliche Kündigung ist nur zulässig, wenn sie die **unausweichlich letzte Maßnahme (ultima ratio)** für den Kündigungsberechtigten ist.[50] Dieser

---

[41] BAG 3. 5. 1956 AP § 626 BGB Nr. 9 = NJW 1956, 1047; KR/*Fischermeier,* § 626 BGB Rn. 176.

[42] BAG 15. 12. 1955 AP § 67 HGB Nr. 1 = NJW 1956, 807; 28. 10. 1971 EzA § 626 BGB n.F. Nr. 9 = DB 1972, 489; KR/*Fischermeier,* § 626 BGB Rn. 177.

[43] BAG 17. 5. 1984 EzA § 626 BGB n.F. Nr. 90 = AP § 626 BGB Verdacht strafbarer Handlungen Nr. 14; 2. 3. 1989 EzA § 626 BGB n.F. Nr. 118 = AP § 626 BGB Nr. 101; KR/*Fischermeier,* § 626 BGB Rn. 84ff. im Anschluss an *König,* RdA 1969, 8ff.; kritisch *Preis,* S. 478ff.

[44] Hierzu *Preis,* S. 478f.

[45] BAG 15. 11. 1984 EzA § 626 BGB n.F. Nr. 95 = AP § 626 BGB Nr. 87; 17. 3. 1988 EzA § 626 BGB n.F. Nr. 116 = AP § 626 BGB Nr. 99.

[46] *Preis,* S. 479; Erman/*Belling,* § 626 BGB Rn. 37; Staudinger/*Preis,* § 626 Rn. 75ff.; a.A. APS/*Dörner,* § 626 BGB Rn. 57.

[47] Ausführlich KR/*Fischermeier,* § 626 BGB Rn. 166ff.; BAG 6. 2. 1969 EzA § 626 BGB Nr. 11; 3. 12. 1970 EzA § 626 BGB n.F. Nr. 7; 26. 5. 1977 EzA § 611 BGB Beschäftigungspflicht Nr. 2.

[48] Zustimmend APS/*Dörner,* § 626 BGB Rn. 61ff.

[49] *Preis,* DB 1988, 1447.

[50] BAG 30. 5. 1978 EzA § 626 BGB n.F. Nr. 66 mit Anm. *Käppler* = AP § 626 BGB Nr. 70 mit Anm. *G. Hueck* = NJW 1979, 332.

Grundsatz gilt bereits für die ordentliche Kündigung nach § 1 KSchG (vgl. Rn. 486ff.). Nach dem Grundsatz der Erforderlichkeit ist also zu fragen, ob der mit der außerordentlichen Kündigung verfolgte Zweck nicht auch mit dem milderen Mittel der ordentlichen Kündigung erreicht werden könnte. Dieser Grundsatz ist in § 626 Abs. 1 BGB bereits enthalten. Zweckmäßigerweise orientiert man sich für die Prüfung der jeweils in Betracht kommenden milderen Mittel an den dort entwickelten Grundsätzen. Das Einzige, für die außerordentliche Kündigung **spezifisch mildere Mittel** ist die **ordentliche Kündigung.**[51] Alle sonstigen nach den jeweiligen Umständen möglichen und zumutbaren Mittel (z.B. Abmahnung, Versetzung, Änderungskündigung) müssen bereits für die Rechtfertigung der ordentlichen Kündigung geprüft werden. Zur Vermeidung von Wiederholungen wird auf die dort wiedergegebenen Grundsätze verwiesen.

Zu beachten ist, dass es um eine Fortsetzung bis zum Ablauf der Kündigungsfrist **614** geht bzw. bis zum Ablauf der vereinbarten Vertragszeit. Jedes mildere Mittel muss **objektiv möglich und geeignet** sein. Im Falle der Versetzung muss ein anderer **Arbeitsplatz frei** sein. Allgemein ist zu beachten, dass ein Mittel ungeeignet ist, wenn mit ihm das Kündigungsinteresse nicht befriedigt wird. Sofern allerdings das Kündigungsinteresse durch Umgestaltung des Arbeitsverhältnisses entfällt, wäre diese Möglichkeit vor Ausspruch einer Kündigung zu ergreifen.[52] Eingeschlossen ist also eine eventuelle **Fortsetzung zu schlechteren Arbeitsbedingungen,** die der Arbeitgeber, soweit eine entsprechende Beschäftigungsmöglichkeit besteht, anzubieten hat.[53]

d) Interessenabwägung

Aufgrund der stets erforderlichen Interessenabwägung muss sich die sofortige **615** Unzumutbarkeit der Fortsetzung des Arbeitsverhältnisses ergeben. Die vorrangig zu beachtenden Schranken können durch die Interessenabwägung nicht verdrängt werden. Die Interessenabwägung ist normativ auf **arbeitsvertraglich relevante Umstände** zu konkretisieren. So ist zwar stets die Dauer der Betriebszugehörigkeit im Rahmen der Abwägung zu beachten,[54] nicht aber unbedingt Unterhaltspflichten.[55] Zu beachten sind stets die Art, die Schwere und die Folgen der dem Gekündigten vorgeworfenen Handlungen, auch die Entschuldbarkeit eines Rechtsirrtums.[56] Das Verschulden ist zwar keine notwendige Voraussetzung des Kündigungsgrundes, aber ein wichtiges Bewertungsprinzip im Rahmen der Abwägung.[57] Vertragsbezogene, betriebsbezogene und personenbezogene Interessen sowie verfassungsrechtliche Wertentscheidungen sind stets im Rahmen der Abwägung zu

---

[51] Ausführlich *Preis,* S. 482ff.; *ders.,* DB 1990, 689; Staudinger/*Preis,* § 626 Rn. 86ff.

[52] Vgl. BAG 30. 5. 1978, wie Fußnote 50, zum Entzug einer Fahrerlaubnis eines Kraftfahrers, der als Betonmixer weiterbeschäftigt werden konnte; vgl. ferner LAG Rheinland-Pfalz 11. 8. 1989 LAGE § 626 BGB Nr. 43.

[53] BAG 27. 9. 1984 EzA § 2 KSchG Nr. 5 = AP § 2 KSchG 1969 Nr. 8.

[54] BAG 13. 12. 1984 EzA § 626 BGB n.F. Nr. 94 = AP § 626 BGB Nr. 81; LAG Frankfurt 5. 7. 1988 DB 1988, 2468 = LAGE Nr. 20 zu § 1 KSchG Verhaltensbedingte Kündigung; LAG Düsseldorf 15. 12. 1997 LAGE § 626 BGB Nr. 116; ablehnend *Tschöpe,* NZA 1985, 588ff.

[55] BAG 2. 3. 1989 EzA § 626 BGB n.F. Nr. 118 = AP § 626 BGB Nr. 101.

[56] BAG 14. 2. 1978 EzA Art. 9 GG Arbeitskampf Nr. 22 = NJW 1979, 233.

[57] *Erman/Belling,* § 626 BGB Rn. 33; LAG Köln 16. 3. 1995 NZA-RR 1996, 5.

berücksichtigen.[58] Nach Auffassung der Rechtsprechung müssen Pflichtverstöße des Arbeitnehmers zur Rechtfertigung der fristlosen Kündigung in der Regel konkrete betriebliche oder wirtschaftliche Auswirkungen zeitigen.[59]

e) Bedeutung langer Kündigungsfristen und der so genannten Unkündbarkeit

616 Es ist oben (Rn. 607ff.) bereits angedeutet worden, dass die Bindung der Zumutbarkeit der Fortsetzung des Arbeitsverhältnisses an die Kündigungsfrist bzw. die Dauer des Arbeitsverhältnisses zu dem Ergebnis führt, dass die außerordentliche Kündigung schwer durchzusetzen ist, wenn die Kündigungsfrist sehr kurz, aber die Unzumutbarkeit der Fortsetzung eher zu bejahen ist, wenn die Kündigungsfrist sehr lange oder eine ordentliche Kündigung ganz ausgeschlossen worden ist. Freilich lässt sich der Grundsatz, wonach die verlangte Dringlichkeit des wichtigen Grundes im umgekehrten Verhältnis zur Bindung des Kündigenden steht,[60] nicht immer durchhalten. Dies gilt insbesondere im Falle der Kündigung altersgesicherter und unkündbarer Arbeitnehmer, die auf Grund tariflicher Vorschriften nach längerer Betriebszugehörigkeit und höherem Lebensalter nur noch aus wichtigen Gründen gekündigt werden dürfen. Hier ist die Rechtslage unsicher. Das BAG hat es abgelehnt, wie im Falle des Sonderkündigungsschutzes nach § 15 KSchG (hierzu Rn. 1645ff.) bei der Beurteilung des wichtigen Grundes fiktiv auf die Frist für die ordentliche Kündigung abzustellen, sondern berücksichtigt die tatsächliche längere Vertragsbindung.[61] Die durch Ausschluss der ordentlichen Kündigung bedingte langfristige Vertragsbindung will das BAG „im Rahmen der einzelfallbezogenen Interessenabwägung entweder zugunsten oder zuungunsten des Arbeitnehmers berücksichtigen" (hierzu näher Rn. 795f.).[62]

617 Zu den Ausnahmen, in denen ein Arbeitnehmer bei einer außerordentlichen Kündigung einen Anspruch auf Einhaltung der gesetzlichen oder tariflichen Kündigungsfrist hat, vgl. Rn. 588. Eine befristete außerordentliche Kündigung aus einem **minder wichtigen** Grund ist abzulehnen.[63]

2. Die Abmahnung

618 Verhaltensbedingte Kündigungen bedürfen im Allgemeinen einer vorherigen vergeblichen Abmahnung. Dies gilt bereits für die ordentliche Kündigung und damit erst recht für das schärfere Mittel der außerordentlichen Kündigung. (Vgl. zum Erfordernis der Abmahnung Rn. 1172ff.) Allerdings bildet eine Vielzahl berech-

---

[58] Ausführlich *Preis,* S. 224ff.; *Erman/Belling,* § 626 BGB Rn. 37ff.

[59] Vgl. BAG 17. 3. 1988 EzA § 626 BGB n.F. Nr. 116 = AP § 626 BGB Nr. 99; LAG Hamm 15. 7. 1988 LAGE § 626 BGB Nr. 41.

[60] *Herschel,* Anm. zu BAG AP § 44 TVAL II Nr. 1; siehe auch BAG 15. 12. 1955 AP § 626 BGB Nr. 6; 8. 10. 1957 AP § 626 BGB Nr. 16.

[61] BAG 14. 11. 1984 EzA § 626 BGB n.F. Nr. 93 = AP § 626 BGB Nr. 83; BAG 13. 4. 2000 NZA 2001, 277 = EzA § 626 BGB n.F. Nr. 180; a.A. LAG Berlin 3. 10. 1983 EzA § 626 BGB n.F. Nr. 84 = DB 1984, 671.

[62] BAG 14. 11. 1984 EzA § 626 BGB n.F. Nr. 93 = AP § 626 BGB Nr. 83; ähnlich KR/*Fischermeier,* § 626 BGB Rn. 299.

[63] BAG 4. 6. 1964 AP § 133b GewO Nr. 3 = NJW 1964, 1739; *Schwerdtner,* Festschrift für Kissel, 1994, S. 1077, 1080ff.; *Conze,* ZTR 1987, 99, 100; KR/*Fischermeier,* § 626 BGB Rn. 306; *Preis,* S. 484; a.A. *Zöllner/Loritz,* § 22 III 6; *Hueck/Nipperdey* I, S. 594.

tigter Abmahnungen noch keine Gewähr, dass letztlich auch eine außerordentliche Kündigung gerechtfertigt ist.[64] Freilich kann bei außerordentlichen Kündigungen, die nur bei schwerwiegenden Pflichtverletzungen ausgesprochen zu werden pflegen, die Abmahnung wegen Zwecklosigkeit entbehrlich sein, vgl. Rn. 1187.

3. Die Beweislast

Der Kündigende, gleichgültig ob Arbeitgeber oder Arbeitnehmer, hat **alle** tatsächlichen Voraussetzungen des wichtigen Grundes darzulegen und ggf. zu beweisen. Das gilt auch für alle Umstände, aus denen im Rahmen der Interessenabwägung die Unzumutbarkeit der Weiterbeschäftigung abgeleitet wird.[65] **619**

Für die Praxis besonders wichtig ist, dass auch bei einem regelmäßig vertragswidrigen Verhalten – etwa beharrliche Arbeitsverweigerung oder Konkurrenztätigkeit – es nicht so ist, dass der Arbeitnehmer die Beweislast für die Rechtfertigungsgründe und Entschuldigungsgründe trägt. Dies hat das BAG in mehreren Entscheidungen verdeutlicht.[66] Danach gilt, dass ebenso wie bei der ordentlichen Kündigung (hier ausdrücklich geregelt in § 1 Abs. 2 Satz 4 KSchG) auch bei der außerordentlichen Kündigung nach § 626 BGB den Kündigenden die Darlegungs- und Beweislast für diejenigen Tatsachen trifft, die einen vom Gekündigten behaupteten Rechtfertigungsgrund ausschließen. Die Entscheidung zur Beweislast ist damit eine andere als im Deliktsrecht. Während dort die Tatbestandsmäßigkeit der Handlung die Rechtswidrigkeit indiziert, ist das bei der Vertragsverletzung völlig anders. Lässt sich das Verhalten nach dem Vertrag rechtfertigen, so liegt kein Vertragsverstoß vor. Der Arbeitgeber hat also nicht nur zu beweisen, dass der Arbeitnehmer der Arbeit ferngeblieben ist, sondern er hat auch zu beweisen, dass dies unbefugt geschehen ist. Dafür spricht weder eine Vermutung noch ist der Beweis durch den sogenannten prima-facie-Beweis erleichtert. Hat der Arbeitgeber jedoch substantiiert ein unentschuldigtes Fehlen dargelegt, muss der Arbeitnehmer seinerseits nach § 138 Abs. 2 ZPO substantiiert im Einzelnen vortragen, warum sein Fehlen als entschuldigt anzusehen ist. Nur diese vom Arbeitnehmer behaupteten Tatsachen hat der Arbeitgeber zu widerlegen.[67] **620**

Der Arbeitgeber hat im Streitfall zunächst zu beweisen, dass der Arbeitnehmer der Arbeit ferngeblieben oder zu spät gekommen ist oder den Urlaub überschritten bzw. den Urlaub vorzeitig angetreten hat. Außerdem hat er zu beweisen, dass die Arbeitsverweigerung eine beharrliche gewesen ist. Der Arbeitgeber muss also z.B. die Abmahnung beweisen oder die Umstände, die ohne eine Abmahnung auf Beharrlichkeit schließen lassen. **621**

Streng genommen müsste nun der Arbeitgeber weiter darlegen und ggf. beweisen, dass die Arbeitsverweigerung unbefugt erfolgt ist, denn nur dann liegt ein **622**

---

[64] Vgl. nur BAG 17. 3. 1988 EzA § 626 BGB n. F. Nr. 116 = AP § 626 BGB Nr. 99.

[65] BAG 17. 8. 1972 EzA § 626 BGB n. F. Nr. 16 = AP § 626 BGB Ausschlussfrist Nr. 4; 30. 5. 1978 AP § 626 BGB Nr. 70 = NJW 1979, 322.

[66] BAG 12. 8. 1976 EzA § 1 KSchG Nr. 33 = NJW 1977, 167; 24. 11. 1983 AP § 626 BGB Nr. 76 = EzA § 626 BGB n. F. Nr. 88; 6. 8. 1987 AP § 626 BGB Nr. 97 = EzA § 626 BGB n. F. Nr. 109; 21. 5. 1992 EzA § 1 KSchG Verhaltensbedingte Kündigung Nr. 43.

[67] BAG 26. 8. 1993 AP § 626 BGB Nr. 112.

Vertragsverstoß überhaupt vor. Es wäre aber verfehlt, nun dem Arbeitgeber aufzuerlegen, alle denkbaren Rechtfertigungsgründe im Einzelfall auszuschließen. Eine Überforderung der mit der Darlegungs- und Beweislast belasteten Partei vermeidet das BAG dadurch, dass es die konkrete Beweisführungslast danach ausrichtet, wie substantiiert der gekündigte Arbeitnehmer auf die vorgetragenen Kündigungsgründe reagiert.[68] Der Arbeitnehmer muss also substantiiert den Vortrag des Arbeitgebers bestreiten. Die notwendigen tatsächlichen Umstände liegen in seiner Sphäre, und er muss sie in den Prozess einführen. Der Arbeitnehmer muss also vortragen, er sei krank gewesen oder die Anordnung der Überstunden sei gesetz- bzw. vertragswidrig gewesen. Dann obliegt es dem Arbeitgeber darzulegen und ggf. zu beweisen, dass der vom Arbeitnehmer vorgetragene Rechtfertigungsgrund nicht bestanden hat, also z.B. die Anordnung der Überstunden noch im Rahmen des Direktionsrechts gelegen hat.

623 Will der Arbeitnehmer für sich in Anspruch nehmen, dass in seiner Person ein Rechtsirrtum vorgelegen hat, so muss er die Einzelumstände hierzu beweisen. Es handelt sich um Tatbestände, die in seinem Bereich liegen. Der Arbeitnehmer muss also z.B. beweisen, dass er sich bei kompetenter Stelle vor der Arbeitsniederlegung erkundigt hat, auf deren Sachkundigkeit er vertrauen konnte.[69]

624 Zur Beweislast in dem Fall, in dem vom Arbeitnehmer behauptet wird, der Arbeitgeber habe die verbotene Konkurrenztätigkeit gestattet, vgl. BAG 6. 8. 1987.[70]

VII. Systematische Darstellung der Kündigungsgründe des Arbeitgebers

1. Verhaltensbedingte Gründe

625 Als verhaltensbedingte Kündigungsgründe[71] kommen nur Vertragsverletzungen des Arbeitnehmers in Betracht, die im Allgemeinen **schuldhaft** (Vorsatz oder Fahrlässigkeit) sein müssen. Nicht schuldhaftes Verhalten rechtfertigt in der Regel die verhaltensbedingte Kündigung nicht.[72] Die ordentliche und die außerordentliche verhaltensbedingte Kündigung unterscheiden sich nur nach dem Gewicht des Kündigungsgrundes. Bei einem außerordentlichen Grund muss die Interessenbeeinträchtigung so intensiv sein, dass die sofortige Beendigung gerechtfertigt erscheint. Bei entsprechend gewichtigen Kündigungsgründen bedarf es dann in der Regel auch keiner vorherigen Abmahnung. Die gemeinsame Behandlung von ordentlichen und außerordentlichen Kündigungsgründen bietet sich auch deshalb an,

---

[68] BAG 24. 11. 1983 wie Fußnote 66 und bereits 12. 8. 1976 EzA § 1 KSchG Nr. 33 = AP § 1 KSchG 1969 Nr. 3.

[69] Hierzu BAG 14. 2. 1978 EzA Art. 9 GG Arbeitskampf Nr. 22.

[70] AP § 626 BGB Nr. 97 = EzA § 626 BGB n.F. Nr. 109 unter Aufgabe von BAG 16. 6. 1976 AP § 611 BGB Treuepflicht Nr. 8.

[71] Hierzu auch im Überblick *Berkowsky,* NZA-RR 2001, 1 ff, 57 ff.

[72] BAG 21. 11. 1996 EzA § 1 KSchG Verhaltensbedingte Kündigung Nr. 50; BAG 21. 5. 1992 EzA § 1 KSchG Verhaltensbedingte Kündigung Nr. 42 = NZA 1992, 1028; 16. 3. 1961 AP § 1 KSchG Verhaltensbedingte Kündigung Nr. 2 = NJW 1961, 1421; *v. Hoyningen-Huene/Linck,* § 1 KSchG Rn. 279; KR/*Etzel* § 1 KSchG Rn. 400; ErfK/*Ascheid,* § 1 KSchG Rn. 324 ff.; HK-KSchG/*Dorndorf,* § 1 Rn. 526 ff.; abweichend *Berkowsky,* Die personen- und verhaltensbedingte Kündigung, 3. Aufl. 1997, § 18 Rn. 27.

weil nach dem ultima-ratio-prinzip eine außerordentliche Kündigung schon dann scheitern muss, wenn der Arbeitgeber nicht die materiellen (Mindest-)Voraussetzungen für eine ordentliche Kündigung gewahrt hat. Es ist also auch bei der außerordentlichen Kündigung stets zu prüfen, ob

- eine Vertragsverletzung vorliegt (hierzu Rn. 627 ff.),
- (mindestens) eine vorherige Abmahnung erfolgt oder diese ausnahmsweise entbehrlich ist (hierzu Rn. 1172 ff.),
- sonstige mildere Mittel gegenüber der Kündigung zur Verfügung stehen (Rn. 1181 ff.),
- eine Negativprognose begründet ist (Rn. 1180 ff.) und
- nach Abwägung des Gewichts des Kündigungsgrundes eine ordentliche (Rn. 1167 ff.) oder gar eine außerordentliche Kündigung (Rn. 615) gerechtfertigt ist.

Bei der verhaltensbedingten Kündigung spielt die **Qualität der Vertragspflichtverletzung** eine große Rolle. Ein Kündigungsgrund kann im Grundsatz die Verletzung jeder vertraglichen Pflicht sein, die vom Arbeitnehmer zu erfüllen ist. Zu unterscheiden sind hier vorvertragliche Pflichten (Rn. 627), Hauptpflichten und Nebenpflichten. Besonders differenziert sind dabei die Nebenpflichten zu betrachten. So kann es Nebenpflichten geben, deren Verletzung viel stärker wiegt, als die (nicht schwere) Hauptpflichtverletzung des Arbeitnehmers. Andererseits ist bei der Frage der Nebenpflichten einer Überforderung des Arbeitnehmers entgegenzuwirken. Es sind die dem Austauschverhältnis immanenten Grenzen zu beachten.[73] Schließlich muss eine vertraglich vereinbarte **Nebenpflicht einer Inhaltskontrolle** (§§ 138, 305 ff. BGB) standhalten.[74] Wenn eine vertragliche Nebenpflicht insoweit nicht anerkannt werden kann, ist auch eine Kündigung ungerechtfertigt. Im Einzelfall ist zu prüfen, welche Auswirkungen ein bestehendes **Beteiligungsrecht des Betriebsrats** auf die verhaltensbedingte Kündigung hat. Die Verletzung der Mitbestimmungsrechte des § 87 BetrVG (z.B. nach Nr. 3 vorübergehende Verkürzung oder Verlängerung der Arbeitszeit) berechtigt den Arbeitnehmer zur Verweigerung der mitbestimmungswidrig angeordneten Arbeitsleistung. Bei der Verletzung der Beteiligungsrechte bei personellen Einzelmaßnahmen ist zwischen der individualrechtlichen und kollektivrechtlichen Ebene zu unterscheiden. Nur bei § 102 BetrVG schlägt die Verletzung des Beteiligungsrechts kraft gesetzlicher Anordnung durch. Ist die Zuweisung einer Arbeit vertragsrechtlich durch das Direktionsrecht gedeckt, muss der Arbeitnehmer die Arbeit leisten, selbst wenn eine objektive Verletzung des § 99 BetrVG vorliegt. Der Arbeitnehmer kann sich auf das betriebsverfassungsrechtliche Beschäftigungsverbot nur beru- 626

[73] In jüngerer Zeit ist allerdings eine Tendenz zur Ausweitung von Nebenpflichten zu beobachten: im öffentlichen Dienst unter Hinweis auf § 8 BAT: BAG 20. 11. 1997 BB 1998, 429. Nach BAG 6. 11. 1997 EzA § 626 BGB n.F. Nr. 171 ist eine Nebenpflicht zur Entbindung der behandelnden Ärzte von der Schweigepflicht und zur Stellung eines Rentenantrages bei Berufs- und Erwerbsunfähigkeit zu bejahen. Das ist zu weitgehend.

[74] Vgl. LAG Frankfurt 29. 1. 1987 LAGE § 1 KSchG Verhaltensbedingte Kündigung Nr. 11; vielfach legt die Rechtsprechung überschießende Vertragsklauseln restriktiv aus, vgl. zu Nebentätigkeitsverboten BAG 3. 12. 1970 und 26. 8. 1976 AP § 626 BGB Nr. 60 und 68 = EzA § 626 BGB n. F. Nr. 7 und 49; ausf. zur Inhaltskontrolle *Preis,* Vertragsgestaltung, S. 517 ff.

fen, wenn der Betriebsrat selbst die Aufhebung der Maßnahme nach § 101 BetrVG betreibt.[75]

a) Verletzung vorvertraglicher Pflichten

627 Die Verletzung vorvertraglicher Pflichten ist geeignet, eine ordentliche oder außerordentliche Kündigung zu rechtfertigen. Hauptfälle sind die **Falschbeantwortung zulässiger Fragen** bei der Einstellung oder die **Verletzung von Offenbarungspflichten.**[76] Zwar wird der Arbeitgeber in diesen Fällen zumeist das Mittel der formfreien und nicht an die strengen Grundsätze des Kündigungsschutzrechts gebundene Anfechtung wählen. Nicht ausgeschlossen ist aber, dass der Arbeitgeber ausdrücklich das Mittel der Kündigung wählt. Ein Anfechtungsgrund ist i. d. R. auch ein wichtiger Kündigungsgrund i. S. d. § 626 BGB.[77] Die Falschbeantwortung einer zulässigen wesentlichen Frage bei der Einstellung kann das für den Bestand des Arbeitsverhältnisses unerlässliche Vertrauensverhältnis zwischen Arbeitgeber und Arbeitnehmer nachhaltig zerstören.[78] Freilich ist wie bei der Anfechtung zu prüfen, ob eine länger zurückliegende Pflichtverletzung im Kündigungszeitpunkt noch von Gewicht ist. Verschweigt der Arbeitnehmer bei der Einstellung eine **Vorstrafe,** zu deren Offenbarung er verpflichtet gewesen wäre, so kommt eine ordentliche Kündigung in Betracht.[79] Dies gilt aber dann nicht, wenn sich der Arbeitnehmer nach § 53 Abs. 1 Nr. 1 BZRG als unbestraft bezeichnen darf.[80] Hat der Bewerber eine Zusammenarbeit mit dem Ministerium für Staatssicherheit verschwiegen, kommt es für die Kündigungsmöglichkeit darauf an, wie lange die Tätigkeit zurückliegt und wie schwerwiegend diese war.[81]

628 Vor Beginn des Arbeitsverhältnisses liegende Ereignisse oder Umstände können eine außerordentliche Kündigung rechtfertigen, sofern sie das Arbeitsverhältnis erheblich beeinträchtigen, und dem Kündigenden nicht schon bei Vertragsschluss bekannt waren.[82] Hier kann es insbesondere bei leitenden Mitarbeitern eine Offenbarungspflicht über wesentliche, das Vertragsverhältnis entscheidend berührende Umstände geben, die aus der Tätigkeit bei dem früheren Arbeitgeber herrühren (z. B. Mitwirkung an Bilanzfälschungen).[83]

b) Verletzung von Hauptpflichten

629 Die Nichtleistung, der Verzug oder die Schlechtleistungen stellen als Leistungsstörungen eine Verletzung der Hauptpflicht des Arbeitnehmers dar. Nach Abmah-

---

[75] BAG 5. 4. 2001 NZA 2001, 893.

[76] Überblick bei ErfK/*Preis* § 611 BGB Rn. 359 ff.

[77] Zum Verhältnis Anfechtung/Kündigung ErfK/*Preis* § 611 BGB Rn. 467 ff.

[78] Vgl. nur BAG 13. 9. 1995 AP Einigungsvertrag Anlage I Kap. XIX Nr. 53; BAG 13. 6. 1996 AP § 1 KSchG 1969 Nr. 33; BAG 6. 7. 2000 NJW 2001, 701.

[79] BAG 15. 1. 1970 EzA § 1 KSchG Nr. 16 = AP § 1 KSchG Verhaltensbedingte Kündigung Nr. 7.

[80] LAG Berlin 22. 3. 1996 NZA-RR 1997, 7.

[81] Vgl. BVerfG 8. 7. 1997 EzA Art. 20 EinigungsV Nr. 57; BAG 4. 12. 1997 EzA § 1 KSchG Verhaltensbedingte Kündigung Nr. 53.

[82] BAG 17. 8. 1972 BAGE 24, 401.

[83] BAG 5. 4. 2001 NZA 2001, 954; hier Kenntnis über fehlerhaft testierten Jahresabschluss; zu Vertragsverstößen beim Vorarbeitgeber im Konzernverbund LAG Köln 28. 3. 2001 NZA-RR 2002, 85.

nung kann auf sie auch durch Kündigung reagiert werden. Das Gewicht der Vertragspflichtverletzung ist je nach Fallkonstellation sehr unterschiedlich. So stellt sich etwa die (bloße) Unpünktlichkeit als wesentlich weniger gewichtig dar als der Arbeitszeitbetrug, obwohl in beiden Fällen die geschuldete Arbeitsleistung vorenthalten wird. Hauptstreitpunkt in der Praxis ist dabei oft die Frage, ob der Arbeitnehmer überhaupt zu der (angeordneten) Arbeitsleistung verpflichtet war (Bestimmung der vertraglichen Arbeitsleistung durch Vertrag und ggf. Direktionsrecht) und ob nicht (ausnahmsweise) ein Zurückbehaltungsrecht zu bejahen ist. Im Falle der Schlechtleistung konzentriert sich die Frage zumeist auf die Nachweisbarkeit eines Pflichtverstoßes.

aa) Nichtleistung und Verzug

(1) Arbeitsverweigerung

Die Weigerung eines Arbeitnehmers, die vertraglich geschuldete Leistung zu erbringen, ist nach entsprechender Abmahnung geeignet, eine verhaltensbedingte Kündigung zu rechtfertigen.[84] In schwerwiegenden Fällen beharrlicher Arbeitsverweigerung kann auch die fristlose Kündigung gerechtfertigt sein. **630**

Hauptstreitpunkt in der Praxis ist dabei nicht der Tatbestand der Arbeitsversäumnis oder der Weigerung, eine bestimmte Arbeit zu übernehmen, sondern die Frage, ob die Nichtleistung nicht ausnahmsweise berechtigt war. Eine Kündigung wegen Arbeitsverweigerung setzt zunächst voraus, dass der Arbeitnehmer vertraglich zu der ihm zugewiesenen Tätigkeit verpflichtet war.[85] Ferner ist zu prüfen, ob der Arbeitsleistung nicht ausnahmsweise gesetzliche oder tarifvertragliche Bestimmungen entgegenstehen und ob der Arbeitnehmer nicht aus anderen Gründen die Arbeitsleistung verweigern durfte. **631**

Insoweit spielt in der Praxis eine erhebliche Rolle, ob der Arbeitgeber sein Direktionsrecht zu Recht ausgeübt hat. Umfang und Grenzen des Direktionsrechts sind von der vertraglichen Vereinbarung und von dem jeweiligen Berufsbild abhängig.[86] So ist die Weigerung eines Facharbeiters, Hilfsarbeitertätigkeit auszuüben, keine beharrliche Arbeitsverweigerung, weil der Arbeitnehmer zu dieser Arbeitsleistung nicht verpflichtet ist.[87] Der Arbeitgeber kann Mitarbeitern anordnen, einen **Dienstwagen selbst zu führen** und Kollegen mitzunehmen, wenn es sich um eine Tätigkeit handelt, die mit der (höherwertigen) Hauptleistung zusammenhängt.[88] Ist z.B. ein Autoschlosser verpflichtet, im Rahmen seiner Tätigkeit die von ihm reparierten Wagen auch zu fahren – Probefahrten, Auf- und Abstellen auf den Parkplätzen vor und nach der Reparatur –, so stellt die beharrliche Weigerung, Auto zu fahren, eine beharrliche Arbeitsverweigerung dar.[89] Die hartnäckige **Verweige-** **632**

---

[84] BAG 24. 5. 1989 DB 1989, 2538 = AP § 611 BGB Direktionsrecht Nr. 1 mit Anm. *Wiedemann/Arnold;* 31. 1. 1985 AP § 8a MuSchG Nr. 6 = DB 1986, 179; 21. 11. 1996 EzA § 1 KSchG Verhaltensbedingte Kündigung Nr. 50; zum Erfordernis der Abmahnung LAG Hamm 25. 9. 1997 LAGE § 1 KSchG Verhaltensbedingte Kündigung Nr. 59.

[85] Zum Direktionsrecht Rn. 19ff.; zur Arbeitsverweigerung wegen Lohnrückstands BAG 25. 10. 1984 AP § 273 BGB Nr. 3; LAG Berlin 15. 11. 1962 DB 1963, 1123.

[86] Einzelheiten bei ErfK/*Preis* § 611 BGB Rn. 922ff.

[87] LAG Düsseldorf 20. 12. 1957 BB 1958, 449.

[88] BAG 29. 8. 1991 AP BGB § 611 Direktionsrecht Nr. 38.

[89] Verfehlt daher ArbG Hamburg 30. 10. 1961 DB 1962, 511; zum insoweit bestehenden Direktionsrecht BAG 26. 8. 1991 EzA § 611 BGB Direktionsrecht Nr. 6.

rung einer angeordneten Dienstfahrt kann, wenn keine nachvollziehbaren Gründe für die Weigerung erkennbar sind, die fristlose Kündigung rechtfertigen.[90] Der Arbeitgeber kann bei im Kundendienst tätigen Mitarbeitern (vorbehaltlich § 87 I Nr. 1 BetrVG) Anweisungen hins. der **Kleiderordnung** geben.[91] Eine Bäckereifachverkäuferin muss auch eine automatische Brötchenbackanlage bedienen.[92]

633 Der Arbeitnehmer ist berechtigt, Arbeiten abzulehnen, die der Arbeitgeber ihm unter **Überschreitung des Direktionsrechts** zuweist.[93] Aufgrund des Weisungsrechts kann der Arbeitgeber grundsätzlich die Leistungspflicht des Arbeitnehmers nach Zeit, Ort und Art der Leistung bestimmen. Das Weisungsrecht findet seine Grenzen jedoch in Vorschriften der Gesetze, des Kollektiv- und des Einzelarbeitsvertrages und darf gem. § 315 Abs. 1 BGB nur nach billigem Ermessen ausgeübt werden.[94] Problematisch sind hier stets die Fälle, in denen den Arbeitnehmern andere Tätigkeiten an einem anderen Ort zugewiesen werden.[95] Auch die zeitliche Verlagerung der Tätigkeit einer rückkehrenden Erziehungsurlauberin, die ihr die Vereinbarung familiärer mit beruflichen Pflichten unmöglich macht, kann unbillig sein.[96]

634 Bei der Ausübung des Direktionsrechts hat der Arbeitgeber nach der Rechtsprechung des BAG ihm offenbarte **Gewissenskonflikte des Arbeitnehmers** zu berücksichtigen. Hiernach darf der Arbeitgeber dem Arbeitnehmer keine Arbeit zuweisen, die den Arbeitnehmer in einen vermeidbaren Gewissenskonflikt bringt.[97] Der Arbeitgeber muss dem Arbeitnehmer nach Möglichkeit eine andere Tätigkeit zuweisen. Ist dies nicht möglich, so kann ein in der Person des Arbeitnehmers liegender Grund gegeben sein, das Arbeitsverhältnis zu kündigen.[98] Die fristlose Kündigung wird allerdings bei echten Gewissenskonflikten nur selten möglich sein (zur Eigenkündigung des Arbeitnehmers vgl. Rn. 786f.). Sehr umstritten ist die Frage, ob ein **Ausländer** entlassen werden kann, der der Arbeit an einem hohen religiösen Feiertag seiner Religionsgemeinschaft fernbleibt.[99] Auch insoweit müssen konsequenterweise Gewissenskonflikte des Arbeitnehmers berücksichtigt werden.

635 In Ausnahmefällen kann sich ein Wegfall der Arbeitspflicht aus der Unzumutbarkeit der Arbeitsleistung ergeben (§ 242 BGB), z. B. weil der AN durch die Erbringung der Arbeitsleistung in eine **unverschuldete Pflichtenkollision** gerät. Fälle der von keiner Seite zu vertretenden objektiven Unzumutbarkeit der Leistungserbringung sind jedoch selten. Das BAG hat einen derartigen Fall im Ergebnis angenommen bei der Kollision der Pflicht zur Arbeitsleistung mit einer kurzzeitig beste-

---

[90] LAG München 19. 1. 1989 LAGE § 626 BGB Nr. 38 = DB 1989, 1295.

[91] LAG Hamm 22. 10. 1991 LAGE BGB § 611 Direktionsrecht Nr. 11.

[92] LAG Hamm 22. 10. 1991 LAGE BGB § 611 Direktionsrecht Nr. 11; LAG Hamm 7. 7. 1993 LAGE BGB § 611 Direktionsrecht Nr. 14.

[93] BAG 12. 4. 1973 EzA § 611 BGB Nr. 12 = DB 1973, 1904.

[94] BAG 24. 5. 1989 NZA 1990, 144; 27. 3. 1980 AP § 611 BGB Direktionsrecht Nr. 26 = DB 1980, 1603.

[95] Vgl. LAG Nürnberg 10. 8. 1992 LAGE § 174 BGB Nr. 5; LAG Düsseldorf 25. 1. 1993 LAGE § 626 BGB Nr. 70.

[96] LAG Nürnberg 8. 3. 1999 NZA 2000, 263 = LAGE § 15 BErzGG Nr. 3.

[97] BAG 20. 12. 1984 AP § 611 BGB Direktionsrecht Nr. 27 = NZA 1986, 21; bestätigt durch BAG 24. 5. 1989, NZA 1990, 144; ausführlich hierzu *Kohte,* NZA 1989, 161ff. m.w.N.

[98] BAG 24. 5. 1989 NZA 1990, 144ff.

[99] Dazu LAG Düsseldorf 14. 2. 1963 DB 1963, 522 und 14. 2. 1963 BB 1964, 597; kritisch MünchKomm/*Schwerdtner,* § 626 Rn. 94.

henden Wehrpflicht im Ausland.[100] Verneint wurde jedoch ein Verstoß gegen § 242 BGB, wenn die Wehrpflicht für mehr als zwei Monate bestand.[101] Eine Arbeitnehmerin kann sich gegenüber der bestehenden Arbeitspflicht auf eine Pflichtenkollision wegen der Personensorge für ihr Kind (§ 1627 BGB) und damit ein Leistungsverweigerungsrecht (§§ 273, 320 BGB) oder eine Unmöglichkeit bzw. Unzumutbarkeit der Arbeitsleistung nur berufen, wenn unabhängig von der in jedem Fall notwendigen Abwägung der zu berücksichtigenden schutzwürdigen Interessen beider Parteien überhaupt eine unverschuldete Zwangslage vorliegt.[102] Die unverschuldete Pflichtenkollision schließt richtigerweise nur die **Rechtswidrigkeit** der Arbeitspflichtverletzung aus, führt aber noch nicht zu einem der Unmöglichkeit gleichstehenden Unvermögen.[103] Dies hat zur Konsequenz, dass zwar Sanktionen wegen einer Vertragspflichtverletzung ausscheiden, nicht aber die Möglichkeit einer verschuldensunabhängig, objektiv begründeten personenbedingten Kündigung. War die Pflichtenkollision nicht unverschuldet bzw. vorhersehbar, kommt wegen Verletzung der Arbeitspflicht die verhaltensbedingte Kündigung in Betracht.[104]

Der Arbeitnehmer kann überdies Vertragsänderungen oder Freistellungen (Ur- **636**
laub, Sonderurlaub) nicht einseitig durchsetzen. Verweigert er teilweise die Arbeitsleistung, weil er vom Arbeitgeber **Teilzeitarbeit erzwingen** will, ist die Kündigung (trotz § 8 TzBfG) wegen Arbeitsverweigerung gerechtfertigt.[105]

Voraussetzung für eine Kündigung ist ferner, dass der Arbeitnehmer zur Leistung **637**
verpflichtet war und keine rechtmäßige Ausübung eines Zurückbehaltungs- oder Leistungsverweigerungsrechts (§ 273 BGB) vorlag.[106] Eine Kündigung wegen Arbeitsverweigerung scheidet aus, wenn der Arbeitnehmer berechtigt ein **Zurückbehaltungsrecht** hinsichtlich seiner Arbeitskraft geltend macht, sei es wegen Verletzung der Pflicht zu vertragsgemäßer Beschäftigung,[107] nicht nur geringfügigen offen stehenden Vergütungsansprüchen,[108] wegen Verletzung wesentlicher Arbeitsschutzvorschriften[109] oder Mitbestimmungsrechten des Betriebsrats.[110] Irrt sich der Arbeitnehmer über die Berechtigung seiner Arbeitsverweigerung, so scheidet die Kündigung nur dann grundsätzlich aus, wenn der Arbeitnehmer trotz sorgfältiger Erkundigung und Prüfung der Rechtslage die Überzeugung gewinnen durfte, dass er zur Arbeit nicht verpflichtet ist.[111]

---

[100] BAG 22. 12. 1982 AP § 123 BGB Nr. 23.

[101] BAG 20. 5. 1988 AP § 1 KSchG 1969 Personenbedingte Kündigung Nr. 9 mit Anm. *Rüthers/Henssler* und *Kohte*.

[102] BAG 21. 5. 1992 EzA § 1 KSchG Verhaltensbedingte Kündigung Nr. 43.

[103] BAG 21. 5. 1992 AP § 1 KSchG 1969 Verhaltensbedingte Kündigung Nr. 29 mit Anm. *Kraft*.

[104] *Henssler* AcP 190 (1990) 538, 553 ff.

[105] LAG Frankfurt 8. 7. 1999 LAGE § 626 BGB Nr. 125 a.

[106] Vgl. BAG 25. 10. 1984 AP § 273 BGB Nr. 3; 9. 5. 1996 EzA § 626 BGB n. F. Nr. 161 = NZA 1996, 1085; ArbG Wiesbaden 1. 6. 1989 RzK I 6 b Nr. 10.

[107] LAG Berlin 12. 3. 1999 ZTR 1999, 326; LAG Frankfurt 13. 9. 1984 NZA 1985, 431.

[108] BAG 9. 5. 1996 EzA § 626 BGB n. F. Nr. 161 = NZA 1996, 1085; s. a. ArbG Passau 17. 3. 1989 BB 1989, 1197; ArbG Hannover 11. 12. 1996 EzA § 273 BGB Nr. 6.

[109] Hierzu BAG 8. 5. 1996 AP BGB § 618 Nr. 23.

[110] Ausf. *Otto* AR-Blattei SD 1880 Rn. 1 ff.

[111] BAG 14. 10. 1960 AP § 123 GewO Nr. 24 = EzA § 123 GewO Nr. 2; 14. 2. 1978 EzA Art. 9 GG Arbeitskampf Nr. 22 = DB 1978, 1403; LAG Düsseldorf 25. 1. 1993 LAGE § 626 BGB Nr. 70; LAG Berlin 6. 12. 1993 LAGE § 1 KSchG Verhaltensbedingte Kündi-

638 Eine Arbeitsverweigerung wird in aller Regel nur dann einen wichtigen Grund i. S. des § 626 BGB darstellen, wenn sie beharrlich war. Die **beharrliche Arbeitsverweigerung** setzt in der Person des Arbeitnehmers im Willen eine Nachhaltigkeit voraus. Der Arbeitnehmer muss die ihm übertragene Arbeit bewusst und nachhaltig nicht leisten wollen. Insoweit ist eine Negativprognose erforderlich, der Arbeitnehmer werde auch in Zukunft seiner Arbeitspflicht nicht nachkommen.[112] Die erstmalige bloße Ankündigung einer Arbeitsverweigerung kann i. d. R. noch nicht als beharrlich angesehen werden.[113] Es genügt also nicht, dass der Arbeitnehmer eine Weisung seines Vorgesetzten unbeachtet lässt, sondern die beharrliche Arbeitsverweigerung setzt voraus, dass eine intensive Weigerung des Arbeitnehmers vorliegt. Es genügt weder Saumseligkeit noch Vergesslichkeit. Es genügt auch keinesfalls immer ein einziger vorsätzlicher Verstoß. Beharrlichkeit ist nur dann gegeben, wenn die Willensrichtung des Arbeitnehmers erkennbar wird, Anweisungen des Arbeitgebers nicht befolgen zu wollen. Es muss also eine Widersetzlichkeit des Arbeitnehmers gegeben sein. Das äußert sich in der Praxis vielfach dadurch, dass der Arbeitnehmer wiederholt Anweisungen seiner Vorgesetzten nicht befolgt. Hier ergibt sich das Moment der Beharrlichkeit aus der wiederholten Weigerung und dem daraus berechtigten Schluss, der Arbeitnehmer wolle die Anweisungen seines Vorgesetzten nicht mehr erfüllen. Das Moment der Beharrlichkeit kann auch darin zu sehen sein, dass in einem einmaligen Falle der Arbeitnehmer nach wiederholter Ermahnung sich weigert, eine Anweisung zu erfüllen. Hier liegt das Moment der Beharrlichkeit darin, dass der Arbeitnehmer vor die Alternative gestellt wird, seine Pflichten zu erfüllen oder die arbeitsrechtlichen Konsequenzen zu tragen. Wenn in einem solchen Falle ein Arbeitnehmer sich nach ein- oder vielleicht mehrmaliger Abmahnung noch weigert, die berechtigte Anordnung auszuführen, so kann und muss auf eine beharrliche, d. h. intensive und nachhaltige Weigerung geschlossen werden.[114] Eine beharrliche Arbeitsverweigerung wurde in folgenden Fällen bejaht: **Kartenspielen während der Arbeitszeit** kann eine fristlose Kündigung rechtfertigen, wenn gleichartige Pflichtverletzungen bereits vergeblich abgemahnt worden sind.[115]

639 Arbeitsverweigerung liegt auch vor, wenn der Arbeitnehmer zwar arbeitet aber nicht die geschuldete Arbeit leistet. Weigert sich der Akkordarbeiter, Arbeiten im Akkord auszuführen, so liegt bei Vorliegen der sonstigen Voraussetzungen eine beharrliche Arbeitsverweigerung vor, auch wenn der Arbeitnehmer bereit ist, im Zeitlohn zu arbeiten.[116] Keine beharrliche Arbeitsverweigerung hat das BAG angenommen, als ein Akkordarbeiter die Weiterarbeit verweigert hatte, weil der Akkord durch den Betriebsrat nicht kontrolliert war.[117]

---

gung Nr. 42; LAG Berlin 17. 5. 1993 LAGE § 626 BGB Nr. 72; LAG Köln 19. 5. 1999 ARST 2000, 68.

[112] BAG 21. 11. 1996 AP § 626 BGB Nr. 130 mit Anm. *Bernstein* = NZA 1997, 487; BAG 5. 4. 2001 NZA 2001, 893.

[113] LAG Düsseldorf 19. 11. 1996 LAGE § 626 BGB Nr. 104.

[114] Zu den Voraussetzungen einer beharrlichen Arbeitsverweigerung BAG 31. 1. 1985 EzA § 8 MuSchG Nr. 5 = AP § 8 a MuSchG 1968 Nr. 6; 6. 2. 1997 ArbuR 1997, 210; LAG München 19. 1. 1989 LAGE § 626 Nr. 38 = BB 1989, 847; LAG Berlin 17. 5. 1993 LAGE § 626 BGB Nr. 72.

[115] LAG Berlin 18. 1. 1988 LAGE § 626 BGB Nr. 31 = DB 1988, 866.

[116] Vgl. LAG Düsseldorf 31. 10. 1963 BB 1964, 309.

[117] BAG 14. 2. 1963 AP § 66 BetrVG 1952 Nr. 22.

Verneint wurde der Tatbestand der Arbeitsverweigerung in folgenden Fällen: Der Arbeitnehmer erhält von zwei Weisungsbefugten einander widersprechende Anweisungen.[118] Ein Arbeitnehmer nimmt an einer nicht genehmigten Betriebsversammlung während der Arbeitszeit teil; er durfte aber auf die Gesetzmäßigkeit der Versammlung vertrauen.[119] **640**

(2) Arbeitszeitbetrug

Der Arbeitnehmer, der dem Arbeitgeber geleistete **Arbeitszeit vorspiegelt** oder sich **Arbeitsbefreiung erschleicht,** z. B. um Freizeit zu erlangen oder einer nebenberuflichen Tätigkeit nachzugehen, verletzt die Pflichten aus dem Arbeitsvertrag und kann fristlos entlassen werden.[120] Die Missbrauch von Stempeluhren zur Vortäuschung falscher Arbeitzeiten kann eine ordentliche, zumeist aber auch eine außerordentliche Kündigung rechtfertigen. Dabei kommt nicht entscheidend darauf an, wie der Vorgang strafrechtlich zu würdigen ist.[121] Arbeitszeitbetrug stellen auch Gleitzeitmanipulationen dar, die, insbesondere wenn der Arbeitnehmer Manipulation zu vertuschen sucht, einen wichtigen Kündigungsgrund darstellen.[122] Überträgt der Arbeitgeber den Nachweis der täglich geleisteten Arbeitszeit den Arbeitnehmern selbst, stellt die Täuschung durch falsches Betätigen oder Nichtbetätigen der Gleitzeiteinrichtung oder die Angabe einer höheren Arbeitszeit für sich (oder einen anderen Arbeitnehmer) vor, als tatsächlich geleistet worden ist, einen schweren Vertrauensmissbrauch dar. Ein Arbeitszeitbetrug liegt ferner in den Fällen der Vortäuschung einer Arbeitsunfähigkeit (vgl. Rn. 655) und beim Missbrauch von Kontrolleinrichtungen (Rn. 713) vor. **641**

(3) Notarbeiten

Aus der Schadensabwendungspflicht des Arbeitnehmers kann auch ausnahmsweise die Pflicht folgen, in Notfällen[123] über den Rahmen der arbeitsvertraglichen Hauptpflicht hinaus tätig zu werden. Insoweit kann der Arbeitnehmer vorübergehend sowohl Überstunden als auch **andere als die vereinbarte Arbeit** zu leisten haben, wenn sonst ein nicht unerheblicher Schaden eintreten würde.[124] **642**

(4) Sonntagsarbeit

Gesetzlich verbotene oder vertraglich nicht geschuldete **Sonntagsarbeit** kann verweigert werden.[125] Die Verweigerung zulässiger Sonntagsarbeit stellt aber einen, **643**

---

[118] LAG Düsseldorf 19. 10. 1989 LAGE § 626 BGB Nr. 50.

[119] BAG 14. 10. 1960 AP § 123 GewO Nr. 24.

[120] BAG 26. 8. 1993 EzA § 626 BGB n. F. Nr. 148; LAG Düsseldorf 27. 10. 1960 BB 1961, 678; zur Auflistung nicht geleisteter Arbeitsstunden: ArbG Frankfurt 6. 9. 1999 NZA-RR 2000, 307; ArbG Frankfurt 6. 9. 1999 NZA-RR 2002, 133.

[121] BAG 23. 1. 1963 AP § 124a GewO Nr. 8; BAG 27. 1. 1977 AP § 103 BetrVG Nr. 7; BAG 13. 8. 1987 RzK I 5i Nr. 31; BAG 9. 8. 1990 RzK I 8c Nr. 18; LAG Düsseldorf 21. 9. 1976BB 1977, 1652; LAG Berlin 6. 6. 1988 RzK I 5i Nr. 38; LAG Hamm 20. 2. 1986 DB 1986, 1338.

[122] BAG 12. 8. 1999 AP BGB § 123 Nr. 51.

[123] LAG Düsseldorf 28. 1. 1964 DB 1964, 628.

[124] ErfK/*Preis,* § 611 BGB Rn. 1029f.

[125] LAG Düsseldorf 21. 1. 1964 BB 1964, 515 = DB 1964, 628; LAG Hamburg 11. 6. 1990 LAGE § 105f GewO Nr. 1.

ggf. durch fristlose Kündigung zu sanktionierenden Fall der Arbeitsverweigerung dar.[126]

(5) Streik und Streikarbeit

644 Kein unbefugtes Verlassen des Arbeitsplatzes liegt vor, wenn der Arbeitnehmer an einem **legitimen Streik** um Arbeitsbedingungen teilnimmt. Die Legitimität der Gesamtaktion hat zur Folge, dass der einzelne Arbeitnehmer nicht vertragswidrig und nicht rechtswidrig handelt.[127] Keine Arbeitsverweigerung liegt überdies vor, wenn die Erfüllung der Arbeitspflicht dem Arbeitnehmer **unzumutbar** ist. Das ist z.B. im Falle der **sogenannten direkten Streikarbeit** gegeben. Gehören die sonst von Streikenden erbrachten Arbeiten nicht zum vertraglichen Tätigkeitsbereich, so kann der Arbeitgeber das Tätigwerden des Arbeitnehmers in diesem Sektor nicht verlangen.[128] Andererseits kann ein Arbeitnehmer, der sich nicht am Streik beteiligt, die Ausführung der ihm nach dem Arbeitsvertrag obliegenden Arbeiten nicht verweigern (sog. uneigentliche oder indirekte Streikarbeit).

645 Der **wilde Streik** hingegen ist rechtswidrig. Hier kann der Arbeitgeber berechtigt sein, Arbeitnehmer, die sich an einem wilden Streik beteiligen, fristlos zu kündigen, wenn sie trotz wiederholter Aufforderung die Arbeit nicht aufnehmen.[129] Jedoch nimmt die Rechtsprechung in diesen Fällen eine sorgfältige Interessenabwägung vor. Dabei wird auch berücksichtigt, ob sich der Arbeitgeber rechtswidrig verhalten und ob sich der Arbeitnehmer in einem entschuldbaren Rechtsirrtum befunden hat.[130] Darüber hinaus will das BAG bei der Teilnahme an einem rechtswidrigen Streik berücksichtigen, ob Arbeitnehmer sich aus Gründen der Solidarität einer rechtswidrigen Arbeitskampfmaßnahme anschließen und ob sie sich in einer psychologischen Drucksituation befunden haben. Selbst wenn sie vom Arbeitgeber richtig informiert worden seien, aber in einer Kampfsituation ihrer Gewerkschaft gefolgt seien, könne aus dem darin liegenden vertragswidrigen Verhalten nicht der Schluss gezogen werden, dass die Grundlage für die Fortsetzung des Arbeitsverhältnisses entfallen sei. Auch die nur ordentliche Kündigung sah das BAG deshalb als nicht gerechtfertigt an.[131]

646 Verleitet aber ein Arbeitnehmer seine Kollegen zu gleichartigen und gleichzeitigen Änderungskündigungen, um höhere Akkordlöhne zu erzwingen, so liegt darin eine schwere Treuepflichtverletzung, wenn der Handelnde Mitglied der Tarifkommission der zuständigen Gewerkschaft ist und daher wusste, dass Tarifver-

---

[126] Vgl. LAG Düsseldorf 19. 3. 1963 DB 1963, 968 und 14. 11. 1968 DB 1969, 178 sowie LAG Baden-Württemberg 26. 11. 1968 DB 1969, 710.

[127] Vgl. BAG GS 28. 1. 1955 AP Art. 9 GG Arbeitskampf Nr. 1 = NJW 1955, 882; 21. 4. 1971 EzA Art. 9 GG Arbeitskampf Nr. 6 = AP Art. 9 GG Arbeitskampf Nr. 43; zur Kündigung bei zulässigem Warnstreik vgl. BAG 17. 12. 1976 EzA Art. 9 GG Arbeitskampf Nr. 19 = AP Art. 9 GG Arbeitskampf Nr. 51.

[128] Vgl. BAG 25. 7. 1957 AP § 615 BGB Betriebsrisiko Nr. 3 mit Anm. *Hueck* = SAE 1957, 181 mit Anm. *Kaufmann;* 28. 10. 1971 EzA § 626 BGB n. F. Nr. 9 = DB 1972, 489.

[129] BAG 21. 10. 1969 EzA § 626 BGB n. F. Nr. 1 = NJW 1970, 486 mit kritischer Anm. *Rüthers* in AP Art. 9 GG Arbeitskampf Nr. 41; ferner ArbG Berlin 10. 10. 1974 AP Art. 9 GG Arbeitskampf Nr. 49.

[130] BAG 17. 12. 1976 und 14. 2. 1978 EzA Art. 9 GG Arbeitskampf Nr. 20 und 24.

[131] BAG 29. 11. 1983 EzA § 626 BGB n. F. Nr. 89 = AP § 626 BGB Nr. 78 mit Anm. *Herschel* = NZA 1984, 34; Zu Solidaritäts- und Proteststreiks ArbG Gelsenkirchen 13. 3. 1998 NZA-RR 1998, 352 = EzA Art 9 GG Arbeitskampf Nr. 130.

handlungen im Gange und noch nicht abgeschlossen waren. In diesem Handeln liegt die Aufforderung zum Arbeitskampf, der in den gleichzeitigen und gleichartigen Kündigungen liegt.[132]

(6) Überstunden

Besonders sorgfältig ist die Frage der Arbeitspflicht im Fall der Entlassung wegen **Nichtleistung von Überstunden** zu untersuchen.[133] Dabei sind stets die eventuell vorhandenen tariflichen Normen in Betracht zu ziehen. Ferner kann ein Verstoß gegen das Mitbestimmungsrecht des Betriebsrats nach § 87 Abs. 1 Nr. 3 BetrVG vorliegen. Bestand aus diesen kollektivrechtlichen Gründen keine wirksame Verpflichtung zur Leistung der Überstunden, so scheidet die Kündigungsmöglichkeit ohnehin aus. Bestehen Tarifnormen und ist das Mitbestimmungsrecht des Betriebsrats gewahrt, bedeutet dies allein noch nicht, dass der Arbeitnehmer ohne weiteres Überstunden leisten muss. Lehnt der Arbeitnehmer jedoch zulässig angeordnete Überstunden ab, so kann – jedenfalls nach einschlägiger Abmahnung – eine Kündigung gerechtfertigt sein.[134] Bei der Interessenabwägung ist jedoch zu berücksichtigen, dass die Anordnung von Überstunden eine Sonderverpflichtung darstellt, die über den arbeitsvertraglich vorgesehenen Regelumfang der Arbeitsverpflichtung hinausgeht. Die Pflichtverletzung kann dann weniger schwer wiegen, wenn der Arbeitnehmer in der Vergangenheit häufiger Überstunden geleistet hat.[135] **647**

Eine Kündigung scheidet aus, wenn die Verpflichtung zur Leistung rechtswidrig ist. Derartige Arbeiten kann der Arbeitnehmer immer ablehnen. Hierzu gehört die Leistung von Überstunden, die nach den Arbeitszeitgesetzen verboten sind.[136] **648**

(7) Unentschuldigtes Fehlen

Die Verletzung der Hauptpflicht des Arbeitsvertrages, der Arbeitspflicht, ist dann kein Grund zur fristlosen Kündigung, wenn sie nur vorübergehend ist und zeitlich nicht ins Gewicht fällt.[137] Die einmalige unentschuldigte Arbeitspflichtverletzung rechtfertigt jedenfalls dann nicht die fristlose Kündigung, wenn die Fehlzeit ohne Schwierigkeit durch Umdisposition zu überbrücken ist.[138] **Vier Tage unentschuldigtes Fehlen** wurde im Kleinbetrieb als wichtiger Grund anerkannt, falls das Arbeitsverhältnis nur kurze Zeit bestand.[139] Das vorzeitige Entfernen von der Arbeit wegen einer Fernsehübertragung kann die fristlose Kündigung nach Abmahnung rechtfertigen.[140] **649**

---

[132] BAG 28. 4. 1966 EzA § 124a GewO Nr. 5 = AP Art. 9 GG Arbeitskampf Nr. 37.

[133] Hierzu LAG Frankfurt 21. 3. 1986 LAGE § 626 BGB Nr. 25.

[134] LAG Schleswig-Holstein 26. 6. 2001 – 3 Sa 224/01 –.

[135] LAG Köln 27. 4. 1999 NZA 2000, 39 = LAGE § 626 BGB Nr. 126.; anders LAG Köln 7. 7. 1999 ARST 2000, 115 = RzK I 8c Nr. 44.

[136] Vgl. LAG Düsseldorf 19. 4. 1967 BB 1967, 921.

[137] Vgl. LAG Düsseldorf 9. 6. 1953 DB 1953, 996.

[138] LAG Hamm 15. 7. 1988 LAGE § 626 BGB Nr. 41; bei wiederholtem Fehlen ist aber nach Abmahnung die ordentliche Kündigung gerechtfertigt: LAG Berlin 12. 8. 1996 LAGE § 1 KSchG Verhaltensbedingte Kündigung Nr. 55.

[139] BAG 20. 8. 1980 EzA § 6 LohnFG Nr. 18 = AP § 6 LohnFG Nr. 12; zu dauerhaftem unentschuldigtem Fehlen vgl. LAG Hamm 1. 9. 1995 LAGE § 611 BGB Persönlichkeitsrecht Nr. 7.

[140] LAG Düsseldorf 19. 9. 1961 BB 1961, 1325 = DB 1961, 1555.

650 Ist das unentschuldigte Fehlen krankheitsbedingt, z. B. weil der Arbeitnehmer wegen einer bestehenden Alkoholsucht nicht in der Lage war, sich krank zu melden, ist zu beachten, dass u. U. weder schuldhaftes noch steuerbares Fehlverhalten vorliegt. Der Arbeitnehmer kann in diesen Fällen nur unter den Voraussetzungen einer krankheitsbedingten Kündigung entlassen werden.[141]

(8) Unpünktlichkeit

651 Die **wiederholte Unpünktlichkeit trotz mehrfacher Abmahnung** kann die ordentliche und in krassen Fällen auch die fristlose Kündigung rechtfertigen.[142] Der Arbeitnehmer ist auch dann zum pünktlichen Dienstantritt verpflichtet, wenn er weit ab vom Arbeitsplatz wohnt und die Benutzung der öffentlichen Verkehrsmittel beschwerlich ist und besondere Kosten entstehen.[143] Das BAG hat in einer Entscheidung vom 17. 3. 1988,[144] in der es um die außerordentliche Kündigung eines Arbeitnehmers ging, der in 1½ Jahren 104 mal zu spät zur Arbeit erschien und sich hiervon auch durch 6 vorangehende Abmahnungen nicht abhalten ließ, eine außerordentliche Kündigung nicht ohne weiteres durchgreifen zu lassen, sondern zusätzlich die Darlegung einer konkreten Betriebsstörung verlangt. Diese Entscheidung ist insoweit verfehlt, weil kündigungsentscheidend allein das Ausmaß der vertraglichen Hauptpflichtverletzung ist.[145] Das BAG hat aber seine Rechtsprechung entsprechend klargestellt.[146]

(9) Urlaubsantritt, unberechtigter

652 Tritt der Arbeitnehmer seinen **Urlaub eigenmächtig und unberechtigt** an, so bleibt er unbefugt der Arbeit fern und kann in aller Regel fristgerecht und fristlos gekündigt werden.[147] Eine Abmahnung ist regelmäßig nicht erforderlich, weil

---

[141] Zutreffend LAG Hamm 15. 1. 1999 NZA 1999, 1221 = LAGE § 1 KSchG Verhaltensbedingte Kündigung Nr. 74.

[142] BAG 17. 3. 1988 EzA § 626 BGB n. F. Nr. 116 = AP § 626 BGB Nr. 99 = DB 1989, 329; BAG 17. 1. 1991 NZA 1991, 557 = EzA § 1 KSchG Verhaltensbedingte Kündigung Nr. 37; BAG 27. 2. 1997 EzA § 1 KSchG Verhaltensbedingte Kündigung Nr. 51; LAG München 5. 12. 1988 LAGE § 1 KSchG Verhaltensbedingte Kündigung Nr. 16 = DB 1989, 283; BAG 13. 3. 1987 AP § 1 KSchG 1969 Verhaltensbedingte Kündigung Nr. 18 = NZA 1987, 518; BAG 23. 9. 1992 EzA § 1 KSchG Verhaltensbedingte Kündigung Nr. 44; LAG Hamm 8. 10. 1997 LAGE § 1 KSchG Verhaltensbedingte Kündigung Nr. 60; LAG Düsseldorf 30. 6. 1959 BB 1959, 1307; LAG Baden-Württemberg 22. 10. 1959 BB 1959, 1307; LAG Düsseldorf 8. 1. 1980 BB 1980, 526; LAG München 5. 12. 1988 LAGE § 1 KSchG Verhaltensbedingte Kündigung Nr. 16 = DB 1989, 283; BAG 13. 3. 1987 AP § 1 KSchG 1969 Verhaltensbedingte Kündigung Nr. 18.

[143] LAG Düsseldorf 15. 3. 1967 DB 1967, 1228; 13. 3. 1958 BB 1958, 628 und 27. 11. 1974 DB 1975, 156.

[144] AP § 626 BGB Nr. 99 = EzA Nr. 116 zu § 626 BGB n. F. mit Anm. *Kraft.*

[145] Ablehnend *Willemsen,* Anm. EzA § 626 BGB Nr. 116; *Börgmann,* SAE 1989, 186 ff.; *Preis,* DB 1990, 634; *Rüthers,* Anm. zu BAG EzA § 1 KSchG Verhaltensbedingte Kündigung Nr. 26.

[146] BAG 17. 1. 1991 NZA 1991, 557 = EzA § 1 KSchG Verhaltensbedingte Kündigung Nr. 37; 27. 2. 1997 EzA § 1 KSchG Verhaltensbedingte Kündigung Nr. 51.

[147] BAG 25. 2. 1983 EzA § 626 BGB n. F. Nr. 83 = AP § 626 BGB Ausschlussfrist Nr. 14; BAG 20. 1. 1994 EzA § 626 BGB n. F. Nr. 153; BAG 31. 1. 1996 EzA § 1 KSchG Verhaltensbedingte Kündigung Nr. 47; BAG 16. 3. 2000 AP § 102 BetrVG 1972 Nr. 114; LAG Hamm 12. 9. 1996 LAGE § 626 BGB Nr. 105; LAG Hamm 21. 10. 1997 NZA-RR 1999, 76; LAG Düsseldorf 2. 11. 1971 EzA § 4 KSchG Nr. 1; LAG Düsseldorf/Köln 29. 4.

der Arbeitnehmer davon ausgehen kann, dass der Arbeitgeber den eigenmächtigen Urlaubsantritt nicht billigt. Voraussetzung für eine Kündigung ist aber, dass der beantragte, aber nicht bewilligte Urlaub zu Recht abgelehnt worden ist. Ebenso muss der Erziehungsurlaub innerhalb bestimmter Fristen beantragt werden (§ 16 BErzGG).[148] Bleibt der Arbeitnehmer trotz rechtmäßiger Ablehnung der Urlaubsgewährung der Arbeit fern, muss er mit einer Kündigung rechnen. Der Arbeitnehmer muss im Streitfall zur Durchsetzung seines Urlaubsanspruchs gerichtliche Hilfe in Anspruch nehmen. In aller Regel besteht kein Recht, den Urlaub, und sei es auch in der Kündigungszeit, eigenmächtig anzutreten.[149] Etwas anderes kann nur gelten, wenn Freizeit für die Urlaubsgewährung nicht mehr zur Verfügung steht, z.B. 12 Tage Kündigungszeit und genau 12 Tage Urlaub, der Arbeitnehmer den Urlaub gefordert hat und der Arbeitgeber die Bewilligung des Urlaubs ohne ausreichenden Grund verweigert. Das BAG hat in einer Entscheidung vom 20. 1. 1994[150] im Einzelfall die Wirksamkeit einer fristlosen Kündigung verneint, wenn der Arbeitgeber u. a. aus eigenem finanziellen Interesse erhebliche Urlaubsansprüche des Arbeitnehmers hat auflaufen lassen und ein Verfall des Urlaubsanspruchs droht. Die Besonderheit des Falles bestand aber darin, dass gerichtliche Hilfe zur Durchsetzung nicht rechtzeitig zu erlangen war (Auslandseinsatz). Hat der Arbeitnehmer seinen Anspruch auf Urlaub im Wege der einstweiligen Verfügung durchgesetzt und nimmt er daraufhin den Urlaub, kann ihm nicht allein deshalb gekündigt werden, weil er dem Arbeitgeber die vollstreckbare Ausfertigung der Verfügung nicht zugestellt hat.[151]

Ähnliche Grundsätze gelten beim **sogenannten Urlaubszweck Stellensuche.** **653**
Der Arbeitnehmer hat nach § 629 BGB das Recht, vom Arbeitgeber auf Verlangen eine angemessene Zeit zur Stellensuche zu erhalten. Ist der Arbeitgeber mit der Erfüllung dieser Pflicht in Verzug, so wird man dem Arbeitnehmer gestatten müssen, sich die erforderliche Zeit eigenmächtig – nicht zur Unzeit – zu nehmen. Ein unbefugtes Entfernen vom Arbeitsplatz liegt dann jedenfalls nicht vor.

(10) Urlaubsüberschreitung

Überschreitet ein Arbeitnehmer den Urlaub, so wird man die außerordentliche **654**
Kündigung davon abhängig machen müssen, ob die Fehlzeit erheblich ist und ob die Voraussetzungen einer beharrlichen Arbeitsverweigerung gegeben sind.[152] Bei äußerst kurzer **Urlaubsüberschreitung** wurde die Zulässigkeit einer fristlosen

---

1981 EzA § 626 BGB Nr. 77; LAG Hamm 25. 6. 1985 LAGE § 1 KSchG Verhaltensbedingte Kündigung Nr. 5 = DB 1985, 2516; LAG Schleswig-Holstein 9. 8. 1988 LAGE § 626 BGB Nr. 36; LAG Berlin 5. 12. 1994 LAGE § 1 KSchG Verhaltensbedingte Kündigung Nr. 45; LAG Schleswig-Holstein 20. 2. 1997 ARST 1997, 161; LAG Hamm 8. 10. 1997 LAGE § 1 KSchG Verhaltensbedingte Kündigung Nr. 60; ArbG Nürnberg 28. 7. 1998 NZA-RR 1999, 79; LAG Köln 29. 3. 1994 BB 1994, 1504; LAG Köln 16. 3. 2001 NZA-RR 2001, 533; zum eigenmächtigen Antritt des Erziehungsurlaubs: LAG Baden-Württemberg 29. 8. 1989 LAGE § 626 BGB Nr. 47.

[148] LAG Baden-Württemberg 29. 8. 1989 LAGE § 626 BGB Nr. 47.

[149] Hierzu GK-BUrlG-*Bachmann,* § 7 Rn. 71–73 m. w. N.

[150] EzA § 626 BGB n. F. Nr. 153; hierzu *Hunold,* DB 1994, 2497.

[151] LAG Hamm 13. 6. 2000 NZA-RR 2001, 134.

[152] LAG Düsseldorf/Köln 29. 4. 1981 EzA § 626 BGB n. F. Nr. 77 = DB 1981, 1731; siehe aber LAG Hamm 30. 5. 1990 LAGE § 1 KSchG Verhaltensbedingte Kündigung Nr. 29.

Entlassung verneint.[153] Nicht schuldhafte Urlaubsüberschreitungen können keinesfalls die fristlose Entlassung rechtfertigen, z. B. bei einer Überschwemmungskatastrophe oder bei plötzlicher Erkrankung im Urlaub.[154] Wird der Urlaub arbeitgeberseitig widerrufen, tritt der Arbeitnehmer aber gleichwohl den Urlaub an, muss der Urlaubswiderruf durch zwingende, vom Arbeitgeber zu beweisende Gründe gerechtfertigt sein, um die Kündigung zu rechtfertigen.[155]

(11) Vortäuschung der Arbeitsunfähigkeit

655 Die nachweisbare Vortäuschung der Arbeitsunfähigkeit stellt einen Arbeitszeitbetrug dar (Rn. 641) und rechtfertigt die fristlose Kündigung. Doch kann auch der dringende Verdacht, der Arbeitnehmer habe die **Arbeitsunfähigkeitsbescheinigung erschlichen,** die außerordentliche Kündigung unter den Voraussetzungen der Verdachtskündigung (Rn. 755 ff.) rechtfertigen.[156] Eine fristlose Kündigung kann überdies gerechtfertigt sein, wenn ein Arbeitnehmer im Bewusstsein, in Wirklichkeit nicht arbeitsunfähig zu sein, unter Vortäuschung einer Erkrankung der Arbeit fernbleibt.[157]

bb) Schlechtleistung

(1) Fehlerhafte Arbeit

656 Erbringt der Arbeitnehmer nicht die geschuldete Arbeitsleistung mittlerer Art und Güte, die von jedem Arbeitnehmer auf Grund des Arbeitsvertrages erwartet werden darf, so kann das Arbeitsverhältnis nach erfolgter Abmahnung[158] gekündigt werden. Auch wenn im Arbeitsrecht prinzipiell ein individueller Leistungsmaßstab anzulegen ist, hat der Arbeitnehmer die ihm übertragenen Arbeiten unter Anspannung der ihm möglichen Fähigkeiten ordnungsgemäß zu verrichten.[159] Schlechtleistungen sind ein Kündigungstatbestand, der regelmäßig nur nach Abmahnung und als ordentliche Kündigung greift. In der Praxis besteht das Hauptproblem darin, sowohl bezüglich der Abmahnung als auch der Kündigung in einem dem Beweis zugänglichen Umfang nachzuweisen.[160] Beruhen die Leistungsmängel auf fehlender Eignung, kommt unter Umständen eine personenbedingte Kündigung in

---

[153] LAG Düsseldorf 17. 3. 1959 BB 1959, 813; 29. 11. 1993 BB 1994, 793; LAG Heidelberg 16. 1. 1950 BB 1950, 72: Überschreitung um einen bzw. um 5 Tage; siehe aber ArbG Wuppertal 3. 6. 1980 BB 1980, 1105.

[154] Vgl. *Neumann,* DB 1965, 1668; ArbG Marburg 24. 2. 1966 BB 1966, 945.

[155] BAG 19. 12. 1991 RzK I 6a Nr. 82.

[156] Vgl. LAG Berlin 1. 11. 2000 NZA-RR 2001, 470; LAG Düsseldorf 3. 6. 1981 EzA § 626 BGB n. F. Nr. 78 = DB 1981, 1731; BAG 12. 8. 1976 AP § 1 KSchG 1969 Nr. 3; LAG Schleswig-Holstein 28. 11. 1983 DB 1984, 1355; LAG Köln 9. 6. 1982 EzA § 626 BGB n. F. Nr. 82; LAG Hamm 20. 12. 1974 DB 1975, 841; ArbG Wuppertal 11. 6. 1976 DB 1977, 121; LAG Berlin 30. 4. 1979 EzA § 626 n. F. Nr. 67. Zu Beweisfragen: BAG 26. 8. 1993 NZA 1994, 63; LAG Düsseldorf 15. 1. 1986 LAGE § 1 KSchG Verhaltensbedingte Kündigung Nr. 7 = DB 1986, 1180.

[157] LAG Berlin 30. 4. 1979 EzA § 626 BGB n. F. Nr. 67.

[158] LAG Hamm 16. 8. 1985 LAGE § 1 KSchG Verhaltensbedingte Kündigung Nr. 6; ArbG Celle 14. 5. 2001 NZA-RR 2001, 478; *Berkowsky,* NZA-RR 2001, 1, 3 f., 7 f.

[159] BAG 21. 5. 1992 EzA § 1 KSchG Verhaltensbedingte Kündigung Nr. 42 = NZA 1992, 1028; LAG Hamm 23. 8. 2000 NZA-RR 2001, 138.

[160] Siehe ArbG Celle 14. 5. 2001 NZA-RR 2001, 478.

Betracht.[161] Auch durch Alkoholgenuss bedingte Schlechtleistungen können zur Kündigung führen;[162] bei alkoholkranken Mitarbeitern kommt aber regelmäßig nur eine krankheitsbedingte Kündigung in Betracht (Rn. 685). Besitzt der Arbeitnehmer dagegen die notwendige persönliche und fachliche Qualifikation, so können wiederholte Leistungsmängel die verhaltensbedingte Kündigung rechtfertigen.[163] Eine Schlechtleistung kann in Qualitätsmängeln bestehen, etwa wenn der Arbeitnehmer um 50 oder gar 70% hinter der Leistung vergleichbarer Arbeitnehmer zurückbleibt.[164] Nach Auffassung des BAG genügt jedoch nicht der Hinweis des Arbeitgebers, der Arbeitnehmer habe „unterdurchschnittlich" gearbeitet, weil in einer „sehr guten Gruppe schon der gute Arbeitnehmer unter dem Durchschnitt arbeitet".[165] Wenn der Arbeitgeber die Kündigung auf Schlechtleistung stützen will, muss bedacht werden, dass auch sorgfältigen Arbeitnehmern schon einmal Fehler unterlaufen. Die Schlechtleistungen müssen daher eine gewisse Erheblichkeitsschwelle überschreiten. Um dies darlegen zu können, ist u. U. die durchschnittliche objektivierte Fehlerquote vergleichbarer Arbeitnehmer der Fehlerquote des gekündigten Arbeitnehmers gegenüberzustellen bzw. ein konkreter Leistungsvergleich notwendig.[166] Nach der notwendigen Abmahnung muss vor einer Beendigungskündigung dem Arbeitnehmer genügend Zeit zur Leistungssteigerung gelassen werden.[167] Im Rahmen der Interessenabwägung ist zu berücksichtigen, dass der Arbeitnehmer bereits lange im Betrieb beschäftigt ist, möglicherweise jahrelang fehlerfrei gearbeitet hat und die Minderleistung nur auf Grund seines fortgeschrittenen Alters bedingt ist.[168] Bei der Abwägung kann auch die Höhe des zugeführten Schadens berücksichtigt werden.[169]

Einzelfälle: Ein Kraftfahrer überprüft trotz einschlägiger Anweisungen nicht die **657**
Verkehrssicherheit des von ihm geführten Fahrzeugs.[170] Ein Sozialarbeiter unterschreitet erheblich die üblichen Fallzahlen im Bereich der Sozialberatung.[171] Ein Chefarzt leistet nicht schon deshalb schlecht, weil die Belegzahlen in seiner Abteilung zurückgehen.[172] Generell ist zu berücksichtigen, dass wirtschaftliche Misserfol-

---

[161] Ebenso KR/*Etzel,* § 1 KSchG Rn. 448.

[162] LAG Frankfurt 20. 3. 1986 LAGE § 1 KSchG Verhaltensbedingte Kündigung Nr. 9 = DB 1986, 2608.

[163] BAG 15. 8. 1984 AP § 1 KSchG 1969 Nr. 8 = EzA § 1 KSchG Nr. 40; 22. 7. 1982 AP § 1 KSchG 1969 Verhaltensbedingte Kündigung Nr. 5 = EzA § 1 KSchG Verhaltensbedingte Kündigung Nr. 10; 16. 3. 1961 AP § 1 KSchG Nr. 2; LAG Hamm 29. 2. 1996 ARST 1996, 163; im Einzelnen *Becker-Schaffner,* DB 1981, 1775; zur Kündigung eines Tendenzträgers wegen Leistungsmängeln BAG 3. 11. 1982 EzA § 15 KSchG n. F. Nr. 28 = DB 1983, 830.

[164] LAG Hamm 13. 4. 1983 DB 1983, 1930; vgl. auch BAG 21. 5. 1992 EzA § 1 KSchG Verhaltensbedingte Kündigung Nr. 42; zur krankheitsbedingten Leistungsminderung siehe BAG 26. 9. 1991 EzA § 1 KSchG Personenbedingte Kündigung Nr. 10 mit Anm. *Raab.*

[165] BAG 22. 7. 1982 AP § 1 KSchG 1969 Verhaltensbedingte Kündigung Nr. 5 mit Anm. *Otto* = EzA § 1 KSchG Verhaltensbedingte Kündigung Nr. 10 mit Anm. *Weiss.*

[166] ArbG Herne 6. 1. 1994 RzK I 5 i Nr. 90.

[167] *Löwisch,* § 1 KSchG Rn. 106, 126; LAG Frankfurt 26. 4. 1999 NZA-RR 1999, 637 = LAGE § 1 KSchG Verhaltensbedingte Kündigung Nr. 71.

[168] S. a. LAG Berlin 4. 9. 1998 – 6 Sa 47/98 –.

[169] LAG Köln 2. 7. 1987 LAGE § 626 BGB Nr. 32.

[170] LAG Köln 2. 3. 1999 RzK I 5 i Nr. 153 = AuA 2000, 94.

[171] LAG Köln 25. 11. 1997 EzBAT § 53 BAT Verhaltensbedingte Kündigung Nr. 46.

[172] LAG Frankfurt 21. 12. 1989 ArztR 1994, 293.

ge arbeitsleistungsunabhängige Gründe haben können. Die durch das schlechte Spiel eines Kapellenmitgliedes hervorgerufene minderwertige Gesamtleistung einer Kapelle ist vom BAG als wichtiger Grund zur Auflösung der Arbeitsverhältnisse mit allen Kapellenmitgliedern anerkannt worden.[173] Einer Verkäuferin oder einer Kassiererin kann bei Existenz eines **Waren- oder Geldmankos** nur dann fristlos gekündigt werden, wenn zumindest feststeht, dass die Fehlbestände von ihr (mit-)verursacht worden sind.[174] In Betracht kommt ein Fall der Verdachtskündigung, wenn zwar der Kassenbestand stimmt, aber die Registrierung vereinnahmter Beträge unterblieben ist.[175] Mangelnde Führungseigenschaften können nach Abmahnung die ordentliche Kündigung rechtfertigen.[176]

658 Die **Schlechtleistung** rechtfertigt i.d.R. nicht die fristlose Kündigung, auch nicht nach einer Abmahnung, es sei denn, die Schlechtarbeit erfolgt vorsätzlich, was der Arbeitgeber im Streitfall zu beweisen hat.[177] Auch mangelhafte Leistungen während der vereinbarten **Probezeit** rechtfertigen im Grundsatz keine außerordentliche Kündigung, es sei denn, es stellt sich bereits in der Probezeit heraus, dass die Leistungen des Arbeitnehmers als Vertragserfüllung völlig unbrauchbar sind.[178]

(2) Langsamarbeit und Bummelei

659 Hält der Arbeitnehmer seine normale Arbeitsleistung bewusst zurück, sog. **Langsamarbeit,** so liegt ein Verstoß gegen die Hauptpflicht im Arbeitsvertrag vor, die nach Abmahnung zur Kündigung berechtigen kann.[179] Ein im Prämienlohn arbeitender Arbeitnehmer verletzt durch eine mindere Leistung seine individuelle Leistungspflicht, wenn er seine Arbeitskraft bewusst zurückhält und nicht unter angemessener Anspannung seiner Kräfte arbeitet.[180]

660 Die **Bummelei** im Betrieb ist beharrliche Arbeitsverweigerung, wenn sie nach Abmahnung fortgesetzt wird. Wer während der Arbeit übermäßig telefoniert oder aus privaten Gründen im Internet surft, Computerspiele oder Kartenspiele durchführt, verletzt die Arbeitspflicht und kann gekündigt werden, insbesondere wenn gleichartige Pflichtverletzungen bereits vergeblich abgemahnt worden sind.[181] Wenn man auch grundsätzlich eine individuelle Abmahnung verlangt, so kann es doch in derartigen Fällen, in denen die Verstöße von Gruppen von Arbeitnehmern erfolgen, ausreichend sein, wenn eine allgemeine Abmahnung im Betrieb oder der betreffenden Abteilung erfolgt. Hier kann u.U. auch eine Abmahnung durch Anschlag am schwarzen Brett erfolgen mit der Androhung der fristlosen Kündigung. Das gilt vor allem dann, wenn die Arbeitsordnung für Mitteilungen an die Belegschaft Anschläge am schwarzen Brett vorsieht. Ansonsten wird man auf den Ein-

---

[173] Vgl. BAG 9. 2. 1960 AP § 626 BGB Nr. 39 mit zust. Anm. *Hueck.*

[174] BAG 22. 11. 1973 EzA § 626 BGB n.F. Nr. 33 = NJW 1974, 1155.

[175] LAG Köln 30. 7. 1999 NZA-RR 2000, 189.

[176] BAG 29. 7. 1976 EzA § 1 KSchG Nr. 34 = DB 1976, 2356; 23. 3. 1976 EzA § 5 BetrVG 1972 Nr. 25.

[177] Siehe aber LAG Düsseldorf 17. 1. 1962 DB 1962, 476 und 14. 3. 1962 BB 1963, 516.

[178] LAG Frankfurt 5. 2. 1987 LAGE § 626 BGB Nr. 29 = DB 1987, 1742.

[179] Schon wegen nicht hinreichenden Substantiierung im Rahmen des § 102 BetrVG verneint durch LAG Frankfurt 16. 7. 1998 RzK I 5i Nr. 149.

[180] Vgl. BAG 20. 3. 1969 EzA § 123 GewO Nr. 11 = AP § 123 GewO Nr. 27.

[181] LAG Berlin 18. 1. 1988 LAGE § 626 BGB Nr. 31 = DB 1988, 866.

zelfall abzustellen haben und prüfen müssen, ob das Tatbestandsmerkmal der Beharrlichkeit gegeben ist.

c) Verletzung von Nebenpflichten

Jedem Schuldverhältnis sind Pflichten der Vertragspartner der **Rücksichtnahme, des Schutzes und der Förderung des Vertragszwecks** immanent. Über die allgemeine schuldrechtliche Dogmatik (vgl. jetzt § 241 Abs. 2 BGB) hinausgehende Treue- und Fürsorgepflichten sind nicht anzuerkennen. Dass sich Nebenpflichten je nach Qualität und Intensität der Vertragsbeziehung verstärken können, die bei Dauerschuldverhältnissen strukturell ausgeprägter sind als bei punktuellen Rechtsgeschäften, ist keine Besonderheit des Arbeitsrechts.[182] Nebenleistungspflichten, wie Unterlassungs- und Handlungspflichten, sind eng mit der Hauptleistungspflicht des AN verknüpft.[183] Auch unselbständige Nebenpflichten, zu denen allgemeine Sorgfalts-, Obhuts-, Fürsorge-, Aufklärungs- und Anzeigepflichten gehören, stehen nicht im freien Raum mit beliebigem Inhalt, sondern dienen dazu, die Erbringung der Hauptleistung vorzubereiten und zu fördern, die Leistungsmöglichkeit zu erhalten und den Leistungserfolg zu sichern. 661

Die Formulierung des BAG, die Treuepflicht des Arbeitnehmers gebiete, alles zu unterlassen, was dem Arbeitgeber und dem Betrieb abträglich sei,[184] ist irreführend. Insb. bei außerdienstlichen Vertragsbindungen vermag diese Formel wenig Hilfestellung zu geben, weil sie konsequent gehandhabt zu einem problematischen und vertragsrechtlich übermäßigen Eingriff in die grundrechtlich geschützte Privatsphäre führen können. Überzeugender ist die Formulierung, dass der Arbeitnehmer alles **zu unternehmen** hat, damit der vertraglich vereinbarte Leistungszweck auch erreicht wird, der in den versprochenen Diensten zum Ausdruck kommt, und alles **zu unterlassen,** was ihn vereiteln würde.[185] 662

Die Verletzung solchermaßen eingegrenzter vertraglicher Nebenpflichten kann – ggf. nach Abmahnung – die Kündigung rechtfertigen. Die Fallgestaltungen dieser Nebenpflichtverletzungen sind jedoch sehr unterschiedlich, so dass der jeweilige Einzelfall besonders sorgfältig betrachtet werden muss. Insbesondere Arbeitnehmern in leitender Position wird regelmäßig in intensiver Weise Vertrauen eingeräumt, das deshalb besonders störungsempfindlich ist.[186] Im Arbeitsverhältnis wird der Inhalt der Nebenpflichten durch die **besonderen persönlichen Bindungen** der **Vertragspartner** geprägt.[187] Je weiter sich denkbare Pflichten von der Hauptpflicht entfernen, umso zurückhaltender sind entspr. Nebenpflichten ohne ausdrückliche vertragliche Vereinbarung anzuerkennen.[188] Mit Nebenpflichtverletzungen können auch besonders schwerwiegende Vertrauensbrüche verbunden sein. Je nach Bedeutung des Vertrauensmissbrauchs kann daher auch eine fristlose Kündigung durchgreifen. 663

---

[182] MünchArbR/*Blomeyer* § 51 Rn. 20; *Preis* Vertragsgestaltung S. 517 ff.
[183] Ausf. MünchArbR/*Blomeyer* § 51 Rn. 16 ff.
[184] BAG 16. 8. 1990 AP § 611 BGB Treupflicht Nr. 10.
[185] MünchArbR/*Blomeyer,* § 51 Rn. 18.
[186] LAG Nürnberg 13. 1. 1993 LAGE § 626 BGB Nr. 67.
[187] BAG 7. 9. 1995 AP § 242 BGB Auskunftspflicht Nr. 24.
[188] *Preis* Vertragsgestaltung S. 518.

aa) Leistungstreuepflichten

(1) Berichtspflicht

664 Der Arbeitnehmer hat stets Auskunft über die von ihm geleistete Arbeit zu geben. Auch die beharrliche Verweigerung der Erstellung von **Tagesleistungsberichten,** die für den Arbeitgeber zur Kontrolle der geleisteten Arbeit erforderlich sind, kommt einer beharrlichen Arbeitsverweigerung gleich.[189]

(2) Rücksprache mit Arbeitgeber

665 Weigert sich ein Arbeitnehmer **hartnäckig,** zu einer vom Arbeitgeber angeordneten Rücksprache über eine den Arbeitsvertrag betreffende Frage zu erscheinen, so kann das die fristlose Entlassung rechtfertigen.[190] Der Arbeitnehmer kann jedoch regelmäßig verlangen, dass eine Person seines Vertrauens (Betriebsrat, Anwalt) an der Unterredung teilnimmt; er darf aber nicht heimlich ein aufnahmebereites Tonband mitführen.[191]

(3) Direktionsrecht/Gehorsamspflicht

666 Der Arbeitnehmer hat die kraft Direktionsrecht vertragsgemäß zugewiesene Arbeit zu leisten. Das Weisungsrecht des Arbeitgebers korreliert mit der Gehorsamspflicht des Arbeitnehmers, die Bestandteil seiner Hauptpflicht sind und im engeren Sinne gar nicht zu den „Nebenpflichten" gehören.[192] Die Missachtungen von Arbeitsanweisungen rechtfertigt – nach Abmahnung – die verhaltensbedingte Kündigung.[193] Die vollständige Verweigerung der zugewiesenen Arbeitsleistung kann als beharrliche Arbeitsverweigerung (Rn. 630ff.) auch die außerordentliche Kündigung rechtfertigen.

(4) Herausgabe von Unterlagen (Arbeitspapiere)

667 Der Arbeitnehmer hat dem Arbeitgeber stets Unterlagen, die ihm zu Erbringung der Arbeitsleistung überlassen sind oder die im Laufe der Arbeitsleistung erstellt worden sind, herauszugeben. Das gilt auch für Dateien, die auf einem PC gespeichert sind.[194] Ebenfalls hat der Arbeitnehmer dem Arbeitgeber Unterlagen, die für die Einstellung oder Lohnberechnung notwendig sind, vorzulegen. Nachhaltige Verstöße hiergegen können die Kündigung rechtfertigen.

bb) Handlungs- und Schutzpflichten

(1) Anzeige- und Nachweispflichten

668 Zur Sicherung der Leistungserbringung sowie zur Schadensabwendung bestehen verschiedene Anzeige- und Nachweispflichten des Arbeitnehmers. Zum Teil sind diese gesetzlich konkretisiert. Die Verletzung vertraglicher, tariflicher oder gesetzlicher Anzeige- und Nachweispflichten kann je nach Lage des Falles die ordentliche oder außerordentliche Kündigung rechtfertigen.[195]

---

189 LAG Berlin 27. 6. 1968 BB 1969, 834.
190 LAG Düsseldorf 22. 3. 1963 DB 1966, 947 und 6. 12. 1977 DB 1978, 751.
191 LAG Rheinland-Pfalz 18. 9. 1996 NZA 1997, 826.
192 MünchArbR/*Blomeyer,* § 51 Rn. 18.
193 LAG Hamburg 3. 11. 1999 NZA-RR 2000, 304.
194 LAG Schleswig-Holstein 20. 1. 2000 DuD 2001, 235.
195 BAG 7. 12. 1988 EzA § 1 KSchG Verhaltensbedingte Kündigung Nr. 26; 30. 1. 1976 und 15. 1. 1986 EzA § 626 BGB Nr. 45 und 100 = DB 1976, 1067 und DB 1986, 2443;

Die wichtigste **Anzeige- und Nachweispflicht** ist in § 5 EFZG im Falle der **Arbeitsunfähigkeit** geregelt. Ein Arbeitnehmer ist danach auch ohne ausdrückliche Vereinbarung verpflichtet, seine Arbeitsunfähigkeit dem Arbeitgeber unverzüglich anzuzeigen. Die Unterrichtungspflicht entfällt auch nicht bei Auslandserkrankungen (§ 5 Abs. 2 EFZG).[196] Ein Angestellter in verantwortlicher Stellung, der für einen bestimmten Aufgabenbereich zuständig ist, darf sich nicht lediglich auf die Übersendung der Arbeitsunfähigkeitsbescheinigung beschränken, sondern muss, soweit es ihm möglich ist, sich auch darum kümmern, was ohne seine Anwesenheit geschehen soll. Die Verletzung dieser vertraglichen Hauptpflicht kann die Kündigung rechtfertigen.[197] Auch die Verletzung der dem Arbeitnehmer nach § 5 Abs. 1 EFZG obliegenden Pflicht, seine **Arbeitsunfähigkeit** durch ärztliche Bescheinigung nachzuweisen, kann die Kündigung rechtfertigen. Vor Ausspruch einer Kündigung wird jedoch eine Abmahnung unentbehrlich sein. Angesichts des geringen Gewichts dieser Pflichtverletzung bedarf es zur Rechtfertigung einer fristlosen Kündigung der Feststellung erschwerender Umstände.[198] Zeigt ein Arbeitnehmer seine Erkrankung nicht oder zu spät an, so rechtfertigt dies in der Regel nicht die fristlose Entlassung.[199] Die **Anzeigepflichtverletzung** hat regelmäßig geringeres Gewicht und es bedarf der Feststellung erschwerender Umstände des Einzelfalles, die ausnahmsweise die Würdigung rechtfertigen, dem Arbeitgeber sei die Fortsetzung des Arbeitsverhältnisses bis zum Ablauf der Kündigungsfrist unzumutbar.[200] Eine Verletzung der Anzeigepflicht kann nur dann die fristlose Kündigung rechtfertigen, wenn sie wiederholt und vorsätzlich erfolgt oder noch andere gewichtige Gründe hinzukommen. Dies hat das BAG bei einem Angestellten in verantwortlicher Stellung bejaht, zu dessen Aufgabenbereich es auch gehörte, Regelungen dafür zu treffen, was in seiner Abwesenheit geschehen soll.[201] Die gleichen Grundsätze gelten auch für die Verpflichtungen des Arbeitnehmers, über seine Erkrankung ein Attest vorzulegen.[202] Das LAG Berlin[203] hat sogar im Falle eines wiederholten Verstoßes gegen die Verpflichtung, sich rechtzeitig krank zu melden, 669

---

16. 8. 1991 EzA § 1 KSchG Verhaltensbedingte Kündigung Nr. 41 mit Anm. *Rüthers/Müller* = NZA 1992, 130; LAG Köln 12. 12. 1993 LAGE § 1 KSchG Verhaltensbedingte Kündigung Nr. 40; LAG Köln 1. 6. 1995 NZA 1996, 596.

196 LAG Frankfurt 22. 1. 1990 LAGE § 1 KSchG Verhaltensbedingte Kündigung Nr. 30.

197 BAG 31. 8. 1989 BB 1990, 559; 30. 1. 1976 AP § 626 BGB Krankheit Nr. 2 = EzA § 626 BGB n. F. Nr. 46.

198 BAG 15. 1. 1986 AP § 626 BGB Nr. 93 = EzA § 626 BGB n. F. Nr. 100; LAG Köln 17. 11. 2000 NZA-RR 2001, 367; bei unbefristeter Arbeitsunfähigkeit müssen keine bestätigenden Bescheinigungen vorgelegt werden, LAG Köln 9. 6. 1995 LAGE § 1 KSchG Verhaltensbedingte Kündigung Nr. 48.

199 LAG Düsseldorf 1. 2. 1955 DB 1955, 436; 9. 11. 1960 BB 1961, 132; 27. 2. 1964 BB 1964, 720; LAG Hamm 7. 10. 1954 BB 1955, 227 = DB 1954, 1108; LAG Frankfurt 24. 4. 1957 AP § 123 GewO Nr. 9 = DB 1957, 900; LAG Baden-Württemberg 30. 11. 1964 BB 1965, 373.

200 Vgl. BAG 15. 1. 1986 EzA § 626 BGB n. F. Nr. 100 = AP § 626 BGB Nr. 93.

201 BAG 30. 1. 1976 AP § 626 BGB Krankheit Nr. 2 = EzA § 626 BGB n. F. Nr. 45 = NJW 1976, 1286.

202 Vgl. hierzu LAG Düsseldorf 21. 3. 1955 DB 1955, 851; 11. 1. 1957 DB 1957, 432; 14. 11. 1961 DB 1962, 72; 15. 10. 1963 DB 1964, 628; 14. 4. 1965 BB 1965, 1273; LAG Stuttgart 30. 11. 1964 DB 1965, 148; ArbG Rheine 17. 9. 1965 BB 1966, 124.

203 12. 1. 1965 ArbuR 1965, 283.

eine fristlose Entlassung abgelehnt, wenn sich der Arbeitnehmer nicht erkennbar aus Prinzip weigert, sich bei Krankheit zu entschuldigen (sehr weitgehend). Zu Recht wurde die Kündigung dagegen bei nachhaltiger Weigerung, sich einer vorgeschriebenen Vorsorgeuntersuchung zu stellen, bejaht.[204]

670 Der Arbeitnehmer muss den **Arztbesuch** nachweisen. Die beharrliche Verweigerung dieser Pflicht rechtfertigt die fristlose Kündigung.[205]

671 Anzeigepflichten können sich ferner aus der allgemeinen Schadensbewendungspflicht ergeben (Rn. 677). Ob und inwieweit der Arbeitnehmer Kollegen anzuzeigen verpflichtet ist, bedarf differenzierter Betrachtung (Rn. 694).

672 Ausländische Arbeitnehmer, die in ihrem Heimatland **Wehrdienst** ableisten müssen, sind verpflichtet, den Arbeitgeber unverzüglich über den Zeitpunkt der Einberufung zu unterrichten und auf Verlangen des Arbeitgebers die Richtigkeit der Angaben durch eine behördliche Bescheinigung des Heimatstaates nachzuweisen. Die Verletzung dieser Pflicht kann je nach den Umständen die ordentliche oder außerordentliche Kündigung rechtfertigen.[206]

(2) Arbeitsschutz

673 Die Weigerung des Arbeitnehmers, trotz Abmahnung die notwendigen Arbeitsschutzbestimmungen zu beachten, rechtfertigt die sofortige Kündigung.[207] Bei vorsätzlicher Missachtung bekannter Sicherheitsvorschriften kann die Abmahnung entbehrlich sein.[208] Gleiches gilt bei der Festsetzung einer gefährlichen Handlung trotz Unterlassungsaufforderung durch den Arbeitgeber.[209] Ebenso kann bei nachhaltiger Weigerung, sich einer vorgeschriebenen medizinischen Vorsorgeuntersuchung zu unterziehen, eine außerordentliche Kündigung gerechtfertigt sein.[210]

(3) Aufklärungs-, Unterrichtungs- und Auskunftspflichten

674 Der Arbeitnehmer hat den Arbeitgeber über wesentliche Vorkommnisse im dienstlichen Bereich zu unterrichten. Drohen Schäden an oder von Betriebsgütern, muss der Arbeitgeber hierüber informiert werden. Der Arbeitnehmer darf diese nicht ohne Rücksprache vernichten, sofern nicht Leib und Leben Dritter unmittelbar gefährdet ist.[211]

(4) Gesundheitsuntersuchung

675 Kraft (tariflicher) Vereinbarung kann der Arbeitnehmer darüber hinaus verpflichtet sein, sich einer ärztlichen Untersuchung zu unterziehen. Das BAG[212] bejaht viel zu weitgehend eine Nebenpflicht zur Entbindung der behandelnden Ärzte von der Schweigepflicht auch ohne tarifliche Regelung aus der allgemeinen

---

[204] LAG Düsseldorf 31. 5. 1996 NZA-RR 1997, 88.
[205] LAG Düsseldorf 19. 10. 1963 DB 1964, 628.
[206] BAG 7. 9. 1983 AP § 1 KSchG 1969 Verhaltensbedingte Kündigung Nr. 7 mit Anm. *Ortlepp* = EzA § 626 BGB n. F. Nr. 87.
[207] LAG Düsseldorf 2. 12. 1952 DB 1953, 108.
[208] Vgl. LAG Hamm 17. 11. 1989 LAGE § 626 BGB Nr. 48.
[209] LAG Köln 17. 3. 1993 LAGE § 626 BGB Nr. 71.
[210] LAG Düsseldorf 31. 5. 1996 NZA-RR 1997, 88 f.
[211] BAG 11. 3. 1999 AP § 626 BGB Nr. 150.
[212] BAG 6. 11. 1997 EzA § 626 BGB n. F. Nr. 171.

Treuepflicht. Das ist in dieser Allgemeinheit abzulehnen,[213] und kann allenfalls für die Feststellung der Berufs- oder Erwerbsunfähigkeit erwogen werden. Bei begründeten Zweifel an der Tauglichkeit des Arbeitnehmers, den Anforderungen seines Arbeitsplatzes aus gesundheitlichen Gründen auf Dauer gerecht zu werden, sieht das BAG eine Nebenpflicht des Arbeitnehmers, sich einem amtsärztlichen Gutachten über die Dienstfähigkeit zu stellen. Ein Arbeitnehmer, der die notwendige ärztliche Begutachtung über Gebühr erschwert oder unmöglich macht, verstoße gegen seine Treuepflicht. Eine generelle Nebenpflicht, sich einer ärztlichen Untersuchung zu stellen, besteht nicht. In seiner Entscheidung vom 12. 8. 1999[214] hat das BAG zwar seine Rechtsprechung bestätigt, in der Sache aber deutlich relativiert. So hat es die Pflicht des Arbeitnehmers, sich routinemäßig Blutuntersuchungen zu unterziehen (zur Feststellung einer Alkohol- oder Drogenabhängigkeit, verneint. Zu Recht erkennt das BAG jetzt die verfassungsrechtliche Dimension aus Art. 2 Abs. 1 GG i.V.m. Art. 1 Abs. 1 GG des Schutzes der Intimsphäre und der körperlichen Unversehrtheit. Der Schutz ist umso intensiver, je näher die Daten der Intimsphäre des Betroffenen stehen.[215] Wenn der der Arbeitnehmer aber nicht gezwungen werden kann, sich einer Untersuchung zu unterziehen, wie das BAG ausführt,[216] stellt sich die Frage, ob die vom BAG im Grundsatz angenommene Nebenpflicht überhaupt besteht.[217]

Soweit der Arbeitnehmer allerdings bei Zweifeln an seiner Arbeitsunfähigkeit **676**
einer durch den medizinischen Dienst nach § 275 Abs. 1 SGB V angeordneten Untersuchung nicht nachkommt, kann hierin zugleich ein kündigungsrelevanter Pflichtverstoß gesehen werden. Das Gleiche gilt, wenn sich ein Arbeitnehmer nachhaltig einer gesetzlich vorgeschriebenen Vorsorgeuntersuchung entzieht.[218] Das BAG hat die nachhaltige Weigerung eines Arbeitnehmers, sich einer tarifvertraglich geregelten Untersuchungspflicht auf Verlangen des Arbeitgebers zu unterziehen, und schuldhaft die Stellung eines Rentenantrags zu unterlassen mit der Folge, trotz Arbeitsunfähigkeit weiter Entgeltfortzahlung zu beziehen, als wichtigen Kündigungsgrund erachtet.[219]

(5) Schadensabwendungspflicht

Aufgrund der allgemeinen vertraglichen Schutzpflicht ist der Arbeitnehmer ver- **677**
pflichtet, Schaden vom Betrieb des Arbeitgebers abzuwenden. So müssen **Fehler an Maschinen oder Material** angezeigt werden. Die fristlose Kündigung ist gerechtfertigt, wenn ein Arbeitnehmer bzw. Betriebsrat die Arbeitnehmerschaft zur **Schädigung des Arbeitgebers** aufruft.[220] Auch die bewusste und gewollte Ge-

---

213 Die Ausführungen von *Bezani,* Die krankheitsbedingte Kündigung, 1994, S. 63ff., auf die sich das BAG bezieht, zeigen, dass ein derartig weitgehender Rechtssatz weder in Rspr. noch Literatur anerkannt ist.

214 BAG 12. 8. 1999 AP § 1 KSchG 1969 Verhaltensbedingte Kündigung Nr. 41 = EzA § 1 KSchG Verhaltensbedingte Kündigung Nr. 55; siehe bereits *v. Hoyningen-Huene* DB 1995, 142, 145.

215 BVerfGE 89, 69, 82f., m.w.N.

216 BAG 12. 8. 1999 AP § 1 KSchG 1969 Verhaltensbedingte Kündigung Nr. 41.

217 Krit. insoweit ErfK/*Preis* § 611 BGB Rn. 1031.

218 LAG Düsseldorf 31. 5. 1996 NZA-RR 1997, 88ff.

219 BAG 6. 11. 1997 EzA § 626 BGB n.F. Nr. 170.

220 LAG Hamm 23. 2. 1965 DB 1965, 1052.

schäftsschädigung rechtfertigt die fristlose Entlassung,[221] ebenso wie die ernsthafte Ankündigung, der Arbeitnehmer werde den Interessen des Arbeitgebers in dessen Existenz gefährdender Weise zuwiderhandeln.[222] Durch Tatsachen nicht gerechtfertigte Drohungen eines Bankmitarbeiters, die Bank öffentlich der Mitwirkung an Steuerhinterziehungen zu bezichtigen, ist als schwerwiegender Loyalitätsverstoß gewertet worden.[223] **Falschaussagen** zu Lasten des Arbeitgebers sind ebenfalls mit der Loyalitätspflicht unvereinbar.[224] Ob und inwieweit ein Arbeitnehmer arbeitsvertraglich verpflichtet ist, dem Arbeitgeber von **unerlaubten Handlungen anderer Arbeitnehmer** Mitteilung zu machen, wird unterschiedlich beurteilt.[225]

678 Wendet ein Arbeitnehmer einen nur ihm und seinen Verwandten zustehenden Personalrabatt einem Nachbarn zu, indem er dem Arbeitgeber vorspiegelt, es handele sich um einen Personaleinkauf, so schädigt er vorsätzlich das Vermögen des Arbeitgebers. Eine verhaltensbedingte Kündigung ohne vorherige Abmahnung ist zulässig.[226]

cc) Unterlassungspflichten

(1) Abkehrwille

679 Nicht selten trifft ein Arbeitnehmer Vorkehrungen, um ein anderes Arbeitsverhältnis einzugehen oder sich selbständig zu machen. Dieses Verhalten wird häufig bekannt, und vereinzelt äußert der Arbeitnehmer seinen Willen, demnächst das Arbeitsverhältnis zu lösen. Dieses Verhalten stellt für sich genommen keine Vertragspflichtverletzung dar.[227] Eine verhaltensbedingte Kündigung kann hierauf mithin nicht gestützt werden.[228] Nur wenn der Arbeitnehmer im Zusammenhang mit den Vorbereitungshandlungen Vertragspflichtverletzungen begeht (Abwerbung, Konkurrenztätigkeit, Verrat von Betriebs- oder Geschäftsgeheimnissen), kann eine Kündigung aus diesen Gründen gerechtfertigt sein. Allein die Vermutung, es könne zu Vertragsverletzungen kommen, kann die Kündigung nicht rechtfertigen. Die Rechtsprechung hat jedoch bei Spezial- und Mangelberufen bei bestehendem Abkehrwillen eine betriebsbedingte Kündigung zugelassen, soweit es um die Notwendigkeit geht, eine nur schwer zu findende Ersatzkraft für den Abkehrwilligen einzustellen.[229] Dies ist nach dem System der betriebsbedingten Kündigung zweifelhaft, weil ein verringerter Personalbedarf nicht besteht. Außerdem ist der Abkehrwille ein eindeutig aus der Arbeitnehmersphäre herrührender Umstand, der nur im Falle der Vertragswidrigkeit eine verhaltensbedingte Kündigung rechtfertigen kann.[230]

---

[221] BAG 17. 6. 1992 – 2 AZR 568/91 –, n. v.; Sächsisches LAG 25. 6. 1996 LAGE § 626 BGB Nr. 102.

[222] LAG Nürnberg 13. 1. 1993 LAGE § 626 BGB Nr. 67.

[223] BAG 11. 3. 1999 AP § 626 BGB Nr. 149.

[224] BAG 16. 10. 1986 AP § 626 BGB Nr. 95 = EzA § 626 BGB n. F. Nr. 105; LAG Berlin 29. 8. 1988 LAGE § 15 KSchG Nr. 6.

[225] LAG Berlin 9. 1. 1989 EzA § 1 KSchG Verhaltensbedingte Kündigung Nr. 21; ArbG Stuttgart 9. 12. 1981 DB 1982, 1626; LAG Hamm 29. 7. 1994 BB 1994, 2352.

[226] LAG Schleswig-Holstein 28. 1. 1999 ARST 1999, 105.

[227] Zum Übertritt oder Gründung eines Konkurrenzunternehmens: BAG 30. 1. 1963, 7. 9. 1972 und 16. 1. 1975 AP § 60 HGB Nr. 3, 7 und 8.

[228] KR/*Etzel,* § 1 KSchG Rn. 415.

[229] BAG 22. 10. 1964 EzA § 1 KSchG Nr. 2 = AP § 1 KSchG Betriebsbedingte Kündigung Nr. 16; LAG Frankfurt 11. 4. 1985 BB 1986, 65; KR/*Etzel,* § 1 KSchG Rn. 416.

[230] Zu Recht abl. aber auch KDZ/*Kittner,* § 1 KSchG Rn. 306; HK-KSchG/*Dorndorf,* § 1 Rn. 774.

(2) Abwerbeverbot

Jeder Arbeitnehmer ist gehalten, seinen Arbeitgeber vor Schäden zu bewahren. Insofern hat er es auch zu unterlassen, Kollegen abzuwerben. Ein Arbeitnehmer, der im bestehenden Arbeitsverhältnis ernsthaft auf seine Kollegen einwirkt, damit sie unter Beendigung des Arbeitsverhältnisses die Arbeit bei einem anderen Arbeitgeber aufnehmen, verletzt unabhängig davon seine vertragliche Schutz- und Treuepflicht, ob die Abwerbung mit unlauteren Mitteln oder in verwerflicher Weise erfolgt.[231] Die bloße Mitteilung an andere Arbeitnehmer, er mache sich selbständig, genügt jedoch nicht. **680**

In schwerwiegenden Fällen kann auch die fristlose Kündigung gerechtfertigt sein. Bei der Prüfung der Frage, ob von einer vertragswidrigen Abwerbung auszugehen ist, ist die wertsetzende Bedeutung des Art. 12 Abs. 1 GG zu berücksichtigen.[232] Insbesondere wenn ein Arbeitnehmer eine besondere Vertrauensstellung innehat, besteht eine gesteigerte Pflicht, jeden Schaden vom Betrieb fernzuhalten. Unternimmt er während des Bestehens des Arbeitsvertrages den Versuch, einen qualifizierten Facharbeiter des Betriebes abzuwerben, um ihn zu veranlassen, in den von ihm selbst zu gründenden Betrieb einzutreten, ist die fristlose Entlassung gerechtfertigt.[233] Besonders schwerwiegend ist die Pflichtverletzung, wenn die Abwerbung im entgeltlichen Auftrag eines Konkurrenten oder zum Zwecke des Wettbewerbs erfolgt. **681**

(3) Alkohol- und Drogenverbot

Ist der Genuss von Alkohol im Betrieb nicht erlaubt, so kann die Verletzung des Verbots nach vorheriger Abmahnung die Kündigung rechtfertigen.[234] Im Einzelfall müssen jedoch die besonderen Gegebenheiten der Branche beachtet werden.[235] So dürfte z.B. in einem Baubetrieb die Entlassung wegen Genusses einer Flasche Bier kaum in Betracht kommen. Jedoch kann auch hier bei sicherheitsrelevanten Tätigkeiten eine andere Beurteilung gerechtfertigt sein. Verschärfte Anforderungen sind zu stellen, wenn der Alkohol- und Drogenkonsum mit der geschuldeten Aufgabe schlicht unvereinbar ist.[236] So stellt es einen schwerwiegenden Verstoß gegen die arbeitsvertraglichen Pflichten dar, wenn ein Heimerzieher trotz bestehenden Drogenverbots an dem Cannabisverbrauch eines ihm anvertrauten Heimbewohners mitwirkt.[237] **682**

---

[231] LAG Schleswig-Holstein 6. 7. 1989 DB 1989, 1880 = LAGE § 626 BGB Nr. 42; LAG Düsseldorf 28. 2. 1957 DB 1957, 432 und 9. 12. 1964 BB 1965, 335; LAG Saarbrücken 20. 1. 1965 DB 1965, 518 = BB 1965, 957.

[232] LAG Rheinland-Pfalz 7. 2. 1992 LAGE § 626 BGB Nr. 64.

[233] LAG Düsseldorf 28. 2. 1957 DB 1957, 432 und 9. 12. 1964 BB 1965, 335; zuletzt LAG Schleswig-Holstein 6. 7. 1989 DB 1989, 1880.

[234] BAG 26. 1. 1995 EzA § 1 KSchG Verhaltensbedingte Kündigung Nr. 46; 22. 7. 1982 EzA § 1 KSchG Verhaltensbedingte Kündigung Nr. 10 mit Anm. *Weiss;* LAG Frankfurt 27. 9. 1984 und 20. 3. 1986, LAG Berlin 1. 7. 1985, LAG Köln 11. 9. 1987, LAG Nürnberg 13. 7. 1987 LAGE § 1 KSchG Verhaltensbedingte Kündigung Nr. 3, 4, 9, 14 und 19; LAG Hamm 15. 12. 1989 LAGE § 1 KSchG Verhaltensbedingte Kündigung Nr. 26; 11. 11. 1996 LAGE § 1 KSchG Verhaltensbedingte Kündigung Nr. 56; *Künzl,* DB 1993, 1581 ff.; *v. Hoyningen-Huene,* DB 1995, 142 ff.

[235] BAG 26. 1. 1995 EzA § 1 KSchG Verhaltensbedingte Kündigung Nr. 46 = NZA 1995, 517.

[236] LAG Berlin 18. 2. 2000 RzK I 6a Nr. 182: Trunkenheit bei einem Schiffsführer.

[237] BAG 18. 10. 2000 AP § 626 BGB Nr. 169.

683 Insbesondere bei **Berufskraftfahrern,** aber auch solchen Arbeitnehmern, von denen im Falle der Trunkenheit Gefahren für andere ausgehen können (z. B. Ärzte, Kraftfahrer, Kranführer, Piloten), kann unter Umständen auch schon ein einmaliger Verstoß gegen das Alkoholverbot ohne Abmahnung eine verhaltensbedingte Kündigung rechtfertigen. Jedem **Berufskraftfahrer** ist das als arbeitsvertragliche Nebenpflicht bestehende Gebot bewusst, jeden die Fahrtüchtigkeit beeinträchtigenden Alkoholgenuss kurz vor oder während des Dienstes zu unterlassen.[238] Bei Berufskraftfahrern kann Trunkenheit am Steuer auch einen wichtigen Grund darstellen. Freilich muss der Arbeitgeber prüfen, ob er den Arbeitnehmer nicht bis zum Ablauf der Kündigungsfrist, bis zur Neuerteilung des Führerscheins oder auf Dauer auf einem anderen Arbeitsplatz weiterbeschäftigen kann.[239] Besonders schwerwiegend sind Verstöße gegen das Alkoholverbot während der Arbeitszeit, wenn mit ihnen eine erhöhte Unfallgefahr und Gefahren für andere einhergehen.[240]

684 Bei Alkoholvergehen außerhalb des Dienstes liegt keine Vertragspflichtverletzung vor. So hat das LAG Köln in dem Fall eines Sachverständigen im Kraftfahrzeugwesen, der mit einem Blutalkoholgehalt von 1,9‰ einen Unfall verursachte, im Anschluss daran Fahrerflucht beging und die Fahrerlaubnis gem. § 111 a StPO entzogen wurde, einen Wegfall der persönlichen Eignung angenommen (personenbedingter Kündigungsgrund).[241] Die **Trunkenheit am Steuer** innerhalb und außerhalb des Dienstes begründet erhebliche Zweifel an der Eignung des Kraftfahrers für die geschuldete Tätigkeit. Innerhalb des Dienstes ist dies eine schwerwiegende Vertragsverletzung, die ohne Abmahnung die fristlose Kündigung rechtfertigen kann. Dem Arbeitgeber wird die Fortsetzung des Arbeitsverhältnisses sofort unzumutbar, weil – auch wegen der Gefährdung Dritter – er das Risiko eines weiteren Vorfalles nicht einzugehen braucht. Bei Trunkenheit außerhalb des Dienstes kann die Kündigung aus personenbedingten Gründen auch fristlos gerechtfertigt sein.[242] Es bedarf aber einer Beurteilung im Einzelfall, ob nach langjähriger Beschäftigung durch eine einmalige Trunkenheitsfahrt im Privatbereich bereits eine außerordentliche Kündigung gerechtfertigt ist.[243]

---

[238] BAG 23. 9. 1986 EzA § 87 BetrVG 1972 Betriebliche Ordnung Nr. 12 = NZA 1987, 250; 26. 1. 1995 EzA § 1 KSchG Verhaltensbedingte Kündigung Nr. 46 = NZA 1995, 517; LAG Rheinland-Pfalz 20. 12. 1999 EzBAT § 53 BAT Verhaltensbedingte Kündigung Nr. 51; LAG Sachsen 26. 5. 2000 NZA-RR 2001, 472.

[239] BAG 30. 5. 1978 EzA § 626 BGB n. F. Nr. 66 = AP § 626 BGB Nr. 70; LAG Hamm 27. 6. 1986 LAGE § 626 BGB Nr. 26; vgl. aus der früheren Rechtsprechung BAG 12. 1. 1956 EzA § 123 GewO Nr. 1 = AP § 123 GewO Nr. 5; 22. 8. 1963 AP § 626 BGB Nr. 51.

[240] Vgl. LAG Düsseldorf 18. 7. 1967 BB 1967, 1425; LAG Hamm 23. 8. 1990 LAGE § 626 BGB Nr. 52; LAG Niedersachsen 14. 6. 1994 EWiR 1994, 1081; zum Haschischkonsum im Betriebsratsbüro LAG Baden-Württemberg 13. 4. 1993 LAGE § 626 BGB Nr. 76.

[241] LAG Köln 25. 8. 1988 LAGE § 626 BGB Nr. 34; einschränkend BAG 4. 6. 1997 EzA § 626 BGB n. F. Nr. 168; vgl. hierzu noch Rn. 750.

[242] BAG 12. 1. 1956 EzA § 123 GewO Nr. 1 = AP § 123 GewO Nr. 5; 22. 8. 1963 AP § 626 BGB Nr. 51; LAG Köln 25. 8. 1988 LAGE § 626 BGB Nr. 34.

[243] Im Ergebnis zu Recht verneinend BAG 4. 6. 1997 EzA § 626 BGB n. F. Nr. 168, wo allerdings – verfehlt – im Bereich der personenbedingten Kündigung die Notwendigkeit einer Abmahnung bejaht wird.

Alkoholbedingte **Schlecht- oder Minderleistungen** können nach Abmahnung die verhaltensbedingte Kündigung rechtfertigen, es sei denn, sie beruhen auf einer Alkoholsucht; in diesem Falle finden die Grundsätze über die krankheitsbedingte Kündigung Anwendung.[244] In der praktischen Handhabung alkoholbedingter Kündigungen bestehen insofern Unsicherheiten, als für den Arbeitgeber oftmals nicht zu erkennen ist, ob dem Fehlverhalten eine Alkoholabhängigkeit zugrunde liegt. Entscheidend ist, ob aufseiten des Arbeitnehmers noch eine Einsichtsfähigkeit in die Vertragswidrigkeit besteht und ob noch von einem steuerbaren Verhalten ausgegangen werden kann.[245] Eine verhaltensbedingte Kündigung kommt jedoch auch bei Alkoholsüchtigen in Betracht; das Vorliegen einer Alkoholkrankheit schließt nicht stets ein Verschulden des Arbeitnehmers aus.[246] Auch kann mit dem Krankheitsbefund einer **Spielsucht** nicht gerechtfertigt werden, dass der Arbeitnehmer Straftaten zu Lasten seines Arbeitgebers begeht. Das insoweit steuerbare Verhalten des Arbeitnehmers schließt eine verhaltensbedingte Kündigung nicht aus.[247] Die Entscheidung des Arbeitnehmers, weder an einer Entziehungskur noch an einer Selbsthilfegruppe teilzunehmen, ist als persönliche Entscheidung keine Vertragspflichtverletzung, die eine verhaltensbedingte Kündigung rechtfertigen könnte.[248] **685**

(4) Androhung von Nachteilen (insbes. Krankschreibung)

Der Arbeitnehmer darf dem Arbeitgeber keine ungerechtfertigten Nachteile androhen. Versucht der Arbeitnehmer, einen ihm nicht zustehenden Vorteil durch eine unzulässige Drohung zu erreichen, so verletzt er bereits hierdurch seine arbeitsvertragliche Rücksichtnahmepflicht, die es verbietet, die andere Seite unzulässig unter Druck zu setzen.[249] Hauptbeispiel dieser Fallgruppe ist die „Androhung des Krankfeierns". Die Androhung des Krankfeierns auf eine berechtigte Arbeitszuweisung oder Ablehnung eines Urlaubsgesuchs stellt eine Verletzung der Leistungstreuepflicht dar. Das BAG erkennt in der Androhung einer Erkrankung für einen wichtigen Kündigungsgrund, wenn der Arbeitnehmer im Zeitpunkt dieser Ankündigung nicht krank war und sich auf Grund bestimmter Beschwerden auch noch nicht krank fühlen konnte.[250] Bereits in der Androhung liegt ein Verstoß gegen die arbeitsvertragliche Rücksichtnahmepflicht; eine Abmahnung ist entbehrlich.[251] Der bloße Hinweis bei bestehender Arbeitsunfähigkeit auf die Möglichkeit, sich krankschreiben zu lassen, stellt indes noch keinen Kündigungsgrund **686**

[244] BAG 9. 4. 1987 EzA § 1 KSchG Krankheit Nr. 18 mit Anm. *v. Hoyningen-Huene* = NZA 1987, 811; BAG 26. 1. 1995 a. a. O.; LAG Düsseldorf 19. 10. 1990 LAGE § 1 KSchG Krankheit Nr. 15; LAG Frankfurt 20. 3. 1986 ArbuR 1987, 211.

[245] LAG Saarland 12. 12. 1992 LAGE § 626 BGB Nr. 65.

[246] BAG 30. 9. 1993 EzA § 626 BGB n. F. Nr. 152.

[247] A. A. ArbG Bremen 21. 7. 1998 RzK I 5h Nr. 44.

[248] LAG Düsseldorf 25. 2. 1997 LAGE § 1 KSchG Verhaltensbedingte Kündigung Nr. 57.

[249] Vgl. für den Fall der Androhung einer Erkrankung, wenn eine bezahlte oder unbezahlte Freistellung von der Arbeit nicht gewährt wird, BAG 5. 11. 1992 EzA § 626 BGB n. F. Nr. 143.

[250] BAG 5. 11. 1992 EzA § 626 BGB n. F. Nr. 143.

[251] LAG Köln 14. 9. 2000 MDR 2001, 398 = NZA-RR 2001, 246; ArbG Paderborn 11. 5. 1994 EzA § 1 KSchG Verhaltensbedingte Kündigung Nr. 46.

dar, da der Arbeitnehmer in diesem Fall nur auf sein rechtmäßiges Verhalten hinweist.[252]

687 Nach Auffassung des LAG Hamm sind bei der Androhung des Krankfreiens und anschließender Arbeitsunfähigkeit die Grundsätze der Verdachtskündigung anzuwenden.[253] Im Kern handelt es sich hier um die Frage des Beweiswertes einer Arbeitsunfähigkeitsbescheinigung, der durch die Ankündigung herabgesetzt wird.[254] Diese denkbaren Kündigungsvarianten haben im Lichte der BAG-Rechtsprechung an Bedeutung verloren.

688 Besondere Schwierigkeiten bereiten in der Praxis auch diejenigen Fälle, in denen der Arbeitnehmer schon vorher Dritten gegenüber äußert, er werde zum vorgesehenen Zeitpunkt nicht wieder zur Arbeit erscheinen, sondern den Urlaub verlängern – was ihm der Arbeitgeber aus betrieblichen Gründen abgelehnt hat – und er dann tatsächlich den Urlaub überschreitet, jedoch hierfür ein Attest vorlegt. Hier gelten die gleichen Grundsätze wie bei der „Androhung des Krankfeierns". Anders sind jedoch solche Fälle zu beurteilen, in denen die Erkrankung im ersten Teil des Urlaubs liegt und der Arbeitnehmer den längeren Urlaub dadurch „erzwingt", dass er den Urlaub einfach um die Krankheitstage verlängert. Hat in einem solchen Fall der Arbeitnehmer seine demnächstige Erkrankung Kollegen gegenüber bereits erwähnt und wusste er, dass der Arbeitgeber aus betrieblichen Gründen auf eine pünktliche Wiederaufnahme der Arbeit Wert legte, kann eine fristlose Entlassung gerechtfertigt sein. Auf einen Rechtsirrtum, er habe nicht gewusst, dass sich der Urlaub nicht automatisch verlängert, wird sich der Arbeitnehmer kaum berufen können. In solchen Fällen gelten die gleichen Grundsätze wie beim eigenmächtigen Urlaubsantritt.

(5) Anzeige gegen den Arbeitgeber

689 Nach bisheriger Rechtsprechung kann ein Kündigungsgrund in der Erstattung einer Anzeige gegen den Arbeitgeber liegen, selbst wenn dieser gesetzwidrig gehandelt hat.[255] Diese Rechtsprechung kann keinen Bestand haben. Sie überdehnt das Ausmaß vertraglicher Nebenpflichten.[256] Eine Zäsur in dieser Frage stellt die Entscheidung des BVerfG vom 2. 7. 2001[257] dar. Danach kann es dem Arbeitnehmer nicht zum Nachteil gereichen, wenn der Arbeitnehmer seine staatsbürgerlichen Pflichten erfüllt (hier: Zeugenaussage bei Staatsanwaltschaft).[258] Mit dem Rechtsstaatsprinzip sei es unvereinbar, wenn eine Aussage in einem Ermittlungsverfahren zu zivilrechtlichen Nachteilen für den Zeugen führten, wenn er nicht wissentlich unwahre oder leichtfertig falsche Angaben mache. Das verfassungsrechtliche geschützte Verhalten des Arbeitnehmers sei auch bei „freiwilligen" Anzeigen bei der Entscheidung der Arbeitsgerichte zu berücksichtigen.[259] Diese Ent-

---

[252] LAG Köln 26. 2. 1999 NZA-RR 2000, 25.

[253] LAG Hamm 18. 1. 1985 LAGE § 626 BGB n. F. Nr. 20 = DB 1985, 927.

[254] Vgl. BAG 4. 10. 1978 DB 1979, 653; *Lepke,* S. 121 ff.

[255] BAG 5. 2. 1959 AP § 70 HGB Nr. 2 = NJW 1961, 8; LAG Düsseldorf 23. 10. 1959 BB 1960, 523 und 18. 1. 1961 BB 1961, 532; zur bewussten Falschinformation der Presse: BAG 23. 10. 1969 AP § 13 KSchG Nr. 19; KR/*Etzel,* § 1 KSchG Rn. 428.

[256] Vgl. *Preis,* Prinzipien, S. 366; ebenso LAG Düsseldorf 17. 1. 2002 – 11 SA 1422/01 –.

[257] BVerfG 2. 7. 2001 NZA 2001, 888 ff.; hierzu *Deiseroth,* ArbuR 2002, 161.

[258] So schon *Preis,* Prinzipien, S. 366.

[259] BVerfG 2. 7. 2001 NZA 2001, 888, 890.

scheidung fügt sich auch in die jüngere Rechtsprechung der Arbeitsgerichte ein. Sie ist auch für die Frage zugrunde zu legen, ob dem Arbeitnehmer gekündigt werden kann, der Anzeigen gegen seinen Arbeitgeber erstattet.

Schon in einer Entscheidung 18. 6. 1970[260] hat das BAG entschieden, dass die nicht zu beanstandende Wahrnehmung des grundrechtlich garantierten Petitionsrechts (Art. 17 GG) die Kündigung nicht rechtfertige. Das LAG Frankfurt[261] hält eine Kündigung wegen einer Anzeige gegen einen objektiv rechtmäßig handelnden Arbeitgeber bei einer zuständigen Stelle nur dann für gerechtfertigt, wenn völlig haltlose und unfundierte Vorwürfe in verwerflicher Motivation erhoben werden.[262] Wo objektiv schutzunwürdige Verhaltensweisen in Rede stehen, existiert zugunsten des Arbeitgebers kein Vertrauenstatbestand, so dass in der berechtigten Anzeige jedenfalls kein Vertrauensbruch erblickt werden kann.[263] Die zulässige Rechtsausübung kann Nachteile nicht rechtfertigen (§ 612a BGB). Eine entsprechende Wertung lässt sich sowohl § 21 Abs. 6 GefahrstoffVO und § 9 ArbSchG entnehmen. Verfolgt der Arbeitnehmer schutzwürdige Interessen, die anders nicht gewahrt werden können, ist eine Kündigung nicht gerechtfertigt.[264] **690**

Das Anzeigerecht darf nur zur Wahrnehmung berechtigter Interessen und nicht seinerseits missbräuchlich ausgeübt werden.[265] Insoweit steht die an sich berechtigte Anzeige unter einem Missbrauchsvorbehalt. Die Anzeigeerstattung, um den Arbeitgeber zielgerichtet zu schädigen, kann die Kündigung rechtfertigen.[266] Schutzwürdige Interessen werden nicht verfolgt, wenn die Anzeige aus niedrigen Beweggründen erfolgt (Zerstörung wirtschaftlicher Existenz wegen zerrütteter privater Beziehung).[267] **691**

Grundsätzlich muss der Arbeitnehmer den Arbeitgeber auf gesetzwidriges Verhalten vor einer Anzeigeerstattung hinweisen. Insoweit ist eine Interessenwahrungspflicht des Arbeitnehmers anzuerkennen, schon um möglichen Schaden abzuwenden.[268] Für die Frage, ob und inwieweit der Arbeitnehmer ausnahmsweise auf den Vorrang innerbetrieblicher Abhilfe verzichten darf, können in umgekehrter Anwendung die Grundsätze über die Erforderlichkeit einer Abmahnung herangezogen werden. Gerechtfertigt ist die Anzeige jedenfalls dann, wenn der Versuch, innerbetriebliche Abhilfe zu schaffen, erfolglos geblieben ist.[269] Hat der Arbeitnehmer versucht, den Arbeitgeber zu veranlassen, den rechtswidrigen Zustand abzu- **692**

---

[260] BAG 18. 6. 1970 AP § 1 KSchG Nr. 82 = DB 1970, 1739.

[261] Urteil 12. 2. 1987 LAGE § 626 BGB Nr. 28 = DB 1987, 1696; vgl. auch 14. 2. 1991 LAGE § 1 KSchG Verhaltensbedingte Kündigung Nr. 31; ebenso bereits LAG Düsseldorf 21. 2. 1974 DB 1974, 2164.

[262] Implizit gebillig durch BVerfG 2. 7. 2001 NZA 2001, 888, 889.

[263] Ausführlich *Preis,* S. 366; *Preis/Reinfeld,* ArbuR 1989, 361, 369ff. m.w.N.

[264] LAG Hamm 12. 11. 1990 LAGE § 626 BGB Nr. 54; LAG Köln 23. 2. 1996 LAGE § 626 BGB Nr. 94 = NZA-RR 1996, 330.

[265] BAG 4. 7. 1991 RzK I 6a Nr. 74; LAG Köln 10. 6. 1994 – 13 Sa 237/94 –, n.v.; siehe auch LAG Baden-Württemberg 3. 2. 1987 NZA 1987, 756 = AiB 1987, 260 mit Anm. *Colneric.*

[266] LAG Köln 7. 1. 2000 RDV 2000, 226.

[267] BAG 4. 7. 1991 RzK I 6a Nr. 74.

[268] *Preis/Reinfeld* ArbuR 1989, 370; ErfK/*Preis* § 611 BGB Rn. 1001; ebenso MünchArbR/*Blomeyer* § 53 Rn. 70.

[269] *Preis/Reinfeld* ArbuR 1989, 372; MünchArbR/*Blomeyer* § 51 Rn. 71.

stellen, so dürfen ihm keine Nachteile entstehen, wenn er sich an die zuständige Behörde wendet (z.B. wegen Verletzung von Arbeitsschutz- und Verkehrssicherheitsvorschriften).[270] Wenn der Arbeitgeber Kenntnis von den Missständen hat und nicht unverzüglich für Abhilfe sorgt, besitzt er kein schützenswertes Interesse an der Geheimhaltung dieser Umstände durch die Arbeitnehmer. Der Vorrang innerbetrieblicher Abhilfe ist zu verneinen, wenn dem Arbeitgeber die Gesetzwidrigkeit bekannt ist, von ihm gebilligt wurde, die Beseitigung objektiv unmöglich ist oder vom Arbeitgeber nicht erwartet werden kann.[271] Bei Straftaten, die sich gegen den Arbeitnehmer selbst richten, kann die Anzeige niemals arbeitsvertraglich unzulässig sein.[272]

693 Bei berechtigten Anzeigen muss sich der Arbeitnehmer grundsätzlich an die **zuständigen Behörden** wenden und darf **nicht unmittelbar die Presse** einschalten.[273] Die Flucht in die Öffentlichkeit, insbesondere die Einschaltung der Presse, kann nur das **letzte Mittel** zur Aufdeckung anders nicht beizukommender Missstände sein. Der Arbeitnehmer ist verpflichtet, unnötigen Schaden vom Betrieb fernzuhalten, weshalb sich eine Einschaltung der Presse regelmäßig verbietet.[274]

(6) Anzeigen gegen Arbeitnehmer

694 Im Einzelfall ist problematisch, ob und inwieweit der Arbeitnehmer die Pflicht hat, Verfehlungen anderer Mitarbeiter anzuzeigen. Eine Anzeigepflicht aus der vertraglichen Schutzpflicht besteht nur dann, wenn Personenschaden oder schwerer Sachschaden entstanden oder zu befürchten ist,[275] sicher aber auch bei (drohenden) strafbaren Handlungen zum Nachteil des Arbeitgebers. Deren Verletzung kann zur Kündigung berechtigen.[276] Das BAG hat die Anzeigepflicht bei Arbeitnehmern ausgedehnt, zu deren arbeitsvertraglichen Pflichten auch die Beaufsichtigung anderer AN gehört.[277]

695 Andererseits ist zu bedenken, dass auch die (unberechtigte) Denunziation eines Kollegen die Pflicht zur Zusammenarbeit stören und je nach Umständen des Einzelfalles eine Kündigung des Arbeitsverhältnisses rechtfertigen kann.[278] Im konkre-

---

[270] Verfehlt LAG Baden-Württemberg 20. 10. 1976 EzA § 1 KSchG Verhaltensbedingte Kündigung Nr. 8 mit abl. Anm. *Weiss;* richtig LAG Köln 23. 2. 1996 NZA-RR 1996, 330; ferner hierzu *Denck,* DB 1980, 2132; *Hinrichs,* Das Arbeitsrecht der Gegenwart, Bd. 18 (1981), S. 35ff.

[271] LAG Baden-Württemberg 3. 2. 1987 NZA 1987, 756.

[272] ArbG Elmshorn 4. 4. 1963 AP § 124a GewO Nr. 9; ArbG Krefeld 22. 5. 1959 AP § 123 GewO Nr. 23.

[273] Vgl. auch ArbG Berlin 29. 5. 1990 EzA § 1 KSchG Verhaltensbedingte Kündigung Nr. 31.

[274] Zur Kündigung wegen bewusster Falschinformation der Presse BAG 23. 10. 1969 AP § 13 KSchG Nr. 19 = NJW 1970, 827; vgl. auch LAG Köln 10. 6. 1994 LAGE § 626 BGB Nr. 78; LAG Köln 3. 5. 2000 ZTR 2001, 44.

[275] *Schaub* § 53 II 3; MünchArbR/*Blomeyer* § 54 Rn. 9.

[276] BAG 18. 6. 1970 AP § 611 BGB Haftung des Arbeitnehmers Nr. 57 = NJW 1970, 1861 = EzA § 611 BGB Arbeitnehmerhaftung Nr. 1; ArbG Stuttgart 9. 12. 1981 DB 1982, 1626; LAG Berlin 9. 1. 1989 LAGE § 1 KSchG Verhaltensbedingte Kündigung Nr. 21; LAG Hamm 29. 7. 1994 BB 1994, 2352.

[277] BAG 18. 6. 1970 AP BGB § 611 Haftung des Arbeitnehmers Nr. 57; generelle Anzeigepflicht bejahend LAG Berlin 9. 1. 1989 BB 1989, 630.

[278] BAG 21. 10. 1965 AP § 1 KSchG Verhaltensbedingte Kündigung Nr. 5 = DB 1966, 195.

ten Fall hat das BAG eine Anzeigepflicht über eine beleidigende Äußerung verneint, selbst wenn sie kreditschädigend ist.[279]

(7) Außerdienstliches Verhalten

Aus dem Arbeitsvertrag lässt sich keine Pflicht des Arbeitnehmers entnehmen, 696
seine **private Lebensführung** an den Interessen des Unternehmers auszurichten.[280] Der Arbeitnehmer wird durch den Arbeitsvertrag nicht etwa dazu verpflichtet, „ein ordentliches Leben zu führen und sich dabei seine Arbeitsfähigkeit und Leistungskraft zu erhalten".[281] Er hat auch grds. kein Recht, wahrheitsgemäße Antworten über die Privatsphäre (zB Spielbankbesuche) zu erlangen.[282] Die Gestaltung des privaten Lebensbereichs steht außerhalb der Einflusssphäre des Arbeitgebers wird durch arbeitsvertragliche Pflichten nur insoweit eingeschränkt, als sich das private Verhalten auf den betrieblichen Bereich auswirkt und dort zu Störungen führt.

Außerdienstliches Verhalten ist nur dann ein Kündigungsgrund, wenn es direkt 697
oder indirekt auf das Arbeitsverhältnis einwirkt.[283] Nach der Rechtsprechung des BAG kann außerdienstliches Verhalten nur dann eine ordentliche Kündigung rechtfertigen, wenn das Arbeitsverhältnis konkret berührt wird, sei es im Leistungsbereich, im Bereich der betrieblichen Verbundenheit aller Mitarbeiter, im personalen Vertrauensbereich oder auch im Unternehmensbereich.[284] Aus dieser Formel folgt jedoch noch nichts für die Einzelfallentscheidung. Mit ihr wird im Kern nur erreicht, dass vertragsrelevantes außerdienstliches mit dienstlichem Verhalten auf eine Stufe gestellt wird. Die verhaltensbedingte Kündigung kann aber nur durch solche außerdienstliche Verhaltensweisen ausgelöst werden, die **vertragswidrig** sind.[285] Andere außerdienstliche Verhaltensweisen, die nicht vertragswidrig sind, aber die Eignung des Arbeitnehmers für die geschuldete Tätigkeit entfallen lassen (ein Kassierer begeht außerhalb des Dienstes ein Eigentums- oder Vermögensdelikt; ein Erzieher wird wegen eines Sittlichkeitsdelikts bestraft), können nur die personenbedingte Kündigung rechtfertigen (siehe Rn. 748 ff.).

Zu differenzieren ist folglich zwischen **vertragswidrigen und nicht vertrags-** 698
widrigen außerdienstlichen Verhaltensweisen. Eine Ausweitung der vertraglichen Verhaltenspflichten in die Privatsphäre hinein ist nur gerechtfertigt, wenn bestimmte außerdienstliche Verhaltensbindungen durch die Art des Arbeitsverhältnisses gerechtfertigt sind.[286] Zum Beispiel darf ein als Fahrer oder Pilot beschäftigter

---

[279] BAG 30. 11. 1972 AP BGB § 626 Nr. 66.

[280] ErfK/*Preis,* § 611 BGB Rn. 1015.

[281] BAG 23. 6. 1994 AP § 242 BGB Kündigung Nr. 9.

[282] LAG Hamm 14. 1. 1998 LAGE § 626 BGB Nr. 119.

[283] Vgl. LAG Baden-Württemberg 19. 10. 1993 NZA 1994, 175.

[284] BAG 26. 5. 1977 EzA § 611 BGB Beschäftigungspflicht Nr. 2; 14. 11. 1981, 6. 6. 1984, 20. 9. 1984 und 24. 9. 1987 EzA § 1 KSchG Verhaltensbedingte Kündigung Nr. 9, 12, 14 und 18.

[285] Vgl. *Preis,* DB 1990, 633; ebenso jetzt KR/*Etzel,* § 1 KSchG Rn. 450; HK-KSchG/*Dorndorf,* § 1 Rn. 808.

[286] Zutreffend bejaht bei intimem Kontakt einer Bewährungshelferin mit flüchtigem Strafgefangenen LAG Sachsen 17. 12. 1997 LAGE § 1 KSchG Verhaltensbedingte Kündigung Nr. 61. Zu weitgehend allerdings ArbG Siegburg 8. 7. 1986 EzA § 1 KSchG Verhaltensbedingte Kündigung Nr. 17, wo allein das ehewidrige Verhalten als Grund für die Kün-

Arbeitnehmer in bestimmten Zeiträumen vor dem Dienstantritt keinen Alkohol zu sich nehmen, um seine Arbeitsleistung ohne Restalkohol wahrnehmen zu können.[287] In diesen Fällen liegt zwar eine außerdienstliche Verhaltensbindung vor, die aber eindeutig zur Vertragserfüllungspflicht gehört. Echte außerdienstliche Vertragsbindungen sind darüber hinaus insbesondere bei Arbeitsverhältnissen im kirchlichen Bereich, in Tendenzbetrieben und – mit Einschränkungen – im öffentlichen Dienst anzutreffen.

699 Nicht vertragswidriges außerdienstliches Verhalten rechtfertigt die Kündigung regelmäßig **nicht.** Eheschließung, Partnerbeziehungen, außereheliche Schwangerschaften oder ein ungewöhnlicher Lebenswandel[288] sind für sich genommen kündigungsrechtlich irrelevant.[289] Der Arbeitgeber ist durch den Arbeitsvertrag nicht zum Sittenwächter über die in seinem Betrieb tätigen Arbeitnehmer berufen.[290] Das BAG hat sogar eine Kündigung wegen Homosexualität nach § 242 BGB für rechtsmissbräuchlich erklärt in einem Fall, in dem der Kündigungsschutz nach § 1 KSchG noch nicht eingriff.[291]

700 Allerdings kann in Ausnahmefällen außerdienstliches, nicht vertragswidriges Verhalten die **Eignung** des Arbeitnehmers für die geschuldete Tätigkeit entfallen lassen.[292] Insoweit kann Trunkenheit am Steuer im außerdienstlichen Bereich Kündigungsgrund für einen Berufskraftfahrer oder für einen Kfz-Sachverständigen sein.[293] **Straftaten,** die mit dem Arbeitsverhältnis in keinem Zusammenhang stehen, reichen in aller Regel zur fristlosen Entlassung nicht aus. Handelt es sich jedoch um einschlägige Delikte (Vermögensdelikt bei einem Kassierer oder Lagerverwalter, Geldboten oder Geldbegleiter; Sittlichkeitsdelikte bei Erziehern), so kann die fristlose Entlassung wegen Fortfall der Eignung für die geschuldete Tätigkeit möglich sein. An die **Mitarbeiter im öffentlichen Dienst** sind besondere Anforderungen zu stellen, weil von ihnen, insbesondere wenn sie im Bereich der Justiz beschäftigt sind, besondere Gesetzestreue verlangt wird. Ihnen gegenüber kann auch bei verhältnismäßig geringfügigen Straftaten die Kündigung gerechtfer-

---

digung eines Ehegattenarbeitsverhältnisses angesehen wurde; verfehlt ebenfalls LAG Köln 26. 1. 1994 LAGE § 1 KSchG Personenbedingte Kündigung Nr. 11; ablehnend *Preis,* DB 1990, 633; richtig ArbG Berlin 20. 3. 1990 EzA § 1 KSchG Personenbedingte Kündigung Nr. 4 und neuerdings BAG 9. 3. 1995 EzA § 1 KSchG Personenbedingte Kündigung Nr. 12.

[287] LAG Rheinland-Pfalz 20. 12. 1999 EzBAT § 53 BAT Verhaltensbedingte Kündigung Nr. 51; vgl. auch BAG 23. 9. 1986 AP § 75 BPersVG Nr. 20.

[288] Deshalb ist die Veröffentlichung eigener „Softpornos" einer Büroangestellten kein Grund zur Kündigung, vgl. ArbG Passau 11. 12. 1997 NZA 1998, 427.

[289] *Preis,* DB 1990, 632; MünchKomm/*Schwerdtner,* § 626 BGB Rn. 144; KR/*Fischermeier,* § 626 BGB Rn. 414; BAG 9. 2. 1995 EzA § 1 KSchG Personenbedingte Kündigung Nr. 12; LAG Hamm 1. 3. 1990 LAGE § 1 KSchG Verhaltensbedingte Kündigung Nr. 28 = BB 1990, 1422; abzulehnen die abweichende Entscheidung des LAG Köln 26. 1. 1994 LAGE § 1 KSchG Personenbedingte Kündigung Nr. 11 beim Ehegattenarbeitsverhältnis; aufgehoben durch BAG 9. 2. 1995 NZA 1996, 249.

[290] BAG 23. 6. 1994 AP BGB § 242 Kündigung Nr. 9.

[291] BAG 23. 6. 1994 EzA § 242 BGB Nr. 39 mit abl. Anm. *v. Hoyningen-Huene.*

[292] Zu sexuellen Beziehungen eines Bewährungshelfers zur Ehefrau seines Probanden LAG Rheinland-Pfalz 22. 2. 1989 LAGE § 626 BGB Nr. 40.

[293] BAG 22. 8. 1963 AP § 626 BGB Nr. 51 = NJW 1964, 74; LAG Köln 25. 8. 1988 LAGE § 626 BGB Nr. 34.

tigt sein.[294] Gekündigt werden kann auch dem Arbeitnehmer, der in seiner Freizeit einen Diebstahl bei einem mit seinem Arbeitgeber in enger Zusammenarbeit stehenden Vertragspartner begeht.[295] Dagegen begründet ein Steuervergehen eines Kassierers einer Sparkasse noch nicht ohne weiteres die fristlose Kündigung.[296]

Schwierige Abgrenzungsprobleme sind zu bewältigen, wenn der Arbeitnehmer bei **701**
einem Arbeitgeber beschäftigt wird, der einen anerkannten politischen, konfessionellen, gewerkschaftlichen, karitativen oder ähnlichen Zweck verfolgt und der Arbeitnehmer sich in seinem außerdienstlichen Verhalten mit der Zweckbestimmung in Widerspruch setzt. Zunächst ist festzustellen, dass das Kündigungsschutzgesetz eine Einschränkung des Kündigungsschutzes in sogenannten **Tendenzbetrieben** nicht kennt. Andererseits wirkt die Zweckrichtung des jeweiligen Betriebes auf außerdienstliche Verhaltensweisen zurück. Verstöße gegen außerdienstliche Verhaltensweisen, die mit der Tendenz des Arbeitgebers nicht übereinstimmen, können deshalb die Kündigung rechtfertigen. Grundsätzlich wird man im Rahmen der Interessenabwägung berücksichtigen müssen, ob es sich bei dem Arbeitnehmer um einen sogenannten Tendenzträger handelt oder nicht.[297] Der Redakteur einer Tageszeitung gehört zu den Tendenzträgern und kann außerbetrieblichen Beschränkungen der Meinungsäußerungsfreiheit unterliegen.[298]

Im **kirchlichen Bereich** hat die Frage, ob und inwieweit tendenzwidriges Ver- **702**
halten die Kündigung rechtfertigen kann, durch den grundlegenden Beschluss des Bundesverfassungsgerichts vom 4. 6. 1985[299] eine grundsätzliche Klärung erfahren. Mit diesem Beschluss wurden Entscheidungen aufgehoben, in denen das BAG im Einzelfall Kündigungen wegen öffentlicher Stellungnahme für den legalen Schwangerschaftsabbruch eines in einem katholischen Krankenhaus beschäftigen Arztes[300] oder wegen **Kirchenaustritts** eines bei einer kirchlichen Einrichtung beschäftigten Arbeitnehmers[301] für unwirksam erklärt hatte. Das Bundesverfassungsgericht lehnt die Auffassung des BAG ab, wonach das Arbeitsgericht im Falle einer Kündigung zu prüfen habe, welche Tendenznähe der jeweilige Arbeitnehmer zu den spezifisch kirchlichen Aufgaben habe.[302] Nach der Verfassungsgarantie des kirchlichen Selbst-

---

[294] BAG 20. 11. 1997 BB 1998, 429; LAG Düsseldorf/Köln 20. 5. 1980 u. LAG Berlin 27. 9. 1982 EzA § 626 BGB n.F. Nr. 72 u. 80; LAG Frankfurt 4. 7. 1985 LAGE § 626 BGB Nr. 22.

[295] LAG Nürnberg 29. 8. 1985 LAGE § 626 BGB Nr. 24.

[296] LAG Hamm 15. 11. 1990 LAGE § 626 BGB Nr. 53.

[297] Der Rechtsschutzsekretär einer Gewerkschaft ist Tendenzträger und kann entlassen werden, wenn er Mitglied des KBW ist und für dessen Ziele eintritt, BAG 6. 12. 1979 EzA § 1 KSchG Tendenzbetrieb Nr. 5 mit Anm. *Rüthers* = AP § 1 KSchG 1969 Verhaltensbedingte Kündigung Nr. 2 mit Anm. *Kunze*.

[298] LAG Berlin 6. 12. 1982 EzA § 1 KSchG Tendenzbetrieb Nr. 11.

[299] AP Art. 140 GG Nr. 24 = EzA § 611 BGB Kirchliche Arbeitnehmer Nr. 24; hierzu *Mummenhoff*, NZA 1990, 585; *Struck*, NZA 1991, 249ff.; *Klar*, NZA 1995, 1184.

[300] BAG 21. 10. 1982 AP Art. 140 GG Nr. 14 = EzA § 1 KSchG Tendenzbetrieb Nr. 12 und 13 mit abl. Anm. *Rüthers*.

[301] BAG 23. 3. 1984 AP Art. 140 GG Nr. 16 mit Anm. *Mayer-Maly* = EzA § 1 KSchG Tendenzbetrieb Nr. 15 mit Anm. *Herschel*; LAG Rheinland-Pfalz 9. 1. 1997 LAGE § 611 BGB Kirchliche Arbeitnehmer Nr. 8; im Ergebnis anders BAG 12. 12. 1984 EzA § 1 KSchG Tendenzbetrieb Nr. 17 = AP Art. 140 GG Nr. 21 mit Anm. *Dütz*.

[302] Siehe neben den Nachweisen in den vorigen Fußnoten: BAG 14. 10. 1980 EzA § 1 KSchG Tendenzbetrieb Nr. 10; 24. 4. 1997 AP § 611 BGB Kirchendienst (Ehebruch) Nr. 27.

bestimmungsrechts (Art. 140 GG i. V. m. Art. 137 Abs. 3 WRV) hat die Kirche selbst das Recht, über die Maßstäbe vertraglicher Loyalitätspflichten zu befinden. Es bleibt danach grundsätzlich den verfassten Kirchen überlassen, verbindlich zu bestimmen, was „die Glaubwürdigkeit der Kirche und ihrer Verkündigung erfordert", was „spezifisch kirchliche Aufgaben" sind, was „Nähe" zu ihnen bedeutet, welche die „wesentlichen Grundsätze der Glaubens- und Sittenlehre" sind und was als – ggf. schwerer – Verstoß gegen diese anzusehen ist. Auch die Entscheidung darüber, ob und wie innerhalb der im kirchlichen Dienst tätigen Mitarbeiter eine **Abstufung der Loyalitätspflichten** eingreifen soll, ist grundsätzlich eine dem **kirchlichen Selbstbestimmungsrecht** unterliegende Angelegenheit. Frühere Überlegungen zur Tendenznähe kirchlicher Arbeitnehmer sind durch diese Entscheidung des Bundesverfassungsgerichts weitgehend hinfällig geworden. Freilich werden durch diese Grundsätze kündigungsschutzrechtliche Prinzipien nicht verdrängt. Auch bei Verletzung der so definierten Loyalitätspflichten unterliegt die Kündigung der Überprüfung nach den §§ 1 KSchG, 626 BGB als für alle geltendes Gesetz im Sinne des Artikel 137 Abs. 3 Satz 1 WRV. Den Arbeitsgerichten ist es lediglich versagt, das Gewicht des Loyalitätsverstoßes eigener Bewertung zu unterziehen. Unter Umständen kann die Möglichkeit einer Abmahnung[303] oder die Möglichkeit zu einer Weiterbeschäftigung auf einem anderen Arbeitsplatz die Unwirksamkeit der Kündigung bedingen. Absolute Kündigungsgründe gibt es mithin auch im kirchlichen Bereich nicht.[304] In diese Richtung weist auch die mit Wirkung vom 1. 1. 1994 verabschiedete „Grundordnung des kirchlichen Dienstes im Rahmen kirchlicher Arbeitsverhältnisse" (NJW 1994, 1394), die in ihren §§ 4 und 5 differenziert Loyalitätspflichten und kündigungsrechtliche Grundsätze für den Bereich der katholischen Kirche regelt.[305] Das BAG hält die Kirchen im Rahmen des Kündigungsrechts an ihren eigenen Grundsätzen fest. Art. 5 Abs. 1 der Grundordnung ist bei Verstößen gegen Loyalitätsobliegenheiten vor Ausspruch einer Kündigung mit dem Mitarbeiter ein Beratungsgespräch bzw. ein „klärendes Gespräch" zu führen ist. Spricht der Arbeitgeber die Kündigung unter Missachtung dieser Vorschrift aus, ver-

---

[303] BAG 30. 6. 1983 AP Art. 140 GG Nr. 15 = EzA § 1 KSchG Tendenzbetrieb Nr. 14.

[304] Hierzu *Dütz*, NJW 1990, 2025 ff.; *Mummenhoff*, NZA 1990, 585 ff.; *Struck*, NZA 1991, 249 ff.; *Vogler*, RdA 1993, 257 ff.; Einzelfälle aus der Rechtsprechung: Kirchenaustritt eines katholischen Arztes: BAG 12. 12. 1984 AP Art. 140 GG Nr. 21; Heirat eines geschiedenen Mannes durch katholische Lehrerin: BAG 31. 10. 1984 AP Art. 140 GG Nr. 20 = EzA § 1 KSchG Tendenzbetrieb Nr. 16; 18. 11. 1986 EzA § 611 BGB Kirchliche Arbeitnehmer Nr. 26; 25. 4. 1978 EzA § 1 KSchG Tendenzbetrieb Nr. 4 mit Anm. *Dütz;* homosexuelle Betätigung eines kirchlichen Mitarbeiters: BAG 30. 6. 1983 AP Art. 140 GG Nr. 15 = EzA § 1 KSchG Tendenzbetrieb Nr. 14; Eheschließung einer katholischen Kindergärtnerin mit nicht laisiertem katholischen Priester: BAG 4. 3. 1980 AP Art. 140 GG Nr. 3 = EzA § 1 KSchG Tendenzbetrieb Nr. 9; vgl. ferner LAG Niedersachsen 9. 3. 1989 LAGE § 611 BGB Kirchliche Arbeitnehmer Nr. 3; Entziehung der kirchlichen Lehrbefugnis: BAG 25. 5. 1988 EzA § 611 BGB Kirchliche Arbeitnehmer Nr. 27 mit Anm. *Dütz;* Behandlungsmethoden eines Chefarztes, die gegen tragende Grundsätze des geltenden Kirchenrechts verstoßen: BAG 7. 10. 1993 EzA § 611 BGB Kirchliche Arbeitnehmer Nr. 40; zur Wiederheirat einer geschiedenen Altenpflegerin LAG Rheinland-Pfalz 12. 9. 1991 LAGE § 611 BGB Kirchliche Arbeitnehmer Nr. 6; s. a. OLG Düsseldorf 17. 10. 1991 BB 1992, 775; aktive Werbung für andere Glaubensgemeinschaft: BAG 21. 2. 2001 AP § 611 BGB Kirchendienst Nr. 29.

[305] Einzelheiten bei *Dütz*, NJW 1994, 1369 und *Richardi*, NZA 1994, 19.

stößt die Kündigung gegen das ultima-ratio-Prinzip.[306] Die Arbeitsgerichte prüfen auch, ob auf der Basis der Grundordnung der jeweilige Mitarbeiter zu dem Kreis der Arbeitnehmer mit gesteigerten (außerdienstlichen) Loyalitätspflichten gehört.[307]

(8) (Sexuelle) Belästigung von Betriebsangehörigen

Sexuelle Belästigungen eines Vorgesetzten gegenüber Arbeitnehmerinnen können ebenfalls die Kündigung rechtfertigen.[308] Zu beachten ist das im Zuge des 2. Gleichberechtigungsgesetzes vom 24. 6. 1994 (BGBl. I, S. 1406) verabschiedete Gesetz zum Schutz der Beschäftigten vor sexueller Belästigung am Arbeitsplatz (BeschSchG). Kündigungsrechtlich hat sich durch diese Neuregelung keine Veränderung der Rechtslage ergeben.[309] Bei leichteren Verstößen ist zunächst eine Abmahnung geboten.[310] Die Kündigung setzt allerdings voraus, dass dem Arbeitnehmer die sexuelle Belästigung auch nachgewiesen werden kann. § 4 BeschSchG erweitert insoweit nicht die Kündigungsmöglichkeiten des Arbeitgebers. In Ausnahmefällen kann auch die Verdachtskündigung möglich sein (hierzu Rn. 755 ff.). Eine strafgerichtliche Verurteilung ist für das Arbeitsgericht nicht bindend.[311] Die wahrheitswidrige Behauptung einer sexuellen Belästigung kann als Beleidigung ihrerseits die Kündigung rechtfertigen.[312] Kündigungsgrund kann auch schon die nachhaltige Aufforderung zur Vornahme sexueller Handlungen sein, auch wenn es noch zu keiner tätlichen Belästigung gekommen ist.[313] **703**

Auch sonstige Formen der Belästigung, insbesondere das sog. Mobbing (systematisches Schikanieren von Mitarbeitern), stellen eine Vertragspflichtverletzung dar, die zur (außerordentlichen) Kündigung berechtigen.[314] **704**

(9) Beleidigungen, Tätlichkeiten

Die grobe Beleidigung des Arbeitgebers oder anderer Betriebsangehöriger wird als Grund für die fristlose Entlassung anerkannt, soweit nach Form oder Inhalt eine erhebliche **Ehrverletzung** damit verbunden ist.[315] Es kommt hier nicht auf die **705**

---

[306] BAG 16. 9. 1999 NZA 2000, 208 = EzA § 611 BGB Kirchliche Arbeitnehmer Nr. 45.

[307] LAG Düsseldorf 13. 8. 1998 LAGE § 611 BGB Kirchliche Arbeitnehmer Nr. 9.

[308] BAG 9. 1. 1986 EzA § 626 BGB n. F. Nr. 98 = AP § 626 BGB Ausschlussfrist Nr. 20 = DB 1986, 1339; zum Geschlechtsverkehr eines Arztes mit Patientin im Arztzimmer BAG 18. 10. 1990 RzK I 5 i Nr. 64; LAG Hamburg 21. 10. 1998 LAGE § 4 BSchG Nr. 3; LAG Sachsen 11. 3. 2000 NZA-RR 2000, 468 = LAGE § 626 BGB Nr. 130; ArbG Lübeck 2. 11. 2000 NZA-RR 2001, 140 ausf. *v. Hoyningen-Huene,* BB 1991, 2215.

[309] Hierzu *Worzalla,* NZA 1994, 1016.

[310] LAG Hamm 13. 2. 1997 LAGE § 626 BGB Nr. 110; 22. 10. 1996 LAGE § 626 BGB Nr. 96 = NZA 1997, 769.

[311] BAG 8. 6. 2000 AP § 2 BeschschG Nr. 3 = EzA § 15 KSchG n. F. Nr. 50; LAG Düsseldorf 8. 12. 1999 ArbuR 2000, 194 mit Anm. *Bell* = AiB 2000, 703 mit Anm. *Malottke.*

[312] LAG Rheinland-Pfalz 16. 2. 1996 NZA-RR 1997, 169.

[313] LAG Hamm 10. 3. 1999 NZA-RR 1999, 623 = LAGE § 1 KSchG Verhaltensbedingte Kündigung Nr. 75.

[314] LAG Sachsen-Anhalt 27. 1. 2000 – 9 SA 473/99 –; LAG Thüringen 15. 2. 2001 NZA-RR 2001, 577; vgl. auch *Berkowsky,* NZA-RR 2001, 61 f.

[315] Vgl. BAG 18. 7. 1957 EzA § 124 a GewO Nr. 1 = AP § 124 a GewO Nr. 1; BAG 11. 7. 1991 RzK I 5 i Nr. 68; LAG Berlin 17. 11. 1980 EzA § 626 BGB n. F. Nr. 75 = AP § 626 BGB Nr. 72; BAG 21. 1. 1999 AP § 626 BGB Nr. 151; ferner LAG Düsseldorf 24. 6. 1959 DB 1959, 795; 8. 5. 1963 DB 1963, 935; 29. 6. 1982 DB 1982, 2252 und 14. 7. 1997

strafrechtliche Wertung, sondern auf die Zumutbarkeit der Fortsetzung des Arbeitsverhältnisses an.[316] Voraussetzung ist, dass durch die Beleidigung betriebliche Interessen beeinträchtigt werden, die in der Rufschädigung des Unternehmens oder in einer Verschlechterung des Betriebsklimas liegen können. Erforderlich ist eine sorgfältige Abwägung, ob das schärfste Mittel der außerordentlichen Kündigung zulässig ist. Zu berücksichtigen sind die Umstände, die zur Beleidigung geführt haben.[317] So ist z.B. ein Milderungsgrund darin zu sehen, dass der Arbeitgeber den Arbeitnehmer gereizt hat. Bei der Abwägung ist insbesondere darauf abzustellen, inwieweit künftig noch eine Zusammenarbeit zumutbar ist. In schwerwiegenden Fällen hat die Rechtsprechung auf die Erforderlichkeit einer Abmahnung verzichtet.[318]

706 Beleidigt der Arbeitnehmer im Rahmen seiner Tätigkeit Kunden, stellt dies eine kündigungsrelevante Vertragspflichtverletzung dar.[319] Behauptet ein Arbeitnehmer in einem Gespräch mit Arbeitskollegen über einen Vorgesetzten unwahre und ehrenrührige Tatsachen, so ist das kein wichtiger Grund, wenn der Gesprächspartner ohne ersichtlichen Grund die Vertraulichkeit der Unterredung missachtet.[320] Grundsätzlich können aber unberechtigte schwerwiegende Vorwürfe gegen Mitarbeiter kündigungsbegründend sein.[321] Ein wichtiger Grund wurde bejaht, wenn ein Arbeitnehmer bei der Werbung für die Wahl zum Betriebsrat die Ehre anderer schwerwiegend verletzt.[322] Die Gleichstellung eines Vorgesetzten mit einem Hauptverantwortlichen für die Judenvernichtung ist eine schwere Beleidigung, die zur fristlosen Kündigung berechtigt.[323]

707 Aus den gleichen Erwägungen können fristlose Kündigungen wegen **Tätlichkeiten** gegenüber dem Arbeitgeber oder Kollegen – unter Umständen ohne Abmahnung – durchgreifen.[324] Das gilt in besonderem Maße, wenn ein Arbeitnehmer

---

LAGE § 626 BGB Nr. 108; LAG Köln 4. 7. 1996 NZA-RR 1997, 171; 7. 12. 1995 LAGE § 1 KSchG Verhaltensbedingte Kündigung Nr. 50; LAG Hessen 7. 11. 1996 NZA-RR 1997, 383; LAG Frankfurt 13. 2. 1984 NZA 1984, 200; ArbG Frankfurt 10. 8. 1998 NZA-RR 1999, 85; LAG Schleswig-Holstein 4. 11. 1998 NZA-RR 1999, 132: Beleidigung des Vorgesetzten über Internet; ausf. zu Belästigungen und Beleidigungen durch Vorgesetzte *v. Hoyningen-Huene,* BB 1991, 2215 ff.; zu Ehrverletzungen als Kündigungsgrund *Schmitz-Scholemann,* BB 2000, 926.

[316] BAG 22. 12. 1956 AP § 626 BGB Nr. 13.

[317] Eine großzügigere Beurteilung während eines Streiks verlangt LAG Hessen 24. 10. 2000 NZA-RR 2001, 300; bei Lohnrückstständen ArbG Berlin 11. 5. 2001 NZA-RR 2002, 129.

[318] BAG 3. 2. 1982 DB 1982, 1417; ArbG Bielefeld 9. 12. 1997 EzA § 626 BGB n.F. Nr. 172 (beleidigende Äußerung eines Profisportlers gegen Manager und Trainer); großzügig ArbG Kaiserslautern 10. 5. 1995 ARST 1996, 7. Zur Beleidigung der gesamten Belegschaft durch E-Mail: ArbG Wiesbaden 2. 5. 2001 NZA-RR 2001, 639.

[319] LAG Schleswig-Holstein 5. 10. 1998 LAGE § 626 BGB Nr. 123.

[320] BAG 30. 11. 1972 EzA § 626 BGB n.F. Nr. 23 = AP § 626 BGB Nr. 66; LAG Köln 18. 4. 1997 LAGE § 626 BGB Nr. 111; zu einer innerbetrieblich geäußerten abfälligen Meinung über die Kundschaft des Arbeitgebers LAG Düsseldorf 19. 12. 1995 LAGE § 626 BGB Nr. 91 = NZA 1996, 166.

[321] LAG Köln 24. 3. 1993 LAGE § 1 KSchG Verhaltensbedingte Kündigung Nr. 39.

[322] BAG 15. 12. 1977 EzA § 626 BGB n.F. Nr. 61 = NJW 1978, 1874.

[323] LAG Berlin 17. 11. 1980 EzA § 626 BGB n.F. Nr. 75 = AP § 626 BGB Nr. 72.

[324] BAG 12. 3. 1987 EzA § 102 BetrVG 1972 Nr. 71 = NZA 1988, 137; 30. 9. 1993 EzA § 626 BGB n.F. Nr. 152; 6. 2. 1997 ArbuR 1997, 210; 9. 3. 1995 NZA 1995, 678; 12. 1.

in Ausübung seiner dienstlichen Tätigkeit Körperverletzungen begeht.[325] Der tätliche Angriff auf Arbeitskollegen ist eine schwerwiegende Verletzung vertraglicher Nebenpflichten; es besteht ein berechtigtes Interesse, dass die betriebliche Zusammenarbeit nicht durch tätliche Auseinandersetzungen beeinträchtigt wird.[326] Zu einer tätlichen Auseinandersetzung zwischen Arbeitnehmerin und Vorgesetztem, der eine Liebesbeziehung vorausgegangen war, vgl. LAG Frankfurt 23. 7. 1987.[327]

(10) Betriebliche Ordnung

Als allgemeine Nebenpflicht obliegt dem Arbeitnehmer, die betriebliche Ordnung zu wahren. Zwei Fallgruppen sind zu unterscheiden: Zum einen folgt die Verpflichtung unmittelbar aus der Arbeitspflicht, soweit das Ordnungsverhalten zur Erbringung der geschuldeten Arbeitsleistung notwendig ist. Problematischer ist hingegen die unter dem Stichwort Betriebsordnung diskutierte allgemeine Rücksichts- bzw. Schutzpflicht als allgemeine Nebenpflicht.[328] Dabei können Grundrechtskollisionen auftreten. Zu nennen ist hier die Frage der Alkohol- und Rauchverbote im Betrieb (hierzu Rn. 682ff.).[329] Relevant ist ferner die Frage, ob und inwieweit der Arbeitnehmer die persönliche Kontrolle zu dulden hat.[330] Besonders umstritten ist die Frage, ob und inwieweit der AN unternehmensschädliche Meinungsäußerungen zu unterlassen hat bzw. welche Konsequenzen, ggf. kündigungsrechtlicher Art, hieran zu knüpfen sind (hierzu Rn. 717). **708**

Wer nachhaltig gegen die von allen zu beachtenden Verhaltensnormen verstößt, kann je nach Lage des Falles nach vorheriger Abmahnung gekündigt werden. Schwere Verstöße gegen die betriebliche Ordnung können eine fristlose Kündigung rechtfertigen. Nach neuerer Rechtsprechung des BAG reicht eine abstrakte oder konkrete Gefährdung des Betriebsablaufes nicht aus, vielmehr ist eine **konkrete Störung** des Betriebsfriedens erforderlich.[331] Verstöße gegen die betriebliche Ordnung müssen die Qualität einer vertraglichen Nebenpflichtverletzung haben. Aus diesem Grunde können Kündigungen regelmäßig nur nach vorheriger Abmahnung gerechtfertigt sein. Einzelfälle: Verletzung des betrieblichen **Alkoholver-** **709**

1995 ArbuR 1995, 194; 24. 10. 1996 ZTR 1997, 139; LAG Schleswig-Holstein 20. 2. 1997 ARST 1997, 133; LAG Hamm 20. 9. 1995 LAGE § 626 BGB Nr. 89 = NZA-RR 1996, 291; 29. 7. 1994 LAGE § 1 KSchG Verhaltensbedingte Kündigung Nr. 43; 23. 7. 1981 BB 1981, 1642; LAG Frankfurt 8. 3. 1983 BB 1984, 1876 und 28. 6. 1977 BB 1977, 1401; LAG Düsseldorf 26. 8. 1980 BB 1980, 1641; differenzierend ArbG Hagen 26. 8. 1982 DB 1982, 2302; ausf. *Aigner,* DB 1991, 596.

[325] LAG Berlin 20. 8. 1998 NZA-RR 1998, 495 (Wachmann); LAG Frankfurt 30. 3. 2000 NZA-RR 2000, 526 (Altenpflegerin).

[326] BAG 31. 3. 1993 NZA 1994, 410, 412; vgl. aber auch LAG Köln 25. 6. 1993 ARSt 1993, 190.

[327] LAGE § 626 BGB Nr. 33 = DB 1988, 763.

[328] Hierzu MünchArbR/*Blomeyer* § 53 Rn. 1ff.

[329] Hierzu ErfK/*Dieterich,* Art. 2 GG Rn. 133, 136.

[330] Hierzu ErfK/*Dieterich,* Art. 2 GG Rn. 108.

[331] Vgl. BAG 17. 3. 1988 AP § 626 BGB Nr. 99 = EzA § 626 BGB n.F. Nr. 116; siehe auch BAG 26. 5. 1977 AP § 611 BGB Beschäftigungspflicht Nr. 5 = EzA § 611 BGB Beschäftigungspflicht Nr. 2; 13. 10. 1977 EzA § 74 BetrVG 1972 Nr. 3 = DB 1978, 641.

bots,[332] **Tätlichkeiten** zwischen Arbeitnehmern vgl. Rn. 707, **Bedrohung** eines Vorgesetzten,[333] Werbung für Scientology-Bewegung.[334]

(11) Ehrenämter

710 Private Ehrenämter, wie Vorsitz in einem gemeinnützigen Verein, muss der Arbeitnehmer grundsätzlich in seiner Freizeit ausüben. Ein Anspruch auf Freistellung von der Arbeitsleistung besteht nicht. Der Arbeitnehmer verletzt seine arbeitsvertraglichen Pflichten, wenn er während der Arbeitszeit Tätigkeiten für private Ehrenämter verrichtet.[335] Im Bereich des öffentlichen Dienstes gilt § 53 BAT, der zur Ausübung öffentlicher Ehrenämter einen bezahlten Freistellungsanspruch gewährt für die Dauer der unumgänglich notwendigen Abwesenheit.

711 Abgeordnete in Parlamenten sind gegen Kündigungen ihres Arbeitsverhältnisses wegen ihrer Abgeordnetentätigkeit besonders geschützt. Durch Art. 48 GG und § 2 AbgG sind zunächst **Abgeordnete des Deutschen Bundestages** geschützt.[336] Kündigungsschutzvorschriften bestehen aber auch für Abgeordnete anderer Parlamente und demokratisch legitimierter Gremien. **Europaabgeordnete und Bewerber** zum Europäischen Parlament sind durch § 3 EuAbgG einem ähnlichen Kündigungsschutz wie Bundestagsabgeordnete unterstellt. Ein besonderer Kündigungsschutz von **Landtagsabgeordneten, kommunalen Abgeordneten oder Mitgliedern kommunaler Organe** ist in einer Vielzahl von Landesverfassungen und einfachgesetzlichen Normierungen enthalten.[337] Wo dies nicht der Fall ist, gelten die Schutzvorschriften für Bundes- und Landtage entsprechend.[338]

(12) Genesungswidriges Verhalten

712 Eine allgemeine arbeitsvertragliche Pflicht zu gesundheits- bzw. genesungsförderndem Verhalten des Arbeitnehmers besteht nicht.[339] Anders entscheidet die Rspr. während der Arbeitsunfähigkeit. Umstritten ist, welche Betätigungen der Arbeitnehmer während der Krankheit zu unterlassen hat. Vielfach wurde in der früheren Rechtsprechung betont, der Arbeitnehmer habe alles zu unterlassen, was die Genesung hinauszögern könnte.[340] Das BAG steht demgegenüber auf dem Standpunkt, dass eine **Beschäftigung** des Arbeitnehmers **während der Arbeitsunfähigkeit** nur dann kündigungsrelevant werden kann, wenn hierdurch Wettbe-

---

[332] LAG Niedersachsen 13. 3. 1981 DB 1981, 1985; ArbG Kassel 12. 12. 1978 DB 1979, 1612; LAG Nürnberg 11. 7. 1994 LAGE § 1 KSchG Verhaltensbedingte Kündigung Nr. 41; LAG Hamm 23. 8. 1990 LAGE § 626 BGB Nr. 52; LAG Sachsen 26. 5. 2000 NZA-RR 2001, 472; hierzu *Bengelsdorf,* NZA 2001, 993.

[333] LAG Frankfurt 31. 10. 1986 LAGE § 626 BGB n. F. Nr. 27.

[334] ArbG Ludwigshafen 26. 5. 1993 EzA § 626 BGB n. F. Nr. 154; LAG Berlin 11. 6. 1997 LAGE § 626 BGB Nr. 112.

[335] ArbG Passau 16. 1. 1992 BB 1992, 567.

[336] Näher hierzu APS/*Preis* Art. 48 GG Rn. 1 ff.

[337] Vgl. BAG 30. 6. 1994 Art. 9 AP Einigungsvertrag Nr. 2; vgl. im einzelnen KR-*Weigand* ParlKSch Rn. 54 ff und die Übersicht bei MünchArbR/*Berkowsky* § 160 Rn. 22 ff.

[338] KR-*Weigand* ParlKSch Rn. 57; ArbG Berlin 15. 10. 1991 NZA 1992, 843.

[339] ErfK/*Preis,* § 611 BGB Rn. 1016; näher *Schäfer* NZA 1992, 529, 530; Alkoholiker kann zum Besuch einer Selbsthilfegruppe nicht verpflichtet werden LAG Düsseldorf 25. 2. 1997 BB 1997, 1799; hierzu *Künzl,* NZA 1998, 122 ff.

[340] Zum Besuch eines Spielkasinos LAG Hamm 11. 5. 1982 EzA § 1 KSchG Krankheit Nr. 9 = DB 1983, 235; BAG 11. 11. 1965 DB 1965, 1745; zum Besuch von Caféhäusern LAG Düsseldorf 26. 8. 1955 DB 1955, 1044.

werbsinteressen des Arbeitgebers verletzt oder der Heilungsprozess verzögert wird.[341] Nach LAG Hamm 28. 8. 1991[342] reicht es aus, wenn der Arbeitnehmer Tätigkeiten verrichtet, die grundsätzlich geeignet sind, die Genesung zu verzögern. Dies muss im Streitfall bewiesen werden. Allerdings kann sich aus der Intensität der Nebenbeschäftigung u. U. der begründete Verdacht ergeben, die Arbeitsunfähigkeit sei nur **vorgetäuscht.** Das BAG legt dem Arbeitgeber auch hierfür die Beweislast auf. Dies dürfte zu weit gehen.[343] Zwar kann es nicht beanstandet werden, wenn ein Bauarbeiter, der einen Beinbruch erlitten hat, während der Arbeitsunfähigkeit Versicherungsverträge vermittelt. Der Beweiswert einer Arbeitsunfähigkeitsbescheinigung ist jedoch erschüttert, wenn ein Reisebürokaufmann während der Krankschreibung Bausparverträge und Versicherungen vermittelt.[344] Das LAG Frankfurt hielt eine fristlose Kündigung einer Arbeitnehmerin für ungerechtfertigt, die während ihrer ärztlich attestierten Arbeitsunfähigkeit wegen eines LWS-Syndroms eine viertägige Flugreise angetreten hatte, weil nicht nachgewiesen werden konnte, dass sich hierdurch der Gesundheitsprozess verzögert habe.[345] Aus der Intensität der Nebenbeschäftigung kann sich jedoch der begründete Verdacht ergeben, dass die Arbeitsunfähigkeit vorgetäuscht war.[346] Geht ein Arbeitnehmer während der attestierten Arbeitsunfähigkeit einer Nebentätigkeit im Schichtdienst nach, wird der Beweiswert der Arbeitsunfähigkeit erschüttert. Der Arbeitnehmer muss dann darlegen, weshalb er krankheitsbedingt im Hauptarbeitsverhältnis gefehlt hat, aber dennoch einer Nebentätigkeit nachgehen konnte.[347] Der Heilungsprozess wird beeinträchtigt, wenn ein Schlosser während seiner Arbeitsunfähigkeit ganztägig körperlich arbeitet.[348] Macht ein arbeitsunfähig krankgeschriebener Arbeitnehmer im Krankenstand seinem Arbeitgeber **Konkurrenz,** so rechtfertigt dies die fristlose Kündigung, insbesondere dann, wenn die verrichteten Arbeiten nach Art und Schwere den vom Arbeitnehmer vertraglich geschuldeten ohne weiteres vergleichbar sind.[349]

(13) Kontrolleinrichtungen

Ein schwerer, ggf. auch strafrechtlich relevanter Verstoß gegen die vertraglichen Pflichten ist anzunehmen, wenn Kontrolleinrichtungen des Betriebes (Stempel- **713**

[341] BAG 13. 11. 1979 EzA § 1 KSchG Verhaltensbedingte Kündigung Nr. 6 = AP § 1 KSchG 1969 Krankheit Nr. 5 = NJW 1980, 1917; kritisch dazu *Pauly,* DB 1981, 1282; dagegen *Willemsen,* DB 1981, 2619; zum ganzen *Schäfer,* NZA 1992, 529.

[342] DB 1992, 431; bestätigt durch LAG Hamm 28. 5. 1998 LAGE § 1 KSchG Verhaltensbedingte Kündigung Nr. 69; vgl. auch LAG Köln 7. 1. 1993 LAGE § 626 BGB Nr. 69.

[343] Kritisch *Preis,* DB 1988, 1447.

[344] So im Falle BAG 13. 11. 1979 AP § 1 KSchG 1969 Krankheit Nr. 5.

[345] LAG Frankfurt 1. 4. 1987 LAGE § 626 BGB Nr. 30; LAG Bremen 27. 7. 1960 DB 1960, 1132; s. aber ArbG Nürnberg 28. 7. 1998 NZA-RR 1999, 80.

[346] BAG 26. 8. 1993 EzA § 626 BGB n. F. Nr. 148. Vgl. LAG Düsseldorf 25. 6. 1981 BB 1981, 1522; s. a. LAG Rheinland-Pfalz 15. 6. 1999 LAGE § 249 BGB Nr. 15 = NZA 2000, 260 zum Ersatz von Detektivkosten.

[347] BAG 26. 8. 1993 wie vorige Fußnote; bestätigt durch BAG 7. 12. 1995 RzK I 10h Nr. 37; vgl. auch LAG Frankfurt 27. 6. 1991 LAGE § 626 BGB Nr. 63.

[348] LAG Düsseldorf 6. 5. 1964 BB 1964, 894; LAG Baden-Württemberg 9. 10. 1968 BB 1969, 1224.

[349] LAG Frankfurt 15. 8. 1985 LAGE § 626 BGB Nr. 23; siehe ferner LAG München 9. 9. 1982 DB 1983, 1931.

uhren) missbraucht werden.[350] Die Stempeluhr ist von jedem Arbeitnehmer persönlich zu bedienen, auch wenn dies im Arbeitsvertrag oder in einer Arbeitsordnung nicht besonders gesagt ist. Denn das ist gerade der jedem erkennbare Sinn einer solchen Kontrolleinrichtung. Ihr Zweck würde völlig verfälscht, würde man die Bedienung durch Dritte gestatten.[351] Dennoch ist im Einzelfall zu prüfen, ob die Voraussetzungen eines wichtigen Grundes vorliegen. Dabei ist vor allem von Bedeutung, ob ein Betrug oder ein Betrugsversuch vorliegt, d.h. ob der Arbeitnehmer sich für eine nicht ganz unerhebliche Zeitspanne vorzeitig aus dem Betrieb entfernt hat. So hat das LAG Düsseldorf die Voraussetzungen des wichtigen Grundes verneint, wenn der Arbeitnehmer zwar die Kontrollkarte durch einen Dritten stempeln ließ, er sich jedoch bis zum Schluss der Arbeitszeit am Arbeitsplatz aufgehalten hatte. Ein schwerwiegender Fall ist jedoch die Veränderung von Zeitangaben auf der Stempelkarte, um hierdurch zusätzliche Zeiten bezahlt zu bekommen. Hier ist die fristlose Entlassung regelmäßig gerechtfertigt.[352] LAG Berlin vom 6. 6. 1988[353] hält sowohl die fristlose wie die fristgerechte Kündigung beim Stempeln einer Stechkarte durch einen Dritten berechtigt, wenn der Arbeitsplatz bereits 3 Stunden vor dem Abstempeln verlassen worden ist.

714 Taschen- und Torkontrollen sind nach § 87 Abs. 1 Nr. 1 BetrVG mitbestimmungspflichtig. Besteht eine entsprechende Betriebsvereinbarung, hat der Arbeitnehmer Kontrollen zu dulden.[354] Die Verweigerung stellt eine Nebenpflichtverletzung dar, die – nach Abmahnung – die Kündigung rechtfertigen kann.

(14) Lohnpfändungen

715 Wird der Lohn des Arbeitnehmers von mehreren Gläubigern gepfändet, so reicht dies im Allgemeinen als Grund für eine ordentliche Kündigung nicht aus.[355] Nur in Ausnahmefällen, in denen über einen längeren Zeitraum hinweg ständige Lohnpfändungen vorkommen und dadurch erhebliche Verwaltungsarbeiten beim Arbeitgeber anfallen, die zu wesentlichen Störungen im Arbeitsablauf oder in der betrieblichen Organisation führen, lässt das BAG eine ordentliche Kündigung zu. Eine vorherige Abmahnung soll nicht erforderlich sein.[356] Auch dies ist zweifelhaft, weil das private Finanzgebaren eines Arbeitnehmers als „außerdienstliches" Verhalten arbeitsvertraglich irrelevant ist und Lohnpfändungen durch ein gesetzlich legitimiertes Verhalten der pfändenden Gläubiger hervorgerufen werden (§§ 828ff.

---

[350] Vgl. BAG 27. 1. 1977 EzA § 103 BetrVG 1972 Nr. 16 = AP § 103 BetrVG 1972 Nr. 7; 23. 1. 1963 EzA § 124a GewO Nr. 3; LAG Bremen 31. 1. 1997 LAGE § 626 BGB Nr. 107; zur Fälschung von Tachometeraufzeichnungen: LAG Rheinland-Pfalz 14. 9. 1995 ARST 1996, 69.

[351] Vgl. LAG Düsseldorf 18. 4. 1967 und 21. 9. 1976 DB 1967, 1096 und DB 1977, 501.

[352] LAG Hamm 20. 2. 1986 DB 1986, 1338.

[353] LAGE § 1 KSchG Verhaltensbedingte Kündigung Nr. 18 = DB 1988, 1908.

[354] BAG 12. 8. 1999 AP § 626 BGB Verdacht strafbarer Handlung Nr. 28.

[355] Vgl. BAG 4. 11. 1981 EzA § 1 KSchG Verhaltensbedingte Kündigung Nr. 9 = AP § 1 KSchG 1969 Verhaltensbedingte Kündigung Nr. 4 mit Anm. *v. Hoyningen-Huene;* 15. 10. 1992 EzA § 1 KSchG Verhaltensbedingte Kündigung Nr. 45; zum ganzen KR/*Etzel,* § 1 KSchG Rn. 459; *Becker,* BlStSozArbR 1981, 305; MünchKomm/*Schwerdtner,* § 622 BGB Anh. Rn. 335ff.

[356] BAG 4. 11. 1981 a.a.O.; krit. *Pfarr/Struck,* BlStSozArbR 1982, 289; *Preis,* S. 466f.; ein Abmahnungserfordernis bejahend ErfK/*Ascheid,* § 1 KSchG Rn. 390; *Hueck/Hoyningen-Huene,* § 1 KSchG Rn. 345; HK-KSchG/*Dorndorf,* § 1 Rn. 831.

ZPO).[357] Nur in Ausnahmefällen kann eine hohe Verschuldung Kündigungsgrund sein, wenn hierdurch die Eignung für eine bestimmte Vertrauensposition entfallen ist.[358] Häufige Lohnpfändungen rechtfertigen jedenfalls die außerordentliche Kündigung im Regelfalle nicht.

Im Übrigen dürfte ein berechtigtes Kündigungsinteresse vielfach schon daran scheitern, dass in Arbeitsverträgen vermehrt Regelungen über die Kostenerstattung bei Lohnpfändungen getroffen werden. Durch diese Kostenerstattungsregelungen kann der betriebliche Aufwand aufgefangen werden.[359] **716**

(15) Meinungsäußerung

Das Recht auf freie Meinungsäußerung besteht auch im Arbeitsverhältnis und im Betrieb. Der Arbeitnehmer kann sich aber nicht auf sein Recht auf freie Meinungsäußerung (Art. 5 Abs. 1 GG) berufen für bewusst wahrheitswidrig aufgestellte ehrverletzende Tatsachenbehauptungen, etwa wenn sie den Tatbestand einer üblen Nachrede ausfüllen.[360] Das Grundrecht der Meinungsfreiheit schützt weder Formalbeleidigungen noch bloße Schmähungen noch bewusst unwahre Tatsachenbehauptungen.[361] Sachliche, auch unternehmensöffentliche Kritik am Arbeitgeber und den betrieblichen Verhältnissen ist allerdings nicht zu beanstanden, selbst wenn sie überspitzt und polemisch ausfällt. Nur in grobem Maße unsachliche Angriffe muss der Arbeitgeber nicht hinnehmen.[362] Geht ein leitender Mitarbeiter im unmittelbaren Anschluss an erste Vorgespräche mit der Geschäftsleitung mit falschen Verdächtigungen an die Presse und versucht, eine Konfrontation herbeizuführen, wird das für die Zusammenarbeit notwendige Vertrauen zerstört. In krassen Fällen ist auch die außerordentliche Kündigung gerechtfertigt.[363] **717**

Das Gleiche gilt bei Beschwerden des Arbeitnehmers, die dieser bei den zuständigen Stellen des Betriebes gegen seinen Vorgesetzten erhebt. Gemäß § 84 Abs. 3 BetrVG dürfen ihm auch dann keine Nachteile entstehen, wenn sich die Beschwerde als ungerechtfertigt herausstellt. Eine Kündigung kann nur gerechtfertigt sein, wenn völlig haltlose schwere Anschuldigungen gegen den Arbeitgeber oder den Vorgesetzten erhoben werden.[364] **718**

(16) Missbrauch und Überschreitung von Befugnissen

Der Missbrauch eingeräumten Vertrauens durch **Vollmachtüberschreitung** oder Missbrauch von Daten kann insbesondere bei eigennützigem Verhalten die **719**

---

[357] *Preis,* S. 467; *ders.,* DB 1990, 632; a. A. MünchKomm/*Schwerdtner,* § 622 BGB Anh. Rn. 335; jetzt offen lassend BAG 15. 10. 1992 EzA § 1 KSchG Verhaltensbedingte Kündigung Nr. 45.

[358] BAG 15. 10. 1992 EzA § 1 KSchG Verhaltensbedingte Kündigung Nr. 45; KR/*Fischermeier,* § 626 BGB Rn. 456.

[359] Siehe auch MünchKomm/*Schwerdtner,* § 622 BGB Anh. Rn. 337; KR/*Etzel,* § 1 KSchG Rn. 461 hält es für geboten, zunächst eine Änderungskündigung mit dem Ziel auszusprechen, eine einzelvertragliche Kostenerstattungsregelung durchzusetzen.

[360] BAG 26. 5. 1977 BAGE 29, 195, 200; BAG 6. 2. 1997 RzK I 6a Nr. 146; BAG 21. 1. 1999 AP § 626 BGB Nr. 151 = EzA § 626 BGB n. F. Nr. 178.

[361] BVerfG 10. 10. 1995 BVerfGE 93, 266; BVerfG 10. 11. 1998 BVerfGE 99, 185.

[362] BAG 2. 4. 1987 AP § 626 BGB Nr. 96 = EzA § 626 BGB n. F. Nr. 108; BAG 17. 2. 2000 RzK I 6e Nr. 20.

[363] BAG 13. 4. 2000 NZA 2001, 277 = EzA § 626 BGB n. F. Nr. 180.

[364] LAG Köln 20. 1. 1999 MDR 1999, 811 = LAGE § 626 BGB Nr. 128.

Kündigung rechtfertigen.[365] Aber auch eine Vollmachtsüberschreitung durch einen Vertriebsleiter/Produktmanager, die zu einer gravierenden Vermögensgefährdung führt, ist geeignet, eine verhaltensbedingte Kündigung zur rechtfertigen.[366] Die bloße Überschreitung von Vertragsabschlusskompetenzen ohne Vermögensschädigung rechtfertigt noch nicht die fristlose Kündigung.[367] Die unerlaubte **Einsichtnahme in Personalakten** und/oder Gehaltsunterlagen von Kollegen kann im Einzelfall ohne Abmahnung zur Kündigung berechtigen.[368]

(17) Nebentätigkeit; Konkurrenztätigkeit; Wettbewerbsverbot

720 Dem Arbeitnehmer ist während des Bestandes des Arbeitsverhältnisses jede Form von Konkurrenztätigkeit verboten.[369] Auch Arbeitnehmer, die nicht Handlungsgehilfen sind (vgl. § 60 HGB), dürfen dem Arbeitgeber in dessen Marktbereich keine Konkurrenz machen. Eine Konkurrenztätigkeit ist jedoch nicht schlechthin verboten, sondern nur, wenn sie **ohne Einwilligung** erfolgt ist.[370] Ist streitig, ob und in welchem Umfang der Arbeitgeber dem Arbeitnehmer eine Konkurrenztätigkeit gestattet hat, trägt die Darlegungs- und Beweislast für das Vorliegen und den Umfang der Gestattung der Arbeitgeber.[371] Der Arbeitnehmer hat allerdings substantiiert die Tatsachen vorzutragen, aus denen sich die behauptete und bestrittene Einwilligung des Arbeitgebers ergeben soll. Bloße Vorbereitungshandlungen (z.B. Anmietung von Betriebsräumen, Einkauf von Einrichtungsgegenständen, Beschaffung von Materialien) stellen dagegen noch keine zur Kündigung berechtigende Konkurrenztätigkeiten dar.[372] (Siehe hier auch unter Abkehrwillen Rn. 679).

721 Verbotene Konkurrenztätigkeit kann je nach Gewicht der Vertragspflichtverletzung nicht nur die ordentliche, sondern auch die fristlose Kündigung rechtfertigen.[373] Vermittelt ein Versicherungsvertreter Versicherungsverträge für ein Kon-

---

[365] BAG 26. 11. 1964 AP § 626 BGB Nr. 53 = DB 1965, 519; LAG Düsseldorf 14. 2. 1963 BB 1963, 732; ArbG Neumünster 2. 4. 1981 BB 1981, 974; BAG 21. 1. 1988 EzA § 394 ZPO Nr. 1 = DB 1988, 1288 (Gewährung eines Scheinkredits durch einen Bankangestellten).

[366] BAG 11. 3. 1999 RzK I 10g Nr. 10.

[367] LAG Rostock 15. 2. 1999 NZA-RR 2000, 240.

[368] ArbG Marburg 27. 5. 1994 ARST 1995, 8f.

[369] BAG 16. 1. 1975 und 3. 5. 1983 AP § 60 HGB Nr. 8 und 10; 16. 8. 1990 und 25. 4. 1991 EzA § 626 BGB n.F. Nr. 119 und 140; LAG Frankfurt 6. 11. 1986 LAGE § 1 KSchG Verhaltensbedingte Kündigung Nr. 10; LAG Düsseldorf/Köln 12. 8. 1980 EzA § 626 BGB n.F. Nr. 73; LAG Frankfurt 28. 4. 1998 LAGE § 1 KSchG Verhaltensbedingte Kündigung Nr. 65; KR/*Etzel,* § 1 KSchG Rn. 491; zur Konkurrenztätigkeit während der Arbeitsunfähigkeit LAG Frankfurt 15. 8. 1985 LAGE § 626 BGB n.F. Nr. 23.

[370] BAG 6. 8. 1987 AP § 626 BGB Nr. 97 = EzA § 626 BGB n.F. Nr. 109 = DB 1988, 451.

[371] BAG 6. 8. 1987 wie vorige Fußnote unter Aufgabe von BAG 16. 6. 1976 AP § 611 BGB Treuepflicht Nr. 8.

[372] BAG 12. 5. 1972 und 7. 9. 1972 AP § 60 HGB Nr. 6 und 7; 30. 5. 1978 EzA § 60 HGB Nr. 11 = DB 1978, 2177; enger LAG Schleswig-Holstein 30. 5. 1991 RzK I 6a Nr. 72; weiter ArbG Düsseldorf 1. 4. 1992 AiB 1992, 739; LAG Köln 24. 1. 1997 MDR 1997, 858; 19. 1. 1996 LAGE § 626 BGB Nr. 93.

[373] Vgl. BAG 6. 8. 1987 AP § 626 BGB Nr. 97 = EzA § 626 BGB n.F. Nr. 109; 16. 8. 1990 AP § 611 BGB Treuepflicht Nr. 10; 26. 1. 1995 EzA § 626 BGB n.F. Nr. 155; LAG Köln 24. 11. 1993 LAGE § 626 Nr. 74; LAG Düsseldorf/Köln 12. 8. 1980 EzA § 626 BGB n.F. Nr. 73; LAG Köln 29. 4. 1994 LAGE § 60 HGB Nr. 3

kurrenzunternehmen, so ist eine fristlose Kündigung regelmäßig gerechtfertigt.[374] Konkurrenztätigkeit ist auch während des Kündigungsschutzprozesses nicht statthaft.[375] Auf das gesetzliche Wettbewerbsverbot des § 60 HGB kann eine fristlose Kündigung nur dann gestützt werden, wenn der Arbeitnehmer seinem Arbeitgeber in dessen Handelszweig Konkurrenz macht.[376] Dem Arbeitnehmer ist nicht nur eine Konkurrenztätigkeit im eigenen Namen und Interesse untersagt, sondern auch Arbeitskollegen bei Konkurrenztätigkeit zu helfen oder Wettbewerber des Arbeitgebers zu unterstützen.[377] Ein Arbeitnehmer ist an das für die Dauer des rechtlichen Bestandes des Arbeitsverhältnisses bestehende Wettbewerbsverbot auch dann noch gebunden, wenn der Arbeitgeber eine außerordentliche Kündigung ausspricht, deren Wirksamkeit der Arbeitnehmer bestreitet. Wettbewerbshandlungen, die der Arbeitnehmer im Anschluss an eine unwirksame außerordentliche Kündigung des Arbeitgebers begeht, können einen wichtigen Grund für eine weitere außerordentliche Kündigung bilden, wenn dem Arbeitnehmer unter Berücksichtigung der besonderen Umstände des konkreten Falles ein Verschulden anzulasten ist.[378]

Auch Arbeitnehmer, die nicht Handlungsgehilfen sind, dürfen dem Arbeitgeber **722** in dessen Marktbereich keine Konkurrenz machen.[379] Der Arbeitgeber trägt für das Vorliegen einer unberechtigten Konkurrenztätigkeit die volle Beweislast[380] (siehe hierzu Rn. 619ff.).

Der Arbeitnehmer ist grundsätzlich berechtigt, **Nebentätigkeiten** aufzuneh- **723** men, sofern sie keinen verbotenen Wettbewerb darstellen und den Arbeitnehmer nicht übermäßig in Anspruch nehmen. Ohne besondere gesetzliche, tarifliche oder einzelvertragliche Beschränkung ist die Ausübung einer Nebentätigkeit, sei sie entgeltlich oder unentgeltlich, selbständig oder unselbständig, **grundsätzlich zulässig.** Der Arbeitgeber kann nur dann die Unterlassung einer Nebentätigkeit verlangen, wenn er ein **berechtigtes Interesse** darlegen kann. Dies setzt in aller Regel voraus, dass die Arbeitsleistung des Arbeitnehmers durch die Nebentätigkeit beeinträchtigt werden kann.[381]

Verbreitet finden sich jedoch Klauseln in Arbeitsverträgen oder Tarifverträgen in **724** Gestalt von Anzeigepflichten, Zustimmungserfordernissen oder totalen Nebentätigkeitsverboten. Solche Klauseln bedürfen der Inhaltskontrolle.[382] Der Verstoß gegen eine zulässigerweise vereinbarten Vertragspflicht kann – nach vorheriger Abmah-

---

374 BGH 24. 1. 1974 DB 1974, 1022.

375 BAG 7. 9. 1972 EzA § 60 HGB Nr. 7 = BB 1973, 240.

376 BAG 26. 8. 1976 EzA § 626 BGB n. F. Nr. 49 = AP § 626 BGB Nr. 68; zur fristlosen Entlassung eines Filialleiters, der im bestehenden Arbeitsverhältnis im Handelszweig seines Arbeitgebers eigene Geschäfte betreibt, BAG 24. 4. 1970 EzA § 60 HGB Nr. 3 = AP § 60 HGB Nr. 5.

377 BAG 21. 11. 1996 EzA § 626 BGB n. F. Nr. 162 = NZA 1997, 713.

378 BAG 25. 4. 1991 AP § 626 BGB Nr. 104.

379 BAG 17. 10. 1969 und 21. 10. 1970 EzA § 60 HGB Nr. 2 u. 5; 16. 6. 1976 EzA § 611 BGB Treuepflicht Nr. 1 = AP § 611 BGB Treuepflicht Nr. 8.

380 BAG 6. 8. 1987 AP § 626 BGB Nr. 97 = EzA § 626 BGB n. F. Nr. 109.

381 BAG 6. 9. 1990 AP § 615 BGB Nr. 47; BAG 18. 1. 1996 AP § 242 BGB Auskunftspflicht Nr. 25; MünchArbR/*Blomeyer* § 55 Rn. 4; BAG 7. 9. 1995 AP BGB § 242 Auskunftspflicht Nr. 24.

382 Näher ErfK/*Preis* § 611 BGB Rn. 1013.

nung – einen verhaltensbedingten Kündigungsgrund bilden.[383] Eine jegliche Nebentätigkeit verbietende Vertragsklausel wird jedoch von der Rechtsprechung verfassungskonform dahingehend unter Beachtung des Artikel 12 GG ausgelegt, dass nur solche Nebentätigkeiten von einer vorherigen Zustimmung des Arbeitgebers abhängig gemacht werden dürfen oder verboten werden können, an deren Unterlassung der Arbeitgeber ein berechtigtes Interesse hat.[384]

725 Die vorstehenden Grundsätze hat das BAG auch auf **Nebentätigkeiten während der Arbeitsunfähigkeit** übertragen.[385] Eine Kündigung kommt nur in Betracht, wenn es sich um unerlaubte Konkurrenztätigkeit gehandelt hat oder der Heilungsprozess verzögert worden ist.[386] Diese Ansicht bereitet deshalb Unbehagen, weil der Verdacht nahe liegt, der Entgeltfortzahlungsanspruch gegen den Arbeitgeber werde ausgenutzt, um parallel lukrativen Nebenbeschäftigungen nachzugehen. Kündigungsrechtlich zu lösen ist die Frage nur über eine Erschütterung des Beweiswerts der ärztlichen Arbeitsunfähigkeitsbescheinigung. Die Möglichkeit einer fristlosen Kündigung hat das BAG jetzt bejaht, wenn der Arbeitnehmer während einer ärztlich attestierten Arbeitsunfähigkeit schichtweise einer Nebenbeschäftigung nachgegangen ist. Gelingt es dem Arbeitgeber bei einer der Haupttätigkeit vergleichbaren Nebentätigkeit den Beweiswert des ärztlichen Attests zu erschüttern, hat der Arbeitnehmer konkret darzulegen, weshalb er krankheitsbedingt gefehlt hat und trotzdem der Nebenbeschäftigung nachgehen konnte.[387]

(18) Politische, gewerkschaftliche und religiöse Betätigung

726 Ausgesprochen umstritten sind alle Kündigungen, die im Zusammenhang mit grundrechtlich geschützten **Betätigungen des Arbeitnehmers,** stehen, seien sie nun politischer, gewerkschaftlicher oder religiöser Art. Das BAG hält Kündigungen für möglich, wenn es zu einer konkreten Störung des Arbeitsverhältnisses im Leistungsbereich, im Bereich der betrieblichen Verbundenheit aller Mitarbeiter (Betriebsfrieden), im personalen Vertrauensbereich oder im Unternehmensbereich gekommen ist.[388] Freilich ist zu beachten, dass das politische Verhalten des Arbeitnehmers vertraglich und damit auch kündigungsrechtlich grundsätzlich irrelevant ist. Solange mit der Äußerung einer politischen Meinung keine Beleidigungen (vgl. hierzu Rn. 705), die bewusste Verbreitung unwahrer Tatsachen,[389] der Verrat von

---

[383] LAG Düsseldorf 12. 7. 1961 BB 1961, 1325; LAG Frankfurt 31. 7. 1980 ArbuR 1981, 219; für Betriebsvereinbarung: BAG 15. 3. 1990 RzK I 5i Nr. 60; für öffentlichen Dienst BAG 30. 5. 1996 AP § 611 BGB Nebentätigkeit Nr. 2.

[384] BAG 3. 12. 1970 und 26. 8. 1976 AP § 626 BGB Nr. 60 und 68 = EzA § 626 BGB n. F. Nr. 7 und 49.

[385] BAG 13. 11. 1979 EzA § 1 KSchG Verhaltensbedingte Kündigung Nr. 6 = AP § 1 KSchG 1969 Krankheit Nr. 5; LAG Köln 7. 1. 1993 LAGE § 626 BGB Nr. 69; 23. 5. 1996 NZA-RR 1997, 338; kritisch *Pauly,* DB 1981, 1282; gegen *Pauly Willemsen,* DB 1981, 2619.

[386] Weitergehend LAG Hamm 28. 8. 1991 DB 1992, 431 ff.

[387] Vgl. BAG 26. 8. 1993 NZA 1994, 63 = EzA § 626 BGB n. F. Nr. 148; vgl. auch LAG Hamm 8. 3. 2000 MDR 2000, 1140; siehe schon *Preis,* DB 1988, 1447; zu eng ArbG Frankfurt 10. 3. 1999 AuA 1999, 230.

[388] BAG 6. 2. 1969 und 9. 12. 1982 AP § 626 BGB Nr. 58 und 73; 15. 7. 1971 AP § 1 KSchG Nr. 83; 6. 6. 1984 EzA § 1 KSchG Verhaltensbedingte Kündigung Nr. 12 = DB 1985, 341; ausf. *Preis/Stoffels,* RdA 1996, 210 ff.

[389] Hierzu BAG 26. 5. 1977 AP § 611 BGB Beschäftigungspflicht Nr. 5 = EzA § 611 BGB Beschäftigungspflicht Nr. 2 = NJW 1978, 239.

Betriebs- und Geschäftsgeheimnissen (hierzu Rn. 745) oder sonstige Vertragsverletzungen zusammenhängen, ist eine gleichwohl ausgesprochene Kündigung unwirksam. Etwas anderes gilt allerdings dann, wenn die Zurückhaltung in politischen Fragen zum Pflichtenkreis des Arbeitnehmers gehört, sei es auf Grund gesetzlicher Regelungen für Beschäftigte im öffentlichen Dienst[390] (etwa für Lehrer) oder auf Grund tarifvertraglicher oder einzelvertraglicher (etwa in Tendenzarbeitsverhältnissen) Vereinbarungen.[391] Nach Auffassung des BAG obliegt einem Angestellten im öffentlichen Dienst jedoch nicht die gesteigerte politische Treuepflicht eines Beamten.[392]

Die Rechtsprechung hat vielfach über diese Eingrenzung hinaus Kündigungen **727** wegen politischer Betätigung anerkannt. Zum Streit um das **Plakettentragen** im Betrieb vgl. insbesondere BAG 9. 12. 1982.[393] Nicht bereits der provozierende Charakter einer Meinungsäußerung kann Kündigungsgrund sein; die Rechtsprechung erkennt jedoch vielfach eine kündigungsrelevante Störung des Betriebsfriedens an.[394] Nach Auffassung des LAG Berlin ist es von der Meinungsäußerungsfreiheit des Arbeitnehmers gedeckt, wenn nach einer Betriebsratswahl Flugblätter verteilt werden, in denen die durchgeführte Betriebsratswahl als undemokratisch dargestellt wird.[395] Im Rahmen der Güterabwägung muss stets die besondere Bedeutung des Art. 5 Abs. 1 Grundgesetz hinreichend berücksichtigt werden.

Das BAG ist der Auffassung, dass im Zusammenhang mit politischer Betätigung **728** des Arbeitnehmers nicht schon die abstrakte Möglichkeit, sondern nur die konkrete Beeinträchtigung des Betriebsfriedens kündigungsrelevant sein kann.[396] Dem ist insoweit zuzustimmen, als für eine verhaltensbedingte Kündigung eine konkrete vertragswidrige Verhaltensweise gefordert ist (siehe Rn. 1168f.).[397] Störungen des Betriebsfriedens oder des Betriebsablaufs zu vermeiden, ist aber eine vertragliche Nebenpflicht des Arbeitnehmers. Einer Kündigung muss auch in diesen Fällen eine Abmahnung vorausgehen.[398] Eine Abmahnung ist gerechtfertigt, wenn die Arbeit

---

[390] Vgl. etwa § 8 Abs. 1 BAT; zuzustimmen daher BAG 2. 3. 1982 AP Art. 5 Abs. 1 GG Meinungsfreiheit Nr. 8; zur Kündigungsmöglichkeit wegen DKP-Mitgliedschaft BAG 20. 7. 1989 DB 1990, 635 = EzA § 2 KSchG Nr. 11; 28. 9. 1989 ArbuR 1990, 130; 6. 6. 1984 DB 1985, 341 = EzA § 1 KSchG Verhaltensbedingte Kündigung Nr. 12 mit Anm. *Buchner;* 12. 3. 1986 DB 1986, 2444.

[391] BAG 2. 3. 1982 AP Art. 5 Abs. 1 GG Meinungsfreiheit Nr. 8.

[392] BAG 6. 6. 1984 EzA § 1 KSchG Verhaltensbedingte Kündigung Nr. 12 mit Anm. *Buchner* = DB 1985, 341; 20. 7. 1989 DB 1990, 635 = EzA § 2 KSchG Nr. 11.

[393] EzA § 626 BGB n.F. Nr. 86 mit Anm. *Löwisch/Schönfeld* = AP § 626 BGB Nr. 73; siehe ferner ArbG Hamburg 18. 4. 1978 EzA Art. 5 GG Nr. 3 mit Anm. *Otto;* ArbG Iserlohn 30. 1. 1980 EzA Art. 5 GG Nr. 4 mit Anm. *Otto;* LAG Hamm 14. 8. 1980 DB 1980, 1803; LAG Düsseldorf 29. 1. 1981 DB 1981, 1987; LAG Hamm 14. 8. 1980 DB 1981, 106; LAG Rheinland-Pfalz 22. 8. 1986 LAGE Art. 5 GG Nr. 2.

[394] Vgl. BAG 13. 1. 1956 AP § 13 KSchG Nr. 4; 6. 2. 1969 AP § 626 BGB Nr. 58; zur parteipolitischen Betätigung des Betriebsrates BAG 15. 12. 1977 AP § 13 KSchG 1969 Nr. 2; 15. 12. 1972 AP § 626 BGB Nr. 69.

[395] LAG Berlin 14. 1. 1985 LAGE § 626 BGB Nr. 21; vgl. auch ArbG München 28. 3. 1994 AiB 1994, 560.

[396] BAG 6. 6. 1984 DB 1985, 341f.; BAG 12. 6. 1986 RzK I 1 Nr. 11; BAG 20. 7. 1989 DB 1990, 635 = EzA § 2 KSchG Nr. 11.

[397] Siehe MünchKomm/*Schwerdtner,* § 622 BGB Anh. Rn. 333; *Preis,* S. 471ff.

[398] MünchKomm/*Schwerdtner,* § 622 BGB Anh. Rn. 333.

niedergelegt wird, um hierdurch eine politische Meinung zu bekunden.[399] Besonders sorgfältig zu prüfen ist, ob eine Beeinträchtigung des Betriebsfriedens tatsächlich vorliegt.

729 Außerbetriebliche (partei-)politische Betätigung ist nicht vertragswidrig und damit grundsätzlich auch nicht kündigungsrelevant. Nur im öffentlichen Dienst und in Tendenzbetrieben kann eine bestimmte politische Grundeinstellung unter Umständen die Eignung für die geschuldete Tätigkeit entfallen lassen. Im öffentlichen Dienst kann sich die fehlende Eignung auch aus begründeten Zweifeln an der Verfassungstreue des Arbeitnehmers ergeben. Ob eine Kündigung durchgreift, hängt in diesem Falle entscheidend von der geschuldeten Aufgabe ab. Hierfür ist unter engen Voraussetzungen die personenbedingte Kündigung einschlägig, die regelmäßig aber nur als ordentliche Kündigung ausgesprochen werden kann.[400]

730 In jüngerer Zeit haben die Arbeitsgerichte Kündigungen wegen **rechtsextremistischer Betätigung** beschäftigt. Die Weitergabe von Texten mit Hetze gegen Ausländer, Aussiedler oder Asylbewerber im Rahmen der Arbeitstätigkeit ist eine grobe, in der Regel nicht entschuldbare Verletzung der arbeitsvertraglichen Verhaltenspflichten; dies gilt insbesondere für einen Außendienstmitarbeiter im Verhältnis zu Kunden. Dennoch ist auch hier eine zukunftsorientierte Betrachtung angezeigt, die eine außerordentliche Kündigung ausschließen dürfte, wenn der Arbeitnehmer die Pflichtwidrigkeit seines Verhaltens einsieht, von sich aus zur Entschuldigung seines Verhaltens bei dem Betroffenen bereit ist und es sich um einen einmaligen Vorfall im Rahmen eines langjährigen Arbeitsverhältnisses handelt. Rein generalpräventive Gesichtspunkte sind zur Rechtfertigung einer Kündigung in jedem Falle ungeeignet.[401] Rassistische und volksverhetzende Äußerungen im Betrieb sind nicht vom Schutzbereich des Art. 5 Abs. 1 GG gedeckt, stören den Betriebsfrieden und verletzen gegenseitige Rücksichtnahmepflichten im Arbeitsverhältnis. Bei nachhaltigen uneinsichtigen ausländerfeindlichen Äußerungen kann die sofortige Unzumutbarkeit der Weiterbeschäftigung eintreten.[402] Mitarbeiter des öffentlichen Dienstes, insbesondere Lehrpersonal, unterliegen insoweit besonderen Verhaltenspflichten.[403] Auch hier ist stets zu prüfen, inwieweit der Arbeitnehmer Vertragspflichten verletzt hat.[404]

---

[399] LAG Hamm 17. 4. 1985 LAGE § 611 BGB Abmahnung Nr. 1.

[400] Hierzu BAG 6. 6. 1984 DB 1985, 341 = EzA § 1 KSchG Verhaltensbedingte Kündigung Nr. 12 mit Anm. *Buchner.*

[401] ArbG Hannover 22. 4. 1993 BB 1993, 1218 mit Anm. *Däubler;* dagegen zu Unrecht ArbG Bremen 29. 6. 1994 BB 1994, 1568.

[402] LAG Hamm 11. 11. 1994 LAGE § 626 BGB Nr. 82; 30. 1. 1995 LAGE § 626 BGB Nr. 83; LAG Köln 11. 8. 1995 NZA-RR 1996, 128; LAG Rheinland-Pfalz 10. 6. 1997 BB 1998, 163 = LAGE § 1 KSchG Verhaltensbedingte Kündigung Nr. 62; LAG Frankfurt 15. 10. 1999 AuR 2000, 116; ferner ArbG Frankfurt 28. 1. 1993 ArbuR 1993, 415 zum Aufhängen eines Hitler-Bildes; 17. 12. 1993 ArbuR 1994, 315; vgl. auch BVerfG 2. 2. 1995 ArbuR 1995, 152, 153, wo es für unzumutbar erklärt wurde, dass ein Ausbildungsbetrieb einen Arbeitnehmer beschäftigt, der ausländerfeindliche Tendenzen offen zur Schau trägt.

[403] BAG 5. 11. 1992 ArbuR 1993, 124 (antisemitische Witze); 14. 2. 1996 EzA § 626 BGB n. F. Nr. 160 = NZA 1996, 873 (ausländerfeindliche Pamphlete); LAG Berlin 22. 10. 1997 LAGE § 626 BGB Nr. 118.

[404] Zum ganzen *Korinth,* ArbuR 1993, 105; vgl. zu einem Auflösungsantrag nach §§ 9, 10 KSchG wegen rassistischer Äußerungen LAG Hamm 27. 5. 1993 AiB 1994, 54.

(19) Privatkommunikation (Telefon, E-Mail, Internet)

Zunehmende Bedeutung erlangt die Frage der Kündigung wegen missbräuchlicher oder übermäßiger Nutzung dienstlicher Kommunikationsgeräte für private Zwecke. Die vertrags- und kündigungsrechtliche Beurteilung hängt entscheidend davon ab, welche Regeln der Arbeitgeber aufgestellt hat. Lässt er auch die private Telekommunikation zu, kann allein der übermäßige Gebrauch noch nicht zur Kündigung berechtigen. In diesem Falle muss der Arbeitgeber zunächst einmal klare Grenzen definieren und ggf. eine Abmahnung aussprechen.[405] Anders ist dies zu beurteilen, wenn der Arbeitnehmer klar definierte Regeln (Aufzeichnung von Privattelefonaten, PIN-Nummern,[406] getrennte Abrechnung) verletzt und zulasten des Arbeitgebers Telekommunikationswege für private Zwecke nutzt.[407] Eine missbräuchliche Nutzung stellt es auch dar, auf einem dienstlichen PC sexistische oder rassistische Witze zu speichern.[408] Davon zu unterscheiden ist die Frage, ob der Arbeitnehmer wegen Zurückhaltung der Arbeitsleistung gekündigt werden kann, wenn er statt zu arbeiten in übermäßigem Umfang telefoniert oder im Internet „surft".[409] 731

Das Kopieren von Dateien und Programmen des Arbeitgebers für private Zwecke kann, sofern nicht schon ein Bruch der Verschwiegenheitspflicht vorliegt, ebenfalls eine Kündigung rechtfertigen („Datenklau").[410] 732

(20) Rauchverbot

Ein wiederholter Verstoß gegen ein im Betrieb bestehendes Rauchverbot kann jedenfalls nach zuvor erfolgter Abmahnung zum Ausspruch einer verhaltensbedingten Kündigung berechtigen. Dies gilt jedenfalls dann, wenn ein betriebliches Rauchverbot zur Verrichtung näher bezeichneter Arbeiten gesetzlich zwingend vorgeschrieben ist, Verstöße hiergegen als Ordnungswidrigkeiten geahndet werden und ein Betrieb bei wiederholten Verstößen gegen ein bestehendes Rauchverbot aufsichtsrechtlich mit erheblichen Nachteilen, gegebenenfalls auch mit einem Konzessionsentzug zu rechnen hat.[411] Das BAG erkennt die Befugnis der Betriebspartner an, durch Betriebsvereinbarung ein betriebliches Rauchverbot zu erlassen, um Nichtraucher vor den Gesundheitsgefahren und Belästigungen des Passivrauchens zu schützen, wobei sie jedoch nach Art. 2 Abs. 1 GG den Verhältnismäßigkeits- 733

---

405 LAG Köln 2. 7. 1998 LAGE § 1 KSchG Verhaltensbedingte Kündigung Nr. 66 = NZA-RR 1999, 192; ArbG Frankfurt 14. 7. 1999 NZA-RR 2000, 135.

406 ArbG Celle 2. 11. 1998 RDV 1999, 129; ArbG Würzburg 16. 12. 1997 MDR 1998, 1109 = RzK I 6c Nr. 4.

407 LAG Köln 4. 11. 1999 – 6 Sa 493/99 –.

408 LAG Köln 14. 12. 1998 LAGE § 626 BGB Nr. 124.

409 Die Kündigung wegen häufig Privattelefonate nach Abmahnung bejahend: LAG Niedersachsen 13. 1. 1998 NZA-RR 1998, 259 = LAGE § 1 KSchG Verhaltensbedingte Kündigung Nr. 63; Kündigung wegen Versendung privater E-Mails ohne Abmahnung verneinend: ArbG Frankfurt 20. 3. 2001 AuA 2001, 568; bei Versendung von E-Mails mit beleidigendem Inhalt bejahend: ArbG Wiesbaden 2. 5. 2001 NZA-RR 2001, 638; zum Surfen im Internet ArbG Düsseldorf 1. 8. 2001 NZA 2001, 1387; ArbG Hannover 1. 12. 2000 NZA 2001, 1022; ArbG Wesel 21. 3. 2001 NZA 2001, 786.

410 LAG Sachsen 14. 7. 1999 MDR 2000, 710 = LAGE § 626 BGB Nr. 129.

411 LAG Hannover 23. 1. 1952 BB 1952, 291; LAG Stuttgart 23. 10. 1951 DB 1952, 232; ArbG Husum 1. 9. 1964 BB 1965, 911; LAG Düsseldorf 17. 6. 1997 LAGE § 1 KSchG Verhaltensbedingte Kündigung Nr. 58.

grundsatz zu beachten haben, weil ihre Regelung die allgemeine Handlungsfreiheit der Raucher beeinträchtigt. Ein Rauchverbot mit dem Ziel, Arbeitnehmer von gesundheitsschädlichen Gewohnheiten abzubringen, überschreitet die Regelungskompetenz der Betriebspartner.[412] Auch durch Direktionsrecht kann der Arbeitgeber jedoch ein Rauchverbot erlassen, wenn dies aus Gründen der Brand- und Explosionsgefahr, der Notwendigkeit eines kontinuierlichen Arbeitsablaufs oder der Gefahr der Verunreinigung von Arbeitsprodukten gerechtfertigt ist.[413]

(21) Schmiergelder

734 Ein erheblicher Verstoß gegen die Interessenwahrungspflicht ist anzunehmen, wenn der Arbeitnehmer von Kunden sogenannte **Schmiergelder** annimmt.[414] Das Gleiche gilt für die Stellung finanzieller Forderungen an Kunden des Arbeitgebers.[415] Dem Arbeitnehmer ist es untersagt, Geld oder geldwerte Leistungen zu fordern, sich versprechen zu lassen oder anzunehmen, wenn der Geber hierfür eine geschäftliche Bevorzugung erwartet oder auch nur eine Tätigkeit belohnt. Der Arbeitnehmer muss dann nicht tatsächlich auf Grund des Schmiergeldes rechtswidrig handeln; es reicht, dass er das Schmiergeld annimmt.[416] Durch die Annahme des Schmiergeldes wird das Vertrauen des Arbeitgebers in die Unbestechlichkeit des Arbeitnehmers erschüttert. Der Arbeitgeber kann dann nicht mehr davon ausgehen, dass der Arbeitnehmer seine Entschlüsse frei fasst.

735 Ferner ist für die Charakterisierung des Handelns als Verletzung der Treuepflicht auch nicht entscheidend, ob dem Arbeitgeber ein Schaden entstanden ist oder nicht. Ob die Gewährung wirtschaftlicher Vorteile von betriebsfremden Personen allerdings einen fristlosen Kündigungsgrund darstellt, kann nicht generell bejaht werden. Wenn auch im Regelfall eine fristlose Entlassung in Betracht kommt, bedarf es im Einzelfall noch immer einer Interessenabwägung. Dabei ist vor allem zu berücksichtigen, ob der Angestellte pflichtwidrig gehandelt und der Arbeitgeber einen Schaden erlitten hat. Ferner ist von Bedeutung, ob eine Wiederholungsgefahr besteht und inwieweit Vorsorge getroffen werden kann, diese Gefahr auszuschließen. Bei leitenden Angestellten kann die Zerstörung des Vertrauensverhältnisses genügen.[417] Als Schmiergelder gelten nicht kleine Geschenke, die zu besonderen Anlässen, z.B. Neujahr, gegeben werden. Geldgeschenke jedoch, auch in nicht erheblicher Höhe, sind unüblich und verstoßen jedenfalls im öffentlichen Dienst regelmäßig gegen dienstliche und tarifliche Vorschriften. Deren Annahme kann die ordentliche und außerordentliche Kündigung rechtfertigen.[418]

736 **Beispiele:** Fordert eine bei einem Rechtsanwalt als Dolmetscherin tätige ausländische Arbeitnehmerin von den vorwiegend ausländischen Mandanten finanzielle

---

[412] BAG 19. 1. 1999 AP § 87 BetrVG Ordnung des Betriebes Nr. 28.

[413] MünchArbR/*Blomeyer,* § 53 Rn. 11.

[414] BAG 17. 8. 1972 AP § 626 BGB Nr. 65 = EzA § 626 BGB n.F. Nr. 22; BAG 15. 11. 1995 AP § 102 BetrVG 1972 Nr. 73 = EzA § 102 BetrVG 1972 Nr. 89; BAG 21. 6. 2001 EzA § 626 BGB Unkündbarkeit Nr. 7; Hessisches LAG 18. 6. 1997 LAGE § 626 BGB Nr. 114; zur Verdachtskündigung BAG 13. 9. 1995 EzA § 626 BGB Verdacht strafbarer Handlungen Nr. 6; LAG Schleswig-Holstein 6. 5. 1996 LAGE § 626 BGB Nr. 95.

[415] LAG Berlin 16. 5. 1978 EzA § 626 BGB n.F. Nr. 62 = DB 1978, 1407.

[416] ErfK/*Preis* § 611 BGB Rn. 1007.

[417] BAG 17. 8. 1972 EzA § 626 BGB n.F. Nr. 22 = AP § 626 BGB Nr. 65.

[418] BAG 15. 11. 2001 – 2 AZR 605/00 –.

Zuwendungen, dann verletzt sie in grober Weise die Treuepflicht. Der Versandleiter einer Firma, der Gesellschafter einer Speditionsgesellschaft ist, kann fristlos entlassen werden, wenn er für jeden erteilten Auftrag von der Speditionsgesellschaft eine feste Provision erhält.[419] Dieses Verhalten stellt in aller Regel einen wichtigen Grund zur außerordentlichen Kündigung dar.[420] Das Gleiche gilt, wenn sich ein Angestellter, dessen Aufgabe die Vergabe von Aufträgen ist, sich von einem Auftragnehmer im privaten Bereich günstigere Konditionen einräumen lässt.[421] Fordert und kassiert ein Arbeitnehmer eine „Vermittlungsprovision" für die Einstellung eines Arbeitnehmers bei seinem Arbeitgeber, so kann dies nach Auffassung des BAG eine Kündigung nicht rechtfertigen, wenn es weder zu einer konkreten Beeinträchtigung des Arbeitsverhältnisses noch zu einer konkreten Gefährdung des Vertrauensbereichs kommt.[422] Dies ist bedenklich, da der Arbeitnehmer auf diese Weise Zugangshindernisse errichten kann und hierdurch Schutzpflichten gegenüber dem Arbeitgeber verletzt werden.[423] Auch durch das Fordern einer solchen Vermittlungsprovision wird eine Vertragspflicht verletzt, weil der Arbeitnehmer seine Stellung als Vertragspartner zu vertragsfremden Zwecken missbraucht.[424] Grundsätzlich lässt sich der Rechtssatz aufstellen, dass die **Verquickung dienstlicher Angelegenheiten mit privaten Interessen** die Kündigung rechtfertigen kann.[425] Auch Interessenkollisionen zwischen eigenen und Arbeitgeberinteressen sind zumindest bei Führungskräften offenzulegen.[426]

(22) Spesenbetrug

Die unkorrekte Abrechnung von Spesen und Reisekosten kann als strafrechtlich relevante Betrugshandlung die ordentliche und außerordentliche Kündigung rechtfertigen.[427] Das gilt auch dann, wenn es sich um einen einmaligen Fall und um einen geringen Betrag handelt.[428] Bei einem klaren Spesenbetrug kann ohne vorherige Abmahnung gekündigt werden. Einer Abmahnung bedarf es hier in aller Regel nicht, weil in diesem Vertrauensbereich der Arbeitnehmer im Allgemeinen keinen Grund zur Annahme hat, sein Handeln werde gebilligt.[429] Bei einer unklaren oder inkorrekten Abrechnungspraxis im Unternehmen gilt dies jedoch nicht. Schließlich kann eine Kündigung ungerechtfertigt sein, wenn der Arbeitgeber ein **737**

---

[419] LAG Düsseldorf 12. 8. 1980 EzA § 626 BGB n. F. Nr. 73.

[420] LAG Berlin 16. 5. 1978 EzA § 626 BGB n. F. Nr. 62 = DB 1978, 1570.

[421] LAG Hamburg 26. 9. 1990 LAGE § 626 BGB Nr. 58.

[422] BAG 24. 9. 1987 EzA § 1 KSchG Verhaltensbedingte Kündigung Nr. 18 mit abl. Anm. *Löwisch* = AP § 1 KSchG 1969 Verhaltensbedingte Kündigung Nr. 19 mit abl. Anm. *Veenroy*.

[423] Hierzu *Preis,* DB 1990, 633.

[424] Hierzu *Preis,* DB 1990, 663; dem folgend KR/*Fischermeier,* § 626 BGB Rn. 447.

[425] BAG 20. 4. 1977 EzA § 626 BGB n. F. Nr. 55 = DB 1977, 1856; zur Führung privater Telefongespräche auf Kosten des Arbeitgebers LAG Düsseldorf 14. 2. 1963 BB 1963, 732; zur zweckentfremdeten Verwendung eines Arbeitgeberdarlehens LAG Düsseldorf 20. 9. 1967 BB 1967, 1426.

[426] LAG Nürnberg 5. 9. 1990 LAGE § 626 BGB Nr. 51; LAG Köln 11. 9. 1996 LAGE § 626 BGB Nr. 103 (Krankenschwester betreibt Heilpraktikerpraxis und „wirbt" Patienten ab).

[427] BAG 22. 11. 1962 EzA § 626 BGB Nr. 3 = AP § 626 BGB Nr. 49; LAG 2. 3. 1999 RzK I 6 a Nr. 174.

[428] BAG 2. 6. 1960 AP § 626 BGB Nr. 42 = NJW 1960, 2023; 22. 11. 1962 AP § 626 BGB Nr. 49 = EzA § 626 BGB Nr. 3; dazu auch BAG 27. 2. 1969 DB 1969, 932.

[429] Dazu LAG Niedersachsen 11. 8. 1977 DB 1978, 750.

derartiges Verhalten in ähnlichen Fällen hingenommen oder gefördert hat.[430] Verhält sich der Arbeitgeber in diesen Fällen selbst widersprüchlich, bedarf es vor Ausspruch einer Kündigung einer Abmahnung.

738 Auch wenn ein Spesenbetrug regelmäßig einen Grund zur Kündigung bildet, bedarf es dennoch für die Rechtfertigung der Kündigung einer Interessenabwägung, die die Dauer des Beschäftigungsverhältnisses und die Umstände des Falles würdigt. So hat das LAG Frankfurt im Einzelfall bei einem langjährig beanstandungsfrei beschäftigten Arbeitnehmer die Kündigung wegen Spesenbetrugs für unwirksam erklärt, nachdem dieser den einmaligen Verstoß zugegeben und wiedergutgemacht hatte und aus dessen gesamten Verhalten hervorgegangen war, dass eine weitere Verfehlung nicht wieder vorkommen wird.[431]

(23) Straftaten

739 Strafbare Handlungen **innerhalb** des Arbeitsverhältnisses sind zugleich Vertragspflichtverletzungen, die die Kündigung ohne Abmahnung rechtfertigen können.[432] Auch Straftaten, die der Arbeitnehmer gegenüber Vertragspartnern des Arbeitgebers begeht, verletzen regelmäßig Vertragspflichten.[433]

740 Strafbare Handlungen im Arbeitsverhältnis, insbesondere **Vermögensdelikte** (Diebstahl, Unterschlagung, Betrug, Untreue), sind schwerwiegende Vertragsverletzungen und rechtfertigen regelmäßig die fristlose Kündigung ohne Abmahnung.[434] Gerechtfertigt sind Kündigungen insbesondere, wenn der Arbeitnehmer seine Tätigkeit zu betrügerischen Handlungen zum Nachteil des Arbeitgebers missbraucht.[435] Ein Arbeitnehmer, der während seiner Arbeitszeit im Eigentum des Arbeitgebers stehende Sachen an einen Dritten verkauft, begeht eine schwerwiegende Verletzung seiner arbeitsvertraglichen Pflichten und missbraucht das in ihn gesetzte Vertrauen in gravierender Weise.[436] Besondere praktische Bedeutung hat die Kündigung wegen **Entwendung geringwertiger Sachen** des Arbeitgebers.[437] Das

---

[430] LAG Kiel 18. 10. 1963 BB 1964, 473.

[431] LAG Frankfurt 5. 7. 1988 LAGE § 1 KSchG Verhaltensbedingte Kündigung Nr. 20 = DB 1988, 2468.

[432] BAG 17. 5. 1984 EzA § 626 BGB n. F. Nr. 90 = AP § 626 BGB Verdacht strafbarer Handlung Nr. 14 = NZA 1985, 91; LAG Düsseldorf 17. 10. 1984 LAGE § 626 BGB n. F. Nr. 17; BAG 2. 3. 1989 EzA § 626 BGB n. F. Nr. 118 = DB 1989, 1679; LAG Köln 12. 12. 1989 LAGE § 1 KSchG Verhaltensbedingte Kündigung Nr. 25; 24. 8. 1995 NZA-RR 1996, 86.

[433] LAG Nürnberg 29. 8. 1985 LAGE § 626 BGB Nr. 24.

[434] BAG 17. 5. 1984 EzA § 626 BGB n. F. Nr. 90 = AP § 626 BGB Verdacht strafbarer Handlung Nr. 14; BAG 10. 2. 1999 AP § 15 KSchG 1969 Nr. 42.

[435] LAG Düsseldorf 27. 7. 1966 DB 1966, 1571 f.; zur Beurteilung einer Urkundenfälschung BAG 29. 1. 1997 AP § 626 BGB Nr. 131 = NZA 1997, 813; Bedrohung mit einer Waffe: LAG Düsseldorf 15. 12. 1997 LAGE § 626 BGB Nr. 116.

[436] BAG 10. 2. 1999 AP § 15 KSchG 1969 Nr. 42.

[437] Hierzu BAG 17. 5. 1984 EzA § 626 BGB n. F. Nr. 90 = AP § 626 BGB Verdacht strafbarer Handlung Nr. 14; LAG Düsseldorf 17. 10. 1984 LAGE § 626 BGB n. F. Nr. 17; BAG 20. 9. 1984 und 13. 12. 1984 AP § 626 BGB Nr. 80 u. 81; BAG 10. 2. 1999 AP § 15 KSchG 1969 Nr. 42; LAG Düsseldorf 6. 11. 1973 DB 1974, 928 und 13. 1. 1976, DB 1976, 680; ArbG Frankfurt 10. 4. 1985 BB 1986, 459; LAG Köln 12. 12. 1989 LAGE § 1 KSchG Verhaltensbedingte Kündigung Nr. 25; LAG Düsseldorf 19. 2. 1992 LAGE § 626 BGB Nr. 66; LAG Rheinland-Pfalz 27. 3. 1996 LAGE § 626 BGB Nr. 113; LAG Köln 24. 8.

BAG lehnt es ab, die fristlose Kündigung bei geringwertigen Sachen generell auszuschließen, bejaht vielmehr i. d. R. einen Kündigungsgrund wegen schwerwiegender Vertrauensstörung.[438] Erschwerend kommt hinzu, wenn der Arbeitnehmer eine sich aus dem Arbeitsvertrag ergebende Obhutspflicht verletzt und das Delikt nicht nur außerhalb seines konkreten Aufgabenbereichs bei Gelegenheit der Arbeitsleistung verübt.[439] Das BAG hat sogar die fristlose Kündigung einer Kuchenverkäuferin wegen erstmaligen unberechtigten Verzehrs eines Stückes Kuchen im Wert von 1,– DM ohne Abmahnung für zulässig gehalten.[440] Auch wenn man in diesen Fällen einen Kündigungsgrund nicht generell ausschließen kann,[441] wird man sorgfältig in Bagatellfällen die Notwendigkeit einer Abmahnung und die Zumutbarkeit der Einhaltung der Kündigungsfrist zu prüfen haben.[442] Ein kündigungsrelevantes Verhalten kann auch angenommen werden, wenn ein Arbeitnehmer in einem rechtlich selbständigen Konzernunternehmen stiehlt, bei dem ihm für Einkäufe ein Personalrabatt eingeräumt worden ist.[443] Auch wenn bei eindeutig strafrechtlich relevanten Verhaltensweisen regelmäßig eine Abmahnung entbehrlich ist, bedarf es gleichwohl noch einer sorgfältigen **Interessenabwägung.** Erschwerend fällt ins Gewicht, wenn die Tatbegehung mit der vertraglich geschuldeten Tätigkeit zusammenhängt.[444] In die Interessenabwägung ist aber auch die Dauer der Betriebszugehörigkeit des Arbeitnehmers einzubeziehen.[445] Generell wiegen geplante Taten schwerer als einmalige Ausrutscher. Art und Weise sowie Schwere der Tatbegehung sind von besonderer Bedeutung. Der Arbeitgeber darf dem Arbeitnehmer grundsätzlich keine Falle stellen.[446] Billigkeitsabwägungen sind jedoch fehl am Platze. So sind Unterhaltspflichten des Arbeitnehmers im Rahmen der Interessenabwägung grundsätzlich nicht zu berücksichtigen.[447]

1995 LAGE § 626 BGB Nr. 86 = NZA-RR 1996, 86; ArbG Paderborn 17. 12. 1998 EzA § 626 BGB n. F. Nr. 175.

[438] BAG 12. 8. 1999 EzA § 626 BGB Verdacht strafbarer Handlung Nr. 8 = AP § 626 BGB Verdacht strafbarer Handlung Nr. 28; unter Ablehnung von ArbG Reutlingen 4. 6. 1996 RzK I 6d Nr. 12 (Diebstahl von zwei Bechern Joghurt); *Däubler,* Das Arbeitsrecht 2, 11. Aufl., Rn. 1137; HK-KSchG/*Dorndorf,* § 1 KSchG Rn. 834; MünchKomm/*Schwerdtner,* § 626 BGB Rn. 126 bis 129.

[439] Vgl. LAG Düsseldorf 3. 8. 1999 EzBAT § 54 BAT Nr. 60: Unterschlagung des Fahrpreises von 2 DM durch Schaffner.

[440] BAG 17. 5. 1984 wie Fußnote 437.

[441] Krit. *Preis,* S. 459; *ders.,* DB 1990, 630ff.; *Oetker,* SAE 1985, 177.

[442] Vgl. hierzu LAG Köln 24. 8. 1995 LAGE § 626 BGB Nr. 86 = NZA-RR 1996, 86 zur Entwendung von Essensresten; LAG Köln 30. 9. 1999 NZA-RR 2001, 83 zur Entwendung geringfügigen Büromaterials; ArbG Paderborn 17. 12. 1998 EzA § 626 BGB n. F. Nr. 175: Entwendung eines Fladenbrotes im Werte von DM 1,50; ArbG Hamburg 21. 9. 1998 EzA § 1 KschG Verhaltensbedingte Kündigung Nr. 54: Mitnahme von Schutzbrillen; ArbG Hamburg 2. 10. 2000 NZA-RR 2001, 416: Mitnahme eines Salats; ArbG Hamburg 27. 8. 1998 ArbuR 1998, 503 = RzK I 5i Nr. 144: bei Erstverstoß stets Abmahnung erforderlich; hierzu auch ArbG Düsseldorf 5. 4. 1995 ArbuR 1995, 334 = BB 1995, 1698.

[443] BAG 20. 9. 1984 EzA § 1 KSchG Verhaltensbedingte Kündigung Nr. 14 = AP § 1 KSchG 1969 Verhaltensbedingte Kündigung Nr. 13; kritisch hierzu *Dütz,* Anm. zu BAG EzA § 626 BGB n. F. Nr. 91.

[444] BAG 20. 9. 1984 AP § 626 BGB Nr. 80.

[445] BAG 13. 12. 1984 AP § 626 BGB Nr. 81; LAG Köln 11. 8. 1998 LAGE § 626 BGB Nr. 121; ArbG Frankfurt 10. 4. 1985 BB 1986, 459; abl. *Tschöpe,* NZA 1985, 589f.

[446] LAG Hamm 29. 6. 1989 LAGE § 626 BGB Nr. 44.

[447] BAG 2. 3. 1989 EzA § 626 BGB n. F. Nr. 118 = AP § 626 BGB Nr. 101.

741 Straftaten, die der Arbeitnehmer **außerhalb** des dienstlichen Bereiches begeht, stellen grundsätzlich keine Vertragspflichtverletzung dar, können aber als **personenbedingter Grund** die Eignung des betreffenden Arbeitnehmers für die geschuldete Vertragsleistung entfallen lassen. Bei Arbeitnehmern im öffentlichen Dienst stellt die Rechtsprechung hier strenge Anforderungen.[448] Außerdienstlich begangene Straftaten berühren jedenfalls dann die Eignung des Mitarbeiters, wenn es um fortgesetzte Handlungen geht[449] oder bei Straftaten, die im unmittelbaren Widerspruch zu der Aufgabe des Mitarbeiters stehen[450] oder die die öffentliche Sicherheit und Ordnung gefährden können.[451] Besonders strenge Anforderungen werden insoweit an Mitarbeiter staatlicher Behörden gestellt, insbesondere an Mitarbeiter in Steuer- und Justizbehörden. Treten sie strafrechtlich in Erscheinung, müssen sie mit fristloser Kündigung rechnen.[452] Überhaupt können strafrechtliche Verurteilungen bei objektiver Betrachtung ernsthafte Zweifel an Zuverlässigkeit oder Eignung des Arbeitnehmers für die von ihm zu verrichtende Tätigkeit begründen.[453] Unabhängig von der Vertragswidrigkeit kann hier eine ordentliche oder außerordentliche personenbedingte Kündigung gerechtfertigt sein. Lehrer oder Erzieher, die wegen Körperverletzungs- oder Sittlichkeitsdelikten verurteilt worden sind, können gekündigt werden.[454] Hier kommt ggf. auch eine Verdachtskündigung in Betracht.[455]

742 Ob es allerdings gerechtfertigt ist, über die Generalklausel des § 8 BAT insoweit die Vertragspflichten des Arbeitnehmers im öffentlichen Dienst auf den Privatbereich auszuweiten, erscheint zumindest zweifelhaft.[456] Das BAG meint, die dienstliche Verwendbarkeit könne durch außerdienstliche Vorgänge beeinflusst werden, da die Öffentlichkeit das Verhalten eines öffentlichen Bediensteten an einem strengeren Maßstab misst als das privat Beschäftigter. Die Aussage, der Angestellte müsse

---

[448] BAG 8. 6. 2000 AP § 626 BGB Nr. 163; LAG Düsseldorf/Köln 20. 5. 1980 EzA § 626 BGB n.F. Nr. 72; LAG Berlin 27. 9. 1982 EzA § 626 BGB n.F. Nr. 80; LAG Frankfurt 4. 7. 1985 LAGE § 626 BGB Nr. 22; LAG Hamm 15. 11. 1990 LAGE § 626 BGB Nr. 53.

[449] BAG 20. 11. 1997 AP § 1 KSchG 1969 Nr. 43 über mehrere Jahre begangene Vermögensdelikte.

[450] LAG Düsseldorf 20. Mai 1980 EzA BGB § 626 n.F. Nr. 72; BAG 21. 6. 2001 – EzA § 626 BGB n.F.; LAG Düsseldorf 14. 3. 2000 ZTR 2000, 423: vorsätzliche Steuerverkürzung durch einen Finanzbeamten).

[451] BAG 14. 2. 1996 AP § 626 BGB Verdacht strafbarer Handlungen Nr. 26: Volksverhetzung durch ausländerfeindliche Propaganda).

[452] BAG 20. 11. 1997 BB 1998, 429; LAG Düsseldorf/Köln 20. 5. 1980 EzA § 626 BGB n.F. Nr. 72; LAG Berlin 27. 9. 1982 EzA § 626 BGB n.F. Nr. 80; LAG Frankfurt 4. 7. 1985 LAGE § 626 BGB Nr. 22 = BB 1986, 193; nach LAG Berlin 22. 3. 1996 LAGE § 626 BGB Nr. 100 = NZA-RR 1997, 7 kann eine Kündigung nicht auf eine strafgerichtliche Verurteilung gestützt werden, wenn sich der Verurteilte nach § 53 Abs. 1 Nr. 1 BZRG als unbestraft bezeichnen darf.

[453] Verneint bei einem Kassierer einer Sparkasse bei Steuervergehen, LAG Hamm 15. 11. 1990 LAGE § 626 BGB Nr. 53.

[454] LAG Berlin 15. 12. 1989 BB 1990, 286 = LAGE § 626 BGB Nr. 45; anders jedoch im Falle des Schulhausmeisters LAG Niedersachsen 27. 6. 1989 ArbuR 1990, 130.

[455] ArbG Braunschweig 22. 1. 1999 NZA-RR 1999, 192: Staatsanwaltliche Ermittlungen gegen Kindergartenleiter, der auf seinem PC kinderpornographische Dateien gespeichert hat.

[456] So BAG 20. 11. 1997 AP § 1 KSchG 1969 Nr. 43 = EzA § 1 KSchG Verhaltensbedingte Kündigung Nr. 52; BAG 8. 6. 2000 AP § 626 BGB Nr. 163.

sein außerdienstliches Verhalten so einrichten, dass das Ansehen des öffentlichen Arbeitgebers nicht beeinträchtigt werde, geht in dieser Allgemeinheit zu weit. Richtig ist nur, dass massive Verstöße gegen die Rechtsordnung auch außerhalb des Dienstes die Eignung des Mitarbeiters ausschließen können. Einerseits ist zweifelhaft, dass dadurch das Abmahnungserfordernis auch auf private Verfehlungen ausgedehnt wird; andererseits ist die personenbedingte Kündigung (Eignungswegfall) das hinreichende und adäquate Instrument. Die dogmatisch fehlerhafte Einordnung durch das BAG zeigt sich auch an den merkwürdig anmutenden Ausführungen, ob der Arbeitgeber bei einem außerdienstlich begangenen Tötungsdelikt eines Behördenmitarbeiters vor Ausspruch einer Kündigung noch eine Abmahnung aussprechen muss.[457]

Wesentlich ist bei der arbeitsrechtlichen Prüfung, dass es auf die strafrechtliche **743** Wertung nicht entscheidend ankommt. Weitere Einzelfälle vermögensrechtlich relevanter Delikte: Betätigen einer Stempelkarte durch Dritten,[458] Lohnbetrug durch falsche Abrechnungsbelege.[459] Weitere Kündigungstatbestände mit strafrechtlichem Bezug sind Beleidigungen (Rn. 705 ff.) und Tätlichkeiten (Rn. 707).

(24) Vermögensschädigung

Geschäftsschädigende Äußerungen können, wenn sie einen groben Vertrauens- **744** bruch darstellen, zur Kündigung berechtigen.[460] Ebenso wird die Vertrauensgrundlage des Arbeitsverhältnisses zerstört, wenn ein (leitender) Mitarbeiter ernsthaft zum Ausdruck bringt, er werde den Interessen des Arbeitgebers in dessen Existenz gefährdender Weise zuwiderhandeln.[461]

(25) Verschwiegenheitspflicht

Auch ohne gesonderte Vereinbarung folgt aus der vertraglichen Schutzpflicht, **745** dass der Arbeitnehmer **Betriebs- und Geschäftsgeheimnisse** wahren muss. Deren schuldhafte Verletzung kann die Kündigung rechtfertigen.[462] Ob der Arbeitgeber den Arbeitnehmer verpflichten kann, über alle ihm im Rahmen des Betriebes bekannt gewordenen Tatsachen Stillschweigen zu bewahren, ist zweifelhaft. Schweigepflichten müssen durch berechtigte betriebliche Interessen gerechtfertigt sein.[463] Unter Umständen ist der Arbeitnehmer sogar berechtigt, rechtswidrige Zustände im Unternehmen zu offenbaren (hierzu Rn. 689 ff.). Verstöße gegen den **Datenschutz** – wie das unbefugte Abfragen einer Geheimliste vom Computer – können einen wichtigen Kündigungsgrund darstellen.[464] Das gilt auch für unbe-

---

457 BAG 8. 6. 2000 AP § 626 BGB Nr. 163.

458 LAG Berlin 6. 6. 1988 LAGE § 1 KSchG Verhaltensbedingte Kündigung Nr. 18; LAG Hamm 20. 2. 1986 DB 1986, 1338.

459 LAG Hamm 5. 7. 1988 LAGE § 1 KSchG Verhaltensbedingte Kündigung Nr. 23.

460 BAG 18. 9. 1997 DB 1998, 136.

461 LAG Nürnberg 13. 1. 1993 LAGE § 626 BGB Nr. 67.

462 BAG 4. 4. 1974 EzA § 15 KSchG n. F. Nr. 1 = AP § 626 BGB Arbeitnehmervertreter im Aufsichtsrat Nr. 1; LAG Baden-Württemberg 31. 10. 1967 DB 1968, 359.

463 LAG Hamm 5. 10. 1988 DB 1989, 783 f.; *Preis/Reinfeld,* ArbuR 1989, 364 f.

464 LAG Köln 29. 9. 1982 DB 1983, 124, wo allerdings eine vorherige Abmahnung verlangt wird; ferner LAG Schleswig-Holstein 15. 11. 1989 DB 1990, 635; LAG Baden-Württemberg 11. 1. 1994 NJW-CoR 1994 Nr. 5, 305; LAG Saarland 1. 12. 1993 NJW-CoR 1994 Nr. 5, 305; heimliches Mitführen eines Tonbandes: LAG Rheinland-Pfalz 18. 9. 1996 NZA 1997, 826.

fugte Zugriffe auf gesicherte Datenbanken oder sonstige geschützte Daten eines PC.[465]

2. Personenbedingte Gründe

746 Personenbedingte Kündigungsgründe sind bis auf die Ausnahmefälle des sofortigen Eignungswegfalls und der Verdachtskündigung in aller Regel nur Gründe für eine ordentliche Kündigung. Auf die allgemeinen Ausführungen zur Rechtfertigung personenbedingter Kündigungsgründe (Alkohol- und Drogensucht, Alter, Eignungswegfall Fortfall von Erlaubnissen, Krankheit, Straf- und Untersuchungshaft) wird verwiesen (Rn. 1188ff.). Nachfolgend wird nur insoweit auf weitere Einzelheiten dieser Kündigungsgründe eingegangen, sofern eine außerordentlichen Kündigungsmöglichkeit diskutiert wird. Vielfach wird es an der notwendigen sofortigen Unzumutbarkeit bei objektiven personenbedingten Kündigungsgründen fehlen, wenn diesen kein schuldhaftes Verhalten zugrunde liegt und der Arbeitgeber wegen der fehlenden Fähigkeit des Arbeitnehmers, die geschuldete Arbeitsleistung anzubieten, bei einer Freistellung nicht in Annahmeverzug gerät.

a) Druckkündigung

747 Eine sog. echte Druckkündigung, bei der Druck auf den Arbeitgeber zur Entlassung eines Mitarbeiters ausgeübt wird, obwohl dieser weder personen- noch verhaltensbedingte Kündigungsgründe gesetzt hat, ist nach hier vertretener Auffassung grundsätzlich nicht anzuerkennen (Rn. 985f.).[466] Bei einer sog. unechten Druckkündigung kann unter Umständen auch die außerordentliche Kündigung gerechtfertigt sein. Hierbei geht es um Fälle, in denen der betreffende Arbeitnehmer Vertragsverletzungen begangen hat oder zur Kündigung berechtigende Gründe in seiner Person vorliegen. Hat der Druck Dritter aus diesen Gründen eine gewisse Berechtigung, können drohende Schäden durch den Druck Dritter als betriebliche oder wirtschaftliche Interessen im Rahmen der Interessenabwägung Berücksichtigung finden. So hat das BAG eine sog. unechte Druckkündigung anerkannt bei im Ansatz vorliegenden personenbedingten Kündigungsgründen z.B. bei mangelnder Fähigkeit zur Personalführung.[467] Autoritärer Führungsstil und mangelnde Fähigkeit zur Menschenführung können danach bei einem sog. unkündbaren Arbeitnehmer eine außerordentliche personenbedingte (Änderungs-)Druckkündigung nach § 55 Abs. 1 BAT rechtfertigen. In jedem Fall kann sich ein Arbeitgeber aber nicht auf eine Drucksituation berufen, die er selbst in vorwerfbarer Weise herbeigeführt hat.[468]

---

[465] LAG Köln 29. 9. 1982 DB 1983, 124; LAG Schleswig-Holstein 15. 11. 1989 DB 1990, 635; LAG Baden-Württemberg 11. 1. 1994 NJW-CoR 1994 Nr. 5, 305; LAG Saarland 1. 12. 1993 NJW-CoR 1994 Nr. 5, 305. VG Frankfurt 28. 8. 2000 RDV 2000, 279.

[466] Ähnlich ErfK/*Ascheid,* § 1 KSchG Rn. 277.

[467] Vgl. BAG 31. 1. 1996, AP Nr. 13 zu § 626 BGB Druckkündigung; s. a. BAG 26. 6. 1997, RzK I 8d Nr. 8.

[468] BAG 26. 1. 1962, AP Nr. 8 zu § 626 BGB Druckkündigung; KR/*Fischermeier,* § 626 BGB Rn. 208; APS/*Kiel,* § 1 KSchG Rn. 521; MünchKomm/*Schwerdtner,* § 626 Rn. 177.

b) Eignungsmangel

Der personenbedingte Kündigungsgrund des Eignungswegfalls ist sorgfältig von verhaltensbedingten Kündigungsgründen wegen Schlechtleistung zu unterscheiden (Rn. 656ff.). Bei personenbedingten Gründen entfällt das Erfordernis vorheriger Abmahnung, da keine vertragswidrige Verhaltensweise vorliegt, sondern eine objektive Leistungsstörung, die die Vertragsgrundlage berührt. Eine außerordentliche (fristlose) Kündigung kann nur gerechtfertig sein, wenn ein sofortiger Eignungswegfall eintritt, der auch eine Weiterbeschäftigung bis zum Ablauf der Kündigungsfrist als unzumutbar erscheinen lässt. 748

Hauptfälle in der Praxis sind **außerdienstliche Straftaten** von Mitarbeitern. Außerdienstliche Straftaten sind zwar nicht vertragswidrig, lassen aber unter Umständen die Eignung für die behördliche Tätigkeit entfallen.[469] Ebenso ist die Kündigung eines Erziehers wegen **Sittlichkeitsdelikten** oder eines Kassierers wegen **Vermögensdelikten** personenbedingt, soweit diese Straftaten im außerdienstlichen Bereich begangen worden sind (hierzu Rn. 741). Die Kündigung wegen **Sicherheitsbedenken**[470] ist allenfalls personenbedingt. Die Rechtsprechung legt hier insbesondere bei Mitarbeitern im öffentlichen Dienst strenge Maßstäbe an (näher zur Kündigung wegen Straftaten oben Rn. 741f.). 749

c) Entzug von Erlaubnissen

Der Wegfall von Erlaubnissen, die zur Berufausübung notwendig sind, stellt einen personenbedingten Kündigungsgrund dar. Freilich wird eine außerordentliche Kündigung nur in seltenen Fällen gerechtfertigt sein, z. B. wenn mit dem Entzug eines Führerscheins und einer dahinterstehenden Straftat ein sofortiger und dauerhafter Wegfall der Eignung zur Verrichtung der vertraglichen Tätigkeit verbunden ist.[471] Bei dem Entzug von Fahrerlaubnissen ist deshalb zu prüfen, aus welchem Grund und für welchen Zeitraum die Erlaubnis entzogen worden ist. Kurzzeitige Einziehungen der Fahrerlaubnis dürften Kündigungen kaum rechtfertigen. Bei **Außendienstmitarbeitern,** die nicht zwingend auf den Führerschein angewiesen sind, kann ein Kündigungsgrund nicht bejaht werden, wenn nur die geschuldete Arbeitsleistung, sei es auch durch eigene Maßnahmen des Arbeitnehmers, erbracht werden kann.[472] 750

---

[469] LAG Frankfurt 4. 7. 1985 LAGE § 626 BGB Nr. 22; LAG Düsseldorf/Köln 20. 5. 1980 und LAG Berlin 27. 9. 1982 EzA § 626 BGB n. F. Nr. 72 und 80; ArbG Bad Hersfeld 2. 12. 1988 ArbuR 1989, 184; LAG Berlin 22. 3. 1996 NZA-RR 1997, 7 verneint Kündigung, wenn sich Arbeitnehmer nach § 53 Abs. 1 Nr. 1 BZRG als unbestraft bezeichnen darf; grds. anders jetzt BAG 20. 11. 1997 BB 1998, 429, wo über §§ 6, 8 BAT (zu weitgehend) eine außerdienstliche Vertragspflicht bejaht wird.

[470] BAG 26. 10. 1978 AP § 1 KSchG 1969 Sicherheitsbedenken Nr. 1 = NJW 1979, 2063; 21. 3. 1996 RzK I 5h Nr. 30; LAG Köln 9. 5. 1996 ZTR 1997, 188; LAG Frankfurt 7. 2. 1985 DB 1985, 1900; BAG 27. 9. 1960 NJW 1961, 623 und 28. 2. 1963 NJW 1963, 1566 = AP § 1 KSchG Sicherheitsbedenken Nr. 1 und 3; 20. 7. 1989 DB 1990, 635 = EzA § 2 KSchG Nr. 11.

[471] Vgl. BAG 30. 5. 1978 EzA § 626 BGB n. F. Nr. 66 = NJW 1977, 332; 14. 2. 1991 RzK I 6a Nr. 70; sehr großzügig BAG 4. 6. 1997 AP § 626 BGB Nr. 137 = NZA 1997, 1281 zum Entzug der Fahrerlaubnis eines U-Bahn-Fahrers wegen privater Trunkenheitsfahrt; vgl. im übrigen LAG Schleswig-Holstein 16. 6. 1986 NZA 1987, 669; ArbG Düsseldorf 15. 1. 1974 DB 1974, 975; LAG Hamm 13. 9. 1974 DB 1974, 2164; LAG Köln 22. 6. 1995 NZA-RR 1996, 170.

[472] LAG Rheinland-Pfalz 11. 8. 1989 LAGE § 626 BGB Nr. 43.

751 Die Notwendigkeit zur fristlosen Kündigung besteht in Fällen des Erlaubniswegfalls schon deshalb regelmäßig nicht, weil der Vergütungsanspruch regelmäßig mangels Annahmeverzugs des Arbeitgebers entfällt.[473] Das Fehlen einer zur Berufsausübung notwendigen Erlaubnis suspendiert sowohl die Beschäftigungspflicht als auch die Entgeltpflicht des Arbeitgebers, so dass das Interesse des Arbeitgebers an der sofortigen Beendigung des Arbeitsverhältnisses kein besonderes Gewicht hat.[474]

d) Freiheitsstrafe, Untersuchungshaft

752 Die Kündigung eines Arbeitnehmers wegen Verbüßung einer Haftstrafe ist nach den Maßstäben eines **personenbedingten Kündigungsgrundes** zu beurteilen.[475] Es hängt danach entscheidend von Art und Ausmaß der betrieblichen Auswirkungen ab, ob eine ordentliche und u. U. sogar eine außerordentliche Kündigung gerechtfertigt ist. Verfehlt ist es, in der haftbedingten Arbeitsverhinderung in jedem Fall einen (absoluten) Kündigungsgrund zu erblicken. Schon § 72 Abs. 1 Nr. 3 HGB a. F. sah lediglich eine längere Freiheitsstrafe als Kündigungsgrund an. Auf dieser Basis haben Rechtsprechung und Lehre bislang auf die Dauer der Straf- bzw. Untersuchungshaft abgestellt.[476] Das BAG hält es in Anlehnung an die Rechtsprechung zur krankheitsbedingten Kündigung nicht mehr allein für entscheidend, ob die Haftdauer „verhältnismäßig erheblich" ist. Vielmehr wird entscheidend auf die wirtschaftliche Belastung des Arbeitgebers abgestellt. Um die fristlose Kündigung eines inhaftierten Arbeitnehmers zu rechtfertigen, muss vorgetragen werden, dass der Arbeitsplatz sofort neu besetzt werden musste und es nicht möglich war, durch Aushilfskräfte oder andere zumutbare Maßnahmen die Abwesenheit des Arbeitnehmers zu überbrücken.[477] Das BAG will allerdings bei der Interessenabwägung **weniger strenge Maßstäbe** als bei der krankheitsbedingten Kündigung anlegen, weil die Haft regelmäßig vom Arbeitnehmer verschuldet worden ist. Aufgrund seiner Fürsorgepflicht kann der Arbeitgeber gehalten sein, bei der Erlangung des Freigängerstatus mitzuwirken, um Störungen des Arbeitsverhältnisses zu vermeiden. Dies setzt allerdings voraus, dass der Arbeitnehmer den Arbeitgeber umfassend informiert und nicht trotz Bewilligung des Freigangs Störungen des Arbeitsverhältnisses (z. B. durch geschäftsschädliche Reaktionen von Kunden oder Mitarbeitern) zu befürchten sind.[478]

---

[473] Vgl. BAG 18. 12. 1986 EzA § 615 BGB Nr. 53 mit Anm. *Kraft* = NZA 1987, 377. Annahmeverzug tritt aber ein, wenn es möglich war, dem Kraftfahrer eine andere Beschäftigung zuzuweisen.

[474] *Hanau,* Festschrift 25 Jahre Bundesarbeitsgericht, 1979, S. 190.

[475] BAG 15. 11. 1984 EzA § 626 BGB Nr. 95 = AP § 626 BGB Nr. 87 = NZA 1985, 661; 22. 9. 1994 EzA § 1 KSchG Verhaltensbedingte Kündigung Nr. 46; 9. 3. 1995 – 2 AZR 497/94 –, n. v.; siehe auch ArbG Elmshorn 9. 8. 1984 BB 1984, 1749; ArbG Hamburg 30. 5. 2001 NZA-RR 2002, 246.

[476] Vgl. BAG 14. 3. 1968 AP § 72 HGB Nr. 2; 10. 6. 1965 AP § 519 ZPO Nr. 17 = DB 1965, 1290; KR/*Fischermeier,* § 626 BGB Rn. 451; LAG Düsseldorf 30. 10. 1996 – 12 Sa 827/96; best. d. BAG 20. 11. 1997 RzK I 6 a Nr. 154.

[477] BAG 15. 11. 1984 wie Fußnote 475.

[478] BAG 9. 3. 1995 EzA § 626 BGB n. F. Nr. 154 = NZA 1995, 777 = SAE 1996, 33 mit Anm. *Franzen.*

e) Krankheit

Die Erkrankung eines Arbeitnehmers, mag er auch hierdurch auf nicht absehbare Zeit arbeitsunfähig sein, vermag die außerordentliche Kündigung regelmäßig **nicht** zu rechtfertigen,[479] zumal die Rechtsprechung bereits an die Rechtfertigung einer ordentlichen Kündigung strenge Anforderungen stellt (vgl. hierzu Rn. 1214ff.). Eine sofortige Unzumutbarkeit ist auch deshalb schwer vorstellbar, weil bei langanhaltenden Erkrankungen nach Ablauf von 6 Wochen die Lohnfortzahlungspflicht entfällt. Ist die ordentliche Kündigung nicht ausgeschlossen, ist praktisch kein Fall denkbar, der wegen Krankheit eine außerordentliche oder gar fristlose Kündigung rechtfertigen würde. Das BAG betont jetzt zu Recht, dass bei bestehender ordentlicher Kündigungsmöglichkeit die Fortsetzung des Arbeitsverhältnisses bis zum Ablauf der Kündigungsfrist regelmäßig zumutbar ist, zumal der Arbeitgeber gewöhnlich bereits von seiner Entgeltfortzahlungspflicht befreit ist[480] Die frühere Rechtsprechung, die in Ausnahmefällen auch die fristlose Kündigung wegen Krankheit anerkannte,[481] ist überholt. Auch bei ansteckenden Erkrankungen ist ein Bedürfnis für eine fristlose Entlassung nicht erkennbar. Das BAG lässt jedoch einen Ausnahmefall einer nicht fristgerechten, ggf. fristlosen Kündigung zu, wenn für die Dauer einer längeren Kündigungsfrist weitere erhebliche Entgeltfortzahlungskosten zu prognostizieren sind und erhebliche, nur durch eine alsbaldige Neubesetzung des Arbeitsplatzes vermeidbare Betriebsablaufstörung hinzutreten. Dann dürfte sich im Einzelfall ausnahmsweise eine Unzumutbarkeit der Fortsetzung des Arbeitsverhältnisses bis zum Ablauf der Kündigungsfrist ergeben können.[482] Dieser Fall dürfte kaum praktische Bedeutung erlangen. **753**

Die außerordentliche Kündigung wegen Krankheit ist nur dann ausnahmsweise zulässig, wenn die ordentliche Kündigung wegen einzelvertraglicher oder tarifvertraglicher Vereinbarungen ausgeschlossen ist. Die Erkrankung muss aber dann von einem solchen Gewicht sein, dass sie einer dauernden Arbeitsunfähigkeit (hierzu Rn.1236ff.) gleichsteht oder ein anderer extremer Fall vorliegt, der eine sinnvolle Arbeitsleistung nicht mehr erwarten lässt.[483] Die krankheitsbedingte Leistungsminderung ist regelmäßig nicht geeignet, einen wichtigen Kündigungsgrund zu begründen.[484] Die Rechtsprechung hat die Voraussetzungen der außerordentlichen Kündigung ordentlich Unkündbarer weitgehend den Voraussetzungen der ordentlichen Kündigung angeglichen (näher zu den Fragen der sozialen Auslauffrist, der Ausschlussfrist des § 626 Abs. 2 BGB und der Betriebsratsanhörung unter Rn. 790ff.). Bei der Interessenabwägung ist für die Prüfung, ob dem Arbeitgeber **754**

---

[479] Vgl. MünchKomm/*Schwerdtner,* § 626 BGB Rn. 107; KR/*Fischermeier,* § 626 BGB Rn. 132, 425ff.

[480] BAG 18. 10. 2000 NZA 2001, 219.

[481] Vgl. BAG 9. 12. 1954 AP § 123 GewO Nr. 1; LAG Schleswig-Holstein 21. 8. 1969 DB 1969, 2091; LAG Berlin 3. 12. 1968 ArbuR 1969, 314.

[482] BAG 18. 10. 2000 NZA 2001, 219.

[483] Vgl. BAG 9. 9. 1992 AP § 626 BGB Krankheit Nr. 3; 4. 2. 1993 EzA § 626 BGB n.F. Nr. 144; BAG 18. 10. 2000 NZA 2001, 219; verneint bei Alkoholkrankheit von LAG Köln 4. 5. 1995 LAGE § 626 BGB Nr. 85; ebenso BAG 9. 7. 1998 EzA § 626 BGB Krankheit Nr. 1; bejaht bei Alkoholerkrankung BAG 16. 9. 1999 AP § 626 BGB Nr. 159.

[484] BAG 12. 7. 1995 EzA § 626 BGB n.F. Nr. 156 mit Anm. *Kania* = AP § 626 BGB Krankheit Nr. 7 mit Anm. *Bezani.*

die Fortsetzung des Arbeitsverhältnisses unzumutbar ist, nicht auf die Dauer einer fiktiven Kündigungsfrist, sondern auf die tatsächliche künftige Vertragsbindung abzustellen.[485] Dies kann das besondere Gewicht des Kündigungsgrundes bei einem ordentlich unkündbaren Arbeitnehmer begründen, da dem Arbeitgeber nicht zugemutet wird, auf Dauer an einem praktisch inhaltlos gewordenen Arbeitsverhältnis festzuhalten. Etwas anderes gilt bei der außerordentlichen Kündigung von Betriebsratsmitgliedern wegen Krankheit. Hier hält das BAG an seiner ständigen Rechtsprechung fest, dass bei der Zumutbarkeitsprüfung nach § 15 Abs. 1 KSchG auf die fiktive Kündigungsfrist abzustellen ist, die ohne den besonderen Kündigungsschutz bei einer ordentlichen Kündigung gelten würde.[486] Die Interessenbeeinträchtigung des Arbeitgebers ist hier auch deshalb geringer zu bewerten, weil der Kündigungsschutz nach § 15 KSchG nur befristet gilt. Ferner folgt aus § 78 Satz 2 BetrVG, dass dem Betriebsrat wegen seiner Betriebsratstätigkeit kein Sondernachteil entstehen soll (vgl. hier noch Rn. 1640ff.). Allerdings kann es im Zusammenhang mit der Krankheit **Vertragspflichtverletzungen** des Arbeitnehmers geben, die die Kündigung rechtfertigen können.

f) Verdachtskündigung

aa) Einordnung des Kündigungsgrundes

755 Der Verdacht eines Vertrauensbruches oder einer strafbaren Handlung oder einer anderen schwerwiegenden Vertragsverletzung kann die außerordentliche Kündigung nach § 626 BGB rechtfertigen, wenn **objektive tatsächliche Anhaltspunkte einen dringenden Verdacht** begründen und es gerade die Verdachtsmomente sind, die das schutzwürdige Vertrauen des Arbeitgebers in die Rechtschaffenheit des Arbeitnehmers zerstören und die weitere Fortsetzung des Arbeitsverhältnisses unzumutbar machen.[487] Die dogmatische Einordnung der Verdachtskündigung macht Schwierigkeiten. Zum einen wird sie als „eigenständiger Tatbestand" eingeordnet.[488] Richtigerweise ist die Verdachtskündigung ein **Unterfall der personenbedingten Kündigung,** weil eine Vertragswidrigkeit nicht nachgewiesen zu werden braucht und es gerade der Verdacht ist, der auf der Person des Arbeitnehmers haftet.[489] Aus diesen systematischen Gründen ist vor einer Verdachtskündigung auch eine Abmahnung entbehrlich (weil ja eine Vertragswidrigkeit gerade nicht nachgewiesen werden kann bzw. braucht).[490] Mittelbar kann das Erfordernis einer Abmahnung jedoch Be-

---

[485] BAG 4. 2. 1993 EzA § 626 BGB Nr. 144.

[486] BAG 18. 2. 1993 EzA § 15 KSchG Nr. 14.

[487] BAG 12. 5. 1955 und 4. 6. 1964 AP § 626 BGB Verdacht strafbarer Handlung Nr. 1 und 13; BAG 10. 12. 1977 AP § 103 BetrVG 1972 Nr. 9 = EzA § 103 BetrVG 1972 Nr. 8; BAG 14. 9. 1994 AP § 626 BGB Verdacht strafbarer Handlungen Nr. 24; LAG Berlin 2. 12. 1996 LAGE § 626 BGB Verdacht strafbarer Handlung Nr. 5; KR/*Fischermeier,* § 626 BGB Rn. 210ff.

[488] So ErfK/*Müller-Glöge,* § 626 BGB Rn. 210.

[489] *Belling,* Festschrift für Kissel, 1994, S. 11, 49; *Preis,* S. 326 Fn. 56; *ders.,* DB 1988, 1448; *v. Hoyningen-Huene/Linck,* § 1 KSchG Rn. 261; jetzt auch APS/*Dörner,* § 626 BGB Rn. 369.

[490] Unklar und die grundsätzliche Rechtsfrage offen lassend BAG 13. 9. 1995 AP § 626 BGB Verdacht strafbarer Handlungen Nr. 25 = NZA 1996, 81; BAG 12. 8. 1999 AP § 626 BGB Verdacht strafbarer Handlungen Nr. 28.

deutung erlangen, wenn die Kündigung auf den Verdacht einer Vertragspflichtverletzung gestützt wird, die bei erwiesener Pflichtverletzung ohne Abmahnung die Kündigung nicht rechtfertigen würde.

Die Besonderheiten der personenbedingten Verdachtskündigung, bei der die **756** Gefahr nicht zu vermeiden ist, dass ein Unschuldiger getroffen wird, bedingen besonders strenge Anforderungen an ihre Zulässigkeit. Die Rechtsprechung hält an der prinzipiellen Zulässigkeit der Verdachtskündigung trotz der hiergegen erhobenen Einwände fest. Hiernach verstößt die Möglichkeit der Verdachtskündigung weder gegen Art. 6 Abs. 2 Menschenrechtskonvention noch gegen Grundrechte des Arbeitnehmers (Art. 12 GG), wenn durch objektive Tatsachen das für die Fortführung des Arbeitsverhältnisses notwendige Vertrauen entfallen ist.[491]

bb) Verhältnis zur Tatkündigung

Abzugrenzen ist die Verdachtskündigung von der Kündigung wegen einer für **757** nachgewiesen erachteten Straftat. Es handelt sich um **verschiedene Kündigungssachverhalte.**[492] Der Arbeitgeber kann nicht ohne weiteres von dem einen auf den anderen Kündigungsgrund im Prozess wechseln, wenn der Betriebsrat nicht zuvor entsprechend angehört worden ist.[493] Dies dürfte aber nach der jüngeren Rechtsprechung nur für den Fall gelten, dass der Arbeitgeber von der Kündigung wegen Tatbegehung auf die Verdachtskündigung umschwenken will, da die Erhärtung eines Verdachts bei ausgesprochener Verdachtskündigung nicht ausgeschlossen ist.[494] Vorsichtshalber sollte der Betriebsrat stets zu beiden Kündigungsalternativen angehört werden.[495]

Die Alternativität von Verdachtskündigung und Tatkündigung ist auch im Falle **758** der (rechtskräftigen) Verurteilung des Arbeitnehmers durch Strafgerichte zu beachten. Die Tatsachenfeststellungen der Strafgerichte binden die Arbeitsgerichte nicht! Diese für den Laien schwer verständliche Konsequenz folgt aus Art. 14 II Nr. 1 EGZPO. Bestreitet der Arbeitnehmer trotz rechtskräftiger strafgerichtlicher Verurteilung die Tat, so hat das Arbeitsgericht die erforderlichen Feststellungen ohne Bindung an das strafgerichtliche Urteil zu treffen, kann aber dabei die Ergebnisse des Strafverfahrens nach allgemeinen Beweisregeln verwerten.[496] Insoweit erweist es sich u. U. als Kunstfehler, nach einer strafgerichtlichen Verurteilung „nur“

---

[491] Vgl. zuletzt BAG 14. 9. 1994 EzA § 626 BGB Verdacht strafbarer Handlung Nr. 5 = DB 1995, 534; 5. 5. 1994 RzK I 8c Nr. 32; *Belling,* Festschrift für Kissel, 1994, S. 11 ff.; *ders.,* RdA 1996, 223; *Busch,* MDR 1995, 217 ff.; *Appel/Gerken,* ArbuR 1995, 201 ff.; *Lücke,* BB 1997, 1842; ablehnend zum Institut der Verdachtskündigung *Dörner,* NZA 1992, 865; *ders.,* NZA 1993, 873; *Schütte,* NZA Beilage 2/1991, 17 ff.

[492] Hierzu BAG 26. 3. 1992 AP § 626 BGB Verdacht strafbarer Handlung Nr. 23.

[493] BAG 3. 4. 1986 AP § 626 BGB Nr. 18 = EzA § 102 BetrVG Nr. 36 mit kritischer Anm. *Rüthers/Bakker.*

[494] Vgl. BAG 14. 9. 1994 EzA § 626 BGB Verdacht strafbarer Handlung Nr. 5; BAG 13. 9. 1995 AP § 626 BGB Verdacht strafbarer Handlungen Nr. 25 = NZA 1996, 81.

[495] LAG Köln 31. 10. 1997 LAGE § 626 BGB Verdacht strafbarer Handlung Nr. 7; ErfK/*Müller-Glöge,* § 626 BGB Rn. 216.

[496] BAG 26. 3. 1992 AP § 626 BGB Verdacht strafbarer Handlungen Nr. 23 = NZA 1992, 1121.

eine Tatkündigung auszusprechen; vielmehr sollten stets die strengeren Voraussetzungen der Verdachtskündigung gewahrt werden.[497]

759 Dem Arbeitgeber bleibt es unbenommen, auch bei einem „erdrückenden“ Verdacht lediglich eine Verdachtskündigung auszusprechen, entweder um den Arbeitnehmer nicht vorzeitig einer Tat zu bezichtigen oder um das Risiko einer Tatkündigung zu vermeiden, wenn die Tat mit hoher Wahrscheinlichkeit vom Arbeitnehmer begangen wurde, aber ein letztes Beweisrisiko besteht.[498] Die Verdachtskündigung wird nicht deshalb unwirksam, weil es dem Arbeitgeber gelingt, im Prozess den vollen Beweis zu führen. Dieser Hinweis des BAG wird die Bedeutung der Verdachtskündigung in der Praxis noch steigern, wird es doch bei massivem Tatverdacht sicherer sein, wegen des Verdachts und nicht wegen behaupteter erwiesener Tat zu kündigen.[499]

cc) Voraussetzungen der Verdachtskündigung

760 Die hohen Anforderungen an eine Verdachtskündigung bedingen, dass die **Verdachtshandlung erheblich** sein muss. Dies führt in der Praxis dazu, dass Verdachtskündigungen auch nur als fristlose Kündigungen ausgesprochen werden. In der Regel sind die Sachverhalte so, dass der Arbeitgeber wegen der Schwere des Verdachts den Arbeitnehmer möglichst sofort freistellt. Das schließt nicht aus, dass sich der Arbeitgeber mit dem Ausspruch einer ordentlichen Kündigung begnügt.[500] Der Verdacht muss auf ein Verhalten des Arbeitnehmers gerichtet sein, das als **Grund zur fristlosen Kündigung** ausreicht, wenn der Verdächtige sich dessen tatsächlich schuldig gemacht hat. Auch krasse Fälle des Eignungswegfalls (pädophile Neigungen eines Kindergartenleiters) können ausnahmsweise als Verdachtskündigung durchgreifen.[501] In der Praxis des BAG dominieren die Fälle des Verdachts der strafbaren Handlungen gegen den Arbeitgeber,[502] Schmiergeldzahlungen,[503] des Geheimnisverrats[504] und sexueller Belästigung von Arbeitnehmern.[505] Der Verdacht reicht also dann nicht für eine fristlose Entlassung aus, wenn der Arbeitnehmer

---

497 Dies zeigt der Verfahrensgang in einem aufsehenerregenden Fall der Kündigung eines Betriebsratsvorsitzenden wegen des Vorwurfs sexueller Belästigung; BAG 16. 9. 1999 AP § 103 BetrVG 1972 Nr. 38; nachfolgend LAG Düsseldorf 8. 12. 1999 ArbuR 2000, 194 mit Anm. *Bell* und erneut BAG 8. 6. 2000 AP § 2 BeschSchG Nr. 3 = NZA 2001, 94.

498 BAG 14. 9. 1994 EzA § 626 BGB Verdacht strafbarer Handlung Nr. 5.

499 Vgl. *Busch,* MDR 1995, 217.

500 Richtig der Hinweis von APS/*Dörner,* § 626 BGB Rn. 369.

501 ArbG Braunschweig 22. 1. 1999 NZA-RR 1999, 192.

502 BAG 17. 4. 1956 AP § 626 BGB Nr. 8 (Veruntreuung); BAG 20. 8. 1997 EzA § 626 BGB Verdacht strafbarer Handlungen Nr. 7; BAG 12. 8. 1999 AP § 626 BGB Verdacht strafbarer Handlungen Nr. 28; BAG 18. 11. 1999 EzA § 626 BGB Verdacht strafbarer Handlungen Nr. 9; LAG Köln 30. 7. 1999 NZA-RR 2000, 189 (Diebstahl und Unterschlagung, auch geringwertiger Sachen); BAG 3. 11. 1955 AP § 626 BGB Nr. 5 (Spesenbetrug); BAG 9. 8. 1990 – 2 AZR 127/90 – n. v. (Arbeitszeitbetrug); BAG 6. 9. 1990 AP § 611 BGB Seeschifffahrt Nr. 1 (Erschleichung von Lohnfortzahlung).

503 BAG 13. 9. 1995 EzA § 626 BGB Verdacht strafbarer Handlung Nr. 6 = AP § 626 BGB Verdacht strafbarer Handlung Nr. 25; LAG Hamm 18. 9. 2000 ZTR 2001, 137.

504 BAG 26. 9. 1990 RzK I 8 c Nr. 20.

505 BAG 8. 6. 2000 AP § 2 BeschSchG Nr. 3; BAG 26. 3. 1992 AP § 626 BGB Verdacht strafbarer Handlung Nr. 23.

selbst bei tatsächlich nachgewiesener Tat nicht entlassen werden könnte.[506] Zwischen der Verdachtshandlung und der vertraglich geschuldeten Tätigkeit muss ein kündigungsrechtlich erheblicher Zusammenhang bestehen.[507]

Der Arbeitgeber muss jedoch **vor Ausspruch der Kündigung** zunächst selbst eine **Aufklärung der Verdachtsumstände** versuchen. Er muss sämtlichen möglichen Fehlerquellen nachgehen, um entweder die Unschuld des verdächtigen Arbeitnehmers festzustellen oder aber zu versuchen, konkretes Beweismaterial für das Vorliegen einer strafbaren Handlung zu bekommen. Welchen Umfang die Nachforschungspflichten erfordern, richtet sich nach den Umständen des einzelnen Falles. Der Arbeitgeber muss **„alles ihm Zumutbare zur Aufklärung des Sachverhalts tun“.**[508] 761

Mit Urteil vom 11. 4. 1985[509] hat das BAG die Erfüllung der Aufklärungspflicht jedenfalls hinsichtlich **der Anhörung des verdächtigen Arbeitnehmers** zur **Wirksamkeitsvoraussetzung** für die Zulässigkeit einer Verdachtskündigung erhoben.[510] Eine Gegenüberstellung mit Belastungszeugen kann der Arbeitnehmer indes nicht verlangen.[511] Erforderlich und ausreichend ist, dass sich der Arbeitnehmer zu dem erhobenen Vorwurf äußern kann. Es müssen nicht etwa die strengen Anforderungen für die Anhörung des Betriebsrats (§ 102 BetrVG) eingehalten werden.[512] Allerdings soll nur die schuldhafte Verletzung dieser Anhörungspflicht zur Unwirksamkeit der Kündigung führen. So trifft den Arbeitgeber kein Verschulden, wenn der Arbeitnehmer von vornherein nicht bereit ist, sich zu den Verdachtsgründen substantiiert zu äußern. 762

Der **Verdacht** muss ferner **dringend** sein, d. h. bei kritischer Prüfung muss sich ergeben, dass eine auf Beweisanzeichen gestützte große Wahrscheinlichkeit für die Tat gerade dieses Arbeitnehmers besteht. Hierbei kann von Bedeutung sein, ob der verdächtigte Arbeitnehmer durch schuldhaftes Verhalten erhebliche Gründe für den Verdacht gegeben und sich nicht um die Aufklärung der ihm zur Last gelegten Taten bemüht hat.[513] Verdachtsverstärkende Umstände können einschlägige Vorstrafen, ferner vor allem bei Eigentums- und Vermögensdelikten hohe Schulden 763

---

[506] BAG 23. 2. 1961 AP § 626 BGB Verdacht strafbarer Handlung Nr. 9 = BB 1961, 532 = DB 1961, 680; ausf. *Busch,* MDR 1995, 217f.

[507] LAG Köln 16. 1. 1990 LAGE § 1 KSchG Verhaltensbedingte Kündigung Nr. 27 mit krit. Anm. *Henssler,* allerdings mit der verfehlten Wertung, der Verdacht einer vorgetäuschten Arbeitsunfähigkeit wirke sich auf die vertragliche Tätigkeit eines Sozialpädagogen nicht aus.

[508] BAG 4. 6. 1964 EzA § 626 BGB Nr. 5 = AP § 626 BGB Verdacht strafbarer Handlung Nr. 13.

[509] BAG 11. 4. 1985 AP § 102 BetrVG 1972 Nr. 39 = EzA § 102 BetrVG 1972 Nr. 62.

[510] Bestätigt durch BAG 30. 4. 1987 AP § 626 BGB Verdacht strafbarer Handlung Nr. 19; 13. 9. 1995 EzA § 626 BGB Verdacht strafbarer Handlung Nr. 6 mit Anm. *Kraft* = AP § 626 BGB Verdacht strafbarer Handlung Nr. 25 mit Anm. *Höland;* LAG Hamm 11. 12. 1991 LAGE § 626 BGB Ausschlussfrist Nr. 3; LAG Köln 30. 11. 1992 LAGE § 626 BGB Verdacht strafbarer Handlung Nr. 3; zust. APS/*Dörner,* § 626 BGB Rn. 348; kritisch *Preis,* DB 1988, 1448f.; *Lücke,* DB 1997, 1847; *Ascheid,* Rn. 163.

[511] BAG 18. 9. 1997 EzA § 626 BGB n. F. Nr. 169.

[512] BAG 13. 9. 1995 EzA § 626 BGB Verdacht strafbarer Handlung Nr. 6 = AP § 626 BGB Verdacht strafbarer Handlung Nr. 25; vgl. aber LAG Köln 15. 4. 1997 LAGE § 626 BGB Verdacht strafbarer Handlung Nr. 6.

[513] Vgl. BAG 4. 6. 1964 AP § 626 BGB Verdacht strafbarer Handlung Nr. 13 = SAE 1965, 65 mit Anm. *Nikisch.*

und verschwenderischer Lebenswandel sein.[514] Verdachtsverstärkend ist in der Regel auch die Erhebung der Anklage und die Eröffnung des Hauptverfahrens.[515] Nach Ansicht des LAG Hamm stellt ein Strafurteil, das den Verdacht eines vertragswidrigen Verhaltens erhärtet, einen selbständigen Kündigungsgrund dar.[516] Wird der Verdächtige im Strafverfahren wegen Mangels an Beweisen freigesprochen, ist dem Arbeitgeber aber nicht die Möglichkeit abgeschnitten, gleichwohl wegen Verdachts wirksam zu kündigen.[517] Da der Freispruch mangels Beweises den Verdacht gegen den Arbeitnehmer aber entkräften kann, ist in diesem Fall besonders sorgfältig zu prüfen, ob die Dringlichkeit des Verdachts und die Erschütterung des Vertrauens des Arbeitgebers noch ausreichen, um eine fristlose Kündigung zu rechtfertigen.

764 Weiterhin ist zu prüfen, ob dem Arbeitgeber die Fortsetzung des Arbeitsverhältnisses tatsächlich nicht mehr zugemutet werden kann. Möglicherweise kann der Verdächtige auf einen Arbeitsplatz versetzt werden, der keine konkrete Vertrauensbeziehung zwischen Arbeitgeber und Arbeitnehmer voraussetzt.[518] Kommt die Versetzung angesichts der konkreten Pflichtverletzung oder mangels freier Arbeitsplätze nicht in Betracht, ist die Möglichkeit der **vorübergehenden Suspendierung** des Arbeitsverhältnisses bis zur abschließenden Klärung des Vorganges zu erwägen.[519] Die Suspendierung lässt die Möglichkeit der fristlosen Kündigung unberührt.[520]

dd) Besonderheiten bei der Wahrung der Ausschlussfrist

765 Die **Ausschlussfrist** nach § 626 Abs. 2 BGB beginnt in dem Zeitpunkt, in dem der Kündigungsberechtigte den Sachverhalt insoweit kennt, dass er sich ein Urteil über den Verdacht und dessen Tragweite bilden kann (näher Rn. 839ff.). Die nach pflichtgemäßem Ermessen erforderlichen Maßnahmen zur Aufklärung darf er treffen, ohne dass die Frist abläuft.[521]

ee) Beurteilungszeitpunkt und Wiedereinstellungsanspruch

766 **Beurteilungspunkt** für die Rechtmäßigkeit einer Verdachtskündigung ist die Sachlage im Zeitpunkt des Zugangs der Kündigungserklärung.[522] Die Auffassung des BAG,[523] wonach die Wirksamkeit der Verdachtskündigung von später bekannt

---

[514] LAG Heidelberg 22. 5. 1960 BB 1950, 704; *Monjau,* DB 1960, 1069.

[515] LAG Köln 31. 10. 1997 LAGE § 626 BGB Verdacht strafbarer Handlung Nr. 7; a. A. LAG Frankfurt 14. 11. 1989 BB 1990, 1280; abl. auch APS/*Dörner,* § 626 BGB Rn. 358.

[516] LAG Hamm 24. 4. 1991 LAGE § 1 KSchG Verhaltensbedingte Kündigung Nr. 33; anders für die Erhebung der Anklage LAG Frankfurt 14. 11. 1989 LAGE § 626 BGB Verdacht strafbarer Handlung Nr. 1.

[517] Vgl. *Nikisch,* S. 729; *Hueck/Nipperdey,* Bd. 1, S. 585.

[518] Erman/*Belling,* § 626 BGB Rn. 78.

[519] KR/*Wolf,* 3. Aufl. 1989, Grundsätze Rn. 225ff., 238ff.; Erman/*Belling,* § 626 BGB Rn. 78.

[520] BAG 5. 4. 2001 NZA 2001, 837.

[521] BAG 27. 1. 1972 AP § 626 BGB Ausschlussfrist Nr. 2; 29. 7. 1993 EzA § 626 BGB Ausschlussfrist Nr. 4.

[522] LAG Frankfurt 1. 9. 1993 LAGE § 626 BGB Verdacht strafbarer Handlung Nr. 4; KR/*Fischermeier,* § 626 BGB Rn. 212; Erman/*Belling,* § 626 BGB Rn. 78.

[523] BAG 14. 9. 1994 EzA § 626 BGB Verdacht strafbarer Handlung Nr. 5 = DB 1995, 534; 4. 6. 1964 AP § 626 BGB Verdacht strafbarer Handlung Nr. 13; 10. 12. 1977 EzA § 103 BetrVG Nr. 8; ebenso LAG Schleswig-Holstein 3. 11. 1988 NZA 1988, 798.

gewordenen oder eingetretenen, be- oder entlastenden Umständen abhängen soll, könnte von allgemeinen kündigungsrechtlichen Grundsätzen abweichen. Es geht darum, festzustellen, ob im Zeitpunkt der Kündigungserklärung der Verdacht gerechtfertigt war. Insoweit sind alle be- und entlastenden Umstände aufzuklären.[524] Ergeben sich weitere neue belastende Tatsachen, die einen neuen Verdacht begründen, und nicht nur den alten Verdacht erhärten, muss der Arbeitgeber ggf. eine weitere Kündigung erklären.[525] Erweist sich die Unschuld des Arbeitnehmers während oder nach Ablauf des Kündigungsschutzprozesses, kann dem Arbeitnehmer nach herrschender Meinung ein **Wiedereinstellungsanspruch** zustehen.[526] Die Unschuld ist aber noch nicht erwiesen, wenn die Staatsanwaltschaft nach § 170 Abs. 2 Satz 1 StPO die Ermittlungen einstellt. Dadurch wird weder die Kündigung unwirksam noch ein Wiedereinstellungsanspruch begründet.[527] Gelingt dem Arbeitnehmer bereits der Entlastungsbeweis im laufenden Kündigungsschutzprozess, stellt sich die Frage, wie hierauf prozessual zu reagieren ist. Grundsätzlich sind zwar bis zum Schluss der mündlichen Verhandlung in der Tatsacheninstanz Be- und Entlastungsvorbringen zu berücksichtigen, so dass der Arbeitgeber, der seinen Verdacht nicht hinreichend substantiieren kann, den Kündigungsprozess verliert.[528] Doch ist zu berücksichtigen, dass nach der Rechtsprechung Kündigungsgrund allein der objektiv begründete Verdacht im Zeitpunkt der Kündigungserklärung ist. Es kommt daher bei der Verdachtskündigung nicht auf den objektiven Kündigungssachverhalt, sondern den Wissensstand des Arbeitgebers an.[529] Verändert sich die tatsächliche Beurteilung, ist es nach den Grundsätzen der gerechten Risikoverteilung nicht gerechtfertigt, dass der Arbeitgeber den Kündigungsschutzprozess verliert. Vielmehr muss der Arbeitnehmer einen ausdrücklichen Antrag auf Fortsetzung des Arbeitsverhältnisses stellen.[530]

3. Betriebsbedingte Gründe

§ 1 Abs. 2 KSchG lässt aus betrieblichen Gründen lediglich eine ordentliche **767**
Kündigung zu. Eine **außerordentliche** fristlose **betriebsbedingte Kündigung** ist regelmäßig unzulässig, weil *mit ihr eine unzulässige Verlagerung des Wirtschafts- und Betriebsrisikos* auf den Arbeitnehmer einherginge.[531] Nur wenn die ordentliche

---

[524] BAG 18. 11. 1999 AP § 626 BGB Verdacht strafbarer Handlungen Nr. 32.

[525] Vgl. BAG 12. 12. 1984 EzA § 626 BGB n. F. Nr. 97 = NZA 1985, 623.

[526] BGH 13. 7. 1956 AP § 611 BGB Fürsorgepflicht Nr. 2 = NJW 1956, 1513; BAG 14. 12. 1956 AP § 611 BGB Fürsorgepflicht Nr. 3 = NJW 1957, 764; *Heilmann,* Verdachtskündigung und Wiedereinstellung, 1964, S. 78ff., 95ff.; KR/*Fischermeier,* § 626 BGB Rn. 234; *Preis,* S. 349ff.; *Stein,* RdA 1991, 85; *Bram/Rühl,* NZA 1990, 753ff.; *Langer,* NZA Beilage 3/1991, 23ff.; zu den Voraussetzungen einer Restitutionsklage BAG 22. 1. 1998 EzA § 580 ZPO Nr. 3.

[527] BAG 20. 8. 1997 EzA § 626 BGB Verdacht strafbarer Handlung Nr. 7 = AP § 626 BGB Verdacht strafbarer Handlung Nr. 27.

[528] BAG 14. 9. 1994 DB 1995, 534.

[529] *Busch,* MDR 1995, 217, 222.

[530] *Preis,* S. 349; a. A. KR/*Hillebrecht,* 4. Aufl. 1996, § 626 BGB Rn. 182, der den Antrag auf Weiterbeschäftigung als geringeres Begehren in der Kündigungsschutzklage enthalten sieht.

[531] Allgemeine Auffassung: BAG 28. 9. 1972 EzA Nr. 17 zu § 626 BGB n. F.; BAG 9. 7. 1981, DB 1982, 121; BAG 28. 3. 1985 EzA Nr. 96 zu § 626 BGB n. F. mit Anm. *Buchner;*

Kündigung (tarif)vertraglich ausgeschlossen ist und keine Weiterbeschäftigungsmöglichkeit in Betrieb oder Unternehmen besteht, hat das BAG eine außerordentliche Kündigungsmöglichkeit in Ausnahmefällen anerkannt.[532] Allerdings ist in der Rechtsprechung des BAG die Tendenz erkennbar, die Möglichkeit einer außerordentlichen betriebsbedingten Kündigung ordentlich unkündbarer Arbeitnehmer auszuweiten.[533] Jedenfalls ist bei einer derartigen Kündigung die **gesetzliche oder tarifvertragliche Kündigungsfrist** einzuhalten, die gelten würde, wenn die ordentliche Kündigungsfrist nicht ausgeschlossen wäre.[534] Der besonders kündigungsgeschützte Arbeitnehmer darf nicht schlechter gestellt werden, als er ohne besonderen Kündigungsschutz stünde. Auch die Grundsätze der Sozialauswahl sind in diesen Fällen zu beachten.[535]

a) Behördliche Verfügungen

768 Die behördliche verfügte Betriebsschließung fällt in das Betriebsrisiko des Arbeitgebers, weshalb eine außerordentliche Kündigung aus diesem Grunde ausgeschlossen ist.[536] Eine Kündigung kann nur dann gerechtfertigt sein, wenn der Arbeitgeber sich infolge der Verfügung endgültig zur Betriebsstillegung entschließt.

b) Betriebsstillegung; Betriebsveräußerung

769 Grundsätzlich stellt auch die **Betriebsstillegung** keinen Grund für die außerordentliche Kündigung dar, weil der Arbeitgeber sein Wirtschafts- und Betriebsrisiko nicht auf die Arbeitnehmer abschieben darf.[537] Nur wenn die ordentliche Kündigung ausgeschlossen ist, liegt ein **Ausnahmefall** vor, in dem die Rechtsprechung u. U. eine außerordentliche Kündigung zulässt, wenn eine Versetzung in einen anderen Betrieb des Unternehmens nicht möglich ist.[538] Der Arbeitgeber soll nicht über Jahre hinaus verpflichtet sein, das vereinbarte Entgelt zu zahlen, ohne die Dienste des Verpflichteten in Anspruch nehmen zu können. Da der Ausschluss der ordentlichen Kündigung jedoch einen besonderen Schutz für den Arbeitnehmer bedeutet, soll er in diesem Falle nicht schlechter stehen, als wenn die ordentliche Kündigung nicht ausgeschlossen wäre. Das BAG verpflichtet daher den Arbeitgeber

---

KR/*Fischermeier,* § 626 BGB Rn. 157, 170; MünchKomm/*Schwerdtner,* § 626 BGB Rn. 147 ff.

[532] BAG 22. 7. 1992 EzA § 626 BGB n. F. Nr. 141; BAG 5. 2. 1998 und 17. 9. 1998 AP § 626 BGB Nr. 143 und 148; KR/*Fischermeier* § 626 BGB Rn. 158; *Kiel/Koch,* Rn. 535; ausf. zur Kündbarkeit Unkündbarer *Preis/Hamacher,* FS Arbeitsgerichtsbarkeit Rheinland-Pfalz, 1999, 245 ff.

[533] Krit. hierzu *Preis/Hamacher,* FS Arbeitsgerichtsbarkeit Rheinland-Pfalz, 1999, 245, 249.

[534] BAG 7. 6. 1984 EzA § 22 KO Nr. 4; BAG 28. 3. 1985 EzA § 626 BGB n. F. Nr. 96; BAG 5. 2. 1998 AP § 626 BGB Nr. 143 mit zust. Anm. *Höland; Kiel/Koch,* Rn. 540; *Löwisch,* KSchG, Vorbem. zu § 1 Rn. 120; ausführlich *Schwerdtner,* FS Kissel, 1994, 1077, 1087 ff.

[535] Ausführl. hierzu Rn. 790 ff.

[536] LAG Berlin 16. 2. 1961 BB 1961, 605; ArbG Wilhelmshaven 23. 2. 1959, 413; KR/*Fischermeier,* § 626 BGB Rn. 157.

[537] Vgl. BAG 8. 10. 1957 AP § 626 BGB Nr. 16 = NJW 1958, 316.

[538] BAG 28. 3. 1985 AP § 626 BGB Nr. 86 = EzA § 626 BGB n. F. Nr. 96; KR/*Fischermeier,* § 626 BGB Rn. 417; Erman/*Belling,* § 626 BGB Rn. 86.

im Falle der außerordentlichen Kündigung, die gesetzliche oder tarifvertragliche Kündigungsfrist einzuhalten, die gelten würde, wenn die ordentliche Kündigungsfrist nicht ausgeschlossen wäre.[539] In Abweichung und Ausweitung seiner Rechtsprechung hat das BAG jüngst auch die außerordentliche Kündigung eines ordentlich unkündbaren Arbeitnehmers anerkannt, obwohl lediglich ein einzelner Arbeitsplatz auf Grund einer innerorganisatorischen Entscheidung weggefallen war.[540] Dies ist schon deshalb abzulehnen, weil hierdurch der tarifvertraglich intendierte Rationalisierungsschutz über eine extensive Interpretation des § 626 Abs. 1 BGB praktisch entwertet wird.[541] In einer neueren Entscheidung hält das BAG hieran fest, verlangt aber vom Arbeitgeber – ggf. unter Vorlegung der Stellenpläne – substantiiert darzulegen, weshalb das Freimachen eines geeigneten Arbeitsplatzes oder dessen Schaffung durch eine entsprechende Umorganisation nicht möglich oder nicht zumutbar gewesen sein soll. Auch künftig freiwerdende Arbeitsplätze seien dabei zu berücksichtigen.[542]

Auch die vorübergehende Betriebsstilllegung durch unvorhergesehene Ereignisse (Brand, Rohstoffausfall etc.) rechtfertigt eine außerordentliche Kündigung nicht.[543] **770**

c) Insolvenz

Die Eröffnung des Insolvenzverfahrens berechtigt nicht zur außerordentlichen Kündigung.[544] Das zeigen schon die Sonderregelungen des Insolvenzrechts (hierzu Rn. 2147ff.). **771**

VIII. Systematische Darstellung der außerordentlichen Kündigungsgründe des Arbeitnehmers

Für die außerordentliche Kündigung des Arbeitnehmers gelten dieselben Maßstäbe wie für die des Arbeitgebers.[545] Auch dem Arbeitnehmer ist Vertragstreue abzuverlangen, grundsätzlich muss er von der vorrangigen Möglichkeit der ordentlichen Kündigung Gebrauch machen. Auch die Ausschlussfrist des § 626 Abs. 2 BGB ist zu wahren.[546] Kündigungsgründe für den Arbeitnehmer können einerseits aus der Sphäre des Arbeitgebers herrühren, insbesondere weil dieser Vertragspflichten verletzt. Andererseits können unter Umständen wichtige Gründe aus der Sphäre des Arbeitnehmers folgen (personenbedingte Gründe). **772**

---

539 BAG 28. 3. 1985 AP § 626 BGB Nr. 86; ausf. *Schwerdtner,* Festschrift für Kissel, 1994, S. 1077, 1087ff.; a. A. *Zöllner/Loritz,* § 22 III 6.

540 Vgl. BAG 5. 2. 1998 EzA § 626 BGB Unkündbarkeit Nr. 2.

541 Zu Recht zurückhaltend LAG Hamm 11. 10. 1995 LAGE § 626 BGB Nr. 92 mit abl. Anm. *Schiefer/Rogge;* vgl. hier Rn. 797ff.

542 BAG 17. 9. 1998 EzA § 626 BGB Unkündbarkeit Nr. 3 = AP § 626 BGB Nr. 148.

543 Vgl. BAG 28. 9. 1972 EzA § 626 BGB n. F. Nr. 17 = NJW 1973, 342.

544 Vgl. BAG 25. 10. 1968 AP § 22 KO Nr. 1 = EzA § 626 BGB Nr. 10.

545 Siehe LAG Berlin 22. 3. 1989 NZA 1989, 968 = DB 1989, 1826; BAG 19. 6. 1967 EzA § 124 GewO Nr. 1; für geringere Anforderungen Erman/*Belling,* § 626 BGB Rn. 85 unter Hinweis auf das Fehlen von Kündigungsschutznormen zugunsten des Arbeitgebers.

546 APS/*Dörner,* § 626 BGB Rn. 394.

773 Der Arbeitnehmer ist beweispflichtig für die Tatsachen, aus denen er das Vorliegen eines wichtigen Grundes herleitet.[547] Der Arbeitgeber kann die Unwirksamkeit der Kündigung durch Feststellungsklage nach § 256 ZPO geltend machen. Ein Rechtsschutzinteresse ist in der Regel zu bejahen.[548] Bei widersprüchlichem Verhalten kann es dem Arbeitnehmer u. U. verwehrt sein, sich auf die Unwirksamkeit der fristlosen Eigenkündigung zu berufen.[549]

1. Vertragsverletzungen des Arbeitgebers

774 Wichtigster außerordentlicher Kündigungsgrund für den Arbeitnehmer sind Haupt- und Nebenpflichtverletzungen des Arbeitgebers. Da dem Arbeitnehmer regelmäßig das freie ordentliche Kündigungsrecht zur Seite steht, muss die Vertragsverletzung so gewichtig sein, dass sie die sofortige Vertragsbeendigung gebietet. In der Regel muss aber auch der Arbeitnehmer den Arbeitgeber vor der Kündigung abgemahnt haben oder – in Anwendung des § 314 Abs. 2 BGB – eine seitens des Arbeitnehmers zur Abhilfe bestimmte Frist erfolglos abgelaufen sein.[550] Ist die Kündigung durch vertragswidriges Verhalten des Arbeitgebers veranlasst worden, kann der Arbeitnehmer nach § 628 Abs. 2 BGB Schadensersatz verlangen (hierzu Rn. 857 ff.).

a) Hauptpflichten, insbesondere Nichtzahlung des Entgelts

775 Wichtigster Fall der fristlosen Kündigung ist die **Nichtzahlung des Entgelts (Hauptpflichtverletzung).** Denkbar ist ferner, dass der Arbeitgeber den Arbeitnehmer nicht vertragsgemäß beschäftigt und damit seiner **Beschäftigungspflicht** nicht genügt.[551] In beiden Fällen kann der Arbeitnehmer nur nach erfolgloser Abmahnung oder nach fruchtlosem Fristablauf fristlos kündigen.[552] Bei der Nichtzahlung des Entgelts soll nach der Rechtsprechung nur dann außerordentlich gekündigt werden können, wenn der Rückstand für eine erhebliche Zeit besteht oder einen erheblichen Betrag ausmacht.[553] Vor Ausspruch einer Kündigung ist jedoch eine Abmahnung erforderlich. Zahlt der Arbeitgeber nach Abmahnung gleichwohl nicht, ist eine fristlose Kündigung gerechtfertigt.

776 Gleiche Grundsätze gelten, wenn der Arbeitgeber wesentliche Vertragsrechte vertragswidrig vorenthält, z. B. eine erteilte oder zugesicherte Prokura widerruft.[554]

---

[547] BAG 25. 7. 1963 AP § 448 ZPO Nr. 1 = NJW 1963, 2340; 24. 10. 1996 AP § 256 ZPO 1977 Nr. 37 = NZA 1997, 370.

[548] BAG 20. 3. 1986 EzA § 256 ZPO Nr. 25 = NZA 1986, 714.

[549] BAG 4. 12. 1997 EzA § 242 BGB Rechtsmissbrauch Nr. 3 = NZA 1998, 420.

[550] BAG 9. 9. 1992 – 2 AZR 142/92 – n.v.; LAG Hamm 18. 6. 1991 LAGE § 626 BGB Nr. 59.

[551] Zum Fall einer unberechtigten Teilsuspendierung BAG 15. 6. 1972 EzA § 626 BGB n. F. Nr. 14 = AP § 628 BGB Nr. 7 = NJW 1972, 2279; 19. 8. 1976 EzA § 611 BGB Beschäftigungspflicht Nr. 1; s. a. ErfK/*Müller-Glöge,* § 626 BGB Rn. 197.

[552] LAG Hamm 18. 6. 1991 LAGE § 626 BGB Nr. 59 = NZA 1992, 314; LAG Baden-Württemberg 10. 10. 1990 RzK I 9k Nr. 17 = BB 1991, 415.

[553] Vgl. LAG Nürnberg 4. 7. 2001 NZA-RR 2002, 128 LAG Hamm 29. 9. 1999 NZA-RR 2000, 242; LAG Köln 23. 9. 1993 LAGE § 626 BGB Nr. 73; LAG Düsseldorf 12. 9. 1957 DB 1957, 1132; LAG Frankfurt 27. 10. 1964 DB 1965, 186; KR/*Fischermeier,* § 626 BGB Rn. 467.

[554] Vgl. BAG 17. 9. 1970 EzA § 626 BGB n. F. Nr. 5 = AP § 628 BGB Nr. 5; BAG 26. 8. 1986 AP § 52 HGB Nr. 1.

b) Nebenpflichten

Auch die Verletzung **vertraglicher Nebenpflichten des Arbeitgebers** kann je nach Lage des Falles und erfolgter Abmahnung die außerordentliche Kündigung rechtfertigen. **777**

aa) Arbeitsschutz

Missachtet der Arbeitgeber zugunsten des Arbeitnehmers bestehendes zwingendes Arbeitsschutzrecht, so kann je nach Lage des Falles eine fristlose Kündigung auch dann gerechtfertigt sein, wenn der Arbeitnehmer zunächst dennoch weitergearbeitet hat.[555] Grundsätzlich muss der Arbeitnehmer den Arbeitgeber jedoch vor einer Kündigung abmahnen, es sei denn, eine Abmahnung ist zwecklos. **778**

bb) Beleidigung; Verdächtigung

Im Falle einer groben Beleidigung kann der Arbeitnehmer nach den oben Rn. 705ff. dargelegten Grundsätzen außerordentlich kündigen.[556] Verdächtigt ein Arbeitgeber den Arbeitnehmer zu Unrecht einer Unredlichkeit, so kann – je nach Lage des Einzelfalles – die fristlose Kündigung berechtigt sein.[557] **779**

cc) Urlaub, Freistellung

Verweigert der Arbeitgeber dem Arbeitnehmer nachhaltig Urlaub, ohne hierzu nach § 7 BUrlG berechtigt zu sein,[558] oder Freistellung nach § 629 BGB,[559] kann der Arbeitnehmer nach Abmahnung fristlos kündigen. Die Abmahnung kann entbehrlich sein, wenn der Arbeitgeber verdeutlicht, die Ansprüche des Arbeitnehmers keinesfalls erfüllen zu wollen. **780**

dd) Werkswohnung

Der nicht vertragsgemäße Zustand einer Werkswohnung kann nur bei unzumutbaren Wohnverhältnissen die Kündigung des Arbeitsverhältnisses rechtfertigen.[560] Ein außerordentliches Kündigungsrecht kann auch bestehen, wenn der Arbeitgeber dem Arbeitnehmer die vertragliche zugesagte Wohnung nicht zuweist.[561] In beiden Fällen setzt die Kündigung aber fruchtloses Abhilfeverlangen bzw. die Abmahnung voraus. **781**

Eine Teilkündigung allein der Werkmietwohnung durch den Arbeitnehmer hat das BAG abgelehnt.[562] Das Ergebnis erscheint unbefriedigend, weil die Teilkündigung ein milderes Mittel gegenüber der Vollkündigung des Arbeitsverhältnisses ist. Im konkreten Fall half das BAG mit einem Anspruch auf Entlassung aus dem Mietverhältnis. **782**

---

555 Vgl. BAG 28. 10. 1971 AP § 626 BGB Nr. 62 = EzA § 626 BGB n.F. Nr. 9.

556 Vgl. LAG Hamm 27. 5. 1993 AiB 1994, 54; ArbG Bocholt 5. 4. 1990 DB 1990, 1671; ArbG Lübeck 30. 7. 1987 RzK I 9k Nr. 9.

557 BAG 24. 2. 1964 EzA § 607 BGB Nr. 1 = AP § 607 BGB Nr. 1; vgl. auch LAG Baden-Württemberg 20. 5. 1960 BB 1960, 985; zur Beachtung der Ausschlussfrist des § 626 Abs. 2 BGB: ArbG Siegburg 6. 12. 1995 NZA-RR 1996, 330.

558 Vgl. ErfK/*Müller-Glöge,* § 626 BGB Rn. 206.

559 Staudinger/*Preis,* § 626 BGB Rn. 19.

560 LAG Düsseldorf 24. 3. 1964 BB 1964, 927.

561 BAG 19. 6. 1967 AP § 124 GewO Nr. 1 = NJW 1967, 2030.

562 Vgl. BAG 23. 8. 1989 NZA 1990, 191 = EzA § 565b–e BGB Nr. 3.

ee) Sonstige Nebenpflichten

783 Im Übrigen können – je nach Gewicht der Pflichtverletzung – weitere Verletzungen von Nebenpflichten die Kündigung des Arbeitsverhältnisses bedingen. So kann beispielsweise die Verletzung von Vermögensinteressen des Arbeitnehmers – nach Abmahnung – die Kündigung rechtfertigen (Beispiel: Nichtabführung von Sozialversicherungsbeiträgen).[563]

2. Personenbedingte Gründe des Arbeitnehmers

784 Personenbedingte Gründe sind nur sehr zurückhaltend als wichtige Gründe zur Kündigung des Arbeitsverhältnisses durch den Arbeitnehmer anzuerkennen. Ihnen ist gemein, dass die Gründe aus der Risikosphäre des Arbeitnehmers herrühren, und schon aus diesem Grunde eine Vertragsdurchbrechung durch außerordentliche Kündigung regelmäßig ausschließen.

a) Arbeitsplatzwechsel

785 So berechtigt die Aussicht auf eine Stellung mit einem erheblich höheren Gehalt einen Angestellten nicht, ein langfristiges Arbeitsverhältnis außerordentlich zu kündigen.[564] Auch die Möglichkeit, in ein Beamtenverhältnis zu wechseln, berechtigt nicht zur fristlosen Kündigung.[565] Das Gleiche gilt, wenn der Arbeitnehmer den Arbeitsplatz aufgeben will, um ein Studium zu beginnen.[566] Auch wenn der Arbeitgeber einen wechselwilligen Arbeitnehmer im Rahmen seines Direktionsrechts versetzt, etwa um den Abfluss von Know how oder Kundenkontakten zu dem neuen Arbeitgeber zu unterbinden, rechtfertigt dies nicht die fristlose Kündigung durch den Arbeitnehmer.[567]

b) Gewissenskonflikt

786 Zunehmend an Bedeutung gewonnen hat die Frage, welche Reaktionsmöglichkeiten die Arbeitsvertragsparteien bei einem Gewissenskonflikt des Arbeitnehmers haben, der ihm die Ausübung seiner Tätigkeit ganz oder teilweise verbietet.[568] Werden dem Arbeitnehmer einzelne Aufgaben zugewiesen, die er mit seinem Gewissen nicht vereinbaren kann, steht ihm u. U. ein Leistungsverweigerungsrecht zu. Dieses hat zwar zur Folge, dass eine fristlose arbeitgeberseitige Kündigung wegen beharrlicher Arbeitsverweigerung ausgeschlossen ist,[569] andererseits erhält der Arbeitnehmer auch kein Entgelt, da sich der Arbeitgeber nicht in Annahmeverzug (§ 615 BGB) befindet. Man wird dem Arbeitnehmer daher, wenn es ihm nicht zuzumuten ist, auch nur für eine begrenzte Zeit bis zum Ablauf der ordentlichen

---

[563] LAG Baden-Württemberg 30. 5. 1968 BB 1968, 874.

[564] BAG 1. 10. 1970 AP § 626 BGB Nr. 59 = EzA § 626 BGB n. F. Nr. 6; LAG Schleswig-Holstein 30. 1. 1991 LAGE § 626 BGB Nr. 55.

[565] BAG 24. 10. 1996 AP § 256 ZPO 1977 Nr. 37 = EzA Art. 12 GG Nr. 29.

[566] ErfK/*Müller-Glöge,* § 626 BGB Rn. 202.

[567] LAG Niedersachsen 12. 10. 1998 LAGE § 315 BGB Nr. 5.

[568] Ausführlich *Konzen/Rupp,* Gewissenskonflikte im Arbeitsverhältnis, 1990.

[569] BAG 20. 12. 1984 AP § 611 BGB Direktionsrecht Nr. 27; RGRK-*Corts,* § 626 BGB Rn. 112.

Kündigungsfrist die anfallenden Arbeiten zu erledigen, selbst das Recht zur Kündigung aus wichtigem Grund einräumen müssen.[570] Andererseits kann, wenn eine Gewissensentscheidung des Arbeitnehmers es dem Arbeitgeber verbietet, jenem eine an sich geschuldete Arbeit zuzuweisen, eine personenbedingte ordentliche arbeitgeberseitige Kündigung gerechtfertigt sein, wenn eine andere Beschäftigungsmöglichkeit nicht besteht.[571]

Vergleichbar sind die Fälle zu lösen, in denen religiöse Vorschriften dem Arbeit- **787**
nehmer gebieten, die Arbeitsleistung nur in einer bestimmten Weise auszuführen. So hat das LAG Hessen die Kündigung einer kopftuchtragenden Muslima im Verkaufsbereich bejaht.[572] Dieser Entscheidung ist zuzustimmen, wenn und soweit es (ggf. kraft Direktionsrecht) als Vertragspflicht anzuerkennen ist, im Verkaufs- oder Außendienstbereich bestimmte Kleidungsvorschriften einzuhalten, die den Verkaufserfolg jedenfalls nicht stören. Ist der Arbeitnehmer hierzu aus Gewissensgründen nicht bereit, kann die personenbedingte Kündigung gerechtfertigt sein, wenn eine Weiterbeschäftigung des Arbeitnehmers an einem Arbeitsplatz nicht möglich ist, an dem Kleidungsvorschriften keine Rolle spielen.

c) Familiäre Gründe

Familiäre Gründe (Eheschließung, Kinderbetreuung; Pflege von Angehörigen) **788**
können nur dann eine fristlose Kündigung durch den Arbeitnehmer rechtfertigen, wenn die Gründe nicht vorhersehbar waren und der Arbeitnehmer in eine unzumutbare Pflichtenkollision gerät.[573]

d) Krankheit

Ist ein Arbeitnehmer infolge Krankheit nur noch in der Lage, halbe Tage zu ar- **789**
beiten, so kann er nicht fristlos kündigen, ohne vorher seinem Arbeitgeber die Gelegenheit gegeben zu haben, ihn nach Maßgabe seiner verbliebenen Arbeitskraft weiter zu beschäftigen.[574] Ist der Arbeitnehmer dauernd arbeitsunfähig, verliert auch der Arbeitgeber das Interesse an der Arbeitsleistung. Dennoch ist auch hier die ordentliche Kündigung vorrangig.[575] Fraglich ist, ob der Arbeitnehmer wegen Ansteckungsgefahren im Betrieb fristlos kündigen kann.[576] Dies ist zweifelhaft, weil die Infektionsgefahr ausgeräumt werden kann. Zwischenzeitlich kann der Arbeitnehmer die Arbeitsleistung verweigern und Entgelt nach § 615 BGB verlangen. Die außerordentliche Kündigung wegen Krankheit ist jedoch zulässig, wenn auch für den Arbeitnehmer die ordentliche Kündigung ausgeschlossen ist (z. B. bei befristeten Arbeitsverträgen).

---

[570] ArbG Heidelberg 28. 3. 1967 ARST 1967, 165; *Corts,* in: ArbR BGB, § 626 BGB Rn. 186.

[571] BAG 24. 5. 1989 EzA § 611 BGB Direktionsrecht Nr. 3; LAG Hessen 21. 6. 2001 NZA-RR 2001, 632.

[572] LAG Hessen 21. 6. 2001 NZA-RR 2001, 632.

[573] Ebenso ErfK/*Müller-Glöge,* § 626 BGB Rn. 203.

[574] Vgl. BAG 2. 2. 1973 EzA § 626 BGB n.F. Nr. 23 = AP § 626 BGB Krankheit Nr. 1.

[575] Richtig APS/*Dörner,* § 626 BGB Rn. 398.

[576] So LAG Düsseldorf 20. 10. 1960 BB 1961, 49; KR-*Fischermeier,* § 626 BGB Rn. 473.

IX. Außerordentliche Kündigung ordentlich Unkündbarer

790 Vielfach werden Arbeitnehmer auf Grund eines Sonderkündigungsschutzes als „unkündbar" bezeichnet. Dies ist irreführend. Denn der Rückgriff auf das unverzichtbare Recht zur außerordentlichen Kündigung ist immer möglich. Freilich entfällt bei Ausschluss der ordentlichen Kündigung eben das gegenüber der außerordentlichen Kündigung spezifische mildere Mittel der ordentlichen Kündigung. Wenn es zudem richtig ist, dass die Unzumutbarkeit i. S. des § 626 BGB umso eher geben ist, je länger die Vertragsbindung besteht,[577] führt dies zu dem paradoxen Ergebnis, dass sog. „unkündbare" Arbeitnehmer eher fristlos entlassen werden könnten als ordentlich kündbare Arbeitnehmer. Ein solches Ergebnis stünde im Widerspruch zum Sinn und Zweck aller Unkündbarkeitsgründe.[578] Fristlos kann allerdings einem tariflich unkündbaren Arbeitnehmer nach § 626 BGB allenfalls dann gekündigt werden, wenn dem Arbeitgeber bei einem vergleichbaren kündbaren Arbeitnehmer dessen Weiterbeschäftigung bis zum Ablauf der einschlägigen ordentlichen Kündigungsfrist unzumutbar wäre. Nur so kann der Wertungswiderspruch verhindert werden, dass sonst der tariflich unkündbare Arbeitnehmer allein wegen seines besonderen Schutzes benachteiligt würde.[579] Das BAG will die durch den Ausschluss der ordentlichen Kündigung bedingte langfristige Vertragsbindung „im Rahmen der einzelfallbezogenen Interessenabwägung entweder zugunsten oder zuungunsten des Arbeitnehmers berücksichtigen".[580]

791 Neben dem sondergesetzlichen Kündigungsschutz für Betriebsratsmitglieder (§ 15 KSchG, hierzu Rn. 1594 ff.) spielt der tarifvertragliche und der einzelvertragliche Ausschluss der ordentlichen Kündigung in der Praxis eine große Rolle (hierzu Rn. 331 ff.).

792 In seiner früheren Rechtsprechung hat das BAG die außerordentliche Kündigung ordentlich Unkündbarer nur sehr zurückhaltend anerkannt. Ein betriebsbedingter Grund zur außerordentlichen Kündigung wurde nur bei Betriebsstilllegung oder Wegfall eines wesentlichen Teils der Aufgaben befürwortet.[581] In jüngerer Zeit ist eine Mehrung der Fälle außerordentlicher Kündigungen ordentlich Unkündbarer festzustellen. Die Problematik ist daher von hoher praktischer Relevanz, weil viele Tarifverträge, insbesondere die des öffentlichen Dienstes, Unkündbarkeitsklauseln vorsehen.

---

[577] *Herschel* Anm. zu AP Nr. 1 TV AL II; kritisch im Hinblick auf „unkündbare Arbeitnehmer" KR/*Fischermeier,* § 626 BGB Rn. 299; MünchKomm/*Schwerdtner,* § 626 BGB Rn. 81; zum Ganzen *Preis/Hamacher* FS Arbeitsgerichtsbarkeit Rheinland-Phalz 1999, 245 ff.

[578] BAG 13. 4. 2000 NZA 2001, 277.

[579] Zutreffend BAG 12. 8. 1999 AP § 626 BGB Verdacht strafbarer Handlungen Nr. 28; BAG 6. 7. 2000 RzK I 8 c Nr. 54.

[580] BAG 14. 11. 1984 EzA § 626 BGB n. F. Nr. 93 = AP § 626 BGB Nr. 83; ähnlich KR/*Fischermeier,* § 626 BGB Rn. 299.

[581] Vgl. BAG 3. 11. 1955 AP § 626 BGB Nr. 4; BAG 28. 3. 1985 AP § 626 BGB Nr. 86; BAG 7. 6. 1984 AP § 22 KO Nr. 5; BAG 6. 3. 1986 AP § 15 KSchG 1969 Nr. 19; BAG 22. 7. 1992 EzA § 626 BGB n. F. Nr. 141.

1. Grundsätze zur Bestimmung des „wichtigen Grundes"

Der Wertungsproblematik muss durch eine teleologische Interpretation der Ausschlusstatbestände begegnet werden, um Widersprüche zu vermeiden. Folgende Kontrollüberlegung sollte vorangestellt werden: Ist die außerordentliche Kündigung eines ordentlich Unkündbaren nur dann zulässig, wenn auch die außerordentliche Kündigung eines ordentlich Kündbaren zulässig wäre? Dies hätte zur Konsequenz, dass eine betriebsbedingte fristlose Kündigung grundsätzlich ausgeschlossen ist, weil andernfalls das Betriebs- und Wirtschaftsrisiko auf den Arbeitnehmer verlagert würde.[582] 793

a) Außerordentliche Kündigung aus minder wichtigem Grund?

Die im Schrifttum vertretene Auffassung[583] ist abzulehnen,[584] die eine außerordentliche Kündigung aus minder wichtigen Grund im Sinne eines dritten, eigenartigen, gesetzlich nicht ausgestalteten Grundtyps der Kündigung befürwortet. Das Gesetz kennt eine derartige Kündigung nicht. Zudem liefe die Anerkennung eines solchen Kündigungstyps dem Zweck von Unkündbarkeitsklauseln zuwider: Gerade wenn es darauf ankäme, würde bei unkündbaren Arbeitnehmern die ordentliche Kündigung durch die außerordentliche Kündigung ersetzt, so dass der stärkere Bestandschutz ohne Wirkung bliebe bzw. sich sogar hinsichtlich der Kündigungsfristen in sein Gegenteil verkehrte.[585] 794

b) Berücksichtigung der Unkündbarkeit in der Interessenabwägung

Nach § 626 Abs. 1 BGB kommt es für die Zumutbarkeit der weiteren Beschäftigung entscheidend auf die Frist für die reguläre Beendigung des Arbeitsverhältnisses an. Grundsätzlich ist die ordentliche Kündigung vorrangig, je kürzer die dann einzuhaltende Kündigungsfrist ist. Die zu verlangende Dringlichkeit des wichtigsten Grundes steht also grundsätzlich in einem umgekehrten, also diametralen Verhältnis zur Bindung des Kündigenden.[586] Dies führt im praktischen Ergebnis aller BAG-Entscheidungen dazu, dass bei ordentlich Unkündbaren doch ein „minder wichtiger Grund" für die außerordentliche Kündigung ausreicht. Dies erkennt das BAG und versucht nunmehr generell, diese Benachteiligung durch eine zwingende sozi- 795

---

[582] Siehe BAG 28. 9. 1972 EzA § 626 BGB n. F. Nr. 17; BAG 9. 7. 1981 DB 1982, 121; BAG 28. 3. 1985 AP § 626 BGB Nr. 86.

[583] Vgl. *Herschel* Anm. zu AP Nr. 86 zu § 626 BGB; *Herschel* Anm. zu AP Nr. 1 zu § 44 TV AL II (insoweit ablehnend KR/*Fischermeier* § 626 BGB Rn. 306); *Zöllner/Loritz* § 22 Anm. III 6.

[584] BAG v. 3. 10. 1957 AP § 70 HGB Nr. 1; LAG Hamm 24. 11. 1988 LAGE § 626 BGB Unkündbarkeit Nr. 2; MünchKomm/*Schwerdtner* § 626 BGB Rn. 59; *Kania/Kramer* RdA 1995, 287, 294; *Walker* Anm. zu EzA Nr. 2 zu § 626 BGB Unkündbarkeit; ausführlich *Schwerdtner,* FS Kissel, 1994, S. 1077, 1080 ff.; teilweise werden die Ergebnisse der Praxis aber als eine Kündigung aus minder wichtigen Grund gesehen, vgl. *Bröhl,* FS Schaub, 1998, S. 55, 56; *Wiedemann,* EWiR 1998, 537 f., spricht von einer außerordentliche Kündigung, die nicht auf minder wichtigen, auf andersartigen wichtigen Gründen beruht.

[585] Vgl. *Schwerdtner,* FS Kissel, S. 1077, 1083 f.

[586] Vgl. BAG 15. 12. 1955 AP § 626 BGB Nr. 6; Staudinger/*Preis* § 626 BGB Rn. 61; *Herschel* Anm. zu AP Nr. 1 zu § 44 TV AL II.

ale Auslauffrist aufzufangen.[587] Die Dauer des Arbeitsverhältnisses kann indes nur als *ein* Kriterium in die Interessenabwägung einfließen.[588]

796 Nach Auffassung der Rechtsprechung kann sich die Unkündbarkeit im Einzelfall zugunsten oder zuungunsten des Arbeitnehmers auswirken.[589] Welche Betrachtungsweise den Vorrang verdiene, sei insbesondere unter Beachtung des Sinns und Zwecks des Ausschlusses der ordentlichen Kündigung zu entscheiden. Das Gericht unterscheidet dann wie folgt: Bei einmaligen Vorfällen ohne Wiederholungsgefahr wirke sich die längere Vertragsbindung zugunsten des Arbeitnehmers aus; bei Dauertatbeständen oder Vorfällen mit Wiederholungsgefahr könne die Fortsetzung des Arbeitsverhältnisses für den Arbeitgeber auf Grund der „Unkündbarkeit" unter Umständen eher unzumutbar sein als bei einem ordentlich kündbaren Arbeitnehmer. Diese Unterscheidung der Rechtsprechung hilft dem Rechtsanwender nicht weiter und ist lediglich irritierend:[590] Ohne eine Wiederholungsgefahr besteht ohnehin kein Kündigungsgrund: Jede Kündigung ist zukunftsbezogen; auch im Rahmen der außerordentlichen Kündigung ist das Prognoseprinzip zu beachten.[591] Im Ergebnis bewertet die Rechtsprechung daher die lange Bindungsdauer im Regelfall zuungunsten des Arbeitnehmers.[592] Diese Konsequenz steht offensichtlich im Widerspruch zu dem Grundsatz der Rechtsprechung, dass die Unzumutbarkeit nur unter Anlegung eines besonders engen Maßstabs[593] oder nur in eng begrenzten Ausnahmefällen[594] zu befürworten sei. Hilfreich bei der Lösung des Problems könnte die Erkenntnis sein, dass Sinn und Zweck der Unkündbarkeitsklausel von entscheidender Bedeutung bei der Interessenabwägung nach § 626 BGB sein dürfte.[595] Immerhin hat das BAG jetzt entschieden, dass die „Unkündbarkeit" nicht nur zu Lasten des Arbeitnehmers berücksichtigt werden dürfe.[596]

2. Betriebsbedingte Kündigung

797 Das BAG hat im Jahre 1957 festgestellt, es gebe keinen Rechtssatz, nach dem „ein wichtiger Grund niemals in unpersönlichen, lediglich im Betriebe liegenden Umständen gefunden werden kann. Ebensowenig gibt es allerdings den umgekehrten Rechtssatz, dass die völlige Betriebsstilllegung eines Betriebes oder eines Betriebsteils stets und immer ein wichtiger Grund ist, der zur Entlassung auch der

---

[587] BAG 13. 4. 2000 NZA 2001, 277 = EzA § 626 BGB n. F. Nr. 180.

[588] Vgl. KR/*Fischermeier,* § 626 BGB Rn. 300.

[589] BAG 14. 11. 1984 AP § 626 BGB Nr. 83; so auch KR/*Fischermeier* § 626 BGB Rn. 301; *Kania/Kramer* RdA 1995, 287, 294; kritisch MünchKomm/*Schwerdtner* § 626 BGB Rn. 61; *Bröhl,* FS Schaub, S. 55, 56, 60f.

[590] *Preis,* Prinzipien des Kündigungsrechts bei Arbeitsverhältnissen, 1987, S. 486; MünchKomm/*Schwerdtner* § 626 BGB Rn. 81; *ders.,* FS Kissel, S. 1077, 1080; *Walker* Anm. zu EzA Nr. 2 zu § 626 BGB Unkündbarkeit; vgl. ErfK/*Müller-Glöge* § 626 BGB Rn. 74.

[591] ErfK/*Müller-Glöge* § 626 BGB Rn. 38; KR/*Fischermeier* § 626 BGB Rn. 110.

[592] *Preis,* S. 486.

[593] BAG 3. 11. 1955 AB § 626 Nr. 3; BAG 15. 12. 1955 AP § 626 BGB Nr. 6; KR/*Fischermeier* § 626 BGB Rn. 301.

[594] BAG 9. 9. 1992 AP § 626 BGB Krankheit Nr. 3; BAG 12. 7. 1995 AP § 626 BGB Krankheit Nr. 7; BAG 5. 2. 1998 AP Nr. § 626 BGB Nr. 143.

[595] Staudinger/*Preis* § 626 BGB Rn. 73; MünchKomm/*Schwerdtner* § 626 BGB Rn. 53.

[596] BAG 13. 4. 2000 NZA 2001, 277 = EzA § 626 BGB n. F. Nr. 180.

sonst unkündbaren Arbeitnehmer ausreicht.“[597] Gemeinsamer Ausgangspunkt aller Überlegungen ist zunächst, dass dringende betriebliche Gründe regelmäßig nur eine ordentliche Arbeitgeberkündigung gemäß § 1 KSchG rechtfertigen. Dies ergibt sich aus dem ultima-ratio-Prinzip und dem Grundsatz, dass der Arbeitgeber das Wirtschaftsrisiko nicht auf den Arbeitnehmer abschieben kann.[598] Eine Ausnahme wird allerdings bei der „Unkündbarkeit“ des Arbeitsverhältnisses gemacht. Nach der Rechtsprechung kann eine unzumutbare Belastung dann bestehen, wenn der Arbeitgeber den Arbeitnehmer nicht weiterbeschäftigen kann, aber über einen längeren Zeitraum das Entgelt fortzuzahlen hätte.[599] Entscheidend und problematisch ist demnach allein die Grenze der wirtschaftlichen Zumutbarkeit.

a) Absolute Grenze wirtschaftlicher Unzumutbarkeit?

Fraglich ist, ob die Grenze wirtschaftlicher Zumutbarkeit abstrakt und absolut **798**
bestimmt werden kann. In der Entscheidung vom 5. Februar 1998[600] nahm das BAG im Falle der Kündigung einer Sekretärin, die kraft vertraglicher Bezugnahme auf einen Tarifvertrag ordentlich unkündbar war, einen wichtigen Kündigungsgrund wegen Ausscheidens des Geschäftsführer an. Die unternehmerische Entscheidung, den Arbeitsplatz der Sekretärin des Geschäftsführers entfallen zu lassen, sei nicht überprüfbar. Die Weiterbeschäftigung eines Arbeitnehmers könne insbesondere dann unzumutbar sein, wenn die ordentliche Kündigung ausgeschlossen sei und der Arbeitgeber aus diesem Grund das Entgelt über einen längeren (hier fünfjährigen) Zeitraum weiterzahlen müsste. *Walker* folgert aus dieser Ausführung, dass es für einen Arbeitgeber unzumutbar ist, über einen Zeitraum von mehr als fünf Jahren zur Zahlung des Arbeitsentgelts ohne Gegenleistung verpflichtet zu sein.[601] Im Ergebnis wäre somit eine fünfjährige Pflicht zur Entgeltfortzahlung ohne Verwendungsmöglichkeit und damit ohne Gegenleistung ein absoluter Kündigungsgrund.

Dies kann nicht überzeugen. Zu berücksichtigen ist insoweit die Wertung aus **799**
§ 624 BGB. Aufgrund des § 624 BGB steht dem *Arbeitnehmer* nach Ablauf von fünf Jahren ein Kündigungsrecht zu. Sinn und Zweck dieser Vorschrift besteht darin, eine überlange Bindung an das Dienstverhältnis zu verhindern und mit dem eingeräumten Kündigungsrecht dem Schutz der persönlichen Freiheit des Arbeitnehmers zu dienen.[602] Eine „lebenslängliche“ Bindung des Arbeitnehmers ist auf Grund der zwingenden Kündigungsmöglichkeit nicht sittenwidrig i. S. d. § 138 BGB.[603] Im Umkehrschluss kann der Regelung des § 624 BGB entnommen werden, dass der Gesetzgeber den Arbeitgeber nicht im gleichen Maße als schutzbedürftig angesehen hat. Wird im Vertrag allein das Recht des Arbeitgebers zur ordentlichen Kündigung ausgeschlossen, so ist diese Vereinbarung zulässig. Der Ar-

---

[597] BAG 8. 10. 1957 AP § 626 BGB Nr. 16.

[598] BAG 28. 3. 1985 AP § 626 BGB Nr. 86; BAG 22. 7. 1992 EzA § 626 BGB Nr. 141; BAG 7. 5. 1984 AP § 22 KO Nr. 5.

[599] BAG 28. 3. 1985 AP § 626 BGB Nr. 86; BAG 22. 7. 1992 EzA § 626 BGB n. F. Nr. 141; BAG 7. 5. 1984 AP § 22 KO Nr. 5.

[600] AP § 626 BGB Nr. 143.

[601] Anm. zu EzA Nr. 2 zu § 626 BGB Unkündbarkeit.

[602] BAG 19. 12. 1991 AP § 624 BGB Nr. 2; BAG 24. 10. 1996 EzA Art. 12 GG Nr. 29.

[603] Vgl. Staudinger/*Preis,* § 624 BGB Rn. 1; *Kania/Kramer* RdA 1995, 287, 288; *Oetker,* Das Dauerschuldverhältnis und seine Beendigung, 1994, S. 466.

beitgeber kann sich also wirksam auf Lebenszeit binden.[604] Ihm bleibt lediglich die Möglichkeit, sich bei Vorliegen eines wichtigen Grundes von der lebenslangen Bindung zu trennen. Eine über fünf Jahre hinausgehende Bindung und das damit verbundene Risiko der Entgeltfortzahlung kann dann aber keinen absoluten Kündigungsgrund im Rahmen des § 626 BGB darstellen. Entscheidend ist vielmehr auch insoweit der Sinn und Zweck der Vereinbarung: Bei einem Rationalisierungstarifvertrag mit einer Laufzeit von fünf Jahren, der als Gegenleistung für den Ausschluss betriebsbedingter Kündigungen Lohnminderungen oder Arbeitszeitverlängerungen vorsieht, kann beispielsweise eine fünfjährige Lohnzahlungspflicht ohne Verwendungsmöglichkeit der Arbeitskraft sicher kein wichtiger Grund i. S. d. § 626 BGB sein. Es sind also stets alle normativ schutzwürdigen Kriterien zu berücksichtigen.

b) Verfassungsrechtliche Wertungen

800 Der Arbeitgeber wird durch Art. 2, 12 und 14 GG auch in seiner Freiheit geschützt, einen Beruf und eine Unternehmenstätigkeit aufzugeben. Der Unternehmer muss daher die (auch ordentlich unkündbare) Arbeitsverhältnisse wirksam kündigen können, um seinen Beruf und seine Unternehmenstätigkeit aufgeben zu können.[605] Fragwürdig ist aber, dass das BAG die Betriebsstilllegung regelmäßig mit der Unternehmensaufgabe gleichsetzt.[606] Dies ist keineswegs geboten, soweit in einem Unternehmen mit mehreren Betrieben lediglich ein Betrieb stillgelegt wird.[607] Der 2. Senat des BAG[608] erweitert den Grundrechtsschutz des Arbeitgebers dahingehend, dass Art. 12 GG auch die Freiheit umfasse zu entscheiden, welche Größenordnung sein Unternehmen haben soll. Kündigungsbeschränkungen, die diese Entscheidungsfreiheit beseitigen, seien verfassungsrechtlich angreifbar. Unverzichtbar seien zudem Beendigungsmöglichkeiten, die der Anpassung des Arbeitnehmerbestandes an die Entwicklung des Unternehmens dienen. Die Argumentation des Gerichts ist wenig überzeugend. Diese Ausführungen erfolgen im Rahmen der Diskussion, ob eine Tarifnorm eine außerordentliche Kündigung ausschließen könnte. Darum ging es aber nicht. Die betroffene Tarifklausel enthielt nur einen Ausschluss des ordentlichen Kündigungsrechts. Richtig ist, dass das Recht zur außerordentlichen Kündigung weder von den Arbeitsvertragsparteien, den Betriebsparteien noch den Tarifvertragsparteien abbedungen werden kann.[609] Die Grundrechte der Arbeitnehmer und der Arbeitgeber sichern also

---

[604] BGH 22. 4. 1986 NJW-RR 1986, 982, 983; ErfK/*Müller-Glöge* § 624 BGB Rn. 2, 18; Staudinger/*Preis* § 624 BGB Rn. 7.

[605] BAG 5. 2. 1998 AP § 626 BGB Nr. 143.

[606] Auffallend ist dies insbesondere im Urteil BAG 5. 2. 1998 AP § 626 BGB Nr. 143, obwohl die Entscheidung nur den Fortfall eines einzigen Arbeitsplatzes betrifft. Die Argumentation greift daher oft zu kurz.

[607] Vgl. ArbG Wilhelmshaven 23. 2. 1959 BB 1959, 413: Selbst die Betriebsstilllegung rechtfertige nicht ohne weiteres eine außerordentliche Kündigung, da ansonsten das Arbeitgeberrisiko unzulässigerweise verlagert werde.

[608] BAG 5. 2. 1998 AP § 626 BGB Nr. 143; so bereits *Bröhl,* FS Schaub, S. 55, 66.

[609] BAG 5. 2. 1998 AP § 626 BGB Nr. 143; KR/*Fischermeier* § 626 BGB Rn. 57; ErfK/*Müller-Glöge* § 626 BGB Rn. 1, 238; a. A. aber *Gamillscheg* ArbuR 1981, 105, 108 f.; zutreffend ist daher § 55 Abs. 2 BAT, der betriebsbedingte außerordentliche Kündigungen ausschließt, wegen Verstoßes gegen § 626 BGB gemäß § 134 BGB unwirksam. vgl. ErfK/

zunächst den Erhalt eines außerordentlichen Kündigungsrechts. Sie besagen aber noch nicht zwingend, wann der Ausschluss des ordentlichen Kündigungsrecht unwirksam oder das Festhalten an einem Arbeitsvertrag unzumutbar i. S. d. § 626 BGB ist. Das BAG verwertet – im Anschluss an *Bröhl*[610] – den Schutz des Unternehmers doppelt, indem es die Wertungen, die zum zwingenden Charakter des Rechts zur außerordentlichen Kündigung führen, nochmals entscheidend bei der Interessenabwägung einfließen lässt.

Die einseitige Betonung des grundrechtlichen geschützten Kündigungsrechts **801** vernachlässigt den Schutz anderer Freiheitsrechte des Arbeitgebers. So ist der Arbeitgeber bei seinem personellem Konzept frei.[611] Eine freie Unternehmerentscheidung, die jeder betriebsbedingten Kündigung zugrundeliegen muss, kann nach Auffassung der Rechtsprechung auch darin bestehen, künftig auf Dauer mit weniger Personal zu arbeiten.[612] Im Umkehrschluss ist auch die Entscheidung des Unternehmers, künftig mit den unkündbaren Arbeitnehmern zu arbeiten, zu schützen. Die Vereinbarungen solcher Unkündbarkeitsklauseln sind – unabhängig von ihrer jeweiligen Rechtsgrundlage – grundrechtlich geschützte Entscheidungen: Mit der einzelvertraglichen Unkündbarkeitsvereinbarung nimmt der Arbeitgeber sein Freiheitsrecht wahr: Die Privatautonomie beinhaltet das Recht, sich vertraglich zu verpflichten. Wie bereits aufgezeigt, ergibt sich aus § 624 BGB, dass der Arbeitgeber sich auch über einen fünfjährigen Zeitraum hinaus binden kann. Bei derartigen einzelvertraglichen Unkündbarkeitsvereinbarungen *mutet* sich der Arbeitgeber in Wahrnehmung seiner Freiheitsrechte das Risiko wirtschaftlicher Belastungen ohne entsprechende Gegenleistung selbst zu. Die Unsicherheit über den künftigen Arbeitskräftebedarf gehört zum Unternehmerrisiko, das der Arbeitgeber nicht auf seine Arbeitnehmer überwälzen darf.[613] Durch eine Unkündbarkeitsklausel erhöht der Arbeitgeber dieses Risiko in Wahrnehmung seiner Privatautonomie. Auch kündigungsbeschränkende Tarifnormen beruhen nach Art. 9 Abs. 3 GG *„auf kollektiv ausgeübter Privatautonomie"*.[614] Der Arbeitgeber nimmt im Wege der mitgliedschaftlichen Tarifbindung seine Koalitionsfreiheit wahr. Es besteht also kein Grund, dass die tarifgebundenen Arbeitgeber auf Grund tariflicher Unkündbarkeitsklauseln weniger gebunden sein sollen als bei einzelvertraglichen Regelungen.

c) Gesetzliche Wertungen

Zwar kann auch der Gesetzgeber das Recht zur außerordentlichen Kün- **802** digung nicht vollständig aufheben. Nicht verwehrt ist ihm aber, das Recht zur außerordentliche Kündigung zugunsten anderer Verfassungswerte einzuschrän-

---

Müller-Glöge § 626 BGB Rn. 239; *Kania/Kramer* RdA 1995, 287, 288 f.; a. A. BAG v. 31. 1. 1996 EzA Nr. 3 zu § 626 BGB Druckkündigung.

Nach h. M. gilt der Grundsatz, dass jedes Dauerschuldverhältnis auch ohne gesetzliche oder vertragliche Grundlage vorzeitig aus wichtigem Grund gekündigt werden kann; so etwa BAG v. 18. 6. 1997 EzA § 1 TVG Fristlose Kündigung Nr. 3 mit Anm. *Hamacher; Preis,* Prinzipien, S. 175; ErfK/*Müller-Glöge* § 626 BGB Rn. 1; MünchKomm/*Schwerdtner* § 626 BGB Rn. 1.

[610] FS Schaub, S. 55, 66.

[611] BAG 24. 4. 1997 AP § 2 KSchG 1969 Nr. 42; *Löwisch* DB 1998, 877, 879.

[612] BAG v. 24. 4. 1997 AP § 2 KSchG 1969 Nr. 42.

[613] *Walker* Anm. zu EzA Nr. 2 zu § 626 BGB Unkündbarkeit.

[614] BAG v. 25. 2. 1998 NZA 1998, 715 = EzA § 620 BGB Altersgrenze Nr. 9.

ken.[615] Der Gesetzgeber darf ferner den Begriff der Unzumutbarkeit präzisieren.[616] Es können also gesetzliche Wertungen bei der Bestimmung der Unzumutbarkeit zu berücksichtigen sein. Zunächst ist noch einmal auf § 624 BGB hinzuweisen, aus dem zu folgern ist, dass auch eine über fünf Jahre hinausgehende Bindung des Arbeitgebers nicht an sich unzumutbar ist.[617] Dies muss dann auch für die damit verbundenen Risiken und finanziellen Belastungen gelten. Selbst erhebliche Störungen des Unternehmens wie die Eröffnung des Insolvenzverfahrens berechtigen allein nicht zur außerordentlichen Kündigung.[618] Nach Wertung des Gesetzgebers ist auch bei unkündbaren Arbeitsverhältnissen lediglich eine ordentliche Kündigung mit einer Kündigungsfrist von drei Monaten erforderlich, vgl. § 113 Abs. 1 S. 1 InsO.[619] Schließlich kann § 1 KSchG entnommen werden, dass *dringende* betriebliche Interessen lediglich eine ordentliche Kündigung rechtfertigen. Für eine außerordentliche Kündigung nach § 626 BGB müssen weitere Umständen hinzukommen, um im Rahmen der Interessenabwägung die Unzumutbarkeit der Fortsetzung des Arbeitsverhältnisses feststellen zu können.

d) Risikoverteilung/Wirtschaftliche Belastung

803 Insbesondere die Wertungen aus § 113 InsO und § 1 KSchG legen die Schlussfolgerung nahe, dass eine betriebsbedingte außerordentliche Kündigung nur im Interesse der Sicherung des Unternehmens oder bei existenznotwendigen Umstrukturierungen gerechtfertigt sein kann.[620] Stimmen im Schrifttum fordern zumindest eine außergewöhnliche wirtschaftliche Belastung.[621] Andere beschränken das Recht zur außerordentlichen Kündigung auf Betriebsstilllegungen.[622]

804 Bei der Interessenabwägung muss die Risikoverteilung im Arbeitsverhältnis berücksichtigt werden. Grundsätzlich gilt, dass der Arbeitgeber das Betriebs- und das Wirtschaftsrisiko zu tragen hat. Nach der sog. Betriebsrisikolehre ist der Arbeitgeber bei Betriebsstörungen verpflichtet, den Lohn fortzuzahlen; d.h. eine Betriebsstörung kann konsequent keinen Kündigungsgrund darstellen.[623] Auch das BAG ist der Ansicht, dass *„Umstände, die in die Sphäre des Betriebsrisikos des Arbeitgebers fallen, [...] nicht als wichtige Gründe für eine außerordentliche Kündigung geeignet"* sind.[624] Die Fragen, ob der Arbeitgeber bei einer Betriebsstörung zur Entgeltfortzahlung ver-

---

[615] *Zöllner/Loritz* § 22 Anm. III 5; vgl. zur Verfassungsmäßigkeit des § 9a MuSchG a.F. *Preis*, S. 66f.

[616] *Preis*, S. 66f.

[617] § 624 BGB ist auch im Hinblick auf Art. 12 GG verfassungsgemäß; der Gesetzgeber kann auf Grund seiner Gestaltungsfreiheit durch Typisierung Rechnung tragen, vgl. BAG 19. 12. 1991 AP § 624 BGB Nr. 2.

[618] BAG 25. 10. 1968 EzA § 626 BGB Nr. 10; *Hamacher* in: *Nerlich/Römermann*, Insolvenzordnung, 1999, § 113 InsO Rn. 189; KR/*Fischermeier* § 626 BGB Rn. 170; MünchKomm/*Schwerdtner* § 626 BGB Rn. 152; MünchArbR/*Wank* § 120 Rn. 106.

[619] Vgl. dazu *Hamacher* in: *Nerlich/Römermann*, Insolvenzordnung, § 113 InsO Rn. 87ff.

[620] So im Ergebnis *Buchner* Anm. zu EzA Nr. 96 zu § 626 BGB n.F.

[621] *Bezani* Anm. zu AP Nr. 7 zu § 626 BGB.

[622] *Kania/Kramer* RdA 1995, 287, 295.

[623] BAG 28. 9. 1972 EzA § 626 BGB n.F. Nr. 17; KR/*Fischermeier* § 626 BGB Rn. 96, 157; MünchArbR/*Wank* § 120 Rn. 104; vgl. LAG Berlin 16. 2. 1961 BB 1961, 605; eine Betriebsunterbrechung, wie z.B. ein Fabrikbrand berechtigt nicht zur Kündigung; MünchKomm/*Schwerdtner* § 626 BGB Rn. 151.

[624] BAG 25. 10. 1984 – 2 AZR 455/83 –; BAG 6. 3. 1986 AP § 15 KSchG 1969 Nr. 19.

pflichtet ist oder außerordentlich kündigen kann, sind also eng miteinander verknüpft.[625] Das Betriebsrisiko soll nach der Rechtsprechung lediglich bei Existenzgefährdung des Betriebes nicht mehr vom Arbeitgeber zu tragen sein.[626] Es gilt also der Grundsatz, dass das Betriebs- und Wirtschaftsrisiko nicht übertragen und das Unternehmerrisiko nicht abgewälzt werden darf.[627] Eine unternehmerische Entscheidung allein genügt nicht, um sich von vertraglichen Bindungen zu lösen.[628] Arbeitgeber können sich als Unternehmer auch nicht von Verpflichtungen gegenüber anderen Vertragspartnern allein etwa auf Grund betrieblicher Umstrukturierungen lossagen. Trifft ein Arbeitgeber eine unternehmerische Entscheidung, dann muss er auch deren negative und finanzielle Folgen in Kauf nehmen. Nichts anderes kann grundsätzlich bei der Entscheidung gelten, auf ein ordentliches Kündigungsrecht zu verzichten, sei es auf Grund einzelvertraglicher Vereinbarung oder durch Tarifbindung. Wenn der Arbeitgeber die unkündbaren Arbeitnehmer nicht sinnvoll beschäftigen kann, muss er grundsätzlich diese Folgen seiner Entscheidung tragen.[629] Etwas anderes kann nur dann gelten, wenn weitere Umstände die Folgen der Unkündbarkeit für den Arbeitgeber unzumutbar machen.

Allgemein gilt, dass die Beschränkung des Kündigungsrechts zu einer Verstär- **805**
kung der Vertragsbindung führt; jegliche engere Bindung hat die Rechtsfolge, dass die Lösung von einem Vertrag schwieriger wird.[630] Der Kündigungsgrund muss daher so gewichtig sein, dass er selbst gegenüber der vertraglichen Zusage einer nur unter ganz besonderen Umständen kündbaren Dauerstellung durchdringt.[631] Die Verbesserung des arbeitsvertraglichen Status muss sich Arbeitgeber bei der Interessenabwägung also entgegenhalten lassen.[632]

In wirtschaftlicher Hinsicht ist hervorzuheben, dass zu dem ohnehin vom Ar- **806**
beitgeber zu tragenden Unternehmerrisiko auch die Einhaltung der ordentlichen Kündigungsfrist zählt.[633] Durch die Vereinbarung von Unkündbarkeitsklauseln oder durch die Bindung an entsprechende Tarifverträge erhöht der Arbeitgeber dieses von ihm zu tragende (finanzielle) Risiko. Voraussetzung für ein außerordentliches Kündigungsrecht ordentlich unkündbarer Arbeitsverhältnisse muss dann aber grundsätzlich eine wirtschaftliche Notlage sein, die einen Wegfall der Ge-

---

[625] BAG 28. 9. 1972 EzA § 626 BGB n.F Nr. 17.

[626] Diese Rechtsprechung ist allerdings abzulehnen, vgl. ErfK/*Preis* § 615 BGB Rn. 135; *Preis/Hamacher* Jura 1998, 11, 18.

[627] KR/*Fischermeier,* § 626 BGB Rn. 96.

[628] Der Arbeitnehmer kann sich ebenfalls nicht allein auf Grund eigener Entscheidung von Verpflichtungen lösen, selbst wenn er jahrelang (nach § 624 BGB bis zu 5 Jahren) auf einen höheren Lohn verzichten muss. So besteht ein Recht zur außerordentlichen Kündigung für einen Arbeitnehmer nicht bereits dann, wenn er ein anderes Dienstverhältnis mit erheblich besseren Bedingungen eingehen kann, vgl. BAG 17. 10. 1969 EzA § 60 HGB Nr. 2; ArbG Wilhelmshaven 20. 8. 1964 BB 1964, 1259; KR/*Fischermeier,* § 626 BGB Rn. 152.

[629] Ähnlich LAG Hamm 11. 10. 1995 LAGE § 626 BGB Nr. 92 mit abl. Anm. *Schiefer/Pogge.*

[630] BAG 15. 12. 1955 AP § 626 BGB Nr. 6; das Gericht weist darauf hin, dass die gesteigerten Voraussetzungen an den Lösungsgrund nicht nur dann bestehen, wenn der Arbeitnehmer sich mit seiner ganzen Existenz auf den Dienstvertrag eingelassen hat.

[631] BAG 3. 11. 1955 AP § 626 BGB Nr. 4.

[632] *Buchner* Anm. zu EzA Nr. 96 zu § 626 BGB n. F.

[633] BAG 5. 2. 1998 AP § 626 BGB Nr. 143.

schäftsgrundlage der Unkündbarkeitsvereinbarung bewirkt. Es müssen Umstände vorliegen, die von dem autonom erhöhten Risiko nicht mehr gedeckt werden. Bei der Interessenabwägung kann nur berücksichtigt werden, dass der Arbeitgeber nicht in der wirtschaftlichen Lage ist, die Entgeltfortzahlung über Jahre hinaus zu tragen. Es kommt nicht darauf an, dass er nicht gewillt ist.

e) Sinn und Zweck der Unkündbarkeitsvereinbarung

807 Entscheidend ist schließlich auf den Sinn und Zweck der Unkündbarkeitsklauseln abzustellen. Nur aus der verständigen Wertung der jeweiligen Vereinbarung kann erschlossen werden, welches Risiko jede Vertragspartei tragen soll, insbesondere inwieweit der Arbeitgeber sein Unternehmerrisiko gegenüber anderen Arbeitsverhältnissen erhöht. Dementsprechend kommt der Auslegung der betroffenen Arbeitsvertrags- oder Tarifvertragsklauseln eine besondere Bedeutung zu. Von besonderem Interesse ist die Frage, ob der Arbeitgeber das Risiko übernommen hat, das Arbeitsverhältnis auch ohne Beschäftigungsmöglichkeit fortzusetzen.[634] Beispiele:

808 • Bei Rationalisierungsschutzabkommen kann der Arbeitgeber nicht allein durch Veränderungen der Betriebsorganisation, Arbeitsplätze entfallen lassen und anschließend die Entgeltfortzahlung ohne Verwendungsmöglichkeit als unzumutbar erklären. Sinn und Zweck eines solchen Abkommens ist es, dem Arbeitgeber die Möglichkeit betriebsbedingter Kündigung möglichst vollständig zu nehmen.

809 • Hat der Arbeitgeber schon bei Vertragsschluss mit der Möglichkeit rechnen können, seinen Betrieb in absehbarer Zeit wegen Unwirtschaftlichkeit schließen zu müssen, dann hat er dieses besondere Risiko bei Vertragsschluss übernommen und darf es nicht auf Arbeitnehmer durch außerordentliche Kündigung abwälzen.[635]

810 • Regelmäßig stellt die Unkündbarkeit eine verstärkte Sicherheit und eine längere Erhaltung des Arbeitsplatzes für den Arbeitnehmer dar; dem Arbeitnehmer soll der Arbeitsplatz bis zum Eintritt in den Ruhestand gesichert sein.[636]

811 • Bei Arbeitsverträgen ist zu fragen, inwieweit aus der Bezeichnung des Arbeitsverhältnisses als „Lebensstellung" oder „Dauerstellung" überhaupt eine Unkündbarkeit geschlossen werden kann.[637]

3. Personen- und verhaltensbedingte Kündigung

812 Auch bei personen- und verhaltensbedingten Kündigungen ist im Rahmen der erforderlichen Interessenabwägung entscheidend auf Sinn und Zweck der Unkündbarkeitsregelung abzustellen. Kennzeichnend für einen Kündigungsgrund ist insoweit eine nicht korrigierbare Störung des Austausch- oder Vertrauensverhältnisses.

---

[634] KR/*Fischermeier* § 626 BGB Rn. 158.

[635] LAG Berlin 16. 2. 1961 BB 1961, 605.

[636] LAG Hamm 22. 1. 1987 und 24. 11. 1988 LAGE § 626 BGB Unkündbarkeit Nr. 1 und 2.

[637] Dazu LAG Baden-Württemberg 10. 11. 1959 DB 1960, 179; *Pauly* ArbuR 1997, 94, 95; *Kania/Kramer* RdA 1995, 287, 292f.; hier Rn. 325ff.

a) Personenbedingte Kündigung

Bei **personenbedingten Kündigung** ist zu beachten, dass Kündigungsausschlüsse zugunsten von Arbeitnehmern, die ein gewisses Lebensalter erreicht haben oder eine bestimmte Betriebszugehörigkeit aufweisen können, regelmäßig vor altersbedingten Nachteilen schützen sollen. Altersbedingte Einschränkungen der Leistungsfähigkeit bei längerer Betriebszugehörigkeit sollen in erster Linie nicht durch Kündigungen, sondern durch andere betriebliche Maßnahmen – z.B. Umsetzung – bewältigt werden.[638] Insofern hat der Arbeitgeber vor allem ein wirtschaftliches Risiko zu tragen: Er hat das Entgelt fortzuzahlen, obwohl der Arbeitnehmer die Arbeitsleistung nicht mehr erbringen kann.[639] Arbeitsunfähigkeit bewirkt nicht zwingend eine wirtschaftliche Unzumutbarkeit. Hinzukommen müssen Umstände, die die Geschäftsgrundlage der Risikoübernahme entfallen lassen. **813**

Eine außerordentliche Kündigung aus personenbedingten Gründen, insbesondere aus Krankheitsgründen ist grundsätzlich nicht von vornherein ausgeschlossen;[640] sie ist vielmehr in eng zu begrenzenden Ausnahmefällen möglich.[641] Sie wird allerdings nur für den Ausnahmefall zugelassen, dass die ordentliche Kündigung einzel- oder tarifvertraglich ausgeschlossen ist.[642] Allerdings müssen bereits bei der ordentlichen krankheitsbedingten Kündigung die betrieblichen Interessen des Arbeitgebers auf Grund der Entgeltfortzahlung *unzumutbar* beeinträchtigt sein.[643] Da über den sechswöchigen Zeitraum des § 3 EFZG hinaus der Arbeitgeber im Regelfall keine Entgeltfortzahlung leisten muss, besteht keine wirtschaftliche Belastung, so dass sich die unzumutbare Interessenbeeinträchtigung aus anderen Umständen ergeben muss. Ein wichtiger Grund i.S.d. § 626 BGB wird regelmäßig **nur bei dauernder Arbeitsunfähigkeit** befürwortet werden können.[644] Nur dann liegt eine nicht korrigierbare Störung des Austauschverhältnisses vor, da der Arbeitnehmer nicht mehr in der Lage ist, wenigstens einen Teil seiner geschuldeten Arbeitsleistung zu erbringen. **814**

Bei personenbedingten aus anderen als krankheitsbedingten Gründen ist häufig zu prüfen, ob überhaupt eine wirtschaftliche Belastung besteht. Dies ist etwa dann nicht der Fall, wenn bereits kein ordnungsgemäßes Angebot der Arbeitsleistung vorliegt, so dass auch kein Annahmeverzug bei Nichtbeschäftigung in Betracht kommt.[645] So ist etwa die Beschäftigungs- und Vergütungspflicht bei Fehlen der **815**

---

[638] BAG 12. 7. 1995 AP § 626 BGB Krankheit Nr. 7; dieser Gedanke ergibt sich bereits aus dem ultima-ratio-Prinzip.

[639] Vgl. BAG 12. 7. 1995 AP § 626 BGB Krankheit Nr. 7.

[640] BAG 4. 2. 1993 EzA § 626 BGB n.F. Nr. 144; BAG 9. 9. 1992 AP § 626 BGB Krankheit Nr. 3; BAG 9. 7. 1964 AP § 626 BGB Nr. 52; LAG Hamm 11. 10. 1995 LAGE § 626 BGB Nr. 92; LAG Hamm 24. 11. 1988 LAGE § 626 BGB Unkündbarkeit Nr. 2; KR/*Fischermeier,* § 626 BGB Rn. 132.

[641] BAG 9. 9. 1992 AP § 626 BGB Krankheit Nr. 3; BAG 12. 7. 1995 AP § 626 BGB Krankheit Nr. 7 zu mit zust. Anm. *Bezani;* BAG 18. 10. 2000 NZA 2001, 219 = EzA § 626 BGB Krankheit Nr. 3; BAG 18. 1. 2001 – 2 AZR 616/99.

[642] BAG 18. 10. 2000 NZA 2001, 219 = EzA § 626 BGB Krankheit Nr. 3.

[643] Vgl. BAG 23. 6. 1983 AP § 1 KSchG 1969 Krankheit Nr. 10.

[644] BAG 4. 2. 1993 EzA § 626 BGB n.F. Nr. 144; BAG 12. 7. 1995 AP § 626 BGB Krankheit Nr. 7; zust. *Kania/Kramer* RdA 1995, 287, 296.

[645] Dazu ErfK/*Preis* § 615 BGB Rn. 18ff.; 43ff.

Arbeitserlaubnis suspendiert.[646] Der Arbeitgeber wird regelmäßig nicht wirtschaftlich belastet. Etwas anderes gilt dann, wenn der Arbeitsplatz sofort neu besetzt werden muss und keine Überbrückungsmöglichkeit gegeben ist.

b) Verhaltensbedingte Kündigung

816 Bei **verhaltensbedingte Kündigungen** stellt sich die Problematik ganz anders. Denn es ist zu fragen, ob der besondere Kündigungsschutz eine vom Arbeitnehmer verursachte Störung des Vertrauensverhältnis erfassen soll. Ein schützenswertes Vertrauen kann derjenige nicht bilden, der selbst durch sein Verhalten die Vertrauensbasis zerstört.[647] Sowohl Tarifvertrags- als auch Arbeitsvertragsparteien werden auf Grund von Unkündbarkeitsklauseln nicht ohne weiteres den Schutz solcher Arbeitnehmer bezwecken, die ihre Vertragspflichten schuldhaft verletzen. Deshalb kann auch ordentlich unkündbaren Arbeitnehmern verhaltensbedingt außerordentlich gekündigt werden.[648] Im Gegensatz zu betriebs- und personenbedingten außerordentlichen Kündigungen ist allerdings die Störung des Vertrauensverhältnisses kennzeichnend. Umstände, die zur verhaltensbedingten Kündigung berechtigen, sind vom Arbeitnehmer steuerbar. Eine besondere Schutzbedürftigkeit gegenüber seinem eigenem Verhalten besteht grundsätzlich nicht und wird regelmäßig auch nicht von Unkündbarkeitsklauseln bezweckt sein. Bei einer langen Betriebszugehörigkeit darf ohnehin nicht jedes Fehlverhalten als Kündigungsanlass genommen werden.[649] Der mit der „Unkündbarkeit" beabsichtigte Schutz der Arbeitnehmer erfordert kein anderes Ergebnis, da die „Störquelle" für den Fortbestand des Arbeitsverhältnisses bei verhaltensbedingten Kündigungen im Bereich des unkündbaren Arbeitnehmers liegt.[650]

817 Problematisch ist, ob bei verhaltensbedingten Gründen eine außerordentliche Kündigung mit Auslauffrist das angemessenere Mittel ist.[651] Regelmäßig dürfte bei verhaltensbedingten Kündigungen die Vertrauensgrundlage dermaßen schwer gestört sein, dass eine weitere Zusammenarbeit künftig unzumutbar ist; die Beschäftigung für die Dauer einer Auslauffrist ist in solchen Fällen ebenfalls unzumutbar. Das sieht das BAG[652] anders für den Fall einer verhaltensbedingten Kündigung, bei dem einem vergleichbaren Arbeitnehmer ohne Ausschluss der ordentlichen Kündbarkeit bei (theoretisch) gleichem Kündigungssachverhalt zwar nicht nach § 626 BGB außerordentlich, jedoch fristgerecht gekündigt werden könnte. Die lange Bindungsdauer auf Grund einer Unkündbarkeitsklausel könne dann zu Lasten des

---

646 Erman/*Hanau* § 626 BGB Rn. 67.

647 Staudinger/*Preis* § 626 BGB Rn. 94.

648 Vgl. etwa BAG 3. 11. 1955 AP § 626 BGB Nr. 4; BAG 16. 7. 1959 AP § 626 BGB Nr. 31.

649 Vgl. *Buchner* Anm. zu EzA Nr. 96 zu § 626 BGB n. F.

650 LAG Hamm 24. 11. 1988 LAGE § 626 BGB Unkündbarkeit Nr. 2; MünchArbR/*Wank* § 120 Rn. 20; *Kania/Kramer* RdA 1995, 287, 296.

651 So MünchKomm/*Schwerdtner* § 626 BGB Rn. 109; *ders.*, FS Kissel, S. 1077, 1090: KR/*Fischermeier* § 626 BGB Rn. 305, für den Fall, dass einem nach den Sozialdaten vergleichbaren Arbeitnehmer nur fristgerecht gekündigt werden könnte. Damit befürwortet er aber im Ergebnis doch einen minder wichtigen Grund. Zudem findet eine Sozialauswahl nur bei betriebsbedingten Kündigungen statt.

652 BAG 13. 4. 2000 NZA 2001, 277 = EzA § 626 BGB n. F. Nr. 180; BAG 15. 11. 2001 – 2 AZR 605/00 –.

Arbeitnehmers so wirken, dass ein wichtiger Grund zur außerordentlichen Kündigung des betreffenden Arbeitnehmers nach § 626 Abs. 1 BGB anzunehmen ist.

Zur Vermeidung eines Wertungswiderspruchs räumt das BAG auch in diesen **818**
Fällen dem tariflich besonders geschützten Arbeitnehmer eine der fiktiven ordentlichen Kündigungsfrist entsprechende Auslauffrist ein, wenn bei unterstellter Kündbarkeit nur eine fristgerechte Kündigung zulässig wäre.[653] Eine außerordentliche Kündigung ohne Gewährung einer derartigen Auslauffrist sei nur dann gerechtfertigt, wenn es dem Arbeitgeber nicht einmal zumutbar sei, den tariflich unkündbaren Arbeitnehmer auch nur bis zum Ablauf der „fiktiven" Frist zur ordentlichen Beendigung des Arbeitsverhältnisses weiterzubeschäftigen. Da Prüfungsmaßstab derjenige bei vergleichbaren ordentlich kündbaren Arbeitnehmern sei, sei es nicht gerechtfertigt, für die Bejahung der Zulässigkeit einer fristlosen oder vor Ablauf der fiktiven ordentlichen Kündigungsfrist wirksam werdenden Kündigung nochmals zu Lasten des Arbeitnehmers seine tarifliche Unkündbarkeit zu berücksichtigen.

4. Angleichung mit der ordentlichen Kündigung

Die in der Rechtsprechung festzustellende Absenkung der Kündigungsschwelle **819**
für ordentlich unkündbare Arbeitnehmer geht einher mit einer weitgehenden Angleichung der Kündigungsvoraussetzungen von ordentlicher und außerordentlicher Kündigung. Im Regelfall werden die ordentlich unkündbaren Arbeitnehmer wegen der beabsichtigten Schutzerhöhung zumindest mit ordentlich kündbaren Arbeitnehmer gleichgestellt werden müssen, wenn die Unzumutbarkeit gerade auf der langfristigen wirtschaftlichen Belastung beruht. Dem BAG ist insofern zu folgen. Der Gedanke, dass dem besonders geschützten Arbeitnehmer aus einer Unkündbarkeitsvereinbarung kein Nachteil erwachsen darf, ist auszubauen.[654] Zumindest die Gleichstellung mit ordentlich kündbaren Arbeitnehmern ist geboten.[655]

a) Auslauffrist

Bei einer außerordentlichen Kündigung wegen einer langen Bindungsdauer ist **820**
nach allgemeiner Ansicht grundsätzlich eine Auslauffrist einzuhalten.[656] Dies dient der Vermeidung eines Wertungswiderspruchs; dem Schutzzweck widerspräche es, wenn unkündbare Arbeitnehmer schlechter stünden als kündbare.[657] Ferner ist wegen des ultima-ratio-Grundsatzes, der auch im Bereich des § 626 BGB Anwendung findet, auf die mildeste Maßnahme zurückzugreifen.[658]

---

[653] BAG 13. 4. 2000 NZA 2001, 277 = EzA § 626 BGB n.F. Nr. 180; BAG 11. 3. 1999 AP § 626 BGB Nr. 150.

[654] *Schwerdtner,* FS Kissel, S. 1077, 1085.

[655] *Schleusener* SAE 1998, 218, 221.

[656] Vgl. BAG 5. 2. 1998 AP § 626 BGB Nr. 143; *Hueck* Anm. AP Nr. 6 zu § 626 BGB; umstritten ist, ob der gekündigte Arbeitnehmer auf die Auslauffrist verzichten, also auf eine fristlose Kündigung bestehen kann, vgl. *Zöllner/Loritz* § 22 Anm. III 6; KR/*Fischermeier* § 626 BGB Rn. 29; MünchKomm/*Schwerdtner* § 626 BGB Rn. 36; MünchArbR/*Wank* § 120 Rn. 7; a.A. ErfK/*Müller-Glöge,* § 626 BGB Rn. 232, nach dessen Ansicht das Arbeitsverhältnis bis zum Ablauf der Kündigungsfrist fortbesteht. Der Arbeitnehmer müsse selbst außerordentlichen kündigen.

[657] BAG 13. 4. 2000 NZA 2001, 277; BAG 6. 11. 1997 NZA 1998, 833.

[658] Ein Arbeitgeber muss im Rahmen des § 626 BGB nicht zwingend fristlos kündigen, vgl. ErfK/*Müller-Glöge* § 626 BGB Rn. 229ff.

821 Für die Frage, ob eine überhaupt eine Auslauffrist zu beachten ist, muss wiederum entscheidend auf den Zweck des Kündigungsausschlusses abgestellt werden.[659] Zum Teil wird vertreten, dass dann keine Auslauffrist zu beachten ist, wenn deren Einhalten unzumutbar wäre.[660] Auch wenn dem im Grundsatz zugestimmt werden kann, so ist doch zu beachten, dass bei einer Unzumutbarkeit aus wirtschaftlichen Gründen die Wertung des § 113 Abs. 1 S. 2 InsO berücksichtigt werden muss. Selbst in der Insolvenz eines Unternehmens ist nach Auffassung des Gesetzgebers eine dreimonatige Kündigungsfrist einzuhalten.

822 Problematisch ist des Weiteren die Länge der Auslauffrist. Ist lediglich die gesetzliche oder tarifliche Kündigungsfrist einzuhalten, die ohne den Ausschluss der ordentlichen Kündigung gelten würde?[661] Das Ziel der Auslauffrist ist, einen Wertungswiderspruch zwischen dem Ziel der Unkündbarkeitsregelung und den Folgen zu vermeiden. Sinn und Zweck des Kündigungsausschlusses ist eine Besserstellung der betroffenen Arbeitnehmer, genau genommen sogar eine „Beststellung". Ihnen wird nicht nur eine Verlängerung der Kündigungsfrist, sondern der bestmögliche Kündigungsschutz zugestanden. Abzustellen sein könnte daher regelmäßig auf die längste tarifliche bzw. gesetzliche Kündigungsfrist.[662] Die neuere Rechtsprechung scheint sich jedoch damit zu begnügen, dass die „einschlägige", d.h. die bei Zugrundelegung der Betriebszugehörigkeit anzuwendende ordentliche Kündigungsfrist als soziale Auslauffrist zu wahren ist.[663] Danach ist also nicht die längste, sondern die fiktiv anwendbare Kündigungsfrist als Auslauffrist zu wahren.[664] Bis zum Ablauf dieser Frist ist dem Arbeitgeber die Fortsetzung eines Arbeitsverhältnisses nicht wirtschaftlich unzumutbar,[665] denn auch bei ordentlich kündbaren Arbeitnehmern ist der Arbeitgeber an diese Frist gebunden.

b) Anhörung des Betriebsrats/Personalrats

823 Besonders signifikant ist die Gleichstellung des ordentlich Unkündbaren mit dem Kündbaren Arbeitnehmer bei der Anhörung des Betriebsrats. Da der ordentlich Unkündbare nur mit Auslauffrist, die mindestens der einzuhaltenden Kündigungsfrist entspricht, gekündigt werden kann, wendet das BAG bei der Anhörung die

---

[659] Keine Auslauffrist bei außerordentlichen Kündigung von Betriebsratsmitgliedern; vgl. BAG 6. 3. 1986 AP § 15 KSchG 1969 Nr. 19 mit zust. Anm. *Schlaeper.*

[660] BAG 8. 4. 1986 NZA 1986, 683f.

[661] Vgl. dazu BAG 28. 3. 1985 AP § 626 BGB Nr. 86; BAG 5. 2. 1998 AP § 626 BGB Nr. 143; ErfK/*Müller-Glöge* § 626 BGB Rn. 232; *Walker* Anm. zu EzA Nr. 2 zu § 626 BGB Unkündbarkeit.

[662] *Kania/Kramer* RdA 1995, 287, 295; BAG 9. 9. 1992 AP § 626 BGB Krankheit Nr. 3: *„... die von der Bekl. gewählte Auslauffrist.... die jedenfalls der längsten ordentlichen Kündigungsfrist entspricht, wird vom Kläger nicht beanstandet."* BAG 4. 2. 1993 EzA § 626 BGB n.F. Nr. 144: *... zur Verpflichtung, die längste Kündigungsfrist einzuhalten, die er ohne Ausschluss der ordentlichen Kündigung einzuhalten hätte."*

[663] BAG 18. 10. 2000 NZA 2001, 219.

[664] BAG 13. 4. 2000 NZA 2001, 277 = EzA § 626 BGB n.F. Nr. 180: *„so ist jedoch auf der Rechtsfolgenseite zur Vermeidung eines Wertungswiderspruchs dem tariflich besonders geschützten Arbeitnehmer, wenn bei unterstellter Kündbarkeit nur eine fristgerechte Kündigung zulässig wäre, eine der fiktiven ordentlichen Kündigungsfrist entsprechende Auslauffrist einzuräumen"* (S.a. BAG 11. 3. 1999 AP § 626 BGB Nr. 150).

[665] So auch BAG 4. 2. 1993 EzA § 626 BGB n.F. Nr. 144 zur krankheitsbedingten Kündigung.

Grundsätze der ordentlichen Kündigung an. Bei seiner Stellungnahme ist der Betriebsrat daher nicht an die dreitägige Frist gemäß § 102 Abs. 2 S. 3 BetrVG (außerordentliche Kündigung) gebunden, vielmehr gilt die Wochenfrist nach Satz 1 der Vorschrift (ordentliche Kündigung). Bei einer konsequenten Gleichstellung mit ordentlichen kündbaren Arbeitnehmern sind zutreffend auch die § 102 Abs. 3 bis 5 BetrVG anzuwenden.[666] Die Rechtsprechung überspitzt diese Gleichstellung im öffentlichen Dienst.[667] Die Gleichstellung wirkt sich kündigungserschwerend nicht im Geltungsbereich des BetrVG, aber wohl des BPersVG und einiger LPVG aus, weil dort nur die ordentliche Kündigung einem weitergehenden Mitbestimmungsverfahren, z. T. sogar der *Zustimmung* durch die Personalräte unterliegt (vgl. §§ 72, 79 BPersVG, z. B. § 65 Abs. 2 Nr. i. V. m. § 68 LPVG Niedersachsen; § 72a LPVG NW); bei außerordentlichen Kündigung muss dagegen der Personalrat regelmäßig nur angehört werden (§ 79 Abs. 3 BPersVG, § 72a Abs. 2 LPVG NW). Stellt das Gesetz für die Mitwirkung des Betriebs- oder Personalrats bei der ordentlichen Kündigung schärfere Anforderungen als bei der außerordentlichen Kündigung, so würde sich im Ergebnis der tarifliche Ausschluss der ordentlichen Kündigung gegen den betreffenden Arbeitnehmer auswirken, würde man die Mitwirkung des Betriebs- oder Personalrats nur an den erleichterten Voraussetzungen bei einer außerordentlichen Kündigung messen. Diese weitreichende Neuorientierung der Rechtsprechung hat das BAG dazu veranlasst, Vertrauensschutz für alle vor dem 5. 2. 1998 (Stichtag der Neuorientierung in der Rechtsprechung)[668] durchgeführten Beteiligungsverfahren zu gewähren, und bis dahin die Beteiligung nach den Grundsätzen der außerordentlichen Kündigung nicht als fehlerhaft anzusehen.

c) Vorrangige Weiterbeschäftigung im Unternehmen

Das BAG stellt verschärfte Anforderungen an die Zumutbarkeit der Weiterbe- 824
schäftigung des ordentlich Unkündbaren: eine entsprechende Umorganisation oder das Freimachen geeigneter gleichwertiger Arbeitsplätze. Der Rechtsprechung ist im Ergebnis insoweit zuzustimmen, als dass die Unkündbarkeit auch Auswirkungen auf die Zumutbarkeit der Weiterbeschäftigung auf einem anderen Arbeitsplatz im Unternehmen hat.[669] Nach Auffassung des BAG kann eine längere Einarbeitung in ein völlig neues Sachgebiet für den Arbeitgeber unzumutbar sein.[670] Bei der Abwägung muss berücksichtigt werden, dass zumindest für den Zeitraum der ansonsten einzuhaltenden Kündigungsfrist eine Weiterbeschäftigung regelmäßig zumutbar sein wird.[671]

---

[666] BAG 5. 2. 1998 AP § 626 BGB Nr. 143.

[667] BAG 18. 10. 2000 NZA 2001, 219 für den Fall der Personalratsbeteiligung nach §§ 72, 79 BPersVG.

[668] BAG 5. 2. 1998 AP § 626 BGB Nr. 143.

[669] Vgl. LAG Hamm 11. 10. 1995 LAGE § 626 BGB Nr. 92.

[670] BAG v. 5. 2. 1998 AP § 626 BGB Nr. 143.

[671] Etwas anderes kann etwa dann gelten, wenn der Arbeitnehmer in einem zur Einarbeitungszeit relativ kurzen Zeitraum altersbedingt aus dem Arbeitsverhältnis ausscheiden will. In solchen Fällen kann aber bereits die wirtschaftliche Unzumutbarkeit schon fraglich sein.

d) Sozialauswahl bei betriebsbedingten Kündigungen

825 Der Arbeitgeber hat bei betriebsbedingten Kündigungen eine Sozialauswahl entsprechend § 1 Abs. 3 KSchG durchzuführen, wobei zunächst nicht eindeutig war, wer in die Sozialauswahl aufzunehmen ist. Grundsätzlich sind nach überwiegender und zutreffender Auffassung unkündbare Arbeitnehmer nicht bei der Sozialauswahl nach § 1 Abs. 3 KSchG zu berücksichtigen. Auch insoweit hat das BAG seine Rechtsprechung verschärft:[672] Um eine „echte" Sozialauswahl handele es sich nur, wenn für die Auswahl jeweils nur kündbare oder unkündbare Arbeitnehmer in Betracht zu ziehen seien. Andernfalls müsse der Arbeitgeber vorrangig kündbaren Arbeitnehmern kündigen, wenn er diese nicht anderweitig beschäftigen könne. Bei besonders gelagerten Fallgestaltungen möge es allerdings von diesem Grundsatz Ausnahmen geben. Im Übrigen ist der Rechtsprechung zuzustimmen, soweit sie die Durchführung einer Sozialauswahl entsprechend § 1 Abs. 3 KSchG fordert.[673]

5. Besonderheiten zur Ausschlussfrist nach § 626 Abs. 2 BGB

826 Bei der Ausschlussfrist nach § 626 Abs. 2 BGB ist von entscheidender Bedeutung, ob es sich bei dem Kündigungsgrund um einen Dauertatbestand handelt oder nicht (näher Rn. 843). Dies gilt jedenfalls sowohl für verhaltens- als auch für personenbedingte außerordentliche Kündigungen. Ein solcher Dauertatbestand liegt vor, wenn fortlaufend neue kündigungsrelevante Tatsachen eintreten, die zur Störung des Arbeitsverhältnisses führen.[674] Die Einordnung betriebsbedingter außerordentlichen Kündigungen war hingegen zunächst unklar.

827 Das BAG vertrat zunächst die Auffassung, dass die Frist nach § 626 Abs. 2 BGB erst mit dem Tage beginnt, an dem der Arbeitnehmer nicht mehr weiterbeschäftigt werden kann; erst mit Durchführung der geplanten betrieblichen Maßnahme, etwa einer Betriebsstilllegung, wisse der Arbeitgeber mit Sicherheit, dass das Arbeitsverhältnis nicht fortgesetzt werden könne.[675] Der Zweite Senat des BAG hat diese Rechtsprechung nun geändert und sieht den dauerhaften Wegfall der Beschäftigungsmöglichkeit als einen Dauerstörbestand an: Mit jeder weiteren Gehaltszahlung trete eine weitere Störung des Arbeitsverhältnisses ein.[676]

828 Im Ergebnis kann dieser Rechtsprechung zugestimmt werden; die Begründung des Zweiten Senats des BAG ist aber zunächst etwas irritierend: Die Anwendung

---

[672] BAG 17. 9. 1998 AP § 626 BGB Nr. 148.

[673] BAG 5. 2. 1998 AP § 626 BGB Nr. 143; zust. Anm. *Schleusener* SAE 1998, 218, 221; *Bröhl,* FS Schaub, S. 55, 63; *Walker* Anm. zu EzA Nr. 2 zu § 626 BGB Unkündbarkeit; MünchKomm/*Schwerdtner* § 626 BGB Rn. 149, hält eine Sozialauswahl bei einer außerordentlichen Kündigung nur für schwer vorstellbar.

[674] BAG 22. 1. 1998 EzA § 626 BGB Ausschlussfrist Nr. 11; ErfK/*Müller-Glöge* § 626 BGB Rn. 271; KR/*Fischermeier* § 626 BGB Rn. 324; die dauernde Arbeitsunfähigkeit wegen Krankheit ist ein solcher Dauertatbestand.

[675] BAG 28. 3. 1985 AP § 626 BGB Nr. 86 mit zust. Anm. *Herschel;* BAG 22. 7. 1992 EzA § 626 BGB n.F. Nr. 141; BAG 21. 6. 1995 AP § 15 KSchG 1969 Nr. 36; so auch ErfK/*Müller-Glöge* § 626 BGB Rn. 280.

[676] BAG 5. 2. 1998 AP § 626 BGB Nr. 143; bestätigt BAG 17. 9. 1998 AP § 626 BGB Nr. 148; zust. KR/*Fischermeier* § 626 BGB Rn. 329; *Walker* Anm. zu EzA Nr. 2 zu § 626 BGB Unkündbarkeit; MünchKomm/*Schwerdtner* § 626 BGB Rn. 216; *ders.;* FS Kissel, S. 1077, 1088; keinen Dauertatbestand hat das BAG in seiner Entscheidung 25. 3. 1976 § 626 BGB Änderungskündigung EzA Nr. 1.

der Frist bei der betriebsbedingten Kündigung unkündbarer Arbeitnehmer würde zu einem Wertungswiderspruch führen, wollte man mit der Vorschrift *„ernst machen“*,[677] denn unter Umständen müsste dem tariflich besonders geschützten Arbeitnehmer vor allen anderen Arbeitnehmern gekündigt werden. Die Rechtsprechung besagt eigentlich nichts anderes, als dass betriebsbedingte außerordentliche Kündigungen vom Sinn und Zweck der Vorschrift nicht erfasst werden. Die Ausschlussfrist als Verwirkungstatbestand ist auf die verhaltensbedingte Kündigung zugeschnitten.[678] Ihr Zweck lässt sich nicht bei einem endgültigen Wegfall des Arbeitsplatzes erreichen.[679]

Der Gesetzgeber verfolgt mit § 626 Abs. 2 BGB das Ziel, im Interesse der Rechtssicherheit alsbald zu klären, ob der andere Vertragsteil aus dem Vorliegen eines wichtigen Grundes Folgen zieht.[680] Das Gebot der Rechtssicherheit verlangt eine Befristung der Kündigungsbefugnis für die Arbeitsvertragsparteien.[681] Eine zügige Reaktion ist zudem ein Anzeichen dafür, dass der Kündigungsberechtigte die Situation als unzumutbar empfindet. Die gesetzliche Regelung vermeidet das sozial unerwünschte Ergebnis, dass der Kündigungsberechtigte sich den Kündigungsgrund „aufsparen“ kann, um den Vertragsgegner unter einem gewissen Druck zu halten.[682] **829**

Dieses Ziel kann bei betriebsbedingten Kündigungen nicht erreicht werden. Der Kündigungsgrund stammt aus der Sphäre des Kündigungsberechtigten, des Arbeitgebers. In der Sache regelt § 626 Abs. 2 BGB den Tatbestand einer Verwirkung.[683] Zum Verwirkungstatbestand gehört, dass ein schutzwürdiges Vertrauen des Kündigungsgegners enttäuscht wird, indem er trotz Kenntnis des Kündigungsberechtigten und im Vertrauen auf dessen Nichtreaktion vom Fortbestand des Arbeitsverhältnisses ausgeht und einen möglichen Arbeitsplatzwechsel unterlässt.[684] Bis zum Wegfall des Arbeitsplatzes kann der Arbeitnehmer aber keine Reaktion des Arbeitgebers erwarten, vielmehr ist es in seinem eigenen Interesse, wenn der Arbeitgeber die Kündigung möglichst weit hinauszögert.[685] Bei einem endgültigen Wegfall des Arbeitsplatzes kann der Arbeitnehmer kein Vertrauen entwickeln, weiterbeschäftigt zu werden; ein derartiges Vertrauen kann auch nicht darauf begründet sein, dass der Arbeitgeber nicht innerhalb von zwei Wochen nach Wegfall des Arbeitsplatzes die Kündigung ausspricht.[686] Zu bedenken ist darüber hinaus, dass der Arbeitgeber **830**

---

[677] BAG 5. 2. 1998 AP § 626 BGB Nr. 143.

[678] *Buchner* Anm. zu EzA Nr. 96 zu § 626 BGB n. F.

[679] *Bröhl,* FS Schaub, S. 55, 61; *Schleusener* SAE 1998, 218, 221.

[680] BAG 28. 10. 1971 AP § 626 BGB Ausschlussfrist Nr. 1; LAG Hamm 24. 11. 1988 LAGE § 626 BGB Unkündbarkeit Nr. 2.

[681] BAG 28. 10. 1971 AP § 626 BGB Ausschlussfrist Nr. 1; so auch *Herschel* ArbuR 1971, 257, 258; KR/*Fischermeier* § 626 BGB Rn. 312; MünchKomm/*Schwerdtner* § 626 BGB Rn. 188; MünchArbR/*Wank* § 120 Rn. 129; ErfKomm/*Müller-Glöge* § 626 BGB Rn. 250. Umstritten ist aber, ob die Norm neben den individualrechtlichen auch kollektivrechtliche Zwecken (Erhaltung des Betriebsfriedens) dient.

[682] MünchKomm/*Schwerdtner* § 626 BGB Rn. 188.

[683] Vgl. BAG 9. 1. 1986 AP § 626 BGB Ausschlussfrist Nr. 20; KR/*Fischermeier* § 626 BGB Rn. 313; im Ergebnis auch MünchKomm/*Schwerdtner* § 626 BGB Rn. 189.

[684] BAG 21. 3. 1996 EzA § 626 BGB Ausschlussfrist Nr. 10; *Schleusener* SAE 1998, 218, 221.

[685] A. A. wohl *Bröhl,* FS Schaub, S. 55, 68.

[686] *Walker* Anm. zu EzA Nr. 2 zu § 626 BGB Unkündbarkeit; *Buchner* Anm. zu EzA Nr. 96 zu § 626 BGB n. F.

seine unternehmerische Entscheidung wiederholen und so immer wieder einen neuen Kündigungsgrund anführen kann. Im Übrigen ist der Verwirkungstatbestand allgemein für ein punktuelles Ereignis, nicht aber auf einen andauernden Zustand konzipiert.[687]

X. Ausschluss, Beschränkungen und Erweiterungen des außerordentlichen Kündigungsrechts

831 Das Recht zur außerordentlichen Kündigung nach § 626 BGB ist für beide Vertragsteile zwingendes Recht. Es kann auch nicht durch kollektive Normen (Tarifvertrag oder Betriebsvereinbarung) abgeändert werden. Das gilt auch für die Modalitäten der Ausschlussfrist des § 626 Abs. 2 BGB.[688] § 626 ist eine zwingende Grundnorm des bürgerlichen Rechts für Dauerschuldverhältnisse. § 626 BGB garantiert ein unverzichtbares Freiheitsrecht beider Arbeitsvertragsparteien, sich bei extremen Belastungen zu trennen. Über das Maß des Zumutbaren hinaus darf die Rechtsordnung eine Bindung nicht zulassen,[689] weshalb nicht einmal der Gesetzgeber das Recht zur außerordentlichen Kündigung schlechthin ausschließen könnte.[690]

832 Der Grundgedanke des § 626 Abs. 1 BGB kann auch durch Vereinbarungen der Parteien durchkreuzt werden, die auf eine Beschränkung des Rechts der außerordentlichen Kündigung hinauslaufen. Nicht nur der völlige Ausschluss, sondern auch die Erschwerung des außerordentlichen Kündigungsrechts kann unzulässig sein.[691] Unzulässige Kündigungserschwerungen können in Vereinbarungen über Vertragsstrafen, Abfindungen,[692] Rückzahlungsklauseln und anderem mehr liegen.[693]

833 Die Erweiterung des Kündigungsrechts im Einzelarbeitsvertrag oder auch im Tarifvertrag ist gleichfalls grundsätzlich ohne Wirkung.[694] Es kann also nicht ohne weiteres außerordentlich gekündigt werden, wenn der vereinbarte Grund vorliegt; denn anderenfalls würden die zwingenden Mindestkündigungsfristen unterlaufen. Da die Fristen in § 622 BGB für beide Arbeitsvertragsparteien zwingend sind, gilt das grundsätzliche Erweiterungsverbot für beide Seiten.[695] Derartige Vereinbarungen oder Tarifnormen sind jedoch nicht ohne Bedeutung, zeigen sie doch an, worauf die Parteien des Einzelarbeitsvertrages oder auch die Tarifvertragsparteien be-

---

687 *Schleusener* SAE 1998, 218, 221.

688 BAG 12. 4. 1978 EzA § 626 BGB n. F. Nr. 64 = AP § 626 BGB Ausschlussfrist Nr. 13.

689 Vgl. *Zöllner/Loritz,* § 22 III 5; KR/*Fischermeier,* § 626 BGB Rn. 58; BAG 8. 8. 1963 AP § 626 BGB Kündigungserschwerung Nr. 2 = NJW 1963, 2341; 19. 12. 1974 AP § 620 BGB Bedingung Nr. 3 = NJW 1987, 1531; abweichend mit beachtenswerten Gründen *Gamillscheg,* ArbuR 1981, 105 ff.; gegen ihn KR/*Fischermeier,* § 626 BGB Rn. 58.

690 Vgl. *Zöllner,* Gutachten zum 52. DJT, D 119 f.; *Preis,* S. 59 ff.

691 BAG 8. 8. 1963 AP § 626 BGB Kündigungserschwerung Nr. 2; Staudinger/*Preis,* § 626 BGB Rn. 41; KR/*Fischermeier,* § 626 BGB Rn. 64.

692 BAG 6. 9. 1989 EzA § 622 BGB n. F. Nr. 26.

693 KR/*Fischermeier,* § 626 BGB Rn. 65.

694 BAG 17. 4. 1956 AP § 626 BGB Nr. 8; 15. 10. 1992 EzA § 1 KSchG Verhaltensbedingte Kündigung Nr. 45; LAG Berlin 18. 8. 1980 DB 1980, 2195; Staudinger/*Preis,* § 626 BGB Rn. 43.

695 KR/*Fischermeier,* § 626 BGB Rn. 68; Erman/*Belling,* § 626 BGB Rn. 19; a. A. KR/*Wolf,* 3. Aufl. 1989, Grundsätze Rn. 459 b.

sonderen Wert gelegt haben. Deshalb ist im Rahmen der Gesamtwürdigung bei der Abwägung der Interessen der Beteiligten im Rahmen des wichtigen Grundes der Parteiwille mit zu berücksichtigen.[696] Die Frage, ob noch eine zulässige Konkretisierung des wichtigen Grundes vorliegt oder schon von einer unzulässigen Beschränkung bzw. Erweiterung des außerordentlichen Kündigungsrechts auszugehen ist, ist nicht immer leicht abzugrenzen. Die vertragliche Pflichten- und Risikoverteilung gibt entscheidende Anhaltspunkte für das Ausmaß der Interessenbeeinträchtigung und damit auch für die Frage der Unzumutbarkeit.[697]

Dieselben Grundsätze gelten auch für die Erweiterung des außerordentlichen **834**
Kündigungsrechts in Tarifverträgen. § 626 BGB enthält im Gegensatz zu § 622 BGB keine Öffnungsklausel für die Tarifvertragsparteien. Vereinbaren die Tarifvertragsparteien dennoch einen Tatbestand, z. B. die Schwarzarbeit als einen wichtigen Grund, so ist die Wirkung der Norm nicht stärker, als wenn eine entsprechende Klausel im Einzelarbeitsvertrag enthalten wäre. Das Gericht hat also auch hier eine Interessenabwägung im Rahmen des wichtigen Grundes vorzunehmen.[698]

Das Problem der Beschränkung des Rechts der außerordentlichen Kündigung ist **835**
von Bedeutung bei der Beurteilung von sogenannten **Maßregelungsverboten** nach Arbeitskämpfen.[699]

XI. Die Ausschlussfrist des § 626 Abs. 2 BGB

Die außerordentliche Kündigung kann nur innerhalb einer Frist von zwei Wo- **836**
chen erfolgen. Die Frist beginnt mit dem Zeitpunkt, in dem der **Kündigungsberechtigte** von den für die Kündigung maßgebenden Tatsachen Kenntnis erlangt (§ 626 Abs. 2 Satz 1 BGB). Es handelt sich um eine materiell-rechtliche Ausschlussfrist. Sie ist eine verfassungsgemäße Konkretisierung des Verwirkungstatbestandes.[700] Den außerordentlichen Kündigungsgrund soll der Kündigungsberechtigte nicht beliebig lange zurückhalten können, um davon nach Gutdünken jederzeit Gebrauch machen zu können.[701] Nach ihrem Ablauf gilt die unwiderlegbare Vermutung, dass die Fortsetzung des Arbeitsverhältnisses für den Kündigenden nicht mehr unzumutbar ist. Eine Wiedereinsetzung in den vorherigen Stand ist nicht möglich.

---

[696] BAG 22. 11. 1973 EzA § 626 BGB n. F. Nr. 33 = NJW 1974, 1155 = AP § 626 BGB Nr. 67.

[697] Erman/*Belling,* § 626 BGB Rn. 22.

[698] Vgl. LAG Düsseldorf/Köln 22. 12. 1970 DB 1971, 150.

[699] Vgl. *Konzen,* ZfA 1980, 114; *Heß,* DB 1976, 2472; *Zöllner,* Maßregelungsverbote und sonstige tarifliche Nebenfolgeklauseln nach Arbeitskämpfen, 1977; ArbG Stuttgart 9. 6. 1976 EzA Art. 9 GG Arbeitskampf Nr. 18 mit abl. Anm. *Stahlhacke;* zuletzt zur Bedeutung der Maßregelungsverbote: BAG 13. 7. 1993 EzA Art. 9 GG Arbeitskampf Nr. 112; dazu *Schwarze,* NZA 1993, 697; *Rolfs,* DB 1994, 1237, 1238.

[700] BAG 28. 10. 1971 AP § 626 BGB Ausschlussfrist Nr. 1 = EzA § 626 BGB n. F. Nr. 8; 9. 1. 1986 EzA § 626 BGB n. F. Nr. 98 = AP § 626 BGB Ausschlussfrist Nr. 20 = NZA 1987, 467; 29. 7. 1993 AP § 626 BGB Ausschlussfrist Nr. 31; KR/*Fischermeier,* § 626 BGB Rn. 312 ff.

[701] Das gilt nach BVerfG 21. 4. 1994 EzA Art. 20 Einigungsvertrag Nr. 32 auch außerhalb des Geltungsbereichs des KSchG; vgl. auch ErfK/*Müller-Glöge,* § 626 BGB Rn. 256.

837 Die Bestimmung des § 626 Abs. 2 Satz 1 BGB ist zwingendes Recht. Sie kann nicht durch Parteivereinbarung,[702] aber auch nicht durch kollektive Normen ausgeschlossen oder geändert werden.[703] Die Versäumung der Ausschlussfrist muss fristgerecht nach § 13 Abs. 1 Satz 2 i. m. § 4 KSchG durch Kündigungsschutzklage geltend gemacht werden.[704]

838 Nach Ablauf der Ausschlussfrist bleibt die Begründung einer ordentlichen Kündigung mit demselben Kündigungsgrund möglich.[705] Die entgegengesetzte Auffassung würde im praktischen Ergebnis eine Ausdehnung des § 626 Abs. 2 BGB auf die ordentliche Kündigung bedeuten. Dies ist nicht gerechtfertigt.

1. Beginn der Ausschlussfrist

839 Die Ausschlussfrist beginnt, wenn der Kündigungsberechtigte eine **zuverlässige und möglichst vollständige positive Kenntnis der für die Kündigung maßgebenden Tatsachen hat.** Auch grob fahrlässige Unkenntnis ist ohne Bedeutung.[706] Zu den für die Kündigung maßgebenden Tatsachen gehören sowohl die für als auch gegen die Kündigung sprechenden Umstände. Ohne Kenntnis des Kündigungsberechtigten vom Kündigungssachverhalt kann das Kündigungsrecht nicht verwirken.[707]

840 Der Kündigende, der Anhaltspunkte für einen Sachverhalt hat, der zur fristlosen Kündigung berechtigen könnte, kann Ermittlungen anstellen und den Betroffenen anhören, ohne dass die Frist zu laufen beginnt. Es können also Ermittlungen angestellt werden, Urkunden eingesehen bzw. geprüft oder erst beigezogen werden. Auch kann versucht werden, durch Befragen von Zeugen den Sachverhalt festzustellen. Sind die Ermittlungen abgeschlossen und hat der Kündigende nunmehr die Kenntnis des Kündigungssachverhalts, so beginnt die Ausschlussfrist zu laufen. Die Ermittlungen dürfen **nicht hinausgezögert** werden.[708] Andererseits darf nicht darauf abgestellt werden, ob die Maßnahmen des Kündigenden etwas zur Aufklärung des Sachverhaltes beigetragen haben oder überflüssig waren. Bis zur Grenze, die ein verständig handelnder Arbeitgeber oder Arbeitnehmer beachten würde, kann der Sachverhalt durch erforderlich erscheinende Aufklärungsmaßnahmen

---

[702] BAG 12. 2. 1973 EzA § 626 BGB n. F. Nr. 26 = AP § 626 BGB Ausschlussfrist Nr. 6; KR/*Fischermeier,* § 626 BGB Rn. 317; *Schwerdtner,* SAE 1973, 48.

[703] BAG 12. 4. 1978 EzA § 626 BGB n. F. Nr. 64 mit kritischer Anm. *Birk* = AP § 626 BGB Ausschlussfrist Nr. 13; für eine begrenzte Ausdehnbarkeit der Frist Erman-*Hanau,* § 626 BGB Rn. 86; wie hier KR/*Fischermeier,* § 626 BGB Rn. 319.

[704] BAG 6. 7. 1972 AP § 626 BGB Ausschlussfrist Nr. 3 = EzA § 626 BGB n. F. Nr. 15; 8. 6. 1972 AP § 13 KSchG 1969 Nr. 1 = EzA § 626 BGB n. F. Nr. 12.

[705] Zutreffend BAG 4. 3. 1980 EzA § 1 KSchG Tendenzbetrieb Nr. 9 = AP Art. 140 GG Nr. 4; ebenso KR/*Fischermeier,* § 626 BGB Rn. 315; abweichend LAG Hamm 16. 10. 1978 DB 1979, 607.

[706] BAG 28. 10. 1971 EzA § 626 BGB n. F. Nr. 8 = NJW 1972, 463; 6. 7. 1972 EzA § 626 BGB n. F. Nr. 15 = NJW 1973, 214; 10. 6. 1988 EzA § 626 BGB Ausschlussfrist Nr. 2 = AP § 626 BGB Ausschlussfrist Nr. 27; 31. 3. 1993 EzA § 626 BGB Ausschlussfrist Nr. 5; 15. 11. 1995 EzA § 102 BetrVG 1972 Nr. 89 = NZA 1996, 419; ständige Rspr.; KR/*Fischermeier,* § 626 BGB Rn. 319; Staudinger/*Preis,* § 626 BGB Rn. 276.

[707] BAG 9. 1. 1986 AP § 626 BGB Ausschlussfrist Nr. 20 = SAE 1986, 228.

[708] BGH 19. 5. 1980 NJW 1981, 166; LAG Berlin 30. 6. 1997 NZA-RR 1997, 424.

vollständig geklärt werden. Der Ausgang eines Strafermittlungs- oder Strafverfahrens, der für das Gewicht des Kündigungsgrundes von Bedeutung ist, darf abgewartet werden.[709] Nach BAG 10. 6. 1988[710] ist der Beginn der Ausschlussfrist gehemmt, solange der Kündigungsberechtigte die zur Aufklärung des Sachverhalts **nach pflichtgemäßem Ermessen notwendig erscheinenden Maßnahmen mit der gebotenen Eile** durchführt. Ob diese Voraussetzungen erfüllt sind, hängt von den Umständen des Einzelfalles ab. Eine Regelfrist gilt, anders als für die Anhörung des Kündigungsgegners, für die Durchführung der übrigen Ermittlungen nicht. Nach LAG Frankfurt 12. 3. 1987[711] soll jedoch eine dreimonatige Aufklärungsdauer in der Regel zu lang sein. Gesteht der Betroffene die ihm zur Last gelegten Handlungen zu, so bedarf es weiterer Aufklärungen allerdings nicht mehr.

Vor einer abschließenden Würdigung aller Umstände kann der Kündigende den **841** Betroffenen auch schriftlich oder mündlich anhören. Die dafür notwendige Zeit hemmt die Frist des § 626 Abs. 2 BGB. Um den Lauf der Frist jedoch nicht länger als unbedingt notwendig hinauszuschieben, muss die Anhörung innerhalb einer kurz zu bemessenden Frist, die im Allgemeinen nicht länger als **eine Woche (Regelfrist)** sein darf, erfolgen.[712] Bei Vorliegen besonderer Umstände (z.B. Nichterreichbarkeit des Arbeitnehmers wegen Untersuchungshaft) darf diese Regelfrist auch überschritten werden.[713] Ein solcher Fall kann vorliegen, wenn der Kündigende den Betroffenen nach einer schriftlichen Anhörung noch einmal wegen offener Fragen mündlich anhört. Dies muss allerdings innerhalb einer kurzen Frist geschehen.[714]

Der Arbeitgeber kann eine beabsichtigte Anhörung nicht ohne weiteres auf- **842** schieben, weil der Arbeitnehmer arbeitsunfähig erkrankt ist. Die Arbeitsunfähigkeit des Arbeitnehmers hemmt die Ausschlussfrist nicht. Dem Arbeitnehmer kann auch während der Arbeitsunfähigkeit Gelegenheit gegeben werden, sich zu äußern.[715] Der Arbeitgeber bleibt wegen der eilbedürftigen Ermittlungen verpflichtet, aufzuklären, ob der Arbeitnehmer in der Lage ist, sich einer Anhörung zu unterziehen. Nur wenn dies nicht möglich ist oder vom Arbeitnehmer wegen der Erkrankung verweigert wird, beginnt die Frist erst mit der späteren Anhörung zu laufen.[716]

Bei sogenannten **Dauergründen** bzw. **Dauertatbeständen** beginnt die Frist **843** mit dem letzten Vorfall, der ein weiteres und letztes Glied in der Kette der Ereig-

[709] BAG 14. 2. 1996 EzA § 626 BGB n.F. Nr. 160 = NZA 1996, 873.

[710] EzA § 626 BGB Ausschlussfrist Nr. 2 mit Anm. *Gaul* = AP § 626 BGB Ausschlussfrist Nr. 27; 31. 3. 1993 EzA § 626 BGB Ausschlussfrist Nr. 5 = NZA 1994, 409; 14. 9. 1994 DB 1995, 534; siehe bereits BAG 27. 1. 1972 AP § 626 BGB Ausschlussfrist Nr. 2 = NJW 1972, 1486.

[711] LAGE § 626 BGB Ausschlussfrist Nr. 1 = DB 1987, 2419.

[712] BAG 6. 7. 1972 EzA § 626 BGB n.F. Nr. 15 = NJW 1973, 214; 12. 2. 1973 EzA § 626 BGB n.F. Nr. 26 = AP § 626 BGB Ausschlussfrist Nr. 6; 10. 6. 1988 EzA § 626 BGB Ausschlussfrist Nr. 2 = AP § 626 BGB Ausschlussfrist Nr. 27; LAG Köln 20. 7. 1995 LAGE § 626 BGB Ausschlussfrist Nr. 8 = NZA-RR 1996, 317.

[713] Vgl. LAG Köln 8. 8. 2000 NZA-RR 2001, 185.

[714] BAG 12. 2. 1973 EzA § 626 BGB n.F. Nr. 26 = AP § 626 BGB Ausschlussfrist Nr. 6.

[715] LAG Köln 25. 1. 2001 BB 2001, 1748.

[716] Vgl. LAG Frankfurt 10. 12. 1979 DB 1980, 1079.

nisse bildet, die zum Anlass für eine Kündigung genommen werden. Unter diesen Voraussetzungen sind auch frühere Ereignisse zu berücksichtigen.[717] Abgeschlossene Tatbestände mit Fortwirkung im Vertrauensbereich (Beispiel Spesenbetrug) sind keine Dauertatbestände in diesem Sinne. Hierzu zählt auch der Fall der Verdachtskündigung.[718]

844 Handelt es sich um bis in die Ausschlussfrist hineinragende Dauertatbestände, z.B. um eine **Verletzung von Arbeitsschutzvorschriften bis unmittelbar vor Ausspruch der Kündigung,** so können aus § 626 Abs. 2 Satz 1 BGB keine Bedenken hergeleitet werden.[719] Das gilt auch im Falle eines andauernden unbefugten **Fernbleibens vom Arbeitsplatz.**[720] Bei unentschuldigtem Fehlen beginnt die Ausschlussfrist frühestens mit dem Ende der Fehlzeit.[721] Bei **eigenmächtigem Urlaubsantritt** beginnt die Ausschlussfrist erst mit der Rückkehr aus dem Urlaub zu laufen.[722]

845 Bei **personenbedingten Gründen** beginnt die Frist in dem Zeitpunkt zu laufen, in dem der Arbeitgeber von dem Ausfall weiß und hierauf seine Personalplanung einstellen muss.[723] Das ist – wie das BAG mit Recht entschieden hat – allerdings nicht bei Dauertatbeständen wie der dauernden Arbeitsunfähigkeit der Fall. Hier entsteht mit jedem Fehltag eine weitere Störung des Austauschverhältnisses. Den Arbeitnehmer über § 626 Abs. 2 BGB zum frühestmöglichen Zeitpunkt zu kündigen, entspräche auch nicht dem Sinn und Zweck der Ausschlussfrist. Wenn der Arbeitgeber mit der Kündigung bei fortdauernder Arbeitsunfähigkeit zuwartet, wird kein schutzwürdiges Vertrauen des Arbeitnehmers enttäuscht, nicht doch irgendwann gekündigt zu werden, da keine Arbeitsleistung mehr erbracht wird.[724] Bei **betriebsbedingten Gründen** beginnt die Frist in dem Zeitpunkt, in dem sich die Unternehmerentscheidung konkret auf den Arbeitsplatz auswirkt und der Arbeitnehmer nicht weiterbeschäftigt werden kann.[725] Bei einem dauerhaften

---

[717] BAG 17. 8. 1972 EzA § 626 BGB n.F. Nr. 16 = AP § 626 BGB Nr. 4; 10. 4. 1975 EzA § 626 BGB n.F. Nr. 37 mit Anm. *Herschel* = AP § 626 BGB Ausschlussfrist Nr. 7; KR/*Fischermeier,* § 626 BGB Rn. 325.

[718] BAG 29. 7. 1993 EzA § 626 BGB Ausschlussfrist Nr. 4.

[719] BAG 28. 10. 1971 EzA § 626 BGB n.F. Nr. 9 = AP § 626 BGB Nr. 62.

[720] KR/*Fischermeier,* § 626 BGB Rn. 325; LAG Düsseldorf/Köln 29. 4. 1981 EzA § 626 BGB n.F. Nr. 77; vgl. auch BAG 25. 3. 1976 AP § 626 BGB Ausschlussfrist Nr. 10, das einen Dauertatbestand im Falle eines Beschlusses über die Auflösung eines Orchesters abgelehnt hat.

[721] BAG 22. 1. 1998 EzA § 626 BGB Ausschlussfrist Nr. 11.

[722] BAG 25. 2. 1983 AP § 626 BGB Ausschlussfrist Nr. 14 = EzA § 626 BGB n.F. Nr. 83; LAG Düsseldorf/Köln 29. 4. 1981 EzA § 626 BGB n.F. Nr. 77; LAG Hamm 5. 1. 1983 BB 1983, 1473; *Kapischke,* BB 1981, 189; a.A. *Gerauer,* BB 1980, 1332; ArbG Münster 2. 9. 1982 BB 1982, 1987.

[723] Zum Fristbeginn bei dauernder Beschäftigungsuntauglichkeit wegen Alkoholmissbrauchs BAG 12. 4. 1978 EzA § 626 BGB n.F. Nr. 64 = AP § 626 BGB Ausschlussfrist Nr. 13; LAG Köln 22. 6. 1995 LAGE § 626 BGB Ausschlussfrist Nr. 7 = NZA-RR 1996, 170; KR/*Fischermeier,* § 626 BGB Rn. 326.

[724] BAG 21. 3. 1996 EzA § 626 BGB Ausschlussfrist Nr. 10 = AP § 626 BGB Krankheit Nr. 8 mit Anm. *Bezani.*

[725] BAG 28. 3. 1985 EzA § 626 BGB n.F. Nr. 96 = AP § 626 BGB Nr. 86; zum Fristbeginn einer außerordentlichen Änderungskündigung aus betrieblichen Gründen BAG 25. 3. 1976 EzA § 626 BGB Änderungskündigung Nr. 1 = NJW 1976, 1334; LAG Köln 24. 2. 1994 LAGE § 103 BetrVG 1972 Nr. 9.

Wegfall der Beschäftigungsmöglichkeit soll es sich nach Auffassung des BAG ebenfalls um einen Dauertatbestand handeln.[726] Das ist in dieser Allgemeinheit zweifelhaft, weil der Arbeitgeber – anders als bei der personenbedingten Kündigung – durch seine unternehmerische Entscheidung den Kündigungsgrund setzt und exakt wissen kann und muss, wann die Weiterbeschäftigungsmöglichkeit wegfällt (näher hierzu Rn. 828ff. Zweck des § 626 Abs. 2 BGB ist es insbesondere, zu vermeiden, außerordentliche Kündigungsgründe „auf Vorrat" zu halten.

Bei **strafbaren Handlungen** und auch im Falle von sogenannten **Verdachts-** 846
kündigungen kann der Kündigende grundsätzlich den Ausgang des Strafverfahrens abwarten. Der Fristablauf ist gehemmt.[727] Kündigt der Arbeitgeber nicht schon auf Grund des Verdachts einer strafbaren Handlung, sondern wartet er das Ergebnis des Strafverfahrens ab, so wird die Ausschlussfrist des § 626 Abs. 2 BGB jedenfalls dann gewahrt, wenn der Arbeitgeber die außerordentliche Kündigung binnen zwei Wochen seit Kenntniserlangung von der Tatsache der Verurteilung ausspricht.[728] Das gilt nicht, wenn der Sachverhalt einwandfrei feststeht, sei es durch ein Geständnis des betroffenen Arbeitnehmers oder in anderer Weise. Es sind aber auch Fälle denkbar, in denen es nicht auf die Klärung des Sachverhalts ankommt, sondern auf das dem Strafurteil zugrunde liegende Werturteil.[729] Der Arbeitgeber kann aber nicht – trotz eines hinlänglich begründeten Anfangsverdachts – zunächst von eigenen weiteren Ermittlungen absehen und den Verlauf des Ermittlungs- bzw. Strafverfahrens abwarten wollen, dann aber trotzdem spontan, ohne dass sich neue Tatsachen ergeben hätten, zu einem willkürlich gewählten Zeitpunkt wieder Ermittlungen aufnehmen und kündigen.[730] Grundsätzlich kann dem Arbeitgeber durch das Abwarten jedoch kein Nachteil entstehen.[731] Ist rechtskräftig festgestellt, dass eine Verdachtskündigung wegen Versäumung der Ausschlussfrist unwirksam ist, so hindert die Rechtskraft dieses Urteils den Arbeitgeber nicht, nach Abschluss des Strafverfahrens eine erneute – nunmehr auf die Tatbegehung selbst gestützte – außerordentliche Kündigung auszusprechen, wenn er bis dahin noch keine sichere Kenntnis von der Tatbeteiligung des Arbeitnehmers hatte.[732]

Die Ausschlussfrist des § 626 Abs. 2 Satz 1 BGB wird nicht um die Frist von drei 847
Tagen verlängert, die bei der Anhörung des Betriebsrates nach § 102 BetrVG zu

[726] BAG 5. 2. 1998 EzA § 626 BGB Unkündbarkeit Nr. 2; für den Fall der Betriebstilllegung ebenso *Schwerdtner,* Festschrift für Kissel, 1994, S. 1088; KR/*Fischermeier,* § 626 BGB Rn. 329; a.A. noch BAG 5. 10. 1995 RzK I 6g Nr. 26; zurückhaltend auch LAG Rheinland-Pfalz 19. 9. 1997 LAGE § 2 KSchG Nr. 31.

[727] BAG 11. 3. 1976 EzA § 626 BGB n.F. Nr. 76 = NJW 1976, 1766 = AP § 626 BGB Nr. 9 mit Anm. *Herschel;* 12. 121984 AP § 626 BGB Ausschlussfrist Nr. 19 = EzA § 626 BGB Nr. 97; 29. 7. 1993 EzA § 626 BGB Ausschlussfrist Nr. 4; LAG Berlin vom 27. 9. 1982 EzA § 626 BGB n.F. Nr. 80; abweichend für den Fall, dass der Arbeitnehmer die strafbare Handlung gesteht: LAG Düsseldorf/Köln 17. 2. 1981 EzA § 626 BGB n.F. Nr. 76.

[728] BAG 18. 11. 1999 AP § 626 BGB Nr. 160 = NZA 2000, 381.

[729] BAG 11. 3. 1976 EzA § 626 BGB n.F. Nr. 76 = AP § 626 BGB Nr. 9; 14. 2. 1996 EzA § 626 BGB n.F. Nr. 160 = NZA 1996, 873; KR/*Fischermeier,* § 626 BGB Rn. 321; *Grunsky,* ZfA 1977, 172.

[730] BAG 29. 7. 1993 EzA § 626 BGB Ausschlussfrist Nr. 4.

[731] *Herschel,* Anm. zu BAG AP § 626 BGB Nr. 9.

[732] BAG 12. 12. 1984 AP § 626 BGB Ausschlussfrist Nr. 19 = EzA § 626 BGB n.F. Nr. 97.

beachten ist.[733] Zur Problematik der Ausschlussfrist bei Entlassung von Mitgliedern des Betriebsrates vgl. unten Rn. 1665ff. Zum Einfluss der §§ 9 MuSchG, 18 BErzGG und §§ 85, 91 SGB IX auf die Wahrung der Ausschlussfrist siehe Rn. 1404, 1491ff., 1540ff.

2. Ablauf der Ausschlussfrist

848 Für die Berechnung der Ausschlussfrist gelten die §§ 187ff. BGB sowie § 193 BGB.

849 Die Frist ist gewahrt, wenn die Kündigungserklärung innerhalb der Frist dem Kündigungsempfänger nach den allgemeinen Regeln zugegangen ist. Es ist **nicht ausreichend,** dass die Kündigungserklärung den Machtbereich des Erklärenden innerhalb der Frist verlassen hat.[734] Fraglich ist, was gilt, wenn der Kündigende gar nicht in der Lage ist, die Frist einzuhalten, zum Beispiel wegen langer Postlaufzeiten, etwa wenn das Kündigungsschreiben zum fernen Urlaubsort des Arbeitnehmers befördert werden muss. Dem Kündigenden kann zwar nicht das normale Beförderungsrisiko abgenommen werden. Zuzustimmen ist jedoch der Auffassung, die für eine Hemmung des Fristablaufs eintritt, falls die Verzögerungen der Postbeförderung ungewöhnlich sind, denen der Kündigende machtlos gegenübersteht.[735] Dies wird auch bei Streiks im Post- und Luftpostdienst zu gelten haben.

3. Der Kündigungsberechtigte

850 Die Frist beginnt zu laufen, wenn der zur Kündigung Berechtigte die positive Kenntnis der erforderlichen Tatsachen hat. Kündigungsberechtigter ist derjenige, der befugt ist, im konkreten Fall die Kündigung auszusprechen.[736] Ist der Arbeitnehmer z.B. noch minderjährig und liegt der Tatbestand des § 113 BGB nicht vor, so ist der gesetzliche Vertreter der Kündigungsberechtigte und seine Kenntnis von den der Kündigung zugrunde liegenden Tatsachen ist entscheidend (§ 166 Abs. 1 BGB).

851 Bei **Gesamtvertretung** ist für den Beginn der Frist auf die Kenntnis schon eines Vertreters abzustellen.[737] Das Recht der außerordentlichen Kündigung eines Dienstvertrages mit einem Vorstandsmitglied steht bei einer eingetragenen Genossenschaft allein der Generalversammlung zu. Die Kenntnis eines einzelnen Aufsichtsratsmit-

---

[733] BAG 18. 8. 1977 EzA § 103 BetrVG 1972 Nr. 20 = NJW 1978, 661; BAG 8. 6. 2000 EzA § 626 BGB Ausschlussfrist Nr. 15 = NZA 2001, 212.

[734] BAG 9. 3. 1978 EzA § 626 BGB n.F. Nr. 63 mit Anm. *Kraft* = NJW 1978, 2168 = AP § 626 BGB Ausschlussfrist Nr. 12; *Herschel,* Anm. zu BAG EzA § 103 BetrVG 1972 Nr. 20.

[735] Vgl. KR/*Fischermeier,* § 626 BGB Rn. 359f.; *Herschel,* Anm. zu BAG EzA § 103 BetrVG 1972 Nr. 20; a.A. *Kraft,* Anm. zu BAG EzA § 626 BGB n.F. Nr. 63.

[736] BAG 6. 7. 1972 EzA § 626 BGB n.F. Nr. 15 = NJW 1973, 214 = AP § 626 BGB Ausschlussfrist Nr. 3.

[737] BAG 20. 9. 1984 AP § 28 BGB Nr. 1 mit Anm. *Reuter* = EzA § 626 BGB Nr. 92 = SAE 1985, 313 mit Anm. *Windbichler;* BGH 5. 4. 1990 EzA § 626 BGB Ausschlussfrist Nr. 3; a.A. *Densch/Kahlo,* DB 1987, 581; vgl. zum ganzen auch KR/*Fischermeier,* § 626 BGB Rn. 349.

glieds ist ohne Bedeutung.[738] Ist die Gesellschafterversammlung für die Kündigungserklärung zuständig, so beginnt die Frist erst zu laufen, wenn alle Gesellschafter Kenntnis haben. Die Grundsätze der passiven Stellvertretung können nicht auf Aufsichtsratsgremien oder Gesellschafterversammlungen übertragen werden.[739] Hiervon macht der IX. Zivilsenat des BGH eine gewichtige Ausnahme. Prinzipiell ist das Wissen eines Mitglieds des zuständigen Vertretungsorgans einer juristischen Person dieser zuzurechnen. Kennt ein Mitglied die eine fristlose Kündigung eines Vorstandsmitglieds tragenden Tatsachen, so ist sein Wissen jedenfalls ab dem Zeitpunkt zuzurechnen, indem es die anderen Mitglieder hätte unterrichten können.[740] Ferner darf die Einberufung der Gesellschafterversammlung durch die Einberufungsberechtigten nach deren Kenntniserlangung nicht unangemessen verzögert werden.[741] Die ohne hinreichende Vertretungsmacht erklärte außerordentliche Kündigung kann vom Vertretenen mit rückwirkender Kraft nach § 184 BGB genehmigt werden, allerdings nur innerhalb der zweiwöchigen Ausschlussfrist.[742]

Die Kenntnis anderer Personen ist allerdings dann von Bedeutung, wenn diese eine ähnliche selbständige Stellung haben wie gesetzliche oder rechtsgeschäftliche Vertreter des Arbeitgebers und nicht nur zur Meldung, sondern vorab auch zur Feststellung der für eine außerordentliche Kündigung maßgebenden Tatsachen verpflichtet sind.[743] Der Kündigungsberechtigte muss sich die Kenntnis eines Dritten dann zurechnen lassen, wenn seine Stellung im Betrieb erwarten lässt, er werde den Kündigungsberechtigten informieren.[744] Nach Ansicht des BAG[745] setzt dies weiter voraus, dass diese Personen auch rechtlich und tatsächlich in der Lage sind, den Sachverhalt so umfangreich aufzuklären, dass mit seiner Meldung der Kündigungsberechtigte ohne weitere Erhebungen eine Entscheidung treffen kann. Das BAG hat diese Rechtsprechung jedoch auf den eigentlichen arbeitsrechtlichen Bereich beschränkt und klargestellt, dass es Fälle im Auge hat, in denen etwa der Leiter eines nachgeordneten Betriebes oder Betriebsteiles praktisch die Funktion eines Arbeitgebers ausübt, ohne jedoch selbst kündigungsberechtigt zu sein.[746] Im Verhältnis zu dem Geschäftsführer einer GmbH können diese Regeln dagegen keine Anwendung finden; hier ist die Kenntnis mindestens eines Mitgliedes der zur Kündigung berechtigten Gesellschafterversammlung erforderlich.[747] Organisationsmängel, die den Informationsfluss beeinträchtigen, muss sich der Arbeitgeber allerdings zurechnen lassen.[748] 852

---

[738] BAG 5. 5. 1977 EzA § 626 BGB n.F. Nr. 57 = NJW 1978, 723; dazu ferner BGH 19. 5. 1980 NJW 1981, 166; a.A. BGH 5. 4. 1990 EzA § 626 BGB Ausschlussfrist Nr. 3; zum Kuratorium einer Stiftung LAG Hamm 26. 2. 1985 LAGE § 626 BGB Nr. 19 = DB 1985, 1952; zum ganzen auch *Wiesner,* BB 1981, 1356.

[739] BGH 17. 3. 1980 NJW 1980, 2411.

[740] BGH 5. 4. 1990 EzA § 626 BGB Ausschlussfrist Nr. 3.

[741] BGH 15. 6. 1998 NZA 1998, 1005.

[742] BAG 26. 3. 1986 EzA § 626 BGB n.F. Nr. 99 = AP § 180 BGB Nr. 2; ebenso BAG 4. 2. 1987 EzA § 626 BGB n.F. Nr. 106 = AP § 626 BGB Ausschlussfrist Nr. 24.

[743] Vgl. BAG 5. 5. 1977 EzA § 626 BGB n.F. Nr. 57 = NJW 1978, 723 = AP § 626 BGB Ausschlussfrist Nr. 11.

[744] BAG 5. 5. 1977 AP § 626 BGB Ausschlussfrist Nr. 11.

[745] BAG 26. 11. 1987 RzK I 6g Nr. 13.

[746] BAG 5. 5. 1977 AP § 626 BGB Ausschlussfrist Nr. 11.

[747] BGH 9. 11. 1992 NJW 1993, 463, 464.

[748] BAG 5. 5. 1977 AP § 626 BGB Ausschlussfrist Nr. 11; 26. 11. 1987 – 2 AZR 312/87 – n.v.; BAG 20. 4. 1977 AP § 54 BAT Nr. 1 = DB 1977, 1856; Fehlverhalten solcher

853 Im öffentlichen Dienstbereich, insbesondere im Kommunalverfassungsrecht, sind zahlreiche Sonderregelungen zu beachten, die die Kündigungsberechtigung betreffen.[749] Durch Vereinbarung können die Parteien des Arbeitsvertrages das Recht zur außerordentlichen Kündigung ausschließlich dem Arbeitgeber vorbehalten. Das hat entsprechende Folgen für den Fristbeginn.[750]

4. Rechtsmissbrauch

854 Die Anwendung der Ausschlussfrist kann im Einzelfall zu unerträglichen Ergebnissen führen. Im Einzelfall ist der Einwand des Rechtsmissbrauchs gerechtfertigt.[751] Dies kann insbesondere dann der Fall sein, wenn der Kündigungsgegner selbst veranlasst oder bewirkt hat, dass der Kündigende die Frist nicht einhält. Räumt der Kündigende dem anderen Teil auf seinen Wunsch oder doch mit seinem Einverständnis eine Bedenkzeit ein, sich über ein Angebot zur Vertragsaufhebung schlüssig zu werden, so kann sich der Gekündigte auf den Ablauf der Ausschlussfrist dann nicht berufen, wenn die Kündigung unverzüglich nach Ablauf der Bedenkzeit ausgesprochen wird.[752] Haben die Parteien des Arbeitsverhältnisses vereinbart, ein laufendes Strafverfahren abzuwarten, so ist die Berufung des später Gekündigten auf die Ausschlussfrist arglistig.[753]

855 Bei der Anwendung des Einwands des Rechtsmissbrauchs ist ein strenger Maßstab anzulegen.[754]

5. Darlegungs- und Beweislast

856 Derjenige, der die außerordentliche Kündigung erklärt, ist darlegungs- und beweispflichtig für alle tatsächlichen Umstände, die nach den oben unter 1 bis 4 dargelegten Grundsätzen von Bedeutung sind.[755] Sie fallen in den Einfluss- und Kontroll-

---

Personen, die dem Kündigungsberechtigten gleichstehen, muss sich der Arbeitgeber nach § 278 BGB zurechnen lassen, KR/*Fischermeier,* § 626 BGB Rn. 355 m. w. N.

[749] Zur GO NW BAG 4. 2. 1987 EzA § 626 BGB n.F. Nr. 106 = AP § 626 BGB Ausschlussfrist Nr. 24 mit abl. Anm. *Krückhans;* zu § 37 Abs. 1 Satz 2 BW-LKRO BAG 14. 11. 1984 AP § 626 BGB Nr. 89 = NZA 1986, 95; VGH Baden-Württemberg 28. 11. 1995 NZA-RR 1996, 374; zu § 37 Abs. 2 BayGO BAG 20. 4. 1977 EzA § 626 BGB n.F. Nr. 55 = AP § 54 BAT Nr. 1; LAG Nürnberg 29. 9. 1992 LAGE § 626 BGB Ausschlussfrist Nr. 4; zum Bereich der Bundesbahn BAG 12. 4. 1978 EzA § 626 BGB n.F. Nr. 64 = AP § 626 BGB Ausschlussfrist Nr. 13.

[750] BAG 9. 10. 1975 EzA § 626 BGB n.F. Nr. 43 = AP § 626 BGB Ausschlussfrist Nr. 8. Dazu KR/*Fischermeier,* § 626 BGB Rn. 352; *Herschel,* Anm. zu BAG AR-Blattei Kündigung VIII Entscheidung Nr. 53; ferner LAG Nürnberg 9. 2. 1994 LAGE § 626 BGB Ausschlussfrist Nr. 5.

[751] BAG 28. 10. 1971 AP § 626 BGB Ausschlussfrist Nr. 1 = EzA § 626 BGB n.F. Nr. 8; KR/*Fischermeier,* § 626 BGB Rn. 361 f.

[752] BGH 5. 6. 1975 EzA § 626 BGB n.F. Nr. 36.

[753] LAG Düsseldorf/Köln 12. 8. 1980 EzA § 626 BGB n.F. Nr. 73.

[754] KR/*Fischermeier,* § 626 BGB Rn. 362 ff.; vgl. im übrigen BAG 12. 2. 1973 AP § 626 BGB Ausschlussfrist Nr. 6 = EzA § 626 BGB n.F. Nr. 26; 19. 1. 1973 AP § 626 BGB Ausschlussfrist Nr. 5 = EzA § 626 BGB n.F. Nr. 24.

[755] Vgl. BAG 17. 8. 1972 EzA § 626 BGB n.F. Nr. 16 = AP § 626 BGB Nr. 4; 10. 4. 1975 EzA § 626 BGB n.F. Nr. 37 mit Anm. *Herschel* = AP § 626 BGB Ausschlussfrist Nr. 7; ständige Rspr.

bereich des Kündigenden. An den Nachweis der Fristwahrung werden strenge Anforderungen gestellt.[756] Da die Parteien die Voraussetzungen des § 626 Abs. 2 BGB unstreitig stellen können, darf einer Kündigungsschutzklage nicht ohne weiteres mit der Begründung stattgegeben werden, der Kündigende habe nichts zur Fristeinhaltung vorgetragen.[757] Die Wahrung der Ausschlussfrist muss der Kündigende nur dann ausdrücklich und eingehend darlegen, wenn nach dem Sachverhalt Zweifel an der Fristwahrung bestehen oder der Gekündigte den Fristablauf geltend macht.[758]

XII. Schadensersatz nach außerordentlicher Kündigung

Endet das Arbeitsverhältnis auf Grund einer außerordentlichen Kündigung, die **857**
durch ein vertragswidriges Verhalten des anderen Teiles veranlasst worden ist, so ist dieser nach § 628 Abs. 2 BGB zum Ersatz des durch die Aufhebung des Arbeitsverhältnisses entstehenden Schadens verpflichtet. Voraussetzung des Schadensersatzanspruches ist stets, dass die Kündigung wirksam ist, d. h. die Beendigung des Arbeitsverhältnisses herbeigeführt hat. Kündigt also z. B. der Arbeitnehmer fristlos und macht alsdann einen Schadensersatzanspruch nach § 628 Abs. 2 BGB geltend, so entfällt dieser dann, wenn das Gericht im Schadensersatzprozess inzidenter die Feststellung trifft, dass die Kündigung wegen Fehlens eines wichtigen Grundes unwirksam war. Der Schadensersatzanspruch nach § 628 Abs. 2 BGB setzt auch voraus, dass die Zweiwochenfrist des § 626 Abs. 2 Satz 1 BGB eingehalten worden ist.[759] Das Gleiche gilt im Falle der unwirksamen Kündigung durch den Arbeitgeber.[760] Haben **beide Vertragsteile** ein Recht zur außerordentlichen Kündigung aus wichtigem Grunde, so entfallen Schadensersatzansprüche aus § 628 Abs. 2 BGB.[761]

Obwohl § 628 Abs. 2 BGB von einer außerordentlichen Kündigung ausgeht, ist **858**
sie nicht immer erforderlich. Da es sich um einen Schadensersatzanspruch wegen Auflösungsverschuldens handelt, kann die Beendigung des Arbeitsverhältnisses auch in anderer Weise, z.B. durch Vereinbarung, herbeigeführt werden, sofern nur der andere Teil durch ein **vertragswidriges schuldhaftes Verhalten den Anlass für die Beendigung** gesetzt hat. Die Form der Auflösung ist nicht entscheidend, sondern maßgebend ist allein, ob der andere Teil schuldhaft einen wichtigen Grund zur Auflösung gesetzt hat.[762] Schließen die Vertragspartner einen Auflösungsvertrag, so muss sich der Vertragsteil, der Rechte aus dem Auflösungsverschulden gel-

---

[756] Einzelheiten KR/*Fischermeier,* § 626 BGB Rn. 385.

[757] KR/*Fischermeier,* § 626 BGB Rn. 388.

[758] BAG 28. 3. 1985 EzA § 626 BGB n.F. Nr. 96 = AP § 626 BGB Nr. 86; KR/*Fischermeier,* § 626 BGB Rn. 388.

[759] BAG 22. 6. 1989 EzA § 628 BGB Nr. 17 = NZA 1990, 106.

[760] Vgl. BAG 11. 2. 1981 EzA § 4 KSchG n.F. Nr. 20 = AP § 4 KSchG 1969 Nr. 8; siehe bereits 25. 5. 1962 AP § 628 BGB Nr. 1; 10. 6. 1972 EzA § 626 BGB n.F. Nr. 14. Erforderlich ist des Weiteren ein unmittelbarer Zusammenhang zwischen Vertragsverletzung und Beendigung, vgl. BAG 5. 10. 1962 AP § 628 BGB Nr. 2 = NJW 1963, 75; 27. 1. 1972 EzA § 628 BGB Nr. 5 = DB 1972, 1299.

[761] Vgl. BGH 29. 11. 1965 AP § 628 BGB Nr. 3 = NJW 1966, 347; BAG 12. 5. 1966 EzA § 70 HGB Nr. 3 = AP § 70 HGB Nr. 9; Staudinger/*Preis,* § 628 BGB Rn. 40.

[762] BAG 10. 5. 1971 EzA § 628 BGB Nr. 1 = AP § 628 BGB Nr. 6 = NJW 1971, 292; 11. 2. 1981 EzA § 4 KSchG n.F. Nr. 20 = AP § 4 KSchG 1969 Nr. 8; 22. 6. 1989 EzA § 628 BGB Nr. 17; siehe auch LG Frankfurt 9. 12. 1981 NJW 1982, 2610.

tend machen will, diese Rechte vorbehalten. Anderenfalls ist die Einigung dahin zu verstehen, dass die Rechte nach dem Auflösungsvertrag nicht mehr geltend gemacht werden.[763]

1. Schadensersatzanspruch des Arbeitnehmers

859 Kündigt der Arbeitnehmer wegen eines schuldhaften Verhaltens des Arbeitgebers das Arbeitsverhältnis wirksam nach § 626 BGB auf, so besteht der Schaden im entgangenen Lohn bzw. Gehalt sowie evtl. anderen vereinbarten Zuwendungen, z.B. Gratifikationen, Tantiemen. Der zu ersetzende Schaden richtet sich nach §§ 249, 252 BGB, d.h. der Arbeitnehmer ist so zu stellen, wie er bei Fortbestand des Arbeitsverhältnisses stehen würde (Erfüllungsinteresse).[764] Der Arbeitgeber hat den Lohn bzw. das Gehalt und die weiteren Leistungen als Schadensersatz zu zahlen. Der Schadensersatzanspruch endet jedoch mit dem Zeitpunkt, zu dem das Vertragsverhältnis wegen Befristung in jedem Falle abgelaufen wäre. Vielfach wird angenommen, dass die Schadensersatzpflicht mit dem Tag endet, zu dem das Arbeitsverhältnis ordentlich hätte gekündigt werden können. Das ist in dieser Allgemeinheit nicht zutreffend, denn es muss im Einzelfall danach entschieden werden, ob das Arbeitsverhältnis auch ohne das vertragswidrige Verhalten des Arbeitgebers zur Auflösung gekommen wäre. Ist das zu verneinen, ist die zeitliche Dauer grundsätzlich nicht auf das Ende der Kündigungsfrist fixiert.[765] Ohne weiteres kann der Arbeitgeber nämlich im Geltungsbereich des § 1 KSchG das Arbeitsverhältnis nicht beenden. Es könnte, wenn auch eine ordentliche Kündigung unwirksam wäre, Schadensersatz über den Zeitpunkt der ordentlichen Kündigung hinaus geltend gemacht werden. Allerdings liefe auch eine Schadensersatzpflicht ad infinitum der Wertung des § 628 Abs. 2 BGB zuwider.[766] Hätte der Arbeitnehmer im Falle einer ordentlichen Kündigung eine Abfindung nach §§ 9, 10 KSchG bekommen, kann er deshalb neben der entgangenen Vergütung bis zum Zeitpunkt der nächstmöglichen Beendigung des Arbeitsverhältnisses auch hierfür Schadensersatz in dem mutmaßlichen Umfange verlangen.[767] Auf den Anspruch findet § 254 BGB Anwendung. Dies führt zur Anrechnung von Verdienst, den der Arbeitnehmer schuldhaft zu erwerben versäumt hat. Böswilligkeit wie im Falle des § 615 Satz 2 BGB ist nicht erforderlich.[768] Im Konkurs des Arbeitgebers war der Anspruch nach Ansicht des BAG einfache Konkursforderung.[769]

---

[763] Vgl. BAG 10. 5. 1971 EzA § 628 BGB Nr. 1 = AP § 628 BGB Nr. 6; zum Auflösungsverschulden im Falle fristgerechter Kündigung LAG Düsseldorf/Köln 29. 8. 1972 EzA § 628 BGB Nr. 4.

[764] BAG 11. 8. 1987 AP § 16 BBiG Nr. 1; BAG 26. 7. 2001, DB 2002, 539.

[765] Vgl. Staudinger/*Preis,* § 628 BGB Rn. 46ff.; a.A. i. Gods. BAG 26. 7. 2001, DB 2002, 539.

[766] KR/*Weigand,* § 628 Rn. 35.

[767] So jetzt a. BAG 26. 7. 2001, DB 2002, 539f. i. Anschluss an EfK/Müller-Glöge § 628 Rn. 71ff.; dazu Staudinger/*Preis,* § 628 Rn. 48; a.A. LAG Hamm 12. 6. 1984 NZA 1985, 159.

[768] KR/*Weigand,* § 628 BGB Rn. 42.

[769] BAG 13. 8. 1980 EzA § 59 KO Nr. 10 = DB 1981, 117; a.A. ArbG Herne 28. 7. 1993 AiB 1994, 58; Staudinger/*Preis,* § 628 BGB Rn. 59.

2. Schadensersatzanspruch des Arbeitgebers

Im Rahmen des § 628 BGB kann der Arbeitgeber ebenso wie der Arbeitnehmer Ersatz des vollen Schadens verlangen. Hier ist jedoch der Schadensersatzanspruch zeitlich auf den Ablauf der ordentlichen Kündigungsfrist begrenzt, weil der Arbeitnehmer jederzeit ohne Grundangabe ordentlich kündigen kann.[770] Der Anspruch kann überdies durch die Berufung auf rechtmäßiges Alternativverhalten des Arbeitnehmers begrenzt sein, d. h. der Arbeitnehmer hat nur den Schaden zu ersetzen, der bei vertragstreuem Verhalten des Arbeitnehmers vermeidbar gewesen wäre. Anderenfalls entfällt der Rechtswidrigkeitszusammenhang zwischen dem Verhalten des Handelnden und dem entstandenen Schaden.[771] So kann sich der Arbeitnehmer im Blick auf Inseratskosten im Allgemeinen darauf berufen, dass die gleichen Kosten auch bei einer vertragsgemäßen Auflösung entstanden wären. Es bedarf keines Nachweises, dass der Arbeitnehmer von der vertraglich eingeräumten Kündigungsmöglichkeit fristgemäß Gebrauch gemacht hätte.[772] Zu ersetzen ist mithin lediglich der sogenannte „Verfrühungsschaden".[773] Die frühere Rechtsprechung, die im Interesse der Vertragstreue die Berufung auf das rechtmäßige Alternativverhalten ablehnte,[774] ist überholt. **860**

Der Schaden ist im Übrigen nach den allgemeinen Regeln zu beweisen, was in der Praxis nicht immer einfach ist. Denn das Fehlen eines Arbeitnehmers wirkt sich, namentlich in Großbetrieben, zwar aus, ist jedoch wirtschaftlich im Sinne eines Schadens schwer darstellbar. Zum Schaden gehört der entgangene Gewinn, z. B. wegen Fehlens einer Arbeitskraft in einer Werkstatt.[775] Werden Überstunden erforderlich, so sind die Kosten, sofern Kausalität besteht, zu erstatten.[776] Stellt der Arbeitgeber eine Ersatzkraft ein, so kann die Differenz des Lohnes, sofern die Ersatzkraft nur zu einem höheren Lohn eingestellt werden konnte, als ersatzfähiger Schaden in Betracht kommen.[777] **861**

Zu dem Schaden, der nach § 628 Abs. 2 BGB zu erstatten ist, gehört nicht nur derjenige Verlust, der durch das Fehlen der Arbeitskraft entsteht, sondern es kann auch ein Ausgleich für Nebenpflichten beim Vermögensausgleich in Betracht kommen. Kündigt z. B. der Arbeitgeber wegen schuldhaften Verhaltens des kaufmännischen Angestellten wirksam fristlos, so endet damit auch das Wettbewerbsverbot des § 60 HGB vorzeitig. Der dem Arbeitgeber so entstehende Schaden ist ausgleichspflichtig.[778] § 254 BGB ist von Amts wegen zu beachten. Der Schadensminderungspflicht kommt Bedeutung vor allem beim Ersatz von Inseratskosten zu, **862**

---

[770] BGH 3. 3. 1993 NJW 1993, 1386f.; Staudinger/*Preis*, § 628 BGB Rn. 47.
[771] BAG 26. 3. 1981 EzA § 249 BGB Nr. 14 = AP § 276 BGB Vertragsbruch Nr. 7.
[772] BAG 23. 3. 1984 EzA § 249 BGB Nr. 16 = AP § 276 BGB Vertragsbruch Nr. 8.
[773] Hierzu *Medicus*, Anm. AP § 276 Vertragsbruch Nr. 5.
[774] Etwa noch BAG 18. 12. 1969 EzA § 249 BGB Nr. 5 = BB 1970, 578.
[775] Zu dieser Problematik, auch zur Beweislast, vgl. BAG 27. 1. 1972 EzA § 628 BGB Nr. 5 = NJW 1972, 1437 = AP § 252 BGB Nr. 2.
[776] LAG Düsseldorf/Köln 19. 10. 1967 DB 1968, 90.
[777] Vgl. LAG Berlin 27. 9. 1973 DB 1974, 538; zur Problematik des Schadensnachweises *Lieb*, Arbeitsrecht, Rn. 182ff.; Zur Abordnung einer Ersatzkraft aus einer Filiale vgl. BAG 24. 4. 1970 AP § 60 HGB Nr. 5 = EzA § 60 HGB Nr. 3.
[778] BAG 9. 5. 1975 EzA § 628 BGB Nr. 10 = NJW 1975, 1987; hierzu auch KR/*Weigand*, § 628 BGB Rn. 36.

soweit sie nach neuerer Rechtsprechung überhaupt ersatzfähig sind. Sie müssen in einem angemessenen Verhältnis zur Bedeutung des Arbeitsplatzes stehen.[779]

863 Wendet der Arbeitnehmer gegenüber dem Schadensersatzanspruch ein, er habe vor der Kündigung des Arbeitgebers selbst die Beendigung des Arbeitsverhältnisses durch eine eigene fristlose Kündigung herbeigeführt, so ist er dafür beweispflichtig.[780]

3. Ansprüche wegen rechtswidriger außerordentlicher Kündigung

864 Die unwirksame außerordentliche Kündigung kann unter Umständen eine Vertragsverletzung sein und den ungerechtfertigt Kündigenden zum Schadensersatz wegen Vertragsbruch verpflichten. Voraussetzung des Schadensersatzanspruchs ist die Kenntnis der Unwirksamkeit der Kündigung.[781]

4. Ansprüche des Arbeitnehmers bei öffentlicher Bekanntgabe der außerordentlichen Kündigung

865 Gibt ein Arbeitgeber in einem Aushang im Betrieb bekannt, dass ein Arbeitnehmer wegen eines Diebstahls fristlos entlassen worden ist, so muss er den Vorwurf widerrufen und den Widerruf in gleicher Weise aushängen, wenn der Diebstahl nicht nachgewiesen werden kann oder der Diebstahlsvorwurf unberechtigt ist.[782] Ein Anspruch auf Schmerzensgeld entsteht in einem solchen Falle nur dann, wenn es sich um einen schweren rechtswidrigen und schuldhaften Eingriff in das Persönlichkeitsrecht des Arbeitnehmers handelt. Das BAG legt bei dieser Entscheidung einen strengen Maßstab an.

---

[779] Vgl. neben den zitierten Entscheidungen BAG 14. 11. 1975 EzA § 249 BGB Nr. 6 mit Anm. *Herschel* = NJW 1976, 644; 22. 5. 1980 EzA § 249 BGB Nr. 13 = NJW 1980, 2375; Einzelheiten KR/*Weigand*, § 628 BGB Rn. 46.

[780] BAG 13. 7. 1972 EzA § 611 BGB Arbeitnehmerhaftung Nr. 14 = AP § 276 BGB Vertragsbruch Nr. 4.

[781] Vgl. BAG 24. 10. 1974 AP § 276 BGB Vertragsverletzung Nr. 2 = EzA § 276 BGB Nr. 32.

[782] BAG 21. 2. 1979 EzA § 847 BGB Nr. 3 = NJW 1979, 2532.

Zweiter Abschnitt: Der allgemeine Kündigungsschutz

Der allgemeine Kündigungsschutz ist in § 1 KSchG enthalten. Danach ist eine Kündigung **sozial ungerechtfertigt,** wenn sie nicht durch Gründe, die **in der Person** oder **in dem Verhalten** des Arbeitnehmers liegen oder durch **dringende betriebliche Erfordernisse,** die einer Weiterbeschäftigung des Arbeitnehmers in diesem Betrieb entgegenstehen, bedingt ist. Ferner ist eine Kündigung auch sozial ungerechtfertigt, wenn der Betriebs- oder Personalrat aus einem der in § 1 Abs. 2 Satz 2 KSchG genannten Gründe der Kündigung widerspricht. Durch diese Koppelung der Sozialwidrigkeit einer Kündigung an den Widerspruch des Betriebs- oder Personalrats enthält der sonst ausschließlich individualrechtlich ausgestaltete Kündigungsschutz ein kollektives Element (Einzelheiten Rn. 1243 ff.). Durch den neu eingeführten Absatz 4 des § 1 KSchG ist im Bereich der betriebsbedingten Kündigung der Einfluss der Betriebsräte auf den individuellen Kündigungsschutz weiter verstärkt worden (hierzu Rn. 1155 ff.). **866**

Die sozial ungerechtfertigte Kündigung ist **rechtsunwirksam.** Die Rechtsunwirksamkeit muss der Arbeitnehmer nach § 4 KSchG **innerhalb von drei Wochen** durch Klage geltend machen. Nach Ablauf der Frist gilt die Kündigung als von Anfang an rechtswirksam. Der Mangel der Sozialwidrigkeit wird also rückwirkend geheilt (§ 7 KSchG). **867**

Der allgemeine Kündigungsschutz beruht auf dem Prinzip einer **nachträglichen Rechtswirksamkeitskontrolle** durch die Gerichte für Arbeitssachen. Aus diesem formalen rechtstechnischen Prinzip können aber keine weitergehenden Rückschlüsse auf die materielle Rechtslage gezogen werden.[1] § 1 KSchG bewertet die sozialwidrige Kündigung als von vornherein rechtsunwirksam, deren Fehlerhaftigkeit lediglich im Falle der nicht rechtzeitigen Geltendmachung (§§ 4 Satz 1, 7 KSchG) rückwirkend geheilt wird. Der Arbeitnehmer begehrt nicht die Veränderung eines bis zum Urteil bestehenden Rechtszustandes (Fall der Gestaltungsklage), sondern die Aufrechterhaltung des durch die unwirksame Kündigung nicht aufgelösten Arbeitsverhältnisses durch bloße Feststellungsklage.[2] **868**

Stellt das Gericht die Sozialwidrigkeit der Kündigung fest, so ist der Arbeitnehmer wieder zu beschäftigten. Für die Zwischenzeit bietet die Arbeitslosenversicherung dem Arbeitnehmer Schutz. Obsiegt der Arbeitnehmer, so sind seine Ansprüche durch §§ 615 BGB und 11 KSchG sichergestellt. Dieser Zustand hat Kritik herausgefordert und eine heftige Diskussion darüber ausgelöst, ob dem Arbeitnehmer für die Dauer des Kündigungsschutzprozesses ein Beschäftigungsanspruch zusteht.[3] **869**

---

[1] So aber noch BAG 26. 5. 1977 EzA § 611 BGB Beschäftigungspflicht Nr. 2 unter III 5 a der Gründe, wo die Ablehnung eines vorläufigen Weiterbeschäftigungsanspruchs für die Dauer des Kündigungsrechtsstreits mit diesem Prinzip begründet wurde. Praktisch aufgegeben durch BAG GS 27. 2. 1985 NZA 1985, 702; zum ganzen *Preis,* S. 73.

[2] Insoweit stellt sich der vorläufige Weiterbeschäftigungsanspruch als eine Frage des effektiven Rechtsschutzes (Art. 19 Abs. 4 GG) dar, hierzu Rn. 2076 ff.

[3] Der Große Senat des BAG hat dies mit Beschluss 27. 2. 1985 NZA 1985, 702 unter bestimmten Voraussetzungen bejaht.

Rechtstatsächlich wurde allerdings erwiesen, dass der einmal gekündigte Arbeitnehmer nur selten trotz erhobener Kündigungsschutzklage die Rückkehr an seinen alten Arbeitsplatz erreicht.[4] Aus der verbreiteten Abfindungspraxis wollen manche die Konsequenz ziehen, den allgemeinen Kündigungsschutz abzuschaffen und für jede Kündigung eine Abfindungspflicht vorzusehen.[5] In der Tat ist überlegenswert, jedenfalls bei betriebsbedingten Kündigung das Bestandsschutzprinzip durch das Abfindungsprinzip zu ersetzen. Dies würde eine ökonomische Schranke gegen willkürlichen Arbeitsplatzabbau setzen und der heute schon gelebten Realität entgegenkommen. Das setzt freilich voraus, dass diese Abfindungen dem Arbeitnehmer auch zugute kommen und nicht durch sozialrechtliche Anrechnungsvorschriften entwertet werden.[6] Im Rahmen der Diskussion über eine Neugestaltung des Kündigungsschutzes[7] ist auch die sogenannte **Gestaltungsklage** vorgeschlagen worden. Danach werden die Parteirollen vertauscht. Der Arbeitgeber müsste die Aufhebung des Arbeitsverhältnisses durch Klage herbeiführen. Diese Gestaltungsklage soll notwendig sein, wenn der Betriebsrat der ordentlichen oder außerordentlichen Kündigung widerspricht. Zusätzlich wird von anderen auch ein Widerspruch des Arbeitnehmers gefordert. In allen anderen Fällen soll es bei der Klage nach § 4 KSchG verbleiben. Der Vorschlag läuft auf einen Rollentausch im Kündigungsschutzprozess hinaus und führt letztlich zu einem Kündigungsschutzprozess erster oder zweiter Klasse je nachdem, ob der Betriebsrat widerspricht bzw. im Betrieb ein Betriebsrat besteht. Ob das mit dem Gleichheitssatz vereinbar wäre, dürfte zweifelhaft sein.[8] Realistischer dürften die auf dem 59. Deutschen Juristentag 1992 unterbreiteten Vorschläge zu einer behutsamen Fortentwicklung des geltenden Kündigungsschutzrechts sein.[9]

870 Die Gestaltungsklage verändert die Schwelle, an der der allgemeine Kündigungsschutz einsetzt, nicht. Der mit ihr verbundene und auch gewollte Zweck, dem Arbeitnehmer für die Dauer des Prozesses seinen Arbeitsplatz zu erhalten, kann auch durch den vorläufigen Weiterbeschäftigungsanspruch erreicht werden.

---

[4] Hierzu die Untersuchung des Max-Planck-Instituts, *Falke/Höland/Rhode/Zimmermann,* Kündigungspraxis und Kündigungsschutz in der Bundesrepublik Deutschland, Bonn 1981; Zusammenfassung RdA 1981, 300f.

[5] *Rühle,* DB 1991, 1378f.; dagegen *Falkenberg,* DB 1991, 2486f.; neuerdings *Willemsen,* NJW 2000, 2779; Neef NZA 2000, 7, 9.

[6] Hierzu APS/*Preis,* Grundlagen B Rn. 41.

[7] Vgl. *Zöllner,* Gutachten D für den 52. Deutschen Juristentag 1978; *Simitis,* Referat, Sitzungsbericht M des 52. Deutschen Juristentages; *Reuter,* Festschrift BAG, 1979, S. 405 und *ders.,* ZfA 1975, 85; *Herschel,* RdA 1975, 28; *Schwerdtner,* ZfA 1977, 47; *ders.,* BlStSozArbR 1978, 1982; *Becker/Rommelspacher,* ZRP 1976, 40; *Kehrmann,* ArbuR 1979, 267; *Otto,* RdA 1975, 68.

[8] Kritisch dazu *Müller,* in: Kündigungsschutztagungen 1977 und 1978, Schriftenreihe der IG Metall 1978, S. 257. Für den materiellen Umfang des Kündigungsschutzes hat das BAG entschieden, dieser dürfe nicht davon abhängig sein, ob im Betrieb ein Betriebsrat besteht oder nicht. Das verstoße gegen Art. 3 GG, vgl. BAG 13. 9. 1973 EzA § 102 BetrVG 1972 Nr. 7.

[9] Vgl. §§ 117–140 des Entwurfes eines Arbeitsvertragsgesetzes des Arbeitskreises deutsche Rechtseinheit im Arbeitsrecht, Gutachten D des 59. DJT 1992; dazu im Einzelnen *Wank,* RdA 1992, 225ff. Zu neueren Reformvorstellungen APS/*Preis,* Grundlagen B Rn. 29ff.; *v. Hoyningen-Huene,* Festschrift 50 Jahre LAG Rheinland-Pfalz, 1999, 215ff.; KDZ/*Däubler,* Einleitung Rn. 949ff.

Der allgemeine Kündigungsschutz ist grundsätzlich **einseitig zwingend,** d. h. es können für den Arbeitnehmer günstigere Regelungen vereinbart werden.[10] Dies kann etwa durch **Abkürzung der gesetzlichen Wartezeit** (Rn. 899 ff.) oder durch **Ausschluss bestimmter Kündigungsgründe** geschehen.[11] **Rationalisierungsschutzabkommen,** die kündigungsschutzrechtlich über das Kündigungsschutzgesetz hinaus weitere Schranken setzen,[12] sind somit zulässig. **871**

Der zwingende Charakter des allgemeinen Kündigungsschutzes steht der Zulässigkeit eines **nachträglichen Verzichts** nicht entgegen (zur sog. Ausgleichsquittung Rn. 1253 ff.). **872**

§ 1 Voraussetzungen des allgemeinen Kündigungsschutzes

Der allgemeine Kündigungsschutz ist im KSchG an bestimmte Voraussetzungen geknüpft. Er erfasst nicht alle Arbeitnehmer und stellt deshalb auch keinen schlechthin umfassenden Bestandsschutz her. Der Geltungs- und Anwendungsbereich des KSchG folgt aus den §§ 1, 14 sowie 23 bis 25. Geschützt wird der Arbeitnehmer vor sozialwidrigen Kündigungen, dessen Arbeitsverhältnis in demselben Betrieb oder Unternehmen ohne Unterbrechung länger als sechs Monate bestanden hat, sofern im Betrieb nicht mehr als **fünf Arbeitnehmer** ausschließlich der Auszubildenden beschäftigt werden.[13] **873**

I. Persönlicher Geltungsbereich

1. Arbeitnehmer

Das KSchG gilt nur für Arbeitnehmer. Das Gesetz definiert den Begriff Arbeitnehmer nicht, so dass er allgemein in dem Sinne verstanden wird, wie er von der Rechtslehre und Rechtsprechung entwickelt worden ist. Danach ist Arbeitnehmer derjenige, der auf Grund eines privatrechtlichen Vertrages oder eines ihm gleichgestellten Rechtsverhältnisses im Dienst eines anderen zur unselbständigen Arbeit verpflichtet ist.[14] Nach ständiger Rechtsprechung ist entscheidend, in welchem Maße der Betreffende nach dem Inhalt der Verträge und der tatsächlichen Gestaltung der Vertragsbeziehungen persönlich abhängig ist. Eine wirtschaftliche Abhängigkeit ist weder er- **874**

---

[10] Zu einzelvertraglichen Erweiterungen des Kündigungsschutzes *Preis,* Der Arbeitsvertrag, II K 10, Rn. 1 ff.

[11] BAG 14. 5. 1987 und 28. 2. 1990 AP § 1 KSchG 1969 Wartezeit Nr. 5 und 8; ErfK/*Ascheid,* § 1 KSchG Rn. 20.

[12] Hierzu näher Rn. 331 ff. Zum Inhalt von Auswahlrichtlinien vgl. BAG 11. 3. 1976 EzA § 95 BetrVG 1972 Nr. 1. Durch Tarifvertrag können auch die im Rahmen der Interessenabwägung zu beachtenden Momente konkretisiert werden, vgl. BAG 7. 3. 1980 EzA § 1 Betriebsbedingte Kündigung Nr. 14 = AP § 1 KSchG 1969 Betriebsbedingte Kündigung Nr. 9.

[13] Das Mindestalter von 18 Jahren ist durch das Gesetz zur Änderung des Kündigungsschutzgesetz 8. 7. 1976 BGBl. I, S. 1769 gestrichen worden.

[14] Vgl. *v. Hoyningen-Huene/Linck,* § 1 KSchG Rn. 22 m. w. N. Umfassend zum Arbeitnehmerbegriff: *Wank,* Arbeitnehmer und Selbständige, 1988; siehe ferner *Hilger,* RdA 1989, 51 ff.; ErfK/*Preis,* § 611 BGB Rn. 40 ff.

forderlich noch ausreichend. Die persönliche Abhängigkeit ergibt sich aus der Eingliederung in eine fremdbestimmte Arbeitsorganisation und dem Umfang der Weisungsgebundenheit. § 84 Abs. 1 Satz 2 HGB, der zwar nicht unmittelbar anwendbar ist, aber eine allgemeine gesetzgeberische Wertung zum Ausdruck bringt, enthält ein typisches Abgrenzungsmerkmal. Nach dieser Bestimmung ist selbständig, wer im Wesentlichen frei seine Tätigkeit gestalten und seine Arbeitszeit bestimmen kann. Unselbständig und damit Arbeitnehmer ist der Mitarbeiter, dem dies nicht möglich ist. Arbeitnehmer leisten fremdbestimmte Arbeit. Von freien Mitarbeitern unterscheiden sie sich durch ihre Weisungsgebundenheit. Das Weisungsrecht des Arbeitgebers kann Inhalt, Durchführung, Zeit, Dauer und Ort der Tätigkeit betreffen. Die Frage, in welchem Maße der Mitarbeiter auf Grund derartiger Weisungsrechte persönlich abhängig ist, lässt sich nicht abstrakt für alle Beschäftigungen beantworten, sondern hängt vor allem auch von der Eigenart der jeweiligen Tätigkeit ab.[15]

875 Die **Darlegungs- und Beweislast** für das Bestehen eines Arbeitsverhältnisses i.S. des § 1 KSchG trägt der Arbeitnehmer. Der Beweis wird regelmäßig durch Vorlage des Arbeitsvertrages geführt, der als Vertragsurkunde die Vermutung der Vollständigkeit und Richtigkeit in sich trägt. Behauptet der Arbeitgeber, es habe sich um ein Scheingeschäft i.S. des § 117 BGB gehandelt oder der Arbeitsvertrag sei stillschweigend in ein anderes Vertragsverhältnis (freie Mitarbeit, Gesellschaftsvertrag) umgewandelt worden, muss er den Beweis hierfür erbringen.[16]

876 **Teilzeitbeschäftigte** sind Arbeitnehmer und genießen Kündigungsschutz unabhängig vom Umfang der Arbeitszeit.[17] Die in § 23 Abs. 1 Satz 3 KSchG enthaltene Arbeitszeitgrenze ist nur für den betrieblichen Geltungsbereich des KSchG relevant. Auch wenn die Teilzeitarbeit in Form einer bloßen **Nebenbeschäftigung** ausgeübt wird, bleibt das KSchG anwendbar.[18]

877 Nicht ausdrücklich regelt das KSchG die Frage, ob **Auszubildende** Arbeitnehmer im Sinne des Gesetzes sind. Allerdings wird diese Frage im Hinblick auf § 1 KSchG nicht praktisch, da die ordentliche Kündigung im Ausbildungsverhältnis gemäß § 15 Abs. 2 BBiG grundsätzlich ausgeschlossen ist. Bedeutung gewinnt die Frage jedoch im Hinblick auf die fristlose Entlassung des Auszubildenden durch den Ausbildenden im Blick auf die Wahrung der Klagefrist nach §§ 4, 13 Abs. 1 Satz 2 KSchG. Die äußerst umstrittene Frage hatte das BAG bisher offen gelassen,[19] jedenfalls sind die Vorschriften dann nicht anzuwenden, wenn gemäß § 111 Abs. 2 Satz 5 ArbGG eine Verhandlung vor dem Schlichtungsausschuss stattfinden muss.[20]

---

[15] BAG 13. 11. 1991 AP § 611 BGB Abhängigkeit Nr. 60; zu Einzelheiten statt anderer ErfK/*Preis*, § 611 BGB Rn. 40ff.

[16] BAG 9. 2. 1995 NZA 1996, 249, 250.

[17] BAG 13. 3. 1987 NZA 1987, 629; 9. 6. 1983 EzA § 23 KSchG n.F. Nr. 4 = DB 1983, 2473; *Wank*, ZIP 1986, 206, 212; KDZ/*Kittner* § 1 KSchG Rn. 9.

[18] BAG 13. 3. 1987 NZA 1987, 629; zust. *Preis*, Anm. EzA § 1 KSchG Betriebsbedingte Kündigung Nr. 44; ablehnend *Hahn*, DB 1988, 1015 und *Adomeit*, SAE 1988, 71ff.

[19] BAG 29. 11. 1984 EzA § 9 KSchG n.F. Nr. 19 = AP § 13 KSchG 1969 Nr. 6; 5. 12. 1985 EzA § 620 BGB Bedingung Nr. 5 = AP § 620 BGB Bedingung Nr. 10.

[20] BAG 13. 4. 1989 EzA § 13 KSchG n.F. Nr. 4 mit Anm. *Brehm* = DB 1990, 586.

2. Arbeitnehmerähnliche Personen

Die sog. arbeitnehmerähnlichen Personen genießen persönlich keinen Kündigungsschutz und zählen auch nicht bei der Ermittlung der maßgeblichen Beschäftigtenzahl nach § 23 KSchG mit.[21] Das sind solche Beschäftigte, die in persönlich selbständiger, aber wirtschaftlich abhängiger Stellung für andere Arbeit verrichten.[22] Die Abgrenzung kann im Einzelfall schwierig sein. Die Rechtsprechung hat sich damit häufig befassen müssen, vor allem im Hinblick auf die sog. freien Mitarbeiter bei Rundfunkanstalten.[23] Vereinzelt wird vertreten, über § 242 BGB einen Willkürschutz auch bei der Kündigung arbeitnehmerähnlicher Personen zu gewähren.[24] 878

3. Geschäftsführer, Betriebsleiter und ähnliche leitende Angestellte

Der Erste Abschnitt des KSchG findet gemäß § 14 Abs. 2 KSchG auf „Geschäftsführer, Betriebsleiter und ähnliche leitende Angestellte, soweit diese zur selbständigen Einstellung und Entlassung von Arbeitnehmern berechtigt sind", nur eingeschränkt Anwendung. Der Gesetzgeber hat im Ersten Arbeitsrechtsbereinigungsgesetz 1969 im Hinblick auf den sozialen Schutz auch auf diese Arbeitnehmergruppe den Kündigungsschutz ausgedehnt.[25] Die wesentliche Besonderheit besteht für die bezeichnete Arbeitnehmergruppe nur noch bei der **Auflösung des Arbeitsverhältnisses.** Auf Antrag des Arbeitgebers ist das Arbeitsverhältnis aufzulösen, **ohne dass es einer Begründung bedarf** (§ 14 Abs. 2 Satz 2 KSchG). Diese Sonderregelung für leitende Angestellte erklärt sich aus der besonderen Vertrauensstellung dieses Personenkreises. 879

Im Gegensatz zu den Organvertretern nach § 14 Abs. 1 KSchG (hierzu Rn. 886) sind die in Abs. 2 bezeichneten leitenden Angestellten echte Arbeitnehmer. § 14 Abs. 2 KSchG legt die Merkmale des leitenden Angestellten begrifflich nicht genau fest. Es wird beispielhaft auf Geschäftsführer und Betriebsleiter verwiesen und festgelegt, dass Angestellte, die ähnliche Merkmale aufwiesen und **darüber hinaus noch die Berechtigung zur selbständigen Einstellung oder Entlassung** haben, als leitende Angestellte i.S.d. Vorschrift anzusehen seien. Damit wird für nur ganz bestimmte leitende Angestellte der Kündigungsschutz gegenständlich beschränkt. Der Begriff des leitenden Angestellten i.S.d. § 14 Abs. 2 KSchG deckt sich nicht mit dem nach dem BetrVG. Er ist insoweit weiter als der nach § 5 BetrVG, weil er schon die Einstellungs- oder Entlassungsbefugnis genügen lässt. Er ist enger, weil es sich um Geschäftsleiter, Betriebsleiter oder ähnliche Angestellte 880

---

[21] LAG Hamm 15. 6. 1989 LAGE § 23 KSchG Nr. 6.

[22] KR/*Etzel,* § 1 KSchG Rn. 78f.; zu Heimarbeitern LAG Düsseldorf 17. 4. 1978 DB 1979, 120.

[23] Vgl. dazu BAG 8. 6. 1967 AP § 611 BGB Abhängigkeit Nr. 6; BAG 14. 2. 1974 EzA § 611 BGB Nr. 16 mit Anm. *Gamillscheg* = AP § 611 BGB Abhängigkeit Nr. 12 mit Anm. *Lieb;* BAG 3. 10. 1975 EzA § 611 BGB Arbeitnehmerbegriff Nr. 1–3. Vgl. dazu ferner BAG 15. 3. 1978, 17. 5. 1978, 23. 4. 1980, 7. 5. 1980 und 13. 1. 1983 EzA § 611 BGB Arbeitnehmerbegriff Nr. 16, 17, 18, 21, 22 und 27; BVerfG 13. 1. 1982 EzA Art. 5 GG Nr. 9; hierzu *Rüthers,* DB 1982, 1869; *Wank,* RdA 1982, 363.

[24] *Appel/Frantzioch,* ArbuR 1998, 93, 97; *Pfarr,* Festschrift für Kehrmann, 1997, S. 75, 92.

[25] Einzelheiten *Rumler,* Der Kündigungsschutz leitender Angestellter, 1990.

handeln muss. Es gibt Arbeitnehmer, die nach § 5 Abs. 3 BetrVG als leitende Angestellte anzusehen sind, nicht jedoch nach § 14 Abs. 2 KSchG. Der umgekehrte Fall dürfte indessen kaum vorkommen. In allen Fällen ist unabdingbare Voraussetzung, dass die betreffende Person ihre Funktion auch tatsächlich ausübt.

881 Unter **Geschäftsführer i. S. d. § 14 Abs. 2 KSchG** sind nicht etwa GmbH-Geschäftführer zu verstehen; diese werden durch § 14 Abs. 1 Nr. 1 KSchG erfasst. Gemeint sind Personen, die leitende unternehmerische Aufgaben wahrnehmen, denen die Führung des Unternehmens oder eines Betriebs obliegt. **Betriebsleiter** sind Personen, die einen Betrieb oder einen Betriebsteil eines Unternehmens führen.[26] Sie müssen gegenüber anderen Beschäftigten eine Vorgesetztenstellung einnehmen und das Weisungsrecht ausüben. Eine bloße Aufsichtsfunktion gegenüber Arbeitnehmern über den Betriebsablauf genügt nicht. Betriebsleiter ist noch nicht ein Filialleiter, wenn der Filialbetrieb im Wesentlichen von der Zentrale geleitet wird.[27] Jedoch kann der Leiter eines einzelnen Restaurants einer Restaurantkette Betriebsleiter sein.[28] Der **leitende Angestellte** nach dem KSchG muss eine Funktion „ähnlich" wie ein Geschäftsführer oder Betriebsleiter ausüben und zur selbständigen Einstellung oder Entlassung von Arbeitnehmern berechtigt sein.

882 Zum Schlüsselbegriff für die in § 14 Abs. 2 KSchG erfasste Gruppe leitender Angestellter wird die **„Berechtigung zur selbständigen Einstellung und Entlassung"**. Dies hat das BAG in einer Grundsatzentscheidung vom 18. 10. 2000 noch einmal herausgestellt.[29] Das ist bisher nur für Geschäftsführer und Betriebsleiter angezweifelt worden, weil der Zusatz „soweit diese" sich nur auf die ähnlichen Angestellten beziehe könnte.[30] Das BAG hat diese Streitfrage jetzt aber abschließend in dem Sinne entschieden, dass auch Geschäftsführer und Betriebsleiter, um unter § 14 Abs. 2 KSchG zu fallen, zur selbständigen Einstellung und Entlassung berechtigt sein müssen.

883 Für die Abgrenzung, ob ein Arbeitnehmer zu dieser leitenden Gruppe von Mitarbeitern gehört, gilt im Einzelnen: Die **Einstellungs- oder Entlassungsbefugnis** – ein alternatives Vorliegen genügt – muss mit einem rechtlichen Dürfen verbunden sein. Es genügt nicht, dass entsprechende Maßnahmen von Fall zu Fall von der Unternehmensleitung toleriert werden. Die **Befugnis muss im Innen- und im Außenverhältnis** bestehen. Das alleinige Vorliegen der Außenvertretung (Titularprokura) reicht nicht.[31] Ein Chefarzt ist nicht zur selbständigen Einstellung befugt, wenn er zwar im Innverhältnis verbindliche Vorschläge machen kann, aber die Zustimmung der Krankenhausleitung einholen muss.[32] Die Berechtigung zur selbständigen Einstellung oder Entlassung muss nicht zwingend unternehmens- oder betriebsbezogen sein. Es genügt, wenn der im Übrigen unternehmerische (Teil-)Aufgaben wahrnehmende Angestellte in zumindest einer Betriebsabteilung zur selbständigen Einstellung oder Entlassung von Arbeitnehmern

---

[26] BAG 28. 9. 1961 AP § 1 KSchG Personenbedingte Kündigung Nr. 1.
[27] BAG 25. 11. 1993 AP § 14 KSchG 1969 Nr. 3.
[28] BAG 25. 11. 1993 AP § 14 KSchG 1969 Nr. 3.
[29] BAG 18. 10. 2000 EzA § 14 KSchG Nr. 5 = NZA 2001, 437; BAG 25. 11. 1993 AP § 14 KSchG 1969 Nr. 3; BFH 20. 12. 1961 AP § 12 KSchG Nr. 1.
[30] So ErfK/*Ascheid,* § 14 KSchG Rn. 10: *Löwisch* § 14 KSchG Rn. 17.
[31] BAG 11. 3. 1982 AP § 5 BetrVG 1972 Nr. 28.
[32] BAG 18. 11. 1999 AP § 14 KschG 1969 Nr. 5.

berechtigt ist.[33] Die rechtliche Befugnis muss sich damit nicht auf alle Arbeitnehmer des Betriebs beziehen. Nach allgemeiner Ansicht muss die Befugnis zur eigenverantwortlichen Einstellung oder Entlassung aber ebenso wie bei den leitenden Angestellten im Sinne von § 5 Abs. 3 Satz 2 Nr. 1 BetrVG[34] eine bedeutende Anzahl von Arbeitnehmern erfassen. Ein nur eng umgrenzter Personenkreis genügt nicht. Ausreichend ist aber die Einstellungs- und Entlassungsbefugnis gegnüber einer abgeschlossenen Gruppe von Arbeitnehmern, die für den unternhmerischen Erfolg des Mitunternehmens wesentlich ist.[35] Vielmehr muss die Personalkompetenz einen wesentlichen Teil der Tätigkeit des Angestellten ausmachen.[36] Nicht ausreichend ist das Tätigwerden lediglich im Hinblick auf ein oder zwei engere Mitarbeiter (Sekretärin) oder im Vertretungsfall des nur vorübergehend verhinderten, eigentlich Berechtigten. Für nicht ausreichend erachtet hat das BAG auch die Entlassungsbefugnis nur gegenüber fünf einem Betriebsleiter unterstellten Arbeitnehmern.[37] Die Rechtslage kann anders zu beurteilen sein bei einem sog. ständigen Vertreter, der die Vertretungsaufgabe auch wesentlich und nicht nur wegen nur zeitweiser Verhinderung des Vertretenen wahrnimmt.

Wird die Befugnis notwendig von zwei Personen ausgeübt, z.B. von dem Leiter **884** der Personalabteilung und dem jeweiligen Leiter der Fachabteilung, sind beide nicht selbständig i.S.v. § 14 KSchG. Die zu fordernde Selbständigkeit setzt Eigenverantwortlichkeit voraus. Jemand, der sich in der Regel bei seinem Arbeitgeber rückversichern muss, handelt nicht selbständig.[38] Die Eigenverantwortlichkeit ist hingegen gegeben, wenn bei Ausübung des Rechts nur interne Richtlinien zu beachten sind oder wenn vor einer entsprechenden Entscheidung eine Beratung mit einer Fachabteilung zu erfolgen hat, sofern die letzte Entscheidungsfreiheit erhalten bleibt. Nach BAG 27. 9. 2001 soll auch das Einholen von Zweitunterschriften unerheblich sein, wenn dies lediglich Kontrollzwecken dient.

Diese enge Interpretation, die das BAG rechtshistorisch aus dem Betriebsrätege- **885** setz 1920 und dem Kündigungsschutzgesetzes 1951 herleitet, hält das Gericht auch heute noch – trotz eingetretener rechtstatsächlicher Änderungen, insbesondere einer zurückgehende Ausstattung gehobener Angestellter mit Personalbefugnissen – für gerechtfertigt.[39] Sie entspreche der Intention der mit der Materie nacheinander befassten Gesetzgeber. Ferner sei das Anknüpfen an die Kompetenz zur selbständigen Einstellung und Entlassung von Arbeitnehmern hinsichtlich der Gewährung eines begründungsfreien Auflösungsrechtes nach wie vor ein sachgerechtes Dif-

---

[33] BAG 28. 9. 1961 AP § 1 KSchG Personenbedingte Kündigung Nr. 1.

[34] Vgl. BAG 11. 3. 1982 AP § 5 BetrVG 1972 § 5 Nr. 28 = EzA BetrVG 1972 § 5 Nr. 41.

[35] BAG 27. 9. 2001 EzA § 14 KSchG Nr. 6: ausreichend ist Kündigungsbefugnis gegenüber vier leitenden Angestellten; vgl. auch BAG 28. 9. 1961 AP § 1 KSchG Personenbedingte Kündigung Nr. 1.

[36] Ganz herrschende Meinung, vgl. BAG 18. 10. 2000 EzA § 14 KSchG Nr. 5 = NZA 2001, 437; KR/*Rost,* § 14 KSchG Rn. 29, 32; *v. Hoyningen-Huene/Linck,* § 14 KSchG Rn. 23, 24; *Löwisch* § 1 KSchG Rn. 24; KDZ/*Kittner,* § 14 KSchG Rn. 24; ErfK/*Ascheid* § 14 KSchG Rn. 13; HK-KSchG/*Dorndorf,* § 14 Rn. 27.

[37] BAG 18. 10. 2000 EzA § 14 KSchG Nr. 5 = NZA 2001, 437.

[38] BAG 11. 3. 1982 AP § 5 BetrVG 1972 § 5 Nr. 28; BAG 27. 9. 2001 EzA § 14 KSchG Nr. 6.

[39] BAG 18. 10. 2000 EzA § 14 KSchG Nr. 5 = NZA 2001, 437.

ferenzierungskriterium. Im Betriebsverfassungsrecht sei die Erweiterung des Begriffs der leitenden Angestellten über diejenigen mit Personalkompetenz hinaus auf Grund der betriebsverfassungsrechtlichen Interessengegensätze wesentlich eher geboten als im Kündigungsschutzrecht im Rahmen der §§ 9, 10, 14 KSchG.

4. Organvertreter

886 Kraft ausdrücklicher gesetzlicher Vorschrift (§ 14 Abs. 1 Nr. 1 KSchG) gilt das KSchG nicht für Mitglieder der Organe, die zur gesetzlichen Vertretung von juristischen Personen berufen sind. Die Ausnahmeregelung bezieht sich nur auf unmittelbare **Organvertreter.**[40] Auch der „abhängige" Geschäftsführer einer GmbH fällt nicht unter das KSchG.[41] Entsprechendes gilt nach § 14 Abs. 1 Nr. 2 KSchG in Betrieben einer Personengesamtheit für die durch Gesetz, Satzung oder Gesellschaftsvertrag zur Vertretung der Personengesamtheit berufenen Personen. § 14 Abs. 1 KSchG greift aber dann nicht ein, wenn zwei Vertragsverhältnisse zwischen dem Organvertreter und der juristischen Person bzw. der Personengesamtheit bestehen, von denen eines als Arbeitsverhältnis zu qualifizieren ist. Für das Arbeitsverhältnis besteht bei einer derartigen Konstellation Kündigungsschutz.[42] Soll ein Arbeitnehmer zwecks späterer Anstellung als GmbH-Geschäftsführer zunächst erprobt werden, ist nach neuerer Rechtsprechung des BAG im Zweifel anzunehmen, dass mit Abschluss des Geschäftsführervertrages das ursprüngliche Arbeitsverhältnis endet.[43] Allerdings bedarf es seit dem 1. 5. 2000 zur Beendigung des Arbeitsverhältnisses der Schriftform nach § 623 BGB. Es bedarf daher entweder einer ausdrücklichen schriftlichen Auflösung des Arbeitsverhältnisses oder einer entsprechenden klarstellenden Regelung in dem neuen schriftlichen Anstellungsvertrag zum GmbH-Geschäftsführer.[44]

---

[40] BAG 15. 4. 1982 AP § 14 KSchG 1969 Nr. 1 = EzA § 14 KSchG Nr. 2.

[41] Vgl. LAG Hamm 18. 12. 1979 DB 1980, 596. Hat der Geschäftsführer einer Komplementär-GmbH mit der GmbH & Co. KG einen Arbeitsvertrag geschlossen, so gilt für ihn das KSchG, BAG 10. 7. 1980 EzA § 5 ArbGG 1979 Nr. 1 = DB 1981, 276; 15. 4. 1982 AP § 14 KSchG 1969 Nr. 1 = EzA § 14 KSchG Nr. 2; ablehnend *v. Hoyningen-Huene/Linck,* § 14 KSchG Rn. 6: *Kaiser,* AR-Blattei, SD 70.2 Rn. 71 jeweils m. w. N. Besteht zwischen dem Geschäftsführer der Komplementär-GmbH und einer anderen Konzerngesellschaft ein Arbeitsverhältnis, so gilt insoweit das KSchG; vgl. *v. Hoyningen-Huene/Linck,* § 14 KSchG Rn. 8. Wird der Geschäftsführer von der Gesellschafterversammlung abberufen, so gilt für sein Rechtsverhältnis nur dann das KSchG, wenn ein Arbeitsverhältnis begründet worden war, vgl. LAG Düsseldorf 27. 11. 1979 EzA § 611 BGB Arbeitnehmerbegriff Nr. 20. Vgl. dazu ferner BAG 22. 4. 1974 AP § 5 ArbGG 1953 Nr. 19 = NJW 1974, 1243; 5. 5. 1977 AP § 626 BGB Ausschlussfrist Nr. 22 = EzA § 626 BGB n. F. Nr. 57 = NJW 1978, 723; 17. 1. 1985 und 9. 5. 1985 AP § 5 ArbGG 1979 Nr. 2 u. 3 = NZA 1986, 68 und 792.

[42] BAG 9. 5. 1985 EzA § 5 ArbGG 1979 Nr. 3 = NZA 1986, 792; 27. 6. 1985, DB 1986, 2132 = NZA 1986, 794; *Löwisch,* § 14 KSchG Rn. 7; weitere Einzelheiten bei KR/*Rost,* § 14 KSchG Rn. 6ff.

[43] BAG 7. 10. 1993 AP § 5 ArbGG 1979 Nr. 16 unter teilweiser Korrektur von BAG 9. 5. 1985 EzA § 5 ArbGG 1979 Nr. 3.

[44] Vgl. *Baeck/Hopfner,* DB 2000, 1914; *Bauer,* GmbHR 2000, 767, 769f.; großzügiger *Niebler/Schmiedl,* NZA-RR 2001, 281, 285f., die allein den Abschluss des Geschäftsführervertrages als konkludente schriftliche Aufhebungsvereinbarung werten wollen.

II. Betriebs- und unternehmensbezogener Geltungsbereich (Schwellenwert)

1. Allgemeines

Der Kündigungsschutz setzt in seinem Ausgangspunkt in der Privatwirtschaft die **Beschäftigung in einem Betrieb** voraus.[45] Diese Konzeption ist historisch bedingt, da der Kündigungsschutz in der Weimarer Republik im Betriebsrätegesetz verankert war und deshalb eine bestehende Betriebsvertretung voraussetzte.[46] An dieser Konzeption ist bei der Schaffung des Kündigungsschutzgesetzes im Jahre 1951 festgehalten worden. Daraus ergibt sich der lange Zeit tradierte Rechtssatz, der in § 1 KSchG verwandte Betriebsbegriff sei derselbe wie der des BetrVG.[47] Dafür spricht die mannigfache Verzahnung von Kündigungsschutzrecht und Betriebsverfassungsrecht (z. B. § 102 BetrVG, § 1 Abs. 2 Satz 2, Abs. 4 u. 5 KSchG). Dennoch kann dieser Rechtssatz aus vielerlei Gründen nicht mehr durchgehalten werden:[48] Der für die Abgrenzung der betriebsverfassungsrechtlichen Vertretung zentrale Betriebsbegriff verfolgt andere Zwecke als der individualrechtliche Kündigungsschutz. Der Kündigungsschutz ist – auch durch zahlreiche Änderungen im Kündigungsschutzgesetz selbst – **„unternehmens- bzw. arbeitgeberbezogen"** (Rn. 936). Zudem zeigt die Entwicklung zum Recht des Betriebsübergangs, dass der Betriebsbegriff keineswegs in allen Gesetzen gleich ausgelegt werden kann. Schließlich ist aus verfassungsrechtlichen Gründen das Unternehmen bzw. der Arbeitgeber der richtige Bezugspunkt für die Abgrenzung des Geltungsbereichs. Die kündigungsschutzrechtliche Bindung und Privilegierung entscheidet sich nach der Leistungsfähigkeit des Arbeitgebers. Deshalb bedarf die Klein„betriebs"klausel in § 23 Abs. 1 Satz 2 KSchG verfassungskonformer Auslegung, dass nur der Kleinunternehmer (=Arbeitgeber) vom Geltungsbereich ausgenommen bleiben soll.[49] Der Betriebsbegriff ist nach alledem weit, insbesondere bezogen auf den Kündigungsschutz zweckgerichtet auszulegen. Durch Zergliederung in kleinere Betriebseinheiten soll der Kündigungsschutz sowohl hinsichtlich des Geltungsbereichs als auch hinsichtlich der Sozialauswahl nicht gemindert werden. **887**

Die Problematik der Anknüpfung an den betriebsverfassungsrechtlichen Betriebsbegriff zeigt sich insbesondere im Bereich der **Sozialauswahl** nach § 1 Abs. 3 KSchG, die nach traditioneller Sicht „betriebsbezogen" zu erfolgen hat (Rn. 1054ff.). Denn hier wirkt sich unmittelbar aus, ob nur auf den Betrieb und wenn ja, in welcher begrifflichen Definition abgestellt werden soll. Betriebsverfassungsrechtlich zutreffende Abgrenzungen können zu unhaltbaren Auswirkungen im **888**

---

[45] Eine weite Auslegung des Begriffs lässt auch die Arbeitsstätten Freiberuflicher (Ärzte, Steuerberater, Rechtsanwälte u. s. w.) unter das KSchG fallen. Ausgeschlossen wird nur der Familienhaushalt, vgl. *Löwisch,* § 23 KSchG Rn. 6.

[46] Ausf. *Joost,* Betrieb und Unternehmen als Grundbegriffe im Arbeitsrecht, 1988, S. 355.

[47] BAG 13. 6. 1985 EzA § 1 KSchG Nr. 41; KR/*Etzel,* § 1 KSchG Rn. 133; *Löwisch,* § 1 KSchG Rn. 231; HK-KSchG/*Dorndorf,* § 1 KSchG Rn. 65.

[48] Ausf. hierzu *Preis,* RdA 2000, 257ff.; differenzierend jetzt auch *v. Hoyningen-Huene/Linck,* § 23 KSchG Rn. 3ff.

[49] BVerfG 27. 1. 1998 EzA § 23 KSchG Nr. 17; dafür schon de lege lata *Joost,* a. a. O., S. 344f.; *Löwisch,* § 1 KSchG Rn. 7; *Bepler,* ArbuR 1997, 54ff.; ArbG Hamburg 10. 3. 1997 DB 1997, 2439.

Bereich des Kündigungsschutzes führen. Das wird deutlich, wenn die betriebsverfassungsrechtlichen Vertretungen abweichend von der gesetzlichen Grundkonzeption gebildet werden (im Wege des § 3 BetrVG) oder gar fehlerhaft, aber nicht mehr anfechtbar (§ 19 BetrVG). Hier kann der Arbeitgeber schwerlich für die kündigungsrechtliche Abgrenzung auf den besonderen Zuschnitt der betriebsverfassungsrechtlichen Vertretung vertrauen, wenn etwa Arbeitnehmer aus unselbständigen Betriebsteilen nur deshalb nicht in die Sozialauswahl einbezogen worden sind, weil der Arbeitgeber auf die von der Konzeption des BetrVG abweichende, rechtlich aber nicht zu beanstandende Betriebsbildung vertraut hat.[50] Der Auffassung, grundsätzlich sei auch die Abgrenzung des § 4 BetrVG für **selbständige Betriebsteile** für die betriebliche Abgrenzung des Kündigungsschutzes maßgebend,[51] kann nicht gefolgt werden, weil insbesondere dem in § 4 BetrVG enthaltenen Kriterium der **räumlichen Einheit keine entscheidende Bedeutung** beigemessen werden kann. Auch zentral gelenkte Verkaufsstellen und organisatorisch unselbständige Betriebsstätten (mit wendigen Arbeitnehmern) können trotz räumlich weiter Entfernung vom Hauptbetrieb mit dem jeweiligen Hauptbetrieb zusammen einen Betrieb im Sinne des KSchG bilden. Dies hat das BAG schon früh entschieden.[52] Auch Arbeitnehmer räumlich weit entfernter Betriebsteile, die nach § 4 Abs. 1 Nr. 1 BetrVG als selbständige Betriebe gelten, müssen daher u. U. in die Sozialauswahl einbezogen werden.[53] Das gilt auch für organisatorisch selbständige Betriebsteile (§ 4 Abs. 1 Nr. 2 BetrVG).[54]

889 Auch mehrere – bisweilen in einem Gebäude untergebrachte – Unternehmen können im Rahmen einer gemeinsamen Arbeitsorganisation unter einer einheitlichen Leitungsmacht einen **Gemeinschaftsbetrieb mehrerer Unternehmen** bilden. Diese Konstruktion bestätigt der Gesetzgeber in § 322 UmwG, wo für die gemeinsame Betriebsführung im Fall einer Spaltung oder Teilübertragung bestimmt ist, dass dieser als Betrieb i. S. des KSchG gilt. Ferner hat der Gesetzgeber im Jahre 2001 in § 1 BetrVG den Gemeinschaftsbetrieb ausdrücklich anerkannt. Im Gemeinschaftsbetrieb verlangt die Rechtsprechung eine **betriebsbezogene, aber unternehmensübergreifende Betrachtung** bei der Sozialauswahl.[55] Auch hier ist durchaus zweifelhaft, ob die betriebsverfassungsrechtliche Begriffsschöpfung in der Tat die unternehmensübergreifende Ausweitung des Kündigungschutzes rechtfertigt.[56] Denn ein konzerndimensionaler Kündigungschutz wird grundsätzlich abge-

---

[50] Hierzu ausf. *Preis,* Der Betriebsbegriff im Kündigungsschutzgesetz, in Henssler/Moll (Hrsg.), Kündigung und Kündigungsschutz in der betrieblichen Praxis, 2000, S. 1, 11 ff.

[51] Vgl. BAG 25. 11. 1993 EzA § 14 KSchG Nr. 13; *Kania/Gilberg,* NZA 2000, 678 ff.

[52] BAG 26. 8. 1971 EzA § 23 KSchG Nr. 1 = AP § 23 KSchG 1969 Nr. 1.

[53] BAG 21. 6. 1995 EzA § 23 KSchG Nr. 14; bestätigt durch BAG 15. 3. 2001 NZA 2001, 831; LAG Sachsen-Anhalt 11. 1. 2000 NZA-RR 2001, 81; hierzu *Preis,* a.a.O. (Fn. 50), *ders.,* RdA 2000, 257 ff. ZA 1997, 1073, 1076; zum betriebsbedingten Kündigungsgrund LAG Düsseldorf 22. 10. 1997 LAGE § 23 KSchG Nr. 171.

[54] BAG 20. 8. 1998 AP § 2 KSchG 1969 Nr. 50; a. A. KR/*Etzel,* § 1 KSchG Rn. 139.

[55] BAG 23. 3. 1984 EzA § 23 KSchG Nr. 7 = NZA 1984, 88; 13. 6. 1985 EzA § 1 KSchG Nr. 41 = AP § 1 KSchG 1969 Nr. 10 mit Anm. *Wiedemann;* 5. 5. 1994 EzA § 1 KSchG Soziale Auswahl Nr. 31 = NZA 1994, 1023; LAG Düsseldorf 26. 5. 1997 LAGE § 23 KSchG Nr. 14.

[56] *Preis,* RdA 2000, 257, 262 f.

lehnt (Rn. 937 f.). Die Grundsätze können aber nicht auf einen grenzüberschreitenden Gemeinschaftsbetrieb angewandt werden.[57] Die **Auflösung des Gemeinschaftsbetriebes** bzw. einer gemeinsamen Leitungsstruktur lässt die Notwendigkeit einer auf den Gemeinschaftsbetrieb bezogenen Sozialauswahl entfallen.[58] Entsteht jedoch infolge einer **Spaltung** oder Teilübertragung nach dem UmwG ein Kleinbetrieb, behalten die Beschäftigten nach § 323 Abs. 1 UmwG für die Dauer von zwei Jahren den Kündigungsschutz.

Da das BAG beim Gemeinschaftsbetrieb zu einer unternehmensübergreifenden **890**
Betrachtung neigt, liegt die Frage nahe, ob einem abhängigen Kleinunternehmen nicht die Arbeitnehmer des herrschenden Unternehmens (und umgekehrt) zugerechnet werden müssen („Berechnungsdurchgriff").[59] Dies hat das BAG[60] mit der Begründung abgelehnt, ein unternehmensübergreifender „Berechnungsdurchgriff" sei de lege lata nicht möglich, weil der Gesetzgeber am Betriebsbegriff festgehalten habe, obgleich im Gesetzgebungsverfahren ein Abstellen auf das Unternehmen diskutiert worden sei[61] und auch dem Bundesrat vorliegende Entwürfe für ein Arbeitsvertragsgesetz[62] dies vorgesehen hätten. Es verweist darauf, dass es die Annahme eines ausnahmsweise arbeitgeberübergreifenden Kündigungsschutzes für den Bereich der Privatwirtschaft stets davon abhängig gemacht habe, dass sich zwei oder mehrere Unternehmen zur gemeinsamen Führung eines Betriebes – zumindest konkludent – rechtlich verbunden haben.[63] Die Annahme einer Vereinbarung zur Führung eines gemeinsamen Betriebes sei jedoch nicht schon dann gerechtfertigt, wenn mehrere Unternehmen z. B. auf der Grundlage von Organ- oder Beherrschungsverträgen lediglich unternehmerisch zusammenarbeiten. Es sei zwischen konzernrechtlicher Weisungsbefugnis und betrieblichem Leitungsapparat zu unterscheiden.[64] Aus diesem Grunde hat das BAG auch die Anwendung des KSchG auf eine Konzernholding mit weniger als fünf Arbeitnehmern verneint.[65]

Allein aus dem primär betriebsverfassungsrechtlich geleiteten Begriff des betrieb- **891**
lichen Leitungsapparat eine unternehmensübergreifende Ausweitung kündigungsrechtlicher Risiken zu legitimieren, ist zweifelhaft.[66] Schließen sich zwei Kleinunternehmer zu einer gemeinsamen Betriebsführung zu Erzielung synergetischer

---

[57] Vgl. hierzu BAG 9. 10. 1997 RzK I 4c Nr. 28; 7. 11. 1996 – 2 AZR 648/95 –; LAG Köln 27. 5. 1994 und 9. 1. 1997 LAGE § 23 KSchG Nr. 10 und 12.

[58] BAG 13. 9. 1995 NZA 1996, 307; zur Auflösung des gemeinsamen Betriebes im Konkursfalle BAG 5. 3. 1987 EzA § 15 KSchG Nr. 38 = NZA 1988, 32; siehe ferner LAG Hamm 5. 4. 1989 LAGE § 23 KSchG Nr. 4 = DB 1989, 1525.

[59] Befürwortend *Bepler,* ArbuR 1997, 54, 58 f.; *Kittner,* NZA 1998, 732; im Ansatz auch KR/*Weigand,* § 23 KSchG Rn. 17; *Hanau,* ZFA 1990, 115, 117; abl. BAG 12. 11. 1998 EzA § 23 KSchG Nr. 20.

[60] BAG 12. 11. 1998 EzA § 23 KSchG Nr. 20 und BAG 29. 4. 1999 AP § 23 KSchG 1969 Nr. 21 = EzA § 23 KSchG Nr. 21.

[61] Vgl. *Schwedes,* BB 1996, Beilage 17, S. 2 f.; *Bepler,* AuR 1997, 54, 57.

[62] BR-Drucksache 293/95 und 671/96.

[63] BAG 18. 1. 1990 AP § 23 KSchG 1969 NR. 9; BAG 23. 3. 1984 AP § 23 KSchG 1969 Nr. 4.

[64] BAG 29. 4. 1999 AP § 23 KSchG 1969 Nr. 21 = EzA § 23 KSchG Nr. 21.

[65] BAG 29. 4. 1999 AP § 23 KSchG 1969 Nr. 21 = EzA § 23 KSchG Nr. 21; a. A. LAG Düsseldorf 3. 4. 2001 NZA-RR 2001, 476.

[66] Hierzu *Preis,* RdA 2000, 257, 262 f. m. w. N.

Effekte zusammen, bleiben sie noch immer Kleinunternehmer mit ihrer spezifischen Schutzbedürftigkeit. Jeder Unternehmer trägt sein Insolvenzrisiko. Es ist daher unabhängig von dem Begriff des Gemeinschaftsbetriebs zu entscheiden, ob und inwieweit eine unternehmensübergreifende kündigungsrechtliche Zusammenrechnung hinsichtlich Geltungsbereich, Weiterbeschäftigungspflicht und Sozialauswahl in Betracht kommt. Das ist allerdings eine allgemein zu beantwortende Frage konzernarbeitsrechtlicher Zurechnung (vgl. hierzu noch Rn. 937 f.).[67]

2. Kleinunternehmen, – betriebe und Verwaltungen

892 Das Kündigungsgesetz setzt eine bestimmte **Mindestbeschäftigtenzahl** voraus. § 23 Abs. 1 Satz 2 KSchG knüpft an die Beschäftigung in Betrieben und Verwaltungen an. Mit der Anknüpfung an eine bestimmte Mindestbeschäftigtenzahl soll das Klein„unternehmen" privilegiert werden, weil diese weniger leistungsfähig sind und wegen der engen persönlichen Zusammenarbeit eine größere Flexibilität auch bei der Auflösung eines Arbeitsverhältnisses benötigen. Dies ist verfassungsrechtlich im Grundsatz nicht zu beanstanden.[68] Die Abgrenzung ist jedoch insofern verfassungswidrig, als das Abstellen auf den traditionellen **Betriebsbegriff** dazu führen kann, dass auch große Unternehmen mit vielen kleineren Betrieben nicht dem Kündigungsschutz unterfallen. Das Bundesverfassungsgericht verlangt deshalb eine **verfassungskonforme Auslegung** der „Kleinbetriebsklausel", die auf das Unternehmen abstellt.[69]

893 Nach dem Wortlaut des § 23 KSchG gilt das Gesetz auch für **Verwaltungen des öffentlichen Rechts.** Sondervorschriften gelten nach § 24 für die Seeschifffahrts-, Binnenschifffahrts- und Luftverkehrsbetriebe. Nicht sachgerecht ist es, für den Bereich des Kündigungsschutzes auf den Begriff der Dienststelle abzustellen,

---

[67] Vgl. auch BAG 12. 11. 1998 AP § 23 KSchG Nr. 20 = EzA § 23 KSchG Nr. 20, wo die Frage der unternehmensübergreifenden Zusammenrechnung unabhängig von dem Begriff des Gemeinschaftsbetriebs unter dem Gesichtspunkt der konzerneinheitlicher Personalführung erörtert wird.

[68] BVerfG 27. 1. 1998 BVerfGE 97, 169 = EzA § 23 KSchG Nr. 17; ebenso zum früheren Recht BAG 18. 4. 1990 EzA § 23 KSchG Nr. 8. Ein Verstoß gegen EU-Recht liegt ebenfalls nicht vor: EuGH 30. 11. 1993 EAS RL 76/297/EWG Art. 2 Nr. 8 mit Anm. *Busche*.

[69] BVerfG 27. 1. 1998 BVerfGE 97, 169 = EzA § 23 KSchG Nr. 17; krit. *Gragert,* NZA 2000, 961. Bis zur Neuregelung durch das Beschäftigungsförderungsgesetz 1985 setzte die Anwendung des KSchG voraus, dass in der Regel sechs Arbeitnehmer ausschließlich der zu ihrer Berufsbildung Beschäftigten beschäftigt werden. Die in der Zeit vom 1. Mai 1985 bis zum Beschäftgungsförderungsgesetz 1996 geltende Regelung, nach der geringfügig beschäftigte Teilzeitarbeitnehmer bei der Bestimmung der maßgeblichen Arbeitnehmerzahl überhaupt nicht berücksichtigt wurden, hat das Bundesverfassungsgericht wegen sachwidriger Abgrenzung für verfassungswidrig erklärt und eine jedenfalls anteilige Berücksichtigung verlangt. Für diesen Zeitraum ist die Geltungsbereichsabgrenzung damit verfassungskonform zu interpretieren, vgl. BVerfG 27. 1. 1998 BVerfGE 97, 186 = EzA § 23 KSchG Nr. 18. Nach der vom 1. 10. 1996 bis 31. 12. 1998 geltenden Fassung lag der Schwellenwert bei zehn Arbeitnehmern, wobei die Teilzeitbeschäftigten quotal nach dem Umfang ihrer regelmäßigen Arbeitszeit zu berücksichtigen sind (§ 23 Abs. 1 Satz 3 KSchG). Diese Staffelung ist in verfassungskonformer Auslegung auch für die Rechtslage vom 1. 5. 1985 bis 1. 10. 1996 zugrunde zu legen.

der dem privatrechtlichen Betriebsbegriff entsprechen soll.[70] Auch der Begriff der Dienststelle ist ebenso wenig wie der Begriff des Betriebes geeignet, den Geltungsbereich des Kündigungsschutzrechts teleologisch präzise zu bestimmen. In Anwendung der Grundsätze des BVerfG hat das BAG daraus die zutreffende Konsequenz gezogen, dass für den Geltungsbereich des § 23 Abs. 1 KSchG die Verwaltung insgesamt und nicht die einzelne Dienststelle für das Eingreifen des Kündigungsschutzes ausschlaggebend ist. Deshalb unterfallen die die Mindestbeschäftigtenzahl überschreitenden Verwaltungen des öffentlichen Rechts auch dem Kündigungsschutz, wenn in einzelnen Dienststellen weniger Arbeitnehmer, als nach dem Schwellenwert vorausgesetzt wird, beschäftigt sind.[71] Diese Grundsätze finden auch auf die als Körperschaften organisierten Kirchen Anwendung.[72]

Der allgemeine Kündigungsschutz findet nur Anwendung, soweit das **Arbeitsverhältnis dem deutschen Recht** untersteht.[73] Das gilt auch für die Mindestbeschäftigtenzahl nach § 23 Abs. 1 Satz 2 KSchG, die prinzipiell im Inland erfüllt sein muss.[74] Sofern ein ausländisches Unternehmen in Deutschland eine Niederlassung unterhält und die Niederlassungen mit dem im Ausland befindlichen Betrieb einen gemeinsamen Betrieb bilden, werden die im Ausland tätigen Arbeitnehmer nicht in die maßgebliche Beschäftigtenzahl mit eingerechnet.[75] **894**

3. Berechnung der Mindestbeschäftigtenzahl

Der sog. **Schwellenwert** für das Eingreifen des Kündigungsschutzgesetzes nach § 23 Abs. 1 Satz 2 KSchG ist in der Vergangenheit mehrfach geändert worden. In seiner jüngsten Fassung auf der Basis des Gesetzes zur Sicherung der Arbeitnehmerrechte (vom 19. 12. 1998 BGBl. I S. 3843) gilt wieder die bereits vor dem 1. 10. 1996 maßgebliche Arbeitnehmerzahl. Ab 1. 1. 1999 unterfallen nur solche Kleinunternehmen nicht dem KSchG, in denen **fünf oder weniger Arbeitnehmer ausschließlich der zu ihrer Berufsbildung Beschäftigten** beschäftigt werden. Zu ihrer Berufsbildung Beschäftigte sind insbesondere Auszubildende, Anlernlinge, Praktikanten und Volontäre, aber auch Umschüler.[76] Durch die quotale Berücksichtigung der Teilzeitbeschäftigten nach § 23 Abs. 1 Satz 3 KSchG wird die **rechnerische Schwelle** zum Eingreifen des Kündigungsschutzes überschritten, wenn im Betrieb regelmäßig mindestens **5,25 Arbeitnehmer** beschäftigt werden. Denn das KSchG greift nur dann nicht, wenn nicht mehr als fünf Arbeitnehmer **895**

---

[70] So noch BAG 25. 9. 1956 BB 1956, 1142; *Löwisch,* § 1 KSchG Rn. 233; KR/*Etzel,* § 1 KSchG Rn. 137.

[71] BAG 23. 4. 1998 NZA 1998, 995.

[72] BAG 16. 9. 1999 EzA § 611 BGB Kirchliche Arbeitnehmer Nr. 45 = NZA 2000, 208; BAG 12. 11. 1998 EzA § 23 KSchG Nr. 20.

[73] BAG 24. 8. 1989 AP Internationales Privatrecht – Arbeitsrecht Nr. 30 = NZA 1990, 841; LAG Düsseldorf 21. 5. 1996 BB 1996, 2411; LAG Köln 20. 11. 1996 NZA-RR 1997, 429; Einzelheiten ErfK/*Ascheid,* § 1 KSchG Rn. 8.

[74] BAG 9. 10. 1997 RzK I 4c Nr. 28 = DB 1998, 83; vgl. auch BAG 21. 1. 1999 EzA § 1 KSchG Nr. 51.

[75] BAG 7. 11. 1996 – 2 AZR 648/95 –; LAG Köln 27. 5. 1994 und 9. 1. 1997 LAGE § 23 KSchG Nr. 10 und 12.

[76] KDZ/*Kittner,* § 23 KSchG Rn. 18; *v. Hoyningen-Huene/Linck,* § 23 KSchG Rn. 20f.; BAG 7. 9. 1983 EzA § 23 KSchG Nr. 6 = AP § 23 KSchG 1969 Nr. 3.

beschäftigt werden.[77] Bei der Feststellung der Zahl der beschäftigten Arbeitnehmer sind Teilzeitbeschäftigte je nach dem Umfang ihrer Beschäftigung zu berücksichtigen, und zwar – nach der ab 1. 1. 1999 greifenden Neuregelung – Arbeitnehmer mit einer regelmäßigen wöchentlichen Arbeitszeit von nicht mehr als 20 Stunden mit dem Faktor 0,5 und von nicht mehr als 30 Stunden mit dem Faktor 0,75. Bei der Ermittlung des Schwellenwertes ist auf die vereinbarte regelmäßige wöchentliche Arbeitszeit, nicht aber auf die tatsächlich geleistete Arbeitszeit abzustellen. Allerdings ist bei einer regelmäßigen Überschreitung der vertraglich vereinbarten Arbeitszeit auf die tatsächlich geleistete regelmäßige Arbeitszeit abzustellen. Nur kurzfristige Arbeitsschwankungen bleiben außer Betracht; entscheidend ist das „regelmäßige" Arbeitszeitvolumen. Bei Bedarfsarbeitsverhältnissen ist auf die im Jahresdurchschnitt geleistete Arbeitszeit abzustellen (§ 2 Abs. 1 Satz 2 TzBfG).

896 Nach dem Wortlaut des Gesetzes kommt es zur Bestimmung des Geltungsbereichs auf die **„in der Regel"** beschäftigten Arbeitnehmer an. Deshalb ist nicht entscheidend die Zahl der Arbeitnehmer, die gerade im Kündigungszeitpunkt beschäftigt werden. Maßgebend ist vielmehr die Zahl der normalerweise Beschäftigten. Deshalb ist bei der Feststellung der regelmäßigen Beschäftigtenzahl sowohl die personelle Situation in der Vergangenheit als auch der zukünftig zu erwartende Personalbedarf zu berücksichtigen.[78] Das bedeutet, dass auch die vom Arbeitgeber gleichzeitig oder zeitnah gekündigten Arbeitnehmer der Beschäftigungszahl hinzuzurechnen sind, weil der Kündigungsschutz anderenfalls umgangen werden könnte.

897 Der Ersatz für einen erkrankten Arbeitnehmer ist unberücksichtigt zu lassen. Das gilt auch, wenn wegen eines vorübergehenden Bedarfs weitere Arbeitnehmer eingestellt werden. Nur vorübergehend ruhende Arbeitsverhältnisse (etwa infolge von Wehrdienst oder Mutterschaft) sind zu berücksichtigen, nicht aber zusätzlich die für diese Arbeitnehmer eingestellte Ersatzkraft.[79] Für den Bereich der Elternzeit ist dies ausdrücklich bestimmt (§ 21 Abs. 7 BErzGG). Ebensowenig ist darauf abzustellen, wenn für kurze Zeit mit einer geringeren Zahl von Arbeitnehmern gearbeitet wird. Entscheidend ist vielmehr die Zahl, die bei regelmäßiger Auslastung des Betriebes beschäftigt werden.[80] Leiharbeitnehmer zählen nicht im Entleiherbe-

---

[77] Die vom 1. 10. 1996 bis 31. 12. 1998 maßgebliche Fassung des § 23 Abs. 1 Satz 3 KSchG enthielt eine tiefere Staffelung. Nach dieser Norm wurden bei der Feststellung der Zahl der beschäftigten Arbeitnehmer Teilzeitbeschäftigte mit einer regelmäßigen wöchentlichen Arbeitszeit von nicht mehr als zehn Stunden mit dem Faktor 0,25 gewichtet. Theoretisch war damit die Bildung eines vom Kündigungsschutz ausgenommenen Betriebs bzw. Unternehmens mit 40 Teilzeitarbeitnehmern mit einer regelmäßigen wöchentlichen Arbeitszeit von nicht mehr als zehn Stunden möglich. Auch diese Zahl bewegte sich auf der Grenze der verfassungsrechtlichen Zulässigkeit, wenn man die Bemerkung des BVerfG ernst nimmt, dass in einem Betrieb mit 50 Personen, der nicht dem Kündigungsschutzgesetz unterfällt, die Grenze zur verfassungswidrigen Ungleichbehandlung überschritten ist, vgl. BVerfG 27. 1. 1998 BVerfGE 97, 186 = EzA § 23 KSchG Nr. 18 unter B I. 2 der Gründe.

[78] BAG 31. 1. 1991 EzA § 23 KSchG Nr. 11 = AP § 23 KSchG 1969 Nr. 11; LAG Hamm 3. 4. 1997 LAGE § 23 KSchG Nr. 13; LAG Niedersachsen 28. 2. 2000 NZA-RR 2000, 474; LAG Schleswig-Holstein 3. 8. 2000 RzK I 4c Nr. 39.

[79] BAG 31. 1. 1991 EzA § 23 KSchG Nr. 11; KDZ/*Kittner,* § 23 KSchG Rn. 19; *v. Hoyningen-Huene/Linck,* § 23 KSchG Rn. 26; *Löwisch,* § 23 KschG Rn. 18; ArbG Stuttgart 13. 10. 1983 BB 1984, 1097; ArbG Wetzlar 14. 1. 1985 ArbuR 1986, 122.

[80] LAG Hamm 3. 4. 1997 LAGE § 23 KSchG Nr. 13.

trieb, sondern nur im Betrieb des Verleihers mit. Unberücksichtigt bleiben ferner Heimarbeiter und arbeitnehmerähnliche Personen.[81]

4. Darlegungs- und Beweislast

Die Darlegung der Voraussetzungen des Kündigungsschutzgesetzes ist eine anspruchsbegründende Tatsache, so dass dem Arbeitnehmer grundsätzlich die **Darlegungs- und Beweislast** obliegt. Freilich muss er nach der Regel des § 23 Abs. 1 Satz 1 KSchG lediglich darlegen, dass er in einem Betrieb oder einer Verwaltung des privaten oder des öffentlichen Rechts beschäftigt ist. Nach allgemeinen Grundregeln des Beweisrechts ist § 23 Abs. 1 Satz 2 KSchG als Ausnahmevorschrift zu Satz 1 gefasst. Deshalb ist es sachgerecht, dass der Arbeitgeber zu beweisen hat, dass er nicht mindestens 5,25 zu berücksichtigende Arbeitnehmer beschäftigt.[82] Der abweichenden Auffassung des BAG und Teilen der Literatur, die vom Arbeitnehmer insgesamt die Darlegung und ggf. den Beweis für das Vorliegen des betrieblichen Geltungsbereichs verlangen,[83] kann nicht gefolgt werden. Die Streitfrage stellt sich in der Praxis deshalb vielfach nicht, weil der Arbeitgeber aus dem Prinzip der Sachnähe nach § 138 Abs. 2 ZPO ohnehin substantiierte Angaben zu machen hat.[84] Dies ist schon deshalb sachgerecht, weil der Arbeitnehmer überhaupt keine Möglichkeit hat, den bei Teilzeitarbeitnehmern vertraglich vereinbarten Umfang der Arbeitszeit darzulegen. Der Arbeitnehmer kennt nicht den Inhalt der Arbeitsverträge und ist auch nicht in der Lage, für jeden einzelnen Arbeitnehmer darzulegen, welche Arbeitszeit tatsächlich geleistet worden ist. Die Voraussetzungen der abgestuften Darlegungs- und Beweislast gelten auch für die Fragen des Betriebsbegriffes. Auch hier ist nur der Arbeitgeber nach dem Prinzip der Sachnähe in der Lage, nähere Auskunft über die einheitliche Führungsstruktur beim Gemeinschaftsbetrieb oder auch über das Vorhandensein zahlreicher kleinerer Verkaufsstellen zu geben.[85] 898

III. Sechsmonatige Wartezeit

1. Grundsatz

Der allgemeine Kündigungsschutz ist an eine Wartezeit geknüpft. Die frühere 899
Fassung des Gesetzes verlangte eine sechsmonatige ununterbrochene Beschäftigung in demselben Betrieb oder Unternehmen. Seit der Neufassung des KSchG durch das Erste Arbeitsrechtsbereinigungsgesetz (in Kraft ab 1. 9. 1969) muss das Arbeits-

---

[81] BBDW/*Dörner,* § 23 KSchG Rn. 17.

[82] Zutreffend ErfK/*Ascheid* § 23 KSchG Rn. 25; *Bader,* NZA 1997, 905, 910; *Bepler,* ArbuR 1997, 54, 57; *Germelmann/Matthes/Prütting,* § 58 ArbGG Rn. 91; *Löwisch,* § 23 KSchG Rn. 21; *Reinecke,* NZA 1989, 583; *Berkowsky,* MDR 1998, 82, 84; *Bader,* NZA 1999, 64, 66.

[83] Vgl. BAG 18. 1. 1990 EzA § 23 KSchG Nr. 9; BBDW/*Dörner,* § 23 KSchG Rn. 25; *v. Hoyningen-Huene/Linck,* § 23 KSchG Rn. 28; KR/*Weigand,* § 23 KSchG Rn. 54.

[84] Vgl. ErfK/*Ascheid,* § 23 KSchG Rn. 25; BBDW/*Dörner,* § 23 KSchG Rn. 25; LAG Hamm 3. 4. 1997 LAGE § 23 KSchG Nr. 13.

[85] Einzelheiten bei *Berkowsky,* MDR 1998, 82, 84.

verhältnis in demselben Betrieb oder Unternehmen länger als sechs Monate bestanden haben. Sinn und Zweck der Norm ist, dass der Arbeitnehmer erst nach einer Mindestbetriebszugehörigkeit Kündigungsschutz erlangt und der Arbeitgeber Gelegenheit hat, innerhalb von sechs Monaten den Arbeitnehmer zu **erproben.** Innerhalb der Ersten sechs Monate ist die Kündigung nicht an einen Grund gebunden. Sie kann allerdings nach allgemeinen Normen außerhalb des KSchG unwirksam sein (hierzu Rn. 266ff.).

900 Nur in Ausnahmefällen kann die Kündigung eines Arbeitnehmers wegen treuwidriger Vereitelung des Kündigungsschutzes nach § 242 BGB unwirksam sein, wenn die Kündigung wenige Tage vor Ablauf der sechsmonatigen Wartezeit erfolgt, um den Eintritt des Kündigungsschutzes zu vereiteln.[86] Jedoch ist zu bedenken, dass der Arbeitgeber prinzipiell das Recht hat, den Zeitraum von sechs Monaten der Kündigungsfreiheit auszuschöpfen.

901 Der Kündigungsschutz kann vertraglich nicht ausgeschlossen werden. Auch Verlängerungen der Probezeit führen nicht zu einem Hinausschieben des Kündigungsschutzes. Das gilt sowohl hinsichtlich § 1 KSchG als auch hinsichtlich der Kündigungsfristen nach § 622 Abs. 3 BGB, die verkürzt längstens für die Dauer von sechs Monaten gelten. Das wird in der Praxis immer noch häufig verkannt. Umgekehrt kann jedoch die Wartezeit **zugunsten des Arbeitnehmers ausgeschlossen oder verkürzt** werden. Dies kann durch Arbeitsvertrag oder Tarifvertrag geschehen (hierzu näher Rn. 325ff.).

902 Mögliche **Anrechnungsvereinbarungen** müssen nicht unbedingt ausdrücklich erfolgen, sie können sich auch aus den Umständen ergeben. Dies wird z.B. der Fall sein, wenn nach dem geäußerten Parteiwillen anzunehmen ist, dass die Wiedereinstellung des Arbeitnehmers als eine Fortsetzung des alten Arbeitsverhältnisses angesehen werden soll. Im Zweifel wird jedoch der Arbeitnehmer gut daran tun, sich diesen Willen im Vertrag bestätigten zu lassen, damit die Frage des Beginns des Kündigungsschutzes klar ist.[87] Auch in Tarifverträgen sind Anrechnungsregelungen anzutreffen, die auf die Wartezeitregelung nach § 1 Abs. 1 KSchG anzuwenden sind.[88]

2. Berechnung der Wartezeit

903 Maßgebend für den Ablauf der Sechsmonatsfrist ist der kalendermäßig feststellbare rechtliche Bestand des Arbeitsverhältnisses. Wer am 1. Juni eingestellt wird, genießt ab 1. Dezember den allgemeinen Kündigungsschutz, gleichgültig, ob er während der Wartezeit drei Monate krank oder aber das Arbeitsverhältnis durch Streik zwei Monate suspendiert war. Auch die vertragliche Verlängerung der Probezeit bei einem unbefristeten Arbeitsverhältnis verhindert nicht den Eintritt des Kündigungsschutzes.[89] Allein der ununterbrochene **rechtliche Bestand** des Arbeitsverhältnisses ist entscheidend. Wird das Arbeitsverhältnis jedoch beendet und danach ein neues begründet, so beginnt die Frist neu zu laufen. Etwas anderes gilt

---

[86] BAG 5. 3. 1987 RzK I 4d Nr. 7; 18. 8. 1982 AP § 102 BetrVG Nr. 24; s.a. BAG 12. 12. 1996 EzA § 1 KSchG Krankheit Nr. 41.

[87] Hierzu LAG Schleswig-Holstein 1. 10. 1985 RzK I 4d Nr. 5.

[88] Vgl. § 15 BRTV, hierzu BAG 14. 5. 1987 EzA § 1 KSchG Nr. 44 = AP § 1 KSchG 1969 Wartezeit Nr. 5; 28. 2. 1990 EzA § 1 KSchG Nr. 47.

[89] LAG Frankfurt 13. 3. 1986 RzK I 4d Nr. 6; KDZ/*Kittner*, § 1 KSchG Rn. 12.

in solchen Fällen grundsätzlich nur bei entsprechender Parteivereinbarung. Ist streitig, ob ein unstreitig begründetes, dann tatsächlich unterbrochenes Arbeitsverhältnis auch rechtlich unterbrochen war, hat der Arbeitgeber darzulegen und zu beweisen, dass auch eine rechtliche Unterbrechung vorlag.[90]

Entscheidend für den Fristlauf ist der Beginn des „Arbeitsverhältnisses". Das ist **904** i. d. R. nicht der Zeitpunkt des Vertragsschlusses. Entscheidend ist, wann nach der getroffenen Vereinbarung das Arbeitsverhältnis beginnen „soll".[91] Der Beginn der Wartezeit wird dabei weder durch Annahmeverzug des Arbeitgebers noch durch Erkrankung des Arbeitnehmers hinausgezögert.[92] Etwas anderes gilt nur dann, wenn der Arbeitnehmer schuldhaft die Arbeit nicht aufnimmt.[93]

Angerechnet werden nur solche Zeiten der Beschäftigung in Betrieb oder Un- **905** ternehmen, die im **Rahmen eines Arbeitsverhältnisses** erbracht wurden. § 1 Abs. 1 KSchG verwendet zur Kennzeichnung des Rechtsverhältnisses, dessen Bestehen nach Ablauf von sechs Monaten geschützt werden soll, den Begriff des Arbeitsverhältnisses und bezeichnet die geschützte Person als Arbeitnehmer. Das KSchG enthält keine eigene Definition des Arbeitnehmerbegriffs, sondern setzt ihn als bekannt voraus. Er ist damit in dem allgemeinen arbeitsrechtlichen Sinne zu verstehen. Nicht anzurechnen sind daher einem Arbeitsverhältnis vorausgehende Beschäftigungen auf einer anderen vertraglichen Basis, etwa als freier Dienstnehmer oder Werkvertragsunternehmer. Auch Beschäftigungen als Leiharbeitnehmer sind im Entleihunternehmen nicht anzurechnen.[94]

Gleichgültig ist, welcher Art die Tätitgkeit in einem Arbeitsverhältnis ist. Um- **906** stritten sind hier insbesondere die Aus- und Fortbildungsverträge im weitesten Sinne sowie Verträge im Rahmen des Arbeitsförderderungsrechts. Es ist vielmehr auch für die Frage der Berechnung der Wartezeit im Einzelfall zu prüfen, ob die Maßnahme im Rahmen eines Arbeitsverhältnisses abgeleistet worden ist.

Ein **Berufsausbildungsverhältnis** nach § 1 Abs. 2, §§ 3ff. BBiG, auf das nach **907** § 3 Abs. 2 BBiG die für den Arbeitsvertrag geltenden Rechtsvorschriften anzuwenden sind, ist bei der Berechnung der Wartezeit nach § 1 Abs. 1 KSchG einem Arbeitsverhältnis zumindest gleichzustellen.[95] Ein betriebliches Praktikum, das der beruflichen Fortbildung (§ 46 BBiG) gedient hat, ist dagegen nur dann anzurechnen, wenn es im Rahmen eines Arbeitsverhältnisses abgeleistet worden ist.[96] Zeiten von Fortbildungsmaßnahmen nach dem Arbeitsförderungsrecht, bei denen kein Arbeitsvertrag begründet wird, sind nicht anzruechnen.[97] Auch bei Umschulungs-

---

[90] BAG 16. 3. 1989 EzA § 1 KSchG Nr. 45 mit Anm. *Marhold* = NZA 1989, 884.

[91] *V. Hoyningen-Huene/Linck,* § 1 KSchG Rn. 77.

[92] *V. Hoyningen-Huene/Linck,* § 1 KSchG Rn. 77; APS/*Dörner,* § 1 KSchG Rn. 30; HK-KSchG/*Dorndorf,* § 1 Rn. 94; KR/*Etzel,* § 1 KSchG Rn. 89; a. A. *Löwisch,* § 1 KSchG Rn. 49.

[93] *V. Hoyningen-Huene/Linck,* § 1 KSchG Rn. 77; APS/*Dörner,* § 1 KSchG Rn. 30; KR/*Etzel,* § 1 KSchG Rn. 90; ErfK/*Ascheid,* § 1 KSchG Rn. 90.

[94] *V. Hoyningen-Huene/Linck,* § 1 KSchG Rn. 78 m. w. N.

[95] Allg. Auffassung BAG 26. 8. 1976 AP § 626 BGB Nr. 68; *Löwisch,* § 1 KSchG Rn. 47; KDZ/*Kittner,* § 1 KSchG Rn. 24; *v. Hoyningen-Huene/Linck* § 1 KSchG Rn. 78a; KR/*Etzel,* § 1 KSchG Rn. 97.

[96] BAG 18. 11. 1999 AP § 1 KSchG 1969 Wartezeit Nr. 11 = EzA § 1 KSchG Nr. 52.

[97] BAG 22. 10. 1987 RzK I 5c Nr. 23; BAG 8. 4. 1988 RzK I 4d Nr. 10; nicht anzurechnen sind auch Zeiten eines Eingliederungsverhältnis eines Arbeitslosen nach §§ 229 SGB III a. F. vgl BAG 17. 5. 2001 EzA § 1 KSchG Nr. 54.

verhältnissen ist im Einzelfall zu prüfen, ob die Umschulung innerhalb oder außerhalb eines Arbeitsverhältnisses erfolgt.[98]

908 Tätigkeiten im Rahmen einer Arbeitsbeschaffungsmaßnahme nach §§ 260ff. SGB III werden jedoch in aller Regel in einem Arbeitsverhältnis erbracht. Auch wenn die Tätigkeit befristet ist und der Arbeitnehmer danach mit anderen Aufgaben unbefristet weiterbeschäftigt wird, ist die Beschäftigungszeit im Rahmen der ABM-Maßnahme auf die Wartezeit anzurechnen.[99]

3. Unterbrechung des Arbeitsverhältnisses

909 Wird das Arbeitsverhältnis beendet und danach ein neues begründet, so beginnt die Frist neu zu laufen. Von diesem Grundsatz hat die Rechtsprechung schon immer dann eine Ausnahme zugelassen, wenn innerhalb der Wartezeit mehrere Arbeitsverhältnisse **ohne zeitliche Unterbrechung** aufeinander folgen. Eine Unterbrechung der Wartezeit liegt dann nicht vor.[100] Dies gilt auch bei in unmittelbarer Folge geschlossenen befristeten Arbeitsverhältnissen. Durch bloßes Hintereinanderschalten von Arbeitsverhältnissen soll nicht der Kündigungsschutz ungangen werden können.

910 Dieser Grundsatz ist nach nunmehr ständiger Rechtsprechung des BAG ausgeweitet worden. Trotz rechtlicher Unterbrechung ist danach die Zeit eines früheren Arbeitsverhältnisses mit demselben Arbeitgeber bei erneuter Begründung eines Arbeitsverhältnisses auf die **Wartezeit** des § 1 Abs. 1 KSchG **anzurechnen,** wenn die **Unterbrechung verhältnismäßig kurz** ist und zwischen beiden Arbeitsverhältnissen ein **enger sachlicher Zusammenhang** besteht.[101] Wegen der Gleichheit der Interessenlage will die Rechtsprechung § 1 Abs. 1 KSchG und den inzwischen außer Kraft getretenen § 2 AngKSchG einheitlich auslegen. Das BAG löst sich jedoch von dem Wortlaut des Gesetzes und meint, Sinn und Zweck der Norm forderten diese Ausnahme, wobei es insbesondere auf Anlass und Dauer der Unterbrechung sowie auch auf die Art der Weiterbeschäftigung ankommen soll. Die Dauer der Unterbrechung soll für sich allein nicht entscheidend sein. Freilich verneint das BAG einen engen Zusammenhang stets, wenn die Unterbrechungszeit verhältnismäßig lange gedauert hat.[102] Die erforderliche Einzelfallbeurteilung erzeugt unnötig weitere Rechtsunsicherheit. Bejaht hat die Rechtsprechung einen engen sachlichen Zusammenhang bei lediglich viertägiger Unterbrechung, als zu lang hat die Rechtsprechung eine Unterbrechung von mehr als einem Monat betrachtet.[103] Für den Regelfall wird bereits ein Unterbrechungszeitraum von drei

---

[98] Vgl. hierzu BAG 15. 3. 1991 AP § 47 BBiG Nr. 2.

[99] BAG 12. 2. 1981 EzA § 611 BGB Probearbeitsverhältnis Nr. 5 = AP § 5 BAT Nr. 1.

[100] BAG 23. 9. 1976 EzA § 1 KSchG Nr. 35 = DB 1977 S. 213.

[101] BAG 6. 12. 1976 EzA § 1 KSchG Nr. 36 = AP § 1 KSchG 1969 Wartezeit Nr. 2; 18. 1. 1979 EzA § 1 KSchG Nr. 39 = AP § 1 KSchG 1969 Nr. 3; 10. 5. 1989 AP § 1 KSchG 1969 Wartezeit Nr. 7; ebenso KR/*Etzel,* § 1 KSchG Rn. 110; *Löwisch* § 1 KSchG Rn. 38. Nicht auf die Wartezeit anzurechnen ist allerdings die – verhältnismäßig kurze – Zeit der Unterbrechung, vgl. LAG Baden-Württemberg 17. 2. 1988 LAGE § 1 KSchG Nr. 7; LAG Hamm 20. 12. 1996 LAGE § 1 KSchG Nr. 10.

[102] BAG 18. 1. 1979 EzA § 1 KSchG Nr. 39 = AP § 1 KSchG 1969 Wartezeit Nr. 3.

[103] Verneint wurde ein enger sachlicher Zusammenhang bei einer Unterbrechungsdauer von einem Monat und zehn Tagen (BAG 15. 12. 1983 – 2 AZR 166/82 – nv.), einem

Wochen als ein verhältnismäßig erheblicher Zeitraum angesehen, dessen Überschreitung es im Allgemeinen ausschließt, von einer sachlich nicht ins Gewicht fallenden Unterbrechung auszugehen.[104] Nach den Gesamtumständen kann jedoch ein Zusammenhang auch bei einer längeren Unterbrechung (sechs Wochen) zu bejahen sein, wenn die Unterbrechung nur dazu dient, die (Schul-)Ferien zu überbrücken.[105] Je länger die zeitliche Unterbrechung währt, desto gewichtiger müssen die für einen sachlichen Zusammenhang sprechenden Gründe sein.[106] Die Anlehnung an § 1 Abs. 3 Satz 2 BeschFG, nach dem ein enger sachlicher Zusammenhang zu einem vorhergehenden befristeten oder unbefristeten Arbeitsvertrag mit demselben Arbeitgeber insbesondere anzunehmen ist, wenn zwischen den Arbeitsverträgen ein Zeitraum von weniger als vier Monaten liegt, hat das BAG zu Recht wegen der völlig unterschiedlichen Zwecksetzung der Normen abgelehnt.[107] Wenn die Initiative zur Unterbrechung des Arbeitsverhältnisses vom Arbeitnehmer ausgegangen ist, verneint das BAG einen engen sachlichen Zusammenhang. In der Sache dürfte die Rechtsprechung damit auf die Sanktionierung **rechtsmissbräuchlicher** Unterbrechungen des Arbeitsverhältnisses durch den Arbeitgeber hinauslaufen.

Die Unterbrechungszeit selbst ist nicht auf die Wartezeit anzurechnen. Das bedeutet, dass der Arbeitnehmer nur dann Kündigungsschutz erlangt, wenn er insgesamt (ohne Unterbrechungszeit) sechs Monate in einem Arbeitsverhältnis zum Arbeitgeber gestanden hat.[108] **911**

§ 2 Die Sozialwidrigkeit der Kündigung

I. Allgemeine Grundsätze

Die ordentliche Kündigung des Arbeitsverhältnisses ist rechtsunwirksam, wenn sie nicht sozial gerechtfertigt ist. Der Arbeitgeber muss die Kündigung durch einen der positiven Gründe rechtfertigen, die § 1 Abs. 2 Satz 1 KSchG aufzählt. In Betracht kommen Gründe **in der Person,** Gründe **im Verhalten des Arbeitnehmers** und **dringende betriebliche Gründe.** Daneben kommen nach § 1 Abs. 2 Satz 2 und 3 KSchG die sog. **absoluten Gründe der Sozialwidrigkeit** in Betracht. Danach ist eine Kündigung in jedem Falle sozial ungerechtfertigt, wenn sie **912**

Monat und 23 Tagen (BAG 20. 8. 1998 BAGE 89, 307 = AP § 1 KSchG 1969 Wartezeit Nr. 10), zwei Monaten (BAG 10. 5. 1989 – 7 AZR 450/88 – BAGE 62, 48 = AP § 1 KSchG 1969 Wartezeit Nr. 7), von 2/3 Monaten (BAG 11. 11. 1982 AP BGB § 620 Befristeter Arbeitsvertrag Nr. 71) und von knapp 4 Monaten (BAG 9. 8. 2000 RzK I 4d Nr. 24).

[104] BAG 18. 1. 1979 AP KSchG 1969 § 1 Wartezeit Nr. 3; BAG 9. 8. 2000 RzK I 4d Nr. 24.

[105] BAG 20. 8. 1998 EzA § 1 KSchG Nr. 49.

[106] BAG 20. 8. 1998 EzA § 1 KSchG Nr. 50 = NZA 1999, 314.

[107] BAG 10. 5. 1989 NZA 1990, 221 = EzA § 1 KSchG Nr. 46; a. A. *Berger-Delhey,* NZA 1988, 790, 791; KR/*Etzel,* § 1 KSchG Rn. 110.

[108] LAG Baden-Württemberg 17. 2. 1988 LAGE § 1 KSchG Nr. 7; LAG Hamm 20. 12. 1996 LAGE § 1 KSchG Nr. 10; ErfK/*Ascheid,* § 1 KSchG Rn. 77; KR/*Etzel,* § 1 KSchG Rn. 110; *v. Hoyningen-Huene/Linck,* § 1 KSchG Rn. 89; a. A. APS/*Dörner,* § 1 KSchG Rn. 41.

gegen eine Richtlinie nach § 95 BetrVG verstößt oder eine Weiterbeschäftigungsmöglichkeit für den Arbeitnehmer in demselben Betrieb oder in einem anderen Betrieb des Unternehmens gegeben ist und der Betriebsrat aus einem dieser Gründe der Kündigung innerhalb der Frist des § 102 Abs. 2 Satz 1 BetrVG schriftlich widersprochen hat (vgl. Rn. 441 ff.).[1]

913 Das Verhältnis der Bestimmungen des § 1 Abs. 2 Satz 1 und des Abs. 2 Satz 2 und 3 KSchG war zunächst umstritten, ist jedoch durch die Entscheidung des BAG vom 13. 9. 1973 weitgehend klargestellt. Auch wenn der Betriebsrat einer Kündigung nicht nach Maßgabe des § 102 Abs. 3 BetrVG widersprochen hat, sind die in § 1 Abs. 2 Satz 2 KSchG genannten Widerspruchsgründe zu berücksichtigen.[2] Andernfalls wäre der individuelle Kündigungsschutz des Arbeitnehmers stark eingeschränkt und dem Betriebsrat eine Sperrfunktion eingeräumt worden. Ist der Widerspruch des Betriebsrats sachlich nicht gerechtfertigt, ist dennoch eine Prüfung des gleichen Sachverhalts nach Maßgabe des § 1 Abs. 2 Satz 1 KSchG erforderlich.

914 Die **Zielsetzung,** die das KSchG dabei verfolgt, ist nicht arbeitsmarkt- oder wirtschaftspolitisch, sondern sozialpolitisch. Als geschützte Rechtsgüter sieht das KSchG den **Arbeitsplatz** und die **Betriebszugehörigkeit** des Arbeitnehmers an, weil diese „die Grundlagen seiner wirtschaftlichen und sozialen Existenz bilden“.[3] Deshalb soll der status quo „in den Grenzen des sozial und wirtschaftlich Vertretbaren“[4] geschützt werden. Aus diesem individualschützenden Charakter des § 1 KSchG ergibt sich zunächst, dass **§ 1 KSchG unabhängig von der volkswirtschaftlichen Lage und von Drittinteressen** zu interpretieren ist. Zudem ist der Zweck des § 1 Abs. 2 KSchG bei der Interpretation der einzelnen Tatbestandsmerkmale stets zu berücksichtigen.

1. Unbestimmter Rechtsbegriff

915 Der Begriff der „sozial ungerechtfertigten“ Kündigung ist kein unmittelbar anwendbarer unbestimmter Rechtsbegriff, sondern ein bloßer **rechtstechnischer Begriff,**[5] der den Rechtsanwender nicht auf einen allgemeinen Billigkeitsmaßstab verweist, sondern in § 1 Abs. 2 und 3 KSchG konkreter erläutert wird.[6] Diese Erkenntnis setzt sich in der Rechtsprechung für alle Kündigungsgründe zunehmend durch. Zwar finden sich überkommene Billigkeitsklauseln weiterhin in der Recht-

---

[1] Vgl. BAG 13. 9. 1973 EzA § 102 BetrVG 1972 Nr. 7 = AP § 1 KSchG 1969 Nr. 2.

[2] Vgl. KR/*Etzel,* § 1 KSchG Rn. 708; kritisch hierzu *Söllner,* Anm. zu BAG EzA § 1 KSchG Betriebsbedingte Kündigung Nr. 88; KPK/*Meisel,* § 1 KSchG Rn. 475. Ist im Betrieb kein Betriebsrat vorhanden, so sind die in § 1 Abs. 2 Satz 2 KSchG genannten Gründe im Rahmen der Interessenabwägung zu berücksichtigen. Das gilt auch für die leitenden Angestellten. Die in BAG 13. 9. 1973 offengelassene Frage, ob dies auch für die neu ins Gesetz eingefügten Gründe gilt, wird man zu bejahen haben; siehe auch BAG 5. 8. 1976 EzA § 1 KSchG Krankheit Nr. 2 = AP § 1 KSchG 1969 Krankheit Nr. 1; 22. 7. 1978 EzA § 1 KSchG Verhaltensbedingte Kündigung Nr. 10 = DB 1983, 180; 17. 5. 1984 EzA § 1 KSchG Betriebsbedingte Kündigung Nr. 32 = NZA 1985, 489 = AP § 1 KSchG 1969 Betriebsbedingte Kündigung Nr. 21 mit Anm. *Hoyningen-Huene.*

[3] Vgl. die Begründung des RegE zum KSchG, RdA 1951, 63.

[4] Vgl. die Begründung des RegE zum KSchG, RdA 1951, 64 (unter § 7).

[5] BAG 20. 1. 1961 BAGE 10, 323, 327.

[6] Ausführlich *Preis,* S. 101 f.

sprechung. Hiernach soll die Kündigung dann sozial gerechtfertigt sein, wenn bei verständiger Würdigung in Abwägung der Interessen des Arbeitnehmers und des Arbeitgebers die Kündigung als billigenswert und angemessen bzw. gerecht erscheint.[7] Mit dieser Formel allein lässt sich jedoch heute kein Kündigungsrechtsstreit mehr entscheiden.

Welche Kündigungen sozial ungerechtfertigt sind, definiert das Gesetz selbst in 916
§ 1 Abs. 2 und 3 KSchG durch unbestimmte Rechtsbegriffe, die der normativen Konkretisierung bedürfen. Auf der Basis der Dreiteilung der Kündigungsgründe in personen-, verhaltens- und betriebsbedingte Gründe sind im Laufe der Zeit rechtssatzförmige, auf den jeweiligen Kündigungsgrund zugeschnittene Voraussetzungen entwickelt worden. Zentrale Prinzipien, die für alle Kündigungsgründe gelten, sind das **Ultima-Ratio-Prinzip,** das **Prognoseprinzip** (ex-ante-Beurteilung) und mit gewissen Einschränkungen das Prinzip der **Interessenabwägung.** Ebenso wie bei § 626 Abs. 1 BGB sind auch bei § 1 KSchG **keine absoluten Kündigungsgründe** anzuerkennen.[8]

Die unbestimmten Rechtsbegriffe in § 1 KSchG werden **revisionsgerichtlich** 917
nach ständiger Rechtsprechung nur daraufhin überprüft, ob das Berufungsgericht die Rechtsbegriffe nicht verkannt hat, ob die Unterordnung des Sachverhalts unter die Vorschrift des § 1 KSchG Denkgesetzen oder Erfahrungsregeln widerspricht und ob die ggf. erforderliche Interessenabwägung alle wesentlichen Umstände berücksichtigt, insbesondere ob sie widerspruchsfrei oder offensichtlich fehlerhaft ist.[9]

2. Ultima-Ratio-Prinzip

Bei allen Beendigungskündigungen gilt der schlagwortartig als „Ultima-Ratio- 918
Prinzip" bezeichnete Grundsatz, wonach die Kündigung erst als **letztes Mittel** in Betracht kommt. In seiner grundlegenden Entscheidung vom 30. 5. 1978 stellt das BAG den Rechtssatz auf, dass eine Beendigungskündigung, gleich aus welchen Gründen und gleichgültig, ob sie als ordentliche oder als außerordentliche Kündigung ausgesprochen wird, als äußerstes Mittel erst in Betracht kommt, wenn **keine Möglichkeit zu einer anderweitigen Beschäftigung unter Umständen auch mit schlechteren Arbeitsbedingungen** besteht.[10] Der das Kündigungsrecht seit dieser Entscheidung beherrschende Grundsatz der Verhältnismäßigkeit ist jedoch in § 1 KSchG weitgehend gesetzlich konrektisiert. Als letztes Mittel greift die Beendigungskündigung nur durch, wenn der Arbeitgeber nicht in der Lage ist, andere geeignete mildere Mittel zur Befriedigung seiner Interessen einzusetzen. Dieser Ultima-Ratio-Gedanke charakterisiert indes nichts anderes als den Grundsatz der

---

[7] BAG 10. 12. 1956 AP § 1 KSchG Nr. 21; 23. 1. 1958 AP § 1 KSchG Nr. 50; zuletzt noch BAG 13. 3. 1987 AP § 1 KSchG 1969 Verhaltensbedingte Kündigung Nr. 18 = NZA 1987, 518.

[8] BAG 20. 5. 1988 EzA § 1 KSchG Personenbedingte Kündigung Nr. 3 = NZA 1989, 464; *Preis,* S. 94 ff.

[9] Ständige Rechtsprechung; BAG 12. 8. 1976 AP § 1 KSchG 1969 Nr. 3 = DB 1976, 2357; 3. 5. 1978, 12. 10. 1979, 17. 10. 1980 AP § 1 KSchG 1969 Betriebsbedingte Kündigung Nr. 5, 7 u. 10.

[10] BAG 30. 5. 1978 EzA § 626 BGB n. F. Nr. 66 = AP § 626 BGB Nr. 70; hierzu *Boewer,* Festschrift für Gaul, 1992, S. 19 ff.; *Wank,* RdA 1993, 79 ff.; *Preis,* S. 254 ff.

Erforderlichkeit. Dieser **Grundsatz der Erforderlichkeit** ist in § 1 Abs. 2 Satz 1 KSchG bereits weitgehend gesetzlich konkretisiert. Eine spezifische Konkretisierung findet sich in § 1 Abs. 2 Satz 2 und 3 KSchG. Dort sind mildere Mittel gegenüber der Beendigungskündigung geregelt, die – unabhängig vom Widerspruch des Betriebs- bzw. Personalrates[11] – rechtssatzförmige Voraussetzungen einer Kündigung sind. Danach hat der Arbeitgeber vor einer Beendigungskündigung die Möglichkeiten der Weiterbeschäftigung auf einem freien oder frei werdenden (vgl. Rn. 999ff.) Arbeitsplatz in demselben Betrieb oder in einem anderen Betrieb des Unternehmens, ggf. zu geänderten Arbeitsbedingungen (hierzu im einzelnen Rn. 1003ff.) sowie nach zumutbaren Umschulungs- und Fortbildungsmaßnahmen (vgl. Rn. 1017), auszuschöpfen. Eine allgemeine Konkretisierung der Erforderlichkeitsmaxime liegt in § 1 Abs. 2 Satz 1 KSchG selbst: Bereits das Merkmal „bedingt" ist seiner Wortbedeutung nach im Sinne von „erfordern" bzw. „notwendig machen" zu interpretieren. Konkreter wird das Gesetz noch im Bereich der betriebsbedingten Kündigung, wenn es von „dringenden betrieblichen Erfordernissen" spricht. Zu beachten ist das der Erforderlichkeitsprüfung immanente Merkmal der **Geeignetheit.** Denn nur ein zur Befriedigung des konkreten Zwecks geeignetes milderes Mittel kommt zur Vermeidung einer Beendigungskündigung in Betracht. Die konkrete Eignung eines Mittels muss dabei bezogen auf den konkreten betrieblichen oder vertragsbezogenen Zweck ermittelt werden. Darüber hinaus sind die **Grenzen des Verhältnismäßigkeitsprinzips** hinsichtlich der Wahl milderer Mittel zu beachten. Dem Arbeitgeber können nur solche milderen Mittel zur Vermeidung der Kündigung auferlegt werden, die zu ergreifen ihm rechtlich und tatsächlich möglich sind. Grenzen können insoweit durch kollektive Mitbestimmungsrechte, durch Gesetz oder durch Rechte Dritter gezogen werden.[12]

919 Das ultima-ratio-Prinzip hat der Gesetzgeber durch eine Zentralnorm im Arbeitsförderungsrecht bestätigt (§ 2 Abs. 2 SGB III i.d.F. v. 20. 12. 2001). Danach haben Arbeitgeber „bei ihren Entscheidungen verantwortungsvoll deren Auswirkungen auf die Beschäftigung der Arbeitnehmer und von Arbeitslosen und damit die Inanspruchnahme von Leistungen der Arbeitsförderung einzubeziehen. Sie sollen insbesondere … 2. vorrangig durch betriebliche Maßnahmen die Inanspruchnahme von Leistungen der Arbeitsförderung sowie Entlassungen von Arbeitnehmern vermeiden." Ob § 2 SGB III eine über die bisherigen anerkannten Grundsätze hinausgehende Bedeutung zukommt, ist umstritten.[13] Jedenfalls kann die Norm Auswirkungen in den Fragestellungen haben, wo vorrangige Instrumente des Arbeitsförderungsrechts die Erforderlichkeit der Kündigung entfallen lassen (Bsp. Transfersozialpläne, Vorrang der Kurzarbeit, Überbrückung witterungsbedingten Ausfalls und Überstundenabbau).[14]

---

[11] Vgl. Nachweise in Fußnote 1 und 2.

[12] Hierzu *Preis,* S. 313ff.

[13] Vgl. hierzu *Bauer/Haußmann,* NZA 1997, 1100ff.; MünchArbR/*Berkowsky,* § 138 Rn. 132f.; Gagel/*Bepler,* § 2 SGB-III, Rn. 33ff.; *Bitter,* DB 1999, 1214, 1218; *Gagel,* BB 2001, 358ff.; APS/*Kiel,* § 1 KSchG Rn. 564f.; *Löwisch,* § 1 KSchG Rn. 267; *Niesel,* NZA 1997, 580; *Preis,* NZA 1998, 449ff.; *Rolfs,* NZA 1998, 17ff.; *Schaub,* NZA 1997, 810.

[14] Insbesondere *Löwisch,* NZA 1998, 729f.; *Löwisch,* in: Betriebsbedingte Kündigung im Widerstreit, Schriftenreihe der Otto-Brenner-Stiftung, 1998, These 10; ErfK/*Ascheid,* § 1 KSchG Rn. 121.

3. Prognoseprinzip (Beurteilungszeitpunkt)

Für die Beurteilung der Rechtmäßigkeit einer Kündigung nach § 1 KSchG ist auf den **Zeitpunkt des Zugangs der Kündigung** abzustellen. Nach diesem Zeitpunkt eintretende Umstände vermögen die Wirksamkeit der Kündigung nicht mehr zu beeinflussen.[15] Soll eine Kündigung auf Tatsachen gestützt werden, die nach Zugang der bereits ausgesprochenen Kündigung eingetreten sind, muss ggf. eine erneute Kündigung ausgesprochen werden. Fällt nach Zugang der Kündigung der Kündigungsgrund fort, wird die Rechtswirksamkeit der Kündigung ebenfalls nicht berührt. In **Ausnahmefällen** kann dem Arbeitnehmer ein **Wiedereinstellungsanspruch** zustehen (hierzu Rn. 1026ff.). 920

Bei der Entscheidung über die Rechtswirksamkeit einer Kündigung bedarf es stets einer **Prognose.** Das Prognoseprinzip gilt bei allen Kündigungsgründen und ist die Konsequenz aus der Erkenntnis, dass die **Kündigungsgründe** ihrer Natur nach **zukunftsbezogen** sind.[16] Besondere Bedeutung hat das Prinzip der Negativprognose bei der personenbedingten Kündigung. Aber auch bei der betriebs- und verhaltensbedingten Kündigung müssen die Kündigungsgründe für die Zukunft Bestand haben. Geschehnisse in der Vergangenheit besagen für sich genommen noch nichts über die Rechtfertigung der Kündigung. § 1 Abs. 2 KSchG stellt darauf ab, ob die geltend gemachten Gründe einer „Weiterbeschäftigung" des Arbeitnehmers entgegenstehen. Stets sind also die Kündigungsgründe auf das zukunftsbezogene Moment der Weiterbeschäftigung zu interpretieren. Auch im Bereich der verhaltensbedingten Kündigung hat das BAG das Prognoseprinzip anerkannt.[17] Das BVerfG hat jetzt sogar bestätigt, dass Kündigungen nicht rein vergangenheitsbezogen, sondern stets auf der Grundlage einer Prognose beurteilt werden müssen.[18] Bei jedem Kündigungsgrund stellt sich die Prognosefrage anders. 921

4. Interessenabwägung

Bis zum Jahre 1980 entsprach es ständiger Rechtsprechung des BAG, dass die soziale Rechtfertigung einer betriebsbedingten Kündigung nur nach einer sorg- 922

---

[15] BAG 29. 4. 1999 AP § 1 KSchG 1969 Krankheit Nr. 36 = EzA § 1 KSchG Krankheit Nr. 46; BAG 15. 8. 1984 EzA § 1 KSchG Krankheit Nr. 16 = NZA 1985, 357; 20. 2. 1986 NZA 1988, 94; 10. 3. 1982 EzA § 2 KSchG Nr. 3 = AP § 2 KSchG 1969 Nr. 2 m. w. N.; 8. 8. 1968 AP § 626 BGB Nr. 57.

[16] Grundlegend *Herschel,* Festschrift für G. Müller, 1981, S. 202f.; *Preis,* S. 322f.; dem folgend *Ascheid,* Rn. 28ff.; *Hillebrecht,* ZfA 1991, 87, 120; *Hoyningen-Huene/Linck,* § 1 KSchG Rn. 130ff.; KPK/*Schiefer,* § 1 KSchG Rn. 79ff.; MünchArbR/*Berkowsky,* § 130 Rn. 70ff.

[17] BAG 10. 11. 1988 EzA § 611 BGB Abmahnung Nr. 18 = NZA 1989, 633; 16. 8. 1991 NZA 1992, 130 = EzA § 1 KSchG Verhaltensbedingte Kündigung Nr. 41; siehe auch BAG 9. 1. 1986 AP § 626 BGB Ausschlussfrist Nr. 20 unter 3b) bb); BAG 26. 1. 1995 – 2 AZR 649/94 –; vgl. auch zum Sonderkündigungsrecht nach dem Einigungsvertrag: BVerfG 21. 2. 1995 NZA 1995, 619ff.; ausf. *Gentges,* Prognoseprobleme im Kündigungsschutzrecht, 1995; ablehnend für verhaltensbedingte Kündigungen: *Zöllner/Loritz,* § 23 V 3; *Kraft,* ZfA 1994, 463, 475.

[18] BVerfG 21. 2. 1995 NZA 1995, 619ff.

fältigen Interessenabwägung festgestellt werden könne.[19] Diese Rechtsprechung begegnete wegen ihrer konturenlosen Spruchpraxis zunehmender Kritik.[20] Im Bereich der **betriebsbedingten Kündigung** ist das BAG nunmehr von dem Erfordernis umfassender Interessenabwägung abgerückt; nur in seltenen Ausnahmefällen könne sich eine Abwägung der beiderseitigen Interessen bei einer „an sich" betriebsbedingten Kündigung zugunsten des Arbeitnehmers auswirken.[21] In der Praxis des BAG ist allerdings kein Urteil anzutreffen, das eine „an sich" betriebsbedingte Kündigung allein wegen „unzumutbarer" sozialer Härten oder überwiegender Bestandsschutzinteressen des Arbeitnehmers für unwirksam erklärt hätte. Kernpunkt der Frage ist, ob im Geltungsbereich des § 1 Abs. 2 KSchG eine richterliche Interessenabwägung zulässig ist. Dies ist nur bei solchen Sachfragen der Fall, bei denen der Gesetzgeber keine ausreichende, durch schlichte Rechtsanwendung konkretisierbare Wertentscheidung getroffen hat. Im Bereich der betriebsbedingten Kündigung ist dies jedoch durch das Merkmal der „dringenden betrieblichen Erfordernisse" sowie durch das Erfordernis der Sozialauswahl (§ 1 Abs. 3 KSchG) geschehen.[22] Bei der **verhaltens- und personenbedingten Kündigung** ist dies nicht in gleicher Weise der Fall. Mangels ausreichender gesetzgeberischer Konfliktlösung bleibt hier letztlich eine Abwägung der kollidierenden Interessen unvermeidlich. Freilich sind gegenüber der früheren umfassenden Abwägungspraxis erhebliche Einschränkungen erforderlich. Rechtsfragen, die früher aus dem Prinzip der Interessenabwägung entschieden wurden, sind größtenteils in andere kündigungsrechtliche Maximen eingeflossen (objektiver Maßstab, Prognoseprinzip, Ultima-Ratio-Prinzip). Die Interessenabwägung ist darauf zu beschränken, das **Gewicht der Vertragsbeeinträchtigung im Einzelfall** festzustellen. Billigkeitsabwägungen, die keinen Bezug zum konkreten Kündigungsgrund haben, sind abzulehnen. Diese zwischen den Kündigungsgründen differenzierende und die Interessenabwägung einschränkende Betrachtung scheint sich durchgesetzt zu haben.[23]

923 Nach einer Entscheidung des BAG vom 7. 3. 1980[24] können Tarifverträge die im Rahmen der Interessenabwägung zu beachtenden Gesichtspunkte näher konkretisieren. Dies verstößt nicht gegen den zwingenden Charakter des allgemeinen Kündigungsschutzes. Wegen des zwingenden Charakters des allgemeinen Kündigungsschutzes können jedoch keine Regelungen getroffen werden, die zum Nachteil des Arbeitnehmers das Recht der ordentlichen arbeitgeberseitigen Kündigung über den gesetzlichen Rahmen des § 1 KSchG erweitern.[25]

---

[19] BAG 4. 2. 1960 BAGE 9, 36 ff.; 3. 5. 1978, 7. 3. 1980 u. 17. 10. 1980 AP § 1 KSchG 1969 Betriebsbedingte Kündigung Nr. 5, 9 u. 10.

[20] Grundlegend *Bötticher,* in: Festschrift für Molitor, 1962, S. 127 ff.; *Herschel,* in: Festschrift für Schnorr von Carolsfeld, 1972, S. 163 f.; *Preis,* S. 194 ff., 211 ff. m. w. N.

[21] BAG 16. 1. 1987 BB 1987, 2302; 30. 4. 1987 AP § 1 KSchG 1969 Betriebsbedingte Kündigung Nr. 42.

[22] Ausführlich *Preis,* S. 208 ff.

[23] Vgl. hierzu zusammenfassend *Bitter/Kiel,* RdA 1994, 333 ff., 336 ff., 346 ff. und RdA 1995, 26 ff., 32 ff.

[24] EzA § 1 KSchG Betriebsbedingte Kündigung Nr. 14.

[25] BAG 28. 11. 1968 EzA § 1 KSchG Nr. 12 = BB 1969, 362; KR/*Etzel,* § 1 KSchG Rn. 31.

5. Abgrenzung der Kündigungsgründe; Mischtatbestände

Alle Kündigungsgründe setzen einen objektiv nachprüfbaren Grund voraus. Nur solche Anlässe sind geeignet, einen Kündigungsgrund nach § 1 Abs. 2 KSchG zu bilden, die einen Bezug zum Arbeitsverhältnis oder zum Betrieb haben. Alle **Kündigungsgründe** sind in diesem Sinne **arbeitsvertrags- und betriebsbezogen.**[26] Bei der betriebsbedingten Kündigung stammt, anders als bei der personen- und verhaltensbedingten Kündigung, die Kündigungsursache aus der **Verantwortungssphäre** des Kündigenden selbst. Neben diesem Gesichtspunkt ergibt sich eine recht klare **Abgrenzung der Kündigungsgründe** durch Betrachtung der spezifischen **Zweckrichtung.** Mit der betriebsbedingten Kündigung verfolgt der Arbeitgeber den Zweck, den Personalbestand an den künftigen Personalbedarf anzugleichen.[27] Mit der verhaltensbedingten Kündigung soll das Risiko weiterer Vertragsverletzungen vermieden werden. Bei der personenbedingten Kündigung geht es um die Reaktion auf die Tatsache, dass der Arbeitnehmer die Fähigkeit zur Erbringung der geschuldeten Arbeitsleistung verloren hat. 924

In Gefahr gerät diese klare Dreiteilung durch die Annahme der Rechtsprechung, es gäbe **Mischtatbestände.** Das BAG ist der Auffassung, bei Mischtatbeständen zwischen betriebsbedingten Gründen einerseits und personen- und verhaltensbedingten Gründen andererseits seien neben den dringenden betrieblichen Erfordernissen auch die Interessen des Arbeitnehmers an der Fortsetzung des Arbeitsverhältnisses stärker zu berücksichtigen als bei ausschließlich in der Sphäre des Betriebes liegenden Gründen.[28] Diese Rechtsprechung überzeugt nicht.[29] Es ist weder dem Gesetz zu entnehmen noch der Rechtssicherheit dienlich, bei sogenannten Mischtatbeständen eine Durchmischung der Tatbestandsvoraussetzungen der drei Kündigungsgründe des § 1 Abs. 2 Satz 1 KSchG vorzunehmen. Entgegen der nunmehr herrschenden Rechtsprechung wird eine allgemeine Abwägung zwischen betrieblichen Umständen einerseits und Arbeitnehmerinteressen andererseits vorgenommen und der Boden einer rechtssicheren Beurteilung verlassen. Auch die sogenannte Sphärentheorie des BAG, wonach ein Kündigungssachverhalt nur unter einem rechtlichen Aspekt geprüft werden könne bzw. in jedem Fall einheitlich bewertet werden müsse, beruht auf einer falschen Prämisse. Es spricht nichts dagegen, einen Kündigungssachverhalt unter zwei verschiedenen juristischen Aspekten zu würdigen.[30] 925

Bedenklich ist außerdem die Auffassung, bei mehreren Kündigungssachverhalten für den Fall, dass die Prüfung einzelner Kündigungsgründe nicht zu einer sozialen 926

---

[26] *Herschel,* in: Festschrift für Schnorr von Carolsfeld, 1972, S. 170f.; *Preis,* S. 227ff.; BAG 12. 4. 1984 DB 1985, 873.

[27] Grundlegend *Löwisch,* § 1 KSchG Rn. 229ff.

[28] BAG 17. 5. 1984 EzA § 1 KSchG Betriebsbedingte Kündigung Nr. 32 = AP § 1 KSchG 1969 Betriebsbedingte Kündigung Nr. 21; 21. 11. 1985 AP § 1 KSchG 1969 Nr. 12 = NJW 1987, 516; ebenso LAG Köln 11. 9. 1987 LAGE § 1 KSchG Verhaltensbedingte Kündigung Nr. 16.

[29] Kritisch *Rüthers/Henssler,* ZfA 1988, 31, 36ff.; *Preis,* DB 1988, 1449f.; *Hoyningen-Huene,* Anm. AP § 1 KSchG 1969 Betriebsbedingte Kündigung Nr. 21; im Kern Mischtatbestände ablehnend jetzt auch BAG 23. 9. 1992 EzA § 1 KSchG Krankheit Nr. 37; KDZ/*Kittner,* § 1 KSchG Rn. 59; differenzierend jetzt KR/*Etzel,* § 1 KSchG Rn. 259.

[30] *Rüthers/Henssler,* ZfA 1988, 31, 42f.; *Preis,* DB 1988, 1449f.

Rechtfertigung der Kündigung führt, eine „gesamtheitliche Betrachtungsweise durchzuführen", die in die Frage münden soll, ob die Kündigungssachverhalte in ihrer Gesamtheit Umstände darstellen, die bei verständiger Würdigung in Abwägung der Interessen der Vertragsparteien die Kündigung als billigenswert und angemessen erscheinen lassen.[31] Auch diese Prüfung führt zu einer unzulässigen Mischung und wirft das KSchG zurück in eine konturenlose Billigkeitsabwägung unter Auflösung der Dreiteilung der Kündigungsgründe. Festzuhalten bleibt: ein Kündigungssachverhalt kann gleichzeitig unter mehreren rechtlichen Aspekten relevant sein. Jeder Kündigungsgrund ist gesondert zu untersuchen und von den anderen abzugrenzen. Eine Vermischung der Anforderungen, die je nachdem eine Erleichterung oder eine Erschwerung der Kündigung gegenüber einer getrennten Prüfung zur Folge haben kann, findet im KSchG keine Grundlage und ist daher unzulässig.

927 Die jüngere Rechtsprechung des BAG gibt Anlass zu der Sorge, dass die **Dogmatik der Kündigungstatbestände verwischt** wird und durch ein Auseinanderklaffen der Beurteilungsmaßstäbe systematisch problematische Fehlsteuerungen erfolgen.[32] Die Problematik der Mischtatbestände wird nicht klar entschieden, weshalb es zu einer Unsicherheit in den Beurteilungsmaßstäben kommt.[33] Wenig nachvollziehbar ist, dass außerdienstliche Straftaten einer Schreibkraft im öffentlichen Dienst als Vertragspflichtverletzung, im Kern verhaltensbedingt und ohne Erfordernis einer Abmahnung bewertet werden,[34] krasse inner- und außerdienstliche einschlägige Verkehrsdelikte von Berufskraftfahrern, die den Entzug der Fahrerlaubnis bzw. Betriebsfahrberechtigung zur Folge haben, dagegen primär als personenbedingt mit der überraschenden Wendung, dass die Kündigung an fehlender Abmahnung scheitert.[35] Wenn personen- und verhaltensbedingte Kündigungsgründe in ihrer Struktur nicht deutlich differenziert werden, droht die Ausweitung des Abmahnungserfordernisses systemwidrig auch auf personenbedingte Kündigungen (hierzu Rn. 1191 f.).[36]

928 Darüber hinaus klaffen die Beurteilungsmaßstäbe der Kündigungsgründe zunehmend auseinander. Zeitgleich sind die Anforderungen an krankheitsbedingte Kündigungen verschärft und an betriebsbedingte Kündigungen erleichtert worden. So wird etwa bei der krankheitsbedingten Kündigung eines dauerhaft leistungsgeminderten bzw. arbeitsunfähigen Arbeitnehmers die Weiterbeschäftigung (ggf. nach Freimachen des Arbeitsplatzes) auf einem „leidensgerechten Arbeitsplatz" verlangt

---

[31] Hierzu KR/*Etzel,* Rn. 235; differenzierend 5. Aufl. 1998, § 1 KSchG Rn. 284; aufgegriffen von *Hamann,* JA 1987, 474, 482.

[32] Hierzu krit. *Preis,* NZA 1997, 1073 ff.

[33] Die Fortführung der Rspr. zur gesamteinheitlichen Betrachtungsweise offen lassend BAG 20. 11. 1997 BB 1998, 429, obwohl in den Entscheidungsgründen tragend auf eine gesamteinheitliche Betrachtungsweise abgestellt wird. Außerdem wird fälschlicherweise die Straffälligkeit im außerdienstlichen Bereich der verhaltensbedingten Kündigung zugeordnet (vgl. hier dagegen Rn. 739 ff.).

[34] BAG 20. 11. 1997 BB 1998, 429.

[35] BAG 4. 6. 1997 AP § 626 BGB Nr. 137 = EzA § 626 BGB n. F. Nr. 168; 25. 4. 1996 EzA § 1 KSchG Personenbedingte Kündigung Nr. 14.

[36] Vgl. die Entscheidung des BAG 4. 6. 1997 AP § 626 BGB Nr. 137 = EzA § 626 BGB n. F. Nr. 168; zu Recht die Ausweitung ablehnend *v. Hoyningen-Huene/Linck,* § 1 KSchG Rn. 185 a.

und sogar die Anwendung der Vorschriften zur Sozialauswahl (§ 1 Abs. 3 KSchG) erwogen, wenn auch im Ergebnis zu Recht abgelehnt.[37] Andererseits wird der Wegfall eines „leidensgerechten Arbeitsplatzes" durch Unternehmerentscheidung ein betriebsbedingter Kündigungsgrund – und zwar im Ergebnis ohne Beachtung der Sozialauswahl, weil kranke mit gesunden Arbeitnehmern nicht vergleichbar seien.[38] Letzteres ist kaum zu halten, weil Kern des Kündigungsgrundes die krankheitsbedingte Unfähigkeit zur Erbringung der geschuldeten Arbeitsleistung ist. Außerdem fehlt eine Auseinandersetzung mit der Frage, ob nicht die Schaffung eines Kündigungsgrundes durch gesundheitsschädliche Arbeitsbedingungen treuwidrig gegen die Fürsorgepflicht des Arbeitgebers verstößt, was durch den 2. Senat bei der krankheitsbedingten Kündigung (zu Recht) erwogen wurde.[39] Die vergleichsweise hohen Anforderungen an die personen- und verhaltensbedingte Kündigung und die niedrigen Anforderungen an den betriebsbedingten Kündigungsgrund verleiten zu einem systemwidrigen Ausweichen auf das Mittel der betriebsbedingten Kündigung, obwohl der wirkliche Kündigungsgrund in der Sphäre des Arbeitnehmers zu suchen ist. Wie notwendig – auch im Hinblick auf § 102 BetrVG – die Dreiteilung der Kündigungsgründe und die systematisch richtige Zuordnung des Kündigungsgrundes ist, hat das BAG noch 1992 betont.[40] Daran sollte angeknüpft werden. Die neuere Entwicklung führt nicht nur zu – teilweise – problematischen Ergebnissen, sondern verursacht erhebliche Rechtsunsicherheit, weil systematisch begründete Beurteilungskriterien verloren gehen.[41]

6. Darlegungs- und Beweislast

Die Darlegungs- und Beweislast für die Tatsachen, die die Kündigung bedingen, trägt nach § 1 Abs. 2 Satz 4 KSchG der Arbeitgeber.[42] Dem Arbeitnehmer obliegt die Beweislast für die Tatsachen, die die soziale Auswahl bei der betriebsbedingten Kündigung als ungerechtfertigt im Sinne des § 1 Abs. 3 Satz 1 KSchG erscheinen lassen. Bei der sogenannten Abstufung der Darlegungs- und Beweislast, die das BAG bei der anderweitigen Beschäftigungsmöglichkeit und der Sozialauswahl vornimmt,[43] handelt es sich um nichts anderes als um eine Anwendung des § 138 ZPO.[44] **929**

[37] BAG 29. 1. 1997 EzA § 1 KSchG Krankheit Nr. 42.

[38] BAG 6. 11. 1997 EzA § 1 KSchG Betriebsbedingte Kündigung Nr. 96.

[39] BAG 12. 7. 1995 AP § 626 BGB Krankheit Nr. 7 mit Anm. *Bezani* = EzA § 626 BGB n. F. Nr. 156 mit Anm. *Kania;* s. a. LAG Hessen 11. 2. 1997 LAGE § 1 KSchG Personenbedingte Kündigung Nr. 14.

[40] BAG 23. 9. 1992 EzA § 1 KSchG Krankheit Nr. 37.

[41] Symptomatisch ist auch die Entscheidung des BAG 27. 2. 1997 EzA § 1 KSchG Verhaltensbedingte Kündigung Nr. 51, in der entgegen der restriktiven Tendenz der Entscheidung des BAG 2. 3. 1989 AP § 626 BGB Nr. 101 die grundsätzliche Berücksichtigung von Unterhaltspflichten in der Interessenabwägung bei verhaltensbedingten Kündigungen verlangt wird.

[42] Ausführlich *Becker-Schaffner,* BB 1992, 557 ff.

[43] BAG 3. 2. 1977 AP § 1 KSchG 1969 Betriebsbedingte Kündigung Nr. 4 = NJW 1977, 1846; 24. 3. 1983 DB 1983, 1822; 21. 12. 1983 NZA 1985, 158 und 18. 10. 1984 DB 1985, 974 = EzA § 1 KSchG Betriebsbedingte Kündigung Nr. 21, 29 u. 33.

[44] Zutreffend *Ascheid,* Beweislastfragen im Kündigungsschutzprozess, 1989, S. 155 ff.

II. Dringende betriebliche Erfordernisse

930 Die Sozialwidrigkeit der ordentlichen Kündigung ist ausgeschlossen, wenn sie durch dringende betriebliche Erfordernisse, die einer Weiterbeschäftigung des Arbeitnehmers in diesem Betrieb entgegenstehen, bedingt ist. Damit erkennt § 1 Abs. 2 Satz 1 KSchG ein Kündigungsinteresse des Arbeitgebers an, ohne dass ein Anlass für die Beendigung des Arbeitsverhältnisses von der Person des Arbeitnehmers oder seinem Verhalten her begründet ist. Das Bestandsschutzinteresse des Arbeitnehmers muss dann zurücktreten, wenn dringende betriebliche Interessen einen Personalabbau erforderlich machen. Das Kündigungsschutzgesetz hat die divergierenden Interessen und kollidierenden Grundrechtspositionen von Arbeitgebern und Arbeitnehmern (Art. 12 Abs. 1 GG) zu einem verfassungsgemäßen Ausgleich gebracht.[45] Kann der Unternehmer die Arbeitskräfte im Rahmen der von ihm verfolgten marktwirtschaftlichen Ziele nicht mehr sinnvoll einsetzen, bedingen vorhandene externe oder interne Faktoren den Abbau von Personal, so verliert der Arbeitnehmer seinen Arbeitsplatz, ohne dafür eine Entschädigung zu erhalten. Hier besteht eine erhebliche Diskrepanz zwischen den Folgen einer **Betriebsänderung** i. S. der §§ 111 ff. BetrVG und der Kündigung aus dringenden betrieblichen Gründen. Während dort die Folgen der Maßnahme in einem Sozialplan auszugleichen sind, trägt der Arbeitnehmer hier die Folgen allein.

931 Ursache und Anlass der Entscheidung des Unternehmers, Personal freizusetzen, sind vielfältig. In Betracht kommen z. B. Umsatzrückgang, Auftragsmangel, Gewinnrückgang infolge von Kostensteigerungen, Schließung einer Abteilung, Anschaffung von modernen Maschinen, die weniger Arbeitskräfte erfordern, Organisationsänderungen im Betrieb, Vergabe von Arbeiten an Fremdfirmen, die bisher von Arbeitnehmern des Betriebes ausgeführt worden sind. Sie allein rechtfertigen allerdings die Kündigung nicht, sondern letztlich entscheidend ist darauf abzustellen, ob und in welchem Umfang durch diese Ursachen im Betrieb Arbeitsplätze wegfallen.

1. Vorliegen eines betriebsbedingten Kündigungsgrundes

a) Unternehmerische Entscheidung

aa) Bedeutung der Unternehmerentscheidung; Betriebs- und Konzernbezug

932 Eine betriebsbedingte Kündigung beruht stets auf einer unternehmerischen Entscheidung. Hierunter ist nach der Rechtsprechung des BAG die **Bestimmung der Unternehmenspolitik** zu verstehen, **die der Geschäftsführung zugrunde liegt.**[46] Mangels Einbindung in eine unternehmerische Konzeption liegt im Ausspruch der Kündigung als solcher keine der arbeitsgerichtlichen Kontrolle entzoge-

---

[45] Vgl. näher *Preis,* NZA 1995, 242 unter Hinweis auf BVerfG 24. 4. 1991 EzA Art. 13 Einigungsvertrag Nr. 1.

[46] BAG 20. 2. 1986 AP § 1 KSchG 1969 Nr. 11; BAG 24. 4. 1997 AP § 2 KSchG 1969 Nr. 42.

ne kündigungsbegründende Unternehmerentscheidung.[47] An dieser Prämisse hält das BAG fest.[48]

Aber auch der bloße **Entschluss, die Arbeitnehmerzahl zu reduzieren,** ist **keine bindende Unternehmerentscheidung,** weil sonst das KSchG leerliefe. Erforderlich ist vielmehr eine betriebsorganisatorische Maßnahme, die zu einer Verringerung der Arbeitmenge führt.[49] Davon ist das BAG jedoch in den Entscheidungen vom 24. 4. 1997[50] und vom 7. 5. 1998[51] abgerückt. Vielmehr soll allein die Entscheidung des Arbeitgebers, den Personalbestand auf Dauer zu reduzieren, eine freie unternehmerische Entscheidung sein, die zum Wegfall von Arbeitsplätzen und damit zum Entfall des Beschäftigungsbedarfes führen kann.[52] Damit hat – entgegen *Bitter*[53] – das BAG nicht lediglich ein weiteres Beispiel einer an sich bindenden Unternehmerentscheidung festgelegt, sondern es entwertet den Bestandsschutz des § 1 Abs. 2 KSchG substantiell und stellt die bisher konsentierte Prüfungsystematik in Frage. Die erkennbare **Tendenz, den Kreis der freien bzw. bindenden Unternehmerentscheidungen auszuweiten,**[54] ist **abzulehnen.** Zu erinnern ist, dass die freie Unternehmerentscheidung weder ausdrückliches noch ungeschriebenes Tatbestandsmerkmal des § 1 KSchG ist. Zu weitgehend wäre, bei einer konkretisierten Unternehmerentscheidung schlechthin bereits von einer „an sich" betriebsbedingten Kündigung auszugehen. Die Unternehmerentscheidung ist nicht mit der Kündigung gleichzusetzen. Das wirtschaftliche Interesse des Unternehmers ist nicht identisch mit dem Gesetzesbegriff der „dringenden betrieblichen Erfordernisse". Eine derartige Sichtweise widerspricht dem Zweck des § 1 Abs. 2 Satz 1 KSchG und trägt, indem sie zu einer Subjektivierung des Kündigungsgrundes führt, dem gesetzlichen Interessenausgleich zwischen freier Unternehmerentscheidung und Bestandsschutzinteresse des Arbeitnehmers nicht ausreichend Rechnung. Zudem liegt ein systematischer Bruch darin, dass das BAG parallel zu dieser Erleichterung der betriebsbedingten Kündigung die Anforderun- 933

---

[47] BAG 20. 2. 1986 AP § 1 KSchG Nr. 11, BAG 20. 3. 1986 EzA § 2 KSchG Nr. 6.

[48] BAG 17. 6. 1999 AP § 1 KSchG 1969 Nr. 101 Betriebsbedingte Kündigung m. Anm. *Ehmann/Krebber.*

[49] LAG Frankfurt 1. 3. 1988 LAGE § 1 KSchG Betriebsbedingte Kündigung Nr. 15; LAG Düsseldorf 18. 11 1997 LAGE § 1 KSchG Betriebsbedingte Kündigung Nr. 46; Thüringer LAG 20. 4. 1998, ArbuR 1998, 501, 502; *Ascheid* DB 1987, 1144, 1146; ErfK/*Ascheid,* § 1 KSchG Rn. 389; MünchArbR/*Berkowsky,* § 138 Rn. 118; BBDW/*Bram,* § 1 KSchG Rn. 291; HK-KSchG/*Dorndorf,* § 1 Rn 883a, 863, 869a; *B. Preis,* DB 2000, 1122, 1124; *Preis,* NZA 1995, 241, 245, 247; *Quecke,* NZA 1999, 1247, 1248f.; *ders.,* DB 2000, 2429, 2430; dahingehend APS/*Kiel,* § 1 KSchG Rn. 541.

[50] BAG 24. 4. 1997 AP § 2 KSchG 1969 Nr. 42 als obiter dictum unter Bezugnahme auf *Tenczer/Stahlhacke,* Anm. LAGE § 1 KSchG Soziale Auswahl Nr. 16.

[51] BAG 7. 5. 1998 EzA § 1 KSchG Interessenausgleich Nr. 5.

[52] Ebenso *Bitter,* DB 2000, 1760, 1762; KR/*Etzel* § 1 KSchG Rn. 561; *Fischermeier,* NZA 1997, 1089, 1090; *Henssler* in *Henssler/Moll* D Rn. 17; *Hillebrecht,* ZfA 1991, 87, 106; *Hümmerich/Spirolke* NZA 1998, 797, 798ff.; *Löwisch,* § 1 KSchG Rn. 253; *Rieble,* Anm. EzA Nr. 102 § 1 KSchG Betriebsbedingte Kündigung unter Bezugnahme auf § 41 Abs. 1 S. 1 GewO; *Tschöpe,* BB 2000, 2630, 2631; KPK/*Meisel,* Teil H, § 1 Rn. 444; *Schrader,* NZA 2000, 401, 402; *Singer/von Finckenstein,* Anm. SAE 2000, 282, 285; *Stahlhacke,* DB 1994, 1361, 1363.

[53] *Bitter* DB 2000, 1760, 1762.

[54] Vgl. auch BAG 9. 5. 1996 EzA § 1 KSchG Betriebsbedingte Kündigung mit krit. Anm. Nr. 85. *Franzen;* krit. auch *Preis,* NZA 1997, 1073, 1079; *Korinth,* AuA 1997, 228.

gen an die personenbedingte Kündigung, insbesondere wegen Krankheit, verschärft hat.[55]

934 Das BAG[56] erkennt die Problematik[57] und sucht diese durch eine **Korrektur der Darlegungs- und Beweislast** zu lösen: Je näher die eigentliche Organisationsentscheidung an den Kündigungsentschluss rückt, umso mehr muss der Arbeitgeber durch Tatsachenvortrag verdeutlichen, dass ein Beschäftigungsbedürfnis für den Arbeitnehmer entfallen ist. Das BAG korrigiert damit die verfehlte materiell-rechtliche Weichenstellung, welche die Grenze zwischen zu Grunde liegender Unternehmerentscheidung und deren Umsetzung verwischt, prozessual über die Darlegungs- und Beweislast.[58] Die Problematik lässt sich richtigerweise über die Ausschöpfung der Tatbestandsmerkmale des dringenden betrieblichen Erfordernisses und Beibehaltung der bisher konsentierten Prüfungssystematik lösen, die deshalb auch der folgenden Darstellung zu Grunde liegt.

935 Die kündigungsbegründende Unternehmerentscheidung muss sich nach herschender Meinung stets **auf den Beschäftigungsbetrieb** des gekündigten Arbeitnehmers **beziehen.** Das BAG[59] übernimmt damit die Aussage *Herschels,* dass alle Kündigungsgründe betriebsbezogen seien.[60] Damit sollte deutlich gemacht werden, dass sich eine Kündigung stets in der kleineren, regelmäßig räumlichen Einheit des Betriebs auswirken müsse, weshalb das BAG eine Verengung der Betrachtung auf einzelne Betriebsabteilungen im Rahmen der betriebsbedingten Kündigung ablehnt.[61] Besonders deutlich kommt die These *Herschels* in dem Merkmal der „dringenden betrieblichen Erfordernisse" zum Ausdruck. Das Merkmal der „betrieblichen" Erfordernisse spielt jedoch – jedenfalls bei der Beendigungskündigung – keine Rolle mehr, weil zum alles entscheidenden Gesichtspunkt die unternehmerische Entscheidung geworden ist.[62] Würde man den Wortlaut des Gesetzes ernst nehmen, gäbe es keine prüfungsrelevanten unternehmerischen Entscheidungen. Es dürften nur betriebliche, also mehr oder minder arbeitstechnische oder organisatorische Erfordernisse die Kündigung bedingen. So eng sind die dringenden betrieblichen Erfordernisse aber nie verstanden worden. Maßgebend sind die unternehmerischen Entscheidungen, die nicht notwendigerweise auf einen einzelnen

---

[55] Ausführlich hierzu Rn. 944ff.

[56] BAG 17. 6. 1999 AP § 1 KSchG 1969 Betriebsbedingte Kündigung Nr. 101, 102, 103 mit Anm. *Ehmann/Krebber;* BAG 21. 9. 2000 EzA § 1 KSchG Betriebsbedingte Kündigung Nr. 107 = ZIP 2001, 388, 393.

[57] Vgl. den insoweit richtigen Befund bei *Bitter,* DB 2000, 1760, 1764; HK-KSchG/*Dorndorf,* § 1 Rn. 883; *Feudner,* DB 1999, 2566, 2567; *ders.,* DB 2000, 476, 479; *ders.,* NZA 2000, 1136, 1137f.; *Junker,* EWiR 1999, 1180; *Singer/von Finckenstein,* Anm. SAE 2000, 282, 284; *Zepter* DB 2000, 474, 476.

[58] *Bitter,* DB 2000, 1760, 1764; HK-KSchG/*Dorndorf,* § 1 Rn. 883; *Plander,* EWiR 2000, 136; *Singer/von Finckenstein,* Anm. SAE 2000, 282, 285; krit. *Rommé/Pauker,* NZA-RR 2000, 281, 287, die davon ausgehen, dass dadurch das systematische Verständnis des innerbetrieblichen Kündigungsgrundes aus den Angeln gehoben werde. *B. Preis,* DB 2000, 1122, 1123f. konstatiert einen Etikettenschwindel, um den verfehlten Obersatz zu retten.

[59] BAG 25. 11. 1982, BAGE 40, 361, 369f.

[60] *Herschel,* FS Schnorr von Carolsfeld, 1972, 157ff., 170; ebenso ErfK/*Ascheid,* § 1 KSchG Rn. 378; APS/*Kiel,* § 1 KSchG Rn. 482.

[61] BAG 20. 8. 1998 AP § 2 KSchG Nr. 50; BAG 12. 11. 1998, NZA 1999, 471ff.

[62] S. nur BAG 17. 6. 1999 AP § 1 KSchG 1969 Betriebsbedingte Kündigung Nr. 101 bis 103.

Betrieb bezogen sind, sich vielmehr auch auf mehrere Betriebe im Sinne der herrschenden Begriffsdefinition auswirken können.[63]

936 Im Ausgangspunkt stellt § 1 Abs. 2 Satz 1 KSchG grundsätzlich auf die Verhältnisse im Betrieb zur Rechtfertigung der Kündigung ab. Es reicht also nicht, dass die Beschäftigungsmöglichkeit in einer Betriebsabteilung entfällt; entscheidend soll sein, ob im gesamten Betrieb keine Weiterbeschäftigungsmöglichkeit mehr besteht.[64] Dennoch erweist sich dieser Ausgangspunkt als zu eng. Bereits bei der Prüfung der **Wartezeit** und dem Widerspruchstatbestand des § 1 Abs. 2 Satz 2 Nr. 1b KSchG ist auch auf das **Unternehmen** abzustellen. Der Gesetzgeber ging offenbar davon aus, dass sich aus dem KSchG allgemein die vorrangige Pflicht zur **Versetzung innerhalb des Unternehmens** ergibt. Zu Recht erstreckt die ganz herrschende Meinung daher den Kündigungsschutz, soweit es um die Weiterbeschäftigungsmöglichkeit geht, auf die **Unternehmensebene.**[65] Hinsichtlich der Versetzungsmöglichkeit ist das KSchG **„arbeitgeberbezogen".**

937 Auf die Konzernebene kann der Kündigungsschutz nach der geltenden Rechtslage regelmäßig nicht erstreckt werden.[66] Eine vorrangige konzernbezogene Versetzungspflicht ist grundsätzlich wegen der Selbständigkeit der Konzernunternehmen zu verneinen. Unter dem Gesichtspunkt der „arbeitgeberbezogenen" Versetzungspflicht sind allerdings folgende **Ausnahmefälle** einer **konzernbezogenen Weiterbeschäftigungsverpflichtung** denkbar:[67] Der Arbeitsvertrag regelt von vornherein, dass der Arbeitnehmer für den Unternehmens- und Konzernbereich eingestellt worden ist bzw. der Arbeitnehmer hat sich später mit einer konzernweiten Versetzung einverstanden erklärt. Auch der Arbeitgeber oder das betroffene Konzernunternehmen können die Übernahme ausdrücklich zusagen.[68]

---

[63] Ausführl. hierzu *Preis,* RdA 2000, 257, 275; *ders.* in *Henssler/Moll* A Rn. 15.

[64] BAG 1. 7. 1976 AP § 1 KSchG 1969 Betriebsbedingte Kündigung Nr. 2.

[65] BAG 14. 10. 1982 DB 1983, 2635 = EzA § 15 KSchG n. F. Nr. 29; 17. 5. 1984 DB 1985, 1190; 22. 5. 1986 NZA 1987, 124; *Löwisch,* § 1 KSchG Rn. 258; vgl. KR/*Etzel,* § 1 KSchG Rn. 217, 538; *Wank,* RdA 1987, 129, 137; *Preis,* S. 89, 295ff.

[66] BAG 14. 10. 1982 DB 1983, 2635 = EzA § 15 KSchG Nr. 29 = AP § 1 KSchG 1969 Konzern Nr. 1 mit zust. Anm. *Wiedemann;* 22. 5. 1986 DB 1986, 2547 = SAE 1987, 129ff. mit Anm. *Windbichler;* 27. 11. 1991 und 20. 1. 1994 EzA § 1 KSchG Betriebsbedingte Kündigung Nr. 72 und 74; LAG Köln 11. 3. 1993 LAGE § 1 KSchG Betriebsbedingte Kündigung Nr. 22 mit Anm. *Welslau;* siehe auch LAG Hamm 29. 5. 1987; BB 1987, 1744.

[67] Hierzu BAG 14. 10. 1982 wie vorige Fußnote; LAG Hamm 30. 10. 1989 LAGE § 1 KSchG Betriebsbedingte Kündigung Nr. 18; *Martens,* in: Festschrift BAG, 1979, S. 375; *Konzen,* ZfA 1982, 305ff.; *Löwisch,* § 1 KSchG Rn. 262f.; *Preis,* HAS § 19 F Rn. 15ff.; *Fiebig,* DB 1993, 582; *Silberberger,* Weiterbeschäftigungsmöglichkeit und Kündigungsschutz im Konzern, 1994; KDZ/*Kittner,* § 1 KSchG Rn. 389ff.

[68] Voraussetzung für eine vorrangige konzernbezogene Versetzungspflicht soll allerdings nach der Rspr. des BAG (offengelassen jedoch in BAG 27. 11. 1991 a. a. O.) sein, dass der Beschäftigungsbetrieb einen bestimmenden Einfluss auf die Versetzung hat und die Entscheidung darüber nicht dem grundsätzlich zur Übernahme bereiten Unternehmen vorbehalten worden ist. Eine Weigerung der Konzernunternehmen zur Übernahme des Arbeitnehmers kann jedoch kündigungsrechtlich unter Umständen unbeachtlich sein, denn mit der Ausweitung der Pflichten des Arbeitnehmers und dessen Einsatz im Konzernbereich trifft den Gesamtkonzern auch eine erhöhte Verantwortlichkeit, der er sich nicht durch eine Verweigerung der Weiterbeschäftigung entziehen kann (vgl. hierzu auch *Wiedemann,* Anm. AP § 1 KSchG 1969 Konzern Nr. 1; *Windbichler,* SAE 1984, 147f.; *Fiebig,* DB 1993, 583;

Dogmatisch basiert die Weiterbeschäftigungspflicht im Konzern auf dem Vertrauensschutzprinzip.[69]

938 Ein kündigungsrechtlich relevanter Konzernbezug ist nicht bereits dann anzunehmen, wenn Arbeitnehmer in einem Konzernunternehmen, ohne versetzt oder abgeordnet zu werden, bestimmten fachlichen Weisungen durch ein anderes Konzernunternehmen unterstellt werden und dadurch noch kein Vertrauenstatbestand begründet wird, der einem vereinbarten oder in der Vertragsabwicklung konkludent durchgeführten Versetzungsvorbehalt gleichgestellt werden kann.[70]

bb) Inhalt der Unternehmerentscheidung

939 Im Hinblick auf den Inhalt der kündigungsbegründenden Unternehmerentscheidung wird zwischen einer sog. gestaltenden Unternehmerentscheidung und einer selbstbindenden Unternehmerentscheidung unterschieden. Eine **gestaltende** Unternehmerentscheidung ist stets auf Veränderungen der innerbetrieblichen Organisation gerichtet. Hingegen liegt eine **selbstbindende** Unternehmerentscheidung vor, wenn der Arbeitgeber die Zahl der benötigten Arbeitskräfte in seinem Betrieb unmittelbar vom Umfang des Arbeitsaufkommens abhängig macht und durch den Ausspruch einer Kündigung lediglich den Personalbestand dem rückläufigen Arbeitsaufkommen anpassen will, ohne dass mit dem Personalabbau weitere Änderungen der innerbetrieblichen Strukturen verbunden wären. Von der Frage, ob sich die unternehmerische Entscheidung in einer Selbstbindung erschöpft oder gestaltender Natur ist, hängt entscheidend der Umfang der Darlegungs- und Beweislast ab, die dem Arbeitgeber gem. § 1 Abs. 2 S. 4 KSchG obliegt.[71]

cc) Ursachen der Unternehmerentscheidung

940 Die kündigungsbegründende Unternehmerentscheidung kann auf unterschiedlichen Ursachen beruhen. Das BAG unterscheidet hier in ständiger Rechtsprechung zwischen **inner- und außerbetrieblichen Ursachen.**[72] Hierdurch werden die „betrieblichen Erfordernisse" i. S. d. § 1 Abs. 2 S. 1 KSchG konkretisiert. Allerdings handelt es sich um keine rechtlich zwingende Differenzierung, sondern um eine phänomenologische Umschreibung möglicher Kündigungsursachen, die zu einem verringerten Personalbedarf führen können.[73]

Helle, Konzernbedingte Kündigungsschranken bei Abhängigkeit und Beherrschung durch Kapitalgesellschaften, 1989, S. 161 ff.).

[69] Vgl. *Wiedemann,* Anm. AP § 1 KSchG 1969 Konzern Nr. 1; *Preis,* S. 322; dem folgend BAG 27. 11. 1991 a. a. O.

[70] BAG 20. 1. 1994 EzA § 1 KSchG Betriebsbedingte Kündigung Nr. 74 mit zust. Anm. *Rüthers/Franke.*

[71] Ausführl. hierzu *Ascheid,* NZA 1991, 873, 876; s. a. *Stahlhacke* DB 1994, 1362 ff.

[72] Grundlegend BAG 7. 12. 1978 AP § 1 KSchG 1979 Nr. 6; weitergeführt z. B. in BAG 17. 10. 1980, 30. 5. 1985, 30. 4. 1987, 29. 3. 1990 AP § 1 KSchG 1969 Betriebsbedingte Kündigung Nr. 10, 24, 42, 50; BAG 17. 6. 1999 AP § 1 KSchG 1969 Betriebsbedingte Kündigung Nr. 101, 102, 103.

[73] Krit. Bis ablehnend z. B. *Berkowsky,* NJW 1983, 1292; *Buchner,* DB 1984, 504; *Maydell/Borchert,* SAE 1981, 217; *Meisel,* ZfA 1985, 213, 218 ff.; *Reuter,* Anm. zu AP § 1 KSchG Betriebsbedingte Kündigung Nr. 6; *Wank,* RdA 1987, 135; *ders.,* SAE 1986, 151 f.; vgl. auch *Ascheid,* DB 1987, 1144 ff.; dem BAG folgend *Bitter,* DB 1999, 1214, 1216; HK-KSchG/*Dorndorf,* § 1 Rn. 856 ff.; *Hillebrecht,* ZIP 1985, 257; *Löwisch,* § 1 KSchG Rn. 303 ff., 310 ff.; *Schmidt,* Anm. AP § 1 KSchG 1969 Betriebsbedingte Kündigung Nr. 24; *Stahlhacke,* BIStSozArbR 1983, 34 f.; APS/*Kiel,* § 1 KSchG Rn. 473; KR/*Etzel,* § 1 KSchG Rn. 516 ff.

Zu den **innerbetrieblichen** Ursachen zählen insbesondere die Änderung oder Einführung neuer Fertigungsmethoden, Rationalisierungsmaßnahmen oder **organisatorische Veränderungen,** die zu Betriebseinschränkungen, Betriebsstilllegungen oder zur Schließung von Betriebsabteilungen führen.[74] Insbesondere gehört hierzu auch die Vergabe einer Tätigkeit, die bislang von betriebseigenen Arbeitnehmern ausgeführt wurde, an eine Fremdfirma.[75] Diese innerbetrieblichen Ursachen fallen regelmäßig mit der **gestaltenden unternehmerischen Entscheidung** zusammen, auf die der Arbeitgeber die Kündigung stützt.[76] Allein der Entschluss, Lohn- oder Gehaltskosten zu senken, stellt keine kündigungsbegründende Unternehmerentscheidung dar,[77] da es insoweit an einer Konzeption fehlt, durch welche konkreten innerbetrieblichen Organisationsmaßnahmen dieser Entschluss umgesetzt werden soll. Auch arbeitsmarkt-, beschäftigungs- und sozialpolitisch motivierte Unternehmerentscheidungen, die keine konkreten Auswirkungen auf Anforderungsprofil oder Zahl der zukünftig bestehenden Arbeitsplätze haben, vermögen kein „betriebliches" Erfordernis zu begründen. 941

Zu den **außerbetrieblichen** Ursachen zählen namentlich **Auftragsmangel, Umsatzrückgang, Veränderungen der Marktstruktur** sowie im Bereich des öffentlichen Dienstes die Streichung von Haushaltsmitteln. Außerbetriebliche Umstände können in zweierlei Hinsicht für eine betriebsbedingte Kündigung ursächlich sein. Denkbar ist, dass der Arbeitgeber auf Grund außerbetrieblicher Umstände eine **selbstbindende Unternehmerentscheidung** trifft, die **unmittelbar** zum Wegfall von Arbeitsplätzen führt. Dies ist in der Praxis jedoch nur selten der Fall. In der Regel führen außerbetriebliche Gründe für sich allein nicht zum Wegfall eines Arbeitsplatzes. Dann bedarf es einer **gestaltenden unternehmerischen Entscheidung,** die auf diese außerbetrieblichen Umstände reagiert. Der Arbeitgeber nimmt dann die außerbetrieblichen Umstände zum Anlass, um innerbetriebliche Umstrukturierungen durchzuführen. Der Wegfall von Arbeitsplätzen ist dann die unmittelbare Folge dieser gestaltenden Unternehmerentscheidung und ist nur **mittelbar** auf die jeweiligen außerbetrieblichen Ursachen zurückzuführen.[78] 942

Relevant für die Konkretisierung des Kündigungsgrundes sind die außer- und innerbetrieblichen Ursachen der Kündigung zudem insofern, als sie die konkrete Zwecksetzung der Kündigung deutlich machen. Der konkrete Zweck der betriebsbedingten Kündigung ist entscheidend dafür, ob geeignete mildere Mittel gegenüber der Beendigungskündigung in Betracht kommen. 943

dd) Umfang der gerichtlichen Kontrolle

Da die Entscheidung des Arbeitgebers über die Beibehaltung bzw. Veränderung der innerbetrieblichen Strukturen zu dessen grundgesetzlich geschütztem Frei- 944

---

[74] BAG 29. 3. 1990 AP § 1 KSchG 1969 Betriebsbedingte Kündigung Nr. 50.

[75] BAG 30. 4. 1987 und 17. 6. 1999 AP § 1 KSchG 1969 Betriebsbedingte Kündigung Nr. 42, 102.

[76] Siehe BAG 7. 12. 1978 einerseits und vom 30. 4. 1987 andererseits AP § 1 KSchG 1969 Betriebsbedingte Kündigung Nr. 6 und 42; vgl. im übrigen BAG 11. 9. 1986 EzA § 1 KSchG Betriebsbedingte Kündigung Nr. 54.

[77] BAG 26. 9. 1996 AP § 1 KSchG 1969 Betriebsbedingte Kündigung Nr. 80; KR/*Etzel,* § 1 KSchG Rn. 578; *Kiel/Koch,* Rn. 149.

[78] BAG 30. 4. 1987 AP § 1 KSchG 1969 Betriebsbedingte Kündigung Nr. 42; ErfK/*Ascheid,* § 1 KSchG Rn. 382; *v. Hoyningen-Huene/Linck,* § 1 KSchG Rn. 368.

heitsbereich gehört (vgl. Art. 12, 14 GG), unterliegt die kündigungsbegründende Unternehmerentscheidung nur einer eingeschränkten gerichtlichen Kontrolle. Vergegenwärtigt man sich den Regelungszweck des KSchG, dann ist es aus kündigungsrechtlicher Sicht nicht zu bestreiten, dass der Arbeitgeber bei seinen **unternehmenspolitischen** Aktivitäten als weitgehend frei anzusehen ist. Ob, wieviel und wo er produzieren will, ob er seine Angebote ausweiten oder einschränken will, welche Werbungs-, Finanzierungs-, Einkaufs- und Absatzpolitik er betreibt und welche Fabrikations- und Arbeitsmethoden angewandt werden, ist **kündigungsrechtlich irrelevant.** Auch die Entscheidung, die vorhandene Arbeitsmenge durch **Vollzeit- oder Teilzeitkräfte** erledigen zu lassen, gehört zum Bereich der Unternehmenspolitik.[79] Daran wird im Grundsatz auch der in § 8 TzBfG enthaltene Anspruch auf Teilzeitarbeit[80] nichts ändern, denn der Arbeitnehmer wird den Rechtsanspruch auf Teilzeitarbeit nur geltend machen können, wenn sein Änderungswunsch in das arbeitgeberseitig vorgegebene Organisationskonzept passt.[81] Nur wenn die volitive, nach gesetzlichen Maßstäben nicht überprüfbare, weil motivabhängige Unternehmerentscheidung durch betrieblich-organisatorische Maßnahmen objektivierbar wird, gerät die unternehmerische Entscheidung in das Prüfungsraster des KSchG.

945 Nach mittlerweile gefestiger Rechtsprechung des BAG ist die **kündigungsbegründende Unternehmerentscheidung** ihrem Inhalt nach als vorgegeben zugrundezulegen und **nicht auf ihre sachliche Rechtfertigung hin kontrollierbar.** Es ist lediglich zu prüfen, ob die Entscheidung **offenbar unsachlich, unvernünftig oder willkürlich** erscheint.[82] Hingegen ist es für die soziale Rechtfertigung der Kündigung irrelevant, ob die vom Arbeitgeber von der Kündigung erwarteten Vorteile zu den Nachteilen, die sich für den betroffenen Arbeitnehmer ergeben, in einem vernünftigen Verhältnis stehen.[83]

946 Die unternehmerische Entscheidung unterliegt jedoch insofern einer **Rechtskontrolle,** als sie weder gegen Gesetze, Kollektivverträge oder einzelvertragliche Bindungen verstoßen darf.[84] Ein unternehmerisches Konzept kann z. B. wegen

---

[79] BAG 19. 5. 1993 EzA § 1 KSchG Betriebsbedingte Kündigung mit zust. Anm Nr. 73. *Raab;* BAG 24. 4. 1997 BB 1997, 1950; BAG 3. 12. 1998, BB 1999, 847.

[80] S. dazu *Beckschulze,* DB 2000, 2598 ff.; *Däubler,* ZIP 2000, 1961, 1962 ff.; *ders.,* ZIP 2001, 217, 218 ff.; *Kliemt,* NZA 2001, 63 ff.; *Lakies,* DZWiR 2001, 1, 3 ff.; *Lindemann/Simon,* BB 2001, 146, 147 ff.; *Preis/Gotthardt,* DB 2000, 2065, 2067 f.; *dies.,* DB 2001, 145 ff.; *Richardi/Annuß,* BB 2000, 2201, 2202 f.; *Schiefer,* DB 2000, 2118, 2119 f.

[81] *Preis/Gotthardt,* DB 2000, 2065, 2069; *dies.,* DB 2001, 145 *Bezani/Müller,* DStR 2001, 87, 90; *Kliemt,* NZA 2001, 63, 65; *Lindemann/Simon,* BB 2001, 146, 149; a. A. *Däubler,* ZIP 2001, 217, 219.

[82] BAG 30. 4. 1987, 29. 3. 1990 und 9. 5. 1996 AP § 1 KSchG 1969 Betriebsbedingte Kündigung Nr. 42, 50 und 79; vgl. dazu auch APS/*Kiel,* § 1 KSchG Rn. 468 ff.

[83] BAG 30. 4. 1987 AP § 1 KSchG 1969 Betriebsbedingte Kündigung Nr. 42.

[84] *Bitter,* DB 2000, 1760, 1766; BBDW/*Bram,* § 1 KSchG Rn. 262; *Ascheid,* DB 1987, 1144 1146; ErfK/*Ascheid,* § 1 KSchG Rn. 431; APS/*Kiel,* § 1 KSchG Rn. 468; HK-KSchG/*Dorndorf,* § 1 Rn. 878 f.; s. a. BAG 7. 12. 2000 NZA 2001, 495 = EzA § 1 KSchG Betriebsbedingte Kündigung Nr. 108; BAG 18. 12. 1997 EzA § 2 KSchG zur tarifwidrigen Einführung von Samstagsarbeit Nr. 28; BAG 10. 2. 1999 EzA § 2 KSchG erachtet eine Änderungskündigung Nr. 34, mit der ein tarifwidriges Ziel verfolgt wird, nicht nur für sozialwidrig, sondern für gemäß § 134 BGB rechtsunwirksam, insoweit abl. ErfK/*Ascheid* § 1 KSchG Rn. 431.

Verstoßes gegen das Diskriminierungsverbot von Teilzeitbeschäftigten aus § 4 Abs. 1 TzBfG gesetzeswidrig sein.[85] Diesen Grundsatz hat das BAG in den Urteilen vom 17. 6. 1999[86] bestätigt, und verlangt, dass die vom BAG angenommene Kündigung zur Leistungsverdichtung nicht dazu führen dürfe, dass die verbleibenden Arbeitnehmer arbeitsvertrags- oder tarifwidrig überobligatorische Arbeiten ausführen müssen. Der hiergegen erhobenen Kritik[87] ist entgegenzuhalten, dass eine gesetzes-, tarif- oder vertragswidrige Unternehmerentscheidung ihre Privilegierung im Hinblick auf Art. 2, 12, 14 GG verliert.[88]

Allerdings ist gerichtlich in vollem Umfang **nachzuprüfen, ob die Konzeption des Arbeitgebers die Kündigungen notwendig machen,** was nicht der Fall sei, wenn der betrieblichen Lage durch andere Maßnahmen auf technischem, organisatorischem oder wirtschaftlichem Gebiet als durch eine Kündigung Rechnung getragen werden kann.[89] Das BAG ist so zu verstehen, dass es zwar die Notwendigkeit einer betrieblich-organisatorischen Maßnahme – isoliert betrachtet – nicht überprüft, sehr wohl aber deren Notwendigkeit im Blick auf die konkrete Kündigung. Das BAG behält sich dabei das Recht vor, den Arbeitgeber auf andere betrieblich-organisatorische, ja sogar wirtschaftliche Maßnahmen zu verweisen[90] und trägt mit dieser Rechtsprechung dem **Grundsatz der Erforderlichkeit** Rechnung. Ob eine Maßnahme erforderlich ist, bestimmt sich nach dem vorgegebenen Zweck, den die jeweilige Maßnahme zu erreichen sucht. Notwendig (erforderlich) ist die Maßnahme dann nicht, wenn der gleiche Zweck mit milderen Mitteln erreicht werden kann. 947

Nach dieser Sichtweise bleibt der **Arbeitgeber frei,** die **unternehmerischen Zwecke einer Maßnahme** allein **zu bestimmen.** Nicht überprüft werden kann, ob die Produktionseinstellung oder -verminderung sinnvoll, rentabel oder wirtschaftlich vernünftig ist.[91] Ob aber der **Zweck** einer Rationalisierung oder Veränderung der Arbeitsmethoden auch ohne Kündigung **durch andere** betrieblich-organisatorische **Maßnahmen erreicht** werden kann, unterliegt arbeitsgerichtlicher Kontrolle. Es muss das nach der Sachlage absolut mildeste Mittel gewählt werden. Die unternehmerische Entscheidungsfreiheit kann dem nicht entgegengesetzt werden, weil das KSchG eben diese Freiheit um des Bestandsschutzes willen begrenzt. Bei der Prüfung der Erforderlichkeit scheidet kein prinzipiell geeignetes milderes Mittel allein wegen dessen Bezug zur unternehmerischen Entscheidung aus.[92] Kann 948

---

[85] So zu § 2 BeschFG BAG 24. 4. 1997 AP § 2 KSchG 1969 Nr. 42.

[86] BAG 17. 6. 1999 AP § 1 KSchG 1969 Betriebsbedingte Kündigung Nr. 101, 102, 103, zust. *Quecke,* NZA 1999, 1247, 1251; *Rommé/Pauker,* NZA-RR 2000, 281, 288;, zust., aber krit. bzgl. der praktischen Umsetzung *B. Preis,* DB 2000, 1122, 1126.

[87] *Rieble,* Anm. EzA § 1 KSchG Betriebsbedingte Kündigung Nr. 102.

[88] *Bitter,* DB 2000, 1760, 1766.

[89] BAG 18. 1. 1990 AP § 2 KSchG 1969 Nr. 27; BAG 26. 6. 1997, 17. 6. 1999, § 1 KSchG 1969 Betriebsbedingte Kündigung Nr. 86, 101; *Berkowsky,* Die betriebsbedingte Kündigung, § 7 Rn. 121 f.; APS/*Kiel,* § 1 KSchG Rn. 562; *Preis,* Prinzipien, S. 402; a. A. KPK/*Meisel,* Teil H, § 1 Rn. 454.

[90] Vgl. die vom BAG verwendete Formel, z. B. BAG 17. 6. 1999 AP § 1 KSchG 1969 Betriebsbedingte Kündigung Nr. 101.

[91] ErfK/*Ascheid,* § 1 KSchG Rn. 429.

[92] *Preis,* NZA 1998, 449, 456 f.; APS/*Preis,* Grundlagen H Rn. 71; differenzierend APS/*Kiel,* § 1 KSchG Rn. 563, 566 a. E. m.w. N.

der Arbeitgeber allerdings für eine betriebliche Maßnahme keinerlei Zwecke anführen, gerät die Maßnahme unter das Verdikt des Rechtsmissbrauchs.[93] So ist das BAG zu verstehen, das die unternehmerische Entscheidung nur daraufhin überprüfen will, ob sie „offenbar unsachlich, unvernünftig oder willkürlich" ist. Davon weicht das BAG jedoch in den Entscheidungen vom 17. 6. 1999 offenbar ab, und nutzt das Merkmal der Willkür, um die zu weit geratene Fassung des Begriffs der freien unternehmerischen Entscheidung zu begrenzen (vgl. oben Rn. 933).

949 Daher gilt für das Vorliegen eines betrieblichen Bedürfnisses i. S. d. § 1 Abs. 2 KSchG folgender Kontrollmaßstab: Vom Gericht voll nachzuprüfen ist, ob eine kündigungsbegründende **unternehmerische Entscheidung tatsächlich vorliegt** und ob es sich dabei um eine gestaltende oder um eine selbstbindende Entscheidung handelt. Hat der Arbeitgeber eine **gestaltende Unternehmerentscheidung** getroffen, prüft das Gericht weiterhin, ob durch ihre Umsetzung das **Beschäftigungsbedürfnis** für einzelne Arbeitnehmer **entfallen** ist.[94] Handelt es sich um eine **selbstbindende Unternehmerentscheidung,** ist gerichtlich zu überprüfen, ob die angegebenen **außerbetrieblichen Ursachen** vorliegen und ob durch letztere das **Beschäftigungsbedürfnis** für den gekündigten Arbeitnehmer **entfallen** ist.[95] Zudem unterliegt es in vollem Umfang der gerichtlichen Kontrolle, ob die unternehmerische Zielsetzung, die der Arbeitgeber mit der Kündigung verfolgt, nicht auch durch gleich geeignete Alternativmaßnahmen verwirklicht werden kann.

ee) Dringlichkeit des betrieblichen Erfordernisses

950 Das Merkmal der Dringlichkeit verleiht dem Interesse des Arbeitnehmers am Fortbestand seines Arbeitsverhältnisses zusätzliches Gewicht. Hierdurch wird die unternehmerische Entscheidungsfreiheit des Arbeitgebers eingeschränkt. Dem Merkmal „dringend" kommt die Bedeutung zu, dass die betrieblichen Erfordernisse eine gewisse Belastungsgrenze erreicht haben müssen, um die Kündigung zu rechtfertigen und ist deshalb ein Merkmal zur Bewertung der Gewichtigkeit des betrieblichen Interesses.[96] Hieraus ergeben sich zweierlei Konsequenzen:

951 Zum einen ist das Merkmal der Dringlichkeit der einzige Ansatzpunkt, um den Arbeitnehmer vor Arbeitsplatzverlust bei **rentabilitätsneutralen bzw. kostenneutralen Umstrukturierungen** zu schützen. Zwar ist der Arbeitgeber frei, seinen Betrieb zu organisieren, wie er will. Er muss aber darlegen, dass die unternehmerische Maßnahme dringend notwendig ist. Trägt der Arbeitgeber keine triftigen wirtschaftlichen oder aber nichtwirtschaftlichen Gründe für die Maßnahme vor, ist

---

[93] BAG 24. 10. 1979 und 30. 4. 1987 AP § 1 KSchG 1969 Betriebsbedingte Kündigung Nr. 8 und 42; ErfK/*Ascheid,* § 1 KSchG Rn. 431; KR/*Etzel,* § 1 KSchG Rn. 521 ff.

[94] BAG 20. 3. 1986 AP § 2 KSchG 1969 Nr. 14; BAG 29. 3. 1990 AP § 1 KSchG 1969 Betriebsbedingte Kündigung Nr. 50; BAG 17. 6. 1999 AP § 1 KSchG 1969 Betriebsbedingte Kündigung Nr. 101 und 102; ErfK/*Ascheid,* § 1 KSchG Rn. 434; *Schaub,* NZA 1987, 217, 218.

[95] BAG 15. 6. 1989 AP § 1 KSchG 1969 Betriebsbedingte Kündigung Nr. 45.

[96] Vgl. *Preis,* Prinzipien, S. 305 ff.; *Preis,* NZA 1995, 241, 248 f.; APS/*Preis,* Grundlagen H Rn. 47; ähnlich unter dem Aspekt der Rechtsmissbrauchskontrolle APS/*Kiel,* § 1 KSchG Rn. 561 a. E.; anders BBDW/*Bram,* § 1 KSchG Rn. 258; *Henssler* in *Henssler/Moll* D Rn. 30; *Hillebrecht,* ZfA 1991, 87, 108 ff.; *v. Hoyningen-Huene/Linck,* § 1 KSchG Rn. 382; *Löwisch,* § 1 KSchG Rn. 259; *Stahlhacke,* DB 1994, 1361, 1364 f.

die Kündigung unwirksam, obwohl der Arbeitsplatz weggefallen ist. Nichtwirtschaftliche Gründe sind z.B. die Einführung neuer Fertigungsmethoden oder Maßnahmen zum Erhalt der Konkurrenzfähigkeit des Unternehmens. Den Beitrag zur Verbesserung der Wettbewerbsfähigkeit oder der Kostensituation muss der Arbeitgeber plausibel darlegen.[97]

Zum anderen schützt das Merkmal der Dringlichkeit den Arbeitnehmer vor einer betriebsbedingten Kündigung, die **ohne wirtschaftliche Notwendigkeit allein zur Gewinnmaximierung** ausgesprochen wird. Unter dem Stichwort der „Dringlichkeit" werden insbesondere diejenigen Fallkonstellationen diskutiert, in denen die Unternehmerentscheidung weder auf außerbetrieblichen Ursachen beruht, noch auf qualitative Änderungen des Betriebsablaufs gerichtet ist, sondern allein der Steigerung der Unternehmensgewinne dient. Wenn auch eine Unternehmerentscheidung, die aus Kostengesichtspunkten getroffen wird, in aller Regel sachlich gerechtfertigt ist,[98] so fehlt es doch bei einem Personalabbau ohne erkennbares unternehmerisches Konzept trotz jahrelang kontinuierlich herausragender Gewinnsteigerungen an dem Merkmal der Dringlichkeit.[99] Die Gewinnmaximierung kann aber das Motiv für eine nachvollziehbare, betrieblich-organisatorisch umgesetzte Unternehmerentscheidung sein, weshalb eine Kündigung zwar nicht allein mit der Gewinnsteigerung begründet werden kann, sich im Ergebnis aber auch nicht verhindern lässt.[100] 952

Mithin legitimiert das Merkmal der Dringlichkeit die Arbeitsgerichte, die mit der betriebsbedingten Kündigung zusammenhängende **Unternehmerentscheidung** einer **beschränkten justiziellen Kontrolle** zu unterziehen. Ein im Kündigungszeitpunkt rentabel arbeitendes Unternehmen muss folglich darlegen, dass die personalreduzierende Maßnahme im Interesse der Erhaltung der Ertragsfähigkeit notwendig ist. Nur dann kann das betriebliche Erfordernis als **dringend** anerkannt werden. Im öffentlichen Dienst realisiert sich das Merkmal der Dringlichkeit über den Grundsatz sparsamer Haushaltsführung. Eine isolierte Abwägung der Vor- und Nachteile für Arbeitgeber und Arbeitnehmer scheidet freilich aus.[101] 953

Die Frage des **Verschuldens** des Arbeitgebers an der betrieblichen Situation spielt für die Prüfung der Dringlichkeit keine Rolle.[102] Der Arbeitgeber schuldet dem Arbeitnehmer keine unternehmerisch „richtige" Betriebsführung. Arbeitgeberverschulden kann bei betriebsbedingten Kündigungen nur relevant werden, 954

---

[97] Vgl. *Preis,* NZA 1995, 241, 249f.

[98] BAG 19. 5. 1993 EzA § 1 KSchG Betriebsbedingte Kündigung Nr. 73.

[99] ArbG Gelsenkirchen 28. 10. 1997, NZA 1998, 944; *Quecke,* NZA 1999, 1247, 1251; KDZ/*Kittner,* § 1 KSchG Rn. 341 und BBDW/*Bram,* § 1 KSchG Rn. 263b (Missbrauch); krit. auch *Bitter,* DB 1999, 1214, 1215; *ders.,* DB 2000, 1760, 1766, der „juristisches Unbehagen" äußert. *Feudner,* DB 1999, 742, 745 präferiert eine Lösung über die Anwendung des Sittengesetzes und dessen Ausprägung in privatrechtlichen Normen, z.B. § 138 BGB; abgeschwächt *ders.,* NZA 2000, 1136, 1143.; i.E. auch *Schaub,* ArbR-Hdb, § 131 Rn. 68; A.A. KR/*Etzel,* § 1 KSchG Rn. 588; *Henssler* in *Henssler/Moll* D Rn. 30, 32; *Hillebrecht,* ZfA 1991, 87, 110; *v. Hoyningen-Huene/Linck,* § 1 KSchG Rn. 371c APS/*Kiel,* § 1 KSchG Rn. 471; *B. Preis,* NZA 1997, 628f.; *Rieble,* Anm. EzA § 1 KSchG Betriebsbedingte Kündigung Nr. 102; *Stahlhacke,* DB 1994, 1361, 1365.

[100] *Preis,* NZA 1997, 1073, 1079.

[101] Vgl. oben Rn. 945ff.

[102] LAG Köln 25. 8. 1994 LAGE § 1 KSchG Betriebsbedingte Kündigung Nr. 27; KR/*Etzel,* § 1 KSchG Rn. 533.

wenn die Mißbräuchlichkeit einer bestimmten unternehmerischen Maßnahme, auf die die Kündigung gestützt werden soll, zur Debatte steht.

b) Kausaler Wegfall der Beschäftigungsmöglichkeit

955 Gleichgültig welche Ursachen der Arbeitgeber für die Begründung der betriebsbedingten Kündigung anführt, seien es innerbetriebliche oder außerbetriebliche, muss er darlegen, wie sich diese **unmittelbar oder mittelbar auf den Arbeitsplatz** des gekündigten Arbeitnehmers **auswirken.**[103] Das Erfordernis eines Kausalzusammenhangs ergibt sich unmittelbar aus dem Gesetz, weil die dringenden betrieblichen Erfordernisse die Kündigung „bedingen" und „einer Weiterbeschäftigung des Arbeitnehmers in diesem Betrieb entgegenstehen" müssen (§ 1 Abs. 2 Satz 1 KSchG). Der pauschale Vortrag, es sei eine unternehmerische Entscheidung getroffen worden, die zur Verringerung des Personalbedarfs geführt habe, reicht nicht aus.[104]

956 Allerdings muss kein bestimmter Arbeitsplatz wegfallen, sondern es genügt, wenn das **Bedürfnis für die Weiterbeschäftigung** des gekündigten Arbeitnehmers **entfallen** ist.[105] Insoweit kann die plastische Umschreibung „Wegfall des Arbeitsplatzes" Missverständnisse hervorrufen. Der Wegfall eines konkreten Arbeitsplatzes ist nur **eine** von mehreren Sachverhaltsalternativen. Entscheidend ist die Verringerung des Personalbedarfs, der sich prozentual auf eine Gruppe bestimmter Arbeitsplätze niederschlagen kann. Wie der verringerte Personalbedarf innerhalb der Belegschaft zu verteilen ist, ist eine Frage der Sozialauswahl nach § 1 Abs. 3 KSchG.

c) Prüfungsraster

957 Auf der Basis der herrschenden Systematik und Grundsätze zur Konkretisierung des betriebsbedingten Kündigungsgrundes lässt sich für die Praxis folgendes Prüfungsraster aufstellen:

(1) Liegt überhaupt ein (an sich) betriebsbedingter Kündigungsgrund vor? (Abgrenzung zur personen- und verhaltensbedingten Kündigung)
(2) Liegt der Kündigung eine unternehmerische Entscheidung zugrunde und welchen Inhalt hat diese?
(3) Liegen die angeführten (inner- und außerbetrieblichen) Ursachen, die zur unternehmerischen Entscheidung geführt haben, vor?
(4) Ist das betriebliche Erfordernis auch „dringend"?
(5) Bedingt die unternehmerische Entscheidung den verringerten Personalbedarf (Kausalität des Arbeitsplatzwegfalls)?
(6) Fällt der Arbeitsplatz spätestens mit Ablauf der Kündigungsfrist weg? Hat der verringerte Personalbedarf bis zum Ablauf der Kündigungsfrist Bestand (Prognose)?

---

[103] BAG 13. 3. 1987, 11. 9. 1986 EzA § 1 KSchG Betriebsbedingte Kündigung Nr. 44, 54; BAG 17. 6. 1999 AP § 1 KSchG 1969 Betriebsbedingte Kündigung Nr. 101 und 102.

[104] I. E. auch BAG 17. 6. 1999 AP § 1 KSchG 1969 Betriebsbedingte Kündigung unter II.2.f. d. Gr. Nr. 101.

[105] BAG 5. 10. 1995, 17. 6. 1999 AP § 1 KSchG 1969 Betriebsbedingte Kündigung Nr. 71, 101; ErfK/*Ascheid,* § 1 KSchG Rn. 383; MünchArbR/*Berkowsky,* § 138 Rn. 47; APS/*Kiel,* § 1 KSchG Rn. 477.

d) Einzelfälle dringender betrieblicher Erfordernisse

aa) Abkehrwille

Der sogenannte Abkehrwille eines Arbeitnehmers kann ausschließlich als verhaltensbedingter Kündigungsgrund relevant werden.[106] Als betriebsbedingter Kündigungsgrund kann der Abkehrwille nicht durchgreifen, auch soweit es um die Notwendigkeit geht, eine sonst nur schwer zu findende Ersatzkraft für den Abkehrwilligen einzustellen.[107] Dieser Gesichtspunkt kann freilich als betriebliches Interesse im Rahmen der Abwägung bei der verhaltensbedingten Kündigung berücksichtigt werden. Der Abkehrwille lässt sich nicht in das System der betriebsbedingten Kündigung einfügen. Der dokumentierte Abkehrwille ist ein eindeutig aus der Sphäre des Arbeitnehmers stammender verhaltensbedingter Umstand, der den Personalbedarf des Arbeitgebers nicht verringert. **Vielmehr** wird die Kündigung ja gerade mit dem Umstand gerechtfertigt, dass weiterhin **Personalbedarf** besteht. Des Weiteren geht der Kündigung **keine unternehmerische Entscheidung** voraus, sondern ist **Reaktion** auf Arbeitnehmerverhalten. **958**

bb) Abordnung zu Tochterunternehmen

Ist ein Arbeitnehmer zu einer Tochtergesellschaft abgeordnet worden und hat sich die Muttergesellschaft verpflichtet, nach Beendigung der Abordnung ihn weiter zu beschäftigen, so kann ihm bei Rückkehr nicht mit der Begründung gekündigt werden, sein Arbeitsplatz sei besetzt und ein anderer gleichwertiger stehe nicht zur Verfügung. Durch die Rückkehrzusage hat die Muttergesellschaft ihr mögliches Recht zur betriebsbedingten Kündigung vertraglich eingeschränkt.[108] **959**

cc) Auftragsmangel/Umsatzrückgang

Der Auftragsmangel bzw. der Umsatzrückgang können eine betriebsbedingte Kündigung rechtfertigen, wenn dadurch der Arbeitsanfall so zurückgeht, dass für einen oder mehrere Arbeitnehmer das Bedürfnis zur Weiterbeschäftigung entfällt.[109] Es genügt, wenn der Arbeitgeber darlegt und ggf. beweist, dass ein **Überhang an Arbeitskräften** entstanden ist, durch den **unmittelbar oder mittelbar** das **Bedürfnis zur Weiterbeschäftigung** eines oder mehrerer (vergleichbarer) Arbeitnehmer **entfällt.** Leitet der Arbeitgeber den verringerten Beschäftigungsbedarf unmittelbar aus dem Auftragsvolumen oder dem Umsatzrückgang ab, liegt eine selbstbindende Unternehmerentscheidung vor. Die vom Arbeitgeber darzule- **960**

---

106 Hierzu KR/*Etzel,* § 1 KSchG Rn. 415ff.; KR/*Fischermeier,* § 626 BGB Rn. 405; *v. Hoyningen-Huene/Linck,* § 1 KSchG Rn. 305ff.; ablehnend jedoch MünchKommBGB/*Schwerdtner,* § 622 Anh. Rn. 322.

107 A. A. BAG 22. 10. 1964 EzA § 1 KSchG Nr. 2, wohl auch LAG Frankfurt 11. 4. 1985 Nr. 2, BB 1986, 65; KR/*Etzel,* § 1 KSchG Rn. 564; *v. Hoyningen-Huene/Linck,* § 1 KSchG Rn. 307; *Löwisch,* § 1 KSchG Rn. 124.

108 BAG 28. 11. 1968 EzA § 1 KSchG Nr. 12; KR/*Etzel,* § 1 KSchG Rn. 590.

109 BAG 11. 9. 1986 EzA § 1 KSchG Betriebsbedingte Kündigung Nr. 54; BAG 7. 2. 1985 EzA § 1 KSchG Soziale Auswahl Nr. 20; BAG 26. 6. 1997 AP § 1 KSchG 1969 Betriebsbedingte Kündigung Nr. 86; BAG 11. 3. 1998, DB 1998, 626; LAG Hamm 5. 2. 1987 LAGE § 1 KSchG Soziale Auswahl Nr. 2; LAG Düsseldorf 4. 3. 1998 LAGE § 1 KSchG Interessenausgleich Nr. 3.

genden Umsatzzahlen müssen einen verringerten Arbeitsanfall ergeben. Die Reduktion der Umsatzzahlen muss der Arbeitgeber nachweisen.[110] Außerdem prüft das BAG, ob sich die Verringerung des Personalbestandes proportional zum Umsatzrückgang verhält.[111] Nicht erforderlich ist die Darlegung, der konkrete Arbeitsplatz des betroffenen Arbeitnehmers sei weggefallen.[112] Ausreichend ist, dass der Arbeitgeber im Falle des Umsatzrückganges bei gleichartigen Arbeitsaufgaben die Anzahl der noch benötigten Arbeitsplätze nach einer betriebswirtschaftlichen Formel berechnet, die als variablen Wert den Umsatz berücksichtigt.[113] Der Arbeitgeber kann den Auftragsmangel oder den Umsatzrückgang aber auch zum Anlass für eine gestaltenden Unternehmerentscheidung in Form von Rationalisierungsmaßnahmen unter den dafür maßgeblichen Voarussetzungen nehmen (vgl. dazu unten Rn. 993ff). Der **Grund für den Auftragsmangel** ist **unerheblich.** Er kann auch auf einer falschen Kalkulation oder früherem Mißmanagment des Arbeitgebers beruhen.[114] Darin zeigt sich, dass die betriebsbedingte Kündigung von einem Verschulden des Arbeitgebers unabhängig ist.

961 Bei der Frage, wie der Arbeitgeber auf einen Auftragsmangel **personalpolitisch** reagiert, hat er einen gewissen **Entscheidungsspielraum.** Die Auswahl der zu kündigenden Arbeitnehmer richtet sich allerdings allein nach § 1 Abs. 3 KSchG. Innerhalb der Gruppe vergleichbarer Arbeitnehmer muss er die Grundsätze des § 1 Abs. 3 KSchG beachten. Überträgt er aber Hilfsarbeiten den Facharbeitern, um diese zu halten und kündigt die Hilfsarbeiter, so ist diese personalpolitische Maßnahme kündigungsrechtlich zu respektieren. Es bedarf dann aber der konkreten Darlegung durch den Arbeitgeber, in welchem Umfang die verbleibenden Arbeiten in Zukunft anfallen und wie sie von dem verbleibenden Personal ohne überobligationsmäßige Leistungen erledigt werden können.[115] Der Hilfsarbeiter kann nicht verlangen, dass ein möglicherweise sozial schwächerer Facharbeiter vor ihm gekündigt wird.[116] Dieses Ergebnis lässt sich außerdem unter Hinweis auf § 1 Abs. 3 Satz 2 KSchG begründen.[117]

962 Bei einem Auftragsmangel muss der Arbeitgeber prüfen, ob es sich hierbei um eine **vorübergehende Erscheinung** handelt. Dies korreliert damit, dass das BAG in den Entscheidungen vom 17. 6. 1999 verlangt hat, dass der Arbeitgeber darlegen und beweisen muss, dass ein dauerhafter Rückgang vorliegt.[118] So rechtfertigen kurzfristige Auftragslücken z.B. nicht die betriebsbedingte Kündigung ge-

[110] LAG Hamm 5. 2. 1987 LAGE § 1 KSchG Soziale Auswahl Nr. 2; LAG Berlin 20. 5. 1997 LAGE § 1 KSchG Betriebsbedingte Kündigung Nr. 45.

[111] BAG 11. 9. 1986 EzA § 1 KSchG Betriebsbedingte Kündigung Nr. 54.

[112] BAG 11. 9. 1986 EzA § 1 KSchG Betriebsbedingte Kündigung Nr. 54; BAG 30. 5. 1985 EzA § 1 KSchG Betriebsbedingte Kündigung Nr. 36; LAG Düsseldorf 4. 3. 1998 LAGE § 1 KSchG Interessenausgleich Nr. 3; APS/*Kiel,* § 1 KSchG Rn. 486.

[113] Vgl. BAG 15. 6. 1989, DB 1989, 2384f.

[114] LAG Köln 25. 8. 1994 LAGE § 1 KSchG Betriebsbedingte Kündigung Nr. 27; LAG Düsseldorf 4. 3. 1998 LAGE § 1 KSchG Interessenausgleich Nr. 3; *Löwisch,* § 1 KSchG Rn. 303.

[115] BAG 17. 6. 1999 AP § 1 KSchG Betriebsbedingte Kündigung Nr. 102.

[116] Siehe hierzu BAG 11. 9. 1986 EzA § 1 KSchG Betriebsbedingte Kündigung Nr. 54.

[117] Siehe bereits die Begründung des RegE zum KSchG, RdA 1951, 63.

[118] BAG 17. 6. 1999 AP § 1 KSchG 1968 Betriebsbedingte Kündigung Nr. 101, 102; s. a. APS/*Kiel,* § 1 KSchG Rn. 486.

genüber einem Leiharbeitnehmer.[119] Bei nur vorübergehendem Auftragsmangel kann **Kurzarbeit** ein milderes Mittel zur Verhinderung der Kündigung sein. Der Umstand allein, dass der Betriebsrat kein Initiativrecht zur Einführung von Kurzarbeit ergriffen hat, befreit den Arbeitgeber noch nicht von der Prüfung dieser Maßnahme.[120] Hat der Arbeitgeber Kurzarbeit eingeführt, ist dies ein Indiz dafür, dass er von einem nur vorübergehenden Arbeitsmangel ausgegangen ist, der eine betriebsbedingte Kündigung nicht rechtfertigen kann. Damit ist dem Arbeitgeber aber nicht der Sachvortrag verwehrt, dass gleichwohl der Beschäftigungsbedarf für einzelne von der Kurzarbeit betroffene Arbeitnehmer auf Dauer entfallen ist.[121]

dd) Austauschkündigungen

Arbeitsmarktpolitisch oder sozialpolitisch motivierte Austauschkündigungen be- 963
gründen **kein dringendes betriebliches Erfordernis.** Kündigungsrechtlich ist allein entscheidend, ob ein Überhang an Arbeitskräften vorhanden ist. Austauschkündigungen sind mit dem Zweck der betriebsbedingten Kündigung, den Personalbestand dem verringerten Personalbedarf anzupassen, nicht zu vereinbaren.[122] Unzulässig ist auch eine Kündigung, die allein dem Zweck dient, vorhandene geeignete durch besser geeignete Arbeitnehmer zu ersetzen.[123]

Das BAG hat diesen Grundsatz aber nicht konsequent umgesetzt. So hat es zwar 964
die mit der Absicht des Arbeitgebers, die Lohnkosten zu senken und sich durch eine **Beschäftigung von Arbeitnehmern nach ausländischem Recht** den Bindungen des deutschen Arbeits- und Sozialrechts zu entziehen, verbundene Kündigung als unzulässige Austauschkündigung gewertet.[124] In der *„Weight-Watcher"*-Entscheidung[125] hat das BAG es jedoch als freie unternehmerische Entscheidung anerkannt, die Vertragsform von einem **Arbeitsverhältnis in ein freies Mitarbeiterverhältnis umzugestalten**. Auch in diesem Fall, ebenso wie bei einer Kündigung zum Wechsel des Arbeitgebers,[126] liegt jedoch eine unzulässige Aus-

---

[119] LAG Köln 10. 12. 1998, RzK I 5c Nr. 115.

[120] Zur Kurzarbeit als milderes Mittel ausf. unten Rn. 1020ff.

[121] BAG 26. 6. 1997 AP § 1 KSchG 1969 Betriebsbedingte Kündigung Nr. 86; ErfK/*Ascheid,* § 1 KSchG Rn. 393; HzA/*Isenhardt,* Gruppe 5 Rn. 569.

[122] BAG 13. 3. 1987 EzA § 1 KSchG Betriebsbedingte Kündigung m. zust. Anm. *Preis* Nr. 44; BAG 26. 9. 1996 AP § 1 KSchG 1969 Betriebsbedingte Kündigung Nr. 80; ebenso KR/*Etzel,* § 1 KSchG Rn. 517; *Ehmann/Krebber,* Anm. AP § 1 KSchG betriebsbedingte Kündigung Nr. 101, 102; *Kiel/Koch,* Rn. 112; *Joost,* ZfA 1988, 622; *Stahlhacke,* DB 1994, 1365; *Wank,* RdA 1987, 129, 143; krit. *Adomeit,* SAE 1988, 74f.; *Hahn,* DB 1988, 1015.

[123] BAG 24. 4. 1997 AP Einigungsvertrag Anlage I Kap. XIX Nr. 65; BAG 20. 3. 1997 AP Eingungsvertrag mit zust. Anm. *Opolony* Nr. 40 Art. 20 BAG 21. 9. 2000, NZA 2001, 255, 258; s. a. *Henssler* in *Henssler/Moll* D Rn. 29.

[124] BAG 26. 9. 1996 AP § 1 KSchG 1969 Betriebsbedingte Kündigung Nr. 80.

[125] BAG 9. 5. 1996 AP § 1 KSchG Betriebsbedingte Kündigung Nr. 79; ebenso LAG Köln 28. 6. 1996 LAGE § 1 KSchG Betriebsbedingte Kündigung Nr. 40; *Berkowsky,* § 7 Rn. 92ff.; ErfK/*Ascheid,* § 1 KSchG Rn. 411; KR/*Etzel,* § 1 KSchG Rn. 598; *Löwisch,* § 1 KSchG Rn. 315; abl. *Preis,* NZA 1997, 1073, 1079; einschränkend dahingehend, dass die Umstellung auf selbständige Tätigkeit für das gesamte Unternehmen stattfindet (BBDW/*Bader,* § 1 KSchG Rn. 284 a).

[126] BAG 26. 9. 1996 AP § 1 KSchG 1969 Betriebsbedingte Kündigung mit zust. Anm. *Hromadka* Nr. 80, EWiR 1997, 231; *Oetker,* WiB 1997, 370.

tauschkündigung vor. Aus diesem Grunde ist auch eine Kündigung grundsätzlich unzulässig, die wegen der Weigerung eines Arbeitnehmers erfolgt, in eine Leiharbeitsfirma oder Beschäftigungsgesellschaft zu wechseln.[127] Gemeinsames Element ist in allen Fällen, dass der Vertrag oder der Vertragspartner „ausgetauscht" werden soll, obwohl weiterhin ein Beschäftigungsbedürfnis besteht und auch die Mitarbeiter weitgehend die gleichen bleiben.[128] Motiv des Arbeitgebers ist es, den gleichen Arbeitskräftebedarf zu anderen rechtlichen oder kostenmäßigen Bedingungen zu befriedigen, wofür die Änderungskündigung vorrangiges Mittel ist, oder aber, die Belegschaftsstruktur unter Umgehung der Sozialauswahl umzugestalten.

965 Eine unzulässige Austauschkündigung aus sozialen Gründen stellt auch die verbreitet für zulässig gehaltene Kündigung eines nicht schwerbehinderten Arbeitnehmers dar, um statt seiner einen **schwerbehinderten Arbeitnehmer** zur Erfüllung der Pflichtplatzquote nach § 71 SGB IX einzustellen. Der gegenteiligen Auffassung, die Austauschkündigung könne ein dringendes betriebliches Erfordernis darstellen,[129] kann aus mehreren Gründen nicht gefolgt werden. Aus § 71 SGB IX lässt sich nicht der gesetzgeberische Wille ableiten, den Bestandsschutz nicht Behinderter zu relativieren. Die Beschäftigungspflicht begründet als solche noch kein „dringendes betriebliches Erfordernis". Dieser Sichtweise könnte man allenfalls dann nähertreten, wenn Schwerbehinderte einen individuellen Einstellungsanspruch hätten. Gerade dies ist jedoch nicht der Fall, wie die arbeitgeberseitige Verpflichtung zur Ausgleichsabgabe nach § 77 SGB IX zeigt. § 89 Abs. 1 Satz 3 SGB IX zeigt, dass der Arbeitgeber auch Schwerbehinderte bei betriebsbedingten Kündigungen nur auf „freie Arbeitsplätze" versetzen muss.[130] Hieraus folgt zwingend, dass ein Schwerbehinderter nicht die Kündigung nicht Schwerbehinderter beanspruchen kann. Arbeitnehmern, die nicht schwerbehindert sind und Kündigungsschutz nach § 1 KSchG genießen, kann es nicht zum Nachteil gereichen, dass ihr Arbeitgeber keine, im Lichte des Schwerbehindertenrechts wünschenswerte Einstellungspolitik betrieben hat. Es wäre ein grundsätzlich falscher Ansatz, in dieser Weise das Problem der Arbeitsplatzverteilung zwischen schwerbehinderten und nicht schwerbehinderten Arbeitnehmern lösen zu wollen. Grundsätzlich kann kein Arbeitnehmer die Kündigung eines anderen Arbeitnehmers verlangen, um für ihn einen Arbeitsplatz freizumachen.[131] Bei der betriebsbedingten Kündigung wird das Problem des Arbeitsplatzmangels allein über § 1 Abs. 3 KSchG gelöst.[132]

966 Anders ist die Situation, wenn der Arbeitgeber – statt die Ausgleichsabgabe nach § 77 SGB IX zu zahlen – Schwerbehinderte über den akuten Personalbedarf hinaus einstellt. Besteht nach einer solchen Einstellungspolitik ein Arbeitskräfteüberhang,

---

[127] Hierzu LAG Bremen 2. 12. 1997 LAGE § 1 KSchG Betriebsbedingte Kündigung m. abl. Anm. *Schaub* Nr. 47, EWiR 1998, 425; LAG Bremen 30. 1. 1998, DB 1998, 1338; *Bertzbach,* FS *Hanau,* 1999, 173, 180 ff.

[128] *Preis,* NZA 1997, 1073, 1079; s. a. *B. Preis,* ArbuR 1997, 60.

[129] So KR/*Becker,* 3. Aufl. 1989 § 1 KSchG Rn. 346; *Neumann/Pahlen,* SchwbG, 9. Aufl. 1999, § 5 Rn. 14; BAG 8. 2. 1966 AP § 12 SchwBeschG Nr. 4; wie hier KR/*Etzel,* § 1 KSchG Rn. 517; KDZ/*Kittner,* § 1 KSchG Rn. 318; HK-KSchG/*Dorndorf,* § 1 Rn. 965; *Wank,* RdA 1987, 129, 143 f.

[130] Hierauf weist *Wank,* RdA 1987, 129, 143 f., zu Recht hin.

[131] *Preis,* Prinzipien, S. 318 m. w. N.

[132] Siehe auch BAG 7. 2. 1985 EzA § 1 KSchG Nr. 20; *LAG Köln* 16. 10. 1986 LAGE § 1 KSchG Betriebsbedingte Kündigung Nr. 10.

hat der Arbeitgeber unter Beachtung der sozialen Auswahl grundsätzlich die Möglichkeit, betriebsbedingte Kündigungen auszusprechen. Nach § 90 Abs. 1 Nr. 1 SGB IX gilt der besondere Kündigungsschutz für Schwerbehinderte entsprechend § 1 Abs. 1 KSchG erst dann, wenn das Arbeitsverhältnis ohne Unterbrechung länger als sechs Monate bestanden hat. Erst nach Ablauf dieses Zeitpunktes wäre der neu eingestellte Schwerbehinderte nicht mehr in den Kreis der auswahlrelevanten Arbeitnehmer einzubeziehen. Vor Ablauf von 6 Monaten wäre der Schwerbehinderte – wie alle anderen Arbeitnehmer auch – vor den Arbeitnehmern zu entlassen, die bereits Kündigungsschutz genießen.[133] Diese Konsequenz ist gesetzlich gewollt, weil während der ersten 6 Monate Kündigungsfreiheit bestehen soll.[134]

ee) Betriebsänderungen/Änderungen des Arbeitsablaufs

Betriebsänderungen und Änderungen des Arbeitsablaufs sind innerbetriebliche **967**
Organisationsentscheidungen, die nur darauf überprüft werden, ob sie rechtsmissbräuchlich ergriffen werden (sollen). Für eine beschlossene und tatsächlich durchgeführte Betriebsänderung spricht die Vermutung, dass sie aus sachlichen Gründen erfolgt ist.[135] Erkennt man – entgegen der hier vertretenen Ansicht – eine Kündigung zur Leistungsverdichtung an, kann dieser Satz nicht mehr uneingeschränkt gelten, weil allein für die Entscheidung des Arbeitgebers, den Personalbestand auf Dauer zu reduzieren, kein Erfahrungssatz angenommen werden kann, dass dies aus sachlichen Gründen geschieht. Das BAG gesteht dies zu. Die bislang angenommene Vermutung soll in diesen Fällen nicht mehr von vornherein greifen.[136]

Eine hinzunehmende arbeitsorganisatorische Entscheidung ist die **Zusammen- 968**
legung von Arbeitsgebieten.[137] So kann aus Kostengründen die Position eines Betriebsassistenten eingespart werden, wenn dessen Aufgaben zum Teil vom Arbeitgeber selbst und zum Teil von dessen Sekretariat wahrgenommen werden sollen.[138] Auch die Position eines Verkaufsleiters kann eingespart werden, wenn sich deren Einrichtung als nicht umsatzfördernd erwiesen hat und die dem Verkaufsleiter zugewiesenen Aufgaben anderweitig aufgeteilt werden.[139] Die Stelle einer Chefsekretärin kann entfallen, wenn der Posten des 2. Geschäftsführers nicht wieder besetzt wird.[140] Zum Zwecke der Personalkostensenkung kann der Arbeitgeber Arbeitsaufgaben selbst übernehmen oder anderen Arbeitnehmern zuweisen,[141] wobei im letzteren Fall keine überobligationsmäßigen Leistungen verlangt werden

---

[133] Siehe hier noch unter Rn. 1077.

[134] *Vgl.* BT-Drucks 10/3138, S. 21; *Neumann/Pahlen,* § 20 SchwbG Rn. 1 f.; APS/*Vossen,* § 20 SchwbG, Rn.1, 3ff.

[135] BAG 24. 10. 1979 und 30. 4. 1987 EzA § 1 KSchG Betriebsbedingte Kündigung Nr. 13 und 47; BAG 14. 10. 1982 EzA § 613a BGB Nr. 38; BAG 9. 5. 1996 AP § 1 KSchG 1969 Betriebsbedingte Kündigung Nr. 79.

[136] BAG 17. 6. 1999 AP § 1 KSchG 1969 Betriebsbedingte Kündigung Nr. 101, 102 u. 103; *Singer/von Finckenstein,* Anm. SAE 2000, 282, 285.

[137] Hierzu BAG 24. 10. 1979 EzA § 1 KSchG Betriebsbedingte Kündigung Nr. 13.

[138] LAG Köln 28. 10. 1986 LAGE § 1 KSchG Betriebsbedingte Kündigung Nr. 8.

[139] LAG Köln 16. 10. 1986 LAGE § 1 KSchG Betriebsbedingte Kündigung Nr. 10.

[140] BAG 5. 2. 1998 AP § 626 BGB Nr. 143.

[141] BAG 22. 3. 1990, RzK I 5c Nr. 36; LAG Berlin 4. 4. 1997 LAGE § 1 KSchG Betriebsbedingte Kündigung Nr. 42.

dürfen.[142] Gestaltet der Arbeitgeber den Arbeitsablauf um, ohne dass sich die Arbeitsmenge verändert, ist die betriebsbedingte Kündigung nicht allein deswegen gerechtfertigt, weil die mit den im Wesentlichen gleichen Arbeiten eingerichteten Arbeitsplätze vom Arbeitgeber als Beförderungsstellen bezeichnet werden. Der Arbeitgeber könnte sonst einen mißliebigen Arbeitnehmer mit der Begründung kündigen, dieser habe keinen Anspruch auf Beförderung. Dem Arbeitgeber ist es aber nicht verwehrt, die Anforderungsprofile der neu eingerichteten Arbeitsplätze kraft unternehmerischer Entscheidung festzulegen.[143]

969 Die aus arbeitsorganisatorischen Gründen getroffene Entscheidung, einen **Teilzeitarbeitsplatz** in einen **Vollzeitarbeitsplatz umzuwandeln,** ist eine hinzunehmende unternehmerische Organisationsentscheidung, die aber nicht begründungslos erfolgen darf, weil der Arbeitgeber sich dann dem Verdikt des Rechtsmissbrauchs aussetzt. Die begründungslose Organisationsentscheidung, Vollzeitstellen in Teilzeitstellen umzuwandeln, ist willkürlich; vielmehr muss der Arbeitgeber plausible wirtschaftliche oder unternehmenspolitische Gründe vortragen.[144] Die Unternehmerentscheidung ist zudem der Rechtskontrolle ausgesetzt, weshalb Teilzeitbeschäftigte durch die veränderte Arbeitszeitgestaltung nicht entgegen § 4 Abs. 1 S. 1 TzBfG benachteiligt werden dürfen.[145]

970 Eine **betriebsbedingte Kündigung des Teilzeitarbeitnehmers** kann aber nur gerechtfertigt sein, wenn die Teilzeitkraft selbst nicht ganztägig zu arbeiten bereit ist und die Einstellung einer weiteren Teilzeitkraft zur Befriedigung des Personalbedarfs nicht möglich ist.[146] Dass die Gewinnung einer weiteren Teilzeitkraft nicht möglich ist, hat der Arbeitgeber zu beweisen. Wenn dem Arbeitgeber dieser **Nachweis** gelingt, kann die Teilzeitkraft trotz steigenden Personalbedarfs gekündigt werden, wenn der **Personalbedarf für Teilzeitkräfte im Betrieb gesunken ist.** Dieser Nachweis wird bei grundsätzlich steigendem Personalbedarf nur schwer zu führen sein, weil es oftmals an einem Arbeitskräfteüberhang und in der Regel an einem „dringenden Erfordernis" i. S. des § 1 Abs. 2 Satz 1 KSchG fehlen dürfte. **Verringert sich** dagegen **der Personalbedarf,** so steht es dem Arbeitgeber frei, Vollzeitarbeitsplätze in Teilzeitarbeitsplätze umzugestalten, und statt weniger Beendigungskündigungen mehrere Änderungskündigungen auszusprechen.[147] Das Recht des Arbeitgebers zur betriebsbedingten Kündigung bleibt von dem besonderen Kündigungsverbot des § 11 TzBfG unberührt. Bei der Wei-

---

[142] BAG 17. 6. 1999 AP § 1 KSchG Betriebsbedingte Kündigung Nr. 102.

[143] BAG 10. 11. 1994 u. 5. 10. 1995 AP § 1 KSchG 1969 Betriebsbedingte Kündigung Nr. 65 u. 71.

[144] APS/*Kiel,* § 1 KSchG Rn. 553; KR/*Etzel* § 1 KSchG Rn. 562; *Preis/Gotthardt,* DB 2000, 2065, 2069; *dies.,* DB 2001, 145, 148; weitergehend *Reinfelder/Zwanziger,* DB 1996, 677, 678, die sachliche Gründe verlangen; vgl. BAG 12. 8. 1999 AP § 1 KSchG 1969 Soziale Auswahl zur Sozialauswahl: konkrete Darlegung eines nachvollziehbaren unternehmerischen Konzepts der Arbeitszeitgestaltung Nr. 44.

[145] Vgl. BAG 24. 4. 1997 AP § 2 KSchG 1969 § 2 BeschFG Nr. 42.

[146] LAG Rheinland-Pfalz 10. 5. 1988 LAGE § 1 KSchG Betriebsbedingte Kündigung Nr. 16; LAG Berlin 10. 9. 1996 LAGE § 2 KSchG Nr. 20; LAG Hamburg 20. 11. 1996, ArbuR 1997, 261, 262; a. A. *Henssler* in *Henssler/Moll* D Rn. 26; *Schaub,* ArbR-Hdb, § 131 Rn. 33; GK-TzA/*Becker,* Art. 1 § 2 Rn. 258 f.; die die Prüfung, ob eine andere Teilzeitkraft eingestellt werden kann, ablehnen.

[147] BAG 19. 5. 1993 EzA § 1 KSchG Betriebsbedingte Kündigung m. zust. Anm. *Raab* = AR-Blattei ES 1020.1.1 Nr. 13 mit zust. Anm. *Preis* Nr. 73.

gerung in **Altersteilzeit** oder einem **flexiblen Arbeitszeitmodell** zu arbeiten, sind die besonderen Kündigungsschranken des § 8 Abs. 1 ATG[148] und des § 7 Abs. 1 lit. b SGB-IV zu beachten.

ff) Betriebsstilllegung

Die Betriebsstilllegung ist eine unternehmerische Entscheidung, die die betriebs- **971**
bedingte Kündigung regelmäßig rechtfertigt. Eine Betriebsstilllegung setzt freilich den **ernstlichen und endgültigen Entschluss** des Unternehmers voraus, die **Betriebs- und Produktionsgemeinschaft** zwischen Arbeitgeber und Arbeitnehmer für einen **seiner Dauer nach unbestimmten, wirtschaftlich nicht unerheblichen Zeitraum aufzugeben.** Ist diese Voraussetzung erfüllt, stellt die Betriebsstilllegung ein dringendes betriebliches Erfordernis im Sinne des § 1 Abs. 2 Satz 1 KSchG dar.[149] Der Entschluss des Arbeitgebers, ab sofort keine neuen Aufträge mehr anzunehmen, allen Arbeitnehmern zum nächstmöglichen Kündigungstermin zu kündigen, zur Abarbeitung der vorhandenen Aufträge eigene Arbeitnehmer nur noch während der jeweiligen Kündigungsfristen einzusetzen und so den Betrieb schnellstmöglich stillzulegen, ist von den Arbeitsgerichten als unternehmerische Entscheidung hinzunehmen.[150] Aus welchem Grunde die Betriebsstilllegung erfolgt (behördliches Produktionsverbot, wirtschaftliche Gründe, Insolvenz, altersbedingte Betriebsaufgabe), ist unerheblich.[151] Regelmäßig kann nur die **endgültige Betriebsstilllegung** ein dringendes betriebliches Erfordernis begründen.[152] Abzugrenzen ist diese von der bloßen **Betriebsunterbrechung** oder **Betriebspause,** die keine betriebsbedingte Kündigung rechtfertigen.[153] Eindeutig nicht ausreichend ist eine bloße **Betriebsunterbrechung,** bei der im Zeitpunkt der Kündigung bereits feststeht, wann der Betrieb wieder aufgenommen wird, und dies bis zum Ablauf der Kündigungsfrist geschieht.[154] Eine vorübergehende Betriebsschließung kann aber dann ein dringendes betriebliches Bedürfnis darstellen, wenn im Kündigungszeitpunkt der Wegfall der Beschäftigungsmöglichkeit bei Ablauf der Kündigungsfrist für nicht unerhebliche Zeit (z. B. ½ bis ¾ Jahr) zu erwarten ist.[155] Dagegen scheidet eine betriebsbedingte Kündigung aus, wenn im Kündigungszeitpunkt bereits absehbar ist, dass der Arbeitsplatz nach Ablauf der Kündigungs-

---

[148] Hierzu APS/*Preis,* § 8 ATG, Rn. 1, 3.

[149] BAG 19. 6. 1991 EzA § 1 KSchG Betriebsbedingte Kündigung m. Anm. *Kraft/Raab* Nr. 70; BAG 27. 2. 1987 EzA § 1 KSchG Betriebsbedingte Kündigung Nr. 46, BAG 22. 5. 1997 AP § 613 a BGB Nr. 154; BAG 11. 3. 1998 AP § 111 BetrVG 1972 Nr. 43; BAG 3. 9. 1998, NZA 1999, 147; BAG 18. 1. 2001 NZA 2001, 719 = EzA § 1 KSchG Betriebsbedingte Kündigung Nr. 109; *Berkowsky,* Betriebsbedingte Kündigung, § 7 Rn. 74 ff.; APS/*Kiel,* § 1 KSchG Rn. 488; *Löwisch,* § 1 KSchG Rn. 318 ff.

[150] BAG 18. 1. 2001 NZA 2001, 719 = EzA § 1 KSchG Betriebsbedingte Kündigung Nr. 109.

[151] *Löwisch,* § 1 KSchG Rn. 318.

[152] A. A. LAG Berlin 17. 11. 1986 LAGE § 1 KSchG Betriebsbedingte Kündigung Nr. 9.

[153] Ebenso *Berkowsky,* Betriebsbedingte Kündigung, § 7 Rn. 77; KR/*Etzel,* § 1 KSchG Rn. 581; APS/*Kiel,* § 1 KSchG Rn. 490; *Preis* DB 1988, 1393.

[154] *Preis,* NZA 1997, 1073, 1082.

[155] BAG 27. 5. 1995 EzA § 1 KSchG Betriebsbedingte Kündigung Nr. 83; LAG Köln 11. 1. 1995 ARST 1995, 234.

frist erneut zur Verfügung steht und dieser Zeitraum in zumutbarer Weise überbrückt werden kann, wobei es auf die jeweiligen Umstände des Einzelfalls ankommt.[156]

972 Nicht erforderlich ist, dass die Betriebsstilllegung dem Wunsch des Arbeitgebers entspricht. Sieht sich der Unternehmer zu dem Entschluss durch außerbetriebliche Umstände gezwungen, so ist es unschädlich, wenn sich die Verhältnisse wider Erwarten anders als bei vernünftiger Betrachtung vorhersehbar entwickeln.[157] Das BAG fordert jedoch, dass die **(prognostizierte) Betriebsstilllegung** nach den Umständen bereits **konkrete und greifbare Formen** angenommen hat und eine vernünftige, betriebswirtschaftliche Betrachtung die Prognose rechtfertigt, dass der Arbeitnehmer bis zum Ablauf der Kündigungsfrist entbehrt werden kann.[158] Wird im Zeitpunkt der Kündigung noch über die Veräußerung des Betriebes verhandelt und nur vorsorglich mit der Begründung gekündigt, der Betrieb solle zu einem bestimmten Zeitpunkt stillgelegt werden, falls eine Veräußerung scheitere, ist die Grundlage für eine Negativprognose noch nicht hinreichend und die Kündigung unwirksam.[159] Dagegen steht der Wirksamkeit der Kündigung nach Ansicht des BAG nicht entgegen, dass der Arbeitgeber sich eine Betriebsveräußerung für den Fall vorbehält, dass sich dazu wider Erwarten eine Möglichkeit ergibt.[160] Kommt es entgegen der Prognose dennoch nicht zu einer Betriebsstilllegung, kann der zunächst zu Recht gekündigte Arbeitnehmer ggf. einen Anspruch auf Fortsetzung des Arbeitsverhältnisses bzw. Wiedereinstellung haben.[161]

973 Bei **juristischen Personen** aber auch bei **Personengesellschaften** bedarf es nach Ansicht des BAG zur Betriebsstilllegung **keines Beschlusses** der zuständigen Stelle **zur Auflösung** der Gesellschaft.[162] Daran bestehen Zweifel. Jedenfalls dürfte ein fehlender Auflösungsbeschluss ein Indiz dafür darstellen, dass begründete Zweifel bestehen, dass überhaupt eine unternehmerische Entscheidung zur Stilllegung getroffen worden ist. Auch ist zu erwägen, ob eine endgültige Stilllegung ohne Auflösungsbeschluss nicht willkürlich ist.[163]

---

[156] BAG 7. 3. 1996 AP § 1 KSchG 1969 Betriebsbedingte Kündigung = AR-Blattei ES 1020 Nr. 338 m. zust. Anm. *Schwab* Nr. 76; BAG 21. 6. 2001 – 2 AZR 137/00 –; BAG 15. 12. 1994 AP § 1 KSchG Betriebsbedingte Kündigung = SAE 1996, 116 m. krit. Anm. *Oetker* Nr. 67.

[157] BAG 27. 2. 1987 EzA § 1 KSchG Betriebsbedingte Kündigung Nr. 46.

[158] BAG 11. 3. 1998 AP § 111 BetrVG 1972 Nr. 43; BAG 28. 4. 1988 und 22. 5. 1997 AP § 613 a BGB Nr. 74 und 154; BAG 19. 6. 1991 AP § 1 KSchG 1969 Betriebsbedingte Kündigung Nr. 53.

[159] BAG 27. 9. 1984 EzA § 613 a BGB Nr. 40; BAG 10. 10. 1996 AP § 1 KSchG 1969 Betriebsbedingte Kündigung = EwiR 1997, 273 m. zust. Anm. *Plander;* KR/*Etzel* Nr. 81, § 1 KSchG Rn. 579; APS/*Kiel,* § 1 KSchG Rn. 490; KDZ/*Kittner,* § 1 KSchG Rn. 320; *Löwisch,* § 1 KSchG Rn. 319; abw. ErfK/*Ascheid,* § 1 KSchG Rn. 412.

[160] BAG 7. 3. 1996, RzK I 5 f Nr. 22; KR/*Etzel,* § 1 KSchG Rn. 579; *v. Hoyningen-Huene/Linck,* § 1 KSchG Rn. 416; APS/*Kiel,* § 1 KSchG Rn. 490.

[161] Siehe hierzu unten Rn. 1026 ff.

[162] BAG 11. 3. 1998 AP § 111 BetrVG 1972 Nr. 43; BAG 5. 4. 2001 NZA 2001, 949; ebenso MünchArbR/*Berkowsky,* § 138 Rn. 102; i. Grds. KDZ/*Kittner,* § 1 KSchG Rn. 321; a. A. LAG Berlin 10. 8. 1987 LAGE § 1 KSchG Betriebsbedingte Kündigung Nr. 13; LAG Düsseldorf 18. 10. 1999, 18(5) Sa 97/99 – juris = teilw. ARST 2000, 174; HK-KSchG/*Weller/Dorndorf* § 1 Rn. 972; krit. a. *Plander,* NZA 1999, 505 ff.; APS/*Kiel,* § 1 KSchG Rn. 492.

[163] Vgl. APS/*Kiel,* § 1 KSchG Rn. 492.

Bei **etappenweisen Betriebsstilllegungen** kann schrittweise betriebsbedingt gekündigt werden. Die Kündigung ist aber nicht schon deshalb gerechtfertigt, weil demnächst der gesamte Betrieb stillgelegt wird. Vielmehr hat der Arbeitgeber auch bei etappenweisen Betriebsstilllegungen nach der Rechtsprechung des BAG zu prüfen, ob noch eine – wenn auch nur vorübergehende – Weiterbeschäftigungsmöglichkeit in nicht stillgelegten Betriebsteilen besteht oder ob noch Abwicklungsarbeiten erforderlich sind.[164] Besonders wichtig ist, dass der Arbeitgeber bei etappenweisen Betriebsstilllegungen die Grundsätze der Sozialauswahl beachten muss, selbst wenn nur noch kurzfristige Weiterbeschäftigungsmöglichkeiten im Rahmen von Abwicklungsarbeiten bestehen.[165] Dagegen muss der Arbeitgeber keine Sozialauswahl vornehmen, wenn er allen Arbeitnehmern gleichzeitig kündigt und denjenigen mit den längsten Kündigungsfristen die Abwicklungsarbeiten überträgt, weil es sich dann nicht um eine etappenweise Betriebsstilllegung handelt.[166] 974

Auch die **Stilllegung von Betriebsabteilungen** kann betriebsbedingte Kündigungen rechtfertigen. Zu prüfen ist aber, ob tatsächlich auch die von der stillgelegten Betriebsabteilung erfüllte Aufgabe wegfällt. Wird die Aufgabe und damit der Arbeitsplatz lediglich auf andere Betriebsabteilungen verlagert, ist der Arbeitnehmer grundsätzlich dort weiterzubeschäftigen, es sei denn, der Arbeitnehmer ist nicht geeignet, ggf. nach Fortbildung und Umschulung, den verlagerten Arbeitsplatz auszufüllen.[167] 975

gg) Betriebsübergang

(1) Kündigungsverbot nach § 613a Abs. 4 Satz 1 BGB

Gemäß § 613a Abs. 4 Satz 1 BGB ist die Kündigung eines Arbeitsverhältnisses durch den bisherigen Arbeitgeber oder durch den neuen Inhaber **wegen des Übergangs eines Betriebs oder eines Betriebsteils unwirksam.** Die Voraussetzungen für einen Betriebs(teil)übergang haben sich nach der Rechtsprechung geändert. War früher allein die Übernahme der sächlichen oder immateriellen Betriebsmittel entscheidend, kann nach der neueren Rechtsprechung des BAG ein Betriebsübergang auch dann vorliegen, wenn der Erwerber die bisherige Tätigkeit weiterführt und einen Großteil der Belegschaft übernimmt. Dies gilt jedenfalls in Branchen, in denen es im wesentlichen auf die menschliche Arbeitskraft ankommt (Gebäudereinigung, Bewachung, Catering, ggf. Gastronomie).[168] Dagegen reicht die bloße Funktionsnachfolge für die Annahme eines Betriebsübergangs nicht 976

---

[164] BAG 16. 9. 1982 EzA § 1 KSchG Betriebsbedingte Kündigung m. zust. Anm. *Herschel* Nr. 18; *Berkowsky,* Betriebsbedingte Kündigung, § 7 Rn. 80ff.; *Löwisch,* § 1 KSchG Rn. 321.

[165] BAG 10. 1. 1994 AP § 1 KSchG 1969 Konzern Nr. 8; BAG 16. 9. 1982 EzA § 1 KSchG Betriebsbedingte Kündigung Nr. 18; *LAG Hamm* 3. 4. 1987, NZA 1987, 636; APS/*Kiel,* § 1 KSchG Rn. 493; *Löwisch,* § 1 KSchG Rn. 321; HK-KSchG/*Weller/Dorndorf,* § 1 Rn. 975; krit. *Preis,* DB 1988, 1394.

[166] Hierzu BAG 10. 10. 1996, NZA 1997, 92; LAG Berlin 13. 7. 1999, NZA-RR 2000, 78, 80; *Kiel/Koch,* Rn 130.

[167] Vgl. BAG 10. 11. 1994 AP § 1 KSchG 1969 Betriebsbedingte Kündigung Nr. 65; BBDW/*Bram,* § 1 KSchG Rn. 269; *Berkowsky,* Betriebsbedingte Kündigung, § 7 Rn. 109ff.

[168] BAG 22. 5. 1997 EzA § 613a BGB Nr. 148; 13. 11. 1997 NZA 1998, 249 und 251; zu den sich hieraus ergebenden Fragen *Preis/Steffan* DB 1998, 309ff.

aus.[169] Mit dieser Sichtweise hat sich das BAG dem EuGH angeschlossen,[170] der einen Betrieb oder Betriebsteil nicht als organisatorische Einheit definiert, sondern darauf abstellt, ob eine beim Veräußerer vorhandene wirtschaftliche Einheit auch bei dem Erwerber besteht.[171]

977 § 613a Abs. 4 Satz 1 BGB stellt ein **eigenständiges Kündigungsverbot i. S. §§ 13 Abs. 3 KSchG, 134 BGB** dar und findet deshalb auch Anwendung, wenn das Arbeitsverhältnis noch nicht länger als sechs Monate bestanden hat (§ 1 Abs. 1 KSchG) oder die Betriebsgröße des § 23 KSchG nicht erreicht ist. Unter das Kündigungsverbot fallen sowohl ordentliche als auch außerordentliche Beendigungs- oder Änderungskündigungen sowie Aufhebungsverträge, die zur Vermeidung von Kündigungen wegen des Betriebsübergangs geschlossen werden.[172] Unwirksam sind auch Kündigungen, die der Insolvenzverwalter im Rahmen des Insolvenzverfahrens „wegen" eines Betriebsübergangs ausspricht.[173] Dasselbe gilt für Kündigungen durch den Erwerber eines vom Insolvenzverwalter veräußerten Betriebs.[174] Erleichterungen hinsichtlich der Kündigungsfristen, der gerichtlichen Überprüfbarkeit sowie der Darlegungs- und Beweislast folgen indes für Kündigungen durch den Insolvenzverwalter und ggf. den Betriebserwerber aus den §§ 113, 120 bis 122 sowie 125 bis 129 InsO, die durch Art. 6 des ArbBeschFG 1996 bereits ab dem 1. 10. 1996 in den alten Bundesländern gelten.[175] Gem. § 324 UmwG gilt § 613a Abs. 4 Satz 1 BGB in direkter Anwendung bei gesellschaftsrechtlichen Umwandlungen in Form der Verschmelzung, Spaltung oder Vermögensübertragung, wenn infolge einer Umwandlungsmaßnahme ein Betrieb oder Betriebsteil auf einen anderen Rechtsträger übergeht.[176] Analog anzuwenden ist das Kündigungsverbot nach der Rechtsprechung des BAG bei der Überführung einer Einrichtung oder Teileinrichtung gemäß den Regelungen des Einigungsvertrags.[177]

(2) Kündigungsmöglichkeiten nach § 613a Abs. 4 Satz 2 BGB

978 Während § 613a Abs. 4 Satz 1 BGB ein Kündigungsverbot wegen des Betriebsübergangs anordnet, stellt § 613a Abs. 4 Satz 2 BGB gleichzeitig klar, dass eine Kündigung aus anderen – insbesondere wirtschaftlichen, technischen und organisatorischen – Gründen möglich bleibt. Bei der Anwendung des § 613a Abs. 4 BGB ist stets zu prüfen, ob es – neben dem Betriebsübergang – einen sachlichen Grund gibt, der „aus sich heraus" die Kündigung zu rechtfertigen vermag, so dass der Betriebsübergang nur äußerlicher Anlass, nicht aber der tragende Grund für die Kün-

---

[169] Zur Abgrenzung Funktionsnachfolge/Betriebsübergang BAG 22. 1. 1998 AP § 613a BGB Nr. 173.

[170] Insbesondere EuGH 11. 3. 1997 NZA 1997, 433.

[171] St. Rspr. seit EuGH 18. 3. 1986 EAS RL 77/187/EWG Art. 1 Nr. 2; zuletzt EuGH 11. 3. 1997 NZA 1997, 433.

[172] Erman/*Hanau,* § 613a BGB Rn. 120.

[173] BAG 26. 5. 1983 AP § 613a BGB Nr. 34.

[174] Erman/*Hanau,* § 613a BGB Rn. 121.

[175] Dazu ErfK/*Preis,* § 613a BGB Rn. 121 ff.

[176] Zur Anwendbarkeit des § 613a BGB in Fällen der gesellschaftsrechtlichen Gesamtrechtsnachfolge Lutter/*Joost,* § 324 UmwG Rn. 3; *Hartmann,* ZfA 1997, 24; *Wlotzke,* DB 1995, 42.

[177] BAG 21. 7. 1994 EzA § 613a BGB Nr. 119.

digung gewesen ist.[178] Genießt der Arbeitnehmer den Schutz des Kündigungsschutzgesetzes, sind die Vorschriften der §§ 1 Abs. 2 KSchG, 613a Abs. 4 Satz 1 BGB jeweils für sich zu prüfen. Deshalb ist eine Kündigung nicht schon dann rechtsunwirksam, wenn der Betriebsübergang für die Kündigung ursächlich ist, sondern nur, aber auch immer dann, wenn ihr Beweggrund für die Kündigung, das Motiv der Kündigung also, wesentlich durch den Betriebsinhaberwechsel bedingt war.[179] Maßgeblich für das Vorliegen einer Kündigung wegen Betriebsübergangs ist nicht die Bezeichnung des Kündigungsgrundes durch den Arbeitgeber, sondern ob tatsächlich ein Betriebsübergang der tragende Grund für die Kündigung gewesen ist.[180] Für eine Kündigung aus anderen Gründen i. S. § 613a Abs. 4 Satz 2 BGB kommen in erster Linie betriebsbedingte Gründe nach § 1 Abs. 2 KSchG in Betracht. Ist die Kündigung danach sozial gerechtfertigt, spielt es keine Rolle, dass sie in zeitlichem Zusammenhang mit einem Betriebsübergang ausgesprochen wurde.

(3) Abgrenzungsfragen

Abgrenzungsfragen zwischen § 613a Abs. 4 Satz 1 und 2 BGB treten insbesondere dann auf, wenn Kündigungen wegen der Stilllegung eines Betriebs ausgesprochen werden (Rn. 769f.), es dann später jedoch noch zu einer Veräußerung des Betriebs kommt.[181] Nach der gesetzlichen Konzeption schließen sich **Betriebsübertragung und Betriebsstilllegung** aus.[182] Bei zunächst beabsichtigten Stilllegungen und späterem Betriebsübergang ist auf den **Zeitpunkt des Ausspruchs der Kündigungen** abzustellen. Danach liegt eine Kündigung „wegen" Betriebsübergangs vor, wenn ein Betriebsübergang zwar bis zum Ablauf der Kündigungsfrist noch nicht vollzogen worden ist, dieser aber bereits bei Ausspruch der Kündigungen vom Arbeitgeber geplant war, schon greifbare Formen der Verwirklichung angenommen hatte, und wenn die Kündigung nur ausgesprochen worden ist, um den geplanten Betriebsübergang vorzubereiten oder zu ermöglichen.[183] War dagegen bei Ausspruch der Kündigungen auf Grund einer vernünftigen betriebswirtschaftlichen Betrachtung davon auszugehen, die Stilllegung sei unumgänglich, sind die Kündigungen nicht nach § 613a Abs. 4 Satz 1 BGB unwirksam, wenn es dann doch noch zu einer Betriebsveräußerung kommt.[184] Allerdings kann sich in diesen Fällen für den (wirksam) gekündigten Arbeitnehmer ein Anspruch auf Neubegründung des Arbeitsverhältnisses gegen den (Noch-)Betriebsinhaber ergeben.[185] Dafür **979**

[178] BAG 26. 5. 1983 AP § 613a BGB Nr. 34 = NJW 1984, 627; 19. 5. 1988 AP § 613a BGB Nr. 75 = NZA 1989, 461; 18. 7. 1996 AP § 613a BGB Nr. 147 = NZA 1997, 148.

[179] BAG 26. 5. 1983 AP § 613a BGB Nr. 34 = NJW 1984, 627; 27. 9. 1984 AP § 613a BGB Nr. 39 = NZA 1985, 493; *Seiter,* Betriebsinhaberwechsel, S. 112; *Willemsen,* ZIP 1983, 413.

[180] BAG 28. 4. 1988 AP § 613a BGB Nr. 74 = NZA 1989, 265.

[181] Instruktiv BAG 10. 10. 1996 AP § 1 KSchG 1969 Betriebsbedingte Kündigung Nr. 81 = NZA 1997, 251.

[182] BAG 27. 2. 1987 AP § 1 KSchG 1969 Betriebsbedingte Kündigung Nr. 41 = NZA 1987, 700; Staudinger/*Richardi,* § 613a BGB Rn. 15; Soergel-*Raab,* § 613a BGB Rn. 21.

[183] BAG 19. 5. 1988 AP BGB § 613a Nr. 75 = NZA 1989, 461.

[184] Ähnlich BAG 10. 10. 1996 AP § 1 KSchG 1969 Betriebsbedingte Kündigung Nr. 81 = NZA 1997, 251; 27. 2. 1997 EzA KSchG § 1 Wiedereinstellungsanspruch Nr. 1.

[185] So LAG Köln 10. 1. 1989 LAGE BGB § 611 Einstellungsanspruch Nr. 1; BAG 27. 2. 1997 EzA § 1 KSchG Wiedereinstellungsanspruch Nr. 1; vgl. auch oben Rn. 645.

ist Voraussetzung, dass sich die **Prognosegrundlage** über die notwendige Betriebsstilllegung bereits **vor Ablauf der Kündigungsfrist als falsch erwiesen** hat, weil es doch noch zu einem Betriebsübergang kommt. Nach diesem Zeitpunkt ist der Rechtssicherheit und der notwendigen Dispositionsfreiheit des Arbeitgebers Vorrang einzuräumen.[186] Dem **Wiedereinstellungsanspruch vor Ablauf der Kündigungsfrist** kann nach BAG jedoch entgegen stehen, dass der Arbeitgeber mit Rücksicht auf die Wirksamkeit der Kündigung bereits Dispositionen getroffen hat und ihm die unveränderte Fortsetzung des Arbeitsverhältnisses nicht zumutbar ist. Unzumutbar kann die Wiedereinstellung sein, wenn sich nach endgültiger Stilllegungsabsicht und Ausspruch der Kündigungen ein potentieller Erwerber findet, dessen Unternehmenskonzept eine geringere Personalstärke als beim derzeitigen (Noch-)Betriebsinhaber vorsieht.[187] Erweist sich die Prognose des früheren Betriebs(-teil)inhabers als falsch, obwohl er selbst auf die weitere Entwicklung keinen Einfluss hat, scheidet ein Wiedereinstellungsanspruch gegen ihn aus. Dies gilt etwa in den Fällen der **Auftragsneuvergabe,** in denen der frühere Betriebs(-teil)inhaber infolge des Auftragsverlustes den bisher mit dem Auftrag beschäftigten Arbeitnehmern kündigt und der neue Auftragnehmer durch Übernahme eines wesentlichen Belegschaftsteils einen Betriebsübergang herbeiführt. Hier kommt ein **Einstellungsanspruch gegen den neuen Auftragnehmer** in Betracht.[188]

980 **Personalreduzierungen zur Sanierung eines notleidenden Unternehmens** können betriebsbedingte Kündigungen auch dann rechtfertigen, wenn der jetzige Betriebsinhaber sie in enger zeitlicher Nähe zu einem Betriebsübergang vornimmt. Kündigungen verstoßen dann nicht gegen § 613a Abs. 4 Satz 1 BGB, wenn sie jeder Betriebsinhaber – unabhängig von der Veräußerung – aus notwendigen betriebsbedingten Gründen so hätte durchführen müssen.[189] In diesem Fall liegt, unabhängig von einer späteren Betriebsübernahme, ein eigenes betriebliches Erfordernis des derzeitigen Betriebsinhabers vor, das die Kündigung unter der Voraussetzung des § 1 Abs. 2 KSchG rechtfertigen kann. Dem Betriebsinhaber steht es frei, auch wenn er seinen Betrieb veräußern will, zuvor sein eigenes Sanierungskonzept zu verwirklichen. Dies gilt jedenfalls dann, wenn es auf selbst gewonnenen wirtschaftlichen Erkenntnissen beruht und nicht auf den Vorgaben des potentiellen Erwerbers.[190] Darüber hinaus kann der Betriebsveräußerer bereits zu Kündigungen berechtigt sein, deren Rechtfertigung sich daraus ergibt, dass der potentielle Erwerber zugleich mit der Betriebsübernahme aus dringenden betrieblichen Erfordernissen i. S. d. § 1 Abs. 2 Satz 1 KSchG die Belegschaft verringern will.[191] Die Kündigungsmöglichkeit des Veräußerers hängt auch nicht davon ab, dass er selbst

---

[186] *Preis,* Anm. LAG Köln 10. 1. 1989 LAGE BGB § 611 Einstellungsanspruch Nr. 1; offengelassen nun von BAG 4. 12. 1997 EzA § 1 KSchG Wiedereinstellungsanspruch Nr. 3.

[187] BAG 27. 2. 1997 EzA § 1 KSchG Wiedereinstellungsanspruch Nr. 1.

[188] BAG 13. 11. 1997 NZA 1998, 251; hierzu *Preis/Steffan,* DB 1998, 309 ff.

[189] *Hanau,* Festschrift für Gaul, 1992, S. 290; abl. *Lipinski,* NZA 2002, 75, 79.

[190] BAG 18. 7. 1996 AP § 613a BGB Nr. 147 = NZA 1997, 148; Soergel-*Raab,* § 613a BGB Rn. 188.

[191] BAG 26. 5. 1983 AP § 613a BGB Nr. 34 mit zust. Anm. *Grunsky* = NJW 1984, 627; Erman/*Hanau,* § 613a BGB Rn. 126; *Vossen,* BB 1984, 1557, 1560; *Willemsen,* ZIP 1983, 411, 416; a. A. ArbG Wiesbaden, DB 1979, 1607; Staudinger/*Richardi,* § 613a BGB Rn. 215 f.

das Erwerberkonzept bei Fortführung des Betriebs hätte durchführen können.[192] Voraussetzung ist jedoch stets, dass ein **schlüssiges betriebswirtschaftliches Konzept** vorliegt, das zur Abwehr von Umgehungsmöglichkeiten einer rechtlichen Absicherung in Form eines rechtsverbindlichen Sanierungsplans oder eines Vorvertrages bedarf.[193] Allein die Forderung des Erwerbers, die Belegschaft noch vor dem Betriebsübergang zu verkleinern, ist kein für eine Kündigung aus dringenden betrieblichen Erfordernissen nach § 1 Abs. 2 Satz 1 KSchG notwendiges unternehmerisches Konzept.[194]

Eigenkündigungen oder Aufhebungsverträge, zu denen die Arbeitnehmer 981
unter Hinweis auf eine Einstellungsgarantie beim potentiellen Erwerber – regelmäßig zu schlechteren Arbeitsbedingungen – durch den Betriebsveräußerer oder -erwerber veranlasst wurden, sind wegen **Umgehung** der zwingenden Rechtsfolgen des § 613a BGB nach § 134 BGB nichtig.[195] Dasselbe gilt, wenn die Arbeitnehmer nach einvernehmlicher Beendigung der Arbeitsverhältnisse vorübergehend in eine **Beschäftigungsgesellschaft** überführt werden, und ihnen zugesichert wird, dass jedenfalls ein Teil dieser Mitarbeiter von dem auf diese Weise personell entlasteten Betriebsübernehmer später wieder eingestellt wird.[196]

(4) Prozessuales

Da § 613a Abs. 4 Satz 1 BGB ein eigenständiges Kündigungsverbot enthält und 982
nicht nur einen Sonderfall der Sozialwidrigkeit der Kündigung darstellt, muss die Unwirksamkeit einer Kündigung „wegen" des Betriebsübergangs nicht nach § 4 KSchG innerhalb einer Klagefrist von drei Wochen geltend gemacht werden (vgl. § 13 Abs. 3 KSchG).[197] Auch eine **analoge Anwendung des § 4 KSchG** auf eine nach § 613a Abs. 4 Satz 1 BGB unwirksame Kündigung kommt **nicht** in Betracht.[198] Das Klagerecht unterliegt allerdings der Verwirkung. Dabei ist auf die konkreten Umstände des Einzelfalles abzustellen.[199] Zu beachten ist vor allem, dass das Zeitmoment nicht das Umstandsmoment indiziert.[200]

Im Rahmen des § 613a Abs. 4 BGB gelten die allgemeinen Grundsätze der 983
Darlegungs- und Beweislast, wonach jede Partei die Voraussetzungen der ihr günstigen Norm darlegen und im Streitfall beweisen muss. Hierbei kann dem Arbeitnehmer eine Erleichterung durch die Berufung auf Indizien oder nach dem Beweis des ersten Anscheins zugute kommen, wenn die Beweistatsachen in der

---

[192] Erman/*Hanau,* § 613a BGB Rn. 126; *Vossen,* BB 1984, 1557, 1560; *Loritz,* RdA 1987, 65, 83; MünchArbR/*Wank,* § 121 Rn. 60f.; a.A. BAG 26. 5. 1983 AP § 613a BGB Nr. 34 = NJW 1984, 627; *Willemsen,* ZIP 1983, 411, 416; *Hillebrecht* NZA 1989, Beilage 4, 14f.

[193] KR/*Etzel,* § 1 KSchG Rn. 577; *Willemsen,* ZIP 1983, 416.

[194] ArbR BGB/*Ascheid,* § 613a BGB Rn. 135.

[195] BAG 28. 4. 1987 EzA § 613a BGB Nr. 67 = NZA 1988, 198 (sog. Lemgoer Modell).

[196] LAG Düsseldorf 28. 4. 1997 LAGE § 613a BGB Nr. 61.

[197] BAG 31. 1. 1985 AP § 613a BGB Nr. 40 = NZA 1985, 593; 5. 12. 1985 AP § 613a BGB Nr. 47 = NZA 1986, 522.

[198] BAG 5. 12. 1985 AP § 613a BGB Nr. 47 = NZA 1986, 522.

[199] BAG 20. 5. 1988 AP § 242 BGB Prozessverwirkung Nr. 5 = NZA 1989, 16.

[200] BAG 20. 5. 1988 AP § 242 BGB Prozessverwirkung Nr. 5 = NZA 1989, 16. Die Darlegungs- und Beweislast für die tatsächlichen Umstände des sog. Vertrauensmoments trägt der Arbeitgeber (!).

Sphäre des Arbeitgebers liegen.[201] Macht der Arbeitnehmer nur den Unwirksamkeitsgrund des § 613a Abs. 4 Satz 1 BGB geltend, etwa weil er die Klagefrist des § 4 KSchG versäumt hat, muss er darlegen und beweisen, dass ihm wegen eines Betriebsübergangs gekündigt worden ist.[202] Wehrt er sich – innerhalb der Klagefrist des § 4 KSchG – hingegen (auch) gegen die soziale Rechtfertigung einer Kündigung aus betriebsbedingten Gründen, hat der Arbeitgeber im **Kündigungsschutzverfahren** nach § 1 Abs. 2 Satz 1 KSchG die Tatsachen zu beweisen, die die Kündigung bedingen, und es ist seine Aufgabe, vorzutragen und nachzuweisen, dass die Kündigung sozial gerechtfertigt ist. Fehlt es daran, dann ist der Kündigungsschutzklage stattzugeben, ohne dass es der Feststellung bedarf, der tragende Beweggrund für die Kündigung sei ein Betriebsübergang.[203] Wird der Betrieb alsbald wieder eröffnet oder kommt es noch innerhalb der Kündigungsfrist zu einem Betriebsübergang, spricht eine tatsächliche Vermutung gegen eine ernsthafte und endgültige Stilllegungsabsicht.[204] Es ist dann Sache desjenigen, der als neuer Arbeitgeber in Anspruch genommen wird, diese Vermutung durch Darlegung von Tatsachen, die für eine Stilllegung sprechen, zu widerlegen.[205]

984 Erfolgt eine Kündigung im Zusammenhang mit einem Betriebsübergang in einem Fall, in dem der Arbeitgeber **mangels Kündigungsschutz des Arbeitnehmers** keine Begründung für die Kündigung angeben muss, folgt aus § 613a Abs. 4 BGB jedoch, dass er eine „nachvollziehbare“ Begründung haben muss, um den Verdacht einer Kündigung wegen Betriebsübergangs auszuschließen.[206] Kann der Arbeitnehmer aus dem zeitlichen und funktionellen Zusammenhang im Einzelfall Tatsachen nachweisen, die die Kausalität mit genügender Wahrscheinlichkeit darstellen, so ist eine tatsächliche Vermutung für eine Kündigung wegen des Betriebsübergangs zu bejahen, die der Arbeitgeber entkräften muss.[207] Die Vermutung kann jedoch durch eine „nachvollziehbare“ Begründung widerlegt werden.[208]

hh) Druckkündigung

985 Von einer Druckkündigung spricht man, wenn von Belegschaft, Betriebsrat, Gewerkschaft oder Kunden des Arbeitgebers unter Androhung von Nachteilen die Entlassung eines bestimmten Arbeitnehmers verlangt wird. Die Druckkündigung wird, soweit eine personen- oder verhaltensbedingte Kündigung nicht gerechtfertigt ist, in engen Grenzen als betriebsbedingte Kündigung zugelassen.[209] Wenn es

---

[201] ArbR BGB/*Ascheid,* § 613a BGB Rn. 145.

[202] BAG 5. 12. 1985 AP § 613a BGB Nr. 47 = NZA 1986, 522.

[203] BAG 5. 2. 1985 AP § 613a BGB Nr. 47 = NZA 1986, 522; 9. 2. 1994 AP § 613a BGB Nr. 105 = NJW 1995, 73.

[204] BAG 27. 9. 1984 AP § 613a BGB Nr. 39 = NZA 1985, 493; 3. 7. 1986 AP § 613a BGB Nr. 53 = NZA 1987, 123.

[205] BAG 3. 7. 1986 AP § 613a BGB Nr. 53 = NZA 1987, 123.

[206] LAG Köln 3. 3. 1997 LAGE § 613a BGB Nr. 59.

[207] Für einen Anscheinsbeweis in diesem Fall *Kreitner,* Kündigungsrechtliche Probleme beim Betriebsinhaberwechsel, 1989, S. 84ff.

[208] *Kreitner,* Kündigungsrechtliche Probleme beim Betriebsinhaberwechsel, 1989, S. 60, 84ff.; *Willemsen,* ZIP 1983, 411; *Schwab,* NZA 1985, 312. Vgl. ferner BAG 5. 12. 1985 AP § 613a BGB Nr. 47.

[209] BAG 19. 6. 1986 EzA § 1 KSchG Betriebsbedingte Kündigung m. Anm. *Gamillscheg* Nr. 39; BAG 4. 10. 1990 und 31. 1. 1996 AP § 626 BGB Druckkündigung Nr. 12, 13; LAG Frankfurt 10. 12. 1986 LAGE § 1 KSchG Betriebsbedingte Kündigung Nr. 11; LAG

an einer objektiven Rechtfertigung der Drohung fehle, so das BAG, komme eine Kündigung aus betriebsbedingten Gründen in Betracht. Diese Rechtsprechung vermag nicht zu überzeugen.[210] Zwar zieht das BAG **enge Grenzen,** indem es verlangt, der Arbeitgeber habe sich in diesem Fall auf Grund seiner arbeitsvertraglichen Fürsorgepflicht schützend vor den betroffenen Arbeitnehmer zu stellen und alles Zumutbare zu versuchen, den oder die Dritten von ihrer Drohung abzubringen. Die Kündigung müsse das praktisch einzig in Betracht kommende Mittel sein, um Schäden abzuwenden.[211] Eine vorherige Anhörung des Arbeitnehmers soll aber nicht erforderlich sein.[212] Gleichwohl passt die **objektiv nicht gerechtfertigte Druckkündigung** nicht in das System des Kündigungsschutzes. Nur wenn der Personalbedarf absinkt, kann der Arbeitgeber betriebsbedingte Kündigungen aussprechen. Dies ist aber bei der sog. Druckkündigung gerade nicht der Fall.[213] Hat sich der Arbeitnehmer nichts zuschulden kommen lassen, darf das Mittel der betriebsbedingten Kündigung nicht dazu führen, dass der Arbeitnehmer wegen einer ungerechtfertigten Drohung seinen Arbeitsplatz verliert. Recht braucht dem Unrecht nicht zu weichen. Das Arbeitsrecht darf denjenigen, die Druck ausüben, keinen Weg zur Durchsetzung ihrer unberechtigten Forderungen öffnen. Die fehlende Rechtfertigung der Druckkündigung zeigt sich auch daran, dass dem zu Unrecht Gekündigten unter Umständen Schadensersatzansprüche gegen den Arbeitgeber im Falle des Verschuldens aus positiver Vertragsverletzung,[214] bei fehlendem Verschulden aus dem Gesichtspunkt privatrechtlicher Aufopferung[215] sowie gegen die Druck ausübenden Arbeitnehmer aus 823 Abs. 1, 826 BGB[216] zuerkannt werden. Es ist antagonistisch, die Rechtswidrigkeit der Druckausübung zu erkennen und schadensersatzrechtlich zu sanktionieren, gleichwohl aber die Rechtmäßigkeit einer Kündigung anzunehmen.

Unabhängig von den obigen Erwägungen ist jedoch die Frage zu stellen, ob der **986**
betroffene Arbeitnehmer Vertragsverletzungen begangen hat oder zur Kündigung berechtigende Gründe in seiner Person vorliegen. Hat der Druck Dritter aus **personen- oder verhaltensbedingten Gründen** nämlich eine gewisse Berechtigung,

---

Hamm 4. 5. 1999, 4 Sa 1298/98 – juris; BBDW/*Bram,* § 1 KSchG Rn. 280; KDZ/*Däubler,* § 626 BGB Rn. 168; APS/*Dörner,* § 626 BGB Rn. 336, 338; KR/*Fischermeier,* § 626 BGB Rn. 205; *Löwisch,* § 1 KSchG Rn. 323.

[210] Ebenso HK-KSchG/*Weller/Dorndorf,* § 1 Rn. 997 f.; KDZ/*Kittner,* § 1 KSchG Rn. 333; *Berkowsky,* Betriebsbedingte Kündigung, § 7 Rn. 37; *Blaese,* DB 1988, 178, 179 f., der allerdings die Druckkündigung als außerordentliche Kündigung unter dem Gesichtspunkt des Wegfalls der Geschäftsgrundlage für zulässig hält; krit. auch ErfK/*Ascheid,* § 1 KSchG Rn. 277.

[211] Siehe bereits BAG 26. 1. 1962 und 18. 9. 1975 AP § 626 BGB Druckkündigung Nr. 3 und 8.

[212] BAG 4. 10. 1990 AP § 626 BGB Druckkündigung Nr. 12; ErfK/*Ascheid,* § 1 KSchG Rn. 284.

[213] *Berkowsky,* Betriebsbedingte Kündigung, § 7 Rn. 37; APS/*Kiel,* § 1 KSchG Rn. 521; HK-KSchG/*Weller/Dorndorf,* § 1 Rn. 998.

[214] *v. Hoyningen-Huene/Linck,* § 1 KSchG Rn. 204.

[215] KDZ/*Däubler,* § 626 BGB Rn. 174; *KR/Fischermeier,* § 626 BGB Rn. 209; *Löwisch,* § 1 KSchG Rn. 324; a. A. KR/*Etzel* § 104 BetrVG Rn. 74; *Fitting/Kaiser/Heither/Engels,* § 104 BetrVG Rn. 9.

[216] *Löwisch,* § 1 KSchG Rn. 324 m. w. N; offen gelassen für § 823 Abs. 1 BGB von BAG 4. 6. 1998 AP § 823 BGB Nr. 7.

können drohende Schäden als betriebliche oder wirtschaftliche Interessen im Rahmen der Abwägung dieser Kündigungsgründe Berücksichtigung finden. So kann ein personenbedingter Kündigungsgrund z. B. in der mangelnden Fähigkeit zur Personalführung liegen.[217] In jedem Fall kann sich ein Arbeitgeber aber nicht auf eine Drucksituation berufen, die er selbst in vorwerfbarer Weise herbeigeführt hat.[218]

ii) Öffentlicher Dienst

987 Auch im öffentlichen Dienst finden die Grundsätze der betriebsbedingten Kündigung Anwendung. Im Vordergrund stehen Rationalisierungsmaßnahmen bzw. allgemeine Einsparungsmaßnahmen, die durch Vorgaben des Haushaltsplans bedingt werden.[219] Freilich reichen Kürzungen im Haushaltsplan allein nicht aus, eine betriebsbedingte Kündigung zu rechtfertigen. Wie im privatwirtschaftlichen Bereich auch bedarf es entsprechender organisatorischer Entscheidungen der Verwaltungsspitze. Diese Entscheidungen sind wie unternehmerische Entscheidungen nicht auf ihre Notwendigkeit und Zweckmäßigkeit hin zu überprüfen.[220]

(1) Haushaltseinsparungen

988 Werden durch den Haushaltsplan bestimmte, nach sachlichen Merkmalen bezeichnete Stellen für Betriebe oder Verwaltungen des öffentlichen Rechts gestrichen oder werden im Rahmen allgemeiner **Einsparungsmaßnahmen** organisatorische oder technische Veränderungen durchgeführt, so kann, wenn hierdurch ein Überhang an Arbeitskräften entsteht, eine betriebsbedingte Kündigung gerechtfertigt sein.[221] Die organisatorische Grundentscheidung sowie die Haushaltsentscheidung können von den Arbeitsgerichten nur im Rahmen einer Missbrauchskontrolle überprüft werden. Sparsame Haushaltsführung ist auch stets als „dringend" i. S. des § 1 Abs. 2 Satz 1 KSchG anzusehen.

989 Der sogenannte **„kw-Vermerk"** begründet jedenfalls dann noch kein dringendes betriebliches Erfordernis im Sinne des § 1 Abs. 2 KSchG, wenn eine bestimmte oder bestimmbare Frist für den Wegfall der Stelle nicht angegeben worden oder eine konkrete Zuordnung der Stelle nicht erfolgt ist.[222] Zur Realisierung eines Per-

---

[217] Vgl. BAG 31. 1. 1996 AP § 626 BGB Druckkündigung Nr. 13; s. a. BAG 26. 6. 1997, RzK I 8 d Nr. 8.

[218] BAG 26. 1. 1962 AP § 626 BGB Druckkündigung Nr. 8; KR/*Fischermeier,* § 626 BGB Rn. 208; APS/*Kiel,* § 1 KSchG Rn. 521; MünchKommBGB/*Schwerdtner,* § 626 Rn. 177.

[219] Allgemein hierzu *Lakies,* NZA 1997, 745; *Lingemann/Grothe,* NZA 1999, 1072; *Neumann,* RdA 1979, 371; *Plander,* DB 1982, 1216; *Teske,* FS Stahlhacke, 1995, 569.

[220] BAG 26. 6. 1975 und 3. 5. 1978 AP § 1 KSchG Betriebsbedingte Kündigung Nr. 1 und 5; *Dieterich/Preis,* Befristete Arbeitsverhältnisse in Wissenschaft und Forschung, S. 76; KR/*Etzel* § 1 KSchG Rn. 593; *Löwisch,* § 1 KSchG Rn. 325; *Teske,* FS Stahlhacke, 1995, 569, 575.

[221] BAG 28. 11. 1956 AP § 1 KSchG Nr. 20; BAG 4. 6. 1957 und 21. 5. 1957 AP § 1 KSchG Nr. 27 und 31; BAG 4. 2. 1960 AP § 1 KSchG Betriebsbedingte Kündigung Nr. 5; BAG 26. 6. 1975 EzA § 1 KSchG Betriebsbedingte Kündigung Nr. 1; BAG 3. 5. 1978 und 19. 4. 1979 EzA § 1 KSchG Betriebsbedingte Kündigung Nr. 8 und 11; BAG 19. 3. 1998 AP Einigungsvertrag Anlage I Kap. XIX Nr. 76; BAG 18. 11. 1999 AP § 2 KSchG 1969 Nr. 55; für den Hochschulbereich BAG 18. 11. 1999 – 2 AZR 357/98 n. v.; aus dem Schrifttum: *Kiel/Koch,* Rn. 158; KR/*Etzel,* § 1 KSchG Rn. 593; *Löwisch,* § 1 KSchG Rn. 325.

[222] BAG 6. 9. 1978 EzA § 1 KSchG Betriebsbedingte Kündigung Nr. 9; BAG 19. 3. 1998 AP Einigungsvertrag Anlage I Kap. XIX Nr. 76; LAG Sachsen 12. 4. 1996 u. 13. 8. 1996

sonalabbaus infolge von „kw-Vermerken" bedarf es deshalb eines auf den konkreten Stellenbedarf der jeweiligen Dienststelle zugeschnittenen Konzepts der zuständigen Verwaltung.[223] Ein ministerieller Erlass stellt als solcher noch kein dringendes betriebliches Erfordernis dar.[224] Auch der Landesgesetzgeber kann in Rechtsnormen, die die Schließung einer öffentlichen Institution zum Inhalt haben, nicht verbindlich festlegen, dass Arbeitsverhältnisse zu einem bestimmten Zeitpunkt wegen Betriebsstilllegung enden. Eine solche Rechtsnorm verstieße gegen Art. 31 GG.[225] In jedem Falle bedarf auch die kraft Gesetz vorgeschriebene Beendigung der Arbeitsverhältnisse der Kündigung gegenüber den Arbeitnehmern. Durch eine entsprechende landesrechtliche Gesetzesnorm kann den betroffenen Arbeitnehmern nicht der kraft Bundesrecht gewährte Kündigungsschutz genommen werden. Freilich kann die kraft Gesetz verfügte Stilllegung einer öffentlichen Institution die Kündigung der Arbeitsverhältnisse aus betriebsbedingten Gründen rechtfertigen.

(2) Drittmittelentzug

Entscheidungen eines Drittmittelgebers, Zuwendungen zu kürzen, stellen für sich allein noch keinen betriebsbedingten Kündigungsgrund dar.[226] Der Drittmittelempfänger muss vielmehr seinerseits entscheiden, ob er einen subventionierten Arbeitsbereich (eingeschränkt) fortführen will. Der **Drittmittelentzug führt** noch **nicht zum Wegfall von Arbeitsplätzen,** sondern **erst die** ggf. folgende **unternehmerische Entscheidung.**[227] Die Rspr. verlangt deshalb, dass sich der Drittmittelempfänger darüber klar wird, ob er die bisher geförderte Maßnahme – etwa aus eigenen oder anderen Mitteln – selbst fortführt, oder ob es zur Einstellung oder Beschränkung dieses Forschungsvorhabens mit der Folge der Kündigung kommt. Diese unternehmerische Entscheidung unterliegt nur einer Missbrauchs- und Willkürkontrolle.[228] Sachwidrige Entscheidungen des Drittmittelgebers, die zum Entzug der Mittel führen, haben allerdings nicht die Mißbräuchlichkeit der Kündigung zur Folge.[229] **Die Möglichkeit,** die vom Drittmittelentzug betroffenen Arbeitnehmer in anderen Stellen **weiterzubeschäftigen, ist stets zu prüfen.**[230] Es ist 990

LAGE § 1 KSchG Betriebsbedingte Kündigung Nr. 37, 39; ErfK/*Ascheid,* § 1 KSchG Rn. 407; *Lakies,* NZA 1997, 745, 748f.; *Lingemann/Grothe,* NZA 1999, 1072, 1073; s.a. *Teske,* FS Stahlhacke, 1995, 569, 580ff.

223 BAG 18. 11. 1999 AP § 2 KSchG Nr. 55; BAG 17. 2. 2000, 2 AZR 109/99 – juris; APS/*Kiel,* § 1 KSchG Rn. 535.

224 BAG 29. 5. 1985, 7 AZR 248/84 – n. v.

225 Vgl. so für die Befristung APS/*Backhaus,* § 620 BGB Rn. 412, s.a. BAG 14. 2. 1996 AP § 57c HRG Nr. 4.

226 BAG 20. 2. 1986 EzA § 1 KSchG Betriebsbedingte Kündigung Nr. 37; KR/*Etzel,* § 1 KSchG Rn. 584; *Lakies,* NZA 1995, 296, 299f.; *Plander,* DB 1982, 1218.

227 BAG 29. 11. 1985 RzK I 5c Nr. 11; BAG 30. 10. 1987 RzK I 5c Nr. 24; BAG 24. 8. 1989 RzK I 5c Nr. 32; BAG 7. 11. 1996 AP § 1 KSchG 1969 Betriebsbedingte Kündigung Nr. 82; ErfK/*Ascheid,* § 1 KSchG Rn. 407; *Dieterich/Preis,* Befristete Arbeitsverhältnisse in Wissenschaft und Forschung, 2001, S. 78; APS/*Kiel,* § 1 KSchG Rn. 514; *Löwisch,* § 1 KSchG Rn. 309.

228 BAG 7. 11. 1996 u. 20. 2. 1986 AP § 1 KSchG 1969 Betriebsbedingte Kündigung Nr. 82, 11; APS/*Kiel,* § 1 KSchG Rn. 514.

229 BAG 7. 11. 1996 EzA § 1 KSchG Betriebsbedingte Kündigung m. zust. Anm. *Söllner* Nr. 88.

230 BAG 21. 6. 1990 RzK I 5c Nr. 37; *Löwisch,* § 1 KSchG Rn. 309.

dabei aber zu beachten, dass es der freien unternehmerischen Entscheidung obliegt, das Anforderungsprofil für einen Arbeitsvertrag festzulegen. Für den Drittmittelbereich heißt dies, dass durch die Bestimmungen der fachlichen Anforderungen in einem Drittmittelprojekt die Weiterbeschäftigung von Arbeitnehmern, welche diese Anforderungen nicht erfüllen, ausgeschlossen ist.[231] Aus dem freien Recht zur Personalauswahl (§ 25 HRG) hat das BAG sogar gefolgert, dass eine Weiterbeschäftigung in einem anderen Forschungsbereich nicht möglich ist, wenn der Projektleiter diese verweigert. Es soll keinen Unterschied machen, ob er als Empfänger der Drittmittel Privatdienstverträge abschließt oder die Hochschule die verwaltungstechnische Abwicklung des Projekts übernimmt. Bei der Prüfung, ob der Bewerber die erforderliche Qualifikation besitzt, steht dem Projektleiter ein gerichtlich nur beschränkt überprüfbarer Beurteilungsspielraum zu.[232]

(3) Stellenplan

991 Zweifelhaft ist, ob allein die Tatsache, dass im Stellenplan eines Haushalts bestimmte Stellen als **Beamtenplanstellen** ausgewiesen sind, ein dringendes betriebliches Erfordernis für die Kündigung der bisher auf diesen Stellen beschäftigten Angestellten begründet.[233] Dies ist jedenfalls dann zu verneinen, wenn der Angestellte keine geringere Qualifikation aufweist als ein vergleichbarer Beamter. Allein der Hinweis auf Art. 33 Abs. 4 Grundgesetz vermag ein dringendes betriebliches Erfordernis nicht zu begründen.[234] In öffentlichen Dienststellen, in denen gleiche Aufgaben von Beamten und Angestellten wahrgenommen werden und damit die Unterscheidung völlig an Bedeutung verloren hat, kann die Kündigung eines Angestellten mit der Begründung, die Stelle solle nunmehr von einem Beamten wahrgenommen werden, nicht gerechtfertigt werden.[235] Anders liegt der Fall, wenn eine Lehrkraft, die keine Lehrbefähigung besitzt, durch einen voll ausgebildeten beamteten Lehrer ersetzt werden soll.[236] Ob in solchen Fällen tatsächlich ein „dringendes" betriebliches Erfordernis vorliegt, hängt auch von der Leistungsfähigkeit des bisher beschäftigten angestellten Arbeitnehmers ab. Bei gleicher Leistungsfähigkeit ist ein dringendes Erfordernis zu verneinen. Auch das BAG[237] geht jetzt davon aus, dass dann, wenn der bisherige Angestellte das Anforderungsprofil der neu geschaffenen Beamtenstelle erfülle, kein dringendes betriebliches Erfordernis zur Kündigung des Angestellten bestehe. Der Beschäftigungsbedarf bestehe nach wie vor. Der öffentliche Arbeitgeber könne dem Angestellten bei Vorliegen der entsprechenden Voraussetzungen zum Beamten ernennen oder ihn im Angestell-

[231] Vgl. insoweit BAG 7. 11. 1996 AP § 1 KSchG 1969 Betriebsbedingte Kündigung Nr. 82; *Dieterich/Preis,* Befristete Arbeitsverhältnisse in Wissenschaft und Forschung, 2001, S. 79.

[232] BAG 21. 6. 1990 RzK I 5 c Nr. 37.

[233] So wohl BAG 26. 2. 1957 AP § 1 KSchG und jetzt LAG Sachsen-Anhalt Nr. 23, 15. 7. 1999, 9 Sa 894/98 – juris (LS); ebenso KR/*Etzel,* § 1 KSchG Rn. 595; *Löwisch,* § 1 KSchG Rn. 328; MünchKommBGB/*Schwerdtner,* § 622 BGB, Anh. Rn. 391; a. A. *Berkowsky,* Betriebsbedingte Kündigung, § 7 Rn. 24, 27; HK-KSchG/*Weller/Dorndorf,* § 1 Rn 1001; APS/*Kiel* § 1 KSchG Rn. 536.

[234] So aber *Löwisch,* § 1 KSchG Rn. 328.

[235] Ebenso *Kiel/Koch,* Rn. 161.

[236] Hierzu BAG 17. 5. 1984 EzA § 1 KSchG Betriebsbedingte Kündigung Nr. 32; BAG 21. 9. 2000, NZA 2001, 255, 257.

[237] BAG 21. 9. 2000, NZA 2001, 255 ff.

tenverhältnis weiterbeschäftigen. Art. 33 VI GG stehe der Besetzung einer Beamtenstelle durch einen Angestellten im Einzelfall nicht entgegen. Auch die Besetzung der Beamtenstelle mit einem externen Bewerber oder mit der nach der unwirksamen Kündigung eingestellten Ersatzkraft rechtfertigt die Kündigung des Angestellten nicht. Einer Berufung darauf stehen nach Ansicht des BAG die in § 162 Abs. 1, 2 BGB normierten Rechtsgedanken entgegen.

In jedem Falle hat der öffentliche Arbeitgeber die Möglichkeit der Weiterbe- **992**
schäftigung auf einem anderen Arbeitsplatz zu prüfen. Eine derartige Weiterbeschäftigungspflicht besteht auch dann, wenn die zuständige Personalvertretung keine Bedenken gegen die Kündigung vorgebracht hat.[238]

jj) Rationalisierung

Rationalisierungsmaßnahmen können, auch wenn sie nicht durch außerbetrieb- **993**
liche Ursachen veranlasst werden, eine betriebsbedingte Kündigung begründen. Die Rationalisierungsmaßnahme selbst unterliegt als unternehmerische Vorentscheidung nur der gerichtlichen Nachprüfung dahingehend, ob sie rechtsmissbräuchlich ergriffen worden ist.[239] Für eine bereits durchgeführte Rationalisierungsmaßnahme spricht die Vermutung, dass sie aus sachlichen Gründen erfolgt ist.[240] Die Ziele der Kostenersparnis und der Verbesserung des Betriebsergebnisses sind anzuerkennende sachliche Gründe.[241] Die Rationalisierungsmaßnahmen müssen im Zeitpunkt der Kündigung bereits **greifbare Formen** angenommen haben[242] und spätestens mit Ablauf der Kündigungsfrist wirksam werden. Ist dies entgegen der arbeitgeberseitigen Prognose nicht der Fall, hat der Arbeitnehmer einen Anspruch auf Fortsetzung des Arbeitsverhältnisses.[243]

Die Einzelheiten der organisatorischen Veränderungen oder technischen Ratio- **994**
nalisierung müssen dargelegt werden. Feststellbar sein muss, ob die entsprechenden Maßnahmen **tatsächlich** einen **verringerten Personalbedarf bewirken** und ob dieser verringerte Bedarf sich konkret auf die Arbeitsplätze der Gekündigten auswirkt.[244] Hierzu bedarf es freilich konkreter Feststellungen; ein abstraktes **Messziffernsystem** genügt nicht.[245] Für die Kündigung zur Leistungsverdichtung hat das BAG in den Urteilen vom 17. 6. 1999[246] konkrete Angaben dazu verlangt, wie

---

[238] BAG 17. 5. 1984 EzA § 1 KSchG Betriebsbedingte Kündigung Nr. 32.

[239] BAG 30. 4. 1987 EzA § 1 KSchG Betriebsbedingte Kündigung Nr. 47; BAG 18. 1. 1990 AP § 1 KSchG 1969 Soziale Auswahl Nr. 19; BAG 19. 5. 1993 EzA § 1 KSchG Betriebsbedingte Kündigung Nr. 73; ErfK/*Ascheid,* § 1 KSchG Rn. 417.

[240] BAG 24. 10. 1979 und 30. 4. 1987 EzA § 1 KSchG Betriebsbedingte Kündigung Nr. 13 und 47.

[241] BAG 24. 10. 1979 u. 30. 4. 1987 EzA § 1 KSchG Betriebsbedingte Kündigung Nr. 13; 47; BAG 19. 5. 1993 EzA § 1 KSchG Betriebsbedingte Kündigung m. Anm. *Raab* Nr. 73 = AR-Blattei ES 1020.1.1 Nr. 13 m. Anm. *Preis;* BAG 18. 7. 1996 AP § 613a BGB Nr. 147; *LAG Köln* 10. 11. 1993, NZA 1995, 128; *LAG Köln* 31. 8. 1994 LAGE § 1 KSchG Betriebsbedingte Kündigung Nr. 26.

[242] BAG 18. 7. 1996 AP § 613a BGB Nr. 147; *Kiel/Koch,* Rn. 171.

[243] Hierzu unten Rn. 1195ff.

[244] *Berkowsky,* Betriebsbedingte Kündigung, § 7 Rn. 96ff.

[245] BAG 26. 6. 1975 EzA § 1 KSchG Betriebsbedingte Kündigung Nr. 1; bereits BAG 4. 6. 1957 AP § 1 KSchG Nr. 27, *Berkowsky,* Betriebsbedingte Kündigung, § 7 Rn. 51f.; *Löwisch,* § 1 KSchG Rn. 312.

[246] BAG 17. 6. 1999 AP § 1 KSchG 1969 Betriebsbedingte Kündigung Nr. 101, 102; im Anschluss daran deutlich LAG Köln 24. 8. 1999 MDR 2000, 463.

sich die Verringerung der Produktion auf die Arbeitsmenge auswirkt und in welchem Umfang dadurch ein konkreter Arbeitskräfteüberhang entsteht.[247]

995 Der pauschale Vortrag des Arbeitgebers, die Arbeiten künftig mit weniger Personal erledigen zu wollen, ist nicht ausreichend. Die Absicht Lohnkosten zu senken[248] und Stellen abzubauen mag das unternehmerische Motiv sein, ist aber noch keine überprüfbare organisatorische Entscheidung ist. Es ist regelmäßig ein **plausibles Konzept einer Rationalisierungsmaßnahme** in Form einer Organisationsentscheidung darzulegen, die zu einer Verringerung der Arbeitsmenge führt.[249] Zwar hat das BAG schon die Streichung von Stellen im Haushalts- oder Stellenplan, wenn dies nach allgemeinen sachlichen Merkmalen und aus nachvollziehbaren Gründen erfolgt, für ausreichend erachtet.[250] Diese für den öffentlichen Dienst entwickelte Rechtsprechung kann jedoch nicht ohne weiteres auf die Privatwirtschaft übertragen werden. Keinesfalls reicht der pauschale Vortrag eines privaten Arbeitgebers, er habe seinen Stellenplan, von dem unklar ist, in welcher Art er existiert, um eine Stelle reduziert.[251]

996 Wenn der Arbeitgeber eine Tätigkeit an **eine Fremdfirma** auslagern will, ist, vorausgesetzt es besteht keine anderweitige Beschäftigungsmöglichkeit (ggf. nach Umschulung)[252] für die betroffenen Arbeitnehmer, arbeitsgerichtlich dennoch zu prüfen, ob die Kündigung **dringend** ist.[253] Rationalisierungsmaßnahmen, die mit einer wesentlichen Kostenersparnis verbunden sind, bezeichnet die Rechtsprechung als sachlich gerechtfertigt.[254] Fehlt es hieran, mangelt es insoweit an dem „dringenden" betrieblichen Erfordernis und die Kündigung kann unwirksam sein. Rationalisierungsmaßnahmen führen nicht schlechthin bereits zu einem betriebsbedingten Kündigungsgrund.[255] Freilich kann die dringende Erforderlichkeit einer Rationalisierungsmaßnahme auch aus anderen Umständen als der Kostenersparnis hergeleitet werden, etwa wenn neue automatische Fertigungstechniken eingeführt werden sol-

---

247 S. a. *v. Hoyningen-Huene/Linck,* § 1 KSchG Rn. 376a; HK-KSchG/*Dorndorf,* § 1 Rn. 869, 883a.

248 BAG 20. 3. 1986 EzA § 2 KSchG m. Anm. *Löwisch* Nr. 6; BAG 26. 1. 1995 EzA § 2 KSchG Nr. 22; BAG 26. 9. 1996 AP § 1 KSchG 1969 Betriebsbedingte Kündigung Nr. 80.

249 Oben Rn. 994. Vgl. BAG 17. 6. 1999 AP § 1 KSchG 1969 Nr. 102, wo das BAG eine deutlich nach außen sichtbare Organisationsentscheidung feststellt. Der Arbeitskräfteüberhang ergab sich auf Grund eines Gesellschafterbeschlusses, mit dem aus Kostengründen bestimmte Arbeiten ausgelagert wurden und der auf einen behaupteten Rückgang der Arbeitsmenge mit Verlagerung der verbleibenden Tätigkeiten auf die Facharbeiter reagierte.

250 BAG 28. 11. 1956 AP § 1 KSchG Nr. 20; BAG 21. 1. 1993 EzA § 2 KSchG Nr. 18; BAG 19. 3. 1998, NZA 1999, 90.

251 BAG 17. 6. 1999 AP § 1 KSchG 1969 Betriebsbedingte Kündigung Nr. 102; „Stellenplänen" vgl. a. ErfK/*Ascheid,* § 1 KSchG Rn. 419, MünchArbR/*Berkowsky,* § 138 Rn. 36.

252 Hierzu *v. Hoyningen-Huene/Linck,* § 1 KSchG Rn. 534ff.

253 Vgl. *Preis,* Prinzipien, S. 305ff.; *Preis,* NZA 1995, 241, 248f.; ähnlich unter dem Aspekt der Rechtsmissbrauchskontrolle APS/*Kiel,* § 1 KSchG Rn. 561 a.E.; anders. BBDW/*Bram,* § 1 KSchG Rn. 258; *Henssler* in *Henssler/Moll* D Rn. 30; *Hillebrecht,* ZfA 1991, 87, 108ff.; *v. Hoyningen-Huene/Linck,* § 1 KSchG Rn. 382; *Löwisch,* § 1 KSchG Rn. 259, 310; *Stahlhacke,* DB 1994, 1361, 1364f.

254 BAG 19. 5. 1993 EzA § 3 KSchG Betriebsbedingte Kündigung Nr. 73; BAG 17. 6. 1999 AP § 1 KSchG 1969 Betriebsbedingte Kündigung Nr. 102; s.a. *Bitter/Kiel,* RdA 1994, 333, 349.

255 Mißverständlich insoweit BAG 30. 4. 1987 EzA § 1 KSchG Betriebsbedingte Kündigung Nr. 47.

len, um **konkurrenzfähig** zu bleiben.[256] Insoweit ist die „Dringlichkeit" der Maßnahme zu prüfen; eine. Abwägung mit möglichen Nachteilen, die der gekündigte Arbeitnehmer durch die Kündigung erleidet, findet jedoch nicht statt.[257]

kk) Rentabilitätsgründe

Fehlende Rentabilität kann betriebsbedingte Kündigungen bedingen. Den Maß- **997**
stab sollen dabei die wirtschaftlichen Verhältnisse des Betriebes bilden, nicht diejenigen der unselbständigen Betriebsabteilung.[258] Dies vermag jedoch nicht zu überzeugen. Das Kündigungsrecht stellt regelmäßig auf die Rentabilität einzelner Arbeitsverhältnisse ab. Auch könnte sonst ein insgesamt rentabel arbeitender Betrieb nicht zur Verbesserung der Rentabilität kündigen.[259] Die Berufung auf Rentabilitätserwägungen als solche legitimiert aber noch nicht die Beendigungskündigung. Vielmehr bedarf es stets einer umsetzenden Unternehmerentscheidung, die sich konkret auf den Beschäftigungsbedarf auswirkt.[260]

Die bloße Berufung auf Rentabilitätserwägungen genügt mithin noch nicht. **998**
Daraus folgt, dass weder der Wille, den Gewinn zu maximieren noch die Verhinderung eines weiteren Gewinnverfalls für sich genommen die betriebsbedingte Kündigung rechtfertigen können.[261] Der bloße Entschluss, Lohnkosten zu senken, stellt noch keine Unternehmerentscheidung dar, die die Kündigung legitimiert.[262] Das Motiv, Lohnkosten einzusparen, muss der Unternehmer durch Maßnahmen im Betriebsbereich konkretisieren, die schließlich den Wegfall von Arbeitsplätzen begründen können.[263] Eine aus Kostengesichtspunkten getroffene unternehmerische Entscheidung ist aber in aller Regel gerechtfertigt.[264] Allerdings fehlt es bei einem Personalabbau ohne erkennbares unternehmerisches Konzept trotz jahrelang kontinuierlich herausragender Gewinnsteigerungen an dem Merkmal der Dringlichkeit.[265]

---

[256] Hierzu *Preis,* NZA 1995, 241, 249f.; ähnlich APS/*Kiel,* § 1 KSchG Rn. 547; s.a. *Herschel,* Anm. EzA § 1 KSchG Betriebsbedingte Kündigung Nr. 14.

[257] Verfehlt daher BAG 3. 5. 1978 EzA § 1 KSchG Betriebsbedingte Kündigung Nr. 9; aufgegeben durch BAG 30. 4. 1987 EzA § 1 KSchG Betriebsbedingte Kündigung Nr. 47; vgl. oben Rn. 922ff.; 953.

[258] BAG 10. 10. 1989 AP § 1 KSchG 1969 Betriebsbedingte Kündigung Nr. 47; bestätigt durch BAG 12. 11. 1998 AP § 2 KSchG 1969 Nr. 52,wonach § 1 Abs. 2 ein dringendes betriebliches und nicht abteilungsspezifisches Erfordernis voraussetzt; ebenso *Schaub,* ArbR-Hdb, § 131 Rn. 57.

[259] *Preis,* NZA 1995, 241, 249; APS/*Kiel,* § 1 KSchG Rn. 530 hält die Differenzierung für unerheblich, da es nur auf die die Rentabilitätserwägungen umsetzende Unternehmerentscheidung ankomme.

[260] BAG 20. 3. 1986 AP § 2 KSchG 1969 Nr. 14; BAG 26. 1. 1995 AP § 2 KSchG 1969 m. Anm. *Enderlein* Nr. 36; BAG 12. 11. 1998 AP § 2 KSchG 1969 Nr. 51; *Berkowsky,* Betriebsbedingte Kündigung, § 7 Rn. 53f.; *v. Hoyningen-Huene/Linck,* § 1 KSchG Rn. 430; KDZ/*Kittner,* § 1 KSchG, Rn. 337; *Preis,* NZA 1998, 449, 455.

[261] APS/*Kiel,* § 1 KSchG Rn. 531; *Stahlhacke,* DB 1994, 1365.

[262] BAG 20. 3. 1986 EzA § 2 KSchG Nr. 6; BAG 26. 1. 1995 EzA § 2 KSchG Nr. 22; BAG 26. 9. 1996 AP § 1 KSchG 1969 Betriebsbedingte Kündigung Nr. 80; *Berkowsky,* Betriebsbedingte Kündigung, § 7 Rn. 48; HK-KSchG/*Dorndorf,* § 1 Rn. 1007.

[263] *Berkowsky,* Betriebsbedingte Kündigung, § 7 Rn. 49.

[264] BAG 19. 5. 1993 EzA § 1 KSchG Betriebsbedingte Kündigung Nr. 73.

[265] ArbG Gelsenkirchen 28. 10. 1997, NZA 1998, 944; *Quecke,* NZA 1999, 1247, 1251; KDZ/*Kittner,* KSchR, § 1 KSchG Rn. 341 und BBDW/*Bram,* § 1 KSchG Rn. 263b (Miss-

2. Vorrangige mildere Mittel

a) Grundsatz

999 Mit dem Begriff der „dringenden betrieblichen Erfordernisse" hat das Gesetz den inzwischen durch den Gesetzgeber mit § 2 Abs. 1 SGB III[266] bestätigten **Rechtsgedanken des Verhältnismäßigkeitsprinzips** im Kündigungsrecht **positiviert.** Die beabsichtigte Kündigung muss zunächst zur Verfolgung des zulässigen Zwecks, nämlich den Personalbestand an den Personalbedarf anzugleichen, überhaupt geeignet sein **(Grundsatz der Geeignetheit).** Aus dem Merkmal der **Erforderlichkeit** folgt, dass eine betriebsbedingte Kündigung nur dann zulässig ist, wenn keine milderen Mittel zur Erreichung des Zwecks zur Verfügung stehen. Die Eignung eines milderen Mittels bestimmt sich nicht nach der Einschätzung des kündigenden Arbeitgebers, sondern wird über das Merkmal der Dringlichkeit, das einen Hinweis auf die grundsätzliche Vorzugswürdigkeit des Arbeitsplatzerhalts gibt, einer **objektiven gerichtlichen Kontrolle** zugänglich.[267]

1000 Für die Frage, welche milderen Mittel konkret geeignet sind, eine betriebsbedingte Beendigungskündigung zu verhindern, ist **entscheidend** auf den jeweiligen Kündigungsgrund und den mit ihm verfolgten unternehmerischen Zweck einzugehen. Das Gesetz selbst enthält in § 1 Abs. 2 und 3 KSchG spezielle Konkretisierungen, die nach gefestigter Auffassung auch unabhängig vom Widerspruch des Betriebs- bzw. Personalrats als rechtssatzförmige Voraussetzungen für die Rechtfertigung einer Kündigung anzusehen sind.[268]

1001 Sofern der Betriebs- bzw. Personalrat in den Fällen des § 1 Abs. 2 Satz 2 und 3 KSchG ordnungsgemäß und fristgerecht Widerspruch erhoben hat, geht das BAG vom Vorliegen sog. **absoluter Sozialwidrigkeitsgründe** aus, bei denen das BAG eine sonst gebotene Interessenabwägung nicht mehr für erforderlich hält.[269] Dieser „kleine Unterschied" hat im Bereich der betriebsbedingten Kündigung praktisch keine Bedeutung mehr, weil das BAG inzwischen allgemein bei der betriebsbedingten Kündigung auf die noch bei anderen Kündigungsgründen praktizierte umfassende Interessenabwägung verzichtet.[270] Bedeutung hat der Widerspruch al-

---

brauch); krit. auch *Bitter,* DB 1999, 1214, 1215; *ders.,* DB 2000, 1760, 1766, der „juristisches Unbehagen" äußert. *Feudner,* DB 1999, 742, 745 präferiert eine Lösung über die Anwendung des Sittengesetzes und dessen Ausprägung in privatrechtlichen Normen, z.B. § 138 BGB; i.E. *Schaub,* ArbR-Hdb, § 131 Rn. 68; A.A. KR/*Etzel,* § 1 KSchG Rn. 588; *Henssler* in *Henssler/Moll* D Rn. 30, 32; *Hillebrecht,* ZfA 1991, 87, 110; *v. Hoyningen-Huene/Linck,* § 1 KSchG Rn. 371c; APS/*Kiel,* § 1 KSchG Rn. 471; *B. Preis,* NZA 1997, 628f.; *Rieble,* Anm. EzA § 1 KSchG Betriebsbedingte Kündigung Nr. 102; *Stahlhacke,* DB 1994, 1361, 1365.

[266] Vgl. dazu oben Rn. 919.

[267] *Preis,* Prinzipien, S. 305ff., 402; vgl. dazu oben Rn. 918f.

[268] Vgl. BAG 13. 9. 1973 AP § 1 KSchG 1969 Nr. 2, BAG 17. 5. 1984 u. 15. 12. 1994 AP § 1 KSchG 1969 Betriebsbedingte Kündigung Nr. 21, 66; BAG 21. 9. 2000 EzA § 1 KSchG Betriebsbedingte Kündigung Nr. 107 = ZiP 2001, 388, 392; ErfK/*Ascheid,* § 1 KSchG Rn. 440; KR/*Etzel,* § 1 KSchG Rn. 196.; *Kiel/Koch,* Rn. 205ff.; *Löwisch,* § 1 KSchG Rn. 70, 413; *Müller,* ZfA 1982, 488f.; APS/*Preis,* Grundlagen H Rn. 67; *Preis,* Prinzipien, S. 295ff.

[269] BAG 13. 9. 1973 AP § 1 KSchG 1969 unter II 7 der Gründe Nr. 2.

[270] Hierzu oben Rn. 922ff.

lerdings für den Weiterbeschäftigungsanspruch aus § 102 Abs. 5 BetrVG und die Darlegungs- und Beweislast.[271]

Der Arbeitgeber muss vor Ausspruch einer betriebsbedingten Kündigung die **bis zum Ablauf der Kündigungsfrist frei werdenden Arbeitsplätze** in seine Überlegungen einbeziehen und prüfen, ob der Arbeitnehmer nicht auf einem dieser Arbeitsplätze eingesetzt werden kann. Werden Arbeitsplätze vor Ablauf der Kündigungsfrist frei, besteht ja gerade kein dauerhaft verringerter Personalbedarf, der eine betriebsbedingte Kündigung rechtfertigen könnte.[272] Auch wenn der Arbeitgeber nicht verpflichtet ist, eine Personalreserve vorzuhalten, hat er ebenso Arbeitsplätze mit in die Betrachtung einzubeziehen, die **in absehbarer Zeit nach Ablauf der Kündigung frei werden.** Zumutbar ist dabei jedenfalls die Überbrückung eines Zeitraums, den ein anderer Stellenbewerber für die Einarbeitung benötigen würde.[273] Innerhalb dieses Zeitraums liegt kein dauerhafter Entfall des Beschäftigungsbedarfes vor und das Merkmal der „Dringlichkeit" wäre nicht erfüllt.[274] **1002**

b) Weiterbeschäftigungsmöglichkeit in demselben Betrieb oder in einem anderen Betrieb des Unternehmens

Die betriebsbedingte Kündigung ist unwirksam, wenn im Kündigungszeitpunkt die Möglichkeit zu einer Weiterbeschäftigung des Arbeitnehmers innerhalb des Beschäftigungsbetriebs oder innerhalb des Unternehmens, für das der Arbeitnehmer eingestellt ist, besteht.[275] Diese in § 1 Abs. 2 Satz 2 KSchG positivierte Kündigungsschranke gilt **unabhängig** von einem möglichen **Widerspruch des Betriebsrats.** Die Kündigung ist aber nicht deshalb unwirksam, weil der Arbeitgeber die Prüfung der Möglichkeit einer Weiterbeschäftigung unterlassen hat. Entscheidend ist vielmehr, ob tatsächlich ein **freier Arbeitsplatz vorhanden** war, den der gekündigte Arbeitnehmer hätte ausfüllen können.[276] Keine Weiterbeschäftigungsmöglichkeit besteht, wenn dazu einem anderen Arbeitnehmer gekündigt werden müsste.[277] **1003**

Eine Frage der Sozialauswahl ist es, wenn für mehrere Arbeitnehmer das Beschäftigungsbedürfnis entfällt und diese um eine geringere Anzahl von freien Arbeitsplätzen zur Weiterbeschäftigung konkurrieren. Auch dann hat eine Auswahl in Ansehung des § 1 Abs. 3 KSchG zu erfolgen. Gleichzeitig folgt daraus, dass der Arbeitgeber die **Weiterbeschäftigung nicht** dadurch **vereiteln** darf, dass er, ohne **1004**

---

[271] Siehe *Löwisch,* § 1 KSchG Rn. 415; *Otto,* SAE 1985, 219.

[272] St. Rspr. BAG 29. 3. 1990 u. 15. 12. 1994 AP § 1 KSchG 1969 Betriebsbedingte Kündigung Nr. 50, 67; ErfK/*Ascheid,* § 1 KSchG Rn. 442.

[273] BAG 15. 12. 1994u 7. 3. 1996 AP § 1 KSchG 1969 Betriebsbedingte Kündigung Nr. 67, 76; ErfK/*Ascheid,* § 1 KSchG Rn. 442; BBDW/*Bram,* § 1 KSchG Rn. 303; KR/*Etzel,* § 1 KSchG Rn. 219; APS/*Kiel,* § 1 KSchG Rn. 601; KPK/*Meisel,* Teil H, § 1 Rn. 468; HK-KSchG/*Weller/Dorndorf,* § 1 Rn. 905; i. Grds. *Löwisch,* § 1 KSchG Rn. 268, 271; a. A. *Berkowsky,* Betriebsbedingte Kündigung, § 10 Rn. 34ff.; *Oetker,* Anm. BAG SAE 1996, 116; *Schiefer,* NZA 1995, 662, 666f.; *Tschöpe,* EWiR 1995, 600.

[274] *Preis,* NZA 1997, 1073, 1082; APS/*Preis,* Grundlagen H Rn. 36 a.E.

[275] Siehe bereits BAG 25. 9. 1956 AP § 1 KSchG Nr. 18; BAG 12. 3. 1968, BAGE 20, 345 (352), *Weller,* ArbuR 1986, 225.

[276] BAG 3. 2. 1977 und 24. 3. 1983 EzA § 1 KSchG Betriebsbedingte Kündigung Nr. 7 und 21; BAG 7. 2. 1991 EzA § 1 KSchG Personenbedingte Kündigung Nr. 9; *Hoyningen-Huene/Linck,* DB 1993, 1185ff.

[277] BAG 7. 2. 1985 AP § 1 KSchG 1969 Soziale Auswahl Nr. 9; BAG 29. 1. 1997 AP § 1 KSchG Krankhei Nr. 32t; ErfK/*Ascheid,* § 1 KSchG Rn. 445; *Löwisch,* § 1 KSchG Rn. 269.

die Grundsätze der Sozialauswahl zu beachten, die freien Arbeitsplätze besetzt.[278] Ebensowenig darf er die freien Arbeitsplätze mit externen Bewerbern besetzen; die kündigungsbedrohten Arbeitnehmer haben Vorrang.[279]

1005 Hat der Arbeitgeber im Zeitpunkt der Kündigung einen anderen freien Arbeitsplatz zur Verfügung, den der Arbeitnehmer aber auf Grund seiner Fähigkeiten nicht ausfüllen kann, so ist die mögliche Versetzung kein geeignetes milderes Mittel. Voraussetzung ist nämlich, dass der Arbeitnehmer die **erforderliche Qualifikation** für den freien Arbeitsplatz hat, wobei es im freien unternehmerischen Ermessen steht, das Anforderungsprofil der Stelle zu bestimmen.[280] Zu prüfen ist aber die Möglichkeit der Weiterbeschäftigung nach Umschulung (§ 1 Abs. 2 Satz 3 KSchG). Eine Weiterbeschäftigungsmöglichkeit besteht auch dann nicht, wenn der Betriebsrat nach § 99 BetrVG seine **Zustimmung** zu einer möglichen Versetzung rechtswirksam und nach der rechtskräftigen Ablehung der Ersetzung der Zustimmung durch das Arbeitsgericht **verweigert.**[281] Bei einer Zustimmungsverweigerung ohne Ersetzungsverfahren ist die Wirksamkeit der Weigerung im Kündigungsschutzverfahren inzident zu prüfen.[282] Der Arbeitgeber muss sich allerdings um die Beseitigung des Versetzungshindernisses bemühen und ggf. auch die arbeitsgerichtliche Ersetzung der Zustimmung erwirken.[283]

1006 Berücksichtigen muss der Arbeitgeber **Arbeitsplätze,** die **bis zum Ablauf der Kündigungsfrist frei werden.**[284] Möglich ist eine Weiterbeschäftigung auch, wenn auf Arbeitsplätzen, die der Arbeitnehmer ausfüllen kann, **Leiharbeitnehmer** beschäftigt werden. Bei legaler Arbeitnehmerüberlassung, die nur vorübergehender Natur ist (§ 3 Abs. 1 Nr. 6 AÜG), steht der Leiharbeitnehmer in keiner arbeitsvertraglichen Bindung zum Entleiher.[285] Aus diesem Grunde steht der Verdrängung

---

[278] BAG v. 15. 12. 1994 und 5. 10. 1995 AP § 1 KSchG 1969 Betriebsbedingte Kündigung Nr. 66, 71; BAG 22. 1. 1998 AP § 613 a BGB Nr. 173; BAG 21. 9. 2000 EzA § 1 KSchG Betriebsbedingte Kündigung Nr. 107 = ZiP 2001, 388, 393.

[279] ErfK/*Ascheid,* § 1 KSchG Rn. 443; *v. Hoyningen-Huene/Linck,* § 1 KSchG Rn. 397; APS/*Kiel,* § 1 KSchG Rn. 608; *Löwisch,* § 1 KSchG Rn. 270; *Preis,* DB 1988, 1387, 1392; HK-KSchG/*Weller/Dorndorf,* § 1 Rn. 911.

[280] BAG 10. 11. 1994 und 7. 11. 1996 EzA § 1 KSchG Betriebsbedingte Kündigung; LAG Nr. 77, 88, Düsseldorf 19. 8. 1999 LAGE § 620 BGB Nr. 66.

[281] ErfK/*Ascheid,* § 1 KSchG Rn. 450; *Preis,* Prinzipien, S. 314 f.; APS/*Kiel,* § 1 KSchG Rn. 647; *Löwisch,* § 1 KSchG KSchG Rn. 281; *Stahlhacke,* DB 1994, 1361, 1366. Vgl. a. BAG 30. 8. 1995 EzA § 99 BetrVG 1972 m. abl. Anm. *Löwisch* Nr. 130.

[282] Ebenso *Stahlhacke,* DB 1994, 1361, 1366; *Berkowsky,* Betriebsbedingte Kündigung, § 10 Rn. 88; a. A. BBDW/*Bram,* § 1 KSchG Rn. 302; KPK/*Meisel,* Teil H, § 1 Rn. 478. Zu weitgehend BAG 13. 9. 1973 AP § 1 KSchG 1969 Nr. 2, das den hypothetischen Vortrag des Arbeitgebers beachten will, dass der Betriebsrat, wäre er angesprochen worden, die Zustimmung wirksam verweigert hätte. Dem folgend ErfK/*Ascheid,* § 1 KSchG Rn. 450; *Berkowsky,* Betriebsbedingte Kündigung, § 10 Rn. 87; *Löwisch,* § 1 KSchG Rn. 282; krit. dagegen KR/*Etzel,* § 1 KSchG Rn. 283.

[283] KR/*Becker,* 3. Aufl. 1989 § 1 KSchG Rn. 307; *Preis,* Prinzipien, S. 315; BBDW/*Bram,* § 1 KSchG, aber begrenzt für den Fall der offenkundigen Unbegründetheit des Widerspruchs; a. A. BAG 29. 1. 1997 EzA § 1 KSchG Krankheit Nr. 42; APS/*Kiel,* § 1 KSchG Rn. 647; KR/*Etzel,* § 1 KSchG Rn. 223; *Löwisch,* § 1 KSchG Rn. 281; KPK/*Meisel,* Teil H, § 1 Rn. 478.

[284] Vgl. ErfK/*Ascheid,* § 1 KSchG Rn. 442.

[285] ErfK/*Ascheid,* § 1 KSchG Rn. 449; KR/*Etzel,* § 1 KSchG Rn. 219; *v. Hoyningen-Huene/Linck,* § 1 KSchG Rn. 396; APS/*Kiel,* § 1 KSchG Rn. 606; KDZ/*Kittner,* KSchR, § 1 KSchG Rn. 373; a. A. *Löwisch,* § 1 KSchG Rn. 269.

des Leiharbeitnehmers durch den Stammarbeitnehmer keine Rechtsschranke entgegen.

c) Weiterbeschäftigungsmöglichkeit nach Änderung der Arbeitsbedingungen (Vorrang der Änderungskündigung)

Die Kündigung ist unzulässig, wenn die Weiterbeschäftigung auf einem anderen **1007**
Arbeitsplatz zu geänderten Arbeitsbedingungen möglich ist und der Arbeitnehmer sich hiermit einverstanden erklärt hat.[286] Erhebt der Betriebsrat wegen einer solchen Möglichkeit berechtigt Widerspruch, liegt ein sog. absoluter Sozialwidrigkeitsgrund vor (§ 1 Abs. 2 Satz 3 KSchG).

Nach der Rechtsprechung des BAG muss der Arbeitgeber von sich aus dem Ar- **1008**
beitnehmer eine beiden Parteien zumutbare Weiterbeschäftigung auf einem freien Arbeitsplatz auch zu geänderten Bedingungen anbieten.[287] Der Grundsatz der Erforderlichkeit gebietet auch hier eine **Abstufung der personellen Maßnahmen.** Kann der Arbeitgeber dem Arbeitnehmer einen freien Arbeitsplatz im Wege des Direktionsrechts zuweisen, ist eine Änderungskündigung unzulässig, weil nicht erforderlich.[288] Ist dies nicht möglich, ist eine Änderungskündigung in Erwägung zu ziehen. In Betracht kommen alle Vertragsänderungen, die das konkrete betriebliche Bedürfnis befriedigen. Dies sind insbesondere die Versetzung auf einen anderen (geringerwertigen) Arbeitsplatz, die Kürzung übertariflicher Leistungen,[289] aber auch das Angebot der Teilzeitbeschäftigung.[290] Der Arbeitnehmer hat jedoch **keinen Anspruch auf Beförderung** und Weiterbeschäftigung auf einem höherwertigen Arbeitsplatz,[291] es sei denn, die Schaffung der Beförderungsstellen dient der Umgehung des Kündigungsschutzes.[292] Dem Bestandsschutz ist dann Vorrang zu gewähren, wenn der Arbeitgeber Beschäftigungsmöglichkeiten in einen anderen Betrieb verlagert und dort höher vergütet, die zu verrichtende Arbeit aber überwiegend gleich bleibt.[293]

---

[286] Siehe bereits BAG 4. 12. 1959 AP § 1 KSchG Betriebsbedingte Kündigung Nr. 2; BAG 13. 9. 1973 AP § 1 KSchG 1969 Nr. 2, sowie BAG 20. 8. 1998 AP § 2 KSchG 1969 Nr. 50; LAG Berlin 13. 1. 2000, NZA-RR 2000, 302.

[287] BAG 27. 9. 1984 AP § 2 KSchG 1969 m. Anm. *Hoyningen-Huene* Nr. 8 = EzA § 2 KSchG m. Anm. *Kraft* Nr. 5; BAG 29. 11. 1990, RzK I 5a Nr. 4; ebenso LAG Niedersachsen 7. 2. 1986 LAGE § 611 BGB Beschäftigungspflicht Nr. 14; LAG Hamm 22. 6. 1998 LAGE § 1 KSchG Betriebsbedingte Kündigung Nr. 51.

[288] Dazu *Hoyningen-Huene/Linck,* DB 1993, 1185 ff.

[289] Hierzu *Wagner,* NZA 1986, 632 ff.

[290] LAG Düsseldorf 6. 5. 1977, DB 1977, 1370; ArbG Münster 8. 12. 1982 EzA § 1 KSchG Betriebsbedingte Kündigung Nr. 19; ErfK/*Ascheid,* § 1 KSchG Rn. 563; *Löwisch,* § 1 KSchG Rn. 290.

[291] LAG Köln 31. 5. 1989 LAGE § 1 KSchG Betriebsbedingte Kündigung Nr. 17; bestätigt durch BAG 29. 3. 1990 EzA § 1 KSchG 1969 Soziale Auswahl m. zust. Anm. *Preis* Nr. 29; ebenso ErfK/*Ascheid,* § 1 KSchG Rn. 444; 556; KR/*Etzel,* § 1 KSchG Rn. 727; weitergehend aber KDZ/*Kittner,* § 1 KSchG Rn. 377; HK-KSchG/*Weller/Dorndorf,* § 1 Rn. 908. Zur Abgrenzung zwischen Beförderung und Qualifikation im Wege der Umschulung und Fortbildung für funktionsähnliche Stellen ausf. APS/*Kiel,* § 1 KSchG Rn. 610 f.

[292] BAG 10. 11. 1994 EzA § 1 KSchG Betriebsbedingte Kündigung m. Anm. *Hoyningen-Huene* Nr. 77; BAG 30. 8. 1995 EzA § 99 BetrVG 1972 Nr. 130; BAG 18. 10. 2000 – 2 AZR 465/99; s. a. LAG Köln 18. 6. 1999, 12 Sa 146/99 – juris.

[293] BAG 5. 10. 1995 AP § 1 KSchG 1969 Betriebsbedingte Kündigung Nr. 71.

1009 Im Wege der Rechtsfortbildung[294] hat das BAG den Arbeitgeber verpflichtet, den Arbeitnehmer auf die Weiterbeschäftigungsmöglichkeit zu geänderten Bedingungen **hinzuweisen.** Der Arbeitgeber muss klarstellen, dass bei Ablehnung des Änderungsangebots eine Kündigung beabsichtigt ist, ansonsten ist die Kündigung unwirksam.[295] Dem Arbeitnehmer ist eine **Überlegungsfrist von einer Woche einzuräumen.** Dieses Angebot kann der Arbeitnehmer unter einem § 2 KSchG entsprechenden Vorbehalt annehmen. Der Arbeitgeber muss dann eine Änderungskündigung aussprechen. Lehnt der Arbeitnehmer das Änderungsangebot vorbehaltlos und endgültig ab, dann kann der Arbeitgeber eine Beendigungskündigung aussprechen.[296] Der Rechtsprechung des BAG ist insoweit zu folgen, als es Sache des Arbeitgebers ist, darzulegen und zu beweisen, ob eine betriebsbedingte Kündigung wirklich notwendig ist und ob sie nicht durch andere Maßnahmen organisatorischer und personeller Art vermieden werden kann, der Arbeitgeber also die Initiativlast für das Angebot zur Weiterarbeit zu verschlechterten Arbeitsbedingungen trägt.[297]

1010 In der Sache begründet das BAG Obliegenheiten des Arbeitgebers, deren Nichtbeachtung zur Unwirksamkeit der Beendigungskündigung führt. Die rechtsfortbildende **Begründung der** vom BAG entwickelten **vorrangigen Verhandlungslösung ist** indes **abzulehnen.** Der Arbeitgeber kann eine einvernehmliche Verhandlungslösung anstreben, ist dazu aber nicht verpflichtet. Er kann auch sogleich eine Änderungskündigung verbunden mit dem verschlechternden Angebot ausprechen. Einer zusätzlichen Überlegungsfrist von einer Woche bedarf es nicht, hierzu reicht die Kündigungsfrist, längstens die Drei-Wochen-Frist des § 4 KSchG. Eine zwingende Überlegungsfrist von nur einer Woche würde zudem die Rechte aus § 2 KSchG verkürzen. Eine Analogie zu § 102 Abs. 2 BetrVG ist bedenklich, weil dann konsequenter Weise auch die Fiktion des Schweigens als Zustimmung zur Vertragsänderung übertragen werden müsste, was angesichts der Bedeutung der Änderung der Vertragsbedingungen eines Arbeitsvertrages abzulehnen ist.[298] Auch der Grundsatz der Verhältnismäßigkeit gebietet nicht den zwingend vorgeschalteten Versuch der einvernehmlicheren Abänderung, da der Arbeitnehmer bei Gleichzeitigkeit von Kündigung und Änderungsangebot dieses endgültig oder nur unter Vorbehalt annehmen oder auch ganz ablehnen kann.[299]

---

[294] Krit. hierzu *Wank,* RdA 1987, 129, 139ff.

[295] BAG 29. 11. 1990, 2 AZR 282/90 – n.v; s.a. LAG Berlin 13. 1. 2000, NZA-RR 2000, 302f für nicht eindeutiges Änderungsangebot.

[296] BAG 27. 9. 1984 AP § 2 KSchG 1969 Nr. 8; BAG 25. 2. 1988, RzK I 5c Nr. 26; BAG 20. 11. 1990, RzK I 5a Nr. 4; LAG Köln 28. 2. 1995, NZA-RR 1996, 89; ebenso *Löwisch,* § 1 KSchG Rn. 293.

[297] Für Initiativlast des Arbeitgebers insoweit auch KR/*Rost,* § 2 KSchG Rn. 18c; APS/*Kiel,* § 1 KSchG Rn. 625 m.w.N; sowie LAG Berlin 13. 1. 2000, NZA-RR 2000, 302.

[298] KR/*Rost,* § 2 KSchG Rn. 18e; Bedenken bzgl. der Analogie auch schon bei *Preis,* Prinzipien, S. 301, Fn. 265.

[299] Wie hier KR/*Rost,* § 2 KSchG Rn. 18d ff.; *Ascheid,* Kündigungsschutzrecht, Rn. 306; *v. Hoyningen-Huene/Linck,* § 1 KSchG Rn. 146ff., § 2 Rn. 12; BAG 21. 9. 2000 EzA § 1 KSchG Betriebsbedingte Kündigung Nr. 107 = ZiP 2001, 388, 394; *Hoyningen-Huene/Linck,* DB 1993, 1185, 1188f.; APS/*Kiel,* § 1 KSchG Rn. 627ff. unter Aufgabe von *Kiel,* Die anderweitige Beschäftigungsmöglichkeit im Kündigungsschutz, 1990, S. 113f.; HzA/*Isenhardt,* Gruppe 5 Rn. 427; *Kraft,* ZfA 1994, 463, 474; HK-KSchG/*Weller/Hauck,* § 2 Rn. 26; *Zöllner/Loritz,* § 23 VI 2; krit. a. KDZ/*Kittner,* § 2 KSchG Rn. 5 a.A. *Löwisch,* § 1 KSchG Rn. 293; Eine andere Frage ist, ob sich der Arbeitgeber auf Verhandlungen mit dem

Freilich braucht der Arbeitgeber auch auf der Grundlage der Rechtsprechung des BAG nur dann an den Arbeitnehmer heranzutreten, wenn überhaupt eine Beschäftigungsmöglichkeit zu geänderten Arbeitsbedingungen besteht. Ist dies nicht der Fall, scheidet die Änderung der Arbeitsbedingungen von vornherein als ungeeignetes Mittel aus. Die tatsächlichen Umstände hat der Arbeitgeber zu beweisen. Ist im Zeitpunkt der beabsichtigen Kündigungserklärung an irgendeiner Stelle im Unternehmen ein Aufgabenfeld vorhanden, das zu geänderten Arbeitsbedingungen auch von dem betroffenen Arbeitnehmer wahrgenommen werden kann, ist dem Arbeitgeber zu empfehlen, diese Änderungsmöglichkeit dem Arbeitnehmer vorzuschlagen. 1011

Unterlässt der Arbeitgeber die Unterbreitung eines **Änderungsangebots,** kommt es nach BAG vom 27. 9. 1984 für die Wirksamkeit der Kündigung darauf an, ob ein Änderungsangebot **möglich und zumutbar** war. Richtig hieran ist, dass der Arbeitgeber weder Änderungskündigung noch Änderungsangebot in Betracht ziehen muss, wenn der Arbeitnehmer für den anderen Arbeitsplatz **ungeeignet** ist. Abzulehnen ist die Entscheidung des BAG, soweit auf die Zumutbarkeit eines Änderungsangebots abgestellt wird.[300] Ob der grundsätzlich geeignete Arbeitnehmer sich die Änderung der Arbeitsbedingungen zumuten will, kann nur er selbst entscheiden. Der Begriff der Zumutbarkeit ist nicht geeignet, eine notwendige rechtssichere Beurteilung herbeizuführen. Der Hinweis des BAG auf die Kriterien des § 103 Abs. 1 Nr. 2a AFG (s. jetzt § 121 SGB-III) ist wegen der völlig unterschiedlichen Problemlage verfehlt. Bei deutlichen Qualifikationsunterschieden scheitert das mildere Mittel bereits an der Ungeeignetheit des Angebotes. 1012

Wenn ein Änderungsangebot unterblieben ist, will das BAG prüfen, ob der Arbeitnehmer im Zeitpunkt der Kündigungserklärung mit der möglichen Änderung wenigstens unter dem Vorbehalt des § 2 KSchG einverstanden gewesen wäre.[301] Eine derartige Prüfung bewegt sich im Bereich reiner Spekulation. Es ist an der richtigen und zweckmäßigen Entscheidung des § 1 Abs. 2 Satz 3 KSchG festzuhalten, der das vorherige Einverständnis des Arbeitnehmers zu den geänderten Arbeitsbedingungen fordert. Unwirksam muss in diesen Fällen die Beendigungskündigung schon dann sein, wenn der Arbeitgeber es unterlässt, dem Arbeitnehmer eine im Kündigungszeitpunkt vorhandene und von ihm ausfüllbare Weiterbeschäftigung zu geänderten Bedingungen anzubieten.[302] 1013

d) Weiterbeschäftigung in einem anderen Konzernunternehmen?

Der Kündigungsschutz ist grundsätzlich nicht auf die Konzernebene zu erstrecken, weshalb eine vorrangige konzernbezogene Versetzungspflicht regelmäßig zu 1014

Arbeitnehmer einlassen muss, wenn letzterer ihm anbietet, zu schlechteren Arbeitsbedingungen weiter zu arbeiten, um die Kündigung zu vermeiden (vgl. dazu *Preis,* NZA, 1998, 449, 457f.).

[300] Ausführlich *Preis,* Prinzipien, S. 301f APS/*Preis,* Grundlagen H Rn. 69; ebenso *Berkowsky,* Betriebsbedingte Kündigung, § 10 Rn. 68ff.; *Hillebrecht,* ZfA 1991, 87, 114; APS/*Kiel,* § 1 KSchG Rn. 632; *Kraft,* Anm. EzA § 2 KSchG Nr. 5; HK-KSchG/Weller/Hauck, § 2 Rn. 27; a.A. wohl KR/*Rost,* § 2 KSchG Rn. 18 c.

[301] BAG 27. 9. 1984 AP § 2 KSchG 1969 unter B II 3 d) aa) Nr. 8; ablehnend *Kraft* Anm. BAG EzA § 2 KSchG Nr. 5; KR/*Rost,* § 2 KSchG Rn. 18h; APS/*Kiel,* § 1 KSchG Rn. 633.

[302] *Preis,* Prinzipien, S. 303; *Hillebrecht,* ZfA 1991, 87, 114; HK-KSchG/ *Weller/Dorndorf,* § 1 Rn. 919.

verneinen ist.[303] Eine **konzernbezogene Versetzungspflicht kann allein in besonderen arbeitsvertraglichen Situationen** bejaht werden.[304] Das BAG aktiviert hier den Gedanken einer „arbeitgeberbezogenen" Versetzungspflicht, die sich zwar unproblematisch auf Betrieb und Unternehmen, regelmäßig aber nicht auf andere Konzernunternehmen erstrecken kann. Einer konzernbezogenen Versetzungspflicht steht grundsätzlich die Selbständigkeit der Konzernunternehmen entgegen. Der die Kündigung beabsichtigende Arbeitgeber müsste schon die tatsächliche und rechtliche Möglichkeit haben, den Arbeitnehmer im Konzernunternehmen unterzubringen. Unter diesem Gesichtspunkt ist den vom BAG für möglich gehaltenen Ausnahmefällen einer **konzernbezogenen Weiterbeschäftigungsverpflichtung,** die auf einen vertraglichen Anspruch gegen den Arbeitgeber auf Verschaffung eines Arbeitsplatzes hinauslaufen, zuzustimmen. Folgende **Ausnahmefälle,** die dogmatisch auf dem Vertrauensschutzprinzip beruhen,[305] sind denkbar:

(1) Der Arbeitsvertrag regelt von vornherein, dass der Arbeitnehmer für den Unternehmens- und Konzernbereich eingestellt worden ist.[306]

(2) Der Arbeitnehmer hat sich vertraglich mit einer konzernweiten Versetzung einverstanden erklärt.

(3) Ein Konzernunternehmen erklärt sich ausdrücklich zur Übernahme des Arbeitnehmers bereit.

(4) Der Arbeitgeber sagt zu, zunächst eine Übernahme durch einen anderen Konzernbetrieb zu versuchen. [307]

1015 Voraussetzung für eine vorrangige konzernbezogene Versetzungspflicht sei allerdings, so das BAG, dass der Beschäftigungsbetrieb einen **bestimmenden Einfluss auf die Versetzung** habe und die Entscheidung darüber nicht dem grundsätzlich zur Übernahme bereiten Unternehmen vorbehalten worden sei.[308] Dem kann nur

---

[303] BAG 14. 10. 1982 AP § 1 KSchG 1969 Konzern Nr. 1; BAG 27. 11. 1991 u. 20. 1. 1994 EzA § 1 KSchG Betriebsbedingte Kündigung; Nr. 72, 74, *LAG Köln* 11. 3. 1993 LAGE § 1 KSchG Betriebsbedingte Kündigung Nr. 22; BAG 21. 9. 2000 EzA § 1 KSchG Betriebsbedingte Kündigung Nr. 107 = ZiP 2001, 388, 394; i. Grds. h.L.s. nur *Preis* in *Henssler/Moll,* A Rn. 34 *Kiel/Koch,* Rn. 215 m.w.N.

[304] Hierzu BAG 14. 10. 1982 AP § 1 KSchG 1969 Konzern m. zust. Anm. *Wiedemann* Nr. 1; BAG 22. 5. 1986 AP § 1 KSchG 1969 Konzern Nr. 4; BAG 21. 1. 1999 AP § 1 KSchG 1969 Konzern Nr. 9 = IPRax 2000, 540 m. Anm. *Franzen,* S. 506; LAG Hamm 30. 10. 1989 LAGE § 1 KSchG Betriebsbedingte Kündigung Nr. 18; *Kiel/Koch,* Rn. 215ff.; *Martens,* FS BAG, 1979, 375; *Konzen,* ZfA 1982, 305ff.; *Löwisch,* § 1 KSchG Rn. 279f.; *Fiebig,* DB 1993, 582; *Silberberger,* Weiterbeschäftigungsmöglichkeit und Kündigungsschutz im Konzern, 1994; KDZ/*Kittner,* § 1 KSchG Rn. 389ff.

[305] *Wiedemann,* Anm. AP § 1 KSchG 1969 Konzern Nr. 1; *Preis,* Prinzipien, S. 322; dem folgend, BAG 27. 11. 1991 EzA § 1 KSchG Betriebsbedingte Kündigung Nr. 72.

[306] BAG 27. 11. 1991 AP § 1 KSchG 1969 Konzern Nr. 6; s.a. BAG 21. 1. 1999 AP § 1 KSchG 1969 Konzern Nr. 9.

[307] BAG 14. 10. 1982, 22. 5. 1986 und 27. 11. 1991 AP § 1 KSchG 1969 *Konzern* Nr. 1, 4 und 6; Konzen, ZfA 1982, 259ff.; *Martens,* FS BAG, 1979, 367, 375; vgl. auch *Windbichler,* Arbeitsrecht im Konzern, 1989, S. 155ff.

[308] BAG 14. 10. 1982 AP § 1 KSchG 1969 Konzern Nr. 1; offen gelassen in BAG 27. 11. 1991 AP § 1 KSchG 1969 Konzern Nr. 6; erheblich aber offenbar wieder in BAG 21. 1. 1999 AP § 1 KSchG 1969 Konzern unter II 2. B. der Gründe Nr. 9; für eine solche Einschränkung auch LAG Düsseldorf 2. 9. 1997, 3 (4) Sa 641/97 – juris; LAG Nürnberg 28. 7. 1999, 3 Sa 911/98 – juris; APS/*Kiel,* § 1 KSchG Rn. 595; *Lingemann/Steinau-Steinrück,* DB 1999, 2161, 2163.

eingeschränkt gefolgt werden: Erstrecken sich die vertraglichen Rechte und Pflichten des Arbeitnehmers auf den Konzernbereich oder ist der Arbeitnehmer bereits mehrfach außerhalb des Zuständigkeitsbereichs seines Arbeitgebers in anderen Konzerngesellschaften beschäftigt worden,[309] so kann eine Weigerung der Konzernunternehmen zur Übernahme des Arbeitnehmers kündigungsrechtlich unter Umständen unbeachtlich sein. Denn mit der Ausweitung der Pflichten des Arbeitnehmers und dessen Einsatz im Konzernbereich trifft den Gesamtkonzern auch eine erhöhte Verantwortlichkeit, der er sich nicht durch eine Verweigerung der Weiterbeschäftigung entziehen kann.[310] Die entstandene rechtliche Verpflichtung des Gesamtkonzerns im Blick auf die konzernbezogene Beschäftigungspflicht des Arbeitnehmers kann nicht von dem „good will" einzelner Konzernunternehmen abhängig sein. Entscheidend ist allein, wie die Vertragsgestaltung und der tatsächliche Vertragsverlauf aussehen und ob eine Beschäftigungsmöglichkeit im Konzernverbund objektiv vorhanden ist.

Kein kündigungsrelevanter Konzernbezug liegt vor, wenn Arbeitnehmer **1016** in einem Konzernunternehmen, ohne versetzt oder abgeordnet zu werden, bestimmten fachlichen Weisungen durch ein anderes Konzernunternehmen unterstellt werden und dadurch noch kein Vertrauenstatbestand begründet wird, der einem vereinbarten oder in der Vertragsabwicklung konkludent durchgeführten Versetzungsvorbehalt gleichgestellt werden kann.[311]

e) Weiterbeschäftigung nach Umschulungs- oder Fortbildungsmaßnahmen

Eine betriebsbedingte Kündigung ist auch dann unwirksam, wenn eine Weiter- **1017** beschäftigung nach Umschulung, Einarbeitung oder Fortbildung des Arbeitnehmers in Betracht kommt.[312] § 1 Abs. 2 Satz 3 KSchG erkennt die vorrangige Pflicht zur Umschulung und Fortbildung des Arbeitnehmers an, um dessen Weiterbeschäftigung zu ermöglichen. Diese Kündigungsschranke greift **unabhängig vom Widerspruch des Betriebsrats.**[313] Bestehen freilich mit dem Betriebsrat vereinbarte Maßnahmen zur Berufsbildung nach § 97 Abs. 2 BetrVG, können diese das Maß der zumutbaren Fortbildungs- und Umschulungsmaßnahmen konkretisieren. Diese mildere Maßnahme kommt insbesondere in Betracht, wenn der Unternehmer neue Fertigungsmethoden einführt, Produktionsbereiche ändert oder sonstige Umstellungen des Betriebsablaufes vornimmt. Kündigungsschutzrechtlich ist gefordert, dass bei entsprechenden betrieblichen Umstellungen bevorzugt jene Arbeitnehmer auf neu entstandenen Arbeitsplätzen zu beschäftigen sind, deren Arbeitsplätze weggefallen sind. Erforderlich ist auch hier, dass ein anderer Arbeitsplatz **frei**

---

309 *Preis,* Prinzipien, S. 321; vgl. auch BAG 27. 11. 1991 AP § 1 KSchG Konzern Nr. 6.

310 Dahingehend auch *Wiedemann,* Anm. AP § 1 KSchG 1969 Konzern Nr. 1; *Windbichler,* SAE 1984, 147f.; *Fiebig,* DB 1993, 583; *Helle,* Konzernbedingte Kündigungsschranken bei Abhängigkeit und Beherrschung durch Kapitalgesellschaften, 1989, S. 161ff.

311 BAG 20. 1. 1994 EzA § 1 KSchG Betriebsbedingte Kündigung m. zust. Anm. *Rüthers/Franke* Nr. 74.

312 So bereits BAG 7. 5. 1968 AP § 1 KSchG Betriebsbedingte Kündigung Nr. 18; s. auch *Bitter/Kiel,* RdA 1994, 342ff.

313 BAG 13. 9. 1973 AP § 1 KSchG 1969 Nr. 2; LAG Frankfurt 19. 7. 1999 LAGE § 1 KSchG Betriebsbedingte Kündigung Nr. 55; *Löwisch,* § 1 KSchG Rn. 285; *Birk,* FS Kissel, 1994, 51, 55.

ist, d.h. mindestens mit hinreichender Sicherheit voraussehbar ist, dass nach Abschluss der Maßnahme eine Beschäftigungsmöglichkeit vorhanden sein wird, welche der erworbenen Qualifikation des Arbeitgebers entspricht.[314]

1018 Aus dem Gesichtspunkt des Bestandsschutzes verlangt das KSchG **zumutbare Umschulungs- und Fortbildungsmaßnahmen.** Das Ausmaß der dem Arbeitgeber zumutbaren betrieblichen und wirtschaftlichen Anstrengungen hängt u.a. von der **bisherigen Beschäftigungsdauer** des Arbeitnehmers und der **konkreten** Vertragsgestaltung ab.[315] Normativer Anhaltspunkt für die Höchstdauer der Maßnahme kann die längste gesetzliche Kündigungsfrist gemäß § 622 BGB (sieben Monate) sein.[316] Kostenintensive Umschulungsmaßnahmen können vom Arbeitgeber nur gefordert werden, wenn diese Maßnahmen die **Weiterbeschäftigung** des Arbeitnehmers im Unternehmen nachhaltig sichern.[317] Zu Recht wird deshalb auf die Erfolgsaussicht der Maßnahme und die restliche Beschäftigungsdauer abgestellt.[318] Der Zumutbarkeitsbegriff in § 1 Abs. 2 Satz 3 KSchG bedarf einer Interessenabwägung unter Heranziehung arbeitsvertraglicher sowie betriebs- und unternehmensbezogener Umstände. Auf eine isolierte wirtschaftliche Betrachtung kann es nicht ankommen. Jedenfalls kann die Finanzierbarkeit der Maßnahme nicht im Vordergrund stehen.[319] Steht allerdings im Kündigungszeitpunkt fest, dass die Maßnahme durch arbeitsförderungsrechtliche Leistungen gefördert wird, ergibt sich positiv auf Grund der Verzahnung des Kündigungsrechtes mit dem Arbeitsförderungsrecht durch § 2 SGB III, dass dann eine längere Überbrückung oder Umschulung zumutbar ist.[320]

f) Katalog sonstiger milderer Mittel

aa) Arbeitsstreckung („go-slow") und „Auf-Lager-Arbeiten"

1019 Die Arbeitsstreckung bzw. das „Auf-Lager-Arbeiten"[321] sind nur dann geeignete milderen Mittel, wenn der **verringerte Personalbedarf vorübergehend**

---

[314] BAG 7. 2. 1991 AP § 1 KSchG 1969 Umschulung Nr. 1; LAG Hamm 20. 1. 2000, NZA-RR 2000, 239; APS/*Kiel,* § 1 KSchG Rn. 615; *Birk,* FS Kissel, 1994, 51, 64 will eine „große Wahrscheinlichkeit" ausreichen lassen.

[315] *Löwisch,* § 1 KSchG Rn. 287; ausf. ErfK/*Ascheid,* § 1 KSchG Rn. 568; *Berkowsky,* Betriebsbedingte Kündigung, § 10 Rn. 47ff.; *Birk,* FS Kissel, 1994, 51ff.; *Gaul,* BB, 1995, 2422; APS/*Kiel,* § 1 KSchG Rn. 616ff.; *Preis,* Prinzipien, S. 168; s. auch LAG Frankfurt 19. 7. 1999 LAGE § 1 KSchG Betriebsbedingte Kündigung Nr. 55.

[316] *Bitter/Kiel,* RdA 1994, 344.

[317] *Preis,* Prinzipien, S. 304.

[318] KR/*Etzel,* § 1 KSchG Rn. 724; APS/*Kiel,* § 1 KSchG Rn. 620; *Berkowsky,* Betriebsbedingte Kündigung, § 10 Rn. 51; vgl. auch die LAG Frankfurt 19. 7. 1999 LAGE § 1 KSchG Betriebsbedingte Kündigung Nr. 55, das eingehend prüft, ob die Umschulung Erfolg verspricht.

[319] So aber KR/*Etzel,* § 102 BetrVG Rn. 169b; a.A. *Preis,* Prinzipien, S. 168; für eine besondere Rolle, aber nicht allein ausschlaggebend ErfK/*Ascheid,* § 1 KSchG Rn. 568 und KDZ/*Kittner,* § 1 KSchG Rn. 404; offen gelassen von BAG 7. 2. 1991 EzA § 1 KSchG Personenbedingte Kündigung Nr. 9.

[320] Vgl. zur Auswirkung des § 2 SGB-III auf die Zumutbarkeit von Umschulungs- und Fortbildungsmaßnahmen auch *Gagel/Bepler,* § 2 SGB III, Rn. 42f.

[321] Siehe BAG 7. 12. 1978 und 17. 10. 1980 AP § 1 KSchG 1969 Betriebsbedingte Kündigung Nr. 6 und 10; BAG 7. 2. 1985 EzA § 1 KSchG Soziale Auswahl Nr. 20; LAG Berlin 5. 12. 1997 LAGE § 1 KSchG Betriebsbedingte Kündigung Nr. 49; ErfK/*Ascheid,* § 1

ist und eine Personalauslastung in absehbarer Zeit wieder erwartet werden kann.[322] Auch insoweit bedarf es einer Prognosebetrachtung hinsichtlich der betrieblichen Lage im Zeitpunkt der Kündigungserklärung. Ist auf Grund tatsächlicher Anhaltspunkte die Prognose gerechtfertigt, dass der verringerte Personalbedarf nur vorübergehend ist, kommt eine Arbeitsstreckung in Betracht. Ein **dringendes** betriebliches Erfordernis liegt in diesem Falle nicht vor. Erstreckt sich der verringerte Personalbedarf dagegen auf eine längere Periode (etwa ein halbes Jahr oder mehr), kann die Kündigung dringend erforderlich sein.[323] Ist im Kündigungszeitpunkt klar absehbar, dass nach einer längeren Periode, z.B. einer Betriebsunterbrechung wegen Zerstörung der Betriebsstätte und Wiederaufbau, eine Weiterbeschäftigungsmöglichkeit besteht, kann die **Kündigung mit Wiedereinstellungszusage** ein tauglicheres milderes Mittel sein.[324] Das BAG hat dies allerdings für die witterungsbedingte Kündigung verneint,[325] obwohl dieses Instrument auch hier sinnvoll wäre, um zu verhindern, dass die Kündigung aus Witterungsgründen zweckwidrig zum Austausch der Belegschaft genutzt wird.

bb) Kurzarbeit

In der Praxis ist Kurzarbeit als milderes Mittel, das einer betriebsbedingten Beendigungskündigung entgegensteht, nur selten bejaht worden.[326] Entweder scheiterte das Mittel der Kurzarbeit an dem Merkmal des bloß vorübergehenden Arbeitsmangels[327] oder an der Darlegungs- und Beweislast.[328] Die Grundsatzfrage, ob die Kurzarbeit ein geeignetes Mittel zur Vermeidung betriebsbedingter Kündigungen ist, ist freilich sehr umstritten, die Rechtsprechung des BAG ist uneinheitlich. In einem obiter dictum hat der 1. Senat in der Entscheidung vom 4. 3. 1986 zum **Initiativrecht des Betriebsrats** konstatiert, der Prüfung des Arbeitsgerichts unterliege **nicht** die Frage, **„ob eine ausgesprochene Kündigung durch die Anordnung von Kurzarbeit hätte vermieden werden können".**[329] Diese Aussage spiegelte die bisherige Rechtsprechungspraxis des 2. Senats weder vollständig noch 1020

KSchG Rn. 394; *Berkowsky,* Betriebsbedingte Kündigung, § 7 Rn. 129; *Schaub,* NZA 1987, 217, 219; *Preis,* Prinzipien, S. 404.

322 Für den Fall der vorübergehenden Beschäftigungsschwankung das Mittel der Arbeitsstreckung bejahend: LAG Stuttgart 2. 6. 1954, DB 1954, S. 784; im Übrigen zu Recht ablehnend LAG Düsseldorf 13. 3. 1953, DB 1953, S. 428; APS/*Kiel,* § 1 KSchG Rn. 577.

323 BAG 27. 4. 1995 EzA § 1 KSchG Betriebsbedingte Kündigung Nr. 83.

324 *Preis,* DB 1988, 1393; dem folgend LAG Niedersachsen 20. 12. 1994 LAGE § 1 KSchG Betriebsbedingte Kündigung Nr. 28.

325 BAG 7. 3. 1996 AP § 1 KSchG 1969 Betriebsbedingte Kündigung Nr. 76; ebenso APS/*Kiel,* § 1 KSchG Rn. 555 f.; a. A. *v. Hoyningen-Huene/Linck,* § 1 KSchG Rn. 417 c; KDZ/*Kittner,* § 1 KSchG Rn. 322 a; HK-KSchG/*Weller/Dorndorf,* § 1 Rn. 974.

326 Ausnahme: ArbG Mannheim 9. 12. 1982, BB 1983 S. 1031 und jetzt LAG Berlin 5. 12. 1997 LAGE § 1 KSchG Betriebsbedingte Kündigung Nr. 49.

327 BAG 17. 10. 1980, DB 1981 S. 747; LAG Schleswig-Holstein 29. 9. 1988, NZA 1989, 275 f.

328 BAG 25. 6. 1964, DB 1964, 958 = AP § 1 KSchG Betriebsbedingte Kündigung Nr. 14; zur Kritik an diesem Urteil: *Preis,* Prinzipien, S. 407 ff.; *Schulin,* Anm. EzA § 1 KSchG Soziale Auswahl Nr. 20; *Meinhold,* BB 1988, 623, 627.

329 BAG 4. 3. 1986, DB 1986, 1395 unter B II 3 g) der Gründe.

korrekt wider. Noch im Urteil vom 7. 2. 1985[330] hatte der 2. Senat die Frage, unter welchen Voraussetzungen der Arbeitgeber einem Arbeitsmangel durch Einführung von Kurzarbeit begegnen muss, ausführlich geprüft, wenn er auch bereits Bedenken andeutete, zu weitgehend in die unternehmerische Entscheidungsfreiheit einzugreifen. Im Urteil vom 11. 9. 1986[331] hat der 2. Senat dann das obiter dictum des 1. Senats übernommen und vertreten, dass jedenfalls, wenn der Betriebsrat von seinem Initiativrecht zur Einführung der Kurzarbeit nach § 87 Abs. 1 Nr. 3 BetrVG keinen Gebrauch mache, die Kurzarbeit auch nicht als milderes Mittel zur Vermeidung der betriebsbedingten Kündigung in Betracht gezogen werden könne. In der Entscheidung vom 15. 6. 1989[332] ließ der 2. Senat dann die Frage, ob ein Arbeitnehmer sich auch dann auf die Einführung von Kurzarbeit berufen könne, wenn der ein für dessen Betrieb bestehender Betriebsrat dies noch durchzusetzen versuche, wieder offen. Aus der Entscheidung des 2. Senats vom 26. 6. 1997 dagegen lässt sich mittelbar entnehmen, dass Kurzarbeit ein milderes geeignetes Mittel bei vorübergehendem Arbeitsmangel ist.[333]

1021 Angesichts der unklaren Rechtsprechungslage gilt festzuhalten: Wie sich an mehreren Kollisionsfällen zeigen lässt,[334] kann der Kündigungsschutz als individualrechtliche Position nicht mit kollektivrechtlichen Erwägungen beschränkt werden.[335] Darüber hinaus überzeugt der pauschale Hinweis auf das „Prinzip der unternehmerischen Entscheidungsfreiheit" nicht.[336] Stattdessen sollte eine **stringente Anwendung** der in § 1 Abs. 2 KSchG konkretisierten **Grundsätze der Geeignetheit und Erforderlichkeit** erfolgen. Deshalb ist **Kurzarbeit** als gegenüber der Beendigungskündigung **vorrangiges,** objektiver gerichtlicher Überpüfung unterliegendes **Mittel** anzusehen,[337] deren Einführung nicht im unternehmerischen Ermessen liegt, das nur auf Willkür zu überprüfen wäre.[338] Dieser Vorrang der Kurzarbeit wird durch die gesetzgeberische Wertentscheidung in § 2 SGB III bestätigt.[339] Der Arbeitgeber hat es aber in der Hand, das Mittel der Kurzarbeit dadurch zu vermeiden, dass er eine unternehmerische Entscheidung trifft, die nicht nur vorübergehend, sondern dauerhaft zum Wegfall von Beschäftigungsmöglich-

---

330 BAG 7. 2. 1985 AP § 1 KSchG 1969 Soziale Auswahl unter III 5 der Gründe Nr. 9 = EzA Nr. 20 § 1 KSchG Soziale Auswahl m. Anm. *Schulin.*

331 BAG 11. 9. 1986, BB 1987, 1882, 1883.

332 BAG 15. 6. 1989 AP § 1 KSchG 1969 Betriebsbedingte Kündigung Nr. 45.

333 BAG 26. 6. 1997 AP § 1 KSchG 1969 Betriebsbedingte Kündigung Nr. 86; dahingehend auch *Preis,* NZA 1998, 449, 455 Fn. 84; APS/*Kiel,* § 1 KSchG Rn. 571.

334 BAG 13. 9. 1973, DB 1973, 2534; BAG 11. 3. 1976, DB 1976, 1387; siehe auch *Meinhold,* BB 1988, 623, 625.

335 Siehe *Preis,* Prinzipien, S. 86ff. m. w. N.

336 Für den Fall der Kurzarbeit ebenso *Löwisch,* § 1 KSchG Rn. 295.

337 ErfK/*Ascheid,* § 1 KSchG Rn. 392f.; *Berkowsky,* Betriebsbedingte Kündigung, § 7 Rn. 148; *Bitter/Kiel,* RdA 1994, 348; KR/*Etzel,* § 1 KSchG Rn. 531; KDZ/*Kittner,* § 1 KSchG Rn. 287; APS/*Kiel,* § 1 KSchG Rn. 573; *Löwisch,* § 1 KSchG Rn. 295; *ders.,* FS Wiese, 1998, 256; *Meinhold,* BB 1988, 623ff.; *Preis,* Prinzipien, S. 404ff.; *ders.,* NZA 1995, 241, 247.

338 So aber *Denck,* ZfA 1985, 249, 261; *Hofmann,* ZfA 1984, 295, 316; *Hueck/Hoyningen. Huene,* § 1 Rn. 388a; *Schwerdtner,* ZIP 1984, 10, 13; *Stahlhacke,* DB 1994, 1361, 1367; *Wank,* RdA 1987, 129, 136; HK-KSchG/*Weller/Dorndorf* § 1 Rn. 936.

339 *Gagel/Bepler,* § 2 SGB III Rn. 45; *Gagel,* BB 2001, 358, 359; *Preis,* NZA 1998, 449, 455f.

keiten führt.[340] Überdies wird auch bei Anwendung dieser Grundsätze die Kurzarbeit als milderes Mittel häufig nicht anwendbar sein. Im Einzelnen sind folgende Prüfungsschritte zu vollziehen:

(1) Erste und wichtigste Voraussetzung für die Eignung der Kurzarbeit als milderes Mittel ist der **vorübergehende Arbeitsmangel.**[341] Ist der Arbeitsmangel nicht vorübergehend, braucht der Arbeitgeber das Mittel der Kurzarbeit nicht weiter zu erwägen, da es nicht geeignet ist, das betriebliche Bedürfnis zu befriedigen. Freilich muss der Arbeitgeber im Kündigungsprozess die Grundlagen seiner Negativprognose, nach der ein dauerhaft verringerter Personalbedarf zu erwarten ist, bezogen auf den Zeitpunkt der Kündigungserklärung nachweisen.

(2) Liegt ein nur vorübergehender Arbeitsausfall vor, hat der Arbeitgeber die Kurzarbeit als objektiv geeignetes Mittel zur Verhinderung der Kündigung zu prüfen. Da er diese Maßnahmen wegen des **Mitbestimmungsrechts des Betriebsrats** nicht allein ergreifen kann, muss er versuchen, dieses Rechtshindernis durch Vereinbarung mit dem Betriebsrat über die Einführung von Kurzarbeit zu beseitigen. Einigen sich die Betriebspartner auf die Nichteinführung der Kurzarbeit oder lehnt der Betriebsrat dessen Einführung ab, dann scheidet die Kurzarbeit kündigungsrechtlich als milderes Mittel aus.[342] Setzt sich der Arbeitgeber bei einem voraussichtlich nicht dauerhaften Arbeitsausfall gar nicht erst mit dem Betriebsrat zwecks Einführung der Kurzarbeit in Verbindung, ist eine unvermittelt ausgesprochene betriebsbedingte Kündigung unwirksam, zumal dem Arbeitgeber in diesem Falle kaum der Nachweis gelingen kann, dass für die Beendigungskündigung ein „dringendes" betriebliches Bedürfnis bestand.

(3) Haben sich die Betriebspartner auf die Einführung von Kurzarbeit geeinigt, können betriebsbedingte Kündigungen während der Kurzarbeitsperiode nur möglich werden, wenn zusätzliche inner- oder außerbetriebliche Ereignisse zu einer Änderung der Sachlage führen. So können etwa wegen betrieblicher Umstrukturierungen oder Rationalisierungsmaßnahmen die betroffenen Arbeitsplätze endgültig wegfallen.[343] Die Gewährung von Kurzarbeitergeld ist dabei nur ein Indiz für lediglich vorübergehenden Arbeitsmangel, das der Arbeitgeber entkräften kann.[344]

(4) **Befürwortet** allein der **Betriebsrat** die Einführung von **Kurzarbeit,** lehnt aber der Arbeitgeber diese Maßnahme ab, steht dem Arbeitgeber kündigungsrechtlich **keine** Barriere mehr für die Anordnung dieses milderen Mittels im

---

340 *Preis,* NZA 1995, 241, 247.

341 Ebenso ErfK/*Ascheid,* § 1 KSchG Rn. 392; MünchArbR/*Berkowsky,* § 138 Rn. 147; *Gagel/Bepler,* § 2 SGB III Rn. 45; KR/*Etzel,* § 1 KSchG Rn. 531; BAG 7. 2. 1985 EzA § 1 KSchG Soziale Auswahl m. Anm. *Schulin* Nr. 20; *Meinhold* BB 1988, 623, 627; insoweit auch *Wank,* RdA 1987, 129, 143.

342 ErfK/*Ascheid,* § 1 KSchG Rn. 395; KR/*Etzel,* § 1 KSchG Rn. 531; *Löwisch,* § 1 KSchG Rn. 297; *Wank,* RdA 1987, 129, 143; vgl. auch *Preis,* Prinzipien, S. 314ff.; LAG Hamm 15. 12. 1982, DB 1983, 506f.; besteht kein Betriebsrat, gilt das Gesagte entsprechend bei ablehnender Haltung der Belegschaft gegenüber Kurzarbeit, vgl. BAG 7. 2. 1985 EzA § 1 KSchG Soziale Auswahl m. Anm. *Schulin* Nr. 20; ErfK/*Ascheid,* § 1 KSchG Rn. 392; APS/*Kiel,* § 1 KSchG Rn. 574.

343 BAG 17. 10. 1980, DB 1981 S. 747; KR/*Etzel,* § 1 KSchG Rn. 565; ebenso LAG Schleswig-Holstein 29. 9. 1988, DB 1989, 1193.

344 BAG 26. 6. 1997 EzA § 1 KSchG Betriebsbedingte Kündigung Nr. 93.

Wege. Die Verweigerung der Einführung dieses Mittels durch den Arbeitgeber unterliegt der rechtlichen Kontrolle. Der **Arbeitgeber** wird daher im Kündigungsschutzprozess substantiiert **darlegen und beweisen** müssen, weshalb die tatsächlichen Voraussetzungen für die Einführung der **Kurzarbeit** nicht gegeben sind und weshalb dieses Mittel **nicht geeignet** ist, **künftig den Personalbestand in Übereinstimmung mit dem Personalbedarf zu halten.** Auch ob die Einführung von Kurzarbeit auf technischem, organisatorischem und wirtschaftlichem Gebiet möglich ist, unterliegt der gerichtlichen Prüfung.[345] Die Prüfung erstreckt sich auf die Geeignetheit eines milderen Mittels im Rahmen der stets zu beantwortenden Frage, ob eine Kündigung erforderlich war.

(5) Wird die **Einigungsstelle** angerufen, weil sich die Betriebspartner nicht auf die Einführung der Kurzarbeit einigen können, so ist das Mittel der Kurzarbeit für den Zeitraum des Einigungsprozesses zunächst blockiert. Dauert dieser Einigungsprozess zu lange, können u. U. zwischenzeitlich betriebsbedingte Beendigungskündigungen erforderlich werden. Kommt es zu einem verbindlichen Spruch der Einigungsstelle, in dem die Einführung der Kurzarbeit abgelehnt wird, so scheidet dieses Mittel endgültig zur Vermeidung betriebsbedingter Kündigungen aus. Im Kündigungsschutzprozess kann dem Arbeitgeber kein Mittel abverlangt werden, das ihm einzusetzen verwehrt ist.

cc) Allgemeine Arbeitszeitverkürzung

1022 Die allgemeine Arbeitszeitverkürzung im Betrieb scheidet als Mittel zur Verhinderung betriebsbedingter Kündigungen aus.[346] Dieser Möglichkeit stehen zwingende tarif-, mitbestimmungs- und individualrechtliche Schranken entgegen. Ein Rechtssatz mit dem Inhalt, dass eine Kündigung dann sozial ungerechtfertigt ist, wenn diese durch Eingriffe in die Rechte anderer Arbeitnehmer hätte vermieden werden können, existiert nicht.[347] Eine allgemeine Arbeitszeitverkürzung könnte aber nur durch Eingriffe in die Rechte anderer Arbeitnehmer durchgesetzt werden. Richtig hat deshalb das BAG entschieden, dass der Arbeitgeber nicht gezwungen werden kann, bei verringertem Beschäftigungsbedarf anstelle mehrerer Änderungskündigungen wenige Beendigungskündigungen auszusprechen.[348]

dd) Abbau von Überstunden und Leiharbeitsverhältnissen

1023 Wenn im Zeitpunkt einer Kündigung noch **Überstunden** geleistet werden, kann eine betriebsbedingte Kündigung unwirksam sein.[349] In diesem Umstand kommt

---

[345] Siehe hierzu bereits oben Rn. 944 ff.

[346] LAG Hamm 15. 12. 1983, DB 1983, S. 506 f.; *Bauer/Röder,* S. 152; *Denck,* ZfA 1985, 249 ff.; KR/*Etzel,* § 1 KSchG Rn. 530; *v. Hoyningen-Huene/Linck,* § 1 KSchG Rn. 387; *Hillebrecht,* ZIP 1985, 261; APS/*Kiel,* § 1 KSchG Rn. 578; *Schwerdtner,* ZIP 1984, 13; *Stahlhacke,* BlStSozArbR 1983, 36; *Vollmer,* DB 1982, 1933; a. A. ArbG Bocholt vom 22. 6. 1982, DB 1982, 1938.

[347] *Preis,* Prinzipien, S. 319.

[348] BAG 19. 5. 1993 EzA § 1 KSchG Betriebsbedingte Kündigung m. zust. Anm. *Raab* Nr. 73 = AR-Blattei 1020.1.1. Nr. 13 m. zust. Anm. *Preis* = AP § 2 KSchG 1969 m. zust. Anm. *Waas* Nr. 31 = SAE 1994, 150 m. zust. Anm. *Steinmeyer;* BAG 24. 4. 1997 AP § 2 KSchG 1969 Nr. 42; LAG Hamm 22. 3. 1996 LAGE § 2 KSchG Nr. 19.

[349] Vgl. *Berkowsky,* Betriebsbedingte Kündigung, § 7 Rn. 130; *Bitter/Kiel,* RdA 1994, 333, 348; *Hillebrecht,* ZIP 1985, 260; *Schaub,* NZA 1987, 217, 219; *Löwisch,* § 1 KSchG Rn. 299; BBDW/*Bram,* § 1 KSchG Rn. 289 d; *Preis,* Prinzipien, S. 410.

ein offenkundiger Personalbedarf zum Ausdruck, vor dessen Hintergrund der Arbeitgeber ein dringendes betriebliches Erfordernis für die Kündigung eines betriebsangehörigen Arbeitnehmers nur schwer wird darlegen können. Der Arbeitgeber muss darlegen, dass die geleistete Mehrarbeit unverzichtbar ist und deren Abbau nicht als geeignetes milderes Mittel zur Vermeidung betriebsbedingter Kündigungen in Frage kommt. Da eine Weiterbeschäftigung auch möglich ist, wenn auf Arbeitsplätzen, die der Arbeitnehmer ausfüllen kann, **Leiharbeitnehmer** beschäftigt werden, steht dem Arbeitnehmer auch insoweit ein vorangiges milderes Mittel zur Verfügung.[350]

ee) Vorverlegung von Werksferien

Bei einem Auftragsengpass kann ein milderes Mittel gegenüber Entlassungen in **1024**
Großbetrieben die **Vorverlegung von Werksferien** sein.[351] Die einseitige Anordnung von unbezahltem Urlaub scheidet hingegen als „milderes" Mittel aus.[352]

ff) Freimachen eines besetzten Arbeitsplatzes

Grundsätzlich kein milderes Mittel ist die Kündigung eines anderen Mitarbeiters. **1025**
Hier würden die Grenzen des Erforderlichkeitsgrundsatzes überschritten. Sowohl die Änderungskündigung anderer Arbeitnehmer als auch das **„Freimachen eines besetzten Arbeitsplatzes"** sind keine geeigneten milderen Mittel.[353] Systematisch gehört diese Frage allenfalls in den Bereich der sozialen Auswahl.

3. Nachträglicher Wegfall der Kündigungsgründe

Für die Rechtfertigung der betriebsbedingten Kündigung kommt es auf die **1026**
tatsächlichen Umstände im Zeitpunkt des Zugangs der Kündigung an. Nach diesem Zeitpunkt eintretende Änderungen der tatsächlichen Verhältnisse können für die Frage der Rechtswirksamkeit der Kündigung nicht mehr berücksichtigt werden. Zu diesem Zeitpunkt muss auch die **Prognose** objektiv gerechtfertigt sein, der Arbeitsplatz des Arbeitnehmers falle auf Dauer weg. Erweist sich diese Prognose nach Ausspruch der Kündigung als falsch (Beispiel: unvorhergesehener Auftragseingang, die beschlossene Betriebsstilllegung wird nicht durchgeführt, Abbruch einer Rationalisierungsmaßnahme), kann dies die **Wirksamkeit der Kündigung nicht mehr berühren.** Dem – wirksam – gekündigten Arbeitnehmer kann aber ein Anspruch auf Neubegründung des Arbeitsverhältnisses zustehen.[354] Im Regelfall kann ein solcher Anspruch aber nur entstehen, wenn sich die Prognosegrundlage bereits **vor Ablauf der Kündigungsfrist** als falsch erwie-

---

[350] Vgl. oben Rn. 1006; sowie APS/*Kiel,* § 1 KSchG Rn. 568.

[351] KR/*Etzel,* § 1 KSchG Rn. 528.

[352] *Preis,* Prinzipien, S. 410.

[353] Dazu *Löwisch,* § 1 KSchG Rn. 269; *Preis,* Prinzipien, S. 318.

[354] Hierzu BAG 8. 11. 1956 AP § 1 KSchG Nr. 19; BAG 10. 11. 1977 u. 15. 3. 1984 EzA § 611 BGB Einstellungsanspruch Nr. 1 u. 2 = AP § 1 KSchG 1969 Soziale Auswahl m. Anm. *Wank* Nr. 2; LAG Kiel 17. 1. 1952, BB 1952, 291; LAG Düsseldorf 12. 4. 1976, BB 1976, 1226; LAG Baden-Württemberg 18. 3. 1986, DB 1987, 543; LAG Düsseldorf 28. 11. 1995 LAGE § 1 KSchG Betriebsbedingte Kündigung Nr. 35; *Hambitzer,* NJW 1985, 2240; *Preis,* Prinzipien, S. 347 ff.

sen hat. Nach diesem Zeitpunkt ist der Rechtssicherheit und der vertraglichen Dispositionsfreiheit des Arbeitgebers der Vorrang einzuräumen.[355]

1027 Diesen Ausgangspunkt hat das BAG in mittlerweile gefestigter Rechtsprechung bestätigt und einen **Vertragsfortsetzungs- bzw. Wiedereinstellungsanspruch** bejaht, wenn der Arbeitgeber mit Rücksicht auf die Wirksamkeit der Kündigung noch keine Dispositionen getroffen hat (was bei fehlerhafter Prognose aus betriebsbedingten Gründen regelmäßig ausgeschlossen ist) und ihm die unveränderte Fortsetzung des Arbeitsverhältnisses zumutbar ist (was regelmäßig zu bejahen ist).[356] Die überwiegende Lehre bejaht ebenso wie das BAG einen Wiedereinstellungsanspruch bei Wegfall des Kündigungsgrundes.[357]

1028 Für die Frage der **zeitlichen Begrenzung** hat der 7. Senat am 6. 8. 1997 entschieden, dass nach Ablauf der Kündigungsfrist aus Gründen der Rechtssicherheit ein Wiedereinstellungsanspruch ausgeschlossen ist.[358] Nach einer Entscheidung des 8. Senats zum Wiedereinstellungsanspruchs gegen den Betriebserwerber vom 13. 11. 1997[359] hat der 2. Senat in seiner Entscheidung vom 4. 12. 1997[360] angedeutet, dass ein Wiedereinstellungsanspruch auch bestehen könne, wenn sich die Prognoseentscheidung erst nach Ablauf der Kündigungsfrist als falsch herausstellt, d.h. der Arbeitgeber die zur Entlassung führende Unternehmerentscheidung aufhebt oder ändert.[361] Dieser Aussage ist der 7. Senat in seinem Urteil vom 28. 6. 2000[362] erneut entgegengetreten. Dem ist zuzustimmen. Ein Wiedereinstellungsanspruch nach Ablauf der Kündigungsfrist kann aus Gründen der Rechtssicherheit allenfalls für Ausnahmetatbestände treuwidrigen Verhaltens angenommen werden, z.B. dann wenn eine angebliche Rationalisierungsmaßnahme kurz nach Ausschei-

---

[355] Im Einzelnen *Preis,* Anm. LAG Köln LAGE § 611 BGB Einstellungsanspruch Nr. 1; zu prozessualen Fragen *Bram/Rühl,* NZA 1990, 753; *Boewer,* NZA 1999, 1177, 1182f.; APS/*Kiel,* § 1 KSchG Rn. 798ff.

[356] BAG 27. 2. 1997 EzA § 1 KSchG Wiedereinstellungsanspruch m. Anm. *Kania* Nr. 1 = SAE 1998, 98 m. Anm. *Walker;* BAG 6. 8. 1997, 4. 12. 1997 u. 12. 11. 1998 AP § 1 KSchG Wiedereinstellung Nr. 2, 4 u. 5; BAG 2. 12. 1999 AP § 1 KSchG Soziale Auswahl Nr. 45; BAG 28. 6. 2000 ZIP 2000, 1781, 1783f.; s. bereits LAG Köln 10. 1. 1989 LAGE § 1 KSchG Einstellungsanspruch Nr. 1; LAG Hamburg 26. 4. 1990 LAGE § 611 BGB Einstellungsanspruch Nr. 2.

[357] ErfK/*Ascheid,* § 1 KSchG Rn. 437; BBDW/*Bram,* § 1 KSchG Rn. 73; *Beckschulze,* DB 1998, 417ff.; *Berscheid,* MDR 1998, 1129; *Boewer* NZA 1999, 1121, 1177ff.; KR/*Etzel,* § 1 KSchG Rn. 552. 729ff.; *v. Hoyningen-Huene/Linck,* § 1 KSchG Rn. 407, 156a ff.; APS/*Kiel,* § 1 KSchG Rn. 787; KDZ/*Kittner,* § 1 KSchG, Rn. 297; *Löwisch,* § 1 KSchG Rn. 80; *Meinel/Bauer,* NZA 1999, 575; *Oetker,* ZIP 2000, 643; APS/*Preis,* Grundlagen H Rn. 80; *Raab,* RdA 2000, 147; APS/*Steffan,* § 613a BGB Rn. 184; *Zwanziger,* BB 1997, 42; krit. bzw. a.A. *Boemke,* AR-Blattei, SD 220.10 Rn. 165ff.; *Kaiser,* ZfA 2000, 205, 235; *Ricken,* NZA 1998, 460ff.; *Zöllner/Loritz,* § 16 II 2 c.

[358] BAG 6. 8. 1997 AP § 1 KSchG Wiedereinstellung Nr. 2; ebenso LAG Köln 28. 6. 1996 LAGE § 611 BGB Einstellungsanspruch Nr. 5; LAG Köln 12. 11. 1999, 11 Sa 1610/98 – juris (LS); ErfK/*Ascheid,* § 1 KSchG Rn. 437; KR/*Etzel,* § 1 KSchG Rn. 733; *Annuß* BB 1998, 1582, 1587; *Bauer/Röder,* S. 180; *Boewer,* NZA 1999, 1177, 1178; *Löwisch,* § 1 Rn. 80, 83; *Tschöpe,* BB 2000, 2630, 2636.

[359] BAG 13. 11. 1997 AP § 613a BGB Nr. 169 = EzA Nr. 154 m. Anm. *Peters/Thüsing* = SAE 1998, 143 m. Anm. *Langenbucher;* hierzu *Preis/Steffan,* DB 1998, 309ff.

[360] BAG 4. 12. 1997 AP § 1 KSChG Wiedereinstellungsanspruch Nr. 4.

[361] Dahingehend auch MünchArbR/*Berkowsky,* § 134 Rn. 85; BBDW/*Bram,* § 1 KSchG Rn. 259a; KR/*Etzel,* § 1 KSchG Rn. 552;; *Raab,* RdA 2000, 147, 154f.

[362] BAG 28. 6. 2000, ZIP 2000, 1781, 1784f.; zust. KDZ/*Zwanziger,* Einleitung Rn. 390f.

den des Arbeitnehmers wieder korrigiert wird.[363] Gegen eine grundsätzliche Erweiterung des Wiedereinstellungsanspruchs auch auf die Zeit nach Ablauf der Kündigungsfrist spricht zudem, dass es nach Beendigung des Arbeitsverhältnisses nicht Aufgabe der Gerichte sein kann, im Wege der Rechtsfortbildung die Konkurrenzsituation bei Neueinstellungen zwischen gerade gekündigten Arbeitnehmern und anderen z. B. bereits länger arbeitslosen Arbeitnehmern für einen bestimmten Zeitraum (welchen?) zu lösen. Diese Konkurrenzsituation könnte allenfalls der Gesetzgeber in genereller Weise entscheiden.[364] Grundsätzlich sollte es deshalb bei dem Stichtag der Kündigungsfrist bleiben.

Dogmatisch ist der Anspruch auf Vertragsfortsetzung nicht auf Billigkeitserwä- **1029**
gungen zu stützen, sondern aus **§ 242 BGB in Verbindung mit** dem **Vertrauensschutzprinzip** herzuleiten.[365] Objektiv vertrauen darf der Arbeitnehmer darauf, dass die Umstände, wegen derer er gekündigt wird, mindestens bis zum Ablauf der Kündigungsfrist Bestand haben. Wenn die Rechtsordnung dem Arbeitgeber bereits das betriebsbedingte Kündigungsrecht zu einem Zeitpunkt einräumt, in dem der Arbeitsplatz tatsächlich noch gar nicht weggefallen ist, dann ist es gerechtfertigt, ihm jedenfalls bis zum Ablauf der Kündigungsfrist auch das **Risiko einer Fehlprognose** aufzuerlegen. Das Kündigungsrecht ist dem Arbeitgeber nur eingeräumt worden, um den betrieblichen Erfordernissen rechtzeitig Rechnung tragen zu können. Der Arbeitgeber würde **widersprüchlich** handeln und gegen **Treu und Glauben** verstoßen, verweigerte er dem Arbeitnehmer die Fortsetzung des Arbeitsverhältnisses, obwohl die betrieblichen Erfordernisse gar nicht mehr vorliegen. Diese dogmatische Grundlage begrenzt den Anspruch, abgesehen von Ausnahmesituationen, zeitlich in dem oben dargestellten Sinne. Kommt nur die Wiedereinstellung eines Teiles der ursprünglich wirksam gekündigten Arbeitnehmer in Betracht, hat der Arbeitgeber nach Ansicht des BAG **soziale Gesichtspunkte** zu berücksichtigen.[366] Aufgrund eines Abfindungsvergleichs kann der Wiedereinstellungsanspruch ausgeschlossen sein.[367]

---

[363] Vgl. auch *Walker,* SAE 1998, 106.

[364] Vgl. *Gotthardt,* Kündigungsschutz im Königreich Schweden und in der BRD, 1999, S. 318, 416; ähnlich auch für Wiedereinstellungsanspruch bei Änderung der Sachlage bei befristeten Arbeitsverhältnis LAG Düsseldorf 19. 8. 1999 LAGE § 620 BGB Nr. 60.

[365] *Preis,* Anm. LAGE § 611 BGB Einstellungsanspruch Nr. 1; ebenso BBDW/*Bram,* § 1 KSchG Rn. 73; MünchArbR/*Berkowsky,* § 134 Rn. 84; *Boewer,* NZA 1999, 1121, 1128; *v. Hoyningen-Huene/Linck,* § 1 KSchG Rn. 156b; s. weiter BAG 28. 6. 2000, ZIP 2000, 1781, 1784 (aus § 242 BGB abgeleitete vertragliche Nebenpflicht); KR/*Etzel,* § 1 KSchG Rn. 552; HK-KSchG/*Weller/Dorndorf,* § 1 Rn. 946 (Fürsorgepflicht des Arbeitgebers); *Zwanziger,* BB 1997, 42, 43 (erweiternde Auslegung des § 1 Abs. 3 KSchG); *Raab,* RdA 2000, 147, 151f (Rechtsfortbildung).

[366] BAG 4. 12. 1997 AP § 1 KSchG Wiedereinstellung Nr. 4; BAG 28. 6. 2000, ZIP 2000, 1781, 1785 stellt gem. §§ 242, 315 BGB auf die gesamten Umstände des Einzelfalls ab, wobei aber auch soziale Gesichtspunkte zu berücksichtigen seien; für eine soziale Auswahl in diesen Fällen: *Preis,* Anm. LAGE Nr. 1 § 611 BGB Einstellungsanspruch; ErfK/*Ascheid,* § 1 KSchG Rn. 437; *Beckschulze,* DB 1998, 417, 420; *Boemke,* WiB 1997, 874; KR/*Etzel,* § 1 KSchG Rn. 552; APS/*Kiel,* § 1 KSchG Rn. 795; HK-KSchG/*Weller/Dorndorf,* § 1 Rn. 947; *Zwanziger* BB 1997, 42, 43; dagegen MünchArbR/*Berkowsky,* § 134 Rn. 89ff.; *Raab,* RdA 2000, 147, 157; *Wank,* Anm. AP § 1 KSchG 1969 Soziale Auswahl Nr. 2.

[367] Hierzu BAG 28. 6. 2000, ZIP 2000, 1781, 1785 f m. Anm. *Oetker;* LAG Köln 21. 10. 1998, ARST 1999, 141 (LS); LAG Hamm 20. 9. 1999, BB 2000, 308.

1030 Im Falle eines **Betriebsübergangs** gilt folgendes: Ein **Anspruch auf Fortsetzung des Vertrages bzw. Wiedereinstellung** besteht **gegen den kündigenden Arbeitgeber** allenfalls dann, wenn sich bereits vor Ablauf der Kündigungsfrist herausstellt, dass es nicht zu einer Betriebsstilllegung, sondern doch noch zu einem Betriebsübergang kommt, weil nach Ablauf der Kündigungsfrist der Rechtssicherheit und der Dispositionsbefugnis des kündigenden Arbeitgebers der Vorrang einzuräumen ist.[368] Die Prognose des früheren Betriebsinhabers kann sich aber auch als falsch erweisen, obwohl er selbst auf die weitere Entwicklung keinen Einfluss hat. Dies ist z. B. dann der Fall, wenn bei einer Auftragsneuvergabe der bisherige Betriebsinhaber den Arbeitnehmern wegen des Verlustes des Auftrages gekündigt hat, und der neue Betriebsinhaber, ohne Mitwirkung des ursprünglichen Inhabers, durch Übernahme eines wesentlichen Teils der Belegschaft einen Betriebsübergang herbeiführt. Schon aus Gründen der gerechten Risikoverteilung kann sich hier der Anspruch aber nur gegen den neuen Auftragnehmer, den Erwerber richten.[369] Der Fortsetzungsanspruch gegen den kündigenden Arbeitgeber kann unzumutbar sein, wenn sich nach endgültiger Stilllegungsabsicht und Ausspruch der Kündigung ein potentieller Erwerber findet, dessen Unternehmenskonzept eine geringere Personalstärke als beim derzeitigen Betriebsinhaber vorsieht.[370] In einem solchen Fall kann sich der Wiedereinstellungsanspruch auf einen Teil der Belegschaft begrenzen, der in entsprechender Anwendung des § 1 Abs. 3 KSchG zu bestimmen ist.[371]

1031 **Ein Vertragsfortsetzungs- bzw. Einstellungsanspruch gegen den Erwerber** kommt in Betracht, wenn sich die Prognose des ursprünglichen Betriebsinhabers als falsch erweist, obwohl dieser keinen Einfluss auf die weitere Entwicklung hat.[372] Dem Arbeitnehmer steht dann gegen den Betriebsübernehmer ein Anspruch zu, ihn zu unveränderten Bedingungen unter Wahrung des Besitzstandes einzustellen. Dieser Anspruch ist nicht durch den Ablauf der Kündigungsfrist begrenzt.[373] Der Betriebsübergang kann sich nach einer unerheblichen Unterbrechung der Betriebstätigkeit auch noch nach Ablauf der Kündigungsfristen ergeben. Zudem muss dem gekündigten Arbeitnehmer die Übernahme auch noch gar nicht bekannt sein. Aus diesem Grunde kommt auch eine analoge Anwendung des § 4 KSchG ab dem Zeitpunkt des Betriebsübergangs für die Geltendmachung des Anspruchs nicht in

---

[368] Zutr. BAG 27. 2. 1997 AP § 1 KSchG 1969 Wiedereinstellung Nr. 1; vgl. oben Rn. 133.

[369] BAG 13. 11. 1997 AP § 613 a BGB Nr. 169, wobei das BAG eine richtlinienkonforme Auslegung vornimmt; überzeugender ist eine teleologische Extension (*Langenbucher,* ZfA 1999, 299, 306 ff); vgl. a. *Ascheid,* FS Dieterich, 1999, 9, 25 f.; APS/*Kiel,* § 1 KSchG Rn. 792; APS/*Steffan,* § 613 a BGB Rn. 185; *Preis/Steffan,* DB 1998, 309 ff.; *Hergenröder* AR-Blattei SD 500.1 Rn. 468 ff. sowie LAG Hamm 11. 11. 1998, NZA-RR 1999, 576; LAG Hamm 4. 4. 2000, DZWiR 2000, 240 m. Anm. *Franzen.*

[370] BAG 27. 2. 1997 EzA § 1 KSchG Wiedereinstellungsanspruch Nr. 1; APS/*Kiel,* § 1 KSchG Rn. 790.

[371] ErfK/*Preis,* § 613 a BGB Rn. 146; APS/*Steffan,* § 613 a BGB Rn. 184; s. aber auch BAG 4. 12. 1997 AP § 1 KSchG 1969 Wiedereinstellung Nr. 4 und BAG 28. 6. 2000 AP § 1 KSchG Wiedereinstellung Nr. 6.

[372] BAG 13. 11. 1997 AP § 613 a BGB Nr. 169; *Ascheid,* FS Dieterich, 1999, 9, 26; *Preis/Steffan,* DB 1998, 309 ff.; *Hergenröder* AR-Blattei SD 500.1 Rn. 468 ff.; *Langenbucher,* SAE 1998, 145, 147 ff.; krit. *Annuß,* BB 1998, 1582, 1587.

[373] ErfK/*Preis,* § 613 a BGB Rn. 147; *Müller-Glöge,* NZA 1999, 449, 455.

Betracht.[374] In Anlehung an die Rspr. zum Widerspruchsrecht beim Betriebsübergang[375] wird man aber verlangen müssen, dass der Arbeitnehmer ab Kenntnis der den Betriebsübergang ausmachenden tatsächlichen Umstände den Einstellungsanspruch gegen den Erwerber analog § 4 KSchG innerhalb von drei Wochen geltend machen muss.[376] In diesem Moment ist für den Arbeitnehmer erkennbar, dass ein Betriebsübergang stattgefunden hat; dann muss er seine Rechte unverzüglich geltend machen.

4. Darlegungs- und Beweislast

Die Grundsätze der Darlegungs- und Beweislast haben in der Praxis im Kündi- **1032**
gungsrecht vielfach eine größere Bedeutung als materielle Rechtsfragen. Verbreitet stellen Arbeitsgerichte im Bereich der betriebsbedingten Kündigung **strenge Anforderungen.** Der berechtigte Grund für diese Erscheinung liegt in der Tatsache, dass die Umstände, die zu einer betriebsbedingten Kündigung führen, **aus der Verantwortungssphäre des Kündigenden** selbst stammen.[377]

Der Arbeitgeber trägt im Prozess in vollem Umfang die Darlegungs- und Be- **1033**
weislast dafür, dass die Kündigung durch dringende betriebliche Erfordernisse bedingt ist, ohne dass eine anderweitige Beschäftigungsmöglichkeit besteht (§ 1 Abs. 2 S. 4 KSchG).[378] Ein schlagwortartiger Vortrag, wie z. B. Rationalisierungsmaßnahmen oder Umsatzverluste und Auftragsrückgang hätten die Kündigung veranlasst, reicht nicht aus.[379] Der Arbeitgeber hat auch die außerbetriebliche Faktoren, welche seiner Negativprognose zugrunde liegen, darzulegen und zu beweisen.[380] Die tatsächlichen Angaben zu den betrieblichen Erfordernissen muss der Arbeitgeber **substantiiert** darlegen, damit sie vom Gericht überprüft werden können. Daraus folgt, dass z. B. eine Rationalisierungsmaßnahme konkretisiert werden muss, d. h. der Sachvortrag muss diese, z. B. eine Umorganisation des Betriebes, im Einzelnen darlegen. Es muss zudem detailliert vorgetragen werden, wie die Organisationsmaßnahme oder andere äußere Umstände sich mittelbar oder unmittelbar auf den Arbeitsplatz des gekündigten Arbeitnehmer auswirken.[381] Es muss erkennbar sein, dass die innerbetriebliche Maßnahme oder ein außerbetrieblicher Umstand den Wegfall des Arbeitsplatzes bedingen.[382]

---

374 Hierzu *Preis/Steffan,* DB 1998, 309, 311.

375 BAG 19. 3. 1998 AP § 613 a BGB Nr. 177.

376 *Preis/Steffan,* DB 1998, 309, 310 f.; so jetzt auch BAG 12. 11. 1998 AP § 1 KSchG 1969 Wiedereinstellung Nr. 5; zust. *Müller-Glöge,* NZA 1999, 449, 456.

377 *Preis,* Prinzipien, S. 401.

378 BAG 7. 12. 1978 EzA § 1 KSchG Betriebsbedingte Kündigung Nr. 10; BAG 22. 2. 1980 EzA § 1 KSchG Krankheit Nr. 5; ErfK/*Ascheid,* § 1 KSchG Rn. 452; KR/*Etzel,* § 1 KSchG Rn. 553.

379 BAG 7. 12. 1978, 24. 10. 1979 u. 20. 2. 1986 EzA § 1 KSchG Betriebsbedingte Kündigung Nr. 10, 13, 37; BAG 17. 6. 1999 AP § 1 KSchG 1969 Betriebsbedingte Kündigung Nr. 101, 103; APS/*Kiel,* § 1 KSchG Rn. 483.

380 BAG 11. 9. 1986 EzA § 1 KSchG Betriebsbedingte Kündigung Nr. 54; ErfK/*Ascheid,* § 1 KSchG Rn. 454.

381 BAG 11. 9. 1986 EzA § 1 KSchG Betriebsbedingte Kündigung Nr. 54.

382 So erneut und deutlich BAG 17. 6. 1999 AP § 1 KSchG 1969 Betriebsbedingte Kündigung Nr. 101, 103.

1034 Nach der bisherigen Rspr. trägt hingegen der Arbeitnehmer die Darlegungs- und Beweislast dafür, dass die unternehmerische Entscheidung **offensichtlich unsachlich, unvernünftig oder willkürlich** ist.[383] Der Arbeitgeber müsse aber im Bestreitensfall darlegen, dass überhaupt eine unternehmerische Entscheidung getroffen worden ist, die die Kündigung erforderlich macht.[384] Von seinem Ausgangspunkt hat das BAG für die **Kündigung zur Leistungsverdichtung** richtig angenommen, dass dann, wenn Kündigungsentschluss und Organisationsentscheidung des Arbeitgebers praktisch deckungsgleich sind, die bislang angenommene Vermutung, die Unternehmerentscheidung sei aus sachlichen Gründen erfolgt, nicht von vornherein greifen kann.[385] Das BAG stuft die Darlegungslast insoweit ab. Zunächst müsse der Arbeitgeber konkrete Angaben dazu machen, wie sich die Organisationsentscheidung auf die Arbeitsmenge auswirkt und in welchem Umfang dadurch auf Dauer, was der Arbeitgeber zu verdeutlichen hat, ein Arbeitskräfteüberhang entsteht. Auf diesen Vortrag hin wird dem Arbeitnehmer eine substantierte Erwiderung abverlangt, welche das unternehmerische Konzept als offensichtlich unsachlich, willkürlich oder unvernünftig erscheinen lässt. Soweit der Arbeitnehmer keinen Einblick in die unternehmerischen Vorgänge habe, sei auch ein Bestreiten mit Nichtwissen (§ 138 Abs. 4 ZPO) zulässig. In der dritten Stufe obliege es dann wieder dem Arbeitgeber, seinen Vortrag zu präzisieren. Insgesamt gelte, dass je näher[386] die eigentliche Organisationsentscheidung an den Kündigungsentschluss rücke, die Anforderungen an die Darlegungslast des Arbeitgebers stiegen.[387] Das BAG will diese abgestufte Darlegungslast offensichtlich nicht generell anwenden, sondern nur, wenn Organisationsentscheidung und Kündigungsentschluss nahe beieinander liegen.

1035 Das BAG hat in den Entscheidungen vom 17. 6. 1999 bezogen auf die oben genannten Fälle offen gelassen, ob es an der bisher angenommen **Beweislast des Arbeitnehmers für** die offensichtliche **Unsachlichkeit, Unvernunft oder Willkür** der Arbeitgebermaßnahme festhält.[388] Im Grundsatz wird daran festzuhalten sein, weil Rechtsmissbrauch als Ausnahmetatbestand nach allgemeinen Regeln derjenige darlegen und beweisen muss, der sich darauf beruft[389] und jedenfalls eine tatsächlich umgesetzte unternehmerische Organisationsmaßnahme, die sich nicht allein in der Personalreduzierung erschöpft, die Vermutung in sich trägt, sachlich, vernünftig und willkürfrei zu sein. Bestreitet der Arbeitnehmer aber bei der – abzulehnenden

---

383 BAG 22. 11. 1973 EzA § 1 KSchG Nr. 28; BAG 24. 10. 1979 u. 17. 10. 1979 EzA § 1 KSchG Betriebsbedingte Kündigung Nr. 13, 15.

384 BAG 20. 2. 1986 AP § 1 KSchG 1969 Nr. 11.

385 Vgl. oben Rn. 933; krit. *Ehmann/Krebber,* Anm. AP § 1 KSchG Betriebsbedingte Kündigung Nr. 101, 102.

386 Vgl. hierzu LAG Köln 12. 11. 1999, 11 Sa 1610/98 – juris (LS).

387 BAG 17. 9. 1999 AP Nr. § 1 KSchG 1969 Betriebsbedingte Kündigung Nrn. 101, 102, 103; zust. APS/*Kiel,* § 1 KSchG Rn. 465; BBDW/*Bram,* § 1 KSchG Rn. 336 a; detailliert *Bitter,* DB 2000, 1760, 1767; krit. *Quecke,* NZA 1999, 1247, 1250; *Rieble,* Anm. EzA § 1 KSchG Betriebsbedingte Kündigung Nr. 102; *Rommé/Pauker,* NZA-RR 2000, 281, 288; *Feudner,* DB 2000, 476, 479.

388 Krit. hierzu KR/*Becker,* 3. Aufl. 1989, § 1 KSchG Rn. 313; für die betriebsbedingte Kündigung einzelner Arbeitnehmer vgl. *Gotthardt,* Kündigungsschutz im Königreich Schweden und in der BRD, 1999, S. 413.

389 MünchKommBGB/*Roth,* § 242 BGB Rn. 52; APS/*Kiel,* § 1 KSchG Rn. 483; *Rommé/Pauker,* NZA-RR 2000, 281, 284.

– betriebsbedingten Kündigung zur Leistungsverdichtung substantiiert die Sachlichkeit, Vernünftigkeit oder Willkür der Maßnahme, ist es vertretbar, die Beweislast dem Arbeitgeber aufzuerlegen, weil die oben dargestellte Vermutung hier nicht eingreift und der Satz, dass Rechtsmissbrauch in diesen Fällen ein Ausnahmetatbestand ist, keine Gültigkeit beanspruchen kann.[390] Letztlich resultiert diese Ausnahme vom Grundsatz aber in der verfehlten Annahme der Personalreduzierung als unternehmerischer Entscheidung. Die Ausnahme wäre entbehrlich, wenn man bei innerbetrieblichen Gründen richtigerweise eine betriebsorganisatorische Maßnahme verlangt, welche sich konkret auf den Arbeitskräftebedarf auswirkt.

Da der Arbeitgeber alle Tatsachen darzulegen hat, die den Kündigungsgrund aus- **1036**
füllen, gilt dies auch für das **Fehlen milderer Mittel.** Der Arbeitgeber kann sich insbesondere nicht auf dringende betriebliche Erfordernisse berufen, wenn ein **anderer freier Arbeitsplatz** vorhanden ist, auf dem der Arbeitnehmer hätte weiterbeschäftigt werden können. Der Umfang der Darlegungs- und Beweislast hängt jedoch davon ab, wie sich der Arbeitnehmer auf die Begründung der Kündigung einläßt.[391] Die objektive Beweislast verbleibt jedoch beim Arbeitgeber; es handelt sich lediglich um die Anwendung des § 138 ZPO.[392] Bei einfachem Bestreiten des Arbeitnehmers genügt der Vortrag des Arbeitgebers, wegen der betrieblichen Notwendigkeiten sei eine Weiterbeschäftigung zu gleichen Bedingungen nicht möglich. Der Arbeitnehmer muss dann darlegen, wie er sich konkret, wobei er nicht notwendig einen freien Arbeitsplatz benennen muss, eine anderweitige Beschäftigung vorstellt. Erst auf diesen Vortrag hin muss der Arbeitgeber erläutern, aus welchen Gründen eine Weiterbeschäftigung nicht möglich sein soll.[393] Bei einem ausnahmsweisen Konzernbezug des Kündigungsschutzes sind an die Darlegungslast des Arbeitnehmers geringere und an die des Arbeitgebers strengere Anforderungen zu stellen.[394] Diese dargestellten Grundsätze der Darlegungs- und Beweislast gelten auch für die Frage, ob die Kündigung durch andere mildere Maßnhamen hätte vermieden werden können.[395] War eine Weiterbeschäftigung zu geänderten Arbeitsbedingungen, sei es im Wege des Direktionsrechts oder durch Änderung des Arbeitsvertrages möglich, muss der Arbeitgeber darlegen und beweisen, dass dem Arbeitnehmer eine solche Möglichkeit zwar angeboten wurde, dieser aber abgelehnt hat.[396]

---

[390] Vgl. *Bitter,* DB 1999, 1214, 1216f.; *ders.,* DB 2000, 1760, 1764; BBDW/*Bram,* § 1 KSchG Rn. 337; *Singer/von Finckenstein,* Anm. SAE 2000, 282, 285f., *Stein,* BB 2000, 457, 465; an der bisherigen Verteilung der Beweislast festhaltend KPK/*Meisel,* Teil H, § 1 Rn. 567; *Löwisch,* § 1 KSchG Rn. 407.

[391] BAG 3. 2. 1977 EzA § 1 KSchG Betriebsbedingte Kündigung Nr. 7; BAG 20. 1. 1994 AP § 1 KSchG 1969 Konzern Nr. 8.

[392] *Altrock,* DB 1987, 433ff.; *Ascheid,* Beweislastfragen, S. 214; HK-KSchG/*Weller/Dorndorf,* § 1 Rn. 951.

[393] BAG 3. 2. 1977 EzA § 1 KSchG Betriebsbedingte Kündigung Nr. 7; BAG 27. 9. 1984 AP § 2 KSchG Nr. 8; BAG 20. 1. 1994 AP § 1 KSchG 1969 Konzern Nr. 8; APS/*Kiel,* § 1 KSchG Rn. 648; *Löwisch,* § 1 KSchG Rn. 408.

[394] So jetzt BAG 21. 1. 1999 AP § 1 KSchG Konzern Nr. 9; zust. *Franzen,* IPRax, 2000, 506, 511f.

[395] KR/*Etzel,* § 1 KSchG Rn. 555; *Löwisch,* § 1 KSchG Rn. 408; *Preis,* Prinzipien, S. 408.

[396] *Ascheid,* Beweislastfragen, S. 156ff.

5. Sozialauswahl

a) Allgemeines

1037 Kommen für eine betriebsbedingte Kündigung mehrere Arbeitnehmer in Betracht, muss der Arbeitgeber einen dieser Arbeitnehmer als Kündigungsadressaten auswählen. Die inhaltlichen Leitlinien für die entsprechende Auswahlentscheidung des Arbeitgebers sind in **§ 1 Abs. 3 KSchG** normiert. Diese Bestimmung wurde zum 1. 10. 1996 durch das **Arbeitsrechtliche Beschäftigungsförderungsgesetz**[397] in wesentlichen Punkten geändert. Die Mehrzahl der Änderungen ist allerdings nach dem Regierungswechsel durch das **Gesetz zu Korrekturen in der Sozialversicherung und zur Sicherung der Arbeitnehmerrechte**[398] mit Wirkung zum 1. 1. 1999 wieder zurückgenommen worden.

1038 **Zweck** des § 1 Abs. 3 KSchG ist es, das Übel der betriebsbedingten Kündigung möglichst gerecht, nach „sozialen Gesichtspunkten" innerhalb der Arbeitnehmerschaft zu verteilen. Die Sozialauswahl kann letztlich betrieblich notwendige Kündigungen nicht verhindern; der Wegfall eines Arbeitsplatzes wird vielmehr vorausgesetzt. Die Sozialauswahl dient gewissermaßen der **personellen Konkretisierung der dringenden betrieblichen Erfordernisse.**[399]

1039 § 1 Abs. 3 KSchG konkretisiert das **Sozialstaatsprinzip.** Dieses verpflichtet den Gesetzgeber, dafür Sorge zu tragen, dass bei der Auswahl des Kündigungsadressaten soziale Kriterien Berücksichtigung finden, was durch die geltende Gesetzesfassung sichergestellt ist. Als Staatszielvorgabe steht dem Gesetzgeber jedoch ein weiter Gestaltungsspielraum zu, in dessen Grenzen er – abhängig von den jeweiligen finanziellen Möglichkeiten und politischen Prioritäte – über Umfang und Durchführungsmodalitäten des sozialen Ausgleichs innerhalb der Gesellschaft frei entscheiden kann.[400] Daher können Detailfragen bei der Interpretation des § 1 Abs. 3 KSchG nicht am Sozialstaatsprinzip gemessen werden.[401]

1040 Auch bei ohnehin nur selten möglichen **außerordentlichen betriebsbedingten Kündigungen** muss eine Sozialauswahl stattfinden. Die Kündigungsschranken, die im Falle der ordentlichen Kündigung gelten, müssen erst recht bei dem schärferen Mittel der außerordentlichen Kündigung beachtet werden. Dies folgt aus dem Stufenverhältnis zwischen beiden Kündigungsarten. Alle Kündigungsschranken, die § 1 KSchG enthält, sind auch bei der Konkretisierung

---

[397] Arbeitsrechtliches Gesetz zur Förderung von Wachstum und Beschäftigung (Arbeitsrechtliches Beschäftigungsförderungsgesetz), BGBl. I, S. 1476.

[398] Gesetz zu Korrekturen in der Sozialversicherung und zur Sicherung der Arbeitnehmerrechte (Korrekturgesetz), BGBl. I, S. 3843.

[399] BAG 7. 2. 1985 AP § 1 KSchG 1969 Soziale Auswahl Nr. 9; BAG 29. 3. 1990 AP § 1 KSchG 1969 Betriebsbedingte Kündigung Nr. 50; BAG 17. 9. 1998 AP § 1 KSchG 1969 Soziale Auswahl Nr. 36; ErfK/*Ascheid,* § 1 KSchG Rn. 463; *v. Hoyningen-Huene/Linck,* § 1 KSchG Rn. 432; *Oetker,* FS Wiese, 1998, 333, 334f.

[400] Vgl. *BVerfG* 27. 1. 1998, B III d. Gr. AP § 23 KSchG 1969 Nr. 17; *BSG* 4. 11. 1961, BSGE 15, 71, 76; *BSG* 9. 4. 1963, BSGE 19, 88, 92f.; *Düwell,* AuR 1998, 149f.; Maunz/Dürig/*Herzog,* GG, Art. 20 Abschn. VIII Rn. 24ff.

[401] So auch BVerfG 27. 1. 1998 AP § 23 KSchG 1969 Nr. 17; *Lakies,* DB 1997, 1078, 1080; *Bader,* NZA 1997, 1125, 1130.

des § 626 BGB zu beachten. Dies gilt auch für das Erfordernis der Sozialauswahl.[402]

Nach der Rechtsprechung des BAG ist der Arbeitgeber auch im Falle einer **etappenweisen Betriebsstilllegung** zu einer Sozialauswahl verpflichtet.[403] Allerdings berechtigt § 1 Abs. 3 S. 2 KSchG den Arbeitgeber, für die verbleibenden Abwicklungsarbeiten vorrangig sozial stärkere Arbeitnehmer weiterzubeschäftigen, wenn hierdurch Einarbeitungszeiten vermieden werden können.[404] Ebenso sind die Grundsätze des § 1 Abs. 3 KSchG bei **Kündigungen durch den Insolvenzverwalter** zu beachten. Hier eröffnet allerdings die Bestimmung des § 125 Abs. 1 S. 1 Nr. 2 InsO die Möglichkeit, durch eine mit dem Betriebsrat vereinbarte Liste der zu entlassenden Arbeitnehmer den gerichtlichen Kontrollmaßstab für die Sozialauswahl zu senken. 1041

Die Grundsätze der Sozialauswahl gelten auch bei **betriebsbedingten Änderungskündigungen** (vgl. die Verweisung in § 2 Satz 1 KSchG). Besondere, noch nicht abschließend geklärte Probleme wirft dabei allerdings die Konkretisierung der sozialen Gesichtspunkte auf. Die klassischen Auswahlkriterien passen bei betriebsbedingten Änderungskündigungen nicht recht, weil nicht der Beendigungsschutz, sondern allein der Inhaltsschutz in Rede steht (näher Rn. 1281 ff.). 1042

Nicht anwendbar ist § 1 Abs. 3 KSchG im Falle der **Wiedereinstellung** von Arbeitnehmern, deren Arbeitsverhältnisse rechtmäßig geendet hatten.[405] Etwas anderes kann bei einem Anspruch auf Fortsetzung des Arbeitsverhältnisses gelten, wenn der ursprünglich vorhandene betriebsbedingte Kündigungsgrund noch während des Laufs der Kündigungsfrist fortfällt. Kann der Arbeitgeber in einem solchen Fall nicht allen wirksam gekündigten Arbeitnehmern die Fortsetzung des Arbeitsverhältnisses anbieten, hat er bei der Auswahl soziale Gesichtspunkte zu berücksichtigen.[406] 1043

Auch bei **Versetzungen** innerhalb des Betriebes oder in einen anderen Betrieb des Unternehmens kommen die Grundsätze der Sozialauswahl nicht zur Anwendung. Bei der arbeitsvertraglich zulässigen oder einverständlichen Versetzung eines Arbeitnehmers muss § 1 Abs. 3 KSchG nicht beachtet werden.[407] Dies gilt prinzipiell auch dann, wenn die Versetzung im Vorfeld betrieblich notwendiger Kündigungen erfolgt. 1044

Allerdings greift § 1 Abs. 3 KSchG ein, wenn der Arbeitgeber Versetzungen vornimmt, um die **Weiterbeschäftigungspflicht aus § 1 Abs. 2 KSchG** zu erfüllen.[408] Dies ist der Fall, wenn in demselben oder einem anderen unternehmensangehörigen Betrieb freie Arbeitsplätze zur Verfügung stehen, deren Zahl jedoch 1045

---

402 KR/*Etzel,* § 1 KSchG Rn. 606; *Preis,* Prinzipien, S. 482f., 484; für den Fall der tarifrechtlich vorgesehenen entfristeten ordentlichen Kündigung: BAG 4. 6. 1987 AP § 1 KSchG 1969 Soziale Auswahl Nr. 16; BAG 5. 2. 1998 AP § 626 BGB Nr. 143; vgl. auch BAG 17. 9. 1998 AP § 626 BGB Nr. 148.

403 BAG 16. 9. 1982 AP § 22 KO Nr. 4; BAG 10. 1. 1994 AP § 1 KSchG 1969 Konzern Nr. 8.

404 BAG 10. 1. 1994 AP § 1 KSchG Konzern Nr. 8.

405 BAG 15. 3. 1984 AP § 1 KSchG 1969 Soziale Auswahl Nr. 2; BAG 21. 2. 1985 RzK I 15 Nr. 2.

406 Vgl. oben Rn. 1037 ff.

407 A. A. *Hoyningen-Huene/Boemke,* Die Versetzung, S. 99f.

408 Ausf. hierzu *Bütefisch,* S. 337 ff.

nicht ausreicht, um alle Arbeitnehmer weiterzubeschäftigen, deren bisherige Arbeitsplätze weggefallen sind.[409] Dies gilt auch dann, wenn sich die kündigungsbegründende Unternehmerkonzeption nicht in einem Arbeitsplatzabbau erschöpft, sondern zusätzlich die fortbestehenden Arbeitsplätze hinsichtlich ihres Anforderungsprofils[410] oder bezüglich ihrer organisatorische Eingliederung in einen bestimmten Betrieb oder Betriebsteil verändert werden.[411] Zudem ist § 1 Abs. 3 KSchG analog anzuwenden, wenn Arbeitnehmer aus unterschiedlichen Betrieben um die Weiterbeschäftigung auf einem freien oder umgestalteten Arbeitplatz konkurrieren.[412] Dabei genießen betriebsinterne Bewerber nicht generell Vorrang vor kündigungsbedrohten Arbeitnehmern aus anderen Betrieben.[413]

1046 Die **Prüfung** der Sozialauswahl vollzieht sich in **drei Schritten.**[414] Zunächst ist der Kreis der für die Sozialauswahl in Betracht kommenden Arbeitnehmer zu ermitteln. Alsdann ist anhand der sozialen Kriterien des § 1 Abs. 3 Satz 1 KSchG die sozialen Schutzwürdigkeit der vergleichbaren Arbeitnehmer zu ermitteln. In der dritten Stufe ist schließlich zu prüfen, ob nach § 1 Abs. 3 Satz 2 KSchG betriebstechnische, wirtschaftliche oder sonstige berechtigte betriebliche Bedürfnisse die Weiterbeschäftigung eines oder mehrerer Arbeitnehmer bedingen und damit der Sozialauswahl entgegenstehen.

---

[409] BAG 10. 11. 1994 AP § 1 KSchG 1969 Betriebsbedingte Kündigung Nr. 65; BAG 15. 12. 1994 AP § 1 KSchG 1969 Betriebsbedingte Kündigung Nr. 66; LAG Hamm 30. 6. 1989 LAGE § 1 KSchG Soziale Auswahl Nr. 5; *Ascheid,* Kündigungsschutzrecht, Rn. 309; *Berkowsky,* Die betriebsbedingte Kündigung, § 10 Rn. 81; *ders.,* NJW 1996, 291, 294; HK-KSchG/*Dorndorf,* § 1 Rn. 1024; *Hoyningen-Huene/Linck,* DB 1993, 1185, 1189; *v. Hoyningen-Huene/Linck,* § 1 KSchG Rn. 400e; *Löwisch,* § 1 KSchG Rn. 277. Auch hierbei sind – unabhängig von der sozialen Schutzbedürftigkeit – vorrangig diejenigen Arbeitnehmer weiterzubeschäftigen, die ohne Änderung ihres Arbeitsvertrags auf den freien Arbeitsplatz versetzt werden können; so auch *Berkowsky,* NJW 1996, 291, 296; a. A. *Hoyningen-Huene/Linck,* DB 1993, 1185, 1190; *Hoyningen-Huene,* Anm. EzA § 1 KSchG Betriebsbedingte Kündigung Nr. 77.

[410] Vgl. hierzu BAG 10. 11. 1994 AP § 1 KSchG 1969 Betriebsbedingte Kündigung Nr. 65; BAG 30. 8. 1995 AP § 99 BetrVG 1972 Versetzung Nr. 5; BAG 5. 10. 1995 AP § 1 KSchG 1969 Betriebsbedingte Kündigung Nr. 71.

[411] BAG 23. 8. 1990 AP § 1 KSchG 1969 Betriebsbedingte Kündigung Nr. 50; BAG 10. 11. 1994 AP § 1 KSchG 1969 Betriebsbedingte Kündigung Nr. 65; *Hoyningen-Huene,* Anm. EzA § 1 KSchG Betriebsbedingte Kündigung Nr. 77.

[412] LAG Hamm 30. 6. 1989 LAGE § 1 KSchG Soziale Auswahl Nr. 5; LAG Düsseldorf 9. 7. 1993 LAGE § 1 KSchG Soziale Auswahl Nr. 12; HK-KSchG/*Dorndorf,* § 1 Rn. 1032; KR/*Etzel,* § 1 KSchG Rn. 546, 607, 613; *Hoyningen-Huene/Linck,* DB 1993, 1185, 1189f.; *Hoyningen-Huene,* Anm. EzA § 1 KSchG Betriesbedingte Kündigung Nr. 77; *Kiel,* Die anderweitige Beschäftigungsmöglickeit, S. 90f.; *Otto,* EWiR 1995, 695, 696; *Preis,* NZA 1997, 1073, 1081; differenzierend *Weller,* AuR 1986, 225, 230; a. A. *Heckelmann,* EWiR 1995, 909, 910; *Lück,* Probleme der Sozialauswahl nach § 1 III KSchG, S. 14ff.; *Schiefer,* NZA 1995, 662, 664; offengelassen BAG 15. 12. 1994 AP § 1 KSchG 1969 Betriebsbedingte Kündigung Nr. 66; vgl. auch BAG 10. 11. 1994 AP § 1 KSchG 1969 Betriebsbedingte Kündigung Nr. 65; dahingehend jetzt auch BAG 21. 9. 2000 EzA § 1 KSchG Betriebsbedingte Kündigung Nr. 107 = ZiP 2001, 388, 392.

[413] BAG 15. 12. 1994 AP § 1 KSchG 1969 Betriebsbedingte Kündigung Nr. 66.

[414] Vgl. BAG 24. 3. 1983 AP § 1 KSchG 1969 Betriebsbedingte Kündigung Nr. 12; BAG 18. 10. 1984, § 1 KSchG 1969 Betriebsbedingte Kündigung Nr. 18; BAG 25. 4. 1985 AP § 1 KSchG 1969 Soziale Auswahl Nr. 7; *v. Hoyningen-Huene/Linck,* § 1 KSchG Rn. 478; *Hoyningen-Huene,* NZA 1994, 1009, 1016; KDZ/*Kittner,* § 1 KSchG Rn. 423; *Preis,* RdA 1999, 311, 315.

b) Bestimmung des auswahlrelevanten Personenkreises

aa) Grundlagen

Die Bestimmung des auswahlrelevanten Personenkreises, die in Rechtsprechung und Literatur unter dem Stichwort der **Vergleichbarkeit** diskutiert wird, orientiert sich mangels gesetzlicher Vorgaben im Wesentlichen an der **Rechtsprechung des BAG.** Probleme ergeben sich allerdings dadurch, dass in der einschlägigen Rechtsprechung oft nicht die Herausarbeitung allgemeiner Leitlinien im Vordergrund steht, sondern viele Aussagen des BAG durch eine starke Bezugnahme auf den zur Entscheidung anstehenden Einzelfall gekennzeichnet sind. 1047

Ausgangspunkt der Frage, gegenüber welchem Arbeitnehmer eine betriebsbedingte Kündigung ausgesprochen werden muss, ist die **unternehmerische Entscheidung,** auf der die Kündigung basiert. Diese ist stets darauf gerichtet, Arbeitsabläufe, die einem bestimmten innerbetrieblichen Zweck dienen, in ihrem Umfang auszuweiten oder einzuschränken oder sie qualitativ zu verändern. Mithin sind von einer Unternehmerentscheidung stets die Arbeitsplätze unmittelbar betroffen, die der quantitativ oder qualitativ zu verändernden innerbetrieblichen Zwecksetzung dienen. Aus der innerbetrieblichen Funktion, der die unmittelbar von der Unternehmerentscheidung betroffenen Arbeitsplätze dienen, ergibt sich gleichzeitig, dass diese Arbeitsplätze auf einer bestimmten Ebene der Betriebshierarchie innerhalb eines bestimmten Betriebes angesiedelt sind und ein bestimmtes Anforderungsprofil aufweisen. Für die auf diesen Arbeitsplätzen gegenwärtig beschäftigten Arbeitnehmer resultiert aus der Unternehmerentscheidung eine **unmittelbare Kündigungsbedrohung.** 1048

Allerdings beschränkt sich der auswahlrelevante Personenkreis nicht auf diese unmittelbar kündigungsbedrohten Arbeitnehmer. Vielmehr **schafft** die Sozialauswahl auch ein **Kündigungsrisiko für bislang nicht unmittelbar kündigungsbedrohte Arbeitnehmer:** Ein Arbeitnehmer, dessen Arbeitsplatz unverändert fortbesteht, kann von dem unmittelbar kündigungsbedrohten, sozial schwächeren Arbeitnehmer von seinem Arbeitsplatz verdrängt werden. Wie weit der Kreis der potentiellen Kündigungsadressaten zu ziehen ist, betrifft letztlich die Frage, für unternehmerische Entscheidungen welchen Inhalts der Arbeitnehmer das Risiko tragen soll, den eigenen Arbeitsplatz zu verlieren. 1049

Das **BAG** begrenzt das Risiko des Arbeitnehmers, seinen Arbeitsplatz infolge einer unternehmerischen Entscheidung zu verlieren, auf solche Unternehmerentscheidungen, die dieselbe Ebene der Betriebshierarchie innerhalb des eigenen Beschäftigungsbetriebs betreffen. Innerhalb dieses Rahmens soll den Arbeitnehmer das Kündigungsrisiko jedoch unabhängig davon treffen, ob die unternehmerische Entscheidung gerade die innerbetriebliche Zwecksetzung betrifft, der seine momentane Tätigkeit dient, und auch unabhängig davon, ob der Arbeitsplatz, auf den sich die Unternehmerentscheidung unmittelbar bezieht, exakt dasselbe Anforderungsprofil aufweist wie sein eigener. 1050

Von grundlegender Bedeutung bei der Bestimmung des auswahlrelevanten Personenkreises ist die **Reichweite des arbeitsvertraglichen Direktionsrechts,** das dem Arbeitgeber gegenüber dem unmittelbar kündigungsbedrohten Arbeitnehmer 1051 zusteht.[415] Der vertraglich festgelegten Arbeitspflicht des Arbeitnehmers steht eine Beschäftigungspflicht des Arbeitgebers gegenüber, die Ersterer inhaltlich entspricht.[416] Entfällt die Beschäftigungsmöglichkeit eines Arbeitnehmers in ihrer bisherigen Ausgestaltung infolge einer Unternehmerentscheidung, wird der Umfang des Beschäftigungsanspruchs des Arbeitnehmers bzw. der Beschäftigungspflicht des Arbeitgebers in doppelter Weise relevant: Zum einen kann der Arbeitnehmer auch in diesem Fall seine Weiterbeschäftigung verlangen, solange noch mindestens ein Arbeitsplatz vorhanden ist, der seiner vertraglichen Leistungspflicht entspricht. Dabei besteht der Beschäftigungsanspruch des kündigungsbedrohten Arbeitnehmers zunächst unabhängig davon, ob es sich um einen freien Arbeitsplatz handelt oder um einen solchen, der bereits von einem anderen Arbeitnehmer besetzt ist. Im zweiten Fall hat jedoch auch dieser Arbeitnehmer auf Grund seines Arbeitsvertrags einen Anspruch auf vertragsgemäße Weiterbeschäftigung. Daher handelt es sich bei der sozialen Auswahl gem. § 1 Abs. 3 KSchG um eine **Auswahlentscheidung zwischen konkurrierenden arbeitsvertraglichen Beschäftigungsansprüchen.**[417] Zum anderen beschränkt sich der Beschäftigungsanspruch des Arbeitnehmers auch bei Wegfall seines bisherigen Arbeitsplatzes auf die Arbeitsplätze, die er ohne Änderung seines Arbeitsvertrages übernehmen kann. Daher sind in die Sozialauswahl **nur solche Arbeitnehmer einzubeziehen, auf deren Arbeitsplätze der kündigungsbedrohte Arbeitnehmer allein durch Ausübung des arbeitgeberseitigen Direktionsrechts versetzt werden kann.**[418] Dies korrespondiert damit, dass § 1 Abs. 3 KSchG den arbeitsvertraglichen Bestand schützt, eine Erweiterung des arbeitsvertraglichen Beschäftigungsanspruchs in § 1 Abs. 3 KSchG aber keine Grundlage findet.

1052 Das BAG hat die Begrenzung der Vergleichbarkeit durch das Direktionsrecht konsequent angewandt, was dazu führt, dass sich der **Bezugsrahmen für die Sozialauswahl** infolge der arbeitsvertraglichen Gestaltung des Direktionsrechts **stark verengen kann.** So ist das BAG in der Entscheidung vom 17. 9. 1998[419] davon ausgegangen, dass die Eingrenzung der geschuldeten Arbeitsleistung auf die Leitungstätigkeit in einem bestimmten von mehreren Gastronomiebereichen der Arbeitgeberin dazu führt, dass die Vergleichbarkeit der betroffenen Arbeitnehmerin entsprechend eingeschränkt wird. In der Entscheidung vom 17. 2.

---

[415] Ausführl. hierzu *Berkowsky*, Die betriebsbedingte Kündigung, § 8 Rn. 21 ff.; *ders.* NZA 1996, 290, 292 f.; *D. Gaul,* NZA 1992, 673, 676 f.; APS/*Kiel,* § 1 KSchG Rn. 677.

[416] Grundlegend BAG (GS) 27. 2. 1985 AP § 611 BGB Beschäftigungspflicht Nr. 14.

[417] Ausf. *Bütefisch* S. 36 ff.

[418] So z.B. BAG 15. 6. 1989 u. 6. 11. 1997 AP § 1 KSchG 1969 Nr. 18, 42; BAG 29. 3. 1990 AP § 1 KSchG 1969 Betriebsbedingte Kündigung Nr. 50; BAG 17. 9. 1998 u. 17. 2. 2000 AP § 1 KSchG 1969 Soziale Auswahl Nr. 36, 46; ebenso ErfK/*Ascheid,* § 1 KSchG Rn. 481; MünchArbR/*Berkowsky,* § 139 Rn. 36, 38; KR/*Etzel,* § 1 KSchG Rn. 616 f.; *D. Gaul,* NZA 1992, 673, 674; *v. Hoyningen-Huene/Linck,* § 1 KSchG Rn. 449; APS/*Kiel,* § 1 KSchG Rn. 677; KDZ/*Kittner,* § 1 KSchG Rn. 448; *Oetker,* Anm. AP § 1 KSchG Soziale Auswahl Nr. 36; *B. Preis,* DB 1998, 1761, 1762; *Tschöpe,* BB 2000, 2630, 2633; a. A. *Löwisch,* § 1 KSchG Rn. 340; krit. a. *Hergenröder,* Anm. EzA Nr. 27 § 1 KSchG Soziale Auswahl; *Preis,* NZA 1997, 1073, 1083.

[419] BAG 17. 9. 1998 AP § 1 KSchG 1969 Soziale Auswahl m. zust. Anm. *Oetker* Nr. 36 = EzA Nr. 36 § 1 KSchG Soziale Auswahl m. krit. Anm. *Gutzeit* = SAE 1999, 167 m. zust. Anm. *Langenbucher* = EwiR 1999, 271 m. zust. Anm. *Krasshöfer.*

2000[420] hat das BAG die Vergleichbarkeit einer Arbeitnehmerin, die arbeitsvertraglich nur für die Redaktion eine bestimmten Zeitschrift eingestellt war mit Arbeitnehmern aus Redaktionen anderer Zeitschriften derselben Arbeitgeberin verneint. Der damit einhergehende partielle Verlust des allgemeinen Kündigungsschutzes bilde lediglich die rechtliche Konsequenz der Vertragsgestaltung.[421]

In der Entscheidung vom 17. 2. 2000 sieht das BAG aber durchaus die **Gefahr von Manipulationsmöglichkeiten.**[422] Es geht davon aus, dass die Eingrenzung des Direktionsrechts auf einzelne von mehreren Arbeitsplätzen, die nach rein arbeitsplatzbezogenen Merkmalen miteinander vergleichbar sind, jedenfalls beim Vorliegen sachlicher Gründe zulässig sei, wobei es für den zu entscheidenen Fall noch zusätzlich auf die Branchenüblichkeit und eine Willkürkontrolle bei der Vertragsgestaltung abstellt. Zu weitgehend und mit der Vertragsfreiheit kaum vereinbar erscheint es jedoch, Einschränkungen des Direktionsrechts bei nach arbeitsplatzbezogenen Merkmalen vergleichbaren Arbeitsplätzen *generell* an das Erfordernis eines sachlichen Grundes zu knüpfen. Das Problem ist im Rahmen des § 1 Abs. 3 KSchG zu lösen. Hier kann im Einzelfall eine Umgehung des § 1 Abs. 3 KSchG, insbesondere bei Vertragsänderungen in engem zeitlichen Zusammenhang mit der Kündigung,[423] annehmen zu sein, mit der Folge, dass sich die Vergleichbarbeit dann doch nach rein arbeitsplatzbezogenen Merkmalen richtet. Die Problematik sollte aber nicht überbewertet werden, weil ein weit gefasstes Direktionsrecht auf Grund der damit verbundenen Flexibilität der praktische Regelfall sein wird.[424] 1053

bb) Betrieb als Bezugsrahmen der Sozialauswahl

Nach der traditionellen Konzeption des § 1 KSchG ist die Sozialauswahl – zumindest, soweit es um die Weiterbeschäftigung auf einem bereits besetzten Arbeitsplatz geht – nach h. M. **betriebsbezogen.** Im öffentlichen Dienst tritt an die Stelle des Betriebes die **Dienststelle.**[425] Im Hinblick auf den organisatorischen Bezugsrahmen der Sozialauswahl sind daher im Regelfall alle Arbeitnehmer in die Auswahlentscheidung einzubeziehen, die in demselben Betrieb bzw. derselben Dienststelle beschäftigt sind wie der unmittelbar kündigungsbedrohte Arbeitnehmer, vorausgesetzt, der unmittelbar kündigungsbedrohte Arbeitnehmer kann auf Grund seines Arbeitsvertrages einseitig innerhalb des Gesamtbetriebes versetzt werden. 1054

Die ganz h. M. lehnt einen **Unternehmensbezug** der Sozialauswahl ab.[426] Angebracht ist jedoch eine differenzierte Betrachtungsweise. Bei der Sozialauswahl 1055

---

[420] BAG 17. 2. 2000 AP § 1 KSchG Soziale Auswahl m. krit. Anm. *Kassen* Nr. 46 = EzA Nr. 43 § 1 KSchG Soziale Auswahl m. krit. Anm. *Kittner* = EwiR 2000, 743 m. zust. Anm. *Dahlbender.*

[421] Vgl. a. *Bütefisch* S. 37; APS/*Kiel,* § 1 KSchG Rn. 677; *Oetker,* Anm. AP Nr. 36 § 1 KSchG 1969 Soziale Auswahl; *Preis,* Vertragsgestaltung im Arbeitsrecht, 1993, S. 446.

[422] Vgl. insoweit auch *Gutzeit,* Anm. EzA § 1 KSchG Soziale Auswahl Nr. 36.

[423] Vgl. APS/*Kiel,* § 1 KSchG Rn. 677; a. A. *Trittin,* Anm. EzA § 1 KSchG Soziale Auswahl Nr. 43; s. a. unten Rn. 1058 zur Frage der Konkretisierung des Direktionsrechts bei langjähriger Beschäftigung.

[424] Vgl. *Bütefisch,* S. 40; *Gutzeit,* Anm. EzA § 1 KSchG Soziale Auswahl Nr. 37; *Hergenröder,* Anm. EzA § 1 KSchG Soziale Auswahl Nr. 27; *Preis,* Vertragsgestaltung im Arbeitsrecht, 1993, S. 446; *Trittin,* Anm. EzA § 1 KSchG Soziale Auswahl Nr. 43.

[425] Ausführl. hierzu *Lingemann/Grothe,* NZA 1999, 1972, 1075.

[426] BAG 17. 5. 1984 AP § 1 KSchG 1969 Betriebsbedingte Kündigung Nr. 21; BAG 22. 5. 1986 AP § 1 KSchG 1969 Konzern Nr. 4; BAG 21. 9. 2000 EzA § 1 KSchG Be-

geht es darum, den an sich bestehenden Kündigungsgrund gerecht auf die potentiell betroffenen Arbeitnehmer zu verteilen. In seiner traditionellen Sicht stellt das Gesetz dabei auf die Betriebsgemeinschaft als Schicksalgemeinschaft ab. Die Sozialauswahl ist jedoch eine Konkretisierung des Gleichbehandlungsgrundsatzes.[427] Da dieser aber nach richtigem Verständis arbeitgeberbezogen ist, steht damit auch die Betriebsbezogenheit der Sozialauswahl in Frage. Jedenfalls bei einem unternehmensdimensionalen Kündigungsgrund lässt sich bei telelogischem Verständnis des Betriebsbegriffes[428] die Sozialauswahl kaum auf den Betrieb beschränken. Auch die Ausnahmeregelung des § 1 Abs. 3 S. 2 KSchG hat wenig mit einem organisatorischen Betriebsbezug zu tun. Es geht um das unternehmerische Interesse des Arbeitgebers an der bevorzugten Weiterbeschäftigung. Gleichwohl wird man die Sozialauswahl nicht vollends auf das Unternehmen erstrecken können, weil dies schwerlich eine sachgerechte Lösung ist, weil größere Unternehmen regional und fachlich unterschiedliche Unternehmenszuschnitte haben können. Man wird den Betriebsbegriff aber auch für die Sozialauswahl auf der Grundlage eines allgemeinen **tätigkeitsbezogenen Betriebsbegriffes**[429] konkretisieren können. Die **Sozialauswahl ist danach in den Tätigkeitsbereichen des Unternehmens durchzuführen, die von der kündigungsbegründenden unternehmerischen Zielsetzung in personeller, technischer oder organisatorischer Hinsicht betroffen sind.**[430] Daraus folgt, dass dann, wenn die unternehmerische Zielsetzung, welche aufgeben wird, in nur einem Betrieb verwirklicht wird, allein dort die Sozialauswahl vorzunehmen ist. Wird dagegen der Tätigkeitsbereich fortgesetzt, sei es in anderen Betrieben des Unternehmens oder in einem neugegründeten Betrieb, erstreckt sich die Sozialauswahl auf alle mit diesem unternehmerischen Teilbereich befassten Betriebe.

1056 Eine Verzahnung mit dem BetrVG findet nach Ansicht des BAG insoweit nicht statt, als die Regelungen der **§§ 3, 4 BetrVG** im Rahmen der Sozialauswahl **nicht zur Anwendung** kommen, denn diese sind nach ihrem Sinn und Zweck zur Bestimmung des kündigungsrechtlichen Betriebsbegriffes nicht geeignet.[431] Dass der kündigungsrechtliche Betriebsbegriff unabhängig von den Wertungen des BetrVG zu bestimmen ist, ergibt sich daraus, dass ein objektiv fehlerhafter Betriebszuschnitt für die betriebliche Abgrenzung des Kündigungsschutzes nicht maßgeb-

---

triebsbedingte Kündigung Nr. 107 = ZiP 2001, 388, 394; *Ascheid,* Kündigungsschutzrecht, Rn. 325; *Bitter/Kiel,* RdA 1994, 333, 352f.; HK-KSchG/*Dorndorf,* § 1 Rn. 1021; KR/*Etzel,* § 1, KSchG Rn. 546; *v. Hoyningen-Huene/Linck,* § 1 KSchG Rn. 435; *Jobs,* DB 1986, 538; APS/*Kiel,* § 1 KSchG Rn. 665; *Linck,* Die soziale Auswahl, S. 19; *Neyses,* DB 1982, 2414, 2415; *Weller,* AuR 1986, 225, 230.

[427] *Preis,* Prinzipien, S. 380 m. w. N.

[428] Vgl. dazu oben Rn. 887ff.

[429] Vgl. dazu oben Rn. 887ff.

[430] *Preis,* RdA 2000, 257, 276.

[431] Vgl. BAG 26. 8. 1971 AP § 23 KSchG 1969 Nr. 1; BAG 21. 6. 1995 EzA § 23 KSchG Nr. 14; LAG Sachsen-Anhalt 11. 1. 2000, NZA-RR 2001, 81, 82; HK-KSchG/*Dorndorf,* § 1 Rn. 1026; KR/*Etzel,* § 1 KSchG Rn. 139, 609; MünchArbR/*Berkowsky,* § 139 Rn. 77; *Bütefisch,* S. 47ff.; *v. Hoyningen-Huene/Linck,* § 1 KSchG Rn. 434a, § 23 Rn. 9a; *Joost,* Betrieb und Unternehmen, S. 342ff.; *Schröder,* ZTR 1995, 394, 395; a. A. BAG 25. 11. 1993 AP § 14 KSchG 1969 Nr. 3; *Löwisch,* § 1 KSchG Rn. 333.

lich ist.[432] Es fehlt an einer Legitimationsgrundlage dafür, betriebsverfassungsrechtliche Organisationsfehler, auch wenn sie nicht angefochten wurden, auf die individualrechtliche Ebene durchschlagen zu lassen.[433] Auch Arbeitnehmer weit entfernter Betriebsteile, die nach § 4 BetrVG als selbständige Betriebe gelten, müssen daher u. U. in die Sozialauswahl einbezogen werden.[434] Sind die Betriebsräte fehlerhaft gebildet worden, können sie keine am richtigen Betriebszuschnitt orientierte Sozialauswahl mehr begleiten. Dann muss der Gesamtbetriebsrat für eine Auswahlrichtlinie gem. § 1 Abs. 4 KSchG zuständig sein, weil im Auswahlbereich zwei Betriebsräte bestehen, es aber nur eine Auswahlrichtlinie geben kann. Auch dann, wenn gemäß § 3 BetrVG Betriebe tarifvertraglich abgedeckt zugeschnitten werden, kann dies bereits aus den o. g. Gründen die Grenzen der Sozialauswahl nicht modifizieren.[435] Das Kündigungsschutzgesetz ist zudem nicht tarifdispositiv.

Eine **Beschränkung** der Sozialauswahl **auf einzelne Betriebsabteilungen** 1057
wird insbesondere von *Wank* unter Hinweis auf die **Funktion der Sozialauswahl** gefordert.[436] Diese Ansicht ist **abzulehen,** weil der innerbetrieblichen Zwecksetzung der Tätigkeit eines Arbeitnehmers eine zu hohe Bedeutung beigemessen wird.[437] Welcher betriebsinternen Zwecksetzung die Tätigkeit eines Arbeitnehmers dient, dürfte für diesen regelmäßig von untergeordneter Bedeutung sein, gerade wenn ein entsprechend weit gefasstes arbeitsvertragliches Direktionsrecht den Einsatz zu unterschiedlichen innerbetrieblichen Zwecken zulässt. Mithin würde es sich aus der Sicht des Arbeitnehmers als zufällig darstellen, ob er zum Kreis der unmittelbar kündigungsbedrohten Arbeitnehmer gehört. Insofern unterscheidet sich die innerbetriebliche Zwecksetzung maßgeblich von anderen Charakteristika des eigenen Arbeitsplatzes, wie beispielsweise dessen Einordnung auf einer bestimmten Betriebsebene oder dessen Anforderungsprofil, denn diese stehen in untrennbarem Zusammenhang mit der Qualifikation und Leistung des Arbeitnehmers.

Konkretisiert sich die nur rahmenmäßig umschriebene Arbeitspflicht 1058
eines Arbeitnehmers im Laufe der Vertragsdurchführung auf einen bestimmten Betriebsteil oder eine bestimmte Tätigkeit, ist der **auswahlrelevante Personenkreis dennoch anhand des ursprünglichen, weit gefassten Direktionsrechts zu ermitteln.**[438] Eine Berücksichtigung der Konkretisierung würde zu einer Verkleinerung des auswahlrelevanten Personenkreises führen. Dies wäre weder mit dem Schutzzweck vereinbar, dem die Konkretisierung dient, noch mit den Wertungen des § 1 Abs. 3 KSchG:[439] Die Konkretisierung stellt einen in § 242 BGB

---

432 A. A. wohl BAG 25. 11. 1993 EzA § 14 KSchG Nr. 3; LAG Schleswig-Holstein 18. 3. 1987 LAGE § 1 KSchG m. krit. Anm. *Joost* Nr. 6.

433 *Preis* in *Henssler/Moll,* A Rn. 61; Vgl. auch *Kania/Gilberg,* NZA 2000, 678, 681.

434 BAG 21. 6. 1995 AP § 1 BetrVG 1972 Nr. 16; hierzu *Preis,* NZA 1997, 1073, 1076.

435 *Preis,* RdA 2000, 257, 264.

436 *Wank,* AR-Blattei (D), Kündigungsschutz, Entscheid. Nr. 304; *ders.,* RdA 1987, 129, 138 f., 143; *ders.,* ZIP 1986, 206, 213 f.; so auch *LAG Köln* 29. 9. 1993 LAGE § 1 KSchG Soziale Auswahl Nr. 7; ähnlich auch *Ehmann,* BlStSozArbR 1984, 209, 214.

437 So auch *Bütefisch,* S. 55 ff.; *B. Preis,* DB 1984, 2244, 2245.

438 Vgl. BAG 15. 6. 1989 AP § 1 KSchG 1969 Soziale Auswahl Nr. 18; BAG 10. 5. 1995 AP § 1 KSchG 1969 Betriebsbedingte Kündigung Nr. 71; *Bütefisch,* S. 66.

439 So *Bütefisch,* S. 64 ff.; HK-KSchG/*Dorndorf,* § 1 Rn. 1044; *Hergenröder* EzA § 1 KSchG Soziale Auswahl Nr. 27, S. 19; *v. Hoyningen-Huene/Linck,* § 1 KSchG Rn. 450; *Hoyningen-*

verankerten Vertrauensschutz dar,[440] der sich nur zugunsten, nicht aber zu Lasten des Arbeitnehmers auswirken kann. Zudem setzt die Konkretisierung der Arbeitspflicht u.a. eine lange Verweildauer an dem entsprechenden Arbeitsplatz voraus und tritt daher in erster Linie bei älteren Arbeitnehmern mit einer langjährigen Betriebszugehörigkeit ein, also bei der Personengruppe, die durch die in § 1 Abs. 3 KSchG genannten Sozialkriterien in besonderem Maße vor dem Verlust ihres Arbeitsplatzes geschützt werden.

1059 Enthält der Arbeitsvertrag des unmittelbar kündigungsbedrohten Arbeitnehmers eine **unternehmensweite Versetzungsklausel,** führt dies allein nicht zu einer Erweiterung des auswahlrelevanten Personenkreises, so dass auch Arbeitnehmer der übrigen unternehmensangehörigen Betriebe in die Sozialauswahl einzubeziehen wären.[441] Eine betriebsübergreifende Sozialauswahl kommt nur dann in Betracht, wenn mehrere Tätigkeitsbereiche des Unternehmens von der kündigungsbegründenden Entscheidung betroffen sind. Ansonsten würde durch eine betriebsübergreifende Sozialauswahl das aus der Unternehmerentscheidung resultierende Kündigungsrisiko auf Arbeitnehmer erstreckt, die vom Inhalt dieser Entscheidung in keiner Weise berührt sind.[442]

1060 Ist ein Arbeitnehmer **nur vorübergehend in einem anderen unternehmensangehörigen Betrieb beschäftigt,** ist er bei Kündigungen in seinem „Stammbetrieb" in die Sozialauswahl einzubeziehen,[443] obwohl er in dem entsprechenden Betrieb momentan nicht beschäftigt ist. Dass die Einbeziehung der Sozialauswahl nicht von der tatsächlichen Tätigkeit in dem Betrieb abhängig ist, zeigt sich nicht zuletzt daran, dass auch erkrankte Arbeitnehmer, die im Zeitpunkt der kündigungsbegründenden Unternehmerentscheidung nicht in dem entsprechenden Betrieb anwesend sind, deshalb nicht aus der Sozialauswahl ausscheiden. Entscheidend für die Tragung des Kündigungsrisikos ist vielmehr, dass der Arbeitnehmer nach wie vor der personellen Leitungsmacht seines Stammbetriebes untersteht. Dessen personelle Dispositionsmöglichkeit bleibt bestehen, denn der vorübergehende Einsatz kann jederzeit beendet werden, da die beteiligten unternehmensangehörigen Einzelbetriebe mangels Rechtsfähigkeit eine bestimmte Dauer der „Personalleihe" nicht rechtsverbindlich vereinbaren können.

1061 Ist ein Arbeitnehmer **gleichzeitig in mehreren unternehmensangehörigen Betrieben** mit einem jeweils festgelegten Zeitkontingent **tätig,** ist er als Teilzeitbeschäftigter in allen Beschäftigungsbetrieben in die Sozialauswahl einzubeziehen. Sind hingegen die in den einzelnen Betrieben zu erbringenden Arbeitsstunden nicht festlegt, ist der überbetrieblich tätige Arbeitnehmer mit den Arbeitnehmern aller Beschäftigungsbetriebe vergleichbar, in denen er bislang die überbetrieblich organisierte Dienstleistung erbracht hat, sofern er nicht ausschließlich für die über-

---

Huene, NZA 1994, 1009, 1113; APS/*Kiel,* § 1 KSchG Rn. 680; *Langenbucher,* SAE 1999, 170, 175; *Linck,* AR-Blattei, SD 1020.1.2 Rn. 59f.

[440] So BAG 10. 11. 1992 AP § 72 LPVG NW Nr. 6; *Hoyningen-Huene/Boemke,* Die Versetzung, S. 101f.; *Rüthers/Bakker,* ZfA 1990, 245, 267f.

[441] *Bütefisch,* S. 69; *Färber,* NZA 1985, 175; *D. Gaul,* NZA 1992, 673, 678f.; APS/*Kiel,* § 1 KSchG Rn. 665; *Linck,* Die soziale Auswahl, S. 20; a.A. *Berkowsky,* NZA 1996, 290, 294; *Schwerdtner,* ZIP 1984, 10, 15.

[442] So auch *Färber,* NZA 1985, 175; *Linck,* Die soziale Auswahl, S. 20.

[443] So auch *Bütefisch,* S. 70f.; KPK/*Meisel,* Teil H, § 1 Rn. 503.

betriebliche Tätigkeit eingestellt worden ist. Die Verteilung des Kündigungsrisikos kann nicht davon abhängen, ob die unternehmensweit zu erbringende Dienstleistung zentral oder dezentral organisiert ist. Eine Sozialauswahl zwischen den ausschließlich in einem Betrieb Beschäftigten und Arbeitnehmern, die dort nur im Rahmen einer überbetrieblichen Dienstleistung tätig sind, findet auch in dem (umgekehrten) Fall statt, dass die Zahl der ausschließlich in diesem Betrieb angesiedelten Arbeitsplätze sinkt.

Eine Erweiterung des auswahlrelevanten Personenkreises auf Arbeitnehmer an- 1062
derer **Konzernunternehmen** ist grundsätzlich abzulehnen. Insbesondere kann den Arbeitnehmern, die bei einem anderen Konzernunternehmen beschäftigt sind, kein Kündigungsrisiko für eine Unternehmerentscheidung eines anderen konzernangehörigen Arbeitgebers aufgebürdet werden, mit dem sie nicht einmal in vertraglichen Beziehungen stehen. Hinzu kommt, dass sich ein gegen Art. 12 GG verstoßender, negativer wie positiver Kontrahierungszwang für den anderen Konzernarbeitgeber ergäbe, der einen eigenen Arbeitnehmer entlassen und den sozial schwächeren, bisher in einem anderen Konzernunternehmen beschäftigten Arbeitnehmer neu einstellen müsste.[444]

Bei Kündigungen in einem **Gemeinschaftsbetrieb mehrerer (Konzern-)Un-** 1063
ternehmen ist die Sozialauswahl nach der Rspr. des BAG unter den in dem Gemeinschaftsbetrieb beschäftigten Arbeitnehmern durchzuführen.[445] Grundlage dieser konzerndimensioanlen Pflichtenerweiterung kann aber nicht, wie bisweilen vertreten wird, der Organisationsbegriff des Betriebs, sondern nur ein rechtsgeschäftlicher, gesetzlicher oder ggf. konzernrechtlicher Zurechnungstatbestand sein.[446] Der Kern der gemeinschaftsbetrieblichen Zurechnung ist die Voraussetzung einer ausdrücklichen oder konkludenten Führungsvereinbarung, welche es rechtfertigt, den verschiedenen Rechtsträgern das Beschäftigungsrisiko aufzubürden.[447] Dies reicht im Konzernverbund für eine individualrechtliche Zurechnung aus, ohne dass es weiter auf die Voraussetzungen des betriebsverfassungsrechtlichen Betriebsbegriffes (einheitlicher Leitungsapparat) ankäme.[448]

Spricht der **Veräußerer** eines Betriebs oder Betriebsteils vor dem **Betriebs-** 1064
(teil)übergang auf Grund einer eigenen Unternehmerentscheidung Kündigungen aus, die nicht gegen § 613a Abs. 4 BGB verstoßen, müssen alle Arbeitnehmer des entsprechenden Betriebes in die Sozialauswahl einbezogen werden. Dies gilt auch dann, wenn nur ein Betriebsteil veräußert werden soll.[449]

Spricht der **Erwerber nach dem Betriebs(teil)übergang** betriebsbedingte 1065
Kündigungen aus, die nicht mit § 613a Abs. 4 BGB kollidieren, ist die Sozialaus-

[444] *V. Hoyningen-Huene/Linck,* § 1 KSchG Rn. 435; *Linck,* Die soziale Auswahl, S. 21 f.

[445] BAG 13. 6. 1985 AP § 1 KSchG 1969 Nr. 10; BAG 5. 5. 1994 AP § 1 KSchG 1969 Soziale Auswahl Nr. 23; BAG 13. 9. 1995 AP § 1 KSchG 1969 Betriebsbedingte Kündigung Nr. 72; im Schrifttum vgl. statt vieler KR/*Etzel,* § 1 KSchG Rn. 609; APS/*Kiel,* § 1 KSchG Rn. 666.

[446] Hierzu *Wiedemann,* Anm. AP § 1 KSchG 1969 Nr. 10.

[447] *Preis,* RdA 2000, 257, 263; *ders.* in *Henssler/Moll,* A Rn. 40.

[448] Vgl. aber z. B. BAG 14. 9. 1988 AP § 1 BetrVG 1972 Nr. 9; MünchArbR/*Berkowsky,* § 39 Rn. 83f.; krit. dazu etwa *Zöllner,* FS Semler, 1993, 995, 1005; *Wiedemann,* Anm. AP § 1 KSchG 1969 Nr. 10.

[449] *Linck,* Die soziale Auswahl, S. 32; *ders.,* AR-Blattei, SD 1020.1.2 Rn. 24; *Lück,* Probleme der Sozialauswahl, S. 38; a. A. *Moll/Steinbach,* MDR 1997, 711 f.

wahl zwischen allen Arbeitnehmern des übernommenen Betriebs(teils) durchzuführen, sofern der übernommene Betrieb(steil) als eigenständige Einheit fortgeführt wird.[450] Wird der übernommene Betrieb(steil) hingegen in einen bereits vorhandenen Betrieb des Erwerbers eingegliedert und resultiert der abzubauende Personalüberhang aus der Übernahme und Eingliederung des Betriebs(teils), ist zu differenzieren: Wird lediglich ein Betriebsteil eingegliedert, sind die Arbeitnehmer des aufnehmenden Erwerberbetriebs in die Sozialauswahl einzubeziehen.[451] Wird ein ehemals eigenständiger Betrieb in einen Betrieb des Erwerbes eingegliedert, beschränkt sich die Sozialauswahl auf die Arbeitnehmer des übernommenen Betriebes.[452] Diese Differenzierung ist vor dem Hintergrund des Verschlechterungsverbots aus § 613a BGB geboten. Dieser verbietet es, dass sich der auswahlrelevante Personenkreis für die übernommenen Arbeitnehmer verkleinert und dadurch der Kündigungsschutz mittelbar beeinträchtigt wird. Hingegen gebietet er keine Besserstellung durch eine Vergrößerung des auswahlrelevanten Personenkreises.[453] Werden im ersten Fall die Arbeitnehmer des aufnehmenden Erwerberbetriebs in die Sozialauswahl einbezogen, wird diesen dadurch kein Kündigungsrisiko aufgebürdet, dessen Ursachen allein beim Veräußerer des eingegliederten Betriebs(teils) liegen.[454] Vielmehr erwächst das Kündigungsrisiko aus dem durch Art. 12, 14 GG geschützten Entschluss ihres Arbeitgebers, einen ggf. sanierungsbedürftigen Betrieb(steil) zu erwerben und in einen bestehenden eigenen Betrieb einzugliedern.

1066 Werden betriebsbedingte Kündigungen zum Abbau eines Personalüberhangs, der sich aus der unternehmerischen Konzeption des Erwerbers ergibt, bereits durch den Veräußerer ausgesprochen (sog. **vorweggenomene Verwirklichung des Erwerberkonzepts**),[455] sind die Arbeitnehmer, die in anderen, nicht zu übertragenden Betriebsteilen des Veräußererbetriebs beschäftigt sind, nicht in die Sozialauswahl einzubeziehen. Anders als die Beschäftigten des zu übernehmenden Be-

---

[450] Vgl. ErfK/*Ascheid,* § 1 KSchG Rn. 477; *Bütefisch,* S. 94ff.; HK-KSchG/*Dorndorf,* § 1 Rn. 1037; *Henckel,* ZGR 1984, 225, 234f.; *v. Hoyningen-Huene/Linck,* § 1 KSchG Rn. 441; APS/*Kiel,* § 1 KSchG Rn. 669; *Linck,* Die soziale Auswahl, S. 33.

[451] *Kreitner,* Kündigungsrechtliche Probleme, S. 119; im Ergebnis ebenso *v. Hoyningen-Huene/Linck,* § 1 KSchG Rn. 441; APS/*Kiel,* § 1 KSchG Rn. 669; *Linck,* AR-Blattei, SD 1020.1.2 Rn. 26; a.A. *Henckel,* ZRG 1984, 225, 235; *Lück,* Probleme der Sozialauswahl, S. 39 i.V.m. S. 36.

[452] *Erman/Hanau,* § 613a BGB Rn. 144; *Bütefisch,* S. 96f.; *Kreitner,* Kündigungsrechtliche Probleme, S. 119; *Steffan,* Arbeitsrecht und Unternehmenssanierung, S. 100; im Ergebnis ebenso *Henckel,* ZGR 1984, 225, 234f.; *Lück,* Probleme der Sozialauswahl, S. 36; a.A. ErfK/*Ascheid,* § 1 KSchG Rn. 477; HK-KSchG/*Dorndorf,* § 1 Rn. 1038; *v. Hoyningen-Huene/Linck,* § 1 KSchG Rn. 441; KDZ/*Kittner,* § 1 KSchG Rn. 440; *Linck,* Die soziale Auswahl, S. 34; *ders.,* AR-Blattei, SD 1020.1.2. Rn. 26; *Löwisch,* KSchG, vor § 1 Rn. 71; KPK/*Meisel,* Teil H, § 1 Rn. 506.

[453] *Erman/Hanau,* § 613a BGB Rn. 144; *Kreitner,* Kündigungsrechtliche Probleme, S. 117; MünchKomm-BGB/*Schaub,* § 613a Rn. 72; *Steffan,* Arbeitsrecht und Unternehmenssanierung, S. 100; *Vossen,* BB 1984, 1557, 1560.

[454] So aber *Henckel,* ZGR 1984, 225, 234f.; ähnlich *Lück,* Probleme der Sozialauswahl, S. 36; dagegen *Hilger,* ZRG 1984, 258, 260.

[455] Zur Zulässigkeit vgl. BAG 26. 5. 1983 AP § 613a BGB Nr. 34; *Erman/Hanau,* § 613a BGB Rn. 113; MünchKommBGB/*Schaub,* § 613a Rn. 72; *Seiter,* Betriebsinhaberwechsel, S. 113; *Steffan,* Arbeitsrecht und Unternehmenssanierung, S. 96ff.; *Vossen,* BB 1984, 1557, 1559f.; MünchArbR/*Wank,* § 125 Rn. 60; *Willemsen,* ZIP 1983, 411, 416; a.A. *Kreitner,* Kündigungsrechtliche Probleme, S. 110ff.; *Löwisch,* KSchG, vor § 1 Rn. 70.

triebsteils stehen die Beschäftigten der übrigen Betriebsteile des Veräußererbetriebs weder gegenwärtig noch zukünftig in arbeitsvertraglichen Beziehungen zu dem Erwerber, auf dessen unternehmerischer Konzeption die Kündigungen beruhen. Im Hinblick auf die Einbeziehung von Arbeitnehmern, die im aufnehmenden Erwerberbetrieb beschäftigt sind, kann für Kündigungen, die der Veräußerer zur vorweggenommenen Verwirklichung des Erwerberkonzepts ausspricht, nichts anderes gelten, als wenn der Erwerber selbst diese Kündigungen nach der Übernahme des Betriebs(teils) ausspräche.[456] Daher scheidet eine Einbeziehung von Arbeitnehmern des Erwerbers sowohl bei der fortführenden Übernahme eines Betriebes oder eines Betriebsteils als auch bei der eingliedernden Übernahme eines ganzen Betriebes aus. Hingegen müsste der Erwerber die Arbeitnehmer des aufnehmenden Betriebes in die Sozialauswahl einbeziehen, wenn er einen übernommenen Betriebsteil, der einen Personalüberhang aufweist, in einen eigenen Betrieb eingliederte und Kündigungen zum Abbau dieses Personalüberschusses aussprechen wollte. Mangels tatsächlicher Kenntnisse des Veräußerers über den Personalbestand des Erwerberbetriebs und mangels rechtlicher Kündigungsmöglichkeit des Veräußerers gegenüber den beim Erwerber beschäftigten Arbeitnehmern[457] ist hier ein Zusammenwirken des Veräußerers und des Erwerbers notwendig.

Widerspricht ein Arbeitnehmer dem Übergang seines Arbeitsverhältnisses auf den Betriebsteilerwerber, ist der Arbeitsplatz des widersprechenden Arbeitnehmers fortan beim Erwerber angesiedelt, so dass beim Veräußerer ein Arbeitskräfteüberhang entsteht. Spricht der Arbeitgeber deshalb eine betriebsbedingte Kündigung aus, ist die **Notwendigkeit einer Sozialauswahl davon abhängig, aus welchem Grund der Arbeitnehmer dem Übergang seines Arbeitsverhältnisses widersprochen hat.** Nach Ansicht des BAG verwehrt ein völlig grundloser Widerspruch es dem Arbeitnehmer, sich im Falle einer betriebsbedingten Kündigung auf das Fehlen bzw. die Fehlerhaftigkeit der Sozialauswahl zu berufen, während dem Arbeitnehmer bei einem wohlbegründeten Widerspruch der Schutz des § 1 Abs. 3 KSchG in vollem Umfang zuteil wird.[458] In den – praktisch wohl häufigsten – dazwischenliegenden Fällen, in denen der Widerspruch weder offensichtlich begründet noch offensichtlich unbegründet ist, ist anhand einer umfassenden Abwägung der Umstände des Einzelfalles zu entscheiden, inwieweit der Arbeitnehmer die Unwirksamkeit der Kündigung wegen einer fehlenden oder fehlerhaften Sozialauswahl geltend machen kann. Dabei handelt es sich um eine teleologische Reduktion des § 1 Abs. 3 KSchG. 1067

---

[456] Vgl. ErfK/*Ascheid,* § 1 KSchG Rn. 477; APS/*Kiel,* § 1 KSchG Rn. 668; KDZ/*Kittner,* § 1 KSchG Rn. 440; *Loritz,* RdA 1987, 65, 84; MünchArbR/*Wank,* § 125 Rn. 60.

[457] So die gegenteilige Argumentation von *v. Hoyningen-Huene/Linck,* § 1 KSchG Rn. 440; *Linck,* Die soziale Auswahl, S. 32; *ders.,* AR-Blattei, SD 1020.1.2 Rn. 25.

[458] BAG 7. 4. 1993 AP § 1 KSchG 1969 Soziale Auswahl Nr. 22; BAG 31. 3. 1996 AP § 102 BetrVG 1972 Nr. 81; BAG 18. 3. 1999, NZA 1999, 870; BAG 24. 2. 2000, 8 AZR 145/99 – juris; BAG 24. 2. 2000 AP § 1 KSchG 1969 Soziale Auswahl Nr. 47; bereits angedeutet in BAG 22. 5. 1992 AP § 613a BGB Nr. 96; zust. z.B. LAG Hamm 21. 6. 1994, NZA 1995, 471, 473; LAG Berlin 26. 5. 1997 LAGE § 1 KSchG Soziale Auswahl Nr. 20; *Busche,* DZWiR 1994, 115, 117; *Erman/Hanau,* § 613a BGB Rn. 56; *Hoffmeister,* AuR 1995, 132, 135f.; APS/*Kiel,* § 1 KSchG Rn. 670f.; *Kreitner,* Kündigungsrechtliche Probleme, S. 164f.; *Lunk,* NZA 1995, 711, 713; KPK/*Meisel,* Teil H, § 1 Rn. 507; *Neef,* NZA 1994, 97, 102; *Oetker,* DZWiR 1993, 136, 143f.; ausführl. zum Meinungsstand *Bütefisch,* S. 100ff.

1068 Zur Beantwortung der Frage, **wann ein anerkennenswerter Grund für einen Widerspruch vorliegt,** sind die gesetzgeberischen Wertungen aus **§ 112 Abs. 5 S. 2 Nr. 2 S. 2 BetrVG** heranzuziehen. Nach zutreffender Ansicht des BAG sind die Widerspruchsgründe im Hinblick auf die Notwendigkeit einer Sozialauswahl anhand eines strengen Maßstabs zu überprüfen.[459] Dies steht in Einklang mit der Rechtsprechung des BAG, nach der strenge Anforderungen an Umstände zu stellen sind, die eine Weiterbeschäftigung als unzumutbar i.S.d. § 112 Abs. 5 S. 2 Nr. 2 S. 2 BetrVG erscheinen lassen. So liegt nach Ansicht des BAG eine zumutbare Weiterbeschäftigungsmöglichkeit vor, wenn der angebotene Arbeitsplatz dem bisherigen Arbeitsplatz auf Grund einer Gesamtbetrachtung in beruflicher, finanzieller und juristischer Hinsicht gleichwertig ist.[460] Da dem Arbeitnehmer im Falle eines Betriebsübergangs gem. § 613a BGB sein bisheriger Arbeitsplatz erhalten bleibt, ist damit die **Gleichwertigkeit der zukünftigen Beschäftigung in beruflicher Hinsicht** zwangsläufig gewährleistet.[461] Sofern Änderungen der materiellen Arbeitsbedingungen vom arbeitgeberseitigen Direktionsrecht gedeckt sind, lassen sie einen hierauf gestützten Widerspruch des Arbeitnehmers ebenfalls nicht als begründet erscheinen, da der Arbeitnehmer auch beim Verbleib im Veräußererbetrieb einer Gefahr derartiger Änderungen ausgesetzt gewesen wäre.[462] Anders sind hingegen Änderungskündigungen zur Verschlechterung der materiellen Arbeitsbedingungen zu bewerten, deren soziale Rechtfertigung sodann im Zusammenhang mit dem Erwerberkonzept zu beurteilen ist. Bei der Feststellung der **Gleichwertigkeit in finanzieller Hinsicht** ist zu beachten, dass § 613a Abs. 1 BGB Entgeltabsenkungen zulässt, die sich entweder direkt nach dem Betriebsübergang aus einem anderen, für Arbeitgeber und Arbeitnehmer gem. § 4 TVG geltenden Tarifvertrag ergeben oder die nach Ablauf der einjährigen Änderungssperre erfolgen. Da der Gesetzgeber derartige Änderungen prinzipiell für zumutbar hält,[463] sind diese regelmäßig nicht geeignet, für den widersprechenden Arbeitnehmer den Anwendungsbereich des § 1 Abs. 3 KSchG zu eröffnen.[464] Allerdings ist eine **Gleichwertigkeit der juristischen Rahmenbedingungen** für die Fortsetzung des Arbeitsverhältnisses nicht gegeben, wenn der Betrieb nach seiner Übertragung nicht mehr in den Geltungsbereich des Kündigungsschutzgesetzes fällt.[465] Allein der

---

[459] BAG 18. 3. 1999, NZA 1999, 870; BAG 24. 2. 2000, 8 AZR 145/99 – juris; BAG 24. 2. 2000 AP § 1 KSchG 1969 Soziale Auswahl Nr. 47; zust. *Busche,* DZWiR 1994, 115, 117; *Lunk,* NZA 1995, 711, 716f.; für einen großzügigeren Maßstab LAG Hamm 21. 6. 1994, NZA 1995, 471, 473f.; *Hoffmeister,* AuR 1995, 132, 135f.; KR/*Pfeiffer,* § 613a BGB Rn. 65.

[460] BAG 8. 12. 1976 AP § 112 BetrVG 1972 Nr. 3; BAG 25. 10. 1983 AP § 112 BetrVG 1972 Nr. 18; BAG 27. 10. 1987 AP § 112 BetrVG 1972 Nr. 41; BAG 28. 9. 1988 AP § 112 BetrVG 1972 Nr. 47; vgl. auch LAG Düsseldorf 23. 10. 1986 LAGE § 76 BetrVG Nr. 26; ausführl. hierzu DKK/*Däubler,* BetrVG, §§ 112, 112a Rn. 69ff.; *Peters-Lange,* Zumutbarkeit von Arbeit, S. 61f.

[461] Vgl. BAG 5. 2. 1997 AP § 112 BetrVG 1972 Nr. 112; krit. hierzu *Erman/Hanau,* § 613a BGB Rn 56.

[462] Zu weitgehend BAG 7. 4. 1993 AP § 1 KSchG 1969 Soziale Auswahl Nr. 22.

[463] Vgl. BAG 5. 2. 1997 AP § 112 BetrVG 1972 Nr. 112.

[464] Vgl. LAG Hamm 19. 7. 1994 AP § 1 KSchG 1969 Soziale Auswahl Nr. 27; LAG Düsseldorf 25. 11. 1997, NZA-RR 1998, 539, 541.

[465] Vgl. insoweit die Begründung des Gesetzentwurfs der Bundesregierung zu einem Beschäftigungsförderungsgesetz 1985 zu § 112 Abs. 5 S. 2 Nr. 2 S. 2 BetrVG, BT-Drucks. 10/2102, S. 27.

Verlust betriebsverfassungsrechtlicher Mitbestimmungsrechte, die – wie beispielsweise die Sozialplanpflicht – an eine bestimmte Beschäftigtenzahl gebunden sind, begründet hingegen noch keine Unzumutbarkeit.[466] Zweifellos ist die Fortsetzung des Arbeitsverhältnisses für den Arbeitnehmer jedoch unzumutbar, wenn hinreichende Anhaltspunkte dafür vorliegen, dass der Erwerber den übernommenen Betriebsteil nicht auf Dauer fortführen kann oder will, so dass den übernommenen Arbeitnehmern der Verlust ihres Arbeitsplatzes droht.[467]

Spricht im Rahmen einer **Unternehmensumwandlung** der übernehmende **1069**
Rechtsträger nach Eintragung der Spaltung oder Teilübertragung gem. § 131 (i.V.m. §§ 177, 179) UmwG Kündigungen aus, ist das Verschlechterungsverbot des **§ 323 Abs. 1 UmwG** zu beachten. Wird ein vor dem Umwandlungsvorgang unselbständiger Betriebsteil durch den übernehmenden Rechtsträger als eigenständiger Betrieb weitergeführt, liegt in einer Sozialauswahl allein zwischen den Arbeitnehmern des übernommenen Betriebsteils mittelbar eine Verschlechterung der kündigungsrechtlichen Stellung. Diese stellt jedoch keinen Verstoß gegen § 323 Abs. 1 UmwG dar.[468] Gegen die Subsumtion mittelbarer kündigungsrechtlicher Nachteile, die sich aus einer Veränderung des Bezugsrahmens des § 1 Abs. 2, 3 KSchG ergeben, unter das Verschlechterungsverbot des § 323 Abs. 1 UmwG, spricht die Funktion des § 1 Abs. 3 KSchG. Da dieser dazu dient, eine kündigungsbegründende Unternehmerentscheidung einem bestimmten Arbeitnehmer als Kündigungsadressaten zuzuordnen, verbietet sich mangels einer Verbindung zu einer kündigungsbegründenden Unternehmerentscheidung die Einbeziehung der Arbeitnehmer in die Sozialauswahl, die im Restbetrieb des übertragenden Rechtsträgers verbleiben oder nach der Umwandlung einem dritten Rechtsträger zugeordnet sind.[469] Zudem würde eine auf den ehemaligen Betrieb bezogene Sozialauswahl zu erheblichen Beschränkungen des Kündigungsrechts des übernehmenden Rechtsträgers führen, wenn danach einem Arbeitnehmer gekündigt werden müsste, dessen Arbeitsverhältnis nach der Umwandlung nicht bei dem kündigenden übernehmenden Rechtsträger angesiedelt, sondern beim übertragenden Rechtsträger verblieben oder auf einen dritten Rechtsträger übergegangen ist. Dann könnte die Anwendung des § 323 Abs. 1 UmwG auf ein Kündigungsverbot für die Dauer von zwei Jahren hinauslaufen.[470] Diese Schwierigkeiten könnten lediglich dadurch

---

[466] So auch *Ingelfinger,* ZfA 1996, 591, 602f.; *Lunk,* NZA 1995, 711, 716; a.A. LAG Hamm 21. 6. 1994, NZA 1995, 471, 473f.; LAG Hamm 19. 7. 1994 AP § 1 KSchG 1969 Soziale Auswahl Nr. 27; LAG Berlin 26. 5. 1997 LAGE § 1 KSchG Soziale Auswahl Nr. 20.

[467] Vgl. LAG Hamm 25. 1. 1990 LAGE § 112 BetrVG Nr. 15; LAG Hamm 19. 7. 1994 AP § 1 KSchG 1969 Soziale Auswahl Nr. 27.

[468] So auch *Bütefisch,* S. 119f.; Lutter/*Joost,* UmwG, § 324 Rn. 145; *Kreßel,* BB 1995, 925, 928; *Löwisch,* § 1 KSchG Rn. 336; Kallmeyer/*Willemsen,* UmwG, § 324 Rn. 3; *Willemsen,* NZA 1996, 791, 799f.; a.A. *Bachner,* NJW 1995, 2881, 2884; *Boecken,* Unternehmensumwandlungen und Arbeitsrecht, Rn. 275; BBDW/*Bram,* § 1 KSchG Rn. 320a; *Däubler,* RdA 1995, 136, 143; *Düwell,* NZA 1996, 393, 397; KR/*Etzel,* § 1 KSchG Rn. 610; *Herbst,* AiB 1995, 5, 12; *v. Hoyningen-Huene/Linck,* KSchG, § 23 Rn. 9c, d; *Kallmeyer,* ZIP 1994, 1746, 1757; *Linck,* AR-Blattei, SD 1020.1.2 Rn. 22; *Mengel,* Umwandlungen im Arbeitsrecht, S. 271f.; *Trittin,* AiB 1996, 349, 357; *Trümner,* AiB 1995, 309, 313f.; KR/*Weigand,* § 23 KSchG Rn. 63.

[469] Vgl. *Löwisch,* § 1 KSchG Rn. 336.

[470] So auch *v. Hoyningen-Huene/Linck,* KSchG, § 23 Rn. 9d (der diese Konsequenzen allerdings für rechtlich unproblematisch hält); Lutter/*Joost,* UmwG, § 323 Rn. 15.

überwunden werden, dass der übertragende und der übernehmende Rechtsträger den gespaltenen Betrieb für die Dauer von zwei Jahren gemeinsam führen.[471] Gegen einen derartigen Zwang spricht jedoch, dass hierdurch die unternehmerische Entscheidungsfreiheit der beteiligten Rechtsträger über Gebühr beschränkt wird,[472] was vom Zweck des § 323 Abs. 1 UmwG nicht mehr gedeckt ist.

cc) Betriebsinterner Bezugsrahmen der Sozialauswahl

1070 Die Sozialauswahl findet **nicht betriebsebenenübergreifend** statt. Dies gilt nicht nur für ein (praktisch seltenes) **betriebsebenenübergreifendes Umsetzungsrecht**[473] des Arbeitgebers, sondern auch dann, wenn sich der unmittelbar kündigungsbedrohte Arbeitnehmer wegen einer drohenden Kündigung zur Übernahme eines Arbeitsplatzes auf einer anderen Betriebsebene bereit erklärt, obwohl sein Arbeitsvertrag eine derartige Umsetzungsmöglichkeit bislang nicht vorsah.[474] Hiergegen spricht das Ziel der Sozialauswahl.[475] Dies liegt in der personellen Konkretisierung einer kündigungsbegründenden Unternehmerentscheidung, welche ihrem Inhalt nach auf die Ebene der Betriebshierarchie begrenzt ist, auf welcher der Arbeitsplatz des unmittelbar kündigungsbedrohten Arbeitnehmers angesiedelt ist. Arbeitnehmern, deren Arbeitsplätze einer höheren oder niedrigeren Betriebsebene angehören, kann daraus kein Kündigungsrisiko erwachsen, weil die zugrunde liegende Unternehmerentscheidung nicht den geringsten inhaltlichen Zusammenhang mit ihrem eigenen innerbetrieblichen Einsatzbereich aufweist. Zudem entbehrt eine **„vertikale Vergleichbarkeit"** der notwendigen Berechenbarkeit[476] und trägt das Risiko eines „Verdrängungswettbewerbs nach unten"[477] in sich. Durch die Möglichkeit, seine Bereitschaft zur Übernahme einer Tätigkeit auf einer niedrigeren Betriebsebene zu erklären, könnte das Kündigungsrisiko allerdings – entsprechende Sozialdaten vorausgesetzt – in Form einer Kette bis zur untersten

---

[471] Zur Sozialauswahl im Gemeinschaftsbetrieb mehrerer Unternehmen vgl. Rn. 1063.

[472] *Willemsen,* NZA 1996, 791, 800; Kallmeyer/*Willemsen,* UmwG, § 323 Rn. 6f.

[473] So auch *Löwisch,* § 1 KSchG Rn. 345; *Oetker* AP § 1 KSchG 1969 Soziale Auswahl Nr. 36, II 2b; *ders.,* FS Wiese, 1998, 333, 348; a.A. *Berkowsky,* Die betriebsbedingte Kündigung, § 8 Rn. 47; *D. Gaul,* NZA 1992, 673, 676, 678; APS/*Kiel,* § 1 KSchG Rn. 679.

[474] Z.B. BAG 7. 2. 1985 AP § 1 KSchG 1969 Soziale Auswahl Nr. 9; BAG 29. 3. 1990 AP § 1 KSchG 1969 Betriebsbedingte Kündigung Nr. 50; a.A. *Dänzer-Vanotti,* AuR 1986, 126ff.; *Dudenbostel,* DB 1984, 826, 828; *Meisel,* BB 1963, 1058, 1061; *Rost,* ZIP 1982, 1396, 1402f.

[475] BAG 29. 3. 1990 AP § 1 KSchG 1969 Betriebsbedingte Kündigung Nr. 50; *Boewer,* NZA 1988, 1, 3; HK-KSchG/*Dorndorf,* § 1 Rn. 1042; KR/*Etzel,* § 1 KSchG Rn. 624; *Färber,* NZA 1985, 175, 178; *v. Hoyningen-Huene/Linck,* § 1 KSchG Rn. 447; *Linck,* Die soziale Auswahl, S. 58; *ders.,* AR-Blattei, SD 1020.1.2 Rn. 57; KPK/*Meisel,* Teil H, § 1 Rn. 509; *Oetker* AP § 1 KSchG 1969 Soziale Auswahl Nr. 36, II 2b; *ders.,* FS Wiese, 1998, 333, 348.

[476] *Künzl,* ZTR 1996, 385, 388.

[477] BAG 7. 2. 1985 AP § 1 KSchG 1969 Soziale Auswahl Nr. 9; BAG 29. 3. 1990 AP § 1 KSchG 1969 Betriebsbedingte Kündigung Nr. 50; BAG 10. 11. 1994 AP § 1 KSchG 1969 Betriebsbedingte Kündigung Nr. 65; BAG 17. 9. 1998 AP § 1 KSchG 1969 Nr. 36; *Bauer,* NZA 1987, Beil. 1, 2, 5; HK-KSchG/*Dorndorf,* § 1 Rn. 1042; *Färber,* NZA 1985, 175, 179; *v. Hoyningen-Huene/Linck,* § 1 KSchG Rn. 447; *Hoyningen-Huene,* NZA 1994, 1009, 1013; *Jobs,* DB 1986, 538, 539; *Linck,* AR-Blattei, SD 1020.1.2 Rn. 57; *Löwisch,* § 1 KSchG Rn. 345; *Schulin* EzA § 1 KSchG Soziale Auswahl Nr. 20, S. 28k; *Zwanziger,* NJW 1995, 916, 918; abl. insoweit MünchArbR/*Berkowsky,* § 139 Rn. 56.

Ebene der Betriebshierarchie „durchgereicht" werden. Wenn infolgedessen Kündigungen vorwiegend auf den unteren Ebenen der Betriebshierarchie ausgesprochen würden, wäre dies weder aus sozialen Gründen[478] noch unter personalpolitischen Gesichtspunkten wünschenswert. Räumte man dem Arbeitnehmer, der einen Änderungsvertrag geschlossen hat, zudem die Möglichkeit ein, die Notwendigkeit seines Wechsels auf eine andere Betriebsebene analog § 2 KSchG gerichtlich überprüfen zu lassen,[479] wäre der Arbeitgeber zumindest zwei, möglicherweise aber auch einer Vielzahl von Kündigungsschutzprozessen ausgesetzt.[480]

dd) Einbeziehung besonderer Personengruppen in die Sozialauswahl

Sofern gesetzliche Bestimmungen die Möglichkeit ordentlicher arbeitgeberseitiger Kündigungen ganz ausschließen, sind die betroffenen Arbeitnehmer – unabhängig vom Inhalt ihrer Tätigkeit – nicht in die Sozialauswahl einzubeziehen.[481] Dies gilt insbesondere für **Mitglieder eines Betriebs- oder Personalrats,** einer **Jugend- und Auszubildendenvertretung** (§§ 15 Abs. 1 u. 2 KSchG, 29a Abs. 1 HAG), für **Vertrauenspersonen für Schwerbehinderte** (§ 96 Abs. 3 SGB IX) und für die Mitglieder eines Wahlvorstandes, die für die Durchführung der Wahlen zu den genannten Organen bestellt sind (§§ 15 Abs. 3 KSchG, 29a Abs. 2 HAG, 26 Abs. 3 SchwbG). Diese Kündigungsverbote gehen als leges speciales der allgemeinen Kündigungsschutzbestimmung des § 1 Abs. 3 KSchG vor.[482] Dieselbe Wirkung haben die Kündigungsverbote für **Auszubildende** (§ 15 Abs. 2 BBiG), für **Wehr- und Zivildienstleistende** (§§ 2 Abs. 1 ArbPlSchG, 78 Abs. 1 Nr. 1 ZDG) und für die Teilnehmer an Eignungsübungen (§ 2 Abs. 1 EignÜG).[483] Dies gilt jedoch nur dann, wenn der besondere Kündigungsschutz nicht lediglich bei Kündigungszugang, sondern auch im Zeitpunkt der Beendigung des Arbeitsverhältnisses noch besteht.[484] 1071

Mangels ordentlicher Kündigungsmöglichkeit sind auch **befristet beschäftigte Arbeitnehmer** nicht in die Sozialauswahl einzubeziehen, sofern nicht ausdrücklich ein Recht zur ordentlichen Kündigung vertraglich vereinbart ist.[485] Nach zutreffender Ansicht handelt es sich bei der ordentlichen Unkündbarkeit dieser Arbeit- 1072

---

[478] *Färber,* NZA 1985, 175, 179.

[479] So *Rost,* ZIP 1982, 1396, 1402f.; dagegen *Dänzer-Vanotti,* AuR 1986, 126, 127f.

[480] BAG 7. 2. 1985 u. 17. 9. 1998 AP § 1 KSchG 1969 Soziale Auswahl Nr. 9, 36; *Bauer,* NZA 1987, Beil. 1, 2, 5; *Boewer,* NZA 1988, 1, 3; *Jobs,* DB 1986, 538, 539.

[481] Vgl. statt vieler KR/*Etzel,* § 1 KSchG Rn. 638; APS/*Kiel,* § 1 KSchG Rn. 691; KDZ/*Kittner,* § 1 KSchG Rn. 443; *Künzl,* ZTR 1996, 385, 389; *Löwisch,* § 1 KSchG Rn. 347.

[482] *Berkowsky,* Die betriebsbedingte Kündigung, § 8 Rn. 82; *Bitter/Kiel,* RdA 1994, 333, 354; HK-KSchG/*Dorndorf,* § 1 Rn. 1054; *v. Hoyningen-Huene/Linck,* § 1 KSchG KSchG Rn. 453; APS/*Kiel,* § 1 KSchG Rn. 691; *Linck,* AR-Blattei, SD 1020.1.2 Rn. 31; vgl. auch BAG 8. 8. 1985 AP § 1 KSchG 1969 Soziale Auswahl Nr. 10.

[483] Zur Einbeziehung von Arbeitnehmern mit ruhendem Arbeitsverhältnis in die Sozialauswahl vgl. Rn. 1076.

[484] ArbG Hamburg 23. 4. 1998, AiB 1999, 50.

[485] So im Ergebnis auch die h.M.; vgl. z.B. ErfK/*Ascheid,* § 1 KSchG Rn. 473; *Berkowsky,* Die betriebsbedingte Kündigung, § 8 Rn. 88; *Bütefisch,* S. 132f.; HK-KSchG/*Dorndorf,* § 1 Rn. 1056; *v. Hoyningen-Huene/Linck,* § 1 KSchG KSchG Rn. 455; *Linck,* AR-Blattei, SD 1020.1.2 Rn. 33; KPK-*Meisel,* Teil H, § 1 Rn. 518; a.A. *Löwisch,* § 1 KSchG Rn. 349.

nehmer allerdings nicht um ein gesetzliches Kündigungsverbot. Dies zeigt § 15 Abs. 3 TzBfG, wonach es zur Disposition der Parteien steht, im befristeten Arbeitsverhältnis die Möglichkeit der ordentlichen Kündigung zuzulassen.[486] Fehlt eine Vereinbarung über eine Kündigungsmöglichkeit, beruht die ordentliche Unkündbarkeit des befristet beschäftigten Arbeitnehmers daher auf einem entsprechenden Parteiwillen und nicht auf einer zwingenden Wertung des Gesetzgebers.

1073 Aufgrund der behördlichen Zustimmungserfordernisse der §§ 9 Abs. 3 S. 1 MuSchG, 18 BErzGG sind **Frauen während ihrer Schwangerschaft** und während der ersten vier Monate nach der Entbindung sowie **Arbeitnehmer in der Elternzeit** nur in die Sozialauswahl einzubeziehen, wenn die erforderliche behördliche Zustimmung zu ihrer Kündigung tatsächlich vorliegt.[487] Hingegen ist der Arbeitgeber nicht verpflichtet, die notwendige behördliche Zustimmung herbeizuführen, um so die Einbeziehung dieser Personen in die Sozialauswahl zu ermöglichen. Gleiches soll nach herrschender Meinung für **Schwerbehinderte** gelten, deren Kündigung gem. § 85 SGB IX der Zustimmung des Integrationsamtes bedarf.[488]

1074 Nach zutreffender Ansicht sind Arbeitnehmer, deren ordentliche Kündigung durch eine entsprechende tarif- oder einzelvertragliche Vereinbarung ausgeschlossen ist, nicht in die Sozialauswahl nach § 1 Abs. 3 KSchG einzubeziehen.[489] Auch wenn derartige Klauseln mittelbar zu einer Erhöhung des Kündigungsrisikos für die übrigen Arbeitnehmer führen, sind sie nicht wegen Kollision mit der zwingenden höherrangigen Regelung des § 1 Abs. 3 KSchG nichtig.[490] So ist zunächst der Re-

---

[486] So auch *Bütefisch,* S. 132 f.; *Löwisch,* § 1 KSchG Rn. 349 für § 620 BGB.

[487] So ErfK/*Ascheid,* § 1 KSchG Rn. 472; *Bitter/Kiel,* RdA 1994, 333, 355; HK-KSchG/*Dorndorf,* § 1 Rn. 1053; KR/*Etzel,* § 1 KSchG Rn. 638; *v. Hoyningen-Huene/Linck,* § 1 KSchG KSchG Rn. 454; APS/*Kiel,* § 1 KSchG Rn. 692; *Löwisch,* § 1 KSchG Rn. 347; *B. Preis,* DB 1998, 1761, 1763; a.A. *Linck,* Die soziale Auswahl bei betriebsbedingter Kündigung, S. 37; *Berkowsky,* Die betriebsbedingte Kündigung, § 8 Rn. 86.

[488] Vgl. die Nachweise in der vorstehenden Fußnote.

[489] BAG 17. 5. 1984 AP § 55 BAT Nr. 3; LAG Brandenburg 29. 10. 1998, ZTR 1999, 232; LAG Sachsen 28. 3. 1996 LAGE § 1 KSchG Soziale Auswahl Nr. 18; im Ergebnis ebenso BAG 17. 9. 1998 AP § 626 BGB Nr. 148; vgl. auch BAG 29. 8. 1996 AP Nr. 62 Einigungsvertrag Anlage I Kap. XIX (im Hinblick auf eine Kündigung wegen mangelnden Bedarfs nach Anl. I Kap. XIX Sachgeb. A Abschn. III Nr. 1 Abs. 4 Ziff. 2 des Einigungsvertrages); ErfK/*Ascheid,* § 1 KSchG Rn. 474 f.; *Ascheid,* Kündigungsschutzrecht, Rn. 348; *Berscheid,* BuW 1997, 632, 634; BBDW/*Bram,* § 1 KSchG Rn. 319; *Bütefisch,* S. 137 ff.; *Conze,* ZTR 1987, 99, 106; HK-KSchG/*Dorndorf,* § 1 Rn. 1055 f.; KR/*Etzel,* § 1 KSchG Rn. 639 f.; *Gift,* RdA 1969, 72, 77; *Herschel,* AuR 1977, 137, 143; *Jobs,* DB 1986, 538, 539; APS/*Kiel,* § 1 KSchG Rn. 693 ff.; KDZ/*Kittner,* § 1 KSchG Rn. 445; KPK/*Meisel,* Teil H, § 1 Rn. 519; *Pauly,* AuR 1997, 94, 98; *Pollmann,* Die Sozialauswahl bei der betriebsbedingten Kündigung, S. 20 ff.; *B. Preis,* DB 1998, 1761, 1762 f.; *Schaub,* NZA 1987, 217, 223; *Schwerdtner,* FS Kissel, 1994, 1077, 1093; *Weller,* RdA 1986, 222, 229 f.; *Wendeling-Schröder,* WissR 1994, 167 ff.; *dies.,* FS Kehrmann, 1997, 321, 323 f.; a.A. *ArbG Cottbus,* NZA-RR 2000, 580; *Bauer,* DB 1994, 274, 277; *Bauer/Röder,* S. 156 f.; *Berkowsky,* Die betriebsbedingte Kündigung, § 8 Rn. 96 ff.; *Ehler,* BB 1994, 2068 f.; *Eich,* DB 1976, 1677, 1678; *Frischmann,* ZTR 1996, 344, 346 f.; *v. Hoyningen-Huene/Linck,* § 1 KSchG Rn. 456 ff.; *Kramer,* Kündigungsvereinbarungen, S. 31; *Linck,* Die soziale Auswahl, S. 31 ff.; *Löwisch,* § 1 KSchG Rn. 348 f.; *ders.,* DB 1998, 877, 881; *Oetker,* FS Wiese, 1998, 333, 341 f.; *Wenning-Morgenthaler,* BlStSozArbR 1985, 193 f.

[490] So aber *Berkowsky,* Die betriebsbedingte Kündigung, § 8 Rn. 95 ff., 102 ff.; *Ehler,* BB 1994, 2068, 2069; *Frischmann,* ZTR 1996, 344, 346 f.; *Linck,* Die soziale Auswahl, S. 40 f.;

gelungsgehalt einzel- und tarifvertraglicher Kündigungsverbote nicht mit dem des § 1 Abs. 3 KSchG identisch. Tarif- oder einzelvertragliche Kündigungsschutzvereinbarungen regeln nicht die Sozialauswahl selbst, sondern das Kündigungsrecht des Arbeitgebers gegenüber dem einzelnen Arbeitnehmer. Insoweit besteht ein entscheidender Unterschied zu Auswahlrichtlinien i. S. d. § 95 BetrVG, die an den Vorgaben des § 1 Abs. 3, 4 KSchG zu messen sind. Soweit sich tarif- oder einzelvertragliche Kündigungsschutzvereinbarungen darüber hinaus im Rahmen der Sozialauswahl auf das Verhältnis der Arbeitnehmer zueinander auswirken, handelt es sich hierbei nicht um eine unmittelbare, vom Regelungsgegenstand der Vereinbarung intendierte Wirkung, sondern lediglich um eine mittelbare, reflexartige Wirkung.[491] Darüber hinaus ist zu beachten, dass § 1 Abs. 3 KSchG auch in anderen Fällen mittelbaren Verschlechterungen der kündigungsrechtlichen Position nicht entgegensteht, die sich aus einer i. ü. zulässigen Gestaltung der Arbeitsbedingungen eines anderen Arbeitnehmers ergeben, beispielsweise aus der sehr weiten Fassung der arbeitsvertraglichen Leistungspflicht des unmittelbar kündigungsbedrohten Arbeitnehmers. Auch ist der Arbeitgeber nicht verpflichtet, den auswahlrelevanten Personenkreis – beispielsweise durch Unterlassung von Versetzungen in andere Betriebsteile – seiner Größe nach aufrecht zu erhalten.[492] Wären einzel- und tarifvertragliche Kündigungsschutzklauseln wirkungslos, wäre es auch praktisch unmöglich, einen Personalabbau durch Lohn- bzw. Gehaltsabsenkungen zu vermeiden oder aber einen unvermeidbaren Abbau von Arbeitskapazitäten durch eine Verkürzung der betrieblichen Arbeitszeit durchzuführen und den Arbeitnehmern als Gegenleistung eine verstärkte Arbeitsplatzsicherheit einzuräumen.[493] Dies hätte letztlich zur Konsequenz, dass in größerem Umfang Kündigungen ausgesprochen würden. Dieses Ergebnis ist mit dem Grundgedanken des Bestandsschutzes, welcher die Regelungen des § 1 KSchG prägt, nur schwer zu vereinbaren.

Die Einbeziehung tarif- oder einzelvertraglich ordentlich unkündbarer Arbeit- **1075**
nehmer in die Sozialauswahl ist jedoch ausnahmsweise zulässig, wenn entweder die betrieblichen Erfordernisse eine außerordentliche Kündigung rechtfertigen oder die fragliche Kündigungsschutzvereinbarung rechtsmissbräuchlich ist. Allerdings liegt ein derartiger Rechtsmissbrauch nicht schon dann vor, wenn die entsprechende Vereinbarung in unmittelbarer zeitlicher Nähe zu einem geplanten Personalabbau getroffen worden ist.[494] Hinzutreten müssen vielmehr konkrete Anhaltspunkte, die eine missbräuchliche Einräumung eines Sonderkündigungsschutzes belegen.[495] Daraus muss ersichtlich sein, dass die Kündigungsschutzvereinbarung den Zweck

---

Löwisch, § 1 KSchG Rn. 348f.; vgl. auch *v. Hoyningen-Huene/Linck,* § 1 KSchG Rn. 457ff.; *Künzl,* ZTR 1996, 385, 389.

[491] HK-KSchG/*Dorndorf,* § 1 Rn. 1055; KR/*Etzel,* § 1 KSchG Rn. 640; APS/*Kiel,* § 1 KSchG Rn. 693; *Weller,* RdA 1986, 222, 230; *Wendeling-Schröder,* WissR 1994, 167, 169f.; *dies.,* FS Kehrmann, 1997, 321, 323f.

[492] KR/*Etzel,* § 1 KSchG Rn. 640; *Herschel,* AuR 1977, 137, 143; *Lück,* Probleme der Sozialauswahl, S. 57; *Schaub,* NZA 1987, 217, 223; *Schwerdtner,* FS Kissel, 1994, 1077, 1093; *Weller,* RdA 1986, 222, 230.

[493] Vgl. *Gamillscheg,* Anm. EzA § 95 BetrVG Nr. 1; KDZ/*Kittner,* § 1 KSchG Rn. 445; *Wendeling-Schröder,* WissR 1994, 167, 168, 170f.

[494] So aber *Ascheid,* RdA 1997, 333, 335; *Schwerdtner,* FS Kissel, 1994, 1077, 1093.

[495] KR/*Etzel,* § 1 KSchG Rn. 640; APS/*Kiel,* § 1 KSchG Rn. 700; vgl. auch BAG 29. 8. 1996, B II 4d. Gr. AP Nr. 62 Einigungsvertrag Anlage I Kap. XIX.

verfolgt, bestimmte Arbeitnehmer aus der Sozialauswahl auszuschließen, ohne dass es hierfür einen sachlichen Grund gibt.[496] Dabei kommt es auf eine Umgehungsabsicht oder eine bewusste Mißachtung der zwingenden Rechtsnorm nicht an. Entscheidend ist vielmehr die objektive Funktionswidrigkeit des Rechtsgeschäfts.[497] Bei tarifvertraglichen Kündigungsverboten kommt ein Rechtsmissbrauch nur in Betracht, wenn die von den Tarifvertragsparteien festgelegten Voraussetzungen der ordentlichen Unkündbarkeit einer sachlichen Rechtfertigung entbehren und auch innerhalb der Gruppe der tarifgebundenen Arbeitnehmer zu groben Unbilligkeiten führen. In der Praxis besteht die Gefahr eines Rechtsmissbrauchs vorwiegend hinsichtlich einzelvertraglicher Kündigungsschutzvereinbarungen.

1076 **Arbeitnehmer mit ruhendem Arbeitsverhältnis,** für die kein gesetzliches Kündigungsverbot besteht, sind nach zutreffender Ansicht in die Sozialauswahl einzubeziehen.[498] Entscheidend hierfür ist, dass während des Ruhens des Arbeitsverhältnisses nicht nur das Arbeitsverhältnis, sondern auch die Betriebszugehörigkeit des Arbeitnehmers fortbesteht.[499] Trotz seiner vorübergehenden Abwesenheit bleibt dieser Arbeitnehmer – zumindest längerfristig betrachtet – in die unternehmerische und personelle Konzeption seines Arbeitgebers eingebunden und untersteht weiterhin seiner personellen Leitungsmacht. Entgegen der Ansicht des BAG[500] kann für die Kündigung eines Arbeitnehmers, dessen Arbeitsverhältnis ruht, durchaus ein dringendes betriebliches Bedürfnis bestehen, da nicht der Arbeitsplatz gerade des Arbeitnehmers wegfallen muss, dem gegenüber letztlich die Kündigung ausgesprochen wird.[501] Steht die Rückkehr des Arbeitnehmers nicht in näherer Zukunft bevor bzw. lässt sie sich nicht einseitig herbeiführen, würde die Kündigung dieses Arbeitnehmers jedoch nicht zu der angestrebten Reduzierung des Arbeitsvolumens und der Lohnkosten führen.[502] Daher besteht analog § 1 Abs. 3 S. 2 KSchG ein berechtigtes betriebliches Bedürfnis für die Aufrechterhaltung des Arbeitsverhältnisses mit dem abwesenden Arbeitnehmer.[503]

1077 **Arbeitnehmer mit Betriebs-/Unternehmenszugehörigkeit von weniger als 6 Monaten,** die gem. § 1 Abs. 1 KSchG noch keinen allgemeinen gesetzlichen Kündigungsschutz genießen, sind mit den übrigen Arbeitnehmern nicht vergleich-

---

[496] LAG Sachsen 28. 3. 1996 LAGE § 1 KSchG Soziale Auswahl Nr. 18; ErfK/*Ascheid,* § 1 KSchG Rn. 475; HK-KSchG/*Dorndorf,* § 1 Rn. 1055a; *Gift,* RdA 1969, 72, 77; KDZ/*Kittner,* § 1 KSchG Rn. 445; *Lück,* Probleme der Sozialauswahl, S. 60f.

[497] Grundlegend hierzu BAG (GS) 12. 10. 1960 AP § 620 BGB Befristeter Arbeitsvertrag Nr. 16; ebenso BAG 16. 10. 1987 AP § 53 BAT Nr. 2.

[498] So HK-KSchG/*Dorndorf,* § 1 Rn. 1052; *v. Hoyningen-Huene/Linck,* § 1 KSchG Rn. 438; *Linck,* Die soziale Auswahl, S. 27ff.; *Schiefer,* Betriebsbedingte Kündigung, S. 48; a.A. LAG Berlin 28. 2. 1983, DB 1984, 673, 674; KDZ/*Kittner,* § 1 KSchG Rn. 446.

[499] BAG 26. 2. 1987 AP § 1 KSchG 1969 Soziale Auswahl Nr. 15; *v. Hoyningen-Huene/Linck,* § 1 KSchG Rn. 437; *Linck,* Die soziale Auswahl, S. 28; a.A. *Meisel,* DB 1991, 92, 93.

[500] BAG 26. 2. 1987 AP § 1 KSchG 1969 Soziale Auswahl Nr. 15; dem folgend KR/*Etzel,* § 1 KSchG Rn. 641; ähnlich KDZ/*Kittner,* § 1 KSchG Rn. 446; dagegen *Linck,* Die soziale Auswahl, S. 29ff.

[501] Grundlegend BAG 30. 5. 1985 AP § 1 KSchG 1969 Betriebsbedingte Kündigung Nr. 24.

[502] Vgl. BAG 26. 2. 1987 AP § 1 KSchG 1969 Soziale Auswahl Nr. 15.

[503] HK-KSchG/*Dorndorf,* § 1 Rn. 1052; *v. Hoyningen-Huene/Linck,* § 1 KSchG Rn. 438; *Linck,* Die soziale Auswahl, S. 29ff.

bar. Spricht der Arbeitgeber aus betrieblichen Gründen eine Kündigung gegenüber einem Arbeitnehmer aus, der noch nicht in den Schutzbereich des KSchG fällt, kann sich dieser nicht darauf berufen, ein anderer, vergleichbarer Arbeitnehmer, der den Schutz des KSchG genießt, sei sozial weniger schutzbedürftig.[504] Spricht der Arbeitgeber gegenüber einem Arbeitnehmer, für den das KSchG gilt, eine Kündigung aus, obwohl dem Betrieb auch ein Arbeitnehmer angehört, der mit dem Gekündigten vergleichbar ist, die Wartezeit des § 1 Abs. 1 KSchG aber noch nicht erfüllt hat, ist dessen Kündigung ohne Rücksicht auf seine soziale Schutzbedüftigkeit vorrangig.

In die Sozialauswahl sind auch **bereits gekündigte Arbeitnehmer** einzubeziehen, **die während des Kündigungsschutzprozesses** gem. § 102 Abs. 5 BetrVG oder kraft eines richterlichen Weiterbeschäftigungsurteils **weiterbeschäftigt werden.**[505] Der bloß vorübergehend weiterbeschäftigte Arbeitnehmer genießt bei einer erneuten Kündigung keine weitergehenden Bestandsschutz. **1078**

Das BAG macht die Notwendigkeit einer Sozialauswahl zwischen **Teilzeitbeschäftigten** und Vollzeitbeschäftigten vom Inhalt der kündigungsbegründenden Unternehmerentscheidung abhängig.[506] Nach zutreffender Ansicht sind Teilzeitbeschäftigte prinzipiell in die Sozialauswahl einzubeziehen.[507] Gegen die Ansicht, dass Arbeitnehmer mit unterschiedlicher Arbeitszeit prinzipiell nicht vergleichbar seien,[508] sprechen nunmehr §§ 2 Abs. 1 S. 3, 4 Abs. 1 S. 1 TzBfG. Das BAG geht ebenso davon aus, dass ein Ausschluss der Vergleichbarkeit eine Ungleichbehandlung bedeutet,[509] die ihre sachliche Rechtfertigung aber in dem sich aus der Vertragsgestaltung folgenden Direktionsrecht finden können soll.[510] Dies vermag jedoch nicht zu überzeugen, weil die Vertragsgestaltung gerade die Vereinbarung der Teilzeit ist.[511] **1079**

---

[504] BAG 25. 4. 1985 AP § 1 KSchG 1969 Soziale Auswahl Nr. 7; anders noch BAG 19. 4. 1979 EzA § 1 KSchG Betriebsbedingte Kündigung Nr. 11.

[505] Vgl. HK-KSchG/*Dorndorf,* § 1 Rn. 1058; APS/*Kiel,* § 1 KSchG Rn. 690; *Linck,* Die soziale Auswahl, S. 48f.

[506] BAG 3. 12. 1998 u. 12. 8. 1999 AP § 1 KSchG 1969 Soziale Auswahl Nr. 39, 44; LAG Schleswig-Holstein 1. 4. 1999 LAGE § 1 KSchG Soziale Auswahl Nr. 30; ähnlich *v. Hoyningen-Huene/Linck,* § 1 KSchG Rn. 443f.; APS/*Kiel,* § 1 KSchG Rn. 684f.; *Linck,* AR-Blattei, SD 1020.1.2 Rn. 64f.; *Oetker,* RdA 1999, 267, 268; *ders.,* FS Wiese, 1998, 333, 349.

[507] Für eine Sozialauswahl zwischen Arbeitnehmern mit unterschiedlichem individuellen Arbeitsvolumen unter Berufung auf § 2 Abs. 1 BeschFG *LAG Köln* 20. 8. 1993 LAGE § 1 KSchG Soziale Auswahl Nr. 8; Hessisches LAG 14. 7. 1997 LAGE § 1 KSchG Soziale Auswahl Nr. 23; LAG Berlin 3. 4. 1998, AuA 1999, 186; ErfK/*Ascheid,* § 1 KSchG Rn. 485; BBDW/*Bram,* § 1 KSchG Rn. 319d; HK-KSchG/*Dorndorf,* § 1 Rn. 1046; *Künzl,* ZTR 1996, 385, 388f.; *Langenbucher,* SAE 1999, 170, 175; *Linck,* Die soziale Auswahl, S. 60f.; *Löwisch,* § 1 KSchG Rn. 343; *Preis/Bütefisch* EzA § 1 KSchG Soziale Auswahl Nr. 37; *Rühle,* DB 1994, 834, 836f.; a. A. (Begrenzung der Vergleichbarkeit auf die Reichweite des Direktionsrechts) *Bauer/Klein,* BB 1999, 1162, 1164f.; MünchArbR/*Berkowsky,* § 139 Rn. 63f.; KR/*Etzel,* § 1 KSchG Rn. 625; KPK/*Meisel,* Teil H, § 1 Rn. 510; *Oetker* AP Nr. 36 § 1 KSchG 1969 Soziale Auswahl, III.; *ders.,* FS Wiese, 1998, 333, 348f.; *Schiefer,* Betriebsbedingte Kündigung, S. 54; *Schröder,* ZTR 1995, 394, 397f.

[508] So aber *Bauer/Klein,* BB 1999, 1162, 1164f.; diesen nicht folgend BAG 12. 8. 1999 AP § 1 KSchG 1969 Soziale Auswahl Nr. 44.

[509] So ausdrücklich BAG 12. 8. 1999 AP § 1 KSchG 1969 Soziale Auswahl Nr. 44.

[510] Vgl. BAG 19. 3. 1998 AP § 1 KSchG Soziale Auswahl Nr. 39.

[511] *Preis/Bütefisch,* Anm. EzA § 1 KSchG Soziale Auswahl Nr. 37.

1080 Nicht zu bezweifeln ist, dass sich in bestimmten Fällen die **unternehmerische Freiheit** gegenüber dem **Gleichbehandlungsgebot** aus § 4 Abs. 1 TzBfG durchsetzt; der Arbeitgeber wird kündigungsrechtlich nicht dazu gezwungen, seinen Betrieb mit Vollzeit- oder Teilzeitkräften zu gestalten.[512] Die Organisationsentscheidung des Arbeitgebers, Teilzeitstellen in Vollzeitstellen umzuwandeln, wird man jedenfalls dann hinnehmen müssen, wenn der Arbeitgeber auf Grund der jetzt in § 8 Abs. 4 TzBfG enthaltenen Wertung einen Teilzeitwunsch des Arbeitnehmers ablehnen dürfte, also dann, wenn betriebliche Gründe vorliegen, wie z. B. eine wesentliche Beeinträchtigung der Organisation, des Arbeitsablaufes oder der Sicherheit im Betrieb oder auf Grund unverhältnismäßiger Kosten.[513] Mindestens muss das unternehmerische Konzept aber von plausiblen wirtschaftlichen oder unternehmenspolitischen Gründen getragen sein.[514] Ausreichend und nicht durch die Gerichte korrigierbar ist z. B. die Entscheidung, aus Gründen der Pädagogik, die Kinder einer Kindergartengruppe vor- und nachmittags durch dieselbe Erzieherin betreuen zu lassen.[515] Keineswegs reicht aber der Vortrag, der Arbeitgeber wolle in Zukunft nur noch mit Vollzeitkräften oder mit Teilzeitkräften arbeiten, um insoweit die Sozialauswahl zu beschränken.[516]

1081 Nach zutreffender Ansicht ist der Arbeitgeber nicht nur dann zu einer Sozialauswahl zwischen Arbeitnehmern mit unterschiedlicher individueller Arbeitszeit verpflichtet, wenn ein Personalüberhang entweder durch die Kündigung eines oder mehrerer Vollzeitbeschäftigter oder aber durch die Entlassung einer größeren Zahl von Teilzeitbeschäftigten abgebaut wird, ohne dass für die weiterbeschäftigten Arbeitnehmer eine Änderung des Arbeitsvertrages erforderlich würde. Gleiches gilt, wenn sich hierdurch die Notwendigkeit einer Vertragsänderung für einen der weiterbeschäftigten Arbeitnehmer ergibt,[517] weil das abzubauende Beschäftigungsvolumen nicht exakt dem Beschäftigungsumfang der Voll- und Teilzeitbeschäftigten entspricht, die nach ihrer sozialen Schutzbedürftigkeit vorrangig für eine Kündigung in Betracht kommen. Dies gilt z. B. dann, wenn die Arbeitszeit eines sozial schwächeren Vollzeitbeschäftigten auf das Beschäftigungsvolumen des entlassenen Teilzeitbeschäftigten reduziert wird, wobei allerdings zur Vermeidung eines doppelten Kündigungsrisikos der Vollzeitbeschäftigte der Reduzierung seines Arbeits-

---

[512] BAG 19. 3. 1993 EzA § 1 KSchG Betriebsbedingte Kündigung Nr. 73; BAG 3. 12. 1998 u. 12. 8. 1999 AP § 1 KSchG 1969 Soziale Auswahl Nr. 39, 44.

[513] Vgl. hierzu *Beckschulze,* DB 2000, 2698 ff.; *Däubler,* ZIP 2000,1961, 1963; *ders.* ZIP 20001, 217, 219 ff.; *Kliemt,* NZA 2001, 63, 65 f.; *Lakies,* DZWiR 2001, 1, 2 f.; *Lindemann/Simon,* BB 2001,146, 148 ff.; *Preis/Gotthardt,* DB 2000, 2065, 2068; *dies,* DB 2001, 145, 147 f.; *Richardi/Annuß,* BB 2000, 2201, 2202; *Schiefer,* DB 2000, 2118, 2120.

[514] Vgl. APS/*Kiel,* § 1 KSchG Rn. 553; KR/*Etzel,* § 1 KSchG Rn. 562; BAG 12. 8. 1999 § 1 KSchG 1969 Soziale Auswahl (nachvollziebares unternehmerisches Konzept der Arbeitszeitgestaltung) AP Nr. 44.

[515] LAG Hamm 13. 10. 1998, RzK I 7 a Nr. 13.

[516] Vgl. BAG 12. 8. 1999 AP § 1 KSchG 1969 Soziale Auswahl Nr. 44.

[517] So *Bütefisch,* S. 167; *Linck,* Die soziale Auswahl, S. 60 f.; *Preis/Bütefisch,* Anm. EzA § 1 KSchG Soziale Auswahl Nr. 39 § 1 KSchG; a. A. BAG 10. 11. 1983, 2 AZR 317/82 – juris (vor Inkrafttreten des BeschFG bzw. TzBfG); MünchArbR/*Berkowsky,* § 139 Rn. 63 f.; KR/*Etzel,* § 1 KSchG Rn. 625; KPK/*Meisel,* Teil H, § 1 Rn. 510; *Rheinfelder/Zwanziger,* DB 1996, 677, 680; *Schiefer,* Betriebsbedingte Kündigung, S. 54; *Schröder,* ZTR 1995, 394, 397 f.

volumens vorbehaltlos zustimmen muss.[518] Hierbei wird der Beschäftigungsanspruch des Vollzeitbeschäftigten nicht erweitert.

Entfällt dagegen der Beschäftigungsbedarf nur für eine Teilzeitstelle und ist der Teilzeitbeschäftigte sozial schutzbedürftiger als ein vergleichbarer Vollzeitbeschäftigter, ist es keine gesetzeskonforme Lösung, das Arbeitszeitvolumen des Teilzeitbeschäftigten zu erhöhen und den Vollzeitbeschäftigten zu entlassen.[519] Dem steht der Zweck des § 1 Abs. 3 S. 1 KSchG entgegen, der den Arbeitnehmer vor dem Verlust des Arbeitsverhältnisses mit seinem bisherigen Inhalt schützen, nicht aber darüber hinaus zu einer Erweiterung des Beschäftigunganspruchs führen soll. Der EuGH[520] sieht in der Umsetzung des Teilzeitbeschäftigten auf einen Vollzeitarbeitsplatz ebenfalls eine Bevorzugung von teilzeitbeschäftigten Arbeitnehmern, welche gemeinschaftsrechtlich nicht geboten ist und deren Ablehnung im Rahmen von § 1 Abs. 3 S. 1 KSchG auf den obigen Erwägungen und nicht auf dem Geschlecht des Arbeitnehmers beruht. Das BAG befürwortet deshalb eine Änderungskündigung des stärkeren Vollzeitbeschäftigten.[521] Das Kündigungsverbot des § 11 TzBfG ändert an den dargestellten Grundlagen der Sozialauswahl nichts.[522] Zum einen bezieht es sich nur auf den Kündigungsgrund als solchen. Kommt es auf Grund der vorzunehmenden Sozialauswahl zu einer Änderungskündigung eines Vollzeitbeschäftigten oder zur Kündigung eines Teilzeitbeschäftigten, so beruht die Kündigung auf dem fehlenden Beschäftigungsbedarf bzw. auf dem hinzunehmenden unternehmerischen Konzept, nicht aber auf der Weigerung, Voll- oder Teilzeit zu arbeiten. 1082

ee) Anforderungsprofile der fortbestehenden Arbeitsplätze als Maßstab der Vergleichbarkeit

Im Interesse des Arbeitgebers muss sichergestellt sein, dass der sozial schwächere Arbeitnehmer die Anforderungen des Arbeitsplatzes erfüllt, auf dem er zukünftig beschäftigt werden soll. Zudem ist es dem bisherigen Arbeitsplatzinhaber nicht zuzumuten, dass er seinen Arbeitsplatz zugunsten eines anderen Arbeitnehmers verliert, obwohl dieser den Anforderungen des Arbeitsplatzes nicht gewachsen ist. Dabei gilt für die **Abgrenzung zwischen der Prüfung der Vergleichbarkeit,** von der die Zusammensetzung des auswahlrelevanten Personenkreises abhängt, **und § 1 Abs. 3 S. 2 KSchG,** der die Ausnahme einzelner Arbeitnehmer von der Sozialauswahl rechtfertigt, folgendes: Ob der Arbeitnehmer die handwerklich-technischen Fähigkeiten zur Ausübung bestimmter Tätigkeiten oder andere berufliche Kenntnisse, die ggf. durch eine entsprechende Berufsausbildung oder Zusatzausbildungen nachweisbar sind, besitzt (sog. tätigkeitsbezogene Anforderungen), ist im Rahmen der Vergleichbarkeit zu prüfen.[523] Diese Prüfung erstreckt sich nach 1083

---

518 So ArbG Wiesbaden 29. 8. 1985, DB 1985, 2565; Hessisches LAG 14. 7. 1997 LAGE § 1 KSchG Soziale Auswahl Nr. 23; HK-KSchG/*Dorndorf,* § 1 Rn. 1046; *Preis/Bütefisch,* Anm. EzA § 1 KSchG Soziale Auswahl Nr. 37; *Rühle,* DB 1994, 834, 836f.

519 So aber LAG Hessen 14. 7. 1997 LAGE § 1 KSchG Soziale Auswahl Nr. 23; *Rühle,* DB 1994, 834, 836f.; dagegen MünchArbR/*Berkowsky,* § 139 Rn. 65.

520 *EuGH* 26. 9. 2000, EAS RL 76/207/EWG Art. 5 Nr. 15.

521 BAG 3. 12. 1998 u. 12. 8. 1999 AP § 1 KSchG 1969 Soziale Auswahl Nr. 39, 44, krit. *Preis/Bütefisch,* Anm. EzA § 1 KSchG Soziale Auswahl Nr. 37.

522 *Preis/Gotthardt,* DB 2000, 2065, 2069.

523 BAG 5. 5. 1994 AP § 1 KSchG 1969 Soziale Auswahl Nr. 23; ebenso KR/*Etzel,* § 1 KSchG Rn. 618; *v. Hoyningen-Huene/Linck,* § 1 KSchG Rn. 451.

Ansicht des BAG nicht nur auf die Grundfertigkeiten des jeweiligen Berufs,[524] sondern auch auf die Spezialkenntnisse, die für den fortbestehenden Arbeitsplatz vonnöten sind.[525] Ob der Arbeitnehmer über die notwendigen persönlichen Eigenschaften für eine erfolgreiche Arbeitsleistung verfügt, beispielsweise die Fähigkeit zur Erbringung einer qualitativ hochwertigen Leistung, Einsatzbereitschaft, Zuverlässigkeit, Lernfähigkeit und Lernbereitschaft, Führungsqualitäten oder Geschick im Umgang mit Kunden oder Lieferanten, stellt eine Frage des § 1 Abs. 3 S. 2 KSchG dar.[526] Dies bedeutet, dass insbesondere **(personen- oder verhaltensbedingte) Leistungsmängel und krankheitsbedingte Fehlzeiten** bei der Bestimmung des auswahlrelevanten Personenkreises keine Rolle spielen.[527]

1084 Ob der Arbeitnehmer den tätigkeitsbezogenen Anforderungen des fortbestehenden Arbeitsplatzes gewachsen ist, ist durch einen Vergleich zwischen dem Anforderungsprofil des fortbestehenden Arbeitsplatzes und dem Eignungsprofil des unmittelbar kündigungsbedrohten Arbeitnehmers zu ermitteln.[528] Dieser Ansatz liegt auch der ständigen Rechtsprechung des BAG zugrunde. Danach setzt die Vergleichbarkeit voraus, dass der Arbeitnehmer, dessen Arbeitsplatz weggefallen ist, die Funktion des anderen Arbeitnehmers wahrnehmen kann, was nicht nur bei identischen Tätigkeiten der Fall ist, sondern auch dann, wenn der Arbeitnehmer auf Grund seiner Fähigkeit und Ausbildung eine andersartige, aber gleichwertige Tätigkeit ausüben kann.[529]

1085 Hingegen würde eine Gegenüberstellung der Anforderungsprofile darauf hinauslaufen, dass die Vergleichbarkeit nur dann zu bejahen wäre, wenn der unmittelbar kündigungsbedrohte Arbeitnehmer, dessen Arbeitsplatz weggefallen ist, und der sozial stärkere Arbeitnehmer, dessen Arbeitsplatz unverändert fortbesteht, wechselseitig austauschbar wären.[530] Eine derartige Beschränkung der Sozialauswahl widerspricht jedoch der Intention des Gesetzgebers, der die Sozialauswahl gerade nicht auf Arbeitnehmer begrenzen wollte, die eine gleichartige Tätigkeit ausüben. Reicht daher eine einseitige Austauschbarkeit aus,[531] bedeutet dies allerdings gleichzeitig, dass der Arbeitnehmer, dessen Arbeitsplatz fortbesteht, ein Kün-

---

[524] Dazu *LAG Köln* 10. 2. 1995 LAGE § 1 KSchG Betriebsbedingte Kündigung Nr. 30.

[525] BAG 5. 5. 1994 AP § 1 KSchG 1969 Soziale Auswahl Nr. 23; ebenso HK-KSchG/*Dorndorf,* § 1 Rn. 1047; *v. Hoyningen-Huene/Linck,* § 1 KSchG Rn. 451, 451b; *Linck,* AR-Blattei, SD 1020.1.2 Rn. 49.

[526] Vgl. BAG 24. 3. 1983 AP § 1 KSchG 1969 Betriebsbedingte Kündigung Nr. 12.

[527] So auch HK-KSchG/*Dorndorf,* § 1 Rn. 1050; KR/*Etzel,* § 1 KSchG Rn. 619; *v. Hoyningen-Huene/Linck,* § 1 KSchG Rn. 452; KDZ/*Kittner,* § 1 KSchG Rn. 458f.; *Linck,* Die soziale Auswahl, S. 53; *Löwisch,* § 1 KSchG Rn. 339; mißverständlich BAG 6. 11. 1997 AP § 1 KSchG 1969 Nr. 42.

[528] So ausdrücklich *Berkowsky,* NZA 1996, 290, 293; *Dudenbostel,* DB 1984, 826, 827; *Färber,* NZA 1985, 175, 176.

[529] St. Rspr. z.B. BAG 7. 4. 1993 AP § 1 KSchG 1969 Soziale Auswahl Nr. 22; ebenso HK-KSchG/*Dorndorf,* § 1 Rn. 1040; KR/*Etzel,* § 1 KSchG Rn. 618; *v. Hoyningen-Huene/Linck,* § 1 KSchG Rn. 445; *Linck,* Die soziale Auswahl, S. 50f.

[530] Zwar verlangt das BAG in seinen einleitenden Obersätzen regelmäßig eine wechselseitige Austauschbarkeit, prüft sodann jedoch lediglich, ob der unmittelbar kündigungsbedrohte Arbeitnehmer den fortbestehenden Arbeitsplatz übernehmen kann; z.B. BAG 29. 3. 1990 AP § 1 KSchG 1969 Betriebsbedingte Kündigung Nr. 50.

[531] So auch *Berkowsky,* Die betriebsbedingte Kündigung, § 8 Rn. 44; KR/*Etzel,* § 1 KSchG Rn. 618; *Schulin,* Anm. EzA § 1 KSchG Nr. 20.

digungsrisiko unabhängig davon trägt, ob er gerade auf den weggefallenen Arbeitsplatz hätte versetzt werden können.

Sofern die **Anforderungsprofile** des weggefallenen und des fortbestehenden Arbeitsplatzes **identisch** sind, ist die Vergleichbarkeit auch dann zu bejahen, wenn der Arbeitnehmer bereits den Anforderungen des bisherigen Arbeitsplatzes nicht gewachsen war,[532] denn sonst würde dem Arbeitgeber über die Sozialauswahl die Möglichkeit gegeben, frühere personelle Fehlentscheidungen zu korrigieren. Weist der fortbestehende Arbeitsplatz ein **anderes Anforderungsprofil** auf als der bisherige, nun weggefallene Arbeitsplatz, kommt es darauf an, wie der Arbeitgeber diesen Arbeitsplatz in einer **Stellenausschreibung** charakterisieren würde, wenn der Arbeitsplatz aus anderen Gründen neu zu besetzen wäre.[533] In naher Zukunft bevorstehende Veränderungen des Anforderungsprofils, die im Zeitpunkt des Kündigungszugangs bereits feststehen, sind dabei auf Grund des Prognoseprinzips zu berücksichtigen.[534] Inwieweit Nebentätigkeiten, die von dem bisherigen Arbeitsplatzinhaber verrichtet worden sind, in das Anforderungsprofil dieses Arbeitsplatzes einfließen, ist davon abhängig, in wie engem Zusammenhang diese Zusatzaufgaben zur Erbringung der Haupttätigkeit stehen und damit die Gesamttätigkeit prägen.[535] 1086

Zur Bestimmung des **Eignungsprofils des unmittelbar kündigungsbedrohten Arbeitnehmers** ist zunächst dessen Arbeitsvertrag heranzuziehen. Die Bestimmung des Eignungsprofils anhand der vertraglichen Leistungspflicht des Arbeitnehmers führt vor allem dazu, dass zusätzliche Qualifikationen, die der unmittelbar kündigungsbedrohte Arbeitnehmer besitzt, die aber keinen Eingang in die arbeitsvertragliche Leistungsbeschreibung gefunden haben, nicht zu einer Erweiterung des auswahlrelevanten Personenkreises führen.[536] Zudem bestimmt sich das Eignungsprofil des unmittelbar kündigungsbedrohten Arbeitnehmers nach seinen tatsächlichen Fähigkeiten und Kenntnissen, wie sie sich auf Grund seiner Ausbildung und des bisherigen Verlaufs des Arbeitsverhältnisses darstellen. 1087

Der **identischen tariflichen Eingruppierung** kommt lediglich bei ausgesprochenen Hilfstätigkeiten, die in die untersten Lohn- und Gehaltsgruppen eingestuft sind, ein Indizwert für die Eignung des Arbeitnehmers für den fortbestehenden Arbeitsplatz zu.[537] Allerdings befreit auch bei Hilfstätigkeiten das Indiz der identischen tariflichen Eingruppierung den Arbeitgeber nicht gänzlich von einer Einzelfallprüfung, sondern begründet lediglich eine Vermutung für die Eignung des Arbeitnehmers. Diese reicht desto weiter, je konkreter der Tarifvertrag die notwendigen Fähigkeiten und Qualifikationen festlegt.[538] 1088

---

[532] KDZ/*Kittner,* § 1 KSchG Rn. 458.

[533] *Mummenhoff,* Anm. AP § 1 KSchG 1969 Soziale Auswahl Nr. 23.

[534] LAG Hamm 8. 3. 1994 LAGE § 1 KSchG Soziale Auswahl Nr. 9.

[535] Ausführl. hierzu *Lück,* Probleme der Sozialauswahl, S. 80f.; *B. Preis,* DB 1984, 2244, 2247.

[536] ErfK/*Ascheid,* § 1 KSchG Rn. 482; MünchArbR/*Berkowsky,* § 139 Rn. 29f.

[537] BAG 25. 4. 1985 AP § 1 KSchG 1969 Soziale Auswahl Nr. 7; BAG 15. 6. 1989 AP § 1 KSchG 1969 Soziale Auswahl Nr. 18; HK-KSchG/*Dorndorf,* § 1 Rn. 1049; KR/*Etzel,* § 1 KSchG Rn. 618; *v. Hoyningen-Huene/Linck,* § 1 KSchG Rn. 451a; *Jobs,* DB 1986, 538; KDZ/*Kittner,* § 1 KSchG Rn. 453; *Linck,* Die soziale Auswahl, S. 53; *B. Preis,* DB 1984, 2244, 2247.

[538] Ähnlich auch *Lück,* Probleme der Sozialauswahl, S. 80f.

1089 Anerkanntermaßen ist der unmittelbar kündigungsbedrohte Arbeitnehmer nicht nur dann als für den fortbestehenden Arbeitsplatz geeignet anzusehen, wenn er die dort auszuübenden Tätigkeiten sofort übernehmen kann. Vielmehr ist ihm eine gewisse **Einarbeitungszeit** zuzubilligen, um seine Fähigkeiten oder Kenntnisse fortzuentwickeln, sofern sein Qualifikationsstand noch nicht den Anforderungen des fortbestehenden Arbeitsplatzes entspricht. Allein die Einarbeitungszeit, die notwendig ist, um einen Routinevorsprung[539] des bisherigen Arbeitsplatzinhabers aufzuholen, steht der Vergleichbarkeit nicht im Wege.[540] Die in der Literatur vorgeschlagenen, festen Zeitspannen, die im Übrigen zwischen 1 Woche und 6 Monaten divergieren,[541] erscheinen angesichts der unterschiedlichen inhaltlichen Anforderungen des einzelnen Arbeitsplatzes als Maßstab nur wenig geeignet. Ebensowenig überzeugend ist es, die betriebsübliche oder tarifliche Probezeit als Höchstdauer der Einarbeitungszeit heranzuziehen,[542] denn dieser Ansatz läuft praktisch ebenfalls auf eine für alle Berufe gleich lange Höchsteinarbeitungszeit von sechs Monaten hinaus. Zudem trägt im Falle einer Versetzung nach § 1 Abs. 3 KSchG nicht der Arbeitgeber allein das Risiko einer Fehlbesetzung der entsprechenden Arbeitsstelle, sondern auch der ehemalige, sozial stärkere Arbeitnehmer, dessen Kündigung überflüssig gewesen wäre, wenn sich der sozial schwächere Arbeitnehmer als für den Arbeitsplatz ungeeignet erweist.[543] Um dieses Risiko des bisherigen Arbeitsplatzinhabers in zumutbaren Grenzen zu halten, muss eine große Wahrscheinlichkeit dafür sprechen, dass der sozial schwächere Arbeitnehmer den Anforderungen des fortbestehenden Arbeitsplatzes gewachsen ist. Dementsprechend hält auch das BAG lediglich eine kurze Einarbeitungszeit für zulässig.[544] Unter Hinweis auf die notwendige „alsbaldige Substituierbarkeit“ hat es eine notwendige Einarbeitungszeit von drei Monaten als zu lang bewertet.[545] Gegen den Vorschlag, die Kündigungsfrist des unmittelbar kündigungsbedrohten Arbeitnehmers als Maßstab für die Länge der Einarbeitungszeit heranzuziehen,[546] spricht, dass dadurch im Ergebnis die

---

[539] Zum Begriff vgl. *Linck,* Die soziale Auswahl, S. 52.

[540] BAG 25. 4. 1985 AP § 1 KSchG 1969 Soziale Auswahl Nr. 7; BAG 15. 6. 1989 AP § 1 KSchG 1969 Soziale Auswahl Nr. 18; BAG 5. 5. 1994 AP § 1 KSchG 1969 Soziale Auswahl Nr. 23; ErfK/*Ascheid,* § 1 KSchG Rn. 483; *Berkowsky,* Die betriebsbedingte Kündigung, § 8 Rn. 79; HK-KSchG/*Dorndorf,* § 1 Rn. 1047; KR/*Etzel,* § 1 KSchG Rn. 620; *v. Hoyningen-Huene/Linck,* § 1 KSchG Rn. 451; *Linck,* AR-Blattei, SD 1020.1.2 Rn. 50; *Löwisch,* § 1 KSchG Rn. 338.

[541] Vgl. *Corts,* BlStSozArbR 1982, 1, 3 (max. 1 Woche); ArbG Kiel 5. 95. 1997, NZA-RR 1998, 67, 69 (max. 8 Wochen); ArbG Wetzlar 26. 7. 1983, DB 1983, 2785 (max. 6 Monate).

[542] So *Berkowsky,* Die betriebsbedingte Kündigung, § 8 Rn. 79; *Hamer,* PersR 1997, 355, 358; *v. Hoyningen-Huene/Linck,* § 1 KSchG Rn. 451; *Künzl,* ZTR 1996, 385, 387; *Linck,* Die soziale Auswahl, S. 53; KPK/*Meisel,* Teil H, § 1 Rn. 521; *Schröder,* ZTR 1995, 394, 399; ähnlich ErfK/*Ascheid,* § 1 KSchG Rn. 483.

[543] ArbG Kiel 5. 9. 1997, NZA-RR 1998, 67, 69.

[544] BAG 25. 4. 1985 AP § 1 KSchG 1969 Soziale Auswahl Nr. 7; BAG 15. 6. 1989 AP § 1 KSchG 1969 Soziale Auswahl Nr. 18.

[545] BAG 5. 5. 1994 AP § 1 KSchG 1969 Soziale Auswahl Nr. 23.

[546] *B. Preis,* DB 1984, 2244, 2247; dagegen auch *Oetker,* FS Wiese, 1998, 333, 345; für eine Einzelfallbetrachtung unter Einbeziehung der Betriebszugehörigkeit *LAG Bremen* 3. 5. 1996 LAGE § 1 KSchG Soziale Auswahl Nr. 16; HK-KSchG/*Dorndorf,* § 1 Rn. 1047; *Dudenbostel,* DB 1984, 826, 828; KR/*Etzel,* § 1 KSchG Rn. 620; *Färber,* NZA 1985, 175, 176; APS/*Kiel,* § 1 KSchG Rn. 675; *Linck,* Die soziale Auswahl, S. 53.

Sozialkriterien der Dauer der Betriebszugehörigkeit und des Lebensalters doppelte Berücksichtigung finden, nämlich sowohl bei der Bestimmung des auswahlrelevanten Personenkreises als auch bei der Auswahlentscheidung innerhalb dieses Arbeitnehmerkreises. Folglich stellen allein die inhaltlichen Anforderungen des fortbestehenden Arbeitsplatzes ein geeignetes Kriterium zur Bemessung der Länge der Einarbeitungszeit dar. Dabei dürfte für die Praxis von einer zulässigen Höchsteinarbeitungszeit von 3 bis 6 Wochen auszugehen sein.

ff) Beteiligung des Betriebsrats bei Versetzungen im Rahmen der Sozialauswahl

Auch wenn die Versetzung des sozial schwächeren Arbeitnehmers auf den Ar- **1090**
beitsplatz des sozial stärkeren Arbeitnehmers, die der Arbeitgeber im Rahmen der Sozialauswahl nach § 1 Abs. 3 KSchG vornimmt, allein durch Ausübung des arbeitgeberseitigen Direktionsrechts erfolgt, kann hierin gleichwohl eine Versetzung i.S.d. §§ 95 Abs. 3, 99 Abs. 1 BetrVG liegen.[547] Dann bedarf die Zuweisung des neuen Arbeitsplatzes gem. § 99 Abs. 1 BetrVG der Zustimmung des Betriebsrats. Eine ohne die erforderliche Betriebsratszustimmung vorgenommene Versetzung ist nach – nicht unumstrittener – Rechtsprechung des BAG auch auf individualrechtlicher Ebene unwirksam.[548] Verweigert der Betriebsrat die erforderliche Zustimmung zur Versetzung des unmittelbar kündigungsbedrohten, sozial schwächeren Arbeitnehmers auf den fortbestehenden Arbeitsplatz, soll nach einer in der Literatur vertretenen Ansicht der bisherige Inhaber des fortbestehenden Arbeitsplatzes aus dem auswahlrelevanten Personenkreis ausscheiden.[549] Der Arbeitgeber sei in diesem Falle nicht verpflichtet, die gerichtliche Ersetzung der Zustimmung gem. § 99 Abs. 4 BetrVG zu beantragen. Vielmehr soll er sodann berechtigt sein, den nächst sozial schwächeren Arbeitnehmer zu entlassen, sofern der unmittelbar kündigungsbedrohte Arbeitnehmer auf dessen Arbeitsplatz ohne Betriebsratsbeteiligung versetzt werden kann oder der Betriebsrat hier die notwendige Zustimmung erteilt. Ist dies nicht der Fall, soll der Arbeitgeber das Arbeitsverhältnis des unmittelbar kündigungsbedrohten Arbeitnehmers trotz dessen höherer sozialer Schutzbedürftigkeit beenden können. Diese Rechtsfolgen sollen bereits dann eintreten, wenn die Zustimmungsverweigerung des Betriebsrats frist- und formgemäß und unter Berufung auf einen der in § 99 Abs. 2 BetrVG genannten Tatbestände erfolgt.[550] Hingegen soll es nicht darauf ankommen, ob die zur Zustimmungsverweigerung berechtigenden Umstände des § 99 Abs. 2 BetrVG tatsächlich vorliegen oder nicht. Dieser Auffassung ist entgegenzuhalten, dass sie sich auf eine systematisch unzu-

---

547 Vgl. BAG 14. 11. 1989 AP § 99 BetrVG 1972 Nr. 76; BAG 30. 9. 1993 AP § 2 KSchG 1969 Nr. 33; BAG 2. 4. 1996 AP § 95 BetrVG 1972 Nr. 34; DKK/*Kittner,* BetrVG, § 99 Rn. 88; GK-BetrVG/*Kraft,* § 99 Rn. 78; *Richardi/Thüsing* BetrVG, § 99 Rn. 93ff.

548 BAG 26. 1. 1988 AP § 99 BetrVG 1972 Nr. 50; BAG 30. 9. 1993 AP § 2 KSchG 1969 Nr. 33; *Fitting,* BetrVG, § 99 Rn. 233; DKK/*Kittner,* BetrVG, § 99 Rn. 218; a.A. *Hoyningen-Huene/Boemke,* Die Versetzung, S. 195ff.; GK-BetrVG/*Kraft,* § 99 Rn. 287ff.; *Richardi/Thüsing,* BetrVG, § 99 Rn. 299; Hess/*Schlochauer*/Glaubitz, BetrVG, § 99 Rn. 9.

549 So ErfK/*Ascheid,* § 1 KSchG Rn. 484; *Löwisch,* § 1 KSchG Rn. 342 i.v.m. Rn. 2281; KPK/*Meisel,* Teil H, § 1 Rn. 517 i.v.m. Rn. 478; *Schiefer,* Betriebsbedingte Kündigung, S. 56; *Künzl,* ZTR 1996, 385, 387; a.A. *Richardi,* BetrVG, § 99 Rn. 296.

550 So ausdrücklich *Löwisch,* § 1 KSchG Rn. 342 i.v.m. Rn. 281; ähnlich ErfK/*Ascheid,* § 1 KSchG Rn. 484.

treffende Parallele zur Weiterbeschäftigungsmöglichkeit des § 1 Abs. 2 KSchG[551] stützt und der Zustimmungsverweigerung des Betriebsrats als tatsächlichem Handeln, das möglicherweise nicht einmal den materiellen Voraussetzungen des § 1 Abs. 2, Abs. 3 S. 1 KSchG entspricht, Vorrang vor den Wertungen des § 1 Abs. 3 KSchG einräumt.

c) Ausreichende Berücksichtigung sozialer Gesichtspunkte

aa) Allgemeines

1091 Bei dem Gebot der sozialen Auswahl i.S.d. § 1 Abs. 3 S. 1 KSchG handelt es sich um eine **Konkretisierung des verfassungsrechtlichen Gleichbehandlungsgrundsatzes.**[552] Den Sozialkriterien des § 1 Abs. 3 S. 1 KSchG kommt die Rolle eines sachlichen Grundes zu, der die notwendigerweise mit der Kündigung verbundene Ungleichbehandlung rechtfertigt. Zugleich stellt die Sozialauswahl gem. § 1 Abs. 3 S. 1 KSchG eine Ausprägung des **Prinzips der Interessenabwägung** dar, allerdings mit der Besonderheit, dass hier nicht Interessen des Arbeitgebers und solche des zu kündigenden Arbeitnehmers gegeneinander abgewogen, sondern die Interessen der für die Kündigung in Betracht kommenden Arbeitnehmer zueinander in Beziehung gesetzt werden.[553]

1092 In seiner seit dem 1. 1. 1999 wieder geltenden Fassung spricht § 1 Abs. 3 S. 1 KSchG lediglich von „sozialen Gesichtspunkten", die der Arbeitgeber bei der Auswahl des zu kündigenden Arbeitnehmers in ausreichendem Maße berücksichtigen müsse. In der Praxis ist die Anwendung dieser Norm daher stets mit starker **Rechtsunsicherheit** belastet,[554] die nicht zuletzt zu Zweifeln an ihrer Verfassungsmäßigkeit führen.[555] Daher bleibt es Rechtsprechung und Wissenschaft überlassen, die sozialen Gesichtspunkte zu konkretisieren, die der Arbeitgeber bei der Auswahl des Kündigungsadressaten gem. § 1 Abs. 3 S. 1 KSchG berücksichtigen muss. Gesetzlich ausdrücklich festgelegt ist dabei lediglich, dass die Ableistung von Wehrdienst und Wehrübungen sowie von Zivildienst im Rahmen der Sozialauswahl nicht zu Lasten des kündigungsbedrohten Arbeitnehmers berücksichtigt werden dürfen (vgl. §§ 2 Abs. 2 S. 2, 10, 11 Abs. 1 ArbPlSchG, 78 Abs. 1 Nr. 1 ZDG). Gleiches gilt für die Möglichkeit der Inanspruchnahme von Altersteilzeit (§ 8 Abs. 1 2. HS ATG[556]). Im Übrigen kann es mittlerweile als gesichert gelten, dass Interessen des Arbeitgebers nach Wortlaut, Systematik und Entstehungsgeschichte des § 1 Abs. 3 KSchG allein im Rahmen des § 1 Abs. 3 S. 2 KSchG, nicht hingegen innerhalb des § 1 Abs. 3 S. 1 KSchG Berücksichtigung finden.[557]

---

[551] So die Begründung von *Löwisch,* § 1 KSchG Rn. 342 i.v.m. Rn. 281; KPK/*Meisel,* Teil H, § 1 Rn. 517 i.v.m. Rn. 478.

[552] LAG Düsseldorf 4. 3. 1998 LAGE § 1 KSchG Interessenausgleich Nr. 3; *Buchner,* RdA 1970, 225, 228; *Kempff,* DB 1977, 1413, 1414; *Preis,* Prinzipien, S. 380; *Wank,* ZIP 1986, 206, 215.

[553] *Preis,* Prinzipien, S. 193f., 418.

[554] Vgl. insoweit nur die Feststellung des BAG 24. 3. 1983 AP § 1 KSchG 1969 Betriebsbedingte Kündigung Nr. 12, dass nicht einmal unter den Richtern der Arbeitsgerichtsbarkeit eines Bundeslandes Einigkeit über die Gewichtung der Sozialkriterien besteht.

[555] *Preis,* Prinzipien, S. 415ff.; *ders.,* RdA 1999, 311, 315.

[556] Hierzu APS/*Preis,* § 8 ATG Rn. 3.

[557] Grundlegend BAG 24. 3. 1983 AP § 1 KSchG 1969 Betriebsbedingte Kündigung Nr. 12; ausführl. hierzu *Bitter/Kiel,* RdA 1994, 333, 351f.; APS/*Kiel,* § 1 KSchG Rn. 703.

Nach zutreffender Ansicht sind die Sozialkriterien auf **Umstände** zu begrenzen, **die mit dem Arbeitsverhältnis in Zusammenhang stehen.**[558] Im Rahmen des Kündigungsschutzrechts geht es nicht um eine allgemeine Interpretation des Begriffs der sozialen Kriterien, sondern dieser Terminus ist vor dem Hintergrund des Sachzusammenhangs, in dem er verwendet wird, zu betrachten, wobei insbesondere die Funktion der Sozialauswahl zu berücksichtigen ist.[559] Da durch die soziale Auswahl derjenige Arbeitnehmer ermittelt werden soll, dessen Interesse an der Aufrechterhaltung seines Arbeitsverhältnisses am geringsten einzustufen ist, können nur solche Sozialfaktoren als Auswahlgesichtspunkte herangezogen werden, die in der arbeitsvertraglichen Beziehung selbst angelegt sind.[560] **1093**

Daher müssen **allgemeine arbeitsmarkt- und sozialpolitische Wertungen** bei der Ermittlung des Kündigungsadressaten außer Betracht bleiben.[561] Abzulehnen ist in diesem Zusammenhang die Sichtweise des BAG, das die Bewertung der sozialen Schutzbedürftigkeit, insbesondere die Gewichtung der einzelnen sozialen Gesichtspunkte, von der Arbeitsmarktlage im Kündigungszeitpunkt abhängig machen will.[562] Ebenso können – sofern der Gesetzgeber nicht ausdrücklich etwas anderes angeordnet hat – Umstände, die allein der **Privatsphäre** des kündigungsbedrohten Arbeitnehmers zuzuordnen sind, bei der Ermittlung der sozialen Schutzbedürftigkeit nicht berücksichtigt werden. Dass allerdings im Rahmen des § 1 Abs. 3 S. 1 KSchG auch solche Kriterien berücksichtigungsfähig sind, die einen **nur mittelbaren Zusammenhang** zu dem Arbeitsverhältnis des kündigungsbedrohten Arbeitnehmers aufweisen, folgt aus dem stark ausgeprägten personalen Charakter des Arbeitsverhältnisses als Dauerschuldverhältnis. **1094**

bb) Dauer der Betriebszugehörigkeit

Zu den drei Kernkriterien, die der Arbeitgeber gem. § 1 Abs. 3 S. 1 KSchG bei der Auswahl des Kündigungsadressaten zwingend berücksichtigen muss,[563] gehört anerkanntermaßen die Dauer der Betriebszugehörigkeit. Unter Dauer der Betriebszugehörigkeit ist – abweichend vom allgemeinen Sprachgebrauch – der **ununterbrochene Bestand des Arbeitsverhältnisses mit demselben Arbeitgeber** zu verstehen.[564] Die Beschäftigungsdauer ist mithin nicht betriebs-, sondern arbeitgeberbezogen zu ermitteln. Maßgeblich bei der **Berechnung** der **1095**

---

[558] BAG 18. 1. 1990 AP § 1 KSchG 1969 Soziale Auswahl Nr. 19; *Ascheid,* Kündigungsschutzrecht, Rn. 336; *Bütefisch,* S. 200; *v. Hoyningen-Huene/Linck,* § 1 KSchG Rn. 463; *Linck,* Die soziale Auswahl, S. 76f.; *Preis,* Prinzipien, S. 418f.; *ders.,* RdA 1999, 311, 316.

[559] *Linck,* Die soziale Auswahl, S. 76f.

[560] *Preis,* Prinzipien, S. 419; APS/*Kiel,* § 1 KSchG Rn. 724; vgl. auch Entwurf Korrekturgesetz, BT-Drucks. 14/45, S. 36.

[561] So insbes. *Preis,* Prinzipien, S. 238ff., 418; s.a. *Bütefisch,* S. 200.

[562] Grundlegend BAG 24. 3. 1983 AP § 1 KSchG 1969 Betriebsbedingte Kündigung Nr. 12.

[563] Z.B. BAG 11. 3. 1976 AP § 95 BetrVG 1972 Nr. 1; BAG 20. 10. 1983 AP § 1 KSchG 1969 Betriebsbedingte Kündigung Nr. 13; BAG 8. 8. 1985 AP § 1 KSchG 1969 Soziale Auswahl Nr. 10; BAG 7. 12. 1995 AP § 1 KSchG 1969 Soziale Auswahl Nr. 29; KR/*Etzel,* § 1 KSchG Rn. 644f.; *v. Hoyningen-Huene/Linck,* § 1 KSchG Rn. 466; KDZ/*Kittner,* § 1 KSchG Rn. 469.

[564] Vgl. statt vieler ErfK/*Ascheid,* § 1 KSchG Rn. 494; *Linck,* AR-Blattei, SD 1020.1.2 Rn. 77; *Löwisch,* § 1 KSchG Rn. 355.

Dauer der Beschäftigungszeit ist lediglich der Bestand des Arbeitsverhältnisses. Auf dessen zeitlichen Umfang kommt es auf Grund des Diskriminierungsverbots des § 4 Abs. 1 S. 1 TzBfG nicht an.[565] Auch Zeiten, in denen das Arbeitsverhältnis geruht hat, sind bei der Berechnung der Dauer der Beschäftigungszeit mitzuzählen.[566] Beschäftigungszeiten aus einem **früheren Arbeitsverhältnis mit demselben Arbeitgeber** sind im Rahmen des § 1 Abs. 3 S. 1 KSchG zu berücksichtigen, sofern sie auf die Wartezeit des § 1 Abs. 1 KSchG angerechnet würden,[567] oder wenn sich die Anrechnung aus §§ 10 Abs. 2 MuSchG, 6 Abs. 2 ArbPlSchG ergibt. **Frühere Beschäftigungszeiten bei einem anderen Arbeitgeber** sind – außer bei einer entsprechenden vertraglichen Vereinbarung – nur zu berücksichtigen, wenn der jetzige Arbeitgeber seine Arbeitgeberstellung durch einen Betriebsübergang i. S. d. § 613 a BGB oder durch eine Unternehmensverschmelzung, -spaltung oder Vermögensübertragung (vgl. § 324 UmwG) erworben hat.[568]

1096 Der Dauer der Betriebszugehörigkeit des kündigungsbedrohten Arbeitnehmers kommt für die Ermittlung der sozialen Schutzbedürftigkeit eine **besonders hohe Bedeutung** zu. Dies ergibt sich bereits aus der Begründung zum Kündigungsschutzgesetz 1951, denn diese nennt als geschütztes Rechtsgut „den Arbeitsplatz und die Betriebszugehörigkeit des Arbeitnehmers, die die Grundlage seiner wirtschaftlichen und sozialen Existenz bilden".[569] Hierfür sprechen auch der unmittelbare Zusammenhang mit dem bestandsbedrohten Arbeitsverhältnis, die Wertungen der §§ 1 Abs. 1, 9, 10 Abs. 2 KSchG, 622 Abs. 2 BGB,[570] die Grundsätze für die Interessenabwägung bei einer ordentlichen oder außerordentlichen verhaltens- und personenbedingten Kündigung,[571] die Maßstäbe für die Zumutbarkeit einer Umschulungs- oder Fortbildungsmaßnahme i. S. d. § 1 Abs. 2 S. 3 KSchG[572] und die tarifvertraglichen Unkündbarkeitsklauseln.[573]

---

[565] So zu § 2 BeschFG HK-KSchG/*Dorndorf,* § 1 Rn. 1089; vgl. bereits BAG 4. 6. 1982 AP Nr. 1 § 1 BetrAVG Gleichbehandlung.

[566] *Linck,* AR-Blattei, SD 1020.1.2 Rn. 82; KPK/*Meisel,* Teil H, § 1 Rn. 539; *Schiefer,* Betriebsbedingte Kündigung, S. 66.

[567] *Bader,* NZA 1996, 1125, 1128; *v. Hoyningen-Huene/Linck,* § 1 KSchG Rn. 467 a; APS/*Kiel,* § 1 KSchG Rn. 707 f.; *Linck,* Die soziale Auswahl, S. 87 f.; *ders.,* AR-Blattei, SD 1020.1.2 Rn. 81; KPK/*Meisel,* Teil H, § 1 Rn. 539; *Wlotzke,* BB 1997, 414, 417; weitergehend LAG Hamm 29. 3. 1985 LAGE § 1 KSchG Soziale Auswahl Nr. 1; *Kittner,* AuR 1997, 182, 185; *Löwisch,* § 1 KSchG Rn. 356.

[568] *V. Hoyningen-Huene/Linck,* § 1 KSchG Rn. 467; APS/*Kiel,* § 1 KSchG Rn. 414; *Linck,* AR-Blattei, SD 1020.1.2 Rn. 80; *Schiefer,* Betriebsbedingte Kündigung, S. 66.

[569] Begründung des RegE zum KSchG 1951, RdA 1951, 58, 63.

[570] Vgl. *Bütefisch,* S. 206 f.; *Däubler,* FS Gnade, 1992, 95, 100 f.; *Linck,* Die soziale Auswahl, S. 74; *B. Preis,* DB 1986, 746, 747; *Preis,* Prinzipien, S. 372 f., 421 f.

[571] Zur ordentlichen verhaltensbedingten Kündigung vgl. BAG 27. 2. 1997 AP § 1 KSchG 1969 Verhaltensbedingte Kündigung Nr. 36; zur ordentlichen personenbedingten Kündigung vgl. BAG 15. 2. 1984 AP § 1 KSchG 1969 Krankheit Nr. 14; BAG 7. 11. 1985 AP § 1 KSchG 1969 Krankheit Nr. 17; zur außerordentlichen Kündigung vgl. BAG 13. 12. 1984 AP § 626 BGB Nr. 81; BAG 2. 3. 1989 AP § 626 BGB Nr. 101.

[572] Vgl. BAG 7. 5. 1968 AP § 1 KSchG (Rechtslage vor Einführung des § 1 Abs. 2 S. 3 KSchG) Nr. 18.

[573] Vgl. zur Heranziehung tarifvertraglicher Kündigungsschutzregelungen bei der Interpretation des gesetzlichen Kündigungsschutzes *Linck,* Die soziale Auswahl, S. 77 f.; *B. Preis,* DB 1986, 746, 747.

Diesen Regelungen wohnt zum einen der **Gedanke des Vertrauensschutzes** inne,[574] der eng mit der Natur des Arbeitsverhältnisses als Dauerschuldverhältnis personalen Charakters verbunden ist. Je länger ein Arbeitnehmer durch den Einsatz seiner Arbeitskraft zum Erhalt und Ertrag des Unternehmens beigetragen hat, desto mehr vertraut er darauf, dass der Arbeitgeber auch bei auftretenden Schwierigkeiten so lange als möglich an dem Arbeitsverhältnis festhält. Zudem steht die Verstärkung des Bestandsschutzes, die mit einer zunehmenden Dauer der Betriebszugehörigkeit einhergeht, in engem Zusammenhang mit dem **Charakter des Arbeitsverhältnisses als Austauschverhältnis.** So vermehrt sich mit zunehmender Dauer des Arbeitsverhältnisses regelmäßig auch der Beitrag des Arbeitnehmers zum Unternehmensgewinn, den der Arbeitgeber unmittelbar durch die Verwertung der Arbeitskraft des Arbeitnehmers erzielt. Für diese Leistung des Arbeitnehmers wird ihm der verstärkte Kündigungsschutz als Gegenleistung gewährt.[575] **1097**

Nach zutreffender Ansicht führt die Berücksichtigung der Dauer der Betriebszugehörigkeit im Rahmen der Sozialauswahl **nicht** zu einer **mittelbaren Diskriminierung von Frauen,** die gegen Art. 3 GG oder Art. 5 Abs. 5 der RL 76/207/EWG verstieße.[576] Selbst wenn auf Grund entsprechender rechtstatsächlicher Untersuchungen nachgewiesen würde, dass die kürzere Betriebszugehörigkeit von Frauen zu einer Benachteiligung bei der Sozialauswahl führte,[577] wäre diese durch den Vertrauensschutzgedanken und das Austauschprinzip, auf denen die Berücksichtigung der Dauer der Betriebszugehörigkeit basiert, gerechtfertigt, denn diese haben nichts mit einer Diskriminierung zu tun. Das Gleiche würde für eine mittelbare Diskriminierung jüngerer Arbeitnehmer auf Grund des Alters gemäß Art. 2 Abs. 2 lit. b der RL 2000/78/EG zur Festlegung eines allgemeinen Rahmens für die Verwirklichung der Gleichbehandlung in Beschäftigung und Beruf gelten. **1098**

Die Dauer der Betriebszugehörigkeiten, die auf **Beschäftigungszeiten in der DDR** zurückgeht, hat entgegen der Ansicht des BAG[578] keine geringere Bedeutung als Beschäftigungszeiten in der ehemaligen BRD.[579] **1099**

cc) Lebensalter

Auch das Lebensalter des Arbeitnehmers gehört zu den Sozialkriterien, die der Arbeitgeber bei der Auswahl des zu kündigenden Arbeitnehmers berücksichtigen muss. Die Berücksichtigung des Lebensalters trägt der Tatsache Rechnung, dass das Risiko, keinen neuen Arbeitsplatz zu finden, für ältere Arbeitnehmer größer ist als **1100**

---

[574] *Lück,* Probleme der Sozialauswahl, S. 181; *Preis,* Prinzipien, S. 372ff.

[575] *B. Preis,* DB 1986, 746, 749; vgl. auch *Boewer,* NZA 1988, 1, 2.

[576] So auch *Bütefisch,* S. 214; *Moll*/Grunsky, Arbeitsrecht und Insolvenz, Rn. 181f.; *Pfarr/Bertelsmann,* Diskriminierung im Erwerbsleben, S. 402ff.; *Schwedes,* BB 1996, Beil. 17, 2, 4; *Sievers,* Die mittelbare Diskriminierung im Erwerbsleben, S. 147; a.A. 1996 *Horstkötter/Schiek,* AuR 1998, 227, 230f.; krit. auch *Bedhun,* AuR 1996, 485, 488; *Mückenberger,* KJ 1996, 343, 345f.; *Pauly,* MDR 1997, 513, 514; *Stückmann,* AuA 1997, 5, 7.

[577] Zur mittelbaren Diskriminierung durch die kündigungsrechtliche Berücksichtigung der Dauer der Betriebszugehörigkeit vgl. EuGH 9. 2. 1999, „Seymour-Smith und Perez", EAS EG-Vertrag Art. 119 Rn. 48.

[578] So zu bedarfsbedingten Kündigungen nach dem Einigungsvertrag BAG 19. 1. 1995 AP Nr. 12 Art. 13 Einingungsvertrag.

[579] So auch *Bütefisch,* S. 214ff.; *Lakies,* DB 1997, 1078, 1082.

für jüngere,[580] und dass jüngere Arbeitnehmer hinsichtlich der inhaltlichen Anforderungen eines neuen Arbeitsplatzes regelmäßig flexibler sind als ältere.[581]

1101 In den §§ 9, 10 Abs. 2 KSchG, 622 Abs. 2 BGB und den tarifvertraglichen Unkündbarkeitsregelungen ist seine Bedeutung jedoch geringer als die der Dauer der Betriebszugehörigkeit. Der Bestandsschutz ist nicht allein vom Lebensalter des Arbeitnehmers abhängig, sondern das Lebensalter tritt als zweiter Anknüpfungspunkt neben die Dauer der Betriebszugehörigkeit.[582] Auch bei der Sozialauswahl ist dem Lebensalter ein geringeres Gewicht beizumessen als der Dauer der Betriebszugehörigkeit, zumal es, anders als die Dauer der Betriebszugehörigkeit, keinen unmittelbaren Bezug zum Arbeitsverhältnis aufweist. Dementsprechend kommt dem Lebensalter bei der Ermittlung der sozialen Schutzbedürftigkeit vorwiegend dann Bedeutung zu, wenn es sich um ein höheres Lebensalter handelt.[583] Dies dürfte typischerweise dann der Fall sein, wenn der Arbeitnehmer gleichzeitig eine lange Betriebszugehörigkeit aufweist.[584] Lediglich bei Berufsgruppen, für die eine besonders niedrige Altersgrenze branchenüblich ist, wie dies beispielsweise bei Piloten der Fall ist, kann auch ein niedrigeres Lebensalter ausnahmsweise größere Relevanz besitzen.[585]

1102 Die Einbeziehung des Alters als Kriterium der sozialen Auswahl stellt auch keine unzulässige unmittelbare **Diskriminierung auf Grund des Alters** gemäß Art. 2 Nr. 2 lit. a der RL 2000/78/EG zur Festlegung eines allgemeinen Rahmens für die Verwirklichung der Gleichbehandlung in Beschäftigung und Beruf dar. Gemäß Art. 6 RL 2000/78/EG sind Ungleichbehandlungen auf Grund des Alters nämlich dann keine unmittelbare Diskriminierung, wenn sie durch ein legitimes, insbesondere beschäftigungs- oder arbeitsmarktpolitisches Ziel, objektiv gerechtfertigt sind und das Mittel zur Erreichung des Zweckes angemessen und erforderlich ist. Zunächst kommt dem Lebensalter schon keine ausschlaggebende Bedeutung zu, da es eine ambivalente Größe ist.[586] Die pauschale Wertung, dass jedenfalls Arbeitnehmer höheren Alters schwerer einen Arbeitsplatz finden als jüngere, erscheint zudem vertretbar[587] und liegt, wenn auch mit entgegengesetzter Wirkung, auch § 14 Abs. 3 TzBfG zu Grunde.

dd) Unterhaltspflichten

1103 Zu den drei Kernkriterien, die der Arbeitgeber anerkanntermaßen bei der Sozialauswahl i.S.d. § 1 berücksichtigen muss, gehören auch die Unterhaltspflichten des Arbeitnehmers. Diese weisen weder einen unmittelbaren noch einen mittelba-

---

580 Vgl. die Rechtsprechung des BAG, die das Lebensalter vor dem Hintergrund der Arbeitsmarktlage bewerten will, BAG 24. 3. 1983 AP § 1 KSchG 1969 Betriebsbedingte Kündigung Nr. 12; *Berkowsky,* Die betriebsbedingte Kündigung, § 8 Rn. 125; *v. Hoyningen-Huene/Linck,* § 1 KSchG Rn. 466; *Jobs,* DB 1986, 538, 540.

581 Vgl. APS/*Kiel,* § 1 KSchG Rn. 712; *Löwisch,* § 1 KSchG Rn. 357.

582 *B. Preis,* DB 1986, 746, 748.

583 So auch *Linck,* Die soziale Auswahl, S. 90; *Lück,* Probleme der Sozialauswahl, S. 173; *B. Preis,* DB 1986, 746, 748; *Rost,* ZIP 1982, 1396, 1397; *Stückmann,* AuA 1997, 5, 6.

584 Hierauf abstellend *Hillebrecht,* ZfA 1991, 87, 117; *Lück,* Probleme der Sozialauswahl, S. 176; *Schröder,* ZTR 1995, 394, 400.

585 *Kittner,* AuR 1997, 182, 185.

586 Vgl. insoweit BAG 24. 3. 1983, DB 1983, 1824.

587 Vgl. insoweit auch *Preis,* RdA 1999, 311, 316.

ren Bezug zu den Arbeitsverhältnissen auf, da sie auf der privaten Lebensgestaltung des Arbeitnehmer beruhen, weswegen sie auch im Übrigen im Kündigungsrecht keine Rolle spielen.[588] Die Berücksichtigung der Unterhaltspflichten als Sozialkriterium beruht vielmehr auf einer **entsprechenden Entscheidung des Gesetzgebers,** die inhaltlich an den Zweck des Arbeitsverhältnisses und den Schutz von Ehe und Familie anknüpft[589] und mit der der Gesetzgeber seine **Schutzpflicht aus Art. 6 Abs. 1 GG** erfüllt. Angesichts dieses verfassungsrechtlichen Hintergrundes kommt dem Kriterium der Unterhaltspflichten ein hoher Stellenwert bei der Sozialauswahl zu. Dabei stellen sie als Privilegierung jüngerer Arbeitnehmer einen Gegenpol zu den Kriterien der Betriebszugehörigkeit und des Lebensalters dar.

Die Unterhaltspflichten, die der Arbeitgeber gem. § 1 Abs. 3 bei der Auswahl **1104**
des zu kündigenden Arbeitnehmers berücksichtigen muss, richten sich nach den **familienrechtlichen Bestimmungen des BGB** (§§ 360f., 1361, 1569ff., 1601ff. BGB).[590] Hingegen können Unterhaltsleistungen, die der Arbeitnehmer ohne gesetzliche Verpflichtung erbringt, im Rahmen der Sozialauswahl gem. § 1 Abs. 3 S. 1 KSchG nicht berücksichtigt werden.[591] Im Rahmen des § 1 Abs. 3 S. 1 KSchG ist irrelevant, ob der Arbeitnehmer die Unterhaltspflicht tatsächlich erfüllt.[592]

Streitig ist, ob es im Rahmen des § 1 Abs. 3 S. 1 KSchG allein auf die Zahl der **1105**
unterhaltsberechtigten Personen oder auch auf die Höhe der Unterhaltspflichten ankommt. Im Kern geht es dabei um die Frage, inwieweit die soziale Schutzbedürftigkeit des Arbeitnehmers dadurch vermindert wird, dass dessen Ehepartner oder Kinder über eigene Einkünfte verfügen (Berücksichtigung des sog. **Doppelverdienstes**).[593] Für ein Abstellen auf die Höhe der Unterhaltspflichten spricht zunächst der gesetzgeberische Zweck, der die Unterhaltspflichten als Kriterium der Sozialauswahl legitimiert. Als Gegenargument wird vor allem auf den fehlenden Zusammenhang zwischen Einkünften des Unterhaltsberechtigten und dem bestandsbedrohten Arbeitsverhältnis,[594] auf das Arbeitsplatzrisiko des Unterhaltsbe-

---

[588] *B. Preis,* DB 1986, 746, 748.

[589] Vgl. Begründung KSchG 1951, in RdA 1951, 58, 63; Entwurf Korrekturgesetz, BT-Drucks. 14/45, S. 35.

[590] Vgl. z.B. KDZ/*Kittner,* § 1 KSchG Rn. 473; *Löwisch,* § 1 KSchG Rn. 358; *Moll/* Grunsky, Arbeitsrecht und Insolvenz, Rn. 184; *Preis,* NZA 1997, 1073, 1083.

[591] So auch *Berscheid,* BuW 1997, 672, 674; *Linck,* Die soziale Auswahl, S. 92; *Lück,* Probleme der Sozialauswahl, S. 192f.; KPK/*Meisel,* Teil H, § 1 Rn. 543.

[592] ErfK/*Ascheid,* § 1 KSchG Rn. 496; *Bader,* NZA 1996, 1125, 1128; *Fischermeier,* NZA 1997, 1089, 1094; APS/*Kiel,* § 1 KSchG Rn. 717; KDZ/*Kittner,* § 1 KSchG Rn. 473.

[593] Für eine Berücksichtigung der Höhe der Unterhaltspflichten die wohl h.M., z.B. ErfK/*Ascheid,* § 1 KSchG Rn. 496; BBDW/*Bram,* § 1 KSchG Rn. 325b; *Hoyningen-Huene/Linck,* DB 1997, 41, dagegen z.B. *Fischermeier,* NZA 1997, 1089, 1094; *Heise/ Lessenich/Merten,* Das neue Arbeitsrecht auf einen Blick, S. 29; für eine Berücksichtigung des Doppelverdienstes als eigenständiges Kriterium z.B. *Berkowsky,* Die betriebsbedingte Kündigung, § 8 Rn. 131; *Hoyningen-Huene,* NZA 1986, 449ff.; *Linck,* Die soziale Auswahl, S. 93ff.; dagegen z.B. *Künzl,* ZTR 1996, 385, 390f.; *Lück,* Probleme der Sozialauswahl, S. 199ff.; *Preis,* Prinzipien, S. 423ff.; differenzierend nach Umfang und Notwendigkeit der Einkünfte des Ehepartners BAG 25. 4. 1985 AP § 1 KSchG 1969 Soziale Auswahl Nr. 7; BAG 8. 8. 1985 AP § 1 KSchG 1969 Soziale Auswahl Nr. 10.

[594] So *Künzl,* ZTR 1996, 385, 390; *Preis,* Prinzipien, S. 424; vgl. auch *Hoyningen-Huene,* NZA 1986, 449, 450f.

rechtigten[595] und auf eine eventuelle mittelbare Frauendiskriminierung[596] verwiesen. Entscheidend ist in diesem Zusammenhang jedoch, dass das Familienrecht prinzipiell nicht danach differenziert, ob Einkünfte aus Vermögen, aus selbständiger Arbeit oder aus unselbständiger Arbeit erzielt werden (vgl. §§ 1361 Abs. 1 und 2, 1577, 1602, § 1360 S. 1 BGB). Diese familienrechtliche Konzeption würde dazu zwingen, auch im Rahmen des § 1 Abs. 3 S. 1 KSchG alle Einkunftsarten des Ehepartners zu berücksichtigen. Eine entsprechend weitgehende Offenbarungspflicht gegenüber dem Arbeitgeber wäre jedoch mit dem informationellen Selbstbestimmungsrecht des Unterhaltsberechtigten unvereinbar.[597] Nicht zuletzt wäre eine Sozialauswahl anhand der exakten Höhe der Unterhaltspflichten der vergleichbaren kündigungsbedrohten Arbeitnehmer nicht praktikabel.

1106 Der Arbeitgeber ist im eigenen Interesse gehalten, die Arbeitnehmer im Vorfeld der beabsichtigten Kündigung nach der Zahl der unterhaltsberechtigten Personen zu befragen.[598] Hingegen darf er sich nicht auf die Angaben auf den Lohnsteuerkarten der kündigungsbedrohten Arbeitnehmer verlassen.[599] Dies gilt nicht nur, weil nicht alle Unterhaltspflichten aus der Lohnsteuerkarte hervorgehen, sondern insbesondere deshalb, weil der Arbeitnehmer in steuerrechtlicher Hinsicht nur in eingeschränktem Maße verpflichtet ist, zwischenzeitliche Änderungen eintragen zu lassen (vgl. § 39 Abs. 3b, Abs. 4 S. 1 und Abs. 5 S. 1 EStG). Verschweigt der Arbeitnehmer bei der Befragung Umstände, kann er sich hierauf gem. § 242 BGB in einem eventuellen späteren Kündigungsschutzprozess nicht berufen.[600] Benutzt der Arbeitgeber zur Erfassung der Unterhaltspflichten einen Fragebogen, ist das Mitbestimmungsrecht des Betriebsrats aus § 94 Abs. 1 BetrVG zu beachten.

ee) Weitere Kriterien

1107 **Gesundheitsbeeinträchtigungen betrieblichen Ursprungs** sind nach einhelliger Meinung in Literatur und Rechtsprechung im Rahmen der Sozialauswahl auch dann zugunsten des Arbeitnehmers zu berücksichtigen, wenn sie **keine Schwerbehinderung** i. S. d. SchwbG darstellen.[601] Zu berücksichtigen sind dabei

---

[595] So *Künzl,* ZTR 1996, 385, 390; *Preis,* Prinzipien, S. 425; vgl. auch *Hoyningen-Huene,* NZA 1986, 449, 451; *v. Hoyningen-Huene/Linck,* § 1 KSchG Rn. 471.

[596] So *Horstkötter/Schieck,* AuR 1998, 227, 230f.; APS/*Kiel,* § 1 KSchG Rn. 723; *Künzl,* ZTR 1996, 385, 391; dagegen zutreffend HK-KSchG/*Dorndorf,* § 1 Rn. 1076; *v. Hoyningen-Huene/Linck,* § 1 KSchG Rn. 469f.; KDZ/*Kittner,* § 1 KSchG Rn. 474; *Linck,* Die soziale Auswahl, S. 94f.

[597] Vgl. *Preis,* Prinzipien, S. 425; vgl. auch *Hoyningen-Huene,* NZA 1986, 449, 451.

[598] So auch LAG Hamm 29. 3. 1985 LAGE § 1 KSchG Soziale Auswahl Nr. 1; *Bütfisch,* S. 238; HK-KSchG/*Dorndorf,* § 1 Rn. 1074; APS/*Kiel,* § 1 KSchG Rn. 725; *B. Preis,* DB 1998, 1761, 1764.

[599] Ebenso LAG Hamm 29. 3. 1985 LAGE § 1 KSchG Soziale Auswahl Nr. 1; *Bütefisch,* S. 238f.; HK-KSchG/*Dorndorf,* § 1 Rn. 1075; APS/*Kiel,* § 1 KSchG Rn. 725; a. A. LAG Baden-Württemberg 9. 11. 1990, DB 1991, 554; LAG Hamm 21. 8. 1997 LAGE § 1 KSchG Soziale Auswahl Nr. 21; *Berscheid,* BuW 1997, 672, 675; *Fischermeier,* NZA 1997, 1089, 1094; KPK/*Meisel,* Teil H, § 1 Rn. 545.

[600] HK-KSchG/*Dorndorf,* § 1 Rn. 1074; *v. Hoyningen-Huene/Linck,* § 1 KSchG Rn. 465.

[601] Z. B. BAG 12. 10. 1979 AP § 1 KSchG 1969 Betriebsbedingte Kündigung Nr. 7; *Bütefisch,* S. 242; *Berkowsky,* Die betriebsbedingte Kündigung, § 8 Rn. 141ff.; *Linck,* Die soziale Auswahl, S. 108; *Preis,* Prinzipien, S. 420; vgl. auch Entwurf Korrekturgesetz, BT-Drucks. 14/45, S. 36.

nur die Folgen eines Arbeitsunfalls i. S. d. § 8 Abs. 1 SGB VII, sofern diese im Kündigungszeitpunkt noch andauern, und Berufskrankheiten i. S. d. § 9 SGB VII, die auf die Beschäftigung beim gegenwärtigen Arbeitgeber zurückgehen, nicht jedoch Schäden aus einem vorangeganenen Arbeitsverhältnis oder Wegeunfälle i. S. d. § 8 Abs. 2 SGB VII. Welches Gewicht der Gesundheitsbeeinträchtigung im Einzelfall beizumessen ist, hängt ab von deren Schwere und vom Mitverschulden des Arbeitnehmers am Eintritt des schädigenden Ereignisses.

Gesundheitliche Schwierigkeiten, die **außerbetrieblichen Ursprungs** sind, **1108**
führen nicht zu einer erhöhten sozialen Schutzbedürftigkeit i. S. d. § 1 Abs. 3 S. 1 KSchG, sofern **keine Schwerbehinderung** i. S. d. SchwbG gegeben ist.[602] Zwar sind derartige Beeinträchtigungen – ähnlich wie das Lebenslalter – untrennbar mit der Person des Arbeitnehmers verbunden. Der Gesetzgeber hat die kündigungsrechtliche Privilegierung gesundheitlich beeinträchtigter Arbeitnehmer aber in zulässiger Weise auf Schwerbehinderte beschränkt.

Die **Schwerbehinderung** eines Arbeitnehmers führt, sofern dieser überhaupt in **1109**
die Sozialauswahl einzubeziehen ist, zu einer erhöhten sozialen Schutzbedürftigkeit.[603] Aufgrund des personalen Charakters des Arbeitsverhältnisses wird hierdurch den besonderen Schwierigkeiten Rechnung getragen, mit denen schwerbehinderte Arbeitnehmer – unabhängig von der aktuellen Arbeitsmarktlage – typischerweise bei der Suche nach einem neuen Arbeitsplatz konfrontiert sind. Welche Bedeutung der Schwerbehinderung im Einzelfall zuzurechnen ist, ist von der Schwere der Behinderung sowie davon abhängig, ob die Funktionsbeeiträchtigung betrieblichen oder außerbetrieblichen Ursprungs ist.

Der **Gesundheitszustand Familienangehöriger** ist mangels eines auch nur **1110**
mittelbaren Zusammenhangs zu dem bestandsbedrohten Arbeitsverhältnis bei der Sozialauswahl nicht zu berücksichtigen.[604] Gleiches gilt für den **Status des Alleinerziehenden.**[605] Anders als bei den Unterhaltspflichten fehlt es hier an einer ausdrücklichen Entscheidung des Gesetzgebers, seine verfassungsrechtliche Schutzpflicht gerade durch eine kündigungsrechtliche Privilegierung zu erfüllen.

Arbeitsmarktchancen des Arbeitnehmers, die sich aus der aktuellen Arbeits- **1111**
marktlage ergeben, sind nach zutreffender Ansicht bei der Ermittlung der sozialen Schutzbedürftigkeit i. S. d. § 1 Abs. 3 S. 1 KSchG ohne Bedeutung.[606] Die Entwick-

---

[602] So auch *Berkowsky,* Die betriebsbedingte Kündigung, § 8 Rn. 141 ff.; *Bütefisch,* S. 246 f.; *Linck,* Die soziale Auswahl, S. 108; a. A. *v. Hoyningen-Huene/Linck,* § 1 KSchG Rn. 474; *Jobs,* DB 1986, 538, 540; *Lück,* Probleme der Sozialauswahl S. 208 f.

[603] Z. B. BAG 24. 3. 1983 AP Nr. 12 § 1 KSchG 1969 Betriebsbedingte Kündigung; LAG Düsseldorf 17. 3. 2000, NZA-RR 2000, 421, 422; *Bütefisch,* S. 248 f.; KR/*Etzel,* § 1 KSchG Rn. 566; *Linck,* Die soziale Auswahl, S. 108 f.; *Neyses,* DB 1983, 2414, 2416; *Preis,* Prinzipien, S. 420; *Rost,* ZIP 1982, 1396, 1398; vgl. auch Entwurf Korrekturgesetz, BT-Drucks. 14/45, S. 36, S. 52, a. A. *Löwisch,* § 1 KSchG Rn. 362.

[604] So auch BAG 18. 1. 1990 AP § 1 KSchG 1969 Soziale Auswahl Nr. 19; a. A. BAG 24. 3. 1983 AP § 1 KSchG 1969 Betriebsbedingte Kündigung Nr. 12; KR/*Etzel,* 4. Aufl., § 1 KSchG Rn. 581; APS/*Kiel,* § 1 KSchG Rn. 718; *Neyses,* DB 1983, 2414, 2416.

[605] So *Hoyningen-Huene/Linck,* DB 1997, 41, 42; *Kittner,* AuR 1997, 182, 184; *Lakies,* NJ 1997, 121, 123.

[606] So auch *Ascheid,* Kündigungsschutzrecht, Rn. 339; APS/*Kiel,* § 1 KSchG Rn. 724; *Linck,* Die soziale Auswahl, S. 99 ff.; *Preis,* Prinzipien, S. 427 f.; a. A. st. Rspr. des BAG, z. B. BAG 12. 10. 1979 AP § 1 KSchG 1969 Betriebsbedingte Kündigung Nr. 7; BAG 24. 3.

lung des Arbeitsmarktes entzieht sich dem Einfluss- und Verantwortungsbereich des kündigenden Arbeitgebers und weist als solche gerade keinen Bezug zum Arbeitsverhältnis des kündigungsbedrohten Arbeitnehmers auf. Zudem würden hierdurch höhere oder breiter angelegte Qualifikationen eines Arbeitnehmers, die bessere Arbeitsmarktchancen eröffnen, durch ein höheres Kündigungsrisiko „geahndet".[607] Auch wird der Arbeitgeber regelmäßig zu einer zutreffenden Prognose der Arbeitsmarktchancen der einzelnen kündigungsbedrohten Arbeitnehmer vor dem Hintergrund der allgemeinen Arbeitsmarktlage kaum in der Lage sein.[608] Außerdem hat der Gesetzgeber die Berücksichtigung allgemeiner arbeitsmarktpolitischer Erwägungen im Bereich des Kündigungsrechts regelmäßig ausdrücklich geregelt (vgl. z.B. §§ 17ff KSchG).[609] Eine derartige Anordnung fehlt hingegen in § 1 Abs. 3 S. 1 KSchG. Daher können schlechte Arbeitsmarktchancen des kündigungsbedrohten Arbeitnehmers nur insoweit die soziale Schutzbedürftigkeit erhöhen, als ihre Ursachen in dem Arbeitsverhältnis und seinem bisherigen Verlauf liegen, beispielsweise wenn ein Arbeitnehmer im Rahmen einer langjährigen Tätigkeit durch Spezialisierung und Fortbildung ein allein auf die Bedürfnisse des bisherigen Arbeitgebers zugeschnittenes Eignungsprofil entwickelt hat, das im Übrigen auf dem Arbeitsmarkt nicht nachgefragt wird.[610]

1112 Die Auswirkungen der Kündigung auf spätere betriebliche Versorgungsleistungen, also der mögliche **Verlust betrieblicher Rentenanwartschaften,** ist bei der Auswahl des Kündigungsadressaten gem. § 1 Abs. 3 S. 1 KSchG nicht zu berücksichtigen.[611] Damit würde ein Arbeitnehmer, dessen Anwartschaft noch nicht nach § 1 BetrAVG unverfallbar geworden ist, einem länger beschäftigten vorgezogen, was mit dem Grundsatz kollidiert, dass eine längere Dauer der Betriebszugehörigkeit zu einer Verstärkung des Kündigungsschutzes führt.

1113 Die anderweitige finanzielle Absicherung des Arbeitnehmers führt nicht zu einer geringeren sozialen Schutzbedürftigkeit. Mangels einer Verbindung zu dem bestandsbedrohten Arbeitnehmer sind weder **Unterhaltsansprüche** gegen den Ehepartner oder Verwandte, die im Falle der Arbeitslosigkeit entstehen würden,[612] noch das **Vermögen**[613] des Arbeitnehmers, das maßgeblich auf seine private Lebensführung zurückgeht, oder **Einkünfte aus anderweitiger selbständiger oder**

1983 AP § 1 KSchG 1969 Betriebsbedingte Kündigung Nr. 12; *Jobs,* DB 1986, 538, 540, *Löwisch,* § 1 KSchG Rn. 363.

[607] Vgl. insoweit *Berkowsky,* DB 1990, 834, 835; *Reuter* EzA § 1 KSchG Soziale Auswahl Nr. 23, S. 66; *Schwerdtner,* NJW 1987, 1607f.

[608] *Berkowsky,* Die betriebsbedingte Kündigung, § 8 Rn. 149; *Preis,* Prinzipien, S. 239.

[609] *Linck,* Die soziale Auswahl, S. 100; *Preis,* Prinzipien, S. 239.

[610] HK-KSchG/*Dorndorf,* § 1 Rn. 1081; *Kittner,* AuR 1997, 182, 185; *Künzl,* ZTR 1996, 385, 391; *Lück,* Probleme der Sozialauswahl, S. 216.

[611] A.A. *Linck,* Die soziale Auswahl, S. 110.

[612] So auch HK-KSchG/*Dorndorf,* § 1 Rn. 1086; *Löwisch,* § 1 KSchG Rn. 360; a.A. *Berkowsky,* Die betriebsbedingte Kündigung, § 8 Rn. 131ff.; vgl. auch LAG Hamm 4. 10. 1983, DB 1984, 131; *Linck,* Die soziale Auswahl, S. 94; *Meisel,* DB 1991, 92, 96.

[613] LAG Köln 3. 5. 2000 NZA-RR 2001, 247 = LAGE § 1 KSchG Soziale Auswahl Nr. 33; *Ascheid,* Kündigungsschutzrecht, Rn. 338; *v. Hoyningen-Huene/Linck,* § 1 KSchG Rn. 473; *Künzl,* ZTR 1996, 385, 391; *Linck,* Die soziale Auswahl, S. 102f.; *Lück,* Probleme der Sozialauswahl, S. 204ff.; *Meisel,* ZfA 1985, 213, 238f.; *Preis,* Prinzipien, S. 426f.; a.A. z.B. BAG 26. 6. 1964 AP § 1 KSchG Betriebsbedingte Kündigung Nr. 15; *Rass,* Die Sozialauswahl bei betriebsbedingter Kündigung, S. 76, 112f.; *Rost,* ZIP 1982, 1396, 1398.

unselbständiger Erwerbstätigkeit zu berücksichtigen. Stellt das Arbeitsverhältnis lediglich eine Nebentätigkeit dar,[614] liegt hierin zudem eine Ungleichbehandlung zwischen Voll- und Teilzeitbeschäftigten, die nicht wegen der finanziellen Absicherung des Teilzeitbeschäftigten durch sein Hauptarbeitsverhältnis gerechtfertigt ist.[615]

Auch der **mögliche Bezug einer Altersrente vor Vollendung des 65. Lebensjahres** führt im Rahmen des § 1 Abs. 3 S. 1 KSchG nicht zu einem erhöhten Kündigungsrisiko. Zwar ist die entsprechende ausdrückliche Regelung in § 41 Abs. 4 S. 2 SGB VI a.F. rückwirkend zum 1. 1. 1998 aufgehoben worden.[616] Ursache hierfür war jedoch allein, dass zum damaligen Zeitpunkt die im Rahmen der Sozialauswahl zu berücksichtigenden Gesichtspunkte durch das Arbeitsrechtliche Beschäftigungsförderungsgesetz abschließend festgelegt waren, so dass diese Regelung überflüssig war.[617] Der Gesetzgeber ging bei der Neufassung des § 1 Abs. 3 S. 1 KSchG im Herbst 1998 nach wie vor davon aus, dass ein höheres Lebensalter zu einer erhöhten Schutzbedürftigkeit des Arbeitnehmers führt. Allerdings ist die entsprechende Regelung in § 8 Abs. 1 2. HS ATG inzwischen wieder eingeführt worden, nicht aber diejenige in § 41 SGB VII. Letztlich ist die Frage im Rahmen des § 1 Abs. 3 KSchG zu beantworten. Zu berücksichtigen ist dabei, dass der Arbeitnehmer dauerhaft Rentenabschläge in Kauf nehmen muss (§§ 41, 236a Abs. 2, 64 Nr. 1, 77 Abs. 2 Nr. 3 SGB VI) und die vorgezogene Altersrente deshalb keine gleichwertige finanzielle Absicherung gewährt. Die versorgungsrechtliche Absicherung wie auch die Chancen auf dem Arbeitsmarkt lassen sich sachgerechter über das Lebensalter in die Beurteilung mit einbeziehen.[618] Minimalkonsens dürfte aber sein, dass **die Überschreitung des 65. Lebensjahres** im Hinblick auf die sozialrechtliche Absicherung im Regelfall zum Nachteil des Arbeitnehmers gewichtet werden kann.[619] **1114**

ff) Bewertung der Sozialkriterien

Nach Ansicht des **BAG** ist die Dauer der Betriebszugehörigkeit von vorrangiger Bedeutung vor dem an zweiter Stelle stehenden Lebensalter, während den Unterhaltspflichten unter den drei Kernkriterien das geringste Gewicht zukommen soll.[620] Nach der hier vertretenen Auffassung stehen die Dauer der Betriebszugehörigkeit und die Unterhaltspflichten als gleichrangige Kriterien an erster Stelle, wohingegen dem Lebensalter eine geringere Bedeutung zukommt. Einigkeit besteht jedoch darüber, dass eine Kündigung auch dann sozial gerechtfertigt ist, wenn der Arbeitgeber keine oder unzutreffende Auswahlüberlegungen angestellt hat, aber **1115**

---

[614] Für deren Berücksichtigung *Berkowsky,* Die betriebsbedingte Kündigung, § 8 Rn. 139; *Linck,* Die soziale Auswahl, S. 103; *Lück,* Probleme der Sozialauswahl, S. 206f.; *Wank,* ZIP 1986, 206, 216f.

[615] Vgl. BAG 1. 11. 1995 AP § 2 BeschFG 1985 Nr. 45; BAG 1. 11. 1995 AP § 2 BeschFG 1985 Nr. 46; BAG 9. 10. 1996 AP § 2 BeschFG 1985 Nr. 50.

[616] BGBl. I 14. 4. 1998, S. 688.

[617] Vgl. Entwurf eines Gesetzes zur sozialrechtlichen Absicherung flexibler Arbeitszeitregelungen der Fraktionen der CDU/CSU und der FDP., BT-Drucks. 13/9741, S. 12.

[618] *Preis,* RdA 1999, 311, 316.

[619] KR/*Etzel,* § 1 KSchG Rn. 678; *Preis,* RdA 1999, 311, 316; a.A. *Bütefisch,* S. 263f.

[620] Z.B. BAG 18. 10. 1984 AP § 1 KSchG 1969 Soziale Auswahl Nr. 6; BAG 18. 1. 1990 AP § 1 KSchG 1969 Soziale Auswahl Nr. 19; ausführl. zur Entwicklung der Rechtsprechung des BAG *Bitter/Kiel,* RdA 1994, 333, 355.

dennoch dem Arbeitnehmer gekündigt worden ist, der auch bei korrekter Anwendung des § 1 Abs. 3 S. 1 KSchG als Kündigungsadressat hätte ausgewählt werden müssen.[621]

1116 Die Bewertung im Einzelfall wird jedoch dadurch erschwert, dass die Sozialkriterien inkommensurable Größen darstellen,[622] deren Bedeutung nicht unbedingt in gleichem Maße zunimmt, wie diese jeweils zahlenmäßig ansteigen.[623] Hinzu kommt, dass das BAG bislang die Aufstellung allgemeingültiger Maßstäbe für die Gewichtung der Sozialkriterien ausdrücklich abgelehnt und auch der Gesetzgeber eine entsprechende Regelung nicht getroffen hat. Daher steht dem Arbeitgeber bei der Auswahlentscheidung ein gewisser **Wertungsspielraum** zu,[624] was sich bereits aus dem Wortlaut des § 1 Abs. 3 S. 1 KSchG („ausreichend") ergibt. Dieser Spielraum allerdings ist kleiner als der Maßstab der groben Fehlerhaftigkeit in § 1 Abs. 4 KSchG[625] und als die Maßstäbe, die für die revisionsgerichtliche Überprüfung der Sozialauswahl gelten.[626] Bei dem Gebot der sozialen Auswahl handelt es sich um eine zwingende Schutzvorschrift zugunsten sozial schwacher Arbeitnehmer, die nicht durch Zubilligung eines zu weiten Wertungsspielraums unterlaufen werden darf.[627] Zur Konkretisierung dieses Spielraums kann auch nicht auf die verwaltungsrechtlichen Maßstäbe des behördlichen Ermessens-[628] bzw. Beurteilungsspielraums[629] zurückgegriffen werden, da diese ihrem Sinn und Zweck nach für die Sozialauswahl nicht passen.[630] Der Wertungsspielraum des § 1 Abs. 3 S. 1 KSchG ist nach zutreffender Rechtsprechung des BAG überschritten, wenn der gekündigte Arbeitnehmer deutlich sozial schutzbedürftiger ist als ein anderer, vergleichbarer Arbeitnehmer, dessen Arbeitsverhältnis fortbesteht.[631] Hingegen liegt es innerhalb des Wertungsspielraums des Arbeitgebers, wenn der gekündigte Arbeitnehmer ge-

---

[621] BAG 20. 10. 1983 u. 18. 10. 1984 AP § 1 KSchG 1969 Betriebsbedingte Kündigung Nr. 13, 18; *Berkowsky,* Die betriebsbedingte Kündigung, § 8 Rn. 172f.; *v. Hoyningen-Huene/Linck,* § 1 KSchG Rn. 475; *Künzl,* ZTR 1996, 385, 392.

[622] *Berkowsky,* § 8 Rn. 176; *Lück,* Probleme der Sozialauswahl, S. 151.

[623] *Lück,* Probleme der Sozialauswahl, S. 153f.

[624] Vgl. die insoweit gemeinsame Ausgangspositon bei BAG 18. 10. 1984 AP Nr. 6 § 1 KSchG 1969 Soziale Auswahl; *Berkowsky,* Die betriebsbedingte Kündigung, § 8 Rn. 171, 179; *v. Hoyningen-Huene/Linck,* § 1 KSchG Rn. 475; *Jobs,* DB 1986, 538, 540; *Linck,* Die soziale Auswahl, S. 63, 160f.; *Löwisch,* § 1 KSchG Rn. 366; *B. Preis,* DB 1986, 746, 751; *Rieble,* NJW 1991, 65f.

[625] A. A. KR/*Etzel,* § 1 KSchG Rn. 669.

[626] So der Vorschlag von *Buchner,* DB 1984, 504, 509; ähnl. *Otto,* SAE 1985, 218, 221.

[627] *Künzl,* ZTR 1996, 385, 392; *Preis,* Prinzipien, S. 430.

[628] Für einen Ermessensspielraum *Berkowsky,* Die betriebsbedingte Kündigung, § 8 Rn. 168ff.; KPK/*Meisel,* Teil H, § 1 Rn. 546; *Schiefer,* Betriebsbedingte Kündigung, S. 64.

[629] Für einen (eingeschränkten) Beurteilungsspielraum *Lück,* Probleme der Sozialauswahl, S. 247; *Rost,* ZIP 1982, 1396, 1399f.; *Rieble,* NJW 1991, 65, 67f.; im Ergebnis ebenso *Weng,* DB 1978, 884, 887f.

[630] *Künzl,* ZTR 1996, 385, 392; *Preis,* Prinzipien, S. 430; *B. Preis,* DB 1986, 746, 750f.

[631] BAG 18. 10. 1984 AP § 1 KSchG 1969 Soziale Auswahl Nr. 6; BAG 25. 4. 1985 AP § 1 KSchG 1969 Soziale Auswahl Nr. 7; zust. HK-KSchG/*Dorndorf,* § 1 Rn. 1093; *Hoyningen-Huene,* Anm. EzA § 1 KSchG Betriebsbedingte Kündigung Nr. 34; *Künzl,* ZTR 1996, 385, 392; *Löwisch,* Anm. AP § 1 KSchG 1969 Soziale Auswahl Nr. 6; *Weller,* AuR 1986, 225, 231; ausführl. zur Entwicklung der Rechtsprechung des BAG *Bitter/Kiel,* RdA 1994, 333, 356.

ringfügig sozial schlechter gestellt ist. Dies ist der Fall, wenn bei dem gekündigten Arbeitnehmer ein berücksichtigungspflichtiges Sozialkriterium etwas stärker ausgeprägt ist als bei dem vergleichbaren Arbeitnehmer, während sich die übrigen Gesichtspunkte entsprechen, oder wenn der gekündigte Arbeitnehmer hinsichtlich eines berücksichtigungspflichtigen Faktors deutlich schutzbedürftiger ist, dies aber durch einen anderen Umstand, der zugunsten des vergleichbaren Arbeitnehmers ins Gewicht fällt, kompensiert wird.[632]

Notwendig ist im Rahmen des § 1 Abs. 3 S. 1 KSchG eine **Einzelfallabwägung.** Punkteschemata, die allein vom Arbeitgeber aufgestellt sind, sollten lediglich für eine Vorauswahl herangezogen werden,[633] da die individuellen Unterschiede in einem Schema, das seiner Natur nach nur ein grobes Raster darstellen kann, nicht erfasst werden.[634] **1117**

d) Der Sozialauswahl entgegenstehende berechtigte betriebliche Bedürfnisse

aa) Allgemeines

In **systematischer Hinsicht** besteht zwischen den Bestimmungen des § 1 Abs. 3 S. 1 und des S. 2 ein **Regel-Ausnahme-Verhältnis.**[635] Dies ergibt sich sowohl aus der Reihenfolge der Regelungen in § 1 Abs. 3 KSchG,[636] als auch aus der Tatsache, dass der Begriff des betrieblichen Bedürfnisses in § 1 Abs. 3 S. 2 KSchG eng ausgelegt wird. Der Sache nach bewirkt § 1 Abs. 3 S. 2 KSchG eine Begrenzung des auswahlrelevanten Personenkreises. Dennoch handelt es sich bei § 1 Abs. 3 S. 2 KSchG nicht um einen Sonderfall der nicht gegebenen Vergleichbarkeit.[637] Die Bestimmung des auswahlrelevanten Personenkreises einerseits und § 1 Abs. 3 S. 2 KSchG andererseits unterscheiden sich insofern, als sich der gekündigte Arbeitnehmer zwar darauf berufen kann, dass er nicht zum Kreis der vergleichbaren Arbeitnehmer gehört, nicht jedoch geltend machen kann, seine Weiterbeschäftigung sei auf Grund eines betrieblichen Bedürfnisses erforderlich. § 1 Abs. 3 S. 2 KSchG eröffnet dem Arbeitgeber lediglich eine **Option, die dieser nicht in Anspruch nehmen muss.**[638] Dem entspricht eine unterschiedliche Beweislastverteilung: Während der gekündigte Arbeitnehmer die **Darlegungs- und Beweislast** für die fehlerhafte Zusammensetzung des auswahlrelevanten Personen- **1118**

---

632 So im Ergebnis auch *Lück,* Probleme der Sozialauswahl, S. 233.

633 BAG 18. 1. 1990 AP § 1 KSchG 1969 Soziale Auswahl Nr. 19; BAG 7. 12. 1995 AP § 1 KSchG 1969 Soziale Auswahl Nr. 29; *Hoyningen-Huene* AP § 1 KSchG 1969 Betriebsbedingte Kündigung Nr. 13, 2b; *Jobs,* DB 1986, 538, 540; *Preis,* Prinzipien, S. 431f.

634 BAG 24. 3. 1983 AP § 1 KSchG 1969 Betriebsbedingte Kündigung Nr. 12; zust. *Ascheid,* Kündigungsschutzrecht, Rn. 336; *Preis,* Prinzipien, S. 431f.

635 So ausdücklich BAG 24. 3. 1983 AP § 1 KSchG 1969 Betriebsbedingte Kündigung Nr. 12; BAG 25. 4. 1985 AP § 1 KSchG 1969 Soziale Auswahl Nr. 7.

636 LAG Düsseldorf 4. 3. 1998 LAGE § 1 KSchG Interessenausgleich Nr. 3; *Lück,* Probleme der Sozialauswahl, S. 331 (der im Ergebnis jedoch eine vorrangige Prüfung berechtigter betrieblicher Bedürfnisse befürwortet).

637 So aber *Berkowsky,* Die betriebsbedingte Kündigung, § 9 Rn. 29; *v. Hoyningen-Huene/Linck,* § 1 KSchG Rn. 480a; *Künzl,* ZTR 1996, 385, 396; *Matthießen,* NZA 1998, 1153, 1154; KPK/*Meisel,* Teil H, § 1 Rn. 525.

638 *Berkowsky,* I § 9 Rn. 36ff.; *Berscheid,* BuW 1997, 632, 635; HK-KSchG/*Dorndorf,* § 1 Rn. 1101; a.A. *Buschmann,* AuR 1996, 285, 288; *Kittner,* AuR 1997, 182, 188.

kreises trägt, obliegt dem Arbeitgeber der Nachweis für das Vorliegen berechtigter betrieblicher Bedürfnisse.

1119 Die Frage, wann ein **betriebliches Bedürfnis** vorliegt, das die Weiterbeschäftigung eines Arbeitnehmers bedingt, wird in Rechtsprechung und Literatur seit langem und bisweilen kontrovers diskutiert. Für eine strenge Interpretation spricht die Verwendung des Begriffs „Bedürfnis"[639] sowie die Tatsache, dass der Gesetzgeber mit der Änderung der Bestimmung zum 1. 1. 1999 die seiner Ansicht nach einseitige Hervorhebung der unternehmerischen Interessen beseitigen wollte.[640] Dagegen lässt sich anführen, dass ein „berechtigtes" betriebliches Bedürfnis qualitativ niedrigere Anforderungen beinhaltet als „dringende" betriebliche Erfordernisse i. S. d. § 1 Abs. 2 S. 1 KSchG[641] und dass bei einer zu engen Interpretation die Prüfung, ob ein sonstiges Bedürfnis „berechtigt" ist, überflüssig wäre. Auch die Entstehungsgeschichte der Norm spricht eher für niedrige Anforderungen.[642] Nach mittlerweile gefestigter Rechtsprechung des BAG liegen betriebstechnische Bedürfnisse i. S. d. § 1 Abs. 3 S. 2 KSchG vor, wenn die Weiterbeschäftigung des entsprechenden Arbeitnehmers im Interesse eines geordneten Betriebsablaufs erforderlich ist.[643] Eine Erforderlichkeit in diesem Sinne soll nicht erst dann gegeben sein, wenn für den Arbeitgeber bei Entlassung des sozial stärkeren Arbeitnehmers eine gewisse Zwangslage eintreten würde.[644] Allein Nützlichkeitserwägungen sollen allerdings nicht zu Ausnahmen von der Sozialauswahl berechtigen.[645]

1120 Im Rahmen des § 1 Abs. 3 S. 2 KSchG ist **keine einzelfallbezogene Interessenabwägung** zwischen dem Arbeitgeberbedürfnis einerseits und den sozialen Belangen des sozial schutzbedürftigeren Arbeitnehmers, der statt des sozial stärkeren Arbeitnehmers entlassen werden soll, andererseits durchzuführen.[646] Die Möglich-

---

[639] Nach *Kluge,* Ethymologisches Wörterbuch der deutschen Sprache, stellt der Begriff „Bedürfnis" – ebenso wie „Bedarf" – ein Abstraktum zum Verb „bedürfen" dar, das „nötig haben" bedeutet.

[640] So auch HK-KSchG/*Dorndorf,* § 1 Rn. 1099; vgl. Entwurf Korrekturgesetz, BT-Drucks. 14/45, S. 35.

[641] Vgl. BAG 25. 4. 1985 AP § 1 KSchG 1969 Soziale Auswahl Nr. 7; LAG Düsseldorf 3. 6. 1982, DB 1982, 1935; *Ascheid,* Kündigungsschutzrecht, Rn. 341; *Linck,* AR-Blattei, SD 1020.1.2 Rn. 100; *Preis,* RdA 1999, 311, 318; *Schaub,* BB 1993, 1089, 1093; *Schröder,* ZTR 1995, 394, 402.

[642] Begründung KSchG 1951, RdA 1951, 58, 63; vgl. auch LAG Düsseldorf 3. 6. 1982, DB 1982, 1935; *Neyses,* DB 1983, 2414, 2418; *Schwerdtner,* ZIP 1984, 10, 20.

[643] Grundlegend BAG 24. 3. 1983 AP § 1 KSchG 1969 Betriebsbedingte Kündigung Nr. 12; BAG 25. 4. 1985 AP § 1 KSchG 1969 Soziale Auswahl Nr. 7; zust. *Ascheid,* Kündigungsschutzrecht, Rn. 341; DB 1986, 538, 540; *Klinkhammer/Klinkhammer,* AuR 1984, 62, 63 f.; *Künzl,* ZTR 1996, 385, 393; *Linck,* Die soziale Auswahl, S. 120 f.; *Löwisch,* § 1 KSchG Rn. 377; *Schaub,* BB 1993, 1089, 1093.

[644] Eine derartige Zwangslage hatte das BAG zwischen 1961 und 1983 verlangt (grundlegend BAG 20. 1. 1961 AP § 1 KSchG Betriebsbedingte Kündigung Nr. 7; ausführl. zur Entwicklung der Rechtsprechung *Bitter/Kiel,* RdA 1994, 333, 356 f.; KR/*Etzel,* 4. Aufl. 1996 § 1 KSchG Rn. 577 ff.

[645] *V. Hoyningen-Huene/Linck,* § 1 KSchG Rn. 480; HK-KSchG/*Dorndorf,* § 1 Rn. 1104; *Kittner,* AuR 1997, 182, 188; *Lakies,* NJ 1997, 121, 124.

[646] *Bitter/Kiel,* RdA 1994, 333, 352; *Bütefisch,* S. 295 ff.; *Löwisch/Schüren,* SAE 1984, 50, 51; *Rieble,* NJW 1991, 65, 68; *Schröder,* ZTR 1995, 394, 402; *Weber,* RdA 1986, 341, 347; vgl. auch *Matthießen,* NZA 1998, 1153, 1155 a. A. LAG Düsseldorf 3. 6. 1982, DB 1982, 1935; LAG Schleswig-Holstein 8. 7. 1994, BB 1995, 2660, 2661; *Bader,* NZA 1999, 64, 68; *Berkowsky,* BB 1983, 2057, 2061; *ders.,* NJW 1983, 1292, 1295 f.; HK-KSchG/*Dorndorf,* § 1

keit des Arbeitgebers, gem. § 1 Abs. 3 S. 2 KSchG vom Ergebnis der Sozialauswahl abzuweichen, hängt nicht von der Größe der Differenz ab, die zwischen der sozialen Schutzbedürftigkeit der zur Wahl stehenden Kündigungsadressaten besteht. Vielmehr enthält § 1 Abs. 3 S. 2 KSchG bereits eine abschließende Interessenabwägung des Gesetzgebers, so dass (nur) Arbeitgeberinteressen, denen das Gewicht eines Bedürfnisses zukommt, stets Vorrang vor den sozialen Belangen der betroffenen Arbeitnehmer genießen. Durch eine einzelfallbezogene Abwägung würde die strikte Trennung innerhalb des § 1 Abs. 3 KSchG[647] durchbrochen, nach der die sozialen Belangen der Arbeitnehmer allein S. 1 und Arbeitgeberbelange allein S. 2 zuzuordnen sind.

Das Vorliegen betrieblicher Bedürfnisse ist anhand **objektiver Maßstäbe** zu **1121**
überprüfen.[648] Die betrieblichen Belange müssen von so großem Gewicht sein, dass sie auch in den Augen eines anderen vernünftigen Arbeitgebers, der sich in der Position des kündigenden Arbeitgebers befände, die Weiterbeschäftigung des sozial stärkeren Arbeitnehmers notwendig machen würden. Dabei sind der Bewertung der betrieblichen Bedürfnisse die **konkreten Gegebenheiten des Beschäftigungsbetriebes** zugrunde zu legen.[649] Unbestritten ist zudem, dass, wenn das betriebliche Bedürfnis durch die Weiterbeschäftigung mehrerer sozial stärkerer Arbeitnehmer in gleicher Weise erfüllt werden kann, jedoch nur ein Arbeitnehmer benötigt wird, wiederum die Grundsätze des § 1 Abs. 3 S. 1 KSchG eingreifen. Der Arbeitgeber hat daher den sozial schutzbedürftigsten dieser Arbeitnehmer weiterzubeschäftigen.[650]

Unter einem **betriebstechnischen** Bedürfnis ist ein entsprechend gewichtiger **1122**
Vorteil zu verstehen, der sich auf die Betriebsorganisation bzw. den Betriebsablauf bezieht.[651] Ob ein **wirtschaftlicher** Vorteil von hinreichendem Gewicht vorliegt, der die Weiterbeschäftigung eines sozial stärkeren Arbeitnehmers rechtfertigt, ist unabhängig von der wirtschaftlichen Lage des Beschäftigungsbetriebs zu beurteilen.[652] Die Berechtigung eines Bedürfnisses ist angesichts des Wortlauts des § 1 Abs. 3 S. 2 KSchG bei betriebstechnischen und wirtschaftlichen Bedürfnissen nicht mehr gesondert zu prüfen,[653] sondern nur bei „**sonstigen** Bedürfnissen". Die Berechtigung eines sonstigen Bedürfnisses i. S. d. § 1 Abs. 3 S. 2 KSchG ist vor dem

Rn. 1102, 1107 f.; *Hoyningen-Huene,* NZA 1994, 1009, 1016; APS/*Kiel,* § 1 KSchG Rn. 743; *Linck,* Die soziale Auswahl, S. 122; *Rost,* ZIP 1982, 1396, 1401.

[647] Grundlegend BAG 24. 3. 1983 AP § 1 KSchG 1969 Betriebsbedingte Kündigung Nr. 12; ausführl. hierzu *Bitter/Kiel,* RdA 1994, 333, 351 f.

[648] *Berscheid,* BuW 1997, 632, 635; *Fischermeier,* NZA 1997, 1089, 1092; *Lakies,* NJ 1997, 121, 124; *Moll*/Grunsky, Arbeitsrecht und Insolvenz, Rn. 123 f.; *Schwedes,* BB 1996, Beil. 17, 2, 3; *Wlotzke,* BB 1997, 414, 418.

[649] ErfK/*Ascheid,* § 1 KSchG Rn. 517; *Matthießen,* NZA 1998, 1153, 1155.

[650] ErfK/*Ascheid,* § 1 KSchG Rn. 518; HK-KSchG/*Dorndorf,* § 1 Rn. 1110; *Löwisch,* § 1 KSchG Rn. 372.

[651] Vgl. BAG 24. 3. 1983 AP § 1 KSchG 1969 Betriebsbedingte Kündigung Nr. 12; BAG 25. 4. 1985 AP § 1 KSchG 1969 Soziale Auswahl Nr. 7; APS/*Kiel,* § 1 KSchG Rn. 740.

[652] So auch *Löwisch,* § 1 KSchG Rn. 379; *Löwisch/Schüren,* SAE 1984, 50, 51; *Matthießen,* NZA 1998, 1153, 1155; a. A. APS/*Kiel,* § 1 KSchG Rn. 740; *Langanke,* RdA 1993, 219, 220; *Weng,* DB 1978, 884, 887.

[653] A. A., ebenfalls unter Bezugnahme auf den Wortlaut des § 1 Abs. 3 S. 2 KSchG HK-KSchG/*Dorndorf,* § 1 Rn. 1098.

Hintergrund der unternehmerischen Konzeption zu bewerten, auf der auch die kündigungsbegründende Arbeitgeberentscheidung beruht.[654]

1123 Umstände, die einen Bezug zum Verhalten oder zu persönlichen Eigenschaften der potentiellen Kündigungsadressaten aufweisen, kommen auch dann als betriebliche Bedürfnisse i. S. d. § 1 Abs. 3 S. 2 KSchG in Betracht, wenn gegenüber dem sozial schwächeren Arbeitnehmer die **Voraussetzungen einer verhaltens- und personenbedingten Kündigung** nicht vorliegen. Das BAG scheint einen Rückgriff auf die Voraussetzungen des § 1 Abs. 2 S. 1 KSchG immer dann zu befürworten, wenn das betriebliche Bedürfnis zur Weiterbeschäftigung des sozial stärkeren Arbeitnehmers aus einem Eignungs- oder Verhaltensdefizit des sozial schwächeren Arbeitnehmers resultiert. Hingegen zieht das BAG die Maßstäbe des § 1 Abs. 2 S. 1 KSchG nicht heran, wenn sich das Bedürfnis zur Weiterbeschäftigung des sozial stärkeren Arbeitnehmers aus dessen vertraglich nicht geforderten, zusätzlichen Qualitäten ergibt. Diese Abgrenzung überzeugt nicht.[655] Gegen die Übertragung der Voraussetzungen des § 1 Abs. 2 S. 1 KSchG auf § 1 Abs. 3 S. 2 KSchG spricht, dass § 1 Abs. 3 S. 2 KSchG seinem Wortlaut nach gerade kein dringendes betriebliches Erfordernis, sondern lediglich ein berechtigtes betriebliches Bedürfnis verlangt.[656] Außerdem erfüllt § 1 Abs. 2 S. 1 KSchG, der die Begründung eines Kündigungsrechts betrifft, eine andere Funktion als § 1 Abs. 3 S. 2 KSchG, der lediglich der personellen Zuordnung eines bestehenden Kündigungsrechts dient.[657] Nach der Rechtsprechung des BAG wäre zudem ein Arbeitnehmer, der für die Erbringung seiner vertraglich geschuldeten Leistung durchschnittlich geeignet ist und keinerlei Verhaltensmängel aufweist, letztlich schlechter gegen einen Verlust seines Arbeitsplatzes auf Grund eines betrieblichen Bedürfnisses geschützt als ein Arbeitnehmer mit Eignungs- oder Verhaltensdefiziten. Der notwendige Schutz für gesundheitlich labile und leistungsschwache Arbeitnehmer ist dadurch sicherzustellen, dass an den Vortrag des Arbeitgebers, warum gerade auf dem fortbestehenden Arbeitsplatz ein Bedürfnis zur Beschäftigung eines Arbeitnehmers mit den geforderten persönlichen Eigenschaften oder Verhaltensweisen besteht, entsprechend hohe Anforderungen gestellt werden.

bb) Einzelne berechtigte betriebliche Bedürfnisse

1124 Als **betriebliche Bedürfnisse** i. S. d. § 1 Abs. 3 S. 2 KSchG sind folgende Umstände **anzuerkennen:**

1125 Besondere **Leistungen** eines sozial stärkeren Arbeitnehmers können dessen Weiterbeschäftigung rechtfertigen. Dabei betrifft der Begriff der Leistung die Frage, wie qualitativ oder quantitativ hochwertig das Arbeitsergebnis ist, das der Arbeitnehmer in der praktischen Umsetzung seiner Kenntnisse erzielt,[658] so dass insbesondere Schnelligkeit, Fehlerquote, Einsatzbereitschaft und Zuverlässigkeit des Arbeitnehmers unter dem Begriff der Leistung zusammengefasst werden. Allerdings kommt

---

[654] Vgl. *Linck,* Die soziale Auswahl, S. 116.

[655] Zust. allerdings *Matthießen,* NZA 1998, 1153, 1156f.

[656] *Berkowsky,* § 9 Rn. 24; *v. Hoyningen-Huene* AP § 1 KSchG 1969 Betriebsbedingte Kündigung Nr. 13, 4b; *Linck,* Die soziale Auswahl, S. 124.

[657] *Linck,* Die soziale Auswahl, S. 123f.; vgl. auch *Hoyningen-Huene* AP Nr. 13 § 1 KSchG 1969 Betriebsbedingte Kündigung, 4b; *Lück,* Probleme der Sozialauswahl, S. 360.

[658] ErfK/*Ascheid,* § 1 KSchG Rn. 516.

§ 1 Abs. 3 S. 2 KSchG nur zur Anwendung, wenn auch der sozial schwächere Arbeitnehmer das für die Übernahme des fortbestehenden Arbeitsplatzes notwendige Leistungsminimum im Sinne qualitativ oder quantitativ ausreichender Arbeitsergebnisse erbringen kann, denn sonst wäre bereits die Vergleichbarkeit zu verneinen.[659] Nach ständiger Rechtsprechung des BAG und der herrschenden Meinung in der Literatur greift § 1 Abs. 3 S. 2 KSchG bei erheblichen Leistungsunterschieden ein.[660] Nach der hier vertretenen Ansicht kommt es hingegen nicht auf die Größe des Leistungsunterschiedes zwischen den potentiellen Kündigungsadressaten an, sondern darauf, dass auf dem fortbestehenden Arbeitsplatz ein bestimmtes, hohes Leistungsniveau betriebstechnisch bzw. wirtschaftlich vorteilhaft ist, das zwar der sozial stärkere, nicht jedoch der sozial schwächere Arbeitnehmer aufweist.[661]

Ein in betriebstechnischer wie in wirtschaftlicher Hinsicht anerkennenswertes **1126**
Bedürfnis besteht insbesondere dann, wenn es sich bei dem fortbestehenden Arbeitsplatz um eine **Schlüsselposition** handelt, so dass von der auf diesem Arbeitsplatz erbrachten Leistung auch die auf anderen Arbeitsplätzen erbringbaren Leistungen abhängen,[662] oder wenn gerade der in Rede stehende Arbeitsplatz von herausragender Bedeutung für den Ertrag des Betriebes ist. Dies liegt z.B. bei einem im Einkauf beschäftigten Arbeitnehmer, der regelmäßig besonders günstige Konditionen aushandelt, ebenso auf der Hand wie bei einem Verkäufer mit besonders vielen Vertragsabschlüssen.[663] Der erforderliche Nachweis über die Leistungen des entsprechenden Arbeitnehmers kann sich insbesondere aus hervorragenden internen Beurteilungen,[664] betriebsinternen „Rankings"[665] oder einem besonders hohen erzielten Leistungslohn[666] ergeben.

Entgegen der Ansicht des BAG[667] können **krankheitsbedingte Fehlzeiten** des **1127**
sozial schwächeren Arbeitnehmers die Weiterbeschäftigung eines sozial stärkeren Arbeitnehmers mit weniger Fehlzeiten auch rechtfertigen, wenn die Voraussetzungen einer krankheitsbedingten Kündigung nicht vorliegen. Dabei muss der Arbeitgeber darlegen, warum auf dem fortbestehenden Arbeitsplatz die Beschäftigung eines Arbeitnehmers mit geringen krankheitsbedingten Fehlzeiten von besonderer Bedeutung ist.[668] Eine derartige Notwendigkeit kann sich beispielsweise daraus er-

---

[659] Vgl. hierzu Rn. 1083.

[660] Vgl. z.B. BAG 24. 3. 1983 AP § 1 KSchG 1969 Betriebsbedingte Kündigung Nr. 12; BAG 20. 10. 1983 AP § 1 KSchG 1969 Betriebsbedingte Kündigung Nr. 13; *Lück,* Probleme der Sozialauswahl, S. 355; *Schiefer,* Betriebsbedingte Kündigung, S. 58; *Weber,* RdA 1986, 341, 346; ebenso Korrekturgesetz, BT-Drucks. 14/45, S. 53.

[661] *Berkowsky,* Die betriebsbedingte Kündigung, § 9 Rn. 35.

[662] Ähnl. zur Teamarbeit KR/*Etzel,* 4. Aufl. 1996 § 1 KSchG Rn. 598.

[663] Vgl. *Schiefer,* Betriebsbedingte Kündigung, S. 59f.

[664] Vgl. hierzu *Berscheid,* BuW 1997, 632, 635; *Preis,* NZA 1997, 1079, 1084; *Schiefer,* Betriebsbedingte Kündigung nach neuem Recht, S. 59; vgl. auch *Matthießen,* NZA 1998, 1153, 1156.

[665] *Schiefer,* Betriebsbedingte Kündigung, S. 59f.

[666] *Matthießen,* NZA 1998, 1153, 1156; *Schiefer,* Betriebsbedingte Kündigung, S. 59.

[667] Grundlegend BAG 24. 3. 1983 AP § 1 KSchG 1969 Betriebsbedingte Kündigung Nr. 12 ; BAG 20. 10. 1983 AP § 1 KSchG 1969 Betriebsbedingte Kündigung Nr. 13; zust. *Ascheid,* Kündigungsschutzrecht, Rn. 330; HK-KSchG/*Dorndorf,* § 1 Rn. 1113f.; APS/*Kiel,* § 1 KSchG Rn. 747; *Künzl,* ZTR 1996, 385, 394; *Löwisch,* § 1 KSchG Rn. 376; *Neyses,* DB 1983, 2414, 2418; krit. z.B. *Schwerdtner,* ZIP 1984, 10.

[668] Ähnl. KR/*Etzel,* § 1 KSchG Rn. 676.

geben, dass die Arbeit auf Grund ihrer Komplexität oder notwendiger Kenntnisse und Erfahrungen nicht kurzfristig von einem anderen Arbeitnehmer übernommen werden kann, jedoch die permanente Besetzung des Arbeitsplatzes erforderlich ist, sei es, weil es sich um eine innerbetriebliche Schlüsselpositionen handelt,[669] sei es, weil hiervon die Einhaltung der mit Kunden vereinbarten Termine abhängt. Ebenso ist, insbesondere im Beratungs- und Dienstleistungssektor, denkbar, dass Kunden einen festen Ansprechpartner erwarten, so dass ernsthaft zu befürchten ist, dass sie bei dessen häufiger unvorhergesehener Abwesenheit zu einem Konkurrenten abwandern. § 1 Abs. 3 S. 2 KSchG ermöglicht danach die Entlassung eines Arbeitnehmers, der an häufigen Kurzerkrankungen, sofern – ebenso wie bei der krankheitsbedingten Kündigung – eine Negativprognose auch zukünftig entsprechend häufige Fehlzeiten erwarten lässt.[670]

1128 Anerkanntermaßen gehören **besondere Kenntnisse** eines sozial stärkeren Arbeitnehmers, deren Fehlen nicht bereits die Vergleichbarkeit ausschließt,[671] zu den berechtigten betrieblichen Bedürfnissen i.S.d. § 1 Abs. 3 S. 2 KSchG, die dessen Weiterbeschäftigung rechtfertigen können.[672] Dabei erfasst § 1 Abs. 3 S. 2 KSchG zum einen tätigkeitsbezogene Qualifikationen, die nicht zwingender Bestandteil des Anforderungsprofils des fortbestehenden Arbeitsplatzes sind, beispielsweise besondere Kenntnisse für selten anfallende Vertretung- oder Spezialarbeiten.[673] Darüber hinaus erfasst § 1 Abs. 3 S. 2 KSchG besondere Kenntnisse, die zwar nicht zur Erbringung der vertraglich geschuldeten Arbeitsleistung erforderlich sind, aber auf Grund der tatsächlichen Gegebenheiten für einen reibungslosen Betriebsablauf vonnöten sind. Sind in einem Betrieb beispielsweise zahlreiche ausländische Arbeitnehmer tätig, deren deutsche Sprachkenntnisse für die betriebsnotwendige Kommunikation nicht ausreichen, ermöglicht § 1 Abs. 3 S. 2 KSchG die Weiterbeschäftigung des Arbeitnehmers, der auf Grund seiner Sprachkenntnisse die notwendigen Übersetzungsarbeit leisten kann.[674] Hat ein Arbeitnehmer an einer Maßnahme der betrieblichen Bildung zur Weiterentwicklung seiner beruflichen Kenntnisse und Fertigkeiten teilgenommen (vgl. §§ 81 Abs. 4, 97 Abs. 2 BetrVG) kann die erfolgte betriebliche Qualifizierung die Weiterbeschäftigung bedingen.

1129 **Soll** ein Arbeitnehmer **zukünftig eine Führungsposition wahrnehmen,** stellt dies anerkannter Maßen ein betriebliches Bedürfnis i.S.d. § 1 Abs. 3 S. 2 KSchG dar.[675] Dies beruht auf der Erkenntnis, dass die Besetzung der Führungspo-

---

[669] Vgl. KR/*Etzel,* § 1 KSchG Rn. 676.

[670] KR/*Etzel,* § 1 KSchG Rn. 676; ähnl. *Lück,* Probleme der Sozialauswahl, S. 361.

[671] Vgl. Rn. 1083f.

[672] BAG 20. 10. 1983 AP § 1 KSchG 1969 Betriebsbedingte Kündigung Nr. 13; HK-KSchG/*Dorndorf,* § 1 Rn. 1110; *Linck,* AR-Blattei, SD 1020.1.2 Rn. 107 f.; *Löwisch,* § 1 KSchG Rn. 373; vgl. auch Entwurf Korrekturgesetz, BT-Drucks. 14/45, S. 53.

[673] BAG 20. 10. 1983 AP § 1 KSchG 1969 Betriebsbedingte Kündigung Nr. 13; HK-KSchG/*Dorndorf,* § 1 Rn. 1110; KR/*Etzel,* § 1 KSchG Rn. 581; APS/*Kiel,* § 1 KSchG Rn. 744; *Linck,* AR-Blattei, SD 1020.1.2 Rn. 108; *Löwisch,* § 1 KSchG Rn. 373; *B. Preis,* DB 1998, 1761, 1765.

[674] *Kraushaar,* AiB 1994, 169, 179.

[675] LAG Hamm 5. 2. 1987 LAGE § 1 KSchG Soziale Auswahl Nr. 2; *Berkowsky,* Die betriebsbedingte Kündigung, § 9 Rn. 23; KR/*Etzel,* § 1 KSchG Rn. 677; *v. Hoyningen-Huene/Linck,* § 1 KSchG Rn. 480; KDZ/*Kittner,* § 1 KSchG Rn. 494; *Linck,* Die soziale Auswahl, S. 125; *Löwisch,* § 1 KSchG Rn. 374.

sitionen langfristig von entscheidender Bedeutung für den wirtschaftlichen Erfolg eines Betriebes ist. Charakteristisch für eine Führungsposition ist, dass sie anderen Arbeitsplätzen übergeordnet ist und sich von den durchschnittlichen Arbeitsplätzen durch ein gesteigertes Maß an Gestaltungsspielraum und Verantwortung unterscheidet. Allerdings muss die avisierte Führungsposition, wenn vielleicht auch nicht in räumlicher Hinsicht, so doch zumindest inhaltlich feststehen und die Übernahme durch den entsprechenden Arbeitnehmer absehbar sein (z. B. innerhalb des nächsten Jahres). Der Arbeitgeber muss zudem schlüssig darlegen, warum gerade dieser Arbeitnehmer seiner Ansicht nach in besonderer Weise für die Wahrnehmung der avisierten Führungsposition geeignet ist. Anhaltspunkte für eine solche Eignung können sich aus herausragenden Leistungen und entsprechenden innerbetrieblichen Beurteilungen ebenso ergeben wie aus zusätzlichen Qualifikationen, auch wenn diese bislang keinen Eingang in die arbeitsvertragliche Leistungsbeschreibung gefunden haben. Dies gilt insbesondere, wenn der Arbeitnehmer sie mit (finanzieller) Unterstützung des Arbeitgebers erworben hat.[676]

Besondere Kontakte zu Kunden oder Lieferanten können die Weiterbe- 1130
schäftigung eines sozial stärkeren Arbeitnehmers rechtfertigen,[677] sofern diese Aufträge bzw. Lieferungen für den Betrieb einen beachtlichen wirtschaftlichen Faktor darstellen und die Gefahr besteht, der Kunde werde bei Austausch des Verkäufers abwandern bzw. der Lieferant werde nicht mehr an den gegenwärtigen günstigen Konditionen festhalten.

Nach zutreffender Ansicht kann ein wirksam vereinbartes **nachvertragliches** 1131
Wettbewerbsverbot ein betriebliches Bedürfnis an der Weiterbeschäftigung eines sozial stärkeren Arbeitnehmers begründen.[678] Dies liegt in der Vermeidung einer Entschädigungspflicht gem. §§ 74 Abs. 2 HGB, sofern nicht bereits im Zeitpunkt des Kündigungszugangs eindeutig absehbar ist, dass sich der Arbeitnehmer auf Grund seines Wahlrechts aus § 75 Abs. 2 HGB von der Vereinbarung lossagen wird. Ist jedoch zu befürchten, dass der Arbeitnehmer sodann in erheblichem Umfang nachteilige Konkurrenztätigkeiten entfalten wird, ist auch in deren Abwendung ein wirtschaftliches Bedürfnis i. S. d. § 1 Abs. 3 S. 2 KSchG zu sehen.[679]

Folgende Umstände stellen **kein betriebliches Bedürfnis i. S. d. § 1 Abs. 3** 1132
S. 2 KSchG dar:

Die **vielseitigere Verwendbarkeit** eines Arbeitnehmers gehört nicht zu den betrieblichen Bedürfnissen i. S. d. § 1 Abs. 3 S. 2 KSchG.[680] Sofern sich die vielseitige Verwendbarkeit aus zusätzlichen Qualifikationen ergibt, die keinen Eingang in die arbeitsvertragliche Leistungsbeschreibung gefunden haben, sind diese im Rahmen der Sozialauswahl irrelevant. Sind an dem fortbestehenden Arbeitsplatz Tätig-

---

[676] Vgl. *Löwisch/Schüren,* SAE 1984, 50, 52; *Vogt,* BB 1985, 1141, 1146.

[677] ErfK/*Ascheid,* § 1 KSchG Rn. 512; *Berkowsky,* Die betriebsbedingte Kündigung, § 9 Rn. 23; HK-KSchG/*Dorndorf,* § 1 Rn. 1111; KR/*Etzel,* § 1 KSchG Rn. 677; *v. Hoyningen-Huene/Linck,* § 1 KSchG Rn. 480; *Linck,* Die soziale Auswahl, S. 125 f.; *Löwisch,* § 1 KSchG Rn. 378.

[678] *Löwisch,* § 1 KSchG Rn. 378.

[679] *Löwisch,* § 1 KSchG Rn. 378.

[680] So aber KR/*Etzel,* § 1 KSchG Rn. 677; APS/*Kiel,* § 1 KSchG Rn. 744; vgl. auch BAG 20. 10. 1983 AP § 1 KSchG 1969 Betriebsbedingte Kündigung Nr. 13; *Neyses,* DB 1983, 2414, 2418.

keiten unterschiedlichster Art zu verrichten, so dass eine besonders weit gefasste arbeitsvertragliche Leistungspflicht Voraussetzung für Übernahme dieses Arbeitsplatzes ist, ist ein sozial schwächerer Arbeitnehmer mit enger gefasster Leistungspflicht mit dem bisherigen Arbeitsplatzinhaber bereits nicht vergleichbar.[681]

1133 Entgegen einer in der Literatur vertretenen Ansicht stellt eine **besondere soziale Kompetenz im Umgang mit Kollegen oder Vorgesetzten** (Fähigkeit zu Streitschlichtung und zur Motivation der Arbeitskollegen) kein betriebliches Bedürfnis i.S.d. § 1 Abs. 3 S. 2 KSchG dar.[682] Die Wahrung des Betriebsfriedens gehört zu den vertraglichen Nebenpflichten jedes Arbeitnehmers, bei deren Verletzung dem Arbeitgeber andere arbeitsrechtliche Maßnahmen (Abmahnung, verhaltensbedingte Kündigung) zur Verfügung stehen.

1134 Der **Abkehrwille des Arbeitnehmers** rechtfertigt wegen Art. 12 GG keine Abweichungen von der Sozialauswahl, solange sein Ausscheiden aus dem Betrieb noch nicht sicher ist.[683] Sobald allerdings feststeht, dass der Arbeitnehmer sein Arbeitsverhältnis beenden wird, entfällt insoweit der die Kündigung begründende Arbeitskräfteüberhang, so dass bereits hierdurch die Weiterbeschäftigung des in sozialer Hinsicht nächst stärkeren Arbeitnehmers gesichert ist. Eine andere Bewertung erscheint lediglich dann gerechtfertigt, wenn der sozial schwächere Arbeitnehmer, der einen Abkehrwillen äußert, nach der Umsetzung der unternehmerischen Konzeption eine Schlüsselstellung einnehmen soll.[684] In diesen Falle überwiegt die für den Arbeitgeber erforderliche Planungssicherheit gegenüber der Berufsfreiheit des betroffenen Arbeitnehmers.

1135 Allein die Tatsache, dass die **Personalkosten,** die der Arbeitgeber bei Weiterbeschäftigung des sozial schwächeren Arbeitnehmers aufwenden muss, höher sind als die bei Weiterbeschäftigung des sozial stärkeren Arbeitnehmers anfallenden Kosten, stellt kein wirtschaftliches Bedürfnis i.S.d. §1 Abs. 3 S. 2 KSchG dar.[685] Insofern ist der Arbeitgeber auf die Möglichkeit der Änderungskündigung zur Entgeltreduzierung zu verweisen, die ihm nach der Rechtsprechung des BAG[686] lediglich im Falle der Existenzbedrohung des Betriebes offensteht.

1136 Hohe **Fortbildungs-/Umschulungskosten,** die der Arbeitgeber für einen bestimmten Arbeitnehmer aufgewandt hat, sind nicht als betriebliches Bedürfnis i.S.d. § 1 Abs. 3 S. 2 KSchG einzustufen.[687] Die entsprechenden Kosten sind – egal ob der Arbeitnehmer weiterbeschäftigt oder entlassen wird – in der Vergangenheit entstanden und bringen über den Zeitpunkt des Kündigungszugangs hinaus keine Konsequenzen hervor. Etwas anderes gilt nur dann, wenn die Fortbildung dem Arbeitnehmer Kenntnisse vermittelt hat, die bereits die Vergleichbarkeit ausschließen (hierzu Rn. 1083) oder zumindest als Spezialkenntnisse einem betrieblichen Be-

---

[681] Vgl. Rn. 1051ff.

[682] So aber *Berkowsky* I, § 9 Rn. 23; HK-KSchG/*Dorndorf,* § 1 Rn. 1111; *Linck,* Die soziale Auswahl, S. 126; *Löwisch/Schüren,* SAE 1984, 50, 52; *Meisel,* DB 1991, 92, 95; *Neyses,* DB 1983, 2414, 2418; *Vogt,* BB 1985, 1141, 1146.

[683] So aber *Berkowsky* I, § 9 Rn. 23; *v. Hoyningen-Huene/Linck,* § 1 KSchG Rn. 480; *Linck,* Die soziale Auswahl, S. 125; *Schröder,* ZTR 1995, 394, 403.

[684] So auch *Bütefisch,* S. 314; APS/*Kiel,* § 1 KSchG Rn. 745.

[685] *Löwisch/Schüren,* SAE 1984, 50, 51; a.A. wohl *Langanke,* RdA 1993, 219, 220.

[686] Näher Rn. 1272ff.

[687] So auch *Bütefisch,* S. 317; *Kittner,* AuR 1997, 182, 188; a.A. HK-KSchG/*Dorndorf,* § 1 Rn. 1111; *Langanke,* RdA 1993, 219, 220; *Löwisch,* § 1 KSchG Rn. 378.

dürfnis dienen oder aber auf die besondere Eignung des Arbeitnehmers für eine Führungsposition schließen lassen (hierzu Rn. 1129).

Entgegen einer in der Literatur bisweilen vertretenen Ansicht führt die Inanspruchnahme einer patent- oder gebauchsmusterfähigen **Erfindung** des Arbeitnehmers durch den Arbeitgeber nicht dazu, dass dieser Arbeitnehmer trotz seiner geringeren sozialen Schutzbedürftigkeit weiterbeschäftigt werden könnte.[688] Die Vergütungspflicht des Arbeitgebers gem. § 26 ArbnErfG besteht bei einer Weiterbeschäftigung dieses Arbeitnehmers in gleicher Weise wie bei seiner Entlassung. 1137

cc) Zusätzliche berechtigte betriebliche Bedürfnisse bei der Entlassung zahlreicher Arbeitnehmer

Die Schwierigkeiten, die mit umfangreichen Personalreduzierungen typischerweise verbunden sind, befreien den Arbeitgeber nicht von der Verpflichtung, eine Sozialauswahl nach § 1 Abs. 3 KSchG durchzuführen.[689] Allerdings erlaubt die **gruppenbezogene Sozialauswahl** nach § 1 Abs. 3 S. 2 KSchG dem Arbeitgeber bei Massenkündigungen weitergehende Abweichungen von § 1 Abs. 3 S. 1 KSchG.[690] Während im Übrigen der Feststellung eines betrieblichen Bedürfnisses i. S. d. § 1 Abs. 3 S. 2 KSchG eine individuelle Betrachtung zugrunde liegt, beruht die gruppenbezogene Sozialauswahl auf einer kollektiven Sichtweise. So resultiert die Anerkennung eines betrieblichen Bedürfnisses üblicherweise daraus, dass durch die Entlassung eines einzelnen Arbeitnehmers Nachteile für den Betrieb entstünden. Im Falle einer Massenkündigung, die den Arbeitgeber zu einer gruppenbezogenen Sozialauswahl berechtigt, drohen die durch § 1 Abs. 3 S. 2 KSchG zu vermeidenden Nachteile erst auf Grund der Summe der vorzunehmenden Entlassungen. Die Kündigung des einzelnen Arbeitnehmers führt daher nicht für sich allein gesehen, sondern erst im Kontext mit den übrigen Kündigungen und ihrer personellen Zuordnung zu betrieblichen Schwierigkeiten. In ihrer Wirkung führt die gruppenbezogene Sozialauswahl zu einer Verengung des auswahlrelevanten Personenkreises. 1138

Die **zahlenmäßig begrenzte Auswahl innerhalb einzelner Qualifikationsstufen**[691] trägt der Tatsache Rechnung, dass eine größere Zahl von Versetzungen, die infolge der Sozialauswahl erforderlich würde, angesichts der notwendigen Einarbeitung der versetzten Arbeitnehmer zu gravierenden Störungen des Betriebsablaufs führen kann. Insoweit soll verhindert werden, dass ganze Funktionsbereiche infolge der Sozialauswahl zunächst einmal lahmgelegt und sodann unter Inkaufnahme erheblicher finanzieller Verluste wieder neu aufgebaut werden müssen. Will der Arbeitgeber von dieser Form der gruppenbezogenen Sozialauswahl Gebrauch machen, muss er zunächst die Arbeitnehmer seines Betriebes einzelnen Qualifika- 1139

---

[688] A. A. wohl *Vogt,* BB 1985, 1141, 1146.

[689] BAG 25. 4. 1985 AP § 1 KSchG 1969 Soziale Auswahl Nr. 7.

[690] Ablehnend auf Grund des Wortlauts des § 1 Abs. 3 S. 2 KSchG *Giesen,* ZfA 1997, 145, 155; *Lakies,* NJ 1999, 74, 76.

[691] Grundlegend *B. Preis,* DB 1984, 2244, 2248 f.; im Anschluss daran BAG 25. 4. 1985 AP § 1 KSchG 1969 Soziale Auswahl Nr. 7; zust. *Ascheid,* Kündigungsschutzrecht, Rn. 343; HK-KSchG/*Dorndorf,* § 1 Rn. 1167; *v. Hoyningen-Huene/Linck,* § 1 KSchG Rn. 487 b ff.; APS/*Kiel,* § 1 KSchG Rn. 748; *Linck,* Die soziale Auswahl, S. 141 f.; *Weber,* RdA 1986, 341, 342; vgl. auch das Fallbeispiel von *Ascheid,* Kündigungsschutzrecht, Rn. 343.

tionsstufen zuordnen. Sodann muss er ermitteln (und später vor Gericht darlegen), wieviele Arbeitnehmer der jeweiligen Qualifikationsstufen in den einzelnen fortbestehenden Funktionsbereichen ausgetauscht werden könnten, ohne dass deren Funktionsfähigkeit ernsthaft gefährdet würde. Dabei ist die Konzeption des Arbeitgebers maßgeblich danach zu beurteilen, ob sie in sich schlüssig ist, also insbesondere die Unterschiede zwischen den für die verschiedenen Qualifikationsstufen genannten Zahlen den tatsächlichen Gegebenheiten Rechnung tragen.[692] Sollen nicht in allen Funktionsbereichen Arbeitsplätze abgebaut werden,[693] muss der Arbeitgeber in einem weiteren Schritt in den unverändert fortbestehenden Funktionsbereichen auf jeder Qualifikationsstufe die entsprechende Zahl an Arbeitnehmern ermitteln, die sozial am wenigsten schutzbedürftig sind und deshalb für eine Kündigung am ehesten in Betracht kommen. In dem Funktionsbereich, in dem der Arbeitsplatzabbau erfolgen soll, ist die gleiche Anzahl an Arbeitnehmern zu bestimmen, die gem. § 1 Abs. 3 S. 1 KSchG am sozial schutzbedürftigsten sind. Zwischen diesen Gruppen muss der Arbeitgeber sodann eine Sozialauswahl durchführen.

1140 Auch die **Erhaltung einer ausgewogenen Altersstruktur** stellt ein betriebliches Bedürfnis i. S. d. § 1 Abs. 3 S. 2 KSchG dar.[694] In der Begründung des Korrekturgesetzes[695] hat der Gesetzgeber zu dieser Frage, die bislang umstritten war,[696] entsprechend Stellung genommen. Das BAG neigt dieser Auffassung ebenfalls zu und bezeichnet die hierfür vorgebrachten Argumente als überzeugend.[697] Der Begriff der ausgewogenen Altersstruktur steht in einem Spannungsverhältnis zu den Auswahlkriterien des § 1 Abs. 3 Satz 1 KSchG, welcher über die Kriterien der Betriebszugehörigkeit und des Lebensalters zur vorrangigen Entlassung jüngerer Arbeitnehmer führt. Will der Arbeitgeber dies durch eine altersgruppenbezogene Sozialauswahl vermeiden, muss er – unter Bezugnahme auf den Betriebszweck – darlegen, welche konkreten Nachteile sich aus einer Sozialauswahl allein nach § 1 Abs. 3 S. 1 KSchG ergäben.[698] Dabei ist das Gewicht der vom Arbeitgeber be-

---

[692] Ähnl. *v. Hoyningen-Huene/Linck,* § 1 KSchG Rn. 487 c.

[693] So der Sachverhalt der Entscheidung BAG 25. 4. 1985 AP § 1 KSchG 1969 Soziale Auswahl Nr. 7.

[694] So auch LAG Düsseldorf 17. 3. 2000, NZA-RR 2000, 421, 423; ErfK/*Ascheid,* § 1 Rn. 512; *Bauer/Röder,* S. 169; MünchArbR/*Berkowsky,* § 139 Rn. 262 ff.; BBDW/*Bram,* § 1 KSchG Rn. 327 d; *Bütefisch,* S. 331; *Lingemann/Grothe,* NZA 1999, 1972, 1076; HK-KSchG/*Dorndorf,* § 1 Rn. 1116; *B. Gaul,* DB 1998, 2467, 2468; APS/*Kiel,* § 1 KSchG Rn. 749; *Linck,* AR-Blattei, SD 1020.1.2 Rn. 103; *Löwisch,* § 1 KSchG Rn. 380, *ders.,* BB 1999, 102 f.; a. A. *Däubler,* NJW 1999, 601, 602; *Hinrichs,* AiB 1999, 1, 2; KDZ/*Kittner,* § 1 KSchG Rn. 495 a; *Lakies,* NJ 1999, 74, 76; ArbG Cottbus 25. 4. 2001 NZA-RR 2001, 589.

[695] Entwurf Korrekturgesetz, BT-Drucks. 14/45, S. 53.

[696] Bejahend z. B. LAG Mecklenburg-Vorpommern 14. 9. 1993, RzK I 8 m dd Nr. 53 (im Hinblick auf bedarfsbedingte Kündigungen nach dem Einigungsvertrag); *Bauer/Lingemann,* NZA 1993, 625, 628 ff.; *Berscheid,* AR-Blattei, SD 1020.2 Rn. 357; *Buchner,* DB 1984, 504, 509; KR/*Etzel,* § 1 KSchG Rn. 678; *Hanau,* DB 1992, 2625, 2632; *v. Hoyningen-Huene/Linck,* § 1 KSchG Rn. 479 b; *Langanke,* RdA 1993, 219; *Linck,* Die soziale Auswahl, S. 125; *Lück,* Probleme der Sozialauswahl, S. 346; *Rumpenhorst,* NZA 1991, 214, 216; *Steffan,* Arbeitsrecht und Unternehmenssanierung; *Stindt,* DB 1993, 1361, 1363 ff.; dagegen *LAG Hamm* 29. 6. 1995, BB 1995, 2661; *Holthöwer/Rolfs,* DB 1995, 1074, 1078; *Trittin,* AuR 1995, 51 ff.; zum Streitstand vgl. auch *Bitter/Kiel,* RdA 1994, 333, 357.

[697] BAG 23. 11. 2000 NZA 2001, 601.

[698] Vgl. HK-KSchG/*Dorndorf,* § 1 Rn. 1123; a. A. *Bauer/Lingemann,* NZA 1993, 625, 628 f.

fürchteten Nachteile und die Schlüssigkeit seines Vortrags einer strengen Überprüfung zu unterziehen. An den Nachweis, dass die befürchteten Nachteile tatsächlich eintreten werden, sind desto höhere Anforderungen zu stellen, je kurzfristiger objektiv mit deren Verwirklichung zu rechnen ist, je enger diese mit den Arbeitsverhältnissen in Verbindung stehen und je leichter diese quantifizierbar sind. Die Auswirkungen auf die Altersstruktur, die sich bei einer Sozialauswahl gem. § 1 Abs. 3 S. 1 KSchG ergäben und die durch die gruppenbezogene Auswahl korrigiert werden sollen, sind nicht in Bezug auf einzelne Betriebsteile oder Funktionsbereiche, sondern im Hinblick auf den Gesamtbetrieb zu beurteilen.[699]

Da die altersgruppenbezogene Sozialauswahl auf einer kollektiven Betrachtung **1141**
basiert, greift sie nur bei einer größeren Zahl von Entlassungen ein.[700] Insofern erscheint es praktikabel, die Schwellenwerte des § 112a Abs. 1 BetrVG zwar nicht als absolute Grenze,[701] aber immerhin als Anhaltspunkt heranzuziehen.[702] Anders als § 125 Abs. 1 S. 1 Nr. 2 InsO ermöglicht § 1 Abs. 3 S. 2 KSchG lediglich die Erhaltung der bisherigen Altersstruktur, nicht jedoch die erstmalige Schaffung einer ausgewogenen Altersstruktur.[703] § 1 Abs. 3 S. 2 KSchG soll lediglich Nachteile vermeiden, die sich aus der Sozialauswahl gem. § 1 Abs. 3 S. 1 KSchG ergeben, nicht hingegen Versäumnisse in der Personalpolitik der Vergangenheit korrigieren.[704] Dabei ist nicht erforderlich, dass im Kündigungszeitpunkt eine altersmäßig ausgewogene Personalstruktur besteht.[705] Vielmehr ist eine altersgruppenbezogene Sozialauswahl auch dann zulässig, wenn der Betrieb bereits einen unausgewogen hohen Anteil älterer Arbeitnehmer aufweist, dessen weitere Steigerung verhindert werden soll.[706] Allerdings dürfte dem Arbeitgeber der Nachweis, dass die befüchteten Nachteile gerade auf der Sozialauswahl gem. § 1 Abs. 3 S. 2 KSchG beruhen, desto leichter fallen, je ausgewogener die Altersstruktur im Kündigungszeitpunkt ist.

[699] Vgl. LAG Mecklenburg-Vorpommern 14. 9. 1993 RzK I 8m dd Nr. 53 (im Hinblick auf bedarfsbedingte Kündigungen nach dem Einigungsvertrag); a. A. *Moll*/Grunsky, Arbeitsrecht und Insolvenz:, Rn. 145; *Fischermeier,* NZA 1996, 1089, 1093.

[700] *Berkowsky,* Die betriebsbedingte Kündigung, § 9 Rn. 46; HK-KSchG/*Dorndorf,* § 1 Rn. 1117; KR/*Etzel,* § 1 KSchG Rn. 678; *v. Hoyningen-Huene/Linck,* § 1 KSchG Rn. 479d; APS/*Kiel,* § 1 KSchG Rn. 749; *Matthießen,* NZA 1998, 1153, 1157f.; *Preis,* NZA 1997, 1073, 1085; *ders.,* RdA 1999, 311, 319; *Rumpenhorst,* NZA 1991, 214, 216; a. A. *Berscheid,* BuW 1997, 632, 637f.; *Heise/Lessenich/Merten,* Das neue Arbeitsrecht auf einen Blick, Rn. 44; *Langanke,* RdA 1993, 219.

[701] Dagegen auch *Kittner,* AuR 1997, 182, 189; *Moll*/Grunsky, Arbeitsrecht und Insolvenz, Rn. 143.

[702] So auch APS/*Kiel,* § 1 KSchG Rn. 749.

[703] LAG Schleswig-Holstein 8. 7. 1994, BB 1995, 2660f.; Hessisches LAG 24. 6. 1999, DB 1999, 2575; HK-KSchG/*Dorndorf,* § 1 Rn. 1118; ErfK/*Ascheid,* § 1 KSchG Rn. 515; *Bader,* NZA 1996, 1125, 1129; *Berkowsky,* Die betriebsbedingte Kündigung, § 9 Rn. 44; *Bütefisch,* S. 331; *Fischermeier,* NZA 1997, 1089, 1093; a. A. BBDW/*Bram,* § 1 KSchG Rn. 327d; *Heise/Lessenich/Merten,* Das neue Arbeitsrecht auf einen Blick, Rn. 42; *Hold,* AuA 1998, 369, 371; *Moll*/Grunsky, Arbeitsrecht und Insolvenz; *Schiefer,* Betriebsbedingte Kündigung nach neuem Recht, S. 60ff.; *Stindt,* DB 1993, 1361, 1363f.

[704] *Löwisch,* NZA 1996, 1009, 1011; *Preis,* NJW 1996, 3369, 3371.

[705] So aber ErfK/*Ascheid,* § 1 KSchG Rn. 515; *Bader,* NZA 1996, 1125, 1129; *Kittner,* AuR 1997, 182, 189; *Wlotzke,* BB 1997, 414, 418f.

[706] So HK-KSchG/*Dorndorf,* 2. Aufl., § 1 Rn. 1115; KR/*Etzel,* § 1 KSchG Rn. 678; *Fischermeier,* NZA 1997, 1089, 1093.

1142 Einen allgemeingültigen Maßstab für die Ausgewogenheit einer innerbetrieblichen Altersstruktur gibt es nicht. Nicht gefolgt werden kann jedoch der Auffassung, dass die Abweichungen von der Sozialauswahl, die in der vorrangigen Kündigung älterer Arbeitnehmer liegen, zur Schaffung einer ausgewogenen Altersstruktur gerechtfertigt seien, sofern der in § 147a Abs. 1 S. 2 Nr. 6 S. 2 SGB III genannte Grenzwert nicht überschritten werde.[707] Hiergegen sprechen nicht nur die rein sozialrechtliche Zielsetzung des § 147a Abs. 1 SGB III[708] und der Gesetzeszweck der Verwaltungsvereinfachung.[709] Entscheidend ist, dass § 147a Abs. 1 S. 1 Nr. 6 S. 2 SGB III nur den Anteil der über 56-jährigen Arbeitnehmer an den Kündigungsadressaten betrifft, so dass er als kündigungsrechtlicher Maßstab für die Ausgewogenheit der Altersstruktur nicht handhabbar ist,[710] und lediglich die neu zu schaffende Altersstruktur zu der bislang bestehenden in Beziehung setzt, jedoch unabhängig davon eingreift, wie hoch (oder niedrig) der bisherige Anteil älterer Arbeitnehmer in dem jeweiligen Betrieb ist. Auch die betriebswirtschaftiche „Alterszwiebel", die den typischen Altersaufbau einer Belegschaft wiedergibt,[711] oder die Altersstruktur aller abhängig Beschäftigten einschließlich der Arbeitslosen[712] stellen keinen verbindlichen Vergleichsmaßstab, sondern nur eine Richtschnur dar, da hierbei der Gegenstand des einzelnen Betriebes außer Betracht bleibt. Sofern der Arbeitgeber die Kündigungen allerdings so auf die unterschiedlichen Altersgruppen verteilt, dass der in jeder Altersstufe verbleibende Arbeitnehmeranteil der Quote dieser Altersgruppe an der Gesamtheit der Arbeitnehmer entspricht, kann regelmäßig davon ausgegangen werden, dass die geschaffene Altersstruktur ausgewogen ist. Soll die Quote der entlassenen älteren Arbeitnehmer weiter erhöht und ein überdurchschnittlich hoher Anteil jüngerer Arbeitnehmer weiter beschäftigt werden, muss der Arbeitgeber ein entsprechendes Bedürfnis unter Bezugnahme auf den Betriebszweck detailliert darlegen.

1143 Zur Durchführung einer altersgruppenbezogenen Sozialauswahl[713] muss der Arbeitgeber die vergleichbaren Arbeitnehmer in Altersgruppen einteilen. Im Einzelfall steht dem Arbeitgeber ein gewisser Beurteilungsspielraum bei der Einteilung der Altersgruppen zu.[714] Die Festlegung der Gruppen weist das nötige Mindestmaß an Ausgewogenheit auf, wenn mindestens drei, maximal fünf Gruppen gebildet werden und die mittleren Gruppen gleich große Altersstufen erfassen.[715]

---

[707] So aber *Bauer/Diller,* BB 1992, 2283, 2286; *Bauer/Lingemann,* NZA 1993, 625, 630; *B. Gaul,* AuA 1996, 264, 265; *Schiefer,* ArbRGgw 1997, 95, 99; *Stindt,* DB 1993, 1361, 1365; dagegen *Holthöwer/Rolfs,* DB 1995, 1074, 1079; *Moll*/Grunsky, Arbeitsrecht und Insolvenz, Rn. 151f.

[708] So auch *Moll*/Grunsky, Arbeitsrecht und Insolvenz, Rn. 152.

[709] Vgl. Beschlussempfehlung des Ausschusses für Arbeit und Sozialordnung, BT-Drucks. 12/3423, S. 58.

[710] So auch *Moll*/Grunsky, Arbeitsrecht und Insolvenz, Rn. 152.

[711] So *Berscheid,* BuW 1997, 632, 637.

[712] So *Busemann/Schäfer,* Kündigung und Kündigungsschutz im Arbeitsverhältnis, Rn. 234c; HK-KSchG/*Dorndorf,* 2. Aufl., § 1 Rn. 1115 (mit der Beschränkung auf Großbetriebe).

[713] Zur Durchführung *Berkowsky,* Die betriebsbedingte Kündigung, § 21 Rn. 63ff.; vgl. auch HK-KSchG/*Dorndorf,* § 1 Rn. 1121ff.

[714] *Fischermeier,* NZA 1997, 1089, 1093; *v. Hoyningen-Huene/Linck,* § 1 KSchG Rn. 479e.

[715] Zu den unterschiedlichen Vorschlägen für die Gruppenbildung vgl. LAG Schleswig-Holstein 8. 7. 1994, BB 1995, 2660, 2661; ErfK/*Ascheid,* § 1 KSchG Rn. 515; *Berkowsky,*

In einem nächsten Schritt muss der Arbeitgeber ermitteln, wieviel Prozent der potentiellen Kündigungsadressaten vor Ausspruch der Kündigungen den jeweiligen Gruppen angehören. Sodann ist zu errechnen, wie die geplanten Kündigungen auf die einzelnen Altersgruppen verteilt werden müssen, damit die bislang bestehende prozentuale Verteilung der Arbeitnehmer auf die Altersgruppen erhalten bleibt. Schließlich muss der Arbeitgeber die in den einzelnen Altersgruppen zu entlassenden Arbeitnehmer anhand der Kriterien des § 1 Abs. 3 S. 1 KSchG bestimmen.

e) Rechtsfolgen einer fehlerhaften Sozialauswahl

Entgegen der Ansicht des BAG[716] und der herrschenden Meinung im Schrift- **1144**
tum[717] können sich nicht alle gekündigten Arbeitnehmer, die sozial schwächer sind als ein im Betrieb verbliebener Arbeitnehmer, gleichzeitig mit Erfolg auf die Fehlerhaftigkeit der Sozialauswahl berufen.[718] Vielmehr kann **nur der sozial schwächste der entlassenen Arbeitnehmer** den Verstoß gegen § 1 Abs. 3 KSchG geltend machen. Sind mehrere Arbeitnehmer in ähnlichem Maße sozial schutzbedürftig, so dass der Arbeitgeber frei zwischen diesen hätte wählen können, können sich diejenigen Arbeitnehmer auf die Fehlerhaftigkeit der Sozialauswahl berufen, deren Kündigung vom **Wertungsspielraum** des Arbeitgebers gedeckt gewesen wäre. Allein für die Kündigung dieser Arbeitnehmer ist der Auswahlfehler ursächlich. Hingegen wären die übrigen Arbeitnehmer, die ebenfalls sozial schwächer sind als der nicht gekündigte Arbeitnehmer, auch bei einer zutreffenden Sozialauswahl entlassen worden.[719]

Die h. M. geht davon aus, dass für jeden Arbeitnehmer die Möglichkeit bestün- **1145**
de, dass der Arbeitgeber gem. § 1 Abs. 3 KSchG gerade mit ihm das eigene Arbeitsverhältnis fortsetzen müsste.[720] Die Arbeitnehmer, die nicht rechtzeitig Kündigungsschutzklage erhoben haben, sollen aus dem Kreis der seinerzeit möglichen Kündigungsadressaten ausscheiden, da ihre Kündigungen gem. § 7 KSchG als von Anfang an rechtswirksam gelten. In diesem Fall wäre der Arbeitgeber nach Auffassung des BAG verpflichtet, den nächst sozial stärkeren Arbeitnehmer weiterzubeschäftigen. Da bei Kündigungszugang nicht absehbar sei, ob bzw. welche der entlassenen Arbeitnehmer Klage erheben würden, bestehe in diesem Zeitpunkt für jeden gekündigten Arbeitnehmer zumindest theoretisch die Möglichkeit, dass der Kündigungsschutzprozess zu dem Ergebnis führte, gerade sein Arbeitsverhältnis sei anstelle des Arbeitsverhältnisses des sozial stärkeren Arbeitnehmers fortzusetzen.

Die betriebsbedingte Kündigung, § 21 Rn. 63; *Berscheid,* BuW 1997, 632, 636f.; *Bütefisch,* S. 334f.; KR/*Etzel,* § 1 KSchG Rn. 678; *v. Hoyningen-Huene/Linck,* § 1 KSchG Rn. 479d; APS/*Kiel,* § 1 KSchG Rn. 751; *Lakies,* NJ 1997, 121, 124; *Linck,* AR-Blattei, SD 1020.1.2 Rn. 105; *Preis,* RdA 1999, 311, 319; *Schiefer,* Betriebsbedingte Kündigung, S. 61.

[716] BAG 18. 10. 1984 AP § 1 KSchG 1969 Soziale Auswahl Nr. 6.

[717] *Berkowsky,* Die betriebsbedingte Kündigung, § 8 Rn. 230f., § 21 Rn. 55; *Bitter/Kiel,* RdA 1994, 333, 358; *Hoyningen-Huene,* Anm. EzA § 1 KSchG Betriebsbedingte Kündigung Nr. 34; *Jobs,* DB 1986, 538, 541; *Linck,* Die soziale Auswahl, S. 136; *Löwisch,* Anm. AP § 1 KSchG 1969 Soziale Auswahl Nr. 6.

[718] *Bütefisch,* S. 354ff.; APS/*Kiel,* § 1 KSchG Rn. 772; *Rieble,* NJW 1991, 65, 71; vgl. auch LAG Hamm 31. 8. 1994 LAGE § 1 KSchG Soziale Auswahl.

[719] Vgl. auch APS/*Kiel,* § 1 KSchG Rn. 772.

[720] BAG 18. 10. 1984 AP § 1 KSchG 1969 Soziale Auswahl Nr. 6.

Gegen das „Nachrücken“ sozial stärkerer Arbeitnehmer in die Rechtsposition des sozial schwächsten Arbeitnehmers spricht, dass darin ein Verstoß gegen den Grundsatz, wonach für die Beurteilung der sozialen Rechtfertigung einer Kündigung allein die Verhältnisse im Zeitpunkt des Kündigungszugangs maßgeblich sind, liegt. Die Entscheidung des sozial schwächsten Arbeitnehmers über die Erhebung einer Kündigungsschutzklage erfolgt zwangsläufig nach Zugang der Kündigung, so dass die Wirksamkeit der Kündigungen der übrigen Arbeitnehmer hiervon nicht abhängen kann.[721] Die in § 7 KSchG angeordnete Rückwirkung dient allein dazu, die Rechtsfolgen einer nicht (fristgerecht) erhobenen Kündigungsschutzklage im Verhältnis zwischen dem entlassenen Arbeitnehmer und dem Arbeitgeber zu bestimmen. Sie will anderen gleichzeitig entlassenen Arbeitnehmern hingegen keine rechtlichen Vorteile einräumen.

1146 Nach der hier vertretenen Ansicht ist ein Arbeitsplatzverzicht zugunsten eines anderen Arbeitnehmers ohne Einschränkungen möglich,[722] da die Weiterbeschäftigung des sozial stärkeren Arbeitnehmers statt des Verzichtenden für die Kündigung der übrigen Arbeitnehmer nicht ursächlich ist. Hingegen macht das BAG diese Möglichkeit von den Sozialdaten und familienrechtlichen Beziehungen der Beteiligten abhängig.[723] Sofern die Diskrepanz zwischen den Sozialdaten des Sohnes und denen der gekündigten Arbeitnehmer nicht unüberbrückbar groß ist, soll das Angebot des Vaters, seinen Arbeitsplatz zugunsten seines Sohnes zur Verfügung zu stellen, die soziale Schutzbedürftigkeit des Sohnes so weit erhöhen, dass sich die gekündigten Arbeitnehmer, die eigentlich sozial schutzbedürftiger wären als der weiterbeschäftigte Sohn, nicht auf die Fehlerhaftigkeit der Sozialauswahl berufen können.[724]

1147 Es besteht keine Möglichkeit zu einer **nachträglichen Korrektur der Sozialauswahl.**[725] Nach einem Vorschlag des BAG sollen, wenn der Arbeitgeber dem sozial stärkeren Arbeitnehmer, der zu Unrecht im Betrieb verblieben ist, kündigt und einem der gekündigten Arbeitnehmer die Fortsetzung des Arbeitsverhältnisses anbietet, die Kündigungsschutzklagen der übrigen Arbeitnehmer, die ebenfalls sozial schwächer sind als der zunächst nicht entlassene, als unbegründet abzuweisen sein. Zunächst widerspricht diese Ansicht – wie das BAG sehr wohl selbst sieht[726] – dem allgemein anerkannten Grundsatz, dass es für die soziale Rechtfertigung einer Kündigung auf die Verhältnisse im Zeitpunkt des Kündigungszugangs

[721] *Rieble,* NJW 1991, 65, 70f.

[722] Ähnlich auch LAG Hamm 31. 8. 1994 LAGE § 1 KSchG Soziale Auswahl (Vorinstanz zu BAG 7. 12. 1995 AP § 1 KSchG 1969 Soziale Auswahl Nr. 29).

[723] BAG 7. 12. 1995 AP § 1 KSchG 1969 Soziale Auswahl Nr. 29; zust. HK-KSchG/*Dorndorf,* § 1 Rn. 1077; krit. *Kittner,* AuR 1997, 182, 185; *Löwisch,* § 1 KSchG Rn. 359; *Preis,* NZA 1997, 1073, 1083.

[724] BAG 7. 12. 1995 AP § 1 KSchG 1969 Soziale Auswahl Nr. 29.

[725] Angedeutet in BAG 18. 10. 1984 AP Nr. 6 § 1 KSchG 1969 Soziale Auswahl; dagegen z.B. *Berkowsky,* Die betriebsbedingte Kündigung, § 21 Rn. 55; *Bitter/Kiel,* RdA 1994, 333, 358; *Bütefisch,* S. 352f.; *Hoyningen-Huene,* Anm. EzA § 1 KSchG Betriebsbedingte Kündigung Nr. 34.; *Linck,* Die soziale Auswahl, S. 136f.; *Löwisch,* Anm. AP Nr. 6 § 1 KSchG 1969 Soziale Auswahl; *Weber,* RdA 1986, 341, 348; zust. zur Ansicht des BAG hingegen HK-KSchG/*Dorndorf,* § 1 Rn. 1165; *Hanau,* AR-Blattei (D), Kündigungsschutz I A Entscheid. Nr. 5; *Jobs,* DB 1986, 538, 541.

[726] BAG 18. 10. 1984 AP § 1 KSchG 1969 Soziale Auswahl Nr. 6.

ankommt.[727] Zudem müssten nach dem Ansatzpunkt des BAG konsequenter Weise alle kündigungsrechtlich relevanten Veränderungen berücksichtigt werden, die seit Ausspruch der Kündigungen eingetreten sind,[728] also auch Veränderungen bei den Sozialdaten der vergleichbaren Arbeitnehmer und Weiterbeschäftigungsmöglichkeiten, die sich nach Ablauf der Kündigungsfrist ergeben haben. Hierdurch wären die Erfolgsaussichten einer Kündigungsschutzklage für die betroffenen Arbeitnehmer nicht mehr kalkulierbar.[729] Der Erfolg der Klage dürfte unter anderem davon abhängen, wie lange der Kündigungsschutzprozess dauert.[730]

f) Der Auskunftsanspruch des Arbeitnehmers und die Darlegungs- und Beweislast im Kündigungsschutzprozess

aa) Der materiell-rechtliche Auskunftsanspruch aus § 1 Abs. 3 S. 1 Hs. 2 KSchG

Gem. § 1 Abs. 3 S. 1 Hs. 2 KSchG hat der Arbeitgeber dem Arbeitnehmer auf **1148**
dessen Verlangen hin die Gründe mitzuteilen, die zu der getroffenen sozialen Auswahl geführt haben. Dieser Informationsanspruch des Arbeitnehmers entsteht unmittelbar bei Zugang der Kündigung.[731] Auf Nachfrage des Arbeitnehmers ist der Arbeitgeber analog § 626 Abs. 2 S. 3 BGB zu unverzüglicher Auskunft verpflichtet.[732] Er umfasst die namentliche Nennung der Arbeitnehmer, die in die Sozialauswahl einbezogen worden sind,[733] deren Sozialdaten,[734] die vom Arbeitgeber bei der Gewichtung der Sozialkriterien angewandten Maßstäbe[735] sowie eventuelle entgegenstehende betriebliche Bedürfnisse i.S.d. § 1 Abs. 3 S. 2 KSchG.[736] Wie sich bereits aus dem Wortlaut des § 1 Abs. 3 S. 1 Hs. 2 KSchG ergibt, muss der Arbeitgeber lediglich die Überlegungen mitteilen, die tatsächlich zu seiner Auswahlentscheidung geführt haben, nicht jedoch die Erwägungen, die zu einer korrekten Auswahlentscheidung notwendig gewesen wären **(subjektive Determina-**

---

727 *Berkowsky* I, § 21 Rn. 55; *v. Hoyningen-Huene/Linck,* § 1 KSchG Rn. 485; APS/*Kiel,* § 1 KSchG Rn. 773; *Linck,* Die soziale Auswahl, S. 136; *Löwisch,* Anm. AP § 1 KSchG 1969 Soziale Auswahl Nr. 6; *Rieble,* NJW 1991, 65, 70.

728 *Linck,* Die soziale Auswahl, S. 136f.; *Löwisch,* Anm. AP § 1 KSchG 1969 Soziale Auswahl Nr. 6.

729 Ausführl. hierzu *Löwisch,* Anm. AP § 1 KSchG 1969 Soziale Auswahl Nr. 6.

730 Ebenso zur Korrektur von Prognoseentscheidungen *Preis,* Prinzipien, S. 340.

731 *Linck,* Die soziale Auswahl, S. 174.

732 *Brill,* AuR 1984, 140, 142; HK-KSchG/*Dorndorf,* § 1 Rn. 1171; KR/*Etzel,* § 1 KSchG Rn. 680; *v. Hoyningen-Huene/Linck,* § 1 KSchG Rn. 490; APS/*Kiel,* § 1 KSchG Rn. 733.

733 BAG 24. 3. 1983 AP § 1 KSchG 1969 Betriebsbedingte Kündigung Nr. 12; BAG 21. 7. 1988 AP § 1 KSchG 1969 Soziale Auswahl Nr. 17; *Brill,* AuR 1984, 140, 142f.; HK-KSchG/*Dorndorf,* § 1 Rn. 1169.

734 BAG 21. 7. 1988 AP § 1 KSchG 1969 Soziale Auswahl Nr. 17; *Berkowsky,* Die betriebsbedingte Kündigung, § 8 Rn. 247; *Künzl,* ZTR 1996, 385, 395.

735 BAG 24. 3. 1983 AP § 1 KSchG 1969 Betriebsbedingte Kündigung Nr. 12; BAG 8. 8. 1985 AP § 1 KSchG 1969 Soziale Auswahl Nr. 10; BAG 21. 7. 1988, 2 AP § 1 KSchG 1969 Soziale Auswahl Nr. 17; ErfK/*Ascheid,* § 1 KSchG Rn. 508f.; APS/*Kiel,* § 1 KSchG Rn. 732; *Schröder,* ZTR 1995, 394.

736 ErfK/*Ascheid,* § 1 KSchG Rn. 510; *Brill,* AuR 1984, 140, 143; *v. Hoyningen-Huene/Linck,* § 1 KSchG Rn. 490; APS/*Kiel,* § 1 KSchG Rn. 732; *Linck,* Die soziale Auswahl, S. 174.

tion).[737] Verletzt der Arbeitgeber seine Mitteilungspflicht aus § 1 Abs. 3 S. 1 Hs. 2 KSchG, beeinträchtigt dieser nach Kündigungszugang eintretende Umstand zwar nicht die Wirksamkeit der Kündigung,[738] kann jedoch einen Schadensersatzanspruch begründen,[739] insbesondere bezüglich der Kosten des erstinstanzlichen Kündigungsschutzprozesses.[740]

bb) Die Verteilung der Darlegungs- und Beweislast im Kündigungsschutzprozess

1149 Nach § 1 Abs. 3 S. 3 KSchG hat der Arbeitnehmer die Tatsachen zu beweisen, die die Kündigung als sozial ungerechtfertigt i. S. d. Satzes 1 erscheinen lassen. Zur Erfüllung seiner hieraus folgenden Darlegungslast muss der Arbeitnehmer, sofern er hierzu über hinreichende tatsächliche Kenntnisse verfügt, **die Sozialdaten eines ungekündigten vergleichbaren Arbeitnehmers nennen,** der **sozial stärker** ist als er.[741]

1150 Fehlt dem gekündigten Arbeitnehmer hierfür das erforderliche Wissen, greift die vom BAG entwickelte **„abgestufe Darlegungs- und Beweislast"** ein.[742] Dabei wird dem Arbeitnehmer innerhalb des Kündigungsschutzprozesses ein zweistufiger Auskunftsanspruch gegenüber dem Arbeitgeber eingeräumt. Dies hat zur Konsequenz, dass der Arbeitgeber im Umfang seiner Mitteilungspflicht die eigentlich nicht hinreichend substantiierten Arbeitnehmerbehauptungen substantiiert bestreiten muss. Dabei muss der Arbeitnehmer zunächst die Fehlerhaftigkeit der Sozial-

---

[737] BAG 24. 3. 1983 AP § 1 KSchG 1969 Betriebsbedingte Kündigung Nr. 12; BAG 21. 12. 1983 AP § 1 KSchG 1969 Soziale Auswahl Nr. 4; BAG 8. 8. 1985 AP § 1 KSchG 1969 Soziale Auswahl Nr. 10; BAG 21. 7. 1988 AP § 1 KSchG 1969 Soziale Auswahl Nr. 17; BAG 15. 6. 1989 AP § 1 KSchG 1969 Soziale Auswahl Nr. 18; ErfK/*Ascheid,* § 1 KSchG Rn. 508, 538; APS/*Kiel,* § 1 KSchG Rn. 732; *Tschöpe,* NJW 1983, 1890, 1894.

[738] HK-KSchG/*Dorndorf,* § 1 Rn. 1172; *v. Hoyningen-Huene/Linck,* § 1 KSchG Rn. 491.

[739] BAG 17. 8. 1972 AP § 626 BGB in Bezug auf eine Verletzung der Mitteilungspflicht aus § 626 Abs. 2 S. 3 BGB Nr. 65 HK-KSchG/*Dorndorf,* § 1 Rn. 1173; APS/*Kiel,* § 1 KSchG Rn. 733; *Linck,* Die soziale Auswahl, S. 175; KR/*Etzel,* § 1 KSchG Rn. 682; *v. Hoyningen-Huene/Linck,* § 1 KSchG Rn. 491.

[740] Vgl. BAG 16. 5. 1990 EzA § 840 ZPO Nr. 3; *Berkowsky,* Die betriebsbedingte Kündigung, § 8 Rn. 245 f.; KR/*Etzel,* § 1 KSchG Rn. 682; *Brill,* AuR 1984, 140, 144; *Grunsky,* ArbGG, § 12 a Rn. 3 a, jeweils m. w. N; a. A. ErfK/*Ascheid,* § 1 KSchG Rn. 511.

[741] Vgl. zu den Anforderungen an die Behauptung des Arbeitnehmers, der über hinreichende Kenntnisse verfügt, BAG 24. 3. 1983 AP § 1 KSchG 1969 Betriebsbedingte Kündigung Nr. 12; BAG 8. 8. 1985 AP § 1 KSchG 1969 Soziale Auswahl Nr. 10; *Ascheid,* Beweislastfragen im Kündigungsschutzprozess, S. 171 f.; *Berkowsky,* Die betriebsbedingte Kündigung, § 20 Rn. 66; HK-KSchG/*Dorndorf,* § 1 Rn. 1174, 1176.

[742] Grundlegend BAG 24. 3. 1983 AP § 1 KSchG 1969 Betriebsbedingte Kündigung Nr. 12; vgl. auch BAG 21. 12. 1983 AP § 1 KSchG 1969 Soziale Auswahl Nr. 4; BAG 18. 10. 1984 AP § 1 KSchG 1969 Betriebsbedingte Kündigung Nr. 18; BAG 25. 4. 1985 AP § 1 KSchG 1969 Soziale Auswahl Nr. 7; BAG 8. 8. 1985 AP § 1 KSchG 1969 Soziale Auswahl Nr. 10; BAG 21. 7. 1988 AP § 1 KSchG 1969 Soziale Auswahl Nr. 17; BAG 15. 6. 1989 AP § 1 KSchG 1969 Soziale Auswahl Nr. 18; BAG 5. 5. 1994 AP § 1 KSchG 1969 Soziale Auswahl Nr. 23; zust. *Becker/Schaffner,* BB 1992, 557, 560 f.; *Bitter/Kiel,* RdA 1994, 333, 357 f.; HK-KSchG/*Dorndorf,* § 1 Rn. 1175 ff.; *Hoyningen-Huene,* Anm. EzA § 1 KSchG Soziale Auswahl Nr. 26; *Jobs,* DB 1986, 538, 541; *Linck,* DB 1990, 1866 ff.; *Löwisch,* § 1 KSchG Rn. 409 f.; *Rost,* ZIP 1982, 1396, 1403 f.; *Schwerdtner,* ZIP 1984, 10, 18 f.; im Ergebnis ebenso *Ascheid,* Beweislastfragen, S. 172 ff.; *Berkowsky,* Die betriebsbedingte Kündigung, § 20 Rn. 60 ff.; *Dudenbostel,* AuR 1984, 298, 300 ff.

auswahl zu **behaupten.**[743] Soweit der Arbeitgeber den Auskunftsanspruch des Arbeitnehmers aus § 1 Abs. 3 S. 1 Hs. 2 KSchG noch nicht erfüllt hat, wirkt sich dieser auf die Darlegungslast der Prozessparteien aus:[744] Der Arbeitnehmer wird durch ein entsprechendes **Auskunftsverlangen** von der Verpflichtung zur Substantiierung seines Vortrags befreit.[745] Ein konkludentes Auskunftsverlangen liegt bereits in dem Vortrag des Arbeitnehmers, er sei mangels Information durch den Arbeitgeber nicht zu einer Substantiierung seiner Behauptungen in der Lage,[746] nicht hingegen bereits in der Erhebung der Kündigungsschutzklage.[747] Hat der Arbeitgeber den Auskunftsanspruch des Arbeitnehmers bereits erfüllt, trägt ersterer hierfür die Darlegungs- und Beweislast.[748] Ein berechtigtes Auskunftsverlangen des Arbeitnehmers verpflichtet den Arbeitgeber, seine **Auswahlüberlegungen umfassend vorzutragen.**[749] Ebenso wie bei einem außerprozessualen Auskunftsverlangen ist die Mitteilungspflicht des Arbeitgebers jedoch subjektiv determiniert, also auf die tatsächlichen Auswahlüberlegungen beschränkt.[750]

Hat der Arbeitgeber **alle vergleichbaren Arbeitnehmer und alle zwingenden Sozialkriterien berücksichtigt,** wird aus der Mitteilung des Arbeitgebers deutlich, ob die Sozialauswahl fehlerhaft ist, so dass der Arbeitnehmer seinerseits nicht mehr zur Substantiierung seines Vortrags verpflichtet ist. Entgegen der Ansicht des BAG[751] ist es nicht erforderlich, dass der Kläger einen vergleichbaren, sozial stärkeren Arbeitnehmer namentlich benennt.[752] Nach zutreffender An- **1151**

---

[743] BAG 24. 3. 1983 AP § 1 KSchG 1969 Betriebsbedingte Kündigung Nr. 12; *Ascheid,* Beweislastfragen, S. 169f.; APS/*Kiel,* § 1 KSchG Rn. 781; *Linck,* Die soziale Auswahl, S. 170; *ders.,* DB 1990, 1866, 1867.

[744] Ausführl. *Ascheid,* Beweislastfragen, S. 172f.; APS/*Kiel,* § 1 KSchG Rn. 781f.; *Linck,* Die soziale Auswahl, S. 171f.; *ders.,* DB 1990, 1866, 1868; *Schwerdtner,* ZIP 1984, 10, 19; dagegen Baumgärtel/*Altrock,* Handbuch der Beweislast im Privatrecht, § 611 BGB Anh. Kündigungsschutzprozess Rn. 63; *Altrock,* DB 1987, 433, 436ff.; *Berkowsky,* BB 1983, 2057, 2060; *ders.,* NJW 1983, 1292, 1296f.; *Klinkhammer/Klinkhammer,* AuR 1984, 62f.; *Tschöpe,* NJW 1983, 1890, 1892f.; *Westhoff,* DB 1983, 2465, 2466.

[745] BAG 8. 8. 1985 AP § 1 KSchG 1969 Soziale Auswahl Nr. 10; *Ascheid,* Beweislastfragen im Kündigungsschutzprozess, S. 172; *Berkowsky,* Die betriebsbedingte Kündigung, § 20 Rn. 69; *Hoyningen-Huene,* Anm. EzA § 1 KSchG Soziale Auswahl Nr. 26; *Linck,* Die soziale Auswahl, S. 170f.; *ders.,* DB 1990, 1866, 1867.

[746] BAG 18. 10. 1984 AP § 1 KSchG 1969 Betriebsbedingte Kündigung Nr. 18; BAG 8. 8. 1985 AP § 1 KSchG 1969 Soziale Auswahl Nr. 10; BAG 21. 7. 1988 AP § 1 KSchG 1969 Soziale Auswahl Nr. 17; APS/*Kiel,* § 1 KSchG Rn. 731; *Linck,* Die soziale Auswahl, S. 171.

[747] So aber *Herschel,* Anm. EzA § 1 KSchG Betriebsbedingte Kündigung Nr. 17.

[748] BAG 21. 7. 1988 AP § 1 KSchG 1969 Soziale Auswahl Nr. 17; *Linck,* DB 1990, 1866, 1867.

[749] BAG 21. 12. 1983 AP § 1 KSchG 1969 Soziale Auswahl Nr. 4; BAG 5. 5. 1994 AP § 1 KSchG 1969 Soziale Auswahl Nr. 23.

[750] Hierzu Rn. 1148f.

[751] So BAG 24. 3. 1983 AP § 1 KSchG 1969 Betriebsbedingte Kündigung Nr. 12; BAG 20. 10. 1983 AP § 1 KSchG 1969 Betriebsbedingte Kündigung Nr. 13; BAG 21. 12. 1983 AP § 1 KSchG 1969 Soziale Auswahl Nr. 4; BAG 18. 10. 1984 AP § 1 KSchG 1969 Soziale Auswahl Nr. 6; BAG 8. 8. 1985 AP § 1 KSchG 1969 Soziale Auswahl Nr. 10; BAG 21. 7. 1988 AP § 1 KSchG 1969 Soziale Auswahl Nr. 17; ebenso *Ascheid,* Beweislastfragen, S. 171; *Kraft,* Anm. EzA § 1 KSchG Betriebsbedingte Kündigung Nr. 28.

[752] So auch LAG Hamm 30. 8. 1988 LAGE § 1 KSchG Soziale Auswahl Nr. 4; *Dudenbostel,* AuA 1984, 298, 299; *ders.,* DB 1986, 1175ff.; KR/*Etzel,* § 1 KSchG Rn. 688f.;

sicht ist dem Verbot der Amtsprüfung ebenso wenig wie dem Beibringungsgrundsatz zu entnehmen, dass die für das Begehren des Klägers sprechenden Tatsachen gerade von diesem in den Prozess eingebracht werden müssten.[753] Auch eine Beschränkung des Prozessstoffes ist weder zulässig[754] noch praktisch möglich.[755]

1152 Hat der Arbeitgeber **vergleichbare Arbeitnehmer oder zwingende Sozialkriterien außer Acht gelassen,** ermöglichen allein die – subjektiv vollständigen – Arbeitgebermitteilungen keine Beurteilung der Sozialauswahl. In diesem Falle muss der Arbeitnehmer seine **Behauptung,** die Sozialauswahl sei fehlerhaft, **weiter substantiieren.** Dieser Verpflichtung genügt er jedoch durch das Vorbringen, gerade aus den vom Arbeitgeber nicht berücksichtigten Tatsachen ergebe sich die Fehlerhaftigkeit der Sozialauswahl. Der Arbeitnehmer kommt seiner Darlegungslast dadurch nach, dass er sich auf eine Gruppe von Arbeitnehmern beruft, die eine ähnliche Tätigkeit ausüben, die er aber nach Zahl, Personen und Sozialdaten nicht genau bezeichnen kann.[756] Sodann trifft den Arbeitgeber erneut eine **Auskunftspflicht** und damit die sekundäre Behauptungslast. Er muss die Arbeitnehmerbehauptung der Fehlerhaftigkeit der Sozialauswahl erneut substantiiert bestreiten, indem er seinen Vortrag hinsichtlich der außer Acht gelassenen vergleichbaren Arbeitnehmer bzw. Sozialdaten ergänzt.[757]

1153 **Verweigert** der Arbeitgeber die Auskunft oder sind seine Mitteilungen **unvollständig,** gilt die Behauptung des Arbeitnehmers, die Sozialauswahl sei fehlerhaft, trotz ihrer Unsubstantiiertheit gem. § 138 Abs. 3 ZPO als zugestanden.[758] In diesem Fall ist der Kündigungsschutzklage des Arbeitnehmers stattzugeben.

1154 Nach Ansicht des BAG spricht eine **tatsächliche Vermutung** für die Fehlerhaftigkeit der Sozialauswahl, wenn der Arbeitgeber vorträgt, er habe sich keinerlei Gedanken über die Auswahl des Kündigungsadressaten gemacht[759] oder sich aus

---

v. Hoyningen-Huene/Linck, § 1 KSchG Rn. 493; APS/*Kiel,* § 1 KSchG Rn. 784; *Linck,* Die soziale Auswahl, S. 176ff.; *ders.,* DB 1990, 1866, 1869.

[753] *Dudenbostel,* DB 1986, 1175, 1177; Stein/Jonas/*Leipold,* ZPO, vor § 128 B V Rn. 79f.; *Rosenberg/Schwab/Gottwald,* ZPR, § 78 II 1 u. § 105 III.

[754] So *Dudenbostel,* DB 1986, 1175, 1177; KR/*Etzel,* § 1 KSchG Rn. 688f.; *Linck,* Die soziale Auswahl, S. 177f.; *ders.,* DB 1990, 1866, 1869; APS/*Kiel,* § 1 KSchG Rn. 780.

[755] Vgl. *Dudenbostel,* DB 1986, 1175, 1177.

[756] BAG 15. 6. 1989 AP § 1 KSchG 1969 Soziale Auswahl Nr. 18; BAG 5. 5. 1994 AP § 1 KSchG 1969 Soziale Auswahl Nr. 23; *Linck,* DB 1990, 1866, 1868.

[757] BAG 15. 6. 1989 AP § 1 KSchG 1969 Soziale Auswahl Nr. 18; BAG 5. 5. 1994 AP § 1 KSchG 1969 Soziale Auswahl Nr. 23; *Hergenröder,* Anm. EzA § 1 KSchG Soziale Auswahl Nr. 27; *Linck,* DB 1990, 1866, 1868; *Weber,* RdA 1986, 341, 346; krit. *Altrock,* DB 1987, 433, 436f.

[758] Vgl. BAG 8. 8. 1985 AP § 1 KSchG 1969 Soziale Auswahl Nr. 10; BAG 21. 7. 1988 AP § 1 KSchG 1969 Soziale Auswahl Nr. 17; BAG 15. 6. 1989 AP § 1 KSchG 1969 Soziale Auswahl Nr. 18; BAG 5. 5. 1994 AP § 1 KSchG 1969 Soziale Auswahl Nr. 23; *Ascheid,* Beweislastfragen, S. 176f.; *Berkowsky* I, § 20 Rn. 70; HK-KSchG/*Dorndorf,* § 1 Rn. 1177; KR/*Etzel,* § 1 KSchG Rn. 686; APS/*Kiel,* § 1 KSchG Rn. 783; *Linck,* Die soziale Auswahl, S. 173f.

[759] BAG 15. 6. 1989 AP § 1 KSchG 1969 Soziale Auswahl Nr. 18; weitergehend (alle Fälle der objektiv unvollständigen Arbeitgebermitteilung) noch BAG 18. 10. 1984 AP § 1 KSchG 1969 Betriebsbedingte Kündigung Nr. 18; ebenso LAG Hamm 30. 8. 1988 LAGE § 1 KSchG Soziale Auswahl Nr. 4; KR/*Etzel,* § 1 KSchG Rn. 687; APS/*Kiel,* § 1 KSchG Rn. 783; *B. Preis,* DB 1984, 2244, 2250.

seiner Mitteilung ergibt, dass dieser seine Auswahlentscheidung allein nach betrieblichen Gesichtspunkten getroffen und soziale Gesichtspunkte vollkommen außer Acht gelassen hat.[760] Es ist jedoch zu überlegen, ob eine tatsächliche Vermutung erforderlich ist, denn der Arbeitnehmer ist bereits durch die prozessuale Auskunftspflicht, die den Arbeitgeber zu objektiv vollständigen Auskünften verpflichtet, und die Darlegungs- und Beweislast des Arbeitgebers für betriebliche Bedürfnisse i. S. d. § 1 Abs. 3 S. 2 KSchG in hinreichendem Maße geschützt. Ein Betriebsratswiderspruch nach § 102 Abs. 3 Nr. 1 BetrVG begründet keinesfalls einen Beweis des ersten Anscheins für die Fehlerhaftigkeit der Sozialauswahl.[761] Es besteht kein allgemeingültiger Erfahrungssatz des Inhalts, dass die Gründe, auf die der Betriebsrat seinen Widerspruch stützt, tatsächlich zutreffen.

g) Die Sozialauswahl unter Anwendung von tariflichen oder betrieblichen Auswahlrichtlinien gem. § 1 Abs. 4 KSchG

aa) Allgemeines

Ist in einem Tarifvertrag oder einer Betriebsvereinbarung nach § 95 BetrVG festgelegt, welche sozialen Gesichtspunkte zu berücksichtigen sind und wie diese im Verhältnis zueinander zu bewerten sind, so kann nach § 1 Abs. 4 KSchG die soziale Auswahl nur auf grobe Fehlerhaftigkeit überprüft werden. **§ 95 BetrVG** räumt dem Betriebsrat bei der Aufstellung betrieblicher Auswahlrichtlinien ein zwingendes Mitbestimmungsrecht ein. Die Einhaltung einer wirksam vereinbarten Auswahlrichtlinie ist auf individualrechtlicher Ebene durch **§ 1 Abs. 2 S. 2 Nr. 1a und 2a KSchG** gewährleistet, wonach ein Verstoß gegen eine Auswahlrichtlinie zur absoluten Sozialwidrigkeit der Kündigung führt.[762] Diese Bestimmung verdrängt, sofern die Auswahlrichtlinie als Betriebsvereinbarung ausgestaltet ist, als lex specialis die allgemeinere Regelung des § 77 Abs. 4 S. 1 BetrVG.[763] **1155**

Bereits vor Einführung des § 1 Abs. 4 KSchG hatte das BAG den Betriebspartnern bei der Aufstellung von Auswahlrichtlinien unter Hinweis auf § 95 BetrVG einen größeren Wertungsspielraum eingeräumt als dem einzelnen Arbeitgeber.[764] Allerdings verlangte das BAG zudem, dass die Auswahlrichtlinie Raum für die Berücksichtigung der Besonderheiten des Einzelfalles lassen müsse.[765] Dieser Spielraum wird durch die Bestimmung des § 1 Abs. 4 KSchG erweitert. Damit räumte **1156**

---

760 BAG 18. 10. 1984 AP § 1 KSchG 1969 Betriebsbedingte Kündigung Nr. 18; BAG 21. 9. 2000 EzA § 1 KSchG Betriebsbedingte Kündigung Nr. 107 = ZIP 2001, 388, 394; KDZ/*Kittner,* § 1 KSchG Rn. 503; *Linck,* Die soziale Auswahl, S. 173.

761 Ebenso *Ascheid,* Beweislastfragen, S. 191 f.; a. A. *Fitting,* § 102 BetrVG Rn. 43a.

762 LAG Sachsen 21. 9. 2000 NZA-RR 2001, 586.

763 Zur h.M., nach der Auswahlrichtlinien keine unmittelbare Wirkung haben, vgl. *Ascheid,* RdA 1997, 333, 339; DKK/*Klebe,* BetrVG, § 95 Rn. 3; GK-BetrVG/*Kraft,* § 95 Rn. 6; *Richardi/Thüsing,* BetrVG, § 95 Rn. 14.

764 Ausführl. hierzu *Ascheid,* FS *Schaub,* 7, 8 ff.; *Berkowsky,* Die betriebsbedingte Kündigung, § 8 Rn. 192 ff.; *v. Hoyningen-Huene/Linck,* KSchG, Rn. 481 ff.; *Linck,* Die soziale Auswahl, S. 130 ff.

765 BAG 20. 10. 1983 AP § 1 KSchG 1969 Betriebsbedingte Kündigung Nr. 13; BAG 15. 6. 1989 AP § 1 KSchG 1969 Soziale Auswahl Nr. 18; BAG 7. 12. 1995, 2AP § 1 KSchG 1969 Soziale Auswahl Nr. 29.

der Gesetzgeber der besseren Berechenbarkeit der Zulässigkeit einer Kündigung Vorrang vor der Einzelfallbeurteilung ein.[766]

1157 § 1 Abs. 4 KSchG selbst definiert nicht den Begriff der sozialen Rechtfertigung einer Kündigung, sondern legt lediglich den gerichtlichen Kontrollmaßstab fest, anhand dessen die Einhaltung der Vorgaben des § 1 Abs. 3 KSchG zu beurteilen ist. Daher handelt es sich bei § 1 Abs. 4 KSchG nicht um eine eigenständige Norm, sondern lediglich um eine **Ergänzung** der Grundsätze der Sozialauswahl, die § 1 Abs. 3 KSchG normiert.[767] Hinsichtlich der Gewichtung der Sozialkriterien führt § 1 Abs. 4 KSchG zu einer **Modifikation** des § 1 Abs. 3 KSchG in Bezug auf die Frage, wann die Berücksichtigung sozialer Kriterien noch ausreichend ist.[768] Im Ergebnis wirkt § 1 Abs. 4 KSchG dabei wie eine begrenzte tarif- und betriebsdispositive Ausgestaltung des § 1 Abs. 3 KSchG.[769] Zudem tritt an die Stelle der rein ergebnisorientierten Prüfung der Arbeitgeberentscheidung nach § 1 Abs. 3 KSchG in § 1 Abs. 4 KSchG eine eher verfahrensbezogene Kontrolle. Die Bestimmung des § 1 Abs. 4 KSchG basiert auf einer **Richtigkeitsvermutung,**[770] die in gleicher Weise zugunsten einer tariflichen[771] wie auch einer betrieblichen[772] Auswahlrichtlinie eingreifen soll, so dass auch fortan eine allgemeine Inhaltskontrolle betrieblicher Auswahlrichtlinien i. S. d. § 1 Abs. 4 KSchG ausgeschlossen ist.[773] Aufgrund dieser Richtigkeitsvermutung führen betriebliche Auswahlrichtlinien in gleicher Weise wie ein Tarifvertrag zu einer erheblichen **Verkürzung des individualrechtlichen Kündigungsschutzes,** was mit der bisherigen Konzeption betriebsverfassungsrechtlicher Mitbestimmung kollidiert.[774]

bb) Auswahlregelung in einem Tarifvertrag oder einer Betriebs-/Dienstvereinbarung

1158 Die Privilegierung des § 1 Abs. 4 KSchG greift auch zugunsten eines Tarifvertrags ein, der sodann als **Betriebsnorm** i. S. d. § 1 Abs. 1 TVG zu qualifizieren ist.[775] Zwar ist das Mitbestimmungsrecht des Betriebsrats gem. § 95 Abs. 1 BetrVG

---

[766] Entwurf Arbeitsrechtliches Beschäftigungsförderungsgesetz, BT-Drucks. 13/4612, S. 9; Entwurf Korrekturgesetz, BT-Drucks. 14/45, S. 36, 53.

[767] *Ascheid,* RdA 1997, 333, 334; KR/*Rost,* § 2 KSchG Rn. 103 c; *Fischermeier,* NZA 1997, 1089, 1100; *Preis,* RdA 1999, 311, 320.

[768] *Berkowsky* I, § 8 Rn. 209.

[769] Vgl. HK-KSchG/*Dorndorf,* § 1 Rn. 1136; *Giesen,* ZfA 1997, 147, 167 ff.

[770] *Busemann/Schäfer,* Kündigung und Kündigungsschutz im Arbeitsverhältnis, S. 217; *Giesen,* ZfA 1997, 145, 170; *Heise/Lessenich/Merten,* Das neue Arbeitsrecht auf einen Blick, Rn. 56; *Riester,* AuR 1999, 1, 2.

[771] Zur Richtigkeitsvermutung von Tarifverträgen vgl. *Löwisch/Rieble,* TVG, § 1 Rn. 1 ff.; *Wiedemann,* TVG, § 1 Rn. 216 ff., jeweils m. w. N.

[772] Zur – bislang von der h. M. abgelehnten – Richtigkeitsvermutung von Betriebsvereinbarungen vgl. GK-BetrVG/*Kreutz,* § 77 Rn. 258 ff.; *Richardi,* BetrVG, § 77 Rn. 117 ff., jeweils m. w. N.

[773] ErfK/*Ascheid,* § 1 KSchG Rn. 526, 533; *v. Hoyningen-Huene/Linck,* § 1 KSchG Rn. 484 b; APS/*Kiel,* § 1 KSchG Rn. 764; *Lakies,* NJ 1997, 121, 125; *Linck,* AR-Blattei, SD 1020.1.2 Rn. 132 a; *Moll*/Grunsky, Arbeitsrecht und Insolvenz, Rn. 238; *Pauly,* MDR 1997, 513, 517; a. A. *Bader,* NZA 1996, 1125, 1130; *Nielebock,* AiB 1997, 88, 91.

[774] Auführl. hierzu *Giesen,* ZfA 1997, 147, 167 ff.

[775] ErfK/*Ascheid,* § 1 KSchG Rn. 522; *Berscheid,* BuW 1997, 672, 676; KR/*Etzel,* § 1 KSchG Rn. 695; *Fischermeier,* NZA 1997, 1089, 1095; *Löwisch/Rieble,* TVG, § 1 Rn. 89; APS/*Kiel,* § 1 KSchG Rn. 763; *Moll*/Grunsky, Arbeitsrecht und Insolvenz, Rn. 250 ff.;

auch dann gewahrt, wenn lediglich eine formlose Regelungsabrede zwischen Arbeitgeber und Betriebsrat zustande kommt, doch erfasst die Privilegierung des § 1 Abs. 4 KSchG angesichts des eindeutigen Wortlauts der Vorschrift nur Auswahlrichtlinien in Form einer **Betriebsvereinbarung i. S. d. § 77 BetrVG.**[776] § 1 Abs. 4 KSchG gilt analog für Auswahlrichtlinien, die Bestandteil eines **Interessenausgleichs** sind.[777] Ebenso wie eine Betriebsvereinbarung beruht dieser auf einer Einigung zwischen Arbeitgeber und Betriebsrat und bedarf der Schriftform (§ 112 Abs. 1 S. 1 BetrVG). Da der Interessenausgleich ohne normative Wirkung und damit in seinen Rechtsfolgen schwächer ausgestaltet ist als eine Betriebsvereinbarung, führt eine Auswahlrichtlinie in einem Interessenausgleich keinesfalls zu gravierenderen Einschnitten in den individuellen Kündigungsschutz als eine Betriebsvereinbarung. Daher hat das BAG vor der Neufassung des § 1 KSchG im Jahre 1996 den Betriebspartnern bei der Aufstellung von Auswahlrichtlinien in einem Interessenausgleich denselben Gestaltungsspielraum eingeräumt wie bei Auswahlrichtlinien in Form einer Betriebsvereinbarung nach § 95 Abs. 1 BetrVG.[778] Da Auswahlrichtlinien auch dann, wenn sie Bestandteil eines Interessenausgleichs sind, lediglich abstrakte Auswahlgrundsätze festlegen, wird hierdurch nicht die gesetztgeberische Entscheidung unterlaufen, die zur Abschaffung des § 1 Abs. 5 KSchG durch das Korrekturgesetz geführt hat.

Der eingeschränkte gerichtliche Prüfungsmaßstab des § 1 Abs. 4 KSchG gilt **1159**
ebenfalls für Dienstvereinbarungen i. S. d. § 73 Abs. 1 BPersVG, angesichts der weitreichenden Einschränkungen des individuellen Kündigungsschutzes jedoch nicht für Auswahlrichtlinien, die nach § 76 Abs. 2 Nr. 8 i. V. m. §§ 70 Abs. 2, 69 Abs. 3 BPersVG durch eine alleinige Letztentscheidung des Leiters der übergeordneten Dienststelle zustande kommen.[779]

cc) Gegenstand der begrenzten Justitiabilität

Noch nicht abschließend geklärt ist, ob sich die Begrenzung der gerichtlichen **1160**
Überprüfbarkeit allein auf die Festlegungen bezieht, die die **Auswahlrichtlinie selbst** hinsichtlich der zu berücksichtigenden Sozialkriterien und ihrer Gewichtung enthält,[780] oder auch auf die **Auswahlentscheidung**, mit der der **Arbeitgeber** die

---

Schaub, NZA 1987, 217, 223; *Weller,* RdA 1986, 222, 229; *Wiedemann,* TVG, § 1 Rn. 570; a. A. wohl *Buschmann,* AuR 1996, 285, 288.

[776] *Bader,* NZA 1996, 1125, 1130; *Berscheid,* BuW 1997, 672, 675; BBDW/*Bram,* § 1 KSchG Rn. 330a; HK-KSchG/*Dorndorf,* § 1 Rn. 1126a; *Fischermeier,* NZA 1997, 1089, 1095; APS/*Kiel,* § 1 KSchG Rn. 758; *Moll*/Grunsky, Arbeitsrecht und Insolvenz, Rn. 255.

[777] Ein Anwendung des § 1 Abs. 4 KSchG befürworten auch *Bader,* NZA 1999, 64, 70; BBDW/*Bram,* § 1 KSchG Rn. 330a; *Bütefisch,* S. 407ff.; APS/*Kiel,* § 1 KSchG Rn. 761; *Kittner,* AuR 1997, 182, 186; *Preis,* RdA 1999, 311, 320; *Zwanziger,* BB 1998, 477; a. A. *Däubler,* NJW 1999, 601, 603f.; KR/*Etzel,* § 1 KSchG Rn. 695; *Hinrichs,* AiB 1999, 1, 3.

[778] BAG 20. 10. 1983 AP § 1 KSchG 1969 Betriebsbedingte Kündigung Nr. 13; BAG 15. 6. 1989 AP § 1 KSchG 1969 Soziale Auswahl Nr. 18; BAG 18. 1. 1990 AP § 1 KSchG 1969 Soziale Auswahl Nr. 19; BAG 7. 12. 1995 AP § 1 KSchG 1969 Soziale Auswahl Nr. 29.

[779] HK-KSchG/*Dorndorf,* § 1 Rn. 1126; KR/*Etzel,* § 1 KSchG Rn. 695; *Fischermeier,* NZA 1997, 1089, 1095; APS/*Kiel,* § 1 KSchG Rn. 762; a. A. *Bader,* NZA 1996, 1125, 1131; *ders.,* NZA 1999, 64, 70.

[780] ErfK/*Ascheid,* § 1 KSchG Rn. 532; BBDW/*Bram,* § 1 KSchG Rn. 330e; *Bütefisch,* S. 411f.; So in Bezug auf § 1 Abs. 4 KSchG in der Fassung des Arbeitsrechtlichen Beschäfti-

Richtlinienvorgaben umsetzt.[781] Für die erste Sichtweise spricht der Wortlaut der bis zum 31. 12. 1998 geltenden Fassung des § 1 Abs. 4 KSchG,[782] wobei die Bestimmung nach der Gesetzesbegründung nur dem geänderten § 1 Abs. 3 KSchG angepasst, ihrem Sinn nach jedoch nicht verändert werden sollte.[783] Zudem stellt die Arbeitgeberentscheidung eine schlichte Rechtsanwendung dar, wenn die Auswahlrichtlinie abschließende Vorgaben enthält, so dass ansonsten ein Wertungsspielraum zu den – in den letzten Jahren unveränderten – § 1 Abs. 2 Nr. 1a und 2a KSchG entstünde.[784] Läßt die Richtlinie dem Arbeitgeber Spielraum bei seiner abschließenden Entscheidung, basiert diese nur mittelbar auf dem Konsens der Tarif- oder Betriebsparteien, der die Einschränkungen des individuellen Kündigungsschutzes nach § 1 Abs. 4 KSchG rechtfertigt. Allerdings legt der Wortlaut des § 1 Abs. 4 KSchG in seiner nun geltenden Fassung eine weite Interpretation nahe.[785]

1161 Nach zutreffender Ansicht bezieht sich die Begrenzung der gerichtlichen Kontrolle in § 1 Abs. 4 KSchG lediglich auf die **berücksichtigungsbedürftigen Sozialkriterien** und deren **Gewichtung,**[786] nicht hingegen auf die Zusammensetzung des auswahlrelevanten Personenkreises oder entgegenstehende betriebliche Bedürfnisse i.S.d. § 1 Abs. 3 S. 2 KSchG.[787] Diese Interpretation ergab sich bereits aus dem Wortlaut des § 1 Abs. 4 S. 1 KSchG in der Fassung des Arbeitsrechtlichen Beschäftigungsförderungsgesetzes,[788] dessen Bedeutung durch die Neuformulierung nicht geändert werden sollte.[789] Der Wortlaut des § 1 Abs. 4 KSchG in seiner nun geltenden Fassung ist insoweit nicht eindeutig. Man könnte unter dem Begriff der

gungsförderungsgesetzes *Ascheid,* RdA 1997, 333, 341; *Berkowsky,* Die betriebsbedingte Kündigung, § 8 Rn. 205; HK-KSchG/*Dorndorf,* § 1 Rn. 1136; *Hoyningen-Huene/Linck,* DB 1997, 41, 44; *v. Hoyningen-Huene/Linck,* § 1 KSchG Rn. 484f.; *Lakies,* NJ 1997, 121, 125.

[781] So *Bader,* NZA 1999, 64, 70; *Lakies,* NJ 1999, 74, 76; *Preis,* RdA 1999, 311, 320.

[782] So auch *Ascheid,* RdA 1997, 333, 341; *Berkowsky,* Die betriebsbedingte Kündigung, § 8 Rn. 205; a.A. *Bader,* NZA 1996, 1125, 1130.

[783] Entwurf Korrekturgesetz, BT-Drucks. 14/45, S. 36, 53.

[784] Vgl. *Bütefisch,* S. 410ff.; *Hoyningen-Huene/Linck,* DB 1997, 41, 44; *v. Hoyningen-Huene/Linck,* § 1 KSchG Rn. 484f.; *Preis,* RdA 1999, 311, 320; a.A. *Bader,* NZA 1999, 64, 70; *Berscheid,* BuW 1997, 672, 676; *Kittner,* AuR 1997, 182, 186.

[785] So *Bader,* NZA 1999, 64, 70; *Lingemann/Grothe,* NZA 1999, 1972, 1076; APS/*Kiel,* § 1 KSchG Rn. 770; *Lakies,* NJ 1999, 74, 76; *Preis,* RdA 1999, 311, 320.

[786] ErfK/*Ascheid,* § 1 KSchG Rn. 527, 531; *Bader,* NZA 1999, 64, 69; MünchArbR/*Berkowsky,* § 139 Rn. 195; BBDW/*Bram,* § 1 KSchG Rn. 330c, d; *Bütefisch,* S. 414f.; *Däubler,* NJW 1999, 601, 603; HK-KSchG/*Dorndorf,* § 1 Rn. 1145f.; *B. Gaul,* DB 1998, 2467, 2468; *Gotthardt,* ZIAS 1999, 354, 363; APS/*Kiel,* § 1 KSchG Rn. 759; KDZ/*Kittner,* § 1 KSchG Rn. 489a; *Preis,* RdA 1999, 311, 320f.; ebenso in Bezug auf § 1 Abs. 4 KSchG in der Fassung des Arbeitsrechtlichen Beschäftigungsförderungsgesetzes *Berscheid,* BuW 1997, 672, 676; KR/*Etzel,* § 1 KSchG Rn. 696; *Giesen,* ZfA 1997, 145, 160; *v. Hoyningen-Huene/Linck,* § 1 KSchG Rn. 484g; *Lakies,* NJ 1997, 121, 125; *Moll*/Grunsky, Arbeitsrecht und Insolvenz, Rn. 244f.; *Preis,* NZA 1997, 1073, 1085; *Schiefer,* Betriebsbedingte Kündigung, S. 69.

[787] So aber *Bauer/Röder,* S. 173; *Linck,* AR-Blattei, SD 1020.1.2 Rn. 124f.; *Löwisch,* § 1 KSchG Rn. 388; *ders.,* BB 1999, 102, 103.

[788] *Berkowsky,* Die betriebsbedingte Kündigung, § 8 Rn. 214; *Berscheid,* BuW 1997, 672, 676; *Lakies,* NJ 1997, 121, 125; *Moll*/Grunsky, Arbeitsrecht und Insolvenz, Rn. 245.

[789] Entwurf Korrekturgesetz, BT-Drucks. 14/45, S. 36, 53; so auch die Argumentation von *Linck,* AR-Blattei, SD 1020.1.2 Rn. 121; ähnl. *Däubler,* NJW 1999, 601, 603; *Rzadkowski,* PR 1999, 107.

sozialen Auswahl hier entweder – ebenso wie in § 1 Abs. 3 S. 2 KSchG – allein § 1 Abs. 3 S. 1 KSchG verstehen,[790] oder aber diesen Begriff umfassender interpretieren, weil – anders als in § 1 Abs. 3 S. 2 KSchG – der einschränkende, auf § 1 Abs. 3 S. 1 KSchG verweisende Zusatz fehlt.[791] Für eine enge Interpretation spricht, dass die Gesetzesbegründung hinsichtlich der Frage, wann eine grobe Fehlerhaftigkeit i.S.d. § 1 Abs. 4 KSchG vorliegt, lediglich die Nichtberücksichtigung oder völlig unausgewogene Bewertung der Sozialkriterien nennt.[792] Auch hat sich der Gesetzgeber bei der Verabschiedung des Kündigungsschutzgesetzes im Jahre 1951 bewusst gegen die weitreichenden Mitbestimmungsrechte entschieden, die den betrieblichen Arbeitnehmervertretungen insbesondere in der Weimarer Republik eine Dispositionsbefugnis über den individualrechtlichen Kündigungsschutz einräumten.[793] Zudem knüpft § 1 Abs. 4 KSchG an die Rechtsprechung des BAG an, die den Betriebsparteien – systematisch konsequent – nur hinsichtlich der Wertungs-, nicht aber bezüglich der Rechtsfragen des § 1 Abs. 3 KSchG einen Entscheidungsspielraum eröffnete.[794] Zwar hat der Gesetzgeber die begrenzte Justitiabilität des § 1 Abs. 4 KSchG auch auf die Rechtsfrage der Festlegung der zu berücksichtigenden Sozialkriterien ausgedehnt, doch handelt es sich hierbei um einen eng zu interpretierenden Ausnahmetatbestand, der nicht auf die übrigen Rechtsfragen des § 1 Abs. 3 KSchG übertragbar ist. Zudem stehen die Zusammensetzung des auswahlrelevanten Personenkreises und die berechtigten betrieblichen Bedürfnisse i.S.d. § 1 Abs. 3 S. 2 KSchG in untrennbarem Zusammenhang mit der kündigungsbegründenden Unternehmerentscheidung,[795] so dass eine eingeschränkte Nachprüfung dieser Punkte im Ergebnis auch die nach § 1 Abs. 2 KSchG gebotene gerichtliche Kontrolle der Unternehmerkonzeption gefährden könnte. Sofern eine Auswahlrichtlinie auch Regelungen über die Vergleichbarkeit der Arbeitnehmer und entgegenstehende betriebliche Bedürfnisse i.S.d. § 1 Abs. 3 S. 2 KSchG enthält, führt dies nicht zur Unwirksamkeit der Richtlinie im ganzen. Vielmehr sind diese Regelungen in vollem Umfang auf ihre Vereinbarkeit mit § 1 Abs. 3 KSchG hin zu überprüfen, wobei im Falle eines Verstoßes die übrigen Richtlinienvorgaben gem. § 139 BGB wirksam bleiben.

---

[790] So in Bezug auf die §§ 1 Abs. 5 KSchG, 125 InsO, die im Wortlaut § 1 Abs. 4 KSchG in seiner seit dem 1. 1. 1999 geltenden Fassung entsprachen bzw. entsprechen, LAG Düsseldorf 4. 3. 1998 LAGE § 1 KSchG Interessenausgleich Nr. 3; *Fischermeier,* NZA 1997, 1089, 1097; *Moll*/Grunsky, Arbeitsrecht und Insolvenz, Rn. 285; Kübler/Prütting/*Moll,* InsO, § 125 Rn. 64; *Zwanziger,* DB 1997, 2178, 2179.

[791] So *Linck,* AR-Blattei, SD 1020.1.2 Rn. 119; *Löwisch,* BB 1999, 102, 103; ebenso in Bezug auf § 1 Abs. 5 KSchG BAG 7. 5. 1998 AP Nr. 94 § 1 KSchG 1969 Betriebsbedingte Kündigung; LAG Köln 1. 8. 1997 LAGE § 1 KSchG Interessenausgleich Nr. 1, S. 7; *Baeck/Schuster,* DB 1998, 1771, 1772; *Büdenbender,* SAE 1999, 98, 102; KR/*Etzel,* § 1 KSchG Rn. 704; *B. Gaul,* AuA 1998, 168, 170; *Hohenstatt,* NZA 1998, 846, 852; *Kappenhagen,* BB 1998, 2266, 2267.

[792] Entwurf Korrekturgesetz, BT-Drucks. 14/45, S. 53.

[793] Ebenso in Bezug auf § 1 Abs. 5 KSchG *Kohte,* BB 1998, 946, 953.

[794] Ähnl. in Bezug auf § 1 Abs. 5 KSchG LAG Düsseldorf 24. 3. 1998 LAGE § 1 KSchG Interessenausgleich Nr. 6; *Preis,* NZA 1997, 1073, 1086; vgl. auch *Kohte,* BB 1998, 946, 952.

[795] Ebenso in Bezug auf § 1 Abs. 5 LAG Düsseldorf 24. 3. 1998 LAGE § 1 KSchG Interessenausgleich Nr. 6; ebenso in Bezug auf § 1 Abs. 4 KSchG in der Fassung des Arbeitsrechtlichen Beschäftigungsförderungsgesetzes *Preis,* NZA 1997, 1073, 1085.

dd) Grobe Fehlerhaftigkeit

1162 Für die Feststellung, ob eine Auswahlrichtlinie grob fehlerhaft i. S. d. § 1 Abs. 4 KSchG ist, kommt es nach dem Wortsinn zunächst auf die **Schwere des Fehlers** an, welcher der entsprechenden tariflichen oder betrieblichen Vereinbarung anhaftet.[796] Für die erforderliche Gewichtung des Fehlers kommt es darauf an, ob der Fehler angesichts der **Funktion der Sozialauswahl** noch hingenommen werden kann.[797] Für die Beurteilung, ob grobe Fehlerhaftigkeit i. S. d. § 1 Abs. 4 KSchG vorliegt, ist ein Verschulden der Tarif-/Betriebsparteien nicht maßgeblich.[798] Ebenso ist irrelevant, ob es sich um einen für einen Laien offensichtlichen Fehler handelt.[799] Die Wertung des § 44 Abs. 1 VwVfG ist nicht auf § 1 Abs. 4 KSchG übertragbar. Während das Merkmal der Offensichtlichkeit im Verwaltungsrecht darüber entscheidet, ob der Fehler des Verwaltungsaktes gerichtlich festgestellt werden muss oder unmittelbar zur Nichtigkeit führt, geht es hier um die Frage, ob der Prüfungsmaßstab des § 1 Abs. 4 KSchG oder der des § 1 Abs. 3 KSchG Anwendung findet. Angesichts der Komplexität der Sozialauswahl dürfte die grobe Fehlerhaftigkeit einer Auswahlrichtlinie für den betroffenen, rechtlich nicht informierten Arbeitnehmer zudem nur in den seltensten Fällen offensichtlich sein, so dass die Grenze der groben Fehlerhaftigkeit in der Praxis in kaum einer Fallkonstellation überschritten würde. Da eine Auswahlrichtlinie vertragstypologisch einem Schiedsgutachten i. e. S. ähnelt,[800] beschränkt sich die gerichtliche Kontrolle, ähnlich wie in § 319 BGB vorgesehen, auf offensichtliche Fehler, d. h. solche, die **für einen arbeitsrechtlich geschulten Außenstehenden** zumindest nach eingehender Beschäftigung mit der Materie **evident** sind.[801]

1163 Nach der Begründung des Korrekturgesetzes ist eine Auswahlrichtlinie insbesondere dann grob fehlerhaft, wenn die **drei Hauptkriterien** der Sozialauswahl gar **nicht** oder **völlig unausgewogen** berücksichtigt sind.[802] Dabei darf das Lebensalter höchstens gleich stark gewichtet werden wie die Betriebszugehörigkeit.[803] Ein grober Fehler liegt auch vor, wenn den Unterhaltspflichten ein höheres Gewicht

---

796 Vgl. *Bader,* NZA 1996, 1125, 1131; *Lakies,* NJ 1997, 121, 125; *Meyer,* BB 1998, 2417, 2418; Kübler/Prütting/*Moll,* InsO, § 125 Rn. 62; *Schiefer,* DB 1998, 925, 927. Bei *Drosdowski,* Duden – Das große Wörterbuch der deutschen Sprache, wird der Begriff „grob" im Hinblick auf Verhaltensweisen (z. B. Fehler, Lüge, Fahrlässigkeit, Unfug) als „schwerwiegend und offensichtlich" definiert.

797 *Bader,* NZA 1996, 1125, 1131; *Berkowsky* § 8 Rn. 210; *Kittner,* AuR 1997, 182, 186; *Meyer,* BB 1998, 2417, 2418.

798 ErfK/*Ascheid,* § 1 KSchG Rn. 534; *Bader,* NZA 1996, 1125, 1131; APS/*Kiel,* § 1 KSchG Rn. 765; vgl. auch im Hinblick auf § 1 Abs. 5 KSchG BAG 21. 1. 1999, NZA 1999, 866; a. A. *Lohkämper,* KTS 1996, 1, 20.

799 So auch *Bütefisch,* S. 424; a. A. *Bader,* NZA 1996, 1125, 1131; *Berkowsky* I § 8 Rn. 210; KDZ/*Kittner,* § 1 KSchG Rn. 489 b; *Lakies,* NJ 1997, 121, 125; *Linck,* AR-Blattei, SD 1020.1.2 Rn. 132; *Meyer,* BB 1998, 2417, 2418; Kübler/Prütting/*Moll,* InsO, § 125 Rn. 62; *Schiefer,* DB 1998, 925, 927.

800 *Giesen,* ZfA 1997, 145, 171; *Kohte,* BB 1998, 946, 952 f.

801 Vgl. MünchKommBGB/*Gottwald,* § 319 Rn. 17; Soergel/*Wolf,* BGB, § 319 Rn. 11.

802 Entwurf Korrekturgesetz, BT-Drucks. 14/45, S. 53; vgl. a. LAG Düsseldorf 17. 3. 2000, NZA-RR 2000, 421, 423.

803 KR/*Etzel,* § 1 KSchG Rn. 670; APS/*Kiel,* § 1 KSchG Rn. 768; krit. *v. Hoyningen-Huene/Linck,* § 1 KSchG Rn. 484 d; *Hoyningen-Huene/Linck,* DB 1997, 41, 44; *Linck,* AR-Blattei, SD 1020.1.2 Rn. 132.

beigemessen wird als der Dauer der Betriebszugehörigkeit[804] oder die Unterhaltspflichten wesentlich geringer bewertet werden als das Lebensalter. Vertretbar erscheint es hingegen, wenn die Unterhaltspflichten gegenüber einem Angehörigen eine um 3 bis 6 Jahre längere Betriebszugehörigkeit aufwiegen. Eine Richtlinie ist nicht deshalb grob fehlerhaft, weil sie allein die Zahl der unterhaltsberechtigten Personen berücksichtigt[805] oder auf die Zahl der unterhaltsberechtigten Personen laut Steuerkarte abstellt.[806]

Nach zutreffender Ansicht ist eine Richtlinie **nicht** schon deshalb als **grob fehlerhaft** zu qualifizieren, weil sie **allein auf die drei Kernkriterien** abstellt, gleichzeitig aber **keine abschließende Einzelfallbeurteilung** durch den Arbeitgeber vorsieht.[807] Dass die Tarif- oder Betriebspartner über die drei Hauptkriterien hinaus nicht alle der übrigen zwingenden Sozialfaktoren i. S. d. § 1 Abs. 3 KSchG in die Auswahlrichtlinie aufnehmen müssen ergibt sich bereits aus dem Wortlaut des § 1 Abs. 4 KSchG.[808] Da es innerhalb der übrigen sozialen Gesichtspunkte des § 1 Abs. 3 S. 1 KSchG keine festgelegte Bedeutungshierarchie gibt, ist auch eine Verpflichtung, wenigstens ein oder einige weitere Kriterien zu berücksichtigen, nicht sachdienlich. **1164**

Die grobe Fehlerhaftigkeit einer Auswahlrichtlinie kann sich weiterhin daraus ergeben, dass diese auf Sozialkriterien abstellt, die **nach § 1 Abs. 3 S. 1 KSchG nicht** berücksichtigt werden können, oder derartigen Kriterien ein zu großes Gewicht beimisst. Dies gilt insbesondere, wenn Leistungs- oder Eignungsgesichtspunkte zur Ermittlung der sozialen Schutzbedürftigkeit herangezogen werden. Im Übrigen dürfen Gesichtspunkte, die nach § 1 Abs. 3 S. 1 KSchG nicht zu berücksichtigen sind, lediglich geringfügige Korrekturen der Ergebnisse herbeiführen, die sich allein nach den zwingenden Kriterien des § 1 Abs. 3 S. 1 KSchG ergäben. Sie dürfen daher – sofern sie kumulativ auftreten können, in ihrer Summe – nicht deutlich höher bewertet werden als einige Jahre der Betriebszugehörigkeit oder des Lebensalters oder eine Unterhaltsverpflichtung. Unberührt von § 1 Abs. 4 KSchG bleibt zudem die Bindung der Tarif- oder Betriebspartner an gesetzliche Diskriminierungsverbote. Sofern die Richtlinie diesen zuwiderlaufende Bewertungen enthält, ist sie wegen Verstoßes gegen höherrangiges Recht unwirksam. **1165**

ee) Rechtsfolgen der groben Fehlerhaftigkeit

Ist eine Auswahlrichtlinie grob fehlerhaft, führt dies nicht zwangsläufig zur Sozialwidrigkeit der Kündigungen, die unter Anwendung dieser Richtlinie ausgesprochen worden sind. Vielmehr entfällt lediglich die Privilegierung des § 1 Abs. 4 **1166**

---

[804] A. A. für § 1 Abs. 5 KSchG BAG 2. 12. 1999 AP Nr. 45 § 1 KSchG 1969 Soziale Auswahl, wonach die Betriebspartner entscheidend auf die Unterhaltspflichten abstellen durften.

[805] APS/*Kiel*, § 1 KSchG Rn. 768; *Preis*, RdA 1999, 311, 321; ähnl. im Hinblick auf § 1 Abs. 5 KSchG BAG 21. 1. 1999, NZA 1999, 866; a. A. KR/*Etzel*, § 1 KSchG Rn. 670; HK-KSchG/*Dorndorf*, § 1 Rn. 1138.

[806] APS/*Kiel*, § 1 KSchG Rn. 768; *Preis*, RdA 1999, 311, 321, a. A. *Hessisches* LAG 24. 6. 1999, DB 1999, 2575.

[807] *Linck*, AR-Blattei, SD 1020.1.2 Rn. 128; *Löwisch*, BB 1999, 102, 103; *Preis*, RdA 1999, 311, 321; *Däubler*, NJW 1999, 601, 603; HK-KSchG/*Dorndorf*, § 1 Rn. 1138; *B. Gaul*, DB 1998, 2467, 2468; *Hinrichs*, AiB 1999, 1, 3.

[808] So auch BBDW/*Bram*, § 1 KSchG Rn. 330b; *Löwisch*, BB 1999, 102, 103.

KSchG. Statt dessen sind die Maßstäbe des § 1 Abs. 3 S. 1 KSchG heranzuziehen.[809]

III. Gründe im Verhalten des Arbeitnehmers

1. Prüfungskriterien

1167 Nach § 1 Abs. 2 Satz 1 KSchG können verhaltensbedingte Gründe die Kündigung sozial rechtfertigen.

a) Vertragsverletzungen

1168 In Betracht kommen hier in erster Linie Vertragsverletzungen des Arbeitnehmers, die im Allgemeinen **schuldhaft** (Vorsatz oder Fahrlässigkeit) sein müssen. Nicht schuldhaftes Verhalten rechtfertigt in der Regel die verhaltensbedingte Kündigung nicht.[810] Der Grad des Verschuldens ist für die Prognoseentscheidung und die Interessenabwägung von Bedeutung. Je stärker das Verschulden, desto eher ist eine Negativprognose gerechtfertigt.[811] In Extremfällen meint das BAG, bei Sachverhalten, in denen das Verschulden (z.B. wegen psychischer Beeinträchtigung) nicht ohne weiteres nachweisbar sei, könne eine schwere Vertragspflichtverletzung (Tätlichkeiten, grobe Beleidigungen, Sicherheitsgefährdungen), die verhaltensbedingte Kündigung auch ohne nachgewiesenen Schuldvorwurf gerechtfertigt sein.[812] Die Gefahr besteht, dass bei dieser Sichtweise personen- und verhaltensbedingte Gründe miteinander vermischt werden. Es ist vielmehr sorgfältig zu prüfen, ob die Vertragsstörung im konkreten Fallen nicht krankheitsbedingt ist (z.B. in Fällen von Alkoholsucht). In diesen Fällen ist dann die personenbedingte Kündigung einschlägig. Beruht die Vertragsverletzung auf einer personenbedingten Ursache, ist zu prüfen, ob diese noch auf einem steuerbaren Verhalten des Arbeitnehmers beruht. Das reicht für eine verhaltensbedingte Kündigung aus.[813] Insofern muss – zumindest im Rahmen der Interessenabwägung – berücksichtigt werden, ob der Arbeitnehmer ohne schweres Verschulden rechtsirrig seine Handlung für rechtmäßig erachten konnte.[814] Das BAG beschränkt jedoch die verhaltensbedingte Kündigung

---

809 Vgl. statt vieler ErfK/*Ascheid,* § 1 KSchG Rn. 534; KR/*Etzel,* § 1 KSchG Rn. 700; *Fischermeier,* NZA 1997, 1089, 1096; *v. Hoyningen-Huene/Linck,* § 1 KSchG Rn. 484e; *Linck,* AR-Blattei, SD 1020.1.2 Rn. 133.

810 BAG 21. 1. 1999 AP § 626 BGB Nr. 151; BAG 21. 11. 1996 EzA § 1 KSchG Verhaltensbedingte Kündigung Nr. 50; BAG 21. 5. 1992 EzA § 1 KSchG Verhaltensbedingte Kündigung Nr. 42 = NZA 1992, 1028; 16. 3. 1961 AP § 1 KSchG Verhaltensbedingte Kündigung Nr. 2 = NJW 1961, 1421; *v. Hoyningen-Huene/Linck,* § 1 KSchG Rn. 279; KR/*Etzel* § 1 KSchG Rn. 400; ErfK/*Ascheid,* § 1 KSchG Rn. 324ff.; HK-KSchG-*Dorndorf,* § 1 Rn. 526ff.; abweichend *Berkowsky,* Die personen- und verhaltensbedingte Kündigung, 3. Aufl. 1997, § 18 Rn. 27; vgl. aber *Berkowsky,* NZA-RR 2001, 1, 4.

811 *Schwerdtner,* in: MünchKomm, § 626 BGB Rn. 42; Erman/*Hanau,* § 626 BGB Rn. 30.

812 BAG 21. 1. 1999 AP § 626 BGB Nr. 151; abl. APS/*Dörner,* § 626 BGB Rn. 75.

813 So zutreffend *v. Hoyningen-Huene,* Anm. BAG AP § 626 BGB Nr. 151; vgl. bei Tätlichkeiten eines Alkoholkranken: BAG 30. 9. 1993 EzA § 626 BGB n.F. Nr. 152.

814 Hierzu ErfK/*Ascheid,* § 1 KSchG Rn. 325 m.w.N.; BAG 14. 2. 1976 EzA § 626 BGB n.F. Nr. 160; 12. 4. 1973 EzA § 611 BGB Nr. 12; 14. 2. 1978 AP Art. 9 GG Arbeitskampf Nr. 57.

nicht eindeutig auf vertragswidrige Verhaltensweisen. Vielmehr erkennt es Kündigungsgründe im Grundsatz an, wenn **konkrete Störungen im Leistungsbereich, im betrieblichen Bereich, im Vertrauensbereich oder im Unternehmensbereich** vorliegen. Der betriebliche Bereich wird noch in die Unterbereiche der Störung der Betriebsordnung, des Betriebsfriedens (Bereich der betrieblichen Verbundenheit aller Mitarbeiter) und des Betriebsablaufs aufgegliedert.[815] Die **Beschränkung** des verhaltensbedingten Kündigungsgrundes auf **vertragswidrige Verhaltensweisen** erscheint jedoch um einer sinnvollen Abgrenzung zur personen- und betriebsbedingten Kündigung willen unverzichtbar.[816] Es bedarf mithin zumindest der Verletzung vertraglicher Nebenpflichten. Bei der Bejahung kündigungsrelevanter Nebenpflichten sind allerdings dem Austauschverhältnis immanente Grenzen zu beachten.[817]

Werden dem Arbeitnehmer im Arbeitsvertrag Nebenpflichten auferlegt, kann **1169** deren Verletzung nur dann die Kündigung rechtfertigen, wenn die Vertragsklausel einer Inhaltskontrolle standhält.[818]

Hat sich der Arbeitnehmer eine **Reihe von Pflichtverletzungen** zuschulden **1170** kommen lassen, die vom Arbeitgeber abgemahnt worden sind, kommt formal nur der letzte Vorfall als Kündigungsgrund in Betracht.[819] Allerdings verdeutlicht die vorangehende Vielzahl von Pflichtverletzungen die Negativprognose und die Triftigkeit des Kündigungsgrundes. Insoweit sind die abgemahnten Pflichtverstöße selbstverständlich auch für den Kündigungsgrund i. e. S. von Belang, mögen sie auch nicht mehr selbständig die Kündigung rechtfertigen, weil der Arbeitgeber durch die Abmahnung konkludent auf die Kündigung verzichtet hat. Auf einschlägige abgemahnte und nicht abgemahnte zurückliegende Pflichtverstöße kann unterstützend zur Begründung der Kündigung zurückgegriffen werden.[820] Kommen

---

[815] Hierzu BAG 26. 5. 1977 EzA § 611 BGB Beschäftigungspflicht Nr. 2 = DB 1977, 2099; 4. 11. 1981, 6. 6. 1984, 20. 9. 1984 und 24. 9. 1987 EzA § 1 KSchG Verhaltensbedingte Kündigung Nr. 9, 12, 14 und 18; 20. 7. 1989 DB 1990, 635 = EzA § 2 KSchG Nr. 11; ausführlich KR/*Fischermeier,* § 626 BGB Rn. 166 ff.

[816] Ebenso *Löwisch,* § 1 KSchG Rn. 83 f.; ErfK/*Ascheid,* § 1 KSchG Rn. 319 ff.; HK-KSchG-*Dorndorf,* § 1 Rn. 514 ff.; *Buchner,* Die personen- und verhaltensbedingte Kündigung, Fachtagung der BDA 1989, S. 56; *Dütz,* Anm. EzA § 626 BGB n. F. Nr. 91; *Preis,* DB 1990, 630, 632; *Dorndorf,* ZfA 1989, 345 ff.

[817] In jüngerer Zeit ist allerdings eine Tendenz zur Ausweitung von Nebenpflichten zu beobachten: im öffentlichen Dienst unter Hinweis auf § 8 BAT: BAG 20. 11. 1997 BB 1998, 429. Nach BAG 6. 11. 1997 EzA § 626 BGB n. F. Nr. 171 ist eine Nebenpflicht zur Entbindung der behandelnden Ärzte von der Schweigepflicht und zur Stellung eines Rentenantrages bei Berufs- und Erwerbsunfähigkeit zu bejahen. Das ist zu weitgehend.

[818] Vgl. LAG Frankfurt 29. 1. 1987 LAGE § 1 KSchG Verhaltensbedingte Kündigung Nr. 11; vielfach legt die Rechtsprechung überschießende Vertragsklauseln restriktiv aus, vgl. zu Nebentätigkeitsverboten BAG 3. 12. 1970 und 26. 8. 1976 AP § 626 BGB Nr. 60 und 68 = EzA § 626 BGB n. F. Nr. 7 und 49; ausf. zur Inhaltskontrolle *Preis,* Der Arbeitsvertrag, I C Rn. 32 ff.

[819] BAG 7. 12. 1988 EzA § 1 KSchG Verhaltensbedingte Kündigung Nr. 26.

[820] *Hillebrecht,* ZfA 1991, 87, 126 f. unter Hinweis auf BAG 17. 3. 1988 EzA § 626 BGB n. F. Nr. 116; LAG Hamm 27. 5. 1992 LAGE § 1 KSchG Verhaltensbedingte Kündigung Nr. 38; LAG Berlin 5. 12. 1995 LAGE § 1 KSchG Verhaltensbedingte Kündigung Nr. 52; vgl. auch BAG 9. 8. 1990 RzK I 5 i Nr. 63; dies gilt allgemein auch bei verwirkten oder verziehenen Kündigungsgründen, BAG 21. 2. 1957 AP § 1 KSchG Nr. 22 = DB 1957, 311; 12. 4. 1956 AP § 626 BGB Nr. 11 = DB 1956, 600; KR/*Etzel,* § 1 KSchG Rn. 248 ff.

mehrere verhaltensbedingte Kündigungsgründe in Betracht, ist zunächst jeder Kündigungssachverhalt auf seine Eignung, die ausgesprochene Kündigung zu rechtfertigen, zu prüfen. Führt die isolierte Prüfung nicht zur sozialen Rechtfertigung der Kündigung, können bei gleichartigen verhaltensbedingten Gründen diese in ihrer Gesamtheit die Kündigung als gerechtfertigt erscheinen lassen.[821] Als gleichartig können Pflichtverletzungen bezeichnet werden, die zu vergleichbaren Störungen des Arbeitsverhältnisses führen und Ausdruck einer spezifischen Unzuverlässigkeit des Arbeitnehmers sind.[822]

b) Objektiver Kündigungsgrund

1171 Nicht subjektive Einschätzungen des Arbeitgebers, sondern nur objektive, durch einen Dritten nachvollziehbare Vorfälle begründen die Kündigung. Auch reicht die bloße Befürchtung, es werde zu Vertragsbeeinträchtigungen kommen, nicht aus, wenn es in der Vergangenheit zu keiner nachweisbaren objektiven Beeinträchtigung gekommen ist.[823] Die Rechtsprechung steht auf dem Standpunkt, als verhaltensbedingter Kündigungsgrund komme nur ein solcher Umstand in Betracht, den ein ruhig und verständig urteilender Arbeitgeber zur Kündigung bestimmen könne.[824] Diese Formel ist zu unbestimmt. Freilich ist die abstrakte Konkretisierung des verhaltensbedingten Kündigungsgrundes äußerst schwierig. Problematisch ist jedoch, eine Objektivierung in der Orientierung an aufgehobenen Kündigungsvorschriften zu suchen.[825] Die Schaffung absoluter Kündigungsgründe ist mit § 1 KSchG, der zwingend eine Einzelfallbeurteilung voraussetzt, unvereinbar.[826] Methodisch prüft die Rechtsprechung verhaltensbedingte Kündigungsgründe **zweistufig.** Angelehnt an den revisionsrechtlichen Prüfungsmaßstab wird gefragt, ob ein bestimmter Sachverhalt ohne die besonderen Umstände des Einzelfalles an sich geeignet ist, einen Kündigungsgrund abzugeben.[827] Nach Bejahung dieser Frage soll eine umfassende Interessenabwägung das Einzelfallurteil ergeben. Freilich hat diese methodische Prüfung für die Rechtssicherheit wenig erbracht, weil eine normative Konkretisierung des verhaltensbedingten Kündigungsgrundes noch aussteht und insbesondere das Erfordernis der Vertragspflichtverletzung nicht immer beachtet wird. Letztlich entscheidend ist eine wenig strukturierte Interessenabwägung, die eine Einzelfallprognose äußerst schwierig macht. Die Fallgruppen verhaltensbedingter Kündigungsgründe (vgl. hier Rn. 625ff.) können zwar für die

---

[821] BAG 9. 8. 1990 RzK I 5i Nr. 63.

[822] LAG Berlin 5. 12. 1995 LAGE § 1 KSchG Verhaltensbedingte Kündigung Nr. 52.

[823] BAG 6. 6. 1984 EzA § 1 KSchG Verhaltensbedingte Kündigung Nr. 12 = DB 1985, 341.

[824] BAG 28. 8. 1958 und 2. 11. 1961 AP § 1 KSchG Verhaltensbedingte Kündigung Nr. 1 und 3; 13. 3. 1987 AP § 1 KSchG 1969 Verhaltensbedingte Kündigung Nr. 18; kritisch zu dieser Formel *Zitscher,* ArbuR 1977, 71ff.; *Preis,* S. 2f.

[825] So BAG 15. 11. 1984 und 17. 3. 1988 EzA § 626 BGB n.F. Nr. 95 und 116 = NZA 1985, 661 und NZA 1989, 261; ablehnend *Preis,* S. 479; *Börgmann,* SAE 1989, 192.

[826] BAG 28. 11. 1968 EzA § 1 KSchG Nr. 12; 30. 5. 1978 und 15. 11. 1984 EzA § 626 BGB n.F. Nr. 66 und 95; *Herschel,* Festschrift G. Müller, 1981, S. 202; *Preis,* S. 94ff.; KR/*Etzel,* § 1 KSchG Rn. 212.

[827] BAG 22. 7. 1982 und 24. 9. 1987 EzA § 1 KSchG Verhaltensbedingte Kündigung Nr. 10 und 18 sowie BAG 17. 5. 1984, 20. 9. 1984, 15. 11. 1984, 13. 12. 1984, 2. 31989 EzA § 626 BGB n.F. Nr. 90, 91, 94, 95 und 118.

Praxis Anhaltspunkte geben, ersetzen aber eine Einzelfallbeurteilung anhand der allgemeinen Kriterien nicht.

c) Abmahnung

Die verhaltensbedingte Kündigung verlangt im Allgemeinen eine vorherige Abmahnung (Einzelheiten hierzu oben Rn. 6 ff.). Dies folgt aus dem Grundsatz der Erforderlichkeit (ultima-ratio-Prinzip) und entspricht der ganz herrschenden Lehre und Rechtsprechung.[828] Das Prinzip der Abmahnung hat jetzt durch die allgemeine Regel der Kündigung von Dauerschuldverhältnissen in § 314 BGB eine eindrucksvolle Bestätigung erfahren. Dort heißt es in Abs. 2, dass bei Vertragspflichtverletzungen die Kündigung erst nach erfolglosem Ablauf einer zur Abhilfe bestimmten Frist oder nach erfolgloser Abmahnung zulässig ist. In der Regierungsbegründung wird darauf Bezug genommen, dass sich allgemein das Erfordernis der Abmahnung durchgesetzt habe (BT-Drucks 14/6040, S. 177). Vor diesem Hintergrund wäre es ein unzulässiger Umkehrschluss, wollte man jetzt im Rahmen des Kündigungsschutzes oder bei § 626 Abs. 1 keine Abmahnung verlangen. Vielmehr kann § 314 BGB auch als Bestätigung der bisherigen Rechtsentwicklung im Arbeitsrecht gesehen werden.[829] Der BGH hält dagegen bei der Kündigung des Dienstverhältnisses eines GmbH-Geschäftsführers eine Abmahnung nicht für erforderlich.[830] Soweit der BGH seine Argumentation darauf stützt, dass dieses Institut im Hinblick auf die „soziale Schutzbedürftigkeit abhängig Beschäftigter" entwickelt worden sei, gibt dies die Argumentation nur unzureichend wieder. Der BGH wird seine Rechtsprechung gerade auch im Hinblick auf § 314 Abs. 2 BGB noch einmal überprüfen müssen. 1172

Das BAG hält sogar vor **Änderungskündigungen**[831] und **Versetzungen**[832] wegen Leistungsmängeln eine Abmahnung für erforderlich. Vor bloßen Umsetzungen wegen Leistungsmängeln oder Störungen des Betriebsklimas bedarf es dagegen keiner Abmahnung.[833] Eine Abmahnung während der sechsmonatigen Wartezeit des § 1 Abs. 1 KSchG (Rn. 618) kann ausgesprochen werden, ist aber kündigungsrechtlich unnötig, wenn die ordentliche Kündigung noch während der Wartezeit 1173

---

828 BAG 30. 5. 1978 EzA § 626 BGB n. F. Nr. 66 = NJW 1979, 332; 28. 10. 1971 AP § 626 BGB Nr. 62; 18. 1. 1980 EzA § 1 KSchG Verhaltensbedingte Kündigung Nr. 7; 17. 2. 1994 NZA 1994, 656 = EzA § 611 BGB Abmahnung Nr. 30; *Hoyningen-Huene*, RdA 1990, 193 ff.; *Burger*, DB 1992, 836 ff.; aus der neueren Literatur: *Ascheid*, Personalführung 1990, S. 296 ff.; *Schaub*, NJW 1990, S. 872 ff.; *Fromm*, DB 1989, 1409 ff.; *Falkenberg*, NZA 1988, 489 ff.; *Bock*, ArbuR 1987, 217 ff.; *Schmid*, NZA 1985, 412 ff.; *Becker-Schaffner*, DB 1985, 652 ff.; *Hauer*, Die Abmahnung im Arbeitsverhältnis, 1990; *Pflaum*, Die Abmahnung im Arbeitsrecht als Vorstufe zur Kündigung, 1992; *Beckerle/Schuster*, Die Abmahnung, 4. Aufl. 1993; Staudinger/*Preis*, § 626 BGB Rn. 104 ff.

829 Vgl. Staudinger/*Preis*, § 626 BGB Rn. 105.

830 BGH 14. 2. 2000 BB 2000, 844; BGH 10. 9. 2001 EzA § 611 BGB Abmahnung Nr. 43.

831 BAG 21. 11. 1985 EzA § 1 KSchG Nr. 42 = DB 1986, 2133; LAG Hamm 10. 5. 1983 ZIP 1983, 985.

832 BAG 30. 10. 1985 EzA § 611 BGB Fürsorgepflicht Nr. 40 = DB 1986, 2188; kritisch *Beckerle/Schuster*, Rn. 63.

833 BAG 24. 4. 1996 NZA 1996, 1088; LAG Hamm 28. 11. 1996 NZA-RR 1997, 281.

erklärt werden soll.[834] Gleiches gilt in Kleinbetrieben, die dem KSchG nicht unterfallen.[835]

1174 Grundsätzlich soll eine Abmahnung nur bei Störungen im Leistungsbereich, nicht aber bei solchen im Vertrauens- oder Betriebsbereich erforderlich sein.[836] Eine verlässliche Abgrenzung zwischen beiden Bereichen ist aber kaum möglich.[837] Zum einen berühren auch nachhaltige Leistungspflichtverletzungen den Vertrauens- und Betriebsbereich. Zum anderen trifft die Abgrenzung nach Bereichen nicht den Kern der Sache, weil auch im sogenannten Vertrauens- oder Betriebsbereich eine Abmahnung für erforderlich gehalten wird, wenn das Arbeitsverhältnis noch nicht allzu stark belastet ist und der Arbeitgeber damit rechnen kann, dass die Abmahnung zu einem vertragsgerechten Verhalten in der Zukunft führt.[838] Das Gleiche soll gelten, wenn im sogenannten Vertrauensbereich „unklare Regelungen" bestanden und der Arbeitnehmer annehmen durfte, sein Verhalten sei nicht vertragswidrig.[839] An diesen Ausnahmen zeigt sich, worauf es bei der Abmahnung ankommt. Entscheidend ist, ob und inwieweit das beanstandungswürdige Fehlverhalten bereits eine **klare Negativprognose** für die weitere Vertragsbeziehung zulässt oder ob noch die **Möglichkeit der Rückkehr zu einer vertragskonformen Beziehung** besteht. **Im Zweifel** ist der Praxis anzuraten, vor verhaltensbedingten Kündigungen **abzumahnen.**

1175 Sowohl die Verletzung von Haupt- als auch von Nebenpflichten bedarf vorheriger Abmahnung. Eine bestimmte **Anzahl** von Abmahnungen ist nicht gefordert. Kündigungsrechtlich entscheidend ist letztlich das Gewicht der Vertragsverstöße (Rn. 1184). Spricht der Arbeitgeber eine Vielzahl von Abmahnungen aus, ohne die angedrohten Konsequenzen zu ziehen, muss unter Umständen die letzte Abmahnung vor der Kündigung verdeutlichen, dass im Wiederholungsfalle nunmehr tatsächlich gekündigt wird.[840] Zur Stützung einer verhaltensbedingten Kündigung kann sich der Arbeitgeber nur dann auf eine vorausgehende Abmahnung berufen, wenn diese eine **vergleichbare Pflichtverletzung** betraf.[841] Dabei darf an das Erfordernis der Gleichartigkeit kein zu strenger Maßstab angelegt wer-

---

[834] Vgl. *Beckerle/Schuster,* Rn. 65ff.; *Ascheid,* Rn. 64; *Hoyningen-Huene,* RdA 1990, 193, 202.

[835] So jetzt auch BAG 21. 2. 2001 NZA 2001, 951.

[836] BAG 19. 6. 1967 AP § 124 GewO Nr. 1; 8. 8. 1968 AP § 626 BGB Nr. 57; 4. 4. 1974 EzA § 15 KSchG Nr. 1; 30. 6. 1983 EzA § 1 KSchG Tendenzbetrieb Nr. 14; 9. 8. 1984 EzA § 1 KSchG Verhaltensbedingte Kündigung Nr. 11 = AP § 1 KSchG 1969 Verhaltensbedingte Kündigung Nr. 12 mit abl. Anm. *Bickel.*

[837] Kritisch auch *Schwerdtner,* in: MünchKomm, § 622 BGB Anh. Rn. 114f.; *Preis,* S. 454f.; *Falkenberg,* NZA 1988, 489ff.; *Bock,* ArbuR 1987, 218f.; *Ascheid,* Rn. 68; KR/*Fischermeier,* § 626 BGB Rn. 278.

[838] BAG 26. 8. 1993 NZA 1994, 63; 12. 7. 1984 und 12. 3. 1987 AP § 102 BetrVG 1972 Nr. 32 und 74; 3. 2. 1982 AP § 72 BPersVG Nr. 1; 10. 11. 1988 NZA 1989, 633; siehe auch BAG 4. 6. 1997 AP § 626 BGB Nr. 137 = EzA § 626 BGB n.F. Nr. 168.

[839] BAG 17. 5. 1984 NZA 1985, 91; *Schmidt,* NZA 1985, 413; KR/*Etzel,* § 1 KSchG Rn. 402.

[840] BAG 15. 11. 2001 DB 2002, 689. Zur Problematik widersprüchlichen Verhaltens: *Beckerle/Schuster,* Rn. 135ff.; *Hoyningen-Huene,* RdA 1990, 193, 208; ErfK/*Ascheid,* § 1 KSchG Rn. 339.

[841] BAG 10. 11. 1988 NZA 1989, 633 = EzA § 611 BGB Abmahnung Nr. 18; Hessisches LAG 7. 7. 1997 LAGE § 626 BGB Nr. 115.

den.[842] Entscheidend ist, ob aus den jeweiligen Vertragspflichtverletzungen auf eine kündigungsrelevante Unzuverlässigkeit geschlossen werden kann.[843] Kehrt der Arbeitnehmer von einem vertragsstörenden zu einem vertragskonformen Verhalten zurück, sind die legitimen Interessen des Arbeitgebers befriedigt und es bedarf keiner Kündigung.

Die Abmahnung setzt voraus, dass der Arbeitgeber **hinreichend deutlich** das Fehlverhalten beanstandet und mit ihr den Hinweis verbindet, dass im Wiederholungsfalle der **Inhalt oder der Bestand des Arbeitsverhältnisses gefährdet** ist. Nur dann erfüllt die Abmahnung ihre Warn- und Ankündigungsfunktion. Daneben dient die Abmahnung eines (erstmaligen) Fehlverhaltens auch dazu, eine sichere Prognosegrundlage für eine möglicherweise folgende Kündigung zu schaffen.[844] Die wiederholte Vertragsverletzung rechtfertigt gerade die Negativprognose der Wiederholungsgefahr. Darüber hinaus ist die Abmahnung erforderlich, um seitens des Arbeitgebers erzeugte Vertrauenstatbestände abzubauen, z.B. wenn unkorrektes Verhalten längere Zeit nicht beanstandet worden ist und der Arbeitnehmer womöglich davon ausgehen darf, der Arbeitgeber sei mit seinem Verhalten einverstanden.[845] Mit Ausspruch der Abmahnung **verzichtet** der Arbeitgeber allerdings konkludent auf ein Kündigungsrecht wegen der Gründe, die Gegenstand der Abmahnung waren. Nach BAG vom 10. 11. 1988[846] kann eine spätere Kündigung nicht allein auf die abgemahnten Gründe gestützt werden. Auf diese kann nur zurückgegriffen werden, wenn weitere kündigungsrechtlich erhebliche Umstände eintreten oder nachträglich bekannt werden. Freilich darf der Arbeitnehmer nach erfolgloser Kündigung wegen desselben unstreitigen (für eine Kündigung nicht ausreichenden) Sachverhalts abgemahnt werden.[847] **1176**

Die Abmahnung kann auch von einem Mitarbeiter ausgesprochen werden, der Anweisungen bezüglich der Art und Weise der arbeitsvertraglich geschuldeten Arbeitsleistung erteilen kann. Eine Kündigungsberechtigung ist nicht erforderlich.[848] Die Abmahnung selbst kann gerichtlich überprüft werden (vgl. oben Rn. 9). **1177**

Entbehrlich ist die Abmahnung, wenn sie kein geeignetes Mittel ist oder zur Begründung einer Negativprognose für die weitere Vertragsbeziehung nicht erfor- **1178**

---

842 Problematisch daher BAG 27. 2. 1985 RzK I 1 Nr. 5; LAG Schleswig-Holstein 26. 6. 1986 NZA 1987, 669.

843 Hierzu *Pflaum,* a.a.O., S. 234ff.; *Hoyningen-Huene,* RdA 1990, 193, 207; *Beckerle/Schuster,* Rn. 124ff.; LAG Berlin 5. 12. 1995 LAGE § 1 KSchG Verhaltensbedingte Kündigung Nr. 52.

844 *Preis,* S. 375, 457f.; dem folgend BAG 26. 1. 1995 EzA § 1 KSchG Verhaltensbedingte Kündigung Nr. 46; *Schwerdtner,* in: MünchKomm, § 622 BGB Anh. Rn. 390; vgl. auch LAG Hamm 16. 8. 1985 LAGE § 1 KSchG Verhaltensbedingte Kündigung Nr. 6; siehe auch *Ascheid,* Personalführung 1990, 296, 301, mit einem Hinweis darauf, dass eine Vielzahl von Abmahnungen die Warn- und Ankündigungsfunktion verbrauchen könne (zweifelhaft).

845 BAG 29. 7. 1976 EzA § 1 KSchG Nr. 34; *Herschel,* Anm. AP § 626 BGB Nr. 63; *Schmid,* NZA 1985, 411; KR/*Wolf,* 3. Aufl. 1989, Grundsätze Rn. 218.

846 NZA 1989, 633 = EzA § 611 BGB Abmahnung Nr. 18; ebenso LAG Köln 7. 10. 1987 LAGE § 1 KSchG Verhaltensbedingte Kündigung Nr. 15.

847 BAG 7. 9. 1988 EzA § 611 BGB Abmahnung Nr. 17 = NZA 1989, 272.

848 BAG 18. 1. 1980 EzA § 1 KSchG Verhaltensbedingte Kündigung Nr. 7 = AP § 1 KSchG 1969 Verhaltensbedingte Kündigung Nr. 3; LAG Düsseldorf 8. 1. 1980 BB 1980, 526.

derlich ist. Die Abmahnung ist nur dann geeignetes Mittel, wenn mit ihr der beabsichtigte Erfolg (Änderung des Verhaltens oder Warnung des Arbeitnehmers) gefördert werden kann. Entbehrlich, da ungeeignet, ist die Abmahnung, wenn eine Verhaltensänderung des Arbeitnehmers objektiv nicht möglich ist oder wenn die Verhaltenskorrektur nicht erwartet werden kann. Sofern nicht ohnehin ein personenbedingter Kündigungsgrund vorliegt, ist ein Arbeitnehmerverhalten nicht abmahnungsfähig, das aus physischen, persönlichkeitsbezogenen, rechtlichen oder aus anderen Gründen nicht abänderbar ist (Beispiele: wegen gesundheitlicher Beeinträchtigung nicht behebbare Leistungsmängel,[849] künstlerische bzw. intellektuelle Fähigkeiten).[850] Hier kann es bereits an der **Steuerbarkeit des Verhaltens** fehlen.[851] Entbehrlich ist die Abmahnung außerdem, wenn auf Grund objektiver Umstände die an sich mögliche Verhaltensänderung für die Zukunft nicht zu erwarten ist. In diesen Fällen läuft die Warnfunktion der Abmahnung leer. Als Grundlage einer Negativprognose ist die Abmahnung nicht mehr erforderlich. Dies ist der Fall, wenn der Arbeitnehmer erklärt, sein Fehlverhalten nicht ändern zu wollen[852] oder wenn er die Vertragswidrigkeit seines Verhaltens sicher kannte und mit der Billigung durch den Arbeitgeber nicht rechnen konnte.[853] Kann der Arbeitnehmer bereits aus unmißverständlichen **Rundschreiben** oder **Betriebsaushängen** entnehmen, dass der Arbeitgeber ein bestimmtes Verhalten nicht hinnimmt, kann die Abmahnung ebenfalls entbehrlich sein.[854] Dabei kommt es auf den Einzelfall an. Generell kann die auf individuelle Leistungsverstöße reagierende Abmahnung nicht vorweggenommen werden, weil dies ihrer spezifischen Ankündigungs- und Warnfunktion zuwiderliefe (Unzulässigkeit sog. antezipierender Abmahnungen).[855] In Ausnahmefällen kann die Abmahnung als nicht mehr ausreichendes Mittel der Interessenbefriedigung des Arbeitgebers erkannt werden. So können schwere Pflichtverletzungen eines Arbeitnehmers in einer Vertrauensposition (Spesenbetrug, Missbrauch von Vollmachten und Dispositionsmöglichkeiten) zur Kündigung ohne Abmahnung führen, weil die Chance einer positiven Prognose für das Vertragsverhältnis fehlt.[856] Auch bei kleineren Straftaten im Arbeitsverhältnis hält die Rechtsprechung zumeist, aber auch nicht stets eine Abmahnung

[849] BAG 18. 1. 1980 EzA § 1 KSchG Verhaltensbedingte Kündigung Nr. 7; LAG Hamm 20. 8. 1992 – 4 Sa 94/92 – n.v.; *Becker-Schaffner,* DB 1985, 651; *Schmid,* NZA 1985, 412.

[850] *Schmid,* NZA 1985, 412; siehe aber BAG 15. 8. 1984 AP § 1 KSchG 1969 Nr. 8.

[851] Vgl. MünchKomm/*Schwerdtner,* § 622 BGB Anh. Rn. 116.

[852] BAG 28. 10. 1971 AP § 626 BGB Nr. 62.

[853] BAG 10. 2. 1999 EzA § 15 KSchG n.F. Nr. 47 = AP § 15 KSchG 1969 Nr. 42; BAG 28. 10. 1971 AP § 626 BGB Nr. 62; LAG Hamm 25. 6. 1985 LAGE § 1 KSchG Verhaltensbedingte Kündigung Nr. 5 und 23. 5. 1984 DB 1985, 49; LAG Köln 26. 8. 1986 LAGE § 611 BGB Abmahnung Nr. 4 und 2. 7. 1987 LAGE § 626 BGB Nr. 32; zur Entbehrlichkeit der Abmahnung bei Tätlichkeiten unter Arbeitskollegen BAG 12. 3. 1987 EzA § 102 BetrVG 1972 Nr. 71; hartnäckige Pflichtverletzung: BAG 18. 5. 1994 EzA § 21 SchwbG 1986 Nr. 6.

[854] LAG Hamm 16. 12. 1982 BB 1983, 1601; LAG Köln 6. 8. 1999 NZA-RR 2000, 24; LAGE § 626 BGB Nr. 127.

[855] Hierzu *Beckerle/Schuster,* Rn. 105ff.; *Hauer,* a.a.O., S. 107f.; *Pflaum,* a.a.O., S. 176ff.

[856] BAG 10. 2. 1999 AP § 15 KSchG 1969 Nr. 42.

für entbehrlich.[857] Entscheidend dürfte sein, ob die jeweilige Tat eine klare Negativprognose zulässt. Zwischen der Abmahnung und der Kündigung wegen Leistungsmängeln muss dem Arbeitnehmer ein **hinreichender Zeitraum zur Leistungssteigerung** eingeräumt werden.[858]

Einzelfälle: Die Praxis zeigt, dass die Entbehrlichkeit der Abmahnung oftmals 1179
mit der Möglichkeit einer fristlosen verhaltensbedingten Kündigung zusammenfällt. Es kann zwar nicht die rechtliche Regel aufgestellt werden, dass immer dann, wenn eine fristlose Kündigung durchgreift, eine vorherige Abmahnung entbehrlich ist. Die besondere Intensität der Vertragsverletzung führt jedoch oftmals sowohl zur Begründung der fristlosen Kündigung nach § 626 BGB als auch zur Entbehrlichkeit der Abmahnung. Mit dieser Maßgabe nachfolgend eine Übersicht von Entscheidungen, in denen die vorhergehende Abmahnung für entbehrlich erachtet wurde. Es handelt sich ausnahmslos um Fälle fristloser Kündigung:

- Schwerwiegender Verstoß gegen **Alkoholverbot,**[859]
- vorsätzliche Mißachtung von **Arbeitsschutzvorschriften,**[860]
- hartnäckige und uneinsichtige **Arbeitsverweigerung** bzw. Pflichtverletzung,[861]
- Eigenmächtiger **Urlaubsantritt,**[862]
- schwere **Beleidigung,**[863]
- sexuelle **Belästigung,**[864]
- **Missbrauch** von **Zeiterfassungseinrichtungen,**[865]
- Vortäuschen einer **Arbeitsunfähigkeit,**[866]
- Straftaten im Arbeitsverhältnis jeder Art,[867] z.B. **Spesenbetrug**, **Betrug, Unterschlagung,**[868] **Diebstahl,**[869]
- Androhung **künftiger Erkrankung,**[870]
- **existenzgefährdende Zuwiderhandlung** gegen Interessen des Arbeitgebers,[871]

---

[857] Vgl. BAG 20. 9. 1984 AP § 626 BGB Nr. 80 = DB 1985, 655; 17. 5. 1984 AP § 626 BGB Verdacht strafbarer Handlung Nr. 14; 20. 9. 1984 AP § 1 KSchG 1969 Verhaltensbedingte Kündigung Nr. 13 = DB 1985, 1192.

[858] LAG Hamm 15. 3. 1983 DB 1983, 1930; LAG Köln 6. 11. 1987 LAGE § 611 BGB Abmahnung Nr. 14; *Beckerle/Schuster,* Rn. 121 ff.

[859] LAG Hamm 23. 8. 1990 LAGE § 626 BGB Nr. 52; LAG Rheinland-Pfalz 20. 12. 1999 EzBAT § 53 BAT Verhaltensbedingte Kündigung Nr 51.

[860] LAG Hamm 17. 11. 1989 LAGE § 626 BGB Nr. 48.

[861] BAG 18. 5. 1994 EzA § 21 SchwbG 1986 Nr. 6.

[862] BAG 16. 3. 2000 EzA § 626 BGB n.F. Nr. 179 = NZA 2000, 1332.

[863] BAG 5. 11. 1992 ArbuR 1993, 124, „Judenwitz"; LAG Frankfurt 13. 2. 1984 NZA 1984, 200, „Götz-Zitat".

[864] BAG 9. 1. 1986 EzA § 626 BGB n.F. Nr. 98.

[865] LAG Berlin 6. 6. 1988 LAGE § 1 KSchG Verhaltensbedingte Kündigung Nr. 18; LAG Hamm 20. 2. 1986 DB 1986, 1338; LAG Niedersachsen 18. 10. 1994 LAGE § 1 KSchG Verhaltensbedingte Kündigung Nr. 44.

[866] BAG 26. 8. 1993 EzA § 626 BGB n.F. Nr. 148, LAG Baden-Württemberg 10. 3. 1987 NZA 1987, 422.

[867] BAG 8. 6. 2000 NZA 2000, 1282 = EzA § 626 nF BGB Nr. 182.

[868] BAG 10. 2. 1999 NZA 1999, 708 = EzA § 15 KSchG n.F. Nr. 47.

[869] BAG 12. 8. 1999 AP Nr. 28 zu § 626 BGB Verdacht strafbarer Handlung; LAG Rostock 25. 11. 1999 NZA-RR 2000, 187.

[870] BAG 5. 11. 1992 EzA § 626 BGB n.F. Nr. 143 = NZA 1993, 308.

[871] LAG Nürnberg 13. 1. 1993 LAGE § 626 BGB Nr. 67.

- **geschäftsschädigendes Verhalten,**[872]
- mehrfache **grob fahrlässige Pflichtverletzung** mit erheblicher Schadensfolge,[873]
- Verstoß gegen **Wettbewerbsverbot,**[874]
- **Schmiergeldannahme.**[875]

d) Negativprognose

1180 Der **Zweck** der verhaltensbedingten Kündigung ist zukunftsbezogen ausgerichtet. Mit ihr soll das **Risiko weiterer Vertragsverletzungen** ausgeschlossen werden.[876] Auch die verhaltensbedingte Kündigung hat **keinen Strafcharakter.** Entscheidend ist vielmehr, ob eine Wiederholungsgefahr besteht oder ob das vergangene Ereignis künftige Folgewirkungen zeitigt, wegen derer eine gedeihliche Fortsetzung des Arbeitsverhältnisses ausgeschlossen ist.[877] Das Bundesarbeitsgericht hat auch im Bereich der verhaltensbedingten Kündigung das Prinzip der Negativprognose anerkannt.[878] Das in der Vergangenheit liegende Verhalten des Arbeitnehmers hat aber erhebliche Bedeutung für die Prognose. Gerade die **Schwere der Pflichtverletzung** kann die vertrauensvolle Fortführung des Arbeitsverhältnisses für die Zukunft als ausgeschlossen erscheinen lassen. Die Art und Weise, in der der Arbeitnehmer eine Vertragspflichtverleztung begangen hat, kann auf das Risiko weiterer Verletzungen schließen lassen **(Wiederholungsgefahr).** Je stärker das Verschulden, desto eher ist eine ungünstige Prognose gerechtfertigt. Setzt der Arbeitnehmer **nach Abmahnung** sein vertragswidriges Verhalten fort, so ist regelmäßig die Prognose **gerechtfertigt,** dass er sich auch künftig nicht vertragstreu verhalten wird. Die vorherige Abmahnung verschafft insoweit eine sicherere Prognosegrundlage. Die Abmahnung ist allerdings nicht erforderlich, wenn die Negativprognose aus dem Verhalten des Arbeitnehmers hinreichend folgt.[879]

e) Mildere Mittel

1181 Erforderlich ist die verhaltensbedingte Kündigung nur, wenn dem Arbeitgeber zur Verfolgung seiner berechtigten betrieblichen oder vertraglichen Interessen keine anderen milderen Mittel mehr zur Verfügung stehen. Dieser allgemeine, aus § 1 Abs. 2 Satz 1 KSchG folgende Rechtsgedanke wird ergänzt durch die spezifi-

---

[872] ArbG Frankfurt 28. 1. 1993 ArbuR 1993, 415, „Aufhängen eines Hitler-Bildes"; BAG 17. 6. 1992 – 2 AZR 568/91 – n. v.

[873] BAG 4. 7. 1991 RzK I 6a Nr. 73.

[874] BAG 16. 8. 1990; BAG 25. 4. 1991 NZA 1992, 212.

[875] BAG 21. 6. 2001 EzA § 626 BGB Unkündbarkeit Nr. 7 LAG Köln 14. 1. 1984 DB 1984, 1101.

[876] *Löwisch,* § 1 KSchG Rn. 82; *Preis,* S. 312, 328; *Weiss,* Anm. EzA § 1 KSchG Verhaltensbedingte Kündigung Nr. 10; BAG 21. 11. 1996 EzA § 1 KSchG Verhaltensbedingte Kündigung Nr. 50.

[877] *Herschel,* Festschrift G. Müller, 1981, S. 202f.; *Preis,* S. 322ff.

[878] Vgl. BAG 10. 11. 1988 NZA 1989, 633 = DB 1989, 1427; 17. 1. 1991 und 16. 8. 1991 EzA § 1 KSchG Verhaltensbedingte Kündigung Nr. 37 und 41 mit krit. Anm. *Rüthers/Müller;* 26. 1. 1995 EzA § 1 KSchG Verhaltensbedingte Kündigung Nr. 46 = NZA 1995, 517; ebenso *Ascheid,* Rn. 28ff.; *v. Hoyningen-Huene/Linck,* § 1 KSchG Rn. 274; krit. *Zöllner/Loritz,* § 23 V 3; *Kraft,* ZfA 1994, 463, 475; *Löwisch,* § 1 KSchG Rn. 90.

[879] BAG 21. 11. 1996 EzA § 1 KSchG Verhaltensbedingte Kündigung Nr. 50.

schen Konkretisierungen in § 1 Abs. 2 Satz 2 und 3 KSchG. Auch die verhaltensbedingte ordentliche Kündigung kann unwirksam sein, wenn eine Möglichkeit zur Weiterbeschäftigung in Betrieb oder Unternehmen, ggf. nach Änderung der Arbeitsbedingungen oder nach zumutbaren Umschulungs- oder Fortbildungsmaßnahmen, möglich ist. Ist in einer innerbetrieblichen Regelung festgelegt, wie der Arbeitgeber auf bestimmte Pflichtverstöße reagiert, kann eine Selbstbindung des Arbeitgebers derart eintreten, dass er zunächst die selbstgesetzten Verfahrensregeln einhalten muss.[880] Entscheidend für die Frage, ob mildere Mittel in Betracht kommen, ist das **vertragliche Interesse,** das mit der in Aussicht genommenen Maßnahme befriedigt werden soll. Mildere Mittel sind nicht schon deshalb zu ergreifen, weil sie eine mildere Bestrafung des Arbeitnehmers darstellen. Dies ist nicht der Zweck der verhaltensbedingten Kündigung. Die Geltendmachung von Schadensersatzansprüchen schließt die Kündigung nicht aus.[881] Aus diesem Grunde hat das BAG seine zwischenzeitlich vertretene Auffassung, die Betriebsbuße sei als gegenüber der Abmahnung milderes Mittel zu erwägen, zu Recht wieder aufgegeben.[882] Die **Suspendierung** ist als denkbares milderes Mittel praktisch nur bei Verdachtskündigungen in Betracht zu ziehen.[883]

Die **Versetzung** auf einen anderen Arbeitsplatz kommt zunächst nur in Betracht, wenn tatsächlich ein solcher frei ist.[884] Außerdem kommt die Versetzung nur in Betracht, wenn ein **arbeitsplatzbezogener** verhaltensbedingter Kündigungsgrund vorliegt, weil nur dann die Versetzung ein geeignetes milderes Mittel sein kann (Beispiel: arbeitsplatzbezogene Schlechtleistungen). Freilich muss die Aussicht bestehen, dass der Arbeitnehmer die auf dem anderen Arbeitsplatz verlangte Tätigkeit anforderungsgerecht ausfüllen kann.[885] Selbst bei Streitigkeiten im Betrieb können Versetzungen mildere Mittel sein, wenn der Konflikt nur auf eine einzelne Abteilung beschränkt war. Doch hängt die Geeignetheit des Mittels sowohl von den Ursachen des Fehlverhaltens als auch von der Schwere des Pflichtverstoßes und dem zu erwartenden künftigen Verhalten ab.[886] Bei abgemahnten **arbeitsplatzunabhängigen Pflichtverstößen,** die arbeitgeberbezogen sind (Beispiele: Verletzung des Alkoholverbots, fortwährende Unpünktlichkeit, Vorlage gefälschter Arbeitsunfähigkeitsbescheinigungen und anderes mehr) wird das Risiko weiterer Vertragsverletzungen **nicht** bereits durch eine Versetzung des Arbeitnehmers beseitigt.[887] **1182**

Ob die **Änderungskündigung** oder die einverständliche Änderung der Arbeitsbedingungen ein geeigneteres milderes Mittel ist, entscheidet sich weitgehend nach den gleichen Grundsätzen. Die Verschlechterung der Arbeitsbedingungen ist nicht schon deshalb zu ergreifen, weil diese den Arbeitnehmer milder „bestraft". In **1183**

---

[880] BAG 25. 4. 1996 AP § 1 KSchG Personenbedingte Kündigung Nr. 18.

[881] BAG 31. 3. 1993 EzA § 626 BGB Ausschlussfrist Nr. 5; 24. 10. 1996 ZTR 1997, 139.

[882] BAG 17. 1. 1991 EzA § 1 KSchG Verhaltensbedingte Kündigung Nr. 37 gegen BAG 17. 3. 1988 EzA § 626 BGB n.F. Nr. 116 = AP § 626 BGB Nr. 99; ferner *Preis* S. 459ff.; *ders.,* DB 1990, 686f.; KR/*Fischermeier,* § 626 BGB Rn. 285.

[883] Hierzu oben Rn. 17ff.; *Preis,* S. 462f.

[884] BAG 30. 5. 1978 AP § 626 BGB Nr. 70 = DB 1978, 1790.

[885] *Preis,* S. 462.

[886] BAG 31. 3. 1993 EzA § 626 BGB Ausschlussfrist Nr. 5.

[887] MünchKomm/*Schwerdtner,* § 622 BGB Anh. Rn. 325; *Preis,* DB 1990, 685.

Ausnahmefällen kann bei unzureichender Arbeitsleistung eine Änderungskündigung auf einen niedriger bewerteten Arbeitsplatz bzw. zur Gehaltskürzung möglich sein (bei übertariflicher Bezahlung), um eine Anpassung von Lohn und Leistung herzustellen.

f) Interessenabwägung

1184 In den Anfängen der Kündigungsrechtsprechung hat das BAG weitgehend alle Fragen aus dem Prinzip der Interessenabwägung entschieden.[888] Zwar ist mangels ausreichender gesetzgeberischer Konfliktlösung letztlich eine Abwägung der kollidierenden Interessen unvermeidlich. Gegenüber der früheren umfassenden Billigkeitsabwägung sind jedoch Einschränkungen zu machen. Kriterien, die früher aus der umfassenden Abwägung hergeleitet wurden, sind inzwischen fester Bestandteil des Kündigungsgrundes. Hinzuweisen ist insbesondere auf den Grundsatz der Erforderlichkeit (ultima-ratio-Prinzip) und das Erfordernis der Negativprognose. Die Abwägung ist auf **arbeitsvertragliche und sachverhaltsbezogene Umstände zu beschränken.**[889] Bei der Abwägung geht es um das Gewicht bzw. die **Intensität der Vertragspflichtverletzung.** Das Gewicht eines verhaltensbedingten Kündigungsgrundes wird aber nicht deshalb geringer, weil der vertragsbrüchige Arbeitnehmer viele Kinder zu versorgen hat. Die Häufung auch geringfügiger Pflichtverletzungen mit erkennbarer Wiederholungsgefahr kann sowohl die ordentliche als auch die außerordentliche Kündigung rechtfertigen.[890]

1185 Das BAG verlangt – in Klarstellung gegenüber früher abweichender Rechtsprechung – nicht mehr, dass es zu einer **konkreten Störung des Betriebsablaufs** oder des Betriebsfriedens gekommen ist.[891] Die konkrete Störung des Betriebsablaufs ist ein **Abwägungsfaktor,** aber keineswegs **unverzichtbare Voraussetzung** für die Rechtfertigung einer Kündigung, wenn unzweifelhaft eine nachhaltige Mißachtung der Vertragspflichten vorliegt.[892] Dies gilt insbesondere, wenn die **vertragliche Hauptpflicht,** die Arbeitspflicht, verletzt wird. Sofern jedoch nur unwesentliche Nebenpflichten des Arbeitsvertrages verletzt werden, kann die fehlende Betriebsstörung allerdings ausschlaggebend für die fehlende Rechtfertigung der Kündigung sein. **Unterhaltspflichten** können grundsätzlich nicht im Rahmen einer Interessenabwägung berücksichtigt werden.[893] Das BAG berücksichtigt bei

---

[888] Etwa zum Erfordernis der Abmahnung: BAG 28. 10. 1971 AP § 626 BGB Nr. 62.

[889] Hierzu ausf. *Preis,* S. 224ff.; dem folgend ErfK/*Ascheid,* § 1 KSchG Rn. 352ff.; HK-KSchG/*Dorndorf,* § 1 KSchG Rn. 709ff.; verfehlt LAG Hamm 30. 5. 1996 NZA 1997, 1056.

[890] Zur Kündigung wegen wiederholten Kartenspielens während der Arbeitszeit: LAG Berlin 18. 1. 1988 LAGE § 626 BGB n. F. Nr. 31 = DB 1988, 866.

[891] BAG 17. 1. 1991 EzA § 1 KSchG Verhaltensbedingte Kündigung Nr. 37 mit Anm. *Rüthers/Franke* = NZA 1991, 557; 16. 8. 1991 EzA § 1 KSchG Verhaltensbedingte Kündigung mit Anm. *Rüthers/Müller* = NZA 1992, 130; 17. 3. 1988 NZA 1989, 261 = EzA § 626 BGB n. F. Nr. 116 mit abl. Anm. *Willemsen;* 7. 12. 1988 EzA § 1 KSchG Verhaltensbedingte Kündigung Nr. 26 mit abl. Anm. *Rüthers.*

[892] Vgl. hierzu *Preis,* DB 1990, 688; ebenso jetzt BAG 17. 1. 1991 a. a. O.; offenbar a. A. *Berkowsky,* NZA-RR 2001, 1, 4.

[893] BAG 2. 3. 1989 EzA § 626 BGB n. F. Nr. 118 = DB 1989, 1679; grds. für die Berücksichtigung: BAG 27. 2. 1997 EzA § 1 KSchG Verhaltensbedingte Kündigung Nr. 51 mit abl. Anm. *Friese;* KR/*Etzel,* § 1 KSchG Rn. 410f.; ablehnend *Preis,* S. 232f.; *v. Hoyningen-Huene/Linck,* § 1 KSchG Rn. 278; ErfK/*Ascheid,* § 1 KSchG Rn. 357.

verhaltensbedingten Gründen die Unterhaltspflichten nur marginal, weil dieser Umstand der „Privatsphäre" zuzurechnen sei.[894] Richtig erkennt das BAG jetzt ferner, dass das Lebensalter keine Relevanz bei der Abwägung verhaltensbedingter Kündigungsgründe hat.[895] Entscheidend ist, dass sowohl das Lebensalter als auch die Unterhaltspflichten keinen Bezug zum verhaltensbedingten Kündigungsgrund haben. Es ist nicht erkennbar, dass Vertragsverletzungen ein geringeres oder höheres Gewicht je nach Alter oder Kinderreichtum des Arbeitgebers erlangen können. Behinderungen und Krankheiten können nur berücksichtigt werden, wenn sie mit dem Vertragsverstoß in Zusammenhang stehen. Die Dauer der **Betriebszugehörigkeit,** insbesondere die Dauer der fehlerfreien Vertragsbeziehung, ist jedoch bei allen Kündigungen (auch wegen Vermögensdelikten) zu berücksichtigen.[896] Kannte der Arbeitgeber die Gründe bereits längere Zeit, so verlieren sie bei der Interessenabwägung an Gewicht.[897] Ob disziplinarische Erwägungen allgemeiner Art das Kündigungsinteresse verstärken, ist zweifelhaft, weil die Kündigung weder ein Disziplinierungsmittel ist noch generalpräventiven Zwecken dient.[898]

g) Darlegungs- und Beweislast

Zur Darlegungs- und Beweislast gelten die (oben Rn. 1032ff.) mitgeteilten **1186**
Grundsätze.

2. Einzelfälle

Verhaltensbedingte außerordentliche und ordentliche Kündigungsgründe unter- **1187**
scheiden sich zumeist nur nach dem Gewicht der Vertragspflichtverletzung. Aus diesem Grunde sind die Einzelfälle gemeinsam für beide Kündigungsarten systematisch bei der außerordentlichen Kündigung behandelt worden. Auf die Darstellung unter Rn. 625ff. wird daher verwiesen.

IV. Gründe in der Person des Arbeitnehmers

Nach § 1 Abs. 2 Satz 1 KSchG kann die Kündigung sozial gerechtfertigt sein, wenn **1188**
sie durch Gründe in der Person des Arbeitnehmers bedingt ist. Der Gesetzgeber hat hiermit freilich den Konflikt zwischen der Person des Arbeitnehmers einerseits und den betrieblichen Interessen des Arbeitgebers andererseits nicht gelöst. Die Einzelfallentscheidung, die herkömmlicherweise auf der Basis einer umfassenden Interessenabwägung vorgenommen wird, lässt nur ein geringes Maß an Rechtssicherheit

---

[894] BAG 5. 4. 2001 NZA 2001, 954, 957.
[895] BAG 5. 4. 2001 NZA 2001, 954, 957.
[896] BAG 13. 12. 1984 EzA § 626 BGB n.F. Nr. 94 = NZA 1985, 288; LAG Frankfurt 5. 7. 1988 LAGE § 1 KSchG Verhaltensbedingte Kündigung Nr. 20 = DB 1988, 2468; MünchKomm/*Schwerdtner,* § 622 BGB Anh. Rn. 321; ablehnend *Tschöpe,* NZA 1985, 588ff.
[897] BAG 20. 10. 1954 AP § 1 KSchG Nr. 6; 4. 3. 1980 EzA § 1 KSchG Tendenzbetrieb Nr. 8.
[898] BAG 4. 6. 1997 AP § 626 BGB Nr. 137; *Preis,* S. 337; HK-KSchG/*Dorndorf,* § 1 Rn. 567f.

zu. Rechtsprechung und Literatur[899] ist es jedoch gelungen, einigermaßen handhabbare normative Grundsätze für die personenbedingte Kündigung zu entwickeln.

1189 Als personenbedingte Kündigungsgründe kommen nur solche Umstände in Betracht, die aus der **Sphäre des Arbeitnehmers** stammen.[900] Sofern vertragswidrige Verhaltenweisen in Rede stehen, ist die verhaltensbedingte Kündigung als der speziellere Kündigungsgrund einschlägig. Der personenbedingte Kündigungsgrund ist rein objektiv zu interpretieren; ein **Verschulden** setzt er **nicht** voraus. Die personenbedingte Kündigung, deren Hauptfall die Kündigung wegen Krankheit ist, ist dadurch gekennzeichnet, dass der Arbeitnehmer von seinen persönlichen Voraussetzungen her die **Fähigkeit und die Eignung nicht besitzt, die geschuldete Arbeitsleistung ganz oder teilweise zu erbringen.**[901] Die Erreichung des Vertragszwecks muss durch diese Umstände – nicht nur vorübergehend – zumindest teilweise unmöglich sein.

1190 Kennzeichnend für die personenbedingte Kündigung ist, dass dieser Verlust der vorausgesetzten Eignung oder Fähigkeiten zur Erbringung der Arbeitsleistung arbeitnehmerseitig nicht oder nicht mehr steuerbar ist. Dies ist der innere Grund, weshalb bei personenbedingten Kündigungsgründen das Erfordernis vorheriger **Abmahnung** generell **entfällt.**[902] Nicht steuerbare Umstände sind auch nicht abmahnungsfähig. Darüber hinaus erstreckt sich die Notwendigkeit der Abmahnung prinzipiell nur auf Vertrags- oder Gesetzesverstöße.[903] Bei dieser Differenzierung ist eine verhältnismäßig klare Abgrenzung von personen- und verhaltensbedingter Kündigung möglich. Nicht vertragsbezogenes und nicht vertragswidriges Privatverhalten rechtfertigt nicht die verhaltensbedingte Kündigung, kann aber in Ausnahmefällen die personenbedingte Kündigung auslösen, wenn durch das Privatverhalten die Eignung oder die Fähigkeit zur Erbringung der geschuldeten Arbeitsleistung entfällt. Der Entzug von Arbeits-, Berufs- und Fahrerlaubnissen, Haftstrafen sowie Straftaten, die ausschließlich durch die private Lebensführung bedingt sind, beruhen nicht auf vertragsbezogenem Verhalten des Arbeitnehmers, lassen aber ggf. dessen Eignung und Fähigkeit zur Erbringung der Arbeitsleistung entfallen. Gegenüber der relativ präzisen Eingrenzung der Kündigungssachverhalte, die bei der betriebs- und verhaltensbedingten Kündigung möglich sind, stellt sich die personenbedingte Kündigung als **Auffangtatbestand** dar. Aus der **Vertrags- oder Betriebsbezogenheit aller Kündigungsgründe**[904] folgt, dass die perso-

---

[899] Hierzu *Berkowsky,* Die personen- und verhaltensbedingte Kündigung, 3. Aufl. 1997; *ders.,* NZA-RR 2001, 393ff. und 449ff.; *Stahlhacke,* Die personenbedingte Kündigung; in: Dokumentation Fachtagung der BDA, 1989; *Popp,* HAS, § 19 D.

[900] BAG 21. 11. 1985 EzA § 1 KSchG Nr. 42 = NZA 1986, 713; 13. 3. 1987 EzA § 1 KSchG Betriebsbedingte Kündigung Nr. 44 = NZA 1987, 629.

[901] *Löwisch,* § 1 KSchG Rn. 167; KR/*Etzel,* § 1 KSchG Rn. 266; ErfK/*Ascheid,* § 1 KSchG Rn. 188; BAG 28. 2. 1990 EzA § 1 KSchG Personenbedingte Kündigung Nr. 5.

[902] Zur Unzulässigkeit einer Abmahnung bei krankheitsbedingten Fehlzeiten: LAG Düsseldorf 6. 3. 1986 NZA 1986, 431; abweichend, jedoch ohne nähere Begründung, BAG 30. 9. 1993 EzA § 99 BetrVG 1972 Nr. 118 unter der Gründe.

[903] In allen einschlägigen Rechtsvorschriften, in denen das Institut der Abmahnung verwendet wird, ist Voraussetzung ein Vertrags- oder Gesetzesverstoß (vgl. §§ 550, 553, 590a, 1053, 1054, 1217 BGB, § 4 BeschäftigtenschutzG).

[904] Hierzu *Herschel,* in: Festschrift für Schnorr von Carolsfeld, 1972, S. 170f.; *Preis,* S. 224, 227, 433 m.w.N.; deutlich auch in BAG 12. 4. 1984 DB 1985, 873.

nenbedingte Kündigung nur dann gerechtfertigt sein kann, wenn vertragliche oder betriebliche Interessen erheblich durch die persönlichen Umstände des Arbeitnehmers beeinträchtigt werden. Die Rechtsprechung stellt insoweit strenge Anforderungen.

Die personenbedingte Kündigung wird entweder durch den Umstand der **Störung des Austauschverhältnisses** oder der **Betriebsstörung** gekennzeichnet. **1191** Eine Vermischung mit den Tatbeständen der verhaltensbedingten Kündigung (wegen Vertragsverletzung) oder der betriebsbedingten Kündigung (unternehmerische Entscheidung) ist jedoch zu vermeiden. Dass eine Erkrankung auch auf betriebliche Ursachen (mit-)zurückgeführt werden kann, macht die deswegen ausgesprochene Kündigung noch nicht zur betriebsbedingten Kündigung.[905] Ebenso wird die Kündigung eines gesundheitlich beeinträchtigten Arbeitnehmers (Lärmempfindlichkeit, Hörschäden u.a.m.) nicht schon deshalb zur betriebsbedingten Kündigung, weil der Arbeitgeber eine betriebliche Umorganisation durchführt, die zur Folge hat, dass der Arbeitnehmer krankheitsbedingt in der neuen Organisation die Leistung nicht mehr erbringen kann.[906] Bei nicht vertragswidrigem, ggf. außerdienstlichem Verhalten, das die Eignung oder Befähigung zur Erbringung der geschuldeten Arbeitsleistung berührt, bedarf es keiner Abmahnung, weil kein „vertragswidriges" Verhalten vorliegt. Nach einer neueren Auffassung soll es dagegen nur auf die „Steuerbarkeit" des Verhaltens ankommen,[907] weshalb auch die personenbedingte Kündigung abmahnungsbedürftig werden könnte.[908] Damit wird jedoch das Institut der Abmahnung, das einen präzise zu umschreibenden Vertrags- oder Gesetzesverstoß voraussetzt, verwässert.[909]

Die Vielfalt möglicher personenbedingter Kündigungsgründe erfordert eine verständige Handhabung der Prüfungskriterien. **1192** So ist zu unterscheiden, ob der Wegfall der Eignung oder Befähigung aus einem **außerhalb des Vertrages liegenden**

---

905 Verfehlt *Pflüger,* DB 1995, 1761 ff.

906 Wie hier ErfK/*Ascheid,* § 1 KSchG Rn. 189; a.A. BAG 6. 11. 1997 EzA § 1 KSchG Betriebsbedingte Kündigung Nr. 96.

907 So offenbar BAG 4. 6. 1997 AP § 626 BGB Nr. 137 = EzA § 626 BGB n.F. Nr. 168; zustimmend *Bergwitz,* BB 1998, 2310; kritisch *Wank,* SAE 1998, 314 f.

908 In diese Richtung wohl auch ErfK/*Ascheid,* § 1 KSchG Rn. 160, der eine Abmahnung für erforderlich hält, wenn die personenbedingte Störung auf einer gesteuerten Handlung beruht (z.B. Gewissenskonflikt, unter Bezugnahme auf LAG Hessen 20. 12. 1994 LAGE § 611 BGB Abmahnung Nr. 41). Für die Erstreckung des Abmahnungserfordernisses auf die personenbedingte Kündigung auch *Däubler,* Das Arbeitsrecht 2, Rn. 1100; KR/*Etzel,* § 1 KSchG Rn. 269; KR/*Fischermeier,* § 626 BGB Rn. 282; zu Recht ablehnend *v. Hoyningen-Huene/Linck,* § 1 KSchG Rn. 185a; APS/*Dörner,* § 1 KschG Rn. 120.

909 Obwohl BAG 4. 6. 1997 AP § 626 BGB Nr. 137 die Erforderlichkeit einer Abmahnung neuerdings bei einer personenbedingten Kündigung (Trunkenheitsfahrt eines Fahrers im Privatbereich) bejaht hat, sollte aus dieser Entscheidung nicht gefolgert werden, dass bei allen personenbedingten Gründen eine Abmahnung notwendig wird. Der Senat hatte sich offenbar von dem Grenzfall zwischen personen- und verhaltensbedingter Kündigung beeindrucken lassen (für diese Fälle bejaht KR/*Fischermeier,* § 626 BGB Rn. 282, das Abmahnungserfordernis; krit. hierzu *Wank,* SAE 1998, 314 ff.). In seiner privaten Lebensführung ist der Arbeitnehmer vertraglich nicht gebunden und kann deshalb auch nicht abgemahnt werden. Kündigungsrechtliche Konsequenzen muss er ggf. dennoch tragen. Ob es notwendig ist, dass der Arbeitgeber bei einschlägigen Straftaten des Arbeitnehmers im Privatbereich vor einer Kündigung eine Abmahnung ausspricht, erscheint äußerst zweifelhaft.

steuerbaren, ggf. schuldhaften Verhalten herrührt (z. B. Strafhaft, Untersuchungshaft, Straftaten, schuldhafte Nichtverlängerung von tätigkeitsrelevanten Erlaubnissen) oder die kündigungsrelevanten Umstände gleichsam **schicksalhaft** den Arbeitnehmer erfassen (z. B. Krankheit, Einberufung zum Wehrdienst, persönliche, nicht änderbare Eigenschaften und Fähigkeiten). Wesentlich ist ferner, ob es sich nur um **vorübergehende oder dauerhafte Störungen des Austauschverhältnisses handelt.** Diese Umstände sind für die Anforderungen an die Negativprognose und die Gewichtung der Interessen erheblich.[910]

1. Prüfungskriterien

a) Erhebliche Beeinträchtigung betrieblicher oder vertraglicher Interessen

1193 Durch die Person des Arbeitnehmers wird die Kündigung nur dann bedingt, wenn erhebliche vertragliche oder betriebliche Interessen diese notwendig machen. Es müssen konkrete Auswirkungen auf den Betrieb feststellbar sein. Nicht ausreichend sind nach neuerer Rechtsprechung bloße (abstrakte oder konkrete) Gefährdungen des Betriebs; vielmehr müssen konkrete Störungen bereits eingetreten sein.[911]

1194 Aus diesen Gründen stellt der Umstand, dass ein nebenberuflich tätiger Arbeitnehmer als Beamter auf Lebenszeit weitgehend wirtschaftlich und sozial abgesichert ist, keinen personenbedingten Grund dar.[912] Bei Sicherheitsbedenken, die die persönliche Eignung des Arbeitnehmers für die geschuldete Tätigkeit berühren, reichen als Kündigungsgrund keine allgemeinen Besorgnisse, sondern es bedarf der Darlegung bestimmter Tatsachen, die den Sicherheitsbereich konkret beeinträchtigen.[913]

b) Negativprognose; Wiedereinstellungsanspruch

1195 Bei der personenbedingten Kündigung, insbesondere der Kündigung wegen Krankheit, ist das Erfordernis einer Negativprognose (Rn. 1226 ff.) besonders deutlich entwickelt worden. **Zweck** der personenbedingten Kündigung ist nicht die Sanktionierung des Arbeitnehmers, sondern die **Bewahrung des Arbeitgebers vor künftigen unzumutbaren Belastungen.**[914] Deshalb kommt es für die Rechtfertigung der Kündigung darauf an, ob der Arbeitnehmer in Zukunft seine Arbeitsleistung ganz oder teilweise nicht erbringen kann.

1196 Zur Stützung der Negativprognose muss der Arbeitgeber Tatsachen vortragen, die eine Beeinträchtigung betrieblicher oder vertraglicher Interessen betreffen. Diese Tatsachen sind i. d. R. **Vorgänge in der Vergangenheit,** aus denen der Schluss gezogen werden kann, dass auch künftig mit Störungen zu rechnen ist. Ausnahms-

---

[910] Ähnlich ErfK/*Ascheid,* § 1 KSchG Rn. 192.

[911] BAG 6. 6. 1984 DB 1985, 341 = EzA § 1 KSchG Verhaltensbedingte Kündigung Nr. 12 = NJW 1985, 507; 7. 12. 1988 EzA § 1 KSchG Verhaltensbedingte Kündigung Nr. 26; 20. 7. 1989 DB 1990, 635 = EzA § 2 KSchG Nr. 11.

[912] BAG 13. 3. 1987 EzA § 1 KSchG Betriebsbedingte Kündigung Nr. 44 mit zust. Anm. *Preis* = NZA 1987, 629.

[913] BAG 28. 2. 1963 AP § 1 KSchG Sicherheitsbedenken Nr. 3 = NJW 1963, 1566; 26. 10. 1978 EzA § 1 KSchG Nr. 38 = NJW 1979, 2063; LAG Frankfurt 7. 2. 1985 DB 1985, 1900.

[914] BAG 23. 6. 1983 DB 1983, 2524 f. = NJW 1984, 1836; *Weller,* Das Arbeitsrecht der Gegenwart, Bd. 20 (1983), S. 79 f.; *Preis,* S. 326; *Popp,* HAS, § 19 D Rn. 8.

weise kommt es auf Störungen in der Vergangenheit nicht an, wenn feststeht, dass wegen eines rechtlichen oder tatsächlichen Leistungshindernisses eine fortdauernde Störung der Austauschbeziehung eintritt (z. B. Wegfall einer Arbeits- oder Berufsausübungserlaubnis, dauernde Arbeits- oder Erwerbsunfähigkeit). In dieser Hinsicht sind auch Erklärungen des Arbeitnehmers zu berücksichtigen, eine bestimmte Leistung nicht – wie geschuldet – erbringen zu können oder zu wollen.[915]

Im Bereich der krankheitsbedingten Kündigung ist ein Wiedereinstellungsan- **1197**
spruch bei Wegfall der Kündigungsgründe generell abzulehnen. Der 2. Senat des BAG hat diese Frage offen gelassen.[916] Der 7. Senat lehnt einen Wiedereinstellungsanspruch grundsätzlich ab, wenn die Änderung der maßgeblichen Umstände erst nach Beendigung des Arbeitsverhältnisses eintritt. Diese Auffassung hat er sowohl für die betriebsbedingte Kündigung[917] als auch für die krankheitsbedingte Kündigung vertreten.[918] Dieses Resultat erzielt der Senat aus der vertretbaren dogmatischen Herleitung des Wiedereinstellungsanspruchs aus einer vertraglichen, den Vorgaben des Kündigungsschutzgesetzes und der staatlichen Schutzpflicht aus Art. 12 Abs. 1 GG Rechnung tragenden Nebenpflicht des Arbeitgebers.

Freilich ist weitergehend zu berücksichtigen, dass der Wiedereinstellungsan- **1198**
spruch im Kern eine Frage des Vertrauensschutzes und der Risikozuweisung ist. Bei Kündigungsgründen, die in der Sphäre des Arbeitnehmers liegen, als verhaltens- und personenbedingten Gründen, kann es grundsätzlich keinen Wiedereinstellungsanspruch geben. Gerade auch bei personenbedingten Gründen ist das Vertrauen des Arbeitnehmers nicht schutzwürdig, wenn er sich erst nach Ausspruch der Kündigung zu einer Therapie entschließt, wie dies insbesondere bei alkoholbedingten Kündigung der Fall ist. Es ist nicht gerechtfertigt, dem Arbeitgeber das Risiko einer unerwarteten Gesundheitsbesserung aufzubürden.[919]

c) Vorrangige mildere Mittel

Auch die personenbedingte Kündigung ist nur erforderlich, wenn dem Arbeit- **1199**
geber zur Verfolgung seiner zulässigen betrieblichen oder vertraglichen Interessen kein milderes Mittel zur Verfügung steht (Rn. 486f.). Insbesondere kann die Weiterbeschäftigung auf einem anderen freien Arbeitsplatz, ggf. nach Änderung der Arbeitsbedingungen oder Umschulung,[920] in Betracht kommen. Angesichts der Bandbreite möglicher Kündigungssachverhalte lässt sich der Kreis möglicher milderer Mittel allgemein nur schwer abstecken. Im Blick auf bestimmte Kündigungstypen, insbesondere der Kündigung wegen Krankheit, lassen sich aber typische mildere Mittel umreißen (hierzu Rn. 1229f.).

---

[915] Vgl. ErfK/*Ascheid,* § 1 KSchG Rn. 197f.

[916] BAG 17. 6. 1999 AP § 1 KSchG 1969 Krankheit Nr. 37 = EzA § 1 KSchG Wiedereinstellungsanspruch Nr. 4.

[917] BAG 28. 6. 2000 AP § 1 KSchG 1969 Wiedereinstellung Nr. 6 = EzA § 1 KSchG Wiedereinstellungsanspruch Nr. 5 m. w. N.

[918] BAG 27. 6. 2001 EzA § 1 KSchG Wiedereinstellungsanspruch Nr. 6 m. Anm. *Gotthardt*; zust. Wenn auch in tatsächlicher Hinsicht einschränkend KR/*Etzel,* § 1 KSchG Rn. 739.

[919] Ausf. *Preis,* Anm. LAG LAGE § 611 BGB Einstellungsanspruch Nr. 1; *Gotthardt* Anm. EzA § 1 KSchS Wiedereinstellungsanspruch Nr. 6.

[920] Hierzu BAG 7. 2. 1991 AP § 1 KSchG 1969 Umschulung Nr. 1 = NZA 1991, 806; siehe auch die Vorinstanz; LAG Frankfurt 12. 12. 1989 LAGE § 1 KSchG Personenbedingte Kündigung Nr. 7.

d) Interessenabwägung

1200 Für die soziale Rechtfertigung einer personenbedingten Kündigung bedarf es schließlich einer Interessenabwägung, an die nach herrschender Meinung strenge Maßstäbe anzulegen sind.[921] Hieran ist richtig, dass sich der „strenge Maßstab" als Konsequenz aus der Gewichtigkeit der konkret zu schützenden Arbeitnehmerinteressen ergeben kann.[922] Durch die personenbedingte Kündigung können Wertentscheidungen des Grundgesetzes (Art. 1 Abs. 1, 2 Abs. 1 GG) berührt sein. Die globale Formel, der Richter habe das Interesse des Arbeitnehmers an der Aufrechterhaltung (Bestandsschutzinteresse) und des Arbeitgebers an der Beendigung des Arbeitsverhältnisses (betriebliche und unternehmerische Interessen) gegeneinander abzuwägen, ist in dieser Form zu weitgehend.[923] Zu bedenken ist, dass der Interessenkonflikt in Teilbereichen bereits einer Bewertung unterzogen worden ist (objektiver Kündigungsgrund, Erforderlichkeit betrieblicher Auswirkungen, Negativprognose, Vorrang milderer Mittel). Insoweit ist die früher herrschende umfassende **Interessenabwägung einzugrenzen.**

1201 Verfehlt ist eine allgemeine Billigkeitsabwägung. Erforderlich ist eine konkrete, auf das Arbeitsverhältnis bezogene Abwägung, die mit folgender Formel umrissen werden kann: Eine personenbedingte Kündigung ist nur gerechtfertigt, wenn unter Berücksichtigung der in der Rechtsordnung verankerten Wertentscheidungen zum Schutz der Person des Arbeitnehmers eine so starke Beeinträchtigung schutzwerter betrieblicher, unternehmerischer oder vertraglicher Interessen des Arbeitgebers vorliegt, dass diese im konkreten Fall die zugunsten des Arbeitnehmers bestehenden Rechtspositionen überwiegen.[924] **Arbeitsverhältnisbezogene Umstände** sind stets zu **berücksichtigen.** Die Einschränkung der Eignung oder Fähigkeit zur Erbringung der Arbeitsleistung kann auf betriebliche Umstände zurückzuführen sein (z.B. bei einem Betriebsunfall) oder die normale Folge des Alters und der jahrelangen Tätigkeit im Betrieb sein.[925] Die Ursache des Wegfalls der Eignung ist stets zu gewichten. Das, was der Arbeitgeber an personenbedingten Beeinträchtigungen hinzunehmen hat, richtet sich u.a. nach der **Betriebszugehörigkeit des Arbeitnehmers** und dem bisherigen **Verlauf des Arbeitsverhältnisses.** Je länger das Arbeitsverhältnis fehlerfrei verlaufen ist, desto größer muss das Ausmaß der betrieblichen Belastungen sein, damit die Interessenabwägung letztlich zugunsten des Arbeitgebers ausschlagen kann. Umgekehrt genügen bei kürzeren und von Anfang an mit Fehlzeiten belasteten Arbeitsverhältnissen weitaus geringere betriebliche Belastungen zur Rechtfertigung der Kündigung.[926] Das Verschulden ist zwar keine Voraussetzung der personenbedingten Kündigung. Je nach Kündigungsgrund kann jedoch in der Abwägung erheblich werden, ob der Kündigungsgrund (auch) ent-

---

[921] BAG 20. 10. 1954 AP § 1 KSchG Nr. 6; 10. 12. 1956 AP § 1 KSchG Nr. 21; 25. 11. 1982 AP § 1 KSchG 1969 Krankheit Nr. 7 = EzA § 1 KSchG Krankheit Nr. 10; einschränkend KR/*Etzel,* § 1 KSchG Rn. 273.

[922] *Preis,* S. 433.

[923] *Preis,* S. 207.

[924] *Preis,* S. 433; ebenso jetzt HK-KSchG-*Weller/Dorndorf,* § 1 Rn. 372.

[925] BAG 5. 8. 1976 AP § 1 KSchG 1969 Krankheit Nr. 1 = EzA § 1 KSchG Krankheit Nr. 2.

[926] BAG 15. 2. 1984 NZA 1984, 86 = EzA § 1 KSchG Krankheit Nr. 15; 12. 4. 1984 DB 1985, 873; *Preis,* DB 1988, 1446.

weder auf ein zurechenbares Verhalten des Arbeitgebers (z.B. verschuldeter Betriebsunfall oder betriebliche Verursachung der Erkrankung) oder des Arbeitnehmers (z.B. Straftaten außerhalb des Arbeitsverhältnisses) zurückgeführt werden kann.[927] Umstritten ist die Einbeziehung weiterer Kriterien in die Interessenabwägung. Nach der Rechtsprechung des BAG sind im Rahmen der Interessenabwägung bei einer krankheitsbedingten Kündigung auch die familiären Verhältnisse des Arbeitnehmers, insbesondere seine Unterhaltspflichten in die Abwägung einzubeziehen.[928] Diese Auffassung ist abzulehnen, weil Unterhaltspflichten keine vertragsbezogenen Interessen darstellen.[929] Das BAG bringt weitere Unsicherheit in den Kündigungsschutzprozess, indem es nach nicht nachvollziehbaren Kriterien je nach nach Gewicht des Kündigungsgrundes die Unterhaltspflichten kaum oder nicht berücksichtigen will. Einerseits hält das BAG den Arbeitnehmer für umso schutzwürdiger, je höher seine Unterhaltspflichten seien. Andererseits meint es, dass je geringer der Bezug einzelner Interessen zum Arbeitsvertrag und zum Kündigungsgrund ist und je mehr sie der Privatsphäre zuzuordnen sind, umso weniger Gewicht könne ihnen bei der gebotenen Interessenabwägung beigemessen werden.[930]

Ferner meint das BAG, dass auch die Schwerbehinderung bei der Interessen- **1202**
abwägung zu berücksichtigen ist.[931] Das Gericht könne aus denselben Gründen, die die Hauptfürsorgestelle nach §§ 85ff. SGB IX zu prüfen hat, die Kündigung als sozialwidrig erachten und der Kündigungsschutzklage stattgeben. Auf diese Weise können die Gerichte für Arbeitssachen weitgehend oder sogar vollständig den Schutz gewähren, der dem Schwerbehinderten sonst im Zustimmungsverfahren der Hauptfürsorgestelle zu Teil wird. An dieser Rechtsprechung kann man zweifeln, weil die Interessen der Schwerbehinderten in dem Sonderkündigungsschutz nach §§ 85ff. SGB IX hinreichende Berücksichtigung finden. Ein doppelter Schutz ist auch verfassungsrechtlich durch Art. 3 Abs. 3 Satz 2 GG nicht geboten.

Verfehlt ist der Ansatz, aus der Fürsorgepflicht des Arbeitgebers ein Recht zur **1203**
(krankheitsbedingten) Kündigung ableiten zu wollen, wenn der Arbeitgeber den Arbeitnehmer mit gesundheitsschädigenden Aufgaben betraut.[932] Vielmehr führt umgekehrt die betriebliche Verursachung von Erkrankungen zur Erschwerung der arbeitgeberseitigen Kündigungsmöglichkeit.

---

927 Siehe grds. *Preis,* S. 227, 250, 334ff. Verschulden ist zwar keine Voraussetzung für die Kündigung, ist aber für die Interessenabwägung, sofern Verschulden vorliegt, stets ein gewichtiger Umstand.

928 BAG 20. 1. 2000 AP § 1 KSchG 1969 Krankheit Nr. 38 = NZA 2000, 768 = EzA § 1 KSchG Krankheit Nr. 47; BAG 6. 9. 1989 AP § 1 KSchG 1969 Krankheit Nr. 22; BAG 5. 7. 1990 AP § 1 KSchG 1969 Krankheit Nr. 26; ebenso zur verhaltensbedingten Kündigung BAG 27. 2. 1997 AP § 1 KSchG 1969 Verhaltensbedingte Kündigung Nr. 36.

929 Wie hier ErfK/*Ascheid* § 1 KSchG Rn. 357; *Schwerdtner* DB 1990, 375, 378; *Oetker* Anm. EzA § 1 KSchG Krankheit Nr. 28; *Bezani* S. 120; *Lepke* S. 89; *Lingemann,* BB 2000, 1835.

930 BAG 20. 1. 2000 AP § 1 KSchG 1969 Krankheit Nr. 38 = NZA 2000, 768 = EzA § 1 KSchG Krankheit Nr. 47.

931 BAG 20. 1. 2000 AP § 1 KSchG 1969 Krankheit Nr. 38 = NZA 2000, 768 = EzA § 1 KSchG Krankheit Nr. 47; BAG 17. Februar 1977 AP § 12 SchwbG Nr. 1.

932 Hierzu BAG 12. 7. 1995 AP § 626 BGB Krankheit Nr. 7 mit Anm. *Bezani* = EzA § 626 BGB n.F. Nr. 156 mit Anm. *Kania;* s.a. LAG Hessen 11. 2. 1997 LAGE § 1 KSchG Personenbedingte Kündigung Nr. 14.

2. Einzelfälle

a) Alkoholsucht

1204 Leidet ein Arbeitnehmer an chronischer Alkoholsucht, so sind auf die darauf gestützte Kündigung grundsätzlich die Regeln der Kündigung wegen Krankheit anzuwenden[933] (dazu unten Rn. 682 ff.). Es gibt keinen Erfahrungssatz, dass die chronische Trunksucht in aller Regel eine selbstverschuldete Krankheit ist.[934] Erforderlich ist eine Einzelfallabwägung, in der auch die Umstände, die zur Sucht geführt haben, zu berücksichtigen sind. In diesem Rahmen kann auch auf das Verschulden an der Krankheit eingegangen werden.[935] Unterzieht sich der Arbeitnehmer einer Entziehungskur, ist der Arbeitgeber gehalten, den Erfolg der Maßnahme abzuwarten, es sei denn, es liegen zwingende betriebliche Gründe vor, den Arbeitsplatz auf Dauer anders zu besetzen, weil etwa der Einsatz von Springern oder die Einstellung und Einarbeitung zusätzlicher Aushilfskräfte auf Zeit nicht möglich ist.[936] Ist der Arbeitnehmer im Zeitpunkt der Kündigung nicht therapiebereit, kann davon ausgegangen werden, dass er von der Alkoholsucht in absehbarer Zeit nicht geheilt wird. Eine Negativprognose, die die Kündigung legitimiert, ist damit gegeben. Auf das vorrangige mildere Mittel der Gewährung einer Entziehungskur kann sich der Arbeitnehmer nach Treu und Glauben (§ 242 BGB) nicht berufen, wenn er trotz entsprechender Gespräche über entstandene Fehlzeiten oder Betriebsstörungen seine Alkoholerkrankung verheimlicht. Dann ist der Schluss gerechtfertigt, dass der Kläger bis zur Kündigung nicht therapiebereit war.[937]

1205 Eine von ihm nach Ausspruch der Kündigung durchgeführte Therapie und ihr Ergebnis können nicht zur Korrektur der Prognose herangezogen werden.[938] Ein Wiedereinstellungsanspruch nach durchgeführter Therapie kommt nicht in Betracht Zu verhaltensbedingten Kündigungen im Zusammenhang mit Alkoholgenuss siehe Rn. 682ff., 1179.

b) Alter

1206 Die Vollendung des 65. Lebensjahres allein rechtfertigt eine Kündigung nicht, da der Kündigungsschutz individuell ausgestaltet ist. Eine schematische Anerkennung

---

[933] BAG 9. 4. 1987 AP § 1 KSchG 1969 Krankheit Nr. 18 = EzA § 1 KSchG Krankheit Nr. 18 mit Anm. *Hoyningen-Huene* = NZA 1987, 811; 13. 12. 1990 EzA § 1 KSchG Krankheit Nr. 33; 26. 1. 1995 EzA § 1 KSchG Verhaltensbedingte Kündigung Nr. 46; 17. 6. 1999 AP § 1 KSchG 1969 Krankheit Nr. 37; LAG Frankfurt 26. 6. 1986 NZA 1987, 24; LAG Hamm 30. 8. 1985 und 2. 5. 1986 LAGE § 1 KSchG Personenbedingte Kündigung Nr. 2 und 4; LAG Düsseldorf 19. 10. 1990 LAGE § 1 KSchG Krankheit Nr. 15; *Lepke,* DB 1982, 173; *ders.,* DB 2001, 269 *Mathern,* NJW 1996, 818; *Gottwald,* NZA 1997, 635; *Bengelsdorf,* NZA-RR 2002, 57.

[934] BAG 1. 6. 1983 EzA § 1 LohnFG Nr. 69 = AP § 1 LohnFG Nr. 52.

[935] BAG 9. 4. 1987 a. a. O.; zur Frage des Rückfalls alkoholabhängiger Arbeitnehmer als Kündigungsgrund: *Fleck/Körkel,* BB 1995, 722.

[936] LAG Hamm 2. 5. 1986 LAGE § 1 KSchG Personenbedingte Kündigung Nr. 4; ArbG Düsseldorf 13. 3. 1990 RzK I 5 i Nr. 59; ArbG Hamburg 10. 1. 1994 ArbuR 1994, 200.

[937] BAG 17. 6. 1999 AP § 1 KSchG 1969 Krankheit Nr. 37 = EzA § 1 KschG Wiedereinstellungsanspruch Nr. 4.

[938] BAG 9. 4. 1987 a. a. O.; ErfK/*Ascheid,* § 1 KSchG Rn. 265.

der Erreichung des 65. Lebensjahres als Kündigungsgrund ist deshalb nicht möglich.[939] Auch die wirtschaftliche Absicherung durch eine Altersrente ist nicht als ein Grund anzusehen, der die Kündigung eines Arbeitsverhältnisses bedingen kann.[940] Nach § 8 Abs. 1 AltersteilzeitG rechtfertigt auch die Inanspruchnahme von Altersteilzeit keine Kündigung. Die Kündigung älterer Arbeitnehmer zur Herstellung oder Sicherung einer „gesunden Altersstruktur" des Betriebes oder Unternehmens ist abzulehnen.[941] Der Gesetzgeber hat diese Problematik speziell im Rahmen der Sozialauswahl einer Regelung zugeführt (§ 1 Abs. 3 Satz 2 KSchG a.F., § 125 InsO). Darüber hinaus vermag dieser Gesichtspunkt die Kündigung allenfalls solcher Arbeitnehmer zu rechtfertigen, die das 65. Lebensjahr und damit die durch § 35 SGB VI festgesetzte Regelaltersgrenze erreicht haben. Insoweit besteht ein ausreichender sozialer Schutz, der durch langjährige Versicherungszeiten und entsprechende Beitragsleistungen zur gesetzlichen Rentenversicherung erworben ist.[942] Auch sozialversicherungsrechtlich bestehen, wie § 41 Abs. 4 Satz 3 SGB VI in der seit 1. 8. 1994 geltenden Fassung[943] deutlich macht, keine Bedenken gegen die Beendigung eines Arbeitsverhältnisses zu diesem Zeitpunkt. Eine Kündigung vor Erreichen der Regelaltersgrenze kann dagegen nicht aus dem Gesichtspunkt der gesunden Altersstruktur des Betriebes oder Unternehmens sozial gerechtfertigt sein. Das folgt arbeitsrechtlich aus der durch § 10 KSchG anerkannten höheren sozialen Schutzbedürftigkeit langjährig beschäftigter und älterer Arbeitnehmer, sozialversicherungsrechtlich aus der eindeutigen Regelung des § 41 Abs. 4 Satz 1 SGB VI.[944] Auch bei der sozialen Auswahl stellt das höhere Lebensalter jedenfalls kein nachteiliges Auswahlkriterium dar (vgl. oben Rn. 1100ff.).

c) Arbeitserlaubnis; Beschäftigungsverbot

Fallen Erlaubnisse weg, die zur Berufsausübung notwendig sind (Arbeits- und **1207**
Aufenthaltserlaubnis, Betriebsfahrberechtigung, Fahrerlaubnis,[945] Fluglizenz,[946] Lehrbefugnis u.a.m.), kann die personenbedingte Kündigung gerechtfertigt sein, sofern die Arbeitsleistung dadurch rechtlich unmöglich wird. Dies gilt u.U. auch dann, wenn der Wegfall der Erlaubnis nicht zugleich – was allerdings oft der Fall sein wird – zum Wegfall der Eignung (Rn. 648f.) für die geschuldete Tätigkeit führt. Die Kündigung ist dann gerechtfertigt, wenn im Zeitpunkt des Zugangs we-

---

[939] BAG 28. 9. 1961 AP § 1 KSchG Personenbedingte Kündigung Nr. 1; 20. 11. 1987 EzA § 620 BGB Altersgrenze Nr. 1 = NZA 1988, 617; *Stahlhacke,* DB 1989, 2329.

[940] *Ammermüller,* DB 1990, 223; *Leinemann,* DB 1990, 737.

[941] Dafür jedoch *Andresen-Gralka,* Frühpensionierungen (1994), Rn. 200; *Bauer/Lingemann,* NZA 1993, 625, 626ff.; *Stindt,* DB 1993, 1361ff.; ErfK/*Ascheid,* § 1 KSchG Rn. 267.

[942] In diesem Sinne auch BAG 28. 9. 1961 AP § 1 KSchG Personenbedingte Kündigung Nr. 1; 25. 3. 1971 EzA § 620 BGB Nr. 15 = AP § 57 BetrVG Nr. 5; 7. 11. 1989 EzA § 77 BetrVG 1972 Nr. 34 = AP § 77 BetrVG 1972 Nr. 46; *v. Hoyningen-Huene/Linck,* § 1 KSchG Rn. 195; *Schiefer,* NJW 1994, 536.

[943] BGBl. 1994 I, S. 1797; ab 1. 1. 2000: § 41 Satz 3 SGB VI, vgl. Art. 33 RRG 1999 16. 12. 1997 (BGBl. I., S. 2998).

[944] *Holthöwer/Rolfs,* DB 1995, 1074, 1078; *Trittin,* ArbuR 1995, 51ff.

[945] BAG 25. 4. 1996 AP § 1 KSchG 1969 Personenbedingte Kündigung Nr. 18; 4. 6. 1997 AP § 626 BGB Nr. 137 = EzA § 626 BGB n.F. Nr. 168; näher Rn. 737.

[946] BAG 31. 1. 1996 AP § 1 KSchG 1969 Personenbedingte Kündigung Nr. 17; BAG 7. 12. 2000 AP § 1 KSchG 1969 Personenbedingte Kündigung Nr. 23.

der mit einer Erneuerung der Erlaubnis in absehbarer Zeit zu rechnen ist noch eine Weiterbeschäftigung zu geänderten Arbeitsbedingungen möglich ist.[947] Das Erlöschen einer einem ausländischen Arbeitnehmer erteilten Arbeitserlaubnis und das sich hieraus ergebende Beschäftigungsverbot können die personenbedingte Kündigung rechtfertigen.[948] Ist mit der erneuten Erteilung der Aufenthaltserlaubnis in absehbarer Zeit zu rechnen, können vom Arbeitgeber, sofern nicht zwingende betriebliche Gründe entgegenstehen, Überbrückungsmaßnahmen verlangt werden.[949] Vertragliche Nebenpflicht des Arbeitnehmers ist, sich rechtzeitig um die Erteilung bzw. Verlängerung der Arbeitserlaubnis zu bemühen. Verstößt der Arbeitnehmer hiergegen, kann die verhaltensbedingte Kündigung gerechtfertigt sein.[950] Das gilt erst recht, wenn der Arbeitnehmer den Arbeitgeber über den Fortfall der Arbeitserlaubnis und eine ergangene Ausweisungsverfügung täuscht.[951]

1208 Die gleichen Grundsätze gelten, wenn dem Arbeitnehmer eine zur Ausübung seines Berufs erforderliche Erlaubnis (z.B. für Ärzte nach §§ 2, 10 Bundesärzteordnung) fehlt oder entzogen wird.[952] Da in diesen Fällen ein gesetzliches Beschäftigungsverbot besteht, kommt der Arbeitgeber nicht in Annahmeverzug. Die fehlende Lehrbefähigung eines Lehrers stellt nach Auffassung des BAG einen Mischtatbestand zwischen personen- und verhaltensbedingter Kündigung dar.[953] In allen Fällen fehlender Erlaubnisse kommt es für die Rechtfertigung der Kündigung entscheidend darauf an, ob die Erlaubnis auf Dauer wegfällt, der Zeitraum bis zur Wiedererteilung überbrückt werden kann oder ggf. eine anderweitige Beschäftigung, die ohne Erlaubnis ausgeübt werden kann, möglich ist.[954] Besteht die Aussicht, dass eine abgelaufene oder entzogene Erlaubnis in absehbarer Zeit erneuert werden kann, muss der Arbeitgeber die Gelegenheit zur Wiedererlangung der Erlaubnis geben, bevor er zur Kündigung schreitet.[955]

d) Ehrenamt, Wehrdienst

1209 Die Übernahme eines Ehrenamtes rechtfertigt eine Kündigung nicht. Überdies verstieße eine aus diesem Grund ausgesprochene Kündigung gegen § 612a BGB.[956] Für politische Mandatsträger gelten weitgehende besondere Kündigungsschutzvorschriften.[957]

---

[947] BAG 7. 12. 2000 AP § 1 KSchG 1969 Personenbedingte Kündigung Nr. 23.

[948] BAG 7. 2. 1990 EzA § 1 KSchG Personenbedingte Kündigung Nr. 6; 13. 1. 1977 EzA § 19 AFG Nr. 2 = NJW 1977, 1023; 19. 1. 1977 EzA § 19 AFG Nr. 3 = AP § 19 AFG Nr. 3; *Hanau,* Festschrift BAG, 1979, S. 188.

[949] *Löwisch,* § 1 KSchG Rn. 199; BAG 7. 2. 1990 a.a.O.; LAG Baden-Württemberg 25. 6. 1998 NZA-RR 1998, 492.

[950] KR/*Etzel,* § 1 KSchG Rn. 291.

[951] Vgl. LAG Nürnberg 21. 9. 1994 BB 1994, 2208.

[952] LAG Hamm 22. 2. 1985 ArbuR 1986, 57; ArbG Wetzlar 6. 7. 1983 ArbuR 1984, 253; BAG 6. 3. 1974 AP § 615 BGB Nr. 29.

[953] BAG 17. 5. 1984 EzA § 1 KSchG Betriebsbedingte Kündigung Nr. 32 = AP § 1 KSchG 1969 Betriebsbedingte Kündigung Nr. 21 mit Anm. *Hoyningen-Huene;* ablehnend *Schulin,* SAE 1986, 279; *Rüthers/Henssler,* ZfA 1988, 31 ff.; *Preis,* DB 1988, 1449 f.

[954] Vgl. HK-KSchG-*Weller/Dorndorf,* § 1 KSchG Rn. 457.

[955] BAG 7. 12. 2000 AP § 1 KSchG 1969 Personenbedingte Kündigung Nr. 23.

[956] Vgl. ErfK/*Ascheid,* § 1 KSchG Rn. 272.

[957] KR/*Weigand,* Kündigungsschutz für Parlamentarier.

Während der Zeit der Teilnahme an einer Wehr- oder Eignungsübung ist die ordentliche Kündigung nur wegen dringender betrieblicher Erfordernisse möglich (§ 2 ArbPlSchG). Die Ableistung des verkürzten Grundwehrdienstes von zwei Monaten durch ausländische Arbeitnehmer rechtfertigt grundsätzlich weder eine ordentliche noch eine außerordentliche Kündigung.[958] Ein längerer **ausländischer Wehrdienst** (z. B. von 12 Monaten) kann jedoch die personenbedingte Kündigung rechtfertigen, wenn der wehrdienstbedingte Ausfall zu einer erheblichen Beeinträchtigung der betrieblichen Interessen führt und nicht durch zumutbare personelle oder organisatorische Maßnahmen (Einstellung einer Aushilfskraft) zu überbrücken ist.[959] 1210

e) Eignung

Grundsätzlich kann die fehlende Eignung für die vertraglich geschuldete Arbeitsleistung einen personenbedingten Kündigungsgrund darstellen.[960] Beruhen die Eignungsmängel auf Umständen, die vom Arbeitnehmer steuerbar und abstellbar sind, kommt lediglich eine verhaltensbedingte Kündigung wegen Leistungsmängeln nach Abmahnung in Betracht (hierzu Rn. 748 f.). Eignungsmängel, die die personenbedingte Kündigung rechtfertigen, sind nur solche, die **nicht auf vertragswidrigen Verhaltensweisen** beruhen oder die vom Arbeitnehmer nicht oder **nicht mehr steuerbar** sind. Bei derartigen Eignungsmängeln scheidet dann auch eine vorherige Abmahnung aus, allerdings ist im Einzelfall die Weiterbeschäftigung auf einem anderen Arbeitsplatz zu prüfen, wenn dort der Eignungsmangel nicht besteht.[961] Da in der Praxis die Fälle vertragswidriger Schlechtleistung und personenbedingter Eignungsmängel schwer unterscheidbar sind, empfiehlt sich vorsorglich der Ausspruch einer Abmahnung. Die Abmahnung ist aber keine Voraussetzung für eine personenbedingte Kündigung.[962] Zu nennen ist hier die persönliche Ungeeignetheit aus gesundheitlichen, persönlichen oder sonstigen objektiven Gründen. Hierzu gehört zunächst die Entziehung erforderlicher Arbeits- oder Berufserlaubnisse (hierzu Rn. 750 f.). Auch der **Entzug der Fahrerlaubnis** stellt, sofern dieser nicht auf eine pflichtwidrige Tätigkeit im Dienst zurückzuführen ist, einen objektiven Kündigungsgrund dar, der in der Person des Arbeitnehmers begründet liegt.[963] Dies gilt aber nur bei Arbeitnehmern, die ohne Führerschein die geschuldete Leistung nicht erbringen können.[964] Der Entzug einer Fahrerlaubnis wegen Trunkenheitsfahrt im privaten Bereich ist keine vertragswidrige Verhaltensweise. Dieser objektive Umstand lässt jedoch unter Umständen die Eignung des 1211

---

[958] BAG 7. 9. 1983 EzA § 626 BGB n. F. Nr. 87 = AP § 1 KSchG 1969 Verhaltensbedingte Kündigung Nr. 7; 22. 12. 1982 EzA § 123 BGB Nr. 20 = AP § 123 BGB Nr. 23.

[959] BAG 20. 5. 1988 EzA § 1 KSchG Personenbedingte Kündigung Nr. 3 = NZA 1989, 464 = AP § 1 KSchG 1969 Personenbedingte Kündigung Nr. 9 mit Anm. *Rüthers/Henssler* und *Kohte.*

[960] Hierzu *Hunold,* NZA 2000, 802 ff.

[961] HK-KSchG-*Weller/Dorndorf,* § 1 Rn. 370.

[962] Zum Teil anders ErfK/*Ascheid,* § 1 KSchG Rn. 273; KR/*Etzel,* § 1 KSchG Rn. 269, 304; KR/*Fischermeier,* § 626 BGB Rn. 282.

[963] Hierzu BAG 30. 5. 1978 AP § 626 BGB Nr. 70 = EzA § 626 BGB n. F. Nr. 66; 4. 6. 1997 AP § 626 BGB Nr. 137 = EzA § 626 BGB n. F. Nr. 168; 25. 4. 1996 AP § 1 KSchG 1969 Personenbedingte Kündigung Nr. 18.

[964] LAG Rheinland-Pfalz 11. 8. 1989 LAGE § 626 BGB Nr. 43.

Arbeitnehmers für die geschuldete Tätigkeit entfallen. **Außerdienstliche Straftaten** von Mitarbeitern staatlicher Behörden können nur als personenbedingte Kündigung gerechtfertigt sein. Außerdienstliche Straftaten sind zwar nicht vertragswidrig, lassen aber unter Umständen die Eignung für die behördliche Tätigkeit entfallen.[965] Ebenso ist die Kündigung eines Erziehers wegen **Sittlichkeitsdelikten** oder eines Kassierers wegen **Vermögensdelikten** personenbedingt, soweit diese Straftaten im außerdienstlichen Bereich begangen worden sind (hierzu Rn. 696ff.). Die Kündigung wegen **Sicherheitsbedenken**[966] ist allenfalls personenbedingt. Demgegenüber ist für **tendenzwidrige Verhaltensweisen** (Bsp. Kirchenaustritt[967]) oder die **verfassungsfeindliche Betätigung** von Mitarbeitern im öffentlichen Dienst wegen möglicher Verletzung vertraglicher Nebenpflichten die verhaltensbedingte Kündigung einschlägig.

1212 Die **mangelnde fachliche Qualifikation** kann nur in Ausnahmefällen die personenbedingte Kündigung rechtfertigen, nämlich dann, wenn die fehlende Eignung (etwa wegen fehlender beruflicher Qualifikationsnachweise) nicht mehr durch den Arbeitnehmer steuerbar ist (Beispiel: **Homosexualität** eines kirchlichen Mitarbeiters;[968] betriebsbeeinträchtigende Persönlichkeitsveränderungen bei **Transsexualität;**[969] nicht behebbare fachliche Mängel im künstlerischen Bereich;[970] mangelnde Fähigkeit zur Menschenführung[971]). Im Übrigen sind **Qualifikationsmängel grundsätzlich der verhaltensbedingten Kündigung** zuzuordnen, die regelmäßig nur nach vorheriger Abmahnung ausgesprochen werden kann.[972] Weigert sich der Arbeitnehmer, an gebotenen Fortbildungen teilzunehmen,

---

[965] LAG Frankfurt 4. 7. 1985 LAGE § 626 BGB Nr. 22; LAG Düsseldorf/Köln 20. 5. 1980 und LAG Berlin 27. 9. 1982 EzA § 626 BGB n. F. Nr. 72 und 80; ArbG Bad Hersfeld 2. 12. 1988 ArbuR 1989, 184; LAG Berlin 22. 3. 1996 NZA-RR 1997, 7 verneint Kündigung, wenn sich Arbeitnehmer nach § 53 Abs. 1 Nr. 1 BZRG als unbestraft bezeichnen darf.; grds. anders jetzt BAG 20. 11. 1997 BB 1998, 429, wo über §§ 6, 8 BAT (zu weitgehend) eine außerdienstliche Vertragspflicht bejaht wird.

[966] BAG 26. 10. 1978 AP § 1 KSchG 1969 Sicherheitsbedenken Nr. 1 = NJW 1979, 2063; 21. 3. 1996 RzK I 5h Nr. 30; LAG Köln 9. 5. 1996 ZTR 1997, 188; LAG Frankfurt 7. 2. 1985 DB 1985, 1900; BAG 27. 9. 1960 NJW 1961, 623 und 28. 2. 1963 NJW 1963, 1566 = AP § 1 KSchG Sicherheitsbedenken Nr. 1 und 3; 20. 7. 1989 DB 1990, 635 = EzA § 2 KSchG Nr. 11.

[967] Anders, aber verfehlt, BAG 12. 12. 1984 EzA § 1 KSchG Tendenzbetrieb Nr. 17 = AP Art. 140 GG Nr. 21 Nr. 21, wo trotz Annahme einer Loyalitätspflichtverletzung und grundsätzlich bejahtem Abmahnungserfordernis noch von einem personenbedingten Kündigungsgrund gesprochen wird. Unentschieden BAG 23. 3. 1984 EzA § 1 KSchG Tendenzbetrieb Nr. 15 = AP Art. 140 GG Nr. 16, aufgehoben durch BVerfG 4. 6. 1985 EzA § 611 BGB Kirchliche Arbeitnehmer Nr. 24 = AP Art. 140 GG Nr. 24 unter Hinweis auf vertragliche Loyalitätspflichten. Überhaupt sind alle Loyalitätspflichtverletzungen im kirchlichen Bereich Verstöße gegen den Arbeitsvertrag und damit verhaltensbedingte Gründe; zur Heirat einer katholischen Lehrerin mit einem geschiedenen Mann BAG 31. 10. 1984 EzA § 1 KSchG Tendenzbetrieb Nr. 16 = AP Art. 140 GG Nr. 20.

[968] BAG 30. 6. 1983 EzA § 1 KSchG Tendenzbetrieb Nr. 14 = AP Art. 140 GG Nr. 15; das in dieser Entscheidung bejahte Abmahnungserfordernis erscheint verfehlt, weil die homosexuelle Veranlagung nicht steuerbar ist, vgl. auch *Preis,* S. 457.

[969] LAG Berlin 21. 1. 1980 EzA § 1 KSchG Personenbedingte Kündigung Nr. 1.

[970] LAG Brandenburg 21. 3. 1994 LAGE § 1 KSchG Personenbedingte Kündigung Nr. 12.

[971] BAG 31. 1. 1996 AP § 626 BGB Druckkündigung Nr. 13.

[972] BAG 29. 7. 1976 EzA § 1 KSchG Nr. 34 (fehlende Führungsqualitäten).

verstößt er gegen die Nebenpflicht zur Förderung des Vertragszwecks und kann ggf. verhaltensbedingt gekündigt werden. Wenn ein Kfz-Sachverständiger mit einem Blutalkoholgehalt von 1,9 ‰ einen Unfall verursacht, im Anschluss daran Fahrerflucht begeht, ihm die Fahrerlaubnis gem. § 111a StPO gerichtlich entzogen wird, kann dieses nicht vertragswidrige Verhalten allerdings die personenbedingte Kündigung wegen fehlender Eignung für die geschuldete Tätigkeit begründen.[973]

Nach jüngerer Rechtsprechung können unter Umständen **Gewissenskonflikte** 1213
eines Arbeitnehmers, die dem Arbeitnehmer eine bestimmte Tätigkeit verbieten, eine personenbedingte Kündigung rechtfertigen, wenn keine andere Beschäftigungsmöglichkeit besteht.[974] Der Arbeitgeber muss Gewissenskonflikte im Rahmen des § 315 BGB bei der Zuweisung von Arbeit berücksichtigen. Die Nichterbringung der Arbeit auf Grund einer Gewissensentscheidung ist eine dem Arbeitnehmer zuzurechnende Leistungsstörung.[975]

f) Krankheit

aa) Grundlagen

Die krankheitsbedingte Kündigung ist der häufigste Anwendungsfall der perso- 1214
nenbedingten Kündigung.[976] Dabei gibt es zwei sichere Grenzpfähle: Die Kündigung ist nicht schon deshalb rechtsunwirksam, weil sie wegen der Krankheit erfolgt.[977] Der Gesetzgeber geht, wie auch die Neuregelung des § 8 EFZG zeigt, davon aus, dass die aus Anlass der Arbeitsunfähigkeit erklärte Kündigung möglich ist. Grundsätzlich wirksam ist eine krankheitsbedingte Kündigung, wie das BAG mehrfach entschieden hat,[978] wenn eine dauernde Unfähigkeit zur Erbringung der geschuldeten Arbeitsleistung eingetreten ist und eine anderweitige Beschäftigungsmöglichkeit nicht besteht.

Das Recht der krankheitsbedingten Kündigung hat die – für die Praxis relevante 1215
– konkrete Ausgestaltung in zahlreichen Entscheidungen seit dem 16. 2. 1989[979]

---

973 Hierzu LAG Köln 25. 8. 1988 LAGE § 626 BGB Nr. 34.

974 BAG 24. 5. 1989 DB 1989, 2538ff. = NZA 1990, 144ff.; zweifelhaft ist, ob es in diesen Fällen einer Abmahnung bedarf, weil eine Gewissensentscheidung „steuerbar" ist (vgl. in diese Richtung LAG Hessen 20. 12. 1994 LAGE § 611 BGB Abmahnung Nr. 41; ErfK/*Ascheid,* § 1 KSchG Rn. 160). Weder ist die Gewissensbetätigung ein Vertragsverstoß, noch kann die Abmahnung ein geeignetes Mittel zur Korrektur einer nachhaltigen Gewissensbetätigung sein. Zur personenbedingten Kündigung wegen Tragens eines Kopftuches durch Muslima im Verkaufsbereich LAG Hessen 21. 6. 2001 NZA-RR 2001, 632.

975 Hierzu ErfK/*Ascheid,* § 1 KSchG Rn. 278 m.wN.

976 Aus der Literatur vgl. insbesondere *Lepke,* Kündigung bei Krankheit, 10. Auflage 2000; *Berkowsky,* Die personen- und verhaltensbedingte Kündigung, 3. Aufl. 1997, § 9 Rn. 1ff.; HAS-*Popp,* § 19 D; *v. Hoyningen-Huene/Linck,* § 1 KSchG Rn. 217ff.; *Preis,* in: Hromadka, Krankheit im Arbeitsverhältnis, 1993, S. 93ff.; *Weber/Hoß,* DB 1993, 24229; *Herbst/Wohlfarth,* DB 1990, 1816; *Bezani,* Die krankheitsbedingte Kündigung, 1994; Zur Frage, ob Aids ein Kündigungsgrund darstellt *Lepke,* RdA 2000, 87ff.

977 Siehe aber *Ide,* ArbuR 1980, 229; dagegen LAG Hamm 17. 2. 1981 DB 1981, 1193 und 15. 12. 1981 EzA § 1 KSchG Krankheit Nr. 8.

978 BAG 28. 2. 1990 EzA § 1 KSchG Personenbedingte Kündigung Nr. 5; 7. 2. 1991 EzA § 1 KSchG Personenbedingte Kündigung Nr. 9.

979 NZA 1989, 923 = EzA § 1 KSchG Krankheit Nr. 25.

erhalten.[980] Die Hauptfälle sind Kündigungen wegen **häufiger Kurzerkrankungen** (Rn. 1222 ff.), **dauernder Arbeitsunfähigkeit** (Rn. 1236 ff.), **krankheitsbedingter Leistungsminderung** (Rn. 1239), und wegen **Langzeiterkrankung** (Rn. 1240 f.). Einen Sonderfall bildet die ausnahmsweise zulässige Möglichkeit der außerordentlichen Kündigung ordentlich Unkündbarer (hierzu Rn. 790 ff.). Damit eine zutreffende Würdigung des Sachverhaltes möglich ist, müssen diese Fallgruppen rechtlich und tatsächlich unterschieden werden. Bei **Langzeiterkrankungen** liegt der Kern des Kündigungsgrundes in den unzumutbaren betrieblichen und wirtschaftlichen Belastungen, die durch die **Ungewissheit** entstehen, ob und wann der Arbeitnehmer überhaupt noch einmal zur Arbeit imstande sein wird.[981] Hiervon zu unterscheiden ist die **dauernde Arbeitsunfähigkeit,** bei der der Arbeitnehmer krankheitsbedingt zur Erbringung der geschuldeten Leistung **nachweislich** nicht mehr in der Lage ist. Diese notwendige Unterscheidung wird nicht immer hinreichend konsequent getroffen. Fraglich ist die Abgrenzung zur **krankheitsbedingten Leistungsminderung,** bei der der Arbeitnehmer nicht mehr voll zur Erbringung der geschuldeten Leistung imstande ist. Bei dauernden und häufigen **Kurzerkrankungen** sind die hierdurch hervorgerufenen betrieblichen oder wirtschaftlichen Belastungen und die begründete Prognose der **Wiederholungsgefahr** krankheitsbedingter Fehlzeiten im bisherigen Umfang Kündigungsgrund.

1216 Auch für die krankheitsbedingte Kündigung gelten prinzipiell die oben (Rn. 1193 ff.) aufgeführten Prüfungskriterien. Diese werden in vier Stufen von der Rechtsprechung[982] konkretisiert:

1217 (1) Zunächst müssen Fehlzeiten festzustellen sein, die zu einer **erheblichen Beeinträchtigung der betrieblichen oder wirtschaftlichen Interessen (Betriebsablaufstörungen, Lohnfortzahlungskosten) führen.** Eine erhebliche betriebliche Beeinträchtigung wird auch darin gesehen, dass der Arbeitgeber auf unabsehbare Zeit gehindert wird, sein Direktionsrecht auszuüben.[983] Bei einer dauernden Arbeitsunfähigkeit muss keine weitere Beeinträchtigung betrieblicher oder wirtschaftlicher Interessen dargetan werden (Rn. 1236 ff.).

1218 (2) Es ist eine **negative Gesundheitsprognose** erforderlich, nach der im Zeitpunkt des Zugangs der Kündigung objektive Tatsachen vorliegen müssen, die die Besorgnis weiterer Erkrankungen im bisherigen Umfang rechtfertigen.

---

[980] Vgl. drei Urteile vom 6. 9. 1989 – 2 AZR 19/89, 2 AZR 118/89, 2 AZR 224/89 – EzA § 1 KSchG Krankheit Nr. 26–28; 28. 2. 1990 EzA § 1 KSchG Personenbedingte Kündigung Nr. 5; 7. 12. 1989, 10. 5. 1990, 5. 7. 1990, 13. 12. 1990, 13. 8. 1992, 21. 5. 1992, 14. 1. 1993, 29. 7. 1993, 12. 12. 1996 und 29. 1. 1997 EzA § 1 KSchG Krankheit Nr. 29–33, 36, 38–42.

[981] BAG 25. 11. 1982 EzA § 1 KSchG Krankheit Nr. 10; 21. 5. 1992 EzA § 1 KSchG Krankheit Nr. 38.

[982] Zusammenfassend BAG 16. 2. 1989 NZA 1989, 923 = EzA § 1 KSchG Krankheit Nr. 25 = AP § 1 KSchG 1969 Krankheit Nr. 20 mit Anm. *Preis;* 6. 9. 1989 (2 AZR 19/89, 118/89 und 224/89) BB 1990, 553 ff. = EzA § 1 KSchG Krankheit Nr. 26–28 = NZA 1990, 305 ff.; 2. 11. 1989 – 2 AZR 335/89 und 366/89 – n. v.; 7. 12. 1989 EzA § 1 KSchG Krankheit Nr. 30; sowie BAG 7. 11. 1985 EzA § 1 KSchG Krankheit Nr. 17 = NZA 1986, 359; 15. 2. 1984 EzA § 1 KSchG Krankheit Nr. 15 mit Anm. *Joost* = NZA 1984, 86; 23. 6. 1983 EzA § 1 KSchG Krankheit Nr. 12 mit Anm. *Kraft* = AP § 1 KSchG Krankheit Nr. 10 = NJW 1984, 1836; 2. 11. 1983 EzA § 1 KSchG Krankheit Nr. 13 mit Anm. *Peterek.*

[983] BAG 21. 5. 1992 EzA § 1 KSchG Krankheit Nr. 8.

(3) Die erheblichen Störungen dürfen nicht durch **mildere Mittel** (z. B. **Überbrückungsmaßnahmen**) in geeigneter Weise behebbar sein. 1219

(4) Abschließend ist auf Grund einer **Interessenabwägung** zu entscheiden, ob die erheblichen Beeinträchtigungen vom Arbeitgeber noch hinzunehmen sind oder ein solches Ausmaß erreicht haben, dass sie ihm nicht mehr zuzumuten sind, insbesondere weitergehende Überbrückungsmaßnahmen nicht mehr verlangt werden können. 1220

Die Stufen (3) und (4) überschneiden sich und werden vom BAG in einer Gesamtabwägung geprüft. Zunächst ist auf den Hauptfall der Kündigung wegen häufiger Kurzerkrankungen einzugehen: 1221

bb) Häufige Kurzerkrankungen

(1) Grundvoraussetzung für eine krankheitsbedingte Kündigung ist, dass sich die Erkrankung betrieblich negativ auswirkt, insbesondere durch **erhebliche Fehlzeiten.**[984] Die betriebliche Beeinträchtigung ist Teil des Kündigungsgrundes.[985] Die Rechtsprechung lehnt es ab, eine bestimmte **Fehlzeitenquote** als Kündigungsgrund ausreichen zu lassen.[986] Schematisierende Festlegungen sind nicht möglich. Entscheidend sind die betrieblichen Auswirkungen und die Negativprognose. Eine **Erkundigungspflicht** des Arbeitgebers über den Gesundheitszustand des Arbeitnehmers vor Ausspruch der Kündigung besteht nicht.[987] Maßgebend ist die objektive Rechtslage. Dessen ungeachtet kann der Arbeitnehmer nach § 275 Abs. 1 Nr. 3b SGB V verpflichtet sein, sich amtsärztlich untersuchen zu lassen. Im öffentlichen Dienst ist der Arbeitnehmer tarifvertraglich verpflichtet, sich amtsärztlich untersuchen zu lassen. (vgl. z. B. § 7 Abs. 2 BAT). Eine derartige Nebenpflicht umfasst nach jüngster Auffassung des BAG auch die Pflicht, die behandelnden Ärzte von der Schweigepflicht zu entbinden, jedenfalls soweit es um die Feststellung der Berufs- und Erwerbsunfähigkeit geht.[988] Verstöße gegen diese Pflicht können die verhaltensbedingte, ggf. außerordentliche Kündigung rechtfertigen.[989] 1222

Betrieblich und wirtschaftlich erheblich belastend wirken sich insbesondere häufige **Kurzerkrankungen** aus. Sie stehen im Mittelpunkt des praktischen Interes- 1223

---

[984] Grundlegend *Herschel,* Festschrift für Schnorr von Carolsfeld, 1972, S. 157, 170 f.; *ders.,* Anm. zu BAG AP § 1 KSchG 1969 Krankheit Nr. 3; *Berkowsky,* Die personen- und verhaltensbedingte Kündigung, 3. Aufl. 1997, § 9 Rn. 11 ff.; *Popp,* DB 1981, 2613; nicht entscheidend ist die bescheinigte Arbeitsunfähigkeit, wenn der Arbeitnehmer gleichwohl zur Arbeitsleistung bereit ist, LAG Rheinland-Pfalz 15. 7. 1988 LAGE § 1 KSchG Krankheit Nr. 11.

[985] BAG 16. 2. 1989 NZA 1989, 923 = EzA § 1 KSchG Krankheit Nr. 25; 7. 11. 1985 EzA § 1 KSchG Krankheit Nr. 15 = NZA 1986, 359.

[986] BAG 19. 8. 1976 AP § 1 KSchG 1969 Krankheit Nr. 2 = EzA § 1 KSchG Krankheit Nr. 3 = NJW 1977, 351; 25. 11. 1982 AP § 1 KSchG 1969 Krankheit Nr. 7 = EzA § 1 KSchG Krankheit Nr. 10 = NJW 1983, 2897.

[987] BAG 10. 3. 1977 AP § 1 KSchG 1969 Krankheit Nr. 4 = EzA § 1 KSchG Krankheit Nr. 4 = NJW 1977, 2132; 26. 5. 1977 AP § 102 BetrVG 1972 Nr. 14 = EzA § 102 BetrVG 1972 Nr. 30; 22. 2. 1980 AP § 1 KSchG 1969 Krankheit Nr. 6 = EzA § 1 KSchG Krankheit Nr. 5 = NJW 1981, 298; HAS-*Popp,* § 19 D Rn. 22.

[988] Vgl. BAG 6. 11. 1997 EzA § 626 BGB n. F. Nr. 171.

[989] BAG 6. 11. 1997 a. a. O.; vgl. auch LAG Düsseldorf 31. 5. 1996 NZA-RR 1997, 88; vgl. zur Kritik hier Rn. 675 f.

ses.[990] Kündigungsrelevante **wirtschaftliche Belastungen** ergeben sich durch die dauerhafte und sich wiederholende Störung des Austauschverhältnisses, insbesondere durch erhebliche **Lohnfortzahlungskosten.**[991] Die Berücksichtigung von Lohnfortzahlungskosten wird auch von der Literatur überwiegend bejaht.[992] Das BAG dürfte diesen Streit für die Praxis nunmehr endgültig entschieden haben.[993] In Ausnahmefällen sollen nach Auffassung des BAG **allein die Lohnfortzahlungskosten** zu einer unzumutbaren wirtschaftlichen Belastung führen können, wenn der Arbeitgeber bereits durch betriebliche Maßnahmen in erheblichem Umfang (z.B. durch Vorhalten einer ausreichenden[994] Personalreserve) die Fehlquoten aufgefangen hat. In den Entscheidungen des BAG seit den Urteilen 6. 9. 1989[995] heißt es: „Diese Maßnahme (Vorhalten einer Personalreserve) kann die Belastung des Arbeitgebers mit Lohnfortzahlungskosten unzumutbar machen, ohne dass daneben auch noch Betriebsablaufstörungen oder weitere den Betrieb belastende Auswirkungen vorliegen müssten.“ Dass damit ein gesetzlicher unverzichtbarer Sozialleistungsanspruch das Arbeitsverhältnis selbst gefährdet, ist eine Paradoxie des Sozialstaates. Diese Rechtsprechung wirft auch verfassungsrechtliche Fragen auf (Art. 12 Abs. 1 GG), wenn die aus der Schutzgebotsfunktion der Grundrechte resultierende Lohnfortzahlung den Arbeitnehmer das Arbeitsverhältnis kostet. Auch einfachrechtlich darf niemand wegen der Inanspruchnahme gesetzlicher Rechte benachteiligt werden (§ 612a BGB).[996] Richtigerweise ist nicht auf die Entgeltfortzahlungspflicht, sondern auf die Störung des Austauschverhältnisses abzustellen. Kündigungsbegründend ist der Umstand, dass der Arbeitgeber den Arbeitnehmer nicht vertragsgerecht (so) einsetzen kann, wie dies – im Rahmen üblicherweise hinzunehmender Ausfallzeiten – geschuldet ist. Die nachhaltige Störung des Synallagmas ist die gemeinsame Klammer für die Rechtfertigung der krankheitsbedingten Kündigung.[997] Vor diesem Hintergrund ist es zu eng, wenn das BAG meint, die Darlegung des Arbeitgebers, der Arbeitnehmer stehe – auf Grund vertretbarer Prognose nur noch 2/3 der geschuldeten Arbeitsleistung wegen seiner krankheitsbedingten Ausfälle zur Verfügung, reiche nicht aus.[998] Die Störung des Austauschverhältnisses in diesem Umfang ist eine wirtschaftliche Störung. Sie ist zugleich ei-

[990] Einzelfälle: LAG Baden-Württemberg 29. 4. 1986 und 15. 12. 1987 LAGE § 1 KSchG Krankheit Nr. 6 = NZA 1987, 27, und Nr. 10 = NZA 1988, 436; LAG Rheinland-Pfalz 14. 10. 1986 LAGE § 1 KSchG Krankheit Nr. 7; LAG Köln 29. 9. 1987 und 21. 2. 1989 LAGE § 1 KSchG Krankheit Nr. 8 und 12 = DB 1989, 1295.

[991] BAG 23. 6. 1983 AP § 1 KSchG 1969 Krankheit Nr. 10 = EzA § 1 KSchG Krankheit Nr. 12; 15. 2. 1984 NZA 1984, 86 = EzA § 1 KSchG Krankheit Nr. 15 und 7. 11. 1985 AP § 1 KSchG 1969 Krankheit Nr. 17.

[992] KR/*Etzel,* § 1 KSchG Rn. 307; *Löwisch,* § 1 KSchG Rn. 188; *Eich,* BB 1988, 204ff.; *Joost,* Anm. EzA § 1 KSchG Krankheit Nr. 15; *Lepke,* S. 41f.; *Tschöpe,* DB 1987, 1042; *Weller,* ArbRGeg 1983, S. 77, 85; *Denck,* JuS 1978, 156, 159; ablehnend *Ide,* ArbuR 1980, 229; *Coen,* ArbuR 1984, 319f.; *Popp,* DB 1986, 1464ff.; *Stein,* BB 1985, 608 und ArbuR 1987, 338; *Preis,* DB 1988, 1445 unter Hinweis auf § 612a BGB.

[993] BAG 16. 2. 1989 AP § 1 KSchG 1969 Krankheit Nr. 20 mit abl. Anm. *Preis;* unter Aufhebung von LAG Frankfurt 8. 12. 1987 LAGE § 1 KSchG Krankheit Nr. 9.

[994] Hierzu *Preis,* S. 442f.; LAG Hamm 10. 5. 1989 LAGE § 1 KSchG Krankheit Nr. 13.

[995] Vgl. die Nachweise in Fußnote 982.

[996] Hierzu *Preis,* Anm. AP § 1 KSchG 1969 Krankheit Nr. 20.

[997] So auch ErfK/*Ascheid,* § 1 KSchG Rn. 247ff.

[998] So BAG 17. 6. 1999 – 2 AZR 574/98 EEK II/244.

ne betriebliche Störung, denn man kann nicht davon ausgehen, dass der Arbeitgeber betrieblich überflüssige Arbeitnehmer beschäftigt.[999] Sie widerspricht überdies der Entscheidung vom 26. 9. 1991,[1000] in der die Kündigung wegen krankheitsbedingter Leistungsminderung bejaht wurde, in der der Arbeitnehmer nach objektiver Feststellung nur noch zwei Drittel der Normalleistung zu erbringen in der Lage war.

Generell erachtet das BAG aber Fehlzeiten und Lohnfortzahlungskosten **bis zu** 1224
sechs Wochen (= 30 Arbeitstage) für **unerheblich.**[1001] Tarifliche Sondervorschriften, die über sechs Wochen hinausgehende Zuschüsse zum Krankengeld vorsehen, sollen hieran nichts ändern.[1002] Nach neuerer Rechtsprechung können bei Störungen des Betriebsablaufs jedoch auch jährliche Ausfallzeiten von weniger als sechs Wochen kündigungserhebliche Auswirkungen haben.[1003] Entscheidend ist auf die Kosten des Arbeitsverhältnisses und nicht auf die Gesamtbelastung des Betriebes mit Lohnfortzahlungskosten abzustellen.[1004] Es können nur die Lohnfortzahlungskosten berücksichtigt werden, die auf die auch in Zukunft zu erwartenden, im Rahmen der negativen Gesundheitsprognose ermittelten Ausfallzeiten entfallen. Außer Betracht bleiben die in der Vergangenheit aufgewendeten Kosten für einmalige Erkrankungen, deren Wiederholung nicht zu besorgen ist.[1005] *Unberücksichtigt* bleiben die Ausfallzeiten, für die *keine Lohnfortzahlungspflicht* mehr besteht. Denn dieser Zeitraum ist für die *wirtschaftliche Belastung* des Arbeitgebers mit Lohnfortzahlungskosten irrelevant.[1006]

Kündigungsbegründend können aber auch **Betriebsablaufstörungen** wegen 1225
wiederholter Ausfallzeiten des Arbeitnehmers sein (u. a. Stillstand von Maschinen, Rückgang der Produktion wegen erst einzuarbeitenden Ersatzpersonals, Überlastung des verbliebenen Personals oder Abzug von an sich benötigten Arbeitskräften aus anderen Arbeitsbereichen). Ob die Grenze von sechs Wochen Lohnfortzahlung im Jahr überschritten wurde, ist für die Frage der Betriebsablaufstörungen nicht entscheidend. Diese zeitliche Mindestgrenze gilt nur für die wirtschaftliche Belastung durch Lohnfortzahlungskosten.[1007] Bei Störungen des Betriebsablaufs können deshalb selbst jährliche Ausfallzeiten von weniger als sechs Wochen kündigungsbegründend sein. *Aber:* Auch bei auffällig über dem betrieblichen Durchschnitt liegenden Fehlzeitquoten muss es nicht notwendig zu Betriebsablaufstörungen kommen, z. B. wenn eine Personalreserve vorgehalten wird. An den strengen Anfor-

---

[999] Vgl. auch BAG 21. 2. 1985 – 2 AZR 72/84 – n. v.

[1000] EzA § 1 KSchG Personenbedingte Kündigung Nr. 10.

[1001] BAG 25. 11. 1982 AP § 1 KSchG 1969 Krankheit Nr. 7 = EzA § 1 KSchG Krankheit Nr. 10 und 16. 2. 1989 NZA 1989, 923 = EzA § 1 KSchG Krankheit Nr. 25 = AP § 1 KSchG 1969 Krankheit Nr. 20 mit Anm. *Preis;* HAS-*Popp,* § 19 D Rn. 21.

[1002] BAG 6. 9. 1989 EzA § 1 KSchG Krankheit Nr. 28 mit insoweit krit. Anm. *Oetker* = BB 1990, 558.

[1003] Wie vorige Fußnote.

[1004] BAG 15. 2. 1984 NZA 1984, 86 = EzA § 1 KSchG Krankheit Nr. 15; 7. 11. 1985 AP § 1 KSchG 1969 Krankheit Nr. 17 und 16. 2. 1989 NZA 1989, 923 = EzA § 1 KSchG Krankheit Nr. 25 = AP § 1 KSchG 1969 Krankheit Nr. 20 mit Anm. *Preis;* 26. 6. 1986 NZA 1988, 161.

[1005] BAG 6. 9. 1989 – 2 AZR 19/89 – DB 1990, 429.

[1006] BAG 7. 12. 1989 – 2 AZR 225/89 – EzA § 1 KSchG Krankheit Nr. 30.

[1007] BAG 6. 9. 1989 – 2 AZR 224/80 – DB 1990, 943.

derungen für die Darlegung der Betriebsablaufstörungen scheitern in Großbetrieben oftmals die Kündigungen. Betriebsablaufstörungen können insbesondere in kleinen Betrieben zu erheblichen Belastungen führen, wenn durch das wiederholte, nicht voraussehbare Fehlen eines Arbeitnehmers der Personaleinsatz kurzfristig verändert werden oder der Arbeitsplatz zeitweise unbesetzt bleiben muss.

1226 (2) Für die Beurteilung der **negativen Gesundheitsprognose** ist auf den Zeitpunkt des Zugangs der Kündigung abzustellen.[1008] Durchbrechungen dieses allgemeinen kündigungsrechtlichen Grundsatzes sind abzulehnen.[1009] Zulässig ist allerdings, mit später (im Prozess) bekanntgewordenen Tatsachen die Richtigkeit oder Fehlerhaftigkeit der früheren Prognose zu beweisen. Ausgeschlossen ist indes, allein auf Grund des Weiteren tatsächlichen Verlaufs der Erkrankung oder der Fehlzeiten eine vormals korrekte Prognose zu korrigieren.[1010] Die Prognose über die künftige Arbeitsunfähigkeit ist entscheidend. Hieraus folgt, dass bei absehbarer Genesung eine Kündigung nicht gerechtfertigt ist. Die krankheitsbedingte Kündigung ist keine Sanktion für Fehlzeiten in der Vergangenheit.[1011]

1227 Die aufgetretenen Fehlzeiten müssen die Besorgnis künftiger Erkrankungen rechtfertigen. Dabei muss nach jüngster Rechtsprechung jede *einzelne* Krankheit, die in der Vergangenheit zu Fehlzeiten geführt hat, die Negativprognose rechtfertigen. Dies ist nicht der Fall, wenn eine Krankheit ausgeheilt ist.[1012] Zur Begründung einer negativen Gesundheitsprognose sind alle Erkrankungen ungeeignet, denen ihrer Natur nach oder auf Grund ihrer Entstehung keine Aussagekraft für eine Wiederholungsgefahr beizumessen ist. Dazu gehören in erster Linie Unfälle, soweit es sich nach ihrer Entstehung um einmalige Ereignisse handelt, sowie sonstige offenkundig einmalige Gesundheitsschäden.[1013] Bei häufigen Unfällen kann Verletzungsanfälligkeit oder Unvorsichtigkeit dennoch eine Negativprognose begründen.[1014] Bei **andauernd hohen Arbeitsausfällen wegen schwerwiegender Erkrankungen,** bezüglich derer Rehabilitations- und Kurmaßnahmen erfolglos

---

[1008] BAG 15. 8. 1984 AP § 1 KSchG 1969 Krankheit Nr. 16 = EzA § 1 KSchG Krankheit Nr. 16; ausf. ErfK/*Ascheid,* § 1 KSchG Rn. 213.

[1009] Der 2. Senat des BAG hatte in einer Entscheidung vom 10. 11. 1983 AP § 1 KSchG 1969 Krankheit Nr. 11 = EzA § 1 KSchG Krankheit Nr. 14 ausgeführt, zur Bestätigung oder Korrektur von mehr oder weniger unsicheren Prognosen könne die spätere tatsächliche Entwicklung einer Krankheit bis zum Ende der mündlichen Verhandlung in der Tatsacheninstanz herangezogen werden. Auf die Kritik des 7. Senats (vgl. Nachweis vorige Fn.) hat der 2. Senat diese Auffassung de facto wieder aufgegeben, weil er die Prognosekorrektur bei neuen Kausalverläufen (erneute Heilbehandlung, veränderte Lebensführung) nicht anwenden will, vgl. BAG 9. 4. 1987 EzA § 1 KSchG Krankheit Nr. 18 mit abl. Anm. *Hoyningen-Huene* = NZA 1987, 811; 6. 9. 1989 DB 1990, 431ff.; zum ganzen *Preis,* DB 1988, 1444f.; *Joost,* Anm. EzA § 1 KSchG Krankheit Nr. 15. Endgültig klargestellt durch den 2. Senat durch BAG 29. 4. 1999 AP § 1 KSchG 1969 Krankheit Nr. 36 = EzA § 1 KSchG Krankheit Nr. 46.

[1010] Richtig ErfK/*Ascheid,* § 1 KSchG Rn. 220; ebenso LAG Hamm 8. 5. 1996 NZA-RR 1997, 48; a. A. HK-KSchG-*Weller/Dorndorf,* § 1 Rn. 389.

[1011] BAG 23. 6. 1983 AP § 1 KSchG 1969 Krankheit Nr. 10 = EzA § 1 KSchG Krankheit Nr. 12 = NJW 1984, 1836; *Preis,* S. 334 m. w. N.

[1012] BAG 5. 7. 1990 DB 1990, 2274; 24. 1. 1993 NZA 1994, 309ff.; 29. 7. 1993 NZA 1994, 68ff.

[1013] BAG 6. 9. 1989 DB 1990, 429.

[1014] BAG 2. 11. 1989 – 2 AZR 335/89 – n. v.

geblieben sind, kann der Arbeitgeber regelmäßig von einer Negativprognose ausgehen. Dies gilt auch, dann, wenn der Arbeitnehmer weitere Maßnahmen ergreifen will, ohne dass erkennbar wird, dass sich deswegen der Gesundheitszustand entscheidend verbessern wird.[1015]

Der Arbeitgeber hat für die Tatsachen, aus denen sich die **negative Gesund- 1228
heitsprognose** ergibt, die **Darlegungs- und Beweislast.** Bei häufigen Kurzerkrankungen entfalten die vergangenen Fehlzeiten allerdings eine Indizwirkung. Der Arbeitnehmer hat in diesem Fall im Prozess darzutun, dass und weshalb mit einer baldigen Genesung zu rechnen ist. Hat er selbst keine ausreichende Kenntnis über seinen Gesundheitszustand, genügt er seiner Darlegungslast, wenn er die Behauptung des Arbeitgebers bestreitet und die ihn behandelnden Ärzte von der Schweigepflicht entbindet.[1016] Der Arbeitgeber kann sich allerdings nicht auf das Zeugnis des Betriebsarztes berufen, der – ohne Einwilligung des Arbeitnehmers – der ärztlichen Schweigepflicht unterliegt (§ 8 Abs. 1 S. 2 ASiG).[1017] Trägt der Arbeitnehmer selbst konkrete Umstände vor, müssen diese geeignet sein, die Indizwirkung der bisherigen Fehlzeiten zu erschüttern. Er muss jedoch nicht den Gegenbeweis führen, dass nicht mit weiteren künftigen Erkrankungen zu rechnen ist.[1018] Unsubstantiiert kann die Einlassung des Arbeitnehmers jedoch sein, wenn die „Berufung auf die behandelnden Ärzte" erkennen lässt, dass er sich selbst erst noch durch deren Zeugnis die noch fehlende Kenntnis über den weiteren Verlauf seiner Erkrankungen verschaffen will.[1019] Enbindet er die Ärzte ganz oder teilweise nicht von der Schweigepflicht, gereicht dies dem Arbeitnehmer prozessual zum Nachteil, weil er so die Indizwirkung der Fehlzeiten nicht erschüttern kann. Gibt der Arbeitnehmer keine Krankheitsursachen an bzw. legt er nicht dar, weshalb mit einer baldigen Genesung zu rechnen ist, gilt die Behauptung des Arbeitgebers, auch künftig seien Fehlzeiten in entsprechendem Umfang zu erwarten, gemäß § 138 Abs. 3 ZPO als zugestanden.[1020] Soweit (tarif-)vertraglich eine Pflicht des Arbeitnehmers geregelt ist, sich bei Bedarf ärztlich untersuchen zu lassen, hat das BAG davon auch die Pflicht umfasst gesehen, die behandelnden Ärzte von der Schweigepflicht zu entbinden, jedenfalls soweit es um die Feststellung der Berufs- und Erwerbsunfähigkeit geht.[1021]

(3) Wie bei jeder Beendigungskündigung ist der **Vorrang milderer Mittel** zu 1229
beachten. Bei langanhaltenden Erkrankungen kommt die Kündigung als ultima ratio erst in Betracht, wenn dem Arbeitgeber die Durchführung von Überbrückungsmaßnahmen (z. B. Einstellung von Aushilfskräften, Durchführung von Über- oder Mehrarbeit, personelle Umorganisation, organisatorische Umstellungen) nicht mehr möglich oder zumutbar ist.[1022] Bei langjährig beschäftigten Arbeitnehmern

---

1015 BAG 12. 12. 1996 EzA § 1 KSchG Krankheit Nr. 41.

1016 BAG 23. 6. 1983 AP § 1 KSchG 1969 Krankheit Nr. 10 = EzA § 1 KSchG Krankheit Nr. 12; zuletzt 6. 9. 1989 BB 1990, 553ff. = EzA § 1 KSchG Krankheit Nr. 26 = NZA 1990, 307ff.

1017 ErfK/*Ascheid,* § 1 KSchG Rn. 225.

1018 BAG 6. 9. 1989 wie Fn. 1016.

1019 BAG 2. 11. 1989 – 2 AZR 335/89 – n. v.

1020 BAG 6. 9. 1989 – 2 AZR 19/89 – EzA § 1 KSchG Krankheit Nr. 26.

1021 Vgl. BAG 6. 11. 1997 EzA § 626 BGB n. F. Nr. 171; krit. hierzu Rn. 704.

1022 BAG 22. 2. 1980 EzA § 1 KSchG Krankheit Nr. 5 und 25. 11. 1982 AP § 1 KSchG 1969 Krankheit Nr. 7 = EzA § 1 KSchG Krankheit Nr. 10.

verlangt das BAG über einen längeren Zeitraum Überbrückungsmaßnahmen. Hierzu soll sogar die unbefristete Einstellung einer Aushilfskraft gehören.[1023] Versetzung, Änderung der Arbeitsbedingungen und Umschulung kommen als mildere Mittel nur in Betracht, wenn die krankheitsbedingten Fehlzeiten arbeitsplatzbedingt sind.[1024] Neuerdings verlangt das BAG bei arbeitsplatzbezogener Arbeitsunfähigkeit die Umsetzung auf einen leidensgerechten Arbeitsplatz auch dann, wenn dieser Arbeitsplatz erst durch Ausübung des Direktionsrechts freigemacht werden muss.[1025] Grundsätzlich muss der Arbeitgeber den Erfolg einer begonnenen Heilbehandlung abwarten.[1026] Bei einer berufsbezogenen Erkrankung hat das LAG Frankfurt mit Urteil 12. 12. 1989 eine weitgehende Pflicht zur Umschulung einer langjährig beschäftigten Arbeitnehmerin begründet.[1027] Diese Entscheidung ist aufgehoben worden, weil nicht feststand, ob nach der Umschulung ein entsprechender freier Arbeitsplatz zur Verfügung stand. Die Umschulung war daher kein geeignetes milderes Mittel zum Erhalt des Arbeitsplatzes.[1028]

1230 Zur Vermeidung von Kündigungen wegen häufiger **Kurzerkrankungen** stehen dem Arbeitgeber nur wenig geeignete mildere Mittel zur Verfügung. Die Natur des Sachverhalts verlangt relativ kurzfristig wirkende personelle und organisatorische Maßnahmen; eine dauerhafte Erhöhung des Personalbestandes über die übliche Personalreserve hinaus kann nicht verlangt werden. Im Kern ist hier entscheidend, ob die erheblich über 6 Wochen hinausgehenden Fehlzeiten so belastend sind, weil Überbrückungsmaßnahmen nicht möglich oder nicht mehr zumutbar sind, dass auf Grund der Interessenabwägung die Kündigung gerechtfertigt ist. In **Schlüsselpositionen** sind Kurzerkrankungen erheblich belastender und kaum organisatorisch aufzufangen.

1231 (4) Der **Interessenabwägung** kommt bei der krankheitsbedingten Kündigung erhebliche Bedeutung zu.[1029] Bedeutend ist insbesondere die Abwägung der zumutbaren Dauer von Überbrückungsmaßnahmen. Auf Dauer ist der kostenintensive Einsatz von Springern und/oder Mehrarbeit nicht zumutbar. Abzustellen ist dabei auf den **konkreten Verlauf des Arbeitsverhältnisses.** Die zumutbare

---

[1023] BAG 25. 11. 1982 AP § 1 KSchG 1969 Krankheit Nr. 7 = EzA § 1 KSchG Krankheit Nr. 10; dies dürfte zu weit gehen, kritisch *Preis,* S. 450f.; *Meisel,* Anm. AP § 1 KSchG 1969 Krankheit Nr. 7; *Otto,* Anm. EzA § 1 KSchG Krankheit Nr. 10.

[1024] Vgl. BAG 5. 8. 1976 EzA § 1 KSchG Krankheit Nr. 2 = AP § 1 KSchG 1969 Krankheit Nr. 1; 22. 2. 1980 EzA § 1 KSchG Krankheit Nr. 5; *Preis,* S. 449f.; LAG Düsseldorf 4. 5. 1995 LAGE § 1 KSchG Krankheit Nr. 20.

[1025] BAG 29. 1. 1997 EzA § 1 KSchG Krankheit Nr. 42; bestätigt durch BAG 29. 10. 1998 – 2 AZR 666/97 –; ablehnend LAG Berlin 3. 11. 1997 LAGE § 1 KSchG Krankheit Nr. 27; einschränkend ArbG Celle 8. 4. 1997 RzK I 5g Nr. 69; LAG Hamm 20. 1. 2000 NZA-RR 2000, 239 = LAGE § 1 KSchG Personenbedingte Kündigung Nr. 17.

[1026] BAG 22. 2. 1980 EzA § 1 KSchG Krankheit Nr. 5 mit zust. Anm. *Maydell/Eylert;* bereits LAG Düsseldorf 19. 3. 1963 BB 1963, 938.

[1027] LAG Frankfurt 12. 12. 1989 LAGE § 1 KSchG Personenbedingte Kündigung Nr. 7; anders LAG Hamm 20. 1. 2000 NZA-RR 2000, 239 = LAGE § 1 KSchG Personenbedingte Kündigung Nr. 17.

[1028] BAG 7. 2. 1991 EzA § 1 KSchG Personenbedingte Kündigung Nr. 9.

[1029] Ablehnend allerdings *Boewer,* NZA 1988, 678; *Joost,* Anm. zu BAG EzA § 1 KSchG Krankheit Nr. 15; für eine normativ eingegrenzte Abwägung jedoch *Preis,* S. 206ff.; 222ff.; 438ff. m. w. N.; HAS-*Popp,* § 19 D Rn. 58.

Belastung hängt mitentscheidend davon ab, ob das Arbeitsverhältnis bisher weitgehend störungsfrei verlaufen ist oder von Anfang an oder über längere Zeit mit Fehlzeiten belastet war.[1030] Dies gilt auch für die Kündigung wegen **krankheits- oder altersbedingter Minderung der Leistungsfähigkeit.**[1031] Vor diesem Hintergrund kann nicht generell beantwortet werden, wie lange der Arbeitgeber häufige Kurzerkrankungen (über 6 Wochen im Kalenderjahr hinaus) hinnehmen muss, bevor er mit Aussicht auf Erfolg kündigen kann. Als **Regelfrist zur Stützung einer Negativprognose kann** von einem zweijährigen Zeitraum ausgegangen werden, in dem die Ausfallzeiten über 6 Wochen gelegen haben müssen. Es ist aber nicht gerechtfertigt, krankheitsbedingten Ausfällen, die mehr als drei- oder vier Jahre zurückliegen, die Prognosefähigkeit abzusprechen.[1032] Ein kürzerer Beobachtungszeitraum genügt, wenn das Arbeitsverhältnis von Anfang an mit krankheitsbedingten Ausfällen belastet war.[1033]

Zu prüfen ist die **konkrete betriebliche Situation,** die auch von der Größe 1232
des Betriebes beeinflusst sein kann,[1034] sowie die Art der ausgeübten Tätigkeit und die Vertretungsmöglichkeit. Der Familienstand des Arbeitnehmers ist entgegen der Auffassung des BAG[1035] kein relevanter Abwägungsfaktor, weil ein konkreter Bezug zur Vertragsbeziehung fehlt.[1036] Kannte der Arbeitgeber bei der Einstellung die **chronische Erkrankung** des Arbeitnehmers, so soll er längere Fehlzeiten hinzunehmen haben als bei anderen Arbeitnehmern.[1037] Ein ganz wesentlicher Abwägungspunkt ist die Rückführung der Erkrankung auf **betriebliche Ursachen.**[1038] Der Arbeitgeber trägt die Darlegungs- und Beweislast dafür, dass ein solcher vom Arbeitnehmer behaupteter ursächlicher Zusammenhang *nicht* besteht. *Aber:* Weist der Arbeitnehmer eine „negative gesundheitliche Disposition" auf und kommt

[1030] BAG 22. 2. 1980 AP § 1 KSchG 1969 Krankheit Nr. 6; 15. 2. 1984 NZA 1984, 86 = EzA § 1 KSchG Krankheit Nr. 15.

[1031] Hierzu BAG 5. 8. 1976 EzA § 1 KSchG Krankheit Nr. 2; 26. 9. 1991 EzA § 1 KSchG Personenbedingte Kündigung Nr 10; *Lepke,* S. 47ff.; *Preis,* DB 1988, 1446.

[1032] Problematisch ist deshalb die der Entscheidung des BAG vom 14. 1. 1993 EzA § 1 KSchG Krankheit Nr. 39 zugrunde liegende Einzelfallbeurteilung.

[1033] BAG 19. 5. 1993 RzK I 5g Nr. 54; zu eng LAG Hamm 4. 12. 1996 LAGE § 1 KSchG Krankheit Nr. 26, wonach zwingend ein Beobachtungszeitraum von zwei bis drei Jahren erforderlich sein soll; dem aber zustimmend KR/*Etzel,* § 1 KSchG Rn. 330, mindestens ein Jahr fordern HK-KSchG-*Weller/Dorndorf,* § 1 Rn. 391.

[1034] Hierzu BAG 10. 3. 1977 AP § 1 KSchG 1969 Krankheit Nr. 4 = NJW 1977, 2132; 16. 2. 1989 NZA 1989, 923 = EzA § 1 KSchG Krankheit Nr. 25 = AP § 1 KSchG 1969 Krankheit Nr. 20 mit Anm. *Preis; Popp,* ArbuR 1979, 49; *Preis,* S. 442.

[1035] BAG 16. 2. 1989 NZA 1989, 923 = EzA § 1 KSchG Krankheit Nr. 25 = AP § 1 KSchG 1969 Krankheit Nr. 20 mit Anm. *Preis.*

[1036] Siehe *Preis,* S. 232f., 422f.; *Tschöpe,* DB 1987, 1044f.; *Peterek,* Anm. EzA § 1 KSchG Krankheit Nr. 13; HAS-*Popp,* § 19 D Rn. 64; HK-KSchG-*Weller/Dorndorf,* § 1 Rn. 431.

[1037] BAG 10. 6. 1969 AP § 1 KSchG Krankheit Nr. 2 = NJW 1969, 1871 = EzA § 1 KSchG Nr. 13; berechtigte Kritik bei HK-KSchG-*Weller/Dorndorf,* § 1 Rn. 421*; v. Hoyningen-Huene/Linck,* § 1 KSchG Rn. 239.

[1038] BAG 6. 9. 1989 DB 1990, 431ff.; 7. 11. 1985 AP § 1 KSchG 1969 Krankheit Nr. 17 unter B III; LAG Köln 2. 3. 1995 LAGE § 1 KSchG Krankheit Nr. 19; zum Betriebsunfall *Lepke,* S. 53; *Weller,* ArbRGeg, 1983, S. 89; ausführlich *Preis,* S. 144ff.; HAS-*Popp,* § 19 D Rn. 60ff.

daneben ein betrieblicher Umstand nur als einer von mehreren zusätzlichen Faktoren für akute Erkrankungen in Betracht, dann liegt es im tatrichterlichen Beurteilungsspielraum, die betriebliche Verursachung bei der Berücksichtigung der Gesamtumstände nicht entscheidend zu berücksichtigen.[1039]

1233 Auch das **Verschulden** ist zu berücksichtigen,[1040] wobei dies freilich nur dann zu Lasten des Arbeitnehmers durchgreifen darf, wenn der enge Verschuldensmaßstab des § 3 EFZG erfüllt ist.[1041] Dies gilt nicht, wenn im Zusammenhang mit der Krankheit vertragliche Nebenpflichten verletzt werden.[1042] Im Rahmen der Abwägung ist des Weiteren zu berücksichtigen, ob und inwieweit der Arbeitgeber eine **Personalreserve** vorhält.[1043] Führt eine fehlende, aber bei geordneter Betriebsführung erforderliche Personalreserve zu erheblichen Betriebsbelastungen, kann dies zu Lasten des Arbeitgebers zu Buche schlagen. Zu seinen Gunsten ist hingegen zu berücksichtigen, wenn es trotz angemessener Personalreserve durch übermäßig häufige Kurzerkrankungen zu Betriebsbelastungen kommt.[1044] Personalreserven sind indes nur bei einer Mehrzahl von Arbeitsplätzen mit vergleichbarer Qualifikation zu halten. Die übliche Personalreserve bemisst sich nach dem durchschnittlichen Krankenstand in einem Betrieb.[1045] Hält der Arbeitgeber eine angemessene Personalreserve, können nach Auffassung des BAG allein die Lohnfortzahlungskosten eine unzumutbare Belastung des Arbeitgebers begründen, ohne dass daneben noch Betriebsablaufstörungen oder weitere den Betrieb belastende Auswirkungen vorliegen müssten.[1046] Aber: Das Fehlen einer Personalreserve hat nicht bereits zur Folge, dass die Kündigung nicht allein auf die wirtschaftliche Belastung wegen Lohnfortzahlung gestützt werden könnte.[1047]

1234 Im Rahmen der Interessenabwägung wird insbesondere die **Höhe der Lohnfortzahlungskosten** gewichtet. Eine Quantifizierung – und sei es nur in der Form der Präzisierung des Begriffs der Erheblichkeit auf einen *festen Grenzwert* von 25% über die für sechs Wochen zu leistende Lohnfortzahlung hinaus – wurde *abgelehnt.*[1048] Als *erheblich* wurde jedoch eine die Sechs-Wochen-Grenze um 15 Tage (= 50%, insgesamt also 45 Tage) überschreitende Lohnfortzahlung anerkannt.[1049] Prognostizierte Lohnfortzahlungskosten von 60 Arbeitstagen im Jahr (das Doppelte des Sechs-Wochen-Zeitraums) wurden als *außergewöhnlich hoch* bezeichnet.[1050] In der Gesamtschau der Entscheidungen gewinnt man den Eindruck, dass mit zunehmender Höhe der Lohnfortzahlungskosten die Bedeutung der anderen Abwä-

---

[1039] BAG 5. 7. 1990 DB 1990, 2274.
[1040] BAG 7. 11. 1985 und 9. 4. 1987 EzA § 1 KSchG Krankheit Nr. 17 und 18.
[1041] *Preis,* S. 334f., 444.
[1042] Hierzu *Lepke,* S. 52.
[1043] BAG 16. 2. 1989 NZA 1989, 923 = EzA § 1 KSchG Krankheit Nr. 25 = AP § 1 KSchG 1969 Krankheit Nr. 20 mit Anm. *Preis;* 25. 11. 1982 AP § 1 KSchG 1969 Krankheit Nr. 7 = EzA § 1 KSchG Krankheit Nr. 10; *Preis,* S. 442ff.
[1044] BAG 16. 2. 1989 NZA 1989, 923 = EzA § 1 KSchG Krankheit Nr. 25 = AP § 1 KSchG 1969 Krankheit Nr. 20 mit Anm. *Preis.*
[1045] *Preis,* S. 443; HAS-*Popp,* § 19 D Rn. 48.
[1046] BAG 6. 9. 1989 NZA 1990, 307 = EzA § 1 KSchG Krankheit Nr. 26.
[1047] BAG 24. 7. 1993 NZA 1994, 67ff.
[1048] BAG 13. 12. 1990 – 2 AZR 342/90 – n. v.
[1049] BAG 6. 9. 1990 – 2 AZR 19/89 – EzA § 1 KSchG Krankheit Nr. 26.
[1050] BAG 5. 7. 1990 EzA § 1 KSchG Krankheit Nr. 32.

gungsfaktoren abnimmt. Manche Abwägungsfaktoren erhalten sogar durch die Lohnfortzahlungskosten ihr spezifisches Gewicht. Dies gilt etwa für den Aspekt des Lebensalters. Die zu erwartende erhebliche Belastung wird umso höher, je jünger der Arbeitnehmer ist.[1051] Andererseits wird die Höhe der Lohnfortzahlungskosten in der Rechtsprechung niemals als absoluter Fixpunkt angewendet. In der Entscheidung vom 10. 5. 1990[1052] scheiterte trotz außerordentlich hoher Fehltage (1985: 185 Tage, 1986: 110 Tage, 1987: 108 Tage) die Kündigung allein daran, dass der Arbeitgeber die Ausfallquote vergleichbarer Arbeitnehmer nicht dargelegt hatte. Sei auch bei den Kollegen die Quote der krankheitsbedingten Ausfälle besonders hoch, dann könne, so das BAG, nur eine ganz erheblich höhere Ausfallquote eine Kündigung rechtfertigen. Eine Massierung von gestörten Arbeitsverhältnissen in einem bestimmten betrieblichen Bereich erleichtere dem Arbeitgeber nicht eine krankheitsbedingte Kündigung.[1053]

(5) Hinsichtlich der zu erwartenden unzumutbaren betrieblichen oder wirt- **1235**
schaftlichen Belastungen ist der **Arbeitgeber darlegungs- und beweispflichtig.** Das BAG stellt strenge Anforderungen, weil der Arbeitgeber insoweit die erforderliche Sachnähe und Kenntnis hat.[1054] Der Arbeitgeber trägt nach § 1 Abs. 2 Satz 4 KSchG auch die objektive Beweislast für die Tatsachen, die der Interessenabwägung zugrunde zu legen sind. Der Arbeitgeber hat auch die vom Arbeitnehmer behaupteten, diesem günstige Umstände zu widerlegen.[1055] Behauptet der Arbeitnehmer einen ursächlichen Zusammenhang zwischen Krankheit und betrieblicher Tätigkeit und entbindet er den behandelnden Arzt von der Schweigepflicht, dann trägt der Arbeitgeber die Beweislast für die Nichtursächlichkeit.[1056]

cc) Dauernde Arbeitsunfähigkeit

Der Fall der dauernden (krankheitsbedingten) Arbeitsunfähigkeit erlangt in der **1236**
Rechtsprechung zunehmende Bedeutung. Schon in den Urteilen vom 21. 2. 1985[1057] und vom 30. 1. 1986[1058] hatte der 2. Senat ausgeführt, die krankheitsbedingte dauernde Unfähigkeit, die vertraglich geschuldete Arbeitsleistung zu erbringen, berechtige den Arbeitgeber zur ordentlichen Kündigung des Arbeitsverhältnisses, wobei der Arbeitgeber eine darüber hinausgehende Betriebsbeeinträchtigung nicht darlegen müsse.[1059] Sowohl die festgestellte **Berufsunfähigkeit** als auch die

---

[1051] BAG 10. 5. 1990 EzA § 1 KSchG Krankheit Nr. 31.

[1052] BAG 10. 5. 1990 EzA § 1 KSchG Krankheit Nr. 31.

[1053] A. A.: *Schwerdtner,* DB 1990, 378f.; wie BAG *Kohte,* AiB 1990, 130f.

[1054] BAG 2. 11. 1983 EzA § 1 KSchG Krankheit Nr. 13 = AP § 1 KSchG 1969 Krankheit Nr. 12; *Ascheid,* Beweislastfragen im Kündigungsschutzprozess, 1989, S. 108f.; HAS-*Popp,* § 19 D Rn. 53ff.

[1055] BAG 6. 9. 1989 NZA 1990, 350ff. = EzA § 1 KSchG Krankheit Nr. 27; *Ascheid,* S. 109f.

[1056] BAG 6. 9. 1989 NZA 1990, 350ff. = EzA § 1 KSchG Krankheit Nr. 27; HAS-*Popp,* § 19 D Rn. 62; anders LAG Baden-Württemberg 29. 4. 1986 LAGE § 1 KSchG Krankheit Nr. 6 = NZA 1987, 27.

[1057] – 2 AZR 72/84 – n. v.

[1058] – 2 AZR 668/84 – NZA 1987, 555, 556.

[1059] BAG 30. 1. 1986 NZA 1987, 555; zur Kündigungsmöglichkeit bei mehrfacher Bewilligung einer zeitlich befristeten Erwerbsunfähigkeitsrente LAG BadenWürttemberg 13. 1. 1988 LAGE § 1 KSchG Personenbedingte Kündigung Nr. 5.

Erwerbsunfähigkeit begründen hinreichend die Negativprognose.[1060] Der rentenversicherungsrechtliche Begriff der Erwerbsunfähigkeit und der arbeitsrechtliche Begriff der Arbeitsunfähigkeit decken sich jedoch nicht. Deshalb kann auch während der Gewährung einer befristeten Rente wegen Erwerbsunfähigkeit eine Kündigung wegen dauernder Arbeitsunfähigkeit gerechtfertigt sein.[1061] Bei einem Arbeitsverhältnis, bei dem feststeht, dass der Arbeitnehmer in Zukunft die geschuldete Arbeitsleistung überhaupt nicht mehr erbringen kann, sei schon aus diesem Grunde das Arbeitsverhältnis auf Dauer ganz erheblich gestört. In diesem Falle bestehe kein schützenswertes Interesse des Arbeitnehmers, den Arbeitgeber daran zu hindern, mit der Tätigkeit des Arbeitnehmers, der außerstande sei, die geschuldete Arbeitsleistung zu erbringen, auf Dauer einen anderen Arbeitnehmer zu beauftragen.[1062] Im Kern kann die Kündigung aus diesem Grund nur verhindert werden, wenn ein anderer Arbeitsplatz, und sei es unter geänderten Arbeitsbedingungen, ggf. nach zumutbaren Umschulungs- oder Fortbildungsmaßnahmen, zur Verfügung steht.[1063]

1237 In der Praxis eine Rolle spielen Fälle, in denen innerbetriebliche Konflikte und Umsetzungsmaßnahmen Arbeitnehmer dazu veranlassen, sich zur Leistung der übertragenen Arbeit außerstande zu sehen und dementsprechende Atteste vorzulegen.[1064] Eine schlechte anwaltliche Beratung kann dann dazu führen, dass der Arbeitnehmer den Arbeitsplatz wegen „dauernder Unfähigkeit zur Erbringung der geschuldeten Arbeitsleistung" verliert.[1065] Selbst wenn man dem BAG im grundsätzlichen Ausgangspunkt folgt, ist die noch unzureichende begriffliche Abgrenzung problematisch. Ist schon jede verbale oder attestierte Erklärung, die ausgeübte Tätigkeit könne der Arbeitnehmer gesundheitsbedingt auf Dauer nicht erbringen, geeignet, den Tatbestand eines dauernden Unvermögens anzunehmen, wenn der Arbeitnehmer faktisch, wenn auch durch Krankheit unterbrochen, die Arbeit noch ausführt? Es spricht viel dafür, die andauernde Leistungsunfähigkeit auf die Fälle zu beschränken, in denen der Arbeitnehmer gar nicht mehr arbeitet oder definitiv erklärt, die Arbeit wegen seines Gesundheitszustandes nicht mehr ausüben zu wollen.[1066] Das nur *vorübergehende Leistungsunvermögen* darf dem dauernden Unvermögen nicht gleichgestellt werden. Kündigungsrechtlich sind vorübergehende Leistungshindernisse entweder nach den Grundsätzen der langanhaltenden Erkrankung oder – je nach Häufigkeit – nach den Grundsätzen für Kurzzeiterkrankungen zu lösen. Schließlich muss es sich nicht nur um ein dauerndes, sondern auch um ein

---

[1060] Vgl. LAG Hamm 11. 7. 1996 ARST 1997, 69, wo allerdings richtig darauf hingewiesen wird, dass im Unterschied zur Erwerbsunfähigkeit bei der Berufsunfähigkeit ggf. noch anderweitige Einsatzmöglichkeiten in Betracht kommen.

[1061] BAG 3. 12. 1998 AP § 1 KSchG Krankheit 1969 Nr. 33.

[1062] BAG 10. 12. 1987 – 2 AZR 515/87 – n. v.

[1063] Vgl. schon BAG 5. 8. 1976 EzA § 1 KSchG Krankheit Nr. 2; zuletzt BAG 28. 2. 1990 und 7. 2. 1991 EzA § 1 KSchG Personenbedingte Kündigung Nr. 5 und 9; weitere Einzelfälle bei *Preis,* in: Hromadka, Krankheit im Arbeitsverhältnis, 1993, S. 93, 102 ff.

[1064] Hierzu *Basedau,* ArbuR 1991, 299.

[1065] BAG 28. 2. 1990 EzA § 1 KSchG Personenbedingte Kündigung Nr. 5; vgl. auch die Folgeentscheidung LAG München 14. 8. 1991 LAGE § 1 KSchG Personenbedingte Kündigung Nr. 9; BAG 13. 12. 1990 RzK I 5 g Nr. 42.

[1066] Dafür *Basedau,* ArbuR 1991, 299, 303.

vollständiges Unvermögen handeln. Das nur *teilweise* Unvermögen ist der Fallgruppe der krankheits- oder altersbedingten Leistungs*einschränkung* zuzuordnen, die nicht in gleicher Weise die Kündigungsmöglichkeit für den Arbeitgeber eröffnet. Diese Unterscheidung der Fallgruppen ist unverzichtbar, wenn nicht die falsche Messlatte an die Kündigung angelegt werden soll.

Mit der Entscheidung vom 12. 7. 1995[1067] hat das BAG in der Sache eine differenzierte Handhabung vorgenommen und nicht allein das arbeitnehmerseitig vorgelegte Attest als Nachweis für eine dauernde Arbeitsunfähigkeit genügen lassen, wenn der Arbeitnehmer tatsächlich gearbeitet hat und die Krankheitszeiten nicht auf eine Arbeitsunfähigkeit schließen lassen. Überdies sind für die Fälle der arbeitsplatzbezogenen Leistungsunfähigkeit bzw. -einschränkung (z. B. allergische Reaktionen) die Anforderungen an das ultima-ratio-Prinzip verschärft worden. Nach BAG 29. 1. 1997[1068] ist der Arbeitnehmer zur Vermeidung einer Kündigung auf einem leidensgerechten Arbeitsplatz weiterzubeschäftigen, wenn ein solcher frei und der Arbeitnehmer zur Erbringung der zu leistenden Arbeit geeignet ist. Soweit das BAG darüber hinausgehend verlangt, ggf. einen solchen Arbeitsplatz „durch Ausübung seines Direktionsrechts frei zu machen und sich auch um die evtl. erforderliche Zustimmung des Betriebsrats zu bemühen“, ist dies bedenklich.[1069] Zum einen kann dies in einem Großbetrieb zu einem kaum begrenzbaren Versetzungskarussell führen. Ferner ist die Entscheidung schwer vereinbar mit den sonst betonten Grundsätzen, dass der Personaleinsatz Sache der unternehmerischen Entscheidung des Arbeitgebers sei.[1070] Allerdings verstößt die Entscheidung nicht gegen den Grundsatz, dass der gekündigte Arbeitnehmer nicht geltend machen kann, statt seiner müsse ein anderer (weniger schutzbedürftiger) Arbeitnehmer gekündigt werden (vgl. Rn. 1037 ff.); auch die Grenzen des Kollektivarbeitsrechts (Zustimmungsverweigerung durch Betriebsrat) werden beachtet.[1071] Es bleiben dennoch Bedenken. Denn im Kündigungsschutzprozess müsste die Frage mitentschieden werden, ob ein anderer Arbeitnehmer auf den (möglicherweise gesundheitsschädlichen) Arbeitsplatz umgesetzt werden kann. Hier müsste erwogen werden, den betroffenen Arbeitnehmer als Streithelfer des Arbeitgebers nach § 66 ZPO zuzulassen, zumal die Ausübung des Direktionsrechts ihrerseits nach § 315 BGB einer Billigkeitskontrolle unterliegt. Ob es billigem Ermessen entspricht, einen Arbeitnehmer ausschließlich im Interesse eines anderen Arbeitnehmers auf einen anderen Arbeitsplatz zu versetzen, kann zweifelhaft sein.[1072] **1238**

[1067] AP § 626 BGB Krankheit Nr. 7 mit Anm. *Bezani* = EzA § 626 BGB n. F. Nr. 156 mit Anm. *Kania.*

[1068] EzA § 1 KSchG Krankheit Nr. 42 mit krit. Anm. *Streckel.*

[1069] Zurückhaltend LAG Berlin 3. 11. 1997 LAGE § 1 KSchG Krankheit Nr. 27; ArbG Celle 8. 4. 1997 RzK I 5g Nr. 69; ablehnend *Lingemann,* BB 1998, 1106; *v. Hoyningen-Huene/Linck,* § 1 KSchG Rn. 178 a; dafür KR/*Etzel,* § 1 KSchG Rn. 296; *Kania,* Anm. BAG EzA § 626 BGB n. F. Nr. 156; MünchArbR/*Berkowsky,* § 132 Rn. 72.

[1070] Zur krankheitsbedingten Kündigung ausdrücklich BAG 29. 7. 1993 EzA § 1 KSchG Krankheit Nr. 40; zur betriebsbedingten Kündigung BAG 24. 4. 1997 NZA 1997, 1047.

[1071] Hierzu *Preis,* S. 314 f.

[1072] Vgl. *v. Hoyningen-Huene/Linck,* § 1 KSchG Rn. 178 a; *Lingemann,* BB 1098, 1106, 1107; a. A. *Däubler,* Das Arbeitsrecht 2, Rn. 1093, der sogar in Anwendung des § 1 Abs. 3 KSchG für die Kündigung eines Gesunden eintritt.

dd) Kündigung wegen krankheitsbedingter Leistungsminderung

1239 Während bei dauernder (vollständiger) Arbeitsunfähigkeit die Kündigung regelmäßig bei fehlender anderweitiger Verwendungsmöglichkeit zulässig ist, wird die Kündigungsmöglichkeit bei krankheits- oder altersbedingter Leistungsminderung zurückhaltend beurteilt. Grundsätzlich hat der Arbeitgeber einen altersbedingten Leistungsabfall hinzunehmen.[1073] An die Kündigung wegen krankheits- oder altersbedingter Leistungsminderung[1074] werden in der Gerichtspraxis strenge Anforderungen gestellt. Bei alters- und krankheitsbedingtem Leistungsabfall muss der Arbeitgeber zunächst mildere Mittel prüfen und – soweit möglich – ergreifen (Umsetzung und Umgestaltung des Arbeitsplatzes, andere Aufgabenverteilung). Die Kündigung wegen krankheits- oder altersbedingter Leistungsminderung bewegt sich auf der Grenze zur verhaltensbedingten Kündigung. Entscheiden kann man nach folgender Formel: Wer schlecht leistet, obwohl er zur guten Leistung imstande wäre, verletzt den Arbeitsvertrag, kann abgemahnt und in letzter Konsequenz gekündigt werden.[1075] Wer jedoch schlechter leistet, weil er alters- oder krankheitsbedingt nicht mehr anders leisten kann, der ist unverschuldet zur Leistung außerstande und für die geschuldete Tätigkeit nicht mehr (voll) geeignet. Da eine Leistungssteigerung subjektiv unmöglich ist (Unvermögen), ist auch eine Abmahnung zwecklos und daher entbehrlich. Die krankheitsbedingte Leistungsminderung gehört daher in die Kategorie der (verschuldensunabhängigen) personenbedingten Kündigung wegen Eignungsmangel.[1076] Es liegt allerdings nur eine eingeschränkte Eignung zur Erfüllung der geschuldeten Aufgabe vor. Zur Rechtfertigung der Kündigung bedarf es erheblicher Beeinträchtigungen der Leistungsfähigkeit. Nur geringfügige Minderungen der Leistungsfähigkeit scheiden von vornherein als Kündigungsgrund aus.[1077] Es muss sich um erhebliche Einschränkungen der Leistungsfähigkeit in quantitativer oder qualitativer Hinsicht handeln.[1078] Das BAG hat in einer Entscheidung vom 26. 9. 1991[1079] die Kündigung wegen krankheitsbedingter Leistungsminderung einer schwerbehinderten, langjährig beschäftigten Arbeitnehmerin bejaht, die nach objektiver Feststellung nur noch zwei Drittel der Normalleistung zu erbringen in der Lage war. In der Praxis wird in den meisten Fällen die Kündigung daran scheitern, dass der Arbeitgeber eine derartig bezifferte Normalleistung kaum wird nachweisen können.

ee) Kündigung wegen Langzeiterkrankung

1240 Kündigungen wegen Langzeiterkrankung spielen in der Gerichtspraxis eine geringere Rolle. Richtungweisend waren hier die Entscheidungen des BAG 22. 2.

[1073] BAG 16. 3. 1961 AP § 1 KSchG Verhaltensbedingte Kündigung Nr. 2; *v. Hoyningen-Huene/Linck,* § 1 KSchG Rn. 253.

[1074] BAG 12. 7. 1995 AP § 626 BGB Krankheit Nr. 7 mit Anm. *Bezani* = EzA § 626 BGB n. F. Nr. 156 mit Anm. *Kania;* LAG Köln 21. 12. 1995 LAGE § 1 KSchG Krankheit Nr. 24; BAG 5. 8. 1976 EzA § 1 KSchG Krankheit Nr. 1 = AP § 1 KSchG 1969 Krankheit Nr. 1; LAG Frankfurt 29. 4. 1983 BB 1984, 1163; KR/*Etzel,* § 1 KSchG Rn. 385; *Lepke,* S. 47 ff. m. w. N.

[1075] Zur Kündigung wegen Schlecht- oder Minderleistung Rn. 716 m. w. N.

[1076] Ebenso *v. Hoyningen-Huene/Linck,* § 1 KSchG Rn. 253.

[1077] KR/*Etzel,* § 1 KSchG Rn. 385.

[1078] *Lepke,* S. 68 m. w. N.

[1079] EzA § 1 KSchG Personenbedingte Kündigung Nr. 10.

1980 und vom 25. 11. 1982.[1080] Auf **langanhaltende Erkrankungen** kann betrieblich leichter reagiert werden. Wirtschaftlich sind sie wegen der nach 6 Wochen endenden Lohnfortzahlungspflicht weniger belastend als häufige, über insgesamt 6 Wochen hinausgehende Kurzerkrankungen. Bei einmaligen Schicksalsschlägen verlangt die Rechtsprechung darüber hinaus vom Arbeitgeber größere Rücksichtnahme. Aus der Systematik des § 3 EFZG und der krankheitsbedingten Kündigungsgründe ist zu folgern, dass langanhaltend nur eine Krankheit ist, die über sechs Wochen hinaus andauert.[1081] Dabei ist jedoch die bisherige Dauer der Langzeiterkrankung für die Negativprognose wenig aussagekräftig, weil die Wiederherstellung der Arbeitsfähigkeit kurz bevorstehen kann.[1082] Bei langanhaltenden Erkrankungen muss die nicht absehbare Dauer der Arbeitsunfähigkeit und die daraus folgende Ungewissheit zu erheblichen Beeinträchtigungen der betrieblichen und wirtschaftlichen Interessen führen.[1083] Problematisch ist der Fall der Abgrenzung zwischen langanhaltender Erkrankung und dem Fall der dauernden Arbeitsunfähigkeit: In einer Entscheidung vom 21. 5. 1992[1084] hat das BAG im Falle eines bereits seit 1½ Jahren erkrankten Arbeitnehmers, dessen gesundheitliche Wiederherstellung noch völlig ungewiss war, die Kündigung bejaht: Nach langer Erkrankung könne die Ungewissheit wie eine feststehende dauernde Arbeitsunfähigkeit gewertet werden mit der Konsequenz, dass allein aus diesem Umstand eine kündigungsbegründende Beeinträchtigung betrieblicher Interessen folgt.

Sowohl für die „einfache" als auch die „qualifizierte" (d. h. einer dauernden Ar- **1241**
beitsunfähigkeit gleichstehenden) langanhaltende Erkrankung gibt es keine festen Bemessungszeiten. Weder ist es vertretbar, jeden über sechs Wochen andauernden Fehltag als unzumutbar anzusehen noch nach sechs Wochen oder einem anderen willkürlich gesetzten Zeitpunkt generell eine Kündigung zuzulassen. Entscheidend sind die unter Rn. 1040 f. wiedergegebenen Kriterien. Dabei kommt es insbesondere darauf an, ob Überbrückungsmaßnahmen über einen längeren Zeitraum möglich sind. Der Ausfall einer spezialisierten Fachkraft, der vielfach schwierig zu überbrücken ist, kann das Kündigungsinteresse steigen lassen.[1085] Überdies ist davor zu warnen, die Entscheidung des BAG 21. 5. 1992 (Rn. 1240) kasuistisch zu überspitzen, indem versucht wird, den Begriff der langanhaltenden Erkrankung, die einer dauernden Arbeitsunfähigkeit gleichsteht, ausschließlich in zeitlicher Hinsicht zu präzisieren.[1086] Das BAG kommt auf einer methodischen unsicheren Basis zu dem Schluss, als langanhaltende Erkrankung sei jedenfalls eine solche von mindes-

---

[1080] BAG 22. 2. 1980 AP § 1 KSchG 1969 Krankheit Nr. 6 mit Anm. *Hueck* = EzA § 1 KSchG Krankheit Nr. 5 mit Anm. *Maydell/Eylert;* 25. 11. 1982 AP § 1 KSchG 1969 Krankheit Nr. 7 mit Anm. *Meisel* = EzA § 1 KSchG Krankheit Nr. 10 mit Anm. *Otto.*

[1081] ErfK/*Ascheid,* § 1 KSchG Rn. 232.

[1082] Richtig HK-KSchG-*Weller/Dorndorf,* § 1 Rn. 429.

[1083] BAG 22. 2. 1980 AP § 1 KSchG 1969 Krankheit Nr. 6 und 25. 11. 1982 AP § 1 KSchG 1969 Krankheit Nr. 7 = EzA § 1 KSchG Krankheit Nr. 10; krit. ErfK/*Ascheid,* § 1 KSchG Rn. 232.

[1084] EzA § 1 KSchG Krankheit Nr. 38.

[1085] Vgl. auch ErfK/*Ascheid,* § 1 KSchG Rn. 238.

[1086] Hierzu LAG Köln 25. 5. 1995 LAGE § 4 KSchG Nr. 30; LAG Köln 19. 12. 1995 LAGE § 1 KSchG Krankheit Nr. 22; LAG Nürnberg 19. 12. 1995 LAGE § 1 KSchG Krankheit Nr. 23; LAG Hessen 13. 3. 2001 NZA-RR 2001, 21; vgl. auch die Kritik bei HK-KSchG-*Weller/Dorndorf,* § 1 Rn. 435.

tens acht Monaten anzusehen. Eine der dauernden Arbeitsunfähigkeit gleich zu stellende Ungewissheit der Wiederherstellung der Arbeitsfähigkeit sei aber nur dann anzunehmen, wenn in den nächsten 24 Monaten mit einer anderen Prognose nicht gerechnet werden kann.[1087] So begrüßenswert der Versuch ist, in die durch die eigenen Entscheidungen ausgelöste Rechtsunsicherheit mehr Gewissheit zu bringen, so zweifelhaft ist aber die Legitimation und sachliche Plausibilität der (unter Hinweis auf das BeschFG !) gefundenen Zeitgrenzen.[1088]

g) Strafhaft, Untersuchungshaft

1242 Die Kündigung eines Arbeitnehmers wegen Arbeitsverhinderung durch Verbüßung einer Freiheitsstrafe stellt keinen verhaltens-, sondern einen personenbedingten Kündigungsgrund dar.[1089] Das Gleiche gilt im Falle der Untersuchungshaft.[1090] Das BAG wendet zu Recht auch in diesen Fällen die allgemeinen Grundsätze der personenbedingten Kündigung an. Entscheidend sind Art und Umfang der hervorgerufenen Betriebsstörungen und die Möglichkeit von Überbrückungsmaßnahmen. Wegen der eigenen Verantwortlichkeit für die Arbeitsverhinderung hält das BAG im Falle der Strafhaft aber zur Überbrückung des Ausfalls nur geringere Belastungen für zumutbar als bei einer krankheitsbedingten Arbeitsverhinderung (vgl. bereits oben Rn. 739ff.). Freilich ist auch zu bedenken, dass mangels Annahmeverzug bzw. wegen arbeitnehmerseitig verschuldeter Unmöglichkeit die Lohnzahlungspflicht entfällt.

V. Sozialwidrigkeit im Falle eines Widerspruchs des Betriebsrats; absolute Sozialwidrigkeitsgründe

1243 § 1 Abs. 2 Satz 2 und 3 KSchG sind durch § 123 BetrVG 1972 in das KSchG eingefügt worden. Mit ihnen wurde das Ziel verfolgt, den Kündigungsschutz des Arbeitnehmers zu verstärken. § 114 BPersVG erstreckt die Geltung der Bestimmungen auf den Bereich des öffentlichen Dienstes.

1244 Voraussetzung für den erweiterten Kündigungsschutz des Arbeitnehmers nach § 1 Abs. 2 Satz 2 und 3 KSchG ist ein **form- und fristgerechter Widerspruch des Betriebsrats.** Es handelt sich um den Widerspruch, der im Rahmen des Anhörungsverfahrens nach § 102 BetrVG erhoben werden kann. Das Widerspruchsrecht des Betriebsrats ist nicht frei, sondern ein an ganz bestimmte gesetzliche Tatbestände gebundenes Recht. Hat der Betriebsrat einer beabsichtigten Kündigung innerhalb einer Woche schriftlich unter Angabe von Gründen widersprochen, so ist der Arbeitgeber dennoch nicht gehindert, die Kündigung auszusprechen. Der

---

[1087] BAG 29. 4. 1999 AP § 1 KSchG 1969 Krankheit Nr. 36 = EzA § 1 KSchG Krankheit Nr. 46; vgl. auch LAG Hessen 13. 3. 2001 NZA-RR 2002, 21ff.

[1088] Zu Recht abl. daher *v. Hoyningen-Huene/Linck,* § 1 KSchG Rn. 245a ff.; *Kraft,* Anm. zu BAG EzA § 1 KSchG Krankheit Nr. 46.

[1089] BAG 15. 11. 1984 EzA § 626 BGB n. F. Nr. 95 = NZA 1985, 661; 22. 9. 1994 NZA 1995, 119; 9. 3. 1995 EzA § 626 BGB n. F. Nr. 154.

[1090] LAG Berlin 9. 8. 1985 ArbuR 1986, 247; ArbG Elmshorn 9. 8. 1984 NZA 1985, 26; LAG Düsseldorf 30. 10. 1996 – 12 Sa 827/96.

Widerspruch führt nicht zur Unwirksamkeit der Kündigung. Der Arbeitnehmer ist frei, ob er die Kündigung hinnehmen oder sie im Kündigungsschutzverfahren anfechten will. Der Widerspruch hat zwei Rechtsfolgen: er löst unter der Voraussetzung des § 102 Abs. 5 BetrVG den Weiterbeschäftigungsanspruch bis zur rechtskräftigen Entscheidung des Kündigungsschutzprozesses aus und er hat eine Erweiterung des Kündigungsschutzes nach § 1 Abs. 2 Satz 2 KSchG zur Folge. In beiden Fällen müssen die allgemeinen Voraussetzungen des KSchG gegeben sein, anderenfalls ist der Widerspruch des Betriebsrats ohne individualrechtliche Bedeutung. Trotz Einfügung eines Widerspruchsrechtes des Betriebsrats in das BetrVG gegenüber der ordentlichen Kündigung bleibt die Durchführung des Kündigungsschutzes in der Ebene des Individualrechts und seine Durchsetzung allein dem Arbeitnehmer selbst überlassen. Stellt das Gericht im Kündigungsschutzprozess fest, dass der form- und fristgerecht eingelegte Widerspruch des Betriebsrats begründet war, so ist die Kündigung sozialwidrig. Die gegebenenfalls notwendige Interessenabwägung entfällt (sog. **absoluter Sozialwidrigkeitsgrund**).[1091]

Widerspricht der Betriebsrat der Kündigung nach § 102 Abs. 3 BetrVG, so hat **1245**
der Arbeitgeber dem Arbeitnehmer mit der Kündigung zugleich eine Abschrift der Stellungnahme des Betriebsrats zuzuleiten. Die Verletzung dieser Pflicht macht die Kündigung jedoch nicht nichtig. Es können allenfalls Schadensersatzfolgen eintreten.

Der Katalog des § 102 Abs. 3 BetrVG kodifiziert im Wesentlichen die Recht- **1246**
sprechung der Arbeitsgerichte zu Fragen der Kündigung aus dringenden betrieblichen Erfordernissen und aus Gründen in der Person des Arbeitnehmers, wenn man von der Ausdehnung des Schutzes auf das Unternehmen nach Ziffer 3 und den Schutz durch die Auswahlrichtlinien nach § 95 BetrVG absieht. Ein Widerspruch des Betriebsrats ist nicht nur bei betriebsbedingten, sondern auch bei personen- und verhaltensbedingten Kündigungen zulässig.[1092] Bei Kündigungen wegen **schuldhaften vertragswidrigen Verhaltens** greift das Widerspruchsrecht des Betriebsrats wohl nur in selteneren Ausnahmefällen. In Grenzfällen kann ein Widerspruchsrecht bei einer verhaltensbedingten Kündigung gegeben sein, wenn z. B. der Arbeitnehmer ohne Verschulden seine Arbeit nicht mehr schafft, also schlechte Leistungen erbringt. Hier kann nach Ziffer 5 ein Widerspruchsrecht denkbar sein, weil die Beschäftigung auf einem anderen Arbeitsplatz möglich ist. Bei Kündigungen aus Gründen in der Person wird ein Widerspruchsrecht des Betriebsrats wegen der möglichen Weiterbeschäftigung auf einem anderen Arbeitsplatz häufiger in Betracht kommen. Sofern der Widerspruchsgrund eine Vertragsänderung voraussetzt, ist zur Begründetheit des Widerspruchs das Einverständnis des Arbeitnehmers zu fordern. Dies kann bei den Widerspruchstatbeständen nach § 102 Abs. 3 Nr. 4 und 5 BetrVG der Fall sein.[1093] Die anderen Arbeitsplätze müssen verfügbar, also **frei** sein.

Durch Betriebsvereinbarung können Betriebsrat und Arbeitgeber vereinbaren, **1247**
dass Kündigungen der Zustimmung des Betriebsrats bedürfen und im Streitfall die

---

[1091] BAG 13. 9. 1973 EzA § 102 BetrVG 1972 Nr. 7; krit. *Preis*, S. 93 f.

[1092] BAG 22. 7. 1982 EzA § 1 KSchG Verhaltensbedingte Kündigung Nr. 10 = DB 1983, 180; *v. Hoyningen-Huene/Linck*, § 1 KSchG Rn. 520 m. w. N.; KDZ/*Kittner*, § 1 KSchG Rn. 355.

[1093] Ebenfalls strittig, vgl. KR/*Etzel*, § 102 BetrVG Rn. 167, 169 c, 172 b m. w. N.

Einigungsstelle entscheidet (dazu oben Rn. 456ff.). Von Bedeutung ist, dass durch die gesetzliche Konkretisierung des Kündigungsschutzes in § 1 Abs. 2 Satz 2 KSchG keine Einschränkung dieses Schutzes statuiert worden ist in dem Sinne, dass nunmehr **ohne Widerspruch** des Betriebsrats die im Gesetz aufgezählten Tatbestände keine Berücksichtigung mehr finden könnten. Selbst wenn im Betrieb kein Betriebsrat besteht oder der Betriebsrat der Kündigung nicht oder nicht fristgerecht widersprochen hat, sind die in § 1 Abs. 2 Satz 2 KSchG genannten Widerspruchsgründe als spezifische Konkretisierungen des Verhältnismäßigkeitsprinzips zu berücksichtigen.[1094]

1. Auswahlrichtlinien

1248 Die Kündigung ist nach § 1 Abs. 2 Satz 2 Nr. 1 a) KSchG sozial ungerechtfertigt, wenn sie gegen eine Richtlinie nach § 95 BetrVG verstößt und der Betriebsrat deshalb der beabsichtigten Kündigung form- und fristgerecht widersprochen hat. Dieser Widerspruchsgrund ist, weil es nur im Rahmen des § 1 Abs. 3 KSchG sinnvollerweise Auswahlrichtlinien geben kann, auf den Fall der betriebsbedingten Kündigung beschränkt.[1095] Die Auswahlrichtlinien können allerdings den zwingenden gesetzlichen Kündigungsschutz des einzelnen Arbeitnehmers nicht beschneiden, etwa dadurch, dass die Auswahl nur auf einen Gesichtspunkt, etwa die Dauer der Betriebszugehörigkeit, begrenzt wird. Das stellt eine Verletzung des zwingenden Rechts des allgemeinen Kündigungsschutzes dar, zu dem auch § 1 Abs. 3 KSchG zählt. Derartige Auswahlrichtlinien sind nichtig mit der Folge, dass die nach ihnen getroffene Entscheidung des Arbeitgebers vor Gericht keinen Bestand hat.[1096] Die Auswahlrichtlinien haben eine spezifisch kündigungsrechtliche Regelung in § 1 Abs. 4 KSchG erfahren (hierzu Rn. 1155ff.).

2. Weiterbeschäftigung auf einem anderen Arbeitsplatz

1249 Das KSchG ist betriebsbezogen, so dass der Kündigungsschutz in § 1 Abs. 2 Satz 2 Buchstabe b KSchG erweitert worden ist. Jetzt ist auch zu prüfen, ob eine Weiterbeschäftigung in einem **anderen Betrieb** des Unternehmens möglich ist. Dies gilt auch in betriebsratslosen Betrieben bzw. dann, wenn der Betriebsrat keinen Widerspruch erhoben hat (Einzelheiten oben Rn. 1003ff.). Unter bestimmten Voraussetzungen hat die Rechtsprechung das auch schon früher vertreten, dann nämlich, wenn der Arbeitnehmer für den Bereich des Unternehmens eingestellt gewesen ist.[1097] Der andere Arbeitsplatz muss bei Ablauf der Kündigungsfrist frei

---

[1094] BAG 13. 9. 1973 AP § 1 KSchG 1969 Nr. 2 = EzA § 102 BetrVG 1972 Nr. 7.

[1095] *V. Hoyningen-Huene/Linck,* § 1 KSchG Rn. 525 m.w.N.; a.A. KDZ/*Kittner,* § 1 KSchG Rn. 363.

[1096] BAG 11. 3. 1976 EzA § 95 BetrVG 1972 Nr. 1 mit Anm. *Gamillscheg* = NJW 1976, 1470 (L.); 20. 10. 1983 AP § 1 KSchG 1969 Betriebsbedingte Kündigung Nr. 13 = NJW 1984, 1648; 18. 1. 1990 AP § 1 KSchG 1969 Soziale Auswahl Nr. 19 = SAE 1991, 118 mit Anm. *Hoyningen-Huene;* vgl. ferner *v. Hoyningen-Huene/Linck,* § 1 KSchG Rn. 524 m.w.N.; auch *Klebe/Schumann,* S. 143; sowie *Schaub,* RdA 1981, 375.

[1097] *Otto,* SAE 1975, 6; BAG 22. 11. 1973 EzA § 1 KSchG Nr. 28 = AP § 1 KSchG 1969 Betriebsbedingte Kündigung Nr. 22.

sein. Der Arbeitgeber ist nicht verpflichtet, für den Arbeitnehmer einen neuen Arbeitsplatz zu schaffen. Der Betriebsrat kann nicht mit der Begründung widersprechen, der Arbeitnehmer könne auf seinem bisherigen Arbeitsplatz weiterbeschäftigt werden.[1098] Die Weiterbeschäftigungsmöglichkeit auf einem vorhandenen unbesetzten Arbeitsplatz muss konkretisiert werden. Allgemeine Hinweise reichen nicht aus.[1099]

Das Verlangen des Betriebsrats, den Arbeitnehmer auf einen anderen Arbeitsplatz **1250**
zu versetzen, beinhaltet zugleich das Einverständnis mit der Versetzung. Der Arbeitgeber braucht also nicht mehr die Zustimmung nach § 99 BetrVG einzuholen, wenn er der Anregung nachkommt. Auch die Anhörung nach § 102 Abs. 1 BetrVG für eine evtl. notwendige Änderungskündigung entfällt. Soll die Versetzung in einen anderen Betrieb erfolgen, so ist die Zustimmung des dortigen Betriebsrats notwendig.

Der Betriebsrat kann der Kündigung auch widersprechen, wenn die Weiterbe- **1251**
schäftigung nach einer Umschulungs- oder Fortbildungsmaßnahme möglich ist (§ 1 Abs. 2 Satz 3 KSchG).[1100] Die Umschulung muss für den Arbeitgeber zumutbar (hierzu bereits Rn. 1017f.) und der Arbeitnehmer muss mit ihr einverstanden sein.

Das Widerspruchsrecht des Betriebsrats wegen der Möglichkeit einer Weiterbe- **1252**
schäftigung auf einem **anderen Arbeitsplatz** kommt vornehmlich bei der betriebsbedingten Kündigung in Betracht. Darüber hinaus wird es auch bei der personenbedingten Kündigung praktisch werden, dagegen wohl nur ausnahmsweise bei einer verhaltensbedingten Kündigung, z.B. bei unverschuldeter Schlechtleistung des Arbeitnehmers. Doch selbst bei schuldhaftem Verhalten des Arbeitnehmers und einer deshalb ausgesprochenen ordentlichen Kündigung ist ein Widerspruchsrecht des Betriebsrats nicht ausgeschlossen, wenn das Fehlverhalten „rein arbeitsplatzbedingt" ist.[1101] Es muss aber sicher sein, dass nach einer evtl. Umsetzung Störungen ausgeschlossen sind und das Arbeitsverhältnis dann belastungsfrei fortgesetzt werden kann.

VI. Verzicht auf den Kündigungsschutz (Ausgleichsquittung)

Der Bestandsschutz des Arbeitsverhältnisses in der Ausgestaltung, die er durch **1253**
die Rechtsprechung der Gerichte für Arbeitssachen hat, ist ein wesentlicher Bestandteil der Sozialstaatsgarantie des Grundgesetzes[1102] und damit zugunsten des Arbeitnehmers **zwingendes Recht.** Das gilt auch für den besonderen Kündigungsschutz, z.B. für Betriebsratsmitglieder, Schwerbehinderte oder werdende Mütter. Es wird daher zutreffend allgemein anerkannt, dass der Arbeitnehmer **im Voraus** weder vor Abschluss des Arbeitsvertrages noch während des Bestehens des Arbeits-

[1098] BAG 11. 5. 2000 AP § 102 BetrVG 1972 Weiterbeschäftigung Nr. 13; LAG Hamm 31. 1. 1979 DB 1979, 1232; *Gamillscheg,* Festschrift BAG, 1979, S. 129; *v. Hoyningen-Huene/Linck,* § 1 KSchG Rn. 531a m.w.N.; LAG Düsseldorf 2. 9. 1977 BB 1978, 963; a.A. *Klebe/Schumann,* S. 154.

[1099] Vgl. ausf. *Hoyningen-Huene/Linck,* DB 1993, 1185ff.

[1100] Hierzu LAG Frankfurt 12. 12. 1989 LAGE § 1 KSchG Personenbedingte Kündigung Nr. 7.

[1101] Vgl. *Preis,* S. 297.

[1102] Vgl. *Benda,* RdA 1974, 4.

verhältnisses vor dem Ausspruch einer Kündigung auf den allgemeinen oder besonderen Kündigungsschutz verzichten kann.[1103] Das BAG hat es aber abgelehnt, das Verzichtsverbot auf die Klagefrist des § 4 KSchG auszudehnen.[1104] Dem Arbeitnehmer stehe auch bereits innerhalb dieser Frist die volle Entscheidungsfreiheit darüber zu, ob er die Kündigung hinnehmen oder dagegen Klage erheben wolle.[1105] Selbst eine gesetzeswidrige oder nichtige Kündigung kann der Arbeitnehmer hinnehmen. Das obliegt allein seiner freien Entscheidung.

1. Zum Inhalt der Verzichtsvereinbarung

1254 Die Rechtsprechung hat sich mit dem rechtlich zulässigen Verzicht auf den Kündigungsschutz häufig befasst und zunehmend strengere Anforderungen an die **Eindeutigkeit** der Verzichtserklärung gestellt und verlangt, sie müsse in der Urkunde selbst zum Ausdruck kommen.[1106] Zugelassen worden ist auch der Verzicht in Form einer sog. **Ausgleichsquittung.**[1107] Die Erklärung, auf den Kündigungsschutz zu verzichten, kann je nach Lage des Falles ein **Aufhebungsvertrag,** ein **Vergleich,** ein **Klageverzichtsvertrag** (pactum de non petendo) oder ein **vertragliches Klagerücknahmeversprechen** sein, sofern die Kündigungsschutzklage bereits rechtshängig ist. In allen Fällen fordert die Rechtsprechung zutreffend aus Gründen der Rechtsklarheit eine **eindeutige** Erklärung, denn nur dann sei sichergestellt, dass der Arbeitnehmer die Tragweite seiner Erklärung erkenne.[1108] Die bisher in der Praxis vielfach verwandte Formel: „Ich erkläre hiermit, dass mir aus Anlass der Beendigung des Arbeitsverhältnisses keine Ansprüche mehr zustehen",

---

[1103] Vgl. BAG 4. 12. 1991 EzA § 620 BGB Nr. 113 – für den Fall des Vergleichs; LAG Düsseldorf 27. 2. 1979 EzA § 4 KSchG n. F. Nr. 14; LAG Frankfurt 24. 4. 1987 LAGE § 4 KSchG Verzicht Nr. 1. Zur Rechtswirksamkeit einer Ausgleichsquittung, die ein Minderjähriger unterzeichnet hat, vgl. BAG 10. 6. 1976 EzA § 6 BBiG Nr. 2 = DB 1976, 2216.

[1104] Das haben *Herschel,* Anm. AP § 4 KSchG 1969 Nr. 4 und ihm folgend LAG Düsseldorf 27. 2. 1979 EzA § 4 KSchG n. F. Nr. 14 sowie MünchKomm/ *Schwerdtner,* § 622 BGB Anh. Rn. 162, befürwortet. Die Frage ist vom 4. Senat in seinem Urteil 6. 4. 1977 EzA § 4 KSchG n. F. Nr. 12 noch ausdrücklich offengelassen worden. Der 2. Senat hat aber am 3. 5. 1979 erkannt, ein Verzicht sei grundsätzlich auch innerhalb der Klagefrist möglich EzA § 4 KSchG n. F. Nr. 15 = DB 1979, 1465 unter II 2a der Gründe. Ebenso *Heckelmann,* SAE 1980, 123.

[1105] KR/*Wolf,* 3. Aufl. 1989, Grundsätze Rn. 580, will eine Verzichtserklärung vor Ablauf der Frist des § 4 KSchG nur als wirksam ansehen, wenn dafür ein sachlich berechtigter Grund besteht. Dem ist für den Fall arbeitgeberseitig vorformulierter Verzichtserklärungen zuzustimmen.

[1106] Vgl. LAG Berlin 18. 1. 1993 LAGE § 4 KSchG Ausgleichsquittung Nr. 3; LAG Düsseldorf 25. 2. 1976 EzA § 119 BGB Nr. 6 mit Anm. *Birk;* LAG Düsseldorf 25. 2. 1976 EzA § 119 BGB Nr. 7; BAG 25. 9. 1969 EzA § 1 KSchG Nr. 14 = AP § 3 KSchG Nr. 36; 6. 4. 1977 EzA § 4 KSchG n. F. Nr. 12 mit ablehnender Anm. *Schwerdtner* = NJW 1977, 1983; 29. 6. 1978 EzA § 4 KSchG n. F. Nr. 13 mit Anm. *Käppler* = NJW 1979, 287; 3. 5. 1979 EzA § 4 KSchG n. F. Nr. 15 mit Anm. *Herschel* = SAE 1980, 114 mit Anm. *Heckelmann* = NJW 1979, 2267 = AP § 4 KSchG 1969 Nr. 6 mit Anm. *Grunsky.*

[1107] Ausführlich *Kramer/Marhold,* AR-Blattei, SD 290 „Ausgleichsquittung".

[1108] Vgl. aus der Literatur noch KR/*Friedrich,* § 4 KSchG Rn. 293 ff.; *Schaub,* § 72 II 2; Staudinger/*Neumann,* Vorbemerkung § 620 Rn. 151; a. A. *Schwerdtner,* Anm. EzA § 4 KSchG n. F. Nr. 12; *Trinkner,* BB 1969, 1540; *Schwerdtner,* BlStSozArbR 1979, 19.

reicht nach der neueren Rechtsprechung des BAG[1109] nicht mehr aus, da die notwendige Eindeutigkeit fehlt.[1110] Die Formulierung „Ich erhebe gegen die Kündigung keine Einwendungen und werde mein Recht, das Fortbestehen des Arbeitsverhältnisses geltend zu machen, nicht wahrnehmen oder eine mit diesem Ziel erhobene Klage nicht durchführen" hat das BAG als wirksamen Klageverzicht angesehen.[1111]

Enthält die Ausgleichsquittung nach ihrem Inhalt einen Verzicht auf den Kündi- 1255
gungsschutz, so stellt sich in der Praxis die Frage ihrer **Anfechtbarkeit.** Vielfach wird in Fällen dieser Art ein unbeachtlicher Irrtum über die Rechtsfolgen vorliegen. Behauptet jedoch der Arbeitnehmer, er habe nur den Empfang der Arbeitspapiere und gegebenenfalls des Restlohnes quittieren wollen, so handelt es sich um die Darlegung eines Irrtums über den Inhalt der Erklärung nach § 119 BGB.[1112] Die Beweislast liegt insoweit beim Arbeitnehmer. In der Praxis bringt dies Schwierigkeiten mit sich, da eine Parteivernehmung des Arbeitnehmers auf seinen Antrag nicht in Betracht kommt.[1113] Man wird daher verlangen müssen, dass der Arbeitgeber in einer Ausgleichsquittung auf den Kündigungsschutzverzicht **ausdrücklich** hinweist.[1114] Dies gilt insbesondere bei vorformulierten Ausgleichsquittungen.

[1109] BAG 3. 5. 1979 EzA § 4 KSchG n. F. Nr. 15 mit Anm. *Herschel* = SAE 1980, 118 mit Anm. *Heckelmann* unter Aufgabe von BAG 25. 9. 1969 EzA § 1 KSchG Nr. 14; LAG Köln 22. 2. 2000 MDR 2000, 1140.

[1110] Das BAG – 5. Senat – hat durch die Entscheidung 20. 8. 1980 EzA § 9 LohnFG Nr. 7 = NJW 1981, 1285 die Anforderungen an die Auslegung von Ausgleichsquittungen weiter – erheblich – verschärft. Es hat jetzt erkannt, dass eine Ausgleichsquittung mit einem dem Wortlaut nach eindeutigen Forderungsverzicht nur dann vorliegt, wenn sich aus den Umständen ergibt, dass der Arbeitnehmer die Bedeutung dieser Erklärung auch erkannt hat. Eine Übertragung dieser Grundsätze auf eine Ausgleichsquittung nach einer Kündigung wird wohl praktisch einen „Abschied von der Ausgleichsquittung" bedeuten, denn über einen an sich eindeutigen und klaren Wortlaut hinaus dürfte es wohl schwer sein, dem Arbeitnehmer die sonstigen Umstände „nachzuweisen", aus denen sich ergibt, dass er die Bedeutung seiner Erklärung für den Kündigungsschutz erkannt hat.

[1111] BAG 20. 6. 1985 EzA § 4 KSchG Ausgleichsquittung Nr. 1 = NZA 1986, 258; siehe ferner BAG 6. 4. 1977 EzA § 4 KSchG n. F. Nr. 12 = DB 1977, 1559; LAG Hamm 14. 12. 1984 LAGE § 4 KSchG Ausgleichsquittung Nr. 1 = NZA 1985, 292; sehr weitgehend LAG Köln 22. 2. 2000 NZA-RR 2001, 85 f.: Die Unterzeichnung des Vermerks auf dem Kündigungsschreiben „Zur Kenntnis genommen und hiermit einverstanden" reicht aus.

[1112] BAG 5. 4. 1990 RzK I 10 f Nr. 6.

[1113] Zustimmend BAG 25. 9. 1969 EzA § 1 KSchG Nr. 14 = AP § 3 KSchG Nr. 36. Das Urteil vom 27. 8. 1970 NJW 1971, 639 = EzA § 119 BGB Nr. 3 weicht von diesen Grundsätzen nicht ab, da es zur Beweislastfrage gar keine Stellung nimmt. Es stellt lediglich fest, wer ein Schriftstück ungelesen unterschreibe, könne dennoch anfechten, wenn er sich vom Inhalt eine bestimmte, allerdings unrichtige Vorstellung mache. Die Beweislast für diesen Vortrag hat der Anfechtende. Abweichend ArbG Wuppertal 29. 9. 1975 DB 1976, 394 und – allerdings nur im Ergebnis – LAG Düsseldorf/Köln 31. 10. 1975 EzA § 119 BGB Nr. 6 mit zustimmender Anm. *Birk*. Dieses Urteil ist entscheidend von der Prozesslage beeinflusst, da für die Irrtumsanfechtung wesentliche Tatsachen nach § 138 ZPO als zugestanden anzusehen waren. Wie im Text LAG Düsseldorf 25. 2. 1976 EzA § 119 BGB Nr. 7 und 2. 9. 1976 DB 1977, 871. Die dargestellte Rechtsprechung hat einen großen Teil ihrer Bedeutung durch die Entscheidung des BAG 20. 8. 1980 EzA § 9 LohnFG Nr. 7 verloren.

[1114] MünchKomm/*Schwerdtner,* § 622 BGB Anh. Rn. 166; LAG Berlin 18. 1. 1993 RzK I 10 f Nr. 8; a. A. BAG 3. 5. 1979 EzA § 4 KSchG n. F. Nr. 15 = AP Nr. 6 § 4 KSchG 1969; jedenfalls bei eindeutiger Formulierung lehnt BAG 20. 6. 1985 EzA § 4 KSchG Ausgleichsquittung Nr. 1 = NZA 1986, 258 eine Hinweispflicht ab.

Überraschende Klauseln werden in nach § 305c Abs. 1 BGB nicht Vertragsbestandteil, Unklarheiten gehen zu Lasten des Arbeitgebers (§ 305c Abs. 2 BGB). Formularmäßige Verzichtserklärungen ohne kompensatorische Gegenleistung unterliegen einer Inhaltskontrolle nach § 307 BGB und dürften im Regelfall eine unangemessene Benachteiligung darstellen.[1114]

1256 Weigert sich der Arbeitgeber, den Restlohn zu zahlen oder die Arbeitspapiere herauszugeben, bevor der Arbeitnehmer die Ausgleichsquittung unterschreibt, so liegt ein Anfechtungsgrund nach § 123 BGB vor.

2. Einwand der Arglist

1257 Unterzeichnet ein der deutschen Sprache und Schrift nicht mächtiger **Gastarbeiter** eine Ausgleichsquittung, die nur in deutscher Sprache abgefasst ist und nicht vor Unterzeichnung durch einen Dolmetscher übersetzt wird, so kann sich der Arbeitgeber nicht auf die Rechtswirkungen der Erklärungen des Arbeitnehmers berufen. Das Sprachrisiko kann also nicht, wie dies im kaufmännischen Verkehr der Fall ist, dem Gastarbeiter auferlegt werden. Der Arbeitsvertrag ist ein Dauerschuldverhältnis. Dies rechtfertigt es, höhere Anforderungen an die Fürsorgepflicht des Arbeitgebers zu stellen. Die Belastung, die sich daraus für den Arbeitgeber ergibt, ist zumutbar. Selbst wenn die Beschäftigung eines Dolmetschers wegen der Größe des Betriebes nicht tragbar ist, so ist es doch wirtschaftlich vertretbar, dem Arbeitgeber zuzumuten, wichtige Erklärungen im Rahmen des Arbeitsverhältnisses in die Landessprache des Arbeitnehmers übersetzen zu lassen.[1115]

§ 3 Die Änderungskündigung

1258 Den Schutz des Arbeitnehmers vor einer Änderungskündigung durch den Arbeitgeber regelt speziell § 2 KSchG. Danach liegt eine Änderungskündigung vor, wenn der Arbeitgeber dem Arbeitnehmer das Arbeitsverhältnis kündigt und im Zusammenhang mit der Kündigung die Fortsetzung des Arbeitsverhältnisses zu geänderten Arbeitsbedingungen anbietet. Diese gesetzliche Definition entspricht der einhelligen Auffassung, nach der die Änderungskündigung als zusammengesetztes

[1114] Vgl *Reinecke,* DB 2002, 583, 586; *Preis,* Der Arbeitsvertrag, II V 50 Rn. 19. Die früher diskutierte analoge Anwendung des AGBG ist durch die Einbeziehung des Arbeitsrechts in die AGB-Kontrolle (§ 310 Abs. 4 BGB) obsolet. Zur insoweit noch verwertbaren Diskussion zur Ausgleichsquittung vgl. *B. Preis,* ArbuR 1979, 97; *Heckelmann,* SAE 1980, 122; *Fenski,* ArbuR 1989, 168; LAG Berlin 18. 1. 1993 RzK I 10f Nr. 8.

[1115] LAG Hamm 2. 1. 1976 EzA § 305 BGB Nr. 8 = DB 1976, 923; LAG Düsseldorf 2. 11. 1971 EzA § 4 KSchG n.F. Nr. 1 = DB 1971, 2318; vgl. auch LAG Berlin 17. 4. 1978 EzA § 397 BGB Nr. 3 mit insoweit abl. Anm. *Birk; KR/Friedrich,* § 4 KSchG Rn. 311; LAG Hamm 31. 8. 1977 DB 1978, 842 (Unterzeichnung einer Ausgleichsquittung in Gegenwart eines Dolmetschers – keine Anfechtung). LAG Hamm 14. 12. 1984 LAGE § 4 KSchG Ausgleichsquittung Nr. 1 = NZA 1985, 292 bürdet dem Arbeitgeber die Beweislast dafür auf, dass der ausländische Arbeitnehmer die Ausgleichsquittung verstanden hat oder der deutschen Sprache ausreichend mächtig ist. Anders LAG Köln 24. 11. 1999 LAGE § 4 KschG Ausgleichsquittung Nr. 4, wenn der Arbeitgeber davon ausgehen kann, dass der Ausländer der deutschen Sprache mächtig ist.

Rechtsgeschäft zwei Teile enthält, eine Kündigung und ein Vertragsangebot. Kündigung und Änderungsangebot müssen **in engem Zusammenhang** zueinander stehen. Das bedeutet nicht, dass beides begriffsnotwendig gleichzeitig erfolgen muss; insbesondere kann das **Änderungsangebot vorausgehen.**[1] Dann muss jedoch bei der Kündigungserklärung selbst klargestellt werden, dass das (vorangehende) Änderungsangebot fortgilt.[2] Umgekehrt gilt dies nicht: Eine Änderungskündigung i. S. des § 2 KSchG liegt **nicht** vor, wenn der Arbeitgeber unbedingt kündigt und ein **Änderungsangebot nachschiebt.**[3] Eine Kündigung ohne gleichzeitiges Änderungsangebot ist als Beendigungskündigung zu werten, gegen die sich der Arbeitnehmer fristgerecht (§ 4 KSchG) nach Zugang wehren muss und die schon dann unwirksam ist, wenn der Arbeitnehmer zu geänderten Arbeitsbedingungen weiterarbeiten konnte.[4] Die Kündigungsabsicht muss in der **Kündigungserklärung klar** zum Ausdruck kommen. Insbesondere muss deutlich werden, dass das Arbeitsverhältnis endet, wenn das Änderungsangebot nicht (unter Vorbehalt) angenommen wird.[5] Das Schriftformgebot des § 623 BGB erstreckt sich bei der Änderungskündigung auch auf das Änderungsangebot (Rn. 1260). Ein mit „Änderungskündigung" überschriebener Brief kann nicht als Änderungskündigung im Rechtssinne angesehen werden, wenn in ihm kein konkretes Änderungsangebot enthalten ist.[6] Eine Änderungskündigung und keine – unzulässige – bedingte Kündigung liegt auch dann vor, wenn der Arbeitgeber unter der Bedingung kündigt, dass der Arbeitnehmer die vorgeschlagene Änderung der Arbeitsbedingungen ablehnt.

Theoretisch denkbar ist, eine Änderungskündigung mit dem Angebot einer be- **1259**
fristeten Weiterbeschäftigung zu verbinden.[7] Im Ergebnis ist ein Erfolg einer derartigen Änderungskündigung aber ausgeschlossen, sofern es um die bloße Befristung eines bisher unbefristeten Arbeitsverhältnisses geht. Hat der Arbeitgeber keinen Beschäftigungsbedarf in der Zukunft, muss er eine betriebsbedingte Beendigungskündigung aussprechen, kann aber nicht im vorhinein die Befristung durchsetzen. Das BAG hat dies in der Entscheidung vom 25. 4. 1996[8] anders entschieden. Dem kann nicht gefolgt werden.[9] Es ist nicht gerechtfertigt, bei künftig wegfallendem Beschäftigungsbedarf vorzeitig einen Vertragswechsel vom unbefristeten zum befristeten Arbeitsverhältnissen vorzunehmen. Die materielle Prüfung des Beendigungs-

---

[1] *Löwisch,* § 2 KSchG Rn. 10; ErfK/*Ascheid,* § 2 KSchG Rn. 10.

[2] KR/*Rost,* § 2 KSchG Rn. 18; ErfK/*Ascheid,* § 2 KSchG Rn. 10.

[3] Anders *Schaub,* Die Änderungskündigung, in: *Hromadka* (Hrsg.), Änderung von Arbeitsbedingungen, 1989, S. 75f.; *Löwisch,* NZA 1988, 634; offengelassen von LAG Rheinland-Pfalz 6. 2. 1987 LAGE § 2 KSchG Nr. 6 = DB 1987, 1098; wie hier die h. M. BAG 17. 5. 2001 EzA § 620 BGB Kündigung Nr. 3; *Hoyningen-Huene/Linck,* § 2 KSchG Rn. 11; *Linck,* AR-Blattei, SD 1020.1.1. Rn. 15ff.; KDZ/*Kittner* § 2 KSchG Rn. 120; KR/*Rost,* § 2 KSchG Rn. 23; ErfK/*Ascheid,* § 2 KSchG Rn. 11.

[4] Zutr. ErfK/*Ascheid,* § 2 KSchG Rn. 11; allgemein vgl. Rn. 2048ff.

[5] ErfK/*Ascheid,* § 2 KSchG Rn. 5; *v. Hoyningen-Huene/Linck,* § 2 KSchG Rn. 7.

[6] LAG Rheinland-Pfalz 6. 2. 1987 LAGE § 2 KSchG Nr. 6 = DB 1987, 1098.

[7] *V. Hoyningen-Huene/Linck,* § 2 KSchG Rn. 9f.; *Plander,* NZA 1993, 1057; *Linck,* AR-Blattei, SD 1020.1.1. Rn. 12ff.; KR/*Rost,* § 2 KSchG Rn. 10a; BAG 25. 4. 1996 AP § 1 KSchG 1969 Betriebsbedingte Kündigung Nr. 78; anders noch BAG 17. 5. 1984 AP § 1 KSchG 1969 Betriebsbedingte Kündigung Nr. 21; *Ascheid,* Rn. 467.

[8] AP § 1 KSchG 1969 Betriebsbedingte Kündigung Nr. 78.

[9] Ablehnend *Preis,* NZA 1997, 1973, 1080; ErfK/*Ascheid,* § 2 KSchG Rn. 54; teilweise ablehnend auch *Plander,* Anm. zu BAG AP § 620 BGB Befristeter Arbeitsvertrag Nr. 179.

grundes wird systemwidrig vorverlagert. Es fehlt an der **Dringlichkeit der Kündigung zu diesem Zeitpunkt,** weil kein plausibler Grund ersichtlich ist, ein unbefristetes Arbeitsverhältnis zur Erleichterung der Beendigung vorzeitig in ein ursprünglich nicht vereinbartes befristetes Arbeitsverhältnis umzuwandeln. Auch wenn das BAG sowohl die soziale Rechtfertigung der Beendigung als auch das Vorhandensein eines sachlichen Grundes prüft, kann eine derart vorzeitige Kündigung den nicht billigenswerten Zweck haben, die Erlangung von Sonderkündigungsschutz auszuschließen, der bei normalem Verlauf entstehen könnte (Schwerbehinderung, Schwangerschaft oder tarifvertraglicher Kündigungsschutz). So läge nach bisheriger Rechtsprechung etwa eine funktionswidrige Umgehung tariflicher Kündigungsnormen vor, wenn kurz vor ihrem Eintritt ordentlich gekündigt wird, aber nicht zum nächstmöglichen, sondern zu einem späteren Termin.[10] Überdies benachteiligt die Umwandlung des unbefristeten in ein befristetes Arbeitsverhältnis den Arbeitnehmer insoweit, wenn ihm durch die Umgestaltung die Möglichkeit zur Eigenkündigung genommen wird.[11]

1260 Die Änderungskündigung ist eine **echte Kündigung.**[12] Das Schriftformgebot des § 623 BGB ist zu beachten (Rn. 1258). Ferner hat der Arbeitgeber vor ihrem Ausspruch den **Betriebsrat anzuhören** (§ 102 Abs. 1 BetrVG). Dem Betriebsrat sind das Änderungsangebot, die Gründe hierfür und regelmäßig auch die Kündigungsfristen mitzuteilen.[13] Anderenfalls ist die Kündigung nichtig. Weiter folgt aus der Rechtsnatur der Änderungskündigung, dass die Kündigungsfristen einzuhalten sind, sofern die Änderungskündigung nicht als fristlose ausgesprochen wird. Auf diese außerordentliche Änderungskündigung findet § 2 KSchG analog Anwendung (vgl. Rn. 1652ff.).[14] Ferner ist auch bei Änderungskündigungen der gesamte **Sonderkündigungsschutz** zu beachten (z.B. § 9 MuSchG, § 18 BErzGG, §§ 85ff. SGB IX, § 2 ArbPlSchG). Ist die ordentliche Kündigung durch Tarifvertrag oder Einzelvertrag ausgeschlossen, erstreckt sich dieser Ausschluss regelmäßig auch auf Änderungskündigungen.[15] In Grenzfällen kommt dann nur die außerordentliche Änderungskündigung in Betracht. Da die Änderungskündigung im Einzelfall eine Versetzung beinhalten kann, entsteht ggf. ein Konkurrenzproblem zwischen § 99 BetrVG und § 102 BetrVG, dessen Lösung in Rechtsprechung und Literatur umstritten ist.[16] Das BAG wendet § 99 und § 102 BetrVG (bzw. § 75 Abs. 1 und § 79 Abs. 1 BPersVG) nebeneinander an (vgl. näher oben Rn. 418).[17]

---

[10] BAG 16. 10. 1987 EzA § 626 BGB n.F. Unkündbarkeit Nr. 1 = NZA 1988, 887; 20. 7. 1989 RzK I 8f Nr. 8.

[11] Zutr. ErfK/*Ascheid,* § 2 KSchG Rn. 54.

[12] BAG 10. 12. 1992 EzA § 315 BGB Nr. 40; *Becker-Schaffner,* BB 1991, 129. Einzelheiten bei *Ratajczak,* Die Änderungskündigung des Arbeitgebers, 1984.

[13] BAG 29. 3. 1990 EzA § 102 BetrVG 1972 Nr. 79; 30. 11. 1989 BB 1990, 704 = NZA 1990, 529: Will der Arbeitgeber sich bei Ablehnung des Angebots eine erneute Anhörung ersparen, muss er zugleich verdeutlichen, dass er in diesem Fall die Beendigungskündigung beabsichtigt.

[14] BAG 17. 5. 1984 AP § 55 BAT Nr. 3 = NZA 1985, 62; 19. 6. 1986 EzA § 2 KSchG Nr. 7 = NZA 1987, 94.

[15] BAG 10. 3. 1982 AP § 75 BPersVG Nr. 7.

[16] Vgl. hierzu BAG 30. 9. 1993 AP § 2 KSchG Nr. 33 mit abl. Anm. *Wlotzke.*

[17] Vgl. zu dieser Frage ausführlich BAG 30. 9. 1993 NZA 1994, 513; *Hueck/Hoyningen-Huene,* § 2 KSchG Rn. 33ff.; *Schwerdtner,* Festschrift BAG, 1979, S. 579; vgl. ferner LAG Berlin 16. 5. 1997 LAGE § 2 KSchG Nr. 30.

Vor Ausspruch einer Änderungskündigung ist der Arbeitgeber gehalten, **vorrangig die erstrebte Änderung durch vertragliche Instrumentarien durchzusetzen,** z. B. durch einvernehmliche Vertragsänderung, Direktionsrecht (Rn. 1278 ff.), vertragliche Leistungsbestimmungsrechte, vereinbarte Widerrufsvorbehalte und Teilkündigungsklauseln (Rn. 1279 ff.), Kündigung freiwilliger Betriebsvereinbarungen. Andererseits kommt die Änderungskündigung zum Zuge, wenn Kollektivverträge lediglich individualrechtlich nachwirken (§ 4 Abs. 5 TVG, § 77 VI BetrVG) und durch eine andere Abmachung ersetzt werden sollen. 1261

Auch wenn die Änderungskündigung in der Systematik des Kündigungsschutzes ein **milderes Mittel** gegenüber der Beendigungskündigung ist (hierzu Rn. 1007 ff.), muss der Arbeitgeber den durch § 2 KSchG gewährleisteten Vertragsinhaltsschutz beachten. Der Arbeitnehmer hat **drei Möglichkeiten,** auf eine ausgesprochene Änderungskündigung zu reagieren: (1) Er nimmt das Angebot vorbehaltlos an mit der Folge, dass der Arbeitsvertrag einvernehmlich geändert wird und mit Ablauf der Kündigungsfrist die neuen Arbeitsbedingungen gelten. (2) Er lehnt die Änderung vorbehaltlos ab; dann wirkt die Kündigung als Beendigungskündigung (Rn. 1267 f.). (3) Er nimmt die angebotenen Änderungen unter dem Vorbehalt der sozialen Rechtfertigung an (Rn. 1263 ff.). 1262

I. Annahme unter Vorbehalt

Nach Ausspruch einer ordentlichen Änderungskündigung kann der Arbeitnehmer das Angebot annehmen unter dem Vorbehalt, dass die Änderung der Arbeitsbedingungen nicht sozial ungerechtfertigt ist. Durch diese Regelung soll ermöglicht werden, dass der Arbeitnehmer seine Arbeit im Betrieb weiter verrichtet und im Prozess nur darüber entschieden wird, ob die Änderung der Arbeitsbedingungen sozial gerechtfertigt ist oder nicht. Der Arbeitnehmer trägt also nicht das volle Risiko des Verlustes seines Arbeitsplatzes. Die Annahme unter **Vorbehalt** bewirkt rechtstechnisch (§ 2 i. m. § 4 Satz 2, § 8 KSchG), dass der kraft Vorbehalt zustande gekommene Änderungsvertrag unter der auflösenden Bedingung steht, dass die Sozialwidrigkeit der Änderungskündigung gerichtlich festgestellt wird.[18] Er muss diesen Vorbehalt **innerhalb der Kündigungsfrist,** spätestens innerhalb von drei Wochen erklären. Das hat zur Folge, dass der Arbeitnehmer nunmehr zu den geänderten Bedingungen weiterzuarbeiten hat, bis über seine Klage über die Sozialwidrigkeit der Änderungskündigung entschieden worden ist.[19] Der – an keine bestimmte Form gebundene – Vorbehalt allein genügt jedoch nicht. Denn in jedem Falle muss der Arbeitnehmer noch **zusätzlich** innerhalb von drei Wochen nach Zugang der Kündigung **Klage** vor dem Arbeitsgericht **erheben.** Die Wahrung der Klagefrist nach § 4 KSchG und die Erklärung des Vorbehalts nach § 2 Satz 2 KSchG können auseinanderfallen, weil die Klagefrist durch Eingang beim Arbeitsgericht, die Vorbehaltsfrist durch Zugang beim Arbeitgeber gewahrt wird.[20] Die unmittelbare Erhebung der Kündigungsschutzklage ist zugleich als 1263

[18] BAG 28. 4. 1982 und 27. 9. 1984 AP § 2 KSchG 1969 Nr. 3 und 8; ErfK/*Ascheid,* § 2 KSchG Rn. 39.

[19] LAG Köln 30. 5. 1989 DB 1989, 2032.

[20] Hierzu LAG Hamm 13. 10. 1988 LAGE § 2 KSchG Nr. 7 = DB 1989, 436.

konkludent erklärter Vorbehalt zu werten.[21] Die Frist des § 4 KSchG muss in jedem Falle gewahrt werden. Denkbar ist aber, dass die Parteien einverständlich die Frist für die Erklärung des Vorbehalts verlängern; so kann nachträglich der Kündigungsrechtsstreit auf die vom Arbeitgeber beabsichtigte Kernfrage der Änderung der Arbeitsbedingungen konzentriert werden.[22] Der einmal erklärte Vorbehalt kann jedoch nicht mehr einseitig zurückgenommen werden, es sei denn, der Arbeitgeber stimmt zu.[23] Die Klage ist auf Feststellung zu richten, dass die Änderung der Arbeitsbedingungen sozial ungerechtfertigt ist und das Arbeitsverhältnis über den Kündigungstermin hinaus unverändert fortbesteht (§ 4 KSchG). Wird die Klage nicht fristgerecht erhoben, so erlischt nach § 8 KSchG der nach § 2 KSchG erklärte Vorbehalt (vgl. im einzelnen Rn. 2039 ff.).

1264 Erklärt der Arbeitnehmer nicht innerhalb seiner Kündigungsfrist von z. B. 2 Wochen den Vorbehalt nach § 2 KSchG, so ist eine Möglichkeit des Widerspruchs nicht mehr gegeben. Wer die Kündigungsfrist verstreichen lässt und ohne Widerspruch weiter arbeitet – zu den neuen geänderten Bedingungen – erklärt sich regelmäßig damit einverstanden. Dies hat bei kurzen (tariflichen) Kündigungsfristen unter Umständen zur Folge, dass noch während des Laufs der Klagefrist des § 4 KSchG durch die Weiterarbeit ohne Vorbehalt die Vertragsänderung zustande kommt, weil der Vorbehalt nicht rechtzeitig erklärt wurde. Diese tückische Konsequenz bei kurzen Kündigungsfristen ist im Hinblick auf die gleichzeitig geltende dreiwöchige Klagefrist nicht sachgerecht, wenn sie auch nach dem Wortlaut des Gesetzes unvermeidlich ist.[24] Grundsätzlich gilt, dass die widerspruchslose Weiterarbeit zu geänderten Arbeitsbedingungen innerhalb der Kündigungs- oder Erklärungsfrist noch nicht als konkludente Annahmeerklärung gewertet werden kann.[25] Das kann nur im Einzelfall anders zu bewerten sein, wenn der Arbeitnehmer widerspruchslos eine andere Tätigkeit (ggf. an einem anderen Arbeitsplatz oder Ort) ausführt und der Arbeitgeber nach Treu und Glauben annehmen durfte, der Arbeitnehmer lasse sich vorbehaltlos auf die Änderung ein.[26] Nimmt der Arbeitnehmer das Änderungsangebot **vorbehaltlos** an, kommt nach allgemeinen Grundsätzen des Vertragsrechts ein Arbeitsvertrag zu geänderten Bedingungen zustande.

1265 Nimmt der Arbeitnehmer unter Vorbehalt das Änderungsangebot an, ist er verpflichtet, zu den geänderten Bedingungen weiter zu arbeiten. Ein Weiterbeschäftigungsanspruch zu den bisherigen Arbeitsbedingungen während des Kündigungsschutzprozesses besteht nicht.[27]

---

[21] *Löwisch,* § 2 KSchG Rn. 19; KR/*Rost,* § 2 KSchG Rn. 66; LAG Hamm 22. 8. 1997 LAGE § 12 KSchG Nr. 29.

[22] Vgl. hierzu *Löwisch,* § 2 KSchG Rn. 20; KR/*Rost,* § 2 KSchG Rn. 76.

[23] LAGRheinland-Pfalz 2. 5. 1994 LAGE § 2 KSchG Nr. 21; *Löwisch,* § 2 KSchG Rn. 21.

[24] Ausf. KR/*Rost,* § 2 KSchG Rn. 68 ff. m. w. N. zum Streitstand.

[25] BAG 27. 3. 1987 AP § 2 KSchG 1969 Nr. 20; *Löwisch,* § 2 KSchG Rn. 15; ErfK/*Ascheid,* § 2 KSchG Rn. 35.

[26] Siehe auch BAG 19. 6. 1986 AP § 2 KSchG 1969 Nr. 16 = EzA § 2 KSchG Nr. 7; zur Möglichkeit einer Anfechtung der konkludenten Annahmeerklärung vgl. *Löwisch,* § 2 KSchG Rn. 15.

[27] LAG München 31. 7. 1986 LAGE § 611 BGB Beschäftigungspflicht Nr. 18 = DB 1987, 1099; BAG 18. 1. 1990 EzA § 1 KSchG Betriebsbedingte Kündigung Nr. 65; *Hoyningen-Huene,* NZA 1993, 146; a. A. *Enderlein,* ZfA 1992, 51 ff.

Hat die Klage des Arbeitnehmers nach fristgerechter Erhebung des Vorbehalts Erfolg, so gilt die Änderungskündigung als von Anfang an unwirksam (§ 8 KSchG). Wird die Klage dagegen abgewiesen, so bleibt es bei den neuen geänderten Bedingungen (Einzelheiten zum Klageverfahren Rn. 2039ff.). 1266

II. Kündigungsschutzverfahren nach Ablehnung des Vertragsangebotes

Der Arbeitnehmer kann das Angebot unter Vorbehalt annehmen, **er muss es aber nicht in jedem Falle.** Es bleibt ihm angesichts der Fassung des Gesetzes („kann") also offenbar auch die Möglichkeit, die Änderungskündigung wie bisher als bedingte Kündigung anzusehen und sie wie jede andere Kündigung anzufechten. Er muss dann vorbehaltlich einer Weiterbeschäftigung nach § 102 Abs. 5 BetrVG – zu den bisherigen Bedingungen – ausscheiden und den Prozess abwarten. Gewinnt er diesen, so wird er zu den alten Bedingungen wieder eingestellt und weiterbeschäftigt. Unterliegt der Arbeitnehmer, so scheidet er endgültig aus. Dem Arbeitnehmer obliegt also das volle Risiko des Verlustes des Arbeitsplatzes, das er nach der alten Regelung immer zu tragen hatte. Die Ablehnung des Änderungsangebotes stellt als solche jedoch keinen Kündigungsgrund dar.[28] In dem vom Arbeitnehmer so geführten Kündigungsschutzprozess kann auch die Auflösung des Arbeitsverhältnisses beantragt werden.[29] 1267

Zum allgemeinen Beschäftigungsanspruch während der Dauer des Kündigungsschutzprozesses vgl. Rn. 869ff. 1268

III. Soziale Rechtfertigung einer Änderungskündigung

1. Prüfungsmaßstab

Für die Entscheidung über die Sozialwidrigkeit der Änderungskündigung verweist § 2 Satz 1 KSchG lediglich auf die einschlägigen Bestimmungen des § 1 KSchG. Einen spezifischen Prüfungsmaßstab für die sachliche Rechtfertigung der Änderungskündigung gibt das Gesetz nicht. Der **Prüfungsmaßstab** ist im Einzelnen äußerst umstritten. Anders als bei der Beendigungskündigung ist die Rechtsprechung zur Änderungskündigung bisher über die Billigkeitsklausel nicht hinausgekommen. Kernfrage ist, ob der Grund bei der Änderungskündigung das gleiche Gewicht haben muss wie bei der Beendigungskündigung. Hierfür spricht die schlichte Verweisung des § 2 Satz 1 KSchG auf § 1 Abs. 2 und 3 KSchG. Freilich ist zu berücksichtigen, dass nach § 2 Satz 1 KSchG der Bezugspunkt der Prüfung ein anderer ist, nämlich die soziale Rechtfertigung der **„Änderung der Arbeitsbedingungen". Unerheblich** für den Prüfungsmaßstab ist, ob der Arbeitnehmer die Kündigung unter Vorbehalt annimmt oder nicht. 1269

---

[28] BAG 27. 9. 1984 AP § 2 KSchG 1969 Nr. 8; KPK-*Bengelsdorf,* § 2 KSchG Rn. 88.

[29] BAG 29. 1. 1981 EzA § 9 KSchG n.F. Nr. 10 = DB 1981, 2438.

1270 Nach der neueren Rechtsprechung ist die Rechtfertigung der ordentlichen Änderungskündigung **zweistufig** zu prüfen. Zunächst ist zu fragen, ob Person, Verhalten oder dringende betriebliche Erfordernisse im Sinne des § 1 Abs. 2 KSchG das Änderungsangebot bedingen. In einem zweiten Schritt verlangt die Rechtsprechung die Prüfung, ob die vorgeschlagene Änderung vom Arbeitnehmer billigerweise hingenommen werden muss.[30] Werden mehrere Änderungen angeboten, muss jede einzelne Änderung auf ihre soziale Rechtfertigung überprüft werden.[31] Dieser allgemeine Maßstab wird nur dann richtig angewandt, wenn das Stufenverhältnis zwischen Beendigungskündigung und Änderungskündigung beachtet wird. Mit dem Ausspruch einer Änderungskündigung genügt der Arbeitgeber dem Grundsatz der Verhältnismäßigkeit,[32] wenn ohne dieses Mittel eine Beendigungskündigung ausgesprochen werden müsste. Hieraus folgt, dass eine Änderungskündigung jedenfalls dann gerechtfertigt ist, wenn durch sie die sonst notwendige Beendigungskündigung vermieden werden kann. Fehlt ein Kündigungsgrund, kann die Änderungskündigung nicht gerechtfertigt sein; keinesfalls darf die bloße Zumutbarkeit einer Änderung in den Vordergrund treten. Die Änderungskündigung kann folglich bereits auf der ersten Prüfungsstufe scheitern. Bei prinzipiell vorhandenem Kündigungsgrund ist aber der Kündigungsgrund zu der angebotenen Änderung in Relation zu setzen. Insofern kann der Auffassung gefolgt werden, dass eine einheitliche Betrachtung erfolgen muss.[33]

2. Betriebsbedingte Änderungskündigung

1271 Im Vordergrund des praktischen Interesses steht die **betriebsbedingte** Änderungskündigung.[34] **Zweck** dieser Änderungskündigung muss es sein, **künftig durch Beendigungskündigung zu vollziehende Anpassungen des Personalbestandes an den Personalbedarf zu vermeiden.**[35] Auch bei der betriebsbedingten Änderungskündigung respektiert das BAG die der Kündigung zugrunde liegende **unternehmerische Entscheidung.** Doch ist die Prüfung in mancherlei Hinsicht komplexer, weil nicht (wegen Arbeitsplatzabbaus) das Beendigungsinteresse, sondern das Änderungsinteresse im Vordergrund steht. Notwendig ist die Unterscheidung, ob organisatorische Änderungen oder wirtschaftliche Notwendigkeiten Auslöser für die Kündigung sind.[36] Ist das Ziel der Änderungskündi-

[30] BAG 18. 10. 1984 und 13. 6. 1986 EzA § 1 KSchG Soziale Auswahl Nr. 18 und 23 = AP § 1 KSchG 1969 Soziale Auswahl Nr. 6 und 13; 18. 1. 1990 EzA § 1 KSchG Betriebsbedingte Kündigung Nr. 65; 15. 3. 1991 AP § 2 KSchG Nr. 28 = EzA § 2 KSchG Nr. 16; 21. 1. 1993 EzA § 2 KSchG Nr. 18; 19. 5. 1993 EzA § 1 KSchG Betriebsbedingte Kündigung Nr. 73; 26. 1. 1995 EzA § 2 KSchG Nr. 22.

[31] BAG 29. 5. 1985 RzK I 7b Nr. 2; LAG Brandenburg 24. 10. 1996 LAGE § 2 KSchG Nr. 22.

[32] Grundlegend BAG 27. 9. 1984 EzA § 2 KSchG Nr. 5 = AP § 2 KSchG 1969 Nr. 8.

[33] Vgl. ErfK/*Ascheid*, § 2 KSchG Rn. 46 ff.

[34] Hierzu *Berger-Delhey*, DB 1991, 1571; *Dänzer-Vanotti/Engels*, DB 1986, 1390; *Hromadka*, NZA 1996, 1 ff.; *Kittner*, NZA 1997, 968; *Krause*, DB 1995, 574; *Moll*, DB 1984, 1346; *Gaul*, DB 1998, 1913.

[35] Zum Wegfall eines höherwertigen Arbeitsplatzes BAG 21. 6. 1995 EzA § 15 KSchG n. F. Nr. 43; LAG Düsseldorf 21. 1. 1983 DB 1983, 1931.

[36] Hierzu ausf. *Hromadka*, NZA 1996, 8; KPK-*Bengelsdorf*, § 2 KSchG Rn. 93.

gung die bloße Entgeltreduzierung, kann die Prüfung des § 2 KSchG nicht ohne Würdigung der wirtschaftlichen Situation des Unternehmens erfolgen, um zu prüfen, ob die Änderung „dringend" i.S. des § 2 i.m. § 1 KSchG ist.

Ferner muss der Arbeitgeber ein rechtlich zulässiges Ziel verfolgen. Eine Änderungskündigung, mit der der Arbeitgeber den Abbau tariflich gesicherter Leistungen (z.B. Erhöhung der tariflichen Arbeitszeit von 35 Stunden auf 38,5 Stunden oder die Absenkung der Vergütung unter den tariflich gesicherten Mindestlohn) durchzusetzen versucht, ist schon nach § 134 i.V.m. § 4 TVG rechtsunwirksam.[37]

a) Entgeltreduzierung

Weder der bloße Entschluss, die Lohnkosten zu senken, noch zu diesem Zwecke 1272
ausgesprochene Änderungskündigungen selbst sind im Kündigungsschutzprozess von den Gerichten als vorgegeben hinzunehmende bindende Unternehmerentscheidungen.[38] Der Grundsatz „pacta sunt servanda" lässt es nicht zu, dass ein mit Gewinn arbeitendes Unternehmen über Änderungskündigungen Entgeltminderungen durchsetzt, um seine Ertragslage weiter zu verbessern.[39] Schon um das Vorhandensein geeigneter milderer Mittel (Rn. 1278ff.) ausschließen zu können, bedarf es eines Sanierungskonzeptes, aus dem hervorgeht, dass die Einsparungen unumgänglich sind.[40] Eine Änderungskündigung ist dann nicht erforderlich, wenn die vorgesehene Entgeltminderung über das hinausgeht, was nach dem unternehmerischen Sparkonzept notwendig gewesen wäre.[41] Zu bedenken ist, dass – anders als bei der Reduzierung der Arbeitszeit – bei einer Entgeltreduzierung das Austauschverhältnis (Arbeitszeit gegen Vergütung) einseitig verschoben wird. Sachlich gerechtfertigt ist die Änderung des Arbeitsvertrages nicht schon dann, wenn die neuen Arbeitsbedingungen für den Arbeitnehmer noch tragbar sind. Denn das KSchG gewährt Bestandsschutz für den bestehenden Vertrag. Deshalb ist auch die Senkung des Lohnes auf den Tariflohn keinesfalls immer zumutbar. Nur wenn wirklich berechtigte Interessen des Arbeitgebers die Lohnsenkung verlangen, muss der Arbeitnehmer die Kürzung hinnehmen.[42] Schließlich muss der Arbeitgeber bei notwendigen Entgeltkürzungen den Gleichbehandlungsgrundsatz wahren. Er kann nicht willkürlich bei einzelnen Gruppen kürzen.[43] Ferner müssen die Arbeitnehmer im Regelfall keine Einkommensminderungen auf Dauer hinnehmen, wenn nur ein vorübergehender Betriebsverlust bzw. Liquiditätsengpass Grund der Änderungskündigung ist.

---

[37] BAG 10. 2. 1999 AP § 2 KSchG 1969 Nr. 52 = NZA 1999, 657.

[38] BAG 20. 3. 1986 EzA § 2 KSchG Nr. 6 mit Anm. *Löwisch* = NZA 1986, 824; 11. 10. 1989 RzK I 7b Nr. 9.

[39] Vgl. *Ascheid,* Rn. 496; ähnlich *Hromadka,* RdA 1992, 253; KDZ/*Kittner,* § 2 KSchG Rn. 16.

[40] So zutr. ErfK/*Ascheid,* § 2 KSchG Rn. 65 unter Hinweis auf BAG 11. 10. 1989 RzK I 7b Nr. 9; BAG 23. 6. 1993 RzK I 7b Nr. 15; vgl. ferner BAG 20. 8. 1998 EzA § 2 KSchG Nr. 31; BAG 12. 11. 1998 EzA § 2 KSchG Nr. 33; s.a. *Hromadka,* NZA 1996, 1, 10; *Krause,* DB 1995, 574, 578f.; KPK-*Bengelsdorf,* § 2 KSchG Rn. 100; *Gaul,* DB 1998, 1913, 1916.

[41] BAG 12. 12. 1996 – 2 AZR 880/95 – n.(Kurzbericht ArbuR 1997, 210): Personalkosteneinsparung von 13,2 Mio DM bei Defizit von 8,9 Mio DM ist unverhältnismäßig.

[42] Vgl. auch BAG 26. 4. 1990 AP § 9 BergmannVersorgungsscheinG NRW Nr. 28 unter III 2 der Gründe; zum ganzen *Krause,* DB 1995, 574ff.

[43] BAG 20. 8. 1998 AP § 2 KSchG Nr. 50; LAG Hamm 29. 11. 2000 LAGE § 2 KSchG Nr. 38.

1273 Nach Auffassung des BAG kann die **Unrentabilität** eines Betriebes (nicht aber einer Betriebsabteilung!) ohne weitere Rationalisierungsmaßnahmen ein Grund für die betriebsbedingte Änderungskündigung sein, wenn durch die Senkung der Personalkosten die Stilllegung des Betriebes oder die Reduzierung der Belegschaft verhindert werden kann oder soll.[44] Richtigerweise kann es nur darauf ankommen, ob solche triftigen wirtschaftlichen Gründe erkennbar sind, die ohne Anpassung der Personalkosten absehbar in Beendigungskündigungen umschlagen müssten. Dabei ist eine Erfahrungstatsache, dass fortdauernde Verluste irgendwann den Zusammenbruch des Unternehmens bewirken. Deshalb ist eine Änderungskündigung mit dem Ziel, Zulagen zu kürzen, nicht erst dann gerechtfertigt, wenn die unveränderte Fortführung des Vertrages zu einer akuten Gefahr für die Existenz des Betriebes führen würde.[45] Das mildere Mittel der Änderungskündigung darf nicht strengeren Anforderungen unterliegen als die Beendigungskündigung.[46] Ausreichend sind triftige Rentabilitätsinteressen, die stets zu bejahen sind, wenn das Unternehmen mit **Verlust** arbeitet.[47] Eine Änderungskündigung kann gerechtfertigt sein, wenn die Unrentabilität des Betriebes einer Weiterbeschäftigung entgegensteht und die Senkung der Personalkosten die Betriebsstilllegung oder die **Reduzierung der Belegschaft verhindern** kann.[48] Der Arbeitgeber muss aber substantiiert darlegen, dass eine Kosteneinsparung anders nicht mehr möglich ist.[49] Im öffentlichen Dienst kann die Verpflichtung zu einem wirtschaftlichen und sparsamen Umgang mit Haushaltsmitteln die Änderungskündigung rechtfertigen.[50]

1274 Entgeltminderungen bei notwendigen Einsparungen bzw. zum Ausgleich von Verlusten wurde in folgenden Fällen **bejaht: Einstellung eines Kohledeputats;**[51] **Kürzung von Provisionssätzen.**[52] **Ablösung einer Überstundenpau-**

---

[44] BAG 20. 3. 1986 EzA § 2 KSchG Nr. 6; siehe BAG 11. 10. 1989 EzA § 1 KSchG Betriebsbedingte Kündigung Nr. 64 = AP § 1 KSchG 1969 Betriebsbedingte Kündigung Nr. 47 = BB 1990, 1628 = NZA 1990, 607; 20. 8. 1998 EzA § 2 KSchG Nr. 31; BAG 12. 11. 1998 EzA § 2 KSchG Nr. 33.

[45] Vgl. BAG 30. 10. 1987 RzK I 7a Nr. 8; BAG 12. 11. 1998 EzA § 2 KSchG Nr. 33; *Ascheid,* Rn. 503; LAG Köln 15. 6. 1988 und 30. 11. 1989 LAGE § 2 KSchG Nr. 8 und 10; LAG Baden-Württemberg 20. 3. 1997 LAGE § 2 KSchG Nr. 28; LAG Hamm 25. 7. 1986 LAGE § 2 KSchG Nr. 4; *v. Hoyningen-Huene/Linck,* § 2 KSchG Rn. 71; *Löwisch,* § 2 KSchG Rn. 38; enger *Dänzer-Vanotti/Engels,* DB 1986, 1392; *H. Müller,* NZA 1985, 309; vgl. auch *Hromadka* RdA 1992, 255 f.

[46] Siehe jetzt auch BAG 20. 8. 1998 EzA § 2 KSchG Nr. 31; LAG Hamm 5. 9. 1986 LAGE § 2 KSchG Nr. 5; *Stahlhacke,* DB 1994, 1368; *Preis,* Anm. EzA § 1 KSchG Soziale Auswahl Nr. 29; *Berger-Delhey,* DB 1991, 1571.

[47] A. A. LAG Berlin 11. 5. 1998 NZA-RR 1998, 498: nur bei Existenzgefährdung; strenger auch LAG Düsseldorf 17. 2. 1998 NZA-RR 1998, 534.

[48] BAG 26. 1. 1995 EzA § 2 KSchG Nr. 22; BAG 12. 11. 1998 EzA § 2 KSchG Nr. 33; in diesem Sinne auch strikt auf den kausalen Bezug zum Erhalt der Arbeitsplätze hinweisend KDZ/*Kittner* § 2 KSchG Rn. 171; ausf. *Krause,* DB 1995, 576 ff.; vgl. auch *Stahlhacke,* DB 1994, 1368; enger wohl *Dänzer-Vanotti/Engels,* DB 1986, 1390, 1392; *Hromadka,* RdA 1992, 255 f.; *Pauly,* DB 1997, 2378, 2382.

[49] BAG 20. 3. 1986 EzA § 2 KSchG Nr. 6; 20. 8. 1998 EzA § 2 KSchG Nr. 31; KDZ/*Kittner,* § 2 KSchG Rn. 172; LAG Köln 15. 6. 1988 LAGE § 2 KSchG Nr. 8.

[50] BAG 15. 3. 1991 AP § 2 KSchG 1969 Nr. 28 = EzA § 2 KSchG Nr. 16.

[51] BAG 25. 4. 1963 AP § 620 Änderungskündigung Nr. 17.

[52] BAG 20. 3. 1986 AP § 2 KSchG 1969 Nr. 14.

schale durch Spitzabrechnung.[53] Abzulehnen ist eine Entgeltminderung, wenn sie lediglich mit dem Hinweis auf eine neue Methode der Entgeltfindung begründet wurde.[54] Kündigungen zur (Wieder-)Herstellung der tariflichen Vergütung sind, jedenfalls im öffentlichen Dienst, regelmäßig nicht sozialwidrig.[55] Das gilt aber nur bei irrtümlicher, nicht bei bewusster vertraglich vereinbarter übertariflicher Vergütung.

Verneint wurde die Kündigungsmöglichkeit in folgenden Fällen: **Entgeltkürzung** um 14% bei (vorübergehendem) negativen Ergebnis einer Betriebsabteilung;[56] **Fahrgeldzuschüsse;**[57] **Sonderzuwendung.**[58] 1275

b) Organisationsänderungen

Grundlage einer betriebsbedingten Änderungskündigung können auch Änderungen in der Organisation (Rationalisierungsmaßnahmen, Umstellung oder Einstellung der Produktion, Wegfall von Arbeitsplätzen wegen Umsatzrückgangs) sein.[59] Hier geht es zumeist darum, durch Änderungskündigung den Arbeitnehmern andere Tätigkeiten oder Arbeitszeiten zuzuweisen. Für die eingeschränkte Überprüfung entsprechender unternehmerischer Entscheidungen gelten die allgemeinen Grundsätze (hierzu Rn. 944ff.). Es steht dem Arbeitgeber frei, bei einem geänderten Arbeitsvolumen statt einiger Beendigungskündigungen mehrere Änderungskündigungen auszusprechen.[60] Die Alternativen dürfen lediglich nicht missbräuchlich gewählt werden und müssen auf einem nachvollziehbaren Konzept beruhen.[61] Zudem ist eine doppelte Prüfung erforderlich: Einerseits dürfen an das mildere Mittel der Änderungskündigung keine strengeren Maßstäbe als an die Beendigungskündigung gestellt werden. Andererseits dürfen die angebotenen Änderungen nicht weiter gehen, als zur Erreichung des unternehmerischen Ziels erforderlich.[62] Insoweit muss die Veränderung proportional zum Änderungsinteresse sein. 1276

c) Arbeitszeit

Unternehmerische Entscheidungen können bedingen, dass **Umfang und/oder Lage der Arbeitszeit** verändert werden müssen. Verringertes Arbeitsvolumen 1277

---

[53] BAG 23. 11. 2000 NZA 2001, 492 = EzA § 2 KSchG Nr. 40.

[54] LAG Rheinland-Pfalz 9. 1. 1997 LAGE § 2 KSchG Nr. 24; LAG Köln 9. 8. 1996 ARST 1997, 95; zur Umgruppierung in eine andere Tarifgruppe auf Grund einer neuen Schlüsselbewertung vgl. BAG 15. 3. 1991 AP § 2 KSchG 1969 Nr. 28.

[55] BAG 9. 7. 1997 EzA § 2 KSchG Nr. 27.

[56] BAG 20. 8. 1998 EzA § 2 KSchG Nr. 31.

[57] LAG Baden-Württemberg 24. 4. 1995 LAGE § 2 KSchG Nr. 18: mangels unternehmerischer Entscheidung.

[58] LAG Berlin 30. 6. 1997 LAGE § 2 KSchG Nr. 27; LAG Berlin 11. 5. 1998 NZA-RR 1998, 498; LAG Baden-Württemberg 20. 3. 1997 LAGE § 2 KSchG Nr. 28.

[59] BAG 27. 9. 2001 EzA § 2 KSchG Nr. 41.

[60] BAG 19. 5. 1993 AP § 2 KSchG 1969 Nr. 31 mit zust. Anm. *Waas* = EzA § 1 KSchG Betriebsbedingte Kündigung Nr. 73 mit zust. Anm. *Raab* = AR-Blattei ES 1020.1.1. Nr. 13 mit zust. Anm. *Preis;* LAG Hamm 22. 3. 1996 LAGE § 2 KSchG Nr. 19.

[61] Vgl. LAG Hamm 26. 9. 1996 LAGE § 2 KSchG Nr. 23; LAG Hamburg 20. 11. 1996 LAGE § 2 KSchG Nr. 25, die bei der Umwandlung von Teilzeit- in Vollzeitstellen ein plausibles unternehmerisches Konzept fordern.

[62] KR/*Rost,* § 2 KSchG Rn. 98.

kann die Herabsetzung der Arbeitszeit bedingen;[63] ebenso kann die Heraufsetzung der Arbeitszeit bei Teilzeitbeschäftigten betrieblich bedingt sein.[64] Außerhalb der regulären Arbeitszeit erbrachte Leistungen mit Überstundenvergütung können durch Kündigung abgebaut und in die reguläre Arbeitszeit verlagert werden.[65] Das BAG hat sogar – auf der Basis eines plausiblen Konzepts – Veränderungen der Arbeitszeit gebilligt, wenn hierdurch eine Leistungsverdichtung eintritt.[66] Von einem Einschicht- kann durchaus in einen Mehrschichtbetrieb, von einer Fünftage- auf die Sechstage-Woche übergegangen werden.[67] Allerdings hat der Arbeitgeber wichtige Schranken zu beachten: Die Veränderung der Arbeitszeit darf weder gesetz- noch tarifwidrig sein; überdies muss die Umsetzung des Konzepts widerspruchsfrei erfolgen. Die veränderte Arbeitszeitgestaltung darf nicht Teilzeitbeschäftigte unsachlich benachteiligen (§ 4 Abs. 1 TzBfG).[68] Die durch Änderungskündigung angestrebte Arbeitszeit darf überdies nicht tarifwidrig sein.[69] Ebenso darf das Vertragsangebot nicht den Kündigungsschutz umgehen.[70] Ferner darf die Änderung der Arbeitszeit nicht gegen das ultima-ratio-Prinzip verstoßen, was der Fall ist, wenn der Ausspruch einer Kündigung nicht notwendig war, weil das Vertragsvolumen noch nicht ausgeschöpft war oder die Änderung durch Direktionsrecht erfolgen konnte.[71] Entscheidet der Arbeitgeber, bei Ausweitung des Beschäftigungsvolumens von Teilzeit- auf Vollzeitarbeit umzusteigen, hat er – vor deren Kündigung – zunächst den Teilzeitkräften eine Vertragsänderung zur Ausdehnung der Arbeitszeit anzubieten.[72]

d) Vorrang milderer Mittel

1278 Zu beachten ist, dass der Arbeitgeber auch vor Änderungskündigungen die Möglichkeit **milderer Mittel** zu prüfen hat.[73] Kann die bezweckte Änderung durch die zulässige Ausübung des **Direktionsrechts** erreicht werden, ist die Än-

---

[63] BAG 19. 5. 1993 a. a. O.; BAG 23. 6. 1993 RzK I 7b Nr. 15; zur Frage der Anpassung der Arbeitsverträge an geminderte tarifliche Wochenarbeitszeit LAG Niedersachsen 23. 5. 1990 LAGE § 2 KSchG Nr. 11; vgl. ferner LAG Berlin 15. 6. 1981 DB 1982, 334; LAG Rheinland-Pfalz 26. 5. 1981 ArbuR 1982, 19.

[64] LAG Rheinland-Pfalz 10. 5. 1988 LAGE § 1 KSchG Betriebsbedingte Kündigung Nr. 16 = NZA 1989, 273.

[65] BAG v 16. 1. 1997 – 2 AZR 240/96 – n. v.

[66] BAG 24. 4. 1997 AP § 2 KSchG 1969 Nr. 42.

[67] BAG 18. 1. 1990 AP § 2 KSchG 1969 Nr. 27; 18. 12. 1997 AP § 2 KSchG 1969 Nr. 46.

[68] BAG 24. 4. 1997 AP § 2 KSchG 1969 Nr. 42 = EzA § 2 KSchG Nr. 26 mit krit. Anm. *Henssler.*

[69] BAG 18. 12. 1997 AP § 2 KSchG 1969 Nr. 46 mit Anm. *Wiedemann;* BAG 10. 2. 1999 AP § 2 KSchG 1969 Nr. 52.

[70] So für den Fall eines gegen § 2 KSchG verstoßenden variablen Abrufarbeitsverhältnisses LAG Brandenburg 24. 10. 1996 LAGE § 2 KSchG Nr. 22 = NZA-RR 1997, 127.

[71] BAG 26. 1. 1995 AP § 2 KSchG 1969 Nr. 36 und 37 mit Anm. *Enderlein.*

[72] LAG Berlin 10. 9. 1996 LAGE § 2 KSchG Nr. 20.

[73] BAG 26. 1. 1995 EzA § 2 KSchG Nr. 21; LAG Köln 30. 10. 1989 LAGE § 2 KSchG Nr. 10 zur stufenweisen Kürzung oder zeitweiligen Aussetzung von Zuschlagszahlungen; BAG 18. 1. 1990 EzA § 1 KSchG Betriebsbedingte Kündigung Nr. 65; zur Frage der Notwendigkeit der Einführung einer Wechselschicht; ausführlich *Ascheid,* Rn. 477 ff.

derungskündigung nicht erforderlich.[74] Zahlreiche Abgrenzungsfragen sind hier streitig.[75] In einem gewissen Widerspruch hierzu steht die neuere Rechtsprechung des BAG,[76] wonach eine Änderungskündigung auch dann gerechtfertigt sein soll, wenn eine entsprechende Widerrufsmöglichkeit billigem Ermessen (§ 315 BGB) entspräche. Das ist nicht sachgerecht. Diese Rechtsprechung konterkariert das Verhältnismäßigkeitsprinzip, weil so der Arbeitgeber in Zweifelsfragen gerade zum Ausspruch der Änderungskündigung ermuntert wird.[77] Die sachgerechte Lösung liegt in einer möglichen Umdeutung einer (unwirksamen) Änderungskündigung in eine (zulässige) Ausübung des Leistungsbestimmungsrechts (hierzu Rn. 483f.).

Will der Arbeitgeber eine Zulage streichen, ist zunächst zu prüfen, ob möglicherweise die Zulage tarifwidrig gezahlt worden ist. Dann kann der Arbeitgeber deren Zahlung u. U. ohne Änderungskündigung einstellen.[78] Bei vertraglicher Vereinbarung ist der Arbeitgeber jedoch auf die Änderungskündigung zu verweisen.[79] Die irrtümlich erfolgte **übertarifliche Eingruppierung** im Arbeitsvertrag kann regelmäßig durch Änderungskündigung korrigiert werden, nicht aber die bewusste Höhervergütung.[80] Nach Auffassung des BAG verstößt es gegen den Grundsatz der Verhältnismäßigkeit, wenn der Arbeitgeber nicht von einem **Widerrufsvorbehalt vorrangig** bei Sozialleistungen Gebrauch macht, sondern statt dessen eine Änderungskündigung ausspricht.[81] Das setzt aber voraus, dass einseitige Änderungen durch entsprechende Vertragsgestaltungen (Widerrufsvorbehalt, Freiwilligkeitsvorbehalt, Befristung einzelner Arbeitsbedingungen, vorbehaltene Teilkündigung, vertraglich erweitertes Direktionsrecht) überhaupt wirksam vorgenommen werden können.[82] Ist dies nicht der Fall, muss der Weg der Änderungskündigung beschritten werden, die ggf. vorsorglich neben der Ausübung eines vertraglichen Änderungsvorbehalts ausgesprochen werden kann.[83] 1279

Die Berufung auf den **Gleichbehandlungsgrundsatz** stellt für sich allein 1280
kein dringendes betriebliches Erfordernis für eine Änderungskündigung

---

[74] BAG 21. 1. 1988 RzK I 10b Nr. 9; 21. 2. 1991 RzK I 7a Nr. 23; 26. 1. 1995 EzA § 2 KSchG Nr. 21; *Gaul,* DB 1998, 1913; *Krause,* DB 1995, 574, 575.

[75] Ausführlich *v. Hoyningen-Huene/Linck,* § 2 KSchG Rn. 13ff.; KDZ/*Kittner,* § 2 KSchG Rn. 36ff.

[76] BAG 15. 11. 1995 NZA 1996, 603; s.a. BAG 16. 1. 1997 – 2 AZR 240/96 – n.v.; krit. hierzu *Preis* NZA 1997, 1076, 1088; *Hromadka,* Anm. zu BAG AP § 1 TVG Tarifverträge: Lufthansa Nr. 202; dem BAG zustimmend *Löwisch,* § 2 KSchG Rn. 40, der meint, der Ausspruch der Änderungskündigung entspreche auch bei vorhandener Widerrufsmöglichkeit dem Interesse des Arbeitnehmers; abl. hierzu *v. Hoyningen-Huene/Linck,* § 2 KSchG Rn. 32c.

[77] Ablehend auch KR/*Rost,* § 2 KSchG Rn. 106b ff.; *v. Hoyningen-Huene/Linck,* § 2 KSchG Rn. 32c; ErfK/*Ascheid,* § 2 KSchG Rn. 14; APS/*Künzl,* § 2 KSchG Rn. 107ff.; *Berkowsky,* NZA 1999, 293, 295ff.

[78] BAG 21. 4. 1982 AP § 1 TVG Tarifverträge: Bundesbahn Nr. 5.

[79] BAG 15. 3. 1991 AP § 2 KSchG 1969 Nr. 28.

[80] BAG 15. 3. 1991 EzA § 2 KSchG Nr. 16 und 17 mit Anm. *Rieble;* BAG 1. 7. 1999 AP § 2 KSchG 1969 Nr. 53 krit. KDZ/*Kittner* § 2 KSchG Rn. 178.

[81] BAG 28. 4. 1982 AP § 2 KSchG 1969 Nr. 3 mit Anm. *Hoyningen-Huene* = SAE 1982, 346 mit Anm. *Beitzke* = EzA § 2 KSchG Nr. 4.

[82] Ausführlich *Preis,* Vertragsgestaltung, S. 414ff.; hierauf eingehend KDZ/*Kittner* § 2 KSchG Rn. 19ff., 62ff.; *Krause,* DB 1995, 575f.

[83] *Krause,* DB 1995, 576; vgl. auch BAG 21. 4. 1993 AP § 2 KSchG 1969 Nr. 34.

dar.[84] Richtigerweise kann der von einer Änderungskündigung betroffene Arbeitnehmer aber nicht verlangen, dass statt seiner einem anderen (ebenfalls von einer Änderungskündigung betroffenen) Arbeitnehmer gekündigt wird. Dies verstieße gegen das allgemeine Prinzip, dass kein Arbeitnehmer auf der Basis des ultima-ratio-Prinzips verlangen kann, dass statt seiner ein anderer Arbeitnehmer entlassen wird.[85] Zur **außerordentlichen Änderungskündigung** vgl. Rn. 1652ff., 590ff.

e) Sozialauswahl

1281 Gemäß der Verweisung in § 2 Satz 1 KSchG gelten auch bei betriebsbedingten Änderungskündigungen die Grundsätze der Sozialauswahl. Der Gesetzgeber hat es versäumt, im Rahmen des Beschäftigungsförderungsgesetzes 1996 die Vorschrift zur Sozialauswahl anzupassen. Das Versäumnis des Gesetzgebers ist bedauerlich, weil Einigkeit darüber bestand, dass die herkömmlichen Kriterien der Sozialauswahl **(Betriebszugehörigkeit, Lebensalter und Unterhaltspflichten)** für eine soziale Auswahl bei Änderungskündigungen wenig hergeben, weil nicht der Bestandsschutz, sondern der Inhaltsschutz in Rede steht. Deshalb muss auch das Änderungsangebot in die Beurteilung der Sozialauswahl einfließen.[86] Aus diesem Grunde hatte die Rechtsprechung die sozialen Gesichtspunkte – wenn auch in problematischer Weise – bei Änderungskündigungen abweichend interpretiert.[87] Die **Auswahlkriterien können je nach betriebsbedingtem Änderungsgrund unterschiedliches Gewicht** haben. Ist mit der angestrebten Änderung ein Arbeitsplatzwechsel verbunden, werden die Kriterien der Betriebszugehörigkeit und des Lebensalters besonderes Gewicht erlangen. Mit zunehmendem Lebensalter fällt die Umstellung auf neue Arbeitsbedingungen erfahrungsgemäß schwerer. Geht es bei der Änderungskündigung um Reduzierung von Arbeitszeit und Entgelten, tritt der Gesichtspunkt der Unterhaltspflichten stark hervor, der bei entgeltneutralen Änderungen keine Bedeutung hat,[88] und das Lebensalter, soweit mit der Änderungskündigung Versorgungsnachteile verbunden sind, die ein älterer Arbeitnehmer schwerer kompensieren kann als ein jüngerer.[89]

1281 a Wie bei der Beendigungskündigung erfolgt die Prüfung der Sozialauswahl in **drei Prüfungsschritten.** Bei der Bestimmung des auswahlrelevanten Personenkreises (1. Schritt: Vergleichbarkeit) ist nicht nur auf die bisherigen, sondern auch

---

[84] BAG 28. 4. 1982 AP § 2 KSchG 1969 Nr. 3; BAG 1. 7. 1999 AP § 2 KSchG 1969 Nr. 53 = EzA § 2 KSchG Nr. 35 = NZA 1999, 1336; BAG 20. 1. 2000 AP § 103 BetrVG 1972 Nr. 40 = NZA 2000, 592 = EzA § 15 KSchG n. F. Nr. 49.

[85] BAG 19. 5. 1993 EzA § 1 KSchG Betriebsbedingte Kündigung Nr. 73 mit zust. Anm. *Raab* = AR-Blattei ES 1020.1.1. Nr. 13 mit zust. Anm. *Preis.*

[86] Richtig ErfK/*Ascheid,* § 2 KSchG Rn. 56; KDZ/*Kittner,* § 2 KSchG Rn. 183.

[87] So hatte das BAG (Urteil vom 13. 6. 1986 AP § 1 KSchG Soziale Auswahl Nr. 13) geprüft, „welchem Arbeitnehmer eine Umstellung auf die neue Tätigkeit nach seiner Vorbildung und seinen persönlichen Eigenschaften leichter oder schwerer fällt". Ablehnend hierzu: *Preis,* DB 1988, 1395ff.; *Reuter,* Anm. EzA § 1 KSchG 1969 Soziale Auswahl Nr. 23; *Dänzer-Vanotti,* ArbuR 1987, 184; *Schwerdtner,* NJW 1987, 1607; *Berkowsky,* DB 1990, 834.

[88] Vgl. BAG 19. 5. 1993 EzA § 1 KSchG Betriebsbedingte Kündigung Nr. 73 = AR-Blattei ES 1020.1.1. Nr. 13 mit zust. Anm. *Preis.*

[89] In diesem Sinne auch *Hoyningen-Huene,* Anm. EzA § 1 KSchG Betriebsbedingte Kündigung Nr. 34; *v. Hoyningen-Huene/Linck,* § 2 KSchG Rn. 77; *Link,* S. 143ff.

auf die mit der Änderungskündigung angebotenen Arbeitsplätze abzustellen.[90] Nach der Gewichtung der Auswahlkriterien (2. Schritt) ist zu prüfen, ob ein berechtigtes betriebliches Interesse des Arbeitgebers der Auswahl entgegensteht (3. Schritt). Dabei kann es sich nicht nur um ein Interesse handeln, bestimmte Arbeitnehmer an den bisherigen Arbeitsplätzen (zu bisherigen Bedingungen) weiterzubeschäftigen, sondern auch, bestimmte Arbeitnehmer an anderen Arbeitsplätzen (zu geänderten Bedingungen) zu beschäftigen.[91] § 1 Abs. 3 Satz 2 KSchG passt für den Fall der Änderungskündigung im Ansatzpunkt nicht, weil die Weiterbeschäftigung des Arbeitnehmers außer Frage steht. Soweit es um Kenntnisse, Befähigungen und Leistungen geht, müsste der Arbeitnehmer (im Falle von Versetzungen) am bisherigen Arbeitsplatz unverzichtbar sein oder (im Falle von Arbeitszeit- und Entgeltreduzierungen) die Weiterbeschäftigung zu unveränderten Konditionen ein betriebliches Bedürfnis sein. Bei **Massenänderungskündigungen** kann es betriebliche Interessen geben, die nicht in ein „Alles-oder-Nichts-Schema" passen, weshalb jedenfalls bei der Änderungskündigung eine Abwägung zwischen sozialen und betrieblichen Interessen unausweichlich ist. Dies wäre aber insbesondere bei Massenänderungskündigungen ausgeschlossen, wenn die betrieblichen Interessen lediglich bezogen auf einzelne Arbeitnehmer nur vor der Sozialauswahl nach § 1 Abs. 3 Satz 1 KSchG berücksichtigt werden können mit der Folge, dass einzelne Arbeitnehmer vollständig aus dem Kreis der Kündbaren herausfallen und deshalb – im Falle von Auftragsmangel – Arbeitnehmer entlassen werden müssen. Das ist dann nicht sachgerecht, wenn der Arbeitgeber nach seinem Konzept dem verringerten Beschäftigungsbedarf bei Beibehaltung der Belegschaft durch Reduktion der Arbeitszeit Rechnung tragen will.[92] Eine **gleichmäßige beschäftigungssichernde Anpassung von Arbeitsbedingungen** muss möglich sein, will man nicht so weit gehen, bei Massenänderungskündigungen die Sozialauswahl völlig auszuschließen, weil es im „berechtigten betrieblichen Interesse" liegt, alle vergleichbaren Arbeitnehmer gleich zu behandeln.[93]

Als **berechtigtes betriebliches Bedürfnis** kann der Arbeitgeber bei Massen- **1281 b**
änderungskündigungen über § 2 i. V. m. § 1 Abs. 3 Satz 2 KSchG ins Spiel bringen, dass er ein Interesse am **Erhalt der Belegschaft** in ihrer bisherigen Altersstruktur hat und deshalb Änderungskündigungen den Vorrang vor Beendigungskündigungen gibt. Der Arbeitgeber kann nicht gezwungen werden, Beendigungskündigungen auszusprechen, die womöglich zu einer unausgewogenen Altersstruktur führen, die sodann über § 1 Abs. 3 Satz 2 KSchG korrigiert werden müssen. Bei notwendigen Massenkündigungen kann der Arbeitgeber die bisherige Altersstruktur auch durch Änderungskündigungen sichern. Dieses Interesse ist nicht nur betrieblich berechtigt, sondern auch sozial gerechtfertigt. Einer gleichmäßigen Umsetzung einer berechtigten betriebsbedingten Änderungskündigung dürften deshalb keine wesentlichen Hindernisse entgegenstehen.[94] Allerdings ist dem Arbeitgeber

---

[90] Zutr. *Löwisch,* § 2 KSchG Rn. 45.

[91] *Löwisch,* § 2 KSchG Rn. 45.

[92] Hierzu *Preis,* NZA 1997, 1073, 1088.

[93] In diese Richtung tendierend BAG 25. 4. 1996 – 2 ARZ 609/95 –, wo eine Fehlerhaftigkeit der Sozialauswahl verneint wurde, weil ein vergleichbarer Arbeitnehmer eine Änderungskündigung gleichen Inhalts erhalten hat.

[94] In diesem Sinne auch *Löwisch,* § 2 KSchG Rn. 46.

anzuraten, in zwei Fallkonstellationen Raum für **Einzelfallbeurteilung** zu lassen und ggf. Arbeitnehmer ganz aus dem Kreis der zu kündigenden Arbeitnehmer herauszunehmen; extreme Unterhaltsbelastungen (z. B. Alleinerziehende mit mehreren Kindern oder pflegebedürftigen Kindern) oder extreme Versorgungsnachteile durch Entgeltreduktion kurz vor Eintritt in den Ruhestand (5–10 Jahre).

1281 c Problematisch ist, dass der Gesetzgeber bei allen Gesetzesänderungen vergessen hat, den Verweis auf die **Neuregelungen des § 1 Abs. 4 KSchG und des § 1 Abs. 5 KSchG a. F.** in § 2 KSchG aufzunehmen. Dies ist deshalb nicht sachgerecht, weil bei wörtlicher Auslegung die Erleichterungen in der Sozialauswahl gerade bei Änderungskündigungen nicht greifen, obwohl dies im Interesse der Sicherung von Arbeitsplätzen läge. Einigkeit besteht, dass es sich um ein krasses redaktionelles Versehen des Gesetzgebers handelt, das jeweils mit der Eile des Gesetzgebungsverfahrens[95] erklärt werden kann. Der Gesetzgeber hat im Übrigen auch in §§ 6 und 13 Abs. 3 KSchG vergessen, die Regelungen anzupassen. Dieses Versäumnis des Gesetzgebers aus dem Jahre 1996 hat Gesetzgeber des Jahres 1998 wiederholt. Für den Fall des § 1 Abs. 4 KSchG fällt das Versäumnis deshalb nicht sonderlich ins Gewicht, weil auch unabhängig von § 1 Abs. 4 KSchG personelle Auswahlrichtlinien nach § 95 BetrVG zulässig sind. Der marginale Unterschied dieser Auffassung zu einer unmittelbaren Anwendung des § 1 Abs. 4 KSchG auf Änderungskündigungen ist, dass den Betriebspartnern nach bisheriger Rechtsprechung ein „gewisser Beurteilungsspielraum" zusteht,[96] bei Anwendung des § 1 Abs. 4 KSchG dieser Spielraum jedoch bis hin zur „groben Fehlerhaftigkeit" erweitert wird. Für § 1 Abs. 5 KSchG a. F. wurde überwiegend vertreten,[97] § 1 Abs. 5 KSchG a. F. gelte auch für Änderungskündigungen. Dieser Auffassung kann – trotz methodischer Bedenken – insoweit gefolgt werden, als zentrales Tatbestandsmerkmal des § 1 Abs. 5 KSchG a. F. eine „Betriebsänderung im Sinne des § 111 BetrVG" ist, dem unter Umständen auch Änderungskündigungen unterfallen können.

3. Verhaltensbedingte Änderungskündigung

1281 d Eine verhaltensbedingte Änderungskündigung kommt in Betracht, wenn eine Änderung der Arbeitsbedingungen bewirkt, dass ein vertragswidriger Zustand beseitigt wird. Es bedarf freilich auch hier zunächst einer **Abmahnung.**[98] So kann auf eine schuldhafte Schlechtleistung unter Umständen mit einer Änderungskündigung reagiert werden. Das gilt aber nur in den **Ausnahmefällen,** in denen Vertragsstörungen in dem geänderten Tätigkeitsbereich nicht mehr zu gewärtigen sind (z. B. Bereinigung einer Konfliktsituation in einer Abteilung durch Versetzung des

---

[95] Vgl. den Terminplan bei *Schwedes,* BB 1996, Beil. 17, S. 1.

[96] BAG 20. 10. 1983 AP § 1 KSchG 1969 Betriebsbedingte Kündigung Nr. 13 m. Anm. *Hoyningen-Huene;* 15. 6. 1989 EzA § 1 KSchG Soziale Auswahl mit Anm. *Hergenröder.*

[97] *Löwisch,* RdA 1997, 80, 81; *Zwanziger,* BB 1997, 626; *Giesen,* ZfA 1997, 145, 161 f. und 174 f.; ErfK/*Ascheid,* § 2 KSchG Rn. 56; methodische Bedenken bei *Preis,* NZA 1997, 1073, 1087.

[98] BAG 21. 11. 1985 EzA § 1 KSchG Nr. 42; 29. 5. 1985 RzK I 1 Nr. 7; 30. 3. 1993 AP § 2 KSchG Nr. 33; LAG Hamm 10. 5. 1983 ZIP 1983, 985; 17. 6. 1993 LAGE § 611 BGB Abmahnung Nr. 35.

störenden Arbeitnehmers).[99] Verhaltensbedingte Änderungskündigungen zielen in erster Linie auf die Änderung der Tätigkeit; es ist allerdings nicht prinzipiell ausgeschlossen, auch Entgelte verhaltensbedingt zu kündigen, wenn eine Minderleistung dazu führt, dass der Arbeitnehmer nur die Merkmale einer niedrigeren Vergütungsgruppe erfüllt.[100]

4. Personenbedingte Änderungskündigung

Schon nach dem Verhältnismäßigkeitsprinzip ist der Arbeitgeber gehalten, auf **1281 e**
kündigungsrelevante personenbedingte Leistungseinschränkungen zunächst durch Änderung der Arbeitsbedingungen zu reagieren. Dies kann nicht nur bei krankheitsbedingten Gründen (Einzelheiten vgl. Rn. 1214ff.), sondern auch bei personenbedingten Gründen (z.B. Gewissenskonflikte,[101] Sicherheitsbedenken,[102] Führerscheinentzug etc.) der Fall sein. Voraussetzung ist aber, dass freie Arbeitsplätze vorhanden sind, die der eingeschränkt leistungsfähige oder personenbedingt nicht mehr so einsetzbare Arbeitnehmer ausfüllen kann.[103]

---

[99] BAG 31. 1. 1996 AP § 626 BGB Druckkündigung Nr. 13; alkoholbedingte Verfehlungen eines Dienststellenleiters BAG 7. 12. 1989 RzK I 7c Nr. 7; 18. 11. 1986 NZA 1987, 418; LAG Berlin 9. 1. 1989 LAGE § 2 KSchG Nr. 9.

[100] Vgl. *v. Hoyningen-Huene/Linck,* § 2 KSchG Rn. 70; *Hromadka,* NZA 1996, 1, 11f.

[101] BAG 28. 9. 1983 – 7 AZR 85/82 – n.v.

[102] BAG 20. 7. 1989 AP § 1 KSchG 1969 Sicherheitsbedenken Nr. 2.

[103] BAG 19. 5. 1993 RzK I 5g Nr. 53.

Dritter Abschnitt: Der besondere Kündigungsschutz

Neben dem allgemeinen Kündigungsschutz nach dem KSchG kennen wir eine Reihe von Kündigungsbeschränkungen, durch die bestimmte Arbeitsverhältnisse privilegiert werden. Gerade diese Fälle beschäftigen die Praxis immer wieder. Der Gesetzgeber hat z. B. die Kündigung durch den Arbeitgeber für unzulässig erklärt bzw. von der Zustimmung einer staatlichen Behörde abhängig gemacht (Mutterschutz und Kündigungsschutz während der Elternzeit) oder die ordentliche Kündigung eingeschränkt und nur die außerordentliche Kündigung unter besonderen Voraussetzungen zugelassen (Betriebsräte). In anderen Fällen bedarf die ordentliche wie auch die außerordentliche Kündigung der vorherigen Zustimmung einer Behörde (schwerbehinderte Arbeitnehmer). Außer in diesen Fällen kennen wir den Kündigungsschutz bei Massenentlassungen und den Kündigungsschutz nach dem Arbeitsplatzschutzgesetz, dem Eignungsübungsgesetz, dem Gesetz über Maßnahmen zum Schutze der Zivilbevölkerung, dem Heimkehrergesetz und den Gesetzen der Länder zum Schutz politisch Verfolgter. Hinzuweisen ist schließlich auf die zahlreichen Kündigungsschranken und Kündigungsverbote in privatrechtlichen und sonstigen Gesetzen sowie auf das **konstitutive Schriftformerfordernis des § 623 BGB.** Vgl. dazu oben Rn. 266 ff., 345 ff. und Rn. 152 ff.[1] **1282**

§ 1 Kündigungsschutz nach dem Mutterschutzgesetz

Nach § 9 MuSchG ist die Kündigung gegenüber einer Frau während der Schwangerschaft und bis zum Ablauf von vier Monaten nach der Entbindung unzulässig, wenn dem Arbeitgeber zurzeit der Kündigung die Schwangerschaft oder Entbindung bekannt war oder innerhalb zweier Wochen nach Zugang der Kündigung mitgeteilt wird. Nachdem das BVerfG erkannt hatte, dass § 9 Abs. 1 MuSchG insoweit mit Art. 6 Abs. 4 GG unvereinbar ist, als diese Norm den besonderen Kündigungsschutz Arbeitnehmerinnen entzieht, die im Zeitpunkt der Kündigung schwanger sind, ihren Arbeitgeber hierüber unverschuldet nicht innerhalb von zwei Wochen nach Zugang der Kündigung unterrichten, dies aber unverzüglich nachholen,[2] ist § 9 Abs. 1 Satz 1 MuSchG durch Gesetz vom 3. 7. 1992 (BGBl. I S. 1191) geändert worden. Das Überschreiten der Mitteilungsfrist ist danach unschädlich, wenn es auf einem von der Frau nicht zu vertretenden Grund beruht und die Mitteilung unverzüglich nachgeholt wird (Einzelheiten dazu unten Rn. 1381). **1283**

[1] Dazu vgl. *Preis,* Kündigungsschutz außerhalb des Kündigungsschutzgesetzes, NZA 1997, 1256 ff.; *Stahlhacke,* Grundrechtliche Schutzpflichten und allgemeiner Kündigungsschutz, in Festschrift für Wiese, 1998 S. 513 ff; BVerfG 27. 1. 1998 EzA § 23 KSchG Nr. 17 = AP § 23 KSchG Nr. 17; BAG 21. 2. 2001 EzA § 242 BGB Kündigung Nr. 1 mit Anm. von *Oetker;* BAG 25. 4. 2001 EzA § 242 BGB Kündigung Nr. 4 = NZA 2002, 87.

[2] BVerfG vom 13. 11. 1979 EzA § 9 MuSchG n. F. Nr. 17 = AP § 9 MuSchG 1968 Nr. 7.

1284 Die für den Arbeitsschutz zuständige oberste Landesbehörde oder die von ihr bestimmte Stelle (Gewerbeaufsichtsamt) kann in besonderen Fällen, die nicht mit dem Zustand einer Frau während der Schwangerschaft oder ihrer Lage bis zum Ablauf von vier Monaten nach der Entbindung im Zusammenhang stehen, ausnahmsweise die Kündigung für zulässig erklären.

1285 Der besondere Kündigungsschutz nach dem MuSchG entspricht der EG-Mutterschutzrichtlinie 92/85 vom 19. 10. 1992 (ABl. Nr. L 348). Das wurde unterschiedlich beurteilt,[3] weil ursprünglich das MuSchG eine Sonderregelung für im Familienhaushalt Beschäftigte vorsah, die auch nach dem Regierungsentwurf zur Änderung des MuSchG wegen des besonders engen familiären Vertrauensverhältnisses erhalten bleiben sollte (BT-Drucks. 13/2763 S. 17). Im Laufe des Gesetzgebungsverfahrens ist diese Ausnahmeregelung auf Vorschlag des Bundesrates mit Wirkung vom 1. 1. 1997 gestrichen worden (Gesetz vom 20. 12. 1996, BGBl. I S. 2110).

1286 Der Schutz der werdenden Mutter vor einer Kündigung des Arbeitsverhältnisses ist das **Kernstück des Mutterschutzes.** Die werdende Mutter soll während der Schwangerschaft und während einer bestimmten Zeit nach der Entbindung trotz ihrer etwa mutterschaftsbedingten Leistungsminderung oder Arbeitsunfähigkeit nicht nur jeder Sorge um ihren Arbeitsplatz als wirtschaftliche Existenzgrundlage enthoben sein, sondern sie soll auch bereits vor dem Zugehen einer Kündigung und damit vor den psychischen Belastungen eines Kündigungsschutzprozesses bewahrt bleiben. Dadurch wird auch erreicht, dass sie ohne Sorge um ihre Existenz den Schutz des Gesetzes für sich beansprucht. Das Mutterschutzgesetz statuiert zur Erreichung dieser Zwecke ein absolutes, aber temporäres Kündigungsverbot. Der Anspruch der Mutter auf den Schutz und die Fürsorge der Gemeinschaft wird so erfüllt (Schutzauftrag aus Art. 12 Abs. 1 Satz 1 i.V. mit Art. 6 Abs. 4 GG).

1287 Der Mutterschutz wird verstärkt durch den Kündigungsschutz während der Elternzeit (Einzelheiten dazu unten Rn. 1419). Die Kündigungsverbote nach § 9 Abs. 1 MuSchG und § 18 BErzGG bestehen nebeneinander, so dass der Arbeitgeber bei Vorliegen von Mutterschaft und Elternzeit für eine Kündigung der Zulässigkeitserklärung der Arbeitsschutzbehörde nach beiden Vorschriften bedarf. Die Zuständigkeit ein und derselben Behörde ändert daran nichts. Die Kündigungsverbote verfolgen unterschiedliche Zwecke. Einerseits soll die Mutter vor psychischer und wirtschaftlicher Belastung geschützt werden, andererseits soll eine möglichst problemlose Anfangserziehung des Kindes gewährleistet sein. Das bedingt das Vorliegen zweier Erlaubnisse für die Kündigung, andernfalls sie unheilbar nichtig ist.[4]

I. Geltungsbereich des Kündigungsverbotes

1288 Der Kündigungsschutz des MuSchG besteht für alle Frauen, die in einem Arbeitsverhältnis stehen, einschließlich aller Formen der Teilzeitbeschäftigung. Er findet auch auf minderjährige **Auszubildende** Anwendung.[5] Daneben gilt er für

---

[3] Vgl. einerseits *Zmarzlik,* DB 1994, 97 und andererseits *Colneric,* EuroAS Nr. 9/1994 S. 13.

[4] BAG 31. 3. 1993 EzA § 9 MuSchG n.F. Nr. 32 = NZA 1993, 646; *Buchner/Becker,* §§ 9–10 Vorbem. Rn. 9.

[5] Vgl. BVerwG BB 1970, 1482; KR/*Etzel,* § 9 MuSchG Rn. 16; APS/*Rolfs,* § 9 MuSchG Rn. 18; LAG Berlin 1. 7. 1985 LAGE § 9 MuSchG Nr. 6.

Heimarbeiterinnen und ihnen Gleichgestellte, sofern die Gleichstellung sich auf den heimarbeitsrechtlichen Kündigungsschutz erstreckt. Seit dem 1. 1. 1997 gilt § 9 MuSchG uneingeschränkt auch für die Arbeitnehmerinnen, **die im Familienhaushalt** beschäftigt werden. Früher kam diesem Personenkreis der Sonderkündigungsschutz nur während der ersten fünf Monate der Schwangerschaft zugute.

Das Kündigungsverbot des § 9 MuSchG greift bereits mit dem Abschluss des Arbeitsvertrages ein, gleichgültig zu welchem Zeitpunkt die Arbeit aufgenommen werden soll. Damit ist auch die sog. **Kündigung vor Dienstantritt** in den Kündigungsschutz einbezogen.[6] **1289**

§ 9 MuSchG gilt seit dem 1. 1. 1991 grundsätzlich auch in den neuen Bundesländern und im früheren Ostteil von Berlin. Die umfangreichen Sonderkündigungsschutzbestimmungen des § 58 Abs. 1 Buchstabe b AGB-DDR galten allerdings nach der Anlage II Kapitel VIII Sachgebiet A Abschnitt III Nr. 1b zum Einigungsvertrag vom 30. 8. 1990 (BGBl. II S. 885, 1072) in bestimmten Fällen befristet weiter, längstens bis zum 31. 12. 1994. Seitdem gilt einheitliches Recht, auch im Bereich des öffentlichen Dienstes im Beitrittsgebiet, denn die Durchbrechungen des Mutterschutzes durch Regelungen im Einigungsvertrag sind vom BVerfG für nichtig erklärt worden.[7] **1290**

1. GmbH-Geschäftsführerin und Mutterschutz

Die Anwendung des Kündigungsschutzes nach § 9 MuSchG auf eine GmbH-Geschäftsführerin ist ausgeschlossen, da sie nicht in einem Arbeitsverhältnis steht. Das entspricht der h.L. Erfolgt jedoch die Kündigung nach der Abberufung als Geschäftsführerin und hat vor der Bestellung zur Geschäftsführerin ein Arbeitsverhältnis bestanden, das ruht und nach der Abberufung wieder auf seinen früheren Inhalt zurückgeführt wird, so gilt § 9 MuSchG. Im Zweifel kann jedoch nicht von einem Fortbestand des Arbeitsverhältnisses ausgegangen werden. Falls die Parteien nichts anderes vereinbart haben, ist vielmehr eine Umwandlung des Vertrages anzunehmen, d.h. das frühere Arbeitsverhältnis ist aufgelöst. Entscheidend kommt es, wie bei der Befristung von Arbeitsverhältnissen, auf den letzten Vertrag an.[8] **1291**

2. Mutterschutz in Ehegattenverträgen?

In der Praxis werden Arbeitsverträge mit Ehepaaren oder Lebenspartnern (in manchen Fällen auch mit befreundeten Paaren) abgeschlossen (Hausmeisterehepaar; Buffetehepaar, Melkerehepaar). Charakteristisch hierfür ist die enge Bindung der beiden Arbeitnehmer und die Verflechtung der Arbeitsleistung auf der Arbeitnehmerseite. Dem Arbeitgeber ist in aller Regel gleichgültig, ob die Leistung von dem **1292**

---

[6] LAG Düsseldorf 11. 6. 1992 LAGE § 9 MuSchG Nr. 18 = NZA 1993, 1041.

[7] BVerfG 10. 10. 1996 EzA Art. 38 EinigungsV Nr. 4; 24. 4. 1991 EzA Art. 13 EinigungsV Nr. 1 = AP Art. 12 GG Nr. 70.

[8] Vgl. BAG 7. 10. 1993 EzA § 5 ArbGG 1979 Nr. 9 = NZA 1994, 212; *Reiserer,* DB 1994, 1822; *Buchner/Becker,* § 1 Rn. 84ff.; LAG Düsseldorf 15. 7. 1998 LAGE § 9 MuSchG Nr. 24.

einen oder anderen Vertragsteil verrichtet wird. Maßgebend ist die Erbringung der Leistung. Ob und inwieweit sich die Vertragspartner gegenseitig dabei vertreten, bleibt, soweit nichts anderes vereinbart worden ist, gleichgültig. Gegenseitige Ergänzung und Vertretung bei der Arbeitsleistung und die in der Regel gewollte Austauscharbeit der zur Dienstleistung Verpflichteten bestimmen das Wesen derartig eng verbundener Arbeitsverhältnisse. Mit ihm wäre es unvereinbar, dass der Arbeitgeber im Falle der Beendigung eines Vertrages irgendeine dritte Person einstellt, die dann an Stelle der ausgeschiedenen treten sollte. Das braucht der verbleibende Teil nicht hinzunehmen. Deshalb wird man mit der wirksamen Beendigung des einen Arbeitsverhältnisses auch die gleichzeitige Beendigung des anderen Arbeitsverhältnisses anzunehmen haben. Es ist nicht zu billigen, wenn vereinzelt in der Rechtsprechung bei derartigen Verträgen ein einheitliches Arbeitsverhältnis mit der Folge angenommen wird, dass nur eine gemeinsame Kündigung möglich sei. Für den Fall der Anwendung des MuSchG etwa auf die Hausmeisterin soll danach der gesamte Vertrag unkündbar werden, d.h., der Arbeitgeber könnte selbst dann nicht kündigen, wenn der Ehemann einen wichtigen Grund zur sofortigen Auflösung seines Arbeitsverhältnisses gegeben hätte.[9] Das ist für den Regelfall abzulehnen. Zuzugeben ist, dass die Parteien eine entsprechende Vereinbarung treffen können.[10] Das geschieht jedoch meist nicht. Deshalb wird man anzunehmen haben, die Verträge sind in der Weise miteinander verbunden, dass die Auflösung des einen Vertrages auch die des anderen nach sich zieht. Das Arbeitsverhältnis des einen Vertragspartners steht unter der Bedingung, dass das des anderen Vertragsteiles rechtlich fortbesteht. Wird dem Ehemann wirksam fristlos gekündigt, so endet das Arbeitsverhältnis auch der schwangeren Ehefrau automatisch, weil die (zulässige) auflösende Bedingung eingetreten ist. Das entspricht auch der Rechtsprechung des BAG. Das BAG hat die Zulässigkeit der Annahme einer auflösenden Bedingung in derartigen Fällen anerkannt, wenn für die enge Verbindung der Verträge sachliche Gründe sprechen. Das aber muss bei Hausmeisterverträgen, Buffetehepaarverträgen und Melkerehepaaren anerkannt werden, denn hier gebietet die Interessenlage die Anerkennung hinreichend begründeter Umstände, die für eine Beendigung des zweiten Vertrages sprechen, wenn z.B. der erste aus wichtigem Grunde fristlos aufgelöst wird.[11] Es gelten hier dieselben Grundsätze, die für die Anerkennung des

---

[9] So LAG Düsseldorf DB 1965, 399; ArbG Siegburg 26. 3. 1968 DB 1968, 855; BAG 21. 10. 1971 AP § 611 BGB Gruppenarbeitsverhältnis Nr. 1 = EzA § 1 KSchG Nr. 23; APS/*Rolfs*, § 9 MuSchG Rn. 19; a.A. *Meisel/Sowka,* § 9 Rn. 60. Vgl. ferner KR/*Etzel,* § 9 MuSchG Rn. 146.

[10] *Buchner/Becker,* § 9 Rn. 59.

[11] BAG 17. 5. 1962 AP § 620 BGB Bedingung Nr. 2 = EzA § 9 MuSchG a.F. Nr. 2. Vgl. aber auch BAG 21. 10. 1971 EzA § 1 KSchG Nr. 23 = AP § 611 BGB Nr. 1 Gruppenarbeitsverhältnis mit krit. Anm. von *Hanau.* In dieser Entscheidung wird für ein Heimleiterehepaar die wechselseitige Bindung der Arbeitsverhältnisse abgelehnt. Das veranlasst Hanau zu der berechtigten Frage, ob der Arbeitgeber wirklich zu der Weiterbeschäftigung eines ganzen Orchesters, das unmöglich spielt, verpflichtet sein soll, nur weil die Harfenistin schwanger ist, vgl. *Hanau,* Anm. zu BAG AP § 611 BGB Gruppenarbeitsverhältnis Nr. 1. Bei einer so engen Verzahnung der Arbeitsverhältnisse, bei der ein Austausch der Arbeitnehmer unzumutbar und nach dem Vertrag nicht möglich ist, muss das Arbeitsverhältnis der Frau als bedingt durch den Bestand des Arbeitsverhältnisses des Ehemannes (z.B. beim Hausmeisterehepaar, Buffetehepaar) angesehen werden; kritisch gegenüber der BAG Entscheidung v. 17. 5. 1962 APS/*Rolfs*, § 9 MuSchG Rn. 19.

befristeten Vertrages auch bei Arbeitsverhältnissen mit schwangeren Arbeitnehmern geführt haben (Einzelheiten siehe unten Rn. 1341).

Eine enge wechselseitige Bindung könnte man an sich auch bei sog. Job-Sharing- **1293** Arbeitsverhältnissen annehmen. Der Gesetzgeber hat jedoch in § 11 TzBfG bestimmt, die Kündigung eines Arbeitsverhältnisses wegen der Weigerung des Arbeitnehmers von einem Vollzeit- in ein Teilzeitarbeitsverhältnis oder umgekehrt zu wecheln, ist unwirksam (so bereits früher § 5 Abs. 2 Satz 1 BeschFG 1985). (Gesetzliches Verbot). Scheidet somit ein Arbeitnehmer aus dem „Job-Sharing" aus und kann der Arbeitgeber den Teilzeitarbeitsplatz nicht neu besetzen, so scheitert eine an sich mögliche Änderungskündigung ggfls. an § 9 Abs. 1 MuSchG. Allerdings dürfte dann der Antrag des Arbeitgebers auf Zustimmung zur Änderungskündigung nach § 9 MuSchG je nach Lage des Einzelfalles durchaus Aussicht auf Erfolg haben.

II. Voraussetzungen des Kündigungsschutzes

1. Schwangerschaft

Das absolute Kündigungsverbot des § 9 Satz 1 MuSchG setzt **objektiv** eine **1294** Schwangerschaft voraus. Abzustellen ist auf den Zeitpunkt des **Zugangs der Kündigung.** Für die Beurteilung der Wirksamkeit der Kündigung ist auf ihn abzuheben. Nach ihm richtet sich auch, ob die Voraussetzungen eines Sonderkündigungsschutzes vorliegen. Tritt die Schwangerschaft erst während des Laufs der Kündigungsfrist ein, so findet § 9 Satz 1 MuSchG keine Anwendung. Die irrtümliche Annahme einer Schwangerschaft kann den Sonderkündigungsschutz nicht rechtfertigen, selbst wenn diese auf einem falschen ärztlichen Attest beruht. Stellt sich der Irrtum heraus, so verstößt die Kündigung nicht gegen § 9 MuSchG. Wird die Arbeitnehmerin nach der Entbindung innerhalb der Frist des § 9 Abs. 1 MuSchG erneut schwanger, so gelten die allgemeinen Grundsätze. Ein Rechtsmissbrauch scheidet auch dann aus, wenn sich die Arbeitnehmerin so erneut den Sonderkündigungsschutz sichern wollte. Beabsichtigt die Arbeitnehmerin, sich künstlich befruchten zu lassen, so findet in der Zeit der Behandlung das Kündigungsverbot des § 9 Abs. 1 MuSchG keine Anwendung.[12] Zur Frage, ob in dieser Zeit, ein Kündigungsschutz aus den §§ 242, 138 BGB in Verbindung mit Art. 6 und 1 GG in Betracht kommt, sofern das KSchG keine Anwendung findet, dazu oben Rn. 294 ff. und 303 ff.

Schwangerschaft besteht von der Befruchtung bis zur **Entbindung,** einer **Fehl-** **1295** **geburt** bzw. einem **Schwangerschaftsabbruch.**[13]

a) Feststellung der Schwangerschaft

Der Beginn der Schwangerschaft und damit des absoluten Kündigungsschutzes **1296** ist medizinisch mit Sicherheit kaum feststellbar, selbst wenn man den Tag der Ent-

[12] LAG Schleswig-Holstein 17. 11. 1997 LAGE § 242 BGB Nr. 3, das richtig eine Analogie ablehnt.

[13] Fraglich ist, ob die Bauchhöhlenschwangerschaft eine Schwangerschaft i. S. des § 9 MuSchG darstellt oder eine Krankheit ist. Das BAG hat die Frage offen gelassen (BAG 3. 3. 1966 ArbuR 1966, 153). Mit *Buchner/Becker,* § 1 Rn. 124, wird das aus dem Zweck der Vorschrift zu bejahen sein; ebenso KR/*Etzel,* § 9 MuSchG Rn. 29; APS/*Rolfs,* § 9 MuSchG Rn. 21.

bindung abwartet. Gleichgültig, ob man vom voraussichtlichen Entbindungstermin zurückrechnet oder vom Tag der Entbindung, es bleibt stets eine Wahrscheinlichkeitsrechnung. Die Rechtsprechung hat deshalb in Anwendung der Grundsätze des § 5 Abs. 2 MuSchG den Beginn der Schwangerschaft in der Weise bestimmt, dass von dem im Attest angegebenen voraussichtlichen Tag der Niederkunft 280 Tage zurückzurechnen sind.[14] Nur so kann man den Bedürfnissen der Praxis gerecht werden und Schwebezustände vermeiden. Bei der Rückrechnung ist der voraussichtliche Entbindungstag **nicht** mitzurechnen.[15]

1297 Diese Grundsätze gelten auch, wenn sich der Tag der Niederkunft über den vorausberechneten Termin im ärztlichen Attest hinaus um einige Zeit verschiebt. Für den Beginn des Kündigungsschutzes bleibt der mutmaßliche Tag der Entbindung im ärztlichen Attest maßgebend. Entbindet die Arbeitnehmerin z.B. zwei Wochen später als im Attest angegeben, kann der Arbeitgeber nicht einwenden, nun sei auch die Berechnung des Beginns der Schwangerschaft entsprechend zu berichtigen, so dass ggfls. der Kündigungszeitpunkt vom Mutterschutz nicht mehr erfasst wird. Das würde zu einer nicht tragbaren Unsicherheit über die Wirksamkeit der Kündigung führen, da die Kündigung über einen zu langen Zeitraum nicht rechtlich bewertet werden könnte.

1298 Die Anerkennung der Frist von 280 Tagen, einer fiktiven Frist, wird neuerdings vom LAG Niedersachsen in Zweifel gezogen. Ausgehend von der Annahme, eine normale Schwangerschaft dauere im Durchschnitt nur 266 Tage, könne für die Differenz zur fiktiven Frist kein Kündigungsschutz nach § 9 MuSchG gewährt werden, da die Arbeitnehmerin eben nicht schwanger sei. Die Schwangerschaft könne nicht fingiert werden.[16] Der Auffassung des LAG Niedersachsen wird man im Interesse der Rechtssicherheit und Rechtsklarheit nicht zustimmen können. Das Gericht verweist in den Entscheidungsgründen auf eine Entscheidung des Bundesverfassungsgerichts vom 26. 6. 1995[17], mit der eine Verfassungsbeschwerde gegen eine Gerichtsentscheidung, in der die Berechnungsmethode des BAG angewandt worden war, nicht zur Entscheidung angenommen wurde. Das BAG hat zwischenzeitlich seine Rechtsprechung erneut bestätigt und ausgeführt, die Schwangere genüge ihrer Darlegungs- und Beweislast für das Bestehen einer Schwangerschaft im Kündigungszeitpunkt zunächst durch Vorlage einer ärztlichen Bescheinigung über den mutmaßlichen Tag der Entbindung, wenn der Zugang der Kündigung innerhalb von 280 Tagen vor diesem Termin liegt. Der Arbeitgeber könne jedoch den Beweiswert der Bescheinigung erschüttern und Umstände darlegen, auf Grund derer es der wissenschaftlich gesicherten Erkenntnis widersprechen würde, von einer Schwangerschaft der Arbeitnehmerin bei Kündigungszugang auszugehen. Dann müsse die Arbeitnehmerin weitere Beweise für eine bestehende Schwangerschaft führen.[18]

---

[14] BAG vom 27. 10. 1983 EzA § 9 MuSchG n.F. Nr. 25 = NJW 1985, 1420; ständ. Rspr., vgl. ferner BAG vom 15. 11. 1990 EzA § 9 MuSchG n.F. Nr. 28 = NZA 1991, 669.

[15] BAG 12. 12. 1985 EzA § 9 MuSchG n.F. Nr. 26 = NJW 1986, 613; KR/*Etzel,* § 9 MuSchG Rn. 64; *Buchner/Becker,* § 1 Rn. 130; *Gröninger/Thomas,* § 9 Rn. 10.

[16] LAG Niedersachsen 12. 5. 1997 LAGE § 9 MuSchG Nr. 23. Ebenso APS/*Rolfs,* § 9 MuSchG Rn. 41.

[17] BVerfG 26. 6. 1995 RzK IV 6 b Nr. 24.

[18] BAG 7. 5. 1998 EzA § 9 MuSchG n.F. Nr. 35 = NJW 1998, 1804. Zum Ganzen vgl. APS/*Rolfs,* § 9 MuSchG Rn. 41.

b) Kosten der Schwangerschaftsfeststellung

1299 Der Arbeitgeber kann von der Arbeitnehmerin den Nachweis der Schwangerschaft verlangen, der in aller Regel durch die Vorlage eines ärztlichen Attestes geführt wird. Die Kosten hat der Arbeitgeber zu tragen (Analogie zu § 5 Abs. 3 MuSchG).

2. Entbindung

1300 Das Kündigungsverbot des § 9 MuSchG gilt während der Schwangerschaft und einer Frist von **vier Monaten nach der Entbindung.** Für die Fristberechnung gelten die Vorschriften der §§ 187 Abs. 1, 188 Abs. 2 und 3 sowie § 191 BGB. Keine Anwendung findet § 193 BGB, da keine Willenserklärung abzugeben oder eine Leistung zu bewirken ist.

1301 Unzulässig ist die Kündigung **innerhalb** der Frist, d. h. der Arbeitnehmerin darf die Kündigung nicht zugehen. Ohne Bedeutung ist, wann die Kündigung wirksam wird. Verlässt die Kündigung innerhalb der Schutzfrist den „Machtbereich" des Arbeitgebers, geht sie aber nach Fristablauf der Arbeitnehmerin zu, so greift das Verbot des § 9 MuSchG nicht ein.[19] Wird die Arbeitnehmerin in diesem Zeitraum erneut schwanger, so besteht wieder Kündigungsschutz, der erst vier Monate nach der zweiten Entbindung endet. Das Gesetz ist auch für die zweite Schwangerschaft anzuwenden. Die Arbeitnehmerin handelt also nicht etwa rechtsmissbräuchlich, wenn sie sich auf den gesetzlichen Kündigungsschutz beruft.

a) Zum Begriff der Entbindung

1302 Das MuSchG enthält keine Definition des Begriffs Entbindung. Rechtsprechung und Literatur haben seit langem im Interesse der Rechtssicherheit die Grundsätze des Personenstandsrechts übernommen. Danach liegt eine Entbindung zunächst immer dann vor, wenn das Kind **lebend** geboren wird. Das ist der Fall, wenn das Herz des Kindes nach Trennung vom Mutterleib geschlagen, die Nabelschnur pulsiert oder die Lungenatmung eingesetzt hat (§ 29 Abs. 1 AVO zum Personenstandsgesetz i. d. F. der Bekanntmachung vom 25. 2. 1977 (BGBl. I S. 377)). Bei Vorlage dieser Mindestanzeichen menschlichen Lebens ist es nicht notwendig, dass auch die Lebensfähigkeit zu bejahen ist.[20] Stirbt das Kind nach der Entbindung, so hat das auf den besonderen Kündigungsschutz nach dem MuSchG keinen Einfluss.

1303 Auch jede sog. **Frühgeburt,** d. h. wenn das Kind bei der Geburt weniger als 2500 Gramm wiegt,[21] ist eine Entbindung i. S. des § 9 Abs. 1 MuSchG, selbst wenn das Kind nur im Brutkasten lebensfähig ist.

b) Totgeburt

1304 Eine Entbindung i. S. des § 9 Abs. 1 MuSchG liegt in bestimmten Fällen auch bei einer **Totgeburt** vor. Zeigen sich die Mindestanzeichen menschlichen Lebens

---

[19] A. A. LAG Düsseldorf 11. 5. 1979 EzA § 9 MuSchG n. F. Nr. 19 mit abl. Anm. von *Buchner.* Kritisch auch *Gamillscheg,* Arbeitsrecht I S. 483.

[20] LSG Niedersachen 3. 3. 1987 NZA 1987, 544.

[21] Zum Begriff der Frühgeburt vgl. BAG 12. 3. 1997 EzA § 6 MuSchG Nr. 1 = NZA 1997, 764.

nach der Geburt nicht (vgl. oben Rn. 1302) und können sie auch durch besondere medizinische Maßnahmen nicht erreicht werden, so handelt es sich um eine Totgeburt, wenn das **Gewicht der Leibesfrucht** mindestens 500 Gramm beträgt (§ 29 Abs. 2 der VO zur Ausführung des Personenstandsgesetzes i. d. F. der 13. VO zur Änderung der AVO – PStG vom 24. 3. 1994 (BGBl. I S. 621).

c) Fehlgeburt

1305 Die Fehlgeburt ist **keine Entbindung** i. S. des § 9 Abs. 1 MuSchG. Sie liegt vor, wenn sich bei der Leibesfrucht die Mindestanforderungen des Lebens (oben Rn. 1302) nicht gezeigt haben **und** ihr Gewicht unter 500 Gramm liegt (§ 29 Abs. 3 der VO zur Ausführung des Personenstandsgesetzes i. d. F. der 13. VO zur Änderung der AVO – PStG vom 24. 3. 1994 (BGBl. I S. 621). Zwischen Totgeburt und Fehlgeburt bestehen somit, was die mutterschutzrechtlichen Folgen angehen, erhebliche Unterschiede. Das ist früher auf Kritik gestoßen, die jedoch nicht begründet ist. Die Differenzierung zwischen Fehlgeburten einerseits und Lebendgeburten sowie unter gewissen Voraussetzungen den Totgeburten andererseits, ist nicht willkürlich.[22]

d) Schwangerschaftsabbruch

1306 Keine Entbindung ist der **Schwangerschaftsabbruch.** Er fällt aus dem Schutzbereich des MuSchG heraus. Eine Gleichstellung mit der Fehlgeburt kommt angesichts der unterschiedlichen Zielvorstellungen einer Schwangerschaft mit anschließenden Fehlgeburt und des Abbruchs der Schwangerschaft nicht in Betracht.[23]

3. Kündigung durch den Arbeitgeber

1307 Der Kündigungsschutz der werdenden Mutter sowie der Arbeitnehmerin nach der Entbindung setzt eine Kündigung durch den Arbeitgeber voraus. Er erfasst auch die sog. Kündigung vor Dienstantritt.[24] Das Gesetz verbietet also nicht etwa jede Beendigung des Arbeitsverhältnisses der unter das MuSchG fallenden Arbeitnehmerin. Anknüpfungspunkt des besonderen Kündigungsschutzes ist allein die Arbeitgeberkündigung. Die weiter bestehenden Beendigungstatbestände wie z. B. Aufhebungsvertrag und Anfechtung (Näheres dazu unten Rn. 1314 ff.) können wirksam werden. Ihre Bedeutung ist im Rahmen des privilegierten Arbeitsverhältnisses der werdenden Mutter eher größer als sonst, weil nicht selten versucht wird, mit ihrer Hilfe die durch Kündigung nicht zu erreichende Beendigung des Arbeitsverhältnisses herbeizuführen. Zur Form der Kündigung oben Rn. 152 ff.

1308 Das Kündigungsverbot des § 9 MuSchG umfasst alle Arten der Kündigung, namentlich die **ordentliche** und die **außerordentliche Kündigung.** Keine Ausnah-

---

[22] BAG 16. 2. 1973 EzA § 9 MuSchG n. F. Nr. 14 = NJW 1973, 1431; *Buchner/Becker,* § 1 Rn. 138, 139; *Richardi,* JZ 1974, 189; APS/*Rolfs,* § 9 MuSchG Rn. 23 bis 25; **a. A.** *Schwerdtner,* JZ 1974, 480 und *Wolf,* Anm. AP § 9 MuSchG 1968 Nr. 2.

[23] *Buchner/Becker,* § 1 Rn. 140. Vgl. auch KR/*Etzel,* § 9 Rn. 32.

[24] LAG Düsseldorf 11. 6. 1992 LAGE § 9 MuSchG Nr. 18 = NZA 1993, 1041.

me gilt für die **sog. Kampfkündigung,** die unter engen Voraussetzungen im Rahmen eines rechtswidrigen Streiks zulässig ist. Das Kündigungsverbot schließt Kündigungen im **Insolvenzverfahren** ein. Gleichgültig ist auch der Anlass der Kündigung. Das Kündigungsverbot wird z. B. wirksam, wenn die Kündigung erfolgt, um Kurzarbeit einzuführen oder wenn sie im Rahmen einer **Massenentlassung** erklärt wird. Kann der Arbeitgeber die Kurzarbeit jedoch auf Grund kollektivrechtlicher Basis einführen, so greift das Kündigungsverbot nicht ein. Die werdende Mutter ist auch geschützt, wenn die Kündigung erfolgt, weil der ganze Betrieb stillgelegt wird und deshalb überhaupt keine Beschäftigungsmöglichkeit besteht.

Das Kündigungsverbot erstreckt sich auf die **Änderungskündigung.** Das ist 1309
heute unbestritten. Die **Teilkündigung** (dazu oben Rn. 252) löst das Arbeitsverhältnis dagegen nicht auf, soweit sie nach dem Vertrag überhaupt zulässig ist. In diesem Rahmen besteht Nachprüfbarkeit im Rahmen der §§ 315 ff. BGB (dazu oben Rn. 257). Das Kündigungsverbot des § 9 MuSchG greift, weil der Arbeitsplatz nicht verlorengehen kann – anders ist das bei der Änderungskündigung –, nicht ein.

Das Kündigungsverbot des § 9 Abs. 1 MuSchG ist auf tarifliche Nichtverlänge- 1310
rungsmitteilungen im Falle des Abschlusses befristeter Arbeitsverträge weder unmittelbar noch entsprechend anzuwenden. Inhalt und Funktion der Nichtverlängerungsmitteilung sind mit der Kündigung nicht vergleichbar. Dort geht es um die Auflösung eines Arbeitsverhältnisses, hier nur um die Bestätigung einer vereinbarten Vertragsdauer, d. h. die Erklärung hat nur deklaratorische Bedeutung. Da das MuSchG kein allgemeines Verbot für die Beendigung eines Arbeitsverhältnisses enthält und auch nicht darauf gerichtet ist, der Arbeitnehmerin einen Arbeitsplatz zu verschaffen, kann aus ihm nicht geschlossen werden, eine Pflicht zum Abschluss eines neuen (Anschluss-)Vertrages anzunehmen.[25]

a) Außerordentliche Kündigung

Die außerordentliche Kündigung fällt unter das Kündigungsverbot des § 9 1311
MuSchG. Das gilt auch für die außerordentliche Kündigung im befristeten Arbeitsverhältnis. Mögen die vom Arbeitgeber vorgetragenen Gründe noch so schwerwiegend sein, die Gerichte für Arbeitssachen müssen dennoch auf Unwirksamkeit der Kündigung erkennen. Selbst wenn die Fortsetzung des Arbeitsverhältnisses für den Arbeitgeber offenbar unzumutbar ist, ja selbst wenn sie unerträglich ist, bleibt die in solchen Fällen sonst mögliche außerordentliche Kündigung dem Arbeitgeber verschlossen. Der Gesetzgeber hat das Prinzip, dass Dauerschuldverhältnisse stets lösbar sind, wenn die Fortsetzung unzumutbar geworden ist, zugunsten der werdenden Mutter durchbrochen. Es bleibt nur die Möglichkeit offen, mit Zustimmung der zuständigen Behörde zu kündigen (dazu Näheres unten Rn. 1400).

b) Annahmeverzug

Ist die fristlose Kündigung einer Arbeitnehmerin gemäß § 9 Abs. 1 MuSchG un- 1312
zulässig, so kommt der Arbeitgeber, der diese Arbeitnehmerin nicht beschäftigt, regelmäßig in Annahmeverzug und hat daher die Vergütung zu zahlen. Von diesem

[25] BAG 23. 10. 1991 EzA § 9 MuSchG n. F. Nr. 29 = NZA 1992, 925.

Grundsatz hat die Rechtsprechung des BAG eine Ausnahme gemacht. Der Arbeitgeber kommt dann nicht in Annahmeverzug, wenn die Arbeitnehmerin sich so verhält, dass der Arbeitgeber nach Treu und Glauben und unter Berücksichtigung der Gepflogenheiten des Arbeitslebens sowie des Sinnes und Zweckes des Mutterschutzes die Annahme der Leistung zu Recht ablehnt.[26] In dieser Entscheidung betont der Große Senat, dass dem MuSchG kein Versorgungsgedanke zugrunde liege. Der Lohnzahlungsanspruch der Arbeitnehmerin setze vielmehr entweder die Arbeitsleistung oder den Annahmeverzug des Arbeitgebers voraus. Der Große Senat betont weiter, dass es seltene Ausnahmefälle gibt, in denen der Arbeitgeber berechtigt sei, das Angebot der Arbeitnehmerin abzulehnen, ohne in Annahmeverzug zu geraten. Das sei der Fall, wenn die Arbeitnehmerin sich so verhalte, dass bei Annahme der angebotenen Leistung Leib, Leben, Freiheit, Gesundheit, Ehre, andere Persönlichkeitsrechte oder Eigentum des Arbeitgebers, seiner Angehörigen oder anderer Betriebsangehöriger unmittelbar und nachhaltig so gefährdet werden, dass die Abwehr dieser Gefährdung absoluter Rechte den Vorrang vor dem Interesse der unter das MuSchG fallenden Arbeitnehmerin an der Erhaltung ihres Verdienstes haben muss. Entscheidend sei dabei die objektive Rechtswidrigkeit des Verhaltens der Arbeitnehmerin; ein Verschulden sei nicht erforderlich.

1313 Es wäre verfehlt, diese Entscheidung so zu interpretieren, dass im Falle einer unwirksamen außerordentlichen Kündigung kein Lohn zu zahlen wäre. Das ist in der Vergangenheit auch, soweit ersichtlich, nicht geschehen. Schon der Große Senat hat selbst den Ausnahmecharakter seiner Entscheidung betont, indem er ausgeführt hat, nur bei einem ungewöhnlichen schweren rechtswidrigen Verstoß der Arbeitnehmerin nicht nur gegen Vertragspflichten, sondern auch gegen allgemeine Verhaltenspflichten sei der Arbeitgeber berechtigt, die angebotenen Dienste abzulehnen.

4. Beendigung des Arbeitsverhältnisses ohne Kündigung

1314 Es ist schon hervorgehoben worden, dass § 9 MuSchG kein Verbot statuiert, den Arbeitsvertrag auf andere Weise zu beenden. Fälle dieser Art sind häufig, und sie beschäftigen die Praxis immer wieder, weil versucht wird, die Strenge des absoluten Kündigungsverbotes auf diese Weise zu umgehen oder doch zu mildern.

1315 Das BVerfG hat durch Urteil vom 24. 4. 1991 die Beendigung von Arbeitsverhältnissen im öffentlichen Dienst durch den Einigungsvertrag insoweit für nichtig erklärt (Verstoß gegen Art. 12 Abs. 1 GG in Verbindung mit Art. 6 Abs. 4 GG), als dadurch Kündigungsvorschriften im Bereich des Mutterschutzes durchbrochen wurden. Für die Beendigung der Arbeitsverhältnisse kraft Gesetzes war also der Mutterschutz zu beachten.[27]

---

[26] BAG GS EzA § 615 BGB Nr. 1 = NJW 1956, 1554. Das BAG hat die Entscheidung des Großen Senats am 29. 10. 1987 im Grundsatz bestätigt und die Unzumutbarkeit der Annahme der Dienste abgelehnt, obwohl ein Betriebsleiter einen sehr hohen Geldbetrag unterschlagen hatte, die Kündigung jedoch an § 102 BetrVG scheiterte; BAG 29. 10. 1987 EzA § 615 BGB Nr. 54 mit krit. Anm. von *Buchner* = NZA 1988, 465; abw. LAG Hamm 15. 1. 1987 LAGE § 615 BGB Nr. 9.

[27] BVerfG vom 24. 4. 1991 EzA Art. 13 EinigungsV Nr. 1; 10. 3. 1992 EzA Art. 38 EinigungsV Nr. 3; BAG 10. 10. 1996 EzA Art. 38 EinigungsV Nr. 4.

a) Nichtiger Arbeitsvertrag

Die Kündigung des Arbeitsverhältnisses durch den Arbeitgeber setzt voraus, dass der Vertrag rechtswirksam besteht. Ist das nicht der Fall, d. h., ist der Arbeitsvertrag wegen Verstoßes gegen die guten Sitten oder ein Verbotsgesetz nichtig, so besteht nur ein faktisches Arbeitsverhältnis, zu dessen Beendigung es keiner Kündigung bedarf. Der Arbeitgeber kann sich in einem solchen Falle jederzeit vom Vertrag lossagen. Das Kündigungsverbot des § 9 MuSchG bleibt ohne Wirkung. **1316**

Fraglich sind die Wirkungen der mutterschutzrechtlichen **Beschäftigungsverbote** nach den §§ 4 und 8 MuSchG. Früher wurde vielfach angenommen, Nichtigkeit des Vertrages liege dann vor, wenn eine **beim Vertragsschluss** bereits schwangere Arbeitnehmerin ausschließlich für Arbeiten eingestellt wird, die zu verrichten für Schwangere nach dem Gesetz verboten sind.[28] Dieses Ergebnis ist bereits mit einer am Sinn und Zweck der Beschäftigungsverbote ausgerichteten Auslegung der §§ 4, 8 MuSchG i.V. mit § 134 BGB unvereinbar, richtet sich doch das gesetzliche Verbot primär gegen die Beschäftigung der schwangeren Arbeitnehmerin. Ebenso wie bei den Arbeitnehmerinnen, deren Arbeitsvertrag bereits vor Eintritt der Schwangerschaft abgeschlossen war, gilt es auch bei der anderen Gruppe nur sicherzustellen, dass die Verbote eingehalten werden, andererseits aber der Arbeitgeber vor unzumutbaren Belastungen bewahrt bleibt. Dem kann durch Umsetzungsmaßnahmen Rechnung getragen werden.[29, 30] Der Arbeitgeber ist wegen seiner erheblichen Belastung durch die Entgeltfortzahlungspflicht zur Umsetzung der Arbeitnehmerin unter Beachtung von Zumutbarkeitsgesichtspunkten berechtigt. Das mutterschutzrechtliche Umsetzungsrecht besteht neben dem arbeitsvertraglichen Versetzungsrecht, ist also im Grundsatz nicht an den vertraglichen Tätigkeitsbereich gebunden. Auch berufsfremde, ggfls. einfache Tätigkeiten kön- **1317**

---

[28] BAG 27. 11. 1956 AP § 4 MuSchG Nr. 2.

[29] Vgl. *Buchner/Becker,* Vorb. §§ 3–8 Rn. 20. Das BAG hat für das Beschäftigungsverbot nach § 8 Abs. 1 MuSchG die Nichtigkeit des Vertrags, durch den sich eine schwangere Arbeitnehmerin ausschließlich zur Nachtarbeit im Sinne des § 8 MuSchG verpflichtet,gemäß § 134 BGB verneint, wenn bei Vertragsschluss noch mit der Erteilung einer Ausnahmegenehmigung nach § 8 Abs. 6 MuSchG zu rechnen war; BAG 8. 9. 1988 EzA § 8 MuSchG Nr. 1 = NJW 1989, 929.

[30] Keine Nichtigkeit des Arbeitsverhältnisses tritt ein, wenn eine Arbeitnehmerin nicht das in § 43 Abs. 1 SeuchRNeuG v. 20. 7. 2000 (BGBl. I S. 1045) vorgesehene Gesundheitszeugnis vorlegt. Dabei handelt es sich um eine Ordnungsvorschrift. Der Arbeitgeber kann den Vertrag durch Kündigung lösen, für die er im Falle der Schwangerschaft die Zustimmung des Gewerbeaufsichtsamtes benötigt. So zum früheren § 18 BSeuchG: LAG Düsseldorf DB 1968, 1136; ArbG Aachen BB 1968, 1428; BAG 25. 6. 1970 EzA § 9 MuSchG Nr. 9 = AP § 18 BSeuchG Nr. 1; 2. 3. 1971 EzA §§ 17, 18 BSeuchG Nr. 1 = AP § 18 BSeuchG Nr. 2.

Zur Frage der Nichtigkeit des Vertrages, wenn die Arbeitserlaubnis nach § 284 SGB III (früher § 19 AFG) nicht vorhanden ist, vgl. BAG EzA § 19 AFG Nr. 1–3. Die Rechtsprechung des BAG zu § 19 AFG ist auf § 284 SGB III zu übertragen. Das BAG nimmt an, der Arbeitsvertrag sei nicht nichtig, wenn die beantragte Arbeitserlaubnis nicht erteilt oder nicht verlängert werde. Das Arbeitsverhältnis sei zu kündigen, d. h., § 9 MuSchG greift ein. Zur Kündigung eines Arbeitnehmers, dessen Arbeitserlaubnis noch nicht verlängert worden ist, vgl. BAG 20. 2. 1986 NZA 1988, 94 und 7. 2. 1990 EzA § 1 Personenbedingte Kündigung Nr. 8; ferner *Hanau,* Festschrift „25 Jahre BAG“ S. 188 ff.; *Schulin,* Anm. zu BAG § 1 LohnFG Nr. 127.

nen verlangt werden. Allerdings darf die Arbeit für die werdende Mutter nicht diskriminierend sein oder sich als eine Herabsetzung im Betrieb darstellen.[31] Die Zuweisung einer anderen Tätigkeit muss billiges Ermessen wahren und darf die Schwangere nicht über Gebühr belasten. Die unzumutbare Belastung kann auch darin liegen, dass die Arbeitnehmerin für die ihr an sich zumutbare Ersatztätigkeit eine große Entfernung zwischen Wohn- und Einsatzort üerwinden muss, z.B. von München nach Berlin. Das ist im fortgeschrittenen Zustand der Schwangerschaft nicht mehr zumutbar.[32]

1318 Die Entscheidung über die Zuweisung einer anderen Beschäftigung unterliegt der gerichtlichen Kontrolle im Rahmen des § 315 BGB. Das setzt eine konkrete Zuweisung voraus. Anderenfalls müsste das Gericht über ein nachgeholtes, hypothetisches Angebot entscheiden. Dafür besteht kein Interesse, denn der Arbeitgeber hat ein derartiges Angebot gar nicht gemacht. Es ist also notwendig, dass die Zuweisung einer konkreten Ersatztätigkeit z.B. die Art der Arbeit beschreibt, ihren Umfang bestimmt und die Lage der Arbeitszeit festlegt.[33] Die Mitbestimmungsrechte des Betriebsrats nach § 99 BetrVG sind ggfls. zu beachten.

1319 Die Entscheidung des EuGH vom 5. 5. 1994[34] bestätigt insoweit nur das geltende Recht, wenn sie auf Grund des europarechtlichen Diskriminierungsverbotes ausschließt, dass die Nichtigkeit eines unbefristeten Arbeitsvertrages einer Schwangeren eintritt, der auf eine nachts zu verrichtende Arbeit gerichtet ist und in beiderseitiger Unkenntnis der Schwangerschaft geschlossen wurde.[35]

1320 Macht die Arbeitnehmerin außerhalb des § 102 Abs. 5 BetrVG, § 79 Abs. 2 BPerVG nach einer Kündigung durch den Arbeitgeber einen Weiterbeschäftigungsanspruch geltend[36] und setzen die Parteien das Arbeitsverhältnis einvernehmlich bis zur rechtskräftigen Entscheidung über die Kündigungsschutzklage fort, so ist von einem **auflösend bedingten Arbeitsverhältnis** auszugehen.[37] Wird die Arbeitnehmerin schwanger, so greift der Mutterschutz ein. Leistungen des Arbeitgebers sind nicht zurückzuerstatten, da ein wirksames, wenn auch befristetes Arbeitsverhältnis bestanden hat. Wird die Arbeitnehmerin jedoch **gegen den Willen des Arbeitgebers** weiterbeschäftigt, so sind die gegenseitigen Leistungen nach den Grundsätzen der ungerechtfertigten Bereicherung auszugleichen, sofern die Kündigungsschutzklage der Arbeitnehmerin abgewiesen wird.[38]

---

[31] Vgl. *Buchner/Becker,* Vorb. §§ 3–8 Rn. 27 ff.; BAG 22. 4. 1998 EzA § 11 MuSchG n. F. Nr. 17 = AP § 4 MuSchG Nr. 4.

[32] BAG v. 21. 4. 1999 EzA § 11 MuSchG n. F. Nr. 18 mit Anm. von *Buchner* = NZA 1999, 1044.

[33] BAG v. 15. 11. 2000 EzA § 11 MuSchG n. F. Nr. 20 = DB 2001, 597.

[34] EuGH 5. 5. 1994 EzA § 8 MuSchG Nr. 3 = NZA 1994, 609.

[35] Vgl. dazu *Buchner,* Festschrift für Stahlhacke, 1995, S. 89.

[36] Vgl. BAG GS vom 27. 2. 1985 EzA § 611 BGB Beschäftigungspflicht Nr. 9 mit Anm. *Gamillscheg* = NZA 1985, 702.

[37] BAG vom 4. 9. 1986 EzA § 611 BGB Beschäftigungspflicht Nr. 27 = NZA 1987, 376. Zu Beachten ist, dass für den auflösend bedingten Arbeitsvertrag nach § 21 TzBfG die Formvorschrift des § 14 Abs. 4 TzBfG gilt.

[38] BAG vom 10. 3. 1987 EzA § 611 BGB Beschäftigungspflicht Nr. 28 = NZA 1987, 271; vom 12. 2. 1992 EzA § 611 BGB Beschäftigungspflicht Nr. 52 = NZA 1993, 177; *Gröninger/Thomas,* § 9 Rn. 45.

b) Anfechtung

Die Anfechtung des Arbeitsvertrages, die im Falle ihrer Wirksamkeit zur Nichtigkeit des Arbeitsvertrages führt, ist trotz des Kündigungsverbots nach § 9 Abs. 1 MuSchG grundsätzlich zulässig. Anfechtung und Kündigung sind wesensverschiedene Rechtsinstitute, die einander nicht gleichgestellt werden können.[39] Deshalb bleibt die Anfechtung auch weiterhin **formfrei.** § 623 BGB ist nicht entsprechend anzuwenden. Haben die vom Arbeitgeber für die Anfechtung vorgetragenen Gründe mit **der Mutterschaft nichts zu tun,** so führt die Kündigungssperre des § 9 Abs. 1 MuSchG **weder zu einer Erleichterung noch zu einer Erschwerung der Anfechtung.** Kann der Arbeitgeber nach dem Sachverhalt kündigen oder anfechten, wählt er aus begreiflichen Gründen aber die Anfechtung, so ist diese Rechtswahl nicht zu beanstanden.[40] Allerdings muss die Anfechtung erklärt werden. Das wird im Einzelfall eine Frage der Auslegung der Willenserklärung sein.[41] Nicht möglich ist es, eben wegen der Verschiedenheit der Lösungstatbestände, eine unzulässige ordentliche oder außerordentliche Kündigung in eine Anfechtungserklärung umzudeuten.[42] **1321**

Folgende Anfechtungstatbestände haben im Rahmen des Mutterschutzes Bedeutung gewonnen: **1322**

aa) Irrtum über verkehrswesentliche Eigenschaft

Zur Anfechtung wegen eines Irrtums über eine Eigenschaft der Person berechtigen nach § 119 Abs. 2 BGB nur solche, die im **Verkehr als wesentlich** angesehen werden. Deshalb ist die Schwangerschaft als ein **vorübergehender Zustand nicht als verkehrswesentliche Eigenschaft** anerkannt worden.[43] **1323**

Von diesem Grundsatz sind früher in der Praxis in einigen Fällen, die allerdings seltener vorkamen, Ausnahmen gemacht worden. Die Schwangerschaft wurde als verkehrswesentliche Eigenschaft i.S. des § 119 Abs. 2 BGB gewertet, wenn die Bewerberin für die vereinbarte Arbeitsleistung objektiv ungeeignet war, d.h. das vereinbarte Arbeitsverhältnis nicht realisiert werden konnte, z.B. bei einer Tänzerin oder einem Mannequin.[44] Das wurde auch angenommen, wenn die vereinbarte Tätigkeit wegen eines Beschäftigungsverbotes überhaupt nicht aufgenommen werden konnte.[45] Diese **1324**

---

[39] Ganz h.L.; vgl. BAG AP § 9 MuSchG Nr. 2, 15 und 24 = NJW 1958, 516; 1962, 74 und 1963, 222 = EzA § 123 BGB Nr. 1 und 4; BAG 20. 2. 1986 EzA § 123 BGB Nr. 27 = NZA 1986, 739; 8. 9. 1988 EzA § 8 MuSchG Nr. 1 = NJW 1989, 929; *Buchner/Becker,* § 9 Rn. 33ff.; KR/*Etzel,* § 9 MuSchG Rn. 136; MünchArbR/*Richardi,* § 44 Rn. 23ff.; a.A. nur *Gamillscheg,* in Festschrift *Molitor,* 1962, S. 79.

[40] *Buchner/Becker,* § 9 Rn. 35; *Gröninger/Thomas,* § 9 Rn. 51.

[41] Vgl. dazu BAG 6. 10. 1962 EzA § 119 BGB Nr. 1 = AP § 9 MuSchG Nr. 24; 14. 10. 1975 EzA § 140 BGB Nr. 3 = AP § 9 MuSchG Nr. 4; *Gröninger/Thomas,* § 9 Rn. 51; *Buchner/Becker,* § 9 Rn. 35.

[42] BAG 14. 10. 1975 EzA § 140 BGB Nr. 3 = DB 1976, 104.

[43] BAG 8. 9. 1988 EzA § 8 MuSchG Nr. 1 = NJW 1989, 929, das eine Anfechtung nach § 119 Abs. 2 BGB im Falle des Beschäftigungsverbots nach § 8 Abs. 1 MuSchG verneint, wenn mit einer Ausnahmegenehmigung noch gerechnet werden konnte; *Gröninger/Thomas,* § 9 Rn. 52.

[44] Vgl. *Söllner,* Grundriss des ArbR, 12. Aufl. 1998, 252.

[45] BAG 15. 10. 1992 EzA § 123 BGB Nr. 37 = NZA 1993, 257, das in diesem Fall die Zulässigkeit der Frage nach der Schwangerschaft bejaht hat; MünchArbR/*Buchner,* § 38 Rn. 84; MünchArbR/*Richardi,* § 44 Rn. 43.

Ausnahmefälle erfassten aber nicht den Arbeitsvertrag einer auf unbestimmte Zeit eingestellten kaufmännischen Angestellten, selbst wenn sie zur Vertretung einer schwangeren Arbeitnehmerin eingestellt war. Diese Angestellte war in der Lage, ihre Arbeitsleistung vor und nach den absoluten Beschäftigungsverboten im Zusammenhang mit ihrer Niederkunft zu erbringen. Wurde jemand **befristet zur Aushilfe oder als Vertretung einer erkrankten oder wegen Mutterschutz abwesenden Arbeitnehmerin** eingestellt, so konnte der Arbeitsvertrag angefochten werden, wenn die Arbeitnehmerin wegen der Freistellung von der Arbeit auf Grund der absoluten Beschäftigungsverbote nicht oder nur für eine unverhältnismäßig kurze Zeit zur Verfügung stand.

1325 Diese Grundsätze sind im Hinblick auf die Rechtsprechung des EuGH unsicher geworden. Sie lassen sich für den Arbeitsvertrag, der auf **unbestimmte Zeit** abgeschlossen worden ist, nicht aufrechterhalten. Für den **befristeten Arbeitsvertrag** ist an ihnen festzuhalten.

1326 Der EuGH hat erkannt, das europarechtliche Diskriminierungsverbot der Richtlinie 76/207/EWG des Rates vom 9. 2. 1976 [46, 47] schließe aus, dass ein **Arbeitsvertrag auf unbestimmte Zeit,** der sich auf eine nachts zu verrichtende Arbeit bezieht und zwischen einem Arbeitgeber und einer schwangeren Arbeitnehmerin in beiderseitiger Unkenntnis der Schwangerschaft geschlossen wurde, wegen eines nach nationalem Recht geltenden Nachtarbeitsverbots aufgrund eines Irrtums über die wesentlichen Eigenschaften der Arbeitnehmerin bei Vertragsschluss angefochten wird. Der EuGH betont in der Begründung, dass es sich um einen **Arbeitsvertrag auf unbestimmte Zeit** gehandelt habe und das Nachtarbeitsverbot für Schwangere somit nur für eine gegenüber der Gesamtdauer des Vertrages beschränkte Zeit gelte. Wegen dieser **nur zeitweiligen Verhinderung** der schwangeren Arbeitnehmerin, die Nachtarbeit zu verrichten, sei eine Anfechtung wegen Irrtums unzulässig. Damit verlören vorübergehende Ausfallzeiten der schwangeren Arbeitnehmerin auf Grund von Beschäftigungsverboten in Arbeitsverträgen, die auf unbestimmte Zeit abgeschlossen worden sind, im Rahmen der Anfechtung wegen Irrtums über verkehrswesentliche Eigenschaften ihre Bedeutung. Entscheidend dafür ist die gegenüber der **Gesamtdauer des Arbeitsvertrages nur zeitweilige Verhinderung,** der nur zeitweilige Arbeitsausfall. Diese **zeitweilig fehlende Verfügbarkeit** wird also, wenn sie bereits bei Abschluss des Arbeitsvertrages gegeben ist, rechtlich so behandelt, wie wenn sie später während der Laufzeit des Vertrages auftritt.[48] Damit gelten bei der Anfechtung wegen Irrtums dieselben Grundsätze wie bei der Nichtigkeit des Arbeitvertrages (vgl. dazu oben Rn. 1316). Der EuGH hat seine Rechtsprechung am 3. 2. 2000 erneut bestätigt und dazu ausgeführt, es stelle eine unzulässige Diskriminierung i. S. des Art. 2 Abs. 1 der Richtlinie 76/207/EWG vom 9. 2. 1976 dar, wenn der Arbeitgeber eine Bewerberin unbefristet nicht einstelle, weil sie schwanger sei und während der Schwangerschaft wegen eines Beschäftigungsverbotes auf dem vorgesehenen Arbeitsplatz von Anfang an

---

[46] EuGH 5. 5. 1994 EzA § 8 MuSchG Nr. 3 = NZA 1994, 609.

[47] Zur Frage der Feststellungsbefugnis nationaler Gerichte, ob die Anfechtungserklärung im Einzelfall richtliniengemäß ist, vgl. BAG 1. 7. 1993 EzA § 123 BGB Nr. 39 = NZA 1993, 933.

[48] Vgl. dazu *Buchner,* Festschrift für Stahlhacke, 1995 S. 91; *Buchner/Becker,* § 5 Rn. 52 ff.

nicht beschäftigt werden dürfe. Der EuGH lässt das Argument der **Verfügbarkeit** der Arbeitnehmerin nicht gelten. Zwar sei sie eine wesentliche Voraussetzung für die Erfüllung des Arbeitsverhältnisses, doch könne der vom Gemeinschaftsrecht gewährleistete Schutz für die Frau während der Schwangerschaft davon nicht abhängen; andernfalls würde man den Bestimmungen der Richtlinie praktisch ihre Wirksamkeit nehmen. Ebenso verwirft der EuGH das Argument, den Arbeitgeber treffe die Last, Lohn für Arbeit zu zahlen, die die Arbeitnehmerin wegen des gesetzlichen Beschäftigungsverbotes nicht leisten dürfe. Finanzielle Nachteile – so der EuGH – können die Verweigerung der Einstellung nicht rechtfertigen.[49]

Wegen der Belastung des Arbeitgebers mit Entgeltfortzahlungsansprüchen ist **1327** dieser berechtigt, die Arbeitnehmerin vorübergehend umzusetzen. Es gelten die oben Rn. 1317 dargelegten Grundsätze.

Der zeitweilige Ausfall der schwangeren Arbeitnehmerin wegen eines Beschäfti- **1328** gungsverbotes, z.B. eines Nachtarbeitsverbotes, kann **im befristeten Arbeitsvertrag** die Anfechtung nach § 119 Abs. 2 BGB rechtfertigen. Überschreitet der Arbeitausfall das Maß, das der Arbeitgeber zumutbar hinnehmen muss, so ist die Anfechtung begründet. Die **Verfügbarkeit der Arbeitnehmerin** für die vereinbarte Arbeitsleistung kann nicht außer Betracht bleiben. Nur wenn das Arbeitverhältnis noch eine sinnvolle Funktion hat, ist es aufrecht zu erhalten. Andernfalls könnte es Fälle geben, in denen die Arbeitnehmerin vor ihrem ersten Arbeitseinsatz ihre Schwangerschaft offenbart, dann wegen des Beschäftigungsverbotes nicht beschäftigt werden darf, d.h. vom Arbeitgeber unter Aufrechterhaltung der Lohnfortzahlung nach § 11 MuSchG bis zum Ende der Befristung des Vertrages freizustellen ist, ein Ergebnis, das nur schwer nachzuvollziehen wäre. Der EuGH scheint dennoch einen anderen Weg gehen zu wollen. Dem Diskriminierungsverbot wird absolute Wirkung zugewiesen mit dem Hinweis, die Richtlinie 76/207 unterscheide nicht danach, ob der Arbeitsvertrag auf bestimmte oder unbestimmte Zeit geschlossen wurde. Auch beim Zugang zum befristeten Arbeitsvertrag könne die Arbeitnehmerin diskriminiert werden. Das allein sei entscheidend und nicht etwa der wirtschaftliche Schaden, der dem Arbeitgeber durch die Fehlzeit entstehe. Richtig ist, dass die schwangere Arbeitnehmerin beim Zugang zu den Arbeitsverhältnissen gleiche Chancen haben muss. Sinn des Diskriminierungsverbotes ist jedoch nicht, der werdenden Mutter eine Sozialleistung zuzuwenden. Zum reinen Versorgungsverhältnis darf das Arbeitsverhältnis nicht verkommen. Der Hinweis des EuGH, der befristete Arbeitsvertrag könne verlängert werden, ist nicht stichhaltig. Das wäre nur dann der Fall, wenn die Verlängerung befristeter Arbeitsverträge die Regel wäre. Das ist nicht zu unterstellen; der EuGH konnte dafür auf keine tatbestandlichen Feststellungen zurückgreifen. So konnte die Anwendung der Grundsätze der Rechtsprechung für unbefristet abgeschlossene Arbeitverträge auf befristet abgeschlossene Arbeitsverträge nicht begründet werden.[50]

---

[49] EuGH 4. 2. 2000 NJW 2000, 1019 = EzA § 611a BGB Nr. 15 mit kritischer Anmerkung von *Gamillscheg*, der die Zuständigkeit des EuGH in der Sache verneint, das Ergebnis jedoch – von extremen Fällen abgesehen – aus Art. 6 Abs. 4 GG herleitet (vgl. *Kittner/Däubler/Zwanziger* KSchR 5. Aufl, § 119 BGB Rn. 10 und § 123 BGB Rn. 16).

[50] Vgl. EuGH 4. 10. 2001 Brandt-Nielsen EAS RL 76/207/EWG Art. 5 Nr. 16 mit abl. Anm. von *Stahlhacke* = §§ EzA § 611a BGB Nr. 16 und EuGH 4. 10. 2001 Melgar EAS RL 92/85/EWG Art. 10 Nr. 1 = EzA § 611a BGB Nr. 17 mit Anm. von *Kamanabrou*.

bb) Arglistige Täuschung

1329 Der Anfechtungstatbestand der arglistigen Täuschung hat im Zusammenhang mit dem Bestandsschutz der werdenden Mutter in der Vergangenheit besondere Bedeutung erlangt. Es ist die Frage zu beantworten, ob die **Täuschung über die Schwangerschaft widerrechtlich** erfolgt ist, ob die Arbeitnehmerin vom Arbeitgeber nach der Schwangerschaft gefragt werden darf. Hat die Schwangere ein **Recht zur Lüge?** Im Normalfall ist das zu bejahen, d.h. wenn der Fall so liegt, dass die Schwangerschaft die Arbeitsleistung nicht beeinträchtigt und der Arbeitgeber nur die üblichen Schutzfristen vor und nach der Niederkunft hinzunehmen hat. Zweifelhaft sind aber wohl doch die Fälle, die dem Sachverhalt der Entscheidung des BAG vom 1. 7. 1993[51] entsprechen, der Arbeitgeber die **Beschäftigungsverbote offen legt** und der Bewerberin **deutlich macht, dass ihre Verfügbarkeit für ihn von besonderer Bedeutung,** im Einzelfall vielleicht sogar „unerlässlich" ist. Kann oder muss nicht hier eine Grenze gezogen werden? *Gamillscheg* sieht für diesen Fall die Zulässigkeit und Notwendigkeit einer Abwägung der Interessen.[52] Wer das verneint, erlaubt der Arbeitnehmerin selbst in solchen Extremfällen, sich „in das Arbeitsverhältnis hineinzulügen".[53]

1330 **Die Zulässigkeit des Fragerechts** des künftigen Arbeitgebers nach einer bestehenden Schwangerschaft bei der Einstellung hat eine wechselvolle Entwicklung in Rechtsprechung und Literatur gehabt. Es ist viel darüber gestritten worden, ob die Bewerberin die Frage wahrheitsgemäß zu beantworten oder stets bzw. in bestimmten Fällen ein Recht zur Lüge hat.[54] Die Rechtslage ist auf Grund der neueren Rechtsprechung des EuGH unsicher.[55]

1331 Ursprünglich hat das BAG die Frage nach der Schwangerschaft in ständ. Rechtsprechung, sofern sie in angemessener Form gestellt war, zugelassen.[56] Dies wurde vor allem mit dem Hinweis begründet, wegen der erheblichen Belastungen des Arbeitgebers durch den Mutterschutz habe dieser ein erhebliches rechtliches und wirtschaftliches Interesse daran, bereits im Laufe der Einstellungsverhandlungen zu erfahren, ob die Bewerberin um den offenen Arbeitsplatz in anderen Umständen

---

[51] BAG 1. 7. 1993 EzA § 123 BGB Nr. 39 mit Anm. von *Buchner* = AP § 123 BGB Nr. 36.

[52] Vgl. *Gamillscheg*, Anm. EzA § 611a BGB Nr. 15 S. 9; *ders.*, Festschrift für *Stoll*, S. 21.

[53] Dazu *Zöllner*, Gerechtigkeit im Arbeitsverhältnis, in Festschrift für Söllner, 2000 S. 1297 (1320).

[54] Vgl. MünchArbR/*Richardi,* § 44 Rn. 43; MünchArbR/*Heenen,* § 218 Rn. 20; MünchArbR/*Buchner,* § 38 Rn. 76; *Gröninger/Thomas,* § 9 Rn. 56; *Hanau/Preis,* ZfA 1988, 2300; *Hromadka,* DB 1987, 2; *Walker,* DB 1987, 273; *Zmarzlik/Zipperer/ Viethen,* § 9 Rn. 91 und § 5 Rn. 24; *Gamillscheg,* Festschrift für Weber, 1974, 814, *ders.,* Arbeitsrecht I S. 159; KR/*Pfeiffer,* § 611 a Rn. 31; *Colneric,* BB 1986, 1573; *Kittner/Däubler/Zwanziger,* § 9 Rn. 16; BAG 22. 9. 1961 EzA § 123 BGB Nr. 4 = NJW 1962, 74; 20. 2. 1986 EzA § 123 BGB Nr. 27 = NZA 1986, 739; 15. 10. 1992 EzA § 123 BGB Nr. 37 = NZA 1993, 257; 1. 7. 1993 EzA § 123 BGB Nr. 39 = NZA 1993, 993.

[55] Vgl. EuGH 8. 11. 1990 EzA § 611 a BGB Nr. 7 = AP Art. 119 EWG-Vertrag Nr. 23; 5. 5. 1994 EzA § 8 MuSchG Nr. 3 = NZA 1994, 609; 14. 7. 1994 EzA Art. 119 EWG-Vertrag Nr. 17 = NZA 1994, 783. Dazu *Sowka,* NZA 1994, 967. Kritisch zum EuGH Urteil 5. 5. 1994 *Gröninger/Thomas,* § 9 Rn. 56 und § 8 Rn. 17. Zur Rechtsprechung des EuGH und ihren Folgen auf die des BAG vgl. eingehend *Buchner* in Festschrift für *Stahlhacke,* 1995 S. 83ff., 91, 98 und *Buchner/Becker,* § 5 Rn. 31ff.

[56] BAG vom 22. 9. 1961 EzA § 123 BGB Nr. 4 = NJW 1962, 74.

sei. Das Fragerecht wurde dann nach Erlass des § 611a BGB auf Grund des EG-Arbeitsrechts-Anpassungsgesetzes vom 13. 8. 1980 (BGBl. I S. 1308) neu definiert und eine unzulässige Benachteiligung wegen des Geschlechts **nicht** angenommen, wenn sich **nur Frauen** um den Arbeitsplatz bewerben.[57] Diese „sog. gespaltene Lösung" gab das BAG nach der Entscheidung des EuGH vom 8. 11. 1990[58] auf und erkannte, dass die Frage nach der Schwangerschaft **in der Regel eine unzulässige Benachteiligung wegen des Geschlechts** enthalte, gleichgültig, ob sich nur Frauen oder auch Männer um den Arbeitsplatz bewerben.[59] Der 2. Senat ließ jedoch erkennen, dass eine Anfechtung in Betracht komme, wenn die Arbeitnehmerin für die in Aussicht genommene Arbeitsleistung objektiv völlig ungeeignet sei. Wer objektiv ungeeignet für eine Stelle ist, kann gar nicht wegen seines Geschlechts benachteiligt werden.[60] Bestätigt wird dieser Grundsatz in der Entscheidung vom 1. 7. 1993.[61] Die Frage nach der Schwangerschaft ist danach **ausnahmsweise sachlich gerechtfertigt,** wenn sie objektiv dem gesundheitlichen Schutz der Bewerberin und des ungeborenen Kindes dient. Dann sei die Frage auch richtliniengemäß (Art. 2 Nr. 3 EWG-Richtlinie 76/207) und verstoße nicht gegen § 611a BGB, da sie durch sachliche Gründe gerechtfertigt sei. Ob ein Beschäftigungsverbot nach § 4 Abs. 1 und Abs. 2 Nr. 6 MuSchG eingreife, sei nicht von entscheidender Bedeutung.[62]

Diese klaren Linien der Rechtsprechung des BAG sind auf Grund der Entschei- **1332**
dung des EuGH vom 5. 5. 1994[63] nicht mehr sicher. Zwar bezieht sich das Urteil nur auf einen Fall, in dem der Vertrag in **beiderseitiger Unkenntnis der Schwangerschaft** abgeschlossen wurde, so dass nicht sicher ist, wie entschieden worden wäre, wenn die Arbeitnehmerin ihre Schwangerschaft gekannt und auf eine entsprechende Frage verneint hätte. Sie befasst sich auch nicht mit den Rechtsfolgen für den Fall, dass der Arbeitgeber auf die Besetzung des Arbeitsplatzes zum Zeitpunkt des Einstellungstermins angewiesen ist.[64] Dieses Argument verwirft der EuGH jetzt in seiner Entscheidung vom 3. 2. 2000 ausdrücklich.[65] Der Schutz der Frau, den das Gemeinschaftsrecht gewährleiste, könne nicht von der Frage abhängen, ob die Anwesenheit der Betroffenen in dem ihrer Mutterschaft entsprechenden Zeitraum für das ordnungsgemäße Funktionieren des Unternehmens, in dem sie beschäftigt ist, unerlässlich sei.

---

[57] BAG vom 20. 2. 1986 EzA § 123 BGB Nr. 27 = NZA 1986, 739.

[58] EuGH 8. 11. 1990 EzA § 611a BGB Nr. 7 = NJW 1991, 628.

[59] BAG vom 15. 10. 1992 EzA § 123 BGB Nr. 27 mit Anm. von *Winterfeld* = NJW 1993, 1154; kritisch dazu *Buchner* in Festschrift für Stahlhacke, 1995, 92.

[60] BAG vom 12. 11. 1998 EzA § 611a BGB Nr. 14 mit Anm. von *Annus* = AP § 611a BGB Nr. 16.

[61] BAG 1. 7. 1993 EzA § 123 BGB Nr. 39 mit Anm. von *Buchner* = NZA 1994, 933.

[62] Zu den Beschäftigungsverboten vgl. BVerwG 27. 5. 1993 NJW 1994, 401 = EzA § 4 MuSchG Nr. 4.

[63] EuGH 5. 5. 1994 EzA § 8 MuSchG Nr. 3 = NJW 1994, 2077.

[64] So richtig *Buchner* in Festschrift für Stahlhacke, 1995, 92; vgl. *Buchner/Becker,* § 5 Rn. 44.

[65] EuGH 3. 2. 2000 EzA § 611a BGB Nr. 15 mit krit. Anm. von *Gamillscheg* = NZA 2000, 255. Vgl. dazu auch *Gamillscheg*, Festschrift für *Stoll,* S. 21. Der EuGH dehnt seine Rechtsprechung, die bisher zum auf unbestimmte Zeit abgeschlossenen Arbeitsvertrag entwickelt wurde, nun auch unverändert auf den befristeten Arbeitsvertrag aus; EuGH 4. 10. 2001 EzA § 611a BGB Nr. 16. Das Ergebnis dürfte schwer zu vermitteln sein.

1333 Das BAG sollte seine Linie, für die es gute Gründe gibt, beibehalten und in besonderen Ausnahmefällen ein Fragerecht anerkennen, wenn dafür sachliche Gründe streiten. Der Arbeitgeber hat ein Fragerecht, wenn die Kenntnis der Schwangerschaft im Hinblick auf die zu besetzende Stelle objektiv von unverzichtbarer Bedeutung ist.[66] Dazu gehört die **Verfügbarkeit der Arbeitnehmerin,** die nicht besteht, wenn im Interesse des Schutzes der Gesundheit von Mutter und/oder Kind Beschäftigungsverbote Platz greifen. Das entspricht auch dem ehrwürdigen Grundsatz „pacta sunt servanda", der ja im Umkehrschluss bedeutet, man darf keine Verpflichtung eingehen, die man nicht erfüllen kann. Läßt man zu, dass die Bewerberin ihre Schwangerschaft verneint und greift z.B. vom ersten Tage an ein Beschäftigungsverbot des Mutterschutzgesetzes, so hat der Arbeitgeber nicht nur die wirtschaftliche Belastung durch die Zahlungspflicht aus § 11 MuSchG, sondern er kann den Arbeitsplatz nicht besetzen, die Arbeitskraft steht ggfls. für die **Dauer von drei Jahren** nicht zur Verfügung, nämlich dann, wenn sich die Arbeitnehmerin entschließt, nach Ablauf der absoluten Beschäftigungsverbote Elternzeit zu nehmen. Die Inanspruchnahme der Elternzeit ist nun nicht etwa die Ausnahme, sondern die Regel, denn nach dem Bericht der Bundesregierung machen ca. 98% der Anspruchsberechtigten davon Gebrauch, die große Mehrzahl unter voller Ausnutzung der Anspruchsdauer und nur knapp die Hälfte kehrt nach Beendigung der Elternzeit in den Betrieb zurück (BT-Drucks. 11/8517 4. 12. 1990). Diese Zahlen haben sich nicht wesentlich geändert. Die Bundesregierung geht in der Begründung zum Entwurf eines Dritten Gesetzes zur Änderung des Bundeserziehungsgeldgesetzes vom 7. 4. 2000 davon aus, dass über 90 % der anspruchsberechtigten Mütter bei ihren Arbeitgebern die Elternzeit in Anspruch nehmen (BR-Drucks. 191/00 vom 7.4. 00 S. 19). Deshalb kann diese Bewerberin auch als „nicht geeignet" i.S. der Richtlinie angesehen werden und die Gerichte für Arbeitssachen können diese Frage ohne Vorlage an den EuGH selbst entscheiden.[67] Das gilt erst recht, wenn **die Arbeitnehmerin befristet eingestellt wird,** wegen der absoluten Beschäftigungsverbote jedoch für den in Aussicht genommenen Arbeitszeitraum nicht oder praktisch nicht zur Verfügung steht. Die fehlende Verfügbarkeit der Arbeitnehmerin bleibt hier nicht ohne Folgen. Dem kann nicht mit dem Hinweis begegnet werden, die Richtlinie 76/207 unterscheide nicht zwischen befristeten und unbefristet abgeschlossenen Arbeitsverträgen. Kann die Arbeitnehmerin wegen eines Beschäftigungsverbotes im Befristungszeitraum nicht eingesetzt werden – nur um diesen Sachverhalt geht es –, so kann der Arbeitgeber auf die aus diesem Grund gestellte Frage nach einer bestehenden Schwangerschaft eine richtige Antwort erwarten und bei Vorliegen der Voraussetzungen des § 123 BGB den Arbeitsvertrag anfechten.[68]

---

[66] Vgl. *Söllner,* Grundriss des ArbR, 12. Aufl. 1998, 252.

[67] Vgl. *Buchner,* Anm. EzA § 123 BGB Nr. 39. Auf die Geeignetheit der Bewerberin weist auch EuGH 8. 11. 1990 AP Art. 119 EWG-Vertrag Nr. 23 hin.

[68] Vgl. dazu aber EuGH 4. 10. 2001 EzA § 611a BGB Nr. 16 mit Anm. von *Kamanabrou* = EAS RL 76/207/EWG Art. 5 Nr. 16 mit abl. Anmerkung von *Stahlhacke.* Der EuGH macht für den Anwendungsbereich der Richtlinie 76/207 und 92/85 keine Unterschiede zwischen befristeten und unbefristet abgeschlossenen Arbeitsverträgen. Damit würde er auch beim Sachverhalt der Entscheidung des BAG vom 1. 7. 1993 (dazu oben Rn. 1329) in Verbindung mit einem befristeten Arbeitsvertrag zu anderen, kaum zu vermittelnden Ergebnis-

Angesichts der früheren Rechtsprechung des EuGH konnte schon nicht ausgeschlossen werden, dass von ihm ein Verstoß gegen das Diskriminierungsverbot auch dann angenommen würde, wenn eine schwangere Bewerberin im Hinblick **auf betriebsbedingte Besetzungsbedürfnisse** nicht eingestellt würde. Diese Prognose hat sich durch die Entscheidung des EuGH vom 3. 2. 2000 bestätigt. Der EuGH schließt nun den Fall ein, in dem die Arbeitsleistung der Arbeitnehmerin für den Betrieb unerlässlich ist. Der EuGH hat zwar bisher den Fall der arglistigen Täuschung nicht ausdrücklich entschieden, jedoch dürften seine Begründungsansätze wenig Zweifel daran lassen, dass er auch hier eine unzulässige Diskriminierung i.S. des Art. 2 Abs. 1 der Richtlinie 76/207/EWG vom 9. 2. 1976 feststellen würde. Ob das mit den Gerechtigkeitsüberlegungen von Zöllner (a.a.O. Fn. 53) vereinbar ist in den Fällen, in denen die Arbeitnehmerin nicht entgeltadäquat eingesetzt weden darf, ist sicher zu bezweifeln. Zöllner weist im Übrigen richtig darauf hin, dass die Bundesrepublik Deutschland das ILO-Übereinkommen Nr. 103 über den Mutterschutz nicht ratifizieren konnte, weil nach Art. 4 Nr. 4 des Übereinkommens die Geldleistungen des Mutterschutzes im Rahmen einer Pflichtversicherung oder aus öffentlichen Mitteln zu gewähren sind und nach Nr. 8 in keinem Fall die Kosten der zu gewährenden Leistungen dem einzelnen Arbeitgeber auferlegt werden dürfen. 1334

Folgt man der Rechtsprechung des EuGH, die keineswgs allgemein akzeptiert wird,[69] so ist der Arbeitgeber berechtigt, die Arbeitnehmerin vorübergehend umzusetzen. Auf die in Rn. 1317 dargelegten Grundsätze wird verwiesen. 1335

cc) Beweislast

In Prozessen um die Anfechtung des Arbeitsverhältnisses einer schwangeren Arbeitnehmerin – sofern sie künftig noch vorkommen – kommt der Frage der **Beweislast** besondere Bedeutung zu. Der Arbeitgeber, der sich auf den rechtsvernichtenden Einwand beruft, hat die Beweislast für die anfechtungsbegründenden Tatsachen. Er muss vor allem die **Kenntnis** der Arbeitnehmerin von der Schwan- 1336

---

sen kommen. Zur Verfügbarkeit des Arbeitnehmers und ihrer Bedeutung bei der Begründung von Arbeitsverhältnissen richtig *Raab*, RdA 1995, 36 (43).

[69] Dem EuGH folgen: LAG Hamm 1. 3. 1999 DB 1999, 2114; *Coester*, Anm. zu BAG AP Nr. 8 zu § 611a BGB; *ders.*, Anm. zu EuGH EAE RL 76/207/EWG Nr. 9 und 10; *Gaul/Boewer*, Aktuelles Arbeitsrecht, Bd. 1/2000 S. 66ff.; MünchKomm/*Müller-Glöge*, § 611a BGB Rn. 30; *Kasper*, Abschied vom Fragerecht des Arbeitgebers nach der Schwangerschaft, FA 2000 S. 243ff.; *Paul*, Einstellung Schwangerer bei Beschäftigungsverboten, DB 2000, 974, der die Lösung in der Umsetzung der Arbeitnehmerin sieht, sonst aber dem EuGH zustimmt; KR-*Pfeiffer*, § 611a BGB Rn. 33; *Rolfs*, Befristung im Arbeitsverhältnis, in Hanau/Preis, Der Arbeitsvertrag, II B 5 Rn. 21; APS/*Rolfs*, § 9 MuSchG Rn. 48; ErfKomm/*Schlachter*, § 5 MuSchG Rn. 6; *Tödtmann*, Der Einfluss des EuGH auf die Gleichstellung von Mann und Frau, DB 1998, 2323; *Stürmer*, Bewerbung und Schwangerschaft, NZA 2001, 526.

Die Rechtsprechung des EuGH lehnen ab bzw. stehen ihr kritisch gegenüber: *Backmeister/Trittin*, KSchG, 2000, § 611 BGB Rn. 81; *Buchner/Becker*, § 5 MuSchG Rn. 45; *Buchner*, in Festschrift für Stahlhacke S. 83; MünchArbR/*Buchner*, 2. Aufl. 2000 § 41 Rn. 76 ff. (83); *Ehrich*, Fragerecht des Arbeitgebers bei Einstellungen, DB 2000 S. 421; *Gamillscheg*, Arbeitsrecht I, 8. Aufl. 2000 S. 245; *Gröninger/Thomas*, MuSchG § 5 Rn. 6 ff.; *Kittner/Däubler/Zwanziger*, KSchR 5. Aufl. § 123 BGB Rn. 16; MünchArbR/*Richardi*, 2. Aufl. 2000, § 46 Rn. 43; *Söllner*, Grundriss des Arbeitsrechts, 12. Aufl. 1998, S. 252; *Stahlhacke*, Der EuGH und die Frage nach der Schwangerschaft, in Festschrift Söllner, 2000 S. 1095; *Gamillscheg*, Zum Fall Mahlburg, EuGH v. 3. 2. 2000, Festschrift für *Stoll*, S. 21.

gerschaft bei Vertragsschluss beweisen. Das ist in der Praxis schwierig. Die Vermutung der Arbeitnehmerin, sie sei schwanger, reicht nicht aus, um die Annahme der Arglist zu rechtfertigen. Die Rechtsprechung hat aber der Kenntnis der Schwangerschaft den Fall gleichgesetzt, in dem die Bewerberin Kenntnis von solchen Umständen hat, die den sicheren Schluss auf das Bestehen einer Schwangerschaft zulassen. Bejaht worden ist dies für den Fall, dass die Periode der Arbeitnehmerin mehrfach ausgeblieben war, ohne dass andere Ursachen erkennbar waren.[70] Verneint wurde dagegen der bedingte Vorsatz bei einer Arbeitnehmerin, die die Frage nach einer bestehenden Schwangerschaft verneinte, obwohl sie im Zeitpunkt der Fragestellung den Beginn ihrer Periode um acht Tage überschritten hatte.[71]

c) Aufhebungsvertrag

1337 Der Aufhebungsvertrag wird vom Kündigungsverbot des § 9 MuSchG nicht erfasst.[72] Er beendet das Arbeitsverhältnis entsprechend den allgemeinen Grundsätzen. Zum Aufhebungsvertrag vgl. oben Rn. 34ff.

1338 Der Aufhebungsvertrag bedarf zu seiner Wirksamkeit nach § 623 BGB der **Schriftform.** Die elektronische Form ist ausgeschlossen. Ist die Schriftform nicht eingehalten worden, so ist der Aufhebungsvertrag nach § 125 Satz 1 BGB nichtig; d.h. das Arbeitsverhältnis besteht fort. Zu beachten ist, dass die Wahrung der Schriftform beim Aufhebungsvertrag voraussetzt, dass nach § 126 Abs. 2 Satz 1 BGB die eigenhändige Unterschrift auf derselben Urkunde erfolgen muss, es sei denn, es werden über den Vertrag mehrere gleich lautende Urkunden aufgenommen. Nur dann genügt es, wenn jede Partei die für die andere Partei bestimmte Urkunde unterzeichnet. Zum Grundsatz der Urkundeneinheit,[73] der beim Abschluss des Aufhebungsvertrages zu beachten ist, vgl. oben Rn. 42. Zum Formerfordernis des § 623 BGB ausführlich oben Rn. 40 bis 50.

1339 Mit dem seit dem 1. 5. 2000 bestehenden konstitutiven Schriftformerfordernis für den Aufhebungsvertrag hat sich das Problemfeld **des konkludenten Aufhebungsvertrages,** das die Praxis oft vor schwierige Auslegungsprobleme gestellt hat (s. Voraufl. Rn. 811), erledigt. Ist eine **nur** von der Arbeitnehmerin unterzeichnete **Ausgleichsquittung** als Aufhebungsvertrag auszulegen, so ist diese wegen Verletzung des § 126 Abs. 2 Satz 1 BGB nichtig. Zur Ausgleichsquittung weiter oben Rn. 1253 und unter Rn. 1362.

1340 Der wirksame, unter Beachtung der Formvorschrift des § 623 BGB abgeschlossene Aufhebungsvertrag kann später von der Arbeitnehmerin nicht mit dem Hinweis angefochten werden, sie sei sich über die Konsequenzen ihres Handelns nicht

---

[70] BAG 22. 9. 1961 EzA § 123 BGB Nr. 4 = NJW 1962, 74; *Gröninger/Thomas,* § 9 Rn. 58; zur Beweislast allgemein *Reinhardt,* NJW 1994, 930. Der Arbeitgeber darf nicht – auch nicht durch den Werksarzt – bei der Einstellung nach der letzten Regelperiode fragen, vgl. dazu LAG Düsseldorf EzA § 9 MuSchG Nr. 10.

[71] LAG Düsseldorf AP § 611 BGB Gastarbeiter Nr. 3 = DB 1966, 1482.

[72] BAG 8. 12. 1955 AP § 9 MuSchG Nr. 4; 16. 2. 1983 EzA § 123 BGB Nr. 21 = NJW 1983, 2958; MünchArbR/*Wank,* § 112 Rn. 13; KR/*Etzel,* § 9 MuSchG Rn. 148; *Buchner/Becker,* § 9 Rn. 68.

[73] Zum Formerfordernis des Aufhebungsvertrages vgl. *Preis/Gotthardt,* Schriftformerfordernis für Kündigungen, Aufhebungsverträge und Befristungen nach § 623 BGB, NZA 2000 S. 348 ff. Ferner *Preis,* Der Arbeitsvertrag, II A 100 Rn. 4.

klar gewesen. Dabei handelt es sich nur um einen unbedeutenden Rechtsfolgeirrtum, der keine wirksame Anfechtung begründen kann.[74] Der Aufhebungsvertrag ist auch nicht allein deshalb unwirksam, weil der Arbeitgeber dem Arbeitnehmer weder eine Bedenkzeit noch ein Rücktritts- bzw. Widerrufsrecht eingeräumt und ihm auch das Thema des beabsichtigten Gesprächs vorher nicht mitgeteilt hat.[75]

d) Befristeter Arbeitsvertrag

Der Bestandsschutz des § 9 MuSchG greift nicht ein, wenn der Arbeitsvertrag **1341** wirksam befristet abgeschlossen worden ist. Befristet beschäftigt ist eine Arbeitnehmerin mit einem auf eine bestimmte Zeit abgeschlossenen Arbeitsvertrag. Ein solcher Vertrag liegt vor, wenn seine Dauer kalendermäßig bestimmt ist **(kalendermäßig befristeter Arbeitsvertrag)** oder sich aus Art, Zweck oder Beschaffenheit der Arbeitsleistung ergibt **(zweckbefristeter Arbeitsvertrag)** (Legaldefinition des Gesetzes über Teilzeitarbeit und befristete Arbeitverträge – TzBfG – vom 21. 12. 2000 BGBl. I S. 1966 § 3). Mit dem Ablauf der vereinbarten Zeit oder des Zwecks, hier jedoch frühestens zwei Wochen nach Zugang der schriftlichen Unterrichtung über den Zeitpunkt der Zweckerreichung, endet der befristete Arbeitsvertrag (§ 15 TzBfG). Da in keinem Fall eine Kündigung des Arbeitsvertrages notwendig ist, greift das **Kündigungsverbot des § 9 MuSchG** nicht ein.

Streiten die Arbeitsvertragsparteien, ob ein befristeter Arbeitsvertrag abgeschlos- **1342** sen worden ist, so ist von einem unbefristeten Vertrag auszugehen. Der auf unbestimmte Zeit abgeschlossene Arbeitsvertrag ist in der Praxis die Regel und verleiht dem Arbeitnehmer Bestandsschutz, ist also vom Prinzip des Sozialstaats aus gesehen die erwünschtere Vertragsform. Derjenige, der sich auf die Befristung beruft, ist dafür **beweispflichtig.**[76]

Eine Arbeitnehmerin, die **während** des befristeten Arbeitsvertrages schwanger **1343** wird[77] oder es **bei Abschluss des Vertrages** bereits war,[78] kommt nicht in den

---

[74] BAG 16. 2. 1983 EzA § 123 BGB Nr. 21 = NJW 1983, 2958; *Buchner/Becker,* § 9 Rn. 70; a. A. *Gamillscheg* in Festschrift Molitor 1962 S. 80 und RdA 1968, 118. Zur Frage, ob eine Unterrichtungspflicht des Arbeitgebers im Hinblick auf nachteilige Folgen besteht, vgl. BAG 10. 3. 1988 EzA § 611 BGB Aufhebungsvertrag Nr. 6 und 6. 2. 1992 EzA § 119 BGB Nr. 16 = NZA 1992, 790; BAG 14. 2. 1996 EzA § 611 BGB Aufhebungsvertrag Nr. 21 mit Anm. von *Wank.*

[75] BAG 30. 9. 1993 EzA § 611 BGB Aufhebungsvertrag Nr. 13 mit Anm. von *Kaiser* gegen LAG Hamburg 3. 7. 1991 LAGE § 611 BGB Aufhebungsvertrag Nr. 6 mit abl. Anmerkung von *Bengelsdorf.* Zur Anfechtung des Aufhebungsvertrages wegen Drohung mit einer Kündigung vgl. BAG 16. 1. 1992 EzA § 123 BGB Nr. 36 und 21. 3. 1996 EzA § 123 BGB Nr. 42 = AP § 123 BGB Nr. 42. Zur Zulässigkeit von Aufhebungsverträgen allgemein vgl. *Bengelsdorf,* NZA 1994, 193; zur Inhaltskontrolle im Hinblick auf eine strukturell ungleiche Verhandlungsstärke vgl. BAG 14. 2. 1996 EzA § 611 BGB Aufhebungsvertrag Nr. 21 mit Anm. von *Wank.*

[76] *Staudinger/Preis,* § 620 Rn. 114; BAG 12. 10. 1994 EzA § 620 BGB Nr. 128 = NZA 1995, 780; LAG Köln 23. 3. 1988 LAGE § 620 BGB Nr. 13; LAG Hamm 5. 3. 1990 LAGE § 620 BGB Nr. 19; APS/*Backhaus,* Nachtrag: Das neue Befristungsrecht § 3 Rn. 11.

[77] BAG 12. 10. 1960 EzA § 620 BGB Nr. 2 = AP Nr. 16 zu § 620 BGB Befristeter Arbeitsvertrag; APS/*Rolfs,* § 9 MuSchG Rn. 49; KR/*Etzel,* § 9 MuSchG Rn. 140; *Buchner/Becker,* § 9 Rn. 49; *Staudinger/Preis,* § 620 Rn. 95; kritisch *Gamillscheg,* Arbeitsrecht I (8. Aufl. 2000) S. 226 und auch *Wank* in MünchArbR § 113 Rn. 33–38.

[78] BAG 6. 11. 1996 EzA § 620 BGB Nr. 146 = NZA 1997, 1222; *Buchner/Becker,* § 9 Rn. 51; APS/*Rolfs,* § 9 Rn. 50; KR/*Etzel,* § 9 MuSchG Rn. 140.

Genuss des besonderen Bestandsschutzes nach dem MuSchG. Der Arbeitgeber ist nicht verpflichtet, das Arbeitsverhältnis zu verlängern bzw. fortzusetzen. Aus Art. 6 Abs. 4 GG folgt kein generelles Verbot der Befristung von Arbeitsverhältnissen werdender Mütter.

1344 Das Spannungsfeld „Befristeter Arbeitsvertrag" und „mutterschutzrechtlicher Bestandsschutz" wird somit allein beherrscht von der Frage der **Wirksamkeit der vereinbarten Befristung.** Ist diese zu bejahen, ist der mutterschutzrechtliche Bestandsschutz zu verneinen (Ausnahmen unten Rn. 1350 bis 1352).

1345 Die Zulässigkeit der Befristung ist abschließend in § 14 TzBfG geregelt. Danach wird zwischen der Rechtfertigung einer Befristung des Arbeitsvertrages durch einen **sachlichen Grund** und der **kalendermäßigen Befristung** eines Arbeitsvertrages **ohne Vorliegen eines sachlichen Grundes** bis zur Dauer von zwei Jahren unterschieden. In beiden Fällen bedarf die Befristung zu ihrer Wirksamkeit der **Schriftform** (wegen der Einzelheiten der Zulässigkeit der Befristung vgl. die ausführliche Darstellung oben Rn. 53ff. Hier sind zum Verständnis im Zusammenhang nur wenige Grundsätze hervorzuheben).

1346 aa) Ein **sachlicher Grund** war nach der bisherigen Regelung in § 620 BGB für die Befristung notwendig, wenn durch sie ein zwingender Kündigungsschutz des Arbeitnehmers umgangen werden konnte. Nun ist die Befristung eines Arbeitsverhältnisses stets **nur zulässig,** wenn sie durch einen sachlichen Grund gerechtfertigt ist (§ 14 Abs. 1 Satz 1 TzBfG). Der Gesetzeswortlaut erfasst alle Arbeitsverhältnisse, auch z.B. solche in einem Kleinbetrieb, in dem der allgemeine Kündigungsschutz nicht gilt.

1347 Zum sachlichen Grund ist auf die außerordentlich umfangreiche Rechtsprechung des BAG zurückzugreifen. Beispielhaft werden jetzt in § 14 Abs. 1 Satz 2 TzBfG die wichtigsten sachlichen Gründe aufgeführt (dazu oben Rn. 60). Ein sachlicher Grund, der die Befristung des Arbeitsverhältnisses auch rechtfertigt, liegt nach § 21 BErzGG vor, wenn ein Arbeitnehmer zur Vertretung eines anderen Arbeitnehmers für die Dauer des Beschäftigungsverbotes nach dem MuSchG, einer Elternzeit, einer auf Tarifvertrag, Betriebsvereinbarung oder einzelvertraglichen Vereinbarung beruhenden Arbeitsfreistellung zur Betreuung eines Kindes oder für diese Zeiten zusammen oder für Teile davon eingestellt wird.

1348 bb) **Die kalendermäßige Befristung** eines Arbeitsvertrages ist **ohne Vorliegen eines sachlichen Grundes** bis zur Dauer von zwei Jahren zulässig; bis zu dieser Gesamtdauer von zwei Jahren ist auch die höchstens dreimalige Verlängerung eines kalendermäßig befristeten Arbeitsvertrages zulässig. Das Gesetz lässt allerdings in Abweichung von der früheren Regelung im BeschFG eine Befristung des Arbeitsvertrages nicht mehr zu, wenn mit demselben Arbeitgeber **bereits zuvor** ein befristetes oder unbefristetes Arbeitsverhältnis bestanden hat. Durch Tarifvertrag können Abweichungen festgelegt werden (Einzelheiten oben Rn. 106ff.).

1349 cc) Die Befristung eines Arbeitsvertrages bedarf zu ihrer Wirksamkeit der **Schriftform** (§ 14 Abs. 4 TzBfG). Einzelheiten oben Rn. 115.

1350 dd) Ist die Befristung des Arbeitsvertrages zulässig und scheidet damit die Geltendmachung des mutterschutzrechtlichen Bestandsschutzes grundsätzlich aus, so kann dennoch in seltenen Ausnahmefällen die Berufung des Arbeitgebers auf die Befristung einen **Rechtsmissbrauch** darstellen und damit unzulässig sein. Das BAG hat im Falle eines befristeten Probearbeitsverhältnisses, dem klassischen Fall eines sachlichen Grundes i.S. des Beschlusses des Großen Senates des BAG vom 12. 10. 1960, die Berufung auf die Befristung dann als unzulässig angesehen, wenn sich der Arbeitnehmer voll bewährt hat und die Berufung auf die Befristung nur wegen einer im Laufe der Probezeit eingetretenen Schwangerschaft der Arbeitnehmerin erfolgt.[79] Die Berufung auf die Befristung widerspricht nach Auffassung des BAG demonstrativ dem Gedanken des Mutterschutzes. Das zeige sich vor allem darin, dass die Schwangerschaft der Arbeitnehmerin ihr Ausscheiden nicht nur nicht verhindere, sondern geradezu herbeiführe. Das BAG hat in einem weiteren Fall in der Berufung auf die Befristung eine unzulässige Rechtsausübung gesehen. Werden mehrere Arbeitnehmerinnen zeitlich befristet eingestellt und verlängert der Arbeitgeber alle Verträge mit Ausnahme des Vertrages derjenigen Arbeitnehmerin, die zwischenzeitlich schwanger geworden ist, so ist die Berufung auf die Befristung unzulässig. Auch hier hat das BAG angenommen, dass das Arbeitsverhältnis der schwangeren Arbeitnehmerin erhalten bleiben muss.[80]

ee) Es ist zu bezweifeln, ob diese Rechtsprechung mit dem Beschluss des Gro- **1351** ßen Senats vom 12. 10. 1960[81] in Einklang steht, der nur in Ausnahmefällen (§ 138 BGB) die Berufung auf die aus sachlichem Grund erfolgte Befristung ausschließt. Die Berufung auf die Befristung eines Arbeitsvertrages, für dessen Abschluss sachliche Gründe anzuerkennen sind, dürfte aber wohl kaum gegen die guten Sitten verstoßen, und die Arbeitnehmerin durfte im Falle einer vereinbarten befristeten Probezeit auch nicht darauf vertrauen, über den Endzeitpunkt hinaus weiterbeschäftigt zu werden. Entscheidend für den sachlichen Grund ist der **Zeitpunkt des Vertragsabschlusses.** Die Rechtsprechung hat – mit Recht – die Ausnahmefälle selten anerkannt.

Wenn auch der nach § 14 Abs. 2 TzBfG abgeschlossene Arbeitsvertrag ohne ei- **1352** nen sachlichen Grund wirksam ist und damit die Berufung auf den besonderen Kündigungsschutz nach § 9 MuSchG ausscheidet, so kann der Arbeitgeber in Ausnahmefällen jedoch wegen des **Gebots des Vertrauensschutzes** verpflichtet sein, das Arbeitsverhältnis fortzusetzen, wenn er bei dem Arbeitnehmer die Erwar-

[79] Vgl. BAG 28. 11. 1963 AP Nr. 26 zu § 620 BGB Befristeter Arbeitsvertrag = NJW 1964, 567 = EzA § 620 BGB Nr. 5; LAG Hamm 6. 6. 1991 LAGE § 620 BGB Nr. 25 und 13. 3.1992 LAGE § 620 BGB Nr. 29; vgl. ferner LAG Köln 17. 2. 1993 LAGE § 620 BGB Nr. 31; *Buchner/Becker,* § 9 Rn. 50 mit vielen Hinweisen; *Gamillscheg* in Festschrift Molitor, 1962, S. 79; *ders.,* Arbeitsrecht (8. Aufl. 2000) S. 226. Die Rechtsprechung des BAG wird von *Backhaus* unter Hinweis auf ihren dogmatischen Ausgangspunkt abgelehnt; APS/*Backhaus,* § 620 BGB Rn. 220; Über eine nachvertragliche Fürsorgepflicht begründet *Backhaus* jedoch einen Wiedereinstellungsanspruch, wenn allein die Schwangerschaft Grund für die Nichtübernahme der Arbeitnehmerin gewesen ist; APS/*Backhaus,* § 620 BGB Rn. 233. Die Beweislast dürfte in diesen Fällen bei der Arbeitnehmerin liegen; so LAG Hamm 6. 6. 1991 LAGE § 620 BGB Nr. 25.

[80] Vgl. BAG 21. 10. 1954 AP Nr. 1 zu § 620 BGB Befristeter Arbeitsvertrag = NJW 1955, 1050; a.A. APS/*Backhaus,* § 620 Rn. 220, 230 bis 233; vgl. auch ArbG Cottbus v. 13. 9. 2000 NZA-RR 2000, 626. Der Rechtsprechung des BAG entspricht die Entscheidung des EuGH vom 4. 10. 2001. Der EuGH hat erkannt, die Nichterneuerung eines befristeten Arbeitsvertrages, die ihren Grund in der Schwangerschaft der Arbeitnehmerin habe, stelle eine unmittelbare Diskriminierung auf Grund des Geschlechts dar, die gegen Art. 2 Abs. 1 und 3 Abs. 1 der Richtlinie 76/207/EWG des Rates vom 9. 2. 1976 vestoße; EuGH 4. 10. 2001 EzA § 611a BGB Nr. 17 mit Anm. von *Kamanabrou.*

[81] BAG Gr. Senat 12. 10. 1960 EzA § 620 BGB Nr. 2 = NJW 1961, 798.

tung **erweckt und bestätigt hat, er werde bei Eignung und Bewährung so verfahren,** und wenn sich der Arbeitgeber mit der Ablehnung der Weiterbeschäftigung in Widerspruch zu seinem früheren Verhalten setzt.[82] Zu weitgehend das LAG Köln in seiner Entscheidung vom 26. 5. 1994, das die Vereinbarung einer Befristung des Arbeitsverhältnisses nach dem früheren Beschäftigungsförderungsgesetz für die Dauer von sechs Monaten nach § 611a Abs. 1 BGB in Verbindung mit § 134 BGB für nichtig erklärt hat, weil damit die Unzulässigkeit der Frage nach der Schwangerschaft kompensiert würde.[83] Eine geschlechtsbezogene Benachteiligung der Arbeitnehmer i.S. des § 611a Abs. 1 BGB liegt aber nicht bereits darin, dass sich der Arbeitgeber auf eine wirksame Befristung des Arbeitsvertrages beruft.

1353 ff) Ist die Befristung des Arbeitsvertrages rechtsunwirksam, so **gilt** der befristete Arbeitsvertrag als auf **unbestimmte Zeit abgeschlossen** (§ 16 TzBfG). Das Gesetz macht keinen Unterschied, ob die Befristung wegen eines Verstoßes gegen das Formerfordernis des § 14 Abs. 4 TzBfG oder wegen Nichtbeachtung der materiellen Voraussetzungen der Befristung in § 14 Abs. 1, Abs. 2 oder Abs. 3 TzBfG unwirksam ist. Das Arbeitsverhältnis kann nur durch schriftliche (§ 623 BGB) Kündigung beendet werden (dazu oben Rn. 152). Das Kündigungsverbot des § 9 MuSchG findet also Anwendung.

1354 gg) Will die Arbeitnehmerin geltend machen, dass die Befristung eines Arbeitsvertrages rechtsunwirksam ist, so muss sie **innerhalb von drei Wochen** nach dem vereinbarten Ende des befristeten Arbeitsvertrages Klage beim Arbeitsgericht auf Feststellung erheben, dass das Arbeitsverhältnis auf Grund der Befristung nicht beendet ist (§ 17 TzBfG). Die §§ 5 bis 7 KSchG gelten entsprechend (Einzelheiten dazu oben Rn. 144).

e) Auflösende Bedingung

1355 Wird der Arbeitsvertrag unter einer auflösenden Bedingung geschlossen, gelten nach § 21 TzBfG die §§ 14 Abs. 1 und 4, § 15 Abs. 2, 3 und 5 sowie die §§ 16 bis 20 TzBfG entsprechend. Die auflösende Bedingung bedarf also zu ihrer Wirksamkeit der **Schriftform.** Die Vereinbarung einer auflösenden Bedingung **ist ferner nur zulässig,** wenn sie durch einen **sachlichen Grund** gerechtfertigt ist. Liegt ein sachlichen Grund nicht vor, so gilt der Arbeitsvertrag nach den §§ 21, 16 TzBfG als auf unbestimmte Zeit geschlossen. Zu seiner Beendigung bedarf es also ggf. einer Kündigung, auf die § 9 MuSchG anwendbar ist. Beruht die Vereinbarung der auflösenden Bedingung auf einem sachlichen Grund, greift der mutterschutzrechtliche Bestandsschutz nicht ein. Die Rechtsprechung hat in der Vergangenheit bereits die auflösende Bedingung zugelassen, wenn sie durch sachliche Gründe gerechtfertigt war. Das wird nun in § 21 TzBfG ausdrücklich klargestellt. Alle Gründe, die eine Befristung rechtfertigen, erlauben nun auch die auflösende

---

[82] Diese Rechtsprechung zum BeschFG 1985 hat auch künftig für § 14 TzBfG Bedeutung. Vgl. BAG 16. 3. 1989 EzA § 1 BeschFG 1985 Nr. 7 = NZA 1989, 719; BAG 11. 8. 1988 EzA § 620 BGB Nr. 105 = AP Nr. 70 zu § 1 TVG Metallindustrie. Zum Problemfeld auch LAG Hamm v. 6. 6. 1991 LAGE § 620 BGB Nr. 25, das dem Vertrauensschutz dann ein besonderes Gewicht einräumt, wenn die Nichtverlängerung des Arbeitsverhältnisses in zeitlich unmittelbarem Zusammenhang mit der Schwangerschaftsanzeige durch die Arbeitnehmerin steht. Die Beweislast wird der Arbeitnehmerin auferlegt.

[83] LAG Köln 26. 5. 1994 LAGE § 620 BGB Nr. 37.

Bedingung.[84] Die frühere Rechtsprechung zum sachlichen Grund bei auflösenden Bedingungen behält also ihre Bedeutung.[85]

Das BAG hat in der Entscheidung vom 9. 2. 1984 auflösende Bedingungen zugelasssen, d.h. sachliche Gründe anerkannt, die für den betroffenen Arbeitnehmer nicht uneingeschränkt vorteilhaft waren. Sie sind an der jeweils bestehenden Interessenlage der Parteien gemessen worden.[86] Zulässig ist die Einstellung unter der Bedingung, dass der Amtsarzt die gesundheitliche Eignung feststellt[87] oder die Fortsetzung des gekündigten Arbeitsverhältnisses unter der Bedingung der Abweisung der Kündigungsschutzklage.[88] Nicht zu billigen ist die Vereinbarung einer auflösenden Bedingung in einem Prozessvergleich, nach der das Arbeitsverhältnis endet, falls der Arbeitnehmer innerhalb des vereinbarten Fortsetzungszeitraumes von einem Jahr an mehr als 10 % der Arbeitstage krank sein sollte. Dadurch wird auf den Arbeitnehmer ein Zwang ausgeübt, krankheitsbedingte Fehlzeiten zu vermeiden und an Tagen, an denen er arbeisunfähig ist, zu arbeiten.[89] **1356**

Ist die auflösende Bedingung im Hinblick auf eine Schwangerschaft vereinbart, so ist diese rechtsunwirksam und der Arbeitsvertrag gilt nach den §§ 21, 16 TzBfG als auf unbestimmte Zeit geschlossen. Die Vereinbarung, dass das Arbeitsverhältnis mit der Schwangerschaft der Arbeitnehmerin endet, ist unzulässig. Das gilt selbst dann, wenn die vertragsmäßige Leistung der Arbeitnehmerin unter die absoluten Beschäftigungsverbote des § 4 MuSchG fällt.[90] Der Tatbestand eines arbeitsrechtlichen Schutzgesetzes kann nicht zum Gegenstand einer auflösenden Bedingung gemacht werden, weil damit der Schutz des Gesetzes illusorisch würde. **1357**

Man hat versucht, die oben dargelegten Rechtsfolgen dadurch auszuschließen, dass man nicht unmittelbar in einer Vertragsklausel an die Schwangerschaft anknüpft, sondern eine Verpflichtung der Arbeitnehmerin vereinbart, für eine bestimmte Zeit regelmäßig die Antibabypille einzunehmen. Kann sich der Arbeitgeber vom Vertrag lösen, wenn eine Schwangerschaft eingetreten ist? Das ist **1358**

---

[84] *Hromadka*, NJW 2001, 400, 405; APS/*Backhaus*, Nachtrag: Das neue Befristungsrecht § 21 TzBfG Rn. 4.

[85] Die Entscheidung des BAG 20. 10. 1999 EzA § 620 BGB Bedingung Nr. 14, nach der eine auflösende Bedingung nicht der arbeitsrechtlichen Befristungskontrolle unterliegt, wenn der Arbeitnehmer noch keinen gesetzlichen Kündigungsschutz hat, ist überholt, da die Umgehung zwingender Kündigungsschutznormen keine Voraussetzung mehr in § 14 Abs. 1 TzBfG ist.

[86] BAG 9. 2. 1984 EzA § 620 BGB Bedingung Nr. 2 = NJW 1984, 266; BAG 20. 12. 1984 EzA § 620 BGB Bedingung Nr 4 = NZA 1086, 325.

[87] LAG Niedersachsen DB 1980, 1799; Hessisches LAG 8. 12. 1994 LAGE § 620 BGB Bedingung Nr. 4. Abweichend APS/*Backhaus* § 620 BGB Rn. 394 und 395. Zu bedenken ist jedoch, dass die aufl. Bedingung nur greift, wenn die Arbeitnehmerin für die Stelle nach ärztlichem Urteil ungeeignet ist.

[88] BAG 4. 9. 1986 EzA § 611 BGB Beschäftigungspflicht Nr. 27 = NZA 1987, 376. Zulässig ist die Einstellung unter der Bedingung, der Verweigerung der Zustimmung durch den Betriebs- oder Personalrat; BAG 17. 2. 1983 EzA § 620 BGB Nr. 62 = NJW 1983, 1752; vgl. die Rechtsprechungsübersicht bei *Staudinger/Preis* § 620 Rn. 25 bis 26.

[89] MünchKomm/*Schwerdtner*, vor § 620 BGB Rn. 26; a.A. LAG Baden-Württemberg DB 1982, 1989 und KR-*Lipke* § 620 BGB Rn. 53.

[90] BAG AP Nr. 3 zu Art. 6 Abs. 1 GG Ehe und Familie = BB 1959, 160 = DB 1959, 174. Gerechtfertigt wird dies mit dem Hinweis, der Arbeitgeber müsse in diesem Fall den Lohn zahlen. Diese gesetzliche Folge des Mutterschutzes könne er nicht dadurch umgehen, dass er eine entsprechende auflösende Bedingung vereinbare.

zu verneinen. Ohne Rücksicht darauf, wie die Vertragsklausel aufzufassen ist, ist festzustellen, dass solche höchstpersönliche Entscheidungen, wie z.B. Eheschließung, Kinderzeugung und Ergreifen von Maßnahmen der Empfängnisverhütung, von jedem auch nur mittelbaren Zwang frei sein müssen. Macht der Arbeitgeber die Wirksamkeit des Arbeitsvertrages davon abhängig, dass die Arbeitnehmerin ein Attest vorlegt, in dem für den Zeitpunkt des Vertragsschlusses keine Schwangerschaft festgestellt wird, so liegt darin eine unzulässige auflösende Bedingung.[91]

f) Eigenkündigung der Arbeitnehmerin

1359 Für die Eigenkündigung der Arbeitnehmerin gilt das Kündigungsverbot des § 9 MuSchG nicht. Insoweit besteht Lösungsfreiheit. Zu beachten ist, dass die Kündigung nach § 623 BGB zu ihrer Wirksamkeit der Schriftform bedarf.[92] Damit ist das Problemfeld der **konkludenten Kündigung,** der Kündigung durch schlüssiges Verhalten, das in der Vergangenheit nicht unerhebliche Schwierigkeiten bereitet hat (vgl. dazu Vorauflage Rn. 825) beseitigt. Die Frage, ob ein Verhalten oder eine Erklärung der Arbeitnehmerin als Kündigungserklärung zu interpretieren ist, stellt sich nicht mehr. Nur in Ausnahmefällen kann die Frage heute noch Bedeutung haben, nämlich dann, wenn die Schriftform gewahrt worden ist und es darum geht, die wirksam abgegebene Erkärung auszulegen. Da die Schriftform aber weitgehend Rechtssicherheit gewährleistet, werden hier Zweifelsfälle eher selten sein.[93]

1360 Die wirksame Eigenkündigung der Arbeitnehmerin kann nur unter den Voraussetzungen der §§ 119, 123 BGB angefochten werden. Irrt sie sich über die mutterschutzrechtlichen Folgen der Eigenkündigung, so liegt ein relevanter Irrtum nicht vor, da der Irrtum über die Rechtsfolgen, soweit diese nicht zum Inhalt der Erklärung gemacht worden sind, stets unerheblich ist.[94] Kündigt die Arbeitnehmerin ihr Arbeitsverhältnis auf, ohne zu wissen, dass sie schwanger ist, so rechtfertigt dies ebenfalls nicht die Anfechtung wegen Irrtums, weil ein solcher i. S. des § 119 BGB nicht vorliegt.[95] Der Arbeitnehmerin steht in diesem Falle auch kein Anspruch auf Fortsetzung des Arbeitsverhältnisses aus dem Gesichtspunkt der Fürsorgepflicht zu. Der Arbeitgeber kann die Schwangerschaft der Arbeitnehmerin gar nicht kennen. Zudem ist eine umfassende Pflicht des Arbeitgebers, die Arbeitnehmerin auf alle nur möglichen und denkbaren Folgen der Beendigung ihres Arbeitsverhältnisses hinzuweisen, abzulehnen. Eine allgemeine Pflicht des Arbeitgebers zur

---

[91] LAG Düsseldorf 16. 6. 1976 DB 1977, 1196.

[92] Art. 2 des Arbeitsgerichtsbeschleunigungsgesetzes vom 30. 3. 2000 (BGBl. I S. 333). In Kraft seit dem 1. 5. 2000.

[93] Einzelheiten dazu oben Rn. 152 ff. und *Preis/Gotthardt,* NZA 2000, 348.

[94] *Buchner/Becker,* § 9 Rn. 60 ff.; KR/*Etzel,* § 9 MuSchG Rn. 152; BAG 16. 2. 1983 EzA § 123 BGB Nr. 21; LAG Düsseldorf BB 1956, 1106; abweichend *Gamillscheg,* Festschrift Molitor, 1962, S. 8, der die Anfechtung zulässt, weil eine „elementare Selbstschädigung durch die Arbeitnehmerin" vorliegt. Die Eigenkündigung ist auch nicht deshalb unwirksam, weil der Arbeitgeber seine Verpflichtung verletzt hat, diese an die Aufsichtsbehörde zu melden (§§ 9 Abs. 2, 5 Abs. 1 Satz 3 MuSchG); BAG 19. 8. 1982 EzA § 9 MuSchG n. F. Nr. 21 = NJW 1983, 1391.

[95] BAG 6. 2. 1992 EzA § 119 BGB Nr. 16 = NZA 1992, 790.

Rechtsberatung besteht nicht. Deshalb ist zutreffend auch eine Pflicht des Arbeitgebers, den Arbeitnehmer auf die Frist zur Erhebung der Kündigungsschutzklage hinzuweisen, abgelehnt worden.[96]

Droht der Arbeitgeber mit einer fristlosen oder fristgerechten Kündigung und erklärt sich deshalb die werdende Mutter mit ihrem Ausscheiden einverstanden, kündigt sie schriftlich nur formal selbst, so kann dies zur Anfechtung wegen widerrechtlicher Drohung – je nach den Umständen des Falles – berechtigen.[97] **1361**

g) Verzicht auf den Kündigungsschutz

Ebenso wenig wie der Aufhebungsvertrag vom Kündigungsverbot des § 9 MuSchG erfasst wird (vgl. oben Rn. 1337), gilt dies gleichermaßen für den **nachträglichen Verzicht** auf diesen Sonderkündigungsschutz. Zu beachten ist allerdings, dass die Arbeitnehmerin wegen des zwingenden Charakters des § 9 MuSchG nicht im Voraus wirksam auf den besonderen Kündigungsschutz verzichten kann.[98] Hier gewinnt die sog. **Ausgleichsquittung** an Bedeutung. Sie kann einen **Aufhebungsvertrag** zum Inhalt haben, einen **Klageverzichtsvertrag** oder die Vereinbarung, die bereits anhängige Kündigungsschutzklage **zurückzunehmen** (Einzelheiten dazu oben Rn. 1253). Ein wirksamer Aufhebungsvertrag kann wegen des konstitutiven Schriftformerfordernis (§ 623 BGB) in der nur von der Arbeitnehmerin unterschriebenen Ausgleichsquittung nicht mehr gesehen werden, denn die gesetzliche Schriftform bei einem Vertrag setzt nach § 126 Abs. 2 Satz 1 BGB voraus, dass beide Parteien auf derselben Urkunde unterschreiben. **1362**

Ergibt die Auslegung der Ausgleichsquittung einen Klageverzichtsvertrag, so ist dieser auch ohne Einhaltung der Schriftform wirksam. § 623 BGB erfasst weder den Klageverzichtsvertrag (pactum de non petendo), noch die Vereinbarung, die bereits anhängige Klage zurückzunehmen. In beiden Fällen handelt es sich nicht um einen Aufhebungsvertrag i. S. des § 623 BGB, sondern um einen prozessrechtlichen Vertrag.[99] **1363**

---

[96] Vgl. BAG 26. 8. 1983 AP § 72 LPVG NW Nr. 8; LAG Düsseldorf 12. 6. 1980 DB 1980, 1551.

[97] BAG 8. 12. 1955 AP § 9 MuSchG Nr. 4; KR/*Etzel,* § 9 MuSchG Rn. 154; APS/*Rolfs,* § 9 MuSchG Rn. 55; BAG 16. 1. 1992 EzA § 123 BGB Nr. 36 = NZA 1992, 1023; BAG 21. 3. 1996 EzA § 123 BGB Nr. 42 = NZA 1996, 1030.

[98] Das LAG Berlin hat in einem besonders gelagerten Fall erkannt, der Berufung auf den Mutterschutz stehe der Einwand der unzulässigen Rechtsausübung entgegen; LAG Berlin 31. 10. 1988 LAGE § 9 MuSchG Nr. 9. Vgl. dazu auch (allgemein) LAG Frankfurt 24. 4. 1987 LAGE § 4 KSchG Verzicht Nr. 1; LAG Köln 7. 11. 1997 LAGE § 4 KSchG Verzicht Nr. 2.

[99] Zum Klageverzichtsvertrag vgl. BAG 23. 6. 1994 EzA § 242 BGB Nr. 39. Vorformulierte Ausgleichsquittungen sind nach den §§ 310 Abs. 4, 307 Abs. 1 Satz 1 BGB einer Inhaltskontrolle zu unterziehen. Sofern keine Gegenleistung des Arbeitgebers – Abfindung – erfolgt, sind sie in der Regel unwirksam; vgl. Reinecke, DB 2002, 586; vgl. auch *Preis/Rolfs,* Der Arbeitsvertrag II A 130 Rn. 6 und *Preis,* Der Arbeitsvertrag II V Rn. 16 Abs. 16 bis 19.

5. Kenntnis des Arbeitgebers von der Schwangerschaft oder der Entbindung

1364 Das Kündigungsverbot des § 9 Abs. 1 Satz 1 MuSchG hat weiter zur Voraussetzung, dass der Arbeitgeber von der Schwangerschaft oder der Entbindung Kenntnis hat. Nur dann kann von ihm erwartet werden, dass er den besonderen Kündigungsschutz der werdenden Mutter beachtet. Das Kündigungsverbot greift also nicht schon dann ein, wenn der Arbeitgeber die Schwangerschaft oder die Entbindung kennen muss. Fahrlässige oder selbst die grobfahrlässige Unkenntnis steht hier der Kenntnis nicht gleich.[100] Nicht ausreichend ist auch die Vermutung des Arbeitgebers, die Arbeitnehmerin sei schwanger.[101] Ebensowenig ist die Kenntnis der Möglichkeit einer Schwangerschaft ausreichend. Gerüchte im Betrieb, die Arbeitnehmerin sei schwanger, die dem Arbeitgeber zu Ohren kommen, stellen noch keine Kenntnis von der Schwangerschaft dar. Fraglich ist, ob den Arbeitgeber in diesen Fällen eine Erkundigungspflicht trifft, er also gehalten ist, derartigen Gerüchten nachzugehen. Das wird von einem Teil der Rechtslehre und auch in der Rechtsprechung bejaht.[102] Dieser Auffassung ist nicht zu folgen. Sie ist mit dem Gesetz, das zum Eintritt der Kündigungssperre die Kenntnis des Arbeitgebers voraussetzt und diesem zur Erlangung einer positiven Kenntnis keinerlei Mitwirkungspflicht auferlegt, nicht vereinbar.[103]

a) Eigene Kenntnis des Arbeitgebers

1365 Ohne Bedeutung ist, wie der Arbeitgeber die Kenntnis von der Schwangerschaft erlangt hat. Das kann auch durch dritte Personen erfolgen. Normalerweise wird die Arbeitnehmerin ihre Schwangerschaft anzeigen, wie es ihr durch § 5 Abs. 1 MuSchG zur Pflicht gemacht worden ist. Hat die Arbeitnehmerin dem Arbeitgeber ihre Schwangerschaft angezeigt, so ist sie auch verpflichtet, den Arbeitgeber unverzüglich zu unterrichten, wenn die Schwangerschaft vorzeitig, etwa wegen einer Fehlgeburt, endet. Das gilt auch dann, wenn der Arbeitgeber sich mit der Annahme der Dienste in Verzug befindet, nachdem das Arbeitsgericht die Kündigung rechtskräftig für unwirksam erklärt hat.[104]

1366 Es ist die Frage aufgetaucht, ob eine Kenntnis des Arbeitgebers dann z.B. anzunehmen ist, wenn die Arbeitnehmerin eine Arbeitsunfähigkeitsbescheinigung vor-

---

[100] LAG Düsseldorf 21. 7. 1964 DB 1964, 1416; LAG Baden-Württemberg 30. 11. 1967 DB 1968, 624; *Buchner/Becker,* § 9 Rn. 71; *Gröninger/Thomas,* § 9 Rn. 13; APS/*Rolfs*, § 9 MuSchG Rn. 28; KR/*Etzel,* § 9 MuSchG Rn. 34.

[101] LAG Hamm DB 1958, 988.

[102] *Zmarzlik/Zipperer/Viethen,* § 9 Anm. 16; LAG Düsseldorf DB 1964, 1416.

[103] *Buchner/Becker,* § 9 Rn. 73; LAG Hamm SAE 1974, Nr. 56; *Meisel/Sowka,* § 9 Anm. 83; MünchArbR/*Heenen,* § 219 Rn. 95; *Gröninger/Thomas,* § 9 Rn. 15; im Ergebnis wie hier auch LAG Baden-Württemberg DB 1968, 624; KR/*Pfeiffer,* § 9 MuSchG Anm. 34.

[104] BAG 18. 1. 2000 EzA § 615 BGB Nr. 98 = NZA 2000, 1157. Ein Schadensersatzanspruch, weil der Arbeitgeber das Arbeitsverhältnis mangels Kenntnis der Beendigung der Schwangerschaft nicht erneut gekündigt hat, steht dem Arbeitgeber nach Ansicht des BAG nicht zu; a.A. die Vorinstanz LAG Niedersachsen 10. 11. 1998 LAGE § 249 BGB Nr. 14; kritisch zum BAG auch *Bittner*, RdA 2001, 339.

gelegt hat, auf der als Diagnose „Hyperemesis gravid" (d. i. Erbrechen während der Schwangerschaft) vermerkt worden ist. Kann sich der Arbeitgeber später darauf berufen, er verstehe keine lateinischen oder medizinischen Fachausdrücke? Das BAG hat die Frage verneint. Zur Begründung wird auf die Grundsätze über das Mißverstehen bei Willenserklärungen hingewiesen, deren Wirkungen mit dem Zugang eintreten, selbst wenn sie der Empfänger mißversteht. Es wird betont, dieser Grundsatz sei notwendig, weil andernfalls der Empfänger der Willenserklärung leicht behaupten könnte, er hätte die Erklärung nicht oder nicht richtig verstanden und weil der Gegenbeweis kaum zu führen wäre. Das BAG legt dem Arbeitgeber hier die Pflicht auf, sich fremde Ausdrücke, die er nicht versteht, übersetzen zu lassen. Das gelte jedenfalls immer dann, wenn es sich nicht um ungewöhnlich komplizierte Fachausdrücke handele.[105]

Es wurde schon hervorgehoben, dass der Arbeitgeber auch von dritter Seite **1367**
Kenntnis erlangen kann. So ist es z. B. möglich, dass die Arbeitnehmerin einer Vorgesetzten Mitteilung von ihrer Schwangerschaft macht, die sie dann dem Arbeitgeber oder der zuständigen Stelle mitteilt. Handelt es sich bei der Vorgesetzten, der die Arbeitnehmerin die Schwangerschaft mitteilt, nicht um eine mit Personalangelegenheiten beauftragte Vorgesetzte, also z. B. um eine Betriebsmeisterin ohne personelle Entscheidungsbefugnis, so ersetzt deren Kenntnis nicht die des Arbeitgebers, wenn sie es weiterzumelden vergißt. Andererseits ist ohne Bedeutung, ob es sich um eine sog. private Mitteilung handelt. Erhält der Arbeitgeber auf diese Weise Kenntnis, so ist das ausreichend. Offenbart sich die Arbeitnehmerin dem **Werksarzt,** so ist das nicht ausreichend. Der Arbeitgeber bzw. die hierfür zuständige Stelle erlangt erst die erforderliche Kenntnis, wenn der Werksarzt die ihm anvertraute Tatsache entsprechend einem ihm erteilten Auftrag weitergibt. Unterläßt er es, so liegen die gesetzlichen Voraussetzungen nicht vor. Die Mitteilung an den **Betriebsrat** ist nicht ausreichend, da dieser keinerlei Arbeitgeberfunktionen hat.[106] Erst wenn er es dem Arbeitgeber mitteilt, erlangt dieser die notwendige Kenntnis.

Besteht das Arbeitsverhältnis mit einer Gesellschaft, bei der mehrere Gesellschaf- **1368**
ter zur Vertretung der Gesellschaft berechtigt sind, so genügt die Kenntnis eines Gesellschafters. Ebenso reicht bei einer Gesamtvertretung nach allgemeinen Rechtsgrundsätzen die Kenntnis eines Vertreters aus.

Unsicher ist die Rechtslage im Falle eines **Betriebsübergangs** nach § 613a **1369**
BGB. Hat die Arbeitnehmerin die Schwangerschaft dem Veräußerer bereits angezeigt, so ist fraglich, ob sich der Erwerber die positive Kenntnis des Veräußerers zurechnen lassen muss. Erst durch die positive Kenntnis soll die Kündigungsentscheidung des Arbeitgebers verhindert werden mit der Folge, dass sonst die den-

---

[105] Vgl. BAG 13. 4. 1956 AP § 9 MuSchG Nr. 9 = NJW 1956, 1124. Die Entscheidung des BAG ist teilweise auf Ablehnung gestoßen. Vgl. *Buchner/Becker,* § 9 Rn. 76; *Larenz,* AP § 9 MuSchG Nr. 9; *Hoffmann,* BB 1957, 222; *Hueck-Nipperdey,* Bd. 1 S. 730 Anm. 64; KR/*Etzel,* § 9 MuSchG Rn. 43. Die Genannten betonen, dass im Streitfalle eine (positive) Kenntnis des Arbeitgebers gerade nicht bestanden habe. *Larenz* und auch *Hueck/Nipperdey* weisen aber darauf hin, dass der Entscheidung im Ergebnis zuzustimmen ist, weil ja auf jeden Fall die Arbeitnehmerin die Schwangerschaft mitgeteilt habe. Dass das vor der Kündigung geschehen sei, schade nicht.

[106] KR/*Etzel,* § 9 MuSchG Rn. 39.

noch erklärte Kündigung unzulässig ist. Andererseits ist davon auszugehen, dass das Arbeitsverhältnis auch mit bereits eingetretenen tatsächlichen Gegebenheiten, die für einen späteren besonderen Kündigungsschutz von Bedeutung sind, übergeht. Mit der Kenntnis des Arbeitgebers ist das spätere Kündigungsrecht nach näherer Maßgabe des § 9 Abs. 1 MuSchG ausgeschlossen. Diese möglicherweise in der Zukunft relevante Rechtslage – für den Fall einer Kündigung – muss sich der Betriebsübernehmer zurechnen lassen.[107] Das entspricht dem Schutzzweck des § 613 a BGB.

b) Kenntnis von Vertretern und Beauftragten

1370 Kenntnis eines Vertreters des Arbeitgebers ist ausreichend, wenn dieser für die selbständige Erledigung von Personalangelegenheiten die notwendigen Vollmachten besitzt. Die Kenntnis eines Beauftragten i. S des § 9 Abs. 2 OWiG steht der Kenntnis des Arbeitgebers ebenfalls gleich. Die Kenntnis der Ehefrau des Arbeitgebers genügt nur dann, wenn sie in Personalsachen der Arbeitnehmerin gegenüber weisungsbefugt ist.

1371 Die Mitteilung der Arbeitnehmerin wird in vielen Fällen nicht an den Arbeitgeber, sondern an die **Personalabteilung** erfolgen, die für die Abwicklung der Personalangelegenheiten in den Betrieben zuständig ist. Das ist ausreichend.[108] Ob und ggf. wann ein Vorgesetzter für die Empfangnahme solcher Mitteilungen zuständig ist, wird nur im Einzelfall zu entscheiden sein. Dabei ist auf den Umfang der Vollmacht des Vorgesetzten im personellen Bereich abzustellen. Wer generell eine Kündigung auszusprechen bevollmächtigt ist, kann auch Mitteilungserklärungen nach § 9 Abs. 1 MuSchG entgegennehmen. Auch andere Vollmachten auf dem personellen Sektor sind ausreichend, denn damit wird der betreffende Vorgesetzte nach außen im personellen Sektor legitimiert. Einen Einrichter hat das BAG (vgl. Fn. 108) nicht als zuständige Person angesehen. Dieser habe eine Vorgesetztenstellung nur in Bezug auf rein arbeitstechnische Angelegenheiten. Soweit er im personellen Bereich tätig werde, handele er nur als Bote der Arbeitnehmerin ohne eigene Funktionen. Seine Eigenschaft als Betriebsratsmitglied könne daran nichts ändern, da der Betriebsrat nicht in der Sphäre des Arbeitgebers tätig werde.

c) Nachweis der Kenntnis des Arbeitgebers oder seines Beauftragten

1372 Beweispflichtig für die Kenntnis des Arbeitgebers, eines Beauftragten oder Vertreters von der Schwangerschaft oder der Entbindung ist im Streitfall die Arbeitnehmerin, die sich auf den Kündigungsschutz beruft. Nachzuweisen ist die tatsächliche Kenntnis im maßgeblichen Zeitpunkt, d. h. im Zeitpunkt der Abgabe der mündlichen Erklärung bzw. des Abgangs der schriftlichen Kündigung. Der Zeitpunkt des Zugangs der schriftlichen Kündigungserklärung ist hier nicht entscheidend. Zwar wird die Willenserklärung mit dem Zugang wirksam; hier geht es jedoch um eine Voraussetzung der Willenserklärung, die in der Person des

---

[107] KR/*Etzel,* § 9 Rn. 39 b und APS/*Rolfs,* § 9 MuSchG Rn. 33 gegen *Buchner/Becker,* § 9 Rn. 80. Vgl. zum Annahmeverzug, einem gleichgelagerten Problemfeld, BAG 21. 3. 1991 EzA § 615 BGB Nr. 68 = NZA 1991, 726.

[108] BAG 18. 12. 1965 AP § 9 MuSchG Nr. 26; KR/*Etzel,* § 9 MuSchG Rn. 36; *Buchner/Becker,* § 9 Rn. 79; *Gröninger/Thomas,* § 9 Rn. 16.

Erklärenden gegeben sein muss, damit sie überhaupt gültig abgegeben werden kann. Dazu zählt die Kenntnis von der Schwangerschaft. Ist sie gegeben, kann eine rechtswirksame Kündigung gar nicht erklärt werden.[109] Deshalb ist auf den Zeitpunkt der Abgabe der Erklärung abzustellen.

Das Kennenmüssen der Schwangerschaft oder der Entbindung reicht ebensowenig aus wie die Vermutung einer Schwangerschaft. Die Grundsätze über den **Beweis des ersten Anscheins** finden Anwendung. **1373**

6. Mitteilung der Schwangerschaft bzw. Entbindung nach erfolgter Kündigung

Kennt der Arbeitgeber im Zeitpunkt der Kündigung die Schwangerschaft nicht, so hat die Arbeitnehmerin noch eine letzte Möglichkeit, durch Mitteilung der Schwangerschaft oder ggf. der Entbindung innerhalb der Zweiwochenfrist des § 9 Abs. 1 MuSchG den besonderen Kündigungsschutz des MuSchG für sich in Anspruch zu nehmen. Wird die Mitteilung, weil darin z.B. medizinische Fachausdrücke verwandt werden, falsch oder überhaupt nicht verstanden, so ist dies unschädlich, wenn nur der Arbeitgeber bei gehöriger Sorgfalt den Inhalt der Erklärung hätte verstehen können.[110] **1374**

Das Gesetz schreibt keinerlei Form für die Mitteilung vor. Bezeichnet die Arbeitnehmerin die Mitteilung als vertraulich, so schadet dies nicht. Die Mitteilung kann durch die Arbeitnehmerin selbst oder durch beauftragte Dritte erfolgen. Die Arbeitnehmerin braucht sich nicht auf den besonderen Kündigungsschutz zu berufen. Die nachträgliche Mitteilung ist eine Obliegenheit der Arbeitnehmerin, keine Verpflichtung gegenüber dem Arbeitgeber. Sie wird wirksam mit dem Zugang beim Arbeitgeber. **1375**

Die Mitteilung der Schwangerschaft soll dem Arbeitgeber Klarheit darüber vermitteln, dass die von ihm ausgesprochene Kündigung wegen eines Verstoßes gegen das Kündigungsverbot des § 9 Abs. 1 MuSchG unwirksam ist. Da dies nur der Fall ist, wenn im **Zeitpunkt des Zugangs der Kündigungserklärung** eine Schwangerschaft besteht, muss die nachträgliche Mitteilung der Schwangerschaft **diesen Inhalt** haben. Teilt die Arbeitnehmerin also nur mit, sie sei schwanger, so ist es eine Frage der Auslegung der Erklärung, ob sie den Inhalt hat, die Schwangerschaft bestehe bereits seit dem Zeitpunkt des Zugangs der Kündigungserklärung[111] oder – **1376**

---

[109] *Buchner/Becker,* § 9 Rn. 74; a.A. APS/*Rolfs*, § 9 MuSchG Rn. 30.

[110] BAG 13. 4. 1956 AP § 9 MuSchG Nr. 9 = NJW 1956, 1124. Zur Wirkung der Mitteilung im Falle einer Schwerhörigkeit des Arbeitgebers vgl. LAG Baden-Württemberg DB 1980, 1127.

[111] Vgl. BAG 15. 11. 1990 EzA § 9 MuSchG n.F. Nr. 28 mit Anm. von *Winterfeld* und *Kittner* = NZA 1991, 669. Der Senat stellt einmal auf den zeitlichen Zusammenhang mit dem Zugang der Kündigungserklärung ab, d.h. ob die Mitteilung in unmittelbarem Anschluss an die Kündigungserklärung abgegeben worden ist; ferner könnte seiner Ansicht nach von Bedeutung sein, ob zwischen Arbeitgeber und Arbeitnehmerin auch gesellschaftlich-private Kontakte bestehen, so dass die Mitteilung nur diesen Bereich berühre, d.h. keinen offiziellen Charakter habe. Diese Fragen stellen sich in allen Fällen, in denen die Zweiwochenfrist abgelaufen ist und sich die Arbeitnehmerin darauf beruft, sie habe die Verspätung nicht zu vertreten. Im Allgemeinen dürfte eine Mitteilung, sofern keine engen persönlichen Kontakte bestehen, dahin auszulegen sein, dass die Arbeitnehmerin mitteilt, sie

im Falle der Entbindung – die Arbeitnehmerin habe weniger als vier Monate vor dem Zugang der Kündigungserklärung entbunden. Die Arbeitnehmerin erfüllt die Mitteilungspflicht auch dann, wenn sie erklärt, sie sei vermutlich schwanger. Damit ist zwar für den Arbeitgeber die Rechtssicherheit nicht erreicht, jedoch ist dies hier wegen der Schwierigkeit der Feststellung der Schwangerschaft im Anfangsstadium in Kauf zu nehmen.[112] Der Arbeitgeber kann verlangen, dass die Arbeitnehmerin binnen einer angemessenen Frist die Schwangerschaft nachweist. Die dafür notwendigen Kosten hat der Arbeitgeber zu tragen. Die Verletzung dieser Pflicht hat auf den mutterschutzrechtlichen Kündigungsschutz keinen Einfluß.[113]

1377 Bestand nach dem ärztlichen Befund im Zeitpunkt des Zugangs der Kündigungserklärung keine Schwangerschaft bzw. liegt überhaupt keine Schwangerschaft vor, so greift das Kündigungsverbot des § 9 MuSchG nicht ein. Die Wirksamkeit der Kündigung ist nach allgemeinen Grundsätzen, d.h. ggfls. insbesondere nach § 1 Abs. 2 KSchG zu beurteilen, sofern die Arbeitnehmerin rechtzeitig nach § 4 KSchG Klage erhoben oder diese nachträglich auf Antrag zugelassen worden ist.

1378 Nach einem **Betriebsübergang** hat die Arbeitnehmerin die Mitteilung über ihre Schwangerschaft bzw. über die Entbindung an den Veräußerer zu machen, wenn sie dem Übergang ihres Arbeitsverhältnisses widerspricht. Andernfalls hat sie, sofern der Veräußerer nicht bereits positive Kenntnis hatte (vgl. oben Rn. 1369), dem Erwerber die notwendige Mitteilung zu machen. Kennt die Arbeitnehmerin den Betriebsübergang bzw. den Zeitpunkt des Übergangs nicht, ist ihr ein Wahlrecht einzuräumen, d.h. sie kann die Erklärung entweder gegenüber dem Veräußerer oder gegenüber dem Erwerber abgeben.[114]

a) Mitteilung an Arbeitgeber oder Vertreter

1379 Die Mitteilung innerhalb der Zweiwochenfrist ist dem Arbeitgeber selbst zu machen oder an seine Vertreter. Es gelten hier die oben erörterten Grundsätze, d.h. der Vertreter muss auch personelle Funktionen haben. Ein Hinweis an einen Meister, der keine personellen Funktionen hat oder an den **Vertrauensarzt der Betriebskrankenkasse** bzw. an die **Werksfürsorgerin** reicht nicht aus. Auch die Mitteilung an den Werksarzt ist nicht ausreichend, da er nicht Vertreter oder Repräsentant des Arbeitgebers ist. Die Mitteilung an ihn genügt nur dann, wenn sie von ihm auftragsgemäß an die zuständige Stelle weitergeleitet wird. Der Werksarzt ist in diesen Fällen Bote der Arbeitnehmerin, d.h., er übermittelt die Erklärung auf ihre Gefahr. Vergißt er die Weitergabe der Erklärung der schwangeren Arbeitnehmerin, so liegt eine Mitteilung an den Arbeitgeber nicht vor. Das ist bei den Vertretern des Arbeitgebers, die Entscheidungsbefugnisse im personellen Bereich haben, anders. Vergessen sie die Weitergabe der Erklärung, so hat das auf die Unwirksamkeit der Kündigung keinen Einfluss. Dasselbe gilt, wenn dieser Personenkreis die Mitteilung erst nach Ablauf der Zweiwochenfrist weiterleitet. Die Mit-

---

sei zum Zeitpunkt der Kündigungserklärung bereits schwanger gewesen und berufe sich auf den besonderen Kündigungsschutz des Mutterschutzgesetzes.

[112] BAG 15. 11. 1990 EzA § 9 MuSchG n. F. Nr. 28 = NZA 1991, 669; APS/*Rolfs*, § 9 MuSchG Rn. 35.

[113] BAG 6. 6. 1974 EzA § 9 MuSchG n. F. Nr. 15 = NJW 1975, 229.

[114] KR/*Etzel*, § 9 Rn. 39b; *Buchner/Becker*, § 9 Rn. 94.

teilung an sie ersetzt die an den Arbeitgeber. Über die Mitteilung an die Ehefrau des Arbeitgebers gilt das oben für die Kenntnis von der Schwangerschaft Gesagte.

b) Mitteilungsfrist

Die Mitteilung – nicht der Nachweis (dazu unten) – über das Bestehen einer **1380** Schwangerschaft bzw. einer erfolgten Entbindung muss innerhalb einer Frist von **zwei Wochen** erfolgen. Die Frist läuft vom **Zugang** der Kündigung ab. Ihre Berechnung richtet sich nach den §§ 187, 188 BGB. Die Frist ist eine Ausschlussfrist. Ihre Versäumung hat also grundsätzlich den Verlust des besonderen Kündigungsschutzes zur Folge.

Das Überschreiten der Zweiwochenfrist ist aber nach § 9 Abs. 1 Satz 1 **1381** 2. Halbsatz **unschädlich** wenn es auf einem von der Frau **nicht zu vertretenden Grund** beruht und die Mitteilung **unverzüglich nachgeholt wird.** Diese Erweiterung des Mutterschutzes ist durch das 1. Gesetz zur Änderung des MuSchG vom 3. 7. 1992 (BGBl. I S. 1191) in das Gesetz eingefügt worden. Damit hat der Gesetzgeber, wenn auch mit großer zeitlicher Verzögerung, § 9 Abs. 1 MuSchG der Rechtsprechung des BVerfG angepasst.[115]

Die Erhaltung des besonderen Kündigungsschutzes hängt also von zwei Voraus- **1382** setzungen ab:
- Die Fristversäumung beruht auf einem von der Frau nicht zu vertretenden Grunde und
- die Mitteilung der Schwangerschaft an den Arbeitgeber wird unverzüglich nachgeholt.

Keine Bedeutung für die Frage, ob die Versäumung der Zweiwochenfrist von **1383** der Arbeitnehmerin verschuldet ist oder nicht, hat die **Kenntnis von der Schwangerschaft** im Zeitpunkt des Zugangs der Kündigung. Auch wenn die Arbeitnehmerin von der Schwangerschaft Kenntnis hatte, aber aus anderen Gründen verhindert war, dem Arbeitgeber ihre Schwangerschaft binnen zwei Wochen anzuzeigen, kann sie sich den besonderen Kündigungsschutz erhalten. Denn das Gesetz stellt ganz allgemein auf die unverschuldete Versäumung der Zweiwochenfrist ab, ohne danach zu differenzieren, ob der Arbeitnehmerin beim Zugang der Kündigung ihre Schwangerschaft bekannt war oder nicht. Kannte also z. B. die Arbeit-

---

[115] Das BAG hat früher nach einer Versäumung der Ausschlussfrist stets auf Verlust des besonderen Kündigungsschutzes erkannt (BAG 23. 5. 1969 EzA § 9 MuSchG n. F. Nr. 7 = NJW 1969, 679). Nachdem das BVerfG in seiner Entscheidung vom 25. 1. 1972 AP § 9 MuSchG 1968 Nr. 1 = ArbuR 1972, 160 mit Anm. von *Herschel* dagegen zunächst verfassungsrechtliche Bedenken nicht erhoben hatte, soweit die Arbeitnehmerin die Mitteilungsfrist trotz Kenntnis der Schwangerschaft schuldhaft versäumte, hat es in dem späteren Beschluss vom 13. 11. 1979 erkannt, mit Art. 6 Abs. 4 GG sei es unvereinbar, den besonderen Kündigungsschutz des § 9 Abs. 1 MuSchG Arbeitnehmerinnen zu entziehen, die im Zeitpunkt der Kündigung schwanger sind, ihren Arbeitgeber hierüber unverschuldet nicht innerhalb der Zweiwochenfrist des § 9 Abs. 1 MuSchG unterrichten, dies aber unverzüglich nachholen (BVerfG EzA § 9 MuSchG n. F. Nr. 17 = NJW 1980, 824). Bestätigt wurde dies durch Beschluss vom 22. 10. 1980 DB 1980, 2525, in dem das BVerfG ausführt, Art. 6 Abs. 4 GG gebiete die Einbeziehung auch solcher werdender Mütter in den Kündigungsschutz des § 9 MuSchG, die die Zweiwochenfrist des § 9 Abs. 1 Satz 1 für die Anzeige der Schwangerschaft an den Arbeitgeber unverschuldet versäumen, die Mitteilung aber unverzüglich nachholen.

nehmerin ihre Schwangerschaft, hatte sie aber unverschuldet keine Kenntnis vom Zugang der Kündigung, kann dennoch je nach den Umständen des Einzelfalles eine unverschuldete Fristversäumung vorliegen.[116]

1384 Die Mitteilung der Schwangerschaft ist keine echte Rechtspflicht der Arbeitnehmerin, sondern eine im eigenen Interesse bestehende Obliegenheit. Diese wird nur bei **groben Verstößen** gegen das von einem verständigen Menschen im eigenen Interesse billigerweise zu erwartenden Verhalten verletzt.[117] Das ist der Fall, wenn die Arbeitnehmerin die Schwangerschaft **kannte oder zwingende Anhaltspunkte, die eine Schwangerschaft praktisch unabweisbar erscheinen lassen,** ignoriert.[118] In diesem Fall ist die Arbeitnehmerin gehalten, dem Arbeitgeber Mitteilung zu machen und sich durch eine geeignete Untersuchung Gewissheit über das Bestehen einer Schwangerschaft zu verschaffen. Die Arbeitnehmerin darf also nicht untätig bleiben, sondern muss sich **unverzüglich** untersuchen lassen. Dazu besteht für sie keine Veranlassung bei einer mehr oder weniger vagen Schwangerschaftsvermutung.[119]

1385 Hat die Arbeitnehmerin unverschuldet keine Kenntnis von der Schwangerschaft innerhalb der Zweiwochenfrist oder hat sie zwar Kenntnis, aber versäumt sie die Mitteilungsfrist ohne Verschulden, so behält sie den Kündigungsschutz, wenn sie dem Arbeitgeber **unverzüglich** die Mitteilung von der Schwangerschaft macht.[120] Erhebt eine schwangere Arbeitnehmerin noch am Tage des Zugangs der Kündigung Kündigungsschutzklage vor der Rechtsantragsstelle des Arbeitsgerichts mit dem Hinweis auf eine bestehende Schwangerschaft, so trifft sie kein Verschulden i. S. des § 9 Abs. 1 Satz 1 2. Halbsatz MuSchuG, wenn die Klage dem Arbeitgeber erst nach dem Ablauf der Zweiwochenfrist zugestellt wird.[121]

1386 Eine Haftung der Arbeitnehmerin für ihren Bevollmächtigten verneint das BAG nach Prüfung der §§ 85 Abs. 2 ZPO und 278 BGB. § 85 Abs. 2 ZPO könne nicht

---

[116] BAG 13. 6. 1996 EzA § 9 MuSchG n. F. Nr. 34 = AP § 9 MuSchG 1968 Nr. 22; APS/*Rolfs*, § 9 MuSchG Rn. 38. Vgl. dazu auch BAG 16. 5. 2002 EzA § 9 MuSchG n. F. Nr. 36.

[117] BAG 6. 10. 1983 EzA § 9 MuSchG n. F. Nr. 23 = AP § 9 MuSchG 1968 Nr. 12; 27. 10. 1983 EzA § 9 MuSchG n. F. Nr. 24 = AP § 9 MuSchG 1968 Nr. 13; 20. 5. 1988 EzA § 9 MuSchG n. F. Nr. 27 = NZA 1988, 799; LAG Nürnberg 17. 3. 1992 LAGE § 9 MuSchG Nr. 17; *Gamillscheg*, ArbR I S. 484; APS/*Rolfs*, § 9 MuSchG Rn. 37; **abw.** *Wenzel*, BB 1981, 677 und KR/*Etzel*, § 9 MuSchG Rn. 57 a, die den Verschuldensmaßstab des § 233 ZPO anwenden.

[118] BAG 6. 10. 1983 Fn. 117.

[119] BAG 6. 10. 1983 Fn. 117. Zur Untersuchungspflicht vgl. *Gröninger/Thomas*, § 9 Rn. 22; *Bucher/Becker*, § 9 Rn. 107 sowie *Eich*, DB 1981, 1233, der einen wesentlich strengeren Standpunkt einnimmt.

[120] Hat die Arbeitnehmerin ihren Prozessbevollmächtigten beauftragt, dem Arbeitgeber Mitteilung von der Schwangerschaft zu machen, so braucht sie sich dessen Verschulden nicht zurechnen zu lassen; BAG 27. 10. 1983 EzA § 9 KSchG n. F. Nr. 24 = AP § 9 MuSchG 1968 Nr. 13 mit Anm. von *Herschel;* LAG Berlin 26. 4. 1988 LAGE § 9 MuSchG Nr. 8. Kein Verschulden der Arbeitnehmerin liegt vor, wenn sie trotz Kenntnis ihrer Schwangerschaft mit der Mitteilung an den Arbeitgeber wartet, bis sie vom Arzt eine Schwangerschaftsbestätigung erhält, aus der sie den Beginn der Schwangerschaft entnehmen kann (LAG Nürnberg 17. 3. 1992 LAGE § 9 MuSchG Nr. 17); denn entscheidend ist, ob im Zeitpunkt des Zugangs der Kündigung eine Schwangerschaft vorliegt (vgl. dazu auch BAG 20. 5. 1988 EzA § 9 MuSchG n. F. Nr. 27 = NZA 1988, 799).

[121] LAG Köln 16. 6. 1997 LAGE § 9 MuSchG Nr. 22.

zur Anwendung kommen, da es sich nicht um eine Prozeßhandlung handele und für eine analoge Anwendung fehle die notwendige verfahrensrechtliche Regelung. § 278 BGB sei ebenfalls weder in direkter noch in analoger Anwendung einschlägig. Die Erfüllung einer Verbindlichkeit liege nicht vor; auf die Obliegenheitspflicht der Arbeitnehmerin könne § 278 BGB nicht entsprechend angewandt werden, da der Gesetzgeber dies nicht, wie etwa im § 254 Abs. 2, Satz 2 BGB, vorgesehen habe.[122] Konnte die Arbeitnehmerin innerhalb der Frist nur eine vermutete Schwangerschaft anzeigen, so schadet eine Unterlassung dieser (vorsorglichen) Mitteilung nicht. Sie kann erfolgen, eine Verpflichtung dazu besteht nicht, da es entscheidend nur auf die Kenntnis der Schwangerschaft ankommt bzw. auf ihr Ignorieren bei zwingenden Anhaltspunkten.[123]

Für die **unverzügliche Nachholung** der Mitteilung über die Schwangerschaft 1387
an den Arbeitgeber ist die Anwendung starrer Fristen nicht angezeigt. Es ist jeweils unter Auswertung der besonderen Umstände des Einzelfalles zu prüfen, ob die Mitteilung ohne schuldhaftes Zögern (§ 121 BGB) erfolgt ist.[124] Man wird aber davon ausgehen dürfen, dass eine nachgeholte Mitteilung innerhalb einer Woche ausreichend ist.

Die Mitteilung kann auch an den Prozessbevollmächtigten des Arbeitgebers in 1388
einem anhängigen Streit über die Rechtswirksamkeit der Kündigung erfolgen. Sie bezieht sich auf den Streitgegenstand des Verfahrens, da sie die Rechtswirksamkeit der Kündigung unmittelbar berührt.

Für den Inhalt der nach Überschreiten der Zweiwochenfrist abgegebenen Mit- 1389
teilung an den Arbeitgeber gelten die oben Rn. 1376 mitgeteilten Grundsätze, d. h. auch hier gilt der Satz, dass der Arbeitgeber aus dem Inhalt der Erklärung und ihm bekannten sonstigen Umständen entnehmen können muss, dass im **Zeitpunkt des Zugangs der Kündigungserklärung** eine Schwangerschaft bestand. Dieser Grundsatz gewinnt in den Fällen der Nachholung der Mitteilung durch die Arbeitnehmerin besondere Bedeutung, da seit dem Zugang der Kündigungserklärung meist eine größere Zeitspanne vergangen sein wird.

c) Nachweis der Schwangerschaft

Das Gesetz verlangt die Mitteilung der Schwangerschaft oder der Entbindung 1390
innerhalb der Zweiwochenfrist. Da die Arbeitnehmerin diese Frist voll ausnutzen kann, ist es also nicht denkbar, zu verlangen, dass auch bereits der Nachweis innerhalb der Zweiwochenfrist erfolgen müsse. Dieser kann auch noch nach Ablauf der Frist beigebracht werden, wenn der Arbeitgeber es verlangt. Die Kosten für den Nachweis der Schwangerschaft hat der Arbeitgeber zu tragen. Darüber darf der Arbeitgeber die Arbeitnehmerin nicht im unklaren lassen. In der Vergangenheit ist viel darüber gestritten worden, welche kündigungsschutzrechtlichen Folgen eintreten, wenn der Nachweis der bestehenden Schwangerschaft nicht oder nicht

---

[122] Vgl. zu dieser Frage eingehend und kritisch *Rieble*, Anm. LAG Hamm LAGE § 5 KSchG Nr. 65 mit weiteren Hinweisen.

[123] BAG 20. 5. 1988 EzA § 9 MuSchG n. F. Nr. 27 = NZA 1988, 799 = SAE 1989, 122 mit zust. Anm. von *Preis*.

[124] BAG 20. 5. 1988 EzA § 9 MuSchG n. F. Nr. 27 = NZA 1988, 799; APS/*Rolfs*, § 9 MuSchG Rn. 39.

rechtzeitig erfolgt. Die h. L. ging davon aus, dass die Arbeitnehmerin verpflichtet war, den Nachweis der Schwangerschaft unverzüglich zu führen. Wies sie die Schwangerschaft nicht rechtzeitig nach, so sollte die Kündigung mutterschutzrechtlich nicht zu beanstanden sein. Das BAG hatte diese wichtige Frage zunächst offen gelassen. In einer älteren Entscheidung[125] wurde der Nachweis der Schwangerschaft innerhalb einer angemessenen Frist noch für ausreichend angesehen, jedoch ausdrücklich offen gelassen, welche Rechtsfolgen im Falle eines verspäteten Nachweises eintreten. Dazu hat das BAG in einer Grundsatzentscheidung[126] erkannt, dass der Nachweis der Schwangerschaft in § 9 MuSchG überhaupt nicht gefordert würde. Aus § 9 MuSchG könne nicht der Satz abgeleitet werden, dass der Arbeitgeber nach den Vorstellungen des Gesetzgebers innerhalb der Mitteilungsfrist oder einer angemessenen Frist danach stets eine sichere Kenntnis von der Schwangerschaft besitzen müsse. Ein Schwebezustand bleibe immer, wenn der Nachweis innerhalb der Mitteilungsfrist nicht geführt werden könne, da die Arbeitnehmerin die Frist voll ausschöpfen dürfe. Setze man jedoch eine angemessene Frist für die Erfüllung des Nachweises, so bleibe stets ein Unsicherheitsmoment, da die Auslegung dieses unbestimmten Rechtsbegriffs grundsätzlich den Tatsacheninstanzen unterliege, die dabei einen gewissen Beurteilungsspielraum hätten. Rechtssicherheit und Rechtsklarheit würden so nicht gefördert, eher beeinträchtigt. So kommt das BAG zum Ergebnis, dass die Verletzung der Nachweispflicht, die aus allgemeinen Vertragsgrundsätzen bejaht wird, kündigungsschutzrechlich keine negativen Folgen für die Arbeitnehmerin hat.[127]

1391 Die Verletzung der Nachweispflicht stellt jedoch je nach den Umständen des Einzelfalles eine Verletzung der Treuepflicht dar, die in besonders krassen Fällen den Einwand der unzulässigen Rechtsausübung gegenüber dem Kündigungsschutzbegehren der Arbeitnehmerin begründen kann (selten). Darüber hinaus kann es berechtigt sein, den Annahmeverzug des Arbeitgebers zu verneinen oder einen Schadensersatzanspruch des Arbeitgebers anzunehmen.

d) Darlegungs- und Beweislast

1392 Die Arbeitnehmerin hat im Streitfall zu beweisen, dass sie die Mitteilung an den Arbeitgeber innerhalb der Zweiwochenfrist gemacht hat. Dazu gehört auch die Darlegung und ggf. der Beweis des Beginns der Frist.[128] Auch den Zugang – Absendung durch einfachen Brief genügt nicht – der Mitteilung hat die Arbeitnehmerin zu beweisen. Bestreitet der Arbeitgeber im Prozess die Tatsache der Schwangerschaft bzw. der Entbindung, so sind auch diese von der Arbeitnehmerin zu beweisen.

1393 Die schwangere Arbeitnehmerin hat darzulegen und ggf. zu beweisen, dass sie ohne Verschulden die zweiwöchige Mitteilungsfrist des § 9 Abs. 1 Satz 1 MuSchG versäumt hat. Dasselbe gilt auch für die Tatsachen, aus denen sie die unverzügliche

---

[125] Vgl. BAG vom 5. 5. 1961 EzA § 9 MuSchG a. F. Nr. 1 = NJW 1961, 1964 = AP § 9 MuSchG Nr. 23.

[126] BAG 6. 6. 1974 EzA § 9 MuSchG n. F. Nr. 15 = AP § 9 MuSchG 1968 Nr. 3.

[127] Vgl. dazu *Buchner/Becker,* § 9 Rn. 113 und KR/*Etzel,* § 9 MuSchG Rn. 59, jeweils mit Hinweisen.

[128] Zum Zugang und zum Beweis des Zugangs vgl. oben Rn. 209 und 225.

Nachholung der Mitteilung ableitet. Es handelt sich um die tatbestandlichen Voraussetzungen des besonderen Kündigungsschutzes, für die nach dem Prinzip der Sachnähe die Arbeitnehmerin darlegungs- und beweispflichtig ist.[129]

III. Rechtsfolgen des Kündigungsverbotes

Die Kündigung einer Arbeitnehmerin während der Schwangerschaft und bis zum **1394** Ablauf von vier Monaten nach der Entbindung ist nach § 9 Abs. 1 Satz 1 MuSchG i. V. mit § 134 BGB nichtig, nicht nur schwebend unwirksam.[130] Das Arbeitsverhältnis ist fortzusetzen. Die Kündigung ist, sofern nicht nach § 9 Abs. 3 MuSchG **vorher** eine Zulässigkeitserklärung erfolgt ist, offensichtlich unwirksam, so dass der Arbeitgeber die Arbeitnehmerin weiter zu beschäftigen hat, auch bevor ein Urteil des Arbeitsgerichts über die Rechtsunwirksamkeit der Kündigung zugunsten der Arbeitnehmerin ergangen ist. Dieser Anspruch kann von der Arbeitnehmerin im Wege des einstweiligen Verfügungsverfahrens durchgesetzt werden (vgl. unten 2144). Bei Vorliegen der allgemeinen Voraussetzungen gerät der Arbeitgeber in Annahmeverzug (dazu oben Rn. 1312).

1. Klagefrist, Klageverzicht

Für die Geltendmachung der Nichtigkeit der Kündigung nach § 9 Abs. 1 **1395** MuSchG sieht das Gesetz grundsätzlich keine Frist vor. Die Klagefrist des § 4 KSchG findet keine Anwendung, denn es handelt sich um einen anderen Unwirksamkeitsgrund i. S. des § 13 Abs. 3 KSchG. Das Gesetz über Teilzeitarbeit und befristete Arbeitsverträge vom 21. 12. 2000 – BGBl. I S. 1966 – sieht zwar in § 17 – so auch schon früher § 1 Abs. 5 Beschäftigungsförderungsgesetz – eine Klagefrist für die Geltendmachung der Unwirksamkeit einer **Befristung** vor, jedoch werden davon andere Bestandsschutzstreitigkeiten nicht erfasst.

Eine Klagefrist gilt lediglich für **Kündigungen durch den Insolvenzverwal- 1396 ter,** die auch von § 9 Abs. 1 und 3 MuSchG erfasst werden. § 113 Abs. 2 InsO sieht eine **einheitliche Klagefrist vor.** Will der Arbeitnehmer geltend machen, dass eine Kündigung seines Arbeitsverhältnisses durch den Insolvenzverwalter unwirksam ist, so muss er auch dann innerhalb von drei Wochen nach Zugang der Kündigung Klage beim Arbeitsgericht erheben, wenn er sich für die Unwirksamkeit der Kündigung auf andere als die in § 1 Abs. 2 und 3 KSchG bezeichneten Gründe beruft. Die Klage der Arbeitnehmerin, die sich auf § 9 MuSchG für die Unwirksamkeit einer Kündigung beruft, ist somit in diesem Fall fristgebunden (vgl. dazu ferner unten Rn. 2162ff.).

---

[129] BAG 20. 5. 1988 EzA § 9 MuSchG n. F. Nr. 27 = NJW 1988, 2970; 13. 1. 1982 EzA § 9 MuSchG n. F. Nr. 20 = NJW 1982, 1574; 27. 10. 1983 EzA § 9 MuSchG n. F. Nr. 24 = AP § 9 MuSchG 1968 Nr. 13 mit Anm. von *Herschel;* LAG Berlin 5. 7. 1993 LAGE § 9 MuSchG Nr. 19; KR/*Etzel,* § 9 MuSchG Rn. 58; *Gröninger/Thomas,* § 9 Rn. 28; *Buchner/Becker,* § 9 Rn. 125; *Gamillscheg,* Arbeitsrecht I S. 484.

[130] § 9 MuSchG ist Schutzgesetz i. S. des § 823 Abs. 2 BGB, so dass eine Haftung des Arbeitgebers für Schäden, die durch eine verbotswidrige Kündigung entstehen (Fehlgeburt), begründet sein kann.

1397 Diese Rechtslage bestand auch im Zeitraum vom 1. 10. 1996 bis 31. 12. 1998 im **Geltungsbereich der Konkursordnung** (Bundesgebiet West), d. h. bis zum Inkrafttreten der Insolvenzverordnung am 1. 1. 1999. Durch Art. 6 BeschFG 1996 (BGBl. I S. 1476) hatte der Gesetzgeber nämlich die Vorschriften der §§ 113, 120–122 und 125–128 InsO vorzeitig in Kraft gesetzt. Die einheitliche Klagefrist des § 113 Abs. 2 InsO war somit für alle Kündigungen des Konkursverwalters zu beachten.

1398 Der zwingende Charakter des besonderen Kündigungsschutzes nach § 9 Abs. 1 MuSchG schließt einen im Voraus erklärten Verzicht auf den besonderen Kündigungsschutz aus. Dagegen bleibt der Aufhebungsvertrag (dazu oben Rn. 34) und ein Verzicht auf den besonderen Kündigungsschutz **nach** einer bereits erklärten Kündigung zulässig.[131]

2. Nichtigkeit der Kündigung

1399 **Jede Kündigung** des Arbeitgebers ist nichtig, wenn sie gegen § 9 Abs. 1 MuSchG verstößt. Das gilt für die **ordentliche,** aber auch für die **außerordentliche Kündigung.** Auch die **Änderungskündigung** fällt unter das Kündigungsverbot. Die Kündigung ist auch nichtig, wenn sie erst zu einem Zeitpunkt wirkt, der außerhalb der Schutzfristen liegt oder wenn mit der Maßgabe gekündigt wird, dass die Frist erst nach Ablauf der Schutzfrist zu laufen beginnen soll. Dagegen bleibt eine **außerhalb der Schutzfrist** erklärte Kündigung mutterschutzrechtlich zulässig, auch wenn der Zeitpunkt, zu dem gekündigt worden ist, bereits innerhalb der Schutzfrist liegt. Das Gesetz stellt nicht auf die Auflösung, sondern auf den Zeitpunkt der Kündigung ab, indem sie wirksam wird, d. h. zugeht.

IV. Die Zulässigkeitserklärung nach § 9 Abs. 3 MuSchG

1400 § 9 Abs. 3 MuSchG macht von dem allgemeinen Kündigungsverbot dann eine Ausnahme, wenn die **zuständige** Behörde die Kündigung **vorher** für zulässig erklärt hat. Es handelt sich um ein **gesetzliches Verbot mit Erlaubnisvorbehalt.** Besteht neben dem Erlaubnisvorbehalt des § 9 Abs. 3 MuSchG noch ein weiterer, z. B. nach § 18 Abs. 1 BErzGG, so müssen für die Kündigung zwei Erlaubnisse vorliegen, auch wenn sie von derselben Behörde erteilt werden (vgl. oben Rn. 1287). Fehlt eine Erlaubnis, so ist die Kündigung nach § 134 BGB nichtig.

1401 Das Kündigungsverbot hat die Nichtigkeit einer dennoch ausgesprochenen Kündigung zur Folge (§ 134 BGB). Diese kann auch nicht dadurch beseitigt oder geheilt werden, dass nachträglich eine Zulässigkeitserklärung durch die zuständige Behörde erfolgt. Damit wird das Kündigungsverbot nur für die Zukunft beseitigt, so dass nun eine neue Kündigung erfolgen muss. Die alte, vor der Zulässigkeitserklärung ausgesprochene Kündigung ist und bleibt nichtig. Ist über die Frage, ob

---

[131] APS/*Rolfs*, § 9 MuSchG Rn. 15; LAG Rheinland-Pfalz 22. 7. 1997 LAGE § 4 KSchG Verzicht Nr. 3; LAG Köln 7. 11. 1997 LAGE § 4 KSchG Verzicht Nr. 2. Zum nachträglichen Verzicht vgl. auch oben Rn. 1362.

diese Kündigung nach § 9 MuSchG nichtig ist, ein arbeitsgerichtliches Verfahren anhängig, so kommt eine Aussetzung des Verfahrens nach § 148 ZPO bis zur Entscheidung der zuständigen Behörde über einen Antrag nach § 9 Abs. 3 MuSchG nicht in Betracht.

Durch das Gesetz zur Änderung des Mutterschutzrechts vom 20. 12. 1996 (BGBl. I 1996 S. 2110) ist § 9 Abs. 3 in dreifacher Hinsicht geändert worden: **1402**

- Die besonderen Fälle dürfen nicht mit dem Zustand einer Frau während der Schwangerschaft oder ihrer Lage bis zum Ablauf von vier Monaten nach der Entbindung im Zusammenhang stehen.
- Die Kündigung des Arbeitgebers bedarf der Schriftform.
- Die Kündigung muss den zulässigen Kündigungsgrund angeben.

Die Gesetzesänderung dient der Umsetzung der EG-Mutterschutzrichtlinie 92/85 vom 19. 10. 1992 in innerstaatliches Recht. **1403**

1. Zulässigkeitserklärung und Ausschlussfrist

§ 626 Abs. 2 BGB statuiert für die außerordentliche Kündigung im Arbeitsverhältnis eine **Ausschlussfrist von zwei Wochen.** Diese Frist beginnt mit dem Zeitpunkt, in dem der Kündigungsberechtigte von den für die Kündigung maßgebenden Tatsachen Kenntnis erlangt. Nun wird der Arbeitgeber innerhalb dieser Fristen nicht die Möglichkeit haben, einen Bescheid über einen von ihm gestellten Zulässigkeitsantrag zu erhalten. Deshalb kann ihm nach Ablauf der Frist nicht verwehrt werden, sich auf die wichtigen Kündigungsgründe zu berufen. Voraussetzung hierfür ist jedoch, dass der Arbeitgeber den Antrag auf Zulässigkeitserklärung **innerhalb der Frist** von zwei Wochen stellt. Wird seinem Antrag von der zuständigen Behörde entsprochen, so muss die fristlose Kündigung **unverzüglich** nach Zustellung der Zulässigkeitserklärung ausgesprochen werden. Andernfalls tritt die Wirkung der Ausschlussfrist ein.[132] **1404**

2. Voraussetzungen der Zulässigkeitserklärung

Die Zulässigkeitserklärung kann nach § 9 Abs. 3 MuSchG nur **in besonderen Fällen,** die nicht mit dem Zustand einer Frau während der Schwangerschaft oder ihrer Lage bis zum Ablauf von vier Monaten nach der Entbindung im Zusammenhang stehen, **ausnahmsweise** erteilt werden. Zunächst muss also geprüft werden, ob ein „besonderer Fall" vorliegt. Dabei steht der Behörde kein Ermessensspielraum zu, denn es handelt sich hier um einen **unbestimmten Rechtsbegriff,** der in vollem Umfang der Nachprüfung durch das Verwaltungsgericht unterliegt.[133] Wird ein solcher besonderer Fall von der zuständigen Behörde festgestellt – vor- **1405**

[132] Die Rechtsprechung des BAG zu § 103 BetrVG 1972 ist hier entsprechend anzuwenden, vgl. BAG 24. 10. 1996 EzA § 103 BetrVG 1972 Nr. 37 = NZA 1997, 371; 18. 8. 1977 EzA § 103 BetrVG 1972 Nr. 20 mit Anm. von *Herschel* = NJW 1978, 661; 27. 5. 1975 EzA § 103 BetrVG 1972 Nr. 9; LAG Hamm 3. 10. 1986 BB 1986, 2419. Vgl. ferner *Buchner/Becker*, § 9 Rn. 173 ff.; APS/*Rolfs* § 9 MuSchG Rn. 71.

[133] Vgl. BVerwG AP § 9 MuSchG Nr. 14 = NJW 1959, 690; 18. 8. 1977 AP § 9 MuSchG 1968 Nr. 5.

her ist die Arbeitnehmerin zu hören und es sind ggf. weitere Ermittlungen anzustellen –, so ist die Behörde nach ihrem Ermessen berechtigt, zu entscheiden, ob sie der Kündigung ausnahmsweise zustimmt oder nicht zustimmt.[134] Das kommt im Gesetz durch die Formulierung „kann" zum Ausdruck. Der Gesetzgeber hat also die Entscheidung über einen unbestimmten Rechtsbegriff (volle Überprüfbarkeit) mit einer echten Ermessensentscheidung gekoppelt, was jedoch keineswegs selten ist. Diese ist nicht völlig frei, sondern durch den Begriff „ausnahmsweise" eingeschränkt. Der Charakter einer Ermessensentscheidung bleibt jedoch erhalten.

1406 Die Ergänzung des § 9 Abs. 1 Satz 1 MuSchG durch das Gesetz vom 20. 12. 1996 hat von der Sache her keine Änderung gebracht. Es wurde nur im Gesetz klargestellt, was bisher schon der herrschenden Meinung und der Verwaltungspraxis entsprach.[135] Denn die Schwangerschaft der Frau und ihre Lage nach der Entbindung können den „besonderen Fall" nicht darstellen. Sie sind ja gerade der Grund für den besonderen Kündigungsschutz.

1407 **Wirtschaftliche Gründe** scheiden als Begründung für den „besonderen Fall" im Allgemeinen aus, es sei denn, die Weiterbeschäftigung der Frau würde die Existenz des Betriebes ernsthaft gefährden. Der Wegfall des Arbeitsplatzes rechtfertigt die Zulässigkeitserklärung nicht, wohl aber die Schließung des Betriebes.[136] **Verhaltensbedingte Gründe** rechtfertigen nur in ganz besonderen Ausnahmefällen die Erteilung der Zulässigkeitserklärung, so z. B. bei groben, vorsätzlichen Pflichtverstößen und strafbarem Verhalten. Hier ist aber stets auf die Lage der Frau abzustellen und ggfls. zu berücksichtigen, ob sich ihr Verhalten nicht gerade aus ihrer besonderen Lage und der damit in Verbindung stehenden seelischen Belastungen erklärt und deshalb Nachsicht verdient.

3. Besonderer Fall und wichtiger Grund

1408 Der Gesetzestatbestand des § 9 Abs. 3 MuSchG macht sehr deutlich, dass der „besondere Fall" nicht dem „wichtigen Grund" des § 626 Abs. 1 BGB gleichgesetzt werden kann. Auch die Entstehungsgeschichte weist das aus.[137] Der besondere Fall kann nach einer Entscheidung des BVerwG[138] nur dann angenommen werden, wenn außergewöhnliche Umstände das Zurücktreten der vom Gesetz als vorrangig angesehenen Interessen der Schwangeren hinter die des Arbeitgebers rechtfertigen. Damit wird stark betont, dass die Fälle der Zulässigkeitserklärung Ausnahmefälle sind.[139]

---

[134] OVG Lüneburg AP § 9 MuSchG Nr. 14 = BB 1958, 118; OVG Hamburg 10. 9. 1982 NJW 1983, 1748; KR/*Etzel*, § 9 MuSchG Rn. 119; APS/*Rolfs*, § 9 MuSchG Rn. 73; BVerwG 18. 8. 1977 AP § 9 MuSchG 1968 Nr. 5.

[135] *Buchner/Becker,* § 9 Rn. 182, 183.

[136] BVerwG 18. 8. 1977 AP § 9 MuSchG 1968 Nr. 5 = BVerwGE 54, 276.

[137] Vgl. hierzu *Herschel,* ArbuR 1959, 258 mit Nachweisen. Diese Auffassung kann heute als ganz h. L. angesehen werden. Nachweise bei *Buchner/Becker,* § 9 Rn. 177.

[138] AP § 9 MuSchG Nr. 14 = NJW 1959, 690; OVG Lüneburg GewA 1980, 208.

[139] Über Einzelheiten der Abwägung vgl. *Herschel,* ArbuR 1959, 259. Aus der Rspr.: BVerwG 18. 8. 1977 AP § 9 MuSchG 1968 Nr. 5; VG Minden 20. 12. 1985 NZA 1987, 131; OVG Hamburg 10. 9. 1982 = NJW 1983, 1748; BVerwG 21. 10. 1970 AP § 9

4. Rechtswirkungen der Zulässigkeitserklärung

Der besondere Kündigungsschutz nach § 9 Abs. 1 MuSchG ist als gesetzliches Verbot mit Erlaubnisvorbehalt ausgestaltet. Da eine dem § 88 Abs. 4 SGB IX entsprechende Vorschrift im Mutterschutzgesetz fehlt, ist unsicher, ob der Arbeitgeber mit der Kündigung warten muss, bis die Zulässigkeitserklärung **unanfechtbar** geworden ist oder ob er schon dann kündigen darf, sobald die zuständige Behörde die Zustimmung erteilt hat. **1409**

Gröninger/Thomas vertreten die Auffassung, der Arbeitgeber könne nach Erhalt des Bescheides über die Zulässigkeitserklärung kündigen, ohne dass der Bescheid rechtskräftig sein müsse. Andernfalls wäre die Zulässigkeitserklärung angesichts der Eilbedürftigkeit der Kündigung ohne praktischen Wert. Die Kündigung sei allerdings bis zur Rechtskraft des Bescheides schwebend wirksam.[140] Wird die zunächst erteilte Zulässigkeitserklärung im Verwaltungsstreitverfahren aufgehoben, so handelt es sich um einen Restitutionsgrund nach § 580 Abs. 1 Nr. 6 ZPO, falls das arbeitsgerichtliche Verfahren abgeschlossen ist.[141] Von *Pfeiffer* wird dagegen die Ansicht vertreten, Widerspruch und Anfechtungsklage der Arbeitnehmerin hätten auch bei rechtsgestaltendem Verwaltungsakt und Verwaltungsakten mit Drittwirkung **aufschiebende Wirkung,** so dass die Erlaubnis zu diesem Zeitpunkt keine vorläufige Wirkung entfalte.[142] Das Problem sei über die **sofortige Vollziehbarkeit** der Zulässigkeitserklärung zu lösen, die bei erkennbarer Eilbedürftigkeit auf Antrag des Arbeitgebers ausgesprochen werden könne. Von einer Eilbedürftigkeit sei bei der Kündigung in der Regel auszugehen.[143] Gegen die Anordnung oder Nichtanordnung des Sofortvollzugs stehen Arbeitgeber wie auch der Arbeitnehmerin vorläufiger Rechtsschutz nach § 80 Abs. 5 VwGO zu. **1410**

Diese höchstrichterlich noch nicht geklärte Rechtslage sollte den Arbeitgeber veranlassen, die Anordnung der sofortigen Vollziehung stets zu beantragen.[144] **1411**

Die **Aussetzung** des von der Arbeitnehmerin angestrengten Kündigungsschutzverfahren nach § 148 ZPO bis zur Entscheidung des Verwaltungsstreitverfahrens ist geboten, damit unterschiedliche Entscheidungen der Arbeitsgerichte und Verwaltungsgerichte vermieden werden und die Arbeitnehmerin nicht nach Jahren ggfls. gehalten ist, gegen die Entscheidung im arbeitsgerichtlichen Verfahren Restitutionsklage zu erheben.[145] **1412**

MuSchG Nr. 33; EuGH 30. 6. 1998 NZA 1998, 871; VG Hannover 12. 12. 2000 NZA-RR 2002, 136. Zum Ganzen APS/*Rolfs,* § 9 MuSchG Rn. 74 bis 78 mit vielen Rechtsprechungshinweisen.

[140] *Gröninger/Thomas,* § 9 Rn. 106; LAG Rheinland-Pfalz 14. 2. 1996 LAGE § 9 MuSchG Nr. 21; so wohl auch *Buchner/Becker,* § 9 Rn. 168 ff.

[141] BAG 25. 11. 1980 EzA § 580 ZPO Nr. 1 = NJW 1981, 2023.

[142] Der Widerspruch der Arbeitnehmerin kann in Ausnahmefällen eine unzulässige Rechtsausübung darstellen. Vgl. OVG NW 8. 8. 1997 DB 1998 S. 83 = NZA-RR 1998, 159; vgl. ferner LAG Berlin 31. 10. 1988 DB 1989, 387.

[143] KR/*Pfeiffer,* § 9 Rn. 127; ebenso APS/*Rolfs,* § 9 MuSchG Rn. 84.

[144] *Buchner/Becker,* § 9 Rn. 171.

[145] Vgl. BAG 25. 11. 1980 EzA § 580 ZPO Nr. 1 = NJW 1981, 2023; APS/*Rolfs,* § 9 MuSchG Rn. 87; a. A. KR/*Etzel,* § 9 Rn. 127; *Gröninger/Thomas,* § 9 Rn. 108.

5. Formvorschriften

1413 Die Kündigung bedarf nach § 9 Abs. 3 Satz 2 MuSchG der Schriftform. Sie muss den zulässigen Kündigungsgrund angeben. Damit hat der Gesetzgeber ausweislich der Begründung des Entwurfs Art. 10 Nr. 2 der EG-Mutterschutz-Richtlinie 92/85 vom 19. 10. 1992 umsetzen wollen. Gesetz und Richtlinie decken sich insoweit jedoch nicht, denn Art. 10 Nr. 2 der Richtlinie spricht nur davon, dass der Arbeitgeber „zur schriftlichen Mitteilung der berechtigten Kündigungsgründe" verpflichtet werden soll. Das könnte auch in der Weise geschehen, dass der Arbeitgeber verpflichtet wird, der Arbeitnehmerin den Kündigungsgrund mitzuteilen. § 9 Abs. 3 Satz 2 MuSchG geht darüber hinaus und statuiert sowohl im Hinblick auf die Schriftform und die Mitteilung der Kündigungsgründe eine **konstitutive Formvorschrift,** deren Nichtbeachtung die Unwirksamkeit der Kündigung zur Folge hat (§§ 125, 126 BGB). Dazu war der Gesetzgeber sicher befugt, denn er kann die Richtlinie auch in der Weise umsetzen, dass er über sie in der Sache hinausgeht. Zulässige Kündigungsgründe sind die, die Gegenstand des Verfahrens vor der zuständigen Behörde waren und im Bescheid als Begründung herangezogen worden sind. Ob diese Vorschrift sinnvoll ist, mag bezweifelt werden, da die Arbeitnehmerin durch die Zulässigkeitserklärung die Gründe erfährt, die die Behörde dazu bestimmt haben.[146] Der Gesetzgeber hat nach dem eindeutigen Wortlaut eine dem § 15 Abs. 3 BBiG entsprechende Formvorschrift geschaffen. Das Schriftformerfordernis des § 9 Abs. 3 Satz 2 MuSchG ist lex specialis gegenüber § 623 BGB.

1414 Die notwendige Angabe der Kündigungsgründe in der Kündigungserklärung ist nicht erfüllt, wenn der Arbeitgeber im Kündigungsschreiben auf ein vorangegangenes Gespräch, in welchem der Arbeitnehmerin die gegen sie erhobenen Vorwürfe erläutert worden sind, Bezug nimmt. Das widerspricht der gebotenen Rechtsklarheit. Dieser Grundsatz liegt offensichtlich dem § 9 Abs. 3 Satz 2 zugrunde. (Dazu oben Rn. 582 zu der ähnlichen Bestimmung des § 15 Abs. 3 BBiG). Hat der Arbeitgeber von den im Verwaltungsverfahren geltend gemachten mehreren Gründen nur einen im Kündigungsschreiben genannt, oder zwar mehrere, jedoch nicht alle, so führt das nicht zur Nichtigkeit der Kündigung, sondern nur dazu, dass er sich im Kündigungsschutzverfahren nur auf diese mitgeteilten zulässigen Gründe berufen kann.[147] Nur Erläuterungen und Konkretisierungen zu den mitgeteilten zulässigen Kündigungsgründen können im Verfahren vor den Arbeitsgerichten nachgeschoben werden.

6. Die zulässige Kündigung und sonstiges Kündigungsrecht

1415 Die Zulässigkeitserklärung der zuständigen Behörde nach § 9 Abs. 3 MuSchG sagt nichts darüber aus, ob die Kündigung, die ja auch erst zeitlich danach ausgesprochen werden kann, nach allgemeinen Grundsätzen wirksam oder ob sie andere Kündigungsschutzbestimmungen verletzt und deshalb unwirksam ist. In Betracht

---

[146] *Gröninger/Thomas,* § 9 Rn. 107 a.

[147] LAG Hamburg 29. 8. 1997 LAGE § 15 BBiG Nr. 11.

kommen z. B. eine Verletzung des § 1 Abs. 2 KSchG, des § 626 BGB, des § 102 Abs. 1 BetrVG, des § 623 BGB oder auch des § 15 KSchG i.V. mit § 103 BetrVG, sofern die Arbeitnehmerin Mitglied des Betriebsrats ist. Zwar wird es nicht häufig vorkommen, dass die Verwaltungsbehörde die Kündigung für zulässig erklärt, das Arbeitsgericht später wegen des Sachverhalts den wichtigen Grund i. S. des § 626 Abs. 1 BGB verneint. Möglich ist dies jedoch, denn es besteht keine Bindungswirkung für die Arbeitsgerichte. Die Arbeitnehmerin kann also nach allgemeinen Grundsätzen das Arbeitsgericht anrufen und die nach der Zulässigkeitserklärung erklärte Kündigung auf ihre Wirksamkeit überprüfen lassen.

Die Verwaltungsbehörde hat bei ihrer Prüfung **nur** mutterschutzrechtliche Ge- **1416** sichtspunkte auf Grund des § 9 Abs. 3 MuSchG zu beachten. Die allgemeinen sonstigen arbeitsrechtlichen Normen sind bei der Prüfung ohne Bedeutung.

V. Benachrichtigung der Aufsichtsbehörde von der Eigenkündigung der Arbeitnehmerin

§ 9 Abs. 2 MuSchG bestimmt die entsprechende Anwendung des § 5 Abs. 1 **1417** Satz 3 MuSchG für den Fall der Eigenkündigung der Arbeitnehmerin. Der Arbeitgeber hat also die Aufsichtsbehörde unverzüglich hiervon zu benachrichtigen. Nach dem schriftlichen Bericht des Ausschusses für Arbeit (BT-Drucksache IV Nr. 3652) soll diese Vorschrift die Aufsichtsbehörde in die Lage versetzen, die einzelne Frau rechtzeitig über die Folgen ihrer Kündigung aufzuklären. Nun kann die Arbeitnehmerin zwar durch die Mitteilungspflicht des Arbeitgebers über die Folgen ihrer Eigenkündigung aufgeklärt werden (Einzelheiten dazu oben Rn. 1359), jedoch ist eine „rechtzeitige“ Aufklärung unmöglich, da die Beendigung des Arbeitsverhältnisses eingetreten ist. § 9 Abs. 2 MuSchG stellt nämlich die Rechtswirkung einer Eigenkündigung der Arbeitnehmerin nicht in Frage. Daran hat auch die 1965 erfolgte Novellierung des Gesetzes nichts geändert. Sollte ein anderer weitergehender Wille des Gesetzgebers vorhanden gewesen sein, so ist dieser im Gesetz – und das ist entscheidend – nicht zum Ausdruck gekommen.[148]

VI. Erhaltung von Rechten; Sonderkündigungsrecht

Die Arbeitnehmerin kann während der Schwangerschaft und während der **1418** Schutzfrist nach der Entbindung (§ 6 Abs. 1 MuSchG) das Arbeitsverhältnis nach § 10 MuSchG ohne Einhaltung einer Frist zum Ende der Schutzfrist nach der Entbindung kündigen. Wird das Arbeitsverhältnis auf diese Weise gelöst und wird die Arbeitnehmerin innerhalb eines Jahres nach der Entbindung wieder eingestellt, so gilt, soweit Rechte aus dem Rechtsverhältnis von der Dauer der Beschäftigungs- oder Dienstzeit abhängen, das Arbeitsverhältnis als nicht unterbrochen. Diese Regelung kann namentlich Bedeutung gewinnen für Gratifikationen, Jubiläumsgaben, Dauer des Urlaubs, Kündigungsfristen nach § 622 BGB usw. Allerdings gilt der

---

[148] Vgl. BAG 19. 8. 1982 EzA § 9 MuSchG n. F. Nr. 21 = AP § 9 MuSchG 1968 Nr. 10; 6. 2. 1992 EzA § 119 BGB Nr. 16 = NZA 1992, 790; *Gröninger/Thomas*, § 9 Rn. 89; *Buchner/Becker*, § 9 Rn. 245.

vorstehende Grundsatz dann nicht, wenn die Arbeitnehmerin zwischen der Auflösung des Arbeitsverhältnisses und der Wiedereinstellung bei einem anderen Arbeitgeber gearbeitet hat. Die Anrechnung der Zeit der Nichtbeschäftigung findet nach hM nicht statt.[149]

§ 2 Kündigungsschutz und Elternzeit

1419 Der Arbeitgeber darf das Arbeitsverhältnis nach § 18 Abs. 1 Satz 1 BErzGG ab dem Zeitpunkt, von dem an **Elternzeit verlangt** worden ist, höchstens jedoch acht Wochen vor Beginn der Elternzeit, und während der Elternzeit nicht kündigen. Dieser besondere Kündigungsschutz ist dem des Mutterschutzgesetzes nachgebildet. Der Gesetzgeber hat auch hier in besonderen Fällen ausnahmsweise eine Zulässigkeitserklärung **vor Ausspruch** der Kündigung vorgesehen. Zur Durchführung des § 18 Abs. 1 Satz 2 BErzGG ist die Bundesregierung ermächtigt worden, mit Zustimmung des Bundesrates allgemeine Verwaltungsvorschriften zu erlassen. Der früher zuständige Bundesminister für Arbeit und Sozialordnung hat von dieser Ermächtigung Gebrauch gemacht (Allgemeine Verwaltungsvorschriften zum Kündigungsschutz bei Erziehungsurlaub vom 2. 1. 1986 [BAnz. Nr. 1 3. 1. 1986 S. 4]).

1420 Der Gesetzgeber hat das BErzGG für die ab dem 1. 1. 2001 geborenen Kinder in wesentlichen Teilen novelliert (BGBl. I 2000 S. 1646. Bekanntmachung der Neufassung des Bundeserziehungsgeldgesetzes vom 7. 12. 2001 BGBl. I S. 3359). Für die früher geborenen Kinder oder die vor diesem Zeitpunkt mit dem Ziel der Adoption in Obhut genommenen Kinder sind die Vorschriften des BErzGG in der bis zum 31. 12. 2000 geltenden Fassung weiter anzuwenden. Das gilt auch für den Begriff „Erziehungsurlaub", so dass für diese Kinder weiter „Erziehungsurlaub" genommen wird (dazu vgl. die Vorauflage). Die Dauer der Elternzeit bleibt auf drei Jahre begrenzt, allerdings kann jetzt ein Anteil von bis zu zwölf Monaten mit Zustimmung des Arbeitgebers auf die Zeit bis zur Vollendung des achten Lebensjahres übertragen werden. Die Inanspruchnahme der Elternzeit (§ 16 BErzGG) ist umgestaltet worden. Die Eltern müssen sich nun nicht mehr für die volle Elternzeit binden, sondern nur noch für einen Zeitraum von zwei Jahren festlegen. Schließlich gilt ein wesentlicher Unterschied zum früheren Recht bei Teilzeitarbeitsverhältnissen. Während der Elternzeit ist Erwerbstätigkeit zulässig, wenn die vereinbarte wöchentliche Arbeitszeit für jeden Elternteil, der eine Elternzeit nimmt, nicht **30 Stunden übersteigt** (früher 19 Stunden). Neu im Gesetz enthalten ist ein **Rechtsanspruch auf Teilzeitarbeit während der Elternzeit beim eigenen Arbeitgeber** (dazu unter Rn. 1435).

I. Grundsätze

1421 Obwohl in § 18 Abs. 1 Satz 1 BErzGG nur formuliert ist, der Arbeitgeber **darf das Arbeitsverhältnis nicht kündigen,** handelt es sich um ein **gesetzliches**

[149] Vgl. *Gröninger/Thomas,* § 10 Rn. 13; *Buchner/Becker,* § 10 Rn. 46 ff.; a. A. *Gamillscheg,* RdA 1968, 117.

Verbot, das sich gegen die Kündigungserklärung richtet. Die Kündigung, die dennoch ausgesprochen wird, ist nach § 134 BGB nichtig.[1] Da die Kündigung von der zuständigen Behörde ausnahmsweise für zulässig erklärt werden kann, handelt es sich um ein **gesetzliches Kündigungsverbot mit Erlaubnisvorbehalt.**

Wird die Kündigung wegen des Verstoßes gegen § 18 Abs. 1 Satz 1 BErzGG 1422 angefochten, so ist die **Einhaltung der Klagefrist** des § 4 KSchG nicht erforderlich. Es handelt sich um einen sonstigen Unwirksamkeitsgrund i. S. des § 13 Abs. 3 KSchG. Macht der Arbeitnehmer allerdings die Unwirksamkeit der Kündigung seines Arbeitsverhältnisses nach § 18 Abs. 1 Satz 1 BErzGG durch **den Insolvenzverwalter geltend,** so muss er die Klage innerhalb von **drei Wochen nach Zugang der Kündigung** beim Arbeitsgericht erheben. Die Dreiwochenfrist erfasst nach § 113 Abs. 2 InsO alle Kündigungen des Insolvenzverwalters ohne Rücksicht darauf, auf welche Unwirksamkeitsgründe sich der Arbeitnehmer beruft. § 4 Satz 4 und § 5 KSchG gelten nach § 113 Abs. 2 Satz 2 InsO entsprechend. Auch § 7 KSchG dürfte entsprechend anzuwenden sein.

Die allgemeine Klagefrist des § 113 Abs. 2 InsO galt nach Art. 6 BeschFG 1996 1423 (BGBl. I S. 1476) im Zeitraum vom 1. 10. 1996 bis 31. 12. 1998 auch bereits für alle Kündigungen durch den Konkursverwalter im Bundesgebiet West ohne Rücksicht darauf, auf welche Unwirksamkeitsgründe sich der Arbeitnehmer berief. Der Gesetzgeber hatte § 113 InsO, der erst zum 1. 1. 1999 in Kraft getreten ist, insoweit vorzeitig in Kraft gesetzt.

Nachdem für ordentliche und außerordentliche Kündigungen nach den §§ 4, 13 1424 Abs. 1 KSchG und für Befristungen nach Maßgabe des § 17 TzBfG eine Klagefrist eingehalten werden muss, stellt sich natürlich die Frage, ob der Gesetzgeber nicht besser für alle Bestandsschutzstreitigkeiten eine Klagefrist statuiert hätte. Leider ist das nicht der Fall, so dass die Praxis mit diesen Unterschieden leben muss. Soweit eine Klagefrist nicht besteht, kann das Klagerecht im Einzelfall verwirken. Dazu unten Rn. 1953.

Der besondere Kündigungsschutz nach § 18 Abs. 1 Satz 1 BErzGG ergänzt an- 1425 dere bestehende Kündigungsschutzbestimmungen, etwa § 1 Abs. 2 KSchG, § 15 KSchG i. m. § 103 BetrVG und die §§ 85, 91 SGB IX. Trotz weitestgehender Angleichung des Kündigungsschutzes an das Mutterschutzgesetz gilt der besondere Kündigungsschutz nach dem Mutterschutzgesetz ggfls. neben dem nach § 18 Abs. 1 Satz 1 BErzGG, selbst dann, wenn dieselbe Behörde für die Erteilung der Erlaubnis nach beiden Gesetzen zuständig ist. Damit müssen also, sofern die Voraussetzungen sowohl des § 9 Abs. 1 MuSchG wie auch des § 18 Abs. 1 BErzGG vorliegen, zwei Erlaubnisse beantragt und erteilt werden; andernfalls ist die Kündigung nichtig.[2]

Das Kündigungsverbot erfasst **alle Kündigungen, ordentliche, außerordent-** 1426 **liche und Änderungskündigungen.** Die Kündigungsgründe sind ohne Bedeutung. Sie sind nur im Verfahren gegenüber der zuständigen Behörde von Interesse, wenn der Arbeitgeber eine Zulässigkeitserklärung für die Kündigung nach § 18 Abs. 1 Satz 2 BErzGG beantragt hat. Der Bestandsschutz gilt nur für die Kündi-

---

[1] BAG 17. 2. 1994 EzA § 611 BGB Abmahnung Nr. 30 = NZA 1994, 656; APS/*Rolfs*, § 9 MuSchG Rn. 19; *Buchner/Becker*, § 18 Rn. 16.

[2] BAG 31. 3. 1994 EzA § 9 MuSchG n. F. Nr. 32 = NZA 1994, 646.

gung, d. h. andere Auflösungstatbestände bleiben wie beim Mutterschutz unberührt (vgl. oben Rn. 1314).

1427 Wird ein Arbeitnehmer zur Vertretung eines anderen Arbeitnehmers für den Zeitraum einer Elternzeit eingestellt, so liegt ein **sachlicher Grund** vor, der die Befristung des Arbeitsverhältnisses rechtfertigt (§ 21 Abs. 1 und 2 BErzGG). Der Gesetzgeber wollte mit dieser Klarstellung den Abschluss befristeter Vertreterverträge erleichtern.[3] In § 21 Abs. 3 BErzGG wird ferner deutlich, dass sowohl kalendermäßig befristete als auch zweckbefristete Vertretungsverträge zulässig sind. Das BAG hatte auf Grund der alten Fassung des § 21 Abs. 3 BErzGG den zweckbefristeten Vertretervertrag für unzulässig erklärt.[4]

II. Voraussetzungen des Kündigungsverbotes

1428 § 18 Abs. 1 Satz 1 BErzGG setzt das Bestehen eines Anspruchs auf Elternzeit voraus (§ 15 Abs. 1 BErzGG). Entscheidend ist hier die objektive Rechtslage, so dass der besondere Kündigungsschutz entfällt, wenn der Arbeitgeber irrtümlich davon ausgegangen ist, die Elternzeit sei zu gewähren. Bei Zweifeln des Arbeitgebers hat die Erziehungsgeldstelle nach § 16 Abs. 1 Satz 5 BErzGG tätig zu werden. Welche Arbeitnehmer und für welche Zeit Anspruch auf Elternzeit haben, ist im Einzelnen in § 15 BErzGG geregelt.

1429 Der anspruchsberechtigte Arbeitnehmer muss die Elternzeit **vom Arbeitgeber verlangen** (§ 16 Abs. 1 und § 18 Abs. 1 BErzGG). Damit wird bereits die Kündigung ausgeschlossen, **sofern** das Verlangen ab der 8. Woche vor Beginn der Elternzeit erfolgt. Verlangt der Arbeitnehmer die Elternzeit früher als acht Wochen vor Beginn der Elternzeit, so beginnt der Kündigungsschutz nicht bereits mit dem Verlangen, sondern erst ab dem Acht-Wochen-Zeitpunkt vor Beginn der Elternzeit. Für den **Beginn** des besonderen Kündigungsschutzes ist wegen der Fristberechnung somit der **Beginn der Elternzeit** von entscheidender Bedeutung. Dieser Zeitpunkt bestimmt sich nach § 16 Abs. 1 Satz 1 BErzGG.

1430 Arbeitnehmerin und Arbeitnehmer **müssen** die Elternzeit, wenn sie unmittelbar nach der Geburt des Kindes oder nach der Mutterschutzfrist (§ 15 Abs. 3 Satz 2 BErzGG) beginnen soll, spätestens sechs Wochen, sonst spätestens acht Wochen vor Beginn **schriftlich** vom Arbeitgeber verlangen und **gleichzeitig erklären,** für welche Zeiten **innerhalb von zwei Jahren** sie Elternzeit nehmen werden. Das gilt auch, wenn die Elternzeit von beiden Elternteilen gemeinsam und gleichzeitig genommen wird (§ 15 Abs. 3 BErzGG). Hier gilt allerdings die Besonderheit, dass angesichts der gesetzlichen Begrenzung der Elternzeit für jedes Kind auf drei Jahre die Elternzeit bei gleichzeitiger Inanspruchnahme der Elternzeit auf je 1½ Jahren pro Elternteil begrenzt wird. Bei dringenden Gründen ist ausnahmsweise auch eine kürzere Frist möglich. An seine Erklärung ist der Arbeitnehmer grundsätzlich ge-

---

[3] Der sachliche Grund der Befristung wird in § 21 Abs. 1 und 2 BErzGG unwiderleglich vermutet, d. h. auch der allgemeine Grundsatz, dass mit zunehmender Dauer des Vertragsverhältnisses die Anforderungen an den sachlichen Grund steigen, findet keine Anwendung; LAG Köln 10. 10. 1997 LAGE § 21 BErzGG Nr. 1.

[4] BAG 9. 11. 1994 EzA § 21 BErzGG Nr. 1 = NZA 1995, 575. Vgl. auch BAG 9. 7. 1997 EzA § 21 BErzGG Nr. 2.

bunden, so dass die Elternzeit entsprechend abzuwickeln ist, sofern man von den Ausnahmen in § 16 Abs. 3 BErzGG absieht.

Entspricht das Elternzeitverlangen nicht den Erfordernissen des § 16 Abs. 1 BErzGG, so liegt kein **wirksames Verlangen** vor. Allerdings erlischt der Anspruch auf Elternzeit deshalb nicht. Wird das Verlangen ergänzt und sind danach die Voraussetzungen des § 16 Abs. 1 BErzGG erfüllt, so verschiebt sich nur der Zeitpunkt der gewünschten Elternzeit entsprechend. Es gelten hier die Grundsätze, die zur bisherigen Rechtslage anerkannt waren.[5] Tritt der Arbeitnehmer die Elternzeit früher an, so handelt er vertragswidrig. Der besondere Kündigungsschutz setzt erst ab dem Acht-Wochen-Zeitpunkt des § 18 Abs. 1 BErzGG der Elternzeit ein. **1431**

III. Geltungsbereich

1. Unter das Kündigungsverbot des § 18 Abs. 1 BErzGG fallen alle nach § 15 Abs. 1 BErzGG anspruchsberechtigten Arbeitnehmer. Arbeitnehmer sind nach § 20 BErzGG auch die zu ihrer Berufsbildung Beschäftigten sowie die in Heimarbeit Beschäftigten und die ihnen Gleichgestellten, soweit sie am Stück mitarbeiten. **1432**

Ein wesentlicher Unterschied zum früheren Mutterschaftsurlaub besteht darin, dass Elternzeit nicht nur von Müttern, sondern auch von Adoptivmüttern in Anspruch genommen werden kann und auch Väter oder Adoptivväter zu den Personen zählen, die Anspruch auf Elternzeit haben (§ 15 Abs. 1 BErzGG). Ihnen steht im Falle der Inanspruchnahme der Elternzeit der besondere Kündigungsschutz zu. Die Elternzeit kann, auch anteilig, von jedem Elternteil allein oder von beiden Elternteilen gemeinsam genommen werden. Zu beachten ist jedoch, dass die Elternzeit auf bis zu drei Jahren für jedes Kind begrenzt ist. Nehmen also die Eltern gemeinsam Elternzeit, so „verbrauchen" sie auch gemeinsam Elternzeit. **1433**

2. **Teilzeitbeschäftigte** haben Sonderkündigungsschutz nach Maßgabe des § 18 Abs. 2 BErzGG. Unschädlich für den Anspruch auf Erziehungsgeld (§§ 1, 2 BErzGG) und Elternzeit (§ 15 Abs. 4 BErzGG) ist eine Teilzeitarbeit mit einer wöchentlichen Arbeitszeit von bis zu 30 Stunden. Damit wird die zulässige Erwerbstätigkeit der Eltern während der Elternzeit nicht unerheblich ausgedehnt. Es ist die Frage zu stellen, ob das noch mit der Betreuung des Kindes in Einklang zu bringen ist. Der Gesetzgeber hat die Frage beantwortet. **1434**

Über die Verringerung der Arbeitszeit und ihre Ausgestaltung sollen sich Arbeitnehmer und Arbeitgeber innerhalb von **vier Wochen** einigen. Ist diese Einigung nicht möglich, so kann der Arbeitnehmer **zweimal während der Gesamtdauer der Elternzeit eine Verringerung seiner Arbeitszeit beanspruchen, wenn** **1435**
- der Arbeitgeber, unabhängig von der Anzahl der Personen in Berufsbildung, in der Regel mehr als 15 Arbeitnehmer beschäftigt,
- das Arbeitsverhältnis des Arbeitnehmer in demselben Betrieb oder Unternehmen ohne Unterbrechung länger als sechs Monate besteht,
- die vertraglich vereinbarte regelmäßige Arbeitszeit für mindestens drei Monate auf einen Umfang zwischen 15 und 30 Wochenstunden verringert werden soll,

---

[5] BAG 17. 2. 1994 EzA § 611 BGB Abmahnung Nr. 30 = NZA 1994, 656.

– dem Anspruch keine **dringenden betrieblichen Gründe** entgegenstehen und
– der Anspruch dem Arbeitgeber acht Wochen vorher schriftlich mitgeteilt wurde.

1436 Will der Arbeitgeber den Anspruch ablehnen, so muss er dies innerhalb von **vier Wochen** mit **schriftlicher Begründung** tun. Der Arbeitnehmer kann, sofern der Arbeitgeber nicht oder nicht rechtzeitig zustimmt, Klage vor den Gerichten für Arbeitssachen erheben.

1437 Die gesetzliche Ausgestaltung des **Anspruchs des Arbeitnehmers auf Teilzeitarbeit** zeigt, dass der Praxis damit eine sicher nicht einfach handhabbare Regelung gegeben worden ist. Vorauszusehen sind vor allem Probleme bei der gerichtlichen Durchsetzbarkeit des Anspruchs auf Teilzeitarbeit. Das Gesetz spricht vom **Antrag** auf Verringerung der Arbeitszeit und ihrer Ausgestaltung (§ 15 Abs. 5 BErzGG) und in § 15 Abs. 7 Satz 2 BErzGG von der **Ablehnung** der beanspruchten Verringerung der Arbeitszeit. Damit deutet alles darauf hin, dass es sich um einen Anspruch des Arbeitnehmers auf Abgabe einer Willenserklärung handelt, die Vollstreckung also nach § 894 ZPO zu erfolgen hat. Die Willenserklärung des Arbeitgebers gilt somit erst dann als abgegeben, wenn das Urteil Rechtskraft erlangt hat. Das Begehren des Arbeitnehmers kann also bei längeren Verfahren durch Zeitablauf seine Erledigung finden.

1438 **Bei Teilzeitarbeitskräften sind drei Gruppen zu unterscheiden:**

1439 a) **Teilzeitarbeit bei einem anderen Arbeitgeber** bedarf der **Zustimmung** des Arbeitgebers (§ 15 Abs. 4 Satz 2 BErzGG). Er kann sie nur innerhalb von **vier Wochen** nach Zugang des Antrags aus **dringenden betrieblichen Gründen schriftlich ablehnen. Erklärt er sich nicht frist- oder formgerecht, entfällt das Zustimmungserfordernis mit Ablauf der gesetzlichen Frist.**

1440 Der besondere Kündigungsschutz des § 18 BErzGG gilt für das Teilzeitarbeitsverhältnis mit dem anderen Arbeitgeber nicht. Das folgt klar aus dem Wortlaut des § 18 Abs. 2 Nr. 1 BErzGG, der auf den Arbeitnehmer verweist, der Elternzeit bei „seinem Arbeitgeber" nimmt. Das ruhende Arbeitsverhältnis, das vor der Inanspruchnahme der Elternzeit bestand, unterliegt weiter dem besonderen Kündigungsschutz. Das gilt selbst dann, wenn der Arbeitnehmer Teilzeitarbeit bei dem anderen Arbeitgeber ohne die Zustimmung des Arbeitgebers leistet oder dieser seine Zustimmung aus dringenden betrieblichen Gründen form- und fristgerecht (§ 15 Abs. 4 Satz 2 BErzGG) abgelehnt hat. Das Verhalten des Arbeitnehmer kann im Einzelfall jedoch ein Grund sein, der die Zulässigkeitserklärung für die Kündigung nach § 18 Ab. 1 Satz 2 BErzGG rechtfertigt.

1441 Der besondere Kündigungsschutz **besteht nicht mehr,** wenn die vereinbarte wöchentliche Arbeitszeit bei dem anderen Arbeitgeber 30 Wochenstunden übersteigt. Der nach dem Gesetz zulässige Umfang der Teilzeitarbeit darf nicht überschritten werden.

1442 b) Der besondere Kündigungsschutz gilt nach § 18 Abs. 2 Nr. 1 BErzGG entsprechend, wenn der Arbeitnehmer während der Elternzeit bei **seinem Arbeitgeber** Teilzeitarbeit leistet. Die Teilzeitarbeit muss aber die Voraussetzungen des § 15 Abs. 4 Satz 1 BErzGG erfüllen, d. h., sie darf 30 Stunden wöchentlich nicht übersteigen. **Unzulässige Teilzeitarbeit** schließt den Sonderkündigungsschutz aus. Zwar sieht § 18 Abs. 2 Nr. 1 BErzGG keine zeitliche Grenze für die Teilzeitarbeit vor (anders § 15 Abs. 4 Satz 1 BErzGG für den Anspruch auf Elternzeit), jedoch ist zu beachten, dass § 18 Abs. 2 Nr. 2 BErzGG auf § 1 Abs. 1 Nr. 4 BErzGG und § 2

Abs. 1 BErzGG Bezug nimmt - Anspruch auf Erziehungsgeld - d. h. eine zeitliche Grenze bei der Teilzeitarbeit für den Sonderkündigungsschutz normiert. Beim Überschreiten der Zeitgrenze entfällt mit dem Anspruch auf das Erziehungsgeld auch der Sonderkündigungsschutz. Die Voraussetzungen des Sonderkündigungsschutzes im Hinblick auf die Zeitgrenze „bis zu 30 Stunden" sind in § 18 Abs. 2 Nr. 1 und 2 BErzGG nicht unterschiedlich geregelt, denn § 18 Abs. 2 Nr. 2 BErzGG wollte nur sicherstellen, dass Arbeitnehmer, die vor Beginn der Elternzeit Teilzeitarbeit von bis zum 30 Stunden leisteten und die Arbeitszeit auch nach der Geburt des Kindes weiter ausüben, d.h. also keine Elternzeit in Anspruch nehmen, kündigungsrechtlich nicht schlechter stehen als andere Arbeitnehmer.[6]

Der besondere Kündigungsschutz des § 18 Abs. 2 BErzGG erstreckt sich auf den **1443**
Bestand des ursprünglichen Arbeitsverhältnisses, aber auch auf den Inhalt des vereinbarten Teilzeitarbeitsverhältnisses, das regelmäßig auf die Dauer der Elternzeit befristest ist. Ohne Einwilligung des Arbeitnehmers kann der Arbeitgeber die vereinbarten Bedingungen des Teilzeitarbeitsverhältnisses nicht einseitig ändern, da auch die Änderungskündigung dem Genehmigungsvorbehalt des § 18 Abs. 1 Satz 2 BErzGG unterliegt.[7] Zu beachten ist, dass der Anspruch des Arbeitnehmers auf Teilzeitarbeiet während der Elternzeit nach § 15 Abs. 5, 6 bis 7 BErzGG sich allein auf die Verringerung der Arbeitszeit erstreckt, nicht aber ein Anspruch auf Änderung anderer Arbeitsbedingungen eingeschlossen ist.

c) Sonderkündigungsschutz nach § 18 Abs. 2 Nr. 2 BErzGG haben auch Arbeit- **1444**
nehmer, die **keine Elternzeit in Anspruch nehmen,** bei ihrem Arbeitgeber Teilzeitarbeit von höchstens 30 Wochenstunden vor der Geburt des Kindes geleistet haben und diese Teilzeitarbeit nach Ablauf der Schutzfristen im gleichen Umfang fortsetzen. Kündigungsrechtlich soll diese Gruppe der Arbeitnehmer nicht schlechter dastehen, als die Arbeitnehmer, die die Elternzeit in Anspruch nehmen. Voraussetzung ist aber, dass ein **Anspruch auf Elternzeit** nach § 15 BErzGG besteht, den der Arbeitnehmer allerdings nicht geltend macht, **und** er einen Anspruch auf **Erziehungsgeld** hat oder nur deshalb nicht hat, weil das Einkommen (§ 6 BErzGG) die Einkommensgrenzen (§ 5 Abs. 2 BErzGG) übersteigt. Die Anknüpfung des Sonderkündigungsschutzes an den Anspruch auf Erziehungsgeld hat bei Teilzeitkräften, die keine Elternzeit nehmen, zur Konsequenz, dass die Dauer des Sonderkündigungsschutzes nicht deckungsgleich ist mit den Fällen, in denen die Elternzeit in Anspruch genommen wird. Hier besteht der Sonderkündigungsschutz nach § 18 Abs. 1 BErzGG i.V. mit § 15 Abs. 2 BErzGG im Grundsatz für drei Jahre, während er im Falle des § 18 Abs. 2 Nr. 2 BErzGG nur für zwei Jahre besteht. Das liegt an der zeitliche Begrenzung des Anspruchs auf Erziehungsgeld, der nach § 4 BErzGG auf 24 Lebensmonate begrenzt worden ist. Voraussetzung des Sonderkündigungsschutzes nach § 18 Abs. 2 Nr. 2 BErzGG ist aber auch ein Anspruch auf Erziehungsgeld.

---

[6] APS/*Rolfs*, § 18 BErzGG Rn. 7. Zum Anspruch auf Herabsetzung der Arbeitszeit während der Elternzeit vgl. oben Rn. 1435.

[7] Vgl. APS/*Rolfs*, § 18 BErzGG Rn. 6; BAG 28. 6. 1995 NZA 1996, 151 = EzA § 15 BErzGG Nr. 8. Wird mit dem Arbeitnehmer nach Antritt der Elternzeit aushilfsweise ein befristetes Teilzeitarbeitsverhältnis vereinbart, so liegt darin eine Einstellung i. S. des § 99 BetrVG; BAG 28. 4. 1998 EzA § 99 BetrVG 1972 Einstellung Nr. 5 = NZA 1998, 1352.

1445 Der Sonderkündigungsschutz nach § 18 Abs. 2 Nr. 2 BErzGG wirft die Frage auf, wie zu verfahren ist, wenn der Arbeitgeber keine **Kenntnis vom Sonderkündigungsschutz seines teilzeitbeschäftigten Arbeitnehmers hat,** z.B. dann, wenn ein teilzeitbeschäftigter Arbeitnehmer, dessen Ehefrau ein Kind geboren hat, nach § 3 Abs. 2 BErzGG zum Erziehungsgeldberechtigten bestimmt worden ist. Kündigt der Arbeitgeber in Unkenntnis der Voraussetzungen des § 18 Abs. 2 Nr. 2 BErzGG, so ist unsicher, wie zu verfahren ist, weil das Bundeserziehungsgeldgesetz dazu keine Regelung enthält. Der Arbeitgeber hat keine Möglichkeit, vor Ausspruch der Kündigung das Zustimmungsverfahren nach § 18 Abs. 1 Satz 2 BErzGG zu betreiben. Folgende Lösungen werden vorgeschlagen: Einerseits wird in Anlehnung an das MuSchG die entsprechende Anwendung des § 9 Abs. 1 Satz 1 MuSchG vorgeschlagen,[8] d.h. der Arbeitnehmer verliert den besonderen Kündigungsschutz, wenn er nicht innerhalb der Zweiwochenfrist nach Zugang der Kündigung mitteilt, dass Kündigungsschutz nach § 18 Abs. 2 Nr. 2 BErzGG besteht. Er verliert ihn dann nicht, wenn die Voraussetzungen des § 9 Abs. 1 Satz 1 2. Halbsatz MuSchG vorliegen, d.h. er die Versäumung der Frist nicht zu vertreten hat und die Mitteilung unverzüglich nachholt. Ferner wird empfohlen, die für den Schwerbehindertenschutz vom BAG entwickelten Grundsätze anzuwenden. Ist dem Arbeitgeber die Schwerbehinderteneigenschaft des gekündigten Arbeitnehmers nicht bekannt, so muss dieser zur Erhaltung des Sonderkündigungsschutzes den Arbeitgeber innerhalb einer angemessen Frist, die regelmäßig **einen Monat** beträgt, unterrichten.[9] Unterlässt er diese Mitteilung, so ist die Kündigung jedenfalls nicht wegen der fehlenden Zustimmung des Integrationsamtes unwirksam.[10] Schließlich wird die Ansicht vertreten, der Arbeitnehmer müsse den Arbeitgeber **unverzüglich** unterrichten, um sich den Sonderkündigungsschutz zu erhalten.[11]

IV. Dauer des Kündigungsschutzes

1446 Der besondere Kündigungsschutz **beginnt** mit dem Zeitpunkt, in dem die Elternzeit verlangt worden ist, höchstens jedoch acht Wochen vor Beginn der Elternzeit (vgl. oben Rn. 1429). Im Falle des § 18 Abs. 2 Nr. 2 BErzGG muss auf den Zeitpunkt abgestellt werden, in dem die Elternzeit hätte verlangt werden können. Ein Einverständnis des Arbeitgebers ist nicht notwendig. Der Sonderkündigungsschutz **endet** mit dem Ende der Elternzeit. Dabei kommt es nicht darauf an, ob sie nach § 15 Abs. 2 BErzGG oder vorzeitig nach § 16 Abs. 3 oder 4 BErzGG beendet wird. Ein sog. nachwirkender Kündigungsschutz ist im Bundeserziehungsgeldgesetz nicht vorgesehen. Wird ein Anteil der Elternzeit nach § 15 Abs. 2 BErzGG bis zur Vollendung des achten Lebensjahres übertragen, so besteht in der Zwischenzeit kein besonderer Kündigungsschutz

[8] Vgl. KR/*Etzel,* § 18 BErzGG Rn. 20; APS/*Rolfs,* § 18 BErzGG Rn. 7; ErfK/*Schlachter,* § 18 Rn. 8; *Buchner/Becker,* § 18 Rn. 37.

[9] BAG 5. 7. 1990 EzA § 15 SchwbG 1986 Nr. 3 = NZA 1991, 667.

[10] *Halbach,* DB 1986 Beilage 1 S. 14ff.

[11] *Gröninger/Thomas,* § 18 BErzGG Rn. 10. Bis zu einer Klärung dieser Streitfrage durch die höchstrichterliche Rechtsprechung sollte der Arbeitnehmer unverzüglich mitteilen, dass ein besonderer Kündigungsschutz nach § 18 Abs. 2 Nr. 2 BErzGG besteht.

V. Die Zulässigkeitserklärung der Kündigung

Die nach Landesrecht zuständige Behörde kann in besonderen Fällen die Kündigung ausnahmsweise für zulässig erklären. Nach § 1 der Allgemeinen Verwaltungsvorschrift zum Kündigungsschutz bei Erziehungsurlaub vom 2. 1. 1986 (BAnz. 3. 1. 1986) liegt ein besonderer Fall vor, wenn es gerechtfertigt erscheint, dass das nach § 18 Abs. 1 BErzGG als vorrangig angesehene Interesse des Arbeitnehmers am Fortbestand des Arbeitsverhältnisses wegen **außergewöhnlicher Umstände** hinter die Interessen des Arbeitgebers zurücktritt. § 2 der Verwaltungsvorschrift enthält eine Aufzählung von „besonderen Fällen" i. S. des § 18 Abs. 1 Satz 2 BErzGG. Bindung besteht nur für die Verwaltungsbehörden, nicht für die Gerichte. Die Verwaltungsgerichte überprüfen die Handhabung des unbestimmten Rechtsbegriffes, des besonderen Falles, in vollem Umfang. Es handelt sich um Rechtsanwendung. Wird der besondere Fall bejaht, **kann** die zuständige Behörde die Kündigung ausnahmsweise für zulässig erklären. Insoweit entscheidet die Behörde im Rahmen ihres pflichtgemäßen Ermessens, ob das Interesse des Arbeitgebers an einer Kündigung während des Erziehungsurlaubs so erheblich überwiegt, dass ausnahmsweise die Kündigung zuzulassen ist. Diese Ermessensausübung kann verwaltungsgerichtlich nur beschränkt überprüft werden.[12] **1447**

Die Merkmale des **besonderen Falles und des Ausnahmefalles** i. S. des § 18 Abs. 1 Satz 2 BErzGG sind im Falle der **Betriebsschließung** gegeben. Für die Zukunft besteht keinerlei Beschäftigungsmöglichkeit mehr, so dass aus tatsächlichen Gründen die Fortsetzung des Arbeitsverhältnisses unmöglich wird. Die zuständige Behörde ist verpflichtet, das ihr zustehende Ermessen dahin auszuüben, dass sie die beantragte Genehmigung erteilt.[13] Vgl. oben Fn. 139. **1448**

Ist streitig, ob der Betrieb stillgelegt worden oder auf einen anderen Inhaber übergegangen ist, darf die zuständige Behörde die Zulässigkeitserklärung nach § 18 Abs. 1 Satz 2 BErzGG nicht mit der Begründung verweigern, der Betrieb sei von einem anderen Inhaber übernommen worden. **1449**

Hat die zuständige Behörde die Kündigung ausnahmsweise für zulässig erklärt, so gelten die oben Rn. 1410 ff. mitgeteilten Grundsätze entsprechend. Zu beachten ist nur, dass in § 18 BErzGG **keine dem § 9 Abs. 3 MuSchG entsprechende Formvorschrift** enthalten ist. Es gelten jedoch die allgemeinen Grundsätze, so dass nach § 623 BGB ein konstitutives Schriftformerfordernis besteht (Einzelheiten zu § 623 BGB oben Rn. 152). **1450**

VI. Sonderkündigungsrecht des Arbeitnehmers

Der Arbeitnehmer kann das Arbeitsverhältnis zum Ende der Elternzeit nach § 19 BErzGG nur unter Einhaltung einer Kündigungsfrist von drei Monaten kündigen. Auf diese Weise soll die Personalplanung des Arbeitgebers erleichtert werden und zudem der Arbeitnehmer die Möglichkeit haben, kurz vor Ablauf seiner Elternzeit noch Entscheidungen über die Betreuung des Kindes zu treffen. **1451**

---

[12] Vgl. OLG Düsseldorf 17. 10. 1991 EzA § 18 BErzGG Nr. 1.
[13] OVG Münster 21. 3. 2000 NZA-RR 2000, S. 406 = EzA § 18 BErzGG Nr. 5.

1452 § 19 BErzGG ist einseitig zwingend, d.h. vereinbarte längere Kündigungsfristen in Einzelarbeitsverträgen oder in Tarifverträgen sind unwirksam. Bestehen dagegen kürzere Kündigungsfristen im Einzelarbeitsvertrag oder im Tarifvertrag, so steht dem Arbeitnehmer ein Wahlrecht zu.

1453 Teilzeitarbeitnehmern steht das Sonderkündigungsrecht nach § 19 BErzGG nur dann zu, wenn sie Elternzeit in Anspruch nehmen.

§ 3 Kündigungsschutz schwerbehinderter Arbeitnehmer

I. Einleitung

1454 Der Kündigungsschutz für schwerbehinderte Arbeitnehmer wurde bis zum 30. 6. 2001 durch das SchwbG in der Fassung vom 26. 8. 1986 (BGBl. I S. 1421), zuletzt geändert durch Gesetz vom 20. 12. 2000 (BGBl. I S. 1827), in den §§ 15 bis 22 SchwbG geregelt. Für die ordentliche Kündigung galt eine Mindestfrist von vier Wochen (§ 16 SchwbG) und jede ordentliche und außerordentliche Kündigung bedurfte der **vorherigen Zustimmung der Hauptfürsorgestelle** (§§ 15, 21 SchwbG). Darüber hinaus war die Zustimmung der Hauptfürsorgestelle nach der Änderung des Rechts der Berufsunfähigkeitsrenten zum 1. 1. 2001 nach § 22 Satz 1 SchwbG in der seit dem 1. 1. 2001 geltenden Fassung (vgl. unten Rn. 1508) auch dann erforderlich, wenn die Beendigung des Arbeitsverhältnisses im Falle des Eintritts der teilweisen Erwerbsminderung auf Zeit, der Berufsunfähigkeit oder der Erwerbsunfähigkeit auf Zeit ohne Kündigung erfolgte.

1455 Seit dem 1. 7. 2001 ist der Kündigungsschutz für schwerbehinderte Arbeitnehmer im „Sozialgesetzbuch – Neuntes Buch – (SGB IX) Rehabilitation und Teilhabe behinderter Menschen" vom 19. 6. 2001 (BGBl. I S. 1046), zuletzt geändert durch Gesetz vom 27. 4. 2002 (BGBl. I S. 1467), geregelt. Die §§ 85 bis 92 SGB IX entsprechen im Wesentlichen den §§ 15 bis 22 SchwbG. Die Mindestfrist für die ordentliche Kündigung beträgt weiterhin vier Wochen (§ 86 SGB IX). Jede ordentliche und außerordentliche Kündigung bedarf nach wie vor gemäß §§ 85, 91 SGB IX der vorherigen behördlichen Zustimmung. Hierfür ist seit dem 1. 7. 2001 das Integrationsamt zuständig (§ 102 Abs. 1 Nr. 2 SGB IX), das an die Stelle der bis dahin zuständigen Hauptfürsorgestelle (§ 31 Abs. 1 Nr. 2 SchwbG) getreten ist.[1] Der bis zum 30. 6. 2001 in § 22 SchwbG enthaltene erweiterte Bestandsschutz des Arbeitsverhältnisses eines schwerbehinderten Menschen ist in § 92 SGB IX übernommen worden.

1456 **Neu ist dieses:** In § 81 Abs. 2 SGB IX hat der Gesetzgeber seine Verpflichtung aus der Richtlinie des Rates der Europäischen Union vom 27. 11. 2000 zur Festlegung eines allgemeinen Rahmens für die Verwirklichung der Gleichbehandlung in Beschäftigung und Beruf[2] umgesetzt[3] und ein umfassendes Verbot der Benachteili-

---

[1] Zum Hintergrund der Umbenennung der für den Kündigungsschutz zuständigen Behörde näher *Düwell*, BB 2001, 1527, 1530.

[2] Richtlinie 2000/78/EG des Rates vom 27. 11. 2000, ABl.EG vom 2. 12. 2000 Nr. L 303.

[3] *Düwell,* BB 2001, 1527, 1529; *Hansen* NZA 2001, 985, 986; *Langguth*, DStR 2001, 1351, 1354.

gung schwerbehinderter Menschen im Arbeits- oder sonstigen Beschäftigungsverhältnis sowie eine Entschädigungspflicht bei Verstoß gegen dieses Verbot geschaffen. Diese weitestgehend dem geschlechtsbezogenen Benachteiligungsverbot des § 611a Abs. 1 BGB nachgebildete Regelung in § 81 Abs. 2 SGB IX erstreckt sich wie dieses (§ 611a Abs. 1 Satz 1 BGB) auch auf Kündigungen (§ 81 Abs. 2 Nr. 1 Satz 1 SGB IX). Eine unter Verstoß gegen das Verbot der Benachteiligung schwerbehinderter Arbeitnehmer ausgesprochene Kündigung ist, ebenso wie eine geschlechtsdiskriminierende Kündigung nach § 611a Abs. 1 Satz 1 BGB (vgl. oben Rn. 290), gemäß § 134 BGB nichtig.[4] Diese Nichtigkeit, die außerhalb der Dreiwochenfrist des § 4 Satz 1 KSchG gerichtlich geltend gemacht werden kann (vgl. § 13 Abs. 3 KSchG), hat vor allem in den Fällen des § 90 SGB IX Bedeutung, in denen der besondere Kündigungsschutz der §§ 85 ff. SGB IX nicht gilt, z. B. während der sechsmonatigen Wartezeit des § 90 Abs. 1 Nr. 1 SGB IX (dazu unten Rn. 1465).

Der bereits in § 14c SchwbG i. d. F. des Art. 1 Nr. 10 des Gesetzes zur Be- **1457**
kämpfung der Arbeitslosigkeit Schwerbehinderter (SchwbBAG) vom 29. 9. 2000 (BGBl. I S. 1394) seit dem 1. 10. 2000 geregelte präventive Kündigungsschutz schwerbehinderter Arbeitnehmer ist in § 84 Abs. 1 SGB IX übernommen worden. Danach ist der Arbeitgeber gehalten, mit der Schwerbehindertenvertretung, den in § 93 SGB IX genannten Vertretungen (Betriebs- bzw. Personalrat) und – in Erweiterung zu § 14c SchwbG – dem Integrationsamt möglichst frühzeitig beschäftigungssichernde Maßnahmen zu erörtern, wenn im Arbeitsverhältnis eines schwerbehinderten Menschen personen-, verhaltens- oder betriebsbedingte Schwierigkeiten auftreten.[5]

II. Geltungsbereich der §§ 85 bis 92 SGB IX

1. Geschützter Personenkreis

Der besondere Kündigungsschutz für Arbeitnehmer nach dem SGB IX – einge- **1458**
schlossen sind auch die leitenden Angestellten – erstreckt sich auf schwerbehinderte Menschen i. S. des § 2 Abs. 2 SGB IX (bis 30. 6. 2001: Schwerbehinderte i. S. des § 1 SchwbG). Das sind Personen, die auf Grund ihrer körperlichen Funktion, geistigen Fähigkeit oder seelischen Gesundheit nach näherer Maßgabe des § 2 Abs. 1 SGB IX behindert sind,[6] sofern die Behinderung einen Grad von mindestens 50 H. erreicht und sie ihren Wohnsitz, ihren gewöhnlichen Aufenthalt oder ihre Beschäftigung auf einem Arbeitsplatz i. S. des § 73 Abs. 1 SGB IX rechtmäßig im Geltungsbereich des SGB IX haben.[7] Ohne Bedeutung ist das Alter. Auch Arbeit-

---

[4] *Hansen*, NZA 2001, 985, 986.

[5] Hierzu näher *Düwell*, BB 2001, 1527, 1530; *Weyand/Schubert*, Das neue Schwerbehindertenrecht, 2. Aufl. 2002, Rn. 279.

[6] Bis zum 30. 6. 2001 war der Behindertenbegriff in § 3 Abs. 1 SchwbG geregelt.

[7] Vgl. LSG Rheinland-Pfalz 22. 6. 2001 BehinR 2002, 24; Das reine Auslandsarbeitsverhältnis eines Arbeitnehmers, das allein auf ausländische Baustellen beschränkt ist und keinerlei Ausstrahlung auf den inländischen Betrieb des Arbeitgebers hat, bedarf im Falle der Kündigung nicht der Zustimmung nach § 85 SGB IX, selbst wenn die Anwendung deutschen Rechts vereinbart worden ist; vgl. KR/*Etzel*, Vor §§ 85–92 SGB IX Rn. 3; ErfK/*Rolfs*, § 85 SGB IX Rn. 2; früher BAG 30. 4. 1987 EzA § 12 SchwbG Nr. 15 = AP

nehmer über 65 Jahre fallen unter den besonderen Schutz der §§ 85 ff. SGB IX.[8] Zu beachten ist aber im Rahmen dieses Kündigungsschutzes die Ausnahmeregelung in § 90 Abs. 1 Nr. 3a SGB IX (hierzu Rn. 1469).

1459 Schwerbehinderte Menschen i. S. des § 85 SGB IX sind auch die Auszubildenden.[9] Der besondere Kündigungsschutz gilt nach § 127 Abs. 2 Satz 2 SGB IX (bis 30. 6. 2001: § 49 Abs. 2 Satz 2 SchwbG) ebenfalls für die schwerbehinderten Menschen, die in **Heimarbeit beschäftigt** oder diesen gleichgestellt sind (§ 1 Abs. 1 und 2 HAG). Dagegen fallen **arbeitnehmerähnliche Personen,** die auf Grund eines selbständigen Dienstvertrages tätig werden,[10] GmbH-Geschäftsführer, dieses Organ der Gesellschaft sind[11] und zudem in ihre Stellung gewählt werden (§ 90 Abs. 1 Nr. 2 i.V.m. § 73 Abs. 2 Nr. 5 SGB IX)[12], nicht unter die §§ 85ff. SGB IX.[13]

1460 Ohne Bedeutung ist die **Staatsangehörigkeit** des Arbeitnehmers. Der Schwerbehindertenschutz gilt auch für Arbeitnehmer bei den alliierten Streitkräften (Ausnahme bei Kündigungen aus Sicherheitsgründen).[14]

1461 Der besondere Kündigungsschutz nach § 85 SGB IX gilt schließlich für **gleichgestellte behinderte Menschen** i. S. des § 2 Abs. 3 SGB IX (bis 30. 6. 2001: Gleichgestellte i. S. des § 2 SchwbG).[15] Er beginnt zwar erst mit dem konstitutiven Verwaltungsakt, in dem die Gleichstellung ausgesprochen wird. Jedoch wird die Gleichstellung nach § 68 Abs. 2 Satz 2 SGB IX (bis 30. 6. 2001: § 2 Abs. 1 Satz 2 SchwbG) mit dem Tag des Eingangs des Antrages wirksam. Damit kann eine Kündigung, die zwischen Antragstellung und Gleichstellung ausgesprochen wird, unwirksam sein, sofern der Gleichstellungsantrag positiv beschieden wird.[16] Hier kann nur die Wiederholung der Kündigung ggfls. Abhilfe schaffen.[17]

1462 Der besondere Kündigungsschutz für den schwerbehinderten Arbeitnehmer besteht schon dann, wenn die Voraussetzungen des § 2 Abs. 1 und 2 SGB IX (bis 30. 6. 2001: §§ 1, 3 Abs. 1 SchwbG) erfüllt sind. Die Feststellung des Grades der Behinderung nach § 69 Abs. 1 Satz 1 SGB IX (bis 30. 6. 2001: § 4 Abs. 1 Satz 1 SchwbG) hat nur deklaratorische Bedeutung.[18] Zu den Folgen, wenn der Arbeit-

---

§ 12 SchwbG Nr. 15 mit Anm. von *Gamillscheg,* der darauf hinweist, dass in Fällen dieser Art das ausländische Recht am Einsatzort darauf zu überprüfen ist, ob es einen Schwerbehindertenschutz enthält, da dieser dann trotz der getroffenen Rechtswahl eingreift. Im übrigen vgl. *Gotthardt* MDR 2001, 961, 962.

[8] Vgl. zu §§ 15ff. SchwbG LAG Düsseldorf 29. 5. 1980 DB 1980, 1551; BVerwG 13. 12. 1990 NJW 1991, 1127; *Gröninger/Thomas,* § 15 SchwbG Rn. 23.

[9] KR/*Etzel* Vor §§ 85–92 SGB IX Rn. 16; früher BAG 10. 12. 1987 EzA § 18 SchwbG Nr. 8 = NZA 1988, 428.

[10] Vgl. z.B. BAG 17. 6. 1999 EzA § 5 ArbGG 1979 Nr. 34 = NZA 1999, 1175; *Rost,* NZA 1999, 113, 115.

[11] BGH 29. 1. 1981 AP § 622 BGB Nr. 14; BAG 26. 5. 1999 EzA § 611 BGB Arbeitnehmerbegriff Nr. 76 = NZA 1999, 987; BVerwG 8. 3. 1999 NZA 1999, 826, 827; *Boemke,* ZfA 1998, 209, 213 f.

[12] Zu Ausnahmen vgl. APS/*Vossen,* § 15 SchwbG Rn. 7.

[13] ErfK/*Rolfs,* § 85 SGB IX Rn. 3.

[14] Vgl. *Neumann/Pahlen,* § 15 SchwbG Rn. 32; *Gröninger/Thomas,* § 15 SchwbG Rn. 21.

[15] Hierzu eingehend *Mianowicz,* RdA 1998, 281, 293ff.

[16] Vgl. BSG 2. 3. 2000 ArbuR 2001, 349, 350 m. Anm. von *Kohte.*

[17] Vgl. zum alten Recht BT-Drucks. 10/3138 S. 16; *Neumann/Pahlen,* § 15 SchwbG Rn. 26.

[18] LAG Niedersachsen 15. 6. 2000 LAGE § 15 SchwbG 1986 Nr. 9 = NZA-RR 2000, 636; *Mianovicz,* RdA 1998, 281, 282.

geber die Schwerbehinderteneigenschaft des Arbeitnehmers nicht kennt, vgl. unten Rn. 1478.

Der Kündigungsschutz der §§ 85 ff. SGB IX besteht in allen Betrieben, unab- **1463**
hängig von der Zahl der beschäftigten Arbeitnehmer. Ohne Einfluss ist auch die Tatsache, dass der schwerbehinderte Arbeitnehmer über die in § 71 Abs. 1 und 2 SGB IX (bis 30. 6. 2001: § 5 Abs. 1 und 2 SchwbG) Pflichtzahl hinaus beschäftigt wird.

2. Ausnahmen

Der besondere Kündigungsschutz nach § 85 SGB IX entfällt in einer Reihe von **1464**
Fällen, die § 90 SGB IX (bis 30. 6. 2001: § 20 SchwbG) enumerativ aufzählt.

a) Nichterfüllung der Wartezeit

Besteht das Arbeitsverhältnis im Zeitpunkt des Zugangs der Kündigungserklä- **1465**
rung ohne Unterbrechung noch nicht länger als **sechs Monate,** entfällt gemäß § 90 Abs. 1 Nr. 1 SGB IX der besondere Kündigungsschutz nach den §§ 85 ff. SGB IX. Durch die bis zum 30. 6. 2001 geltende gleich lautende Regelung des § 20 Abs. 1 Nr. 1 SchwbG sollte nach der Vorstellung des Gesetzgebers die Einstellungsbereitschaft der Arbeitgeber gefördert werden.

Die **Frist** des § 90 Abs. 1 Nr. 1 SGB IX ist, wie die seiner Vorgängerregelung in **1466**
§ 20 Abs. 1 Nr. 1 SchwbG, dem **§ 1 Abs. 1 KSchG nachgebildet,** so dass für die Auslegung auf die oben Rn. 899 ff. dargestellten Grundsätze verwiesen werden kann.[19] Aus der Wartezeitregelung des § 90 Abs. 1 Nr. 1 SGB IX folgte im Übrigen, dass § 85 SchwbG in einem bis zum 31. 12. 2001 zulässigen Eingliederungsverhältnis nach §§ 229 ff. SGB III a. F.[20] unbeschadet der Rechtsnatur des Eingliederungsvertrages[21] keine Anwendung finden konnte. Denn ein solcher Vertrag konnte nur auf längstens sechs Monate befristet werden (§ 232 Abs. 1 Satz 1 SGB III a. F.).

Entscheidend ist für den Kündigungsschutz, auf den **Zugang der Kündigung** **1467**
abzustellen. Geht die Kündigungserklärung vor Ablauf der Sechsmonatsfrist zu und beendet sie das Arbeitsverhältnis zu einem Zeitpunkt, in dem die Frist bereits abgelaufen ist, greift der besondere Kündigungsschutz der §§ 85 ff. SGB IX nicht ein.[22]

b) Schwerbehinderte Arbeitnehmer auf bestimmten Arbeitsplätzen

Schwerbehinderte Arbeitnehmer, die auf den Arbeitsplätzen beschäftigt werden, **1468**
die in § 73 Abs. 2 Nr. 2 bis 6 SGB IX (bis 30. 6. 2001: § 7 Abs. 2 Nr. 2 bis 5 SchwbG) aufgezählt sind, sind nach § 90 Abs. 1 Nr. 2 SGB IX (bis 30. 6. 2001:

[19] Vgl. früher BAG 4. 2. 1993 EzA § 20 SchwbG 1986 Nr. 1 = NZA 1994, 214.

[20] Vgl. Neufassung der §§ 229 ff. SGB IX durch Art. 1 Nr. 67 des Job-AQTIV-Gesetz vom 10. 12. 2001 (BGBl. I S. 3443).

[21] Vgl. hierzu BAG 17. 5. 2001 EzA § 1 KSchG Nr. 54 = NZA 2001, AP § 1 KSchG 1969 Wartezeit Nr. 14.

[22] Ebenso ErfK/*Rolfs*, § 90 SGB IX Rn. 1; früher BAG 25. 2. 1981 EzA § 17 SchwbG Nr. 3 = AP § 17 SchwbG Nr. 2.

§ 20 Abs. 1 Nr. 2 SchwbG) von dem besonderen Kündigungsschutz ausgenommen. Danach haben Personen keinen besonderen Kündigungsschutz, deren Beschäftigung nicht in erster Linie ihrem Erwerb dient, sondern vorwiegend durch Beweggründe karitativer oder religiöser Art bestimmt ist oder die vorwiegend zu ihrer Heilung, Wiedereingewöhnung oder Erziehung beschäftigt werden.[23] Ausgenommen sind ferner Teilnehmer an Arbeitsbeschaffungs- und Strukturanpassungsmaßnahmen nach §§ 260ff. bzw. §§ 272ff. SGB III und Personen, die nach ständiger Übung in ihre Stellen gewählt oder die nach § 19 BSHG in Arbeitsverhältnissen beschäftigt werden. Wer in einer Anstalt für Behinderte als Pfleger, Arzt oder sonstiges Hilfspersonal beschäftigt ist, genießt den Schutz der §§ 85ff. SGB IX.

c) Kündigung nach dem 58. Lebensjahr

1469 Der besondere Kündigungsschutz gilt nach § 90 Abs. 1 Nr. 3 SGB IX (bis 30. 6. 2001: § 20 Abs. 1 Nr. 3 lit. a und lit. b SchwbG) nicht für schwerbehinderte Arbeitnehmer, deren Arbeitsverhältnis durch Kündigung beendet wird, sofern sie
- das 58. Lebensjahr vollendet haben **und** Anspruch auf eine Abfindung, Entschädigung oder ähnliche Leistung auf Grund eines Sozialplanes[24] haben oder
- Anspruch auf Knappschaftsausgleichsleistung nach dem Sechsten Buch des SGB (vgl. § 239 SGB VI) oder auf Anpassungsgeld für entlassene Arbeitnehmer des Bergbaus haben,

wenn der Arbeitgeber ihnen die Kündigungsabsicht rechtzeitig mitgeteilt hat und sie der beabsichtigten Kündigung bis zu deren Ausspruch nicht widersprechen.

1470 **Rechtzeitig** ist die **Unterrichtung,** die formlos erfolgen kann, nur, wenn der Arbeitnehmer noch ausreichend Zeit zur Überlegung hat, ob er der Kündigung vor ihrem Ausspruch widersprechen soll.[25] Eine bestimmte Überlegungsfrist gibt es nicht; entscheidend sind die Umstände des Einzelfalls.[26] Als in jedem Fall angemessen wird in Anlehnung an § 4 Satz 1 KSchG eine Überlegungsfrist von drei Wochen angesehen.[27]

d) Entlassung aus Witterungsgründen

1471 Gemäß § 90 Abs. 2 SGB IX (bis 30. 6. 2001: § 20 Abs. 2 SchwbG) gelten die Bestimmungen über den Kündigungsschutz der schwerbehinderten Arbeitnehmer nicht bei Entlassungen, die aus Witterungsgründen vorgenommen werden, sofern die **Wiedereinstellung** der zuvor entlassenen schwerbehinderten Arbeitnehmer bei Wiederaufnahme der Arbeit **gewährleistet** ist. Gleichgültig ist, ob der Wieder-

---

[23] BAG 4. 2. 1993 EzA § 20 SchwbG 1986 Nr. 1 = NZA 1994, 214.

[24] Nach Ansicht des LAG Köln (4. 4. 1997 AiB 1998, 351) kann nur ein solcher Sozialplan gemeint sein, an dessen Zustandekommen ein Betriebsrat mitgewirkt hat, der für den schwerbehinderten Arbeitnehmer ein betriebsverfassungsrechtliches Mandat hat, so dass dieser seinen Anspruch auf § 77 Abs. 4 Satz 1 BetrVG stützen kann.

[25] KR/*Etzel*, §§ 85–90 SGB IX Rn. 49; vgl. früher *Neumann/Pahlen*, § 20 SchwbG Rn. 17.

[26] ErfK/*Rolfs*, § 90 SGB IX Rn. 3.

[27] ErfK/*Rolfs*, § 90 SGB IX Rn. 3; früher schon *Neumann/Pahlen*, § 20 SchwbG Rn. 17; a.A. KR/*Etzel*, §§ 85–90 SGB IX Rn. 49, der in Anlehnung an § 102 Abs. 2 Satz 1 BetrVG für eine einwöchige Überlegungsfrist plädiert.

einstellungsanspruch auf einem Tarifvertrag,[28] einer (zulässigen) Betriebsvereinbarung oder auf einem Einzelarbeitsvertrag beruht. Die Bestimmung hat nicht nur Bedeutung für die Bauindustrie, sondern für alle Gewerbezweige, in denen Entlassungen aus Witterungsgründen vorkommen, z.B. Landwirtschaft u.a. In der Bauwirtschaft ist § 214 SGB III zu beachten, der unter den dort genannten Voraussetzungen die Zahlung von Winterausfallgeld bei witterungsbedingtem Arbeitsausfall in der Schlechtwetterzeit (1. 11. bis 31. 3. gemäß § 211 Abs. 2 Satz 2 SGB III) vorsieht. In dieser Zeit können die Arbeitsverhältnisse nicht aus Witterungsgründen gekündigt werden (dazu § 12 Nr. 2 des BRTV-Bau vom 3. 2. 1981 i.d.F. vom 15. 5. 2001).

Die Arbeiten müssen **durch** die **Witterung bedingt ausfallen.** Das ist nicht **1472**
nur der Fall, wenn aus Witterungsgründen vorhandene Aufträge nicht ausgeführt werden können, sondern auch dann, wenn Aufträge aus Witterungsgründen fehlen und Arbeitnehmer deshalb nicht beschäftigt werden können.[29] Wird vorübergehend die Arbeit eines Büroangestellten wegen der witterungsbedingten Unterbrechung überflüssig, ist § 90 Abs. 2 SGB IX nicht anwendbar. Umstritten ist, ob der Kündigungsschutz auch entfällt, wenn der Arbeitgeber den schwerbehinderten Arbeitnehmer trotz bestehender kollektiv- oder individualvertraglicher Verpflichtung nicht wiedereinstellt. Man wird auch hier die Entlassung als wirksam anzusehen haben, so dass der Arbeitnehmer auf den Rechtsweg angewiesen ist, d.h. den Wiedereinstellungsanspruch auf diese Weise durchzusetzen hat. Eine rückwirkende Unwirksamkeit der Kündigung anzunehmen, verbietet sich nicht zuletzt wegen der Rechtsnatur der Kündigung, die nicht ohne Not als schwebend unwirksam angesehen werden sollte.[30]

e) Anzeigepflicht

Der Arbeitgeber hat nach § 90 Abs. 3 SGB IX (bis 30. 6. 2001: § 20 Abs. 3 **1473**
SchwbG) Einstellungen auf Probe und die Beendigung von Arbeitsverhältnissen schwerbehinderter Menschen in den ersten sechs Monaten dem Integrationsamt innerhalb von vier Tagen anzuzeigen. Die **unterbliebene Anzeige** hat **keine Wirkungen** auf die Kündigung.[31]

---

[28] Vgl. z.B. BAG 18. 5. 1999 EzA § 615 BGB Nr. 94 = NZA 1999, 1166; 22. 8. 2001 EZA § 3 EFZG Nr. 8; LAG Niedersachsen 13. 10. 1997 DB 1998, 1139 L.; LAG Berlin 23. 6. 1998 – 3 Sa 27/98 – n.v.

[29] KR/*Etzel,* §§ 85–90 SGB IX Rn. 51; früher LAG München 24. 10. 1986 NZA 1987, 522; a.A. *Neumann/Pahlen,* § 20 SchwbG Rn. 20.

[30] Vgl. ErfK/*Rolfs,* § 90 SGB IX Rn. 4; früher *Cramer,* § 20 SchwbG Rn. 3; KR/*Etzel,* §§ 85–90 SGB IX Rn. 53; *Gröninger/Thomas,* § 20 SchwbG Rn. 5; a.A. *Neumann/Pahlen,* § 20 SchwbG Rn. 22.

[31] KR/*Etzel* §§ 85–90 SGB IX Rn. 41; früher BAG 21. 3. 1980 = EzA § 17 SchwbG Nr. 2 = AP § 17 SchwbG Nr. 1; *Cramer,* § 20 SchwbG Rn. 8; KR/*Etzel,* §§ 15–20 SchwbG Rn. 41; *Neumann/Pahlen,* § 20 SchwbG Rn. 23.

3. Kenntnis des Arbeitgebers von der Schwerbehinderteneigenschaft des Arbeitnehmers

a) Kündigungsrechtliche Konsequenzen

1474 Es ist bereits hervorgehoben worden (vgl. oben Rn. 1458), dass der besondere Kündigungschutz der schwerbehinderten Arbeitnehmer nach §§ 85 ff. SGB IX eintritt, sofern die Behinderung in dem Umfang, den das Gesetz vorsieht, objektiv vorhanden ist und auch die weiteren Voraussetzungen erfüllt sind (§ 2 Abs. 2 SGB IX). Damit wird deutlich, dass es auf die Kenntnis des Arbeitgebers von der Schwerbehinderteneigenschaft grundsätzlich nicht ankommen kann. Kündigt ein Arbeitgeber **ohne** die nach § 85 SGB IX erforderliche **Zustimmung** des Integrationsamtes, ist diese **Kündigung** gemäß § 134 BGB **nichtig,** wenn der Arbeitnehmer im Zeitpunkt des Zugangs der Kündigung ein schwerbehinderter Mensch i. S. des § 2 Abs. 2 SGB IX ist. Ob der Arbeitgeber dies wußte oder ob er es nach der Kündigung innerhalb einer bestimmten Frist erfährt, ist kündigungsschutzrechtlich ohne Bedeutung.

1475 Die Bewältigung dieses Problemkreises bereitete früher erhebliche Schwierigkeiten. Der Gesetzgeber hat die Frage, welche Bedeutung die Kenntnis bzw. Unkenntnis des Arbeitgebers von der Schwerbehinderteneigenschaft des Arbeitnehmers hat, zu keinem Zeitpunkt in der einen oder anderen Weise bereinigt.[32] Fraglich ist vor allem das Schicksal der Kündigung, wenn der Arbeitgeber **nicht weiß,** dass der Arbeitnehmer ein schwerbehinderter Mensch i. S. des § 2 Abs. 2 SGB IX ist, also auch keine Veranlassung hatte, die Zustimmung des Integrationsamtes zu beantragen, und der Arbeitnehmer sich auch nach der Kündigung nicht unverzüglich auf den Kündigungsschutz beruft, dies erst nach längerer Zeit im Prozess vorträgt oder vom Arbeitnehmer gar erst nach der Kündigung ein Anerkennungsverfahren eingeleitet wird und alsdann die Eigenschaft als schwerbehinderter Mensch rückwirkend erfolgt.

1476 Bis zum 30. 6. 2001 lag zu dem Problem eine gefestigte Rechtsprechung des BAG zu § 15 SchwbG vor.[33] Auf sie kann, da § 85 SGB IX inhaltlich § 15 SchwbG entspricht, weiterhin zurückgegriffen werden. Demnach gilt:

1477 Der Arbeitgeber bedarf zur Kündigung gegenüber einem schwerbehinderten Arbeitnehmer – von dem in Rn. 1479 geschilderten Ausnahmefall abgesehen – dann **nicht** der vorherigen **Zustimmung** des Integrationsamtes nach § 85 SGB IX, wenn bis zum Zugang der Kündigung der Arbeitnehmer weder einen Bescheid i. S. des § 69 Abs. 1 Satz 1 SGB IX über seine Schwerbehinderteneigenschaft erhalten noch wenigstens einen entsprechenden Antrag beim Versorgungsamt gestellt hatte.[34] Liegt jedoch eine dieser Alternativen im Zeitpunkt des Kündi-

---

[32] Vgl. dazu die Nachweise über die Entscheidungen der Instanzgerichte vor der Rechtsprechung des BAG bei KR/*Etzel,* §§ 85–90 SGB IX Rn. 13 und *Neumann/Pahlen,* § 15 SchwbG Rn. 35 ff.

[33] Vgl. BAG 31. 8. 1989 EzA § 15 SchwbG 1986 Nr. 1 = NZA 1990, 612; 5. 7. 1990 EzA § 15 SchwbG 1986 Nr. 3 = NZA 1991, 667; 16. 8. 1991 EzA § 15 SchwbG 1986 Nr. 5 = NZA 1992, 23; 28. 6. 1995 EzA § 620 BGB Nr. 134 = NZA 1996, 374; 11. 5. 2000 EzA § 103 BetrVG 1972 Nr. 41 = NZA 2000, 1106.

[34] Das BVerfG hat die einschränkende Interpretation des besonderen Kündigungsschutzes der §§ 15 ff. SchwbG gebilligt; BVerfG 9. 4. 1987 NZA 1987, 563; dagegen teilw.

gungszugangs vor, steht dem schwerbehinderten Arbeitnehmer der volle Kündigungsschutz im Grundsatz **auch dann zu,** wenn der Arbeitgeber von der Schwerbehinderteneigenschaft oder der Antragstellung **nichts wußte.** Die ohne vorherige Zustimmung des Integrationsamtes erklärte Kündigung ist dann nach Maßgabe des § 85 SGB IX in Verbindung mit § 134 BGB nichtig. Der Arbeitgeber muss für eine künftige Kündigung die vorherige Zustimmung des Integrationsamtes einholen.

Hat der Arbeitgeber zurzeit der Kündigung **keine Kenntnis,** dass der Arbeitnehmer die Feststellung beim Versorgungsamt beantragt hatte oder diese Feststellung bereits getroffen war, ist der Arbeitnehmer allerdings gehalten, nach Zugang der Kündigung **innerhalb einer angemessenen Frist,** die im Falle der ordentlichen wie auch der außerordentlichen[35] Kündigung regelmäßig **einen Monat** beträgt, **gegenüber** dem **Arbeitgeber** seine bereits festgestellte[36] **oder** zur Feststellung **beantragte Schwerbehinderteneigenschaft**[37] geltend zu machen, wenn er sich den Sonderkündigungsschutz erhalten will.[38] Unterlässt der Arbeitnehmer das, ist die Kündigung jedenfalls nicht wegen einer Verletzung der §§ 85, 91 SGB IX unwirksam. Die **Schwerbehinderteneigenschaft** kann in diesen Fällen im Kündigungsschutzverfahren im Rahmen der Prüfung einer ordentlichen personen-[39] oder verhaltensbedingten Kündigung[40] auf ihre soziale Rechtfertigung (§ 1 Abs. 2 Satz 1 KSchG) bei der **Interessenabwägung** bzw. anlässlich der Prüfung einer ordentlichen betriebsbedingten Kündigung auf ihre soziale Rechtfertigung (§ 1 Abs. 2 Satz 1, Abs. 3 Satz 1 KSchG) bei der **Sozialauswahl**[41] oder bei der Prüfung des **wichtigen Grundes** i. S. von § 626 Abs. 1 BGB[42] **von Bedeutung** sein. 1478

Das BAG hatte zunächst offen gelassen, ob § 15 SchwbG immer anzuwenden war, wenn die Schwerbehinderteneigenschaft für den Arbeitgeber ohne weiteres erkennbar ist, sie als **offenkundig** anzusehen ist.[43] Diese Frage hat das BAG später eher beiläufig bejaht,[44] wobei sich allerdings die Offenkundigkeit nicht nur auf die 1479

KR/*Etzel,* §§ 85–90 SGB IX Rn. 23; *Mianowicz,* RdA 1998, 288, 292. U.U. reichen Kenntnis von Behinderung und beabsichtigter Antragstellung aus; vgl. BAG 7. 3. 2002 – 2 AZR 612/00 – ArbuR 2002, 148f. (Pressemitteilung).

[35] Vgl. BAG 14. 5. 1982 EzA § 18 SchwbG Nr. 5 mit Anm. von *Kraft.*

[36] Vgl. BAG 28. 6. 1995 EzA § 620 BGB Nr. 134 = NZA 1996, 374; 11. 5. 2000 EzA § 103 BetrVG 1972 Nr. 41 = NZA 2000, 1106.

[37] Vgl. BAG 16. 8. 1991 EzA § 15 SchwbG 1986 Nr. 5 = NZA 1992, 23; 11. 5. 2000 a. a. O.

[38] Zu dem Fragenkomplex vgl. KR/*Etzel,* §§ 85–90 SGB IX Rn. 14 ff.; *Neumann/ Pahlen,* § 15 SchwbG Rn. 35ff.

[39] Vgl. BAG 20. 1. 2000 EzA § 1 KSchG Krankheit Nr. 47 = NZA 2000, 768.

[40] Vgl. BAG 21. 11. 1996 EzA § 1 KSchG Verhaltensbedingte Kündigung Nr. 50 = NZA 1997, 487.

[41] *Bütefisch,* Die Sozialauswahl, 2000, S. 248 ff.; *Dörner,* FS für Dieterich, 1999, S. 83.

[42] BAG 23. 2. 1978 EzA § 12 SchwbG Nr. 5 = AP § 12 SchwbG Nr. 3.

[43] BAG 17. 2. 1977 EzA § 12 SchwbG Nr. 2 = AP § 12 SchwbG Nr. 1; 5. 7. 1990 EzA § 15 SchwbG 1986 Nr. 3 = NZA 1991, 667.

[44] Vgl. BAG 28. 6. 1995 EzA § 620 BGB Nr. 134 = NZA 1996, 374; 11. 5. 2000 EzA § 103 BetrVG 1972 Nr. 41 = NZA 2000, 1106; vgl. auch schon BAG 16. 1. 1985 EzA § 12 SchwbG Nr. 14 = AP § 12 SchwbG Nr. 14. Für die Anwendbarkeit von § 15 SchwbG unabhängig von bereits festgestellter oder zur Feststellung beantragter Schwerbehinderteneigenschaft auch bei deren fehlender Offenkundigkeit LAG Niedersachsen 15. 6. 2000 LAGE § 15 SchwbG 1986 Nr. 9 = NZA-RR 2000, 636, 637; *Mianowicz,* RdA 1998, 288, 292;

Behinderung als solche, sondern auch auf ihren Grad mit mindestens 50 % erstrecken muss.[45]

1480 Hat der Arbeitnehmer **innerhalb der Regelfrist** von einem Monat nach Zugang der Kündigung den Arbeitgeber von der Stellung eines Antrages auf Anerkennung als Schwerbehinderter unterrichtet, endet dieses Verfahren aber bestandskräftig zu Ungunsten des Arbeitnehmers, kann dieser den Sonderkündigungsschutz nicht mehr beanspruchen, selbst dann nicht, wenn in einem späteren Verfahren nach § 48 SGB X die Schwerbehinderteneigenschaft **rückwirkend** auf einen Zeitpunkt bereits vor Ausspruch der Kündigung festgestellt wird.[46]

1481 Für die Geltendmachung des besonderen Kündigungsschutzes in der Regelfrist von einem Monat ist eine besondere Form nicht zu beachten. Die **Frist beginnt** mit dem **Zugang der Kündigung.** Es handelt sich um eine rechtsgeschäftsähnliche Handlung, so dass die Vorschriften über die Willenserklärungen, d.h. auch die über die Stellvertretung, analog anzuwenden sind.[47] Der Kreis der Adressaten ist aber nicht auf allgemein zur Vertretung des Arbeitgebers ermächtigte Vertreter beschränkt. Es reicht die Kenntnis solcher Mitarbeiter des Arbeitgebers aus, die zwar keine Entlassungsbefugnis haben, jedoch eine ähnlich selbständige Stellung wie ein rechtsgeschäftlicher Vertreter des Arbeitgebers innehaben. Wegen der Vergleichbarkeit der Interessenlage kann auf die Grundsätze zurückgegriffen werden, die zu § 9 Abs. 1 Satz 1 MuSchG (oben Rn. 1379) entwickelt worden sind.[48]

1482 Hat der Arbeitnehmer **kurz vor einer drohenden Kündigung** den Antrag auf Feststellung des Grades der Behinderung nach § 69 Abs. 1 Satz 1 SGB IX gestellt, liegt darin nach Auffassung des BAG ohne Hinzutreten weiterer Umstände noch kein Rechtsmissbrauch.[49]

1483 Für die Entgeltfortzahlung des Arbeitgebers nach §§ 611 Abs. 1, 615 Satz 1 BGB sind die gleichen Grundsätze anzuwenden, die das BAG in der Grundsatzentscheidung zu § 9 MuSchG vom 6. 6. 1974[50] aufgezeigt hat. Danach schuldet der Arbeitgeber nach der Kündigung **kein Entgelt,** wenn der Arbeitnehmer die Arbeit **nicht ordnungsgemäß** angeboten hat. Das ist der Fall, wenn der Arbeitnehmer nach der Kündigung von seiner Schwerbehinderteneigenschaft keinerlei Mitteilung macht oder nicht auf ein schwebendes Anerkennungsverfahren hinweist.[51]

GK-SchwbG/*Steinbrück,* § 15 SchwbG Rn. 72 ff.; KDZ/*Zwanziger,* § 15 SchwbG Rn. 23; zu § 85 SGB IX ebenso KR/*Etzel,* §§ 85–90 SGB IX Rn. 23.

[45] KR/*Etzel,* §§ 85–90 SGB IX Rn. 21; früher BAG 17. 2. 1977 EzA § 12 SchwbG Nr. 2 = AP § 12 SchwbG Nr. 1, 5. 7. 1990 EzA § 15 SchwbG 1986 Nr. 3 = AP § 15 SchwbG 1986 Nr. 1; KDZ/*Zwanziger,* § 15 SchwbG Rn. 29; näher hierzu *Großmann,* NZA 1992, 241, 242f.

[46] Vgl. BAG 16. 8. 1991 EzA § 15 SchwbG 1986 Nr. 5 = NZA 1992, 23; krit. *Mianowicz,* RdA 1998, 281, 284ff.

[47] Vgl. allgemein zu einer derartigen Analogie BAG 11. 10. 2000 EzA § 4 TVG Ausschlussfristen Nr. 134 = NZA 2001, 231.

[48] Vgl. BAG 5. 7. 1990 EzA § 15 SchwbG 1986 Nr. 3 = AP § 15 SchwbG 1986 Nr. 1; LAG Köln 30. 6. 1994 LAGE § 15 SchwbG Nr. 6.

[49] Vgl. BAG 31. 8. 1989 EzA § 15 SchwbG 1986 Nr. 1 = NZA 1990, 612. Zu den Folgen für die Ausschlussfrist des § 626 Abs. 2 BGB vgl. BAG 27. 2. 1987 EzA § 626 BGB Ausschlussfrist Nr. 1 = NZA 1988, 429.

[50] EzA § 9 MuSchG n.F. Nr. 15 = AP § 9 MuSchG 1968 Nr. 13

[51] Vgl. auch KR/*Etzel,* §§ 85–90 SGB IX Rn. 30. Bejaht man den Anspruch aus §§ 611 Abs. 1, 615 Satz 1 BGB, verstößt seine Geltendmachung gegen § 242 BGB, weil der Ar-

b) Anfechtung des Arbeitsvertrages

Kennt der Arbeitgeber bei Abschluss des Arbeitsvertrages die Schwerbehinderteneigenschaft des Arbeitnehmers nicht, stellt sich die Frage der Anfechtbarkeit des Vertrages. Die Schwerbehinderteneigenschaft – der besondere Schutz des Arbeitnehmers – als solche gibt **kein Recht,** den Vertrag **wegen Irrtums** nach § 119 Abs. 1 BGB **anzufechten.** Ohne Bedeutung ist, ob die Einstellung im Rahmen der Pflichtquote des § 71 Abs. 1 und 2 SGB IX erfolgte oder darüber hinaus. **Im Einzelfall** kann die Behinderung als **verkehrswesentliche Eigenschaft** i. S. von § 119 Abs. 2 BGB anzuerkennen sein, wenn ihretwegen der Arbeitnehmer die vertragsgemäß zu erbringende Arbeitsleistung auf Dauer nicht erbringen kann. In diesem Rahmen ist auch eine Offenbarungspflicht des Arbeitnehmers anzuerkennen.[52] 1484

Eine Anfechtung **wegen arglistiger Täuschung** nach § 123 Abs. 1 BGB kann bei vorsätzlich falscher Beantwortung der Frage nach der Schwerbehinderteneigenschaft in Betracht kommen. Wegen der besonderen Rechtsstellung des schwerbehinderten Arbeitnehmers und der Pflichten, die das Gesetz dem Arbeitgeber auferlegt, ist dieser zur Fragestellung berechtigt.[53] Das gilt bislang nicht nur dann, wenn die die Schwerbehinderung begründende Erkrankung für die auszuübende Tätigkeit von Bedeutung ist,[54] sondern auch dann, wenn die **Behinderung,** auf der die Anerkennung nach § 69 Abs. 1 Satz 1 SGB IX beruht, **tätigkeitsneutral** ist.[55] Der Schwerbehinderte muss die Frage wahrheitsgemäß beantworten. 1485

Fraglich ist, ob seit Inkrafttreten des SGB IX an dem **uneingeschränkten Fragerecht** des Arbeitgebers im Hinblick auf das in § 81 Abs. 2 SGB IX geregelte Benachteiligungsverbot festgehalten werden kann.[56] Denn die bisher von BAG und weiten Teilen der Literatur abgelehnte Einschränkung des Fragerechts erfolgte nach Inkrafttreten des in Art. 3 Abs. 3 Satz 2 GG i. d. F. des Art. 1 Nr. 1 lit b des Gesetzes zur Änderung des Grundgesetzes vom 27. 10. 1994 (BGBl. I S. 3146) mit Wirkung vom 15. 11. 1994 aufgenommenen Diskriminierungsverbots mit dem Hinweis, eine § 611a BGB vergleichbare eigengesetzliche Regelung zur Durchset- 1486

---

beitnehmer wegen Verletzung der Mitteilungspflicht schadensersatzpflichtig ist, vgl. BAG 6. 6. 1974 a. a. O.

[52] KR/*Etzel,* §§ 85–90 SGB IX Rn. 31; früher BAG 1. 8. 1985 EzA § 123 BGB Nr. 26 = NJW 1987, 398; BAG 5. 10. 1995 EzA § 123 BGB Nr. 41 = NZA 1996, 371; 18.10.2000 EzA § 123 BGB Nr. 56 = NZA 2001, 315; LAG Düsseldorf 6. 3. 1991 LAGE § 123 BGB Nr. 13; *Gröninger/Thomas,* § 15 SchwbG Rn. 16.

[53] Vgl. BAG 25. 3. 1976 EzA § 123 BGB Nr. 14; 1. 8. 1985 EzA § 123 BGB Nr. 26 = NJW 1987, 398; 3. 12. 1998 EzA § 123 BGB Nr. 51 = NZA 1999, 584; *Neumann/Pahlen,* § 15 SchwbG Rn. 45; KR/*Etzel,* §§ 15–20 SchwbG Rn. 32.

[54] So einschränkend noch BAG 11. 11. 1993 EzA § 123 BGB Nr. 40 mit krit. Anm. von *Rieble* = NZA 1994, 407.

[55] So ausdrücklich BAG 5. 10. 1995 EzA § 123 BGB Nr. 41 = NZA 1996, 371; ebenso BAG 3. 12. 1998 EzA § 123 BGB Nr. 51 = NZA 1999, 854; 18. 10. 2000 EzA § 123 BGB Nr. 56 = NZA 2001, 315.

[56] Verneinend entgegen Voraufl. KR/*Etzel,* §§ 85–90 SGB IX Rn. 32; vgl. auch *Pahlen,* RdA 2001, 143, 149, der die Frage nach der Schwerbehinderteneigenschaft bezogen auf eine tätigkeitsneutrale Behinderung für unzulässig hält; so wohl auch *Düwell,* BB 2001, 1527, 1529 f.; *Weyand/Schubert* (Fn. 167, Rn. 155, 156; *Boewer/Gaul* halten die Frage allenfalls zwecks Förderung der Beschäftigung schwerbehinderter Menschen für zulässig; vgl. *Boewer/Gaul,* in Gaul, AktuellAR 2001 (Band 2), S. 306.

zung dieses Benachteiligungsverbots fehle.[57] Dieses Argument ist mit Inkrafttreten des § 81 Abs. 2 SGB IX zum 1. 7. 2001 entfallen.[58]

III. Der besondere Kündigungsschutz im Verhältnis zu anderen Gesetzen

1487 Der schwerbehinderte Arbeitnehmer genießt nach den §§ 85 ff. SGB IX eine besondere und zusätzliche kündigungsrechtliche Sonderstellung. Dabei handelt es sich nicht um eine abschließende Regelung. Der **besondere Kündigungsschutz** tritt **neben** die sonstigen kündigungsschutzrechtlichen Vorschriften anderer Gesetze. Es gilt also z.B. sowohl der allgemeine Kündigungsschutz nach § 1 KSchG, der Schutz des § 9 MuSchG, der Massenentlassungsschutz nach § 17 KSchG und auch der Kündigungsschutz für Mitglieder der Betriebs- bzw. Personalvertretung gemäß § 15 KSchG [59] Im Falle der Kündigung eines schwerbehinderten Arbeitnehmers ist nach § 102 Abs. 1 Satz 1 und 2 BetrVG der Betriebsrat zu hören oder der Personalrat nach den einschlägigen Gesetzen zu beteiligen. Ist das erfolgt, ist bei unverändertem Sachverhalt eine erneute Anhörung der Arbeitnehmervertretung auch dann nicht erforderlich, wenn die Zustimmung des Integrationsamtes erst nach einem jahrelangen verwaltungsgerichtlichen Verfahren erteilt wird.[60] Eine Wiederholung des Anhörungsverfahrens nach § 102 Abs. 1 Satz 1 und 2 BetrVG bzw. der Beteiligung des Personalrats nach den hierfür maßgeblichen Gesetzen ist nur dann erforderlich, wenn sich inzwischen noch vor Ausspruch der Kündigung der Sachverhalt, auf den die Kündigung gestützt werden soll, wesentlich geändert hat.[61]

1488 Die in § 95 Abs. 2 Satz 1 SGB IX (bis 30. 6. 2001: § 25 Abs. 2 SchwbG) vorgesehene Anhörung der Schwerbehindertenvertretung ist **keine** Wirksamkeitsvoraussetzung für die Kündigung.[62]

1489 Das **Nebeneinander verschiedener Kündigungsschutzbestimmungen** zwingt den schwerbehinderten Arbeitnehmer zur Einhaltung der jeweils vorgesehenen Formen oder Fristen.

1490 Macht der schwerbehinderte Arbeitnehmer geltend, die Kündigung sei neben einem Verstoß gegen § 85 SGB IX auch **sozial ungerechtfertigt** (§ 1 Abs. 1 KSchG), muss er die entsprechende Feststellungsklage nach § 4 Satz 1 KSchG **binnen drei Wochen** nach Zugang der Kündigung beim Arbeitsgericht erheben. Im Rahmen dieser Klage muss er sich auf das Kündigungsverbot nach § 85 SGB IX berufen. Anderenfalls ist er im Falle einer rechtskräftigen Klageabweisung wegen Wirksamkeit der Kündigung nach § 1 Abs. 1 KSchG mit dem Einwand, diese sei

---

[57] BAG 5. 10. 1995 a.a.O. unter B II 3 der Gründe; *Gröninger/Thomas* § 15 SchwbG Rn. 15; abl. ErfK/*Dieterich* Art. 3 GG Rn. 82; ErfK/*Preis* § 611 BGB Rn. 378.

[58] *Boewer/Gaul*, wie Fn. 218; *Düwell* BB 2001, 1527, 1530; *Pahlen* RdA 2001, 143, 149.

[59] BAG 11. 5. 2000 EzA § 103 BetrVG 1972 Nr. 41 = NZA 2000, 1106.

[60] BAG 18. 5. 1994 EzA § 611 BGB Abmahnung Nr. 31 = NZA 1995, 65.

[61] KR/*Etzel*, §§ 85–90 SGB IX Rn. 35; früher BAG 18. 5. 1994 a.a.O.; 20. 1. 2000 EzA § 1 KSchG Krankheit Nr. 47 = NZA 2000, 768.

[62] KR/*Etzel*, §§ 85–90 SGB IX Rn. 35; vgl. zum früheren Recht (vor dem 1. 8. 1986) BAG 28. 7. 1983 EzA § 22 SchwbG Nr. 1 = NJW 1984, 687. Die Entstehungsgeschichte des § 25 Abs. 2 SchwbG macht dies deutlich; vgl. *Neumann/Pahlen,* § 25 SchwbG Rn. 8.

aber auch nach § 85 SGB IX i.V.m. § 134 BGB nichtig, ausgeschlossen (näher unten Rn. 1899).

Die **Feststellungsklage** nach § 256 Abs. 1 ZPO i.V.m. § 495 ZPO, § 46 Abs. 2 Satz 1 ArbGG, mit der der schwerbehinderte Arbeitnehmer allein die Nichtigkeit der Kündigung nach § 134 BGB wegen fehlender Zustimmung des Integrationsamtes (§ 85 SGB IX) geltend machen will, ist – vom Fall des § 113 Abs. 2 InsO abgesehen (vgl. dazu unten Rn. 2162) – an **keine Frist** gebunden. Allenfalls kann das Klagerecht verwirken (vgl. unten Rn. 1953). **1491**

Da die **Kündigung** gegenüber einem schwerbehinderten Arbeitnehmer (§§ 85, 91 Abs. 1 SGB IX) erst **nach Zustimmung** durch das Integrationsamt ausgesprochen werden kann – die ohne Zustimmung erklärte Kündigung ist nach § 134 BGB nichtig (näher unten Rn. 1521) –, ist die Regelung über den Fristbeginn in § 4 Satz 4 KSchG heute insoweit ohne Bedeutung (siehe aber Rn. 926). **Nicht erforderlich** ist, dass die Entscheidung über die **Zustimmung rechtskräftig** ist. Kündigt also der Arbeitgeber, nachdem das Integrationsamt, der Widerspruchsausschuss oder das Verwaltungsgericht die Zustimmung erteilt hat, muss der Arbeitnehmer binnen drei Wochen nach Zugang der Kündigung gemäß § 4 Satz 1 KSchG die Kündigungsschutzklage wegen der Sozialwidrigkeit der Kündigung (§ 1 KSchG) erheben, selbst wenn er gegen die Erteilung der Zustimmung ein Rechtsmittel einlegt. § 85 SGB IX knüpft an **die von einer Instanz erteilte Zustimmung** an. Liegt sie vor, kann der Arbeitgeber kündigen. Widerspruch und Anfechtungsklage gegen die Zustimmung des Integrationsamtes zur Kündigung haben nach § 88 Abs. 4 SGB IX keine aufschiebende Wirkung (dazu unten Rn. 1537). Der Arbeitgeber ist im Kündigungsschutzprozess nach § 4 Satz 1 KSchG nicht auf die Gründe beschränkt, die Gegenstand des Zustimmungsverfahrens waren.[63] **1492**

Wird die erteilte Zustimmung auf Widerspruch oder Klage des schwerbehinderten Arbeitnehmers aufgehoben, wird damit die ausgesprochene Kündigung rückwirkend nichtig.[64] **1493**

Nach dem Vorhergesagten ist der **Rechtsweg** für die Beteiligten de lege lata **doppelspurig.** Es ist sowohl der Rechtsweg zu den Verwaltungsgerichten eröffnet, soweit es um die Zustimmung zur Kündigung geht, als auch zu den Arbeitsgerichten, soweit die arbeitsrechtlichen Probleme der Wirksamkeit der Kündigung zu entscheiden sind.[65] Damit wird das Verfahren kompliziert und zeitraubend.[66] Eine Entscheidung der Arbeitsgerichte ist vor dem Abschluss des Verwaltungsgerichtsverfahrens nur möglich, wenn die Kündigung ohnehin aus anderen Gründen unwirksam ist, z.B. nach § 102 Abs. 1 Satz 3 BetrVG wegen unterbliebener bzw. fehlerhafter Anhörung des Betriebsrats (vgl. dazu Rn. 379) oder gemäß § 1 Abs. 1 **1494**

---

[63] KR/*Etzel,* §§ 85–90 SGB IX Rn. 140; früher LAG Sachsen-Anhalt 24. 11. 1999 BehinR 2001, 31 = BB 2000, 2051 L.; BVerwG 2. 7. 1992 AP § 21 SchwbG 1986 Nr. 1; a.A. ArbG Lüneburg 18. 5. 2000 NZA-RR 2000, 530, 532; GK-SchwbG/*Großmann* § 18 Rn. 122.

[64] Vgl. *Neumann/Pahlen,* § 15 SchwbG Rn. 84; w. Nachw. in Fn. 88.

[65] Nach dem Vorlagebeschluss des ArbG Siegen 10. 6. 1988 EzA § 101 GG Nr. 1 und des LAG Hamm 19. 12. 1985 LAGE Art. 101 GG Nr. 1 verstößt die Doppelspurigkeit des Rechtsweges gegen Art. 101 Abs. 1 Satz 2 GG. Beide Beschlüsse wurden später zurückgenommen; vgl. *Cramer,* § 15 SchwbG Rn. 21. Zum Ganzen vgl. *Seidel,* DB 1994, 1286 ff.

[66] Zur Vereinfachung des Verfahrens de lege ferenda *Dörner,* FS für Dieterich, 1999, S. 83, 98 f.; vgl. auch *Bauer,* NZA 2002, 529, 531.

KSchG, weil sie nicht sozial gerechtfertigt i. S. des § 1 Abs. 2 Satz 1 KSchG ist (vgl. oben Rn. 912ff.). Hält das Arbeitsgericht dagegen die Kündigung unter arbeitsrechtlichen Grundsätzen für wirksam, ist die Entscheidung über die Zustimmung jedoch noch nicht rechtskräftig, hat das Arbeitsgericht über eine **Aussetzung des Rechtsstreits,** die in seinem **pflichtgemäßem Ermessen** steht, nach § 148 ZPO zu befinden.[67] Entscheidet es sich im Hinblick auf das Beschleunigungsgebot der §§ 9 Abs. 1, 61 a ArbGG für eine Fortführung des Kündigungsrechtsstreits, ohne den Ausgang des an sich vorgreiflichen Verwaltungsstreitverfahrens über die Zustimmung des Integrationsamtes zu der angegriffenen Kündigung abzuwarten, kann der Arbeitnehmer, falls nach rechtskräftiger Abweisung der Kündigungsschutzklage die Zustimmung versagt wird, im Wege der Restitutionsklage gemäß § 580 Nr. 6 ZPO die Abänderung des arbeitsgerichtlichen Urteils erreichen.[68]

1495 Eine **Aussetzung des Verfahrens** ist auch **geboten,** wenn der Arbeitnehmer auf ein noch nicht rechtskräftig abgeschlossenes Anerkennungsverfahren nach § 69 Abs. 1 Satz 1 SGB IX hingewiesen hat.[69] Denn der nach Rechtskraft eines klageabweisenden Kündigungsschutzurteils erlassene Feststellungsbescheid des Versorgungsamtes, in dem eine zum Zeitpunkt der Kündigung bereits bestandene Schwerbehinderteneigenschaft festgestellt wird, stellt einen Restitutionsgrund dar.[70]

IV. Voraussetzungen des besonderen Kündigungsschutzes

1496 Der besondere Kündigungsschutz des schwerbehinderten Arbeitnehmers gilt nach § 85 SGB IX für **jede Kündigung** des Arbeitsverhältnisses, für die ordentliche wie auch – wegen der Verweisungsregelung in § 91 Abs. 1 SGB IX – für die außerordentliche Kündigung. Dabei spielt es keine Rolle, ob es sich um eine Beendigungs- oder Änderungskündigung handelt. Zur außerordentlichen Kündigung zählt auch die außerordentliche Kündigung eines auf Grund besonderer Vereinbarung (Tarifvertrag, Betriebsvereinbarung oder Einzelvertrag) ordentlich unkündbaren (näher Rn. 790ff.) schwerbehinderten Arbeitnehmers.[71] Alle diese Kündigungen sind nur zulässig, wenn die **vorherige Zustimmung** des Integrationsamtes vorliegt.

---

[67] BAG 26. 9. 1991 EzA § 1 KSchG Personenbedingte Kündigung Nr. 10 mit Anm. von *Raab* = NZA 1992, 1073; ebenso 13. 9. 1995 EzA § 626 BGB Verdacht strafbarer Handlung Nr. 6 mit Anm. von *Kraft* = NZA 1996, 81; vgl. auch LAG Frankfurt/M. 15. 3. 1990 LAGE § 15 SchwbG 1986 Nr. 2; HessLAG 12. 11. 1993 NZA 1994, 576 L; LAG Köln 17. 3. 1992 und 3. 2. 1997 LAGE § 148 ZPO Nr. 24 und 31; 13. 4. 1999 NZA-RR 2000, 128, 129.

[68] BAG 26. 9. 1991 EzA § 1 KSchG Personenbedingte Kündigung Nr. 10 mit Anm. von *Raab* = NZA 1992, 1073; 13. 9. 1995 EzA § 626 BGB Verdacht strafbarer Handlung Nr. 6 mit Anm. von *Kraft* = NZA 1996, 81.

[69] KR/*Etzel,* §§ 85–90 SGB IX Rn. 145; einschränkend LAG Köln 24. 6. 1991 LAGE § 1 KSchG Personenbedingte Kündigung Nr. 8; LAG Rheinland-Pfalz 19. 12. 1995 – 6 Sa 979/95 – n. v.

[70] Das BAG wendet § 580 Nr. 7b ZPO analog an; 15. 8. 1984 EzA § 580 ZPO Nr. 2 = NJW 1985, 1485.

[71] Vgl. BAG 12. 8. 1999 EzA § 21 SchwbG 1986 Nr. 10 = NZA 1999, 1267.

An dem Zustimmungserfordernis nach § 15 SchwbG hatte sich weder durch das vorzeitige Inkrafttreten von Teilen der Insolvenzordnung (§§ 113, 125 ff.) im Geltungsbereich der Konkursordnung (alte Bundesländer) zum 1. 10. 1996 (hierzu Rn. 2147) noch durch das Inkrafttreten der Insolvenzordnung im gesamten Bundesgebiet am 1. 1. 1999 etwas geändert (siehe aber Rn. 1532)[72] Seit dem 1. 7. 2001 ist an die Stelle des § 15 SchwbG der § 85 SGB IX getreten (vgl. schon oben Rn. 1455). **1497**

Kündigungen der schwerbehinderten **Arbeitnehmer selbst** bedürfen nicht der Zustimmung des Integrationsamtes. Das Gesetz gibt dem Integrationsamt in § 117 Abs. 1 Satz 1 SGB IX (bis 30. 6. 2001: 39 Abs. 1 SchwbG) aber die Möglichkeit, dem schwerbehinderten Arbeitnehmer oder dem ihm Gleichgestellten zeitweise die Vorteile des Gesetzes zu entziehen, wenn er ohne berechtigten Grund seinen Arbeitsplatz aufgibt. **1498**

Schwierige Fragen sind zu beantworten, wenn der schwerbehinderte Arbeitnehmer auf Grund seines Gesundheitszustandes überhaupt nicht mehr in der Lage ist, irgendeine im Betrieb vorhandene Arbeit zu verrichten oder er seine vertragliche Tätigkeit, z.B. Schichtarbeit mit regelmäßiger Nachtschicht, nicht mehr ausüben kann, er aber noch leichte Arbeiten verrichten kann, diese aber entweder im Betrieb nicht vorhanden oder solche Arbeitsplätze mit anderen Arbeitnehmern besetzt sind. Der Arbeitgeber wird hier gelegentlich in Passivität verfallen, d.h. dem Arbeitnehmer nicht kündigen aber die Entgeltzahlung einstellen, weil er das Verfahren vor dem Integrationsamt und die langwierigen verwaltungsgerichtlichen Verfahren scheut. Für den Arbeitnehmer gibt es, sofern er noch leichte Arbeiten verrichten kann, die Möglichkeit einer Klage aus §§ 611 Abs. 1, 615 Satz 1 BGB, die allerdings nach der Rechtsprechung des BAG wenig Aussicht auf Erfolg hat.[73] **1499**

Daneben könnte ein Schadensersatzanspruch wegen Verletzung der Fürsorgepflicht nach § 280 Abs. 1 Satz 1 BGB i.d.F. von Art. 1 Nr. 9 des Gesetzes zur Modernisierung des Schuldrechts vom 26. 11. 2001 (BGBl. I S. 3138) in Betracht kommen. Der Arbeitgeber kann nämlich durch § 81 Abs. 4 Satz 1 SGB IX (vom 1. 10. 2000 bis 30. 6. 2001: § 14 Abs. 3 Satz 1 SchwbG) gehalten sein, eine **Änderung** des zugewiesenen Arbeitsplatzes des schwerbehinderten Arbeitnehmers vorzunehmen, um seine Beschäftigung zu ermöglichen.[74] Hierauf hat der Arbeitnehmer einen klagbaren Anspruch.[75] Durch **schuldhafte Nichterfüllung** dieses Anspruchs kann der Arbeitgeber in Schuldnerverzug geraten (§§ 284 Abs. 1, 285 BGB a.F. bzw. § 286 Abs. 1 und 4 BGB n.F.). Dann hat der Arbeitgeber dem Arbeitnehmer den Schaden in Gestalt der entgangenen Arbeitsvergütung zu ersetzen.[76] **1500**

---

[72] *Schaub,* DB 1999, 217, 223.

[73] Vgl. BAG 10. 7. 1991 EzA § 615 BGB Nr. 69 Anm. von *Boecken* = NZA 1992, 27; 13. 5. 1992 EzA § 14 SchwbG 1986 Nr. 3; 23. 1. 2001 EzA § 615 BGB Nr. 103 = NZA 2001, 1020; vgl. auch LAG Köln 24. 11. 1995, ZTR 1996, 275 L. Zum Ganzen vgl. *Stahlhacke,* ArbuR 1992, 8, 14 ff., der je nach Lage des Falles einen Anspruch aus §§ 611 Abs. 1, 615 Satz 1 BGB bejaht.

[74] Vgl. *Gröninger/Thomas* § 14 SchwbG Rn. 13.

[75] Vgl. früher BAG 10. 7. 1991 EzA § 615 BGB Nr. 69 m. Anm. von *Boecken* = NZA 1992, 27; *Gröninger/Thomas* § 14 SchwbG Rn. 13 m.w.N.

[76] Vgl. früher schon BAG 10. 7. 1991 EzA § 615 BGB Nr. 69 m. Anm. von *Boecken* = NZA 1992, 27; BAG 23. 1. 2001 EzA § 615 BGB Nr. 103 = NZA 2001, 1020.

1501 Schließlich bleibt die letzte Frage, ob und ggfls. unter welchen Voraussetzungen der schwerbehinderte Arbeitnehmer von seinem Arbeitgeber verlangen kann, ihm einen Arbeitsplatz **freizukündigen.**[77]

1502 Das Gesetz knüpft den besonderen Schutz für die schwerbehinderten Arbeitnehmer nur an den Beendigungstatbestand der **Kündigung.** Damit wird zugleich deutlich, dass die anderen Beendigungstatbestände für das Arbeitsverhältnis in ihrer Wirkung durch § 85 SGB IX nicht betroffen sind.

1. Aufhebungsvertrag

1503 Der Aufhebungsvertrag zwischen dem schwerbehinderten Arbeitnehmer und dem Arbeitgeber ist ohne Zustimmung des Integrationsamtes zulässig. Er bedarf allerdings der Schriftform nach § 623 1. Halbsatz BGB i. d. F. von Art. 1 Nr. 7 des Gesetzes zur Anpassung der Formvorschriften des Privatrechts und anderer Vorschriften an den modernen Rechtsgeschäftsverkehr vom 13. 7. 2001, BGBl. I S. 1542 (näher oben Rn. 40ff.).

1504 Der Verzicht auf den besonderen Kündigungsschutz ist **nach der Kündigung** zulässig. Bereits vor Inkrafttreten des § 623 BGB i.d.F. des Art. 2 des Arbeitsrechtsbeschleunigungsgesetzes vom 30. 3. 2000 (BGBl. I S. 333) am 1. 5. 2000 war zu beachten, dass aus einem Schweigen des Arbeitnehmers auf eine Kündigung grundsätzlich nicht auf sein Einverständnis mit der Kündigung und damit auf Abschluss eines Aufhebungsvertrages geschlossen werden konnte. Es konnten aber auch Anhaltspunkte dafür gegeben sein, die auf den Willen des Arbeitnehmers schließen ließen, das Arbeitsverhältnis einvernehmlich zu beenden.[78] Seit dem 1. 5. 2000 bedarf die einvernehmliche Beendigung des Arbeitsvertrages in jedem Fall der Schriftform nach § 623 BGB a.F., was seit dem 1. 8. 2001 aus § 623 1. Halbsatz BGB n. F. folgt (vgl. oben Rn. 1503). Formlos kann allerdings der schwerbehinderte Arbeitnehmer nach wie vor nach Zugang der Kündigung darauf verzichten, ihre Nichtigkeit gerichtlich geltend zu machen.[79] Ein derartiger Klageverzicht kann auch in einer sog. **Ausgleichsquittung** erklärt werden, wenn ihr Inhalt dies rechtfertigt, d.h. insoweit **eindeutig** ist.[80] Allerdings muß er seit dem 1. 1. 2002 der Inhaltskontrolle nach §§ 307 Abs. 1 Satz 1, 310 Abs. 4 Satz 2 BGB n.F. standhalten.[81]

2. Befristeter Arbeitsvertrag

1505 Der befristete Arbeitsvertrag ist im Rahmen des seit dem 1. 1. 2001 geltenden § 14 TzBfG zulässig, so dass die **Zustimmung** des Integrationsamtes für die Been-

[77] Vgl. hierzu BAG 13. 5. 1992 EzA § 14 SchwbG 1986 Nr. 3 unter 2a bis c; 28. 4. 1998 EzA § 14 SchwbG 1986 Nr. 5 = NZA 1999, 152.

[78] Vgl. *Frölich,* NZA 1997, 1273.

[79] ErfK 3/*Rolfs,* § 85 SGB IX Rn. 12; vgl. früher auch BAG 11. 3. 1999 EzA § 17 KSchG Nr. 8 = NZA 1999, 761.

[80] KR/*Etzel,* Vor §§ 85–90 SGB IX Rn. 32; vgl. früher *Neumann/Pahlen,* § 15 SchwbG Rn. 57; *Gröninger/Thomas,* § 15 SchwbG, Rn. 13. Weitere Einzelheiten hierzu, auch zur Frage der Anfechtbarkeit der Ausgleichsquittung, oben Rn. 1254, 1255.

[81] Hierzu näher *Preis,* Der Arbeitsvertrag, II V 50 Rn. 19.

digung des Arbeitsverhältnisses **nicht notwendig** ist. Da mit Inkrafttreten des § 14 TzBfG die Frage der Zulässigkeit einer Befristungsabrede vom Kündigungsschutz abgekoppelt worden ist (vgl. oben Rn. 55), kommt es nicht mehr, wie noch nach der bis zum 31. 12. 2000 geltenden Rechtslage,[82] darauf an, ob durch die Vereinbarung der Befristung des Arbeitsverhältnisses der besondere Kündigungsschutz nach § 85 SGB IX umgangen wird, wobei die objektive Umgehung bereits ausreichte.[83]

Wird eine Befristung des Arbeitsverhältnisses vereinbart und liegt dafür ein sach- **1506**
licher Grund nach § 14 Abs. 1 TzBfG vor, endet das Arbeitverhältnis ohne Kündigung zum vereinbarten Zeitpunkt auch dann, wenn die Schwerbehinderung während des befristeten Vertrages eintritt. Das gilt ebenso, wenn das Arbeitverhältnis wirksam nach § 14 Abs. 2, Abs. 3 TzBfG ohne sachlichen Grund (hierzu Rn. 106ff.) befristet worden ist. Eine Zustimmung des Integrationsamtes kommt, vom Ausnahmefall des § 92 SGB IX (hierzu unten Rn. 1509ff.) abgesehen, nicht in Betracht.

Vereinbaren die Arbeitsvertragsparteien ein Arbeitsverhältnis **auf bestimmte** **1507**
Zeit mit der Maßgabe, es solle **fortbestehen, falls** es nicht **gekündigt** wird, liegt kein befristeter Arbeitsvertrag vor. Die Kündigung **bedarf** der **Zustimmung** des Integrationsamtes. Wird ein befristetes Arbeitsverhältnis über den Beendigungszeitpunkt hinaus mit Wissen des Arbeitgebers durch tatsächliche Arbeitsleistung fortgesetzt und verwandelt es sich dadurch gemäß § 15 Abs. 5 TzBfG (vgl. oben Rn. 126) in ein unbefristetes,[84] besteht Kündigungsschutz im Rahmen des § 85 SGB IX. Das gilt auch dann, wenn ein mit Zustimmung des Integrationsamtes gekündigter schwerbehinderter Arbeitnehmer über die Kündigungsfrist hinaus mit Wissen des Arbeitgebers weiterbeschäftigt wird.[85]

Bis zum 31. 12. 2000 bestimmte § 22 Satz 1 SchwbG a. F., dass die **Beendigung** **1508**
des Arbeitsverhältnisses der vorherigen Zustimmung der Hauptfürsorgestelle bedurfte, wenn sie **kraft Vereinbarung** im Falle des **Eintritts** der **Berufsunfähigkeit** oder der **Erwerbsunfähigkeit auf Zeit** eintrat. Durch Art. 20 des Gesetzes zur Reform der Renten wegen verminderter Erwerbsfähigkeit vom 20. 12. 2000 (BGBl. I S. 1827) wurde § 22 Satz 1 SchwbG a.F. mit Wirkung vom 1. 1. 2001 infolge des zu diesem Zeitpunkt eingeführten abgestuften Systems einer Rente wegen Erwerbsminderung (§ 43 SGB VI i.d.F. des Art. 1 Nr. 10 des o.g. Reformgesetzes) geändert. Nunmehr bedurfte die Beendigung des Arbeitsverhältnisses **auch** dann der vorherigen **Zustimmung** der Hauptfürsorgestelle, wenn sie im Falle des Eintritts einer **teilweisen Erwerbsminderung** (§ 43 Abs. 1 SGB VI n.F.) oder der **vollen Erwerbsminderung auf Zeit** (§ 43 Abs. 2 SGB VI n.F.) ohne Kündigung erfolgte.

Soweit zugunsten eines schwerbehinderten Arbeitnehmers Berufsunfähigkeit (vgl. **1509**
§ 240 Abs. 2 SGB VI) oder Erwerbsunfähigkeit auf Zeit (vgl. § 44 SGB VI a.F.) nach der bis zum 31. 12. 2000 geltenden Rechtslage festgestellt worden war, änderte sich an der Notwendigkeit der vorherigen Zustimmung der Hauptfürsorgestelle bei einer

---

[82] Vgl. Voraufl. Rn. 36 ff.
[83] Vgl. näher Voraufl. Rn. 907.
[84] Vgl. BAG 2. 12. 1998 EzA § 625 BGB Nr. 4 = NZA 1999, 482.
[85] Vgl. *Neumann/Pahlen,* § 15 SchwbG Rn. 54.

Beendigung des Arbeitsverhältnisses ohne Kündigung ab dem 1. 1. 2001 nichts (vgl. § 22 Satz 1 SchwbG n. F.). § 92 Satz 1 SGB IX hat die bis zum 30. 6. 2001 in § 22 Satz 1 SchwbG n. F. enthaltene Regelung übernommen. Da § 92 Satz 2 SGB IX, wie bis zum 30. 6. 2001 § 22 Satz 2 SchwbG, die entsprechende Anwendung der **Vorschriften** des Vierten Abschnitts **über** die **Zustimmung** zur **ordentlichen Kündigung** vorsieht, sind die in Rn. 1477 ff. dargestellten Voraussetzungen für den Erhalt des Sonderkündigungsschutzes auch **auf** den **Erhalt** des **erweiterten Beendigungsschutzes** nach § 92 Satz 1 SGB IX **übertragbar.**[86]

1510 Die heute in § 92 Satz 1 SGB IX enthaltene Regelung fand früher – ab dem 1. 8. 2001 gilt nichts anderes – während der Geltung des § 22 Satz 1 SchwbG a. F. (vgl. oben Rn. 1508) vor allem im Bereich des öffentlichen Dienstes, z. B. § 59 Abs. 1 Satz 1 BAT, § 62 Abs. 1 Satz 1 MTArb, § 56 Abs. 1 Satz 1 BMT-G II, im Hinblick auf die dort geregelte Beendigung des Arbeitsverhältnisses nach festgestellter Berufsunfähigkeit Anwendung.[87] Mit Wirkung vom 1. 1. 1985 sind diese Tarifnormen dahingehend ergänzt worden, dass das **Arbeitsverhältnis nicht endet,** wenn nach dem Bescheid des Rentenversicherungsträgers eine **zeitlich befristete Rente** gewährt wird. Es **ruht** vielmehr mit allen Rechten und Pflichten bis zum Ablauf des Tages, bis zu dem die Zeitrente bewilligt ist, längstens jedoch bis zum Ablauf des Tages, an dem das Arbeitsverhältnis, z. B. durch Kündigung, die dann der Zustimmung des Integrationsamtes bedarf (§ 85 SGB IX!), endet.[88] Auf diesen Tatbestand ist § 92 Satz 1 SGB IX, der von einer Beendigung, nicht von einem Ruhen des Arbeitsverhältnisses ausgeht, nicht anwendbar.

1511 Die **Zustimmung** des Integrationsamtes muss **vor** dem **Beendigungszeitpunkt** eingeholt werden. Sieht die in § 92 Satz 1 SGB IX angesprochene Vereinbarung (dazu Rn. 1509) eine Frist vor, bis zu der der Antrag des Arbeitgebers auf Zustimmung zur Beendigung des Arbeitsverhältnisses zu stellen ist, muss die Zustimmung in dem Zeitpunkt, in dem diese Frist zu laufen beginnt, vorliegen.[89]

3. Faktisches Arbeitsverhältnis

1512 Besteht kein wirksamer Arbeitsvertrag, kann das dann bestehende faktische Arbeitsverhältnis jederzeit beendet werden, ohne dass es dazu einer Kündigung bedarf (näher oben Rn. 33).[90]

4. Anfechtung des Arbeitsvertrages

1513 Das Rechtsinstitut der Anfechtung unterscheidet sich, was die Voraussetzungen und die Wirkungen angeht, von der Kündigung. Für die Anfechtung des Arbeits-

---

[86] Vgl. früher BAG 28. 6. 1995 EzA § 620 BGB Nr. 134 = NZA 1996, 374.

[87] Vgl. BAG 9. 8. 2000 ZTR 2001, 270.

[88] Vgl. BAG 3. 12. 1998 EzA § 1 KSchG Krankheit Nr. 45 = NZA 1999, 440; 5. 4. 2000 AP § 39 BAT Nr. 2 = NZA 2000, 842; 25. 10. 2001 EzA § 256 ZPO Nr. 62.

[89] Ist auf ein Arbeitsverhältnis Beamtenrecht anzuwenden (z. B. beim Dienstordnungsangestellten), gilt § 92 SGB IX entsprechend, wenn der Arbeitnehmer wegen Dienstunfähigkeit in den Ruhestand versetzt wird, KR/Etzel, § 92 SGB IX Rn. 10; früher BAG 20. 10. 1977 EzA § 19 SchwbG Nr. 1 = DB 1978, 990.

[90] Vgl. BGH 3. 7. 2000 NJW 2000, 2983; *Dütz,* Arbeitsrecht, 6. Aufl. 2001, Rn. 118.

vertrages ist die Zustimmung des Integrationsamtes nicht erforderlich (vgl. dazu oben Rn. 1484).

5. Direktionsrecht

Der Schwerbehindertenschutz knüpft an die im Arbeitsvertrag vereinbarte Tä- **1514**
tigkeit an. Soweit also der Arbeitgeber nach dem Arbeitsvertrag berechtigt ist, dem schwerbehinderten Arbeitnehmer eine andere Tätigkeit zuzuweisen, liegt keine Kündigung, auch keine Änderungskündigung vor. Der Umstand, dass die Leistungsbestimmung durch den Arbeitgeber der Billigkeitskontrolle durch das Gericht nach § 315 Abs. 3 BGB unterliegt,[91] ist eine Frage allgemeiner Rechtsgrundsätze, keine Besonderheit des Rechts schwerbehinderter Arbeitnehmer. Daraus folgt dann der vielfach hervorgehobene Grundsatz, der schwerbehinderte Arbeitnehmer könne nicht im Voraus jeder beliebigen Vertragsänderung zustimmen.[92] Das ist zutreffend. Trotz einer solchen Vereinbarung unterliegt die Vertragsänderung durch den Arbeitgeber der Billigkeitskontrolle durch das Gericht. Zu beachten ist in diesem Zusammenhang vor allem auch § 81 Abs. 4 Satz 1 Nr. 1 SGB IX (bis 30. 6. 2001: 14 Abs. 3 Satz 1 Nr. 1 SchwbG i.d.F. des Art 1 Nr. 9 SchwbBAG vom 29. 9. 2000, BGBl. I S. 1394), nach dem schwerbehinderte Menschen so zu beschäftigen sind, dass sie ihre Fähigkeiten und Kenntnisse möglichst voll verwerten und weiter entwickeln können.[93] Bei Maßnahmen im Rahmen des Direktionsrechts ist das Mitbestimmungsrecht des Betriebs- bzw. Personalrats zu beachten.

6. Kurzarbeit

Die Einführung von Kurzarbeit durch Tarifvertrag oder (zulässige) Betriebsver- **1515**
einbarung trifft den schwerbehinderten Menschen wie jeden anderen Arbeitnehmer. Eine Kündigung ist dazu nicht erforderlich, so dass auch die Zustimmung des Integrationsamtes entfällt.[94] Wird die Kurzarbeit nach allgemeinen arbeitsvertraglichen Grundsätzen im Betrieb eingeführt (ein Tarifvertrag findet keine Anwendung; im Betrieb besteht kein Betriebsrat), ist eine Vereinbarung mit dem schwerbehinderten Arbeitnehmer erforderlich. Kann sie nicht erreicht werden, ist eine Änderungskündigung notwendig,[95] zu der die Zustimmung des Integrationsamtes nach § 85 SGB IX vorliegen muss (schon oben Rn. 1469).

V. Kündigungsfrist

Die Frist für die Kündigung eines schwerbehinderten Arbeitnehmers beträgt **1516**
mindestens vier Wochen (§ 86 SGB IX). Sie kann nicht verkürzt werden. Die

---

[91] Z.B. BAG 7. 12. 2000 EzA § 611 BGB Direktionsrecht Nr. 23 = NZA 2001, 780; vgl. auch oben Rn. 20.

[92] Vgl. KR/*Etzel,* §§ 85–90 SGB IX Rn. 8; *Neumann/Pahlen,* § 15 SchwbG Rn. 64; § 229 Rn. 55; vgl. auch BAG 7. 10. 1982 EzA § 315 BGB Nr. 28 = NJW 1983, 2284.

[93] Vgl. in diesem Zusammenhang LAG Hamm 27. 9. 2000 MDR 2001, 472.

[94] KR/*Etzel,* §§ 85–90 SGB IX Rn. 7; früher BAG 1. 2. 1957 AP § 32 SchwBeschG Nr. 1 = NJW 1957, 966; *Neumann/Pahlen,* § 15 SchwbG Rn. 67.

[95] Vgl. BAG 27. 1. 1994 EzA § 615 BGB Kurzarbeit Nr. 1 = NZA 1995, 134.

Mindestkündigungsfrist gilt nach § 90 Abs. 1 Nr. 1 SGB IX nicht für solche Arbeitsverhältnisse mit schwerbehinderten Arbeitnehmern, die im Zeitpunkt des Zugangs der Kündigungserklärung **ohne Unterbrechung noch nicht länger als sechs Monate bestehen.** Damit gilt im Probe- und Aushilfsarbeitsverhältnis, sofern es nicht ausnahmsweise die Dauer von sechs Monaten **übersteigt,** keine Mindestkündigungsfrist mehr. Es gelten die allgemeinen Vorschriften des § 622 BGB, d. h. soweit innerhalb einer vereinbarten sechsmonatigen Probezeit die ordentliche Kündigung möglich ist (dazu oben Rn. 552), gilt nach § 622 Abs. 3 BGB eine Kündigungsfrist von zwei Wochen (vgl. oben Rn. 401). Das folgt aus der eindeutigen Gesetzeslage in § 90 Abs. 1 Nr. 1 SGB IX, der in der sechsmonatigen Wartezeit auch die Anwendbarkeit des die Mindestkündigungsfrist regelnden § 86 SGB IX ausschließt.[96]

1517 Die Kündigungsfrist des § 86 SGB IX ist **einseitig zwingend,** d. h. es gilt das Günstigkeitsprinzip. Gelten nach Gesetz (z. B. § 622 BGB), nach Tarifvertrag oder Einzelarbeitsvertrag längere Kündigungsfristen, gehen diese stets vor. Ist danach eine ordentliche Kündigung nur zu bestimmten Endzeitpunkten, z. B. zum 15., zum Ende eines Kalendermonats oder zum Quartalsschluss, möglich, sind diese auch im Rahmen des § 86 SGB IX zu beachten.[97]

1518 Unsicher ist, ob die Kündigungsfrist des § 86 SGB IX auch für **Kündigungen durch den Arbeitnehmer** gilt. Vereinzelt ist dies zu dem bis zum 30. 6. 2001 geltenden wortgleichen § 16 SchwbG angenommen worden.[98] Richtig ist, dass das 4. Kapitel des Teils 2 des SGB IX, wie bis zum 30. 6. 2001 der 4. Abschnitt des SchwbG, Schutzbestimmungen zugunsten der schwerbehinderten Arbeitnehmer enthält und daher auf die Kündigung durch diese selbst nicht anzuwenden ist.

1519 Die Kündigung des schwerbehinderten Arbeitnehmers kann nach § 85 SGB IX erst **nach** der Zustimmung des Integrationsamtes ausgesprochen werden. Der Arbeitgeber hat die Frist des § 88 Abs. 3 SGB IX (bis 30. 6. 2001: § 18 Abs. 3 SchwbG) einzuhalten, d. h. er muss die Kündigung innerhalb einer Frist von einem Monat nach Zustellung der Zustimmung zur Kündigung erklären (für die außerordentliche Kündigung gilt § 91 Abs. 5 SGB IX). Die Kündigungsfrist beginnt mit dem Tag nach dem Zugang der Kündigung zu laufen.[99] Für die Berechnung und den Ablauf der Frist gelten die §§ 186 ff. BGB. Ist der letzte Tag der Frist ein Sonnabend, ein Sonntag oder ein gesetzlicher Feiertag, kann allerdings § 193 BGB nicht entsprechend angewandt werden.[100]

1520 Die Kündigungsfrist des § 16 SchwbG war eine **gesetzliche Frist** i. S. des § 22 KO, so dass der Konkursverwalter bis zum 30. 9. 1996 selbst dann mit einer Frist

---

[96] Vgl. KR/Etzel, §§ 85–90 SGB IX Rn. 131; früher *Gröninger/Thomas,* § 16 SchwbG Rn. 2; *Berscheid* ZInsO 1998, 159, 161, GK-SchwbG/*Großmann,* § 16 Rn. 18; *Preis/Kliemt,* AR-Blattei SD 127 a Rn. 280.

[97] KR/Etzel, §§ 85–90 SGB IX Rn. 131a; früher BAG 25. 2. 1981 EzA § 17 SchwbG Nr. 3 = AP § 17 SchwbG Nr. 2 m. Anm. von *Gröninger.*

[98] *Neumann/Pahlen,* § 16 SchwbG Rn. 4; a. A. KR/*Etzel,* §§ 85–90 SGB IX Rn. 134; a. A. früher auch *Cramer,* § 16 SchwbG Rn. 3; *Gröninger/Thomas,* § 16 SchwbG Rn. 2; GK-SchwbG/*Großmann,* § 16 Rn. 25.

[99] KR/*Etzel,* §§ 85–90 SGB IX Rn. 135; früher *Gröninger/Thomas,* § 16 SchwbG Rn. 4; GK-SchwbG/*Großmann,* § 16 Rn. 36.

[100] *Neumann/Pahlen,* § 16 SchwbG Rn. 9; *Gröninger/Thomas,* § 16 SchwbG Rn. 4; vgl. auch Rn. 499; a. A. GK-SchwbG/*Großmann,* § 16 Rn. 39.

von vier Wochen kündigen konnte, wenn eine längere Frist **vereinbart** worden war. Im Hinblick darauf, dass § 113 Abs. 1 Satz 2 InsO im Insolvenzverfahren für den Regelfall eine Kündigungsfrist von drei Monaten vorsieht (dazu unten Rn. 2155), kommt die seit dem 1. 7. 2001 in § 86 SGB IX normierte *Mindest*kündigungsfrist von vier Wochen in diesem Bereich nur noch dann zum Zuge, wenn eine tarifliche Kündigungsfrist abweichend von § 622 Abs. 1 oder Abs. 2 BGB (vgl. § 622 Abs. 4 Satz 1 BGB) weniger als vier Wochen beträgt. Denn in diesem Fall ist die vierwöchige Kündigungsfrist die maßgeblich kürzere Frist i.S. von § 113 Abs. 1 Satz 2 InsO.[101]

VI. Die Zustimmung des Integrationsamtes

Die **Zustimmung** des Integrationsamtes zur Kündigung ist ein **privatrechtsgestaltender Verwaltungsakt mit Doppelwirkung**,[102] der dem Arbeitgeber **die** zeitlich auf einen Monat (§ 88 Abs. 3 SGB IX) begrenzte Erlaubnis zur Kündigung gibt und den Arbeitnehmer gleichzeitig mit ihr belastet. Die Kündigung eines schwerbehinderten Arbeitnehmers ist ebenso wie die einer werdenden Mutter grundsätzlich verboten. Sie ist nur erlaubt, wenn **vorher** die **Zustimmung** des Integrationsamtes erteilt worden ist. Die **ohne Zustimmung** ausgesprochene Kündigung ist wegen Verstoßes gegen ein gesetzliches Verbot nichtig (§ 134 BGB). Die Zustimmung kann nicht nachträglich ausgesprochen werden. Wird sie erteilt, heilt sie die vorher ausgesprochene Kündigung nicht. Diese bleibt nichtig. Der Arbeitgeber muss neu kündigen. **1521**

Der Zustimmung des Integrationsamtes steht die positive Entscheidung des Widerspruchsausschusses des Integrationsamtes sowie die Entscheidung des Verwaltungsgerichts[103] gleich. Ist in einer Instanz eine Zustimmung erteilt worden, kann der Arbeitgeber innerhalb der Frist des § 88 Abs. 3 SGB IX kündigen. Hierzu ist nicht erforderlich, dass der Bescheid rechtskräftig ist (vgl. unten Rn. 1537). **1522**

1. Das Antragsverfahren

Die Zustimmung des Integrationsamtes wird nur auf **schriftlichen Antrag** des Arbeitgebers, und zwar **in doppelter Ausfertigung** erteilt. Die Zuständigkeit richtet sich gemäß § 87 Abs. 1 Satz 1 SGB IX (bis 30. 6. 2001: § 17 Abs. 1 Satz 1 SchwbG) nach dem Sitz des Betriebes oder der Dienststelle. Das Integrationsamt hat gemäß § 87 Abs. 2 SGB IX (bis 30. 6. 2001: § 17 Abs. 2 SchwbG) vor seiner Entscheidung eine Stellungnahme des zuständigen Arbeitsamtes,[104] des Be- **1523**

[101] KR/*Etzel,* §§ 85–90 SchwbG Rn. 132.

[102] Vgl. BVerwG 10. 9. 1992 BVerwGE 91, 7, 9 = EzA § 21 SchwbG 1986 Nr. 4; BAG 16. 10. 1991 EzA § 18 SchwbG 1986 Nr. 2 = NZA 1992, 503; LAG Sachsen-Anhalt 24. 11. 1999 BehinR 2001, 31 = BB 2001, 2051 L.; *Seidel,* MDR 1997, 804, 805.

[103] A.A. LAG Saarland 14. 5. 1997 LAGE § 15 SchwbG 1986 Nr. 8; danach ist trotz eines Verpflichtungsurteils noch ein förmlicher Zustimmungsbescheid des Integrationsamtes notwendig.

[104] Sind für den Sitz des Betriebes und den Wohnort des schwerbehinderten Arbeitnehmers verschiedene Arbeitsämter zuständig, ist von beiden eine Stellungnahme einzuholen; BVerwG

triebs-[105] oder Personalrats und der Schwerbehindertenvertretung einzuholen sowie den schwerbehinderten Arbeitnehmer selbst zu hören. Diese Verfahrensbestimmungen – im Übrigen gilt das Verwaltungsverfahren nach dem SGB X für das Integrationsamt – sind zwingend, d.h., die Nichteinhaltung macht die Entscheidung fehlerhaft und im Widerspruchs- bzw. Verwaltungsgerichtsverfahren anfechtbar. Äußert sich ein Beteiligter in einer gesetzten angemessenen Frist nicht, kann das Integrationsamt entscheiden. Das Gleiche gilt, wenn der schwerbehinderte Arbeitnehmer im Anhörungstermin ohne ausreichende Entschuldigung nicht erscheint.

1524 Zum Zeitpunkt der Antragstellung nach § 8 Abs. 1 Satz 1 SGB IX kann eine zur Wirksamkeit der Kündigung erforderliche **Anhörung des Betriebsrats** (§ 102 Abs. 1 BetrVG) bzw. **Beteiligung des Personalrats** (z.B. § 79 BPersVG) bereits erfolgt sein.[106] Sie kann aber auch noch während oder nach dem Zustimmungsverfahren beim Integrationsamt durchgeführt werden.[107] Hat der Arbeitgeber vor Einschaltung des Integrationsamtes den Betriebs- bzw. Personalrat zur Kündigung eines schwerbehinderten Arbeitnehmers angehört, ist eine Wiederholung des Anhörungsverfahrens nur dann erforderlich, wenn sich vor Ausspruch der Kündigung der ihr zu Grunde liegende Sachverhalt wesentlich verändert hat.[108] Das gilt selbst dann, wenn die Zustimmung des Integrationsamtes erst nach einem jahrelangen verwaltungsgerichtlichen Verfahren erteilt wird.[109]

1525 Das Integrationsamt hat nach § 87 Abs. 3 SGB IX (bis 30. 6. 2001: § 17 Abs. 3 SchwbG) in jeder Lage des Verfahrens auf eine gütliche Einigung hinzuwirken.

2. Die Entscheidung des Integrationsamtes

1526 Das Integrationsamt **soll** nach § 88 Abs. 1 SGB IX (bis 30. 6. 2001: § 18 Abs. 1 SchwbG) seine Entscheidung, falls erforderlich auf Grund mündlicher Verhandlung, **innerhalb eines Monats** vom Tag des Eingangs des Antrages an treffen. Eine Überschreitung der Frist führt nicht zur Anfechtbarkeit, wohl aber ggf. zur Schadensersatzpflicht oder auch zur Untätigkeitsklage.[110] Die Entscheidung des Integrationsamtes ist gemäß § 88 Abs. 2 Satz 1 SGB IX (bis 30. 6. 2001: § 18 Abs. 2 Satz 1 SchwbG) dem Arbeitgeber **und** dem schwerbehinderten Arbeitnehmer zuzustellen. Die Zustellungen sind Wirksamkeitsvoraussetzung für die Entscheidung des Integrationsamtes. Daraus folgt: Die ordentliche Kündigung kann wirksam erst **nach förmlicher Zustellung,** – deren Art und Weise – richtet sich gemäß § 65 Abs. 2

---

28. 9. 1995 EzA § 17 SchwbG 1986 = NZA-RR 1996, 290, 291; 13. 8. 1996 *Buchholz* 436.61 § 17 SchwbG Nr. 6; 11. 11. 1999 EzA § 17 SchwbG 1986 Nr. 2 = NZA 2000, 146.

[105] Zur Frage, ob eine Stellungnahme des Betriebsrats auch im Falle der beabsichtigten Kündigung eines leitenden Angestellten i. S. des § 5 BetrVG einzuholen ist, vgl. *Bayer,* DB 1990, 933 ff.

[106] BAG 18. 5. 1994 EzA § 611 BGB Abmahnung Nr. 31 = NZA 1995, 65; 11. 3. 1998 RzK IV 8a Nr. 45; 20. 1. 2000 EzA KSchG § 1 Krankheit Nr. 47 = NZA 2000.

[107] Vgl. BAG 1. 4. 1981 AP § 102 BetrVG 1972 Nr. 23; 18. 8. 1982 EzA § 102 BetrVG 1972 Nr. 48 = AP § 102 BetrVG 1972 Nr. 24; BAG 18. 5. 1994 a. a. O.

[108] vgl. BAG 11. 3. 1998 RzK IV 8a Nr. 45 L.; 20. 1. 2000 a. a. O.

[109] vgl. BAG 18. 5. 1994 a. a. O.

[110] KR/*Etzel,* §§ 85–90 SGB IX Rn. 81.

SGB X nach Landesrecht[111] – des Zustimmunsbescheides jedenfalls **an** den **Arbeitgeber** ausgesprochen werden.[112] Kündigt der Arbeitgeber bereits vorher, z. B. nach formloser Bekanntgabe der Entscheidung, ist die Kündigung nach § 134 BGB nichtig.

Das Integrationsamt entscheidet, von den Fällen des § 89 SGB IX (bis 30. 6. 2001: § 19 SchwbG) abgesehen, nach freiem, **pflichtgemäßem Ermessen.**[113] Bei seiner Ermessensentscheidung hat es nach § 20 SGB X **von Amts wegen**[114] all das zu ermitteln, was erforderlich ist, um die gegensätzlichen Interessen des Arbeitgebers (Erhaltung seiner Gestaltungsmöglichkeiten) und des schwerbehinderten Arbeitnehmers (Sicherung seines Arbeitsplatzes) gegeneinander abwägen zu können.[115] Dabei muss sich das Integrationsamt von der Richtigkeit der für seine Entscheidung wesentlichen Behauptungen eine **eigene Überzeugung** verschaffen[116] und darf sich nicht damit begnügen, das Vorbringen des Arbeitgebers, soweit es bei der Interessenabwägung zu berücksichtigen ist, nur auf seine Schlüssigkeit hin zu überprüfen.[117] Im Rahmen dieser Entscheidung können nur **Erwägungen** eine Rolle spielen, die sich **speziell** aus der Schwerbehindertenfürsorge herleiten. Rechtfertigen solche Erwägungen eine Versagung der Zustimmung nicht, hat die behördliche Zustimmung dem kündigenden Arbeitgeber die Rechtsstellung zurückzugeben, die er ohne besonderen Kündigungsschutz für schwerbehinderte Arbeitnehmer hätte.[118] **1527**

Das **Ermessen** des Integrationsamtes wird in § 89 SGB IX (bis 30. 6. 2001: § 19 SchwbG) in drei Fallgruppen **eingeschränkt:** **1528**

Nach § 89 Abs. 1 Satz 1 SGB IX (bis 30. 6. 2001: § 19 Abs. 1 Satz 1 SchwbG) **hat** es, falls eine anderweitige Beschäftigung des schwerbehinderten Arbeitnehmers nach Maßgabe des § 89 Abs. 1 Satz 3 SGB IX ausscheidet, die Zustimmung bei **1529**

---

[111] Vgl. näher LAG Hamm 9. 11. 2000 LAGE § 18 SchwbG 1986 Nr. 2.

[112] Vgl. BAG 17. 2. 1982 EzA § 15 SchwbG Nr. 1 = NJW 1982, 2630; 16. 10. 1991 EzA § 18 SchwbG 1986 Nr. 2 mit Anm. von *Rieble* = NZA 1992, 503; 16. 9. 1993 EzA § 102 BetrVG 1972 Nr. 84 = NZA 1994, 311; LAG Nürnberg 29. 8. 1995 AP Nr. 6 zu § 15 SchwbG 1986; LAG Saarland 14. 5. 1997 LAGE § 15 SchwbG 1986 Nr. 5; *Neumann/Pahlen,* § 18 SchwbG Rz. 7 f.; GK-SchwbG/*Steinbrück,* § 18 Rz. 69 ff.

[113] KR/Etzel, §§ 85–90 SGB IX Rn. 82; vgl. BVerwG 17. 12. 1958 DB 1959, 491; 21. 10. 1964 und 28. 2. 1968 AP § 14 SchwBeschG Nr. 28 und 29; OVG Münster 5. 7. 1960 AP § 14 SchwBeschG Nr. 24. Zur Abgrenzung der arbeitsgerichtlichen und öffentlich-rechtlichen Prüfungskompetenzen vgl. *Dörner,* FS für Dieterich, 1999, S. 83, 92 f.; *Preis,* S. 79 ff.; APS/*Preis,* Grundlagen G. Rn. 32 ff. Zum Prüfungszeitpunkt OVG NW 25. 7. 1989 EzA § 15 SchwbG 1986 Nr. 2.

[114] Vgl. näher *Seidel,* MDR 1997, 804.

[115] Vgl. BVerwG 2. 7. 1992 BVerwGE 90, 287, 293; 19. 10. 1995 EzA § 15 SchwbG 1986 Nr. 8 = NZA-RR 1996, 288; 11. 11. 1999 EzA § 17 SchwbG 1986 Nr. 2 = NZA 2000, 146; VG Freiburg 30. 11. 2000 NZA-RR 2001, 432. Zur Interessenabwägung bezogen auf die Kündigungsgründe nach § 1 Abs. 2 Satz 1 KSchG ausf. APS/*Vossen,* § 19 SchwbG Rn. 3 u. 4.

[116] Hierfür sind ggf. gemäß § 21 SGB X Beweise zu erheben; KR/*Etzel,* §§ 85–90 SGB IX Rn. 83; früher VG Freiburg 30. 11. 2000 a. a. O.

[117] KR/Etzel, §§ 85–90 SGB IX Rn. 83; früher BVerwG 6. 2. 1995 RzK IV 8a Nr. 37 L.; 19. 10. 1995 EzA § 15 SchwbG 1986 Nr. 8 = NZA-RR 1996, 288; VG Freiburg 30. 11. 2000 a. a. O.

[118] BVerwG 2. 7. 1992 BVerwGE 90, 287, 293 f.; 20. 10. 1994 RzK IV 8b Nr. 8 L.; zu Einzelheiten *Seidel,* MDR 1997, 804, 805 ff.

Kündigungen in Betrieben und Dienststellen, die nicht nur vorübergehend eingestellt oder aufgelöst werden, **zu erteilen,**[119] wenn zwischen dem Tag der Kündigung und dem Tag, bis zu dem Gehalt oder Lohn gezahlt wird, mindestens drei Monate liegen. Hier liegt keine Ermessensentscheidung mehr vor, sondern es handelt sich um einen Fall der Rechtsanwendung. Das Integrationsamt kann die Erfüllung der gesetzlich vorgesehenen Voraussetzungen für die Erteilung der Zustimmung durch eine **Bedingung** oder durch eine **Auflage** sicherstellen. Die Rechtsfolgen sind zu unterscheiden. Während bei einer Auflage die Zustimmung rechtswirksam erteilt ist und die Behörde nur die Möglichkeit hat, den Verwaltungsakt wegen Nichterfüllung oder wegen nicht rechtzeitiger Erfüllung mit Wirkung für die Zukunft zu widerrufen (§ 47 Abs. 1 Nr. 2 SGB X), hängt bei der Bedingung die Wirksamkeit des Verwaltungsaktes von dem Eintritt des (ungewissen) Ereignisses ab.[120]

1530 Das Integrationsamt **soll** die Zustimmung **erteilen,** wenn die Kündigung Betriebe oder Dienststellen betrifft, die nicht nur vorübergehend wesentlich eingeschränkt werden, wenn die Gesamtzahl der verbleibenden schwerbehinderten Arbeitnehmer zur Erfüllung der Verpflichtung nach § 71 SGB IX ausreicht und im Übrigen hier auch zwischen dem Tag der Kündigung und dem Tag, bis zu dem Lohn oder Gehalt gezahlt wird, mindestens drei Monate liegen (§ 89 Abs. 1 Satz 1 und 2 SGB IX). Auch hier gilt allerdings die Ausnahmeregelung in § 89 Abs. 1 Satz 3 SGB IX.

1531 Das Integrationsamt **soll** die Zustimmung auch dann **erteilen,** wenn dem schwerbehinderten Arbeitnehmer ein anderer angemessener und zumutbarer Arbeitsplatz gesichert ist (§ 89 Abs. 2 SGB IX). Dieser letzte Fall ist u. a. auf die Änderungskündigung zugeschnitten. Die Frage der Angemessenheit und Zumutbarkeit des anderen Arbeitsplatzes,[121] der auch in demselben Betrieb liegen kann, unterliegt der uneingeschränkten Nachprüfung durch die Gerichte.[122]

1532 § 89 Abs. 3 SGB IX schränkt, wie zuvor § 19 Abs. 3 SchwbG i. d. F. des Art. 97 EGInsO vom 5. 10. 1994 (BGBl. I S. 2911), der gemäß Art. 110 Abs. 1 EGInsO am 1. 1. 1999 in Kraft trat,[123] das pflichtgemäße Ermessen des Integrationsamtes bei einer Kündigung nach Eröffnung des Insolvenzverfahrens über das Vermögen des Arbeitgebers ein. Ab diesem Zeitpunkt **soll** das Integrationsamt die Zustimmung **erteilen,** wenn ein zwischen Insolvenzverwalter und Betriebsrat geschlossener Interessenausgleich den schwerbehinderten Arbeitnehmer namentlich als einen der zu entlassenden Arbeitnehmer aufführt (§ 125 Abs. 1 Satz 1 InsO), die Schwerbehindertenvertretung beim Zustandekommen des Interessenausgleichs gemäß § 95 Abs. 2 SGB IX beteiligt worden ist, anteilmäßig nicht mehr schwerbehinderte Menschen entlassen werden als andere Arbeitnehmer und die Gesamtzahl der wei-

---

[119] Zur Frage der Zustimmungserteilung nach § 89 Abs. 1 Satz 1 SGB IX bei möglichem Betriebsübergang vgl. VG Arnsberg 22. 8. 2000, BehinR 2001, 130f.

[120] BAG 12. 7. 1990 EzA § 19 SchwbG 1986 Nr. 1 = NZA 1991, 348.

[121] Vgl. ausf. APS/*Vossen*, § 19 SchwbG Rn. 16 u. 17.

[122] Vgl. ausf. APS/*Vossen*, § 19 SchwbG Rn. 16 u. 17.

[123] Für ein Inkrafttreten des § 19 Abs. 3 SchwbG n. F. bereits am 1. 10. 1996 in den alten Bundesländern im Hinblick auf den seit diesem Tag in diesem räumlichen Bereich geltenden § 125 InsO (Art. 6, 13 ArbBeschFG vom 25. 9. 1996, BGBl. I S. 1476) *Cramer,* § 19 SchwbG Rn. 10.

terbeschäftigten schwerbehinderten Arbeitnehmer zur Erfüllung der Beschäftigungspflicht nach § 89 SGB IX ausreicht.[124]

Die Entscheidung des Integrationsamtes kann auch in einem **sog. Negativattest** 1533
bestehen, d. h. der Feststellung, dass eine Zustimmung zur Kündigung nicht erforderlich ist. Dieser Bescheid, der vom Arbeitnehmer wie die Zustimmung selbst angefochten werden kann, bedeutet für den Arbeitgeber, dass er einer Zustimmung zur Kündigung nach § 85 SGB IX nicht bedarf.[125] Ob ein Negativattest auch ausgestellt werden kann, wenn ein Feststellungsverfahren nach § 69 Abs. 1 Satz 1 SGB IX schwebt oder ob in diesen Fällen das Zustimmungsverfahren auszusetzen ist, wird unterschiedlich beurteilt.[126]

3. Die Frist für die Kündigung durch den Arbeitgeber

Erteilt das Integrationsamt die Zustimmung zur Kündigung, kann der Arbeitge- 1534
ber nach § 88 Abs. 3 SGB IX (bis 30. 6. 2001: § 18 Abs. 3 SchwbG) die Kündigung nur innerhalb eines Monats **nach Zustellung** erklären. Durch diese Frist soll sichergestellt werden, dass nach Ablauf einer bestimmten Frist dem schwerbehinderten Arbeitnehmer klar ist, ob es zur Kündigung kommt oder nicht. Eine Zustimmung gewissermaßen auf Vorrat soll der Arbeitgeber sich auch für einen begrenzten Zeitraum nicht zulegen können. Eine vor Zustellung der Zustimmung ausgesprochene Kündigung des Arbeitgebers ist nach § 85 SGB IX i. V. m. § 134 BGB nichtig.[127]

Die Einmonatsfrist beginnt mit der **Zustellung** der Entscheidung des Integrati- 1535
onsamtes, des Widerspruchsausschusses oder des Gerichts **an den Arbeitgeber** ohne Rücksicht darauf, ob sie dem schwerbehinderten Arbeitnehmer bereits vorher zugestellt worden war und der Arbeitgeber davon Kenntnis hatte.[128] Für die Fristberechnung gelten die §§ 187 Abs. 1, 188 Abs. 2, 3 BGB i. V. m. § 26 Abs. 1 SGB X. Ist der letzte Tag ein Sonn- oder Feiertag oder ein Sonnabend, läuft die Frist erst an dem folgenden Werktag ab (§ 193 BGB i. V. m. § 26 Abs. 3 Satz 1 SGB X).[129] Die

[124] Vgl. näher KR/*Etzel,* §§ 85–90 SGB IX Rn. 96a–96c. Zum Verhältnis § 19 Abs. 1 und 3 SchwbG im Insolvenzverfahren *Schaub,* DB 1999, 217, 223; ihm folgend *Kuhlmann,* BehindR 2000, 159, 161.

[125] KR/*Etzel,* §§ 85–90 SGB IX Rn. 54; früher BAG 27. 5. 1983 EzA § 12 SchwbG Nr. 12 = NJW 1984, 1420; *Mianowicz,* RdA 1998, 281, 291.

[126] Vgl. KR/*Etzel,* §§ 85–90 SGB IX Rn. 55 einerseits und *Gröninger/Thomas,* § 4 SchwbG Rn. 26; *Neumann/Pahlen,* § 4 SchwbG Rn. 39 andererseits. Das BVerwG hat entschieden, die Hauptfürsorgestelle sei in diesen Fällen berechtigt, über Anträge des Arbeitgebers auf Zustimmung zu außerordentlichen Kündigungen zu entscheiden; BVerwG 15. 12. 1988 EzA § 15 SchwbG 1986 Nr. 6 = NZA 1989, 554.

[127] KR/*Etzel,* §§ 85–90 SGB IX Rn. 128; früher BAG 16. 10. 1991 EzA § 18 SchwbG 1986 = NZA 1992, 503; LAG Hamm 9. 11. 2000 LAGE § 18 SchwbG 1986 Nr. 2; LAG Köln 20. 3. 1990 LAGE § 21 SchwbG 1986 Nr. 1; *Neumann/Pahlen,* § 18 SchwbG Rn. 10.

[128] Vgl. BAG 17. 2. 1982 EzA § 15 SchwbG Nr. 1 = NJW 1982, 2630; 16. 10. 1991 EzA § 18 SchwbG Nr. 2 = NZA 1992, 503; LAG Hamm 9. 11. 2000 LAGE § 18 SchwbG 1986 Nr. 2; LAG Köln 20. 3. 1990 a. a. O.; LAG Nürnberg 29. 8. 1995 AP Nr. 6 zu § 15 SchwbG 1986.

[129] KR/Etzel, §§ 85–90 SGB IX Rn. 129; früher *Cramer,* § 18 SchwbG Rn. 5; *Gröninger/Thomas,* § 18 SchwbG Rn. 15.

Kündigung muss **innerhalb** der **Frist zugehen,**[130] da der schwerbehinderte Arbeitnehmer innerhalb der Frist Kenntnis erlangen soll, ob die Kündigung erfolgt ist oder der Arbeitgeber von ihr Abstand genommen hat.

1536 Die Frist zur Erklärung der Kündigung ist eine **materiellrechtliche Ausschlussfrist.**[131] Versäumt sie der Arbeitgeber, kann er rechtswirksam nicht mehr kündigen. Die Kündigungssperre lebt mit Ablauf der Kündigungserklärungsfrist des § 88 Abs. 3 SGB IX wieder auf. Eine **Wiedereinsetzung** in den vorigen Stand ist auch bei schuldloser Versäumung der Frist **nicht vorgesehen.**[132]

4. Die Wirkung einer Aufhebung der Zustimmungsentscheidung

1537 Der Arbeitgeber kann die Kündigung innerhalb der Frist des § 88 Abs. 3 SGB IX nicht nur erklären, wenn die Zustimmung des Integrationsamtes vorliegt, sondern auch wenn sie der Widerspruchsausschuss erteilt bzw. sie im Verwaltungsgerichtsverfahren[133] erstritten worden ist. Rechtskraft der Entscheidung ist nicht erforderlich. § 88 Abs. 4 SGB IX bestimmt ausdrücklich, dass **Widerspruch** und **Anfechtungsklage** gegen die Zustimmung des Integrationsamtes zur Kündigung **keine aufschiebende Wirkung** haben. Der Gesetzgeber hatte mit dem seit dem 1. 8. 1986 bis zum 30. 6. 2001 geltenden § 18 Abs. 4 SchwbG, der § 88 Abs. 4 SGB IX inhaltlich entsprach, für die ordentliche Kündigung die Rechtsprechung des BAG[134] zu der bis zum 31. 7. 1986 geltenden Gesetzeslage bestätigt. Der vorstehende Grundsatz gilt auch, wenn das Verwaltungsgericht das Integrationsamt nach § 113 Abs. 5 Satz 1 VwGO verpflichtet, die Zustimmung zur Kündigung zu erteilen und gegen die Entscheidung Berufung eingelegt worden ist.

1538 Erfolgt die Zustellung des Zustimmungsbescheides an den schwerbehinderten Arbeitnehmer erst nach dem Zugang der Kündigung, wird auch erst zu diesem Zeitpunkt die Klagefrist des § 4 Satz 1 KSchG in Lauf gesetzt. § 4 Satz 4 KSchG ist auf diese Fallgestaltung anzuwenden.[135]

1539 Wird die erteilte Zustimmung im Rechtsmittelverfahren aufgehoben, so wird die Kündigung rückwirkend nichtig gemäß § 85 SGB IX i. V. m. § 134 BGB mit allen sich daraus ergebenden Konsequenzen.[136]

---

[130] KR/Etzel, §§ 85–90 SGB IX Rn. 130; ErfK/*Rolfs*, § 88 SGB IX Rn. 3; früher LAG Köln 27. 2. 1997 LAGE § 18 SchwbG 1986 Nr. 1 = NZA-RR 1997, 337; *Neumann/Pahlen,* § 18 SchwbG Rn. 14; vgl. auch BAG 15. 5. 1997 EzA § 123 BGB Nr. 48, unter III 3 = NZA 1998, 33.

[131] KR/Etzel, §§ 85–90 SGB IX Rn. 127; früher BAG 17. 2. 1982 EzA § 15 SchwbG Nr. 1 = NJW 1982, 2630.

[132] Ebenso KR/*Etzel,* §§ 85–90 SGB IX Rn. 127; ErfK/*Rolfs*, § 88 SGB IX Rn. 3.

[133] Vgl. aber Rn. 1522 mit Fn. 264.

[134] BAG 17. 2. 1982 EzA § 15 SchwbG Nr. 1 = NJW 1982, 2630.

[135] KR/Etzel, §§ 85–90 SGB IX Rn. 138; KR-*Friedrich,* § 4 KSchG Rn. 209; *v. Hoyningen-Huene/Linck,* § 4 KSchG Rn. 62; früher BAG 17. 2. 1982 a. a. O. Für analoge Anwendung des § 4 Satz 4 KSchG ErfK/*Ascheid,* § 4 KSchG Rn. 58; APS/*Ascheid,* § 4 KSchG Rn. 104.

[136] Vgl. KR/Etzel, §§ 85–90 SGB IX Rn. 107; früher BVerwG 28. 11. 1958 AP § 14 SchwBeschG Nr. 16; BAG 25. 11. 1980 EzA § 580 ZPO Nr. 1 = AP § 12 SchwbG Nr. 7; 15. 5. 1986 – 2 AZR 497/85 – n.v.; GK-SchwbG/*Großmann,* § 15 Rn. 331; *Neumann/Pahlen,* § 15 SchwbG Rn. 84.

VII. Außerordentliche Kündigung

Nach § 85 SGB IX i. V. m. § 91 Abs. 1 SGB IX (bis 30. 6. 2001: § 15 SchwbG i. V. m. § 21 Abs. 1 SchwbG) bedarf auch die außerordentliche Kündigung eines schwerbehinderten Arbeitnehmers der **vorherigen Zustimmung** des Integrationsamtes. Das gilt sowohl für die außerordentliche fristlose wie für die außerordentliche befristete Kündigung (zum Begriff oben Rn. 588). Die Mindestkündigungsfrist des § 86 SGB IX ist nicht anwendbar (vgl. § 91 Abs. 1 SGB IX). **1540**

Für die **Umdeutung** einer außerordentlichen in eine ordentliche Kündigung gemäß § 140 BGB gelten die allgemeinen Rechtsgrundsätze (oben Rn. 476 ff.). Der Arbeitgeber hat in diesem Falle **vorsorglich** auch die **Zustimmung** des Integrationsamtes zur **ordentlichen Kündigung** zu beantragen. Angesichts der verschiedenen Verfahren der Zustimmung zu beiden Kündigungsformen und des unterschiedlichen Prüfungsmaßstabes muss im Falle einer (umgedeuteten) ordentlichen Kündigung grundsätzlich auch für sie vorher die Zustimmung eingeholt sein. Andernfalls ist sie nach § 134 BGB nichtig.[137] **1541**

Fraglich ist, ob die vorherige Einholung der Zustimmung auch dann erforderlich ist, wenn das Integrationsamt der außerordentlichen Kündigung **zugestimmt hat** und die Kündigung auf Gründe gestützt wird, die mit der **Behinderung im Zusammenhang stehen.** *Etzel* tritt in diesem Fall dafür ein, dass die Zustimmung des Integrationsamtes zur ordentlichen Kündigung dann nicht eingeholt zu werden braucht, weil kein Grund ersichtlich sei, dass das Integrationsamt seine Zustimmung zu der milderen Maßnahme verweigern könne.[138] Erteilt das Integrationsamt allerdings seine Zustimmung zu einer Kündigung, die mit der Behinderung in keinem Zusammenhang steht, liegt in dieser Zustimmung nicht zugleich die Zustimmung zu einer ordentlichen Kündigung, weil das Integrationsamt in diesen Fällen einen anderen Ermessensrahmen bei seiner Entscheidung hat.[139] **1542**

Will der Arbeitnehmer nach erteilter Zustimmung die Wirksamkeit der außerordentlichen Kündigung angreifen, muss dies im Geltungsbereich des KSchG nach § 4 Satz 1 KSchG i. V. m. § 13 Abs. 1 Satz 2 KSchG durch **Klageerhebung innerhalb von drei Wochen** erfolgen. Die Klagefrist beginnt mit dem Zugang der Kündigung. Das gilt auch, wenn dem schwerbehinderten Arbeitnehmer der Zu- **1543**

---

[137] KR/Etzel, §§ 85–90 SGB IX Rn. 35; ErfK/*Rolfs*, § 91 SGB IX Rn. 8; früher BAG 16. 10. 1991 RzK IV 8b Nr. 4L. LAG Berlin 9. 7. 1984 NZA 1985, 95; LAG Frankfurt/M. 28. 6. 1977 BB 1977, 1401; LAG Köln 11. 8. 1998 LAGE § 626 BGB Nr. 121 = NZA-RR 1999, 415; LAG Schleswig-Holstein 8. 9. 1998 LAGE § 21 SchwbG 1986 Nr. 2; *Neumann/Pahlen*, § 21 SchwbG Rn. 7; GK-SchwbG/*Großmann*, § 21 Rn. 43. Eine Beurlaubung des schwerbehinderten Arbeitnehmers bis zum Eingang der Zustimmung des Integrationsamtes kommt nicht in Betracht, vgl. BAG 20. 12. 1976 EzA § 18 SchwbG Nr. 1 = AP § 18 SchwbG Nr. 1.

[138] Vgl. KR/*Etzel*, § 91 SGB IX Rn. 35; a. A. früher *Gröninger/Thomas*, § 21 SchwbG Rn. 6; *Friesen-Reinecke*, BB 1979, 1562; *Neumann/Pahlen*, § 21 SchwbG Rn. 7; ArbG Mannheim 13. 1. 1982 BB 1982, 1174; LAG Berlin 9. 7. 1984 NZA 1985, 95; offen gelassen von BAG 16. 10. 1991 RzK IV 8 b Nr. 4 L.; LAG Schleswig-Holstein 8. 9. 1998 a. a. O.

[139] Vgl. dazu BAG 16. 10. 1991 RzK IV 8b Nr. 4 L.; LAG Frankfurt/M. 28. 6. 1977 BB 1977, 1401. Das gilt auch dann, wenn die Zustimmung nach § 91 Abs. 3 Satz 2 SGB IX fingiert wird. Für die Möglichkeit einer Umdeutung nach § 140 BGB überhaupt gelten die allgemeinen Grundsätze, dazu oben Rn. 470 ff.

stimmungsbescheid des Integrationsamtes erst nach Zugang der Kündigung zugestellt wird. § 4 Satz 4 KSchG findet über § 13 Abs. 1 Satz 2 KSchG, der lediglich auf § 4 Satz 1 KSchG verweist, keine Anwendung.[140] Nach Ablauf der Dreiwochenfrist gilt die Kündigung nach § 7 1. Halbsatz KSchG i. V. m. § 13 Abs. 1 Satz 2 KSchG als von Anfang an wirksam. Wird die Kündigung dagegen aus einem anderen Grund angefochten, etwa weil der Betriebsrat nicht angehört worden (vgl. § 102 Abs. 1 Satz 3 BetrVG) oder weil die Kündigung bereits erfolgt ist, bevor die Zustimmung des Integrationsamtes vorlag, ist § 4 Satz 1 KSchG gemäß § 13 Abs. 3 KSchG nicht anzuwenden. Die Klage kann auch noch nach Fristablauf vor dem Arbeitsgericht erhoben werden.

1544 Zur Frage der **Kenntnis des Arbeitgebers von der Schwerbehinderteneigenschaft** des Arbeitnehmers gelten dieselben Grundsätze wie bei der ordentlichen Kündigung, so dass auf die dort mitgeteilten Grundsätze (oben Rn. 1477 ff.) verwiesen werden kann. Der Arbeitnehmer muss also, will er sich den besonderen Kündigungsschutz nach § 85 SGB IX i. V. m. § 91 Abs. 1 SGB IX erhalten, innerhalb einer **Regelfrist von einem Monat** seine bereits festgestellte oder beantragte Schwerbehinderteneigenschaft dem Arbeitgeber mitteilen.[141]

1. Der Antrag auf Erteilung der Zustimmung

1545 § 91 Abs. 2 Satz 1 1. Halbsatz SGB IX (bis 30. 6. 2001: § 21 Abs. 2 Satz 1 1. Halbsatz SchwbG) setzt für den Antrag auf Erteilung der Zustimmung durch das Integrationsamt **eine Frist** von **zwei Wochen.** Diese Frist, gegen deren Versäumung es **keine Wiedereinsetzung** in den vorigen Stand gibt, gilt auch, wenn dem Arbeitgeber die ordentliche Kündigung tariflich verschlossen ist.[142] Abzustellen ist nach § 91 Abs. 2 Satz 1 2. Halbs. SGB IX auf den Eingang des Antrages bei dem Integrationsamt, d. h. auf den Zeitpunkt, in dem es tatsächlich die Verfügungsmacht über den Antrag erlangt hat. Der Antrag muss nach § 87 Abs. 1 Satz 1 SGB IX i. V. m. § 91 Abs. 1 SGB IX **schriftlich** gestellt werden. Telegraphische Einlegung reicht hier ebenso aus wie bei Einlegung eines Rechtsmittels im gerichtlichen Verfahren. Der Antrag kann auch durch **Telekopie** gestellt werden. Eine telefonische Antragstellung ist dagegen unzulässig. Das Integrationsamt muss einen solchen Antrag zurückweisen.

1546 Die Antragsfrist beginnt nach § 91 Abs. 2 Satz 2 SGB IX mit dem Zeitpunkt, in dem der Arbeitgeber von den für die Kündigung **maßgebenden Tatsachen Kenntnis erlangt.** Hier gelten die Grundsätze des § 626 Abs. 2 Satz 2 BGB.[143]

---

[140] KR/*Etzel*, § 91 SGB IX Rn. 39; früher *Hueck*, Anm. zu BAG AP Nr. 2 zu § 18 SchwbG.

[141] BAG 14. 5. 1982 EzA § 18 SchwbG Nr. 5 mit krit. Anm. von *Kraft* = NJW 1982, 2144; 5. 7. 1990 EzA § 15 SchwbG 1986 Nr. 3 = NZA 1991, 667; *Grimm/Baron*, DB 2000, 570; *Mianowicz*, RdA 1998, 281, 292; GK-SchwbG/*Steinbrück*, § 21 Rn. 19; a.A. KR/*Etzel*, § 91 SGB IX Rn. 4.

[142] ErfK/*Rolfs*, § 91 SGB IX Rn. 3; früher BAG 12. 8. 1999 EzA § 21 SchwbG 1986 Nr. 10 = NZA 1999, 1267; VGH Baden-Württemberg 5. 8. 1996 NZA-RR 1997, 90 L.

[143] KR/*Etzel*, § 91 SGB IX Rn. 9; ErfK/*Rolfs*, § 91 SGB IX Rn. 3; früher BAG 18. 12. 1986 RzK IV 8c Nr. 9 L. Zur Befugnis des Integrationsamtes, bei ungewisser Schwerbehin-

Auch die Schwerbehinderteneigenschaft des Arbeitnehmers gehört zu den Tatsachen, die der Arbeitgeber kennen muss.[144] Hat der Arbeitgeber, der eine außerordentliche Kündigung gegenüber seinem Arbeitnehmer beabsichtigt, von einem Antrag des Arbeitnehmers auf Feststellung der Schwerbehinderteneigenschaft Kenntnis erlangt und kündigt er daher nicht innerhalb der Frist des § 626 Abs. 2 Satz 1 BGB, sondern beantragt innerhalb der Frist des § 91 Abs. 2 Satz 1 1. Halbs. SGB IX die Zustimmung des Integrationsamtes, darf sich der Arbeitnehmer nach Treu und Glauben (§ 242 BGB) auch dann nicht auf die Versäumung der Frist des § 626 Abs. 2 Satz 1 BGB berufen, wenn er tatsächlich nicht schwerbehindert war und es deshalb der Zustimmung des Integrationsamtes nicht bedurfte.[145] Der Arbeitgeber muss die Kündigung jedoch analog § 91 Abs. 5 SGB IX unverzüglich erklären, nachdem er vom Fehlen der Schwerbehinderteneigenschaft Kenntnis erlangt hat.[146]

Ist bereits die Antragsfrist verstrichen, hat das Integrationsamt den Antrag als un- **1547**
zulässig zurückzuweisen.[147] Entscheidet es dennoch auf Zustimmung, hat der schwerbehinderte Arbeitnehmer unter Berufung auf die Fristversäumnis Widerspruch einzulegen und ggf. die Fristversäumung im Verwaltungsverfahren zu rügen. Andernfalls kann der Arbeitgeber nach Zustimmung die Kündigung erklären. Sie muss jedoch **unverzüglich,** d.h. ohne schuldhaftes Zögern (§ 121 Abs. 1 Satz 1 BGB),[148] nach Erteilung der Zustimmung erfolgen.[149] Geschieht dies, kann im sich anschließenden arbeitsgerichtlichen Verfahren die Versäumung der Antragsfrist, soweit sie nicht offenkundig ist und deshalb die Nichtigkeit der Zustimmung des Integrationsamtes begründet (vgl. § 40 Abs. 1 SGB X), nicht mehr gerügt werden.[150] Sie ist Teil des Verfahrens vor den Verwaltungsbehörden.

Vor der außerordentlichen Kündigung hat der Arbeitgeber nach § 102 Abs. 1 **1548**
Satz 1 BetrVG den Betriebsrat zu hören bzw. den Personalrat nach den einschlägigen Vorschriften (z.B. § 79 BPersVG) zu beteiligen. Zum Zeitpunkt der Anhörung bzw. Beteiligung der jeweiligen Arbeitnehmervertretung gelten die Ausführungen zur ordentlichen Kündigung (dazu oben Rn. 1524) entsprechend. Darüber hinaus

---

derteneigenschaft zu entscheiden, vgl. BVerwG 15. 12. 1988 EzA § 15 SchwbG 1986 Nr. 6 = NZA 1989, 554.

[144] KR/*Etzel,* § 91 SGB IX Rn. 9; ErfK/*Rolfs,* § 91 SGB IX Rn. 3; früher BAG 23. 2. 1978 AP § 12 SchwbG Nr. 3 = EzA § 12 SchwbG Nr. 5; 14. 5. 1982 EzA § 18 SchwbG Nr. 5 = NJW 1982, 2144; *Grimm/Baron,* DB 2000, 570; GK-SchwbG/*Großmann,* § 21 Rn. 49.

[145] KR/*Etzel,* § 91 SGB IV Rn. 9a; früher BAG 27. 2. 1987 EzA § 626 BGB Ausschlussfrist Nr. 1 = NZA 1988, 429.

[146] KR/*Etzel,* § 91 SGB IX Rn. 9a; früher *Grimm/Baron,* DB 2000, 570, 571.

[147] ErfK/*Rolfs,* § 91 SGB IX Rn. 4; früher BAG 17. 2. 1977 EzA § 12 SchwbG Nr. 2 = AP Nr. 1 zu § 12 SchwbG; vgl. auch BVerwG 15. 3. 1989 *Buchholz* 436.61 § 21 SchwbG Nr. 2; 2. 5. 1996 *Buchholz* 436.61 § 21 SchwbG Nr. 7.

[148] Vgl. BAG 3. 7. 1980 EzA § 18 SchwbG Nr. 3 = AP § 18 SchwbG Nr. 2; LAG Schleswig-Holstein 8. 9. 1998 LAGE § 21 SchwbG 1986 Nr. 2.

[149] KR/*Etzel,* § 91 SGB IX Rn. 9a; KR/*Fischermeier* § 626 BGB Rz. 339; a.A. *Fenski,* BB 2001, 570, 571.

[150] KR/*Etzel,* § 91 SGB IX Rn. 10; ErfK/*Rolfs,* § 91 SGB IX Rn. 4; KR/*Fischermeier,* § 626 BGB Rz. 339; früher BAG 11. 5. 2000 EzA § 103 BetrVG 1972 Nr. 41 = NZA 2000, 1106; KDZ/*Zwanziger,* § 21 SchwbG Rn. 5. Dagegen lässt *Fenski* (wie Rn. 310) die Rüge der Versäumung der Zwei-Wochen-Frist des § 626 Abs. 1 Satz 1 BGB zu.

ist auch die Schwerbehindertenvertretung im Betrieb nach § 95 Abs. 2 Satz 1 1. Halbsatz SGB IX (bis 30. 6. 2001: § 25 Abs. 2 Satz 1 1. Halbsatz SchwbG) anzuhören. Wird letzteres unterlassen, ist im Gesetz, anders als in § 102 Abs. 1 Satz 3 BetrVG, keine Sanktion vorgesehen.[151]

2. Die Entscheidung des Integrationsamtes

1549 Die Entscheidung des Integrationsamtes ist nach § 91 Abs. 3 Satz 1 1. Halbsatz SGB IX (bis 30. 6. 2001: § 21 Abs. 3 Satz 1 SchwbG) innerhalb von zwei Wochen vom Eingang des Antrages an zu treffen. Wird innerhalb dieser Frist eine Entscheidung **nicht** getroffen, so **gilt** gemäß § 91 Abs. 3 Satz 2 SGB IX (bis 30. 6. 2001: § 21 Abs. 3 Satz 2 SchwbG) die Zustimmung **als erteilt.** Das vom Integrationsamt einzuhaltende Verfahren richtet sich nach § 87 SGB IX i.V.m. § 91 Abs. 1 SGB IX. Nach § 87 Abs. 2 SGB IX sind das Arbeitsamt, der Betriebsrat oder Personalrat sowie die Schwerbehindertenvertretung zu beteiligen und der schwerbehinderte Arbeitnehmer ist zu hören (vgl. schon Rn. 1523).

1550 Die Entscheidung des Integrationsamtes innerhalb der Zweiwochenfrist des § 91 Abs. 3 Satz 1 SGB IX **kann nur eine endgültige sein.** Trotz der kurzen Frist ist es **unzulässig,** die **Ablehnung** des Antrages auf Zustimmung damit zu **begründen,** eine **genaue Prüfung** sei innerhalb der Frist **nicht möglich** gewesen. Angesichts des abschließenden Entscheidungszwanges wäre eine derartige Entscheidung rechtsfehlerhaft. Sie müsste im Rechtsmittelzuge schon allein deswegen aufgehoben werden. Im Übrigen würde sie eine **Amtspflichtverletzung** gegenüber dem Arbeitgeber nach § 839 Abs. 1 Satz 1 BGB, Art. 34 Satz 1 GG bedeuten,[152] die bei schuldhaftem Verhalten einen Schadenersatzanspruch zu seinen Gunsten begründen würde.[153] Das Integrationsamt muss also in jedem Falle abschließend entscheiden. Vermag das Integrationsamt das nicht, weil die Ermittlungen für eine Entscheidung nicht abgeschlossen werden konnten, kann und darf es überhaupt nicht entscheiden. Dann greift die Fiktion des § 91 Abs. 3 Satz 2 SGB IX ein.[154]

1551 Die Entscheidung des Integrationsamtes ist in sein freies, pflichtgemäßes Ermessen gestellt.[155] § 91 Abs. 4 SGB IX (bis 30. 6. 2001: § 21 Abs. 4 SchwbG) bindet die Entscheidung allerdings in einem wichtigen Falle, der in der Praxis wohl auch häufig vorkommt. Das Integrationsamt **soll** die Zustimmung **erteilen,** wenn die **Kündigung** aus einem Grunde erfolgt, der **nicht im Zusammenhang mit der**

---

[151] Vgl. BVerwG 15. 2. 1990 ZBR 1990, 323, 324; BAG 28. 7. 1983 EzA § 22 SchwbG Nr. 1 = AP § 22 SchwbG Nr. 1.

[152] Vgl. KR/*Etzel,* § 91 SGB IX Rn. 25; früher BGH 12. 6. 1986 VersR 1986, 1100; OLG Köln 21. 1. 1988 VersR 1989, 748; *Gröninger/Thomas,* § 21 SchwbG Rn. 11; *Neumann/Pahlen,* § 21 SchwbG Rn. 19 a.

[153] Vgl. KR/*Etzel,* § 91 SGB IX Rn. 14; früher *Neumann/Pahlen,* § 21 SchwbG Rn. 19a; einschränkend *Cramer,* § 21 SchwbG Rn. 6. Zum Schaden näher *Neumann/Pahlen,* § 21 SchwbG Rn. 19a; APS/*Vossen,* § 21 SchwbG Rn. 11.

[154] Vgl. dazu auch *Neumann/Pahlen,* § 21 SchwbG Rn. 19 a, der mit Recht auf die Schadensersatzpflicht der Behörde hinweist, wenn sie nur mit der Begründung ablehnt, sie habe die Ermittlungen nicht abschließen können. Vgl. dazu auch GK-SchwbG/*Großmann,* § 21 Rn. 64.

[155] Zu Einzelheiten *Seidel,* MDR 1997, 804, 809.

Behinderung steht. Damit hat der Arbeitgeber in diesen Fällen einen Rechtsanspruch auf Erteilung der Zustimmung, den er im Rechtsmittelweg durchsetzen kann.

Die Sollvorschrift bringt zum Ausdruck, dass die Zustimmung unter der Vor- 1552
aussetzung des § 91 Abs. 4 SGB IX im Regelfalle zu erteilen ist. Nur wenn Umstände vorliegen, die den konkreten Sachverhalt als **atypisch** erscheinen lassen, darf das Integrationsamt nach pflichtgemäßem Ermessen die **Zustimmung verweigern.**[156] Im Übrigen geht das Gesetz offenbar davon aus, dass die Kontrolle über die Berechtigung des Arbeitgebers, außerordentlich kündigen zu können, bei den Arbeitsgerichten liegt, sofern ein Zusammenhang zwischen Kündigungsgrund und Behinderung nicht besteht.[157]

Abzustellen ist auf den **Zusammenhang** zwischen Behinderung und Kündi- 1553
gungsgrund. Ein unmittelbarer Zusammenhang wird nicht mehr gefordert; auch der mittelbare genügt[158]. Nur wenn kein Zusammenhang besteht, ist nach der Sollvorschrift im Regelfall ohne Prüfung des Vorliegens eines wichtigen Grundes i. S. von § 626 Abs. 1 BGB die Zustimmung zu erteilen.[159] Allerdings wird in der verwaltungsgerichtlichen Judikatur teilweise die Auffassung vertreten, dass die zuständige Behörde (bis 30. 6. 2001 Hauptfürsorgestelle bzw. danach das Integrationsamt) einer beabsichtigten außerordentlichen Kündigung nicht zustimmen sollte, wenn die vom Arbeitgeber geltend gemachten Gründe hierfür **offensichtlich** nicht reichen.[160] Die **Beweislast** für den fehlenden Zusammenhang zwischen Kündigung und Behinderung liegt im Streitfall beim Arbeitgeber.[161]

a) Wann ist die Entscheidung des Integrationsamtes getroffen?

Da die Zustimmung nach § 91 Abs. 3 Satz 2 SGB IX als **erteilt gilt,** wenn nicht 1554
innerhalb der Zweiwochenfrist des § 91 Abs. 3 Satz 1 SGB IX eine Entscheidung getroffen wird, entstehen in der Praxis für den Arbeitgeber Unsicherheiten, wann (genau) die Zustimmung als erteilt gilt und damit die Kündigungssperre aufgehoben ist. Die Folgen einer Fehleinschätzung sind schwer. Die außerordentliche

[156] BVerwG 2. 7. 1992 BVerwGE 90, 275 = AP Nr. 1 zu § 21 SchwbG 1986; 10. 9. 1992 EzA § 21 SchwbG 1986 Nr. 4 = NZA 1993, 76; 9. 3. 1995 Buchholz 436.01 § 19 SchwbG Nr. 1.

[157] KR/*Etzel,* § 91 SGB IX Rn. 19; ErfK/*Rolfs,* § 91 SGB IX Rn. 6; früher OVG Hamburg 14. 11. 1986 NZA 1987, 566; OVG Lüneburg 17. 1. 1977 DB 1977, 547; OVG NW 5. 9. 1989 EzA § 21 SchwbG 1986 Nr. 1, das die Zustimmung erteilt hat wegen des Verdachts der Entwendung eines Päckchens Zigaretten.

[158] Vgl. OVG NW 23. 5. 2000 NZA 2000, 587; *Neumann/Pahlen,* § 21 SchwbG Rn. 22f.

[159] KR/*Etzel* § 91 SGB IX Rn. 19; ERfK/*Rolfs,* § 91 SGB IX Rn. 6; früher BVerwG 2. 7. 1992 BVerwGE 90, 275, 278 = AP Nr. 1 zu § 21 SchwbG 1986; OVG NW 5. 9.1989 EzA § 21 SchwbG 1986 Nr. 1; OVG Hamburg 14. 11. 1986 NZA 1987, 566; a.A. BayVGH 29. 3. 1990 BehinR 1990, 136; *Neumann/Pahlen,* § 21 SchwbG Rn. 21 u. 25; KDZ/*Zwanziger* § 21 SchwbG Rn. 8.

[160] OVG Hamburg 14. 11. 1986 NZA 1987, 566, 568; OVG NW 25. 4. 1989 NVwZ-RR 1990, 573, 575; 5. 9. 1989 EzA § 21 SchwbG 1986 Nr. 1; zust. KR/*Etzel,* § 91 SGB IX Rn. 20; a.A. ErfK/*Rolfs,* § 91 SGB IX Rn. 6; offen gelassen von BVerwG 2. 7. 1992 BVerwGE 90, 275, 287 = AP Nr. 1 zu § 21 SchwbG 1986; 18. 9. 1996 *Buchholz* 436.61 § 21 SchwbG Nr. 8; OVG NW 8. 3. 1996 BehinR 1997, 47, 48.

[161] KR/*Etzel,* § 91 SGB IX Rn. 21.

Kündigung ist nach §§ 85, 91 Abs. 1 SGB IX i. V. m. § 134 BGB nichtig, wenn das Integrationsamt die Zustimmung innerhalb der gesetzlichen Frist verweigert hat, der Arbeitgeber jedoch erst einige Zeit nach Ablauf der Frist des § 91 Abs. 3 Satz 1 SGB IX davon Kenntnis erlangt und die außerordentliche Kündigung bereits ausgesprochen hat.

1555 Entscheidend ist hier, wann das Integrationsamt seine Entscheidung **getroffen hat.** In Betracht kommen folgende Zeitpunkte:

– Der Bescheid des Integrationsamtes wird zur Post gegeben;
– Zustellung des Bescheides an den Arbeitgeber;
– Bekanntgabe des Bescheides an den Arbeitgeber.

1556 Die Frage ist in Rechtsprechung und Literatur umstritten. Der Siebte Senat des Bundesarbeitsgerichts hatte zu § 18 Abs. 3 Satz 2 SchwbG i. d. F. vom 8. 10. 1979 (BGBl. I S. 1650) entschieden, die Zustimmungsfiktion greife nicht ein, wenn die ablehnende Entscheidung innerhalb der gesetzlichen Frist den **Machtbereich der Hauptfürsorgestelle** verlassen habe.[162] Dagegen hat der Zweite Senat in früheren Urteilen entschieden, die Bekanntgabe der Entscheidung an den Arbeitgeber sei innerhalb der gesetzlichen Frist notwendig.[163] Dabei hat er offen gelassen, wie die Bekanntgabe zu erfolgen habe. Erhalte der Arbeitgeber bis zum Ablauf der gesetzlichen Frist keine Mitteilung des Integrationsamtes, gelte die Zustimmung als erteilt.

1557 Der Zweite Senat hat sich inzwischen unter Aufgabe seiner früheren Rechtsprechung dem Siebten Senat angeschlossen und entschieden, die Zustimmungsfiktion des § 21 Abs. 3 Satz 2 SchwbG (seit 1. 7. 2001: § 91 Abs. 3 Satz 2 SGB IX) greife nicht ein, wenn das Integrationsamt die ablehnende Entscheidung über den Antrag des Arbeitgebers auf Zustimmung zur außerordentlichen Kündigung innerhalb der gesetzlichen Frist **zur Post** gegeben habe.[164] Der Senat begründet seine Entscheidung einmal mit dem Hinweis, die Verwendung des Begriffs des „Treffens einer Entscheidung" spreche dafür, dass die Fiktionswirkung nicht an das Vorliegen eines wirksamen Verwaltungsaktes, sondern an den Abschluss eines Entscheidungsvorganges der Hauptfürsorgestelle (seit 1. 7. 2001: Integrationsamt) geknüpft worden sei. Habe die Hauptfürsorgestelle innerhalb der gesetzlichen Frist einen Zustimmungsantrag abgelehnt und die Entscheidung zur Post gegeben, habe sie alles getan und es könne nicht angenommen werden, sie habe keine Entscheidung getroffen. Angesichts der kurzen Frist des § 21 Abs. 3 Satz 1 SchwbG (seit 1. 7. 2001: § 91 Abs. 3 Satz 1 SGB IX) sei es mit dem Sinn und Zweck des § 21 Abs. 3 SchwbG nicht zu vereinbaren, die Sanktion einer Zustimmungsfiktion ein-

---

162 BAG 16. 3. 1983 EzA § 18 SchwbG Nr. 6 = NZA 1984, 310; ebenso OVG NW 5. 9. 1989 EzA § 21 SchwbG 1986 Nr. 1; GK-SchwbG/*Großmann,* § 21 Rn. 70.

163 BAG 3. 7. 1980 EzA § 18 SchwbG Nr. 3 = AP § 18 SchwbG Nr. 2; ebenso *Gröninger/Thomas,* § 21 SchwbG Rn. 10; *Schaub,* § 179 III 3; *Moll,* NZA 1987, 550; *Wank,* SAE 1993, 300; *Herschel,* Anm. EzA § 18 SchwbG Nr. 4. Das LAG Köln hat sogar die Zustellung der Entscheidung der Hauptfürsorgestelle verlangt und damit entschieden, der Arbeitgeber könne vorher nicht wirksam kündigen; LAG Köln 20. 3. 1990 LAGE § 21 SchwbG 1986 Nr. 1 mit krit. Anm. von *Rüthers/Heilmann;* abl. insoweit LAG Schleswig-Holstein 22. 2. 1985 DB 1985, 1648.

164 BAG 9. 2. 1994 EzA § 21 SchwbG 1986 Nr. 5 = NZA 1994, 1030; 12. 8. 1999 EzA § 21 SchwbG 1986 Nr. 10 = NZA 1999, 1267.

greifen zu lassen, nur weil die Hauptfürsorgestelle es vielleicht nicht geschafft habe, den Bescheid dem Arbeitgeber innerhalb der Frist bekannt zu geben. Gründe der Rechtssicherheit stünden dem nicht entgegen, da der Arbeitgeber bei dem Integrationsamt nachfragen könne, ob seinem Antrag entsprochen worden sei.

Die vorstehend wiedergegebene Rechtsprechung des Bundesarbeitsgerichts kann ohne weiteres auf § 91 Abs. 3 SGB IX übertragen werden, da sich die Rechtslage gegenüber § 21 Abs. 3 SchwbG nicht geändert hat.[165] Das Integrationsamt ist verpflichtet, den Zeitpunkt, in dem der Bescheid seinen Machtbereich verlässt, beweiskräftig festzuhalten. **1558**

Teilt das Integrationsamt dem Arbeitgeber in irgendeiner Form, auch telefonisch oder mündlich, auf Anfrage mit, seinem Antrag sei stattgegeben worden, kann der Arbeitgeber die außerordentliche Kündigung aussprechen. Einer vorherigen Zustellung dieser Entscheidung bedarf es nicht.[166] Die Kündigung muss dann **unverzüglich** erfolgen, selbst wenn im Zeitpunkt der Erteilung der Zustimmung die Zwei-Wochen-Frist des § 626 Abs. 2 Satz 1 BGB noch nicht abgelaufen ist.[167] Dies gilt auch für den Fall einer außerordentlichen Kündigung unter Gewährung einer Auslauffrist gegenüber tariflich ordentlich unkündbaren schwerbehinderten Arbeitnehmer.[168] **1559**

b) Kündigung nach Zustimmung des Integrationsamtes

Die außerordentliche Kündigung kann gemäß § 91 Abs. 5 SGB IX (bis 30. 6. 2001: § 21 Abs. 5 SchwbG) auch **nach Ablauf** der **Frist** des § 626 Abs. 2 Satz 1 BGB erfolgen, wenn der Arbeitgeber sie **unverzüglich** nach Erteilung der Zustimmung erklärt. Zuvor ist aber, sofern nicht bereits früher geschehen (dazu oben Rn. 1524), noch der Betriebsrat nach § 102 Abs. 1 BetrVG anzuhören bzw. die Personalvertretung, z.B. nach § 79 BPersVG, zu beteiligen.[169] Wird der Verwaltungsakt durch Bekanntgabe wirksam, beginnt damit die Überlegungsfrist für den Arbeitgeber, der ohne schuldhaftes Zögern handeln muss.[170] Auf die Zustellung der Entscheidung ist nicht abzustellen. Bei der Zustimmung kraft Fiktion nach § 91 Abs. 3 Satz 2 SGB IX beginnt die Überlegungsfrist am 15. Tag nach dem Eingang des Antrages bei dem Integrationsamt. **1560**

Die außerordentliche Kündigung ist nur dann unverzüglich i. S. des § 91 Abs. 5 SGB IX erklärt, wenn sie innerhalb dieses Zeitraumes dem schwerbehinderten Ar- **1561**

---

[165] Ebenso KR/*Etzel,* § 91 SGB IX Rn. 16.

[166] KR/*Etzel,* § 91 SGB IX Rn. 29; ErfK/*Rolfs,* § 91 SGB IX Rn. 5; früher BAG 15. 11. 1990 EzA § 21 SchwbG 1986 Nr. 3 = NZA 1991, 553; 9. 2. 1994 EzA § 21 SchwbG 1986 Nr. 5 = NZA 1994, 1030; offen gelassen von BAG 15. 5. 1997 EzA § 123 BGB Nr. 48, unter III 4 = NZA 1998, 33.

[167] Vgl. BAG 22. 1. 1987 EzA § 103 BetrVG 1972 Nr. 32 = NZA 1987, 563; a.A. KR/*Etzel,* § 91 SGB IX Rn. 29a; früher *Fenski,* BB 2001, 570, 572.

[168] Vgl. BAG 12. 8. 1999 EzA § 21 SchwbG 1986 Nr. 10 = NZA 1999, 1267.

[169] Zu den Fragen der Anhörung des Betriebsrats, sofern sie erst nach Erteilung der Zustimmung erfolgt, KR/*Etzel,* § 91 SGB IX Rn. 30c; ErfK/*Rolfs,* § 91 SGB IX Rn. 9; früher BAG 3. 7. 1980 EzA § 18 SchwbG Nr. 3 = AP § 18 SchwbG Nr. 2; 27. 5. 1983 EzA § 12 SchwbG Nr. 12 = AP § 12 SchwbG Nr. 10; 21. 10. 1983 AP § 626 BGB Ausschlussfrist Nr. 16.

[170] BAG 15. 11. 1990 EzA § 21 SchwbG 1986 Nr. 3 a. E. = NZA 1991, 553.

beitnehmer **zugegangen** ist. Die unverzügliche Absendung des Kündigungsschreibens genügt nicht.[171]

1562 Dem schwerbehinderten Arbeitnehmer kann es nach Treu und Glauben (§ 242 BGB) verwehrt sein, sich auf einen verspäteten Zugang der Kündigungserklärung zu berufen, wenn er weiß, dass ein Zustimmungsverfahren anhängig ist und er den Benachrichtigungsschein der Einschreibsendung tatsächlich erhält.[172]

3. Rechtsmittel

1563 Rechtsmittel gegen die Zustimmung des Integrationsamtes zur außerordentlichen Kündigung haben **keine aufschiebende Wirkung** (§ 88 Abs. 4 SGB IX i. V. m. § 91 Abs. 1 SGB IX). Damit ist klargestellt, dass die Kündigung auch ohne Rechtskraft der Entscheidung des Integrationsamtes ausgesprochen werden kann. Wird im Rechtsmittelverfahren jedoch die **Entscheidung** des Integrationsamtes **später aufgehoben,** wird die außerordentliche Kündigung **rückwirkend unwirksam.** Auch die fingierte Zustimmung nach § 91 Abs. 3 Satz 2 SGB IX ist – ebenso wie die erteilte Zustimmung – als privatrechtsgestaltender Verwaltungsakt mit Widerspruch und Anfechtungsklage angreifbar.[173] Da nur schriftliche Verwaltungsakte zugestellt werden können, hat das Integrationsamt dem Arbeitgeber und dem schwerbehinderten Arbeitnehmer die als erteilt geltende Zustimmung schriftlich zu bestätigen.[174]

1564 Hat das Integrationsamt die Entscheidung zur außerordentlichen Kündigung erteilt, kann diese dennoch im **Kündigungsschutzprozess** angegriffen werden mit dem Argument, ein wichtiger Grund i. S. von § 626 Abs. 1 BGB habe nicht vorgelegen. Im Kündigungsschutzprozess kann der Arbeitgeber die außerordentliche Kündigung auch auf **Gründe** stützen, die **nicht Gegenstand des Zustimmungsverfahrens** nach § 91 Abs. 2 SGB IX waren. Das gilt jedenfalls dann, wenn die nachgeschobenen Kündigungsgründe offensichtlich nicht im Zusammenhang mit der Behinderung stehen und das Integrationsamt eine Zustimmung wegen dieser Kündigungsgründe, wären sie im Zustimmungsantrag bereits enthalten gewesen, nicht hätte verweigern dürfen.[175] Die Doppelspurigkeit des Rechtsweges führt in der Praxis zu unerträglich langwierigen Auseinandersetzungen.[176]

---

[171] KR/*Etzel,* § 91 SGB IX Rn. 30; früher BAG 3. 7. 1980 EzA § 18 SchwbG Nr. 3 = AP § 18 SchwbG Nr. 2; 3. 4. 1986 EzA § 18 SchwbG Nr. 7 = NJW 1987, 1508; LAG Schleswig-Holstein 8. 9. 1998 LAGE § 21 SchwbG 1986 Nr. 2; *Gröninger/Thomas,* § 21 SchwbG Rn. 17.

[172] BAG 3. 4. 1986 a. a. O. Das BAG nimmt in der Entscheidung grundlegend zu den Darlegungs- und Beweislastproblemen bei niedergelegten Einschreibsendungen Stellung. Dazu auch Rn. 219.

[173] KR/*Etzel,* § 91 SGB IX Rn. 24; früher BVerwG 10. 9. 1992 EzA § 21 SchwbG 1986 Nr. 4 = NZA 1993, 76; LAG Schleswig-Holstein 8. 9. 1998 LAGE § 21 SchwbG 1986 Nr. 2; GK-SchwbG/*Großmann,* § 21 Rn. 74; *Gröninger/Thomas,* § 21 SchwbG Rn. 11.

[174] Vgl. BVerwG 10. 9. 1992 EzA § 21 SchwbG 1986 Nr. 4; LAG Schleswig-Holstein 8. 9. 1998 a. a. O.

[175] KR/*Etzel,* § 91 SGB IX Rn. 39a; früher BAG 20. 1. 1984 – 7 AZR 143/82 – n. v.; 19. 12. 1991 RzK I 6a Nr. 82; offen gelassen von BVerwG 2. 7. 1992 AP § 21 SchwbG 1986 Nr. 1. Zur ordentlichen Kündigung vgl. Rn. 1492.

[176] Vgl. den Vorlagebeschluss des ArbG Siegen 10. 6. 1988 EzA Art. 101 GG Nr. 1 und des LAG Hamm 19. 12. 1985 LAGE Art. 101 GG Nr. 1; hierzu auch Fn. 39.

4. Außerordentliche Kündigung aus Anlass von Arbeitskämpfen

Schwerbehinderte Arbeitnehmer, denen lediglich **aus Anlass eines Streiks** 1565 oder einer Aussperrung **gekündigt** worden ist, sind gemäß § 91 Abs. 6 SGB IX (bis 30. 6. 2001: § 21 Abs. 6 SchwbG) nach Beendigung des Streiks oder der Aussperrung wiedereinzustellen. Dieser Rechtssatz, der bereits in § 19 Abs. 5 SchwBeschG und in § 21 Abs. 6 SchwbG enthalten war, knüpfte ursprünglich an die seit langem aufgegebene Rechtsauffassung an, nach der die Teilnahme an einem Streik – die fristlose Arbeitsniederlegung – den Arbeitgeber berechtigte, das Arbeitsverhältnis fristlos zu lösen. § 91 Abs. 6 SGB IX hat kaum noch Bedeutung, da nach heute ganz h. M. der Arbeitnehmer im Falle des legitimen Streiks zur Arbeitsverweigerung berechtigt ist und das Arbeitsverhältnis für die Dauer des Arbeitskampfes nur **suspendiert** wird[177]. Auch die Aussperrung löst die Arbeitsverhältnisse heute nur im Ausnahmefall. Die Arbeitsverhältnisse der schwerbehinderten Arbeitnehmer können wegen ihres besonderen Schutzes durch eine Aussperrung überhaupt **nur** suspendiert werden.[178] Damit sind bei der Anwendung des § 91 Abs. 6 SGB IX folgende Grundsätze zu beachten:

Das SGB IX sieht für den Fall des Arbeitskampfes keine Ausnahme von der Zu- 1566 stimmungspflicht vor. Der Arbeitgeber muss also die Zustimmung einholen. Die Teilnahme an einem legitimen Arbeitskampf ist nie ein Grund zur außerordentlichen Kündigung.

Nimmt der schwerbehinderte Arbeitnehmer an einem illegitimen Streik teil, 1567 kann je nach Lage des Falles ein Grund zur außerordentlichen Kündigung gegeben sein.[179] Erteilt das Integrationsamt die Zustimmung nach § 91 Abs. 4 SGB IX oder gilt die Zustimmung nach § 91 Abs. 3 Satz 2 SGB IX als erteilt, endet das Arbeitsverhältnis. **Nach Beendigung des Arbeitskampfes** hat der schwerbehinderte Arbeitnehmer einen **Wiedereinstellungsanspruch** nach § 91 Abs. 6 SGB IX, der auch im Falle des illegitimen Arbeitskampfes anwendbar ist. Voraussetzung ist nur, dass die Kündigung **lediglich aus Anlass des Arbeitskampfes** erfolgt ist. Hat also der schwerbehinderte Arbeitnehmer z. B. während des Arbeitskampfes strafbare Handlungen begangen, z. B. Sachbeschädigung oder Beleidigung des Arbeitgebers, besteht kein Wiedereinstellungsanspruch nach § 91 Abs. 6 SGB IX.[180] Unberührt bleiben die Rechte des schwerbehinderten Arbeitnehmers aus einer Vereinbarung, die nach Beendigung des Arbeitskampfes meist getroffen wird (Maßregelungsverbot).

Hervorzuheben ist schließlich noch, dass § 91 Abs. 6 SGB IX keine Sonderre- 1568 gelung für die fristlose Entlassung von schwerbehinderten Arbeitnehmern bei Arbeitskämpfen schaffen will. Hier gelten die allgemeinen Grundsätze (§ 626 Abs. 1 BGB). § 91 Abs. 6 SGB IX statuiert lediglich einen Wiedereinstellungsanspruch,

---

[177] BAG 3. 8. 1999 EzA Art. 9 GG Arbeitskampf Nr. 133 = NZA 2000, 487

[178] BAG 21. 4. 1971 EzA Art. 9 GG Arbeitskampf Nr. 6 = AP Art. 9 GG Arbeitskampf Nr. 43; 7. 6. 1988 EzA Art. 9 GG Arbeitskampf Nr. 79 = AP Art. 9 GG Arbeitskampf Nr. 107.

[179] Vgl. dazu *Neumann/Pahlen,* § 21 SchwbG Rn. 31 ff. und KR/*Etzel,* § 91 SGB IX Rn. 45 und 46; früher *Gröninger/Thomas,* § 21 SchwbG Rn. 18.

[180] Vgl. KR/*Etzel,* § 91 SGB IX Rn. 46; früher *Cramer,* § 21 SchwbG Rn. 10; GK-SchwbG/*Großmann,* § 21 Rn. 142; *Neumann/Pahlen,* § 21 SchwbG Rn. 37.

der z. Z. nur bei der außerordentlichen Kündigung wegen Teilnahme an einem rechtswidrigen Streik praktisch werden kann.

§ 4 Kündigungsschutz bei Massenentlassungen

1569 Der Arbeitgeber hat nach § 17 Abs. 1 Satz 1 KSchG von einer bestimmten Betriebsgröße ab (in der Regel mehr als 20 Arbeitnehmer) Entlassungen dem Arbeitsamt anzuzeigen, wenn sie innerhalb eines bestimmten Zeitraumes bestimmte Grenzen übersteigen. Anzeige ist nach § 17 Abs. 1 Satz 1 KSchG zu erstatten, bevor der Arbeitgeber

1. in Betrieben mit in der Regel mehr als 20 und weniger als 60 Arbeitnehmern mehr als 5 Arbeitnehmer,
2. in Betrieben mit in der Regel mindestens 60 und weniger als 500 Arbeitnehmern 10 vom Hundert der im Betrieb regelmäßig beschäftigten Arbeitnehmer oder aber mehr als 25 Arbeitnehmer,
3. in Betrieben mit in der Regel mindestens 500 Arbeitnehmern mindestens 30 Arbeitnehmer

innerhalb von dreißig Kalendertagen entlässt.

1570 Mit den Vorschriften der §§ 17 ff. KSchG[1] soll es den Dienststellen der Bundesanstalt für Arbeit ermöglicht werden, rechtzeitig Maßnahmen zur Vermeidung, wenigstens aber zur Verzögerung umfangreicher Arbeitslosigkeit einzuleiten und für die anderweitige Unterbringung der entlassenen Arbeitnehmer zu sorgen.[2] Der individuelle Kündigungsschutz nach § 1 Abs. 1 KSchG bleibt hiervon unberührt.[3]

I. Voraussetzungen der Anzeigepflicht

1571 Die Anzeigepflicht hat zunächst zur Voraussetzung, dass die im Gesetz bestimmte Mindestzahl von Arbeitnehmern innerhalb der Frist von dreißig Tagen in **demselben Betrieb** entlassen wird. Der Betriebsbegriff entspricht, wie in §§ 1, 23 KSchG (hierzu oben Rn. 887), dem des Betriebsverfassungsrechts, wie er in §§ 1, 4 BetrVG (seit 28. 7. 2001 i. d. F. des Art. 1 Nr. 2, Nr. 4 BetrVerf-Reformgesetz vom 23. 7. 2001, BGBl. I S. 1852) verwandt wird.[4] Bei der Berechnung der Ar-

---

[1] Vgl. hierzu auch Richtlinie des Rates 75/129/EWG zur Angleichung der Rechtsvorschriften der Mitgliedstaaten über Massenentlassungen vom 17. 2. 1975 (ABl. Nr. L 48, S. 29), zuletzt geändert durch Richtlinie 98/59/EG vom 20. 7. 1998 (ABl. Nr. L 225, S. 16). Zu noch bestehendem Harmonisierungsbedarf für den Gesetzgeber vgl. *Ermer,* NJW 1998, 1288; *Opolony,* NZA 1999, 791; *Wißmann,* RdA 1998, 221 ff.

[2] BAG 24. 10. 1996 EzA § 17 KSchG Nr. 6 = NZA 1997, 373; 11. 3. 1999 EzA § 17 KSchG Nr. 8 = NZA 1999, 761; BSG 14. 8. 1980 AP Nr. 2 zu § 17 KSchG 1969; BAG 13. 4. 2000 EzA § 17 KSchG Nr. 9 = NZA 2001, 144.

[3] BAG 27. 2. 1958 AP § 1 KSchG Betriebsbedingte Kündigung Nr. 1; 6. 11. 1958 AP § 15 KSchG Nr. 1; 6. 12. 1973 EzA § 17 KSchG Nr. 1 = AP § 17 KSchG 1969 Nr. 1; BSG 20. 10. 1960 AP § 20 KSchG Nr. 1.

[4] Vgl. BAG 13. 4. 2000 a. a. O.; *v. Hoyningen-Huene/Linck,* § 17 KSchG Rn. 3; KDZ/*Kittner,* § 17 KSchG Rn. 5; *Löwisch,* § 17 KSchG Rn. 9; APS/*Moll,* § 17 KSchG Rn. 3; *Preis,* RdA 2000, 258, 269; KR/*Weigand,* § 17 KSchG Rn. 15. Nach ErfK/*Ascheid,*

beitnehmerzahlen sind alle Arbeitnehmer zu zählen, auch die leitenden Angestellten, soweit sie nicht nach § 17 Abs. 5 KSchG ausgeschlossen sind, einschließlich der Auszubildenden und Volontäre. Mitgezählt werden auch Teilzeitbeschäftigte und Arbeitnehmer mit einer Betriebszugehörigkeit von weniger als sechs Monaten.[5]

Wird die Mindestzahl von in der Regel 20 Arbeitnehmern nicht erreicht, finden 1572
die §§ 17ff. KSchG keine Anwendung, selbst wenn in dem Kleinbetrieb mehr als 5 Arbeitnehmer entlassen werden. Bei der Ermittlung der „in der Regel" beschäftigten Arbeitnehmer in § 17 Abs. 1 Satz 1 Nr. 1–3 KSchG ist auf den Zeitpunkt der Entlassung abzustellen. Aufgrund der Definition des Begriffs **„Entlassung"** i. S. der §§ 17, 18 KSchG (vgl. unten Rn. 953) ist das der Zeitpunkt, der durch die ordentliche Kündigung (vgl. § 17 Abs. 4 Satz 1 KSchG) herbeigeführten **tatsächlichen Beendigung** des Arbeitsverhältnisses.[6] Wie dem Tatbestandsmerkmal „in der Regel" zu entnehmen ist, ist jedoch nicht auf die tatsächliche Beschäftigtenzahl, abzustellen, sondern auf die normale Personalstärke des Betriebes. Bei ihrer Ermittlung ist sowohl die bisherige personelle Stärke des Betriebes wie auch die Einschätzung der künftigen Entwicklung zu berücksichtigen.[7]

Dabei sind Zeiten außergewöhnlich hohen oder niedrigen Geschäftsanfalls nicht 1573
zu berücksichtigen.[8] Im Falle einer **Betriebsstilllegung** ist lediglich auf die bisherige Belegschaftsstärke abzustellen.[9] Maßgebender Zeitpunkt ist die Beschlussfassung über die Stilllegung. Der im Zeitpunkt des Stilllegungsbeschlusses vorhandene Personalbestand entscheidet über die Anwendung des § 17 Abs. 1 Satz 1 KSchG, selbst wenn danach das Personal in Stufen entlassen wird.[10] Anders ist es jedoch, wenn mehreren aufeinanderfolgenden Personalreduzierungsmaßnahmen kein einheitlicher Stilllegungsbeschluss zugrunde liegt, sondern wenn der endgültigen Stilllegung zunächst eine oder mehrere Betriebseinschränkungen voraus gingen. Wird der Betrieb zunächst mit entsprechend verminderter Belegschaftsstärke fortgeführt, wird diese zu der normalen, den Betrieb kennzeichnenden. Dafür ist kein bestimmter Mindestzeitraum erforderlich.[11]

Eine anzeigepflichtige **Entlassung** i. S. der §§ 17, 18 KSchG ist nicht schon die 1574
Kündigung, sondern die mit ihr **beabsichtigte tatsächliche Beendigung** des Arbeitsverhältnisses.[12] Ihr stehen nach § 17 Abs. 1 Satz 2 KSchG andere Beendigun-

---

§ 17 KSchG Rn. 8 ist der Betriebsbegriff so anzuwenden, wie ihn der EuGH versteht (hierzu EuGH 7. 12. 1995 EzA § 17 KSchG Nr. 5 = NZA 1996, 471); vgl. auch APS/*Moll*, § 17 KSchG Rn. 8; *Wißmann*, RdA 1998, 221, 223f.

[5] BAG 11. 3. 1999 EzA § 17 KSchG Nr. 8 = NZA 1999, 761; 13. 4. 2000 EzA § 17 KSchG Nr. 9 = NZA 2001, 144; ErfK/*Ascheid*, § 17 KSchG Rn. 9; *v. Hoyningen-Huene/Linck*, § 17 KSchG Rn. 7; KDZ/*Kittner*, § 17 KSchG Rn. 10; KR/*Weigand*, § 17 KSchG Rn. 31.

[6] BAG 31. 7. 1986 EzA § 17 KSchG Nr. 3 = NZA 1987, 587; 8. 6. 1989 EzA § 17 KSchG Nr. 4 = NZA 1990, 224; 13. 4. 2000 a. a. O.; 22. 3. 2001 EzA Art. 101 GG Nr. 5 = AP Art. 101 GG Nr. 59.

[7] BAG 31. 7. 1986 a. a. O.; 22. 3. 2001 a. a. O.

[8] BAG 13. 4. 2000 EzA § 17 KSchG Nr. 9 = NZA 2000; 22. 3. 2001 a. a. O.

[9] BAG 13. 4. 2000 a. a. O.; 22. 3. 2001 a. a. O.

[10] BAG 8. 6. 1989 EzA § 17 KSchG Nr. 4 = NZA 1990, 224; 13. 4. 2000 a. a. O.; 22. 3. 2001, a. a. O.

[11] BAG 31. 7. 1986 EzA § 17 KSchG Nr. 3 = NZA 1987, 587; 8. 6. 1989 a. a. O.; 13. 4. 2000 a. a. O.

[12] BAG 31. 7. 1986 a. a. O.; 8. 6. 1989 a. a. O.; 13. 4. 2000 a. a. O.; 22. 3. 2001 a. a. O.

gen des Arbeitsverhältnisses gleich, die vom Arbeitgeber veranlasst werden. Durch diese auf Grund von Art. 5 Nr. 1 lit. a des Gesetzes zur Anpassung arbeitsrechtlicher Bestimmungen an das EG-Recht vom 20. 7. 1995 (BGBl. I S. 946) eingefügte Bestimmung hat der Gesetzgeber ausdrücklich klargestellt, dass das Ausscheiden auf Grund **arbeitnehmerseitiger Kündigung** unter dem Druck einer angedrohten Arbeitgeberkündigung[13] bzw. eines zur Vermeidung einer betriebsbedingten Kündigung geschlossenen **Aufhebungsvertrages** eine **Entlassung** i. S. des § 17 Abs. 1 Satz 1 KSchG ist.[14] Ohne Bedeutung für die Anzeigepflicht ist der Kündigungsgrund.

1575 **Kündigt der Arbeitnehmer** ohne Druck einer angedrohten Kündigung des Arbeitgebers oder schließen die Parteien einen **Aufhebungsvertrag,** ohne dass dies vom Arbeitgeber veranlasst worden ist, oder wird das Arbeitsverhältnis wirksam **angefochten** oder endet dieses auf Grund einer **Befristung, beeinflussen** diese Beendigungstatbestände die **Quote nicht.** Andererseits sind **Änderungskündigungen** dann zu berücksichtigen, wenn der Arbeitnehmer es ablehnt, der beabsichtigten Vertragsänderung zuzustimmen, d. h. also, die Änderungskündigung zur Beendigung des Vertrages führt. Macht der Arbeitnehmer im Falle einer Änderungskündigung von seiner Klagebefugnis nach den §§ 2, 4 KSchG Gebrauch, zählt die Änderungskündigung nicht, da sie keine Auflösung des Vertrages herbeiführt.[15] Die Einstellung neuer Arbeitnehmer im rechtserheblichen Zeitraum ist ohne Bedeutung. Geschützt wird nicht der jeweilige Betrieb, sondern § 17 KSchG bezweckt den Schutz des Arbeitsmarktes (vgl. schon oben Rn. 1570), der auch dann beeinflusst wird, wenn den Entlassungen Neueinstellungen gegenüberstehen.[16] Denn auch dann muss der Arbeitsmarkt die entlassenen Arbeitnehmer aufnehmen.

1576 Bei der Berechnung der Entlassungszahlen werden nach § 17 Abs. 4 Satz 2 KSchG **fristlose Entlassungen** nicht mitgerechnet. Als fristlose Kündigung i. S. des § 17 Abs. 4 KSchG gelten auch die außerordentlichen Kündigungen, die unter Einräumung einer sozialen Auslauffrist ausgesprochen werden (vgl. Rn. 588). Spricht der Arbeitgeber neben der außerordentlichen Kündigung vorsorglich eine ordentliche Kündigung aus, ist die dadurch – im Falle unwirksamer außerordentlicher Kündigung – bedingte Beendigung im rechtserheblichen Zeitraum mitzuzählen.[17] Kündigungen durch den Insolvenzverwalter gemäß § 113 Abs. 1 InsO stehen einer fristlosen Entlassung i. S. des § 17 Abs. 4 KSchG nicht gleich.[18]

---

[13] Vgl. früher BAG 6. 12. 1973 EzA § 17 KSchG Nr. 1 = AP § 17 KSchG 1969 Nr. 1.

[14] BAG 13. 11. 1996 EzA § 112 BetrVG 1972 Nr. 90 = NZA 1997, 390; 11. 3. 1999 EzA § 17 KSchG Nr. 8 = NZA 1999, 761.

[15] BAG 10. 3. 1982 EzA § 2 KSchG Nr. 3 = AP § 2 KSchG 1969 Nr. 2; ErfK/*Ascheid,* § 17 KSchG Rn. 13; *v. Hoyningen-Huene/Linck,* § 17 KSchG Rn. 25; KR/*Weigand,* § 17 KSchG Rn. 41.

[16] BAG 13. 3. 1969 EzA § 15 KSchG Nr. 1 = AP § 15 KSchG 1951 Nr. 10; ErfK/*Ascheid,* § 17 KSchG Rn. 15; *v. Hoyningen-Huene/Linck,* § 17 KSchG Rn. 27; KDZ/*Kittner,* § 17 KSchG Rn. 26; APS/*Moll,* § 17 KSchG Rn. 53; KR/*Weigand,* § 17 KSchG Rn. 51; a. A. *Löwisch,* § 17 KSchG Rn. 36.

[17] Ebenso KDZ/*Kittner,* § 17 KSchG Rn. 19.

[18] ErfK/*Ascheid,* § 17 KSchG Rn. 16; *v. Hoyningen-Huene/Linck,* § 17 KSchG Rn. 32; KDZ/*Kittner,* § 17 KSchG Rn. 20; KR/*Weigand,* § 17 KSchG Rn. 38; zu § 22 KO vgl. BSG 5. 12. 1978 DB 1979, 1283 = BB 1979, 1660.

Anzeigepflichtig sind nicht nur die über den Grenzwerten liegenden Entlassungen innerhalb eines Zeitraumes von 30 Kalendertagen, sondern alle darin liegenden Entlassungen. **Maßgeblich** für die **Anzeigepflicht** ist nicht der Zeitpunkt des Kündigungsausspruchs, sondern der der **tatsächlichen Vollziehung** der **Entlassung.**[19] Denn unter dieser wird in den §§ 17, 18 KSchG die mit der Kündigung beabsichtigte tatsächliche Beendigung des Arbeitsverhältnisses verstanden (vgl. schon oben Rn. 1574). Bei **kurzen Kündigungsfristen** kann also zunächst keine Anzeigepflicht bestehen. Sie tritt aber ein, wenn der Arbeitgeber innerhalb des rechtserheblichen Zeitraums weitere Entlassungen veranlasst und damit die Grenzwerte überschreitet. Die zunächst durchgeführten nicht anzeigepflichtigen Entlassungen werden dann nachträglich anzeigepflichtig.[20] Sie können somit erst mit Ablauf der Sperrfrist durchgeführt werden.[21] Wird der Arbeitnehmer nach § 102 Abs. 5 BetrVG vorläufig weiterbeschäftigt (dazu unten Rn. 2080ff.), hat das auf die Anzeigepflicht keinen Einfluss.[22] 1577

II. Beteiligung des Betriebsrats

Beabsichtigt der Arbeitgeber nach § 17 Abs. 1 KSchG anzeigepflichtige Entlassungen vorzunehmen, hat er dem Betriebsrat gemäß § 17 Abs. 2 Satz 1 KSchG rechtzeitig die zweckdienlichen **Auskünfte** zu **erteilen** und ihn **schriftlich** insbesondere zu **unterrichten** über die Gründe für die geplanten Entlassungen, die Zahl und die Berufsgruppen der zu entlassenden Arbeitnehmer, die Zahl und die Berufsgruppen der in der Regel beschäftigten Arbeitnehmer, den Zeitraum, in dem die Entlassungen vorgenommen werden sollen, die vorgesehenen Kriterien für die Auswahl der zu entlassenden Arbeitnehmer und die für die Berechnung etwaiger Abfindungen vorgesehenen Kriterien. Im Anschluss an die Unterrichtung besteht **Beratungspflicht** mit dem Ziel, Entlassungen zu vermeiden oder einzuschränken und ihre Folgen zu mildern (§ 17 Abs. 2 Satz 2 KSchG). Der Betriebsrat hat dann, wie aus § 17 Abs. 3 Satz 2 KSchG zu entnehmen ist, eine Stellungnahme abzugeben. Dem Arbeitsamt gegenüber kann der Betriebsrat weitere Stellungnahmen abgeben (§ 17 Abs. 3 Satz 7 KSchG). Dem Arbeitgeber hat er hiervon eine Kopie zuzuleiten (§ 17 Abs. 3 Satz 8 KSchG). 1578

§ 17 Abs. 2 KSchG ist nach seinem Wortlaut auch auf leitende Angestellte i. S. von § 5 Abs. 3 Satz 2 BetrVG anzuwenden, die nicht gleichzeitig unter die Ausnahmevorschrift des § 17 Abs. 5 Nr. 3 KSchG fallen. Dennoch ist der Betriebsrat bei einer anzeigepflichtigen Entlassung dieses Personenkreises nicht nach § 17 1579

---

[19] BAG 6. 12. 1973 EzA § 17 KSchG Nr. 1 = AP § 17 KSchG 1969 Nr. 1; 13. 4. 2000 EzA § 17 KSchG Nr. 9 = NZA 2001 144; 22. 3. 2001 EzA Art. 101 GG Nr. 5 = AP Art. 101 GG Nr. 59, a. a. O.

[20] BAG 24. 10. 1996 EzA § 17 KSchG Nr. 6 = NZA 1997, 373; 13. 4. 2000; ErfK/*Ascheid,* § 17 KSchG Rn. 17; *v. Hoyningen-Huene/Linck,* § 17 KSchG Rn. 35; KDZ/*Kittner,* § 17 KSchG Rn. 28; APS/*Moll,* § 17 KSchG Rn. 49 und 126; KR/*Weigand,* § 17 KSchG Rn. 76.

[21] KR/*Weigand,* § 18 KSchG Rn. 42, 43 m.w.N.

[22] Vgl. ErfK/*Ascheid,* § 17 KSchG Rn. 17; *v. Hoyningen-Huene/Linck,* § 17 KSchG Rn. 38; KDZ/*Kittner,* § 17 KSchG Rn. 15; KR/*Weigand,* § 17 KSchG Rn. 43 d.

Abs. 2 KSchG zu beteiligen, da diese Vorschrift betriebsverfassungsrechtlicher Natur ist.[23]

1580 Die Rechtsfolge eines Verstoßes gegen die Unterrichtungspflicht hat der Gesetzgeber nicht geregelt. Sie dürfte sich jedoch indirekt aus § 17 Abs. 3 Satz 3 KSchG ergeben. Diese Norm verlangt die Beifügung der Stellungnahme des Betriebsrats, die dieser nach der Unterrichtung durch den Arbeitgeber abgegeben hat. Liegt diese Stellungnahme des Betriebsrats nicht vor, ist die Anzeige **nur wirksam,** wenn der Arbeitgeber glaubhaft macht, dass er den **Betriebsrat** mindestens zwei Wochen vor Erstattung der Anzeige nach § 17 Abs. 2 Satz 1 KSchG **unterrichtet** hat und er den **Stand der Beratung darlegt** (§ 17 Abs. 3 Satz 3 KSchG).[24] Daraus ist im Gegenschluss zu entnehmen, dass bei Fehlen einer Stellungnahme des Betriebsrats (bzw. der Glaubhaftmachung) trotz ordnungsgemäßer Unterrichtung die Anzeige grundsätzlich unwirksam ist.[25] Hat der Arbeitgeber den Betriebsrat gar nicht unterrichtet bzw. kann er dies nicht glaubhaft machen, hat das ebenfalls zur Folge, dass die Anzeige nach § 17 Abs. 2 Satz 3 KSchG unwirksam ist.[26] Die unterbliebene Beratung mit dem Betriebsrat (§ 17 Abs. 2 Satz 2 KSchG) hat dagegen nach h.M. keinen Einfluss auf die Wirksamkeit der Anzeige.[27]

1581 Andere Pflichten des Arbeitgebers gegenüber dem Betriebsrat, wie sie sich aus § 92 BetrVG und §§ 111ff. BetrVG ergeben, oder gegenüber dem Wirtschaftsausschuss nach § 106 Abs. 2 BetrVG werden durch § 17 KSchG nicht berührt. Sie müssen zusätzlich erfüllt werden. Auch muss der Arbeitgeber vor Ausspruch von Kündigungen im Rahmen einer Massenentlassung den Betriebsrat nach § 102 Abs. 1 Satz 1 und 2 BetrVG anhören.[28] An das Anhörungsverfahren sind keine geringeren Anforderungen als sonst zu stellen.[29] Selbst eine ausführliche Unterrichtung des Betriebsrats nach § 17 Abs. 2 Satz 1 KSchG kann das Erfordernis der Betriebsratsanhörung nicht ersetzen.[30] Zur Möglichkeit der Verlängerung

---

[23] ErfK/*Ascheid,* § 17 KSchG Rn. 19; *v. Hoyningen-Huene/Linck,* § 17 KSchG Rn. 46; KR/*Weigand,* § 17 KSchG Rn. 62i. Diese Autoren befürworten im Wege einer korrigierenden Auslegung des § 17 Abs. 2 KSchG die Beteiligung des Sprecherausschusses nach § 31 SprAuG bei den leitenden Angestellten, die nicht unter § 17 Abs. 5 Nr. 3 KSchG fallen; vgl. auch *Wißmann,* RdA 1998, 221, 224; dagegen KDZ/*Kittner* § 17 KSchG Rn. 30; *Kleinebrink* FA 2000, 366, 367; APS/*Moll* § 17 KSchG Rn. 57.

[24] BAG 11. 3. 1999 EzA § 17 KSchG Nr. 8 = NZA 1999, 761.

[25] BAG 11. 3. 1999 a.a.O.; LAG Hamm 10. 8. 1982 DB 1983, 49; 6. 6. 1986 LAGE § 17 KSchG Nr. 2; KDZ/*Kittner,* § 17 KSchG Rn. 38; KR/*Weigand,* § 17 KSchG Rn. 63; a.A. ErfK/*Ascheid,* § 17 KSchG Rn. 22; *v. Hoyningen-Huene/Linck,* § 17 KSchG Rn. 49; APS/*Moll,* § 17 KSchG Rn. 78.

[26] BAG 14.8. 1986 RzK I 8 b Nr. 8 L.; vgl. auch ArbG Hamm 21. 1. 1982 DB 1982, 1992; *Diller/Powietzka,* DB 2001, 1034, 1037; *v. Hoyningen-Huene/Linck* § 17 KSchG Rn. 47c; *Kleinebrink,* FA 2000, 366, 368; KR-*Weigand,* § 17 KSchG Rn. 63; *Wißmann,* RdA 1998, 221, 226; a.A. APS/*Moll,* § 17 KSchG Rn. 76, der die Auffassung vertritt, die Anforderungen an die Wirksamkeit der Anzeige seien in § 17 Abs. 3 KSchG aufgeführt.

[27] ErfK/*Ascheid,* § 17 KSchG Rn. 22; BBDW/*Dörner,* § 17 KSchG Rn. 67; *v. Hoyningen-Huene/Linck,* § 17 KSchG Rn. 49; APS/*Moll,* § 17 KSchG Rn. 78; a.A. KDZ/*Kittner,* § 17 KSchG Rn. 38; KR/*Weigand,* § 17 KSchG Rn. 63.

[28] BAG 14. 8. 1986 EzA § 102 BetrVG 1972 Nr. 69 = NZA 1987, 601.

[29] BAG 16. 9. 1993 EzA § 102 BetrVG 1972 Nr. 84 = NZA 1994, 311.

[30] BAG 14. 8. 1986 a.a.O.

der einwöchigen Anhörungsfrist des § 102 Abs. 2 Satz 1 BetrVG vgl. oben Rn. 438.

1582 Wurde bis zum 31. 12. 1998 im Rahmen einer Betriebsänderung nach § 111 BetrVG ein Interessenausgleich vereinbart und waren in diesem die zur Kündigung anstehenden Arbeitnehmer gemäß dem mit Wirkung vom 1. 1. 1999 aufgehobenen § 1 Abs. 5 Satz 1 KSchG (dazu Voraufl. Rn. 678e) namentlich bezeichnet (dazu Voraufl. Rn. 678f.), ersetzte dieser Interessenausgleich die Stellungnahme des Betriebsrats nach § 17 Abs. 3 Satz 2 KSchG.[31] Entsprechendes galt seit dem 1. 10. 1996 auf Grund des zu diesem Termin vorzeitig in den alten Bundesländern in Kraft getretenen[32] § 125 Abs. 1 und 2 InsO im Konkursverfahren und gilt seit dem 1. 1. 1999 gemäß dieser Vorschrift bundesweit im Insolvenzverfahren (unten Rn. 2165ff.).

III. Form und Inhalt der Anzeige

1583 Die Anzeige ist nach § 17 Abs. 3 Satz 2 KSchG vom Arbeitgeber schriftlich zu erstatten, d.h., sie muss eigenhändig unterzeichnet sein. Sie muss gemäß § 17 Abs. 3 Satz 4 KSchG neben einer Abschrift der Mitteilung an den Betriebsrat Angaben über den Namen des Arbeitgebers, den Sitz und die Art des Betriebes, die Zahl und die Berufsgruppen der in der Regel beschäftigten und der zu entlassenden Arbeitnehmer, die Gründe für die Entlassungen, den Zeitraum, in dem die Entlassungen vorgenommen werden sollen und die vorgesehenen Kriterien für die Auswahl der zu entlassenden Arbeitnehmer enthalten. Ferner **sollen** in der Anzeige im Einvernehmen mit dem Betriebsrat für die Arbeitsvermittlung Angaben über Geschlecht, Alter, Beruf und Staatsangehörigkeit der zu entlassenden Arbeitnehmer gemacht werden (§ 17 Abs. 2 Satz 5 KSchG). Dabei genügt es, wenn diese Daten gruppenbezogen angegeben werden.[33] Eine Abschrift der Anzeige hat der Arbeitgeber gemäß § 17 Abs. 2 Satz 6 KSchG dem Betriebsrat zuzuleiten. **Fehlt** eine der **Mußvoraussetzungen,** ist die **Anzeige unwirksam.** Stimmt allerdings das Landesarbeitsamt einer nach § 17 KSchG anzeigepflichtigen Entlassung zu einem bestimmten Zeitpunkt durch bestandskräftigen Verwaltungsakt zu (§ 18 Abs. 1 KSchG) und stellt damit inzident fest, dass eine wirksame Massenentlassungsanzeige vorlag, sind die Arbeitsgerichte wegen der Bestandskraft des Verwaltungsaktes gehindert, im Kündigungsschutzprozess die Entscheidung der Arbeitsverwaltung nachzuprüfen.[34] Die Massenentlassungsanzeige ist bei der beabsichtigten Stilllegung eines privaten Luftfahrtunternehmens nicht an die Hauptstelle der Bundesanstalt für Arbeit (§ 21 Satz 3 KSchG) zu richten, sondern an das örtlich zuständige Arbeitsamt, weil ein solches Unternehmen nicht „zum Geschäftsbereich des Bundesministers für Verkehr“ gehört.[35]

---

[31] Hierzu *Bader,* NZA 1997, 905, 910.

[32] Art. 6, 13 ArbBeschFG 25. 9. 1996 (BGBl. I S. 1476).

[33] BAG 14. 8. 1986 RzK I 8b Nr. 8 L.

[34] BAG 24. 10. 1996 EzA § 17 KSchG Nr. 6 = NZA 1997, 373; vgl. auch BAG 11. 3. 1998 EzA § 1 KSchG Betriebsbedingte Kündigung Nr. 99 = NZA 1998, 879; 13. 4. 2000 EzA § 17 KSchG Nr. 9 = NZA 2001, 144.

[35] BAG 4. 3. 1993 EzA § 21 KSchG Nr. 1 = NZA 1993, 840.

1584 Der Arbeitgeber hat der Anzeige, sofern im Betrieb ein Betriebsrat besteht, dessen Stellungnahme beizufügen oder die Glaubhaftmachung nach § 17 Abs. 3 Satz 3 KSchG. Das ist Wirksamkeitsvoraussetzung für die Anzeige.[36]

1585 Die Anzeige ist **vor dem Entlassungstermin** (hierzu oben Rn. 1577) zu erstatten.[37] Da hiermit der mit der Kündigung beabsichtigte tatsächliche Beendigungstermin des Arbeitsverhältnisses gemeint ist (vgl. oben Rn. 1574), und im Übrigen bei Kündigungsausspruch oft nicht einmal feststeht, ob eine Anzeige überhaupt erforderlich ist, kann der Arbeitgeber diese bis zum vorgesehenen Entlassungszeitpunkt erstatten.[38] In diesem Fall verschiebt sich der Beendigungstermin wegen der in § 18 Abs. 1 KSchG normierten Sperrfrist (näher unten Rn. 1591). Ist die Anzeige unterblieben bzw. ist sie unwirksam (hierzu oben Rn. 1583), wird nach der neueren Rechtsprechung des BAG nur die Entlassung,[39] nicht etwa die Kündigung[40] unwirksam, falls der Arbeitnehmer sich darauf beruft (vgl. unten Rn. 1586)[41]. Denn § 18 Abs. 1 KSchG betrifft nach seinem klaren Wortlaut nur die Wirksamkeit der anzeigepflichtigen Entlassungen, nicht die Wirksamkeit der Kündigung.[42] Eine vorsorgliche Anzeige ist zulässig.[43]

IV. Rechtsfolgen bei unterlassenen Anzeigen

1586 Der Umstand, dass die unterlassene bzw. unwirksame Massenentlassungsanzeige gemäß § 18 Abs. 1 KSchG die Wirksamkeit der Kündigung unberührt lässt, kann von Bedeutung werden, wenn die **Kündigungsfrist länger als** die **Sperrfrist** des § 18 Abs. 1 KSchG ist. Die Kündigung entfaltet bei unterlassener Anzeige bis spätestens zu dem mit ihr beabsichtigten Beendigungstermin (vgl. oben Rn. 1584) also nicht die Wirkung, das Arbeitsverhältnis aufzulösen.[44] Der Arbeitnehmer kann

---

[36] BAG 11. 3. 1999 EzA § 17 KSchG Nr. 8 = NZA 1999, 761; LAG Hamm 6. 6. 1986 LAGE § 17 KSchG Nr. 2; *v. Hoyningen-Huene/Linck,* § 17 KSchG Rn. 73; KDZ/*Kittner,* § 17 KSchG Rn. 46; APS/*Moll,* § 17 KSchG Rn. 111; KR/*Weigand,* § 17 KSchG Rn. 91.

[37] BAG 31. 7. 1986 EzA § 17 KSchG Nr. 3 = NZA 1987, 587; 24. 10. 1996 EzA § 17 KSchG Nr. 6 = NZA 1997, 373.

[38] BAG 11. 3. 1999 EzA § 17 KSchG Nr. 8 = NZA 1999, 761; 13. 4. 2000 EzA § 17 KSchG Nr. 9 = NZA 2001, 144; weitergehend *Bauer/Powietzka,* DB 2001, 383, 384.

[39] BAG 24. 10. 1996 EzA § 17 KSchG Nr. 6 = NZA 1997, 373; 11. 3. 1999 EzA § 17 KSchG Nr. 8 = NZA 1999, 761; 13. 4. 2000 a. a. O.; 22. 3. 2001 EzA Art. 101 GG Nr. 5 = AP Art. 101 GG Nr. 59; vgl. auch LAG Thüringen 14. 11. 2000 NZA-RR 2001, 121, 126; krit. *Bauer/Powietzka,* DB 2001, 383, 384.

[40] So früher BAG 31. 7. 1986 EzA § 17 KSchG Nr. 3 = NZA 1987, 587; 8. 6. 1989 EzA § 17 KSchG Nr. 4 = NZA 1990, 224; 4. 3. 1993 EzA § 21 KSchG Nr. 1 = NZA 1993, 840.

[41] *Bauer/Powietzka,* DB 2001, 383 empfehlen im Hinblick auf eine aus arbeitsmarktpolitischen Gründen noch mögliche Zustimmung der Arbeitsverwaltung, die Anzeige nach § 17 Abs. 1 KSchG nachzuholen und einen Antrag auf Zustimmung zur vorzeitigen Entlassung (§ 18 Abs. 1 KSchG) zu stellen.

[42] BAG 13. 4. 2000 EzA § 17 KSchG Nr. 9 = NZA 2001, 144.

[43] BAG 3. 10. 1963 AP § 15 KSchG Nr. 9; ErfK/*Ascheid,* § 17 KSchG Rn. 35; *v. Hoyningen-Huene/Linck,* § 17 KSchG Rn. 82; APS/*Moll,* § 17 KSchG Rn. 128; KR/*Weigand,* § 17 KSchG Rn. 78.

[44] BAG 13. 4. 2000 a. a. O.; 22. 3. 2001 EzA Art. 101 GG Nr. 5 = AP Art. 101 GG Nr. 59.

vielmehr die Fortsetzung desselben verlangen. Er muss das aber nicht. Denn durch den Kündigungsschutz bei Massenentlassungen wird nur der Arbeitgeber, nicht auch der Arbeitnehmer in seiner Entscheidungsfreiheit beeinträchtigt. Der Arbeitnehmer kann also die Kündigung hinnehmen und seinen Arbeitsplatz verlassen oder aber sich auf die Unwirksamkeit der Entlassung berufen (vgl. schon oben Rn. 1585).[45] Das **Wahlrecht** wird man dem Arbeitnehmer bis zum Ablauf der Kündigungsfrist einräumen müssen. Die Dreiwochenfrist des § 4 Satz 1 KSchG ist nicht einschlägig.[46] Verlässt der Arbeitnehmer ohne Widerspruch den Betrieb unter Annahme seiner Papiere, liegt darin die Hinnahme der Entlassung. Damit wird diese rechtswirksam. Erhebt der Arbeitnehmer dagegen in irgendeiner Weise Widerspruch, ist die Entlassung endgültig unwirksam.[47] Der Arbeitnehmer kann nicht im Vorhinein auf den Schutz der §§ 17, 18 KSchG verzichten.[48] Für die Voraussetzungen der Anzeigepflicht, d.h. sowohl für die Zahl der beschäftigten Arbeitnehmer als auch die Zahl der entlassenen Arbeitnehmer, trägt der Arbeitnehmer die **Darlegungs- und Beweislast.**[49]

Die **Unwirksamkeit** nach § 18 Abs. 1 KSchG erstreckt sich auf **alle Entlassungen,** also nicht nur auf jene, die über die Mindestzahlen des § 17 Abs. 1 KSchG hinausgehen. Entscheidend ist nur, dass alle Entlassungen innerhalb der dort genannten Frist von 30 Kalendertagen erfolgen (dazu oben Rn. 1577). 1587

Bietet der Arbeitnehmer dem Arbeitgeber seine Arbeitsleistung nach einer unwirksamen Entlassung an und verweigert der Arbeitgeber die Annahme, hat er nach § 611 Abs. 1 BGB i.V.m. § 615 Satz 1 BGB das Arbeitsentgelt zu zahlen. Das Leistungsangebot des Arbeitnehmers ist auch nach der Änderung der Rechtsprechung zu § 615 Satz 1 BGB[50] notwendig, sofern es nur um die Unwirksamkeit der Entlassung nach den §§ 17, 18 KSchG geht. Die Berufung auf die Unwirksamkeit der Entlassung ist notwendig.[51] Der Annahmeverzug kann vorher nicht eintreten. 1588

Beruht die ordentliche Kündigung auf einer **groben Treuepflichtverletzung** oder strafbaren Handlung gegen den Arbeitgeber, kann sich der Arbeitnehmer auf eine Verletzung der Anzeigepflicht nicht berufen, wenn die Vorwürfe gerechtfertigt sind.[52] Das BAG rechtfertigt diesen Grundsatz mit dem Verbot des Rechtsmiss- 1589

---

45 BAG 11. 3. 1999 EzA § 17 KSchG Nr. 8 = NZA 1999, 761; 13. 4. 2000 a.a.O; *Bauer/Powietzka,* DB 2001, 383, 384; *v. Hoyninen-Huene/Linck,* § 18 KSchG Rn. 31; APS/*Moll,* § 18 KSchG Rn. 46; KR/*Weigand,* § 18 KSchG Rn. 33.

46 Auf die Grundsätze der Verwirkung (§ 242 BGB) greifen zurück ErfK/*Ascheid,* § 18 KSchG Rn. 14; *Berscheid,* AR-Blattei SD 1020.2 Rn. 301; KR/*Weigand,* § 18 KSchG Rn. 40; vgl. auch APS/*Moll,* § 18 KSchG Rn. 47, der von einer maximalen Frist von einem Monat ausgeht.

47 Vgl. *v. Hoyningen-Huene/Linck,* § 18 KSchG Rn. 32; KR/*Weigand,* § 18 KSchG Rn. 38.

48 BAG 11. 3. 1999 EzA § 17 KSchG Nr. 8 = NZA 1999, 761.

49 BAG 19. 6. 1991 EzA § 1 KSchG Betriebsbedingte Kündigung Nr. 70 = NZA 1991, 891; 11. 3. 1998 EzA § 1 KSchG Betriebsbedingte Kündigung Nr. 99 = NZA 1998, 879; 22. 3. 2001 EzA Art. 101 GG Nr. 5 = AP Art. 101 GG Nr. 59.

50 Seit BAG 9. 8. 1984 EzA § 615 BGB Nr. 43 = NZA 1985, 219; 21. 3. 1985 EzA § 615 BGB Nr. 44 = AP Art. 101 GG Nr. 59.

51 Ebenso *Bauer/Powietzka,* DB 2001, 1073 f.; *v. Hoyningen-Huene/Linck,* § 18 KSchG Rn. 38; KR-*Weigand,* § 18 KSchG Rn. 38. Das BAG ist in seinem Urteil vom 11. 3. 1999 (Fn. 48) zu II 5 der Gründe auf diese Problematik nicht eingegangen.

52 13. 3. 1969 EzA § 15 KSchG Nr. 1 = AP § 15 KSchG Nr. 10; KR/*Weigand* § 18 KSchG Rn. 41.

brauchs. Derjenige Arbeitnehmer handele rechtsmissbräuchlich, der den Verstoß des Arbeitgebers gegen § 17 KSchG für sich ausnutze, obwohl er durch grobe und schuldhafte Verletzung seiner Treuepflicht den Arbeitsvertrag verletzt und dem Arbeitgeber Schaden zugefügt habe.

V. Konzernregelung

1590 § 17 Abs. 3a KSchG, der durch das EG-Anpassungsgesetz vom 20. 7. 1995 (BGBl. I S. 946) eingefügt wurde, bestimmt zunächst in Satz 1, dass die Auskunfts-, Beratungs- und Anzeigepflichten nach Abs. 1 bis 3 auch dann gelten, wenn die Entscheidung über die Entlassungen von einem den Arbeitgeber beherrschenden Unternehmen getroffen wurde. Satz 2 verbietet einem solchen Arbeitgeber zudem die Berufung darauf, das für die Entlassungen verantwortliche Unternehmen habe nicht die notwendigen Auskünfte übermittelt. Wegen des Begriffs des beherrschenden Unternehmens ist auf die Regelung in §§ 17, 18 AktG zurückzugreifen.[53]

VI. Die Beendigung des Arbeitsverhältnisses nach erfolgter Anzeige

1591 Mit dem Eingang der Anzeige beim Arbeitsamt beginnt eine **Sperrfrist von einem Monat** zu laufen (vgl. § 18 Abs. 1 1. Halbs. KSchG), die vom Landesarbeitsamt gemäß § 18 Abs. 2 KSchG auf zwei Monate verlängert werden kann.[54] **Innerhalb der Sperrfrist,** deren Lauf sich unter Berücksichtigung der Sonderregelungen in § 26 Abs. 2 bis 5 SGB X nach §§ 187 bis 193 BGB i.V.m. § 26 Abs. 1 SGB X bemisst, ist die Entlassung **nur mit** (bestandskräftiger)[55] **Zustimmung** des Landesarbeitsamtes wirksam. Diese kann auch rückwirkend bis zum Tag der Antragstellung erteilt werden (§ 18 Abs. 1 KSchG). Die Zustimmung des Landesarbeitsamtes beseitigt aber nur ein zusätzliches Hindernis für die Kündigung, die im Übrigen nach allgemeinen Grundsätzen, z.B. nach § 1 Abs. 1 KSchG (vgl. schon oben Rn. 1570), rechtswirksam sein muss.[56] Die Zustimmung kann nur für einen Teil der Entlassungen erteilt werden. Auch sind Bedingungen oder Auflagen möglich. Hält das Landesarbeitsamt eine Zustimmung bei ordnungsmäßiger Anzeige nicht für erforderlich, gilt diese Mitteilung als Zustimmung, wenn in Wahrheit eine solche notwendig gewesen wäre (Negativattest).[57]

1592 Hat der Arbeitgeber nicht innerhalb von 90 Tagen (sog. Freifrist) nach dem Zeitpunkt, zu dem die Entlassungen nach § 18 Abs. 1 und 2 KSchG zulässig sind,

---

[53] ErfK/*Ascheid,* § 17 KSchG Rn. 36; KR/*Weigand,* § 17 KSchG Rn. 98b; vgl. auch APS/*Moll,* § 18 KSchG Rn. 137; *Wißmann,* RdA 1998, 221, 225.

[54] Vgl. näher *Bauer/Powietzka,* DB 2000, 1073, 1075; *v. Hoyningen-Huene/Linck,* § 18 KSchG Rn. 4; KR/*Weigand,* § 18 KSchG Rn. 21 ff.

[55] Vgl. BAG 24. 10. 1996 EzA § 17 KSchG Nr. 6 = NZA 1997, 373; vgl. auch BAG 18. 1. 2001 EzA § 1 KSchG Betriebsbedingte Kündigung Nr. 109 = NZA 2001, 7.

[56] Vgl. BAG 13. 4. 2000 EzA § 17 KSchG Nr. 9 = NZA 2001, 144; 18. 1. 2001 EzA § 1 KSchG Betriebsbedingte Kündigung Nr. 109 = NZA 2001, 719.

[57] Vgl. BAG 21. 5. 1970 AP § 15 KSchG Nr. 11; 6. 12. 1973 EzA § 17 KSchG Nr. 1 = AP § 17 KSchG 1969 Nr. 1; ErfK/*Ascheid,* § 18 KSchG Rn. 3; *v. Hoyningen-Huene/Linck,* § 18 KSchG Rn. 15; KDZ/*Kittner,* § 18 KSchG Rn. 16; APS/*Moll,* § 18 KSchG Rn. 17; KR/*Weigand,* § 18 KSchG Rn. 29.

diese durchgeführt,[58] bedarf es gemäß § 18 Abs. 4 KSchG i. d. F. des Art. 50 AFRG vom 1. 4. 1997 (BGBl. I, S. 594) unter den Voraussetzungen des § 17 Abs. 1 KSchG einer **erneuten Anzeige.**[59] In diesem Fall tritt eine erneute einmonatige Sperrfrist nach§ 18 Abs. 1 KSchG mit anschließender Freifrist von 90 Tagen in Kraft (vgl. § 18 Abs. 4 KSchG).[60] Ihre Wirksamkeit tritt also erst danach ein.

Verweigert das Landesarbeitsamt seine Zustimmung, sind Entlassungen während **1593**
der Sperrfrist unwirksam. Mit Ablauf der Sperrfrist sind Entlassungen wieder möglich.

§ 5 Kündigungsschutz im Rahmen der Betriebsverfassung

Mitglieder der Organe der Betriebsverfassung[1] haben einen besonderen Kündi- **1594**
gungsschutz, damit sie bei der Ausübung ihres Amtes **frei und unabhängig sind.** Die **ordentliche Kündigung** ist grundsätzlich ausgeschlossen. Die **außerordentliche Kündigung** bedarf nach § 103 Abs. 1 BetrVG 1972 der Zustimmung des Betriebsrats, die im Falle der Verweigerung nach § 103 Abs. 2 BetrVG 1972 durch das Arbeitsgericht ersetzt werden kann.

Der besondere Kündigungsschutz des § 15 KSchG ist notwendig, denn nur so ist **1595**
sichergestellt, dass der Amtsinhaber die Interessen der Arbeitnehmer des Betriebes ohne Furcht vor Entlassung wahrnehmen kann. Darüber hinaus sichert er die Kontinuität der Amtsführung während einer Wahlperiode. Die Absätze 4 und 5 des § 15 KSchG zeigen jedoch, dass der Schutz nicht in einem ganz umfassenden Rahmen gewährleistet wird. Kündigungen werden nach bestimmter Maßgabe dann für zulässig erklärt, wenn der Betrieb oder eine Betriebsabeilung stillgelegt werden. Das lässt darauf schließen, dass der besondere Kündigungsschutz nicht für notwendig erachtet wird, sofern sich die Kündigung nicht gegen den einzelnen Mandatsträger richtet, sondern die Folge einer **generellen Maßnahme** ist.[2]

Der Schutzgedanke des § 15 KSchG deckt sich mit dem des § 103 Abs. 1 **1596**
BetrVG. Deshalb ist die Zustimmung des Betriebsrats zu einer **außerordentlichen Kündigung** dann nicht notwendig, wenn diese lediglich an die Stelle der ordentli-

---

[58] Es kommt auf den Vollzug der durch eine wirksame Kündigung ausgesprochenen Rechtsfolge an, d. h. die Kündigungsfrist muss innerhalb der Freifrist abgelaufen sein, vgl. ErfK/*Ascheid,* § 18 KSchG Rn. 17; *v. Hoyningen-Huene/Linck,* § 18 KSchG Rn. 26; APS/*Moll,* § 18 KSchG Rn. 39; KR/*Weigand,* § 18 KSchG Rn. 47.

[59] ErfK/*Ascheid,* § 18 KSchG Rn. 17; KDZ/*Kittner,* § 18 KSchG Rn. 29; KR/*Weigand,* § 18 KSchG Rn. 49; zu § 18 Abs. 4 KSchG a. F. vgl. BAG 11. 3. 1998 EzA § 1 KSchG Betriebsbedingte Kündigung Nr. 99 = NZA 1998, 879.

[60] LAG Thüringen 14. 11. 2000 NZA-RR 2001, 122, 126; vgl. auch LAG Hamm 25. 7. 1986 RzK I 8b Nr. 64.

[1] Der besondere Kündigungsschutz für Personalratsmitglieder folgt aus § 15 Abs. 2 KSchG in Verbindung mit § 47 Abs. 1 BPersVG. Er entspricht im Grundsatz dem Schutz für Betriebsratsmitglieder. Für Wahlvorstandsmitglieder und Wahlbewerber sind § 15 Abs. 3 KSchG in Verbindung mit den §§ 24 Abs. 1, 47 Abs. 1 BPersVG anzuwenden bzw. die entsprechenden Bestimmungen der PersVG der Länder.

[2] BAG 18. 9. 1997 EzA § 15 KSchG n. F. Nr. 46 = NZA 1998, 189; vgl. auch BAG 5. 2. 1998 EzA § 626 BGB Unkündbarkeit Nr. 2; *Hilbrandt,* NZA 1998, 465; *ders.,* NZA 1998, 1258; KR/*Etzel,* § 15 KSchG Rn. 75 und 100.

chen Kündigung nach § 15 Abs. 4 oder 5 KSchG tritt. Das ist der Fall, wenn der Mandatsträger auf Grund des Einzelarbeitsvertrages oder eines Tarifvertrages **ordentlich unkündbar** ist. Die dann grundsätzlich zulässige außerordentliche Kündigung ist hier nicht gegen den Mandatsträger gerichtet, sondern ebenso wie bei der ordentlichen Kündigung Folge einer generellen Maßnahme, die außerhalb des Schutzzwecks der §§ 15 KSchG und 103 Abs. 1 BetrVG liegt.

1597 Die Regelung des besonderen Kündigungsschutzes ist **zwingendes Recht. Im Voraus** kann auf ihn nicht verzichtet werden. Andererseits sind die unter den Geltungsbereich der §§ 15 KSchG, 103 BetrVG 1972 fallenden Arbeitnehmer nicht gehindert, kraft schriftlichter Vereinbarung (§ 623 BGB) mit dem Arbeitgeber das Arbeitsverhältnis zu beenden (zum Aufhebungsvertrag vgl. oben Rn. 34) oder auf den besonderen Kündigungsschutz **nach der Kündigung** zu verzichten. Mit der Beendigung des Arbeitsverhältnisses endet dann auch das Amt des Betriebsrats (§ 24 BetrVG 1972). Der Verzicht auf den Kündigungsschutz kann auch in einer sog. **Ausgleichsquittung** erfolgen (dazu oben Rn. 1253ff. und Rn. 1362).

1598 Die Rechtsprechung hat in § 15 KSchG kein Schutzgesetz i.S. des § 823 Abs. 2 BGB gesehen, da der besondere Kündigungsschutz primär den Interessen der Arbeitnehmerschaft des Betriebes dient.[3]

1599 Will der Arbeitgeber während eines rechtswidrigen Arbeitskampfes Arbeitnehmer, die den besonderen Kündigungsschutz haben, außerordentlich kündigen (Kampfkündigung), so bedürfen diese Kündigungen nicht der Zustimmung des Betriebsrats nach § 103 Abs. 1 BetrVG 1972. Anwendbar bleibt aber § 103 Abs. 2 BetrVG 1972. In entsprechender Anwendung dieser Bestimmung hat der Arbeitgeber die Erteilung der Zustimmung durch das Arbeitsgericht zu beantragen.[4]

I. Personeller Geltungsbereich

1600 Der besondere Kündigungsschutz der §§ 15 KSchG, 103 BetrVG 1972 erstreckt sich auf die **Mitglieder des Betriebsrats, der Jugend- und Auszubildendenvertretung,** einer **Bordvertretung** oder eines **Seebetriebsrats.** Geschützt sind auch alle Mitglieder des **Gesamtbetriebsrats** oder des **Konzernbetriebsrats,** denn in diesen Gremien können nur Arbeitnehmer tätig sein, die Mitglieder der Betriebsräte in Betrieben sind und deshalb in dieser Eigenschaft durch die oben genannten Bestimmungen gegen Entlassungen geschützt sind. Wird nach § 3 Abs. 1 BetrVG eine andere Vertretung der Arbeitnehmer für Betriebe errichtet, so genießen auch sie den besonderen Kündigungsschutz, da dieser Personenkreis an Stelle der gesetzlichen Vertretung der Arbeitnehmer im Betrieb tritt (§ 3 Abs. 5 BetrVG). Der besondere Kündigungsschutz der §§ 15 KSchG und 103 Abs. 1 BetrVG gilt nach § 40 des Gesetzes über Europäische Betriebsräte vom 28. 10. 1996 (BGBl. I S. 1548) entsprechend für die Mitglieder eines Europäischen Betriebsrats, die im

[3] BAG 6. 11. 1959 AP § 13 KSchG Nr. 15; KR/*Etzel,* § 15 KSchG Rn. 149.

[4] BAG 14. 2. 1978 EzA § 15 KSchG n.F. Nr. 19 = NJW 1978, 2054; 16. 12. 1982 EzA § 15 KSchG n.F. Nr. 29 = AP § 15 KSchG Nr. 13; *v. Hoyningen-Huene*/Linck, § 15 KSchG Rn. 103; *Richardi/Thüsing,* § 103 Rn. 28; a.A. KR/*Etzel,* § 103 BetrVG Rn. 61. *Raab* in GK/*Raab,* § 103 BetrVG Rn. 39 verneint mit guten Gründen die Notwendigkeit einer Ersetzung der Zustimmung durch das Arbeitsgericht.

Inland beschäftigt sind. Das Gesetz geht auf Art. 10 der Richtlinie des Rates der Europäischen Union vom 22. 9. 1994 (ABl. Nr. L 254/64) zurück.

Den besonderen Kündigungsschutz genießen ferner die Mitglieder eines **Wahlvorstandes und Wahlbewerber** vom Zeitpunkt der Aufstellung des Wahlvorschlags an. Der besondere Kündigungsschutz für den Wahlbewerber setzt dessen Wählbarkeit voraus. Maßgebender Zeitpunkt ist die Betriebsratswahl, nicht der Zeitpunkt der Aufstellung des Wahlvorschlags.[5] Wahlbewerber für die Wahl zum Wahlvorstand haben keinen besonderen Kündigungsschutz. Sie werden allein durch § 20 BetrVG bzw. § 24 BPersVG geschützt. Im Übrigen gelten für sie die allgemeinen Grundsätze.[6] 1601

Das Gesetz zur Reform des Betriebsverfassungsgesetzes vom 23. 7. 2001 (BGBl. I S. 1852) hat den personellen Geltungsbereich ausgeweitet auf **Arbeitnehmer, die zu einer Betriebs-, Wahl- oder Bordversammlung** nach § 17 Abs. 3, § 17a Nr. 3 Satz 2, § 115 Abs. 2 Nr. 8 Satz 1 BetrVG **einladen** oder die **Bestellung eines Wahlvorstandes** nach § 16 Abs. 2 Satz 1, § 17 Abs. 4, § 17a Nr. 4, § 63 Abs. 3, § 115 Abs. 2 Nr. 8 Satz 2 oder § 116 Abs. 2 Nr. 7 Satz 5 BetrVG **beantragen.** Die Kündigung der **ersten drei** in der Einladung oder der Antragstellung aufgeführten Arbeitnehmer ist **unzulässig,** es sei denn, dass Tatsachen vorliegen, die den Arbeitgeber zur Kündigung aus wichtigem Grund ohne Einhaltung einer Kündigungsfrist berechtigen. Der Gesetzgeber geht davon aus, dass dieser Kreis von Arbeitnehmer in ähnlicher Weise schutzbedürftig ist wie Mitglieder des Wahlvorstandes oder Wahlbewerber. Zu beachten ist, dass die Kündigung aus wichtigem Grund **nicht der Zustimmung des Betriebsrats bedarf.** § 103 Abs. 1 und 2 BetrVG findet keine Anwendung. Vgl. § 15 Abs. 3a KSchG. 1602

Keinen besonderen Kündigungsschutz haben die Mitglieder des **Wirtschaftsausschusses,** sofern sie nicht Mitglieder des Betriebsrats sind, Mitglieder von **Einigungsstellen oder betrieblichen Schlichtungsstellen** und die Arbeitnehmervertreter im Aufsichtsrat.[7] Das gilt auch für Mitglieder von Arbeitsgruppen i. S. des § 28a BetrVG. Die Regelung in § 15 KSchG ist erkennbar eine abschließende. Dieser Personenkkreis hat lediglich den Schutz nach § 78 BetrVG. 1603

Ersatzmitglieder haben keinen besonderen Kündigungsschutz, denn sie gehören dem Betriebsrat nicht an. Erst wenn das Ersatzmitglied an Stelle eines ausgeschiedenen oder zeitweilig verhinderten ordentlichen Mitglieds des Betriebsrats tritt, wird es zum Mitglied des Betriebsrats und kommt dann in den Genuss des besonderen Kündigungsschutzes. Von diesen Fällen abgesehen besteht nur der besondere Kündigungsschutz des Wahlbewerbers. 1604

Die **Vertrauensperson der Schwerbehinderten** hat nach § 96 Abs. 3 SGB IX den gleichen Kündigungsschutz wie ein Mitglied des Betriebs- bzw. Personalrats. 1605

---

[5] BAG 26. 9. 1996 EzA § 15 KSchG n. F. Nr. 45 = NZA 1997, 666; *v. Hoyningen-Huene/Linck,* § 15 KSchG Rn. 18; KR/*Etzel,* § 103 BetrVG Rn. 25 a; GK-BetrVG/*Raab,* § 103 Rn. 17.

[6] Vgl. LAG Baden-Württemberg 31. 5. 1974 BB 1974, 885; *v. Hoyningen-Huene/Linck,* § 15 KSchG Rn. 16; *Galperin-Löwisch,* § 103 BetrVG Rn. 11; a. A. KR/*Etzel,* § 103 BetrVG Rn. 13. Zur Beweislast vgl. LAG Hamm 15. 1. 1985 und 27. 8. 1987 LAGE § 20 BetrVG 1972 Nr. 5 u. 7.

[7] BAG 4. 4. 1974 EzA § 15 KSchG n. F. Nr. 1 = NJW 1974, 1399; KR/*Etzel,* § 103 BetrVG Rn. 18; *Hoyningen-Huene/Linck,* § 15 KSchG Rn. 9.

1606 Umstritten ist, ob ein besonderer Kündigungsschutz durch Tarifvertrag auch für gewerkschaftliche Vertrauensleute in den Betrieben geschaffen werden kann.[8]

1607 Unsicher ist die Zulässigkeit einer ordentlichen Kündigung von Betriebsratsmitgliedern in **Tendenzbetrieben,** die dort als **Tendenzträger** tätig sind.

1608 **Die ordentliche Kündigung** von Betriebsratsmitgliedern ist in **Tendenzbetrieben** nach § 15 Abs. 1 KSchG ausgeschlossen, es sei denn, die Voraussetzungen des § 15 Abs. 4 und 5 KSchG liegen vor. Das Kündigungsschutzgesetz kennt eine dem § 118 Abs. 1 BetrVG für die Betriebsverfassung geltende, den besonderen Kündigungsschutz einschränkende Vorschrift nicht. Das gilt auch, wenn das Betriebsratsmitglied aus **tendenzbezogenen Gründen** ordentlich gekündigt werden soll.[9] Die Kontinuität der Amtsführung des Betriebsverfassungsorgans, die auch im Tendenzbetrieb sichergestellt sein soll, schließt eine leichtere Lösung des Arbeitsverhältnisses des Betriebsratsmitglieds gegenüber anderen Betrieben aus, zumal dem Arbeitgeber bei schweren tendenzbezogenen Gründen die außerordentliche Kündigung des Arbeitsverhältnisses zur Verfügung steht. **Tendenzbezogene Kündigungsgründe** liegen nur dann vor, wenn die von einem Tendenzträger erbrachte Arbeitsleistung **als solche** dem Tendenzzweck zuwiderläuft, z.B. ein Arzt, der in einem katholischen Krankenhaus angestellt ist, einen Schwangerschaftsabbruch vornimmt. Unterlaufen dagegen dem Arzt Fehler bei der ärztlichen Behandlung oder bei einer Operation eines Patienten, so liegen **keine tendenzbezogenen Kündigungsgründe vor,** weil sie keinen unmittelbaren Bezug zum verfolgten Tendenzzweck haben.[10] Die **außerordentliche Kündigung des Betriebsratsmitglieds** wegen **nicht tendenzbezogener Gründe** unterliegt den allgemeinen Grundsätzen (vgl. dazu unten Rn. 1640), d.h. es müssen Tatsachen vorliegen, die den Arbeitgeber zur Kündigung des Arbeitsverhältnisses aus wichtigem Grund berechtigen. Ferner bedarf die außerordentliche Kündigung der Zustimmung des Betriebsrats nach § 103 Abs. 1 BetrVG, bzw. der Ersetzung der Zustimmung durch gerichtliche Entscheidung des Arbeitsgerichts. Stützt der Arbeitgeber die außerordentliche Kündigung des Betriebsratsmitglieds, das als sog. Tendenzträger im Betrieb tätig ist, d.h. für dessen Tätigkeit die Bestimmungen und Zwecke der in § 118 BetrVG genannten Unternehmen und Betriebe prägend sind, auf **tendenzbezogene Kündigungsgründe,** so ist weder die nach § 15 Abs. 1 Satz 1 KSchG, § 103 Abs. 1 BetrVG erforderliche Zustimmung des Betriebsrats notwendig, noch die sie ersetzende Entscheidung des Arbeitsgerichts. Das wäre mit der Freiheit des Unternehmers, den Tendenzzweck seines Betriebs zu bestimmen, unvereinbar.[11] Der Arbeitgeber hat aber den Betriebsrat nach § 102 BetrVG **anzuhören.**[12] Ein-

---

[8] Für den Firmentarifvertrag wird dies vom LAG Düsseldorf 25. 8. 1995 LAGE Art. 9 GG Nr. 11 bejaht. Vgl. dazu *Bulla,* BB 1975, 889; *Wlotzke,* RdA 1976, 80; *Blomeyer,* DB 1977, 101; *Kraft,* ZfA 1976, 243; *Bötticher,* BB 1981, 1954; ArbG Kassel EzA Art. 9 GG Nr. 16.

[9] Wie hier *v. Hoyningen-Huene/Linck,* § 15 KSchG Rn. 10; APS/*Böck,* § 15 KSchG Rn. 30; KR/*Etzel,* § 103 BetrVG Rn. 16a; a.A. *Hanau,* AR-Blattei Anm. zu Betriebsverfassung IX Entscheidung Nr. 55. Offen gelassen von BAG 3. 11. 1982 EzA § 15 KSchG Nr. 28 = AP § 15 KSchG Nr. 12.

[10] BAG 3. 12. 1982 EzA § 15 KSchG n.F. Nr. 28 = AP § 15 KSchG Nr. 12.

[11] Vgl. KR/*Etzel,* § 103 BetrVG Rn. 16; APS/*Böck,* § 15 KSchG Rn. 31; *v. Hoyningen-Huene/Linck,* § 15 KSchG Rn. 10.

[12] BAG 14. 9. 1994 EzA § 103 BetrVG 1972 Nr. 36.

zelheiten dazu oben Rn. 345. Bei der Prüfung der Frage, ob die die Lösung des Arbeitsverhältnisses stützenden Tatsachen den Arbeitgeber zur Kündigung aus wichtigem Grund berechtigen, sind die Tendenzinteressen des Betriebs zu dessen Gunsten bei der Interessenabwägung nach § 626 BGB zu berücksichtigen.[13]

II. Beginn und Ende des besonderen Kündigungsschutzes

Der besondere Kündigungsschutz beginnt für die Mandatsträger mit dem Beginn **1609** der Amtszeit (§ 21 BetrVG), d. h. im Allgemeinen mit dem Ablauf der Amtszeit des bisherigen Betriebsrats. Verbleibt zwischen der Bekanntgabe des Wahlergebnisses – Ende des Kündigungsschutzes für Wahlbewerber – und dem Beginn der Amtszeit ein Zwischenzeitraum, so ist in dieser Zeit § 103 BetrVG 1972 entsprechend anzuwenden. Anderenfalls könnte der Wahlbewerber, der gewählt worden ist, in dieser meist nur kurzen Zeitspanne außerordentlich ohne Zustimmung des Betriebsrats gekündigt werden (§ 15 Abs. 3 Satz 2 KSchG).[14] Das gewählte Betriebsratsmitglied würde sonst schlechter behandelt werden als der Wahlbewerber.

War die Wahl zum Betriebsrat mit so schweren Mängeln behaftet, dass sie nich- **1610** tig ist, so entfällt der besondere Kündigungsschutz der Mandatsträger. Die Gerichte für Arbeitssachen können im Kündigungsschutzstreit inzidenter die Nichtigkeit einer Betriebsratswahl feststellen.[15] Ist die Wahl angefochten worden, so besteht der Kündigungsschutz bis zur Rechtskraft der Entscheidung, die die Anfechtung der Wahl feststellt, fort.

Der besondere Kündigungsschutz endet mit dem Ende der Amtszeit oder der **1611** Auflösung des Betriebsrats bzw. mit dem Ausscheiden des einzelnen Arbeitnehmers aus dem Betriebsrat (vgl. §§ 21–24 BetrVG). Werden nach § 22 BetrVG die Geschäfte des Betriebsrats weiter geführt, besteht auch der besondere Kündigungsschutz fort. Endet das Arbeitsverhältnis, z. B. auf Grund eines Auflösungsvertrages, so endet das Betriebsratsamt und damit der besondere Kündigungsschutz.[16] Das Amt des Betriebs-/Personalrats endet auch, wenn der Betrieb nach § 613a BGB übernommen wird und der Mandatsträger dem Übergang seines Arbeitsverhältnisses widerspricht. Denn mit der Übernahme des Betriebes verliert er die Eigenschaft

[13] *v. Hoyningen-Huene/Linck,* § 15 KSchG Rn. 10; APS/*Böck,* § 15 KSchG Rn. 31.

[14] So *v. Hoyningen-Huene/Linck,* § 15 KSchG Rn. 31; KR/*Etzel,* § 103 BetrVG Rn. 19, allerdings in direkter Anwendung; APS/*Böck,* § 15 KSchG Rn. 62.

[15] BAG 27. 4. 1976 EzA § 19 BetrVG 1972 Nr. 8 = NJW 1976, 2229; 7. 5. 1986 EzA § 17 BetrVG 1972 Nr. 17 = NZA 1986, 753. In Betracht kommt der nachwirkende Kündigungsschutz als Wahlbewerber; vgl. LAG Düsseldorf 24. 8. 1978 BB 1979, 575; KR/*Etzel,* § 103 BetrVG Rn. 18; *v. Hoyningen-Huene/Linck,* § 15 KSchG Rn. 36; LAG Niedersachsen 15. 5. 1991 DB 1991, 2248.

[16] Wird vor Ausspruch der Kündigung festgestellt, das Betriebsratsmitglied sei leitender Angestellter, wird der Beschluss jedoch erst danach rechtskräftig, so besteht der besondere Kündigungsschutz; BAG 29. 9. 1983 EzA § 15 KSchG n. F. Nr. 32 = RdA 1984, 64. Das BAG hat im Fall einer Betriebsaufspaltung angenommen, es könne bei unterstelltem Ende des Betriebsratsamtes angenommen werden, der Arbeitgeber müsse sich nach Treu und Glauben (§ 242 BGB) so behandeln lassen, als ob ein Gemeinschaftsbetrieb vorläge und daher das Betriebsratsamt nicht erloschen sei, d. h. dem Betriebsratsmitglied der Sonderkündigungsschutz weiter zustehe; BAG 18. 10. 2000 EzA § 15 KSchG n. F. Nr. 15 = AP § 15 KSchG Nr. 49.

als Betriebsangehöriger und damit auch den besonderen Kündigungsschutz. Es verbleibt ihm jedoch der nachwirkende Kündigungsschutz. Eine ordentliche Kündigung ist in diesem Falle nach entsprechender Anwendung des § 15 Abs. 4 KSchG geboten.[17]

1612 **Ersatzmitglieder** genießen den besonderen Kündigungsschutz ab dem Zeitpunkt ihres Nachrückens in den Betriebsrat, das automatisch erfolgt,[18] und für die Dauer der Vertretung, d. h. nicht nur an den Tagen, an denen sie die Geschäfte eines Betriebsratsmitglieds tatsächlich wahrnehmen, selbst dann, wenn keine Sitzung oder andere Betriebsratstätigkeit anfällt. Ist die Vertretung eines Betriebsratsmitglieds kurz, hat aber das Ersatzmitglied darin an einer Betriebsratssitzung teilzunehmen, so besteht der besondere Kündigungsschutz auch in einer Vorbereitungszeit, die in der Regel mit 3 Arbeitstagen zu bemessen ist.[19] Der besondere Kündigungsschutz des Ersatzmitglieds bleibt auch dann bestehen, wenn sich später herausstellt, dass das ordentliche Betriebsratsmitglied überhaupt nicht verhindert war, weil z. B. keine arbeitsunfähige Erkrankung vorlag, sondern ein Fall des unerlaubten Fehlens.[20] Hat sich allerdings das Ersatzmitglied im Zusammenwirken mit dem Betriebsratsmitglied den Vertretungsfall erschlichen, um sich so den besonderen Kündigungsschutz zu verschaffen, so ist die Berufung auf den besonderen Kündigungsschutz wegen Rechtsmissbrauchs unzulässig.

1613 Tritt bei einem Ersatzmitglied, das zur Vertretung eines ordentlichen Betriebsratsmitglieds berufen ist, selbst ein Verhinderungsfall ein, so gilt Folgendes: Das Ersatzmiglied behält den besonderen Kündigungsschutz des § 15 Abs. 1 Satz 1 KSchG auch während der eigenen Verhinderung, sofern deren Dauer im Vergleich zur voraussichtlichen Dauer der Vertretung als unerheblich anzusehen ist, z.B. eine Verhinderung von zwei Tagen bei einer Vertretung von über vier Monaten. Liegt keine ersichtlich unbedeutende Unterbrechung der Amtsausübung durch das Ersatzmitglied vor, so endet die „Amtszeit" des Ersatzmitglieds und es verliert damit den Sonderkündigungsschutz des § 15 Abs. 1 Satz 1 KSchG.[21] Zum nachwirkenden Kündigungsschutz unten Rn. 1621.

1614 Der **Wahlvorstand** genießt den besonderen Kündigungsschutz vom Zeitpunkt seiner Bestellung an (§ 15 Abs. 3 Satz 1 KSchG in Verbindung mit den §§ 16 Abs. 1 bis 3, 17 Abs. 1 bis 4 BetrVG). Er endet mit der Bekanntgabe des Wahlergebnisses oder durch eine gerichtliche Entscheidung nach § 18 Abs. 1 Satz 2 BetrVG.

1615 Dem **Wahlbewerber** für das Amt des Betriebs- oder Personalrats steht der besondere Kündigungsschutz zu, **sobald ein Wahlvorstand bestellt ist** und für ihn ein Wahlvorschlag vorliegt, der die erforderliche Zahl von Stützunterschriften auf-

---

[17] BAG 25. 5. 2000 EzA § 613a BGB Nr. 190 = AP § 613a BGB Nr. 209.

[18] LAG Schleswig-Holstein 7. 4. 1994 LAGE § 15 KSchG Nr. 8.

[19] BAG 17. 1. 1979 EzA § 15 KSchG n.F. Nr. 21 mit teilw. krit. Anm. von *Dütz*; 5. 9. 1986 EzA § 15 KSchG n. F. Nr. 36 mit krit. Anm. von *Schulin;* KR/*Etzel,* § 103 BetrVG 1972 Rn. 44ff.; *Galperin-Löwisch,* § 25 Rnn. 8, 12; abw. *Schulin,* Anm. EzA § 15 KSchG n. F. Nr. 36; *v. Hoyningen-Huene/Linck,* § 15 KSchG Rn. 24.

[20] BAG 5. 9. 1986 EzA § 15 KSchG n. F. Nr. 36; *v. Hoyningen-Huene/Linck,* § 15 KSchG Rn. 24.

[21] BAG 6. 9. 1979 AP § 15 KSchG 1969 Nr. 7; BAG 9. 11. 1977 AP § 15 KSchG 1969 Nr. 3 = EzA § 15 KSchG n. F. Nr. 13.

weist.[22] Die Einreichung des Wahlvorschlags beim Wahlvorstand ist nicht entscheidend.[23] Das BAG hat ferner erkannt, dass der besondere Kündigungsschutz für Wahlbewerber auch nicht dadurch entfällt, dass die Vorschlagsliste durch spätere Streichung von Stützunterschriften gemäß § 8 Abs. 2 Nr. 3 WahlO ungültig wird.[24]

Der besondere Kündigungsschutz für Wahlbewerber endet mit der **Bekanntgabe des Wahlergebnisses,** mit der **Rücknahme der Kandidatur,**[25] und dann, wenn feststeht, dass der Wahlvorschlag mit Mängeln behaftet ist, die nicht mehr behebbar sind, oder wenn die Frist für die Einreichung des Wahlvorschlags abgelaufen und der Vorschlag nicht eingereicht worden ist (ex nunc). **1616**

Der besondere Kündigungsschutz für Wahlbewerber – nur § 103 Abs. 2 BetrVG – ist auch im **betriebsratslosen Betrieb** anzuwenden. Der Arbeitgeber hat, bevor er eine außerordentliche Kündigung wirksam aussprechen kann, analog § 103 Abs. 2 BetrVG das Zustimmungsverfahren beim Arbeitsgericht erfolgreich durchzuführen.[26] **1617**

Der besondere Kündigungsschutz des in § 15 Abs. 3a KSchG aufgeführten Personenkreises (vgl. oben Rn. 1602) **beginnt** mit dem Zeitpunkt der Einladung zur Versammlung oder des Antrages auf Bestellung eines Wahlvorstandes und **endet mit der Bekanntmachung des Wahlergebnisses.** Die ordentliche Kündigung ist während dieses Zeitraumes unzulässig; zulässig bleibt die Kündigung aus wichtigem Grund (§ 15 Abs. 3a KSchG). Wird ein Betriebsrat, eine Jugend- und Auszubildendenvertretung nicht gewählt, besteht der besondere Kündigungsschutz vom Zeitpunkt der Einladung oder der Antragsstellung an drei Monate. **1618**

III. Nachwirkender Kündigungsschutz

Der besondere Kündigungsschutz gilt **voll** innerhalb der oben unter Rn. 1609 bis 1618 beschriebenen Zeiträume. § 15 KSchG verlängert den Schutz gegen **ordentliche Kündigungen** über die Amtszeit des Betriebsrats hinaus für die **Dauer eines Jahres.** Innerhalb dieses Zeitraums kann dem früheren Betriebsratsmitglied nur aus wichtigem Grund gekündigt werden. Die außerordentliche Kündigung bedarf **nicht mehr der Zustimmung des Betriebsrats.** Dies gilt nicht, wenn die Beendigung der Mitgliedschaft auf einer gerichtlichen Entscheidung beruht. Die früher **umstrittene Frage,** ob ein Betriebsratsmitglied, das vorzeitig aus dem Amt **1619**

---

[22] BAG 4. 3. 1976 EzA § 15 KSchG n.F. Nr. 8 = AP § 15 KSchG 1969 Nr. 1; 5. 12. 1980 EzA § 15 KSchG n.F. Nr. 25 mit krit. Anm. Löwisch. Vgl. zum Problemkreis KR/*Etzel,* § 103 BetrVG Rn. 23 und GK/*Raab,* § 103 BetrVG Rn. 17.

[23] So aber *Galperin/Löwisch,* § 103 Rn. 9; GK/*Raab,* § 103 BetrVG Rn. 17; *Richardi/Thüsing,* § 103 BetrVG Rn. 19; *v. Hoyningen-Huene/Linck,* § 15 KSchG Rn. 19. Die Feststellung des Zeitpunktes, wann die letzte erforderliche Unterschrift unter den Wahlvorschlag gesetzt worden ist, wird in der Praxis nicht einfach sein. Das BAG nimmt diese Ermittlungsschwierigkeiten ausdrücklich in Kauf. So auch APS/*Böck* § 15 KSchG Rn. 77.

[24] BAG 5. 12. 1980 EzA § 15 KSchG n.F. Nr. 25 mit krit. Anm. *Löwisch.* Vgl. dazu *v. Hoyningen-Huene/Linck,* § 15 KSchG Rn. 20.

[25] Streitig; vgl. *Richardi/Thüsing,* § 6 WahlO Rn. 12; KR/*Etzel,* § 103 BetrVG Rn. 41a; *Galperin/Löwisch,* § 6 WahlO Rn. 13; a.A. *Fitting/Kaiser/Heither/Engels/Schmidt,* § 6 WahlO Rn. 9; BVerwG AP § 9 WahlO zum BPersVG Nr. 1.

[26] BAG 12. 8. 1976 EzA § 15 KSchG n.F. Nr. 9 = NJW 1977, 267; KR/*Etzel,* § 103 BetrVG Rn. 54.

scheidet, den nachwirkenden Kündigungsschutz genießt, wird vom BAG bejaht und ist seitdem für die Praxis geklärt.[27]

1620 Die Anhörung des Betriebsrats nach § 102 BetrVG ist in allen Fällen zulässiger Kündigung notwendig. Das BAG hat eine Ausnahme in dem Fall gemacht, in dem ein Betriebsratsmitglied während eines Zustimmungsersetzungsverfahrens nach § 103 BetrVG auf Grund einer Neuwahl des Betriebsrats aus dem Betriebsrat ausscheidet und danach durch den Arbeitgeber erneut außerordentlich gekündigt werden soll. Hier ist eine erneute Anhörung des Betriebsrats nicht erforderlich.[28]

1621 **Ersatzmitglieder** des Betriebsrats, die für ein zeitweilig verhindertes Betriebsratsmitglied dem Betriebsrat angehört und Aufgaben eines Mitglieds des Betriebsrats wahrgenommen haben, genießen nach Beendigung des Vertretungsfalles grundsätzlich den vollen nachwirkenden Kündigungsschutz des § 15 Abs. 1 Satz 2 KSchG. Das gilt nur dann nicht, wenn das Ersatzmitglied weder an Sitzungen des Betriebsrats teilgenommen noch andere Betriebsratsaufgaben wahrgenommen hat.[29] Jeder Vertretungsfall löst die Nachwirkung des besonderen Kündigungsschutzes wieder neu aus.[30]

1622 **Wahlvorstandsmitglieder** und **Wahlbewerber** haben nach § 15 Abs. 3 KSchG nachwirkenden Kündigungsschutz innerhalb von 6 Monaten nach Bekanntgabe des Wahlergebnisses. Die ordentliche Kündigung ist unzulässig. Aus wichtigem Grund kann der Arbeitgeber das Arbeitsverhältnis kündigen. Die Zustimmung des Betriebsrats ist nicht erforderlich. Wird der Wahlvorstand nach § 18 Abs. 1 BetrVG 1972 durch gerichtliche Entscheidung ersetzt, so entfällt der nachwirkende Kündigungsschutz. Umstritten ist, ob der nachwirkende Kündigungs-

---

[27] BAG 5. 7. 1979 EzA § 15 KSchG n.F. Nr. 22 = NJW 1980, 359. Ob der Nachwirkungszeitraum auf 6 Monate zu verkürzen ist, falls das Betriebsratsmitglied im ersten Jahr seiner Amtszeit das Amt niederlegt, hat das BAG offen gelassen. Vgl. dazu *v. Hoyningen-Huene/Linck,* § 15 KSchG Rn. 45; KR/*Etzel,* § 15 KSchG Rn. 64b einerseits und *Löwisch,* § 15 KSchG Rn. 17 sowie *Stege/Weinspach,* § 103 BetrVG Rn. 26 andererseits. Zum Verlust des nachwirkenden Kündigungsschutzes wegen Rechtsmissbrauchs vgl. BAG EzA § 15 KSchG Nr. 22 und KR/*Etzel,* § 15 KSchG Rn. 64b sowie BAG 5. 9. 1986 EzA § 15 KSchG n.F. Nr. 36; *v. Hoyningen-Huene/Linck,* § 15 KSchG Rn. 46.

[28] BAG 8. 6. 2000 EzA § 102 BetrVG 1972 Nr. 106 = NZA 2000, 899.

[29] BAG 6. 9. 1979 EzA § 15 KSchG n.F. Nr. 23 mit Anm. *Kraft; v. Hoyningen-Huene/Linck,* § 15 KSchG Rn. 47; *Uhmann,* NZA 2000, 576; LAG Brandenburg 25. 10. 1993 LAGE § 15 KSchG Nr. 9; 9. 7. 1995 LAGE § 15 KSchG Nr. 12, das bereits mit der Ladung und Vorbereitung zur Sitzung eine Amtsausübung annimmt. *Gamillscheg,* ZfA 1977, 268.

[30] Das BAG hat ursprünglich (BAG 6. 9. 1979 a.a.O) die Frage offen gelassen, ob der nachwirkende Kündigungsschutz auch dann eingreift, wenn dem Arbeitgeber nicht bekannt war, dass das Ersatzmitglied vor Ablauf eines Jahres stellvertretend als Mitglied des Betriebsrats amtiert hat. *Kraft,* Anm. EzA § 15 KSchG n.F. Nr. 23, und *Etzel,* KR/*Etzel,* § 15 KSchG Rn. 65b, bejahen dies. *Etzel* legt dem Arbeitgeber eine Erkundigungspflicht, dem Betriebsrat die Pflicht zur Beantwortung der Frage auf, anderenfalls der „Betriebsrat" nach § 823 Abs. 2 BGB auf Schadensersatz hafte. Es erscheint sinnvoller, dem Ersatzmitglied die Pflicht aufzuerlegen, sich auf den besonderen Kündigungsschutz in angemessener Frist nach der Kündigung zu berufen, da die Ursache, der Vertretungsfall, der ja sehr kurz sein kann, in seiner Sphäre liegt. Das BAG hat später (5. 9. 1986 EzA § 15 KSchG n.F. Nr. 36 mit krit. Anm. von *Schulin*) entschieden, auf die Kenntnis des Arbeitgebers komme es beim ersten Ersatzmitglied nicht an. Der Arbeitgeber habe sich bei einer Kündigung durch Rückfrage Gewissheit zu verschaffen, ob das Ersatzmitglied nachgerückt sei. Wie BAG: *v. Hoyningen-Huene/Linck,* § 15 KSchG Rn. 48; ErfK/*Ascheid,* § 15 KSchG Rn. 34; a.A. *Löwisch,* § 15 KSchG Rn. 32.

schutz auch dann eingreift, wenn das Mitglied des Wahlvorstandes sein Amt vorzeitig aufgibt oder der Wahlbewerber seine Kandidatur zurücknimmt.[31] Da der nachwirkende Kündigungsschutz vor allem der Abkühlung eventuell während der betriebsverfassungsrechtlichen Tätigkeit aufgetretener Kontroversen dient, kann der Arbeitgeber nach Beendigung des nachwirkenden Kündigungsschutzes den erfolglosen Wahlbewerber wie jeden anderen Arbeitnehmer kündigen. Dabei kann er auch auf Pflichtverletzungen zurückgreifen, die der Wahlbewerber **während der Schutzfrist** begangen hat und die nicht im Zusammenhang mit der Wahlbewerbung stehen.[32]

IV. Die ordentliche Kündigung

Die ordentliche Kündigung gegenüber dem in § 15 KSchG geschützten Perso- **1623**
nenkreis ist grundsätzlich (Ausnahmen unten Rn. 1626) unzulässig[33] (§ 134 BGB). Die Ausnahmen des § 15 Abs. 4 und 5 KSchG gelten nicht für den in § 15 Abs. 3a KSchG aufgeführten Personenkreis. Entscheidend ist der Zeitpunkt der Kündigungserklärung (Zugang).[34] Liegt er vor dem Eintritt des besonderen Kündigungsschutzes, so greift dieser nicht ein, selbst wenn das Arbeitsverhältnis nach dem Beginn des besonderen Kündigungsschutzes endet. Hier gelten die allgemeinen Grundsätze. Sie gelten auch dann, wenn die Kündigung schon vor dem letztmöglichen Kündigungstermin erklärt wird und dieser Termin bereits in die Zeit gefallen wäre, in der der besondere Kündigungsschutz eingegriffen hätte. In einem solchen Fall wird jedoch zu prüfen sein, ob nicht ein Verstoß gegen § 20 Abs. 1 und 2 BetrVG vorliegt. Soweit die ordentliche Kündigung ausnahmsweise zulässig ist – das ist der Fall bei einer Betriebsstilllegung und der Stilllegung einer Betriebsabteilung –, bedarf sie jedoch, wie jede andere Kündigung zu ihrer Wirksamkeit der Anhörung des Betriebsrats nach § 102 Abs. 1 BetrVG. Hat der Arbeitgeber den Betriebsrat nicht gehört, so ist die Kündigung nach § 102 Abs. 1 BetrVG nichtig.

1. Die Änderungskündigung

Unterschiedlich beurteilt worden ist die Frage, ob eine Änderungskündigung **1624**
gegenüber dem Betriebsratsmitglied möglich ist oder ob auch insoweit die Kündi-

---

[31] Vgl. *Löwisch,* § 15 KSchG Rn. 38; *Richardi/Thüsing,* § 103, Anhang zu § 103 Rn. 11 (keine Nachwirkung) und *v. Hoyningen-Huene/Linck,* § 15 KSchG Rn. 50, 51; KR/*Etzel,* § 15 KSchG Rn. 68; *Gamillscheg,* ZfA 1979, 269 (Nachwirkung). Das BAG hat sich für Mitglieder des Wahlvorstandes, die vor der Wahl ihr Amt niederlegen, für die Nachwirkung des Kündigungsschutzes nach § 15 Abs. 3 Satz 2 KSchG entschieden (BAG 9. 10. 1986 EzA § 15 KSchG n. F. Nr. 35 = NJW 1987, 1663).

[32] BAG 13. 6. 1996 EzA § 15 KSchG n. F. Nr. 44 = AP § 15 KSchG 1969 Wahlbewerber Nr. 2.

[33] Das Gesetz spricht zwar von „Kündigungen", jedoch ist nur die ordentliche Kündigung gemeint (BAG 14. 10. 1982 EzA § 15 KSchG n. F. Nr. 29 = NJW 1984, 381.) Zur ordentlichen Kündigung gegenüber einem Tendenzträger wegen nicht tendenzbezogener Leistungsmängel vgl. BAG 3. 11. 1982 EzA § 15 KSchG n. F. Nr. 28. Vgl. auch oben Rn. 1608.

[34] Vgl. *v. Hoyningen-Huene/Linck,* § 15 KSchG Rn. 56; *Gamillscheg,* Arbeitsrecht II S. 451; *Löwisch,* § 15 KSchG Rn. 40.

gungssperre des § 15 KSchG eingreift. Das BAG hatte schon früh entschieden, dass die Änderungskündigung, die einem einzelnen Betriebsratsmitglied gegenüber ausgesprochen worden ist, unzulässig ist.[35] Sehr umstritten blieb aber die Frage, ob eine Änderungskündigung dann möglich ist, wenn sie allen Arbeitnehmern des Betriebes, einer Betriebsabteilung oder einer Gruppe gegenüber ausgesprochen wird.[36] Das BAG hatte diese Frage ursprünglich ausdrücklich offen gelassen, später jedoch auch insoweit das Verbot des § 15 KSchG angewandt. Damit bleibt auch die Änderungskündigung gegenüber einem Betriebsratsmitglied dann unzulässig, wenn gleichzeitig allen Arbeitnehmern des Betriebes oder der Betriebsabteilung gegenüber eine Änderungskündigung ausgesprochen wird.[37] Das BAG rechtfertigt diese Entscheidung aus dem klaren Wortlaut des Gesetzes, aber auch aus seinem Sinn und Zweck. Verworfen hat das BAG die Begründung der h. L., der Betriebsrat würde sonst besser gestellt als die übrigen Arbeitnehmer. Das BAG sieht in § 15 KSchG eine lex specialis gegenüber dem allgemeinen Grundsatz des § 78 Abs. 1 BetrVG. Es wird dann ausgeführt, der Arbeitgeber könne die Solidarität des Betriebsratsmitglieds nicht erzwingen. Wenn das Mitglied des Betriebsrats mit den übrigen Arbeitnehmern des Betriebes oder der Abteilung, deren Arbeitsbedingungen sämtlich geändert wurden, keine Solidarität übe, so müsse sich dies auf demokratischem Wege auswirken, d. h., voraussichtlich werde das Mitglied des Betriebsrats dann nicht mehr gewählt. Diese Überlegung könne das Betriebsratsmitglied unter Umständen bewegen, eine Änderung der Arbeitsbedingungen der Gruppe hinzunehmen. Ein Zwang in dieser Richtung durch eine Änderungskündigung könne aber nicht ausgeübt werden.[38]

1625 Die Rechtsprechung des BAG ist mit dem **Schutzzweck des § 15 KSchG,** wie er an sich auch vom BAG zutreffend definiert wird, nicht vereinbar. § 15 KSchG soll dem Arbeitgeber die Möglichkeit nehmen, sich von unbequemen Mandatsträgern durch eine unberechtigte oder gar willkürliche Kündigung zu trennen (individualrechtlicher Schutzbereich) und darüber hinaus die Kontinuität der Amtsführung während einer Wahlperiode sichern (kollektivrechtlicher Schutzbereich). Letzterer ist allerdings im Gesetz nicht voll verwirklicht worden, wie § 15 Abs. 4 und 5 zeigen. Bei einer Massenänderungskündigung, die die Änderung allgemeiner Arbeitsbedingungen, sei es im Sektor des Lohnes oder der Arbeitszeit

---

[35] BAG 25. 2. 1958 AP § 13 KSchG Nr. 10 = NJW 1958, 963, bestätigt BAG 6. 3. 1986 EzA § 15 KSchG n. F. Nr. 34 = NZA 1987, 102.

[36] Die h. L. lehnte bei der Massenänderungskündigung die Anwendung des besonderen Kündigungsschutzes ab, weil sonst der Betriebsrat besser gestellt würde.

[37] BAG 24. 4. 1969 EzA § 13 KSchG Nr. 2 = AP § 13 KSchG Nr. 18 mit zust. Anm. von *Wiese* = NJW 1969, 1791; BAG 29. 1. 1981 EzA § 15 KSchG n. F. Nr. 26 mit Anm. von *Schwerdtner* = NJW 1982, 252; erneut bestätigt durch BAG 6. 3. 1986 EzA § 15 KSchG n. F. Nr. 34. Das BAG hat am 9. 4. 1987 EzA § 15 KSchG n. F. Nr. 37 = NZA 1987, 807 erkannt, eine Massenänderungskündigung sei auch gegenüber einem erfolglosen Wahlbewerber innerhalb von sechs Monaten nach Bekanntgabe des Wahlergebnisses unzulässig.

[38] Die h. L. lehnt auch heute noch die Auffassung des BAG ab; vgl. ErfK/*Ascheid,* § 15 KSchG Rn. 20; *Richardi/Thüsing,* § 78 Rn. 27; *Löwisch,* § 15 KSchG Rn. 53; *Schwerdtner,* Anm. BAG EzA § 15 KSchG n. F. Nr. 26; *Stege/Weinspach,* BetrVG, 7. Aufl., 1994, § 103 Rn. 3; *Stahlhacke* in FS Hanau, 1999, 281; LAG Hamm EzA § 15 KSchG n. F. Nr. 20; *Matthes,* DB 1980, 1165. Wie BAG KR/*Etzel,* § 15 KSchG Rn. 18 und *v. Hoyningen-Huene/Linck,* § 15 KSchG Rn. 61.

zum Ziele hat, die also den Mandatsträger nicht als einzelnen Arbeitnehmer, sondern als Mitglied der Belegschaft des Betriebes, der Betriebsabteilung oder einer Gruppe abstrakt trifft, wird der individuelle Schutzzweck der Norm nicht tangiert. Das gilt ebenso für den kollektivrechtlichen Schutzbereich. Soweit die Änderungskündigung auf eine andere Beschäftigung an einem anderen Arbeitsplatz für den Mandatsträger hinzielt, die im Betrieb möglich ist, ist die Kontinuität der Betriebsratstätigkeit gesichert.[39] Kann dies ausnahmsweise einmal nicht sichergestellt werden, liegt dennoch kein Verstoß gegen den kollektiven Schutzbereich des § 15 KSchG vor, da die Absätze 4 und 5 des § 15 KSchG zeigen, dass bei **generellen Maßnahmen** der Schutz für den Mandatsträger nicht lückenlos ist. Wird der Mandatsträger nicht als einzelner, sondern als Teil der Belegschaft bzw. einer Gruppe betroffen, so kann er von der Personalmaßnahme nicht wegen seiner betriebsverfassungsrechtlichen Stellung ausgenommen werden. Das würde zu einer Privilegierung des Mandatsträgers führen, die im Hinblick auf das Begünstigungsverbot des § 78 BetrVG nicht gerechtfertigt ist. Eine teleologische Reduktion ist daher geboten. Sie führt zur Unanwendbarkeit des § 15 KSchG auf Massenänderungskündigungen.[40]

2. Die Kündigung bei Stilllegung des Betriebes und einer Betriebsabteilung

a) Kündigung bei Stilllegung des Betriebes

Die ordentliche Kündigung eines Betriebsratsmitglieds ist nach § 15 Abs. 4 und **1626**
5 KSchG nur unter bestimmten Voraussetzungen zulässig. Das ist der Fall, wenn der **ganze Betrieb** stillgelegt wird. Der Grund der Stillegung ist ohne Bedeutung. Ob die Betriebsstilllegung durchgeführt wird, entscheidet grundsätzlich der Betriebsinhaber alleine (vgl. aber §§ 111 ff. BetrVG). Es ist nicht möglich, die Kündigung deshalb abzulehnen, weil das Gericht bei der Überprüfung zum Ergebnis gelangt, die Betriebsstilllegung sei nicht erforderlich gewesen. Hier handelt es sich um eine klassische Unternehmerentscheidung, die das Gericht hinzunehmen hat. Es ist

[39] *Hilbrandt,* NZA 1997, 465 (468).

[40] Das BAG spürt wohl die unbefriedigenden Ergebnisse seiner Rechtsprechung. Das zeigen die Ausführungen im Urteil vom 21. 6. 1995 EzA § 15 KSchG n. F. Nr. 43 mit Anmerkung von *Bernstein* und von *Oetker* = AP § 15 KSchG 1969 Nr. 36 mit krit. Anm. von *Preis* = NZA 1995, 1157, in dem mit dem generellen Charakter der Personalmaßnahme, die nicht auf das einzelne Betriebsratsmitglied gezielt gewesen sei, das Ergebnis begründet wird. Das BAG hatte über eine außerordentliche betriebsbedingte Änderungskündigung zu befinden, von der *Ascheid* meint, mit der Anerkennung dieser Kündigung habe der Senat das unbefriedigende Ergebnis seiner Rechtsprechung zur Massenänderungskündigung zu vermeiden gesucht (ErfK/*Ascheid,* § 15 KSchG Rn. 20). Auch in der Entscheidung vom 18. 9. 1997 EzA § 15 KSchG n. F. Nr. 46 = NZA 1998, 189 betont der Senat sehr, dass generelle Maßnahmen, die nicht gegen den Mandatsträger als solchen gerichtet sind, vom Schutzbereich des § 15 KSchG ausgenommen seien. Man darf gespannt sein, ob sich hier für die Frage der Zulässigkeit der Massenänderungskündigung eine Änderung der Rechtsprechung anzeigt. Zum Problemfeld *Stahlhacke* in FS für Hanau, 1999, 281 und BAG 27. 9. 2001 EzA § 15 KSchG n. F. Nr. 54.

auch nicht in der Lage, die Verantwortung für seine Entscheidungen zu tragen und dem Unternehmer das Risiko abzunehmen.[41]

1627 Streiten die Parteien darüber, ob im Zeitpunkt der Kündigung der Stilllegungsbeschluss bereits endgültig getroffen worden war, so muss der Arbeitgeber substantiiert darlegen, dass und wann er diejenigen organisatorischen Maßnahmen getroffen hat, die sich rechtlich als Betriebsstilllegung darstellen. Dazu gehören vor allem die Auflösung der Betriebseinheit von materiellen, immateriellen und personellen Mitteln in Verbindung mit der Einstellung der betrieblichen Tätigkeit.[42] Entschließt sich der Unternehmer, seine sämtlichen Arbeitnehmer (Musikschullehrer) zu entlassen, um seine bisherigen Aktivitäten auf Dauer nur noch – in arbeitsrechtlich zulässiger Weise – mit freien Mitarbeitern fortzusetzen, so liegt eine nur eingeschränkt überprüfbare Unternehmerentscheidung vor, die rechtlich dem Entschluss zur Betriebsstilllegung auch i. S. von § 15 Abs. 4 KSchG gleich kommt.[43] Wird der Betrieb alsbald nach seiner Stilllegung wieder eröffnet, so spricht eine tatsächliche Vermutung gegen eine ernste Stilllegungsabsicht. Der Unternehmer muss sie widerlegen.

1628 Die Betriebsratsmitglieder können frühestens **zum Zeitpunkt der Betriebsstilllegung** mit ordentlicher Frist gekündigt werden.[44] Erfolgt die Betriebsstilllegung stufenweise, so dürfen Betriebsratsmitglieder erst mit der letzten Gruppe entlassen werden. Der Arbeitgeber hat ihnen ggf. andere Arbeiten zu übertragen.[45] Das gilt nur dann nicht, wenn die Kündigung zu einem früheren Zeitpunkt durch **zwingende betriebliche Gründe** bedingt ist. Das ist z. B. der Fall, wenn irgendwelche Arbeiten, die das Betriebsratsmitglied verrichten könnte, nicht mehr im Betrieb anfallen.

1629 Nach dem Wortlaut des § 15 Abs. 4 KSchG ist nicht zweifelsfrei, ob eine ordentliche Kündigung stets bereits mit der Stilllegung des Betriebes zulässig ist, selbst wenn eine Weiterbeschäftigungsmöglichkeit in einem **anderen Betrieb des Unternehmens** möglich ist. Nach § 1 Abs. 2 KSchG ist bekanntlich eine ordentliche, betriebsbedingte Kündigung dann sozialwidrig, wenn der Arbeitnehmer in einem anderen Betrieb des Unternehmens auf einem **freien** Arbeitsplatz weiterbeschäftigt werden kann. Angesichts der Intention des Gesetzgebers, den Kündigungsschutz für Betriebsratsmitglieder und ihnen gleichgestellte Personen zu verbessern, muss

---

[41] Zur Überprüfung der Unternehmerentscheidung vgl. oben Rn. 944 und *Stahlhacke,* DB 1994, 1361 sowie *Preis,* NZA 1995, 241. Zum Betriebsbegriff vgl. BAG 5. 3. 1987 EzA § 15 KSchG n. F. Nr. 38 = NZA 1988, 32; zum Begriff „Betriebsstilllegung" vgl. BAG 14. 10. 1982 EzA § 15 KSchG n. F. Nr. 29 = NJW 1984, 381; 19. 6. 1991 EzA § 1 KSchG Betriebsbedingte Kündigung Nr. 70 = AP § 1 KSchG 1969 Betriebsbedingte Kündigung Nr. 53.

[42] BAG 23. 3. 1984 AP § 1 KSchG Betriebsbedingte Kündigung Nr. 38; BAG 21. 6. 2001 EzA § 15 KSchG n. F. Nr. 53.

[43] LAG Köln 28. 6. 1996 LAGE § 1 KSchG Betriebsbedingte Kündigung Nr. 40.

[44] Die Kündigungsfrist ist stets einzuhalten, vgl. BAG 29. 3. 1977 EzA § 102 BetrVG 1972 Nr. 27 = AP § 102 BetrVG 1972 Nr. 11. Kündigt der Arbeitgeber zum voraussichtlichen Termin der Stilllegung, so endet das Arbeitsverhältnis, falls sich die Stilllegung verzögert, mit dem nächstzulässigen Termin nach der Betriebsstilllegung. Kommt es nicht zur Betriebsstilllegung, weil der Betrieb veräußert wird, so ist die Kündigung gegenstandslos. Das Arbeitsverhältnis geht auf den Erwerber über, BAG 23. 4. 1980 EzA § 15 KSchG n. F. Nr. 24 = DB 1980, 1601.

[45] BAG 26. 10. 1967 AP § 13 KSchG Nr. 17; KR/*Etzel,* § 15 KSchG Rn. 102 a.

§ 15 Abs. 4 KSchG über den Wortlaut hinaus dahin interpretiert werden, dass eine Kündigung wegen Betriebsstilllegung nur gerechtfertigt ist, wenn keine Weiterbeschäftigungsmöglichkeit in einem anderen Betrieb des Unternehmens besteht. Das gebietet auch die Anwendung des ultima-ratio-Prinzips im Kündigungsschutzrecht. Der Arbeitgeber muss das Betriebsratsmitglied im Zusammenhang mit der Stilllegung des Betriebes deutlich darauf hinweisen, im Falle einer Ablehnung der Weiterarbeit in dem anderen Betrieb werde eine Beendigungskündigung ausgesprochen. Lehnt der Arbeitnehmer dann endgültig ab, ist die Kündigung zulässig und ohne Bedeutung, ob sich der Arbeitnehmer später, also im Nachhinein, zu dem früher abgelehnten Weiterbeschäftigungsangebot positiv äußert.[46]

Der Betriebsübergang nach § 613a BGB stellt **keine Betriebsstilllegung** dar. **1630** Beide Begriffe schließen sich gegenseitig aus. Der neue Inhaber tritt nach § 613a Abs. 1 BGB in die Rechte und Pflichten aus den im Zeitpunkt des Übergangs bestehenden Arbeitsverhältnissen ein. Das Betriebsratsamt bleibt bestehen.[47] Widerspricht das Betriebsratsmitglied dem Übergang seines Arbeitsverhältnisses auf den neuen Betriebsinhaber, so bleibt das Arbeitsverhältnis mit dem bisherigen Arbeitgeber bestehen.[48] Da der Arbeitgeber für den Widersprechenden keine Beschäftigungsmöglichkeiten mehr hat, ist nun die Kündigung nach § 15 Abs. 4 KSchG möglich. Das gilt auch dann, wenn das Betriebsratsmitglied von der Arbeit freigestellt war. Hier kann nicht eingewandt werden, bei ihm komme es auf seine Beschäftigungsmöglichkeit gar nicht an. Denn auch ein freigestelltes Betriebsratsmitglied muss zumindest theoretisch eine Beschäftigungsmöglichkeit im Betrieb haben. Andernfalls gäbe es ein „freischwebendes" Betriebsratsmitglied, d.h. ein Betriebsratsmitglied ohne Belegschaft.[49] Für die Probleme bei Betriebsspaltungen ist auf die §§ 321 bis 323 Umwandlungsgesetz vom 28. 10. 1994 (BGBl. I S. 3210) hinzuweisen. Die Umwandlung ist nicht der gegenüber dem Betriebsübergang speziellere Tatbestand. Die Voraussetzungen des § 613a BGB sind auch im Zusammenhang mit einer Umwandlung selbständig zu prüfen.[50]

Die nach § 15 Abs. 4 KSchG an sich zulässige **ordentliche Kündigung** des **1631** Betriebsratsmitglieds **wegen Stilllegung des Betriebes** ist ausgeschlossen, wenn der Mandatsträger auf Grund einer **tarifvertraglichen oder einzelvertraglichen Bestimmung ordentlich unkündbar ist.** Dem Willen des Gesetzgebers, der Mandatsträger soll im Falle einer Schließung des Betriebes in gleicher Weise gekündigt werden können wie die anderen von der unternehmerischen Maßnahme betroffenen Arbeitnehmer, kann somit auf diesem Wege nicht Rechnung getragen werden. Unsicher ist, ob und in welcher Weise hier die **außerordentliche Kündigung** eine Lösung bringt. Beim Mandatsträger **kummulieren besondere**

[46] BAG 13. 8. 1992 EzA § 15 KSchG n.F. Nr. 39 = NZA 1993, 224; *v. Hoyningen-Huene/Linck,* § 15 KSchG Rn. 156; APS/*Böck,* § 15 KSchG Rn. 171; LAG Nürnberg 10. 3. 1994 LAGE § 15 KSchG Nr. 10; *Nerreter,* NZA 1995, 54.

[47] BAG 28. 9. 1988 EzA § 95 BetrVG 1972 Nr. 14 mit Anm. von *Rieble* = AP § 99 BetrVG 1972 Nr. 55. Zur Kündigung wegen witterungsbedingter Betriebseinstellung vgl. LAG Niedersachsen 13. 10. 1997 DB 1998, 1139.

[48] BAG 22. 4. 1993 AP § 613a BGB Nr. 102 = EzA § 613a BGB Nr. 112; BAG 18. 9. 1997 EzA § 15 KSchG n.F. Nr. 46 = AP § 103 BetrVG 1972 Nr. 35.

[49] BAG 18. 9. 1997 EzA § 15 KSchG n.F. Nr. 46; BAG 25. 5. 2000 EzA § 613a BGB Nr. 190 = AP § 613a BGB Nr. 209.

[50] BAG 25. 5. 2000 EzA § 613a BGB Nr. 190.

Kündigungsschutztatbestände, nämlich der der §§ 15 KSchG, 103 BetrVG und der der tariflichen Unkündbarkeit. Allgemein anerkannt ist, eine Betriebsstilllegung ist geeignet, eine außerordentliche Kündigung zu rechtfertigen, sofern die ordentliche Kündigung durch Tarifvertrag ausgeschlossen ist. Die gesetzliche oder tarifvertragliche Kündigungsfrist ist allerdings einzuhalten.[51] Begründet worden ist diese Rechtsprechung überzeugend mit dem Hinweis, andernfalls könne der Fall eintreten, dass der Arbeitgeber über Jahre hinaus den Lohn zu zahlen habe ohne in der Lage zu sein, die Arbeitsleistung entgegenzunehmen, weil der Betrieb nicht mehr besteht. Bei der Interessenabwägung im Rahmen des § 626 BGB ist darauf abzustellen, ob es dem Arbeitgeber zuzumuten ist, das Arbeitsverhältnis bis zur Altersgrenze fortzusetzen. Das ist angesichts der durch Art. 12 Abs. 1 GG gewährleisteten Berufsausübungsfreiheit des Arbeitgebers zu verneinen. Sollen aber die in § 15 KSchG geschützten Personen im Falle der Betriebschließung in gleicher Weise gekündigt werden können wie andere betroffenen Personen,[52] so ist auch bei ihnen bei der Zumutbarkeitsprüfung nicht auf die sonst anwendbare **fiktive Kündigungsfrist** abzustellen[53] sondern wie bei allen anderen Arbeitnehmern auf die Dauer des Arbeitsverhältnisses bis zur Altersgrenze, eben weil die ordentliche Kündigung durch Tarifvertrag ausgschlossen ist. Die Zumutbarkeitsprüfung ist für alle Arbeitnehmer in diesem Falle nach dem gleichen Kriterium durchzuführen. Der besondere Kündigungsschutz des § 15 KSchG in Bezug auf die außerordentliche Kündigung findet hier keine Anwendung, da die außerordentliche Kündigung lediglich an die Stelle der ordentlichen Kündigung des § 15 Abs. 4 KSchG tritt. Daher können die Grundsätze der Zumutbarkeitsprüfung für die außerordentliche Kündigung von Betriebsratsmitgliedern - Anwendung der fiktiven Kündigungsfrist, damit der Schutzbestimmung des § 78 Satz 2 BetrVG angemessen Rechnung getragen wird, wonach Betriebsratsmitglieder wegen ihrer Betriebsratstätigkeit nicht benachteiligt werden dürfen – hier nicht zur Geltung kommen. Andernfalls könnte der Arbeitgeber – bei Anwendung der fiktiven Kündigungsfrist – das Arbeitsverhältnis des Mandatsträgers nicht lösen, da es ihm im Allgemeinen durchaus zumutbar wäre, das Arbeitsverhältnis für die Dauer der ordentlichen Kündigungsfrist aufrechtzuerhalten. Die außerordentliche Kündigung wäre also unwirksam, das Ar-

---

[51] Dazu oben Rn. 769. Vgl. BAG 28. 3. 1985 EzA § 626 BGB n.F. Nr. 96; BAG 27. 7. 1992 EzA § 626 BGB n.F. Nr. 141; BAG 5. 2. 1998 EzA § 626 BGB Unkündbarkeit Nr. 2 mit Anm. von *Walker;* KR/*Fischermeier* § 626 BGB Rn. 417; APS/*Dörner,* § 626 BGB Rn. 67; *Staudinger/Preis,* § 626 BGB Rn. 254.

[52] BAG 18. 9. 1997 EzA § 15 KSchG n.F. mit Anm. von *Kraft* = NZA 1998, 189.

[53] BAG 10. 2. 1999 EzA § 15 KSchG n.F. Nr. 47 mit Anm. von *Auer* = NZA 1999, 708; BAG 27. 9. 2001 EzA § 15 KSchG n. F. Nr. 54. Der Senat wendet die Kündigungsfrist hier nicht mehr unmittelbar und „fiktiv" an, sondern mittelbar im Wege des Vergleichs des Mandatsträgers mit einem nicht durch § 15 KSchG geschützten Arbeitnehmer; vgl. *Auer,* a.a.O. und bereits *Preis,* Anm. AP Nr. 36 zu § 15 KSchG; BAG 6. 3. 1986 EzA § 15 KSchG n.F. Nr. 34 = AP § 15 KSchG 1969 Nr. 19; BAG 18. 2. 1993 EzA § 15 KSchG n.F. Nr. 40 = AP § 15 KSchG 1969 Nr. 35; abweichend für die betriebsbedingte außerordentliche Änderungskündigung BAG 21. 6. 1995 EzA § 15 KSchG n.F. Nr. 43 mit 1. Anm. von *Bernstein* und 2. Anm. von *Oetker* = AP § 15 KSchG 1969 Nr. 36 mit krit. Anm. von *Preis;* APS/*Böck,* § 15 KSchG Rn. 127; *v. Hoyningen-Huene/Linck,* § 15 KSchG Rn. 88; APS/*Dörner,* § 626 BGB Rn. 42 ff.; KR/*Fischermeier,* § 626 BGB Rn. 133 und 302 für verhaltensbedingte und personenbedingte Kündigungsgründe. Gegen die Rspr. des BAG KR/*Etzel,* § 15 KSchG Rn. 23 ff. Dazu vgl. krit. KR/*Dörner,* § 626 BGB Rn. 42 bis 47.

beitsverhältnis des Mandatsträgers bestände über Jahre fort, obwohl der Betrieb nicht mehr besteht. Der Bestandsschutz des § 15 KSchG muss zurücktreten und die Zumutbarkeitsprüfung ist wie bei allen anderen Arbeitnehmern durchzuführen. Vergleichbare Arbeitnehmer, die keine Betriebsratsmitglieder sind, also unter einhaltung der ordentlichen Kündigungsfrist im Falle der Betriebsschließung außerordentlich gekündigt werden können, stehen somit den Mandatsträgern gleich; diese werden also weder benachteiligt noch begünstigt (§ 78 Satz 2 BetrVG).

Die außerordentliche Kündigung ist im Falle der Betriebsschließung nicht gegen **1632** das einzelne Betriebsratsmitglied gerichtet, sondern die Folge einer **generellen Maßnahme,** einer unternehmerischen Entscheidung, die von den Arbeitsgerichten nur beschränkt zu überprüfen ist (vgl. oben Rn. 944). Für den Unternehmer muss die Maßnahme umsetzbar sein, d. h. er muss sich im Falle der Betriebsschließung auch von der Belegschaft – die Mandatsträger sind dabei wie die anderen Arbeitnehmer zu behandeln – trennen können. Das hat, da die außerordentliche betriebsbedingte Kündigung an die Stelle der ordentlichen Kündigung nach § 15 Abs. 4 KSchG tritt, dazu geführt, der Arbeitgeber kann sie aussprechen, ohne dass der Betriebsrat vorher zustimmt.[54] Der Schutzzweck des § 15 KSchG tritt hinter die Interessen des Arbeitgebers an der Lösung des Arbeitsverhältnisses zurück.

b) Kündigung bei Stilllegung einer Betriebsabteilung

Der Stilllegung des Gesamtbetriebes steht nach § 15 Abs. 4 KSchG die Stillle- **1633** gung der **Betriebsabteilung,** in der das Betriebsratsmitglied beschäftigt wird, gleich. Dabei ist das Betriebsratsmitglied grundsätzlich in eine andere Betriebsabteilung zu übernehmen. Nur wenn dies aus zwingenden betrieblichen Gründen nicht möglich ist, kann die ordentliche Kündigung frühestens zum Zeitpunkt der Stilllegung der Abteilung erfolgen.[55]

Sind in der anderen Betriebsabteilung alle Arbeitsplätze besetzt, so ist fraglich, ob **1634** der Arbeitgeber verpflichtet ist, für das Betriebsratsmitglied einen in Betracht kommenden Arbeitsplatz **freizukündigen.** Die Freikündigung sollte ausscheiden, wenn der betroffene Arbeitnehmer ebenfalls einen **besonderen** Kündigungsschutz hat, z. B. Schwerbehinderter ist. Hier den Arbeitgeber zur Freikündigung zu zwingen, würde u. Umst. bedeuten, dass die Lage über Jahre in der Schwebe bliebe, nämlich dann, wenn der Arbeitnehmer Kündigungsschutzklage erhebt und auch bereits gegen eine evtl. Zustimmung des Integrationsamtes klagt. Ist der Arbeitgeber auch verpflichtet, gegen eine die Zustimmung verweigernde Entscheidung des Integrationsamtes zu klagen oder darf er sie hinnehmen und dann das Betriebsratsmitglied nach § 15 Abs. 5 KSchG kündigen, weil er den Arbeitslatz nicht freikündigen kann? Hat der in der anderen Abteilung tätige Arbeitnehmer nur den **allgemeinen Kündigungsschutz,** so ist die Frage zu beantworten, ob dem Kündigungsschutz des Betriebsratsmitglieds nach § 15 Abs. 5 KSchG der absolute Vorrang einzuräumen ist, oder ob eine Abwägung der sozialen Belange stattfinden

---

[54] BAG 18. 9. 1997 EzA § 15 KSchG n. F. Nr. 46 mit Anm. von *Kraft* = NZA 1998, 189; APS/*Böck*, § 103 BetrVG Rn. 6.

[55] Zum Begriff „Betriebsabteilung“ vgl. BAG 20. 1. 1984 EzA § 15 KSchG n. F. Nr. 33 = NJW 1984, 2488; 11. 10. 1989 EzA § 1 KSchG Betriebsbedingte Kündigung Nr. 64 = AP § 1 KSchG Betriebsbedingte Kündigung Nr. 47.

muss. Dafür dürften nach dem Zweck des KSchG die besseren Gründe streiten. Richtig ist, die sozialen Belange des betroffenen Arbeitnehmers und die betrieblichen Interessen an seiner Weiterbeschäftigung mit den Interessen der Belegschaft und des durch § 15 Abs. 5 KSchG geschützten Betriebsratsmitglied gegeneinander abzuwägen.[56]

1635 Kann das Betriebsratsmitglied in einer anderen Betriebsabteilung nicht weiterbeschäftigt werden, so scheidet eine Kündigung nach § 15 Abs. 5 KSchG dennoch aus, wenn in **einem anderen Betrieb des Unternehmens** ein gleichwertiger Arbeitsplatz **frei** ist. Das fordert das durch § 15 Abs. 5 KSchG geprägte ultima-ratio-Prinzip. Auch wenn die Zuweisung der neuen Arbeit eine Änderungskündigung voraussetzt, weil der Arbeitsvertrag die Tätigkeit nicht einschließt, ändert dies nichts. Es gilt der Grundsatz des Vorrangs der Änderungskündigung vor der Beendigungskündigung. Der Arbeitgeber muss den anderen **freien Arbeitsplatz** anbieten und ggfls. eine Änderungskündigung aussprechen. Lehnt das Betriebsratsmitglied allerdings die Übernahme der Tätigkeit **endgültig** ab, so kann die Beendigungskündigung nach § 15 Abs. 5 KSchG ausgesprochen werden.[57]

1636 Der Arbeitgeber hat die fehlende Weiterbeschäftigungsmöglichkeit in einer anderen Betriebsabteilung oder in einem anderen Betrieb des Unternehmens darzulegen. Tritt das Betriebsratsmitglied dem entgegen, so muss es darlegen, wie es sich seine Weiterbeschäftigung im Einzelnen vorstellt.[58] Kann das Betriebsratsmitglied nach Stilllegung der Betriebsabteilung, in der es beschäftigt worden ist, in einer anderen Betriebsabteilung weiterbeschäftigt werden, so ist der Arbeitgeber grundsätz-

[56] LAG Düsseldorf 25. 11. 1997 LAGE § 15 KSchG Nr. 16; KR/*Etzel*, § 15 KSchG Rn. 126; *v. Hoyningen-Huene/Linck*, § 15 KSchG Rn. 170a; *Gamillscheg*, ZfA 1977, 276; *Herschel*, Anm. EzA § 15 KSchG n. F. Nr. 27; a. A. *Löwisch*, § 15 Rn. 70; *Matthes*, DB 1980, 1168; *Bernstein*, NZA 1993, 728. Eine Freikündigungspflicht des Arbeitgebers wird von *Schleusener*, DB 1998, 2368 grundsätzlich abgelehnt mit dem Hinweis, dass die Kündigung im Geltungsbereich des KSchG sozial ungerechtfertigt wäre, da sie nicht durch dringende betriebliche Erfordernisse bedingt sei und zudem qualitativ einer unzulässigen Austauschkündigung gleichkomme. Dagegen überzeugend BAG 18. 10. 2000 EzA § 15 KSchG n. F. Nr. 51 mit Anm. von *Auer*. Die Entscheidung des BAG 25. 11. 1981 EzA § 15 KSchG n. F. Nr. 27 = AP § 15 KSchG 1969 Nr. 11 bringt keine Klarheit, da der Senat den Fall ausschließlich mit der Beweislast entschieden hat. Auch die Entscheidung des BAG 18. 10. 2000 a. a. O. mit Anm. von *Auer* bringt in der Frage, ob eine Abwägung zwischen den Interessen des Mandatsträgers und dem anderen im Fall der Freikündigung zu entlassenden Arbeitnehmer erforderlich ist oder nicht, keine Klarheit. Das BAG konnte die Frage offen halten, weil die anderen Arbeitnehmer noch nicht die Wartefrist von § 1 Abs. 1 KSchG erfüllt hatten. Solche Arbeitnehmer sind in eine Sozialauswahl nach § 1 Abs. 3 Satz 1 KSchG nicht einzubeziehen. Bei einer Abwägung im Rahmen von § 15 Abs. 4, Abs. 5 KSchG kann nichts anderes gelten. Zur Konkurrenz von Arbeitnehmern, die alle über den Sonderkündigungsschutz nach § 15 KSchG verfügen vgl. LAG Rheinland Pfalz 10. 9. 1996 LAGE § 15 KSchG Nr. 15. Zum Problem der Freikündigung eines Arbeitsplatzes für einen schwerbehinderten Arbeitnehmer im Rahmen des § 81 SGB IX, das dem hier behandelten verwandt ist, vgl. neuerdings BAG 28. 4. 1998 EzA § 14 SchwbG 1986 Nr. 5.

[57] In diesem Problemfeld können schwierige Fragen des Annahmeverzuges auftreten. Hat der Arbeitgeber dem Betriebsratsmitglied statt einer notwendigen Änderungskündigung eine deshalb sozialwidrige Beendigungskündigung ausgesprochen, so kommt der Arbeitgeber jedenfalls im Regelfall in Annahmeverzug, wenn er dem Arbeitnehmer nicht die ursprünglich geschuldete Leistung anbietet; BAG 27. 1. 1994 EzA § 615 BGB Nr. 80.

[58] BAG 25. 11. 1981 EzA § 15 KSchG n. F. Nr. 27; LAG Berlin 27. 6. 1986 LAGE § 15 KSchG Nr. 4; *v. Hoyningen-Huene/Linck*, § 15 KSchG Rn. 172.

lich nicht verpflichtet, einen örtlich näher gelegenen und deshalb für das Betriebsratsmitglied weniger belastetenden Arbeitsplatz freizukündigen.[59]

Wird die Betriebsabteilung, in der der Mandatsträger beschäftigt wird, veräußert 1637
und widerspricht dieser dem Übergang seines Arbeitsverhältnisses auf den Erwerber gemäß § 613a BGB, so besteht das Arbeitsverhältnis zwischen ihm und dem Arbeitgeber fort.[60] Damit entfällt die Beschäftigungsmöglichkeit in der Betriebsabteilung und es entsteht dieselbe Situation, als wenn die Betriebsabteilung geschlossen worden wäre. Das rechtfertigt die entsprechende Anwendung des § 15 Abs. 5 KSchG, sofern eine Übernahme des Mandatsträgers in eine andere Betriebsabteilung nicht möglich ist.[61] Das gilt auch für freigestellte Betiebsratsmitglieder, denn auch ihre Arbeitsverhältnisse bestehen im Hinblick auf eine bestimmte Arbeitsleistung und nicht zur Ausübung des Betriebsratsamtes. Ein „freischwebendes" Betriebsratsmitglied kennt das Betriebsverfassungsgesetz nicht.[62] Besteht für das Betriebsratsmitglied **tarifrechtlich Unkündbarkeit,** so kann eine außerordentliche betriebsbedingte Kündigung in Betracht kommen. Für die außerordentliche Kündigung bedarf es trotz des Wortlauts des § 103 Abs. 1 BetrVG, der alle außerordentliche Kündigungen erfasst, nicht der Zustimmung des Betriebsrats oder ihre Ersetzung durch das Arbeitsgericht. Das gebietet eine teleologische Reduktion des § 103 Abs. 1 BetrVG. Die Schutzbereiche beider Normen sind identisch (oben Rn. 1632), d.h. in den Fällen des § 15 Abs. 4 und 5 KSchG können die besonders geschützten Personen wie auch andere Arbeitnehmer des Betriebes oder der Betriebsabteilung nach Maßgabe des § 15 Abs. 4 bzw. 5 KSchG gekündigt werden. Tritt nun im Falle tariflicher Unkündbarkeit die außerordentliche Kündigung an Stelle der ordentlichen Kündigung nach § 15 Abs. 4 bzw. 5 KSchG, so kann der Arbeitgeber die Kündigung aussprechen, ohne vorher die Zustimmung des Betriebsrats einzuholen.[63] Von dieser Frage getrennt ist zu beurteilen, ob die Kündigung auch materiell berechtigt ist oder nicht. Das ist eine Frage der Berechtigung der Kündigung, die in einem evtl. Kündigungsschutzverfahren zu entscheiden ist. Zur Zumutbarkeitsprüfung vgl. unten 1645ff. und 1652ff.

c) Prozessuale Fragen

Soweit nach den bisherigen Grundsätzen die ordentliche Kündigung eines Be- 1638
triebsratsmitglieds zulässig ist, muss der Betriebsrat vorher nach § 102 Abs. 1 BetrVG gehört werden. Andernfalls ist die Kündigung nichtig (vgl. oben Rn. 345ff.). Gibt der Betriebsrat innerhalb der Wochenfrist des § 102 Abs. 2 BetrVG keine Stellungnahme ab, so gilt die Zustimmung als erteilt. Widerspricht der Betriebsrat der Kündigung, so kann der Arbeitgeber die Kündigung dennoch aussprechen. Ob sie wirksam ist oder nicht, wird dann in dem evtl. vom entlasse-

[59] BAG 28. 10. 1999 EzA § 15 KSchG n. F. Nr. 48 = NZA 2000, 825.

[60] Ständ. Rspr. BAG 22. 4. 1993 EzA § 613a BGB Nr. 112 = AP § 613a BGB Nr. 102.

[61] Vgl. dazu *Willemsen,* ZIP 1986, 484; *Gerauer,* BB 1990, 1127; *v. Hoyningen-Huene/Linck,* § 15 KSchG Rn. 71, 152; BAG 2. 10. 1974 EzA § 613a BGB Nr. 1 = AP § 613a BGB Nr. 1 für den Fall der Veräußerung des gesamten Betriebes; *Kraft,* Anm. EzA § 15 KSchG n. F. Nr. 46; LAG Düsseldorf 25. 11. 1997 LAGE § 15 KSchG Nr. 16.

[62] So BAG 18. 9. 1997 EzA § 15 KSchG n. F. Nr. 46 mit Anm. von *Kraft* = NZA 1998, 189.

[63] BAG 18. 9. 1997 EzA § 15 KSchG n. F. Nr. 46 mit Anm. von *Kraft* = NZA 1998, 189.

nen Betriebsratsmitglied anhängig gemachten Verfahren entschieden. Darin ist die Kündigung jedoch grundsätzlich nicht auf Sozialwidrigkeit hin zu untersuchen, sondern allein an dem § 15 Abs. 4 und 5 KSchG zu messen. Der Kündigungsschutz der Betriebsratsmitglieder ist abschließend in den §§ 15, 16 KSchG geregelt.[64] Deshalb kann das entlassene Betriebsratsmitglied auch nicht nach § 102 Abs. 5 BetrVG die Weiterbeschäftigung verlangen, wenn der Betriebsrat der ordentlichen Kündigung form- und ordnungsgemäß widersprochen hat. Denn der Weiterbeschäftigungsanspruch setzt voraus, dass der Arbeitnehmer nach dem Kündigungsschutzgesetz Klage auf Feststellung erhoben hat, dass das Arbeitsverhältnis durch die Kündigung nicht aufgelöst worden ist. Diese Klage ist im KSchG in § 4 geregelt, der jedoch auf Betriebsratsmitglieder nicht anwendbar ist. Sie brauchen im Falle der Anfechtung einer ordentlichen Kündigung nach § 15 KSchG § 4 KSchG nicht zu beachten. Das hat zur Folge, dass § 102 Abs. 5 BetrVG keine Anwendung findet.[65] Eine für die Praxis wichtige Konsequenz ist, dass die **Klagefrist** des § 4 KSchG nicht eingehalten werden muss. Eine Ausnahme besteht **nur für Kündigungen des Insolvenzverwalters** nach § 113 Abs. 2 InsO. Danach gilt die Dreiwochenfrist **für alle Kündigungen** ohne Rücksicht darauf, auf welche Unwirksamkeitsgründe sich der Arbeitnehmer beruft. Vgl. unten Rn. 2162.

1639 Die hervorgehobene abschließende Regelung des Kündigungsschutzes der Betriebsratsmitglieder gegenüber einer ordentlichen Kündigung in § 15 Abs. 1, 4 und 5 KSchG hat zur Folge, dass nach § 13 Abs. 3 KSchG weder der Arbeitgeber noch der Arbeitnehmer einen Antrag auf Auflösung des Arbeitsverhältnisses stellen können. Die §§ 9, 10 KSchG finden keine Anwendung.

V. Die außerordentliche Kündigung

1640 Die außerordentliche Kündigung eines Mitglieds des Betriebsrats (zum geschützten Personenkreis im Einzelnen oben Rn. 1600) hat zwei Voraussetzungen: Der Arbeitgeber muss zur außerordentlichen Kündigung aus wichtigem Grund berechtigt sein. Der Betriebsrat muss der Kündigung zugestimmt oder das Arbeitsgericht muss die Zustimmung nach § 103 Abs. 2 BetrVG ersetzt haben.[66] Wird die Kündigung **ohne vorherige Zustimmung des Betriebsrats** ausgesprochen, so ist die Kündigung nach § 134 BGB nichtig. Es handelt sich um einen sonstigen Unwirksamkeitsgrund i. S. des § 13 Abs. 3 KSchG, der außerhalb der Dreiwochenfrist des § 4 KSchG geltend gemacht werden kann. Zur Klagefrist im Falle einer Kündigung durch den Insolvenzverwalter vgl. oben Rn. 1638 a. E.

---

[64] Vgl. KR/*Etzel,* § 15 KSchG Rn. 93; APS/*Böck,* § 15 KSchG Rn. 196; *v. Hoyningen-Huene/Linck,* § 15 KSchG Rn. 164; a. A. *Löwisch,* § 15 KSchG Rn. 4; *Windbichler,* SAE 1984, 146. Eine analoge Anwendung des § 103 BetrVG scheidet aus, da nach der Systematik des Gesetzes diese unterschiedlichen Kündigungsformen nicht gleich behandelt werden können; KR/Etzel, § 15 KSchG Rn. 94.

[65] Vgl. LAG Düsseldorf, Kammern Köln, EzA § 102 BetrVG 1972 Beschäftigungspflicht Nr. 8.

[66] Für Personalräte im öffentl. Dienst gilt § 15 Abs. 2 KSchG in Verbindung mit § 47 Abs. 1 BPersVG.

Die außerordentliche Kündigung des in § 15 Abs. 3a KSchG aufgeführten Personenkreises setzt voraus, dass Tatsachen vorliegen, die den Arbeitgeber zur Kündigung aus wichtigem Grund ohne Einhaltung einer Kündigungsfrist berechtigen. Nicht notwendig ist die Zustimmung des Betriebsrats. § 103 Abs. 1 und 2 BetrVG finden keine Anwendung. 1641

Keine Zustimmung des Betriebsrats bzw. eine sie ersetzende gerichtliche Entscheidung ist notwendig bei der Kündigung eines Tendenzträgers in einem **Tendenzbetrieb aus tendenzbezogenen Gründen.**[67] Die Anhörung des Betriebsrats nach § 102 Abs. 1 BetrVG hat auch in diesem Fällen zu erfolgen (dazu oben Rn. 345). 1642

Die Versetzung eines Mitglieds des Betriebsrats und der übrigen in § 103 Abs. 1 BetrVG genannten Mandatsträger, die zu einem Verlust des Amtes oder der Wählbarkeit führen würde, bedarf der **Zustimmung des Betriebsrats.** Das gilt nur dann nicht, wenn der Arbeitnehmer mit der Versetzung einverstanden ist. Das Arbeitsgericht kann die Zustimmung des Betriebsrats ersetzen, wenn die Versetzung auch unter Berücksichtigung der betriebsverfassungsrechtlichen Stellung des betroffenen Arbeitnehmers aus dringenden betrieblichen Gründen notwendig ist (§ 103 Abs. 3 BetrVG). Bei der Auslegung des unbestimmten Rechtsbegriffs des „dringenden betrieblichen Grundes" kann an Grundsätze des Kündigungsschutzrechts angeknüpft werden, denn es geht, wie bei der Änderungskündigung, um eine Veränderung des Arbeitsortes des Arbeitnehmers. Auch der Katalog der betrieblichen Gründe in § 8 Abs. 4 TzBfG kann hilfreich sein. Es muss dem Arbeitgeber nicht möglich sein, den betrieblichen Notwendigkeiten durch eine andere Maßnahme nachzukommen. Soweit dabei unternehmerische Entscheidungen Bedeutung gewinnen, gelten hinsichtlich ihrer Überprüfbarkeit durch die Gerichte für Arbeitssachen die allgemeinen Grundsätze (dazu vgl. oben Rn. 944).[68] 1643

Die Schutzfunktion des § 103 BetrVG, die sich mit der des § 15 Abs. 4 KSchG deckt (dazu oben Rn. 1632), schließt eine vorherige **Zustimmung des Betriebsrats zu einer außerordentlichen Kündigung aus,** die lediglich an Stelle einer ordentlichen Kündigung nach § 15 Abs. 4 und 5 KSchG tritt. Das ist der Fall, wenn der Mandatsträger **tarifrechtlich unkündbar** ist und deshalb eine außeror- 1644

---

[67] Vgl. dazu oben Rn. 1608.

[68] Die Anwendung des § 103 BetrVG auf den Fall der Versetzung eines Betriebsratsmitglieds ist jetzt ausdrücklich in § 103 Abs. 3 BetrVG geregelt, der durch das BetrVerf-Reformgesetz vom 23. 7. 2001 (BGBl. I S. 1852) in das Betriebsverfassungsgesetz eingefügt worden ist. Bis dahin war die Frage umstritten. Vgl. *Gamillscheg,* Arbeitsrecht II S. 456; KR/*Etzel,* 5. Aufl. § 103 Rn. 60; *Kittner* in *Däubler/Kittner/Klebe,* BetrVG, 7. Aufl. § 103 Rn. 25; *Galperin/Löwisch,* BetrVG, 6. Aufl. § 103 Rn. 4; LAG Hamm 1. 4. 1977 EzA § 103 BetrVG 1972 Nr. 19; BAG 21. 9. 1989 EzA § 99 BetrVG 1972 Nr. 76 = NZA 1990, 34 (offengelassen); Hess. LAG 8. 5. 1995 LAGE § 103 BetrVG 1972 Nr. 10. Das BAG hat seine Erwägungen in der Entscheidung vom 21. 9. 1989 a. a. O. nicht weiter verfolgt und lehnte die analoge Anwendung des § 103 BetrVG auf die Versetzung des Betriebsratsmitglieds in einen anderen Betrieb ab. Seiner Ansicht nach bestand angesichts der Regelung der §§ 99 ff. BetrVG sowie der §§ 78 und 100 BetrVG keine so erhebliche Schutzlücke, dass die analoge Anwendung des § 103 BetrVG gerechtfertigt war; BAG 11. 7. 2000 EzA § 103 BetrVG 1972 Nr. 42. Dem BAG folgten: *Richardi,* BetrVG 7. Aufl. § 103 Rn. 28; *Kraft* in GK/BetrVG 6. Aufl. § 103 Rn. 19; ErfK/*Hanau/Kania,* § 103 BetrVG Rn. 6, *Oetker* RdA 1990, 343, 345 ff.

dentliche Kündigung ausgesprochen wird. (Dazu oben Rn. 1637). Wurde die Ersetzung der Zustimmung des Betriebsrats dennoch beantragt, so ist im Zurückweisungsbeschluss klarzustellen, dass es einer Zustimmung des Betiebsrates nicht bedurfte. Dieser Entscheidung kommt präjudizielle Wirkung für den Kündigungsschutzprozess zu.[69]

1. Der wichtige Grund

1645 Nach § 15 Abs. 1, 2 KSchG ist die Kündigung möglich, wenn Tatsachen vorliegen, die den Arbeitgeber zur Kündigung aus wichtigem Grund ohne Einhaltung einer Kündigungsfrist berechtigen. Damit wird klargestellt, dass nur der gesetzliche Tatbestand des wichtigen Grundes, der in § 626 BGB enthalten ist, die Kündigungsmöglichkeit eröffnet. Eine vertragliche Erweiterung des Kündigungsgrundes ist nicht zulässig. Der Arbeitgeber braucht aber nicht notwendig fristlos zu kündigen. Er kann dem Gekündigten eine Schonfrist einräumen. Diese kann auch der ordentlichen Kündigungsfrist entsprechen. Nur muss in diesen Fällen klargestellt werden, dass es sich um eine außerordentliche Kündigung handelt, denn sonst wäre die Nichtigkeit der ordentlichen Kündigung festzustellen. Der Ausspruch einer außerordentlich befristeten Kündigung muss für den Gekündigten erkennbar sein.[70] Diese Fragen sind seit dem BetrVG 1972 nicht mehr von so großer Bedeutung, weil zum wichtigen Grund noch die Zustimmung des Betriebsrats oder die Entscheidung des Arbeitsgerichts nach § 103 Abs. 2 BetrVG 1972 hinzutreten muss. Immerhin kann aber das Arbeitsgericht die Zustimmung nicht ersetzen, wenn gar keine außerordentliche Kündigung beabsichtigt ist.

1646 Ein wichtiger Grund, der den Arbeitgeber berechtigt, das Arbeitsverhältnis ohne Einhaltung einer Kündigungsfrist zu kündigen, ist gegeben, wenn Tatsachen vorliegen, auf Grund derer dem Kündigenden unter Berücksichtigung aller Umstände des Einzelfalles und unter Abwägung der Interessen beider Vertragsteile die Fortsetzung des Arbeitsverhältnisses bis zum Ablauf der Kündigungsfrist oder bis zum vereinbarten Ende des Arbeitsverhältnisses nicht zugemutet werden kann (vgl. § 626 Abs. 1 BGB).

1647 Für die Zumutbarkeitsprüfung bei der außerordentlichen Kündigung eines Betriebsratsmitglieds fehlt es an einem **Bezugszeitraum,** der jedoch begrifflich notwendig ist, um zu entscheiden, ob es dem Arbeitgeber zugemutet werden kann, das Arbeitsverhältnis noch aufrechtzuerhalten. Für Betriebsratsmitglieder gibt es keine Kündigungsfrist, auch eine Vereinbarung über das Ende des Arbeitsverhältnisses ist in aller Regel nicht getroffen worden. Damit scheiden die gesetzlichen (§ 626 Abs. 1 BGB) Bezugszeitpunkte und die dadurch fixierten Bezugszeiträume für die Beurteilung der Zumutbarkeit der Weiterbeschäftigung aus. Das hat die Rechtsprechung veranlasst, bei der Prüfung der Frage, ob dem Arbeitgeber die Fortsetzung des Arbeitsverhältnisses mit dem Betriebsratsmitglied zumutbar oder unzumutbar ist, **von der Kündigungsfrist auszugehen, die ohne den**

[69] BAG 18. 9. 1997 EzA § 15 KSchG n. F. Nr. 46 mit Anm. von *Kraft* = NZA 1998, 189.

[70] BAG AP § 123 GewO Nr. 1 = NJW 1955, 807; BAG 5. 7. 1979 EzA § 15 KSchG n. F. Nr. 22 = NJW 1980, 359; KR/*Fischermeier,* § 626 BGB Rn. 30.

besonderen Kündigungsschutz des § 15 KSchG für eine ordentliche Kündigung gelten würde.[71] Der 2. Senat hat zur Rechtfertigung der Anwendung dieser **fiktiven Kündigungsfrist** darauf hingewiesen, es könne nicht sein, dass Betriebsratsmitglieder Nachteile erleiden, vor allem nicht durch eine Erleichterung der außerordentlichen Kündigung. Das sei der Fall, wenn der Bezugszeitraum für die Beurteilung der Zumutbarkeit bzw. der Unzumutbarkeit der Weiterbeschäftigung des Betriebsratsmitglieds bis zu einem Jahr (nachwirkender Kündigungsschutz) nach dem Ende der laufenden Amtszeit dauere. Diese Länge des Bezugszeitraums führe bei einer sonst im wesentlichen gleich liegenden Interessenabwägung dazu, dass das Betriebsratsmitglied leichter außerordentlich gekündigt werden könne, als der mit ordentlicher Frist kündbare Arbeitnehmer, der nicht Mitglied des Betriebsrats ist. Das sei mit § 78 Satz 2 BetrVG unvereinbar.

Nachdem der 2. Senat in der Entscheidung vom 21. 6. 1995 für den Fall der 1648
außerordentlichen betriebsbedingten Änderungskündigung seine frühere Ansicht, die auch hier im Rahmen der Prüfung des § 626 Abs. 1 BGB auf die fiktive Kündigungsfrist abstellte, aufgegeben hat[72] (dazu unten Rn. 1653), hat er seine st. Rspr. zur Berücksichtigung der fiktiven Kündigungsfrist bei der **außerordentlichen Beendigungskündigung,** jedenfalls im Ergebnis, erneut bestätigt.[73] Fristlos könne einem Betriebsratsmitglied nur gekündigt werden, wenn dem Arbeitgeber bei einem vergleichbaren Nichtbetriebsratsmitglied dessen Weiterbeschäftigung bis zum Ablauf der einschlägigen ordentlichen Kündigungsfrist unzumutbar wäre. Nur so könne der Schutzbestimmung des § 78 Satz 2 BetrVG Rechnung getragen werden. Der Senat macht an einem Beispiel deutlich, dass das Betriebsratsmitglied in gleich gelagerten Interessenabwägungsfällen allein wegen der absehbar langen Bindungsdauer (mindestens ein Jahr nach Ende des Betriebsratsamtes) gegenüber dem ordentlich kündbaren Arbeitnehmer wegen seines Betriebsratsamtes einen gravierenden Rechtsnachteil erleide, wenn die fristlose Kündigung gegenüber dem Nichtbetriebsratsmitglied wegen der kürzeren ordentlichen Kündigungsfrist als noch zumutbar, gegenüber dem Betriebsratsmitglied wegen der erheblich längeren Bindungsdauer aber als unzumutbar angesehen werde.

Der 2. Senat erwähnt in seiner Begründung die fiktive Kündigungsfrist nicht 1649
mehr, sondern stellt nun einen **wertenden Maßstab in den Mittelpunkt,** der allerdings indirekt die ordentliche Kündigungsfrist als Bezugszeitraum heranzieht und damit praktisch zu denselben Ergebnissen führt.[74] Damit der Wertungswiderspruch der leichteren außerordentlichen Kündbarkeit bei grundsätzlich ausgeschlossener ordentlichen Kündigung aufgelöst wird, vergleicht der Senat nun die Kündbarkeit des Mandatsträgers mit dem nicht durch § 15 KSchG geschützten Arbeitnehmer. Die fristlose Kündigung gegenüber einem Betriebsratsmitglied ist

---

[71] BAG 18. 2. 1993 EzA § 15 KSchG n.F. Nr. 40 = AP § 15 KSchG 1969 Nr. 35; BAG 6. 3. 1986 EzA § 15 KSchG n.F. Nr. 34 = AP § 15 KSchG 1969 Nr. 19.

[72] BAG 21. 6. 1995 EzA § 15 KSchG n. F. Nr. 43 mit 1. Anm. von *Bernstein* und 2. Anm. von *Oetker* = AP Nr. 36 zu § 15 KSchG n. F. Nr. 47 mit krit. Anm. von *Preis.*

[73] BAG 10. 2. 1999 EzA § 15 KSchG n. F. Nr. 47 mit Anm. von *Auer* = AP § 15 KSchG 1969 Nr. 42; so auch BAG 15. 3. 2001 EzA § 15 KSchG n. F. Nr. 52 und BAG 27. 9. 2001 EzA § 15 KSchG n.F. Nr. 54.

[74] Vgl. *Auer,* Anm. BAG EzA § 15 KSchG n. F. Nr. 47.

zulässig, wenn es bei gleichem Sachverhalt auch die gegenüber einem nicht dem Sonderkündigungsschutz unterliegenden Arbeitnehmer wäre.[75]

a) Fallgruppen zum wichtigen Grund

1650 Bei der Prüfung, ob im Einzelfall ein wichtiger Grund vorliegt, dürfte auch nach der Verstärkung des Kündigungsschutzes der Betriebsratsmitglieder die bisherige Rechtsprechung weiter anzuwenden sein, die sich mit den Voraussetzungen des wichtigen Grundes befasst hat. Denn insoweit, d.h. am Begriff des wichtigen Grundes, hat sich nichts geändert. Das Betriebsratsmitglied steht für die Beurteilung des wichtigen Grundes zur außerordentlichen Kündigung, was die Frage der Pflichtverletzung aus dem Arbeitsvertrag und die Schwere dieser Verletzung angeht, im Grundsatz jedem anderen Arbeitnehmer gleich. Das gilt uneingeschränkt, wenn ein Verhalten vorliegt, das mit dem Betriebsratsamt nichts zu tun hat.[76] Ist jedoch ein Verhalten zu bewerten, das der Betriebsratstätigkeit entspricht und das **zugleich eine Amts- und eine Arbeitsvertragsverletzung** sein kann, dann ist an die Annahme einer schweren Verletzung des Arbeitsvertrages, also an die Berechtigung der fristlosten Entlassung, **ein strengerer Maßstab anzulegen** als bei einem anderen Arbeitnehmer, der nicht dem Betriebsrat angehört.[77] Letztlich entscheidend kommt es auch hier auf den Begriff des wichtigen Grundes an. Verletzt der Betriebsrat **nur seine Amtspflichten,** so scheidet die fristlose Entlassung aus. Hiergegen ist nach § 23 BetrVG (Amtsenthebung) vorzugehen. Richtschnur bei der fristlosen Entlassung von Betriebsräten muss sein, dass sie einerseits nicht besser, aber auch nicht schlechter gestellt werden dürfen als die übrigen Arbeitnehmer. So hat das BAG entschieden, die fristlose Entlassung eines Betriebsrats sei unwirksam, wenn mehrere Arbeitnehmer zusammen einen Grund zur außerordentlichen Kündigung gegeben haben, der Arbeitgeber aber nur das Betriebsratsmitglied entlässt, weil bei ihm die Pflichtverletzung schwer wiege.[78] Als einen schweren Verstoß

---

[75] Vgl. dazu bereits *Preis,* Anm. AP Nr. 36 zu § 15 KSchG 1969; *Auer,* Anm. BAG EzA § 15 KSchG n. F. Nr. 47; APS/*Böck,* § 15 KSchG Rn. 127; *v. Hoyningen-Huene/Linck,* § 15 KSchG Rn. 88; *Kittner/Däubler/Zwanziger,* § 15 KSchG Rn. 35; KR/*Fischermeier,* § 626 BGB Rn. 133, jedoch nur für die verhaltens- und personenbedingten Kündigungsgründe. Gegen die Beurteilung der Zumutbarkeit auf Grund einer sog. fiktiven Kündigungsfrist: *Löwisch,* § 15 KSchG Rn. 44; *Backmeister/Trittin,* § 15 KSchG Rn. 53; KR/*Etzel,* § 15 KSchG Rn. 22ff.; *Bernstein,* 1. Anm. zu BAG § 15 KSchG n.F. Nr. 43; *Oetker,* 2. Anm. EzA § 15 KSchG n. F. Nr. 43 mit dem Hinweis, von dem atypischen Sachverhalt der Entscheidung des BAG vom 21. 6. 1995 a. a. O. sollten Verallgemeinerungen vermieden werden.

[76] *Gamillscheg,* Arbeitsrecht II S. 462; APS/*Böck,* § 15 KSchG Rn. 125; KR/*Etzel,* § 15 Rn. 24; *v. Hoyningen-Huene/Linck,* § 15 KSchG Rn. 86; LAG Köln 28. 11. 1996 LAGE § 15 KSchG Nr. 14.

[77] BAG 10. 11. 1993 EzA § 611 BGB Abmahnung Nr. 29 = NZA 1994, 500; 16. 10. 1986 EzA § 626 BGB n. F. Nr. 105; 2. 4. 1987 EzA § 626 BGB n. F. Nr. 108 = NZA 1987, 808; BAG 20. 12. 1961 AP § 13 KSchG Nr. 16 = NJW 1962, 606; BAG 11. 12. 1975 EzA § 15 KSchG n. F. Nr. 6; vgl. auch BAG 23. 10. 1969 AP § 13 KSchG Nr. 19 = EzA § 13 KSchG Nr. 3 und BAG 22. 8. 1974 § 103 BetrVG 1972 Nr. 6 mit Anm. von *Schlüter* = NJW 1975, 81; *v. Hoyningen-Huene/Linck,* § 15 KSchG Rn. 91; *Gamillscheg,* Arbeitsrecht II S. 462; *Staudinger/Preis,* § 626 Rn. 269. Kritisch zur Rechtsprechung des BAG *Säcker,* RdA 1965, 372, und *Weber,* NJW 1973, 787. Vgl. ferner *Schlüter-Dudenbostel,* DB 1974 2473 und *Schwerdtner,* Arbeitsrecht, Rn. 251 ff.; KR/*Etzel,* § 15 KSchG Rn. 26 a; *Buchner* in Festschrift *Müller* (1981) S. 110.

[78] BAG 13. 10. 1955 AP § 13 KSchG Nr. 3 mit Anm. von *Hueck.*

auch gegen arbeitsvertragliche Pflichten hat das BAG eine **parteipolitische Agitation im Betrieb**[79] angesehen, durch die der Betriebsfrieden gestört wurde.[80] Als Grund zur außerordentlichen Kündigung ist die Aufforderung anerkannt worden, langsam zu arbeiten. Überhaupt darf der Betriebsrat die Arbeitnehmer nicht zum vertragswidrigen Handeln oder zur Nichtbeachtung der Arbeitsordnung oder zum wilden Streik auffordern. Die Äußerung, ein Arbeiter solle der Gewerkschaft beitreten, anderenfalls müsse er zu einer gegebenen Zeit als erster mit der Entlassung rechnen, kann als wichtiger Grund in Betracht kommen.

Politische Meinungsäußerungen oder politische Betätigung eines Arbeitnehmers **1651** können eine Kündigung nur dann rechtfertigen, wenn das **Arbeitsverhältnis hierdurch konkret berührt wird.** Eine abstrakte Gefährdung des Betriebsfriedens reicht keinesfalls aus. Die Berührung des Arbeitsverhältnisses kann im **Leistungsbereich** liegen, im **Bereich der Verbundenheit der Mitarbeiter im Betrieb (Betriebsfrieden),** im **Vertrauensbereich** der Vertragspartner und im Unternehmensbereich. Dabei ist auch zu beachten, dass eine Abmahnung erforderlich ist, bevor die Kündigung ausgesprochen wird. Zu beachten ist stets, dass das „Haben einer Überzeugung" und die Mitteilung davon an andere keinen Grund zur fristlosen Entlassung darstellt, solange dadurch die verschiedenen Ebenen des Arbeitsverhältnisses nicht betroffen wurden, die oben erwähnt sind, und die allgemeinen Voraussetzungen des wichtigen Grundes fehlen.[81] Vgl. hierzu oben Rn. 584ff. und namentlich Rn. 606.

---

[79] Zum Begriff „parteipolitischer Betätigung" vgl. BVerfG EzA § 74 BetrVG 1972 Nr. 1 = DB 1976, 1485.

[80] BAG 3. 12 1954 AP § 13 KSchG Nr. 2; 13. 1. 1956 AP § 13 KSchG Nr. 4. Die fortgesetzte Störung des Betriebsfriedens ist von LAG Köln als wichtiger Grund anerkannt worden; LAG Köln 28. 11. 1996 LAGE § 15 KSchG Nr. 14.

[81] BAG 11. 12. 1975 EzA § 15 KSchG n.F. Nr. 6 = NJW 1976, 870. Die Bereitschaft eines Betriebsratsmitgliedes, im Prozess gegen den Arbeitgeber vorsätzlich falsch auszusagen, ist geeignet, eine außerordentliche Kündigung zu rechtfertigen. BAG 16. 10. 1986 EzA § 626 BGB n. F. Nr. 105. Wiederholte Verspätungen (104 Fälle) nach mehreren Abmahnungen hat das BAG nicht als Grund für eine außerordentliche Kündigung anerkannt; vgl. BAG 17. 3. 1988 EzA § 626 BGB n.F. Nr. 116 mit Anm. von *Kraft* (zustimmend) und *Willemsen* (ablehnend) = NZA 1989, 261. Zu dieser Entscheidung vgl. oben Rn. 651. Zur Frage der fristlosen Kündigung eines Betriebsratsmitgliedes wegen beleidigender Äußerungen gegenüber dem Werksleiter und der Betriebsleitung in der Betriebsversammlung vgl. BAG 2. 4. 1987 EzA § 626 BGB n. F. Nr. 108 = NZA 1987, 808. Wegen häufiger krankheitsbedingter Fehlzeiten kann das Arbeitsverhältnis eines Betriebsratsmitglieds in aller Regel nicht außerordentlich gekündigt werden; BAG 18. 2. 1993 EzA § 15 KSchG n.F. Nr. 40 = NZA 1994, 74; vgl. dazu auch ArbG Hagen 5. 8. 1993 EzA § 103 BetrVG 1972 Nr. 35. Die Annahme eines auf mehrere Jahre befristeten Wahlamtes als gewerkschaftlicher Landesvorsitzender kann auch für ein freigestelltes Betriebsratsmitglied einen wichtigen Grund zur Kündigung darstellen; LAG Berlin 16. 10. 1995 LAGE § 15 KSchG Nr. 13. Besteht der dringende Verdacht, das Betriebsratsmitglied habe sich ein die Arbeitsunfähigkeit bestätigendes ärztliches Attest erschlichen, so kann das Arbeitsverhältnis fristlos gekündigt werden; LAG Berlin 3. 8. 1998 LAGE § 15 KSchG Nr. 17. Der Arbeitgeber ist auf Grund der nach § 2 BeschSchG zu treffenden vorbeugenden Maßnahmen gegen sexuelle Belästigung am Arbeitsplatz nicht berechtigt, ein der sexuellen Belästigung beschuldigtes Betriebsratsmitglied zu entlassen, wenn ihm die Tat nicht nachgewiesen werden kann. Die Kündigung wegen Verdachts sexueller Belästigung bleibt nach allgemeinen Grundsätzen zulässig; BAG 8. 6. 2000 EzA § 15 KSchG n. F. Nr. 50. Verkauf von Schrott aus dem Betrieb des Arbeitgebers als wichtiger Grund anerkannt; BAG 10. 2. 1999 EzA § 15 KSchG n.F. Nr. 37 = AP § 15 KSchG 1969 Nr. 42.

b) Außerordentliche betriebsbedingte Änderungskündigung

1652 § 15 Abs. 1 KSchG schließt die **ordentliche Kündigung** eines Mitglieds des Betriebsrats, d.h. also auch die ordentliche Kündigung, die auf betriebliche Gründe gestützt wird, aus, sie ist unzulässig, es sei denn, die Tatbestände des § 15 Abs. 4 oder 5 KSchG liegen vor (Betriebsstilllegung, Stilllegung einer Betriebsabteilung). § 15 Abs. 1 KSchG erfasst auch die Änderungskündigung, die einem **einzelnen Betriebsratsmitglied** gegenüber ausgesprochen wird (zur sog. Massenänderungskündigung vgl. oben Rn. 1624ff.). Unterhalb der Tatbestände der Betriebsstilllegung oder der Stilllegung einer Betriebsabteilung sind eine Fülle anderer **betriebsbedingter Organisationsentscheidungen** denkbar, bei denen sich die Frage stellt, ob sie auch dann gegenüber einer größeren Gruppe von Arbeitnehmern durchgesetzt werden können, wenn zu ihr besonders durch § 15 Abs 1, 4 und 5 KSchG geschützte Arbeitnehmer gehören. Da das BAG im Gegensatz zur ganz herrschenden Lehre auch bei der sog. **Massenänderungskündigung** die Einbeziehung der Mandatsträger ablehnt (dazu oben Rn. 1624ff.), hat es den Standpunkt vertreten, nur die außerordentliche Änderungskündigung aus wichtigem Grund eröffne dem Arbeitgeber den Weg, die Arbeitsbedingungen einer Gruppe von Arbeitnehmern oder aller Arbeitnehmer des Betriebes zu ändern. Ein solches auf betriebliche Gründe beruhendes außerordentliches Kündigungsrecht sei auch gegenüber einem Amtsträger nicht grundsätzlich ausgeschlossen.[82] Der Senat hatte zu entscheiden, ob eine auf einer Organisationsänderung beruhende Änderung der tariflichen Eingruppierung auch gegenüber einem Betriebsratsmitglied durchgesetzt werden könne oder ob dafür ein wichtiger Grund nicht gegeben sei. Erkannt hat er, der befristete Ausschluss der ordentlichen Kündigung nach § 15 KSchG dürfe bei der Prüfung der Zumutbarkeit bzw. der Unzumutbarkeit der Änderung der Arbeitsbedingungen nach § 626 BGB nicht zu Ungunsten der Mandatsträger berücksichtigt werden. Andernfalls würde sich der Arbeitgeber entgegen dem Schutzzweck des § 15 KSchG durch eine außerordentliche Kündigung leichter von einem Amtsträger als von einem anderen (nur) durch § 1 KSchG geschützten Arbeitnehmer trennen können. Deshalb sei bei der Zumutbarkeitsprüfung die Frist zugrunde zu legen, die ohne den besonderen Kündigungsschutz bei einer ordentlichen Kündigung gelten würde.[83] Begründet sei die außerordentliche Änderungskündigung nur, wenn einerseits die Fortsetzung des Arbeitsverhältnisses für den Arbeitgeber zu den bisherigen Arbeitsbedingungen für ihn **unabweisbar notwendig** sei. Darüber hinaus müsse die Änderung der Arbeitsbedingungen für den Gekündigten zumutbar sein. Im konkreten Fall hat der Senat den wichtigen Grund verneint, weil er der Auffassung war, es sei dem Arbeitgeber zumutbar gewesen, die bisherige Eingruppierung des Mandatsträgers bis zum Ablauf der (fiktiven) Kündigungsfrist – sechs Monate zu Quartal – aufrechtzuerhalten.

1653 Nachdem das BAG am 18. 2. 1993[84] seine Rechtsprechung zur Zumutbarkeitsprüfung – Anwendung der fiktiven Kündigungsfrist – im Falle einer **Beendigungskündigung** nach § 626 Abs. 1 BGB aus krankheitsbedingten Gründen aus-

---

[82] BAG 6. 3. 1986 EzA § 15 KSchG n. F. Nr. 34 = NZA 1987, 102.

[83] BAG 6. 3. 1986 a. a. O. unter B II 4a der Gründe.

[84] BAG 18. 2. 1993 EzA § 15 KSchG n. F. Nr. 40 = AP § 15 KSchG 1969 Nr. 35. Dazu vgl. oben Rn. 1647.

drücklich bestätigt hatte, gab es am 21. 6. 1995 für den Fall der **außerordentlichen betriebsbedingten Änderungskündigung** die bisherige Rechtsprechung auf und erkannte, für die Zumutbarkeitsprüfung sei nun an Stelle der fiktiven Kündigungsfrist die **absehbare Dauer des besonderen Kündigungsschutzes einschließlich des Nachwirkungszeitraums** zugrunde zu legen.[85] Zum Fall: Ein Unternehmen hatte zur Sicherung seiner Ertragskraft u.a. eine ganze Hierarchieebene, die Aufsichtskräfte im Verkauf der einzelnen Warenhäuser, abgeschafft und allen beteiligten Arbeitnehmern andere Tätigkeiten im Verkauf angeboten. Ein Betriebsratsmitglied weigerte sich, im Gegensatz zu allen anderen Betroffenen – 348 Arbeitnehmer, davon 53 Betriebsratsmitglieder – der Änderung ihrer Tätigkeit, die auch mit einer anderen Vergütung verbunden war, zuzustimmen. Die außerordentliche Änderungskündigung war nach Ansicht des 2. Senats begründet. Die Veränderung der Tätigkeit sei auf Grund der unternehmerischen Entscheidung unabweisbar geworden und damit an sich geeignet, eine außerordentliche Änderungskündigung zu rechtfertigen. Wegen des **generellen Effektes** der Umstrukturierungsmaßnahme und der erstrebten Gleichbehandlung der Arbeitnehmer sei – so der 2. Senat – die Einhaltung einer hypothetisch zu veranschlagenden Kündigungsfrist vom eingeschränkten Schutzzweck der Normen der §§ 2, 15 KSchG her gesehen nicht zu fordern. Es gehe nicht um die Beendigung des Arbeitsverhältnisses, sondern „nur" um seine inhaltliche Ausgestaltung; deshalb relativiere sich die Zumutbarkeitsprüfung. Die Zumutbarkeit, das Festhalten an den alten Arbeitsbedingungen, die Beschäftigung als alleinige Aufsichtskraft, hat das BAG für die lange Frist bis zum Auslaufen des besonderen Kündigungsschutzes einschließlich des Nachwirkungszeitraumes verneint. Hätte das Gericht die Zumutbarkeitsprüfung nach der alten Rechtsprechung, d.h. unter Zugrundelegung der fiktiven Kündigungsfrist entschieden, wäre das Ergebnis ein anderes gewesen. Das bestätigt das Gericht ausdrücklich.

Die Rechtsprechungsänderung wird von *Preis* mit Nachdruck kritisiert,[86] von **1654**
anderen dagegen begrüßt bzw. akzeptiert.[87] Sie ist wohl nur auf die besondere Fallgestaltung zurückzuführen. Der Senat war bemüht, ein Einzelfallresultat aus „verständlichen Gerechtigkeitserwägungen" (so *Preis*, a.a.O.) zu erzielen. Dennoch ist ihm zu widersprechen. Wenn ausgeführt wird, bei Änderungskündigungen relativiere sich die Zumutbarkeitsprüfung, da der Fortbestand der Arbeitnehmervertre-

---

[85] BAG 21. 6. 1995 EzA § 15 KSchG n.F. Nr. 43 mit 1. Anm. von *Bernstein* und 2. Anmerkung von *Oetker* = AP § 15 KSchG 1969 Nr. 34 mit krit. Anm. von *Preis*.

[86] *Preis*, Anm. zu AP § 15 KSchG 1969 Nr. 34.

[87] KR/*Etzel*, § 15 KSchG Rn. 23ff.; *Bernstein*, 1. Anm. zu BAG EzA § 15 KSchG n.F. Nr. 43; *Löwisch*, § 15 KSchG RNr. 44; *Oetker*, 2. Anm. zu § 15 KSchG n.F. Nr. 43, der für den konkreten vom BAG entschiedenen Sachverhalt der Entscheidung zustimmt, jedoch meint, von Verallgemeinerungen sollte Abstand genommen werden; KR/*Fischermeier*, § 626 BGB Rn. 133, zustimmend nur für betriebliche Kündigungsgründe; APS/*Dörner*, § 626 BGB Rn. 42 bis 47, empfiehlt, das höhere Bestandsschutzinteresse der Amtsträger gegen das vergrößerte Beendigungsinteresse im Einzelfall gegeneinander abzuwägen; *Hilbrandt*, NZA 1997, 469, unterscheidet zwischen außerordentlichen betrieblichen Änderungskündigungen, die auf außerbetriebliche oder auf innerbetriebliche Ursachen zurückgehen; innerbetriebliche Ursachen könnten die außerordentliche Änderungskündigung nicht rechtfertigen; APS/*Böck*, § 15 KSchG Rn. 127, zustimmend. Vgl. zum Ganzen auch *Tenczer*, Freie Unternehmerentscheidung und betriebsbedingte Kündigung, Diss. Köln 2000, S. 84ff.

tung gesichert sei und es nicht um die Beendigung des Arbeitsverhältnisses, sondern „nur" um seine inhaltliche Umgestaltung gehe, so „relativiert" er zu weit. Das Betriebsratsmitglied ist auch gegenüber inhaltlichen Änderungen seines Arbeitsverhältnisses bis zur Grenze der Zumutbarkeitsprüfung wie bei Beendigungskündigungen geschützt. Folgt man der neuen Senatsrechtspechung, so führt dies zu einer Erleichterung des außerordentlichen Kündigungsrechts gegenüber Betriebsratsmitgliedern aus betrieblichen Gründen. Damit werden sie wegen ihrer Betriebsratstätigkeit benachteiligt. Mit § 78 Satz 2 BetrVG ist dies nicht vereinbar. Der Lösungsweg ist ein anderer. Die sog. Massen- oder Gruppenänderungskündigung ist entgegen der Auffassung des BAG zulässig (dazu oben Rn. 1624). Mit ihrer Hilfe, d.h. mit einer teleologischen Reduktion des § 15 Abs. 1 KSchG kann das allgemein erstrebte Ziel, eine Privilegierung der Betriebsratsmitglieder bei Massen- oder Gruppenänderungskündigungen zu vermeiden, erreicht werden.[88] Der Senat ist diesen Weg nicht gegangen. Er erreichte über eine extensive Nutzung der Generalklausel des § 626 Abs. 1 BGB ein Ergebnis, das noch über das der teleologischen Reduktion des § 15 Abs. 1 KSchG hinausging. Anstelle der **fristgerechten** Änderungskündigung kreierte er die außerordentliche betriebsbedingte Änderungskündigung.[89]

2. Die Zustimmung des Betriebsrats

1655 Der Arbeitgeber hat dem Betriebsrat die Gründe für die außerordentliche Kündigung mitzuteilen. Das liegt in seinem eigenen Interesse, da er kaum erwarten kann, dass der Betriebsrat einem nicht bzw. nicht ausreichend begründeten Antrag seine Zustimmung erteilen wird. Auch lässt die Rechtsprechung im Verfahren der Ersetzung der Zustimmung des Betriebsrats die Verwendung von Gründen nicht zu, die dem Betriebsrat nicht mitgeteilt und deshalb von ihm nicht berücksichtigt werden konnten.[90] Es gilt hier, wie auch bei der Anhörung des Betriebsrats nach § 102 Abs. 1 BetrVG der Grundsatz der subjektiven Determination, d.h. die Mitteilungspflicht erstreckt sich nur auf diejenigen Gründe, auf die der Arbeitgeber die Kündigung stützen will, die ihn zur Kündigung veranlasst haben (vgl. oben Rn. 404). Zur Mitteilung der fiktiven Kündigungsfrist ist der Arbeitgeber nicht verpflichtet.[91]

a) Die Entscheidung des Betriebsrats

1656 Die Entscheidung über die Zustimmung zur außerordentlichen Kündigung erfolgt durch Beschluss des Betriebsrats ggf. des nach den §§ 27, 28 BetrVG zuständi-

---

[88] Vgl. dazu *Stahlhacke* in Festschrift für Hanau 1999, S. 281 (284ff.) mit weit. Hinweisen. Diese Lösung wird auch von *Preis,* Anm. AP § 15 KSchG 1969 Nr. 36 empfohlen, der im Übrigen seiner Hoffnung Ausdruck gibt, die Entscheidung möge wegen des extremen Sachverhalts ein Ausreißer bleiben und nicht als ein weitgehendes Mittel dienen, betriebsbedingte fristlose Änderungskündigungen durchzusetzen. Das betont auch *Oetker* in der 2. Anm. zu EzA § 15 KSchG n.F. Nr. 43.

[89] *Preis*, Anm. zu AP § 15 KSchG 1969 Nr. 36 unter III 2b.

[90] Vgl. BAG 22. 8. 1974 EzA § 103 BetrVG 1972 Nr. 6 mit Anm. von *Schlüter* = NJW 1975, 181; BAG 27. 5. 1975 EzA § 103 BetrVG 1972 Nr. 9 mit Anm. von *Dütz; v. Hoyningen-Huene/Linck,* § 15 KSchG Rn. 125.

[91] LAG Baden-Württemberg 15. 5. 1996 LAGE § 103 BetrVG 1972 Nr. 12.

gen Ausschusses. Das Gesetz macht keine Ausnahme, so dass keine Bedenken bestehen, auch diese Angelegenheit auf einen Ausschuss zu übertragen. Das betroffene Betriebsratsmitglied kann **nicht mitstimmen,** auch ist es nicht berechtigt, an der Beratung über den Antrag des Arbeitgebers in der Betriebsratssitzung teilzunehmen, da es sonst die Meinungsbildung des Betriebsrats beeinflussen könnte. Es tritt also ein Ersatzmitglied an seine Stelle.[92]

Will der Arbeitgeber **allen Mitgliedern des Betriebsrats** außerordentlich kündigen, so muss er dennoch, auch wenn keine Ersatzmitglieder vorhanden sind, die Zustimmung des Betriebsrats einholen. Das einzelne Betriebsratsmitglied kann nur nicht bei der Beschlussfassung über seine eigene Kündigung mitstimmen, ist jedoch nicht gehindert, über die Kündigung der anderen Betriebsratsmitglieder zu beschließen, selbst wenn alle Kündigungen mit derselben Pflichtverletzung begründet werden. Den Interessenkonflikt der Betriebsratsmitglieder hat das BAG nicht als einen Hinderungsgrund angesehen.[93] **1657**

Der Betriebsrat ist auch für die Erteilung der Zustimmung zur außerordentlichen Kündigung eines **Jugend- und Auszubildendenvertreters** zuständig. Die Jugendvertreter, mit Ausnahme des Betroffenen, haben nach § 67 Abs. 2 BetrVG Stimmrecht. **1658**

Beabsichtigt der Arbeitgeber, dem **Betriebsobmann** außerordentlich zu kündigen, so ist die Zustimmung des Ersatzmitglieds notwendig.[94] **1659**

Die Zustimmung kann **formlos** erteilt werden. Das gilt auch für die Ablehnung der Zustimmung durch den Betriebsrat. Der Empfänger muss annehmen können, dass der Betriebsrat mit der außerordentlichen Kündigung seines Mitglieds einverstanden ist. Die Zustimmung kann darin liegen, dass der Betriebsrat erklärt, er habe gegen die Kündigung keine Bedenken. Die Abgabe dieser Erklärung in Kenntnis der Notwendigkeit der Zustimmung nach § 103 BetrVG – davon ist auszugehen – muss als Zustimmung auf Grund schlüssigen Verhaltens bewertet werden.[95] **1660**

Hat der Betriebsrat zunächst die Zustimmung verweigert, so ist er nicht gehindert, diese später, etwa während des Laufs des Ersetzungsverfahrens, zu erteilen. Das Beschlussverfahren ist dann nach § 83a Abs. 2 ArbGG einzustellen, wenn alle Beteiligten das Verfahren für erledigt erklärt haben. Ist das nicht der Fall, so hat das **1661**

---

[92] Wird kein Ersatzmitglied geladen, nimmt das betroffene Betriebsratsmitglied an der Beratung über seine eigene Kündigung teil, so ist der Beschluss nichtig; BAG 23. 8. 1984 EzA § 103 BetrVG 1972 Nr. 30 = NJW 1985, 1976. Das betroffene Betriebsratsmitglied ist rechtlich verhindert, an Beratung und Abstimmung teilzunehmen; vgl. GK-*Wiese,* § 33 Rn. 19; KR/*Etzel,* § 103 BetrVG Rn. 80; *v. Hoyningen-Huene/Linck,* § 15 KSchG Rn. 100; a. A. *Richardi,* § 25 Rn. 9 (nur Ausschluss von der Abstimmung). Die Anhörung des Betriebsratsmitglieds schadet nicht, vgl. *Gamillscheg,* ZfA 1977, 293.

[93] Vgl. BAG 25. 3. 1976 EzA § 103 BetrVG 1972 Nr. 12 = NJW 1976, 2180; *Oetker,* ArbuR 1987, 229; KR/*Etzel,* § 103 BetrVG Rn. 80a; *v. Hoyningen-Huene/Linck,* § 15 KSchG Rn. 101. Es erscheint zutreffender, in diesem Falle analog § 103 Abs. 2 BetrVG die gerichtliche Ersetzung der Zustimmung unmittelbar zu eröffnen.

[94] Ist ein Ersatzmitglied nicht oder nicht mehr vorhanden, so hat der Arbeitgeber analog § 103 Abs. 2 BetrVG 1972 die Zustimmung des Arbeitsgerichts einzuholen; BAG 14. 9. 1994 EzA § 103 BetrVG 1972 Nr. 36; 16. 12. 1982 EzA § 103 BetrVG 1972 Nr. 29 = RdA 1983, 197.

[95] Die Frage, ob die Zustimmung unter einer Bedingung erteilt werden kann, ist streitig; vgl. KR/*Etzel,* § 103 BetrVG Rn. 93. Offengelassen vom BAG 1. 12. 1977 EzA § 103 BetrVG 1972 Nr. 21.

Arbeitsgericht nach § 83a Abs. 3 ArbGG zu verfahren, wenn der Antragsteller das Verfahren für erledigt erklärt hat. Stimmen nicht alle Beteiligten zu bzw. gilt ihre Zustimmung nach § 83a Abs. 3 Satz 2 ArbGG nicht als erteilt, so gelten die Grundsätze über die einseitige Erledigungserklärung im Beschlussverfahren. Danach ist zu prüfen, ob ein erledigendes Ereignis eingetreten ist. Das ist im Falle der nachträglichen Erteilung der Zustimmung der Fall, so dass das Verfahren nach § 83a Abs. 2 ArbGG einzustellen ist.[96] Teilt der Betriebsrat dem Arbeitgeber mit, er stimme der Kündigung an sich zu, verlange aber noch eine Bestätigung eines vom Arbeitgeber benannten Belastungszeugen, so ist das Verfahren noch nicht abgeschlossen.[97]

1662 Der Betriebsrat hat bei der Entscheidung über die Zustimmung keine Ermessensfreiheit, sondern hat die Zustimmung dann zu erteilen, wenn in der Person des betroffenen Mitglieds ein wichtiger Grund vorliegt.[98] Erklärt sich der Betriebsrat nicht, so gilt sein **Schweigen** als Verweigerung der Zustimmung, so dass der Arbeitgeber nunmehr die Ersetzung der Zustimmung durch das Arbeitsgericht beantragen kann. Der Betriebsrat muss unverzüglich zusammentreten und über die Frage der Zustimmung beschließen. Man wird hier § 102 Abs. 2 Satz 3 BetrVG analog anwenden können, so dass der Arbeitgeber nach Ablauf der dort gesetzten Frist das Arbeitsgericht anrufen kann.[99]

1663 Unterschiedlich beurteilt wird die Frage, wie sich **Verfahrensmängel** auswirken, d. h. z. B. der der Zustimmung zugrunde liegende Beschluss des Betriebsrats nichtig ist oder die Erklärung des Vorsitzenden ohne einen entsprechenden Beschluss des Betriebsrats abgegeben worden ist bzw. zeitlich bereits vor einer Entscheidung des Betriebsrats. Obwohl Beschlüsse des Betriebsrats nur bei Vorlage grober Verfahrensmängel bzw. dann nichtig sind, wenn sie einen gesetzwidrigen Inhalt haben, wird die Praxis nicht ohne Vertrauensschutz zugunsten des Arbeitgebers auskommen können. Der Arbeitgeber hat gar keine Möglichkeit, zu überprüfen, ob die zustimmende Erklärung des Vorsitzenden des Betriebsrats durch einen wirksamen Beschluss des Betriebsrats gedeckt ist oder nicht. Er darf sich grundsätzlich darauf verlassen, dass Erklärungen des Vorsitzenden den Beschlüssen des Betriebsrats entsprechend. Andererseits ist zu beachten, dass § 103 BetrVG ein **Mitbestimmungsrecht des Betriebsrats** statuiert, das von ihm als Gremium durch Beschluss wahrzunehmen ist.[100] Die Übertragung der Grundsätze der Rechts-

---

[96] BAG 23. 6. 1993 EzA § 103 BetrVG 1972 Nr. 34 mit Anm. von *Brehm* = NZA 1993, 1052; 17. 9. 1981 EzA § 103 BetrVG 1972 Nr. 28 = NJW 1982, 2891; KR/*Etzel* § 103 Rn. 99; *v. Hoyningen-Huene/Linck,* § 15 KSchG Rn. 113; BAG 27. 5. 1975 EzA § 103 BetrVG 1972 Nr. 9 mit Anm. von *Dütz*.

[97] BAG 1. 12. 1977 EzA § 103 BetrVG 1972 Nr. 21 = NJW 1978, 661.

[98] BAG 25. 3. 1976 EzA § 103 BetrVG 1972 Nr. 12 = AP § 103 BetrVG 1972 Nr. 6; KR/*Etzel,* § 103 BetrVG Rn. 85; *v. Hoyningen-Huene/Linck,* § 15 KSchG Rn. 114; a. A. *Gamillscheg,* ZfA 1977, 294.

[99] BAG 18. 8. 1977 EzA § 103 BetrVG 1972 Nr. 20 = NJW 1978, 661; KR/*Etzel,* § 103 BetrVG Rn. 94. Wird der Antrag vorher gestellt, d. h. vor Ablauf der Frist des § 102 Abs. 2 Satz 3 BetrVG bzw. vor der Zustimmungsverweigerung des Betriebsrats, so ist er unzulässig und wahrt nicht die Ausschlussfrist des § 626 Abs. 2 BGB; BAG 24. 10. 1996 EzA § 103 BetrVG 1972 Nr. 37 = AP § 103 BetrVG 1972 Nr. 32.

[100] Eine vom Vorsitzenden z. B. allein abgeschlossene Betriebsvereinbarung wird als nichtig angesehen, vgl. BAG 15. 12. 1961 AP § 615 BGB Kurzarbeit Nr. 1. Die Verletzung des § 29 Abs. 2 Satz 3 BetrVG 1972 führt ebenfalls zur Nichtigkeit des Beschlusses des Be-

scheinhaftung ist nicht ausreichend, da dann verlangt werden müsste, dass der gesamte Betriebsrat das Verhalten des Vorsitzenden kennt und untätig bleibt. Den widerstreitenden Interessen dürfte es entsprechen, die allgemeinen Grundsätze des Vertrauensschutzes anzuwenden und eine wirksame Zustimmungserklärung dann nicht mehr anzunehmen, wenn der Arbeitgeber im Zeitpunkt der Abgabe der Zustimmungserklärung weiß, dass der Beschluss des Betriebsrats über die Zustimmung zur Kündigung unwirksam ist bzw. gar kein Beschluss gefasst wurde oder er auf Grund tatsächlicher Umstände berechtigte Zweifel an einem ordnungsmäßigen Beschluss haben musste.[101]

b) Zeitpunkt der Zustimmung

Die Zustimmung zur außerordentlichen Kündigung ist **Wirksamkeitsvoraussetzung** für jede außerordentliche Kündigung, auch wenn sie nur vorsorglich erklärt wird. Sie muss stets **vor dem Ausspruch der Kündigung** vorliegen. Das gilt auch für die Entscheidung des Gerichts, die die Zustimmung ersetzt. Nachträglich kann die Zustimmung nicht mehr erteilt oder durch das Gericht ersetzt werden. Das folgt aus dem Zweck der gesetzlichen Regelung, durch die verhindert werden soll, dass ein Mitglied des Betriebsrats durch unberechtigte oder willkürliche Kündigungen aus dem Betrieb entfernt werden kann.[102] **1664**

c) Bedeutung des § 626 Abs. 2 BGB

Nach § 626 Abs. 2 BGB kann die außerordentliche Kündigung nur innerhalb von zwei Wochen erfolgen. Die Frist **beginnt** mit dem Zeitpunkt, in dem der Kündigungsberechtigte von dem für die **Kündigung maßgebenden Tatsachen Kenntnis erlangt** (dazu Einzelheiten oben Rn. 836ff.). Die Ausschlussfrist gilt auch im Regelungsbereich des § 103 BetrVG. Zum Fristbeginn gibt es keine Besonderheiten. Abzustellen ist auf die Kenntnis des Arbeitgebers.[103] Innerhalb der **1665**

---

triebsrats; vgl. BAG 28. 4. 1988 EzA § 29 BetrVG 1972 Nr. 1 = NZA 1989, 223. Nimmt das betroffene Betriebsratsmitglied an der Beratung und/oder Beschlussfassung teil, so ist der Beschluss nichtig; vgl. BAG 23. 8. 1984 EzA § 103 BetrVG 1972 Nr. 30 = NJW 1985, 254.

[101] Die vom BAG ursprünglich (EzA § 103 BetrVG 1972 Nr. 23) offen gelassene Frage ist am 23. 8. 1984 EzA § 103 BetrVG 1972 Nr. 30 = NJW 1985, 254, dahin entschieden worden, dass der Arbeitgeber zwar grundsätzlich auf die Wirksamkeit des Beschlusses des Betriebsrats über die Zustimmung vertrauen dürfe, wenn er ihm vom Vorsitzenden mitgeteilt werde, jedoch gelte dies dann nicht, wenn er die Tatsachen kennt oder kennen muss, aus denen die Unwirksamkeit des Beschlusses folgt. Eine Erkundigungspflicht besteht nicht. Die Entscheidung ist sehr weitgehend, weil fehlerhafte rechtliche Würdigungen auch in schwierigen Fällen stets den Vertrauensschutz ausschließen. Dazu ferner KR/*Etzel,* § 103 BetrVG Rn. 107 und *v. Hoyningen-Huene/Linck,* § 15 KSchG Rn. 117.

[102] BAG 22. 8. 1974 EzA § 103 BetrVG 1972 Nr. 6 mit insoweit zust. Anm. von *Schlüter* = NJW 1975, 181; BAG 20. 3. 1975 EzA § 102 BetrVG 1972 Nr. 7 mit zust. Anm. von *Herschel;* BAG 4. 3. 1976 EzA § 103 BetrVG 1972 Nr. 11; 1. 12. 1977 EzA § 103 BetrVG 1972 Nr. 21 = NJW 1978, 661; so die h. L.; a. A. *Richardi/Thüsing,* § 103 Rn. 55 und RdA 1975, 73ff.

[103] BAG 18. 8. 1977 EzA § 103 BetrVG 1972 Nr. 20 mit Anm. von *Herschel* = AP § 103 BetrVG 1972 Nr. 10; *v. Hoyningen-Huene/Linck,* § 15 KSchG Rn. 131; BAG 22. 1. 1998 EzA § 626 BGB Ausschlussfristen Nr. 11. Fehlt der Arbeitnehmer unentschuldigt, so beginnt die Ausschlussfrist frühestens mit dem Ende der unentschuldigten Fehlzeit; BAG 22. 1. 1998 a. a. O.

Frist hat der Arbeitgeber alles zu tun, um die beabsichtigte Kündigung auszusprechen. Er muss also innerhalb der Frist die Zustimmung des Betriebsrats beantragen, und zwar so rechtzeitig, dass er nach evtl. Verweigerung der Zustimmung oder Verschweigen des Betriebsrats – die Frist des § 102 Abs. 2 Satz 3 BetrVG ist hier analog anzuwenden – auch noch innerhalb der Frist die Ersetzung der Zustimmung beim Arbeitsgericht beantragen kann. Der Antrag muss also **innerhalb der Frist** beim Arbeitsgericht eingehen.[104] Kündigt der Arbeitgeber erneut vorsorglich, so hat er auch zu dieser beabsichtigten Kündigung die Zustimmung des Betriebsrats einzuholen.

1666 Nach **rechtskräftiger Ersetzung** der Zustimmung durch das Arbeitsgericht hat der Arbeitgeber die Kündigung gegenüber dem besonders geschützten Arbeitnehmer **unverzüglich** auszusprechen. Das BAG hat insoweit die Regelung für schwerbehinderte Arbeitnehmer (jetzt § 91 Abs. 5 SGB IX) analog angewandt.[105] Daraus folgt, dass der Arbeitgeber, der eine außerordentliche Kündigung gegenüber einem Betriebsratsmitglied aussprechen will, im Hinblick auf die Frist des § 626 Abs. 2 BGB vier Punkte zu beachten hat:

1667 – Innerhalb der Frist des § 626 Abs. 2 BGB ist die Zustimmung des Betriebsrats zu beantragen.

1668 – Wird die Zustimmung des Betriebsrats rechtzeitig erteilt, so muss die außerordentliche Kündigung **innerhalb der Zweiwochenfrist erklärt werden.** Die Kündigung muss innerhalb der Frist zugehen. Erst dann ist sie erfolgt i. S. des § 626 Abs. 2 BGB.

1669 – Erteilt der Betriebsrat die Zustimmung **nicht** oder äußert er sich nicht innerhalb von drei Tagen nach der Unterrichtung, so ist noch **innerhalb der Zweiwochenfrist** beim Arbeitsgericht der Antrag auf Ersetzung der Zustimmung nach § 103 Abs. 2 BetrVG zu stellen. Die Kündigung kann in diesem Falle erst nach **Rechtskraft** des die Zustimmung des Betriebsrats ersetzenden Beschlusses erklärt werden.[106] Auch wenn das LAG in seinem Beschluss, mit dem es die Zustim-

---

[104] So schon LAG Düsseldorf, Kammern Köln, EzA § 103 BetrVG 1972 Nr. 2; *Schlüter,* Anm. EzA § 103 BetrVG 1972 Nr. 6; BAG 7. 5. 1986 EzA § 103 BetrVG 1972 Nr. 31 = AP § 103 BetrVG 1972 Nr. 18; 10. 12. 1992 EzA § 103 BetrVG 1972 Nr. 33 mit Anm. von *Schultes* = NZA 1993, 501; 24. 4. 1975 NJW 1975, 1752 = EzA § 103 BetrVG 1972 Nr. 8 mit insoweit zust. Anm. von *Dütz;* 27. 5. 1975 EzA § 103 BetrVG 1972 Nr. 9 mit Anm. von *Dütz;* 18. 8. 1977 EzA § 103 BetrVG 1972 Nr. 20 mit krit. Anm. von *Herschel.* Nach *Herschel,* a. a. O. ist bereits der Antrag beim Betriebsrat fristwahrend; ebenso *Gamillscheg,* BAG-Festschrift S. 126; kritisch auch KR/*Etzel,* § 15 KSchG Rn. 30. Haben Betriebsrat und Arbeitgeber eine Verlängerung der Frist des § 102 Abs. 2 Satz 3 BetrVG vereinbart, so bleibt dies ohne Einwirkung auf den Lauf der Frist nach § 626 Abs. 2 BGB.

[105] Vgl. BAG 24. 4. 1975 NJW 1975 = EzA § 103 BetrVG 1972 Nr. 8 mit insoweit zust. Anm. von *Dütz;* vgl. 18. 8. 1977 EzA § 103 BetrVG 1972 Nr. 20; 22. 1. 1987 EzA § 103 BetrVG 1972 Nr. 32 = AP § 103 BetrVG 1972 Nr. 24; BAG 8. 6. 2000 EzA § 626 BGB Ausschlussfrist Nr. 15; *v. Hoyningen-Huene/Linck,* § 15 KSchG Rn. 134.

[106] BAG 25. 1. 1979 EzA § 103 BetrVG 1972 Nr. 22 = AP § 103 BetrVG 1972 Nr. 12 mit weiteren Hinweisen auf die Rechtsprechung. Das BAG hat in der genannten Entscheidung auch erkannt, Beschlüsse des LAG würden schon vor Eintritt der formellen Rechtskraft „unanfechtbar, wenn die Rechtsbeschwerde nicht zugelassen worden sei und sich aus den Gründen der zugestellten Entscheidung ergebe, dass eine Divergenzrechtsbeschwerde offensichtlich unstatthaft sei“. Diese Rechtsprechung des BAG ist nicht dahin zu verstehen, der Arbeitgeber **müsse** bei offensichtlich unstatthafter Nichtzulassungsbeschwerde zur Wah-

mung des Betriebsrats nach § 103 Abs. 2 BetrVG ersetzt, die Rechtsbeschwerde nicht zugelassen hat, der Beschluss somit „unanfechtbar" geworden ist und sich aus den Gründen der zugestellten Entscheidung ergibt, dass eine Nichtzulassungsbeschwerde wegen Divergenz offensichtlich unstatthaft ist, **muss** der Arbeitgeber die Kündigung nicht unverzüglich nach Zustellung des mit Gründen versehenen Beschlusses des LAG erklären. Der Arbeitgeber wäre wohl überfordert bei der Entscheidung der Frage, ob die Nichtzulassungsbeschwerde offensichtlich unstatthaft ist. Aus Gründen der Rechtssicherheit kann der Arbeitgeber deshalb auch bei dieser Fallkonstellation den Eintritt der Rechtskraft abwarten.[107]

- Nach Rechtskraft des Beschlusses des Arbeitsgerichts ist die Kündigung **unverzüglich**[108] zu erklären. Eine weitere Überlegungsfrist steht dem Arbeitgeber nicht mehr zu. **1670**

Verweigert der Betriebsrat bei einem schwerbehinderten Arbeitnehmer, der zugleich Betriebsratsmitglied ist, die Zustimmung zu einer außerordentlichen Kündigung, so ist das Beschlussverfahren auf Ersetzung der Zustimmung in entsprechender Anwendung von § 91 Abs. 5 SGV IX **unverzüglich** nach Erteilung der Zustimmung durch das Integrationsamt oder nach Eintritt der Zustimmungsfiktion des 91 Ab. 3 SGB IX einzuleiten.[109] **1671**

d) Rechtswirkungen bei fehlender Zustimmung

Kündigt der Arbeitgeber ohne Zustimmung des Betriebsrats oder deren Ersetzung durch das Gericht, so ist die Kündigung wegen Verstoßes gegen § 134 BGB nichtig. Auch die evtl. nachträgliche Zustimmung ändert daran nichts mehr.[110] Ein Verschulden des Arbeitgebers an der unterbliebenen Zustimmung ist nicht erforderlich. **1672**

---

rung der Zwei-Wochen-Frist des § 626 Abs. 2 BGB kündigen. Das hat der 2. Senat in der Entscheidung vom 9. 7. 1998 EzA § 103 BetrVG 1972 Nr. 39 ausdrücklich klargestellt. Der Arbeitgeber kann also die Rechtskraft des Beschlusses des LAG stets abwarten. Die formelle Rechtskraft tritt ein, sofern die Rechtsbeschwerde gegen den die Zustimmung ersetzenden Beschluss des LAG nicht zugelassen worden ist, mit dem Ablauf der Frist für die Einlegung der Nichtzulassungsbeschwerde oder mit der Ablehnung der Nichtzulassungsbeschwerde durch das BAG, d. h. der Zustellung dieses Beschlusses. Wegen der Risiken für den Arbeitgeber (dazu der Beschluss des BAG vom 9. 7. 1998 EzA § 103 BetrVG 1972 Nr. 39) sollte dieser stets die formelle Rechtskraft der Entscheidung des LAG abwarten. Vgl. dazu auch *Grunsky,* Anm. AP § 103 BetrVG 1972 Nr. 12 und *Dütz,* Anm. EzA § 103 BetrVG 1972 Nr. 9; KR/*Etzel,* § 103 BetrVG Rn. 135; *v. Hoyningen-Huene/Linck,* § 15 KSchG Rn. 133; *Mareck,* BB 1986, 1084.

[107] BAG 9. 7. 1998 EzA § 103 BetrVG 1972 Nr. 39; vgl. KR/*Etzel,* § 103 BetrVG Rn. 135; *Eisenbeis,* Fachanwalt ArbR 1997, S. 34 mit weiteren Hinweisen.

[108] Fraglich ist, welche Anforderungen an die Erkundigungspflicht des Arbeitgebers zu stellen sind. Vgl. dazu ArbG Wiesbaden DB 1978, 796. Der ArbG kann sich zur Ermittlung der Rechtskraft des Rechtskraftzeugnisses bedienen, sofern er es unverzüglich einholt. Dazu auch *Fitting/Kaiser/Heiter/Engels/Schmidt,* § 103 BetrVG Rn. 46; ArbG Berlin DB 1989, 486; *Mareck,* BB 1986, 1084.

[109] Vgl. BAG 22. 1. 1987 EzA § 103 BetrVG 1972 Nr. 32 = NZA 1987, 563.

[110] Vgl. BAG 22. 8. 1974 EzA § 103 BetrVG 1972 Nr. 6 mit Anm. von *Schlüter* = AP § 103 BetrVG 1972 Nr. 1; BAG 20. 3. 1975 EzA § 103 BetrVG 1972 Nr. 7 mit Anm. von *Herschel* = AP § 103 BetrVG 1972 Nr. 2; BAG 4. 3. 1976 EzA § 103 BetrVG 1972 Nr. 11; 1. 12. 1977 EzA § 103 BetrVG 1972 Nr. 21 = NJW 1978, 661.

3. Die Ersetzung der Zustimmung durch das Arbeitsgericht

1673 Verweigert der Betriebsrat seine Zustimmung, so kann das Arbeitsgericht sie auf Antrag nach § 103 Abs. 2 BetrVG ersetzen, wenn die außerordentliche Kündigung unter Berücksichtigung aller Umstände gerechtfertigt ist. In dem Verfahren vor dem Arbeitsgericht ist der betroffene Arbeitnehmer Beteiligter (vgl. § 103 Abs. 2 BetrVG; § 83 ArbGG). Über den Antrag entscheidet das Gericht im **Beschlussverfahren.**[111] Als Beteiligter muss der betroffene Arbeitnehmer angehört werden. Er hat das Recht, gegen die Entscheidung, durch die die Zustimmung ersetzt wird, Beschwerde einzulegen. Das Beschwerderecht steht dem betroffenen Betriebsratsmitglied selbst dann zu, wenn der Betriebsrat die gerichtliche Entscheidung hinnimmt. Das Betriebsratsmitglied ist durch die Entscheidung beschwert und angesichts der Präklusionswirkung des Verfahrens gegenüber einem evtl. nachfolgenden Kündigungsschutzverfahren hat das selbständige Beschwerderecht erhebliche Bedeutung.[112]

1674 Das Arbeitsgericht hat gegenüber der Entscheidung des Betriebsrats ein volles Prüfungsrecht. Dem Betriebsrat steht kein Ermessensspielraum zu, der vom Gericht nur begrenzt überprüft werden könnte, sondern zur Entscheidung steht **die Rechtsfrage,** ob die Voraussetzungen des § 103 Abs. 2 BetrVG vorliegen, d. h., ob ein wichtiger Grund i. S. des § 626 BGB vorliegt.[113] Dabei hat das Gericht alle Tatsachen zu berücksichtigen, auch solche, die erst im Verfahren bis zum Schluss der letzten mündlichen Verhandlung in der Tatsacheninstanz bekannt werden. Das BAG verlangt allerdings, dass die Tatsachen **nur dann** im Beschlussverfahren verwertet werden dürfen, wenn der Arbeitgeber **zuvor außerhalb des Beschlussverfahrens** wegen der nachträglich aufgetretenen Umstände erneut beim Betriebsrat vergeblich die Zustimmung zu der beabsichtigten Kündigung beantragt hat.[114] Da die Zustim-

---

[111] Der Antrag auf Ersetzung der Zustimmung nach § 103 Abs. 2 vor einer Entscheidung des Betriebsrats – unter der Bedingung der Zustimmungsverweigerung – ist unheilbar unwirksam; LAG Hamm 26. 4. 1995 LAGE § 103 BetrVG 1972 Nr. 11. Das gilt auch für den vor der Entscheidung des Betriebsrats gestellten unbedingten (vorsorglichen) Antrag; BAG 24. 10. 1996 EzA § 103 BetrVG 1972 Nr. 37 = NZA 1997, 371; 7. 5. 1986 EzA § 103 BetrVG 1972 Nr. 31 = NZA 1986, 719; APS/*Böck* § 103 Rn. 23. Ein derartiger Antrag wahrt auch nicht die Frist des § 626 Abs. 2 BGB; dazu oben Rn. 1669. Ist das Betriebsratsmitglied zugleich Schwerbehinderter, so ist der Zustimmungsersetzungsantrag in analoger Anwendung des § 91 Abs. 5 SGB IX unverzüglich nach Erteilung der Zustimmung oder nach Eintritt der Zustimmungsfiktion des § 91 Abs. 3 SGB IX beim Arbeitsgericht zu stellen; BAG 22. 1. 1987 EzA § 103 BetrVG 1972 Nr. 32 = NZA 1987, 563.

[112] Vgl. dazu BAG 10. 12. 1992 EzA § 103 BetrVG 1972 Nr. 33 = NZA 1993, 501 = AP § 87 ArbGG 1979 Nr. 4; APS/*Böck,* § 103 Rn. 24.

[113] BAG 22. 8. 1974 EzA § 103 BetrVG 1972 Nr. 6 mit Anm. von *Schlüter* = AP § 103 BetrVG 1972 Nr. 1; LAG Berlin 3. 8. 1998 LAGE § 15 KSchG Nr. 17; *v. Hoyningen-Huene/Linck,* § 15 KSchG Rn. 123; APS/*Böck,* § 103 Rn. 31. Zur Ausschließlichkeit dieses Prüfungsgegenstandes vgl. LAG Düsseldorf 18. 3. 1999 – 11 Sa 1950/98.

[114] BAG 22. 8. 1974 EzA § 103 BetrVG 1972 Nr. 6 = AP § 103 BetrVG 1972 Nr. 1; BAG 27. 5. 1975 EzA § 103 BetrVG 1972 Nr. 9 = AP § 103 BetrVG 1972 Nr. 4; 27. 1. 1977 EzA § 103 BetrVG 1972 Nr. 16 = AP § 103 BetrVG 1972 Nr. 7; *v. Hoyningen-Huene/Linck,* § 15 KSchG Rn. 125; KR/*Etzel,* § 103 BetrVG Rn. 118ff.; LAG Düsseldorf 29. 11. 1993 BB 1994, 793, auch zur Anwendung der Frist des § 626 Abs. 2 BGB. Kritisch dazu mit überzeugenden Gründen *Dütz,* Anm. zu BAG EzA § 103 BetrVG 1972 Nr. 9; *Schlüter,* EzA § 103 BetrVG 1972 Nr. 6. Vgl. ferner *Rüthers,* SAE 1977, 10, der richtig darauf hinweist, der erneute Antrag auf Erteilung der Zustimmung könne auch im laufenden

mung nach § 103 BetrVG eine Wirksamkeitsvoraussetzung für die außerordentliche Kündigung darstellt, ist dem grundsätzlich zu folgen. Jedoch dürfte eine Zustimmungseinholung auch **im laufenden Beschlussverfahren** zulässig sein. Die Auffassung des BAG (22. 8. 1974 a. a. O.), nach der neue vom Arbeitgeber vorgetragene Tatsachen im Beschlussverfahren nur **verwertet werden dürfen,** wenn zuvor außerhalb des Verfahrens wegen dieser Umstände erneut vergeblich die Zustimmung des Betriebsrats zu der beabsichtigten Kündigung beantragt worden ist, wirft die Frage auf, wann die Frist des § 626 Abs. 2 BGB abläuft. Muss der Arbeitgeber diese Gründe innerhalb der Zwei-Wochen-Frist in das Zustimmungsersetzungsverfahren einführen[115] oder genügt es, dass er sie fristgerecht gegenüber dem Betriebsrat mit seiner Bitte um Zustimmung zur Kündigung äußert.[116] Man wird auf die Einführung in das gerichtliche Zustimmungsersetzungsverfahren abzustellen haben, da erst damit endgültig feststeht, ob der Arbeitgeber sich auf diese Gründe berufen will. Vorher, d.h. bei seinem Ersuchen um Zustimmung zur Kündigung, besteht durchaus die Möglichkeit, dass der Arbeitgeber wegen evtl. Einwände des Betriebsrats davon Abstand nimmt, diese Gründe zur Stützung der Kündigung heranzuziehen. Dieser Schwebezustand verträgt sich nicht mit der Klarstellungsfunktion der Ausschlussfrist des § 626 Abs. 2 BGB. Darauf weist *Etzel* a. a. O. zutreffend hin.

Hat das Gericht die Zustimmung durch **rechtskräftige** Entscheidung ersetzt, so **1675** ist die Kündigung unverzüglich auszusprechen (vgl. oben Rn. 1670). Vor Rechtskraft der Entscheidung kann der Arbeitgeber die Kündigung nicht wirksam erklären. Dazu Einzelheiten oben Rn. 1669.

Kommt das Gericht im Falle sog. tariflicher Unkündbarkeit eines Betriebsrats- **1676** mitglieds zur Überzeugung, dass es für dessen außerordentliche betriebsbedingte Kündigung nach § 15 Abs. 4 oder 5 KSchG nicht der Zustimmung des Betriebsrats bedarf, weil diese Kündigung nur an Stelle der ordentlichen Kündigung nach § 15 Abs. 4 oder 5 KSchG tritt, so hat es eine entsprechende Feststellung in der den Antrag abweisenden Entscheidung auch ohne Antrag des Arbeitgebers zu treffen. Diese **Feststellung präjudiziert ein evtl. folgendes Kündigungsschutzverfahren.** Der Arbeitnehmer kann also dort nicht mehr geltend machen, es sei die Zustimmung des Betriebsrats bzw. ihre Einsetzung nach § 103 Abs. 2 BetrVG notwendig gewesen.[117]

a) Zulässigkeit der Kündigungsschutzklage nach rechtskräftiger Entscheidung über die Zustimmung zur außerordentlichen Kündigung

Kündigt der Arbeitgeber nach rechtskräftiger Ersetzung der Zustimmung des **1677** Betriebsrats (§ 103 Abs. 2 BetrVG) das Arbeitsverhältnis fristlos, so kann das Be-

---

Beschlussverfahren gestellt werden. Dazu auch *Kraft,* SAE 1975, 220. Der Arbeitgeber muss die Tatsachen im laufenden Verfahren nach vorheriger Einschaltung des Betriebsrats vorbringen, ggf. auch in der Beschwerdeinstanz. Er kann also kein weiteres Beschlussverfahren einleiten, solange er in der Lage ist, die neuen Gründe im Verfahren „nachzuschieben“.

[115] KR/*Etzel,* § 103 Rn. 124; *Richardi,* § 103 Rn. 70.

[116] APS/*Böck,* § 103 Rn. 26; *Galperin/Löwisch,* § 103 Rn. 24; BAG 22. 8. 1974 EzA § 103 BetrVG 1972 Nr. 6 = AP § 103 BetrVG 1972 Nr. 1; LAG Nürnberg 12. 3. 1999 NZA-RR 1999, 413 – Streitfrage offengelassen.

[117] BAG 18. 9. 1997 EzA § 15 KSchG n. F. Nr. 46 mit Anm. von *Kraft* = AP § 103 BetrVG 1972 Nr. 35.

triebsratsmitglied nach den §§ 13 Abs. 1, 4 Satz 2 KSchG Klage erheben, dass diese Kündigung rechtsunwirksam ist. Die Möglichkeit der Erhebung der Kündigungsschutzklage wird durch das arbeitsgerichtliche Beschlussverfahren grundsätzlich nicht berührt (BR-Drucksach 750/70). Es besteht also eine wenig sinnvolle Verdoppelung des Verfahrens und damit des Rechtsschutzes. Der Klage auf Feststellung der Unwirksamkeit der außerordentlichen Kündigung fehlt weder das Rechtsschutzinteresse,[118] noch steht ihr die Rechtskraft der im Beschlussverfahren ergangenen Entscheidung entgegen.[119] Allerdings nimmt die Rechtsprechung richtig an, dass der nach § 103 Abs. 2 Satz 2 BetrVG beteiligte Arbeitnehmer von der Rechtskraft der Entscheidung im Zustimmungsersetzungsverfahren erfasst wird. Deshalb sei er gehalten, im Verfahren alle ihn entlastenden Umstände anzuführen. Aufgrund der **Präklusionswirkung der Entscheidung des Zustimmungsersetzungsverfahrens** kann er sich im nachfolgenden Kündigungsschutzprozess **nur** auf solche Tatsachen stützen, die er im Zustimmungsersetzungsverfahren nicht geltend gemacht hat und auch nicht hätte geltend machen können. Das entspricht, soweit es um das Vorliegen des wichtigen Grundes nach § 626 Abs. 1 BGB und um die Wahrung der Frist des § 626 Abs. 2 BGB geht, der ganz herrschenden Lehre und Rechtsprechung.[120] Der 2. Senat hat in seiner Entscheidung vom 11. 5. 2000 weiter erkannt, die beabsichtigte Kündigung sei grundsätzlich unter Berücksichtigung **aller in Betracht kommender Unwirksamkeitsgründe** zu überprüfen. Zur Begründung wird auf den Streitgegenstand des Zustimmungsersetzungsverfahrens verwiesen, der nicht auf einzelne Anspruchsgrundlagen beschränkt sein könne. Der Sachverhalt muss somit unter allen in Betracht kommenden rechtlichen Gesichtspunkten geprüft werden, auch z.B. anhand der Maßstäbe der §§ 138, 242 oder § 612a BGB.[121] Eine Ausnahme ist jedoch für solche Kündigungsvoraussetzungen gemacht worden, die auch noch nach dem Schluss der mündlichen Verhandlung im Zustimmungsersetzungsverfahren in einem besonderen Verfahren herbeigeführt werden können. Dazu zählt die Zustimmung des Integrationsamtes für die Kündigung eines schwerbehinderten Betriebsratsmitglieds. Den dafür notwendigen Antrag kann der Arbeitgeber vor, während oder erst nach der Beteiligung des Betriebsrats stellen,[122] notwendig ist jedoch, dass im Falle der außerordentlichen Kündigung die Frist des § 91 Abs. 2 SGB IX eingehalten wird. Ob das geschehen ist, obliegt der Entscheidung der dafür zuständigen Behörde und ggf. der Verwaltungsgerichte. Wegen der für das Arbeitsgericht fehlenden Zuständigkeit ist die Überprüfung des Unwirksamkeitsgrundes der §§ 85, 91 SGB IX nicht Gegenstand des Zustimmungsersetzungsverfahrens. Der Arbeitneh-

---

[118] BAG 24. 4. 1975 EzA § 103 BetrV 1972 Nr. 8; LAG Frankfurt 31. 7. 1987 LAGE § 103 BetrVG 1972 Nr. 7; KR/*Etzel* § 103 BetrVG Rn. 138; *Ascheid* FS Hanau 1999, S. 687.

[119] Die Streitgegenstände des Beschlussverfahrens und des Kündigungsschutzverfahrens sind nicht identisch; BAG 24. 4. 1975 a. a. O.; KR/*Etzel,* § 103 BetrVG Rn. 137; *Ascheid,* KSchR Rn. 695 ff.; *ders.,* FS Hanau 1999, S. 685 ff.

[120] BAG 11. 5. 2000 EzA § 103 BetrVG 1972 Nr. 41 = NZA 2000, 1106; BAG 10. 12. 1992 EzA § 103 BetrVG 1972 Nr. 33 = AP § 87 ArbGG 1979 Nr. 4, jeweils mit Hinweisen auf die Literatur; a. A. *Ascheid,* KSchR Rn. 697 ff.; *ders.,* FS Hanau 1999, S. 685; *Schultes,* Anm. EzA § 103 BetrVG 1972 Nr. 33.

[121] BAG 11. 5. 2000 EzA § 103 BetrVG 1972 Nr. 41 = NZA 2000, 1106.

[122] BAG 18. 5. 1994 EzA § 611 BGB Abmahnung Nr. 31 zu B II 2 a der Gründe = AP § 108 BPersVG Nr. 3; BAG 11. 5. 2000 EzA § 103 BetrVG 1972 Nr. 41.

mer braucht sich im Verfahren darauf nicht zu berufen; dieser Unwirksamkeitsgrund wird von der **Präklusionswirkung nicht erfasst.**[123]

Das Zustimmungsersetzungsverfahren tritt damit funktionell an die Stelle des Kündigungsschutzverfahrens. Nur neue Tatsachen, die im Beschlußverfahren nicht hätten geltend gemacht werden können, können vom Arbeitnehmer gegen die Richtigkeit der Entscheidung im Beschlussverfahren vorgebracht werden. Dazu gehören z. B. bei einer Verdachtskündigung solche Tatsachen, die erst nach Abschluss des Beschlussverfahrens oder nach Ausspruch der Kündigung entstanden oder bekannt geworden sind.[124] Ist der Arbeitnehmer zum Beschlussverfahren über die Ersetzung der Zustimmung nicht als Beteiligter herangezogen worden, so kann er im Kündigungsschutzverfahren alle Einwendungen gegenüber der rechtskräftigen Entscheidung vorbringen. Für eine Präklusion zu seinen Lasten ist dann kein Raum.[125] **1678**

b) Ersetzung der Zustimmung unmittelbar durch das Arbeitsgericht

Es gibt Fälle, in denen ein Arbeitgeber einen nach § 103 BetrVG in Verbindung mit § 15 KSchG besonders geschützten Arbeitnehmer außerordentlich zu kündigen beabsichtigt, er jedoch die nach dem Gesetz erforderliche Zustimmung nicht einholen kann, weil ein Betriebsrat noch nicht vorhanden oder dieser nicht funktionsfähig ist. Das ist z. B. der Fall, wenn das zu **kündigende Betriebsratsmitglied allein übrig ist,** der **Betriebsobmann** außerordentlich gekündigt werden soll, ohne dass ein Ersatzmitglied vorhanden ist oder ein **Wahlbewerber** bzw. ein **Wahlvorstandsmitglied** in einem Betrieb fristlos entlassen werden soll, der bisher keinen Betriebsrat hatte. Der Schutzgedanke der oben genannten Normen ist auch in allen diesen Fällen wirksam. Deshalb muss der Arbeitgeber, bevor er die fristlose Kündigung wirksam aussprechen kann, in analoger Anwendung des § 103 Abs. 2 BetrVG das Zustimmungsverfahren beim Arbeitsgericht erfolgreich durchgeführt haben.[126] **1679**

4. Kündigungsschutzverfahren

Kündigt der Arbeitgeber ein Betriebsratsmitglied unter Verstoß gegen § 103 BetrVG, § 15 KSchG, ist die Kündigung nichtig (§ 134 BGB). Dabei handelt es **1680**

---

[123] BAG 11. 5. 2000 EzA § 103 BetrVG 1972 Nr. 41 = NZA = 2000, 1106; KR/*Etzel*, §§ 15–20 SchwbG Rn. 125.

[124] Vgl. BAG 24. 4. 1975 EzA § 103 BetrVG 1972 Nr. 8 mit Anm. von *Dütz* = AP § 103 BetrVG 1972 Nr. 3 = NJW 1975, 1752; KR/*Etzel*, § 103 Rn. 139; *v. Hoyningen-Huene/Linck*, § 15 KSchG Rn. 142, 143; BAG 21. 1. 1990 AP § 103 BetrVG 1972 Nr. 28; GK-*Kraft*, § 103 Rn. 60; *Gamillscheg*, ZfA 1977, 298. Vgl. auch *Rüthers*, SAE 1977, 10. Ferner *Schlüter*, Anm. EzA § 103 BetrVG 1972 Nr. 6, der eine Präjudiziabilität ablehnt; ebenso *Ascheid*, FS Hanau, 1999, 685.

[125] Vgl. APS/*Böck*, § 103 BetrVG Rn. 43; KR/*Etzel*, § 103 BetrVG Rn. 140.

[126] Vgl. BAG 12. 8. 1976 EzA § 15 KSchG n. F. Nr. 9 = NJW 1977, 267, mit zahlreichen Hinweisen; 16. 12. 1982 EzA § 103 BetrVG 1972 Nr. 29 = AP § 15 KSchG 1969 Nr. 13; *Richardi/Thüsing*, § 103 Rn. 37; *v. Hoyningen-Huene/Linck*, § 15 Rn. 106. Das gilt auch bei sog. Kampfkündigungen, vgl. BAG 14. 2. 1978 EzA § 15 KSchG n. F. Nr. 19 mit Anm. von *Herschel*.

sich um einen anderen Kündigungsgrund i. S. des § 13 Abs. 3 KSchG, so dass der Arbeitnehmer **die Klagefrist des § 4 KSchG nicht einzuhalten braucht.** Eine Ausnahme gilt **nur dann,** wenn die Kündigung durch den Insolvenzverwalter erklärt worden ist (§ 113 Abs. 2 InsO). Einzelheiten dazu unten Rn. 2162.

1681 Greift das Betriebsratsmitglied die Kündigung nach Erteilung der Zustimmung durch den Betriebsrat wegen Fehlens eines wichtigen Grundes oder wegen Versäumung der Ausschlussfrist des § 626 Abs. 2 BGB an, so ist die Klagefrist des § 4 KSchG einzuhalten, da ein Fall des § 13 Abs. 1 KSchG vorliegt.[127] Die Nichteinhaltung der Klagefrist in diesen Fällen führt zur Anwendung des § 7 KSchG, d. h. die Kündigung gilt als von Anfang an rechtswirksam, sofern keine anderen Gründe zur Rechtsunwirksamkeit der Kündigung führen.

1682 Zum Auflösungsantrag des Arbeitnehmers vgl. unten Rn. 1960 ff.

1683 Zur Präklusionswirkung der Entscheidung im Verfahren nach § 103 Abs. 2 BetrVG auf ein späteres Kündigungsschutzverfahren vgl. oben Rn. 1677.

VI. Amtsausübung und Beschäftigungsanspruch

1684 Kündigt der Arbeitgeber das Arbeitsverhältnis eines Betriebsratsmitglieds außerordentlich nach Erteilung der Zustimmung des Betriebsrats oder ihrer Ersetzung durch das Arbeitsgericht auf, so ist das Betriebsratsmitglied für die Dauer des Kündigungsrechtsstreits an der Ausübung seines Amtes verhindert.[128] Das gilt nicht, wenn die Kündigung offensichtlich unwirksam oder willkürlich ist. Dann kann das Betriebsratsmitglied mit Hilfe einer einstweiligen Verfügung den Zugang zum Betrieb erreichen, um an Sitzungen des Betriebsrats teilzunehmen.[129]

1685 Verweigert der Betriebsrat dagegen seine Zustimmung, so ist der Arbeitnehmer bis zur rechtskräftigen Ersetzung durch das Gericht zu beschäftigen. Der Arbeitgeber hat grundsätzlich nicht das Recht, den Arbeitnehmer bis zum Abschluss des Verfahrens **zu beurlauben.** Anderenfalls würde der Normzweck des § 103 BetrVG, zu verhindern, dass Betriebsratsmitglieder durch fristlose Kündigungen, die nicht die Zustimmung des Betriebsrats gefunden haben oder bei denen die Zustimmung durch das Gericht nicht ersetzt worden ist, faktisch aus dem Betrieb entfernt werden, nicht erfüllt.[130] Eine Ausnahme kann nur in ganz besonderen Ausnahmefällen gemacht werden, in denen die Weiterbeschäftigung des Arbeitnehmers

---

[127] BAG 23. 1. 1958 AP § 13 KSchG Nr. 11; KR/*Etzel,* § 15 KSchG Rn. 42; *v. Hoyningen-Huene/Linck,* § 15 KSchG Rn. 136 ff.

[128] Vgl. *Löwisch,* § 24 BetrVG Rn. 4; LAG Schleswig-Holstein DB 1976, 1974; KR/*Etzel,* § 103 BetrVG Rn. 152; LAG Düsseldorf 27. 2. 1975 EzA § 25 BetrVG 1972 Nr. 1.

[129] LAG Düsseldorf, Kammern in Köln, EzA § 25 BetrVG 1972 Nr. 1; KR/*Etzel,* § 103 BetrVG Rn. 153; LAG Hamburg 2. 3. 1976, BB 1976, 310; LAG Köln 13. 5. 1993 LAGE § 611 BGB Beschäftigungsanspruch Nr. 35.

[130] Vgl. dazu *Dütz,* Anm. EzA § 103 BetrVG 1972 Nr. 9, der eine Suspendierung nur mit Zustimmung des Betriebsrats zulassen will, die nach § 103 Abs. 2 BetrVG ersetzbar sei und durch einstw. Verfügung erreichbar sein soll. Zum Problem vgl. ferner aber auch *Dütz,* DB 1978, Beilage 13 S. 17. KR/*Etzel,* § 103 BetrVG Rn. 145, hält eine Suspendierung unter Fortfall der Lohnzahlung mit Zustimmung des Betriebsrats bzw. ihrer Ersetzung durch das Arbeitsgericht in analoger Anwendung des § 103 BetrVG für zulässig.

für den Arbeitgeber untragbar ist. Dann kann der Arbeitgeber die Suspendierung aussprechen. Im Streitfall entscheidet darüber das Arbeitsgericht im Verfahren der einstweiligen Verfügung.[131] Selbst wenn der Arbeitnehmer von der Arbeit suspendiert worden ist, ist er deshalb nicht gehindert, den Betrieb zu betreten, um sein Betriebsratsamt auszuüben. Verweigert der Arbeitgeber den Zutritt zum Betrieb, so kann das Betriebsratsmitglied den Anspruch im Wege der einstw. Verfügung durchsetzen.[132] Das gilt auch in dem Fall, in dem der Arbeitgeber ohne Zustimmung des Betriebsrats oder ihrer Ersetzung durch das Gericht einem Betriebsratsmitglied fristlos kündigt und ihm dann den Zutritt zum Betrieb verweigert. In derartigen Fällen einer offensichtlich unzulässigen Kündigung kann zum Schutz des Betriebsratsmitgliedes eine einstw. Verfügung erlassen werden, die die Fortführung der Betriebsratstätigkeit sicherstellt.

VII. Bestandsschutz für Auszubildende

Der besondere Kündigungsschutz der §§ 15 KSchG und 103 BetrVG greift für **1686**
Auszubildende, die Mitglied der Jugend- und Auszubildendenvertretung oder eines anderen betriebsverfassungsrechtlichen Organs sind, nur für die Dauer der Ausbildungszeit. Da jedoch das Berufsausbildungsverhältnis nach § 14 Abs. 1 BBiG mit dem Ablauf der Ausbildungszeit endet, war ursprünglich eine **Bestandsschutzlücke** vorhanden, die der Gesetzgeber durch den § 78a BetrVG geschlossen hat, der 1974 in das Betriebsverfassungsgesetz eingefügt wurde. Der Auszubildende kann nach § 78a Abs. 2 BetrVG **innerhalb der letzten drei Monate vor Beendigung des Berufsausbildungsverhältnisses** schriftlich die Weiterbeschäftigung verlangen. Macht der Auszubildende von diesem Gestaltungsrecht Gebrauch, so gilt zwischen Auszubildendem und Arbeitgeber im Anschluss an das Berufsausbildungsverhältnis ein Arbeitsverhältnis auf **unbestimmte Zeit als begründet.** Das gilt auch, wenn das Berufsausbildungsverhältnis **vor Ablauf eines Jahres** nach Beendigung der Amtszeit des betriebsverfassungsrechtlichen Organs endet. Die Weiterbeschäftigung hat in einem unbefristeten Vollzeitarbeitsverhältnis zu erfolgen.[133] Sie ist vom Willen des Arbeitgebers unabhängig; auch liegt kein mitbestimmungspflichtiger Tatbestand vor.

---

[131] Vgl. LAG Hamm EzA § 103 BetrVG 1972 Nr. 5 = DB 1975, 111, das die Suspendierung allerdings schon dann erlaubt, wenn die Kündigungsgründe „einiges Gewicht" haben. Richtig das Sächsische LAG, das überwiegende und schutzwürdige Interessen des Arbeitgebers verlangt, die eine Verhinderung der Beschäftigung geradezu gebieten; Sächsisches LAG 14. 4. 2000 – 3 Sa 298/00 –; ferner *Löwisch,* § 103 BetrVG Rn. 17; *Lepke,* BB 1973, 897; *Etzel,* DB 1973, 1019; *v. Hoyningen-Huene/Linck,* § 15 KSchG Rn. 95; *Stege-Weinspach,* § 103 BetrVG Rn. 32; KR/*Etzel,* § 103 BetrVG Rn. 144; vgl. ferner *Richardi,* RdA 1976, 76 Fn. 19.

[132] Vgl. LAG Hamm EzA § 103 BetrVG 1972 Nr. 1, das das Zutrittsrecht nur im Falle eines Rechtsmissbrauchs einschränken will. *Kraft,* GK-BetrVG § 103 Rn. 62; *Löwisch,* § 103 BetrVG Rn. 18; *Dütz,* Anm. zu EzA § 103 BetrVG 1972 Nr. 9; *ders.,* DB 1978, Beilage 13 S. 17; vgl. auch LAG Düsseldorf DB 1977, 1053; ferner LAG München 26. 8. 1992 LAGE § 103 BetrVG 1972 Nr. 8.

[133] BAG 24. 7. 1991 EzA § 78a BetrVG 1972 Nr. 21 = NZA 1992, 174; 13. 11. 1987 EzA § 78a BetrVG 1972 Nr. 19 = NZA 1989, 439.

1687 Verlangt der Auszubildende schriftlich und rechtzeitig innerhalb der Dreimonatsfrist[134] seine Weiterbeschäftigung, so kann der Arbeitgeber spätestens bis zum Ablauf von zwei Wochen nach Beendigung des Berufsausbildungsverhältnisses beim Arbeitsgericht beantragen, dass ein Arbeitsverhältnis nicht begründet oder aufgelöst wird, wenn Tatsachen vorliegen, auf Grund derer dem Arbeitgeber unter **Berücksichtigung aller Umstände die Weiterbeschäftigung nicht zugemutet werden kann.** Das Gesetz lehnt damit die Entscheidung eng an § 626 Abs. 1 BGB an, allerdings ohne dass die Ausschlussfrist des § 626 Abs. 2 BGB gilt.[135] Sicher ist, dass im Rahmen der Interessenabwägung nur besonders **schwerwiegende Gründe** in Betracht kommen, die den individualrechtlichen Anspruch des Auszubildenden auf Weiterbeschäftigung ausschließen bzw. die Auflösung des Arbeitsverhältnisses zur Folge haben.

1688 In der Rechtsprechung des BAG hat sich der Gedanke durchgesetzt, dass die zum Begriff der Unzumutbarkeit i. S. des § 626 Abs. 1 BGB entwickelten Grundsätze nicht auf den Auflösungstatbestand des § 78a Abs. 4 BetrVG übertragen werden können. Hier geht es um den Schutz des Bestands eines bestehenden Arbeitsverhältnisses, bei dem das ultima-ratio-Prinzip zur Geltung zu bringen ist, dort handelt es sich um eine Beschränkung der Absschlussfreiheit des Arbeitgebers.[136]

Zwei Fallgruppen kommen in Betracht:

1. Persönliche Gründe

1689 Die Unzumutbarkeit der Weiterbeschäftigung i. S. des § 78a Abs. 4 BetrVG kann auf persönlichen Gründen beruhen. In Betracht kommen hier nur schwerwiegende Gründe, z. B. schwere Fälle von Arbeitsverweigerung oder strafbare Handlungen.[137]

2. Betriebliche Gründe

1690 Der Feststellungsantrag des Arbeitgebers nach § 78a Abs. 4 BetrVG kann auch auf **betriebliche Gründe** gestützt werden, wenn diese dem Arbeitgeber unter Berücksichtigung aller Umstände die Weiterbeschäftigung des Auszubildenden unzumutbar machen. Es geht um die Frage, ob und unter welchen Bedingungen, ggfls. nach welchen Maßnahmen dem Arbeitgeber die Verpflichtung obliegt, für den Auszubildenden, der Mandatsträger ist, einen Anschlussarbeitsplatz zur Verfügung zu stellen.

1691 Die Weiterbeschäftigung eines Jugend- und Auszubildendenvertreters in einem nach § 78a BetrVG entstandenen Arbeitsverhältnis kann dem Arbeitgeber dann nicht zugemutet werden, wenn beim Abschluss der Ausbildung **kein freier, auf Dauer angelegter Arbeitsplatz** vorhanden ist, auf dem der Mandatsträger mit

---

[134] Das vorher gestellte Verlangen nach Weiterbeschäftigung ist nach BAG 15. 1. 1980 EzA § 78a BetrVG 1972 Nr. 8 = AP § 78a BetrVG 1972 Nr. 7 unwirksam.

[135] BAG 15. 12. 1983 EzA § 78a BetrVG 1972 Nr. 13 = NZA 1984, 44.

[136] BAG 6. 11. 1996 EzA § 78a BGB Nr. 24 mit Anm. von *Franzen* = AP § 78a BGB Nr. 26; 12. 11. 1997 EzA § 78a BetrVG 1972 Nr. 25; APS/*Künzl*, § 78a BetrVG Rn. 93 ff.

[137] BAG 16. 1. 1979 EzA § 78a BetrVG 1972 Nr. 5 = AP § 78a BetrVG 1972 Nr. 5.

seiner durch die Ausbildung erworbenen Qualifikation beschäftigt werden kann. Maßgebender Zeitpunkt ist das Ende der Ausbildung, nicht ein späterer Zeitpunkt, für den der Arbeitskäftebedarf auf Grund einer Prognose zu schätzen wäre.[138] Der Arbeitgeber ist nicht verpflichtet, durch organisatorische Veränderungen im Betrieb für einen freien Arbeitsplatz Sorge zu tragen oder einen anderen Arbeitsplatz durch Kündigung eines anderen Arbeitnehmers frei zu machen.[139] Diese gelegentlich vertretene Auffassung hat das BAG zurückgewiesen und stark betont, es sei die Entscheidung des Unternehmers, welche Arbeiten im Betrieb auszuführen seien und wieviele Arbeitnehmer damit beschäftigt würden. Entscheide sich der Unternehmer dafür, keine Arbeiten durch zusätzliche Arbeitnehmer verrichten zu lassen, habe er keinen Einstellungsbedarf, ein freier Arbeitsplatz sei nicht vorhanden.[140] Diese Gedanken unterstreicht das BAG auch in der späteren Entscheidung vom 24. 4. 1997, in der es die freie Unternehmerentscheidung darin gesehen hatte, die vorhandene Arbeit auf Dauer auf weniger Personal zu verteilen.[141] In diesem Bereich sind Entscheidungen des Arbeitgebers grundsätzlich frei und unterliegen lediglich einer Willkürkontrolle. Diese Grundsätze aus dem Bereich der betriebsbedingten ordentlichen Kündigung wendet das BAG nun auch bei Entscheidungen im Rahmen von § 78a Abs. 4 BetrVG an. Damit kann der Arbeitgeber nicht verpflichtet werden, durch Abbau von Überstunden zusätzliche Einstellungsmöglichkeiten zu schaffen. Soweit er damit nicht erkennbar das Ziel verfolgt, gerade die Übernahme des Mandatsträgers nach § 78a BetrVG zu verhindern, ist er in seiner Entscheidung frei, „durch wieviele Arbeitnehmer er die anfallenden Arbeiten verrichten lässt“.

Die Weiterbeschäftigung eines nach den Bestimmungen des § 78a BetrVG ge- **1692**
schützten Auszubildenden kann dem Arbeitgeber im Sinne des § 78a Abs. 4 BetrVG zuzumuten sein, wenn er einen innerhalb von drei Monaten vor der vertraglich vereinbarten Beendigung des Ausbildungsverhältnisses frei werdenden Arbeitsplatz besetzt und die sofortige Neubesetzung nicht durch dringende betriebliche Erfordernisse geboten ist. Bei der Entscheidung, ob der Arbeitsplatz für den geschützten Auszubildenden freigehalten werden muss, sind alle Umstände des Einzelfalles zu würdigen. Es ist zu beachten, dass der Arbeitgeber mit dem Übernahmeverlangen rechnen muss. Verneint der Auszubildende auf Anfrage zunächst seinen Übernahmewunsch oder äußert er sich gar nicht, so ist dies bei der Würdigung der Unzumutbarkeit zu seinen Lasten zu berücksichtigen. Das betriebliche Interesse an der sofortigen anderweitigen Besetzung des Arbeitsplatzes ist konkret zu belegen. Es bedarf der Darlegung, dass die Vakanz für den Betrieb nicht tragbar ist.[142]

---

[138] BAG 16. 8. 1995 EzA § 78a BetrVG 1972 Nr. 23 = AP § 78a BetrVG 1972 Nr. 25.

[139] BAG 24. 7. 1991 EzA § 78a BetrVG 1972 Nr. 21 = AP § 78a BetrVG 1972 Nr. 23; 16. 8. 1995 EzA § 78a BetrVG 1972 Nr. 23 = AP § 78a BetrVG 1972 Nr. 25; 6. 11. 1996 EzA § 78a BetrVG 1972 Nr. 24 mit Anm. von *Franzen* = AP § 78a BetrVG 1972 Nr. 26; *Richardi/Thüsing* § 78a Rn. 38; a.A. APS/*Künzl,* § 78a BetrVG Rn. 106, der eine Pflicht zur Freikündigung eines Arbeitsplatzes grundsätzlich bejaht.

[140] BAG 6. 11. 1996 a.a.O. unter B I 2 der Gründe; 12. 11. 1997 EzA § 78a BetrVG 1972 Nr. 25.

[141] BAG 24. 4. 1997 EzA § 2 KSchG Nr. 26 mit Anm. von *Henssler;* bestätigt auch von BAG 12. 11. 1997 EzA § 78a BetrVG 1972 Nr. 25; APS/*Künzl,* § 78a BetrVG Rn. 103.

[142] BAG 12. 11. 1997 EzA § 78a BetrVG 1972 Nr. 25 mit Anm. von *Schwarze* = NZA 1998, 1056.

Diese Grundsätze sind vom BAG in einer Entscheidung ebenfalls vom 12. 11. 1997 ein wenig relativiert worden. Danach liegt ein **freier Arbeitsplatz nicht vor,** wenn **fünf Monate** vor dem Ende des Ausbildungsverhältnisses eines nach § 78a BetrVG geschützten Auszubildenden freie Arbeitsplätze besetzt wurden. Der Arbeitgeber sei zu dieser Zeit nicht verpflichtet zu bedenken, dass fünf Monate später nach § 78a BetrVG geschützte Auszubildende ihre Ausbildung beenden und ihre Übernahme verlangen könnten.[143] Entschieden wurde das in einem Fall, in dem Auszubildende übernommen wurden, die ihre Ausbildung vorzeitig beendet hatten. Der Arbeitgeber wird also nicht für verpflichtet angesehen, zu einem Zeitpunkt, der so lange vor dem Ende des Ausbildungsverhältnisses eines nach § 78a BetrVG geschützten Auszubildendem liegt, zu ermitteln, ob überhaupt mit einem Übernahmeverlangen zu rechnen ist. Je weiter der „freie Arbeitsplatz" zeitlich vorverlegt wird, umso uneingeschränkter wird die Dispositionsfreiheit des Unternehmers. Ob § 78a BetrVG darauf angelegt ist, darf bezweifelt werden.

1693 Steht nur ein befristeter Arbeitsvertrag zur Wahl, so können die Parteien zwar einen solchen einvernehmlich eingehen, jedoch kann der Auszubildende dies im Verfahren nach § 78a BetrVG nicht erzwingen. Insoweit gilt das Konsensprinzip.[144]

1694 Nach der bisherigen Rechtsprechung des BAG führt das Verlangen des Auszubildenden nach § 78a Abs. 2 BetrVG zu einem **unbefristeten Vollarbeitsverhältnis mit ausbildungsgerechter Beschäftigung.** Die Verweisung auf § 37 Abs. 4 und 5 BetrVG soll sicherstellen, dass die Arbeitsbedingungen denen vergleichbarer Arbeitnehmer entsprechen. Damit würde, wenn dieses „Optimum"[145] nicht erreicht werden könnte, auch hier an sich das Konsensprinzip gelten, d.h. der Mandatsträger müsste ggfls. ausscheiden, obwohl z.B. im Betrieb eine Teilzeitbeschäftigung möglich wäre, evtl. zu anderen Bedingungen. Das BAG hat jetzt erkannt, dass der Arbeitgeber im Rahmen seiner Zumutbarkeitsprüfung auch eine solche betriebliche Situation einzubeziehen hat, d.h. er hat auch zu prüfen, ob eine andere Weiterbeschäftigung zu geänderten Arbeitsbedingungen möglich ist. **Voraussetzung für die erweiterte Zumutbarkeitsprüfung ist,** dass der Auszubildende – wenn auch nur hilfsweise – erklärt, er sei mit einer **Weiterbeschäftigung zu geänderten Arbeitsbedingungen einverstanden.** Geht der Arbeitgeber darauf nicht ein, ist von der Zumutbarkeit dieser verlangten Weiterbeschäftigung auszugehen. Das Verlangen auf diese erweiterte Weiterbeschäftigung muss der Auszubildende **spätestens mit dem Antrag nach § 78a Abs. 2 BetrVG** zu erkennen geben und es gleichzeitig konkretisieren.[146]

3. Verfahrensrecht

1695 Verfahrensrechtliche Fragen im Rahmen des § 78a Abs. 4 BetrVG sind immer noch unsicher.

---

[143] BAG 12. 11. 1997 EzA § 78a BetrVG 1972 Nr. 26 mit Anm. von *Vollstädt* = NZA 1998, 1057.

[144] BAG 24. 7. 1991 EzA § 78a BetrVG 1972 Nr. 21 = AP § 78a BetrVG 1972 Nr. 23.

[145] Vgl. *Franzen,* Anm. EzA § 78a BetrVG 1972 Nr. 24.

[146] BAG 6. 11. 1996 Fn. 139 mit Anm. von *Franzen* unter B II 2 der Gründe.

Beruft sich der Arbeitgeber auf die Unzumutbarkeit der Weiterbeschäftigung, so sind seine Anträge nach § 78a Abs. 4 Satz 1 Nr. 1 oder 2 BetrVG im arbeitsgerichtlichen Beschlussverfahren zu verfolgen. Ist im Falle der Beendigung des Berufsausbildungsverhältnisses über einen Feststellungsantrag des Arbeitgebers nach § 78a Abs. 4 Satz 1 Nr. 1 BetrVG noch nicht rechtskräftig entschieden, so wird im Anschluss an das Berufsausbildungsverhältnis ein Arbeitsverhältnis begründet, sofern die Voraussetzungen des § 78a Abs. 2 oder 3 BetrVG vorliegen. Der Feststellungsantrag nach Nr. 1 des § 78a Abs. 4 Satz 1 BetrVG wandelt sich in einem solchen Falle in einen Antrag nach Nr. 2 dieser Vorschrift auf Auflösung des nunmehr begründeten Arbeitsverhältnisses um, ohne dass es einer förmlichen Antragsänderung bedarf.[147] Damit kann also im Verfahren nach § 78a Abs. 4 BetrVG, in dem es um die Frage geht, ob dem Arbeitgeber die Weiterbeschäftigung des Auszubildenden nicht zugemutet werden kann, stets nur eine rechtsgestaltende Entscheidung – Auflösungsbeschluss – ergehen.[148] 1696

Streiten die Parteien über die Voraussetzungen des § 78a Abs. 2 oder 3 BetrVG, d.h. über das Zustandekommen eines unbefristeten Arbeitsverhältnisses, so ist ein Feststellungsantrag des Arbeitgebers, dass zwischen ihm und dem Auszubildenden ein Arbeitsverhältnis nach § 78a Abs. 2 oder 3 BetrVG nicht zustande gekommen ist, im Urteilsverfahren zu verfolgen. Das entspricht höchstrichterlicher Rechtsprechung.[149] Der Streit bezieht sich auf ein individualrechtliches Rechtsverhältnis. Das gilt ebenso für den Fall, dass der Auszubildende eine entsprechende positive Feststellungsklage anhängig macht. Diese Rechtsprechung wird jedoch vom BAG in seiner Entscheidung vom 11. 1. 1995[150] in Frage gestellt. Der Senat erwägt, dem Arbeitgeber zu ermöglichen, in einem einheitlichen Beschlussverfahren sowohl die Feststellung der Nichtbegründung des Arbeitsverhältnisses wegen Fehlens der Voraussetzungen des § 78a Abs. 2 und 3 BetrVG als auch die Auflösung eines solchen Arbeitsverhältnisses wegen Unzumutbarkeit der Weiterbeschäftigung nach § 78a Abs. 4 BetrVG zu verfolgen. Der Senat sollte diese Absicht im Anschluss an die berechtigte Kritik von *Kraft/Raab*[151] an der bisherigen Rechtsprechung realisieren. Zweifelhaft ist, ob der Streit um den **Inhalt des Arbeitsverhältnisses** des Mandatsträgers nach einem Verlangen auf Weiterbeschäftigung zu **geänderten Arbeitsbedingungen** (dazu oben Rn. 1694) im Beschlussverfahren oder im Urteilsverfahren zu entscheiden ist. Für das Urteilsverfahren tritt *Franzen* ein, der auf diese offene Frage hingewiesen hat.[152] 1697

4. Kosten anwaltschaftlicher Tätigkeit im Beschlussverfahren

Kosten aus der Hinzuziehung eines Rechtsnwalts in einem Verfahren, das ein Mitglied der Jugend- und Auszubildendenvertretung **ausschließlich wegen sei-** 1698

---

[147] BAG 29. 11. 1989 EzA § 78a BetrVG 1972 Nr. 20 mit krit. Anm. von *Kraft/Raab* = AP § 78a BetrVG 1972 Nr. 20; 24. 7. 1991 EzA § 78a BetrVG 1972 Nr. 21; 11. 1. 1995 EzA § 78a BetrVG 1972 Nr. 22 = NZA 1995, 647 = AP § 78a BetrVG 1972 Nr. 24.

[148] BAG 11. 1. 1995 EzA § 78a BetrVG 1972 Nr. 22 = AP § 78a BetrVG 1972 Nr. 24.

[149] BAG 29. 11. 1989 EzA § 78a BetrVG 1972 Nr. 20 = AP § 78a BetrVG 1972 Nr. 20.

[150] BAG 11. 1. 1995 EzA § 78a BetrVG 1972 Nr. 22 mit Anm. von Schiefer.

[151] Anm. EzA § 78a BetrVG 1972 Nr. 20.

[152] *Franzen,* Anm. EzA § 78a BetrVG 1972 Nr. 24.

ner betriebsverfassungsrechtlichen Rechtsstellung führt, sind erstattungsfähig, soweit sie zur sachgerechten Verteidigung, z.B. in einem Ausschlussverfahren nach § 23 BetrVG (§§ 40 Abs. 1, 65 Abs. 1 BetrVG) notwendig sind. Es besteht aber **kein betriebsverfassungsrechtlicher Kostenerstattungsanspruch,** wenn ein Mitglied eines betriebsverfassungsrechtlichen Gremiums seine **individualrechtlichen Interessen** gegenüber dem Arbeitgeber wahrnimmt. Das ist der Fall bei der Beteiligung eines Mitglieds der Jugend- und Auszubildendenvertretung in einem Beschlussverfahren, das die Auflösung seines Arbeitsverhältnisses im Anschluss an den Abschluss der Ausbildung zum Gegenstand hat (§ 78a Abs. 4 BetrVG). Hier ist allein die Weiterbeschäftigung als Arbeitnehmer nach Abschluss der Ausbildung im Streit, die auf Grund eines schriftlichen Weiterbeschäftigungsverlangens bestehen kann. Kollektive Interessen hat in diesem Verfahren der zu beteiligende Betriebsrat einzubringen, nicht das frühere Mitglied der Jugend- und Auszubildendenvertretung.[153]

§ 6 Sonstige Fälle eines besonderen Kündigungsschutzes

1699 Neben den bisher erörterten Fällen gibt es noch eine Reihe weiterer Tatbestände, in denen der Gesetzgeber bestimmten Arbeitnehmern einen besonderen Kündigungsschutz einräumt. Sie sind jedoch für die Praxis im allgemeinen von geringerer Bedeutung, so dass ihre Problematik im Einzelnen nicht vertieft werden muss.

I. Inhaber von Bergmannsversorgungsscheinen

1700 Hinzuweisen ist auf den Kündigungsschutz für Inhaber eines Bergmannsversorgungsscheines. Gesetzliche Regelungen bestehen in den Ländern Niedersachsen (Gesetz vom 6. 1. 1949, NGVBl. S. 741), im Saarland (Gesetz vom 11. 7. 1962 i.d.F. 16. 10. 1981, ABl. S. 825, zuletzt geändert durch Gesetz Nr. 1318 vom 9. 7. 1993, ABl. S. 758) und in Nordrhein-Westfalen (Gesetz vom 20. 12. 1983, GVBl. S. 635, zuletzt geändert durch Gesetz vom 19. 3. 1996, GVBl. S. 136).

1701 Diesen Arbeitnehmern kann nur mit Zustimmung einer Zentralstelle gekündigt werden. Die Regelung entspricht weitgehend derjenigen für schwerbehinderte Arbeitnehmer. In **Nordrhein-Westfalen** und im **Saarland** bleiben die gesetzlichen Bestimmungen über die fristlose Kündigung aus wichtigen Gründen unberührt.

1702 In Nordrhein-Westfalen ist die Zustimmung der Zentralstelle nicht erforderlich, wenn der Inhaber des Versorgungsscheines ausdrücklich nur befristet, auf Probe oder für einen vorübergehenden Zweck eingestellt worden ist, es sei denn, dass das Arbeitsverhältnis über sechs Monate hinaus fortbesteht. Keine Zustimmung ist schließlich notwendig bei Entlassungen aus Witterungsgründen, sofern die Wiedereinstellung bei Wiederaufnahme der Arbeit sichergestellt ist.

[153] BAG 5. 4. 2000 EzA § 40 BetrVG 1972 Nr. 91 = AP § 78a BetrVG 1972 Nr. 33; dazu APS/*Künzl*, § 78a BetrVG Rn. 147.

In **Niedersachsen** sind die Inhaber von Bergmannsversorgungsscheinen den schwerbehinderten Arbeitnehmern gleichgestellt. Auf den Kündigungsschutz dieses Personenkreises (oben Rn. 1454ff.) kann verwiesen werden. 1703

II. Wehrdienst und Zivildienst

Von der Zustellung des Einberufungsbescheides bis zur Beendigung des Grundwehrdienstes sowie während einer Wehrübung darf der Arbeitgeber nach § 2 Abs. 1 ArbPlSchG i.d.F. der Bekanntmachung vom 14. 2. 2001 (BGBl. I S. 253) nicht kündigen. Dieses Kündigungsverbot gilt nur zu Gunsten der Arbeitnehmer, deren **Einberufung** durch Maßnahmen veranlasst worden ist, die **auf der deutschen Wehrgesetzgebung** (§ 1 WehrpflG) **beruhen.**[1] Es gilt nicht für ausländische Arbeitnehmer, die in ihrem Heimatland Wehrdienst leisten.[2] Hiervon wird allerdings eine Ausnahme für Arbeitnehmer aus einem Mitgliedsstaat der Europäischen Union gemacht. Für sie gilt das ArbPlSchG entsprechend.[3] 1704

Gemeint ist in § 2 Abs. 1 ArbPlSchG eine **ordentliche Kündigung** (dazu oben Rn. 486ff.), auch in der Probezeit.[4] Denn § 2 Abs. 3 Satz 1 ArbPlSchG lässt das Recht zur Kündigung aus wichtigem Grund unberührt (dazu unten Rn. 1710). Für den besonderen Kündigungsschutz bei Wehrübungen stellt das Gesetz nicht auf die Zustellung des Bescheides ab. Hier besteht der Kündigungsschutz nur für die Zeit der Wehrübung selbst. Eine entgegen dem Verbot des § 2 Abs. 1 ArbPlSchG ausgesprochene Kündigung ist gemäß § 134 BGB nichtig. 1705

Eine nicht vom Verbot des § 2 Abs. 1 ArbPlSchG erfasste ordentliche Kündigung darf der Arbeitgeber gemäß § 2 Abs. 2 Satz 1 ArbPlSchG nicht **aus Anlass** des Wehrdienstes aussprechen. Das gilt auch für eine an sich nach § 2 Abs. 3 Satz 1 ArbPlSchG zulässige außerordentliche Kündigung aus wichtigem Grund.[5] Eine Anlasskündigung gemäß § 2 Abs. 2 Satz 1 ArbPlSchG liegt vor, wenn der **Wehrdienst** das **mitbestimmende Motiv** für die Kündigung ist.[6] Ist streitig, ob eine Kündigung aus Anlass des Wehrdienstes erfolgt ist oder nicht, trifft gemäß § 2 Abs. 2 Satz 3 ArbPlSchG den Arbeitgeber die **Beweislast,** d.h. er muss darlegen und ggf. beweisen, dass ihn unabhängig vom Wehrdienst des Arbeitnehmers Gründe zur Kündigung veranlasst haben. Das gilt auch für diejenigen Arbeitnehmer, die (noch) nicht unter das KSchG fallen. 1706

---

[1] Vgl. BAG 5. 12. 1969 AP Nr. 3 zu Art. 177 EWG-Vertrag; 22. 12. 1982 EzA § 123 BGB Nr. 20 = AP § 123 BGB Nr. 23.

[2] BAG 30. 7. 1986 EzA § 3 BUrlG Nr. 15 = NZA 1987, 13; 20. 5. 1988 EzA § 1 KSchG Personenbedingte Kündigung Nr. 3 = NZA 1989, 464.

[3] EuGH 15. 10. 1969 AP Art. 177 EWG-Vertrag Nr. 2; BAG 5. 12. 1969 AP Art. 177 EWG-Vertrag Nr. 3.

[4] ArbG Verden 22. 3. 1979 ARSt 1980, 27; ErfK/*Ascheid,* § 2 ArbPlSchG Rn. 1; KR/*Weigand,* § 2 ArbPlSchG Rn. 19.

[5] LAG Hamm 26. 5. 1967 DB 1967, 1272; ErfK/*Ascheid,* § 2 ArbPlSchG Rn. 4; APS/*Dörner,* § 2 ArbPlSchG Rn. 17; KR/*Weigand,* § 2 ArbPlSchG Rn. 32; KDZ/*Zwanziger,* § 2 ArbPlSchG Rn. 9.

[6] ErfK/*Ascheid,* § 2 ArbPlSchG Rn. 4; APS/*Dörner,* § 2 ArbPlSchG Rn. 17; KR/*Wiegand,* § 2 ArbPlSchG Rn. 32; KDZ/*Zwanziger,* § 2 ArbPlSchG Rn. 9; vgl. auch BAG 5. 2. 1998 EzA § 8 EFZG Nr. 1 = NZA 1998, 644; 28. 5. 1998 NZA 1998, 1015, 1016.

1707 Entlässt der Arbeitgeber den Arbeitnehmer im Anwendungsbereich des KSchG aus dringenden betrieblichen Erfordernissen (§ 1 Abs. 2 Satz 1 KSchG), darf er nach § 2 Abs. 2 Satz 2 ArbPlSchG bei der **Auswahl der zu Entlassenden** den Wehrdienst eines Arbeitnehmers nicht zu dessen Ungunsten berücksichtigen. Auch insoweit trifft im Streitfall nach § 2 Abs. 2 Satz 2 ArbPlSchG die **Beweislast** den Arbeitgeber.

1708 Das Arbeitsplatzschutzgesetz enthält auch eine besondere Schutzvorschrift zugunsten der Auszubildenden i.S. von § 3 Abs. 1 BBiG. Nach § 2 Abs. 5 Satz 1 ArbPlSchG darf die **Übernahme** eines **Auszubildenden** in ein Arbeitsverhältnis auf unbestimmte Zeit nach der Beendigung des Berufsausbildungsverhältnisses vom Auszubildenden nicht aus Anlass des Wehrdienstes abgelehnt werden. Auch hier gilt, dass im Streitfall gemäß § 2 Abs. 2 Satz 3, Abs. 5 Satz 2 ArbPlSchG die Beweislast beim Arbeitgeber liegt. Verweigert der Arbeitgeber den Vertragsabschluss unter Verletzung des § 2 Abs. 5 Satz 1 ArbPlSchG, kann der Arbeitnehmer den Abschluss des Arbeitsvertrages im Wege des Schadensersatzes erzwingen. Die Grundsätze der Rechtsprechung zu § 78a BetrVG sind anzuwenden.[7]

1709 Das Arbeitsplatzschutzgesetz gilt seit 1977 auch für Zeitsoldaten. Sie sind wie Wehrpflichtige zu behandeln (§ 16a ArbPlSchG).

1710 Das Recht zur Kündigung **aus wichtigem Grund** (vgl. z.B. § 626 Abs. 1 BGB, § 64 SeemG, § 15 Abs. 2 BBiG) **bleibt unberührt** (§ 2 Abs. 3 Satz 1 ArbPlSchG). Die Einberufung zum Wehrdienst ist nach § 2 Abs. 3 Satz 2, 1. Halbsatz ArbPlSchG kein wichtiger Grund zur Kündigung. Für Kleinbetriebe mit in der Regel fünf oder weniger Arbeitnehmern, ausschließlich der zu ihrer Berufsausbildung Beschäftigten, enthält § 2 Abs. 3 Satz 2, 2. Halbsatz ArbPlSchG eine Sonderregelung für unverheiratete Arbeitnehmer. Danach gilt § 2 Abs. 3 Satz 2, 1. Halbsatz ArbPlSchG **nicht für unverheiratete Arbeitnehmer** im Falle eines Grundwehrdienstes von mehr als sechs Monaten, wenn dem Arbeitgeber infolge Einstellung einer Ersatzkraft die Weiterbeschäftigung des Arbeitnehmers nach der Entlassung aus dem Wehrdienst **nicht zugemutet werden kann.** Die Einstellung einer Ersatzkraft erfordert den Abschluss eines neuen Arbeitsvertrages; eine innerbetriebliche Umsetzung eines bereits beschäftigten Arbeitnehmers reicht nicht.[8] Bei der Prüfung der Zumutbarkeit ist zu beachten, ob dem Arbeitgeber nicht die Befristung des Arbeitsvertrages der Ersatzkraft möglich war, so dass der Arbeitsplatz des Wehrpflichtigen wieder frei wurde.[9] Eine nach § 2 Abs. 2 Satz 2, 2. Halbsatz ArbPlSchG zulässige Kündigung darf gemäß § 2 Abs. 3 Satz 5 ArbPlSchG nur unter Einhaltung einer Frist von zwei Monaten für den Zeitpunkt der Entlassung aus dem Wehrdienst ausgesprochen werden.

1711 Bei der Feststellung, ob ein Kleinbetrieb i.S. des § 2 Abs. 3 Satz 2, 2. Halbsatz ArbPlSchG vorliegt, waren seit dem 1. 10. 1996 gemäß § 2 Abs. 3 Satz 3 ArbPlSchG i.d.F. des Art. 8 Nr. 1 ArbBeschFG vom 25. 9. 1996 (BGBl. I S. 1476) teilzeitbeschäftigte Arbeitnehmer mit einer regelmäßigen wöchentlichen Arbeitszeit

---

[7] Vgl. hierzu Rn. 1687.

[8] ErfK/*Ascheid,* § 2 ArbPlSchG Rn. 11; APS/*Dörner,* § 2 ArbPlSchG R. 16; KR/*Weigand,* § 2 ArbPlSchG Rn. 27; KDZ/*Zwanziger,* § 2 ArbPlSchG Rn. 16.

[9] Vgl. auch ErfK/*Ascheid,* § 2 ArbPlSchG Rn. 11; APS/*Dörner,* § 2 ArbPlSchG Rn. 16; KR/*Weigand,* § 2 ArbPlSchG Rn. 28.

von nicht mehr als 10 Stunden mit 0,25, nicht mehr als 20 Stunden mit 0,5 und nicht mehr als 30 Stunden mit 0,75 zu berücksichtigen. Ab dem 1. 1. 1999 ist § 2 Abs. 3 Satz 3 ArbPlSchG dahingehend neu gefasst worden, dass Arbeitnehmer mit einer regelmäßigen wöchentlichen Arbeitszeit von nicht mehr als 20 Stunden einheitlich mit 0,5 berücksichtigt werden.[10] Beide seit dem 1. 10. 1996 bzw. 1. 1. 1999 geltenden Regelungen berührten nach dem nicht geänderten § 2 Abs. 3 Satz 4 ArbPlSchG i.d.F. des Art. 8 Nr. 2 ArbBeschFG vom 25. 9. 1996 (BGBl. I S. 1476) bis zum 30. 9. 1999 nicht die Rechtsstellung der Arbeitnehmer, die am 30. 9. 1996 gegenüber ihrem Arbeitgeber Rechte aus der bis zu diesem Zeitpunkt geltenden Fassung der Sätze 3 und 4 hätten herleiten können.[11]

Kündigt der Arbeitgeber nach Zustellung des Einberufungsbescheides oder **1712** während des Wehrdienstes, beginnt die Klagefrist des § 4 Satz 1 KSchG erst zwei Wochen nach Ende des Wehrdienstes zu laufen (§ 2 Abs. 4 ArbPlSchG).

Für **Zivildienstleistende** gilt nach § 78 Abs. 1 Nr. 1 ZDG der Kündigungs- **1713** schutz nach dem Arbeitsplatzschutzgesetz entsprechend.

Für Arbeitnehmer, die an einer **Eignungsübung** teilnehmen, besteht ein ähnli- **1714** cher Kündigungsschutz nach Maßgabe des § 2 EignÜG vom 20. 1. 1956 (BGBl. I S. 13), zuletzt geändert durch das Gesetz vom 24. 3. 1997 (BGBl. I S. 594). Der Arbeitgeber darf das Arbeitsverhältnis während der Eignungsübung nicht kündigen (§ 2 Abs. 1 Satz 1 EignÜG). Das Recht zur außerordentlichen Kündigung aus Gründen, die nicht in der Teilnahme an der Eignungsübung liegen, bleibt unberührt (§ 2 Abs. 1 Satz 2 EignÜG). Vor und nach der Eignungsübung kann das Arbeitsverhältnis nach § 2 Abs. 2 Satz 1 EignÜG **nur aus Anlass** der Übung nicht gekündigt werden. Für die Feststellung einer derartigen Anlasskündigung wird, wie in § 2 Abs. 2 Satz 1 ArbPlSchG (dazu oben Rn. 1706), auf subjektive, mitbestimmende Kündigungsüberlegungen des Arbeitgebers abgestellt.[12] Kündigt der Arbeitgeber innerhalb von sechs Monaten, nachdem er von der Meldung des Arbeitnehmers zur Eignungsübung Kenntnis erhalten hat oder innerhalb von drei Monaten nach der Eignungsübung, wird wieder vermutet, dass die Kündigung aus Anlass der Eignungsübung ausgesprochen worden ist (§ 2 Abs. 2 Satz 3 EignÜG).

III. Sonstige Einzelfälle

§ 9 MuSchG, § 18 BErzGG, §§ 85–90 SGB IX sowie § 15 KSchG sind keines- **1715** wegs die einzigen statusbezogenenen Sonderkündigungsschutznormen im deutschen Arbeitsrecht. Für andere Personengruppen stellt der Gesetzgeber in unterschiedlichem Zusammenhang, zum größten Teil sprunghaft und unsystematisch, statusbezogene Diskriminierungs- und Benachteiligungsverbote auf. All diesen Vorschriften ist gemeinsam, dass – im Unterschied zum statusbezogenen öffentlichrechtlichen Kündigungsschutz – nur die Diskriminierung und Benachteiligung wegen des persönlichen Status ausgeschlossen werden soll (dazu oben Rn. 284ff.).

---

[10] Vgl. Art. 6b, 11 Abs. 1 des Gesetzes zu Korrekturen in der Sozialversicherung und zur Sicherung der Arbeitnehmerrechte vom 19. 12. 1998 (BGBl. I S. 3843).

[11] Zur Besitzstandsklausel nach § 2 Abs. 3 Satz 3 und 4 ArbPlSchG a.F. LAG Hamm 12. 1. 1990 LAGE § 23 KSchG Nr. 8.

[12] BAG 5. 2. 1998 EzA § 8 EFZG Nr. 1 = NZA 1998, 644.

Vierter Abschnitt: Der Kündigungsschutzprozess

§ 1 Die fristgebundene Kündigungsschutzklage

Der Bestandsschutz des Arbeitnehmers nach dem KSchG setzt dessen Initiative, die Klageerhebung, voraus. Will ein Arbeitnehmer geltend machen, dass die ordentliche **Kündigung** seines Arbeitgebers **sozial ungerechtfertigt ist,** muss er nach § 4 Satz 1 KSchG innerhalb von **drei Wochen** nach Zugang der Kündigung Klage beim Arbeitsgericht auf Feststellung erheben, dass das Arbeitsverhältnis durch die Kündigung nicht aufgelöst worden ist. Die Klagefrist ist von Amts wegen zu beachten. Nach Ablauf dieser Frist gilt die Kündigung, wenn sie nicht aus anderen Gründen rechtsunwirksam ist, als von Anfang an wirksam (§ 7 1. Halbsatz KSchG). **1716**

Der Gesetzgeber hat durch die Regelung erreichen wollen, dass alsbald klargestellt wird, ob der Arbeitnehmer die Kündigung akzeptiert oder dagegen **im Klagewege** vorgeht; ein längerer Schwebezustand soll im Interesse des Arbeitgebers und des Arbeitnehmers vermieden werden.[1] Entscheidend ist also nicht allein die Information des Arbeitgebers, sondern die Klageerhebung innerhalb der Frist des § 4 Satz 1 KSchG und die nach Fristablauf eintretende Fiktion des § 7 1. Halbsatz KSchG. Dadurch stellt das Gesetz die gebotene **Klarheit** sicher. Der Arbeitgeber weiß nun, ob er ggfs. den Arbeitsplatz neu besetzen kann. **1717**

Der Kündigungsschutzklage kann ein Kündigungseinspruch nach § 3 KSchG vorausgehen. Hält der Arbeitnehmer die Kündigung für sozial ungerechtfertigt, kann er binnen einer Woche nach der Kündigung Einspruch beim Betriebsrat einlegen. Erachtet der Betriebsrat den Einspruch für begründet, hat er zu versuchen, eine Verständigung mit dem Arbeitgeber herbeizuführen. Auf Verlangen hat der Betriebsrat seine Stellungnahme dem Arbeitgeber und dem Arbeitnehmer gegenüber schriftlich abzugeben. **1718**

Der Kündigungseinspruch hat in der Praxis nur geringe Bedeutung. Der Betriebsrat ist bereits nach § 102 Abs. 1 Satz 1 BetrVG vor jeder Kündigung zu hören. Er hat – nach Anhörung des Arbeitnehmers – schon in diesem Stadium die Möglichkeit, die Entscheidung des Arbeitgebers durch die Erhebung von Bedenken oder die Einlegung eines Widerspruchs zu beeinflussen. Ob das Nebeneinander der Beteiligungsformen deshalb noch notwendig ist, erscheint zweifelhaft, zumal der Einspruch nach § 3 KSchG fakultativ ist und im individualrechtlich ausgestalteten Kündigungsschutz keine unmittelbaren Folgen hat. Der Einspruch ist nicht Wirksamkeitsvoraussetzung für die Erhebung der Kündigungsschutzklage. Die Klagefrist des § 4 Satz 1 KSchG wird durch die Einlegung des Einspruchs nicht berührt. **1719**

§ 3 KSchG ist kein Schutzgesetz i.S. des § 823 Abs. 2 BGB.[2] **1720**

---

[1] BAG 14. 9. 1994 EzA § 4 KSchG n.F. Nr. 50 = NZA 1995, 417; 25. 4. 1996 EzA § 130 BGB Nr. 27 = NZA 1996, 1227; 26. 1. 1999 EzA § 4 KSchG n.F. Nr. 58; KR/*Friedrich,* § 4 KSchG Rn. 10; *v. Hoyningen-Huene/Linck,* § 4 KSchG Rn. 2.

[2] ErfK/*Ascheid,* § 3 KSchG Rn. 8; *v. Hoyningen-Huene/Linck,* § 3 KSchG Rn. 11; APS/*Künzl,* § 3 KSchG Rn. 11; KR/*Rost,* § 3 KSchG Rn. 33ff. mit weiteren Hinweisen;

1721 Es ist versucht worden, die Kündigung in bestimmten Fällen schon im Vorfeld durch einstweilige Verfügung zu verhindern. Beschließt ein Arbeitgeber die Umsetzung einer Betriebsänderung vor Abschluss der Interessenausgleichsverhandlungen, ist umstritten und von großer praktischer Bedeutung, ob der Betriebsrat einen Unterlassungsanspruch zur Verhinderung von betriebsbedingten Kündigungen hat.[3] Zur Verhinderung einer Wiederholungskündigung mit einer Unterlassungsklage vgl. *Ascheid* in Festschrift für Stahlhacke, 1995, S. 3ff.

I. Geltungsbereich des § 4 KSchG

1. Bestehen eines Arbeitsverhältnisses

1722 Nach § 4 Satz 1 KSchG muss der Arbeitnehmer innerhalb von **drei Wochen** nach **Zugang der Kündigung** Klage beim **Arbeitsgericht** auf **Feststellung** erheben, dass das Arbeitsverhältnis durch die Kündigung nicht aufgelöst ist, will er geltend machen, dass die Kündigung gemäß § 1 Abs. 1 KSchG **sozial ungerechtfertigt** ist. Der Rechtsweg zu den Gerichten für Arbeitssachen ist allerdings angesichts der **zwingenden Regelungen** in den §§ 2 bis 5 ArbGG nur gegeben, wenn es sich um eine bürgerliche Rechtstreitigkeit zwischen Arbeitgeber und Arbeitnehmer über das Bestehen oder Nichtbestehen eines Arbeitsverhältnisses handelt (§ 2 Abs. 1 Nr. 3b ArbGG).[4] Bestreitet der Beklagte im Prozess das Bestehen eines Arbeitsverhältnisses und trägt er vor, der Kläger sei im Rahmen eines Dienstvertrages tätig geworden, ohne an Weisungen gebunden und damit persönlich abhängig gewesen zu sein, genügt nach inzwischen gesicherter Rechtsprechung des Bundesarbeitsgerichts, die das Bundesverfassungsgericht bestätigt hat,[5] für die Begründung des Rechtsweges zu den Gerichten für Arbeitssachen nach § 2 Abs. 1 Nr. 3b ArbGG die Äußerung der Rechtsansicht des Klägers, Arbeitnehmer zu sein. Denn die Anwendung des § 1 Abs. 1 KSchG setzt ein Arbeitsverhältnis zwischen den Parteien voraus, so dass die Kündigungsschutzklage nur dann Erfolg haben kann, wenn der Kläger Arbeitnehmer der Beklagten ist (sog. **sic-non-Fall**).[6] Einer

---

HK-KSchG/*Hauck* § 3 Rn. 12. Zur Regelung des § 3 KSchG, die jedoch de lege lata nicht vertretbar ist, vgl. *Möhn,* NZA 1995, 113; ihm folgend *Fischer,* NZA 1995, 1133.

[3] Vgl. *Berscheid,* ZIP 1997, 2206ff.; *Ehler,* BB 1994, 2270ff.; Fitting, § 111 BetrVG Rn. 130ff.; *Hümmerich/Spirolke,* BB 1996, 1986ff.; *Rinsdorf,* ZTR 2001, 197, 198f.

[4] Zur internationalen Zuständigkeit der deutschen Arbeitsgerichtsbarkeit für einen Kündigungsrechtsstreit vgl. BAG 20. 11. 1997 EzA Art. 30 EGBGB Nr. 4 = NZA 1998, 813; vgl. aber auch BAG 25. 10. 2002, 787f. = NZA 2002, 640 L.; LAG Berlin 4. 7. 2001 LAGE § 20 GVG Nr. 2.

[5] BVerfG 31. 8. 1999 EzA § 2 ArbGG 1979 Nr. 47 = AP § 2 ArbGG 1979 Zuständigkeitsprüfung Nr. 6.

[6] BAG 24. 4. 1996 EzA § 2 ArbGG 1979 Nr. 31 = NZA 1996, 1005; 9. 10. 1996 EzA § 2 ArbGG 1979 Nr. 33 = NZA 1997, 175; 19. 12. 2000 EzA § 2 ArbGG 1979 Nr. 52 = NZA 2001, 285; 23. 8. 2001 EzA § 5 ArbGG 1979 Nr. 36 = NZA 2002, 52; dem BAG folgend LAG Sachsen-Anhalt 27. 10. 1997 LAGE § 2 ArbGG 1979 Nr. 29; 24. 1. 2001 NZA-RR 2002, 42, 43; Thür.LAG 24. 8. 2001 – 1 Ta 41/01 –; *G. Reinecke,* ZfA 1998, 359, 382f.; abl. LAG Saarland 18. 12. 1997 LAGE § 2 ArbGG 1979 Nr. 30; *Ganser-Hillgruber,* RdA 1997, 355, 358ff.; *Schreiber,* SAE 1998, 230, 231; *Windel,* ZZP 111 (1998), 3, 23.

Aufklärung oder Beweisaufnahme über die Tatsachen, aus denen die Arbeitnehmereigenschaft folgt, bedarf es in diesem Fall nicht. Stellt sich während des Prozesses heraus, dass der Kläger nicht Arbeitnehmer des Beklagten ist, ist die Klage als unbegründet abzuweisen.[7] Eine Verweisung des Rechtsstreits an ein Gericht eines anderen Rechtsweges scheidet aus.[8] Diese Grundsätze sind auch dann anwendbar, wenn ein ehemaliges Mitglied des Vertretungsorgans einer juristischen Person eine ausschließlich auf § 1 Abs. 1 KSchG gestützte Klage mit der Behauptung erhebt, sein ehemaliges Arbeitsverhältnis sei nach der Beendigung der Organstellung wieder aufgelebt.[9]

Dagegen liegt nach Auffassung des BAG kein sog. sic-non-Fall vor, wenn es um **1723** eine Klage gegen eine außerordentliche Kündigung geht.[10] Das BAG weist darauf hin, dass § 626 Abs. 1 BGB sowohl für ein Arbeits- wie auch für ein freies Dienstverhältnis gelte.[11] Ob in einem derartigen sog. **et-et-Fall** für die Annahme des Rechtswegs zu den Arbeitsgerichten der schlüssige Tatsachenvortrag des Klägers hinsichtlich des Bestehens eines Arbeitsverhältnisses ausreicht oder aber hierüber ggf. Beweis zu erheben ist,[12] hat der inzwischen für Rechtswegfragen im Zusammenhang mit dem Arbeitnehmerstatus allein zuständige 5. Senat in seinem Beschluss vom 10. 12. 1996[13] ausdrücklich offen gelassen. Will allerdings der Kläger eine Entscheidung auch darüber herbeiführen, ob die von ihm angegriffene außerordentliche Kündigung aus Gründen unwirksam ist, die keinen Arbeitnehmerstatus voraussetzen, muss er einen entsprechenden Hilfsantrag stellen. Muss über ihn entschieden werden, stellt sich insoweit wieder die Frage der Zulässigkeit des beschrittenen Rechtsweges.[14] Im Übrigen genügt es für die Eröffnung des Rechtsweges zu den Gerichten für Arbeitssachen im Hinblick auf die Regelung in § 5 Abs. 1 Satz 2 ArbGG, wenn der Kläger entweder Arbeitnehmer oder arbeitnehmerähnliche Person (zum Begriff oben Rn. 878) ist. Insoweit ist eine Wahlfeststellung bei der Rechtswegzuständigkeit zulässig.[15]

---

[7] BAG 20. 9. 2000 EzA § 611 BGB Arbeitnehmerbegriff Nr. 83 = NZA 2001, 210; 25. 4. 2001 EzA § 242 BGB Kündigung Nr. 4 = NZA 2002, 87; 23. 8. 2001 a. a. O.

[8] BAG 24. 4. 1996 a. a. O.; 9. 10. 1996 a. a. O.

[9] BAG 18. 12. 1996 EzA § 2 ArbGG 1979 Nr. 35 mit Anm. von *Brehm* = NZA 1997, 509; 25. 6. 1997 EzA § 2 ArbGG 1979 Nr. 37 = NZA 1997, 1363; 6. 5. 1999 EzA § 5 ArbGG 1979 Nr. 33 = NZA 1999, 839; LAG Sachsen-Anhalt 24. 1. 2001 a. a. O.; vgl. auch BAG 23. 8. 2001 NZA 2002, 52; LAG Köln 7. 9. 2000 NZA-RR 2001, 605 L. Zum Problemfeld vgl. auch *Boewer*, RdA 2001, 380, 384; *Jaeger* NZA 1998, 961, 964; *Kamanabrou*, DB 2002, 146, 148f.

[10] BAG 10. 12. 1996 EzA § 2 ArbGG 1979 Nr. 36 = NZA 1997, 674; ebenso LAG Köln 25. 4. 1997 LAGE § 2 ArbGG 1979 Nr. 24; a. A unter Hinweis auf §§ 4 Satz 1, 13 Abs. 1 Satz 2 KSchG Sächs.LAG 5. 8. 1997 LAGE § 2 ArbGG 1979 Nr. 25; 15. 7. 1998 LAGE § 2 ArbGG 1979 Nr. 331; abl. auch *Ganser-Hillgruber*, RdA 1997, 355, 360; *Schreiber*, SAE 1998, 230, 231.

[11] Ebenso BGH 19. 11. 1998 NZA 1999, 320.

[12] So noch BAG (2. Senat) 30. 8. 1993 EzA § 2 ArbGG 1979 Nr. 25 = NZA 1994, 141; 28. 10. 1993 EzA § 2 ArbGG 1979 Nr. 26 = NZA 1994, 234; ebenso *Ganser-Hillgruber*, RdA 1997, 355, 362.

[13] EzA § 2 ArbGG 1979 Nr. 36 = NZA 1997, 674.

[14] BAG 19. 12. 2000 EzA § 2 ArbGG 1979 Nr. 52 = NZA 2001, 285; 17. 1. 2001 EzA § 2 ArbGG 1979 Nr. 53 = NZA 2001, 341.

[15] BAG 17. 6. 1999 EzA § 5 ArbGG 1979 Nr. 34 = NZA 1999, 1175; 30. 8. 2000 EzA § 2 ArbGG 1979 Nr. 51 = AP § 2 ArbGG 1979 Nr. 75; 19. 12. 2000 EzA § 2 ArbGG 1979 Nr. 52 = NZA 2001, 285; BGH 4. 11. 1998 ZIP 1998, 2104, 2107.

2. Ordentliche und außerordentliche Kündigung

1724 Das KSchG regelt primär den Schutz des Arbeitnehmers gegenüber einer sozialwidrigen ordentlichen Kündigung. Darüber hinaus bestimmt es in § 13 Abs. 1 Satz 2, dass die Rechtsunwirksamkeit einer außerordentlichen Kündigung nur nach Maßgabe des § 4 Satz 1 und der §§ 5–7 KSchG geltend gemacht werden kann, d.h., die Dreiwochenfrist ist einzuhalten (dazu unten Rn. 1932). Das gilt auch für die Klage gegen eine außerordentliche Änderungskündigung. § 4 Satz 2 KSchG ist entsprechend anzuwenden.[16]

1725 Die Dreiwochenfrist bindet unstreitig diejenigen Arbeitnehmer nicht, die keinen Kündigungsschutz nach §§ 1 Abs. 1, 23 Abs. 1 Satz 2 und 3 KSchG haben (dazu oben Rn. 892ff.) und sich gegen eine ordentliche Kündigung wehren wollen. Streitig ist dagegen, ob auch der Arbeitnehmer, dessen Arbeitsverhältnis noch **keine sechs Monate** (§ 1 Abs. 1 KSchG) besteht und der die Unwirksamkeit einer außerordentlichen Kündigung geltend machen will, die Dreiwochenfrist einzuhalten hat. Die Frage wird von der ganz h.M. verneint.[17] Zeiten einer beruflichen Ausbildung sind auf die Wartezeit anzurechnen,[18] so dass dann ggfls. die Dreiwochenfrist Platz greift.

1726 Gegen eine **vorsorgliche** außerordentliche oder ordentliche **Kündigung** ist im Geltungsbereich des Kündigungsschutzgesetzes innerhalb der Dreiwochenfrist vorzugehen. Sie ist eine echte Kündigung (dazu oben Rn. 251). Andernfalls treten die Wirkungen des § 7 1. Halbs. KSchG ein, d.h. die (vorsorgliche) Kündigung gilt, wenn sie nicht aus anderen Gründen rechtsunwirksam ist, als von Anfang an rechtswirksam.

1727 Die Klagefrist des § 4 Satz 1 KSchG ist, sofern die formellen Voraussetzungen für die Anwendung des allgemeinen Kündigungsschutzes erfüllt sind, auch anzuwenden auf Kündigungen nach der Anlage I Kapitel XIX Sachgebiet A Abschnitt III Nr. 1 Abs. 5[19] und Abs. 4 des Einigungsvertrages.[20]

3. Befristeter Arbeitsvertrag

1728 Besteht ein befristetes Arbeitsverhältnis, hat der Arbeitnehmer, sofern die Voraussetzungen des Kündigungsschutzgesetzes vorliegen und der Arbeitgeber im Falle einer Höchstbefristung (vgl. § 15 Abs. 3 TzBfG) bzw. einer unwirksamen Befristungsabrede (vgl. § 16 TzBfG) ordentlich kündigt oder eine außerordentliche

---

[16] BAG 17. 5. 1984 AP § 55 BAT Nr. 3 = NZA 1985, 62 L.

[17] BAG 17. 8. 1972 EzA § 626 BGB n.F. Nr. 22 = NJW 1973, 553; 14. 12. 1979 EzA § 119 BGB Nr. 11 (obiter dictum) = NJW 1980, 1302; ErfK/*Ascheid,* § 13 KSchG Rn. 6; APS/*Biebl,* § 13 KSchG Rn. 12; KR/*Friedrich,* § 13 KSchG Rn. 32; HK-KSchG/*Dorndorf,* § 13 Rn. 22; *Oetker,* JuS 2001, 251, 252f.; KDZ/*Zwanziger,* § 13 KSchG Rn. 3; a.A. *v. Hoyningen-Huene/Linck,* § 13 KSchG Rn. 28ff.; *Löwisch,* § 13 KSchG Rn. 4; MünchKomm/*Schwerdtner,* § 626 BGB Rn. 246.

[18] BAG 23. 9. 1976 EzA § 1 KSchG Nr. 35 = NJW 1977, 1311.

[19] BAG 11. 6. 1992 EzA Art. 20 EinigungsV Nr. 11 = AP Einigungsvertrag, Anlage I Kap. XIX Nr. 4; *Müller-Glöge,* Arbeitsrecht in den neuen Bundesländern, 1998, Rn. 452.

[20] BAG 24. 9. 1992 EzA Art. 20 EinigungsV Nr. 17 = NZA 1993, 362; *Müller-Glöge,* a.a.O., Rn. 471.

Kündigung erklärt, die Dreiwochenfrist einzuhalten.[21] Streiten die Parteien über die Wirksamkeit einer Befristung des Arbeitsverhältnisses, muss der Arbeitnehmer **seit dem 1. 10. 1996** nach § 1 Abs. 5 Satz 1 BeschFG i.d.F. des Art. 4 Arb-BeschFG vom 25. 9. 1996 (BGBl. I S. 1476), der mit Wirkung vom 1. 1. 2001 durch den wortgleichen § 17 Satz 1 TzBfG abgelöst worden ist, **innerhalb** von **drei Wochen nach dem vereinbarten Ende** des befristeten Arbeitsvertrages **Klage** beim Arbeitsgericht **auf Feststellung** erheben, dass das **Arbeitsverhältnis auf Grund der Befristung nicht beendet** ist (dazu näher unten Rn. 1909ff.).[22]

Der Arbeitgeber kann das Arbeitsverhältnis bei einem Streit oder einer Unsi- 1729
cherheit über die Wirksamkeit der Befristung auch **vorsorglich kündigen.** Dann hat der Arbeitnehmer die Klagefrist des § 4 Satz 1 KSchG zu beachten. Allerdings gelten für diese Kündigung die allgemeinen Grundsätze, z.B. ist nach § 102 Abs. 1 Satz 1 BetrVG der Betriebsrat vor der Kündigung zu hören. In der Mitteilung, das Arbeitsverhältnis ende mit dem Ablauf der vereinbarten Zeit oder es werde nicht verlängert, liegt allerdings noch keine Kündigung (vgl. oben Rn. 176). Es muss der Wille des Arbeitgebers für den Erklärungsempfänger zum Ausdruck kommen, das Arbeitsverhältnis solle unabhängig von der Wirksamkeit der Befristung durch Kündigung beendet werden (Zur Bestimmtheit der Kündigung oben Rn. 174ff.).

4. Anfechtung des Arbeitsverhältnisses

Keine Anwendung findet die Klagefrist (analog §§ 4, 13 Abs. 1 KSchG) auf die 1730
Anfechtung des Arbeitsvertrages durch den Arbeitgeber.[23] Klagefristen, wie sie der Gesetzgeber in den §§ 4 und 13 KSchG sowie seit dem 1. 10. 1996 in § 1 Abs. 5 BeschFG n.F. bzw. seit dem 1. 1. 2001 in § 17 Satz 1 TzBfG vorsieht, sind Sonderregelungen, die sich nicht auf andere Fallgestaltungen übertragen lassen.[24]

5. Berufsausbildungsverhältnis

Zur Beilegung von Streitigkeiten zwischen Ausbildenden und Auszubildenden 1731
aus einem bestehenden Berufsausbildungsverhältnis **können** im Bereich des Handwerks die Handwerksinnungen, im Übrigen die zuständigen Stellen i.S. des Berufsbildungsgesetzes Ausschüsse bilden. Zu diesen Streitigkeiten zählt auch der Streit der Parteien, ob eine außerordentliche Kündigung nach § 15 Abs. 2 Nr. 1 BBiG das Berufsausbildungsverhältnis beendet hat oder nicht. Die Bildung der Ausschüsse ist in der Praxis eher die Regel, das Nichtvorhandensein also die Ausnahme. Besteht ein Ausschuss, ist die nach § 111 Abs. 2 Satz 5 ArbGG vorgeschriebene Verhandlung vor dem Schlichtungsausschuss eine **unverzichtbare Prozessvor-**

---

[21] BAG 8. 6. 1972 EzA § 626 BGB n.F. Nr. 12 = NJW 1972, 1878; KR/*Friedrich,* § 4 KSchG Rn. 15.

[22] Die Klagefrist galt auch für sog. Altverträge, deren Befristung nach dem 30. 9. 1996 endet; BAG 20. 1. 1999 EzA § 1 BeschFG 1985 Klagefrist Nr. 1 = NZA 1999, 671; im Übrigen vgl. Voraufl. Rn. 1049 mit Fn. 18.

[23] APS/*Ascheid,* § 4 KSchG Rn. 16; DKZ/*Däubler,* §§ 119–122 BGB Rn. 25; *v. Hoyningen-Huene/Linck,* § 1 KSchG Rn. 104; *Löwisch,* § 1 KSchG Rn. 59; MünchArbR/*Richardi,* § 46 Rn. 55; a.A. KR/*Friedrich,* § 4 KSchG Rn. 16a; offengelassen von BAG 14. 12. 1979 EzA § 119 BGB Nr. 11 = NJW 1980, 1302.

[24] BAG 6. 11. 1997 EzA § 242 BGB Prozessverwirkung Nr. 2 = NZA 1998, 374.

aussetzung für die Klage gegen die Wirksamkeit der außerordentlichen Kündigung vor dem Arbeitsgericht.

1732 Der Auszubildende hat **die Klagefrist** des § 4 Satz 1 KSchG i. V. mit § 13 Abs. 1 Satz 2 KSchG gegenüber einer außerordentlichen Kündigung des Berufsausbildungsverhältnisses durch den Ausbildenden dann **nicht einzuhalten, wenn ein Schlichtungsverfahren nach § 111 Abs. 2 ArbGG durchzuführen ist.** Das hat das BAG in der Leitentscheidung vom 13. 4. 1989[25] überzeugend mit dem Hinweis begründet, die verschiedenen Verfahrens- und Fristenregelungen in § 4 Satz 1 KSchG und § 111 Abs. 2 ArbGG ließen sich nicht miteinander verbinden, denkbare Lösungen gingen über die Grenzen einer zulässigen Gesetzesanwendung hinaus, da es sich um Frist- und Formvorschriften, die im besonderen Maße dem Gebot der Rechtsklarheit unterlägen, handeln würde.

1733 Für den Fall, **dass ein Schlichtungsausschuss nicht besteht,** hat das BAG dagegen erkannt, der Auszubildende habe die Klagefrist der §§ 4 Satz 1, 13 Abs. 1 Satz 2 KSchG einzuhalten, wenn er gegen die außerordentliche Kündigung des Berufsausbildungsverhältnisses Klage erhebe und die formellen Voraussetzungen für die Anwendung des allgemeinen Kündigungsschutzes gegeben seien.[26] Begründet worden ist dies mit dem Hinweis, der Zweck der §§ 4 Satz 1, 13 Abs. 1 Satz 2 KSchG, eine schnelle und endgültige Klärung der Frage der Wirksamkeit einer außerordentlichen Kündigung herbeizuführen, rechtfertige ihre Anwendung auch bei der außerordentlichen Kündigung des Berufsausbildungsverhältnisses. Ein Verstoß gegen das Gebot der Rechtsklarheit und Gleichbehandlung sei nicht gegeben, wenn nur im Falle des Bestehens eines Schlichtungsausschusses von der Fristenregelung abgesehen werde. Dem ist nicht zu folgen. Einmal zeigt die Verfahrens- und Fristenregelung in § 111 Abs. 2 ArbGG, dass das Berufsbildungsrecht **gerade nicht auf eine schnelle Klärung** der Frage drängt, ob gegen eine außerordentliche Kündigung im Berufsausbildungsverhältnis Klage erhoben wird. Das Beschleunigungsinteresse ist vom Gesetzgeber in diesem Falle also deutlich zurückgenommen worden. Zudem hat *Vollkommer*[27] überzeugend begründet, dass die Verweisung in § 3 Abs. 2 BBiG nur eine entsprechende Anwendung der kündigungsrechtlichen Normen bedeutet und diese entsprechende Anwendung die Schaffung von Zugangsschranken zu den Gerichten durch Fristen ausschließt.

6. Sonstige Fälle

1734 Die Klagefrist des § 4 Satz 1 KSchG gilt nicht für einseitige Maßnahmen des Arbeitgebers, die von ihm aus dem **Direktionsrecht** abgeleitet werden[28] (Verset-

---

[25] EzA § 13 KSchG n. F. Nr. 4 = AP § 4 KSchG Nr. 21; ebenso BAG 5. 7. 1990 EzA § 4 KSchG n. F. Nr. 39 = NZA 1991, 671; 17. 6. 1998 RzK IV 3 a Nr. 30.

[26] BAG 5. 7. 1990 EzA § 4 KSchG n. F. Nr. 39 mit abl. Anm. von *Vollkommer* = NZA 1991, 671; 26. 1. 1999 EzA § 4 KSchG n. F. Nr. 58 = NZA 1999, 934; ErfK/*Ascheid,* § 4 KSchG Rn. 7; APS/*Ascheid,* § 4 KSchG Rn. 17; *v. Hoyningen-Huene/Linck,* § 13 KSchG Rn. 32, 33; *Löwisch,* § 13 KSchG Rn. 5; KR/*Friedrich,* § 13 KSchG Rn. 36; DKZ/*Zwanziger,* § 4 KSchG Rn. 9.

[27] Anm. zu BAG EzA § 4 KSchG n. F. Nr. 39.

[28] BAG 27. 3. 1980 EzA § 611 BGB Direktionsrecht Nr. 3 = AP § 626 BGB Direktionsrecht Nr. 26; APS/*Ascheid,* § 4 KSchG Rn. 11; KR/Friedrich, § 4 KSchG Rn. 16; *v. Hoyningen-Huene/Linck,* § 4 KSchG Rn. 3; KDZ/*Zwanziger,* § 4 KSchG Rn. 6.

zung). Sie findet auch keine Anwendung im Falle eines **vorbehaltenen Widerrufs** oder der Beendigungserklärung in einem **faktischen Arbeitsverhältnis** (dazu oben Rn. 33).

Die Klagefrist des § 4 Satz 1 KSchG ist im Falle einer Kündigung wegen des Übergangs eines Betriebes oder eines Betriebsteiles nach § 613a Abs. 4 Satz 1 BGB (dazu oben Rn. 976) nicht einzuhalten. **1735**

Der Arbeitnehmer braucht die Dreiwochenfrist ferner nicht zu beachten, wenn er sich nicht auf eine Sozialwidrigkeit der Kündigung nach § 1 Abs. 1 KSchG oder auf das Fehlen eines wichtigen Grundes nach § 626 Abs. 1 BGB berufen will, sondern allein geltend macht, der Betriebsrat sei nach § 102 Abs. 1 Satz 1 und 2 BetrVG nicht ordnungsgemäß gehört worden. Gegenstand des Rechtsstreit ist dann nur die Frage der Unwirksamkeit der Kündigung aus diesem Grunde (§ 102 Abs. 1 Satz 3 BetrVG). **1736**

II. Feststellungsklage

1. Grundsätze

Die Klage nach § 4 Satz 1 KSchG ist eine Feststellungsklage, obwohl nicht zu verkennen ist, dass sie auch eine Gestaltungswirkung hat.[29] Durch die rechtzeitige Klageerhebung wird die Heilung der Sozialwidrigkeit nach § 7 1. Halbs. KSchG ausgeschlossen. Streitgegenstand der Klage ist, ob das Arbeitsverhältnis durch die konkrete Kündigung zu dem in ihr angegebene Zeitpunkt endet (Einzelheiten unten Rn. 1873). Durch die Klage wird also keine Änderung des bis zum Urteil fortdauernden Rechtszustandes herbeigeführt. Das die Rechtsunwirksamkeit der Kündigung aussprechende Urteil hat nur **rechtsfeststellende Wirkung;** es stellt die objektiv bereits bestehende Rechtslage fest. Daraus folgt die Notwendigkeit der Erhebung einer zweiten Klage, wenn der Arbeitgeber nach Ausspruch der Kündigung erneut kündigt (dazu näher unten Rn. 1874). Auch diese Klage muss innerhalb der Frist des § 4 Satz 1 KSchG beim Arbeitsgericht eingehen, selbst wenn das erste Kündigungsschutzverfahren anhängig ist[30] Das **gilt auch,** wenn die zweite Kündigung nur **vorsorglich** erfolgt ist.[31] Bestätigt der Arbeitgeber eine mündlich erklärte Kündigung schriftlich, beginnt die Klagefrist nur dann schon mit dem Zugang der zuerst erklärten Kündigung zu laufen, wenn er mit dem Schreiben eine neue rechtsgeschäftlich bedeutsame Erklärung abgeben und nicht nur das bereits Geschehene schriftlich fixieren wollte.[32] Die Versäumung der Frist ist aber im Hin- **1737**

---

[29] Vgl. BAG 13. 3. 1997 EzA § 4 KSchG n. F. Nr. 57 = NZA 1997, 844; 4. 12. 1997 EzA § 242 BGB Rechtsmissbrauch Nr. 3 = NZA 1998, 420; APS/*Ascheid,* § 4 KSchG Rn. 19; KR/*Friedrich,* § 4 KSchG Rn. 18; KDZ/*Zwanziger,* § 4 KSchG Rn. 10.

[30] Zur Aussetzung der zweiten Klage nach § 148 ZPO vgl. LAG Nürnberg 14. 5. 2001 NZA-RR 2001, 661 f.

[31] BAG 12. 10. 1954 AP § 3 KSchG Nr. 5 = NJW 1955, 1052; LAG Baden-Württemberg 18. 7. 1968 DB 1969, 1155; LAG Düsseldorf 28. 10. 1980 DB 1981, 800; *Vollkommer,* Anm. zu BAG AP § 13 KSchG 1969 Nr. 3; ErfK/*Ascheid,* § 4 KSchG Rn. 54; APS/*Ascheid,* § 4 KSchG Rn. 109; KR/*Friedrich,* § 4 KSchG Rn.14, 269 ff.; KDZ/*Zwanziger,* § 4 KSchG Rn. 55.

[32] BAG 10. 12. 1970 EzA § 3 KSchG Nr. 4 = AP § 3 KSchG Nr. 39; vgl. auch BAG 19. 5. 1988 EzA § 613a BGB Nr. 82 = NZA 1989, 461; 14. 9. 1994 EzA § 4 KSchG n. F.

blick darauf, dass die Kündigung seit dem 1. 5. 2000 gemäß § 623 BGB a. F. bzw. seit dem 1. 8. 2001 nach § 623 1. Halbsatz BGB n. F. der Schriftform bedarf (dazu oben Rn. 152ff.) und dieser Mangel gemäß § 13 Abs. 3 BGB außerhalb der Dreiwochenfrist des § 4 Satz 1 KSchG gerügt werden kann (dazu unten Rn. 1953), unschädlich.[33] Kündigt der Arbeitgeber auf Grund desselben Sachverhalts zweimal in zeitlich kurzem Abstand, kann wegen des einheitlichen Lebensvorganges *eine* fristgerechte Klage nach § 4 Satz 1 KSchG ausreichen (dazu unten Rn. 1804).

1738 Der Arbeitnehmer ist wegen der Fassung des § 4 Satz 1 KSchG **gezwungen,** eine **Feststellungsklage** dahingehend **zu erheben,** dass das Arbeitsverhältnis durch eine bestimmte Kündigung nicht aufgelöst worden ist.[34] Der in der Kündigung genannte Beendigungstermin muss nach dem eindeutigen Wortlaut des § 4 Satz 1 KSchG nicht genannt werden. Im Übrigen sind an die Formulierung des Klageantrages keine hohen Anforderungen zu stellen.[35] Hat der Arbeitgeber nur eine Kündigung ausgesprochen, ist es unschädlich, wenn der Arbeitnehmer sie falsch, z. B. als fristlose anstatt (richtig) als ordentliche Kündigung bezeichnet hat.[36] Damit verbinden kann er einen weitergehenden Feststellungsantrag nach § 256 Abs. 1 ZPO mit dem Ziel der Feststellung des Fortbestehens des Arbeitsverhältnisses auch über den Ablauf der Kündigungsfrist hinaus. Für eine derartige Feststellungsklage besteht angesichts des punktuellen Streitgegenstandes der Kündigungsschutzklage ein alsbaldiges Interesse des Arbeitnehmers, wenn anzunehmen ist, dass der Arbeitgeber weitere Beendigungsgründe in das Verfahren einführt. Mit Stellung dieses zusätzlichen Antrages wird das Bestehen des Arbeitsverhältnisses selbst Streitgegenstand der Kündigungsschutzklage (Einzelheiten unten Rn. 1880 ff.).

1739 Hat der Arbeitnehmer innerhalb der Klagefrist des § 4 Satz 1 KSchG eine Entgeltklage für die Zeit **nach Ablauf der Kündigungsfrist oder nach Zugang der außerordentlichen Kündigung** erhoben mit dem Hinweis, die Kündigung sei sozialwidrig, kann er analog § 6 Satz 1 KSchG – es besteht eine Hinweispflicht des Gerichts – auch nachträglich den notwendigen Feststellungsantrag stellen (dazu näher unten Rn. 1821). Klagt der Arbeitnehmer auf Auflösung des Arbeitsverhältnisses und Zahlung einer Abfindung, reicht dies aus, weil darin notwendig der Feststellungsantrag enthalten ist.[37]

2. Feststellungsinteresse

1740 Ein besonderes Feststellungsinteresse (§ 256 ZPO) ist wegen § 7 1. Halbsatz KSchG für die Kündigungsschutzklage (§§ 4, 13 Abs. 1 Satz 2 KSchG) nicht not-

Nr. 50 = NZA 1995, 417; 25. 4. 1996 EzA § 130 BGB Nr. 27 = NZA 1996, 1227; BGH 11. 2. 1999 EzA § 675 BGB Nr. 1 (zum Anwaltsverschulden).

[33] Vgl. auch KR/*Friedrich,* § 4 KSchG Rn. 135; *v. Hoyningen-Huene/Linck,* § 4 KSchG Rn. 10 a.

[34] Vgl. ErfK/*Ascheid,* § 4 KSchG Rn. 60; APS/*Ascheid,* § 4 KSchG Rn. 109; KR/*Friedrich,* § 4 KSchG Rn. 17; *v. Hoyningen-Huene/Linck,* § 4 KSchG Rn. 5

[35] BAG 21. 5. 1981 EzA § 4 KSchG n. F. Nr. 19 = AP § 4 KSchG 1969 Nr. 4.

[36] Vgl. BAG 21. 5. 1981 a. a. O.; ErfK/*Ascheid,* § 4 KSchG Rn. 60; APS/*Ascheid,* § 4 KSchG Rn. 109; KDZ/*Zwanziger,* § 4 KSchG Rn. 36.

[37] BAG 13. 2. 1956 AP § 7 KSchG 1951 Nr. 5; 19. 8. 1982 EzA § 9 KSchG Nr. 14 = AP § 9 KSchG 1969 Nr. 9.

wendig.[38] Ein Interesse an der Feststellung der Sozialwidrigkeit einer Kündigung, das als Prozessvoraussetzung noch im Zeitpunkt der letzten mündlichen Verhandlung vorliegen muss,[39] fehlt wegen eines vor- oder gleichzeitig mit dem Ablauf der Kündigungsfrist wirksam werdenden anderen Beendigungstatbestandes nur dann, wenn die Wirksamkeit dieses anderen Beendigungstatbestandes zwischen den Parteien unstreitig oder rechtskräftig festgestellt ist.[40] Das Rechtsschutzinteresse entfällt nicht, wenn der Arbeitnehmer wiederholt vom Arbeitgeber den Ausspruch der Kündigung verlangt, und dieser daraufhin die Kündigung wunschgemäß erklärt. Die in der Voraufl. (Rn. 1058) vertretene Auffassung, der Arbeitsvertrag ende dann auf Grund eines konkludent geschlossenen Aufhebungsvertrages zum Ablauf der ordentlichen Kündigungsfrist, kann im Hinblick auf die seit dem 1. 5. 2000 nach § 623 BGB für einen solchen Vertrag vorgeschriebene Schriftform (dazu oben Rn. 152ff.) nicht aufrecht erhalten werden. Da im Übrigen vor Ausspruch einer Kündigung nicht rechtswirksam auf den Kündigungsschutz nach § 4 Satz 1 KSchG verzichtet werden kann (dazu oben Rn. 1253), bleibt dem Arbeitgeber im Rahmen einer Klage gegen die von ihm auf Wunsch des Arbeitnehmers ausgesprochene Kündigung nur der Einwand der unzulässigen Rechtsausübung (§ 242 BGB).[41]

Haben die Parteien vereinbart, das Arbeitsverhältnis trotz erfolgter Kündigung fortzusetzen, entfällt das Rechtsschutzinteresse an einer Klage, die die Sozialwidrigkeit der Kündigung feststellen soll. Die „gerichtliche Bestätigung" der bereits vereinbarten Fortsetzung des Arbeitsverhältnisses ist unzulässig.[42] Hat sich der Arbeitnehmer außergerichtlich zur **Rücknahme der Kündigungsschutzklage** verpflichtet, entfällt das Rechtsschutzinteresse der Klage, wenn sich der Arbeitgeber im Verfahren darauf beruft.[43] Der außergerichtliche Vergleich gestaltet in materieller Hinsicht die Rechtslage. Er hat keine unmittelbaren Einwirkungen auf den Prozess, der den Streitgegenstand betrifft. Die Klage wird jedoch unzulässig, weil sich niemand mit seinem früheren Verhalten in Widerspruch setzen darf, auch im Prozess nicht. Sein Handeln wäre dann arglistig.[44] Bestreitet der Arbeitnehmer die Wirksamkeit des außergerichtlichen Vergleichs, ist darüber im Verfahren incidenter zu entscheiden. 1741

[38] Vgl. BAG 11. 2. 1981 EzA § 4 KSchG n. F. Nr. 20 = AP § 4 KSchG 1969 Nr. 8; LAG München 3. 11. 2000 LAGE § 626 BGB Nr. 131; ErfK/*Ascheid,* § 4 KSchG Rn. 9; APS/*Ascheid,* § 4 KSchG Rn. 24; *Boemke,* RdA 1995, 215; KR/*Friedrich,* § 4 KSchG Rn. 26; HK-KSchG/*Hauck* § 4 KSchG Rn. 24; *v. Hoyningen-Huene/Linck,* § 4 KSchG Rn. 14; KDZ/*Zwanziger,* § 4 KSchG Rn. 57.

[39] LAG Frankfurt/M. 24. 5. 1991 LAGE § 4 KSchG Nr. 21; allg. BGH 8. 3. 1979 NJW 1980, 520; *Zöller/Greger,* Vor § 253 ZPO Rn. 9.

[40] BAG 11. 2. 1981 EzA § 4 KSchG n. F. Nr. 20 = AP § 4 KSchG Nr. 8; 4. 2. 1993 EzA § 20 SchwbG 1986 Nr. 1 = NZA 1994, 214; ErfK/*Ascheid,* § 4 KSchG Rn. 9; APS/*Ascheid,* § 4 KSchG Rn. 25; *Boemke,* RdA 1995, 211, 216; *v. Hoyningen-Huene/Linck,* § 4 KSchG Rn. 16; KDZ/*Zwanziger,* § 4 KSchG Rn. 57.

[41] LAG Köln 11. 1. 1984 DB 1984, 1150; KR/*Etzel,* § 1 KSchG Rn. 36; KR/*Friedrich,* § 4 KSchG Rn. 296a; vgl. auch LAG Frankfurt/M. 24. 4. 1987 LAGE § 4 KSchG Verzicht Nr. 1; LAG Berlin 31. 10. 1988 LAGE § 9 MuSchG Nr. 9; 31. 10. 1988 LAGE § 9 MuSchG Nr. 9.

[42] LAG Schleswig-Holstein 9. 7. 1986 NZA 1988, 40; LAG Frankfurt/M. 24. 5. 1991 LAGE § 4 KSchG Nr. 21; APS/*Ascheid,* § 4 KSchG Rn. 26; KR/*Friedrich,* § 4 KSchG Rn. 26; KDZ/*Zwanziger,* § 4 KSchG Rn. 57.

[43] LAG Berlin 18. 1. 1982 EzA § 4 KSchG n. F. Nr. 21.

[44] BGH 14. 11. 1983 NJW 1984, 805; OVG Hamburg 30. 5. 1988 NJW 1989, 604.

1742 Keine Bedenken gegen das Feststellungsinteresse bestehen dann, wenn der Arbeitnehmer eine andere Stelle gefunden hat und nicht vorhat, die alte Stelle ggfls. wieder anzutreten.[45] Um einen Entgeltanspruch nach §§ 611 Abs. 1, 615 Satz 1 BGB durchzusetzen, bedarf es nach dem System des Kündigungsschutzgesetzes unbedingt der Feststellungsklage. Das Wahlrecht nach § 12 KSchG zeigt dies eindeutig.[46]

1743 Die Rücknahme der Kündigung (dazu oben Rn. 234ff.) lässt nur unter bestimmten Voraussetzungen das Feststellungsinteresse des Arbeitnehmers an einer bereits erhobenen Klage nach § 4 Satz 1 KSchG entfallen (dazu oben Rn. 244 und unten Rn. 1760, 1761).

III. Wirkungen der Kündigungsschutzklage

1. Einfluss auf Verjährung

1744 Die Feststellungsklage nach § 4 Satz 1 KSchG unterbrach die Verjährung der Entgeltansprüche nach § 209 Abs. 1 BGB a.F. (bis 31. 12. 2001) bzw. hemmt sie gemäß § 204 Abs. 1 Nr. 1 BGB n.F. (seit 1. 1. 2002) nicht.[47] Begründet wurde bzw. wird dies zutreffend mit dem unterschiedlichen Streitgegenstand. Die zugunsten des Arbeitnehmers entschiedene Kündigungsschutzklage sagt über den Anspruch aus §§ 611 Abs. 1, 615 Satz 1 BGB nichts aus. Für den Arbeitnehmer ist dieser Zustand sicher unbefriedigend. Es hat in der Literatur nicht an Versuchen gefehlt, hier Abhilfe zu schaffen.[48] Bis zu einer Regelung durch den Gesetzgeber muss der Arbeitnehmer seine Entgeltansprüche durch Zahlungsklage rechtshängig machen, will er einer sonst drohenden Verjährung vorbeugen.

2. Geltendmachung im Rahmen von Ausschlussfristen

a) Anwendbarkeit

1745 Die Verjährung von Entgeltansprüchen während eines laufenden Kündigungsschutzprozesses hat in der Praxis keine allzu große Bedeutung. Die Frage aber, ob die Erhebung der Kündigungsschutzklage ausreicht, um Entgeltansprüche innerhalb der oft kurzen tariflichen Ausschlussfristen geltend zu machen, ist von zentra-

---

[45] BAG 14. 1. 1993 NZA 1993, 981, 982; ErfK/*Ascheid,* § 4 KSchG Rn. 9; APS/*Ascheid,* § 4 KSchG Rn. 24; KR/*Friedrich,* § 4 KSchG Rn. 27f.; HK-KSchG/*Hauck* § 4 Rn. 25; *v. Hoyningen-Huene/Linck,* § 4 KSchG Rn. 15; KDZ/*Zwanziger,* § 4 KSchG Rn. 57.

[46] BAG 14. 1. 1993 NZA 1993, 981, 982; KR/*Friedrich,* § 4 KSchG Rn. 27; MünchKomm/*Schwerdtner,* § 622 BGB Anh. Rn. 203.

[47] BAG 10. 4. 1963 EzA § 4 TVG Nr. 5 = NJW 1963, 1517; 10. 4. 1963 EzA § 4 TVG Nr. 5 = AP § 615 BGB Nr. 23; BAG 7. 11. 1991 EzA § 209 BGB Nr. 5 mit krit. Anm. von *Teske* = NZA 1992, 1025; ErfK/*Ascheid,* § 4 KSchG Rn. 91; APS/*Ascheid,* § 4 KSchG Rn. 154; KR/*Friedrich,* § 4 KSchG Rn. 30; *v. Hoyningen-Huene/Linck,* § 4 KSchG Rn. 17; ErfK/*Preis,* § 615 BGB Rn. 81; KDZ/*Zwanziger,* § 4 KSchG Rn. 11.

[48] Vgl. *Larenz,* Anm. BAG SAE 1960, 81 (Beginn der Verjährungsfrist mit der Rechtskraft des Urteils); ebenso *Bötticher,* BB 1981, 1958; *Lüke,* NJW 1960, 1333 (Analogie zu § 202 Abs. 1 BGB a.F.; Hemmung der Verjährung aus Rechtsgründen), ebenso *Konzen,* SAE 1970, 279; KR/*Friedrich,* § 4 KSchG Rn. 36 (Analogie zu §§ 206, 207 BGB a.F.; Ablaufhemmung bei nicht voll Geschäftsfähigen und bei Nachlasssachen).

ler Bedeutung. Mit Fristablauf **erlischt** nämlich der **Anspruch.**[49] Das Erlöschen ist **von Amts wegen** zu beachten.[50]

Im konkreten Fall ist zunächst zu prüfen, **ob** auf das Arbeitsverhältnis eine **Ausschlussfrist** anzuwenden ist. Die Vereinbarung der Ausschlussfrist kann im Einzelarbeitsvertrag enthalten sein.[51] Zu beachten ist, dass Ausschlussfristen für die Geltendmachung tariflicher Rechte nach § 4 Abs. 4 TVG nur im Tarifvertrag selbst vereinbart werden können. Bei der Anwendung tariflicher Ausschlussfristen ist immer zu prüfen, ob die tariflichen Normen für das Arbeitsverhältnis gelten. **1746**

Die Tarifnormen – also auch tarifliche Ausschlussfristen – gelten nach § 3 Abs. 1 TVG in Verbindung mit § 4 Abs. 1 TVG nur dann, wenn Arbeitgeber und Arbeitnehmer tarifgebunden, d. h. **Mitglied im tarifschließenden Verband** sind und das Arbeitsverhältnis vom Geltungsbereich des Tarifvertrages erfasst wird oder der **Tarifvertrag für allgemeinverbindlich erklärt worden ist** (§ 5 TVG). Die Einzelarbeitsvertragsparteien können ferner die Geltung des Tarifvertrages vereinbaren (sog. **Bezugnahme auf den Tarifvertrag**). Eine Bezugnahme auf den Tarifvertrag bedarf keiner Form. Sie kann deshalb auch durch konkludentes Verhalten erfolgen oder auf Grund einer betrieblichen Übung begründet werden.[52] Der Rechtsgrund der Tarifanwendung bedarf der Feststellung. **1747**

Ohne Bedeutung für die Anwendbarkeit einer Ausschlussfrist ist, ob die Einzelarbeitsvertragsparteien den Tarifvertrag, der die Ausschlussfrist enthält, kennen. Arbeitgeber und Arbeitnehmer haben insoweit eine Erkundigungspflicht.[53] Auch kommt es hierfür nicht auf die Erfüllung der Auslegungspflicht für Tarifverträge im Betrieb nach § 8 TVG durch den Arbeitgeber an.[54] Haben die Arbeitsvertragsparteien einzelvertraglich auf einen bestimmten Tarifvertrag Bezug genommen, ist die in § 2 Abs. 1 Nr. 10 NachwG normierte Hinweispflicht auch hinsichtlich einer Ausschlussfrist nach § 2 Abs. 4 NachwG erfüllt mit der Folge, dass sich der Arbeitgeber ohne weiteres auf ihre Versäumung durch den Arbeitnehmer berufen kann.[55] **1748**

---

[49] BAG 11. 7. 1990 EzA § 4 TVG Ausschlussfristen Nr. 84 = NZA 1991, 70; 26. 9. 1990 EzA § 4 TVG Anschlussfristen Nr. 87 = NZA 1991, 246.

[50] BAG 15. 6. 1993 EzA § 4 TVG Ausschlussfristen Nr. 104 = NZA 1994, 274; 8. 11. 1994 NZA 1995, 580.

[51] BAG 24. 3. 1988 EzA § 4 TVG Ausschlussfristen Nr. 72 = NZA 1989, 101; 29. 11. 1995 EzA § 611 BGB Inhaltskontrolle Nr. 4 = NZA 1996, 702; 17. 6. 1997 EzA § 74 HGB Nr. 60 = NZA 1998, 258; 13. 12. 2000 EzA § 611 BGB Inhaltskontrolle Nr. 8 = NZA 2001, 723. Zur Frage der Inhaltskontrolle nach § 242 BGB vor Inkrafttreten der §§ 305 ff. BGB n. F. am 1. 1. 2002 vgl. BAG 29. 11. 1995 a. a. O.; 13. 12. 2000 a. a. O.; *Preis,* ZIP 1989, 885; *ders.,* Grundfragen der Vertragsgestaltung im Arbeitsrecht, 1993, S. 485 ff.

[52] *B. Gaul,* NZA 1998, 9, 10; *Hanau/Kania,* FS für Schaub, 1998, S. 239, 258 ff.

[53] BAG 16. 8. 1983 EzA § 4 TVG Ausschlussfrist Nr. 56 = AP § 1 TVG Auslegung Nr. 131.

[54] BAG 6. 7. 1972 EzA § 4 TVG Ausschlussfristen Nr. 11 = AP § 8 TVG 1969 Nr. 1; 23. 1. 2002 – 4 AZR 56/01 – ArbuR 2002, 71 f. (Pressemitteilung); LAG Bremen 9. 11. 2000 LAGE § 2 NachwG Nr. 9 mit Anm. von *Adam* = NZA-RR 2001, 98; offen gelassen von BAG 11. 11. 1998 EzA § 4 TVG Ausschlussfristen Nr. 128 = NZA 1999, 605. Zum Problemfeld *Bepler,* ZTR 2001, 241, 246 ff.; *Hohenhaus,* NZA 2001, 1107 ff.; *Koch,* FS für Schaub, 1998, S. 421 ff.

[55] BAG 23. 1. 2002 a. a. O.; 17. 4. 2002 – 5 AZR 89/01 – ArbuR 2002, 185 Pressemitteilung (anders aber bei Bezugnahme auf Tarifvertrag kraft betrieblicher Übung); LAG Bremen 9. 11. 2000 a. a. O.; 6. 12. 2000 ZIP 2001, 477, 478; vgl. auch LAG Düsseldorf 17. 5. 2001 DB 2001, 1995; a. A. LAG Schleswig-Holstein 8. 2. 2000 LAGE § 2 NachwG

b) Einstufige Ausschlussfristen

1749 Die Kündigungsschutzklage **reicht** zur formlosen und zur schriftlichen **Geltendmachung** aus.[56] Allerdings muss die Kündigungsschutzklage **vor Ablauf** der Ausschlussfrist **zugestellt** worden sein.[57] Die Einreichung der Klage beim Arbeitsgericht innerhalb der Ausschlussfrist reicht nicht aus. Denn der Arbeitgeber soll innerhalb der Frist wissen, ob noch Ansprüche geltend gemacht werden oder nicht. Hat der Arbeitnehmer die Ausschlussfrist gewahrt, müssen nach Rechtskraft des Urteils im Kündigungsschutzprozess die tariflichen Entgeltansprüche nicht noch einmal geltend gemacht werden, sofern dies der Tarifvertrag nicht ausdrücklich bestimmt. Die fristwahrende Wirkung der Kündigungsschutzklage entfällt weder durch Rücknahme der Kündigungsschutzklage noch dadurch, dass der Kündigungsschutzprozess von den Parteien nicht mehr betrieben wird. § 204 Abs. 2 Satz 1 und 2 BGB n. F. finden bzw. §§ 211, 212 BGB a. F. (bis 31. 12. 2001) fanden keine entsprechende Anwendung.[58]

1750 **Ohne Bedeutung** ist, dass die Kündigungsschutzklage **vor** der **Fälligkeit** der Entgeltansprüche **erhoben** wird.[59] Hier ist jedoch auf eine wichtige Besonderheit hinzuweisen. Bestimmt der Tarifvertrag, dass **Ausschlussfristen** für Entgeltansprüche im Falle der Erhebung einer Kündigungsschutzklage, worunter nur eine Feststellungsklage i. S. von § 4 Satz 1 KSchG zu verstehen ist,[60] **erst nach** deren **Rechtskraft** beginnen, können Ansprüche **vorher nicht** fristwahrend geltend gemacht werden. Die Geltendmachung muss ggfls. wiederholt werden.[61]

c) Zweistufige Ausschlussfristen

1751 Verlangt die Ausschlussfrist zusätzlich neben der **schriftlichen** auch noch die **gerichtliche** Geltendmachung, muss der Gläubiger die Entgeltansprüche im Wege der Zahlungsklage rechtshängig machen.[62] Das BAG vertritt die Ansicht, es liege in

---

Nr. 8 = NZA-RR 2000, 296. Zum Problemfeld *Bepler,* ZTR 2001, 241 ff.; *Koch,* FS für Schaub, 1998, S. 421, 436 ff.; *Müller-Glöge,* RdA 2001, Sonderbeilage zu Heft 5, S. 46, 54 f.

[56] St. Rspr., z. B. BAG 24. 8. 1999 EzA § 615 BGB Nr. 96 = NZA 2000, 818; 11. 10. 2000 EzA § 4 TVG Ausschlussfristen Nr. 134 = NZA 2001, 231; 11. 12. 2001 EzA § 4 TVG Ausschlussfristen Nr. 145; abl. *Groeger,* NZA 2000, 793, 796 f.

[57] BAG 4. 11. 1969 EzA § 616 BGB Nr. 68 = NZA 1991, 726; 21. 3. 1991 EzA § 4 TVG Nr. 27 = AP § 496 ZPO Nr. 3; *Bader,* NZA 1997, 905, 909; *v. Hoyningen-Huene/Linck,* § 4 KSchG Rn. 22.

[58] BAG 7. 11. 1991 EzA § 4 TVG Ausschlussfristen Nr. 93 = NZA 1992, 521; LAG Niedersachsen 10. 5. 2001 ZTR 2002, 46 L.

[59] BAG 27. 3. 1996 EzA § 4 TVG Ausschlussfristen Nr. 123 = NZA 1996, 986; 4. 12. 1997 EzA § 4 TVG Ausschlussfristen Nr. 127 = NZA 1998, 431.

[60] BAG 24. 8. 1999 EzA § 615 BGB Nr. 96 = NZA 2000, 818; vgl. auch BAG 8. 8. 2000 EzA § 4 TVG Ausschlussfristen Nr. 133 = NZA 2000, 1236.

[61] BAG 22. 10. 1980 EzA § 4 TVG Ausschlussfristen Nr. 44 = AP § 4 TVG Ausschlussfristen Nr. 69.

[62] BAG 7. 11. 1991 EzA § 4 TVG Ausschlussfristen Nr. 93 = NZA 1992, 521; 27. 11. 1991 EzA § 4 TVG Nachwirkung Nr. 15 = NZA 1992, 860; 8. 8. 2000 EzA § 4 TVG Ausschlussfristen Nr. 133 = NZA 2000, 1236; 16. 1. 2002 EzA § 12 EFZG Nr. 1; ErfK/*Ascheid,* § 4 KSchG Rn. 91; APS/*Ascheid,* § 4 KSchG Rn. 160; HK-KSchG/*Hauck* § 4 Rn. 185; *v. Hoyningen-Huene/Linck,* § 4 KSchG Rn. 21; *Wank,* in: Wiedemann, § 4 TVG Rn. 864 ff.; a. A. KR/*Friedrich,* § 4 KSchG Rn. 45, 46; *Herschel,* Anm. AP § 8 TVG 1969 Nr. 1; *Konzen,* SAE 1970, 276; ErfK/*Preis,* § 615 BGB Rn. 83; *ders.,* ZIP 1989, 885,

der Hand der Tarifvertragsparteien, dies zu ändern. Die Fristwahrung bestimmt sich nach § 253 Abs. 1 ZPO bzw. § 253 Abs. 1 ZPO i.V.m. § 167 ZPO i.d.F. des Art. 2 Nr. 1 ZustRG vom 25. 6. 2001 (BGBl. I S. 1200), der bis zum 30. 6. 2002 § 270 Abs. 3 ZPO a.F. entsprach.[63]

Zu prüfen ist im Einzelfall immer, ob die Frist für die gerichtliche Geltendmachung der Zahlungsansprüche überhaupt zu laufen begonnen hat. Dies ist bei schriftlicher Geltendmachung schon vor ihrer Fälligkeit (dazu oben Rn. 1750) **erst ab** ihrer **Fälligkeit** der Fall.[64] 1752

In der tariflichen Praxis sind drei Fallgruppen zu unterscheiden: 1753

- Sieht der Tarifvertrag die **ausdrückliche Ablehnung** der Ansprüche vor, liegt diese nicht in dem Antrag auf Abweisung der Kündigungsschutzklage. Die Frist beginnt erst mit einer ausdrücklichen Ablehnungserklärung des Arbeitgebers zu laufen.[65] 1754
- Hängt nach dem Tarifvertrag der Fristbeginn nur von der **Ablehnung** der Ansprüche ab, beginnt die weitere Frist, vorausgesetzt die streitbefangenen Zahlungsansprüche sind fällig,[66] mit der Erklärung, die Klage abzuweisen. Der Arbeitnehmer kann dann nicht davon ausgehen, der Arbeitgeber würde Zahlungsansprüche, die von der Wirksamkeit der Kündigung abhängen, erfüllen.[67] 1755
- Verlangt der Tarifvertrag eine **schriftliche Ablehnung,** wird diese Form dadurch gewahrt, dass der Arbeitgeber im Kündigungsschutzprozess in einem Schriftsatz den Klageabweisungsantrag ankündigt. Der Arbeitnehmer kann dann allein mit der Fortsetzung des Kündigungsschutzverfahrens die zweite Stufe der Ausschlussfrist nicht wahren. Notwendig ist die fristgerechte Erhebung der Zahlungsklage.[68] Die Praxis muss sich auf diese Rechtsprechung einstellen. 1756

3. Geltendmachung des Urlaubsabgeltungsanspruchs

Nach Auffassung des BAG ist der Urlaubsabgeltungsanspruch ebenso wie der Urlaubsanspruch befristet. Er erlischt am 31. 12. des Urlaubsjahres bzw. spätestens mit dem 31. 3. des Folgejahres.[69] Der Arbeitgeber ist allerdings zum Schadensersatz verpflichtet, wenn er vom Arbeitnehmer vor dem Ablauf dieser Fristen durch eine Mahnung in Verzug gesetzt worden ist.[70] Dafür **reicht** die Erhebung der Kündigungsschutzklage **nicht aus.** Auch wenn der Arbeitnehmer gegen die Kündigung 1757

896ff.; *Zöllner,* Anm. AP § 4 TVG Ausschlussfristen Nr. 31; krit. zur Rspr. des BAG auch *Groeger,* NZA 2000, 794, 796f.

[63] BAG 16. 3. 1995 AP § 4 TVG Ausschlussfristen Nr. 129 = NZA 1995, 1213; 17. 11. 1998 AP § 1 TVG Tarifverträge: Betonsteingewerbe Nr. 6.

[64] BAG 27. 3. 1996 EzA § 4 TVG Ausschlussfristen Nr. 123 = NZA 1996, 986; 4. 12. 1997 EzA § 4 TVG Ausschlussfristen Nr. 127 = NZA 1998, 431; 26. 9. 2001 EzA § 4 TVG Bauindustrie Nr. 111; LAG Niedersachsen 10. 5. 2001, ZTR 2002, 46 L.

[65] BAG 4. 5. 1977 EzA § 4 TVG Ausschlussfristen Nr. 31 = AP § 4 TVG Ausschlussfristen Nr. 60; 11. 12. 2001 EzA § 64 TVG Ausschlussfristen Nr. 145.

[66] BAG 4. 12. 1997 EzA § 4 TVG Ausschlussfristen Nr. 127 = NZA 1998, 431.

[67] BAG 13. 9. 1984 EzA § 4 TVG Ausschlussfristen Nr. 62 = NZA 1985, 249.

[68] BAG 20. 3. 1986 EzA § 615 BGB Nr. 48.

[69] BAG 21. 1. 1997 EzA § 7 BUrlG Nr. 104 = NZA 1997, 889; 20. 1. 1998 EzA § 13 BUrlG Nr. 57 = NZA 1998, 816. 18. 9. 2001 EzA § 7 BUrlG Nr. 109.

[70] BAG 20. 1. 1998 a.a.O.; 18. 9. 2001 a.a.O.

fristgerecht Klage erhoben hat, muss er den Urlaubsabgeltungsanspruch für das Urlaubsjahr fristgerecht geltend machen.[71]

IV. Auswirkungen der Rücknahme der Kündigung auf die Kündigungsschutzklage

1758 Die Rücknahme der Kündigung und ihre Auswirkungen auf die Kündigungsschutzklage werden nicht einheitlich beurteilt. Kann der Arbeitnehmer nach der Rücknahme der Kündigung die rechtshängige Kündigungsschutzklage fortsetzen oder entfällt damit das Rechtsschutzinteresse?

1759 Die Kündigungserklärung führt als einseitige Willenserklärung im Zeitpunkt des Wirksamwerdens die Rechtsgestaltung unmittelbar herbei. Der Erklärende kann sie einseitig nicht mehr zurücknehmen (dazu oben Rn. 234).

1760 Das BAG sieht in der Rücknahme der Kündigung durch den Arbeitgeber dessen Angebot, das Arbeitsverhältnis durch die Kündigung nicht als beendet anzusehen, also unter Beseitigung der Kündigungswirkungen das Arbeitsverhältnis zu den bisherigen Bedingungen unverändert fortzusetzen. Der Arbeitnehmer könne dieses Angebot annehmen oder ablehnen.[72] Hat der Arbeitnehmer neben dem Antrag nach § 4 Satz 1 KSchG den Auflösungsantrag gemäß § 9 Abs. 1 Satz 1 KSchG gestellt und verfolgt er beide Anträge weiter, lehnt er das Angebot des Arbeitgebers, das Arbeitsverhältnis unter Beseitigung der Kündigungswirkungen unverändert fortzusetzen, ab (vgl. auch oben Rn. 244). Die Rücknahme der Kündigung hat damit auf den Kündigungsschutzprozess keinen Einfluss, da die Gestaltungswirkung der Kündigung, die unmittelbar herbeigeführt wird, nicht einseitig beseitigt werden kann (dazu oben Rn. 234). Das Gleiche gilt auch, wenn der Arbeitnehmer **nach** der Rücknahme der Kündigung den Auflösungsantrag stellt. Damit lehnt er das Angebot des Arbeitgebers ebenfalls ab (ebenso oben Rn. 244).[73] Verfolgt der Arbeitnehmer nach einer vom Arbeitgeber erklärten Rücknahme der Kündigung allein den Feststellungsantrag aus § 4 Satz 1 KSchG, stellt er also keinen oder noch keinen Auflösungsantrag, ist fraglich, ob für diese Klage noch ein Rechtsschutzinteresse besteht.[74] Denn immerhin könnte der Kläger sein Klageziel durch Annahme des Arbeitgeberangebots ohne gerichtliche Entscheidung erreichen.

1761 Das BAG hat in der Entscheidung vom 19. 8. 1982[75] festgestellt, das Rechtsschutzinteresse könne durch eine Kündigungsrücknahme im Einzelfall auf Grund

---

[71] BAG 17. 1. 1995 EzA § 7 BUrlG Nr. 98 = NZA 1995, 531; 21. 9. 1999 EzA § 7 BUrlG Abgeltung Nr. 6 = NZA 2000, 590; 18. 9. 2001 EzA § 7 BUrlG Nr. 109 2002.

[72] BAG 29. 1. 1981 EzA § 9 KSchG n. F. Nr. 10 = AP § 9 KSchG 1969 Nr. 6; 19. 8. 1982 EzA § 9 KSchG n. F. Nr. 14 = AP § 9 KSchG 1969 Nr. 9; ebenso ErfK/*Ascheid,* § 4 KSchG Rn. 75; APS/*Ascheid,* § 4 KSchG Rn. 132; KR/*Friedrich,* § 4 KSchG Rn. 64; *v. Hoyningen-Huene/Linck,* § 4 KSchG Rn. 29; *Keßler,* NZA 2002, 1, 4; *Schwerdtner,* ZIP 1982, 639 ff. MünchKomm/*Schwerdtner.* Vor § 620 BGB Rn. 165; vgl. auch BAG 16. 3. 2000 EzA § 626 BGB n. F. Nr. 179 = NZA 2000, 1332; differenzierend *Thüsing,* ArbuR 1996, 245, 247 f.

[73] BAG 19. 8. 1982 a. a. O.; LAG Frankfurt/M. 16. 1. 1980 DB 1980, 1700; LAG Niedersachsen 19. 1. 1996 BB 1996, 1119; *Schwerdtner,* ZIP 1982, 639, 643.

[74] Verneinend *Thüsing,* ArbuR 1996, 245, 249.

[75] EzA § 9 KSchG n. F. Nr. 14 = AP § 9 KSchG 1969 Nr. 9.

besonders gelagerter Umstände wegfallen; in der Regel habe der Arbeitnehmer jedoch ein Interesse an der Feststellung, dass die zurückgenommene Kündigung sozialwidrig sei.[76] Diese sehr weitgehende Ausdehnung des Rechtsschutzinteresses ist nicht gerechtfertigt. Liegen der Kündigung Vorwürfe im Verhalten des Arbeitnehmers zugrunde, so dass der Arbeitnehmer ein berechtigtes Interesse an der Klarstellung hat, diese seien nicht zutreffend und für eine Kündigung nicht tragend, ist ein Rechtsschutzinteresse zu bejahen. Bei einer aber z. B. rein betriebsbedingten Kündigung ist das anders zu beurteilen. Hier das Rechtsschutzinteresse deshalb zu bejahen, weil der Arbeitnehmer während des Verfahrens die Möglichkeit hat, den Auflösungsantrag zu stellen (§§ 9, 10 KSchG), erscheint nicht gerechtfertigt.[77] Der Arbeitnehmer muss den Auflösungsantrag in diesen Fällen **unverzüglich stellen.**[78] Diese Fragen sind höchstrichterlich noch nicht entschieden.

Der Arbeitnehmer nimmt das Angebot des Arbeitgebers, das Arbeitsverhältnis durch die Kündigung nicht als beendet anzusehen, an, wenn er den Antrag stellt, das Verfahren in der **Hauptsache für erledigt** zu **erklären.**[79] **1762**

Fraglich ist, ob der Arbeitgeber deutlich machen muss, die Rücknahme der Kündigung erfolge wegen ihrer Unwirksamkeit.[80] In seinem Urteil vom 17. 4. 1986[81] vertritt das BAG die Ansicht, Arbeitgeber und Arbeitnehmer würden bei einer vertraglichen Rücknahme der Kündigung davon ausgehen, dass die Kündigung unwirksam gewesen sei.[82] Dies gelte immer dann, wenn Anhaltspunkte für einen anderen übereinstimmenden Willen nicht erkennbar seien. Die einverständliche Rücknahme der Kündigung hat nach diesem Urteil darüber hinaus bei einem hinsichtlich der fällig gewordenen Vergütungsansprüche fehlenden Vorbehalt auch die Wirkung, dass der Arbeitgeber die Voraussetzungen des Annahmeverzugs anerkennt. **1763**

Erkennt der Arbeitgeber den Klageanspruch an und hat der Arbeitnehmer den Antrag nach § 9 Abs. 1 S. 1 KSchG gestellt, kann Teilanerkenntnisurteil ergehen.[83] Die Rücknahme der Kündigung durch den Arbeitgeber stellt kein förmliches Anerkenntnis i. S. des § 307 ZPO dar. **1764**

Unsicher ist, ob der Arbeitnehmer, der ein neues Arbeitsverhältnis eingegangen ist, um sein Recht nach § 12 KSchG gebracht werden kann. Das ist zu verneinen. Der Arbeitgeber kann das Recht durch seine Kündigungsrücknahme nicht vereiteln. Der Arbeitnehmer kann also in diesem Fall das Verfahren fortsetzen, sofern er auf die Begründung des neuen Arbeitsverhältnisses hinweist. **1765**

---

[76] Ebenso *Schwerdtner,* ZIP 1982, 639, 644.

[77] So LAG Frankfurt/M. 16. 1. 1980 DB 1980, 1700; ArbG Siegen DB 1985, 975. Zum Ganzen vgl. z. T. abw. *Schwerdtner,* ZIP 1982, 639 ff.

[78] KR/*Friedrich,* § 4 KSchG Rn. 72; *Schwerdtner,* ZIP 1982, 639, 642; *Sonnemann,* BB 1996, 1120; vgl. auch *Löwisch,* § 4 KSchG Rn. 86; a. A. ErfK/*Ascheid,* § 4 KSchG Rn. 76; APS/*Ascheid,* § 4 KSchG Rn. 133; *v. Hoyningen-Huene/Linck,* § 4 KSchG Rn. 31; *Thüsing,* ArbuR 1996, 245, 248 f.

[79] BAG 17. 4. 1986 EzA § 615 BGB Nr. 47 = NZA 1987, 17; APS/*Ascheid,* § 4 KSchG Rn. 133; HK-KSchG/*Hauck* § 4 KSchG Rn. 157; *v. Hoyningen-Huene/Linck,* § 4 KSchG Rn. 31.

[80] So noch BAG 21. 5. 1981 EzA § 615 BGB Nr. 40 = AP § 615 BGB Nr. 32.

[81] EzA § 615 BGB Nr. 47 = AP § 615 BGB Nr. 40.

[82] A. A. *Thüsing,* ArbuR 1996, 245, 247.

[83] BAG 29. 1. 1981 EzA § 9 KSchG n. F. Nr. 10 = AP § 9 KSchG 1969 Nr. 6.

V. Kündigungsschutzklage und Annahmeverzug

1766 Die Kündigungsschutzklage hatte nach der früheren Rechtsprechung des BAG Bedeutung für den Annahmeverzug des Arbeitgebers. In der Erhebung einer Kündigungsschutzklage wurde das nach § 295 BGB erforderliche wörtliche Angebot der Arbeitsleistung gesehen.[84] Nach der neueren Rechtsprechung gerät der Arbeitgeber gemäß § 296 Satz 1 BGB auch ohne ein wörtliches Angebot in Annahmeverzug, weil es einer nach dem Kalender bestimmten Mitwirkungshandlung des Arbeitgebers bedarf, nämlich der Einrichtung eines funktionsfähigen Arbeitsplatzes und der Zuweisung der Arbeit, damit der Arbeitnehmer die geschuldete Arbeitsleistung erbringen kann. Das gilt für den Fall einer außerordentlichen[85] wie auch einer ordentlichen[86] Kündigung.

1767 Voraussetzung ist in beiden Fällen jedoch die **Leistungsbereitschaft** und die **Leistungsfähigkeit** des Arbeitnehmers (vgl. § 297 BGB).[87] Ist der Arbeitnehmer arbeitsunfähig erkrankt, tritt der Annahmeverzug nicht ein. Wird der Arbeitnehmer während des Kündigungsschutzverfahrens arbeitsunfähig krank, endet der Annahmeverzug. Den Beginn seiner Leistungsfähigkeit hatte der Arbeitnehmer dem Arbeitgeber nach früherer Rechtsprechung mitzuteilen und ihn **aufzufordern, ihm wieder Arbeit zuzuweisen.** Der Arbeitgeber müsse wissen – so das BAG –, ab wann genau der Arbeitnehmer wieder leistungsfähig sei.[88] Unterließ der Arbeitnehmer diese Mitteilung, verlor er den Anspruch aus § 615 Satz 1 BGB bzw. erwarb ihn erst gar nicht, sofern er bei Ausspruch der außerordentlichen Kündigung oder im Zeitpunkt des Ablaufs der Kündigungsfrist arbeitsunfähig krank war.

1768 Die Mitteilung der Leistungsfähigkeit und die Aufforderung, wieder Arbeit zuzuweisen, sollte nur dann entbehrlich sein, wenn der Arbeitgeber **eindeutig erklärt** hatte, er werde den Arbeitnehmer auch nach dem Ende der Arbeitsunfähigkeit nicht weiterbeschäftigen, vielmehr auf seine Dienste verzichten. Das BAG hat den Begriff der **„eindeutigen Erklärung"** in der Entscheidung vom 20. 3. 1986[89] präzisiert. Die Erklärung müsse **eindeutig und abschließend** sein. Dazu reiche weder der Klageabweisungsantrag im Kündigungsschutzprozess aus noch der Verweis vom Betriebsgelände. Das BAG meinte, mit der außerordentlichen Kündigung verbinde sich in der Regel die Aufforderung, das Betriebsgelände zu verlassen. Etwas anderes sollte gelten, wenn dem Arbeitnehmer **Hausverbot** erteilt war. Dann war nach der Wiedergenesung eine Aufforderung an den Arbeitgeber, wieder Arbeit zuzuweisen, entbehrlich. Der Arbeitgeber habe damit zu erkennen ge-

---

[84] BAG 26. 8. 1971 EzA § 615 BGB Nr. 16 = AP § 615 BGB Nr. 26; 27. 1. 1975 EzA § 615 BGB Nr. 28 = NJW 1975, 1335.

[85] BAG 9. 8. 1984 EzA § 615 BGB Nr. 43 = NJW 1985, 935; 12. 6. 1996 NZA 1997, 191, 194; 18. 1. 2000 EzA § 615 BGB Nr. 98 = NZA 2000, 1157.

[86] BAG 21. 3. 1985 EzA § 615 BGB Nr. 44 = NJW 1985, 2662; 21. 1. 1993 EzA § 615 BGB Nr. 78 mit Anm. von *Schwarze* = NZA 1993, 550; 19. 1. 1999 EzA § 615 BGB Nr. 93 = NZA 1999, 925.

[87] BAG 9. 8. 1984 a. a. O.; 20. 3. 1986 EzA § 615 BGB Nr. 48; 29. 10. 1998 EzA § 615 BGB Nr. 90; 23. 1. 2001 EzA § 615 BGB Nr. 101 = NZA 2001, 597.

[88] BAG 9. 8. 1984 a. a. O.; 21. 3. 1985 a. a. O.; 20. 3. 1986 a. a. O.; 11. 7. 1985 EzA § 615 BGB Nr. 52 = NZA 1987, 57; LAG Düsseldorf 11. 1. 1990 LAGE § 615 BGB Nr. 22.

[89] EzA § 615 BGB Nr. 48.

geben, ihn interessiere der Beginn der Wiedererlangung der Leistungsfähigkeit nicht mehr.[90] Das hat das BAG auch in dem Fall angenommen, in dem der Arbeitgeber unmißverständlich zum Ausdruck gebracht hat, vor Abschluss des Rechtsstreits komme eine Beschäftigung unter keinen Umständen in Betracht.[91]

Das BAG hat seine Rechtsprechung in der Entscheidung vom 19. 4. 1990[92] 1769
„modifiziert". Der 2. Senat bestätigt zunächst seine Rechtsprechung zur Grundfrage[93] und erkennt erneut, der Arbeitgeber gerate im Falle einer unwirksamen Kündigung in Annahmeverzug, wenn er den Arbeitnehmer nicht – im Falle einer ordentlichen Kündigung für die Zeit nach Ablauf der Kündigungsfrist – aufgefordert habe, die Arbeit wieder aufzunehmen. In der Frage, wie sich eine Krankheit des Arbeitnehmers – seine Leistungsunfähigkeit – auf den Annahmeverzug auswirkt, wurde die frühere, oben dargestellte Rechtsprechung aufgegeben. Nach Auffassung des BAG treten die Verzugsfolgen mit Eintritt der Arbeitsunfähigkeit jedenfalls dann **unabhängig von der Anzeige der Arbeitsfähigkeit ein,** wenn der Arbeitnehmer zum Kündigungstermin **befristet arbeitsunfähig krank war** und er dem Arbeitgeber durch die Erhebung einer Kündigungsschutzklage oder sonstigen Widerspruch gegen die Kündigung seine weitere **Leistungsbereitschaft deutlich gemacht hat.**

In Fortführung dieser Entscheidung hat der 2. Senat in seinem Urteil vom 1770
24. 10. 1991[94] erkannt, dass auch dann die Verzugsfolgen mit Eintritt der Arbeitsfähigkeit unabhängig von einer besonderen Anzeige eintreten, wenn der Arbeitnehmer zum Zeitpunkt der Kündigung und danach infolge Krankheit mehrfach befristet arbeitsunfähig geschrieben war, sofern der Arbeitnehmer dem Arbeitgeber durch Erhebung der Kündigungsschutzklage oder sonstigen Widerspruch gegen die Kündigung seine weitere Leistungsbereitschaft deutlich gemacht hat. Ebenso ist zu entscheiden, wenn der Arbeitnehmer im Zeitpunkt des Zugangs der außerordentlichen Kündigung oder nach Ablauf der Kündigungsfrist bei der ordentlichen Kündigung **auf unabsehbare Zeit arbeitsunfähig krank ist.**[95]

Zum Annahmeverzug im **ungekündigten Arbeitsverhältnis** gelten die allge- 1771
meinen Grundsätze.[96] Bei einem Streit um die Wirksamkeit einer Kündigung, die nicht unter das Kündigungsschutzgesetz fällt, sowie bei einem Streit um die Wirksamkeit einer Befristung des Arbeitsverhältnisses, sind früher die Grundsätze der neuen höchstrichterlichen Rechtsprechung zum Annahmeverzug nicht angewandt

[90] BAG 20. 3. 1986 EzA § 615 BGB Nr. 48.

[91] BAG 11. 7. 1985 EzA § 615 BGB Nr. 52 = NZA 1987, 57.

[92] EzA § 615 BGB Nr. 66 = NZA 1991, 228.

[93] Der Rechtsprechung des BAG stimmen im Grundsatz zu: *Blomeyer,* Anm. AP § 615 BGB Nr. 31, MünchArbR/*Boewer,* § 78 Rn. 22; *Gamillscheg,* BB 1992, 1631; *Konzen,* Anm. AP § 615 BGB Nr. 34 und 35; *Ramrath,* SAE 1992, 56; Staudinger/*Richardi,* § 615 BGB Rn. 68; *Schwarze* Anm. EzA § 615 BGB Nr. 78; *Waas,* NZA 1994, 151. Krit. bzw. abl.: *Kaiser,* Anm. EzA § 615 BGB Nr. 70; *Kraft,* Anm. EzA Nr. 43 zu § 615 BGB; *Löwisch,* Anm. EzA § 615 BGB Nr. 66; Staudinger/*Löwisch,* § 297 BGB Rn. 16; *Stahlhacke,* ArbuR 1992, 8 ff.; *Wiedemann/Wonneberger,* Anm. zu BAG AP § 615 BGB Nr. 45.

[94] EzA § 615 BGB Nr. 70 mit krit. Anm. von *Kaiser* = NZA 1992, 403.

[95] BAG 24. 11. 1994 EzA § 615 BGB Nr. 83 = NZA 1995, 263; 18. 1. 2000 EzA § 615 BGB Nr. 98 = NZA 2000, 1157; *Löwisch,* Anm. zu BAG EzA § 615 BGB Nr. 66 und *Konzen,* Anm. zu BAG AP § 615 BGB Nr. 34, 35; ErfK/*Preis,* § 615 BGB Rn. 53, 54.

[96] BAG 29. 10. 1992 EzA § 615 BGB Nr. 77; *Schwarze,* Anm. zu BAG EzA § 615 BGB Nr. 78, unter II 3 a der Gründe.

worden.[97] Ob daran festgehalten werden kann, ist unsicher. Denn auch in diesen Fällen erklärt der Arbeitgeber, er nehme die Leistung nicht mehr an und er nehme die Mitwirkungshandlung (Bereitstellen des Arbeitsplatzes und Zuweisen der Arbeit) nicht mehr vor. Hier kann es allerdings bei einer nicht vom Kündigungsschutzgesetz erfaßten Kündigung Probleme in der Frage der **Leistungsbereitschaft** geben, da der Arbeitnehmer nicht verpflichtet ist, innerhalb einer bestimmten Frist Klage gegen eine solche Kündigung zu erheben.[98]

1772 Auch in den folgenden Fällen dürfte wegen **Fehlens der Leistungsbereitschaft** des Arbeitnehmers ein Angebot seiner Arbeitsleistung erforderlich sein: Kündigt der Arbeitgeber einer Arbeitnehmerin fristgerecht nach drei Monaten und wird das Arbeitsverhältnis normal beendet, d.h. die Arbeitspapiere ohne jeden Widerspruch der Arbeitnehmerin gegen die Beendigung übergeben, kommt der Arbeitgeber nicht in Annahmeverzug, wenn diese Kündigung später wegen eines Verstoßes gegen § 9 Abs. 1 Satz 1 MuSchG gerichtlich angegriffen und gemäß § 134 BGB für nichtig erklärt wird, weil die Arbeitnehmerin zum Zeitpunkt der Kündigung ihre Schwangerschaft noch nicht kannte. Das notwendige Angebot der Arbeitsleistung dürfte hier darin liegen, dass sich die Arbeitnehmerin auf die Unwirksamkeit der Kündigung beruft.[99] Kündigt der Arbeitgeber mit falscher, d.h. zu kurzer Kündigungsfrist, muss sich der Arbeitnehmer darauf berufen. Er muss seine Leistungsbereitschaft zum Ausdruck bringen, um den Annahmeverzug des Arbeitgebers zu begründen.[100]

1773 Zu den Fragen des Annahmeverzugs, wenn der Arbeitgeber dem Arbeitnehmer an Stelle der nach dem ultima-ratio-Prinzip erforderlichen Änderungskündigung eine Beendigungskündigung ausgesprochen hat, die mithin sozialwidrig ist, vgl. BAG 27. 1. 1994 EzA § 615 BGB Nr. 80 = NZA 1994, 480.

1774 Fraglich ist, ob der Arbeitgeber während eines Kündigungsschutzprozesses den Annahmeverzug dadurch beseitigen kann, dass er dem Arbeitnehmer anbietet, **während des Prozesses weiterzuarbeiten,** ohne dass dies auf den Prozess einen Einfluss hat. Das BAG hat dazu zunächst entschieden, der Annahmeverzug ende nicht bereits dann, wenn der Arbeitgeber sich bereit erkläre, den Arbeitnehmer ohne vertragliche Übergangsregelung lediglich im Rahmen eines faktischen Arbeitsverhältnisses bis zur erstinstanzlichen Entscheidung weiterzubeschäftigen.[101] Ausdrücklich offengelassen hatte das BAG die Frage, ob der Annahmeverzug nicht dann ende, wenn der Arbeitgeber im Anschluss an eine streitige Kündigung vorsorglich einen für die Dauer des Kündigungsschutzrechtsstreits befristeten neuen Arbeitsvertrag zu den bisherigen Bedingungen oder eine durch die rechtskräftige Feststellung der Wirksamkeit der Kündigung auflösend bedingte Fortsetzung des Vertrages anbiete und der Arbeitnehmer dieses Angebot ohne rechtlichen Grund ab-

[97] Vgl. LAG Köln 28. 2. 1984 EzA § 615 BGB Nr. 42 und *v. Maydell,* Anm. EzA § 615 BGB Nr. 44 sowie LAG Köln 18. 1. 1984 EzA § 615 BGB Nr. 41, vgl. aber auch LAG Köln 13. 5. 1993 LAGE § 615 BGB Nr. 35.

[98] Vgl. Staudinger/*Richardi,* § 615 BGB Rn. 68.

[99] A. A. LAG Hamm 14. 3. 1995 LAGE § 615 BGB Nr. 43.

[100] Vgl. LAG Köln 28. 2. 1984 EzA § 615 BGB Nr. 43; LAG Düsseldorf 17. 7. 1997 LAGE § 615 BGB Nr. 51; *Stahlhacke,* ArbuR 1992, 8, 10; a.A. BAG 9. 4. 1987 EzA § 9 AÜG Nr. 1 = NZA 1988, 541.

[101] BAG 21. 5. 1981 EzA § 615 BGB Nr. 40 = AP § 615 BGB Nr. 32.

lehne. Das RG hat in diesem Fall am 10. 3. 1914[102] erkannt, in einem Arbeitsvertrag müsse der Arbeitgeber erklären, er nehme die Arbeitsleistung des Arbeitnehmers auf Grund des noch bestehenden Arbeitsverhältnisses an; er habe klarzustellen, dass die Kündigung zu Unrecht erfolgt sei. Im Schrifttum ist die Frage umstritten.[103]

Das BAG ist der überwiegenden Meinung im Schrifttum nicht gefolgt. Es hat erkannt, der Annahmeverzug **ende nicht,** wenn der Arbeitgeber dem Arbeitnehmer vorsorglich einen für die Dauer des Rechtsstreits **befristeten** neuen Arbeitsvertrag oder **auflösend bedingt** die **Fortsetzung** des **alten Arbeitsvertrages** anbiete und der Arbeitnehmer dieses Angebot ablehne. [104] Ebenso wenig endet der Annahmeverzug durch die bloße Rücknahme der Kündigung.[105] 1775

Der 2. Senat betont zutreffend in den Gründen, Angebot und Annahme der Leistung könnten nicht losgelöst von der der Leistung zugrunde liegenden Verbindlichkeit gesehen werden. Der Gläubiger befinde sich deshalb solange in Annahmeverzug, wie er die Leistung nicht als Erfüllung dieser Verbindlichkeit entgegennehme. Der Arbeitgeber müsse also die Arbeitsleistung als Erfüllung des mit dem Arbeitnehmer abgeschlossenen Vertrages annehmen. Die Annahme im Rahmen eines geänderten, d. h. eines befristeten oder auflösend bedingten Vertrages reiche nicht aus. 1776

Die **Ablehnung** eines solchen **Angebots** kann jedoch das **böswillige Unterlassen anderweitigen Erwerbs** i. S. des § 11 Nr. 2 KSchG, der inhaltlich § 615 Satz 2 3. Alt. BGB vergleichbar ist, aber eine Sonderregelung zu dieser Vorschrift darstellt,[106] bedeuten. Entscheidend sind hier die Umstände des Einzelfalles. Die Annahme muss für den Arbeitnehmer zumutbar sein. Die Zumutbarkeit hängt von der Art der Kündigung sowie dem Verhalten des Arbeitgebers im Kündigungsprozess ab. Bei betriebsbedingten Gründen dürfte dem Arbeitnehmer die Weiterbeschäftigung in aller Regel zumutbar sein; ebenso bei krankheitsbedingten Kündigungen. Verhaltensbedingte Kündigungen und hier namentlich außerordentliche Kündigungen sprechen eher für die Unzumutbarkeit der vorläufigen Weiterarbeit. Entscheidend ist eine Interessenabwägung des Einzelfalles.[107] Im Übrigen ist der Umstand, dass der Arbeitnehmer gegen den Arbeitgeber ein Urteil über seine vor- 1777

---

[102] Gruchot's Beiträge Bd. 58, Beilageheft S. 929, 930.

[103] Für die Ansicht des Reichsgerichts: *Berkowsky,* BB 1982, 374; *ders.* DB 1982, 904; BB 1984, 216; MünchArbR/*Boewer,* § 78 Rn. 37; *Denck,* NJW 1983, 255; *Peter,* DB 1982, 488; Staudinger/*Richardi,* § 615 BGB Rn. 88; *Weber,* SAE 1982, 94; a. A. *Kraft,* Anm. EzA § 615 BGB Nr. 53; *Löwisch,* § 4 KSchG Rn. 116; *ders.,* DB 1986, 2433; *Opolony,* DB 1998, 1714, 1716; *Reuter,* JuS 1986, 1006; *Schäfer,* DB 1982, 902, und NZA 1984, 105; *ders.,* JuS 1988, 267; *Schaub,* AR-Blattei, SD 80 Rn. 50; *Schwerdtner,* EWiR § 615 2/86 S. 1093; KR/*Spilger,* § 11 KSchG Rn. 8; *Waas,* NZA 1994, 156; *Wank,* RdA 1987, 156.

[104] BAG 14. 11. 1985 EzA § 615 BGB Nr. 46 = NZA 1986, 637; bestätigt BAG 10. 3. 1987 EzA § 611 BGB Beschäftigungspflicht Nr. 28, unter I 6 a der Gründe = NZA 1987, 373; ebenso LAG Köln 25. 6. 1987 LAGE § 15 BBiG Nr. 4; LAG Mecklenburg-Vorpommern 23. 11. 2000 LAGE § 611 BGB Beschäftigungspflicht Nr. 23 = NZA-RR 2001, 187; LAG Rheinland-Pfalz 5. 3. 1998 LAGE § 615 BGB Nr. 57.

[105] BAG 19. 1. 1999 EzA § 615 BGB Nr. 93 = NZA 1999, 925.

[106] Vgl. BAG 6. 9. 1990 EzA § 615 BGB Nr. 67 = NZA 1991, 221.

[107] BAG 14. 11. 1985 EzA § 615 BGB Nr. 46 = NZA 1986, 637; vgl. auch BAG 19. 3. 1998 EzA § 613 a BGB Nr. 163 = NZA 1998, 750; 16. 5. 2000 EzA § 615 BGB Nr. 99 = NZA 2001, 26; dem BAG folgend LAG Rheinland-Pfalz 5. 3. 1998, a. a. O.; LAG München 9. 5. 2001 NZA-RR 2001, 414, 415.

läufige Weiterbeschäftigung bis zum rechtskräftigen Abschluss des Kündigungsschutzverfahrens erwirkt hat, dieses aber nicht vollstreckt, für die Anrechnung eines hypothetischen Verdienstes nach § 11 Nr. 2 KSchG ohne Bedeutung.[108]

1778 Zu beachten ist in diesen Fällen stets die Folge des Angebotes auf die Kündigung selbst. Wer nach einer außerordentlichen Kündigung eine vorläufige Weiterbeschäftigung anbietet, stellt damit in aller Regel die Unzumutbarkeit der Weiterbeschäftigung – § 626 Abs. 1 BGB – in Frage.

1779 Macht der Arbeitnehmer seinen Anspruch auf Arbeitsvergütung mit einer gesonderten Klage geltend,[109] stellt sich in der Praxis das Problem der **Aussetzung des Verfahrens** nach § 148 ZPO, sofern über die Kündigungsschutzklage noch nicht rechtskräftig entschieden worden ist. Das Arbeitsgericht hat über diesen Antrag nach pflichtgemäßem Ermessen zu entscheiden. Der Beschleunigungsgrundsatz des § 9 Abs. 1 Satz 1 ArbGG indiziert keine bestimmte Entscheidung.[110]

VI. Klageerhebung vor dem Arbeitsgericht

1780 Die Kündigungsschutzklage muss den Erfordernissen des § 253 Abs. 2 ZPO entsprechen. Allerdings werden an Inhalt und Form der Kündigungsschutzklage **keine** allzu **strengen Anforderungen** gestellt.[111] Es ist daher nicht notwendig, dass sich aus der Klagebegründung ergibt, zu welchem Termin gekündigt worden ist und ob es sich um eine ordentliche oder außerordentliche Kündigung handelt. Es ist ausreichend, dass aus der Klage ersichtlich ist, gegen wen sich die Klage richtet, wer der Kläger ist und dass eine Kündigung nicht als berechtigt anerkannt wird.[112]

1781 Unschädlich ist ferner, wenn sich die Kündigungsschutzklage fälschlicherweise gegen eine vermeintliche außerordentliche Kündigung richtet, sofern der Arbeitgeber nur eine Kündigung zu dem vom Kläger beanstandeten Beendigungszeitpunkt erklärt hat.[113] Hat der Kläger in seiner Klage für die Kündigung ein falsches Datum angegeben, ist dies ebenfalls unschädlich, wenn nur **eine Kündigung** ausgesprochen worden ist.[114] Die Berichtigung kann auch noch nach Ablauf von drei

---

[108] BAG 22. 2. 2000 EzA § 615 BGB Nr. 97 = NZA 2000, 817; LAG Mecklenburg-Vorpommern 23. 11. 2000 LAGE § 611 BGB Beschäftigungspflicht Nr. 43 = NZA-RR 2001, 187.

[109] Zur Klage auf künftig fällig werdenden Verzugslohn für die Zeit bis zum rechtskräftigen Abschluss des Kündigungsschutzprozesses vgl. *Vossen,* DB 1985, 385 ff.; *Zeuner,* RdA 1997, 6.

[110] Vgl. LAG Berlin 2. 12. 1993 LAGE § 148 ZPO Nr. 28 mit krit. Anm. von *Schultes;* ferner Hess.LAG 11. 8. 1999 LAGE § 148 ZPO Nr. 35; LAG Köln 14. 12. 1992 LAGE § 148 ZPO Nr. 26; 24. 11. 1997 LAGE § 148 ZPO Nr. 32; Thür.LAG 27. 6. 2001 – 6/9 Ta 160/2000 –. Einzelheiten dazu bei *Dahlem/Wiesner,* NZA-RR 2001, 169 ff.; *Vossen,* RdA 1989, 96 ff.

[111] BAG 31. 3. 1993 EzA § 4 KSchG n. F. Nr. 46 unter B II 2b cc der Gründe = NZA 1994, 237; 14. 9. 1994 EzA § 4 KSchG n. F. Nr. 50 unter II 3 der Gründe = NZA 1995, 417; 4. 7. 2001 EzA § 112 AktG Nr. 3, unter II 3 der Gründe = NZA 2002, 401; vgl. auch APS/*Ascheid,* § 4 KSchG Rn. 115; KR/*Friedrich,* § 4 KSchG Rn. 163, 164; *v. Hoyningen-Huene/Linck,* § 4 KSchG Rn. 10 ff.; MünchKomm/*Schwerdtner,* § 622 BGB Anh. Rn. 212.

[112] BAG 21. 5. 1981 EzA § 4 KSchG n. F. Nr. 19 = AP § 4 KSchG 1969 Nr. 7 im Anschluss an BAG 11. 9. 1956 AP § 3 KSchG 1951 Nr. 8.

[113] BAG 21. 5. 1981 a. a. O.; APS/*Ascheid,* § 4 KSchG Rn. 109.

[114] BAG 21. 5. 1981 EzA § 4 KSchG n. F. Nr. 19 = NJW 1982, 1174.

Wochen erfolgen. Der Vortrag für die Gründe der Kündigung obliegt ohnehin dem Arbeitgeber. Hat der Arbeitgeber **mehrere Kündigungen** ausgesprochen, muss der Klageantrag genauer formuliert werden, damit klar ist, gegen welche Kündigung sich der Kläger wendet.[115]

Die Kündigungsschutzklage muss eigenhändig unterschrieben sein, entweder **1782**
vom Kläger persönlich oder seinem Prozessbevollmächtigten (§ 130 Nr. 6 ZPO i. V. m. § 253 Abs. 4 ZPO). Bei diesem kann es sich auch um einen Rechtsbeistand handeln, weil sich dessen Ausschluss in § 11 Abs. 3 Satz 1 ArbGG nur auf die mündliche Verhandlung bezieht.[116] Die Klage kann durch **Telefaxdienst (Telekopie)** erhoben werden. Der Gesetzgeber hat dies durch § 130 Nr. 6 ZPO i. d. F. des Art. 2 Nr. 1 des Gesetz zur Anpassung der Formvorschriften des Privatrechts und anderer Vorschriften an den modernen Rechtsgeschäftsverkehr vom 13. 7. 2001 (BGBl. I S. 1542) anerkannt. Das Formerfordernis des § 130 Nr. 6 ZPO n. F. ist erfüllt, wenn der Kläger die als Vorlage für die Telekopie dienende Klageschrift eigenhändig unterschreibt und seine Unterschrift auf der beim Arbeitsgericht eingehenden Kopie der Klageschrift wiedergegeben ist.[117]

Trotz fehlender Unterschrift liegt eine ordnungsgemäße Klage dann vor, wenn **1783**
sich aus einem dem Klageentwurf beiliegenden unterschriebenen Schriftstück ergibt, dass die Klage mit Wissen und Wollen des Verfassers bei Gericht eingegangen ist.[118] Die unterzeichnete Prozessvollmacht reicht dazu allerdings nicht aus.[119] Ausreichend ist dagegen, wenn das Schriftstück, aus dem sich ergibt, dass die nicht unterschriebene Klage mit Wissen und Wollen der Prozessbevollmächtigten eingereicht worden ist, innerhalb der Klagefrist vorgelegt wird.[120] Der Mangel der Unterschrift kann nach § 295 ZPO geheilt werden, wenn sich die Partei rügelos auf die Klage eingelassen hat. Das BAG sieht in der Dreiwochenfrist des § 4 Satz 1 KSchG im Gegensatz zu seiner früheren Rechtsprechung eine **prozessuale Klageerhebungsfrist** (dazu unten Rn. 1812). Bei **Massensachen** (200 Klagen) hatte das BAG bereits früher die Formstrenge gelockert, wenn einige Klagen unterschrieben waren, andere nicht.[121]

Die Kündigungsschutzklage muss in deutscher Sprache abgefasst sein. Nach **1784**
§ 184 GVG ist die Gerichtssprache deutsch. Die Gerichte brauchen nur in deutscher Sprache abgefasste Schriftstücke zu beachten.[122] Das Gericht braucht keine

---

[115] BAG 21. 5. 1981 EzA § 4 KSchG n. F. Nr. 19 = NJW 1982, 1174.

[116] BAG 26. 9. 1996 EzA § 11 ArbGG 1979 Nr. 13 = NZA 1997, 174; i. Erg. zust. *Jost*, JR 1997, 345 f.

[117] BAG 27. 3. 1996 EzA § 72 ArbGG 1979 Nr. 21 = NZA 1996, 1115; BGH 11. 10. 1989 NJW 1990, 188; 20. 9. 1993 NJW 1993, 3141.

[118] BAG 26. 1. 1976 EzA § 4 KSchG n. F. Nr. 9 = AP § 4 KSchG 1969 Nr. 1 mit Anm. *Vollkommer* im Anschluss an BVerfG 19. 2. 1963, BVerfGE 15, 288 = NJW 1963, 755; LAG Rheinland-Pfalz 24. 2. 2000 NZA-RR 2000, 475, 476; vgl. auch BGH 24. 5. 1962 BGHZ 37, 156 = NJW 1962, 1724; BVerwG 14. 2. 1966 NJW 1966, 1043.

[119] BAG 26. 1. 1976 EzA § 4 KSchG n. F. Nr. 9; 26. 6. 1986 EzA § 4 KSchG n. F. Nr. 25.

[120] LAG Hamm 26. 7. 1990 LAGE § 4 KSchG Nr. 18. Zur Klage eines vollmachtlosen Vertreters ArbG Berlin 20. 3. 1990 EzA § 1 KSchG Personenbedingte Kündigung Nr. 4.

[121] BAG 14. 2. 1978 EzA § 102 BetrVG 1972 Nr. 33 = NJW 1979, 233.

[122] BAG 17. 2. 1982 EzA § 15 SchwbG Nr. 1 = AP § 15 SchwbG Nr. 1; ErfK/*Ascheid*, § 4 KSchG Rn. 65; APS/*Ascheid*, § 4 KSchG Rn. 114; KR/*Friedrich*, § 4 KSchG Rn. 167 b; *v. Hoyningen-Huene/Linck*, § 4 KSchG Rn. 12; KDZ/*Zwanziger*, § 4 KSchG Rn. 40.

Übersetzung zu veranlassen. Ob der Absender dazu die Möglichkeit hat, ist ohne Bedeutung.[123] Bei Fristversäumung kommt die nachträgliche Zulassung nach § 5 Abs. 1 KSchG in Betracht (dazu unten Rn. 1829 ff.).

1. Die Parteien des Kündigungsschutzprozesses

a) Arbeitgeber

1785 Die Klage ist gegen den Arbeitgeber zu erheben. Dieser an sich selbstverständliche Grundsatz verursacht in der Praxis dennoch nicht selten Schwierigkeiten, wenn, aus welchen Gründen auch immer, die falsche Partei verklagt wird. Wegen der Klagefrist und der Wirkungen der Fristversäumnis nach § 7 1. Halbsatz KSchG gilt, von der Möglichkeit der nachträglichen Zulassung der Klage nach § 5 Abs. 1 KSchG abgesehen,[124] die Kündigung dann als von Anfang an rechtswirksam. Die Klage gegen den **falschen** Arbeitgeber **wahrt** die Klagefrist **nicht** (vgl. aber unten Rn. 1789).

1786 Die Klagefrist nach § 4 Satz 1 kann nach Ansicht des BAG auch durch eine **hilfsweise** gegen den richtigen Arbeitgeber erhobene Kündigungsschutzklage gewahrt werden, obwohl eine eventuelle subjektive Klagehäufung unzulässig ist.[125]

1787 Ist der Arbeitgeber eine **Gesellschaft** des **bürgerlichen Rechts,** mussten früher alle Gesellschafter verklagt werden.[126] Denn sie selbst wurde nicht nach § 14 Abs. 2 BGB als rechts- und damit gemäß § 50 Abs. 1 ZPO auch nicht als parteifähig angesehen.[127] Davon ist der BGH in seinem Urteil vom 29. 1. 2001[128] abgerückt. Er hat der (Außen-)Gesellschaft bürgerlichen Rechts im Wege richterlicher Rechtsfortbildung Rechtsfähigkeit zugebilligt, soweit sie durch Teilnahme am Rechtsverkehr alle Rechte und Pflichten begründet und sieht sie demzufolge in diesem Rahmen als aktiv- und passivparteifähig i. S. von § 50 Abs. 1 ZPO an. Auf der Basis dieser Rechtsprechung kann sich die Kündigungsschutzklage nunmehr unmittelbar gegen die Gesellschaft bürgerlichen Rechts richten.[129] Unzulässig ist dagegen nach wie vor eine Kündigungsschutzklage gegen einen einzelnen Gesellschafter.[130] Im Übrigen empfiehlt es sich, die mit der Feststellungsklage ggf. verbundene Zahlungsklage nach

[123] BGH 14. 7. 1981 NJW 1982, 532; KG 8. 10. 1985 MDR 1986, 156; OLG Frankfurt/M. 13. 3. 1979 NJW 1980, 1173; OLG Stuttgart 1. 10. 1982 MDR 1983, 256. Der BGH empfiehlt großzügige Wiedereinsetzung in den vorigen Stand.

[124] Vgl. z. B. LAG Köln 20. 12. 2001 ArbuR 2002, 156 L.

[125] Vgl. BAG 31. 3. 1993 EzA § 4 KSchG n. F. Nr. 46 mit krit. Anm. vom *Bakker* = NZA 1994, 237; abl. *v. Hoyningen-Huene/Linck,* § 4 KSchG Rn. 9b.

[126] LAG Berlin 15. 8. 1997 LAGE § 4 KSchG Nr. 37; ErfK/*Ascheid,* 1. Aufl. 1998, § 4 KSchG Rn. 20; APS/*Ascheid,* § 4 KSchG Rn. 45; KR/*Friedrich,* § 4 KSchG Rn. 94; *Hueck/v. Hoyningen-Huene,* 12. Aufl. 1997, § 4 KSchG Rn. 41. Zum Klagegegner, wenn eine Partnerschaft nach § 1 Abs. 1 PartGG Arbeitgeber ist vgl. Rn. 1788.

[127] Vgl. nur BGH 14. 2. 1957, BGHZ 23, 307, 313 = NJW 1957, 750; BAG 6. 7. 1989 EzA § 611 BGB Arbeitgeberbegriff Nr. 3 = NZA 1989, 961.

[128] EzA § 50 ZPO Nr. 4 = NJW 2001, 1056; ebenso BGH 18. 2. 2002 NZA 2002, 405.

[129] KR/*Friedrich,* § 4 KSchG Rn. 94; *v. Hoyningen-Huene/Linck,* § 4 KSchG Rn. 41; BBDW/Wenzel, § 4 KSchG Rn. 40. Zur Parteibezeichnung vgl. *Wertenbruch,* NJW 2002, 324, 326.

[130] KR/*Friedrich,* § 4 KSchG Rn. 94; *v. Hoyningen-Huene/Linck,* § 4 KSchG Rn. 41; früher schon LAG Berlin 15. 8. 1997 LAGE § 4 KSchG Nr. 37.

§§ 611 Abs. 1, 615 Satz 1 BGB wegen der persönlichen Gesellschafterhaftung, wie bei der OHG (dazu unten Rn. 1790), neben der Gesellschaft auch die Gesellschafter persönlich zu verklagen. Das gilt vor allem dann, wenn nicht sicher ist, ob eine wirkliche Außengesellschaft mit Gesamthandsvermögen existiert.[131]

Handelt es sich bei dem Arbeitgeber um eine **juristische Person** (rechtsfähiger Verein, AG, GmbH, juristische Person des öffentlichen Rechts usw.), ist diese juristische Person zu verklagen. Ist der Arbeitgeber ein **nicht rechtsfähiger Verein,** ist die Klage gegen ihn zu richten (§ 50 Abs. 2 1. Halbsatz ZPO). Ist eine **Partnerschaft** nach § 1 Abs. 1 PartGG Arbeitgeber, kann diese gemäß § 7 Abs. 2 PartGG i. V. m. § 124 HGB unter ihrem Namen nach § 2 PartGG verklagt werden.[132] Ist eine **Erbengemeinschaft** Arbeitgeber, sind alle Erben zu verklagen.[133] Die Klage gegen den Innenminister eines Landes hat das BAG als zulässig angesehen.[134] **1788**

Ist die Bezeichnung des Arbeitgebers als der Partei, gegen die sich die Kündigungsschutzklage richtet, unter Beachtung von § 130 Nr. 1 ZPO i. V. m. § 253 Abs. 4 ZPO nicht eindeutig, ist die Partei durch Auslegung zu ermitteln.[135] Eine **ungenaue** oder **unrichtige Parteibezeichnung** des **Arbeitgebers** ist **unschädlich** und kann jederzeit, also auch noch nach Ablauf der Dreiwochenfrist des § 4 Satz 1 KSchG, von Amts wegen gemäß § 319 Abs. 1 ZPO analog berichtigt werden.[136] Hierin liegt kein gewillkürter Parteiwechsel auf der Beklagtenseite,[137] der im Übrigen, sofern er außerhalb der in § 4 Satz 1 KSchG normierten Dreiwochenfrist erfolgen würde, diese nicht wahren würde.[138] Da die Grenze zwischen Berichtigung der Parteibezeichnung und gewillkürtem Parteiwechsel in der Praxis schwierig ist,[139] sollte auf die genaue Parteibezeichnung Wert gelegt werden. **1789**

Hat der Arbeitnehmer einen Arbeitsvertrag mit einer OHG oder einer KG abgeschlossen, ist die Kündigungsschutzklage gegen die Gesellschaft zu richten (§§ 124 Abs. 1; 161 Abs. 2 HGB). Die mit der Feststellungsklage ggfs. verbundene Zahlungsklage nach §§ 611 Abs. 1, 615 Satz 1 BGB sollte, wie bei der Gesellschaft bürgerlichen Rechts (dazu oben Rn. 1787), auch gegen die einzelnen Gesellschafter der OHG bzw. den persönlich haftenden Gesellschafter der KG gerichtet wer- **1790**

---

131 BGH 29. 1. 2001 EzA § 50 ZPO Nr. 4 = NJW 2001, 1056; *Behr,* NJW 2000, 1137, 1139.

132 ErfK/*Ascheid,* § 4 KSchG Rn. 20; APS/*Ascheid,* § 4 KSchG Rn. 47; KR/*Friedrich,* § 4 KSChG Rn. 93; *v. Hoyningen-Huene/Linck,* § 4 KSchG Rn. 41 a.

133 LAG Köln 10. 10. 1988 NZA 1989, 281, 282; APS/*Ascheid,* § 4 KSchG Rn. 48; KR/*Friedrich,* § 4 KSchG Rn. 95; *v. Hoyningen-Huene/Linck,* § 4 KSchG Rn. 41.

134 BAG 21. 5. 1957 AP § 3 KSchG 1951 Nr. 31; vgl. auch LAG Nürnberg 8. 10. 2001 NZA-RR 2002, 212, 213.

135 BAG 22. 1. 1975 EzA § 268 ZPO Nr. 1 = AP § 268 ZPO Nr. 2; 15. 3. 2001 EzA § 4 KSchG n. F. Nr. 61 = NZA 2001, 1267; LAG Hamm 4. 11. 1996 LAGE § 5 KSchG Nr. 84; LAG Köln 12. 8. 1999 NZA-RR 2000, 658, 659; LAG Nürnberg 8. 10. 2001 a. a. O.

136 BAG 13. 7. 1989 RzK I 8h Nr. 6; 15. 3. 2001 a. a. O.; LAG Köln 12. 8. 1999 a. a. O.; vgl. auch BAG 4. 7. 2001 EzA § 112 AktG Nr. 3 = NZA 2002, 401; APS/*Ascheid,* § 4 KSchG Rn. 107; KR/*Friedrich,* § 4 KSchG Rn. 154.

137 BAG 15. 3. 2001 a. a. O.; Hess.LAG 26. 3. 2001 ZInsO 2002, 48 L.; LAG Köln 30. 4. 1986 LAGE § 4 KSchG Nr. 9; APS/*Ascheid,* § 4 KSchG Rn. 107; KR/*Friedrich,* § 4 KSchG Rn. 155 m. w. N.

138 LAG Rheinland-Pfalz 22. 2. 1990 LAGE § 4 KSchG Nr. 17.

139 Vgl. z. B. Thür. LAG 17. 9. 1997 LAGE § 4 KSchG Nr. 38; vgl. auch LAG Hamm 28. 6. 2000 LAGE § 263 ZPO Nr. 1; Hess.LAG 11. 11. 1997 NZA-RR 1998, 515, 516.

den. Denn nur dann kann aus dem Leistungsurteil auch in das Vermögen der Gesellschafter vollstreckt werden (vgl. § 129 Abs. 4 HGB).[140]

1791 Will der Arbeitnehmer den Hintermann seines vertraglichen Arbeitgebers als seinen unmittelbaren Arbeitgeber in Anspruch nehmen, muss er im Falle einer Kündigung diesem gegenüber die Frist des § 4 Satz 1 KSchG wahren.[141] In einem **mittelbaren Arbeitsverhältnis** ist die Kündigungsschutzklage gegen den Mittelsmann zu richten, nicht gegen den mittelbaren Arbeitgeber.[142]

1792 Im Falle der **Betriebsnachfolge** (§ 613 a Abs. 1 Satz 1 BGB) ist die Klage nach § 4 Satz 1 KSchG gegen den **bisherigen Arbeitgeber** zu richten bzw. der Prozess gegen ihn fortzusetzen, wenn er die **Kündigung ausgesprochen** hat **und** sie **vor** dem Betriebsübergang dem Arbeitnehmer **zugegangen** ist.[143] Das gilt selbst dann, wenn die Klage erst nach dem Betriebsübergang erhoben wird.[144] Ist der Übergang des Arbeitsverhältnisses nach § 613a Abs. 1 Satz 1 BGB streitig, kann gleichzeitig im Wege der Klagehäufung nach § 260 ZPO eine Feststellungsklage gemäß § 256 Abs. 1 ZPO gegen den Betriebserwerber erhoben werden, dass zu diesem ein Arbeitsverhältnis bestehe.[145] Greift der Arbeitnehmer die Kündigung allein im Zusammenhang mit der Betriebsübernahme nach § 613 a Abs. 4 Satz 1 BGB an, kann dies auch im Wege der allgemeinen Feststellungsklage nach § 256 Abs. 1 ZPO gegenüber dem Erwerber erfolgen,[146] da § 613 a Abs. 4 Satz 1 BGB ein eigenständiges Kündigungsverbot im Sinne des § 13 Abs. 3 KSchG, § 134 BGB (Einzelheiten oben Rn. 977) enthält. Ob in diesem Falle überhaupt noch ein Rechtsschutzinteresse für eine

---

[140] APS/*Ascheid,* § 4 KSchG Rn. 46; KR/*Friedrich,* § 4 KSchG Rn. 91; *v. Hoyningen-Huene/Linck,* § 4 KSchG Rn. 39; KDZ/*Zwanziger,* § 4 KSchG Rn. 21.

[141] LAG Berlin 1. 9. 1989 LAGE § 611 BGB Arbeitgeberbegriff Nr. 2; KR/*Friedrich,* § 4 KSchG Rn. 88.

[142] BAG 21. 2. 1990 EzA § 611 BGB Arbeitnehmerbegriff Nr. 32; APS/*Ascheid,* § 4 KSchG Rn. 39; KR/*Friedrich,* § 4 KSchG Rn. 88; *v. Hoyningen-Huene/Linck,* § 4 KSchG Rn. 37; KDZ/*Zwanziger,* § 4 KSchG Rn. 23.

[143] BAG 26. 5. 1983 EzA § 613a BGB Nr. 34 = NJW 1984, 627; 20. 3. 1997 EzA § 613a BGB Nr. 148 = NZA 1997, 937; 18. 3. 1999 EzA § 613a BGB Nr. 179 = NZA 1999, 706; 13. 4. 2000 EzA § 17 KSchG Nr. 9 = NZA 2001, 144; *Seiter,* Betriebsinhaberwechsel, S. 133; KR/*Friedrich,* § 4 KSchG Rn. 96a; *v. Hoyningen-Huene/Linck,* § 4 KSchG Rn. 38. Zur Auslegung einer gegen den bisherigen Arbeitgeber gerichteten Klage nach § 4 Satz 1 KSchG, mit der der Arbeitnehmer auch geltend macht, das Arbeitsverhältnis sei schon vor Ausspruch der Kündigung auf einen anderen Arbeitnehmer nach § 613a Abs. 1 Satz 1 BGB übergegangen, vgl. LAG Hamm 28. 5. 1998 NZA-RR 1999, 71.

[144] BAG 18. 3. 1999 EzA § 613a BGB Nr. 179 = NZA 1999, 706; LAG Köln 3. 8. 2001 LAGE § 613a BGB Nr. 83 = NZA-RR 2002, 240; KR/*Friedrich,* § 4 KSchG Rn. 96a; HK-KSchG/*Hauck,* § 4 Rn. 40; *v. Hoyningen-Huene/Linck,* § 4 KSchG Rn. 38; a.A. ErfK/*Ascheid,* § 4 KSchG Rn. 21; APS/*Ascheid,* § 4 KSchG Rn. 49, wonach richtiger Beklagter die Rechtspersönlichkeit ist, die z.Z. der Klageerhebung Arbeitgeber ist; ähnlich LAG Hamm 12. 12. 1996 LAGE § 613a BGB Nr. 60; 7. 1. 1999 ZinsO 1999, 363; 2. 12. 1999 NZA-RR 2000, 265, 266f.; 22. 3. 2001 NZI 2002, 62, 64; *Löwisch/Neumann,* DB 1996, 474f.; *Zeuner,* FS für K. H. Schwab, 1990, S. 575, 585ff.

[145] BAG 4. 3. 1993 EzA § 613a BGB Nr. 107 = NZA 1994, 260; 25. 4. 1996 NZA 1996, 1062 = BB 1996, 2413 mit Anm. von *Berscheid;* vgl. auch BAG 13. 11. 1996 EzA § 36 ZPO Nr. 24 = NZA 1997, 227; zu Rechtskraftfragen LAG Köln 10. 4. 1997 LAGE § 613a BGB Nr. 63.

[146] BAG 31. 1. 1985 EzA § 613a BGB Nr. 42 = NZA 1985, 593; LAG Hamm 22. 3. 2001 NZI 2002, 62, 63; ErfK/*Ascheid,* § 4 KSchG Rn. 23; APS/*Ascheid,* § 4 KSchG Rn. 51; *v. Hoyningen-Huene/Linck,* § 4 KSchG Rn. 38a.

Klage gegen den bisherigen Arbeitgeber besteht, ist zweifelhaft, sofern der Arbeitnehmer dem Übergang seines Arbeitsverhältnisses (§ 613a Abs. 1 Satz 1 BGB) nicht form- und fristgerecht nach § 613a Abs. 6 BGB widersprochen hat.[147]

b) Arbeitnehmer

Das Recht des Arbeitnehmers, eine Kündigungsschutzklage zu erheben, ist ein **höchstpersönliches Recht.** Dritte können sich auf die Sozialwidrigkeit der Kündigung nicht berufen. Da das Arbeitsverhältnis mit dem Tode des Arbeitnehmers endet,[148] kann ein Erbe keine Kündigungsschutzklage erheben oder fortsetzen, wenn der Arbeitnehmer vor Ablauf der Kündigungsfrist stirbt. Ist die Kündigungsfrist dagegen abgelaufen, stirbt der Arbeitnehmer aber während der Dreiwochenfrist oder der nach den §§ 5, 6 KSchG in Betracht kommenden längeren Fristen, kann der Erbe Kündigungsschutzklage erheben.[149] Er kann sie auch fortführen, wenn der Arbeitnehmer nach Klageerhebung stirbt, sofern die Kündigungsfrist bereits abgelaufen war. Nur so kann der Erbe seine evtl. Ansprüche aus §§ 611 Abs. 1, 615 Satz 1 BGB verfolgen. Die Ansprüche können wegen der Rechtsfolgen des § 7 1. Halbsatz KSchG nicht allein mit einer Entgeltklage durchgesetzt werden. Deshalb besteht in solchen Fällen ein rechtliches Interesse des Erben, den Kündigungsschutzprozess weiterzuführen.[150] **1793**

Die **Krankenkasse,** die dem Arbeitnehmer Krankengeld gewährt, kann trotz des Forderungsübergangs nach § 115 Abs. 1 SGB X **keine Kündigungsschutzklage** erheben.[151] Das gilt auch im Falle einer außerordentlichen Kündigung.[152] Das BAG hat allerdings der Krankenkasse im Rahmen einer Lohnfortzahlungsklage nach § 1 Abs. 1 Satz 1 LohnFG (jetzt § 3 Abs. 1 Satz 1 EFZG) i.V.m. § 115 Abs. 1 SGB X (früher § 182 Abs. 1 RVO) in einem Fall, in dem das KSchG keine Anwendung fand, das Recht eingeräumt, sich auf die Unwirksamkeit einer außerordentlichen Arbeitgeberkündigung zu berufen.[153] Gegen diese Lösung bestehen Bedenken, denn der Arbeitnehmer kann gute Gründe haben, die Sache auf sich beruhen zu lassen. Ein so weitgehendes Prozessführungsrecht dürfte der Kasse zu verweigern sein. **1794**

---

147 Verneinend LAG Hamm 12. 12. 1996 LAGE § 613a BGB Nr. 60; 22. 3. 2001 NZI 2002, 62, 64.

148 BAG 23. 6. 1992 EzA § 7 BVerfG Nr. 84 = NZA 1992, 1088; 25. 9. 1996 EzA § 112 BetrVG 1972 Nr. 89 = NZA 1997, 163.

149 LAG Hamm 19. 9. 1986 NZA 1987, 669; ErfK/*Ascheid,* § 4 KSchG Rn. 18; APS/*Ascheid,* § 4 KSchG Rn. 37; KR/*Friedrich,* § 4 KSchG Rn. 82; *v. Hoyningen-Huene/Linck,* § 4 KSchG Rn. 35; KDZ/*Zwanziger,* § 4 KSchG Rn. 19.

150 LAG Hamm 19. 9. 1986 NZA 1987, 669; ErfK/*Ascheid,* § 4 KSchG Rn. 18; APS/*Ascheid,* § 4 KSchG Rn. 37; KR/*Friedrich,* § 4 KSchG Rn. 82, 83; *v. Hoyningen-Huene/Linck,* § 4 KSchG Rn. 35; *Löwisch,* § 4 KSchG Rn. 30; MünchKomm/*Schwerdtner,* § 622 BGB Anh. Rn. 220.

151 ErfK/*Ascheid,* § 4 KSchG Rn. 15; APS/*Ascheid,* § 4 KSchG Rn. 33; KR/*Friedrich,* § 4 KSchG Rn. 75; *v. Hoyningen-Huene/Linck,* § 4 KSchG Rn. 34.

152 KR/*Friedrich,* § 4 KSchG Rn. 77.

153 BAG 29. 11. 1978 EzA § 6 LohnFG Nr. 9 = AP § 6 LohnFG Nr. 7; ebenso BSG 23. 2. 1988, NZA 1988, 557; LAG Frankfurt/M. 21. 11. 1988 EEK I/981; ErfK/*Ascheid,* § 4 KSchG Rn. 16; krit. dazu APS/*Ascheid,* § 4 KSchG Rn. 33; KR/*Friedrich,* § 4 KSchG Rn. 79; MünchKomm/*Schwerdtner,* § 622 BGB Anh. Rn. 221.

2. Zuständiges Gericht

1795 Die Kündigungsschutzklage muss nach § 4 Satz 1 KSchG beim **Arbeitsgericht** erhoben werden. Auch wenn dies nicht unmittelbar aus seinem Wortlaut folgt, ist hiermit das **örtlich zuständige Arbeitsgericht** gemeint.[154] Die örtliche Zuständigkeit richtet sich nach §§ 12 bis 37 ZPO i.V.m. § 495 ZPO, § 46 Abs. 2 Satz 1 ArbGG.

1796 Wird die Klage nach § 4 Satz 1 KSchG innerhalb der Klagefrist von drei Wochen nach Zugang der Kündigung beim **örtlich unzuständigen Arbeitsgericht** anhängig gemacht, ist sie rechtzeitig eingelegt, wenn sie nach § 48 Abs. 1 ArbGG, §§ 17 bis 17b GVG an das örtlich zuständige Arbeitsgericht verwiesen wird. Die Verweisung kann auch nach Fristablauf erfolgen.[155] Denn es handelt sich um ein einheitliches Verfahren, das in der Lage fortgesetzt wird, in der es sich bei der Verweisung befand.[156]

1797 Dieser Grundsatz galt nach überwiegender Auffassung bis zur Änderung des § 48 ArbGG durch das 4. VwGOÄndG vom 17. 12. 1990 (BGBl. I S. 2809) auch für den Fall, dass die Klage beim **Amtsgericht** erhoben war und sie von ihm an das Arbeitsgericht verwiesen wurde.[157] Daran ist festzuhalten,[158] obwohl es sich jetzt nicht mehr um eine Frage der sachlichen Zuständigkeit handelt, sondern um eine **Frage** des **Rechtsweges.**[159] Denn auch nach der Neuregelung des Rechtsweges und der Zuständigkeit handelt es sich um ein einheitliches Verfahren. Die Rechtswirkungen der Rechtshängigkeit bleiben trotz der Verweisung sowohl in prozessualer (§ 261 Abs. 3 ZPO) wie auch in materiellrechtlicher (§ 262 ZPO) Hinsicht erhalten (§ 17b Abs. 1 Satz 2 GVG).[160] Damit bleibt die fristwahrende Wirkung der Klage bestehen, wie es § 17 Abs. 3 GVG a.F. für den Fall der Rechtswegverweisung vorsah. Daran hat die Neuregelung nichts geändert. Für die Wahrung der Klageerhebungsfrist nach § 4 Satz 1 KSchG ist auf die Zeit der Klageerhebung vor dem ersten Gericht – hier dem Amtsgericht – abzustellen.[161, 162]

---

[154] ErfK/*Ascheid,* § 4 KSchG Rn. 13; APS/*Ascheid,* § 4 KSchG Rn. 57; KR/*Friedrich,* § 4 KSchG Rn. 171; *v. Hoyningen-Huene/Linck,* § 4 KSchG Rn. 57; KDZ/*Zwanziger,* § 4 KSchG Rn. 49; a.A. *Lüke,* JuS 1996, 969; ihm folgend *Berkowsky,* NZA 1997, 352, 353.

[155] ErfK/*Ascheid,* § 4 KSchG Rn. 13; APS/*Ascheid,* § 4 KSchG Rn. 59; KR/*Friedrich,* § 4 KSchG Rn. 171; KDZ/*Zwanziger,* § 4 KSchG Rn. 49.

[156] BAG 31. 3. 1993 EzA § 4 KSchG n.F. Nr. 46 = NZA 1994, 237.

[157] KR/*Friedrich,* § 4 KSchG Rn. 186; *Herschel/Löwisch,* 6. Aufl. 1984, § 4 KSchG Rn. 19.

[158] LAG Köln 10. 7. 1998 LAGE § 4 KSchG Nr. 41; LAG Sachsen-Anhalt 23. 2. 1995 LAGE § 4 KSchG Nr. 26; *Bader,* NZA 1997, 905, 906; ErfK/*Ascheid,* § 4 KSchG Rn. 13; KR/*Friedrich,* § 4 KSchG Rn. 186; *v. Hoyningen-Huene/Linck,* § 4 KSchG Rn. 57a; *Löwisch,* § 4 KSchG Rn. 23; KDZ/*Zwanziger,* § 4 KSchG Rn. 49; a.A. *Lüke,* JuS 1996, 969, 970.

[159] BAG 26. 3. 1992 EzA § 48 ArbGG 1979 Nr. 5 = NZA 1992, 954; 4. 1. 1993 EzA § 36 ZPO Nr. 17 = NZA 1993, 892; 28. 10. 1997 EzA § 34 ZPO Nr. 1 = NZA 1998, 219; *Kissel,* NJW 1991, 945, 947; GK-ArbGG/*Bader,* § 48 Rn. 12.

[160] GK-ArbGG/*Bader* § 48 Rn. 74; *Kissel,* NJW 1991, 945, 950; *Zöller/Gummer,* § 17b GVG Rn. 3.

[161] *v. Hoyningen-Huene/Linck,* § 4 KSchG Rn. 57a; ebenso LAG Sachsen-Anhalt 23. 2. 1995 LAGE § 4 KSchG Nr. 26; LAG Köln 10. 7. 1998 LAGE § 4 KSchG Nr. 41 = NZA-RR 1998, 561.

An die Stelle des Arbeitsgerichts tritt ein Schiedsgericht, wenn ein solches gültig vorgesehen ist (vgl. §§ 101ff. ArbGG). Erhebt der Arbeitnehmer trotz einer wirksamen Schiedsklausel Kündigungsschutzklage vor dem Arbeitsgericht, **kann** der Arbeitgeber die prozesshindernde Einrede des Bestehens eines Schiedsvertrages erheben,[163] woraufhin die Klage als unzulässig abgewiesen wird (§ 102 Abs. 1 ArbGG). Ist die Dreiwochenfrist des § 4 Satz 1 KSchG für die Klage beim Arbeitsgericht gewahrt, reicht es aus, wenn alsbald nach Rücknahme der Klage bzw. ihrer Abweisung als unzulässig vor dem Schiedsgericht Klage erhoben wird.[164] Eine Verweisung des Rechtsstreits ist gesetzlich nicht vorgesehen und scheidet deshalb aus.[165] **1798**

Fraglich ist, ob auch die **„formlose Abgabe“** der Klage durch das Gericht an ein örtlich zuständiges Arbeitsgericht ausreicht, wenn die Klage beim Gericht des unzulässigen Rechtsweges fristgerecht eingereicht worden ist. Das BAG hat das bejaht.[166] Wird eine Klage vom Urkundsbeamten der Geschäftsstelle innerhalb der Frist aufgenommen und an das zuständige Arbeitsgericht weitergeleitet, ist damit die Frist nicht gewahrt.[167] **1799**

Ist zwischen den Parteien bereits ein **Rechtsstreit anhängig,** kann der Arbeitnehmer die **Kündigungsschutzklage** auch in diesem Verfahren im Wege der Klageänderung anhängig machen, **auch** noch **im Berufungsverfahren.** Läßt das Berufungsgericht die Klageänderung nicht zu (§ 263 ZPO i.V.m. § 495 ZPO, § 46 Abs. 2 Satz 1 ArbGG), hat es ggfls. die neue Klage durch Teilurteil als unzulässig abzuweisen. Die Klagefrist gilt dann noch als gewahrt, wenn der Arbeitnehmer nun alsbald Klage vor dem Arbeitsgericht erhebt.[168] Richtigerweise handelt es sich um einen Fall der nachträglichen Zulassung nach § 5 KSchG (dazu unten Rn. 1829ff.).[169] **1800**

VII. Die Klagefrist nach § 4 KSchG

Die Frist zur Klageerhebung beträgt nach § 4 Satz 1 KSchG drei Wochen. Da es sich bei ihr um eine prozessuale Klagefrist mit materiell-rechtlicher Wirkung handelt (dazu unten Rn. 1812), erfolgt ihre Berechnung nach §§ 187ff. BGB i.V.m. §§ 222 Abs. 1, Abs. 2, 495 ZPO, § 46 Abs. 2 Satz 1 ArbGG. Die Dreiwochenfrist **1801**

---

[162] Zur Fristwahrung bei Zuständigkeit eines Schiedsgerichts, wenn zunächst Klage vor dem Arbeitsgericht erhoben worden ist, vgl. BAG 24. 9. 1970 AP § 3 KSchG Nr. 37 mit Anm. von *Herschel*; vgl. dazu auch KR/*Friedrich,* § 4 KSchG Rn. 188ff.

[163] Vgl. hierzu BAG 30. 9. 1987 EzA § 72 ArbGG 1979 Nr. 9 = AP § 611 BGB Bühnenengagementsvertrag Nr. 33.

[164] BAG 24. 9. 1970 a.a.O.; KR/*Friedrich,* § 4 KSchG Rn. 192.

[165] BAG 24. 9. 1970 AP § 3 KSchG Nr. 37 mit insoweit kritischer Anm. von *Herschel* = NJW 1971, 213; GK-ArbGG/*Ascheid,* § 102 Rn. 6; KR/*Friedrich,* § 4 KSchG Rn. 191; *Grunsky,* § 102 ArbGG Rn. 2.

[166] BAG 16. 4. 1959 AP § 3 KSchG Nr. 16 mit abl. Anm. von *Herschel;* ebenso LAG Sachsen-Anhalt 23. 2. 1995 LAGE § 4 KSchG Nr. 26; a.A. ErfK/*Ascheid,* § 4 KSchG Rn. 14; APS/*Ascheid,* § 4 KSchG Rn. 60.

[167] APS/*Ascheid,* § 4 KSchG Rn. 60; KR/*Friedrich,* § 4 KSchG Rn. 185.

[168] BAG 10. 12. 1970 AP § 3 KSchG Nr. 40 mit Anm. *A. Hueck* = EzA § 3 KSchG Nr. 3 L.

[169] So zutreffend *v. Hoyningen-Huene/Linck,* § 4 KSchG Rn. 9a.

beginnt mit dem **Zugang der Kündigung** (Einzelheiten zu diesem Begriff oben Rdnrn. 209ff.). Dieser Tag wird nach § 187 Abs. 1 BGB bei der Fristberechnung nicht mitgerechnet. Die Frist endet deshalb nach § 188 Abs. 2 BGB mit Ablauf desjenigen Tages der dritten Woche, welcher durch seine Benennung dem Tag entspricht, an dem die Kündigung zuging. Ist dieser Tag ein Sonntag, ein am Sitz des örtlich zuständigen Arbeitsgerichts[170] staatlich anerkannter allgemeiner Feiertag oder ein Sonnabend, tritt an seine Stelle nach § 222 Abs. 2 ZPO, der insoweit § 193 BGB verdrängt,[171] der nächste Werktag (§ 193 BGB). Innerhalb der Frist des § 4 Satz 1 KSchG muss die Klage **erhoben** werden. Dies geschieht nach § 253 Abs. 1 ZPO durch **Zustellung** eines Schriftsatzes (Klageschrift). Die Klagefrist ist nach § 167 ZPO i.d.F. des Art. 2 Nr. 1 ZustRG vom 25. 6. 2001 (BGBl. I S. 1200), dem bis zum 30. 6. 2002 § 270 Abs. 3 ZPO entsprach, auch dann gewahrt, wenn die Einreichung der Klage oder ihre Erklärung zu Protokoll der Geschäftsstelle innerhalb der Dreiwochenfrist vorgenommen wird und die Zustellung *demnächst* erfolgt (dazu unten Rn. 1807).

1802 Auf die nach § 4 Satz 1 KSchG bestehende Klagefrist braucht der Arbeitgeber den Arbeitnehmer **nicht hinzuweisen.** Das liefe auf eine allgemeine Rechtsberatung durch den Arbeitgeber hinaus, die durch die Fürsorgepflicht im Arbeitsverhältnis nicht geboten ist. Der Arbeitnehmer hat sich vielmehr grundsätzlich über seine Rechte und Pflichten aus dem Arbeitsverhältnis selbst zu informieren. Dazu zählt die Klagefrist des § 4 Satz 1 KSchG.[172] Das zeigt sich auch in der zutreffenden Ansicht, dass die Unkenntnis der Klagefrist keine nachträgliche Zulassung der Kündigungsschutzklage nach § 5 Abs. 1 KSchG rechtfertigt (dazu unten Rn. 1855).

1803 Bedarf die Kündigung der **Zustimmung** einer **Behörde,** läuft die Frist zur Anrufung des Arbeitsgerichts nach § 4 Satz 4 KSchG erst von der **Bekanntgabe** der Entscheidung der Behörde **an** den **Arbeitnehmer** ab. Diese Regelung hat heute nur noch geringe Bedeutung, da Fälle mit einer notwendigen nachträglichen Zustimmung einer Behörde selten sind. Im Rahmen des Kündigungsschutzes nach dem Mutterschutzgesetz findet § 4 Satz 4 KSchG keine Anwendung, da es sich bei § 9 MuSchG um ein absolutes Kündigungsverbot mit Erlaubnisvorbehalt handelt. Die ohne behördliche Zustimmung erklärte Kündigung ist nach § 134 BGB nichtig. Das gilt im Grundsatz auch für die Kündigung von schwerbehinderten Arbeitnehmern (zu einer Ausnahme oben unter Rn. 1538).

1804 Spricht der Arbeitgeber eine mündliche Kündigung aus, die er später schriftlich bestätigt, können die Wirkungen der Kündigung bereits mit dem Zugang der mündlichen Kündigung eintreten, wobei allerdings die Versäumung der Dreiwochenfrist wegen § 623 1. Halbsatz BGB unschädlich ist (näher oben Rn. 1737).[173]

---

[170] Vgl. BAG 16. 1. 1989 EzA § 222 ZPO Nr. 1 = AP § 222 ZPO Nr. 3; 24. 9. 1996 EzA § 7 BUrlG Nr. 5 = NZA 1997, 507.

[171] Vgl. RGZ 83, 336, 338f.; MünchKommZPO/*Feiler,* § 222 Rn. 2.

[172] BAG 26. 8. 1993 EzA § 4 KSchG n.F. Nr. 47 = AP § 72 LPVG NW Nr. 8; LAG Düsseldorf 12. 6. 1980 DB 1980, 1551; *Becker/Schaffner,* BB 1993, 1282; a.A. *Valentin,* ArbuR 1990, 276. De lege ferenda zu dem Problemfeld *Hohmeister,* ZRP 1994, 141.

[173] Vgl. früher BAG 10. 12. 1970 AP § 3 KSchG Nr. 39; LAG Berlin 2. 1. 1968 DB 1968, 180; KR/*Friedrich,* § 4 KSchG Rn. 135; vgl. aber auch BAG 25. 4. 1996 EzA § 130 BGB Nr. 27 = NZA 1996, 1227.

Gegen mehrere Kündigungen muss der Arbeitnehmer grundsätzlich, damit die Wirkungen des § 7 1. Halbs. KSchG vermieden werden, **jeweils** eine **neue Klage** nach § 4 Satz 1 KSchG erheben. Das kann jedoch dann anders zu beurteilen sein, wenn der Arbeitgeber seine Kündigungsabsicht auf Grund desselben Sachverhalts – evtl. am selben Tag – durch eine mündliche und eine weitere schriftliche Kündigung verwirklicht. Dann kann es gerechtfertigt sein, die mündliche und die nachfolgende schriftliche Kündigung als einen einheitlichen Lebensvorgang anzusehen, so dass *eine* Klage gegen eine der Erklärungen ausreicht.[174]

1. Einzelfragen bei der Fristwahrung

Die Klagefrist des § 4 Satz 1 KSchG ist gewahrt, wenn der Arbeitnehmer gegen **1805**
eine ihm als sicher in Aussicht gestellte Kündigung Klage erhebt und die Umstellung auf eine Kündigungsschutzklage erst nach Ablauf der Frist von drei Wochen nach dem Ausspruch der Kündigung erfolgt.[175] Der Einwurf der Kündigungsschutzklage in den normalen Briefkasten des Arbeitsgerichts am letzten Tag der Frist ist selbst dann ausreichend, wenn ein Nachtbriefkasten vorhanden ist.[176] Der Arbeitnehmer ist für den rechtzeitigen Einwurf in den normalen Briefkasten des Gerichts darlegungs- und beweispflichtig.[177] Zur Frage des Zugangs einer Klage bei Abgabe in einer Postverteilungsstelle vgl. BVerfG 29. 4. 1981 NJW 1981, 1951.

Die Erhebung einer Kündigungsschutzklage erfolgt in zwei Stufen. Die Klage ist **1806**
innerhalb der Dreiwochenfrist einzureichen oder mündlich zu Protokoll der Geschäftsstelle des Arbeitsgerichts zu erklären (§ 496 ZPO i. V. mit § 46 Abs. 2 Satz 1 ArbGG). Ferner ist die Klage dann von Amts wegen zuzustellen. Erst **nach** der **Zustellung** ist sie *erhoben* i. S. von § 4 Satz 1 KSchG (§ 253 Abs. 1 ZPO i. V. mit § 495 ZPO, § 46 Abs. 2 Satz 1 ArbGG). Allerdings genügt es zur Wahrung der Klagefrist, dass die Zustellung der Kündigungsschutzklage nach § 167 ZPO i. d. F. des Art. 2 Nr. 1 ZustRG vom 25. 6. 2001 (BGBl. I S. 1200), der mit Wirkung vom 1. 7. 2002 § 270 Abs. 3 ZPO a. F. abgelöst hat, i. V. mit § 495 ZPO, § 46 Abs. 2 Satz 1 ArbGG *demnächst* erfolgt.[178]

„Demnächst" erfolgt die Zustellung i. S. des 167 ZPO, wenn die Klage in einer **1807**
den Umständen nach angemessenen Frist ohne besondere von der Partei oder ihrem Vertreter zu vertretende Verzögerung zugestellt wird.[179] Das ist im Einzelfall

[174] BAG 14. 9. 1994 EzA § 4 KSchG n. F. Nr. 50 = NZA 1995, 417; vgl. auch BAG 25. 4. 1996 EzA § 130 BGB Nr. 27 = NZA 1996, 1227; BGH 11. 2. 1999 EzA § 675 BGB Nr. 1 (zum Anwaltsverschulden).

[175] BAG 4. 3. 1980 EzA § 1 KSchG Tendenzbetrieb Nr. 8 = NJW 1980, 2211; 31. 3. 1993 EzA § 4 KSchG n. F. Nr. 46 = NZA 1994, 237; 14. 9. 1994 EzA § 4 KSchG n. F. Nr. 50 = NZA 1995, 417; APS/*Ascheid,* § 4 KSchG Rn. 98; *v. Hoyningen-Huene/Linck,* § 4 KSchG Rn. 55.

[176] Vgl. BAG 22. 10. 1980 AP § 1 KSchG Nr. 6; BVerfG 7. 5. 1991 NJW 1991, 2077.

[177] BAG 22. 2. 1980 EzA § 1 KSchG Krankheit Nr. 5 = AP § 1 KSchG Krankheit Nr. 6; ErfK/*Ascheid,* § 4 KSchG Rn. 52.

[178] Vgl. nur BAG 17. 6. 1998 EzA § 2 KSchG Nr. 30 = NZA 1998, 1225; 18. 10. 2000 EzA § 14 KSchG Nr. 5 = NZA 2001, 437.

[179] BGH 30. 9. 1998 VersR 1999, 217, 218; ausf. *Schumann,* FS für Lüke, 1997, 791.

zu prüfen.[180] § 167 ZPO bezieht die Wirkung einer „demnächst" erfolgenden Zustellung auf den Zeitpunkt der Einreichung der Klage zurück. So ist sichergestellt, dass der Arbeitnehmer keine Nachteile erleidet, wenn er die ihm eingeräumte Klagefrist bis zur letzten Stunde ausnutzt. Den klagenden Arbeitnehmer dürfen bei einer Verzögerung der Zustellung keine Nachteile treffen, die außerhalb seiner Einflusssphäre liegen und die er auch bei gewissenhafter Prozessführung nicht vermeiden kann.[181] Dem Arbeitnehmer sind dagegen die Verzögerungen zuzurechnen, die dadurch entstehen, dass er nicht alle in seinem Einflussbereich liegenden Voraussetzungen für eine von Amts wegen vorzunehmende Zustellung schafft.[182] Wird die Klage nicht „demnächst" zugestellt, ist sie nicht rechtzeitig erhoben mit der Folge, dass die Wirkungen des § 7 1. Halbsatz KSchG eintreten.

1808 Verhältnismäßig geringfügige Verzögerungen, die auf ein nachlässiges Verhalten des klagenden Arbeitnehmers zurückzuführen sind, schaden nichts, selbst wenn die Verzögerung insgesamt länger dauert.[183] Eine um bis zu 14 Tage hinausgezögerte, vom Arbeitnehmer zu vertretende Zustellung wird von der Rechtsprechung hingenommen.[184]

1809 Gibt der Kläger als Anschrift des Arbeitgebers ein Postfach an, gehen Rückfragen des Gerichts bei ihm wegen der ladungsfähigen Anschrift zu seinen Lasten. § 167 ZPO sichert nicht die rechtzeitige Klageerhebung, wenn die Klageschrift mit dem Antrag verbunden wird, die Zustellung zunächst, z.B. wegen schwebender **Vergleichsverhandlungen,** noch nicht zuzustellen. Ein Hinweis des Gerichts nach § 139 Abs. 3 ZPO i.d.F. des Art. 2 Nr. 20 ZPO-RG vom 27. 7. 2001 (BGBl. I S. 1887) dürfte erforderlich sein.[185] Bittet der Arbeitnehmer dagegen im Hinblick auf noch nicht abgeschlossene Vergleichsverhandlungen, zunächst keinen Termin zu bestimmen, ist die Klage fristgerecht erhoben, sofern nur Zustellung erfolgt.[186] Das Verfahren ist im Übrigen wegen des § 216 ZPO (unverzügliche Bestimmung des Termins von Amts wegen), der nach § 495 ZPO, § 46 Abs. 2 Satz 1 ArbGG anwendbar ist, unzulässig.[187]

1810 Die Klagefrist ist auch dann gewahrt, wenn der Arbeitgeber die verspätete Zustellung nicht rügt, sondern zur Hauptsache verhandelt. Die unterlassene Zustellung ist ein verzichtbarer Verfahrensmangel i.S. des § 295 Abs. 1 ZPO (dazu unten auch Rn. 1813). Eine Heilung tritt ein, wenn die Partei den Mangel in der nächsten mündlichen Verhandlung nicht rügt, obwohl sie erschienen ist und der Mangel

---

[180] LAG Hamm 23. 11. 2000 ZinsO 2001, 234; vgl. auch LAG Nürnberg 8. 10. 2001 NZA-RR 2002, 212f.

[181] BGH 15. 1. 1992 MDR 1992, 900, 901; vgl. auch BGH 20. 4. 2000 NJW 2000, 2282.

[182] Vgl. BAG 18. 10. 2000 EzA § 14 KSchG Nr. 5 = NZA 2001, 437.

[183] LAG Nürnberg 8. 10. 2001 NZA-RR 2002, 212, 213 m.w.N.

[184] BAG 8. 4. 1976 EzA § 4 KSchG n.F. Nr. 10 (10 Tage) = AP § 4 KSchG 1969 Nr. 2; BGH 6. 4. 1972 NJW 1972, 1950 und 25. 11. 1985 NJW 1986, 1347 (14 Tage); BAG 13. 5. 1987 EzA § 209 BGB Nr. 3 = NZA 1988, 175 (zwei Wochen).

[185] Vgl. ErfK/*Ascheid,* § 4 KSchG Rn. 49; APS/*Ascheid,* § 4 KSchG Rn. 96; KR/*Friedrich,* § 4 KSchG Rn. 144; *v. Hoyningen-Huene/Linck,* § 4 KSchG Rn. 56.

[186] APS/*Ascheid,* § 4 KSchG Rn. 96; *Bader,* NZA 1997, 905, 906; KR/*Friedrich,* § 4 KSchG Rn. 145; *v. Hoyningen-Huene/Linck,* § 4 KSchG Rn. 56; vgl. auch BGH 21. 11. 1953, BGHZ 11, 175, 177.

[187] Vgl. KR/*Friedrich,* § 4 KSchG Rn. 145; *v. Hoyningen-Huene/Linck,* § 4 KSchG Rn. 56.

ihr bekannt sein muss.[188] Der Rügeverlust bewirkt, dass die Klagefrist bereits mit Einreichung der Klage gewahrt ist.[189]

Nach Auffassung des BAG können auch **unzulässige Klagen** die Frist des § 4 Satz 1 KSchG wahren,[190] z. B. Klage vor dem unzuständigen Gericht (dazu oben Rn. 1796, 1797) oder eine unzulässige Klageerweiterung.[191] Begründet worden ist dies mit dem Sinn und Zweck dieser Klagefrist, der darin bestehe, dem Arbeitgeber alsbald Klarheit zu verschaffen, ob der Arbeitnehmer die Kündigung hinnimmt oder die Unwirksamkeit gerichtlich geltend machen will.[192] Diesen Grundsatz hat das BAG in seinem Urteil vom 31. 3. 1993[193] auch auf die unzulässige **eventuelle subjektive Klagehäufung** ausgedehnt.[194] Der Kläger habe dadurch, wenn auch nur hilfsweise, unmißverständlich zum Ausdruck gebracht, welche konkrete Kündigung er anfechten und gegen wen er gerichtlich vorgehen wolle. Obwohl die eventuelle subjektive Klagehäufung unzulässig sei, habe der Beklagte doch so Kenntnis davon erhalten, dass der Arbeitnehmer zwar Zweifel am Bestehen eines Arbeitsverhältnisses mit dem Beklagten habe, jedoch keineswegs bereit sei, die Kündigung zu akzeptieren. **1811**

2. Die Rechtsnatur der Klagefrist

Die Rechtsnatur der Klagefrist des § 4 Satz 1 KSchG ist noch immer umstritten.[195] Während früher teilweise die Klagefrist als prozessuale Frist verstanden wurde mit der Folge, dass die Klage bei Fristversäumung durch ein Prozessurteil abzuweisen war, haben die Rechtsprechung des BAG und die ganz h. L. lange Zeit die Klagefrist als materiellrechtliche Ausschlussfrist verstanden mit der Konsequenz, dass die Klage nach Fristversäumung wegen § 7 1. Halbs. KSchG als unbegründet abgewiesen wurde.[196] Die Kündigung wird mit Ablauf der Klagefrist des § 4 Satz 1 KSchG bezüglich der Sozialwidrigkeit unanfechtbar. Aus anderen Gründen dagegen, z. B. wegen eines Verstoßes gegen § 102 BetrVG oder gegen § 9 MuSchG, kann die verspätet erhobene Klage Erfolg haben, weil für die Anfechtung der Kün- **1812**

[188] KR/*Friedrich,* § 4 KSchG Rn. 143a; LAG München 12. 11. 1982 ZIP 1983, 614, 616; vgl. auch BGH 24. 2. 1960 NJW 1960, 820.

[189] BAG 11. 1. 1979 – 2 AZR 615/76 – n.v.

[190] BAG 31. 3. 1993 EzA § 4 KSchG n. F. Nr. 46 = NZA 1994, 237; 13. 3. 1997 EzA § 4 KSchG n. F. Nr. 57 = NZA 1997, 844 mit Anm. von *Dauner-Lieb.*

[191] Hierzu und zu weiteren Beispielen vgl. die Nachweise aus der Rechtsprechung bei *Boewer,* RdA 2001, 380, 389 in Fn. 103.

[192] BAG 31. 3. 1993 EzA § 4 KSchG n. F. Nr. 46 = NZA 1994, 237; 14. 9. 1994 EzA § 4 KSchG n. F. Nr. 50 = NZA 1995, 417.

[193] EzA § 4 KSchG n. F. Nr. 46 mit krit. Anm. von *Bakker* = NZA 1994, 237.

[194] Die gegenteile Entscheidung des LAG Hamm 2. 7. 1992 LAGE § 4 KSchG Nr. 23 ist vom BAG abgeändert worden; gegen BAG *Lüke,* JuS 1996, 969f.

[195] Vgl. bis 1991 die umfassenden Nachweise bei *Lepke,* DB 1991, 2034. Grundlegend *Vollkommer,* Begründet die Dreiwochenfrist des § 3 KSchG eine besondere Prozessvoraussetzung oder ist sie eine materielle Frist?, AcP 161 (1962), 332; *Otto,* Die Präklusion, 1970, S. 27ff.; *Besta,* Die Regelung der Klageerhebungsfrist, Diss. Passau, 1987; vgl. auch *Rieble,* Anm. LAG Hamm LAGE § 5 KSchG Nr. 65.

[196] BAG 20. 9. 1955 AP § 3 KSchG Nr. 7; 28. 4. 1983 EzA § 5 KSchG n. F. Nr. 20 = AP § 5 KSchG 1969 Nr. 4.

digung aus diesen Gründen eine Klagefrist im Gesetz nicht vorgesehen ist (dazu unten Rn. 1953, 1954). Das BAG hat dann in der Entscheidung vom 26. 6. 1986[197] erkannt, die Dreiwochenfrist des § 4 Satz 1 KSchG sei eine **prozessuale Klageerhebungsfrist.** Die Versäumnis der Frist habe unmittelbar den Verlust des Klagerechts zur Folge, das materielle Recht werde des Rechtsschutzes beraubt. Dennoch weist das BAG die Klage wegen der in § 7 1. Halbsatz KSchG normierten Vermutungswirkung **nicht als unzulässig,** sondern **als unbegründet ab.**[198]

1813 Dieser prozessuale Charakter der Klagefrist hat eine wichtige Konsequenz. Denn es gelten nun die Heilungsmöglichkeiten des § 295 ZPO. Dieses Problemfeld hat zur Änderung der Rechtsprechung des BAG geführt.[199] Andererseits bleibt es bei der prozeßökonomisch erwünschten Folge, dass die rechtskräftige Abweisung der verspätet erhobenen Kündigungsschutzklage den Arbeitnehmer auch mit allen sonstigen Nichtigkeitsgründen präkludiert. Das Urteil ist Sachurteil und stellt die Auflösung des Arbeitsverhältnisses durch die Kündigung, die Streitgegenstand des Prozesses war, endgültig fest. Der Arbeitnehmer kann z. B. die Nichtigkeit der Kündigung gemäß § 134 BGB wegen eines Verstoßes gegen § 85 SGB IX, für den es eine Klagefrist nicht gibt, nicht mehr geltend machen. **Alle Gründe** gegen die Rechtswirksamkeit der Kündigung müssen also im Prozess **geltend gemacht** werden.[200]

1814 Eine überzeugende Begründung zur Auffassung vom **prozessualen Verständnis** der Klagefrist und der dennoch ggfls. gebotenen Abweisung der Klage als **unbegründet,** ist vor allem von *Otto* gegeben worden.[201] Gegenstand der Kündigungsschutzklage sei die Wirksamkeit der Kündigung schlechthin. Ihre Sozialwidrigkeit sei nur ein Ausschnitt des denkbaren Vorbringens. Nur dieses werde durch die Klagefrist präkludiert und sei deshalb unzulässig, nicht aber die Kündigungsschutzklage selbst. Damit kommt *Otto* trotz der Fristversäumung zu einer Sachabweisung der Klage.

---

[197] EzA § 4 KSchG n. F. Nr. 25 = NJW 1986, 3224 unter Aufgabe von BAG 26. 1. 1976 AP § 4 KSchG 1969 Nr. 1; best. durch BAG 13. 4. 1989 EzA § 13 KSchG n. F. Nr. 4 = NZA 1990, 395. Dazu *Vollkommer,* FS für Stahlhacke, 1995, S. 599, 600; ferner *Lepke,* DB 1991, 2034 ff.

[198] BAG 13. 4. 1989 a. a. O.; LAG Baden-Württemberg 26. 8. 1992 LAGE § 5 KSchG Nr. 58; LAG Rheinland-Pfalz 9. 8. 1989 LAGE § 5 KSchG Nr. 43; ErfK/*Ascheid,* § 4 KSchG Rn. 51; APS/*Ascheid,* § 4 KSchG Rn. 99; *Dütz,* Arbeitsrecht 6. Aufl. 2001, Rn. 324; *v. Hoyningen-Huene/Linck,* § 4 KSchG Rn. 83; *Otto,* Anm. EzA § 5 KSchG n. F. Nr. 20; i. Erg. ebenso, aber wegen materiellrechtlicher Ausschlussfrist in § 4 Satz 1 KSchG LAG Hamm 27. 1. 1994 LAGE § 5 KSchG Nr. 65; KR/*Friedrich,* § 4 KSchG Rn. 136 und Rn. 217; *Lepke,* DB 1991, 2034, 2038 f.; *Rieble,* Anm. zu LAG Hamm LAGE § 5 KSchG Nr. 65.

[199] Aufgabe der Entscheidungen 26. 1. 1976 EzA § 4 KSchG n. F. Nr. 9 = AP § 4 KSchG 1969 Nr. 1 und 28. 4. 1983 EzA § 5 KSchG n. F. Nr. 20 mit Anm. von *Otto* = AP § 5 KSchG 1969 Nr. 4 durch BAG 26. 6. 1986 EzA § 4 KSchG n. F. Nr. 25 = AP § 4 KSchG 1969 Nr. 14.

[200] ErfK/*Ascheid,* § 4 KSchG Rn. 66; APS/*Ascheid,* § 4 KSchG Rn. 116; *Boemke,* RdA 1995, 211, 213 f.; *Boewer,* NZA 1997, 359, 361; *ders.,* RdA 2001, 380, 386; KR/*Friedrich,* § 4 KSchG Rn. 221; *v. Hoyningen-Huene/Linck,* § 4 KSchG Rn. 24; *Otto,* Anm. EzA § 5 KSchG n. F. Nr. 20; KDZ/*Zwanziger,* § 7 KSchG Rn. 51; abw. *Bettermann,* ZfA 1985, 5, 16.

[201] *Otto,* Die Präklusion, 1970, S. 27 ff.; *ders.,* Anm. EzA § 5 KSchG n. F. Nr. 20.

Die Dreiwochenfrist ist **zwingend,** d.h. vom Gericht auch dann zu beachten, wenn sich der Beklagte darauf nicht beruft.[202] Dafür spricht neben dem Wortlaut des § 4 Satz 1 KSchG auch sein Sinn und Zweck, der mit einem längeren Schwebezustand nicht vereinbar ist, selbst dann nicht, wenn die Parteien damit einverstanden sind. Das Gesetz strebt Klarheit innerhalb einer bestimmten Frist an. 1815

3. Verlängerte Anrufungsfrist nach § 6 Satz 1 KSchG

a) Unmittelbarer Anwendungsbereich

Hat der Arbeitnehmer innerhalb von drei Wochen nach ihrem Zugang die Kündigung aus anderen als den in § 1 Abs. 2, 3 KSchG genannten Gründen angegriffen, kann er gemäß § 6 Satz 1 KSchG in diesem Verfahren die Unwirksamkeit der Kündigung nach § 1 Abs. 2, 3 KSchG **bis zum Schluss der mündlichen Verhandlung erster Instanz** geltend machen. § 6 Satz 1 KSchG verfolgt den Zweck, den Arbeitnehmer vor Rechtsnachteilen zu schützen, wenn er die Kündigung aus anderen Gründen angefochten hat und sich erst später auf die Sozialwidrigkeit der Kündigung nach § 1 Abs. 2 KSchG berufen will. Das ist z.B. erforderlich, falls der Arbeitnehmer den Auflösungsantrag nach den §§ 9, 10 KSchG zu stellen beabsichtigt. Notwendig ist immer, dass die Klage gegen die Kündigung aus anderen Gründen, für die an sich § 4 Satz 1 KSchG nicht gilt (§ 13 Abs. 3 KSchG), **innerhalb der Dreiwochenfrist** erhoben worden ist.[203] Ist das der Fall, greift die verlängerte Anrufungsfrist des § 6 Satz 1 KSchG ein, d.h., der Arbeitnehmer kann auch dann noch die Sozialwidrigkeit der Kündigung geltend machen. § 6 Satz 1 KSchG erfasst vor allem die **Verstöße gegen gesetzliche Verbote.** 1816

Unsicher ist, ob § 6 Satz 1 KSchG auch gilt, wenn der Arbeitnehmer sich innerhalb der Klagefrist gegen die **Nichteinhaltung** der gesetzlichen, tariflichen oder vertraglichen **Kündigungsfrist** wendet, d.h. also nur insoweit Einwendungen erhebt, nicht aber die Beendigungswirkung als solche in Frage stellt. Angesichts des Schutzcharakters des § 6 Satz 1 KSchG ist dessen **weite Auslegung** geboten.[204] Der Arbeitgeber vermag zu erkennen, dass die Kündigung zu dem bestimmten Termin nicht anerkannt wird. Dem Arbeitnehmer kann nicht verwehrt werden, sich dann später noch auf die Sozialwidrigkeit zu berufen.[205] 1817

---

[202] BAG 20. 9. 1955 AP § 3 KSchG Nr. 7; 26. 6. 1986 EzA § 4 KSchG n.F. Nr. 25 = NZA 1986, 761; APS/*Ascheid,* § 4 KSchG Rn. 92; *v. Hoyningen-Huene/Linck,* § 4 KSchG Rn. 53; *Löwisch,* § 4 KSchG Rn. 65; KR/*Friedrich,* § 4 KSchG Rn. 137 und 138; a.A. MünchKomm/*Schwerdtner,* § 622 BGB Anh. Rn. 200.

[203] BAG 22. 11. 1956 AP § 4 KSchG 1951 Nr. 8 = NJW 1957, 438; ErfK/*Ascheid,* § 6 KSchG Rn. 2; APS/*Ascheid,* § 6 KSchG Rn. 6; KR/*Friedrich,* § 6 KSchG Rn. 9; *v. Hoyningen-Huene/Linck,* § 6 KSchG Rn. 2; KDZ/*Zwanziger,* § 6 Rn. 2.

[204] BAG 23. 3. 1983 EzA § 6 KSchG Nr. 1 = AP § 6 KSchG 1969 Nr. 1; 31. 3. 1993 EzA § 4 KSchG n.F. Nr. 464 = NZA 1994, 237; 14. 9. 1994 EzA § 4 KSchG n.F. Nr. 50 = NZA 1995, 417; *Boewer,* RdA 2001, 380, 389; KR/*Friedrich,* § 6 KSchG Rn. 16; HK-KSchG/*Hauck,* § 6 Rn. 3; KDZ/*Zwanziger,* § 6 KSchG Rn. 5.

[205] ErfK/*Ascheid,* § 6 KSchG Rn. 5; APS/*Ascheid,* § 6 KSchG Rn. 12; KR/*Friedrich,* § 6 KSchG Rn. 13; *v. Hoyningen-Huene/Linck,* § 6 KSchG Rn. 2; *Löwisch,* § 6 KSchG Rn. 4; KDZ/*Zwanziger,* § 6 KSchG Rn. 4.

1818 Kündigt der Arbeitgeber **außerordentlich,** ohne zugleich ausdrücklich hilfsweise ordentlich zu kündigen (dazu unten Rn. 1875, 1876), und greift der Arbeitnehmer diese Kündigung fristgerecht nach § 4 Satz 1 KSchG i.V. mit § 13 Abs. 1 Satz 2 KSchG an, kann er im Falle einer Umdeutung dieser Kündigung nach § 140 BGB die so gewonnene ordentliche Kündigung innerhalb der verlängerten Frist des § 6 Satz 1 KSchG nach § 1 Abs. 2 KSchG in Frage stellen, d.h. deren Sozialwidrigkeit geltend machen.[206] Das gilt allerdings dann nicht, wenn sich der Arbeitnehmer mit der ordentlichen Kündigung einverstanden erklärt.[207]

1819 Der Arbeitnehmer kann sich auf die Sozialwidrigkeit der Kündigung bis zum **Schluss der mündlichen Verhandlung erster Instanz** berufen. Im Berufungsverfahren kann die Sozialwidrigkeit der Kündigung nicht mehr geltend gemacht werden. Die Rechtsprechung hat davon eine **Ausnahme** für den Fall der **Umdeutung** gemacht. Erfolgt diese erst im Berufungsverfahren, kann sich der Arbeitnehmer auch noch in der Berufungsinstanz auf die Sozialwidrigkeit der durch Umdeutung gewonnenen ordentlichen Kündigung berufen.[208] Hat der Arbeitnehmer nach rechtzeitiger Klageerhebung im Verlauf des Prozesses die Rüge der Sozialwidrigkeit der Kündigung fallen gelassen und den Klageantrag nur noch auf sonstige Unwirksamkeitsgründe gestützt, kann er nach § 6 Satz 1 KSchG bis zum Schluss der mündlichen Verhandlung in der ersten Instanz wieder die Unwirksamkeit der Kündigung nach § 1 Abs. 2 und 3 KSchG geltend machen.

1820 Die Geltendmachung der Sozialwidrigkeit erfolgt durch entsprechenden Vortrag. Einer Änderung des Klageantrages bedarf es in aller Regel nicht.

b) Entsprechende Anwendung

1821 Hat der Arbeitnehmer innerhalb der Dreiwochenfrist eine **Entgeltklage** erhoben, die sich auf Zeiten nach dem Zugang der außerordentlichen Kündigung oder nach dem Ablauf der Kündigungsfrist erstreckt, ist § 6 Satz 1 KSchG analog anzuwenden, d.h., der Arbeitnehmer kann sich nach Ablauf der Klagefrist auf die Sozialwidrigkeit der Kündigung berufen.[209] Erhebt der Arbeitnehmer innerhalb von drei Wochen Klage gegen eine **Änderungskündigung,** kann er im Rahmen des § 6 Satz 1 KSchG die Sozialwidrigkeit der Änderungskündigung als Beendigungskündigung nach § 1 Abs. 2 Satz 1, Abs. 3 Satz 1 1. Halbsatz KSchG geltend ma-

---

[206] BAG 30. 11. 1961 AP § 5 KSchG Nr. 3; 16. 11. 1970 EzA § 3 KSchG Nr. 2 = AP § 3 KSchG Nr. 38 mit Anm. von *A. Hueck;* LAG Düsseldorf 25. 3. 1980 DB 1980, 2528; ErfK/*Ascheid,* KSchG Rn. 5; APS/*Ascheid,* § 6 KSchG Rn. 13; KR/*Friedrich,* § 6 KSchG Rn. 17; *v. Hoyningen-Huene/Linck,* § 6 KSchG Rn. 3; KDZ/*Zwanziger,* § 6 KSchG Rn. 5.

[207] BAG 13. 8. 1987 EzA § 140 BGB Nr. 12 = NZA 1988, 129; ErfK/*Ascheid,* § 6 KSchG Rn. 5; APS/*Ascheid,* § 6 KSchG Rn. 14; KR/*Friedrich,* § 6 KSchG Rn. 17; *v. Hoyningen-Huene/Linck,* § 6 KSchG Rn. 3; KDZ/*Zwanziger,* § 6 KSchG Rn. 6.

[208] BAG 13. 8. 1987 EzA § 140 BGB Nr. 12 = NZA 1988, 129; HK-KSchG/*Dorndorf,* § 13 Rn. 80; KR/*Friedrich,* § 13 KSchG Rn. 83; *v. Hoyningen-Huene/Linck,* § 13 KSchG Rn. 47 a.

[209] H. L. BAG 28. 6. 1973 EzA § 13 KSchG n. F. Nr. 1 = AP § 13 KSchG 1969 Nr. 2; ErfK/*Ascheid,* § 6 KSchG Rn. 6; APS/*Ascheid,* § 6 KSchG Rn. 15; *Boewer,* RdA 2001, 380, 389; KR/*Friedrich,* § 6 KSchG Rn. 23; *v. Hoyningen-Huene/Linck,* § 6 KSchG Rn. 4; *Löwisch,* § 6 KSchG Rn. 5; KDZ/*Zwanziger,* § 6 KSchG Rn. 7.

chen.[210] Hat der Arbeitnehmer anlässlich einer Kündigung neben oder anstelle der Klage nach § 4 Satz 1 KSchG eine **allgemeine Feststellungsklage** gemäß § 256 Abs. 1 ZPO erhoben, gestattet es ihm die analoge Anwendung von § 6 Satz 1 KSchG die Unwirksamkeit weiterer Kündigungen, auf die sich der Arbeitgeber im Verlaufe des Prozesses beruft, bis zum Zeitpunkt der letzten mündlichen Verhandlung in der Berufungsinstanz nach § 1 Abs. 1, Abs. 2 Satz 1 KSchG geltend zu machen (näher unten Rn. 1897).[211]

In den Fällen der analogen Anwendung muss der Klageantrag geändert bzw. er- **1822**
weitert werden.[212] Ist Zahlungsklage erhoben worden, muss der Feststellungsantrag nach § 4 Satz 1 KSchG zusätzlich gestellt werden.

c) Hinweispflicht

Das Gericht **soll** den Arbeitnehmer nach § 6 Satz 2 KSchG auf die verlängerte **1823**
Anrufungsfrist **hinweisen.** Geschieht das nicht, liegt ein Mangel im Verfahren vor.

Das BAG und die h. L. helfen bei **Unterlassung** der **Belehrung** mit der Zu- **1824**
rückverweisung der Sache entgegen dem Wortlaut des § 68 ArbGG. Der Fehler kann in der Berufungsinstanz nach dem Wortlaut des § 6 Satz 1 KSchG nicht behoben werden. Erhebt also der Arbeitnehmer fristgerecht eine Entgeltklage für die Zeit nach Ablauf der Kündigungszeit und erkennt das ArbG nach Klageantrag, ohne den Hinweis auf § 6 Satz 2 KSchG zu geben, hat das Berufungsgericht das Urteil aufzuheben und die Sache an das ArbG **zurückzuverweisen,** damit der Kläger Gelegenheit hat, in erster Instanz den Antrag nach § 4 Satz 1 KSchG zu stellen.[213]

4. Die Wirkung der Fristversäumung

Hat der Arbeitnehmer die Rechtsunwirksamkeit der Kündigung nicht fristge- **1825**
recht geltend gemacht, gilt die Kündigung, wenn sie nicht gemäß § 13 Abs. 3 KSchG aus einem anderen Grunde rechtsunwirksam ist z. B. nach § 102 Abs. 1 Satz 3 BetrVG, **als** von Anfang an **wirksam** (§ 7 1. Halbs. KSchG). Die **Klage** ist dann als **unbegründet** abzuweisen (Einzelheiten oben Rn. 1812). Die **Fiktionswirkung** nach § 7 1. Halbsatz KSchG tritt nicht ein, wenn die Klage auf Antrag nach § 5 Abs. 1 KSchG nachträglich zugelassen wird.[214] Sie tritt dagegen im Hinblick auf

---

[210] BAG 23. 3. 1983 EzA § 6 KSchG Nr. 1 = NJW 1983, 2719; 17. 5. 2001 EzA § 620 BGB Kündigung Nr. 3 = NZA 2002, 54 ErfK/*Ascheid,* § 6 KSchG Rn. 3; APS/*Ascheid,* § 6 KSchG Rn. 17; *Boewer,* RdA 2001, 380, 389; KR/*Friedrich,* § 6 KSchG Rn. 29b; *v. Hoyningen-Huene/Linck,* § 6 KSchG Rn. 5; KDZ/*Zwanziger,* § 6 KSchG Rn. 9.

[211] BAG 13. 3. 1997 EzA § 4 KSchG n. F. Nr. 57 mit Anm. von *Dauner-Lieb* = NZA 1997, 844 im Anschl. an BAG 7. 12. 1995 EzA § 4 KSchG n. F. Nr. 56 = NZA 1996, 334.

[212] BAG 13. 3. 1997 EzA § 4 KSchG n. F. Nr. 57 = NZA 1997, 844.

[213] BAG 30. 11. 1961 AP § 5 KSchG Nr. 3; LAG Düsseldorf 25. 3. 1980 DB 1980, 2528; LAG Frankfurt/M. 31. 7. 1986 LAGE § 130 BGB Nr. 5; LAG Köln 8. 3. 1988 LAGE § 6 KSchG Nr. 1; *Boemke,* RdA 1995, 211, 221; KR/*Friedrich,* § 6 KSchG Rn. 37; *Grunsky,* § 68 ArbGG Rn. 7; *v. Hoyningen-Huene/Linck,* § 6 KSchG Rn. 12; KDZ/*Zwanziger,* § 6 KSchG Rn. 12; gegen Zurückverweisung ErfK/*Ascheid,* § 6 KSchG Rn. 8.

[214] BAG 24. 11. 1994 EzA § 615 BGB Nr. 83 = NZA 1995, 263.

die Regelung in § 269 Abs. 3 Satz 1 ZPO i. V. mit § 495 ZPO, § 46 Abs. 2 Satz 1 ArbGG im Fall der Rücknahme der rechtzeitig erhobenen Kündigungsschutzklage ein.[215]

1826 **Nach Rechtskraft** des Urteils kann sich der Arbeitnehmer nicht mehr darauf berufen, dass die Kündigung aus anderen Gründen unwirksam sei. Der Arbeitnehmer ist gehalten, im Prozess alle Gründe der Unwirksamkeit der Kündigung geltend zu machen (dazu näher unten Rn. 1878). Die *anderen* Gründe können auch nach Fristablauf, auch noch im Berufungsverfahren, geltend gemacht werden, soweit das nach den Regeln des Prozessrechts zulässig ist. Das die Kündigungsschutzklage abweisende rechtskräftige Urteil stellt die Wirksamkeit der Kündigung und damit die Beendigung des Arbeitsverhältnisses rechtskräftig fest (dazu näher unten Rn. 1899). Der Arbeitnehmer kann also die Kündigung nicht erneut mit dem Hinweis anfechten, der Betriebsrat sei vom Arbeitgeber nicht angehört worden und deshalb sei die Kündigung nach § 102 Abs. 1 Satz 3 BetrVG unwirksam. Das gilt auch dann, wenn die Kündigungsschutzklage wegen Nichteinhaltung der Klagefrist des § 4 Satz 1 KSchG rechtskräftig nach § 7 1. Halbsatz KSchG abgewiesen worden ist.

1827 Umstritten sind die Folgewirkungen der §§ 7 und 13 Abs. 1 Satz 2 KSchG. Vielfach sind Ansprüche in Tarifverträgen mit außerordentlichen Entlassungstatbeständen verknüpft, z. B. Rückzahlung eines zusätzlich gezahlten Urlaubs oder Weihnachtsgeldes oder Verwirkung einer Vertragsstrafe, sofern dem Arbeitnehmer wirksam außerordentlich gekündigt worden ist. Erhebt der Arbeitnehmer keine Kündigungsschutzklage, steht fest, dass das Arbeitsverhältnis aufgelöst ist und z. B. Entgeltansprüche für die Zeit danach nicht mehr bestehen. Klagt der Arbeitgeber eine vereinbarte **Vertragsstrafe** ein, ist unsicher, ob der Arbeitnehmer nun mit seiner Einwendung, die außerordentliche Kündigung sei wegen Fehlens eines wichtigen Grundes i. S. von § 626 Abs. 1 BGB, z. B. mangels eines schuldhaften vertragswidrigen Verhaltens, unwirksam, präkludiert ist, d. h., muss der Arbeitnehmer, der das Arbeitsverhältnis aus welchen Gründen auch immer nicht fortsetzen will und deshalb keine Klage erhebt, dennoch Kündigungsschutzklage erheben, um die vom Arbeitgeber behaupteten Kündigungsgründe im Hinblick auf die Fiktionswirkung nach §§ 7 1. Halbsatz, 13 Abs. 1 Satz 2 KSchG abzuwenden?

1828 Die Frage ist zu **verneinen.** Die Wirkungen der §§ 7 1. Halbsatz, 13 Abs. 1 Satz 2 KSchG betreffen allein die Beendigung des Arbeitsverhältnisses.[216] Da das feststeht, kann der Arbeitnehmer z. B. keinen Anspruch mehr aus § 611 Abs. 1, § 615 Satz 1 BGB geltend machen mit dem Hinweis, in Wahrheit sei die außerordentliche Kündigung nicht gerechtfertigt gewesen.[217] Anderen Ansprüchen gegen-

---

[215] BAG 23. 5. 1984 AP § 339 BGB Nr. 9 a. E.; LAG Hamm 18. 12. 1996 LAGE § 269 ZPO Nr. 3; ErfK/*Ascheid,* § 7 KSchG Rn. 1; APS/*Ascheid,* § 7 KSchG Rn. 5; *v. Hoyningen-Huene/Linck,* § 7 KSchG Rn. 2; KR/*Rost,* § 7 KSchG Rn. 8; *Weber/Ehrich,* DB 1995, 2369, 2370; KDZ/*Zwanziger,* § 7 KSchG Rn. 1a.

[216] *Gotthardt,* Anm. zu BAG EzA § 1 BeschFG 1985 Klagefrist Nr. 4, unter 3c bb; HK-KSchG/*Hauck* § 7 Rn. 34; *v. Hoyningen-Huene/Linck,* § 7 KSchG Rn. 5; *Leisten,* ArbuR 1985, 183; KR/*Rost,* § 7 KSchG Rn. 20a; MünchKomm/*Schwerdtner,* § 622 BGB Anh. Rn. 222; KDZ/*Zwanziger,* § 7 KSchG Rn. 2; vgl. auch BAG 23. 5. 1984 AP § 339 BGB Nr. 9 a. E.

[217] Ebenso ErfK/*Ascheid,* § 7 KSchG Rn. 6; *v. Hoyningen-Huene/Linck,* § 7 KSchG Rn. 4; KDZ/*Zwanziger,* § 7 KSchG Rn. 2.

über, z. B. auf Zahlung einer Vertragsstrafe, kann er einwenden, die außerordentliche Kündigung sei nicht gerechtfertigt, sofern z. B. der Tarifvertrag oder der Arbeitsvertrag den Anspruch an das Vorliegen bestimmter Kündigungsgründe geknüpft hat.[218] Nur wenn der Tarifvertrag oder der Arbeitsvertrag den Anspruch auch dann ausschließt, wenn die Kündigung aufgrund der Fiktion des § 7 1. Halbsatz KSchG wirksam ist, sind die Folgewirkungen umfassend. Das ist in der Tarifpraxis, soweit ersichtlich, nicht üblich.[219]

VIII. Zulassung verspäteter Klagen

1. Allgemeine Grundsätze

Die Dreiwochenfrist des § 4 Satz 1 KSchG soll erreichen, dass die Frage der Rechtswirksamkeit der Kündigung nur für eine kurze Zeitspanne in der Schwebe bleibt (dazu schon oben Rn. 1717). Versäumt der Arbeitnehmer die Klagefrist, verliert er seine Klagebefugnis zur Geltendmachung der Sozialwidrigkeit der Kündigung bzw. der Rechtsunwirksamkeit einer außerordentlichen Kündigung (§§ 4 Satz 1, 13 Abs. 1 KSchG). Das Gesetz macht davon eine **Ausnahme:** 1829

Nach § 5 Abs. 1 KSchG ist auf Antrag des Arbeitnehmers die Klage nachträglich zuzulassen, wenn er nach erfolgter Kündigung trotz Anwendung aller ihm nach Lage der Umstände zuzumutenden Sorgfalt verhindert war, die Klage innerhalb von drei Wochen nach Zugang der Kündigung zu erheben. Die Klageerhebung ist nach § 5 Abs. 2 Satz 1 1. Halbsatz KSchG mit dem Antrag zu verbinden. Ist die Klage bereits erhoben, ist auf sie im Antrag Bezug zu nehmen (§ 5 Abs. 2 Satz 1 2. Halbsatz KSchG). Der Antrag muss nach § 5 Abs. 2 Satz 2 KSchG die Angabe der die nachträgliche Zulassung begründenden Tatsachen und die Mittel für deren Glaubhaftmachung enthalten. 1830

Der Antrag auf nachträgliche Zulassung der Kündigungsschutzklage kann nur innerhalb enger Fristen gestellt werden. Er ist nach § 5 Abs. 3 KSchG **nur innerhalb von zwei Wochen nach Behebung des Hindernisses** zulässig. Nach Ablauf von **sechs Monaten nach dem Ende der versäumten Frist** kann der Zulassungsantrag nicht mehr gestellt werden. Diese Fristen dienen der Beendigung des Schwebezustandes und damit dem Rechtsfrieden. 1831

[218] Vgl. BAG 23. 5. 1984 AP § 339 BGB Nr. 9; ErfK/*Ascheid,* § 7 KSchG Rn. 7; APS/*Ascheid,* § 7 KSchG Rn. 7; *v. Hoyningen-Huene/Linck,* § 7 KSchG Rn. 5; *Leisten,* ArbuR 1985, 181, 183; KR/*Rost,* § 7 KSchG Rn. 20a; MünchKomm/*Schwerdtner,* § 622 BGB Anh. Rn. 222; a. A. LAG Hamm 12. 8. 1981 – 15 Sa 653/81 – n.v.; *Tschöpe,* DB 1984, 1522f.

[219] Zur Fiktionswirkung des § 7 1. Halbsatz KSchG gegenüber Dritten, wie z. B. dem Lohnpfändungsgläubiger oder einem Sozialversicherungsträger vgl. BAG 20. 8. 1980 EzA § 6 LohnFG Nr. 15 = AP § 6 LohnFG Nr. 14; APS/*Ascheid,* § 7 KSchG Rn. 12; KR/*Rost,* § 7 KSchG Rn. 20b.

2. Voraussetzungen der nachträglichen Zulassung

a) Allgemein

1832 Die außerhalb der Dreiwochenfrist erhobene Kündigungsschutzklage kann auf Antrag nachträglich zugelassen werden, wenn der Arbeitnehmer nach erfolgter Kündigung trotz Anwendung aller ihm nach Lage der Umstände zuzumutenden Sorgfalt verhindert war, die Klage rechtzeitig zu erheben. Der Antrag setzt materiell voraus, dass den Arbeitnehmer an der Versäumung der Frist **kein Verschulden** trifft (individueller, subjektiver Maßstab).[220] Es darf also auch keine leichte Fahrlässigkeit vorliegen.[221] Praktisch dürften wohl trotz der unterschiedlichen Formulierungen der gesetzlichen Bestimmungen im Hinblick auf die materiellen Voraussetzungen keine Unterschiede zwischen der nachträglichen Zulassung nach § 5 KSchG und der Wiedereinsetzung nach § 233 ZPO bestehen, obwohl diese nach dem objektiv abstrakten Maßstab des § 276 BGB zu beurteilen ist.[222]

b) Einzelfälle

1833 **Arglist.** Die arglistige Täuschung über die Kündigungsgründe kann die nachträgliche Zulassung der Kündigungsschutzklage rechtfertigen. Hat der Arbeitgeber die arglistige Täuschung nicht selbst begangen, muss der Arbeitnehmer glaubhaft machen, dass der Arbeitgeber die Täuschung gekannt hat oder hätte kennen müssen oder dass der Handelnde zum Kreis der kündigungsberechtigten Personen i. S. des § 626 Abs. 2 Satz 2 BGB gehört.[223]

1834 **Erfolgsaussichten.** Irrt sich der Arbeitnehmer über die Erfolgsaussicht bei einer Kündigungsschutzklage, rechtfertigt dies nur dann eine nachträgliche Klagezulassung nach § 5 Abs. 1 KSchG, wenn der Arbeitgeber den Arbeitnehmer über die Erfolgsaussichten seiner Klage getäuscht, also von einer rechtzeitigen Klageerhebung abgehalten hat.[224]

1835 **Falsche Auskunft.** Man kann nicht vom Arbeitnehmer erwarten, dass er die Grundsätze des allgemeinen Kündigungsschutzrechts kennt. Erwarten muss man jedoch, dass er sich an **geeigneter Stelle** Rat einholt. Als geeignet ist die Stelle anzusehen, die über die notwendige Fachkunde verfügt und zur Auskunft in ar-

---

[220] ErfK/*Ascheid,* § 5 KSchG Rn. 4; APS/*Ascheid,* § 5 KSchG Rn. 10; *Berkowsky,* NZA 1997, 352, 354; KR/*Friedrich,* § 5 KSchG Rn. 11; *v. Hoyningen-Huene/Linck,* § 5 KSchG Rn. 2; *Löwisch,* § 5 KSchG Rn. 3; *Schmid,* Die nachträgliche Zulassung der Kündigungsschutzklage durch Beschluss, 2001, S. 114; KDZ/*Zwanziger,* § 5 KSchG Rn. 4.

[221] Vgl. LAG Berlin 4. 1. 1982 EzA § 5 KSchG Nr. 13; LAG Bremen 31. 10. 2001 NZA 2002, 580, 582; LAG Düsseldorf 20. 11. 1995 ZIP 1996, 191, 192; 21. 10. 1997 LAGE § 5 KSchG Nr. 89; Sächs.LAG 23. 7. 1998 NZA 1999, 112 L.; Erfk/*Ascheid,* § 5 KSchG Rn. 2; APS/*Ascheid,* § 5 KSchG Rn. 10; KR/*Friedrich,* § 5 KSchG Rn. 13; HK-KSchG/*Hauck* § 5 Rn. 6; *v. Hoyningen-Huene/Linck,* § 5 KSchG Rn. 2.

[222] Vgl. auch *Corts,* BlStSozArbR 1982, 1.4; *Schaub* ArbR-Hdb., § 136 Rn. 36; *Schmid* (wie Fn. 218), S. 119; abw. KR/*Friedrich,* § 5 KSchG Rn. 16; *Löwisch,* § 5 KSchG Rn. 2; *v. Hoyningen-Huene/Linck,* § 5 KSchG Rn. 3.

[223] LAG Köln 24. 5. 1994 NZA 1995, 127, 128.

[224] LAG Köln 24. 5. 1994 a. a. O.; 9. 10. 2000 ARSt. 2001, 164 L.; KR/*Friedrich,* § 5 KSchG Rn. 39 und 40.

beitsrechtlichen Fragen berufen ist.[225] Erhält der Arbeitnehmer von einer solchen Stelle eine falsche Auskunft, unterbleibt der Hinweis auf die Klagefrist, ist die Versäumung der Klagefrist nicht zu vertreten. Der Arbeitnehmer braucht für das Verschulden der **geeigneten Person,** bei der er Rechtsrat einholt, nicht einzustehen. Einen allgemeinen Rechtssatz, dass jemand für das Verschulden Dritter stets einzutreten hat, kennt unsere Rechtsordnung nicht. § 278 Satz 1 BGB ist nicht einschlägig, da keine Erfüllung **einer Verbindlichkeit** vorliegt, sondern lediglich eine **Obliegenheitsverletzung,** in deren Rahmen für das Verschulden Dritter nicht einzutreten ist. Es fehlt an einer gesetzlichen Zurechnungsnorm, nach der sich der Arbeitnehmer in solchen Fällen das Verschulden Dritter zurechnen lassen muss.[226] Die Erfüllung der Obliegenheit liegt im eigenen Interesse, bei Nichterfüllung treten die gesetzlich vorgesehenen Rechtsnachteile, hier der Verlust des Klagerechts ein. Holt sich der Arbeitnehmer an kompetenter Stelle Rechtsrat, hat er alles getan, was ihm als Obliegenheit im Rahmen der §§ 4, 5 KSchG auferlegt worden ist.[227]

Eine **geeignete** Stelle, an der sich der Arbeitnehmer Rechtsrat einholen kann, **1835 a**
sind: **Rechtsanwalt,**[228] **Rechtsschutzsekretär** in der Beratungsstelle einer Gewerkschaft,[229] **Sozialsekretär des CDA,**[230] für einen ausländischen Arbeitnehmer eine **in** seinem **Heimatland** eine dort für **arbeitsrechtliche Fragen zuständige Stelle**[231] und für einen bei einem deutschen Arbeitgeber beschäftigten Arbeitnehmer, der im Ausland die Kündigung erhält, die **deutsche Botschaft** dort.[232] Eine (nicht gerechtfertigte) Ausnahme macht das LAG Köln für den Fall, dass die Beurteilung des Sachverhalts durch den Rechtsanwalt grob fehlerhaft ist.[233] Die **Rechtsantragstelle** eines **Arbeitsgerichts** ist ebenfalls eine zuverlässige Stelle, an die sich der Arbeitnehmer wenden kann,[234] nicht aber die Geschäftsstelle eines Arbeitsgerichts.[235]

Der **Betriebsrat** ist **keine** geeignete Stelle für die Erteilung von Rechtsaus- **1836**
künften. Dafür ist er nicht zuständig, gleichgültig, ob es sich um einen Klein- oder Großbetrieb handelt oder ob das Betriebsratsmitglied freigestellt worden ist oder

---

[225] LAG Bremen 23. 7. 1999 LAGE § 5 KSchG Nr. 96.

[226] Vgl. *Grunsky,* Anm. zu LAG Hamm EzA § 5 KSchG Nr. 8.

[227] I. Erg. ebenso LAG Düsseldorf 21. 10. 1997 LAGE § 5 KSchG Nr. 89; ErfK/*Ascheid,* § 5 KSchG Rn. 7; APS/*Ascheid,* § 5 KSchG Rn. 58; KR/*Friedrich,* § 5 KSchG Rn. 30; HK-KSchG/*Hauck,* § 5 Rn. 43; *v. Hoyningen-Huene/Linck,* § 5 KSchG Rn. 6; KDZ/*Zwanziger,* § 5 KSchG Rn. 6; a. A. *Rieble,* Anm. zu LAG Hamm LAGE § 5 KSchG Nr. 65, unter IV; MünchKomm/*Grundmann,* § 278 BGB Rn. 13 mit Fn. 36.

[228] LAG Bremen 23. 7. 1999 LAGE § 5 KSchG Nr. 96; LAG Düsseldorf 21. 10. 1997 LAGE § 5 KSchG Nr. 89.

[229] LAG Köln 13. 9. 1982 EzA § 5 KSchG Nr. 16; vgl. auch LAG Bremen 23. 7. 1999 a. a. O. und Sächs.LAG 9. 5. 2000 FA 2001, 215 L., jeweils auch zum Verhältnis der Einzelgewerkschaft zur mit der Prozessführung beauftragten DGB-Rechtsschutz-GmbH.

[230] LAG Düsseldorf 26. 7. 1976 EzA § 5 KSChG Nr. 1.

[231] LAG Hamm 19. 3. 1981 DB 1981, 1680.

[232] LAG Bremen 31. 10. 2001 NZA 2002, 580, 582.

[233] LAG Köln 30. 8. 1989 LAGE § 5 KSchG Nr. 42.

[234] LAG Baden-Württemberg 11. 4. 1988 NZA 1989, 153; ArbG Passau 29. 6. 1989 BB 1989, 1761.

[235] LAG Köln 28. 11. 1985 LAGE § 5 KSchG Nr. 21; a. A. KR/*Friedrich,* § 5 KSchG Rn. 31.

nicht.[236] Das gilt auch für das **Arbeitsamt**[237] und die Repräsentanten einer Rechtschutzversicherung.[238] Das LAG Bremen hat einen Sozialbetreuer in einer Haftanstalt als geeignete Stelle für Rechtsauskünfte angesehen.[239]

1837 **Fehlende Unterschrift.** Hat der Arbeitnehmer zwar schuldhaft vergessen, die innerhalb der Dreiwochenfrist eingereichte Klage zu unterschreiben, hätte er dies jedoch rechtzeitig nachholen können, wenn er vom **Arbeitsgericht** einen im Rahmen des normalen Geschäftsganges ohne weiteres noch vor Ablauf der Klagefrist möglichen Hinweis nach § 139 Abs. 3 ZPO n. F. (dazu oben Rn. 1809) erhalten hätte, ist die Kündigungsschutzklage nachträglich zuzulassen.[240]

1838 **Klagerücknahme.** Wird die Kündigungsschutzklage nach fristgerechter Einreichung irrtümlich zurückgenommen, kann für die zweite Klage dennoch im Einzelfall mangels Verschulden des Arbeitnehmers die nachträgliche Zulassung in Betracht kommen.[241]

1839 **Krankheit.** Krankheit alleine rechtfertigt die nachträgliche Zulassung nicht. Nur wenn durch sie die rechtzeitige Klageerhebung objektiv unmöglich wird, ist nachträgliche Zulassung zu gewähren. Das gilt auch für einen Krankenhausaufenthalt des Arbeitnehmers. Gestützt auf ihn kann die nachträgliche Zulassung nur in Betracht kommen, wenn der Arbeitnehmer objektiv daran gehindert war, seine Rechte wahrzunehmen, sei es durch Beauftragung dritter Personen (Ehegatte, Verwandte, Freunde) oder sei es durch Übersendung einer selbst formulierten Klage an das Arbeitsgericht.[242] War der Arbeitnehmer zu Beginn der dreiwöchigen Klagefrist krankheitshalber an der Verfolgung seiner Interessen gehindert, kann er nachträgliche Klagezulassung nicht mit der Begründung verlangen, dass die unterlassene Klageerhebung während der verbliebenen Wochenfrist als unverschuldet zu gelten habe, da ihm nach dem Gesetz ein dreiwöchiger Überlegungszeitraum zugebilligt werden müsse.[243] Der Arbeitnehmer kann die Klagefrist des § 4 Satz 1 KSchG voll ausschöpfen. Erkrankt er gegen Ende der Frist so schwer, dass er nach den oben mitgeteilten Grundsätzen objektiv nicht in der Lage war, rechtzeitig Kündigungsschutzklage zu erheben, ist die Klage nachträglich zuzulassen. Es kann ihm nicht

---

[236] LAG Baden-Württemberg 3. 4. 1998 LAGE § 5 KSchG Nr. 98; LAG Berlin 17. 6. 1991 LAGE § 5 KSchG Nr. 52; LAG Hamburg 10. 4. 1987 LAGE § 5 KSchG Nr. 29; LAG Schleswig-Holstein 16. 4. 1998 AnwBl. 1998, 664; ErfK/*Ascheid,* § 5 KSchG Rn. 9; APS/*Ascheid,* § 5 KSchG Rn. 60; *v. Hoyningen-Huene/Linck,* § 5 KSchG Rn. 7; teilweise a. A. LAG Köln 13. 9. 1982 EzA § 5 KSchG Nr. 16; LAG Rheinland-Pfalz 10. 9. 1984 NZA 1985, 430, 431; *Berkowsky,* NZA 1997, 352, 355; KR/*Friedrich,* § 5 KSchG Rn. 33; KDZ/*Zwanziger,* § 5 KSchG Rn. 9.

[237] LAG Düsseldorf 25. 4. 1991 LAGE § 5 KSchG Nr. 51 = NZA 1992, 44.

[238] SächsLAG 23. 7. 1998 NZA 1999, 112 nur L; vgl. auch *v. Hoyningen-Huene/Linck,* § 5 KSchG Rn. 7; teilw. abw. KR/*Friedrich,* § 5 KSchG Rn. 34.

[239] LAG Bremen 13. 6. 1994 LAGE § 5 KSchG Nr. 66.

[240] LAG Mecklenburg-Vorpommern 27. 7. 1999 LAGE § 5 KSchG Nr. 95.

[241] LAG Hamm 31. 1. 1979 EzA § 5 KSchG Nr. 5; 27. 10. 1994 LAGE § 5 KSchG Nr. 68; 5. 1. 1998 NZA-RR 1998, 209; a. A. LAG Mecklenburg-Vorpommern 9. 12. 1993 DB 1994, 588 nur L; LAG Köln 10. 7. 1998 LAGE § 4 KSchG Nr. 41.

[242] LAG Hamm 31. 1. 1990 LAGE § 5 KSchG Nr. 45; 12. 9. 1985 LAGE § 5 KSchG Nr. 20 = NZA 1985, 739; 31. 1. 1990 LAGE § 5 KSchG Nr. 45; LAG Hamburg 20. 11. 1984 NZA 1985, 127; LAG Köln 1. 9. 1993 LAGE § 5 KSchG Nr. 62; vgl. auch LAG Schleswig-Holstein 17. 12. 1997 BB 1998, 1164.

[243] LAG Hamm 5. 8. 1981 EzA § 5 KSchG Nr. 11.

entgegengehalten werden, er hätte die Klage zu Beginn der Dreiwochenfrist erheben können.[244]

Kündigungszugang im Ausland. Geht eine Kündigung einem Arbeitnehmer 1840
im Ausland zu und kehrt dieser erst nach Ablauf der Frist des § 4 Satz 1 KSchG nach Deutschland zurück und erhebt dann unverzüglich Kündigungsschutzklage, ist die Dreiwochenfrist nicht gewahrt. Der Arbeitnehmer ist verpflichtet, sich der neuen Kommunikationsmittel wie Telefon, Telefax etc. auch im Ausland zu bedienen, um eine Kündigungsschutzklage einzureichen oder einen Dritten in der Bundesrepublik Deutschland mit der Einreichung der Klage zu beauftragen.[245]

Ortsabwesenheit. Hier gelten die Ausführungen zum Zugang der Kündigung 1841
während eines Urlaubsaufenthaltes unter Rn. 1853, 1854.

Postlaufzeiten. Der Arbeitnehmer muss die Klage so rechtzeitig zur Post ge- 1842
ben, dass sie bei normaler Postlaufzeit rechtzeitig beim Arbeitsgericht eingeht. Verzögerungen bei der Briefbeförderung und der Briefzustellung hat der Arbeitnehmer nicht zu vertreten. Auf die Postlaufzeiten darf er sich verlassen.[246] Das BVerfG hat erkannt, eine Partei könne sich bei **bekannten** Streikmaßnahmen nicht darauf verlassen, ein Brief werde, wie sonst üblich, befördert. Jedenfalls müsse sie das Risiko durch eine Nachfrage bei Gericht auffangen.[247]

Bei **Einschreibesendungen** hat der Arbeitnehmer seit dem 1. 9. 1997 die Wahl 1843
zwischen dem „Übergabe"- und dem „Einwurf-Einschreiben" (dazu oben Rn. 219–221). Entscheidet er sich für das „Übergabe-Einschreiben", das im Wesentlichen der früheren Form des Einschreibens entspricht und seit dem 1. 4. 2001 (wieder) als „Einschreiben" bezeichnet wird, hat er zu bedenken, dass annahmebereite Personen nur während der Bürostunden des Gerichts zur Verfügung stehen. Diese Form des Einschreibens ist also ebenso wie bei Kündigungen nicht besonders geeignet, Fristen zu wahren. Anders ist es beim „Einwurf-Einschreiben", bei dem der Arbeitnehmer unter Angabe der auf seinem Aufgabebeleg erkennbaren Kennziffer telefonisch den genauen Zeitpunkt des Einwurfs in den Briefkasten des Gerichts erfragen bzw. gegen eine Gebühr von z. Z. 5,11 Euro auch einen schriftlichen Datenauszug mit dem genauen Einwurfzeitpunkt erhalten kann.[248] Die Gerichte sind im Übrigen gehalten, sicherzustellen, dass Briefe bis zum Fristablauf um 24.00 Uhr entgegengenommen werden können (Nachtbriefkasten).[249]

---

[244] LAG München 3. 11. 1975 DB 1976, 732; ErfK/*Ascheid,* § 5 KSchG Rn. 14; APS/*Ascheid,* § 5 KSchG Rn. 41; KR/*Friedrich,* § 5 KSchG Rn. 54; *v. Hoyningen-Huene/Linck,* § 5 KSchG Rn. 12; KDZ/*Zwanziger,* § 5 KSchG Rn. 8.

[245] LAG Bremen 31. 10. 2001 NZA 2002, 580, 582.

[246] BVerfG 28. 3. 1994 EzA § 233 ZPO Nr. 20; 15. 5. 1995 EzA § 233 ZPO Nr. 33; Hess.LAG 24. 5. 2000 BB 2001, 1907 L. (von Usbekistan). Zur nachträglichen Zulassung bei verzögerter Päckchen- statt Briefbeförderung vgl. BAG 19. 4. 1990 EzA § 23 KSchG Nr. 8.

[247] BVerfG 29. 12. 1994 EzA § 233 ZPO Nr. 28; ebenso BGH 25. 1. 1993 EzA § 233 ZPO Nr. 18; LAG Düsseldorf 7. 7. 1992 LAGE § 233 ZPO Nr. 9; a. A. BAG 29. 7. 1992 EzA § 233 ZPO Nr. 15.

[248] Hierzu näher *Friedrich,* VersR 2001, 1090, 1091 ff.; *Neuvians/Mensler,* BB 1998, 1206 f.; *Reichert,* NJW 2001, 2523, 2524; *ders.* FA 2002, 104 ff. krit. *Hohmeister,* BB 1998, 1477, 1478.

[249] BVerfG 3. 10. 1979, BVerfGE 52, 203, 211.

1844 Gelangt der „Übergabe"-Einschreibebrief deshalb nicht mehr am Tage seines Eingangs bei der Postanstalt an das Gericht, weil dieses seine Post nicht abgeholt hat, bevor der Auslieferungsschein in das Postfach gelegt wurde, gilt er gleichwohl bei Gericht als eingegangen, wenn er bei Auslieferung im normalen Postzustelldienst noch an diesem Tag in die Verfügungsgewalt des Gerichts gelangt wäre.[250] Wird die Kündigungsschutzklage am letzten Tag der Klagefrist **vor** 24 Uhr in den normalen Briefkasten des Arbeitsgerichts eingeworfen, ist dies fristwahrend, auch wenn zugleich ein Nachtbriefkasten vorhanden ist. Die Klageschrift gelangt so rechtzeitig in die Verfügungsgewalt des Gerichts. Für den rechtzeitigen Einwurf der Klageschrift in den Briefkasten ist der Arbeitnehmer **darlegungs- und beweispflichtig.**[251] Bei der Beweiserhebung ist das Gericht an das sonst vorgeschriebene Beweisverfahren nicht gebunden, es gilt der sog. Freibeweis.[252]

1845 **Prozessbevollmächtiger.** Das Verschulden eines Vertreters steht dem Verschulden des Arbeitnehmers gleich. Das folgt aus der Parallelität der Voraussetzungen und aus der gleichartigen Verfahrensregelung der nachträglichen Zulassung der Kündigungsschutzklage und der Wiedereinsetzung in den vorigen Stand. Dort gilt § 85 Abs. 2 ZPO, der bei der nachträglichen Zulassung einer Kündigungsschutzklage mindestens entsprechend anzuwenden ist. Richtig ist, dass die Zurechnungsnorm des § 85 Abs. 2 ZPO der prozessualen Funktion der sog. Prozessfristen dient, die Bestandskraft bereits formell rechtskräftig gewordener Entscheidungen zu sichern.[253] Andererseits besteht ein vergleichbarer Vertrauenstatbestand auch bei der Versäumung der Klagefrist des § 4 Satz 1 KSchG. Diese Klagefrist soll erreichen, dass alsbald klargestellt wird, ob die Kündigung angefochten wird oder nicht. Einen weiteren Schwebezustand soll es nicht geben (vgl. oben Rn. 1829). Das zeigt deutlich die nach Fristablauf eintretende Wirkung des § 7 1. Halbsatz KSchG (oben Rn. 1825). Der Arbeitgeber kann nun den Arbeitsplatz neu besetzen. Dieser Vertrauenstatbestand ist dem bei den Prozessfristen vergleichbar und rechtfertigt die entsprechende Anwendung der Zurechnungsnorm des § 85 Abs. 2 ZPO. Darin liegt noch keine unzulässige Zugangserschwerung zu den Arbeitsgerichten, die von *Vollkommer*[254] angenommen wird.

1846 *Grunsky*[255] befürwortet eine unmittelbare Anwendung des § 85 Abs. 2 ZPO mit dem Hinweis, die Norm differenziere nicht danach, ob es sich um eine Prozesshandlung innerhalb eines bereits anhängigen Verfahrens oder um eine Einleitung eben dieses Verfahrens handele. Die Klageerhebung sei nicht anders zu behandeln als jede andere Prozesshandlung. Dies zeigt, dass auch vom Standpunkt der Lehre aus, die in der Klagefrist des § 4 Satz 1 KSchG eine materiellrechtliche Ausschlussfrist sieht (vgl. oben Rn. 1812), § 85 Abs. 2 ZPO anzuwenden ist, da diese Frist nur durch Klageerhebung, d. h. durch Vornahme einer Prozesshandlung, gewahrt

---

250 BAG 24. 10. 1985 DB 1986, 652.

251 BAG 22. 2. 1980 EzA § 1 KSchG Krankheit Nr. 5 = AP § 1 KSchG Krankheit Nr. 6; BGH 12. 2. 1981 NJW 1981, 1216.

252 BGH 4. 6. 1992 NJW-RR 1992, 1339; *Zöller/Gummer,* § 519 ZPO Rn. 20.

253 Vgl. *Vollkommer* in FS für Stahlhacke, 1995, S. 599, 613.

254 Wie Fn. 198; ebenso ErfK/*Ascheid,* § 5 KSchG Rn. 5; APS/*Ascheid,* § 5 KSchG Rn. 28; KR/*Friedrich,* § 5 KSchG Rn. 70.

255 Anm. EzA § 5 KSchG Nr. 8.

werden kann.[256] Nach dem prozessualen Verständnis der Klagefrist (vgl. oben Rn. 1812) dürfte die Anwendung des § 85 Abs. 2 ZPO ohnehin geboten sein. Dem tritt *Vollkommer*[257] entgegen mit dem Hinweis, gerade das prozessuale Verständnis der Klagefrist zeige die Zusammenhänge zwischen der Eröffnung des Rechtsschutzes und der mit einer übertriebenen Fristenstrenge verbundenen Zugangserschwerung. Dieser „erste Zugang" zum Kündigungsrechtsschutz dürfe nicht am Vertreterverschulden scheitern. Das sei nur geboten bei den sog. Prozessfristen, bei denen die Zurechnungsregel des § 85 Abs. 2 ZPO der Bestandkraft der bereits formell rechtskräftig gewordenen Entscheidungen diene.

Handelt es sich um ein Verschulden des Angestellten des Vertreters (Rechtsanwalt), haftet der Arbeitnehmer hierfür nur dann, wenn den Vertreter ein Verschulden bei der Auswahl oder bei der Überwachung trifft.[258] **1847**

Gesetzesunkenntnis des Rechtsanwalts schadet der Partei nicht, wenn das Gesetz relativ unbekannt ist. Das ist beim Natotruppenstatut der Fall.[259] **1848**

§ 85 Abs. 2 ZPO ist nicht anwendbar, wenn der Rechtsanwalt nicht als Vertreter handelt, sondern den Arbeitnehmer lediglich außergerichtlich berät (dazu oben Rn. 1835 a).[260] **1849**

Rechtsrat. Die Unmöglichkeit, vor Erhebung der Kündigungsschutzklage Rechtsrat einzuholen, macht die Einhaltung der Klagefrist für den Arbeitnehmer **1850**

---

[256] Für die Anwendung des § 85 Abs. 2 ZPO direkt oder mindestens analog: LAG Berlin 18. 12. 1975 BB 1979, 168; LAG Bremen 23. 7. 1999 LAGE § 5 KSchG Nr. 96; LAG Düsseldorf 20. 11. 1995 ZIP 1996, 191, 193; LAG Frankfurt/M. 28. 8. 1978 BB 1976, 139; 27. 3. 1987 LAGE § 55 ArbGG Nr. 2; 26. 10. 1993 LAGE § 5 KSchG Nr. 63; LAG Hamm 4. 11. 1996 NZA-RR 1997, 209; LAG Köln 21. 4. 1997 LAGE § 5 KSchG Nr. 88; 10. 7. 1998 LAGE § 4 KSchG Nr. 41 = NZA-RR 1998, 561; 22. 12. 1998 NZA-RR 1999, 664; LAG Nürnberg 28. 7. 1987 LAGE § 5 KSchG Nr. 30; LAG Rheinland-Pfalz, 9. 8. 1989 LAGE § 5 KSchG Nr. 43; 28. 5. 1997 NZA 1998, 55, 56; Sächs.LAG 9. 5. 2000 FA 2001, 215 L.; Thür. LAG 30. 11. 2000 LAGE § 5 KSchG Nr. 103; *Francken,* Das Verschulden des Prozessbevollmächtigten, 1998, S. 28ff.; *Grunsky,* Anm. LAG Hamm EzA § 5 KSchG Nr. 8; HK-KSchG/*Hauck* § 85 Rn., § 5 Rn. 53; *v. Hoyningen-Huene/Linck,* § 5 KSchG Rn. 15; *Löwisch,* § 5 KSchG Rn. 5; *Tschöpe/Fleddermann,* BB 1998, 157, 159f.; KDZ/*Zwanziger,* § 5 KSchG Rn. 15; a.A. *Vollkommer* in FS für Stahlhacke, 1995, S. 599, 613, der zwischen „Klagefristen" und den „Prozessfristen" grundlegende Unterschiede sieht. Die Prozessfristen seien Rechtsbehelfsfristen, bei denen die Zurechnungsregel gerechtfertigt sei, weil so die Bestandskraft bereits formell rechtskräftiger Entscheidungen gesichert werde. Bei den Klagefristen dagegen gehe es um den ersten Zugang zu den Gerichten, der durch eine Zurechnungsregel nicht übertrieben erschwert werden dürfe; a.A. auch LAG Hamm 24. 9. 1987, 27. 1. 1994, 21. 12. 1995 und 27. 2. 1996 LAGE § 5 KSchG Nr. 31, 65, 73 und 86; LAG Hamburg 3. 6. 1985 und 24. 1. 1997 LAGE § 5 KSchG Nr. 19 und 85; LAG Niedersachsen 27. 7. 2000 LAGE § 5 KSchG Nr. 98; ErfK/*Ascheid,* § 5 KSchG Rn. 5; APS/*Ascheid,* § 5 KSchG Rn. 28; *Berkowsky,* NZA 1997, 352, 355; KR/*Friedrich,* § 5 KSchG Rn. 70; *Wenzel,* ArbuR 1976, 331.

Im Ergebnis wie die h.L., allerdings mit einer Verschuldungszurechnung in direkter Anwendung aus § 278 Satz 1 BGB, MünchKommZPO/*v. Mettenheim,* § 85 Rn. 14; *Rieble,* Anm. LAG Hamm LAGE § 5 KSchG Nr. 65; vgl. auch ErfK/*Ascheid,* § 5 KSchG Rn. 5.

[257] FS für Stahlhacke 1995, S. 599, 613.

[258] LAG Köln 21. 4. 1997 LAGE § 5 KSchG Nr. 88; Sächs.LAG 9. 5. 2000 FA 2001, 215 L.

[259] LAG Köln 20. 11. 1987 LAGE § 5 KSchG Nr. 39.

[260] LAG Frankfurt/M. 15. 11. 1988 LAGE § 5 KSchG Nr. 41; kritisch dazu *Rieble,* Anm. LAG Hamm LAGE § 5 KSchG Nr. 65.

nicht unzumutbar und rechtfertigt keine nachträgliche Zulassung der Klage.[261] Zum **falschen** Rechtsrat oben Rn. 1835.

1851 **Sprachkenntnisse.** Mangelnde Sprachkenntnisse rechtfertigen in aller Regel keine nachträgliche Zulassung der Kündigungsschutzklage. Ein der deutschen Sprache nicht mächtiger ausländischer Arbeitnehmer ist gehalten, sich **unverzüglich** nach Zugang des in deutscher Sprache abgefassten Kündigungsschreibens um eine Übersetzung zu bemühen.[262]

1852 **Telefax.** Übermittelt ein Arbeitnehmer am letzten Tag der Klagefrist des § 4 Satz 1 KSchG per Telefax die Kündigungsschutzklage an das örtlich zuständige Arbeitsgericht und beginnt so rechtzeitig mit der Übermittlung, dass unter normalen Umständen mit ihrem Abschluss vor 24.00 Uhr zu rechnen ist, hat er das seinerseits Erforderliche zur Fristwahrung getan.[263] Erfolgt die Übermittlung an eine unzuständige Behörde oder Gericht, ist die Klagefrist schuldhaft versäumt, wenn die Klage erst nach Fristablauf beim Arbeitsgericht eingeht.[264]

1853 **Urlaub.** Geht dem Arbeitnehmer während seines Urlaubs eine Kündigung an seiner Heimatadresse (zu Zugang im Ausland oben Rn. 1840) zu (dazu oben Rn. 213, 214) und ist die Dreiwochenfrist des § 4 Satz 1 bei Urlaubsrückkehr bereits abgelaufen, ist ihm nachträgliche Zulassung einer dadurch verspätet erhobenen Kündigungsschutzklage zu gewähren.[265] Ist diese Frist zu diesem Zeitpunkt noch nicht verstrichen, kommt es auf die Umstände des Einzelfalls an, ob er noch in der verbleibenden Restfrist unter Beachtung der ihm zumutbaren Sorgfalt Kündigungsschutzklage erheben kann.[266]

1854 Der Arbeitnehmer braucht grundsätzlich nicht sicherzustellen, dass ihn rechtsgeschäftliche Erklärungen seines Arbeitgebers während des Urlaubs oder sonstiger **Ortsabwesenheit** erreichen.[267] Das gilt nach Auffassung des LAG Berlin auch dann, wenn er seinen Urlaub wegen einer in dieser Zeit beginnenden Arbeitsunfähigkeit verlängert oder verlängern muss.[268] Fehlende Kenntnis von der zu Hause zugegangenen Kündigung wird aber dann teilweise als Verschulden zugerechnet, wenn der Arbeitnehmer konkreten Anlass zur Annahme hatte, dass ihm während des Urlaubs oder der Ortsabwesenheit gekündigt wird, und er nicht für eine

---

[261] LAG Frankfurt/M. 6. 4. 1990 LAGE § 5 KSchG Nr. 49 gegen LAG Köln 14. 1. 1982 EzA § 5 KSchG Nr. 14 und 6. 2. 1991 LAGE § 5 KSchG Nr. 50 und LAG Düsseldorf 6. 3. 1980 EzA § 5 KSchG Nr. 9.

[262] LAG Baden-Württemberg 28. 11. 1963 DB 1964, 1708; LAG Hamburg 20. 11. 1984 MDR 1985, 259; LAG Hamm 24. 3. 1998 LAGE § 5 KSchG Nr. 32; ErfK/*Ascheid,* § 5 KSchG Rn. 10; APS/*Ascheid,* § 5 KSchG Rn. 62; KR/*Friedrich,* § 5 KSchG Rn. 58; vgl. auch *v. Hoyningen-Huene/Linck,* § 5 KSchG Rn. 10; KDZ/*Zwanziger,* § 5 KSchG Rn. 11.

[263] BVerfG 25. 2. 2000 EzA § 5 KSchG Nr. 32 = NZA 2000, 789.

[264] LAG Nürnberg 23. 7. 1993 LAGE § 5 KSchG Nr. 61.

[265] LAG Hamm 28. 3. 1996 LAGE § 5 KSchG Nr. 78; LAG Köln 4. 3. 1996 LAGE § 5 KSchG Nr. 75; LAG Nürnberg 5. 2. 1992 LAGE § 5 KSchG Nr. 57.

[266] Vgl. LAG Köln 6. 9. 1996 und 17. 4. 1997 LAGE § 5 KSchG Nr. 80 und 87; LAG München 23. 1. 1992 NZA 1993, 266; Thür.LAG 19. 4. 2001 – 7 Ta 159/2000 –.

[267] LAG Berlin 23. 8. 2001 – 7 Ta 1587/01 –; LAG Hamm 28. 3. 1996 LAGE § 5 KSchG Nr. 78; LAG Köln 4. 3. 1996 LAGE § 5 KSchG Nr. 75; Thür.LAG 19. 4. 2001 – 7 Ta 159/2000 –; ErfK/*Ascheid,* § 5 KSchG Rn. 17; APS/*Ascheid,* § 5 KSchG Rn. 51; KR/*Friedrich,* § 5 KSchG Rn. 59; *v. Hoyningen-Huene/Linck,* § 5 KSchG Rn. 18; KDZ/*Zwanziger,* § 5 KSchG Rn. 10.

[268] LAG Berlin 23. 8. 2001 – 7 Ta 1587/01 –.

Nachsendung der Post sorgt oder dafür, dass die zu Hause eingehende Post durchgesehen wird.[269]

Unkenntnis der Klagefrist kann die nachträgliche Zulassung nicht rechtfertigen.[270] Das gilt auch für ausländische Arbeitnehmer. Auch ihnen wird eine Erkundigungspflicht auferlegt.[271] Den Arbeitgeber trifft keine Hinweispflicht auf die Klagefrist des § 4 Satz 1 KSchG (dazu oben Rn. 1802). **1855**

Vergleichsverhandlungen. Eine Hoffnung auf gütliche Einigung aufgrund schwebender Vergleichsverhandlungen[272] kann einen Antrag auf nachträgliche Zulassung nicht begründen. Anders ist es, wenn der Arbeitgeber den Arbeitnehmer durch Vortäuschung erfolgreicher Vergleichsverhandlungen von der Einhaltung der Klagefrist abgehalten hat.[273] **1856**

Wiedereinstellungszusage. Weigert sich ein Arbeitgeber, eine Wiedereinstellungszusage zu erfüllen, die er gegenüber einem Mitarbeiter bei Ausspruch einer betriebsbedingten Kündigung wegen fehlender Beschäftigungsmöglichkeit im Winter abgegeben hat, kann eine nachträgliche Zulassung einer Kündigungsschutzklage nicht mit der Verweigerung der Wiedereinstellung begründet werden.[274] **1857**

c) Antragsfrist

Der Antrag auf nachträgliche Zulassung ist nach § 5 Abs. 3 Satz 1 KSchG nur innerhalb von **zwei Wochen** nach Behebung des Hindernisses zulässig. Die Antragsfrist des § 5 Abs. 3 Satz 1 KSchG beginnt auch schon dann zu laufen, wenn die Kenntnis vom Wegfall des Hindernisses bei Aufbietung zumutbarer Sorgfalt hätte erlangt werden können.[275] Kennt der Arbeitnehmer die Versäumung der Frist nicht, beginnt die Antragsfrist in dem Zeitpunkt, in dem er auf die Notwendigkeit der Klage innerhalb einer Frist hingewiesen wird. Der Antrag nach § 5 Abs. 1 Satz 1 KSchG ist unzulässig, wenn die Einhaltung der Antragsfrist nicht festgestellt werden kann.[276] **1858**

---

[269] LAG Berlin 11. 3. 1982 ZiP 1982, 614; LAG Nürnberg 6. 11. 1995 LAGE § 5 KSchG Nr. 71; KR/*Friedrich,* § 5 KSchG Rn. 60; a. A. LAG Hamm 28. 3. 1996 LAGE § 5 KSchG Rn. 78; LAG Köln 4. 3. 1996 LAGE § 5 KSchG Nr. 75; *v. Hoyningen-Huene/Linck,* § 5 KSchG Rn. 18; offen gelassen von Thür.LAG 19. 4. 2001 – 7 Ta 159/2000 –.

[270] LAG Düsseldorf 26. 7. 1976 und 2. 4. 1976 EzA § 5 KSchG Nr. 1 und 2; LAG Köln 26. 11. 1999 LAGE § 5 KSchG Nr. 97; Sächs.LAG 23. 7. 1998 NZA 1999, 112 L.

[271] LAG Düsseldorf 6. 3. 1980 EzA § 5 KSchG Nr. 9; LAG Hamburg 10. 4. 1987 LAGE § 5 KSchG Nr. 34; 6. 7. 1990 LAGE § 130 BGB Nr. 16; ErfK/*Ascheid,* § 5 KSchG Rn. 10; APS/*Ascheid,* § 5 KSchG Rn. 23; KR/*Friedrich,* § 5 KSchG Rn. 64; *v. Hoyningen-Huene/Linck,* § 5 KSchG Rn. 11; KDZ/*Zwanziger,* § 5 KSchG Rn. 12.

[272] LAG Düsseldorf 19. 11. 1965 BB 1966, 210; LAG Hamm 21. 12. 1972 BB 1973, I 336; LAG Köln 26. 11. 1999 LAGE § 5 KSchG Nr. 97; APS/*Ascheid,* § 5 KSchG Rn. 63 m. w. N.

[273] LAG Köln 26. 11. 1999, a. a. O.; APS/*Ascheid,* § 5 KSchG Rn. 63 m. w. N.

[274] LAG Nürnberg 15. 1. 1998 LAGE § 5 KSchG Nr. 91.

[275] LAG Hamm 28. 6. 2000 LAGE § 263 ZPO Nr. 1; Hess.LAG 2. 10. 1996 LAGE § 5 KSchG Nr. 83; LAG Köln 27. 2. 1986 NZA 1986, 441; 8. 11. 1994 LAGE § 5 KSchG Nr. 69; LAG Rheinland-Pfalz 19. 5. 1992 LAGE § 5 KSchG Nr. 59; LAG Hamm 16. 5. 1991 und 4. 11. 1996 LAGE § 5 KSchG Nr. 53 und 81; *v. Hoyningen-Huene/Linck,* § 5 KSchG Rn. 23.

[276] Thür.LAG 5. 3. 2001 LAGE § 5 KSchG Nr. 100.

1859 Die Antragsfrist des § 5 Abs. 3 Satz 1 KSchG ist eine **prozessuale Frist.**[277] Deshalb ist ein Verschulden des Prozessbevollmächtigten nach § 85 Abs. 2 ZPO zu Lasten der Partei zu berücksichtigen.[278] Der Antrag muss nicht ausdrücklich gestellt werden; wohl aber muss der Wille des Arbeitnehmers deutlich werden, eine nachträgliche Zulassung zu erreichen.[279] Antrag und Klage müssen innerhalb der Zweiwochenfrist des § 5 Abs. 3 Satz 1 KSchG dem Gericht vorliegen. Die Einhaltung der Antragsfrist hat der Arbeitnehmer darzulegen[280] und im Streitfall glaubhaft zu machen.[281] Wird die Frist versäumt, findet dagegen eine **Wiedereinsetzung** nicht statt.[282] Nach Ablauf von sechs Monaten, vom Ende der versäumten Frist an gerechnet, kann der Antrag nicht mehr gestellt werden (§ 5 Abs. 3 Satz 2 KSchG). Das gilt selbst dann, wenn vorgetragen wird, der Arbeitgeber habe den Arbeitnehmer arglistig von der Klage abgehalten.[283] Auch gegen die Versäumung der Sechsmonatsfrist gibt es keine Wiedereinsetzung.[284]

d) Antragsinhalt

1860 Der Antrag muss die Angabe der die nachträgliche Zulassung begründenden Tatsachen enthalten und die **Mittel** für deren **Glaubhaftmachung.**[285] Die Mittel der Glaubhaftmachung brauchen nur **angeboten** zu werden. Dabei reicht es aus, wenn die Antragsschrift einen Hinweis auf das oder die Mittel der Glaubhaftmachung enthält.[286] Anders als nach § 236 Abs. 2 Satz 1 ZPO können die Gründe und die Mittel für deren Glaubhaftmachung auch noch innerhalb der zweiwöchigen Antragsfrist des § 5 Abs. 3 Satz 1 KSchG angegeben werden. Werden sie erst danach vorgebracht, darf das Gericht sie bei der Entscheidung nicht mehr berück-

---

[277] LAG Frankfurt/M. 22. 7. 1983 ArbuR 1984, 89 L.; LAG Hamm 27. 11. 1986, 24. 11. 1987 und 26. 6. 1995 LAGE § 5 KSchG Nr. 26, 31 und 76; LAG Köln 8. 11. 1994 LAGE § 5 KSchG Nr. 70; Sächs.LAG 5. 10. 2000 LAGE § 5 KSchG Nr. 101.

[278] Vgl. LAG Düsseldorf 20. 11. 1995 ZIP 1996, 191, 192; LAG Hamm 25. 11. 1980 EzA § 5 KSchG Nr. 7; 24. 9. 1987 LAGE § 5 KSchG Nr. 31; 28. 6. 2000 LAGE § 263 ZPO Nr. 1; Sächs.LAG 5. 10. 2000 LAGE § 5 KSchG Nr. 101; *v. Hoyningen-Huene/Linck,* § 5 KSchG Rn. 22a; a. A. KR/*Friedrich,* § 5 KSchG Rn. 112; *Schmid* (Fn. 220), S. 100ff.

[279] BAG 2. 3. 1989 EzA § 130 BGB Nr. 22 = NZA 1989, 635; LAG Berlin 11. 2. 1964 AP § 4 KSchG 1951 Nr. 11.

[280] LAG Baden-Württemberg 4. 4. 1989 NZA 1989, 824; LAG Düsseldorf 20. 11. 1995 ZIP 1996, 191; LAG Frankfurt/M. 7. 2. 1985 ARSt. 1985 Nr. 1134; Thür. LAG 5. 3. 2001 LAGE § 5 KSchG Nr. 100; KR/*Friedrich,* § 5 KSchG Rn. 124 m. w. N.

[281] KR/*Friedrich,* § 5 KSchG Rn. 125 unter Hinweis auf LAG Hamm 27. 1. 1954 AP 54 Nr. 121 L.

[282] BAG 16. 3. 1988 EzA § 130 BGB = NZA 1988, 875; LAG Berlin 19. 1. 1987 LAGE § 5 KSchG Nr. 27; LAG Hamm 26. 6. 1995 LAGE § 5 KSchG Nr. 76; APS/*Ascheid,* § 5 KSchG Rn. 88; KR/*Friedrich,* § 5 KSchG Rn. 122; *v. Hoyningen-Huene/Linck,* § 5 KSchG Rn. 21; *Schmid* (Fn. 220), S. 108f.; KDZ/*Zwanziger,* § 5 KSchG Rn. 33.

[283] LAG Hamm 29. 10. 1987 LAGE § 130 BGB Nr. 33. Dazu aber auch LAG Frankfurt/M. 5. 9. 1988 LAGE § 5 KSchG Nr. 40.

[284] KR/*Friedrich,* § 5 KSchG Rn. 122; *Schmid* (Fn. 220), S. 112; KDZ/*Zwanziger,* § 5 KSchG Rn. 35.

[285] Zur Glaubhaftmachung i. S. von § 5 Abs. 2 Satz 2 KSchG ausf. *Schmid* (Fn. 220), S. 169ff.

[286] Vgl. LAG Berlin 20. 7. 1983 ArbuR 1984, 89; LAG Stuttgart 25. 11. 1954 AP § 4 KSchG Nr. 6; APS/*Ascheid,* § 5 KSchG Rn. 69; KR/*Friedrich,* § 5 KSchG Rn. 92; *Wenzel,* ArbuR 1976, 327.

sichtigen,[287] es sei denn, es handele sich nur um die Konkretisierung von bereits vorgetragenen Tatsachen.[288] Nach Ablauf der Antragsfrist dürfen auch noch solche die Zulassung rechtfertigenden Tatsachen berücksichtigt werden, die offenkundig, gerichtsbekannt oder aktenkundig sind.[289]

3. Verfahren

Über den Antrag nach § 5 Abs. 1 KSchG entscheidet nach § 5 Abs. 4 Satz 1 KSchG **1861**
i. d. F. von Art. 3 des „Gesetz zur Vereinfachung und Beschleunigung des arbeitsgerichtlichen Verfahrens (Arbeitsrechtsbeschleunigungsgesetz) vom 30. 3. 2000 (BGBl. I S. 333) das Arbeitsgericht in **voller Kammerbesetzung,** d.h. unter Hinzuziehung der ehrenamtlichen Richter. Das gilt auch dann, wenn der Beschluss ohne mündliche Verhandlung ergeht.[290] Der Beschluss kann nach § 55 Abs. 3 ArbGG, falls die Entscheidung in der an die Gütesitzung sich unmittelbar anschließende Verhandlung erfolgen kann, auf beiderseitigen Antrag der Parteien durch den Vorsitzenden der Kammer alleine erlassen werden. Hieran hat sich durch die Neufassung des § 5 Abs. 4 Satz 1 KSchG am 1. 5. 2000 nichts geändert.[291]

Von dem Grundsatz, dass das Arbeitsgericht über den Antrag auf nachträgliche **1862**
Zulassung der Kündigungsschutzklage zu entscheiden hat, ist eine Ausnahme in dem Fall zu machen, in dem die Kündigungsschutzklage im Wege des **Parteiwechsels im Berufungsverfahren** erhoben wird.[292] Dagegen bestehen verfahrensrechtlich keine Bedenken, wie das BAG in einer älteren Entscheidung zutreffend angenommen hat.[293]

Anders ist jedoch der Fall zu behandeln, wenn sich erst **im Berufungsverfahren** **1863**
herausstellt, dass über den Antrag auf nachträgliche Zulassung der Kündigungsschutzklage bereits vom **Arbeitsgericht hätte entschieden** werden müssen, sei es, dass es den Antrag übersehen hat, sei es, dass es der Ansicht war, es liege kein Fall der Versäumung der Klagefrist vor. Das LAG kann nicht selbst entscheiden, selbst dann nicht, wenn sich die Parteien aus Gründen der Beschleunigung des

---

[287] LAG Baden-Württemberg 8. 3. 1988 LAGE § 5 KSchG Nr. 37 mit Anm. *Löwisch;* 14. 2. 1990 LAGE § 130 BGB Nr. 13; LAG Berlin 19. 1. 1987 LAGE § 5 KSchG Nr. 27; Hess.LAG 23. 12. 1993 ARSt. 1994, 137 L; LAG Hamm 11. 4. 1988 NZA 1989, 153.

[288] LAG Baden-Württemberg 11. 4. 1988 NZA 1989, 153; LAG Bremen 7. 12. 1988 DB 1988, 814; LAG Hamburg 11. 4. 1989 LAGE § 5 KSchG Nr. 47; LAG Hamm 28. 6. 2000 LAGE § 263 ZPO Nr. 1; LAG Nürnberg 6. 11. 1995 LAGE § 5 KSchG Nr. 71; LAG Rheinland-Pfalz 28. 5. 1997 NZA 1998, 55, 56.

[289] LAG Hamm 5. 1. 1998 NZA-RR 1998, 209, 210.

[290] *Appel/Kaiser,* ArbuR 2000, 281, 287; *Düwell,* AiB 2000, 243, 245; KR/*Friedrich,* § 5 KSchG Rn. 126; *Germelmann,* NZA 2000, 1017, 1025; *v. Hoyningen-Huene/Linck,* § 5 KSchG Rn. 93; *Schaub* NZA 2000, 344, 348; KDZ/*Zwanziger,* § 5 KSchG Rn. 37; wohl auch HK-KSchG/*Hauck* § 5 Rn. 64; a. A. ErfK/*Ascheid,* § 5 KSchG Rn. 28; APS/*Ascheid,* § 5 KSchG Rn. 96.

[291] So ausdrücklich KR/*Friedrich,* § 5 KSchG Rn. 126; *Schmid* (Fn. 220), S. 174; KDZ/*Zwanziger,* § 5 KSchG Rn. 37; ebenso ErfK/*Ascheid,* § 5 KSchG Rn. 28; APS/*Ascheid,* § 5 KSchG Rn. 95; *v. Hoyningen-Huene/Linck,* § 5 KSchG Rn. 28; früher schon LAG Frankfurt/M. 27. 3. 1987 LAGE § 55 ArbGG 1979 Nr. 2.

[292] LAG Hamm 15. 7. 1993 LAGE § 5 KSchG Nr. 60.

[293] Vgl. oben Rn. 1800 mit Fn. 167.

Verfahrens damit einverstanden erklären.[294] Das Verfahren über die nachträgliche Zulassung der Kündigungsschutzklage ist ein selbstständiger Verfahrensabschnitt mit grundsätzlich zwei Instanzen. Das LAG ist Beschwerdeinstanz.

1864 Es gibt zwei verfahrensrechtliche Lösungen, um die **unterlassene Entscheidung** des Arbeitsgerichts **nachzuholen.** Das LAG könnte sein Verfahren aussetzen, damit das Arbeitsgericht seine Entscheidung über den Antrag auf nachträgliche Zulassung treffen kann.[295] Andererseits könnte das LAG das Urteil des Arbeitsgerichts aufheben und, da der Verfahrensverstoß im Berufungsverfahren nicht reparabel ist, den **Rechtsstreit** trotz des Verbots des § 68 ArbGG **zurückverweisen.** Diese Lösung verdient den Vorzug. Denn nur auf diese Weise kann eine Bindung des Arbeitsgerichts an die Entscheidung des Landesarbeitsgerichts sichergestellt werden. Steht das Arbeitsgericht auf dem Standpunkt, es liege kein Fall einer verspäteten Klageerhebung vor und wird diese Ansicht vom Landesarbeitsgericht nicht geteilt, tritt nur im Fall der Aufhebung der Entscheidung und der Zurückverweisung des Rechtsstreits die notwendige Bindung des Arbeitsgerichts an die Entscheidung des Berufungsgerichts ein.[296]

1865 Nach § 5 Abs. 4 Satz 2 KSchG ist gegen den Beschluss des Arbeitsgerichts über den Antrag auf nachträgliche Zulassung die **sofortige Beschwerde** zulässig. Für diese gelten gemäß § 78 Satz 1 ArbGG i.d.F. des Art. 30 Nr. 15 ZPO-RG vom 27. 7. 2001 (BGBl. I S. 1887), in Kraft getreten am 1. 1. 2002, die §§ 567 bis 572 ZPO i.d.F. des Art. 2 Nr. 72 ZPO-RG. Danach ist die sofortige Beschwerde wie bis zum 31. 12. 2001 nach §§ 569 Abs. 1, 577 Abs. 2 Satz 1 und 2 ZPO a.F. und nunmehr gemäß § 569 Abs. 1 Satz 1 ZPO n.F., jeweils i.V.m. dem unverändert gebliebenen § 78 Satz 1 ArbGG, binnen einer Notfrist von zwei Wochen seit Zustellung des erstinstanzlichen Beschlusses entweder beim Landesarbeitsgericht oder beim Arbeitsgericht einzulegen. Die Notfrist beginnt allerdings nur zu laufen, wenn der angefochtene Beschluss mit der richtigen Rechtsmittelbelehrung versehen ist (§ 9 Abs. 5 Satz 3 und Satz 4 ArbGG).

1866 **Neu** ist seit dem 1. 1. 2002, dass zunächst nach § 572 Abs. 1 Satz 1 1. Halbsatz ZPO n.F., § 78 Satz 1 ArbGG n.F. das Arbeitsgericht – falls über den Antrag nach § 5 Abs. 1 KSchG gemäß § 5 Abs. 4 Satz 1 KSchG in voller Kammerbesetzung ergangen ist, durch die Kammer, die nicht in derselben Besetzung entscheiden muss[297] – eine **Abhilfeentscheidung** zu treffen hat. Hatte auf Grund der Regelung in § 53 Abs. 3 ArbGG der Vorsitzende alleine über den Antrag nach § 5

---

[294] LAG Berlin 23. 8. 1988 LAGE § 5 KSchG Nr. 38; LAG Hamm 11. 8. 1970 DB 1970, 1694.

[295] LAG Berlin 23. 8. 1988 LAGE § 5 KSchG Nr. 38; LAG Hamm 16. 11. 1989 LAGE § 5 KSchG Nr. 44; LAG München 12. 11. 1982 ZIP 1983, 615; *Berkowsky,* NZA 1997, 352, 358; KR/*Friedrich,* § 5 KSchG Rn. 167; *Grunsky,* § 68 ArbGG Rn. 7; KDZ/*Zwanziger,* § 5 KSchG Rn. 42.

[296] LAG Brandenburg 13. 3. 1996 LAGE § 5 KSchG Nr. 77; LAG Düsseldorf 11. 1. 2002 – 18 (16) Sa 1264/01 – n.v.; Hess.LAG 11. 11. 1997 NZA-RR 1998, 515, 516; LAG Köln 17. 8. 2000 LAGE § 5 KSchG Nr. 99; 19. 10. 2000 LAGE § 102 BetrVG 1972 Nr. 75; LAG Nürnberg 29. 8. 1995 AP § 15 SchwbG 1986 Nr. 6; 19. 9. 1995 LAGE § 5 KSchG Nr. 72; ErfK/*Ascheid,* § 5 KSchG Rn. 29 und 33; KR/*Friedrich,* § 5 KSchG Rn. 167; GMP/*Germelmann,* § 68 ArbGG Rn. 5; *v. Hoyningen-Huene/Linck,* § 5 KSchG Rn. 35 und 36; GK-ArbGG/*Vossen,* § 68 Rn. 14.

[297] *Schmidt/Schwab/Wildschütz,* NZA 2001, 1217, 1225.

Abs. 1 KSchG entschieden (dazu oben Rn. 1861), ist er gemäß § 572 Abs. 1 Satz 1 1. Halbsatz ZPO n. F. auch für die Abhilfeentscheidung zuständig.

Hält das Arbeitsgericht die sofortige Beschwerde gegen seinen Beschluss über **1867** den Antrag auf nachträgliche Zulassung für begründet, hilft es ihr ab. Ist das nicht der Fall, hat das Arbeitsgericht die sofortige Beschwerde gemäß § 572 Abs. 1 Satz 1 2. Halbsatz ZPO i. V. m. § 78 Satz 1 ArbGG n. F. unverzüglich dem Landesarbeitsgericht als Beschwerdegericht (§ 78 Satz 3 ArbGG n. F.) vorzulegen. Dieses entscheidet über die sofortige Beschwerde nach § 5 Abs. 4 Satz 2 KSchG ohne Hinzuziehung der ehrenamtlichen Richter. Das Alleinentscheidungsrecht des Vorsitzenden war schon bisher gängige Praxis, da das Landesarbeitsgericht i. d. R. ohne mündliche Verhandlung über die sofortige Beschwerde entschied und § 53 Abs. 1 ArbGG insoweit entsprechend angewendet wurde.[298] Im Hinblick darauf, dass § 78 Satz 3 ArbGG n. F. keinerlei Einschränkung enthält, befindet nunmehr der Vorsitzende alleine über die sofortige Beschwerde nach § 5 Abs. 4 Satz 2 KSchG, unabhängig davon, ob über sie mit oder ohne mündliche Verhandlung entschieden wird.[299] Hat das Arbeitsgericht über den Antrag nach § 5 Abs. 1 KSchG entschieden, weil es die Kündigungsschutzklage für verspätet hielt, kommt aber das Landesarbeitsgericht als Beschwerdegericht zu dem Ergebnis, die Klage sei rechtzeitig erhoben worden, ist der Beschluss des Arbeitsgerichts ersatzlos aufzuheben.[300] Zum umgekehrten Fall vgl. oben Rn. 1863, 1864.

Hat das Arbeitsgericht trotz der Fassung des § 5 Abs. 4 Satz 1 KSchG **durch** **1868** **Urteil** entschieden, hat die Partei die **Wahl,** ob sie **sofortige Beschwerde** (§ 5 Abs. 4 Satz 2 KSchG) oder **Berufung** einlegt. Denn ihr darf durch die verfahrensrechtlich fehlerhafte Entscheidung des Arbeitsgerichts kein Rechtsnachteil entstehen. Legt die Partei das Rechtsmittel der Berufung ein, hat das Landesarbeitsgericht diese zugleich als sofortige Beschwerde anzusehen. Sie ist vom Berufungsverfahren abzutrennen. Darüber ist zunächst zu entscheiden.[301]

Bis zum 31. 12. 2001 war gegen den Beschluss des Landesarbeitsgerichts über die **1869** sofortige Beschwerde des § 5 Abs. 4 Satz 2 KSchG nach § 70 Satz 1 ArbGG a. F. kein Rechtsmittel gegeben. Diese Vorschrift ist durch Art. 30 Nr. 10 ZPO-RG vom 27. 7. 2001 (BGBl. I S. 1887) mit Wirkung vom 1. 1. 2002 (Art. 53 Nr. 3 ZPO-RG) aufgehoben worden, ohne dass es zu einer Rechtsmittelerweiterung im Zulassungsverfahren nach § 5 Abs. 1 KSchG gekommen wäre. Seit dem 1. 1. 2002 gilt im zivilprozessualen Beschwerdeverfahren § 574 Abs. 1 Nr. 2 ZPO i. d. F. des Art. 2 Nr. 72 ZPO-RG, wonach gegen einen Beschluss des Beschwerdegerichts die Rechtsbeschwerde statthaft ist, wenn das Beschwerdegericht sie in dem Beschluss zugelassen hat. § 574 Abs. 1 Nr. 2 ZPO n. F. kann jedoch nicht auf einen Beschluss des Landesarbeitsgerichts über eine sofortige Beschwerde nach § 5 Abs. 4

---

[298] Vgl. BAG 10. 12. 1992 NZA 1993, 619, 620; 15. 4. 1993 EzA § 5 ArbGG 1979 Nr. 8 = NZA 1993, 790; LAG Frankfurt/M. 26. 10. 1993 LAGE § 5 KSchG Nr. 63; APS/*Ascheid,* § 5 KSchG Rn. 114; KR/*Friedrich,* § 5 KSchG Rn. 151; a. A. *Berkowsky,* NZA 1997, 352, 357 f.

[299] Zweifelnd *Schmidt/Schwab/Wildschütz,* NZA 2001, 1217, 1226.

[300] Hess.LAG 24. 8. 1998 BB 1999, 852 L.; LAG Nürnberg 8. 10. 2001 NZA-RR 2002, 212, 214; ErfK/*Ascheid,* § 5 KSchG Rn. 32.

[301] BAG 28. 4. 1983 EzA § 5 KSchG Nr. 20 = AP § 5 KSchG 1969 Nr. 4, unter B II 1 der Gründe.

Satz 2 KSchG angewendet werden. Denn § 78 Satz 1 ArbGG i.d.F. des Art. 30 Nr. 15 ZPO-RG verweist für das Beschwerdeverfahren nur auf den 1. Titel des 3. Buches der ZPO (§§ 567–573), wo die sofortige Beschwerde geregelt ist, und damit – anders als § 77 Satz 4 ArbGG i.d.F. des Art. 30 Nr. 15 ZPO-RG für die Revisionsbeschwerde – gerade nicht auf die im 2. Titel des 3. Buches der ZPO enthaltenen Vorschriften über die Rechtsbeschwerde (§§ 574–577). Aus der Begründung im Gesetzentwurf der Bundesregierung für die Aufhebung des § 70 ArbGG a.F. folgt keine Erweiterung des in § 5 Abs. 4 Satz 2 KSchG geregelten Rechtsmittelzuges. Soweit diese Aufhebung dort damit begründet wird, dass gegen Beschlüsse und Verfügungen des Landesarbeitsgerichts oder seines Vorsitzenden nach dem im arbeitsgerichtlichen Berufungsverfahren entsprechend anzuwendenden § 574 Abs. 1 Nr. 2, Abs. 2 und 3 ZPO n.F. die Rechtsbeschwerde statthaft sein soll, wenn sie vom Gericht bzw. Vorsitzenden zugelassen worden ist,[302] betrifft die hierin u.U. zum Ausdruck kommende Rechtsmittelerweiterung[303] nur Beschlüsse und Verfügungen, die das Landesarbeitsgericht oder sein Vorsitzender in einem Berufungsverfahren trifft. Der Beschluss des Landesarbeitsgericht, mit dem dieses abschließend über eine auf § 5 Abs. 4 Satz 2 KSchG gestützte sofortige Beschwerde entscheidet, ergeht jedoch in einem eigenständigen, außerhalb eines Berufungsverfahrens stehenden Beschwerdeverfahren.[304]

4. Bindungswirkung des Beschlusses über die nachträgliche Zulassung

1870 Für die Praxis von besonderer Bedeutung ist die Frage, ob und inwieweit der im nachträglichen Zulassungsverfahren ergangene Beschluss das Kündigungsschutzverfahren bindet. Hervorzuheben ist, dass der Antrag auf nachträgliche Zulassung stets **ein Hilfsantrag** ist für den Fall, dass die Klage verspätet ist. Nur wenn nach Auffassung des Arbeitsgerichts die Klage verspätet ist, darf es über den Antrag entscheiden.[305] Geht das Arbeitsgericht von der Versäumung der Klagefrist aus, ist weiter zu entscheiden, ob die Verspätung der Klage vom Arbeitnehmer verschuldet ist. Die **Feststellung** der **Verspätung** und des **Verschuldens** werden im Be-

---

[302] BT-Drucks. 14/4722, S. 139.

[303] Vgl. *Bader,* NZA 2002, 121, 122; *Kaiser,* DB 2002, 324, 325; *Schmidt/Schwab/Wildschütz,* NZA 2001, 1217, 1226.

[304] Gegen eine Erweiterung des in § 5 Abs. 4 Satz 2 KSchG geregelten Rechtsmittelzuges durch § 574 Abs. 1 Nr. 2 ZPO n.F. i.Erg. auch GK-ArbGG/*Wenzel,* § 78 Rn. 121; a.A. MünchKommInsO/*Löwisch/Caspers,* § 113 Rn. 75 unter Hinweis auf § 72 Abs. 2 ArbGG i.V.m. § 78 Satz 2 ArbGG n.F.

[305] BAG 5. 4. 1984 EzA § 5 KSchG Nr. 21 = NZA 1984, 124; 28. 4. 1993 EzA § 5 KSchG Nr. 20 = AP § 5 KSchG 1969 Nr. 4; LAG Hamm 24. 3. 1988 LAGE § 5 KSchG Nr. 32; 4. 11. 1996 LAGE § 5 KSchG Nr. 84; Hess.LAG 24. 8. 1998 BB 1999, 852 L; LAG Nürnberg 8. 10. 2001 NZA-RR 2002, 212, 214; LAG Rheinland-Pfalz 24. 2. 2000 NZA-RR 2000, 475, 476; LAG Sachsen-Anhalt 24. 1. 1995 LAGE § 5 KSchG Nr. 69; 23. 2. 1995 LAGE § 4 KSchG Nr. 26; 23. 4. 1997 LAGE § 5 KSchG Nr. 93; ErfK/*Ascheid,* § 5 KSchG Rn. 20; APS/*Ascheid,* § 5 KSchG Rn. 97; KR/*Friedrich,* § 5 KSchG Rn. 158; *v. Hoyningen-Huene/Linck,* § 5 KSchG Rn. 31; *Löwisch,* § 5 KSchG Rn. 28; *Löwisch,* Anm. zu LAG Baden-Württemberg LAGE § 5 KSchG Nr. 37; *Otto,* Anm. zu BAG EzA § 5 KSchG Nr. 20; KDZ/*Zwanziger,* § 5 KSchG Rn. 40; a.A. *Berkowsky,* NZA 1997, 352, 356.

schluss **mit innerer Rechtskraft festgestellt.**[306] Das Arbeitsgericht ist im Hauptverfahren daran gebunden. Andere Vorfragen, mit denen sich das Arbeitsgericht bzw. das Landesarbeitsgericht im Verfahren der nachträglichen Zulassung befasst, erwachsen nicht in Rechtskraft. Sie sind im Hauptverfahren festzustellen. Ist zwischen den Parteien streitig, ob im Betrieb nur fünf oder mehr Arbeitnehmer beschäftigt sind (§ 23 Abs. 1 Satz 2 KSchG) und ist das Gericht der Ansicht, der Betrieb beschäftige nur fünf Arbeitnehmer, so dass das KSchG keine Anwendung findet, darf es den Zulassungsantrag nicht bescheiden, sondern es hat über diese Frage im Hauptverfahren zu entscheiden. Der beklagte Arbeitgeber kann dann gegen die Feststellung des Gerichts, das KSchG finde keine Anwendung, Berufung einlegen, um die Wirkung des § 7 1. Halbsatz KSchG zu erlangen.[307]

Die Auffassung des Bundesarbeitsgerichts über die Bindungswirkung des Beschlusses im Verfahren der nachträglichen Zulassung hat in der Rechtsprechung der Landesarbeitsgerichte keine einhellige Zustimmung gefunden. Das *LAG Hamm* hat in der Vergangenheit mit Bindungswirkung geprüft, ob eine Kündigung überhaupt erklärt worden ist, ob die Voraussetzungen des KSchG vorliegen und ob z.B. das Kündigungsschutzgesetz auf Auszubildende anwendbar ist.[308] *LAG Berlin, Hamburg, Köln* und *Sachsen-Anhalt* prüfen nur, ob die (unterstellte) Verspätung vom Arbeitnehmer verschuldet ist oder nicht.[309] Nach *LAG Baden-Württemberg* ist eine Entscheidung über den Antrag auf nachträgliche Zulassung der Klage bereits dann zulässig, wenn Zweifel an der Rechtzeitigkeit der Klage nicht auszuschließen sind.[310] Diese unterschiedliche Rechtsprechung bleibt auch nach der am 1. 1. 2002 in Kraft getretenen Änderung des Beschwerderechts (§§ 567ff. ZPO n.F., § 78 Satz 1 und 2 ArbGG n.F.) bestehen, da eine Rechtsbeschwerde zum Bundesarbeitsgericht gegen eine Entscheidung des Landesarbeitsgerichts über eine sofortige Beschwerde nach § 5 Abs. 4 Satz 2 KSchG nach wie vor nicht statthaft ist (dazu oben Rn. 1869).[311] **1871**

---

[306] BAG 5. 4. 1984 EzA § 5 KSchG Nr. 21 = NZA 1984, 124; 28. 5. 1998 EzA § 2 KSchG Nr. 29, unter II 1 der Gründe = NZA 1998, 1167.

[307] BAG 5. 4. 1984 a.a.O.

[308] LAG Hamm 7. 11. 1985 und 19. 6. 1986 LAGE § 5 KSchG Nr. 22 und 24 mit krit. Anm. von *Vollkommer* = AP § 5 KSchG 1969 Nr. 8 mit krit. Anm. von *Dütz*. Gegen LAG Hamm das LAG Köln 31. 5. 1990 LAGE § 5 KSchG Nr. 48. Dem BAG (Fn. 304) jetzt folgend LAG Hamm 5. 1. 1998 NZA-RR 1998, 209.

[309] LAG Baden-Württemberg 26. 8. 1992 LAGE § 5 KSchG Nr. 58; LAG Berlin 19. 1. 1987 LAGE § 5 KSchG Nr. 27; LAG Hamburg 11. 4. 1989 LAGE § 5 KSchG Nr. 47; LAG Köln 20. 11. 1987 LAGE § 5 KSchG Nr. 39; 17. 8. 2001 – 7 Ta 47/01 –; LAG Sachsen-Anhalt 22. 10. 1997 LAGE § 5 KSchG Nr. 92; ebenso ErfK/*Ascheid,* § 5 KSchG Rn. 30; APS/*Ascheid,* § 5 KSchG Rn. 129; *Berkowsky,* NZA 1997, 352, 356; KR/*Friedrich,* § 5 KSchG Rn. 156a; *v. Hoyningen-Huene/Linck,* § 5 KSchG Rn. 34; *Löwisch,* Anm. zu LAG Baden-Württemberg LAGE § 5 KSchG Nr. 37; *Otto,* Anm. zu BAG EzA § 5 KSchG Nr. 20; *Vollkommer,* Anm. zu LAG Hamm LAGE § 5 KSchG Nr. 22; KDZ/*Zwanziger,* § 5 KSchG Rn. 41.

[310] LAG Baden-Württemberg 8. 3. 1988 und 26. 8. 1992 LAGE § 5 KSchG Nr. 37 und 58.

[311] Krit. zur uneinheitlichen Rechtsprechung *Schmid* (Fn. 218), S. 179ff.; *Vollkommer,* Anm. LAGE § 5 KSchG Nr. 22.

IX. Streitgegenstand; Präklusion

1. Punktuelle Streitgegenstandstheorie

1872 Umstritten ist immer noch die Frage nach dem Streitgegenstand der Kündigungsschutzklage. Der Streitgegenstand der Kündigungsschutzklage bestimmt den Umfang der Rechtskraft des Urteils und damit den Umfang der Präklusionswirkung für den beklagten Arbeitgeber.

1873 Rechtsprechung[312] und die ganz überwiegende Meinung im Schrifttum[313] vertreten die von A. Hueck begründete Lehre vom **punktuellen Streitgegenstand.** Streitgegenstand der Kündigungsschutzklage nach § 4 Satz 1 KSchG ist danach nicht der Fortbestand des Arbeitsverhältnisses im Zeitpunkt der letzten mündlichen Verhandlung in der Tatsacheninstanz,[314] sondern ob das Arbeitsverhältnis durch eine **bestimmte Kündigung** zu dem in ihr genannten Termin (ordentliche Kündigung oder außerordentliche Kündigung mit Auslauffrist) oder im Falle der außerordentlichen Kündigung im Zeitpunkt ihres Wirksamwerdens aufgelöst ist. Der Arbeitnehmer wird durch § 4 Satz 1 KSchG **zu** einer **bestimmten Klage gezwungen.** Andernfalls tritt die Wirkung des § 7 1. Halbsatz KSchG ein, d.h., die Kündigung gilt, wenn sie nicht aus einem anderen Grunde rechtsunwirksam ist, als von Anfang an rechtswirksam. Der Gesetzgeber zwingt den Arbeitnehmer einerseits zu einer bestimmten Klage, andererseits eröffnet er für diesen konkreten Fall in Abweichung von der allgemeinen Regelung in § 256 Abs. 1 ZPO, die die Feststellung eines Rechtsverhältnisses zum Gegenstand hat, die Möglichkeit der Feststellung allein eines rechtlichen Elements, nämlich die Wirksamkeit einer konkreten Kündigung.[315]

1874 Das gilt auch im Falle **mehrerer Kündigungen** (zu einem Ausnahmefall vgl. oben Rn. 1804). Auch hier besteht im Bereich des Kündigungsschutzgesetzes der Zwang für den Arbeitnehmer, **jede einzelne Kündigung** innerhalb der Klagefrist **anzugreifen,** will er die Folge des § 7 1. Halbsatz KSchG vermeiden.[316] Gegen die

---

[312] BAG 16. 3. 1994 EzA § 4 KSchG n.F. Nr. 49 = NZA 1994, 860; 13. 3. 1997 EzA § 4 KSchG n.F. Nr. 57 mit krit. Anm. *Dauner-Lieb* = NZA 1997, 844; 13. 4. 2000 EzA § 17 KSchG Nr. 9 = NZA 2001, 144 15. 3. 2001 § 4 KSchG n.F. Nr. 61 = NZA 2001, 1267; 27. 9. 2001 EzA § 322 ZPO Nr. 13 = NJW 2002, 1287.

[313] ErfK/*Ascheid,* § 5 KSchG Rn. 78; APS/*Ascheid,* § 5 KSchG Rn. 136; *Bitter,* DB 1997, 1407; *Boemke,* RdA 1995, 211, 213; *Boewer,* NZA 1997, 359, 360; *ders.,* RdA 2001, 380, 385f.; KR/*Friedrich,* § 4 KSchG Rn. 227; *Habscheid,* RdA 1989, 88; *Löwisch,* § 4 KSchG Rn. 11; *v. Hoyningen-Huene/Linck,* § 4 KSchG Rn. 69ff.; *Stahlhacke,* FS für Wlotzke, 1996, S. 173, 176.

[314] Diesen weiten Streitgegenstand auch bei der nach § 4 Satz 1 KSchG erhobenen Kündigungsschutzklage haben früher vertreten: LAG Stuttgart 31. 5. 1967 BB 1967, 1423; *Bettermann,* ZfA 1985, 5ff.; *Bötticher,* FS für Herschel, 1955, S. 181ff.; *ders.,* BB 1959, 1032ff.; *Güntner,* ArbuR 1974, 97, 108ff.; *Lüke,* JZ 1960, 203ff.; *Zeuner,* MDR 1956, 257ff.

[315] Vgl. GMP/*Prütting* Rn. 167; *ders.,* FS für Lüke, 1997, S. 617, 626; *Jaroschek/Lüken,* JuS 2001, 64, 67; *Stein/Jonas/Schumann,* § 256 ZPO Rn. 27; *Rosenberg-Schwab/Gottwald,* § 94 II 1.

[316] BAG 26. 8. 1993 EzA § 322 ZPO Nr. 9 = NZA 1994, 70; 7. 3. 1996 EzA § 1 KSchG Betriebsbedingte Kündigung Nr. 84 = NZA 1996, 931; ErfK/*Ascheid,* § 4 KSchG Rn. 78; APS/*Ascheid,* § 4 KSchG Rn. 101; vgl. *ders.* aber auch in FS für Stahlhacke, 1995, S. 1, 6ff.; *Bitter,* DB 1997, 1407; KR/*Friedrich,* § 4 KSchG Rn. 269; *v. Hoyningen-Huene/Linck,* § 4

spätere nur **vorsorgliche** Kündigung ist ebenfalls fristgerecht Kündigungsschutzklage zu erheben. Das gilt auch dann, wenn der Arbeitgeber eine neue Kündigung ausspricht und diese auf die Kündigungsgründe stützt, die er schon zur Begründung der ersten Kündigung vorgebracht hat und die im Vorprozess materiell geprüft worden sind mit dem Ergebnis, dass sie die Kündigung nicht rechtfertigen können (sog. Trotzkündigung). Einzelheiten dazu unten Rn. 1903.

Kündigt der Arbeitgeber **außerordentlich** und **vorsorglich** gleichzeitig **ordentlich,** bestimmt der Kläger durch Klageantrag und Klagebegründung, ob er **1875** sich **gegen beide Kündigungen** wendet **oder** ob er **nur** die **außerordentliche** anfechten will und die ordentliche bereit ist, zu akzeptieren. Richtet sich die Klage gegen beide Kündigungen, handelt es sich gegenüber der ordentlichen Kündigung um einen zulässigen unechten Eventualantrag, der für den Fall gestellt ist, dass der Arbeitnehmer mit seiner Klage gegen die außerordentliche Kündigung Erfolg hat. Zu beachten ist, dass im gegebenen Fall zwei Streitgegenstände vorliegen, über die das Gericht zu entscheiden und die es im Tenor seines Urteils zu erledigen hat.[317]

Kündigt der Arbeitgeber **außerordentlich** und gleichzeitig **vorsorglich ordentlich,** wahrt auch ein nur auf die außerordentliche Kündigung bezogener Fest- **1876** stellungsantrag die **Klagefrist** des § 4 Satz 1 KSchG, sofern der Arbeitnehmer bis zum Schluss der mündlichen Verhandlung erklärt, seine Klage erstrecke sich auch auf die hilfsweise erklärte ordentliche Kündigung.[318] Eine derartige Erklärung ist aber notwendig, weil der Streitgegenstand durch die Klage und den in ihr enthaltenen Antrag bestimmt wird. Der Kläger hat es also in der Hand, eine bestimmte Kündigung nur als außerordentliche anzugreifen oder auch die gleichzeitig vorsorglich erklärte ordentliche Kündigung in den Prozess einzubeziehen. Bei der Feststellung des Streitgegenstandes ist zur Auslegung des Antrages auch die Begründung der Klage heranzuziehen.

Die **Folgen** der **punktuellen Streitgegenstandstheorie** mögen nicht befriedigen, sie sind angesichts der klaren Gesetzeslage **unabweisbar.**[319] Nicht über- **1877** zeugend ist deshalb auch, wenn das Bundesarbeitsgericht zwar verbal an der punktuellen Streitgegenstandstheorie festhält, dennoch den Streitgegenstandsbegriff ausweitet – mit Konsequenzen für die Präklusionswirkungen des Urteils (dazu unten Rn. 1898ff.) – dahin, dass mit der Rechtskraft des Urteils im Kündigungsschutzprozess auch feststehe, dass im Zeitpunkt des Zugangs der Kündigung[320]

KSchG Rn. 88; *Prütting,* FS für Lüke, 1997, S. 617, 627; *Stahlhacke,* FS für Wlotzke, 1996, S. 173, 178; KDZ/*Zwanziger,* § 4 KSchG Rn. 52; a.A. OLG Stuttgart 24. 3. 1982 BB 1982, 864.

[317] Vgl. BAG 10. 3. 1977 EzA § 322 ZPO Nr. 1; APS/*Ascheid,* § 4 KSchG Rn. 137; KR/*Friedrich,* § 4 KSchG Rn. 229.

[318] BAG 16. 10. 1970 AP § 3 KSchG Nr. 38 = EzA § 3 KSchG Nr. 2, allerdings einschränkend für den Fall, dass der Arbeitgeber sich im Verfahren auf die hilfsweise ordentliche Kündigung stützt, vgl. aber dazu auch LAG Düsseldorf 25. 3. 1980 DB 1980, 2526, 2527; *Schaub,* NZA 1990, 85.

[319] Die Kritik von *Gamillscheg,* Arbeitsrecht I, 8. Aufl. 2001, S. 674, scheint deshalb nicht berechtigt zu sein.

[320] BAG 12. 1. 1977 EzA § 4 KSchG n.F. Nr. 11 = AP § 4 KSchG 1969 Nr. 3 mit abl. Anm. von *Grunsky;* 12. 6. 1986 EzA § 4 KSchG n.F. Nr. 31 mit abl. Anm. von *Teske;* 26. 8. 1993 EzA § 322 ZPO Nr. 9 mit Anm. von *Vogg* = NZA 1994, 70; 28. 2. 1995 EzA § 4 KSchG n.F. Nr. 51 = NZA 1995, 595; 18. 3. 1999 EzA § 613a BGB Nr. 179 = NZA 1999, 706; ebenso MünchArbR/*Berkowsky,* § 149 Rn. 36; KR/*Friedrich,* § 4 KSchG

bzw. zum vorgesehenen Auflösungszeitpunkt (= Kündigungstermin)[321] ein Arbeitsverhältnis zwischen den streitenden Parteien bestanden hat. Der vom Gesetz vom Arbeitnehmer verlangte konkrete Antrag nach § 4 Satz 1 KSchG lässt diesen (erweiterten) Streitgegenstand an sich nicht zu.[322]

1878 Streitgegenstand der Kündigungsschutzklage nach § 4 Satz 1 KSchG ist nur die **Wirksamkeit der konkreten Kündigung,** nicht mehr und nicht weniger. Die konkrete Kündigung ist allerdings im Rahmen einer solchen Klage unter allen denkbaren rechtlichen Gesichtspunkten zu prüfen,[323] so dass das sie rechtskräftig abweisende Urteil im Kündigungsschutzverfahren die spätere Berufung des Klägers auf andere Unwirksamkeitsgründe verhindert.[324] Der Arbeitnehmer muss sie, will er sich darauf berufen, in den Prozeß über die Wirksamkeit der Kündigung einbringen. Andererseits wird mit dem die Unwirksamkeit der Kündigung feststellenden Urteil **nicht zugleich der Bestand des Arbeitsverhältnisses festgestellt,** weder für den Zeitpunkt des Zugangs der Kündigung noch für den Kündigungstermin. Der Arbeitgeber kann sich deshalb später durchaus darauf berufen, es habe vor der Kündigung kein oder kein Arbeitsverhältnis mehr bestanden.[325]

1879 Die Klage des Arbeitnehmers auf Feststellung, dass sein Arbeitsverhältnis fortbesteht (Klage nach § 256 Abs. 1 ZPO), erfüllt nach der Entscheidung des BAG vom 21. 1. 1988[326] wegen ihrer weitergehenden Wirkungen zugleich die Anforderun-

---

Rn. 255; HK-KSchG/*Hauck,* § 4 Rn. 140; *Schaub* NZA 1990, 85, 86; gegen BAG ErfK/*Ascheid,* § 4 KSchG Rn. 80; *Boemke,* RdA 1995, 211, 222f.; *v. Hoyningen-Huene/Linck,* § 4 KSchG Rn. 89; *Kuchinke,* SAE 1979, 287; *Löwisch,* § 4 KSchG Rn. 11; GMP/*Prütting,* Einl. Rn. 168; *ders.,* FS für Lüke, 1997, S. 617, 626; *Schwerdtner,* NZA 1987, 263; *Stahlhacke,* FS für Wlotzke, 1996, S. 173, 178; *Weißenfels,* BB 1996, 1326, 1330; *Wolf,* Anm. BAG AP § 4 KSchG Nr. 8.

[321] BAG 31. 5. 1979 EzA § 4 KSchG n.F. Nr. 16 = AP § 256 ZPO Nr. 50; 27. 1. 1994 EzA § 4 KSchG n.F. Nr. 48 = NZA 1994, 812; 5. 10. 1995 EzA § 519 ZPO Nr. 8 = NZA 1996, 651; 13. 3. 1997 EzA § 4 KSchG n.F. Nr. 57 mit Anm. von *Dauner-Lieb* = NZA 1997, 844; 27. 9. 2001 EzA § 322 ZPO Nr. 13 = NJW 2002, 1287.

[322] Auf erhebliche Konsequenzen als Folge der Aufgabe der punktuellen Streitgegenstandstheorie hat Preis, Grundprinzipien, S. 346, zu Recht hingewiesen. Von manchen Autoren wird angenommen, das BAG habe bereits einen ersten Schritt in Richtung der bestandsrechtlichen Auffassung zur Kündigungsschutzklage vollzogen; vgl. *Vollkommer,* Anm. EzA § 4 KSchG n.F. Nr. 33; weitere Nachw. in Fn. 385. Das BAG hält jedoch in allen Entscheidungen verbal an der punktuellen Streitgegenstandstheorie fest.

[323] BAG 12. 1. 1977 EzA § 4 KSchG n.F. Nr. 11 = NJW 1977, 1895; 23. 3. 1983 EzA § 6 KSchG Nr. 1 = AP § 6 KSchG 1969 Nr. 1 mit Anm. von *Bickel;* 12. 6. 1986 EzA § 4 KSchG n.F. Nr. 31 = NZA 1987, 273; 27. 9. 2001 EzA § 322 ZPO Nr. 13; APS/*Ascheid,* § 4 KSchG Rn. 116; *Boemke,* RdA 1995, 211, 214; *Boewer,* NZA 1997, 359, 361; *ders.,* RdA 2001, 380, 386; KR/*Friedrich,* § 4 KSchG Rn. 221; *v. Hoyningen-Huene,* § 4 KSchG Rn. 71d; *Stahlhacke,* FS für *Wlotzke,* 1996, S. 173, 180; KDZ/*Zwanziger,* § 4 KSchG Rn. 51; abl. *Berkowsky,* NZA 2001, 801, 804, der insoweit die allgemeine Feststellungsklage nach § 256 Abs. 1 ZPO für geboten hält.

[324] BAG 12. 1. 1977 a.a.O.; 12. 6. 1986 a.a.O.; ErfK/*Ascheid,* § 4 KSchG Rn. 84; APS/*Ascheid,* § 4 KSchG Rn. 145; *Boemke,* RdA 1995, 211, 223; *Boewer,* NZA 1997, 359, 361; *ders.,* RdA 2001, 380, 386f.; KR/*Friedrich,* § 4 KSchG Rn. 250; HK-KSchG/*Hauck* § 4 Rn. 141; *v. Hoyningen-Huene/Linck,* § 4 KSchG Rn. 81; KDZ/*Zwanziger,* § 4 KSchG Rn. 51.

[325] So überzeugend *Grunsky,* Anm. zu BAG AP § 4 KSchG 1969 Nr. 3; vgl. auch *Weißenfels,* BB 1996, 1326, 1330f.

[326] EzA § 4 KSchG n.F. Nr. 33 = NZA 1988, 651.

gen, die an eine Kündigungsschutzklage zu stellen sind.[327] Damit treten im Hinblick auf die (gewahrte) Klagefrist keine Probleme auf. Ob die allgemeine Feststellungsklage jedoch, soweit sie mit ihren Wirkungen über den Streitgegenstand der Klage nach § 4 Satz 1 KSchG hinausgeht, zulässig ist, richtet sich nach allgemeinen Grundsätzen, d.h. nach § 256 Abs. 1 ZPO. Der Arbeitnehmer, der diesen Antrag stellt, ist nach § 139 Abs. 1 Satz 2 ZPO[328] auf die (notwendige) Klage nach § 4 Satz 1 KSchG hinzuweisen, die zu stellen er nach dem Kündigungsschutzgesetz gezwungen ist, damit die Wirkungen des § 7 1. Halbsatz KSchG entfallen (dazu schon oben Rn. 1873). Stellt er neben dem Antrag nach § 4 Satz 1 KSchG den allgemeinen Feststellungsantrag nach § 256 Abs. 1 ZPO, was grundsätzlich möglich ist, gelten die nachfolgenden Grundsätze.

2. Feststellungsklage nach § 4 KSchG und § 256 ZPO (Kombination)

Die Lehre vom punktuellen Streitgegenstand hat schon früh die Frage aufgeworfen, ob der Arbeitnehmer in der Lage ist, durch einen zusätzlichen allgemeinen Feststellungsantrag nach § 256 Abs. 1 ZPO den Streitgegenstand zu erweitern. Bereits *A. Hueck* hat betont, dass der Arbeitnehmer dies könnte, wenn er es wollte. Damit sei dann Streitgegenstand des Verfahrens das Fortbestehen des Arbeitsverhältnisses bis zur letzten mündlichen Verhandlung.[329] Das Bundesarbeitsgericht hat in der Entscheidung vom 21. 1. 1988[330] diese Ansicht bestätigt und ausgeführt, die Kombination der Anträge nach § 4 Satz 1 KSchG und § 256 Abs. 1 ZPO führe zu dem Streitgegenstand, ob das Arbeitsverhältnis bis zu dem im Klageantrag (nach § 256 Abs. 1 ZPO) genannten Zeitpunkt fortbestehe, jedoch nicht über den Zeitpunkt der letzten mündlichen Verhandlung in der Tatsacheninstanz hinaus.[331] **1880**

Dieser Streitgegenstand verlangt die Prüfung, ob das Arbeitsverhältnis bis zum im Antrag genannten Termin bzw. bis zum Schluss der letzten mündlichen Verhandlung in der Tatsacheninstanz bestanden hat oder ob es durch die streitbefange- **1881**

---

[327] Ebenso BAG 6. 9. 1979 – 2 AZR 532/77 – n.v.; 16. 3. 1994 EzA § 4 KSchG n.F. Nr. 49 mit Anm. von *Dütz/Singer* = NZA 1994, 860; 13. 3. 1997 EzA § 4 KSchG n.F. Nr. 57 mit Anm. von *Dauner-Lieb* = NZA 1997, 844; *Wenzel,* DB 1997, 1869, 1870 m.w.N.

[328] I.d.F. des Art. 2 Nr. 20 ZPO-RG vom 27. 7. 2001 (BGBl. I S. 1887), in Kraft seit dem 1. 1. 2002

[329] APS/*Ascheid,* § 4 KSchG Rn. 142; *Boemke,* RdA 1995, 211, 214; *Boewer,* NZA 1997, 359, 360; *ders.,* RdA 2001, 380, 387; KR/*Friedrich,* § 4 KSchG Rn. 237; *v. Hoyningen-Huene/Linck,* § 4 KSchG Rn. 73; *Löwisch,* § 4 KSchG Rn. 90; *Grunsky,* Anm. AP § 4 KSchG 1969 Nr. 3; *Schwab,* NZA 1998, 342, 343; *Wenzel,* DB 1997, 1869. Die Stellung des zusätzlichen Feststellungsantrages nach § 256 Abs. 1 ZPO sollte mit der gebotenen Klarheit erfolgen. Die Klagebegründung ist zur Auslegung des Antrages heranzuziehen, nicht aber Erörterungen in einer späteren Güteverhandlung; so aber (viel zu weit gehend) BAG 6. 9. 1979 – 2 AZR 532/77 – n.v.; vgl. auch unten Rn. 1885.

[330] EzA § 4 KSchG n.F. Nr. 33 = NZA 1988, 651.

[331] Ebenso BAG 27. 1. 1994 EzA § 4 KSchG n.F. Nr. 48 mit krit. Anm. von *Franzen* = NZA 1994, 812; 16. 3. 1994 EzA § 4 KSchG n.F. Nr. 49 mit krit. Anm. von *Dütz/Singer* = NZA 1994, 860; 7. 12. 1995 EzA § 4 KSchG n.F. Nr. 56 = NZA 1996, 334; 13. 3. 1997 EzA § 4 KSchG n.F. Nr. 57 mit krit. Anm. von *Dauner-Lieb* = NZA 1997, 844.

ne Kündigung bzw. aus anderen Gründen, z.B. durch eine Eigenkündigung des Arbeitnehmers, durch einen Auflösungsvertrag oder eine wirksame Anfechtung, beendet worden ist. Das gilt auch für weitere Kündigungen des Arbeitgebers, die zu einem Termin ausgesprochen werden, der innerhalb des Zeitraums liegt, den der allgemeine Feststellungsantrag erfasst, auch für Kündigungen in Schriftsätzen des Arbeitgebers (dazu allgemein oben Rn. 197ff.). Diese Kündigungen werden vom Antrag nach § 256 Abs. 1 ZPO erfasst, unabhängig davon, wann sie in den Prozess eingeführt werden.[332] Allerdings muss der Klageantrag bis spätestens zum Schluss der mündlichen Verhandlung in der Berufungsinstanz nach § 4 Satz 1 KSchG modifiziert werden (dazu unten Rn. 1897).

1882 Die Antragskombination führt somit in der praktischen Konsequenz zur Streitgegenstandsbestimmung der Kündigungsschutzklage nach § 4 Satz 1 KSchG durch *Bötticher*.[333] Die punktuelle Streitgegenstandstheorie braucht nicht aufgegeben zu werden, sie ist vielmehr Voraussetzung der Kombination, d.h. der Verbindung zweier selbstständiger prozessualer Ansprüche nach § 260 ZPO.[334] Auch die Disposition des Arbeitnehmers über den Streitgegenstand des Prozesses ist gewahrt. Es liegt allein bei ihm, was Streitgegenstand seiner Klage ist und ob er ihn entsprechend seinen Interessen erweitert.

1883 Der 2. Senat des BAG will mit seiner Rechtsprechung der zulässigen Kombination beider Klagen nach § 4 Satz 1 KSchG und nach § 256 Abs. 1 ZPO zweierlei erreichen: Einmal soll der Arbeitnehmer so die Möglichkeit haben, für ihn möglicherweise schwer überschaubare Auflösungstatbestände und vor allem nicht ohne weiteres erkennbare (Prozess-) Kündigungen „einzufangen" (sog. Schleppnetztheorie),[335] damit insoweit die Wirkungen des § 7 1. Halbsatz KSchG nicht eintreten. Ferner wird dem Arbeitgeber so die Darlegungs- und Beweislast für alle Tatsachen auferlegt, die in dem vom Feststellungsantrag erfassten Zeitraum zu einer Beendigung des Arbeitsverhältnisses geführt haben sollen. Der Arbeitgeber hat also darzulegen, dass der Arbeitnehmer das Arbeitsverhältnis evtl. durch eine Eigenkündigung im Rahmen des Klagezeitraums beendet oder mit ihm einen Auflösungsvertrag abgeschlossen hat oder dass er eine weitere Kündigung ausgesprochen hat, durch die das Arbeitsverhältnis innerhalb des vom § 256 Abs. 1 ZPO erfaßten Zeitraums beendet worden ist. Versäumt der Arbeitgeber das, kann er sich nach Rechtskraft der Entscheidung über die allgemeine Feststellungsklage auf diese Beendigungstatbestände nicht mehr berufen. Es steht rechtskräftig fest, dass das Arbeitsverhältnis bis zu dem im Antrag genannten Zeitpunkt bzw. bis zum Schluss der letzten mündlichen Verhandlung in der Tatsacheninstanz bestanden hat.[336]

---

[332] Vgl. auch BAG 13. 3. 1997 mit krit. Anm. von *Dauner-Lieb* EzA § 4 KSchG n.F. Nr. 57 NZA 1997, 844; LAG Rheinland-Pfalz 23. 6. 1998 NZA 1999, 336 nur L.

[333] FS für Herschel, 1955, 181, 188.

[334] BAG 27. 1. 1994 EzA § 4 KSchG n.F. Nr. 48 mit Anm. von *Franzen* = NZA 1994, 812; BAG 13. 3. 1997 EzA § 4 KSchG n.F. Nr. 57 = NZA 1997, 844.

[335] So *Bitter,* DB 1997, 1407.

[336] Vgl. dazu BAG 21. 1. 1988 EzA § 4 KSchG n.F. Nr. 33 mit Anm. von *Vollkommer/Weinland* = NZA 1988, 651; 27. 1. 1994 EzA § 4 KSchG n.F. Nr. 48 mit krit. Anm. von *Franzen* = NZA 1994, 812; 13. 3. 1997 EzA, § 4 KSchG n.F. Nr. 57 mit krit. Anm. von *Dauner-Lieb* = NZA 1997, 844; ErfK/*Ascheid,* § 4 KSchG Rn. 82; KR/*Friedrich,* § 4 KSchG Rn. 244; *v. Hoyningen-Huene/Linck,* § 4 KSchG Rn. 73; *Schwab,* NZA 1998, 342, 345; *Wenzel,* DB 1997, 1869, 1870 m.w.N.

Die praktische Anwendung der **Verbindung** der **Kündigungsschutzklage** nach § 4 Satz 1 KSchG mit einem **allgemeinen Feststellungsantrag** nach § 256 Abs. 1 ZPO hat in den nachfolgend (ab Rn. 1885) dargestellten **drei Problemfeldern** zu Unsicherheiten geführt. Die Entscheidungen des BAG vom 27. 1. 1994 (2. Senat) und vom 16. 3. 1994 (8. Senat) haben wohl eher die Unsicherheit vertieft. Mit seinem Urteil vom 13. 3. 1997[337] hat der 2. Senat des BAG unter Einbeziehung einer Stellungnahme des 8. Senats versucht, in der Praxis entstandene Irritationen zu beseitigen und, insbesondere was die „Schleppnetztheorie" (dazu oben Rn. 1883) betrifft, für Klarheit zu sorgen. **1884**

a) Auslegung des Klageantrages nach § 256 Abs. 1 ZPO

Das Gericht hat sich mit der Frage der Zulässigkeit und Begründetheit der allgemeinen Feststellungsklage nach § 256 Abs. 1 ZPO zu befassen, wenn vom Kläger ein entsprechender Antrag gestellt wird. Das erscheint selbstverständlich. Ein Blick auf die Entscheidungspraxis der Gerichte zeigt aber, dass mit dem Grundsatz nicht so leicht umzugehen ist. **1885**

Weit verbreitet in der Praxis ist die Formulierung der Kündigungsschutzklage nach § 4 Satz 1 KSchG wie folgt: Es wird beantragt „festzustellen, dass das Arbeitsverhältnis zwischen den Parteien durch die ordentliche Kündigung vom ... nicht aufgelöst worden ist, sondern über den ... hinaus fortbesteht".[338] Hier wird nicht eindeutig klar, ob der Kläger damit auch einen Antrag nach § 256 Abs. 1 ZPO stellt oder nur die Rechtsfolge verdeutlichen will, die bei Rechtsunwirksamkeit der streitbefangenen Kündigung eintritt. Zutreffend weist der 2. Senat des BAG in seiner Entscheidung vom 27. 1. 1994[339] darauf hin, dass es die Pflicht des Richters nach § 139 ZPO (seit 1. 1. 2002: § 139 Abs. 1 Satz 2 ZPO[340]) sei klarzustellen, was der Kläger mit dem Antrag bezwecke.[341] Verletze der Richter diese Klarstellungspflicht, könne der Antrag noch in der Revisionsinstanz ausgelegt werden, wobei auch die Begründung der Klage zu berücksichtigen sei. Gebe diese keinen Anhaltspunkt dafür, dass der Kläger mit der Geltendmachung weiterer Beendigungsgründe durch den Arbeitgeber rechne, sei in dem Zusatz zum Antrag nach § 4 Satz 1 KSchG kein selbstständiger Antrag nach § 256 Abs. 1 ZPO zu sehen, sondern nur ein sog. *unselbstständiges* Anhängsel zum Antrag nach § 4 Satz 1 KSchG.[342] **1886**

---

[337] EzA § 4 KSchG n. F. Nr. 57 = NZA 1997, 844.

[338] Vgl. dazu die Anträge in BAG 20. 1. 1994 EzA § 1 KSchG Betriebsbedingte Kündigung Nr. 74 = NZA 1994, 653 und 27. 1. 1994 EzA § 4 KSchG n. F. Nr. 48 = NZA 1994, 812; LAG Rheinland-Pfalz 26. 3. 1986 LAGE § 4 KSchG Nr. 10;. Vgl. ferner *Ascheid,* Kündigungsschutzrecht, 1993, Rn. 763; *Bitter,* DB 1997, 1407, 1409; *Diller,* NZA 1994, 830; *ders.,* NJW 1998, 663, 664; *Schwab,* NZA 1998, 342, 347.

[339] EzA § 4 KSchG n. F. Nr. 48 = NZA 1994, 812.

[340] Wie Fn. 328.

[341] Ebenso BAG (2. Senat) 7. 12. 1995 EzA § 4 KSchG n. F. Nr. 56 = NZA 1996, 334 und 13. 3. 1997 EzA § 4 KSchG n. F. Nr. 57 = NZA 1997, 844.

[342] BAG 20. 1. 1994 EzA § 1 KSchG Betriebsbedingte Kündigung Nr. 74 = NZA 1994, 653; 27. 1. 1994 EzA § 4 KSchG n. F. Nr. 48 = NZA 1994, 812 und vom 28. 2. 1995 EzA § 4 KSchG n. F. Nr. 51 = NZA 1995, 595; vgl. auch BAG 15. 3. 2001 EzA § 4 KSchG n. F. Nr. 61 = NZA 2001, 1267; offen gelassen von BAG 7. 12. 1995 EzA § 4 KSchG n. F. Nr. 56 = NZA 1996, 334; abw. insoweit *Ascheid,* a. a. O. Rn. 763; vgl. auch ErfK/*Ascheid,* § 4 KSchG Rn. 86; APS/*Ascheid,* § 4 KSchG Rn. 149.

1887 Mit diesen zutreffenden Ausführungen kaum in Einklang stehen dürfte das Urteil des 8. Senats des BAG vom 16. 3. 1994.[343] Dort hatte der Kläger ausdrücklich zwei voneinander getrennte Anträge gestellt:

„1. Das Arbeitsverhältnis zwischen den Parteien ist weder durch die Kündigung vom 27. 6. 1991 noch durch sonstige Beendigungsgründe aufgelöst.

2. Das Arbeitsverhältnis besteht zu unveränderten Bedingungen über den 31. 12. 1991 hinaus fort."

1888 Trotz dieser beiden getrennt gestellten Anträge kam der Senat (überraschend) nach einer Auslegung des Antrages zu 2) zu dem Ergebnis, ein selbständiger allgemeiner Feststellungsantrag nach § 256 Abs. 1 ZPO sei nicht gestellt worden. Es müsse der wirkliche Wille des Klägers erforscht werden.[344] Der Antragswortlaut habe hinter den erkennbaren Sinn und Zweck des Antrags zurückzutreten. Wenn der Kläger keinerlei Ausführungen zu der Frage des Fortbestandes seines Arbeitsverhältnisses mache, könne nicht unterstellt werden, er habe eine unzulässige Feststellungsklage erheben wollen. Der Antrag sei zwar mißverständlich und zweideutig, das reiche aber allein nicht für die Annahme eines selbstständigen Klageantrages nach § 256 Abs. 1 ZPO aus.[345]

1889 Dem wird man nicht folgen können. Bei der Auslegung von Klageanträgen ist zu beachten, dass zwar vom Wortlaut auszugehen ist. Was diesem aber bei Beachtung des verkehrsüblichen Sinnes eindeutig widerspricht, kann nicht als das Ergebnis einer Auslegung angenommen werden.[346] Sicher muss der Klageantrag nicht nur nach seinem eindeutigen Sinn betrachtet werden, sondern auch die ihm beigegebene Begründung ist zu berücksichtigen. Das sollte jedoch nicht dazu führen, dass ein selbstständiger Klageantrag mit eindeutigem Sinn, der als eigenständiger Antrag in der Klageschrift ausgewiesen ist, wenn auch ohne Begründung (§ 253 Abs. 2 Nr. 2 ZPO), d.h. ohne den Tatsachenkomplex zu bezeichnen, aus dem die begehrte Rechtsfolge abgeleitet wird, als nicht gestellt angesehen wird. Ein solcher Antrag, der bis zum Schluss der mündlichen Verhandlung in der Instanz nicht ergänzt wird – der Hinweispflicht des Gerichts nach § 139 Abs. 3 ZPO[347] kommt hier besondere Bedeutung zu (Aufklärung geht vor Auslegung)[348] – verfällt der Abweisung als unzulässig.[349] Manche Kläger in Kündigungsschutzverfahren wählen

---

[343] EzA § 4 KSchG n. F. Nr. 49 mit krit. Anm. von *Dütz/Singer* = NZA 1994, 860.

[344] Ebenso BAG (8. Senat) 27. 6. 1996 EzA Art. 20 EinigungsV Nr. 54 = NZA 1997, 258.

[345] Abl. z.B. *Bitter,* DB 1997, 1407, 1408; *Boemke,* RdA 1995, 211, 226; *Boewer,* NZA 1997, 359, 362; *Dauner-Lieb,* Anm. zu BAG EzA § 4 KSchG n. F. Nr. 57; *Diller,* NZA 1994, 830, 831; *ders.,* NJW 1996, 2142; *Dütz/Singer,* Anm. zu BAG EzA § 4 KSchG n. F. Nr. 49; KR/*Friedrich,* § 4 KSchG Rn. 243; *v. Hoyningen-Huene/Linck,* § 4 KSchG Rn. 72b; *Stahlhacke,* FS für Wlotzke, 1996, S. 173, 183; vgl. auch BAG 7. 12. 1995 EzA § 4 KSchG n. F. Nr. 56 unter III 2a der Gründe = NZA 1996, 334; dem BAG 16. 3. 1994 a. a. O. folgend *Schwab,* NZA 1998, 342, 344.

[346] *Stein/Jonas/Leipold,* vor § 128 ZPO Rn. 193; *Dütz/Singer,* Anm. EzA § 4 KSchG n. F. Nr. 49 bemerken zutreffend, es fehle an der Auslegungsbedürftigkeit, wenn der Antrag nach Sinn und Zweck eindeutig sei.

[347] Wie Fn. 328.

[348] Vgl. MünchKommZPO/Lüke, § 253 Rn. 90.

[349] So auch BAG 13. 3. 1997 EzA § 4 KSchG n. F. Nr. 57 mit Anm. von *Dauner-Lieb* = NZA 1997, 844; APS/*Ascheid,* § 4 KSchG Rn. 142; *Boewer,* RdA 2001, 380, 388; *Diller,* NJW 1998, 663, 665; *Dütz/Singer,* Anm. EzA § 4 KSchG n. F. Nr. 49; *Schwab,* NZA 1998,

nicht selten diesen Weg und nehmen bewusst eine Abweisung der Klage nach § 256 Abs. 1 ZPO als unzulässig in Kauf, um die nachteiligen Rechtsfolgen zu vermeiden, die der 2. Senat des BAG in seinem Urteil vom 27. 1. 1994[350] beschrieben hat. Die Gerichte sollten hier nicht korrigierend eingreifen. Allerdings ist dem klagenden Arbeitnehmer im Hinblick auf das Urteil des 8. Senats vom 16. 3. 1994[351] zu empfehlen, den Antrag nach § 256 Abs. 1 ZPO ausdrücklich zu begründen und dabei klarzustellen, dass es sich um eine allgemeine Feststellungsklage handelt.[352] An dieser Notwendigkeit hat sich durch das Urteil des BAG vom 13. 3. 1997[353] nichts geändert.[354] Denn die Klagebegründung ließ in diesem Streitfall erkennen, dass der Kläger seinen Fortbestandsantrag als eigenständigen Antrag nach § 256 Abs. 1 ZPO verstanden wissen wollte.

b) Das Feststellungsinteresse für die Klage nach § 256 Abs. 1 ZPO

Für die allgemeine Feststellungsklage nach § 256 Abs. 1 ZPO ist stets das alsbal- **1890**
dige **Interesse des Arbeitnehmers an der Feststellung** notwendig, dass in dem nach dem Klageantrag maßgebenden Zeitraum ein Arbeitsverhältnis zwischen den Parteien bestanden hat. Es hat nicht an Versuchen gefehlt, für das Kündigungsschutzverfahren eine Ausnahme von den allgemein gültigen Grundsätzen in Anspruch zu nehmen.[355] Das ist jedoch nicht gerechtfertigt. Es gilt im Kündigungsschutzverfahren keine Sondernorm für die Feststellungsklage nach § 256 Abs. 1 ZPO. Das BAG verlangt daher zutreffend vom Kläger die Darlegung des Feststellungsinteresses. Die Kombination einer Feststellungsklage gemäß § 256 Abs. 1 ZPO mit einer solchen nach § 4 Satz 1 KSchG befreit den Kläger davon nicht.[356, 357] Richtig wird in der Entscheidung des BAG vom 27. 1. 1994[358] betont,

---

342, 344. Auf die Entscheidung des 2. Senats vom 27. 1. 1994 konnte sich der 8. Senat nicht berufen, denn die Anträge der Parteien waren in beiden Verfahren völlig verschieden. Zur Abweisung als unzulässig in solchen Fällen vgl. *Stein/Jonas/Schumann,* § 253 ZPO Rn. 194. Zur Kostenentscheidung LAG Nürnberg 26. 6. 2001 LAGE § 92 ZPO Nr. 1 = NZA-RR 2002, 274.

[350] EzA § 4 KSchG n. F. Nr. 48 = NZA 1994, 812.

[351] EzA § 4 KSchG n. F. Nr. 49 mit krit. Anm. von *Dütz/Singer* = NZA 1994, 860.

[352] *Diller,* NZA 1994, 830, 831; *ders.,* NJW 1996, 2141, 2142f.; *ders.,* NJW 1998, 663, 664; *Schwab,* NZA 1998, 342, 347 jeweils mit Formulierungsvorschlag; vgl. auch *Bader,* NZA 1997, 905, 907f.; *Bitter,* DB 1997, 1407, 1409; *Wenzel,* DB 1997, 1869, 1870.

[353] EzA § 4 KSchG n. F. Nr. 57 mit Anm. von *Dauner-Lieb* = NZA 1997, 844.

[354] *Diller,* NJW 1998, 663, 664.

[355] Vgl. näher *Stahlhacke,* FS für Wlotzke, 1996, S. 173ff.

[356] BAG 21. 1. 1988 EzA § 4 KSchG n. F. Nr. 33 = NZA 1988, 651; 27. 1. 1994 EzA § 4 KSchG n. F. Nr. 48 = NZA 1994, 812; 16. 3. 1994 EzA § 4 KSchG n. F. Nr. 49 = NZA 1994, 860; 7. 12. 1995 EzA § 4 KSchG n. F. Nr. 56 = NZA 1996, 334; 13. 3. 1997 EzA § 4 KSchG n. F. Nr. 57 mit Anm. von *Dauner-Lieb* = NZA 1997, 844.

[357] Zum Problemfeld vgl. ferner ErfK/*Ascheid,* § 4 KSchG Rn. 88; APS/*Ascheid,* § 4 KSchG Rn. 151; *Bitter,* DB 1997, 1407, 1408; *Boewer,* NZA 1997, 359, 363; *ders.,* RdA 2001, 380, 388; *Franzen,* Anm. EzA § 4 KSchG n. F. Nr. 48; KR/*Friedrich,* § 4 KSchG Rn. 237; *v. Hoyningen-Huene/Linck,* § 4 KSchG Rn. 76; *Schaub,* NZA 1990, 85, 87; *Schwab,* NZA 1998, 342, 343; *Teske* Anm. EzA § 4 KSchG n. F. Nr. 31; *Vollkommer/Weinland,* Anm. EzA § 4 KSchG n. F. Nr. 33; *Weber,* Anm. LAG Köln LAGE § 4 KSchG Nr. 15; *Weidemann,* NZA 1989, 246, 247.

[358] EzA § 4 KSchG n. F. Nr. 48 = NZA 1994, 812.

es sei nicht gerechtfertigt, eine eigene Dogmatik für die allgemeine Feststellungsklage nach § 256 Abs. 1 ZPO im Kündigungsschutzverfahren zu entwickeln.

1891 Das Feststellungsinteresse für die Klage nach § 256 Abs. 1 ZPO ist zu bejahen, wenn zwischen den Parteien streitig ist, ob dem Kläger eine weitere Kündigung zugegangen ist, ob ein Aufhebungsvertrag geschlossen worden oder das Arbeitsverhältnis auf Grund Betriebsübernahme nach § 613a Abs. 1 Satz 1 BGB auf einen anderen Arbeitgeber übergegangen[359] ist, wie vom Arbeitgeber behauptet wird, oder ob z.B. der Arbeitnehmer das Arbeitsverhältnis selbst gekündigt[360] bzw. in einer Ausgleichsquittung sich mit der Beendigung des Arbeitsverhältnisses einverstanden erklärt hat.[361] Die **abstrakte Möglichkeit,** dass der Arbeitgeber weitere Auflösungstatbestände geltend macht, reicht nicht aus.[362]

1892 Ebensowenig können der Ausspruch der im Streit befangenen Kündigung und der deshalb anhängige Kündigungsschutzprozess der Parteien das Rechtsschutzinteresse begründen.[363] Auch reicht die Berufung auf einen anderen Unwirksamkeitsgrund als § 1 Abs. 1 KSchG in der Kündigungsschutzklage nicht aus, da sie im Rahmen dieser Klage mitgeprüft werden (hierzu oben Rn. 1878).[364] Erhebt allerdings der Arbeitnehmer neben der Kündigungsschutzklage nach § 4 Satz 1 KSchG **hilfsweise** eine Feststellungsklage gemäß § 256 Abs. 1 ZPO für den Fall, dass die Kündigungsschutzklage nicht innerhalb der Dreiwochenfrist erhoben sein sollte, liegt für sein Hilfsbegehren ein Rechtsschutzinteresse vor, wenn er noch einen anderen Unwirksamkeitsgrund als § 1 Abs. 1 KSchG geltend machen will. Denn im Falle der Fristversäumung und der dadurch gemäß § 7 1. Halbsatz KSchG eintretenden Fiktionswirkung, bleibt nur die Klage nach § 256 Abs. 1 ZPO zur Überprüfung eines derartigen Unwirksamkeitsgrundes.[365]

1893 Ein Rechtsschutzinteresse für die allgemeine Feststellungsklage nach § 256 Abs. 1 ZPO ist zu bejahen, wenn der Kläger im Rechtsstreit vorträgt, ihm sei im Kündigungsschreiben mitgeteilt worden, dass auch noch ein Anhörungsverfahren beim Betriebsrat zum Ausspruch einer außerordentlichen Kündigung aus wichtigem Grund eingeleitet worden sei. Hier besteht für den Kläger die konkrete Gefahr eines weiteren Beendigungstatbestandes und seiner Einbringung in den laufenden Rechtsstreit.[366]

---

[359] Vgl. LAG Köln 26. 3. 1998 NZA-RR 1998, 398, 399.

[360] Vgl. LAG Rheinland-Pfalz 13. 3. 1998 LAGE § 4 KSchG Nr. 42.

[361] Zu den Beispielen vgl. auch BAG 13. 3. 1997 EzA § 4 KSchG n.F. Nr. 57 = NZA 1997, 844.

[362] Vgl. auch BAG 7. 12. 1995 EzA § 4 KSchG n.F. Nr. 56 = NZA 1996, 334; 13. 3. 1997 EzA § 4 KSchG n.F. Nr. 57 mit krit. Anm. von *Dauner-Lieb* = NZA 1997, 844; ErfK/*Ascheid,* § 4 KSchG Rn. 81; *Boemke,* RdA 1995, 211, 225; *Boewer,* NZA 1997, 359, 363; *ders.,* RdA 2001, 380, 388.

[363] BAG 27. 1. 1994 EzA § 4 KSchG n.F. Nr. 48; mit Anm. von *Franzen* = NZA 1994, 812; BAG 13. 3. 1997 EzA § 4 KSchG n.F. Nr. 57 mit Anm. von *Dauner-Lieb* = NZA 1997, 844; *Diller,* Anm. zu BAG AP § 4 KSchG 1969 Nr. 38, unter 2a; *v. Hoyningen-Huene/Linck,* § 4 KSchG Rn. 76; *Weber,* Anm. LAG Köln LAGE § 4 KSchG Nr. 15; *Vollkommer/Weinland,* Anm. EzA § 4 KSchG n.F. Nr. 33; a.A. *Weth/Kerwer,* SAE 1997, 295, 299f.; vgl. auch *Prütting,* FS für Lüke, 1997, 617, 629.

[364] BAG 15. 3. 2001 EzA § 4 KSchG n.F. Nr. 61 = NZA 2001, 1267.

[365] BAG 15. 3. 2001 a.a.O.

[366] BAG 7. 4. 1993 EzA § 1 KSchG Soziale Auswahl Nr. 30 = NZA 1993, 795; 21. 5. 1992 EzA § 613a BGB Nr. 103 = AP § 613a BGB Nr. 96. Zu weiteren Fallgestaltungen

Streitgegenstand der allgemeinen Feststellungsklage ist die Frage, **ob ein Arbeitsverhältnis im Zeitpunkt der letzten mündlichen Verhandlung bestanden hat,** sofern der Antrag nicht zeitlich eingeschränkt wird (vgl. schon oben Rn. 1880). Das hat für das Prozessverhalten des Arbeitgebers Konsequenzen. Ein für den Kläger positives Urteil stellt die vorstehend dargestellten Rechtsfolgen fest. Der Arbeitgeber muss also, weil alle vor dem Zeitpunkt der letzten mündlichen Verhandlung liegenden Beendigungsgründe von der Rechtskraft des Urteils erfasst (präkludiert) werden, diese in den Prozess einführen.[367] Er ist für sie darlegungs- und beweispflichtig. Dazu gehört auch eine von ihm im streitbefangenen Zeitraum ausgesprochene Folgekündigung.[368] **1894**

Das Feststellungsinteresse des Klägers für den allgemeinen Feststellungsantrag nach § 256 Abs. 1 ZPO, das im Zeitpunkt der letzten mündlichen Verhandlung vorliegen muss,[369] entfällt nach Auffassung des BAG **dann,** wenn der Arbeitgeber eine **weitere** Kündigung ausspricht, vom Kläger keine anderen Beendigungstatbestände zur Stützung des Rechtsschutzinteresses vorgebracht worden sind und er diese neue Kündigung mit einer Kündigungsschutzklage nach § 4 Satz 1 KSchG selbstständig angreift.[370] Der Arbeitnehmer gebe mit der Erhebung und Weiterführung der späteren Klage zu erkennen, dass er die Rechtsunwirksamkeit der späteren Kündigung und den Fortbestand des Arbeitsverhältnisses über den in ihr vorgesehenen Termin hinaus in einem gesonderten Verfahren nach § 4 Satz 1 KSchG überprüft und festgestellt wissen will. **1895**

Dem kann so nicht zugestimmt werden. Denn die gegen die Folgekündigung erhobene Feststellungsklage nach § 4 Satz 1 KSchG ist an sich nach § 261 Abs. 3 Nr. 1 ZPO wegen Rechtshängigkeit als unzulässig abzuweisen.[371] Der Streitgegenstand der allgemeinen Feststellungsklage erfasst die Folgekündigung, wenn sie in den Zeitraum fällt, der von der allgemeinen Feststellungsklage erfasst wird.[372] Das zu erreichen ist ja gerade der Sinn der Kombinationsklage. Mit der Klage gegen die Folgekündigung entfällt das Rechtsschutzinteresse der Klage nach § 256 Abs. 1 **1896**

BAG 13. 3. 1997 EzA § 4 KSchG n. F. Nr. 57 = NZA 1997, 844; *Bitter,* DB 1997, 1407, 1409; *Schwab,* NZA 1998, 342, 344.

[367] BAG 27. 1. 1994 EzA § 4 KSchG n. F. Nr. 48 mit Anm. von *Franzen* = NZA 1994, 812; 13. 3. 1997 EzA § 4 KSchG n. F. Nr. 57 mit Anm. von *Dauner-Lieb* = NZA 1997, 844; *Löwisch,* § 4 KSchG Rn. 72; *Schwab,* NZA 1998, 342, 345; *Stahlhacke,* FS für Wlotzke, 1996, S. 173, 187 f.; *Vollkommer/Weinland,* Anm. EzA § 4 KSchG n. F. Nr. 33.

[368] BAG 21. 1. 1988 EzA § 4 KSchG n. F. Nr. 33 = NZA 1988, 651; 27. 1. 1994 EzA § 4 KSchG n. F. Nr. 48 mit Anm. von *Franzen* = NZA 1994, 812; 13. 3. 1997 EzA § 4 KSchG n. F. Nr. 57 mit Anm. von *Dauner-Lieb* = NZA 1997, 844; ErfK/*Ascheid,* § 4 KSchG Rn. 82; APS/*Ascheid,* § 4 KSchG Rn. 143.

[369] Allg. BGH 8. 7. 1955 NJW 1955, 1513, 1514; *Zöller/Greger,* § 256 ZPO Rn. 7 c; vgl. auch BAG 17. 10. 2001 EzA § 256 ZPO Nr. 58 = NZA 2002, 285.

[370] BAG 16. 8. 1990 EzA § 4 KSchG n. F. Nr. 38 = NZA 1991, 141; 7. 12. 1995 EzA § 4 KSchG n. F. Nr. 56 = NZA 1996, 334; 13. 3. 1997 EzA § 4 KSchG n. F. Nr. 57 mit Anm. von *Dauner-Lieb* = NZA 1997, 844; ebenso *Boemke,* RdA 1995, 211, 225; *Diller,* Anm. zu BAG AP § 4 KSchG 1969 Nr. 38 unter 3; HK-KSchG/*Hauck,* § 4 Rn. 126 b; KDZ/*Zwanziger,* § 4 KSchG Rn. 55. Vgl. dazu auch *Franzen* Anm. EzA § 4 KSchG n. F. Nr. 48.

[371] Ebenso *v. Hoyningen-Huene/Linck,* § 4 KSchG Rn. 78.

[372] A. A. *Boemke,* RdA 1995, 211, 220 und 227; *Weißenfels,* BB 1996, 1326, 1331.

ZPO nicht.[373] Die Kündigungsschutzklage nach § 4 Satz 1 KSchG ist gegenüber der allgemeinen Feststellungsklage kein „aliud",[374] sondern in ihr bereits enthalten. Es besteht Teilidentität des Streitgegenstandes beider Klagen.[375] Hat sich der Kläger für die allgemeine Feststellungsklage entschieden, ist an sich die speziellere Klage nach § 4 Satz 1 KSchG gegen die Folgekündigung wegen anderweitiger Rechtshängigkeit als unzulässig abzuweisen (§ 261 Abs. 3 Nr. 1 ZPO).[376] Dies kann allerdings durch eine Rücknahme der allgemeinen Feststellungsklage oder durch eine Antragumstellung (dazu unten Rn. 1897) vermieden werden. Für die Kündigungsschutzklage nach § 4 Satz 1 KSchG gegen die Folgekündigung ist die dortige Klagefrist zu beachten.

c) Allgemeine Feststellungsklage und Klagefrist

1897 Fraglich ist, ob der Kläger im Falle der Erklärung einer Folgekündigung im Rahmen der allgemeinen Feststellungsklage nach § 256 Abs. 1 ZPO innerhalb von drei Wochen nach Zugang der Kündigung zu erkennen geben muss, er sei nicht bereit, die Kündigung hinzunehmen.[377] Der Zweck des § 4 Satz 1 KSchG kann das nicht belegen. Denn der Arbeitgeber weiß bereits durch den Umfang des Streitgegenstandes, dass der Bestand des Arbeitsverhältnisses bis zur letzten mündlichen Verhandlung vom Gericht festgestellt werden soll. Damit weiß er ferner, dass er nicht davon ausgehen kann, die Folgekündigung oder ein anderer Beendigungsgrund führe die Auflösung des Arbeitsverhältnisses herbei. Der Arbeitgeber hat sie in den Prozess einzuführen und dafür die notwendigen Tatsachen vorzutragen. Denn auf einen ihm günstigen Beendigungstatbestand könnte sich der Arbeitgeber nach rechtskräftigem Obsiegen des Arbeitnehmers mit dem Antrag gemäß § 256 Abs. 1 ZPO nicht mehr berufen (oben Rn. 1883). Der Arbeitnehmer muss dann gemäß dem Urteil des 2. Senat vom 13. 3. 1997[378] nach Kenntnis von einer weiteren Kündigung diese in den Prozess einführen und unter teilweiser Einschränkung des Feststellungsantrags (§ 264 Nr. 2 ZPO i. V. mit § 495 ZPO, § 46 Abs. 2

---

[373] A. A. BAG 16. 8. 1990 EzA § 4 KSchG n. F. Nr. 38 = NZA 1991, 141; *Boemke,* RdA 1995, 211, 225; *Diller,* Anm. zu BAG AP § 4 KSchG 1969 Nr. 38, unter 3.

[374] *Franzen,* Anm. zu BAG EzA § 4 KSchG n. F. Nr. 48, unter V; *Stahlhacke,* FS für Wlotzke, 1996, S. 173, 186; a. A. ErfK/*Ascheid,* § 4 KSchG Rn. 79; *Boemke,* RdA 1995, 211, 225.

[375] *Boewer,* NZA 1997, 359, 362; *ders.,* RdA 2001, 380, 388; *v. Hoyningen-Huene/Linck,* § 4 KSchG Rn. 79.

[376] Ebenso APS/*Ascheid,* § 4 KSchG Rn. 141; *Boewer,* NZA 1997, 359, 362; *ders.,* RdA 2001, 380, 387 *Dauner-Lieb,* Anm. zu BAG EzA § 4 KSchG n. F. Nr. 57, unter III 3 c; KR/*Friedrich,* § 4 KSchG Rn. 249; *v. Hoyningen-Huene/Linck,* § 4 KSchG Rn. 78; *Stahlhacke,* FS für Wlotzke, 1996, S. 173, 186 f.; *Vollkommer/Weinland,* Anm. zu BAG EzA § 4 KSchG n. F. Nr. 33, unter III.1; *Weißenfels,* BB 1996, 1326, 1329.

[377] So LAG München 17. 9. 1984 LAGE § 4 KSchG Nr. 14 mit Anm. von *Klevemann;* LAG Rheinland-Pfalz 26. 3. 1986 LAGE § 4 KSchG Nr. 10; wohl auch LAG Köln 9. 11. 1988 LAGE § 4 KSchG Nr. 15; MünchArbR/*Berkowsky,* § 148 Rn. 113; BAG 16. 3. 1994 EzA § 4 KSchG n. F. Nr. 49. Das BAG a. .a. O. führt u. a. aus: „Wahrt die allgemeine Feststellungsklage die Dreiwochenfrist des § 4 Satz 1 KSchG auch bezüglich einer nachfolgenden Kündigung, muss spätestens binnen drei Wochen nach Zugang dieser Kündigung klar sein, dass eine allgemeine Feststellungsklage gemeint ist." So auch LAG Köln 25. 8. 1995 LAGE § 4 KSchG Nr. 30.

[378] EzA § 4 KSchG n. F. Nr. 57 mit Anm. von *Dauner-Lieb* = NZA 1997, 844.

Satz 1 ArbGG) eine dem Wortlaut des § 4 Satz 1 KSchG angepasste Antragstellung vornehmen.[379] Diese Modifikation der Klage kann nach der genannten Entscheidung in entsprechender Anwendung des Grundgedankens des § 6 Satz 1 KSchG noch bis zum Schluss der mündlichen Verhandlung in der Berufungsinstanz erfolgen.[380] Danach ist es zu spät. Damit verschafft das BAG dem Arbeitnehmer, der anlässlich einer Kündigung die Feststellungsklagen nach § 4 Satz 1 KSchG und § 256 Abs. 1 ZPO kombiniert, gegen Folgekündigungen nur einen relativen Schutz, nämlich in zeitlicher Hinsicht.[381]

3. Das Präklusionsprinzip

Mit der Rechtskraft des Urteils im Kündigungsschutzprozess bestehen folgende Präklusionswirkungen: 1898

Die punktuelle Streitgegenstandstheorie hat im Falle der **Klageabweisung** zur Folge, dass damit rechtskräftig feststeht, das Arbeitsverhältnis ist durch die bestimmte Kündigung aufgelöst. Der Arbeitnehmer kann sich nicht mehr darauf berufen, die Kündigung sei aus anderen Gründen, selbst wenn für deren Geltendmachung eine Klagefrist nicht einzuhalten ist, unwirksam, z.B. nach § 102 Abs. 1 Satz 3 BetrVG.[382] 1899

Wurde der **Kündigungsschutzklage** rechtskräftig **stattgegeben,** kann sich der Arbeitgeber nach Auffassung des BAG nicht darauf berufen, das Arbeitsverhältnis sei zu einem früheren oder zu demselben Zeitpunkt beendet worden. Mit der Rechtskraft des Urteils im Kündigungsschutzprozess steht – so das BAG – nämlich außerdem fest, dass im Zeitpunkt des Zugangs der Kündigung[383] bzw. zum vorgesehenen Auflösungszeitpunkt (= Kündigungstermin)[384] ein Arbeitsverhältnis zwischen den streitenden Parteien bestanden hat. Die punktuelle Streitgegenstandstheorie bei Kündigungsschutzklagen ist damit vom Bundesarbeitsgericht partiell verabschiedet.[385] Das BAG prüft nun gerade nicht mehr allein, ob die streitbefangene Kündigung das Arbeitsverhältnis aufgelöst hat, sondern stellt darüber hinaus fest, dass ggfls. im **Zeitpunkt des Zugangs der Kündigung** bzw. zum vorgese- 1900

[379] Vgl. auch schon BAG 30. 11. 1961 AP § 5 KSchG 1951 Nr. 3 mit Anm. von *Bötticher;* 7. 12. 1995 EzA § 4 KSchG n. F. Nr. 56 = NZA 1996, 334; *Boewer,* NZA 1997, 359, 365.

[380] Ähnlich zuvor schon *Boewer,* NZA 1997, 359, 364. Zum Problemfeld vgl. auch *Bitter,* DB 1997, 1407, 1408; *Boewer,* RdA 2001, 380, 389f.; *Jaroschek/Lüken,* JuS 2001, 64, 68ff.; *Schwab,* NZA 1998, 342, 345; *Wenzel,* DB 1997, 1869, 1872.

[381] So ausdrücklich *Diller,* Anm. zu BAG AP § 4 KSchG 1969 Nr. 38; *ders.,* NJW 1998, 663, 665; vgl. auch *Dauner-Lieb,* Anm. zu BAG EzA § 4 KSchG n. F. Nr. 57, unter III 3.

[382] BAG 12. 1. 1977 EzA § 4 KSchG n. F. Nr. 11 = AP § 4 KSchG 1969 Nr. 3; 12. 6. 1986 EzA § 4 KSchG n. F. Nr. 31 = NZA 1987, 273; LAG Düsseldorf 28. 2. 1997 LAGE § 4 KSchG Nr. 35; ErfK/*Ascheid,* § 4 KSchG Rn. 84; APS/*Ascheid,* § 4 KSchG Rn. 116; *Boewer* NZA 1997, 359, 361; *ders.,* RdA 2001, 380, 386f; KR/*Friedrich,* § 4 KSchG Rn. 264; *v. Hoyningen-Huene/Linck,* § 4 KSchG Rn. 24 und 85; *Löwisch,* § 4 KSchG Rn. 76; krit. *Schwerdtner,* NZA 1987, 263; *Teske,* Anm. EzA § 4 KSchG n. F. Nr. 31; KDZ/*Zwanziger,* § 4 KSchG Rn. 51; a. A. *Bettermann* ZfA 1985, 5, 15 f.

[383] Vgl. Nachw. in Fn. 320.

[384] Vgl. Nachw. in Fn. 321.

[385] Ebenso *Dauner-Lieb,* Anm. zu BAG EzA § 4 KSchG n. F. Nr. 57, unter III 1 a; *Teske,* Anm. zu BAG EzA § 4 KSchG n. F. Nr. 31, unter I 3; *Weth/Kerwer,* SAE 1997, 295, 299.

henen Auflösungszeitpunkt (= Kündigungstermin) ein **Arbeitsverhältnis bestanden** hat. Das Urteil enthält also bestandsrechtliche Elemente, die für zeitlich früher liegende Auflösungsgründe, z. B. eine früher erklärte Kündigung, erhebliche Auswirkungen haben, wie die Entscheidung des BAG vom 12. 6. 1986[386] eindrucksvoll zeigt.[387] Richtig wird nach der punktuellen Streitgegenstandstheorie nur entschieden über die Wirksamkeit der (isolierten) Kündigung und gerade nicht über das Rechtsverhältnis zwischen den Parteien wie bei einer Klage nach § 256 Abs. 1 ZPO. Der Bestand des Arbeitsverhältnisses wird vorausgesetzt.[388] Von der Rechtskraft des der Kündigungsschutzklage stattgebenden Urteils wird, da grundsätzlich alle vom Arbeitnehmer geltend gemachten Unwirksamkeitsgründe zu prüfen sind (dazu schon oben Rn. 1878), **nicht** die **Feststellung** erfasst, dass die Kündigung **sozialwidrig** war (§ 1 Abs. 1 KSchG) und deshalb das Arbeitsverhältnis nicht aufgelöst hat.[389]

1901 Werden mehrere Kündigungen ausgesprochen und darüber im Prozess gestritten, muss die Praxis die Rechtsprechung des BAG bei der Antragstellung beachten. Der Arbeitgeber kann also einen Kündigungsschutzprozess über eine Folgekündigung keinesfalls rechtskräftig werden lassen, sondern er wird versuchen müssen, eine Aussetzung des Verfahrens nach § 148 ZPO zu erwirken, oder aber er muss Berufung einlegen, um die Präklusionswirkung des Urteils auszuschließen.[390]

1902 Auf später, d. h. nach dem in Rn. 1900 genannten Zeitpunkt, wirksam gewordene Beendigungsgründe kann sich der Arbeitgeber auch nach der Rechtsprechung des BAG berufen. Der Arbeitnehmer kann dem mit der allgemeinen Feststellungsklage nach § 256 Abs. 1 ZPO begegnen, die darauf abstellt, dass das Arbeitsverhältnis noch im Zeitpunkt der letzten mündlichen Verhandlung besteht (vgl. oben Rn. 1880). Das BAG hat auch die Berufung des Arbeitgebers auf eine Anfechtung des Arbeitsverhältnisses für zulässig erklärt, wenn die Vorinstanzen bewusst über die Anfechtung nicht entschieden haben.[391] Dasselbe hat es für den Fall einer früheren Kündigung angenommen, über deren Rechtswirksamkeit zwischen den Parteien ein Kündigungsschutzverfahren schwebt, wenn das Gericht im Urteil über die Folgekündigung deutlich macht, dass seine Entscheidung unter dem Vorbehalt einer eventuell durch frühere Kündigungen bewirkten Auflösung des Arbeitsverhältnisses steht.[392] Die Aussetzung des Verfahrens nach § 148 ZPO dürfte in einem solchen Falle sachgerechter sein.

---

[386] EzA § 4 KSchG n. F. Nr. 31 mit abl. Anm. von *Teske* = NZA 1987, 273.

[387] Vgl. auch LAG Düsseldorf 28. 2. 1997 LAGE § 4 KSchG Nr. 35.

[388] *Boemke,* RdA 1995, 211, 222 f.; *v. Hoyningen-Huene/Linck,* § 4 KSchG Rn. 89; *Grunsky,* Anm. AP § 4 KSchG 1969 Nr. 3; *Künzl,* Erlanger FS für Schwab, 1990, S. 139 ff.; *Löwisch,* § 4 KSchG Rn. 11; *Schwerdtner,* NZA 1987, 263, 265; *Teske,* Anm. EzA § 4 KSchG n. F. Nr. 31; *Wolf,* Anm. AP § 4 KSchG Nr. 8; a. A. *Habscheid,* RdA 1989, 89; KR/*Friedrich,* § 4 Rn. 255; MünchArbR/*Berkowsky,* § 149 Rn. 36; *Schaub,* NZA 1990, 86.

[389] BAG 27. 9. 2001 EzA § 322 ZPO Nr. 13 = NJW 2002, 1287; *v. Hoyningen-Huene/Linck,* § 4 KSchG Rn. 71 d; vgl. auch KR/*Friedrich,* § 4 KSchG Rn. 227.

[390] Dagegen eindrucksvoll *Schwerdtner,* NZA 1987, 263, 265 f. Gegen BAG auch *Ascheid* (wie Fn. 336), Kündigungsschutzrecht 1993, Rn. 760 und 772.

[391] BAG 12. 6. 1986 EzA § 4 KSchG n. F. Nr. 31 = NZA 1987, 273; krit. *Habscheid,* RdA 1989, 898 ff.

[392] BAG 31. 3. 1993 EzA § 9 MuSchG n. F. Nr. 32, unter II 2 der Gründe = NZA 1993, 646.

Kündigt der Arbeitgeber erneut mit denselben Gründen, **sog. Trotzkündigung,** die bereits im Zeitpunkt der letzten mündlichen Verhandlung bekannt waren, ist zwar innerhalb der Dreiwochenfrist des § 4 Satz 1 KSchG Klage zu erheben, jedoch tritt Präklusionswirkung ein. Das gilt wegen fehlender materieller Prüfung der Kündigungsgründe dann nicht, wenn im Vorprozess nur aus formellen Gesichtspunkten die Wirksamkeit der Kündigung verneint worden ist.[393] Das Fehlen einer materiellen Wirksamkeitsprüfung steht einer Bindungswirkung auch dann entgegen, wenn der Arbeitgeber wegen derselben Kündigungsgründe zunächst ordentlich, dann außerordentlich gekündigt hat und das Arbeitsgericht im Vorprozess die Feststellung der Unwirksamkeit der ordentlichen Kündigung allein darauf gestützt hat, dass bei dem Arbeitnehmer die ordentliche Kündigung tariflich ausgeschlossen ist (dazu oben Rn. 331).[394] Hat der Kläger im Verfahren gegen eine **Verdachtskündigung** ein obsiegendes Urteil erzielt, hindert die Rechtskraft dieses Urteils den Arbeitgeber nicht, später nach Abschluss des Strafverfahrens erneut, nunmehr wegen **nachgewiesener Tatbeteiligung,** zu kündigen, selbst wenn das Strafverfahren nach § 153a Abs. 2 StPO eingestellt worden ist.[395] Die Gründe für die beiden Kündigungen sind **nicht identisch.** Deshalb tritt die mit der Rechtskraft verbundene Präklusionswirkung nicht ein. **1903**

Das positive allgemeine Feststellungsurteil nach § 256 Abs. 1 ZPO stellt fest, dass im Zeitpunkt der letzten mündlichen Verhandlung ein Arbeitsverhältnis zwischen den Parteien bestanden hat. Der Arbeitgeber ist mit allen Einwendungen präkludiert, die eine Beendigung des Arbeitsverhältnisses vor diesem Zeitpunkt herbeigeführt haben.[396] **1904**

X. Auflösung des alten Arbeitsverhältnisses. Neues Arbeitsverhältnis des Arbeitnehmers

Besteht nach der Entscheidung des Arbeitsgerichts das Arbeitsverhältnis fort, ist jedoch der Arbeitnehmer inzwischen ein neues Arbeitsverhältnis eingegangen, kann er binnen **einer Woche nach Rechtskraft** des Urteils durch **Erklärung** gegenüber dem alten Arbeitgeber die **Fortsetzung** des **Arbeitsverhältnisses** bei diesem **verweigern** (§ 12 Satz 1 KSchG; dazu oben Rn. 23, 24). Eine Form ist in § 12 KSchG nicht vorgesehen. Sie dürfte sich aber im Hinblick auf die in § 12 **1905**

---

[393] BAG 25. 11. 1982 EzA § 9 KSchG n. F. Nr. 15 = AP § 9 KSchG 1969 Nr. 10; 12. 12. 1984 EzA § 626 BGB n. F. Nr. 97 = NZA 1985, 623; 26. 8. 1993 EzA § 322 ZPO Nr. 9 mit Anm. von *Vogg* = NZA 1994, 70; 7. 3. 1996 EzA § 1 KSchG Betriebsbedingte Kündigung Nr. 84, unter II 3 der Gründe = NZA 1996, 931; *v. Hoyningen-Huene/Linck,* § 4 KSchG Rn. 91; Staudinger/*Preis,* § 626 BGB Rn. 304; KR/*Fischermeier,* § 626 BGB Rn. 403; KR/*Friedrich,* § 4 KSchG Rn. 272. Dazu ausführlich *Ascheid,* FS für Stahlhacke, 1995, S. 1 ff.; ferner noch LAG Hamm 22. 9. 1994 LAGE § 322 ZPO Nr. 3.

[394] BAG 5. 2. 1998 EzA § 626 BGB Unkündbarkeit Nr. 2 = NZA 1998, 771.

[395] BAG 12. 12. 1984 EzA § 626 BGB n. F. Nr. 97 = NZA 1985, 623; 26. 8. 1993 EzA § 322 ZPO Nr. 9 = NZA 1994, 70.

[396] BAG 31. 5. 1979 EzA § 4 KSchG n. F. Nr. 16; 27. 1. 1994 EzA § 4 KSchG n. F. Nr. 48 mit Anm. von *Franzen* = NZA 1994, 812; 13. 3. 1997 EzA § 4 KSchG n. F. Nr. 57 mit Anm. von *Dauner-Lieb* = NZA 1997, 844; KR/*Friedrich,* § 4 KSchG Rn. 266; *Schwab,* NZA 1998, 342, 345; *Stahlhacke,* FS für Wlotzke, 1996, S. 173, 187 f.

Satz 3 KSchG normierte kündigungsrechtliche Wirkung der Lossagungserklärung seit dem 1. 5. 2000 aus § 623 BGB ergeben.[397] Die Einwochenfrist wird auch durch eine vor ihrem Ablauf zur Post gegebene schriftliche Erklärung gewahrt (§ 12 Satz 2 KSchG).

1906 Macht der Arbeitnehmer von seinem Recht nach § 12 Satz 1 KSchG keinen Gebrauch, entschließt er sich also, das alte Arbeitsverhältnis fortzusetzen, muss er sich aus dem neu eingegangenen Arbeitsverhältnis unter Beachtung der gesetzlichen und tariflichen Bestimmungen sowie der arbeitsrechtlichen Vereinbarungen lösen. Ein Recht zur außerordentlichen Kündigung des neuen Arbeitsverhältnisses besteht nicht, sofern sich der Arbeitnehmer bei Vertragsschluss nicht für den Fall seines Obsiegens im Kündigungsschutzprozess die sofortige Auflösung des Arbeitsverhältnisses vorbehalten hat,[398] bzw. der neue Arbeitgeber nicht nachträglich in die vorzeitige Beendigung der mit ihm bestehenden Arbeitsverhältnisse einwilligt.[399] Das neue Arbeitsverhältnis ist somit im Regelfall vom Arbeitnehmer unter Einhaltung der ordentlichen Frist zu kündigen.

1907 Der alte Arbeitgeber kann aus der Einhaltung der Kündigungsfrist durch den Arbeitnehmer gegenüber dem neuen Arbeitgeber keinerlei Rechte herleiten, insbesondere kann er das Arbeitsverhältnis nicht wegen Vertragsverletzung – Nichtantritt der Arbeit – kündigen. Der Arbeitnehmer ist nach § 615 Satz 2 BGB verpflichtet, ein mögliches neues Arbeitsverhältnis einzugehen. Die Wiederaufnahme der Tätigkeit ist für den Arbeitnehmer für die Dauer der Kündigungsfrist unmöglich, da er in dem neuen Arbeitsverhältnis zur Arbeitsleistung verpflichtet ist. Diese Unmöglichkeit ist vom Arbeitnehmer nicht zu vertreten, da ihn nach § 615 Satz 2 BGB die Pflicht trifft, ein neues Arbeitsverhältnis einzugehen. Zur Kündigung des neuen Arbeitsverhältnisses ist der Arbeitnehmer erst nach Eintritt des Rechtskraft des Urteils im Kündigungsschutzprozess verpflichtet, nicht etwa schon mit der Verkündung der Entscheidung. Erst mit der Rechtskraft des Urteils steht fest, dass das alte Arbeitsverhältnis fortbesteht. Erst dann ist es dem Arbeitnehmer zuzumuten, sein neues Arbeitsverhältnis aufzugeben. [400]

1908 Hat der Arbeitnehmer in dem neuen Arbeitsverhältnis erheblich verlängerte Kündigungsfristen vereinbart bzw. ist er ein unkündbares befristetes Arbeitsverhältnis eingegangen, kann ein Kündigungsrecht des alten Arbeitgebers in Betracht kommen. [401]

---

[397] So ErfK/*Ascheid,* § 12 KSchG Rn. 6; *v. Hoyningen-Huene/Linck,* § 12 KSchG Rn. 9; *Preis/Gotthardt* NZA 2000, 348, 350; *Richardi/Annuß,* NJW 2000, 1231, 1232; a. A. BBDW/*Bader,* § 623 BGB Rn. 12; HK-KSchG/*Dorndorf,* § 12 KSchG Rn. 11; *Löwisch,* § 12 KSchG Rn. 7.

[398] *v. Hoyningen-Huene/Linck,* § 12 KSchG Rn. 4; KDZ/*Kittner,* § 12 KSchG Rn. 16.

[399] ErfK/*Ascheid,* § 4 KSchG Rn. 8; APS/*Biebl,* § 12 KSchG Rn. 9; KR/*Rost,* § 12 KSchG Rn. 16; KDZ/*Kittner,* § 12 KSchG Rn. 16.

[400] Hess. LAG 21. 2. 1994 LAGE § 4 KSchG Nr. 24.

[401] ErfK/*Ascheid,* § 12 KSchG Rn. 8; APS/*Biebl,* § 12 KSchG Rn. 11; HK-KSchG/*Dorndorf,* § 12 Rn. 17; KDZ/*Kittner,* § 12 KSchG Rn. 16; *v. Hoyningen-Huene/Linck,* § 12 KSchG Rn. 4; KR/*Rost,* § 12 KSchG Rn. 18.

XI. Exkurs: Die Entfristungsklage nach § 17 Satz 1 TzBfG

1. Überblick

Hielt ein Arbeitnehmer die Befristung seines Arbeitsvertrages für unwirksam, **1909** musste er seit dem 1. 10. 1996 nach § 1 Abs. 5 Satz 1 BeschFG i. d. F. des Art. 4 des Gesetzes zur Förderung von Wachstum und Beschäftigung (Arbeitsrechtliches Beschäftigungsförderungsgesetz) vom 25. 9. 1996 (BGBl. I S. 1476) innerhalb von drei Wochen nach dem vereinbarten Ende des befristeten Arbeitsvertrages Klage beim Arbeitsgericht auf Feststellung erheben (zum Begriff Klageerhebung oben Rn. 1801, 1806), dass das Arbeitsverhältnis auf Grund der Befristung nicht beendet ist (sog. Entfristungsklage[402]). Mit dieser der Kündigungsschutzklage des § 4 Satz 1 KSchG nachempfundenen Entfristungsklage war der Gesetzgeber im Ergebnis der wohl überwiegenden Meinung in der Literatur[403] gefolgt, die sich für eine analoge Anwendung der Klagefrist des § 4 Satz 1 KSchG aussprach, wenn der Arbeitnehmer die Unwirksamkeit der Befristung im Hinblick auf eine objektive Umgehung zwingender Normen des Kündigungsschutzrechts[404] gerichtlich geltend machen wollte. Das BAG lehnte diese Analogie ab[405] und prüfte stattdessen, ob das Recht des Arbeitnehmers, die Unwirksamkeit einer Befristung im Wege einer allgemeinen Feststellungsklage nach § 256 Abs. 1 ZPO i. V. m. § 495 ZPO, § 46 Abs. 2 Satz 1 ArbGG geltend zu machen,[406] im Einzelfall gemäß § 242 BGB verwirkt war.[407] Diese Rechtsprechung war seit Inkrafttreten des § 1 Abs. 5 Satz 1 BeschFG überholt.[408] Seit dem 1. 1. 2001 ist die Entfristungsklage in dem an diesem Tag in Kraft getretenen, mit § 1 Abs. 5 Satz 1 BeschFG wörtlich übereinstimmenden § 17 Satz 1 TzBfG i. d. F. von Art. 1 des Gesetzes über Teilzeitarbeit und befristete Arbeitsverträge (Teilzeit- und Befristungsgesetz – TzBfG) vom 21. 12. 2000 (BGBl. I S. 1966) geregelt.

---

[402] Zum Begriff BAG 19. 9. 2001 EzA § 1 BeschFG 1985 Klagefrist Nr. 7 = NZA 2002, 464 L.; 23. 1. 2002 EzA § 620 BGB Altersgrenze Nr. 10.

[403] *Blomeyer,* RdA 1967, 406; *Bötticher,* BB 1955, 673; *ders.,* SAE 1961, 128; KR/*Lipke,* 4. Aufl. 1996, § 620 BGB Rn. 238–238 b; *v. Hoyningen-Huene/Linck,* § 1 KSchG Rn. 604; *v. Hoyningen-Huene,* SAE 1980, 349; *Lieb,* Schwerpunkte, 5. Aufl. 1994, S. 119; a. A. *Staudinger/Preis,* § 620 BGB Rn. 118; BGB-RGRK/*Dörner,* § 620 Rn. 163.

[404] Seit BAG (GS) 12. 10. 1960 EzA § 620 BGB Nr. 2 = AP § 620 BGB Befristeter Arbeitsvertrag Nr. 16.

[405] BAG 7. 3. 1980 EzA § 4 KSchG n. F. Nr. 17 mit zust. Anm. von *Herschel* = AP § 620 BGB Befristeter Arbeitsvertrag Nr. 54; 11. 11. 1982 EzA § 620 BGB Nr. 61 = AP § 620 BGB Befristeter Arbeitsvertrag Nr. 71; 13. 6. 1985 EzA § 611 BGB Beschäftigungspflicht Nr. 10 = NJW 1987, 680; 28. 2. 1990 EzA § 1 BeschFG 1985 Nr. 9 = NZA 1990, 746; LAG Berlin 17. 8. 1987 LAGE § 4 KSchG Nr. 12; LAG Köln 19. 3. 1992 LAGE § 620 BGB Nr. 26.

[406] Zum Klageantrag vgl. unten unter 4.

[407] BAG, AP Nr. 1 zu § 242 BGB Prozessverwirkung; BAG, AP Nr. 5 zu § 242 BGB Prozessverwirkung; BAG, NZA 1989, 16 = AP Nr. 5 zu § 242 BGB Prozessverwirkung; BAG, AP Nr. 14 zu § 1 BeschFG 1985.

[408] Vgl. auch APS/*Backhaus,* § 1 BeschFG Rn. 85.

2. Geltungsbereich

1910 Die an § 4 Satz 1 KSchG anknüpfende und deshalb deren Rechtsnatur (vgl. oben Rn. 1812) teilende[409] Klagefrist des § 1 Abs. 5 Satz 1 BeschFG galt nicht nur für Befristungen nach dem BeschFG, sondern für **alle Befristungen,** d.h. auch für Befristungen z.B. nach § 620 BGB a.F. (dazu Voraufl. Rn. 36ff.), § 57a HRG (dazu oben Rn. 138ff.) und § 21 BErzGG (dazu oben Rn. 136). Dies folgte aus der amtlichen Begründung[410] des Gesetzentwurfs sowie aus der unterschiedlichen Geltungsdauer der Befristungsregelung in § 1 Abs. 1 bis 4 BeschFG (bis 31. 12. 2000) einerseits und der unbefristeten Geltung der Klagefrist des § 1 Abs. 5 Satz 1 BeschFG andererseits (vgl. § 1 Abs. 6 BeschFG).[411] Auch die seit dem 1. 1. 2001 in § 17 Satz 1 TzBfG geregelte Klagefrist gilt für **alle Befristungen,** unabhängig von ihrer Rechtsgrundlage.[412] Dagegen braucht die Unwirksamkeit der Befristung einzelner Vertragsbedingungen nicht innerhalb der dreiwöchigen Klagefrist geltend gemacht zu werden.[413] § 17 Satz 1 TzBfG spricht, wie schon § 1 Abs. 5 Satz 1 BeschFG, von Befristung eines *Arbeitsvertrages*[414] und schreibt die Klageerhebung von „drei Wochen nach dem vereinbarten *Ende* des befristeten *Arbeitsvertrages*" vor.

1911 Von § 1 Abs. 5 Satz 1 BeschFG wurde zwar ein unter einer **Zweckbefristung** (dazu oben Rn. 58),[415] nicht aber ein unter einer auflösenden Bedingung (dazu oben Rn. 127ff.) stehendes Arbeitsverhältnis erfasst.[416] Fraglich war bis zum Außerkrafttreten des § 1 Abs. 5 Satz 1 BeschFG am 31. 12. 2000, ob der Zweck der Regelung eine analoge Anwendung des § 1 Abs. 5 Satz 1 BeschFG gebot[417] oder aber ob die gerichtliche Überprüfung einer auflösenden Bedingung nach wie vor bis zur Grenze der prozessualen Verwirkung (dazu unten Rn. 1953) möglich war.[418] Seit dem 1. 1. 2001 ist diese Streitfrage gelöst. Nach § 21 TzBfG ist § 17

[409] Vgl. auch *Rolfs,* NZA 1996, 722, 1139; *G. Wisskirchen,* DB 1998, 722, 726.

[410] BT-Drucks. 13/4612, S. 13, 17.

[411] BAG 20. 1. 1999 EzA § 1 BeschFG 1985 Klagefrist Nr. 1 = NZA 1999, 671; 9. 2. 2000 EzA § 1 BeschFG 1985 Klagefrist Nr. 2 = NZA 2000, 721; 16. 3. 2000 EzA § 108 BPersVG Nr. 2 = NZA 2000, 1337; *Künzl,* ZTR 2000, 392, 394; *Vossen,* NZA 2000, 704, 705 m.w.N. in Fn. 11

[412] BT-Drucks. 14/4374, S. 21; BBDW/*Bader,* § 620 BGB Rn. 275; KDZ/*Däubler,* § 17 TzBfG Rn. 2; ArbR BGB/*Dörner,* § 17 TzBfG Rn. 311; *Kliemt,* NZA 2001, 296, 302; KR/*Lipke/Bader,* Anhang II zu § 620 BGB, § 17 TzBfG Rn. 2 und 4; MünchArbR/*Wank,* Ergbd., § 116 Rn. 283.

[413] BAG 23. 1. 2002 EzA § 1 BeschFG 1985 Nr. 29; *Kliemt,* NZA 2001, 296, 302; KR/*Lipke/Bader,* Anhang II zu § 620 BGB, § 17 TzBfG Rn. 10; a.A. APS/*Backhaus,* § 1 BeschFG Rn. 92 mit § 17 TzBfG Rn. 6.

[414] So BAG 23. 1. 2002 a.a.O.

[415] Zum Beginn der Klagefrist in diesem Fall *G. Wisskirchen,* DB 1998, 722, 725.

[416] BAG 23. 2. 2000 EzA § 1 BeschFG 1985 Klagefrist Nr. 3 = NZA 2000, 821; Hess. LAG 9. 7. 1999 LAGE § 1 BeschFG 1985 Klagefrist Nr. 8; ErfK/*Müller-Glöge,* § 1 BeschFG Rn. 69; *G. Wisskirchen,* DB 1998, 722, 725; a.A. *Berscheid,* ZinsO 1998, 159, 166; KR/*Lipke,* 5. Aufl. 1998, § 1 BeschFG 1996 Rn. 171.

[417] So Voraufl. Rn. 50.

[418] So APS/*Backhaus,* § 1 BeschFG Rn. 91; *G. Wisskirchen,* DB 1998, 722, 725. Zur Prozessverwirkung z.B. BAG 6. 11. 1997 EzA § 242 BGB Prozessverwirkung Nr. 2 = NZA 1998, 374.

Satz 1 TzBfG auf einen unter einer **auflösenden Bedingung** geschlossenen Vertrag entsprechend anzuwenden.[419]

Die Klagefrist des § 17 Satz 1 TzBfG gilt nicht, wenn der Arbeitnehmer geltend **1912**
macht, die Befristungsabrede sei nicht hinreichend bestimmt (dazu oben Rn. 57).[420] Denn ein befristeter Arbeitsvertrag kommt nach § 3 Abs. 1 Satz 1 TzBPG nur bei einer auf bestimmte Zeit geschlossenen Vereinbarung zustande. Ebensowenig braucht der Arbeitnehmer die Klagefrist im Falle eines Streites der Parteien darüber, ob überhaupt eine Befristungsabrede getroffen worden ist, einhalten. Dies folgt bereits aus dem Wortlaut des § 17 Satz 1 TzBfG, der, wie zuvor § 1 Abs. 5 Satz 1 BeschFG, den Arbeitnehmer nur dann zur Einhaltung der Klagefrist verpflichtet, wenn er die Unwirksamkeit der Befristung geltend machen will, was aber eine Befristungsabrede voraussetzt.[421]

3. Streitgegenstand

Wie dem eindeutigen Wortlaut des § 17 Satz 1 TzBfG (bis 31. 12. 2000: § 1 Abs. 5 **1913**
Satz 1 BeschFG) zu entnehmen ist, ist Streitgegenstand einer auf dieser Vorschrift gestützten Klage allein die Wirksamkeit der Beendigung des Arbeitsverhältnisses auf Grund einer **ganz bestimmten Befristungsabrede.** Es gilt damit, wie in § 4 Satz 1 KSchG (oben Rn. 1873), die sog. punktuelle Streitgegenstandstheorie.[422] Daraus folgt, dass bei mehreren aufeinander folgenden Befristungsabreden (dazu oben Rn. 66) jede einzelne Befristungsabrede mit dem Ablauf der darin vereinbarten Befristung gesondert mit der Klage nach § 17 Satz 1 TzBfG angegriffen werden muss, soll nicht die Wirksamkeitsfiktion des § 7 1. Halbsatz KSchG i. V. m. § 17 Satz 1 TzBfG greifen.[423] Das gilt unabhängig davon, ob die nachfolgende Befristungsabrede mit oder ohne zeitliche Unterbrechung geschlossen und ob sie als Neuabschluss

---

[419] Zur Frage der Anwendung von §§ 17 Satz 1, 21 TzBfG auf sog. Altverträge, d.h. vor dem 1. 1. 2001 geschlossene auflösend bedingte Arbeitsverträge vgl. KR/*Lipke/Bader,* Anhang II zu § 620 BGB, § 17 TzBfG Rn. 9.

[420] APS/*Backhaus,* § 17 TzBfG Rn. 9; a.A. BBDW/*Bader,* § 620 BGB Rn. 275; KR/*Lipke/Bader,* Anhang II zu § 620 BGB, § 17 TzBfG Rn. 5; a.A. APS/*Backhaus,* § 17 TzBfG Rn. 9.

[421] APS/*Backhaus,* § 17 TzBfG Rn. 10; BBDW/*Bader,* § 620 BGB Rn. 275; KR/*Lipke/Bader,* Anhang II zu § 620 BGB, § 17 TzBfG Rn. 5; a.A. BGB ArbR/*Dörner,* § 17 TzBfG Rn. 312; KR/*Spilger,* Anhang II zu § 620 BGB, § 14 TzBfG Rn. 441. Zu § 1 Abs. 5 Satz 1 BeschFG wie hier LAG Düsseldorf 24. 1. 2001 MDR 2002, 101; 1. 3. 2002 – 18 Sa 860/01 –; a.A. Hess. LAG 18. 1. 2000 LAGE § 1 BeschFG 1985/1996 Klagefrist Nr. 11 = NZA 2000, 1071.

[422] APS/*Backhaus,* § 17 TzBfG Rn. 3; ArbR BGB/*Dörner,* § 17 TzBfG Rn. 309; KR/*Lipke/Bader,* Anhang II zu § 620 BGB, § 17 TzBfG Rn. 11. Zu § 1 Abs. 5 Satz 1 BeschFG schon BAG 3. 11. 1999 – 7 AZR 683/98 – n.v.; LAG Berlin 14. 7. 1998 NZA 1998, 1136; *v. Hoyningen-Huene/Linck,* DB 1997, 41, 46; *Künzl,* ZTR 2000, 392, 393; *Rolfs,* NZA 1996, 1134, 1139; *Vossen,* NZA 2000, 704, 706 m.w.N. in Fn. 38.

[423] *Dörner,* ZTR 2001, 485, 490; KR/*Lipke/Bader,* Anhang II zu § 620 BGB, § 17 TzBfG Rn. 54. Zu § 1 Abs. 5 Satz 1 BeschFG BAG 22. 3. 2000 EzA § 1 BeschFG 1985 Klagefrist Nr. 4 mit zust. Anm. von *Gotthardt* = NZA 2000, 884; 24. 10. 2001 EzA § 1 BeschFG 1985 Klagefrist Nr 8; hierzu krit. KDZ/*Däubler,* § 17 TzBfG Rn. 3; teilw. a.A. früher *Vossen,* NZA 2000, 704, 708 f.

oder als Vertragsverlängerung bezeichnet wurde.[424] Allerdings kann anlässlich der Wirksamkeitskontrolle der letzten Befristungsabrede (dazu oben Rn. 62) im Rahmen einer Klage nach § 17 Satz 1 TzBfG die **Rechtsgrundlage** einer früheren Befristung trotz insoweit unterbliebener Entfristungsklage noch überprüft werden.[425]

1914 Der Klageantrag gemäß § 17 Satz 1 TzBfG muss auf die Feststellung gerichtet sein, dass das Arbeitsverhältnis der Parteien auf Grund der Befristung vom ... nicht zum ... beendet ist.[426] Ist der Klageantrag anders formuliert, ist er entsprechend dem Wortlaut des § 17 Satz 1 TzBfG auszulegen.[427]

1915 § 17 Satz 1 TzBfG (bis 31. 12. 2000: § 1 Abs. 5 Satz 1 BeschFG) enthält, ebenso wie § 4 Satz 1 KSchG (dazu oben Rn. 1737), eine **besondere Feststellungsklage** außerhalb des Anwendungsbereichs von § 256 Abs. 1 ZPO.[428] Das Feststellungsinteresse bedarf regelmäßig keiner weiteren Darlegung. Es folgt bereits aus dem bei Versäumung der Klagefrist nach § 7 1. Halbsatz KSchG i. V. m. § 17 Satz 1 TzBfG eintretenden Fiktion der Wirksamkeit der Befristung (dazu auch unten Rn. 1928).[429] Das Feststellungsinteresse entfällt nicht etwa dadurch, dass der Arbeitnehmer nach Erhebung der Entfristungsklage ein neues Arbeitsverhältnis mit einem anderen Arbeitgeber eingegangen ist. Zur Durchsetzung eines Entgeltanspruchs nach §§ 611 Abs. 1, 615 Satz 1 BGB für die Zeit nach dem Ende der Befristung kann der Arbeitnehmer nur durch die Entfristungsklage die anspruchsausschließende Wirksamkeit der Befristungsabrede kraft Fiktion (§ 7 1. Halbsatz KSchG i. V. m. § 17 Satz 2 TzBfG) verhindern.[430]

1916 Da § 17 Satz 2 TzBfG ebenso wie zuvor § 1 Abs. 5 Satz 2 BeschFG nicht auch auf § 13 Abs. 2 Satz 1, Abs. 3 KSchG verweist, muss der Arbeitnehmer mit der Klage nach § 17 Satz 1 TzBfG (bis 31. 12. 2000: § 1 Abs. 5 Satz 1 BeschFG) alle in Betracht kommenden **Unwirksamkeitsgründe** innerhalb von drei Wochen gerichtlich geltend machen.[431] Das galt nach ganz h. M.[432] auch schon zu § 1 Abs. 5

---

[424] BAG 24. 10. 2001 a. a. O. Fraglich ist, ob das auch für die sog. Annexbefristung (dazu oben Rn. 62) gilt mit der Folge, dass schon nach Auslaufen der Grundbefristung Klage nach § 17 Satz 1 TzBfG erhoben werden muss; dazu neigen BBDW/*Bader,* § 620 BGB Rn. 147 und 277; dagegen zu § 1 Abs. 5 Satz 1 BeschFG LAG Düsseldorf 11. 2. 2000 – 14 (11) Sa 1557/99 – bisher n. v.; APS/*Backhaus,* § 620 BGB Rn. 62; *Vossen,* NZA 2000, 704, 709.

[425] Vgl. KR/*Lipke/Bader,* § 17 TzBfG Rn. 56; vgl. auch ArbR BGB/*Dörner,* § 17 TzBfG Rn. 316. Zu § 1 Abs. 1 Satz 2 BeschFG vgl. BAG 22. 3. 2000 a. a. O.; *Gotthardt,* Anm. zu BAG EzA § 1 BeschFG/Klagefrist Nr. 4, unter 3 c, bb.

[426] *Bauer,* BB 2001, 2526, 2528; KR/*Lipke/Bader,* Anhang II zu § 620 BGB, § 17 TzBfG Rn. 11; vgl. auch APS/*Backhaus,* § 1 BeschFG Rn. 100 mit § 17 TzBfG Rn. 43; *G. Wisskirchen,* DB 1998, 722, 726.

[427] Vgl. z. B. BAG 28. 6. 2000 a. a. O.; 21. 2. 2001 EzA § 620 BGB Hochschulen Nr. 29; KR/*Lipke/Bader,* Anhang II zu § 620 BGB, § 17 TzBfG Rn. 11; vgl. auch *Dörner,* ZTR 2001, 485, 489.

[428] LAG Düsseldorf 9. 8. 2001 LAGE § 1 BeschFG 1985/1996 Nr. 33. Zu § 1 Abs. 5 Satz 1 BeschFG *Vossen,* NZA 2000, 704, 706; vgl. auch *G. Wisskirchen,* DB 1998, 722, 726.

[429] So zu § 1 Abs. 5 Satz 1 BeschFG BAG 26. 7. 2000 EzA § 1 BeschFG 1985 Nr. 18 = NZA 2001, 264. Zur Klage nach § 4 Satz 1 KSchG vgl. oben Rn. 1737.

[430] LAG Düsseldorf 9. 8. 2001 LAGE § 1 BeschFG 1985/1996 Nr. 33. Zur Klage nach § 4 Satz 1 KSchG vgl. oben Rn. 1742.

[431] APS/*Backhaus,* § 17 TzBfG Rn. 7; *Bauer,* BB 2001, 2526, 2528; *Dörner,* ZTR 2001, 485, 490; *Kliemt,* NZA 2001, 302; *v. Koppenfels,* ArbuR 2001, 201,l 204; KR/*Lipke/Bader,* Anhang II zu § 620 BGB, § 17 TzBfG Rn. 5; *Richardi,* NZA 2001, 62; KR/*Spilger,* Anhang II zu § 620 BGB, § 14 TzBfG Rn. 448; MünchArbR/*Wank,* Ergbd., § 116 Rn. 285;

Satz 1 BeschFG für die Nichtigkeit der Befristungsabrede nach § 125 Satz 1 BGB wegen fehlender Schriftform gemäß § 623 BGB a. F. (dazu oben Rn. 115) und gilt, nachdem die Formbedürftigkeit nunmehr in demselben Gesetz geregelt ist (§ 14 Abs. 4 TzBfG)[433] erst recht zu § 17 Satz 1 TzBfG.[434]

4. Verhältnis zu § 256 Abs. 1 ZPO

Auch wenn die Klage nach § 1 Abs. 5 Satz 1 BeschFG und nunmehr gemäß § 17 Satz 1 TzBfG erst nach dem vereinbarten Befristungsende erhoben werden kann, schließt dies nicht von vornherein die Erhebung einer allgemeinen Feststellungsklage nach § 256 Abs. 1 ZPO vor Ablauf der Befristung aus. Wie schon vor Inkrafttreten des § 1 Abs. 5 Satz 1 BeschFG[435] ist einer derartigen Klage jedenfalls dann ein alsbaldiges Feststellungsinteresse i. S. von § 256 Abs. 1 ZPO nicht abzusprechen, wenn der Arbeitgeber erkennen lässt, er halte die Befristung des Arbeitsverhältnisses für wirksam.[436] Mit einer **vor** dem **Befristungsende** erhobenen **allgemeinen Feststellungsklage** nach § 256 Abs. 1 ZPO wird die **Dreiwochenfrist** des § 17 Satz 1 TzBfG **gewahrt.**[437] Das gilt auch dann, wenn eine derartige Klage nach Befristungsende innerhalb der Dreiwochenfrist erhoben wird.[438] Greift der Arbeitnehmer mit der allgemeinen Feststellungsklage nach § 256 Abs. 1 ZPO ausschließlich die Wirksamkeit der Befristungsabrede an, hat er den Klageantrag, ggf. nach Hinweis des Gerichts gemäß § 139 Abs. 3 ZPO,[439] in jedem Fall demje- **1917**

teilw. einschr. DKZ/*Däubler,* § 17 TzBfG Rn. 3; a. A. *Koppenfels,* ArbuR 2001, 201, 204 ff. Zu § 1 Abs. 5 Satz 1 schon BAG 9. 2. 2000 EzA § 1 BeschFG 1985 Klagefrist Nr. 2 = NZA 2000, 721; 22. 3. 2000 EzA § 1 BeschFG 1985 Klagefrist Nr. 4 mit zust. Anm. von *Gotthardt* = NZA 2000, 884.

432 Nachw. bei *Vossen,* NZA 2000, 704, 706; a. A. nur *Bader,* NZA 2000, 635; *Schaub,* NZA 2000, 344, 348; krit. *Preis/Gotthardt,* NZA 2000, 348, 360.

433 Zur Frage, ob die Schriftform der Befristungsabrede seit dem 1. 8. 2001 durch die elektronische Form (§ 126a Abs. 3 BGB) ersetzt werden kann, vgl. oben Rn. 117.

434 BBDW/*Bader,* § 620 BGB Rn. 275; APS/*Backhaus,* § 17 TzBfG Rn. 8; *ders.,* NZA 2001, Sonderbeilage zu Heft 24, S. 8, 13; DKZ/*Däubler,* § 17 TzBfG Rn. 3; *Kliemt,* NZA 2001, 302; KR/*Lipke/Bader,* Anhang II zu § 620 BGB, § 17 TzBfG Rn. 5; *Richardi,* NZA 2001, 62; MünchArbR/*Wank,* Ergbd., § 116 Rn. 285; a. A. v. *Koppenfels,* ArbuR 2001, 201, 205 f.)

435 Vgl. BAG 12. 10. 1979 AP § 620 BGB Befristeter Arbeitsvertrag Nr. 48.

436 Vgl. APS/*Backhaus,* § 17 TzBfG Rn. 42; *Bauer,* BB 2001, 2526, 2528; KR/*Lipke/Bader,* Anhang II zu § 620 BGB, § 17 TzBfG Rn. 35; MünchArbR/*Wank,* Ergbd., § 116 Rn. 302. Zu § 1 Abs. 5 Satz 1 BeschFG vgl. BAG 28. 6. 2000 EzA § 1 BeschFG 1995 Nr. 15 = NZA 2000, 1110; LAG Brandenburg 3. 11. 1998 LAGE § 1 BeschFG 1985 Nr. 22; LAG Düsseldorf 18. 11. 1999 NZA-RR 2000, 291, 292; *Kania,* DStR 1997, 373, 377; *Künzl,* ZTR 2000, 392, 395; *Preis,* NJW 1996, 3369, 3373; *Vossen,* NZA 2000, 704, 707 m. w. N. in Fn. 55.

437 So zu § 1 Abs. 5 Satz 1 BeschFG BAG 1. 12. 1999 EzA § 620 BGB Hochschulen Nr. 21 = NZA 2000, 374; 28. 6. 2000 EzA § 1 BeschFG 1985 Nr. 15 = NZA 2000, 1110; 27. 9. 2000 EzA § 1 BeschFG 1985 Nr. 21 = NZA 2001, 339; 24. 10. 2001 EzA § 1 BeschFG 1985 Klagefrist Nr. 8.

438 Vgl. zu § 1 Abs. 5 Satz 1 BeschFG BAG 21. 2. 2001 EzA § 620 BGB Hochschulen Nr. 29; LAG Hamburg 24. 2. 1998 LAGE § 620 BGB Nr. 54.

439 Seit 1. 1. 2002 i. d. F. des Art. 2 Nr. 20 ZPO-RG vom 27. 7. 2001 (BGBl. I S. 1887).

nigen des § 17 Satz 1 TzBfG anzupassen, wenn diese Klage nach Befristungsende erhoben wird.[440] Wird sie vor Befristungsende erhoben, ist eine Anpassung nur geboten, sofern der Streit um die Wirksamkeit der Befristung noch nach dem vereinbarten Ende fortgesetzt wird.[441]

1918 Fügt der Arbeitnehmer dem Klageantrag nach § 17 Satz 1 TzBfG noch den Zusatz an „... sondern unverändert über den ... hinaus fortbesteht", ist im Wege der Auslegung zu ermitteln, ob der Kläger damit auch einen Antrag nach § 256 Abs. 1 ZPO stellt oder nur die Rechtsfolge verdeutlichen will, die bei Rechtswirksamkeit der streitbefangenen Befristungsabrede eintritt. Ergibt auch die in die Auslegung einzubeziehende Klagebegründung keinen Anhaltspunkt für einen Streit der Parteien darüber, ob das Arbeitsverhältnis noch aus einem anderen Grund als der zwischen den Parteien streitigen Befristungsabrede, z. B. auf Grund eines Aufhebungsvertrages, beendet worden ist, kommt dem erwähnten Zusatz keine eigenständige Bedeutung zu.[442]

5. Berechnung der Klagefrist

a) Kalenderbefristung

1919 Keine Probleme bereitet die **Berechnung der Dreiwochenfrist** des § 17 Satz 1 TzBfG bei einem kalendermäßig befristeten Arbeitsvertrag. Da § 17 Satz 1 TzBfG (bis 31. 12. 2000: § 1 Abs. 5 Satz 1 BeschFG), wie § 4 Satz 1 KSchG (dazu oben Rn. 1812), eine prozessuale Klagefrist mit materiell-rechtlicher Wirkung (vgl. § 7 1. Halbsatz KSchG i. V. m. § 17 Satz 2 TzBfG) enthält, erfolgt die Berechnung der Dreiwochenfrist nach §§ 187 ff. BGB i. V. m. §§ 222 Abs. 1, Abs. 2, 495 ZPO, § 46 Abs. 2 Satz 1 ArbGG. Für den Fristbeginn kommt es nach dem Wortlaut des § 17 Satz 1 TzBfG, wie zuvor nach demjenigen des § 1 Abs. 5 Satz 1 BeschFG auf das „vereinbarte Ende des befristeten Vertrages" an. Damit läuft die Klagefrist gemäß § 187 Abs. 1 BGB ab dem Tag, der demjenigen, an dem der Arbeitsvertrag nach der getroffenen Vereinbarung enden soll, folgt.[443] Der u. U. davor liegende Zugang einer sog. Nichtverlängerungsmitteilung[444] löst den Lauf der Dreiwochenfrist des § 17 Satz 1 TzBfG nicht aus.[445] Besondere Be-

---

[440] Vgl. ArbR BGB/*Dörner,* § 17 TzBfG Rn. 309; *ders.,* ZTR 2001, 485, 489. Zu § 4 Satz 1 KSchG BAG 16. 3. 1994 EzA § 4 KSchG n. F. Nr. 49 = NZA 1994, 860; 13. 3. 1997 EzA § 4 KSchG n. F. Nr. 57 = NZA 1997, 844.

[441] Vgl. zu § 4 Satz 1 KSchG BAG 16. 8. 1990 EzA § 4 KSchG n. F. Nr. 38 = NZA 1991, 141.

[442] Vgl. *Bauer,* BB 2001, 2526, 2528; ArbR BGB/*Dörner,* § 17 TzBfG Rn. 309. Zu § 1 Abs. 5 Satz 1 ebenso BAG 28. 3. 2001 EzA § 620 BGB Nr. 175 = AP § 620 BGB Befristeter Arbeitsvertrag Nr. 227; 24. 10. 2001 EzA § 620 BGB Nr. 180 = NZA 2002, 443; *Vossen,* NZA 2000, 704, 705; G. *Wisskirchen,* DB 1998, 722, 726. Zu § 4 Satz 1 KSchG vgl. oben Rn. 1886.

[443] Zum Fristbeginn bei befristeten einsatzbezogenen Tagesarbeitsverhältnissen, die auf einer Rahmenvereinbarung beruhen, vgl. LAG Berlin 12. 1. 1999 LAGE § 620 BGB Nr. 59.

[444] Zum Begriff vgl. BAG 24. 10. 1979 EzA § 620 BGB Nr. 41 = AP § 620 BGB Befristeter Arbeitsvertrag Nr. 49.

[445] Vgl. zu § 1 Abs. 5 Satz 1 BeschFG APS/*Backhaus,* § 1 BeschFG Rn. 98; G. *Wisskirchen,* DB 1998, 722, 725.

deutung hat die im Tarifrecht der Bühnen geregelte Nichtverlängerungsmitteilung.[446]

Die Klagefrist des § 17 Satz 1 TzBfG endet nach § 188 Abs. 2 BGB drei Wochen nach ihrem Beginn an dem Wochentag, der durch seine Benennung dem Tag des vereinbarten Endes des Arbeitsvertrages entspricht. Handelt es sich bei diesem letzten Tag der Klagefrist um einen Sonnabend, Sonntag oder einem am Sitz des örtlich zuständigen Arbeitsgerichts[447] staatlich anerkannten allgemeinen Feiertag, endet die Frist nach § 222 Abs. 2 ZPO, der insoweit § 193 BGB ersetzt,[448] mit dem folgenden Werktag. **1920**

Da die Klage gemäß § 17 Satz 1 TzBfG innerhalb von drei Wochen *erhoben* sein **muss**, ist die Klageschrift an sich nach § 253 Abs. 1 ZPO i. V. m. § 495 ZPO, § 46 Abs. 2 Satz 1 ArbGG an diesem Tag dem Arbeitgeber zuzustellen. Allerdings ist die Klagefrist, wie diejenige nach § 4 Satz 1 KSchG (dazu oben Rn. 1806), gemäß § 167 ZPO n. F. (bis 30. 6. 2002: § 270 Abs. 3 ZPO)[449] auch dann gewahrt, wenn die Einreichung der Klage oder ihre Erklärung zu Protokoll der Geschäftsstelle spätestens am letzten Tag der Dreiwochenfrist vorgenommen wird und die Zustellung *demnächst* (dazu oben Rn. 1807) erfolgt. Im Übrigen wahrt auch eine bereits vor dem vereinbarten Befristungsende erhobene allgemeine Feststellungsklage nach § 256 Abs. 1 ZPO die Frist des § 17 Satz 1 TzBfG (dazu oben Rn. 1917), wobei selbst eine unzulässige Klage (zunächst) ausreicht.[450] **1921**

Ein vertraglicher Verzicht auf die Geltendmachung der Unwirksamkeit der Befristung **vor** Ablauf der dreiwöchigen Klagefrist nach § 17 Satz 1 TzBfG muss in der vertraglichen Vereinbarung unmissverständlich zum Ausdruck kommen. Durch einen vorbehaltlos geschlossenen befristeten Folgevertrag, durch den die Arbeitsvertragsparteien ihre Vertragsbeziehungen regelmäßig auf eine neue Rechtsgrundlage stellen und zugleich konkludent ein etwa früheres unbefristetes Arbeitsverhältnis aufheben (vgl. auch oben Rn. 62), verzichtet der Arbeitnehmer, soweit im Zeitpunkt des Abschlusses des Folgevertrages die Klagefrist des § 17 Satz 1 TzBfG noch nicht abgelaufen ist, in der Regel nicht auf sein Recht, sich im Rahmen der Überprüfung des Folgevertrags auf die Unwirksamkeit der Befristung des vorangegangenen Vertrages zu berufen.[451] Lehnt man einen derartigen Verzicht für den Regelfall auch dann ab, wenn der Folgevertrag nach Ablauf der Frist zur Klage gegen den vorangegangenen Vertrag abgeschlossen worden ist,[452] ist aber die nach § 7 1. Halbsatz KSchG i. V. m. § 17 Satz 2 TzBfG eingetretene Fiktion bei der Überprüfung des Folgevertrags auf seine Wirksamkeit zu beachten.[453] **1922**

---

446 Hierzu näher *Opolony,* NZA 2001, 1351 ff.

447 Vgl. BAG 16. 1. 1989 EzA § 222 ZPO Nr. 1 = AP § 222 ZPO Nr. 3; 24. 9. 1996 EzA § 7 BUrlG Nr. 5 = NZA 1997, 507.

448 Vgl. RGZ 83, 336, 338 f.; MünchKommZPO/*Feiler,* § 222 Rn. 2.

449 Vgl. dazu oben Rn. 1801.

450 Zu § 4 Satz 1 KSchG vgl. oben Rn. 1811.

451 BAG 26. 7. 2000 EzA § 1 BeschFG 1985 Nr. 18 = NZA 2001, 264.

452 So der Sachverhalt in BAG 25. 10. 2000 EzA § 1 BeschFG 1985 Nr. 23 = NZA 2001, 609.

453 BAG 25. 10. 2000 a. a. O.

b) Zweckbefristung und auflösende Bedingung

1923 **Problematisch** war unter der Geltung des § 1 Abs. 5 Satz 1 BeschFG die **Berechnung** der **Klagefrist** im Hinblick auf ihren Beginn, wenn der Arbeitsvertrag durch Zweckerreichung (dazu oben Rn. 58) enden sollte. Die Schwierigkeiten rührten daher, dass nach st. Rspr. des BAG[454] und ganz überwiegender Meinung in der Literatur[455] der **zweckbefristete Arbeitsvertrag** nicht stets mit dem Zeitpunkt der objektiven Zweckerreichung, sondern erst nach einer der Mindestkündigungsfrist entsprechenden Auslauffrist, die beginnen sollte, sobald der Arbeitnehmer durch eine entsprechende Mitteilung des Arbeitgebers oder auf sonstige Weise von der bevorstehenden oder bereits erfolgten Zweckerreichung Kenntnis erlangt hatte, endete. Bei dieser Ausgangslage war es streitig, was unter dem „vereinbarten Ende" i. S. des § 1 Abs. 5 Satz 1 BeschFG zu verstehen war.[456]

1924 Nachdem der Gesetzgeber diese Streitfrage durch § 15 Abs. 2 TzBfG (dazu oben Rn. 125) gelöst hat, stellt sich die Frage nach dem **Beginn** der **dreiwöchigen Klagefrist** nunmehr im Rahmen des § 17 Satz 1 TzBfG bei einer **Zweckbefristung** und wegen der Verweisungsregelung in § 21 TzBfG seit dem 1. 1. 2001 auch bei einem **auflösend bedingten Arbeitsverhältnis,** auf das zuvor für die Feststellung seines Endes die für die Zweckbefristung entwickelten Grundsätze entsprechend Anwendung fanden,[457] neu. Für die Beantwortung dieser Frage ist von § 15 Abs. 2 TzBfG auszugehen. Danach endet ein zweckbefristeter Arbeitsvertrag bzw. infolge der Verweisung in § 21 TzBfG auf § 15 Abs. 2 TzBfG ein auflösend bedingter Arbeitsvertrag mit Erreichen des Zwecks bzw. des Eintritts des auflösenden Ereignisses, frühestens jedoch zwei Wochen nach Zugang der schriftlichen Unterrichtung des Arbeitnehmers durch den Arbeitgeber über den Zeitpunkt der Zweckerreichung bzw. des Eintritts des auflösenden Ereignisses. Durch diese Regelung wird das eigentlich vereinbarte Vertragsende (Zweckerreichung bzw. Eintritt der auflösenden Bedingung) auf den Zeitpunkt verlegt, der zwei Wochen nach dem Zugang der schriftlichen Unterrichtung über die Zweckerreichung bzw. den Bedingungseintritt beim Arbeitnehmer liegt. Der durch § 15 Abs. 2 TzBfG hinausgeschobene Beendigungszeitpunkt eines zweckbefristeten bzw. auflösend bedingten Arbeitsverhältnisses ist somit nicht das „vereinbarte Ende" i. S. des § 17 Satz 1 TzBfG.[458] Im Anwendungsbereich des § 15 Abs. 2 TzBfG ist deshalb auf den erst auf Grund der Beschlussempfehlung des federführenden Ausschusses für Arbeit und Sozialordnung des Deutschen Bundestages[459] in das Gesetz aufgenommenen § 17 Satz 3 TzBfG zurückzugreifen.[460] Danach **beginnt** die **Klagefrist** des § 17 Satz 1 TzBfG bei einem **zweckbefristeten** bzw. **auflösend bedingten Arbeitsvertrag**

---

[454] BAG 12. 6. 1987 EzA § 620 BGB Nr. 90 = NZA 1988, 201; 23. 11. 1988 RzK I 9e Nr. 6 L.

[455] Vgl. z. B. APS/*Backhaus,* § 620 BGB Rn. 167; *Bauschke,* BB 1993, 2523, 2526.

[456] Zum Meinungsstand vgl. *Vossen,* NZA 2000, 704, 708 mit Nachw.

[457] Voraufl. Rn. 48.

[458] APS/*Backhaus,* § 17 TzBfG Rn. 12; KR/*Lipke/Bader,* Anhang II zu § 620 BGB, § 17 TzBfG Rn. 20 und § 21 TzBfG Rn. 14; MünchArbR/*Wank,* Ergbd., § 116 Rn. 288.

[459] BT-Drucks. 14/4625, S. 21.

[460] APS/*Backhaus,* § 17 TzBfG Rn. 12; KR/*Lipke/Bader,* Anhang II zu § 620 BGB, § 17 TzBfG Rn. 27 3. Spiegelstrich; *Preis/Gotthardt,* DB 2001, 145, 151 f.; MünchArbR/*Wank,* Ergbd., § 116 Rn. 292.

u. U. (dazu Rn. 1925) erst mit dem **Zugang** der **schriftlichen Erklärung** des Arbeitgebers über die Zweckerreichung bzw. den Eintritt der auflösenden Bedingung.

Dieser Fristbeginn gilt allerdings im Hinblick darauf, dass § 17 Satz 3 TzBfG von **1925** einer Fortsetzung des Arbeitsverhältnisses **nach** dem „vereinbarten Ende" ausgeht, uneingeschränkt nur in dem Fall, dass der Arbeitgeber die Unterrichtung nach § 15 Abs. 2 TzBfG erst **nach** dem objektiven Zweck- bzw. Bedingungseintritt vorgenommen hat und das Arbeitsverhältnis bis dahin fortgesetzt worden ist.[461] Für den Fristbeginn ist § 17 Satz 3 TzBfG aber auch dann maßgeblich, wenn der Arbeitgeber den Arbeitnehmer zwar **vor** Eintritt der objektiven Zweckerreichung bzw. des auflösenden Ereignisses gemäß § 15 Abs. 2 TzBfG unterrichtet hat, dabei aber nicht mehr die in dieser Vorschrift vorgeschriebene Zweiwochenfrist einhält und deshalb das Arbeitsverhältnis bis zum Ablauf dieser Frist fortgesetzt wird.[462] Dagegen richtet sich der Beginn der Klagefrist ausschließlich nach § 17 Satz 1 TzBfG, wenn der Arbeitgeber den Arbeitnehmer nach § 15 Abs. 2 TzBfG zwei Wochen vor Eintritt der objektiven Zweckerreichung bzw. der auflösenden Bedingung über diesen Zeitpunkt unterrichtet und das Arbeitsverhältnis nicht über den Eintritt der Zweckerreichung bzw. der auflösenden Bedingung fortgesetzt wird.[463] Im Übrigen ist im Schrifttum umstritten, ob sich der Anwendungsbereich des § 17 Satz 3 TzBfG auf die Fallgestaltung beschränkt, dass bei zweckbefristeten und auflösend bedingten Arbeitsverträgen das „vereinbarte Ende" mit dem tatsächlichen Ende nicht zusammenfallen muss[464] oder aber, ob diese Vorschrift auch im Rahmen des § 15 Abs. 5 TzBfG vor Eintritt der in ihr geregelten Fiktion Bedeutung hat.[465]

6. Anwendbarkeit der §§ 5 bis 7 KSchG

Nach § 17 Satz 2 TzBfG gelten, wie zuvor gemäß dem wörtlich mit ihm über- **1926** einstimmenden § 1 Abs. 5 Satz 2 BeschFG, für die Klage nach § 17 Satz 1 TzBfG (bis 31. 12. 2000: § 1 Abs. 5 Satz 1 BeschFG) die §§ 5 bis 7 KSchG entsprechend. Danach können außerhalb der Dreiwochenfrist erhobene Klagen unter Beachtung der in § 5 KSchG enthaltenen Voraussetzungen (hierzu unten Rn. 1829) nachträglich zugelassen werden.[466] Dabei ist zu berücksichtigen, dass der Arbeitnehmer bei

[461] APS/*Backhaus,* § 17 TzBfG Rn. 23; *Preis/Gotthardt,* DB 2001, 145, 152.

[462] *Kliemt,* NZA 2001, 296, 303; *Preis/Gotthardt,* DB 2001, 145, 152; MünchArbR/*Wank,* Ergbd., § 116 Rn. 292; a. A. APS/*Backhaus,* § 17 TzBfG Rn. 24; KR/*Lipke/Bader,* Anhang II zu § 620 BGB, § 17 TzBfG Rn. 28, die in diesem Fall § 17 Satz 1 TzBfG anwenden, d. h. Fristbeginn ist der Zeitpunkt der Zweckerreichung bzw. des Bedingungseintritts.

[463] APS/*Backhaus,* § 17 TzBfG Rn. 22; BBDW/*Bader,* § 620 BGB Rn. 280; KR/*Lipke/Bader,* Anhang II zu § 620 BGB, § 17 TzBfG Rn. 24; *Preis/Gotthardt,* DB 2001, 145, 152; MünchArbR/*Wank,* Ergbd., § 116 Rn. 291.

[464] So *Kliemt,* NZA 2001, 296, 303; *Preis/Gotthardt,* DB 2001, 145, 152.

[465] So APS/*Backhaus,* § 17 TzBfG Rn. 27, 28; *ders.,* NZA 2001, Sonderbeilage zu Heft 24, S. 8, 14; ArbR BGB/*Dörner,* § 17 TzBfG Rn. 322; *ders.,* ZTR 2001, 485, 490; KR/*Lipke/Bader,* § 17 TzBfG Rn. 25 ff.; KDZ/*Däubler,* § 17 TzBfG Rn. 5.

[466] APS/*Backhaus,* § 1 BeschFG mit § 17 TzBfG Rn. 44; KR/*Lipke/Bader,* § 17 TzBfG Rn. 47; zu § 1 Abs. 5 Satz 2 BeschFG vgl. LAG Baden-Württemberg 3. 4. 1998 LAGE § 5 KSchG Nr. 94.

einer voraussehbaren Verhinderung, wie z.B. Urlaub, wegen des zumeist feststehenden Vertragsendes (Kalenderbefristung) viel eher in der Lage ist, für eine rechtzeitige Klageerhebung nach § 17 Satz 1 TzBfG als für eine solche nach § 4 Satz 1 KSchG zu sorgen.[467] Diese richtet sich nämlich gegen eine in aller Regel nicht vorhersehbare Arbeitgeberkündigung.

1927 Da der Arbeitnehmer mit der Klage nach § 17 Satz 1 TzBfG alle in Betracht kommenden Unwirksamkeitsgründe einer Befristung innerhalb von drei Wochen gerichtlich geltend machen muss (vgl. oben Rn. 1916), kann die in § 17 Satz 2 TzBfG angeordnete entsprechende Anwendung des § 6 Satz 1 KSchG nur auf die Fälle beschränkt werden, in denen diese Vorschrift bei Kündigungen analog angewandt wird.[468] Hierbei handelt es sich um Leistungsklagen, bei denen die Wirksamkeit der Kündigung lediglich Vorfrage ist (dazu oben Rn. 1821). Klagen, bei der die Wirksamkeit der Befristung lediglich eine Vorfrage für die Entscheidung über sie ist, sind z.B. die vom Arbeitnehmer auf § 611, 613 BGB i.V.m. § 242 BGB gestützte Weiterbeschäftigungsklage über das vereinbarte Befristungsende hinaus[469] oder die aus §§ 611 Abs. 1, 615 Satz 1 BGB hergeleitete Entgeltklage für die Zeit nach dem Ablauf der vereinbarten Befristung.[470]

1928 Hat der Arbeitnehmer, der die Wirksamkeit einer Befristung angreift, die Klage nach § 17 Satz 1 TzBfG überhaupt nicht erhoben oder hat er sie zwar erhoben, aber nicht innerhalb der Dreiwochenfrist, und ist sein deshalb gestellter Antrag auf nachträgliche Zulassung nach § 5 Abs. 1 KSchG i.V.m. § 17 Satz 2 TzBfG (dazu oben Rn. 1926) erfolglos geblieben, führt die in § 17 Satz 2 TzBfG angeordnete entsprechende Anwendung von § 7 1. Halbsatz KSchG dazu, dass die Befristung von Anfang an als rechtswirksam anzusehen ist und dementsprechend der ihr zugrunde liegende Arbeitsvertrag wirksam beendet ist.[471] Die Fiktionswirkung beschränkt sich im Hinblick darauf, dass mit der Klage nach § 17 Satz 1 TzBfG alle Unwirksamkeitsgründe geltend gemacht werden müssen (dazu oben Rn. 1916) – anders als im unmittelbaren Anwendungsbereich des § 7 1. Halbsatz KSchG bei einer ordentlichen Kündigung (dazu oben Rn. 1825) – nicht auf einen bestimmten Unwirksamkeitsgrund.[472] Die Fiktionswirkung nach § 7 1. Halbatz KSchG i.V.m. § 17 Satz 2 erstreckt sich dagegen nicht auch darauf, nach welcher Rechtsgrundlage die Befristung wirksam ist, und auch nicht auf das Vorliegen der materiellen

[467] APS/*Backhaus,* § 1 BeschFG Rn. 102 mit § 17 TzBfG Rn. 44; KR/*Lipke/Bader,* Anhang II zu § 620 BGB, § 17 TzBfG Rn. 47.

[468] LAG Düsseldorf 6. 12. 2001 LAGE § 17 TzBfG Nr. 1; APS/*Backhaus,* § 1 BeschFG Rn. 104 mit § 17 TzBfG Rn. 44; KR/*Lipke/Bader,* § 17 TzBfG Rn. 48 schon zu § 1 Abs. 5 Satz 2 BeschFG.

[469] Vgl. hierzu BAG 13. 6. 1985 EzA § 611 BGB Beschäftigungspflicht Nr. 16 = NZA 1986, 562.

[470] Vgl. LAG Düsseldorf 6. 12. 2001 a.a.O.; APS/*Backhaus,* § 1 BeschFG Rn. 104 mit § 17 TzBfG Rn. 44; KR/*Lipke/Bader,* Anhang II zu § 620 BGB, § 17 TzBfG Rn. 48. Zu § 1 Abs. 5 Satz 2 BeschFG vgl. schon *Hoß/Lohr,* MDR 1998, 313, 323; *Löwisch,* NZA 1996, 1009, 1012; *Vossen,* NZA 2000, 704, 711; *G. Wisskirchen,* DB 1998, 722, 725.

[471] APS/*Backhaus,* § 1 BeschFG Rn. 105 mit § 17 TzBfG Rn. 44; KR/*Lipke/Bader,* Anhang II zu § 620 BGB, § 17 TzBfG Rn. 49; vgl. früher BAG 22. 3. 2000 EzA § 1 BeschFG 1985 Klagefrist Nr. 4 = NZA 2000, 884; 26. 7. 2000 EzA § 1 BeschFG 1985 Nr. 17 = NZA 2001, 263; 21. 2. 2001 EzA § 1 BeschFG 1985/1996 Nr. 24 = NZA 2001, 1141.

[472] BAG 19. 9. 2001 EzA § 1 BeschFG 1985 Klagefrist Nr. 7 = NZA 2002, 464 L.

Voraussetzungen dieser Rechtsgrundlage (dazu oben Rn. 1910).[473] Dies kann bei Mehrfachbefristungen von Bedeutung sein (dazu schon oben Rn. 1913).

§ 2 Verhältnis des Kündigungsschutzgesetzes zu sonstigen Kündigungen

Das Kündigungsschutzgesetz erstreckt sich grundsätzlich auf die ordentliche Kündigung, die nach § 1 Abs. 2 und 3 KSchG sozial ungerechtfertigt ist. § 13 KSchG befasst sich mit Kündigungen, die aus anderen Gründen unwirksam sind. Diese Kündigungen werden in drei Gruppen erfasst: **1929**
- **Außerordentliche Kündigungen,**
- **Sittenwidrige Kündigungen,**
- **Kündigungen,** die **aus anderen als den in § 1 Abs. 2 und 3 KSchG genannten Gründen** rechtsunwirksam sind.

Die Regelung des § 13 KSchG zeigt, dass der Gesetzgeber sich nicht dafür entschieden hat, die Geltendmachung der Unwirksamkeit in allen Fällen an eine Klagefrist zu binden. § 4 Satz 1 KSchG stellt eine auf andere Kündigungssachverhalte nicht übertragbare Sonderregelung dar.[1] Soweit diese Norm keine Anwendung findet (dazu oben Rn. 1722ff.), ist jedoch zu prüfen, ob das Klagerecht verwirkt ist. **1930**

I. Die außerordentliche Kündigung

Nach § 13 Abs. 1 Satz 1 KSchG werden die Vorschriften über das Recht zur außerordentlichen Kündigung eines Arbeitsverhältnisses durch das Kündigungsschutzgesetz nicht berührt. **1931**

Will der gekündigte Arbeitnehmer geltend machen, dass die außerordentliche Kündigung des Arbeitgebers unwirksam ist, muss er, sofern die Voraussetzungen des KSchG vorliegen (dazu Einzelheiten Rn. 873ff.), Kündigungsschutzklage innerhalb der Dreiwochenfrist des § 4 Satz 1 KSchG beim Arbeitsgericht erheben. Die Klagefrist des § 4 Satz 1 KSchG ist nach § 13 Abs. 1 Satz 2 KSchG auch dann einzuhalten, wenn der Gekündigte nur geltend machen will, der Kündigende habe die Ausschlussfrist des § 626 Abs. 2 Satz 1 BGB nicht eingehalten.[2] Es liegt kein Fall der Unwirksamkeit aus anderen Gründen nach § 13 Abs. 3 KSchG vor. Die nachträgliche Zulassung einer verspäteten Klage kann nach Maßgabe des § 5 KSchG erfolgen (§ 13 Abs. 1 Satz 2 KSchG). Einzelheiten dazu Rn. 1829ff. **1932**

---

[473] KR/*Lipke/Bader,* Anhang II zu § 620 BGB, § 17 TzBfG Rn. 50. Zu § 1 Abs. 5 Satz 2 BeschFG vgl. BAG 26. 7. 2000 EzA § 1 BeschFG 1985 Nr. 16 = NZA 2000, 261; 25. 10. 2000, EzA § 1 BeschFG 1985 Nr. 23 = NZA 2001, 609; *Gotthardt,* Anm. zu BAG EzA § 1 BeschFG 1985 Klagefrist Nr. 4, unter 3c bb.

[1] BAG 6. 11. 1997 EzA § 242 BGB Prozessverwirkung Nr. 2 = NZA 1998, 374.

[2] BAG 6. 7. 1972 EzA § 626 BGB n.F. Nr. 15 = NJW 1973, 214; 8. 6. 1972 EzA § 626 BGB n.F. Nr. 12 = AP § 13 KSchG 1969 Nr. 1; ErfK/*Ascheid,* § 13 KSchG Rn. 14; APS/*Biebl,* § 13 KSchG Rn. 19; KDZ/*Däubler,* § 13 KSchG Rn. 18; KR/*Friedrich,* § 13 KSchG Rn. 62; *v. Hoyningen-Huene/Linck,* § 13 KSchG Rn. 15.

1933 Findet das Kündigungsschutzgesetz keine Anwendung, ist die allgemeine Feststellungsklage nach § 256 Abs. 1 ZPO i. V. m. § 495 ZPO, § 46 Abs. 2 Satz 1 ArbGG zulässig, der Arbeitnehmer ist also nicht allein auf die Klage aus §§ 611 Abs. 1, 615 Satz 1 BGB angewiesen. Die Frage der außerordentlichen Kündigung ist nicht nur eine wirtschaftliche Frage, sondern stets auch eine der Ehre des Arbeitnehmers. Damit ist das Interesse an der alsbaldigen Feststellung der Unwirksamkeit der Kündigung zu bejahen.[3]

1. Geltungsbereich des § 13 Abs. 1 KSchG

1934 Die Klagefrist des § 4 Satz 1 KSchG ist nach § 13 Abs. 1 Satz 2 KSchG im Rahmen seines Geltungsbereichs nur dann einzuhalten, wenn der Arbeitnehmer geltend machen will, dass ein die außerordentliche Kündigung rechtfertigender Grund nach § 626 Abs. 1 BGB nicht vorliege. Werden daneben andere Mängel der Kündigung geltend gemacht, die die Unwirksamkeit zur Folge haben, können diese Gründe auch noch nach Ablauf der dreiwöchigen Klagefrist eingewandt oder auf sie gestützt eine allgemeine Feststellungsklage nach § 256 Abs. 1 ZPO (vgl. unten Rn. 1955) erhoben werden.[4] Geschieht dies nach Fristablauf, kann die Zumutbarkeit der Weiterbeschäftigung im Rahmen des § 626 Abs. 1 BGB wegen der nach § 7 1. Halbs. KSchG i. V. m. § 13 Abs. 1 Satz 2 KSchG eingetretenen Wirksamkeit der Kündigung insoweit nicht mehr geltend gemacht werden. Gegenstand des Prozesses ist dann nur die Frage der Wirksamkeit der Kündigung aus den anderen geltend gemachten Unwirksamkeitsgründen.

1935 § 13 Abs. 1 Satz 2 KSchG gilt auch für außerordentliche Kündigungen nach Kap. XIX Sachgebiet A Abschnitt III Nr. 1 Abs. 5 der Anlage I zum **Einigungsvertrag.** Das KSchG enthält keine Ausnahmeregelung für bestimmte außerordentliche Kündigungen je nach ihrer Rechtsgrundlage. Der Zweck des § 13 Abs. 1 Satz 2 KSchG, eine schnelle Klärung über die Wirksamkeit der Kündigung herbeizuführen, ist auch in diesem Falle wirksam.[5]

1936 Die dreiwöchige Klagefrist des § 4 Satz 1 KSchG i. V. m. § 13 Abs. 1 Satz 2 KSchG findet **keine Anwendung** bei einer außerordentlichen Kündigung von Organmitgliedern nach § 14 Abs. 1 KSchG, z. B. Geschäftsführer einer GmbH, wohl aber auf die leitenden Angestellten nach § 14 Abs. 2 Satz 1 KSchG, die in den Kündigungsschutz einbezogen worden sind (vgl. oben Rn. 879).

1937 § 4 Satz 1 KSchG i. V. m. § 13 Abs. 1 Satz 2 KSchG gilt **nicht für Arbeitnehmer in Kleinbetrieben** nach § 23 Abs. 1 Satz 2 KSchG (dazu oben Rn. 892).

---

[3] BAG 4. 8. 1960 AP § 256 ZPO Nr. 34; bestätigt durch BAG 20. 3. 1986 EzA § 256 ZPO Nr. 25 = NZA 1986, 714; Staudinger/*Preis,* § 626 BGB Rn. 298; KR/*Fischermeier,* § 626 BGB Rn. 374; KR/*Friedrich* § 13 KSchG Rn. 315; BAG 28. 2. 1974 EzA § 102 BetrVG 1972 Nr. 8 = AP § 102 BetrVG 1972 Nr. 2 für die Feststellungsklage wegen Verletzung des § 102 BetrVG und BAG 19. 8. 1982 EzA § 9 MuSchG n. F. Nr. 21 = AP § 9 MuSchG 1968 Nr. 10 wegen Verletzung des § 9 MuSchG.

[4] ErfK/*Ascheid,* § 13 KSchG Rn. 14; APS/*Biebl,* § 13 KSchG; KDZ/*Däubler,* § 13 KSchG Rn. 8; HK-KSchG/*Dorndorf,* § 13 KSchG Rn. 35; *v. Hoyningen-Huene/Linck,* § 13 KSchG Rn. 14; vgl. auch BAG 11. 3. 1998 EzA § 37 GmbHG Nr. 2 = NZA 1998, 997.

[5] BAG 11. 6. 1992 EzA Art. 20 EinigungsV Nr. 16 = NZA 1993, 362.

Dieser Personenkreis ist aus dem Geltungsbereich des 1. Abschnitts des KSchG, also auch von § 13 KSchG, ausdrücklich ausgenommen. Dasselbe gilt für die Arbeitnehmer, die die sechsmonatige Wartezeit des § 1 Abs. 1 KSchG noch nicht erfüllt haben.[6]

Die Klagefrist des § 4 Satz 1 KSchG gilt auch für die außerordentliche Kündi- **1938**
gung in einem befristeten Arbeitsverhältnis, sofern die Voraussetzungen des KSchG vorliegen.[7] Zur Klagefrist im Berufsausbildungsverhältnis vgl. oben Rn. 1732, 1733 und b.

2. Streitgegenstand; Präklusion

Streitgegenstand der Klage des Arbeitnehmers nach § 4 Satz 1 KSchG i. V. m. **1939**
§ 13 Abs. 1 Satz 2 KSchG gegen die Unwirksamkeit der außerordentlichen Kündigung ist die Frage, ob das Arbeitsverhältnis durch die konkret bezeichnete Kündigung aufgelöst worden ist oder nicht. Formuliert der Kläger seinen Antrag, es möge festgestellt werden, dass durch die außerordentliche Kündigung das Arbeitsverhältnis nicht aufgelöst ist, steht die Wirksamkeit der Kündigung unter allen rechtlichen Gesichtspunkten zur Entscheidung. Das Bundesarbeitsgericht vertritt die Ansicht, mit einem für den Arbeitnehmer positiven Urteil sei auch festgestellt, dass im Zeitpunkt des Zugangs der außerordentlichen Kündigung bzw. zum vorgesehenen Auflösungszeitpunkt, der i. d. R. mit dem Zugangszeitpunkt übereinstimme, ein Arbeitsverhältnis bestanden habe. Damit wird die punktuelle Streitgegenstandstheorie verlassen, obwohl das BAG verbal an ihr festhält (Einzelheiten dazu oben Rn. 1148 und 1900).

Wird die Klage des Arbeitnehmers nach § 4 Satz 1 KSchG i. V. m. § 13 Abs. 1 **1940**
Satz 1 KSchG, mit der er die Unwirksamkeit einer bestimmten außerordentlichen Kündigung geltend macht, abgewiesen, steht, sofern Rechtskraft eintritt, fest, dass das Arbeitsverhältnis aufgelöst worden ist. Der Arbeitnehmer kann später nicht unter Hinweis auf andere im Prozess nicht erhobene Gründe für die Unwirksamkeit der Kündigung erneut Klage erheben oder sofort Klage auf Fortzahlung des Lohnes nach §§ 611 Abs. 1, 615 Satz 1 BGB erheben. Wie im Rahmen einer Klage gegen eine ordentliche Kündigung nach § 4 Satz 1 KSchG (dazu oben Rn. 1878), ist der Arbeitnehmer auch im Prozess gegen eine außerordentliche Kündigung gemäß § 4 Satz 1 KSchG i. V. m. § 13 Ab.s 1 Satz 2 KSchG gehalten, **alle Gründe** für die Unwirksamkeit der Kündigung geltend zu machen.[8] Zu weiteren prozessualen Fragen vgl. die Ausführungen zu § 4 Satz 1 KSchG oben Rn. 1881.

---

[6] BAG 17. 8. 1972 EzA § 626 BGB n. F. Nr. 22 = NJW 1973, 553; ErfK/*Ascheid,* § 13 KSchG Rn. 6; APS/*Biebl,* § 13 KSchG Rn. 12 und 13; KDZ/*Däubler,* § 13 KSchG Rn. 3; KR/*Friedrich,* § 13 KSchG Rn. 29 ff.; a. A. *v. Hoyningen-Huene/Linck* § 13 KSchG Rn. 29 ff.; *Löwisch,* § 13 KSchG Rn. 4; MünchKomm/*Schwerdtner,* § 626 BGB Rn. 246.

[7] BAG 8. 6. 1972 EzA § 626 BGB n. F. Nr. 12 = NJW 1972, 1878; ErfK/*Ascheid,* § 13 KSchG Rn. 14; *v. Hoyningen-Huene/Linck,* § 13 KSchG Rn. 14 und 36.

[8] BAG 14. 10. 1954 AP § 3 KSchG 1951 Nr. 6; 12. 6. 1986 EzA § 4 KSchG n. F. Nr. 31 mit Anm. von *Teske* = AP § 4 KSchG Nr. 17; APS/*Biebl,* § 13 KSchG Rn. 45; KDZ/*Däubler,* § 13 KSchG Rn. 2; KR/*Fischermeier,* § 626 BGB Rn. 393; *v. Hoyningen-Huene/Linck,* § 4 KSchG Rn. 81.

3. Probleme der Umdeutung der außerordentlichen Kündigung im Kündigungsschutzprozess

1941 Die Umdeutung der außerordentlichen Kündigung in eine ordentliche Kündigung wirft eine Reihe von prozessualen Fragen auf. Es ist oben Rn. 470ff. hervorgehoben worden, dass entscheidend auf den Sachvortrag des Kündigenden abzustellen ist. Ergibt sich aus ihm sein hypothetischer Wille, das Arbeitsverhältnis auch dann aufzulösen, wenn die außerordentliche Kündigung rechtsunwirksam ist, und war dies für den Kündigungsempfänger erkennbar, hat das Gericht nach § 140 BGB, weil dann dessen Voraussetzungen vorliegen, die Umdeutung vorzunehmen und darüber im Urteil zu entscheiden. **Eines Antrags des Kündigenden** bedarf es dazu nicht, der Kündigende braucht sich auch nicht etwa **ausdrücklich** auf die Umdeutung **zu berufen.** Bei ausreichendem Sachvortrag (dazu oben Rn. 473) hat das Gericht zu prüfen und zu entscheiden, ob die Voraussetzungen des § 140 BGB gegeben sind, also auch eine ordentliche Kündigung vorliegt. Die Entscheidungsgründe haben darüber Auskunft zu geben. Die zugelassene oder abgelehnte Umdeutung selbst braucht im Tenor des Urteils nicht erwähnt zu werden. Die zugelassene Umdeutung findet ihren Niederschlag im Tenor, weil das Gericht dann ja auch über die Wirksamkeit der ordentlichen Kündigung zu befinden hat. Das hat im Rahmen eines normalen Kündigungsschutzprozesses zu geschehen. In ihm können auch von beiden Parteien Auflösungsanträge gestellt werden.

1942 Voraussetzung ist aber, das wird in der Praxis oft nicht ausreichend beachtet, dass der Kläger sich gegen die durch Umdeutung gewonnene ordentliche Kündigung wehren will. Denn der **Kläger** ist es, der den **Streitgegenstand** des Kündigungsschutzprozesses bestimmt. Er unterliegt seiner Disposition. Es liegt in seiner Hand, ob er nur die außerordentliche Kündigung bekämpfen will oder **gleichzeitig auch** die nach dem Sachvortrag des Kündigenden darin erkennbar liegende ordentliche Kündigung.[9] Das Gericht hat dies durch **Auslegung des Klageantrags** festzustellen, ggf. unter Beachtung der Aufklärungspflicht nach § 139 ZPO. Hat der Kläger lediglich einen Antrag gestellt, dass das Arbeitsverhältnis nicht durch die außerordentliche Kündigung aufgelöst worden ist, und ist auch sein Tatsachenvortrag allein darauf ausgerichtet, das Vorliegen eines wichtigen Grundes nach § 626 Abs. 1 BGB in Abrede zu stellen, ist nach der herrschenden punktuellen Streitgegenstandstheorie (dazu oben Rn. 1873) allein die Auflösung des Arbeitsverhältnisses mit sofortiger Wirkung Gegenstand des Rechtsstreits. Die eventuell durch Umdeutung gewonnene ordentliche Kündigung gehört dann nicht zum Streitgegenstand und wird auch nicht durch die Rechtskraft des Urteils erfasst. Denn der Streitgegenstand der Kündigungsschutzklage bestimmt den Umfang der Rechtskraft und den Umfang der Präklusion (Einzelheiten dazu oben Rn. 1898).

1943 Entscheidend sind also der vom Kläger gestellte Klageantrag und seine Auslegung durch das Gericht.[10] Der Kläger kann und muss durch die Fassung seines Kla-

---

[9] *Vollkommer,* Anm. zu BAG AP § 13 KSchG 1969 Nr. 3.

[10] Zur Auslegung des Klageantrages und der Frage, ob er sich auch auf eine evtl. ordentliche Kündigung erstreckt, vgl. *v. Hoyningen-Huene/Linck,* § 13 KSchG Rn. 42ff. mit Hinweisen auf Literatur und Rechtsprechung. Zutreffend weisen *v. Hoyningen-Huene/Linck* darauf hin, das Gericht tue gut daran, den wirklichen Willen des Klägers durch Befragen nach

geantrags oder aber durch entsprechenden Tatsachenvortrag klarstellen, dass er die Kündigung sowohl als außerordentliche wie auch als ordentliche Kündigung angreift.[11] Erstreckt sich der Antrag nicht auf die durch Umdeutung gewonnene ordentliche Kündigung, ist im Urteil im Falle einer unwirksamen außerordentlichen Kündigung festzustellen, dass das Arbeitsverhältnis nicht sofort, sondern erst mit Ablauf der Kündigungsfrist beendet wurde.[12] Die ordentliche Kündigung gilt in einem solchen Falle nach den §§ 4 Satz 1, 7 1. Halbsatz KSchG als wirksam oder ist, falls die Voraussetzungen des Kündigungsschutzes nicht vorliegen, wirksam, weil ein Kündigungsschutz für den Arbeitnehmer nicht besteht. Die Kündigung wird in zwei Kündigungserklärungen zerlegt, über die das Gericht zu befinden hat.[13] Der Arbeitnehmer kann in einem solchen Falle auch nicht im Rahmen der verlängerten Frist des § 6 Satz 1 KSchG die durch Umdeutung gewonnene ordentliche Kündigung später angreifen. Bringt er zum Ausdruck, er wolle nur die außerordentliche Kündigung angreifen, ist § 6 Satz 1 KSchG von seiner Zweckbestimmung her nicht anwendbar. Das ist anders zu beurteilen, wenn der Arbeitnehmer die Kündigung schlechthin bekämpft, d.h. erkennbar ist, er wolle sie in keiner Form hinnehmen.[14]

Der Arbeitgeber kann sich noch **im Berufungsverfahren** auf die **Umdeutung** **1944** berufen. Das gilt dann, wenn er die Tatsachen bereits in erster Instanz vorgetragen hat, das Arbeitsgericht jedoch die Umdeutung abgelehnt oder über sie gar nicht entschieden hat, aber auch in dem Fall, in dem der für die Umdeutung notwendige Sachvortrag erst in zweiter Instanz angebracht wird, sofern die zu beachtenden Bestimmungen der Prozessordnungen dies zulassen (§ 67 Abs. 3 ArbGG i.d.F. des Art. 30 Nr. 9 ZPO-RG vom 27. 7. 2001 (BGBl. I S. 1887), in Kraft seit dem 1. 1. 2002 (bis 31. 12. 2001: § 528 Abs. 2 ZPO a.F., § 67 Abs. 1 Satz 3 ArbGG a.F.).[15] Der Arbeitnehmer kann sich in diesen Fällen abweichend von § 6 Satz 1 KSchG noch im Berufungsverfahren darauf berufen, die ordentliche Kündigung sei sozial-

---

§ 139 ZPO klarzustellen; das betont auch *Dütz,* Arbeitsrecht, 6. Aufl. 2001, Rn. 405. Vgl. auch KR/*Friedrich,* § 4 KSchG Rn. 233, der für eine Ausdehnung konkrete Anhaltspunkte verlangt. Zum Problem auch LAG Düsseldorf 25. 3. 1980 DB 1980, 2527, LAG Köln 14. 7. 1987 LAGE § 140 BGB Nr. 5 und BAG 13. 8. 1987 EzA § 140 BGB Nr. 12 = NZA 1988, 129.

[11] Zutreffend KR/*Fischermeier,* § 626 BGB Rn. 399.

[12] KR/*Friedrich,* § 13 KSchG Rn. 95.

[13] Von hier aus erscheinen die Bedenken von *Vollkommer,* Anm. AP § 13 KSchG 1969 Nr. 3, gegen die besprochene Entscheidung des BAG begründet. Wenn das Urteil die umgedeutete ordentliche Kündigung nicht erfasste, war es dem Arbeitgeber nicht verwehrt, sich im Zahlungsprozess nach § 615 Satz 1 BGB darauf zu berufen, das Arbeitsverhältnis sei durch ordentliche Kündigung beendet worden. Die besondere kündigungsschutzrechtliche Präklusion (dazu oben Rn. 1898) konnte nicht Platz greifen, da der klagende Arbeitnehmer noch keine sechs Monate im Betrieb beschäftigt war.

[14] BAG 13. 8. 1987 EzA § 140 BGB Nr. 12 = NZA 1988, 129; vgl. auch KR/*Friedrich,* § 6 KSchG Rn. 16; *v. Hoyningen-Huene/Linck,* § 13 KSchG Rn. 47 a.

[15] Vgl. BAG 13. 8. 1974 EzA § 615 BGB Nr. 26 = AP § 13 KSchG 1969 Nr. 3; 15. 11. 1984 EzA § 626 BGB n.F. Nr. 95 = NZA 1985, 661; LAG Niedersachsen 30. 11. 2001 NZA-RR 2002, 242, 244; APS/*Biebl,* § 13 KSchG Rn. 44; *v. Hoyningen-Huene/Linck,* § 13 KSchG Rn. 47 a; KR/*Friedrich,* § 13 Rn. 83; *Löwisch,* § 13 KSchG Rn. 34; a. A. LAG Rheinland-Pfalz 13. 12. 1984 LAGE § 140 BGB Nr 2 = NZA 1985, 291; *Schmidt,* NZA 1989, 667 f.

widrig, sofern die Klage gegenüber der außerordentlichen Kündigung innerhalb der Dreiwochenfrist erhoben worden ist.[16]

1945 Der begrenzte Streitgegenstand der Kündigungsschutzklage hat im Falle einer Umdeutung zur Folge, dass die einheitliche Willenserklärung nach zwei Richtungen hin zu prüfen ist. Es hat eine mehrfache rechtliche Würdigung zu erfolgen. Sofern sich aus dem Vortrag des Klägers in erster Instanz nicht ergibt, er wolle den Streitgegenstand auf die Frage beschränken, ob die Kündigung als außerordentliche Kündigung unwirksam sei,[17] kann er nach Ablauf der Klagefrist, selbst noch im Berufungsverfahren, klarstellen, dass sich sein ursprünglich uneingeschränkt gegen die Auflösung des Arbeitsverhältnisses gerichteter Klageantrag auch auf eine durch Umdeutung gewonnene ordentliche Kündigung erstreckt, auf die sich der Arbeitgeber im Verlauf des Verfahrens beruft. In diesem Fall handelt es sich nicht um eine Klageerweiterung, sondern um eine Klarstellung seines Prozesszieles.[18] Das ist vertretbar, weil sich der Kläger gegen eine bestimmte außerordentliche Kündigung wehrt und er nach der „Berufung auf die Umdeutung" die Sozialwidrigkeit der ordentlichen Kündigung geltend macht.

1946 Entscheidet das Gericht über die durch Umdeutung gewonnene ordentliche Kündigung und stellt ihre Sozialwidrigkeit fest, befindet es, dass das Arbeitsverhältnis weder durch die außerordentliche noch durch die ordentliche Kündigung aufgelöst worden ist. Sind Auflösungsanträge gestellt worden, ist im Falle des Auflösungsantrags durch den Kläger wegen des Auflösungszeitpunktes zu unterscheiden, ob der Arbeitnehmer einen Antrag nach § 13 Abs. 1 Satz 3 KSchG oder nach § 9 Abs. 1 Satz 1 KSchG gestellt hat. Die Voraussetzungen sind unterschiedlich, auch der festzusetzende Zeitpunkt für die Auflösung des Arbeitsverhältnisses. Stellt der Arbeitgeber den Auflösungsantrag, so kann sich dieser nur auf die ordentliche Kündigung beziehen, so dass die Auflösung mit dem Zeitpunkt auszusprechen ist, zu dem die ordentliche Kündigungsfrist abläuft.

1947 **Nach** Abschluss des **Kündigungsschutzverfahrens** kann sich der Arbeitgeber, z.B. in einem Zahlungsprozess, **auf** die **Umdeutung** der Kündigung **nicht mehr berufen,** sofern das Kündigungsschutzgesetz Anwendung findet. Über die Rechtswirksamkeit der Kündigung des Arbeitsverhältnisses muss im Rahmen der fristgebundenen Klage einheitlich entschieden werden. Der Arbeitgeber muss alle Gründe, die die Beendigung durch diese Kündigung herbeiführen könnten, im Prozess einbringen.[19] Außerhalb der Geltung des Kündigungsschutzgesetzes, vor Erfüllung der Wartezeit von sechs Monaten, gilt dies nicht, d.h. der Arbeitgeber kann dann auch noch im Zahlungsprozeß die Umdeutung geltend machen. Der Antrag des Arbeitnehmers auf Feststellung der Unwirksamkeit der außerordentli-

---

[16] Ebenso APS/*Biebl,* § 13 KSchG Rn. 44; KR/*Friedrich,* § 13 KSchG Rn. 83; *Güntner,* DB 1975, 1269; *Vollkommer,* Anm. zu AP § 13 KSchG 1969 Nr. 3. Vgl. ferner BAG 16. 11. 1970 AP § 3 KSchG 1951 Nr. 38; *Löwisch,* § 13 KSchG Rn. 34. Die Tatsache, dass dem Arbeitnehmer nur eine Instanz zur Verfügung steht, hindert dies nicht, wie z.B. BAG 10. 12. 1970 AP § 3 KSchG 1951 Nr. 40 = NJW 1971, 1380 zeigt.

[17] So der Fall in BAG 31. 5. 1979 EzA § 4 KSchG n.F. Nr. 16 = AP § 256 ZPO Nr. 50.

[18] BAG 15. 11. 1984 EzA § 626 BGB n.F. Nr. 95 = NZA 1985, 661; *v. Hoyningen-Huene/Linck,* § 13 KSchG Rn. 46, 47; KR/*Friedrich,* § 13 KSchG Rn. 83.

[19] BAG 14. 8. 1974 EzA § 615 BGB Nr. 26 = AP § 13 KSchG 1969 Nr. 3; BAG 25. 11. 1982 EzA § 9 KSchG n.F. Nr. 15; APS/*Biebl,* § 13 KSchG Rn. 45; KR/*Fischermeier,* § 626 BGB Rn. 396; i. Erg. auch MünchArbR/*Berkowsky,* § 153 Rn. 54.

chen Kündigung, der in diesem Falle als ein Antrag nach § 256 Abs. 1 ZPO auszulegen ist, da § 4 Satz 1 KSchG keine Anwendung findet,[20] muss hier so verstanden werden, dass nur die Beendigung des Arbeitsverhältnisses durch die außerordentliche Kündigung Streitgegenstand der Klage ist. Das gilt jedenfalls stets dann, wenn der Kläger, der den Streitgegenstand seiner Klage bestimmt, weder im Antrag noch in der Begründung deutlich macht, er greife die Kündigung auch als ordentliche Kündigung an.[21]

Die Umdeutung einer außerordentlichen Kündigung scheidet aus, wenn die ordentliche Kündigung kraft Gesetzes (z.B. § 15 Abs. 1 Satz 1 KSchG; § 9 MuSchG; § 18 BErzGG), durch Tarifvertrag (dazu oben Rn. 791) oder Einzelarbeitsvertrag (dazu oben Rn. 791) ausgeschlossen ist. Ist die außerordentliche Kündigung in eine ordentliche Kündigung umzudeuten, ist nach allgemeinen Rechtsgrundsätzen zu entscheiden, ob die **ordentliche Kündigung rechtswirksam** ist. Es ist also zu prüfen, ob für sie ggfls. die Zustimmung des Integrationsamtes gemäß § 85 SGB IX vorliegt (dazu oben Rn. 1541) oder ob der Betriebsrat nach § 102 Abs. 1 Satz 1 BetrVG vor der Kündigung angehört worden ist. Hierbei ist zu beachten, dass die Anhörung des Betriebsrats zur außerordentlichen Kündigung grundsätzlich nicht seine Anhörung zur ordentlichen Kündigung entbehrlich macht (dazu oben Rn. 453). **1948**

II. Die sittenwidrige Kündigung

Verstößt eine Kündigung gegen die guten Sitten,[22] kann der Arbeitnehmer ihre Nichtigkeit unabhängig von den Vorschriften des Kündigungsschutzgesetzes geltend machen (§ 13 Abs. 2 Satz 1 KSchG). Die Klagefrist des § 4 Satz 1 KSchG findet keine Anwendung. Die Klagebefugnis wird nur durch das Rechtsinstitut der Verwirkung (hierzu unten Rn. 1953) begrenzt. **1949**

Das Gesetz gewährt dem Arbeitnehmer Vorteile, wenn er die Klage, mit der er die Sittenwidrigkeit einer Kündigung rügt, **innerhalb von drei Wochen erhebt.** Nach § 13 Abs. 2 Satz 2 KSchG sind dann die Vorschriften der §§ 9 Abs. 1 Satz 1, 9 Abs. 2 und 10 bis 12 KSchG anwendbar. Außerdem gelten die §§ 5 und 6 KSchG. Der Arbeitnehmer hat also die Rechte wie bei einer sozialwidrigen ordentlichen Kündigung. Voraussetzung ist allerdings, dass der Arbeitnehmer den allgemeinen Kündigungsschutz nach den §§ 1, 23 KSchG geltend machen kann.[23] Arbeitnehmer, die nicht unter das Kündigungsschutzgesetz fallen, können die Nichtigkeit der sittenwidrigen Kündigung geltend machen, jedoch auch bei einer Klage innerhalb der Dreiwochenfrist keine Auflösung des Arbeitsverhältnisses gegen Zahlung einer Abfindung beantragen. **1950**

[20] Vgl. BAG 19. 8. 1982 EzA § 9 MuSchG n.F. Nr. 21 unter B I der Gründe = NJW 1983, 1391.

[21] Das scheidet in diesen Fällen aus, da das KSchG keine Anwendung findet. Andere Unwirksamkeitsgründe müsste der Kläger darlegen; abweichend BAG 14. 8. 1974 EzA § 615 BGB Nr. 26 = AP § 13 KSchG 1969 Nr. 3 mit abl. Anm. von *Vollkommer.*

[22] Zur Sittenwidrigkeit der Kündigung vgl. Rn. 294ff.

[23] APS/*Biebl,* § 13 KSchG Rn. 52; KR/*Friedrich,* § 13 KSchG Rn. 163; *v. Hoyningen-Huene/Linck,* § 13 KSchG Rn. 74.

1951 Die Klage auf Feststellung der Sittenwidrigkeit einer Kündigung kann nach § 13 Abs. 2 Satz 2, 2. Halbs. KSchG gemäß § 5 Abs. 1 KSchG nachträglich zugelassen werden. Erfolgt dies, stehen dem Arbeitnehmer die besonderen Rechte nach § 13 Abs. 2 Satz 2 KSchG zu. Die Unkenntnis der Rechtslage rechtfertigt allerdings die nachträgliche Zulassung nicht.

1952 Die in § 13 Abs. 2 Satz 2 KSchG vorgesehene entsprechende Anwendung des § 6 KSchG hat zur Folge, dass sich der Arbeitnehmer nach dessen Satz 1 bis zum Schluss der mündlichen Verhandlung erster Instanz auf die Sozialwidrigkeit der Kündigung nach § 1 Abs. 2 und 3 KSchG berufen kann. Damit verschiebt sich vor allem insoweit die Darlegungs- und Beweislast, die für die Gründe der sozialen Rechtfertigung der Kündigung beim Arbeitgeber liegt, während die Tatsachen, die die Sittenwidrigkeit der Kündigung zur Folge haben, vom Arbeitnehmer darzulegen und ggfls. zu beweisen sind.[24]

III. Die aus anderen Gründen unwirksame Kündigung (§ 13 Abs. 3 KSchG)

1953 Die Kündigung, die ordentliche wie auch die außerordentliche, kann aus zahlreichen Gründen unwirksam sein. Hierzu bestimmt § 13 Abs. 3 KSchG, dass „im übrigen" die Vorschriften des 1. Abschnitts des Kündigungsschutzgesetzes auf Kündigungen, die aus anderen als den in § 1 Abs. 2 und 3 KSchG bezeichneten Gründen rechtsunwirksam sind, keine Anwendung finden. Die wichtigste Konsequenz des § 13 Abs. 3 KSchG ist, dass die **Klagefrist des § 4 Satz 1 KSchG** vom Arbeitnehmer nicht beachtet werden muss. Das Recht des Arbeitnehmers, gegen eine Kündigung, die aus anderen Gründen unwirksam ist, Klage zu erheben, **kann** aber nach § 242 BGB **verwirken.** Das Klagebegehren verwirkt, wenn der Anspruchsteller die Klage erst nach Ablauf eines längeren Zeitraums erhebt (Zeitmoment) und dadurch ein Vertrauenstatbestand beim Anspruchsgegner geschaffen wird, er werde nicht mehr gerichtlich belangt. Hierbei muss das Erfordernis des Vertrauensschutzes das Interesse des Berechtigten an einer sachlichen Prüfung des von ihm behaupteten Anspruches derart überwiegen, dass dem Gegner die Einlassung auf die nicht mehr innerhalb angemessener Frist erhobene Klage nicht zuzumuten ist (Umstandsmoment).[25] Das Bundesarbeitsgericht lehnt eine schematisierende Betrachtungsweise ab und entscheidet je nach Lage des Einzelfalles. Das Vorliegen des Zeitmoments indiziert nicht das Umstandsmoment. Das BAG verlangt vielmehr zusätzlich zum Zeitmoment besondere Umstände für die berechtigte Erwartung des Schuldners, er werde nicht mehr gerichtlich in Anspruch genommen.[26]

---

[24] BAG 19. 7. 1973 EzA § 138 BGB Nr. 13; 2. 4. 1987 EzA § 612a BGB Nr. 1 = NZA 1988, 18 = AP § 138 BGB Nr. 32; 16. 2. 1989 EzA § 138 BGB Nr. 23 = NZA 1989, 962; KR/*Friedrich,* § 13 KSchG Rn. 175.

[25] BAG 20. 5. 1988 EzA § 242 BGB Prozessverwirkung Nr. 1 mit krit. Anm von *Schulin* = NZA 1989, 16; 6. 11. 1997 EzA § 242 BGB Prozessverwirkung Nr. 2 = NZA 1998, 374; 2. 12. 1999 EzA § 242 BGB Prozessverwirkung Nr. 3 = NZA 2000, 540; APS/*Biebl,* § 13 KSchG Rn. 62; KR/*Friedrich,* § 13 KSchG Rn. 304ff.; *v. Hoyningen-Huene/Linck,* § 13 KSchG Rn. 94; a.A. *Herschel,* Anm zu BAG EzA § 4 KSchG n.F. Nr. 17.

[26] BAG 13. 4. 1989 EzA § 13 KSchG n.F. Nr. 4 = NZA 1990, 395; 28. 5. 1998 EzA § 2 KSchG Nr. 29 = NZA 1998, 1167; 2. 12. 1999 a.a.O.; LAG Berlin 13. 5. 1985 LAGE

1. Der Anwendungsbereich des § 13 Abs. 3 KSchG

Beispiele für die Unwirksamkeit der Kündigung aus sonstigen Gründen: Verstoß gegen Grundgesetznormen, § 134 BGB (oben Rn. 272); Verstoß gegen § 102 Abs. 1 Satz 1 BetrVG 1972 (oben Rn. 345); § 9 Abs. 1 MuSchG (oben Rn. 1283); § 85 SGB IX (oben Rn. 1455); § 612 a BGB (oben Rn. 299) und § 613 a Abs. 4 BGB (oben Rn. 976); Fehlen einer tarifvertraglich geforderten Zustimmung des Betriebsrats zur Kündigung (oben Rn. 456). In Betracht kommt auch die Unwirksamkeit einer Kündigung nach § 174 Satz 1 BGB (oben Rn. 190), wegen eines Verstoßes gegen Treu und Glauben nach § 242 BGB (oben Rn. 303) oder wegen eines Verstoßes gegen den arbeitsrechtlichen Gleichbehandlungsgrundsatz (oben Rn. 319). **1954**

2. Die Feststellungsklage

Der Arbeitnehmer, der gegen eine seiner Ansicht nach aus anderen als den in § 1 Abs. 2 und 3 KSchG genannten Gründen unwirksame Kündigung Klage erheben will, hat dies in Form einer **allgemeinen Feststellungsklage nach § 256 Abs. 1 ZPO** i.V.m. § 495 ZPO, § 46 Abs. 2 Satz 1 ArbGG zu tun. Denn § 4 Satz 1 KSchG findet keine Anwendung. Das sollte auch im Klageantrag zum Ausdruck kommen. Richtig lautet der Klageantrag: Es wird festgestellt, dass das Arbeitsverhältnis über den ... (Datum der fristlosen Entlassung bzw. dem Tag des Ablaufs der Kündigungsfrist) hinaus fortbesteht. Wählt der Kläger den Antrag nach § 4 Satz 1 KSchG, hat das Gericht nach § 139 Abs. 1 Satz 2 ZPO[27] einen entsprechenden Hinweis zu geben. Von der Rechtsprechung wird dieser Antrag aber häufig dahin ausgelegt, dass die Feststellung im Rahmen des § 256 ZPO Abs. 1 begehrt wird.[28] **1955**

Für die Klage nach § 256 Abs. 1 ZPO besteht nach allgemeiner Ansicht ein Feststellungsinteresse, obwohl der Arbeitnehmer Leistungsklage (§§ 611 Abs. 1, 615 Satz 1 BGB) erheben könnte. Die Wirksamkeit der Kündigung wäre dann incidenter vom Gericht zu prüfen. Das Arbeitsverhältnis ist die Basis für zahlreiche Ansprüche des Arbeitnehmers, so dass es nicht einer sinnvollen Prozessökonomie entspräche, den Arbeitnehmer auf mehrere Einzelklagen zu verweisen.[29] **1956**

Zur Rechtskraftwirkung des Urteils vgl. oben Rn. 1904. **1957**

Das Rechtsschutzinteresse für eine allgemeine Feststellungsklage nach § 256 Abs. 1 ZPO mit der Begründung, die Kündigung sei aus Anlass des Betriebsüberganges erfolgt und damit nach § 613 a Abs. 4 Satz 1 BGB unwirksam, ist differenziert zu betrachten, je nachdem ob die Klage gegen den alten oder neuen Inhaber **1958**

---

§ 242 BGB Prozessverwirkung Nr. 1; 17. 8. 1987 LAGE § 4 KSchG Nr. 12; KR/*Friedrich*, § 13 KSchG Rn. 310.

[27] Wie Fn. 328.

[28] BAG 19. 8. 1982 EzA § 9 MuSchG n. F. Nr. 21 = NJW 1983, 1391; 5. 12. 1985 EzA § 613 a BGB Nr. 50 = NJW 1986, 522; 24. 10. 1996 EzA Art. 12 GG Nr. 29 = NZA 1997, 597; BAG 21. 6. 2000 EzA § 1 TVG Betriebsverfassungsnorm Nr. 1 = NZA 2001, 271; *Boemke*, RdA 1995, 211, 216 f.; KR/*Friedrich*, § 13 KSchG Rn. 311; vgl. auch BAG 21. 2. 2001 EzA § 242 BGB Kündigung Nr. 1 = NZA 2001, 833; krit. *Berkowsky*, NZA 2001, 801, 802 ff.; dagegen *Deckers*, RdA 1998, 326.

[29] BAG 24. 10. 1996 EzA Art. 12 GG Nr. 29 = NZA 1997, 597; APS/*Biebl*, § 13 KSchG Rn. 63; KR/*Friedrich*, § 13 KSchG Rn. 311 m. w. N.

des Betriebes erhoben worden ist. Wird die Klage gegen den Betriebsübernehmer erhoben, ist die Unwirksamkeit der Kündigung wegen des Verstoßes gegen § 613a Abs. 4 Satz 1 BGB eine Vorfrage, die in diesem Rechtsstreit zu entscheiden ist. Für eine gleichzeitig anhängige allgemeine Feststellungsklage gegen den früheren „Inhaber" des Betriebes besteht nur dann ein Rechtsschutzinteresse, wenn dieser Bestandsschutzstreit der Klärung von Ansprüchen des Arbeitnehmers gegen den alten Arbeitgeber dient.[30]

1959 Der Arbeitnehmer hat im Falle der Unwirksamkeit der Kündigung allein aus anderen Gründen nicht die Möglichkeit, die **Auflösung des Arbeitsverhältnisses** und Zahlung einer Abfindung zu beantragen, auch dann nicht, wenn die Klage innerhalb der Klagefrist des § 4 Satz 1 KSchG erhoben worden ist. Das ist nur dann möglich, wenn die Kündigung **zugleich** sozialwidrig ist und das Gericht dies feststellt. Einzelheiten unten Rn. 1968.

§ 3 Auflösung des Arbeitsverhältnisses und Abfindung

1960 Stellt das Gericht fest, dass das Arbeitsverhältnis durch die Kündigung nicht aufgelöst ist, ist jedoch dem Arbeitnehmer die Fortsetzung des Arbeitsverhältnisses nicht zuzumuten, hat das Gericht nach § 9 Abs. 1 Satz 1 KSchG auf Antrag des Arbeitnehmers das Arbeitsverhältnis aufzulösen und den Arbeitgeber zur Zahlung einer angemessenen Abfindung zu verurteilen. Die gleiche Entscheidung hat das Gericht auf Antrag des Arbeitgebers gemäß § 9 Abs. 1 Satz 2 KSchG zu treffen, wenn Gründe vorliegen, die eine den Betriebszwecken dienliche weitere Zusammenarbeit zwischen Arbeitgeber und Arbeitnehmer nicht erwarten lassen. Der Auflösungsantrag nach § 9 Abs. 1 Satz 1 bzw. Satz 2 stellt einen selbstständigen Antrag und ein eigenständiges prozessuales Institut des Kündigungsschutzrechts dar.[1]

1961 Die Regelung des § 9 Abs. 1 Satz 1 und 2 KSchG bedeutet eine **Durchbrechung des Bestandsschutzes.**[2] Denn trotz sozial ungerechtfertigter Kündigung kann das Gericht das Arbeitsverhältnis auflösen. Dazu sind allerdings bestimmte Gründe notwendig. Für Arbeitgeber und Arbeitnehmer sind die Voraussetzungen unterschiedlich geregelt.

1962 Die **Verfassungsmäßigkeit** des § 9 KSchG ist bezweifelt worden. Bedenken bestehen nicht. Denn der Gesetzgeber hat bei der Einräumung des Bestandsschutzes ein weites Ermessen, und er ist durchaus in der Lage, den Kündigungsschutz mit einer Auflösungsmöglichkeit durch gerichtliches Urteil zu verbinden, die nur unter besonderen Voraussetzungen gewährt wird.[3]

---

[30] Vgl. LAG Hamm 17. 5. 1993 LAGE § 256 ZPO Nr. 7; *Hillebrecht,* NZA 1989 Beilage 4 S. 19.

[1] BAG 26. 10. 1979 EzA § 9 KSchG n.F. Nr. 7 = NJW 1980, 1484; 20. 3. 1997 EzA § 613a BGB Nr. 148 = NZA 1997, 937; vgl. auch GK-ArbGG/*Ascheid* § 72 Rn. 44, wonach der Auflösungsantrag einen eigenen Streitgegenstand bildet.

[2] ErfK/*Ascheid,* § 9 KSchG Rn. 1; APS/*Biebl,* § 9 KSchG Rn. 2; *v. Hoyningen-Huene/Linck,* § 9 KSchG Rn. 5a; *Keßler,* NZA-RR 2002, 1, 2; KR/*Spilger,* § 9 KSchG Rn. 9; KDZ/*Zwanziger,* § 9 KSchG Rn. 2.

[3] BAG 16. 5. 1984 EzA § 9 KSchG n.F. Nr. 16 = NJW 1985, 991; *v. Hoyningen-Huene/Linck,* § 9 KSchG Rn. 7; *Redecker,* BB 1986, 1219; KR/*Spilger,* § 9 KSchG Rn. 13a; a.A. *Belling* DB 1985, 1890; *Bleckmann/Coen,* DB 1981, 640; vgl. auch *Keßler,* NZA-RR

Die Auflösung des Arbeitsverhältnisses und Zahlung einer Abfindung (§§ 9, 10 KSchG) sind auch neben der Kündigung nach Anlage I Kapitel XIX Sachgebiet A Abschnitt III Nr. 1 Abs. 4 Einigungsvertrag (ordentliche Kündigung eines Arbeitsverhältnisses in der öffentlichen Verwaltung im Beitrittsgebiet) zulässig. Diese Kündigungsregelung ist eine selbstständige Modifizierung des § 1 Abs. 2 KSchG, so dass die §§ 9, 10 KSchG unmittelbar anzuwenden sind. Auch die §§ 4 und 7 KSchG gelten, so dass die Klagefrist des § 4 Satz 1 KSchG einschlägig ist.[4] **1963**

Die Auflösung des Arbeitsverhältnisses durch gerichtliches Urteil kann **nur im Kündigungsschutzprozess** erfolgen.[5] Damit richtet sich der Auflösungsantrag des Arbeitnehmers grundsätzlich gegen den Arbeitgeber, der die Kündigung ausgesprochen hat. Kommt es allerdings nach Rechtshängigkeit eines gegen diesen gerichteten Kündigungsschutzprozesses (dazu oben Rn. 1792) vor der letzten mündlichen Verhandlung in der Tatsacheninstanz zu einem Betriebsübergang und einem damit nach § 613a Abs. 1 Satz 1 BGB verbundenen Arbeitgeberwechsel, muss der Arbeitnehmer, sofern er dem Übergang seines Arbeitsverhältnisses nicht form- und fristgerecht nach § 613a Abs. 6 BGB widerspricht, den Auflösungsantrag gegen den ihm bekannten Betriebserwerber richten, diesen also in den Kündigungsschutzprozess einbeziehen.[6] **1964**

Auch wenn der Arbeitnehmer keine Möglichkeit hat, die Auflösung des Arbeitsverhältnisses mit Abfindung ohne vorherige Kündigung, über die dann gestritten wird, zu erreichen (vgl. oben Rn. 1964), können die Parteien des Arbeitsvertrages jederzeit **kraft** einer privatautonomen **Vereinbarung** das Arbeitsverhältnis beenden. Dann greift weder der allgemeine noch ein besonderer Kündigungsschutz ein. Auch die §§ 9, 10 KSchG finden keine Anwendung, d.h., eine Abfindung muss nicht vereinbart werden. Der Aufhebungsvertrag ist auch ohne Abfindungsvereinbarung rechtswirksam. Ebenso kann in ihm verabredet werden, die Abfindung werde nur gezahlt, falls der Arbeitnehmer endgültig in sein Heimatland zurückkehre.[7] Etwas anderes gilt dann, wenn der Aufhebungsvertrag in Ausführung einer Betriebsvereinbarung geschlossen wird, der Sozialplancharakter zukommt. Dann darf mit der Abfindungszahlung kein weiterer Nachteil – Rückkehrverpflichtung – verbunden werden.[7] **1965**

Die Auflösung eines **Berufsausbildungsverhältnisses** kommt auf Antrag des Auszubildenden im Falle einer außerordentlichen Kündigung nicht in Betracht. **1966**

2002, 1,2; KDZ/*Zwanziger,* § 9 KSchG Rn. 3. Das BVerfG hat am 29. 1. 1990 erkannt, § 9 Abs. 2 KSchG verstoße weder gegen Art. 3 Abs. 3 GG noch gegen Art. 14 GG; BVerfG EzA § 9 KSchG n.F. Nr. 34 = NJW 1990, 1843.

[4] BAG 24. 9. 1992 EzA Art. 20 EinigungsV Nr. 17 = NZA 1993, 362; 18. 3. 1993 EzA Art. 20 EinigungsV Nr. 21 = NZA 1993, 601; *Müller-Glöge,* Arbeitsrecht in den neuen Bundesländern, 1998, Rn. 491ff.

[5] BAG 29. 5. 1959 AP § 3 KSchG Nr. 19 = NJW 1959, 1942; LAG Baden-Württemberg 3. 6. 1991 LAGE § 9 KSchG Nr. 20; Sächs.LAG 29. 6. 2001 NZA-RR 2002, 265, 266; ErfK/*Ascheid* § 9 KSchG Rn. 1; APS/*Biebl,* § 9 KSchG Rn. 5; *Boewer,* RdA 2001, 380, 396; *v. Hoyningen-Huene/Linck,* § 9 KSchG Rn. 12; KR/*Spilger,* § 9 KSchG Rn. 14.

[6] BAG 20. 3. 1997 EzA § 613a BGB Nr. 148 = NZA 1997, 937; ErfK/*Ascheid,* § 9 KSchG Rn. 11 (auch zu dem Fall, dass der Betriebsübergang im Kündigungsschutzprozess bestritten bleibt); APS/*Biebl,* ErfK/*Ascheid,* § 9 KSchG Rn. 32; *Boewer,* RdA 2001, 380, 397; *v. Hoyningen-Huene/Linck,* § 9 KSchG Rn. 31 a; *Keßler,* NZA-RR 2002, 1, 5; *Löwisch,* § 9 KSchG Rn. 29.

[7] BAG 7. 5. 1987 EzA § 9 KSchG n.F. Nr. 21 = NZA 1988, 15.

Das BAG begründet das allein mit dem Zweck des Berufsausbildungsverhältnisses, das nach dem BBiG einen verstärkten Bestandsschutz genießt, mit dem die Auflösung nach § 9 KSchG unvereinbar wäre.[8]

1967 Der Auflösungsantrag, der nicht beziffert werden muss[9] (vgl. aber unten Rn. 1999), kann vom Arbeitnehmer und vom Arbeitgeber nach § 9 Abs. 1 Satz 3 KSchG bis zur letzten mündlichen Verhandlung in der Berufungsinstanz gestellt werden, ohne dass es einer Zulassung als Klageänderung nach §§ 263, 525 Satz 1 ZPO i. V. m. § 64 Abs. 6 Satz 1 ArbGG bedürfte. Dabei ist die Form der Berufung (§ 519 ZPO i. V. m. § 64 Abs. 6 Satz 1 ArbGG) bzw. Anschlussberufung (§ 524 ZPO i. V. m. § 64 Abs. 6 Satz 1 ArbGG) zu wahren.[10] Eine Zurückweisung nach § 67 ArbGG wegen Verspätung scheidet aus.[11] Die Rücknahme des Auflösungsantrags kann ebenfalls bis zur letzten mündlichen Verhandlung in der Berufungsinstanz erfolgen, selbst dann, wenn in erster Instanz bereits darüber eine positive Entscheidung ergangen ist.[12] Eine Einwilligung des Arbeitgebers bzw. des Arbeitnehmers ist nicht notwendig, da es sich nicht um eine teilweise Klagerücknahme nach § 269 ZPO, sondern um einen besonderen Anwendungsfall einer Beschränkung des Klageantrags i. S. des § 264 Nr. 2 ZPO handelt.[13] In der Rücknahme des Auflösungsantrages kann ein Verzicht auf diesen Antrag i. S. des § 306 ZPO liegen. Das BAG nimmt das in der Regel an.[14]

I. Voraussetzungen für die Auflösung des Arbeitsverhältnisses

1. Sozialwidrigkeit der Kündigung

1968 Voraussetzung für die Auflösung des Arbeitsverhältnisses ist die Sozialwidrigkeit der Kündigung i. S. von § 1 Abs. 1 KSchG. Ohne eine entsprechende Feststellung durch das Gericht kann nicht auf Auflösung des Arbeitsverhältnisses erkannt wer-

---

[8] BAG 29. 11. 1984 EzA § 9 KSchG n. F. Nr. 19 = NZA 1986, 230; ebenso LAG Brandenburg 10. 10. 1997 LAGE § 4 KSchG Nr. 39; *Boewer,* RdA 2001, 380, 399; HK-KSchG/*Dorndorf,* § 9 KSchG Rn. 10; *v. Hoyningen-Huene/Linck,* § 13 KSchG Rn. 18; KR/*Spilger,* § 9 KSchG Rn. 14 b; KDZ/*Zwanziger,* § 9 KSchG Rn. 8.

[9] BAG 26. 6. 1986 EzA § 10 KSchG Nr. 1 = NZA 1987, 139; LAG Hamm 5. 12. 1996 LAGE § 64 ArbGG 1979 Nr. 32.

[10] BAG 26. 11. 1981 EzA § 9 KSchG n. F. Nr. 11 = AP § 9 KSchG 1969 Nr. 8; a. A. LAG Hamm 8. 6. 2000 BB 2000, 2475 L., wonach der Auflösungsantrag nach §§ 261 Abs. 2, 297 Abs. 1 Satz 2, 525 Satz 1 ZPO i. V. m. § 64 Abs. 6 Satz 1 ArbGG auch zu Protokoll der mündlichenVerhandlung des Landesarbeitsgerichts erklärt werden kann.

[11] ErfK/*Ascheid,* § 9 KSchG Rn. 8; *Bauer,* FS für Hanau, 1999, S. 151, 152; APS/*Biebl,* § 9 KSchG Rn. 25; *Boewer,* RdA 2001, 380, 397; *v. Hoyningen-Huene/Linck,* § 9 KSchG Rn. 22; KR/*Spilger,* § 9 KSchG Rn. 20.

[12] BAG 28. 1. 1961 AP § 7 KSchG 1951 Nr. 8; ErfK/*Ascheid,* § 9 KSchG Rn. 9; *Bauer,* FS für Hanau, 1999, S. 151, 158; APS/*Biebl,* § 9 KSchG Rn. 28; *v. Hoyningen-Huene/Linck,* § 9 KSchG Rn. 27; *Keßler,* NZA-RR 2002, 1, 4; KR/*Spilger,* § 9 KSchG Rn. 23; KDZ/*Zwanziger,* § 9 KSchG Rn. 40.

[13] BAG 26. 10. 1979 EzA § 9 KSchG n. F. Nr. 7 = NJW 1980, 1484; *Boewer,* RdA 2001, 380, 397; Keßler, NZA-RR 2002, 1, 4.

[14] BAG 28. 1. 1961 AP § 7 KSchG 1951 Nr. 8; für Einzelfallprüfung ErfK/*Ascheid,* § 9 KSchG Rn. 9; *Bauer,* FS für Hanau, 1999, S. 151, 159; KR/*Spilger,* § 9 KSchG Rn. 25.

den. Unsicher ist die Zulässigkeit des Auflösungsantrages, wenn die Kündigung nicht nur sozialwidrig, sondern **auch** noch **aus anderen Gründen,** etwa nach § 9 Abs. 1 Satz 1 MuSchG i. V. m. § 134 BGB **nichtig** oder gemäß § 102 Abs. 1 Satz 3 BetrVG **unwirksam ist.**

Das BAG steht auf dem Standpunkt, der **Arbeitnehmer** könne die Auflösung auch dann beantragen, wenn die Unwirksamkeit der Kündigung nicht nur auf § 1 Abs. 1 KSchG gestützt werde.[15] Das Gericht muss jedoch in diesem Falle die Sozialwidrigkeit der Kündigung feststellen, d. h., es kann diese Frage nicht offen lassen und das Urteil allein mit einer Nichtigkeit z. B. nach § 9 Abs. 1 Satz 1 MuSchG i. V. m. § 134 BGB oder einer Unwirksamkeit nach § 102 Abs. 1 Satz 3 BetrVG begründen. Ist die Kündigung nicht sozialwidrig, sondern nur aus anderen Gründen nichtig, darf das Gericht nicht auf Auflösung des Arbeitsverhältnisses erkennen. **1969**

Der Antrag des **Arbeitgebers** auf Auflösung des Arbeitsverhältnisses ist nach Ansicht des Bundesarbeitsgerichts in diesem Falle unzulässig. Hier soll Voraussetzung sein, dass die Kündigung **allein sozialwidrig** ist (vgl. aber unten Rn. 1971).[16] Allerdings wird es als unschädlich angesehen, wenn der Arbeitgeber zusätzlich weitere Kündigungssachverhalte geltend macht, die aus anderen Gründen die Unwirksamkeit der Kündigung begründen. Es genügt, wenn für *einen* Kündigungssachverhalt die Unwirksamkeit der Kündigung ausschließlich aus ihrer Sozialwidrigkeit (§ 1 Abs. 1 KSchG) hergeleitet werden kann.[17] **1970**

Der bei mehreren Unwirksamkeitsgründen differenzierenden Auffassung des Bundesarbeitsgerichts, je nachdem, ob der Arbeitnehmer oder der Arbeitgeber den Auflösungsantrag nach § 9 Abs. 1 KSchG stellt, ist nicht zu folgen. Sie gilt nur in dem Fall, in dem der Arbeitnehmer sich nicht auf die Sozialwidrigkeit der Kündigung (§ 1 Abs. 1 KSchG) beruft, sondern seine Klage allein auf andere Unwirksamkeitsgründe stützt. Dann kann der vom Arbeitgeber gestellte Auflösungsantrag den Streitgegenstand der Klage nicht auf die Sozialwidrigkeit erweitern. Der Arbeitnehmer hat also die Möglichkeit, die Unzulässigkeit des Auflösungsantrags des Arbeitgebers herbeizuführen. Macht der Arbeitnehmer jedoch alle Unwirksamkeitsgründe geltend, muss das Gericht bei Stellung des Auflösungsantrags durch den Arbeitgeber (auch) die Sozialwidrigkeit der Kündigung prüfen und über den Antrag entscheiden.[18] Diese Auffassung vertritt inzwischen auch das BAG in dem Fall, dass die Unwirksamkeit der Kündigung **nicht** Folge eines **Verstoßes** gegen eine **Schutznorm** zu Gunsten des Arbeitnehmers, wie z. B. § 9 Abs. 1 **1971**

---

[15] BAG 29. 1. 1981 EzA § 9 KSchG n. F. Nr. 10 = NJW 1982, 1118; 26. 8. 1993 EzA § 322 ZPO Nr. 9, unter III 3 der Gründe = NZA 1994, 70; BAG 20. 3. 1997 EzA § 613a BGB Nr. 148 = NZA 1997, 937; ebenso ErfK/*Ascheid,* § 9 KSchG Rn. 15; APS/*Biebl,* § 9 KSchG Rn. 9; *Boewer,* RdA 2001, 380, 398; *Keßler,* NZA-RR 2002, 1,5; *Löwisch,* § 9 KSchG Rn. 17.

[16] St. Rspr., z. B. BAG 25. 11. 1993 EzA § 14 KSchG Nr. 3 = NZA 1994, 837; 21. 9. 2000 EzA § 9 KSchG n. F. Nr. 44 = NZA 2001, 102; 17. 9. 2001 EzA § 322 ZPO Nr. 13 = NJW 2002, 1287; 14. 9. 2001 EzA § 14 KSchG Nr. 6; ebenso ErfK/*Ascheid,* § 9 KSchG Rn. 18; *Boewer,* RdA 2001, 380, 399 ff.; *v. Hoyningen-Huene/Linck,* § 9 KSchG Rn. 15; *Keßler,* NZA-RR 2002, 1, 5; KDZ/*Zwanziger,* § 9 KSchG Rn. 6; a. A. *Bauer,* FS für Hanau, 1999, S. 151, 163; KR/*Spilger,* § 9 KSchG Rn. 27.

[17] BAG 21. 9. 2000 a. a. O.; *Boewer,* RdA 2001, 380, 400; *v. Hoyningen-Huene/Linck,* § 9 KSchG Rn. 15; krit. *Schäfer,* BB 2001, 1102.

[18] Ebenso APS/*Biebl,* § 9 KSchG Rn. 11; KR/*Spilger,* § 9 KSchG Rn. 27.

Satz 1 MuSchG, § 85 SGB IX oder § 102 Abs. 1 Satz 1 BetrVG, ist.[19] Hat das Arbeitsgericht angenommen, die Kündigung sei sowohl nach § 1 Abs. 1 KSchG als auch wegen eines Verstoßes gegen eine derartige Schutznorm unwirksam und hat es deshalb den Auflösungsantrag des Arbeitgebers zurückgewiesen (vgl. oben Rn. 1970), kann das Landesarbeitsgericht auch bei einer auf den Auflösungsantrag des Arbeitgebers beschränkten Berufung des Arbeitgebers (dazu unten Rn. 2002) trotz rechtskräftig festgestellten Unwirksamkeit der Kündigung erneut prüfen, ob ein Verstoß gegen die in Rede stehende Schutznorm zu Gunsten des Arbeitnehmers vorliegt.[20]

1972 Im Zusammenhang mit einer Änderungskündigung kommt die Auflösung des Arbeitsverhältnisses nach § 9 Abs. 1 KSchG nur in Betracht, wenn der Arbeitnehmer die mit der Änderungskündigung angebotenen Arbeitsbedingungen nicht annimmt. Denn in diesem Fall handelt es sich um einen normalen Kündigungsschutzprozess mit der Möglichkeit der Antragstellung nach § 9 Abs. 1 Satz 1 und 2 KSchG (zu Einzelheiten näher unten Rn. 2061).

1973 Das **Arbeitsverhältnis** muss in dem **Zeitpunkt,** zu dem das Gericht das Arbeitsverhältnis nach § 9 Abs. 2 KSchG **aufzulösen** hat (dazu unten Rn. 1292, 1294), noch **bestehen.** Endet das Arbeitsverhältnis früher, ist eine Auflösung nicht mehr zulässig.[21] Eine **Ausnahme** hiervon ist nur im Fall des **Betriebsübergangs** nach Klageerhebung und vor der letzten mündlichen Verhandlung in der Tatsacheninstanz zu machen (oben Rn. 1964). Wird das Auflösungsurteil vor dem Zeitpunkt der Auflösung rechtskräftig, was bei langen Kündigungsfristen denkbar ist, muss der Arbeitgeber die Abfindung zahlen, selbst wenn der Arbeitnehmer vor dem Auflösungszeitpunkt stirbt. Der rechtskräftig ausgeurteilte Abfindungsanspruch ist somit vererblich.[22] Das gilt auch dann, wenn dieser Anspruch auf einem vor dem Tod des Arbeitnehmers rechtswirksam geschlossenen Vertrag über die Auflösung des Arbeitsverhältnisses beruht.[23]

2. Der Auflösungsantrag des Arbeitnehmers

1974 Der Arbeitnehmer kann nach § 9 Abs. 1 Satz 1 KSchG die Auflösung des Arbeitsverhältnisses verlangen, wenn ihm die Fortsetzung des Arbeitsverhältnisses **nicht** mehr **zugemutet** werden kann. Hat während des Kündigungsschutzprozesses ein Betriebsübergang stattgefunden (oben Rn. 1964), kommt es auf die Unzumutbarkeit der Fortsetzung des Arbeitsverhältnisses bei dem Betriebserwerber

[19] BAG 10. 11. 1994 EzA § 9 KSchG n. F. Nr. 43 = NZA 1995, 308; 27. 9. 2001 EzA § 322 ZPO Nr. 13 = NJW 2002, 1287; dem BAG insoweit folgend *Bauer,* FS für Hanau, 1999, S. 151, 163; abl. *v. Hoyningen-Huene/Linck,* § 9 KSchG Rn. 15b; *Löwisch,* § 9 KSchG Rn. 45.

[20] BAG 27. 9. 2001 a. a. O.

[21] BAG 25. 6. 1987 EzA § 9 KSchG n. F. Nr. 23 = NJW 1988, 2638; BAG 20. 3. 1997 EzA § 613a BGB Nr. 148 = NZA 1997, 937.

[22] BAG 25. 6. 1987 EzA § 9 KSchG n. F. Nr. 23 = NJW 1988, 2638; ErfK/*Ascheid,* § 9 KSchG Rn. 2; APS/*Biebl,* § 9 KSchG Rn. 17; *v. Hoyningen-Huene/Linck,* § 9 KSchG Rn. 35; KR/*Spilger,* § 9 KSchG Rn. 33.

[23] BAG 25. 6. 1987 a. a. O.; vgl. aber auch BAG 16. 5. 2000 EzA § 611 BGB Aufhebungsvertrag Nr. 36 = NZA 2000, 1236; hierzu krit. *Boecken,* NZA 2002, 421, 422ff.

an.[24] Will der Arbeitnehmer auf die Unzumutbarkeit der Fortsetzung beim bisherigen Betriebserwerber abstellen, muss er dem Übergang seines Arbeitsverhältnisses (§ 613a Abs. 1 Satz 1 BGB) form- und fristgerecht nach § 613a Abs. 6 BGB widersprechen.[25]

Der Auflösungsantrag des Arbeitnehmers ist ein sog. **unechter Eventualantrag.** **1975**
Denn er wird nur für den Fall gestellt, dass der Arbeitnehmer mit dem Kündigungsschutzantrag obsiegt.[26] Es liegt also eine bedingte Klagehäufung vor. Derartige bedingte Klageanträge sind zulässig, wenn die Entscheidung über den Eintritt der Bedingung allein beim Gericht liegt. Es handelt sich um eine Art von Rechtsbedingung, d.h. der Auflösungsantrag soll nur beschieden werden, wenn der Kläger mit seinem Feststellungsantrag Erfolg hat.[27]

Der Begriff der Unzumutbarkeit deckte sich nach einer älteren Rechtsprechung **1976**
mit dem, der bei einer außerordentlichen Kündigung des Arbeitsverhältnisses durch den Arbeitnehmer erfüllt sein musste.[28] Das BAG ließ später offen, ob an den Begriff der „Unzumutbarkeit" i.S. des § 9 Abs. 1 Satz 1 KSchG gleich strenge Anforderungen zu stellen sind.[29] Seit der Entscheidung des BAG vom 26. 11. 1981 werden an die Unzumutbarkeit geringere Anforderungen gestellt. Danach **genügt** es, wenn die **Fortsetzung** des Arbeitsverhältnisses für den Arbeitnehmer zu **unzuträglichen Bedingungen** führt. Die Normzwecke des § 626 Abs. 1 BGB und des § 9 Abs. 1 KSchG decken sich nicht.[30] Das Gericht hat abzustellen auf den Zeitpunkt seiner Entscheidung über den Auflösungsantrag.[31] Nur von ihm aus kann eine verlässliche Prognose getroffen werden, ob die Fortsetzung des Arbeitsverhältnisses auf unbestimmte Zeit zumutbar ist.

Die Auflösungsgründe müssen einen **inneren Zusammenhang** mit den **1977**
Kündigungsgründen haben oder während des Verfahrens entstanden sein,[32] z.B.

---

[24] BAG 20. 3. 1997 EzA § 613a BGB Nr. 148 = NZA 1997, 937.

[25] ErfK/*Ascheid,* § 9 KSchG Rn. 13; KR/*Spilger,* § 9 KSchG Rn. 34.

[26] BAG 19. 12. 1958 AP § 133b GewO Nr. 1; 29. 5. 1959 zu § 3 KSchG 1951; 5. 11. 1964 AP § 7 KSchG 1951 Nr. 20; 23. 6. 1993 EzA § 64 ArbGG 1979 Nr. 30 = NZA 1994, 264; LAG Baden-Württemberg 3. 6. 1991 LAGE § 9 KSchG Nr. 20; LAG Rheinland-Pfalz 10. 7. 1997 LAGE § 68 ArbGG 1979 Nr. 4 = NZA 1998, 903.

[27] BAG 8. 4. 1988 EzA § 611 BGB Beschäftigungspflicht Nr. 30 = NZA 1988, 741; 18. 6. 1997 EzA § 1 TVG Fristlose Kündigung Nr. 3 = NZA 1997, 1234.

[28] BAG 5. 11. 1964 EzA § 7 KSchG Nr. 1 = NJW 1965, 787 = AP § 7 KSchG Nr. 20 mit Anm. von *Herschel;* LAG Schleswig-Holstein 7. 5. 1981 DB 1981, 1627.

[29] Vgl. BAG 29. 1. 1981 EzA § 9 KSchG n.F. Nr. 10 = AP § 9 KSchG 1969 Nr. 6.

[30] BAG 26. 11. 1981 EzA § 9 KSchG n.F. Nr. 11 = NJW 1982, 2015; 24. 9. 1992 EzA Art. 20 EinigungsV Nr. 17, unter I 3 der Gründe = NZA 1993, 362; LAG Köln 26. 1. 1995 LAGE § 9 KSchG Nr. 25; ErfK/*Ascheid,* § 9 KSchG Rn. 13; APS/*Biebl,* § 9 KSchG Rn. 33; *v. Hoyningen-Huene/Linck,* § 9 KSchG Rn. 32; *Keßler,* NZA-RR 2002, 1, 6; KR/*Spilger,* § 9 KSchG Rn. 39; KDZ/*Zwanziger,* § 9 KSchG Rn. 10. Die Befürchtung des Arbeitnehmers, nach seiner Rückkehr in den Betrieb könne es zu Spannungen mit Kollegen kommen, kann allein die Auflösung nicht rechtfertigen, LAG Köln 2. 2. 1987 LAGE § 9 KSchG Nr. 5.

[31] BAG 25. 11. 1982 EzA § 9 KSchG n.F. Nr. 15 = AP § 9 KSchG 1969 Nr. 10; ErfK/*Ascheid,* § 9 KSchG Rn. 13; APS/*Biebl,* § 9 KSchG Rn. 36; *v. Hoyningen-Huene/Linck,* § 9 KSchG Rn. 36; KR/*Spilger,* § 9 KSchG Rn. 40; KDZ/*Zwanziger,* § 9 KSchG Rn. 12.

[32] BAG 24. 9. 1992 EzA Art. 20 Einigungsvertrag Nr. 17 = NZA 1993, 362; ErfK/*Ascheid,* § 9 KSchG Rn. 13; APS/*Biebl,* § 9 KSchG RN. 34; KR/*Spilger,* § 9 KSchG Rn. 41; KDZ/*Zwanziger,* § 9 KSchG Rn. 12.

leichtfertige ehrverletzende Behauptungen über den Arbeitnehmer; Besorgnis unkorrekter Behandlung nach Rückkehr in den Betrieb.[33] Das **Verhalten Dritter** reicht nur dann aus, wenn es durch den Arbeitgeber gebilligt worden ist.[34] Hat der Arbeitnehmer eine andere Stelle gefunden und angetreten, rechtfertigt dieser Umstand alleine die Auflösung nicht. Soweit nicht sonstige, die Unzumutbarkeit begründende Umstände vorliegen, ist der durch den Antritt einer neuen Stelle entstehende Konflikt ausschließlich nach § 12 KSchG zu lösen (dazu oben Rn. 1905).[35] Auch die Tatsache, dass ein Verfahren über die Kündigung geführt worden ist, kann den Auflösungsantrag des Arbeitnehmers nicht rechtfertigen.

1978 Alle Tatsachen, die für die Auflösung des Arbeitsverhältnisses vom **Arbeitnehmer** geltend gemacht werden, hat dieser zu **behaupten** und ggf. zu **beweisen.**[36] Das Gericht darf für die Begründung nur solche Tatsachen heranziehen, auf die sich der Arbeitnehmer auch berufen hat. Das gilt selbst dann, wenn die Tatsachen unstreitig oder offenkundig sind.[37]

1979 Stellt das Gericht fest, dass eine **außerordentliche Kündigung** unbegründet ist, ist jedoch dem Arbeitnehmer die Fortsetzung des Arbeitsverhältnisses nicht zuzumuten, hat es das Arbeitsverhältnis auf seinen Antrag nach § 13 Abs. 1 Satz 3 KSchG aufzulösen. Der Arbeitnehmer hat im Falle der **Umdeutung der außerordentlichen Kündigung** in eine ordentliche Kündigung, sofern diese sozialwidrig ist, die **Wahl,** ob er den Auflösungsantrag in Bezug auf die außerordentliche Kündigung des Arbeitgebers stellt oder die Auflösung des Arbeitsverhältnisses nur bezogen auf die ordentliche Kündigung beantragt.[38] Das hat Konsequenzen für den Auflösungszeitpunkt (unten Rn. 1994) und damit auch für evtl. Ansprüche des Arbeitnehmers aus §§ 611 Abs. 1, 615 Satz 1 BGB.

3. Der Auflösungsantrag des Arbeitgebers

1980 Auf Antrag des Arbeitgebers hat das Gericht das Arbeitsverhältnis aufzulösen, wenn Gründe vorliegen, die eine den Betriebszwecken dienliche weitere Zusammenarbeit zwischen Arbeitgeber und Arbeitnehmer nicht erwarten lassen. Der Auflösungsantrag des Arbeitgebers ist ein **echter Eventualantrag.** Denn er wird für den Fall gestellt, dass der Antrag auf Abweisung der Kündigungsschutzklage keinen Erfolg hat. Bestreitet der Arbeitgeber die Sozialwidrigkeit der Kündigung nicht, beschränkt er sich also auf den Auflösungsantrag, wird dieser zum Hauptantrag.

---

[33] LAG Düsseldorf 19. 11. 1996 LAGE § 626 BGB Nr. 104; vgl. auch *Bauer,* FS für Hanau, 1999, S. 151, 153. Weitere Beispiele bei *Keßler,* NZA-RR 2002, 1, 7.

[34] BAG 14. 5. 1987 EzA § 9 KSchG n. F. Nr. 20 = NZA 1988, 17.

[35] BAG 19. 10. 1972 EzA § 12 KSchG Nr. 1 = AP § 12 KSchG 1969 Nr. 1; ErfK/*Ascheid,* § 9 KSchG Rn. 15; *Boewer,* RdA 2001, 380, 400; *v. Hoyningen-Huene/Linck,* § 9 KSchG Rn. 34; KR/*Spilger,* § 9 KSchG Rn. 44.

[36] Vgl. BAG 30. 9. 1976 EzA § 9 KSchG n. F. Nr. 3 = AP § 9 KSchG 1969 Nr. 3; *Boewer,* RdA 2001, 380, 400.

[37] BAG 30. 9. 1976 EzA § 9 KSchG n. F. Nr. 3 = NJW 1977, 695; LAG Köln 26. 1. 1995 LAGE § 9 KSchG Nr. 25; *Boewer,* RdA 2001, 380, 400.

[38] BAG 26. 8. 1993 EzA § 322 ZPO Nr. 9 = NZA 1994, 70; *Bauer,* FS für Hanau, 1999, S. 151, 166; *Boewer,* RdA 2001, 380, 399.

An den vom Arbeitgeber gestellten Auflösungsantrag sind im Interesse eines wirksamen Bestandsschutzes **strenge Anforderungen** zu stellen.[39] Das darf aber nicht dazu führen, die strengen Voraussetzungen des § 626 Abs. 1 BGB für den Auflösungsantrag des Arbeitgebers zu verlangen. **1981**

Der Zeitpunkt für die Beurteilung ist hier wie bei der Entscheidung über den Antrag des Arbeitnehmers (oben Rn. 1976) der, in dem das Gericht über den Antrag befindet.[40] **1982**

Die notwendigen **Auflösungsgründe** können im **prozessualen** wie im **außerprozessualen Verhalten** des Arbeitnehmers liegen. Ein Verschulden des Arbeitnehmers ist nicht erforderlich.[41] Ein Verhalten im Prozess, das durch die Wahrnehmung berechtigter Interessen gedeckt ist, reicht für die Auflösung nicht. Das **Verhalten Dritter** muss der Arbeitnehmer sich zurechnen lassen, wenn dieses durch sein Verhalten in irgendeiner Weise veranlasst worden ist.[42] Die Zurechnung betrifft auch die Ausführungen seines Prozeßbevollmächtigten im Kündigungsrechtsstreit, wenn er ihnen nicht in geeigneter Weise entgegentritt.[43] Die Auflösung des Arbeitsverhältnisses kann auch mit den Gründen verlangt werden, die die Kündigung nicht rechtfertigen. Der Arbeitgeber muss aber im Einzelnen vortragen, weshalb diese Tatsachen, die die Kündigung nicht rechtfertigen,[44] einer den Betriebszwecken dienlichen weiteren Zusammenarbeit entgegenstehen.[45] In aller Regel werden dazu weitere zusätzliche Tatsachen vorgetragen werden müssen.[46] **1983**

Unsicher ist, ob der Arbeitgeber im Verfahren Gründe nachschieben kann, mit denen er wegen Nichteinschaltung des Betriebsrats im Kündigungsschutzprozess ausgeschlossen ist. Das BAG hat die Frage im Urteil vom 18. 12. 1980[47] offen gelassen. Da jedoch der Arbeitgeber nur verpflichtet ist, dem Betriebsrat die Kündi- **1984**

---

[39] BAG 14. 5. 1987 EzA § 9 KSchG n. F. Nr. 20; 25. 10. 1989 EzA § 1 KSchG Verhaltensbedingte Kündigung Nr. 30 = NZA 1990, 561; 14. 1. 1993 NZA 1994, 309, 311; LAG Köln 17. 1. 1996 LAGE § 626 BGB Druckkündigung Nr. 1; 21. 9. 2000 EzA § 1 KSchG Betriebsbedingte Kündigung Nr. 106 = NZA 2001, 255; vgl. auch LAG Berlin 5. 5. 1997 LAGE § 9 KSchG Nr. 29.

[40] BAG 30. 9. 1976 EzA § 9 KSchG n. F. Nr. 3 = AP § 9 KSchG 1969 Nr. 3; 30. 6. 1983 EzA § 1 KSchG Tendenzbetrieb Nr. 14 = AP Art. 140 GG Nr. 15; 30. 4. 1992 RzK I 11 a Nr. 20 L.; 14. 1. 1993 NZA 1994, 309, 311; ErfK/*Ascheid,* § 9 KSchG Rn. 21; APS/*Biebl,* § 9 KSchG Rn. 50; *Hoyningen-Huene/Linck,* § 9 KSchG Rn. 43; KR/*Spilger,* § 9 KSchG Rn. 54; KDZ/*Zwanziger,* § 9 KSchG Rn. 25.

[41] BAG 14. 5. 1987 EzA § 9 KSchG n. F. Nr. 20 = NZA 1988, 16; 25. 10. 1989 EzA § 1 KSchG Verhaltensbedingte Kündigung Nr. 30 = NZA 1990, 561; *Boewer,* RdA 2001, 380, 401; *Keßler,* NZA-RR 2002, 1, 10.

[42] BAG 14. 5. 1987 EzA § 9 KSchG n. F. Nr. 20 = NZA 1988, 16; *Boewer,* RdA 2001, 380, 401; *Keßler,* NZA-RR 2002, 1, 10.

[43] Vgl. BAG 30. 6. 1959 AP § 1 KSchG 1951 Nr. 56; vgl. auch *Bauer,* FS für Hanau, 1999, S. 151, 156; *Keßler,* NZA-RR 2002, 1, 10.

[44] BAG 16. 5. 1984 EzA § 9 KSchG n. F. Nr. 16 = NZA 1985, 60; a. A. LAG Schleswig-Holstein 10. 3. 1999 RzK I 11 a Nr. 29 L.

[45] BAG 30. 9. 1976 EzA § 9 KSchG n. F. Nr. 3 = AP § 9 KSchG 1969 Nr. 3; BAG 30. 6. 1983 EzA § 1 KSchG Tendenzbetrieb Nr. 14 = AP Art. 140 GG Nr. 15; LAG Hamm 30. 1. 1995 LAGE § 626 BGB Nr. 84; ErfK/*Ascheid,* § 9 KSchG Rn. 21; *v. Hoyningen-Huene/Linck,* § 9 KSchG Rn. 37; KR/*Spilger,* § 9 KSchG Rn. 58; vgl. auch LAG Berlin 5. 5. 1997 LAGE § 9 KSchG Nr. 29.

[46] LAG Hamm 30. 1. 1995 LAGE § 626 BGB Nr. 84.

[47] EzA § 102 BetrVG 1972 Nr. 44 = NJW 1981, 2316.

gungsgründe mitzuteilen und er zudem in diesem Stadium noch gar nicht wissen kann, ob überhaupt ein Auflösungsantrag gestellt wird – die Anhörung des Betriebsrats insoweit wäre also eine rein hypothetische –, kann er auch **Gründe nachschieben,** mit denen er **im Kündigungsschutzprozess ausgeschlossen** wäre.[48] Bei der Entscheidung über den Auflösungsantrag einer Kirchengemeinde kann der Glaubwürdigkeit der Gemeinde in der Öffentlichkeit besonderes Gewicht zukommen. Der Eindruck heilloser Zerstrittenheit des Gemeindepersonals kann den Auflösungsantrag rechtfertigen.[49]

1985 Die **Darlegungs- und Beweislast** obliegt dem **Arbeitgeber** (§ 9 Abs. 1 Satz 2 KSchG).[50] Zur Schlüssigkeit seines Auflösungsantrags gehört der Vortrag von **greifbaren Tatsachen,** aus denen folgt, dass eine den Betriebszwecken dienliche weitere Zusammenarbeit nicht zu erwarten sei. Allgemeine Redewendungen etwa des Inhalts, die Vertrauensgrundlage sei weggefallen oder ein unüberbrückbares Zerwürfnis sei eingetreten, genügen nicht.[51]

1986 Bei Geschäftsführen, Betriebsleitern und ähnlichen **leitenden Angestellten** i. S. d. § 14 Abs. 2 Satz 1 KSchG mit der dort genannten Personalverantwortung (dazu näher oben Rn. 879ff.)[52] braucht der Arbeitgeber den **Auflösungsantrag** nach § 14 Abs. 2 Satz 2 KSchG **nicht** zu **begründen.**[53, 54]

1987 Nach Art. 56 Abs. 2a Satz 1 des Zusatzabkommens zum Nato-Truppenstatut, geändert durch das Änderungsabkommen vom 18. 3. 1993 (BGBl. 1994 II S. 2598), findet § 9 Abs. 1 Satz 2 KSchG im Rahmen eines Arbeitsverhältnisses bei den alliierten Streitkräften mit der Maßgabe Anwendung, dass der Arbeitgeber seinen Auflösungsantrag auch damit begründen kann, der Fortsetzung des Arbeitsverhältnisses ständen besonders schutzwürdige militärische Interessen entgegen.[55] Zur Abfindungsregelung in der Seeschiffahrt vgl. § 65 SeemG.[56]

1988 Der Arbeitgeber kann **keinen Auflösungsantrag** stellen, wenn das Gericht feststellt, eine außerordentliche Kündigung sei unbegründet. Das folgt aus § 13 Abs. 1 Satz 3 KSchG, der hier nur für den Arbeitnehmer einen Auflösungsantrag

---

48 ErfK/*Ascheid* § 9 KSchG Rn. 24; APS/*Biebl,* § 9 KSchG Rn. 52; *Boewer,* RdA 2001, 380, 401; *v. Hoyningen-Huene/Linck,* § 9 KSchG Rn. 45; *Keßler,* NZA-RR 2002, 1, 9; *Löwisch,* § 9 KSchG Rn. 50; *Lunk,* NZA 2000, 807, 809ff; a. A. KDZ/*Kittner,* § 9 KSchG Rn. 23; KR/*Spilger,* § 9 KSchG Rn. 58a, *Herschel,* Anm. AP § 102 BetrVG 1972 Nr. 22.

49 BVerfG 9. 2. 1990 EzA § 9 KSchG Nr. 36 = NJW 1990, 2053.

50 Vgl. BAG 30. 9. 1976 EzA § 9 KSchG n. F. Nr. 3 = AP § 9 KSchG 1969 Nr. 3; *Boewer,* RdA 2001, 380, 400.

51 BAG 14. 5. 1987 EzA § 9 KSchG n. F. Nr. 20 = NZA 1988, 16; 14. 1. 1993 NZA 1994, 311; *Boewer,* RdA 2001, 380, 400.

52 Vgl. hierzu BAG 25. 11. 1993 EzA § 14 KSchG Nr. 3 = NZA 1994, 837; 18. 10. 2000 EzA § 14 KSchG Nr. 5 = NZA 2001, 438; 27. 9. 2001 EzA § 14 KSchG Nr. 6; *Keßler,* NZA-RR 2002, 1, 9f.; *Vogel,* NZA 2002, 313, 314f.

53 Krit. hierzu im Hinblick auf Art. 3 Abs. 1 GG wegen der Begründungspflicht des leitenden Angestellten nach § 9 Abs. 1 Satz 1 KSchG *Bauer,* FS für Hanau, 1999, S. 151, 157.

54 Zur Bemessung der Höhe der Abfindung in diesem Fall LAG Hamm 14. 12. 2000 LAGE § 9 KSchG Nr. 35.

55 Vgl. näher *Rolfs,* AR-Blattei SD 10 Rn. 186ff.; KR/*Spilger,* § 9 KSchG Rn. 64; KR/*Weigand,* NATO-ZusAbk Rn. 34; früher BAG 9. 12. 1971 AP Art. 56 ZA-Nato-Truppenstatut Nr. 3.

56 Hierzu näher KR/*Weigand,* § 65 SeemG Rn. 129f.

vorsieht. Das gilt auch in dem Fall, in dem das Arbeitsverhältnis mit ordentlicher Frist nicht mehr gekündigt werden kann.[57]

Beruft sich der Arbeitgeber mit Erfolg auf die Umdeutung der außerordentlichen Kündigung in eine ordentliche und stellt das Arbeitsgericht deren Sozialwidrigkeit fest, kann insoweit auch der Arbeitgeber den Auflösungsantrag stellen. Das gilt auch, wenn vorsorglich ordentlich gekündigt worden ist.[58] **1989**

4. Beiderseitiger Auflösungsantrag

Ob das Gericht bei beiderseitigem Antrag auf Auflösung des Arbeitsverhältnisses diesem ohne nähere Prüfung stattgeben kann oder ob auch dann nach festgestellter Sozialwidrigkeit der ordentlichen Kündigung die Prüfung der weiteren gesetzlichen Voraussetzungen des § 9 Abs. 1 Satz 1 bzw. 2 KSchG zu erfolgen hat, wird unterschiedlich beurteilt.[59] **1990**

Dieses Problem ist in ersterem Sinne zu lösen.[60] Denn die Prüfung der Voraussetzungen könnte dazu führen, dass ein Arbeitsverhältnis durch Urteilsspruch gegen den Willen beider Parteien fortzusetzen wäre. Dieses kaum zu rechtfertigende Ergebnis kann allerdings durch eine rechtzeitige vergleichsweise Aufhebung des Arbeitsverhältnisses vermieden werden.[61] **1991**

II. Das Auflösungsurteil

Stellt das Gericht fest, dass die Kündigung sozialwidrig ist, ist auf Auflösung des Arbeitsverhältnisses zu erkennen, wenn entweder der vom Arbeitnehmer oder der vom Arbeitgeber gestellte Auflösungsantrag begründet ist, bzw. wenn beide Parteien im Prozess den Antrag gestellt haben (dazu oben Rn. 1990, 1991). **Mit** dem im Urteil **festgesetzten Zeitpunkt,** der nach § 9 Abs. 2 KSchG demjenigen entspricht, an dem das Arbeitsverhältnis bei sozial gerechtfertigter ordentlicher Kündigung geendet **1992**

---

[57] BAG 15. 3. 1978 EzA § 620 BGB Nr. 34 = AP § 620 BGB Befristeter Arbeitsvertrag Nr. 45; 26. 10. 1979 EzA § 9 KSchG n. F. Nr. 7 = AP § 9 KSchG 1969 Nr. 5; LAG Köln 22. 6. 1989 LAGE § 9 KSchG Nr. 14; LAG Hamm 24. 11. 1988 LAGE § 626 BGB Unkündbarkeit Nr. 2 für den Fall der außerordentlichen Kündigung eines leitenden Angestellten; LAG Hamm 18. 10. 1990 LAGE § 9 KSchG Nr. 19; LAG Niedersachsen 10. 11. 1994 LAGE § 9 KSchG Nr. 23.

[58] BAG 26. 10. 1979 EzA § 9 KSchG n. F. Nr. 7 = AP § 9 KSchG 1969 Nr. 5 mit krit. Anm. von *Grunsky;* BAG 30. 6. 1983 EzA § 1 KSchG Tendenzbetrieb Nr. 14 = AP Art. 140 GG Nr. 15 mit Anm. von *Richardi;* LAG Berlin 5. 5. 1997 LAGE § 9 KSchG Nr. 29; LAG Hamm 30. 1. 1995 LAGE § 626 BGB Nr. 84; *Boewer,* RdA 2001, 380, 399.

[59] Das BAG hatte die Frage im Urteil von 23. 6. 1993 EzA § 64 ArbGG 1979 Nr. 30 = NZA 1994, 264 nicht zu entscheiden, da nur die Frage der Beschwer für die Einlegung der Berufung im Streit war.

[60] Ebenso BAG 29. 3. 1960 AP § 7 KSchG Nr. 7 mit zust. Anm. von *Herschel;* LAG Berlin 8. 8. 1967 BB 1968, 207; LAG Köln 29. 6. 2001 MDR 2002, 221, 222; ErfK/*Ascheid,* § 9 KSchG Rn. 28; *Bauer,* FS für Hanau, 1999, S. 151, 158; APS/*Biebl,* § 9 KSchG Rn. 71; *v. Hoyningen-Huene/Linck,* § 9 KSchG Rn. 47; *Keßler,* NZA-RR 2002, 1, 10f.; KDZ/*Zwanziger,* § 9 KSchG Rn. 29; a. A. *Boewer,* RdA 2001, 380, 401f.; *Neumann,* AR-Blattei SD 1020.6 Rn. 31; KR/*Spilger,* § 9 KSchG Rn. 66.

[61] So KR/*Spilger,* § 9 KSchG Rn. 66.

hätte – das ist der letzte Tag der maßgeblichen Kündigungsfrist[62] –, **endet** das **Arbeitsverhältnis.** Das hat zur Folge, dass ein Anspruch des Arbeitnehmers auf Fortzahlung der Arbeitsvergütung nach §§ 611 Abs. 1, 615 Satz 1 BGB nicht mehr besteht.[63] Dieser Umstand ist u.a. bei der Bemessung der Abfindung zu berücksichtigen.

1993 Über die **Rechtswirksamkeit** einer **Kündigung** und die Auflösung des **Arbeitsverhältnisses** kann grundsätzlich nur **einheitlich** entschieden werden.[64] Dem steht allerdings der Erlass eines Teilanerkenntnisurteils über die Unwirksamkeit der Kündigung nicht entgegen.[65]

1994 Fraglich ist, zu welchem Zeitpunkt das Gericht die **Auflösung** des Arbeitsverhältnisses vorzunehmen hat, die auf Antrag des Arbeitnehmers im Falle der Unwirksamkeit einer **außerordentlichen Kündigung** erfolgt. § 13 Abs. 1 Satz 2 KSchG verweist auf die entsprechende Geltung des § 9 Abs. 2 KSchG, der den Zeitpunkt bestimmt, an dem das Arbeitsverhältnis bei sozial gerechtfertigter Kündigung geendet hätte. Denkbar wäre also der letzte Tag der Kündigungsfrist oder der Zeitpunkt, zu dem die außerordentliche Kündigung, wäre sie wirksam gewesen, das Arbeitsverhältnis aufgelöst hätte, d.h. der Tag des Zugangs der außerordentlichen Kündigung. Letzteres ist die Auffassung der h.L.[66] Konsequenz dieser Ansicht ist, dass dem Arbeitnehmer auch nur bis zu diesem Zeitpunkt Lohnansprüche zustehen. Weitere Ansprüche aus Annahmeverzug entfallen, obwohl die Kündigung unwirksam ist. Kommt nach § 140 BGB die **Umdeutung der unwirksamen außerordentlichen Kündigung** des Arbeitsverhältnisses in eine sozial nicht gerechtfertigte ordentliche Kündigung in Betracht,[67] hat der Arbeitnehmer ein Wahlrecht, ob er die Auflösung des Arbeitsverhältnisses nach § 9 KSchG bezogen auf die außerordentliche Kündigung beantragt oder nur auf die durch Umdeutung

---

[62] BAG 25. 11. 1982 EzA § 15 KSchG n.F. Nr. 15 = AP § 9 KSchG 1969 Nr. 3; ErfK/*Ascheid,* § 9 KSchG Rn. 33; KR/*Spilger,* § 9 KSchG Rn. 31.

[63] De lege ferenda sollte erwogen werden, den Zeitpunkt zu verändern, weil der Anspruch aus §§ 611 Abs. 1, 615 Satz 1 BGB, den der Arbeitnehmer verliert, nicht selten höher ist als die mögliche Abfindung. Wegen des Verlustes des Schadensersatzanspruchs aus Auflösungsverschulden, wenn das Arbeitsgericht auf Auflösung erkannt hat, vgl. BAG 15. 2. 1973 EzA § 9 KSchG n.F. Nr. 1 = AP § 9 KSchG 1969 Nr. 2 mit krit. Anm. von *Herschel.* Die verfassungsrechtlichen Bedenken von *Bleckmann-Coen,* DB 1981, 640 sind nicht begründet. Denn der Bestandsschutz im Arbeitsverhältnis wurde durch das KSchG verwirklicht, der damit mit dem Auflösungsanspruch auch des Arbeitgebers belastet ist. Das BVerfG hat am 29. 1. 1990 erkannt, dass § 9 Abs. 2 KSchG mit dem Grundgesetz im Einklang steht; BVerfG 29. 1. 1990 EzA § 9 KSchG n.F. Nr. 34 = NZA 1990, 535.

[64] BAG 4. 4. 1957 AP § 301 ZPO Nr. 1; 9. 12. 1971 AP Art. 56 ZA-NATO-Truppenstatut Nr. 3; 27. 9. 2001 EzA § 322 ZPO Nr. 13 = NJW 2002, 1287; LAG Rheinland-Pfalz 10. 7. 1997 LAGE § 68 ArbGG 1979 Nr. 4 = NZA 1998, 903; APS/*Biebl,* § 9 KSchG Rn. 7; *Boewer,* RdA 2001, 380, 397; *v. Hoyningen-Huene/Linck,* § 9 KSchG Rn. 52; KR/*Spilger,* § 9 KSchG Rn. 14a, 83; a.A. ErfK/*Ascheid,* § 9 KSchG Rn. 30; *Löwisch,* § 9 KSchG Rn. 64.

[65] Vgl. BAG 29. 1. 1981 EzA § 9 KSchG n.F. Nr. 10 = AP § 9 KSchG 1969 Nr. 6; 27. 9. 2001 a.a.O.

[66] BAG 30. 7. 1964 AP § 398 BGB Nr. 1; 9. 4. 1981 EzA § 11 KSchG Nr. 3 = NJW 1982, 1303; BSG 8. 12. 1987 NZA 1988, 443; ErfK/*Ascheid,* § 13 KSchG Rn. 16; APS/*Biebl,* § 13 KSchG Rn. 28; *Boewer,* RdA 2001, 380, 398f.; KR/*Friedrich,* § 13 KSchG Rn. 69; *v. Hoyningen-Huene/Linck,* § 13 KSchG Rn. 20; KDZ/*Zwanziger,* § 13 KSchG Rn. 15; a.A. LAG Hamm 5. 12. 1996 LAGE § 64 ArbGG 1979 Nr. 32.

[67] Zur Möglichkeit des Arbeitgebers diese Umdeutung zu verhindern *Bauer,* FS für Hanau, 1999, S. 151, 166.

gewonnene ordentliche Kündigung. Wählt der Arbeitnehmer die letzte Möglichkeit, ist der Zeitpunkt für die Auflösung des Arbeitsverhältnisses unter Beachtung des § 9 Abs. 2 KSchG festzusetzen, d.h. zu dem Zeitpunkt, an dem es bei sozial gerechtfertigter Kündigung geendet hätte (dazu oben Rn. 1992).[68]

1. Die Kostenentscheidung

Wird die Kündigungsschutzklage abgewiesen und hat allein der Arbeitnehmer einen Antrag auf Auflösung gestellt, trägt er die Kosten nach § 91 Abs. 1 ZPO. Obsiegt der Arbeitnehmer mit beiden Anträgen, hat der Arbeitgeber die vollen Kosten des Rechtsstreits zu tragen. Obsiegt der Arbeitnehmer im Kündigungsschutzprozess, wird sein Auflösungsantrag jedoch abgewiesen, sind die Kosten nach § 92 ZPO zu quotieren. Da das Schwergewicht des Verfahrens beim Feststellungsantrag nach § 4 Satz 1 KSchG liegen dürfte, erscheint im Regelfall eine Quotierung von ¾ : ¼ sachgerecht.[69] Eine Kostenquotierung ist ebenso notwendig, wenn der Arbeitgeber im Kündigungsschutzantrag unterliegt, mit seinem Auflösungsantrag aber Erfolg hat. Haben beide Parteien den Auflösungsantrag gestellt und hat das Gericht ihm notwendigerweise (dazu oben Rn. 1990, 1991) stattgegeben, hat der Arbeitgeber die gesamten Kosten nach § 91 Abs. 1 ZPO zu tragen.[70] **1995**

Hat der Arbeitnehmer die beantragte Abfindung beziffert, trägt er nach § 92 Abs. 1 Satz 1 ZPO anteilige Kosten, wenn das Gericht seinem Antrag nicht voll entspricht.[71] **1996**

2. Vorläufige Vollstreckbarkeit

Wird durch das Urteil des Arbeitsgerichts im Kündigungsschutzprozess das Arbeitsverhältnis zu einem nach der Verkündung liegenden Zeitpunkt aufgelöst und der beklagte Arbeitgeber **ohne Datierung** verurteilt, an den klagenden Arbeitnehmer eine Abfindung zu zahlen, dann ist im **Zwangsvollstreckungsverfahren** von der sofortigen Fälligkeit des Abfindungsanspruchs auszugehen. Das Vollstreckungsorgan ist nicht befugt, den eindeutigen Titel dahin auszulegen und umzudeuten, dass der Abfindungsbetrag erst ab Auflösung des Arbeitsverhältnisses fällig werde.[72] Das LAG Berlin hat erkannt, eine Abfindung nach §§ 9, 10 KSchG entstehe erst **1997**

---

[68] BAG 26. 8. 1993 EzA § 322 ZPO Nr. 9 = NZA 1994, 70; ErfK/*Ascheid,* § 9 KSchG Rn. 33; APS/*Biebl,* § 13 KSchG Rn. 46; *Boewer,* RdA 2001, 380, 399; HK-KSchG/*Dorndorf,* § 13 KSchG Rn. 88; KR/*Friedrich,* § 13 KSchG Rn. 108; *v. Hoyningen-Huene/Linck,* § 13 KSchG Rn. 21a; KR/*Spilger,* § 9 KSchG Rn. 31a; KDZ/*Zwanziger,* § 13 KSchG Rn. 15.

[69] BAG 28. 1. 1961 AP § 7 KSchG Nr. 8; APS/*Biebl,* § 9 KSchG Rn. 93; HK-KSchG/*Hauck* § 9 Rn. 71; *Neumann,* AR-Blattei SD 1020.6 Rn. 84; KR/*Spilger,* § 9 KSchG Rn. 89.

[70] ErfK/*Ascheid,* § 9 KSchG Rn. 37; APS/*Biebl,* § 9 KSchG Rn. 95; *v. Hoyningen-Huene/Linck,* § 9 KSchG Rn. 64; differenzierend KR/*Spilger,* § 9 KSchG Rn. 91.

[71] BAG 26. 6. 1986 EzA § 10 KSchG Nr. 1 = NZA 1987, 139; *Boewer,* RdA 2001, 380, 396.

[72] OLG Köln 11. 9. 1985 EzA § 9 KSchG n.F. Nr. 18 mit abl. Anm. von *Herschel;* vgl. dazu aber auch LAG Köln 21. 9. 1983 DB 1984, 568 und LAG Düsseldorf 23. 5. 1989 LAGE § 9 KSchG Nr. 16.

mit der formellen Rechtskraft des Auflösungsurteils. Erst von diesem Zeitpunkt könne entgegen der Regelung des § 62 Abs. 1 Satz 1 ArbGG vollstreckt werden.[73] Das LAG Baden-Württemberg vertritt demgegenüber den Standpunkt, Urteile der Arbeitsgerichte, durch die auf Zahlung einer Abfindung erkannt würde, seien im Rahmen des § 62 Abs. 1 Satz 1 ArbGG vorläufig vollstreckbar. Das Gesetz enthalte keine Ausnahme für sog. Gestaltungsurteile.[74] Das BAG ist dieser Auffassung im Ergebnis gefolgt. Es hat erkannt, dass Urteile im Kündigungsschutzprozess auf Zahlung einer Abfindung **nach Auflösung** des Arbeitsverhältnisses **vorläufig vollstreckbar sind.**[75]

1998 Haben die Parteien in einem arbeitsgerichtlichen Vergleich die Auflösung des Arbeitsverhältnisses gegen Zahlung einer Abfindung vereinbart, ist die Abfindung, sofern nichts anderes vereinbart worden ist, nach § 271 Abs. 1 BGB sofort fällig und der Arbeitnehmer kann aus dem Vergleich die Zwangsvollstreckung betreiben, selbst wenn das Arbeitsverhältnis auf Grund des Vergleichs noch bis zu einem späteren Zeitpunkt besteht.[76]

3. Rechtsmittel

1999 Die Partei, die erstinstanzlich mit ihrem Auflösungsbegehren unterlegen ist, ist beschwert und kann deshalb nach § 64 Abs. 2 lit. c ArbGG Berufung gegen das Urteil des Arbeitsgerichts einlegen. Danach kann der **Arbeitnehmer** Berufung einlegen, wenn

- sein Auflösungsantrag nach § 9 Abs. 1 Satz 1 KSchG zurückgewiesen worden ist,
- die vom Arbeitsgericht festgesetzte Abfindung unter der von ihm im Antrag selbst oder im Antragsschriftsatz als Mindestbetrag begehrten Summe geblieben ist,[77]
- (str.) er beim Stellen seines Auflösungsantrags keine Mindestsumme genannt hat und das Arbeitsgericht eine Abfindung unter der jeweils nach § 10 Abs. 1, Abs. 2 KSchG in Betracht kommenden Höchstgrenze festgesetzt hat[78] oder

---

[73] LAG Berlin 17. 2. 1986 LAGE § 9 KSchG Nr. 1 mit abl. Anm. von *Schneider.*

[74] LAG Baden-Württemberg 9. 7. 1986 DB 1986, 2192; ebenso LAG Bremen 31. 8. 1983 DB 1983, 2315 und LAG Frankfurt/M. 22. 1. 1986 – 10 Ta 401/85 – n.v.; LAG Frankfurt/M. 14. 8. 1986 DB 1987, 1360 = NZA 1987, 211.

[75] BAG 9. 12. 1987 EzA § 9 KSchG n.F. Nr. 22 = NZA 1988, 329 = AR-Blattei D Kündigungsschutz Entscheidung Nr. 290 mit zust. Anm. von *Preis;* ebenso ErfK/*Ascheid,* § 9 KSchG Rn. 43; *v. Hoyningen-Huene/Linck,* § 9 KSchG Rn. 66; KR/*Spilger,* § 9 KSchG Rn. 96; KDZ/*Zwanziger,* § 9 KSchG Rn. 50.

[76] LAG Hamm 16. 5. 1991 LAGE § 9 KSchG Nr. 21; KR/*Spilger,* § 10 KSchG Rn. 19a; a.A. LAG Düsseldorf 23. 5. 1989 LAGE § 9 KSchG Nr. 16; LAG Köln 21. 9. 1983, DB 1984, 568; vgl. auch BAG 26. 8. 1997 EzA § 611 BGB Aufhebungsvertrag Nr. 29 = NZA 1998, 643.

[77] LAG Bremen 10. 6. 1986 LAGE § 64 ArbGG 1979 Nr. 12; LAG Hamm 5. 12. 1996 LAGE § 64 ArbGG 1979 Nr. 32; Hess.LAG 22. 4. 1997 LAGE § 64 ArbGG 1979 Nr. 33; ErfK/*Ascheid,* § 9 KSchG Rn. 39; *Boewer,* RdA 2001, 380, 397; GK-ArbGG/*Vossen,* § 64 Rn. 11.

[78] So ErfK/*Ascheid,* § 9 KSchG Rn. 39; *Bauer/Hahn,* DB 1990, 2471, 2473; *v. Hoyningen-Huene/Linck,* § 10 KSchG Rn. 17; KR/*Spilger,* § 9 KSchG Rn. 98 und § 10 KSchG Rn. 69; dagegen LAG Hamm 5. 12. 1996 LAGE § 64 ArbGG 1979 Nr. 32; Hess.LAG 22. 4. 1997 LAGE § 64 ArbGG 1979 Nr. 33; GK-ArbGG/*Vossen,* § 64 Rn. 12; offengelas-

– das Arbeitsverhältnis gegen seinen Antrag auf Antrag des Arbeitgebers aufgelöst worden ist.[79]

Haben **beide Parteien** erstinstanzlich einen **Auflösungsantrag** gestellt und löst das Arbeitsgericht daraufhin das Arbeitsverhältnis auf (dazu oben Rn. 1990, 1991), ist der Arbeitnehmer, der die Höhe der festgesetzten Abfindung nicht angreift, durch dieses Urteil nicht beschwert und seine Berufung deshalb unzulässig, auch wenn das Arbeitsgericht das Arbeitsverhältnis auf arbeitgeberseitigen Antrag hin auflöst.[80] **2000**

Hat der mit seiner Kündigungsschutzklage nach § 4 Satz 1 KSchG obsiegende **Arbeitnehmer** erstinstanzlich keinen Auflösungsantrag gestellt, kann er mangels Beschwer keine Berufung mit dem Ziel einlegen, in zweiter Instanz erstmals einen Auflösungsantrag zu stellen.[81] Ebenso ist eine Berufung des Arbeitnehmers wegen fehlender Beschwer unzulässig, die allein dazu dienen soll, seinen erstinstanzlich zu seinen Gunsten beschiedenen Auflösungsantrag zurücknehmen zu können, um dadurch eine Fortsetzung des Arbeitsverhältnisses zu erreichen.[82] **2001**

Der **Arbeitgeber** ist durch das erstinstanzliche Urteil beschwert und kann somit Berufung einlegen, wenn **2002**

– entgegen seinem Zurückweisungsantrag dem Auflösungsantrag des Arbeitnehmers entsprochen worden ist,[83]
– wenn sein eigener Auflösungsantrag zurückgewiesen worden ist[84] oder
– wenn die festgesetzte Abfindung über die in seinem Auflösungsantrag angegebene Höchstsumme hinausgeht.[85]

Hat der Arbeitgeber zulässigerweise Berufung eingelegt, kann der Arbeitnehmer den Auflösungsantrag gemäß § 9 Abs. 1 Satz 3 KSchG bis zum Schluss der mündlichen Verhandlung in der Berufungsinstanz stellen. Ist die Klage des Arbeitnehmers nach § 4 Satz 1 KSchG abgewiesen und deshalb über den hilfsweise gestellten (dazu oben Rn. 1980) Auflösungsantrag des Arbeitgebers nicht entschieden worden, braucht dieser nach Berufungseinlegung durch den Arbeitnehmer nicht seinerseits Berufung nach § 511 ZPO bzw. Anschlussberufung gemäß § 524 Abs. 1 ZPO i. V. mit § 64 Abs. 6 Satz 1 ArbGG einzulegen, um seinen Auflösungsantrag erneut in der Berufungsinstanz stellen zu können. Dieser fällt, da dem Hauptantrag des Ar- **2003**

---

sen in BAG 23. 6. 1993 EzA § 64 ArbGG 1979 Nr. 30 mit Anm. von *Dütz/Kiefer* = NZA 1994, 264.

[79] ErfK/*Ascheid,* § 9 KSchG Rn. 39; *Löwisch,* § 9 KSchG Rn. 78; GK-ArbGG/*Vossen,* § 64 Rn. 11.

[80] BAG 23. 6. 1993 EzA § 64 ArbGG 1979 Nr. 30 mit Anm. von *Dütz/Kiefer* = NZA 1994, 264; ErfK/*Ascheid,* § 9 KSchG Rn. 41; APS/*Biebl,* § 9 KSchG Rn. 104; *v. Hoyningen-Huene/Linck,* § 9 KSchG Rn. 66b; KR/*Spilger,* § 9 KSchG Rn. 23 und 97; KDZ/*Zwanziger,* § 9 KSchG Rn. 47.

[81] BAG 23. 6. 1993 a. a. O.; ErfK/*Ascheid,* § 9 KSchG Rn. 39; *v. Hoyningen-Huene/Linck,* § 9 KSchG Rn. 22, 66a; KR/*Spilger,* § 9 KSchG Rn. 20; ErfK/*Ascheid,* § 9 KSchG Rn. 39; APS/*Biebl,* § 9 KSchG Rn. 102; *Boewer,* RdA 2001, 380, 397; KR/*Spilger,* § 9 KSchG Rn. 23; KDZ/*Zwanziger,* § 9 KSchG Rn. 47.

[82] BAG 23. 6. 1993 EzA § 64 ArbGG 1979 Nr. 30 mit Anm. von *Dütz/Kiefer* = NZA 1994, 264.

[83] BAG 24. 9. 1992 GA Art. 20 EinigungsV Nr. 17 = NZA 1993, 362.

[84] BAG 27. 9. 2001 EzA § 322 ZPO Nr. 13 = NJW 2002, 1287.

[85] ErfK/*Ascheid,* § 9 KSchG Rn. 40; vgl. auch *v. Hoyningen-Huene/Linck,* § 10 KSchG Rn. 17; *Löwisch,* § 9 KSchG Rn. 80; KR/*Spilger,* § 10 KSchG Rn. 69.

beitgebers, nämlich dem Klageabweisungsantrag, stattgegeben worden ist, automatisch in der Rechtsmittelinstanz an.[86]

III. Die Abfindung

1. Rechtsnatur und zivilrechtliche Behandlung

2004 Wird das Arbeitsverhältnis aufgelöst, ist auf eine Abfindung zu erkennen, deren Höhe sich innerhalb der vom Gesetzgeber in § 10 Abs. 1, Abs. 2 Satz 1 KSchG festgelegten Höchstgrenze auf Grund richterlichen Ermessens zu bewegen hat.

2005 Die Abfindung ist ein Ausgleich für den Verlust des Arbeitsplatzes. Sie hat damit auch eine **Entschädigungsfunktion.**[87] Der Anspruch auf Zahlung der Abfindung entsteht mit Festsetzung im Urteil ohne Rücksicht auf seine Rechtskraft[88] und wird frühestens mit dem im Urteil festgelegten Zeitpunkt fällig, zu dem das Arbeitsverhältnis aufgelöst wird.[89] Ab diesem Zeitpunkt kann er verzinst werden.[90] Der Arbeitnehmer kann den Anspruch gemäß § 398 Satz 1 BGB **abtreten.**[91] Auch eine Vorausabtretung ist zulässig. Die Abfindung ist Arbeitseinkommen i. S. des § 850 ZPO und damit **pfändbar.**[92] Allerdings gelten die Pfändungsgrenzen des § 850c ZPO nicht; denn das „Arbeitseinkommen" wird nicht für einen fest umrissenen Zeitraum gezahlt.[93] Die Abfindung unterliegt als „nicht wiederkehrend zahlbare Vergütung" dem Pfändungsschutz des § 850i ZPO.[94] Entsprechendes

---

[86] BAG 25. 10. 1989 EzA § 1 KSchG Verhaltensbedingte Kündigung Nr. 30 = AP § 611 BGB Direktionsrecht Nr. 36; ErfK/*Ascheid,* § 9 KSchG Rn. 39; *Boewer,* RdA 2001, 380, 397; *v. Hoyningen-Huene/Linck,* § 9 KSchG Rn. 25; KDZ/*Kittner,* § 9 KSchG Rn. 34; KR/*Spilger,* § 9 KSchG Rn. 99.

[87] BAG 16. 5. 1984 EzA § 9 KSchG n. F. Nr. 16; 25. 6. 1987 EzA § 9 KSchG n. F. Nr. 23 = NZA 1988, 466; 20. 2. 1997 EzA § 4 TVG Abfindung Nr. 3 = NZA 1997, 834; LAG Niedersachsen 22. 8. 2001 ArbuR 2002, 153; ErfK/*Ascheid,* § 10 KSchG Rn. 1; APS/*Biebl,* § 9 KSchG Rn. 38; *v. Hoyningen-Huene/Linck,* § 10 KSchG Rn. 21; HK-KSchG/*Neef,* § 10 Rn. 33; KR/*Spilger,* § 10 KSchG Rn. 11; KDZ/*Zwanziger,* § 10 KSchG Rn. 26.

[88] BAG 9. 12. 1987 EzA § 9 KSchG n. F. Nr. 22 = NZA 1988, 329; ErfK/*Ascheid,* § 10 KSchG Rn. 18; *v. Hoyningen-Huene/Linck,* § 10 KSchG Rn. 24; *Löwisch,* § 10 KSchG Rn. 34; KR/*Spilger,* § 10 KSchG Rn. 14 und 19; a. A. APS/*Biebl,* § 9 KSchG Rn. 42.

[89] BAG 9. 12. 1987 EzA § 9 KSchG n. F. Nr. 22 = NZA 1988, 329; ErfK/*Ascheid,* § 10 KSchG Rn. 18; APS/*Biebl,* § 10 KSchG Rn. 41; *Löwisch,* § 10 KSchG Rn. 34; KR/*Spilger,* § 10 KSchG Rn. 19.

[90] ErfK/*Ascheid,* § 10 KSchG Rn. 18; KR/*Spilger,* § 10 KSchG Rn. 19.

[91] ErfK/*Ascheid,* § 10 KSchG Rn. 20; APS/*Biebl,* § 10 KSchG Rn. 42; *v. Hoyningen-Huene/Linck,* § 10 KSchG Rn. 23 und 35; KR/*Spilger,* § 10 KSchG Rn. 14; KDZ/*Zwanziger,* § 10 KSchG Rn. 30.

[92] BAG 13. 7. 1959 AP § 850 ZPO Nr. 1; 20. 8. 1996 EzA § 767 ZPO Nr. 2 = NZA 1997, 563; APS/*Biebl,* § 10 KSchG Rn. 43; *Bauer,* FS für Hanau, 1999, S. 151, 170; *v. Hoyningen-Huene/Linck,* § 10 KSchG Rn. 23; KR/*Spilger,* § 10 KSchG Rn. 17.

[93] BAG 12. 9. 1979 EzA § 9 KSchG n. F. Nr. 8 = NJW 1980, 800; 13. 11. 1991 EzA § 850 ZPO Nr. 4 = NZA 1992, 384; ErfK/*Ascheid,* § 10 KSchG Rn. 14; APS/*Biebl,* § 10 KSchG Rn. 43; *v. Hoyningen-Huene/Linck,* § 10 KSchG Rn. 23; KR/*Spilger,* § 10 KSchG Rn. 17; KDZ/*Zwanziger,* § 10 KSchG Rn. 30.

[94] So BAG 12. 9. 1979 a. a. O.; 13. 11. 1991 a. a. O.; 20. 8. 1996 EzA § 767 ZPO Nr. 2 = NZA 1997, 563; OLG Düsseldorf 28. 8. 1979 NJW 1979, 2520; LG Aachen 30. 11. 1983

gilt für eine, z.B. durch gerichtlichen Vergleich, vertraglich vereinbarte Abfindung.[95]

Der Arbeitgeber kann mit Gegenansprüchen **aufrechnen.** § 394 BGB ist anzuwenden, falls das Vollstreckungsgericht auf Antrag des Arbeitnehmers einen Teil der Abfindung nach § 850i ZPO für unpfändbar erklärt hat. **2006**

Die Abfindung nach den §§ 9, 10 KSchG war in der Regel **einfache Konkursforderung** i.S. von § 61 Abs. 1 Nr. 6 KO.[96] Ab 1. 1. 1999 handelt es sich um eine Insolvenzforderung nach §§ 38, 108 Abs. 2 InsO. **2007**

Um eine Masseverbindlichkeit i.S. von § 55 Abs. 1 Nr. 1 InsO (bis 31. 12. 1998: Masseschuld i.S. von § 59 Abs. 1 Nr. 1 KO) handelt es sich dagegen, wenn das Gericht das Arbeitsverhältnis gegen Abfindung auf Grund einer vom Insolvenzverwalter erklärten Kündigung auflöst.[97] **2008**

Tarifliche oder einzelvertragliche **Ausschlussfristen** sind auf Abfindungen nach den §§ 9, 10 KSchG nicht anzuwenden, ohne Rücksicht darauf, ob sie auf Grund eines gerichtlichen Vergleichs oder eines Urteils im Kündigungsschutzprozeß gezahlt werden.[98] **2009**

Die **Verjährungsfrist** für eine Abfindung auf Grund eines rechtskräftigen Auflösungsurteils beträgt 30 Jahre. Das ergab sich bis zum 31. 12. 2001 aus § 218 Abs. 1 Satz 1 BGB und folgt seit dem 1. 1. 2002 aus § 197 Abs. 1 Nr. 3 BGB i.d.F. von Art. 1 Nr. 3 des Gesetzes zur Modernisierung des Schuldrechts vom 26. 11. 2001 (BGBl. I S. 3128). Entsprechendes galt und gilt weiter für eine in einem vollstreckbaren (gerichtlichen) Vergleich (§ 794 Abs. 1 Nr. 1 ZPO) vereinbarte Abfindung (§ 218 Abs. 1 Satz 2 BGB a.F. bzw. § 197 Abs. 1 Nr. 4 BGB n.F.). Für Abfindungen aus anderen Rechtsgründen z.B. aus einer einzelvertraglichen Vereinbarung[99] oder einem Sozialplan nach § 112 Abs. 1 Satz 2 BetrVG[100] galt bis zum 31. 12. 2001 die regelmäßige Verjährungsfrist von 30 Jahren nach **2010**

JurBüro 1984, 468; ErfK/*Ascheid,* § 10 KSchG Rn. 14; APS/*Biebl,* § 10 KSchG Rn. 43; *v. Hoyningen-Huene/Linck,* § 10 KSchG Rn. 23; *Löwisch,* § 10 KSchG Rn. 23; KR/*Spilger,* § 10 KSchG Rn. 17; KDZ/*Zwanziger,* § 10 KSchG Rn. 32; a.A. *Herschel,* Anm. zu BAG AP § 7 KSchG Nr. 24.

[95] BAG 13. 7. 1959 AP § 850 ZPO Nr. 1; 12. 9. 1979 a.a.O.; 20. 8. 1996 a.a.O.; *Bauer,* FS für Hanau 1999, S. 151, 170f.

[96] Nach der Entscheidung des BVerfG zur konkursrechtlichen Einordnung von Sozialplanabfindungen 19. 10. 1983 EzA § 112 BetrVG 1972 Nr. 27 = NJW 1984, 468 war dies allg. Meinung; ErfK/*Ascheid,* § 10 KSchG Rn. 15; vgl. auch BAG 6. 12. 1984 EzA § 9 KSchG n.F. Nr. 17 = NZA 1985, 394; *Hueck/v. Hoyningen-Huene,* 12. Aufl. 1997, § 10 KSchG Rn. 25. Zur Lage vor der Entscheidung des BVerfG vgl. KR/*Spilger,* 5. Aufl. 1998, § 10 KSchG Rn. 20.

[97] ErfK/*Ascheid,* § 10 KSchG Rn. 15; APS/*Biebl,* § 10 KSchG Rn. 49; *v. Hoyningen-Huene/Linck,* § 10 KSchG Rn. 24; HK-KSchG/*Neef,* § 10 Rn. 42; KR/*Spilger,* § 10 KSchG Rn. 20; vgl. auch LG Detmold 12. 2. 1997 BB 1997, 1416, 1417.

[98] BAG 13. 1. 1982 EzA § 9 KSchG n.F. Nr. 13 = AP § 9 KSchG 1969 Nr. 7; APS/*Biebl,* § 10 KSchG Rn. 46; *Löwisch,* § 10 KSchG Rn. 38, KR/*Spilger,* § 10 KSchG Rn. 22a; KDZ/*Zwanziger,* § 10 KSchG Rn. 29; vgl. auch ErfK/*Ascheid,* § 10 KSchG Rn. 19; a.A. für Abfindungen auf Grund eines nach Erhebung einer Kündigungsschutzklage abgeschlossenen außergerichtlichen Vergleichs LAG Berlin 27. 7. 1998 LAGE § 4 TVG Ausschlussfristen Nr. 48 = NZA-RR 1999, 39.

[99] LAG Niedersachsen 26. 1. 2001 LAGE § 196 BGB Nr. 7 = NZA-RR 2001, 240.

[100] BAG 30. 10. 2001 EzA § 112 BetrVG 1972 Nr. 109 = NZA 2002, 449; vgl. auch Thür. LAG 21. 2. 2001 BB 2001, 2169 L.

§ 195 BGB. Diese beträgt seit dem 1. 1. 2002 nur noch drei Jahre (§ 195 BGB n. F.).

2011 Das Recht des Arbeitnehmers, die Auflösung des Arbeitsverhältnisses zu beantragen, ist **höchstpersönlich.** Stirbt der Arbeitnehmer während des Kündigungsschutzprozesses, kann der Antrag von den Erben nicht mehr gestellt werden. Fraglich ist, ob die Erben einen vom Arbeitnehmer gestellten Auflösungsantrag weiter verfolgen können, wenn der Arbeitnehmer nach Ablauf der Kündigungsfrist verstorben ist,[101] um auf diese Weise die Verurteilung des Arbeitgebers zur Zahlung einer Abfindung zu erreichen. Das wird von der h. M. vertreten.[102] Dem kann jedoch nicht zugestimmt werden. Denn eine Auflösung kann nicht mehr erfolgen, weil die Feststellung, dass die Fortsetzung des Arbeitsverhältnisses dem Arbeitnehmer nicht zugemutet werden kann, nicht mehr zu treffen ist.[103] Stirbt der Arbeitnehmer nach der letzten mündlichen Verhandlung in der Tatsacheninstanz, so verbleibt es bei einem Auflösungsurteil, sofern dieses rechtskräftig wird. Der Abfindungsanspruch geht auf die Erben über (vgl. schon oben Rn. 1973). Gelten im Arbeitsverhältnis sehr lange Kündigungsfristen, so kann es vorkommen, dass das Urteil bereits vor dem nach § 9 Abs. 2 KSchG zu bestimmenden Zeitpunkt rechtskräftig wird. Verstirbt der Arbeitnehmer, erlebt er also den Auflösungszeitpunkt nicht, geht der rechtskräftig festgestellte Abfindungsanspruch auf die Erben über.[104]

2012 Schließen die Parteien nach einer ordentlichen Kündigung einen **Abfindungsvergleich,** wird die vereinbarte Abfindung mangels einer anderweitigen ausdrücklichen Vereinbarung erst mit dem Ende des Arbeitsverhältnisses fällig.[105] Das Erleben des vereinbarten Auflösungstermins ist nicht Bedingung für die Verpflichtung zur Zahlung der Abfindung. Der Abfindungsanspruch geht auf die Erben über.[106]

---

[101] Stirbt der Arbeitnehmer vor dem Zeitpunkt, zu dem das Arbeitsverhältnis aufzulösen wäre (dazu oben Rn. 1992), endet das Arbeitsverhältnis, so dass eine Auflösung nicht mehr in Betracht kommt; vgl. *Löwisch,* § 9 KSchG Rn. 26.

[102] BAG 21. 1. 1965 AP § 7 KSchG 1951 Nr. 21; 17. 9. 1987 – 2 AZR 2/87 – n.v.; APS/*Biebl,* § 9 KSchG Rn. 87; KR/*Spilger,* § 9 KSchG Rn. 34 und § 10 KSchG Rn. 18; KDZ/*Zwanziger,* § 10 KSchG Rn. 33; *Compensis,* DB 1992, 888, 891; *Auffarth,* DB 1969, 530.

[103] *Löwisch,* § 9 KSchG Rn. 27 und § 10 KSchG Rn. 39. Der Hinweis von KR/*Spilger* § 9 KSchG Rn. 34 auf Billigkeitsgesichtspunkte ist verständlich, kann aber wohl das Ergebnis nicht tragen. Zum Problem vgl. *Preis,* Anm. zu LAG Rheinland-Pfalz 13. 11. 1987 LAGE § 9 KSchG Nr. 8 und auch BAG 25. 6. 1987 EzA § 9 KSchG n. F. Nr. 23.

[104] Vgl. Nachw. in Fn. 522.

[105] LAG Düsseldorf 23. 5. 1989 LAGE § 9 KSchG Nr. 16; LAG Köln 21. 9. 1983 DB 1984, 568; ArbG Passau 27. 5. 1997 BB 1997, 2114 mit Anm. von *Gerauer;* vgl. auch BAG 26. 9. 2001 NZA 2002, 584 L.

[106] BAG 25. 6. 1987 EzA § 9 KSchG n. F. Nr. 23 = NZA 1988, 466; LAG Rheinland-Pfalz 13. 11. 1987 LAGE § 9 KSchG Nr. 8 mit zust. Anm. von *Preis,* a. A. LAG Hamburg 16. 7. 1986 LAGE § 9 KSchG Nr. 4 = DB 1986, 2679 (durch BAG 25. 6. 1987 a. a. O. abgeändert); vgl. auch BAG 26. 8. 1997 EzA § 611 BGB Aufhebungsvertrag Nr. 29 = NZA 1998, 643; 16. 5. 2000 EzA § 611 BGB Aufhebungsvertrag Nr. 36 = NZA 2000, 1236; hierzu krit. *Boecken,* NZA 2002, 421, 422ff. Zur Nichtigkeit einer Vereinbarung über die Verrechnung künftiger Rentenansprüche mit einem Anspruch auf eine Abfindungszahlung nach § 3 BetrAVG a. F. (bis 31. 12. 2001) i. V. m. § 134 BGB vgl. BAG 24. 3. 1998 EzA § 3 BetrAVG Nr. 5 = NZA 1998, 1280; 21. 3. 2000 EzA § 3 BetrAVG Nr. 6 = NZA 2001, 1308; 17. 10. 2000 EzA § 3 BetrAVG Nr. 7 = NZA 2001, 437.

2. Die Höhe der Abfindung

Als Abfindung ist im Falle der Auflösung ein Betrag bis zu 12 Monatsverdiensten festzusetzen. In diesem Rahmen hat das Gericht die angemessene Abfindung zu ermitteln. Für ältere Arbeitnehmer, deren Arbeitsverhältnis länger bestanden hat, gibt § 10 Abs. 2 Satz 1 KSchG dem Gericht die Möglichkeit, die Abfindung höher festzusetzen. Hat der Arbeitnehmer das 50. Lebensjahr vollendet und hat das Arbeitsverhältnis mindestens 15 Jahre bestanden, ist ein Betrag bis zu 15 Monatsverdiensten, hat der Arbeitnehmer das 55. Lebensjahr vollendet und hat das Arbeitsverhältnis 20 Jahre bestanden, ist ein Betrag bis zu 18 Monatsverdiensten festzusetzen. **2013**

Maßgebend für die erhöhte Höchstgrenze der Abfindung sind die Verhältnisse in dem Zeitpunkt, zu dem das Gericht nach § 9 Abs. 2 KSchG das Arbeitsverhältnis aufzulösen hat.[107] Das gilt aber nach § 10 Abs. 2 Satz 2 KSchG dann nicht, wenn der Arbeitnehmer in dem Zeitpunkt, den das Gericht nach § 9 Abs. 2 KSchG für die Auflösung des Arbeitsverhältnisses festsetzt, das in der Vorschrift des Sechsten Buches Sozialgesetzbuch über die Regelaltersrente bezeichnete Lebensalter erreicht hat. Die Regelaltersrente wird nach § 35 Nr. 1 SGB VI mit der Vollendung des 65. Lebensjahres erreicht. Dann gilt der normale Abfindungsrahmen bis zu 12 Monatsverdiensten. **2014**

Als Monatsverdienst gilt nach § 10 Abs. 3 KSchG, was dem Arbeitnehmer bei der für ihn maßgebenden regelmäßigen Arbeitszeit in dem Monat, in dem das Arbeitsverhältnis endet, an Geld- und Sachbezügen zusteht. Die Sachbezüge sind ihrem wahren Wert entsprechend zu berücksichtigen.[108] Bezüge des Arbeitnehmers, die ihm für das ganze Jahr gezahlt werden, wie z.B. Tantiemen und Umsatzvergütungen,[109] sind auf die einzelnen Monate zu verteilen. Das gilt auch für das 13. bzw. 14. Monatsgehalt, das ja auch für die Jahresarbeitsleistung gezahlt wird. Jubiläumsgaben und auch die Weihnachtsgratifikationen bleiben dagegen ohne Ansatz, da sie nicht zum regelmäßigen Monatsverdienst gehören, sondern nur bei besonderer Gelegenheit gezahlt werden.[110] **2015**

Bei der Bemessung der Höhe der Abfindung, die das Gericht im Rahmen seines pflichtgemäßen Ermessens zu bestimmen hat, sind alle Umstände des Einzelfalles zu berücksichtigen. Dazu zählen z.B. Dauer der Betriebszugehörigkeit, Alter und Familienstand, Dauer der Arbeitslosigkeit, wirtschaftliche Lage des Arbeitgebers, Aussicht auf eine neue Stelle,[111] das Maß der Sozialwidrigkeit der Kündigung und die schuldhafte Herbeiführung des Auflösungsgrundes durch den Arbeitneh- **2016**

---

[107] ErfK/*Ascheid,* § 10 KSchG Rn. 2; KR/*Spilger,* § 10 KSchG Rn. 35; a.A. für das Lebensalter (Datum der Auflösungsentscheidung) LAG Rheinland-Pfalz 16. 12. 1994 NZA 1996, 945, 95; dem folgend KDZ/*Zwanziger,* § 10 KSchG Rn. 8a.

[108] Ausf. KR/*Spilger,* § 10 KSchG Rn. 34.

[109] Zum Problem, dass im Auflösungsmonat die Höhe einer Tantieme oder Umsatzvergütung noch nicht feststeht, vgl. *Bauer,* FS für Hanau, 1999, S. 151, 167f.

[110] APS/*Biebl,* § 10 KSchG Rn. 18; *v. Hoyningen-Huene/Linck,* § 10 KSchG Rn. 8; KR/*Spilger,* § 10 KSchG Rn. 33; differenzierend KDZ/*Zwanziger,* § 10 KSchG Rn. 19; a.A. ErfK/*Ascheid,* § 10 KSchG Rn. 3; *Löwisch,* § 10 KSchG Rn. 3. Zum Urlaubsgeld *Sibben,* DB 1997, 1178, 1182 mit Nachw.

[111] BAG 10. 12. 1996 EzA § 111 BetrVG 1972 Nr. 34 = NZA 1997, 787.

mer.[112] Zu unterhalts- und güterrechtlichen Auswirkungen von Abfindungen vgl. *Klingelhöffer,* BB 1997, 2216f.

3. Steuerrechtliche Fragen

2017 Steuerfrei sind nach § 3 Nr. 9 Satz 1 EStG i.d.F. des Art. 1 Nr. 4 lit. a aa des Gesetzes zur Umrechnung und Glättung steuerrechtlicher Euro-Beträge (Steuer-Euroglättungsgesetzes – StEuglG) vom 19. 12. 2000 (BGBl. I, S. 1790) Abfindungen, die wegen einer vom Arbeitgeber veranlassten oder gerichtlich ausgesprochenen Auflösung des Dienstverhältnisses gezahlt werden, höchstens jedoch 8181,– Euro (bis 31. 12. 2001: 16000,– DM).[113] Hat das Arbeitsverhältnis mindestens 15 Jahre bestanden und der Arbeitnehmer das 50. Lebensjahr vollendet, beträgt nach § 3 Nr. 9 Satz 2 EStG n.F. der Höchstbetrag 10226,– Euro (bis 31. 12. 2001: 20000,– DM). Hat der Arbeitnehmer das 55. Lebensjahr vollendet und das Dienstverhältnis mindestes 20 Jahre bestanden, beträgt nach § 3 Nr. 9 Satz 2 EStG n.F. der Höchstbetrag 12271,– Euro (bis 31. 12. 2001: 24 000,– DM). Bei den genannten Beträgen handelt es sich um **Steuerfreibeträge.** Überschreitet die Abfindung die Höchstgrenzen, bleibt die Steuerfreiheit erhalten.

2018 Aufgrund der Neufassung des § 34 Abs. 1 EStG durch Art. 1 Nr. 36 des Steuerentlastungsgesetzes 1999/2000/2002 vom 24. 3. 1999 (BGBl. I S. 402) ist die bis zum 31. 12. 1998 mögliche Steuerermäßigung (halber Steuersatz) für den Teil der Abfindung, der die früheren Steuerfreibeträge (24000,– DM/30000,– DM/ 36000,– DM) überschritt (§ 24 Nr. 1a, § 34 Abs. 1 und 2 Nr. 2 EStG a.F.),[114] mit Wirkung vom 1. 1. 1999 (vgl. Art. 18 Abs. 1 des Steuerentlastungsgesetzes 1999/ 2000/2002) ohne Übergangsregelung entfallen. Stattdessen wird seitdem dieser Teil der Abfindung auf unwiderruflichen Antrag (§ 34 Abs. 1 Satz 1 EStG n.F.) ermäßigt nach der in § 34 Abs. 1 Satz 2 und 3 EStG n.F. enthaltenen Berechnungsmethode versteuert.[115]

---

[112] BAG 29. 3. 1960 AP § 7 KSchG Nr. 7 = NJW 1960, 2022; 25. 11. 1982 EzA § 9 KSchG n.F. Nr. 15 = AP § 9 KSchG 1969 Nr. 10; LAG Baden-Württemberg 14. 5. 1975 DB 1975, 2328; LAG Hamm 26. 9. 1996 LAGE § 2 KSchG Nr. 23; 14. 12. 2000 LAGE § 9 KSchG Nr. 35. Zu den Bemessungsfaktoren ausführlich ErfK/*Ascheid,* § 10 KSchG Rn. 7ff.; *Bauer,* FS für Hanau, 1999, S. 151, 168; APS/*Biebl,* § 10 KSchG Rn. 21ff.; *v. Hoyningen-Huene/Linck,* § 10 KSchG Rn. 9ff.; *Keßler,* NZA-RR 2002, 1, 12; KR/*Spilger,* § 10 KSchG Rn. 45ff. Vgl. ferner noch LAG Düsseldorf 29. 11. 1994 LAGE § 10 KSchG Nr. 2; LAG Köln 15. 9. 1994 LAGE § 10 KSchG Nr. 3; LAG Niedersachsen 22. 8. 2001 ArbuR 2002, 153.

[113] Zu § 3 Nr. 9 EStG a.F. ausführlich APS/*Selder,* SteuerR Rn. 25ff.; KR/*Vogt,* §§ 3, 24, 34 EStG Rn. 1–35, 54–75.

[114] BFH 16. 7. 1997 NZA-RR 1998, 174, 175; 4. 3. 1998 NZA-RR 1998, 418; Einzelheiten bei *Hümmerich/Spirolke,* NZA 1998, 225, 228ff.; *Prinz,* DStR 1998, 1585, 1586f.; *Rolfs,* AR-Blattei SD 10 Rn. 319ff.; *Seitz,* DStR 1998, 1377ff.; KR/*Spilger,* § 10 Rn. 90. Zur Frage, wann eine Zahlung des Arbeitgebers Abfindung ist, BFH 27. 4. 1994 EzA § 3 EStG Nr. 1. Zur Steuerbegünstigung bei Zahlung einer Abfindung in Raten FG Rheinland-Pfalz 26. 1. 1994 EzA § 3 EStG Nr. 2.

[115] Zu § 34 Abs. 1 EStG n.F. vgl. *Dahlbender,* ZIP 1998, 2196; *B. Gaul,* DB 1998, 2467, 2468; *Herzig/Förster,* DB 1999, 711, 713ff.; *Melms/Volckens,* FA 2001, 233ff.; *Richter,* DStR 1998, 1950; *Rockstroh/Polduwe,* DB 1999, 529, 532.

Für die Steuerfreiheit ist nicht erforderlich, dass die Voraussetzungen des KSchG vorliegen. Sie greift bei gerichtlichen Entscheidungen nach den §§ 9, 10 KSchG ein und in den Fällen, in denen die Auflösung des Arbeitsverhältnisses vom **Arbeitgeber veranlasst** – es genügt auch die Mitveranlassung – worden ist. Hat der Arbeitnehmer dagegen von sich aus das Arbeitsverhältnis beendet, besteht volle Steuerpflicht. Die Form der Auflösung, Kündigung oder Aufhebungsvertrag, ist ohne Bedeutung. **2019**

Zahlt der Arbeitgeber im Falle einer **Änderungskündigung** eine Abfindung für die mit ihr verbundenen Nachteile, tritt keine Steuerfreiheit ein, da das Arbeitsverhältnis nicht aufgelöst wird.[116] **2020**

In der Praxis gibt es häufig Zweifelsfragen, ob die Abfindung **brutto oder netto** zu zahlen ist. Wird ausdrücklich in einem Vergleich eine **Nettoabfindung** vereinbart, trägt der Arbeitgeber das Risiko einer Besteuerung. Der Arbeitnehmer trägt das Besteuerungsrisiko, wenn eine **Bruttoabfindung** vereinbart worden ist. Führt der Arbeitgeber in diesem Falle die nach Auskunft des zuständigen Finanzamtes anfallenden Steuern auf den Abfindungsbetrag ab, muss der Arbeitnehmer dies als teilweise Erfüllung gegen sich gelten lassen. Er ist dann gehalten, den Steuerbescheid anzufechten.[117] Fehlt ein Zusatz, handelt es sich um eine Bruttoabfindung.[118] Verwenden die Parteien einen Zusatz **brutto = netto,** ist der Inhalt der vereinbarten Klausel durch Auslegung festzustellen (§§ 133, 157 BGB). In der Regel sind bei dieser Formulierung Steuern abzuführen. Das Risiko trägt der Arbeitnehmer.[119] **2021**

4. Sozialversicherungsrechtliche Fragen

Umstritten ist, ob Abfindungen nach den §§ 9 und 10 KSchG sozialversicherungspflichtig sind. Die Frage ist für entsprechende Urteile, aber auch für gerichtliche und außergerichtliche Vergleiche von großer Bedeutung. Entscheidend ist, ob die Abfindung Arbeitsentgelt i.S. des § 14 Abs. 1 SGB IV darstellt. Ist diese Frage zu verneinen, sind keine Beiträge zur Krankenkasse, zur Rentenversicherung und zur Arbeitslosenversicherung abzuführen. **2022**

Nach dem Gesetzestext könnte die Abfindung als „Arbeitsentgelt" anzusehen sein. Das BAG hat jedoch erkannt, Sinn und Zweck des § 14 SGB IV gebieten eine enge Auslegung des Gesetzes. Nur solche Leistungen seien als Arbeitsentgelt anzusehen, die für die Dauer des Arbeitsverhältnisses gezahlt werden. Nur Arbeitnehmer unterliegen der Versicherungspflicht. Außerhalb und nach Beendigung des Arbeitsverhältnisses besteht keine Versicherungspflicht. Daraus folgt nach Ansicht **2023**

---

[116] BFH 10. 10. 1986 BB 1987, 457; 16. 7. 1997 NZA-RR 1998, 174.

[117] LAG Köln 20. 9. 1988 LAGE § 9 KSchG Nr. 9.

[118] LAG Berlin 12. 2. 1974 DB 1974, 1486; 21. 2. 1994 DB 1994, 2632. Ob eine Abfindung steuerfrei ist, hängt von ihrer wahren rechtlichen Natur ab. Zur verdeckten Lohnzahlung und zur Entscheidungskompetenz der Arbeitsgerichte vgl. LAG München 20. 1. 1988 LAGE § 9 KSchG Nr. 7.

[119] LAG Baden-Württemberg 17. 4. 1997 LAGE § 9 KSchG Nr. 31; LAG Bremen 22. 1. 1988 LAGE § 9 KSchG Nr. 6; LAG Frankfurt/M. 7. 12. 1988 LAGE § 9 KSchG Nr. 10; LAG Köln 18. 12. 1995 LAGE § 9 KSchG Nr. 27; 20. 3. 1997 LAGE § 9 KSchG Nr. 30; LAG Niedersachsen 10. 12. 1984 LAGE § 10 KSchG Nr. 1.

des BAG, für Bezüge, die der Arbeitnehmer für Zeiten nach Beendigung des Arbeitsverhältnisses erhält, sind keine Sozialversicherungsbeiträge abzuführen. Das gelte z. B. für Versorgungsbezüge, aber auch für Abfindungen. Denn diese würden als Einmalzahlung für den Zeitraum nach Vertragsende gezahlt.[120] Davon zu unterscheiden sind Einmalzahlungen während des Arbeitsverhältnisses, z. B. Gratifikationen. Sie sind Arbeitsentgelt i. S. des § 14 SGB IV.

2024 Beitragspflichtig sind Abfindungen allerdings dann, soweit in ihnen Beträge enthalten sind, die für die Dauer des Arbeitsverhältnisses gezahlt werden, z. B. Urlaubsabgeltung oder Vergütung für die Zeit während des Arbeitsverhältnisses.[121]

5. Anrechnung der Abfindung auf das Arbeitslosengeld

a) Überblick

2025 Die Anrechnung von Abfindungen, die in Kündigungsschutzprozessen gezahlt werden, auf das Arbeitslosengeld wurde bis zum 31. 3. 1997 in den §§ 117 und 117 a AFG geregelt. Das „Gesetz zur Reform der Arbeitsförderung (Arbeitsförderungs-Reformgesetz – AFRG)" vom 24. 3. 1997 (BGBl. I, S. 594) gestaltete das Verhältnis von Abfindung und Arbeitslosengeld grundlegend um. Die bisherigen §§ 117 Abs. 2 bis 3 a, 117 a AFG wurden mit Wirkung zum 1. 4. 1997 aufgehoben (Art. 11 Nr. 23 a und 24 AFRG) und durch einen § 115 a AFG ersetzt (Art. 11 Nr. 22 AFRG), der seinerseits zum 1. 1. 1998 durch den inhaltlich identischen § 140 SGB III i. d. F. des Art. 1 AFRG abgelöst werden sollte. Im Rahmen des am 1. 1. 1998 in Kraft getretenen Ersten Gesetzes zur Änderung des Dritten Buches Sozialgesetzbuch und anderer Gesetze (Erstes SGB III-Änderungsgesetz – 1. SGB III-ÄndG) vom 16. 12. 1997 (BGBl. I, S. 1297) nahm der Gesetzgeber rückwirkend zum 1. 4. 1997 (Art. 32 Abs. 4 1. SGB III-ÄndG) in § 115 a Abs. 1, Abs. 2 AFG (Art. 8 Nr. 1 1. SGB III-ÄndG) bzw. mit Wirkung vom 1. 1. 1998 (Art. 32 Abs. 1 1. SGB III-ÄndG) in § 140 Abs. 1, Abs. 2 SGB III (Art. 1 Nr. 30 1. SGB III-ÄndG) nochmals Änderungen vor. Allerdings war auf Grund des verfassungsrechtlichen Schutzes von Anwartschaften auf Arbeitslosengeld und des schutzwerten Vertrauens der rentennahen Jahrgänge eine umfangreiche Übergangsregelung in § 242 x Abs. 3 AFG, der ab dem 1. 1. 1998 gemäß § 427 Abs. 6 SGB III weiter anwendbar blieb (vgl. Voraufl. Rn. 1233 p), zu beachten.

2026 Durch die nach Art. 1 Nr. 2 des Gesetzes zur Änderung der Berücksichtigung von Entlassungsentschädigungen im Arbeitsförderungsrecht (Entlastungsentschädigungs-Änderungsgesetz – EEÄndG) vom 24. 3. 1999 (BGBl. I, S. 396) erfolgte Aufhebung des § 140 SGB III und **durch** die gleichzeitig nach Art. 1 Nr. 3 EEÄndG vorgenommene **Einführung** des **§ 143 a in** das **SGB III** ist mit Wirkung vom 1. 4. 1999 (Art. 2 Satz 1 EEÄndG) **weitgehend** die **alte Ruhensregelung des § 117 Abs. 2–4 AFG** in der Fassung vor dem 1. 4. 1997 **wieder in**

---

[120] BAG 9. 11. 1988 EzA § 9 KSchG n. F. Nr. 24 = NZA 1989, 270; ebenso BSG 21. 2. 1990 EzA § 9 KSchG n. F. Nr. 35; anders aber für Abfindungen, die nach einer Änderungskündigung als Gegenleistung für die Verschlechterung der Arbeitsbedingungen gezahlt wird; BSG 28. 1. 1999 EzA § 14 SGB IV Nr. 1 = AP § 1 ArEV Nr. 1.

[121] Sog. verdeckte Vergütung; BSG 21. 2. 1990 EzA § 9 KSchG n. F. Nr. 35; 25. 10. 1990 EzA § 9 KSchG n. F. Nr. 38; 28. 1. 1999 a. a. O.

Kraft getreten.[122] Durch § 198 Satz 2 Nr. 6 SGB III i. d. F. des Art. 2 Nr. 5 EEÄndG wurde sichergestellt, dass – anders als zuvor § 140 SGB III – § 143a SGB III auch für die Arbeitslosenhife gilt. Blieben Beitragsleistungen des Arbeitgebers zum Ausgleich von Rentenabschlägen nach § 187a Abs. 1 SGB VI bzw. entsprechende Beiträge des Arbeitgebers zu einer berufsständischen Versorgungseinrichtung gemäß § 140 Abs. 1 Satz 2 bzw. Satz 3 SGB III von der Anrechnungsregelung in § 140 Abs. 1 Satz 1 SGB III verschont, führen diese Beitragsleistungen seit dem 1. 4. 1999 nicht zu einem Ruhen des Arbeitslosengeldanspruchs nach § 143a Abs. 1 Satz 1 SGB III (§ 143a Abs. 1 Satz 6 bzw. Satz 7 SGB III).

Für einen in der Zeit vom 1. 4. 1997 bis zum 31. 3. 1999 entstandenen An- **2027**
spruch auf Arbeitslosengeld, auf den bis zum 31. 12. 1997 § 115a AFG und danach bis zum 31. 3. 1999 § 140 SGB III anwendbar waren (dazu Voraufl. Rn. 1233a mit Rn. 1233p), ist § 427 Abs. 6 Satz 3 und 4 SGB III i. d. F. des Art. 1 Nr. 8 EEÄndG zu beachten. Danach kann der Arbeitnehmer beim jeweils zuständigen Arbeitsamt beantragen, dass rückwirkend unter Beachtung der durch § 143a SGB III geschaffenen Rechtslage neu über seinen Anspruch auf Arbeitslosengeld entschieden wird.

An dieser Stelle können angesichts der schwierigen und in der Praxis nicht leicht **2028**
zu bewältigenden Probleme, die die Anrechnung von Abfindungen auf das Arbeitslosengeld betreffen, nur einige Grundsätze dargestellt werden. Im Übrigen ist auf die Spezialliteratur zu den inzwischen aufgehobenen (vgl. oben Rn. 2025, 2026) §§ 117 und 117a AFG bzw. § 115a AFG und § 140 SGB III zu verweisen.[123] Die nachfolgende Darstellung gibt die seit dem 1. 4. 1999 bestehende Rechtslage wieder (zur Rechtslage in der Zeit vom 1. 4. 1997 bis zum 31. 3. 1999 vgl. Voraufl. Rn. 1233j).

b) Rechtslage seit dem 1. 4. 1999[124]

Nach der zu § 117 Abs. 2 Satz 1 AFG ergangenen Rechtsprechung[125] fielen un- **2029**
ter die in dieser Vorschrift genannten Leistungen („Abfindung, Entschädigung oder

---

[122] Vgl. BT-Drucks. 14/394 S. 1. Eine § 117a AFG (hierzu Vorauflage Rn. 1233f) entsprechende Vorschrift ist durch das EEÄndG nicht (wieder) eingeführt worden. Dagegen wird der Arbeitgeber, wie schon nach § 128 AFG in der bis zum 31. 3. 1997 geltenden Fassung, ab dem 1. 4. 1999 (Art. 2 Satz 1 EEÄndG), durch § 147a SGB III i. d. F. des Art. 1 Nr. 4 EEÄndG) verpflichtet, der Bundesanstalt für Arbeit bei Freisetzung älterer Arbeitnehmer unter bestimmten Voraussetzungen das Arbeitslosengeld einschließlich der Sozialversicherungsbeiträge zu erstatten (hierzu *Rockstroh/Polduwe,* DB 1999, 529, 532; ErfK/*Rolfs,* § 147a SGB III Rn. 2ff.).

[123] Zu §§ 117, 117a AFG a. F. vgl. *Gagel/Vogt,* Beendigung von Arbeitsverhältnissen, 5. Aufl. 1996; *Bauer,* Arbeitsrechtliche Aufhebungsverträge, 5. Aufl. 1997, Rn. 1008ff.; GK-AFG/*Masuch,* § 117; KR/*Wolff,* § 117 AFG Rn. 23ff., § 117a Rn. 3ff.

Zu § 115a AFG bzw. § 140 SGB III, jeweils i. d. F. des 1. SGB III-ÄndG: *Bader,* ArbuR 1998, 56ff.; *Bauer,* Arbeitsrechtliche Aufhebungsverträge, 5. Aufl. 1997, Nachtrag zu Rn. 1105a–1105w; *Bauer/Röder,* BB 1997, 2588ff.; *B. Gaul,* NJW 1998, 644, 647f.; *Gagel/Kreitner,* Das Arbeitsrecht der Gegenwart, Bd. 35 (1998), S. 33ff.; *Hanau,* RdA 1998, 296ff.; *Haupt/Welslau,* DStR 1998, 1096ff.; *Kliemt,* NZA 1998, 173ff.; *Neef/Schrader,* DB 1999, 281ff.; *Niesel,* DStR 1998, 171ff.; *Rittweger,* NZS 1998, 73ff.; *Rockstroh,* DB 1997, 2613ff.; *Rolfs,* AR-Blattei SD 10 Rn. 282ff.; *Schließmann,* BB 1998, 318f.

[124] Hierzu ausf. *Rockstroh/Polduwe,* DB 1999, 529ff.

[125] BSG 15. 11. 1984 NZA 1985, 438.

ähnliche Leistungen") „alle im Zusammenhang mit einer vorzeitigen Beendigung des Arbeitsverhältnisses gewährten Leistungen, unabhängig von ihrer Bezeichnung, dem Zweck der Leistung und davon, ob sie auf Raten oder in einer Summe gezahlt werden, sofern nur ein ursächlicher Zusammenhang zwischen der *vorzeitigen* Beendigung des Arbeitsverhältnisses und der Gewährung der Leistung besteht." Allerdings wurde die zuletzt genannte kausale Verknüpfung in § 117 Abs. 2 Satz 1 AFG nicht gefordert, da sie im Regelfall vorliegt.[126]

2030 Da § 143a Abs. 1 Satz 1 SGB III, ebenso wie der mit Wirkung vom 1. 4. 1999 aufgehobene § 140 Abs. 1 Satz 1 SGB III (dazu oben Rn. 2026) die früher in § 117 Abs. 2 Satz 1 AFG a. F. genannten Begriffe wiederholt und nunmehr zusammenfassend als „Entlassungsentschädigung" bezeichnet, hat sich insoweit keine sachliche Änderung bei der Bestimmung der anrechenbaren Leistungen ergeben. Zur **Entlassungsentschädigung** i. S. von § 143a Abs. 1 Satz 1 SGB III rechnen damit auch **alle Arten von Abfindungen** unabhängig davon, ob sie auf einem Auflösungsurteil nach §§ 9, 10 KSchG,[127] auf gerichtlichen, bzw. außergerichtlichen Vergleichen oder Aufhebungsverträgen beruhen.[128]

2031 Der Anspruch auf das Arbeitslosengeld ruht nach § 143a Abs. 1 Satz 1 SGB III (= § 117 Abs. 2 Satz 1 AFG a. F.), wenn

1. der Arbeitslose **wegen der Beendigung** des Arbeitsverhältnisses eine Abfindung, Entschädigung oder ähnliche Leistung (Entlassungsentschädigung)[129] erhalten oder zu beanspruchen hat **und**
2. das Arbeitsverhältnis ohne Einhaltung einer der ordentlichen Kündigungsfrist des Arbeitgebers entsprechenden Frist beendet worden ist.

Dabei kommt es, wie schon früher nach § 117 Abs. 2 Satz 1 AFG a. F.,[130] nicht darauf an, ob ein Kausalzusammenhang zwischen der *vorzeitigen* Beendigung des Arbeitsverhältnisses und der Abfindung besteht (dazu schon oben Rn. 2029).[131]

2032 **Konsequenz:** Die Abfindung hat keinen Einfluss auf das Arbeitslosengeld, wenn im Falle der ordentlichen Kündigung oder im Falle eines Auflösungsvergleichs die ordentliche Kündigungsfrist beachtet worden ist.[132]

2033 Die Dauer des Ruhens des Anspruchs auf das Arbeitslosengeld richtet sich **nach der Kündigungsfrist, d. h. bis zu dem Tage, an dem das Arbeitsverhältnis bei Einhaltung der Kündigungsfrist geendet hätte.** Ohne Bedeutung ist, **wie** das Arbeitsverhältnis beendet worden ist, ob durch Urteil nach den §§ 9, 10 KSchG oder durch Vergleich.[133] Auch die Auflösung des Arbeitsverhältnisses im Falle einer unbegründeten außerordentlichen Kündigung mit Zahlung einer Abfindung auf Antrag des Arbeitnehmers durch Urteil des Arbeitsgerichts ist nicht ausgenommen.[134] Der Anspruch auf Arbeitslosengeld ruht bei vorzeitiger Beendigung

---

[126] Vgl. BSG 21. 9. 1995 EzA § 117 AFG Nr. 10 = AP § 117 AFG Nr. 13.

[127] BSG 14. 7. 1994 SozR 3–4100 § 117 AFG Nr. 11.

[128] Vgl. ErfK/*Rolfs*, § 143a SGB III Rn. 11.

[129] Hierzu Rn. 2030.

[130] Vgl. BSG 21. 9. 1995 EzA § 117 AFG Nr. 10 = AP § 117 AFG Nr. 13.

[131] Vgl. ErfK/*Rolfs*, § 143a SGB III Rn. 7.

[132] Vgl. ErfK/*Rolfs*, § 143a SGB III Rn. 14.

[133] Vgl. ErfK/*Rolfs*, § 143a SGB III Rn. 11 und 12.

[134] ErfK/*Rolfs*, § 143a SGB III Rn. 12 im Anschluss an BSG 8. 12. 1987 EzA § 117 AFAG Nr. 5.

des Arbeitsverhältnisses selbst dann, wenn dem Arbeitnehmer wegen andauernder Arbeitsunfähigkeit nach Ablauf der Sechswochenfrist des § 3 Abs. 1 Satz 1 EFZG kein Anspruch auf Arbeitsentgelt mehr zugestanden hätte.[135] Es gelten allein die Regeln des § 143a Abs. 1 und 2 SGB III.[136]

Für Arbeitnehmer, **die ordentlich durch den Arbeitgeber nicht gekündigt werden können,** bestimmt § 143a Abs. 1 Satz 3 SGB III (= § 117 Abs. 2 Satz 3 AFG a.F.) die zu beachtenden Kündigungsfristen, innerhalb derer der Anspruch auf Arbeitslosengeld ruht. Die **längste Frist** für das **Ruhen** des **Arbeitslosengeldes** beträgt gemäß § 143a Abs. 2 Satz 1 SGB III (= § 117 Abs. 3 Satz 1 AFG a.F.) **ein Jahr.** Der Anspruch auf Arbeitslosengeld ruht nach § 143a Abs. 2 Satz 1 SGB III (= § 117 Abs. 3 Satz 2 AFG a.F.) jedoch **nicht über** den **Tag hinaus,** 2034

1. bis zu dem der Arbeitslose bei Weiterzahlung des während der letzten Beschäftigungszeit kalendertäglich verdienten Arbeitsentgelts einen Betrag in Höhe von **sechzig** (nach § 117 Abs. 3 Satz 2 Nr. 1 AFG a.F.: siebzig) **vom Hundert** der Abfindung, Entschädigung oder ähnlichen Leistung **als Arbeitsentgelt verdient hätte,**
2. an dem das Arbeitsverhältnis infolge einer **Befristung,** die unabhängig von der Vereinbarung über die Beendigung des Arbeitsverhältnisses bestanden hat, geendet hätte oder
3. an dem der **Arbeitgeber** das Arbeitsverhältnis **aus wichtigem Grunde** ohne Einhaltung einer Kündigungsfrist hätte **kündigen** können.

Der nach § 143a Abs. 2 Satz 2 Nr. 1 SGB III (= § 117 Abs. 3 Satz 2 Nr. 1 AFG a.F.) **zu berücksichtigende** Anteil der Abfindung **vermindert sich** sowohl für je fünf Jahre des Arbeitsverhältnisses in demselben Betrieb oder Unternehmen als auch für je fünf Lebensjahre nach Vollendung des fünfunddreißigsten Lebensjahres um je fünf vom Hundert (§ 143a Abs. 2 Satz 3 1. Halbsatz SGB III = § 117 Abs. 3 Satz 3 1. Halbsatz AFG a.F.). Er beträgt gemäß § 143a Abs. 2 Satz 3 2. Halbsatz SGB III nicht weniger als fünfundzwanzig (nach § 117 Abs. 3 Satz 3 2. Halbsatz AFG a.F. dreißig) vom Hundert der Leistung. 2035

Die Regelung des § 143a Abs. 1 und 2 SGB III beruht, wie früher § 117 Abs. 2 und 3 AFG, auf der Annahme des Gesetzgebers, dass jede Abfindung, die wegen der Beendigung des Arbeitsverhältnisses gezahlt wird, sofern das Arbeitsverhältnis **ohne Einhaltung** der der **ordentlichen Kündigungsfrist** des Arbeitgebers entsprechenden Frist beendet wird, eine **verdeckte Entschädigung** für das entgangene Arbeitsentgelt in der Kündigungsfrist enthält.[137] Dieser Teil der Abfindung wird nach § 143a Abs. 2 Nr. 1 SGB III mit 60% (nach § 117 Abs. 3 Satz 2 Nr: 1 AFG a.F. mit 70%) pauschaliert.[138] Er verkürzt bei langen Kündigungsfristen den Ruhenszeitraum ggfls. nach näherer Maßgabe von § 143a Abs. 2 Satz 2 Nr. 1 und Satz 3 SGB III (= § 117 Abs. 3 Satz 2 Nr. 1 und Satz 3 AFG a.F.). Die genannte Pauschale vermindert sich danach je nach der Dauer der Betriebszugehörigkeit und 2036

[135] Vgl. BSG 20. 1. 2000 EzA § 143a SGB III Nr. 1 = AP § 117 AFG Nr. 18; 10. 2. 2000 SozR-4100 § 117 Nr. 20.

[136] Vgl. ErfK/*Rolfs,* § 143a SGB III Rn. 12 im Anschluss an BSG 8. 12. 1987 EzA § 117 AFG Nr. 5.

[137] Vgl. BSG 20. 1. 2000 a.a.O.; 29. 1. 2001 AP § 117 AFG Nr. 19.

[138] Vgl. näher ErfK/*Rolfs,* § 143a SGB III Rn. 29ff.

dem Lebensalter, allerdings auf nicht weniger als 25% (früher: 30%) der Abfindung.[139]

2037 Der Anspruch auf Arbeitslosengeld ruht nach § 143a Abs. 2 Satz 2 Nr. 2 SGB III (= § 117 Abs. 3 Satz 2 Nr. 2 AFG a.F.) nicht über den Tag hinaus, an dem das Arbeitsverhältnis infolge einer vereinbarten Befristung geendet hätte. Ferner ruht der Anspruch nicht über den Tag hinaus, an dem der Arbeitgeber – nicht der Arbeitnehmer[140] – das Arbeitsverhältnis **aus wichtigem Grund** ohne Einhaltung der Kündigungsfrist **hätte kündigen können.** Diese Alternative von § 117 Abs. 3 Satz 2 Nr. 3 AFG a.F. (= § 143a Abs. 2 Satz 2 Nr. 3 SGB III) beruhte auf der Überlegung des Gesetzgebers, dass der Arbeitgeber, der berechtigt fristlos kündigt, kein Arbeitsentgelt mehr zahlen will, sondern im Falle der Zahlung einer Abfindung allein eine Entschädigung für die Aufgabe des sozialen Besitzstandes leistet.[141] Dieser Betrag führte bzw. führt **nicht** zum Ruhen des Anspruchs auf das Arbeitslosengeld.

2038 § 143a Abs. 2 Satz 2 Nr. 3 SGB III (= § 117 Abs. 3 Satz 2 Nr. 3 AFG a.F.) ist auch auf den Fall anzuwenden, in dem sich die Parteien in einem Kündigungsschutzprozess über die Wirksamkeit einer außerordentlichen Kündigung auf die **Beendigung** des Arbeitsverhältnisses **zu** einem **Zeitpunkt** einigen, der **vor** dem **Ablauf** der ordentlichen **Kündigungsfrist** für den Arbeitgeber liegt. Hier findet ein Ruhen des Anspruchs auf Arbeitslosengeld nach § 143a Abs. 2 Satz 2 Nr. 3 SGB III (= § 117 Abs. 3 Satz 2 Nr. 3 AFG a.F.) über den Tag des Zugangs der fristlosen Entlassung nur dann nicht statt, wenn die außerordentliche Kündigung berechtigt war und das Arbeitsverhältnis beendet hat. Da diese Rechtsfrage im Verfahren vor dem Arbeitsgericht nicht entschieden worden ist, obliegt es der Prüfung durch die Sozialgerichte, ob ein Recht zur außerordentlichen Kündigung bestanden hat.[142] Sie kann aber auch Gegenstand eines **weiteren vor dem Arbeitsgericht** stattfindenden Rechtsstreits sein, wenn nämlich die Parteien darüber streiten, wer von ihnen im Innenverhältnis das Risiko einer Anrechung der Abfindung auf das Arbeitslosengeld auf Grund der in § 143a Abs. 2 Satz 2 Nr. 3 SGB III (= § 117 Abs. 3 Satz 2 Nr. 3 AFG a.F.) getroffenen Regelung zu tragen hat.[143] Insofern ist die **einvernehmliche Beendigung** des **Arbeitsverhältnisses** ohne Beachtung der geltenden Kündigungsfrist **mit erheblichem Risiko belastet.**

§ 4 Die Klage gegen eine Änderungskündigung (§§ 2, 8 KSchG)

2039 Kündigt der Arbeitgeber das Arbeitsverhältnis und bietet er gleichzeitig die Fortsetzung des Arbeitsverhältnisses zu geänderten Arbeitsbedingungen an, kann

---

[139] Vgl. näher ErfK/*Rolfs,* § 143a SGB III Rn. 32 und 33.
[140] BSG 8. 2. 2001 SozR-4100 § 117 Nr. 23.
[141] BSG 20. 1. 2000 EzA § 143a SGB III Nr. 1 = AP § 117 AFG Nr. 18.
[142] Vgl. BSG 17. 2. 1981 DB 1981, 1983; 8. 12. 1987 EzA § 117 AFG Nr. 5.
[143] Vgl. näher BAG 9. 10. 1996 EzA § 117 AFG Nr. 11 mit Anm. von *Rolfs.*

der Arbeitnehmer dieses Angebot unter dem Vorbehalt annehmen, dass die Änderung der Arbeitsbedingungen nicht sozial ungerechtfertigt ist (§ 2 Satz 1 KSchG).[1] Diesen Vorbehalt muss der Arbeitnehmer dem Arbeitgeber innerhalb der Kündigungsfrist, spätestens jedoch innerhalb von drei Wochen nach Zugang der Kündigung, erklären (§ 2 Satz 2 KSchG).

Zweck der gesetzlichen Regelung ist es, dem Arbeitnehmer auch **für** den **Inhalt** des Arbeitsvertrages einen **Bestandsschutz** zu gewähren. Würde es den Schutz des § 2 KSchG gegenüber der Änderungskündigung nicht geben, liefe der Arbeitnehmer, der die Änderungskündigung als sozial ungerechtfertigt ablehnt, Gefahr, seinen Arbeitsplatz zu verlieren, falls das Gericht die Klage nach § 4 Satz 1 KSchG abweist. Der seit 1969 in das KSchG aufgenommene § 2 KSchG nimmt dem Arbeitnehmer dieses Risiko ab. Im Streit ist nur die Änderung der Arbeitsbedingungen, der Arbeitsplatz bleibt in jedem Fall erhalten. **2040**

Die Änderungskündigung besteht nach § 2 Satz 1 KSchG aus **zwei Elementen,** einmal aus der **Kündigung des Arbeitsverhältnisses** und daneben aus dem **Angebot des Arbeitgebers,** das Arbeitsverhältnis mit geändertem Vertragsinhalt, ggf. auch befristet (dazu oben Rn. 1259), fortzusetzen. Dieses Angebot, bei dem es sich um ein Angebot i. S. des § 145 BGB handelt, bedarf der Annahme, die allerdings nur innerhalb der Frist des § 2 Satz 2 KSchG erfolgen kann, auch wenn sie ohne Vorbehalt mitgeteilt wird. Das Angebot muss im Zusammenhang mit der Kündigung erfolgen, kann ihr also nicht nachfolgen; wohl kann es bereits vor der Kündigung erklärt werden, sofern der Arbeitgeber bei der Kündigung deutlich macht, das Änderungsangebot wirke fort (näher oben Rn. 1258). **2041**

Von der Änderungskündigung sind zu unterscheiden die einseitigen Erklärungen des Arbeitgebers kraft seines **Direktionsrechts** (dazu oben Rn. 19), das dem Arbeitgeber vertraglich eingeräumte einseitige **Widerrufsrecht** (dazu oben Rn. 258) und die **Teilkündigung** (dazu oben Rn. 252). Die Ausübung derartiger einseitiger Bestimmungsrechte des Arbeitgebers ist an § 315 BGB zu messen.[2] Das gilt jedoch nur dann, wenn keine wesentlichen Elemente des Arbeitsvertrages einer einseitigen Änderung unterliegen sollen.[3] Ist das der Fall, wird in den **Kernbereich des Arbeitsvertrages** eingegriffen. Deshalb sind Vereinbarungen über die Einräumung eines einseitigen Bestimmungsrechts wegen Umgehung des gesetzlichen Inhaltsschutzes des Arbeitsverhältnisses unwirksam.[4] Der Änderungskündigungsschutz ist wie der allgemeine Kündigungsschutz zwingendes Recht. **2042**

---

[1] Zur Anwaltshaftung wegen nicht rechtzeitiger Klageerhebung BGH 27. 1. 2000 NZA 2000, 478.

[2] Vgl. z. B. BAG 7. 12. 2000 EzA § 611 BGB Direktionsrecht Nr. 23 = NZA 2001, 780 (Direktionsrecht); 26. 7. 2001 EzA § 628 BGB Nr. 19 = NZA 2002, 325; (Widerrufsrecht); BAG 7. 10. 1982 EzA § 315 BGB Nr. 28 = AP § 620 BGB Teilkündigung Nr. 5 (Teilkündigung). Grundlegend *Preis,* Grundfragen der Vertragsgestaltung im Arbeitsrecht, 1993 S. 199 ff., 429 ff.

[3] BAG 13. 5. 1987 EzA § 315 BGB Nr. 34 = AP § 305 BGB Billigkeit Nr. 4; 21. 4. 1993 EzA § 2 KSchG Nr. 20 mit Anm. von *Krause;* 15. 11. 1995 EzA § 315 BGB Nr. 45 mit Anm. von *Ahrens* = NZA 1996, 603.

[4] BAG 21. 4. 1993 a. a. O.; 15. 11. 1995 a. a. O.; 3. 6. 1998 EzA § 157 BGB Nr. 4 = NZA 1999, 306; *v. Hoyningen-Huene/Linck,* § 2 KSchG Rn. 21.

I. Die Beteiligung des Betriebsrats

2043 Bei einer Änderungskündigung kommen die Beteiligungsrechte des Betriebsrats nach § 102 Abs. 1 und § 99 Abs. 1 BetrVG in Betracht. Die Rechtsprechung verlangt die Beachtung sowohl des Anhörungsrechts des Betriebsrats nach § 102 Abs. 1 BetrVG wie auch die Unterrichtung und Zustimmung des Betriebsrats nach § 99 Abs. 1 BetrVG, sofern mit der Änderungskündigung eine Umgruppierung oder Versetzung verbunden ist.[5]

1. Die Anhörung des Betriebsrats nach § 102 Abs. 1 BetrVG

2044 Der Betriebsrat ist nach § 102 Abs. 1 Satz 1 BetrVG vor dem Ausspruch der Änderungskündigung anzuhören. Dabei ist er über die Kündigungsgründe und über das Änderungsangebot zu unterrichten.[6] Die individualrechtlichen Folgen der unterbliebenen oder fehlerhaften Anhörung des Betriebsrats sind differenziert zu sehen, je nachdem wie der betroffene Arbeitnehmer auf die Änderungskündigung reagiert. **Lehnt** der Arbeitnehmer das Änderungsangebot **ab** und erhebt er nach allgemeinen Grundsätzen Klage gegen die Kündigung, ist diese Kündigung wegen Verstoßes gegen § 102 Abs. 1 Satz 1 BetrVG gemäß § 102 Abs. 1 Satz 3 BetrVG unwirksam. Der Arbeitnehmer ist nach § 13 Abs. 3 KSchG an die Klagefrist nicht gebunden.[7]

2045 Hat der Arbeitnehmer das Angebot des Arbeitgebers, das Arbeitsverhältnis mit geänderten Bedingungen fortzusetzen, **vorbehaltlos angenommen,** hat die Nichtbeachtung des § 102 Abs. 1 Satz 1 BetrVG oder seine fehlerhafte Anwendung auf die Wirksamkeit der vereinbarten Änderung des Arbeitsvertrages keinen Einfluss. Hier zeigt sich die Rechtsnatur der Änderungskündigung, die aus zwei Teilen besteht (oben Rn. 2041). Der zweite Teil, die Änderungsvereinbarung, bleibt, da es dem Arbeitgeber bei der Änderungskündigung in erster Linie auf die Fortsetzung des Arbeitsverhältnisses zu veränderten Arbeitsbedingungen ankommt und deshalb das Änderungsangebot i. d. R. gewollt sein wird (vgl. § 139 BGB), auch dann wirksam, wenn die Kündigung aus formellen Gründen unwirksam ist.[8]

---

[5] BAG 3. 11. 1977 AP Nr. 1 zu § 75 BPersVG; 30. 9. 1993 EzA § 99 BetrVG 1972 Nr. 118 mit Anm. von *Kania* = NZA 1994, 615; ErfK/*Ascheid,* § 2 KSchG Rn. 24; *Fitting,* § 102 BetrVG Rn. 9; *v. Hoyningen-Huene/Linck,* § 2 KSchG Rn. 34; APS/*Künzl,* § 2 KSchG Rn. 127; *Löwisch,* NZA 1988, 633; *Richardi/Thüsing,* § 102 BetrVG Rn. 273; KR/*Rost,* § 2 KSchG Rn. 130; KDZ/*Zwanziger,* § 2 KSchG Rn. 186.

[6] BAG 10. 3. 1982 EzA § 2 KSchG Nr. 3 = AP Nr. 2 zu § 2 KSchG 1969; 30. 11. 1989 EzA § 102 BetrVG 1972 Nr. 77 = AP Nr. 53 zu § 102 BetrVG 1972; 30. 9. 1993 EzA § 99 BetrVG 1972 Nr. 118 mit Anm. von *Kania* = NZA 1994, 615; *Hohmeister,* BB 1994, 1780; *v. Hoyningen-Huene/Linck,* § 2 KSchG Rn. 35; APS/*Künzl,* § 2 KSchG Rn. 118; *Löwisch,* § 2 KSchG Rn. 82; *Richardi/Thüsing,* § 102 BetrVG Rn. 269; KR/*Rost,* § 2 KSchG Rn. 115.

[7] ErfK/*Ascheid,* § 2 KSchG Rn. 26; *v. Hoyningen-Huene/Linck,* § 2 KSchG Rn. 39; APS/*Künzl,* § 2 KSchG Rn. 124; KDZ/*Zwanziger,* § 2 KSchG Rn. 187; vgl. auch BAG 28. 5. 1998 EzA § 2 KSchG Nr. 29, unter II 3b der Gründe = NZA 1998, 1167. Ebenso bei einem Verstoß gegen § 4 Abs. 1 und 3 TVG BAG 10. 2. 1999 EzA § 2 KSchG Nr. 34 = NZA 1999, 657.

[8] Vgl. ErfK/*Ascheid,* § 2 KSchG Rn. 25; *v. Hoyningen-Huene/Linck,* § 2 KSchG Rn. 40; APS/*Künzl,* § 2 KSchG Rn. 125; *Schwerdtner,* FS 25 Jahre BAG 1979, S. 555, 576; KR/*Rost,* § 2 KSchG Rn. 121; zweifelnd KDZ/*Zwanziger,* § 2 KSchG Rn. 187.

Hat der Arbeitnehmer das Angebot zur Änderung des Arbeitsvertrages **unter Vorbehalt** angenommen, dass die Änderung nicht sozial ungerechtfertigt ist, wird der Änderungsvertrag nicht wirksam, wenn das Arbeitsgericht die Unwirksamkeit der Kündigung wegen fehlender bzw. fehlerhafter Betriebsratsanhörung nach § 102 Abs. 1 Satz 3 BetrVG feststellt.[9] **2046**

2. Die Mitbestimmung des Betriebsrats nach § 99 Abs. 1 BetrVG

Bei einer Änderungskündigung, die auf eine **Versetzung des Arbeitnehmers** i. S. von § 95 Abs. 3 BetrVG oder eine **Umgruppierung** nach § 99 Abs. 1 Satz 1 BetrVG zielt, hat der Arbeitgeber in Betrieben mit in der Regel **mehr als zwanzig wahlberechtigten Arbeitnehmern** vor den genannten Maßnahmen die **Zustimmung** des **Betriebsrats** einzuholen. Die Anhörung des Betriebsrats nach § 102 Abs. 1 Satz 1 BetrVG reicht nicht aus. Denn der Betriebsrat kann aus unterschiedlichen Gründen der Kündigung zustimmen bzw. nicht widersprechen, die Versetzung jedoch ablehnen. **Lehnt** der **Betriebsrat** die **Zustimmung** z. B. zu einer Versetzung **ab,** führt dies **nicht** zur **Unwirksamkeit der Änderungskündigung** wegen Verletzung des Mitbestimmungsrechts des Betriebsrats nach § 99 BetrVG. Der Arbeitgeber kann nur die Versetzung tatsächlich nicht durchführen.[10] Es ist streng zu unterscheiden zwischen der individualrechtlichen Wirksamkeit der Versetzung und ihrer kollektivrechtlichen Prüfung im Rahmen der §§ 99, 95 Abs. 3 BetrVG. Individualrechtlich ist die Änderungskündigung nur eine von mehreren rechtlichen Gestaltungsformen, um die Zustimmung des Arbeitnehmers zur Vertragsänderung zu erlangen. Hat der Arbeitgeber auf dieser individualrechtlichen Ebene Erfolg, könnte er an sich dem Arbeitnehmer die geänderte vertragliche Aufgabe zuweisen. Daran ist er allerdings, sofern die Voraussetzungen der §§ 99, 95 Abs. 3 BetrVG vorliegen, solange gehindert, bis er die Zustimmung des Betriebsrats erlangt hat oder diese durch eine Entscheidung des Arbeitsgerichts rechtskräftig ersetzt ist.[11] **2047**

II. Die Änderungskündigung als Beendigungskündigung

Der Arbeitnehmer ist nicht gezwungen, im Falle einer Änderungskündigung die Klage nach den §§ 2, 4 KSchG zu erheben. Er kann auch nach allgemeinen Grundsätzen Klage gegen die Kündigung als Beendigungskündigung erheben, geht **2048**

---

[9] Vgl. BAG 28. 5. 1998 EzA § 2 KSchG Nr. 29 mit Anm. von *Brehm* = NZA 1998, 1167; ErfK/*Ascheid,* § 2 KSchG Rn. 27; *Boewer,* BB 1996, 2618, 2620; *v. Hoyningen-Huene/Linck,* § 2 KSchG Rn. 41; APS/*Künzl,* § 2 KSchG Rn. 126.

[10] BAG 30. 9. 1993 EzA § 99 BetrVG 1972 Nr. 118 mit Anm. von *Kania* = NZA 1994, 615; 5. 4. 2001 EzA § 626 BGB n. F. Nr. 186 = NZA 2001, 893; LAG Berlin 16. 5. 1997 LAGE § 2 KSchG Nr. 30; ErfK/*Ascheid,* § 2 KSchG Rn. 32; DKK/*Kittner,* § 99 BetrVG Rn. 218; *Fitting,* § 99 BetrVG Rn. 101; *Hoß,* MDR 2000, 562, 569; KR/*Rost,* § 2 KSchG Rn. 140; KDZ/*Zwanziger,* § 2 KSchG Rn. 188; a. A. *v. Hoyningen-Huene/Linck,* § 2 KSchG Rn. 47 und 48.

[11] Zu den weiteren Fragen des Annahmeverzugs des Arbeitgebers und der tatsächlichen Beschäftigung des Arbeitnehmers auf dem alten Arbeitsplatz vgl. *Kania,* Anm. zu BAG EzA § 99 BetrVG 1972 Nr. 118.

aber dann das Risiko ein, im Falle der Klageabweisung seinen Arbeitsplatz zu verlieren. Der Arbeitnehmer kann das Angebot des Arbeitgebers unter Vorbehalt annehmen, muss es aber nicht. Nur die Änderungskündigungsschutzklage nach § 2 Satz 1 KSchG ist ihm dann verschlossen.

III. Die vorbehaltlose Annahme des Angebots

2049 Der Arbeitnehmer kann das Angebot des Arbeitgebers, das Arbeitsverhältnis mit geänderten Bedingungen fortzusetzen, ohne Vorbehalt annehmen. Damit wird die Vertragsänderung zum vorgesehenen Zeitpunkt wirksam.[12] Auch in diesem Falle gilt die Annahmefrist des § 2 Satz 2 KSchG, die zwar ausdrücklich nur für die Annahmeerklärung unter Vorbehalt gilt, jedoch hier zumindest entsprechend anzuwenden ist.[13] Das Gesetz geht davon aus, dass nach Ablauf bestimmter Fristen Klarheit darüber herrscht, ob die Vertragsänderung zustande kommt oder nicht. Dieser Zweck der Frist ist auch im Falle der Annahme ohne Vorbehalt wirksam. Die vorbehaltlose Annahme des Vertragsangebots des Arbeitgebers kann auch durch schlüssiges Verhalten erklärt werden. Das liegt in der Regel in einer **Weiterarbeit zu den neuen Bedingungen,** die sofort wirksam werden und den Arbeitnehmer unmittelbar betreffen, d.h. sich sogleich bei seiner Arbeit auswirken.[14] Allerdings muss die Erklärungsfrist des § 2 Satz 2 KSchG abgelaufen sein. Denn so lange hat der Arbeitnehmer Zeit für eine Erklärung des Vorbehalts (näher oben Rn. 1263).[15]

IV. Die Annahme des Änderungsangebots unter Vorbehalt

2050 Der Arbeitnehmer muss den Vorbehalt[16] innerhalb der Kündigungsfrist erklären, spätestens jedoch innerhalb von drei Wochen nach Zugang der Kündigung. Die Erklärung der Annahme unter Vorbehalt ist nicht an eine Form gebunden. Sie kann also schriftlich – auch Telefax[17] – oder mündlich erfolgen. Es gelten die allgemeinen Grundsätze für die Abgabe von Willenserklärungen, auch § 130 BGB.[18] Die Frist des § 2 Satz 2 KSchG ist eine materiellrechtliche Ausschlussfrist, d.h., es

---

[12] Besteht die Vertragsänderung in der Umwandlung eines unbefristeten in ein befristetes Arbeitsverhältnis, kann der Arbeitnehmer trotz vorbehaltloser Annahme des Änderungsangebots die allgemeine Befristungskontrolle (dazu oben Rn. 1910) in Anspruch nehmen; BAG 8. 7. 1998 EzA § 620 BGB Nr. 152.

[13] LAG Baden-Württemberg 30. 10. 1990 LAGE § 2 KSchG Nr. 12; 11. 3. 1998 MDR 1999, 368, 369; ErfK/*Ascheid,* § 2 KSchG Rn. 36; *v. Hoyningen-Huene/Linck,* § 2 KSchG Rn. 100; APS/*Künzl,* § 2 KSchG Rn. 161.

[14] Vgl. allgemein BAG 13. 5. 1987 EzA § 315 BGB Nr. 34 = NZA 1988, 95; 1. 8. 2001 EzA § 315 BGB Nr. 50.

[15] BAG 19. 6. 1986 EzA § 2 KSchG Nr. 7 = AP § 2 KSchG Nr. 16; 27. 3. 1987 EzA § 2 KSchG Nr. 10 = AP § 2 KSchG Nr. 20; LAG Baden-Württemberg 30. 10. 1990 LAGE § 2 KSchG Nr. 12; ErfK/*Ascheid,* § 2 KSchG RN. 36; *v. Hoyningen-Huene/Linck,* § 2 KSchG Rn. 99; APS/*Künzl,* § 2 KSchG Rn. 161; *Löwisch,* § 2 KSchG Rn. 15; vgl. auch LAG Hamm 30. 1. 1997 NZA-RR 1997, 419, 420.

[16] Zur Rechtsnatur des Vorbehalts BAG 17. 6. 1998 EzA § 2 KSchG Nr. 30 = NZA 1998, 1225; Thür.LAG 18. 12. 1996 LAGE § 2 KSchG Nr. 21.

[17] LAG Brandenburg 11. 3. 1998 MDR 1999, 368, 369.

[18] LAG Brandenburg 11. 3. 1998 MDR 1999, 368, 369; KR/*Rost,* § 2 KSchG Rn. 70.

genügt, sofern der Vorbehalt in der Klageschrift enthalten ist, nicht etwa, im Hinblick auf eine Zustellung *demnächst* (§ 167 ZPO n. F., bis 30. 6. 2002: § 270 Abs. 3 ZPO a. F.), der Eingang beim Gericht, sondern entscheidend ist der **Zugang beim Arbeitgeber** (!).[19] Versäumt der Arbeitnehmer die Frist für die Erklärung des Vorbehalts, erlischt das Angebot des Arbeitgebers (vgl. § 147 Abs. 2 BGB) mit der Folge, dass die Wirkungen des § 2 Satz 1 KSchG nicht eintreten.[20] Allerdings geht eine verbreitete Auffassung davon aus, dass die Wirkungen des Vorbehalts kraft Vertrages eintreten können, wenn Arbeitgeber und Arbeitnehmer sich einig sind und der Arbeitnehmer rechtzeitig Kündigungsschutzklage erhoben hat. Dann kann der Streit auf die Änderung der Arbeitsbedingungen beschränkt bleiben.[21]

Ist die Kündigungsfrist kürzer als drei Wochen, muss der Vorbehalt innerhalb **2051** dieser ggf. sehr kurzen Frist erklärt werden und dem Arbeitgeber zugehen. Zwar kann der Arbeitnehmer auch, wenn er die Frist versäumt hat, noch gegen die Kündigung klagen, jedoch handelt es sich dann nicht mehr um eine Klage nach § 2 Satz 1 KSchG, sondern um eine normale Kündigungsschutzklage mit der Folge, dass mit Abweisung der Klage der Arbeitsplatz verloren ist. Auf die Frist ist also in der Praxis zu achten. Soweit man versucht, diese Folgen zu vermeiden und in Fällen kürzerer Kündigungsfristen auf die Dreiwochenfrist abzustellen,[22] sind die Begründungen nicht überzeugend. Der Gesetzeswortlaut und die amtliche Begründung dazu sind eindeutig.[23]

Eine nachträgliche Zulassung des Vorbehalts entsprechend § 5 Abs. 1 KSchG ist **2052** nicht zulässig.[24]

Erklärt der Arbeitnehmer den Vorbehalt in der Klageschrift nach § 2 Satz 1 **2053** KSchG und wird diese kurz vor Fristablauf dem Gericht eingereicht, können sich Fristprobleme ergeben: Die Klage ist rechtzeitig erhoben, wenn die Zustellung *demnächst* erfolgt (§ 167 ZPO n. F., bis 30. 6. 2000: § 270 Abs. 3 ZPO a. F.). Die Vorbehaltsfrist des § 2 Satz 2 KSchG verlangt Zugang der Erklärung innerhalb der Frist.[25]

Erhebt der Arbeitnehmer nach einer Änderungskündigung eine Kündigungs- **2054** schutzklage nach § 4 Satz 1 KSchG, liegt darin die **Ablehnung des Angebots des Arbeitgebers,** das Arbeitsverhältnis mit geänderten Bedingungen fortzusetzen. Nur wenn der Arbeitgeber einverstanden ist, könnte das Verfahren in ein Verfah-

---

[19] BAG 17. 6. 1998 a. a. O.; vgl. auch Rn. 2053.

[20] Vgl. LAG Baden-Württemberg 30. 10. 1990 LAGE § 2 KSchG Nr. 12; LAG Hamm 30. 1. 1997 LAGE § 2 KSchG Nr. 26; LAG Köln 10. 2. 2000 NZA-RR 2000, 303, 304.

[21] BAG 17. 6. 1998 a. a. O.; LAG Hamm 13. 10. 1988 LAGE § 2 KSchG Nr. 7 (schlüssiges Verhalten genügt). ErfK/*Ascheid,* § 2 KSchG Rn. 42; *Löwisch,* § 2 KSchG Rn. 23; KDZ/*Zwanziger,* § 2 KSchG Rn. 131.

[22] *Wenzel,* MDR 1969, 976; *Schwerdtner,* FS 25 Jahre BAG, 1979, S. 561 ff.

[23] BAG 19. 6. 1986 EzA § 2 KSchG Nr. 7 = NZA 1987, 94; ErfK/*Ascheid,* § 2 KSchG Rn. 41; *v. Hoyningen-Huene/Linck,* § 2 KSchG Rn. 86; APS/*Künzl,* § 2 KSchG Rn. 209; *Löwisch,* § 2 KSchG Rn. 20; KR/*Rost,* § 2 KSchG Rn. 68; KDZ/*Zwanziger,* § 2 KSchG Rn. 131.

[24] KR/*Rost,* § 2 KSchG Rn. 70 mit Hinweisen.

[25] BAG 17. 6. 1998 EzA § 2 KSchG Nr. 30 = NZA 1998, 1225; LAG Hamm 13. 10. 1988 und 22. 8. 1997 LAGE § 2 KSchG Nr. 7 und 29; ErfK/*Ascheid,* § 2 KSchG Rn. 41; *v. Hoyningen-Huene/Linck,* § 2 KSchG Rn. 85; APS/*Künzl,* § 2 KSchG Rn. 212; *Löwisch,* § 2 KSchG Rn. 22; KR/*Rost,* § 2 KSchG Rn. 70 f.

ren nach § 2 Satz 1 KSchG überführt werden.[26] Die entfallene Bindung des Arbeitgebers an sein Angebot wird auf diese Weise wiederhergestellt.

2055 Hat der Arbeitnehmer die Annahme unter Vorbehalt erklärt, ist er daran für die **Dauer des Verfahrens gebunden.** Einseitig kann er den Vorbehalt nicht zurücknehmen.[27] Mit Zustimmung des Arbeitgebers ist die Rücknahme möglich. Der Prozess würde dann als normaler Kündigungsschutzprozess geführt. Der Arbeitnehmer ist nach Erklärung des Vorbehalts verpflichtet, für die Dauer des Verfahrens bis zur rechtskräftigen Entscheidung zu den geänderten Bedingungen zu arbeiten.[28]

V. Das Verfahren nach der Annahme des Angebots unter Vorbehalt

2056 Hat der Arbeitnehmer **fristgerecht die Annahme unter Vorbehalt erklärt,** muss er innerhalb von drei Wochen nach Zugang der Änderungskündigung Klage erheben (§ 4 Satz 2 KSchG). Der Klageantrag ist zweckmäßigerweise wie folgt zu formulieren: „Es wird festgestellt, dass die Änderung der Arbeitsbedingungen durch die Kündigung vom … unwirksam ist."

2057 Die Änderungsschutzklage zielt auf die Feststellung, dass für das Arbeitsverhältnis nicht die Arbeitsbedingungen gelten, die in dem mit der Kündigung verbundenen Änderungsangebot verbundenen Änderungsangebot des Arbeitgebers enthalten sind. Streitgegenstand ist daher regelmäßig nicht eine mögliche Beendigung des Arbeitsverhältnisses, sondern seine rechtliche Ausgestaltung.[29] Dabei geht es um die Unwirksamkeit der Änderung der Arbeitsbedingungen schlechthin, nicht nur um die Sozialwidrigkeit.[30] Die Parteien müssen deshalb auch alle anderen Gründe für die Unwirksamkeit der Änderungskündigung (z. B. § 102 Abs. 1 Satz 3 BetrVG) in das Verfahren einführen. Nach Abschluss des Verfahrens können sie sich darauf nicht mehr berufen.[31] Hat der Arbeitnehmer allerdings die Änderungsschutzklage erst nach

---

[26] Vgl. auch BAG 17. 6. 1998 a. a. O.; 20. 1. 2000 EzA § 2 KSchG Nr. 39 = NZA 2000, 367.

[27] LAG Hamm 22. 8. 1997 LAGE § 2 KSchG Nr. 29; LAG Köln 6. 12. 2001 – 6 Sa 874/01 –; ErfK/*Ascheid,* § 2 KSchG Rn. 43; *v. Hoyningen-Huene/Linck,* § 2 KSchG Rn. 84; APS/*Künzl,* § 2 KSchG Rn. 218; KR/*Rost,* § 2 KSchG Rn. 76; vgl. auch LAG Rheinland-Pfalz 2. 5. 1994 LAGE § 2 KSchG Nr. 14.

[28] BAG 28. 3. 1985 EzA § 767 ZPO Nr. 1 = NZA 1985, 709; 27. 3. 1987 EzA § 2 KSchG Nr. 10 = NZA 1988, 737; 18. 1. 1990 EzA § 1 KSchG Betriebsbedingte Kündigung Nr. 65 = NZA 1990, 734; LAG Berlin 16. 5. 1997 LAGE § 2 KSchG Nr. 30; LAG Köln 29. 6. 2001 MDR 2002, 221, 222; LAG Rheinland-Pfalz 2. 5. 1994 LAGE § 2 KSchG Nr. 14; Thür.LAG 18. 12. 1996 LAGE § 2 KSchG Nr. 21.

[29] BAG 9. 7. 1997 EzA § 2 KSchG Nr. 27 = NZA 1998, 494; vgl. auch BAG 28. 3. 1985 EzA § 767 ZPO Nr. 1 = NZA 1985, 709.

[30] BAG 18. 9. 1997 EzA § 2 BeschFG 1985 Nr. 55 = NZA 1998, 153; 28. 5. 1998 EzA § 2 KSchG Nr. 29 mit Anm. von *Brehm* = NZA 1998, 1167; 20. 1. 2000 EzA § 2 KSchG Nr. 39 = NZA 2000, 367.

[31] BAG 23. 3. 1983 EzA § 6 KSchG Nr. 1 = NJW 1983, 2719; 28. 5. 1998 a. a. O.; ErfK/*Ascheid,* § 2 KSchG Rn. 69 mit § 4 KSchG Rn. 66; *v. Hoyningen-Huene/Linck,* § 4 KSchG Rn. 93; APS/*Künzl,* § 2 KSchG Rn. 312; KR/*Rost,* § 2 KSchG Rn. 155; a. A. *Boewer,* BB 1996, 2618 f.; *ders.* RdA 2001, 380, 394.

Ablauf der Klagefrist des § 4 Satz 1 KSchG erhoben, kann er sie noch auf sonstige Unwirksamkeitsgründe, wie z.B. § 102 Abs. 1 Satz 3 KSchG, stützen.[32]

Während des Verfahrens nach § 2 Satz 1 KSchG gibt es keinen Weiterbeschäftigungsanspruch des Arbeitnehmers zu den alten Bedingungen. Der Arbeitnehmer muss zu den geänderten Bedingungen weiterarbeiten.[33] Das ist der Preis für den Ausschluss des Risikos, seinen Arbeitsplatz endgültig zu verlieren. Streiten allerdings die Parteien im Rahmen einer Änderungsschutzklage um die **Wirksamkeit des Vorbehalts,** geht der Streit nicht mehr um den Inhalt, sondern um den Bestand des Arbeitsverhältnisses. Lehnt der Arbeitgeber die Weiterbeschäftigung des Arbeitnehmers zu den alten und den neuen Arbeitsbedingungen ab, weil seiner Ansicht nach der Vorbehalt nicht wirksam erklärt war, kann eine Weiterbeschäftigung nur in Betracht kommen, wenn ein der Änderungsschutzklage stattgebendes Urteil 1. Instanz vorliegt.[34] **2058**

Liegt nach dem Urteil ein wirksamer Vorbehalt vor, muss der Arbeitnehmer nun zu den geänderten Arbeitsbedingungen beschäftigt werden. Liegt kein wirksamer Vorbehalt vor und hat der Arbeitnehmer vorsorglich auch Kündigungsschutzklage nach § 4 Satz 1 KSchG erhoben, erfolgt die Weiterbeschäftigung nach den Grundsätzen der Entscheidung des Großen Senats vom 27. 2. 1985[35] (dazu unten Rn. 2117). **2059**

Streiten die Parteien darüber, ob der Vorbehalt des Arbeitnehmers rechtzeitig erklärt worden ist, kann der Arbeitnehmer mit der Klage nach § 2 Satz 1 KSchG in Verbindung mit § 4 Satz 2 KSchG hilfsweise den Antrag nach § 4 Satz 1 KSchG verbinden. Die Klage kann in entsprechender Anwendung des § 6 Satz 1 KSchG auch nach Ablauf der Frist des § 4 Satz 1 KSchG erhoben werden, sofern die Klage nach § 4 Satz 2 KSchG rechtzeitig erhoben worden ist.[36] **2060**

Die Auflösung des Arbeitsverhältnisses nach § 9 Abs. 1 Satz 1 KSchG kommt nicht in Betracht, wenn der Arbeitnehmer das Angebot des Arbeitgebers unter Vorbehalt nach § 2 Satz 1 KSchG angenommen hat.[37] § 9 Abs. 1 Satz 1 KSchG hat **2061**

---

[32] BAG 28. 5. 1998 a. a. O.; ErfK/*Ascheid,* § 2 KSchG Rn. 39; *Boewer,* RdA 2001, 380, 395; *Hoß,* MDR 2000, 562, 569; *Künster/Steinberg,* SAE 2000, 72, 73f.; APS/*Künzl,* § 2 KSchG Rn. 308; *Löwisch,* § 2 KSchG Rn. 55; KDZ/*Zwanziger,* § 7 KSchG Rn. 3; a. A. *Berkowsky,* BB 1999, 1266; *v. Hoyningen-Huene/Linck,* § 7 KSchG Rn. 10; KR/*Rost,* § 7 KSchG Rn. 14a; vgl. auch BAG 10. 2. 1999 EzA § 2 KSchG Nr. 34 = NZA 1999, 657.

[33] BAG 28. 3. 1985 EzA § 767 ZPO Nr. 1 = NZA 1985, 709; 18. 1. 1990 EzA § 1 KSchG Betriebsbedingte Kündigung Nr. 65 = NZA 1990, 734; LAG Köln 29. 6. 2001 MDR 2002, 221, 222; LAG Nürnberg 13. 3. 2001 ZinsO 2001, 776 L; ErfK/*Ascheid,* § 2 KSchG Rn. 44; *Boewer,* BB 1996, 2618; *ders.,* RdA 2001, 380, 393f.; KR/*Etzel,* § 102 BetrVG Rn. 199c; *v. Hoyningen-Huene/Linck,* § 2 KSchG Rn. 91; APS/*Künzl,* § 2 KSchG Rn. 219; *Oetker,* SAE 1991, 15; KR/*Rost,* § 2 KSchG Rn. 158b; HK-KSchG/*Weller/Hauck,* § 2 KSchG Rn. 118. Ferner dazu *Kania,* Anm. zu BAG EzA § 99 BetrVG 1972 Nr. 118.

[34] BAG 28. 3. 1985 EzA § 767 ZPO Nr. 1 = NZA 1985, 709.

[35] EzA § 611 BGB Beschäftigungspflicht Nr. 9 = NZA 1985, 702.

[36] BAG 23. 3. 1983 EzA § 6 KSchG Nr. 1 = NJW 1983, 2719; 28. 3. 1985 EzA § 767 ZPO Nr. 1 = NZA 1985, 709.

[37] LAG Berlin 2. 3. 1984 DB 1984, 2464; LAG Rheinland-Pfalz 24. 1. 1986 LAGE § 2 KSchG Nr. 2; LAG München 29. 10. 1987 DB 1988, 866; LAG Düsseldorf 20. 5. 1997 NZA-RR 1998, 111, 114; ErfK/*Ascheid,* § 2 KSchG Rn. 75 und § 9 KSchG Rn. 4; *Boewer,* BB 1996, 2618; *ders.,* RdA 2001, 380, 399; APS/*Biebl,* § 9 KSchG Rn. 14;

zur Voraussetzung, dass die Kündigung nach § 1 Abs. 1 KSchG unwirksam ist (näher oben Rn. 1968). Die analoge Anwendung ist nicht gerechtfertigt, da sich der Arbeitnehmer gerade bereit erklärt hat, beim Arbeitgeber zu den veränderten Bedingungen weiterzuarbeiten. **Nimmt** dagegen der Arbeitnehmer die mit der Änderungskündigung angebotenen Arbeitsbedingungen **nicht an,** handelt es sich um einen normalen Kündigungsschutzprozess mit der **Möglichkeit** der **Antragstellung** nach § 9 Abs. 1 Satz 1 und 2 KSchG.[38] Eine im Zusammenhang mit einer Änderungskündigung vereinbarte Abfindung ist nach § 3 Nr. 9 EStG nicht steuerfrei, da das Arbeitsverhältnis nicht aufgelöst wird.[39]

2062 Gibt das Arbeitsgericht der Änderungsschutzklage statt, gilt die Änderungskündigung nach § 8 KSchG als von Anfang an unwirksam. Mit der Rechtskraft des Urteils muss der Arbeitnehmer so gestellt werden, als habe er zu den alten Bedingungen gearbeitet, d.h. Gehaltsdifferenzen sind nachzuzahlen. Die Rückwirkung greift nur ein, soweit finanzielle Nachteile auszugleichen sind.

VI. Die außerordentliche Änderungskündigung

2063 Die Änderungskündigung kann auch als außerordentliche Kündigung unter den Voraussetzungen des § 626 Abs. 1 und 2 BGB erklärt werden. Dafür besteht vor allem ein Bedürfnis in den Fällen, in denen die ordentliche Kündigung nach Gesetz, z.B. gemäß § 15 Abs. 1 Satz 1 und 2 KSchG (dazu oben Rn. 1624),[40] Tarifvertrag (dazu oben Rn. 590)[41] oder Arbeitsvertrag (vgl. oben Rn. 325) ausgeschlossen ist. Auf die außerordentliche Änderungskündigung ist § 2 KSchG entsprechend anzuwenden (dazu oben Rn. 593).[42] Da es keine Kündigungsfrist gibt, muss der Arbeitnehmer die Annahme des Änderungsangebots unter Vorbehalt **unverzüglich** erklären (dazu oben näher Rn. 593).[43, 44]

---

v. Hoyningen-Huene/Linck, § 9 KSchG Rn. 17; *Löwisch,* § 9 KSchG Rn. 4; KR/*Spilger,* § 9 KSchG Rn. 30; KDZ/*Zwanziger,* § 9 KSchG Rn. 7; offen gelassen BAG 29. 1. 1981 EzA § 9 KSchG n.F. Nr. 10; a.A. *Corts,* SAE 1982, 104; *Neumann,* AR-Blattei SD 1020.6 Rn. 8.

[38] BAG 29. 1. 1981 EzA § 9 KSchG n.F. Nr. 10 = NJW 1982, 1118; 27. 9. 2001 EzA § 14 KSchG Nr. 6; ErfK/*Ascheid,* § 9 KSchG Rn. 4; *Boewer,* RdA 2001, 380, 399; *v. Hoyningen-Huene/Linck,* § 9 KSchG Rn. 17; *Keßler,* NZA-RR 2002, 1, 6; KR/*Spilger,* § 9 KSchG Rn. 30; KDZ/*Zwanziger,* § 9 KSchG Rn. 7.

[39] BFH 10. 10. 1986 DB 1987, 515; 16. 7. 1997 NZA-RR 1998, 174.

[40] BAG 21. 6. 1995 EzA § 15 KSchG n.F. Nr. 43 = NZA 1995, 1157; 27. 9. 2001 EzA § 15 KSchG n.F. Nr. 54.

[41] BAG 31. 1. 1996 EzA § 626 BGB Druckkündigung Nr. 3 = NZA 1996, 581.

[42] BAG 19. 6. 1986 und 27. 3. 1987 EzA § 2 KSchG Nr. 7 und 10 = NZA 1987, 94 und 1988, 737; *v. Hoyningen-Huene/Linck,* § 2 KSchG Rn. 6; KR/*Rost,* § 2 KSchG Rn. 32 m.w.N.

[43] BAG 19. 6. 1986 EzA § 2 KSchG Nr. 7 = NZA 1987, 94.

[44] BAG 27. 3. 1987 EzA § 2 KSchG Nr. 10 = NZA 1988, 737.

§ 5 Streitwert der Kündigungsschutzklage

I. Überblick

Für die Wertberechnung bei Rechtsstreitigkeiten über das Bestehen, das Nichtbestehen oder die Kündigung eines Arbeitsverhältnisses ist nach § 12 Abs. 7 Satz 1 1. Halbs. ArbGG höchstens der Betrag des für die Dauer eines Vierteljahres zu zahlenden Arbeitsentgelt maßgebend.[1] Das gilt auch für derartige Rechtsstreitigkeiten über Berufsausbildungsverhältnisse.[2] Verständigen sich die Parteien in einem Kündigungsrechtsstreit auf die Beendigung des Arbeitsverhältnisses zu dem in der Kündigung vorgesehenen Zeitpunkt und begründen sie zugleich zu einem bestimmten, in der Zukunft liegenden Zeitpunkt ein neues Arbeitsverhältnis zu unveränderten Arbeitsbedingungen, ist wegen dieses Vertragsschlusses der Vergleichswert gegenüber dem nach § 12 Abs. 7 Satz 1 ArbGG festgesetzten Streitwert des Kündigungsrechtsstreits nicht zu erhöhen.[3] Aus § 12 Abs. 7 Satz 1 1. Halbsatz ArbGG, wonach eine nach § 9 Abs. 1 KSchG festgesetzte Abfindung dem Streitwert für die Kündigungsschutzklage gemäß § 12 Abs. 7 Satz 1 2. Halbsatz ArbGG nicht hinzugerechnet wird, folgt, dass der Auflösungsantrag nach §§ 9 Abs. 1 Satz 1 bzw. Satz 2 KSchG nicht zu einer Erhöhung des Streitwertes einer Kündigungsschutzklage führt.[4] Streiten allerdings die Parteien im Berufungsverfahren nicht mehr über den Fortbestand des Arbeitsverhältnisses, sondern nur noch über seine Auflösung durch gerichtliche Entscheidung nach § 9 Abs. 1 S. 1 KSchG und die Höhe der vom Arbeitgeber an den Arbeitnehmer zu zahlenden Abfindung (§ 10 Abs. 1 KSchG), richtet sich die Streitwertfestsetzung nicht nach § 12 Abs. 7 Satz 1, sondern nach §§ 3ff. ZPO. Sie hat sich deshalb an der Höhe der geltend gemachten Abfindung zu orientieren.[5] **2064**

II. Einzelne Kündigung

Die Rechtsprechung der Landesarbeitsgerichte zum Streitwert von Kündigungsschutzverfahren ist nicht einheitlich. Einerseits wird in § 12 Abs. 7 Satz 1 ArbGG ein eigenständiger **Streitwertrahmen** gesehen, innerhalb dessen das Gericht die Wertfestsetzung nach **pflichtmäßigem Ermessen** vorzunehmen habe,[6] **2065**

---

[1] Zu diesem Problemfeld vgl. die grundlegende Darstellung mit vollständigem Nachweis der Rechtsprechung von GK-ArbGG/*Wenzel* § 12 Rn. 40ff.; vgl. auch Nachweise bei *Hümmerich,* NZA-RR 2000, 225, 226f.

[2] BAG 22. 5. 1984 EzA § 64 ArbGG 1979 Nr. 14 = NZA 1984, 332.

[3] BAG 18. 1. 1996 EzA § 12 ArbGG 1979 Streitwert Nr. 66 = NZA 1996, 1175.

[4] Vgl. LAG Berlin 13. 3. 2001 LAGE § 12 ArbGG 1979 Streitwert Nr. 121 = NZA-RR 2001, 436, 437; LAG München 14. 9. 2001 – 4 Ta 200/01 –; a.A. ArbG Würzburg 5. 6. 2000 NZA-RR 2001, 107.

[5] LAG Hamm 5. 12. 1996 LAGE § 269 ZPO Nr. 2.

[6] LAG Baden-Württemberg 8. 10. 1986 LAGE § 12 ArbGG 1979 Nr. 58; LAG Berlin 13. 3. 2001 LAGE § 12 ArbGG 1979 Streitwert Nr. 121 = NZA-RR 2001, 436; LAG Rheinland-Pfalz 24. 3. 1986 LAGE § 12 ArbGG 1979 Streitwert Nr. 54; 23. 4. 1987 LAGE § 12 ArbGG 1979 Streitwert Nr. 65; 14. 1. 1991 LAGE § 12 ArbGG 1979 Streitwert Nr. 88; LAG Nürnberg 5. 5. 1986 LAGE § 12 ArbGG 1979 Streitwert Nr. 53.

andererseits sieht man darin eine **Höchstgrenze,**[7] die nur unterschritten werden darf, wenn die Feststellung des Fortbestandes des Arbeitsverhältnisses für einen kürzeren Zeitraum als drei Monate begehrt wird (Umwandlung einer außerordentlichen Kündigung in eine ordentliche Kündigung mit zweiwöchiger Frist). Das Bundesarbeitsgericht setzt den Streitwert, wenn nicht besondere Umstände vorliegen, innerhalb des Streitwertrahmens typisierend wie folgt fest:

Bestand des Arbeitsverhältnisses
bis zu sechs Monaten = ein Monatsverdienst,
von sechs bis zwölf Monaten = zwei Monatsverdienste,
von mehr als einem Jahr = drei Monatsverdienste.[8]

2066 Auszugehen ist bei der Streitwertfestsetzung vom Klageantrag und seiner Begründung. Ohne Bedeutung ist, ob er Aussicht auf Erfolg hat. Vom Klageantrag her ist das wirtschaftliche Interesse des Klägers zu bewerten. Das ist der Fortbestand des Arbeitsverhältnisses auf unbestimmte Zeit, sofern der Antrag nicht eingeschränkt worden ist. Damit geht das wirtschaftliche Interesse des Klägers weit über ein Vierteljahr hinaus, so dass nach den allgemeinen Grundsätzen (§ 3 ZPO) der Streitwert über die Grenze des § 12 Abs. 7 Satz 1 ArbGG hinaus festzusetzen wäre. Die aus sozialen Gründen in das Arbeitsgerichtsgesetz eingefügte Bestimmung des § 12 Abs. 7 Satz 1 verhindert dies. Das ist Sinn und Zweck des § 12 Abs. 7 Satz 1 ArbGG. Er enthält kein in sich geschlossenes eigenes System für die Festsetzung des Streitwertes von Bestandsschutzstreitigkeiten.[9] Die Berücksichtigung von sozialen Daten, wie Familienstand, Kinderzahl, Alter, wirtschaftliche und soziale Stellung des Arbeitnehmers, bei der Streitwertfestsetzung scheidet aus.[10] Die soziale Komponente hat zum § 12 Abs. 7 Satz 1 ArbGG geführt.

2067 Für die Wertberechnung nach § 12 Abs. 7 Satz 1 1. Halbsatz ArbGG ist das Bruttoarbeitsentgelt maßgebend, das der Arbeitnehmer bei Fortbestand des Arbeitsverhältnisses in den ersten drei Monaten nach dem streitigen Beendigungszeitpunkt

---

[7] LAG Hamm 27. 6. 1985 LAGE § 12 ArbGG 1979 Streitwert Nr. 38; 13. 5. 1986 LAGE § 12 ArbGG 1979 Streitwert Nr. 55; LAG Düsseldorf 17. 10. 1985 LAGE § 12 ArbGG 1979 Streitwert Nr. 41; LAG Köln 15. 11. 1985 LAGE § 12 ArbGG 1979 Streitwert Nr. 42; 22. 7. 1991 LAGE § 12 ArbGG 1979 Streitwert Nr. 92; LAG Frankfurt/M. 4. 11. 1985 LAGE § 12 ArbGG Streitwert Nr. 45; Hess.LAG 21. 1. 1999 LAGE § 12 ArbGG 1979 Streitwert Nr. 117 = NZA-RR 1999, 159; LAG Niedersachsen 21. 1. 1986 LAGE § 12 ArbGG 1979 Streitwert Nr. 46; LAG Bremen 28. 2. 1986 LAGE § 12 ArbGG 1979 Streitwert Nr. 49; LAG München 13. 1. 1986 LAGE § 12 ArbGG 1979 Streitwert Nr. 51; LAG Hamburg 15. 5. 1990 LAGE § 12 ArbGG 1979 Streitwert Nr. 85.

[8] BAG 30. 11. 1984 EzA § 12 ArbGG 1979 Streitwert Nr. 36 mit abl. Anm. von *Schneider* = NZA 1985, 369; vgl. auch LAG Berlin 13. 3. 2001 LAGE § 12 ArbGG 1979 Streitwert Nr. 121 = NZA-RR 2001, 436. Die Ansicht des BAG ist ganz überwiegend auf Ablehnung gestoßen; vgl. LAG Hamm 27. 6. 1985 LAGE § 12 ArbGG 1979 Streitwert Nr. 38; LAG Köln 15. 11. 1985 LAGE § 12 ArbGG Streitwert Nr. 40; LAG Düsseldorf 17. 10. 1985 LAGE § 12 ArbGG 1979 Streitwert Nr. 41; LAG Rheinland-Pfalz 24. 3. 1986 LAGE § 12 ArbGG 1979 Streitwert Nr. 53 und 23. 4. 1987 LAGE § 12 ArbGG 1979 Streitwert Nr. 65. Weitere Nachweise vgl. GK-ArbGG/*Wenzel* § 12 Rn. 135.

[9] Das hat *Schneider,* Anm. zu BAG EzA § 12 ArbGG 1979 Streitwert Nr. 36, überzeugend dargelegt.

[10] A. A. LAG Rheinland-Pfalz 24. 3. 1986 LAGE § 12 ArbGG 1979 Streitwert Nr. 54; 23. 4. 1987 LAGE § 12 ArbGG 1979 Streitwert Nr. 65; 14. 1. 1991 LAGE § 12 ArbGG 1979 Streitwert Nr. 88.

beanspruchen könnte. Das ist die Vergütung, die der Arbeitgeber im Falle seines Annahmeverzuges schulden würde, einschließlich Zuschläge und regelmäßiger Prämien.[11] Nicht zu berücksichtigen sind Sonderleistungen wie (anteiliges) Weihnachts- oder Urlaubsgeld und Trennungsentschädigungen.[12] Die Berücksichtigung einer anteiligen Tantieme oder eines anteiligen 13. Monatsgehaltes ist davon abhängig zu machen, ob diese Beträge auch bei einem Ausscheiden vor dem vereinbarten Fälligkeitstermin zu zahlen sind.[13] Ist das der Fall, sind sie hinzuzurechnen, da es auf das Arbeitsentgelt ankommt, das für das Vierteljahr nach dem streitigen Beendigungszeitraum zu zahlen ist.[14]

III. Mehrere Kündigungen

Werden vom Arbeitgeber **mehrere Kündigungen** erklärt, gegen die der Arbeitnehmer Kündigungsschutzklage in **einem Verfahren** erhebt, erfolgt die Streitwertfestsetzung von den Gerichten nicht einheitlich. Das Bundesarbeitsgericht steht auf dem Standpunkt, die Höchstgrenze des § 12 Abs. 7 Satz 1 ArbGG gelte auch dann, wenn in einem Rechtsstreit mehrere zeitlich aufeinander folgende Kündigungen durch Kündigungsschutzanträge angegriffen werden.[15] Die Praxis der Landesarbeitsgerichte ist dem BAG überwiegend nicht gefolgt, sondern nimmt eine Streitwertaddition vor, die allerdings in der Höhe unterschiedlich ist. Sie reicht von der Addition der Einzelwerte[16] bis zu einer Erhöhung des Wertes um die Zeitdifferenz zwischen den beiden Kündigungen.[17] **2068**

[11] LAG Bremen 1. 11. 1982 MDR 1983, 170; LAG Düsseldorf 7. 1. 1991 LAGE § 12 ArbGG 1979 Streitwert Nr. 89.

[12] Vgl. BAG 4. 9. 1996 EzA § 12 ArbGG 1979 Streitwert Nr. 67 = NZA 1997, 283; LAG Köln 18. 7. 1994 LAGE § 12 ArbGG 1979 Streitwert Nr. 100; GMP/*Germelmann,* § 12 ArbGG Rn. 97; GK-ArbGG/*Wenzel* § 12 Rn. 140; a. A. LAG Düsseldorf 28. 6. 1990 LAGE § 12 ArbGG 1979 Streitwert Nr. 84, das Gratifikationen stets anteilmäßig berücksichtigt, sofern es sich nicht um eine freiwillige, jederzeit widerrufbare Leistung handelt.

[13] Vgl. hierzu BAG 8. 11. 1978 EzA § 611 BGB Gratifikation, Prämie Nr. 60 = AP Nr. 100 zu § 611 BGB Gratifikation mit Anm. von *Herschel;* 10. 1. 1991 EzA § 611 BGB Gratifikation, Prämie Nr. 82 = NZA 1991, 689; *Vossen,* FS für Stahlhacke, 1995, S. 617, 625f.

[14] BAG 19. 7. 1973 EzA § 12 ArbGG Nr. 1 = AP § 12 ArbGG 1953 Nr. 20; LAG Köln 17. 11. 1995 NZA-RR 1996, 392; a. A. LAG Düsseldorf 28. 6. 1990 LAGE § 12 ArbGG 1979 Streitwert Nr. 89; KR/*Friedrich,* § 4 KSchG Rn. 274.

[15] BAG 6. 12. 1984 EzA § 12 ArbGG 1979 Streitwert Nr. 34 mit abl. Anm. von *Schneider* = NZA 1985, 296; ebenso LAG München 21. 4. 1988 LAGE § 12 ArbGG 1979 Streitwert Nr. 76.

[16] LAG Hamburg 7. 8. 1987 LAGE § 12 ArbGG 1979 Streitwert Nr. 67; 15. 11. 1994 LAGE § 12 ArbGG 1979 Streitwert Nr. 102 für den Fall, dass die Kündigungen verschiedene Sachverhalte betreffen; LAG Nürnberg 23. 6. 1987 LAGE § 12 ArbGG 1979 Streitwert Nr. 78; LAG Berlin 10. 4. 2001 NZA-RR 2001, 438, für den Fall, dass die Beendigungszeitpunkte von zwei Kündigungen drei Monate oder länger auseinander liegen.

[17] LAG Bremen 13. 2. 1987 LAGE § 12 ArbGG 1979 Streitwert Nr. 62; LAG Düsseldorf 9. 9. 1993 LAGE § 12 ArbGG 1979 Streitwert Nr. 99 mit Anm. von *Gravenhorst;* LAG Hamm 3. 4. 1986 LAGE § 12 ArbGG 1979 Streitwert Nr. 52; LAG Köln 9. 7. 1984 und 8. 3. 1989 EzA § 12 ArbGG 1979 Streitwert Nr. 29 und Nr. 79; LAG München 8. 5. 1979 LAGE § 12 ArbGG 1979 Streitwert Nr. 81; LAG Sachsen-Anhalt 20. 9. 1995 LAGE § 12 ArbGG 1979 Streitwert Nr. 104 mit Anm. von *Wenzel;* vgl. auch LAG Düsseldorf 20. 2.

2069 Wendet sich der Arbeitnehmer in **verschiedenen Verfahren** gegen **mehrere zeitlich nacheinander ausgesprochene Kündigungen,** erfolgt eine Streitwertaddition; im Einzelnen wird die Werterhöhung unterschiedlich vorgenommen.[18]

2070 Eine Streitwertaddition ist dagegen abzulehnen, wenn der Arbeitnehmer **neben** dem **Antrag** nach **§ 4 Satz 1 KSchG** den **allgemeinen Feststellungsantrag** nach § 256 Abs. 1 ZPO stellt und neben der angegriffenen Kündigung keine anderen Beendigungstatbestände in dem Kündigungsschutzprozeß eingeführt werden.[19] Denn in diesem Fall geht es letztlich bloß um die Beendigung oder Nichtbeendigung des Arbeitsverhältnisses auf Grund einer ganz bestimmten Kündigung. Hierfür hat aber gerade § 12 Abs. 7 Satz 1 ArbGG aus sozialen Gründen (vgl. schon Rn. 2066) eine Höchstgrenze für den Streitwert festgesetzt. Streiten die Parteien jedoch im Kündigungsschutzprozess über weitere Beendigungstatbestände, ist der Streitwert unter Beachtung der Grundsätze festzusetzen, die für den Streit über mehrere Kündigungen in einem Rechtsstreit maßgeblich sind (dazu oben Rn. 2068).[20]

IV. Kündigung und Weiterbeschäftigung

2071 Verbindet der Kläger mit der Kündigungsschutzklage im Wege der objektiven Klagehäufung den **Antrag auf Weiterbeschäftigung,** ist dieser getrennt zu bewerten und eine Streitwertaddition vorzunehmen. Die Streitwertfestsetzung für

1996 JurBüro 1996, 476 = MDR 1996, 752; Hess. LAG 21. 1. 1999 LAGE § 12 ArbGG 1979 Streitwert Nr. 116 = NZA-RR 1999, 156, 159 (Erhöhung um ein Bruttomonatsverdienst).

[18] LAG Hamm 6. 5. 1982 EzA § 12 ArbGG 1979 Streitwert Nr. 15 (drei Monatsverdienste für die erste und ein Monatsverdienst für die zweite Klage); ebenso Thür.LAG 23. 10. 1996 LAGE § 12 ArbGG 1979 Streitwert Nr. 107; LAG Hamburg 23. 4. 1987 LAGE § 12 ArbGG 1979 Streitwert Nr. 64; durch Beschluß 7. 8. 1987 hat das LAG Hamburg seine Rspr. geändert und verdoppelt den Höchststreitwert, LAGE § 12 ArbGG 1979 Streitwert Nr. 67; vgl. ferner LAG Hamm EzA § 12 ArbGG Streitwert Nr. 35 (Verdoppelung, weil Zeitdifferenz vier Monate) und LAG Nürnberg 21. 2. 1985 NZA 1985, 298; LAG Nürnberg 23. 6. 1987 LAGE § 12 ArbGG Streitwert Nr. 78 – immer für jede Klage selbstständiger voller Streitwert); LAG Bremen 13. 2. 1987 LAGE § 12 ArbGG 1979 Streitwert Nr. 62 (drei Monatsverdienste plus Wert der Zeitdifferenz). Das LAG Köln (Beschluss 30. 8. 1984 – 8 Ta 146/84 –) hat auch für Klagen in getrennten Prozessen entschieden, dass der Streitwert drei Monatsgehälter plus den Wert der Zeitdifferenz beträgt; ebenso LAG München 13. 10. 1988 LAGE § 12 ArbGG Streitwert Nr. 77 und 8. 5. 1989 LAGE § 12 ArbGG 1979 Streitwert Nr. 81. Beträgt die Zeitdifferenz mehr als drei Monate, tritt stets Verdoppelung ein (vgl. LAG Hamm 9. 1. 1985 EzA § 12 ArbGG 1979 Streitwert Nr. 32).

[19] BAG 6. 12. 1984 EzA § 12 ArbGG 1979 Streitwert Nr. 34; LAG Bremen 29. 3. 2000 LAGE § 12 ArbGG 1979 Streitwert Nr. 120; LAG Düsseldorf 21. 3. 1997 – 7 Ta 37/97 – n.v.; LAG Köln 12. 12. 1996 LAGE § 12 ArbGG 1979 Streitwert Nr. 108; 8. 9. 1998 MDR 1999, 102, 103 = NZA 1999, 224 nur L.; Hess.LAG 21. 1. 1999 LAGE § 12 ArbGG 1979 Streitwert Nr. 121 = NZA-RR 1999, 156, 159; Thür.LAG 3. 6. 1997 LAGE § 12 ArbGG 1979 Streitwert Nr. 106; vgl. auch LAG Nürnberg 26. 6. 2001 LAGE § 92 ZPO Nr. 1 (auch zur Kostenentscheidung); a.A. *Franzen,* Anm. zu BAG EzA § 4 KSchG n.F. unter III; GMP/*Germelmann,* § 12 ArbGG Rn. 101; *Schneider,* Anm. zu BAG EzA § 12 ArbGG 1979 Streitwert Nr. 34, unter III 2c; *Wenzel,* DB 1997, 1873.

[20] *Schwab,* NZA 1998, 342, 346 (auch zur Kostenentscheidung).

den Weiterbeschäftigungsanspruch ist nicht einheitlich.[21] Zum Teil wird ihm eine eigenständige Bedeutung versagt.[22]

Der Weiterbeschäftigungsantrag kann vom Arbeitnehmer im Kündigungsrechts- 2072
streit für den Fall gestellt werden, dass seiner Kündigungsschutzklage stattgegeben wird **(sog. uneigentlicher Hilfsantrag).** Der Weiterbeschäftigungsantrag ist auflösend bedingt rechtshängig. Der Arbeitnehmer begehrt vorbehaltlos die Verurteilung des Beklagten, allerdings mit der Einschränkung, der Antrag solle nur beschieden werden, wenn der Kündigungsschutzantrag Erfolg hat. Es liegt eine Art Rechtsbedingung vor, kein bedingter und damit unzulässiger Klageantrag.[23] Mit der Abweisung der Kündigungsschutzklage erlischt die Rechtshängigkeit. Die Streitwerte beider Anträge sind zu addieren. § 19 Abs. 1 Satz 2 GKG findet keine Anwendung.[24]

Schließen die Parteien über den unechten Hilfsantrag einen Vergleich, so hat 2073
auch hier eine Streitwertaddition zu erfolgen. § 19 Abs. 1 Satz 2 GKG ist nicht anzuwenden. Er bezieht sich nur auf (echte) Hilfsanträge.[25]

V. Kündigung und Arbeitsentgelt

Werden in einem Kündigungsschutzprozess neben dem Feststellungsantrag Lohn- 2074
und Gehaltsansprüche klageweise geltend gemacht, die nach der ausgesprochenen Kündigung fällig geworden sind,[26] wird unterschiedlich beurteilt, ob die beiden Ansprüche trotz ihrer prozessualen Selbständigkeit wirtschaftlich identisch sind (§ 5 ZPO). Das Bundesarbeitsgericht steht auf diesem Standpunkt mit dem Hinweis, der Feststellungsanspruch bilde die Rechtsgrundlage für die Klage aus Annahmeverzug.[27] Für die einheitliche Wertfestsetzung ist der sich aus dem Vergleich zwischen

---

[21] Zwei Monatsverdienste: LAG Hamm 15. 10. 1981 MDR 1982, 259; 6. 5. 1982 DB 1982, 1472; 11. 9. 1986 LAGE § 12 ArbGG 1979 Streitwert Nr. 56; LAG Köln 19. 4. 1982 EzA § 12 ArbGG 1979 Streitwert Nr. 12; LAG Düsseldorf 23. 8. 1985 JurBüro 1985, 1710. Ein Monatsverdienst: LAG Baden-Württemberg EzA § 12 ArbGG 1979 Streitwert Nr. 17; LAG Frankfurt/M. 20. 6. 1984 LAGE § 12 ArbGG 1979 Streitwert Nr. 32; LAG Chemnitz 14. 6. 1993 LAGE § 12 ArbGG 1979 Streitwert Nr. 97; LAG Rheinland-Pfalz 16. 4. 1992 LAGE § 12 ArbGG 1979 Streitwert Nr. 98; Sächs.LAG 15. 5. 1997 LAGE § 12 ArbGG 1979 Streitwert Nr. 111.

[22] Vgl. BAG 29. 11. 1983 EzA § 626 BGB n. F. Nr. 89 (Streitwertfestsetzung nicht offensichtlich fehlerhaft); LAG Saarland 3. 12. 1984 JurBüro 1985, 592; LAG Schleswig-Holstein 14. 9. 1984 LAGE § 12 ArbGG 1979 Streitwert Nr. 34 mit abl. Anm. von *Schneider.*

[23] BAG 8. 4. 1988 EzA § 611 BGB Beschäftigungspflicht Nr. 30 = NZA 1988, 741.

[24] LAG Hamm 26. 5. 1989 LAGE § 19 GKG Nr. 6; *Schneider,* Anm. LAGE § 19 GKG Nr. 4; LAG Rheinland-Pfalz 16. 4. 1992 LAGE § 19 GKG Nr. 13; 19. 3. 1999 NZA-RR 2000, 161; LAG Köln 4. 7. 1995 LAGE § 19 GKG Nr. 15; a. A. LAG Düsseldorf 13. 7. 1989 LAGE § 19 GKG Nr. 7; 8. 11. 1990 LAGE § 19 GKG Nr. 10; 27. 7. 2000 NZA-RR 2000, 613; Hess.LAG 26. 6. 1998 LAGE § 19 GKG Nr. 16.

[25] LAG Köln 27. 3. 1987 LAGE § 19 GKG Nr. 2 und 11. 7. 1989 LAGE § 19 GKG Nr. 8; LAG Hamm 28. 7. 1988 LAGE § 19 GKG Nr. 4 mit Anm. von *Schneider;* a. A. Hess.LAG 26. 6. 1998 LAGE § 19 GKG Nr. 16 a. E.; LAG München 12. 5. 1987 LAGE § 19 GKG Nr. 5; KR/*Friedrich,* § 4 KSchG Rn. 281 b.

[26] Zum Streitwert von Feststellungsantrag und Antrag auf Zahlung künftig fälligen Arbeitsentgelts *Vossen,* DB 1986, 326, 328 f.

[27] BAG 16. 1. 1968 AP Nr. 17 zu § 12 ArbGG 1953; KR/*Friedrich,* § 4 KSchG Rn. 281.

dem nach § 12 Abs. 7 Satz 1 1. Halbs. ArbGG mit drei Monatsverdiensten anzusetzenden Wert des Feststellungsanspruchs und der Summe der geltend gemachten Lohn- oder Gehaltsansprüche ergebende höhere Wert maßgebend. Die Landesarbeitsgerichte haben sich dagegen überwiegend für eine Streitwertaddition ausgesprochen.[28] Wird der Feststellungsantrag nach § 4 Satz 1 KSchG mit dem Antrag auf künftige Entgeltzahlungen verbunden,[29] ist fraglich, ob sich der Streitwert dieses Leistungsantrags nach § 12 Abs. 7 Satz 2 1. Halbsatz ArbGG bemisst.[30]

VI. Änderungskündigung

2075 Nimmt der Arbeitnehmer das Änderungsangebot des Arbeitgebers nach § 2 KSchG unter Vorbehalt an, steht fest, dass das Arbeitsverhältnis nicht aufgelöst wird. Die Streitwertfestsetzung ist umstritten. Das LAG Düsseldorf[31] und das LAG Berlin[32] erkennen aus Gründen der Praktikabilität auf zwei Monatsverdienste, das LAG Frankfurt/M. auf ein Monatsverdienst.[33] Häufig wird der dreifache Jahresbetrag des Wertes der Änderung zugrunde gelegt mit der Höchstgrenze des § 12 Abs. 7 Satz 1 ArbGG.[34]

---

[28] LAG Baden-Württemberg 27. 11. 1981 EzA § 12 ArbGG 1979 Streitwert Nr. 16 = AnwBl. 1982, 207; LAG Berlin 15. 10. 1982 DB 1983, 833 = AnwBl. 1983, 35; LAG Frankfurt/M. 3. 6. 1970 NJW 1970, 2134; LAG Hamburg 2. 3. 1977 NJW 1977, 2327; 15. 5. 1990 LAGE § 12 ArbGG 1979 Streitwert Nr. 85; LAG Hamm 26. 11. 1970 NJW 1971, 1286 und 6. 5. 1982 MDR 1982, 696; LAG Kiel 2. 11. 1981 AnwBl. 1982, 206; LAG Saarbrücken 27. 5. 1981 MDR 1981, 788; a. A. LAG Bremen 1. 11. 1982 MDR 1983, 170; 13. 4. 1989 LAGE § 12 ArbGG 1979 Streitwert Nr. 80; LAG Nürnberg 21. 7. 1988 LAGE § 12 ArbGG 1979 Streitwert Nr. 74; 12. 2. 1988 LAGE § 12 ArbGG 1979 Streitwert Nr. 73.

[29] Zur Zulässigkeit und Begründetheit der Klage auf künftig fällig werdendes Arbeitsentgelt im gestörten Arbeitsverhältnis *Vossen,* DB 1985, 385ff., 439ff.; *Zeuner,* RdA 1997, 6ff.

[30] Bejahend LAG Baden-Württemberg 8. 11. 1985 LAGE § 12 ArbGG 1979 Streitwert Nr. 48; LAG Düsseldorf 27. 11. 1980 EzA § 12 ArbGG 1979 Streitwert Nr. 2; 20. 11. 2001 – 7 Ta 397/01 –. Verneinend LAG Nürnberg 21. 7. 1988 LAGE § 12 ArbGG 1979 Streitwert Nr. 74, das ausschließlich § 12 Abs. 7 Satz 1 ArbGG anwendet; verneinend jetzt auch LAG Hamm 30. 1. 2002 – 9 Ta 591/00 – NZA-RR 2002, 267, 268ff. (ein Bruttomonatsentgelt). Zum Problemfeld *Vossen,* DB 1986, 326, 328f.

[31] LAG Düsseldorf 30. 8. 1984 EzA § 12 ArbGG 1979 Streitwert Nr. 37; 21. 8. 1986 JurBüro 1987, 625; 9. 10. 1990 LAGE § 12 ArbGG 1979 Streitwert Nr. 87; 26. 10. 1995 – 7 Ta 309/95 – n.v.

[32] LAG Berlin 17. 7. 1998 LAGE § 12 ArbGG 1979 Streitwert Nr. 119; NZA-RR 1998, 512, 513; 29. 5. 1998 NZA-RR 1999, 45, 46.

[33] LAG Frankfurt/M. 10. 4. 1985 DB 1986, 1400.

[34] BAG 23. 3. 1989 EzA § 12 ArbGG 1979 Streitwert Nr. 64 mit krit. Anm. von *Schneider;* 22. 1. 1997 EzA § 622 BGB Teilkündigung Nr. 7 = NZA 1997, 711; LAG Hamburg 28. 10. 1996 LAGE § 12 ArbGG 1979 Streitwert Nr. 110; 2. 6. 1998 BB 1998, 1695 nur L; LAG Köln 20. 4. 1982 EzA § 12 ArbGG 1979 Streitwert Nr. 13; 16. 9. 1986 JurBüro 1987, 625; LAG München 16. 1. 1984 EzA § 12 ArbGG 1979 Streitwert Nr. 63; LAG Bremen 5. 5. 1987 LAGE § 12 ArbGG 1979 Streitwert Nr. 63; LAG Rheinland-Pfalz 19. 3. 1999 NZA-RR 2000, 161f. Das LAG Hamm bewertet nach den wirtschaftlichen Interessen des Einzelfalles ggfls. unter Beachtung des Prestiges sowie der Rehabilitation; die Obergrenze des § 12 Abs. 7 Satz 1 ArbGG wird dabei regelmäßig unterschritten; LAG Hamm 15. 6. 1982 EzA § 12 ArbGG 1979 Streitwert Nr. 14; 19. 10. 1989 LAGE § 12 ArbGG 1979 Streitwert Nr. 82.

§ 6 Der Weiterbeschäftigungsanspruch des Arbeitnehmers während des Kündigungsschutzprozesses

Der Anspruch des Arbeitnehmers auf vorläufige Weiterbeschäftigung bis zum rechtskräftigen Abschluss des Kündigungsschutzverfahrens ist eine „bedeutende flankierende Maßnahme" für den Bestandsschutz im Arbeitsverhältnis. Denn es ist wohl kaum zu bezweifeln, dass die Chance einer Rückkehr in den Betrieb auch bei rechtswidriger Kündigung mit der Dauer der faktischen Trennung vom Arbeitsplatz abnimmt. 2076

Mit dem Problem verzahnt ist die Frage, ob der Arbeitgeber den Arbeitnehmer **einseitig für die Dauer der Kündigungsfrist** von der Arbeit freistellen kann. Grundsätzlich ist richtig, dass der Beschäftigungsanspruch des Arbeitnehmers auch nach einer ordentlichen Kündigung für die Dauer der Kündigungsfrist besteht. Nur wenn die Beschäftigung für den Arbeitgeber **unzumutbar** ist, kann eine Suspendierung **gegen den Willen des Arbeitnehmers** erfolgen.[1] Das ist z. B. der Fall, wenn der dringende Verdacht einer strafbaren Handlung oder einer sonstigen schweren Vertragsverletzung besteht. Kein Beschäftigungsanspruch für die Dauer der Kündigungsfrist besteht ferner dann, wenn die Parteien allein über die Länge der Kündigungsfrist streiten, die Wirksamkeit der Kündigung dagegen unbestritten und im Arbeitsvertrag eine Klausel enthalten ist, nach der der Arbeitgeber den Arbeitnehmer nach erfolgter Kündigung von der Arbeit freistellen kann.[2] 2077

Unsicher ist, ob in den beiden genannten Fallgruppen ein Beschäftigungsanspruch besteht, wenn der Arbeitnehmer gegen die Kündigung Kündigungsschutzklage erhebt und er **nach § 102 Abs. 5 BetrVG Weiterbeschäftigung** verlangt oder ggfls. der **allgemeine Weiterbeschäftigungsanspruch** nach der Entscheidung des Großen Senats des BAG vom 27. 2. 1985[3] geltend gemacht wird. Auf beide Ansprüche kann der Arbeitnehmer **im Voraus nicht verzichten.** Über die Ansprüche auf Weiterbeschäftigung ist dann im Rahmen der für sie geltenden Anspruchsnormen zu befinden, d. h. einerseits im Verfahren nach § 102 Abs. 5 Satz 1 BetrVG bzw. im Entbindungsverfahren nach § 102 Abs. 5 Satz 2 BetrVG. Die vertraglich vereinbarte Suspendierungsklausel kann ihre Wirkung weder hier noch gegenüber dem allgemeinen Weiterbeschäftigungsanspruch entfalten. Auch dort sollten sich die Grundsätze der Rechtsprechung des Großen Senats des BAG durchsetzen.[4] 2078

Der Problemkreis des Weiterbeschäftigungsanspruchs des Arbeitnehmers während des Kündigungsschutzprozesses wird durch die Gesetzeslage in zwei Teile geteilt: 2079

---

[1] BAG 19. 8. 1976 EzA § 611 BGB Beschäftigungspflicht Nr. 1 = AP Nr. 4 zu § 611 BGB Beschäftigungspflicht; LAG München 19. 8. 1992 LAGE § 611 BGB Beschäftigungspflicht Nr. 32; LAG Hamm 3. 11. 1993 LAGE § 611 BGB Beschäftigungspflicht Nr. 36.

[2] LAG Hamburg 10. 6. 1994 LAGE § 611 BGB Beschäftigungspflicht Nr. 37

[3] EzA § 611 BGB Beschäftigungspflicht Nr. 9 mit Anm. von *Gamillscheg* = NZA 1985, 702.

[4] Vgl. dazu *Preis,* Grundfragen der Vertragsgestaltung im Arbeitsrecht, 1993, S. 453; MünchArbR/*Blomeyer,* § 49 Rn. 37; MünchKomm/*Schwerdtner,* § 622 BGB Anh. Rn. 508.

- Der Weiterbeschäftigungsanspruch nach § 102 Abs. 5 BetrVG, d. h. nach einem Widerspruch des Betriebsrats (vgl. dazu oben Rn. 441).
- Der Beschäftigungsanspruch des Arbeitnehmers für die Dauer des Kündigungsschutzprozesses in Betrieben ohne Betriebsrat oder ohne vom Betriebsrat erhobenen Widerspruch bzw. nach einem nicht ordnungsgemäß erhobenen Widerspruch des Betriebsrats (vgl. dazu unten Rn. 2113).

I. Der Weiterbeschäftigungsanspruch nach § 102 Abs. 5 Satz 1 BetrVG

2080 Hat der Betriebsrat einer ordentlichen Kündigung frist- und ordnungsgemäß widersprochen und hat der Arbeitnehmer nach dem KSchG Klage auf Feststellung erhoben, dass das Arbeitsverhältnis durch die Kündigung nicht aufgelöst ist, muss der Arbeitgeber auf Verlangen des Arbeitnehmers diesen nach Ablauf der Kündigungsfrist bis zum rechtskräftigen Abschluss des Rechtsstreits zu unveränderten Arbeitsbedingungen weiterbeschäftigen. Die **Widerspruchsgründe** des Betriebsrats sind in § 102 Abs. 3 BetrVG **abschließend** aufgezählt. Deshalb kann der Betriebsrat, da § 102 Abs. 3 Nr. 3 BetrVG ihn nur zum Widerspruch berechtigt, wenn der Arbeitnehmer auf einem anderen Arbeitsplatz weiterbeschäftigt werden kann, der Kündigung **nicht** mit dem Hinweis **widersprechen,** der Arbeitnehmer könne auf **seinem** Arbeitsplatz weiterbeschäftigt werden.[5]

2081 Mit § 102 Abs. 5 Satz 1 BetrVG gewährt der Gesetzgeber dem Arbeitnehmer im Rahmen des Kündigungsschutzprozesses – ohne Rücksicht auf dessen Ausgang – unter bestimmten Voraussetzungen einen Anspruch auf tatsächliche Weiterbeschäftigung (näher unten Rn. 2083 ff.). Grundlage ist das **bisherige Arbeitsverhältnis,** das unter den Voraussetzungen des § 102 Abs. 5 S. 1 BetrVG **kraft Gesetzes** fortbesteht,[6] allerdings **auflösend bedingt** durch die rechtskräftige Abweisung der Kündigungsschutzklage.[7]

2082 Auf Antrag des Arbeitgebers kann das Gericht ihn gemäß § 102 Abs. 5 Satz 2 Nr. 1 bis 3 BetrVG durch **einstweilige Verfügung** von der Verpflichtung zur Weiterbeschäftigung nach Satz 1 **entbinden,** wenn

1. die Klage des Arbeitnehmers keine hinreichende Aussicht auf Erfolg bietet oder mutwillig erscheint oder

---

[5] BAG 12. 9. 1985 EzA § 102 BetrVG 1972 Nr. 61; LAG Hamm 31. 1. 1979 DB 1979, 1232; LAG München 5. 10. 1994 LAGE § 102 BetrVG 1972 Beschäftigungspflicht Nr. 15 und 19; ErfK/*Ascheid,* § 1 KSchG Rn. 561; APS/*Dörner,* § 1 KSchG Rn. 98; ErfK/*Hanau/Kania,* § 102 BetrVG Rn. 20; *v. Hoyningen-Huene/Linck,* § 1 KSchG Rn. 531 a; DKK/*Kittner,* § 102 BetrVG Rn. 200; APS/*Koch,* § 102 BetrVG Rn. 199; GK-BetrVG 7/*Raab,* § 102 Rn. 116; *Richardi,* § 102 BetrVG Rn. 153; a. A. *Brox,* FS 25 Jahre BAG, 1979, S. 37 ff.; KR/*Etzel,* § 102 BetrVG Rn. 164; *Fitting,* § 102 BetrVG Rn. 90; *Gussone,* ArbuR 1994, 245, 248.

[6] BAG 17. 6. 1999 EzA § 102 BetrVG 1972 Beschäftigungspflicht Nr. 10 = NZA 1999, 1154; 11. 5. 2000 EzA § 102 BetrVG 1972 Beschäftigungspflicht Nr. 11 = NZA 2000, 1055; 15. 3. 2001 EzA § 4 KSchG Nr. 61 = NZA 2001, 1267.

[7] BAG 12. 9. 1985 EzA § 102 BetrVG 1972 Nr. 61 = NZA 1986, 424; 10. 3. 1987 EzA § 611 BGB Beschäftigungspflicht Nr. 28 = NZA 1987, 373; 7. 3. 1996 EzA § 102 BetrVG 1972 Beschäftigungspflicht Nr. 9 = NZA 1996, 930; 15. 3. 2001 a. a. O.

2. die Weiterbeschäftigung des Arbeitnehmers zu einer unzumutbaren wirtschaftlichen Belastung des Arbeitgebers führen würde oder
3. der Widerspruch des Betriebsrats offensichtlich unbegründet war.

1. Voraussetzungen für den Weiterbeschäftigungsanspruch

a) Widerspruch des Betriebsrats

Der Anspruch des Arbeitnehmers setzt voraus, dass der Betriebsrat der beabsichtigten ordentlichen Kündigung frist- und ordnungsgemäß widersprochen hat. Der Widerspruch muss **innerhalb** der Frist von **einer Woche** (§ 102 Abs. 3 i. V. mit § 102 Abs. 2 Satz 1 BetrVG) beim Arbeitgeber eingehen. Hat der Betriebsrat die Frist versäumt, scheidet ein Beschäftigungsanspruch nach § 102 Abs. 5 BetrVG aus. Es kommt dann nur noch die Durchsetzung des allgemeinen Beschäftigungsanspruches in Betracht (dazu unten Rn. 2113 ff.). **2083**

Der Widerspruch des Betriebsrats muss **ordnungsgemäß** sein. Andernfalls löst er den Beschäftigungsanspruch des Arbeitnehmers nicht aus. Ordnungsgemäß ist der Widerspruch nur dann, wenn er sich auf einen oder mehrere der in § 102 Abs. 3 BetrVG **aufgezählten Gründe** bezieht und darüber hinaus der Widerspruchsgrund unter Angabe von Tatsachen, bezogen auf den konkreten Fall und den betroffenen Arbeitnehmer, **konkretisiert** wird.[8] **Nicht erforderlich** ist, dass der Betriebsrat in seinem Widerspruchsschreiben Tatsachen angibt, die **schlüssig** einen Widerspruchsgrund i. S. von § 102 Abs. 3 BetrVG ergeben, d. h. der Widerspruch begründet wäre, wenn diese Tatsachen zuträfen.[9] Das folgt schon daraus, dass der Arbeitgeber die (offensichtliche) Unbegründetheit des Widerspruchs geltend machen kann, wenn er die Befreiung von der Weiterbeschäftigung erreichen will. Also kann die Begründetheit des Widerspruchs keine Anspruchsgrundlage sein. Wiederholt der Betriebsrat nur formelhaft den Gesetzestext, reicht dies für einen ordnungsgemäßen Widerspruch nicht aus.[10] Denn vom Sinn der gesetzlichen Regelung her gesehen soll für den Arbeitgeber erkennbar sein, aus welchen kon- **2084**

---

[8] BAG 17. 6. 1999 EzA § 102 BetrVG 1972 Beschäftigungspflicht Nr. 10 = NZA 1999, 1154; 11. 5. 2000 EzA § 102 BetrVG 1972 Beschäftigungspflicht Nr. 11 = NZA 2000, 1055; LAG Düsseldorf 21. 6. 1974 und 23. 5. 1975 EzA § 102 BetrVG 1972 Beschäftigungspflicht Nr. 3 und 4; 5. 1. 1976 DB 1976, 1065; LAG Nürnberg 27. 10. 1992 LAGE § 102 BetrVG 1972 Beschäftigungspflicht Nr. 11; LAG Schleswig-Holstein 5. 3. 1996 LAGE § 102 BetrVG 1972 Beschäftigungspflicht Nr. 23; 22. 11. 1999 AP § 102 BetrVG 1972 Nr. 12; KR/*Etzel,* § 102 BetrVG Rn. 143 und 144; *Fitting,* § 102 BetrVG Rn. 71; *Mareck,* BB 2000, 2042, 2044; GK-BetrVG 7/*Raab,* § 102 Rn. 110; *Reidel,* NZA 2000, 454, 459; *Richardi/Thüsing,* § 102 BetrVG Rn. 184.

[9] BAG 11. 5. 2000 a. a. O.; LAG Düsseldorf 21. 6. 1974 a. a. O.; LAG Hamburg 29. 10. 1975 BB 1976, 184; LAG Nürnberg 27. 10. 1992 a. a. O.; LAG Schleswig-Holstein 5. 3. 1996 a. a. O.; KR/*Etzel,* § 102 BetrVG Rn. 144; *Fitting,* § 102 BetrVG Rn. 71; GK-BetrVG 7/*Raab,* § 102 Rn. 110; *Reidel,* NZA 2000, 454, 459; *Richardi/Thüsing,* § 102 BetrVG Rn. 185.

[10] LAG Düsseldorf EzA § 102 BetrVG Beschäftigungspflicht Nr. 4; LAG München v. 2. 3. 1994 LAGE § 102 BetrVG 1972 Beschäftigungspflicht Nr. 15 = NZA 1994, 1000; KR/*Etzel,* § 102 BetrVG Rn. 143; *Fitting,* § 102 BetrVG Rn. 71; APS/*Koch,* § 102 BetrVG Rn. 189; GK-BetrVG/*Raab,* 7. Aufl., § 102 BetrVG Rn. 110; *Richardi/Thüsing,* § 102 BetrVG Rn. 185.

kreten tatsächlichen Umständen der Betriebsrat der beabsichtigten Maßnahme widerspricht. Der vorgetragene Sachverhalt muss es also möglich erscheinen lassen, dass einer der in § 102 Abs. 3 BetrVG statuierten Widerspruchsgründe vorliegt.[11] Im Ergebnis entspricht das der Auffassung des BAG[12] zur Frage der Zustimmungsverweigerung des Betriebsrats nach § 99 Abs. 2 BetrVG.[13]

2085 Der Widerspruch muss **schriftlich** erfolgen, d.h. vom Betriebsratsvorsitzenden oder seinem Stellvertreter oder dem Vorsitzenden des zuständigen Ausschusses unterzeichnet sein. Die Schriftform wird durch ein Telefax gewahrt.[14] Der mündliche Widerspruch ist nicht ordnungsgemäß. Der Widerspruch des Betriebsrats muss auch auf einem wirksamen Beschluss beruhen (§ 33 BetrVG).[15]

2086 Nimmt der Betriebsrat seinen Widerspruch zurück, nachdem die Kündigung erklärt ist (vgl. § 130 Abs. 1 Satz 1 BGB), wird dadurch nach h.M. die Beschäftigungspflicht nicht aufgehoben.[16]

2087 Die Begründungspflicht trifft den Betriebsrat auch für den Fall, dass er die **soziale Auswahl** nach § 102 Abs. 3 Nr. 1 BetrVG **rügen** will. Hier muss der Betriebsrat den Kreis der vergleichbaren Arbeitnehmer und die sozialen Gesichtspunkte angeben, die nach seiner Ansicht nicht ausreichend berücksichtigt sind.[17] Die Arbeitnehmer, die er als sozial besser gestellt ansieht, braucht er nicht zu benennen.[18] Der Widerspruch des Betriebsrats wegen einer fehlerhaften Auswahl ist

---

[11] LAG München 10. 2. 1994, 2. 3. 1994, 17. 8. 1994 und 16. 8. 1995 LAGE § 102 BetrVG 1972 Beschäftigungspflicht Nr. 14, 15, 18 und 22; LAG Schleswig-Holstein 5. 3. 1996 a.a.O.; KR/*Etzel,* § 102 BetrVG Rn. 144; *Fitting,* § 102 BetrVG Rn. 71; APS/*Koch,* § 102 BetrVG Rn. 189; GK-BetrVG 7/*Raab,* § 102 Rn. 110; *Richardi/Thüsing,* § 102 BetrVG Rn. 185. Kündigt der Arbeitgeber einem Mitglied des Betriebsrats wegen Betriebsstilllegung nach § 15 Abs. 4 KSchG zum Zeitpunkt der Stilllegung, steht dem Betriebsrat ein Widerspruchsrecht nicht zu. Ein dennoch eingelegter Widerspruch löst keinen Beschäftigungsanspruch aus, LAG Düsseldorf/Kammern Köln 20. 11. 1980 EzA § 102 BetrVG 1972 Beschäftigungspflicht Nr. 8.

[12] BAG 26. 1. 1988 EzA § 99 BetrVG 1972 Nr. 58 mit Anm. von *Weber* = AP § 99 BetrVG 1972 Nr. 50; 18. 1. 1994 EzA § 99 BetrVG 1972 Nr. 120 = NZA 1994, 901.

[13] Vgl. LAG München 17. 8. 1994 LAGE § 102 BetrVG 1972 Beschäftigungspflicht Nr. 18 mit Anm. von *Pallasch;* LAG Schleswig-Holstein 5. 3. 1996 LAGE § 102 BetrVG 1972 Beschäftigungspflicht Nr. 2.

[14] KR/*Etzel,* § 102 BetrVG Rn. 142; APS/*Koch,* § 102 BetrVG Rn. 188; *Mareck,* BB 2000, 2043; *Opolny,* AR-Blattei SD 1010.10 Rn. 60; a.A. *Fitting,* § 102 BetrVG Rn. 64.

[15] LAG Nürnberg 27. 10. 1992 LAGE § 102 BetrVG 1972 Beschäftigungspflicht Nr. 11; KR/*Etzel,* § 102 BetrVG Rn. 145; APS/*Koch,* § 102 BetrVG Rn. 188; a.A. *Gussone,* ArbuR 1994, 245, 246; *Matthes,* FS für *Gnade,* 1992 S. 225, 226.

[16] LAG Berlin 20. 3. 1978 ARSt 1978, 178 = ArbuR 1979, 253; KR/*Etzel,* § 102 BetrVG Rn. 139; *Fitting,* § 102 BetrVG Rn. 99; *Galperin/Löwisch,* § 102 BetrVG Rn. 86; APS/*Koch,* § 102 BetrVG Rn. 150; GK-BetrVG 7/*Raab,* § 102 BetrVG Rn. 111; *Richardi/Thüsing,* § 102 BetrVG Rn. 188; gegen eine Rücknahme des Widerspruchs überhaupt *Hess/Schlochauer/Glaubitz,* § 102 BetrVG Rn. 97; *Gnade/Kehrmann/Schneider,* § 102 BetrVG Rn. 22; für eine jederzeitige Rücknahme *Brede,* BlStSozArbR 1973, 19; *Stahlhacke,* BlStSozArbR 1972, 59; *Stege/Weinspach,* § 102 BetrVG Rn. 170.

[17] LAG München 10. 2. 1994 LAGE § 102 BetrVG 1972 Beschäftigungspflicht Nr. 14; LAG Rheinland-Pfalz 19. 1. 1982 ArbuR 1982, 323; LAG Schleswig-Holstein 22. 12. 1999 AP § 102 BetrVG 1972 Nr. 12; KR/*Etzel,* § 102 BetrVG Rn. 151; *Fitting,* § 102 BetrVG Rn. 81; *Richardi/Thüsing,* § 102 BetrVG Rn. 186; GK-BetrVG 7/*Raab,* § 102 Rn. 114; vgl. auch *Mareck,* BB 2000, 2042, 2043.

[18] LAG Brandenburg 15. 12. 1992 LAGE § 102 BetrVG 1972 Beschäftigungspflicht Nr. 13; LAG Düsseldorf 23. 5. 1975 EzA § 102 BetrVG 1972 Beschäftigungspflicht Nr. 4;

nur bei der betriebsbedingten Kündigung denkbar, da die soziale Auswahl nur dort in Betracht kommt. Zur sozialen Auswahl im Übrigen vgl. oben Rn. 1037 ff.

Stützt sich der Widerspruch des Betriebsrats auf einen **Verstoß gegen** eine **Auswahlrichtlinie** (§ 102 Abs. 3 Nr. 2 BetrVG), hat der Betriebsrat diese zu bezeichnen und durch Tatsachen ihre Verletzung zu belegen. Auch dieser Widerspruch setzt eine betriebsbedingte Kündigung voraus, weil eine Auswahl nur denkbar ist, wenn für die Kündigung mehrere Arbeitnehmer in Betracht kommen.[19] 2088

Bei den Widerspruchsgründen des § 102 Abs. 3 Nr. 3–5 BetrVG muss der Betriebsrat darlegen, auf welchem **anderen freien Arbeitsplatz** der Arbeitnehmer weiterbeschäftigt werden könnte. Dabei muss der Betriebsrat den Arbeitsplatz zumindest in bestimmbarer Weise angeben und den Bereich bezeichnen, in dem der Arbeitnehmer anderweitig beschäftigt werden kann.[20] Der Vortrag, der Arbeitnehmer könne auf seinem **bisherigen Arbeitsplatz** weiterbeschäftigt werden, trägt den Widerspruch nicht (schon oben Rn. 2080). Das gilt auch für den Fall einer Weiterbeschäftigung nach einer Umschulungs- oder Fortbildungsmaßnahme oder nach geänderten Arbeitsbedingungen. Hier ist auch die Zustimmung des Arbeitnehmers darzulegen. Liegen an sich die Voraussetzungen des besonderen Weiterbeschäftigungsanspruchs des § 102 Abs. 5 Satz 1 BetrVG vor, kann er ausnahmsweise unter den Voraussetzungen wie im ungekündigten Arbeitsverhältnis entfallen (dazu unten Rn. 2095). Im Übrigen kann die (nachträgliche) Unmöglichkeit der Beschäftigung allerdings die Vollstreckbarkeit des Urteils beeinflussen. Das ist durch eine Vielzahl von Entscheidungen der Instanzgerichte belegt.[21] 2089

Weitere Einzelheiten zu den Widerspruchsgründen oben Rn. 1243 ff. 1290

b) Erhebung der Kündigungsschutzklage

Voraussetzung des Weiterbeschäftigungsanspruches ist die Klage des Arbeitnehmers nach § 4 Satz 1 KSchG auf Feststellung, dass das Arbeitsverhältnis durch die Kündigung nicht aufgelöst worden ist. Damit muss der Arbeitnehmer in den persönlichen und betrieblichen Geltungsbereich des KSchG (§ 1 Abs. 1 bzw. § 23 Abs. 1) fallen. Liegen die formalen Voraussetzungen des KSchG nicht vor, ist der Weiterbeschäftigungsanspruch zu verneinen. Für ein Verfahren auf Entbindung von der Pflicht zur Weiterbeschäftigung ist daher kein Raum. Wird also eine Feststellungsklage allein wegen Unwirksamkeit der Kündigung nach § 102 Abs. 1 Satz 3 BetrVG erhoben, kommt der Weiterbeschäftigungsanspruch nicht in Betracht, es 2091

LAG Niedersachsen 22. 8. 1975 DB 1975, 1899; KR/*Etzel,* § 102 BetrVG Rn. 151; DKK/*Kittner,* § 102 BetrVG Rn. 188; GK-BetrVG 7/*Raab,* § 102 Rn. 114; a. A. LAG Düsseldorf 5. 1. 1976 DB 1976, 1065, 1066; LAG München 2. 8. 1983 ARSt 1985, 125.

[19] KR/*Etzel* § 102 BetrVG Rn. 158; *Galperin/Löwisch,* § 102 BetrVG Rn. 60; GK/*Kraft* § 95 BetrVG Rn. 36; *Richardi/Thüsing,* § 102 BetrVG Rn. 157.

[20] BAG 17. 6. 1999 EzA § 102 BetrVG 1972 Beschäftigungspflicht Nr. 10 = NZA 1999, 1154; 11. 5. 2000 EzA § 102 BetrVG 1972 Beschäftigungspflicht Nr. 11 = NZA 2000, 1055; KR/*Etzel,* § 102 BetrVG Rn. 163; *Fitting,* § 102 BetrVG Rn. 83; APS/*Koch,* § 102 BetrVG Rn. 200; *Mareck,* BB 2000, 2042, 2044; GK-BetrVG/*Raab,* 7. Aufl., § 102 Rn. 120.

[21] Vgl. LAG Hamburg 10. 5. 1993 LAGE § 102 BetrVG 1972 Beschäftigungspflicht Nr. 16; LAG Hamm 21. 11. 1989 LAGE § 888 ZPO Nr. 20; 29. 11. 1985 LAGE § 888 ZPO Nr. 5; LAG Köln 7. 7. 1987 LAGE § 888 ZPO Nr. 14; LAG Rheinland-Pfalz 7. 1. 1986 NZA 1986, 196; LAG Schleswig Holstein 6. 1. 1987 NZA 1987, 322.

sei denn, die Klage würde gleichzeitig auf Sozialwidrigkeit nach § 1 Abs. 2 KSchG gestützt und die formalen Voraussetzungen des allgemeinen Kündigungsschutzes wären gegeben. Die Klage auf Sozialwidrigkeit der Kündigung muss innerhalb der Frist des § 4 Satz 1 KSchG erhoben sein. Ist das nicht der Fall, muss der Anspruch verneint werden. Wird die Klage durch rechtskräftigen Beschluss des Gerichts gemäß § 5 Abs. 1 KSchG nachträglich zugelassen, besteht der Anspruch von diesem Zeitpunkt ab. Macht der Arbeitnehmer von der Möglichkeit der Klageerhebung im Rahmen des § 6 KSchG Gebrauch, entsteht von diesem Zeitpunkt ab auch der Weiterbeschäftigungsanspruch. Er entfällt mit der Rücknahme der Klage[22] und auch mit der Stellung eines Auflösungsantrages durch den Arbeitnehmer im Prozess nach § 9 Abs. 1 Satz 1 KSchG (dazu auch unten Rn. 2101).[23]

c) Die ordentliche Kündigung

2092 Der Weiterbeschäftigungsanspruch besteht nur im Falle der ordentlichen Kündigung des Arbeitsverhältnisses. Kündigt der Arbeitgeber das Arbeitsverhältnis außerordentlich aus wichtigem Grund nach § 626 Abs. 1 BGB, scheidet der Anspruch aus, auch wenn vorsorglich zugleich eine ordentliche Kündigung erklärt wird.[24] Allerdings ist nach dem Urteil des BAG vom 5. 2. 1998[25] § 102 Abs. 3 bis 5 BetrVG auf eine gegenüber einem tariflich unkündbaren Arbeitnehmer ausgesprochene außerordentliche Kündigung entsprechend anzuwenden.[26]

d) Die Änderungskündigung

2093 Erklärt der Arbeitnehmer sich nach § 2 Satz 1 KSchG unter Vorbehalt mit der Änderung des Vertrages einverstanden und klagt demzufolge auf Feststellung, ob die Änderung der Arbeitsbedingungen durch die (Änderungs-)Kündigung vom … unwirksam ist (vgl. oben Rn. 2056), kann er keine vorläufige Weiterbeschäftigung zu den bisherigen Bedingungen nach § 102 Abs. 5 Satz 1 BetrVG verlangen. Denn er hat nicht entsprechend dieser Norm Klage auf Feststellung erhoben, dass das Arbeitsverhältnis durch die Kündigung nicht aufgelöst sei.[27] Nur wenn der Arbeitnehmer ohne Vorbehalt die Änderung überhaupt ablehnt und Kla-

---

[22] KR/*Etzel,* § 102 BetrVG Rn. 208; *Fitting,* § 102 BetrVG Rn. 110; APS/*Koch,* § 102 BetrVG Rn. 205; *Reidel,* NZA 2000, 454, 460; *Richardi/Thüsing,* § 102 BetrVG Rn. 219; *Schaub,* NJW 1981, 1807, 1811.

[23] Vgl. KR/*Etzel,* § 102 BetrVG Rn. 212; *Fitting,* § 102 BetrVG Rn. 107; APS/*Koch,* § 102 BetrVG Rn. 205; MünchArbR/*Matthes,* § 357 Rn. 18; *Reidel,* NZA 2000, 454, 460; *Richardi/Thüsing,* § 102 BetrVG Rn. 219; *Schaub,* NJW 1981, 1807, 1811; MünchArbR/*Wank,* § 121 Rn. 17.

[24] Vgl. LAG Frankfurt/M. 28. 5. 1973 EzA § 102 BetrVG 1972 Beschäftigungspflicht Nr. 1; LAG Hamm 18. 5. 1982 DB 1982, 1679; KR/*Etzel,* § 102 BetrVG Rn. 198; ErfK/*Hanau/Kania,* § 102 BetrVG Rn. 32; *Galperin/Löwisch,* § 102 BetrVG Rn. 106; *Richardi/Thüsing,* § 102 Rn. 209; MünchArbR/*Wank,* § 121 Rn. 8; a. A. *Fitting,* § 102 BetrVG Rn. 57, *Klebe/Schumann,* S. 85 ff.; DKK/*Kittner,* § 102 BetrVG Rn. 249; vgl. auch GK-BetrVG/*Raab,* 7. Aufl., § 102 Rn. 165 ff.

[25] EzA § 626 BGB Unkündbarkeit Nr. 2 = NZA 1998, 771.

[26] Vgl. auch *Kania/Kramer,* RdA 1995, 286; DKK/*Kittner,* § 102 BetrVG Rn. 248.

[27] LAG Berlin 16. 5. 1997 LAGE § 2 KSchG Nr. 30; KR/*Etzel,* § 102 BetrVG Rn. 199 c; *Fitting,* § 102 BetrVG Rn. 13; vgl. auch GK-BetrVG/*Raab,* 7. Aufl., § 102 BetrVG Rn. 165 ff.; *Richardi/Thüsing,* § 102 BetrVG Rn. 212.

ge erhebt (dazu oben Rn. 2048), kann er unter den sonstigen Voraussetzungen Weiterbeschäftigung zu den alten Vertragsbedingungen verlangen.[28]

e) Das Verlangen des Arbeitnehmers

Der Weiterbeschäftigungsanspruch des Arbeitnehmers setzt voraus, dass dieser ein entsprechendes Verlangen deutlich geäußert hat.[29] Der Arbeitnehmer muss also gegenüber dem Arbeitgeber erklären, er wolle nach § 102 Abs. 5 Satz 1 BetrVG bis zur rechtskräftigen Entscheidung des Prozesses weiterbeschäftigt werden. Das BetrVG sieht hierfür keine Frist vor. Da der Sinn der Regelung jedoch darin zu sehen ist, dem Arbeitnehmer ohne Unterbrechung seinen Arbeitsplatz im Betrieb zu erhalten, muss der Arbeitnehmer sein Verlangen unverzüglich, spätestens bei Auslauf der Kündigungsfrist[30] – am ersten Arbeitstag nach Ablauf der Kündigungsfrist reicht aus –[31] äußern. Verlangt der Arbeitnehmer Weiterbeschäftigung gemäß § 102 Abs. 5 Satz 1 BetrVG, lehnt der Arbeitgeber dies aber ab, gerät der Arbeitgeber als Gläubiger der Arbeitsleistung regelmäßig in Annahmeverzug nach §§ 615 Satz 1, 293ff. BGB, selbst wenn die Kündigungsschutzklage später rechtskräftig abgewiesen wird.[32] Denn die aus § 102 Abs. 5 Satz 1 BetrVG folgende Weiterbeschäftigungspflicht des Arbeitgebers endet erst mit rechtskräftiger Beendigung des Kündigungsschutzprozesses (vgl. Rn. 2101). **2094**

2. Inhalt des Anspruchs; Beendigung

a) Allgemeines

Der Arbeitnehmer hat im Weiterbeschäftigungszeitraum die Rechte und Pflichten wie im ungekündigten Arbeitsverhältnis. Damit hat der Arbeitnehmer auch den **Anspruch auf tatsächliche Beschäftigung.**[33] Der Arbeitgeber kann den **2095**

---

[28] H. L. Vgl. KR/*Etzel,* § 102 BetrVG Rn. 199e; *Fitting,* § 102 BetrVG Rn. 14; *Galperin/Löwisch,* § 102 BetrVG Rn. 105; GK-BetrVG 7/*Raab,* § 102 Rn. 181; *Richardi/Thüsing,* § 102 BetrVG Rn. 211; a. A. *Rewolle,* DB 1973, 187; *Schwerdtner,* FS 25 Jahre BAG, 1979, S. 555, 576.

[29] Vgl. BAG 17. 6. 1999 EzA § 102 BetrVG 1972 Beschäftigungspflicht Nr. 10 = NZA 1999, 1154; KR/*Etzel,* § 102 BetrVG Rn. 209; *Fitting,* § 102 BetrVG Rn. 106; APS/*Koch,* § 102 BetrVG Rn. 206; GK-BetrVG 7/*Raab,* § 102 Rn. 172; *Reidel,* NZA 2000, 454, 460.

[30] Vgl. BAG 17. 6. 1999 a. a. O.; zust. *Mareck,* BB 2000, 2042, 2045. Gegen eine derartige Ausschlussfrist GK-BetrVG/*Raab,* § 102 Rn. 173 m. w. N.; früher auch BAG 31. 8. 1978 EzA § 102 BetrVG 1972 Beschäftigungspflicht Nr. 7 = AP § 102 BetrVG 1972 Beschäftigungspflicht Nr. 1 mit Anm. von *Grunsky.*

[31] BAG 11. 5. 2000 EzA § 102 BetrVG 1972 Beschäftigungspflicht Nr. 11 = NZA 2000, 1055; zust. KR/*Etzel,* § 102 BetrVG Rn. 209; *Opolny,* AR-Blattei SD 1010.10 Rn. 87.

[32] BAG 12. 9. 1985 EzA § 102 BetrVG 1972 Nr. 61 = NZA 1986, 424; BAG 7. 3. 1996 EzA § 102 BetrVG 1972 Beschäftigungspflicht Nr. 9 = NZA 1996, 930; LAG Hamburg 16. 5. 2001 LAGE § 102 BetrVG 1972 Beschäftigungspflicht Nr. 24 = NZA-RR 2002, 25; *Galperin/Löwisch,* § 102 BetrVG Rn. 120; APS/*Koch,* § 102 BetrVG Rn. 209; *Richardi/Thüsing,* § 102 BetrVG Rn. 230 und 259.

[33] BAG 26. 5. 1977 EzA § 611 BGB Beschäftigungspflicht Nr. 2 = AP § 611 BGB Beschäftigungspflicht Nr. 5 mit Anm. von *Dütz;* 27. 2. 1985 EzA § 611 BGB Beschäftigungspflicht Nr. 9 mit Anm. von *Gamillscheg* = NZA 1985, 702; LAG Hamburg 10. 5. 1993

Anspruch nicht durch Entgeltzahlung und grundsätzlich auch nicht durch Freistellung von der Arbeit abwenden. Allerdings geht der Weiterbeschäftigungsanspruch nach § 102 Abs. 5 Satz 1 BetrVG nicht weiter als in einem ungekündigten Arbeitsverhältnis (dazu oben Rn. 2077).[34] Daraus folgt zweierlei: Zum einen kann der Arbeitgeber den auf Grund des § 102 Abs. 5 Satz 1 BetrVG weiterbeschäftigten bzw. weiterzubeschäftigenden Arbeitnehmer im Rahmen seines Direktionsrechts (dazu oben Rn. 19 ff.) auf einen anderen gleichwertigen Arbeitsplatz um- bzw. versetzen.[35] Zum anderen kann der Weiterbeschäftigungsanspruch nach § 102 Abs. 5 Satz 1 BetrVG – unter Fortbestand des Vergütungsanspruchs (§§ 611 Abs. 1, 615 Satz 1 BGB) – **ausnahmsweise entfallen,** wenn der Beschäftigung zwingende betriebliche oder persönliche Gründe entgegenstehen und der Arbeitnehmer demgegenüber kein besonderes, vorrangig berechtigtes Interesse an der tatsächlichen Weiterbeschäftigung hat.[36] Der Arbeitgeber ist daher berechtigt, den Arbeitnehmer von der Arbeitsleistung unter Fortzahlung seiner Bezüge freistellen, falls er hierfür ein überwiegendes, schutzwürdiges Interesse geltend machen kann. Diese Voraussetzung liegt vor, wenn die Weiterbeschäftigung, ggf. auf einem anderen gleichwertigen Arbeitsplatz, für den Arbeitgeber zumindest unter zumutbaren Bedingungen unmöglich ist.[37] Bei der mit einer der ordentlichen Kündigung entsprechenden Auslauffrist erklärten außerordentlichen Kündigung gegenüber einem ordentlich unkündbaren Arbeitnehmer (dazu oben Rn. 790 ff.), auf die die Regelungen des § 102 Abs. 3–5 BetrVG entsprechend anzuwenden sind,[38] ist in diesem Zusammenhang jedoch zu berücksichtigen, dass der Arbeitgeber verpflichtet ist, mit allen zumutbaren Mitteln, u. U. nach einer entsprechenden Umorganisation, eine Weiterbeschäftigung des Arbeitnehmer im Betrieb bzw. im Unternehmen zu versuchen.[39] Von dem genannten Ausnahmefall abgesehen kann nur das Gericht nach § 102 Abs. 5 Satz 2 BetrVG den Arbeitgeber von dem Weiterbeschäftigungsanspruch entbinden (dazu unten Rn. 2105 ff.).

LAGE § 102 BetrVG 1972 Beschäftigungspflicht Nr. 16; KR/*Etzel,* § 102 BetrVG Rn. 214; *Fitting,* § 102 BetrVG Rn. 114; DKK/*Kittner,* § 102 BetrVG Rn. 273; APS/*Koch,* § 102 BetrVG Rn. 109; *Pallasch,* Anm. LAG München LAGE § 102 BetrVG 1972 Beschäftigungspflicht Nr. 18; GK-BetrVG/*Raab,* 7. Aufl., § 102 Rn. 174; *Richardi,* § 102 BetrVG Rn. 228.

[34] BAG 15. 3. 2001 EzA § 4 KSchG Nr. 61 = NZA 2001, 1267; LAG Berlin 27. 6. 1986 LAGE § 15 KSchG Nr. 4; KR/*Etzel,* § 102 BetrVG Rn. 214; APS/*Koch,* § 102 BetrVG Rn. 209; *Pallasch,* Anm. zu LAG München LAGE § 102 BetrVG Beschäftigungspflicht Nr. 18; GK-BetrVG/*Raab,* 7. Aufl., § 102 Rn. 174; *Richardi/Thüsing,* § 102 BetrVG Rn. 229.

[35] BAG 15. 3. 2001 a.a.O.; KR/*Etzel,* § 102 BetrVG Rn. 220; *Fitting,* § 102 BetrVG Rn. 114.

[36] BAG 15. 3. 2001 a.a.O.; KR/*Etzel,* § 102 BetrVG Rn. 214 und 228; *Fitting,* § 102 BetrVG Rn. 114; KDZ/*Kittner,* § 102 BetrVG Rn. 273; APS/*Koch,* § 102 BetrVG Rn. 209; *Galperin/Löwisch,* § 102 BetrVG Rn. 110; GK-BetrVG/*Raab,* 7. Aufl. § 102 Rn. 174.

[37] BAG 15. 3. 2001 a.a.O.

[38] BAG 5. 2. 1998 EzA § 626 BGB Unkündbarkeit Nr. 2 mit zust. Anm. Walker = NZA 1998, 771.

[39] BAG 17. 9. 1998 EzA § 626 BGB Unkündbarkeit Nr. 3 = NZA 1999, 258; BAG 21. 6. 2001 EzA § 626 BGB n.F. Nr. 189.

b) Die Durchsetzung des Weiterbeschäftigungsanspruchs

Der Arbeitnehmer kann den Anspruch auf vorläufige Weiterbeschäftigung als individualrechtlichen Anspruch im Urteilsverfahren **klageweise** oder im Wege der **einstweiligen Verfügung** durchsetzen.[40] Der Arbeitnehmer braucht nur die Erhebung des Widerspruchs und die Klageerhebung nach dem KSchG vorzutragen und glaubhaft zu machen bzw. zu beweisen. **2096**

Zur Begründung der Dringlichkeit der einstweiligen Verfügung reicht der drohende Zeitablauf aus. Weitergehende Umstände, die Darlegung eines Verfügungsgrundes, braucht der Verfügungskläger nicht vorzutragen.[41] **2097**

Der Arbeitgeber kann sich im Verfahren der gerichtlichen Geltendmachung des Weiterbeschäftigungsanspruchs **nur** auf solche **Gründe** stützen, die die **Entstehung** des **Anspruchs ausschließen,** z. B. darauf, der Betriebsrat habe nicht ordnungsgemäß widersprochen. Er kann sich jedoch nicht im Wege der Einrede auf solche Gründe berufen, die eine Entbindung von der Weiterbeschäftigung nach § 102 Abs. 5 Satz 2 BetrVG rechtfertigen könnten.[42] Richtig ist, den Arbeitgeber im Verfahren mit diesen Einwendungen auszuschließen. Sinn des Gesetzes ist die Verpflichtung des Arbeitgebers, den Arbeitnehmer während des Kündigungsschutzverfahrens zu beschäftigen. Von dieser Pflicht muss sich der Arbeitgeber in einem besonderen Verfahren entbinden lassen. Gründe der Prozesswirtschaftlichkeit dürften angesichts dieser klaren Gesetzeslage nicht ausschlaggebend sein. Die Rollenverteilung zwischen Arbeitnehmer und Arbeitgeber in § 102 Abs. 5 BetrVG darf nicht verändert werden.[43] **2098**

Der Arbeitgeber kann im Prozess des Arbeitnehmers auf Weiterbeschäftigung eine einstweilige Verfügung auf Entbindung von der Weiterbeschäftigungspflicht nach § 102 Abs. 5 Satz 2 BetrVG beantragen. Die Zuständigkeit des Arbeitsgerichts ist dafür begründet (§ 937 ZPO). Befindet sich das Verfahren oder der Kündigungs- **2099**

---

[40] LAG Hamburg 25. 10. 1994 LAGE § 102 BetrVG 1972 Beschäftigungspflicht Nr. 21; LAG München 16. 8. 1995 LAGE § 102 BetrVG 1972 Beschäftigungspflicht Nr. 22; LAG Nürnberg 27. 10. 1992 LAGE § 102 BetrVG 1972 Beschäftigungspflicht Nr. 14; KR/*Etzel,* § 102 BetrVG Rn. 222; *Fitting,* § 102 BetrVG Rn. 116; APS/*Koch,* § 102 BetrVG Rn. 212; GK-BetrVG/*Raab,* 7. Aufl., § 102 Rn. 183 und 184; *Richardi/Thüsing,* § 102 BetrVG Rn. 239; ausf. *Reidel,* NZA 2000, 454 ff.

[41] LAG Berlin 5. 9. 1980 DB 1980, 2429; LAG Hamburg 14. 9. 1992 und 25. 1. 1994 LAGE § 102 BetrVG 1972 Beschäftigungspflicht Nr. 10 und 21; LAG Hamm 24. 1. 1994 LAGE § 102 BetrVG 1972 Beschäftigungspflicht Nr. 14; LAG Köln 2. 8. 1984 NZA 1984, 300; KR/*Etzel,* § 102 BetrVG Rn. 222; *Fitting,* § 102 BetrVG Rn. 116; DKK/*Kittner,* § 102 BetrVG Rn. 266; APS/*Koch,* § 102 BetrVG Rn. 213; GK-BetrVG/*Raab,* 7. Aufl., § 102 Rn. 184; a. A. LAG Baden-Württemberg 30. 8. 1993 LAGE § 102 BetrVG 1972 Beschäftigungspflicht Nr. 20 mit Anm. von *Herbst/Mattes;* LAG Köln 18. 1. 1984 NZA 1984, 57; LAG München 10. 2. 1994 und 16. 8. 1995 LAGE § 102 BetrVG 1972 Beschäftigungspflicht Nr. 14 und 22.

[42] LAG Düsseldorf/Kammern Köln 30. 8. 1977 DB 1977, 2383; LAG Hamburg 25. 1. 1994 LAGE § 102 BetrVG 1972 Beschäftigungspflicht Nr. 21; LAG München 16. 8. 1995 LAGE § 102 BetrVG 1972 Beschäftigungspflicht Nr. 22; LAG Schleswig-Holstein 5. 3. 1996 LAGE § 102 BetrVG 1972 Beschäftigungspflicht Nr. 23; R/*Etzel,* § 102 BetrVG Rn. 222 a; APS/*Koch,* § 102 BetrVG Rn. 214; *Richardi/Thüsing,* § 102 BetrVG Rn. 240; MünchArbR/*Wank,* § 121 Rn. 31; a. A. *Dütz,* DB 1978, Beilage 13 S. 9; *Fitting,* § 102 BetrVG Rn. 117; GK-BetrVG/*Raab,* 7. Aufl., § 102 Rn. 184.

[43] LAG München 10. 2. 1994 LAGE § 102 BetrVG 1972 Beschäftigungspflicht Nr. 14.

schutzprozess in der Berufungsinstanz beim Landesarbeitsgericht, ist dessen Zuständigkeit als Gericht der Hauptsache nicht begründet, da die Streitgegenstände unterschiedlich sind.[44]

c) Vollstreckung des Weiterbeschäftigungsanspruchs

2100 Die Vollstreckung des Weiterbeschäftigungsanspruchs erfolgt nach **§ 888 Abs. 1 Satz 1 ZPO** durch Verhängung von **Zwangsgeld**[45] oder **Zwangshaft.**[46] Zu beachten ist jedoch, dass der Titel einen vollstreckungsfähigen Inhalt haben muss (näher unten Rn. 2188).[47] Der Arbeitgeber kann auf Antrag des Arbeitnehmers im Verfahren nach § 61 Abs. 2 ArbGG zur Zahlung einer Entschädigung verurteilt werden für den Fall, dass er den Arbeitnehmer binnen einer bestimmten Frist nicht weiterbeschäftigt.[48] Damit ist allerdings eine Vollstreckung nach § 888 Abs. 1 Satz 1 ZPO ausgeschlossen. Die Verurteilung kann auch im einstweiligen Verfügungsverfahren erfolgen. Ein Schadensersatzanspruch aus § 945 ZPO scheidet im Falle der Wirksamkeit der Kündigung des Arbeitgebers aus. Denn auch in diesem Falle kann von einer ungerechtfertigten einstweiligen Verfügung nicht gesprochen werden.

d) Beendigung der Weiterbeschäftigungspflicht

2101 Nach rechtskräftiger Beendigung des Kündigungsschutzprozesses endet die Pflicht des Arbeitgebers zur Weiterbeschäftigung des Arbeitnehmers nach § 102 Abs. 5 Satz 1 BetrVG. Eine Kündigung ist nicht erforderlich. Das kraft Gesetzes fortbestehende Schuldverhältnis **endet mit Eintritt** der **Rechtskraft** des **Urteils** (dazu schon Rn. 2081). Unterliegt der Arbeitnehmer, scheidet er aus dem Betrieb aus. Obsiegt der Arbeitnehmer, steht damit fest, dass das umstrittene Arbeitsverhältnis unverändert fortbesteht. Nimmt der Arbeitnehmer die Klage zurück oder stellt er einen Auflösungsantrag nach § 9 Abs. 1 Satz 1 KSchG endet die Pflicht zur Weiterbeschäftigung (vgl. auch oben Rn. 2091). Spricht der Arbeitgeber eine zweite Kündigung aus, der der Betriebsrat nicht widerspricht, endet ebenfalls die Weiterbeschäftigungspflicht mit Ablauf der Kündigungsfrist.[49]

2102 Verlangt der Arbeitnehmer die Weiterbeschäftigung und erfüllt der Arbeitgeber den Anspruch, kann der Arbeitnehmer durch einseitige Erklärung die Beschäftigung nicht wieder aufgeben, wenn er aus persönlichen Gründen kein Interesse

---

[44] LAG Baden-Württemberg 18. 3. 1988 LAGE § 102 BetrVG 1972 Beschäftigungspflicht Nr. 9; a. A. ArbG Düsseldorf 27. 9. 1983 DB 1984, 618; KR/*Etzel,* § 102 BetrVG Rn. 222b.

[45] Hierzu näher APS/*Koch,* § 102 BetrVG Rn. 217.

[46] LAG Berlin 3. 5. 1978 ARSt. 1979, 30; 5. 7. 1985 NZA 1986, 36; KR/*Etzel,* § 102 BetrVG Rn. 222c; *Fitting,* § 102 BetrVG Rn. 116; *Hanau,* BB 1972, 455; APS/*Koch,* § 102 BetrVG Rn. 215; GK-BetrVG/*Raab,* 7. Aufl., § 102 Rn. 183.

[47] LAG Frankfurt/M. 13. 7. 1987 LAGE § 888 ZPO Nr. 12; KR/*Etzel,* § 102 BetrVG Rn. 222c; DKK/*Kittner,* § 102 BetrVG Rn. 268; APS/*Koch,* § 102 BetrVG Rn. 215.

[48] KR/*Etzel,* § 102 BetrVG Rn. 222d; APS/*Koch,* § 102 BetrVG Rn. 218.

[49] LAG Berlin 3. 5. 1978 ARSt. 1979, 30; LAG Düsseldorf/Kammern Köln 19. 8. 1977 EzA § 102 BetrVG 1972 Beschäftigungspflicht Nr. 5 = DB 1977, 1952; KR/*Etzel,* § 102 BetrVG Rn. 239; *Fitting,* § 102 BetrVG Rn. 111; APS/*Koch,* § 102 BetrVG Rn. 228; GK-BetrVG/*Raab,* 7. Aufl., § 102 Rn. 178.

mehr hat oder eine andere Beschäftigung aufnehmen will.[50] Der Arbeitnehmer kann nur das **Arbeitsverhältnis insgesamt** bei Vorliegen eines wichtigen Grundes i. S. von § 626 Abs. 1 BGB außerordentlich oder ordentlich unter Einhaltung der Kündigungsfrist **kündigen.**[51] Anderenfalls bestünde eine stärkere Bindung als im normalen Arbeitsvertrag. Der Arbeitgeber kann bei Vorliegen neuer Gründe vorsorglich kündigen. Das Verfahren nach § 102 Abs. 1 BetrVG ist einzuhalten.

Beendet der Arbeitnehmer durch **fristgerechte Kündigung** oder auf andere 2103
Weise sein **Beschäftigungsverhältnis,** kann das auch **Wirkungen auf** den schwebenden Prozess haben. Besteht im Einzelfall kein Interesse des Arbeitnehmers mehr, den Rechtsstreit fortzuführen, ist die Klage wegen Fortfalls seines Rechtsschutzinteresses abzuweisen. Erfolgte die Weiterbeschäftigung nahtlos an die Kündigungsfrist, wird in aller Regel fehlendes Interesse vorliegen. Ein Interesse an der Entscheidung nur deshalb, damit klargestellt wird, ob die Kündigung rechtens war oder nicht, besteht bei der ordentlichen Kündigung im Grundsatz nicht. Bei der außerordentlichen Kündigung ist das anzuerkennen. Die Übertragung dieses Rechtsgrundsatzes auf die ordentliche Kündigung erscheint nicht geboten. Eine Beendigung des Beschäftigungsverhältnisses mit dem Ziel, den Rechtsstreit weiterzuverfolgen und dann ggf. später wieder in den Betrieb zurückzukehren, ist – vom Fall der außerordentlichen Kündigung des Weiterbeschäftigungsverhältnisses oder der Stellung eines Auflösungsantrages nach § 9 Abs. 1 Satz 1 KSchG abgesehen – nicht möglich. Das wäre mit dem § 102 Abs. 5 Satz 1 BetrVG zugrunde liegenden Prinzip, die Rechte und Pflichten des Arbeitsvertrages aufrechtzuerhalten, unvereinbar. Hat sich der Arbeitnehmer dafür entschieden, kann er sich nur bei Vorlage eines wichtigen Grundes i. S. von § 626 Abs. 1 BGB lösen.[52]

Beendet der Arbeitnehmer das Beschäftigungsverhältnis nach § 102 Abs. 5 2104
Satz 1 BetrVG, das er auf eigenes Verlangen eingegangen ist, **ohne Frist,** macht er sich dem Arbeitgeber gegenüber **schadensersatzpflichtig** nach § 280 Abs. 1 Satz 1 BGB n. F. Der Arbeitgeber durfte darauf vertrauen, dass der Arbeitnehmer bis zur Rechtskraft des Urteils im Betrieb bleibt oder aber sich unter Einhaltung der Kündigungsfrist löst. Sinn der Beschäftigungspflicht ist es auch, die Rechte und Pflichten des Arbeitsvertrages weiterbestehen zu lassen. Damit wäre eine jederzeitige Niederlegung der Arbeit durch den Arbeitnehmer unvereinbar. Diesen Scha-

---

[50] KR/*Etzel,* § 102 BetrVG Rn. 238; DKK/*Kittner,* § 102 BetrVG Rn. 301; APS/*Koch,* § 102 BetrVG Rn. 238; GK-BetrVG/*Raab,* 7. Aufl., § 102 Rn. 179.

[51] KR/*Etzel,* § 102 BetrVG Rn. 238; *Fitting,* § 102 BetrVG Rn. 111; *Galperin/Löwisch,* § 102 BetrVG Rn. 117; APS/*Koch,* § 102 BetrVG Rn. 228; MünchArbR/*Matthes,* § 357 Rn. 19; GK-BetrVG/*Raab,* 7. Aufl., § 102 BetrVG Rn. 178; *Richardi/Thüsing,* § 102 BetrVG Rn. 238.

[52] Vgl. dazu auch *Schaub,* NJW 1981, 1807, 1811, der eine Rücknahme der Erhebung des vorläufigen Beschäftigungsanspruchs für unzulässig erklärt, ohne aber die Folgen aufzuzeigen, die eintreten, wenn der Arbeitnehmer fristgerecht die Weiterbeschäftigung aufgibt. Vgl. auch KR/*Etzel,* § 102 BetrVG Rn. 212, der die Lösung des Arbeitnehmers von der Pflicht auf Weiterarbeit nur annimmt, wenn er selbst das Arbeitsverhältnis kündigt, die Klage zurücknimmt oder den Auflösungsantrag stellt bzw. eine Einigung mit dem Arbeitgeber erzielt. Eine alleinige Lösung des Beschäftigungsverhältnisses nach § 102 Abs. 5 BetrVG wird auch von *Etzel* für unzulässig gehalten, vgl. KR/*Etzel,* § 102 BetrVG Rn. 238; a. A. *Klebe/Schumann,* S. 212 ff.

denersatz schuldet der Arbeitnehmer unabhängig von der Frage, ob die ordentliche Kündigung wirksam war oder nicht. Selbst bei Wirksamkeit der Kündigung kann sich der Arbeitnehmer nicht ohne Fristeinhaltung aus dem kraft § 102 Abs. 5 Satz 1 BetrVG entstehenden Rechtsverhältnis lösen. Die Frage der Wirksamkeit der alten Kündigung bedarf daher keiner Entscheidung, wenn der Arbeitgeber Schadensersatzansprüche geltend macht.

3. Die Entbindung von der Weiterbeschäftigungspflicht

2105 Auf Antrag des Arbeitgebers kann das Arbeitsgericht ihn nach § 102 Abs. 5 Satz 2 Nr. 1–3 BetrVG durch einstweilige Verfügung von der Verpflichtung zur Weiterbeschäftigung entbinden, wenn

1. die Klage des Arbeitnehmers **keine hinreichende Aussicht auf Erfolg** bietet oder **mutwillig** erscheint oder
2. die Weiterbeschäftigung des Arbeitnehmers zu einer **unzumutbaren wirtschaftlichen Belastung** des Arbeitgebers führen würde oder
3. der **Widerspruch** des Betriebsrats **offensichtlich unbegründet** war.

2106 Gegenstand des Verfahrens ist der **individualrechtliche Anspruch** des Arbeitnehmers auf Weiterbeschäftigung. Das Bestehen des Weiterbeschäftigungsanspruchs gemäß § 102 Abs. 5 Satz 1 BetrVG ist aber keine Voraussetzung für Verfügungsanspruch oder Verfügungsgrund der Entbindungsverfügung. Der Weiterbeschäftigungsanspruch wird in § 102 Abs. 5 Satz 2 BetrVG unterstellt, ist also keine Tatbestandsvoraussetzung.[53] Über den Anspruch ist im **Urteilsverfahren,** nicht im Beschlussverfahren, zu entscheiden.[54] Wegen des Verfahrens gelten die allgemeinen Vorschriften der ZPO. Der Arbeitgeber hat die Voraussetzungen des § 102 Abs. 5 Satz 2 Nr. 1 bis 3 BetrVG glaubhaft zu machen.[55] Eines **besonderen Verfügungsgrundes** bedarf es grundsätzlich **nicht,** da die Voraussetzungen der einstweiligen Verfügung in § 102 Abs. 5 Satz 2 BetrVG abschließend geregelt sind.[56] Beantragt der Arbeitgeber seine Entbindung von der Weiterbeschäftigungspflicht allerdings erst dann, wenn er den Arbeitnehmer schon eine Zeit lang

---

[53] LAG München 5. 10. 1994 LAGE § 102 BetrVG 1972 Beschäftigungspflicht Nr. 19.

[54] Vgl. LAG Baden-Württemberg 15. 5. 1974 BB 1975, 43; LAG Berlin 11. 6. 1974 DB 1974, 1629; LAG Düsseldorf 21. 6. 1974 EzA § 102 BetrVG 1972 Beschäftigungspflicht Nr. 3; LAG Hamburg 16. 5. 2001 LAGE § 102 BetrVG 1972 Beschäftigungspflicht Nr. 24 = NZA-RR 2002, 25; vgl. auch BAG 9. 12. 1975 EzA § 78a BetrVG 1972 Nr. 2 = AP § 78a BetrVG 1972 Nr. 1; KR/*Etzel,* § 102 BetrVG Rn. 223; *Fitting,* § 102 BetrVG Rn. 117; *Galperin/Löwisch,* § 102 BetrVG Rn. 123; APS/*Koch,* § 102 BetrVG Rn. 225; *Mareck,* BB 2000, 2042, 2044; GK-BetrVG/*Raab,* 7. Aufl., § 102 BetrVG Rn. 185; *Richardi/Thüsing,* § 102 BetrVG Rn. 249.

[55] Vgl. LAG München 13. 7. 1994 und 5. 10. 1994 LAGE § 102 BetrVG 1972 Beschäftigungspflicht Nr. 17 und 19; Hess.LAG 29. 11. 1996 – 3 SaGa 1722/96 – n.v.; *Richardi/Thüsing,* § 102 BetrVG Rn. 252.

[56] LAG Düsseldorf 15. 3. 1978 DB 1978, 1283; LAG Hamburg 14. 9. 1992 NZA 1993, 141; LAG München 13. 7. 1994 LAGE § 102 BetrVG 1972 Beschäftigungspflicht Nr. 17; KR/*Etzel,* § 102 BetrVG Rn. 235; APS/*Koch,* § 102 BetrVG Rn. 225; GK-BetrVG/*Raab,* 7. Aufl., § 102 BetrVG Rn.186; *Richardi/Thüsing,* § 102 BetrVG Rn. 250; *Klebe/Schumann,* § 102 BetrVG Rn. 239.

weiterbeschäftigt hat, kann der Verfügungsgrund für eine Eilentscheidung entfallen.[57]

a) Die Erfolgsaussicht der Kündigungsschutzklage

Die Regelung des § 102 Abs. 5 Satz 2 Nr. 1 BetrVG ist offenbar an die Voraus- **2107**
setzungen der Prozesskostenhilfe (§ 114 ZPO) angelehnt.[58] Zu beachten ist, dass die Darlegungs- und Beweislast, von der Frage der sozialen Auswahl abgesehen, beim Arbeitgeber liegt. Der Arbeitgeber muss also im einstweiligen Verfügungsverfahren glaubhaft machen, dass die vom Arbeitnehmer angestrengte Kündigungsschutzklage keine hinreichende Erfolgsaussicht hat bzw. mutwillig ist. Da es sich bei den Widerspruchstatbeständen des § 102 Abs. 3 BetrVG überwiegend um Entlassungen aus dringenden betrieblichen Erfordernissen handelt, obliegt es dem Arbeitgeber, darzulegen und glaubhaft zu machen, dass solche Gründe die Kündigung bedingt haben.[59]

b) Die unzumutbare wirtschaftliche Belastung des Arbeitgebers

Die Entbindung von der Weiterbeschäftigungspflicht nach § 102 Abs. 5 Satz 2 **2108**
Nr. 2 BetrVG ist nicht schon dann möglich, wenn der Arbeitgeber für den gekündigten Arbeitnehmer keinen Arbeitsplatz und keine Beschäftigungsmöglichkeit mehr hat.[60] In diesem Fall ist der Arbeitgeber zunächst, d.h. bis zu einer erneuten Kündigung ohne Widerspruch des Betriebsrats, ausnahmsweise zur Freistellung des Arbeitnehmers von der Arbeitsleistung unter Fortzahlung seiner Bezüge berechtigt (dazu oben Rn. 2095). Die Belastung durch Weiterbeschäftigung und Entgeltzahlung muss erheblich, die Zahlungsfähigkeit oder Wettbewerbsfähigkeit des Betriebs muss tangiert sein.[61] Ferner dürfte der Entbindungsgrund des § 102 Abs. 5 Satz 2 Nr. 2 BetrVG auch dann in Betracht zu ziehen sein, wenn die Weiterbeschäftigung des Arbeitnehmers **unmöglich oder unzumutbar** ist.[62] Hat der Arbeitgeber ei-

---

[57] Vgl. zum Problemfeld Verfügungsgrund: LAG Düsseldorf/Köln 19. 8. 1977 EzA § 102 BetrVG 1972 Beschäftigungspflicht Nr. 5 = DB 1977, 1952; LAG München 13. 7. 1994 LAGE § 102 BetrVG 1972 Beschäftigungspflicht Nr. 17; KR/*Etzel* § 102 Rn. 235; *Heinze,* Personalplanung, Einstellung und Kündigung, 1982 Rn. 649; MünchArbR/*Wank,* § 121 Rn. 42.

[58] LAG Baden-Württemberg 30. 8. 1993 LAGE § 102 BetrVG 1972 Beschäftigungspflicht Nr. 20; *Fitting,* § 102 BetrVG Rn. 118; KR/*Etzel,* § 102 BetrVG Rn. 224; DKK/*Kittner,* § 102 BetrVG Rn. 286; *Klebe/Schumann,* § 226; APS/*Koch,* § 102 BetrVG Rn. 220; *Mareck,* BB 2000, 2042, 2044; *Richardi/Thüsing,* § 102 BetrVG Rn. 244; GK-BetrVG/*Raab,* 7. Aufl., § 102 Rn. 188.

[59] Vgl. ArbG Siegburg 4. 3. 1975 DB 1975, 700; LAG Düsseldorf/Köln 23. 5. 1975 EzA § 102 BetrVG 1972 Beschäftigungspflicht Nr. 4; KR/*Etzel,* § 102 BetrVG Rn. 225; APS/*Koch,* § 102 BetrVG Rn. 220.

[60] LAG Hamburg 10. 5. 1993 LAGE § 102 BetrVG 1972 Beschäftigungspflicht Nr. 16; 16. 5. 2001 LAGE § 102 BetrVG 1972 Beschäftigungspflicht Nr. 24 = NZA-RR 2002, 25; KR/*Etzel,* § 102 BetrVG Rn. 228; DKK/*Kittner,* § 102 BetrVG Rn. 293; APS/*Koch,* § 102 BetrVG Rn. 221; *Mareck,* BB 2000, 2042, 2045; a.A. *Richardi/Thüsing,* § 102 BetrVG Rn. 246; *Willemsen/Hohenstatt,* DB 1995, 215.

[61] Vgl. *Galperin/Löwisch,* § 102 BetrVG Rn. 120; KR/*Etzel,* § 102 BetrVG Rn. 226.

[62] Grundlegend: LAG München 13. 7. 1994 LAGE § 102 BetrVG 1972 Beschäftigungspflicht Nr. 17; ebenso LAG Berlin 20. 3. 1978 ArbuR 1979, 253 L.; *Fitting,* § 102 BetrVG Rn. 119; GK-BetrVG/*Raab,* 7. Aufl., § 102 BetrVG Rn. 189; gegen die Einbeziehung

ner Gruppe von Arbeitnehmern gekündigt, ist im Falle der Geltendmachung mehrerer Weiterbeschäftigungsansprüche eine Gesamtbetrachtung und Gesamtabwägung geboten. Die wirtschaftliche Situation des Unternehmens kann nicht nur im Hinblick auf den einzelnen Anspruch gesehen werden. Sie wird durch die Geltendmachung mehrerer Ansprüche natürlich u. U. stärker beeinträchtigt, so dass die Voraussetzungen der Nr. 2 von einem gewissen Belastungsgrad an begründet sein können.[63]

c) Offensichtliche Unbegründetheit des Widerspruchs

2109 Der Arbeitgeber kann nach § 102 Abs. 5 Satz 2 Nr. 3 BetrVG durch einstweilige Verfügung von der Weiterbeschäftigung entbunden werden, wenn der Widerspruch des Betriebsrats offensichtlich unbegründet ist. Dies ist nur dann der Fall, wenn sich seine Grundlosigkeit bei unbefangener Beurteilung geradezu aufdrängt,[64] wie z. B. dann, wenn der Betriebsrat einer personenbedingten Kündigung wegen mangelnder sozialer Auswahl widerspricht.[65] Der Arbeitgeber muss diesen für die Beurteilung des Gerichts erforderlichen Grund durch Urkunden, eidesstattliche Erklärungen oder präsente Zeugen im Termin glaubhaft machen. Aufklärung eines Sachverhalts in einem langwierigen und schwierigen Beweiserhebungsverfahren scheiden aus. Der Widerspruch des Betriebsrats muss im Zeitpunkt seiner Erhebung offensichtlich unbegründet sein.[66] Deshalb kann im einstweiligen Verfügungsverfahren nur über die vom Betriebsrat geltend gemachten Widerspruchsgründe verhandelt werden. Der Arbeitnehmer kann diese Gründe zwar substantiieren, aber keine neuen Gründe nachschieben.[67]

2110 Hat der Betriebsrat seinen Widerspruch überhaupt nicht oder nicht ordnungsgemäß begründet (hierzu oben Rn. 2084) oder ist der Widerspruch verspätet (hierzu oben Rn. 2083), besteht von vornherein gar kein Weiterbeschäftigungsanspruch. Deshalb ist § 102 Abs. 5 Satz 2 Nr. 3 BetrVG jedenfalls nicht unmittelbar anwendbar. Nach überwiegender Meinung ist aber seine analoge Anwendung geboten, wenn der Arbeitnehmer trotz nicht ordnungsgemäßen Widerspruchs des Betriebsrats die Weiterbeschäftigung nach § 102 Abs. 5 Satz 1 BetrVG verlangt.[68]

---

der Unmöglichkeit LAG Hamburg 10. 5. 1993 LAGE § 102 BetrVG 1972 Beschäftigungspflicht Nr. 16; 16. 5. 2001 LAGE § 102 BetrVG 1972 Beschäftigungspflicht Nr. 24 = NZA-RR 2002, 25; KR/*Etzel,* § 102 BetrVG Rn. 228; DKK/*Kittner,* § 102 BetrVG Rn. 293; APS/*Koch,* § 102 BetrVG Rn. 221; *Schaub,* NJW 1981, 1811.

[63] Ebenso *Galperin/Löwisch,* § 102 BetrVG Rn. 120; *Gussone,* ArbuR 1994, 245, 253; KR/*Etzel,* § 102 BetrVG Rn. 227; GK-BetrVG/*Raab,* 7. Aufl., § 102 Rn. 189; a. A. ArbG Siegburg 4. 3. 1975 DB 1975, 700; *Klebe/Schumann,* S. 229 f.; vgl. auch LAG Berlin 20. 3. 1978 ARSt. 1978, 178; DKK/*Kittner,* § 102 BetrVG Rn. 292; offen gelassen von LAG Hamburg 16. 5. 2001 LAGE § 102 BetrVG 1972 Beschäftigungspflicht Nr. 24 = NZA-RR 2002, 25.

[64] LAG Hamm 1. 7. 1986 LAGE § 102 BetrVG Beschäftigungspflicht Nr. 8; LAG München 5. 10. 1994 LAGE § 102 BetrVG Beschäftigungspflicht Nr. 19; KR/*Etzel,* § 102 BetrVG Rn. 230; *Fitting,* § 102 BetrVG Rn. 120; ErfK/*Hanau/Kania,* § 102 BetrVG Rn. 40; DKK/*Kittner,* § 102 BetrVG Rn. 295; APS/*Koch,* § 102 BetrVG Rn. 223.

[65] Vgl. LAG Düsseldorf 2. 9. 1975 DB 1975, 1995.

[66] ArbG Hamburg 17. 2. 1994 AiB 1994, 696 = RzK III 1 f Nr. 14 L.; KR/*Etzel,* § 102 BetrVG Rn. 230; APS/*Koch,* § 102 BetrVG Rn. 223.

[67] LAG München 5. 10. 1994 LAGE § 102 BetrVG 1972 Beschäftigungspflicht Nr. 19.

[68] Vgl. LAG Baden-Württemberg 15. 5. 1974 BB 1975, 43; 30. 8. 1993 ArbuR 1994, 200; LAG Düsseldorf 15. 3. 1978 DB 1978, 1283; LAG Hamm 31. 1. 1979 EzA § 102

d) Rechtsfolge der Entbindung

Entbindet das Arbeitsgericht den Arbeitgeber im Wege einer einstweiligen Verfügung nach § 102 Abs. 5 Satz 2 BetrVG von der Weiterbeschäftigungspflicht, handelt es sich um eine rechtsgestaltende Entscheidung. Diese hat zur Folge, dass das gemäß § 102 Abs. 5 Satz 1 BetrVG vorläufig fortbestehende Arbeitsverhältnis (vgl. oben Rn. 2081) und auch der hieraus resultierende Vergütungsanspruch mit Wirkung ex nunc endet.[69] Das bedeutet, dass die bis dahin angefallenen Vergütungsansprüche aus tatsächlicher Beschäftigung gemäß § 611 Abs. 1 BGB oder wegen Annahmeverzuges nach §§ 611 Abs. 1, 615 Satz 1 BGB (hierzu oben Rn. 2094) erhalten bleiben.[70] Das BAG hat es in seinem Urteil vom 7. 3. 1996[71] offen gelassen, ob die Entbindung von der Weiterbeschäftigungspflicht durch das Arbeitsgericht wegen der Besonderheiten des Verfahrens des einstweiligen Rechtsschutzes sofort[72] oder erst mit Rechtskraft der Entscheidung wirkt. Die Haftungsvorschrift des § 945 ZPO findet keine Anwendung.[73] **2111**

e) Wiederholung des Antrages

Hat das Gericht den Antrag des Arbeitgebers auf Entbindung von der Weiterbeschäftigungspflicht rechtskräftig abgewiesen, kann der Antrag wiederholt werden, sofern er auf **neue Tatsachen** gestützt wird.[74] **2112**

BetrVG 1972 Beschäftigungspflicht Nr. 6; 1. 7. 1986 LAGE § 102 BetrVG 1972 Beschäftigungspflicht Nr. 8; LAG Hamm 31. 1. 1979 DB 1979, 1232; LAG München 2. 8. 1983 ARSt. 1985, 125; *Fitting,* § 102 BetrVG Rn. 121; ErfK/*Hanau/Kania,* § 102 BetrVG Rn. 40; APS/*Koch,* § 102 BetrVG Rn. 224; GK-BetrVG/*Raab,* 7. Aufl., § 102 Rn. 191; *Richardi/Thüsing,* § 102 BetrVG Rn. 251; vgl. auch LAG Brandenburg 15. 12. 1992 LAGE § 102 BetrVG Beschäftigungspflicht Nr. 13; einschränkend LAG München 5. 10. 1994 LAGE § 102 BetrVG Beschäftigungspflicht Nr. 19; a. A. LAG Düsseldorf 21. 6. 1974 EzA § 102 BetrVG 1972 Beschäftigungspflicht Nr. 3; 5. 1. 1976 BB 1976, 1462; LAG Frankfurt/M. 2. 11. 1984 NZA 1985, 163; LAG Niedersachsen 25. 8. 1975 DB 1975, 1898; *P. Boewer,* DB 1978, 251, 254; *Dütz,* DB 1978, Beil. 13, S. 9; *Klebe/Schumann,* S. 234; *Matthes,* FS für Gnade, 1992 S. 225, 231; KR/*Etzel,* § 102 BetrVG Rn. 232; *Galperin/Löwisch,* § 102 BetrVG Rn. 122. Zum Problemfeld vgl. auch *Mareck,* BB 2000, 2042, 2045.

[69] BAG 15. 3. 2001 EzA § 4 KSchG Nr. 63 = NZA 2001, 1267; KR/*Etzel,* § 102 BetrVG 1972 Rn. 233.

[70] BAG 7. 3. 1996 EzA § 102 BetrVG 1972 Beschäftigungspflicht Nr. 9 mit Anm. von *Beninca* = NZA 1996, 930; KR/*Etzel,* § 102 BetrVG Rn. 233; ErfK/*Hanau/Kania,* § 102 BetrVG Rn. 41; GK-BetrVG/*Raab,* 7. Aufl., § 102 Rn. 187; *Richardi/Thüsing,* § 102 BetrVG Rn. 256.

[71] Wie Fn. 70.

[72] KR/*Etzel,* § 102 BetrVG Rn. 223 a; *Klebe/Schumann,* S. 248 MünchArbR/*Matthes,* § 357 Rn. 25, 27.

[73] GK-BetrVG/*Raab,* 7. Aufl., § 102 Rn. 186; *Richardi/Thüsing,* § 102 BetrVG Rn. 257; MünchArbR/*Wank,* § 121 Rn. 45; dazu neigend BAG 31. 8. 1978 EzA § 102 BetrVG 1972 Beschäftigungspflicht Nr. 7 = AP § 102 BetrVG 1972 Weiterbeschäftigung Nr. 1; a. A. KR/*Etzel,* § 102 BetrVG Rn. 223 a; *Klebe/Schumann,* S. 247.

[74] LAG Köln 19. 5. 1983 DB 1983, 2368; KR/*Etzel,* § 102 BetrVG Rn. 223 b; ErfK/*Hanau/Kania,* § 102 BetrVG Rn. 41; APS/*Koch,* § 102 BetrVG Rn. 227; GK-BetrVG/*Raab,* 7. Aufl., § 102 Rn. 185; MünchArbR/*Wank,* § 121 Rn. 43.

II. Der Weiterbeschäftigungsanspruch außerhalb des Geltungsbereichs des § 102 Abs. 5 BetrVG

2113 Der Weiterbeschäftigungsanspruch des gekündigten Arbeitnehmers außerhalb des Geltungsbereichs des § 102 Abs. 5 BetrVG während der Dauer des Kündigungsschutzprozesses gehörte zu den großen Streitfragen des Arbeitsrechts, über die mit Leidenschaft gestritten worden ist. Das Bundesarbeitsgericht hatte den Anspruch in seiner Leitentscheidung vom 26. 5. 1977[75] noch verneint. Nach einem erfolglosen Anlauf zum Großen Senat[76] und einer überwiegenden Verweigerung der Instanzgerichte gegenüber der Leitentscheidung des BAG vom 26. 5. 1977 kam es am 27. 2. 1985 zu der damals mit großer Spannung erwarteten Entscheidung des Großen Senats. Dieser hat den Weiterbeschäftigungsanspruch grundsätzlich anerkannt, jedoch keineswegs alle Erwartungen erfüllt. Auch hat er manche Fragen offen gelassen, z.B. die der **Rechtsnatur** des Weiterbeschäftigungsverhältnisses und seiner **Rückabwicklung,** falls die Kündigungsschutzklage des Arbeitnehmers rechtskräftig abgewiesen wird.[77]

2114 Das Bundesarbeitsgericht hat den Weiterbeschäftigungsanspruch auch anerkannt in Fällen, in denen um die **Wirksamkeit einer Befristung** oder **auflösenden Bedingung**[78] sowie eines **Aufhebungsvertrags**[79] gestritten wird, und dann, wenn der **Auszubildende** seine Weiterbeschäftigung ordnungsgemäß verlangt, der Feststellungsantrag des Arbeitgebers nach § 9 Abs. 4 Satz 1 Nr. 1 BPersVG oder § 78a Abs. 4 Nr. 1 BetrVG aber offensichtlich unwirksam ist.[80]

2115 Die Hoffnung, mit der Entscheidung des Großen Senats sei der Streit zu Ende, hat sich nicht erfüllt. Seine Lösung wurde einerseits herb gescholten,[81] andererseits als eine um interessengerechte Ausgleichung bemühte Lösung anerkannt,[82] mit der

---

[75] EzA § 611 BGB Beschäftigungspflicht Nr. 2 mit Anm. von *Dütz* = NJW 1978, 239.

[76] Vorlagebeschluss 18. 1. 1979 EzA § 611 BGB Beschäftigungspflicht Nr. 3 mit Anm. von *Gamillscheg* = NJW 1979, 1728.

[77] BAG GS 27. 2. 1985 EzA § 611 BGB Beschäftigungspflicht Nr. 9 mit Anm. von *Gamillscheg* = NJW 1985, 2968 = SAE 1986, 37 mit Anm. von *Lieb.* Die Literatur zum Weiterbeschäftigungsanspruch ist kaum noch überschaubar. Nachweise bei *v. Hoyningen-Huene/Linck,* § 4 KSchG Rn. 93.

[78] BAG 13. 6. 1985 EzA § 611 BGB Beschäftigungspflicht Nr. 16 = NZA 1986, 562; 10. 8. 1994 EzA § 620 BGB Nr. 126 = NZA 1995, 30; 26. 6. 1996 EzA § 620 BGB Bedingung Nr. 12 = NZA 1997, 200; dagegen LAG Köln 26. 9. 1986 LAGE § 611 BGB Beschäftigungspflicht Nr. 17 mit Anm. von *Wank* und 10. 4. 1987 LAGE § 611 BGB Beschäftigungspflicht Nr. 20.

[79] BAG 21. 3. 1996 EzA § 123 BGB Nr. 42 = NZA 1996, 1030.

[80] BAG 14. 5. 1987 EzA § 78a BetrVG 1972 Nr. 18 = NZA 1987, 20. Zum Weiterbeschäftigungsanspruch des Auszubildenden nach einer fristlosen Kündigung des Ausbildungsverhältnisses vgl BAG 11. 8. 1987 EzA § 16 BBiG Nr. 1 = NZA 1988, 93; LAG Baden-Württemberg 5. 1. 1990 LAGE § 15 BBiG Nr. 7. Kein Weiterbeschäftigungsanspruch gegen den „Entleiher" vor rechtskräftigem Abschluss einer gegen ihn gerichteten Klage auf Feststellung eines fiktiven Arbeitsverhältnisses nach dem AÜG; LAG Köln 3. 7. 1992 LAGE § 611 BGB Beschäftigungspflicht Nr. 31.

[81] *Lieb,* Anm. SAE 1986, 49.

[82] *Dütz,* NZA 1986, 209, 211; vgl. auch *Wank,* RdA 1987, 129, 160.

beide Seiten leben können. Die Kritik an der Begründung der Entscheidung des Großen Senats, weniger am Ergebnis, war und ist groß.[83]

Der Große Senat erkennt einen materiellrechtlichen Weiterbeschäftigungsanspruch während des Kündigungsschutzprozesses je nach dem Verfahrensstand an, der auf eine Bewertung der Interessenlage gestützt wird. Im Grundsatz handelt es sich um eine pauschale Bewertung der widerstreitenden Interessen, die jedoch auch Lösungen für besondere Fälle ermöglicht. Demgegenüber stehen die Kritiker, die in der Sicherung des Arbeitsplatzes während des Kündigungsschutzprozesses ein prozessuales Problem sehen, eine Frage der sachgerechten Gestaltung des einstweiligen Rechtsschutzes. Das alles könne auch durch eine Regelungsverfügung nach § 940 ZPO erreicht werden.[84] Damit dürften die Ergebnisse kaum divergieren, nur der Weg ist ein anderer. **2116**

1. Der Weiterbeschäftigungsanspruch nach dem Beschluss des Großen Senats

Das Beschäftigungsinteresse des Arbeitnehmers führt zur Anerkennung eines Beschäftigungsanspruchs, wenn **durch das Urteil eines Arbeits- oder Landesarbeitsgerichts die Unwirksamkeit der Kündigung festgestellt worden ist.** Von diesem Zeitpunkt ab überwiegen die Interessen des Arbeitnehmers an einer Weiterbeschäftigung, weil ein Gericht in einer die Instanz abschließenden Entscheidung eine erste Klärung über die Rechtslage zugunsten des Arbeitnehmers getroffen hat. **2117**

a) Der Zeitraum vor einem Urteil im Kündigungsschutzprozess

Von dem oben genannten Grundsatz, dass ein Weiterbeschäftigungsanspruch erst entsteht, wenn ein Gericht die Unwirksamkeit der Kündigung festgestellt hat, bestehen **zwei Ausnahmen:** **2118**

aa) Offensichtliche Unwirksamkeit der Kündigung. Der Große Senat betont, bei einer offensichtlich unwirksamen Kündigung bestehe in Wahrheit kein ernst zu nehmender Zweifel am Fortbestand des Arbeitsverhältnisses. In diesen Fällen könne ein Interesse des Arbeitgebers, den Arbeitnehmer für die Dauer des Verfah- **2119**

[83] Gegen BAG z.B. LAG Niedersachsen 7. 2. 1986 LAGE § 611 BGB Beschäftigungspflicht Nr. 14; LAG Köln 26. 9. 1986 LAGE § 611 BGB Beschäftigungspflicht Nr. 17; LAG Sachsen-Anhalt 16. 3. 1993 LAGE § 611 BGB Beschäftigungspflicht Nr. 33; ErfK/*Ascheid,* § 4 KSchG Rn. 95; *Barton/Hönsch,* NZA 1987, 721 ff.; *Bengelsdorf,* DB 1986, 168 u. 222; *ders.* SAE 1987, 254 ff.; *Dütz,* NZA 1986, 209 ff.; *Gamillscheg,* Anm. zu BAG GS EzA § 611 BGB Beschäftigungspflicht Nr. 9; *ders.,* FS für Dieterich, 1999, 185, 191 ff.; *v. Hoyningen-Huene/Linck,* § 4 KSchG Rn. 99; APS/*Koch,* § 102 BetrVG Rn. 236; GK-BetrVG 7/*Raab,* § 102 Rn. 193; Staudinger/*Richardi,* § 611 BGB Rn. 814 ff.; *Schwerdtner,* ZIP 1985, 1361 ff.; MünchArbR/*Wank,* § 121 Rn. 87 f. Dem BAG folgend z.B. HK-KSchG/*Dorndorf,* § 1 Anh. 2 Rn. 4 ff.; KR/*Etzel,* § 102 BetrVG Rn. 271; Erman/*Hanau,* § 611 BGB Rn. 371 ff.; KDZ/*Zwanziger,* Einl. Rn. 736 ff.

[84] ErfK/*Ascheid,* § 4 KSchG Rn. 95; *v. Hoyningen-Huene/Linck,* § 4 KSchG Rn. 101 bis 103; *v. Hoyningen-Huene,* BB 1988, 264; GK-BetrVG/*Raab,* § 102 Rn. 193; Staudinger/*Richardi,* § 611 BGB Rn. 831; *Wank,* RdA 1987, 129, 159; MünchArbR/*Wank,* § 121 Rn. 87 f.

rens nicht weiterzubeschäftigen, nicht anerkannt werden. Die offensichtlich unwirksame Kündigung wird sehr eng definiert. Sie liegt nur dann vor, wenn sich aus dem eigenen Vortrag des Arbeitgebers ohne Beweiserhebung und ohne dass ein Beurteilungsspielraum gegeben wäre, jedem Kundigen die **Unwirksamkeit** der Kündigung **geradezu aufdrängen** muss. Die Unwirksamkeit der Kündigung muss also ohne jeden vernünftigen Zweifel in rechtlicher und in tatsächlicher Hinsicht offen zu Tage treten.[85] Solche „Unbezweifelbarkeit" in tatsächlicher und rechtlicher Hinsicht lassen sich im Kündigungsrecht äußerst selten feststellen.[86] Das ist z.B. der Fall, wenn die Kündigung unstreitig ohne Anhörung des Betriebsrats (§ 102 Abs. 1 Satz 1 BetrVG) oder ohne behördliche Zustimmung (§ 9 Abs. 1 Satz 1 MuSchG, § 85 SGB IX) erfolgt ist. Ist die Kündigung offensichtlich unwirksam, besteht der Weiterbeschäftigungsanspruch des Arbeitnehmers für die Zeit nach Ablauf der Kündigungsfrist bzw. nach Zugang der außerordentlichen Kündigung.

2120 Diese enge Definition einer offensichtlich unwirksamen Kündigung wird in der Leitentscheidung des 2. Senats vom 19. 12. 1985 zur **Wiederholungskündigung** (hierzu unten Rn. 2123) bestätigt. Dort ist ausgeführt, jede außerordentliche Kündigung, die auf einen Lebenssachverhalt gestützt werde, der sich innerhalb der Ausschlussfrist des § 626 Abs. 2 Satz 1 BGB zugetragen habe, setze stets eine Wertung voraus, abgesehen von den Fällen, in denen die Kündigung gerade mit der angegebenen Begründung gegen ein Gesetz verstoße. Müsse aber ein Sachverhalt bewertet werden, damit ein bestimmtes Ergebnis gefunden werde, sei auch ein Beurteilungsspielraum vorhanden. Dieser schließe die offensichtlich unwirksame Kündigung aus.[87]

2121 **bb) Besonderes Beschäftigungsinteresse des Arbeitnehmers.** Der Arbeitnehmer muss besondere Interessen darlegen, die die pauschale Interessenabwägung des Großen Senats als nicht gerechtfertigt erscheinen lassen. Das werden, wenn man die entsprechenden Passagen in dem Beschluss des Großen Senats richtig wertet, wohl seltene Ausnahmefälle sein. Hierfür können nur solche Umstände angeführt werden, die das ideelle Beschäftigungsinteresse im unangefochtenen Arbeitsverhältnis noch verstärken. Denkbar wäre z.B. dieser Fall dann, wenn durch die Nichtweiterbeschäftigung die **Erlangung** oder **Erhaltung** einer **beruflichen Qualifikation** ernstlich in Frage gestellt würde. Das BAG nennt als weitere Beispiele die Geltung in der Berufswelt, die Ausbildung oder die Erhaltung von Fachkenntnissen.[88]

b) Der Zeitraum nach einem Urteil im Kündigungsschutzprozess

2122 Wird der Kündigungsschutzklage des Arbeitnehmers stattgegeben, besteht in der Regel ein materieller Weiterbeschäftigungsanspruch. Der **Arbeitgeber** muss, will

---

[85] BAG 27. 2. 1985 EzA § 611 BGB Beschäftigungspflicht Nr. 9 = NZA 1985, 702; 19. 12. 1985 EzA § 611 BGB Beschäftigungspflicht Nr. 17 = NZA 1986, 566; KR/*Etzel,* § 102 BetrVG Rn. 274; APS/*Koch,* § 102 BetrVG Rn. 237.

[86] Zutreffend *Dütz,* NZA 1986, 211.

[87] BAG 19. 12. 1985 a.a.O. Zur Wiederholungskündigung vgl. aber auch BAG 26. 8. 1993 EzA § 322 ZPO Nr. 9 = NZA 1994, 70.

[88] BAG 8. 4. 1988 EzA § 611 BGB Beschäftigungspflicht Nr. 30 = NZA 1988, 741; vgl. auch LAG Köln 26. 11. 1985 LAGE § 611 BGB Beschäftigungspflicht Nr. 8; LAG Rheinland-Pfalz 21. 8. 1986 LAGE § 611 BGB Beschäftigungspflicht Nr. 19.

er diesen abwehren, zusätzliche, über die Ungewissheit des Prozessausgangs hinausgehende Umstände vortragen, aus denen sich im Einzelfall ein überwiegendes Interesse für ihn ergibt, den Arbeitnehmer nicht zu beschäftigen. Als Beispiele erwähnt der Große Senat Umstände, die auch im streitlos bestehenden Arbeitsverhältnis zur vorläufigen Suspendierung des Arbeitnehmers berechtigen, z.B. den Verdacht des Verrats von Betriebsgeheimnissen. Hier gesteht der Große Senat dem Arbeitgeber das Recht zu, den Arbeitnehmer vom Betrieb fernzuhalten, **solange sich die Unhaltbarkeit des Vorwurfs nicht rechtskräftig herausgestellt habe.** In diesem Falle entsteht also der Beschäftigungsanspruch erst mit der **Rechtskraft des Kündigungsschutzurteils.** Entsprechendes könnte, so der Große Senat, auch für andere Fälle eines strafbaren oder schädigenden Verhaltens des Arbeitnehmers angenommen werden.[89] Wird also z.B. eine Kündigung wegen eines fortlaufenden Eigentumsdelikts oder wegen Untreuehandlungen ausgesprochen, dürfte ein Beschäftigungsanspruch erst mit Rechtskraft des Urteils im Kündigungsschutzprozess entstehen. Darauf deuten jedenfalls die entsprechenden Passagen des Beschlusses des Großen Senats hin. Der Große Senat des BAG hält es für möglich, dass sich aus der Stellung des gekündigten Arbeitnehmers im Betrieb und der Art seines Arbeitsbereichs ein überwiegendes schutzwertes Interesse des Arbeitgebers ergeben könnte, trotz eines obsiegenden Urteils in 1. Instanz wegen der Ungewissheit des Fortbestandes des Arbeitsverhältnisses den Arbeitnehmer von seinem Arbeitsplatz fernzuhalten (Kündigung eines Vorstandssprechers im Unternehmen). Dasselbe soll bei Annahme einer unzumutbaren wirtschaftlichen Belastung gelten und auch dann, wenn der Arbeitgeber einen Auflösungsantrag nach § 9 Abs. 1 Satz 2 KSchG (dazu oben Rn. 1980) gestellt hat.[90]

c) Die Wiederholungskündigung

Wird eine Folgekündigung nach erstinstanzlicher Verurteilung des Arbeitgebers zur Weiterbeschäftigung mit **neuem Sachverhalt** ausgesprochen und tritt der Arbeitgeber mit der Berufung oder der Vollstreckungsgegenklage (§ 767 Abs. 1 ZPO) unter Hinweis auf die weitere Kündigung dem Weiterbeschäftigungsanspruch entgegen, entfällt dieser grundsätzlich bis zu einer Entscheidung des Arbeitsgerichts über die zweite Kündigung.[91] Denn in diesem Fall ist es möglich, dass sie eine andere rechtliche Beurteilung erfährt als die erste Kündigung. Hier überwiegt also wieder das schutzwürdige Interesse des Arbeitgebers an der Nichtbeschäftigung. Ein neuer Kündigungssachverhalt liegt auch vor, wenn nur weitere Lebenssachverhalte hinzutreten und dadurch die Möglichkeit gegeben ist, die zweite und ggfls. 2123

[89] Vgl. hierzu auch BAG 8. 4. 1988 a.a.O. Das LAG Sachsen-Anhalt verneint den Weiterbeschäftigungsanspruch im Falle einer Kündigung nach der Anlage I Kap. XIX Sachgebiet A Abschnitt III Nr. 1 Abs. 4 des Einigungsvertrages wegen eines überwiegenden Interesses des öff. Arbeitgeber; LAG Sachsen-Anhalt 16. 3. 1993 LAGE § 611 BGB Beschäftigungspflicht Nr. 33.

[90] Zu letzterem vgl. BAG 16. 11. 1995 EzA Art. 20 EinigungsV Nr. 47 = NZA 1996, 589.

[91] Vgl. BAG 19. 12. 1985 EzA § 611 BGB Beschäftigungspflicht Nr. 17 = NZA 1986, 566; KR/*Etzel,* § 102 BetrVG Rn. 296; *v. Hoyningen-Huene/Linck,* § 4 KSchG Rn. 118; APS/*Koch,* § 102 BetrVG Rn. 245.

eine dritte Kündigung anders zu beurteilen. Dann überwiegt das Interesse des Arbeitgebers an der Nichtbeschäftigung des Arbeitnehmers.[92]

Ausnahmen:

2124 Die zweite Kündigung ist **offensichtlich unwirksam.** Dann endet der Weiterbeschäftigungsanspruch des Arbeitnehmers nicht.[93]

2125 Die zweite Kündigung wird auf **dieselben Kündigungsgründe** gestützt, die nach Auffassung des Arbeitgerichts schon für die erste Kündigung nicht ausgereicht haben. Auch dann endet der Weiterbeschäftigungsanspruch nicht.[94] Das gilt allerdings nicht, wenn die erste Kündigung aus formellen Gründen, z. B. wegen Nichtanhörung des Betriebsrats (§ 102 Abs. 1 Satz 1 BetrVG), für unwirksam erklärt worden ist und die zweite Kündigung nach Behebung des formalen Mangels auf dieselben sachlichen Gründe gestützt wird wie die erste Kündigung.[95]

d) Die Änderungskündigung

2126 Streiten die Parteien im Rahmen einer Änderungsschutzklage nach § 4 Satz 2 KSchG auch um die Wirksamkeit des vom Arbeitnehmer nach § 2 Satz 1 KSchG **erklärten Vorbehalts,** ist nicht nur der Inhalt des Arbeitsverhältnisses umstritten, sondern auch dessen Bestand (vgl. schon oben Rn. 2058). Der Arbeitgeber darf in diesem Fall nicht zur Weiterbeschäftigung des Arbeitnehmers zu den angebotenen geänderten Bedingungen verurteilt werden, solange kein der Änderungskündigungsschutzklage stattgebendes Urteil vorliegt.[96]

2127 Nimmt der Arbeitnehmer das **Änderungsangebot** des Arbeitgebers **unter** dem **Vorbehalt** der sozialen Rechtfertigung der Änderung **an,** ist er verpflichtet, **zu** den **geänderten Bedingungen weiterzuarbeiten** (näher oben Rn. 2058). Ein Weiterbeschäftigungsanspruch zu den bisherigen Arbeitsbedingungen besteht erst dann, wenn das Urteil des Arbeitsgerichts, mit dem festgestellt worden ist, dass die Änderung der Arbeitsbedingungen sozial ungerechtfertigt ist, rechtskräftig geworden ist.[97] Allerdings kann der Arbeitnehmer dann, wenn die Änderung der Arbeitsbedingungen mit einer Umgruppierung oder Versetzung verbunden ist, dazu weder die Zustimmung des Betriebsrats erteilt (§ 99 Abs. 1 Satz 1 BetrVG) noch ersetzt (§ 99 Abs. 4 BetrVG) ist, und der Arbeitgeber die Maßnahme auch nicht vorläufig nach § 100 Abs. 1 Satz 1 BetrVG durchführen kann, trotz Annahme der neuen Arbeitsbedingungen unter Vorbehalt (zunächst) nur weiter zu den bisherigen Arbeitsbedingungen beschäftigt werden.[98]

---

[92] BAG 19. 2. 1985 a. a. O.; vgl. aber auch Hess. LAG 23. 10. 2001 FA 2002, 93 L.

[93] BAG 19. 12. 1985 a. a. O.; LAG Berlin 14. 7. 1993 LAGE § 62 ArbGG 1979 Nr. 20.

[94] BAG 19. 12. 1985 a. a. O.; BAG 26. 8. 1993 EzA § 322 ZPO Nr. 9 = NZA 1994, 70.

[95] BAG 19. 12. 1985 a. a. O.

[96] BAG 28. 3. 1985 EzA § 767 ZPO Nr. 1 = NJW 1986, 214.

[97] BAG 28. 3. 1985 a. a. O.; 27. 3. 1987 EzA § 2 KSchG Nr. 10 = NZA 1988, 737; 18. 1. 1990 EzA § 1 KSchG Betriebsbedingte Kündigung Nr. 65 = NZA 1990, 734; 19. 12. 1991 RzK I 10i Nr. 38; vgl. auch LAG Köln 29. 6. 2001 MDR 2002, 221, 222; LAG Nürnberg 13. 3. 2001 ZinsO 2001, 776 L.

[98] Vgl. näher KR/*Rost,* § 2 KSchG Rn. 141 und 142; ebenso KR/*Etzel,* § 102 BetrVG Rn. 199 d; DKK/*Kittner,* § 102 Rn. 251; *Richardi/Thüsing,* § 102 BetrVG Rn. 282.

2. Prozessuale Fragen

a) Der Arbeitnehmer kann im Kündigungsschutzprozess den nach § 259 ZPO zulässigen[99] Antrag auf Weiterbeschäftigung im Wege der objektiven Klagehäufung (§ 260 ZPO) oder für den Fall stellen, dass der Kündigungsschutzklage stattgegeben wird (sog. uneigentlicher Hilfsantrag).[100] Bei der Formulierung des Klageantrages ist zu beachten, dass das Urteil einen **vollstreckungsfähigen Inhalt** hat. Muss mit Streit über die Arbeitsbedingungen gerechnet werden, wird die übliche Formulierung „Weiterbeschäftigung zu den bisherigen Arbeitsbedingungen" oft nicht als ausreichend angesehen.[101] 2128

b) Die **Zwangsvollstreckung** des Urteils auf Weiterbeschäftigung des Arbeitnehmers erfolgt nach § 888 Abs. 1 Satz 1 ZPO (vgl. schon oben Rn. 2100). Sie **setzt voraus,** dass dem Arbeitgeber die Vornahme der **Beschäftigung möglich** ist. Kann der Arbeitgeber den Beschäftigungsanspruch nicht erfüllen, weil der Arbeitsplatz z. B. weggefallen ist, ist die Vollstreckung unzulässig.[102] Die Beschäftigung des Arbeitnehmers ist dem Arbeitgeber nicht schon dann unmöglich, wenn er durch Umorganisation die Arbeiten des gekündigten Arbeitnehmers auf andere Arbeitnehmer aufgeteilt hat. Denn diese Umverteilung kann wieder rückgängig gemacht werden.[103] Das ist anders zu beurteilen, wenn z. B. eine Abteilung, die der gekündigte Arbeitnehmer geleitet hat, völlig aufgelöst worden ist. Dann ist eine Vollstreckung unzulässig.[104] 2129

c) Die Weiterbeschäftigung erstreckt sich nur auf den **Zeitraum bis zum rechtskräftigen Abschluss des Kündigungsschutzverfahrens.** Dies ist durch eine entsprechende Formulierung im Klageantrag zum Ausdruck zu bringen.[105] Danach kann nur der allgemeine Beschäftigungsanspruch (vgl. oben Rn. 2077) geltend gemacht werden. Vollstreckt der Arbeitnehmer dennoch, kann sich der 2130

---

[99] BAG 21. 3. 1996 AP § 123 BGB Nr. 42 = NZA 1996, 1030; 29. 10. 1997 EzA § 611 BGB Direktionsrecht Nr. 19 = NZA 1998, 329.

[100] BAG 8. 4. 1988 EzA § 611 BGB Beschäftigungspflicht Nr. 30 = NZA 1988, 741; KR/*Etzel,* § 102 BetrVG Rn. 284; APS/*Koch,* § 102 BetrVG Rn. 243; MünchKomm/*Schwerdtner,* § 622 BGB Anh. Rn. 525. Einzelheiten zum Streitwert oben Rn. 2071 ff.

[101] Vgl. Baden-Württemberg 8. 5. 2000 NZA-RR 2000, 663 L.; LAG Berlin 8. 1. 1993 LAGE § 888 ZPO Nr. 27; 17. 5. 1993 LAGE § 626 BGB Nr. 72; LAG Frankfurt 13. 7. 1987 LAGE § 888 ZPO Nr. 12; 27. 11. 1992 LAGE § 888 ZPO Nr. 30; LAG Hamm 21. 11. 1989 LAGE § 888 ZPO Nr. 20; LAG Köln 7. 7. 1987 LAGE § 888 ZPO Nr. 15; 24. 10. 1995 LAGE § 888 ZPO Nr. 36; LAG Nürnberg 17. 3. 1993 LAGE § 888 ZPO Nr. 28; LAG Rheinland-Pfalz 7. 1. 1986 LAGE § 888 ZPO Nr. 6 = NZA 1986, 196 und 30. 3. 1987 = NZA 1987, 827; LAG Schleswig-Holstein 6. 1. 1987 LAGE § 888 ZPO Nr. 10 = NZA 1987, 322; vgl. auch LAG Düsseldorf 8. 10. 1998 – 7 Ta 313/98 – n. v. Zum Ganzen: *Süß,* NZA 1988, 719 ff.

[102] LAG Berlin 6. 6. 1986 LAGE § 888 ZPO Nr. 8.; LAG Hamm 29. 11. 1985 LAGE § 888 ZPO Nr. 5; 29. 8. 1984 LAGE § 888 ZPO Nr. 2.

[103] LAG Düsseldorf 8. 10. 1998 – 7 Ta 313/98 – n.v.; LAG München 11. 9. 1993 LAGE § 888 ZPO Nr. 34; vgl. aber LAG Köln 26. 10. 1998 MDR 1999, 303.

[104] LAG Hamm 15. 2. 1991 LAGE § 888 ZPO Nr. 22; LAG München 11. 9. 1993 LAGE § 888 ZPO Nr. 34. Zur Unmöglichkeit einer Vollstreckung, weil Kollegen oder Kunden mit dem gekündigten Arbeitnehmer nicht mehr zusammenarbeiten wollen, vgl. LAG Düsseldorf 7. 7. 1992 LAGE § 888 ZPO Nr. 25.

[105] Vgl. BAG 8. 4. 1988 EzA § 611 BGB Beschäftigungspflicht Nr. 30 = NZA 1988, 741; KR/*Etzel,* § 102 BetrVG Rn. 285.

Arbeitgeber gegen einzelne Vollstreckungsmaßnahmen mit der sofortigen Beschwerde (§§ 567 Abs. 1 Nr. 1, 793 ZPO i. V. mit § 78 Satz 1 ArbGG) zur Wehr setzen.[106, 107]

2131 *d)* Vielfach ergibt sich in der Praxis, dass der Weiterbeschäftigungsanspruch für die Vergangenheit in der Hauptsache erledigt ist. Die Verurteilung des Arbeitgebers für einen zurückliegenden Zeitraum zur Weiterbeschäftigung des Arbeitnehmers ist unzulässig, da sie auf etwas Unmögliches gerichtet ist.[108] Der Arbeitnehmer kann in diesem Fall – auch noch in der Revisionsinstanz – vom Leistungsantrag zum Feststellungsantrag übergehen. Da der Klageanspruch derselbe geblieben ist, liegt ein Fall der Klageeinschränkung i. S. des § 264 Nr. 2 ZPO vor. Der Arbeitnehmer hat im Hinblick auf die persönlichkeitsrechtliche Natur des Beschäftigungsanspruches ein rechtliches Interesse an der Feststellung, dass in dem zurückliegenden Zeitraum eine Beschäftigungspflicht des Arbeitgebers bestanden hat.[109]

3. Rechtsnatur und Rückabwicklung des Weiterbeschäftigungsverhältnisses

2132 Der Große Senat hat zur Frage, wie das „Weiterbeschäftigungsverhältnis" nach rechtskräftiger Abweisung der Kündigungsschutzklage zu charakterisieren ist, keine Stellung genommen. In Rechtsprechung und Literatur werden dazu unterschiedliche Lösungen vorgetragen. Einmal wird der Standpunkt vertreten, bei dem Weiterbeschäftigungsverhältnis handele es sich um die Fortsetzung des ursprünglichen Arbeitsverhältnisses. Andere meinen, es sei als ein faktisches Arbeitsverhältnis zu bestimmen. Schließlich wird, vor allem von den Senaten des BAG nach der Entscheidung des Großen Senats, der bereicherungsrechtliche Lösungsansatz vertreten (dazu näher unten Rn. 2138).[110, 111] Diese bereicherungsrechtliche Lösung stößt in

---

[106] LAG Köln 24. 6. 1987 = NZA 1988, 39 und 17. 2. 1988 LAGE § 888 ZPO Nr. 13; LAG Frankfurt/M. 11. 3. 1988 LAGE § 888 ZPO Nr. 16.

[107] Zur Zwangsgeldfestsetzung im Rahmen der Vollstreckung nach § 888 ZPO vgl. LAG Hamm 22. 1. 1986 LAGE § 888 ZPO Nr. 4; LAG Berlin 5. 7. 1985 LAGE § 888 ZPO Nr. 3; LAG Frankfurt/M. 26. 5. 1986 LAGE § 888 Nr. 8; LAG Hamburg 7. 7. 1988 LAGE § 888 ZPO Nr. 17; LAG München 11. 9. 1993 LAGE § 888 ZPO Nr. 34. Wird der Vollstreckungstitel aufgehoben oder verzichtet der Gläubiger auf seine titulierten Rechte, besteht ein bereicherungsrechtlicher Anspruch des Vollstreckungsschuldners gegen das Land auf Rückzahlung des Zwangsgeldes; BAG 6. 12. 1989 EzA § 888 ZPO Nr. 7.

[108] Vgl. allgemein BAG 18. 12. 1986 EzA § 7 BUrlG Nr. 48 = NZA 1987, 379.

[109] BAG 13. 6. 1985 EzA § 611 BGB Beschäftigungspflicht Nr. 16 = NZA 1986, 522; 8. 4. 1988 EzA § 611 BGB Beschäftigungspflicht Nr. 30 = NZA 1988, 741; 21. 3. 1996 AP § 123 BGB Nr. 42 = NZA 1996, 1030.

[110] Zu diesem Problemfeld vgl. *Dütz,* ArbuR 1987, 317 ff.; *Pallasch,* Der Beschäftigungsanspruch des Arbeitnehmers, 1993; *ders.,* Anm. zu BAG EzA § 611 BGB Beschäftigungspflicht Nr. 52; *Oetker,* Anm. LAGE § 611 BGB Beschäftigungspflicht Nr. 30; MünchArbR/*Wank,* § 121 Rn. 97 ff.

[111] BAG 17. 1. 1991 EzA § 611 BGB Beschäftigungspflicht Nr. 51 = NZA 1991, 769; 12. 2. 1992 EzA § 611 BGB Beschäftigungspflicht Nr. 52 mit Anm. von *Pallasch* = NZA 1993, 177; 17. 6. 1999 GA § 102 BetrVG 1972 Beschäftigungspflicht Nr. 10 = NZA 1999, 1154; 20. 3. 2001 EzA § 1 BetrAVG Zusatzversorgung Nr. 15 = AP § 1 BetrAVG Beamtenversorgung Nr. 16; vgl. auch KR/*Etzel,* § 102 BetrVG Rn. 297 ff.; *Gamillscheg,* FS für *Dieterich,* 1999, S. 185, 197 ff. *Hanau/Rolfs,* JZ 1993, 321.

der Praxis, vor allem in der Frage der Rückabwicklung, auf nicht unerhebliche Schwierigkeiten. Dennoch dürfte sie de lege lata allein in Betracht kommen.

a) Weiterbeschäftigung auf Grund einer Parteivereinbarung

Vereinbaren die Parteien eine Weiterbeschäftigung des Arbeitnehmers, bis darüber Klarheit besteht, ob die Kündigung wirksam ist oder nicht, wendet das BAG die Grundsätze des faktischen Arbeitsverhältnisses an, wenn sich später herausstellt, dass das Arbeitsverhältnis durch die Kündigung wirksam beendet worden ist.[112] Der Arbeitgeber schuldet also im Krankheitsfalle nach § 3 Abs. 1 Satz 1 EFZG Entgeltfortzahlung. Setzt der Arbeitnehmer nach dem Ablauf der Kündigungsfrist seine Arbeit fort und zahlt der Arbeitgeber das Arbeitsentgelt, geht der (konkludente) Wille der Parteien dahin, das Arbeitsverhältnis auflösend bedingt durch die rechtskräftige Abweisung der Kündigungsschutzklage fortzusetzen. Der Arbeitgeber hat dann eine Jahressonderzahlung (anteilig) zu leisten, wenn diese nach dem anzuwendenden Tarifvertrag als auf den Weiterbeschäftigungszeitraum entfallendes Arbeitsentgelt anzusehen ist und mit ihr nicht (auch) vergangene und/oder künftige Betriebstreue belohnt werden soll (vgl. auch unten Rn. 2135).[113] Von einer konkludenten Vereinbarung, nach der das gekündigte Arbeitsverhältnis auflösend bedingt durch die Abweisung der Kündigungsschutzklage fortgesetzt wird, kann **nicht** ausgegangen werden, wenn der Arbeitgeber nach seiner Verurteilung zur Weiterbeschäftigung des Arbeitnehmers das Arbeitsentgelt zahlt, ohne jedoch den Arbeitnehmer tatsächlich zu beschäftigen. Der Arbeitgeber erfüllt in diesem Falle seine bei Unwirksamkeit der Kündigung bestehende Verpflichtung nach §§ 611 Abs. 1, 615 Satz 1 BGB. Das hat zur Konsequenz, dass nach rechtkräftiger Abweisung der Kündigungsschutzklage der Arbeitnehmer zur Rückzahlung der erhaltenen Vergütung nach §§ 812 Abs. 1 Satz 1, 818 Abs. 2 BGB verpflichtet ist.[114] Selbst wenn der Arbeitgeber die Beschäftigung abgelehnt hat, reicht das nicht zur Begründung eines Wertersatzanspruchs aus. Der Arbeitnehmer hat in diesen Fällen seinen Weiterbeschäftigungsanspruch zu vollstrecken. Nur die tatsächliche Weiterbeschäftigung begründet dann den Wertersatzanspruch. 2133

b) Weiterbeschäftigung zur Abwendung der Zwangsvollstreckung

Wird der Arbeitnehmer **„zur Abwendung der Zwangsvollstreckung"** bis zur rechtskräftigen Entscheidung im Kündigungsschutzprozess weiterbeschäftigt, wendet das Bundesarbeitsgericht für die Rückabwicklung die allgemeinen Grundstätze, das Bereicherungsrecht, an, sofern die Klage des Arbeitnehmers rechtskräftig abgewiesen oder in einem Vergleich rückwirkend die Auflösung des Arbeitsverhältnisses vereinbart wird.[115, 116] 2134

---

[112] BAG 15. 1. 1986 EzA § 1 LohnFG Nr. 79 = NZA 1986, 561; 30. 4. 1997 EzA § 812 BGB Nr. 3 = NZA 1998, 199.

[113] BAG 4. 9. 1986 EzA § 611 BGB Beschäftigungspflicht Nr. 27 = NZA 1987, 376.

[114] BAG 17. 1. 1991 EzA § 611 BGB Beschäftigungspflicht Nr. 51 = NZA 1991, 769; LAG Hamm 3. 12. 1999 NZA-RR 2000, 181 f.

[115] BAG 17. 4. 1986 EzA § 615 BGB Nr. 47 = NZA 1987, 17 zur Wirkung des Prozessvergleichs.

[116] BAG 10. 3. 1987 EzA § 611 BGB Beschäftigungspflicht Nr. 28 mit Anm. von *Lieb* und *Schilken* = NZA 1987, 373; 1. 3. 1990 EzA § 611 BGB Beschäftigungspflicht Nr. 41 =

2135 **aa)** Wird eine Kündigungsschutzklage rechtskräftig abgewiesen, richten sich die Zahlungsansprüche des Arbeitnehmers für die Dauer der tatsächlichen Weiterbeschäftigung nach § 812 Abs. 1 Satz 1 1. Alt. BGB. Da der Arbeitgeber die erbrachte Arbeitsleistung nicht herausgeben kann, hat er nach § 818 Abs. 2 BGB den Wert zu ersetzen. Das ist der **objektive Wert** der tatsächlich erbrachten Arbeitsleistung.[117] Ursprünglich haben der 8. und der 6. Senat des BAG den Standpunkt vertreten, der objektive Wert der Arbeitsleistung entspreche dem Tariflohn. Dazu zählt auch eine anteilige **Jahressonderzahlung,** wenn diese nach dem Inhalt des für das beendete Arbeitsverhältnis maßgeblichen Tarifvertrages als **auf** den **Weiterbeschäftigungszeitraum entfallendes Arbeitsentgelt** anzusehen ist und mit ihr nicht (auch) vergangene und/oder künftige Betriebstreue belohnt werden soll (vgl. auch oben Rn. 2133).[118] Der 5. Senat des BAG hat demgegenüber erkannt, der Wert der Arbeitsleistung bestimme sich nach der dafür üblichen Vergütung. Diese sei nicht immer der Tariflohn, sondern könne auch darüber liegen.[119] Da mit ihr auch Betriebstreue belohnt werden soll, umfasst der Wertersatz nach § 818 Abs. 2 BGB keinesfalls die betriebliche Altersversorgung.[120]

2136 Der Arbeitnehmer hat während des Weiterbeschäftigungszeitraums **keinen Anspruch auf Urlaubsabgeltung.** Der Arbeitgeber hat, so zutreffend das BAG, dadurch, dass der Arbeitnehmer während des Weiterschäftigungsverhältnisses keinen Jahresurlaub erhalten hat, nichts erlangt. Der Urlaub sei keine Gegenleistung des Arbeitgebers für die erbrachte Arbeitsleistung, sondern ein gesetzlicher Freistellungsanspruch.[121] Der Wert der Arbeit werde dadurch nicht erhöht.[122] **Keinen Anspruch** hat der Arbeitnehmer **auf Entgeltfortzahlung im Krankheitsfalle** (§ 3 Abs. 1 Satz 1 EFZG) sowie **auf Entgeltzahlung an Feiertagen** (§ 2 Abs. 1 EFZG). Auch in diesen Fällen erhöht sich der Wert der Arbeitsleistung nicht.[123]

2137 **Bei der Wertbestimmung der Arbeitsleistung** ist auf die übliche Vergütung abzustellen, die am Ort für diese Arbeitsleistung gezahlt wird. Individuelle Umstände, wie z.B. die Betriebszugehörigkeit oder das Alter des gekündigten Arbeitnehmers, sind ohne Bedeutung, weil es nur auf den objektiven Wert der Leistung

---

NZA 1990, 696; 12. 2. 1992 EzA § 611 BGB Beschäftigungspflicht Nr. 52 = NZA 1993, 177.

[117] BAG 30. 4. 1997 EzA § 812 BGB Nr. 3 = NZA 1998, 199.

[118] BAG 10. 3. 1987 EzA § 611 BGB Beschäftigungspflicht Nr. 28 mit Anm. von *Lieb* und *Schilken* = NZA 1987, 373; 1. 3. 1990 EzA § 611 BGB Beschäftigungspflicht Nr. 41 = NZA 1990, 696; vgl. auch BAG 30. 4. 1997 EzA § 812 BGB Nr. 3 = NZA 1998, 199.

[119] BAG 12. 2. 1992 EzA § 611 BGB Beschäftigungspflicht Nr. 52 mit Anm. von *Pallasch* = NZA 1993, 177.

[120] BAG 20. 3. 2001 EzA § 1 BetrAVG Zusatzversorgung Nr. 15 = AP § 1 BetrAVG Beamtenversorgung Nr. 16.

[121] St. Rspr., z.B. BAG 20. 6. 2000 EzA § 1 BUrlG Nr. 23 = NZA 2001, 100; 16. 9. 1997 EzA § 4 TVG Bundesbahn Nr. 5 = NZA 1998, 553; 9. 6. 1998 EzA § 7 BUrlG Nr. 106 = NZA 1999, 80; 18. 9. 2001 EzA § 7 BUrlG Nr. 109.

[122] BAG 10. 3. 1987 EzA § 611 BGB Beschäftigungspflicht Nr. 28 mit Anm. von *Lieb* und *Schilken* = NZA 1987, 373; a.A. HK-KSchG/*Dorndorf,* § 1 Anh. 2 Rn. 43; *v. Hoyningen-Huene/Linck,* § 4 KSchG Rn. 110; *Kreßel,* JZ 1988, 1107.

[123] *Oetker,* Anm. zu LAG Düsseldorf LAGE § 611 BGB Beschäftigungspflicht Nr. 30.

ankommt.[124] Deshalb ist auch der wirtschaftliche Erfolg der geleisteten Arbeit unbeachtlich. Es ist zu fragen, was der Arbeitgeber aufwenden muss, um eine vergleichbare Arbeitsleistung am örtlichen Arbeitsmarkt zu erwerben.[125]

bb) Nach rechtskräftiger Abweisung der Kündigungsschutzklage können auch dem Arbeitgeber Ansprüche auf Rückzahlung von geleisteten Zahlungen während des Weiterbeschäftigungsverhältnisses zustehen. Das Arbeitsverhältnis hat im Weiterbeschäftigungszeitraum nicht bestanden. Das **Urteil** im Kündigungsschutzprozess wirkt **ex tunc.** Damit hat der Arbeitgeber seine Leistungen ohne rechtlichen Grund erbracht, so dass ihm insoweit ein Rückzahlungsanspruch nach § 812 Abs. 1 Satz 1 1. Alt. BGB zusteht. Die vorläufige Vollstreckbarkeit des Weiterbeschäftigungsurteils steht dem nicht entgegen, da sie keinen Rechtsgrund für geleistete Zahlungen bilden kann.[126] Der Arbeitnehmer kann sich gegenüber diesem Bereicherungsanspruch nicht auf § 818 Abs. 3 BGB (Wegfall der Bereicherung) berufen. Denn ihn trifft eine verschärfte Haftung. Zwar werden die Voraussetzungen des § 819 Abs. 1 BGB in aller Regel nicht vorliegen, weil über das Schicksal der Kündigungsschutzklage keine Klarheit besteht, jedoch ist § 820 Abs. 1 Satz 2 BGB analog auf den Fall des anfänglichen Fehlens des Rechtsgrundes anzuwenden, sofern eine beiderseitige Ungewissheit über das Fehlen des Rechtsgrundes besteht.[127] Jedenfalls ist aber von einer verschärften Haftung des Arbeitnehmers auszugehen, wenn der Arbeitgeber die Leistung unter Vorbehalt erbracht hat und der Arbeitnehmer dem nicht widersprochen hat.[128] 2138

Bei der Rückabwicklung von Leistungen im Weiterbeschäftigungszeitraum haben Arbeitgeber und Arbeitnehmer die sog. **Saldotheorie** zu bedenken, d.h. ihre Leistungen sind nicht isoliert zu betrachten, sondern unter Berücksichtigung der erhaltenen Leistung des anderen zu saldieren.[129] Zwar wurde diese Theorie für den 2139

---

[124] *Hanau/Rolfs,* JZ 1993, 321; *Pallasch,* Anm. zu BAG EzA § 611 BGB Beschäftigungspflicht Nr. 52.

[125] Vgl. *Beuthin,* RdA 1969, 161; *Hanau/Rolfs,* JZ 1993, 321; *Joost,* ZfA 1988, 489; *Oetker,* Anm. zu LAG Düsseldorf LAGE § 611 BGB Beschäftigungspflicht Nr. 30; a.A. LAG Düsseldorf 27. 3. 1990 LAGE § 611 BGB Beschäftigungspflicht Nr. 30, das stets für den Wertersatz vom Tariflohn ausgeht; ebenso *Walker,* DB 1988, 1596; *Barton/Hönsch,* ZfA 1987, 721.

[126] Vgl. *Schilken,* 2. Anm. zu BAG EzA § 611 BGB Beschäftigungspflicht Nr. 28 und *Oetker,* Anm. zu LAG Düseldorf LAGE § 611 BGB Beschäftigungspflicht Nr. 30.

[127] MünchKomm/*Lieb* § 820 BGB Rn. 1; *Pallasch,* Anm. zu BAG EzA § 611 BGB Beschäftigungspflicht Nr. 52.

[128] Die analoge Anwendung des § 820 Abs. 1 Satz 2 BGB entspricht in diesem Falle einer verbreiteten Ansicht in Rechtsprechung und Literatur; vgl. BGH 8. 6. 1988 WM 1988, 1496; MünchKomm/*Lieb,* § 820 BGB Rn. 6; Staudinger/*Lorenz,* § 820 BGB Rn. 5; Soergel/*Mühl,* § 820 BGB Rn. 3; *Reuter/Martinek,* Ungerechtfertigte Bereicherung, 1983, S. 652; *Oetker,* Anm. zu LAG Düseldorf LAGE § 611 BGB Beschäftigungspflicht Nr. 30. Bis zur weiteren Klärung des Problemfeldes durch die Gerichte für Arbeitssachen sollte der Arbeitgeber stets einen Vorbehalt bei seinen Leistungen erklären. Der Fall des BAG 12. 2. 1992 EzA § 611 BGB Beschäftigungspflicht Nr. 52 = NZA 1993, 177, bei dem der Arbeitgeber einen Vorbehalt erklärt hatte, veranlasste das BAG nur zur Prüfung der verschärften Haftung nach § 819 BGB, nicht aber nach § 820 Abs. 1 Satz 1 BGB.

[129] BAG 10. 3. 1987 EzA § 611 BGB Beschäftigungspflicht Nr. 28 mit Anm. von *Lieb* und *Schilken* = NZA 1987, 373; 12. 2. 1992 EzA § 611 BGB Beschäftigungspflicht Nr. 52 = NZA 1993, 177; vgl. auch BAG 30. 4. 1997 EzA § 812 BGB Nr. 3 = NZA 1998, 199.

gegenseitigen Vertrag entwickelt, jedoch ist sie auch auf das Weiterbeschäftigungsverhältnis anzuwenden. Denn dort besteht ein **„faktisches Synallagma“.**[130]

2140 Hat also der Arbeitgeber Leistungen erbracht, die den objektiven Wert der vom Arbeitnehmer erbrachten Arbeitsleistung übersteigen, sind diese zurückzugewähren. Der Wert der Arbeitsleistung des Arbeitnehmers bestimmt sich bei der Saldierung nach den oben Rn. 2135ff. dargestellten Grundsätzen. Lagen die Entgeltleistungen des Arbeitgebers über diesem Wert, sind die Beträge, da der Arbeitnehmer sie ohne Rechtsgrund erlangt hat, zurückzuzahlen. Das gilt auch für Leistungen, die der Arbeitgeber als Feiertagsentgelt, als Entgeltfortzahlung im Krankheitsfall oder als Urlaubsentgelt bzw. als Urlaubsabgeltung gewährt hat. Diese Zahlungen tangieren den Wert der Arbeitsleistung des Arbeitnehmers für den Arbeitgeber nicht. Sie werden nur im Hinblick auf das vermeintliche Fortbestehen des Arbeitsverhältnisses geleistet, so dass sie zurückzugewähren sind.[131] Der Wert der Arbeitsleistung kann dagegen durch eine tarifliche Jahressonderleistung, nicht aber durch eine betriebliche Altersversorgung bestimmt werden (dazu oben Rn. 2135).[132]

2141 **cc)** Dem Arbeitgeber können nach der Vollstreckung des Urteils auf Weiterbeschäftigung Schadensersatzansprüche nach § 717 Abs. 2 Satz 1 ZPO zustehen, sofern das Urteil durch das Rechtsmittelgericht aufgehoben wird. Inhalt und Umfang bestimmen sich nach § 249 BGB. Schadensersatzansprüche werden nicht gerade häufig in Betracht kommen. Denkbar sind sie jedoch bei der betriebsbedingten Kündigung, wenn der Arbeitgeber durch die Weiterbeschäftigung des Arbeitnehmers eine Rationalisierungsmaßnahme verspätet vornehmen konnte und dadurch ein Schaden entstanden ist.[133]

2142 Zum Verhältnis Weiterbeschäftigung und Annahmeverzug vgl. LAG Hamm 15. 5. 1989 LAGE § 611 BGB Beschäftigungspflicht Nr. 26; LAG München 9. 5. 2001, NZA-RR 2001, 414; LAG Niedersachsen 10. 3. 1989 LAGE § 611 BGB Beschäftigungspflicht Nr. 27.

4. Zum Inhalt des Weiterbeschäftigungsanspruchs

2143 Der Weiterbeschäftigungsanspruch ist auf die rein tatsächliche Weiterbeschäftigung gerichtet. Eine Arbeitspflicht des Arbeitnehmers besteht nicht. Ob er von diesem Recht Gebrauch macht oder nicht, unterliegt seiner Entscheidung. Der

---

[130] Vgl. *Pallasch,* Anm. EzA § 611 BGB Beschäftigungspflicht Nr. 52; *Bengelsdorf,* SAE 1987, 254, 268; a. A. *Oetker,* Anm. zu LAGE § 611 BGB Beschäftigungspflicht Nr. 30.

[131] BAG 14. 5. 1986 EzA § 7 BUrlG Nr. 45 = NJW 1986, 2838; BAG 10. 3. 1987 EzA § 611 BGB Beschäftigungspflicht Nr. 28 mit Anm. von *Lieb* und *Schilken* = NZA 1987, 373; *Oetker,* Anm. zu LAG Düsseldorf LAGE § 611 BGB Beschäftigungspflicht Nr. 30; LAG Düsseldorf 27. 3. 1990 LAGE § 611 BGB Beschäftigungspflicht Nr. 30.

[132] Zum Ausgleich bei der Saldierung, wenn der Arbeitgeber Beiträge zur Pensionskasse geleistet hat und Arbeitgeberanteile zur Sozialversicherung für Beträge gezahlt worden sind, die vom Arbeitnehmer zurückgewährt werden müssen, sowie zur Frage, ob der Arbeitgeber einen Bereicherungsanspruch auch für die wegen Teilnahme an einer Betriebsversammlung gezahlte Vergütung hat, vgl. LAG Düsseldorf 27. 3. 1990 LAGE § 611 BGB Beschäftigungspflicht Nr. 30 mit insoweit teilw. krit. Anm. von *Oetker.*

[133] *Pallasch,* Anm. EzA § 611 BGB Beschäftigungspflicht Nr. 52; *Löwisch,* DB 1978, Beilage 17 S. 6; *Bengelsdorf,* SAE 1987, 269.

Weiterbeschäftigungsanspruch muss also geltend gemacht werden. Der Arbeitnehmer ist nicht gezwungen, während des Kündigungsschutzprozesses zu arbeiten. Bietet der Arbeitgeber die Weiterbeschäftigung für die Dauer des Prozesses an, endet ein bestehender Annahmeverzug nicht, da der Arbeitgeber nicht bereit ist, die vertragsgemäße Leistung anzunehmen, sondern nur die Leistung im Weiterbeschäftigungsverhältnis, wie immer man sie einordnet. An der Kündigung hält der Arbeitgeber weiter fest (vgl. schon oben Rn. 1774ff.).[134] Die Ablehnung eines derartigen Weiterbeschäftigungsangebots kann jedoch ein böswilliges Unterlassen anderweitigen Erwerbs i. S. des § 11 Nr. 2 KSchG darstellen (dazu näher oben Rn. 1777).

5. Einstweiliger Rechtsschutz

Der Große Senat hat ausdrücklich die Frage offen gelassen, ob und ggf. unter **2144** welchen Voraussetzungen vor der Entscheidung im Hauptprozess eine einstweilige Verfügung zur Durchsetzung des Weiterbeschäftigungsanspruches möglich ist. Die vom Großen Senat aufgestellten Grundsätze können jedoch auf den einstweiligen Rechtsschutz nicht ohne Wirkung bleiben. **Bis zur Entscheidung im Hauptprozess** über die Wirksamkeit der Kündigung ist eine **einstweilige Verfügung** nur **möglich,** wenn

a) die Kündigung **offensichtlich unwirksam** ist[135] oder

b) **besondere Gründe** vom Verfügungskläger glaubhaft gemacht werden, die es rechtfertigen, die in der Regel geltende **Interessenabwägung** zwischen Arbeitgeber und Arbeitnehmer zu **Lasten** des **Arbeitgebers** zu verändern.[136]

Der Arbeitnehmer muss **wirklich gravierende Eingriffe** in sein **Persönlich-** **2145** **keitsrecht** glaubhaft machen, die es notwendig erscheinen lassen, die vom Großen Senat vorgenommene Interessenabwägung vor einer Entscheidung des Arbeitsgerichts im Kündigungsschutzprozess abzuändern. Die Tatsache der vorübergehenden Nichtbeschäftigung allein oder die Erhaltung seines Arbeitsplatzes reichen dazu nicht aus.[137] Als denkbare Gründe können die Erhaltung und Sicherung der Qualifikation des Arbeitnehmers in Betracht kommen oder auch die Fortführung einer Berufsausbildung.[138] Das sind ideelle und nicht materielle Gründe. Materielle

---

[134] Vgl. BAG 14. 11. 1985 EzA § 615 BGB Nr. 46 = NZA 1986, 637. Zu dieser Grundsatzentscheidung vgl. *Löwisch,* DB 1986, 2433 und *Wank,* RdA 1987, 156; *Reuter,* JuS 1986, 2433 und *Schwerdtner,* EWiR § 615 BGB 2/86 S. 1093. Das BAG hat seine Ansicht im Urteil 10. 3. 1987 EzA § 611 BGB Beschäftigungsverhältnis Nr. 28 unter I 6a der Gründe = NZA 1987, 373 bestätigt; vgl. auch LAG Mecklenburg-Vorpommern 23. 11. 2000 LAGE § 611 BGB Beschäftigungspflicht Nr. 43 = NZA-RR 2001, 187.

[135] LAG Köln 13. 5. 1993 LAGE § 611 BGB Beschäftigungspflicht Nr. 35; 4. 2. 1993 § 611 BGB Beschäftigungspflicht Nr. 34.

[136] Vgl. LAG Berlin 22. 2. 1991 LAGE § 611 BGB Beschäftigungspflicht Nr. 29; LAG Hamm 18. 2. 1998 NZA-RR 1998, 422; LAG Köln 26. 11. 1985 EzA § 611 BGB Beschäftigungspflicht Nr. 10 mit Anm. von *Dütz* = NZA 1986, 136; *Dütz,* Arbeitsrecht, 6. Aufl. 2001, Rn. 372; *ders.* NZA 1986, 209ff.; *Schäfer,* NZA 1985, 695; *Heinze,* RdA 1986, 282; a. A. LAG Niedersachsen 6. 8. 1987 LAGE § 611 BGB Beschäftigungspflicht Nr. 22; 18. 11. 1994 LAGE § 611 BGB Beschäftigungspflicht Nr. 38.

[137] Vgl. LAG Hamm 18. 2. 1998 LAGE § 611 BGB Beschäftigungspflicht Nr. 41 = NZA – RR 1998, 422; LAG Köln 6. 8. 1996 LAGE § 611 BGB Beschäftigungspflicht Nr. 40.

[138] Vgl. LAG Köln 26. 11. 1985 LAGE § 611 BGB Beschäftigungspflicht Nr. 8; LAG Rheinland-Pfalz 21. 8. 1986 LAGE § 611 BGB Beschäftigungspflicht Nr. 19.

Gründe können eine einstweilige Verfügung nicht rechtfertigen.[139] Diese Fälle werden wohl Ausnahmefälle bleiben. Auch eine sog. Regelungsverfügung dürfte außerhalb der Offensichtlichkeitsfälle im Allgemeinen ausscheiden. Denn auch sie setzt einen Verfügungsanspruch voraus.[140]

2146 Besteht nach diesen Grundsätzen ein Verfügungsanspruch, ist wohl auch stets ein Verfügungsgrund anzuerkennen, sofern dargelegt und glaubhaft gemacht worden ist, dass die Kündigung mit hoher Wahrscheinlichkeit rechtsunwirksam ist.[141] Hat der Arbeitnehmer sechs Monate nach einem Urteil des LAG im Kündigungsschutzverfahren verstreichen lassen, bevor er eine einstweilige Verfügung beantragt, besteht kein Verfügungsgrund mehr.[142] Nach Verkündung eines Urteils erster Instanz im Kündigungsschutzverfahren ist für eine einstweilige Verfügung in aller Regel kein Raum mehr, weil der Arbeitnehmer nun mit dem vorläufig vollstreckbaren Urteil auf Weiterbeschäftigung die Durchsetzung seines Rechts erreichen kann. Hat der Arbeitnehmer den Antrag auf Weiterbeschäftigung im Hauptverfahren nicht gestellt, scheidet eine einstweilige Verfügung aus, weil es der Arbeitnehmer unterlassen hat, seine Rechte im normalen Erkenntnisverfahren geltend zu machen.[143]

---

[139] LAG Rheinland-Pfalz 21. 8. 1986 a. a. O.

[140] *Stein/Jonas/Grunsky,* § 940 ZPO Rn. 2; *Schwerdtner,* ZIP 1985, 1369.

[141] A. A. LAG Niedersachsen 22. 5. 1987 LAGE § 611 BGB Beschäftigungspflicht Nr. 20 = DB 1987, 2664, das die einstweilige Verfügung bereits zur Abwendung wesentlicher Nachteile für zulässig hält; 18. 11. 1994 LAGE § 611 BGB Beschäftigungspflicht Nr. 38; so auch ArbG Herne 13.10. 1988 NZA 1989, 236 L.

[142] LAG Hamm 18. 2. 1986 NZA 1986, 399; krit. dazu *Buchner,* Beschäftigungspflicht S. 80.

[143] LAG Frankfurt/M. 22. 3. 1987 NZA 1988, 37; LAG Köln 6. 8. 1996 LAGE § 611 BGB Beschäftigungspflicht Nr. 40; 18. 8. 2000 LAGE § 935 ZPO Nr. 14; LAG Rheinland-Pfalz 21. 8. 1986 LAGE § 611 BGB Beschäftigungspflicht Nr. 19; *Schäfer,* NZA 1985, 691, 695; vgl. auch ArbG Berlin 19. 12. 1988 EzA § 611 BGB Beschäftigungspflicht Nr. 40; a. A. *Buchner,* Beschäftigungspflicht, S. 80; *Grunsky,* § 62 ArbGG Rn. 24.

Fünfter Abschnitt: Kündigungsschutz in der Insolvenz[1]

§ 1 Kündigung nach Eröffnung des Insolvenzverfahrens

I. Bedeutung des Insolvenzrechts

Am 1. 1. 1999 ist die Insolvenzordnung (InsO) vom 5. 10. 1994 (BGBl. I S. 2866), zuletzt geändert durch Art. 1 des „Gesetz zur Änderung der Insolvenzordnung und anderer Gesetze vom 26. 10. 2001 (BGBl. I S. 2710) in Kraft getreten.[2] In den alten und neuen Bundesländern bestanden bis dahin unterschiedliche Regelungen (§ 22 KO, § 51 Abs. 2 VglO, § 9 Abs. 2 GesO), die ab 1. 1. 1999 durch die Insolvenzordnung einheitlich ersetzt worden sind. Einige der arbeitsrechtlichen Vorschriften der Insolvenzordnung sind schon zum 1. 10. 1996 für das westdeutsche Bundesgebiet durch Art. 6 des „Arbeitsrechtliches Gesetz zur Förderung von Wachstum und Beschäftigung (Arbeitsrechtliches Beschäftigungsförderungsgesetz) vom 25. 9. 1996 (BGBl. I S. 1476) vorzeitig in Kraft gesetzt worden. Die sich daraus ergebende Frage nach dem Verhältnis zwischen § 113 InsO und § 22 KO, der seinerzeit nicht außer Kraft gesetzt wurde, ist am 1. 1. 1999 entfallen.[3] 2147

Die Bedeutung des Insolvenzrechts für den Kündigungsschutz ist erheblich. Nach Ansicht des Gesetzgebers lag der für die Arbeitnehmer folgenschwerste Mangel des früheren Konkursrechts darin, dass den betroffenen Unternehmen kein rechtlicher Rahmen für eine Sanierung des Unternehmens und damit für die Erhaltung eines Teils der Arbeitsplätze zur Verfügung stand.[4] Das seit dem 1. 1. 1999 2148

---

[1] Zum Kündigungsrecht im Insolvenzrecht: *Arend,* Der Personalabbau nach der Insolvenzordnung, Diss., Jena 1998; *Berscheid,* Arbeitsverhältnisse in der Insolvenz, 1999, S. 162 ff. (Rn. 158 ff.); *Caspers,* Personalabbau und Betriebsänderung im Insolvenzverfahren, 1998; *Düwell,* in: Kölner Schrift zur Insolvenzordnung, 2. Aufl. 2000, S. 1433 ff. Rn. 1 ff.; *Eisenbeis,* in: Frankfurter Kommentar zur Insolvenzordnung, 3. Aufl. 2002; *Ennemann,* in: Kölner Schrift zur Insolvenzordnung, 2. Aufl. 2000, S. 1473, 1501 ff. Rn. 72 ff.; *Ettwig,* Betriebsbedingte Kündigung in der Insolvenz, 2000; *Grunsky/Moll,* Arbeitsrecht und Insolvenz, 1997; *Hamacher,* in: Nerlich/Römermann, InsO, Stand: November 2000; *Hess,* Insolvenzarbeitsrecht, 2. Aufl. 2000; *Hess/Weis/Wienberg,* Insolvenzarbeitsrecht, 1997; *Irschlinger,* in: Heidelberger Kommentar zur InsO, 1999; *Löwisch/Caspers,* in: Münchener Kommentar zur Insolvenzordnung, Bd. 2, 2002; *Moll,* in: Kübler/Prütting, InsO, Stand: November 2001; *Müller-Limbach,* Arbeitsgerichtliche Überprüfung betriebsbedingter Kündigungen durch den Insolvenzverwalter (§§ 126–128 InsO), 1. Aufl. 2001; *Nagel,* Die Stellung der Arbeitnehmer im neuen Insolvenzrecht, Diss., Bielefeld 1999; *Obermüller/Hess,* Eine systematische Darstellung des neuen Insolvenzrechts, 3. Aufl. 1999; *Tuxhorn,* Kündigung und Kündigungsschutz in der Insolvenzordnung, Diss., Münster 1995; *Zwanziger,* Das Arbeitsrecht in der Insolvenzordnung, 2. Aufl. 2002.

[2] Vgl. Art. 110 Abs. 1 EGInsO vom 5. 10. 1994 (BGBl. I S. 2911). Zur Entstehungsgeschichte der InsO ausf. *Müller-Limbach* (Fn. 1), S. 16 ff.

[3] Vgl. dazu BAG 3. 12. 1998 DB 1998, 2535; *Preis,* NJW 1996, 3369, 3377.

[4] Vgl. Allg. Reg-Begr. bei *Kübler/Prütting,* Das neue Insolvenzrecht, 2. Aufl. 2000, S. 119; zur Reform des Insolvenzarbeitsrechts vgl. *Hanau,* Gutachten E zum 54. DJT, Bd. I, 1982.

bundeseinheitlich geltende Insolvenzrecht beabsichtigt, die Sanierung neben der Liquidation und der übertragenden Sanierung nun als gleichwertiges Instrument aufzuwerten.

2149 Die Insolvenz des Arbeitgebers hat auf die Anwendbarkeit des Arbeitsrechts keine Auswirkungen. Insolvenzrecht und Arbeitsrecht sind zwei selbstständige Rechtsgebiete, die nebeneinander bestehen.[5] Lediglich dort, wo der Gesetzgeber in der Insolvenzordnung den Interessen der Insolvenzgläubiger nun ausdrücklich Vorrang einräumt, müssen die Interessen der Arbeitnehmer zurückstehen. Insgesamt ist das Insolvenzarbeitsrecht gegenüber der bisherigen Rechtslage wesentlich stärker reglementiert. Dies gilt gerade für den **Kündigungsschutz nach Eröffnung des Insolvenzverfahrens.** Der Gesetzgeber wollte dem Insolvenzverwalter mit den Regelungen in den §§ 113, 125–128 InsO Instrumente zur Hand geben, die den **Personalabbau** und die **Kündigungsschutzverfahren vereinfachen und beschleunigen.**

2150 Vor Eröffnung des Insolvenzverfahrens kommen die genannten Vorschriften nicht zur Anwendung. Für eine im Schrifttum[6] teilweise befürwortete Analogie der §§ 113, 125–128 InsO zu Gunsten des vorläufigen Insolvenzverwalters mit Verwaltungs- und Verfügungsbefugnis über das Vermögen des Schuldners (§ 22 Abs. 1 Satz 1 InsO) scheitert an der erforderlichen Regelungslücke.[7] Der vorläufige Insolvenzverwalter mit den in § 22 Abs. 1 Satz 1 InsO genannten Befugnissen ist lediglich nach allgemeinen arbeitsrechtlichen Grundsätzen zur Kündigung berechtigt.[8]

2151 Die Eröffnung des Insolvenzverfahrens hat auf den Bestand des Arbeitsverhältnisses keine Auswirkungen. Dies ergibt sich nun unmittelbar aus § 108 Abs. 1 InsO. Auf den Insolvenzverwalter gehen die Verwaltungs- und Verfügungsrechte nach § 80 InsO über; er nimmt damit die Arbeitgeberfunktion des Schuldners wahr. Beiden Arbeitsvertragsparteien stehen alle Möglichkeiten zur Beendigung des Arbeitsverhältnisses zur Verfügung. Im Gegensatz zu § 17 KO steht dem Insolvenzverwalter nach neuem Recht kein Wahlrecht zu, die Erfüllung noch nicht in Vollzug gesetzter Arbeitsverhältnisse zu verlangen oder abzulehnen.[9]

II. Der Regelungsbereich des § 113 Abs. 1 InsO

2152 § 113 Abs. 1 Satz 1 InsO eröffnet **beiden Parteien** eines Dienstvertrages die Möglichkeit, das Dienstverhältnis ohne Rücksicht auf einen vereinbarten Ausschluss des Rechts zur ordentlichen Kündigung zu kündigen. Die Vorschrift erfasst

---

[5] Vgl. BAG GS 13. 12. 1978 AP § 112 BetrVG 1972 Nr. 6.

[6] So *Caspers,* Rn. 519ff.; FK/*Eisenbeis,* § 113 InsO Rn. 11; MünchKommInsO/*Löwisch/Caspers,* vor §§ 113 bis 128 Rn. 30.

[7] Vgl. näher *Müller-Limbach* (Fn. 1), S. 30f.; a. A. MünchKommInsO/*Löwisch/Caspers,* vor §§ 113 bis 128 Rn. 31.

[8] Vgl. nur LAG Düsseldorf 24. 8. 2001 BB 2001, 2479, 2480; *Berscheid,* ZInsO 1998, 9, 13; *Boewer,* RdA 2001, 380, 391; HK-InsO/*Irschlinger,* § 113 Rn. 4; *Mönning,* in: Nerlich/Römermann, § 22 InsO Rn. 118; KR/*Weigand,* §§ 113, 120ff. InsO Rn. 4.

[9] *Berscheid,* ZInsO 1998, 115, 116; *Grunsky/Moll* (Fn. 1), Rn. 342f.; *Caspers* (Fn. 1), Rn. 92ff.; a. A. *Lakies,* RdA 1997, 145 Fn. 10; *Lohkemper,* KTS 1996, 1, 4.

alle Arten des Dienstverhältnisses.[10] Dazu zählen auch die Dienstverhältnisse mit Mitgliedern der Organe juristischer Personen, so etwa der **Geschäftsführer** einer GmbH, wobei zwischen dem Angestelltenverhältnis und der Organstellung zu unterscheiden ist.[11] Die Kündigung durch den Insolvenzverwalter beendet nur das Dienstverhältnis[12] und nicht das Organverhältnis.[13] Offengelassen hat der Gesetzgeber die Problematik, ob und mit welchen Fristen **Berufsausbildungsverhältnisse** in der Insolvenz gekündigt werden können. Das Recht zur ordentlichen Kündigung von Berufsausbildungsverhältnissen ist nach § 15 Abs. 2 BBiG ausgeschlossen. § 113 Abs. 1 Satz 1 InsO erfasst aber keinen gesetzlichen Ausschluss des ordentlichen Kündigungsrechts. Besteht tatsächlich keine Ausbildungsmöglichkeit mehr, muss auch ein Ausbildungsverhältnis kündbar sein; fraglich ist lediglich, ob der Ausbilder außerordentlich fristlos kündigen kann. Der Kündigungsschutz würde sich dann aber in sein Gegenteil verkehren. Die Rechtsprechung des BAG hat bis zum Außerkrafttreten des § 22 KO die Kündigungsfristen des § 622 BGB als Auslauffristen entsprechend angewendet.[14] Nach Inkrafttreten des § 113 InsO ist die Dreimonatsfrist des § 113 Abs. 1 Satz 2 InsO heranzuziehen.[15]

Die Regelung des § 113 Abs. 1 Satz 1 InsO, nach der der vereinbarte Ausschluss des ordentlichen Kündigungsrechts keine Berücksichtigung findet, berührt in der Praxis vor allem die Arbeitsverhältnisse mit Arbeitnehmern, die eine längere Betriebszugehörigkeit aufweisen, sowie befristete Arbeitsverhältnisse. Unter **„Vereinbarungen"** i. S. des § 113 Abs. 1 Satz 1 InsO fallen **auch Tarifnormen.**[16] Das folgt nicht nur aus dem Wortlaut des § 113 Abs. 1 Satz 1 InsO, sondern auch aus dem Gesetzeszweck. Im Hinblick auf § 125 Abs. 1 Satz 1 Nr. 2 InsO, der die Schaffung einer ausgewogenen Personalstruktur ermöglicht, käme es bei einer Herausnahme der tarifvertraglich unkündbaren Arbeitsverhältnisse (dazu oben Rn. 331ff.) von der Kündbarkeit in der Insolvenz zu einer personellen Überalterung des Betriebs, die § 125 Abs. 1 Satz 1 Nr. 2 InsO gerade verhindern will und **2153**

---

[10] Vgl. Begr. Rechtsausschuss bei *Kübler/Prütting* (Fn. 4), S. 309; *Berscheid,* ZInsO 1998, 115, 117; MünchKommInsO/*Löwisch/Caspers,* § 113 Rn. 1 u. 6.

[11] Vgl. BGH 29. 1. 1981 BGHZ 79, 291, 292ff.; OLG Jena 14. 3. 2001 NZA-RR 2001, 468, 469; BAG 26. 5. 1999 EzA § 611 BGB Arbeitnehmerbegriff Nr. 76 = NZA 1999, 987; LAG Hamm 25. 10. 2000 ZInsO 2000, 282, 284; *Kilger/Schmidt,* Insolvenzgesetze, 17. Auflage, 1997, § 22 KO Anm. 3c; KR/*Weigand,* §§ 113, 120ff. InsO Rn. 15. Problematisch ist die Kündigung eines Alleingesellschafter-Geschäftsführers, dazu BGH 26. 3. 1984 BGHZ 91, 219, 220; OLG Hamm 27. 1. 1992 ZIP 1992, 418; OLG Karlsruhe 13. 2. 1992 ZIP 1992, 417, 418; KR/*Weigand,* §§ 113, 120ff. InsO Rn. 16.

[12] Zur Frage, ob es sich hierbei ausnahmsweise um ein Arbeitsverhältnis handeln kann vgl. BAG 26. 5. 1999 EzA § 611 BGB Arbeitnehmerbegriff Nr. 76 = NZA 1999, 987; OLG Jena 14. 3. 2001, NZA-RR 2001, 468, 469; *Kamanabrou,* DB 2002, 146ff. m. w. N.

[13] *Düwell* (Fn. 1), Rn. 24; FK/*Eisenbeis,* § 113 InsO Rn. 16; *Hess,* AR-Blattei SD 915.1 Rn. 95.

[14] BAG 27. 5. 1993 EzA § 22 KO Nr. 5 = NZA 1993, 845.

[15] FK/*Eisenbeis,* § 113 InsO Rn. 21; *Hess,* AR-Blattei SD Rn. 915.1 Rn. 103; *Lakies,* RdA 1997, 145, 146; ErfK/*Müller-Glöge,* § 113 InsO Rn. 6; KR/*Weigand,* §§ 113, 120ff. InsO Rn. 57; *Zwanziger* (Fn. 1), § 113 InsO Rn. 8.

[16] BAG 19. 1. 2000 EzA § 113 InsO Nr. 10 = NZA 2000, 658; FK/*Eisenbeis,* § 113 Rn. 31; KDZ/*Däubler,* § 113 InsO Rn. 21; *Hamacher,* in: Nerlich/Römermann, § 113 InsO Rn. 50; ErfK/*Müller-Glöge,* § 113 InsO Rn. 10; KR/*Weigand,* §§ 113, 120ff. InsO Rn. 40.

die einer Sanierung nicht zuträglich ist.[17] Verfassungsrechtliche Bedenken, die gegen dieses Auslegungsergebnis erhoben werden,[18] können nicht überzeugen. Das gesetzgeberische Ziel, die Leistungsfähigkeit des Insolvenzrechts zu verbessern, rechtfertigt Eingriffe in einzelvertragliche oder tarifvertragliche Unkündbarkeitsklauseln.[19] § 113 InsO ist gemäß § 119 InsO nicht abdingbar.

2154 Ist in einem Tarifvertrag, wie es § 102 Abs. 6 BetrVG auf Grund einer Vereinbarung zwischen Arbeitgeber und Betriebsrat vorsieht (vgl. oben Rn. 456), die Zustimmung des Betriebsrats zur Kündigung vorgesehen,[20] wird diese tarifvertragliche Kündigungsbeschränkung wie eine tarifliche Unkündbarkeitsklausel (vgl. oben Rn. 331) durch § 113 Abs. 1 Satz 1 InsO verdrängt. Das gilt jedenfalls dann, wenn im Falle der Insolvenz allen Arbeitnehmern wegen Betriebsstilllegung gekündigt wird.[21]

2155 Um notwendige Kündigungen im Insolvenzverfahren zu beschleunigen, sieht § 113 Abs. 1 Satz 2 InsO eine gesetzliche Kündigungsfrist für das Dienstverhältnis vor. Dabei handelt es sich um eine **gesetzliche Kündigungshöchstfrist von drei Monaten.**[22] Kündigungsfristen, die kürzer als drei Monate sind, bleiben unberührt, andere werden von der Regelung in § 113 Abs. 1 Satz 2 InsO ersetzt.[23] Diese gesetzliche Regelung geht als **lex specialis** anderen gesetzlichen längeren Kündigungsfristen vor, ebenso wie möglichen Kündigungsfristen in Tarifverträgen, Betriebsvereinbarungen oder Arbeitsverträgen.[24] Verfassungsrechtliche Bedenken gegen die Verkürzung tarifvertraglicher[25] Kündigungsfristen können ebenso wenig geteilt werden wie die Bedenken gegen § 113 Abs. 1 Satz 1 InsO (vgl. oben Rn. 2153). Dieses Ergebnis ist konsequent im Hinblick auf die frühere Gleichstel-

---

[17] BAG 19. 1. 2000 a. a. O.; *Caspers* (Fn. 1), Rn. 113; *Berscheid,* ZInsO 1998, 115, 124; KDZ/*Däubler,* § 113 InsO Rn. 21; *Hamacher,* Nerlich/Römermann, § 113 InsO Rn. 50; ErfK/*Müller-Glöge,* § 113 InsO Rn. 10.

[18] ArbG Limburg 2. 7. 1997 EzA § 113 InsO Nr. 2; ArbG Stuttgart 4. 8. 1997 EzA § 113 InsO Nr. 3; *Zwanziger* (Fn. 1), § 113 InsO Rn. 13.

[19] *Berscheid,* ZinsO 1998, 115, 125; *ders.,* InVo 1998, 32 ff.; FK/*Eisenbeis,* § 113 Rn. 31; MünchKommInsO/*Löwisch/Caspers,* § 113 Rn. 16; *Schaub,* EWiR 1998, 69 f.; vgl. auch BVerfG 8. 2. 1999 EzA § 113 InsO Nr. 7 = NZA 1999, 597.

[20] Zur Zulässigkeit einer derartigen Tarifregelung vgl. BAG 21. 6. 2000 EzA § 1 TVG Betriebsverfassungsnorm Nr. 1 = NZA 2000, 271 mit Anm. *Gutzeit,* SAE 2001, 172.

[21] Vgl. BAG 19. 1. 2000 KTS 2001, 186, 187; a. A. Vorinstanz LAG Baden-Württemberg 9. 11. 1998 LAGE § 113 InsO Nr. 6.

[22] Vgl. Begr. Rechtsausschuss bei *Kübler/Prütting,* (Fn. 4), S. 309.

[23] Zum Problemfeld ausf. *Boemke,* NZI 2001, 460 ff.

[24] LAG München 26. 8. 1998 ZInsO 1999, 120 L; *Berscheid* (Fn. 1), Rn. 572; *Boemke,* NZI 2001, 460; APS/*Dörner,* InsO Rn. 2; vgl. auch BAG 16. 6. 1999 ZInsO 1999, 714, 715; *Ettwig,* SAE 2001, 235, 236; *Hess,* AR-Blattei SD 915.1 Rn. 139; *Lakies,* ZInsO 2000, 345, 350

[25] Z. B. ArbG Limburg 2. 7. 1997 EzA § 113 InsO Nr. 2; ArbG München 23. 9. 1998 NZA-RR 1999, 18; ArbG Stuttgart 16. 12. 1998 ZInsO 1999, 183. Verfassungsrechtliche Bedenken auch bei KDZ/*Däubler,* § 113 InsO Rn. 31; *Zwanziger* (Fn. 1), § 113 Rn. 15; a. A. BVerfG 8. 2. 1999 EzA § 113 InsO Nr. 7 = NZA 1999, 597; 21. 5. 1999 EzA § 113 InsO Nr. 8 = NZA 1999, 923; BAG 16. 6. 1999 EzA § 113 InsO Nr. 9 mit Anm. *Caspers* und *Thüsing* = NZA 1999, 1331; BAG 19. 1. 2000 EzA § 113 InsO Nr. 10 = NZA 2000, 658; *Berscheid,* ZInsO 1998, 159, 163; *Boewer,* RdA 2001, 380, 390; APS/*Dörner,* InsO Rn. 2; *Ettwig,* SAE 2001, 235, 237; *Giesen,* SAE 2000, 305, 308; *Lakies,* RdA 1997, 145, 146; ErfK/*Müller-Glöge,* § 113 InsO Rn. 19; KR/*Weigand,* §§ 113, 120 ff. InsO Rn. 25.

lung von gesetzlichen und tarifvertraglichen Kündigungsfristen im Konkurs.[26] Tangiert werden von der insolvenzrechtlichen Bestimmung vor allem Arbeitsverhältnisse, deren Kündigungsfristen sich nach § 622 Abs. 2 Satz 1 Nr. 4–7 BGB bestimmen. Kommt die dreimonatige Kündigungsfrist zur Anwendung, regelt § 113 Abs. 1 Satz 2 InsO zugleich den Kündigungstermin. Die Bestimmung gilt sowohl für Beendigungs- als auch für Änderungskündigungen.[27]

Der bis zum 31. 12. 2000 nach § 620 Abs. 1 BGB a. F. und seitdem gemäß § 15 Abs. 1 TzBfG zulässige einzelvertragliche Kündigungsausschluss in einem befristeten Arbeitverhältnis (näher oben Rn. 124), ist schon unter der Geltung des § 22 KO wie die Vereinbarung einer der Dauer der Befristung entsprechenden Kündigungsfrist behandelt worden.[28] Nichts anderes gilt für § 113 Abs. 1 InsO mit der Folge, dass ein Arbeitsverhältnis, das im Zeitpunkt der Kündigung durch den Insolvenzverwalter ohne ordentliche Kündigungsmöglichkeit noch für mindestens drei weitere Monate befristet ist, mit der Dreimonatsfrist des § 113 Abs. 1 Satz 2 InsO gekündigt werden kann. Diese Frist wird nicht durch eine kürzere gesetzliche Kündigungsfrist verdrängt, die für das Arbeitsverhältnis auch vor Eröffnung des Insolvenzverfahrens nicht maßgeblich war.[29] **2156**

Hat der Arbeitgeber als Schuldner oder der vorläufige Insolvenzverwalter vor Eröffnung des Insolvenzverfahrens (hierzu oben Rn. 2150) das Arbeitsverhältnis mit einer über drei Monate hinausgehenden gesetzlichen oder tarif- bzw. einzelvertraglichen Kündigungsfrist gekündigt, kann der Insolvenzverwalter eine weitere Kündigung aussprechen, um auf diese Weise ein früheres Ende des Arbeitsverhältnisses zu erreichen. Denn auf diese sog. **Nachkündigung** findet die Dreimonatsfrist des § 113 Abs. 1 Satz 2 InsO Anwendung.[30] **2157**

Streit besteht hinsichtlich der Frage, auf welcher Rechtsgrundlage die **„maßgebliche" kürzere Kündigungsfrist** beruhen muss. Entgegen gegenteiliger Stimmen[31] in Rechtsprechung und Literatur sowie der bisherigen Rechtslage nach § 22 Abs. 1 Satz 2 KO[32] beanspruchen vereinbarte Kündigungsfristen, die kürzer als drei Monate, aber länger als die gesetzliche Kündigungsfrist sind, vollständig Geltung.[33] Die Interessen der Insolvenzgläubiger rechtfertigen erst ab einer **2158**

---

[26] *Berscheid,* InVo 1998, 32, 36; vgl. zur früheren Rechtslage BAG 17. 3. 1976 EzA § 22 KO Nr. 1 = AP § 22 KO Nr. 2 mit Anm. von *Rimmelspacher.*

[27] Vgl. Begr.-Rechtsausschuss bei *Kübler/Prütting,* (Fn. 4), S. 309; Fischer, NZA 2002, 536, 537.

[28] BAG 15. 11. 1990 RzK I 5 f Nr. 12 L.

[29] BAG 6. 7. 2000 EzA § 113 InsO Nr. 11 = NZA 2001, 23; *Boewer,* RdA 2001, 380, 390 f.; KDZ/*Däubler,* § 113 InsO Rn. 24; FK/*Eisenbeis,* § 113 InsO Rn. 27; ErfK/*Müller-Glöge,* § 113 InsO Rn. 19; KR/*Weigand,* §§ 113, 120 ff. InsO Rn. 44 und 45; a. A. LAG Hamm 25. 10. 2000 – 4 Sa 363/00 –; *Caspers,* SAE 2001, 187, 188 f; *Hess,* AR-Blattei SD 915.1 Rn. 140.

[30] BAG 16. 6. 1999 ZInsO 1999, 714; *Boewer,* RdA 2001, 380, 391; KDZ/*Däubler,* § 113 Rn. 57; FK/*Eisenbeis,* § 113 InsO Rn. 31 a; *Hamacher* in: Nerlich/Römermann, § 113 InsO Rn. 93; *Leithaus,* NZI 1999, 254, 255; MünchKommInsO/*Löwisch/Caspers,* § 113 Rn. 23; KR/*Weigand,* §§ 113, 120 ff. InsO Rn. 46.

[31] LAG Köln 26. 3. 1998 NZA 1998, 765, 766; LAG Hamm 27. 3. 1998 LAGE § 113 InsO Nr. 5; *Berscheid,* ZInsO 1998, 159, 162.

[32] Vgl. dazu BAG 17. 3. 1976 EzA § 22 KO Nr. 1.

[33] BAG 3. 12. 1998 EzA § 113 InsO Nr. 6 mit Anm. *Moll* = NZA 1999, 425; KDZ/*Däubler,* § 113 InsO Rn. 18; *Hamacher* in: Nerlich/Römermann § 113 InsO Rn. 95;

längeren als dreimonatigen Kündigungsfrist einen Eingriff in einzel- oder kollektivvertragliche Regelungen. Werden an sich ordentlich unkündbare Arbeitsverhältnisse (dazu näher oben Rn. 325 ff., 331 ff.) auf Grund der Bestimmung des § 113 Abs. 1 Satz 1 InsO gekündigt, greift die dreimonatige Kündigungsfrist nach Satz 2 ein.[34] Andernfalls wären außerhalb des Insolvenzverfahrens unkündbare Arbeitnehmer schlechter gestellt als solche, für deren Arbeitsverhältnis lediglich eine verlängerte Kündigungsfrist gilt.

2159 Kündigt der Insolvenzverwalter das Dienstverhältnis vorzeitig unter Anwendung der dreimonatigen Kündigungsfrist, kann der Dienstverpflichtete **Schadensersatz** nach § 113 Abs. 1 Satz 3 InsO verlangen. Diese Bestimmung entspricht der bisherigen Regelung in § 22 Abs. 2 KO; sie stellt aber ausdrücklich klar, dass der Dienstverpflichtete den Schadensersatzanspruch lediglich als Insolvenzgläubiger i. S. des § 38 InsO geltend machen kann. Ersetzt wird lediglich der „Verfrühungsschaden", der auf der vorzeitigen Auflösung des Dienstverhältnisses beruht.[35] Ein Verschulden des Insolvenzverwalters ist nicht erforderlich.[36]

2160 § 113 Abs. 1 InsO beinhaltet keinen neuen Kündigungsgrund.[37] Im Insolvenzrecht gilt – wie schon nach altem Recht – der allgemeine Kündigungsschutz sowie der Sonderkündigungsschutz weiter.[38] Die Anwendung des KSchG auch während des Insolvenzverfahrens ergibt sich bereits aus § 125 InsO. Die **Insolvenz** an sich bildet **keinen eigenständigen Grund für eine ordentliche oder außerordentliche Kündigung.**[39] Der Insolvenzverwalter hat bei Ausspruch der Kündigung die gesetzliche Schriftform nach § 623 1. Halbsatz BGB (dazu oben Rn. 152 ff.) einzuhalten.[40] Sind durch Gesetz, Tarifvertrag, Betriebsvereinbarung oder Einzelarbeitsvertrag darüber hinausgehende Formerfordernisse, wie z. B. die

---

Hess, AR-Blattei SD 915.1 Rn. 143; *Tschöpe/Fleddermann,* ZInsO 2001, 455, 456 f.; KR/*Weigand,* §§ 113, 120 ff. InsO Rn. 34; MünchKommInsO/*Löwisch/Caspers,* § 113 Rn. 25.

[34] BAG 19. 1. 2000 EzA § 113 InsO Nr. 10 = NZA 2000, 658; KDZ/*Däubler,* § 113 InsO Rn. 22; APS/*Dörner,* InsO Rn. 2; *Lakies,* ZInsO 2000, 345, 350; *Lohkemper,* KTS 1996, 1, 7; KR/*Weigand,* §§ 113, 120 ff. InsO Rn. 39; *Zwanziger* (Fn. 1), § 113 InsO Rn. 4. Für die Anwendung der fiktiven gesetzlichen Kündigungsfrist, falls diese kürzer ist: *Caspers* (Fn. 1), Rn. 107; *Berscheid,* ZInsO 1998, 115, 123; *ders.,* ZInsO 1998, 159, 162; MünchKommInsO/*Löwisch/Caspers,* § 113 Rn. 26.

[35] ErfK/*Müller-Glöge,* § 113 InsO Rn. 31; KR/*Weigand,* §§ 113, 120 ff. Rn. 88 und 93 ff. Zur vergleichbaren Regelung in § 628 Abs. 2 BGB vgl. BAG 26. 7. 2001 EzA § 628 BGB Nr. 19 = NZA 2002, 325.

[36] *Hamacher* in: Nerlich/Römermann, § 113 InsO Rn. 251; FK/*Eisenbeis* § 113 InsO Rn. 78; ErfK/*Müller-Glöge,* § 113 InsO Rn. 31; KR/*Weigand,* § 113 InsO Rn. 91.

[37] *Düwell* (Fn. 1), Rn. 29; HK-InsO/*Irschlinger,* § 113 Rn. 2.

[38] Vgl. KDZ/*Däubler,* § 113 InsO Rn. 39 ff.; FK/*Eisenbeis,* § 113 InsO Rn. 32; *Hamacher* in: Nerlich/Römermann, § 113 InsO Rn. 98 ff. und 209 ff.; ErfK/*Müller-Glöge,* § 113 InsO Rn. 21 ff.; KR/*Weigand,* §§ 113, 120 ff. InsO Rn. 65 und 47; schon zur KO BAG 16. 9. 1982 EzA § 1 KSchG Betriebsbedingte Kündigung Nr. 18 = AP § 22 KO Nr. 4.

[39] KDZ/*Däubler,* § 113 InsO Rn. 40; *Düwell* (Fn. 1), Rn. 33; FK/*Eisenbeis,* § 113 InsO Rn. 2; HK-InsO/*Irschlinger,* § 113 Rn. 7 und 8; KR/*Weigand,* §§ 113, 120 ff. InsO Rn. 70 und 73; früher BAG 25. 10. 1968 EzA § 626 BGB Nr. 10 = AP § 22 KO Nr. 1; BGH 25. 6. 1979 BGHZ 75, 209, 211 f.; *Kilger/Schmidt,* § 22 KO Anm. 7 b.

[40] KDZ/*Däubler,* § 113 InsO Rn. 36; *Hamacher* in: Nerlich/Römermann, § 113 InsO Rn. 56; *Hess,* AR-Blattei SD 915.1 Rn. 121 ff.; ErfK/*Müller-Glöge,* § 113 InsO Rn. 20; KR/*Weigand,* §§ 113, 120 ff. InsO Rn. 28.

schriftliche Mitteilung der Kündigungsgründe, vorgesehen, muss der Insolvenzverwalter auch diese beachten.[41]

Bei **betriebsbedingten Kündigungen** wird § 1 KSchG durch die speziellere Vorschrift des § 125 InsO eingeschränkt. Im Rahmen von **Betriebsveräußerungen** ist § 128 InsO zu beachten (dazu unten Rn. 2198 ff.). Das Recht des **Sonderkündigungsschutzes** wurde lediglich insoweit abgeändert, als auf Grund des am 1. 1. 1999 in Kraft getretenen Art. 97 EGInsO vom 5. 10. 1994 (BGBl. I S. 2911) ein neuer Absatz 3 an den bis zum 30. 6. 2001 geltenden § 19 SchwbG angefügt wurde, der eine Sollvorschrift enthielt: Die Hauptfürsorgestelle war nach Eröffnung des Insolvenzverfahrens unter bestimmten Voraussetzungen verpflichtet, ihre Zustimmung zu erteilen, wenn nicht besondere Umstände vorliegen. Seit dem 1. 7. 2001 gilt inhaltsgleich § 89 Abs. 3 SGB IX, wobei an die Stelle der Hauptfürsorgestelle das Integrationsamt getreten ist (näher oben Rn. 1532). **2161**

III. Die Klagefrist im Insolvenzverfahren nach § 113 Abs. 2 InsO

§ 113 Abs. 2 Satz 1 InsO **erweitert** den Anwendungsbereich der **dreiwöchigen Klagefrist** nach § 4 Satz 1 KSchG auf **alle Unwirksamkeitsgründe** einer Kündigung eines Arbeitsverhältnisses.[42] Erfasst werden nur **Kündigungen** von Arbeitsverhältnissen **durch** den **Insolvenzverwalter.** Damit wird der Gesetzgeber dem Bedürfnis gerecht, im Insolvenzverfahren Streitigkeiten über die Wirksamkeit von Kündigungen zügig zu klären.[43] Mangels einer irgendwie gearteten Einschränkung gilt § 113 Abs. 2 InsO auch, wenn es um die Unwirksamkeit einer außerordentlichen Kündigung geht (§ 626 Abs. 1 BGB).[44] § 4 Satz 1 KSchG gilt im Insolvenzverfahren unmittelbar an Stelle des § 113 Abs. 2 InsO, soweit der Arbeitnehmer die Sozialwidrigkeit einer Kündigung geltend macht.[45] Die dreiwöchige Klagefrist nach § 113 Abs. 2 InsO betrifft alle anderen Unwirksamkeitsgründe, z. B. nach § 102 Abs. 1 Satz 3 BetrVG, § 9 Abs. 1 Satz 1 MuSchG oder § 613 a Abs. 4 Satz 1 BGB. **2162**

Streitig ist, ob die **Ausdehnung** der **Klagefrist** des § 4 Satz 1 KSchG auf **alle Kündigungsgründe** voraussetzt, dass das KSchG auf das Arbeitsverhältnis grundsätzlich Anwendung findet. Im Schrifttum wird dies mit der Begründung befürwortet, dass die Bestimmung lediglich den Regelungsbereich des KSchG erweitert und daher dessen Anwendbarkeit voraussetzt.[46] Der Gesetzeszweck, Unklarheiten **2163**

---

[41] KDZ/*Däubler,* § 113 InsO Rn. 36; KR/*Weigand,* §§ 113, 120 ff. InsO Rn. 28.

[42] LAG Düsseldorf 29. 6. 2000 NZA-RR 2001, 413; LAG München 26. 8. 1998 ZInsO 1998, 120 L; APS/*Dörner,* InsO Rn. 6; FK/*Eisenbeis,* § 113 InsO Rn. 111; *Giesen,* ZIP 1998, 46, 48; HK-InsO/*Irschlinger,* § 113 Rn. 20; *Schrader,* NZA 1997, 70, 71; *Warrikoff,* BB 1994, 2338 f.; KR/*Weigand,* §§ 113, 120 ff. InsO Rn. 83; *Zwanziger* (Fn. 1), § 113 InsO Rn. 30.

[43] Vgl. Reg.-Begr. bei *Kübler/Prütting* (Fn. 4), S. 307.

[44] *Giesen,* ZIP 1998, 46, 48; *Gleissner,* InVo 2001, 225, 227; MünchKommInsO/*Löwisch/Caspers,* § 113 Rn. 40; *Schaub,* DB 1999, 217, 223 f.; a. A. LAG Rheinland-Pfalz 27. 11. 2000, ZInsO 2001, 728 L.

[45] LAG Düsseldorf 29. 6. 2000 NZA-RR 2001, 413; LAG-Köln 3. 8. 2001 LAGE § 613 a BGB Nr. 83 = NZA-RR 2002, 240; ErfK/*Müller-Glöge,* § 113 InsO Rn. 36; vgl. auch KR/*Weigand,* §§ 113, 120 ff. InsO Rn. 65 ff.

[46] *Giesen,* ZIP 1998, 46, 48; HK-InsO/*Irschlinger,* § 113 Rn. 21 *Zwanziger* (Fn. 1), § 113 InsO Rn. 31.

über die Wirksamkeit von Kündigungen rasch zu klären, **betrifft** jedoch **sämtliche Arbeitsverhältnisse** insolventer Unternehmen, so dass unter teleologischen Gesichtspunkten eine Einschränkung des § 113 Abs. 2 InsO abzulehnen ist.[47] Die in dieser Vorschrift geregelte fristgebunde Klageerhebung gilt nur für Feststellungsklagen des Arbeitnehmers gegen Kündigungen des Insolvenzverwalters,[48] nicht für das Fortsetzungsverlangen des Arbeitnehmers gegenüber dem Betriebserwerber.[49]

2164 In Satz 2 wird lediglich auf § 4 Satz 4 KSchG (vgl. oben Rn. 1803) und § 5 KSchG (vgl. oben Rn. 1829ff.), nicht jedoch auf § 7 KSchG verwiesen. Unklar ist daher, ob bei Nichteinhaltung der Klagefrist die materielle Wirksamkeit der Kündigung ebenfalls fingiert wird und eine Klage als unbegründet abzuweisen ist.[50] Zutreffend ist eine analoge Anwendung des § 7 1. Halbsatz KSchG, so dass eine verspätete Kündigungsschutzklage als unbegründet abzuweisen ist (vgl. oben Rn. 1812).[51] Ebenso ist die analoge Anwendung von § 6 Satz 1 KSchG (vgl. oben Rn. 1821) angebracht, wenn der Arbeitnehmer innerhalb der Dreiwochenfrist des § 4 Satz 1 KSchG zunächst nur die Sozialwidrigkeit der Kündigung nach § 1 Abs. 1 KSchG geltend macht und sich erst später auf weitere Unwirksamkeitsgründe beruft[52] bzw. wenn er einen fristgerecht nach § 113 Abs. 2 InsO geltend gemachten Unwirksamkeitsgrund durch einen anderen ersetzen will.[53]

---

[47] *Berscheid,* ZInsO 1998, 159, 167; *Düwell* (Fn. 1) Rn. 112; *Gleissner,* InVo 2001, 225, 226; MünchKommInsO/*Löwisch/Caspers,* § 113 Rn. 43; ErfK/*Müller-Glöge,* § 113 InsO Rn. 35.

[48] Zur Passivlegitimation des Insolvenzverwalters im Kündigungsschutzprozess *Bork,* ZInsO 2001, 210ff.; *Fleddermann,* ZInsO 2001, 359ff., jeweils Anm. zu LAG Hamm 23. 11. 2000 ZInsO 2001, 234.

[49] LAG Köln 3. 8. 2001, ZInsO 2001, 1176 L.

[50] Dagegen *v. Hoyningen-Huene/Linck,* DB 1997, 41, 45; *Grunsky/Moll* (Fn. 1), Rn. 420; *Tuxhorn* (Fn. 1), S. 120.

[51] *Berscheid,* ZInsO 1998, 159, 167; *Fischermeier,* NZA 1997, 1089, 1098; MünchKommInsO/*Löwisch/Caspers,* § 113 Rn. 60; ErfK/*Müller-Glöge,* § 113 InsO Rn. 37; *Zwanziger* (Fn. 1), § 113 InsO Rn. 58; a.A. *Boewer,* RdA 2001, 380, 391.

[52] Nach LAG Sachsen-Anhalt 8. 6. 2001 LAGE § 113 InsO Nr. 8 bedarf es hierfür weder einer unmittelbaren noch einer analogen Anwendung des § 6 Satz 1 KSchG.

[53] Vgl. LAG Hamm 25. 10. 2000 ZInsO 2001, 335 L.; *Berscheid,* ZInsO 1998, 159, 167; KDZ/*Däubler,* § 113 InsO Rn. 52; *Lakies,* RdA 1997, 147; *ders.,* NZI 2000, 345, 350; *Zwanziger* (Fn. 1) § 113 InsO Rn. 33, 46; vgl. auch MünchKommInsO/*Löwisch/Caspers,* § 133 Rn. 77; ErfK/*Müller-Glöge,* § 113 InsO Rn. 37; dazu neigend BAG 16. 6. 1999 ZInsO 2000, 351/L.; a.A. LAG Düsseldorf 29. 6. 2000 NZA-RR 2001, 413; ArbG Aachen 6. 8. 1999 LAGE § 113 InsO Nr. 7; *Boewer,* RdA 2001, 380, 391; *Hamacher* in: Nerlich/Römermann, § 113 Rn. 281; HK-InsO/*Irschlinger,* § 113 Rn. 22; *Schaub,* DB 1999, 217, 224; offen gelassen von BAG 19. 1. 2000 EzA § 113 InsO Nr. 10 = NZA 2000, 658; Nach *Moll* in: Kübler/Prütting, § 113 InsO Rn. 96, handelt es sich um ein Scheinproblem.

§ 2 Interessenausgleich und Beschlussverfahren zum Kündigungsschutz

I. Interessenausgleich und Kündigungsschutz (§ 125 InsO)

1. Vermutungstatbestand

Nach § 125 InsO können Insolvenzverwalter und Betriebsrat bei einer geplanten Betriebsänderung einen Interessenausgleich vereinbaren, in dem die Arbeitnehmer namentlich bezeichnet werden, denen gekündigt werden soll. Ein derartiger Interessenausgleich hat eine modifizierte Anwendung des § 1 Abs. 2 und 3 KSchG zur Folge: Es wird **vermutet,** dass die **Kündigung** der Arbeitsverhältnisse **durch dringende betriebliche Erfordernisse,** die einer Weiterbeschäftigung im Betrieb entgegenstehen, **bedingt** ist. Zudem ist die soziale Auswahl im Hinblick auf die drei Kriterien Dauer der Betriebszugehörigkeit, Lebensalter und Unterhaltspflichten nur auf grobe Fehlerhaftigkeit nachzuprüfen. Bei Schaffung oder Sicherung einer ausgewogenen Personalstruktur ist die soziale Auswahl nicht als grob fehlerhaft anzusehen. **2165**

Die Regelung des § 125 InsO war durch das Arbeitsrechtliche Beschäftigungsförderungsgesetz vom 25. 9. 1996 (BGBl. I S. 1476) in ähnlicher Weise in § 1 Abs. 5 KSchG übernommen worden. Diese Vorschrift ist mit Wirkung vom 1. 1. 1999 durch Art. 6 Nr. 1 lit. c des Gesetzes zu Korrekturen in der Sozialversicherung und zur Sicherung der Arbeitnehmerrechte vom 19. 12. 1998 (BGBl. I S. 3843) wieder aufgehoben worden. § 125 InsO war spezieller und verdrängte im Insolvenzverfahren die Bestimmung des § 1 Abs. 5 KSchG a. F.[1] Kommt kein Interessenausgleich i. S. dieser Vorschrift zustande, steht dem Insolvenzverwalter die Möglichkeit offen, ein Beschlußverfahren nach § 126 InsO einzuleiten (näher unten Rn. 2179). **2166**

Die in § 125 Abs. 1 InsO vorgesehenen Einschränkungen des Kündigungsschutzes sollen – über das in § 1 Abs. 5 KSchG a. F. vorgesehene Maß hinaus – im Insolvenzfall einen **Personalabbau zu Sanierungszwecken erleichtern,** ohne andererseits vollständig auf eine Überprüfung der Kündigung zu verzichten. Zu diesem Zweck wird der Arbeitgeber zum einen von der im Kündigungsschutzprozess ansonsten bestehenden Notwendigkeit befreit, im Einzelnen die sog. außerbetrieblichen oder innerbetrieblichen Umstände darzulegen, welche letztlich die Entlassung des Arbeitnehmers bedingen. Zum anderen wird die gerichtliche Überprüfung der sozialen Auswahl inhaltlich stark eingeschränkt und in diesem Zusammenhang eine erweiterte Berücksichtigung der „ausgewogenen Personalstruktur" als berechtigtes Interesse zugelassen.[2] Die Vermutung nach § 125 Abs. 1 Satz 1 Nr. 1 InsO erstreckt sich ausdrücklich darauf, dass die dringenden betrieblichen Erfordernisse einer Weiterbeschäftigung im Betrieb entgegenstehen. **2167**

---

[1] ErfK/*Ascheid,* § 125 InsO Rn. 1; *Lakies,* RdA 1997, 145, 150.

[2] LAG Hamm 28. 5. 1998 LAGE § 125 InsO Nr. 1. Die Bestimmung sollte zunächst sogar gestrichen werden, vgl. BT-Drucks. 13/4612, S. 17; dazu *Giesen,* ZIP 1998, 46, 48.

2. Voraussetzungen

2168 Die Vermutungswirkung des § 125 Abs. 1 Nr. 1 InsO tritt nur ein, wenn die **formellen und materiellen Rechtsvoraussetzungen** der Norm gewahrt sind. Deren Vorliegen hat der Insolvenzverwalter zu beweisen.[3] Das sind im Einzelnen:

(1) Vorliegen einer **geplanten Betriebsänderung** nach § 111 BetrVG,
(2) (positive) **namentliche Bezeichnung** der zu Kündigenden,
(3) **Schriftform** und
(4) wirksam zustande gekommener **Interessenausgleich** zwischen Insolvenzverwalter und Betriebsrat.

2169 § 125 Abs. 1 Satz 1 Nr. 1 InsO setzt voraus, dass einer der in § 111 Satz 2 BetrVG genannten Fälle der **Betriebsänderung** vorliegt. Diese kann auch in einer erheblichen Personalreduzierung bestehen, wobei die Angaben in § 17 Abs. 1 KSchG (hierzu oben Rn. 1569) herangezogen werden.[4] Ein „freiwilliger" Interessenausgleich genügt nicht.[5] Es kommt nicht darauf an, ob die Schwelle der Sozialplanpflichtigkeit eines Personalabbaus nach § 112a BetrVG überschritten wird.[6] Im Unterschied zu § 1 Abs. 5 Satz 1 KSchG a. F. reicht es aus, dass die Betriebsänderung **geplant** ist. Unschädlich ist es, wenn sie später nicht durchgeführt wird.[7] Das **Anhörungsverfahren nach § 102 BetrVG** wird durch § 125 Abs. 1 Satz 1 Nr. 1 InsO nicht ersetzt, kann aber mit diesem verbunden werden.[8] Dies folgt mittelbar auch aus § 125 Abs. 2 InsO, wo, wie früher in § 1 Abs. 5 Satz 4 KSchG a.F., bestimmt ist, dass der Interessenausgleich nur die Stellungnahme nach § 17 Abs. 3 Satz 2 KSchG ersetzt.

2170 Die zu kündigenden Arbeitnehmer müssen positiv **namentlich bezeichnet** werden. Eine sog. **Negativliste,** in der nur die nicht zu Kündigenden aufgelistet werden, reicht nicht aus.[9] Sowohl aus dem Wortlaut als auch aus dem Zweck des Gesetzes folgt, dass Insolvenzverwalter und Betriebsrat sich mit jedem Arbeitnehmer, der gekündigt werden soll, zumindest insoweit auseinander gesetzt haben, dass dessen Namen auf der Liste erscheint. Eine nach Abschluss des Interessenausgleichs

---

[3] KDZ/*Däubler,* § 125 InsO Rn. 15; FK/*Eisenbeis,* § 125 InsO Rn. 7; *Hamacher* in: Nerlich/Römermann, § 125 InsO Rn. 35; KR/*Weigand,* § 125 InsO Rn. 19.

[4] KDZ/*Däubler,* § 125 InsO, Rn. 6; *Ennemann* (§ 1 Fn. 1), Rn. 72; *Ettwig* (§ 1 Fn. 1), S. 70f.; *Friese,* ZInsO 2001, 350; *Grunsky,* FS für *Lüke,* 1997, S. 191, 192; *Hamacher* in: Nerlich/Römermann, § 125 InsO Rn. 10; HK-InsO/*Irschlinger,* § 125, Rn. 3; MünchKommInsO/*Löwisch/Caspers,* § 125 Rn. 4; *Müller-Limbach* (§ 1 Fn. 1), S. 36.

[5] ArbG Senftenberg 5. 2. 1998 NZA-RR 1998, 299, 300; ErfK/*Ascheid,* § 125 InsO Rn. 2; KDZ/*Däubler,* § 125 InsO Rn. 7; FK/*Eisenbeis,* § 125 InsO Rn. 2; MünchKommInsO/*Löwisch/Caspers,* § 125 Rn. 5; KR/*Weigand,* § 125 InsO Rn. 6; *Zwanziger,* DB 1997, 2174, 2175; a. A. *Giesen,* ZIP 1998, 46, 49; *Kappenhagen,* NZA 1998, 968, 969f.; *Matthes,* RdA 1999, 178f.; *Schiefer,* DB 1997, 2176, 2178.

[6] *Müller,* DZWIR 1999, 221, 223.

[7] ErfK/*Ascheid,* § 125 InsO Rn. 2; KDZ/*Däubler,* § 125 InsO Rn. 6; *Heinze,* NZA 1999, 57, 59; KR/*Weigand,* § 125 InsO Rn. 8.

[8] Ebenso ErfK/*Ascheid,* § 125 InsO Rn. 11; FK/*Eisenbeis,* § 125 InsO Rn. 20; *Kania,* DZWIR 2000, 328, 330; KR/*Weigand,* § 125 InsO Rn. 40. Zu § 1 Abs. 5 Satz 1 KSchG a. F. ebenso BAG 20. 5. 1999 EzA § 102 BetrVG 1972 Nr. 101 = NZA 1999, 1039.

[9] *Hamacher* in: Nerlich/Römermann, § 125 InsO Rn. 25; *Moll,* in: Kübler/Prütting, § 125 InsO Rn. 26; einschränkend KR/*Weigand,* § 125 InsO Rn. 13.

oder gar Ausspruch der Kündigung erfolgte Einigung über die zu kündigenden Arbeitnehmer genügt nicht.[10]

Der Interessenausgleich bedarf nach § 112 Abs. 1 Satz 1 BetrVG der **Schriftform und der Unterschrift durch Insolvenzverwalter und Betriebsrat.** Die zugehörige Namensliste muss jedoch nicht unterzeichnet werden, wenn sie mit dem Interessenausgleich mittels „Heftmaschine" fest verbunden ist.[11] Es muss zur Wahrung der Schriftform nach §§ 125, 126 BGB gewährleistet sein, dass **Namensliste und Interessenausgleich** eine **einheitliche Urkunde** bilden, so dass eine Lösung nur durch Gewaltanwendung (Lösen der Heftklammer) möglich ist.[12] **2171**

Die Rechtswirkung des § 125 Abs. 1 Satz 1 Nr. 1 InsO tritt nur ein, wenn ein Interessenausgleich wirksam zustande gekommen ist. Das setzt die **Zuständigkeit des Betriebsrates bzw. Gesamtbetriebsrates** voraus.[13] In Betrieben ohne Betriebsrat steht dem Arbeitgeber das Verfahren nach § 125 Abs. 1 Satz 1 Nr. 1 InsO nicht offen. **2172**

3. Rechtsfolgen

§ 125 Abs. 1 Satz 1 Nr. 1 InsO **erleichtert** nur die **Darlegungs-** und **Beweislast** für den Insolvenzverwalter bzw. begrenzt die **Überprüfung** der **Sozialauswahl** auf **grobe Fehlerhaftigkeit.** Insolvenzverwalter und Betriebsrat müssen aber nach wie vor die allgemeinen Rechtsschranken ihrer Regelungskompetenz beachten; insbesondere dürfen sie keine diskriminierenden Namenslisten schaffen.[14] Liegen die genannten Voraussetzungen vor, wird vermutet, dass die Kündigung der namentlich bezeichneten Arbeitnehmer durch dringende betriebliche Erfordernisse, die einer Weiterbeschäftigung, auch zu unveränderten Arbeitsbedingungen, im Betrieb entgegenstehen, bedingt ist.[15] Die Vorschrift gilt somit auch für **Änderungskündigungen.**[16] Dies war bei § 1 Abs. 5 KSchG a. F. problematisch.[17] Nicht vom Wortlaut erfasst wird die Weiterbeschäftigungsmöglichkeit in einem anderen **2173**

---

[10] ArbG Offenbach 18. 6. 1997 AiB 1997, 728; teilw. a. A. KR/*Weigand,* § 125 InsO Rn. 10.

[11] LAG Hamm 6. 7. 2000 ZInsO 2001, 336 L; ErfK/*Ascheid,* § 125 InsO Rn. 4; KDZ/*Däubler,* § 125 InsO Rn. 11; APS/*Dörner,* InsO Rn. 10; FK/*Eisenbeis,* § 125 InsO Rn. 6; *Heinze,* NZA 1999, 57, 60; *Kania,* DZWIR 2000, 328, 330; *Lakies,* BB 1999, 207; KR/*Weigand,* § 125 InsO Rn. 11. Ebenso zu § 1 Abs. 5 Satz 1 KSchG a. F. BAG 7. 5. 1998 EzA § 1 KSchG Interessenausgleich Nr. 6 = NZA 1998, 1110; 21. 2. 2001 EzA § 1 KSchG Interessenausgleich Nr. 8.

[12] BAG 7. 5. 1998 a. a. O.; ausf. *Kohte,* BB 1998, 946, 949.

[13] *Fischer,* ArbuR 1998, 261, 263 f.; MünchKommInsO/*Löwisch/Caspers,* § 125 Rn. 63.

[14] Hierzu *Fischer,* ArbuR 1998, 261, 265 ff.

[15] Nach BAG 7. 5. 1998 EzA § 1 KSchG Interessenausgleich Nr. 5 = NZA 1998, 933 erstreckte sich die Vermutung des § 1 Abs. 5 Satz 1 KSchG a. F. ebenfalls auf eine fehlende anderweitige Weiterbeschäftigung im Betrieb.

[16] ErfK/*Ascheid,* § 125 InsO Rn. 6; APS/*Dörner,* InsO Rn. 8; HK-InsO/*Irschlinger,* § 125 Rn. 5; MünchKommInsO/*Löwisch/Caspers,* § 125 Rn. 99; *Schrader,* NZA 1997, 70, 74; *Warrikoff,* BB 1994, 2338, 2341; *Zwanziger,* § 125 InsO Rn. 10; ausf. *Fischer,* NZA 2002, 536, 537 ff.

[17] Vgl. *Preis,* NZA 1997, 1073, 1087.

Betrieb des Unternehmens.[18] Die Vermutungswirkung erstreckt sich, anders als in § 1 Abs. 5 Satz 1 KSchG a. F., der die Vermutungswirkung auf den gesamten § 1 Abs. 2 KSchG erstreckte, auf den betriebsbedingten Kündigungsgrund nach § 1 Abs. 2 Satz 1 KSchG einschließlich einer fehlenden Weiterbeschäftigungsmöglichkeit im Beschäftigungsbetrieb.[19]

2174 § 125 Abs. 1 Satz 1 Nr. 1 InsO enthält eine **widerlegbare Vermutung** i. S. des § 292 Satz 1 ZPO i. V. m. § 46 Abs. 2 ArbGG und damit eine Abweichung von der allgemeinen Beweislastregel des § 1 Abs. 2 Satz 4 KSchG. Angesichts der Vermutungsregelung muss der Arbeitnehmer nunmehr Tatsachen beweisen, die gegen das Vorliegen eine betriebsbedingte Kündigung rechtfertigender Tatsachen sprechen (Gegenteilsbeweis).[20] Wie weit die Vermutung reicht, hängt auch von den Angaben ab, die der Interessenausgleich zu den betrieblichen Erfordernissen enthält. Sind die betrieblichen Erfordernisse nicht erkennbar, hat der Arbeitgeber bei Bestreiten des Arbeitnehmers weitere Angaben zu machen, da es einen „Geheimprozess" nicht geben kann.[21] Im Ergebnis wird dem Arbeitnehmer die Widerlegung der Vermutung des § 125 Abs. 1 Satz 1 Nr. 1 InsO nur gelingen, wenn er nachweist, dass betriebliche Erfordernisse nicht vorgelegen haben (z. B. die Möglichkeit der Weiterbschäftigung in dem Betrieb, ggf. zu geänderten Arbeitsbedingungen). Trotz der Umkehr der Darlegungs- und Beweislast werden auch hier weiterhin die Grundsätze der **abgestuften Darlegungs-** und **Beweislast** zur Anwendung kommen müssen.[22] So kann den zum Teil geäußerten verfassungsrechtlichen Bedenken einer praktisch nicht mehr widerlegbaren Präjudizierung des Kündigungsschutzverfahrens begegnet werden.[23] Dabei ist zu beachten, dass dem Arbeitnehmer bei der Führung des Gegenteilsbeweises die allgemeinen Beweiserleichterungen, insbesondere zur sog. **sekundären Behauptungslast,** zuteil werden.[24] So ist anerkannt, dem Prozessgegner im Rahmen seiner Erklärungslast nach § 138 Abs. 2 ZPO ausnahmsweise zu-

---

[18] § 1 Abs. 5 Satz 1 KSchG a. F. nahm hingegen vollständig Bezug auf Absatz 2. Dennoch lehnt *Kohte,* BB 1998, 946, 950, eine Vermutung gegen eine Weiterbeschäftigungsmöglichkeit in einem anderen Betrieb im Unternehmen ab.

[19] ErfK/*Ascheid,* § 125 InsO Rn. 5; KDZ/*Däubler,* § 125 InsO Rn. 15; FK/*Eisenbeis,* § 125 InsO Rn. 70; KR/*Weigand,* § 125 InsO Rn. 16.

[20] Vgl. ErfK/*Ascheid,* § 125 InsO Rn. 7; APS/*Dörner,* InsO Rn. 11; FK/*Eisenbeis,* § 125 InsO Rn. 7; *Hamacher* in: Nerlich/Römermann, § 125 Rn. 35; *Hess,* Insolvenzarbeitsrecht, § 125 InsO Rn. 11; *Prütting,* FS für *Uhlenbruck,* 2000, S. 769, 779; *Lakies,* RdA 1997, 145, 150; *ders.,* BB 1999, 206, 207; KR/*Weigand,* § 125 InsO Rn. 15; *Zwanziger,* § 125 InsO Rn. 16. Zu § 1 Abs. 5 Satz 1 KSchG a. F. vgl. BAG 7. 5. 1998 EzA § 1 KSchG Interessenausgleich Nr. 5 = NZA 1998, 933.

[21] *Kothe,* BB 1998, 946, 949; *Zwanziger,* ArbuR 1997, 427, 429.

[22] *Berkowsky,* NZI 1999, 129, 132; FK/*Eisenbeis,* § 125 InsO Rn. 19; vgl. auch MünchKommInsO/*Löwisch/Caspers,* § 125 Rn. 78; a. A. *Zwanziger* (§ 1 Fn. 1), § 125 Rn. 17. Auf diese Problematik geht das BAG in seiner Entscheidung zu § 1 Abs. 5 Satz 1 KSchG a. F. vom 7. 5. 1998 EzA § 1 KSchG Interessenausgleich Nr. 5 = NZA 1998, 933 nicht ein; s. aber BAG 10. 2. 1999 EzA § 1 KSchG Soziale Auswahl Nr. 38 = NZA 1999, 702; hierzu auch *B. Preis,* DB 1998, 1614, 1618.

[23] Vgl. LAG Düsseldorf 24. 3. 1998 LAGE § 1 KSchG Interessenausgleich Nr. 3; *Kothe,* BB 1998, 946, 954.

[24] Vgl. APS/*Dörner,* InsO Rn. 12; *Hamacher* in: Nerlich/Römermann, § 125 InsO Rn. 36; ähnlich *Zwanziger,* ArbuR 1997, 427, 429; *Linck,* AR-Blattei SD 1020.1.2 Rn. 140 f.; Abl. *Hohenstatt,* NZA 1998, 846, 852.

zumuten, dem Beweispflichtigen eine ordnungsgemäße Darlegung durch nähere Angaben über die zu seinem Wahrnehmungsbereich gehörenden Verhältnisse zu ermöglichen (sog. sekundäre Behauptungslast).[25] Dies ist etwa der Fall, wenn eine darlegungspflichtige Partei außerhalb des von ihr darzulegenden Geschehensablaufes steht und keine nähere Kenntnis der maßgebenden Tatsachen besitzt, während der Gegner sie hat und ihm nähere Angaben zumutbar sind.[26] Daraus folgt, dass der **Arbeitgeber** trotz der gesetzlichen Vermutung auf Bestreiten des Arbeitnehmers die **zu seinem Wahrnehmungsbereich gehörenden Tatsachen mitzuteilen** hat.[27] Hierzu gehört der betriebsbedingte Kündigungsgrund, der Kreis der in die Sozialauswahl einzubeziehenden Arbeitnehmer ebenso wie die den berechtigten betrieblichen Interessen (§ 1 Abs. 3 Satz 2 KSchG) zugrunde liegenden Tatsachen.[28] Der Vorteil der Vermutungsregelung in § 125 Abs. 1 Satz 1 Nr. 1 InsO liegt für den Arbeitgeber darin, dass es nicht ausreicht, die gesetzliche Vermutung zu erschüttern; vielmehr muss vom **Arbeitnehmer** der **volle Beweis** des **Gegenteils** der gesetzlichen Vermutung geführt werden.[29]

Wie in der Zeit vom 1. 10. 1996 bis zum 31. 12. 1998 in § 1 Abs. 5 Satz 2 KSchG **2175**
a. F. und heute noch in § 1 Abs. 4 KSchG kann „die **soziale Auswahl der Arbeitnehmer**" nur auf **grobe Fehlerhaftigkeit** überprüft werden (§ 125 Abs. 1 Satz 1 Nr. 2 1. Halbsatz InsO). Hinsichtlich der Darlegungs- und Beweislast ändert die Norm jedoch nicht die allgemeinen Grundsätze nach § 1 Abs. 3 KSchG.[30] Der Gesetzgeber hat hinsichtlich der Sozialauswahl nur das Merkmal der groben Fehlerhaftigkeit eingeführt. Nach überwiegender Meinung betrifft es nicht nur die im Wortlaut des § 125 Abs. 1 Satz 1 Nr. 2 1. Halbsatz InsO angesprochene **Gewichtung** der **Kriterien** Alter, Betriebszugehörigkeit und Unterhaltspflichten, sondern auch die **Festlegung** des **auswahlrelevanten Kreises** der **Arbeitnehmer.**[31] Was die

---

[25] *Zöller/Greger,* Vor § 284 ZPO Rn. 34.

[26] BGH 11. 6. 1990 NJW 1990, 3151 f.; 15. 4. 1999 NJW-RR 1999, 1152. Auch die Rechtsprechung des BAG zur Sozialauswahl außerhalb des KSchG wendet im Kern diese Grundsätze an, vgl. BAG 29. 8. 1996 EzA Art. 20 EinigungsV Soziale Auswahl Nr. 1 = NZA 1997, 604, 605; ausf. *Linck,* AR-Blattei SD 1020.1.2 Rn. 148 ff.

[27] Der Hinweis in BAG 7. 5. 1998 EzA § 1 KSchG Interessenausgleich Nr. 5 = NZA 1998, 933, ohne substantiierten Tatsachenvortrag des Arbeitnehmers liege der „Versuch eines unzulässigen Ausforschungsbeweises" vor, ist schwer nachvollziehbar.

[28] APS/*Dörner,* InsO Rn. 12.

[29] MünchKommInsO/*Löwisch/Caspers,* § 125 Rn. 76; allg. *Zöller/Greger,* Vor § 284 ZPO Rn. 34.

[30] Vgl. LAG Hamm 28. 5. 1998 LAGE § 125 InsO Nr. 1; KDZ/*Däubler,* § 125 InsO Rn. 22; FK/*Eisenbeis,* § 125 Rn. 18 und 19; *Hamacher* in: Nerlich/Römermann, § 125 Rn. 43; *Schrader,* NZA 1997, 70, 74; zu § 1 Abs. 5 Satz 2 KSchG a. F. vgl. BAG 24. 2. 2000 EzA § 1 KSchG Interessenausgleich Nr. 7 = NZA 2000, 785.

[31] KDZ/*Däubler,* § 125 InsO Rn. 18; APS/*Dörner,* InsO Rn. 13; FK/*Eisenbeis,* § 125 InsO Rn. 11; HK-InsO/*Irschlinger,* § 125 Rn. 17; *Lakies,* BB 1999, 206, 208; *Löwisch,* RdA 1997, 80, 82; MünchKommInsO/*Löwisch/Caspers,* § 125 Rn. 85; KR/*Weigand,* § 125 InsO Rn. 22. Zu § 1 Abs. 5 Satz 2 KSchG a. F. vgl. BAG 7. 5. 1998 EzA § 1 KSchG Interessenausgleich Nr. 5 = NZA 1998, 933; 21. 1. 1999 EzA § 1 KSchG Soziale Auswahl Nr. 39 = NZA 1999, 866; 2. 12. 1999 EzA § 1 KSchG Soziale Auswahl Nr. 43 = NZA 2000, 531; 23. 11. 2000 EzA § 1 KSchG Soziale Auswahl Nr. 46 = NZA 2001, 601; a. A. *Kohte,* BB 1998, 951; *Preis,* NZA 1997, 1073, 1086; *Zwanziger,* ArbuR 1997, 427, 430 f.; *ders.* (§ 1 Fn. 1), § 125 InsO Rn. 31.

in § 125 Abs. 1 Satz 1 Nr. 2 1. Halbsatz InsO genannten Sozialkriterien betrifft, ist deren Gewichtung grob fehlerhaft, wenn sie jede Ausgewogenheit vermissen lässt.[32] Ob der eingeschränkte Prüfungsstab in § 125 Abs. 1 Satz 1 Nr. 2 1. Halbsatz InsO auch für den Anwendungsbereich des § 1 Abs. 3 Satz 2 KSchG gilt,[33] hat das BAG zu § 1 Abs. 5 Satz 2 KSchG a.F. ausdrücklich offen gelassen.[34]

2176 Die Feststellung einer groben Fehlerhaftigkeit der Sozialauswahl ist nach § 125 Abs. 1 Satz 1 Nr. 2 2. Halbsatz InsO ausgeschlossen, wenn eine **ausgewogene Personalstruktur** erhalten oder geschaffen würde. Dagegen ging es in § 1 Abs. 3 Satz 2 KSchG a. F. nur um die Sicherung einer ausgewogenen Personalstruktur. In der Insolvenz ist es daher möglich, Versäumnisse in der Personalpolitik zu korrigieren.[35] Zur Erhaltung bzw. Schaffung einer bestimmten Personalstruktur kann der Insolvenzverwalter innerhalb des in Betracht kommenden Personenkreises abstrakte Gruppen mit unterschiedlichen Strukturmerkmalen bilden und aus jeder Gruppe die gleiche Prozentzahl für Kündigungen vorsehen.[36]

2177 Die Systematik dieser Vorschrift ist unklar.[37] Bei Sicherung oder Schaffung einer ausgewogenen Personalstruktur beschränkt sich die Überprüfung der Sozialauswahl auf grobe Fehlerhaftigkeit. Nach § 1 Abs. 3 Satz 2 KSchG a. F. war die Sicherung einer ausgewogenen Personalstruktur hingegen ein betriebliches Interesse, auf Grund dessen Arbeitnehmer nicht in die Sozialauswahl einzubeziehen sind.[38] Im Ergebnis ist im Bereich des § 125 InsO die **vollständige Sozialauswahl,** d. h. die Bildung von Vergleichsgruppen, die Herausnahme von Arbeitnehmern wegen entgegenstehender betrieblicher Interessen, etwa zur Sicherung oder Schaffung einer ausgewogenen Personalstruktur, sowie die eigentliche soziale Auswahl zwischen

---

[32] Vgl. BT-Drucks. 13/4612, S. 9; ebenso ErfK/Ascheid, § 125 InsO Rn. 8; APS/*Dörner,* InsO Rn. 16; FK/*Eisenbeis,* § 125 Rn. 10; *Hamacher* in: Nerlich/Römermann, § 125 Rn. 47; MünchKommInsO/*Löwisch/Caspers,* § 125 Rn. 90; KR/*Weigand,* § 125 InsO Rn. 22. Zu § 1 Abs. 5 Satz 2 KSchG a. F. ebenso BAG 21. 1. 1999 a. a. O.; 2. 12. 1999 a. a. O.

[33] Dafür FK/*Eisenbeis,* § 125 InsO Rn. 14; *Giesen,* ZIP 1998, 46, 49; *Hamacher* in: Nerlich/Römermann, § 125 InsO Rn. 54; HK-InsO/*Irschlinger,* § 125 Rn. 19; *Löwisch,* RdA 1997, 80, 81; *Zwanziger* (§ 1 Fn. 1), § 125 InsO Rn. 27; vgl. auch LAG Hamm 2. 9. 1999 ZInsO 2000, 352; dagegen *Berkowsky,* NZI 1999, 129, 134; offen gelassen von LAG Hamm 28. 5. 1998 LAGE § 125 InsO Nr. 4.

[34] BAG 7. 5. 1998 EzA § 1 KSchG Interessenausgleich Nr. 5 = NZA 1998, 933.

[35] Ebenso ErfK/*Ascheid,* § 125 InsO Rn. 9; HK-InsO/*Irschlinger,* § 125 Rn. 20; *Lakies,* RdA 1997, 145, 150; *Preis,* NJW 1996, 3369, 3378; KR/*Weigand,* § 125 InsO Rn. 26.

[36] KR/*Weigand,* § 125 InsO Rn. 29; *Zwanziger* (§ 1 Fn. 1), § 125 InsO Rn. 39; vgl. auch LAG Hamm 28. 5. 1998 LAGE § 125 InsO Nr. 1; FK/*Eisenbeis,* § 125 InsO Rn. 13 a; HK-InsO/*Irschlinger,* § 125 Rn. 21; ausf. zur Altersgruppenbildung *Berkowsky,* NZI 1999, 129, 134. Zur Sozialauswahl und Gruppenbildung zur Sicherung der Altersstruktur nach § 1 Abs. 3 Satz 2 KSchG a. F. BAG 23. 11. 2000 EzA § 1 KSchG Soziale Auswahl Nr. 46 = NZA 2001, 601; nach § 1 Abs. 3 Satz 2 KSchG n. F. oben Rn. 1140ff.

[37] Ebenso *Hamacher* in: Nerlich/Römermann, § 125 Rn. 53 und *Lakies,* RdA 1997, 145, 150; *ders.,* BB 1999, 206, 208, der auf Grund des Wortlauts des § 125 InsO ein viertes Kriterium für die Sozialauswahl annimmt.

[38] Nach LAG Hamm 28. 5. 1998 EzA § 125 InsO Nr. 1 erweitert § 125 Abs. 1 Satz 1 2. Halbsatz InsO den Kreis der berechtigten betrieblichen Belange i. S. des § 1 Abs. 3 Satz 2 KSchG.

den verbliebenen Arbeitnehmern, nur **nach** dem **eingeschränkten Beurteilungsmaßstab** zu **überprüfen.**[39]

Die in § 125 Abs. 1 Satz 1 InsO geregelte **Vermutung** der **Betriebsbedingtheit** und die **Beschränkung** der **Prüfung** der **sozialen Auswahl** auf **grobe Fehlerhaftigkeit gelten** nach § 125 Abs. 1 Satz 2 InsO **nicht,** soweit sich die **Sachlage** nach Zustandekommen des Interessenausgleichs **wesentlich geändert** hat. Mit der wesentlichen Änderung der Sachlage ist der Wegfall der Geschäftsgrundlage (seit 1. 1. 2002: § 313 Abs. 1 BGB n. F.) gemeint.[40] **Maßgeblicher Zeitpunkt** für die Beurteilung der Frage, ob eine wesentliche Änderung der Sachlage vorliegt, ist der Zeitpunkt des **Zugangs** der **Kündigung.**[41] Die Darlegungs- und Beweislast für eine derartige Änderung trägt der Arbeitnehmer.[42] Tritt die wesentliche **Änderung** der Sachlage erst **nach Zugang** der **Kündigung,** aber vor Ablauf der Kündigungsfrist ein, hat der Arbeitnehmer einen **Wiedereinstellungsanspruch.**[43] 2178

II. Das Beschlussverfahren nach § 126 InsO

1. Allgemeines

Ist eine umfassende Klärung der Rechtmäßigkeit von Kündigungen durch einen Interessenausgleich nach Maßgabe des § 125 Abs. 1 InsO nicht möglich, **kann** der Insolvenzverwalter gemäß § 126 Abs. 1 Satz 1 InsO die soziale Rechtfertigung der geplanten Entlassungen in einem **besonderen Beschlussverfahren** vor dem Arbeitsgericht feststellen lassen. Voraussetzung für die Zulässigkeit dieses Verfahrens ist entweder das **Fehlen eines Betriebsrats** oder das **Nichtzustandekommen** 2179

[39] So wohl tendenziell zu § 1 Abs. 3 Satz 1 und 2, Abs. 5 Satz 2 KSchG a. F. BAG 7. 5. 1998 EzA § 1 KSchG Interessenausgleich Nr. 5 = NZA 1998, 933; letztlich hat das BAG diese Frage offengelassen.

[40] ErfK/*Ascheid,* § 125 InsO Rn. 10; APS/*Dörner,* InsO Rn. 17; *Hamacher* in: Nerlich/Römermann, § 125 InsO Rn. 59; KR/*Weigand,* § 125 InsO Rn. 37; zu § 1 Abs. 5 Satz 3 KSchG a. F. BAG 7. 5. 1998 EzA § 1 KSchG Interessenausgleich Nr. 5 = NZA 1998, 933; LAG Köln 1. 8. 1997 LAGE § 1 KSchG Interessenausgleich Nr. 1; *Bader,* NZA 1996, 1125, 1133; *Fischermeier,* NZA 1997, 1089, 1097.

[41] ArbG Aachen 6. 8. 1999 LAGE § 113 InsO Nr. 7; Erfk/*Ascheid,* § 125 InsO Rn. 10; *Caspers* (§ 1 Fn. 1), Rn. 209f.; FK/*Eisenbeis,* § 125 InsO Rn. 24; *Hamacher* in: Nerlich/Römermann, § 125 InsO Rn. 65; HK-InsO/*Irschlinger,* § 125 Rn. 26; *Löwisch,* RdA 1997, 80, 82; *Schiefer,* NZA 1997, 915, 918; KR/*Weigand,* § 125 InsO Rn. 38. Ebenso zu § 1 Abs. 5 Satz 3 KSchG a. F. BAG 21. 2. 2001 EzA § 1 KSchG Interessenausgleich Nr. 8; a. A. *Schrader,* NZA 1997, 70, 75; *Zwanziger,* BB 1997, 626, 628.

[42] ArbG Berlin 16. 4. 1997 DB 1997, 1517; ErfK/*Ascheid,* § 125 InsO Rn. 10; *Bader,* NZA 1996, 1125, 1133; *Fischermeier,* NZA 1997, 1097f.; *Hamacher* in: Nerlich/Römermann, § 125 InsO Rn. 66; *Hess,* Insolvenzarbeitsrecht, § 125 InsO Rn. 27; *Lakies,* RdA 1997, 145, 157; MünchKommInsO/*Löwisch/Caspers,* § 125 Rn. 97; *Schiefer,* DB 1998, 928; KR/*Weigand,* § 125 InsO Rn. 38; *Zwanziger,* ArbuR 1997, 427, 433.

[43] KDZ/*Däubler,* § 125 InsO Rn. 28; FK/*Eisenbeis,* § 125 InsO Rn. 25; *Hamacher* in: Nerlich/Römermann, § 125 InsO Rn. 65 mit Rn. 67; HK-InsO/*Irschlinger,* § 125 InsO Rn. 27; MünchKommInsO/*Löwisch/Caspers,* § 126 Rn. 96; a. A. *Müller-Limbach* (§ 1 Fn. 1), S. 131f.

eines Interessenausgleichs nach § 125 Abs. 1 InsO (dazu oben Rn. 2165) **innerhalb von drei Wochen** nach Verhandlungsbeginn oder schriftlicher Aufforderung zur Aufnahme von Verhandlungen trotz rechtzeitiger und umfassender Unterrichtung des Betriebsrats durch den Insolvenzverwalter. Demnach ist **nach Abschluss** eines Interessenausgleich i. S. von § 125 Abs. 1 InsO ein Antrag gemäß § 126 InsO unzulässig, zumindest soweit mit dem Interessenausgleich eine umfassende Regelung der Folgen der Betriebsänderung angestrebt wurde und nicht nur ein Teilinteressenausgleich vorliegt.[44]

2180 Beschränkt ist diese Sperrwirkung auf den Gegenstand des Interessenausgleichs, d. h. die jeweilige Betriebsänderung.[45] Sie entfällt, wenn der Interessenausgleich wegen wesentlicher Änderung der Sachlage seine Wirkung verliert (vgl. oben Rn. 2178).[46] Besteht kein Betriebsrat, kann der Insolvenzverwalter den Antrag nach § 126 Abs. 1 Satz 1 InsO sofort stellen, ohne zuvor versucht zu haben, sich mit der Belegschaft über ein freiwilliges Ausscheiden zu einigen.[47] Besteht dagegen ein Betriebsrat, hat er gemäß § 126 Abs. 1 Satz InsO eine Dreiwochenfrist abzuwarten (dazu unten Rn. 2185).

2181 Im Hinblick darauf, dass § 126 InsO gegenüber § 125 InsO Auffangfunktion hat[48] bzw. diese Vorschrift ergänzt,[49] darf das Zustandekommen eines Interessenausgleichs nicht etwa daran scheitern, dass die Voraussetzungen für eine Betriebsänderung nach § 111 BetrVG gar nicht vorliegen, also entweder im betroffenen Betrieb nicht mehr als 20 wahlberechtigte Arbeitnehmer beschäftigt werden oder es sich um einen Personalabbau handelt, der die Schwelle der Betriebsänderung, nämlich die Zahlen des § 17 KSchG oder den Mindestprozentsatz von 5,[50] nicht überschreitet.[51]

---

[44] BAG 20. 1. 2000 EzA § 126 InsO Nr. 1 = NZA 2001, 170; *Giesen*, ZIP 1998, 46, 51 f.; *Hamacher* in: Nerlich/Römermann, § 126 InsO Rn. 5; *Zwanziger* (§ 1 Fn. 1), § 126 InsO Rn. 6.

[45] BAG 20. 1. 2000 a. a. O.; *Boewer*, RdA 2001, 380, 392; KDZ/*Däubler*, § 126 InsO Rn. 4; *Hamacher* in: Nerlich/Römermann, § 126 InsO Rn. 5; *Lakies*, NZI 2000, 345, 346.

[46] *Grunsky/Moll* (§ 1 Fn. 1), Rn. 376; *Hamacher* in: Nerlich/Römermann, § 126 InsO Rn. 10.

[47] BAG 29. 6. 2000 EzA § 126 InsO Nr. 2 = NZA 2000, 1180; *Boewer*, RdA 2001, 380, 391; *Ennemann* (§ 1 Fn. 1), Rn. 74; *Friese*, ZInsO 2001, 350; HK-InsO/*Irschlinger*, § 126 Rn. 8; *Zwanziger* (§ 1 Fn. 1), § 125 InsO Rn. 10; a. A. KDZ/*Däubler*, § 125 InsO Rn. 6.

[48] *Grunsky*, FS für Lüke, 1997, S. 191, 194; *Hamacher* in: Nerlich/Römermann, § 126 InsO Rn. 1; *Zwanziger* (§ 1 Fn. 1), § 126 InsO Rn. 8; *ders.*, BB 1997, 626, 627; vgl. auch *Giesen*, ZIP 1998, 46, 52.

[49] *Hess/Weis/Wienberg* (§ 1 Fn. 1), Rn. 1155; *Lohkemper*, KTS 1996, 1, 11; MünchKomm-InsO/*Löwisch/Caspers*, § 126 Rn. 4; *Obermüller/Hess* (§ 1 Fn. 1), Rn. 546.

[50] Vgl. BAG 6. 12. 1988 EzA § 111 BetrVG 1972 Nr. 23 = NZA 1989, 557; 7. 8. 1990 EzA § 111 BetrVG 1972 Nr. 27 = NZA 1991, 113, 114.

[51] Vgl. *Ennemann* (§ 1 Fn. 1), Rn. 76; *Ettwig* (§ 1 Fn. 1), S. 123 f.; FK/*Eisenbeis*, § 126 InsO Rn. 4; *Fischermeier*, NZA 1997, 1089, 1099; *Hamacher* in: Nerlich/Römermann, § 126 Rn. 9; HK-InsO/*Irschlinger*, § 126 Rn. 9; *Moll*, in: Kübler/Prütting (§ 1 Fn. 4), § 126 InsO Rn. 11; *Müller*, NZA 1998, 1315, 1319; *Zwanziger*, § 126 InsO Rn. 8; a. A. ErfK/*Ascheid*, § 126 InsO Rn. 1; *Boewer*, RdA 2001, 380, 391 f.; *Caspers* (§ 1 Fn. 1), Rn. 235 ff.; APS/*Dörner*, InsO Rn. 21; *Lakies*, RdA 1997, 145, 151; *ders.*, NZI 2000, 345; *Löwisch*, RdA 1997, 80, 85; *Müller-Limbach* (§ 1 Fn. 1), S. 39 ff.; vgl. auch *Grunsky/Moll* (§ 1 Fn. 1), Rn. 372; *Kania*, DStR 1996, 832, 835; *ders.*, DZWIR 2000, 328, 330; *Schrader*, NZA 1997, 70, 76; offen gelassen von BAG 29. 6. 2000 EzA § 126 InsO Nr. 2 = NZA 2000, 1180.

Das Beschlussverfahren nach § 126 Abs. 1 Satz 1 InsO findet auf **geplante** und, wie auch § 127 Abs. 2 InsO zu entnehmen ist, auf bereits **erfolgte** Kündigungen des Insolvenzverwalters Anwendung.[52] Mit diesem Verfahren soll die soziale Rechtfertigung dieser Kündigungen einheitlich geklärt werden.[53] Aus der Regelung in § 126 Abs. 2 Satz 1 2. Halbsatz InsO (dazu Rn. 2190) folgt, dass es unerheblich ist, ob es sich um eine **Beendigungs**- oder eine **Änderungskündigung** handelt.[54] **2182**

Spricht der Insolvenzverwalter Kündigungen schon vor der Antragstellung nach § 126 Abs. 1 Satz 1 InsO aus, kann er das Beschlussverfahren auf die Arbeitnehmer beschränken, die die Kündigung innerhalb der Dreiwochenfrist des § 4 Satz 1 KSchG angreifen.[55] Aber auch dann, wenn der Insolvenzverwalter erst nach Durchführung des Beschlussverfahrens kündigen will, muss es nicht alle zu kündigenden Arbeitnehmer umfassen.[56] Die bloße Antragstellung nach § 126 Abs. 1 Satz 1 InsO löst nicht die Notwendigkeit der Anhörung des Betriebsrats nach § 102 Abs. 1 Satz 1 BetrVG aus.[57] **2183**

2. Antragsinhalt

Die **zur Kündigung anstehenden Arbeitnehmer** hat der Insolvenzverwalter in dem an das Arbeitsgericht gerichteten Antrag **bestimmt** zu **bezeichnen,** d. h. er muss sie namentlich benennen. Hierzu gehört zumindest die Angabe der Vor- und Zunamen der Arbeitnehmer.[58] Im Hinblick auf die vorzunehmende Sozialauswahl sollte der Insolvenzverwalter auch das genaue Geburtsdatum der zu kündigenden Arbeitnehmer angeben sowie sämtliche Tatsachen, die zur Überprüfung der Sozialaus- **2184**

---

[52] BAG 29. 6. 2000 EzA § 126 InsO = NZA 2000, 1180; *Boewer,* RdA 2001, 380, 392; *Caspers* (§ 1 Fn. 1), Rn. 246; KDZ/*Däubler,* § 126 InsO Rn. 32; *Giesen,* ZIP 1998, 46, 51; *Grunsky,* FS für Lüke, 1997, S. 191, 203f.; *Grunsky/Moll* (§ 1 Fn. 1), Rn. 401; *Hamacher* in: Nerlich/Römermann, § 126 InsO Rn. 3; HK-InsO/*Irschlinger,* § 126 Rn. 2; *Löwisch,* RdA 1997, 80, 85; *Lohkemper,* KTS 1996, 1, 15; *Müller-Limbach* (§ 1 Fn. 1), S. 32; *Obermüller/Hess* (§ 1 Fn. 1), Rn. 548b; *Warrikoff,* BB 1994, 2338, 2343; *Zwanziger* (§ 1 Fn. 1), § 126 InsO Rn. 1; *ders.,* BB 1997, 626, 628; a. A. *Lakies,* RdA 1997, 145, 154f.

[53] *Hess,* AR-Blattei, SD 915.1 Rn. 131; vgl. auch *Giesen,* ZIP 1998, 46, 51.

[54] ErfK/*Ascheid,* § 126 InsO Rn. 1; *Boewer,* RdA 2001, 380, 392; *Caspers* (§ 1 Fn. 1), Rn. 243; KDZ/*Däubler,* § 126 InsO Rn. 9; APS/*Dörner,* InsO Rn. 22; *Ennemann* (§ 1 Fn. 1), Rn. 79; *Fischermeier,* NZA 1997, 1089, 1099; *Grunsky* FS für Lüke, 1997, S. 191, 192 in Fn. 7; *Hamacher* in: Nerlich/Römermann, § 126 InsO Rn. 3; HK-InsO/*Irschlinger,* § 126 Rn. 10; *Lakies,* RdA 1997, 145, 159; *ders.,* BB 1999, 206, 208; *ders.,* NZI 2000, 345; MünchKommInsO/*Löwisch/Caspers,* § 125 Rn. 7; *Müller,* NZA 1998, 1315, 1319.

[55] Vgl. Begr.RegE zu § 127 InsO bei *Kübler/Prütting* (§ 1 Fn. 1), S. 333; *Caspers* (§ 1 Fn. 1), Rn. 246; *Fischermeier,* NZA 1997, 1089, 1099; *Hamacher* in: Nerlich/Römermann, § 126 InsO Rn. 26; *Hess,* AR-Blattei, SD 915.1 Rn. 548a; *Hess/Weis/Wienberg* (§ 1 Fn. 1), Rn. 1166; *Schrader,* NZA 1997, 70, 77; *Warrikoff,* BB 1994, 2338, 2343.

[56] *Grunsky* FS für Lüke, 1997, S. 191, 203; *Giesen,* ZIP 1998, 46, 51.

[57] Vgl. auch FK/*Eisenbeis,* § 126 InsO Rn. 16; *Ettwig* (§ 1 Fn. 1), S. 136f.; *Giesen,* ZIP 1998, 45, 51 in Fn. 54; *Grunsky/Moll* (§ 1 Fn. 1), Rn. 412; *Hamacher* in: Nerlich/*Römermann,* § 126 Rn. 41; *Lohkemper,* KTS 1996, 1, 13; *Schrader,* NZA 1997, 70, 76; *Zwanziger* (§ 1 Fn. 1), § 126 InsO Rn. 22; *ders.,* BB 1997, 626, 628. Dagegen befürwortet *Warrikoff,* BB 1994, 2338, 2343 eine entsprechende Anwendung von § 102 Abs. 1 BetrVG, wenn das Verfahren nach § 126 Abs. 1 Satz 1 InsO vor Kündigungsausspruch eingeleitet wird.

[58] *Lakies,* RdA 1997, 145, 151; *Müller-Limbach* (§ 1 Fn. 1), S. 24.

wahl nach § 1 Abs. 3 Satz 1 KSchG, § 126 Abs. 1 Satz 2 InsO erforderlich sind.[59] Um Schwierigkeiten bei der Klärung der Frage, welcher der im Antrag nach § 126 Abs. 1 Satz 1 InsO benannten Arbeitnehmer einen nach Durchführung des Beschlussverfahrens – z. B. durch Eigenkündigung eines nicht im Antrag aufgeführten Arbeitnehmers – frei gewordenen Arbeitsplatz besetzen darf, erscheint es sinnvoll, dass der Insolvenzverwalter die Reihenfolge der zu kündigenden, miteinander vergleichbaren Arbeitnehmer festlegt.[60] Über einen **Hilfsantrag** kann der Insolvenzverwalter für den Fall, dass seinem Hauptantrag nicht oder nur teilweise stattgegeben wird, weitere Arbeitnehmer in das Beschlussverfahren einbeziehen.[61] Im Übrigen muss dieses Verfahren nicht alle zu kündigenden Arbeitnehmer erfassen.[62]

3. Antragsfrist

2185 Besteht ein Betriebsrat, kann der Insolvenzverwalter den Antrag nach § 126 Abs. 1 Satz 1 InsO erst nach Ablauf von **drei Wochen** nach **Verhandlungsbeginn** oder **schriftlicher Aufforderung** zur Aufnahme von Verhandlungen über den Interessenausgleich nach § 125 Abs. 1 InsO stellen. Diese Verfahrensvoraussetzung entspricht derjenigen des § 122 Abs. 1 InsO, wobei die Verfahren nach § 122 InsO und § 126 InsO gleichzeitig anhängig gemacht werden können (vgl. auch § 122 Abs. 1 Satz 3 InsO).[63] Soweit die Dreiwochenfrist vom Verhandlungsbeginn, d. h. vom Beginn der Verhandlungen über eine Namensliste von Arbeitnehmern, denen wegen der geplanten Betriebsänderung gekündigt werden soll (vgl. § 125 Abs. 1 Satz 1 InsO),[64] an läuft, kann der Insolvenzverwalter den Antrag nach § 126 Abs. 1 Satz 1 InsO schon vor Fristablauf stellen, wenn das Scheitern der Verhandlungen eindeutig und endgültig feststeht.[65] Kommt es für den Beginn der Dreiwochenfrist auf den Zeitpunkt (des Zugangs)[66] der schriftlichen Aufforderung des Insolvenzverwalters zur Aufnahme von Verhandlungen über einen Interessenausgleich nach § 125 Abs. 1 InsO an, kann die Frist nur nach rechtzeitiger und umfassender Unterrichtung des Betriebsrats über die geplante Betriebsänderung durch

[59] Hierzu näher *Lakies,* RdA 1997, 145, 151.

[60] *Giesen,* ZIP 1998, 46, 52; *Grunsky,* FS für Lüke, 1997, S. 191, 202; *Grunsky/Moll* (§ 1 Fn. 1), Rn. 399; *Hamacher* in: Nerlich/Römermann, § 126 InsO Rn. 33; *Heinze,* NZA 1999, 57, 61; *Hess,* AR-Blattei SD 915.1 Rn. 133 a; abl. *Müller-Limbach* (§ 1 Fn. 1), S. 25 ff.

[61] *Caspers* (§ 1 Fn. 1), Rn. 245; *Giesen,* ZIP 1998, 46, 52; *Grunsky,* FS für Lüke, 1987, S. 191, 197; *Hamacher* in: Nerlich/Römermann, § 126 InsO Rn. 34; *Lakies,* ZInsO 2000, 345, 347; MünchKommInsO/Löwisch/Caspers, § 126 Rn. 18; *Müller,* NZA 1998, 1315, 1320; *ders.,* DZWIR 1999, 221, 226; *Müller-Limbach* (§ 1 Fn. 1), S. 27.

[62] *Grunsky,* a. a. O. S. 191, 203; *Grunsky/Moll* (§ 1 Fn. 1), Rn. 181; *Hamacher* in: Nerlich/Römermann, § 126 Rn. 31; vgl. auch BAG 29. 6. 2000 EzA § 126 InsO Nr. 2 = NZA 2000, 1180.

[63] FK/*Eisenbeis,* § 126 InsO Rn. 23; *Friese,* ZInsO 2001, 350, 355; *Hamacher* in: Nerlich/Römermann, § 126 InsO Rn. 1 m. w. N.; HK-*Irschlinger,* § 126 InsO Rn. 7; a. A. *Zwanziger* (§ 1 Fn. 1), § 126 InsO Rn. 13.

[64] *Fischermeier,* NZA 1997, 1089, 1099; *Hamacher* in: Nerlich/Römermann, § 126 InsO Rn. 12; *Schrader,* NZA 1997, 70, 76; *Warrikoff,* BB 1994, 2338, 2342.

[65] *Hamacher* in: Nerlich/Römermann, § 126 InsO Rn. 11; *Zwanziger* (§ 1 Fn. 1), § 126 InsO Rn. 13; ähnlich *Lohkemper,* KTS 1996, 1, 23.

[66] *Hamacher* in: Nerlich/Römermann, § 126 InsO Rn. 14.

den Insolvenzverwalter zu laufen beginnen.[67] Dabei entspricht der Umfang der Unterrichtungspflicht demjenigen des § 111 Satz 1 BetrVG.

4. Verfahrensgegenstand

Die vom Arbeitsgericht zu treffende Feststellung nach § 126 Abs. 1 Satz 1 InsO **2186**
umfasst sowohl das Vorliegen dringender betrieblicher Erfordernisse für die vom Insolvenzverwalter beabsichtigten bzw. bereits ausgesprochenen Kündigungen als auch ihre soziale Rechtfertigung. Ein auf diese Norm gestützter **Feststellungsantrag** ist damit nur **erfolgreich,** wenn sämtliche **Voraussetzungen** für eine **betriebsbedingte Kündigung** nach § 1 Abs. 2 Satz 1 KSchG vorliegen und außerdem die **Sozialauswahl** gemäß § 1 Abs. 3 KSchG **fehlerfrei** ist.[68] Auch wenn der Gesetzgeber in § 126 Abs. 1 Satz 2 InsO[69] lediglich die in der Zeit vom 1. 10. 1996 bis zum 31. 12. 1998 auch in § 1 Abs. 3 Satz 1 1. Halbsatz KSchG (dazu oben Rn. 667a) genannten drei Sozialkriterien, nämlich Dauer der Betriebszugehörigkeit, das Lebensalter und die Unterhaltspflichten, aufführt, ist die **Sozialauswahl umfassend** zu prüfen, d.h. auch die Leistungsträgerregelung in § 1 Abs. 3 Satz 2 KSchG n.F. (dazu oben Rn. 1118ff.) findet Anwendung.[70] Da eine dem § 125 Abs. 1 Satz 1 Nr. 2 2. Halbsatz InsO entsprechende Regelung in § 126 Abs. 1 InsO fehlt, kann die Erhaltung oder Schaffung einer ausgewogenen Personalstruktur als Rechtfertigung für die Sozialauswahl nicht fingiert werden.[71] Allerdings kann die **Erhaltung** einer derartigen **Personalstruktur,** wie es § 1 Abs. 3 Satz 2 KSchG i.d.F. des Art. 1 Nr. 1a, bb des ArbBeschFG vom 25. 9. 1996 (BGBl. I S. 1476) ausdrücklich bestimmte und die den bis zum 30. 9. 1996 geltenden Rechtszustand wiederherstellende Neuregelung des § 1 Abs. 3 Satz 2 KSchG (dazu oben Rn. 1037) nicht ausschließt (vgl. oben Rn. 1140ff.), im berechtigten betrieblichen Interesse liegen.[72] Die Überprüfung der Sozialauswahl nach § 126 Abs. 1 Satz 2 InsO ist, anders als in § 125 Abs. 1 Satz 1 Nr. 2 Halbsatz 1 InsO, nicht auf grobe

---

[67] *Friese,* ZInsO 2001, 350, 351; *Hamacher* in: Nerlich/Römermann, § 126 InsO Rn. 14; *Zwanziger* (§ 1 Fn. 1), § 126 InsO Rn. 17.

[68] Vgl. ErfK/*Ascheid,* § 126 InsO Rn. 3; *Caspers* (§ 1 Fn. 1), Rn. 247; *Giesen,* ZIP 1998, 46, 53; *Lakies,* RdA 1997, 145, 151.

[69] Die Ansicht von *Giesen,* ZIP 1998, 46, 53, infolge der Neufassung des § 1 Abs. 3 Satz 1 KSchG mit Wirkung vom 1. 10. 1996 (dazu Voraufl. Rn. 667a) sei § 126 Abs. 1 Satz 2 InsO obsolet geworden, ist seit dem 1. 1. 1999 auf Grund der erneuten Änderung des § 1 Abs. 3 Satz 1 KSchG (dazu Voraufl. Rn. 667b) überholt.

[70] ErfK/*Ascheid,* § 126 InsO Rn. 3; *Boewer,* RdA 2001, 380, 392; *Caspers* (§ 1 Fn. 1), Rn. 247; FK/*Eisenbeis,* § 126 InsO Rn. 10; *Ennemann* (§ 1 Fn. 1), Rn. 88; *Giesen,* ZIP 1998, 46, 53; *Hamacher,* in: Nerlich/Römermann, § 126 InsO Rn. 40; *Moll,* in: Kübler/Prütting, § 126 InsO Rn. 30; *Zwanziger* (§ 1 Fn. 1), § 126 InsO Rn. 16; *ders.,* BB 1997, 626, 628; a.A. *Lakies,* RdA 1997, 145, 151; *ders.,* NZI 2000, 345, 346.

[71] ErfK/*Ascheid,* § 126 InsO Rn. 4; APS/*Dörner,* InsO Rn. 24; *Lakies,* BB 1999, 206, 209; *Schrader,* NZA 1997, 70, 76; *Warrikoff,* BB 1994, 2338, 2343.

[72] *Hamacher* in: Nerlich/Römermann, § 126 InsO Rn. 42; *Lohkemper,* KTS 1996, 1, 13; weitergehend *Schrader,* NZA 1997, 70, 76; *Warrikoff,* BB 1994, 2338, 2343, die auch die Schaffung einer ausgewogenen Personalstruktur auf Grund „dringender betrieblicher Notwendigkeit" für möglich halten; substantiierten Vortrag zur altersgruppenbezogenen Sozialauswahl fordert LAG Hamm 28. 5. 1998 LAGE § 125 InsO Nr. 1.

Fehlerhaftigkeit beschränkt.[73] Eine analoge Anwendung dieser Vorschrift scheidet aus.[74] Dieser eingeschränkte Kontrollmaßstab kann nur bei Vorliegen der Voraussetzungen des § 1 Abs. 4 KSchG maßgeblich sein.[75]

2187 Das Arbeitsgericht entscheidet im Beschlussverfahren, wie dem eindeutigen Wortlaut des § 126 Abs. 1 Satz 1 InsO zu entnehmen ist, **ausschließlich** über die **Sozialwidrigkeit** der Kündigungen der im Antrag des Insolvenzverwalters aufgeführten Arbeitnehmer. Es befindet nicht darüber, ob Kündigungen aus anderen Gründen, z.B. auf Grund eines Verstoßes gegen Sonderkündigungsschutzbestimmungen wie § 9 MuSchG oder § 85 SGB IX, unwirksam sind.[76] Zu prüfen ist aber in jedem Fall die Kündigungsberechtigung des Insolvenzverwalters.[77] Kommt das Gericht zu dem Ergebnis, dass die Kündigungen nur eines Teils der im Antrag bezeichneten Arbeitnehmer sozial gerechtfertigt sind, hat es die in § 126 Abs. 1 Satz 1 InsO genannte Feststellung auszusprechen und im Übrigen den Antrag zurückzuweisen.[78]

5. Verfahrensgrundsätze

2188 Für das Verfahren nach § 126 Abs. 1 Satz 1 InsO **gelten** auf Grund der Verweisung in § 126 Abs. 2 Satz 1 Halbsatz 1 InsO die **Vorschriften über das arbeitsgerichtliche Beschlussverfahren,** die in den §§ 80ff. ArbGG geregelt sind, **entsprechend.** Daher hat das Arbeitsgericht gemäß § 83 Abs. 1 Satz 1 ArbGG den Sachverhalt im Rahmen der gestellten Anträge von Amts wegen zu erforschen, wobei allerdings nach § 83 Abs. 1 Satz 2 ArbGG die am Verfahren Beteiligten an der Aufklärung des Sachverhalts mitzuwirken haben. Für den Antragsteller bedeutet das, dass er trotz des in § 83 Abs. 1 Satz 1 ArbGG normierten Untersuchungsgrundsatzes jedenfalls die Tatsachen vorzutragen hat, aus denen er sein mit dem Antrag verfolgtes Begehren herleitet.[79] Demnach hat der antragstellende Insolvenzverwalter im Beschlussverfahren nach § 126 Abs. 1 Satz 1 InsO sowohl die Tatsachen darzulegen, die sich auf den Wegfall der Beschäftigungsmöglichkeit beziehen

[73] ErfK/*Ascheid,* § 126 InsO Rn. 3; KDZ/*Däubler,* § 126 InsO Rn. 12; APS/*Dörner,* InsO Rn. 24; FK/*Eisenbeis,* § 126 InsO Rn. 10; *Ennemann* (§ 1 Fn. 1), Rn. 87; HK-InsO/*Irschlinger,* § 126 Rn. 14; *Hamacher,* in: Nerlich/Römernann, § 126 InsO Rn. 42; *Lakies,* RdA 1997, 145, 151; *ders.* BB 1999, 206, 208f.; *ders.* NZI 2000, 345, 346; *Müller,* NZA 1998, 1315, 1319; KR/*Weigand,* § 126 InsO Rn. 18.

[74] So ausdrücklich *Grunsky,* FS für Lüke, 1997, S. 191, 194f.; *Grunsky/Moll* (§ 1 Fn. 1), Rn. 384.

[75] *Caspers* (§ 1 Fn. 1), Rn. 247; *Giesen,* ZIP 1998, 46, 53; a.A. *Lakies,* RdA 1997, 145, 151; *ders.,* BB 1999, 206, 209.

[76] *Boewer,* RdA 2001, 380, 392; APS/*Dörner,* § 125 InsO Rn. 23; FK/*Eisenbeis,* § 126 InsO Rn. 10; *Ettwig* (§ 1 Fn. 1), S. 131; *Grunsky/Moll* (§ 1 Fn. 1), Rn. 414; *Lakies,* RdA 1997, 145, 152; *ders.,* BB 1999, 206, 209; *ders.,* NZI 2000, 345, 347; vgl. auch BAG 29. 6. 2000 EzA § 126 InsO Nr. 2 = NZA 2000, 1180; ErfK/*Ascheid,* § 126 InsO Rn. 5; *Müller,* NZA 1998, 1315, 1319; a.A. für bereits ausgesprochene Kündigungen *Zwanziger* (§ 1 Fn. 1), § 126 InsO Rn. 20; *ders.,* BB 1997, 626, 628.

[77] BAG 29. 6. 2000 EzA § 126 InsO Nr. 2 = NZA 2000, 1180; ErfK/*Ascheid,* § 126 InsO Rn. 3; *Boewer,* RdA 2001, 380, 392.

[78] ErfK/*Ascheid,* § 126 InsO Rn. 10; *Grunsky,* FS für Lüke, 1997, S. 191, 197; *Lakies,* RdA 1997, 145, 152 mit Tenorierungsvorschlag.

[79] BAG 26. 5. 1988 EzA § 76 BetrVG 1972 Nr. 41 = NZA 1989, 26; 11. 8. 1993 EzA § 37 BetrVG 1972 Nr. 117 = NZA 1994, 517.

(§ 1 Abs. 2 Satz 1 KSchG), als auch – nach Aufforderung durch einen vom Antrag nach § 126 Abs. 1 Satz 1 InsO betroffenen Arbeitnehmer gemäß § 1 Abs. 3 Satz 1 Halbsatz 2 KSchG[80] – die für die Sozialauswahl nach seiner Ansicht maßgeblichen Gesichtspunkte (§ 1 Abs. 3 Satz 1 2. Halbsatz KSchG n. F.).[81] Da trotz des Untersuchungsgrundsatzes im Beschlussverfahren die allgemeinen Beweislastgrundsätze gelten,[82] kommen im Verfahren nach § 126 Abs. 1 Satz 1 InsO die **Beweislastregeln des § 1 Abs. 2 Satz 4, Abs. 3 Satz 3 KSchG uneingeschränkt** zur Anwendung.[83] Wie im Zustimmungsersetzungsverfahren bei der beabsichtigten Kündigung eines Betriebsratsmitglieds nach § 103 Abs. 2 BetrVG (dazu oben Rn. 1677) wird – das zeigt die in § 127 Abs. 1 Satz 1 InsO normierte präjudizielle Wirkung der rechtskräftigen Entscheidung nach § 126 Abs. 1 Satz 1 InsO – letztlich über individuelle Kündigungsschutzansprüche entschieden.

Wegen der hiermit verbundenen Erweiterung bzw. (teilweisen) Änderung des Streitgegenstandes liegt eine Antragsänderung i. S. von § 81 Abs. 3 Satz 1 ArbGG vor, wenn der Insolvenzverwalter Arbeitnehmer im Laufe des Beschlussverfahrens noch zusätzlich in den Antrag des § 126 Abs. 1 Satz 1 InsO aufnimmt oder bereits dort benannte Arbeitnehmer gegen andere auswechselt.[84] Kommt während des Beschlussverfahrens noch ein Interessenausgleich „nach § 125 Abs. 1 InsO" zustande,[85] wird der Feststellungsantrag gemäß § 126 Abs. 1 Satz 1 InsO unzulässig.[86] In diesem Fall kann der Insolvenzverwalter seinen Antrag gemäß § 81 Abs. 2 Satz 1 ArbGG zurücknehmen[87] bzw. das Verfahren nach § 83 a Abs. 1 ArbGG für erledigt erklären.[88] Das Verfahren ist alsdann in beiden Fällen vom Vorsitzenden des Arbeitsgerichts nach § 81 Abs. 2 Satz 2 ArbGG bzw. § 83 a Abs. 2 Satz 1 ArbGG einzustellen. 2189

Beteiligte des Beschlussverfahrens sind nach § 126 Abs. 2 Satz 1 2. Halbsatz InsO der **Insolvenzverwalter,** der **Betriebsrat** und die **im Antrag** – selbst wenn es sich bloß um einen Hilfsantrag handelt (dazu Rn. 2184)[89] – **bezeichneten Arbeitnehmer,** soweit sie nicht mit der Beendigung ihrer Arbeitsverhältnisse oder mit den geänderten Arbeitsbedingungen (im Falle der Änderungskündigung) einverstanden sind.[90] Die Beteiligtenstellung hängt damit vom individuellen Verhalten 2190

---

[80] Vgl. *Caspers* (§ 1 Fn. 1), Rn. 258; *Lohkemper,* KTS 1996, 1, 13.

[81] Vgl. auch ErfK/*Ascheid,* § 126 InsO Rn. 9; *Lakies,* RdA 1997, 145, 152.

[82] GMP/*Prütting,* § 58 ArbGG Rn. 72 und § 83 ArbGG Rn. 96 a; *Grunsky,* § 83 ArbGG Rn. 7; GK-ArbGG/*Leinemann/Schütz,* § 83 Rn. 170.

[83] Ebenso *Boewer,* RdA 2001, 380, 392; vgl. auch BAG 29. 6. 2000 EzA § 126 InsO Nr. 2 = NZA 2000, 1180; *Lakies,* NZI 2000, 345, 348.

[84] Vgl. allgemein BAG 31. 1. 1989 EzA § 81 ArbGG 1979 Nr. 14 = NZA 1989, 606, 609; GMP/*Matthes,* § 81 ArbGG Rn. 84; GK-ArbGG/*Leinemann/Schütz,* § 81 Rn. 159.

[85] Hierzu *Lakies,* RdA 1997, 145, 152.

[86] *Giesen,* ZIP 1998, 45, 52; *Grunsky/Moll* (§ 1 Fn. 1), Rn. 383.

[87] *Caspers* (§ 1 Fn. 1), Rn. 267; *Lakies,* RdA 1997, 145, 152; *ders.,* NZI 2000, 345, 36.

[88] Vgl. *Giesen,* ZIP 1998, 46, 52; *Lakies,* RdA 1997, 145, 152; *ders.,* NZI 2000, 345, 346; einschränkend *Caspers* (§ 1 Fn. 1), Rn. 268.

[89] *Grunsky,* FS für Lüke, 1997, S. 191, 197 f.; *Caspers* (§ 1 Fn. 1), Rn. 253.

[90] BAG 20. 1. 2000 EzA § 126 InsO Nr. 1 = NZA 2001, 170; 29. 6. 2000 EzA § 126 InsO Nr. 2 = NZA 2000, 1180; MünchKommInsO/*Löwisch/Caspers,* § 126 Rn. 30. Zu daraus u. U. folgenden praktischen Schwierigkeiten *Giesen,* ZIP 1998, 46, 52 f. und 55; *Grunsky,* FS für Lüke, 1997, S. 191, 196; *Lakies,* RdA 1997, 146, 153. Zur Einverständniserklärung vor Ausspruch der Kündigung vgl. *Müller-Limbach* (§ 1 Fn. 1), S. 55 ff.

eines jeden Arbeitnehmers ab.[91] Sie geht für den Arbeitnehmer verloren, der sich während des Beschlussverfahrens noch mit der Kündigung einverstanden erklärt.[92] Hierfür genügt allerdings die bloße Untätigkeit eines beteiligten Arbeitnehmers nicht.[93] Im Anwendungsbereich des § 128 Abs. 1 Satz 1 InsO (hierzu unten Rn. 2198ff.), ist gemäß § 128 Abs. 1 Satz 2 InsO auch der **Erwerber** eines Betriebs oder Betriebsteils am Verfahren nach § 126 InsO zu beteiligen (vgl. unten Rn. 2202). Gemäß § 122 Abs. 2 Satz 3 InsO i. V. m. § 126 Abs. 2 Satz 2 InsO ist der **Antrag** des Insolvenzverwalters nach § 61a Abs. 3 bis 6 ArbGG **vorrangig zu erledigen.**[94] Wegen der Verweisung in § 122 Abs. 2 Satz 2 InsO auch auf § 61a Abs. 5 ArbGG ist im Verfahren nach § 126 Abs. 1 Satz 1 InsO nicht die sonst im Beschlussverfahren für die Zurückweisung von Beteiligtenvorbringen als verspätet maßgebliche Rechtsgrundlage, nämlich § 83 Abs. 1a ArbGG i. d. F. des Art. 30 Nr. 16 ZPO-RG vom 27. 7. 2001 (BGBl. I, S. 1887), einschlägig.

2191 Das Beschlussverfahren nach § 126 Abs. 1 Satz 1 InsO und die Kündigungsschutzklage eines Arbeitnehmers, der im Antrag des Insolvenzverwalters gemäß § 126 Abs. 1 Satz 1 InsO aufgeführt ist, können gleichzeitig beim Arbeitsgericht anhängig sein. Das wird beeinflusst vom Zeitpunkt, in dem der Insolvenzverwalter Kündigungen gegenüber Arbeitnehmern erklärt, die dann nach § 113 Abs. 2 InsO innerhalb von drei Wochen nach Zugang der Kündigung beim Arbeitsgericht Klage erheben müssen (dazu oben Rn. 2162). Sind Beschluss- und Kündigungsschutzverfahren gleichzeitig anhängig, kann der Insolvenzverwalter gemäß § 127 Abs. 2 InsO die Aussetzung der Klage beantragen (dazu unten Rn. 2197).

6. Rechtsmittel

2192 Unter Übergehung des Landesarbeitsgerichts (§ 122 Abs. 3 Satz 1 InsO i. V. m. § 126 Abs. 2 Satz 2 InsO) ist gegen einen Beschluss des Arbeitsgerichts im besonderen Beschlussverfahren nach § 126 Abs. 1 Satz 1 InsO gemäß § 122 Abs. 3 Satz 2 Halbsatz 1 InsO i. V. m. § 126 Abs. 2 Satz 2 InsO **allein** die **Rechtsbeschwerde an das Bundesarbeitsgericht** statthaft, **sofern** sie vom Arbeitsgericht **zugelassen** worden ist. Mit dieser Rechtsmittelbeschränkung soll der besonderen Eilbedürftigkeit einer Konfliktlösung im Falle der Insolvenz Rechnung getragen werden.[95] Insoweit finden nach § 122 Abs. 3 Satz 2 InsO i. V. m. § 126 Abs. 2 Satz 2 InsO die in § 72 Abs. 2 und 3 ArbGG enthaltenen Regelungen entsprechende Anwendung.[96] Die Rechtsbeschwerde ist binnen eines Monats nach Zustel-

---

[91] BAG 29. 6. 2000 a. a. O.

[92] Streitig ist in diesem Fall, ob der Arbeitnehmer allein durch die nachträgliche Einverständniserklärung (so *Hamacher* in: Nerlich/Römermann, § 126 InsO Rn. 23) oder durch ein in dem Einverständnis zu sehendes prozessuales Anerkenntnis (vgl. *Caspers,* § 1 Fn. 1, Rn. 252; *Moll, in:* Kübler/Prütting, § 1 Fn. 1, § 126 InsO Rn. 48) oder durch einen Prozessvergleich (*Grunsky,* a. a. O. S. 191, 199; vgl. auch HK-InsO/*Irschlinger,* § 126 InsO Rn. 16) seine Beteiligtenstellung verliert; offen gelasssen von BAG 29. 6. 2000 a. a. O.

[93] BAG 20. 1. 2000 EzA § 126 InsO Nr. 1 = NZA 2000, 170.

[94] Hierzu ausf. *Müller-Limbach* (§ 1 Fn. 1), S. 79ff.

[95] BAG 14. 8. 2001 EzA § 126 InsO Nr. 3 = AP § 72a ArbGG 1979 Divergenz Nr. 44 unter Hinweis auf BT-Drucks. 12/2443, S. 149.

[96] Hierzu ausf. *Müller-Limbach* (§ 1 Fn. 1), S. 113ff.; *dies.,* KTS 2001, 531, 556f.

lung der in vollständiger Form abgefassten Entscheidung des Arbeitsgerichts beim Bundesarbeitsgericht einzulegen und zu begründen (§ 122 Abs. 3 Satz 3 InsO i.V.m. § 126 Abs. 2 Satz 2 InsO).[97] Läßt das Arbeitsgericht die Rechtsbeschwerde nicht zu, ist, da in § 122 InsO und § 126 InsO weder auf § 92a ArbGG noch auf § 72a ArbGG verwiesen wird, eine **Nichtzulassungsbeschwerde ausgeschlossen**.[98]

7. Kosten

Gerichtskosten werden im Beschlussverfahren gemäß § 12 Abs. 5 ArbGG nicht **2193**
erhoben. Für die Kosten, die den Beteiligten im Verfahren vor dem Arbeitsgericht als erster Instanz entstehen, bestimmt § 126 Abs. 3 Satz 1 InsO, dass § 12a Abs. 1 Satz 1 und 2 ArbGG entsprechend gelten. Danach hat der im Beschlussverfahren obsiegende Beteiligte keinen Anspruch auf Entschädigung wegen Zeitversäumnis und auf Erstattung der Kosten für die Hinzuziehung eines Verfahrensbevollmächtigten. Hierauf hat ihn sein Verfahrensbevollmächtigter vor Abschluss der Vereinbarung über die Vertretung hinzuweisen. Im Verfahren vor dem BAG gelten gemäß § 126 Abs. 3 Satz 2 InsO die §§ 91ff. ZPO. Für die Berechnung der Gebühren des Verfahrensbevollmächtigten eines Beteiligten ist § 12 Abs. 7 Satz 1 ArbGG (dazu oben Rn. 2064) entsprechend anzuwenden.[99] Die Kosten, die dem Betriebsrat als notwendigem Beteiligten entstehen, hat nach § 40 Abs. 1 BetrVG der Insolvenzverwalter zu tragen.[100]

III. Bindungswirkung der Entscheidung, § 127 InsO

Die Koordinierung des Beschlussverfahrens nach § 126 Abs. 1 InsO und der In- **2194**
dividualprozesse gemäß § 4 Satz 1 KSchG bestimmt § 127 InsO. Danach ist die

[97] *Grunsky,* FS für Lüke, 1997, S. 191, 195 hält trotz fehlender Verweisung in §§ 122 Abs. 3 Satz 3, 126 Abs. 2 Satz 2 InsO auf § 74 Abs. 1 Satz 2 ArbGG die einmalige Verlängerung der Begründungsfrist um einen Monat für möglich.

[98] BAG 14. 8. 2001 EzA § 126 InsO Nr. 3 AP § 72a ArbGG 1979 Divergenz Nr. 44; ErfK/*Ascheid,* § 126 InsO Rn. 11; *Boewer,* RdA 2001, 380, 392; *Lakies,* RdA 1997, 145, 154; *ders.,* BB 1999, 206, 207; *ders.,* NZI 2000, 345, 349; MünchKommInsO/*Löwisch/Caspers,* § 126 Rn. 40; *Lohkemper,* KTS 1996, 1, 19f.; *Rummel* DB 1997, 774, 775; *Warrikoff,* BB 1994, 2338, 2341.

[99] Vgl. Begr.RegE bei *Kübler/Prütting* (§ 1 Fn. 1), S. 332; ErfK/*Ascheid,* § 126 InsO Rn. 12; *Boewer,* RdA 2001, 380, 393; KDZ/*Däubler,* § 126 InsO Rn. 30; FK/*Eisenbeis,* § 126 InsO Rn. 14; *Hamacher* in: Nerlich/Römermann, § 126 InsO Rn. 58; HK-InsO/*Irschlinger,* § 126 Rn. 20; *Lakies,* RdA 1997, 145, 154; *ders.,* NZI 2000, 345, 350; *Müller-Limbach,* KTS 2001, 531, 565; *Schrader,* NZA 1997, 70, 77; *Zwanziger* (§ 1 Fn. 1), § 126 InsO Rn. 36; a.A. *Müller,* NZA 1998, 1315, 1320f.; *ders.,* DZWiR 1999, 221, 229, der § 8 Abs. 2 Satz 2 BRAGO anwendet.

[100] ErfK/*Ascheid,* § 126 InsO Rn. 12; *Caspers* (§ 1 Fn. 1), Rndr. 265; KDZ/*Däubler,* § 126 InsO Rn. 29; FK/*Eisenbeis,* § 126 InsO Rn. 13; *Hamacher* in: Nerlich/Römermann, § 126 InsO Rn. 57; HK-InsO/*Irschlinger,* § 126 Rn. 20; *Lakies,* RdA 1997, 145, 154; *ders.,* BB 1999, 206, 209; *ders.,* NZI 2000, 345, 350; *Müller,* NZA 1998, 1315, 1320; *ders.,* DZWIR 1999, 221, 225; *Müller-Limbach,* KTS 2001, 531 565; *Zwanziger* (§ 1 Fn. 1), § 126 InsO Rn. 37.

rechtskräftige Entscheidung im Verfahren nach § 126 Abs. 1 Satz 1 InsO für die Parteien des individuellen Kündigungsschutzprozesses **bindend,** sofern es sich um einen **Arbeitnehmer** handelt, der **im Antrag** nach § 126 Abs. 1 Satz 1 InsO **bezeichnet** ist. Diese Bindungswirkung, die sich anlehnt an die Rechtsprechung des BAG zur präjudiziellen Wirkung einer rechtskräftig im Verfahren nach § 103 Abs. 2 BetrVG ersetzten Zustimmung zur außerordentlichen Kündigung eines Betriebsratsmitglieds für dessen nachfolgende Kündigungsschutzklage (dazu oben Rn. 1677), ist unproblematisch, soweit es um Kündigungen des Insolvenzverwalters geht, die erst **nach** Durchführung des Beschlussverfahrens gemäß § 126 Abs. 1 Satz 1 InsO ausgesprochen werden. Denn in diesem Fall ist maßgeblicher Zeitpunkt für die nach der genannten Vorschrift festzustellende Rechtmäßigkeit der Kündigungen der Schluss der letzten mündlichen Verhandlung im Beschlußverfahren.[101] Die überwiegend[102] auch für bereits vor Einleitung des Beschlussverfahrens ausgesprochene Kündigungen angenommene Bindungswirkung gemäß § 127 Abs. 1 Satz 1 InsO lässt sich nur halten, wenn es für die Beurteilung der Rechtmäßigkeit dieser Kündigungen im Verfahren nach § 126 Abs. 1 Satz 1 InsO, wie auch sonst außerhalb des Insolvenzverfahrens (dazu Rn. 920), auf den Zugangszeitpunkt ankommt.[103] Anderenfalls wären für sie die Beurteilungszeitpunkte im Beschluss- und Kündigungsschutzverfahren unterschiedlich, was einer Bindungswirkung entgegenstände.[104]

2195 Die Bindungswirkung nach § 127 Abs. 1 Satz 1 InsO, die auch im Falle der Klage gegen eine Änderungskündigung eintritt, gilt sowohl bei Stattgabe wie auch bei Zurückweisung des Feststellungsantrags des Insolvenzverwalters nach § 126 Abs. 1 Satz 1 InsO.[105] Sie bezieht sich auf alle nach § 126 Abs. 2 Satz 1 2. Halbsatz InsO am Beschlussverfahren ordnungsgemäß beteiligten Arbeitnehmer. Die Bindungswirkung über den Wortlaut des § 127 Abs. 1 Satz 1 InsO hinaus auch gegenüber den Arbeitnehmern anzunehmen, die mit der Kündigung zunächst einverstanden waren[106] und deshalb am Verfahren nicht beteiligt worden sind (dazu oben Rn. 2190), erscheint im Hinblick auf die fehlende Anhörungsmöglichkeit bedenk-

---

[101] *Caspers* (§ 1 Fn. 1), Rn. 279; *Hamacher* in: Nerlich/Römermann, § 127 InsO Rn. 10.

[102] BAG 29. 6. 2000 EzA § 126 InsO Nr. 2 = NZA 2000, 1180; ErfK/*Ascheid,* § 127 InsO Rn. 3; *Schrader,* NZA 1997, 70, 77; *Warrikoff,* BB 1994, 2338, 2343; a. A. *Lakies,* RdA 1997, 146, 155; *ders.,* BB 1999, 206, 209; vgl. auch *ders.,* NZI 2000, 345, 350.

[103] BAG 29. 6. 2000, a. a. O.; *Caspers* (§ 1 Fn. 1), Rn. 279; FK/*Eisenbeis,* § 127 InsO Rn. 5; *Fischermeier,* NZA 1997, 1089, 1099; *Hamacher* in: Nerlich/Römermann, § 127 InsO Rn. 12; HK-InsO/*Irschlinger,* § 127 Rn. 12. Dagegen will *Zwanziger* (§ 1 Fn. 1), Vor § 113 InsO Rn. 65 und § 126 InsO Rn. 47; *ders.,* BB 1997, 626, 628 im Kündigungsschutzprozess ausnahmsweise auf den Zeitpunkt der letzten mündlichen Verhandlung abstellen.

[104] Hierauf weist zu Recht *Lakies,* RdA 1997, 146, 155 hin.

[105] ErfK/*Ascheid,* § 127 InsO Rn. 2; *Caspers* (§ 1 Fn. 1), Rn. 269, 270; APS/*Dörner,* InsO Rn. 29; FK/*Eisenbeis,* § 127 InsO Rn. 4; *Ennemann* (§ 1 Fn. 1), Rn. 96; *Friese,* ZInsO 2001, 350, 354 f.; *Giesen,* ZIP 1998, 46, 53; *Lakies,* RdA 1997, 145, 154; *ders.,* NZI 2000, 345, 351; *Löwisch,* RdA 1997, 80, 85; *Müller-Limbach,* KTS 2001, 531; 559; *Prütting,* FS für Uhlenbruck, 2000, S. 769, 777 f.; KR/*Weigand,* § 127 InsO Rn. 1; abl. bei Zurückweisung des Feststellungsantrags *Grunsky,* FS für Lüke, 1997, S. 191, 195; *Grunsky/Moll* (§ 1 Fn. 1), Rn. 391.

[106] Zur rechtlichen Bewertung eines solchen Einverständnisses *Caspers* (§ 1 Fn. 1), Rn. 251.

lich.[107] Da das Arbeitsgericht im Beschlussverfahren nur darüber entscheidet, ob die Kündigung betriebsbedingt und sozial gerechtfertigt ist, seine Prüfung sich also nur auf § 1 Abs. 2 und 3 KSchG bezieht (dazu oben Rn. 2186), erstreckt sich die **Bindungswirkung** nach § 127 Abs. 1 Satz 1 InsO **nicht** auf die **Anwendbarkeit des KSchG**[108] und erst recht **nicht** auf **andere Unwirksamkeitsgründe,** wie z. B. § 102 Abs. 1 Satz 3 BetrVG, § 9 MuSchG, § 85 SGB IX usw.[109] Im Fall des Betriebsübergangs bezieht sie sich allerdings gemäß § 128 Abs. 2 InsO auch darauf, dass die Kündigung des Arbeitsverhältnisses nicht wegen des Betriebsübergangs erfolgt ist (dazu unten auch Rn. 2203).

Von der Bindungswirkung macht § 127 Abs. 1 Satz 2 InsO nur insoweit eine **Ausnahme,** als sich die **Sachlage** nach Schluss der letzten mündlichen Verhandlung **wesentlich geändert** hat. Was hierunter zu verstehen ist, erläutert der Gesetzgeber ebenso wenig wie in dem bis zum 31. 12. 1998 geltenden § 1 Abs. 5 Satz 3 KSchG oder in § 125 Abs. 1 Satz 2 InsO. Wie früher dort (vgl. Voraufl. Rn. 678 e) kann von einer wesentlichen Änderung nur dann gesprochen werden, wenn sich nach Rechtskraft der Entscheidung des Arbeitsgerichts im Beschlussverfahren nach § 126 Abs. 1 Satz 1 InsO ergibt, dass nunmehr gar keine oder eine andere Betriebsänderung i. S. des § 111 BetrVG durchgeführt werden soll[110] bzw. dass nun erheblich weniger Arbeitnehmer entlassen werden sollen.[111] Maßgeblicher Beurteilungszeitpunkt für die Feststellung einer wesentlichen Änderung der Sachlage ist der Zugang der Kündigungserklärung.[112] **2196**

Hat der Arbeitnehmer bereits vor Rechtskraft der Entscheidung im Beschlussverfahren nach § 126 Abs. 1 Satz 1 InsO Klage auf Feststellung erhoben, dass das Arbeitsverhältnis durch die Kündigung des Insolvenzverwalters nicht aufgelöst (§ 4 Satz 1 KSchG) oder die Änderung der Arbeitsbedingungen sozial ungerechtfertigt ist (§ 4 Satz 2 KSchG), ist nach § 127 Abs. 2 InsO die Verhandlung über diese Klage **auf Antrag** des Insolvenzverwalters bis zum rechtskräftigen Abschluss des Beschlussverfahrens **auszusetzen.**[113] Damit sollen unterschiedliche Entscheidungen im Beschlussverfahren und im individuellen Kündigungsschutzprozess vermieden **2197**

---

[107] Dafür ErfK/*Ascheid,* § 127 InsO Rn. 2; APS/*Dörner,* InsO Rn. 29; *Löwisch,* RdA 1997, 80, 85; dagegen *Caspers* (§ 1 Fn. 1), Rn. 272 ff.; *Hamacher* in: Nerlich/Römermann, § 127 InsO Rn. 6; *Müller-Limbach* (§ 1 Fn. 1), S. 119 f. und S. 126;

[108] *Giesen* ZIP 1998, 46, 54.

[109] APS/*Dörner,* InsO Rn. 25; FK/*Eisenbeis,* § 127 InsO Rn. 4; *Grunsky/Moll* (§ 1 Fn. 1), Rn. 419; *Heinze,* NZA 1999, 57, 61; *Lakies,* RdA 1997, 145, 155; *ders.,* BB 1999, 206, 209; *ders.,* NZI 2000, 345, 347; MünchKomm InsO *Löwisch/Caspers,* § 127 Rn. 9; *Müller-Limbach* (§ 1 Fn. 1), S. 119 f. und 126; *dies.,* KTS 2001, 531, 559; vgl. auch *Boewer,* RdA 2001, 380, 393.

[110] *Hamacher* in: Nerlich/Römermann, § 127 InsO Rn. 9; *Lakies,*RdA 1997, 145, 154; *ders.,* NZI 2000, 345, 351 *Schrader,* NZA 1997, 70, 77; *Zwanziger* (§ 1 Fn. 1), § 127 Rn. 2.

[111] *Grunsky,* FS für Lüke, 1997, S. 191, 201; *Grunsky/Moll* (§ 1 Fn. 1), Rn. 397; *Hamacher* in: Nerlich/Römermann, § 127 Rn. 9; *Lakies,* RdA 1997, 145, 154.

[112] *Boewer,* RdA 2001, 380, 393; Münch/KommInsO/*Löwisch/Caspers,* § 127 Rn. 14; *Müller-Limbach,* KTS 2001, 531, 562.

[113] Eine Antragspflicht besteht nicht, so *Giesen,* ZIP 1998, 46, 54; *Grunsky,* FS für Lüke, 1997, S. 191, 203; *Grunsky/Moll* (§ 1 Fn. 1), Rn. 390; *Hamacher* in: Nerlich/Römermann, § 127 InsO Rn. 15; *Müller-Limbach* (§ 1 Fn. 1), S. 70; *dies.,* KTS 2001, 531, 546; a. A. *Schrader,* NZA 1997, 70, 77; *Warrikoff,* BB 1994, 2338, 2343; a. A. wohl auch *Zwanziger* (§ 1 Fn. 1), § 127 InsO Rn. 7.

werden. Stellt der Insolvenzverwalter keinen Antrag und wird eine Entscheidung im Kündigungsschutzprozess vor Abschluss des Beschlussverfahrens rechtskräftig, geht die Rechtskraft des Kündigungsprozesses vor.[114]

§ 3 Betriebsveräußerung in der Insolvenz

I. Der Betriebsübergang im Insolvenzverfahren

2198 Die Anwendbarkeit des § 613a BGB im Geltungsbereich der KO war bisher einer der zentralen Streitpunkte der Vorschrift. Die Richtlinie 77/187/EWG ließ in ihrer ursprünglichen Fassung[1] nach Auffassung des EuGH Ausnahmen im Insolvenzverfahren zu.[2] Dies ist inzwischen durch die Änderung der Richtlinie ausdrücklich klargestellt worden.[3] Das BAG hat dennoch § 613a BGB bei der Veräußerung eines Betriebs durch den Konkursverwalter angewendet.[4] Im Bereich der GesO galt die Vorschrift hingegen nicht.[5] § 128 InsO bestätigt nun die Anwendbarkeit des § 613a BGB im Insolvenzverfahren[6] bzw. begründet sie für das ostdeutsche Bundesgebiet. Der Gesetzgeber befürchtete nachteilige Auswirkungen bei Ausschaltung der Vorschrift im Insolvenzverfahren. Insbesondere die planmäßige Herbeiführung der Insolvenz durch einige Schuldner, um sich ihrer arbeitsrechtlichen Bindungen zu entledigen, galt es zu verhindern.[7] Der nachteiligen, eine übertragende Sanierung behindernden Wirkung des § 613a BGB in der Insolvenz versucht der Gesetzgeber mit den §§ 125 bis 127, 128 InsO entgegenzutreten.[8]

II. Die Regelung des § 128 Abs. 1 InsO

2199 Nach der Rechtsprechung des BAG ist eine Kündigung wegen Betriebsübergangs i. S. des § 613a Abs. 4 Satz 1 BGB dann gegeben, wenn der bisherige Arbeitgeber die Kündigungen auf Grund einer vom Erwerber angeregten Betriebsänderung ausgesprochen hat und er das Erwerberkonzept nicht selbst hätte durch-

---

[114] ErfK/*Ascheid,* § 127 InsO Rn. 5; APS/*Dörner,* InsO Rn. 30; *Friese,* ZInsO 2001, 350, 355; *Hamacher* in: Nerlich/Römermann, § 127 InsO Rn. 14; vgl. auch *Prütting,* FS für Uhlenbruck, 2000, S. 769, 778; *Zwanziger* (§ 1 Fn. 1), § 127 InsO Rn. 12.

[1] Richtlinie vom 14. 2. 1977, ABl. Nr. L 61/26 vom 5. 3. 1977, S. 26.

[2] EuGH 7. 2. 1985 EAS RL 77/187/EWG Art. 1 Nr. 1; 25. 7. 1991 EAS RL 77/187/EWG Art. 3 Nr. 6.

[3] Art. 4a Nr. 1 Richtlinie 77/187/EWG auf Grund der Änderung durch die Richtlinie 98/50/EG vom 29. 6. 1998, ABl Nr. L 201/88 vom 17. 7. 1998, S. 88; vgl. hierzu *Bergwitz,* DB 1999, 2005, 2006ff.; *Tretow,* ZInsO 2000, 309. Seit 1. 4. 2001 gilt Art. 5 Abs. 1 Richtlinie 2001/23/EG vom 12. 3. 2001, ABl. Nr. 482 vom 22. 3. 2001, S. 16.

[4] BAG 26. 5. 1983 EzA § 613a BGB Nr. 34 = AP § 613a BGB Nr. 34 mit Anm. *Grunsky;* 10. 12. 1998 EzA § 613a BGB Nr. 175 = NZA 1999, 422.

[5] Art. 232 § 5 Abs. 2 Nr. 1 EGBGB i. V. m. Art. 32 EGInsO.

[6] LAG Hamm 4. 4. 2000 ZInsO 2000, 292, 294; *Zwanziger* (§ 1 Fn. 1), § 128 InsO Rn. 5; Müller-Limbach, KTS 2001, 531, 566; vgl. auch Sächs.LAG 29. 6. 2001 NZA-RR 2002, 265, 266.

[7] Vgl. Allg. Begründung zum RegE bei *Kübler/Prütting* (§ 1 Fn. 4), S. 123.

[8] Reg.-Begr. zu §§ 125, 128 InsO bei *Kübler/Prütting* (§ 1 Fn. 4), S. 327, 335.

führen können.[9] Das hat zur Folge, dass der Veräußerer grundsätzlich eine Betriebsänderung und den erforderlichen Personalabbau selbst durchführen muss, bevor ein Interessent den Betrieb übernimmt. Dem wirkt § 128 Abs. 1 Satz 1 InsO entgegen. Danach wird die Anwendung der §§ 125 bis 127 InsO nicht dadurch ausgeschlossen, dass die Betriebsänderung, die dem Interessenausgleich nach § 125 Abs. 1 Satz 1 InsO oder dem Feststellungsantrag gemäß § 126 Abs. 1 Satz 1 InsO zugrunde liegt, erst nach einer **Betriebsveräußerung** durchgeführt werden soll.

Das bedeutet zunächst, dass das **Erwerberkonzept** Grundlage der vom Veräußerer ausgesprochenen Kündigungen sein kann (näher oben Rn. 1066), auch wenn dieser bei Fortführung des Betriebs die geplante Betriebsänderung nicht selbst durchführen könnte.[10] Die Wirksamkeit dieser Kündigungen kann dann gemäß den §§ 125ff. InsO beschleunigt überprüft werden. Der Betrieb kann so bereits vor dem Betriebsübergang auf die Bedürfnisse des Erwerbers umgestellt werden, ohne dass der Personalbestand rechtlich ungeklärt ist.[11] Der Erwerber muss mit der Betriebsübernahme nicht warten, bis der Insolvenzverwalter die Betriebsänderung selbst durchgeführt hat.[12] Die vom Erwerber später durchzuführende Betriebsänderung muss allerdings zum Zeitpunkt der Kündigung bereits greifbare Formen angenommen haben.[13] Das erfordert eine rechtliche Absicherung des Betriebsübergangs, wie etwa einen rechtsverbindlichen Sanierungsplan oder ein Vorvertrag.[14] Zu beachten ist, dass § 128 Abs. 1 InsO sich nur auf Betriebsveräußerungen bezieht, obwohl der Betriebsübergang nach § 613a BGB auf verschiedenen Rechtsgeschäften beruhen kann. **2200**

Die geplante, vom Erwerber durchzuführende Betriebsänderung muss Grundlage sowohl des Interessenausgleichs als auch des Feststellungsbeschlusses sein. Andernfalls verlieren diese ihre besondere Wirkung, denn eine nicht geplante oder eine andere Betriebsänderung ist eine wesentliche Änderung der Sachlage i.S. der §§ 125 Abs. 1 Satz 2, 127 Satz 2 InsO. **2201**

Der Erwerber ist nach § 128 Abs. 1 Satz 2 InsO Beteiligter im Beschlußverfahren nach § 126 InsO. Das setzt voraus, dass der Erwerber spätestens zum Zeitpunkt der letzten mündlichen Verhandlung konkret feststeht.[15] Abzugrenzen von der **2202**

---

[9] BAG 26. 5. 1983 EzA § 613a BGB Nr. 34; a.A. Erman/*Hanau,* § 613a BGB Rn. 126; vgl. Rn. 655d.

[10] ErfK/*Ascheid,* § 128 InsO Rn. 1; *Caspers* (§ 1 Fn. 1), Rn. 300; APS/*Dörner,* InsO Rn. 32; FK/*Eisenbeis,* § 128 InsO Rn. 3; *Zwanziger* (§ 1 Fn. 1), § 128 InsO Rn. 1; vgl. auch KDZ/*Däubler,* § 128 InsO Rn. 2; *Hamacher* in: Nerlich/Römermann, § 128 InsO Rn. 65; HK-InsO/*Irschlinger,* § 128 Rn. 2; KR/*Weigand,* § 128 InsO Rn. 1.

[11] Vgl. Reg.-Begr. bei *Kübler/Prütting* (§ 1 Fn. 1), S. 335.

[12] *Lakies,* RdA 1997, 145, 155; *Müller-Limbach,* KTS 2001, 531, 567f.; *Warrikoff,* BB 1994, 2338, 2344.

[13] DKK/*Däubler,* Anh. zu §§ 111–113 BetrVG § 128 InsO Rn. 2; FK/*Eisenbeis,* § 128 InsO Rn. 8; *Hamacher* in: Nerlich/Römermann, § 128 InsO Rn. 66; *Lakies,* BB 1999, 206, 210; *Schaub,* DB 1999, 217, 225.

[14] So das Schrifttum, soweit es auch im Rahmen des § 613a Abs. 4 Satz 2 BGB betriebsbedingte Kündigungen auf Grund eines Erwerberkonzepts befürwortet; vgl. *Hamacher* in: Nerlich/Römermann, § 128 InsO Rn. 65; Erman/*Hanau,* § 613a BGB Rn. 126; ErfK/*Preis,* § 613a BGB Rn. 117; APS/*Steffan,* § 613a BGB Rn. 192; *Vossen,* BB 1984, 1557, 1560; *Willemsen,* ZIP 1983, 411, 416.

[15] Vgl. dazu *Lakies,* RdA 1997, 145, 155; GMP/*Matthes,* § 10 ArbGG Rn. 44.

Beteiligtenstellung ist jedoch die Antragsbefugnis. Das Verfahren nach § 126 InsO kann lediglich der Insolvenzverwalter beantragen.

III. Erstreckung der Vermutungs- und Feststellungswirkung nach § 128 Abs. 2 InsO

2203 § 128 Abs. 2 InsO erstreckt die Vermutungswirkung des § 125 Abs. 1 Satz 1 Nr. 1 InsO und die Feststellungswirkung des § 126 Abs. 1 Satz 1 InsO auch darauf, dass die Kündigung der Arbeitsverhältnisse nicht wegen des Betriebsübergangs erfolgt. Liegen die Voraussetzungen dieser Vorschriften vor, steht bereits fest bzw. wird vermutet, dass die Kündigung betriebsbedingt (§ 1 Abs. 2 Satz 1 KSchG i. V. m. § 613a Abs. 4 Satz 2 BGB) und daher nicht wegen des Betriebsübergangs nach § 613a Abs. 4 Satz 1 BGB erfolgt ist. Aus diesem Grund wird dieser Vorschrift lediglich eine klarstellende bzw. sogar überflüssige Funktion zugebilligt.[16] Genau besehen hat der Arbeitnehmer nun eine doppelte Vermutung mittels Gegenbeweises i. S. des § 292 ZPO zu widerlegen: Er muss zum einen beweisen, dass keine betriebsbedingte Kündigung vorliegt (§ 125 Abs. 1 Satz 1 Nr. 1 InsO) und zum anderen muss er beweisen, dass die Kündigung wegen des Betriebsübergangs erfolgt ist.[17] Gelingt ihm der Beweis dafür, dass die Kündigung wegen des Betriebsübergangs nach § 613a BGB ausgesprochen worden ist, steht allerdings damit zugleich fest, dass sie nicht betriebsbedingt ist.

---

[16] ErfK/*Ascheid,* § 128 Rn. 2; *Caspers* (§ 1 Fn. 1), Rn. 308; unzutreffend *Giesen,* ZIP 1998, 46, 51. Soweit das KSchG auf ein Arbeitsverhältnis Anwendung findet, muss der Arbeitgeber gemäß § 1 Abs. 2 Satz 4 KSchG auch im Rahmen des § 613a Abs. 4 BGB darlegen und beweisen, dass die Kündigung betriebsbedingt ist; andernfalls ist der Kündigungsschutzklage stattzugeben, ohne dass es der Feststellung bedarf, der tragende Beweggrund für die Kündigung sei der Betriebsübergang gewesen; vgl. BAG 5. 12. 1985 und 9. 2. 1994 EzA § 613a BGB Nr. 50 und 116; Erman/*Hanau,* § 613a BGB Rn. 140; vgl. auch Rn. 976ff.

[17] *Berscheid,* ZInsO 1998, 159, 170; *Ennemann* (§ 1 Fn. 1), Rn. 102; *Grunsky/Moll* (§ 1 Fn. 1), Rn. 362; *Hamacher* in: Nerlich/Römermann, § 128 InsO Rn. 75.

Sachverzeichnis

Die Zahlen verweisen auf die Randnummern